Korbion (Hrsg.)
Baurecht

Baurecht

herausgegeben von

RA Claus-Jürgen Korbion

bearbeitet von

RA Dr. Sönke Anders	RA Dr. Norbert Manterfeld
RA Ulrich Berger	WP/StB Wolfgang Meyer
RA Thomas F. Billig	RA Dr. Hans Herbert Moehren
Matthias P. N. Degen	RA Dr. Christoph Möllers
RA Dr. Franz Dieblich	RA Urs Quadbeck
RA Holger Frank	RA Ralf Schacht
RA Dr. Götz-Sebastian Hök	RA Dr. Mathias Schmid
RAuN Rainer K. Klingenfuss	RA Dr. Axel Schmidt
RA Claus-Jürgen Korbion	RA Gerd Schumacher
RA Dirk Roman Kulisch	RA Christian Thesenvitz
RA Dr. Ingo Lange	RA Dr. Thomas Waldner
RA Volker Lubojanski	RA Mark von Wietersheim

2005

Verlag
Dr. Otto Schmidt
Köln

Zitierempfehlung: *Verfasser* in Korbion,
Baurecht, Teil ... Rz. ...

Bibliografische Information Der Deutschen Bibliothek
Die Deutsche Bibliothek verzeichnet diese Publikation
in der Deutschen Nationalbibliografie;
detaillierte bibliografische Daten sind im Internet
über <http://dnb.ddb.de> abrufbar.

Verlag Dr. Otto Schmidt KG
Unter den Ulmen 96–98, 50968 Köln
Tel.: 02 21/9 37 38-01, Fax: 02 21/9 37 38-9 43
e-mail: info@otto-schmidt.de
www.otto-schmidt.de

Neue Adresse ab 1.1.2005:
Gustav-Heinemann-Ufer 58, 50968 Köln

ISBN 3-504-18021-8

© 2005 by Verlag Dr. Otto Schmidt KG

Das Werk einschließlich aller seiner Teile ist urheberrechtlich geschützt.
Jede Verwertung, die nicht ausdrücklich vom Urheberrechtsgesetz zugelassen ist,
bedarf der vorherigen Zustimmung des Verlages. Das gilt insbesondere für Vervielfältigungen, Bearbeitungen, Übersetzungen, Mikroverfilmungen und die Einspeicherung und Verarbeitung in elektronischen Systemen.

Das verwendete Papier ist aus chlorfrei gebleichten Rohstoffen hergestellt,
holz- und säurefrei, alterungsbeständig und umweltfreundlich.

Umschlaggestaltung: Jan P. Lichtenford, Mettmann
Gesamtherstellung: Bercker, Kevelaer
Printed in Germany

Vorwort

Baurechtsfälle sind komplex. Schon die juristischen Verwicklungen der Materie machen es dem Praktiker schwer, sachgerechte Lösungen zu entwickeln. Fast immer müssen zudem wirtschaftliche und tatsächliche Faktoren bedacht werden, um sich im privaten Bau- oder Vergaberechtsfall die optimale Ausgangsposition zu sichern.

Der baurechtlich orientierte Jurist, vor allem der Anwalt, hat heute gebietsübergreifend nicht nur das Werkvertragsrecht des BGB sowohl in seiner alten als auch in der neuen Fassung zu beherrschen, sondern auch die gesamte Palette des Zivilprozessrechts. Hier kommen vielfach die Nebengebiete des Selbständigen Beweisverfahrens und der Schiedsgerichtsbarkeit zur Bearbeitung oder müssen in Überlegungen einbezogen werden.

Darüber hinaus müssen häufig eine Vielzahl weiterer rechtlicher Aspekte bedacht werden, wie Urheberrechte bei Architekten, die Makler- und Bauträgerverordnung, die Insolvenzordnung, Grundbegriffe des Steuerrechts, des Wohnungseigentumsrechts und des Mietrechts, ebenso wie die Baustellenverordnung und die Grundzüge des öffentlichen Baurechts, wie auch des privaten und öffentlichen Nachbarrechts.

Das eigentliche Handwerkszeug der „Baujuristen" ist jedoch die genaue Kenntnis der VOB, VOL, VOF und der HOAI. Dabei ist die VOB/B im Verhältnis zum BGB und die hierzu überbordende Rechtsprechung von zentraler Bedeutung. Hinzu kommt, dass die Bedeutung der VOB/C und der entsprechenden DIN-Vorschriften ebenfalls in den letzten Jahren auch bei der Bearbeitung baurechtlich-materieller Fälle zunimmt und an Bedeutung gewinnen. Verselbständigt hat sich inzwischen das Vergaberecht, wobei die VOB/A, VOL/A, VOF, das VgV, GWB und weitere öffentlich-rechtliche Vorschriften immer mehr an Bedeutung gewinnen.

Nicht zuletzt hält auch das internationale Recht in das Baurecht Einzug. Dies ist infolge der europaweiten Vergabe und den weltweiten wirtschaftlichen Beziehungen deutscher Unternehmen eine zwingende Entwicklung, die zudem erst an ihrem Anfang steht.

Indes: Allein die Kenntnis des Rechts und die Beobachtung von Rechtsentwicklungen gewährleisten noch nicht den notwendigen Erfolg in der täglichen Arbeit. Erfahrung, Einfühlungsvermögen, Sensibilität für die Probleme des Alltags, rasches Erkennen der Situation, das Gefühl für die richtige Lösung, die Fähigkeit zum strategischen Denken, eine effiziente Arbeitsweise und Verhandlungsgeschick sind unter anderem Voraussetzung, um als Baujurist auch wirtschaftlich erfolgreich zu sein.

Vor diesem Hintergrund haben Herausgeber, Autoren und Verlag versucht, dem Leser mit dem „Handbuch Baurecht" ein Arbeitsmittel an die Hand zu geben, das ihm eine Kombination aus der Vermittlung von baurechtlichem Wissen und praktischer Erfahrung bietet. Primär ausgerichtet an den Bedürfnissen des An-

Vorwort

walts werden die Probleme des Baurechts dargestellt und von erfahrenen Praktikern entwickelte Lösungen angeboten.

Dass die baurechtliche Materie immer komplexer und umfassender wird, ist auf das vorliegende Werk nicht ohne Einfluss geblieben. Das ursprünglich als „Einbänder" angelegte, vor allem materiellrechtlich ausgerichtete Handbuch wird demnächst durch einen zusätzlichen Band ergänzt werden, der sich auf das Prozessrecht und weitere Nebengebiete konzentrieren wird.

Besonderen Dank gebührt Herrn Rechtsanwalt Holger Frank aus Lübeck, der mit seinem Einsatz und seinen Ideen zum Gelingen des Werkes beigetragen hat.

Alle Beteilten hoffen, dass das vorliegende Werk den Benutzer weiterführt. Sie erhoffen sich aber auch Anregungen und Verbesserungswünsche. Daher wird der Leser schon jetzt aufgefordert, den Kontakt zum Verlag, Herausgeber und den Autoren zu suchen. Auch dies soll Sinn eines solchen Handbuchs sein.

Düsseldorf/Köln, im August 2004   Herausgeber und Autoren

Inhaltsübersicht

	Seite
Vorwort	V
Abkürzungsverzeichnis	XVII
Literaturverzeichnis	XXV

Teil 1
Die Bearbeitung baurechtlicher Mandate (Einführung)
(Korbion)

		Rz.	Seite
I.	Allgemeine Hinweise	1	1
II.	Vorbereitung des Gesprächs mit dem Mandanten	10	3
III.	Das Mandantengespräch	15	4
IV.	Nach dem ersten Mandantengespräch	46	13
V.	Die außergerichtliche Streiterledigung in Bausachen	48	14

Teil 2
Steuern
(Meyer)

		Rz.	Seite
I.	Allgemeines zu Privatpersonen und Gesellschaftern	1	24
II.	Einkommensteuer	91	38
II.	Körperschaftsteuer	123	43
IV.	Gewerbesteuer	136	45
V.	Umsatzsteuer	145	46
VI.	Grunderwerbsteuer	166	50
VII.	Grundsteuer	177	51
VIII.	Erbschaftsteuer und Schenkungsteuer	188	53

Teil 3
Notartätigkeit und grundbuchliche Probleme
(Klingenfuss)

		Rz.	Seite
I.	Notartätigkeit bei Grundstücks- und Erwerberverträgen	1	60
II.	Grundbuch und Grundpfandrecht	154	110

Teil 4
Privates Nachbarrecht
(Quadbeck)

		Rz.	Seite
I.	Einleitung	1	137
II.	Beseitigung und Unterlassungsanspruch nach § 1004 BGB	5	139
III.	Grenzbebauung	29	145
IV.	Zustand und Veränderung des Baugrundstücks	86	158
V.	Nachbarrechtliche Ansprüche im Zusammenhang mit der Ausführung von Bauarbeiten	118	166
VI.	Übersicht: Nachbargesetze in den einzelnen Bundesländern	142	175

Teil 5
Öffentliches Nachbarrecht
(Quadbeck)

		Rz.	Seite
I.	Einleitung	1	177
II.	Materielle Voraussetzungen eines nachbarrechtlichen Abwehranspruchs	2	178
III.	Verfahrensrecht	41	187

Teil 6
Versicherungsrecht
(Thesenvitz)

		Rz.	Seite
I.	Erstbearbeitung eines Mandats mit versicherungsrechtlichem Bezug	1	194
II.	Spezielle Versicherungsfragen für den Bauherrn	27	200
III.	Die Berufshaftpflichtversicherung der Architekten und Ingenieure	44	205
IV.	Spezielle Versicherungsfragen für Bauunternehmer	69	214
V.	Anhang	166	239

Teil 7
Der Bauvertrag (Überblick)
(Schumacher)

		Rz.	Seite
I.	Bauvertragsbegriff	1	243
II.	Werkvertrag, Dienstvertrag, Geschäftsbesorgungsvertrag	4	243
III.	Vertragsabschluss	12	245
IV.	Allgemeine, Besondere, Zusätzliche Vertragsbedingungen, VOB	19	246

		Rz.	Seite
V.	Stellvertretung/ARGE	27	248
VI.	Prüfliste	35	249
VII.	Muster eines BGB-Vertrags	36	251
VIII.	Muster eines VOB/B-Vertrags	37	251

Teil 8
Vergabe an Unternehmer
(Dieblich)

		Rz.	Seite
I.	Öffentliche Vergabe	1	257
II.	Grundzüge der Vergabeverfahren mit Hinweisen zur anwaltlichen Beratung	117	295
III.	Fehler im Vergabeverfahren: Checkliste und Beanstandungsmöglichkeiten	354	347
IV.	Private Vergabe	358	350

Teil 9
Vergabeüberprüfung
(Anders)

		Rz.	Seite
I.	System der Vergabeüberprüfung und des Vergaberechtsschutzes	1	355
II.	Kartellrechtliches Nachprüfungsverfahren	50	365
III.	Eilverfahren vor der Vergabekammer	224	411
IV.	Sofortige Beschwerde zum Oberlandesgericht	241	417
V.	Eilverfahren im Beschwerderechtszug	269	427
VI.	Bindungswirkung von Hauptsacheentscheidungen im Nachprüfungsverfahren	300	437
VII.	Divergenzvorlage an den Bundesgerichtshof	308	438

Teil 10
Architektenvertrag
(Schmidt)

		Rz.	Seite
I.	Allgemeines zum Architektenvertrag	1	443
II.	Pflichten des Architekten	84	462
III.	Haftung des Architekten	96	464
IV.	Anwendungsbereich der HOAI	201	486
V.	Urheberrechte des Architekten	344	518

		Rz.	Seite
VI.	Der Architektenvertrag	355	520
VII.	Der Architekt/Ingenieur im Prozess	386	526

Teil 11
Hauptunternehmervertrag
(Schmid)

		Rz.	Seite
I.	Definition eines Hauptunternehmervertrags; Abgrenzung von ähnlichen Vertragstypen	1	538
II.	Vor- und Nachteile des Hauptunternehmervertrags aus Sicht des Auftraggebers	21	541
III.	Besondere Risiken aus der Sicht des Hauptunternehmers	89	558
IV.	Die wichtigsten Regelungen des Hauptunternehmervertrags	96	560
V.	Probleme der Kündigung des Hauptunternehmervertrags	161	577
VI.	Mustervertrag	199	587

Teil 12
Subunternehmereinsatz und Subunternehmervertrag
(Schmid)

		Rz.	Seite
I.	Begriff, Rechtsverhältnisse und Abgrenzung zu anderen Vertragsformen	1	597
II.	Der Einsatz von Subunternehmen aus der Sicht des Hauptauftraggebers	13	600
III.	Besondere Risiken des Subunternehmers und weiterer Untervertragsparteien (Sub-Subunternehmer)	21	603
IV.	Sicherungsmöglichkeiten für den Subunternehmer	41	609
V.	Das Verhältnis des Subunternehmers zu anderen (Sub-) Unternehmern	68	620
VI.	Mustervertrag	89	628

Teil 13
Generalübernehmervertrag
(Schumacher)

		Rz.	Seite
I.	Abgrenzung zum Generalunternehmervertrag	1	639
II.	Rechtliche Grundlagen	4	640
III.	Vertragsgestaltung	29	645
IV.	Besonderheiten – Steuerliche Probleme	36	648

Teil 14
Projektsteuerung
(Möllers)

		Rz.	Seite
I.	Einführung	1	652
II.	Zur Person des Projektsteuerers und Abgrenzung seiner Tätigkeit zu anderen Baubeteiligten	16	657
III.	Leistungsbereiche und Aufgabenprofile des Projektsteuerers	32	661
IV.	Rechtsnatur des Projektsteuerungsvertrags	62	671
V.	Ausgewählte Rechtsprobleme beim Projektsteuerungsvertrag	68	673

Teil 15
Nebenpflichten der Bauvertragsparteien bei Planung und Ausführung
(Korbion)

I.	Vorbereitung der Bauausführung	1	722
II.	Ausführung der Bauleistung	99	745
III.	Bauvertragsklauseln zur Ausführung der Bauleistung	269	782

Teil 16
Ausführungsfristen
(Waldner/Lubojanski)

I.	Ausführungsfristen (§ 5 VOB/B)	1	786
II.	Eingetretene Verzögerung (§ 5 Ziff. 4 VOB/B)	67	802
III.	Regelungen im BGB-Vertrag	113	813
IV.	Mustertexte	149	820

Teil 17
Behinderung und Unterbrechung
(Berger)

I.	Behinderung	1	827
II.	Unterbrechung	153	875
III.	Schadensersatzanspruch	206	891

Teil 18
Kündigung
(Frank)

I.	Die Kündigung beim BGB-Werkvertrag	2	946
II.	Die Kündigung beim VOB/B-Bauvertrag	17	950

			Rz.	Seite
III.	Wirkung der Kündigung		48	956
IV.	Vergütungsansprüche nach Kündigung		53	958

Teil 19
Abnahme
(Frank)

			Rz.	Seite
I.	Zentrale Bedeutung der Abnahme im VOB- und BGB-Vertrag		1	969
II.	Wirkungen der Abnahme		17	972
III.	Formen der Abnahme		172	1006
IV.	Befugnis zur Abnahme		276	1029
V.	Abnahmeverweigerung nach VOB und BGB		285	1031
VI.	Anfechtung der Abnahme		320	1038
VII.	Abnahme im Verhältnis Haupt-/Nachunternehmer		327	1040
VIII.	Sicherheitsleistung nach Abnahme		337	1043
IX.	Klauseln in Allgemeinen Geschäftsbedingungen		354	1046
X.	Abnahme und Selbständiges Beweisverfahren		374	1050

Teil 20
Gewährleistung
(Frank)

			Rz.	Seite
I.	Einleitung		1	1055
II.	Allgemeines zu den Gewährleistungsrechten des Auftraggebers		3	1056
III.	Mangel der Werkleistung		11	1060
IV.	Mängelansprüche des Auftraggebers beim BGB-Bauvertrag		134	1098
V.	Mängelansprüche des Auftraggebers beim VOB-Vertrag (VOB 2000)		285	1139
VI.	Mängelansprüche des Auftraggebers nach Abnahme gemäß § 13 Nr. 5 bis 7		312	1145
VII.	Ansprüche des Auftragnehmers		321	1147
VIII.	Verjährung der Gewährleistungsansprüche		327	1148
IX.	Prozessuale Besonderheiten		393	1165

Teil 21
Werklohn des Unternehmers
(Billig/Degen)

		Rz.	Seite
I.	Allgemeines	1	1174
II.	Gegenstand der Vergütung	3	1175
III.	Preisfindung und preisvertragliche Gestaltung	25	1179
IV.	Nachträgliche Preisanpassungen	57	1186
V.	Preisanpassung bei vorzeitigem Vertragsende	217	1223
VI.	Fälligkeit des Vergütungsanspruchs	256	1232
VII.	Verjährung des Vergütungsanspruchs	264	1233
VIII.	Vergütung von Schwarzarbeit	286	1237

Teil 22
Abrechnung der Bauleistung
(Billig/Degen)

		Rz.	Seite
I.	Allgemeines	1	1243
II.	Voraussetzungen für die Abrechnung	13	1246
III.	Abrechnungsweise	43	1253
IV.	Anforderungen an die Prüffähigkeit	59	1256
V.	Schlussrechnung	92	1263
VI.	Abrechnung von Stundenlohnarbeiten	118	1268

Teil 23
Verzögerungsschaden
(von Wietersheim)

		Rz.	Seite
I.	Vorbemerkung	1	1280
II.	Handlungsmöglichkeiten des Auftragnehemers bei Nichtzahlung nach neuer Gesetzeslage	5	1281
III.	Handlungsmöglichkeiten des Auftragnehmers bei sonstiger Nichtleistung nach neuer Gesetzeslage	88	1298
IV.	Handlungsmöglichkeiten des Auftragnehmers bei Nichtzahlung nach früherer Gesetzeslage	141	1309
V.	Handlungsmöglichkeiten des Auftragnehmers	156	1311
VI.	Handlungsmöglichkeiten des Auftraggebers wegen verspäteter Leistung des Auftragnehmers nach neuer Gesetzeslage	157	1312

		Rz.	Seite
VII.	Handlungsmöglichkeiten des Auftraggebers wegen Leistungsverzugs nach früherer Gesetzeslage	204	1321

Teil 24
Schlichtung und Mediation
(Moehren)

		Rz.	Seite
I.	Einführung	1	1325
II.	Institutionelle Schlichtungsstellen	12	1328
III.	Streitschlichtung nach § 18 Nr. 2 VOB/B bei Meinungsverschiedenheiten mit der öffentlichen Hand	18	1329
IV.	Streitschlichtung nach § 18 Nr. 3 VOB/B (Materialtechnische Prüfung)	29	1331
V.	Obligatorische Streitschlichtung gemäß § 15 a EGZPO	34	1332
VI.	Obligatorische Güteverhandlung gemäß § 278 ZPO	39	1333
VII.	Mediation	48	1336
VIII.	Weitere Verfahren	56	1337
IX.	Schlichtungs- und Schiedsordnung für Baustreitigkeiten (SOBau)	64	1339
X.	Anhang	156	1373

Teil 25
Wohneigentumsverwaltung
(Frank/Kulisch)

		Rz.	Seite
I.	Einleitung	1	1379
II.	Verwaltung und Gewährleistung	7	1380
III.	Durchsetzung der Gewährleistungsansprüche	54	1393
IV.	Anhang	76	1398

Teil 26
Mieter und Baumaßnahmen
(Schacht)

		Rz.	Seite
I.	Rechtliche Beziehung	1	1403
II.	Rechte des Mieters gegenüber Vermieter, Bauträger und Bauunternehmer	3	1404
III.	Muster	36	1413

		Rz.	Seite

Teil 27
Internationales Bau- und Architektenrecht
(Hök/Manterfeld)

I.	Überblick	1	1418
II.	Privates Baurecht	3	1419
III.	Architektenrecht	181	1471

Teil 28
Baustellenverordnung
(von Wietersheim)

I.	Grundsätzliches zur BaustellV	1	1480
II.	Übersicht: Pflichten des Bauherren nach der BaustellV	24	1484
III.	Anwendungsbereich der BaustellV	29	1487
IV.	Pflichten des Bauherren	80	1497
V.	Pflichten des Koordinators	102	1502
VI.	Pflichten der Arbeitgeber/sonstigen Personen	113	1505
VII.	Pflichten der Arbeitnehmer	118	1506
VIII.	Weitere sinnvolle Maßnahmen	120	1507
IX.	Rechtsfolgen von Verstößen	121	1507
X.	Europäisches Recht/Staatshaftungsrecht	164	1515
XI.	Übersicht über Auslegungs- und Anwendungshilfen	169	1517

Teil 29
Recht des Baugrundes und Tiefbaurecht
(Lange)

I.	Tiefbaurecht	1	1520
II.	Das Baugrund- und Systemrisiko	230	1570

Anhang

I.	Landesrechtliche Versicherungspflichten für Architekten, Ingenieure und andere Berufe im Bereich des Bauwesens	1581
II.	Quelle der einschlägigen Landesgesetze im Internet	1606

Stichwortverzeichnis	1609

Abkürzungsverzeichnis

a. A.	anderer Ansicht
a. A. O.	am angegebenen Orte
ABl.	Amtsblatt der Europäischen Gemeinschaften
Abs.	Absatz
AEntG	Gesetz über zwingende Arbeitsbedingungen bei grenzüberschreitenden Dienstleistungen v. 26. 2. 1996, BGBl. I, 227, zuletzt geändert durch Art. 9 Gesetz v. 23. 7. 2004, BGBl. I, 1842
a. F.	alte Fassung
AG	Amtsgericht
AGB	Allgemeine Geschäftsbedingungen
AGBG	Gesetz zur Regelung des Rechts der Allgemeinen Geschäftsbedingungen i. d. F. v. 29. 6. 2000, BGBl. I, 946, aufgehoben durch Art. 6 Nr. 4 SchuldRModG
AktG	Aktiengesetz v. 6. 9. 1965, BGBl. I, 1089, zuletzt geändert durch Art. 5 Nr. 3 Gesetz v. 18. 5. 2004, BGBl. I, 974
Alt.	Alternative
Anm.	Anmerkung
AO	Abgabenordnung 1977 i. d. F. v. 1. 10. 2002, BGBl. I, 3866; 2003 I, 61, zuletzt geändert durch Art. 1 Gesetz v. 21. 7. 2004, BGBl. I, 1753
ArbSchG	Gesetz über die Durchführung von Maßnahmen des Arbeitsschutzes zur Verbesserung der Sicherheit und des Gesundheitsschutzes der Beschäftigten bei der Arbeit v. 7. 8. 1996, BGBl. I, 1246, zuletzt geändert durch Art. 2b Gesetz v. 23. 4. 2004, BGBl. I, 602
ARGE	Arbeitsgemeinschaft
Art.	Artikel
ASGB	Ausschuss für Sicherheit und Gesundheitsschutz auf Baustellen
Aufl.	Auflage
BAG	Bundesarbeitsgericht
BauGB	Baugesetzbuch i. d. F. der Bekanntmachung v. 27. 8. 1997, BGBl. I, 2141, zuletzt geändert durch Art. 1 Gesetz v. 24. 6. 2004, BGBl. I, 1359
BauNVO	Verordnung über die bauliche Nutzung der Grundstücke i. d. F. v. 23. 1. 1990, BGBl. I, 132, Änderung durch Art. 3 Gesetz v. 22. 4. 1993 BGBl. I, 466
BauO	Landesbauordnung NW i. d. F. v. 30. 5. 2000, GVBl. NRW 2000, 439, zuletzt geändert durch Gesetz v. 4. 5. 2004, GVBl. NRW 2004, 248
BauR	Zeitschrift für das gesamte öffentliche und private Baurecht
BauStellV	Baustellenverordnung

Abkürzungsverzeichnis

BayObLG	Bayerisches Oberstes Landesgericht
BayObLGZ	Sammlung der Entscheidungen des Bayerischen Obersten Landesgerichts
BB	Betriebs-Berater
BBauG	siehe BauGB
BeurkG	Beurkundungsgesetz v. 28. 8. 1969, BGBl. I, 1513, zuletzt geändert durch Art. 2c Gesetz v. 23. 4. 2004, BGBl. I, 598
BewG	Bewertungsgesetz i. d. F. v. 1. 2. 1991, BGBl. I, 230, zuletzt geändert durch Art. 14 Gesetz v. 20. 12. 2001, BGBl. I, 3794
BGB	Bürgerliches Gesetzbuch i. d. F. der Bekanntmachung v. 2. 1. 2002, BGBl. I, 42, 2909, BGBl. I, 2003, 738, zuletzt geändert durch Art. 4 Abs. 34 Gesetz v. 5. 5. 2004, BGBl. I, 718
BGBl.	Bundesgesetzblatt
BGH	Bundesgerichtshof
BGHZ	Entscheidungen des Bundesgerichtshofs in Zivilsachen
BGV	Berufsgenossenschaftliche Vorschriften
BHO	Bundeshaushaltsordnung v. 19. 8. 1969, BGBl. I, 1284, Änderung durch Art. 3 Gesetz v. 17. 6. 1999, BGBl. I, 1334
BKR	„Baukoordinierungsrichtlinie", Richtlinie 93/37/EWG des Rates der EG vom 14. 6. 1993 zur Koordinierung der Verfahren zur Vergabe öffentlicher Bauaufträge i. d. F. der Richtlinie 97/52/EG v. 13. 10. 1997, Abl. EG L, 1, zuletzt geändert durch Richtlinie 2001/78/EG der Kommission v. 13. 9. 2001, ABl. EG 2001 L, 285, 1
BNotO	Bundesnotarordnung v. 24. 2. 1961, BGBl. I, 98, III 3 Nr. 303–1, zuletzt geändert durch Art. 2b Gesetz v. 23. 4. 2004, BGBl. I, 598
BRAGO	Bundesgebührenordnung für Rechtsanwälte v. 26. 7. 1957, BGBl. I, 861, 907, aufgehoben durch Art. 6 Nr. 4 Gesetz v. 5. 5. 2004, BGBl. I, 718
BRS	Baurechtssammlung
II. BV	Verordnung über wohnungswirtschaftliche Berechnungen i. d. F. v. 12. 10. 1990, BGBl. I, 2178, zuletzt geändert durch Verordnung v. 25. 11. 2003, BGBl. I, 2346
BVerfG	Bundesverfassungsgericht
BVerwG	Bundesverwaltungsgericht
DB	Der Betrieb
DBA	Doppelbesteuerungsabkommen
DIN	Norm des Deutschen Instituts für Normung e. V.
DKR	„Dienstleistungskoordinierungsrichtlinie", Richtlinie 92/50/EWG des Rates der EG vom 18. 6. 1992 über die Koordinierung der Verfahren zur Vergabe öffentlicher Dienstleistungsaufträge i. d. F. der Richtlinie 97/52/EG v. 13. 10. 1997, Abl. EG, L, 1
DONot	Dienstordnung für Notare

DöV	Die öffentliche Verwaltung
DNotZ	Deutsche Notar-Zeitschrift
DVA	Deutscher Verdingungsausschuss für Bauleistungen
DVAL	Deutscher Verdingungsausschuss für Leistungen
EG	Europäische Gemeinschaft
EGBGB	Einführungsgesetz zum Bürgerlichen Gesetzbuch i. d. F. der Bekanntmachung v. 21. 9. 1994, BGBl. I, 2494; 1997, 1061, zuletzt geändert durch Art. 2 Nr. 1 Gesetz v. 23. 4. 2004, BGBl. I, 598
EGV	Vertrag zur Gründung der Europäischen Gemeinschaft
ErbbauVO	Verordnung über das Erbbaurecht v. 5. 1. 1919, RGBl. 72, zuletzt geändert durch Art. 25 Abs. 9 Gesetz v. 23. 7. 2002, BGBl. I, 2850
ErbStG	Erbschaftsteuer- und Schenkungsteuergesetz 1974 i. d. F. v. 27. 2. 1997, BGBl. I, 278, zuletzt geändert durch Art. 13 Gesetz v. 29. 12. 2003, BGBl. I, 3076
EStG	Einkommensteuergesetz i. d. F. v. 19. 10. 2002, BGBl. I, 4210, 2003 I, 179, zuletzt geändert durch Art. 1 Gesetz v. 5. 7. 2004, BGBl. I, 1427
EU	Europäische Union
EuGH	Gerichtshof der Europäischen Gemeinschaften
EuGVÜ	Übereinkommen der europäischen Gemeinschaft über die gerichtliche Zuständigkeit und die Vollstreckung gerichtlicher Entscheidungen in Zivil- und Handelssachen v. 27. 9. 1968, BGBl. 1972 II, 774
EuGVVO	Verordnung Nr. 44/2001 des europäischen Rates v. 22. 12. 2000 über die gerichtliche Zuständigkeit und die Anerkennung und Vollstreckung von Entscheidungen in Zivil- und Handelssachen
EUK	EUROPA Kompakt
EuZW	Europäische Zeitschrift für Wirtschaftsrecht
EWG	Europäische Wirtschaftsgemeinschaft
EWS	Europäisches Wirtschafts- und Steuerrecht
ff.	(fort-)folgende
GBO	Grundbuchordnung i. d. F. v. 26. 5. 1994, BGBl. I, 1114, zuletzt geändert durch Art. 7 G v. 26. 10. 2001, BGBl. I, 2710
GewStG	Gewerbesteuergesetz i. d. F. v. 15. 10. 2002, BGBl. I, 4167, zuletzt geändert durch Art. 12 Gesetz v. 29. 12. 2003, BGBl. I, 3076
GrEStG	Grunderwerbssteuergesetz 1983, i. d. F. v. 26. 2. 1997, BGBl. I, 418, 1804, zuletzt geändert durch Art. 26 Gesetz v. 21. 8. 2002, BGBl. I, 3322
GSB	Gesetz über die Sicherung der Bauforderungen v. 1. 6. 1909, zuletzt geändert durch Gesetz v. 5. 10. 1994, BGBl. I., 2911

Abkürzungsverzeichnis

GWB	Gesetz gegen Wettbewerbsbeschränkungen i. d. F. v. 26. 8. 1998, BGBl. I, 2546, zuletzt geändert durch Art. 4 Abs. 63 Gesetz v. 5. 5. 2004, BGBl. I, 718
h. M.	herrschende Meinung
HGB	Handelsgesetzbuch v. 10. 5. 1897, RGBl. 219, BGBl. III 4 Nr. 4100–1, zuletzt geändert durch Art. 3 Abs. 3 Gesetz v. 6. 4. 2004, BGBl. I, 550
HGrG	Gesetz über die Grundsätze des Haushaltsrechts des Bundes und der Länder v. 19. 8. 1969, BGBl. I, 1273, zuletzt geändert durch Art. 63 Gesetz v. 23. 12. 2003, BGBl. I, 2848
HOAI	Verordnung über die Honorare für Leistungen der Architekten und Ingenieure i. d. F. v. 4. 3. 1991, BGBl. I, 533, zuletzt geändert durch Art. 5 Gesetz v. 10. 11. 2001, BGBl. I, 2992
Hs.	Halbsatz
HWiG	Gesetz über den Widerruf von Haustürgeschäften und ähnlichen Geschäften i. d. F. v. 29. 6. 2000, aufgehoben durch Art. 6 Nr. 5 SchuldRModG
IBR	Immobilien- und Baurecht
i. d. F.	in der Fassung
i. S. v./i. S. d.	im Sinne von/im Sinne der (des)
i. V. m.	in Verbindung mit
KG	Kammergericht
KostO	Gesetz über die Kosten in Angelegenheiten der freiwilligen Gerichtsbarkeit i. d. F. v. 26. 7. 1957, BGBl. I, 960, III 3 Nr. 361–1, zuletzt geändert durch Art. 1 Verordnung v. 3. 7. 2004, BGBl. I, 1410
KStG	Körperschaftsteuergesetz 1977 i. d. F. v. 15. 10. 2002, BGBl. I, 4144, zuletzt geändert durch Art. 11 Gesetz v. 29. 12. 2003, BGBl. I, 3076
LG	Landgericht
Lit.	Literatur
LKR	„Lieferkoordinierungsrichtlinie" Richtlinie 93/36/EWG des Rates der EG vom 14. 6. 1993 über die Koordinierung der Verfahren zur Vergabe öffentlicher Lieferaufträge i. d. F. der Richtlinie 97/52/EG v. 13. 10. 1997, Abl. EG, L, 1
LM	Das Nachschlagewerk des Bundesgerichtshofes in Zivilsachen herausgegeben von Lindenmayer/Möhring
LuGVÜ	Luganer Konvention über die gerichtliche Zuständigkeit und die Vollstreckung gerichtlicher Entscheidungen in Zivil- und Handelssachen, Übereinkommen vom 16. 9. 1988, BGBl. 1994 II, 2658
LWG	Landeswassergesetz (NW = Nordrhein-Westfalen)

MaBV	Verordnung über die Pflichten der Makler, Darlehns- und Anlagenvermittler, Bauträger und Baubetreuer i. d. F. v. 7. 11. 1990, BGBl. I, 2479, zuletzt geändert durch Verordnung v. 14. 2. 1997, BGBl. I, 272
MDR	Monatsschrift für Deutsches Recht
MittBayNot	Mitteilungen des Bayerischen Notarvereins
MRVG	Gesetz zur Verbesserung des Mietrechts und zur Begrenzung des Mietanstiegs sowie zur Regelung von Ingenieur- und Architektenleistungen v. 4. 11. 1971, BGBl. I, 1745
MRVerbG	siehe MRVG
MünchKomm	Münchner Kommentar
m. w. N.	mit weiteren Nachweisen
NachbG	Nachbargesetz NRW v. 13. 4. 1995, zuletzt geändert durch Gesetz v. 7. 3. 1995, GVBl. NRW 95, 193
n. F.	neue Fassung
Nr.	Nummer
NJW	Neue Juristische Wochenschrift
NJW-RR	NJW-Rechtsprechungsreport
NVersZ	Neue Zeitschrift für Versicherung und Recht
NVwZ	Neue Zeitschrift für Verwaltungsrecht
NWVBl.	Nordrhein-westfälische Verwaltungsblätter
NZBau	Neue Zeitschrift für Baurecht und Vergaberecht
OLG	Oberlandesgericht
OLGZ	Sammlung der Entscheidungen der Oberlandesgerichte in Zivilsachen
RAB	Regeln zum Arbeitsschutz auf Baustellen
RBerG	Rechtsberatungsgesetz v. 13. 12. 1935, BGBl. I, 1478, III 3 Nr. 303–12, zuletzt geändert durch Art. 21a des Gesetzes v. 21. 6. 2002, BGBl. I, 2072
RG	Reichsgericht
RGZ	Sammlung der Entscheidungen des Reichsgerichts in Zivilsachen
RiA	Recht im Amt, Zeitschrift für den öffentlichen Dienst
Rs.	Rechtssache
r + s	Recht und Schaden
RVG	Gesetz über die Vergütung der Rechtsanwältinnen und Rechtsanwälte v. 5. 5. 2004, BGBl. I, 2004, 718, 788, zuletzt geändert durch Art. 7 Gesetz v. 23. 7. 2004, BGBl. I, 1838
Rz.	Randziffer
SchuldRModG	Gesetz zur Modernisierung des Schuldrechts v. 26. 11. 2001, BGBl. I, 3138
S/F/H	Schäfer/Finnern/Hochstein
SiGeKo	Sicherheits- und Gesundheitskoordinator

SignaturG	Gesetz über Rahmenbedingungen für elektronische Signaturen v. 16. 5. 2001, BGBl. I, 876, geändert durch Art. 2 Gesetz v. 16. 5. 2001 BGBl. I, 876
SKR	„Sektorenrichtlinie", Richtlinie 93/38/EWG des Rates betreffend die Auftragsvergabe durch Auftraggeber im Bereich Wasser-, Energie- und Verkehrsversorgung sowie Telekommunikationssektor i. d. F. der Richtlinie 98/4/EG, zuletzt geändert durch Richtlinie 2001/78/EG des Rates
StGB	Strafgesetzbuch i. d. F. v. 13. 11. 1998, BGBl. I, 3322, zuletzt geändert durch § 20 Abs. 6 Gesetz v. 3. 7. 2004, BGBl. I, 1414
str.	streitig
StrWG	Straßen- und Wegegesetz (der Länder)
TzWrG	Teilzeit-Wohnrechtegesetz i. d. F. v.29. 6. 2000, BGBl. I, 957, aufgehoben durch Art. 6 Nr. 6 SchuldRModG
UStG	Umsatzsteuergesetz1980 i. d. F. v. v. 9. 6. 1999, BGBl. I, 1270, zuletzt geändert durch Art. 1 Gesetz v. 23. 4. 2004, BGBl. I, 601
UVV	Unfallverhütungsvorschriften
VerBAV	Veröffentlichungen des Bundesaufsichtsamtes für das Versicherungswesen
VergabE	Entscheidungssammlung zum europäischen und deutschen Vergaberecht
VergabeR	Zeitschrift für das gesamte Vergaberecht
VersR	Versicherungsrecht
VgRÄG	„Vergaberechtsänderungsgesetz", Gesetz zur Änderung der Rechtsgrundlagen für die Vergabe öffentlicher Aufträge v. 26. 8. 1998
VgV	Verordnung über die Vergabebestimmungen für Öffentliche Aufträge i. d. F. v. 11. 2. 2003, BGBl. I, 169, geändert durch Art. 272 Verordnung v. 25. 11. 2003, BGBl. I, 2304
VK	Vergabekammer
VOB	Verdingungsordnung für Bauleistungen
VOB/A	Verdingungsordnung für Bauleistungen Teil A: Allgemeine Bestimmungen für die Vergabe von Bauleistungen
VOB/B	Verdingungsordnung für Bauleistungen Teil B: Allgemeine Vertragsbedingungen für die Ausführung von Bauleistungen
VOB/C	Verdingungsordnung für Bauleistungen Teil C: Allgemeine technische Vertragsbedingungen für Bauleistungen
VOF	Verdingungsordnung für freiberufliche Dienstleistungen
VOL/A	Verdingungsordnung für Leistungen ausgenommen Bauleistungen Teil A: Allgemeine Bestimmungen für die Vergabe von Leistungen

VOL/B	Verdingungsordnung für Leistungen Teil B: Allgemeine Vertragsbedingungen für die Ausführung von Leistungen
VÜA	Vergabeüberwachungsausschuss
WEG	Gesetz über das Wohnungseigentum und Dauerwohnrecht v. 15. 3. 1951, BGBl. I, 175, III 4 Nr. 403, zuletzt geändert durch Art. 4 Abs. 36 Gesetz v. 5. 5. 2004, BGBl. I, 718
WEGB	Vfg.Wohnungseigentumsgrundbuchverfügung
WegeG	Straßen- und Wegegesetz (der Länder)
WM	Zeitschrift für Wirtschafts- und Bankrecht, Wertpapiermitteilungen Teil IV
WRP	Wettbewerb in Recht und Praxis
WuW	Wirtschaft und Wettbewerb
ZfBR	Zeitschrift für Baurecht
ZfIR	Zeitschrift für Immobilienrecht
zfs	Zeitschrift für Schadensrecht
ZGB	Zivilgesetzbuch der DDR v. 19. 6. 1975, GBl. I, 465
ZMR	Zeitschrift für Mietrecht
ZPO	Zivilprozessordnung i. d. F. v. 12. 9. 1950, BGBl. I, 535, III 3 Nr. 310–4, zuletzt geändert durch Art. 4 Abs. 20 Gesetz v. 5. 5. 2004, BGBl. I, 718
ZVgR	Zeitschrift für deutsches und internationales Vergaberecht
ZVI	Zeitschrift für Verbraucher- und Privat-Insolvenzrecht

Literaturverzeichnis

Albrecht/Flohr/Lange, Schuldrecht 2002, 2001

Bärmann/Pick, Kommentar zum Wohnungseigentumsgesetz, 15. Aufl. 2001
Bärmann/Pick/Merle, Kommentar zum Wohnungseigentumsgesetz, 9. Aufl. 2003
Bartl, Handbuch Öffentliche Aufträge, 2. Aufl. 2000
Basty, DAI-Skript, Praktikertagung zum Bauträgerrecht, 1991
Battis/Krautzberger/Löhr, Baugesetzbuch-BauGB, 8. Aufl. 2002
Baumbach/Hopt, Kommentar zum Handelsgesetzbuch, 30. Aufl. 2000
Baumbach/Hopt, Kommentar zum Handelsgesetzbuch, 31. Aufl. 2003
Bechtold, Kartellgesetz, Gesetz gegen Wettbewerbsbeschränkungen, Kommentar, 3. Aufl. 2002 zum Teil: 2. Aufl. 1999
Beck'scher VOB-Kommentar, Hrsg. v. *Ganten/Jagenburg/Motzke*, Teil B, 1. Aufl. 1997
Beck'scher VOB-Kommentar, Hrsg. v. *Motzke/Pietzcker/Prieß*, Teil A, 1. Aufl. 2001
Beck'sches Notarhandbuch, Hrsg. v. *Brambring/Jerschke*, 3. Aufl. 2000
Bénabent, Droit civil, Les contrats spéciaux civils et commerciaux, 5. Aufl. 2001
Benedict, Sekundärzwecke im Vergabeverfahren, 2000
Bernstorff, Einführung in das englische Recht, 2000
Boesen, Vergaberecht, Kommentar, 4. Aufl. 2000
Boesen, Vergaberecht, Kommentar zum Vergaberechtsänderungsgesetz, 1999
Boisserée, Die Haftung der Baubeteiligten für Schäden an Nachbargebäuden, 2002
Boysen/Plett, Bauschlichtung in der Praxis, 2000
Brambring/Jerschke, Siehe unter Beck'sches Notarhandbuch
Brohm, Öffentliches Baurecht, 3. Aufl.
Bruck/Möller/Sieg/Johannsen, VVG-Kommentar, 1970
Brych/Pause, Bauträgerkauf und Baumodelle, 3. Aufl. 1999
Bschorr/Zanner, Die Vertragsstrafe im Bauwesen, 2003
Büchner/Schlotterbeck, Baurecht, 3. Aufl. 1999
Bülow/Böckstiegel/Geimer/Schütze, Internationaler Rechtsverkehr, Loseblattwerk, Stand: Februar 2004
Byok/Jaeger (Hrsg.), Kommentar zum Vergaberecht, 2000

Dalloz, Action Construction, 2000
Daub/Eberstein (Hrsg.), Kommentar zur VOL/A, 5. Aufl. 2000, zum Teil: 4. Aufl. 1998
Dauner-Lieb/Heidel/Lepa/Ring (Hrsg.), Das neue Schuldrecht, 2002
Deckert (Hrsg.), Die Eigentumswohnung, Loseblattwerk, 1982 ff.
Dehner, Nachbarrecht, Loseblattwerk, Stand: 2002
Delvaux/Dessard, Le contrat d'énterprise de construction, 1991
Dietrich u. a. (Hrsg.), Siehe unter Erfurter Kommentar zum Arbeitsrecht
Drügemöller, Vergaberecht und Rechtsschutz, 1999

Englert u. a., Freiburger Baurechtstage, Tagungsband 1999
Englert/Bauer, Rechtsfragen zum Baugrund mit Einführung in die Baugrundtechnologien, 2. Aufl. 1991
Englert/Grauvogl/Maurer, Handbuch des Baugrund- und Tiefbaurechts, 3. Aufl. 2004 zum Teil: 2. Aufl. 1999
Erfurter Kommentar zum Arbeitsrecht, Hrsg. v. *Dietrich u. a.*, 4.Aufl. 2004 zum Teil: 3. Aufl. 2003
Erman, Bürgerliches Gesetzbuch, Handkommentar, 11.Aufl. 2004
Eschenbruch, Recht der Projektsteuerung, 1999
Eyermann, Verwaltungsgerichtsordnung, Kommentar, 11. Aufl. 2000
Eylmann/Vaasen, Kommentar zur Bundesnotarordnung und Beurkundungsgesetz, 2. Aufl. 2003 zum Teil: 1. Aufl. 2000

Faßbender/Grauel/Kemp/Ohmen/Peter, Notariatskunde, 15. Aufl. 2004 zum Teil: 13. Aufl. 2000
Festschrift für H. Locher zum 65. Geburtstag, Hrsg. v. *Löffelmann/Korbion*, 1990
Finkelnburg/Ortloff, Öffentliches Baurecht Bd. II, 4. Aufl.
Fischer/Noch/Münkemüller (Hrsg.), VergabE, Entscheidungssammlung zum deutschen und europäischen Vergaberecht, Loseblattwerk, Stand: April 2004
Franke/Höfler, Auftragsvergabe nach VOL und VOF, 1999
Franke/Höfler/Bayer, Bauvergaberecht in der Praxis, Loseblattwerk, 1999 ff.
Franke/Kemper/Zanner/Grünhagen, VOB-Kommentar, Bauvergaberecht, Bauvertragsrecht, 2002
Früh, Die Sowieso-Kosten, 1991

Gad, Untersuchung des Tätigkeitsbildes des Sicherheits- und Gesundheitsschutzkoordinators nach BaustellV und Entwicklung einer differenzierten Kalkulationsmethode, um ein kostendeckendes Honorar zu ermitteln, (Diss.), 2001
Gädtke/Temme/Heintz, Landesbauordnung Nordrhein-Westfalen (BauO NW) 10. Aufl. 2003
Ganten u. a., Freiburger Baurechtstage, Tagungsband 1999
Ganten/Jagenburg/Motzke, Siehe unter Beck'scher VOB-Kommentar, Teil B
Glarinis, Le contrat international de construction, 1993
Glatzel/Hoffmann/Frikell, Unwirksame Bauvertragsklauseln nach dem AGBG, 10. Aufl. 2003 zum Teil 9. Aufl. 2000
Grauvogl u. a., Freiburger Baurechtstage, Tagungsband 1999
Grunsky, Arbeitsgerichtsgesetz, 7. Aufl. 1995

Hankammer, Abnahme von Bauleistungen, 2. Aufl. 2004
Hartmann, Kostengesetze, 34. Aufl. 2004 zum Teil: 31. Aufl. 2002
Hartmann, HOAI, Aktueller Praxiskommentar, Loseblattwerk, Stand: 2001
Heiermann, Abnahmehaftung und Gewährleistungsverpflichtungen im Projektsteuerungsvertrag, in: Der Projektsteuerungsvertrag, 1992
Heiermann/Riedl/Rusam u. a., Handkommentar zur VOB, Teile A und B, 10. Aufl. 2003 zum Teil: 8. Aufl. 1997, 9. Aufl. 2000
Heinrich, Der Baucontrollingvertrag, 2. Aufl. 1998

Henkes/Niedenführ/Schulze, Handbuch und Kommentar zum Wohnungseigentumsgesetz, 1. Auflage 1990; siehe auch *Niedenführ/Schulze*
Herrlein/Kandelhart, ZAP-Praxiskommentar zum Mietrecht, 2003
Hertwig, Praxis der öffentlichen Auftragsvergabe, VOB, VOL, VOF, 2. Aufl. 2001 zum Teil: 1. Aufl. 2000
Hesse/Korbion/Mantscheff/Vygen, Honorarordnung für Architekten und Ingenieure (HOAI), Kommentar, 6. Aufl. 2004; zum Teil: 5. Aufl. 1996
Heussen, Time-Management für Anwälte, 2. Aufl. 2004
Hök, Discovery proceedings als Anerkennungshindernis (Diss.), 1993
Hök, Internationales Baurecht, 2001
Horst, Rechtshandbuch Nachbarrecht, 1. Aufl. 2000
Huhn/von Schuckmann, Beurkundungsgesetz und Dienstordnung für Notare, 4. Aufl. 2003 zum Teil: 3. Aufl. 1995

IBR-online Kommentar, siehe unter *Kniffka*
Immenga/Mestmäcker, Gesetz gegen Wettbewerbsbeschränkungen (GWB), Kommentar zum Kartellgesetz, 3. Aufl. 2001
Ingenstau/Korbion, hrsg. v. *Locher/Vygen,* VOB, Teile A und B, Kommentar, 15. Aufl. 2004 zum Teil: 13. Aufl. 1996, 14. Aufl. 2001

Jestaedt/Kemper/Marx, Das Recht der Auftragsvergabe, 1999
Jochem, HOAI Gesamtkommentar, 4. Aufl. 1998

Kalinowsky, Marc, Der Anspruch der Bieter auf Einhaltung des Vergaberechts nach § 97 Abs. 7 GWB, (Diss.), 2000
Kapellmann (Hrsg.), Juristisches Projektmanagement, 1997
Kapellmann/Messerschmidt (Hrsg.), VOB, Teile A und B, Kurzkommentar 2003
Kapellmann/Schiffers, Vergütung, Nachträge und Behinderungsfolgen beim Bauvertrag, Band 1: Einheitspreisvertrag, 4. Aufl. 2000
Kapellmann/Schiffers, Vergütung, Nachträge und Behinderungsfolgen beim Bauvertrag, Band 2: Pauschalvertrag einschließlich Schlüsselfertigbau, 3. Aufl. 2000
Kasseler Handbuch zum Arbeitsrecht, hrsg. v. *Leinemann,* 2. Aufl. 2000
Kaufhold/Mayerhofer/Reichl, Die VOF im Vergaberecht, 1999
Kegel/Schurig, Internationales Privatrecht, 9. Aufl. 2004
Keidel/Winkler, Beurkundungsgesetz, Kommentar, 15. Aufl. 2003; zum Teil: 14. Aufl. 1999
Kersten/Bühling, Formularbuch und Praxis der freiwilligen Gerichtsbarkeit, 21. Aufl. 2001
Kienmoser, Unzulässige Bauvertragklauseln geprüft von A–Z, 2. Aufl. 1999
Klein/Orlopp, Abgabenordnung, Kommentar, 8. Aufl. 2003; zum Teil: 6. Aufl. 1998
Kleine-Möller/Merl/Oelmaier, Handbuch des privaten Baurechts, 2. Aufl. 1997
Knacke, Auseinandersetzungen im privaten Baurecht, 4. Aufl. 2001; zum Teil: 3. Aufl. 1998
Kniffka, IBR-online Kommentar, Stand: 9. 2. 2004
Kniffka/Koeble, Kompendium des privaten Baurechts: Baurecht und Bauprozess, 2. Aufl. 2004 zum Teil: 1. Aufl. 2000

Kollmer, Baustellenverordnung, Kommentar, 2000
Kollmer/Blachnitzky/Kossens, Die neuen Arbeitsschutzverordnungen, 1999
Kopp, Verwaltungsgerichtsordnung (VwGO), Kommentar, 6. Aufl. 1996
Kopp/Schenke, Verwaltungsgerichtsordnung (VwGO), Kommentar, 13. Aufl. 2003
Korbion, Vergaberechtsänderungsgesetz, Kommentar, 2002
Korbion/Hochstein/Keldungs, VOB-Vertrag, 8. Aufl. 2002
Korbion/Locher, AGBG und Bauerrichtungsverträge, 3. Aufl. 1997
Korintenberg/Lappe/Bengel/Reimann, Kommentar zur Kostenordnung, 15. Aufl. 2002
Kropholler, Europäisches Zivilprozessrecht, 7. Aufl. 2002
Kunnert, WTO-Vergaberecht, 1998
Kuß, Vergabe und Vertragsordnung für Bauleistungen Teile A und B, Kommentar, 4. Aufl. 2003

Lachmann, Handbuch für die Schiedsgerichtspraxis, 2. Aufl. 2002
Lange, Baugrundhaftung und Baugrundrisiko, 1997
Lange u. a., Freiburger Baurechtstage, Tagungsband 1999
Langen/Bunte (Hrsg.), Kommentar zum deutschen und europäischen Kartellrecht, 9. Aufl. 2001
Larenz, Lehrbuch des Schuldrechts, Bd. 1, Allgemeiner Teil, 14. Aufl. 1987
Lauer, Die Haftung des Architekten bei Bausummenüberschreitung, 1993
Leinemann (Hrsg.), Siehe unter Kasseler Handbuch zum Arbeitsrecht
Leinemann/Maibaum, Die VOB 2002, BGB-Bauvertragsrecht und neues Vergaberecht, 4. Aufl. 2004
Liet-Veaux/Thuillier, Droit de la construction, 1994
Littbarski, Haftungs- und Versicherungsrecht im Bauwesen, 1986
Locher, Das private Baurecht, 6. Aufl. 1996
Locher/Koeble/Frik, Kommentar zur HOAI, 8. Aufl. 2002 zum Teil: 7. Aufl. 1996
Locher/Vygen (Hrsg.), siehe unter *Ingenstau/Korbion*
Löffelmann/Fleischmann, Architektenrecht, 4. Aufl. 2000
Löffelmann/Korbion, siehe unter Festschrift für H. Locher
Looschelders, Internationales Privatrecht, 2004
Lützenkirchen, Neue Mietrechtspraxis, 2001

Malaurie/Aynés/Gautier, Le contrat spéciaux, 2003
Mallmann, Bau- und Anlagenbauverträge nach den FIDIC-Standardbedingungen (Diss.), 2001
Mandelkow, Chancen und Probleme des schiedsgerichtlichen Verfahrens in Bausachen, 1999
Medicus, Bürgerliches Recht, 18. Aufl. 1999
Morlock/Meurer, Die HOAI in der Praxis, 4. Aufl. 2004
Motzke/Pietzcker/Prieß (Hrsg.), siehe unter Beck'scher VOB-Kommentar Teil A
Müller/Hök/Schulze, Deutsche Vollstreckungstitel im Ausland, 1987
Müller-Wrede (Hrsg.), Verdingungsordnung für freiberufliche Leistungen (VOF) – Kommentar: Zur Auftragsvergabe und zum Rechtsschutzverfahren, 2. Aufl. 2003
Müller-Wrede (Hrsg.), Verdingungsordnung für Leistungen – VOL/A, 2001

Münch/Karlen/Geisler/Schneeberger, Beraten und Prozessieren in Bausachen, 1998
Münchener Kommentar, BGB, 4. Aufl. 2002 zum Teil: Bd. 10, 3. Aufl. 1998
Musielak, Zivilprozessordnung, Kommentar, 3. Aufl. 2002

Nagel/Gottwald, Internationales Zivilprozessrecht, 5. Aufl. 2002
Nicklisch/Weick, VOB, Verdingungsordnung für Bauleistungen, Teil B, 3. Aufl. 2001
Niebuhr/Kulartz/Kus, Kommentar zum Vergaberecht, 4. Teil des GWB, 2. Aufl. 2003; zum Teil: 1. Aufl. 2000
Niedenführ/Schulze, Handbuch und Kommentar zum Wohnungseigentumsgesetz, 6. Aufl. 2002; zum Teil: 3. Aufl. 1995
Noch, Rainer, Vergaberecht und subjektiver Rechtsschutz, 1998
Noch, Rainer, Vergaberecht kompakt – Verfahrensablauf und Entscheidungspraxis, 2. Aufl. 2002

Ott/Lüer/Heussen (Hrsg.), Anwalts-Checkbuch Aktuell Schuldrechtsreform, 1. Auflage 2001

Palandt, Kommentar zum Bürgerlichen Gesetzbuch, 63. Aufl. 2004 zum Teil: 61. Aufl. 2002, mit Ergänzungsband Gesetz zur Modernisierung des Schuldrechts, 2002; 60. Aufl. 2001
Platen, Handbuch der Versicherung von Bauleistungen, 3. Aufl. 1995
Portz/Rath, Architektenrecht, 3. Aufl. 2000
Pott/Dahlhoff/Kniffka, HOAI, Honorarordnung für Architekten und Ingenieure, Kurzkommentar, 9. Aufl. 2003; zum Teil: 7. Aufl. 1996
Prölss/Martin, Versicherungsvertragsgesetz, 27. Aufl. 2004; zum Teil: 26. Aufl. 1998

Reidt/Stickler/Glahs, Kommentar zum Vergaberecht, 2. Aufl. 2003; zum Teil: 1. Aufl. 2000
Reithmann, Handbuch der notariellen Vertragsgestaltung, 8. Aufl. 2001
Reithmann/Martiny, Internationales Vertragsrecht, 6. Aufl 2004; zum Teil: 5. Aufl. 1996
Reithmann/Meichssner/v. Heymann, Kauf vom Bauträger, 7. Aufl. 1995
Riese, Vergaberecht – Grundlagen, Verfahren und Rechtsschutz, 1998
Rohs/Heinemann, Die Geschäftsführung der Notare, 11. Aufl. 2002

Schäfer, Nachbarrechtsgesetz für Nordrhein-Westfalen, Kommentar, 13. Aufl. 2002
Schäfer/Finnern, Rechtsprechung zum privaten Baurecht, 1978 ff.
Schäfer/Finnern/Hochstein (Hrsg.), Rechtsprechung zum privaten Baurecht (Fortführung von *Schäfer/Finnern*), Loseblattwerk Stand: 2001
Schaub, Arbeitsrechts-Handbuch, 10. Aufl. 2002 zum Teil: 9. Aufl. 2000
Schill, Der Projektsteuerungsvertrag, 2000
Schippel, Bundesnotarordnung, Kommentar, 7. Aufl. 2000
Schlosser, EU-Zivilprozessrecht, Kommentar, 2. Aufl. 2003

Schmalzl, Berufshaftpflichtversicherung des Architekten und des Bauunternehmers, 2. Aufl. 2003
Schmidt-Räntsch/Maifeld/Meier-Göring, Das neue Schuldrecht, 2002
Schmidt-Salzer, Produkthaftung IV, 2. Aufl. 1990
Schmitt-Glaeser, Verwaltungsprozessrecht, 14. Aufl. 1997
Schöner/Stöber, Grundbuchrecht, 12. Aufl. 2001
Schreiber, Immobilienrecht, 2001
Seidel, Öffentlich-rechtlicher und privatrechtlicher Nachbarschutz, 2000
Seipl/Kindsdorfer, Praxis Steuerstrafrecht, 2001
Seiwert/Buschbell/Mandelkow, Zeitmanagement für Rechtsanwälte, 1991
Senti, WTO-System und Funktionsweise der Welthandelsordnung, 2000
Siegburg, Handbuch zur Gewährleistung beim Bauvertrag, 4. Aufl. 1999; zum Teil: 3. Aufl.
Soergel/Siebert (Hrsg.), Bürgerliches Gesetzbuch mit Einführungsgesetz und Nebengesetzen, Kommentar, 13. Auflage 1999
Späte, Haftpflichtversicherung (AHB), Kommentar, 1992
Staudinger, Kommentar zum Bürgerlichen Gesetzbuch, 12. Auflage 1978, Neubearb. 2003; zum Teil: 13. Bearb. 1993 ff.
Stickler/Fehrenbach, Die Kündigung von Bauverträgen, 2. Aufl. 2004
Sturmberg/Steinbrecher, Der gestörte Bauablauf und seine Folgen, 2001

Thode/Wenner, Internationales Architekten- und Bauvertragsrecht, 1998
Tipke/Kruse, Abgabenordnung, Finanzgerichtsordnung, Kommentar, Loseblattwerk, Stand: Mai 2004

Ulber, Arbeitnehmerüberlassungsgesetz (AÜG), 2. Aufl. 2002

v. Bar, Internationales Privatrecht Bd. 1, 2. Aufl. 2003
v. Wietersheim/Korbion, VOB 2002, 2003
v. Wietersheim/Korbion, Basiswissen privates Baurecht, 2003
v. Wietersheim/Noebel, Baustellenverordnung, 2001
VBI (Hrsg.), FIDIC-Vertragsmuster (Red Book) mit Erläuterungen in deutscher Sprache, 2004
Voppel/Osenbrück/Bubert, VOF, Kommentar, 2001
Vygen, Bauvertragsrecht nach VOB, 2. Aufl. 2000
Vygen, Bauvertragsrecht nach VOB und BGB, 3. Aufl. 1997
Vygen/Schubert/Lang, Bauverzögerung und Leistungsänderung, 4. Aufl. 2002; zum Teil: 3. Aufl. 1998

Weirich, Grundstücksrecht, 2. Aufl. 1996
Werner/Pastor, Der Bauprozess, 9. Aufl. 1999
Werner/Pastor, Der Bauprozess, 10. Aufl. 2002
Westermann, Sachenrecht, 10. Aufl. 2002
Wirth (Hrsg.), Handbuch zur Vertragsgestaltung, Vertragsabwicklung und Prozessführung im privaten und öffentlichen Baurecht, 2001
Wirth/Sienz/Englert (Hrsg.), Verträge am Bau nach der Schuldrechtsreform, 2002
Wolf, Sachenrecht, 20. Aufl. 2004
Wolf/Horn/Lindacher, AGBG-Kommentar, 4. Aufl. 1999

Zeller/Stöber, Zwangsversteigerungsgesetz, 17. Aufl. 2002
Zerhusen, Mandatspraxis Privates Baurecht, 2. Aufl. 2002; zum Teil: 1. Aufl. 1999
Zöller, Kommentar zur Zivilprozessordnung, 24. Aufl. 2004; zum Teil: 23. Aufl. 2002

Teil 1
Die Bearbeitung baurechtlicher Mandate (Einführung)

	Rz.		Rz.
I. Allgemeine Hinweise	1	a) Aktiv- bzw. Passivlegitimation	25
II. Vorbereitung des Gesprächs mit dem Mandanten	10	b) Vertrag	32
III. Das Mandantengespräch	15	c) Bauphase	36
1. Allgemeines	15	d) Fazit	42
2. Sachbericht	19	IV. Nach dem ersten Mandantengespräch	46
3. Gebühren, Rechtsschutzversicherung	21	V. Die außergerichtliche Streiterledigung in Bausachen	48
4. Besonderheiten baurechtlicher Mandate	23		

I. Allgemeine Hinweise

Die Bearbeitung baurechtlicher Mandate ist mit den üblichen, in der universitären oder in der Referendarausbildung erworbenen Kenntnissen grundsätzlich nicht zu bewältigen. Es gehört eine längere zusätzliche Ausbildung in theoretischer und praktischer Hinsicht, eine längere Erfahrung im Umgang mit den zahlreichen technischen und bauausführenden Problemen und Fallgestaltungen sowie ein gerüttelt Maß von Praxis am Bau dazu. Vielfach wird man sich Letzteres nur durch das interessierte Hinterfragen bei Fachleuten und Sachverständigen sowie das Durcharbeiten so mancher technischer Regelwerke und Literatur erarbeiten können. 1

Dies bedeutet, dass die baurechtliche Bearbeitung den reinen juristischen Praktiker eher fordert. Der Theoretiker wird Schwierigkeiten haben. Wirth[1] äußerte vor seiner Berufung zur Professur aufgrund seiner jahrelangen Erfahrung als Rechtsanwalt schon vor Jahren zutreffend, dass zur Grundausstattung des praktizierenden Baujuristen neben der genauen Kenntnis der VOB, im PKW des Anwalts immer die Gummistiefel liegen sollten. Der Baurechtler wird jederzeit, gerade bei Beweisaufnahmen oder bei der Erörterung und Besprechung mit den Parteien, unversehens vor Probleme gestellt, die dann nur durch den eigenen Augenschein sicher für eine erfolgreiche Beratung gelöst werden können. 2

Hinweis:
Allerdings ist hierbei zu beachten, dass Sie sich nie zum technischen Sachverständigen aufschwingen sollten.

Grundlagen für die Außentätigkeit: 3

▷ Kenntnis von BGB, HOAI, MaBV, GSB, VOB Teile A, B und Teil C – DIN 18 299

---

[1] Prof. Dr. *Axel Wirth*, Ordinarius des Lehrstuhls für deutsches und internationales Öffentliches und Privates Baurecht an der TU Darmstadt.

▷ Gummistiefel, Sicherheitshelm

▷ Kleiner spitzer Hammer, Messer, Taschenlampe, Klappspaten

▷ Regendichte warme Jacke und Handschuhe

▷ Fotoapparat und Diktiergerät

4   Weitere Probleme ergeben sich daraus, dass die Erfassung der wesentlichen Probleme und Sachverhalte nur durch die genaue Hinterfragung und Kenntnis der zahlreichen Fachbegriffe aus der Baupraxis zu bewältigen ist. Außerdem sollten **baubetriebliche und baubetriebswirtschaftliche Grundkenntnisse** vorhanden sein. Dies dient vor allem dazu, den wichtigen vom unwichtigen Sachverhalt unterscheiden zu lernen und einzuordnen.

5   Aber auch das Verhalten und die Vorgehensweise des Richters ist für die erfolgreiche Beratungspraxis in mehrfacher Hinsicht von Bedeutung. Gerade weil es an den Gerichten nur selten ausgesprochene Spezialabteilungen, -kammern oder Senate gibt, ist es wichtig, dem Gericht neben dem zutreffenden Sachverhalt auch die technischen Gegebenheiten eindringlich und verständlich zu vermitteln. Dieser ausreichende Sachvortrag in der ersten Instanz dient auch dazu, Verspätungsrügen zu vermeiden.

6   Schließlich muss die Arbeit des Rechtsanwalts darauf abzielen, dem Gericht, dem Gegner oder dem eigenen Mandanten in überzeugender Darlegung die im Wesentlichen von der Rechtsprechung und Literatur erarbeiteten Fallsysteme der wenigen gesetzlichen Vorschriften, Verordnungen, der VOB und sonstigen Allgemeinen Geschäftsbedingungen nahe zu bringen. Dies bedeutet, dass der baurechtlich tätige Rechtsanwalt über ein fundiertes Wissen der wesentlichen **Literaturmeinungen** und vor allem der baurechtlichen **Rechtsprechung** verfügen muss. Dass teilweise höhere Streitwerte eine Rolle im Baurecht spielen, wird schnell dadurch aufgefangen, dass die Bearbeitung der Mandate sehr umfangreich ist und daher auch äußerst zeitintensiv.

7   Der Baurechtler ist also entsprechend seiner anwaltlichen Verpflichtung, wie jeder Anwalt nach der Bundesrechtsanwaltsordnung auch, gehalten, sich ständig weiter zu bilden (§ 43 a Abs. 6 BRAO) – was unter Haftungsgesichtspunkten unbedingt empfehlenswert ist.

Grundlegende Literatur für das gesamte Private Baurecht und weiterführende Literaturhinweise ergeben sich im Übrigen auch aus der Literaturübersicht dieses Buches.

8   Der auf das Baurecht spezialisierte Anwalt sollte auch dann seine Kenntnisse im Rahmen des rechtlich Zulässigen werblich herausstellen. So ist es erlaubt, in Adress- und Telefonbüchern seine speziellen nachgewiesenen Kenntnisse zu veröffentlichen. Auch den Nachweis über Suchdienste, beispielsweise der Anwaltssuchservice in Köln, oder auch **Internetangebote** solcher Dienste kann der Rechtsanwalt nutzen und sich einem größeren Publikum darstellen. Wichtig ist auch die Mitgliedschaft in der ARGE Baurecht im DAV (Littenstr. 2, 10179 Berlin, Tel. 0 30 - 72 61 53 - 0) oder bei der Deutschen Gesellschaft für Baurecht e. V. in Frankfurt/Main (Kettenhofweg 126, 60325 Frankfurt/Main). Darüber hinaus gibt

es eine Reihe von kleineren interessierten Vereinen und Verbänden, so für den Tiefbaubereich die CTMB (Centrum für Deutsches und Internationales Baugrund- und Tiefbaurecht e.V., Spitalgasse 3, 86529 Schrobenhausen, Tel. 0 82 52 - 90 87 42) oder für die Vergabe von öffentlichen Aufträgen das Forum Vergabe e. V. in Düsseldorf.

Mit dem vorliegenden Buch soll auf alle Facetten der anwaltlichen Tätigkeit eingegangen werden. Die Tätigkeit des Rechtsanwalts erfordert, dass alle möglichen Verhaltensweisen der Beteiligten richtig einzuschätzen sind und dass er seine Verhaltensweise – auch die gegenüber seinem eigenen Mandanten – darauf einzurichten hat. Dabei muss er den für sich und im Zweifel für den eigenen Mandanten sicheren Weg wählen. Dies gilt nicht nur im Hinblick auf seine eigene Versicherungspflicht. 9

II. Vorbereitung des Gesprächs mit dem Mandanten

Die Vorbereitung eines Gesprächs beginnt bereits mit der ersten Kontaktaufnahme mit dem Büro des Rechtsanwaltes. Daher ist die Ausbildung der Bürokräfte ein wichtiger Aspekt. Die Deutsche Anwaltsakademie bietet bereits spezielle Seminare für die **Büromitarbeiter** baurechtlich ausgerichteter Kanzleien an. Hierbei geht es um die Unterstützung des Rechtsanwaltes, da die Bearbeitung des Mandats einige Besonderheiten aufweist. Es ist nicht notwendig, dass sich eine Rechtsanwaltskanzlei nach ISO 9001 ff. zertifizieren lässt. Sinnvoll ist es aber nicht nur bei größeren Kanzleien, sondern vor allem dann, wenn genaue Kanzleiabläufe den Mitarbeitern – aber auch dem Mandanten – transparent gemacht werden sollen. 10

Zu den Besonderheiten des baurechtlichen Mandats gehört, dass der zukünftige Mandant – gleiches gilt auch für bestehende Mandatsverhältnisse – darauf hinzuweisen ist, dass eine **Vorbereitung auf das Gespräch** mit dem Mandanten erforderlich ist. Dazu gehört die Erstellung einer Chronologie des Geschehensablaufs. Der Mandant sollte die Unterlagen von sich aus geordnet zusammenstellen und mitbringen. Dagegen macht es wenig Sinn, wenn die Unterlagen als großes Konvolut kurz vor dem Termin übergeben werden. Lässt sich die Übergabe im Termin nicht vermeiden, weil etwa erheblicher Schriftwechsel, Abrechnungen, Sachverständigengutachten oder Pläne dazugehören, sollten die Kanzleimitarbeiter beim ersten Kontakt eindringlich darum bitten, dass die **Unterlagen**, die der Ergänzung des Sachberichts des Mandanten dienen, sowie eine vom Mandanten angefertigte **chronologische Übersicht** beim Erstgespräch mitgebracht werden. Dies spart beiden Seiten erheblichen Zeitaufwand und beugt möglichen Dissonanzen bei der Mandatsbetreuung vor. 11

Sofern sinnvoll, soll auch angesprochen werden, dass zur Sachverhaltsaufklärung der Mandant für ihn wichtige Personen mitbringen kann, wie Architekten, Ingenieure oder privat eingeschaltete Sachverständige, sofern deren Gutachten in mündlicher Form erstellt wurde oder zum Verständnis unerlässlich ist. Die Mitnahme von Zeugen ist nicht sinnvoll, da sie nur die Meinung des Mandanten bekräftigen können. Hierfür soll der Mandant die Namen und Anschriften in einer Liste geordnet nach dem Sachverhaltsthema mitbringen. 12

13 **Wichtig sind folgende Unterlagen:**

- Leistungsverzeichnis des Auftraggebers oder ein selbsterstelltes, nebst dem Angebot mit Allgemeinen (AVB), Besonderen (BVB) und Allgemeinen Technischen (ATB) oder Zusätzlichen Technischen Bedingungen (ZTB)
- Bauvertrag oder Auftragsschreiben; bei Architekten- und Ingenieurangelegenheiten die schriftliche Vollmacht für den Tätigkeitsumfang und die Verpflichtungsmöglichkeit Dritter (Baufirmen, Beauftragung von Fachplanern, Einreichung von Bauunterlagen bei den Behörden usw.), akzeptiertes Angebot über Architektenleistungen oder der Architektenvertrag
- Alle relevanten Rechnungen, wie A-conto-Rechnungen, Schlussrechnung, Rechnungen zu Nachträgen oder andere Rechnungen, wie Lieferrechnungen oder Rechnungen von Nachunternehmern, jeweils mit der Angabe von Skontoabzügen
- Abnahmeprotokoll sowie bei Teilabnahmen das Zwischenprotokoll und Begehungsprotokolle
- Korrespondenz und technische Ausführungen, insbesondere Schriftverkehr bezüglich Auseinandersetzungen über die Ausführung oder Mängel
- Insbesondere bei Verzug datenmäßige Aufgliederung
- Grundbuchauszüge, Lageplan und Flurstücksverzeichnis (insbesondere bei streitigen Eigentumsverhältnissen, Eintragung einer Bauhandwerkersicherungshypothek oder bei Zwangsvollstreckung wichtig)
- Handelsregisterauszüge von am Bau beteiligten Firmen zwecks Feststellung des richtigen Klagegegners
- Gegebenenfalls Bauvoranfrage und Baugenehmigung

14 Wenn der Mandant mit Unterlagen in das Gespräch kommt, so sollte der Anwalt die Unterlagen, die er benötigt mit Bleistift kennzeichnen und diese von seinem Sekretariat kopieren lassen. Die **Originale** sollten dem Mandanten zurückgegeben werden. Originale sollten nur beim Anwalt verbleiben, wenn sie dringend erforderlich sind, beispielsweise bei der Führung eines Urkundenprozesses.

III. Das Mandantengespräch

1. Allgemeines

15 Dem Mandantengespräch kommt die größte Bedeutung im Verhältnis zur gesamten Bearbeitung zu. Abzuraten ist von einer **telefonischen Beratung**. Hierbei können nur einzelne Problemkreise angesprochen werden, da der Mandant sich meist mit nur theoretischen Fragen an den Rechtsanwalt wendet oder sich die abstrakte Ebene der Hinterfragung durch den Anwalt telefonisch schwierig gestalten kann. Daher gilt die generelle Kritik an solchen „Anwaltshotlines" gerade für den baurechtlichen Sektor. Wie kann der Anwalt nämlich die technische Notwendigkeit von bestimmten Bauausführungen beurteilen, ohne die meist umfangreiche Leistungsbeschreibung kennen zu lernen oder ohne Kenntnis von Plä-

nen, Inhalten von Schlussrechnungen oder anderen Details. Es mag angehen, dass bei dauernden Beratungsmandaten das Telefonat ein ausreichendes Medium der Darstellung des Problems sein kann; nicht aber bei ersten neuen Kontakten.

Zunächst ist daher der Rechtsanwalt im Beratungsgespräch gehalten, dem Mandanten näher zu erläutern, wie er an das an ihn gestellte Rechtsproblem herangehen will. Dies ist erforderlich, da der Mandant oft mit der Vorstellung und „Hoffnung" zum Anwalt kommt, er könnte nach einem kurzen Gespräch und Übergabe der Unterlagen wieder gehen, nach dem Motto „Der Anwalt wird's schon richten". Leider ist diese Vorstellung für eine erfolgreiche Mandatsbetreuung nicht förderlich, da diese Einstellung nämlich die immer wieder anzutreffende Disharmonie im Mandatsverhältnis hervorruft. 16

Hinweis:
Der Rechtsanwalt sollte sofort beim ersten Gespräch auf die Notwendigkeit der Mitarbeit durch den Mandanten hinweisen. Merkt der Rechtsanwalt, dass er damit beim Mandanten keinen Erfolg hat oder haben kann, sollte er in Erwägung ziehen, eine Übernahme des Mandats aus eigenem Interesse abzulehnen.

Umfangreiche übergebene Unterlagen führen meist auch zur Notwendigkeit eines weiteren Gesprächs. Dies lässt sich nur vermeiden, wenn entweder der Mandant die von ihm geforderte Übersicht der Unterlagen und Details bereits zum ersten Gespräch mitgebracht hat oder das erste Gespräch in zeitintensiver Manier mit dem Mandanten durchgeführt wird, so dass telefonische Nachfragen dann genügen können. 17

Hinweis:
Ziel ist aber die zeitliche Reduzierung der Bearbeitung. Dies zeigt einen professionellen Stil der Rechtsanwaltskanzlei, was auch der Mandant zu würdigen weiß.

Lässt sich ein **zweites Gespräch** nicht vermeiden, so soll dies möglichst kurzfristig geschehen, da den Gesprächsparteien das erste Gespräch dann noch „im Gedächtnis" ist. Die Erfahrung zeigt, dass bei vielen Gesprächen über den gleichen Sachverhalt sich mehr Unterschiede in der Darstellung des Geschehensablaufs zeigen, je weiter sie zeitlich auseinander liegen. Daher ist die schriftliche Darlegung durch den Mandanten, welche er zum Beratungsgespräch mitbringt, von wesentlicher Bedeutung. 18

2. Sachbericht

Der Rechtsanwalt muss sich beim Gespräch Notizen machen und diese Notizen hat er dann in schriftlicher Abfassung als Zusammenfassung dem Mandanten als **Gesprächszusammenfassung** (siehe unten Rz. 46) nach dem Gespräch zu übersenden, mit der Bitte, dessen Inhalt zu überprüfen und bei Lücken diese bitte schriftlich zu ergänzen und zurückzusenden. Dies hat zugleich den Vorteil, dass der Mandant auf mögliche Fehler in seiner Verhaltensweise noch hingewiesen werden kann und im Übrigen bei der Erstellung eines Schriftsatzes an Gegner oder Gericht bereits die wesentliche Actio des Prozessvortrags erarbeitet ist. 19

Hinweis:
Bei der Erstellung des Sachberichts ist die Verwendung der richterlichen Relationsmethodik ein unschlagbarer Vorteil.

20 Weiterhin muss dem Mandanten nach dem Erfassen des Sachverhalts der weitere **Verfahrensgang** erläutert werden. Nämlich sowohl in außergerichtlicher Hinsicht, z. B. dass ein Schriftsatz notwendig ist, um eine Forderung erst fällig zu stellen, eine Handlung erforderlich ist, z. B. eine Mängelbeseitigung, um eine Forderung zu realisieren, eine Schlussrechnung zu erstellen ist, damit der Architekt zu seinem Honorar gelangt, oder gerichtlich, z. B. einen Mahnbescheid zu erwirken oder eine Klage zu erheben ist, um eine – möglicherweise bestrittene oder unbestrittene (in diesem Falle: Mahnbescheid) – Forderung durchzusetzen. Ob der Rechtsanwalt dann den Schriftsatz in Anwesenheit des Mandanten diktiert oder später, sollte ihm und seinem Arbeitsstil überlassen bleiben.

3. Gebühren, Rechtsschutzversicherung

21 Da die erste Beratung in Bausachen eher selten anzutreffen ist, sollte dem Mandanten schon durchaus bei diesem Gespräch der Unterschied zwischen der so genannten **Erstberatung** gemäß § 20 Abs. 1 Satz 2 BRAGO/§ 13 RVG Nr. 2100, 2101, 2102, 2103, welche üblicherweise in der lediglich mündlichen Beratung im Gegensatz zur schriftlichen Gutachtenabfassung zum vorgetragenen Rechtsproblem gemäß § 21 BRAGO/§ 13 RVG Nr. 2103 liegt, erläutert werden. Dabei muss der Rechtsanwalt auch darauf hinweisen, wie sich die Gebührenaufkommen zusammensetzen.

Auch der Streitwert ist zu erläutern. Dieses ist bei baurechtlichen Mandaten nicht immer einfach. So ist der **Gegenstands- oder Streitwert** bei Forderungen durchaus nach der Mitteilung des Mandanten und seinen Unterlagen zu erkennen. Bei Feststellungen von Mängeln, die erst noch durch Gutachten oder durch Feststellung ergründet werden müssen, ist dieses für den Rechtsanwalt fast unmöglich. Hier sollte der Rechtsanwalt entweder mit dem Mandanten eine **Pauschale** vereinbaren, die zunächst als Gebühr gemäß § 17 BRAGO/§ 9 RVG zu behandeln ist, und über die dann nach Festlegung des Gegenstands- oder Streitwertes nach Ermittlung durch den Gutachter oder Angeboten von Unternehmern erst abgerechnet werden soll. Oder die Parteien vereinbaren schriftlich beim ersten Gespräch einen Gegenstands- oder Streitwert. Dieser ist dann für die Tätigkeitszeit maßgebend. Möglich ist auch die Vereinbarung eines **Stundensatzes** des Rechtsanwalts. Sollte eine gerichtliche Auseinandersetzung anstehen, ist natürlich der vom Gericht festgelegte Streitwert für das Mandatsverhältnis verbindlich.

Hinweis:
Sollte die Stundenhonorarvereinbarung daneben gelten, ist der Mandant – wie bei allen anderen von der BRAO und BRAGO/RVG abweichenden Vereinbarungen – bei Vertragsschluss schriftlich über diese Abweichung aufzuklären und dieses vertraglich zu fixieren.

22 An dieser Stelle soll aber auch auf den Problemkreis der **Rechtsschutzversicherung** eingegangen werden. Grundsätzlich ist die Rechtsschutzversicherung bei

baurechtlichen Mandaten kaum anzutreffen. Dies liegt an § 4 Nr. 1 Buchst. k ARB 75 und 94:

„Der Versicherungsschutz bezieht sich nicht auf die Wahrnehmung rechtlicher Interessen, die in unmittelbarem Zusammenhang mit der Planung, Errichtung oder genehmigungspflichtigen baulichen Veränderungen eines im Eigentum oder Besitz des Versicherungsnehmers befindlichen oder von diesem zu erwerbenden Grundstücks, Gebäudes oder Gebäudeteils stehen."

Daher ist der Umfang der Rechtsschutzfälle sehr begrenzt. In Betracht kommen nur die Instandsetzungs- und Instandhaltungsfälle oder auch Reparaturfälle sowie unerlaubte Handlungen.

4. Besonderheiten baurechtlicher Mandate

Die Methode, dass der Anwalt im Beisein des Mandanten den Sachverhalt diktiert, ein Schreiben verfasst oder sogar eine Klage oder Klageerwiderung, Replik oder Duplik diktiert, ist nicht unbedingt geeignet. Das einzige Argument mag das „Scheinargument" der Zeitersparnis sein. Es ist zwar zutreffend, dass bei kleineren Ergänzungen, Stellungnahmen oder eindeutigen „kleinen" Fällen eine Zeitersparnis erzielt wird. Zu empfehlen ist aber die durchaus zeitintensivere Methode der ausführlichen Erarbeitung des Problems mit dem Mandanten im Gespräch und der Anfertigung von Notizen. Dies liegt an einer eher psychologischen Grenze des Bearbeiters eines Falles. Bei einmaligem Gespräch mit lediglich sofortigem Diktat setzt sich der Erkenntnisstand beim Bearbeiter nicht so intensiv durch wie beim **nochmaligen Durchdenken**. Der Bearbeiter begibt sich nämlich allzu leicht der trügerischen Hoffnung, nach dem Diktat sei auch der Fall schon vollständig bearbeitet. Dies ist er eben nicht und die oben bereits beschriebene Methode sichert dies ab.

23

Zu empfehlen ist in diesem Zusammenhang einmal die Befassung mit dem **Zeitmanagement** für Rechtsanwälte.[1]

Wenn der Mandant dann seine Schilderung des Sachverhalts abgeschlossen hat, beginnt die Arbeit des Rechtsanwalts mit dem Mandanten. Es sind zu klären:

24

▷ Wer ist aktiv- oder passivlegitimiert auf Seiten des Mandanten?

▷ Wer ist die richtige Gegenpartei?

▷ Welche Vertragsgrundlage gibt es überhaupt?

Hier muss mit dem Mandanten abgeklärt werden, wer die entsprechenden Nachweise zu besorgen hat: der Mandant oder der Rechtsanwalt. Bei Letztem ist immer auf die erhöhten Kosten hinzuweisen. Schließlich kosten die **Auskünfte bei Behörden oder den Gerichten** entsprechende Gebühren, welche in dem Gerichtskostengesetz, den entsprechenden Ausführungsverordnungen auch der Länder und in Verwaltungskostengesetzen und -verordnungen niedergelegt sind. Auch diese Anforderungen können über § 120 BRAGO/§ 13 RVG Nr. 2402 als einfache Schreiben gelten und Honorarabrechnungen des Rechtsanwalts vonnöten ma-

---

[1] Z. B. *Mandelkow*, Zeitmanagement f. Rechtsanwälte, München 1988; *Heussen*, Time-Management für Anwälte, München 2004.

chen. Hierauf sollte der Rechtsanwalt ebenfalls nicht nur mündlich, sondern auch schriftlich den Mandanten hinweisen.

a) Aktiv- bzw. Passivlegitimation

25 Selbst bei der eigenen Mandantschaft können über eine Aktiv- oder Passivlegitimation schon einmal Zweifel bestehen. Hat während des Bauvorhabens die Mandantschaft eine andere Rechnungslegung verlangt, so stellt sich die Frage, aus welchem Grund und ob dies der Gegenseite bekannt ist und wer eventuell in den Bauerrichtungsvertrag als Besteller oder Unternehmer eingestiegen ist. Vor allem ist aufzuklären, ob die **Regelungen für Kaufleute** Anwendung finden.

26 So ist der Handwerksbetrieb eines Bauunternehmers nicht zwingend als Gewerbebetrieb gemäß § 1 Abs. 1 HGB einzustufen. Ob eine berufsmäßige Tätigkeit in der Absicht dauernder Gewinnerzielung vorliegt, muss zunächst geklärt werden. So liegt es nahe, dass bei Einmannbetrieben oder Kleinbetrieben die Ausnahme gemäß § 1 Abs. 2 HGB vorliegt. Da die Kaufmannseigenschaft auch Nachteile haben kann, muss dies mit der Mandantschaft besprochen werden. Nachteile können sich bei der Anwendung des HGB ergeben. So ist die Anwendung und Regelung des kaufmännischen Bestätigungsschreibens bei Bedarf eingehend zu klären. Beispielsweise sind Architektenpartnerschaften oder Fachplanereigenschaften, ja sogar Bau-ARGE davon betroffen, wenn sie eine bestimmte Größe überschreiten und sich in kaufmännischer Weise betätigen oder sogar nach außen so auftreten oder den **Anschein erwecken**, obwohl die Einrichtung eines Betriebes nach kaufmännischen Grundsätzen überhaupt nicht vorliegt. Weiterhin gelten über § 310 BGB (früher: § 24 AGBG) die §§ 305 Abs. 2 und 3, 308, 309 BGB (früher: §§ 2, 10, 11 AGBG) nicht für diese. Anders gelten §§ 307, 310 BGB (früher: § 9 AGBG) für kaufmännische Betriebe. Darüber hinaus ist bei Gerichtsstandsvereinbarungen an § 38 ZPO zu denken.

27 Wenn der Mandant seine Kaufmannseigenschaft bestreitet, ist der Umfang der Tätigkeit vom Rechtsanwalt zu hinterfragen und der Sachstand zu ermitteln. Weiterhin muss daran gedacht werden, welche Vor- oder Nachteile der Befassung einer Sache durch die **Kammer für Handelssachen** bringen kann und dass bei Klageerhebung das richtige funktional zuständige Gericht angegangen wird. Grundsätzlich ist bei Unklarheiten im Auftreten des Mandanten nach außen zu klären, ob er als Einzelfirma oder als Gesellschaft auftreten will oder wollte, beispielsweise als GmbH. Dies ist wichtig, damit von vornherein klar ist, dass und für wen im gerichtlichen und außergerichtlichen Bereich Erklärungen und Schreiben gelten sollen. Dies gilt erst recht für Schreiben mit rechtsgestaltenden Erklärungen wie bei Rücktritt, Kündigung, Anfechtung und Fristsetzungen zur Nacherfüllung bzw. Abmahnungen.

28 Auch die Gesellschaftsform der **BGB-Gesellschaft** birgt gerade Gefahren in der Ausübung rechtsgestaltender Erklärung durch den Anwalt, da – wenn nicht klar ist, für wen gerade gehandelt wird – die Gesellschafter doch gerade wegen ihrer gesamthänderischen Bindung grundsätzlich nur gemeinschaftlich verfügungsbefugt sind (§§ 709, 719 BGB). Wegen dieser gesamthänderischen Bindung ist da-

her ein gerichtliches und außergerichtliches Auftreten nur für alle und gegen alle Gesellschafter möglich.

Dies ist wichtig gerade für die Handlungsformen einer **Wohnungseigentums-** 29
gemeinschaft. Diese ist nicht als solche vertretungsbefugt, sondern nur über ihre Einzeleigentümer. Bei einer Klage gegen einen Bauträger/Bauerrichter ist daher immer die Gesamtheit aller Eigentümer zu benennen. Dies gilt auch im Falle der Klage gegen die Wohnungseigentümergemeinschaft. Es sei denn, dass die Gemeinschaft aufgrund eines wirksamen Beschlusses ihre Rechte dem Verwalter oder einem Miteigentümer übertragen (abgetreten) hat. Hier kommt beispielsweise in Betracht, dass ein Wohnungseigentümer eine Rechtsschutzversicherung hat und zur Kostenminderung die anderen Eigentümer ihm ihre Rechte auf Mängelbeseitigung abgetreten haben.

Gleiches gilt für die Forderung des Einzeleigentümers: Er darf jedoch nur die 30
Durchsetzung der Rechte an die Gemeinschaft verlangen. Wesentliche rechtsgestaltende Rechte, wie Abnahme oder Fristsetzungen, oder das Minderungsverlangen im Hinblick auf das **Gemeinschaftseigentum** darf er allerdings nur im Einvernehmen mit den anderen Mitgliedern der Gemeinschaft erklären und ausüben. Gleiches gilt bei Sozietäten wie beispielsweise Architekten oder Fachplanerbüros (Meier, Müller und Partner, Ing.-Büro Bauheinz und Kollegen usw.).

| **Darüber hinaus ist noch Folgendes zu beachten:** | 31 |

▷ Geklärt werden muss, mit welchen Personen eigentlich verhandelt wurde und mit welchen in der Vertragsfolgezeit und ob jeweils Hinweise auf die Tätigkeit in einer Gesellschaft vorlagen.

▷ Wichtig ist, mit welchem Briefpapier korrespondiert wurde und ob sich daraus eventuell Abweichungen bei dem Vertragspartner im Hinblick auf die Betragsabwicklung herleiten lassen, oder ob es sich um gänzlich andere Partner handelt.

▷ Wichtig ist auch die Klärung von Zahlungsvorgängen. Wer hat eigentlich welche Rechnung bezahlt?

▷ Und natürlich ist zu klären, ob alle Formalien eingehalten wurden. Ist der Vertrag vom richtigen Vertragspartner unterzeichnet worden?

b) Vertrag

Im Weiteren muss der Rechtsanwalt klären, ob ein schriftlicher Vertrag vorliegt. 32
Insbesondere ist wichtig, wer als Verwender zu gelten hat, denn es gibt kaum einen Vertrag, der ohne **AGB-Klauseln** auskommt. Schließlich ist die VOB/B nur eine Allgemeine Geschäftsbedingung am Bau.[1]

---

[1] Ingenstau/Korbion-*Vygen*, VOB Teile A und B, 15. Aufl., Einl. 38; *Vygen/H. Locher*, Anhang 1 Rz. 67 zur Privilegierung der VOB.

33 Der Vertrag sollte auf ein Angebot zurückzuführen sein. Dieses muss als „essentialia" des Vertragsinhalts geklärt werden, da es den vertraglichen Leistungsinhalt konkretisiert. Der Rechtsanwalt hat in diesem Zusammenhang ein Interesse zu erfahren, ob die beiden Parteien sich wirklich einig über den Inhalt des Vertrages waren oder ob er auslegungsbedürftig war. Dies ist dann mit Sicherheit der Fall, wenn Nachtragsverlangen und -rechnungen zur Diskussion stehen oder keine vollständige Planung des Architekten vorliegt. Geklärt werden muss, ob möglicherweise ein Dissens vorliegt, ein neues Angebot, eine Ergänzung zum bestehenden Vertragswerk oder die Möglichkeit von konkludenter Vertragsannahme.

34 Danach ist das Augenmerk auf die besonderen Vereinbarungen zu richten. Sicherlich ist die **Vereinbarung der VOB/B** für die bauausführenden Parteien oder die bekräftigende Geltung der HOAI für die Gebührenregelung des Architekten oder Fachplaners wichtig. Wenn die Parteien allerdings **Abweichungen** von diesen Regelungen wünschten und dann vereinbarten, ist Vorsicht geboten, denn Eingriffe in die VOB/B verzeiht diese kaum. Der Rechtsanwalt hat also zu prüfen, ob die Klauseln, die geändert worden sind, Gültigkeit haben oder ob hier einer der zahlreichen Fälle vorliegt, wonach die Regeländerung durch die Parteien infolge der zahlreichen Rechtsprechung bereits „kassiert" wurde. Von dieser Einschätzung hängt dann auch die weitere Empfehlung des Rechtsanwalts an seinen Mandanten ab. Schließlich ist immer die Frage nach weiteren, nach dem Vertragsschluss erfolgten, Vereinbarungen zu stellen.

35 Bei bestimmten Verträgen, wie Fertighausverträgen, Bausatzverträgen, Feriendomizilverträgen oder auch Bauträgerverträgen kann sich neben der Frage, welches staatliche Recht anzuwenden ist, auch die Frage stellen, ob nicht das HWiG hier vorrangig gilt. Im Zusammenhang mit Bauträgerverträgen sollte immer nachgefragt werden, von wem eigentlich das Grundstück und die Pläne erworben wurden. Möglicherweise liegt ein Verstoß gegen das **Koppelungsverbot gemäß § 3 MRVG** vor, so dass das Geschäft anfechtbar ist.

c) Bauphase

36 Der Rechtsanwalt muss sodann die eigentliche Bauphase durchsprechen. Sicherzustellen ist zunächst, in welcher Phase des Bauablaufs man sich befindet, denn gerade im Fall von Mängelansprüchen unterscheidet sich das entsprechende Vorgehen deutlich, je nach dem, ob eine **Abnahme** (auch Teilabnahme) des Bauwerks erfolgt ist oder nicht. Zunächst muss klar herausgearbeitet werden, welche Vertragsform vorliegt, also BGB-Vertrag oder VOB/B-Vertrag. Danach muss geklärt werden, ob eine Abnahme vorliegt. Die öffentlich-rechtliche Abnahme(-bescheinigung) interessiert dabei überhaupt nicht; dem Mandanten muss eventuell hier der Unterschied eingehend erläutert werden. Wenn hier Teilabnahmen beantragt sind oder durchgeführt wurden, ist herauszuarbeiten, ob diese Bedeutung für den Fall haben, insbesondere, wenn es sich um rein technische Zwischenabnahmen gemäß § 4 Nr. 10 VOB/B oder die „juristische Teilabnahme" gemäß § 12 Nr. 2 VOB/B handelt. Auch das Vorliegen von konkludenten oder fiktiven Abnahmen ist zu klären, § 12 Nr. 1, 2, 5 VOB/B.

In dem Zusammenhang mit der Abnahme spielen die Abschlagszahlungen und **Schlusszahlungen** bzw. -rechnungen eine Rolle. Der Rechtsanwalt muss sich jegliche Rechnungen übergeben lassen; insbesondere wenn diese von einem Architekten geprüft wurden. Zugleich hat er darauf zu drängen, sich alle Zahlungsbelege vorlegen zu lassen, da es gerade bei Zahlungsverzügen und Skontovereinbarungen sowie bei der Einräumung von Abschlägen unter Bedingungen darauf ankommt. Auch bei Vertragsstrafen kann es wesentlich werden, die Zahlungen nach Baufortschritt nachzuweisen, um dem Vorhalt der Bauverzögerung durch den Bauherrn zu umgehen. 37

Bei der Bauausführung wird es selten ohne Mängel zu einem Bauende kommen und infolgedessen der Vertrag auf die Probe gestellt. Daher muss der Rechtsanwalt sich entweder das Gutachten eines Sachverständigen oder eine umfassende Mängelliste übergeben lassen. Danach ist zu klären, was die Mandantschaft bisher tat. So müssen alle Fristsetzungen mit und ohne Ablehnungsandrohungen, die Reaktionen der Unternehmung, die Beseitigungen bzw. Beseitigungsversuche dokumentarisch vom Mandanten vorgelegt werden. Hiernach richtet sich auch die weitere Beratung, denn der Mandant ist darüber aufzuklären, wie er bei einzelnen Ansprüchen dann noch im Rahmen der Mängelbeseitigung weiter fortfahren kann; also ob er eine Fristsetzung mit Ablehnungsandrohung nun an den Unternehmer richten kann, welche Konsequenzen das hat, ob ein Drittunternehmer jetzt schon eingeschaltet werden kann, oder ob und wie der Bauzeitenplan jetzt fortzuschreiben und verbindlich zu vereinbaren ist, wenn es zu Bauzeitverzögerungen bei anderen Unternehmen kommt. 38

Sollte der Rechtsanwalt feststellen, dass die Abnahme – auch die Teilabnahme – wirksam stattfand, ist die **Verjährungsfrist** zu berechnen und dem Mandanten die Konsequenzen für sein Bauvorhaben kurz mitzuteilen. Natürlich müssen die Rechtsgrundlagen überprüft werden. 39

Anders muss der Rechtsanwalt im Falle der Tätigkeit für den **unternehmerischen Mandanten** bei Fristsetzungen mit und ohne Ablehnungsandrohungen schnellstens über die Wirkungen aufklären und ihm im Zweifel – bei ausreichender Fristsetzung der Bauherrschaft – auch anmahnen, die Tätigkeit zur Mängelbeseitigung aufzunehmen und Vorschläge der Gegenseite schnellstens zu unterbreiten; schließlich droht nach Fristablauf die Selbstvornahme durch den Bauherrn (Auftraggeber), wie sich auch aus § 13 Nr. 5 Abs. 2 VOB/B deutlich ersehen lässt. 40

Will der Auftraggeber nach der Abnahme einen **Verzugsschaden** geltend machen, ist die Vorlage des Bauzeitenplans und der verbindlichen Protokolle von Baubesprechungen vom Mandanten zu fordern. Auch muss geklärt werden, ob es schon um Ansprüche während der Bauphase geht, also um verbindliche Zwischentermine oder um Fertigstellungstermine. Der Bauablauf ist anhand einer Übersicht vom Mandanten darzustellen, insbesondere in zeitlicher Hinsicht. Wichtig sind aber auch die Vorlage von Behinderungsanzeigen des Auftragnehmers. 41

d) Fazit

42 Für das erste Gespräch sollte der Rechtsanwalt aufgrund der gesamten Ermittlungstätigkeit einen **Zeitaufwand** von zwei bis drei Stunden einkalkulieren. Dies sollten die Mitarbeiter des Rechtsanwalts dem – zukünftigen – Mandanten ebenfalls bei der Vereinbarung eines Termins mitteilen. Dies zeigt dem Mandanten zugleich, dass der Rechtsanwalt sich auch um das Mandat umsorgend bemühen wird und fördert eine entspannte Atmosphäre. Denn je genauer der Fall bereits beim ersten Gespräch aufgearbeitet wird, desto weniger Nachfragen muss der Rechtsanwalt an den Mandanten stellen. Denn häufiges Nachfragen führt nicht nur zu Verständnisschwierigkeiten, Zeitverzögerungen bei der Bearbeitung, sondern auch manchmal zu gänzlich anderen Aussagen über den Bauverlauf. Dann muss mühsam teilweise neu ermittelt werden. Sicherlich ist diese Vorgehensweise kein Allheilmittel. Es führt aber erfahrungsgemäß zu zeitlicher Einsparung bei der Bearbeitung der Akten.

43 Wenn sich die vom Mandanten gewünschte Tätigkeit des Rechtsanwalts nicht auf die ausschließliche Beratung beschränken soll, so wird der Rechtsanwalt dem Mandanten raten, dass er sich nun in die außergerichtliche Abwicklung einschalten und Gespräche mit der Gegenseite führen, Schreiben fertigen und Vorschläge im Sinne des Mandanten unterbreiten sollte. Er hat also zu **Verhandlungen mit der Gegenseite** mit dem Mandanten zu erscheinen, sofern die Verhandlungen wichtige Punkte des Bauablaufs und der Klärung dienen sollen. Auch sind ggfs. Baustellentermine bei der Einschaltung außergerichtlicher Sachverständiger oder gar bei der Abnahme wahrzunehmen. Weiterhin kann es ratsam sein, selbst mit dem Mandanten zum Kennenlernen des Bauvorhabens einen Termin zu vereinbaren. Wie der Rechtsanwalt diese zeitaufwendigen Termine abrechnet, muss er dem Mandanten bereits bei dem ersten Gespräch erklären und ggfs. eine **Honorarvereinbarung** treffen.

Hinweis:

44 Gewarnt werden muss in diesem Zusammenhang, dass der Rechtsanwalt sich nicht durch den Mandanten oder durch eigene Tätigkeit und Engagement zu einem „rechtsberatenden Bauleiter" aufschwingt oder machen lässt.

Der Rechtsanwalt hat alles zu vermeiden, was einen solchen Anschein erregen könnte. Darauf hat er den Mandanten und ggfs. auch die Gegenseite und andere am Bau Beteiligte hinzuweisen. Er hat insbesondere deutlich und eindringlich klarzustellen, dass er nur die juristische Beratungstätigkeit ausführt oder ausführen wird, also den Inhalt und den Abschluss der Verträge, nicht aber die bautechnische Umsetzung und Ausführung. Bei einer Baumaßnahme mit mehreren Beteiligten wird er nur die vertragliche Seite begleiten, also die juristische Begleitung der Verträge mit Architekten, Bauleitern, Generalunternehmern, Subunternehmern oder der Baubehörde.

45 Im weiteren Verlauf muss der Rechtsanwalt dem Mandanten aber auch eine sichere Anleitung an die Hand geben, wie er sich demnächst verhalten kann. Dabei geht es darum, dass der Mandant in jeder Lage des Bauvorhabens darüber aufzuklären ist, welche Maßnahmen er ergreifen könnte.

Hinweis:
Nicht gemeint ist damit, dass der Anwalt den Mandanten zu einem bestimmten Handeln zwingend anhalten muss. Er muss jedoch eindringlich auf nachteilige Situationen hinweisen. Der Mandant muss selbst entscheiden.

Dies hat der BGH ebenfalls gesehen. Anhand eines Falles zur Kündigungsberatung hat der BGH[1] bestätigt, dass die Unwägbarkeiten der Kündigung und deren Folge dem Mandanten – wenn auch eindringlich – vermittelt werden müssen; die **Entscheidung** muss jedoch **dem Mandanten überlassen** bleiben. Einen Anspruch auf Entscheidung durch den Rechtsanwalt hat der Mandant nicht.

IV. Nach dem ersten Mandantengespräch

Hat der Rechtsanwalt sich das weitere Vorgehen überlegt, wird er dem Mandanten das Ergebnis mitteilen. Zunächst allerdings muss der Rechtsanwalt das Ergebnis des ersten Gesprächs schriftlich zusammenfassen und dem Mandanten zur Kenntnis bringen (siehe oben Rz. 19). Dies dient im Einzelnen dazu, 46

▷ dass der Mandant zunächst die Richtigkeit des Aufgenommenen überprüfen soll; auch damit Missverständnisse vermieden werden;

▷ unnötige spätere Rückfragen durch den Mandaten zu vermeiden, wodurch einem eventuellen Kompetenzverlust des Anwalts vorgebeugt werden soll;

▷ den Mandanten aufzufordern, noch weitere Unterlagen beizubringen;

▷ dass dem Anwalt eine Gedächtnisstütze im Vertretungsfalle an die Hand gegeben ist;

▷ dass Arbeitstätigkeit und -aufwand durch den Mandanten erfasst werden und dadurch die Akzeptanz der Kostennote beim Mandanten erreicht wird;

▷ im Regressfall als Nachweis zu dienen.

Bei der Abfassung des Schreibens ist Folgendes zu beachten: 47

▷ Der Anwalt hat das Schreiben kurz und übersichtlich anzulegen, also „Bandwurmsätze" zu vermeiden, da der Mandant selten ausschweifenden Erläuterungen folgen möchte.

▷ Am Ende ist eine kurze Zusammenfassung geboten mit dem Überblick des oder der nächsten Schritte.

▷ Durch Lesehilfen, wie Spiegelstriche, Absätze oder Abschnitte, sowie die Aufarbeitung von Tatsachen die mit rechtlichen Argumenten versehen sind, kann die nachhaltige Wirkung beim Mandanten verstärkt werden. Dabei ist der anwaltliche Auftrag nochmals genau zu definieren und darzustellen.

▷ Weiterhin sollte das Schreiben den Mandanten nicht durch inhaltliche negative Abfassung „vor den Kopf stoßen". So sollte der Inhalt positiv ausgedrückt werden und den Mandanten zu Überlegungen anhalten. Daher sollten bei tatsächlichen und bei rechtlichen Problemen diese benannt werden und positiv

---
1 BGH, BauR 1999, 56.

ausgedrückt werden, etwa „Das gilt dann, wenn ..." oder „Ihre Vorstellung zur Lösung des Falls ist dann möglich, wenn ...".

▷ Bedenken sollte der Anwalt aber auch, dass er auf den Gesprächspartner Rücksicht nehmen soll. Dies gilt vor allem für die Wortwahl. So steht der Gesprächspartner als Geschäftsführer oder Verwalter bei Wohnungseigentumseinheiten oftmals im Rampenlicht der Kritik, wenn es um mögliche Versäumnisse geht. Daher sollte der Anwalt einen vertrauenswürdigen, zurückhaltenden Stil finden, wenn er Fehler des Gesprächspartners erkennt. Sodann sollte er eine Aktennotiz über diese Aufklärung anfertigen lassen und sich die Kenntnisnahme vom Gesprächspartner bestätigen lassen.

▷ Schlussendlich muss auch das Schreiben an den Mandanten mit dem Ergebnis des nächsten Handelns enden.

V. Die außergerichtliche Streiterledigung in Bausachen

48 Im Gegensatz zu dem üblichen auf eine gerichtliche Auseinandersetzung angelegten Ausbildungsgang des Juristen ist diese Tätigkeit nur eine von mehreren Möglichkeiten für den baurechtlich tätigen Anwalt. Im Vordergrund steht immer noch die außergerichtliche Streiterledigung. Diese ist durch das werkvertragliche gesetzliche System bereits vorgegeben, da dem Unternehmer und dem Bauherrn ein System der Erledigung von Streitfragen durch tatsächliches Tun an die Hand gegeben wird.

49 Hierin liegt ein wesentlicher Grund für die Erledigung von Streitigkeiten im baurechtlichen Bereich durch die Möglichkeit der Streitschlichtung oder schiedsgerichtlicher oder schiedsgutachterlicher Verfahren. Dabei soll der Rechtsanwalt den Mandanten zunächst auf die **Vorteile und Nachteile** einer außergerichtlichen Verfahrensweise hinweisen:

▷ Möglichkeit der Verkürzung der Angelegenheit im Gegensatz zu einem gerichtlichen Verfahren, so dass Gespräche mit dem Gegner noch möglich bleiben, um zu einem für beide Seiten ausreichenden Ergebnis zu führen. Hierdurch können auch finanzielle Vorteile für beide Seiten gegeben sein; so der Zinsvorteil, der schnellere Erhalt von Werklohn oder den so genannten „unstreitigen Teil" und die Vermeidung von Eintragungen in das Grundbuch (Bauhandwerkersicherungshypothek, § 648 BGB).

▷ Die Kosten können gesenkt werden; die Gerichtsgebühren können eingespart werden. Allerdings wird die außergerichtliche Erledigung mit $^{15}/_{10}$ Gebühr gemäß § 23 BRAGO (VV RVG Einigungsgebühr Nr. 1000) zu berechnen sein im Gegensatz zu $^{10}/_{10}$ Gebühr gemäß § 23 BRAGO (VV RVG Einigungsgebühr Nr. 1000) bei einer gerichtlichen Auseinandersetzung. Dieser Unterschied sollte für den Mandanten aber zu vernachlässigen sein.

▷ Die Erledigung des Streits kann auch durch ein Sachverständigengutachten oder ein Schiedsgutachten eines Sachverständigen zu erledigen sein. Der Anwalt hat dem Mandanten aber auch auf den Unterschied von Schiedsgutachterverträgen und Schieds(-gerichts)-verträgen aufzuklären. Im Übrigen ist darauf hinzuweisen, dass die privat eingeholten Gutachten nur einseitige Vorteile für eine Partei bringen können.

▷ Deutlich gemacht werden muss aber auch, dass eine Garantie für eine schnellere Abwicklung durch die außergerichtliche Streitbeilegung nicht gegeben werden kann, denn nach dem Scheitern von Verhandlungen steht dann meist doch die gerichtliche Auseinandersetzung an.

Sofern der Mandant überzeugt ist, diesen außergerichtlichen Weg zu wählen, soll der Rechtsanwalt – der im Übrigen den Mandanten darüber aufklären soll, dass dieser Weg kein Zeichen der Schwäche ist – in einem Anschreiben an den Gegner zunächst die Tatsachen und Argumente zusammentragen, die den Rechtsstandpunkt und die Ansprüche des Mandanten klar darlegen. Erst danach kann der Rechtsanwalt einen nächsten Schritt anzeigen. Er sollte der Gegenseite zu verstehen geben, dass dieses Schreiben nur dem Zweck der **einvernehmlichen Lösung** des Problems dienen soll.

Hinweis:
Hier ist besonderes Augenmerk auf die **Wortwahl** zu legen. Dabei wäre es falsch, zunächst Angriffe gegen die Gegenseite zu fahren, um dann einzulenken und überraschend Eingeständnisse und Angebote zu machen. Da die Gegenseite ggf. bisher einen Konfrontationskurs vermutete, sollte nur mit „kleinen Schritten" operiert werden. Dazu zählt beispielsweise das Angebot auf eine Verhandlung mit der Gegenseite, also auf Verhandlungsbereitschaft, auf ein Entgegenkommen.

Dabei kann es sich durchaus anbieten, bereits einen Nachlass bei Forderungen oder einen Verzicht auf einen Teil der Mängelbeseitigung in Aussicht zu stellen. Die Vorgehensweise soll wohl überlegt sein.

Hinweis:
Sprechen Sie mit Ihrem Mandanten jeden Schritt vor dem Angebot zur Verhandlung ab, insbesondere sein eigenes Angebot und etwaige Zugeständnisse. Ansonsten ist das Angebot tatsächlich die vom Mandanten gefürchtete Schwäche auf seiner Seite.

Der Anwalt hat einen **Besprechungsort** vorzuschlagen. Dabei hat er einen für beide Seiten akzeptablen Ort zu wählen. Dies können die Baustelle, seine eigenen Büroräume o.Ä. sein. Beide Seiten müssen das Gefühl des „neutralen Ortes" spüren. Der Termin sollte so gestaltet sein, dass ausreichend Zeit für die Verhandlung zur Verfügung steht.

Kurz vor dem Termin sollte der Mandant sich mit dem Rechtsanwalt treffen. Dabei soll sich der Anwalt nur kurz mit bisher unklaren Fragen oder der Frage nach der „Schmerzgrenze" für den Mandanten im Falle des Vergleichs erkundigen.

Hinweis:
Wenn die Besprechung in den Büroräumen der Anwälte stattfindet, so sollte unbedingt darauf geachtet werden, dass ein Besprechungszimmer genutzt wird. Eine der Parteien wird sich sicherlich im Laufe der Verhandlungen zurückziehen wollen. Daher sollte der Anwalt mit dem eigenen Mandanten in sein Büro gehen und die Sache dann in gewohnter Umgebung mit ihm besprechen und die Gegenseite in der für diese vertrauten Umgebung belassen.

54 Weiterhin soll der Rechtsanwalt den Mandanten auch anhalten, seine Meinung zu äußern. Dies kann zur Klarstellung von Dissonanzen zwischen den Parteien durchaus hilfreich sein. Jedoch darf dies nicht in aggressivem oder unterstellendem Ton geschehen, dies ist vom Rechtsanwalt dem Mandanten eindringlich mitzuteilen und während des Gesprächs zu überwachen.

55 Die **Vergleichsbereitschaft** beim Mandanten ist nochmals auszuloten. Dabei muss der Rechtsanwalt auch objektiv die Lage darlegen, so dass die Realität dem Mandanten vor Augen geführt wird und Wunschvorstellungen des Mandanten, etwa nur im Bereich des „kleinen Zugeständnisses", ausgeräumt werden. Dies ist eine Sache der Überzeugungskraft des Anwalts.

Hinweis:
Reden Sie bei Vorgesprächen zu Verhandlungen im außergerichtlichen Bereich dem Mandanten **nie** nach dem Mund.

56 Für die außergerichtliche Verhandlung ist Folgendes wichtig:

▷ Die Beteiligten sollen alle zu Wort kommen.

▷ Niemals Zeitdruck „anzetteln", denn auch und gerade Gerichte nützen das in Verhandlungen aus.

▷ Der Anwalt sollte auch dafür sorgen, dass Beleidigungen oder Unterstellung der Parteien oder gar der Anwälte untereinander unterbleiben.

▷ Niemals versuchen, den eigenen Mandanten zu beeindrucken, indem die Standpunkte allzu vehement vertreten werden.

▷ Jedoch müssen nach bestimmten Abschnitten der Verhandlung und gerade dann, wenn die Gegenseite versucht, ihre Position zu verbessern, Standpunkte deutlich ausgesprochen werden, damit die eigene Position bekräftigt wird. So sollte durchaus angekündigt werden: „Es reicht jetzt, unser Standpunkt ist..." oder „wie gesagt unser Mandant ist bereit, auf ... zu verzichten, im Gegenzug erwartet er...".

▷ Droht die Verhandlung zu scheitern, ist sofort den Beteiligten eine Pause vorzuschlagen, damit die Standpunkte in Ruhe nochmals überdacht werden können. Dies ist eine der wichtigsten Aufgaben des Rechtsanwalts bei solchen Verhandlungen; nicht nur, weil die Mandantschaft es erwartet, denn sie hat ein bestimmtes Ziel vor Augen, sondern auch deshalb um der eigenen Mandantschaft die Grenzen nochmals deutlich zu machen und auch selbst das bisherige Tun zu überdenken.

57 Wünschenswert für die außergerichtliche Verhandlung ist ein **Vergleich** als Ergebnis. Hier sind für den Rechtsanwalt allerdings einige Problemkreise peinlichst zu beachten. Dabei kommt nicht nur in Betracht, dass in solchen außergerichtlichen Vergleichen die richtigen Parteien und Bezeichnungen gewählt werden müssen, sondern gerade bei Gesamtschuldnern oder Gesamtgläubigern oder Teilen davon die richtige Vertretung gewählt wird. Es ist klarzustellen, für wen der Rechtsanwalt handelt und wer hier betroffen sein will.

Weiterhin muss die **Zahlungsvereinbarung** genau sein. Dies gilt nicht nur bei 58
weiteren Teilzahlungen und der Angabe von Zahlungsterminen, sondern auch
bezüglich Zinshöhe und Zeitpunkt des Beginns oder gar des Endes bestimmter
Zinshöhen. Die Parteien haben auch so genannte „Wohlverhaltensklauseln" zu
berücksichtigen.

> Der Auftraggeber zahlt einen Betrag von 50 000 Euro an den Auftragnehmer. Dieser
> Betrag ist fällig und bis zum 31. 12. 2003 zu bezahlen. Hiernach ist er mit 6 % über
> dem Basiszinssatz der EZB jährlich zu verzinsen. Bezahlt der Auftraggeber den Auftragnehmer
> bis 30. 11. 2003 mit 45 000 Euro, erlischt der Anspruch des Auftragnehmers
> sowie der Anspruch auf Mehrbetrag und Zinsen.

Bei **Ratenzahlungsvereinbarungen** sind Sicherheitsleistungen zu empfehlen. 59
Dies kann durch Hinterlegung von Wertgegenständen oder Geld und Wertpapieren,
oder auch durch Grundbucheintragungen oder Bürgschaften anderer Personen,
Firmen oder Kreditinstitute erreicht werden. Darüber hinaus muss auch
daran gedacht werden, dass bei Verzug mit Ratenzahlungen die sofortige Zahlung
des Endbetrags vereinbart wird. Bei **Bürgschaftsvereinbarungen** ist daran zu denken,
dass diese nach und nach, entsprechend erfolgter Zahlungen, ggfs. reduziert
werden müssen.

Ist die **Beseitigung von Mängeln** Gegenstand der Vereinbarung, so ist auch hier 60
eine Vereinbarung zu treffen, die beiden Seiten gerecht wird. Wird Werklohn zurückbehalten,
so kann vereinbart werden, dass der Werklohn jeweils bei Nachweis
von erledigten Mängeln – z. B. durch Sachverständigengutachten oder baubegleitenden
Gutachten oder durch Unternehmerbestätigungen – nach und nach
in Höhe eines bestimmten Betrags auszuzahlen ist.

Aber diese Regelung ist nicht unbedingt in allen Situationen dieser Art zu empfehlen. 61
Sie kann zu Nachfolgestreitigkeiten dann führen, wenn über die Erledigung
von Mängeln und deren Nachweis Unklarheiten oder keine Regelungen getroffen
wurden.

Hinweis:
Gerade bei Mängelbeseitigungen sollte der Anwalt darauf achten, dass die Art
und Weise der Mängelbeseitigung und deren Erledigung in einer ganz genauen
Weise beschrieben wird. Zu empfehlen ist dabei, dass beide Parteien sich zusätzlich
darauf einigen, einen geeigneten **Sachverständigen** zu benennen und zu beauftragen,
der für beide Parteien verbindlich die Erledigung des Mangels feststellt.

Die einfachen Erledigungsanzeigen von Handwerkern/Unternehmen werden
kaum weiterhelfen, wenn die Parteien kein Vertrauen in den beauftragten Handwerker/Unternehmen
haben.

Ebenfalls sollten die Parteien dabei aber auch an die **Regelung der Abnahme** denken. 62
Dies ist nicht nur für den Beginn einer streitigen Gewährleistungsfrist sinnvoll,
sondern auch beispielsweise bei der Festlegung von Verjährungsfristen nach
Beendigung der Leistungsphasen 8 oder 9 bei Architektenverträgen.

63 Bei Architektenhaftungen ist an die Information der Haftpflichtversicherung des Architekten bzw. deren sofortiger Einschaltung zu denken. In sämtlichen Versicherungsbedingungen der verschiedenen Versicherer sind Klauseln enthalten, dass der Architekt bei möglichen Haftungsmerkmalen die Versicherung sofort (unverzüglich) zu informieren hat, spätestens nach einer Woche. Die Versicherungen behalten sich jeweils den Selbsteintritt bei Verhandlungen vor. Somit ist es angezeigt, bei sämtlichen Verhandlungen die Versicherungsvertreter zu informieren bzw. zu beteiligen. Dies sollte auch für die Bauwesenversicherung, die Haftpflicht des Unternehmers und sonstige Versicherungen gelten.

Hinweis:
Mit der Klausel „Mit dieser Vereinbarung sind sämtliche wechselseitigen (gegenseitigen) Ansprüche (und Forderungen) erledigt (ausgeglichen) ..." oder ergänzend „... mit Ausnahme etwaiger Gewährleistungsansprüche wegen Mängeln, die bis heute noch nicht schriftlich gerügt wurden (erkannt wurden)" sollte äußerst sorgfältig umgegangen werden.

Haben die Parteien vor, diese **Klausel** aufzunehmen, ist Folgendes zu beachten: Der Anwalt hat den Mandanten darauf hinzuweisen, dass mit dieser Klausel grundsätzlich sämtliche Ansprüche der abschließenden Regelung unterliegen, es sei denn, dass einige Punkte besonders herausgenommen werden und damit klargestellt wird, dass sie der Vereinbarung nicht unterliegen sollen. Diese Punkte müssen jedoch abschließend beschrieben werden, da die Klausel objektiv gesehen von einer allumfassenden und abschließenden Regelung ausgeht.

64 Daher ist es besser, wenn in einem Vergleich die Parteien zunächst in einer **Präambel** den Werdegang des Rechtsstreits beschreiben, ihre unterschiedlichen Ansichten und anschließend die genau definierte Regelung schriftlich niederlegen. Dies schützt davor, unbedacht allumfassende Regelungen zu treffen. Damit wird aber auch vermieden, dass bei späteren Rechtsstreitigkeiten der Umfang der getroffenen Regelung wieder zum Streitpunkt erwächst.

65 Hier ist aber auch auf die Möglichkeit des so genannten **Anwaltsvergleichs** hinzuweisen. In § 796 a ZPO ist der Anwaltsvergleich gesetzlich geregelt. Dabei ist der Vergleich abschließend von den Rechtsanwälten und den Parteien zu unterschreiben. Außerdem muss er eine Zwangsvollstreckungsunterwerfungsklausel enthalten. Der Vergleich ist beim zuständigen Gericht niederzulegen. Dieses kann die Vollstreckungsklausel erteilen, wenn der Vergleich durch die betroffenen Parteien nicht eingehalten wird.

66 Eine weitere Möglichkeit, Regelungen während der Bauphase oder während der Tätigkeit eines Architekten zu finden, sind so genannte **„Interimsvereinbarungen"**. Hier werden zwischen den Parteien Vereinbarungen getroffen, welche im Sinne der Schadensminimierung zu einem Fortbestehen des Vertrags und einer fortdauernden Tätigkeit des Auftragnehmers führen sollen. Im Sinne des § 18 Nr. 4 VOB/B soll bei den Bauvorhaben die Fortdauer gesichert werden.[1] Bei diesen Interimsvereinbarungen sollten die Ergebnisse im Sinne einer Mediation oder Schlichtung für die streitigen Bereiche des Vertrags gesucht werden. Dies ist ins-

---

1 Ingenstau/Korbion-*Joussen*, Teil B, § 18 Nr. 4 Rz. 4, 6.

besondere dann anzuraten, wenn die Streitigkeiten zu Verzögerungen beim Baustellenablauf oder bei der weiteren Tätigkeit der Planer/Bauüberwacher führen könnten. Sind die Parteien bereit, auf dieser Ebene weiterzuarbeiten, steht meist der Schlichtung einerseits und der Weiterarbeit andererseits nichts im Wege.

Gleiches gilt für den **Teilvergleich**, bei dem die gleichen Merkmale wie bei anderen Vergleichen gelten. Sollte ein solcher Vergleich oder Teilvergleich abgeschlossen werden, soll des Weiteren noch auf folgende Punkte geachtet werden: 67

▷ Stellung einer Sicherheit
▷ Kostenregelung
▷ Behördliche Genehmigungen (Bauantrag; Wertsicherungsklausel, soweit erforderlich)
▷ Rücktrittsrechte und Widerrufklauseln

Hinweis:
Bei **Rechtsschutzversicherungseintritt** (aber: § 4 Abs. 1 Buchst. k ARB 75 und 94) muss bei der Festlegung der Kostenquote nach § 5 Abs. 3 Buchst. a ARB 94 darauf geachtet werden, dass dieses dem Verhältnis des Obsiegens und Unterliegens zu entsprechen hat, da ansonsten die Versicherung nicht an die Kostenfeststellung der Parteien gebunden ist. 68

Bereits oben wurde auf andere Möglichkeiten der ganzen oder teilweisen Erledigung einzelner Problempunkte hingewiesen. So muss der Anwalt immer auf die Möglichkeiten des Einsatzes eines Schiedsgutachters bei Streitigkeiten um Ausführungen von Bauteilen oder bei Mängeln hinweisen. Auch das **Schlichtungsverfahren** verschiedener Vereine und Verbände sollte beachtet werden. So stellen die ARGE Baurecht im DAV mit der SOBau ein hervorragendes System der Streitschlichtung zur Verfügung. Auch die Deutsche Gesellschaft für Baurecht hat zwischenzeitlich ein solches ins Leben gerufen. Weitere Schlichtungssysteme bieten Verbände der Bauindustrie, z. B. die CTMB und neuerdings auch eine Initiative von Baubetrieblern um Prof. Dr. Schotke (Semina, 31535 Neustadt/Rbbg akademie@SEMINA.de), an. Letztere ist infolge der mehr baubetrieblichen Aspekte und deren Berücksichtigung bei Mängelfällen und bauzeitlichen Verzögerungen sehr zu empfehlen. 69

Bei der SOBau ist darauf hinzuweisen, dass als Alternative zum gerichtlichen Selbständigen Beweisverfahren dort das „**isolierte Beweisverfahren**" durch einen Schlichter/Schiedsrichter immer in Betracht zu ziehen ist. Innerhalb von 24 Stunden ist es möglich, einen Sachverständigen zu benennen und tätig werden zu lassen. Bei Streitigkeiten um Architektenhonorare oder Architektentätigkeiten, ist wie bei den Fachingenieuren die jeweilige Kammer – Schiedsstelle – zu empfehlen. Die Adressen sind bei den örtlichen Kammern oder bei der BRAK, Littenstr. 9, 10179 Berlin zu erfragen. 70

Die Einschaltung eines **Schiedsgerichts** sollte erst dann in Erwägung gezogen werden, wenn die Auseinandersetzung nur noch durch das staatliche Gericht oder durch eine vertraglich vorgesehene Schiedsstelle/-gericht zu klären ist und dann die Schnelligkeit des Schiedsgerichts – ggfs. auch das etwas preiswertere 71

Verfahren genutzt werden soll. Allerdings kann die beabsichtigte Schnelligkeit des schiedsgerichtlichen Verfahrens durch eine Verzögerungstaktik des Gegners unterlaufen werden und die Dauer dieses Verfahrens erheblich verlängert werden. Es ist immer daran zu denken, dass die Zwangsmaßnahmen des staatlichen Gerichts nur in beschränktem Maße auch für das durch Vertrag zwischen den Parteien festgelegte Schiedsgericht gelten. Sichergestellt ist allerdings, dass durch die Sachkunde des Schiedsgerichts eine kompetente und kostengünstige Erledigung gefunden wird, denn die überwiegende Anzahl der Verfahren kann durch gütliches Einvernehmen/Vergleich erledigt werden. Der Rechtsanwalt sollte seine Partei daher auch auf diese Möglichkeit hinweisen.

72 Vorsicht ist allerdings geboten bei formularmäßigen oder individuellen Verträgen, in denen ein Schiedsrichter bereits namentlich benannt wurde. Diese sind unwirksam. Maßgeblich haben sich die Parteien aber auch auf eine Schiedsgerichtsordnung zunächst zu einigen. Es sind zu erwähnen:

▷ Schiedsgerichtsordnung der Deutschen Institution für Schiedsgerichtsbarkeit e. V. (D.I.S.) in Düsseldorf

▷ Schiedsgerichtsordnung für das Bauwesen des Deutschen Betonvereins und der Deutschen Gesellschaft für Baurecht e. V. in Frankfurt/Main

▷ Schlichtungs- und Schiedsverfahrensordnung für Baustreitigkeiten (SOBau) der ARGE Baurecht im DAV in Berlin

73 Eile ist geboten, wenn der Rechtsanwalt in der Phase der Beratung oder der außergerichtlichen Verhandlung mit dem Gegner bemerkt, dass die Gegenseite die **Verjährungseinrede** demnächst in Aussicht stellt oder die Verjährung von Ansprüchen droht. Es ist dann alles daran zu setzen, eine Erklärung des Gegners zum Verzicht auf die Einrede der Verjährung zu erreichen oder gar durch eine Mängelanzeige – wenn dies nicht bereits geschehen ist – eine neue zwei- bzw. vierjährige Verjährungsfrist nach VOB/B in Gang zu setzen. Beim BGB-Vertrag muss die Hemmung der Verjährung durch dauernde ernsthafte Verhandlung mit dem Gegner erreicht werden, § 203 BGB. Zu beachten ist allerdings, dass die Erklärung des Verzichts vor Eintritt der Verjährung nach allgemeiner Ansicht unwirksam ist, da § 202 BGB gerade dies verbietet.

74 Erhebt der Gegner allerdings dann die Einrede der Verjährung während des Ablaufs der Verjährung oder danach, so ist ihm der Arglisteinwand gemäß § 242 BGB entgegenzuhalten. Die Erklärung wird als wirksam rückwirkend fingiert.[1] Bei einer unbefristeten Erklärung ist diese zwar gültig, scheitern allerdings die Verhandlungen doch, so muss innerhalb von vier Wochen spätestens die Einrede erfolgen.[2]

75 Daher muss der beratende Anwalt bei Scheitern der außergerichtlichen Verhandlungen doch darauf drängen, das gerichtliche Verfahren unverzüglich einzuleiten. Selbst wenn während der Verhandlungen der Gläubiger mit Mahnbescheid versucht, seine Forderung „unverjährt" zu sichern und der Gegner Widerspruch einlegt, ist das gerichtliche Verfahren alsbald innerhalb von wenigen Wochen (ca. 4

---

1 Vgl. statt vieler: Palandt/*Heinrichs*, BGB § 222 Rz. 5; § 225 Rz. 2.
2 BGH, BauR 1991, 215.

bis 6 Wochen) nach Eingang des Bescheids über den Widerspruch zu begründen.[1] Danach wird der Verjährungseinwand greifen.

Hinzuweisen ist aber auch auf das Privatgutachten. Dieses sollte immer dann in Erwägung gezogen werden, wenn 76

▷ höchste Eile bei der Ermittlung von Mängeln geboten ist;

▷ das außergerichtliche Gutachten der Gegenseite anzugreifen ist;

▷ das gerichtliche Gutachten in streitigen Verfahren oder im Selbständigen Beweisverfahren aber auch das Gutachten beim „isolierten Beweisverfahren" oder im Schiedsgerichtsverfahren anzugreifen ist.

Die Einschaltung des **außergerichtlichen Gutachters** ist wichtig, um sich die Möglichkeit einer Neubegutachtung gemäß § 412 ZPO zu erhalten. Die Kosten trägt während der Bauphase eines VOB/B-Vertrags gemäß § 12 VOB/B die jeweilige Partei bis zur Abnahme. Bei Schadenersatzforderungen gemäß § 635 BGB a. F./§§ 634, 636 BGB und § 13 Nr. 5 Abs. 2 VOB/B auch der Gegner, wenn das Gutachten zur Durchsetzung der Ansprüche erforderlich wurde, nicht hingegen bei bloßer Ermittlungs- und Überprüfungstätigkeit des Sachverständigen.[2] Allerdings ist bei einer Kostenfestsetzung nach gerichtlichem Verfahren auf Folgendes zu achten: So werden die **Kosten** nur dann ersetzt, wenn es zur **zweckentsprechenden Rechtsverfolgung** oder -verteidigung erforderlich war. Daher muss das Gutachten immer prozessbezogen eingeholt und im Verfahren auch verwertet worden sein.[3] Dies gilt auch bei der notwendigen Klärung vorprozessualer technischer Fragen, die verfahrensbezogen sind, auch während des Verfahrens.[4] 77

Schiedsgutachter sollten dann von den Parteien zur Lösung ihrer rechtlichen Probleme eingeschaltet werden, wenn es um folgende – nicht abschließend aufgezählte – Probleme geht: 78

▷ Feststellung von Aufmaßen

▷ Rechnungshöhen

▷ Mängel

▷ Bautenständen, insbesondere bei Insolvenzanträgen/-eröffnungen/-verfahren

▷ Minderungen

▷ Mängelbeseitigungsarbeiten

▷ Fälligkeitsvoraussetzungen beim Bauträgervertrag

▷ Leistungen bei Kündigung des Architektenvertrags

▷ Honorarzone bei Architektenrechnungen

▷ Feststellung von anrechenbaren Kosten bei Honorarrechnung des Architekten

---
1 BGH, BauR 1986, 351; *Schäfer/Finnern/Hochstein*, Rechtsprechung zum privaten Baurecht, § 225 Nr. 2.
2 BGH, NJW 1985, 381.
3 OLG Düsseldorf, BauR 1995, 883.
4 OLG Koblenz, BauR 1996, 583; OLG Köln, BauR 1995, 881.

▷ Stundennachweise des Architekten oder bei den Werkunternehmerabrechnungen

79 Die Schiedsgutachter werden aufgrund beiderseitigen Vertrags beauftragt. Das Gutachten hat die Wirkung der §§ 317 ff. BGB für beide Seiten. Bei Fertighausverträgen ist die Schiedsgutachterklausel unwirksam.[1] Auch bei Bauträgerverträgen.[2] Außerdem ist zu beachten, dass gemäß § 3 Abs. 3 Nr. 1 AHB Fassung Juni 2002 die Architektenhaftpflichtversicherer sich nicht an die Gutachten binden müssen. Vorteil ist, dass die **Hemmung der Verjährung** durch die einvernehmliche Vereinbarung und das Tätigwerden eintritt.[3]

80 Der Anwalt hat seinen Mandanten aber auch darüber aufzuklären, dass das Gutachten angegriffen werden kann. Allerdings gemäß § 319 BGB nur bei grober Unbilligkeit, also bei falschen Sachverhalten, bei anderen Grundsätzen und Maßstäben als im zugrunde liegenden Vertrag der Parteien, bei Nichteinhaltung des von den Parteien im Vertrag vorausgesetzten Zwecks und bei Missbrauch von Ermessen.[4] Allerdings kann der Schiedsgutachter im vertraglichen Bereich nicht wegen Besorgnis der Befangenheit abgelehnt werden.[5]

---

1 OLG Köln, VersR 1992, 498.
2 OLG Düsseldorf, BauR 1995, 559.
3 BGH, BauR 1990, 86.
4 BGH, NJW 1996, 453.
5 BGH, VersR 1957, 122.

Teil 2
Steuern

	Rz.
I. Allgemeines zu Privatpersonen und Gesellschaftern	1
1. Grundsätze	1
a) Steuern	1
b) Verwaltung der Steuern	3
2. Steuerschuldverhältnis	4
a) Entstehen des Steuerschuldverhältnisses	4
b) Besteuerung bei Steuerumgehung	8
c) Zurechnung von Wirtschaftsgütern	11
d) Stundung	20
e) Erlöschen des Steueranspruchs	24
3. Haftungsanspruch	30
a) Haftung des Vertreters	30
b) Haftung des Steuerhinterziehers	34
c) Haftung des Eigentümers	36
d) Haftung des Betriebsübernehmers	39
4. Steuerverwaltungsrecht	48
a) Bevollmächtigte und Beistände	48
b) Untersuchungsgrundsatz	50
c) Rechtliches Gehör	53
d) Beweismittel	54
5. Ermittlung der Besteuerungsgrundlagen	56
a) Buchführungs- und Aufzeichnungspflichten	56
b) Abgabe der Steuererklärung	60
c) Benennung von Gläubigern und Zahlungsempfängern	63
d) Außenprüfung	65
6. Steuerfestsetzung	69
a) Steuerbescheid	69
b) Verjährung	72
aa) Fristen	72
bb) Anlaufhemmung	73
cc) Ablaufhemmung	75
7. Berichtigung von Verwaltungsakten	76
a) Grundsatz	76
b) Offenbare Unrichtigkeit	78
c) Aufhebung oder Änderung von Steuerbescheiden wegen neuer Tatsachen oder Beweismittel	79
d) Aufhebung oder Änderung von Steuerbescheiden in sonstigen Fällen	82
8. Rechtsschutz	84
a) Außergerichtlicher Rechtsbehelf	84
b) Gerichtlicher Rechtsbehelf	88
II. Einkommensteuer	91
1. Steuerpflicht	91
a) Subjektive Steuerpflicht	91
b) Objektive Steuerpflicht	95
2. Einkunftsarten	96
a) Gewinneinkunftsarten	96
b) Überschusseinkunftsarten	100
c) Unterschiede	102
3. Behandlung grundstücksspezifischer Besonderheiten	104
a) Anschaffungskosten	104
b) Herstellungskosten	105
c) Anschaffungsnaher Herstellungsaufwand	106
d) Abschreibungen	108
4. Betriebsaufspaltung	111
5. Veräußerung von Grundstücken	114
a) Aus dem Betriebsvermögen	114
b) Aus dem Privatvermögen	120
III. Körperschaftsteuer	123
1. Wesen	123
a) Steuerpflicht	123
b) Steuerbelastung	126
2. Besonderheiten	130
a) Verdeckte Gewinnausschüttung	130
b) Verdeckte Einlage	132
3. Gestaltung bei Grundbesitz	134
IV. Gewerbesteuer	136
1. Allgemeines	136
a) Gewerbeertrag	136
b) Ertragshoheit	138
2. Besonderheit bei Grundbesitzverwaltung	142
3. Anrechnung bei der Einkommensteuer	143
V. Umsatzsteuer	145
1. Steuerbarkeit	145
2. Befreiungen	147
3. Optionen	148

	Rz.
4. Kleinunternehmer	150
5. Vorsteuerabzug	152
6. Umsatzsteuererklärungen	156
7. Besonderheiten bei Immobilienbesitz	158
a) Vorsteuerabzug	158
b) Leistungsempfänger als Steuerschuldner	164
VI. Grunderwerbsteuer	166
1. Erwerbsvorgänge	166
2. Grundstücksbegriff	169
3. Steuervergünstigungen	170
4. Bemessungsgrundlage	173
5. Steuerberechnung	174
6. Steuerschuldner	175
7. Aufhebung oder Änderung der Steuerfestsetzung	176
VII. Grundsteuer	177
1. Ertragshoheit	177
2. Steuergegenstand	178
3. Steuerbefreiungen	179
4. Steuerschuldner	180
5. Steuerberechnung	181
6. Erlass	186
VIII. Erbschaftsteuer und Schenkungsteuer	188
1. Steuerpflicht	188
a) Persönliche Steuerpflicht	188
b) Steuerpflichtige Vorgänge	190
2. Steuertatbestände	191
a) Erbschaft	191
b) Schenkung	193
3. Wertermittlung	196
a) Grundsätzliches	196
b) Erbschaft	200
c) Schenkung	201
4. Steuerbefreiungen	202
a) Allgemeine Befreiungen	202
b) Vergünstigung bei Betriebsvermögen	203
5. Berechnung der Steuer	205
a) Steuerklassen	205
b) Persönliche Freibeträge	207
c) Vorsorgefreibetrag	208
d) Steuersätze	209
e) Besonderheiten bei Betriebsvermögen	210
f) Zusammenrechnung innerhalb von 10 Jahren	211
6. Festsetzung der Steuer	212
a) Anzeigepflicht	212
b) Steuerbescheid	213

I. Allgemeines zu Privatpersonen und Gesellschaften

1. Grundsätze

a) Steuern

1 Wirtschaftliches Handeln ist stets steuerlich relevant. Dies gilt sowohl im Bereich der **Besitzsteuern** (Einkommensteuer, Körperschaftsteuer, Gewerbesteuer) als auch bei den **Verkehrssteuern** (Umsatzsteuer, Grunderwerbsteuer). Für beide Bereiche gibt es unterschiedliche Regeln, die durch Gestaltungen möglicherweise optimiert werden können.

2 Nach der Legaldefinition des § 3 AO sind Steuern Geldleistungen, die nicht eine Gegenleistung für eine besondere Leistung darstellen und von einem öffentlich-rechtlichen Gemeinwesen zur Erzielung von Einnahmen allen auferlegt werden, bei denen der Tatbestand zutrifft, an den das Gesetz die Leistungspflicht knüpft. Steuern sind Zwangsabgaben, die sowohl dem Bund, den Ländern oder den Gemeinden zustehen können.

b) Verwaltung der Steuern

3 Die Verwaltung der Steuern steht den jeweiligen Gebietskörperschaften zu. Dem Bund steht die Verwaltungs- und Ertragshoheit bei den Zöllen und Verbrauchs-

steuern zu. Die Verwaltung gliedert sich in die Hauptzollämter, die Oberfinanzdirektionen und dem Bundesfinanzministerium. Die wesentlichen Steuern werden von den Bundesländern verwaltet. Hierbei bilden die Finanzämter die Unterbehörden, die Oberfinanzdirektionen die Mittelbehörden und die jeweiligen Landesfinanzministerien die Oberbehörden. Den Gemeinden steht die jeweilige Verwaltungs- und Ertragshoheit bei der Gewerbesteuer und der Grundsteuer zu.

2. Steuerschuldverhältnis

a) Entstehen des Steuerschuldverhältnisses

Als Steuerschuldverhältnis werden die Rechtsbeziehungen zwischen Steuergläubiger und Steuerschuldner bezeichnet, die Geldleistungen zum Gegenstand haben. Zwischen Steuergläubiger und Steuerschuldner bestehen ähnliche Rechtsbeziehungen wie in einem bürgerlich-rechtlichen Schuldverhältnis zwischen Gläubiger und Schuldner. Das Steuerschuldverhältnis umfasst alle Rechte und Pflichten, die zwischen dem Steuerberechtigten und dem Steuerpflichtigen bestehen. 4

Wer **Steuerschuldner** ist, bestimmen die Steuergesetze. Steuerschuldner können sowohl natürliche Personen, juristische Personen des privaten und des öffentlichen Rechts, nichtrechtsfähige Personenvereinigungen sowie nichtrechtsfähige Vermögensmassen sein. 5

Die **Steuerpflicht** der natürlichen Personen beginnt mit der Geburt und endet mit dem Tod. Bei juristischen Personen beginnt die Steuerpflicht grundsätzlich mit Abschluss des Gesellschaftsvertrags und endet mit der Löschung im Handelsregister. 6

Weiterhin ist es ohne Bedeutung, ob ein Verhalten, das den Tatbestand eines Steuergesetzes ganz oder zum Teil erfüllt, gegen ein gesetzliches Gebot oder Verbot oder gegen die guten Sitten verstößt (§ 40 AO). Für die Besteuerung ist es unerheblich, ob ein Rechtsgeschäft unwirksam ist oder wird, soweit und so lange die Beteiligten das wirtschaftliche Ergebnis dieses Rechtsgeschäfts gleichwohl eintreten und bestehen lassen. Dies gilt nicht, soweit sich aus den Steuergesetzen etwas anderes ergibt (§ 41 Abs. 1 AO). Auch **Scheingeschäfte** und Scheinhandlungen sind für die Besteuerung unerheblich. Wird jedoch durch ein Scheingeschäft ein anderes Rechtsgeschäft verdeckt, so ist das verdeckte Rechtsgeschäft für die Besteuerung maßgebend (§ 41 Abs. 2 AO). 7

b) Besteuerung bei Steuerumgehung

Bei Missbrauch von rechtlichen Gestaltungsmöglichkeiten entsteht der Steueranspruch so, wie er bei einer den wirtschaftlichen Vorgängen angemessenen rechtlichen Gestaltung entsteht (§ 42 Abs. 1 AO). 8

Diese Vorschrift ist von erheblicher Bedeutung. Sinn dieser Vorschrift ist, dass Steuergesetze nicht durch Missbrauch von rechtlichen Gestaltungsmöglichkeiten umgangen werden können. Hierbei handelt es sich im Wesentlichen um Gestaltungsmöglichkeiten im Bereich des Bürgerlichen Rechts wie auch des Öffent- 9 lichen Rechts. Missbrauch im Sinne dieser Vorschrift ist jede Gestaltung, die den wirtschaftlichen Vorgängen nicht angemessen ist. Andererseits ist die Vorschrift von den erlaubten Steuerersparnismöglichkeiten abzugrenzen. Der Steuerpflichtige kann sich grundsätzlich so einrichten, dass er möglichst wenig Steuern zu zahlen braucht.

Hinweis:
Ein häufiger Anwendungsbereich der wirtschaftlichen Gestaltungsmöglichkeit ist die so genannte Kettenschenkung, in der Vermögensübertragungen zwecks Ausnutzung von Freibeträgen gewählt werden.

10 Grundsätzlich liegt die **Beweislast** eines wirtschaftlichen Missbrauchs und somit seiner steuerlichen Unwirksamkeit bei der Finanzverwaltung. Es kommt hinzu, dass die Steuerumgebung als subjektives Tatbestandsmerkmal vorliegen muss.[1]

c) Zurechnung von Wirtschaftsgütern

11 Wirtschaftsgüter sind im Allgemeinen dem Eigentümer zuzurechnen (§ 39 Abs. 1 AO). Das Gesetz knüpft somit an den Begriff des bürgerlich-rechtlichen Eigentums an. Abweichend hiervon gilt Folgendes:

12 Bei **Treuhandverhältnissen** ist das Wirtschaftsgut dem Treugeber zuzurechnen. Ein Treuhandverhältnis kann dadurch begründet werden, dass der Treugeber dem Treuhänder ein Wirtschaftsgut zu treuen Händen überlässt. Hierbei handelt es sich nicht um ein Scheingeschäft. Nach außen hin ist der Treuhänder der Berechtigte und übt seine Rechte nicht im eigenen Interesse, sondern im Interesse des Treugebers aus (so genannte uneigennützige oder verwaltende Treuhand). Eine Besonderheit findet sich im Grunderwerbsteuergesetz nach dem die Übertragung eines Grundstücks vom Treugeber an den Treuhänder steuerpflichtig ist.

13 Auch bei der **Sicherungsübereignung** gilt die wirtschaftliche Betrachtungsweise, d. h., dass zum Zwecke der Sicherheit übereignete Wirtschaftsgüter dem Sicherungsgeber zuzurechnen sind. Die Sicherungsübereignung ist ein gängiges Mittel zur Kreditsicherung und stellt eine eigennützige Treuhand dar.

14 Beim **Eigenbesitz** ist das Wirtschaftsgut dem Eigenbesitzer zuzurechnen. Typisches Beispiel ist der Dieb, der die Sachherrschaft mit Herrschaftswillen ausübt. Hingegen sind der Käufer unter Eigentumsvorbehalt und der Besitzer eines gekauften, aber noch nicht aufgelassenen und überschriebenen Grundstücks nicht Eigenbesitzer.

15 Pächter und Mieter sind ebenfalls nicht Eigenbesitzer, sondern **Fremdbesitzer**, die kein wirtschaftliches Eigentum an der Sache haben. Wird im Rahmen der vorweggenommenen Erbfolge ein Grundstück schenkweise übertragen und nutzt der Übertragende aufgrund unentgeltlichen auf Lebzeit vorbehaltenen Nießbrauchrechts den übereigneten Grundbesitz wirtschaftlich unverändert, so bleibt er wirtschaftlicher Eigentümer.

---

1 BFH, BStBl. 1967 III, 189 und BStBl. 1976 II, 513.

Weiterhin ist der **Testamentsvollstrecker** nicht Eigenbesitzer. Er kann zwar über die Nachlassgegenstände verfügen, ist jedoch durch die letztwillige Verfügung des Erblassers beschränkt. Eigentümer des Nachlasses ist der Erbe.

16

Bei **Leasingverträgen** gelten Besonderheiten. Aufgrund des fehlenden Herrschaftswillen ist der Leasingnehmer im Allgemeinen nicht Eigenbesitzer. Dies bedeutet jedoch nur, dass der Anwendungsfall des Eigenbesitzes ausgeschlossen ist, die wirtschaftliche Betrachtungsweise dennoch gilt. Maßgebend sind die Umstände des Einzelfalls, ob der Gegenstand dem Leasingnehmer oder -geber zuzurechnen ist.[1]

17

Die Vorschrift des § 39 Abs. 2 Nr. 6 AO regelt die Zuordnung von Wirtschaftsgütern, die mehreren Personen zur gesamten Hand zustehen. **Gesamthandsgemeinschaften** sind im Einzelnen:

18

▷ die Gesellschaft bürgerlichen Rechts (§ 719 BGB)

▷ die offene Handelsgesellschaft (§§ 105 HGB, 719 BGB)

▷ die Kommanditgesellschaft (§§ 105, 161 HGB, 719 BGB)

▷ die Gütergemeinschaft (§ 1419 BGB)

▷ die Erbengemeinschaft (§§ 2033, 2040 BGB)

Durch diese Regelung soll klargestellt werden, in welcher Weise Wirtschaftsgüter, die mehreren Personen gesamthänderisch zustehen, dem einzelnen Gesamthänder zuzurechnen sind. So ist z. B. das Betriebsgrundstück einer Personengesellschaft, das im Eigentum nur eines Gesellschafters steht, nicht der Gesamthand zuzurechnen. Die Aufteilung kommt nur dann in Betracht, wenn Einzelsteuergesetze sich gegen einzelne Gesamthänder richten (z. B. EStG). Die Regelung wird jedoch nicht angewendet, sofern die Gesamthand Steuersubjekt ist (z. B. bei der Umsatzsteuer).

19

d) Stundung

Die Finanzbehörden können Ansprüche aus dem Steuerschuldverhältnis ganz oder teilweise stunden (§ 222 AO). Voraussetzungen der Stundung sind, dass die Einziehung bei Fälligkeit für den Steuerpflichtigen eine **erhebliche Härte** bedeutet und der Anspruch durch die Stundung nicht gefährdet ist.

20

Die erhebliche Härte ist tatbestandliche Voraussetzung der Stundung. Sie stellt keine reine Ermessensentscheidung der Verwaltung dar.[2] Eine allgemeine Härte, die der Natur nach bei jeder Steuerzahlung gegeben ist, ist kein ausreichender Stundungsgrund. Da die Finanzbehörde keine Bank ist, muss der Steuerpflichtige sich ernsthaft um die Finanzierung, z. B. durch Bankkredite, bemühen. Abschlusszahlungen sind für den Steuerpflichtigen rechtzeitig erkennbar und es kommt hierbei nur ausnahmsweise eine Stundung in Betracht.

21

---

1 BFH, BStBl. 1970 II, 264, BStBl. 1971 II, 34 u. 133.
2 *Tipke/Kruse*, AO § 222 Rz. 19.

22 Der Steueranspruch darf nicht gefährdet sein, so dass die Finanzbehörde die Möglichkeit hat, die Stundung von einer Sicherheitsleistung (§§ 241 ff. AO) abhängig zu machen. Zudem ist eine Stundung nur auf Antrag möglich. Eine Stundung von Abzugsteuern (z. B. Lohnsteuer) ist grundsätzlich nicht möglich.

23 Bei der Stundung fallen Stundungszinsen an. Sie betragen 0,5 % für den vollen Monat zwischen Fälligkeit und Entrichtung. Zinseszinsen werden nicht erhoben.

e) Erlöschen des Steueranspruchs

24 Der Steueranspruch kann auf vier Arten erlöschen:

▷ Zahlung

▷ Aufrechnung

▷ Erlass

▷ Verjährung

25 Der Steueranspruch erlischt nur, wenn die **Zahlung** wirksam geleistet wurde. Die Zahlung muss an die zuständige Kasse entrichtet worden sein und nicht an einen sonstigen Amtsträger. Zahlungen per Scheck gelten zum Zeitpunkt der Übergabe des Schecks als erbracht. Bei Überweisung ist der Tag der Gutschrift beim Zahlungsempfänger maßgebend.

26 Weiterhin erlischt die Steuerschuld durch **Aufrechnung**. Aufrechnung ist die wechselseitige Tilgung von zwei sich gegenüberstehenden Forderungen durch eine einseitig herbeigeführte Verrechnung. Hierbei geht das Steuerrecht von den bürgerlich-rechtlichen Bestimmungen der Aufrechnung aus.

Voraussetzungen für die Aufrechnung sind:

▷ Gegenseitigkeit der Forderungen

▷ Gleichartigkeit der Forderungen

▷ Erfüllbarkeit der Hauptforderung

▷ Fälligkeit der Gegenforderung

27 Ein seltener Fall des Erlöschens der Steuerschuld ist der **Erlass** (§ 227 AO). Auch der Erlass von bereits geleisteten Beträgen ist möglich. Voraussetzung für den Erlass ist, dass die Einziehung nach der Lage des Einzelfalls unbillig wäre. In der Praxis scheidet diese Form des Erlöschens jedoch aus.

28 Schließlich ist das Erlöschen des Steuerschuldverhältnisses auch durch **Zahlungsverjährung** möglich (§§ 228 ff.). Die Verjährungsfrist beträgt 5 Jahre. Sie beginnt mit Ablauf des Jahres, in dem der Steueranspruch erstmalig fällig geworden ist.

29 Die Verjährung kann durch eine Reihe von behördlichen Maßnahmen unterbrochen werden. Dies gilt insbesondere durch schriftliche Geltendmachung des Anspruchs, durch Zahlungsaufschub, durch Stundung, durch Aussetzung der Vollziehung, durch Sicherheitsleistung, durch Vollstreckungsaufschub, durch Voll-

streckungsmaßnahmen, durch Anmeldung zum Insolvenzverfahren, durch Aufnahme in einen Insolvenzplan oder einen gerichtlichen Schuldenbereinigungsplan, durch Einziehung in ein Verfahren, dass die Restschuldbefreiung für den Schuldner zum Ziel hat und durch Ermittlung der Finanzbehörden nach dem Wohnsitz oder Aufenthaltsort des Zahlungspflichtigen (§ 231 Abs. 1 AO).

3. Haftungsanspruch

a) Haftung des Vertreters

Vertreter haften persönlich bei vorsätzlicher oder grob fahrlässiger Verletzung ihrer Pflichten (§ 69 AO). Der Kreis der haftenden Personen umfasst die gesetzlichen Vertreter sowohl natürlicher als auch juristischer Personen, die geschäftsführenden Personen von nicht rechtsfähigen Personenvereinigungen und Vermögensmassen, Vermögensverwalter und Verfügungsberechtigte. Weitere Voraussetzung ist, dass eine Pflichtverletzung vorliegt. Dies kann in einem Tun oder Unterlassen bestehen (z. B. falsche Steuererklärung, fehlende Buchführung). 30

Die Pflichtverletzung muss kausal dafür sein, dass die Steuer nicht oder zu spät festgestellt wurde. Der Vertreter haftet, soweit der Steueranspruch nicht oder nicht rechtzeitig festgesetzt oder erfüllt wurde. Hierbei muss die Pflichtverletzung auf **Vorsatz oder grober Fahrlässigkeit** beruhen. Bei nur leichter Fahrlässigkeit tritt keine Haftung ein. 31

Die Haftung des Vertreters ist persönlich und unbeschränkt. Der Haftungsanspruch wird im Rahmen eines Haftungsbescheids festgesetzt. Zuvor ist der Vertreter seitens der Finanzbehörde zu befragen. Bei mehreren Vertretern entscheidet die Finanzbehörde nach pflichtgemäßem Ermessen über den Umfang der Inanspruchnahme. 32

Die Haftung tritt naturgemäß nur ein, wenn der Steuerschuldner die Steuer nicht entrichtet hat oder nicht mehr entrichten konnte. Hierbei ist im Rahmen der Lohnsteuer eine erhebliche Sorgfalt des Vertreters erforderlich. Im Übrigen trifft ihn die Haftung nur in dem **Umfang**, wie er quotal die Steuerschuld im Verhältnis des noch vorhandenen Vermögens zu den Gesamtverbindlichkeiten hätte entrichten können. 33

Hinweis:
Die Regelung ist für die Praxis von erheblicher Bedeutung, da hierdurch der Umfang der Haftung sehr eingeschränkt werden kann.

b) Haftung des Steuerhinterziehers

Wer eine Steuerhinterziehung begeht oder an einer solchen Tat teilnimmt, haftet für die verkürzten Steuern und die zu Unrecht gewährten Steuervorteile sowie für die Zinsen (§ 71 AO). Die Haftung tritt nur bei Steuerhinterziehung (§ 370 AO) ein. Hierbei handelt es sich um eine Steuerstraftat nach § 369 AO, also um eine vorsätzlich begangene Tat. Bei leichtfertiger Steuerverkürzung (§ 378 AO) treten die Folgen des § 71 AO nicht ein. 34

35 Der Steuerhinterzieher kann jede natürliche Person sein. So können Angehörige der steuerberatenden und rechtsberatenden Berufe sowie Prokuristen, Buchhalter etc. unter den Kreis der Steuerhinterzieher fallen. Somit geht der Kreis der haftenden Personen erheblich über den Rahmen des § 69 AO hinaus. Die Haftung trifft den Mittäter ebenso wie den Anstifter und den Gehilfen. Bei versuchter Steuerhinterziehung kommt eine Haftung nicht in Betracht.

c) Haftung des Eigentümers

36 Eine an einem Unternehmen wesentlich beteiligte Person haftet für die Betriebssteuern des Unternehmens mit den in ihrem Eigentum stehenden Gegenständen, die dem Unternehmen dienen. Die Vorschrift hat Bedeutung für die **Betriebssteuern**. Hierzu gehören insbesondere die Umsatzsteuer und die Gewerbesteuer. Sinn und Zweck der Haftungsvorschrift ist, dass Unternehmer, die eigene Gegenstände einem Unternehmen zur Verfügung stellen, nicht besser gestellt sein sollen. Beispiele hierfür können sein, die entgeltliche Zurverfügungstellung von Maschinen oder Grundstücken für eine Vertriebsgesellschaft (GmbH).

37 Der Haftungstatbestand hat insbesondere Bedeutung bei **Betriebsaufspaltungen**. Wesen der Betriebsaufspaltung ist die Überlassung von wesentlichen Betriebsgrundlagen des Besitzunternehmens an die Betriebsgesellschaft. Die Haftung beschränkt sich auf die überlassenen Gegenstände, welche dem Unternehmen dienen. Der wesentlich Beteiligte haftet persönlich, aber gegenständlich beschränkt.

38 Eine **wesentliche Beteiligung** liegt vor, wenn der Überlassende unmittelbar oder mittelbar mehr als ⅕ am Grund- oder Stammkapital oder am Vermögen des Unternehmens beteiligt ist (§ 74 Abs. 2 AO). Als wesentliche Beteiligung gilt auch der beherrschende Einfluss sowie ein Verhalten, das dazu beiträgt, dass fällige Steuern nicht entrichtet werden.

d) Haftung des Betriebsübernehmers

39 Der Erwerber eines Unternehmens oder eines in der Gliederung eines Unternehmens gesondert geführten Betriebs haftet bei einer Übereignung im Ganzen im bestimmten Umfang für Betriebssteuern.

Hinweis:
Diese Vorschrift regelt eine in der Praxis häufig nicht erkannte Gefahr für den Erwerber. Sie regelt eine Anspruchsgrundlage der Finanzbehörde, welche neben anderen Haftungsvorschriften (z. B. § 25 HGB) besteht.

40 Der **Unternehmensbegriff** richtet sich nach § 2 UStG. Er umfasst gewerbliche, selbständige oder land- und forstwirtschaftliche Tätigkeit. Ein Unternehmen kann aus mehreren selbständigen Betrieben bestehen. Ein selbständig geführter Betrieb innerhalb der Gliederung eines Unternehmens liegt vor, wenn eine gewisse organisatorische Selbständigkeit gegeben ist, so dass der veräußerte Teil als selbständiges Unternehmen fortgeführt werden kann.

41 Das Unternehmen oder der Betrieb muss dem Erwerber übereignet werden, wobei der Begriff **Übereignung** wirtschaftlich zu verstehen ist. Hingegen liegt keine

Übereignung vor bei längerfristiger Verpachtung oder Anwachsung bei einer Personengesellschaft. Von der Haftung ist der Erwerb aus einer Insolvenzmasse und der Erwerber im Vollstreckungsverfahren befreit.

Das Unternehmen bzw. der Betrieb muss weiterhin im Ganzen übereignet worden sein. Dies gilt auch dann, wenn wesentliche Grundlagen des Unternehmens übertragen worden sind. Die Veräußerung einzelner unwesentlicher Wirtschaftsgüter schließt die Haftung hingegen aus. 42

Der Betrieb muss in dem Zustand, in dem er übereignet worden ist, fortgeführt werden können. Der Erwerber haftet auch dann, wenn er den Betrieb tatsächlich selber nicht fortführt. Bei einer Verpachtung oder Vermietung nach Erwerb besteht somit die Haftung fort. 43

Nur für bestimmte Steuerschulden ist eine Haftung gegeben. Die Vorschrift des § 75 AO erstreckt sich nur auf so genannte **Betriebssteuern**. Dies sind im Wesentlichen Umsatzsteuer, Gewerbesteuer, Lohnsteuer. 44

Die Haftung ist zeitlich eingegrenzt. Voraussetzung für die Haftung ist, dass die Steuer seit dem Beginn des letzten, vor der Übereignung gelegenen Kalenderjahres entstanden ist und bis zum Ablauf von einem Jahr nach Anmeldung des Betriebes durch den Erwerber festgesetzt oder angemeldet wurde. Weiterhin ist die Haftung beschränkt auf den Bestand des übernommenen Vermögens. 45

Unbeachtlich ist die fehlende **Kenntnis des Erwerbers** über Steuerschulden des übernommenen Unternehmens. Ein vertraglicher Haftungsausschluss zwischen den Parteien ist gegenüber der Steuerbehörde wirkungslos. Auch das Einholen einer steuerlichen Unbedenklichkeitsbescheinigung betreffend das übernommene Unternehmen oder den Betrieb stellt lediglich klar, dass der Finanzbehörde keine bestehenden Steuerschulden bekannt sind. 46

Hinweis:
Häufig wird jedoch bei Übertragung eines Unternehmens oder Betriebs seitens der Finanzbehörde eine Außenprüfung angeordnet. Die Gefahr für den Erwerber besteht nun hierin, dass im Rahmen dieser Steuerprüfung Steuerschulden bekannt werden.

Im amtlichen Fragebogen bei Eröffnung einer selbständigen oder gewerblichen Tätigkeit wird zudem die Frage nach einer Übernahme gestellt. Hierdurch ist es der Finanzbehörde möglich, gegebenenfalls im Wege der Haftung Rückgriff auf den Erwerber zu nehmen. 47

4. Steuerverwaltungsrecht

a) Bevollmächtigte und Beistände

Grundsätzlich kann sich der Steuerpflichtige durch eine andere Person vertreten lassen. Es besteht auch hinsichtlich des außergerichtlichen Rechtsbehelfsverfahrens sowie bei der ersten Instanz im finanzgerichtlichen Verfahren **kein Vertretungszwang**. Dennoch hat die Finanzbehörde Bevollmächtigte und Beistände zu- 48 rückzuweisen, die nicht befugt sind, gewerbsmäßige Hilfe in Steuersachen zu leisten.

49 Grundsätzlich sind nur die Angehörigen der rechts- und steuerberatenden Berufe zur uneingeschränkten geschäftsmäßigen Hilfeleistung in Steuersachen befugt (Steuerberater, Steuerbevollmächtigte, Steuerberatungsgesellschaften, Rechtsanwälte, Wirtschaftsprüfer, Wirtschaftsprüfungsgesellschaften, vereidigte Buchprüfer und Buchprüfungsgesellschaften).

b) Untersuchungsgrundsatz

50 Die Finanzbehörde ermittelt den Sachverhalt **von Amts wegen** (§ 88 AO). Die Grenzen der Ermittlungspflicht ergeben sich aus dem Grundsatz der Zumutbarkeit und der Verhältnismäßigkeit der Mittel. Es handelt sich hierbei um eine **Ermessensentscheidung** der Finanzbehörde. Sie bestimmt Art und Umfang der Ermittlungen. Dabei richtet sich der Umfang nach den Umständen des Einzelfalls.

51 Die Finanzbehörde hat bei ihren Ermittlungen auch Umstände zu berücksichtigen, welche den Steuerpflichtigen begünstigen. Dabei muss die Finanzbehörde unter bestimmten Voraussetzungen die Abgabe von Erklärungen und die Stellung von Anträgen anregen (§ 89 AO).

52 Andererseits ist der Steuerpflichtige zur **Mitwirkung** bei der Ermittlung des Sachverhalts verpflichtet (§ 90 AO). Dabei geht die Mitwirkungspflicht bis zur Grenze der Zumutbarkeit. Eine erhöhte Mitwirkungspflicht besteht, wenn es sich um Vorgänge im Ausland handelt.

c) Rechtliches Gehör

53 Die Finanzbehörde hat vor Erlass eines Verwaltungsaktes, der in die Rechte eines Steuerpflichtigen eingreift, diesem die Gelegenheit zu geben, sich zu den für die Entscheidung erheblichen Tatsachen zu äußern. Dies gilt insbesondere, wenn die Finanzbehörde von Sachverhalten zu Ungunsten des Steuerpflichtigen abweicht, die in der Steuererklärung angegeben wurden.

Hinweis:
Weicht die Behörde von ihrer Verpflichtung zum rechtlichen Gehör ab, kann der Steuerpflichtige **Wiedereinsetzung in den vorigen Stand** (§ 110 AO) beantragen, falls er die Ausschlussfrist beim Einspruch übersehen hat.

d) Beweismittel

54 Die Finanzbehörde bedient sich nach pflichtgemäßem Ermessen folgender Beweismittel zur Ermittlung des Sachverhalts:

▷ Auskünfte der Beteiligten und anderer Personen

▷ Sachverständigengutachten

▷ Urkunden und Akten

▷ Inaugenscheinnahme

Hierbei ist eine eidliche Vernehmung nur bei anderen Personen als den Beteiligten möglich (§ 94 AO). Ein Auskunfts- und Vorlageverweigerungsrecht besteht für bestimmte Personengruppen, z. B. Verwandte, Rechtsanwalt, Steuerberater (§§ 101 ff. AO).

5. Ermittlung der Besteuerungsgrundlagen

a) Buchführungs- und Aufzeichnungspflichten

Für den **privaten Bauherrn** stellt sich in der Regel nicht die Pflicht, eine kaufmännische Buchführung im Sinne der §§ 238 ff. HGB zu erstellen. Er fällt auch nicht unter die steuerliche Vorschrift des § 141 AO, nach der gewerbliche Unternehmer und Land- und Forstwirte buchführungspflichtig sind.

Der private Bauherr hat jedoch die Pflicht, seine Einnahmen vollständig anzugeben und seine Werbungskosten nachzuweisen. Der Nachweis der Werbungskosten kann durch Glaubhaftmachung oder durch Vorlage der Belege erfolgen. Naturgemäß ist hier die Glaubhaftmachung in der Regel an die Vorlage von Urkunden etc. gebunden.

Da bei den privaten Bauherren keine Buchführungspflicht besteht, entfällt auch die Verpflichtung zur **Aufbewahrung der Unterlagen**. Diese sollten jedoch so lange aufbewahrt werden, bis das Besteuerungsverfahren endgültig abgeschlossen ist. Dies bedeutet, dass ein Steuerbescheid vorliegen muss, der keine Einschränkungen im Sinne der Vorläufigkeit nach § 165 AO enthält oder dem Vorbehalt der Nachprüfung nach § 164 AO unterliegt. Naturgemäß ist es dennoch ratsam, aus anderen Gründen (Rechtsstreitigkeiten etc.) die Unterlagen aufzubewahren.

Sollte der Bauherr jedoch **gewerblichen Grundstückshandel** betreiben, unterliegt er der Buchführungspflicht. Bei umsatzsteuerlicher Vermietung ist zudem zu beachten, dass sowohl Ausgangsrechnungen (z. B. auch Mietverträge) und Eingangsrechnungen wegen des möglichen Vorsteuerabzugs nach § 15 Abs. 1 UStG aufzubewahren sind.

Hinweis:
In der Regel wird der Bauherr **Einkünfte aus Vermietung und Verpachtung** haben. Sollten diese einen erheblichen Umfang haben, ist ebenfalls anzuraten, Aufzeichnungen im Sinne einer Einnahmen-Ausgaben-Rechnung zu erstellen. Hierdurch ist es auch nach Jahren möglich, einzelne Posten nachzuweisen.

b) Abgabe der Steuererklärung

Die Steuergesetze bestimmen, wer zur Abgabe einer Steuererklärung verpflichtet ist. Hierbei wird in der Regel zwischen subjektiver und objektiver Steuerpflicht unterschieden.

Die Steuererklärungen sind grundsätzlich auf amtlich vorgeschriebenen Vordrucken abzugeben (§ 150 AO). Die Steuererklärungen sind wahrheitsgemäß nach bestem Wissen und Gewissen zu machen. Dies ist, wenn der Vordruck dies vorsieht, schriftlich zu versichern. Ausnahmsweise ist die Aufnahme der Steuererklärung an Amtsstelle möglich, sofern es dem Steuerpflichtigen nach seinen persönlichen Verhältnissen nicht zugemutet werden kann, insbesondere, wenn er nicht in der Lage ist, eine gesetzlich vorgeschriebene Berechnung der Steuer vorzunehmen oder durch einen Dritten vornehmen zu lassen. Der Steuererklärung sind Unterlagen beizufügen, die nach dem Steuergesetzen vorzulegen sind (z. B. Jahresabschluss, Gewinnermittlung, Steuerbescheinigungen, Spenden etc.).

62 Wird der Steuererklärungspflicht nicht rechtzeitig nachgekommen, kann die Finanzbehörde einen Verspätungszuschlag festsetzen. Der Verspätungszuschlag darf zehn vom Hundert der festgesetzten Steuer nicht übersteigen und den Betrag von 25 000 Euro nicht überschreiten.

c) Benennung von Gläubigern und Zahlungsempfängern

63 Schulden und Ausgaben sind regelmäßig nicht zu berücksichtigen, wenn der Gläubiger oder Zahlungsempfänger nicht benannt wird (§ 160 AO). Durch diese Vorschrift soll bewirkt werden, dass ein möglicher Steuerausfall beim Zahlungsempfänger auf den benennungspflichtigen Steuerpflichtigen abgewälzt wird. Bei Nichtbenennung droht dem Fiskus ein Steuerausfall.

64 Die Benennung kann nicht erzwungen werden. Bei der Ermittlung des Steuerausfalls ist eine Berechnung vorzunehmen, welche mögliche Kenntnisse über die steuerlichen Verhältnisse des Zahlungsempfängers einschließt. Der Steuerpflichtige kann sich nicht darauf berufen, dass der Gläubiger oder Zahlungsempfänger durch die Finanzbehörde zu ermitteln ist. Er kann lediglich im Nachhinein versuchen, diesen zu ermitteln.

d) Außenprüfung

65 Grundsätzlich ist eine Außenprüfung nur bei Steuerpflichtigen möglich, die gewerbliche, land- und forstwirtschaftliche oder freiberufliche Einkünfte haben (§ 193 Abs. 1 AO).

66 Bei anderen Steuerpflichtigen – wie z. B. bei **privaten Bauherren** – ist eine steuerliche Außenprüfung zulässig, wenn die für die Besteuerung erheblichen Verhältnisse der Aufklärung bedürfen und eine Prüfung in Amtsstelle nach Art und Umfang des zu prüfenden Sachverhalts nicht zweckmäßig ist. Die Prüfung wird von dem für die Besteuerung zuständigen Finanzamt durchgeführt. Die Finanzbehörde bestimmt den Umfang der Außenprüfung in einer schriftlich zu erteilenden Prüfungsanordnung mit Rechtsbehelfsbelehrung. Nähere Bestimmungen hierzu ergeben sich aus der Betriebsprüfungsordnung.

67 Der Steuerpflichtige ist zur Mitwirkung verpflichtet. Er hat insbesondere Auskünfte zu erteilen und entsprechende Unterlagen vorzulegen. Hiervon ist er nur dann befreit, wenn der Betriebsprüfer ein Steuerstrafverfahren eingeleitet hat.

68 Im Anschluss an eine Betriebsprüfung findet eine **Schlussbesprechung** statt. Hierin sollen die wesentlichen Ergebnisse erörtert werden. Der Steuerpflichtige hat Gelegenheit, sich hierzu zu äußern. Sodann erstellt der Betriebsprüfer einen Betriebsprüfungsbericht, welcher dem Steuerpflichtigen zugestellt wird. Der Be-

triebsprüfungsbericht stellt keinen Verwaltungsakt dar und ist daher auch nicht anfechtbar. Erst bei Bekanntgabe der Steuerbescheide ist das **außergerichtliche Rechtsbehelfsverfahren** möglich.

6. Steuerfestsetzung

a) Steuerbescheid

Steuern werden, soweit nicht anders vorgeschrieben ist, von der Finanzbehörde durch Steuerbescheid festgesetzt (§ 199 Abs. 1 AO). Der Steuerbescheid ist grundsätzlich schriftlich zu erteilen. 69

Da das Besteuerungsverfahren ein Massenverfahren ist, hat die Finanzbehörde die Möglichkeit, den Steuerbescheid unter dem **Vorbehalt der Nachprüfung** (§ 164 Abs. 1 AO) zu erlassen. Der Vorbehalt der Nachprüfung bedeutet, dass beide Seiten bis zur Beendigung der Festsetzungsverjährung die Möglichkeit haben, einen Antrag auf Änderung des Steuerbescheids (§ 164 Abs. 2 AO) zu stellen. Der Vorbehalt der Nachprüfung kann durch die Finanzbehörde durch Bescheid aufgehoben werden. Der Vorbehalt endet mit Ablauf der Festsetzungsverjährung. 70

Weiterhin hat die Finanzbehörde die Möglichkeit, einen **vorläufigen Steuerbescheid** gem. § 165 AO zu erlassen. Dies findet Anwendung in den Fällen, in denen die Finanzbehörde bestimmte Teile des Steuerbescheids noch nicht endgültig werden lassen möchte. Dies kann vorliegen, wenn z. B. Reparaturaufwendungen einer späteren Überprüfung unterliegen sollen. Ein anderer Anwendungsfall sind Bereiche, bei denen rechtliche Zweifel im Zusammenhang mit anstehenden höchstrichterlichen Entscheidungen bestehen. Die Vorläufigkeit wird nicht durch Verjährung beendet. Die Finanzbehörde muss präzise angeben, auf welchen Bereich sich die Vorläufigkeit erstrecken soll. 71

b) Verjährung

aa) Fristen

Die normale Festsetzungsfrist beträgt 4 Jahre (lediglich bei Verbrauchssteuern 1 Jahr). Die Frist verlängert sich auf 10 Jahre, soweit es sich um Steuerhinterziehung handelt. Sie beträgt 5 Jahre bei leichtfertiger Steuerverkürzung. 72

bb) Anlaufhemmung

Die Frist beginnt mit Ablauf des Jahres, in dem die Steuererklärung (z. B. Einkommensteuer, Gewerbesteuer, Umsatzsteuer) eingereicht wurde. Ist eine Steuererklärung nicht abgegeben worden, so beginnt sie mit Ablauf des 3. Kalenderjahrs, das auf das Kalenderjahr folgt, in dem die Steuer entstanden ist. 73

Besonderheiten ergeben sich bei der Erbschaftsteuer und Schenkungsteuer. Hiernach beginnt die Frist erst mit Ablauf des Kalenderjahres, in dem die Finanzbehörde Kenntnis erlangte. 74

cc) Ablaufhemmung

75 Der Ablauf der Festsetzungsverjährung kann durch eine Vielzahl von Gründen gehemmt sein. Diese sind im § 171 AO genannt. Im Wesentlichen ist eine Ablaufhemmung gegeben, wenn über einen Einspruch oder eine Klage noch nicht entschieden wurde oder eine Außenprüfung oder Steuerfahndung vor Ablauf der Festsetzungsfrist vorliegt.

7. Berichtigung von Verwaltungsakten
a) Grundsatz

76 Grundsätzlich kann ein rechtswirksamer Steuerbescheid nicht mehr aufgehoben oder geändert werden. Hierbei ist zu beachten, dass ein Steuerbescheid grundsätzlich **einen Monat** nach Bekanntgabe rechtswirksam wird. Bei der Bekanntgabe wird bei einfacher Zustellung eine Zugangsfiktion am 3. Tag angenommen. Ist die Rechtsbehelfsfrist versäumt, kommt lediglich eine Wiedereinsetzung nach § 110 AO infrage. Dies wird jedoch nur in Ausnahmefällen möglich sein.

77 Ein Steuerbescheid ist dann noch nicht endgültig, wenn er unter dem Vorbehalt der Nachprüfung (§ 164 Abs. 1 AO) oder vorläufig (§ 165 AO) erlassen wurde.

b) Offenbare Unrichtigkeit

78 Ein Steuerbescheid kann innerhalb der Festsetzungsfrist nach § 129 AO berichtigt oder geändert werden, wenn eine so genannte offenbare Unrichtigkeit vorliegt. Voraussetzung hierfür ist, dass der Finanzbehörde ein offensichtlicher **Rechen- oder Schreibfehler** unterlaufen ist. Dies kann z. B. vorliegen, wenn dem Steuerpflichtigen 33 Kinder statt der tatsächlichen 3 Kinder zugerechnet wurden, weil bei der Eingabe ins Rechenzentrum die Taste 3 zweimal gedrückt wurde. Eine offenbare Unrichtigkeit ist nur dann gegeben, wenn der zuständige Amtsträger nicht bewusst eine solche Eingabe machen wollte.

c) Aufhebung oder Änderung von Steuerbescheiden wegen neuer Tatsachen oder Beweismittel

79 Neben weiteren Berichtigungsvorschriften kann ein Steuerbescheid aufgehoben oder geändert werden, soweit Tatsachen oder Beweismittel nachträglich bekannt werden, die zu höheren Steuern führen (§ 173 AO). Dies bedeutet, dass die Finanzbehörde insbesondere im Rahmen einer steuerlichen Außenprüfung Steuern nachfordern kann.

80 Werden neue Tatsachen oder Beweismittel nachträglich bekannt, die zu einer niedrigeren Steuer führen, kommt es darauf an, ob den Steuerpflichtigen ein grobes Verschulden daran trifft, dass die Tatsachen oder Beweismittel erst nachträglich bekannt werden. Eine Berichtigung oder Änderung ist demnach nur möglich, wenn im Bereich des Steuerpflichtigen kein grobes Verschulden vorliegt. Das Verschulden des Vertreters (z. B. Steuerberater) muss sich der Steuerpflichtige anrechnen lassen. Im Ergebnis hat der Steuerpflichtige somit eine schlechtere Position als die Finanzbehörde.

Das Verschulden ist unbeachtlich, wenn die Tatsachen oder Beweismittel in einem unmittelbaren oder mittelbaren Zusammenhang mit Tatsachen oder Beweismittel stehen, die zu einer höheren Steuer führten. Mithin ist somit eine **Saldierung** möglich, wobei im Endergebnis der Steuerpflichtige nicht zu einer geringeren Steuer gelangen kann.

d) Aufhebung oder Änderung von Steuerbescheiden in sonstigen Fällen

Eine zentrale Vorschrift hierzu findet sich in § 175 AO. Hiernach ist ein so genannter **Folgebescheid** zu ändern, wenn ein **Grundlagenbescheid** geändert oder berichtigt wurde. Ein Anwendungsfall findet sich z. B. bei so genannten **Gewinnfeststellungsbescheiden**. Diese liegen dann vor, wenn der Steuerpflichtige in einer Personengesellschaft beteiligt ist. Bei der Personengesellschaft wird ein Gewinnfeststellungsbescheid festgesetzt, der regelt, welcher Gewinn- (gegebenenfalls Verlust-)Anteil auf den jeweiligen Steuerpflichtigen entfällt. Ändert sich ein so genannter Grundlagenbescheid, muss naturgemäß auch der Folgebescheid (Einkommensteuerbescheid) berichtigt werden.

Weiterhin ist eine Berichtigung des Steuerbescheids möglich, soweit ein Ereignis eintritt, das steuerliche Wirkung für die Vergangenheit hat. Ein solcher Anwendungsfall liegt z. B. vor bei einer Veräußerung eines Grundstücks und einer späteren Minderung des Kaufpreises.

8. Rechtsschutz

a) Außergerichtlicher Rechtsbehelf

Das außergerichtliche Rechtsbehelfsverfahren ist ein dem gerichtlichen Verfahren vorgeschaltetes Verfahren. Im Vergleich zur ordentlichen Gerichtsbarkeit stellt es die 1. Instanz dar. Da jedoch das Besteuerungsverfahren ein Massenverfahren ist, wird diese Instanz von der Finanzbehörde selbst bearbeitet, um ihr eine flexiblere Erledigung zu gestatten.

Der **Einspruch** ist frist- und formgerecht einzulegen. Fristgerecht bedeutet, dass er **innerhalb eines Monats** nach Bekanntgabe der zuständigen Finanzbehörde zugehen muss. Die Zugangsfiktion wird bei einfachen Schreiben mit dem 3. Tag angenommen. Der Einspruch hat stets formgerecht, d. h. schriftlich, zu erfolgen. Ein telefonischer Anruf beim Finanzamt wahrt diese Frist nicht.

Das Finanzamt hat durch den eingelegten Einspruch den Steuerbescheid erneut zu prüfen. Der Einspruch sollte auch begründet werden, da ansonsten das Finanzamt die Begründung einholen wird. Über den Einspruch wird bei Zustimmung durch einen berichtigten Steuerbescheid entschieden. Bei abweichender Auffassung ergeht eine schriftliche Einspruchsentscheidung.

Durch den Einspruch wird die Zahlungsverpflichtung nicht beseitigt. Hierzu ist ein weiterer Antrag erforderlich, nämlich der **Antrag auf Aussetzung** der Vollziehung. Das Finanzamt hat nun seinerseits zu überprüfen, ob ernsthafte Zweifel an der Rechtmäßigkeit des Steuerbescheids bestehen. Sind diese Zweifel gegeben, wird das Finanzamt dem Antrag auf Aussetzung der Vollziehung stattgeben. Gewährt das Finanzamt die Aussetzung nicht, ist dieser Verwaltungsakt mit dem Einspruch anzufechten. Durch die Aussetzung der Vollziehung wird bewirkt, dass die Zahlung erst nach Entscheidung in der Hauptsache zu leisten ist.

b) Gerichtlicher Rechtsbehelf

88 Hat die zuständige Finanzbehörde den Einspruch mit Einspruchsentscheidung abgelehnt, kann dieser Verwaltungsakt **binnen einen Monats** nach Bekanntgabe im Wege der Klage angefochten werden.

89 Zuständig ist das örtliche Finanzgericht. Vor dem Finanzgericht gibt es keinen Vertretungszwang, somit kann der Steuerpflichtige sich selbst im Prozess vertreten. Die Klage ist ebenfalls schriftlich vorzulegen. In ihr muss das Klagebegehren dargelegt werden, weiterhin ist der angefochtene Verwaltungsakt anzugeben.

Hinweis:
Dies ist der Steuerbescheid *und* die Einspruchsentscheidung.

90 Die letzte Instanz ist die Revision beim Bundesfinanzhof in München. In diesem Verfahren besteht Vertretungszwang durch einen Angehörigen der rechts- oder steuerberatenden Berufe. Auf Einzelheiten soll nicht weiter eingegangen werden.

II. Einkommensteuer

1. Steuerpflicht

a) Subjektive Steuerpflicht

91 Die Einkommensteuer unterscheidet unbeschränkte und beschränkte Steuerpflicht. Unbeschränkt steuerpflichtig ist jede Person, welche ihren Wohnsitz oder gewöhnlichen Aufenthalt in der Bundesrepublik Deutschland hat. Die Steuerpflicht erstreckt sich hierbei auf das **Welteinkommen**. Dies bedeutet z. B., dass eine natürliche Person mit Wohnsitz in Deutschland Zinseinkünfte in der Schweiz der deutschen Besteuerung zu unterwerfen hat.

92 Weiterhin kennt das Gesetz die **beschränkte Steuerpflicht**. Hierbei hat die Person ihren Wohnsitz und gewöhnlichen Aufenthalt nicht in der Bundesrepublik Deutschland, sie erzielt jedoch Einkünfte in Deutschland. Die Steuerpflicht erstreckt sich hierbei auf die deutschen Einkünfte.

93 Naturgemäß kann es hierbei zu Überschneidungen kommen, da z. B. eine im Inland beschränkt steuerpflichtige Person, die inländischen Einkünfte in Deutschland zu versteuern hat und nach dem ausländischen Steuerrecht dort ebenfalls als unbeschränkt steuerpflichtige Person der Steuerpflicht unterliegt. Das deutsche Gesetz kennt hierbei zunächst das so genannte **Anrechnungsverfahren**, in dem die ausländische Einkommensteuer auf die deutsche Einkommensteuer angerechnet wird.

94 Weiterhin gibt es mit fast allen Staaten ein so genanntes **Doppelbesteuerungsabkommen (DBA)**. Hierin ist geregelt, welcher Staat das Besteuerungsrecht im

Einzelfall haben soll. Grundsätzlich hat der Staat das Besteuerungsrecht, in dem ein Betrieb oder ein Grundstück belegen ist. Einzelheiten regeln die jeweiligen Abkommen.

b) Objektive Steuerpflicht

Die objektive Steuerpflicht ist nur gegeben, wenn nach dem Einkommensteuergesetz Einkommensteuer zu bezahlen ist. Erzielt beispielsweise eine Person nur ein zu versteuerndes Einkommen von 1000 Euro, fällt objektiv keine Einkommensteuer an. Stellt die zuständige Finanzbehörde fest, dass auf Dauer keine objektive Steuerpflicht gegeben ist, erstellt sie eine so genannte **Nichtveranlagungsbescheinigung**, in der darauf hingewiesen wird, dass zukünftig keine Einkommensteuererklärung einzureichen ist, sofern eine objektive Steuerpflicht nicht wieder eintritt.

2. Einkunftsarten

a) Gewinneinkunftsarten

Das Gesetz unterscheidet sieben Einkunftsarten. Die ersten drei Einkunftsarten sind **Gewinneinkunftsarten**. Hierbei handelt es sich um die Einkünfte aus Land- und Forstwirtschaft, aus Gewerbebetrieb und aus selbständiger Arbeit.

Nicht unter diese Einkunftsarten fällt die so genannte **Liebhaberei**. Hierbei hat der Steuerpflichtige von vornherein keine Gewinnerzielungsabsicht. Dies kann auch bei dauerhafter Vermietung eines Grundstücks mit Verlust gegeben sein.

Auch die Vermietung oder Verpachtung von Immobilien kann ausnahmsweise zu einem Gewerbebetrieb führen.

Hinweis:
Eine Personenhandelsgesellschaft (OHG, KG) ist zwar Kaufmann im Sinne des Handelsrechts, erzielt jedoch keine Einkünfte aus Gewerbebetrieb, sondern aus Vermietung und Verpachtung. Hingegen erzielt eine GmbH & Co. KG stets Einkünfte aus Gewerbebetrieb (§ 15 Abs. 3 Nr. 2 EStG).

Grundsätzlich ist der Gewinn durch **Bilanzierung** zu ermitteln (§ 5 Abs. 1 EStG). Die Buchführungs- und Bilanzierungspflichten ergeben sich aus dem dritten Buch des HGB.

b) Überschusseinkunftsarten

Hierunter fallen die Einkünfte aus nicht selbständiger Arbeit, Kapitalvermögen, Vermietung und Verpachtung sowie sonstige Einkünfte.

Bei Immobilienbesitz liegen grundsätzlich Einkünfte aus Vermietung und Verpachtung vor. Der Überschuss wird aus dem Unterschied der Einnahmen über die Werbungskosten ermittelt. **Werbungskosten** sind alle Ausgaben zur Sicherung und Förderung der Einnahmen. Der Abzug von privaten Lebenshaltungskosten ist nicht möglich, wobei die Abgrenzung oftmals schwierig ist.

c) Unterschiede

102 Der Gewinn weicht von dem Überschuss naturgemäß ab. Er wird durch Bilanzierung festgestellt, wobei Forderungen als Erträge und Verbindlichkeiten als Aufwendungen behandelt werden. Bei dem Überschuss wird hingegen die Gegenüberstellung von Zu- und Abflüssen vorgenommen.

Hinweis:
Rückstellungen können somit nur bei Bilanzierung vorgenommen werden.

103 Bei beiden Einkunftsermittlungsarten führt die **unentgeltliche Überlassung von Wohnungen** dazu, dass die entsprechenden Betriebsausgaben bzw. Werbungskosten nicht abgezogen werden können. Bei einem Mietentgelt, welches unter der marktüblichen Miete liegt, ist nur ein anteiliger Abzug zulässig. Liegt hingegen die Miete etwa über 75 % der marktüblichen Miete, ist ein voller Abzug der Betriebsausgaben bzw. Werbungskosten möglich.

3. Behandlung grundstückspezifischer Besonderheiten

a) Anschaffungskosten

104 Zu den Anschaffungskosten zählen alle Kosten, die zur **Nutzung des Grundstücks** notwendig sind, so z. B. die Gerichtskosten für die Eintragung des Eigentums, die Notarkosten für den Kaufvertrag sowie die Grunderwerbsteuer. Nicht hierunter, sondern zu den laufenden Kosten, zählen die Kosten für die Eintragung und Löschung der Auflassungsvormerkung, die Notarkosten für die Finanzierung sowie alle weiteren Finanzierungskosten, insbesondere das Disagio.

b) Herstellungskosten

105 Unter die Herstellungskosten fallen alle Aufwendungen zur Herstellung des Gebäudes. Es wird zwischen **Materialkosten und Fertigungskosten** unterschieden. Für den privaten Bauherrn sind die Herstellungskosten relativ einfach zu ermitteln. Beim bilanzierenden Gewerbetreibenden ergeben sich jedoch eine Vielzahl von Besonderheiten. So muss dieser die Verwaltungskosten nicht mitbilanzieren. Zu Einzelheiten wird auf § 255 Abs. 2 HGB verwiesen.

c) Anschaffungsnaher Herstellungsaufwand

106 Wird ein Gebäude erworben und im Anschluss hieran saniert, können sich Besonderheiten ergeben. Es geht hierbei um die Frage, ob der Sanierungsaufwand als **Herstellungsaufwand oder Erhaltungsaufwand** zu behandeln ist. Liegt Herstellungsaufwand vor, ist er den Anschaffungskosten hinzuzurechnen und hieraus die Ermessensgrundlage für die weitere Abschreibung zu ermitteln. Liegt hingegen Erhaltungsaufwand vor, ist dieser sofort als Betriebsausgabe oder Werbungskosten abzugsfähig.

107 Die Abgrenzung ist sehr schwierig und ergibt sich aus der vielzähligen Rechtsprechung. Grundsätzlich liegt Herstellungsaufwand vor, wenn nach dem Erwerb neue oder zusätzliche Gebäudebestandteile oder Anlagen angebaut oder angefügt

werden (zusätzliche Trennwände, Errichtung einer Außentreppe, Einbau einer Alarmanlage etc.). Weiterhin ergibt sich Herstellungsaufwand, wenn Baumaßnahmen an Heizungs-, Sanitär- und Elektroinstallationen bzw. an Fenstern erforderlich sind. Wird durch die Baumaßnahmen innerhalb von 3 Jahren nach Erwerb an mindestens drei dieser Einrichtungen der Standard des Gebäudes von einem einfachen auf einen mittleren bzw. von einem mittleren auf einen gehobenen Wohnstandard im Vergleich zum Zeitpunkt der Anschaffung des Gebäudes angehoben, liegt ebenfalls Herstellungsaufwand vor.

d) Abschreibungen

Die Anschaffungs- bzw. Herstellungskosten eines Gebäudes können nicht zum Zeitpunkt der Zahlung voll geltend gemacht werden. Sie werden vielmehr auf die Laufzeit der **betriebsgewöhnlichen Nutzungsdauer** verteilt. 108

Der Grund und Boden ist grundsätzlich nicht einer planmäßigen Abschreibung zuzuführen. Lediglich der Gebäudeteil unterliegt der Abnutzung. Grundsätzlich geht die Abschreibung von einer 50-jährigen Nutzungsdauer aus. Dies bedeutet eine lineare jährliche Abschreibung von 2 %. Wurde das Gebäude vor dem 1.1.1925 hergestellt, beträgt die Abschreibung 2,5 %. 109

Darüber hinaus gibt es eine Vielzahl von höheren Abschreibungen für das Betriebsgebäude oder im Falle der Herstellung. Aufgrund der ständigen Änderung des § 7 Abs. 5 EStG muss die höhere Abschreibung dieser Vorschrift entnommen werden. 110

4. Betriebsaufspaltung

Wird eine **Immobilie** für gewerbliche oder freiberufliche Zwecke genutzt, gehört sie insoweit zum Betriebsvermögen (z. B. auch das Arbeitszimmer im eigenen Haus). 111

Weiterhin ergibt sich bei der unentgeltlichen oder geltlichen Überlassung einer Immobilie durch einen Gesellschafter einer Personengesellschaft an diese ebenfalls **Betriebsvermögen** (z. B. der Sauerkrautfabrikant überlässt das ihm gehörende Gebäude einer OHG, an der er beteiligt ist). 112

Eine Besonderheit stellt die Betriebsaufspaltung dar. Hierbei überlässt der Gesellschafter einer Kapitalgesellschaft seiner Kapitalgesellschaft eine Immobilie. Die Immobilie wird unter den nachstehenden Voraussetzungen ebenfalls Betriebsvermögen. Die erste Voraussetzung ist subjektiver Natur, d. h. der Gesellschafter muss eine beherrschende Stellung und somit Stimmrechtsmehrheit haben. Weiterhin muss es sich bei dem Objekt um eine wesentliche Betriebsgrundlage handeln. Dies ist bei einem Fabrikgebäude stets gegeben. Nach neuer Rechtsprechung fällt hierunter auch ein Bürogebäude. 113

5. Veräußerung von Grundstücken

a) Aus dem Betriebsvermögen

114 Grundsätzlich bewirkt die Veräußerung von Betriebsvermögen, dass hinsichtlich des Unterschieds zwischen Buchwert und Veräußerungspreis ein Gewinn bzw. Verlust entsteht. Die Immobilie ist steuerverstrickt.

115 Eine Besonderheit stellt der **gewerbliche Grundstückshandel** dar. Bei Vorliegen der Voraussetzungen wird die Veräußerung eines Grundstücks ebenfalls als steuerpflichtig behandelt. Die Voraussetzungen für den gewerblichen Grundstückshandel unterlagen einer ständig wechselnden Rechtsprechung, die immer noch im Fluss ist. Grundsätzlich liegt gewerblicher Grundstückshandel vor, wenn das Objekt mit der Absicht der Veräußerung erworben wurde.

116 Werden innerhalb eines Zeitraums von 5 Jahren mehr als 3 Objekte veräußert, liegt ebenfalls gewerblicher Grundstückshandel vor. Hierbei spielt es keine Rolle, ob es sich um kleinere Objekte (z. B. Eigentumswohnung) oder um Mehrfamilienhäuser handelt. Ist der Steuerpflichtige **an einer Personengesellschaft beteiligt** und veräußert diese innerhalb des 5-Jahreszeitraums ein Objekt oder mehrere Objekte, werden die Veräußerungen der Drei-Objekt-Grenze und damit ebenfalls dem Steuerpflichtigen zugerechnet.

117 Anders verhält es sich bei einer **Beteiligung an einer Kapitalgesellschaft**, die Grundbesitz veräußert. Nach herrschender Auffassung wird hierdurch die Anzahl der veräußerten Objekte des Steuerpflichtigen nicht erhöht. Diese Rechtsauffassung wird jedoch zunehmend strittig.

118 Wird der Steuerpflichtige aufgrund der Anzahl der veräußerten Objekte zum gewerblichen Grundstückshändler, hat er gegebenenfalls nach den Grundsätzen eines Gewerbebetriebs Jahresabschlüsse zu erstellen. Ist er Eigentümer von weiteren Immobilien, unterliegen diese grundsätzlich nicht dem gewerblichen Bereich, sofern keine Veräußerung beabsichtigt ist.

Hinweis:
Die Behandlung von gewerblichem Grundstückshandel ist naturgemäß recht kompliziert. Insbesondere, wenn weitere Objekte dem Privatvermögen zugerechnet werden, ist eine Trennung der Aufzeichnung in einen gewerblichen und einen privaten Bereich erforderlich.

119 Der Veräußerung steht die **Entnahme von Immobilien aus dem Betriebsvermögen** in das Privatvermögen gleich. Insbesondere bei Beendigung eines Gewerbebetriebs ergibt sich hierdurch eine mitunter erhebliche Steuerbelastung.

b) Aus dem Privatvermögen

120 Die Veräußerung von Privatvermögen ist grundsätzlich nach dem EStG frei. Besonderheiten ergeben sich aus dem § 23 EStG für die private Veräußerung von Wertpapieren und Immobilien.

Zum 1.1.1999 wurde die **Spekulationsfrist** für Immobilien von 2 Jahren auf 10 Jahre erhöht. Hierbei ist im Falle des unentgeltlichen Erwerbs durch Schenkung oder Erbschaft die Besitzdauer des Rechtsvorgängers mit einzuberechnen. Es ist beabsichtigt, diese Regelung zu ändern, mit der Folge, dass über den Zeitraum von 10 Jahren hinaus eine Besteuerungspflicht besteht. 121

Verluste aus privaten Veräußerungsgeschäften können nur mit Gewinn aus privaten Veräußerungsgeschäften verrechnet werden. Eine Berücksichtigung bei den anderen Einkunftsarten ist ausgeschlossen. 122

III. Körperschaftsteuer

1. Wesen

a) Steuerpflicht

Die Körperschaftsteuer ist die Einkommensteuer der **juristischen Personen** (insbesondere GmbH und AG). 123

Auch das KStG kennt eine unbeschränkte und eine beschränkte Steuerpflicht. Die Körperschaft ist mit ihrem Welteinkommen grundsätzlich unbeschränkt steuerpflichtig. Hat eine ausländische Kapitalgesellschaft eine Betriebsstätte im Inland, so ist sie grundsätzlich mit den inländischen Einkünften beschränkt steuerpflichtig. Die unbeschränkte Steuerpflicht richtet sich danach, ob sie ihren Sitz oder den Ort ihrer Geschäftsleitung im Inland hat. Näheres ist in den Doppelbesteuerungsabkommen geregelt. 124

Naturgemäß gehören sämtliche Vermögens- und Schuldposten zum Betriebsvermögen, da eine private Sphäre ausgeschlossen ist. 125

b) Steuerbelastung

Seit dem Wirtschaftsjahr 2001 beträgt die Körperschaftsteuer definitiv 25 % des Gewinns. Für das Jahr 2003 beträgt der Steuersatz ausnahmsweise 26,5 % (Flutopfersolidaritätsgesetz). 126

Wird ein Verlust erwirtschaftet, kann dieser entweder ein Jahr zurück oder auf unbegrenzte Dauer fortgetragen werden. Die Einschränkung der Höhe des **Verlustabzugs** ist durch den Gesetzgeber geplant. 127

Der Gewinn nach Steuern kann von der Gesellschaft vorgetragen oder für eine Ausschüttung bereitgestellt werden. Im Falle der Gewinnausschüttung gilt das so genannte **Halbeinkünfteverfahren**, d. h. die Gesellschafter unterliegen nur mit der Hälfte der Gewinnausschüttung der Einkommensteuerpflicht. Dies hat zur Folge, dass auch die dazugehörenden Werbungskosten nur zur Hälfte abzugsfähig sind. 128

Auch die Veräußerung von Beteiligungen an einer Kapitalgesellschaft unterliegt dem Halbeinkünfteverfahren. 129

2. Besonderheiten

a) Verdeckte Gewinnausschüttung

130 Neben den offenen Gewinnausschüttungen unterliegen auch verdeckte Gewinnausschüttungen beim Gesellschafter der Einkommensteuerpflicht. Von einer verdeckten Gewinnausschüttung spricht man, wenn dem Gesellschafter durch seine Kapitalgesellschaft ein Vorteil verschafft wurde, den eine fremde Person nicht erhalten hätte (z. B. günstiger Erwerb eines Pkws, zu hohes Gehalt, Forderungsverzicht etc.).

131 Die verdeckte Gewinnausschüttung ist dem Gewinn der Gesellschaft außerbilanziell hinzuzurechnen. Es wird die Situation hergestellt, die bei einer offenen Gewinnausschüttung vorliegen würde. Beim Gesellschafter unterliegt diese Gewinnausschüttung dem Halbeinkünfteverfahren.

b) Verdeckte Einlage

132 Von einer verdeckten Einlage spricht man im umgekehrten Fall zu einer verdeckten Gewinnausschüttung. Hierbei gewährt der Gesellschafter seiner Kapitalgesellschaft einen Vorteil, der nur aufgrund gesellschaftsrechtlicher Verbindung zugewendet wird (z. B. zu günstiger Verkauf eines Fahrzeugs an die Gesellschaft). Die unentgeltliche Überlassung eines **Nutzungsvorteils** (Miete, Zinsverzicht, zu niedriges Gehalt etc.) kann nicht Gegenstand einer verdeckten Einlage sein.

133 Die verdeckte Einlage bewirkt, dass sich z. B. das Abschreibungspotenzial der Kapitalgesellschaft erhöht. Beim Gesellschafter wird sie als Erhöhung seiner **Anschaffungskosten** für seine Beteiligung behandelt.

3. Gestaltung bei Grundbesitz

134 Bislang wurde eine so genannte **Objektgesellschaft** empfohlen. Hierbei erwarb eine Kapitalgesellschaft (z. B. GmbH) eine Immobilie. Die spätere Veräußerung erfolgte in der Weise, dass nicht die Immobilie verkauft wurde, sondern die Geschäftsanteile an der GmbH. Durch das Halbeinkünfteverfahren kam es nur zu einer hälftigen Besteuerung des Veräußerungsgewinns. Durch die mögliche Abschaffung der kurzen Spekulationsfrist des § 23 EStG ist diese Gestaltung jedoch zukünftig zu überprüfen.

135 Eine weitere Möglichkeit ergibt sich jedoch zukünftig auch noch in der Weise, dass die Anteile an der GmbH ebenfalls von einer Kapitalgesellschaft gehalten werden. Bei Veräußerung der Anteile an der **Tochtergesellschaft** führt dies bei der Kapital-Muttergesellschaft zu einem steuerfreien Veräußerungsgewinn, da die Veräußerung von Kapitalanteilen durch eine Kapitalgesellschaft steuerfrei ist. Es ist jedoch auch hier abzuwarten, wie sich die Gesetzeslage entwickelt.

IV. Gewerbesteuer

1. Allgemeines

a) Gewerbeertrag

Gewerbebetriebe unterliegen grundsätzlich der Gewerbesteuer. Dies ist eine grundsätzliche Mehrbelastung gegenüber den Beziehern anderer Einkunftsarten. Ausgangsgrundlage für den Gewerbeertrag ist der Gewinn des Gewerbebetriebes. Das GewStG kennt eine Reihe von Hinzurechnungen (§ 8 GewStG) und Kürzungen (§ 9 GewStG). 136

Wesentlich ist, dass die Hälfte der so genannten Dauerschuldzinsen dem Gewerbeertrag hinzugerechnet werden. **Dauerschulden** sind Schulden, die eine Laufzeit von mehr als einem Jahr haben. Als wesentliche Kürzung im Bereich der Immobilienwirtschaft ist die Kürzung von 1,2 vom Hundert des Einheitswerts des zum Betriebsvermögen des Unternehmens gehörenden Grundbesitzes zu nennen. Die Gewerbesteuer ist als Betriebsausgabe ihrerseits voll abzugsfähig. 137

b) Ertragshoheit

Zu den Jahressteuererklärungen gehört auch die Gewerbesteuererklärung. Diese ist dem zuständigen Finanzamt mit einzureichen. Das Finanzamt erlässt hierauf einen so genannten Gewerbesteuermessbescheid. Der Messbetrag beträgt 5 % des Gewerbeertrags. 138

Bei Einzelunternehmen und Personengesellschaften gilt ein Freibetrag von 24 500 Euro sowie eine Staffelung. Nach Abzug des Freibetrags beträgt der **Gewerbesteuermessbetrag** für die ersten 12 000 Euro 1 % und erhöht sich für die folgenden jeweiligen 12 000 Euro um einen weiteren Prozentsatz bis 5 % erreicht sind. 139

Der Gewerbesteuermessbescheid geht sowohl dem Steuerpflichtigen als auch der zuständigen Gemeinde zu. Die Gemeinde erstellt sodann einen Gewerbesteuer-Heranziehungsbescheid, in dem auf den Messbetrag der jeweilige Hebesatz der Gemeinde angewendet wird. Der **Hebesatz** liegt in der Bundesrepublik Deutschland etwa zwischen 400 % und 460 %. Bei einem Hebesatz von 400 % beträgt somit die Gewerbesteuer – unter Außerachtlassung des Freibetrags und der Staffelung – 20 %. 140

Bei Kapitalgesellschaften, bei denen es keinen Freibetrag und keine Staffelung gibt, ist die Gewerbesteuer entsprechend höher. 141

2. Besonderheit bei Grundbesitzverwaltung

Neben der vorgenannten Kürzung von 1,2 % des Einheitswertes gibt es nach § 9 Nr. 1 Satz 2 GewStG eine so genannte **erweiterte Kürzung**. Hiernach kann auf Antrag bei Unternehmen, die ausschließlich eigenen Grundbesitz oder neben eigenem Grundbesitz eigenes Kapitalvermögen verwalten und nutzen, die Kürzung um den Teil des Gewerbeertrags, der hierauf entfällt, gekürzt werden. 142

Hinweis:
Dies bedeutet, dass bei ausschließlicher Vermietung von Immobilien keine Gewerbesteuerbelastung eintritt. Diese Vorschrift wird häufig übersehen.

3. Anrechnung bei der Einkommensteuer

143 Bei Einzelunternehmern und Personengesellschaften ergibt sich ein weiterer Vorteil. Bei dem Einzelunternehmer bzw. den Mitunternehmern kann die Gewerbesteuer gemäß § 35 EStG auf die Einkommensteuer zum Teil angerechnet werden.

144 Die Kürzung beträgt das 1,8-fache des jeweils für den im Veranlagungszeitraum entsprechend festgesetzten anteiligen Gewerbesteuermessbetrags. Bei einem Hebesatz von 360 % ergibt sich somit eine volle Anrechnung der Gewerbesteuer auf die Einkommensteuer. Bei einem höheren Hebesatz (mehr als 360 %) ergibt sich die Kürzung rechnerisch somit noch anteilig.

V. Umsatzsteuer

1. Steuerbarkeit

145 Nach der Systematik des UStG ist zunächst die Steuerbarkeit eines Umsatzes zu prüfen. Diese liegt vor, wenn ein Unternehmer im Inland im Rahmen seines Unternehmens eine Lieferung oder sonstige Leistung gegen Entgelt ausführt (§ 1 UStG).

146 Unternehmer ist, wer eine gewerbliche oder berufliche Tätigkeit selbständig ausübt. Gewerblich oder beruflich ist jede nachhaltige Tätigkeit zur Erzielung von Einnahmen (§ 2 UStG). Demnach ist auch eine Großmutter, die eine Dachwohnung an einen Studenten vermietet, Unternehmer im Sinne dieses Gesetzes.

2. Befreiungen

147 Nach Vorliegen der Steuerbarkeit nach § 1 UStG ist zu prüfen, ob eine Befreiungsvorschrift die Steuerpflicht ausschließt. Die Befreiungsvorschriften sind im § 4 UStG genannt. Hierunter fallen auch Umsätze, die für den **Immobilienbereich** von Bedeutung sind. So ist die Veräußerung von Immobilien gemäß § 4 Nr. 9 Buchst. a UStG befreit. Die Vermietung und Verpachtung von Grundstücken ist ebenfalls nach § 4 Nr. 12 Buchst. a UStG befreit.

3. Optionen

148 Unternehmer können nach vorliegender Voraussetzung des § 9 UStG **auf die Steuerbefreiung verzichten.** So kann auf die Steuerbefreiung für die Vermietung und Veräußerung von Grundbesitz verzichtet werden. Dies bedeutet, dass der Unternehmer aus dem erhaltenen Entgelt die Umsatzsteuer herauszurechnen und abzuführen hat.

Umsatzsteuer   Rz. 155 **Teil 2**

Voraussetzung für die Option im Fall der Vermietung ist jedoch, dass der Leistungsempfänger (Mieter) seinerseits Unternehmer ist und zum vollen Vorsteuerabzug berechtigt ist. Somit ist diese Option nicht möglich soweit Wohnungen an Privatleute oder z. B. Praxisräume an Ärzte vermietet werden. Der Sinn der Option besteht darin, dass – wie nachfolgend noch ausgeführt wird – ein Vorsteuerabzug gegeben ist. | 149

4. Kleinunternehmer

Durch die Regelung des § 19 UStG sollen so genannte Kleinunternehmer nicht in den Regelungsbereich des allgemeinen Umsatzsteuerrechts aufgenommen werden. Kleinunternehmer ist, wer im vorangegangenen Kalenderjahr einen Umsatz von weniger als 17 500 Euro überschritten hat und im laufenden Kalenderjahr weniger als 50 000 Euro erzielen wird. | 150

Der Kleinunternehmer hat somit keine Umsatzsteuer abzuführen, kann jedoch seinerseits auch keine Vorsteuer geltend machen. Anderseits kann ein Kleinunternehmer auf Antrag zur Regelbesteuerung optieren. | 151

5. Vorsteuerabzug

Unternehmer können die ihnen in Rechnung gestellte Umsatzsteuer nach Maßgabe der §§ 14 und 15 UStG von ihrer erhaltenen Umsatzsteuer abziehen. | 152

Voraussetzung ist, dass eine ordnungsgemäße Rechnung im Sinne des § 14 Abs. 1 UStG vorliegt. Diese muss den Namen der leistenden Person, den Leistungsempfänger, die handelsübliche Bezeichnung, das Entgelt sowie den Umsatzsteuerbetrag ausweisen. Ab dem 1. 7. 2004 muss zudem die Steuernummer und eine laufende Reihungsnummer ersichtlich sein. Die Rechnungen sind 10 Jahre aufzubewahren. | 153

Bei der leistenden Person muss es sich um einen Unternehmer handeln. Rechnungen von Privatpersonen sind somit umsatzsteuerlich nicht relevant. Der Vorsteuerabzug ist insofern eingeschränkt, als er mit bestimmten umsatzsteuerfreien Umsätzen in Zusammenhang steht. So können keine Vorsteuern geltend gemacht werden, wenn sie im Zusammenhang mit steuerfreien Vermietungsumsätzen oder Umsätzen aus Grundstücksverkäufen stehen, sofern keine Option nach § 9 UStG möglich war oder nicht beantragt wurde. | 154

Hinweis:
Dies bedeutet, dass ein Vermieter, der ausschließlich steuerfreie Mieteinnahmen erzielt, nicht in den Genuss des Vorsteuerabzugs kommen kann.

Ist ein Objekt zum Teil steuerfrei und zum Teil steuerpflichtig (Option) vermietet worden, ist die Vorsteuer aufzuteilen. Bemessungsgrundlage sind die wirtschaftlichen Verhältnisse. Nur wenn dies nicht möglich ist, erfolgt eine Aufteilung nach Umsatzschlüssel. | 155

6. Umsatzsteuererklärungen

156 Liegt Umsatzsteuerpflicht vor, ist die Umsatzsteuer (abzüglich Vorsteuer) grundsätzlich monatlich an das Finanzamt abzuführen. Liegt die im Vorjahr abgeführte Umsatzsteuer unter 6136 Euro, erfolgt die Anmeldung und Abführung vierteljährlich. Beträgt die Steuer für das vorangegangene Kalenderjahr nicht mehr als 512 Euro, kann auf die Abgabe einer **Voranmeldung** verzichtet werden.

157 Im Rahmen der Abgabe der Jahressteuererklärung ist auch eine Jahresumsatzsteuererklärung einzureichen. Hierin werden die Umsatzsteuer und die Vorsteuer für das gesamte Kalenderjahr ermittelt. Die bereits durch die Umsatzsteuer-Voranmeldung abgeführte Umsatzsteuer ist abzuziehen. Sollten die Voranmeldungen bereits zutreffend ermittelt worden sein, ergibt sich demgemäß in der Jahresumsatzsteuererklärung keine Erstattung oder Nachzahlung.

7. Besonderheiten bei Immobilienbesitz

a) Vorsteuerabzug

158 Wie bereits dargestellt, ist die Vermietung von Immobilien grundsätzlich steuerfrei. Es kann jedoch die **Option**, sofern sie zulässig ist, ratsam sein. Denn Voraussetzung für die Option ist, dass der Mieter umsatzsteuerpflichtige Umsätze erzielt. Er wird somit durch die Hinzurechnung der Umsatzsteuer zur Miete nicht belastet sein, da er seinerseits die ihm in Rechnung gestellte Vorsteuer abziehen kann. Andererseits kann der Vermieter die ihm anderweitig in Rechnung gestellte Vorsteuer in Abzug bringen. Per Saldo ergibt sich somit der Vorteil aus der **Minimierung der Kosten** durch den Vorsteuerabzug.

Hinweis:

Dies hat besondere Bedeutung für die in den **Anschaffungskosten** enthaltenen Vorsteuerbeträge. Bei einem Kaufpreis von 1 160 000 Euro kann der Unternehmer die hierin enthaltene Vorsteuer von 160 000 Euro vom Finanzamt zurückerlangen. Entsprechendes gilt bei den Herstellungskosten.

159 Entscheidend für den Vorsteuerabzug ist die **erstmalige Verwendung des Grundstücks**. Wird das Grundstück erstmalig steuerpflichtig vermietet, ist der volle Vorsteuerabzug gegeben. Erfolgt die erstmalige Vermietung an Privatpersonen, kann zunächst keine Vorsteuer abgezogen werden. Entsprechendes gilt bei teilweiser steuerpflichtiger und steuerfreier Vermietung, bei der die Vorsteuer anteilig abzugsfähig ist.

160 Ändern sich diese Verhältnisse in einem Zeitraum von 10 Jahren, ist der Vorsteuerabzug gemäß § 15 a UStG zu berichtigen. Hierbei ist zeitanteilig zu rechnen.

Beispiel:
Hat z. B. ein Unternehmer den vollen Vorsteuerabzug erlangt, da er erstmalig voll steuerpflichtig vermietet hat und ändern sich z. B. nach 3 Jahren die Verhältnisse derart, dass er nur noch steuerfrei vermietet, hat er in dem 4.–10. Jahr jeweils jährlich 10 % der von ihm ursprünglich geltend gemachten Vorsteuer dem Finanzamt zurückzubezahlen. Die letzte Rückzahlung erfolgt somit im 10. Jahr. Im umgekehrten Falle gilt Entsprechendes. Hat der Unternehmer die erstmalige Verwendung steuerfrei vorgenommen und ändern sich die Verhältnisse z. B. im 6. Jahr, kann er zeitanteilig im 6. Jahr die anteilige Vorsteuer zurückerlan-

gen und im 7.–10. Jahr jeweils 10 % des ursprünglichen Vorsteuerbetrags. Es zeigt sich, dass die Art der erstmaligen Verwendung von erheblicher Bedeutung ist.

Wird ein fertig gestelltes Gebäude zunächst nicht vermietet, kommt es auf die objektive Absicht des Steuerpflichtigen an. 161

Für den Fall des **Verkaufs eines Objekts** innerhalb von 10 Jahren gilt Entsprechendes. Die Tatsache, dass entweder steuerfrei oder steuerpflichtig veräußert wurde, ist maßgeblich für die restliche Zeit. Wird steuerpflichtig veräußert, gilt die Fiktion einer steuerpflichtigen Verwendung mit der Folge, dass bei einer Veräußerung z. B. nach Ablauf von 6 Jahren 40 % der Vorsteuer im Zeitpunkt der Veräußerung geltend gemacht werden kann. Wird hingegen ein zunächst steuerpflichtig vermietetes Objekt steuerfrei veräußert, gilt für die restliche Zeit die Fiktion der steuerfreien Verwendung. Dies bedeutet, dass bei einer Veräußerung z. B. nach Ablauf von 8 Jahren 20 % der ursprünglichen Vorsteuerbeträge zurückzuzahlen sind. 162

Hinweis:
Somit ist für einen Unternehmer, der der 10-Jahresfrist des § 15 a UStG unterliegt, von Bedeutung, ob er ein Objekt mit Umsatzsteuer oder ohne Umsatzsteuer veräußern soll. Entscheidend dürfte sein, wie der Erwerber des Grundstücks das Objekt verwenden möchte. Erzielt er ebenfalls steuerpflichtige Umsätze, wird er das Grundstück mit Umsatzsteuer erwerben können.

Eine Besonderheit ergibt sich aus § 15a Abs. 6 Buchst. a UStG bei einer so genannten **Geschäftsveräußerung im Ganzen** (§ 1 Abs. 1 Buchst. a UStG). Ein Anwendungsfall liegt vor, wenn der Unternehmer sein gesamtes Unternehmen (hierzu gehört auch die alleinige unternehmerische Betätigung in Form von Grundbesitz) veräußert. Auch die Großmutter, die ein Geschäftsgrundstück veräußert, fällt unter diese Vorschrift. Die Gefahr besteht nun hierin, dass der Erwerber eines Grundstücks den 10-Jahreszeitraum als Rechtsnachfolger nicht einhält. 163

Beispiel:
Erwerb des Grundstücks und Veräußerung innerhalb von 7 Jahren. Der Erwerber nutzt nach Ablauf eines Jahres das Objekt nur noch steuerfrei. Rechtsfolge: 30 % der Vorsteuer sind zurückzuzahlen.

b) Leistungsempfänger als Steuerschuldner

Eine weitere Besonderheit ergibt sich für den Fall, dass ein im Ausland ansässiger Unternehmer eine Werklieferung oder sonstige Leistung im Inland ausführt (§ 13b UStG). 164

Beispiel:
Erbringt beispielsweise ein niederländischer Bauunternehmer Bauleistungen an einem deutschen Grundstücksbesitzer, so hat der deutsche Grundbesitzer, der ja aufgrund der Vorschrift des § 2 UStG immer Unternehmer ist, die Umsatzsteuer des niederländischen Bauunternehmers an den Fiskus abzuführen.

Dies bedeutet, dass aus der ausländischen Rechnung die Umsatzsteuer herauszurechnen ist. Der ausländische Unternehmer erhält somit nur das Nettoentgelt, 165 während die hierin enthaltene Umsatzsteuer dem Finanzamt anzumelden und abzuführen ist.

VI. Grunderwerbsteuer

1. Erwerbsvorgänge

166 Die steuerbaren Erwerbsvorgänge sind im § 1 GrEStG geregelt. Hiernach unterliegt der Erwerb von inländischen Grundstücken der Besteuerung. Häufigster Anwendungsfall wird der **Kaufvertrag** sein. Weiterhin unterliegen auch besondere Formen der Auflassung, das Meistgebot im Zwangsversteigerungsverfahren und ähnliche Rechtsgeschäfte der Besteuerung.

167 Die Steuerpflicht tritt gemäß § 1 Abs. 2 Buchst. a GrEStG ebenfalls ein, wenn zum Vermögen einer Personengesellschaft ein inländisches Grundstück gehört und der Gesellschafterbestand innerhalb von 5 Jahren unmittelbar oder mittelbar um mindestens 95 % verändert wird.

168 Eine weitere Besonderheit ist die so genannte **Anteilsvereinigung**. Werden bei einer Kapitalgesellschaft, welche über inländischen Grundbesitz verfügt, die Anteile zu mehr als 95 % auf eine Person vereinigt, hat die Kapitalgesellschaft ebenfalls Grunderwerbsteuer zu entrichten.

2. Grundstücksbegriff

169 Der Grundstücksbegriff entspricht dem des bürgerlichen Rechts. Nicht unter Grundstücke fallen Maschinen und sonstige Vorrichtungen sowie das Recht des Grundstückseigentümers auf den Erbbauzins. Den Grundstücken stehen Erbbaurechte und Gebäude auf fremdem Boden gleich.

3. Steuervergünstigungen

170 In § 3 GrEStG sind zunächst allgemeine Ausnahmen von der Besteuerung geregelt. Liegt der Kaufpreis unter 2500 Euro fällt keine Steuer an.

171 Entsprechendes gilt, sofern der Grundstückserwerb dem Erbschaftsteuer- und Schenkungsteuergesetz unterliegt. Der Grundstückserwerb durch den Ehegatten des Veräußerers ist ebenfalls befreit. Die Grundstücksübertragung bei Vermögensauseinandersetzungen im Rahmen der Scheidung unterliegt ebenfalls nicht der Besteuerung. Weiterhin gilt der Erwerb von Grundstücken durch Personen, die mit dem Veräußerer in gerader Linie verwandt sind, ebenfalls nicht als steuerpflichtig.

172 Von Besonderheit ist auch, dass der Rückerwerb eines Grundstücks durch den Treugeber bei Auflösung des **Treuhandverhältnisses** ebenfalls von der Grundsteuer befreit ist. Dies gilt jedoch nicht bei der Übertragung des Grundstücks vom Treugeber an den Treuhänder. Bei Übertragung von Grundstücken auf eine **Gesamthand** oder von einer Gesamthand gelten ebenfalls anteilige Befreiungen von der Grunderwerbsteuer gemäß §§ 5 und 6 GrEStG.

4. Bemessungsgrundlage

Grundsätzlich ist gemäß § 8 GrEStG der Wert der Gegenleistung maßgebend. Dies ist im Normalfall der Kaufpreis. Besonderheiten ergeben sich, wenn eine Gegenleistung nicht vorhanden oder nicht zu ermitteln ist. 173

5. Steuerberechnung

Der Steuersatz beträgt 3,5 vom Hundert der Bemessungsgrundlage. Die Steuer ist auf volle Euro nach unten abzurunden. 174

6. Steuerschuldner

Im Rahmen des Verkaufs ist sowohl der Erwerber als auch der Veräußerer Steuerschuldner. Da die steuerliche **Unbedenklichkeitsbescheinigung**, d. h. die Bescheinigung des Finanzamts, dass die Grunderwerbsteuer bezahlt wurde, Voraussetzung für die grundbuchmäßige Eintragung ist, hat der Fiskus hinsichtlich der Entrichtung der Grunderwerbsteuer im Allgemeinen keine Probleme. 175

7. Aufhebung oder Änderung der Steuerfestsetzung

Ein besonderer Anwendungsfall ist der **Rückerwerb** eines Grundstücks. Wird binnen eines Zeitraums von 2 Jahren das Grundstück vom Veräußerer im Rahmen eines Aufhebungsvertrags zurückerworben, ist die Grunderwerbsteuer durch Berichtigunsbescheid aufzuheben. Entsprechendes ergibt sich, wenn der Kaufpreis innerhalb von 2 Jahren seit der Entstehung herabgesetzt wird. Hierzu ist ein entsprechender Antrag erforderlich. 176

VII. Grundsteuer

1. Ertragshoheit

Die Verwaltungs- und Ertragshoheit liegt bei den jeweiligen Gemeinden. Dies bedeutet, dass Verwaltungsakten einerseits und die Korrespondenz des Steuerpflichtigen andersseits nur mit der zuständigen Gemeinde zu führen sind. Die Gemeinden haben ein **Heberecht**. Sie entscheiden, ob und – im gesetzlichen Rahmen – welche Steuer zu entrichten ist. 177

2. Steuergegenstand

Steuergegenstand ist gemäß § 2 GrStG der Grundbesitz. Dieser richtet sich nach den Bestimmungen des BewG. Hierunter fallen die Betriebsgrundstücke der Land- und Forstwirtschaft und der Betriebe sowie die Grundstücke, die im Besitz von natürlichen Personen sind. Weitere Regelungen zu den Grundstücken ergeben sich ebenfalls aus dem BewG. 178

3. Steuerbefreiungen

179 In § 3 GrStG ist die Steuerbefreiung für Grundbesitz bestimmter Rechtsträger geregelt. Hierbei handelt es sich um Grundbesitz von juristischen Personen des öffentlichen Rechts, Religionsgemeinschaften etc. Von allgemeiner Bedeutung ist diese Regelung nicht. Spezielle Befreiungen gibt es auch nach § 4 GrStG. Auch diese Befreiungsvorschriften sind nicht von allgemeiner Bedeutung, da sie auch nur bestimmte Fälle erfassen (Kirchen, Friedhöfe etc.).

4. Steuerschuldner

180 Schuldner der Grundsteuer ist derjenige, dem der Steuergegenstand bei der Feststellung des Einheitswerts zugerechnet ist. Dies ist nicht immer identisch mit dem Eigentümer.

Gegenüber der Gemeinde haftet jedoch der Erwerber für die Grundsteuer. Dies tritt jedoch nur im Haftungsfall ein. Bei Übertragung von Grundbesitz im Laufe eines Kalenderjahres bleibt der Veräußerer noch Steuerschuldner. Er schuldet der Gemeinde die Grundsteuer für das volle Kalenderjahr. Lediglich im Innenverhältnis zwischen Verkäufer und Erwerber ist der Ausgleich herbeizuführen. Neben dem Steuerschuldner haftet auch der Nießbraucher.

5. Steuerberechnung

181 Grundlage für die Grundsteuer ist der **Einheitswert** des Grundstücks. Der Einheitswert errechnet sich nach den Vorschriften des § 19 BewG in Verbindung mit §§ 68 und 70 BewG. Für Grundstücke gibt es zwei Bewertungsverfahren, das Ertragswertverfahren und das Sachwertverfahren.

182 Beim **Ertragswertverfahren** wird die Jahresrohmiete mit einem Vervielfältiger, der sich aus den Anlagen zum BewG ergibt, multipliziert. Hierbei sind die Wertverhältnisse zum 1. 1. 1964 maßgebend. Naturgemäß liegt daher der Einheitswert erheblich unter dem Verkehrswert.

183 Beim **Sachwertverfahren** geht man von der Größe, der Art und dem Alter aus. Die Wertermittlung ist in der Regel Aufgabe eines Architekten oder eines ausgebildeten Sachverständigen, z. B. aus dem Fachbereich der Immobilienwirtschaft.

184 Der sich so ergebende Einheitswert wird mit einem Aufschlag von 40 % versehen und stellt die Bemessungsgrundlage für die Grundsteuer dar.

185 Dieser Einheitswert wird mit einer **Steuermesszahl** multipliziert. Sie beträgt grundsätzlich 3,5 vom Tausend. Bei Einfamilienhäusern beträgt sie abweichend hiervon 2,6 vom Tausend für die ersten 38 346,89 Euro und sodann 3,5 % des überschießenden Betrags. Bei Zweifamilienhäusern errechnet sich die Messzahl mit 3,1 vom Tausend. Auf diese Messzahl wird der **Hebesatz** der jeweiligen Gemeinde angesetzt. Hieraus ergibt sich dann die Höhe der Grundsteuer.

6. Erlass

Die Grundsteuer kann bei Vorliegen der Voraussetzungen der §§ 32 und 33 GrStG erlassen werden. Von besonderer Bedeutung ist der Erlass wegen wesentlicher **Ertragsminderung** (§ 33 GrStG). 186

Liegt beim bebauten Grundstück der normale Rohertrag um mehr als 20 vom Hundert unter der normalen Miete und hat der Steuerpflichtige die Minderung nicht zu vertreten, so wird die Grundsteuer in Höhe des Prozentsatzes erlassen, der ⅘ des Prozentsatzes der Minderung entspricht. Voraussetzung ist, dass der Erlassantrag bis zum 31. März des Folgejahres gestellt wird. Die Möglichkeit dieser Minderung der Grundsteuer wird häufig übersehen. 187

VIII. Erbschaftsteuer und Schenkungsteuer

1. Steuerpflicht

a) Persönliche Steuerpflicht

Das Gesetz kennt zunächst die unbeschränkte Steuerpflicht. Diese ist gegeben, wenn im Falle des Todes der Erblasser und im Falle der Schenkung der Schenker oder der Erwerber **Inländer** sind. Als Inländer gelten alle natürlichen Personen, die im Inland einen Wohnsitz oder ihren gewöhnlichen Aufenthalt haben. Weiterhin gelten als unbeschränkt steuerpflichtig deutsche Staatsangehörige, die sich noch nicht länger als 5 Jahre dauernd im Ausland aufgehalten haben. Die 5-Jahresfrist ist unbedenklich bei Personen, die in einem Dienstverhältnis zu einer inländischen juristischen Person des öffentlichen Rechts stehen (Konsularbeamte etc.). 188

Weiterhin unterliegen beschränkt steuerpflichtige Personen dem Gesetz. Hierbei handelt es sich um einen Personenkreis, der weder im Inland seinen Wohnsitz noch seinen **gewöhnlichen Aufenthalt** hat. Die Steuerpflicht erstreckt sich auf das Inlandsvermögen. Schließlich gibt es noch eine so genannte erweitert beschränkte Steuerpflicht. Diese gilt für den Wegzug aus dem Inland in ein Niedrigsteuerland (Erbschaftsteuersatz unter 30 %). 189

b) Steuerpflichtige Vorgänge

Besteuert werden Steuertatbestände, die im Gesetz geregelt sind. Hierbei handelt es sich um die nachstehend erörterten Vorgänge wie Erbschaft und Schenkung. Auf die turnusmäßige Besteuerung des Vermögens von Stiftungen sowie auf Zweckzuwendungen soll nicht eingegangen werden. 190

2. Steuertatbestände

a) Erbschaft

Typischer Anwendungsfall ist der Erwerb durch Erbfall. Weiterhin wird der Erbersatzanspruch, das Vermächtnis sowie der geltend gemachte Pflichtteilsanspruch hierunter erfasst. Sonderregelungen gibt es im § 6 ErbStG für die **Vor-** 191 und **Nacherbschaft**. Der Vorerbe gilt als Erbe. Auf Antrag ist der Besteuerung das Verhältnis des Nacherben zum Erblasser zu Grunde zu legen.

192 Eine besondere Regelung gibt es bei Ehegatten. Leben die Ehegatten im gesetzlichen Stand der **Zugewinngemeinschaft**, unterliegt der Zugewinnausgleich beim Tod eines Ehegatten nicht der Besteuerung.

b) Schenkung

193 Als Schenkung gilt grundsätzlich jede freigebige Zuwendung unter Lebenden, soweit der Bedachte durch die Schenkung auf Kosten des Schenkers bereichert wird. Hierunter fällt auch der vorzeitige Erbausgleich sowie die Abfindung für einen Erbverzicht.

194 Wird die Zugewinngemeinschaft im Laufe der Ehe nach vorangegangener Gütertrennung vereinbart, unterliegt der Ausgleich grundsätzlich der Besteuerung.

195 Besonderheiten gelten bei der so genannten **unbenannten Zuwendung** unter Ehegatten. Grundsätzlich ist die Schenkung unter Ehegatten nicht steuerfrei. Wird z. B. das Bankkonto eines Ehegatten in ein so genanntes Oderkonto umgewandelt, bedeutet dies eine 50 %ige Schenkung des Bankguthabens. Ausgenommen hiervon ist die Schenkung des Familienwohnhauses (§ 13 Abs. 1 Nr. 4a ErbStG).

3. Wertermittlung

a) Grundsätzliches

196 Für die Wertermittlung gilt das **Stichtagsprinzip**. D. h., es ist der Wert zum Zeitpunkt des Erbanfalls bzw. der Schenkung zu ermitteln. Grundsätzlich gilt der Wert der Bereicherung als Grundlage der Besteuerung.

197 Besonderheiten ergeben sich aus den Vorschriften des BewG. Für Übertragung von Betriebsvermögen ist ein so genannter Einheitswert zu ermitteln, der weitgehend aus der Steuerbilanz entwickelt wird. **Beteiligungen an Kapitalgesellschaften** werden mit dem Kurswert bewertet. Liegt kein Kurswert vor, z. B. bei GmbH-Anteilen, wird eine besondere Bewertung nach dem so genannten **Stuttgarter Verfahren** durchgeführt. Der Wert ergibt sich aus einer modifizierten Berechnung, in die der Sachwert und der Ertragswert einfließen.

198 **Grundvermögen** wird nicht mit dem Einheitswert, sondern mit einem besonderen Wert angesetzt. Unbebaute Grundstücke werden mit dem Bodenrichtwert unter Berücksichtigung eines Abschlags von 20 % bewertet.

199 Für **bebaute Grundstücke** wird ein so genannter Bedarfswert ermittelt (§ 146 BewG). Dieser ergibt sich aus dem 12,5-fachen des Durchschnitts der Jahresrohmiete der letzten 3 Jahre. Sodann erfolgt ein Abschlag für die Wertminderung durch Alter des Gebäudes in Höhe von 0,5 % pro Jahr, höchstens jedoch 25 %.

b) Erbschaft

Der Wert der Erbschaft ermittelt sich aus dem Wert des gesamten Vermögensanfalls abzüglich der Nachlassverbindlichkeiten. So ist es denkbar, dass sich auch negatives Vermögen ergibt. Dies kann naturgemäß bei einer Schenkung nicht der Fall sein. Weiterhin sind die Erbfallkosten, insbesondere Beerdigungskosten sowie Steuerberatungskosten, abzugsfähig. Hierfür gibt es eine Pauschale von 10 300 Euro, bei Einzelnachweis sind die höheren Kosten abzugsfähig. 200

Hinweis:
So ist es bei geschickter Planung der Erbschaftsteuerbelastung möglich, diese erheblich zu minimieren. Dies kann z. B. dadurch erfolgen, dass zu Lebzeiten Grundvermögen angeschafft wird, welches fremdfinanziert wird. Im Erbfall steht dann der relativ geringe Bedarfswert für das Grundstück den tatsächlichen Schulden gegenüber.

c) Schenkung

Grundsätzlich ist auch hier der Wert der Bereicherung maßgebend. Bei einer **gemischten Schenkung** liegt ein steuerpflichtiger Erwerb nur in Höhe des geschenkten Anteils vor. Die Berechnung ergibt sich im Verhältnis der Verkehrswerte zueinander. Bei Schenkungen unter **Nießbrauchsvorbehalt** wird der Wert des Nießbrauchs nicht vom Wert des Grundstücks abgezogen. Es gibt hier lediglich die Stundungsmöglichkeit des § 25 ErbStG. 201

4. Steuerbefreiungen

a) Allgemeine Befreiungen

Das Gesetz nennt zunächst in § 13 ErbStG einige Steuerbefreiungen. So ist zunächst der Hausrat in bestimmten Fällen und in bestimmter Höhe befreit. Auch die Schenkung eines **Familienwohnhauses** unter den Ehegatten unterliegt nicht der Besteuerung. Diese so genannte unbenannte Zuwendung stellt eine Besonderheit dar, die nicht für andere Fälle der Schenkung unter Eheleuten gilt. Neben weiteren Befreiungsvorschriften, die für die Praxis jedoch nicht von Bedeutung sind, unterliegen auch übliche Gelegenheitsgeschenke nicht dem Gesetz. 202

b) Vergünstigung bei Betriebsvermögen

Bei der unentgeltlichen Übertragung von Betriebsvermögen, von Betrieben der Land- und Forstwirtschaft sowie von Anteilen an Kapitalgesellschaften sieht das Gesetz im § 13 a BewG Besonderheiten vor. Bei Erwerb von Todes wegen gibt es einen **Freibetrag** von 256 000 Euro (ab 1. 1. 2004 225 000 Euro). Sind mehrere Erben vorhanden, ist dieser Freibetrag entsprechend dem Erbteil aufzuteilen. Der Erblasser hat jedoch die Möglichkeit, von sich aus den Freibetrag zu bestimmen. 203

Der Freibetrag wird ebenfalls beim Erwerb im Wege der vorweggenommenen Erbfolge gewährt, wenn der Schenker dem Finanzamt unwiderruflich erklärt, dass der Freibetrag für diese Schenkung in Anspruch genommen werden soll. Der Freibetrag wird erst nach Ablauf von mindestens 10 Jahren erneut gewährt. Eine weitere Vergünstigung besteht darin, dass bei den vorgenannten Voraussetzungen ein 204

Ansatz des verbleibenden Vermögenswertes mit 60 % (ab 1.1. 2004 75 %) vorgenommen wird. Dies bedeutet, dass zumindest der Freibetrag abgezogen wird und sodann das verbleibende Vermögen nur mit 60 % bzw. 75 % der Besteuerung unterliegt.

Hinweis:
Hieraus ergibt sich eine Gestaltungsmöglichkeit. Der Schenker oder Erblasser kann zunächst ein Grundstück in ein Betriebsvermögen einlegen. Sodann wird der Anteil an dem Betriebsvermögen (oder auch der Anteil an der entsprechenden Kapitalgesellschaft) verschenkt oder vererbt. Hierdurch wird der Wert der Schenkung oder Erbschaft erheblich reduziert.

Hinweis:
Eine aus erbschaftsteuerlicher Sicht optimale Gestaltung kann in der Weise erreicht werden, dass eine GmbH gegründet wird. Diese erwirbt sodann Grundbesitz. Hierdurch wird erreicht, dass der Grundbesitz nur mit dem niedrigen Bedarfswert für Zwecke der Erbschaftsteuer angesetzt wird, während die Verbindlichkeiten voll valutieren. Aus der Tatsache, dass letztendlich Anteile an einer Kapitalgesellschaft vererbt oder verschenkt werden, ergibt sich der weitere Freibetrag und der Ansatz von nur 60 % bzw. 75 % des überschießenden Betrags aus dem Wert der Anteile. Im Einzelfall ist eine Berechnung erforderlich.

5. Berechnung der Steuer

a) Steuerklassen

205 Es werden nach den persönlichen Verhältnissen des Erwerbers zum Erblasser oder Schenker folgende drei Steuerklassen unterschieden:

206 Steuerklasse I umfasst den Ehegatten, die Kinder und Stiefkinder, die Abkömmlinge der Kinder und Stiefkinder und die Eltern oder Voreltern bei Erwerb von Todes wegen. Unter die Steuerklasse II fallen die Eltern und Voreltern, soweit sie nicht bereits unter Steuerklasse I fallen, die Geschwister, die Abkömmlinge 1. Grades von Geschwistern, die Stiefeltern, die Schwiegerkinder, die Schwiegereltern und der geschiedene Ehegatte. Alle übrigen Erwerber fallen unter die Steuerklasse III.

b) Persönliche Freibeträge

207 Je nach Steuerklasse bestehen folgende Freibeträge:

▷ Für Ehegatten gilt der Freibetrag von 307 000 Euro.

▷ Bei Kindern und bei Kindern verstorbener Kinder wird ein Freibetrag von 205 000 Euro gewährt.

▷ Die übrigen Personen der Steuerklasse I erhalten einen Freibetrag von 51 200 Euro.

▷ Die Personen der Steuerklasse II genießen einen Freibetrag in Höhe von 10 300 Euro.

▷ Bei Personen der Steuerklasse III wird ein Freibetrag von 5200 Euro gewährt.

c) Vorsorgefreibetrag

Neben dem persönlichen Freibetrag wird dem überlebenden Ehegatten ein besonderer Versorgungsfreibetrag in Höhe von 256 000 Euro gewährt. Der Freibetrag vermindert sich um Versorgungsbezüge, die nicht der Besteuerung unterliegen. Auch für Kinder wird je nach Alter ein Freibetrag zwischen 52 000 Euro und 10 300 Euro gewährt.

208

d) Steuersätze

Die Höhe des Steuersatzes richtet sich sowohl nach der Steuerklasse als auch nach dem Wert des steuerpflichtigen Erwerbs. Er kann der Tabelle des § 19 ErbStG entnommen werden. Der Steuersatz liegt zwischen 7 und 50 %.

209

e) Besonderheiten bei Betriebsvermögen

Weiterhin gibt es die **Tarifbegrenzung** des § 19 a ErbStG. Sie gilt beim Erwerb von Betriebsvermögen, von Betrieben der Land- und Forstwirtschaft sowie Anteilen an Kapitalgesellschaften. Natürliche Personen, die nicht der Steuerklasse I unterliegen, werden dennoch nach Steuerklasse I versteuert. D. h. die Steuer nach Steuerklasse II und III wird entlastet. Ansonsten gelten die Voraussetzungen des § 13 a ErbStG.

210

f) Zusammenrechnung innerhalb von 10 Jahren

Sowohl bei Schenkungen als auch bei der Erbschaft nach vorangegangener Schenkung wird der Wert der Bereicherungen innerhalb eines Zeitraums von 10 Jahren zusammengerechnet. Die Steuer wird sodann aus der Summe der Werte berechnet. Bereits geleistete Schenkungsteuer wird abgezogen.

211

Hinweis:
Bei der Vermögensübertragung auf die nächste Generation sollte beachtet werden, dass z. B. der persönliche Freibetrag alle 10 Jahre neu genutzt werden kann.

6. Festsetzung der Steuer

a) Anzeigepflicht

Jeder unter das Gesetz fallende Erwerb ist binnen 3 Monaten dem für die Verwaltung der Erbschaftsteuer zuständigen Finanzamt schriftlich anzuzeigen. Im Fall der Schenkung ist auch der Schenker und der Beschenkte hierzu verpflichtet. Eine Anzeige ist nicht erforderlich, wenn der Erwerb auf einer von einem deutschen Gericht oder deutschen Notar eröffneten Verfügung von Todes wegen beruht. Das Gleiche gilt bei der Schenkung.

212

b) Steuerbescheid

Das Finanzamt kann die Beteiligten auffordern, binnen eines Monats eine Steuererklärung abzugeben. Ist ein Testamentsvollstrecker oder Nachlassverwalter vorhanden, ist dieser zur Abgabe der Steuererklärung verpflichtet. Entsprechen-

213

des gilt für den Nachlasspfleger. Sodann wird die Steuer mit Steuerbescheid festgesetzt. Der Steuerbescheid stellt einen anfechtbaren Verwaltungsakt dar, welcher binnen Monatsfrist im Wege des Einspruchs angefochten werden kann.

Teil 3
Notartätigkeit und Grundstücksbelastungen[1]

	Rz.
I. Notartätigkeit bei Grundstücks- und Erwerberverträgen	1
1. Beurkundung, Beglaubigung, Belehrung	1
a) Form	1
b) Beurkundung von Grundstücksverträgen	8
aa) Umfang der Beurkundungspflicht	13
bb) Besondere Betreuungspflichten bei Verbraucherverträgen	18
(1) Teilnahme des Verbrauchers, insbesondere Mitarbeitervollmacht	20
(2) Das Zur-Verfügung-Stellen des Vertragsentwurfs	25
cc) Getrennte Beurkundung von Angebot und Annahme	31
dd) Beurkundung mit Vertretern	34
ee) Auflassung	37
ff) Nebenabreden und Anlagen, insbesondere Verzeichnisse und Bezugsurkunden	39
(1) Inventarverzeichnisse	40
(2) Bezugsurkunden	44
gg) Änderungen	48
hh) Missachtung der Formvorschriften	50
ii) Aufhebung des notariellen Vertrags	55
jj) Die Zwangsvollstreckungsunterwerfungsklausel	56
(1) Kaufverträge ohne Baubezug	57
(2) Kaufverträge mit Baubezug	58
(3) Zinsen	64
(4) Verjährung	65

	Rz.
kk) Hinweise zum Wohnungseigentumsgesetz	66
(1) Vertragliche Aufteilung oder Vorratsteilung	67
(2) Form	68
(3) Aufteilungsplan und Abgeschlossenheitsbescheinigung	69
(4) Gemeinschaftsordnung	72
(5) Insbesondere Sondernutzungsrechte	74
(6) Ausbaurechte	76
(7) Änderungsvollmacht	77
(8) Vormerkung	83
c) Belehrungen	84
2. Vollzugstätigkeit	93
a) Ausfertigung, beglaubigte Abschrift	94
b) Kostenrechnung	97
c) Checkliste zur Durchführung	100
aa) Kaufpreis	101
bb) Belastungen	102
cc) Vormerkung	103
dd) Anzeige- und Mitteilungspflichten, Genehmigungen	104
(1) Veräußerungsanzeige und Unbedenklichkeitsbescheinigung	104
(2) Mitteilung an den Gutachterausschuss	107
(3) Negativzeugnis über Vorkaufsrecht der Gemeinde	108
(4) Grundstücksverkehrsgenehmigung	109
(5) Genehmigung nach der Grundstücksverkehrsordnung	111

---

[1] Dieses Kapitel ist durch maßgebliche Mitarbeit von Frau stud. jur. *Winnie Locke* zustande gekommen, der der Verfasser zu großem Dank verpflichtet ist.

	Rz.		Rz.
ee) Teilflächenverkauf und Grundstücksvereinigung 112		b) Sicherungsgrundschuld . 194
		c) Gesamtgrundschuld ... 196
(1) Grundstücksteilung ... 112		d) Eigentümergrundschuld . 197
		e) Gegenstand und Umfang der Belastung 199
(2) Grundstücksverbindung 117		f) Abtretung und Übertragung 201
ff) Eigentumsüberschreibung 121		g) Befriedigung und Verwertung 204
d) Mitarbeitervollmacht ... 123		aa) Dingliche Zwangsvollstreckungsunterwerfung 207
3. Treuhänderische Tätigkeiten und Notaranderkonto 126		
a) Treuhänderische Tätigkeiten 126		bb) Persönliche Zwangsvollstreckungsunterwerfung 209
b) Abwicklung mit Notaranderkonto 132		
aa) Hinterlegungsvereinbarung und -anweisung . 133		cc) Aufspaltung in vollstreckbare und nicht vollstreckbare Grundschuld 210
bb) Hebegebühr, § 149 KostO 138		h) Rangordnung 211
c) Abwicklung ohne Notaranderkonto 143		4. Die Hypothek 217
		a) Begründung 219
aa) Rangbestätigung des Notars 148		b) Verkehrshypothek 220
		c) Sicherungshypothek ... 222
bb) Fälligkeitsbestätigung des Notars 152		d) Bauhandwerkersicherungshypothek 226
II. Grundstücksbelastungen 154		e) Verdeckte Eigentümergrundschuld und Eigentümerhypothek 227
1. Dienstbarkeiten 156		
a) Grunddienstbarkeit 158		
b) Beschränkte persönliche Dienstbarkeit 166		f) Forderungsabtretung und Grundstücksveräußerung 229
c) Dienstbarkeit an Wohnungseigentum 169		g) Befriedigung und Verwertung 231
2. Exkurs: Die Baulast 174		
3. Die Grundschuld 186		5. Die Vorbelastungsvollmacht, insbesondere bei Bauvorhaben 236
a) Begründung der Grundschuld 191		

I. Notartätigkeit bei Grundstücks- und Erwerberverträgen

1. Beurkundung, Beglaubigung, Belehrung

a) Form

1   Grundsätzlich bedeutet Vertragsfreiheit auch Formfreiheit für Rechtsgeschäfte, so dass auch der Bau-(Werk-)vertrag nicht der Einhaltung einer bestimmten Form bedarf.

Dennoch kann sich ein Formzwang aus Vorschriften oder aus der Vereinbarung der Parteien selbst ergeben. Das Gesetz sieht verschiedene Formen für rechtsgeschäftliche Erklärungen vor:

2   Die **gesetzliche Schriftform**, § 126 Abs. 1 BGB, sieht vor, dass eine Urkunde vom Aussteller eigenhändig durch Namensunterschrift oder mittels notariell beglau-

bigtem Handzeichen unterzeichnet werden muss. Gemäß § 126 Abs. 2 BGB ist die Schriftform eines Vertrags nur gewahrt, wenn entweder dieselbe Urkunde von beiden Seiten unterschrieben ist oder wenn von dem Vertrag zwei identische Exemplare gefertigt werden und jede Vertragspartei das für die jeweilige andere Partei vorgesehene Exemplar unterschreibt. Nach früherer Rechtsprechung war die gesetzliche Schriftform bei einem mehrere Seiten umfassenden Dokument nur gewahrt, wenn die Seiten derart miteinander verbunden waren, dass sie nicht ohne zumindest teilweise Zerstörung voneinander getrennt werden konnten[1]. Diese Rechtsprechung ist erheblich entschärft worden. Nunmehr genügt, dass die Zugehörigkeit der verschiedenen Urkundsbestandteile zueinander auf andere Weise erkennbar gemacht wird, z. B. durch fortlaufende Paginierung, textliche wechselseitige Bezugnahme etc.[2] Wichtig ist aber nach wie vor, dass die Erkennbarkeit der Zusammengehörigkeit auch auf alle Anlagen erstreckt wird.

Kurz nach dem Signaturgesetz vom 16. 5. 2001[3] wurde § 126 a BGB eingeführt, nach dem grundsätzlich die Schriftform durch die **elektronische Form** ersetzt werden kann. Die elektronische Form ist gewahrt, wenn das elektronische Dokument jeweils mit einer qualifizierten Signatur des Ausstellers nach dem Signaturgesetz versehen ist. Bei Verträgen ist die elektronische Form gewahrt, wenn jeweils gleich lautende (elektronische) Dokumente nach dem Signaturgesetz von den Vertragspartnern qualifiziert signiert wurden.[4] Durch ausdrückliche gesetzliche Bestimmung kann der Ersatz der Schriftform durch die elektronische Form ausgeschlossen werden, dies ist zum Beispiel der Fall beim Erwerb von Wohnungsnutzungsrechten für eine bestimmte Kalenderperiode (z. B. einer spanischen Ferienwohnung)[5] und bei Verbraucherkrediten, vgl. § 492 Abs. 1 Satz 2 BGB.

3

§ 126 b BGB definiert die **Textform**, hierunter ist vor allem das Fax zu verstehen. Die Textform ist gewahrt, wenn auf dem bei dem Empfänger ankommenden Fax der Erklärende kenntlich gemacht ist und der Abschluss der Erklärung durch (nachgebildete) Unterschrift oder auf andere Weise erfolgt. Textform wird nur selten gesetzlich gefordert oder zugelassen. Sie ist vor allem im Mietrecht bedeutsam, z. B. bei Mieterhöhungen, Modernisierungsankündigungen, Änderungen von Indexmieten, Betriebskostenabrechnungen oder -vereinbarungen[6] (nicht bei Kündigungen!) oder im Wohnungseigentumsrecht bei Einladungen zur Eigentümerversammlung.[7]

4

Bei der **öffentlichen Beglaubigung**, § 129 BGB, ist die durch einen Notar beglaubigte Unterschrift des Erklärenden unter eine schriftlich abgefasste Erklärung notwendig. § 129 Satz 2 BGB regelt die notarielle Beglaubigung eines Handzeichens.

5

---

1 BGHZ 40, 255.
2 BGHZ 136, 357.
3 BGBl. 2001 I, 876.
4 Die Bedingungen der qualifizierten elektronischen Signatur können § 2 Nr. 2 und 3 SignaturG entnommen werden. Man muss bestimmte Soft- und Hardware (z. B. sichere Signaturerstellungseinheit) besitzen und ein Zertifikat von einem zugelassenen Zertifizierungsdienstanbieter (z. B. Bundesnotarkammer, Telekom, Post, Datev) erhalten.
5 § 484 Abs. 1 BGB (bis 31. 12. 2001 § 3 TzWrG).
6 §§ 554, 556a, 556b, 557b, 558a, 559b, 560 BGB.
7 § 24 Abs. 4 WEG.

6   Die **notarielle Beurkundung**, § 128 BGB, ist im Beurkundungsgesetz geregelt. Die notarielle Beurkundung ersetzt die Schrift-, die elektronische, die Textform sowie die notarielle Beglaubigung, §§ 126 Abs. 4, 129 Abs. 2 BGB.[1] Bei notarieller Beurkundung müssen sämtliche Beteiligte einschließlich des Notars die Urkunde auf der letzten Seite unterschreiben. Es genügt nicht die Unterschrift nur mit dem Vornamen, wohl aber die nur mit dem Nachnamen.[2]

7   Für gesetzlich formfreie Rechtsgeschäfte können die Parteien eine bestimmte **Form rechtsgeschäftlich vereinbaren**. Gemäß § 127 Satz 1 BGB gelten für die vereinbarte Schriftform die in § 126 BGB genannten Regeln der gesetzlichen Schriftform. Ebenso können die Parteien statt der gesetzlich geforderten Schriftform eine notarielle Beurkundung oder öffentliche Beglaubigung vereinbaren. Wird Schriftform vereinbart, sollte geregelt werden, ob diese durch elektronische Form ersetzt werden kann.

Es sollte klargestellt werden, ob die vereinbarte Form Wirksamkeitsvoraussetzung sein oder nur der Beweissicherung dienen soll. Andernfalls ist die Bedeutung auszulegen und unterliegt der gesetzlichen Vermutung, dass die Form Voraussetzung zur Wirksamkeit ist und ein Formmangel im Zweifel zur Nichtigkeit führt, § 125 Satz 2 BGB.[3]

b) Beurkundung von Grundstücksverträgen

8   Für den Vertrag, durch den sich der eine Teil verpflichtet, das Eigentum an einem Grundstück zu übertragen oder zu erwerben, ist die Form der **notariellen Beurkundung** vorgeschrieben, § 311 b Abs. 1 Satz 1 BGB.[4] Der Grundstückskaufvertrag als schuldrechtliche Grundlage der späteren Eigentumsübertragung ist demnach formbedürftig. Ein ohne Beachtung dieser Form geschlossener Vertrag wird seinem ganzen Inhalt nach nur gültig, wenn Auflassung und Eintragung ins Grundbuch erfolgt sind, § 311 b Abs. 1 Satz 2 BGB.

9   Die Beurkundung erfüllt mehrere Zwecke: Warnfunktion, Beratungsfunktion, Beweisfunktion, Gültigkeitsgewähr.[5] In erster Linie soll der Eigentümer vor einer übereilten Übertragung seines Grund und Bodens geschützt und gewarnt werden. Dafür ist eine sachgemäße Beratung beider Parteien notwendig. Die Beteiligten müssen beispielsweise über die rechtliche Tragweite des Geschäfts vom Notar **belehrt** werden[6], indem die Voraussetzungen, von denen der beabsichtigte Erfolg abhängt, und die unmittelbaren Rechtswirkungen, die an den Erfolg geknüpft sind, aufgezeigt werden.

---

1 § 126 Abs. 4 BGB ist analog auf die Textform anzuwenden, Palandt/*Heinrichs*, § 126 b BGB Rz. 2 a. E.
2 BGH, MDR 2003, 384.
3 Die Fragen der Bedeutung der Missachtung einer Schriftformklausel und der Vereinbarung von Schriftformklauseln in AGB – vgl. z. B. BGHZ 66, 378; BGH, NJW 1983, 1853 – werden hier nicht näher behandelt.
4 Mit dem Schuldrechtsreformgesetz wurde § 313 BGB ohne inhaltliche Änderung zu § 311 b Abs. 1 BGB.
5 Palandt/*Heinrichs*, § 311 b Abs. 1 BGB Rz. 2.
6 S. besondere Belehrungspflicht des Notars, § 17 BeurkG.

Des Weiteren soll der formgültige Vertrag eine **sichere Beweisgrundlage** schaffen. Beurkunden heißt schriftlich bezeugen. Die Bezeugung in der notariellen Urkunde trägt die gesetzliche Beweisvermutung der Wahrheit (§ 415 ZPO). Von dieser Vermutung wird der Erklärungsinhalt vollständig erfasst, und zwar, dass die genannten Erklärungen abgegeben sind und dass diese Erklärungen das Rechtsgeschäft, also den rechtsgeschäftlich geäußerten Willen der Beteiligten, vollständig wiedergeben. Außerdem umfasst die Bezeugungspflicht die Tatsache, dass die Erklärung von demjenigen abgegeben ist, der in der Urkunde als Erklärender aufgeführt ist. 10

Die gesetzliche Richtigkeitsvermutung gilt grundsätzlich für alle Teile der Notarurkunde. Nimmt der Notar allerdings während des Beurkundungsvorgangs in einer zuvor drucktechnisch vorbereiteten Urkunde **handschriftliche Änderungen** vor, gilt für die Richtigkeit dieser Änderungen nur dann die gesetzliche Vermutung des § 415 ZPO, wenn der Notar auf der entsprechenden Urkundenseite die handschriftliche Änderung in einem Randvermerk entsprechend § 44 a BNotO beschreibt (z. B. „vier Worte gestrichen, sieben Worte eingefügt") und diesen Vermerk unterschreibt.[1] 11

Da sich § 311 b Abs. 1 BGB auf alle Verträge bezieht, durch die sich ein Teil verpflichtet, Eigentum an einem Grundstück zu übertragen oder zu erwerben, unterliegen auch Tauschvertrag und Schenkungsversprechen der Formstrenge. Außerdem gilt diese Bestimmung für das Erbbaurecht, § 11 Abs. 2 ErbbauVO und für die Übertragung von Sondereigentum an einer Wohnung, § 4 Abs. 3 WEG. 12

aa) Umfang der Beurkundungspflicht

Der gesamte Grundstücksvertrag, das heißt alles, was nach Willen der Vertragsteile zu Leistung und Gegenleistung gehört, unterliegt der Formvorschrift von § 311 b Abs. 1 Satz 1 BGB. Das gesetzliche Beurkundungsgebot für Grundstücksgeschäfte umfasst nicht nur die Vereinbarungen über die Grundstücksübertragung, sondern erstreckt sich auch auf solche **Nebenabreden**, die mit dieser Übertragung stehen und fallen.[2] Daher müssen auch Abreden über gegenseitige Leistungen, Gegenleistungen an Dritte, bereits bewirkte Anzahlungen und die Verpflichtung eines Eigentümers, sein Grundstück durch einen Makler an von diesem beizubringende Interessenten zu veräußern[3], beurkundet werden. 13

Ein Anwendungsfall ist ebenso die Erteilung einer unwiderruflichen Vollmacht zum Erwerb oder zur Veräußerung eines Grundstücks, die nur wirksam ist, wenn das der Vollmachtserteilung zu Grunde liegende Rechtsgeschäft (z. B. Auftrags- oder Geschäftsbesorgungsvertrag) notariell beurkundet wurde.[4]

---
1 BGH, DNotZ 1995, 28; vgl. *Eylmann/Vaasen*, BNotO § 44 a Rz. 8; nach *Keidel/Winkler*, BNotO, § 44 a Rz. 12 bedarf es keiner genauen Beschreibung der Änderung, „geändert" und die Unterschrift des Notars sollen genügen.
2 OLG Koblenz, ZfIR 2003, 285: Ein mit dem Immobilienleasing zusammenhängender Grundstücksveräußerungsvertrag ist nur wirksam, wenn auch der Immobilienleasingvertrag mit beurkundet wurde.
3 BGH, WM 1971, 239.
4 RG 110, 320; OLG Karlsruhe, NJW-RR 1986, 100; BGH, WM 1970, 1294; Palandt/*Heinrichs*, § 311 b BGB Rz. 20.

14 Der Bauvertrag muss notariell (mit-)beurkundet werden, wenn er in Verbindung oder in **rechtlichem Zusammenhang** mit einem Grundstücksvertrag abgeschlossen wird. Für die rechtliche nicht nur tatsächliche oder wirtschaftliche Einheit zwischen Bauvertrag und Grundstückserwerb ist der Verknüpfungswille der Beteiligten maßgeblich.[1] Wenn also nach dem für die andere Seite erkennbaren[2] Willen **einer** Partei der **Bauvertrag mit einem Grundstücksvertrag** so zusammenhängt und die Verträge voneinander derart abhängig sind, dass sie miteinander **stehen und fallen** sollen, so gilt der Formzwang des Grundstücksvertrags für den gesamten Vertrag, auch den baurechtlichen Teil.[3] Dies kann insbesondere für Bauträger-, Generalunternehmer- und Fertighausverträge gelten.[4] Ein Fertighausvertrag beispielsweise muss beurkundet werden, wenn Grundstücks- und Hauskaufvertrag rechtlich zusammenhängen.[5]

15 Auch der **wirtschaftliche Zusammenhang** kann bei Verträgen mit steuerlicher Zielrichtung ein Anzeichen für die rechtliche Einheitlichkeit sein, so z. B. beim Bauherren-, Mietkauf- oder Ersterwerbermodell.[6] Entsprechendes gilt für eine Sanierungsvereinbarung beim Verkauf eines Altbaus und die Rückkaufverpflichtung des Grundstückverkäufers.[7] Vermutet werden kann die Einheitlichkeit des gesamten Geschäfts, wenn die Vertragsteile in ein und derselben Urkunde zusammengefasst sind.[8]

16 Es ist keineswegs für die Frage der Beurkundungspflicht maßgebend, ob die Parteien bzgl. der Grundstücksübereignungsverpflichtung und der Bauverpflichtung identisch sind.[9]

Beispiel:
Grundstückseigentümer G vereinbart mit Bauunternehmer B, dass sie gemeinsam Interessenten suchen, die das Grundstück kaufen und mit einem Einfamilienhaus bebauen wollen. Wirbt dann B die Eheleute F und M, muss auch der Bauerrichtungsvertrag beurkundet werden, wenn F und M das Grundstück nur gemeinsam mit dem Haus erwerben wollen, was in der Regel bei derartigen Konstellationen der Fall sein dürfte. Ein beurkundeter Grundstücksverkauf zwischen G und F sowie ein privatschriftlicher Bauvertrag zwischen B und M wären unzulässig.

17 Zuweilen kann beobachtet werden, dass in der anwaltlichen Beratung empfohlen wird, zur vermeintlichen Ersparung von Grunderwerbssteuer bauliche Teile des Gesamtgeschäfts nicht zu beurkunden. In den weit überwiegenden Fällen dürfte dieser Rat zur Nichtigkeit aller Abreden führen (§ 125 BGB) und auch Beteiligung an oder Anstiftung zur **Steuerhinterziehung** vorliegen. Gewarnt werden muss auch vor Vertrauen auf eine Rechtsprechung, nach der eine Beurkundung der Bau-

---

1 BGH, BauR 1980, 167.
2 BGHZ 78, 346.
3 BGH, DNotZ 1990, 658; BGH, BauR 1994, 239; *Werner/Pastor*, Der Bauprozess, Rz. 1000.
4 Vgl. Generalunternehmervertrag: BGH, BauR 1994, 239; Bauträgervertrag: OLG Hamm, BauR 1994, 644; BGH, BauR 1985, 79; OLG Hamm, MDR 1993, 537.
5 BGHZ 78, 348; OLG Hamm, BB 1995, 1210.
6 BGH, NJW 1987, 1069.
7 *Zerhusen*, Mandatspraxis, Rz. 788.
8 BGH, NJW 1984, 973.
9 OLG Hamm, BauR 1998, 545.

verpflichtung nicht erforderlich ist, wenn zwischen Bauleistung und Grundstückskaufvertrag lediglich ein „tatsächlicher" Zusammenhang besteht.[1] Die Abgrenzung dürfte in der Regel nicht möglich sein. Für den Notar kann die fehlende Beurkundung einer Verknüpfungsabsicht zwischen verschiedenen Verträgen im Übrigen zu gegen ihn gerichteten Amtshaftungsansprüchen führen.[2]

bb) Besondere Betreuungspflichten bei Verbraucherverträgen

Bei Verbraucherverträgen trifft den Notar eine besondere Betreuungspflicht insbesondere des Verbrauchers. Ein Verbrauchervertrag ist nach der Legaldefinition des § 310 Abs. 3 BGB jeder Vertrag zwischen einem Unternehmer und einem Verbraucher. Verbraucher ist jede natürliche Person, die ein Rechtsgeschäft zu einem Zweck abschließt, der weder ihrer gewerblichen noch selbständigen beruflichen Tätigkeit zugeordnet werden kann, § 13 BGB. Unternehmer ist jede natürliche oder juristische Person oder rechtsfähige Personengesellschaft, die bei Abschluss des Geschäfts in Ausübung ihrer gewerblichen oder selbständigen beruflichen Tätigkeit handelt, § 14 BGB. D. h., es kommt nicht auf den Beruf der handelnden Person an, sondern auf den **Zweck des Geschäfts**. Kauft ein Vollkaufmann vom Bauträger eine Eigentumswohnung zur privaten Nutzung, handelt es sich um einen Verbrauchervertrag. Verkauft der Vollkaufmann sein Privatgrundstück an eine andere Person, die das Grundstück privat nutzen will, liegt kein Verbrauchervertrag vor. Der Existenzgründer, der im Vorfeld der Aufnahme seiner selbständigen Tätigkeit bereits ein Grundstück kauft, soll auch Verbraucher sein.[3] 18

§ 17 Abs. 2a Sätze 2 und 3 BeurkG regelt nunmehr[4], dass der Notar darauf hinwirken soll, dass 19

▷ die Erklärungen des Verbrauchers von diesem persönlich oder durch eine Vertrauensperson vor dem Notar abgegeben werden und

▷ der Verbraucher ausreichend Gelegenheit erhält, sich vorab mit dem Gegenstand der Beurkundung auseinander zu setzen, wobei dies bei beurkundungspflichtigen Grundstücksgeschäften im Regelfall dadurch geschieht, dass dem Verbraucher der beabsichtigte Text des Rechtsgeschäfts zwei Wochen vor der Beurkundung zur Verfügung gestellt wird.

Die neue Vorschrift hat zu erheblichen Unsicherheiten in der notariellen Praxis geführt. (Disziplinarrechtliche) Rechtsprechung gibt es – soweit ersichtlich – noch nicht. Die Bundesnotarkammer hat daher Anwendungsempfehlungen zur praktischen Umsetzung von § 17 Abs. 2a Satz 2 BeurkG veröffentlicht.[5]

Hinweis:
Danach sollte der Notar von Folgendem ausgehen:

Es handelt sich um eine „Soll-Vorschrift", d. h. ihre Missachtung macht eine Beurkundung nicht unwirksam. Die Regelung begründet jedoch unmittelbare

---
1 OLG Brandenburg, NJW-RR 1996, 978.
2 BGH, MDR 2003, 719.
3 Str. vgl. Palandt/*Heinrichs*, § 13 BGB Rz. 3, jetzt bejahend OLG Rostock, ZVI 2003, 332.
4 In Kraft seit 1. 8. 2002, Art. 25 Abs. 4 OLGVertrÄndG v. 23. 7. 2002.
5 Bundesnotarkammer, Rundschreiben Nr. 20/2003 v. 28. 4. 2003.

Amtspflichten, deren Verletzung zu erheblichen dienst- und haftungsrechtlichen Sanktionen für den Notar führen kann.

Der Notar muss auf die Einhaltung der Verfahrengrundsätze „hinwirken", d. h., er schuldet nicht den Erfolg, muss jedoch mehr tun, als nur auf die Pflichten hinzuweisen. Er hat das Recht, eine Beurkundung abzulehnen, die nicht den Standards des § 17 Abs. 2a Satz 2 BeurkG entspricht. Ist jedoch eine solche Urkunde trotz intensiven Bemühens des Notars nicht möglich, besteht keine Pflicht zur Ablehnung der Beurkundung.

(1) Teilnahme des Verbrauchers, insbesondere Mitarbeitervollmacht

20 In der Regel soll der Verbraucher selbst an der Beurkundung teilnehmen. Keine Bedenken bestehen, wenn er sich von einer Vertrauensperson vertreten lässt. Solche Vertrauenspersonen sind der Ehegatte, der Lebenspartner oder sonstige Verwandte des Verbrauchers sowie von diesem beauftragte geschäftsmäßige Interessenvertreter, wie z. B. ein Rechtsanwalt. Kein Vertrauter ist eine Person mit eigenen konkurrierenden wirtschaftlichen Interessen, also insbesondere nicht der Bauträger, der Makler oder deren Angestellte.

21 Da nach dem Schutzzweck der Norm der Vertraute einseitig die Interessen des Verbrauchers beachten soll, sind auch „neutrale" Personen, also z. B. die Angestellten des Notars, keine Vertrauenspersonen in diesem Sinne. Hat der Notar den Verbraucher im Vorfeld aufgefordert, selbst zu erscheinen oder sich durch eine Vertrauensperson vertreten zu lassen, ist dem Verbraucher aber beides aus wichtigen und nachvollziehbaren Gründen nicht möglich und bittet der Verbraucher von sich aus (also nicht auf Vorschlag des Notars) um seine Vertretung durch Notarangestellte, ist dies zulässig.

22 Bei Vollzugsgeschäften (Erklärung der Auflassung, Identitätserklärungen, nicht materielle Urkundsänderungen aufgrund Zwischenverfügungen des Grundbuchamts o.Ä.) dürfte jedoch nichts dagegen sprechen, dass der Verbraucher durch Angestellte des Notars, auch ohne vorheriges Hinwirken des Notars auf sein persönliches Erscheinen, vertreten wird. Es bestehen gegen diese Art der **Mitarbeitervollmacht** keine durchgreifenden Bedenken.[1] Ebenso kann sich der **verkaufende Verbraucher** von dem kaufenden Unternehmer (z. B. dem Bauträger) bei der Bestellung von üblichen, Kaufpreis oder Investitionen dienenden, Finanzierungsgrundpfandrechten mit den angebrachten Einschränkungen vertreten lassen.

23 Die Bundesnotarkammer vertritt jedoch die Auffassung[2], dass Finanzierungsgrundschulden des **Verbrauchers als Käufer** kein Vollzugsgeschäft in diesem Sinne darstellen, da es sich bei der Grundschuldbestellung um einen neuen und eigenständigen Vertrag zwischen Käufer und Kreditinstitut handele. Die regelmäßige und systematische Beurkundung von Grundschulden durch Mitarbeiter des Notars soll also ein schwerer Missbrauch sein.[3]

---

1 *Eylmann/Vaasen*, § 17 BeurkG Rz. 35.
2 Bundesnotarkammer, Rundschreiben Nr. 20/2003 v. 28. 4. 2003, S. 4.
3 So schon zum alten Recht *Keidel/Winkler*, § 17 BeurkG Rz. 48.

Vielfach wird der Verbraucher dennoch das Interesse haben, bei der Grundschuldbestellung bezüglich des von ihm zu zahlenden Kaufpreises vertreten zu werden. Der Notar sollte dann zumindest in der Kaufvertragsbeurkundung – unter Vermerk in der Urkunde – intensiv über die üblichen Grundschuldbedingungen von Kreditinstituten, z. B. die Unterwerfung in die sofortige Zwangsvollstreckung in dinglicher und persönlicher Hinsicht belehren. Auch sollte er bereits in dieser Beurkundung auf den Vorrang des persönlichen Erscheinens des Verbrauchers bei der Grundschuldbestellung hinweisen. Nur wenn der Verbraucher dann dennoch mit nachvollziehbarer Begründung von sich aus dies wünscht, sollte in der Beurkundung die Vollmacht auf Mitarbeiter des Notars erstreckt werden. U.E. sollte der Notar dennoch vor Beurkundung der Grundschuld nochmals bei dem Verbraucher nachfragen, ob er nicht doch persönlich erscheinen kann. 24

Eine in der Urkunde vor die Mitarbeitervollmachten aufzunehmende Belehrung könnte wie folgt lauten:

Zunächst belehrte der Notar über das Wesen der nachstehend erteilten Vollmachten. Insbesondere wies er den Käufer darauf hin, dass er eine eventuelle Grundpfandrechtsbestellung auf der Grundlage der in § ... aufgenommenen Vollmacht selbst erklären sollte. Der Notar erläuterte das Wesen der Grundschuld, die von den finanzierenden Kreditinstituten üblicherweise aufgenommenen Bestimmungen und ihre Bedeutung. In diesem Zusammenhang wies der Beurkundende insbesondere auch auf die in Grundschuldbestellungen vorgesehene Zwangsvollstreckungsunterwerfung in dinglicher und persönlicher Hinsicht hin. Der Notar erklärte, dass seine Mitarbeiter von der Vollmacht zur Bestellung von Grundpfandrechten nur Gebrauch machen werden, wenn der Käufer ausdrücklich hierum schriftlich unter Angabe des Hinderungsgrunds für ein persönliches Nichterscheinen bittet.

---

(2) Das Zur-Verfügung-Stellen des Vertragsentwurfs

Der Notar soll im Regelfall dem Verbraucher den beabsichtigten Text des Rechtsgeschäfts **zwei Wochen vor der Beurkundung** zur Verfügung stellen. Ziel dieser Vorschrift ist, dass der Verbraucher sich genügend mit den rechtlichen, wirtschaftlichen und z. B. bautechnischen Gegebenheiten des beabsichtigten Geschäfts auseinander setzen kann. Es ist daher nicht notwendig, dass der zur Verfügung gestellte „beabsichtige Text" alle formalen Erforderlichkeiten, wie z. B. die Personalien der Beteiligten oder die Flurstücksbezeichnungen der – ansonsten individualisierten – verkauften Grundstücke enthält. Die Teilungserklärung oder die Baubeschreibung müssen jedoch übersandt werden.[1] 25

Von der als Regelfall ausgestalteten 2-Wochen-Frist kann nur dann abgewichen werden, wenn im Einzelfall nachvollziehbare Gründe es auch unter Verbraucherschutzinteressen rechtfertigen, die Schutzfrist zu verkürzen. Sollte danach die 2-Wochen-Frist nicht eingehalten werden können, muss der Notar in geeigneter Weise darauf hinwirken, dass der Verbraucher sich in kürzerer Frist mit dem Vertragsentwurf auseinander setzen kann. Es dürften z. B. keine Bedenken bestehen, wenn der Verbraucher mitteilt, dass er den erst vor kurzem erhaltenen Entwurf 26

---

[1] Bundesnotarkammer, Rundschreiben Nr. 20/2003 v. 28. 4. 2003, S. 5.

mit seinem Rechtsanwalt besprochen hat. Auch könnte der Notar eine Vorbesprechung mit den Beteiligten – natürlich nicht am Tag der Beurkundung – durchführen.

27 Die Einräumung einer 14-tägigen Widerrufsfrist oder ein entsprechendes Rücktrittsrecht für den Verbraucher können selbst bei völliger Kostenfreiheit für diesen die 2-Wochen-Frist zur Auseinandersetzung nicht ersetzen, da der psychische Druck bei einer einmal erfolgten Beurkundung ein anderer ist als vor der Beurkundung.

28 Erhält der Verbraucher den beabsichtigten Text 14 Tage vor der ins Auge gefassten Beurkundung und wünscht der Unternehmer – der den Entwurf gleichzeitig erhielt – wesentliche Veränderungen des Textes zu Lasten des Verbrauchers, muss der Notar prüfen, ob eine neue 2-Wochen-Frist zu laufen beginnt.

29 Die 2-Wochen-Frist ist auch gewahrt, wenn z. B. ein Ehegatte zunächst allein kaufen wollte, diesem der Entwurf zugesandt wurde und er dann bei der Beurkundung gemeinsam mit seinem Ehegatten oder nur dieser kaufen möchte. Da sich jeder bei Beurkundung von einer Vertrauensperson vertreten lassen kann, ist es erst recht zulässig, dass sich die Vertrauensperson mit dem Text auseinander setzt.

30 Die Nichteinhaltung der 2-Wochen-Frist führt nicht zu einer Vermerkpflicht in Urkunde oder Notarnebenakte. Dennoch empfehlen wir in diesen Fällen schon zu Dokumentationszwecken einen Hinweis im Urkundseingang nach Aufnahme der Personalien ungefähr folgenden Inhalts:

> Der Beurkundende wies den Käufer darauf hin, dass der Notar bei Verbraucherverträgen wie dem vorliegenden darauf hinwirken soll, dass der Verbraucher ausreichend Gelegenheit erhält, sich mit der Angelegenheit auseinander zu setzen, wobei dies im Regelfall dadurch geschieht, dass der beabsichtigte Text der Urkunde dem Verbraucher zwei Wochen vor Beurkundung zur Verfügung gestellt wird. Der Käufer erklärt, dass er den Urkundsentwurf erst am ... erhalten hat, ihn gelesen und geprüft hat und er die heutige Beurkundung wünscht, da ... .

cc) Getrennte Beurkundung von Angebot und Annahme

31 Gerade in **Bauträgerverträgen** wird das Angebot zum Abschluss eines Kaufvertrages getrennt von dessen Annahme erklärt. Beide Erklärungen müssen notariell beurkundet werden. Gemäß § 17 Abs. 1 i. V. m. Abs. 2a BeurkG soll der Notar das Beurkundungsverfahren u. a. so gestalten, dass unerfahrene und ungewandte Beteiligte nicht benachteiligt werden. Hierunter ist auch zu verstehen, dass die **systematische** getrennte Beurkundung von Angebot und Annahme ohne sachlichen Grund zu vermeiden ist.[1] Wenn ein sachlicher Grund vorhanden ist, soll

---

1 *Eylmann/Vaasen*, § 17 BeurkG Rz. 37.

jedenfalls die unerfahrenere der Parteien das Angebot erklären[1] (also insbesondere der Verbraucher).

Für die Trennung von Angebot und Annahme gibt es oft sachliche Gründe: Vertreibt z. B. ein Bauträger bundesweit Eigentumswohnungen als Kapitalanlagen, kann er weder jeweils zum Sitz eines jeden Käufers zur Beurkundung kommen, noch jeder Käufer zum Sitz des Bauträgers. In diesen Fällen ist die getrennte Beurkundung angemessen.[2] Ebenso, wenn ein Bauträger Angebote erst annehmen will, wenn eine bestimmte Anzahl zustande gekommen ist[3] und der Käufer vor Angebotsabgabe hierüber informiert und insbesondere auch hinsichtlich der Kosten eine einvernehmliche Regelung getroffen ist. In jedem Fall muss das Angebot von dem präsumtiven Käufer abgegeben und die Annahme vom Bauträger, da der Käufer der Belehrung bedarf.[4]

Eine Missachtung der vorstehenden Gebote macht eine Beurkundung nicht unwirksam, der Notar muss jedoch wiederum dienst- und haftungsrechtliche Konsequenzen befürchten.

Hinweis:
Sollte ein Käufer zu dem Notar mit der Bitte um Beurkundung einer Annahme eines Bauträgervertrags kommen, sollte der Notar – der auf Verlangen die Beurkundung vornehmen muss – zumindest das Angebot als Anlage zu der Annahmeverhandlung nehmen, also verlesen und entsprechend belehren.[5]

dd) Beurkundung mit Vertretern

Bei Abschluss des Vertrages kann sich jede Partei vertreten lassen. Die Vollmacht des Vertreters bedarf zwar gemäß § 167 Abs. 2 BGB eigentlich nicht der Form des Hauptgeschäfts, wegen § 29 GBO ist aber, um den Vollzug der grundbuchlichen Anträge zu ermöglichen, entweder die notarielle Beurkundung der Vollmacht oder die notarielle Beglaubigung der Unterschrift des Vollmachtgebers erforderlich. Eine Beurkundung ist immer erforderlich, wenn die Vollmacht unwiderruflich ist oder wenn der Bevollmächtigte von den Beschränkungen des § 181 BGB befreit wird, also den Vertrag mit sich selbst oder mit sich als Vertreter eines Dritten abschließen will.[6]

Die Vollmacht sollte möglichst weit gefasst sein, damit auch unvorhergesehene Probleme in der Beurkundung gelöst werden können und die Vollmacht die Erklärungen des Vertreters deckt.

---

1 Beck'sches Notarhandbuch/*Kutter*, S. 227; *Eylmann/Vaasen*, § 17 BeurkG Rz. 37.
2 *Keidel/Winkler*, § 17 BeurkG Rz. 52 f.; möglicherweise a. A. *Kutter* in: Beck'sches Notarhandbuch, S. 227.
3 *Keidel/Winkler*, § 17 BeurkG Rz. 52 f.
4 *Eylmann/Vaasen*, § 17 BeurkG Rz. 37; Beck'sches Notarhandbuch/*Kutter*, S. 227; *Keidel/Winkler*, § 17 BeurkG Rz. 52 f.
5 Wie hier *Keidel/Winkler*, § 17 BeurkG Rz. 55.
6 Faßbender u. a./*Grauel*, Notariatskunde, Rz. 427.

Teil 3 Rz. 35 Notartätigkeit und Grundstücksbelastungen

Muster einer Grundstückskaufvollmacht

Grundstückskaufvollmacht

Hiermit erteile ich,

....

– im Folgenden Vollmachtgeber genannt –

....

Herrn/Frau ...., geb. am ....,

wohnhaft ....

– im Folgenden Bevollmächtigter genannt –

Vollmacht

zum Erwerb folgender Grundstücke von der .... GmbH in Berlin:

Grundbuch des Amtsgerichts ...., Blatt ...., Flur .... der Gemarkung ...., folgende Flurstücke mit einer Gesamtgröße von .... ha ....

Die Bevollmächtigte ist insbesondere berechtigt:

– zum Abschluss eines Kaufvertrags zu beliebigen Bedingungen, zur Erklärung der Auflassung, Bewilligung einer Vormerkung für den Käufer;

– zur Abgabe von grundbuchlichen Bewilligungen und Stellung von Grundbuchanträgen jeder Art, die Bezug zur Kaufsache haben;

– zur Mitwirkung bei der Bestellung von Grundpfandrechten nebst Zinsen und Nebenforderungen (auch in vollstreckbarer Form gemäß § 800 ZPO) zur Finanzierung des Kaufpreises, Bewilligung und Beantragung der Grundbucheintragung, nicht jedoch zur weiteren Belastung der Grundstücke außerhalb eines Kaufvertrags;

– zur Erteilung von Untervollmachten auf die Mitarbeiter des den Kaufvertrag beurkundenden Notars in beliebiger Weise.

Der Bevollmächtigte ist von den Beschränkungen des § 181 BGB befreit.

Die Vollmacht soll durch meinen Tod nicht erlöschen.

Die Kosten dieser Urkunde trägt der Vollmachtgeber.

Beglaubigungsvermerk des Notars:

Belehrt über das Mitwirkungsverbot nach § 3 Abs. 1 Nr. 7 BeurkG verneinte der Erschienene die Frage des Notars nach einer Vorbefassung.

Vorstehende vor mir persönlich vollzogene Zeichnung im Text der Anmeldung und Unterschrift unter der Anmeldung durch

Herrn ...., geb. am ....,
wohnhaft ....,

— von Person bekannt —

beglaubige ich.

Muster einer Unternehmervollmacht

**Vollmacht
zum Erwerb von Grundstücken, zur Abgabe von Teilungserklärungen
gemäß § 8 WEG und zum Verkauf zu errichtender Eigentumswohnungen**

Hiermit erteile ich

............, geboren am ....,

handelnd als alleinvertretungsberechtigter Geschäftsführer der im Handelsregister
des .... AG .... eingetragenen

.... GmbH

— im folgenden Vollmachtgeberin genannt —

Herrn/Frau ...., geb. am ....,
wohnhaft ....

— im folgenden Bevollmächtigter genannt —

Vollmacht

die Vollmachtgeberin bei folgenden Geschäften zu vertreten:

1. Erwerb von unbebauten Grundstücken in der Gemarkung ....;
2. Abgabe von Teilungserklärungen gemäß § 8 WEG über von der Vollmachtgeberin in der Gemarkung .... erworbene Grundstücke einschließlich Gemeinschaftsordnung;
3. Verkauf von der Vollmachtgeberin Wohnungs- und Teileigentum auf Grundstücken in der Gemarkung .... an Dritte, auch einschließlich der Verpflichtung der Vollmachtgeberin, das Wohnungs- oder Teileigentum zu errichten.

Der Bevollmächtigte ist berechtigt zur Abgabe von Erklärungen aller Art, die zu vorgenannten Geschäften erforderlich oder zweckdienlich sind, insbesondere auch

— zum Abschluss von Kaufverträgen und Teilungserklärungen nebst Gemeinschaftsordnung zu beliebigen Bedingungen, zur Erklärung von Auflassungen, Bewilligung von Vormerkungen;

— zur Vereinbarung von Baubeschreibungen;

- zur Abgabe von grundbuchlichen Bewilligungen und Stellung von Grundbuchanträgen jeder Art, die Bezug zu vorgenannten Geschäften haben;

- zur Bestellung und zur Mitwirkung bei der Bestellung von Grundpfandrechten nebst Zinsen und Nebenforderungen (auch in vollstreckbarer Form gemäß § 800 ZPO) zur Finanzierung von Kaufpreisen beim Erwerb oder der Veräußerung von Grundstücken oder Wohnungs- und Teileigentum, Bewilligung und Beantragung der Grundbucheintragung, nicht jedoch zur weiteren Belastung der Grundstücke außerhalb eines Kaufvertrags;

- zur Erteilung von Untervollmachten auf die Mitarbeiter des den Kaufvertrag beurkundenden Notars in beliebiger Weise.

Der Bevollmächtigte ist von den Beschränkungen des § 181 BGB befreit.

Die Kosten dieser Urkunde trägt die Vollmachtgeberin.

Beglaubigungsvermerk des Notars und Vertretungsbescheinigung:

Belehrt über das Mitwirkungsverbot nach § 3 Abs. 1 Nr. 7 BeurkG verneinte der Erschienene die Frage des Notars nach einer Vorbefassung.

Vorstehende vor mir persönlich vollzogene Zeichnung im Text der Anmeldung und Unterschrift unter der Anmeldung durch

Herrn ...., geb. am ....,

wohnhaft ....,

– von Person bekannt –

beglaubige ich.

Zugleich bescheinige ich gemäß § 21 BNotO aufgrund Einsichtnahme in einen beglaubigten Auszug vom .... aus dem Handelsregister des Amtsgerichts .... zur .... GmbH zu HR .... dass,

Herr .... als allein vertretungsberechtigter und von den Beschränkungen des § 181 BGB befreiter Geschäftsführer der Gesellschaft eingetragen ist.

36 Auch die Beurkundung mit vollmachtlosen Vertretern ist grundsätzlich möglich, es bedarf dann der nachträglichen Genehmigung durch den Vertretenen in der Form des § 29 GBO (Beurkundung oder Unterschriftsbeglaubigung).

Beispiel für Genehmigungserklärung

Genehmigungserklärung

Hiermit genehmige ich sämtliche Erklärungen, welche von Frau .... für mich,

............, geb. am ....,

in der notariellen Verhandlung vom ...., Urkundenrolle Nr. ..../............ des Notars .... in .... abgegeben wurde.

Der Inhalt der Urkunde ist mir bekannt. Eine beglaubigte Abschrift lag bei Unterzeichnung vor. Die in der Verhandlung abgegebenen Erklärungen und Vollmachten werden hiermit nochmals bestätigt.

Beglaubigungsvermerk des Notars

Regelmäßig wird im Kaufvertrag der Notar mit der Einholung der Genehmigung beauftragt. Der Notar übersendet dem Vertretenen eine beglaubigte Abschrift des Vertrags und bittet ihn um Erteilung der Genehmigung. In diesem Schreiben des Notars wird in der Regel keine die 2-Wochen-Frist des § 177 Abs. 2 Satz 2 BGB auslösende Aufforderung zu sehen sein[1], vorsichtige Notare stellen dies in ihrem Schreiben klar.

ee) Auflassung

Der Kaufvertrag stellt „nur" das schuldrechtliche (obligatorische) Verpflichtungsgeschäft dar. Das Eigentum geht erst mit der Auflassung nach § 925 BGB (dingliches Erfüllungsgeschäft) und der Umschreibung des Grundstücks, § 873 BGB, auf den Käufer über. 37

Die Auflassung muss wiederum vor einem Notar erklärt werden. Dieser darf sie nur entgegennehmen, wenn ihm der beurkundete Kaufvertrag vorliegt oder er den Kaufvertrag gleichzeitig beurkundet, § 925a BGB. Grundsätzlich, dies ist auch weitgehend üblich, kann die Auflassung bereits in der den Kaufvertrag enthaltenden Urkunde erklärt werden. Nicht möglich ist dies aber wegen § 925 Abs. 1 Satz 1 BGB bei einer **Aufspaltung der Beurkundung** von Angebot und Annahme („bei gleichzeitiger Anwesenheit beider Parteien"). Die Parteien können jedoch bei Erklärung der Auflassung (auch vollmachtlos[2]) vertreten werden.[3] Dies geschieht oft, wenn die Auflassung nicht anlässlich der Kaufvertragsbeurkundung erfolgt. Regelmäßig ist dann vereinbart, dass die Auflassung durch die Mitarbeiter des Notars erklärt wird, sobald die Voraussetzungen erfüllt sind. 38

ff) Nebenabreden und Anlagen, insbesondere Verzeichnisse und Bezugsurkunden

Sämtliche Nebenabreden und Anlagen müssen beurkundet werden. Die beurkundeten Bestandteile müssen grundsätzlich verlesen werden. Von der Verlesungspflicht ausgenommen sind lediglich Inventarverzeichnisse und dergleichen im Sinne von § 14 BeurkG sowie in Bezug genommene andere notarielle Urkunden gemäß § 13a BeurkG (die aber bei ihrer Erstellung verlesen werden müssen). 39

(1) Inventarverzeichnisse

Der 1998 aufgenommene § 14 BeurkG sieht erstmals die Möglichkeit eines Verzichts auf Verlesung von Teilen einer notariellen Urkunde vor. Dies soll sich aber 40

---

1 OLG Frankfurt, NJW-RR 2000, 751.
2 BayObLG, MittBayNot 1983, 221.
3 Palandt/*Bassenge*, § 925 BGB Rz. 5.

auf „weniger wesentliche Teile" beschränken.[1] **Keinesfalls** kann auf die Verlesung einer **Baubeschreibung** verzichtet werden, weil dies nach Sinn und Zweck des § 14 BeurkG nicht unter die Vorschrift fällt und die Baubeschreibung zumeist in besonderem Maße zur Konkretisierung von Rechten und Pflichten heranzuziehen und daher von wesentlicher Bedeutung für den Gesamtvertrag ist.[2]

41 Auch Miteigentumsanteilsaufteilungen in einer Teilungserklärung nach dem Wohnungseigentumsgesetz sind zu verlesen.[3] Das Gleiche gilt, wenn eine große Anzahl von Flurstücken veräußert wird.

42 § 14 BeurkG findet also in reinen Grundstückskaufverträgen mit oder ohne Bauverpflichtung nur selten Anwendung. Etwas anderes gilt etwa bei dem **Verkauf eines (Teil-)Betriebs**, bei dem außer den Grundstücken auch bewegliches Anlagevermögen veräußert wird, das in Inventarlisten zusammengefasst ist.

43 Soweit ein Verlesungsverzicht gemäß § 14 BeurkG möglich ist, müssen sämtliche Beteiligte mit dem Verzicht einverstanden sein. Dies ist in der Urkunde zu vermerken, § 14 Abs. 3 BeurkG. Zudem ist jede Seite der nicht verlesenen Anlage zur Urkunde von den Beteiligten zu unterschreiben.

(2) Bezugsurkunden

44 Im Fall des § 13 a BeurkG wird auf eine notarielle Niederschrift oder eine öffentliche Karte oder Zeichnung verwiesen. Es gelten grundsätzlich alle Bestimmungen über die Anlage, über ihren Inhalt, die Verweisungserklärung, die Prüfungs- und Belehrungspflichten und das sonstige Verfahren. Nur die Vorlesungs- und Beifügungspflichten sind anders geregelt. Auf sie kann unter bestimmten Voraussetzungen verzichtet werden.

45 Verwiesen werden kann nur auf notariell beurkundete Erklärungen, nicht auf öffentlich beglaubigte Erklärungen oder sonstige Urkunden. Möglich, und ein in der Praxis häufig vorkommender Fall, ist die Verweisung auf eine grundbuchamtlich noch nicht vollzogene Teilungserklärung samt Plänen und Baubeschreibung in einem Bauträgervertrag.[4] Auf eine lediglich beglaubigte Teilungserklärung kann dagegen nicht im Verfahren nach § 13 a BeurkG verwiesen werden.[5] Zulässigerweise kann auch auf Niederschriften, die zwar die Verfahrensform der §§ 6 ff. BeurkG einhalten, aber selbst keine Willenserklärungen enthalten, verwiesen werden, z. B. auf eine Baubeschreibung.[6] Die Verweisung auf Teile der anderen Niederschrift ist ebenso zulässig, z. B. auf förmliche Anlagen, Karten, Zeichnungen und Abbildungen, die nach § 9 Abs. 1 Satz 3 BeurkG als Teile dieser anderen Niederschrift gelten.[7]

---

1 *Keidel/Winkler*, § 14 BeurkG Rz. 1 f.
2 *Eylmann/Vaasen*, § 14 BeurkG Rz. 5; *Keidel/Winkler*, § 14 BeurkG Rz. 20.
3 *Keidel/Winkler*, § 14 BeurkG Rz. 20.
4 S. auch *Reul*, DNotI-Report 1998, 50.
5 *Keidel/Winkler*, § 13 a BeurkG Rz. 17.
6 *Winkler*, Rechtspfleger 1980, 172.
7 *Brambring*, DNotZ 1980, 296.

Gemäß § 13 a Abs. 4 BeurkG ist auch die Verweisung auf behördliche Karten oder Zeichnungen, z. B. Vermessungsurkunden, Veränderungsnachweise, Aufteilungspläne nach WEG und behördlich genehmigte Baupläne möglich. So kann beispielsweise bei der Beurkundung der Teilungserklärung auf den genehmigten Aufteilungsplan und die genehmigten Baupläne verwiesen werden. 46

Die Verlesung der Bezugsurkunde darf gemäß § 13 a Abs. 1 BeurkG unterbleiben, wenn die Beteiligten erklären, dass ihnen der Urkundeninhalt bekannt ist und sie auf die Verlesung verzichten. Diese Verzichtserklärungen müssen in der Urkunde aufgenommen werden. Zudem soll die Verweisungsurkunde bei der Beurkundung zumindest in beglaubigter Abschrift vorliegen. Die Beteiligten können ebenfalls auf die Beifügung der Bezugsurkunde verzichten, § 13 a Abs. 2 Satz 1 BeurkG. Auch diese Verzichtserklärung ist in der Urkunde aufzunehmen, § 13 a Abs. 2 Satz 2 BeurkG. 47

gg) Änderungen

Eine spätere Änderung bedarf grundsätzlich auch der notariellen Beurkundung. Sie kann jedoch formlos erfolgen, wenn die Abänderung nur der Behebung nachträglicher Schwierigkeiten bei der Vertragsabwicklung dient und die beiderseitigen Verpflichtungen aus dem Grundstückskaufvertrag nicht wesentlich verändert werden.[1] 48

Ebenso ist grundsätzlich die Beurkundung einer Änderung entbehrlich, wenn die Auflassung bereits beurkundet ist.[2] Dies gilt jedoch nicht, wenn der Zeitpunkt des grundbuchlichen Vollzugs in das Belieben des Übertragenden gestellt ist.[3] Auch bei der in der Regel in Grundstückskaufverträgen vereinbarten Vorlage- und Vollzugssperre bis zur Kaufpreiszahlung – wenn also der Notar vor Bestätigung des Kaufpreiseingangs keine die Auflassung enthaltenen Ausfertigungen erteilen und bei dem Grundbuchamt einreichen darf – könnte, solange die Sperre gilt, Beurkundungspflicht vorliegen. Brambring[4] ist also zuzustimmen, dass der sicherste und für den anwaltlichen Berater haftungsfreundlichste Weg die notarielle Beurkundung einer jeden Vertragsänderung ist.

Die nachträgliche gemeinsame Anweisung der Vertragsteile an den Notar über Art und Weise der Verwahrung oder Auszahlung ist nicht Teil des Grundstückskaufvertrags, sondern betrifft das öffentlich-rechtliche Rechtsverhältnis zum Notar. 49

hh) Missachtung der Formvorschriften

Bei Nichtbeachtung der Formvorschrift des § 311 b Abs. 1 Satz 1 BGB ist grundsätzlich der gesamte **Vertrag nichtig**, § 125 BGB. Allerdings kann der Formmangel durch Auflassung und Eintragung in das Grundbuch geheilt werden, § 311 b 50

---

1 Palandt/*Heinrichs*, § 311 b BGB Rz. 43; BGH, DNotZ 1973, 473.
2 BGH, DNotZ 1985, 284.
3 Beck'sches Notarhandbuch/*Brambring*, S. 210.
4 Beck'sches Notarhandbuch/*Brambring*, S. 210 mit Bezugnahme auf *Schwarz*, MittBayNot 1999, 55.

Abs. 1 Satz 2 BGB. Die **Heilung** gilt mit Wirkung vom Eintrittsdatum an. Dementsprechend kommt eine Rückwirkung der Heilung nicht in Frage.[1] D. h. z. B., dass eine vorher eingetragene Auflassungsvormerkung wirkungslos bleibt.[2]

51 Eine Heilung kommt nur in Frage, wenn der Formmangel der einzige Nichtigkeitsgrund ist. Beurkundete Verträge mit unvollständigem oder falschem Inhalt (Schwarzpreis), die wegen Verstoßes gegen die guten Sitten (§ 138 BGB) oder gegen ein gesetzliches Verbot (§ 134 BGB; z. B. Steuerhinterziehung) nichtig sind, werden also nicht durch Eintragung wirksam.[3]

52 Grundsätzlich kann bei einem formunwirksamen, nicht geheilten Kaufvertrag die Erfüllung nicht mehr verlangt werden, vielmehr sind einander gewährte Leistungen nach Bereicherungsrecht zu kondizieren. Der Käufer muss also die Löschung der Auflassungsvormerkung bewilligen, der Verkäufer den eventuell bereits gezahlten Kaufpreis zurückgewähren. Nach vor dem 1. 1. 2002 geltendem Recht waren vom Käufer bereits entrichtete Vermessungskosten durch den Verkäufer ebenfalls zu erstatten, während der Käufer auf von ihm getragenen Notar- und Gerichtsgebühren sitzen blieb.[4] Gemäß § 448 Abs. 1 BGB – insoweit durch das Schuldrechtsreformgesetz wohl nur redaktionell geändert – hat der Verkäufer den Kaufgegenstand so anzubieten, dass der Käufer ihn nur noch abzunehmen hat, die Vermessung dient also der Erfüllung der Verkäuferpflicht.[5] Die Eintragung einer Auflassungsvormerkung dient dagegen allein dem Interesse des Käufers, es ist daher kein Grund ersichtlich, mit diesen Kosten den Verkäufer zu belasten.[6] Der neue § 448 Abs. 2 BGB berührt diese Grundsätze wohl nicht.

53 Hat der Käufer bereits ein Bauwerk auf dem Grundstück errichtet oder damit begonnen, ist der Verkäufer – um den Wert dieses Werks bereichert. Er wird dann den Wert dem Käufer ersetzen müssen.[7] Eine solche Kondiktion dürfte wohl nur in Ausnahmefällen nach den Grundsätzen der aufgedrängten Bereicherung[8] ausgeschlossen sein.

54 In einigen Ausnahmefällen kann auch ein formunwirksamer, nicht geheilter Grundstückskaufvertrag (mit oder ohne Bauverpflichtung) nach **Treu und Glauben** (§ 242 BGB) wirksam sein[9], wenn die Nichtigkeit schlechthin unerträglich[10] ist. Beruft sich zum Beispiel der Verkäufer auf den Formmangel, obwohl er nicht in der Lage ist, den bereits an ihn entrichteten Kaufpreis zurückzuerstatten, handelt er treuwidrig.[11] Das Gleiche gilt von einem Bauträger, der sich auf die Form-

---

1 BGH, DB 1970, 1375.
2 Palandt/*Heinrichs*, § 311 b BGB Rz. 56.
3 Faßbender u. a./*Grauel*, Notariatskunde, Rz. 410.
4 Staudinger/*Wufka*, § 313 BGB Rz. 252.
5 OLG Hamm, DNotZ 1994, 54.
6 BGH, NJW 1992, 1037; str., zum Streitstand s. Staudinger/*Wufka*, § 313 BGB Rz. 252.
7 BGH, NJW 1993, 3196; (in besonderen Fällen kann auch Geschäftsführung ohne Auftrag vorliegen).
8 Vgl. zu diesen Grundsätzen Palandt/*Bassenge*, § 951 BGB Rz. 18 f.
9 MüKomm/*Kanzleiter*, § 313 BGB Rz. 70.
10 Staudinger/*Wufka*, § 313 BGB Rz. 254.
11 BGH, LM § 313 BGB Nr. 13.

nichtigkeit des gesamten Vertrags beruft, weil eine von ihm erfolgte Zusicherung der Schließung von Fensteröffnungen nicht beurkundet wurde.[1]

ii) Aufhebung des notariellen Vertrags

Es sind verschiedene Situationen zu unterscheiden: 55

▷ Bis zur Einreichung des Vormerkungsantrags kann ein notarieller Erwerbsvertrag formlos aufgehoben werden. Eine übereinstimmende Anweisung an den Notar, den Kaufvertrag endgültig nicht zu vollziehen, reicht aus. Den Parteien wird geraten, dies schriftlich zu tun. Auch zur Aufhebung der Auflassung ist keine Form vorgeschrieben.[2]

▷ Nach Einreichung des Vormerkungseintragungsantrags bei dem Grundbuchamt oder nach Beantragung auf Umschreibung des Eigentums entsteht ein dingliches Anwartschaftsrecht des Käufers. Der Aufhebungsvertrag muss nun beurkundet werden.[3] Die Aufhebung gilt auch als Neubegründung einer Übereignungs- und Erwerbspflicht und ist deshalb **formbedürftig**. Der Notar darf dementsprechend den Antrag auf Eintragung der (noch eingetragenen) Eigentumsvormerkung oder den Antrag auf Eigentumsumschreibung erst zurücknehmen, wenn der Aufhebungsvertrag beurkundet ist.

▷ Nach Auflassung und Eigentumsumschreibung ist die **notarielle Beurkundung** erforderlich, da durch den Aufhebungsvertrag die Rückübertragung des Grundbesitzes begründet wird.

jj) Die Zwangsvollstreckungsunterwerfungsklausel

In der Regel unterwirft sich der Schuldner (Grundstückserwerber) wegen seiner 56 Zahlungsverpflichtung der sofortigen Zwangsvollstreckung aus der notariellen Urkunde, § 794 Abs. 1 Nr. 5 ZPO. Der Gläubiger (Verkäufer) kann aufgrund dessen, nach Vorliegen der (Fälligkeits-)Voraussetzungen eine vollstreckbare Ausfertigung vom Notar verlangen. Der Verkäufer erhält so ein Mittel zur schnellen Durchsetzung seiner Forderungen.

Die notarielle Überprüfung (und der Nachweis in Form einer öffentlichen Urkunde, §§ 795, 726 Abs. 1 ZPO) der Voraussetzungen ist jedoch häufig nicht durchführbar, insbesondere der an die Fälligkeit geknüpften Bedingungen bei Verträgen mit Baubezug.[4]

(1) Kaufverträge ohne Baubezug

In Grundstückskaufverträgen **ohne** Baubezug wird daher meist auf den Nachweis 57 aller Voraussetzungen für die Erteilung der vollstreckbaren Ausfertigung verzich-

---

[1] BGH, zitiert nach *Staudinger*, § 313 BGB Rz. 256 f., dort auch zahlreiche weitere Beispiele für und gegen die Zulassung der Berufung auf Treu und Glauben.
[2] Palandt/*Heinrichs*, § 311 b BGB Rz. 39.
[3] BGH, DNotZ 1982, 619.
[4] Die Frage, ob Zwangsvollstreckungsunterwerfungsklauseln bei Verträgen mit Verbrauchern im Hinblick auf das neue AGB-Recht überhaupt zulässig sind, ist höchstrichterlich noch nicht geklärt. Angesichts der restriktiven Tendenz in der Rechtsprechung erscheint die uneingeschränkte Verwendung einer solchen Klausel nicht unbedenklich.

tet. Bei tatsächlichem Nichtvorliegen der Voraussetzungen bleibt dem Schuldner dann zur Abwehr nur eine Vollstreckungsgegenklage mit einstweiliger Anordnung. Es ist das Problem der Beweislast zu beachten: Wie bei jeder Klage hat auch bei der Vollstreckungsgegenklage der Kläger die seinen Klageantrag begründenden Tatsachen darzulegen und zu beweisen.[1] Der mit einer Zwangsvollstreckung überzogene Grundstückskäufer hätte daher im Rahmen seiner Vollstreckungsgegenklage zu beweisen, dass die Kaufpreisforderung, die der Verkäufer zu vollstrecken sucht, (noch) nicht fällig ist. Dies ist dann angemessen, wenn der Notar nach den kaufvertraglichen Bedingungen die vollstreckbare Urkunde nur erteilen darf, wenn ihm (vom Verkäufer) die Fälligkeitsvoraussetzungen der Kaufpreisforderung nachgewiesen sind. Wird aber der Verzicht auf diesen Nachweis vereinbart, sollte in der Urkunde zumindest festgehalten werden, dass damit eine Beweislastumkehr nicht verbunden ist.[2]

Formulierungsvorschlag

> Wegen und in Höhe des Kaufpreises gemäß § ... unterwirft sich der Käufer – mehrere als Gesamtschuldner – der sofortigen Zwangsvollstreckung in sein gesamtes Vermögen. Der Notar wird ermächtigt, dem Verkäufer jederzeit auf schriftliches Verlangen eine vollstreckbare Ausfertigung dieser Urkunde zu erteilen, ohne dass es des Nachweises der die Fälligkeit des Kaufpreises begründenden Umstände bedarf. In einer Vollstreckungsgegenklage des Käufers gegen eine Vollstreckung aus dieser Urkunde obliegt die Beweislast für die Fälligkeit und die Entstehung der Kaufpreisforderung gleichwohl dem Verkäufer.

(2) Kaufverträge mit Baubezug

58 In Bauträgerverträgen findet die Makler- und Bauträgerverordnung (MaBV) Anwendung. 1998 hat der Bundesgerichtshof[3] festgestellt, dass eine Klausel gemäß §§ 3, 12 MaBV i.V.m. § 134 BGB unzulässig ist, in der sich der Käufer zur sofortigen Zwangsvollstreckung in sein Vermögen unterwirft und der Notar ermächtigt wird, eine vollstreckbare Ausfertigung seiner Urkunde dem Verkäufer zu erteilen, ohne dass ihm nachgewiesen ist, dass ein entsprechender Bautenstand erreicht ist. Auch der Nachweis durch den Architekten, der im Lager des Bauträgers steht, ist nicht ausreichend.

59 Mit Urteil vom 27. 9. 2001[4] hat der BGH seine Rechtsprechung bestätigt und sogar auf Grundstückskaufverträge mit Gebäudeerrichtungsverpflichtung außerhalb des Anwendungsbereichs der Makler- und Bauträgerverordnung erweitert, soweit der Kaufvertrag eine allgemeine Geschäftsbedingung wegen mindestens dreifacher Verwendung seitens des Verkäufers darstellt.

60 Strittig ist, ob mit diesen Urteilen jegliche Zwangsvollstreckungsunterwerfung in Bauträgerverträgen ausgeschlossen ist. Zulässig könnte eine Klausel sein, die

---

1 BGH, NJW 1981, 2756.
2 Beck'sches Notarhandbuch/*Bernhard*, S. 1081.
3 BGH, NJW 1999, 51.
4 BGH, NJW 2002, 138.

den Notar ermächtigt, vollstreckbare Ausfertigungen an den Verkäufer herauszugeben, wenn ein zwischen Käufer und Verkäufer im Kaufvertrag vereinbarter Nachweis vorliegt, der nicht von einer aus dem Lager des Verkäufers stammenden Person erbracht wird. Der Notar müsste also dann die vollstreckbare Urkunde bezüglich des dem Bautenstand entsprechenden Kaufpreis erteilen dürfen, wenn – neben den anderen Fälligkeitsvoraussetzungen – die Kaufvertragsparteien ihm entweder einvernehmlich den Bautenstand bestätigen oder wenn ein öffentlich bestellter und vereidigter Sachverständiger diesen festgestellt hat.

Dies wird teilweise jedoch für unzulässig gehalten, da ein solcher Nachweis für die Erteilung der Vollstreckungsklausel nicht ausreichend sei.[1] Gemäß §§ 794 Abs. 1 Nr. 5, 795, 726 Abs. 1 ZPO müsse nämlich der Nachweis durch öffentliche oder öffentlich beglaubigte Urkunde erfolgen, ein Sachverständigengutachten sei keine solche Urkunde. 61

Dem kann jedoch mit Entscheidung des OLG Stuttgart[2] entgegengehalten werden, dass auch eine vollstreckbare Ausfertigung eines gerichtlichen Vergleichs, der von einer Bedingung abhängig ist, dann erteilt werden darf, wenn der Eintritt der Bedingung aufgrund erleichterter Beweisführung, konkret einem Schiedsgutachten, erfolgt ist. Danach wäre ebenso ein Sachverständigengutachten ausreichend. 62

Eine solche Klausel könnte folgendermaßen formuliert werden:

> Der Notar wird unwiderruflich angewiesen, dem Verkäufer eine, auf den in Abschnitt ... des Kaufvertrags vereinbarten Baufortschrittsraten entsprechenden Betrag beschränkte, vollstreckbare Ausfertigung dieser Verhandlung zu erteilen, nachdem die allgemeinen Fälligkeitsvoraussetzungen des Abschnitts ... des Kaufvertrags vorliegen und nachdem ihm der Käufer den jeweiligen Bautenstand bestätigt hat oder der Verkäufer ihm eine Bestätigung eines öffentlich bestellten und vereidigten Sachverständigen über den jeweiligen Bautenstand vorlegt. Einer Bestätigung durch den Käufer steht eine von ihm unterzeichnete Abnahmeniederschrift gleich.

Es wird auch vertreten[3], dass die Bestimmung des § 726 ZPO außerhalb der Dispositionsmöglichkeit der Parteien steht und man daher auf den Nachweis durch öffentlich oder öffentlich beglaubigte Urkunden nicht verzichten könne, man aber das Nachweisverfahren dadurch beeinflussen könne, dass man in der Klausel eine bestimmte Person – z. B. den vereidigten Sachverständigen – als die Fälligkeit Erklärenden benennt, der dann seine Erklärung beurkundet oder beglaubigen lässt.[4] Diese Ansicht dürfte allerdings sehr formalistisch sein. 63

Hinweis:
Über die Strittigkeit der Wirksamkeit dieser Klausel sollte der Notar jedenfalls ausführlich belehren und dies auch in der Urkunde vermerken.

---

1 Münchner Kommentar/*Wolfsteiner*, § 794 ZPO Rz. 207.
2 OLG Stuttgart, NJW-RR 1986, 549.
3 Münchner Kommentar/*Wolfsteiner*, § 794 ZPO Rz. 207.
4 Münchner Kommentar/*Wolfsteiner*, § 794 ZPO Rz. 207.

(3) Zinsen

64 In den meisten Grundstückskaufverträgen befindet sich eine Klausel zu Fälligkeits- oder Verzugszinsen, wobei angesichts des nunmehr geltenden gesetzlichen Verzugszinssatzes von 5 oder sogar 8 Prozentpunkten über dem Basiszinssatz[1] eine demgegenüber höhere vertragliche Vereinbarung in der Regel wohl unnötig oder unbillig wäre.

Hinweis:
Der Zinsbeginn ist im Kaufvertrag oft nicht datiert (z. B. „Der Kaufpreis ist innerhalb von 4 Wochen nach Mitteilung des Notars an den Käufer, dass die in § ... genannten Voraussetzungen eingetreten sind, an den Verkäufer zu zahlen. Ab Fälligkeit sind nicht geleistete Kaufpreisteile vom Käufer mit 5 Prozentpunkten über dem Basiszinssatz zu verzinsen."). Die Zwangsvollstreckung der Zinsen ist jedoch nur bei einer Datierung des Zinsbeginns möglich. Sollen also die Zinsen von der Vollstreckungsklausel umfasst sein, müsste z. B. Folgendes in ihr aufgenommen werden:

> Wegen und in Höhe des Kaufpreises gemäß § ... und der Zinsen gemäß § ..., die, um dem Bestimmtheitserfordernis des Zwangsvollstreckungsverfahrens zu genügen, als ab dem ... geschuldet gelten, unterwirft sich der Käufer ...

(4) Verjährung

65 Seit dem 1. 1. 2002 verjähren gemäß § 196 BGB vertragliche Eigentumsverschaffungsansprüche an Grundstücken innerhalb von 10 Jahren. Zwar gilt dies grundsätzlich auch für die Gegenleistung, also den Kaufpreis. Hat sich der Käufer aber bezüglich des Kaufpreises in dem notariellen Kaufvertrag der sofortigen Zwangsvollstreckung unterworfen, verjährt der Kaufpreisanspruch gemäß § 197 Abs. 1 Nr. 4 BGB erst in 30 Jahren. D. h., nach der gesetzlichen Lage könnte der Verkäufer z. B. 12 Jahre nach Kaufvertragsschluss die Kaufpreisforderung noch vollstrecken, dem Eigentumsverschaffungsanspruch des Käufers aber die Einrede der Verjährung entgegenhalten. Dies wäre unbillig. Es sollte daher in **Verträge mit Zwangsvollstreckungsunterwerfung** aufgenommen werden:

> Der Anspruch auf Verschaffung des Eigentums verjährt in gleicher Frist wie der Kaufpreisanspruch des Verkäufers, spätestens jedoch 30 Jahre nach dem gesetzlichen Verjährungsbeginn.

kk) Hinweise zum Wohnungseigentumsgesetz

66 Zahlreiche Grundstücksgeschäfte mit Baubezug, insbesondere in Bauträgerprojekten sehen die Aufteilung der betroffenen Grundstücke in Wohnungs- und/oder Teileigentum nach dem Wohnungseigentumsgesetz (WEG) vor. Dies gilt nicht

---

1 § 288 Abs. 1 Satz 2 und Abs. 2 BGB (vor dem 1. 3. 2000 betrug der gesetzliche Zinssatz nur 4 %).

nur bei klassischen Mehrfamilienhäusern, sondern auch in großen Reihenhaussiedlungen, u. a. weil die jeweils für eine Familie vorgesehene Grundstücksteilfläche zu klein ist, um ein eigenes Flurstück unter Einhaltung aller baurechtlich erforderlichen Abstandsflächen bilden zu können.

(1) Vertragliche Aufteilung oder Vorratsteilung

Die Aufteilung nach dem WEG kann entweder durch einen Vertrag aller Miteigentümer über die Einräumung von Sondereigentum an einer bestimmten Wohnung oder Teileigentumseinheit (in der Regel Gewerbe) in einem auf dem Grundstück bestehenden oder noch zu bauenden Gebäude erfolgen (§ 3 WEG) oder durch eine Teilungserklärung des Grundstückseigentümers entsprechend § 8 WEG. Im letzteren, den insbesondere bei Bauträgergeschäften vorherrschenden Fall gibt der Eigentümer eines Grundstücks gegenüber dem Grundbuchamt die Erklärung ab, dass das Grundstück in Miteigentumsanteile aufgeteilt und mit jedem Anteil das Sondereigentum an einer Wohnung oder Teileigentumseinheit verbunden wird, so genannte Vorratsteilung. 67

(2) Form

Während bei der Teilung durch die Miteigentümer gemäß § 4 Abs. 1 und 2 WEG die Form der Auflassung, mithin die notarielle Beurkundung erforderlich ist, bedarf die grundsätzlich formfrei mögliche **Vorratsteilung** lediglich, gemäß § 29 GBO zur **Eintragung in das Grundbuch**, der notariellen Unterschriftsbeglaubigung. In der Praxis wird und sollte jedoch auch die Vorratsteilungserklärung beurkundet werden, da ansonsten bei jeder Veräußerung von Wohnungs-/Teileigentum die Teilungserklärung nochmals verlesen werden müsste, während bei Beurkundung unter den Voraussetzungen des § 13a BeurkG auf ihre Verlesung und Beifügung verzichtet werden kann.[1] 68

(3) Aufteilungsplan und Abgeschlossenheitsbescheinigung

Bei beiden Arten der Aufteilung in Teileigentum müssen der Eintragungsbewilligung zur Einreichung bei dem Grundbuchamt, ein Aufteilungsplan und eine Abgeschlossenheitsbescheinigung vorgelegt werden, § 7 Abs. 4 Nrn. 1 und 2 i.V.m. §§ 3 Abs. 2, 8 Abs. 2 WEG. Der Aufteilungsplan ist die von der zuständigen Baubehörde unterschriebene und gesiegelte oder gestempelte Bauzeichnung, aus der Lage und Größe der im Sondereigentum und im Gemeinschaftseigentum stehenden Flächen ersichtlich sind. Er sichert die sachenrechtliche Bestimmtheit.[2] 69

Bei Erstellung der Teilungserklärung muss das Gebäude noch nicht stehen, die Teilung kann vom Plan weg erfolgen.[3] Ebenso muss der von der Behörde genehmigte Aufteilungsplan nicht bereits bei der Beurkundung der Teilungserklärung vorhanden und als Anlage beigeheftet sein. Es genügt vielmehr, dass bei Beurkundung (oder Beglaubigung) ein **vorläufiger Aufteilungsplan** vorliegt.[4] Allerdings 70

---
1 Reithmann/Albrecht/*Röll*, Handbuch der notariellen Vertragsgestaltung, Rz. 867; zu § 13a BeurkG s. auch Rz. 44 ff.
2 Staudinger/*Rapp*, § 7 WEG Rz. 16.
3 Kersten/Bühling/*Wolfsteiner*, Formularbuch, S. 1236.
4 Vgl. DNotI-Report 1999, 17 f.

muss der gesiegelte (gestempelte) Plan dann zusammen mit der Teilungserklärung bei dem Grundbuchamt eingereicht werden, wobei diese Version des Plans mit der des vorläufigen Plans identisch sein muss. Die Identität ist vom Grundbuchamt selbständig zu prüfen, eine so genannte Identitätserklärung des Notars ist entgegen der auch vertretenen Auffassung[1] weder erforderlich noch ausreichend.[2] Bei Abweichungen des endgültigen vom vorläufigen Aufteilungsplan ist eine Nachbeurkundung erforderlich.

71 Die Abgeschlossenheitsbescheinigung ist eine Erklärung der Behörde, dass die jeweils im Sondereigentum stehenden Einheiten in sich abgeschlossen sind. Dies ist der Fall, wenn die Sondereigentum bildende Einheit dem **Abgrenzungserfordernis**, dem **Zugangserfordernis** und dem **Ausstattungserfordernis** entspricht.[3] Erdgeschossige Terrassen mit Außentreppe, die zum Gemeinschaftseigentum nicht eindeutig abgegrenzt sind, sind nicht in sich abgeschlossen. Eine Wohnung ist wegen des Verstoßes gegen das Ausstattungserfordernis z. B. nicht in sich abgeschlossen, wenn nur eine Außentoilette vorhanden ist.[4] Allerdings müssen für die Erteilung der Abgeschlossenheitsbescheinigung nicht alle Vorschriften des Bauordnungsrechts erfüllt sein.[5] Dies hindert die Behörden allerdings in der Regel nicht daran, bei neu zu errichteten Gebäuden die Abgeschlossenheitsbescheinigung erst nach oder mit der Baugenehmigung zu erteilen.[6] Garagen können selbständiges Sondereigentum darstellen[7], auch an in einer Garage oder nicht im Freien liegenden Stellplätzen kann Sondereigentum begründet werden, wenn ihre Flächen durch dauerhafte Markierungen im Sinne von § 3 Abs. 2 Satz 2 WEG ersichtlich sind. Hier ist im Einzelnen vieles strittig, insbesondere ob so genannte Doppelstockgaragen, Carports, Stellplätze auf nicht überdachten obersten Etagen eines Gebäudes in sich abgeschlossen, d. h. sondereigentumsfähig sind.[8]

(4) Gemeinschaftsordnung

72 Die Gemeinschaftsordnung regelt das Verhältnis der Wohnungseigentümer untereinander. Eigentlich formlos möglich, sollte sie beurkundet oder beglaubigt im Sinne von § 29 GBO werden, damit sie als Inhalt des Sondereigentums in das Grundbuch eingetragen werden kann und gegen den jeweiligen Sonderrechtsnachfolger eines Teileigentümers wirkt, vgl. § 10 Abs. 2 WEG.

73 Inhalt der Gemeinschaftsordnung können insbesondere **Nutzungsregelungen** sein, z. B. kann die Nutzung von Wohnungen zu anderen als Wohnzwecken beschränkt werden.

---

1 Kersten/Bühling/*Wolfsteiner*, Formularbuch, S. 1236.
2 BayObLG, NJW-RR 2003, 446.
3 Reithmann/*Röll*, Handbuch der notariellen Vertragsgestaltung, Rz. 882.
4 Kersten/Bühling/*Wolfsteiner*, Formularbuch, S. 1228.
5 GmS-OGB, NJW 1992, 3290; § 3 Abs. 3 WEG, der dies ausdrücklich für Altbauten in den neuen Bundesländern normiert, ist durch diese Entscheidung überflüssig geworden, vgl. Henkes/Niedenführ/*Schulze*, § 3 WEG Rz. 22.
6 Kersten/Bühling/*Wolfsteiner*, Formularbuch, S. 1237.
7 OLG Düsseldorf, ZNotP 2000, 237.
8 Vgl. zum Streitstand Reithmann/*Röll*, Handbuch der notariellen Vertragsgestaltung, Rz. 884 ff.

Formulierungsbeispiele

> Die Wohnungen dürfen außer zu Wohnzwecken nur zu nichtstörenden freiberuflichen Zwecken ohne regelmäßigen Publikumsverkehr genutzt werden.
>
> **(bei Teileigentumseinheiten)**
>
> Das Teileigentum Nr. ... darf nur zum Betrieb eines Tagesverkaufsgeschäfts, zu freiberuflichen Zwecken, nicht jedoch als Gaststätte oder dergleichen und nicht zu regelmäßigen nächtlichen Geschäftsbetrieb erforderlichen Zwecken genutzt werden.[1]

Bezüglich des Gemeinschaftseigentums können z. B. Regelungen getroffen werden, wie eine Rasenfläche, ein allgemeiner Parkplatz, eine Gemeinschaftsterrasse o.Ä. genutzt werden dürfen.

(5) Insbesondere Sondernutzungsrechte

In der Gemeinschaftsordnung festgelegt und im Grundbuch eingetragen werden – zur Wirkung gegen den Sonderrechtsnachfolger notwendig – können auch so genannte Sondernutzungsrechte, d. h. das Recht für den Eigentümer einer Wohneinheit, einen bestimmten Teil des Gemeinschaftseigentums unter Ausschluss der anderen Eigentümer zu nutzen. Das Instrument des Sondernutzungsrechts wird insbesondere immer dann genutzt, wenn man einer Wohn- oder Teileinheit bestimmte Flächen sondereigentumsähnlich zuordnen will, die Einrichtung von Sondereigentum aber wegen der mangelnden Abgeschlossenheit der entsprechenden Fläche nicht möglich ist, z. B. bei einer Gartenfläche oder einem Parkplatz im Freien.

Sondernutzungsrechte sind – im Gegensatz zu Sondereigentum – nur innerhalb der Wohnungseigentümergemeinschaft veräußerlich.[2]

Formulierungsbeispiel

> **Sondernutzungsrechte**
>
> Mit dem Sondereigentum der vorbezeichneten Wohnung Nr. ... ist die Befugnis verbunden, den auf dem als Anlage ... dieser Urkunde beigefügten Sondernutzungsplan A mit Nr. ...[3] bezeichneten Kfz-Stellplatz unter Ausschluss der übrigen Miteigentümer zur Nutzung als Stellplatz für Personenkraftwagen zu nutzen.
>
> Mit dem Sondereigentum an der vorbezeichneten Wohnung Nr. ... ist die Befugnis verbunden, den auf dem als Anlage ... dieser Urkunde beigefügten Sondernut-

---

1 Der Rechtsprechung die Auslegung sehr weiter Begriffe zu überlassen, sollte vermieden werden, auch wenn schon z. B. entschieden wurde, dass „Laden" nicht Gaststättenbetrieb, Spielsalon oder Sauna umfasst, vgl. Nachweise bei *Henkes/Niedenführ/Schulze*, WEG § 15 Rz. 5. Das OLG Hamburg (MDR 74, 138) hat einen „Massagesalon" nicht als gewerbliche Nutzung angesehen; ob dies heute unter der Geltung des Prostitutionsgesetzes vom 20. 12. 2001, BGBl. I S. 3983 auch noch gilt, erscheint fraglich.
2 BGHZ 73, 145.
3 Nicht notwendigerweise mit der Wohnungsnummer identisch.

zungsplan B verzeichneten, über der Wohnung Nr. ... gelegenen unausgebauten Dachraum unter Ausschluss der sonstigen Miteigentümer als Trocken- und Abstellraum zu nutzen.

(6) Ausbaurechte

76 Soll bereits bei Begründung des Wohnungseigentums ermöglicht werden, dass ein Miteigentümer an seinen im Sondernutzungsrecht oder im Gemeinschaftseigentum stehenden Gegenständen – z. B. dem Dachraum – zu einem späteren noch nicht feststehendem Zeitraum bauliche Veränderungen vornehmen darf, kann dies auch in der Teilungserklärung z. B. wie folgt festgehalten werden:

§ ... Ausbaurechte

Der jeweilige Eigentümer der Wohnung Nr. ... hat das Recht, das über seiner Wohnung liegende und in seinem Sondernutzungsrecht liegende Dachgeschoss mit seinem Sondereigentum an der Wohnung Nr. ... zusammenzulegen und zu einer Maisonettewohnung auszubauen.

Der jeweilige Eigentümer der Wohnung Nr. ... hat das Recht, von der Wohnung aus eine Eingangstür zum Hof zu setzen.

Der jeweilige Eigentümer der Wohnung Nr. ... hat das Recht zur Errichtung eines Wintergartens auf seinem Balkon.

Voraussetzung für alle Baumaßnahmen ist, dass die behördlichen und gesetzlichen Auflagen vom jeweiligen Bauherrn eingehalten werden, die Planungsunterlagen vorab beim Verwalter eingereicht werden und die Arbeiten unter Beiziehung eines Statikers fachgerecht ausgeführt werden.

Die Ausbauten sind auch unter Inanspruchnahme des Gemeinschaftseigentums, soweit dies erforderlich ist, für den jeweiligen Eigentümer möglich. Die Arbeiten müssen mit dem Verwalter abgestimmt werden. Eventuell erforderliche behördliche Genehmigungen hat der/die jeweilige/n Eigentümer selbst einzuholen; die weiteren Eigentümer haben an der Einholung auf begründetes Verlangen mitzuwirken. Alle Arbeiten insbesondere am Gemeinschaftseigentum müssen fachgerecht ausgeführt werden und seitens des Verwalters abgenommen werden. Die jeweiligen Ausbauten müssen innerhalb von ... seit Beginn der Arbeiten abgeschlossen sein. Nach Ablauf der genannten Frist können die übrigen Eigentümer die Inanspruchnahme des Gemeinschaftseigentums bzw. sonstige Beeinträchtigungen infolge der Bauarbeiten im Beschlussweg untersagen. Sofern durch die Bauarbeiten Beschädigungen am Gemeinschaftseigentum erfolgen, wird die Beseitigung der Beschädigungen durch den Verwalter in Auftrag gegeben. Die jeweiligen Bauherren sind verpflichtet, die Kosten unverzüglich zu erstatten. Alle Kosten die mit den Baumaßnahmen verbunden sind, werden von den Eigentümern bzw. Sondernutzungsrechtsinhabern getragen, die Nutznießer dieser Maßnahmen sind.

Wenn nach dem Ausbau bisherige Teile des Gemeinschaftseigentums – auch soweit Sondernutzungsrechte bestehen – zu Sondereigentum werden sollen, kann dies in der Teilungserklärung nicht die Sonderrechtsnachfolger binden, vgl. hierzu unten Rz. 81 Fußnote 1 und den Vollmachtsvorschlag.

(7) Änderungsvollmacht

Bei der **Vorratsteilung** insbesondere durch einen Bauträger vor Errichtung einer Wohnungs-/Teileigentumsanlage besteht regelmäßig das Bedürfnis, die Teilungserklärung hinsichtlich der Miteigentumsanteile, des Sondereigentums oder der Sondernutzungsrechte etc. auf einfache Weise ändern zu können. Der Beispiele gibt es viele: Bei größeren Anlagen sind verschiedene Bauabschnitte über einen längeren Zeitraum geplant, die je nach Verkaufssituation nicht oder nur verändert realisiert werden können. Manche Käufer wollen zwei Kfz-Stellplätze zusammen mit einer Wohnung erwerben, manche keinen. Zunächst als Gemeinschaftseigentum geplante Gartenflächen sollen in Sondernutzungsrechte eines Käufers umgewandelt werden. Wohnungen sollen zusammengelegt werden, hierbei muss bautechnisch auch Gemeinschaftseigentum in Anspruch genommen werden. Auch kann es bisweilen erforderlich sein, Teileigentum in Wohnungseigentum oder umgekehrt umzuwandeln. 77

In solchen und ähnlichen Fällen muss der veräußernde Bauträger flexibel handeln können. Zur Schaffung neuen Wohnungseigentums durch Umwandlung von Gemeinschaftseigentum in Sondereigentum und Verbindung des Sondereigentums mit einem von einem anderen Miteigentumsanteil abgetrennten Anteil ist die **Einigung aller Wohnungseigentümer** in der Form der Auflassung und die Eintragung in das Grundbuch erforderlich. Dies gilt auch dann, wenn an dem Teil des Gemeinschaftseigentums, das umgewandelt werden soll, ein Sondernutzungsrecht eingeräumt ist[1] und auch, wenn Teileigentum in Wohnungseigentum oder umgekehrt umgewandelt werden soll.[2] Gerade in der Erstverkaufsphase kann der Veräußerer nicht bei Verkauf eines Teileigentums für die Umgestaltung der Teilungserklärung alle bisherigen Käufer erneut zum Notar bitten. 78

In von Bauträgern mit den Käufern abgeschlossenen Kaufverträgen über noch zu errichtendes Wohnungs- oder Teileigentum werden daher regelmäßig **Änderungsvollmachten** vereinbart. 79

Beispiel

Der Käufer erteilt dem Verkäufer unter Befreiung von den Beschränkungen des § 181 BGB Vollmacht, die Teilungserklärung samt Gemeinschaftsordnung beliebig zu ergänzen oder zu ändern, insbesondere kleinere Einheiten zu größeren zu verbinden oder größere zu unterteilen sowie Sondernutzungsrechte für Kfz-Stellplätze und Gartenflächen zu begründen, aufzuheben oder anderen Miteigentumsanteilen zuzuordnen sowie sämtliche in diesem Zusammenhang erforderlichen oder zweckdienlichen Erklärungen abzugeben und entgegenzunehmen. Im Außenverhältnis ist diese Vollmacht unbeschränkt. Im Innenverhältnis darf von der Vollmacht nur Gebrauch gemacht werden, wenn die Änderungen bei wirtschaftlicher Betrachtungsweise Inhalt und Umfang des Sondereigentums oder von Sondernutzungsrechten des Käu-

---

1 BayObLG, ZfIR 2003, 516.
2 BayObLG, NJW-RR 2003, 663.

fers ohne seine Zustimmung nicht beinträchtigen und dem Käufer durch die Ausnutzung der Vollmacht durch den Verkäufer keine Kosten entstehen. Die Vollmacht ist nur aus wichtigem Grund widerrufbar, sie erlischt mit Veräußerung des letzten Wohnungs- oder Teileigentums der Eigentumsanlage durch den Veräußerer, frühestens jedoch mit dem Vollzug der Teilungserklärung im Grundbuch und spätestens mit Ablauf von 10 Jahren seit der Errichtung der Teilungserklärung.

80 Bei großen Wohnanlagen mit verschiedenen Bauabschnitten kann sich der Bauträger auch die Errichtung eines Bauabschnitts vorbehalten und diesbezüglich einen so genannten **überdimensionierten Miteigentumsanteil** bilden. In der Gemeinschaftsordnung könnte in einem solchen Fall bestimmt werden:

Der Grundstückseigentümer behält sich vor, auf demjenigen Teil des Grundstücks, das in dem als Anlage ... beigefügten Lageplan mit den Buchstaben A-B-C-...-A und durch Schraffur gekennzeichnet ist, ein weiteres Wohngebäude mit Tiefgarage zu errichten. Er behält sich deshalb bis zur Fertigstellung dieses Vorhabens einen überdimensionierten Miteigentumsanteil von 4000/10 000 zurück. Der Umfang des Gebäudes und der Tiefgarage ist begrenzt durch die Festsetzung der einschlägigen Baugenehmigung, im Übrigen unterliegt die Gestaltung des Gebäudes und der Tiefgarage dem jeweiligen Eigentümer des überdimensionierten Miteigentumsanteils gemäß § 315 BGB, auch soweit von den vorliegenden Plänen abgewichen werden sollte. Bis zur Fertigstellung des Gebäudes und der Tiefgarage steht die vorbezeichnete Grundstücksfläche im Sondernutzungsrecht des jeweiligen Eigentümers des überdimensionierten Miteigentumsanteils.

81 Da eine in einer Gemeinschaftsordnung vorgenommene Ermächtigung zur Schaffung neuen Wohnungseigentums durch Umwandlung von Gemeinschaftseigentum (auch wenn an ihm Sondernutzungsrechte begründet sind) nicht in einer Sonderrechtsnachfolger bindenden Weise als Inhalt des Sondereigentums vereinbart werden kann[1], muss in solchen Fällen mit jedem Käufer wiederum im Kaufvertrag die obige oder eine ähnliche Vollmacht vereinbart werden, **zur Klarstellung** ergänzt um folgenden Satz:

Die Vollmacht ermächtigt den Verkäufer insbesondere auch, den überdimensionierten Miteigentumsanteil zu unterteilen und damit Sondereigentums- und Sondernutzungsrechte zu verbinden.

82 Bei der Formulierung der Vollmacht sollte die Bestimmung des § 308 Nr. 4 BGB[2] beachtet werden. Nach dieser Vorschrift ist in Allgemeinen Geschäftsbedingungen die Vereinbarung eines Rechts des Verwenders unwirksam, die versprochene Leistung zu ändern oder von ihr abzuweichen, wenn nicht die Vereinbarung unter Berücksichtigung der Interessen des Verwenders für den anderen Vertragsteil zu-

---

1 BayObLGZ 2001, 279; BGH, MDR 2003, 864.
2 Durch das Schuldrechtsreformgesetz inhaltsgleich in das BGB übernommene Regelung des § 10 Nr. 4 AGBG.

mutbar ist. Es ist zwar nicht völlig geklärt, ob diese Vorschrift auf eine solche Vollmacht überhaupt anwendbar ist[1] und das Grundbuchamt hat nur eine offensichtliche Unwirksamkeit zu berücksichtigen[2], der Notar hat aber auf materiell wirksame und vor allem **faire Vereinbarungen** zu achten. Die Vollmacht sollte daher nicht weiter gefasst sein als für die vorgenannten Zwecke notwendig, die Sondereigentums-, Sondernutzungsrechts- und Kosteninteressen des Vollmachtgebers nicht beeinträchtigen und auch zeitlich begrenzt sein.[3]

(8) Vormerkung

Bei Verträgen über den Kauf noch zu errichtender Eigentumswohnungen vor grundbuchlichem Vollzug der Teilungserklärung sollte mit den Parteien – insbesondere dem Käufer – unter Angabe der entstehenden Kosten besprochen werden, ob zu einer möglichst frühzeitigen Sicherung der Ansprüche des Käufers zunächst eine Vormerkung am ungeteilten Grundstück eingetragen werden soll. Im Hinblick auf seine Pflichten aus § 53 BeurkG sollte der Notar jedenfalls entsprechend belehren.[4]

83

c) Belehrungen

Der Notar hat grundsätzlich über die Tragweite und Risiken des beurkundeten Geschäfts zu belehren, er sollte die Belehrungen in seiner Urkunde vermerken, schon um den **Beweis** einer erteilten Belehrung sicherzustellen.[5] Nachfolgend einige Beispiele von möglichen Belehrungen, wobei selbstverständlich nicht „ins Blaue hinein" belehrt werden sollte, sondern konkret zum einzelnen Kaufvertrag.

84

Der Beurkundende wies darauf hin, dass

85

der Vertrag für seine Wirksamkeit der Genehmigung nach der Grundstücksverkehrsordnung bedarf und diese innerhalb eines Jahres widerrufen werden kann;

In den **neuen Bundesländern** bedürfen alle erstmaligen Grundstücksverkäufe und Erbbaurechtsbestellungen nach der Wiedervereinigung der Grundstücksverkehrsgenehmigung. Die Behörde prüft die Vorlage von Rückübertragungsansprüchen (s. auch zum Vollzug Rz. 111).

sich aus dem Einigungsvertrag und aus dem 2. Vermögensrechtsänderungsgesetz, Sachenrechtsbereinigungsgesetz und dem Schuldrechtsanpassungsgesetz sachen- oder schuldrechtliche Berechtigungen an dem Grundbesitz und an etwa aufstehenden Gebäuden ergeben können;

86

---

1 Offen gelassen von BayObLG, ZfIR 2003, 202.
2 BayObLG, ZfIR 2003, 513.
3 Vgl. BayObLG, ZfIR 2003, 513.
4 Vgl. *Basty*, DAI-Skript Praktiker-Tagung zum Bauträgervertrag 1997, S. 123 f.
5 *Keidel/Winkler*, § 17 BeurkG Rz. 123.

Auch diese Belehrung betrifft nur die **neuen Bundesländer**, in denen es u. a. nach wie vor getrenntes Eigentum an Grund und Boden und aufstehenden Gebäuden geben kann.

87 das Eigentum an dem Grundstück erst mit Eintragung des Käufers in das Grundbuch übergeht und welche Folgen eintreten können, wenn Leistungen aus dem Vertrag, insbesondere die Zahlung des Kaufpreises, vor dem Eigentumsübergang erfolgen;

Der Notar hat in seiner Urkunde sicherzustellen, dass der Kaufpreis nur dann endgültig in die Hand des Verkäufers gelangt, wenn der **Eigentumsübergang** am Kaufgegenstand auf den Käufer sichergestellt ist. Dennoch sollten die Parteien darüber belehrt werden, dass sie später keine von den Regelungen des Vertrags abweichende Leistungen bewirken sollten, ohne sich über die Risiken bewusst zu sein.

88 Voraussetzung für die Umschreibung ist, dass die Unbedenklichkeitsbescheinigung des Finanzamts und alle zum Vollzug erforderlichen Genehmigungen vorliegen und es im Ermessen des Grundbuchamts liegt, die Eigentumsumschreibung von der Zahlung des Gerichtskostenvorschusses abhängig zu machen;

Auch wenn den Notar keine steuerliche Beratungspflicht trifft[1], hat er gemäß § 19 BeurkG er auf das Erfordernis der **Unbedenklichkeitsbescheinigung** in grunderwerbsteuerlicher Hinsicht in der Beurkundung einzugehen und dies in der Urkunde zu vermerken (s. auch zum Vollzug Rz. 104 ff.).

89 die Kaufvertragsparteien für Kosten und Steuern dieses Vertrags gesamtschuldnerisch haften;

Meist wird vereinbart, dass der Käufer die Kosten und Steuern des Vertrages und seiner Durchführung trägt. Der Verkäufer sollte dennoch auf das **Insolvenzrisiko** auf Seiten des Käufers hingewiesen werden.

90 soweit ein Grundstück im Grundbuch – unabhängig von seiner tatsächlichen Nutzung – als Acker, Holzung u.Ä. geführt wird, auch die Genehmigung nach dem Grundstücksverkehrsgesetz erforderlich sein kann;

Nach § 9 GrdstVG kann die Veräußerung von Grundstücken u. a. versagt werden, wenn diese eine **ungesunde Verteilung** von Grund und Boden bedeuten würde oder das betroffene Grundstück unwirtschaftlich verkleinert würde, also z. B. ein landwirtschaftlicher Betrieb seine Lebensfähigkeit verlieren würde. Innerhalb des räumlichen Geltungsbereichs von Bebauungsplänen gem. § 30 BauGB ist die Veräußerung genehmigungsfrei (s. auch zum Vollzug Rz. 109 f.).

---

1 *Eylmann/Vaasen*, § 19 BeurkG Rz. 1.

der Gemeinde ein gesetzliches Vorkaufsrecht zustehen kann und sich auch aus weiteren gesetzlichen Vorschriften Vorkaufsrechte ergeben können.

91

Zu beachten sind u. a. die **Vorkaufsrechte** für die Gemeinde gemäß §§ 24 ff. BauGB, das Vorkaufsrecht des Mieters nach § 570 b BGB bei Mietwohnungen, die nach Überlassung an den Mieter in Wohnungseigentum nach dem WEG umgewandelt wurden, Vorkaufsrecht des Mieters nach § 2 b WohBG bei Umwandlung öffentlich geförderter Wohnungen in Wohnungseigentum, Vorkaufsrechte nach dem Gesetz zur Vereinfachung des Planverfahrens für Verkehrswege, in den neuen Bundesländern, Vorkaufsrechte nach dem Vermögensgesetz sowie zahlreiche landesrechtliche Vorkaufsrechte (s. auch zum Vollzug Rz. 108).

der Notar über steuerliche Fragen und Absichten der Parteien nicht belehrt und für die steuerlichen Ziele keine Haftung übernimmt.

92

Der Beurkundende belehrte über die Bestimmungen des Grunderwerbsteuergesetzes unter Hinweis auf die Folgen unrichtiger bzw. unvollständiger Angaben hinsichtlich der wahren Leistungen für den Erwerb des Kaufgegenstands.

Verkäuferin und Käufer versicherten die Richtigkeit und Vollständigkeit der beurkundeten Erklärungen.

2. Vollzugstätigkeit

Übernimmt der Notar die Beurkundung von Rechtsgeschäften, die beim Grundbuchamt oder dem Registergericht einzureichen sind, so muss er gemäß § 53 BeurkG auch den Vollzug betreiben. Bei bloßer Unterschriftsbeglaubigung dagegen besteht ohne gesonderten Auftrag keine entsprechende Verpflichtung.

93

a) Ausfertigung, beglaubigte Abschrift

Für die diversen Vollzugstätigkeiten benötigt der Notar teilweise Ausfertigungen der Urkunde, teils genügen beglaubigte Abschriften. Die Urschrift der notariellen Urkunde bleibt grundsätzlich in der Verwahrung des Notars, § 45 Abs. 1 BeurkG.

94

Die **Ausfertigung der Niederschrift** dagegen vertritt die Urkunde im Rechtsverkehr, § 47 BeurkG. Die Ausfertigung ist dann erforderlich, wenn es nach materiellem Recht auf den Besitz der Urkunde oder auf den Zugang einer notariellen Erklärung ankommt, eine beglaubigte Abschrift reicht hier nicht aus. So kann beispielsweise die Bindung nach § 873 Abs. 2 BGB nur durch Vorlage einer Ausfertigung herbeigeführt und eine Vollmacht nur durch eine Ausfertigung der Vollmachtsurkunde nachgewiesen werden.

95

Die Ausfertigung besteht aus einer Abschrift der Urschrift mit der Überschrift „Ausfertigung" und dem Vermerk der Übereinstimmung mit der Urschrift am Schluss der Abschrift. Es werden außerdem Tag und Ort der Erteilung, die Personen, denen die Ausfertigung erteilt wird, vermerkt und das ganze mit Unterschrift und Siegel des Notars versehen, § 49 Abs. 1, 2 BeurkG. Anspruch auf eine Ausfertigung hat nach § 51 Abs. 1 Nr. 1 BeurkG jeder, der eine Erklärung abgegeben hat, der Gesamtrechtsnachfolger und der Sonderrechtsnachfolger für die übergegangenen Rechte und Pflichten.

96 In der Notarpraxis werden häufig beglaubigte Abschriften angefertigt, wenn eine Ausfertigung nicht erforderlich ist, aber ein Nachweis in öffentlich beglaubigter Form erbracht werden muss. Dies wird z. B. zur Erlangung von Genehmigungen verlangt. Die beglaubigte Abschrift ist ebenfalls eine Abschrift mit dem **Vermerk der Übereinstimmung** der Urschrift, der Angabe von Ort und Tag der Ausstellung und mit Unterschrift und Siegel des Notars, § 39 BeurkG.

b) Kostenrechnung

97 Gemäß § 154 Abs. 3 KostO muss die Kostenberechnung unter jeder vom Notar erteilten Ausfertigung sowie unter jeder Beglaubigung aufgestellt werden. Diese Pflicht besteht unabhängig davon, ob die Kosten bereits bezahlt worden sind.[1]

98 In der Kostenberechnung müssen der Geschäftswert, die Kostenvorschriften, der Gebührentatbestand, die Auslagen, die Beträge der angesetzten Gebühren und Auslagen sowie etwa verauslagte Gerichtskosten und empfangene Vorschüsse vom Notar angegeben sein, § 154 Abs. 2 KostO. Der Kostenschuldner muss die Kostenberechnung überprüfen können, damit er notfalls die Herbeiführung einer gerichtlichen Entscheidung veranlassen kann.[2] Es sind deshalb **strenge Anforderungen** an die Inhaltsmerkmale zu stellen.

99 So ist der Geschäftswert für jede einzelne Gebühr besonders anzugeben[3], er lässt sich ggf. aufgrund des § 30 KostO bestimmen.[4] Es empfiehlt sich, auch die dafür einschlägigen Vorschriften eventuell mit Erläuterungen erkennen zu lassen. Die Kostenvorschriften müssen präzise und vollständig angegeben werden (Zitiergebot)[5], und zwar bezüglich Gebühren und Auslagen.[6] Ebenso sind der Gebührentatbestand und die Auslagen aufzuführen, z. B. „Anmeldegebühr"; „Reisekosten" und deren Beträge sind ggf. aufgeschlüsselt anzugeben.[7]

Beispiel einer Kostenrechnung:

Kostenberechnung (Berechnet nach der Kostenordnung für Notare [§§ 141, 154 KostO])

	Höhe	Betrag
Wert: 51 000,00 Euro		
Beurkundung von Verträgen §§ 32, 36 II KostO	20/10	294,00 Euro
Vollzug des Geschäfts §§ 32, 146 I KostO	½	73,50 Euro
Betreuungsgebühr §§ 32, 147 II KostO	½	73,50 Euro

---

1 *Hartmann*, Kostengesetze, § 154 KostO Rz. 19.
2 *Hartmann*, Kostengesetze, § 154 KostO Rz. 5.
3 Beck'sches Notarhandbuch/*Waldner*, S. 1153.
4 *Rohs/Heinemann*, Die Geschäftsführung der Notare, Rz. 745.
5 *Korintenberg/Bengel*, KostO Kommentar, § 154 KostO Rz. 8.
6 *Hartmann*, Kostengesetze, § 154 KostO Rz. 8.
7 *Hartmann*, Kostengesetze, § 154 KostO Rz. 11 ff.

Schreibauslagen § 136 II, 152 II KostO		60,50 Euro
Post- und Telekommunikationsentgelte §§ 137, 152 II KostO		13,80 Euro
Zwischensumme:		515,30 Euro
MwSt. § 151 a KostO	16 %	82,45 Euro
zu zahlender Betrag:		597,75 Euro

c) Checkliste zur Durchführung

Vollzug heißt, dass der Notar seinen Anzeigepflichten nachkommt, im Auftrag der Parteien behördliche Genehmigungen und Verzichtserklärungen beschafft und schließlich die Anträge beim Grundbuchamt stellt. Anhand der folgenden Checkliste – wie sie im Notariat üblich ist – und der dazugehörigen Erläuterungen wird die Vollzugstätigkeit deutlich. 100

Checkliste:

1. Kaufpreis

▷ vollständig auf Notaranderkonto

▷ teilweise auf Notaranderkonto

▷ ohne Notaranderkonto

▷ Fälligstellungs-/Auszahlungsvoraussetzungen

▷ Treuhandauftrag

2. Belastungen

▷ die übernommen werden

▷ die zu löschen sind

3. Vormerkung

4. Genehmigungen, Mitteilungen

▷ Unbedenklichkeitsbescheinigung

▷ Negativzeugnis über Vorkaufsrecht der Gemeinde

▷ Grundstücksverkehrsordnung

▷ Grundstücksverkehrsgesetz

▷ Gutachterausschuss

▷ Vorkaufsrecht der Gemeinde

5. Grundstücksteilung und -verbindung

6. Eigentumsumschreibung

aa) Kaufpreis

101 Wenn im Vertrag die Kaufpreisfälligkeit von einer Bestätigung des Notars über das Vorliegen der entsprechenden Voraussetzungen abhängig gemacht wird oder eine Abwicklung mit Notaranderkonto vereinbart wurde, so liegt zumeist eine gegenüber beiden übernommene Treuhandtätigkeit vor. Diese werden im nachfolgenden Kapitel (Rz. 126 ff.) besprochen.

bb) Belastungen

102 Zumeist wird der lastenfreie Erwerb des Grundstücks erstrebt. Die Durchführung der **Lastenfreistellung** ist zwar grundsätzlich Sache der Beteiligten, wird aber häufig vom Notar übernommen. Der Notar stellt die entsprechenden Anträge, wenn Belastungen, die auf dem Grundstück ruhen, nicht übernommen, sondern gelöscht werden sollen. Auch bei der Bestellung von Grundpfandrechten hinsichtlich der Rangverschaffung müssen Löschungen und Rangrücktrittserklärungen auf Antrag des Grundschuldbestellers eingeholt werden.[1]

Beispiel eines Löschungsantrags

Löschungsantrag

Im Grundbuch des Amtsgerichts .... von .... Blatt .... ist in Abt. III lfd. Nr. .... eine Grundschuld zu .... Euro nebst Zinsen für die .... Bank eingetragen.

Als Eigentümer beantrage ich die Löschung der vorgenannten Belastung im Grundbuch.

---

cc) Vormerkung

103 Zur **Sicherung des Anspruchs** auf Eigentumsübertragung wird im Grundstückskaufvertrag in der Regel eine Vormerkung bewilligt. Diese soll entweder sofort, also vor Kaufpreiszahlung, oder im Anderkontoverfahren, erst wenn der Kaufpreis auf das Anderkonto des Notars eingegangen ist, eingetragen werden. Dafür ist ein Antrag erforderlich.

Beispiel eines Antrags auf Eintragung einer Eigentumsübertagungsvormerkung

---

Amtsgericht ....

– Grundbuchamt –

....

In der Grundbuchsache

von ....

Blatt ....

---

[1] Ausführlich zu Grundpfandrechten siehe dieses Kapitel Rz. 186 ff.

überreiche ich die erste – auszugsweise – Ausfertigung des Kaufvertrags vom ...., meine UR-Nr. K ..../............., und beantrage gemäß § 15 GBO die Eintragung der Auflassungsvormerkung gemäß §... des Vertrags vorzunehmen.

Ich bitte um Übersendung einer einfachen Grundbuchblattabschrift an mich. Die entstehenden Kosten sollen direkt bei den Käufern angefordert werden.

dd) Anzeige- und Mitteilungspflichten, Genehmigungen

(1) Veräußerungsanzeige und Unbedenklichkeitsbescheinigung

Für die Grunderwerbsteuer muss der Notar dem **zuständigen Finanzamt** von ihm beurkundete oder in einer Urkunde entworfene, beglaubigte Rechtsvorgänge, die ein Grundstück im Geltungsbereich des GrEStG betreffen, **anzeigen**, ebenso solche Grundbuchberichtigungsanträge, die auf einen Eigentümerwechsel gerichtet sind und jegliche nachträglichen Änderungen oder Berichtigungen eines dieser Vorgänge, § 18 Abs. 1 Satz 1 GrEStG. Dabei sind alle Vorgänge, die auch nur mittelbar das Eigentum eines inländischen Grundstücks betreffen, von der Anzeigepflicht umfasst. So müssen auch Vorverträge, Optionsverträge, Kauf- und Verkaufsangebote sowie Vorgänge bezüglich eines Erbbaurechts oder eines Gebäudes auf fremdem Boden (§ 18 Abs. 2 Satz 1 GrEStG) für Vorgänge, die zur Übertragung von Gesellschaftsanteilen gehören und wenn die Gesellschaft im Vermögen eines Grundstücks ist (§ 18 Abs. 2 Satz 2 GrEStG), angezeigt werden. Dass die Pflicht zur Anzeige sorgfältig geprüft werden muss, zeigt folgender Fall. 104

Beispiel:
Die Parteien schließen einen beurkundeten Kaufvertrag über ein unbebautes Grundstück neben einem Generalunternehmervertrag über die Errichtung eines Gebäudes auf dem Grundstück, der in rechtlichem oder objektiv-sachlichen Zusammenhang mit dem Grundstückskaufvertrag steht, ab. Nun unterliegt der Generalunternehmervertrag als gegenleistungserhöhende Vereinbarung selbst dann der Anzeigepflicht, wenn auch er notariell beurkundet wurde (siehe zur Beurkundungsproblematik oben Rz. 13 ff.). Nicht von der Anzeigepflicht umfasst, ist dagegen die Einräumung eines Vorkaufsrechts.

Inhalt und Form der Anzeige sind jeweils vorgeschrieben, z. B. §§ 20, 21 GrEStG. Sie ist innerhalb von **zwei Wochen nach der Beurkundung** mit einer Abschrift der Urkunde über den Vorgang an die zuständige Stelle zu schicken, § 18 Abs. 1 Satz 2, Abs. 3 und 5 GrEStG. Auf der Urschrift bzw. der zurückbehaltenen beglaubigten Abschrift ist gemäß § 18 Abs. 4 GrEStG die Absendung der Anzeigepflicht mit Tag und Finanzamt zu vermerken. 105

Bei mehrfacher Steuerpflicht desselben Rechtsvorgangs sind alle in Betracht kommenden Steuern anzuzeigen. Eine Verletzung der Anzeigepflicht bedeutet keine Amtspflichtverletzung, da sie lediglich steuerlichen Zwecken dient.

Gemäß § 22 GrEStG muss erst die **steuerliche Unbedenklichkeitsbescheinigung** vorgelegt werden, bevor ein Grundstückserwerber ins Grundbuch eingetragen werden darf. Allerdings haben einige Länder von der Möglichkeit[1], Ausnahmen 106

---
1 Im Rahmen des Steuerentlastungsgesetzes 1999/2000/2001.

vorzusehen, Gebrauch gemacht, z. B. Bayern, Hessen und Nordrhein-Westfalen. Von der Vorlagepflicht der Unbedenklichkeitsbescheinigung ausgenommen sind danach insbesondere der Grundstückserwerb durch den Ehegatten des Veräußerers (§ 3 Nr. 4 GrEStG) und Rechtsvorgänge zwischen miteinander in gerader Linie verwandten Personen etc. (§ 3 Nr. 6 GrEStG). Die Anzeigepflicht besteht auch in diesen Fällen.

Beispiel eines Antrags auf Erteilung der steuerlichen Unbedenklichkeitsbescheinigung[1]

Finanzamt ...

– Grunderwerbssteuerstelle –

....

Kaufvertrag vom ...., meine UR-Nr. ..../............

Verkäufer: ....

Käufer: ....

Objekt: ....

Sehr geehrte Damen und Herren,

in der vorbezeichneten Angelegenheit übersende ich Ihnen eine auszugsweise Abschrift der im Betreff genannten notariellen Verhandlung nebst Veräußerungsanzeige mit der Bitte um Erteilung der steuerlichen Unbedenklichkeitsbescheinigung.

(2) Mitteilung an den Gutachterausschuss

107 Gemäß § 195 Abs. 1 BauGB müssen entgeltliche Grundstücks-, Tausch- oder Erbbaurechtsverträge dem Gutachterausschuss, der in allen Landkreisen und kreisfreien Städten besteht, mit Abschrift mitgeteilt werden. Dadurch soll eine Übersicht über die Kaufpreisentwicklung gewährleistet sein, mit Hilfe derer der Ausschuss Wertgutachten über andere vergleichbare Grundstücke erstellen kann. Unter die Anzeigepflicht fallen deshalb auch getrennt beurkundete Vertragsangebote und -annahmen. Ein Vermerk der Mitteilung auf der Urkunde ist wegen des rein statistischen Zwecks nicht notwendig.

Beispiel einer Mitteilung an den Gutachterausschuss

Gutachterausschuss
für Grundstückswert
im Landkreis ....
Geschäftsstelle im Kataster-
und Vermessungsamt

....

---

[1] Anmerkung: Notare in Hessen sind nicht verpflichtet, den amtlichen Vordruck für die Veräußerungsanzeige gem. § 18 GrEStG zu verwenden (Verfügung Hess. Minister d. Finanzen v. 21. 9. 1987 – S 4540 A-26-II-A 41).

Kaufvertrag vom ...., meine UR-Nr. ..../............

Verkäufer: ....

Käufer: ....

Objekt: ....

Sehr geehrte Damen und Herren,

in der vorbezeichneten Angelegenheit erhalten Sie zur Kenntnisnahme und für Ihre Unterlagen eine auszugsweise Abschrift des oben genannten Kaufvertrags vom ....

(3) Negativzeugnis über Vorkaufsrecht der Gemeinde

Die §§ 24 ff. BauGB über das **Vorkaufsrecht der Gemeinde** enthalten keine gesetzliche Ermächtigung der Notare. Um ihrer Anzeigepflicht nach § 28 Abs. 1 Satz 1 BauGB nachzukommen, müssen die Beteiligten daher den Notar besonders ermächtigen.[1] Dieser beantragt dann, gemäß § 28 Abs. 1 BauGB, ein Zeugnis über die Nichtausübung oder das Nichtbestehen eines Vorkaufsrechts, gemäß §§ 24 BauGB und ggf. weiteren gesetzlichen Vorkaufsrechten[2], so z. B. in Berlin gemäß § 45 Abs. 5 NatSchG Bln, § 7 Abs. 5 LWaldG Bln oder § 18 DSchG Bln, auszustellen, ein so genanntes Negativzeugnis. Es muss nicht unbedingt eine Abschrift des Vertrags übersendet werden, eine Anfrage an die Gemeinde, in der weder Höhe des Kaufpreises noch Käufer angegeben sind, reicht aus.[3] Der gesamte Vertrag ist der Gemeinde erst vorzulegen, wenn ihr ein Vorkaufsrecht zusteht und sie Erwerbsabsichten hat.[4]

108

Beispiel eines Antrags auf Erteilung eines Negativzeugnisses

Amt ....

– Liegenschaftsamt –

....

Kaufvertrag vom ...., meine UR-Nr. ..../............

Verkäufer: ....

Käufer: ....

Objekt: ....

---

1 *Rohs/Heinemann*, Die Geschäftsführung der Notare, Rz. 335.
2 Auflistung der länderspezifischen gesetzlichen Vorkaufsrechte unter (Stand 1. 8. 2003): http://www.dnoti.de/arbeitshilfen.htm#Immobilienrecht.
3 OVG Münster, DNotZ 1979, 617.
4 *Rohs/Heinemann*, Die Geschäftsführung der Notare, Rz. 335.

Sehr geehrte Damen und Herren,

in der vorbezeichneten Angelegenheit übersende ich Ihnen eine auszugsweise Abschrift des oben genannten Kaufvertrags und bitte um Erteilung des Negativzeugnisses bezüglich aller in Frage kommenden Vorkaufsrechte.

(4) Grundstücksverkehrsgenehmigung

109 Des Weiteren ist für die Veräußerung eines **land- oder forstwirtschaftlich nutzbaren Grundstücks** eine Genehmigung nach § 2 GrdstVG für die dort aufgeführten Rechtsgeschäfte notwendig. Das Grundstück braucht nicht tatsächlich land- oder forstwirtschaftlich genutzt zu werden, es genügt, wenn es in land- oder forstwirtschaftliche Kultur gebracht werden kann. Daher unterliegen auch nichtgenutztes Bauland sowie Moor- und Ödland grundsätzlich der Kontrolle nach dem Grundstücksverkehrsgesetz. Mit dieser Kontrolle soll ereicht werden, dass diese Grundstücke möglichst in der Hand von Hauptberufslandwirten bleiben oder an sie gelangen, Grundstücke nicht in zu kleine Parzellen zerschnitten, lebensfähige Betriebe nicht zerteilt und für Land weder Über- noch Schleuderpreise bezahlt werden, § 9 GrdstVG.

110 Nach § 4 GrdstVG sind u. a. Verträge genehmigungsfrei, an denen der Bund oder ein Land beteiligt ist. Außerdem gibt es länderunterschiedliche Freigrenzen, so bedarf es beispielsweise in Berlin[1] und Brandenburg[2] keiner Genehmigung bei der Veräußerung von Grundstücken bis zu einer Größe von einem Hektar.[3] Die Bestimmungen des Grundstücksverkehrsgesetzes sind insbesondere dann zu beachten, wenn bisher landwirtschaftliches Land parzelliert und in Bauland umgewandelt werden soll. Wird durch verschiedene Verkäufe innerhalb eines begrenzten Zeitraums die Freigrenze überschritten, ist die Genehmigungsfreiheit nicht mehr gegeben.[4]

Muster eines Antrags auf Grundstücksverkehrsgenehmigung

Landkreis ....

– Abteilung Landwirtschaft –

....

Kaufvertrag vom ...., meine UR-Nr. ..../............

Verkäufer: ....

Käufer: ....

Objekt: ....

---

1 § 1 Gesetz über die Genehmigungsfreiheit im Verkehr mit land- und forstwirtschaftlichen Grundstücken vom 5.10.1994, GVBl. 1994, S. 392.
2 § 1 AGGrdstVG Bbg, Gesetz zur Ausführung des Grundstücksverkehrsgesetzes vom 18.3.1994, GVBl. 1994 I, S. 81.
3 Eine Auflistung der Freigrenzen im Grundstücksverkehrsrecht für alle Bundesländer (Stand 21.5.2002): http://www.dnoti.de/arbeitshilfen.htm#Immobilienrecht.
4 BayObLG, NJW-RR 2001, 736.

Sehr geehrte Damen und Herren,

in der vorbezeichneten Angelegenheit übersende ich Ihnen zu Ihrer Kenntnisnahme eine auszugsweise Abschrift des oben genannten Kaufvertrags und bitte um Erteilung der Genehmigung nach dem Grundstücksverkehrsgesetz (GrdstVG).

(5) Genehmigung nach der Grundstücksverkehrsordnung

Wie bereits bei der Belehrung (Rz. 85) ausgeführt, bedürfen alle **nach der Wiedervereinigung** erstmaligen Grundstücksverkäufe und Erbbaurechtsbestellungen in dem in Art. 3 des Einigungsvertrags bezeichneten Gebiet einer Genehmigung nach der Grundstücksverkehrsordnung (GVO). Diese Genehmigung ist zu beantragen. 111

Beispiel eines Antrags auf Genehmigung nach GVO

Landkreis ....

Amt zur Regelung offener Vermögensfragen

Kaufvertrag ..../............

Grundstücke in der Gemarkung ....

Sehr geehrte Damen und Herren,

in der oben bezeichneten Angelegenheit übersende ich eine beglaubigte – auszugsweise – Abschrift des Kaufvertrags vom ...., meine UR-Nr. K ...., mit der Bitte, die Genehmigung nach der Grundstücksverkehrsordnung zu meinen Händen zu erteilen.

ee) Teilflächenverkauf und Grundstücksvereinigung

(1) Grundstücksteilung

Zu unterscheiden sind Grundstücke im **natürlichen, katastertechnischen und rechtlichen Sinne**. Grundstück im natürlichen Sinn ist ein Teil der Erdoberfläche, der von einer in sich zurücklaufenden Grenzlinie umschlossen ist. Die in der Flurkarte unter besonderer Nummer aufgeführten Flächen stellen Grundstücke im katastertechnischen Sinn dar. Und unter einem Grundstück im rechtlichen Sinn werden wiederum die katastertechnischen Grundstücke, die im Grundbuch unter einer laufenden Nummer im Bestandsverzeichnis gebucht sind, verstanden. 112

Ein **Grundstück im grundbuchlichen Sinn** kann in der Weise geteilt werden, dass ein Teil im Grundbuch abgeschrieben und als selbständiges Grundstück eingetragen wird. Dazu ist ein Antrag des Eigentümers in beglaubigter Form (§ 29 GBO) erforderlich. In den Fällen der Belastung eines Grundstückteils mit einem Recht oder der Veräußerung eines Teils des Grundstücks ist ein Antrag entbehrlich, das Grundbuchamt hat die Teilung und Eintragung von Amts wegen vor- 113 zunehmen.¹ Die Eintragung des abgetrennten Teilstücks muss dann unter einer eigenen laufenden Nummer im Grundbuch erfolgen. Voraussetzungen für die Teilung sind:

▷ Neuvermessung des Grundstücks²,

▷ Zuweisung einer besonderen Nummer im Liegenschaftskataster für das abzuschreibende Grundstück und

▷ Vorlegen der Teilungsgenehmigung bei zuständiger Stelle.

114 Es gibt zwar keine bundesgesetzlich verlangten Teilungsgenehmigungen für jede Grundstücksteilung mehr, aber die Gemeinden können eine Genehmigungsbedürftigkeit für die Grundstücksteilung innerhalb der Bebauungsplangebiete durch Satzung einführen, § 19 Abs. 1 Satz 1 BauGB. Dem Grundbuchamt muss hilfsweise ein Negativtest vorgelegt werden, da es selbst nicht überprüfen kann, ob eine solche Satzung besteht.

115 Die Bauordnungen einiger Bundesländer allerdings sehen die Genehmigungsbedürftigkeit der Grundstücksteilung vor; so die Bauordnungen von Baden-Württemberg, Berlin, Brandenburg, Bremen, Hamburg, Hessen, Niedersachsen, Saarland, Sachsen-Anhalt, Schleswig-Holstein und Thüringen.³ Nach den Bauordnungen der Länder Bayern, Mecklenburg-Vorpommern, Rheinland-Pfalz und Sachsen besteht dagegen keine Genehmigungspflicht. Bundesweite Genehmigungspflichten bestehen noch nach § 5 Abs. 1 Nr. 1 (Umlegung), § 144 Abs. 2 Nr. 5 (städtebauliche Sanierung), § 169 Abs. 1 Nr. 3 BauGB (städtebauliche Entwicklungsmaßnahmen).

Formulierungsbeispiel für den Verkauf einer Teilfläche hinsichtlich Kaufgegenstand

§ ... Grundbuchstand, Kaufgegenstand

1. Grundbuch des Amtsgerichts .... von ....

    Bestandsverzeichnis: lfd, Nr. .... Flur........., Flurstück ....

    Freifläche .... in Gemarkung ....

Abt. I   ...... KG, Stadt ....

Abt. II   ......

Abt. III   ...... Euro nebst Zinsen für ...... Bank, Stadt ......

2. Verkäufer verkauft an dies annehmenden Käufer aus dem vorbezeichneten Flurstück .... eine den Parteien in der Natur genau bekannte unvermessene Teilfläche in einer Größe von ca. .... m², die in dem als Anlage .... dieser Urkunde beigefügten Lageplan durch Linien zwischen den Buchstaben

---
1 Faßbender u. a./*Grauel*, Notariatskunde, Rz. 382.
2 Wenn nicht zwei katasterliche Flurstücke unter einer laufenden Nummer im Grundbuch eingetragen sind, die nunmehr getrennt werden müssen.
3 Übersicht über die landesrechtlichen Genehmigungserfordernisse unter (Stand 24. 7. 2003): http://www.dnoti.de/arbeitshilfen.htm#Immobilienrecht.

A-B-C-...-A umrandet und durch Schraffur besonders gekennzeichnet ist. Der Lageplan lag während der Beurkundung vor und wurde von den Beteiligten genehmigt. Er soll maßgeblich sein, soweit er von den zuvor gemachten Angaben abweicht. Der Käufer verpflichtet sich, innerhalb von 3 Wochen nach Beurkundung einen amtlich bestellten Vermesser mit der Vermessung des Kaufgegenstands zu beauftragen und den Verkäufer hierüber zu informieren.

§ ... Kaufpreis

Der vorläufige Kaufpreis für den Kaufgegenstand beträgt .... Euro. Er verändert sich nach Vorlage des amtlichen Vermessungsergebnisses um ... je m², die das Vermessungsergebnis von der in § 1 Absatz 2 gemachten Angabe abweicht.

Der vorläufige Kaufpreis wird wie nachfolgend beschrieben zur Zahlung fällig. Die Differenz zum endgültigen Kaufpreis ist zwischen den Parteien innerhalb von 4 Wochen nach Vorlage des amtlichen Vermessungsergebnisses direkt auszugleichen.

Bei Verkäufen von Teilflächen muss nach der Vermessung die Identität der vermessenen Fläche mit dem im Kaufvertrag beschriebenen Kaufgegenstand beurkundet werden.[1]

Es ist nicht erforderlich, dass diese Erklärung von den Parteien persönlich abgegeben wird, auch nicht im Verbrauchervertrag (s. oben unter Rz. 20), sondern sie kann durch die Notariatsangestellten zur Urkunde des Notars erklärt werden. Allerdings sollte der Notar dann den Entwurf der Identitätserklärung den Parteien vorab zur schriftlichen Bestätigung zuschicken.

Beispiel für eine Identitätserklärung

Zur Verhandlung .... erschien heute:

die Notariatsangestellte ....

geschäftsansässig ....,

mit der Erklärung, nachfolgend nicht im eigenen Namen zu handeln, sondern aufgrund der ihr in der Verhandlung vom ...., UR-Nr. K .... des amtierenden Notars (nachstehend **Kaufvertrag** genannt) erteilten Vollmacht für:

1. Frau ...., geb. am ....,

   wohnhaft ....

   – nachstehend **Verkäuferin** genannt –,

2. Herrn ...., geb. am ....,

   wohnhaft ....

   – nachstehend **Käufer** genannt –.

Belehrt über das Mitwirkungsverbot nach § 3 Abs. 1 Nr. 7 BeurkG, wurde die Frage des Notars nach einer Vorbefassung verneint.

---

1 Beck'sches Notarhandbuch/*Brambring*, S. 135.

Die Erschienene – handelnd wie vorstehend – erklärt:

1. Mit dem Kaufvertrag hat der Verkäufer an den Käufer eine Teilfläche von ca. .... m² des Flurstücks ...., der Flur ...., Gemarkung ...., eingetragen im Grundbuch des Amtsgerichts .... von .... Blatt ....,

   – nachstehend **Kaufgegenstand** genannt –

   verkauft und aufgelassen.

2. Auf der Grundlage der Fortführungsmitteilung des Kataster- und Vermessungsamts des Landkreises .... vom ...., Fortführungs-Nr. ...., hat der Kaufgegenstand folgende Bezeichnung erhalten:

   Flur ...., Flurstück .... mit einer Größe von .... m².

3. Als Bevollmächtigte erkläre ich hiermit für Verkäufer und Käufer, dass der Kaufgegenstand mit dem Flurstück ...., der Flur ...., der Gemarkung – ...., groß .... m² identisch ist.

4. Vorsorglich wird die bereits in § ... des Kaufvertrags erklärte Auflassung wie folgt wiederholt:

   Verkäufer und Käufer sind sich einig, dass das Eigentum an dem Flurstück ...., der Flur ...., der Gemarkung .... auf den Käufer – zu Alleineigentum – übergeht und bewilligen und beantragen die Umschreibung im Grundbuch.

5. Die Kosten dieser Urkunde trägt gemäß § ... des Kaufvertrags der Käufer.

(2) Grundstücksverbindung

117 Nach § 890 BGB können mehrere Grundstücke rechtlich miteinander verbunden werden und zwar entweder in der Weise, dass sie zu einem Grundstück vereinigt werden, § 890 Abs. 1 BGB, § 5 GBO oder so, dass das eine Grundstück dem anderen oder mehrere einem Grundstück als Bestandteil zugeschrieben werden, § 890 Abs. 2 BGB, § 6 GBO.

118 Die beteiligten Grundstücke sollen **im Bezirk desselben Grundbuchamts** liegen und **unmittelbar aneinander grenzen**. Eine Abweichung davon ist nur möglich, wenn hierfür, insbesondere wegen der Zugehörigkeit baulicher Anlagen und Nebenanlagen, ein erhebliches Bedürfnis besteht. Dafür ist, zum Nachweis der Lage der Grundstücke zueinander, eine von der zuständigen Behörde (meist das Katasteramt) beglaubigte Karte vorzulegen und das erhebliche Bedürfnis auch ohne öffentliche beglaubigte Form glaubhaft zu machen, §§ 5, 6 Abs. 2 GBO.

119 Für die Vereinigung gemäß § 890 Abs. 1 BGB ist ein öffentlich beglaubigter Antrag erforderlich.

Wirkungen der Vereinigung:

▷ Die vereinigten Grundstücke verlieren ihre Selbständigkeit und werden nicht wesentliche Bestandteile des einheitlichen Grundstücks.

▷ Die bisherigen Belastungen verbleiben bei den Teilstücken und erstrecken sich nicht auf die anderen Teilgrundstücke.

▷ Nach der Vereinigung bestellte Belastungen gelten dagegen für das ganze vereinigte Grundstück.

Auch die Bestandszuschreibung bedarf eines öffentlich beglaubigten Antrags. 120

Wirkungen der Bestandszuschreibung:

▷ Das zugeschriebene Grundstück verliert seine Selbständigkeit und wird nichtwesentlicher Bestandteil des einheitlichen Grundstücks.

▷ Im Gegensatz zur Vereinigung erstrecken sich die auf dem Hauptgrundstück lastenden Grundpfandrechte auch auf das zugeschriebene Grundstück. Allerdings stehen sie im Rang nach den auf dem zugeschriebenen Grundstück bisherigen eingetragenen Belastungen, § 1131 BGB. Auf dem zugeschriebenen Grundstück ruhende Grundpfandrechte erfassen nicht das Hauptgrundstück; andere Rechte (Reallasten, Vorkaufsrechte, Dienstbarkeiten) verbleiben bei ihrem bisherigen Umfang, belasten also jeden Grundstücksteil besonders.

▷ Nach der Bestandszuschreibung aufgenommene Belastungen erfassen das einheitliche Grundstück.

ff) Eigentumsüberschreibung

§ 53 BeurkG verlangt die **Einreichung der Urkunde beim Grundbuchamt** „sobald die Urkunde eingereicht werden kann", das heißt wenn sie vollzugsreif ist. Für die Vollzugsreife ist in der Regel erforderlich, dass alle notwendigen Unterlagen, also vorstehend besprochene Genehmigungserklärungen, Mitteilungsanzeigen etc., in der gehörigen Form für die Eintragung vorliegen. Die Einreichung der Urkunde soll ohne schuldhaftes Zögern erfolgen. In der Regel ist ein Zeitraum von einigen Arbeitstagen zuzubilligen.[1] 121

Die Einreichung zum Grundbuchamt gemäß § 53 BeurkG ist keine Betreuungstätigkeit im Sinne des § 24 BNotO, sondern eine Hilfstätigkeit zur Beurkundung, für die keine Extragebühr anfällt, da sie in der Gebühr für die Beurkundung umfasst ist.[2] 122

d) Mitarbeitervollmacht

Die so genannte Mitarbeitervollmacht, also inwieweit Mitarbeiter des Notars als Bevollmächtigte in Betracht kommen können, ist, wie oben (Rz. 20) zum Verbrauchervertrag ausgeführt, umstritten. 123

Gängige Praxis sind Vollmachten, die Mitarbeitern lediglich **zum Vollzug erteilt** werden. Was als Vollzugsgeschäft anzusehen ist, wird teilweise unterschiedlich gehandhabt, unproblematisch fallen darunter Aufgaben wie Eintragungsanträge, Rangbestimmungen, Identitätserklärungen oder Klarstellung der Grundstücks- 124

---
1 Eylmann/Vaasen, § 53 BeurkG Rz. 7; Keidel/Winkler, § 53 BeurkG Rz. 17.
2 Reithmann/Albrecht/Reithmann, Handbuch der notariellen Vertragsgestaltung, Rz. 256.

bezeichnung. Wie auch immer der Begriff des Vollzugsgeschäfts ausgelegt wird, jedenfalls muss auch hier die vorangegangene Beurkundung das Vertretergeschäft bezüglich der Belehrungspflichten nach § 17 BeurkG mitumfassen.[1]

125 Wenn der Notar sich für eine Vertretung durch seine eigenen Angestellten entscheidet, so hat er zu prüfen, ob die Vertreter „im Sinne" des Vertretenen handeln. Er darf sich also nicht darauf verlassen, dass seine Mitarbeiter die Grenzen ihrer Vertretungsmacht kennen und an diese halten.[2] Bei anderen Vertretern, ebenso vertretenden Angestellten eines anderen Notars, dagegen obliegt ihm die Überprüfungspflicht nicht.

Beispiel einer Vollzugsvollmacht für Mitarbeiter

§ ... Vollzugsvollmacht

Die Kaufvertragsparteien – jede für sich – erteilen den bei dem Beurkundenden dienstansässigen Angestellten

....

jeder für sich allein

Vollmacht

zur Abgabe von Erklärungen aller Art, die der Durchführung dieses Vertrags und/oder dem von den Parteien gewollten Rechtserfolg dienen. Diese umfasst auch das Recht, Änderungen oder Ergänzungen des Vertrags und zwar aller Art vorzunehmen, auch soweit Auflagen zu erfüllen sind.

Die Vollmacht berechtigt auch zur Abgabe einer etwa notwendig werdenden **Identitätserklärung, zur Abgabe von Erklärungen, mit der die Abschreibung etwa verkaufter Teilflächen sowie die Vereinigung derselben zu einem Grundstück und Anlegung eines Grundbuchblatts und/oder mehrerer Grundbuchblätter beantragt** und bewilligt werden sowie die Auflassung – ggf. auch erneut – zu erklären.

Soweit möglich sind die Bevollmächtigten von den Beschränkungen des § 181 BGB befreit. Die Bevollmächtigten sind berechtigt, Untervollmacht zu erteilen. Die Vollmacht gilt über den Tod der Bevollmächtigenden hinaus.

Unter Freistellung der Bevollmächtigten von jeder persönlichen Haftung erteilen die Vertragsparteien dem Beurkundenden den Auftrag, von den beurkundeten Erklärungen nur im Interesse der Beteiligten unter Übernahme der Amtshaftung Gebrauch zu machen.

§ ... Vollmachtsbeschränkung

Von sämtlichen Vollmachten in dieser Verhandlung darf nur vor dem amtierenden Notar, seinem amtlich bestellten Vertreter oder von einem mit ihm in Sozietät verbundenen Notar Gebrauch gemacht werden.

---

1 *Eylmann/Vaasen*, § 17 BeurkG Rz. 35.
2 *Huhn/von Schuckmann*, Beurkundungsgesetz, § 17 BeurkG Rz. 234.

3. Treuhänderische Tätigkeiten und Notaranderkonto

a) Treuhänderische Tätigkeiten[1]

Die wichtigste Treuhandaufgabe besteht in der Sicherung von Leistungen und Gegenleistungen bei Grundstücksverträgen. Dazu gehören vor allem:[2]

▷ die Überwachung der Kaufpreisfälligkeit und die Zurückhaltung des Umschreibungsantrags bis die Kaufpreiszahlung bestätigt ist;

▷ die Freistellung des Kaufobjekts von den eingetragenen Belastungen aus dem Kaufpreis.

Der Treuhandauftrag und das Notaranderkonto sind Instrumente zur Erfüllung dieser Treuhandfunktionen. Nimmt der Notar einen Treuhandauftrag an, verpflichtet er sich, von einer bestimmten Urkunde (z. B. Löschungsbewilligung, Vorrangseinräumung usw.) nur Gebrauch zu machen, wenn die vom Treuhandgeber verlangten Voraussetzungen vorliegen.

Die Möglichkeit der Vertragsabwicklung mit einem Notaranderkonto wurde bis 1998 in Deutschland regional unterschiedlich gehandhabt.[3] Vor allem bei den Notaren in Norddeutschland war die nahezu formularmäßige Abwicklung über Notaranderkonto verbreitet, während sich die süddeutschen Kollegen zur Abwicklung ihrer Verträge hauptsächlich entsprechender Erklärungen bedienten und ein Notaranderkonto nur für kompliziert gestaltete Fälle benutzten.

Mit der Neufassung der Bundesnotarordnung und des Beurkundungsgesetzes 1998[4] wurde schließlich gesetzlich geregelt, dass die Vertragsabwicklung mit Notaranderkonto, die so genannte Verwahrung, nur **bei berechtigtem Sicherungsinteresse** der am Verwahrungsgeschäft beteiligten Personen zulässig ist. Ein solches liegt vor allem vor, wenn der Besitz möglichst früh übergehen soll oder wenn auf der Seite des Verkäufers mehrere Banken stehen und der Abwicklungsprozess sich damit kompliziert gestaltet. Finanziert der Käufer den Kaufpreis aus Darlehen mehrerer Kreditgeber, die aus dem Grundbesitz dinglich abzusichern sind, und ist der verkaufte Grundbesitz mit Rechten Dritter, insbesondere mit Grundpfandrechten, belastet, die aus dem Kaufpreis abzulösen sind, ist eine Abwicklung der Kaufpreiszahlung über Anderkonto des Notars in der Regel geeignet, wenn die Finanzierungsgläubiger nicht bereit sind, für den Käufer die Lastenfreistellung (nach Sicherstellung vollständiger Kaufpreiszahlung) zu übernehmen.

Mit der Gesetzesnovelle hat der Gesetzgeber die §§ 54a–e BeurkG und § 23 Hs. 2 BNotO, der deklaratorisch auf die §§ 54a–d BeurkG verweist[5], eingefügt. In seinen Begründungen führt er u. a. aus, dass der formularmäßig vorgesehenen Verwahrung entgegengewirkt werden sollte. Dem Notar ist deshalb die formularmäßige Einrichtung eines Notaranderkonto untersagt.

---

[1] Zu den bei der Abwicklung des Kaufvertrags auftretenden Finanzierungsfragen bezüglich der Belastungsvollmacht siehe unten Rz. 236 ff.
[2] Faßbender u. a./*Peter*, Notariatskunde, Rz. 370.
[3] *Rohs/Heinemann*, Die Geschäftsführung der Notare, Rz. 274.
[4] Mit Gesetz vom 31. 8. 1998 (BGBl. I S. 2585); Neufassung am 8. 9. 1998 in Kraft getreten.
[5] Das Fehlen einer Verweisung auf § 54e BeurkG dürfte ein bloßes Redaktionsversehen sein.

Hinweis:

Der Notar sollte deshalb die Abwicklung mit oder ohne Notaranderkonto am konkreten Fall prüfen und sich für den sichersten und den Interessen der Parteien am ehesten gerecht werdenden Weg entscheiden.[1]

131 Für Makler- und Bauträgerverträge gelten die gesetzlichen Besonderheiten der MaBV, die hier nicht berücksichtigt sind; dazu ausführlich Teil 7.

b) Abwicklung mit Notaranderkonto

132 Wenn der Kaufpreis vollständig auf dem Anderkonto hinterlegt ist, kann der Notar die erforderliche Prüfung, der zwischen Verkäufer und Käufer vereinbarten und den abzulösenden Gläubigern bzw. den Finanzierungsgläubigern gesetzten Voraussetzungen, für die Auszahlung des Kaufpreises vornehmen.

aa) Hinterlegungsvereinbarung und -anweisung

133 Meist steht bei Vertragsbeurkundung fest, ob eine Kaufpreishinterlegung geboten ist oder nicht. Erscheint sie geboten, ist eine eindeutige Hinterlegungsverpflichtung zu vereinbaren.

Bei der Hinterlegungsvereinbarung im Kaufvertrag sind die Hinterlegungsvoraussetzungen, Auszahlungsvoraussetzungen, die Zahlungsempfänger und (in Ausnahmefällen) die Rückzahlungsvoraussetzungen zu unterscheiden, also

▷ wann der Kaufpreis vom Käufer auf dem Anderkonto zu hinterlegen ist,

▷ wann der hinterlegte Betrag auszuzahlen ist,

▷ an wen auszuzahlen ist und eventuell

▷ wann der hinterlegte Betrag zurückzuerstatten ist.

Beispiel einer Hinterlegungsvereinbarung und -anweisung

---

§ ... **Kaufpreis**

1. Der Kaufpreis für den Kaufgegenstand beträgt

.... Euro

(in Worten: .... Euro).

2. Der Kaufpreis wird wie folgt belegt:

Der Kaufpreis ist bis zum ... (Stichtag) auf ein von dem Notar einzurichtendes Notaranderkonto zu hinterlegen. Die Zinsen auf dem Anderkonto stehen dem Verkäufer zu.

---

[1] In seine Überlegungen kann der Notar auch die jeweiligen Kostenvorteile und Nachteile einbeziehen. Bei der Variante mit Notaranderkonto können hohe Hebegebühren nach § 149 KostO (s. auch unter Rz. 138) anfallen. Ebenso können bei der Abwicklung ohne Verwahrung nicht unbedeutende Nebengebühren nach § 147 Abs. 2 KostO entstehen.

3. Die Kaufpreisforderung ist erfüllt, wenn der Kaufpreis hinterlegt wurde, keine vertraglichen Rücktrittsrechte mehr bestehen und die Auszahlung des Kaufpreises an den Verkäufer nicht von Auflagen abhängt, die über die Bedingungen dieses Vertrags hinausgehen. Damit ist der Kaufpreis belegt.

4. Der Verkäufer ist bevollmächtigt, dem Notar allein schriftliche Anweisungen hinsichtlich einer eventuellen Festlegung des Bestands des Anderkontos zu erteilen. Ansonsten ist der Notar berechtigt, aber nicht verpflichtet, den Kaufpreis nach seinem Ermessen als Monatsgeld festlegen zu lassen.

5. Der Beurkundende erörterte mit den Beteiligten die verschiedenen Formen der Kaufpreisbelegung und der dabei entstehenden Kosten und Gebühren, insbesondere, dass es auch möglich und gegebenenfalls mit geringeren Kosten verbunden ist, wenn der Kaufpreis unmittelbar an den Verkäufer bzw. die abzulösende Bank bezahlt wird. Die Beteiligten wünschten dennoch die in diesem Vertrag gewählte Belegungsform.

§ ... Auszahlungsanweisung

1. Der Notar wird von den Vertragsparteien angewiesen,

    1.1 soweit der Verkäufer dies nicht selbst vornimmt, aus dem zu hinterlegenden Betrag die Lastenfreistellung des Kaufgegenstands herbeizuführen

    1.2 sowie den danach auf dem Anderkonto verbleibenden Betrag nach Weisung des Verkäufers auszuzahlen.

2. Die jeweiligen Zahlungen soll der Notar veranlassen, sobald

    1.2 der Antrag auf Eintragung der Vormerkung (§ ...) bei dem zuständigen Grundbuchamt eingegangen ist und der Notar durch Grundbucheinsicht festgestellt hat, dass – mit Ausnahme der Zahlung des Kostenvorschusses – keine Hindernisse gegen eine Eintragung im Grundbuch ersichtlich sind und

    1.3 die Löschungsunterlagen, mit denen der Kaufgegenstand insgesamt lastenfrei im Sinne dieses Vertrags gestellt werden kann, beim Grundbuchamt zum Vollzug eingereicht sind;

    1.4 feststeht, dass öffentliche Vorkaufsrechte nicht bestehen bzw. auf die Ausübung solcher Vorkaufsrechte verzichtet wird und

    1.5 die zur Durchführung des Kaufvertrags erforderlichen Unterlagen und Genehmigungen vorliegen, mit Ausnahme der steuerlichen Unbedenklichkeitsbescheinigung.

3. Der Käufer ist verpflichtet, dafür Sorge zu tragen, dass bis zu dem Zeitpunkt, zu dem sämtliche vorstehenden Bedingungen eingetreten sind, eventuelle über diese Bedingungen hinausgehende Treuhandauflagen erfüllt sind; soweit die Bestellung eines Grundpfandrechts innerhalb der in § ... erteilten Vollmacht verlangt wird, ist hierfür ausreichend, dass der Käufer die Bestellung ordnungsgemäß vorgenommen hat.

134 Der **Hinterlegungstermin** bestimmt sich zunächst nach dem Wunsch der Parteien, wann der Besitz übergehen soll. Dies kann z. B. der Tag nach vollständiger Hinterlegung sein. In der Hinterlegung sollte ein fester Termin festgelegt werden. Wenn jedoch der Verkäufer bei Vertragsschluss vollmachtlos vertreten wurde, ist die Hinterlegung regelmäßig vom Eingang der Genehmigung bzw. Vollmachtsbestätigung in der Form des § 29 GBO abhängig zu machen.

135 **Auszahlungsvoraussetzungen** sollten grundsätzlich nur Vorgänge sein, die der Notar selbst feststellen kann, so die Eintragung der Vormerkung für den Käufer, das Vorliegen der Genehmigungen und Negativateste (außer der steuerlichen Unbedenklichkeitsbescheinigung), die Sicherstellung der Ablösung aller nicht übernommenen Belastungen (unter Auflagen, die der Notar erfüllen kann) etc. Der Notar ist dagegen nicht in der Lage, den Entritt der Voraussetzung, dass eine Baugenehmigung auflagenfrei erteilt ist oder die fälligen Erschließungskosten vom Verkäufer gezahlt sind, festzustellen, weshalb solche Auszahlungsvoraussetzungen vermieden werden sollten.

136 Die Hinterlegungsvereinbarung legt fest, an wen bei **Auszahlungsreife** der hinterlegte Kaufpreis auszuzahlen ist. Bei Ablösung von Darlehensverbindlichkeiten des Verkäufers darf erst an den Verkäufer ausgezahlt werden, wenn die Lastenfreistellung sichergestellt ist, also auch feststeht, dass aus dem auf dem Anderkonto verbleibenden Betrag die vollständige Ablösung erfolgen kann. Über den hinterlegten Betrag sollte grundsätzlich bei vollständiger Auszahlungsreife in einem Vorgang verfügt werden.

137 Ebenso sollte der Notar darauf hinwirken, dass eine Berechtigung seinerseits vereinbart wird, die Darlehensverbindlichkeiten in der von den Gläubigern angeforderten Höhe abzulösen. Die Zinsen stehen regelmäßig dem Verkäufer zu, dies soll nach § 11 Abs. 1 Satz 1 DNot in der Hinterlegungsvereinbarung auch bestimmt sein.

bb) Hebegebühr, § 149 KostO

138 Bei der Aus- oder Rückzahlung der an den Notar gezahlten Beträge fällt eine **Hebegebühr** an. Diese Hebegebühr deckt die gesamte Tätigkeit des Notars, die mit der Erhebung, Verwahrung und Ablieferung verbunden ist, ab. So werden auch Nebentätigkeiten, wie beispielsweise die notarielle Prüfung der im Kaufvertrag bestimmten Voraussetzungen für die Kaufpreisauszahlung, der Schriftverkehr mit der jeweiligen Bank etc., abgegolten.

139 Neben der Hebegebühr des § 149 KostO kann grundsätzlich keine zusätzliche Nebengebühr nach § 147 Abs. 2 KostO entstehen, da diese Vorschrift eine subsidiäre Vergütungsregelung enthält und § 149 KostO bereits eine andere, besondere gesetzliche Gebührenregelung darstellt, mit der alle notariellen Tätigkeiten bei der Aus- bzw. Rückzahlung umfasst sind.[1]

---

[1] *Rohs/Heinemann*, Die Geschäftsführung der Notare, Rz. 742; Beck'sches Notarhandbuch/*Tönnies*, S. 195 a. E.

Die Hebegebühr wird gemäß § 149 Abs. 2 KostO von jedem aus- oder rückzuzahlenden Betrag erhoben. § 149 KostO führt die Höhe der Gebühren auf. Die Degression dieser Tabelle führt dazu, dass bei der Aus- oder Rückzahlung mehrerer kleiner Beträge höhere Hebegebühren anfallen als bei einem großen Auszahlungsbetrag. 140

Gemäß § 448 Abs. 2 BGB trägt der Käufer die Kosten, die unmittelbar durch die Grundstücksveräußerung entstehen. Damit sind vor allem Gebühren und Auslagen gemäß der Kostenordnung gemeint,[1] also auch die Hinterlegungskosten. Die darüber hinaus anfallenden **Mehrkosten** sind jedoch dem Verkäufer anzurechnen, z. B. wenn mehrere Verkäufergläubiger mit ihren Grundschulden abgelöst werden müssen. Üblich ist daher folgende Formulierung: 141

> Die Kosten dieses Vertrags und seiner Durchführung einschließlich der Hebegebühren des Notaranderkontos und die Grunderwerbsteuer trägt der Käufer. Kosten der Lastenfreistellung werden jedoch vom Verkäufer getragen, einschließlich des Mehrbetrags der Hebegebühren, der durch nicht vom Käufer veranlasste Teilauszahlungen des Kaufpreises verursacht wird. Jede Partei trägt selbst nur durch sie ausgelöste Mehrkosten (Kosten einer Genehmigung, einer anwaltlichen Beratung etc.).

Gemäß § 149 Abs. 1 Satz 3 KostO kann der Notar die Gebühr **bei der Ablieferung** an den Auftraggeber entnehmen, d. h. er kann sie dem bei ihm hinterlegten Betrag entnehmen, sobald er die jeweilige Summe an den Auftraggeber selbst oder an einen von mehreren Auftraggebern abliefern muss.[2] Daraus ergibt sich auch, dass dem Notar diese Befugnis nicht zusteht, wenn er die Summe an einen Dritten ausbezahlen soll oder wenn es sich um eine Forderung aus anderer Sache handelt.[3] Allerdings kann die Entnahme mit dem Auftraggeber oder dem Dritten vereinbart und ihm gestattet sein.[4] 142

c) Abwicklung ohne Notaranderkonto

Die Hinterlegung sollte nicht als Abwicklungsmethode gewählt werden, wenn kein berechtigtes Sicherungsinteresse gemäß § 54 a Abs. 2 BeurkG besteht. Stattdessen bietet sich dann die Abwicklung durch Direktzahlung an. Dies stellt den **Regelfall** der Grundstückskaufvertragsabwicklung dar. 143

Dabei bestellt der Käufer unter Mitwirkung des Verkäufers – selbst anwesend oder mit Finanzierungsvollmacht (siehe ausführlich unter Rz. 236 ff.) – die zur Kaufpreisfinanzierung notwendigen Grundpfandrechte und bewilligt deren sofortige Eintragung ins Grundbuch. Die Eintragung der Käufergrundpfandrechte und der im Rang zurücktretenden Auflassungsvormerkung sollte sofort beantragt werden. 144

---

1 Palandt/*Putzo*, § 448 BGB Rz. 7.
2 *Rohs/Heinemann*, Die Geschäftsführung der Notare, Rz. 743.
3 *Hartmann*, Kostengesetze, § 149 KostO Rz. 15.
4 *Rohs/Heinemann*, Die Geschäftsführung der Notare, Rz. 743.

145 Anschließend schreibt der Notar den abzulösenden Grundpfandrechtsgläubiger des Verkäufers, mit der Bitte um Aufgabe der Forderungen und Übersendung der Löschungsunterlagen, zu treuen Händen an. Zweckmäßigerweise sollte der Eigentümer der Löschung bereits im Kaufvertrag zugestimmt haben. Das Kreditinstitut des Verkäufers verlangt dabei meist, dass der Notar die Löschungsunterlagen erst verwenden darf, wenn sichergestellt ist, dass der jeweils geforderte Rückzahlungsbetrag an den betreffenden Gläubiger des Verkäufers entrichtet wird.

146 Der Finanzierungsbank des Käufers bestätigt der Notar nun die Eintragung des Grundpfandrechts bzw. dessen Sicherstellung (siehe unten Rz. 146). Sobald dann die Löschungsunterlagen und die weiteren Fälligkeitsvoraussetzungen vorliegen, teilt der Notar dem Käufer die Fälligstellung des Kaufpreises mit (siehe unten Rz. 152), woraufhin die Bank des Käufers die Beträge an die abzulösenden Gläubiger zahlt. Die Fälligkeitsvoraussetzungen, also Eintragung der Vormerkung, Sicherung der Lastenfreistellung und Beschaffung der erforderlichen Genehmigungen, entsprechen den Auszahlungsvoraussetzungen bei der Abwicklung mit Notaranderkonto. Für Bauträgerverträge sind bei der Kaufpreisfälligkeit die gesetzlichen Besonderheiten der MaBV zu beachten.

147 Die abzulösenden Gläubiger bescheinigen dann den Eingang der Zahlung, so dass der Notar die nicht übernommenen Rechte im Grundbuch löschen lassen kann. Damit wird dem Grundpfandrecht der finanzierenden Kreditinstitute des Käufers der entsprechende Rang im Grundbuch verschafft. Die Eigentumsumschreibung auf den Käufer kann erfolgen.

Beispiel einer Abwicklung ohne Notaranderkonto

§ ... **Kaufpreis**

1. Der Kaufpreis für den Kaufgegenstand beträgt

.... Euro

(in Worten: .... Euro).

2. Der Kaufpreis wird wie folgt belegt:

Der gesamte Kaufpreis ist innerhalb von 14 Tagen zur direkten Zahlung

– zunächst an Gläubiger etwaiger in Abt. III eingetragener Belastungen in Höhe des geforderten und vom Notar mitgeteilten Ablösebetrags

– und sodann in Höhe des Restbetrags an den Verkäufer auf dessen Konto bei der ...., BLZ ...., Kto-Nr. ....,
fällig,

nachdem der Notar dem Käufer schriftlich durch Einschreiben/Rückschein mitgeteilt hat, dass

– die Vormerkung auf Eigentumsverschaffung zugunsten des Käufers vertragsgerecht eingetragen ist;

– ihm Pfandhaftentlassungserklärungen etwaiger Gläubiger von in Abt. III eingetragenen Belastungen auflagenfrei oder mit der Maßgabe vorliegen, über die

Pfandhaftentlassungserklärung nur nach Zahlung eines Betrags, der nicht höher als der Kaufpreis sein darf, zu verfügen, und ihm die Erklärung der etwaigen Gläubiger von in Abt. III eingetragener Belastungen vorliegen, wonach diese die Grundpfandrechte nicht abgetreten haben oder nicht abtreten werden und

– alle zur Durchführung des Kaufvertrags erforderlichen Unterlagen und Genehmigungen vorliegen (mit Ausnahme der steuerlichen Unbedenklichkeitsbescheinigung).

aa) Rangbestätigung des Notars

Mit der notariellen Rangbestätigung werden die oft problematisch **langen Vollzugszeiten der Grundbuchämter** überwunden. Der Notar bestätigt dem Finanzierungsinstitut des Käufers, dass der Antrag auf Eintragung des Grundpfandrechts gestellt ist und das Recht die gewünschte Rangstelle im Grundbuch erhalten wird. Aufgrund dieser Bescheinigung zahlt das Geldinstitut dann den jeweiligen Betrag aus. Für ein solches Vorgehen übernimmt der Notar jedoch eine **große Verantwortung**, auch wenn er den Sachverhalt durch Einblick im Grundbuch und in den Grundakten gründlich prüft und daraufhin feststellt, dass der Eintragung ins Grundbuch keine ausschließbaren Hindernisse entgegenstehen. 148

In der Praxis treten hierbei immer wieder erhebliche Probleme auf. Festzuhalten ist, dass das Risiko beim Finanzierungsgläubiger verbleibt und der Notar nur für die Richtigkeit, der ihm ersichtlichen, festgestellten Tatsachen und der gutachterlich geäußerten, rechtlichen Folgerungen[1] daraus haftet. Trotzdem fordern einige Kreditinstitute eine Bescheinigung, die der Notar nicht in der Lage ist abzugeben. Mit Rundschreiben vom 17. 2. 1999[2] hat die Bundesnotarkammer deshalb einen Formulierungsvorschlag für **Notarbestätigungen** gemacht, der die individuelle Abstimmung auf den konkreten Fall ermöglicht. 149

Dennoch gilt es, gewisse **Gefahren** bei der Erteilung einer Notarbestätigung zu beachten. So bereiten vor allem der Widerruf der dinglichen Einigung – soweit keine Bindung nach § 873 Abs. 2 BGB besteht –, vorgehende Eintragungsanträge, die aus den Grundakten nicht ersichtlich sind, nicht erkennbare Mängel der Verfügungsbefugnis des Bestellers und nicht ersichtliche öffentlich-rechtliche Genehmigungserfordernisse Schwierigkeiten. 150

Weitere Unsicherheiten entstehen, wenn dem einzutragenden Grundpfandrecht der verlangte Rang noch durch Löschung, Rangrücktritt oder Grundbuchberichtigung verschafft werden muss. Dies gilt ganz besonders bei einem **Widerruf einer dinglichen Einigung** oder der Löschungsbewilligung, der Abtretung oder Pfändung vorgehender Rechte oder von Eigentümerrechten an dem vorgehenden Recht und dem Widerruf von Eintragungsanträgen, die wie bei der Löschung vorrangiger Rechte nicht vom Kreditinstitut selbst gestellt werden können. 151

---

1 Bei dieser Mischung von tatsächlichen Feststellungen und gutachterlichen Äußerungen ist die Bestätigung nicht als Tatsachenbescheinigung i. S. v. § 39 BeurkG, sondern als Gutachten anzusehen.
2 Bundesnotarkammer, Rundschreiben Nr. 05/99 v. 17. 2. 1999.

Muster für eine Notarbestätigung

Notarbestätigung

In meiner Eigenschaft als Notar bestätige ich der

.... Bank:

1. Der Antrag auf Eintragung des Grundpfandrechts über .... Euro, meine UR-Nr. K ...., wurde am .... auch in Ihrem Namen gestellt und ist am ... beim Grundbuchamt eingegangen.
2. Die Einsicht in das Grundbuch und die Grundakten von .... Blatt .... hat ergeben, dass keine unerledigten Anträge vorliegen, durch die der vereinbarte Rang der bewilligten Grundschuld beeinträchtigt werden könnte.
3. Im Grundbuch sind keine Belastungen eingetragen, die der Grundschuld im Range vorgehen würden.
4. Hindernisse, die der beantragten Eintragung der Grundschuld entgegenstehen, sind mir nicht bekannt geworden.

---

bb) Fälligkeitsbestätigung des Notars

152 Für die bereits erwähnte Fälligkeitsmitteilung können die Beteiligten dem Notar einen Betreuungsauftrag erteilen. Der Notar sollte jedoch die Mitteilung nur für Fälligkeitsvoraussetzungen übernehmen, die er zuverlässig und sachkundig feststellen kann, insbesondere Genehmigungen, Vorkaufsrechtzeugnis, Lastenfreistellung, Vormerkung.

153 Die Mitteilung des Notars kann die Fälligkeit auslösen, so genannte konstitutive Mitteilung, oder lediglich die Beteiligten von der Fälligkeit in Kenntnis setzen, auch deklaratorische Mitteilung, wonach die Zahlungsfrist mit der Notarmitteilung beginnt, wenn der Käufer nicht zuvor anderweitig Kenntnis erlangt hat. Welche Wirkung die Mitteilung hat, hängt von der Vereinbarung im Vertrag ab.[1] § 3 MaBV schreibt für den **Bauträgervertrag** sogar eine **konstitutive Mitteilung** zwingend vor.

II. Grundstücksbelastungen

154 Der Eigentümer kann grundsätzlich nach Belieben über das ihm gehörende Grundstück verfügen, er kann einem Dritten auch bestimmte Rechte an dem Grundstück einräumen. Hierbei überträgt der Eigentümer einen Teil seiner Be-

---

1 Ob in der notariellen Fälligkeitsbestätigung auch eine Zahlungsaufstellung zu sehen ist, wie sie § 286 Abs. 3 BGB für den Verzug 30 Tage nach Fälligkeit voraussetzt, ist strittig, vgl. u. a. *Hertel*, DNotZ 2000, 130 (135); *Brambring*, DNotZ 2000, 245 (250); *Basty*, DNotZ 2000, 261 (264). Im obigen Beispiel einer Abwicklung ohne Notaranderkonto kann dieser Streit dahinstehen, da diesbezüglich eine vertragliche Vereinbarung aufgenommen wurde.

fugnisse, womit der Dritte eine Teilberechtigung am Grundstück erwirbt, ein beschränktes dingliches Recht.

Die Teilberechtigungen werden generell in Nutzungsrechte, Verwertungsrechte und Erwerbsrechte eingeteilt. 155

▷ Zu den Nutzungsrechten zählen die **Dienstbarkeiten** wie die Grunddienstbarkeit, die beschränkte persönliche Dienstbarkeit und der Nießbrauch, und eingeschränkt auch die Reallast.

▷ Verwertungsrechte stellen die **Grundpfandrechte** wie Hypothek, Grundschuld und Rentenschuld dar.

▷ Ein **Erwerbsrecht** ist das Vorkaufsrecht.

1. Dienstbarkeiten

Dienstbarkeiten sind auf ein **Dulden oder Unterlassen** gerichtete Rechte am Belastungsgegenstand. Ein beschränkter Teil von den dem Eigentümer zustehenden Rechten wird dem Nutzungsrechtsinhaber übertragen. Sie sind, im Gegensatz zu den Verwertungsrechten, nicht auf eine aktive Handlungspflicht des Belasteten gerichtet. 156

Das BGB fasst unter dem Oberbegriff Dienstbarkeiten die Grunddienstbarkeit, die beschränkt persönliche Dienstbarkeit und den Nießbrauch zusammen. Ebenso als Dienstbarkeit einzuordnen sind das Dauerwohnrecht und das Dauernutzungsrecht (§§ 31 ff. WEG).[1] 157

a) Grunddienstbarkeit

Im Zusammenhang mit Bauvorhaben ist insbesondere die Grunddienstbarkeit von Interesse. Diese gewährt beschränkte dingliche Rechte an dem belasteten (dienenden) Grundstück zugunsten des jeweiligen Eigentümers eines anderen begünstigten (herrschenden) Grundstücks. Gemäß § 1018 BGB muss der Eigentümer des dienenden Grundstücks deshalb einzelne Benutzungen des Grundstücks dulden, darf einzelne tatsächliche Handlungen nicht vornehmen oder darf einzelne aus dem Eigentum fließende Rechte nicht ausüben. 158

Die **Nutzungsdienstbarkeit** umfasst z. B. Wegerechte (Zugang und Zufahrt) oder das Recht, Leitungen im Grundstück zu legen. Ein uneingeschränktes Nutzungsrecht, das den Eigentümer völlig von der Nutzung ausschließt, kann jedoch nicht Inhalt einer Dienstbarkeit sein, außer die Ausübung der Dienstbarkeit beschränkt sich nur auf einen Teil des Grundstücks.[2] Im Bereich der **Unterlassungsdienstbarkeit** darf beispielsweise ein Grundstück nicht oder nur in bestimmter Weise bebaut werden, müssen über das Nachbarrecht hinausgehende Grenzabstände eingehalten werden oder sollen bestimmte Gewerbe auf dem Grundstück nicht ausgeübt werden. Bei Bestellen einer **Duldungsdienstbarkeit** müssen 159

---
1 Palandt/*Bassenge*, vor § 1018 BGB Rz. 1.
2 BGH, NJW 1992, 1101.

z. B. Immissionen (Lärm, Gerüche etc.) oder eine geringere Abstandsfläche eines Nachbargrundstücks geduldet werden.

Beispiel der Bestellung eines Geh-, Fahr- und Leitungsrechts

Der Käufer bestellt zulasten des Kaufgegenstands (dienendes Grundstück) zugunsten des jeweiligen Eigentümers des Flurstücks ...., der Flur ...., der Gemarkung .... (herrschendes Grundstück) eine Grunddienstbarkeit folgenden Inhalts:

Ein Geh-, Fahr- und Leitungsrecht, das in seiner Ausübung auf den in dem beiliegenden Lageplan (Anlage ...) mit den Buchstaben ...-...-...-... umschriebenen ca. ... Meter breiten Streifen begrenzt ist sowie ein Anschluss- und Leitungsrecht zu dem auf dem Flurstück .... befindlichen und mit den Buchstaben ... und ... bezeichneten Stromanschlusskasten und der Trinkwasseranschlussgrube. Der Eigentümer des dienenden Grundstücks darf den Stromanschlusskasten verlegen, soweit dies durch seine Bebauung bedingt ist.

Die Grunddienstbarkeit darf nur ausgeübt werden im Rahmen der Nutzung des herrschenden Grundstücks als Eigenheimgrundstück. Das Recht des Eigentümers des dienenden Grundstücks, den betroffenen Grundstücksstreifen mitzubenutzen, bleibt unberührt. Die ordnungsgemäße Herstellung und Instandhaltung der Wegefläche und der Anschlussleitungen und die Schneeräumungspflicht auf der Wegefläche übernimmt der Verkäufer.

Die Herstellung des Geh- und Fahrweges hat so zu erfolgen, dass der von der Ausübung betroffene Grundstücksstreifen unversiegelt bleibt und nur die Fahrspuren mit Rasengittersteinen oder Kunststoffwaben, in Absprache mit dem Eigentümer des dienenden Grundstücks, ausgelegt werden.

Der Eigentümer des herrschenden Grundstücks ist verpflichtet, dem Eigentümer des dienenden Grundstücks vollen Schadenersatz für alle Schäden am dienenden Grundstück zu leisten, die durch die Ausübung des Geh- und Fahrrechts entstehen. Das Parken auf dem betroffenen Grundstücksstreifen ist nicht gestattet.

Die Grunddienstbarkeit berechtigt den Eigentümer des herrschenden Grundstücks auch, Versorgungsleitungen jeder Art, die zum herrschenden Grundstück führen, zu legen und zu benutzen, einschließlich etwa erforderlicher Reparaturen und Erneuerungen. Die Kosten der Anlegung und Unterhaltung der benutzten Leitungen, wozu auch die Kosten der Wiederherstellung der Erdoberfläche gehören, die in jedem Fall schnellstens zu geschehen hat, trägt der Eigentümer des herrschenden Grundstücks allein.

Es wird bewilligt und beantragt, die vorstehend bestellte Grunddienstbarkeit zu Lasten des Kaufgegenstands im Grundbuch einzutragen und beim herrschenden Grundstück zu vermerken.

160 Die Belastung muss zugunsten des jeweiligen Eigentümers des begünstigten Grundstücks erfolgen. Dabei können Leistungspflichten niemals den Hauptinhalt bilden. Die Grunddienstbarkeit kann weiterhin nur bestellt werden, wenn sie für die Benutzung des Grundstücks des Berechtigten einen **Vorteil** bie-

tet, jedoch nicht nur für den einzelnen Eigentümer persönlich, § 1019 BGB. Der aus der Grunddienstbarkeit Berechtigte hat nach § 1020 BGB die Interessen des Eigentümers des dienenden Grundstücks zu schonen. Unzulässig ist eine Einschränkung der rechtlichen Verfügungsfreiheit des dienenden Grundstücks.[1] Nicht dienstbarkeitsfähig ist deshalb die Pflicht, bestimmte Rechtsgeschäfte zu unterlassen oder auf Ansprüche zu verzichten, wobei die Abgrenzung im Einzelfall schwierig ist.

Sind **mehrere Grundstücke berechtigt**, kann für jedes eine eigene Dienstbarkeit eingetragen werden. Ist der Dienstbarkeitsinhalt für alle gleich, kann aber auch lediglich eine Dienstbarkeit für alle herrschenden Grundstücke eingetragen werden[2], womit Grundbuchkosten gespart und die Grundbuchübersichtlichkeit bewahrt werden.[3] Auch die so genannte Eigentümergrunddienstbarkeit, bei der dienendes und herrschendes Grundstück dem gleichen Eigentümer gehören, ist möglich.[4] 161

Bei der **Veränderung der Verhältnisse** des herrschenden Grundstücks kann sich auch die Dienstbarkeit ändern, insbesondere mit einer Bedarfssteigerung wachsen, wenn ihr Inhalt nicht genau fixiert ist. Voraussetzung dafür ist, dass sich die Bedarfssteigerung in den Grenzen einer der Art nach gleich bleibenden Benutzung des herrschenden Grundstücks hält und nicht auf eine zur Zeit der Dienstbarkeitsbestellung nicht voraussehbare oder willkürliche Benutzungsänderung zurückzuführen ist.[5] Eine Nutzungsänderung des herrschenden Grundstücks ist zulässig, wenn die Nutzungsart gleich bleibt und keine stärkere Beanspruchung als bisher eintritt.[6] 162

Die Bestellung der Dienstbarkeit beruht auf einem schuldrechtlichen, nicht formbedürftigem[7] Rechtsgeschäft. Sie entsteht durch Einigung und Eintragung im Grundbuch gemäß § 873 Abs. 1 BGB in Abt. II auf dem Grundbuchblatt des belasteten (dienenden) Grundstücks. Der Inhalt muss hinreichend bestimmt bezeichnet werden. Für die Eintragung ist eine Bewilligung des Eigentümers in Form der Beurkundung oder öffentlichen Beglaubigung notwendig, vgl. §§ 19, 29 GBO. Die Grunddienstbarkeit gilt dann als **rechtlicher Bestandteil** des herrschenden Grundstücks, kann also von diesem nicht getrennt werden und wird mit ihm übertragen. 163

Gemäß §§ 875, 876 BGB erlischt die Dienstbarkeit bei **rechtsgeschäftlicher Aufhebung** durch Erklärung des Berechtigten und Löschung. Weitere Erlöschensgründe sind der Eintritt einer auflösenden Bedingung oder eines Endtermins. Fällt der Vorteil aufgrund dauerhafter Unmöglichkeit der Ausübung der Dienstbarkeit aus tatsächlichen oder rechtlichen Gründen weg, wird das Grundbuch unrichtig. Die Löschung erfolgt aufgrund einer Löschungsbewilligung des Eigentümers des 164

---

1 BGH, NJW 1959, 670.
2 Palandt/*Bassenge*, § 1018 BGB Rz. 3; Soergel/*Stürner*, § 1018 BGB Rz. 38; Staudinger/ *Mayer*, § 1018 BGB Rz. 15.
3 Beck'sches Notarhandbuch/*Amann*, S. 474.
4 Palandt/*Bassenge*, § 1018 BGB Rz. 3.
5 Palandt/*Bassenge*, § 1018 BGB Rz. 11.
6 Palandt/*Bassenge*, § 1018 BGB Rz. 11.
7 *Weirich*, Grundstücksrecht, Rz. 710.

herrschenden Grundstücks oder aufgrund Nachweis des Erlöschens durch öffentliche Urkunde, § 22 GBO. Ebenso kann eine Dienstbarkeit in den Fällen der §§ 1025 Satz 2, 1026, 1028 BGB kraft Gesetzes erlöschen.

165 Unter den Voraussetzungen des § 7 Abs. 2 GBO kann auch nur eine Teilfläche belastet werden, die so genannte **„echte Teilbelastung"**. Allerdings kann es bezüglich dieser Voraussetzungen zu einem Streit mit dem Grundbuchamt kommen.

Hinweis:
Deshalb ist zur so genannten **„unechten Teilbelastung"** zu raten, wenn die Dienstbarkeit lediglich an einem Teil des Grundstücks ausgeübt werden soll. Dabei ist das gesamte Grundstück Gegenstand der Belastung, und nur der Ausübungsbereich wird auf die Teilfläche rechtsgeschäftlich beschränkt.

b) Beschränkte persönliche Dienstbarkeit

166 Die beschränkte persönliche Dienstbarkeit wird nicht zugunsten eines herrschenden Grundstücks, sondern einer bestimmten **natürlichen oder juristischen Person** eingeräumt. Grundsätzlich unterliegt sie den Vorschriften über die Grunddienstbarkeit, insbesondere bezüglich des Inhalts. Im Gegensatz zur Grunddienstbarkeit ist jedoch ein Vorteil für die Benutzung eines anderen Grundstücks nicht erforderlich.[1] Nach § 1091 BGB bestimmt sich ihr Umfang im Zweifel nach den persönlichen Bedürfnissen des Berechtigten.

167 Gemäß § 1092 Abs. 1 Satz 1 BGB ist diese Art der Dienstbarkeit **nicht übertragbar** und auch **nicht vererblich**. Es kann jedoch vereinbart werden, dass sie einem anderen zur Ausübung überlassen wird, § 1090 Abs. 1 Satz 2 BGB. Die Gestattung der Überlassung bedarf im Gegensatz zur Überlassung selbst der Eintragung ins Grundbuch.[2] Die Belastung kann auch für mehrere Personen als Gesamtberechtigte gemäß § 428 BGB bestellt werden.[3]

168 **Hauptanwendungsfälle** bilden Nutzungsrechte für Gewerbebetriebe (z. B. Tankstellendienstbarkeit), Leitungsrechte (z. B. für Energieversorgungsunternehmen oder Ölleitungen), Wettbewerbsverbote (z. B. zugunsten von Brauereien oder Mineralölfirmen).

Beispiel der Bewilligung einer beschränkten persönlichen Dienstbarkeit

---

Eintragungsbewilligung

Ich, der Eigentümer, ...

beantrage und bewillige hiermit zulasten meines im Grundbuch von .... Blatt ... eingetragenen Grundbesitzes

Gemarkung ...., Flur ....,

---

1 Palandt/*Bassenge*, vor § 1018 BGB Rz. 1.
2 RGZ 159, 204.
3 BGH, NJW 1967, 627.

Flurstück .... – nach katasteramtlicher Fortschreibung Flurstück .... –
folgende beschränkte persönliche Dienstbarkeit zugunsten der Energieversorgung .... GmbH einzutragen:

Die Energieversorgung .... GmbH, in ...., ist berechtigt, in einem Grundstücksstreifen von ... m Breite (Schutzstreifen) eine Fernwärmeleitung .... zu verlegen, zu betreiben, dauernd zu belassen und das Grundstück zum Zwecke des Baus, des Betriebs und der Unterhaltung der Anlage zu benutzen. Die Außengrenzen des Schutzstreifens werden bestimmt durch die Lage der Leitungstrasse, deren Achse grundsätzlich unter der Mittellinie des Schutzstreifens liegt. Auf dem Schutzstreifen des in Anspruch genommenen Grundstücks dürfen für die Dauer des Bestehens der Anlage keine Gebäude errichtet werden oder sonstige Einwirkungen, die den Bestand oder Betrieb der Anlage beeinträchtigen oder gefährden könnten, vorgenommen werden.

Die Ausübung der Dienstbarkeit ist auf die in dem beiliegenden Lageplan mit den Buchstaben ...-...-...-...-... und ...-...-...-...-...-...-... bezeichnete Fläche beschränkt.

Die Ausübung der Dienstbarkeit kann einem Dritten überlassen werden.

Der Wert der Dienstbarkeit beträgt ... Euro (i. W. ... Euro).

Die Kosten der Beglaubigung und Eintragung übernimmt die Energieversorgung .... GmbH.

Entstehende Flurschäden werden gesondert abgeschätzt und vergütet.

c) Dienstbarkeit an Wohnungseigentum

Wohnungseigentum kann Gegenstand einer Belastung mit einer Dienstbarkeit und Begünstigter auch der jeweilige Eigentümer einer anderen Eigentumswohnung sein.[1] Dabei wird allgemein danach unterschieden, ob die Belastung an einem Gegenstand des Sondereigentums oder des gemeinschaftlichen Eigentums ausgeübt werden soll. Im ersten Fall genügt es, die Dienstbarkeit an der betreffenden Eigentumswohnung oder zugunsten des jeweiligen Eigentümers einzutragen, da die Belastung nur das Sondereigentum des einzelnen Wohnungseigentümers beschränkt. So kann die Dienstbarkeit beispielsweise als Wohnungsrecht an einer Eigentumswohnung bestehen oder die berufliche Nutzung einer Eigentumswohnung beschränken. Die Dienstbarkeit, deren Wirkungen sich auf das Gemeinschaftseigentum erstrecken, muss jedoch an allen Wohnungs- und Teileigentumseinheiten eingetragen werden[2], z. B. ein Wegerecht am gemeinsamen Grundstück.

Beispiel:
Deutlich wird die Unterscheidung an folgendem Beispiel: Für einen Garagenstellplatz, der zum Sondereigentum gehört oder selbständiges Teileigentum bildet, muss eine Dienstbarkeit zugunsten desjenigen, dem das Recht zur Nutzung des Stellplatzes zukommen soll, lediglich an der entsprechenden Wohnungseinheit eingetragen werden. Die Belastung

---
1 U.a. BayObLGZ 1979, 444; BGH, DNotZ 1990, 493.
2 Mit einem Vermerk gemäß § 4 Abs. 1 WEGBVfg.

muss dagegen an allen Einheiten bestellt werden, wenn der Stellplatz zum Gemeinschaftseigentum gehört und dem jeweiligen Eigentümer ein Sondernutzungsrecht eingeräumt ist.

170 Die Behandlung von **Sondernutzungsrechten** in diesem Zusammenhang ist jedoch umstritten. Wohnungseigentümer können ein Sondernutzungsrecht zugunsten eines einzelnen Wohnungseigentümers vereinbaren und durch Eintragung ins Grundbuch zum Inhalt des Sondereigentums machen. Allerdings wird damit nur die konkrete Sondernutzungsbefugnis zum Rechtsinhalt des Sondereigentums, der Sondernutzungsgegenstand verbleibt im gemeinschaftlichen Eigentum. Ein Sondernutzungsrecht eines Wohnungseigentümers an einer zum **Gemeinschaftseigentum** gehörenden Fläche kann nach h. M. also nicht Gegenstand einer Dienstbarkeit am Wohnungseigentum sein, weil der Gegenstand des Sondernutzungsrechts zum Gemeinschaftseigentum gehört.[1]

171 So ist z. B. eine Grunddienstbarkeit, deren Ausübungsbereich ausschließlich ein auf Gemeinschaftseigentum gelegener mit Sondernutzungsrecht belegter **Kfz-Stellplatz** sein soll, unzulässig.[2] Zudem ist das Sondernutzungsrecht kein dingliches[3] und auch kein grundstücksgleiches Recht, sondern eine auf dem Gemeinschaftsverhältnis beruhende Nutzungsberechtigung persönlicher, schuldrechtlicher Natur.

172 Der BGH hat jedoch 1989 entschieden, dass aus dem Sondereigentum fließende Befugnisse Gegenstand einer Belastung des Wohneigentums mit einer Grunddienstbarkeit sein können, auch wenn das Objekt der Ausübungsberechtigung zum Gemeinschaftseigentum gehört.[4] In diesem Fall war eine Grunddienstbarkeit mit dem Inhalt vorgesehen, dass es dem Eigentümer der belasteten Wohnung zugunsten eines anderen Wohnungseigentümers grundsätzlich verboten sein sollte, ein bestimmtes zum Gemeinschaftseigentum gehörendes Fenster zu öffnen. Der BGH sieht in der Befugnis, die Fenster nach Belieben zu öffnen und zu schließen, ein Gebrauchsrecht, das ein Teil des Sondereigentums ist, obwohl es sich auf einen Gegenstand (das Fenster) im Gemeinschaftseigentum erstreckt. Für den BGH ist demnach maßgeblich, ob die Ausübung der Dienstbarkeit Befugnisse des Sondereigentumsberechtigten berührt und nicht ob sie sich auf den Gegenstand des Sondereigentums beschränkt.

173 Vom gesetzlich vorausgesetzten „faktischen" Gebrauchsrecht ist allerdings, wie der BGH auch betont, das durch Vereinbarung (§ 15 Abs. 1 WEG) begründete Sondernutzungsrecht an einem Gegenstand außerhalb der Wohnung, wie beim Beispiel des Kfz-Stellplatzes, zu unterscheiden. Auch wenn beide Nutzungsarten Ähnlichkeiten aufweisen, hat das BayObLG[5] die Anwendung der Aussage des BGH nur auf die „Gebrauchsrechts-Fälle" beschränkt, da das Sondernutzungsrecht am Kfz-Stellplatz nicht aus dem Raum als Gegenstand des Sondereigentums fließt, sondern aus einer schuldrechtlichen Vereinbarung. D. h., eine

---

1 BayObLG, DNotZ 1990, 496 mit Anmerkung von *Amann*; Palandt/*Bassenge*, § 13 WEG Rz. 12; MüKomm/*Joost*, § 1090 BGB Rz. 26 mit weiteren Nachweisen.
2 BayObLG, DNotZ 1990, 496.
3 Auch wenn das Sondernutzungsrecht durch Eintragung ins Grundbuch eine gewisse „dingliche" Wirkung erlangt, BGHZ 73, 145.
4 BGH, DNotZ 1990, 493 = NJW 1989, 2391.
5 BayObLG, DNotZ 1990, 496 und bestätigend DNotZ 1998, 125.

Dienstbarkeit muss nicht an allen Wohnungseinheiten eingetragen werden, wenn die Ausübung der Dienstbarkeit jedenfalls auch das Sondereigentum und nicht ausschließlich ein mit dem Sondereigentum verbundenes Sondernutzungsrecht berührt.

Hinweis:
Ob in das BGH-Urteil weitergehende Konsequenzen interpretiert werden können[1], ist fraglich. Für den praktischen Umgang ist es bis zu einer endgültigen Klärung durch den BGH ratsam, keine Dienstbarkeit am Gegenstand eines Sondernutzungsrechts zu bestellen.

2. Exkurs: Die Baulast

Es können auch solche Belastungsarten bestehen, die nicht aus dem Grundbuch ersichtlich sind. Dazu gehören gesetzliche Vorkaufsrechte, altrechtliche Dienstbarkeiten, öffentliche Lasten, Erschließungsbeiträge und sonstige Beschränkungen, wie die **Baulast**, der im Baurecht besonders große Bedeutung zukommt: 174

Neben den privatrechtlichen Belastungen, wie die vorstehende Dienstbarkeit, gibt es auch öffentlich-rechtliche Grundstückslasten, namentlich die Baulast. Sie gehört zur Kategorie der Belastungen, die **nicht im Grundbuch eingetragen** werden. Alle Bundesländer, mit Ausnahme von Bayern und Brandenburg, haben die Baulast in ihren Bauordnungen verankert, so in § 73 BauOBln, §§ 71 f. LBO BW, § 83 BauO NRW, § 85 BremLBO, § 79 HbgBauO, § 89 LBO SH, § 81 HessBauO, §§ 92 f. NdsBauO, § 86 LBO Rh-Pf, § 92 SaarlBauO, § 80 der Bauordnungen in Thüringen und Sachsen, § 83 LBauO M.-V. und § 84 BauO LSA. 175

Die Baulast ist eine freiwillig übernommene öffentlich-rechtliche Verpflichtung des Grundstückseigentümers gegenüber den Bauaufsichtsbehörden zu einem sein Grundstück betreffenden Tun, Dulden oder Unterlassen, das sich nicht schon aus öffentlich-rechtlichen Vorschriften ergibt. Sie dient der Ausräumung von Hindernissen bei der Erteilung einer Baugenehmigung. 176

Hauptanwendungsfälle der Baulast als Verpflichtung eines Grundstückseigentümers zugunsten eines anderen Grundstücks sind: 177

▷ die Übernahme von Abstandsflächen auf Nachbargrundstücken;

▷ die Sicherung einer Grundstück- oder Garagenzufahrt zu einer befahrbaren öffentlichen Verkehrsfläche;[2]

▷ die Anlegung und Nutzung von Kraftfahrzeugstellplätzen;[3]

▷ die Verlegung und der Betrieb von Leitungen für Fernwärme, Ferngas und Elektrizität.[4]

---

1 So *Amann*, DNotZ 1990, 498 (501 ff.); vgl. auch *Ott*, DNotZ 1998, 128 ff.
2 OVG Münster, NJW 1993, 1284.
3 BGH, NJW 1984, 124.
4 Vgl. zu Entwässerungsleitungen OVG Berlin, NJW-RR 1996, 338.

178 Da die Baulast in der Praxis eine immer größere Bedeutung gewinnt, wird der Anwendungsbereich ebenso ausgedehnt. So entstehen z. B. Baulasten mit der Verpflichtung

▷ zur Wartung von Spielgeräten und Spielflächen;

▷ zur Öffnung und Schließung von Toren für Zufahrten oder Stellplätze;

▷ zur Beseitigung von Schnee und Laub;

▷ zur Unterhaltung von Anlagen;

▷ zur Erneuerung und Pflege des Spielsands;

▷ zur Beheizung des Wohngebäudes auf dem Nachbargrundstück, das selbst keine Heizanlage hat;

▷ zur Duldung landwirtschaftlicher Emissionen zulasten eines Wohnbauvorhabens;[1]

▷ zur Unterhaltung und Neupflanzung einer Hecke.[2]

179 In den Landesbauordnungen sind diese oder ähnliche Fälle teilweise ausdrücklich aufgeführt. Es können jedoch auch andere Bereiche berührt werden. Beispielsweise wurde entschieden[3], dass die **Erschließungsbeitragspflicht** für ein Hinterliegergrundstück nur anfällt, soweit die Zufahrt durch Baulast abgesichert ist. Ebenso kann mit einer Baulast die für eine Vorweggenehmigung erforderliche schriftliche Erklärung des Bauantragstellers, die **künftigen Festsetzungen eines Bebauungsplans** für sich und seine Rechtsnachfolger anzuerkennen, abgesichert werden.[4]

180 Die **Vereinigungsbaulast** stellt einen speziellen Fall der Baulast dar. Mit ihr können mehrere Grundstücke baurechtlich zu einem Grundstück zusammengefasst werden, um bauordnungsrechtliche Verstöße auszuräumen. Der Eigentümer mehrerer Grundstücke verpflichtet sich mit einer Vereinigungsbaulast, das öffentliche Baurecht hinsichtlich baulicher Anlagen und anderer Errichtungen im Sinne der Landesbauordnung so einzuhalten, als würden diese Grundstücke ein Grundstück bilden. So kann z. B. durch Eintragung einer Vereinigungsbaulast die Überbauung von Grundstücksgrenzen ermöglicht werden.

181 Früher wurde eine Grundstücksteilung für zulässig erachtet, bei der eine Vereinigungsbaulast für mehrere Grundstücke eingetragen wurde, wenn öffentlichrechtliche Anforderungen (z. B. Geschossfläche oder Grundfläche) für das Gesamtgrundstück, aber nicht für jedes einzelne Teilgrundstück, erfüllt waren.[5] Mittlerweile hat das Bundesverwaltungsgericht diese Art der Grundstücksteilung mit Baulastverpflichtung abgelehnt.[6] Die Vereinigungsbaulast ist nicht geeignet, das grundbuchrechtliche Grundstück unmittelbar zu verändern. Mit ihr

---

1 VGH Mannheim, NVwZ-RR, 1996, 310.
2 OVG Berlin, NJW 1994, 2971.
3 VGH Mannheim, VBlBW 1995, 358.
4 Bestätigend BVerwG, NVwZ 1996, 892.
5 OVG Lüneburg, BauR 1984, 285.
6 BVerwG, BauR 1991, 582.

sollen lediglich die tatsächlichen Voraussetzungen für die Teilungsgenehmigung im Wege einer Befreiung geschaffen werden können.[1]

Die **Entstehung der Baulast** setzt Folgendes voraus: 182

▷ Eine **Übernahmeerklärung** der baulastfähigen Verpflichtung des Eigentümers gegenüber der Baubehörde: Diese Übernahmeerklärung unterliegt je nach Landesrecht der schriftlichen, öffentlich beglaubigten oder notariell beurkundeten Form. Der Eigentümer kann die Erklärung auch durch einen Bevollmächtigten abgeben lassen. Für die Vollmacht ist keine besondere Form zu beachten, vor allem nicht die der Erklärung selbst.[2]

Die Erklärung muss dem Bestimmtheitsgebot für Verwaltungsakte genügen. Häufig wird vergessen, einen in Bezug genommenen Lageplan der Erklärung beizufügen. Die Baulast wird trotzdem wirksam, wenn der Inhalt der Erklärung vollständig und verständlich ist.[3]

▷ Die **Eintragung ins Baulastenverzeichnis**: Die Baulast wird nicht ins Grundbuch, sondern in das von den zuständigen Behörden geführte Baulastenverzeichnis eingetragen. Da die Baulast ausschließlich dem öffentlichen Interesse dient, besteht grundsätzlich kein Anspruch auf Eintragung. So hat auch der Eigentümer des tatsächlich begünstigten Grundstücks keinen Anspruch und damit keine Klagegrundlage.[4] Die Behörde kann die Eintragung auch ablehnen, wenn sie nicht der öffentlichen Sicherung dient.[5]

Ob beide oder nur eine und wenn welche der vorgenannten Entstehungshandlungen konstitutiv sind, ist in den Ländern unterschiedlich geregelt.

Die Baulast **erlischt** regelmäßig, wenn das öffentliche Interesse nicht mehr besteht.[6] Die Bauaufsichtsbehörde vermerkt dann einen schriftlichen Verzicht im Baulastverzeichnis.[7] Das öffentliche Interesse besteht nicht mehr, sobald die die Baulast begründenden Belange nicht mehr sicherungsbedürftig oder -fähig sind[8], d. h., vor allem wenn sich die tatsächlichen Verhältnisse ändern. Mit einem solchen Verzicht darf jedoch kein baurechtswidriger Zustand hergestellt werden.[9] 183

Wirkung entfaltet die Baulast nur zwischen dem Baulastverpflichteten und der Behörde. Demnach wird kein privatrechtliches Verhältnis zwischen dem Begünstigten und dem Belasteten begründet, woraus Ansprüche entstehen könnten.[10] So kann die Baulast bei einer **Pflichtverletzung** des Baulastverpflichteten bauaufsichtsbehördlich, meist mit einer Ordnungsverfügung oder der Ablehnung der 184

---

1 BVerwG, BauR 1991, 582.
2 *Schwarz*, BauR 1998, 446.
3 OVG Lüneburg, BauR 1999, 894.
4 OVG Münster, NJW-RR 1998, 1240.
5 BVerwG, BauR 1995, 224.
6 So die Bedingung der meisten Landesbauordnungen; vgl. aber anders § 92 Abs. 3 BauO Nds.
7 Zum Verzicht ist die Behörde verpflichtet, wenn die Voraussetzungen dafür vorliegen. Der Baulastverpflichtete hat diesbezüglich einen Anspruch.
8 OVG Berlin, LKV 1997, 102.
9 VGH Mannheim, BauR 1994, 484.
10 BGHZ 94, 160.

Baugenehmigung[1], durchgesetzt werden, aber nicht mit Rechtsmitteln des Begünstigten.

185 Da die Baulast **gegenüber dem Rechtsnachfolger** des Baulastübernehmers **wirksam** ist, kann es bereits für den Käufer eines Grundstücks sehr wichtig sein, ob das Grundstück baulastbelastet ist. Deshalb sollten Erwerber sich über das eventuelle Bestehen einer Baulast informieren. Der Notar ist zu einer Belehrung grundsätzlich nicht verpflichtet, allerdings können Hinweise auf die Bedeutung des Bestehens einer Baulast und die Möglichkeit der **Einsichtnahme in das Baulastenverzeichnis** hilfreich sein. Außerdem kann es angebracht sein, sich die Baulastenfreiheit vom Veräußerer zusichern zu lassen. Nach Eintragung einer Vormerkung ist die Bestellung einer Baulast ohne die Zustimmung des Käufers ihm gegenüber unwirksam, § 883 Abs. 2 BGB.[2]

Hinweise:
Teilweise wird starke Kritik an dem Rechtsinstitut der Baulast geübt.[3] Da sie nicht zwingend aus dem Grundbuch ersichtlich ist, entwerte sie die Warn- und Schutzfunktion des Grundbuchs. Praktische Probleme ergeben sich gelegentlich tatsächlich daraus, dass die Baulast nur eine öffentlich-rechtliche Verpflichtung des Baulastverpflichteten gegenüber der Gemeinde begründet. Es empfiehlt sich deshalb in jedem Fall, mit der Baulast eine den Begünstigten absichernde **inhaltsgleiche Grunddienstbarkeit** zu vereinbaren.[4]

3. Die Grundschuld

186 Grundpfandrechte sind **Immobiliarsicherheiten**. Der Grundpfandrechtsinhaber kann das belastete Grundstück verwerten und der Eigentümer muss die Zwangsvollstreckung dulden. In dem bevorzugten Vollstreckungszugriff für den Grundpfandrechtsinhaber vor anderen Gläubigern liegt der besondere Wert dieser Rechte, wobei eventuelle vorrangige Rechte zu beachten sind. Der Rang ist deshalb für die konkrete Sicherheit des Grundpfandrechts entscheidend. Erstrangigen Grundpfandrechten gehen keine Rechte Dritter mehr vor, sie sind oft gänzlich realisierbar und damit am sichersten.

187 Das BGB stellt die Hypothek und die Grundschuld zur dinglichen Sicherung zur Verfügung.[5] Die Hypothek wird in der Praxis jedoch immer mehr durch die Grundschuld verdrängt.[6] Diese Entwicklung gilt vor allem für die Kreditsicherung, aber auch für private Verbindlichkeiten werden mittlerweile meist Grundschulden bestellt.[7] Der Hauptgrund dürfte wohl in der Akzessorietät der Hypothek liegen. Da die Grundschuld gerade nicht von der Forderung abhängig ist, ist

---

1 OVG Lüneburg, NJW 1996, 1363; OVG Münster, NJW 1996, 275; OVG Berlin, LKV 1997, 102.
2 VGH Mannheim, NJW 1993, 678.
3 Ausführlicher zu den Argumenten: *Schöner/Stöber*, Grundbuchrecht, Rz. 3197 ff.; *Schreiber*, Immobilienrecht, S. 820; *Weirich*, Grundstücksrecht, Rz. 753.
4 So auch *Schreiber*, Immobilienrecht, S. 820.
5 Auch die Rentenschuld dient der dinglichen Sicherung, ihr kommt aber praktisch keine Bedeutung mehr zu.
6 Schätzungsweise sind 97 % aller bestellten Grundpfandrechte heute Grundschulden.
7 *Reithmann/Reithmann*, Handbuch der notariellen Vertragsgestaltung, Rz. 759.

sie flexibler und mehrfach verwendbar. Dem Gläubiger kommt die abstrakte Rechtsnatur der Grundschuld in seinem Bestreben, eine sofortige Zugriffsmöglichkeit zu erhalten, entgegen. Für den Schuldner dagegen kann sie auch Risiken mit sich bringen.

Insgesamt gestaltet sich die Grundschuld außerdem unkomplizierter. Z. B. muss bei ihrer Bestellung nicht auf die Einzelheiten des Forderungsverhältnisse eingegangen werden. So bedarf eine Änderung in diesem Verhältnis nicht der Grundbucheintragung, sondern kann zwischen Sicherungsgeber und -nehmer formlos vereinbart werden. 188

Ein Grundstück kann so belastet werden, dass an denjenigen, zu dessen Gunsten die Belastung erfolgt, eine bestimmte Geldsumme aus dem Grundstück zu zahlen ist, § 1191 BGB. Die **Grundschuld** ist – im Gegensatz zur Hypothek – von einer etwa bestehenden Forderung unabhängig. Sie kann auch ohne eine zu sichernde Forderung bestellt werden. Ein Wegfall der Forderung berührt deshalb auch ihren Bestand nicht, kann allerdings zu einem schuldrechtlichen Anspruch auf Löschung oder Übertragung auf den Eigentümer führen. 189

Auf die Grundschuld finden nach § 1192 Abs. 1 BGB die Vorschriften über die Hypothek entsprechende Anwendung, soweit sich aus der fehlenden Akzessorietät nicht etwas anderes ergibt. Sie werden im Folgenden ohne die Verweisungsnorm des § 1192 Abs. 1 BGB zitiert. 190

a) Begründung der Grundschuld

Die Grundschuld entsteht mit der **Einigung** zwischen Eigentümer und Gläubiger und der **Eintragung** der Grundschuld ins Grundbuch. Eine tatsächlich bestehende Forderung wie bei der Hypothek (siehe unten Rz. 217 ff.) ist für die Entstehung der Grundschuld nicht erforderlich. Für eine **Briefgrundschuld** muss zudem der Grundschuldbrief vom Eigentümer an den Gläubiger übergeben oder vereinbart werden, dass sich der Gläubiger den Brief vom Grundbuchamt aushändigen lassen kann (§ 1117 Abs. 2 BGB). 191

Die Einigung ist formfrei und wird auch in der Praxis aus Kostengründen nur selten beurkundet. Für das Eintragungsverfahren sind jedoch die notariell beurkundete oder beglaubigte Eintragungsbewilligung des Eigentümers, §§ 19, 29 GBO, und der Antrag eines der Beteiligten, § 13 GBO, erforderlich. 192

Hinweis:
Die Antragstellung erfolgt meist durch den Notar, der die Eintragungsbewilligung beglaubigt oder beurkundet hat. Damit der Antrag nicht einseitig vom Eigentümer zurückgenommen werden kann, sollte er auch für den Gläubiger gestellt werden.[1]

Die Grundschuld wird meist mit einem festen[2] Grundschuldzins (§ 1192 Abs. 2 BGB) ausgestattet, der unabhängig vom Darlehenszins ist. In der Sicherungsabre- 193

---
1 Beck'sches Notarhandbuch/*Amann*, S. 466.
2 Ein variabler Zinssatz ist zwar unüblich, aber auch möglich, BGH, DNotZ 1975, 680.

de wird dabei häufig vereinbart, dass der Grundschuldzins nicht nur der Sicherung von Zinsforderungen dienen soll, sondern das Volumen der Sicherheit insgesamt erweitert.[1] Bei der Bestimmung des Zinssatzes kommt es darauf an, dass die Zinssatzhöhe nicht von der Willkür des Gläubigers abhängt, sondern durch objektive Merkmale bestimmt ist.

b) Sicherungsgrundschuld

194 Regelfall ist die Sicherungsgrundschuld, bei der die Grundschuld zur Sicherung einer Forderung, meist ein Kredit, bestellt wird. Hierfür wird ein Sicherungsvertrag vereinbart, um den Zusammenhang zwischen Forderung und Grundschuld herzustellen. Der Sicherungsgeber (Eigentümer) verpflichtet sich gegenüber dem Sicherungsnehmer (Grundschuldgläubiger) zur Grundschuldbestellung als Sicherheit für eine Forderung. Er regelt vor allem die Zwecke, die mit der Grundschuldbestellung verfolgt werden, deshalb auch **Zweckerklärung** oder Zweckbestimmung genannt.

195 Aus dem Vertrag muss also hervorgehen, wer die Grundschuld zu wessen Gunsten bestellt, welche und wessen Verbindlichkeiten damit gesichert werden sollen, welche Leistungen worauf zu erbringen (auf Grundschuld oder Verbindlichkeit) sind und wann die Grundschuld zurückzugewähren ist.

Der Sicherungsvertrag bedarf keiner bestimmten Form.[2] Aufgrund der Abstraktheit der Grundschuld können die Abreden des Sicherungsvertrages nicht als Ganzes ins Grundbuch eingetragen werden[3], lediglich seine Einreden sind eintragbar.

c) Gesamtgrundschuld

196 Eine Grundschuld kann auch an mehreren Grundstücken oder Miteigentumsanteilen[4] bestellt werden, die so genannte Gesamtgrundschuld, § 1132 Abs. 1 BGB. Jedes Grundstück haftet dabei für die ganze Forderung, § 1132 BGB. Der Gläubiger kann also nach seinem Belieben aus jedem Grundstück ganz oder teilweise Befriedigung suchen oder den Betrag der Forderung auf die einzelnen Grundstücke so verteilen, dass jedes Grundstück nur für den zugeteilten Betrag haftet. Ebenso wird bei Teilung eines Grundstücks, § 7 GBO, und bei der Aufteilung in mehrere Wohnungseigentumsrechte, §§ 3, 8 WEG, eine Gesamtgrundschuld begründet. Bei der Eintragung muss vermerkt werden, in welchen Grundbuchblättern mithaftende Grundstücke eingetragen sind. Die Gesamtgrundschuld entsteht grundsätzlich erst mit Eintragung an allen Grundstücken.[5] Sind jedoch beispielsweise noch nicht alle Grundstücke vermessen, ist eine gleichzeitige Eintragung an allen Grundstücken nicht möglich. Die Beteiligten können sich deshalb auch darauf einigen, dass, bis die Grundschuld in allen Grundstücken eingetragen ist, zunächst eine Einzelgrundschuld entsteht.[6]

---

1 BGH, NJW 1982, 2569.
2 Auch stillschweigender Abschluss möglich: BGH, NJW-RR 1991, 305.
3 BGH, NJW 1986, 53.
4 BGH, DNotZ 1961, 407.
5 V.a. ältere Rechtsprechung: OLG München, DNotZ 1966, 371; OLG Düsseldorf, DNotZ 1973, 613.
6 *Schöner/Stöber*, Grundbuchrecht, Rz. 2241; Palandt/*Bassenge*, § 1132 BGB Rz. 5.

> Falls der Grundbesitz aus mehreren Pfandobjekten besteht und die gleichzeitige Eintragung nicht möglich ist, wird getrennte Eintragung bewilligt und beantragt. Jede weitere Eintragung soll eine Einbeziehung in die Mithaft für die bereits eingetragene Grundschuld darstellen, so dass dadurch eine Gesamtgrundschuld entsteht.

d) Eigentümergrundschuld

Bei der Eigentümergrundschuld bestellt der Eigentümer sich selbst eine Grundschuld am eigenen Grundstück, § 1196 Abs. 1 BGB, meist um den Rang für die spätere Übertragung auf einen Dritten zur Kreditsicherung zu wahren. Der Eigentümer hält damit den Rang für einen künftigen Kreditgeber frei. Die Eigentümergrundschuld wird mit einer einseitigen rechtsgeschäftlichen Willenserklärung des Eigentümers begründet und muss ins Grundbuch eingetragen werden, § 1196 Abs. 2 BGB. 197

Die als Eigentümergrundschuld bestellte Briefgrundschuld hat den Vorteil, dass aus dem Grundbuch nicht ersichtlich ist (und auch nicht sein muss), welche Bankverbindung besteht. Sie kann also außerhalb des Grundbuchs nach § 1154 Abs. 1 BGB übertragen werden. Ihr Nachteil besteht allerdings darin, dass sie ohne Abtretung nicht als Sicherheit verwendbar ist. 198

e) Gegenstand und Umfang der Belastung

Gegenstand der Belastung können Grundstücke, Wohnungs- und Teileigentumseinheiten sowie Erbbaurechte sein. Gemäß § 1114 BGB kann ein Bruchteil eines Grundstücks nur belastet werden, wenn er im Anteil eines Miteigentümers steht. Bei einem Grundstück in Gesamthandseigentum dagegen ist es nicht möglich, den ideellen Anteil eines Gesamthänders mit einer Grundschuld zu belegen.[1] 199

Bei der Grundschuldbestellung an einem **Erbbaurecht** ist häufig die Zustimmung des Eigentümers zur Grundpfandrechtsbelastung und die Zustimmung zum Zuschlag in der Zwangsversteigerung zu beachten.[2]

Für die Grundschuld haften: 200

▷ das Grundstück und seine wesentlichen Bestandteile;

▷ unwesentliche Bestandteile und Zubehör des Grundstücks, wenn sie dem Grundstückseigentümer gehören;

▷ Erzeugnisse und sonstige Bestandteile, die vom Grundstück getrennt sind, wenn sie in das Eigentum des Grundstückseigentümers (§ 953 BGB) oder des Eigenbesitzers (§ 955 Abs. 1 BGB) fallen;

▷ dem Grundstückseigentümer zustehende Versicherungsforderungen für haftende Gegenstände, §§ 1127 ff. BGB;

---
1 RGZ 88, 21.
2 Siehe Beck'sches Notarhandbuch/*Amann*, S. 463 m. w. N.

▷ Miet- oder Pachtzinsforderungen, §§ 1123 ff. BGB;

▷ Rechte auf wiederkehrende Leistungen, z. B. Überbau- und Notwegrente, § 1126 BGB.

f) Abtretung und Übertragung

201 Da Grundschuld und Forderung voneinander unabhängig sind, können sie auch selbständig abgetreten werden.[1] Es muss auch nicht die Form des § 1154 BGB eingehalten werden. Allerdings bedarf es zur Errichtung der Abtretung im Grundbuch der Form des § 29 GBO (Beurkundung oder Unterschriftsbeglaubigung). Der Gläubiger kann also die Forderung abtreten und die Grundschuld behalten oder umgekehrt.

202 Die Briefgrundschuld kann durch schriftliche Abtretungserklärung und Briefübergabe außerhalb des Grundbuchs abgetreten werden, § 1154 Abs. 1 Satz 1 BGB.

Beispiel einer Abtretungserklärung

> Im Grundbuch des Amtsgerichts ...., Blatt .... sind zulasten des Flurstücks ...., der Flur ...., der Gemarkung .... für mich, ..., in Abt. III lfd. Nr. ... eine Grundschuld (ohne Brief) zu .... Euro und in Abt. III lfd. Nr. ... eine Grundschuld (ohne Brief) zu .... Euro eingetragen.
>
> Ich, ..., trete diese Forderungen mit den Zinsen vom Tage der Eintragung an ab an ....
>
> Ich bewillige die Eintragung dieser Abtretung im Grundbuch.
>
> Ich, ..., beantrage den Vollzug der Abtretung im Grundbuch.
>
> **Beglaubigungsvermerk des Notars:**
>
> Belehrt über das Mitwirkungsverbot nach § 3 Abs. 1 Nr. 7 BeurkG verneinte der Erschienene die Frage des Notars nach einer Vorbefassung.
>
> Vorstehende vor mir persönlich vollzogene Zeichnung im Text der Anmeldung und Unterschrift unter der Anmeldung durch
>
> Herrn ...., geb. am ....,
>
> wohnhaft ....,
>
> – von Person bekannt –
>
> beglaubige ich.

203 Die Abtretung kann auch ausgeschlossen werden. Dies kann beispielsweise bei der Bestellung der Grundschuld für eine Privatperson angebracht sein. Aufgrund

---

[1] RGZ 135, 274.

der Forderungsunabhängigkeit der Grundschuld können sich sonst Gefahren für den Eigentümer ergeben.[1] Für den **Abtretungsausschluss** sind auch bei späterer Vereinbarung Einigung und Eintragung ins Grundbuch erforderlich.[2]

g) Befriedigung und Verwertung

Zur Befriedigung einer Grundschuld, die der Sicherung einer Forderung des Grundschuldgläubigers dient, wird der Eigentümer meist auf die Forderung zahlen. Daraufhin erlischt zunächst die Forderung. Die Grundschuld selbst geht aber nicht automatisch wie die Hypothek auf den Eigentümer über, wenn keine durch die Grundschuld gesicherten Verbindlichkeiten mehr bestehen. Da die Grundschuld vom Bestand der Forderung unabhängig ist, muss die Grundschuld zurückgewährt werden. Der Sicherungsgeber hat deshalb gegen den Grundschuldgläubiger einen **Anspruch auf Rückgewähr der Grundschuld**, wenn die letzte Zahlung erfolgt ist oder auch wenn die Forderung überhaupt nicht entstanden ist. Der Anspruch kann durch Übertragung der Grundschuld, § 1154 BGB, durch Verzicht des Gläubigers, § 1168 BGB, oder durch Aufhebung der Grundschuld und Löschung im Grundbuch, §§ 1183, 875 BGB, erfüllt werden. 204

Banken verlangen oft, wenn die zu ihren Gunsten bestellte Grundschuld nicht an rangerster Stelle eingetragen ist, die Abtretung der etwaigen zukünftigen Rückgewähransprüche an vorrangigen Grundschulden. In der Regel befinden sich entsprechende Klauseln in den Grundschuldbestellungsformularen der Kreditinstitute, deren Verwendung sie erwarten (siehe auch unten: Beispiel einer Grundschuldbestellung, Rz. 216). 205

Für die Verwertung der Grundschuld im Wege der **Zwangsvollstreckung** (§ 1147 BGB) ist ein Vollstreckungstitel des Gläubigers erforderlich. Dieser Titel gegen den Grundstückseigentümer muss auf die Duldung der Zwangsvollstreckung aufgrund der Grundschuld gerichtet sein. 206

aa) Dingliche Zwangsvollstreckungsunterwerfung

Der Gläubiger muss jedoch keine zum Vollstreckungstitel führende Klage erheben, wenn der Eigentümer sich wegen der Grundschuld der dinglichen Zwangsvollstreckung unterworfen hat. Der Gläubiger kann aufgrund dessen eine vollstreckbare Ausfertigung vom Notar verlangen. Dies erspart Zeit und Kosten und wird deshalb in der Regel von den Kreditinstituten verlangt. 207

Hierfür muss gemäß § 794 Abs. 1 Nr. 5 ZPO eine notarielle Urkunde errichtet werden. In der Regel unterwirft sich der Eigentümer bereits bei Beurkundung der Grundschuldbestellung in dieser Urkunde der dinglichen Zwangsvollstreckung. Damit auch gegen einen späteren Eigentümer vollstreckt werden kann, muss die **Zulässigkeit der Vollstreckung gegen den jeweiligen Eigentümer** in der Zwangsvollstreckungsunterwerfung aufgenommen und diese im Grundbuch eingetragen werden, § 800 ZPO. 208

---

1 Beck'sches Notarhandbuch/*Amann*, S. 448.
2 *Schöner/Stöber*, Grundbuchrecht, Rz. 2379.

bb) Persönliche Zwangsvollstreckungsunterwerfung

209 Neben der dinglichen kann sich der Schuldner auch der persönlichen Zwangsvollsteckung wegen eines Zahlungsanspruchs aus einem abstrakten Schuldversprechen oder Schuldanerkenntnis, §§ 780, 781 BGB, in Höhe der Grundschuld unterwerfen. Der Gläubiger kann dann die Zwangsvollstreckung in das sonstige Vermögen betreiben.

Hinweis:
Die Kombination der dinglichen und der persönlichen Unterwerfung als voneinander unabhängige Sicherheiten ist möglich.[1] Ein nicht persönlich schuldender Grundstückseigentümer sollte allerdings auch nicht das Schuldversprechen/Schuldanerkenntnis abgeben, sondern dies dem tatsächlichen Schuldner überlassen.

cc) Aufspaltung in vollstreckbare und nicht vollstreckbare Grundschuld

210 Um Notar- und Grundbuchkosten zu vermeiden, kann die Grundschuld in einen vollstreckbaren und einen nicht vollstreckbaren Teil aufgespalten werden:

Statt einer vollstreckbaren Grundschuld zu z. B. 4 000 000 Euro wird eine vollstreckbare Grundschuld zu 400 000 Euro und eine nicht vollstreckbare (...) (also ohne Zwangsvollstreckungsunterwerfung) Grundschuld zu 1 600 000 Euro bestellt. Bereitet das Kreditinstitut selbst Eintragungsbewilligung und Grundbuchanträge vor und beglaubigt der Notar nur die Unterschrift des Eigentümers, ergeben sich gewisse **Kostenersparnisse**. Aufgrund des vollstreckbaren Grundschuldteils kann die Bank die Zwangsversteigerung betreiben. Der nicht vollstreckbare restliche Grundschuldteil erlischt zunächst mit Zuschlag, §§ 91 Abs. 1, 52 ZVG, wird jedoch dann aus dem Versteigerungserlös soweit es geht auch befriedigt.[2] Die Bank kann demnach auch ihre restlichen Grundschuldteile ohne weiteren Vollstreckungstitel mitverwerten.

Hinweis:
Diese Aufspaltung lohnt sich allerdings nur bei größeren Grundschulden, da spätere Löschungen und Freigaben wieder Kosten mit sich bringen. Außerdem sollte die Bank die kleinere vollstreckbare Grundschuld vorrangig eintragen lassen[3], da mit einer fortbestehenden, nicht vollstreckbaren großen keine Gebote abgegeben werden könnten. Vorsicht ist geboten, wenn der Eigentümer oder ein nachrangiger Gläubiger (§§ 1151, 268 BGB) die Vollstreckung behindert, weil er die kleinere zu vollstreckende Grundschuld befriedigt. Die Bank muss diese Zahlung annehmen.[4]

h) Rangordnung

211 Von entscheidender Bedeutung für den Gläubiger ist, welchen Rang sein Grundpfandrecht hat. Das gesetzliche Rangverhältnis, § 879 BGB, bestimmt sich, wenn

---

1 BGH, DNotZ 1990, 553.
2 Auch ohne separates Zwangsversteigerungsbetreiben, Argument aus § 92 Abs. 1 ZVG, *Zeller/Stöber*, § 92 ZVG Rz. 2.3.
3 So *Amann* in Beck'sches Notarhandbuch, S. 451 f.
4 BGH, NJW 1986, 2108.

die Rechte in derselben Abteilung eingetragen sind, nach der Reihenfolge der Eintragung. Bei in verschiedenen Abteilungen eingetragenen Rechten hat das unter einem früheren Datum eingetragene Recht Vorrang. Die am selben Tag eingetragenen Rechte haben gleichen Rang untereinander.

Eine abweichende Bestimmung des Rangverhältnisses bedarf der Eintragung ins Grundbuch, § 879 III BGB.

Ein Verkäufer als derzeitiger Eigentümer und ein Käufer als zukünftiger bewilligen und beantragen deshalb in der Grundschuldbestellungsurkunde, die Grundschuld im Range vor der in Abt. II zur Eintragung beantragten Eigentumsverschaffungsvormerkung im Grundbuch einzutragen. Der Käufer als Berechtigter der Vormerkung stimmt der Rangänderung sogleich zu. 212

Gemäß § 17 GBO hat das Grundbuch die Anträge in der Reihenfolge des Eingangs zu behandeln. Wenn nichts anderes beantragt ist, erhalten somit früher beantragte Eintragungen einen Rang vor späteren Anträgen. Zurückgewiesene Anträge gelten als erledigt, woraufhin nachrangige Anträge vorrücken. Der Antragsteller kann dagegen zwar Rechtsmittel einlegen, doch selbst bei Erfolg wird die alte Rangordnung nicht wiederhergestellt.[1] 213

Für eine **nachträgliche Änderung** des Rangverhältnisses sind die Einigung zwischen dem Berechtigten des zurücktretenden und des vortretenden Rechts und die Eintragung im Grundbuch notwendig, § 880 BGB. Im Fall des Zurücktretens eines Grundpfandrechts muss nach § 880 Abs. 2 BGB außerdem der Grundstückseigentümer zustimmen, da in jedem Grundpfandrecht eine mögliche Eigentümergrundschuld steckt und so der Eigentümer von jedem Rangwechsel betroffen ist. Die Rangänderung bewirkt, dass das vortretende Recht an der Stelle des zurücktretenden Rechts eingetragen wird.[2] 214

Nach der **Rangvorbehaltsregelung**, § 881 BGB, kann sich der Eigentümer bei der Belastung des Grundstücks die Befugnis vorbehalten, ein anderes dem Umfang nach bestimmtes Recht mit Vorrang eintragen zu lassen. Der Vorbehalt muss ins Grundbuch eingetragen werden. Dafür reicht bei Bestellung, z. B. einer Grundschuld, die Bewilligung des Eigentümers aus. Soll der Vorbehalt jedoch später eingetragen werden, ist die Bewilligung des Grundschuldgläubigers erforderlich. 215

Muster einer Grundschuldbestellung[3]

Verhandelt zu .... am .... vor dem unterzeichneten Notar erschien heute – von Person bekannt –: Frau – nachfolgend **Käufer** genannt –	216

---

1 BGH, NJW 1997, 2751.
2 Kersten/Bühling/*Wolfsteiner*, S. 1174.
3 Im Wesentlichen einem Formular einer großen deutschen Geschäftsbank nachgebildet.

mit der Erklärung, nachfolgend nicht nur im eigenen Namen zu handeln, sondern auch aufgrund der ihr in der Verhandlung vom ...., UR Nr. .... (nachfolgend **Kaufvertrag** genannt) erteilten Vollmacht für:

.... GmbH, ...

– nachfolgend **Verkäufer** genannt –

Verkäufer und Käufer werden nachfolgend gemeinsam auch **Besteller** genannt.

Belehrt über das Mitwirkungsverbot nach § 3 Abs. 1 Nr. 7 BeurkG wurde die Frage des Notars nach einer Vorbefassung verneint.

Mit dem Kaufvertrag hat der Verkäufer an den Käufer das im Grundbuch von ...., Blatt ...., eingetragene Grundstück

– nachfolgend **Grundbesitz** genannt –

verkauft und aufgelassen.

In § ... des Kaufvertrags wurde der Käufer ermächtigt, den Kaufgegenstand bereits vor Eigentumsumschreibung mit Grundpfandrechten zu belasten.

Die Erschienene stellt klar, dass der Verkäufer für die nachstehend bestellte Grundschuld nicht die persönliche Haftung für den Grundschuldbetrag nebst Zinsen und Nebenleistungen übernimmt und die Kosten der Verhandlung und ihrer Durchführung vom Käufer getragen werden.

Die Erschienene erklärt weiterhin:

Verkäufer und Käufer bewilligen und beantragen, die nachstehend bestellte Grundschuld im Range vor der in Abt. II zur Eintragung beantragten Eigentumsverschaffungsvormerkung wie folgt im Grundbuch einzutragen, wobei der Käufer als Berechtigter der Vormerkung der Rangänderung zustimmt.

Der Grundschuld dürfen keine Lasten vorgehen.

Die Grundschuld soll jedoch zunächst an rangbereitester Stelle eingetragen werden.

Sämtlicher Briefwechsel mit der Gläubigerin soll über die .... Bank, ..., zu deren Aktenzeichen .... geführt werden.

Die Beteiligten erteilen vorsorglich den bei dem amtierenden Notar dienstansässigen Angestellten ...., jeder für sich allein, Vollmacht, diese Grundschuldbestellung abzuändern und/oder zu ergänzen, auch soweit dies erforderlich ist, um Auflagen des Grundbuchamts zu erfüllen.

Die Vollmacht berechtigt auch, hinsichtlich des Grundbesitzes Rangbestimmungen abzugeben, Rangänderungen zu bewilligen und zu beantragen und Rangrücktrittserklärungen abzugeben.

Die Bevollmächtigten sind berechtigt, Untervollmacht zu erteilen und sind – soweit möglich – von den Beschränkungen des § 181 BGB befreit.

Von dieser Vollmacht darf nur vor dem amtierenden Notar oder vor einem mit diesem in Sozietät verbundenen Notar Gebrauch gemacht werden.

Nunmehr wurde folgende **Grundschuldbestellung** erklärt:

Der Besteller bewilligt und beantragt unwiderruflich auf dem vorstehend näher bezeichneten Grundbesitz eine Grundschuld

in Höhe von .... Euro, in Worten: .... Euro,

für die .... (Bank)

– nachstehend **Bank** genannt –

wie folgt einzutragen:

1. Die Grundschuld ist von heute an mit 15 vom Hundert jährlich zu verzinsen.[1]

    Die Zinsen sind jeweils am ersten Tag des folgenden Kalenderjahres nachträglich fällig.

2. Ferner wird eine einmalige Nebenleistung von 5 vom Hundert des Grundschuldbetrags geschuldet.[2]

3. Die Grundschuld und die Nebenleistung sind fällig.

4. Die Erteilung eines Briefs ist ausgeschlossen.

Wegen des Grundschuldbetrages, der Nebenleistung und der Zinsen unterwirft sich der Besteller der sofortigen Zwangsvollstreckung in den belasteten Grundbesitz in der Weise, dass die Zwangsvollstreckung aus dieser Urkunde gegen den jeweiligen Eigentümer zulässig ist. Der Besteller bewilligt und beantragt unwiderruflich die Eintragung dieser Unterwerfungserklärung in das Grundbuch.

Zugleich übernimmt die Erschienene, Frau ...., für die Zahlung eines Geldbetrags in Höhe des Grundschuldbetrags, der einmaligen Nebenleistungen von 5 % und der jährlichen Zinsen in Höhe von 15 % die persönliche Haftung, aus der sie der jeweilige Gläubiger der oben bezeichneten Grundschuld schon vor der Vollstreckung in den Grundbesitz und auch schon vor und unabhängig von einer Eintragung der Grundschuld im Grundbuch in Anspruch nehmen kann. Mehrere Schuldner haften als Gesamtschuldner. Jeder Schuldner unterwirft sich insoweit der sofortigen Zwangsvollstreckung aus dieser Urkunde in sein gesamtes Vermögen.

Ansprüche auf Rückgewähr der Grundschuld beschränken sich auf die Abgabe einer Löschungsbewilligung oder einer Verzichtserklärung auf Kosten des Bestellers. Im Fall der Zwangsversteigerung oder Zwangsverwaltung ist die Bank berechtigt, jedoch nicht verpflichtet, den vollen Grundschuldbetrag nebst Nebenleistung und Zinsen anzumelden; sie ist berechtigt ganz oder teilweise auf die Grundschuld oder den Verwertungserlös zu verzichten. Hat im Zeitpunkt der Rückgewähr das Eigentum an dem belasteten Grundstück ohne Zustimmung des jetzigen Eigentümers gewechselt und ist auch der Besteller dadurch nicht Eigentümer geworden, wird die Bank auf Verlangen des Bestellers und/oder des Eigentümers eine Rückgewähr in Form einer Abtretung der Grundschuld vornehmen. Die Abtretung der Rückgewähransprüche einschließlich der Ansprüche auf Zahlung eines Übererlöses bedarf der Zustimmung der Bank.

---

[1] Zinsen und Nebenleistungsverlangen schwanken von Bank zu Bank, manche Institute verlangen bis zu 20 % Jahreszinsen.

[2] Manche Institute verlangen bis zu 15 % einmalige Nebenleistungen.

Falls der Grundschuld gegenwärtig oder künftig andere Grundschulden im Rang vorgehen oder gleichstehen, tritt der Besteller der Bank hiermit die Ansprüche auf Rückübertragung vor- und gleichrangiger Grundschulden und Grundschuldteile nebst Zinsen und Nebenrechten, die Ansprüche auf Erteilung einer Löschungsbewilligung, eine Verzichtserklärung, eine Nichtvalutierungserklärung sowie die Ansprüche auf Auszahlung des Übererlöses im Verwertungsfall ab. Sollten Rückgewähransprüche an vor- und gleichrangigen Grundschulden bereits anderweitig abgetreten sein, tritt der Besteller der Bank hiermit den Anspruch auf Aushändigung der Grundschuldbriefe und den Anspruch auf deren Vorlage beim Grundbuchamt zur Bildung von Teilbriefen ab. Der Besteller wird der Bank von dem Entstehen der abgetretenen Ansprüche unverzüglich Mitteilung machen.

Die Verjährungsfrist für Ansprüche auf Rückgewähr der gestellten Grundschuld und auf Rückgewähr der Ansprüche aus der Übernahme der persönlichen Haftung beträgt 30 Jahre. Der Rückgewähranspruch entsteht nicht von selbst, sondern unter der aufschiebenden Bedingung, dass er geltend gemacht wird.

Der Besteller bevollmächtigt die Bank, die Eintragung der Umwandlung der Grundschuld, auch von Teilen, in eine Briefgrundschuld/Teilbriefgrundschuld, auch die Eintragung einer erneuten Briefausschlusserklärung, in das Grundbuch zu bewilligen und zu beantragen sowie sich den Brief vom Grundbuchamt aushändigen zu lassen.

Falls der belastete Grundbesitz aus mehreren Pfandobjekten besteht und die Eintragung der Grundschuld nicht an allen Pfandobjekten zugleich, d. h. an demselben Tag erfolgt, erklärt der Besteller: Die Grundschuld soll in diesem Fall an denjenigen Pfandobjekten, an denen sie jeweils eingetragen wird, bereits mit der Eintragung und unabhängig vom weiteren Vollzug der Urkunde entstehen.

Der Besteller beauftragt den Notar, von dieser Urkunde zugunsten der Bank Gebrauch zu machen und erteilt dem Notar Vollmacht zum Empfang von Zustellungen und Erklärungen aller Art, die mit der Begründung dieser Grundschuld in unmittelbarem Zusammenhang stehen.

Der Notar wird ferner beauftragt, der Bank sofort eine vollstreckbare Ausfertigung dieser Urkunde zu erteilen. Der Besteller verzichtet für den Fall, dass er bei Grundschuldbestellung noch nicht Eigentümer ist, zum Zwecke der Erteilung einer vollstreckbaren Ausfertigung, auf den Nachweis des Eigentumswechsels durch die Bank. Der jeweilige Gläubiger der Grundschuld ist berechtigt, weitere Ausfertigungen auf Kosten des Käufers zu verlangen.

Nach Eintragung der Grundschuld, ist der Bank ein beglaubigter Grundbuchauszug zu übersenden.

Alle mit dieser Verhandlung und deren Durchführung entstehenden Kosten trägt der Käufer.

Wird die Grundschuld von mehreren Personen bestellt, ist jeder Einzelne Zustellungsbevollmächtigter für alle anderen.

Diese Urkunde ist im Original durchgehend einseitig beschrieben.

Das Protokoll wurde der Erschienenen einschließlich der während der Beurkundung vorgenommenen handschriftlichen Änderungen und Ergänzungen vorgelesen, genehmigt und wie folgt unterzeichnet: . . . .

4. Die Hypothek

Ein Grundstück kann so belastet werden, dass der Begünstigte eine bestimmte Geldsumme zur Befriedigung wegen einer ihm zustehenden Forderung aus dem Grundstück verlangen kann, § 1113 Abs. 1 BGB. Die Hypothek ist – im Gegensatz zur Grundschuld – damit immer **vom Bestehen einer Forderung abhängig**, wobei auch eine künftige oder bedingte Forderung ausreicht, § 1113 Abs. 2 BGB. Sie kann ohne Forderung weder begründet noch abgetreten, belastet oder gepfändet werden. 217

Für den Gegenstand der Belastung und den Umfang der Hypothekenhaftung gilt das zur Grundschuld Ausgeführte (siehe oben unter Rz. 199 f.). 218

a) Begründung

Die Entstehung der Hypothek setzt eine zu sichernde Forderung, die Einigung der Beteiligten und die Eintragung ins Grundbuch voraus. Die Briefhypothek erwirbt der Gläubiger erst, wenn der Brief übergeben ist, § 1117 BGB. Wie bei der Grundschuld ist die Einigung formfrei und für die Grundbucheintragung muss die Eintragungsbewilligung notariell beurkundet oder beglaubigt werden und zusammen mit einem schriftlichen Antrag dem Grundbuchamt vorliegen, §§ 29, 13 GBO. 219

b) Verkehrshypothek

Die Verkehrshypothek stellt das Grundmodell des Hypothekenrechts dar.[1] Sie zeichnet sich dadurch aus, dass nach § 1138 BGB der gute Glaube auch hinsichtlich der zugrunde liegenden Forderung und eventueller Einreden geschützt wird. Diese Form der Hypothek sollte gewählt werden, wenn das **Recht zur Weitergabe** und zum Umlauf geeignet sein soll. Aufgrund der Beweglichkeit und ständigen Verwertbarkeit ist sie vor allem für den Gläubiger von Vorteil.[2] 220

Der gesetzliche Regelfall der Verkehrshypothek ist die **Briefhypothek**, § 1116 Abs. 1 BGB. Sie ermöglicht die Übertragung außerhalb des Grundbuchs, § 1154 Abs. 1 BGB, womit sie besonders für den Umlauf geeignet ist.[3] Eine Verkehrshypothek kann aber auch als Buchhypothek bestellt werden, wenn die Erteilung des Briefs rechtsgeschäftlich ausgeschlossen wurde, § 1116 Abs. 2 BGB. Dafür sind die Einigung des Gläubigers und des Grundstückseigentümers sowie die Eintragung ins Grundbuch erforderlich. 221

---

1 *Weirich*, Grundstücksrecht, Rz. 1060 ff.
2 MüKomm/*Eickmann*, § 1184 BGB Rz. 2.
3 Palandt/*Bassenge*, § 1113 BGB Rz. 2.

c) Sicherungshypothek

222 Bei der Sicherungshypothek (§ 1184 BGB) ist im Gegensatz zur Verkehrshypothek der **Gutglaubensschutz** des § 1138 BGB bezogen auf das Bestehen der Forderung und eventueller Einreden gemäß § 1185 Abs. 2 BGB **ausgeschlossen**. Aufgrund dieser „gesteigerten Akzessorität"[1] ist sie vor allem dem Eigentümer von Vorteil, er ist mit der Sicherungshypothek vor dem gutgläubigen Erwerb eines Dritten geschützt. Der Gläubiger kann sich zum Nachweis der Forderung nicht auf die Eintragung berufen, § 1184 Abs. 1 BGB, er muss das Bestehen gegenüber dem Eigentümer und jedem Dritten mit anderen Mitteln beweisen.[2]

Hinweis:
Diese Hypothekenart eignet sich demnach für Fälle, in denen die Hypothek beim ersten Gläubiger verbleibt, eine Abtretung also nicht vorgesehen ist. Sie hat sich deshalb als Instrument zur Sicherung privater und gewerblicher Gelegenheitsforderungen bewährt.

223 Die Sicherungshypothek ist eine **Buchhypothek**, § 1185 Abs. 1 BGB, und auch damit für den Umlauf weniger geeignet. Sie entsteht mit der dinglichen Einigung und der Eintragung im Grundbuch und muss dort als Sicherungshypothek bezeichnet werden, § 1184 Abs. 2 BGB.

224 Kraft Gesetzes entsteht eine Sicherungshypothek bei Pfändung oder Verpfändung eines Auflassungsanspruchs, wenn die Eigentumsübertragung vorgenommen wird, §§ 848 Abs. 2 ZPO, 1287 Satz 2 BGB. Ebenso können im Wege der Zwangsvollstreckung Sicherungshypotheken begründet werden, §§ 866, 867, 932 ZPO. Außerdem ist im Zwangsversteigerungsverfahren nach §§ 128 ff. ZVG die Eintragung von Sicherungshypotheken möglich.

225 Für eine Sicherungshypothek kann auch ein Höchstbetrag, bis zu dem das Grundstück nur haften soll, bestimmt und im Übrigen die Feststellung der Forderung vorbehalten werden, § 1190 Abs. 1 BGB, die so genannte **Höchstbetragshypothek**.

d) Bauhandwerkersicherungshypothek

226 Der in der Praxis häufigste Fall der Sicherungshypothek ist die Bauhandwerkersicherungshypothek. Der Unternehmer eines Bauwerks hat einen gesetzlichen Anspruch auf Bestellung einer Sicherungshypothek, § 648 Abs. 1 BGB. Im Gegensatz zum sonstigen Unternehmer, dem nach § 647 BGB ein gesetzliches mit Besitz verbundenes Pfandrecht für seine Forderungen zusteht, gibt § 648 Abs. 1 BGB dem Unternehmer eines Bauwerks nur einen Anspruch auf Hypothekenbestellung. Dieser Anspruch ist allerdings gemäß § 648 a Abs. 4 BGB ausgeschlossen, soweit der Unternehmer bereits eine Sicherheit nach § 648 a Abs. 1 oder 2 BGB erlangt hat.

---

1 MüKomm/*Eickmann*, § 1184 BGB Rz. 2.
2 BGH, NJW 1986, 53.

e) Verdeckte Eigentümergrundschuld und Eigentümerhypothek

Die Hypothek wird zur verdeckten Eigentümergrundschuld, wenn 227

▷ die Forderung nicht oder noch nicht entstanden ist, §§ 1163 Abs. 1 Satz 1, 1177 Abs. 1 Satz 1 BGB;

▷ die Forderung erlischt, §§ 1163 Abs. 2, 1177 BGB; bei teilweiser Tilgung entsteht eine nachrangige Eigentümergrundschuld für den getilgten Teil;

▷ bei der Briefhypothek der Brief an den Hypothekengläubiger noch nicht übergeben ist, §§ 1163 Abs. 2, 1117 Abs. 1 BGB;

▷ der Hypothekengläubiger auf die Hypothek verzichtet, § 1168 Abs. 1 BGB.

Die Hypothek bleibt dagegen Hypothek, wenn die Forderung auf den Eigentümer 228 übergeht, § 1177 BGB. Befriedigt beispielsweise der nicht persönlich schuldende Eigentümer den Gläubiger, geht die Forderung samt Hypothek auf den Eigentümer über, §§ 1143 Abs. 1, 1153 Abs. 1 BGB. Die bisherige Fremdhypothek wandelt sich zur Eigentümerhypothek.

f) Forderungsabtretung und Grundstücksveräußerung

Mit der Übertragung der Forderung geht die Hypothek auf den neuen Gläubiger 229 über, § 1153 Abs. 1 BGB. Forderung und Hypothek können nicht getrennt voneinander übertragen werden, § 1153 Abs. 2 BGB. Zur Abtretung der Forderung muss die Form des § 1154 BGB eingehalten werden. Für die Briefhypothek sind die Einigung über den Hypothekenübergang, Übergabe des Briefs und eine schriftliche Abtretungserklärung erforderlich. Eine Buchhypothek dagegen kann nur durch Einigung und Umschreibung im Grundbuch übertragen werden. Grundsätzlich ermöglicht der Hypothekenbrief also eine unkomplizierte Art der Übertragung ohne Rückgriff auf das Grundbuch. Es kann jedoch zweckmäßig sein, die Abtretungserklärung öffentlich beglaubigen zu lassen, da der Erwerber nur mit einer schriftlichen Erklärung nicht im Grundbuch eingetragen werden kann.

Verkauft der persönlich schuldende Grundstückeigentümer sein mit einer Hypo- 230 thek belastetes Grundstück, erlangt der Erwerber das Grundstück nur mit der Hypothek. Veräußerer und Erwerber können nun vereinbaren, dass der Erwerber die mit der Hypothek gesicherte Schuld des Veräußerers übernimmt. Der Veräußerer muss dies dem Gläubiger schriftlich mitteilen, damit dieser die Übernahme der Hypothekenschuld genehmigen kann, § 416 Abs. 1 Satz 1 BGB. Nach § 416 Abs. 2 BGB kann die Mitteilung aber erst erfolgen, wenn der Erwerber als Eigentümer im Grundbuch eingetragen ist. Der Gläubiger kann dann **innerhalb von sechs Monaten** die Genehmigung verweigern oder erteilen. Schweigt er, gilt dies gemäß § 416 Abs. 1 Satz 2 BGB ausnahmsweise als Zustimmung. Lehnt er den neuen Grundstückseigentümer als persönlichen Schuldner z. B. wegen Kreditunwürdigkeit ab, kann sich der Gläubiger an den persönlichen Schuldner (alter Eigentümer) oder an den neuen Eigentümer halten.

g) Befriedigung und Verwertung

231 Bei der Befriedigung des Gläubigers kommt es darauf an, wer auf die fällige Forderung zahlt. Wenn der Eigentümer, der zugleich persönlicher Schuldner ist, auf die fällige Forderung zahlt, erlischt die Forderung grundsätzlich und die Hypothek geht auf ihn als Eigentümergrundschuld (siehe auch unter Rz. 227) über, §§ 1163 Abs. 1 Satz 2, 1117 Abs. 1 BGB.

232 Sind Eigentümer und persönlicher Schuldner nicht identisch, können sowohl der persönliche Schuldner als auch der Eigentümer den Gläubiger befriedigen:

Zahlt der persönliche Schuldner auf die fällige Forderung, erlischt diese und die Hypothek geht gemäß § 1163 Abs. 1 Satz 2 BGB auf den Grundstückseigentümer über und wird zur Eigentümergrundschuld (siehe auch unter Rz. 227), § 1117 Abs. 1 BGB. Wenn der persönliche Schuldner allerdings Ersatz der geleisteten Zahlungen vom Eigentümer verlangen kann, geht die Hypothek nach § 1164 Abs. 1 BGB auf ihn selbst über, um seinen Ersatzanspruch zu sichern.

233 Der Eigentümer, der nicht zugleich persönlicher Schuldner ist, kann den Gläubiger befriedigen, sobald die Forderung fällig geworden ist oder der persönliche Schuldner zur Leistung berechtigt ist. Auf den Eigentümer gehen dann Forderung und Hypothek, die damit zur Eigentümerhypothek (siehe auch unter Rz. 228) wird, über, §§ 1143 Abs. 1, 1153 Abs. 1, 1117 Abs. 2 BGB.

234 Wenn der Gläubiger Befriedigung aus dem Grundstück verlangt, kann jeder, der durch die Zwangsvollstreckung ein Recht am Grundstück zu verlieren droht, die fällige Forderung zahlen. Bedeutsam ist dies vor allem für **Mieter oder Pächter**, deren Verträge von einem Grundstückserseher zum gesetzlich zulässigen Termin gekündigt werden können, §§ 1150, 268 BGB, § 57 ZVG.

235 Die Verwertung der Grundschuld im Wege der **Zwangsvollstreckung** erfolgt wie bei der Grundschuld beschrieben (siehe oben unter Rz. 204 ff.). Die Zwangsvollstreckung kann gemäß § 1197 Abs. 1 BGB jedoch nicht aus der kraft Gesetzes entstehenden Eigentümergrundschuld vom Eigentümer betrieben werden. Der Eigentümer soll damit nicht nachrangige dingliche Rechte erlöschen lassen können.[1]

5. Die Vorbelastungsvollmacht, insbesondere bei Bauvorhaben

236 Regelmäßig tritt folgende Konstellation auf: Der Käufer erwirbt ein Grundstück, um es zeitnah zu bebauen. Sowohl für die Belegung des Kaufpreises als auch für die Finanzierung des Bauvorhabens benötigt er Fremdmittel. Das Kauf und Bau finanzierende Kreditinstitut verlangt vom Käufer Sicherheiten. Er kann nur das Kaufgrundstück zur Verfügung stellen. D. h., es muss in das Grundbuch des Kaufgrundstücks ein Grundpfandrecht (zumeist Grundschuld, heute fast nie mehr Hypothek) in Höhe des Finanzierungsbetrags nebst Zinsen und Nebenleistung für Grundstückskaufpreis und Bauaufwand in der Regel an rangerster Stelle eingetragen werden.

---

[1] *Weirich*, Grundstücksrecht, Rz. 1056.

Die Zahlung des Kaufpreises ist grundsätzlich eine im Notarvertrag vereinbarte 237
Voraussetzung zur Umschreibung des Eigentums auf den Käufer. Dieser könnte
das Grundpfandrecht für seine finanzierende Bank aber erst nach Umschreibung
bewirken. Die Bank zahlt jedoch erst, wenn die ranggerechte Eintragung des
Grundpfandrechts sichergestellt ist. Ist eine Kaufpreishinterlegung auf Notaranderkonto vereinbart (s.o. Rz. 132 ff.), zahlt die Bank zwar in der Regel auf das Notaranderkonto bereits vor der Sicherung der Grundpfandrechtsbestellung, verlangt dann aber in einem Treuhandauftrag, dass vom Notaranderkonto erst ausgezahlt wird, wenn die ranggerechte Grundpfandrechteintragung sichergestellt
ist. Der Verkäufer will aber auf die Auszahlung des Kaufpreises nicht bis zur Eigentumsumschreibung warten.

Der **Verkäufer muss** also sowohl bei Direktzahlung als auch bei Hinterlegung des 238
Kaufpreises **an der Grundpfandrechtsbestellung mitwirken**.

Dies geschieht i. d. R. dadurch, dass er im Grundstückskaufvertrag dem Käufer 239
eine Vollmacht erteilt, das Grundstück bereits vor Eigentumsumschreibung mit
Grundpfandrechten zu belasten. Diese **Belastungsvollmacht** kann der Höhe nach
auf den Kaufpreis (nebst Zinsen und Nebenleistung) beschränkt werden, sie kann
aber auch die geplante Baufinanzierung umfassen und sogar zur Belastung des
Kaufgrundstücks vor Eigentumsumschreibung in beliebiger Höhe berechtigen.

In jedem Fall ist zu sichern, dass die Grundpfandrechtsbestellung auch der **Kauf-** 240
preisfinanzierung dient und dass der Verkäufer für den Fall der Rückabwicklung
oder Undurchführbarkeit des Kaufvertrags (z. B. weil erforderliche Genehmigungen nicht erteilt werden) gegen Rückzahlung des an ihn geleisteten Kaufpreises
ohne Zinsen oder sonstige Kosten die Löschung des eingetragenen Grundpfandrechts bewirken kann.

Dies erreicht man durch eine entsprechende **Sicherungsvereinbarung** von der die 241
Bank Kenntnis hat. Der Notar sollte sich vor Bestellung des Grundpfandrechts
eine entsprechende Bestätigung der Bank geben lassen, oder die eingeschränkte
Sicherungszweckabrede in die Grundschuldbestellung aufnehmen. Weiterhin
sollte die Vollmacht dahingehend eingeschränkt werden, dass dem Verkäufer im
Zusammenhang mit der Grundpfandrechtsbestellung keine Kosten entstehen.

Um den Verkäuferschutz im vorgenannten Sinne zu gewährleisten, ist es erfor- 242
derlich, dass die Vorbelastungsvollmacht nur vor dem den Kaufvertrag beurkundenden und durchführenden Notar – zumindest vor einem Notar seiner Sozietät –
ausgeübt wird. Gegenüber dem Grundbuchamt muss dagegen die Vollmacht unbeschränkt gelten, da dieses die Einhaltung der vorgenannten Einschränkungen
nicht – jedenfalls nicht zeitnah – überprüfen kann. Die Verantwortung für die
ordnungsgemäße Abwicklung liegt also bei dem Notar.

Beispiel

Finanzierungsvollmacht

1. Der Verkäufer ermächtigt den Käufer, unter Befreiung von den Beschränkungen des § 181 BGB und mit dem Recht Untervollmacht zu erteilen, den Kaufgegenstand – auch mehrfach – mit Grundpfandrechten in beliebiger Höhe zu belasten und den Verkäufer hinsichtlich des Grundbesitzes gemäß § 800 ZPO der Zwangsvollstreckung zu unterwerfen.

2. Im Innenverhältnis zwischen den Parteien ist die Vollmacht insoweit eingeschränkt, als der jeweilige Grundpfandrechtsgläubiger bis zur vollständigen Bezahlung des Kaufpreises, längstens jedoch bis zur Eigentumsumschreibung auf den Käufer, das jeweilige Grundpfandrecht nur insoweit verwerten oder behalten darf, als er tatsächlich Zahlungen mit Tilgungswirkung auf die Kaufpreisschuld des Käufers geleistet hat.

3. Der Käufer ist nicht ermächtigt, den Verkäufer im Zusammenhang mit der Bestellung und Eintragung der Grundpfandrechte persönlich zu verpflichten. Der Käufer wird den Verkäufer von allen Kosten und sonstigen Verpflichtungen im Zusammenhang mit der Bestellung und Eintragung dieser Grundpfandrechte freistellen.

4. Der Käufer tritt bereits jetzt alle Ansprüche auf Auszahlung der Darlehensvaluta, die durch die einzutragenden Grundpfandrechte gesichert werden soll, bis zur Höhe des Kaufpreises an den Verkäufer ab. Der Verkäufer nimmt die Abtretung an.

5. Der Notar wird angewiesen zu überwachen, dass Anträge aus den Grundpfandrechtsbestellungsurkunden erst dann beim Grundbuchamt gestellt werden, wenn er für sichergestellt hält, dass die Grundpfandrechtsbestellung zunächst der Kaufpreisfinanzierung dient und der gesamte Kaufpreis gezahlt wird.

6. Das Grundbuchamt hat die vorgenannten Einschränkungen der Vollmacht nicht zu prüfen.

7. Diese Vollmacht kann nur vor dem amtierenden Notar, seinem amtlich bestellten Vertreter oder Notariatsverwalter oder vor einem mit dem amtierenden Notar in Sozietät verbundenen Notar ausgeübt werden.

Teil 4
Privates Nachbarrecht

	Rz.
I. Einleitung	1
1. Zweigleisigkeit des Nachbarrechts	1
2. Nachbar	3
II. Beseitigungs- und Unterlassungsanspruch nach § 1004 BGB	5
1. Eigentum	10
2. Beeinträchtigung des Eigentums	12
a) Negative Immissionen	13
b) Ideelle Einwirkungen	15
c) Natürliche Einwirkungen	16
3. Anspruchsgegner	18
a) Handlungsstörer	19
b) Zustandsstörer	20
4. Kein Ausschluss des Anspruchs	21
5. Rechtsfolgen	24
III. Grenzbebauung	29
1. Überbau	30
a) Rechtmäßiger Überbau	31
b) Unrechtmäßiger Überbau	34
aa) Unverschuldeter Überbau	34
(1) Eigentümer	35
(2) Gebäude	36
(3) Überbau	37
(4) Verschulden	38
(5) Kein Widerspruch	41
bb) Unentschuldbarer unrechtmäßiger Überbau	46
2. Nachbarwand	48
a) Voraussetzungen	49
b) Beschaffenheit	54
c) Anbau	58
d) Eigentum	64
e) Unterhaltungskosten	65
f) Abriss eines Gebäudes	67
3. Grenzwand	70
a) Anbau	74
b) Zweite Grenzwand	75
c) Abriss eines Gebäudes	77
d) Einseitige Grenzwand	79
4. Fenster- und Lichtrecht	80
IV. Zustand und Veränderung des Baugrundstücks	86
1. Unzulässige Grundstücksvertiefung	87
a) Vertiefung	88
b) Notwendige Sicherungsmaßnahmen	92
c) Anspruchsgegner	98
d) Anspruchsinhaber	99
e) Rechtsfolgen	100
2. Bodenerhöhung	104
3. Gefahrdrohende Anlagen	106
4. Drohender Gebäudeeinsturz	108
5. Wassernutzung und Wasserabfluss	111
6. Optische Gestaltung des Grundstücks	115
V. Nachbarrechtliche Ansprüche im Zusammenhang mit der Ausführung von Bauarbeiten	118
1. Betreten des Nachbargrundstücks/Hammerschlags- und Leiterrecht	118
2. Baulärm, Baustaub, Erschütterungen	127
a) Duldungspflicht und Ausgleichsanspruch	128
b) Einzelfälle	135
3. Feuchtigkeitsschäden am Nachbargebäude	140
VI. Übersicht: Nachbargesetze in den einzelnen Bundesländern	142

I. Einleitung

1. Zweigleisigkeit des Nachbarrechts

Das Nachbarschaftsrecht ist durch ein Nebeneinander öffentlich-rechtlicher und 1
privatrechtlicher Normen geprägt. Außerhalb von Kollisionsnormen ist es streitig, wie das Verhältnis zwischen den öffentlich-rechtlichen und den privatrechtlichen Normen zueinander zu beurteilen ist. Es wird u. a. die These von dem Vor-

rang des Zivilrechts, die These von dem Vorrang des öffentlichen Rechts sowie die **Zweigleisigkeitsthese** vertreten. Nach der herrschenden Zweigleisigkeitsthese stehen beide Rechtsgebiete gleichberechtigt nebeneinander, keinem kommt gegenüber dem anderen eine Vorrangstellung zu. In dieser Konsequenz ist sowohl der BGH als auch das BVerwG darum bemüht, im Nachbarrecht zu einer Harmonisierung der Auslegung und ihrer Funktion nach zu gleichwertigen Rechtsbegriffen zu gelangen. Aufgrund der Zweigleisigkeit kann der betroffene Nachbar neben der verwaltungsrechtlichen Geltendmachung seiner öffentlich-rechtlichen Ansprüche gegenüber der zuständigen Behörde alternativ oder auch parallel gegen den Störer unmittelbar zivilrechtlich vorgehen.

2 Ausgangspunkt aller zivilrechtlichen Überlegungen zum Nachbarschaftsrecht ist § 903 BGB. In dieser Norm kommt das Recht des Eigentümers zum Ausdruck, nach Belieben mit seinem Eigentum zu verfahren, aber auch das Recht andere von der Inanspruchnahme des Eigentums auszuschließen. Sämtliche weitere Normen des Nachbarschaftsrechts dienen dem Interessenausgleich zwischen den Nachbarn, die sich jeweils für ihr Grundstück auf die weitreichende Befugnisse des § 903 BGB berufen können, insoweit merkte der BGH[1] zutreffend an:

„Ein beiderseitig unbeschränktes Recht, mit dem Grundstück nach Belieben zu verfahren (§ 903, 1. Alt. BGB) würde ebenso wie ein uneingeschränktes Recht, den jeweils anderen von jeder Einwirkung auszuschließen (§ 903, 2. Alt. BGB), eine Nutzung des benachbarten Grundstücks unmöglich machen."

2. Nachbar

3 Eine einheitliche Definition des Begriffs „Nachbar" ist nicht möglich. Bei jeder Norm muss der **personelle Schutzbereich** gesondert bestimmt werden. So kann im Anwendungsbereich des § 823 BGB jeder aktivlegitimiert sein, der die Verletzung seines Eigentums oder eines sonstigen dinglichen Rechts geltend macht. Im Rahmen von § 1004 BGB ist grundsätzlich nur der gestörte Eigentümer anspruchsberechtigt. Jedoch findet kraft gesetzlicher Verweisung der Abwehranspruch des § 1004 BGB auch auf andere Personen Anwendung.[2] Des Weiteren dehnt die Rechtsprechung den Schutzbereich des § 1004 BGB auf alle absolut geschützten „sonstigen" Rechte i. S. v. § 823 Abs. 1 BGB analog aus. Diese Ausdehnung hat gleichzeitig eine räumliche Erweiterung des Nachbarschaftsbegriffs zur Folge. Insbesondere § 1004 BGB ist nicht auf die Grundstücksgrenze beschränkt. Ebenso hat bereits das Reichsgericht[3] im Zusammenhang mit § 909 BGB den Begriff der Nachbarschaft dahin erweitert, dass er sich soweit erstreckt, wie der Einwirkungskreis der Vertiefungsarbeiten reicht.

4 Eine Vielzahl anderer Vorschriften regeln jedoch ausschließlich die Rechtsverhältnisse zwischen unmittelbaren Grundstücksnachbarn, so die Vorschriften hinsichtlich einer Grenzbebauung. Im Laufe der Zeit haben sich unterschiedliche

---

1 BGH, NJW 1984, 729.
2 Inhaber einer Grunddienstbarkeit, § 1027; Nießbraucher § 1065; Inhaber einer beschränkten persönlichen Dienstbarkeit, § 1090 Abs. 2; Inhaber eines Pfandrechts § 1227; § 8 PachtkredG; Wohnungseigentümer § 13 WEG; Erbbauberechtigter, § 11 Abs. 1 ErbbauVO.
3 RGZ 167, 14 (21).

Nachbarschaftsbegriffe[1] herausgebildet, die jeweils die räumliche Zuordnung der Grundstücke zueinander zu beschreiben versuchen, beipielsweise sei genannt das „unmittelbare Nachbargrundstück", das „Punktnachbargrundstück" oder auch das „Drittnachbargrundstück".

II. Beseitigungs- und Unterlassungsanspruch nach § 1004 BGB

Der Eigentümer einer Sache, auch eines Grundstücks, kann gemäß § 903 BGB grundsätzlich mit dieser nach Belieben verfahren und andere von der Nutzung ausschließen. Sofern er in seinem Recht beeinträchtigt wird, kann der Eigentümer gemäß § 1004 BGB vom Störer die Beseitigung und zukünftige Unterlassung der Beeinträchtigung fordern. Dieser Anspruch wird als **negatorischer Anspruch** bezeichnet. 5

Gleichzeitig wird § 1004 BGB entsprechend auf andere absolute Rechte, auf bloße Rechtsgüter und auf rechtlich geschützte Interessen analog angewendet, diese Ansprüche werden als **quasinegatorische** und deliktische Ansprüche bezeichnet. Dies hat hinsichtlich nachbarschützender Normen des öffentlichen Rechts Bedeutung. Regelmäßig deckt sich der Begriff des Schutzgesetzes im Sinne von § 823 Abs. 2 BGB mit denen der **Schutznormtheorie** des öffentlichen Rechts. 6

Der betroffene Nachbar ist daher nicht allein auf das Einschreiten der Behörde angewiesen, sondern kann über § 823 Abs. 2 in Verbindung mit der jeweils einschlägigen öffentlichen Norm seine Interessen auf dem ordentlichen Rechtsweg verfolgen. Da § 823 Abs. 2 BGB als Schadenersatzanspruch eigentlich erst nach Eintritt eines Schadens eingreifen würde, es jedoch unzweckmäßig wäre, sehenden Auges zunächst einen Schadenseintritt abwarten zu müssen, hat die Rechtsprechung einen **vorbeugenden Abwehranspruch** für absolute Rechtsgüter analog § 1004 BGB bejaht. 7

Der Abwehranspruch aus § 1004 BGB besteht jedoch nicht uneingeschränkt. Er ist insoweit ausgeschlossen, als der Eigentümer zur Duldung verpflichtet ist. Die **Duldungspflicht** ist in § 1004 BGB nicht näher spezifiziert, sondern ergibt sich aus dem Rechtsgeschäft oder Gesetz. Für den Grundstückseigentümer folgen vor allem aus den §§ 906 ff. BGB, den Landesnachbarrechtsgesetzen und dem BImSchG zahlreiche Duldungspflichten. 8

Ein Abwehranspruch nach § 1004 BGB besteht unter folgenden Voraussetzungen: 9

1. Eigentum

Anspruchsberechtigter ist grundsätzlich nur der Grundstückseigentümer, soweit der Abwehranspruch auf das Eigentum des Grundstücks gestützt wird. Dieser Anspruch ist nicht abtretbar, es kann jedoch ein Dritter zur Geltendmachung im eigenen Namen ermächtigt werden.[2] § 1004 BGB ist aber auf zahlreiche ande- 10

---

1 Vgl. *Englert/Grauvogel/Maurer*, Handbuch des Baugrund- und Tiefbaurechts, Rz. 165.
2 OLG Düsseldorf, ZMR 1996, 28; Palandt/*Bassenge*, § 1004 Rz. 15.

re Personen aufgrund gesetzlicher Verweisung entsprechend anzuwenden, so auf Wohnungseigentümer oder Erbbauberechtigte.[1]

11 Aber auch einem bloßen **Nutzer** eines Grundstücks kann ein eigenes Abwehrrecht aus § 1004 BGB zukommen, soweit ein anderes Rechtsgut als das Eigentum betroffen ist und er Inhaber dieses Rechts ist. So kann ein Pächter eines Grundstücks ein eigenes Abwehrrecht gegen den Störer besitzen, sofern er durch den Störer in der Ausübung seines Gewerbebetriebs beeinträchtigt wird.

2. Beeinträchtigung des Eigentums

12 Es muss eine **Beeinträchtigung des Eigentums** vorliegen. Eine Beeinträchtigung kann bereits in dem Betreten des Grundstücks durch Menschen und Tiere bestehen.[2] Beeinträchtigungen bei Grundstücken können vor allem durch Immissionen, durch gefahrdrohende Anlagen, durch Vertiefungen, durch Überwuchs, durch Überbau sowie durch die Verletzung von nachbarschützenden Grenzabständen[3] entstehen. Beeinträchtigungen, die allein auf Naturkräfte zurückgehen, lassen keinen Abwehranspruch entstehen. Nur wenn sie durch den Eigentümer des Nachbargrundstücks oder dessen Rechtsvorgänger durch eine eigene Handlung, beispielsweise Hangabschrägung, Änderung des Wasserablaufs, mitverursacht worden sind, stellen sie eine Beeinträchtigung i. S. v. § 1004 BGB dar. Ebenso wenig sind ideelle und negative Einwirkungen vom Schutzbereich des § 1004 BGB umfasst.

a) Negative Immissionen

13 Unter negativen Immissionen wird das **Fernhalten natürlicher Einflüsse** verstanden. Die Hauptfälle sind die Entziehung von Licht, Luft und Grundwasser. Aber auch die Beeinträchtigung der Aussicht oder die Störung von Rundfunk und Fernsehempfang durch den Schatten von Hochhäusern. Inwieweit § 1004 BGB bei negativen Immissionen anwendbar ist, ist umstritten.

14 Aufgrund der mit den positiven Einwirkungen vergleichbaren Störungswirkungen zulasten des Nachbargrundstücks bejaht eine Mindermeinung die Anwendbarkeit des § 1004 BGB.[4] Überwiegend wird jedoch die **Anwendung des § 1004 BGB** hinsichtlich negativer Immissionen zu Recht **abgelehnt**.[5] Zum Ausgleich der damit verbundenen Nachteile, lässt die Rechtsprechung dem Betroffenen über die Rechtsfigur des nachbarschaftlichen Gemeinschaftsverhältnisses in Ausnahmefälle Ansprüche zukommen, die auf einen Ausgleich der widerstreitenden Interessen gerichtet sind.

---

1 Inhaber einer Grunddienstbarkeit, § 1027; Nießbraucher § 1065; Inhaber einer beschränkten persönlichen Dienstbarkeit, § 1090 Abs. 2; Inhaber eines Pfandrechts § 1227; § 8 PachtkredG; Wohnungseigentümer § 13 WEG; Erbbauberechtigter, § 11 Abs. 1 ErbbauVO.
2 Palandt/*Bassenge*, § 1004 Rz. 5.
3 OLG Köln, ZMR 1994, 115.
4 *Wolf*, Sachenrecht, Rz. 236; *Baur*, BB 1963, 483 (486).
5 BGH, NJW 1984, 729; BGH, NJW 1991, 1671; BGH, NJW 1992, 2564.

Beispiel:
Wird beispielsweise der Fernsehempfang durch die Errichtung eines Hochhauses auf dem Nachbargrundstück gestört, so bestehen zwar keine Unterlassungsansprüche gegenüber dem Nachbarn, doch kann der Betroffene aus dem nachbarschaftlichen Gemeinschaftsverhältnis einen Gestattungsanspruch zur Montage einer Fernsehantenne auf dem neu errichteten Hochhaus ableiten.

b) Ideelle Einwirkungen

Ideelle, also rein ästhetische, Einwirkungen werden mangels physischer Auswirkungen nach h. A. nicht vom Schutzbereich des § 1004 BGB umfasst. Wenn nur das seelische Empfinden der die Vorgänge erblickenden Person verletzt ist, kommt ein Abwehranspruch nicht in Betracht.[1] Wenn die ästhetische Beeinträchtigung jedoch gleichzeitig mit der Verletzung des **Persönlichkeitsrechts**[2] oder des körperlichen Wohlbefindens[3] einhergeht, kann ausnahmsweise ein Abwehranspruch aus § 1004 BGB bestehen, wobei streng betrachtet in diesen Fällen der Abwehranspruch nicht aus der ideellen Störung, sondern aus der Verletzung des Persönlichkeitsrechts resultiert.

15

c) Natürliche Einwirkungen

Natürlich Einwirkungen stellen in der Regel keine Beeinträchtigung i. S. d. § 1004 BGB dar. Es handelt sich vielmehr um **Wirkungen von Naturkräften**, welche der Nachbar hinzunehmen hat, weil Naturkraftwirkungen wertneutral sind und das Grundstück diesen als Teil der Erdoberfläche stets ausgesetzt ist.[4] Der Abwehranspruch nach § 1004 BGB setzt eine wenigstens mittelbar auf den Willen des Eigentümers zurückgehende Beeinträchtigung voraus. Sofern eine Beeinträchtigung durch Naturereignisse ausgelöst wird, kann sie dem Eigentümer nur dann zugerechnet werden, wenn er sie durch eine eigene Handlung ermöglicht hat oder wenn die Beeinträchtigung erst durch ein pflichtwidriges Unterlassen herbeigeführt worden ist.[5]

16

Durch Naturkräfte verursachte Störungen des Nachbargrundstücks lassen somit erst dann einen Abwehranspruch entstehen, wenn der Eigentümer des störenden Grundstücks **durch Veränderungen am Grundstück** in die Grundstücksgestaltung derart eingegriffen hat, dass sich die Auswirkungen der Naturkräfte hierdurch verstärkt haben. Durch diesen Eingriff basiert die daraus resultierende Beeinträchtigung zumindest mittelbar auf einer Handlung des Eigentümers des störenden Grundstücks und wird dadurch diesem zurechenbar.

17

---

1 RGZ 76, 130; BGH, NJW 1969, 1208; BGH, NJW 1970, 1541; a. A. AG Münster, NJW 1983, 2886.
2 BGH, NJW 1970, 1541 (1542); BGH, NJW 1975, 170; LG Limburg, NJW-RR 1987, 81.
3 BGHZ 1995, 307 (310); KG, NJW-RR 1988, 586.
4 OLG Düsseldorf, NJW-RR 1990, 144 (145).
5 BGH, MDR 1984, 75; NJW 1991, 2770, OLG Düsseldorf, NJW-RR 1991, 1115.

3. Anspruchsgegner

18 Der Anspruch richtet sich gegen den Störer. **Störer** ist derjenige, auf den die Störung unmittelbar oder adäquat mittelbar[1] zurückzuführen ist. Es ist dabei zwischen dem Handlungs- und dem Zustandsstörer zu differenzieren. Bei mehreren Störern ist grundsätzlich jeder Anspruchsgegner, jedoch hängt der Umfang des Anspruchs vom jeweiligen Tatbeitrag ab.[2]

a) Handlungsstörer

19 Störer ist immer der Einwirkende selbst, aber auch derjenige, der die störende Einwirkung Dritter ursächlich veranlasst hat und sie verhindern konnte.[3] Dies gilt insbesondere für den **Bauherrn**, der die Störung durch den Bauunternehmer veranlasst hat.[4] Demnach ist Anspruchsgegner hinsichtlich einer durch Baustellenbetrieb erfolgenden Beeinträchtigung, neben dem Bauunternehmer als unmittelbar Handelndem, auch der Bauherr als mittelbar verantwortliche Person.

b) Zustandsstörer

20 Störer ist auch, wer eine störende Anlage hält, wenn von seinem Willen die Beseitigung abhängt, selbst dann, wenn ein Unbefugter den störenden Zustand schuf, da die Aufrechterhaltung der Störung nunmehr auf den Willen des Eigentümers zurückgeht.[5]

4. Kein Ausschluss des Anspruchs

21 Der Anspruch aus § 1004 BGB setzt gemäß § 1004 Abs. 2 BGB die **Rechtswidrigkeit** der Beeinträchtigung voraus. Diese entfällt, sofern der Gestörte zur Duldung der Beeinträchtigung verpflichtet ist. Die Duldungspflicht kann sich entweder aus dem Gesetz oder aus dem Rechtsgeschäft ergeben. Eine **gesetzliche Duldungspflicht** lässt sich vor allem aus den Vorschriften des Nachbarrechts, insbesondere §§ 906 ff. BGB, und den Landesnachbarrechtsgesetzen sowie dem aus § 242 BGB entwickelten nachbarlichen Gemeinschaftsverhältnis entnehmen. Ebenso sind aus dem öffentlichen Recht zahlreiche Duldungspflichten abzuleiten, so insbesondere aus dem Bauordnungsrecht und dem BImSchG.

22 Eine Duldungspflicht kann sich jedoch auch **aus Rechtsgeschäft** ergeben. Beispielsweise durch die Einräumung einer Grunddienstbarkeit oder durch einen schuldrechtlichen Vertrag. Wobei bezüglich einer vertraglichen Duldungspflicht zu beachten ist, dass mögliche Einzelrechtsnachfolger daran nicht gebunden sind.

23 Ein bestehender Beseitigungsanspruch nach § 1004 BGB kann auch dann ausgeschlossen sein, wenn die Beseitigungshandlung gegen öffentlich-rechtliche

---

[1] BGHZ 28, 110 (111).
[2] BGH, NJW 1976, 799; BGH, NJW 1971, 935.
[3] BGH, NJW 1982, 440.
[4] BGH, NJW 1962, 1342.
[5] BGH, NJW-RR 1996, 659.

Normen verstoßen würde. Im Nachbarrecht ist insbesondere an die naturschutzrechtlichen Verbotstatbestände z. B. § 20 f Abs. 1 Nr. 1 BNatSchG oder lokale Baumschutzsatzungen zu denken.[1]

5. Rechtsfolgen

§ 1004 BGB sieht hinsichtlich der gegenwärtigen Beeinträchtigung einen **Beseitigungsanspruch** und hinsichtlich einer drohenden künftigen Beeinträchtigung einen **Unterlassungsanspruch** vor. 24

Der **Beseitigungsanspruch** zielt auf die zukünftige Abstellung der Beeinträchtigung. Der Anspruchsberechtigte kann jedoch nur das Abstellen der Beeinträchtigung verlangen und nicht die Herstellung des früheren Zustands. Umstritten ist der Umfang des Beseitigungsanspruchs, nämlich ob lediglich die Beseitigung der Ursache der Störung geschuldet ist oder ob auch deren Folgen beseitigt werden müssen. § 1004 BGB gewährt nur ein Recht auf Beendigung der Einwirkung für die Zukunft, nicht jedoch aber auf Beseitigung bereits eingetretener Einwirkungsfolgen.[2] Die Einwirkungsfolgen sind bei einem schuldhaften Handeln des Störers gegebenenfalls über § 823 BGB zu beseitigen. 25

Der **Klageantrag** darf nur auf Beseitigung der Beeinträchtigung lauten und keine besondere Maßnahme vorsehen. Dem Störer obliegt die Wahl zwischen mehreren in Betracht kommenden Beseitigungsmöglichkeiten. Erst im Rahmen der Zwangsvollstreckung kann sich auf eine Maßnahme konzentriert werden. Die **Kosten** der Beseitigung trägt der Störer. 26

Sofern eine Wiederholung einer Beeinträchtigung droht oder diese erstmalig droht, sieht § 1004 Abs. 1 Satz 1 BGB einen **Unterlassungsanspruch** vor. Der Unterlassungsanspruch setzt jedoch eine auf Tatsachen gegründete, objektive, ernsthaft bestehende Gefahr einer weiteren bzw. erstmaligen Störung voraus. In prozessualer Hinsicht ist für deren Vorliegen die letzte mündliche Verhandlung Beurteilungszeitpunkt. 27

Sofern der Gestörte die **Störung selbst beseitigt**, kann er die nötigen Kosten ersetzt verlangen. Dieser Ersatzanspruch ist allgemein anerkannt und wird dogmatisch entweder auf § 812 BGB[3] oder auf Geschäftsführung ohne Auftrag gestützt[4], wobei ein Anspruch aus Geschäftsführung ohne Auftrag häufig am entgegenstehenden Willen des Geschäftsherrn scheitern wird. 28

---

1 BGH, NJW 1993, 925; *Seidel*, Öffentlich-rechtlicher und privatrechtlicher Nachbarschutz, Rz. 856.
2 BGHZ 28, 110, 113 = NJW 1958, 1580; MüKomm/*Medicus*, § 1004 Rz. 71.
3 BGHZ 1997, 231; BGH, NJW 1991, 2826.
4 BGHZ 110, 313.

Anspruchsschema § 1004

(1) Anspruchsinhaber

▷ Eigentümer

▷ Sonstige Berechtigte z. B.:
- Inhaber einer Grunddienstbarkeit § 1027 BGB
- Nießbraucher § 1065 BGB
- Inhaber einer beschränkt persönlichen Dienstbarkeit § 1090 Abs. 2 BGB

▷ Wohnungseigentümer § 13 WEG

▷ Erbbauberechtigter § 11 Abs. 1 ErbauVO

(2) Beeinträchtigung

Beispiel:

▷ Immissionen

▷ Gefahrdrohende Anlagen § 907 BGB

▷ Vertiefung § 909

▷ Überbau § 912 BGB

▷ Verletzung nachbarlicher Grenzabstände

▷ Vorschriften der Landesnachbarrechtsgesetze

(3) Anspruchsgegner

▷ Handlungsstörer

▷ Zustandsstörer

▷ Mehrere Störer, Anspruchsinhalt richtet sich nach Tatbeitrag

(4) Keine Duldungspflicht

Duldungspflicht kann sich z. B. ergeben aus:

(a) Gesetz

▷ Landesnachbarrechtsgesetze

▷ §§ 906 ff. BGB

(b) Rechtsgeschäft

▷ Dingliches Rechtsgeschäft, z. B. Grunddienstbarkeit

▷ Nachbarschaftliches Gemeinschaftsverhältnis

▷ Schuldrechtlicher Vertrag

(5) Rechtsfolgen

▷ Beseitigungsanspruch bei gegenwärtiger Beeinträchtigung
▷ Unterlassungsanspruch zur Abwehr zukünftiger Beeinträchtigungen

III. Grenzbebauung

Die Bundes- und Landesgesetze sehen verschiedene Formen der Bebauung an, auf oder über der Grundstücksgrenze vor; insbesondere gemeinsame Einfriedungen, Grenz- und Nachbarwände. Zum Teil bestehen in den einzelnen Ländern besondere Vorschriften über Art und Umfang der Grenzbebauung.

29

1. Überbau

Grundsätzlich darf der Eigentümer eines Grundstücks nur innerhalb seiner Grundstückgrenzen bauen, soweit er über die Grenzen hinaus auch auf dem Nachbargrundstück sein Bauwerk errichtet, liegt ein so genannter Überbau vor. Der Überbau stellt eine Beeinträchtigung des Nachbargrundstücks dar, weshalb dessen Eigentümer die Beseitigung des Überbaus gemäß § 1004 BGB und Herausgabe der überbauten Fläche nach § 985 BGB verlangen kann, sofern er nicht nach § 1004 Abs. 2 BGB zur Duldung verpflichtet ist. Eine Verpflichtung zur Duldung liegt entweder bei einem berechtigten Überbau oder bei einem unberechtigten, aber entschuldbaren Überbau vor. Es ist daher zunächst zwischen dem rechtmäßigen und dem unrechtmäßigen Überbau zu differenzieren und hinsichtlich des unrechtmäßigen Überbaus ist nochmals zwischen dem entschuldbaren unrechtmäßigen und dem unentschuldbaren unrechtmäßigen Überbau zu unterscheiden.[1]

30

a) Rechtmäßiger Überbau

Der Überbau ist rechtmäßig, wenn er mit **Zustimmung des Eigentümers** (nicht Nutzungsberechtigter) des Nachbargrundstücks erfolgt ist.[2] Die Zustimmung bedarf keiner besonderen Form. Bei einem rechtmäßigen Überbau stehen dem Eigentümer des Nachbargrundstücks **keine Abwehrrechte** zur Seite, weil er sich mit dem Überbau einverstanden erklärt hatte, woraus die Duldungspflicht zu entnehmen ist.[3] Die Frage einer eventuellen **Entschädigung** richtet sich primär nach der vertraglichen Vereinbarung; § 912 Abs. 2 BGB ist insoweit nicht anwendbar.[4] Wenn in der Vereinbarung aber eine Entschädigungsregelung gänzlich fehlt, so ist durch Auslegung zu ermitteln, ob gegebenenfalls die Parteien die gesetzlichen Rechtsfolgen des § 912 Abs. 2 BGB gewollt und daher stillschweigend vereinbart haben.[5]

31

---

1 Staudinger/*Roth*, § 912 Rz. 4.
2 Staudinger/*Roth*, § 912 Rz. 66.
3 BGH, NJW 1983, 1112.
4 BGH, NJW 1983, 1112.
5 RGZ 74, 87; OLG Frankfurt, MDR 1980, 229; Staudinger/*Roth*, § 912 Rz. 68.

32 Die Zustimmung des benachbarten Grundstückseigentümers bindet nur den **Gesamtrechtsnachfolger** und nicht einen eventuellen Einzelrechtsnachfolger. Das Einverständnis ist schuldrechtlicher Natur und entfaltet keine dingliche Wirkung. Um die Einwilligung auch gegenüber dem **Einzelrechtsnachfolger** fortbestehen zu lassen, bedarf es der Eintragung einer entsprechenden **Grunddienstbarkeit**.[1]

Hinweis:
Sofern ein Überbau im Einverständnis mit dem derzeitigen Eigentümer des Nachbargrundstücks erfolgen soll, sollte trotz der grundsätzlichen Formfreiheit des Einverständnisses, dieses zum Zwecke der Beweisbarkeit schriftlich vereinbart werden. Um den Bestand des Einverständnisses gegenüber dem Rechtsnachfolger zu sichern, sollte der Überbau durch eine entsprechende Grunddienstbarkeit abgesichert werden.

33 Sofern sich der Überbauer gegenüber dem Einzelrechtsnachfolger des Grundstücksnachbarn nicht auf eine Grunddienstbarkeit berufen kann, kann der Einzelrechtsnachfolger dennoch keine Beseitigung des Überbaus verlangen. Zwar fällt die Rechtmäßigkeit des Überbaus mangels Einverständnis des neuen Eigentümers nachträglich weg, es handelt sich jedoch aufgrund des ursprünglichen Einverständnisses um einen **entschuldbaren Überbau** i. S. v. § 912 BGB mit einer entsprechenden Duldungspflicht. Dies hat zur Folge, dass der nunmehr unberechtigte, aber entschuldbare Überbau bestehen bleiben darf, jedoch die Entschädigungsregelungen der §§ 912 ff. BGB zur Anwendung gelangen.[2] Auf die zwischen dem überbauenden und dem Voreigentümer bestehende Entschädigungsregelung kann sich der Sonderrechtsnachfolger nicht berufen. Als Sonderrechtsnachfolger hat er nicht die schuldrechtlichen Pflichten und Rechte übernommen, die Vereinbarung entfaltet ihm gegenüber keine Wirkung.[3]

b) Unrechtmäßiger Überbau

aa) Unverschuldeter Überbau

34 Sofern der Überbau ohne das entsprechende Einverständnis des Grundstücksnachbarn erfolgt ist, ist der Überbau unrechtmäßig und der Eigentümer des Nachbargrundstücks grundsätzlich nicht zur Duldung verpflichtet. Eine **Duldungspflicht** hinsichtlich des unrechtmäßigen Überbaus ergibt sich jedoch aus § 912 BGB, sofern der Überbau unverschuldet erfolgte. § 912 BGB setzt Folgendes voraus:

(1) Eigentümer

35 Nur der Überbau durch den Eigentümer des überragenden Grundstücks ist vom Eigentümer des Nachbargrundstücks zu dulden. Das Gebäude muss daher im Namen des Eigentümers errichtet werden bzw. mit dessen Zustimmung. Das Gebäude muss also im Namen und im wirtschaftlichen Interesse des betreffenden

---
[1] Staudinger/Roth, § 912 Rz. 69.
[2] BGH, NJW 1983, 1112 (1113); 1983, 2023 (2024); OLG Karlsruhe, NJW-RR 1988, 524 (525).
[3] OLG Koblenz, NJW-RR 1999, 1394.

Eigentümers errichtet worden sein.¹ Sofern lediglich ein **sonstiger Berechtigter**, etwa ein sonstiger dinglich Berechtigter, Pächter, Mieter etc. ohne Zustimmung des Eigentümers des überragenden Grundstücks, das Gebäude errichtet hat, scheidet eine Duldungspflicht nach § 912 BGB per se aus. Der Eigentümer des Stammgrundstücks kann jedoch durch eine Genehmigung analog § 184 BGB den Überbau billigen und zu „seinem" machen.²

(2) Gebäude

Grundsätzlich besteht nur eine Duldungspflicht bei einem Überbau eines Gebäudes. Daher fallen nur Bauwerke darunter, die durch räumliche Umfriedung gegen äußere Einflüsse Schutz gewähren und den Eintritt von Menschen erlauben. Die Rechtsprechung und Literatur dehnt im Einzelfall jedoch den Begriff des Gebäudes auch auf andere große Bauwerke aus³ und schränkt ihn dafür gegenüber leicht versetzbaren Gebäude ein.⁴ Andere Bauwerke als Gebäude werden daher grundsätzlich nicht von dem Schutzbereich des § 912 BGB erfasst. Ein unberechtigter Überbau durch Gruben, Mauern, Zäune ist nicht zu dulden.⁵ Das OLG Karlsruhe hat dies auch für den seitenoffenen Carport angenommen.⁶

36

(3) Überbau

Es muss ein Überbau vorliegen. Das Gebäude darf daher **nicht vollständig auf dem Nachbargrundstück** errichtet worden sein, sondern muss zumindest mit einem Teil auf dem Stammgrundstück stehen. Ansonsten ist der Umfang des Überbaus unerheblich. Das Gebäude kann nur geringfügig auf dem Nachbargrundstück stehen oder überwiegend dort. Es kann sogar das Nachbargrundstück komplett überdecken. Es kommt ausschließlich darauf an, ob das Gebäude zumindest mit einem Teil auf dem Stammgrundstück liegt. Der Überbau muss im Zeitpunkt der Gebäudeerrichtung vorliegen. Bei einem **nachträglichen Anbau** liegt ein Überbau i. S. v. § 912 BGB nur dann vor, wenn der Anbau selbst ein Gebäude darstellt und die sonstigen Voraussetzungen des § 912 BGB erfüllt. Also beispielsweise eine Garage, nicht jedoch ein Balkon oder eine Terrasse.⁷

37

(4) Verschulden

Der Überbau muss entschuldbar sein. Dem Überbauenden darf **kein Vorsatz oder grobe Fahrlässigkeit** zur Last gelegt werden können. Der Überbau darf daher höchstens leicht fahrlässig erfolgt sein. Verschulden wird regelmäßig dann angenommen, wenn der Überbauende die örtlichen Verhältnisse vor Baubeginn nicht ermittelt und sich allein auf bereits bestehende natürliche oder künstliche Einfriedungen verlässt wie beispielsweise einen Zaunverlauf.⁸

38

---

1 BGHZ 110, 298 (302); BGH, NJW 1983, 2022 (2023).
2 BGHZ 15, 216, 219; Staudinger/*Roth*, § 912 Rz. 11.
3 Staudinger/*Roth*, § 912 Rz. 6; MüKo/*Säcker*, § 912 Rz. 4; Palandt/*Bassenge*, § 912 Rz. 4.
4 Palandt/*Bassenge*, § 912 Rz. 4; Staudinger/*Roth*, Rz. 6; *Glaser*, ZMR 1985, 145.
5 BGH, LM Nr. 25 (Zäune); AG Garmisch-Patenkirchen, MDR 1966, 505 (Gruben); BGH, MDR 1973, 39 (Abflussvorrichtung).
6 OLG Karlsruhe, NJW-RR 1993, 665.
7 Palandt/*Bassenge*, § 912 Rz. 7.
8 OLG Nürnberg, Rdl. 68, 102.

39 Inwieweit sich der Überbauende das **Verschulden von Dritten** zurechnen lassen muss, ist umstritten. Der BGH verneint im Zusammenhang mit nachbarrechtlichen Ansprüchen eine Zurechnung nach § 831 BGB zu Recht. Zum einen sind die Ansprüche des §§ 906 ff systematisch vom Recht der unerlaubten Handlung gelöst. Zum anderen dürfte in den meisten Fällen, vor allem beim Bauunternehmer und Architekten, keine Weisungsgebundenheit i. S. d. § 831 BGB vorliegen.[1] Auch besteht in der Regel zwischen Grundstücksnachbarn kein Schuldverhältnis, was die Anwendung von § 278 BGB ermöglichen würde, insbesondere das nachbarliche Gemeinschaftsverhältnis vermag kein Schuldverhältnis zu begründen.[2] Das nachbarschaftliche Gemeinschaftsverhältnis ist lediglich ein aus § 242 BGB abgeleitetes Korrektiv für bestehende Ansprüche und stellt kein eigenständiges Schuldverhältnis dar. Aus diesem Grund rechnet die Rechtsprechung das **Verschulden des Bauunternehmers** nicht dem Überbauenden zu.[3]

40 Das **Verschulden des Architekten** wird dem Bauherrn jedoch über § 166 BGB analog vollumfänglich zugerechnet. Die Rechtsprechung sieht den Architekten als Sachwalter des Bauherrn an. Er übernimmt Planung und Ausführung des Bauvorhabens und ist, im Gegensatz zum Bauunternehmer, im Verkehr gegenüber Dritten „Repräsentant" des Bauherrn. Wer im Rechtsverkehr jemanden an seine Stelle treten lässt, muss sich auch dessen Kenntnis zurechnen lassen.[4]

(5) Kein Widerspruch

41 Es besteht keine Duldungspflicht des Eigentümers des Nachbargrundstücks, sofern er dem Überbau **sofort widersprochen** hat. Sofortiger Widerspruch heißt, dass der Widerspruch unmittelbar nach der objektiven Erkennbarkeit der Grenzüberschreitung erhoben werden muss, so dass eine Beseitigung des Überbaus ohne erhebliche Zerstörungen und wirtschaftliche Einbußen möglich ist.[5] Bei der Feststellung kommt es ausschließlich auf den Zeitpunkt der objektiven Erkennbarkeit an, ohne dass auf die konkrete Kenntnis des Widerspruchsberechtigten vom Überbau abzustellen ist.[6]

42 Widerspruchsberechtigter ist der Eigentümer des Nachbargrundstücks und dessen Vertreter. Bei mehreren Miteigentümern genügt der Widerspruch eines Miteigentümers gemäß § 1011 BGB, der Widerspruch wirkt auch zugunsten der anderen. § 1011 BGB ist auch auf eine sonstige Mehrheit von Widerspruchsberechtigten analog anzuwenden, was jedoch nicht unumstritten ist.[7]

43 Der Widerspruch kann **grundsätzlich formlos** unmittelbar vor Ort erhoben werden, jedoch obliegt dem Widerspruchsberechtigten die Beweislast für die Rechtzeitigkeit des Widerspruchs. Der Widerspruch muss an den Eigentümer des

---

1 BGHZ 42, 374 (375).
2 BGHZ 42, 374 (377).
3 BGH, NJW, 1977, 375.
4 BGHZ 42, 63; BGH, NJW 1977, 375; a. A. Staudinger/*Roth*, § 912 Rz. 27; *Medicus*, BürgR, Rz. 799.
5 BGHZ 59, 161.
6 BGHZ 97, 292.
7 MüKo/*Säcker*, § 912 Rz. 23; Erman/*Hager*, § 912 Rz. 7; a. A. *Wolff/Raiser*, Sachenrecht, S. 198; *Westermann/Pinger*, Sachenrecht II, S. 36.

Stammgrundstücks oder seinen Vertreter gerichtet werden. Der Bauunternehmer dürfte regelmäßig nicht als Vertreter des Bauherrn anzusehen sein. Der Bauunternehmer ist für die Bauausführung verantwortlich. Soweit ein Überbau vorliegen sollte, bestehen zumeist Regressansprüche des Bestellers gegenüber dem Bauunternehmer. Vor diesem Hintergrund hat der Eigentümer des Stammgrundstücks ein Interesse daran, nicht über den Verursacher des Überbaus, den Bauunternehmer, vom Widerspruch zu erfahren. Im Gegensatz hierzu, ist ein Widerspruch gegenüber dem Architekten als Repräsentant des Bauherrn (vgl. Teil 10, Rz. 38) regelmäßig ausreichend.[1]

Sofern die Voraussetzungen des § 912 Abs. 1 BGB vorliegen und somit eine Duldungspflicht besteht, kann der Eigentümer des Nachbargrundstücks von dem Überbauenden eine Entschädigung in Form einer **Geldrente** gemäß § 912 Abs. 2 BGB fordern. Die Modalitäten der Geldrente sind im Einzelnen in den §§ 913 ff. BGB geregelt. Die Höhe der Rente kann entweder durch Vertrag der benachbarten Grundstückseigentümer oder durch Urteil festgelegt werden. Der Rentenberechtigte kann jederzeit von dem Rentenpflichtigen die Übertragung des Eigentums gegen Ersatz des Grundstückswerts verlangen. Der Grundstückswert bemisst sich nach dem Wert, welches das Grundstück im Zeitpunkt der Grenzüberschreitung hatte. 44

Im Übrigen ist ein weitergehender Schadenersatzanspruch des Eigentümers des Nachbargrundstücks gegen den Überbauenden nach § 823 Abs. 1 BGB oder ein Ausgleichsanspruch aus § 906 BGB wegen Nutzungsverlust ausgeschlossen.[2] § 912 Abs. 2 BGB stellt insoweit eine abschließende Spezialvorschrift dar. Sofern jedoch durch den Überbau weitergehende Schäden entstanden sind, welche außerhalb der bloßen Grenzüberschreitung liegen, sind diesbezüglich die einschlägigen Vorschriften, insbesondere § 823 BGB, anwendbar. 45

bb) Unentschuldbarer unrechtmäßiger Überbau

Sofern weder das Einverständnis des Grundstücksnachbarn vorliegt, noch die Voraussetzungen des § 912 BGB gegeben sind, liegt ein unentschuldbarer unrechtmäßiger Überbau vor. Der Eigentümer des Stammgrundstücks kann gemäß § 1004 BGB die **Beseitigung des Bauwerks** verlangen und die **Herausgabe des Grundstücks** gemäß § 985 BGB, eine Duldungspflicht besteht nicht. Der unentschuldbare unrechtmäßige Überbau stellt gleichzeitig eine unerlaubte Handlung dar, weshalb die **Wiederherstellung des früheren Zustands** nach §§ 823 I, 249 Satz 1 BGB verlangt werden kann.[3] Der Eigentümer des Stammgrundstücks muss daher das überbaute Grundstück in seinen Ursprungszustand zurückversetzen. 46

Unter Umständen kann ein Beseitigungsanspruch ausnahmsweise entfallen, er kann insbesondere **verwirkt** sein. Für ein Verwirken des Beseitigungsanspruchs reicht eine lange Duldung des Überbaus nicht aus. Vielmehr muss noch ein Umstandsmoment vorliegen, aus dem sich das schutzwürdige Vertrauen des Über- 47

---
1 So im Ergebnis: Staudinger/*Roth*, § 912 Rz. 31.
2 BGH, NJW 1986, 2639.
3 Staudinger/*Roth*, § 912 Rz. 74.

bauenden auf den Fortbestand der Duldung ableiten lässt.[1] Im Einzelfall kann auch das Beharren auf dem Beseitigungsanspruch rechtsmissbräuchlich sein. Vor allem dann, wenn zwischen dem Beseitigungsinteresse des Nachbarn und dem Bestandsinteresse des Überbauenden ein eklatantes Missverhältnis besteht. Wenn also der In-Anspruch-Genommene nur unter unverhältnismäßigen, vernünftigerweise nicht zumutbaren Aufwendungen dem Beseitigungsanspruch entsprechen könnte.[2]

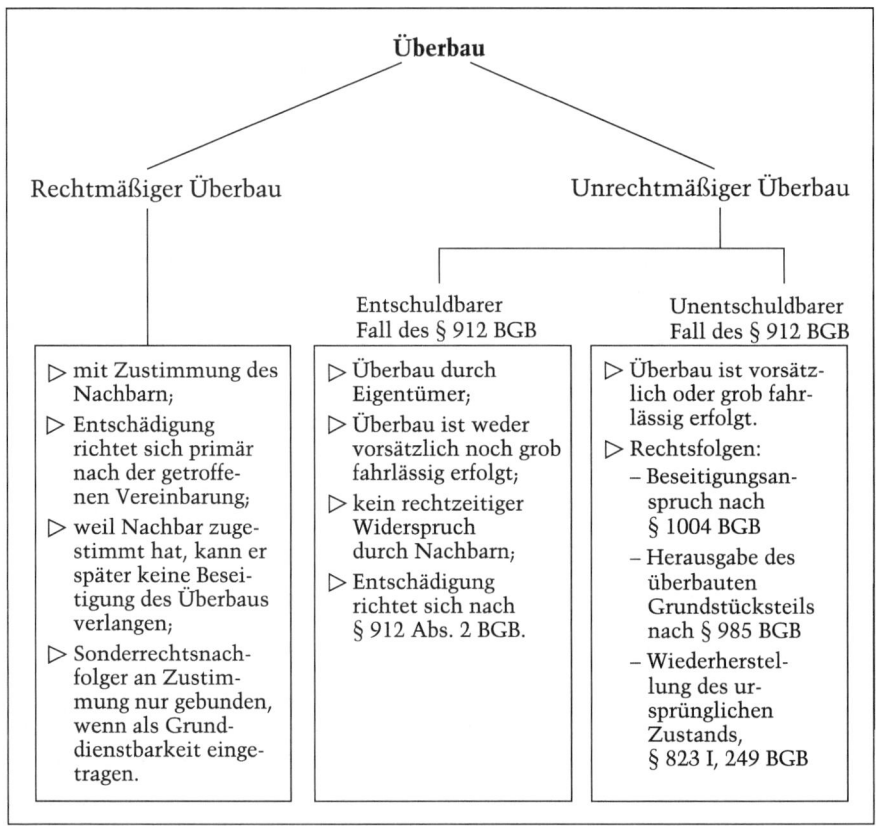

2. Nachbarwand

Hinweis:

(Landesgesetzliche Regelungen bestehen in: Baden-Württemberg, Bayern, Berlin, Brandenburg, Bremen, Hessen, Niedersachsen, Nordrhein-Westfalen, Rheinland-Pfalz, im Saarland, Sachsen-Anhalt, Schleswig-Holstein, Thüringen.)

---

[1] OLG Nürnberg, RdL 68, 102.
[2] BGH, LM Nr. 25; BGHZ 62, 388 (391); *Glaser*, ZMR 1985, 145.

Sämtliche Landesgesetze verstehen unter einer Nachbarwand eine Wand, die auf 48
der Grenze zweier Grundstücke errichtet ist und die den auf diesen Grundstücken errichteten oder zu errichtenden baulichen Anlagen als Abschlusswand oder zur Unterstützung oder zur Aussteifung dient oder dienen soll (vgl. § 7 NachbG NW).

Die Nachbarwand zeichnet sich also dadurch aus, dass sie auf der Grenze beider Grundstücke errichtet wird und einer baulichen Anlagen als Abschlusswand dienen soll. Soweit es sich bei einer Wand um eine Nachbarwand handelt, verdrängen die landesrechtlichen Vorschriften die des BGB hinsichtlich eines Überbaus gemäß § 912 ff. BGB. Die Nachbarwand stellt eine **einvernehmliche Überbauung** der Grundstücksgrenze dar.

a) Voraussetzungen

Der Eigentümer eines Grundstücks darf eine Nachbarwand errichten, wenn die 49
Grenzbebauung beider Grundstücke **öffentlich-rechtlich vorgeschrieben oder zugelassen** ist und wenn der Eigentümer des Nachbargrundstücks schriftlich einwilligt.

Die **Einwilligung** des Nachbarn muss **schriftlich** erfolgen und bei mehreren Miteigentümern eines Nachbargrundstücks durch sämtliche Miteigentümer gemäß 50
§ 744 BGB abgegeben werden. Der **Gesamtrechtsnachfolger** eines Nachbarn ist an die Einwilligung seines Rechtsvorgängers gebunden. Bei einer **Sonderrechtsnachfolge** (z. B. Kauf) ist zu differenzieren. Wenn von der Einwilligung noch kein Gebrauch gemacht worden ist, die Nachbarwand also noch nicht errichtet wurde, bindet die Zustimmung des Rechtsvorgängers den Sonderrechtsnachfolger nicht. Sofern die Nachbarwand jedoch bereits errichtet wurde, hat die Einwilligung eine Verdinglichung erfahren, die den Sonderrechtsnachfolger bindet.[1]

Eine **ohne Einwilligung** errichtete Wand ist keine Nachbarwand, weil die Einwilligung konstitutive Voraussetzung für die Eigenschaft als Nachbarwand ist. Die 51
auf der gemeinsamen Grundstücksgrenze ohne Einwilligung errichtete Wand stellt vielmehr einen unrechtmäßigen Überbau dar, dessen Rechtsfolgen sich nach §§ 912, 1004 BGB richten. Eine Duldungspflicht des Eigentümers des Nachbargrundstücks besteht daher nur bei einem entschuldbaren unrechtmäßigen Überbau. Der Nachbar kann jedoch seine Einwilligung auch nachträglich erteilen, sodass die Vorschriften über die Nachbarwand rückwirkend zur Anwendung gelangen und die Wand dadurch nachträglich den Status einer Nachbarwand erhält.

Dasselbe gilt, wenn **abweichend von der Einwilligung** die Nachbarwand errichtet 52
worden ist. Das Recht zur Errichtung der Nachbarwand besteht nur soweit, wie die Einwilligung reicht. Wenn der Eigentümer des Nachbargrundstücks nur einer Errichtung in bestimmter Breite auf seinem Grundstück zugestimmt hat, diese bewilligte Breite jedoch von dem Erbauer der Nachbarwand nicht eingehalten wurde, so liegt hinsichtlich der Mehrbreite ein unrechtmäßiger Überbau i. S. v. § 912 BGB vor.[2]

---
1 BGH, WM 1983, 452.
2 BGH, NJW 1971, 427.

53 Der Erbauer der Nachbarwand darf bis zum Anbau diese jederzeit wieder **beseitigen** (vgl. § 14 NachbG NW), ohne dass es der Zustimmung des Anbauberechtigten bedarf. Nach der Beseitigung muss der Erbauer jedoch dem Nachbarn hinsichtlich des übergebauten Teils der Wand für die Dauer der Nutzung des Nachbargrundstücks eine angemessene Vergütung zahlen. Außerdem sind die vom Anbauberechtigten bezahlten Mehrkosten für eine besondere Bauausführung der Nachbarwand vom Erbauer zu ersetzen.

b) Beschaffenheit

54 Die Nachbarwand muss in der **für ihren Zweck erforderlichen Art und Weise** errichtet werden. Die Wand muss daher so konzipiert sein, dass der Nachbar sie bei seinem späteren Bau als Abschlusswand oder zur Aussteifung oder Unterstützung seiner baulichen Anlagen verwenden kann. Dabei ist regelmäßig davon auszugehen, dass der Anbauende die Nachbarwand zur Errichtung eines gleichen Baus verwenden wird.[1]

55 Einige Landesgesetze billigen dem Eigentümer des Nachbargrundstücks ein **Mitspracherecht** hinsichtlich der Konstruktion der Nachbarwand zu. Sollte die vom Eigentümer des Nachbargrundstücks geplante Bebauung eine besondere Konstruktion der Nachbarwand erfordern, so kann er vom Erbauer der Nachbarwand eine Errichtung der Nachbarwand in einer Art verlangen, die bei der späteren Bebauung des Nachbargrundstücks zusätzliche Baumaßnahmen hinsichtlich der Wand nicht erforderlich werden lässt. Die dadurch entstehenden Mehrkosten sind von dem Anbauenden zu tragen. Der Erbauer darf hinsichtlich der Mehrkosten einen Vorschuss vom Eigentümer des Nachbargrundstücks verlangen.

56 Grundsätzlich soll die Mitte der Nachbarwand auf der Grundstücksgrenze stehen. Erfordert der auf dem einen der Grundstücke geplante Bau eine dickere Wand, so ist die entsprechende Mehrbreite auf diesem Grundstück zu errichten.

57 Jeder Grundstückseigentümer ist berechtigt, die Nachbarwand auf eigene Kosten zu **erhöhen** oder zu **verstärken**. Eine **Verlängerung** der Nachbarwand kann jedoch nur mit Zustimmung des anderen erfolgen, weil die Verlängerung der Nachbarwand im Ergebnis einer teilweisen Errichtung gleichkommt.[2]

c) Anbau

58 Der Eigentümer des Nachbargrundstücks ist berechtigt, an die Nachbarwand anzubauen. Unter Anbauen verstehen die Landesgesetze die Mitbenutzung der Nachbarwand als Abschlusswand oder die Nutzung zur Unterstützung oder zur Aussteifung der neuen baulichen Anlage.

59 Das **Anbaurecht** steht dem Anbauenden **kraft Gesetzes** zu. Durch den Anbau wird die Nachbarwand zur gemeinsamen Grenzeinrichtung, sodass jeder Grundstückseigentümer im Rahmen der Zweckbestimmung die Nachbarwand in gleicher Weise benutzen darf. Insbesondere darf der Anbauende zum Zwecke der Er-

---
1 *Schäfer*, Nachbarrechtsgesetz, § 9 Rz. 1.
2 *Schäfer*, Nachbarrechtsgesetz, § 12 Rz. 4.

Grenzbebauung Rz. 64 **Teil 4**

richtung seines Gebäudes unter Umständen in die Substanz der Nachbarwand eingreifen. Eine Grenze des Nutzungsrechts stellt lediglich das aus §§ 921, 922, 743 Abs. 2 BGB folgende Mitbenutzungsrecht des Anderen dar.

Der Anbauende darf in die Wand auch Leitungen für Wasser, Gas, Strom und Heizungen einbauen, ohne dass es der Zustimmung des Anderen bedarf. Insbesondere die Sanitärinstallationen können jedoch im Hinblick auf die Geräuschentwicklung eine unzumutbare Nutzung der gemeinsamen Wand darstellen.[1]   60

Dem Erbauer der Grenzwand steht gegenüber dem Anbauenden eine **Vergütung für das Anbauen** zu. Dies ist die Konsequenz daraus, dass der Erbauer zunächst die Nachbarwand auf eigene Kosten hat errichten müssen, der Anbauende jedoch die Vorteile der Wand nunmehr nutzen kann. Der Anbauende kann regelmäßig die **Hälfte des aktuellen Werts** der Nachbarwand verlangen (vgl. § 12 Abs. 2 NachbG NRW). Der Wert wird anhand der gegenwärtigen Baukosten unter Berücksichtigung von Alter und Zustand der Wand ermittelt. Die Mehrkosten für eine besondere Bauart bleiben unberücksichtigt. Bei einem nur teilweisen Anbau wird die Höhe der Vergütung nach dem Verhältnis der Gesamtfläche der Nachbarwand zu dem zum Anbau benutzten Teil berechnet.   61

Hinweis:
Ansprüche aus § 812 BGB werden durch die speziellen landesrechtlichen Vergütungsansprüche verdrängt.

Der anbauberechtigte Grundstückseigentümer darf, muss aber nicht, anbauen. Es besteht lediglich ein Anbaurecht und **keine Anbauverpflichtung**. Durch die frühere Zustimmung zur Errichtung der Nachbarwand hat der Anbauberechtigte jedoch beim Erbauer hinsichtlich eines späteren Anbaus und dem damit verbundenen Vergütungsanspruch Vertrauen hervorgerufen. Die meisten Landesgesetze sehen daher einen **Entschädigungsanspruch des Erbauers** vor, der die Mehrkosten zwischen den Kosten der Herstellung einer Grenzwand und die einer Nachbarwand umfasst.   62

Der Anspruch entsteht jedoch erst, wenn durch die Errichtung eines Bauwerks auf dem Nachbargrundstück feststeht, dass ein Anbau an die Nachbarwand zukünftig aufgrund des neu errichteten Bauwerks nicht mehr möglich ist. Sofern nur völlig untergeordnete Bauwerke auf dem Grundstück errichtet werden, die eine spätere Anbaumöglichkeit nicht ausschließen, besteht der Vergütungsanspruch nicht.[2]   63

d) Eigentum

Die Eigentumsverhältnisse an der Nachbarwand richten sich nach dem jeweiligen **Baustadium**. Solange die Nachbarwand nur als Abschluss eines Gebäudes dient, zählt sie zum wesentlichen Bestandteil jenes Gebäudes und steht daher im Alleineigentum des Grundstückseigentümers des bebauten Grundstücks.[3]   64

---
1 OLG Karlsruhe, NJW-RR 1991, 1491.
2 *Schäfer*, Nachbarrechtsgesetz, § 13 Rz. 2.
3 BGHZ 27, 197 (199) = NJW 1958, 1180; BGH, NJW 1974, 794; *Scherer*, MDR 1963, 548.

Sobald der Nachbar ebenfalls an die Nachbarwand anbaut, wird die Nachbarwand auch wesentlicher Bestandteil des neuen Bauwerks, sodass sich das Alleineigentum des einen Grundstückseigentümers nach überwiegender Ansicht in ideelles Miteigentum der beteiligten Grundstückseigentümer wandelt. Die Bruchteilsanteile bestimmen sich nach dem Umfang des Anbaus.[1] Wenn eines der Gebäude abgerissen wird, so ändert dies nichts an dem einmal wirksam entstandenen Miteigentum beider Grundstückseigentümer an der Nachbarwand.[2]

e) Unterhaltungskosten

65 Die Kosten der Unterhaltung der Nachbarwand sind lediglich in einigen Landesgesetzen ausdrücklich geregelt (Brandenburg, Rheinland-Pfalz, Saarland, Sachsen-Anhalt, Schleswig-Holstein, Thüringen). Danach trägt der Eigentümer des zuerst bebauten Grundstücks bis zum Zeitpunkt des Anbaus die Unterhaltungskosten allein. Ab dem Zeitpunkt des Anbaus tragen beide Eigentümer entsprechend ihres **Miteigentumsanteils** die Kosten.

66 Diese Regelung gilt jedoch auch für die übrigen Länder. Denn bis zum Anbau ist der Eigentümer des zuerst bebauten Grundstücks Alleineigentümer der Nachbarwand und muss dementsprechend auch die Kosten allein tragen. § 922 BGB ist aufgrund des Alleineigentums nicht anwendbar. Mit dem Anbau wird aus dem Alleineigentum Miteigentum und die Nachbarwand wird zur gemeinsamen Grenzanlage, weshalb die gemeinsame Unterhaltungspflicht aus § 922 BGB eingreift.[3]

f) Abriss eines Gebäudes

67 Die Länder Berlin und Brandenburg haben in ihren NachbarG eine ausdrückliche Regelung für den Fall getroffen, dass nach erfolgtem Anbau eines der beiden Bauwerke abgerissen und nicht erneuert wird. In diesem Fall muss der Abreißende die durch den Abriss entstandenen Schäden beseitigen und die Außenfläche **in einen geeigneten Zustand versetzen**, d. h. vor Witterungseinflüssen schützen. Hier kommt regelmäßig ein Putzauftrag in Betracht. Unter Umständen kann jedoch auch ein Wärmedämmschutzsystem notwendig sein.

68 Für die übrigen Bundesländer lässt sich dies aus §§ 1004, 921, 922 BGB ableiten.[4] Die gemeinsame Nachbarwand ist eine Grenzeinrichtung. Gemäß § 922 Satz 3 BGB darf eine gemeinsame Grenzeinrichtung nicht verändert oder beseitigt werden, so lange einer der Nachbarn ein Interesse an deren Bestand hat. Hierdurch soll nicht nur ein Substanzschutz gewährleistet werden, sondern auch eine Aufhebung oder Minderung der bestimmungsmäßigen Brauchbarkeit. Soweit durch den Abriss eines Gebäudes die Nachbarwand nunmehr schutzlos der Witterung ausgesetzt wird, kann sie nicht mehr ihre ursprüngliche Funktion als Feuchtigkeitsschutz bietende Abschlusswand erbringen.

---

1 BGHZ 27, 197; NJW 1972, 195.
2 BGH, NJW 1965, 811; OLG Karlsruhe, NJW-RR 1990, 458.
3 *Schäfer*, Nachbarrechtsgesetz, § 7 Rz. 7.
4 BGHZ 78, 397 (399) = NJW 1981, 866; BGH, NJW 1989, 2541.

Der beeinträchtigte Nachbar kann aus § 1004 BGB von dem Eigentümer des abgerissenen Hauses diejenigen Beseitigunsmaßnahmen verlangen, die zur Verhinderung oder Beseitigung der Auswirkungen des Abrisses auf das Nutzungsinteresse des Nachbarn geboten sind, also beispielsweise eine ausreichende Feuchtigkeitsisolierung. Sofern der Eigentümer des abgerissenen Hauses seiner Schadensbeseitigungspflicht trotz Verzug nicht nachkommt, kann der beeinträchtigte Nachbar die notwendigen Maßnahmen selber vornehmen und sodann die Erstattung der notwendigen Kosten über §§ 812, 818 II BGB bei dem Eigentümer des abgerissenen Gebäudes liquidieren. Ein Vorschussanspruch besteht jedoch nicht.[1]

69

3. Grenzwand

Hinweis:
(Landesgesetzliche Regelungen in: Baden-Württemberg, Berlin, Brandenburg, Hessen, Niedersachsen, Nordrhein-Westfalen, Rheinland-Pfalz, im Saarland, Sachsen-Anhalt, Schleswig-Holstein, Thüringen.)

Grenzwand ist die unmittelbar an der Grenze zum Nachbargrundstück auf dem Grundstück des Erbauers errichtete Wand. Im Gegensatz zur Nachbarwand ist die Grenzwand ganz auf dem Grundstück des Erbauers errichtet, jedoch unmittelbar an der Grundstücksgrenze (vgl. § 19 NachbG NW).

70

Die Grenzwand ist **keine Grenzanlage** i. S. v. § 921 BGB und steht im Alleineigentum des Grundstückseigentümers, der sie erbaut hat. Der Eigentümer des Nachbargrundstücks darf die Grenzwand nicht ohne Einwilligung des Nachbarn mitbenutzen. Er kann jedoch vom Nachbarn verlangen, dass die Grenzwand so zu gründen ist, dass bei der Bebauung seines Grundstücks zusätzliche Baumaßnahmen vermieden werden, also insbesondere im Hinblick auf ein sonst notwendiges Unterfangen der Grenzwand.

71

Um dieses Recht auch durchsetzen zu können, muss der Erbauer der Grenzwand dem Eigentümer des Nachbargrundstücks die **Errichtung der Grenzwand anzeigen**. Dieser hat dann je nach landesgesetzlicher Regelung zwischen 1 und 2 Monaten nach Eingang der Anzeige Zeit, um die zusätzlichen Baumaßnahmen zu verlangen. Die Kosten der besonderen Gründung sind von demjenigen zu tragen, der sie verlangt. Sofern der Erbauer die besonderen Leistungen auch zum Vorteil seiner baulichen Anlage nutzt, sind die Mehrkosten entsprechend aufzuteilen.

72

Hinweis:
In der Praxis sollte besonderer Wert auf den **Inhalt der Bauanzeige** gelegt werden. Die Anzeige soll dem Eigentümer des Nachbargrundstücks die Möglichkeit geben, die Auswirkungen des geplanten Bauwerks auf sein Grundstück und insbesondere auf seine Baupläne beurteilen zu können. Hierfür reicht nicht die einfache Bekanntgabe der Bauabsicht aus. Vielmehr muss die Anzeige den Namen und den Bauherrn ausweisen. Mit der Anzeige sind der Bau- und Lageplan zu übersenden.

---

1 BGH, NJW 1989, 2541.

73 Sofern die vorstehenden Anforderungen an die Anzeige nicht beachtet und die 2-monatige Frist nicht abgewartet worden sind, ist der Baubeginn rechtswidrig. Der Eigentümer des Nachbargrundstücks könnte den Baubetrieb mittels **einstweiliger Verfügung** gegebenenfalls stilllegen lassen. Außerdem sehen die Landesgesetze einen Schadenersatzanspruch bei einer schuldhaften Verletzung der Anzeigepflicht vor.

a) Anbau

74 Wenn der Erbauer zustimmt und dieses öffentlich-rechtlich zulässig ist, darf der Nachbar an die Grenzwand anbauen. Die sich durch den Anbau ergebenden Rechtsfolgen sind mit denen des Anbaus bei der Nachbarwand vergleichbar. Der Anbauer muss dem Erbauer eine **Vergütung** in Höhe des hälftigen Werts der Grenzwand zahlen. Nach erfolgtem Anbau sind die **Unterhaltungskosten** gemeinschaftlich entsprechend dem jeweils genutzten Teil zu tragen, vgl. § 20 Abs. 4 NachbG NW.

Hinweis:
Im Unterschied zur Nachbarwand entsteht durch den Anbau kein ideelles Miteigentum an der Grenzwand, vielmehr bleibt der Erbauer der Grenzwand Alleineigentümer.[1]

b) Zweite Grenzwand

75 Der Eigentümer der Grenzwand muss einem Anbau an die Grenzwand nicht zustimmen. Der Eigentümer des Nachbargrundstücks kann daher auf seinem Grundstück eine zweite Grenzwand errichten, sofern öffentlich-rechtlich zulässig. Die Errichtung der zweiten Grenzwand bedarf keiner besonderen Voraussetzungen, dem Eigentümer und dem Nutzungsberechtigten des anderen Grundstücks ist die Errichtung der Grenzwand lediglich vorher anzuzeigen.

76 In bautechnischer Hinsicht ist zu beachten, dass der Erbauer der zweiten Grenzwand die zuerst errichtete Grenzwand unterfangen darf, sofern es bautechnisch erforderlich ist, den allgemein anerkannten Regeln der Technik entspricht und öffentlich-rechtlich zulässig ist. Außerdem obliegt es dem Erbauer der zweiten Grenzwand den **Zwischenraum** zwischen den beiden Grenzmauern derart auf seine Kosten fachgerecht zu schließen, dass Schäden im Bereich des Zwischenraums, insbesondere durch Witterung und Gebäudebewegungen vermieden werden.

c) Abriss eines Gebäudes

77 Falls ein Gebäude abgerissen wird, haftet der Eigentümer des abgerissenen Gebäudes nicht dafür, dass die benachbarte Grenzwand des anderen Gebäudes nunmehr frei liegt.[2] Grenzwände sind im Gegensatz zu Nachbarwänden keine gemeinsamen Grenzanlagen, sodass aus §§ 1004, 922, 921 kein Beseitigungs-

---

1 BGH, NJW 1964, 1221 = BGHZ 41, 177; Palandt/*Bassenge*, § 921 Rz. 15.
2 OLG Köln, NJW-RR 1987, 529; OLG Hamm, NJW-RR 1991, 851.

anspruch abgeleitet werden kann, vielmehr kann der Eigentümer eines Gebäudes mit diesem nach Belieben gemäß § 903 BGB verfahren.

Etwas anderes kann sich jedoch ergeben, wenn an eine bestehende Grenzwand mit Einwilligung des Eigentümers angebaut wurde. Wird unter Bestand der Grenzwand ein Gebäude abgebrochen, so hat derjenige die erforderlichen Schutzmaßnahmen zu treffen, der sein Gebäude abgerissen hat.[1] Durch den einvernehmlichen Anbau wurde, zumindest stillschweigend, die bisherige Grenzwand als gemeinsame Abschlusswand betrachtet, auf deren Erhaltung jeder Nachbar einen Anspruch hat. 78

d) Einseitige Grenzwand

Zum Teil existiert in den Ländernachbarrechtsgesetzen[2] eine zusätzliche, neben den Regeln des Überbaus nach § 912 BGB bestehende, Spezialregelung, nach der einzelne herüberragende Bauteile geduldet werden müssen. Die **Duldungspflicht** besteht, soweit nach öffentlich-rechtlichen Vorschriften nur auf einer Seite unmittelbar an eine gemeinsame Grenze gebaut werden darf und lediglich kleinere, nicht zum Betreten bestimmte Bauteile in den Luftraum des Nachbargrundstücks übergreifen. Durch die hinüberragenden Bauteile darf die Benutzung des Nachbargrundstücks nicht oder nur geringfügig beeinträchtigt werden. Wenn die Voraussetzungen der einschlägigen Ländernormen nicht erfüllt sind, besteht nur ein Duldungsanspruch nach § 912 BGB, sofern dessen Voraussetzungen erfüllt sind.[3] 79

4. Fenster- und Lichtrecht

Hinweis:

(Landesgesetzliche Regelungen bestehen in: Nordrhein-Westfalen, Baden-Württemberg, Bayern, Brandenburg, Hessen, Niedersachsen, Rheinland-Pfalz, im Saarland, Schleswig-Holstein, Thüringen.)

Das Fenster- und Lichtrecht dient zum einen der Abwehr von Immissionen seitens des Nachbargrundstücks und zum anderen soll es die ausreichende Belichtung des eigenen Gebäudes sicherstellen. 80

Als Fensterrecht werden die Vorschriften verstanden, die regeln, ob und wie der Grundeigentümer **Fenster mit Sicht nach dem Nachbargrundstück** errichten darf und wie diese ausgestaltet sein müssen. Das Lichtrecht soll den **Bestand** der einmal angelegten Fenster sichern, sodass diese vor Eingriffen in ihre Funktion geschützt werden, insbesondere nicht durch bauliche Maßnahmen auf dem Nachbargrundstück das Licht entzogen bekommen.[4] 81

---

1 OLG Frankfurt, OLGZ 82, 353; *Schäfer*, Nachbarrechtsgesetz, § 21 Rz. 10.
2 Brandenburg, Niedersachsen, Nordrhein-Westfalen, Saarland, Sachsen-Anhalt, Schleswig-Holstein.
3 *Schäfer*, Nachbarrechtsgesetz, § 23 Rz. 7.
4 *Schäfer*, Nachbarrechtsgesetz, vor § 4 Rz. 1.

82 Das Fenster- und Lichtrecht ist vielfach in den landesgesetzlichen Nachbarrechtsgesetzen geregelt und gewährt hierüber den jeweiligen Betroffenen ein Abwehrrecht über § 1004 BGB. Diese Ansprüche bestehen neben den öffentlich-rechtlichen Vorschriften über baurechtliche Grenzabstände. Soweit in den einzelnen Bundesländern keine speziellen Regelungen zum Fenster- und Lichtrecht bestehen, existiert kein unmittelbares Abwehrrecht. Nach Bundesrecht besteht keine Verpflichtung von einem Bauvorhaben abzusehen, weil es dem Nachbarn Licht entziehen könnte.[1]

83 In den landesgesetzlichen Regelungen sieht das Fensterrecht regelmäßig vor, dass Fenster, Türen, Balkone und Terrassen des zu errichtenden Gebäudes einen Mindestabstand von **2 bis 3 m von der Grundstücksgrenze** haben müssen. Die meisten landesgesetzlichen Regelungen sehen jedoch Ausnahmen für Fenster vor, die nicht offenbar, undurchsichtig und schalldämmend sind, diese dürfen auch mit geringerem Abstand eingebaut werden.

84 **Fenster** sind Lichtöffnungen jeder Art, unerheblich, ob diese zum Be- oder Entlüften geeignet sind oder Ausblick auf das Nachbargrundstück gewähren. Demnach fallen auch Glasbausteine unter den Begriff Fenster.[2] **Türen** sind Öffnungen in Wänden, die dem Durchgehen von Menschen oder Tieren dienen, ebenso Tore in Ein- und Ausfahrten.[3] **Terrassen** sind künstlich erstellte Bodenerhöhungen, die zum Verweilen von Menschen bestimmt sind. Ein lediglich gepflasterter, aber nicht erhöhter Grundstücksteil stellt keine Terrasse dar.[4] Soweit die Nachbargesetze das **Lichtrecht** regeln, ist vorgesehen, dass mit dem später errichteten Gebäude ein Mindestabstand von 2 bis 3 m zum Fenster des bestehenden Gebäudes eingehalten werden muss.

85 Der betroffene Grundstückseigentümer kann seine diesbezüglichen Rechte nur innerhalb der von den jeweiligen Landesgesetzen vorgesehenen **Ausschlussfristen** geltend machen. Nach Ablauf dieser Fristen ist er mit seinen Abwehransprüchen präkludiert.

IV. Zustand und Veränderung des Baugrundstücks

86 Der Zustand eines Grundstücks oder auch dessen Veränderungen können bei Dritten Abwehransprüche entstehen lassen. Dies gilt insbesondere hinsichtlich der mit Bauarbeiten verbundenen Vertiefungen oder Aufschüttungen auf einem Grundstück.

1. Unzulässige Grundstücksvertiefung

87 Im Rahmen von Bauarbeiten kommt es regelmäßig zu Vertiefungen auf dem Baugrundstück. Gemäß § 909 BGB darf ein Grundstück nur in der Weise vertieft werden, dass der Boden des Nachbargrundstücks trotz der Vertiefung die erforder-

---

1 BGH, MDR 1951, 726; OLG Hamburg, MDR 1963, 135.
2 BGH, MDR 1960, 914.
3 *Dehner*, B § 25 I 1b.
4 *Dehner*, B § 25 H 7.

liche Stütze behält. § 909 BGB gewährt dem Grundstücksnachbarn einen unmittelbaren **Unterlassungs- und Beseitigungsanspruch**[1] gegenüber dem Vertiefenden.

a) **Vertiefung**

Unter Vertiefung ist **jede Senkung der Oberfläche** zu verstehen, wobei die Größe der Vertiefung unerheblich ist. So stellt bereits ein Bohrloch eine Vertiefung dar.[2] Die Vertiefung muss nicht zwangsläufig mit einem Bodenaushub zusammenhängen, sondern kann auch beispielsweise durch das Abtragen eines Hangs[3] oder durch den Abbruch eines Kellers[4] erfolgen. Ebenso stellt die Vertiefung einer bereits bestehenden Vertiefung eine eigenständige Vertiefung des Grundstücks dar.[5] Häufig sind Vertiefungen nur vorübergehender Natur, so beispielsweise bei Baugruben. 88

Durch die Vertiefung darf das Nachbargrundstück keinen **Stützverlust** erfahren. Es soll verhindert werden, dass der Boden des Nachbargrundstücks durch die Vertiefung seine Festigkeit verliert. Es darf demnach auf das Nachbargrundstück nicht so eingewirkt werden, dass hierdurch der Boden des Grundstücks in der Senkrechten den Halt verliert oder die unteren Bodenschichten im waagerechten Verlauf beeinträchtigt werden. Geschützt wird die Festigkeit des Bodens.[6] § 909 BGB verbietet also jede Vertiefung, soweit nicht die erforderliche Stütze des Nachbarbodens gewährleistet ist.[7] 89

Als klassische Vertiefungsmaßnahmen im Rahmen von Bauarbeiten sind **Ausschachtungsarbeiten** und die Herstellung von **Baugruben** anzusehen. Eine Vertiefung des Grundstücks kann aber auch durch die **Eigenlast eines Neubaus** entstehen. Durch die Lasten des Neubaus wird der Baugrund zusammengepresst, was zur Mitnahmesenkung am Nachbargrundstück führen kann.[8] Auch eine solche durch Pressung verursachte Senkung, bei der keine Bodenbestandteile entnommen werden, ist als Vertiefung im Sinne von § 909 BGB anzusehen.[9] 90

Auch eine durch Wasserhaltung bedingte **Grundwasserabsenkung** kann setzungsbeeinflussend im Sinne des § 909 BGB wirken, was auch durch Umleitung von Grundwasserströmen im Rahmen von Baumaßnahmen, beispielsweise durch Einbringen von Spundwänden oder Fundamenten, verursacht werden kann.[10] 91

---

1 BGHZ 114, 161, str. abl. *Paulus*, JZ 1993, 555.
2 Palandt/*Bassenge*, § 909 Rz. 3.
3 BGH, NJW 1980, 1679.
4 BGH, NJW 1980, 224.
5 BGH, WM 1979, 1216.
6 BGHZ 1985, 375 (378).
7 BGHZ 101, 106 (109); 290 (291).
8 *Boisserée*, Die Haftung der Baubeteiligten für Schäden an Nachbargebäuden, 2. Teil A IV.
9 BGHZ 44, 130 (136); BGHZ 101, 290 (292); OLG Düsseldorf, 1975, 71; MüKo/*Säcker*, § 909 Rz. 9; Soergel/*Bauer*, § 909 Rz. 4.
10 BGHZ 63, 176 (180); BGHZ 101, 106 (109); BGH, NJW 1981, 50; Staudinger/*Roth*, § 909 Rz. 15; Soergel/*Bauer*, § 909 Rz. 4; MüKo/*Säcker*, § 909 Rz. 12; *Boisserée*, Die Haftung der Baubeteiligten für Schäden an Nachbargebäuden, 4. Teil C 4c.

b) Notwendige Sicherungsmaßnahmen

92 Sofern ein Stützverlust des Nachbargrundstücks durch Baumaßnahmen droht, müssen anderweitige Befestigungen zur Sicherung des Nachbargrundstücks verwendet werden. **Art und Umfang** einer erforderlichen Stütze beurteilt sich nach der tatsächlichen Beschaffenheit des Nachbargrundstücks, wozu auch der bauliche Zustand des Nachbargrundstücks gehört; es kommt also darauf an, welche Befestigung im konkreten Einzelfall das Nachbargrundstück nach seiner tatsächlichen Beschaffenheit benötigt. Die Sicherung von Baugruben wird ua. in der DIN 4124 „Baugruben und Gräben, Böschungen, Arbeitsraum, Verbau" beschrieben. Es ist jedoch anzumerken, dass das bloße Einhalten von **DIN-Vorschriften** nicht immer ausreichend ist. Bei jeder Vertiefung sind im Einzelfall die notwendigen Sicherungsmaßnahmen zu bestimmen, auch wenn diese über die Anforderungen der jeweiligen DIN hinausgehen sollten.

93 Insbesondere bei **Ausschachtungsarbeiten** unmittelbar an der Grundstücksgrenze, etwa bei einer Grenzbebauung, sind die Anforderungen an die Sorgfaltspflicht hoch. Wenn unmittelbar an ein benachbartes Gebäude angebaut werden soll und eine Gründung des Neubaus unterhalb der Gründungshöhe des bestehenden Gebäudes beabsichtigt ist, bedarf es regelmäßig eines Unterfangens des bestehenden Gebäudes; die dafür notwendigen Maßnahmen sind ua. in der DIN 4123 („Gebäudesicherung im Bereich von Ausschachtungen, Gründungen und Unterfangen") beschrieben. Diese empfiehlt auch eine **Beweissicherung** vor Beginn der Baumaßnahme unter Beteiligung aller Beteiligter. Eine solche Beweissicherung vor Ausführung der Arbeiten vereinfacht eine spätere Zuordnung von Alt- und Neuschäden.

94 Die notwendigen Schutzvorkehrungen gegen einen drohenden Stützverlust hat der Vertiefende von seinem Grundstück aus, ohne Eingriff in das Eigentum des Nachbargrundstücks auszuführen.[1] Um die notwendigen Maßnahmen ergreifen zu können, steht ihm das **Hammerschlags- und Leiterrecht** zur Seite.

95 Die Inanspruchnahme des Nachbargrundstücks für Sicherungsmaßnahmen ohne Einwilligung des betroffenen Nachbarn ist gemäß §§ 903, 905 BGB grundsätzlich ausgeschlossen, dies gilt auch für Sicherungsmaßnahmen, die unterhalb der Erdoberfläche erfolgen, beispielsweise Erdnägel zur Rückverankerung eines Verbaus. In zahlreichen Fällen ist jedoch zur Bebauung eines Grundstücks die temporäre Inanspruchnahme des Nachbargrundstücks unvermeidlich, zum Teil sogar die dauernde. Insbesondere bei einer innerstädtischen Bebauung, bei der es an sämtlichen Grundstücksgrenzen zu einer Grenzbebauung kommen kann, stellt sich häufig das Problem von Unterfangungsarbeiten an benachbarten Gebäuden oder Rückverankerung im Bereich des Nachbargrundstücks. Gemäß § 905 Satz 1 BGB gehört jedoch der Erdkörper unter der Erdoberfläche zum Eigentum des jeweiligen Grundstückseigentümers; mit dieser Rechtsposition kann er wiederum nach Belieben verfahren (§ 903 BGB) und seinem bauwilligen Nachbarn jedwede Einwirkung verbieten.

---

[1] BGH, BauR 1997, 860.

96 Zur Durchführung der Sicherungsmaßnahme bedarf es daher der **Erlaubnis des Nachbarn**, die aber nicht in einem bloßen Unterzeichnen der für die Baubehörde bestimmten Genehmigungsplanung gesehen werden kann. Das Unterzeichnen dieser Pläne stellt lediglich einen Verzicht auf subjektiv-öffentliche Rechte dar, ohne dass zivilrechtliche Ansprüche berührt werden.[1] Sofern also der bauwillige Grundstückseigentümer von seinem Nachbarn keine Erlaubnis zur Inanspruchnahme des Nachbargrundstücks erhält, müssen sämtliche Sicherungsmaßnahmen auf dem Baugrundstück erfolgen. Dies würde in zahlreichen Fällen eine Nichtbebaubarkeit des Nachbargrundstücks bedeuten. Um solche zum Teil unbilligen Folgen zu verhindern, sind zwei Anspruchsgrundlagen denkbar, die dem Nachbarn sein Verbietungsrecht nehmen können.

Zunächst ist in **§ 905 Satz 2 BGB** ein gesetzlicher Ausnahmefall geregelt. Der Nachbar kann sich auf sein Verbietungsrecht nicht berufen, wenn die Einwirkungen in solcher Höhe oder Tiefe vorgenommen werden, dass er an einer Ausschließung kein Interesse haben kann. Hier sind diese Fälle gemeint, in denen keine Beeinträchtigungen der Nutzung des Nachbargrundstücks denkbar sind. Geschützt ist jedoch jedes schutzwürdige Interesse an einer ungestörten Nutzung des eigenen Grundstücks, dabei ist auch ein sich etwa erst in Zukunft ergebendes Interesse des Eigentümers in Betracht zu ziehen.[2]

Außerdem wird zum Teil aus dem **nachbarschaftlichen Gemeinschaftsverhältnis** ein Anspruch auf Zustimmung zur Durchführung von Sicherungsmaßnahmen auf dem Nachbargrundstück abgeleitet. Ein solcher, aus dem nachbarschaftlichen Gemeinschaftsverhältnis abgeleiteter Zustimmungsanspruch ist jedoch ein Ausnahmetatbestand, der zur Vermeidung grob unbilliger Ergebnisse dient. Dementsprechend müssen an dessen Voraussetzungen hohe Anforderungen gestellt werden.

97 Englert/Grauvogel/Maurer[3] empfehlen insoweit nachfolgendes **Prüfungsschema**, dem das OLG Stuttgart in einer grundlegenden Entscheidung gefolgt ist:[4]

▷ „Geht von der beabsichtigten Baumaßnahme durch Eingriffe in den Baugrund eine beeinträchtigende Einwirkung auf das Nachbargrundstück aus?

▷ Ist die Einwirkung erheblich, beeinträchtigt sie insbesondere die gegenwärtige und auch zukünftige Benutzung des Nachbargrundstücks?

▷ Ist eine andere (technische) Bauausführung möglich oder diese mit außergewöhnlichen, unverhältnismäßigen Kosten verbunden?

▷ Ist die Gefahr eines Schadens für das Nachbargrundstück ausgeschlossen oder denkbar gering?

▷ Ist eine Zustimmung/Einwilligung des von der Baumaßnahme betroffenen Nachbarn durch Abschluss einer schriftlichen Vereinbarung (ggf. mit finanziellem Ausgleich) vor Beginn der Arbeiten möglich?"

---

1 *Boisserée*, Die Haftung der Baubeteiligten für Schäden an Nachbargebäuden, 3. Teil C.
2 BGH, NJW 1981, 573; BGH, BauR 1997, 860.
3 *Englert/Grauvogel/Maurer*, Handbuch des Baugrund- und Tiefbaurechts, Rz. 578.
4 OLG Stuttgart, NJW 1994, 739.

Erst wenn sämtliche vorstehenden Voraussetzungen kumulativ erfüllt sind, kommt ein Anspruch aus dem nachbarschaftlichen Gemeinschaftsverhältnis nach § 242 BGB in Betracht.

c) Anspruchsgegner

98 § 909 BGB richtet sich grundsätzlich an jedermann, sodass der Anspruch gegenüber jedem, der mit der Vertiefung befasst ist, geltend gemacht werden kann[1], somit auch der Bauunternehmer[2], der Architekt[3] und der Tragwerksplaner.[4] Der Eigentümer des zu vertiefenden Grundstücks haftet auch, wenn er die Vertiefung nicht veranlasst hat. Denn auch das Bestehenlassen einer Vertiefung beeinträchtigt den Nachbarn.[5]

d) Anspruchsinhaber

99 Anspruchsinhaber ist der Eigentümer des Grundstücks, das vom Stützverlust bedroht ist. Ob auch sonstige Nutzungsberechtigte einen Unterlassungsanspruch haben, ist umstritten.[6]

e) Rechtsfolgen

100 Sofern dem Nachbargrundstück durch die Vertiefungsarbeiten ein Stützverlust droht, kann der Eigentümer des Nachbargrundstücks das **Unterlassen** der Vertiefung fordern. Sofern das Grundstück bereits in unzulässiger Weise vertieft worden ist, besteht ein entsprechender **Beseitigungsanspruch**. Es kann jedoch nicht Wiederherstellung des ursprünglichen Zustands des Nachbargrundstücks verlangt werden, sondern nur Wiederherstellung einer ausreichenden Festigkeit. Anspruchsinhalt ist nämlich nur die ausreichende Sicherung der erforderlichen Abstützung und nicht eine spezielle Befestigung. Dem Vertiefenden obliegt sodann die Wahl der zutreffenden Maßnahmen.

Hinweis:
Der **Antrag** einer **Beseitigungsklage** darf daher nur auf Wiederherstellung einer ausreichenden Befestigung gerichtet sein und keine genaue Maßnahme vorsehen. Erst im Rahmen einer eventuellen Zwangsvollstreckung kann der Eigentümer des Nachbargrundstücks eine bestimmte Methode nach § 887 ZPO wählen.

101 § 909 BGB ist Schutzgesetz i. S. v. **§ 823 II BGB**. Der Vertiefende haftet deshalb dem Nachbarn im Schadensfall für sämtliche durch den Stützverlust entstehende Schäden.[7] Für Schadensersatzansprüche, die aufgrund des Stützverlusts bestehen,

---

1 BGHZ 101, 290 (291); BGH, BauR 1996, 877; *Englert/Grauvogel/Maurer*, Handbuch des Baugrund- und Tiefbaurechts, Rz. 1089.
2 BGH, BauR 1996, 877; OLG Stuttgart, OLGR 1998, 198; OLG Köln, BauR 1987, 472.
3 BGH, NJW 1987, 2808; BGH, BauR 1996, 404; OLG Düsseldorf, BauR 1998, 1271; OLG Köln, NJW-RR 1994, 89.
4 BGH, BauR 1996, 877; OLG Köln, BauR 1987, 472.
5 BGHZ 18, 254; BGH, NJW 1968, 1327; Staudinger/*Roth*, § 9 Rz. 56.
6 Erman/*Hagen*, § 909 Rz. 4; Soergel/*Baur*, § 909 Rz. 13; a. A. Palandt/*Bassenge*, § 909 Rz. 9.
7 Staudinger/*Roth*, § 909 Rz. 57; MüKo/*Säcker*, § 909 Rz. 26.

haftet der Vertiefende jedoch nur soweit ihn ein Verschulden trifft. Sofern der Eigentümer bzw. Besitzer des Grundstücks Fachleute mit der Vertiefung betraut hat und bei der Auswahl und der Überwachung dieser Personen die notwendige Sorgfalt walten ließ, kann ein Verschulden und somit die Haftung nach §§ 823 II, 909 BGB entfallen.[1] Unter Umständen kann aber ein verschuldensunabhängiger nachbarrechtlicher Ausgleichsanspruch analog § 906 Abs. 2 BGB vorliegen.[2]

Auch muss sich der Nachbar bei Verletzung der ihm obliegenden Mitwirkungspflichten ein **Mitverschulden** anrechnen lassen. So obliegt es dem Nachbarn, den Vertiefenden rechtzeitig auf bekannte Umstände hinzuweisen, die zu einem Schaden führen könnten. Auch darf der Nachbar dem Vertiefenden nicht den Zutritt zum Nachbargrundstück verwehren, sofern dieser es zur Durchführung von Sicherungsmaßnahmen betreten möchte.[3] 102

Der Vertiefende kann sich zu seiner Entlastung in der Regel nicht auf die **Baufälligkeit des Nachbargebäudes** berufen, sofern sich die getroffenen Sicherungsmaßnahmen als unzureichend erweisen.[4] Lediglich in Ausnahmefällen ist ein Mitverschulden anerkannt, und zwar wenn der Nachbar sein Gebäude derart schlecht gepflegt hat, dass es sich in einem desolaten Zustand befindet.[5] 103

2. Bodenerhöhung

Hinweis:
(Landesgesetzliche Regelungen bestehen in: Baden-Württemberg, Berlin, Brandenburg, Niedersachsen, Nordrhein-Westfalen, Rheinland-Pfalz, im Saarland, Sachsen, Sachsen-Anhalt, Schleswig-Holstein, Thüringen.)

Das BGB regelt in § 909 BGB lediglich die Rechtsprobleme, die bei einer Grundstücksvertiefung auftreten. Zahlreiche Baumaßnahmen gehen jedoch mit einer Bodenerhöhung einher, insbesondere wenn der durch den Baugrubenaushub anfallende Mutterboden auf dem Baugrundstück belassen werden muss. Unter Bodenerhöhung, wird das Erhöhen des Grundstücks über das **Oberflächenniveau des Nachbargrundstücks** verstanden. Die Landesgesetze schreiben vor, dass eine Erhöhung nur bei Einhaltung von Grenzabständen oder unter Vorkehrungen zum Schutz des Nachbargrundstücks gegen ein Abstürzen oder Abschwemmen des Nachbargrundstücks erfolgen darf. 104

Der jeweilige Eigentümer des Nachbargrundstücks kann von dem Eigentümer des erhöhten Grundstücks die Einhaltung des notwendigen Grenzabstands bzw. die Errichtung entsprechender **Schutzvorkehrungen** unmittelbar auf Grundlage des jeweiligen Landesnachbarrechtsgesetzes verlangen, ohne dass eine Beeinträchtigung unmittelbar bevorsteht. Die Wahl der zutreffenden Maßnahme obliegt jedoch dem Eigentümer des erhöhten Grundstücks; dessen Grundstücks- 105

---
1 BGHZ 101, 106; ZfIR 1997, 539; OLG Düsseldorf, BauR 1996, 881.
2 BGH, NJW-RR 1997, 347; OLG Düsseldorf, NJW-RR 1997, 146.
3 Staudinger/*Roth*, § 909 Rz. 58; MüKo/*Säcker*, § 909 Rz. 27.
4 BGH, BauR 1983, 177; OLG Düsseldorf, NJW-RR 1997, 146; *Englert/Grauvogel/Maurer*, Handbuch des Baugrund- und Tiefbaurechts, Rz. 587.
5 BGHZ 1963, 176 (182); OLG Düsseldorf, NJW-RR 1997, 146 (148).

nachbar kann keine spezielle Maßnahme fordern. Sofern einzelne Landesgesetze keinen unmittelbaren Abwehranspruch vorsehen, kann der betroffene Nachbar lediglich im Rahmen des § 1004 BGB eventuelle Beeinträchtigungen abwehren. Wobei hier entweder eine Beeinträchtigung bereits vorliegen muss oder hinreichend nahe bevorstehen muss. Die landesrechtlichen Vorschriften sind insofern weitergehender.

3. Gefahrdrohende Anlagen

106 Neben den Ansprüchen der §§ 906, 1004 BGB besteht in § 907 ein **spezieller Beseitigungsanspruch**. Eine gefahrdrohende Anlage im Sinne von § 907 BGB ist eine Anlage auf dem Nachbargrundstück, von der mit Sicherheit vorauszusehen ist, dass ihr Bestand oder ihre Benutzung eine unzulässige Einwirkung auf das Nachbargrundstück haben werden. Unzulässig ist die Einwirkung, wenn grenzüberschreitende sinnlich wahrnehmbare Stoffe freigesetzt werden, deren Beseitigung nach § 1004 BGB verlangt werden könnte.[1]

107 Grundsätzlich entfaltet § 907 BGB **präventive Wirkung**, der Betroffene muss nicht die erste Störung abwarten, sondern kann bereits im Vorfeld die Beseitigung verlangen, sofern mit dem höchsten Grad der Wahrscheinlichkeit eine Störung zu erwarten ist.[2] Sofern die Anlage jedoch den landesgesetzlichen Vorschriften genügt, kann gemäß § 907 Satz 2 BGB eine Beseitigung der Anlage erst verlangt werden, wenn tatsächlich eine Störung vorliegt. § 907 BGB stellt aus heutiger Sicht einen positivierten Sonderfall des allgemeinen Abwehranspruchs analog § 1004 BGB dar.

Hinweis:

Im Gegensatz zu § 1004 BGB, mit dem lediglich die Beseitigung und das Unterlassen der Einwirkungen verlangt werden kann, gibt § 907 BGB einen Anspruch auf Beseitigung der ganzen Anlage als Störungsursache. Der **Klageantrag** ist auf die Beseitigung der Anlage zu richten.[3]

4. Drohender Gebäudeeinsturz

108 Bei Einsturz eines Gebäudes kann der Grundstückseigentümer des angrenzenden Grundstücks Schadenersatz (§ 836 BGB) und Beseitigung der Störung (§ 1004 BGB) verlangen. Diese Vorschriften setzen jedoch bereits einen eingetretenen Schaden bzw. Störung voraus.

109 Durch § 908 BGB besteht jedoch bereits ein **vorbeugender Abwehranspruch**, sofern der Einsturz eines Gebäudes oder das Ablösen einzelner Teile drohen und hierdurch Schäden am Nachbargrundstück zu befürchten sind, die Gefährdung also auf dem baufälligen Zustand des Gebäudes beruht. Die Gefahr droht, wenn eine Störung aufgrund der gegebenen Verhältnisse wahrscheinlich ist.

---

1 BGH, NJW 1991, 1671; NJW-RR 2000, 537; Palandt/*Bassenge*, § 907 Rz. 1.
2 RG 130, 255.
3 Palandt/*Bassenge*, § 907 Rz. 3.

Anspruchsinhaber sind Eigentümer, Nießbraucher (§ 1065 BGB), Erbbauberechtigter (§ 11 ErbbauVO) und sonstiger dinglicher Berechtigter (§§ 1027, 1090 BGB). **Anspruchsgegner** ist, wer bei einem Verschulden nach §§ 836 Abs. 1, 837, 838 BGB schadenersatzpflichtig wäre.[1]

110

Hinweis:
Im **Klageantrag** kann nur begehrt werden, die erforderlichen Vorkehrungen zur Abwendung der näher zu bezeichnenden Gefahr zu treffen, nicht aber eine bestimmte Maßnahme. Die Wahl der Maßnahme obliegt dem Verpflichteten, weil der Anspruch nur auf das Ergreifen einer erforderlichen Maßnahme gerichtet ist.

5. Wassernutzung und Wasserabfluss

Naturereignisse können Störungen auslösen, die zu Beeinträchtigungen von Nachbargrundstücken führen können. Vor allem der **Abfluss von Niederschlagswasser**, insbesondere bei Hanggrundstücken, kann angrenzende Grundstücke beeinträchtigen. Der Eigentümer des Nachbargrundstücks hat aber nicht stets einen Abwehranspruch gegen den Eigentümer des störenden Grundstücks.

111

Die mit **wild abfließendem Wasser** zusammenhängenden Probleme sind zum Teil in spezialgesetzlichen Normen[2] oder in nachbarrechtlichen Vorschriften[3] geregelt. Unter wild abfließenden Wasser ist das oberirdisch außerhalb eines Bettes abfließende Quell- oder Niederschlagswasser zu verstehen. Grundsätzlich stellt wild abfließendes Niederschlagswasser, das von einem höher gelegenen unbebauten und sonst nicht unnatürlich veränderten Grundstück fließt, keine nach § 1004 BGB abwehrfähige Störung dar.

112

Erst wenn der Eigentümer in die Grundstückgestaltung eingreift und somit der Wasserlauf kein ausschließliches Naturereignis mehr ist, entstehen die Abwehransprüche des Nachbarn gemäß § 1004 BGB. Die Duldungspflicht des § 1004 BGB wird durch die landesgesetzlichen Regelungen konkretisiert. Danach darf der Eigentümer eines Grundstücks weder den Abfluss auf das Nachbargrundstück verstärken, noch darf der Eigentümer des Nachbargrundstücks den Zufluss verhindern (vgl. § 39 NachbG-Niedersachsen).

113

Hieraus ergibt sich auch das Verbot, **Traufwasser**, also Niederschlagswasser, das von Gebäuden eines Grundstücks abgeleitet wird, auf das Nachbargrundstück abfließen zu lassen. Durch die Errichtung des Bauwerks ist der Traufwasserabfluss zumindest mittelbar auf den Eigentümer des Grundstücks zurückzuführen, weshalb es sich bei Traufwasser nicht um ein reines Naturereignis handelt. Traufwasser muss deshalb auf dem eigenen Grundstück gesammelt oder in die öffentliche Kanalisation geleitet werden.

114

---

1 Palandt/*Bassenge*, § 908 Rz. 2.
2 § 115 LWG NW.
3 § 55 Brand.-NachbG, § 21 Hess.-NachbG, § 39 Nied.-NachbG, § 30 Sach.-Anh.-NachbG.

6. Optische Gestaltung des Grundstücks

115 Die optische Gestaltung eines Grundstücks ist ein zentraler Streitpunkt zahlreicher nachbarrechtlicher Konflikte. Wobei hier meistens der Streit über die Gartengestaltung oder die Fassadenfarbe im Vordergrund steht. Aber auch während der Bauphase können sich bereits erste Konflikte entfalten. Hier sei insbesondere an den privaten Bauherren gedacht, der in Eigenregie über Jahre nach und nach sein Haus umbaut und dessen Grundstück die berühmte „Dauerbaustelle" repräsentiert, verbunden mit den üblichen optischen Auswirkungen.

116 Grundsätzlich darf der Grundstückseigentümer sein Grundstück gemäß § 903 BGB nach Belieben optisch gestalten. Gestaltungen, die nur das **ästhetische oder sittliche Empfinden** des Nachbarn betreffen, vermögen mangels physischer Auswirkungen keine Rechtsansprüche nach §§ 862, 1004 BGB zu begründen. Im Einzelfall kann jedoch bezüglich unästhetischer Anlagen aus dem Landesnachbarrecht in Verbindung mit § 1004 BGB ein Beseitigungsrecht abgeleitet werden, sofern das Landesnachbarrecht die **„Ortsüblichkeit"** einer Anlage vorschreibt. Die Ortsüblichkeit bezieht sich mitunter auch auf die Gestaltung.[1]

117 Darüber hinaus wird noch in **Ausnahmefällen** ein Abwehranspruch angenommen, wenn mit der ästhetischen Störung gleichzeitig eine Störung des allgemeinen Persönlichkeitsrechts[2] oder des körperlichen Wohlbefindens[3] einhergeht.

Beispiele:
Auch auf lang andauernden Baustellen dürfen grundsätzlich die notwendigen **Baumaterialien** und Baugeräte gelagert werden.[4] Die **Fassadengestaltung**, insbesondere die Farbgestaltung, kann der jeweilige Grundstückseigentümer frei bestimmen, sofern damit keine baulichen Veränderungen einhergehen.[5] Dem Eigentümer eines Grundstücks obliegt die freie Wahl hinsichtlich der **Gartengestaltung** bzw. Nichtgestaltung. Auch verwilderte Gärten können grundsätzlich keinen Abwehranspruch begründen. Jedoch billigt die Rechtsprechung dem Eigentümer des Nachbargrundstücks in krassen Ausnahmesituationen einen Abwehranspruch zu.[6]

V. Nachbarrechtliche Ansprüche im Zusammenhang mit der Ausführung von Bauarbeiten

1. Betreten des Nachbargrundstücks/Hammerschlags- und Leiterrecht

Hinweis:
(Landesgesetzliche Regelungen bestehen in: Baden-Württemberg, Berlin, Brandenburg, Hessen, Niedersachsen, Nordrhein-Westfalen, Rheinland-Pfalz, im Saarland, Sachsen, Sachsen-Anhalt, Thüringen.)

---

1 BGHZ 73, 242; NJW 1992, 2569; OLG Hamm, NJW 1975, 664 und 1035; LG Berlin, MDR 1969, 52.
2 AG Grünstadt, NJW 1995, 889; LG Braunschweig, NJW 1998, 2457.
3 BGHZ 95, 307 (310); KG, NJW-RR 1988, 586.
4 BGHZ 51, 394 = NJW 1969, 1208; NJW 1975, 170; *Horst*, Rechtshandbuch Nachbarrecht, Rz. 1018.
5 OVG Koblenz, NJW 1998, 1422.
6 OLG Düsseldorf, NJW-RR 1995, 1231; OLG Düsseldorf, OLGZ 1993, 451; BGH, NJW 1985, 1773; BGH, NJW 1984, 2207; BGHZ 28, 110.

Zur Ausführung von Bau- und Reparaturarbeiten ist häufig das Betreten des 118
Nachbargrundstücks notwendig. Zahlreiche Arbeiten lassen sich nicht oder nur
unter unverhältnismäßig hohem Aufwand von dem eigentlichen Baugrundstück
aus bewerkstelligen. Grundsätzlich darf der Eigentümer des benachbarten
Grundstücks mit diesem nach Belieben verfahren, also insbesondere das Betreten
durch andere gestatten oder untersagen, § 903 BGB.

Das Bundesrecht sieht eine Regelung, die das Betreten des Nachbargrundstücks 119
zur Durchführung notwendiger Arbeiten am eigenen Grundstück gestattet, nicht
vor. Grundsätzlich ist ein Grundstückseigentümer daher nicht zur Duldung des
Betretens seines Grundstücks verpflichtet und kann daher das Unterlassen des
Betretens nach § 1004 BGB verlangen.

Eine **Duldungspflicht** im Sinne von § 1004 BGB des Grundstückseigentümers ist 120
jedoch vielfach den **landesgesetzlichen Nachbargesetzen** zu entnehmen. Diese
sehen das so genannte Hammerschlags- und Leiterrecht vor. Danach darf ein
Grundstückseigentümer zur Ausführung von Arbeiten, die anders nicht zweckmäßig oder nur mit unverhältnismäßig hohen Kosten auf dem eigenen Grundstück durchgeführt werden können, das Nachbargrundstück betreten.

Soweit landesgesetzlich keine Regelungen zum Hammerschlag vorhanden sind, 121
leitet die Rechtsprechung eine eingeschränkte Duldungspflicht **aus dem nachbarschaftlichen Gemeinschaftsverhältnis** ab.[1]

Die **Zweckmäßigkeit** bezieht sich jedoch ausschließlich auf die Art der Ausfüh-
rung der Arbeiten und nicht auf die Arbeit selbst. Es ist unerheblich, ob also die
Errichtung des Gebäudes oder der Umbau selbst zweckmäßig oder notwendig ist.
Dies ist die alleinige Entscheidung des Berechtigten.[2]

Soweit das Hammerschlags- und Leiterrecht landesgesetzlich geregelt ist, 122
müssen nachfolgende Voraussetzungen jeweils kumulativ vorliegen:

(1) Die Arbeiten können nicht oder nur mit unverhältnismäßig hohen Kosten
von dem eigenen Grundstück aus durchgeführt werden.

(2) Die mit der Duldung verbundenen Nachteile für den Nachbarn stehen nicht
außer Verhältnis zu dem von dem Berechtigten erstrebten Vorteil.

(3) Die geplanten Arbeiten dürfen öffentlich-rechtlichen Vorschriften nicht widersprechen.

(4) Je nach Landesgesetz müssen die geplanten Arbeiten 2 Wochen bis 3 Monate
vorher dem betroffenen Eigentümer des Nachbargrundstücks angezeigt werden.

(5) § 24 NachbG NRW setzt außerdem noch ausreichende Schutzvorkehrungen
zur Minderung der Nachteile ausdrücklich voraus. Diese Regelung findet sich
in dieser Klarheit nicht in den übrigen Nachbgesetzen, kann jedoch aus der
Verpflichtung zur möglichst schonenden Ausübung des Rechts hergeleitet

---
1 OLG Hamm, NJW 1966, 599; LG Bonn, MDR 1962, 306; BGH, NJW 1990, 2556; *Dehner*,
B § 28 I; *Kürzel*, DWW 1965, 36; *Weimar*, BauR 1976, 26.
2 *Dehner*, B § 28 I 1.

werden. Die Verpflichtung das Hammerschlags- und Leiterrecht möglichst schonend auszuüben umfasst selbstredend auch die Verpflichtung des Berechtigten, mögliche Schutzvorkehrungen auch einzurichten.

Hinweis:
In der Anwaltspraxis muss insbesondere auf eine **ordnungsgemäße Anzeige** erhöhter Wert gelegt werden. Bei der Anzeigepflicht handelt es sich nicht um eine reine Ordnungsvorschrift, sondern um eine **anspruchsbegründende Tatbestandsvoraussetzung**. Die Anzeige soll den Nachbarn über Art und Umfang der bevorstehenden Arbeiten informieren und ihm Gelegenheit geben, die Rechtmäßigkeit des Begehrens zu prüfen. Der Nachbar soll sich auf die bevorstehenden Arbeiten einrichten und gegebenenfalls Bedenken hinsichtlich der Ausführungsart äußern oder besondere Schutzvorkehrungen fordern oder selbst vornehmen können. In der Anzeige muss daher zumindest **Art und Umfang der Arbeiten** im Einzelnen beschrieben werden. Auch ist der voraussichtliche **Ausführungszeitpunkt** anzugeben. Wobei hieran nicht allzu strenge Anforderungen zu stellen sind. Häufig, insbesondere bei der Beauftragung Dritter mit den Bauarbeiten, ist dem Eigentümer des Baugrundstücks der genaue Ausführungszeitpunkt selbst nicht bekannt. Hier genügt die Angabe des geplanten Zeitpunkts. Ebenso sollten geplante Schutzvorkehrungen aufgeführt werden.

123 Wie bereits ausgeführt, darf erst nach Ablauf der **Anzeigefrist** mit den Arbeiten begonnen werden. Um den Termin genau bestimmen zu können, sollte die Anzeige in Form eines Einschreiben/Rückschein-Schreibens erfolgen. Vorzeitige oder nicht angezeigte Arbeiten sind rechtswidrig und begründen Unterlassungsansprüche nach § 1004 BGB.[1]

Eine Anzeige zur Ausübung des Hammerschlags- und Leiterrechts könnte in etwa wie folgt aussehen:

> Sehr geehrter Herr Meier,
>
> Ihr Nachbar, Herr Müller, hat mich mit der Wahrnehmung seiner Interessen beauftragt, entsprechend anliegender Vollmacht. Mein Mandant ist Eigentümer des Grundstücks Goethestr. 3, welches unmittelbar an das Ihrige grenzt. Unmittelbar an der Grenze beider Grundstücke steht die Garage meines Mandanten. Diese ist auf der Ihrem Grundstück zugewandten Seite verputzt. Der Putz weist erhebliche Alterserscheinungen auf. Er ist an vielen Stellen aufgeplatzt und gerissen. Der Putz ist erneuerungsbedürftig. Die zu verputzende Wand ist leider nur von Ihrem Grundstück aus zu bearbeiten.
>
> Mein Mandant bat Sie in diesem Zusammenhang sowohl mündlich als auch schriftlich, um die Erlaubnis die notwendigen Arbeiten von Ihrem Grundstück aus zu bewerkstelligen. Aufgrund jahrelanger Unstimmigkeiten zwischen meinem Mandanten und Ihnen erklärte mein Mandant gleichzeitig, dass er – soweit möglich – nicht persönlich das Grundstück betreten werde, sondern die Arbeiten durch eine Fachfirma ausführen lassen wird. Sie haben dennoch ein Betreten Ihres Grundstücks untersagt.

---

1 *Horst*, Rechtshandbuch Nachbarrecht, Rz. 1434.

Ich habe Sie daher namens und in Vollmacht meines Mandanten aufzufordern, die Ausführung der nachfolgend spezifizierten Arbeiten von Ihrem Grundstück aus zu gestatten.

Es ist der alte Putz der Garagenwand zu entfernen und der Untergrund für eine Neuverputzung entsprechend herzurichten. Sodann wird der Putz neu aufgetragen und anschließend gestrichen.

Für diese Arbeiten ist es erforderlich, die notwendigen Materialien über Ihr Grundstück bis zur Garagenwand zu transportieren sowie dort ein kleines Gerüst aufzubauen.

Zum Schutze Ihres Grundstücks wird die Strecke über Ihr Grundstück bis zur Garage mit Holzbrettern versehen sowie die Fläche vor der Garage zusätzlich mit einer stabilen Folie geschützt.

Die Ausführung der Arbeiten ist für die 35. Kalenderwoche geplant und wird aufgrund der jeweiligen Trockendauer voraussichtlich 5 Werktage dauern.

Wie bereits erwähnt, werden die Arbeiten durch die Firma Schmitz Putzsysteme ausgeführt. Mein Mandant wird Ihr Grundstück nur im Rahmen der Bauüberwachung betreten.

Mit freundlichen Grüßen

Rechtsanwalt

Das Hammerschlags- und Leiterrecht darf nur **so schonend wie möglich** ausgeübt werden. Hierzu kann bei verfeindenden Nachbarn auch gehören, dass der Berechtigte das Nachbargrundstück nicht persönlich betritt, sondern die Arbeiten von Dritten ausführen lässt.[1]

Das Hammerschlags- und Leiterrecht besteht jedoch nur für Bau- und Instandsetzungsarbeiten, nicht jedoch für Routinearbeiten wie das Fensterputzen oder Heckeschneiden.[2] In der Rechtsprechung und Literatur sind folgende Arbeiten als vom Hammerschlags- und Leiterrecht umfasst anerkannt worden:

▷ Aufstellung von Gerüsten und Leitern[3],

▷ zeitweises Herüberragen des Schwenkauslegers eines Drehkrans[4],

▷ Tiefbau- und Gründungsarbeiten[5],

▷ Verputzarbeiten,

▷ Schönheitsreparaturen (Anstrich etc.).[6]

---

1 *Schäfer*, Nachbarrechtshandbuch, § 24 Rz. 3.
2 *Schäfer*, Nachbarrechtshandbuch, § 24 Rz. 2.
3 *Schäfer*, Nachbarrechtsgesetz, § 23 Rz. 1; *Horst*, Rechtshandbuch Nachbarrecht, Rz. 1424.
4 *Dehner*, B § 28 I Nr. 4.
5 BGH, VersR 1980, 650.
6 OLG Hamm, NJW 1965, 599.

125 Sofern der **Nachbar** den Arbeiten **widerspricht**, darf dass Hammerschlags- und Leiterrecht nicht eigenmächtig ausgeübt werden. Der Nachbar ist vielmehr zunächst **auf Duldung zu verklagen**.[1]

126 Sofern bei der Ausübung des Hammerschlags- und Leiterrechts **Schäden** am Nachbargrundstück entstehen, sehen die Landesgesetze einen verschuldensunabhängigen Schadenersatzanspruch des Eigentümers des Nachbargrundstücks vor. Zur Sicherung dieses Anspruchs, kann der Nachbar regelmäßig eine Sicherheit in Höhe des voraussichtlichen Schadenbetrags verlangen.

2. Baulärm, Baustaub, Erschütterungen

127 Bei der Durchführung von Bauvorhaben kommt es regelmäßig zu immissionsrechtlichen Problemen, hier sei nur an Baulärm, Baustaub oder Erschütterungen gedacht, die häufig zu Konflikten mit Nachbarn führen.

a) Duldungspflicht und Ausgleichsanspruch

128 Grundsätzlich kann der Nachbar auf Grundlage von § 1004 BGB das Unterlassen störender Immissionen verlangen, soweit er nicht nach § 1004 Abs. 2 BGB zur Duldung verpflichtet ist. Hinsichtlich der Zuführung unwägbarer Stoffe bildet § 906 BGB den Rahmen der nach § 1004 Abs. 2 BGB zu duldenden Immissionen. § 906 BGB enthält eine differenzierte Regelung hinsichtlich der zu duldenden Immissionen und eines eventuellen Ausgleichsanspruchs. Nach § 906 Abs. 1 Satz 1 BGB hat der Eigentümer eines Grundstücks die Zuführung unwägbarer Stoffe zu dulden, soweit dadurch die Benutzung des Grundstücks nicht oder nur **unwesentlich beeinträchtigt** wird. Bei einer unwesentlichen Beeinträchtigung besteht auch kein Ausgleichsanspruch gegenüber dem Störer.

129 Der Nachbar ist auch zur Duldung verpflichtet, soweit die Beeinträchtigung durch eine **ortsübliche Benutzung** des anderen Grundstücks herbeigeführt wird und die Störung auch nicht durch wirtschaftlich zumutbare Maßnahmen verhindert werden kann. Bei einer ortsüblichen Nutzung, die zu dulden ist, kann jedoch dem Nachbarn unter Umständen ein Entschädigungsanspruch nach § 906 Abs. 2 Satz 2 BGB zustehen. Soweit die Störung über das Ortsübliche hinausgeht, ist der Nachbar grundsätzlich nicht mehr zur Duldung verpflichtet.

130 Was unter **Zumutbarkeit** von Immissionen zu verstehen ist, ist nach der Rechtsprechung des BGH und des BVerwG im öffentlichen und im privaten Recht gleich zu beurteilen. Der BGH setzt den Begriff der „**Wesentlichkeit**" des § 906 Abs. 1 BGB mit dem der „Erheblichkeit" nach § 3 Abs. 1 BImSchG gleich. Demnach ist zur Beurteilung der Wesentlichkeit auf einen verständigen Durchschnittsbenutzer des immissionsbelasteten Grundstücks abzustellen, der auch Allgemeininteressen und gesetzliche Wertungen zu berücksichtigen hat.[2]

---

[1] OLG Karlsruhe, NJW-RR 1993, 91.
[2] BGH, NJW 1993, 925; NJW 1993, 1656 (1658); NJW 1999, 356 (357); BVerfG, NJW 1997, 2509 (2510).

§ 906 Abs. 1 Satz 2 BGB enthält eine **gesetzliche Vermutung**, wonach eine Störung als unwesentlich anzusehen ist, wenn gesetzliche Grenz- und Richtwerte eingehalten werden oder solche Werte, die sich aus nach § 48 BImSchG erlassenen Verwaltungsvorschriften ergeben. Soweit die Immissionen unterhalb dieser Werte liegen, sind die dadurch verursachten Störungen zunächst als unwesentlich anzusehen. Durch besondere Umstände des Einzelfalls können jedoch auch bei Einhaltung der Grenzwerte wesentliche Beeinträchtigungen vorliegen, vor allem bei Lärm kann eine besondere Lästigkeit aufgrund der Eigenart der Geräusche gegeben sein, z. B. impulsartiger Lärm durch Hammerschlag. Die gesetzliche Vermutung gilt jedoch nur für gesetzliche Grenz- und Richtwerte sowie Werte, die auf einer nach § 48 BImSchG erlassenen Verwaltungsvorschrift beruhen. Hinsichtlich sonstiger Grenzwerte, die sich beispielsweise aus den DIN-Normen oder VDI-Richtlinien ergeben, besteht diese Vermutung nicht. Die Rechtsprechung billigt diesen Werten jedoch eine Indizwirkung zu.

131

Soweit die Wesentlichkeitsschwelle überschritten wird, sind Immissionen zu dulden, soweit sie sich im Rahmen der **Ortsüblichkeit** halten. Zur Beurteilung der Ortsüblichkeit ist auf das störende Grundstück abzustellen und die davon ausgehende Störung mit sonstigen Störungen zu vergleichen, die im Vergleichsgebiet vorkommen.[1] Sobald die störende Immission nicht mehr als ortsüblich einzustufen ist, besteht keine Duldungspflicht mehr und es sind die Abwehransprüche nach § 1004 BGB gegeben. Sofern die Störung zwar die Wesentlichkeitsgrenze überschreitet, aber noch ortsüblich ist, ist sie zu dulden. Der Störer muss jedoch alle wirtschaftlich zumutbaren und technisch möglichen Vorkehrungen treffen, die zu einer Reduzierung der Beeinträchtigung führen.[2] Auch besteht nach § 906 Abs. 2 Satz 2 BGB ein **Ausgleichsanspruch** soweit durch die Störung die ortsübliche Nutzung des Grundstücks eingeschränkt oder dessen Ertrag über das zumutbare Maß hinaus beeinträchtigt wird. Bei dem Ausgleichsanspruch handelt es sich jedoch um einen Entschädigungsanspruch und nicht um einen Schadenersatzanspruch. Der BGH wendet insoweit die Grundsätze der Enteignungsentschädigung an.[3] Ersetzt wird auch nur die Beeinträchtigung, die über das Zumutbare hinausgeht. Daher ist auch die Dauer der Beeinträchtigung bei der Ermittlung der Entschädigungshöhe von Bedeutung. Durch Bauarbeiten hervorgerufene Beeinträchtigungen müssen deshalb in der ersten Zeit entschädigungslos hingenommen werden.[4] Es muss deshalb die Gesamtbeeinträchtigung festgestellt und sodann der zumutbare Teil hiervon ermittelt werden. Für den zumutbaren Teil der Gesamtbeeinträchtigung erhält der Betroffene keine Entschädigung, sondern nur für den darüber hinausgehenden, unzumutbaren Teil der Beeinträchtigung.[5]

132

Ausnahmsweise können sich aus dem nachbarschaftlichen Gemeinschaftsverhältnis besondere Duldungs- oder Ausgleichspflichten ergeben. Die Rechtsprechung hat zur Korrektur im Einzelfall aus § 242 BGB die Rechtsfigur des nach-

133

---
1 BGHZ 120, 239 (260); BGHZ 117, 110 (113).
2 Erman/*Hagen*, § 906 Rz. 30.
3 BGH, NJW-RR 1988, 1291; NJW-RR 1997, 1374.
4 BGHZ 57, 359; 72, 289; LG Konstanz, NJW-RR 1991, 916.
5 BGH, NJW-RR 1988, 1291; *Elshorst*, Ersatzansprüche benachbarter Grundstücksbesitzer, NJW 2001, 3224.

barschaftlichen Gemeinschaftsverhältnis entwickelt. Aus dieser Rechtsfigur wurde vor der Einführung des heutigen § 906 BGB mit seiner Ausgleichsregelung vor allem der Anspruch auf Ausgleichszahlung hergeleitet. Heute dient das nachbarschaftliche Gemeinschaftsverhältnis hauptsächlich nur noch als **Rechtsausübungsschranke**.[1] Hierdurch kann der Abwehranspruch des Nachbarn eingeschränkt werden, obwohl keine spezielle Duldungspflicht normiert ist. Insbesondere im Rahmen von negativen Immissionen, wird die Rechtsfigur des nachbarschaftlichen Gemeinschaftsverhältnisses zum Ausgleich widerstreitender Positionen angewendet.

134 Zur Beurteilung der mit Bauimmissionen zusammenhängenden Ansprüche ist daher folgendes Stufenschema zu beachten:

Immissionen	Rechtsfolgen
Unwesentliche Beeinträchtigung	▷ Immissionen müssen geduldet werden ▷ Keine Entschädigung
Ortsübliche Immissionen, nicht durch zumutbare Maßnahmen zu verhindern	▷ Immissionen müssen geduldet werden ▷ Entschädigung, wenn Benutzung oder Ertrag über zumutbares Maß hinaus beeinträchtigt
Über das Ortsübliche hinaus	▷ Unterlassungsanspruch ausnahmsweise Duldungspflicht aus § 242 BGB

b) Einzelfälle

135 **Baulärm** ist regelmäßig von den Nachbarn zu dulden, soweit er technisch nicht zu verhindern ist. Zunächst ist auch hinsichtlich des Baulärms zu ermitteln, ob die Wesentlichkeitsgrenze überschritten worden ist. Hinsichtlich der gesetzlichen Vermutung des § 906 Abs. 1 Satz 2 BGB sind vor allem die Baumaschinenlärmverordnung und die Verwaltungsvorschrift „Drucklufthämmer" zur BImSchG zu beachten. Vielfach überschreitet der mit dem Baustellenbetrieb zusammenhängende Lärm die Grenze der Wesentlichkeit. Jedoch ist nur in seltenen Ausnahmefällen die Ortsüblichkeit nicht mehr gegeben. Das Bebauen eines Grundstücks ist, insbesondere in Innenstadtlagen, üblich. Auch die damit verbundenen, zeitweise erhöhten Einwirkungen nehmen den Arbeiten nicht die Ortsüblichkeit.[2]

136 Fraglich ist jedoch, inwieweit bei erheblichem Baulärm ein **Ausgleichsanspruch** besteht. Dies ist danach zu beurteilen, ob der Ertrag des betroffenen Nachbargrundstücks unzumutbar beeinträchtigt wird. Hier ist insbesondere an Mietminderungen seitens der im Nachbargebäude wohnenden Mieter zu denken oder bei-

---

1 BGH, NJW 1984, 729 (730); NJW 1991, 1671 (1672).
2 BGHZ 72, 289; LG Konstanz, NJW-RR 1991, 916.

spielsweise[1] an ein benachbartes Hotel, das aufgrund der Bauarbeiten und dem damit verbundenen Lärm nachweislich geringer belegt ist. Problematisch ist es jedoch, ab wann ein solcher Ausgleichsanspruch besteht. Nach dem Wortlaut des § 906 Abs. 2 Satz 2 BGB kommt der Ausgleichsanspruch nur dann in Betracht, wenn der Ertrag „**über das zumutbare Maß hinaus**" beeinträchtigt wird. Zumutbare Beeinträchtigungen werden nicht ausgeglichen. Demnach können Mietminderungen der Mieter nicht vollumfänglich an den Störer weitergereicht werden, vielmehr muss im Einzelfall der Rahmen des Zumutbaren zunächst ermittelt werden und nur der darüber hinausgehende Teil der Beeinträchtigung ist auszugleichen.[2]

Anspruchsinhaber ist nur der Eigentümer des Grundstücks, nicht der sonstige Nutzer.[3] **Anspruchspflichtiger** ist derjenige, in dessen Namen die Störung erfolgt, in der Regel der Benutzer des imittierenden Grundstücks, also der Bauherr, weil er die Nutzung des Grundstücks bestimmt[4] und nicht der Bauunternehmer[5] oder Architekt.[6] 137

Erschütterungen entstehen häufig bei Bohr- und Rammarbeiten. Auch diese sind regelmäßig ortsüblich.[7] Der Störer hat jedoch dafür Sorge zu tragen, dass durch die Erschütterungen nicht angrenzende Gebäude beschädigt werden.[8] Insbesondere bei Rammarbeiten ist zumeist die Grenze zur unzulässigen Vertiefung fließend. 138

Staub und **sonstige Verschmutzungen** sind zwar in § 906 BGB nicht ausdrücklich genannt, sind jedoch unter „ähnliche Einwirkungen" zu subsumieren. Häufig ist gerade die Entwicklung von Baustaub durch wirtschaftlich zumutbare Maßnahmen zu vermeiden. Beispielsweise kann das Bauobjekt eingerüstet und mit Planen abgedeckt werden oder bei Abbruch des Gebäudes kann der Baustaub durch Wassernebel gebunden werden. 139

3. Feuchtigkeitsschäden am Nachbargebäude

Bei einem teilweisen Abriss von zusammenhängenden Gebäuden, wie beispielsweise bei Reihenhäusern oder Doppelhäusern, bleibt häufig die stehengebliebene Giebelwand unverputzt und eine notwendige Isolierung wird unterlassen. Soweit hierdurch Feuchtigkeitsschäden am Nachbarhaus entstehen, kann dessen Eigentümer jedoch in der Regel nicht von dem Eigentümer des abgerissenen Gebäudes Schadenersatz nach § 823 Abs. 1 BGB oder § 1004 BGB verlangen. Nach ständiger Rechtsprechung ist ein Eigentümer nicht verpflichtet, vom Abriss seines Gebäudes abzusehen, nur um das Nachbarhaus keinen Witterungseinflüssen auszusetzen. Der Eigentümer kann schließlich gemäß § 903 BGB mit seinem Grundstück 140

---

1 Zur Entschädigung aufgrund Mietminderung vgl. *Elshorst*, Ersatzansprüche benachbarter Grundstücksbesitzer gegen Bauherren, NJW 2001, 3222.
2 BGH, NJW-RR 1988, 1291; Palandt/*Bassenge*, § 906 Rz. 33.
3 BGHZ 92, 143.
4 Erman/*Hagen*, § 906, Rz. 25; Soergel/*Bauer*, § 906 Rz. 100.
5 BGHZ 72, 289.
6 BGHZ 85, 375.
7 BGHZ 85, 375; 72, 289.
8 OLG Düsseldorf, BauR 1996, 881.

nach Belieben verfahren. Es existiert keine normierte Verpflichtung, ein Gebäude im Interesse eines Nachbarn stehen zu lassen.[1]

141 Dies gilt jedoch nicht für den Abriss von Gebäuden mit einer gemeinsamen Nachbarwand oder bei einer Grenzwand, an die mit Einwilligung des Eigentümers angebaut worden ist.

---

[1] OLG Hamm, NJW-RR 1991, 851 = BauR 1991, 635; OLG Köln, NJW-RR 1987, 529; VersR 1993, 1241; a. A. OLG Frankfurt, OLGZ 1982, 352.

VI. Übersicht: Nachbargesetze in den einzelnen Bundesländern[1]

	B-W	Bay	Berlin	Brand	Brem	Hamb	Hess	M-V	N	NW	R-P	Saar	Sachs	S-Anh	S-H	Thür
Grenzabstände Gebäude	6, 7								61-62	1-3					42-43	
Fenster- und Lichtrecht	3, 4, 5	43-45		20-22			11-13		23-25	4-6	34-36	35-37			22-24	34-36
Nachbarwand		46	4-13	5-15			1-7		3-15	7-18	3-12	3-14		5-10	4-10	3-12
Grenzwand	7d, 8		14-16	16-19			8-10		16-22	19-23	13-16	15-20		11-16	11-19	13-16
Hammerschlags- und Leiterrecht	7c		17-18	23-24			28-29		47-43	24-25	21-25	24-26	24, 27-31	18-20		21-25
Durchführung Leitungen	7d		19	25			36-37		49	26	17-20	21-23	26, 27-31	21-	20-21	17-20
Dachtraufe	1, 2			52, 53			26		45-45	27-28	37-38	41-42			26	37-38
Abwässer	1			54, 55, 60						29			25	33		
Bodenerhöhung	8, 9, 10		20	26-27					26	30-31	43	47	17-18	17	25	43
Einfriedung	7, 11, 33	46	21-26	28-35	1-13		14-19		27-37	32-39	39-42	43-46	4-8, 27-31	22-28	28-36	39-42
Grenzabstände für Pflanzen	11-25	47-51	27-35	36-43			38-44		50-60	40-48	44-52	48-56	9-16	34-42	37-41	44-52
Ausschluss Beseitigungsanspruch	26	52	32	40			43		54	47	51	55	15	40	40	51
Ausschluss Gebäude											3					
Überbau	7b															
Bauvorschriften	7a															
Leitungsrecht	7c			44-51			30-35			26-33	27-34		19-23, 27-31			26-33
Grundwasserregel							20		38					29	27	
wildabfließendes Wasser				55-60			21		39-44		38-40			30-32		

---
1 Die Zahlen bezeichnen die §§ des jeweiligen Nachbargesetzes.

Teil 5
Öffentliches Nachbarrecht

	Rz.
I. Einleitung	1
II. Materielle Voraussetzungen eines nachbarrechtlichen Abwehranspruchs	2
1. Nachbar	2
2. Nachbarschützendes öffentliches Recht	4
a) Grundrechtlicher Nachbarschutz	6
b) Bauordnungsrechtliche Normen	11
aa) Bauordnungsrechtliche Generalklausel	12
bb) Vorschriften über das Grundstück und seine Bebauung	13
cc) Abstandsflächen	15
dd) Allgemeine Anforderungen an die Bauausführung	18
ee) Grundstücksteilung, § 19 BauGB	21
c) Bauplanungsrechtliche Normen	22
aa) Unbeplanter Innenbereich, § 34 BauGB	23
bb) Außenbereich, § 35 BauGB	25
cc) Bebauungsplan, § 30 BauGB	26
(1) Schutz vor schädlichen Umwelteinwirkungen, § 9 Abs. 1 Nr. 24 BauGB	30
(2) Art der baulichen Nutzung	31

	Rz.
(3) Festsetzungen über besondere bauliche Anlagen, §§ 12–14 BauNVO	32
(4) Maß der baulichen Nutzung, §§ 16–21a BauNVO	34
(5) Festsetzungen über die Bauweise	35
(6) Festsetzungen über die überbaubare Grundstücksfläche, § 23 BauNVO	36
(7) Partieller Nachbarschutz des § 15 BauNVO	38
3. Tatsächliche Betroffenheit	39
III. Verfahrensrecht	41
1. Anhörung nach § 28 VwVfG	43
2. Rechtsschutzmöglichkeit eines Nachbarn gegen die Baugenehmigung	45
a) Widerspruch	46
aa) Widerspruchsfrist	46
bb) Verwirkung	47
cc) Aufschiebende Wirkung	50
b) Einstweiliges Verfügungsverfahren	51
aa) Haftung für Baustopp im einstweiligen Verfügungsverfahren	52
bb) Haftung für Baustopp im einstweiligen Rechtsschutzverfahren	53
3. Rechtsschutz gegen untätige Baubehörde	55

I. Einleitung

Wie bereits im Rahmen des privaten Nachbarrechts erläutert (Teil 4 Rz. 1), ist das Nachbarschaftsrecht durch ein Nebeneinander öffentlich-rechtlicher und privatrechtlicher Normen geprägt. Aufgrund der Verpflechtung des öffentlich-rechtlichen und des privatrechtlichen Nachbarschaftsrecht, muss ein Bauherr bei Durchführung einer Baumaßnahme eventuelle Beeinträchtigungen des Nachbarn auch unter öffentlich-rechtlicher Perspektive berücksichtigen. Dem betroffenen Nachbarn stehen nämlich der zivilrechtliche und der verwaltungsrecht- 1 liche Rechtsweg in gleicher Weise zur Verfügung. Das Unterliegen auf dem einen Rechtsweg schließt ein Obsiegen auf dem anderen nicht aus.[1]

II. Materielle Voraussetzungen eines nachbarrechtlichen Abwehranspruchs

1. Nachbar

2 Anspruchsinhaber sind grundsätzlich Nachbarn. Der Begriff „Nachbar" ist auch im öffentlichen Recht nicht abschließend und allgemein gültig zu definieren. Die Reichweite des Begriffs und somit des nachbarschützenden Schutzbereichs, ist stets anhand der gesetzlichen Zielsetzung im Einzelfall zu bestimmen. Hierbei ist nicht nur der „Angrenzer", sondern jeder, der in der durch die Rechtsnorm geschützten Position von dem Vorhaben beeinträchtigt wird, Nachbar (so genannter materieller Nachbarbegriff).[2] Die personelle Reichweite einer Schutznorm lässt sich häufig anhand des **relevanten Einwirkungsbereichs** definieren, also anhand des räumlichen Bereichs, in dem sich die entsprechende Maßnahme im relevanten Umfang auswirkt.[3]

3 Das Bauplanungs- und Bauordnungsrecht ist **grundstücksbezogen**, weshalb grundsätzlich nur der Eigentümer und der dingliche Nutzungsberechtigte des betroffenen Grundstücks Inhaber von Abwehransprüchen sind.[4] Deswegen werden im Bereich des Bebauungsrechts Inhaber nur obligatorischer Rechte (z. B. Mieter, Pächter) nicht vom Nachbarbegriff umfasst.[5] Die Landesbauordnungen sehen häufig nur den unmittelbaren Angrenzer als verfahrensbeteiligt an (vgl. § 74 BauO NW). Im Gegensatz hierzu ist beim **anlagenbezogenen** Immissionsschutzrecht regelmäßig der personelle Schutzbereich weiter. Immissionsrechtliche Vorschriften, beispielsweise § 22 BImSchG, verlangen nur eine qualifizierte Betroffenheit, weshalb insoweit auch Inhabern obligatorischer Rechte (z. B. Mieter, Pächter) ein Abwehrrecht zuerkannt wird.[6]

2. Nachbarschützendes öffentliches Recht

4 Sofern ein Nachbar einen öffentlich-rechtlichen Abwehranspruch geltend machen möchte, muss ihm hierzu eine öffentlich-rechtliche Norm mit nachbarschützender Wirkung zur Verfügung stehen. Eine öffentlich-rechtliche Norm entfaltet dann subjektiven Charakter, wenn sie nicht nur die Interessen der Allgemeinheit und nicht nur tatsächlich die Interessen Einzelner schützt, sondern nach ihrer Zweckbestimmung zumindest auch auf den Schutz der Individualinteressen gerichtet ist. Ein solches nachbarschützendes, subjektives öffentliches Recht kann in einfachgesetzlichen Normen unter Berücksichtigung des Gebots

---

1 *Seidel*, Nachbarschutz, Rz. 33.
2 BVerwGE 28, 131 (134); *Brohm*, Öffentliches Baurecht, § 29 Rz. 9.
3 *Troa-Korbion*, in: Wirth, Handbuch zur Vertragsgestaltung, 2. Buch, I. Teil Rz. 446.
4 BVerwG, NJW 1989, 2766.
5 OVG Berlin, NVwZ 1989, 267 = JUS 1989, 499; BVerwGE 82, 61; BVerwG, ZfBR 1998, 256 = NVwZ 1998, 956; OVG Lüneburg, NVwZ 1996, 918.
6 *Brohm*, Öffentliches Baurecht, § 30 Rz. 3.

der Rücksichtnahme sowie im grundrechtlichen Nachbarschutz gegeben sein. Ein generelles Erkennungszeichen nachbarschützender Vorschriften existiert nicht, vielmehr muss jede Norm, deren Verletzung durch den Nachbarn gerügt wird, auf ihre drittschützende Funktion im Wege der Auslegung überprüft werden.

Bei den nachbarschützenden Normen ist zwischen den generell nachbarschützenden Normen einerseits und den partiell nachbarschützenden Normen andererseits zu differenzieren. Die **generell nachbarschützenden Normen** vermitteln dem Nachbarn ein abstraktes Abwehrrecht, ohne dass es auf eine Beeinträchtigung seiner Interessen im Einzelfall ankäme. Dahingegen gewähren die **partiell nachbarschützenden Normen** nur dann ein Abwehrrecht, wenn der Nachbar durch das Vorhaben im Einzelfall erheblichen oder unzumutbaren Störungen ausgesetzt wird.[1]

a) Grundrechtlicher Nachbarschutz

Grundsätzlich ist der Nachbarschutz einfachgesetzlich geregelt. In Ausnahmefällen wurde jedoch Art. 14 Abs. 1 Satz 1 GG und Art. 2 Abs. 2 GG drittschützende Wirkung zugesprochen, soweit in einfachrechtlichen Vorschriften keine abschließende und vorrangige Bestimmungen getroffen war.[2] Voraussetzung hierfür war jedoch, dass das Bauvorhaben gegen Vorschriften des einfachen Rechts verstieß, diese jedoch nicht nachbarschützend waren, die Grundstückssituation hierdurch nachhaltig verändert wurde und dadurch den Nachbarn schwer und unerträglich traf.[3]

Diese Rechtsprechung begegnete jedoch erheblichen Bedenken[4], insbesondere soweit sie nicht nur auf unmittelbare Eingriffe beschränkt war. In einer Vielzahl der Fälle waren die Eingriffe in eigentumsrechtliche Positionen nur mittelbar. Durch die dem Bauherrn erteilte Genehmigung wurde nicht unmittelbar in das Eigentum des Nachbarn eingegriffen, sondern erst durch die Ausnutzung der Genehmigung durch den Bauwilligen. Hinzu kommt, dass Art. 14 Abs. 1 Satz 2 GG die Ausgestaltung des Eigentums durch einfachgesetzliche Regeln vorsieht. Damit obliegt es dem Gesetzgeber, durch einfachgesetzliche Regeln Einzelinteressen auszugleichen und subjektive Rechte zu begründen. Demnach kommt einfachgesetzlichen Regeln zur Begründung eines subjektiven Rechts ein Vorrang zu. Sofern nämlich der Gesetzgeber im Rahmen der **Inhalts- und Schrankenregelung** die betroffene Grundrechtsposition **einfachgesetzlich geregelt** hat, ist bei der Beurteilung einer subjektiven Rechtsverletzung nur darauf abzustellen.

Für das Baunachbarrecht hat das BVerwG seine bisherige Rechtsprechung für die Fälle eines mittelbaren Eingriffs in Art. 14 Abs. 1 GG aufgegeben und ein umittelbares Berufen auf Art. 14 Abs. 1 GG abgelehnt, demnach besteht Nachbarschutz

---

1 *Seidel*, Nachbarschutz, Rz. 57.
2 BVerwG, ZfBR 1992, 79.
3 BVerwGE 32, 173 = NJW 1969, 1787.
4 *Finkelnburg/Ortloff*, Öffentliches Baurecht, Bd. II § 17 IV; *Ortloff*, NVwZ 1987, 381; *Parodi*, BauR 1985, 415; vgl. auch BVerfGE 72, 66 = NJW 1986, 2188; *Bönker*, DVBl. 1994, 506 ff.

nur soweit ihn der Gesetzgeber auch normiert hat.[1] Denn durch eine den Anforderungen des Art. 14 Abs. 1 Satz 2 GG genügende gesetzliche Regelung werden Inhalt und Schranken des Eigentums dergestalt bestimmt, dass innerhalb des geregelten Bereichs weitergehende Ansprüche aus Art. 14 Abs. 1 Satz 1 GG ausgeschlossen sind. Im Hinblick auf Belästigungen und Störungen besitzt das Bauplanungsrecht mit § 31 (vgl. Rz. 22), § 34 (vgl. Rz. 23) und § 35 BauGB (vgl. Rz. 25) sowie § 15 BauNVO (vgl. Rz. 38) entsprechende Regelungen.[2]

9 Ein unmittelbares subjektives Recht im Rahmen des Baunachbarrechts kann jedoch unter Umständen in den Fällen durch Art 14 Abs. 1 GG vermittelt werden, in denen eine **Beeinträchtigung auf einem unmittelbaren Eingriff beruht**, insbesondere dann, wenn eine Baugenehmigung ausnahmsweise privatrechtsgestaltende Wirkung besitzt, etwa wenn durch eine Baugenehmigung für ein nicht wegmäßig erschlossenes Grundstück ein Duldungsrecht in Bezug auf ein Notwegerecht nach § 917 BGB ausgelöst wird.[3] Im Übrigen entfaltet jedoch Art 14 Abs. 1 GG im Rahmen der Auslegung einfachgesetzlicher Normen Wirkung.

10 Auch für **Art. 2 Abs. 2 GG** gilt Gleiches. Auch Art. 2 Abs. 2 GG steht unter Gesetzesvorbehalt. Grundsätzlich obliegt es dem Gesetzgeber, durch einfachgesetzliche Regelungen Art und Umfang des Drittschutzes näher zu beschreiben. Sofern der Gesetzgeber von seiner diesbezüglichen Gesetzgebungsbefugnis Gebrauch gemacht hat, ist grundsätzlich ein unmittelbares Berufen auf Art. 2 Abs. 2 GG ausgeschlossen. Vielmehr müssen die einfachgesetzlichen Regeln im Licht des Art. 2 Abs. 2 GG ausgelegt werden, sodass der Nachbarschutz ein mit Art. 2 Abs. 2 GG unvereinbares Schutzniveau nicht unterschreitet.[4]

b) Bauordnungsrechtliche Normen

11 Nur einige Normen des öffentlichen Baurechts entfalten nachbarschützende Wirkung. Diese befinden sich sowohl im Bereich des Bauordnungs- als auch Bauplanungsrechts.

aa) Bauordnungsrechtliche Generalklausel

12 Das grundlegende bauordnungsrechtliche Postulat (vgl. § 3 Abs. 1 Satz 1 BauO NW), bauliche Anlagen nur so zu errichten und zu nutzen, dass Gefahren für die öffentliche Sicherheit und Ordnung ausgeschlossen sind, entfaltet **nachbarschützende Wirkung**, soweit es nicht durch besondere Vorschriften verdrängt wird.[5]

---

[1] BVerwG, ZfBR 1996, 328 = BauR 1997, 72; DVBl. 1997, 61; NVwZ 1998, 735 = DVBl. 1998, 587 = BauR 1998, 533.
[2] BVerwG, ZfBR 1992, 72.
[3] BVerwG, NJW 1976, 1987; NVwZ 1997, 271; *Seidel*, Nachbarschutz, Rz. 92; *Büchner/Schlotterbeck*, Baurecht, Rz. 1189.
[4] BVerwGE 60, 297; *Uechtritz*, NJW 1995, 2606.
[5] OVG Münster, BRS 39 Nr. 48 = BauR 1982, 353; NVwZ 1983, 356; NVwZ 1993, 398; OVG Berlin, BRS 52 Nr. 233.

bb) Vorschriften über das Grundstück und seine Bebauung

Soweit nicht etwas anderes ausdrücklich normiert ist, dienen die allgemeinen 13
Regeln über die Bebauung und Zugänglichkeit des Baugrundstücks nicht dem
Nachbarschutz.[1] Dies wird vor allem für das **Maß der baulichen Nutzung**, also
beispielsweise für die Zahl der Vollgeschosse und die Geschossflächenzahl angenommen. Wenn jedoch im **Bebauungsplan** besondere Festsetzungen erfolgen (vgl.
Rz. 26), die insbesondere den Charakter und das Erscheinungsbild eines Baugebiets mitprägen, können diese Festsetzungen nachbarschützende Wirkung entfalten, dies gilt beispielsweise für Baulinien und Baugrenzen.[2]

Dasselbe gilt für **gestaltungsrechtliche Festsetzungen** in Bebauungsplänen. Ge- 14
staltungsrechtliche Festsetzungen erfolgen in der Regel zum Zweck eines einwandfreien Einfügungs des Bauwerks in seine Umgebung und sollen im allgemeinen Interesse einen Schutz vor Verunstaltung bieten. Regelmäßig kann daher aus
gestaltungsrechtlichen Festsetzungen kein subjektiv-öffentliches Recht abgeleitet werden.[3]

cc) Abstandsflächen

Den Abstandsflächenregelungen wird zumindest auch nachbarschützende Wir- 15
kung zugesprochen, weil sie für eine ausreichende Belichtung und Belüftung der
Grundstücke Sorge tragen sollen[4], dies gilt insbesondere für das **Schmalseitenprivileg** und die Regelung über **Grenzgaragen** und **Grenzstellplätze**[5], wobei sich bei
den Grenzgaragen der Nachbarschutz auf die Einhaltung der Rechtmäßigkeitsvoraussetzungen beschränkt.

Bei einer Verletzung der Vorschriften über die Abstandsflächen ist es umstritten, 16
inwieweit eine **tatsächliche Beeinträchtigung** des Nachbargrundstücks neben
dem objektiven Verstoß gegen die Norm zur Begründung des Abwehrrechts notwendig ist (vgl. Rz. 5). Die Abstandsflächenregelungen sollen eine ausreichende
Belüftung und Belichtung der Grundstücke sicherstellen, weshalb eine Ansicht
ein Abwehrrecht des Nachbarn für die Fälle verneint, in denen keine
tatsächliche Beeinträchtigung gegeben ist.[6] Die andere Ansicht bezieht sich auf
den Wortlaut der Norm. Danach ist eine tatsächliche Beeinträchtigung keine
Tatbestandsvoraussetzung, sodass der objektive Verstoß gegen die Vorschriften
über die Abstandsflächen zur Begründung eines Abwehrrechts ausreichend sein
soll.[7]

---

1 VGH Mannheim, BRS 46 Nr. 180; OVG Münster, BRS 22 Nr. 189; OVG Saarlouis, BRS 24 Nr. 97.
2 VGH Mannheim, BRS 40 Nr. 182 = BauR 1984, 52; OVG Münster, BRS 28, 129; VGH Mannheim, BauR 1987, 67 und NJW 1992, 1060 = BRS 52 Nr. 177; OVG Münster, BRS 52 Nr. 180.
3 *Hahn/Schulte*, Öffentlich-rechtliches Baunachbarrecht, Rz. 158, 339.
4 OVG Koblenz, BRS 47 Nr. 168; OVG Lüneburg, BauR 1987, 74; VGH München, BRS 44 Nr. 100; OVG Münster, BauR 1985, 664; BauR 1996, 86.
5 OVG Münster, NVwZ-RR 1991, 527; BauR 1996, 369.
6 OVG Bremen, BauR 1976, 350; VGH Kassel, BauR 1982, 369; OVG Münster, BRS 44 Nr. 161; BauR 1992, 64.
7 OVG Koblenz, BauR 1979, 410; OVG Saarlouis, BauR 1988, 190.

17 Ebenso ist es umstritten, in welchen Fällen aus Anlass einer **Nutzungsänderung** die Einhaltung der Abstandsflächenvorschriften überprüft werden muss. Zum Teil wird diese Frage nur dann neu aufgeworfen, wenn die Nutzungsänderung vom Bestandsschutz nicht mehr gedeckt ist und auf wenigstens einen durch die Abstandsvorschriften geschützten Belang nachteiligere Auswirkungen als die bisherige hat.[1] Dem steht die zutreffende Ansicht gegenüber, dass die Nutzungsänderung einen Bestandteil einer **neuen Gesamtanlage** darstellt, weil das Veränderte mit dem Bestehenden eine untrennbare Einheit bildet und daher auch die Abstandsflächen grundsätzlich den einschlägigen Vorschriften entsprechen müssen.[2]

dd) Allgemeine Anforderungen an die Bauausführung

18 Das öffentliche Baurecht stellt zahlreiche Anforderungen an die Bauausführung. Teilweise werden den Normen nachbarschützende Wirkungen beigemessen. Insbesondere die Gewährleistung der **Standsicherheit** hat drittschützende Wirkung.[3] Die Bestimmungen über die Standsicherheit (vgl. § 15 BauO NW) tragen nicht nur Sorge für die eigene Standsicherheit des Bauvorhabens. Vielmehr darf durch das Bauvorhaben die Standsicherheit anderer baulicher Anlagen und die Tragfähigkeit des Baugrunds auf dem Nachbargrundstück nicht gefährdet werden.

19 Bei **Brandschutzbestimmungen** muss differenziert werden, ob sie darauf ausgerichtet sind, den Brandüberschlag auf benachbarte Grundstücke zu verhindern und deshalb nachbarschützend sind, oder ob sie nur dem internen Gebäudeschutz zu dienen bestimmt sind, beispielsweise Rettungs- und Fluchtwege. Generell nachbarschützender Charakter wird insbesondere den Vorschriften über äußere Brandwände, harte Bedachung und Rauchkamine zuerkannt.[4]

20 Vorschriften über **Schall- und Erschütterungsschutz** haben aufgrund ihres immissionsrechtlichen Charakters ebenfalls drittschützende Wirkung.[5]

ee) Grundstücksteilung, § 19 BauGB

21 Die Teilungsgenehmigung nach § 19 BauGB entfaltet auch gegenüber dem Nachbarn Bindungswirkung. Dem Nachbarn steht deshalb ein Abwehrrecht zu, sofern die Teilungsgenehmigung **zumindest auch** aufgrund der Verletzung einer nachbarschützenden Norm rechtswidrig ist.[6]

---

1 OVG Münster, BRS 57 Nr. 135 = BauR 1996, 240.
2 *Mampel*, Nachbarschutz im öffentlichen Baurecht, Rz. 1601.
3 OVG Berlin, BRS 60 Nr. 118.
4 Zu Brandwänden: OVG Berlin, BRS 15 Nr. 111; OVG Münster, BRS 27 Nr. 103; OVG Koblenz, BRS 28 Nr. 142; zur Bedachung: VGH Kassel, BRS 36 Nr. 153; zu Rauchkaminen: VGH Mannheim, BRS 39 Nr. 121; OVG Bremen, BRS 39 Nr. 205.
5 OVG Koblenz, NVwZ 1985, 924; OVG Münster, BauR 1996, 239.
6 *Troa-Korbion*, in: Wirth, Handbuch zur Vertragsgestaltung, 2. Buch, I. Teil Rz. 460.

c) Bauplanungsrechtsrechtliche Normen

Im Bereich des Bauplanungsrechts nimmt vor allem das bauplanungsrechtliche 22
Gebot der Rücksichtnahme eine besondere Stellung ein. Bei dem **Gebot der Rücksichtnahme** handelt es sich jedoch um kein gesondertes Merkmal, aus dem ein zusätzlicher Nachbarschutz abgeleitet werden könnte und aus sich selbst heraus Drittschutz gewährt. Vielmehr ist das Rücksichtnahmegebot **Auslegungsmaßstab** für die inhaltliche Reichweite des Drittschutzes aus den bauplanungsrechtlichen Normen, welche Drittschutz entfalten.[1] Das Gebot der Rücksichtnahme wurzelt in den einzelnen Tatbestandsmerkmalen wie „Würdigung nachbarlicher Interessen" in § 31 Abs. 2 BauGB, „Einfügens" in § 34 Abs. 1 BauGB, „schädliche Umwelteinwirkungen" in § 35 BauGB. Insbesondere bildet § 15 Abs. 1 BauNVO quasi eine gesetzliche Umschreibung des Gebots der Rücksichtnahme. Inhalt des Rücksichtnahmegebots ist letztendlich ein Abwägungserfordernis im Einzelfall. Je empfindlicher und schutzwürdiger die Belange des Nachbarn sind, desto größere Rücksichtnahme kann gefordert werden. Je verständlicher und unabweisbarer die mit dem Vorhaben verfolgten Interessen des Bauherrn sind, desto weniger braucht dieser zurückzustecken.

aa) Unbeplanter Innenbereich, § 34 BauGB

§ 34 BauGB Abs. 1 ist nicht generell nachbarschützend. Jedoch ist nach ständiger 23
Rechtsprechung das Gebot der Rücksichtnahme (vgl. Rz. 22) Bestandteil des Begriffs „Einfügen". Danach fügt sich ein Vorhaben nicht in die Umgebung ein, wenn es sich zwar innerhalb des aus seiner Umgebung hervorgehenden Rahmen hält, es jedoch an der notwendigen Rücksichtnahme mangelt. Über den Begriff des „Einfügens" wird ein **partieller Nachbarschutz** vermittelt.[2] Das Gebot der Rücksichtnahme bezieht sich jedoch nur auf die Zulässigkeitsmerkmale der Art und des Maßes der baulichen Nutzung, der Bauweise und der überbaubaren Grundstücksfläche.[3]

§ 34 Abs. 2 BauGB wird durch die Rechtsprechung **genereller Nachbarschutz** zu- 24
erkannt. Durch die in § 34 Abs. 2 BauGB erfolgte Gleichstellung beplanter und faktischer Baugebiete im Sinne der BauNVO, läßt sich ein identischer Nachbarschutz ableiten.[4] Der Nachbar kann sich daher gegen eine gebietsfremde Nutzung wehren, auch wenn er im Einzelfall nicht tatsächlich beeinträchtigt sein sollte. Insoweit geht der durch § 34 Abs. 2 vermittelte Nachbarschutz über das Gebot der Rücksichtnahme hinaus. Das Gebot der Rücksichtnahme kommt jedoch aufgrund des Verweises auf die BauNVO in § 34 Abs. 2 BauGB über den § 15 Abs. 1 Satz 2 BauNVO weiterhin zur Anwendung.

---

1 *Finkelnburg/Ortloff*, Öffentliches Baurecht, Bd. 2 § 16 IV.
2 BVerwG, BRS 38 Nr. 186.
3 *Mampel*, Nachbarschutz im öffentlichen Baurecht, Rz. 1014.
4 BVerwG, NJW 1994, 1546; OVG Münster, NWVBl. 1999, 426; VG München, NVwZ 1999, 448.

bb) Außenbereich, § 35 BauGB

25 Auch den Vorschriften über den **Außenbereich nach § 35 BauGB** wird wegen der Bewertung des Rücksichtnahmegebots (vgl. Rz. 22) als öffentlicher Belang im Sinne von § 35 Abs. 3 BauGB ein **partieller Nachbarschutz** zugesprochen.[1]

cc) Bebauungsplan, § 30 BauGB

26 Festsetzungen im Bebauungsplan gemäß § 30 BauGB **gewähren nicht per se Nachbarschutz**. Sie können jedoch mit nachbarschützender Wirkung ausgestattet sein. Inwieweit eine Festsetzung nachbarschützende Wirkung besitzt, ist im Einzelfall im Wege der Auslegung zu ermitteln, wobei insbesondere auf die Zielsetzung der planenden Gemeinde zu achten ist.[2] Regelmäßig gewähren nachbarschützende Festsetzungen keinen planbereichsübergreifenden Nachbarschutz, sondern beschränken den Nachbarschutz auf das Planungsgebiet, d. h. der Nachbarschutz kommt nur den Grundstücken im Planungsgebiet zugute.[3]

27 Bei **Befreiungen von Festsetzungen** des Bebauungsplans muss zwischen nachbarschützenden und nicht nachbarschützenden Vorschriften unterschieden werden. Sofern Festsetzungen des Bebauungsplans **ausnahmsweise generell nachbarschützend** sind, bedarf es zur Begründung eines Abwehrrechts nicht zusätzlich einer spürbaren Beeinträchtigung des Nachbarn. Aus dem Bundesrecht ergibt sich nämlich nicht, dass eine Baugenehmigung, die unter Verstoß gegen nachbarschützende Vorschriften erteilt worden ist, eine Rechtsverletzung des Nachbarn für den Fall ausgeschlossen wäre, dass der Rechtsverstoß ihn nicht tatsächlich spürbar beeinträchtigt. Vielmehr hat nach § 113 Abs. 1 Satz 1 VwGO eine Anfechtungsklage Erfolg, wenn der angefochtene Verwaltungsakt rechtswidrig ist und der Kläger dadurch in seinen Rechten verletzt wird.[4]

28 Die Baubehörde kann **Befreiungen** von Festsetzungen des Bebaungsplans im Wege einer Ermessensentscheidung erteilen, soweit diese **keinen oder nur partiell nachbarschützenden Charakter** haben. Sofern die Baubehörde aber eine Befreiung von derartigen Festsetzungen beabsichtigt, muss sie die Belange des Nachbarschutzes in ihrer Abwägung gemäß § 31 Abs. 2 BauGB berücksichtigen, weil mit der Abweichung nicht nur die Festsetzungen des Plans außer Acht gelassen werden, sondern vielmehr an die Stelle der festgesetzten eine konkrete andere bebauungsrechtliche Ordnung gesetzt wird und damit ein anderer Interessenausgleich vorzunehmen ist.[5]

29 Zu den nachbarlichen Interessen gehört u.a. das gesamte Interessengeflecht wie es sich in § 1 Abs. 5 und 6 BauGB ausdrückt. Bei der Abwägung ist es unerheblich, ob die Festsetzung von der abgewichen werden soll, selbst dem Nachbarschutz zu dienen bestimmt ist. Jedoch hindert eine Beeinträchtigung nachbarlicher Interessen nicht an der Erteilung einer Baugenehmigung. Die Baubehörde muss ledig-

---

1 BVerwGE 52, 122.
2 *Büchner/Schlotterbeck*, Baurecht, Rz. 1167.
3 BVerwG, NVwZ 1994, 686 = ZfBR 1994, 142.
4 OVG Münster, BRS 52 Nr. 180.
5 BVerwG, ZfBR 1987, 47.

lich **ermessensfehlerfrei** die nachbarlichen Belange berücksichtigen. Inwieweit eine Befreiung von Festsetzungen nachbarliche Belange beeinträchtigt, ist nach der Rechtsprechung des BVerwG vom Einzelfall abhängig. Demnach ist eine Würdigung der Interessen des Bauherrn an der Erteilung der Befreiung einerseits und die Interessen des betroffenen Nachbarn an der Einhaltung der Festsetzung des Bebauungsplans andererseits erforderlich. Der Nachbar kann um so mehr Rücksichtnahme verlangen, je empfindlicher seine Stellung durch eine an die Stelle der im Bebauungsplan festgesetzten Nutzung tretende andersartige Nutzung berührt werden kann. Umgekehrt braucht derjenige, der die Befreiung in Anspruch nehmen will, um so weniger Rücksicht zu nehmen, je verständlicher und unabweisbarer die von ihm verfolgten Interessen sind. Hierbei ist zu prüfen, ob die, durch die Befreiung eintretenden Nachteile das Maß dessen übersteigen werden, was einem Nachbarn billigerweise noch zumutbar ist.[1]

(1) Schutz vor schädlichen Umwelteinwirkungen, § 9 Abs. 1 Nr. 24 BauGB

Typisch nachbarschützend sind insbesondere Festsetzungen hinsichtlich von Schutzflächen und Vorkehrungen zum Schutz vor schädlichen Umwelteinwirkungen nach § 9 Abs. 1 Nr. 24 BauGB.[2] Der Schutzzweck der Norm – Vorkehrungen zum Schutz vor schädlichen Umwelteinwirkungen – ist eine spezielle Ausprägung des Rücksichtnahmegebots und gewährt deshalb Drittschutz. Dies gilt insbesondere für den 3. Fall des § 9 Abs. 1 Nr. 24 BauGB. Der Eigentümer des Nachbargrundstücks kann von der Gemeinde als Planungsträgerin die Kosten erstattet verlangen, die ihm daraus erwachsen, dass er die zu seinem Schutz festgesetzten Vorkehrungen verwirklicht, z. B. Schallschutzfenster einbaut. Das BVerwG begründet dies mit einem allgemeinen Rechtssatz über den notwendigen Ausgleich zwischen störender und gestörter Nutzung im öffentlich-rechtlichen Nachbarschaftsverhältnis.[3]

30

(2) Art der baulichen Nutzung

Auch den Festsetzungen über die Art der baulichen Nutzung wird generell Drittschutz zuerkannt. Ebenso gewähren die Festsetzungen der Gebietsart nach § 2 ff. BauNVO wegen des in ihnen zum Ausdruck kommenden nachbarlichen Gemeinschafts- und Austauschverhältnisses Nachbarschutz.[4] Jeder Eigentümer eines im Bebauungsplan gelegenen Grundstücks hat Anspruch auf **Erhaltung des Gebietscharakters**, unabhängig von der Entfernung zwischen den Grundstücken und unabhängig von einer konkreten Beeinträchtigung, die durch eine gebietsfremde Nutzung eintreten würde. Im Grenzbereich zweier unterschiedlicher Gebietsarten kann ein gebietsübergreifender Nachbarschutz bestehen.[5]

31

---

1 BVerwG, BauR 1987, 70 = ZfBR 1987, 47.
2 BVerwG, NJW 1989, 467 = BRS 24 Nr. 168.
3 BVerwGE 80, 184 = ZfBR 1989, 35 = DVBl. 1988, 1167; *Ernst/Zinkahn/Bielenberg*, BauGB-Kommentar, § 9 Rz. 210.
4 BVerwGE 94, 151; BVerwG, NVwZ 1996, 787.
5 BVervGE 50, 49 = BRS 29 Nr. 135; BVerwG, BauR 1999, 146; VGH Mannheim, BRS 49 Nr. 26.

(3) Festsetzungen über besondere bauliche Anlagen, §§ 12–14 BauNVO

32 Zur Gebietsart sind auch § 12 und § 13 BauNVO zu zählen. In § 12 Abs. 2 BauNVO erfolgt eine Beschränkung der Anzahl der Stellplätze auf den durch die Nutzung verursachten Bedarf des jeweiligen Gebiets. Dieser Norm wird generell nachbarschützende Wirkung zuerkannt.[1]

33 Durch § 13 BauNVO wird Art und Umfang der erlaubten Berufsausübung von freiberuflich Tätigen und solcher Gewerbetreibender, die in ähnlicher Weise ihren Beruf ausüben, geregelt. Die Regelung betrifft auch die Art der baulichen Nutzung und nimmt deshalb an der generell nachbarschützenden Wirkung der Gebietsfestsetzung teil.[2]

(4) Maß der baulichen Nutzung, §§ 16–21a BauNVO

34 Im Gegensatz zu den Festsetzungen über die Art der baulichen Nutzung sind Festsetzungen über das Maß der baulichen Nutzung in der Regel grundstücksbezogen, weshalb ihnen insoweit keine nachbarschützende Wirkung zugesprochen wird. Diese Vorschriften dienen nur der städtebaulichen Ordnung und haben insbesondere keinen Einfluss auf den Gebietscharakter. Der Festsetzung hinsichtlich des Maßes der baulichen Nutzung kommt ausnahmsweise dann nachbarschützende Wirkung zu, wenn dies dem Willen der Gemeinde entspricht und im Bebauungsplan zum Ausdruck kommt, beispielsweise in dessen Begründung.[3]

(5) Festsetzungen über die Bauweise

35 Bei den Festsetzungen über die Bauweise ist zu differenzieren. Festsetzungen hinsichtlich einer **offenen Bauweise** wird in der Regel eine nachbarschützende Funktion zugesprochen[4], im Gegensatz dazu wird bei der Anordnung einer **geschlossenen Bauweise** regelmäßig eine nachbarschützende Funktion verneint.[5]

(6) Festsetzungen über die überbaubare Grundstücksfläche, § 23 BauNVO

36 Festsetzungen über die bebaubare Grundstücksfläche durch Baugrenzen und -linien sowie Bebauungstiefen gemäß § 23 BauNVO dienen regelmäßig nur der **städtebaulichen Ordnung**.[6] Ob Festsetzungen nach § 23 BauNVO auch darauf gerichtet sind, dem Schutz des Nachbarn zu dienen, hängt vom Willen der Gemeinde als Planungsträgerin ab. Nur wenn sich aus dem Bebauungsplan und dessen Begründung ergibt, dass die Gemeinde, über die Ordnungsfunktion hinaus, durch diese Festsetzungen Nachbarschutz vermitteln will, können deshalb Baugrenzen und -linien nachbarschützende Funktion entfalten. Dies kann insbesondere für seitliche Baulinien der Fall sein, soweit die Planungsbehörde in Kenntnis des

---

1 BVerwG, NJW 1994, 1546 (1547).
2 BVerwG, NVwZ 1984, 236; ZfBR 1985, 143.
3 BVerwG, BRS 40 Nr. 192; OVG Münster, BRS 52 Nr. 180.
4 VGH Mannheim, NVwZ-RR 1999, 492; BVerwG, NVwZ 2000, 1055; a. A. VGH Kassel, BRS 25 NR. 188.
5 OVG Bremen, BRS 38 Nr. 187; OVG Münster, BRS 35 Nr. 177; VGH Mannheim, BRS 59 Nr. 74.
6 BVerwG, BRS 57 Nr. 219; OVG Münster, BRS 56 Nr. 44.

Bauordnungsrechts durch die seitlichen Baulinien einen über das Mindestmaß hinausgehenden seitlichen Abstand vorgibt.[1]

Ein Teil der Rechtsprechung befürwortete zwar die grundsätzlich nachbarschützende Wirkung von seitlichen Baulinien zugunsten des an derselben Grundstücksseite liegenden Nachbarn.[2] Dem ist jedoch nicht zu folgen, vielmehr sind in jedem Einzelfall Inhalt und Rechtsnatur der Festsetzung auf Grundlage ihres Zusammenhangs mit den anderen Regelungen des Plans, der Planungsbegründung und sonstiger Anhaltspunkte im Wege der Auslegung zu ermitteln.[3] 37

(7) Partieller Nachbarschutz des § 15 BauNVO

§ 15 Abs. 1 BauNVO stellt eine besondere Ausprägung des Rücksichtnahmegebotes (Rz. 22) in Bezug auf die nachbarschützende Gebietsart dar. Der Norm wird mittlerweile drittschützender Charakter zuerkannt, wobei § 15 Abs. 1 BauNVO nur auf die **Art der baulichen Nutzung** und nicht auf das Maß der baulichen Nutzung anwendbar ist.[4] Im Rahmen des § 15 Abs. 1 BauNVO muss die Baubehörde prüfen, ob ein an sich nach §§ 2 ff. BauNVO zulässiges Bauvorhaben im Einzelfall aufgrund besonderer Umstände, die der Eigenart des Baugebiets widersprechen oder die unzumutbare Belästigungen und Störungen hervorrufen können, unzulässig ist. 38

3. Tatsächliche Betroffenheit

Nach ständiger Rechtsprechung ist im Bereich der **generell nachbarschützenden Vorschriften** eine tatsächliche Beeinträchtigung des Nachbarn nicht erforderlich, bereits die Verletzung einer nachbarschützenden Norm ist regelmäßig ausreichend.[5] Es sei denn, dass die nachbarschützende Norm selbst tatbestandlich eine konkrete Beeinträchtigung verlangt, was häufig bei immissionsrechtlichen Vorschriften der Fall ist. 39

Im Hinblick auf die **partiell nachbarschützenden Vorschriften** ist eine tatsächliche Beeinträchtigung erforderlich. Über das Gebot der Rücksichtnahme sehen partiell nachbarschützende Vorschriften auf der Ebene der Gesetzesanwendung einen nachbarlichen Interessenausgleich vor, der eine konkrete Auseinandersetzung mit den örtlichen Gegebenheiten erfordert.[6] 40

III. Verfahrensrecht

Die öffentlich-rechtlichen Abwehransprüche des Nachbarn lassen sich im Wege des Verwaltungsrechtswegs durchsetzten. Grundsätzlich stehen hierzu die üblichen verwaltungsrechtlichen Rechtsbehelfe zur Verfügung. Da eine Haupt- 41

---

1 VGH Mannheim, BRS 52 Nr. 177 = BauR 1995, 514; OVG Hamburg, BauR 1995, 213.
2 VGH Mannheim, NJW 1992, 1060.
3 *Hahn/Schulte*, Öffentlich-rechtliches Baunachbarrecht, Rz. 155 m. w. N.
4 BVerwG, ZfBR 1995, 212.
5 BVerwG, NVwZ 1985, 39; OVG Münster, BRS 44 Nr. 161; BauR 1992, 60; *Finkelnburg/Ortloff*, Öffentliches Baurecht Bd. 2, § 16 VI.
6 *Finkelnburg/Ortloff*, Öffentliches Baurecht Bd. 2, § 16 VI.

sacheentscheidung der Verwaltungsgerichte jedoch häufig lange auf sich warten lässt, nimmt der **einstweilige Rechtsschutz** eine prägnante Stellung im Rechtsschutzverfahren ein.

42 Für das gesamte Rechtsschutzverfahren ist jedoch stets Voraussetzung, dass der rechtsschutzsuchende Nachbar in seinen subjektiven Rechten verletzt ist. Es besteht nämlich kein allgemeiner Anspruch auf rechtmäßiges Verwaltungshandeln.[1] In Nachbarstreitverfahren überprüft das Gericht deshalb den Sachverhalt nur auf eine eventuelle Verletzung nachbarschützender Normen. Wenn eine Baugenehmigung zwar rechtswidrig ist, die Rechtswidrigkeit jedoch nicht auf nachbarschützenden Normen basiert, scheidet ein Genehmigungsabwehranspruch aus, sodass bereits die **Klagebefugnis** entfallen kann.[2]

1. Anhörung nach § 28 VwVfG

43 Nach § 28 VwVfG ist der Nachbar anzuhören sofern er Beteiligter ist. Die Baugenehmigung hat eine **Doppelnatur**, sie ist einerseits ein den Bauherrn begünstigender Verwaltungsakt, zum anderen kann sie in die Rechte des Nachbarn eingreifen und somit einen belastenden Verwaltungsakt darstellen. Im Baugenehmigungsverfahren ist zwischen einer **fakultativen und einer obligatorischen Beteiligung** des Nachbarn zu differenzieren.

44 Die Behörde kann den Nachbarn im Genehmigungsverfahren von Amts wegen oder auf dessen Antrag hin gemäß § 13 Abs. 2 Satz 1 VwVfG beteiligen, wenn dessen rechtliche Interessen durch den Ausgang des Verfahrens berührt werden können. Nach § 13 Abs. 2 Satz 2 VwVfG ist der betroffene Nachbar notwendig als Dritter zu beteiligen, wenn die Baugenehmigung für diesen rechtsgestaltende Wirkung hat.[3]

2. Rechtsschutzmöglichkeit eines Nachbarn gegen die Baugenehmigung

45 In der Hauptsache ist der Anspruch des Betroffenen im Wege der Anfechtungsklage zu verfolgen, wobei der Bauherr beizuladen ist.

Hinweis:
Dabei ist zu beachten, dass bei einer **Teilbaugenehmigung** der Nachbar sich wegen der Bindungswirkung[4] – soweit die Baubehörde ihre Prüfung auf die Gesamtbeurteilung bezogen hat – bereits gegen diese unverzüglich wehren muss. Die Teilbaugenehmigung beinhaltet nämlich bereits die Feststellung der grundsätzlichen baurechtlichen Zulässigkeit des Gesamtvorhabens im Sinne eines vorläufigen positiven Gesamturteils.[5] Dasselbe gilt für den Erlass eines **Vorbescheids**. Vor Erhebung der Anfechtungsklage ist jedoch das Widerspruchsverfahren durchzuführen.

---

1 BVerwG, BRS 56 Nr. 163; OVG Münster, BauR 1999, 237.
2 BVerwG, NVwZ 1994, 687; VG München, NVwZ-RR 1999, 235 = BauR 1998, 1209; OVG Münster, BauR 1997, 82.
3 *Horn*, DÖV 1987, 20.
4 BVerwGE 72, 300 (308); OVG Frankfurt/Oder, NVwZ-RR 1998, 484.
5 VGH Kassel, ZfBR 1993, 40; OVG Münster, NVwZ-RR 1997, 401.

a) Widerspruch

aa) Widerspruchsfrist

Der Nachbar eines Baugrundstücks kann soweit er von der Baumaßnahme betroffen ist, Widerspruch gegen die Genehmigung einlegen. Die Widerspruchsfrist beträgt gemäß § 70 Abs. 1 VwGO einen Monat und beginnt mit der Zustellung. Sofern keine oder nur eine fehlerhafte Rechtsbehelfsbelehrung beigefügt war, beträgt die Frist ein Jahr ab Zeitpunkt der Kenntnisnahme.

46

bb) Verwirkung

Unter dem Gesichtspunkt der **verfahrensrechtlichen Verwirkung** wird die Jahresfrist auch auf die Fälle angewendet, in denen dem Nachbarn zwar die Baugenehmigung nicht zugestellt wird, er aber von der Durchführung des Bauvorhabens Kenntnis erhält oder hätte erhalten können. Wenn der Nachbar nicht innerhalb der Jahresfrist sich gegen die Baugenehmigung zur Wehr setzt, ist er mit der Widerspruchsmöglichkeit unter dem Gesichtspunkt der Verwirkung präkludiert.[1]

47

Da bei fehlender Zustellung der Zeitpunkt der Kenntnisnahme beziehungsweise des Kennenmüssens regelmäßig erst durch den Beginn der Bauausführung gegeben ist, bedingt dies die Gefahr, dass der Bauherr innerhalb der Jahresfrist bereits auf die Wirksamkeit der Baugenehmigung vertrauend umfangreich von dieser Gebrauch gemacht und erhebliche Vermögenswerte eingesetzt hat, ehe über die Rechtmäßigkeit der Genehmigung im Widerspruchsverfahren entschieden wird. Dieser Gefahr versucht die Rechtsprechung durch die Rechtsfigur der **materiellen Verwirkung** zu begegnen. Derjenige, der Bauarbeiten auf dem Nachbargrundstück geraume Zeit hinnimmt, einen weiten Baufortschritt zulässt und dadurch beim Bauherrn den Eindruck erweckt, er werde seine Abwehrrechte nicht geltend machen, kann seine Rechte verwirken, wenn das verspätete Ausüben der Abwehrrechte gegen die Grundsätze von Treu und Glauben verstößt.

48

Auch kann im Einzelfall das Wehren gegen ein rechtswidriges Bauvorhaben auf dem Nachbargrundstück **rechtsmissbräuchlich** sein, insbesondere dann, wenn der Nachbar vom Bauherrn die Einhaltung einer nachbarschützenden Norm verlangt, die er selbst verletzt.[2]

49

cc) Aufschiebende Wirkung

Der **Nachbarwiderspruch** entfaltet jedoch gemäß § 80 Abs. 2 Satz 1 Nr. 3 VwGO i.V.m. § 202 a Abs. 1 BauGB **keine aufschiebende Wirkung**, dh. der Bauherr kann ungehindert seine Bautätigkeit fortsetzen und hierdurch vollendete Tatsachen schaffen, trägt jedoch die Gefahr, später zum Rückbau verpflichtet zu werden. Um die aufschiebende Wirkung des Widerspruchs herzustellen, kann gemäß § 80 a Abs. 1 Nr. 2, Abs. 4 VwGO bei der Bauordungsbehörde die **Aussetzung des Vollzugs** der Baugenehmigung beantragt werden. Hat der Antrag Erfolg, muss der Bauherr beim Verwaltungsgericht den Erlass einer erneuten Vollzugsanordnung

50

---
[1] BVerwGE 44, 294 = NJW 1974, 1260; NVwZ, 1988, 532.
[2] OVG Lüneburg, BRS 42 Nr. 196; OVG Münster, NVwZ 1991, 1003.

nach § 80 a Abs. 3 Satz 1, Abs. 1 Nr. 1 VwGO beantragen. Neben der Aussetzung der Vollziehung kann die Behörde nach § 80 a Abs. 1 Nr. 2 VwGO auch noch weitere Maßnahmen zur Sicherung der Rechte des Nachbarn treffen.

b) Einstweiliges Verfügungsverfahren

51 Alternativ oder soweit die Baubehörde nicht den Vollzug aussetzt, kann gemäß § 80 Abs. 5 VwGO beim Verwaltungsgericht die **Anordnung der aufschiebenden Wirkung** beantragt werden. Beim einstweiligen Verfügungsverfahren ist der Nachbar, dem die Baugenehmigung erteilt worden ist, gemäß § 65 Abs. 2 VwGO notwendig beizuladen. Ordnet das Gericht die Aussetzung des Vollzugs an, ist dem Bauherrn der Weiterbau untersagt. Der Antrag nach § 80 Abs. 5 VwGO ist begründet, wenn das Suspensivinteresse des Nachbarn das Vollzugsinteresse des Bauherrn überwiegt. Dies setzt die offensichtliche Rechtswidrigkeit der Baugenehmigung voraus, wobei sich die Rechtswidrigkeit aus einem Verstoß gegen nachbarschützende Vorschriften ergeben muss.

aa) Haftung für Baustopp im einstweiligen Verfügungsverfahren

52 Soweit der Nachbar im Wege des einstweiligen Rechtsschutzes einen Baustopp erwirken möchte, würde sich grundsätzlich, bei entsprechenden materiellen Voraussetzungen, sowohl die **zivilrechtliche** einstweilige Verfügung gemäß § 935 ZPO als auch der **verwaltungsrechtliche** einstweilige Rechtsschutz anbieten.

Hinweis:
Bei der Wahl des entsprechenden Rechtswegs ist beim Abwägen der Risikoprognose vor allem auf eine Haftung des Nachbarn zu achten, sofern sich im Hauptsacheverfahren der zunächst erlassene Baustopp als unwirksam erweisen sollte. Soweit der Nachbar auf dem zivilrechtlichen Rechtsweg im Wege der einstweiligen Verfügung einen Baustopp erreicht, der sich im Nachhinein als unbegründet erweist, würden ihm erhebliche **Schadenersatzforderungen** gemäß § 945 ZPO drohen. Beispielsweise bei einer hierdurch bedingten Bauverzögerung von einem Jahr, könnten ganz erhebliche Verzögerungsschäden entstehen, insbesondere Schadenersatzansprüche, denen sich der Bauherr gegenüber seinen Vertragspartnern ausgesetzt sieht oder auch Zwischenfinanzierungskosten.

bb) Haftung für Baustopp im einstweiligen Rechtsschutzverfahren

53 Demgegenüber steht der **verwaltungsrechtliche einstweilige Rechtsschutz**. Zunächst sei hier die Wiederherstellung der aufschiebende Wirkung nach § 80 a Abs. 1 Nr. 2, Abs. 3 VwGO genannt. Nach ständiger Rechtsprechung **scheidet** eine **analoge Anwendung des § 945 ZPO und des § 717 Abs. 2 ZPO aus**.[1] Ebenso wird auch eine Haftung des Nachbarn aus § 823 BGB in der Regel verneint. Denn die Inanspruchnahme eines gesetzlich vorgesehenen Verfahrens ist regelmäßig zumindest gegenüber den am Verfahren förmlich Beteiligten nicht als rechtswidrig einzustufen.[2] Ein Schadenersatzanspruch wird nur ausnahmsweise dann aner-

---

1 BVerwGE 18, 72 (77); BGH, NJW 1982, 2813 (2815); BVerwG, NVwZ 1991, 270.
2 *Seidel*, Nachbarschutz, Rz. 708.

Verfahrensrecht

kannt, wenn das Verfahren böswillig oder unter Aufstellung von bewusst oder leichtfertig abgegebenen unwahren Behauptungen eingeleitet wurde.[1]

Auch bei einer einstweiligen Anordnung nach § 123 VwGO, beispielsweise bei Schwarzbauten oder genehmigungsfreien Bauvorhaben, wird nach herrschender Ansicht eine Haftung des Nachbarn analog § 945 ZPO verneint.[2] 54

3. Rechtsschutz gegen untätige Baubehörde

Aber auch wenn keine Baugenehmigung vorliegt, die durch den Betroffenen angegriffen werden könnte, ist dennoch zur Wahrung nachbarlicher Abwehransprüche häufig das Einschreiten der Baubehörden erforderlich. Dies gilt insbesondere bei der Errichtung von **Schwarzbauten** oder **genehmigungsfreien oder nur anzeigepflichtigen Bauvorhaben**. Bei genehmigungsfreien oder nur anzeigepflichtigen Vorhaben scheidet mangels eines Verwaltungsakts eine Rechtsverfolgung nach §§ 80, 80a VwGO aus, sodass Rechtsschutz über eine einstweilige Anordnung nach § 123 VwGO bzw. im Wege der Verpflichtungsklage gesucht werden muss.[3] Inwieweit die Behörde jedoch bauordnungsrechtliche Maßnahmen ergreift, liegt in deren pflichtgemäßem Ermessen. Der Betroffene hat jedoch einen **Anspruch auf eine pflichtgemäße Ermessensentscheidung** der Behörde. 55

Die Baubehörde muss jedoch nicht bei jedem baurechtswidrigen Zustand tätig werden, sie kann diesen im Rahmen ihres pflichtgemäßen Ermessens dulden. Erst wenn durch den baurechtswidrigen Zustand schwerwiegende Nachteile für den betroffenen Nachbarn drohen, kann eine **Ermessensreduzierung gegen Null** vorliegen, sodass jede andere Entscheidung der Behörde, als die Entscheidung zum Einschreiten, ermessensfehlerhaft wäre. 56

Soweit die Behörde ihr Ermessen nicht oder fehlerhaft ausübt, kann der betroffene Nachbar im Wege der einstweiligen Anordnung gemäß § 123 VwGO seine Rechte wahren. In der Hauptsache muss der Betroffene im Wege der Verpflichtungsklage vorgehen. 57

---

1 BGHZ 36, 18 (20); BGHZ 118, 201 (206); BGH, NJW 1985, 1959 (1961); BVerfG, NJW 1987, 1929; Palandt/*Thomas*, § 823 Rz. 41.
2 BGH, NJW 1981, 349 (350), DVBl. 1962, 217 (219); *Mampel*, Nachbarschutz im öffentlichen Baurecht, Rz. 113; *Kopp/Schenke*, VwGO § 123, Rz. 44; a. A. *Schmitt/Glaeser*, Verwaltungsprozessrecht, Rz. 324.
3 *Troa-Korbion*, in: Wirth, Handbuch zur Vertragsgestaltung, 2. Buch, I. Teil Rz. 436.

Teil 6
Versicherungsrecht

	Rz.
I. Erstbearbeitung eines Mandats mit versicherungsrechtlichem Bezug	1
1. Einleitung	1
2. Verjährung, § 12 VVG	5
3. Prüfungsreihenfolge am Beispielsfall eines Haftpflichtschadens	10
a) Die Betriebshaftpflichtversicherung	11
aa) Inhalt des Versicherungsscheins (VS)	11
bb) Weitere Nachforschungen	17
b) Strafrechtliche Gesichtspunkte	18
4. Verletzung von Anzeigeobliegenheiten	21
II. Spezielle Versicherungsfragen für den Bauherrn	27
1. Bauherrenhaftpflichtversicherung	28
2. Gesetzliche Unfallversicherung bei den Bau-Berufsgenossenschaften	32
3. Bauleistungsversicherung für den Bauherrn	38
III. Die Berufshaftpflichtversicherung der Architekten und Ingenieure	44
1. Definition des Versicherungsfalls; Verstoß- oder Kausaltheorie	45
2. Anzeigenobliegenheit	50
3. Verletzung von Anzeigeobliegenheiten und ihre Rechtsfolgen	53
4. Obliegenheitsverletzung wegen Verstoß gegen das Anerkenntnisverbot	56
5. Deckungssumme/Serienschäden	57
6. Wesentliche Ausschlüsse und nicht versicherte Risiken	60
a) Ansprüche wegen Schäden aus der Überschreitung von Fristen und Terminen	60
b) Ansprüche wegen Schäden aus der Überschreitung von Vor- und Kostenanschlägen	62
c) Ansprüche wegen Schäden, die als Folge eines im Inland oder Ausland begangenen Verstoßes im Ausland eingetreten sind (IV.7 BBR)	63
d) Ansprüche wegen Schäden, die der VN oder ein Mitversicherter durch ein bewusst gesetz-, vorschrifts- oder sonst pflichtwidriges Verhalten verursacht hat (IV.8 BBR)	64
e) Berufsbildklausel (VII. BBR)	66
IV. Spezielle Versicherungsfragen für Bauunternehmer	69
1. Betriebshaftpflichtversicherung	69
a) Deckungsbereich	69
aa) Schadensereignis	69
bb) Leistungspflicht/-umfang	73
cc) Schadensereignis im versicherten Zeitraum	76
dd) Trennungsprinzip	78
ee) Haftpflichtansprüche privatrechtlichen Inhalts	84
ff) Personen-, Sach- und Vermögensschäden	92
gg) Serienschäden	96
hh) Drittschaden	98
ii) ARGE-Schäden	101
b) Ausschlussklauseln	107
aa) Erfüllungsausschlussklausel § 4 Abs. 1 Nr. 6 Satz 3 AHB	107
bb) Nachbesserung und Mangelbeseitigungsnebenkosten	112
cc) Bearbeitungsschaden § 4 Abs. 1 Nr. 6 Buchst. b AHB	117
dd) Schäden an fremden Sachen, die der VN gemietet, gepachtet, geliehen oder durch verbotene Eigenmacht erlangt hat, § 4 Abs. 1 Nr. 6 Buchst. a AHB	123

	Rz.		Rz.
ee) Abgrenzung zum Kraftfahrzeughaftpflichtrisiko – „Benzinklauseln"	127	2. Die Bauleistungsversicherung	152
ff) Umweltschäden	133	3. Baugewährleistungs-Versicherung	158
gg) Haftpflichtansprüche aus Personenschäden, bei denen es sich um Arbeitsunfälle im Betrieb des VN gemäß der RVO handelt	144	V. Anhang	165
		1. Anschriftenübersicht Bau-Berufsgenossenschaften	166
		2. Versicherungspflichten in den einzelnen Bundesländern	167

I. Erstbearbeitung eines Mandats mit versicherungsrechtlichem Bezug

1. Einleitung

1   Mandate mit Problemen aus dem Versicherungsrecht stellen den Anwalt vor Schwierigkeiten, weil die Definition des Versicherungsfalls als Leistungsversprechen des Versicherers (VR), das zugrunde liegende Bedingungswerk und auch spezielle gesetzliche Regelungen nicht zu den täglich geübten Wissensbereichen gehören. Auch bereitet das Auffinden der weit verzweigten einschlägigen Entscheidungen mitunter Schwierigkeiten. Selbst die Mandanten, die – soweit sie die Versicherungsnehmer (VN) sind – diese Versicherungsverträge abgeschlossen haben, besitzen meist nur verschwommene Vorstellungen vom Vertragsinhalt. Weil das Versicherungsprodukt selbst sehr abstrakt formuliert ist und in einer Regel-Ausnahme-Systematik gefasst ist, werden Vermittler – als Angestellte im Außendienst eines VR, als Mehrfachagenten oder freie Versicherungsmakler – als fachkundige Vertrauenspersonen vom VN eingeschaltet. Sie erläutern dem VN als „Endverbraucher" den Versicherungsvertrag mit seinem Bedingungswerk als Produkt und die Regulierung bzw. Entscheidung des VR im Leistungsfall.

2   Soll der Anwalt diese Entscheidung auf ihre Richtigkeit prüfen, muss er auf Vorkenntnisse zurückgreifen oder mit wirtschaftlich vertretbarem Zeitaufwand die zutreffende Entscheidung auffinden. Dies gelingt am leichtesten bezogen auf die konkrete Problemstellung und in der jeweiligen Versicherungssparte, weil die Definition des Versicherungsfalls unterschiedlich ist und die Bedingungswerke von Haftpflicht-, Sach- oder Rechtsschutzversicherungen nicht identisch sind.

Hinweis:
Immer empfiehlt es sich, zunächst vom Mandanten den Versicherungsvertrag einschließlich des zugrunde liegenden Bedingungswerks beibringen zu lassen. Die Prüfung des konkreten Versicherungsvertrags ist ein „Muss"!

3   Besondere Schwierigkeiten ergeben sich bei der Mandatsbearbeitung, wenn auf der Gegenseite ein VR – möglicherweise als einzig liquide Partei – beteiligt ist, dessen vertragliche Leistungsverpflichtung nicht bekannt ist und der diese auch nicht offenbart – was er nicht muss. In diesen Fällen kann zur Abschätzung der Erfolgsaussichten und des Prozessrisikos der eigenen Mandantschaft nur auf den

Regelungsinhalt von Standardbedingungen zurückgegriffen werden, wie sie beispielsweise in Standardkommentaren[1] abgedruckt sind.

Hinweis:
Auch die **Passivlegitimation des VR**, die häufig aus der Bearbeitung von Kraftfahrzeugschäden in Erinnerung ist, kann nicht als „gegeben" unterstellt werden, sondern muss in jedem Einzelfall geprüft werden. Andernfalls droht Klageabweisung aus formalen Gründen – und ein Anwaltsregress wegen der verbrauchten Kosten etc.

Der Direktanspruch eines Geschädigten gegen den VR gemäß § 3 Abs. 1 Pflichtversicherungsgesetz (PflVG) gilt nur für die Haftung aus der Haltung von Kraftfahrzeugen gemäß § 1 PflVG. In anderen Haftpflichtschadensfällen, z. B. aus dem Bereich der Betriebshaftpflicht, besteht grundsätzlich **kein Direktanspruch** des geschädigten Anspruchstellers (AS) gegen den VR.

4

2. Verjährung, § 12 VVG

Wenn ein Bauunternehmer, Handwerker oder Architekt zu seinem Anwalt kommt, sind häufig unbezahlte Werklohnforderungen der Anlass. Der Auftraggeber zahlt nicht. Aus welchem Grund ist zunächst unbekannt. Spätestens im Prozess stellt sich dann heraus, dass neben typischen Mängeln der Werkleistung auch Begleitschäden eingewendet werden, die unter den Deckungsbereich der Haftpflichtversicherung fallen können.

5

Hinweis:
Wird dies erst in der zweiten Instanz bemerkt, kann der Deckungsanspruch gemäß § 12 Abs. 1 VVG bereits verjährt – und eine Sekundärhaftung des Anwalts begründet sein.

Versicherungsansprüche verjähren nach zwei Jahren zum Schluss des Jahres angerechnet, in dem der Anspruch auf Versicherungsschutz fällig war. Der Anspruch auf Versicherungsschutz umfasst nicht nur die **Freistellung** von einer Verbindlichkeit, also Zahlung berechtigter Ansprüche, sondern insbesondere auch die **Gewährung von Rechtsschutz** zur Abwehr erhobener Ansprüche, vgl. §§ 11, 149 VVG.

Kurz gesagt sind vom VR berechtigte Ansprüche zu befriedigen und unberechtigte abzuwehren. **Es handelt sich nach gefestigter Rechtsprechung um einen einheitlichen Anspruch mit zweifacher Ausprägung, sodass die Verjährung schon mit Fälligkeit des Rechtsschutzanspruchs beginnt und den Befreiungsanspruch auch dann ergreift, wenn dieser bei Verjährungseintritt – separat betrachtet – noch nicht einmal fällig ist.**[2]

6

Der Rechtsschutzanspruch entsteht und wird **fällig** mit der ernsthaften und unmissverständlichen **Erhebung von Ansprüchen durch Dritte**.[3] Er wird damit zeitlich früher fällig, wenn beispielsweise sich an ein Schadensereignis anschließen-

7

---
1 Z. B. *Späte*, AHB-Kommentar; *Prölss/Martin*, VVG-Kommentar.
2 OLG Düsseldorf, r + s 1999, 163.
3 OLG Köln, r + s 2002, 58.

de Ermittlungen zur Ursache ohne Ergebnis bleiben. Deshalb kann in diesen Fällen Verjährung eintreten, bevor die Beteiligten diesen Umstand realisiert haben. Es empfiehlt sich daher, schon im Erstgespräch mit dem Mandanten in diese Richtung zu denken und zu ermitteln, in dem sich der Anwalt in die Position der Gegenseite versetzt und die Gründe für die Nichtzahlung des Werklohns erfragt.

8 Die Anspruchserhebung durch die Gegenseite erfolgt nicht immer eindeutig und auf dem Schriftweg. Wird jedoch ein selbständiges Beweisverfahren gegen den Mandanten u. a. wegen Begleitschäden aufgrund mangelhafter Werkleistung eingeleitet, liegt ein Nachweis ernsthafter Anspruchserhebung vor. Ebenso ist eine Streitverkündung in einem Vorprozess geeignet, den Anspruch auf Rechtsschutz auszulösen und kann vom VR zu einem späteren Zeitpunkt leicht nachgewiesen werden.[1]

9 Der Versicherungsschutz ist gemäß Versicherungsvertrag auf die vereinbarten **Deckungssummen** begrenzt. Wird die Haftpflicht des VN über die Deckungssumme hinaus festgestellt, muss der VR entstandene Anwalts- bzw. Gerichtskosten nur anteilig tragen, vgl. § 3 Abs. 3 AHB, es sei denn, der VR hat den Prozess veranlasst, § 150 Abs. 2 VVG.

Der **Rechtsschutzanspruch** ist jedoch der Höhe nach **unbegrenzt** mit der Folge entsprechender Kostenvorschusspflicht des VR, wenn sich die erhobenen Ansprüche als unbegründet erweisen.[2]

Beispiel:
Die Haftpflichtversicherer der am so genannten „Schürmann-Bau" beteiligten Architekten und Bauunternehmen mussten für die selbständigen Beweisverfahren mit Gegenstandswerten von mehreren Hundert Mio. DM Kostenvorschüsse an deren Anwälte zahlen, obwohl die Deckungssummen für Sach- und sonstige Schäden viel geringer waren, weil auch die Ursachen der mitverursachten Haftpflichtschäden ermittelt werden sollten. Ist auch nur ein Teil der Beweisfragen vom Versicherungsschutz gedeckt, löst dies die Abwehrfunktion in Gestalt von Rechtsschutzgewährung aus.

3. Prüfungsreihenfolge am Beispielsfall eines Haftpflichtschadens

10 Wendet sich ein Dachdecker an seinen Anwalt mit der Bitte um Beistand und Prüfung, welche Versicherung in einem Brandschaden informiert werden muss, sind alle denkbaren Fallkonstellationen zu prüfen.

a) Die Betriebshaftpflichtversicherung

aa) Inhalt des Versicherungsscheins (VS)

11 Zunächst ist der Versicherungsvertrag mit seinen Klauseln und möglicherweise Individualvereinbarungen auf konkrete, problembezogene Regelungsinhalte zu prüfen. Im VS eines Betriebshaftpflicht-Versicherungsvertrags ist neben der Firmierung des VN insbesondere die Art der wirtschaftlichen Tätigkeit (z. B. Dach-

---
[1] BGH, Urt. v. 21. 3. 2003 – IV ZR 209/02 – r + s 2003, 360 = NJW 2003, 2376; *Knütel*, Haftpflichtversicherung und selbständiges Beweisverfahren, VersR 2003, 300.
[2] OLG Karlsruhe, r + s 1994, 7.

decker, Hochbau, Tiefbau, Abbruch etc.) als versichertes Risiko (§ 1 Nr. 2 Buchst. a AHB) enthalten. Für die Prämienkalkulation ist diese Festlegung unabdingbar.

Wird ein Unternehmer außerhalb seines angemeldeten Tätigkeitsbereichs gewerblich aktiv, wird zunächst im Rahmen von § 5 Handwerksordnung (HandwO) zu prüfen sein, ob die den konkreten Schaden auslösende Tätigkeit noch zum üblichen Berufsbild zu zählen ist. Möglicherweise wird die Ausweitung der Geschäftstätigkeit von der Vorsorge-Versicherung gemäß § 1 Nr. 2 Buchst. c, § 2 AHB gedeckt. 12

Beispiel:
Ein Tischler stellt Einbauküchen her und bietet als besonderen Service den kompletten Anschluss aller Geräte, also Wasseranschluss des Geschirrspülers und Elektroanschluss für den Herd, an. Auch wenn diese Anschlusstätigkeiten zum Berufsbild des Installateurs bzw. des Elektrikers gehören, kann der Versicherungsschutz nicht aus diesem Grunde versagt werden. Die Handwerkskammer bestätigt nämlich auf Anfrage, dass diese Anschlusstätigkeit heutzutage noch zum Berufsbild des Tischlers zählen. Anders sieht es allerdings aus, wenn ein als Tischler angemeldeter und tarifierter Betrieb die kompletten Elektroleitungen nebst Anschlüssen etc. verlegt.

Im VS sind ferner die vereinbarten Deckungssummen (DS) (z. B. für Personenschäden sollten es mindestens 2 Mio. Euro sein; Sachschäden und Bearbeitungsschäden je nach Berufssparte) enthalten. Üblich sind Jahresverträge (Laufzeit ein Jahr mit stillschweigender Verlängerung), möglich sind aber auch so genannte Objektverträge für ein bestimmtes Bauvorhaben. Bei Jahresverträgen sind die Gesamtleistungen des VR für alle Schadensereignisse vertraglich auf ein mehrfaches der DS begrenzt, normalerweise wird eine zweifache „Maximierung" vereinbart. 13

In der nächsten Prüfungsstufe sind die **Besonderen Bedingungen und Risikobeschreibungen (BBR)** zu prüfen. Im Beispielsfall sei unterstellt, dass hier keine einschlägigen Regelungen enthalten sind. 14

Danach sind die Regelungen der Allgemeinen Haftpflichtbedingungen (AHB) zu prüfen. Hier könnte der (dispositive) Ausschlusstatbestand des so genannten Bearbeitungs- oder Tätigkeitsschadens gemäß § 4 Abs. 1 Nr. 6 Buchst. b AHB einschlägig sein. 15

Abschließend sind die gesetzlichen Regelungen des Versicherungsvertragsgesetzes (VVG) zu prüfen, um ggfs. höherrangige Einzelbestimmungen feststellen zu können und die Anwendung des Rechts der Allgemeinen Geschäftsbedingungen (§§ 305 ff. BGB) zu prüfen. 16

bb) Weitere Nachforschungen

Der Anwalt sollte an dieser Stelle seine Nachfragen nicht beenden. Handelt es sich beispielsweise bei dem konkreten Bauvorhaben seines Mandanten um eine Großbaustelle, so liegt die Vermutung nahe, dass dafür ein **Objekt-Versicherungsvertrag** geschlossen wurde (z. B. üblich für U-Bahn-Baulose, Kraftwerksbau, Uni-Klinik etc.), in den der Dachdecker mit seinem Gewerk einbezogen wurde und für den er anteilig Prämie gezahlt hat (ersichtlich aus seinem Bauvertrag/Auftrag). In Betracht kommen im Anlagenbau so genannte Montageversicherun- 17 gen oder eine Bauleistungsversicherung, die im Brandschadensfall einen Regressverzicht gegenüber den im Vertrag einbezogenen Gewerken enthalten können.

Hinweis:
Es ist also stets zu prüfen, ob eine spezielle Objektdeckung mit Regressverzicht besteht.

b) Strafrechtliche Gesichtspunkte

18 Sofern die Kriminalpolizei oder die Staatsanwaltschaft den Mandanten oder seine Mitarbeiter zur Vernehmung vorlädt, sind strafrechtliche Konsequenzen zu berücksichtigen, z. B. Verdacht der fahrlässigen Brandstiftung. **Strafrechtsschutz** – und damit Kostenschutz – ist in diesen Fällen nicht nur durch eine spezielle Firmen-Strafrechtsschutz-VS zu erhalten, sondern auch durch die Betriebshaftpflicht-VS.

19 Im Ausnahmefall kann Deckungsschutz bewilligt werden (§ 3 Abs. 2 Nr. 1 AHB). In der Praxis geschieht dies häufig in wirtschaftlich bedeutenden Schadensfällen, in denen schon die strafrechtlichen Ermittlungen erhebliche Auswirkungen haben können, jedenfalls wenn verabsäumt wird, für den VN Entlastungsmaterial zu sichern etc. Auch wenn die Ergebnisse der Strafverfahren nicht präjudiziell für die zivilrechtlichen Haftungsfragen wirken, kommt diesem Verfahren de facto erhebliche Bedeutung zu.

Beispiel:
Im bekannten Brandschadensfall Düsseldorfer Flughafen wurde Verfahrensbeteiligten Strafrechtsschutz gewährt, und sei es aus Kulanzgründen.

20 Der Mandant muss frühzeitig auf diese Möglichkeit hingewiesen werden, um Nachteile zu vermeiden. Hier ist besonders auf die so genannte Anzeige- und Meldeobliegenheit gemäß § 5 Abs. 2 AHB hinzuweisen.

Hinweis:
Bei Verletzung von Obliegenheiten kann der Verlust des Versicherungsschutzes drohen!

In der Haftpflichtversicherung ist als Versicherungsfall das Schadenereignis definiert, das Haftpflichtansprüche gegen den VN zur Folge haben könnte (§ 5 Ziff. 1 AHB, § 6 VVG).

4. Verletzung von Anzeigeobliegenheiten

21 Eine Verletzung von Anzeigeobliegenheiten gemäß § 5 Nr. 2 AHB kann zur Leistungsfreiheit des VR gemäß § 6 AHB (§ 6 Abs. 3 VVG) führen. Eine „Erhebung" des Haftpflichtanspruchs in diesem Sinne liegt vor, sobald ein Schadenersatzanspruch nicht nur angekündigt, sondern definitiv ausgesprochen wird oder die Abnahme verweigert wird und eine komplette Neuerstellung des Werks wegen der Mangelhaftigkeit verlangt wird.[1] Die genaue Schadenshöhe braucht zu diesem Zeitpunkt noch nicht beziffert zu werden.[2]

---
1 OLG Köln, VersR 2003, 1166 – BGH hat die Revision nicht angenommen.
2 OLG Düsseldorf, r + s 1996, 432.

Zunächst kommt es darauf an, ob aufgrund einer ernstlichen Ankündigung eines Schadenersatzanspruchs von einer **„Erhebung von Schadenersatzansprüchen"** ausgegangen werden muss. Ein VN hat die Anmeldung von Schadenersatzansprüchen gegen ihn unabhängig davon anzuzeigen, ob er die Ansprüche für begründet oder unbegründet hält.[1] Auch wenn die Definition des Schadensereignisses und die daraus folgende Anzeigeobliegenheit gemäß § 5 Nr. 1 AHB Anlass zu Meinungsverschiedenheiten bietet, ist im Fall der Zustellung einer Klage, Streitverkündung oder Antrags im selbständigen Beweisverfahren der Tatbestand einer weiteren Verletzung von Anzeigeobliegenheitsverletzung gemäß § 5 Nr. 2 AHB eindeutig nachweisbar. 22

Liegt objektiv eine Obliegenheitsverletzung vor, ist zu prüfen, ob diese **vorsätzlich** erfolgte. In der Regel liegen keine Anhaltspunkte dafür vor, dass ein VN seine Versicherungsansprüche bewusst aufs Spiel setzen will. Vielfach ist die nach § 6 AHB (§ 6 Abs. 3 VVG) bestehende Vorsatzvermutung als widerlegt anzusehen. Es kommt daher allenfalls eine **grob fahrlässige** Verletzung der Anzeigeobliegenheit in Betracht, die aber nur dann zur Leistungsfreiheit führt, wenn sie Einfluss auf die Feststellung des Versicherungsfalls oder die Feststellung der Entschädigungsleistung gehabt hat. Dies wird allerdings zunächst gleichfalls vermutet (§ 6 Satz 2 AHB; § 6 Abs. 3 Satz 2 VVG). 23

Beispiel:
Grob fahrlässig verletzt ein VN seine Verpflichtung, eine gegen ihn erhobene Klage seinem Haftpflichtversicherer mitzuteilen, wenn er von dieser Information absieht und er dem von ihm mandatierten Rechtsanwalt nicht die Versicherungsunterlagen zur Prüfung vorlegt, ob aufgrund einer Ausschlussklausel kein Deckungsschutz besteht.[2]

Der VN hat somit einen **Kausalitätsgegenbeweis** zu führen. Allerdings erst dann, wenn der VR konkret dargelegt hat, welche Maßnahme er bei rechtzeitiger Anzeige des Versicherungsfalls zur Aufklärung nach Grund und Höhe ergriffen hätte oder hätte ergreifen können. Der Vortrag allgemeiner Erwägungen genügt nicht. Der VN kann den Kausalitätsgegenbeweis z. B. durch Vorlage eines Gutachtens und der staatsanwaltschaftlichen Ermittlungsakte führen.[3] 24

Die Obliegenheitsverletzung muss zudem vom VN persönlich oder einem **Repräsentanten**, z. B. Geschäftsführer, Bauleiter o.Ä. begangen worden sein; es genügt nicht das Verhalten eines subalternen Mitarbeiters oder z. B. des Schachtmeisters.[4] Versicherungsbedingungen, die vorschreiben, dass Anzeigen während des Bestehens des Versicherungsvertrags (hier: Bauleistungsversicherung) **schriftlich** und an den Versicherer (nicht an den Agenten) gerichtet werden müssen, sind nicht zu beanstanden. Zeigt der VN dem Agenten mündlich einen Versicherungsfall an, ist der Agent verpflichtet, auf diese Bestimmungen hinzuweisen. Unterlässt er das, entfallen in der Regel Vorsatz und grobe Fahrlässigkeit bei einer Obliegenheitsverletzung.[5] 25

---

1 OLG Hamm, r + s 1992, 118.
2 OLG Hamm, r + s 1992, 118.
3 BGH, NVersZ 2001, 330 m. w. N.
4 OLG Celle, VersR 2001, 453.
5 OLG Hamm, NZBau 2001, 143.

26 Mit der Verzögerung einer Schadensanzeige um rund 13 Monate gefährdet ein VN die Interessen des VR regelmäßig auch dann erheblich und schwer vorwerfbar, wenn der Schaden (hier: Beschädigung von Erdkabeln bei Baggerarbeiten) sofort und noch bevor eine Prüfung durch den VR möglich gewesen wäre, behoben werden musste, sodass kein Versicherungsschutz besteht.[1]

II. Spezielle Versicherungsfragen für den Bauherrn

27 Kommt ein neuer Mandant mit Problemen seines Bauvorhabens zum Anwalt, sollte dieser wissen, dass in den üblichen **Rechtsschutzversicherungen** das Baurisiko ausgeschlossen ist, z. B. § 4 Abs. 1 Buchst. k ARB 75. Dieser Ausschluss gilt auch für einen Amtshaftungsprozess, wenn wegen Fehlern bei der Schnurgerüstabnahme und bei fehlerhafter Erteilung einer Baugenehmigung es zu einer teilweisen Überbauung des Nachbargrundstücks gekommen ist.[2] Streitig ist, ob ein Schadenersatzprozess, in dem der Versicherte sich auf die Verletzung von Nebenpflichten des Kreditgebers in Bezug auf die Renditemöglichkeiten einer zu erwerbenden, noch nicht ganz fertig gestellten Immobilie stützt bzw. eine Falschberatung geltend macht[3], dem Risikoausschluss unterfällt. Abwehransprüche gegen das Bauvorhaben Dritter werden nicht von der Baurisikoklausel des § 3 Abs. 1 Buchst. d ARB 94 erfasst.[4] Gewährleistungsansprüche aus dem Erstkauf eines schlüsselfertigen Gebäudes unterliegen dieser Ausschlussklausel.[5]

Hinweis:
Sogleich mit dem Mandanten über die Honorar- bzw. Vorschussfrage sprechen!

1. Bauherrenhaftpflichtversicherung

28 Soweit der Bauherr nur eine **Baumaßnahme geringen Umfangs** plant, z. B. Bau einer Garage o.Ä., ist die Haftpflichtversicherung des Bauherren-Risikos im Rahmen der Privathaftpflichtversicherung oder in einer Haus- und Grundbesitzerhaftpflichtversicherung mitgedeckt, je nach Vertrag und Versicherungsgesellschaft bis zu einer Grenze von 50 000 Euro Bausumme. Besteht für den Bauherrn eine Betriebshaftpflichtversicherung, so ist darin die Privathaftpflicht mitgedeckt, sodass er auch über den Versicherungsschutz dieser so genannten „kleinen Bauherren-Haftpflichtversicherung" verfügt.

29 Beabsichtigt der Mandant die Realisierung eines **größeren Bauvorhabens**, sollte der Abschluss einer Bauherrn-Haftpflichtversicherung unbedingt empfohlen werden. Das – wenn auch geringe – Risiko, für beispielsweise einen Personenschaden wegen Verletzung von Verkehrssicherungspflichten aufkommen zu müssen, ist im Verhältnis zur Prämie ab 100 Euro je nach Tarif unverhältnismäßig groß.

---

1 OLG Saarbrücken, VersR 2002, 51.
2 LG Frankenthal, r + s 2000, 330; zur Reichweite der Ausschlussklausel vgl. OLG Stuttgart, VersR 2001, 1105 m. w. N.
3 OLG Karlsruhe bestätigt Deckung, NZBau 2002, 682; OLG Schleswig keine Deckung, NZBau 2002, 683.
4 OLG Stuttgart, VersR 2001, 1105.
5 OLG München, zfs 2003, 39.

Allerdings setzt der Versicherungsschutz voraus, dass Planung, Bauleitung und 30
Bauausführung an Dritte vergeben werden. Übernimmt einer der Bauherrn die
Bauleitung, besteht kein Versicherungsschutz, auch wenn er an der Bauherrn-
gemeinschaft nur mit 2,62 % beteiligt ist.[1] Beabsichtigt der Bauherr, regelmäßig
„mit anzupacken" oder Teilgewerke selbst auszuführen, muss er dies bei Beantragung des Versicherungsschutzes angeben. Es gibt durchaus die Möglichkeit,
auch das so genannte **„Bauen in Eigenregie"** mit einer Bauherrn-Haftpflichtversicherung zu decken, allerdings sind die Prämienzuschläge beachtlich.

Auf Grundlage der AHB sind vor allem Ansprüche aus §§ 823 Abs 1, Abs. 2 in 31
Verbindung mit Schutzgesetz (z. B. § 906 Abs. 2, § 909 BGB, § 14 BImSchG),
§ 836 BGB) gedeckt. Neben dem Risiko aus Verkehrssicherungspflichten – gerade
auch beim Richtfest (!) und gegenüber Besuchern, denen der Bauherr am Wochen-
ende den Rohbau zeigt – haftet der Bauherr für eine möglicherweise fehlerhafte
Auswahl seiner „Baufachleute" (Statiker übernimmt Architektenleistungen,
Fuhrunternehmer führt Abbrucharbeiten durch etc.) und besonders gegenüber
den Nachbarn, was sich bei den heute üblichen kleinen Grundstücken selbst
„auf der grünen Wiese" schnell realisieren kann.[2]

Beispiel:
Verabsäumt der Bauherr eines Verbrauchermarkts schon bei der Planung, Überlegungen
hinsichtlich des zu erwartenden laufenden Einsatzes von Schwertransporten und der Zuwegung zur Baustelle anzustellen und kommt es deshalb zu Gebäudeschäden von Anliegern,
kann dies zu einer Haftung aus Verletzung von Verkehrssicherungspflichen führen.[3]

Hinweis:
Auch bei Bauausführung durch renommierte Fachleute und Fachbetriebe haftet
der Bauherr möglicherweise nach § 823 Abs. 1 BGB für die Verletzung von Verkehrssicherungspflichten oder nach § 110 SGB VII den Sozialversicherungsträ-
gern im Regress wegen grob fahrlässigem Verstoß gegen Unfallverhütungsvorschriften.[4]

2. Gesetzliche Unfallversicherung bei den Bau-Berufsgenossenschaften

Will der private Bauherr seine so genannte „Muskelhypothek" in den Hausbau 32
einbringen, sollte er auf die gesetzlichen Vorschriften bezüglich der Bau-Berufsgenossenschaften und die Möglichkeit der Unfallversicherung für sich hingewiesen werden. Bauarbeiten bergen ein ganz **erhebliches Gefahrenpotenzial**, insbesondere für Laien, die nur gelegentlich „heimwerkern", ohne Kenntnis ein-
schlägiger Technik und Unfallverhütungsregeln bzw. Maßnahmen.

Beispiel:
Unfälle durch Stürze vom Gerüst oder im ungesicherten Treppenhausschacht beispielsweise
sind zahlreich und führen zu schwerwiegenden Personenschäden, häufig mit Todesfolge.

---

1 OLG Hamburg, zfs 1991, 63; aber: OLG Frankfurt, VersR 1995, 452.
2 *Littbarski*, Haftungs- und Versicherungsrecht im Bauwesen, Rz. 251 ff.
3 BGH, BauR 1981, 302.
4 Vgl. *Müller*, Verkehrssicherungspflichten des Bauherrn und Haftung für Drittschäden,
BauR 2002, 1789 ff.; BGH, IBR 2001, 515 m.w.N. = BauR 2001, 968.

33 Die Bau-Berufsgenossenschaften sind Träger der **gesetzlichen Unfallversicherung**. Sie erfassen alle gewerbsmäßigen und nicht gewerbsmäßigen Unternehmer, die Hochbauten aller Art oder Teile davon errichten, umbauen, instandhalten, ausbessern oder abbrechen einschließlich der notwendigen Vorbereitungs- und Nebenarbeiten.

34 Nach den Vorschriften des SGB VII sind in der Regel alle dauernd oder nur vorübergehend bei der Durchführung von Bauarbeiten beschäftigten Personen gegen die Folgen von Arbeitsunfällen kraft Gesetzes über den Unternehmer bzw. den Bauherrn unfallversichert, der diese Arbeiten ausführt. **Bauherr** ist, wer auf seine Verantwortung eine bauliche Maßnahme vorbereitet oder ausführt oder vorbereiten oder ausführen lässt, in der Regel also derjenige, dem die Baugenehmigung erteilt wird oder der im Grundbuch als Eigentümer des Grundstücks eingetragen ist.

35 Führt der Bauherr einzelne oder alle Bauarbeiten mit oder ohne Einsatz von Hilfskräften (auch: Familienangehörige, Nachbarn, Bekannte etc.) durch, so ist der Bauherr selbst Unternehmer nicht gewerbsmäßiger Bauarbeiten (Eigenbauunternehmer) und hat alle Verpflichtungen eines Unternehmers gegenüber der Bau-Berufsgenossenschaft zu erfüllen.

Dazu zählen:

▷ Mitteilung über die Eigenbauarbeiten unter Angabe des Baugegenstands, Baustellenanschrift, Baubeginn, Bauende, Angabe der Namen der bei den Eigenbauarbeiten beschäftigten Personen und deren geleistete Arbeitsstunden;

▷ Auskunftserteilung darüber, welche Unternehmer mit der Ausführung beauftragt wurden;

▷ Bezahlung des von der Bau-BG berechneten Beitrags (ca. 1,50 Euro pro Stunde).

(**Ausnahme:** Beitragsfreier Unfallversicherungsschutz über den zuständigen gemeindlichen Unfallversicherungsträger besteht, wenn ein Neubauvorhaben (Familienheim oder Eigentumswohnung) öffentlich gefördert wird, und zwar für Bauherrn, Ehegatten und alle unentgeltlich Selbsthilfe leistenden Personen. Öffentliche Mittel sind nach § 6 Abs. 1 II. Wohnungsbaugesetz nur Mittel des Bundes, der Länder, Gemeinden und Gemeindeverbände.)

▷ Aufzeichnungen über Helferleistungen;

▷ Beachtung der Unfallverhütungsvorschriften;

▷ Meldung von Arbeits- und Wegeunfällen.

Bei Verstößen gegen die Melde- und Nachweispflicht kann ein Bußgeld bis zur Höhe von 2500 Euro verhängt werden (§ 209 SGB VII).

Hinweis:

Personen, die der Bauherr als Hilfskräfte zu den Eigenbauarbeiten heranzieht, sind nach § 2 Abs. 1 Nr. 1 und Abs. 2 SGB VII grundsätzlich kraft Gesetzes gegen Arbeitsunfälle versichert.

Der Bauherr und sein Ehegatte werden nur auf Antrag Versicherungsschutz erhalten! Die freiwillige Versicherung beginnt frühestens am Tag nach dem Eingang des schriftlichen Antrags bei der Berufsgenossenschaft.

Versicherungsschutz wird gewährt für 36

▷ Arbeitsunfälle, d. h. für Unfälle, die ein Versicherter in ursächlichem Zusammenhang mit seiner versicherten Tätigkeit (in der Regel auf der Baustelle) erleidet;

▷ Wegeunfälle, d. h. für Unfälle, die sich auf dem Weg zu und von der Baustelle ereignen.

Der Versicherungsschutz umfasst nach den gesetzlichen Bestimmungen 37

▷ Heilbehandlung einschließlich der medizinischen Rehabilitation;

▷ berufsfördernde soziale und ergänzende Leistungen zur Rehabilitation;

▷ Leistungen bei Pflegebedürftigkeit.

Diese Leistungen sind unbeschränkt! Ferner sind unabhängig davon Geldleistungen (temporäre oder dauerhafte) z. B. als Verletztenrente an Verletzte oder an Hinterbliebene zu zahlen, deren Höhe sich beim Bauherrn nach der satzungsmäßigen Versicherungssumme und bei mithelfenden Personen nach dem Arbeitseinkommen im Jahr vor dem Unfall richtet. Eine Adressenliste der Bau-Berufsgenossenschaften befindet sich im Anhang. Weitere Informationen unter www.bau-bg.de.

3. Bauleistungsversicherung für den Bauherrn

Die Bauleistungsversicherung als besondere Form der Sachversicherung **schützt** 38
das zu versichernde Objekt, die Bauleistung, d. h. das Bauwerk in allen Stadien seiner Entstehung, im Rahmen der Versicherungssumme gegen unvorhergesehen eintretende Schäden (Beschädigungen oder Störungen), für den Bauherrn auf Grundlage der ABN (Allgemeine Bedingungen für die Bauwesenversicherung von Gebäudeneubauten durch Auftraggeber).[1]

Versichert sind unvorhergesehen eintretende Schäden an Bauleistungen (s.u. 39
Rz. 152 ff.)[2], Baustoffen und fertigen Bauteilen wie z. B. Fensterstürze und Fertigdecken, durch ungewöhnliche Witterungseinflüsse wie Wolkenbruch, Orkan, aber auch mutwillige und vorsätzliche Beschädigung durch Unbekannte (Vandalismus) sowie Diebstahl bereits fest eingebauter Baumaterialien wie z. B. bereits mit den Rohrleitungen verschraubte Heizkörper.

Die Entschädigungspflicht des VR aus der Bauleistungsversicherung entfällt 40
nicht nach § 3 Nr. 1 ABU 86 i.V.m. § 7 VOB/B 1973 wegen Beschädigung der Bauleistung **vor Abnahme** durch höhere Gewalt oder andere unabwendbare, vom Auftragnehmer nicht zu vertretende Umstände, wenn schadensursächlich teils ungewöhnliche, teils gewöhnliche Wetterbedingungen waren, die aber für die Jahreszeit normal und deshalb auch bei einer Gesamtschau nicht als außerge-

---

1 Vgl. *Littbarski*, Haftungs- und Versicherungsrecht im Bauwesen, Rz. 650 ff.
2 *Platen*, Handbuch der Versicherung von Bauleistungen, Rz. 3.2.1.2.

wöhnlich einzustufen sind.[1] Nicht versichert sind z. B. Frostschäden bei normalen Wintertemperaturen und „Pfusch am Bau".[2]

Beispiel:
Wird eine Klinkerwand durch unachtsames Rangieren mit einem Baufahrzeug beschädigt, muss der Bauunternehmer sein Werk bis zur Abnahme wiederholen bzw. der Schadensverursacher Ersatz leisten. Das Risiko für den Bauherrn erhöht sich jedoch mit zunehmendem Baufortschritt in dem Maße, in dem er Teilleistungen einzelner Handwerker bereits abgenommen hat und deren Gewerke durch Unbekannte beschädigt werden. Auch trägt der Bauherr nach manchen Vertragsentwürfen das Risiko höherer Gewalt.

41 In diesen Fällen tritt die Bauleistungsversicherung ein und ersetzt während der Bauzeit die Kosten, die zur Beseitigung des Schadens und zur Aufräumung der Schadensstelle erforderlich sind. Meistens wird ein Mindestselbstbehalt von 250 Euro vorgesehen. Außerdem kann der Bauherr entscheiden, ob er seine Eigenleistungen zu Unternehmerpreisen oder zu Selbstkosten in der Bausumme berücksichtigt. Danach richtet sich dann allerdings auch der Ersatz im Schadensfall für diesen Teilbereich. Im Übrigen kann nur das Bauvorhaben als Ganzes versichert werden. Die Versicherungssumme ist die Summe der Rechnungsbeträge sämtlicher Auftragnehmer und Zulieferer, für private Bauherrn einschließlich der gesetzlichen Mehrwertsteuer. Deshalb wird zunächst eine vorläufige Versicherungssumme nach Angeboten oder der Kostenschätzung des Architekten gebildet bzw. Anhaltswerte aus dem so genannten umbauten Raum abgeleitet, weil der übliche Marktpreis pro Kubikmeter umbauten Raums bekannt ist. Die Abrechnung erfolgt dann nach Fertigstellung.

42 Ein besonderer Vorteil für den Bauherrn besteht darin, dass im Schadensfall der Bauleistungsversicherer die Ermittlung der Schadensursache und im Zusammenhang damit meist auch die Klärung der oft schwierig zu beurteilenden Rechtslage übernimmt. Damit vermeidet der Bauherr Streitigkeiten mit und unter seinen Auftragnehmern. Eine Rechtsschutzfunktion besteht im Rahmen dieser Sachversicherung allerdings nicht.

Hinweis:
Die Prämie kann vom Bauherrn auf die Baufirmen und Handwerker anteilig umgelegt werden. Es sollte dann schon in den Ausschreibungsunterlagen darauf hingewiesen werden.

43 Durch eine besondere Vereinbarung können **Schäden durch Brand, Blitzschlag und Explosion** sowie durch Löschwasser etc. eingeschlossen werden. Vorteilhafter ist jedoch der frühzeitige Abschluss einer **verbundenen Gebäudeversicherung,** weil damit **eine beitragsfreie Rohbau-Feuer-Deckung für 6 Monate,** unter bestimmten Voraussetzungen sogar für 12 Monate verbunden ist. Einzelheiten, wie einen in der Bauleistungsversicherung möglichen Regressverzicht bzw. eine Beschränkung auf die Deckungssumme der Haftpflichtversicherung durch die Klausel 68 etc., sollten rechtzeitig im Hinblick auf das konkrete Bauvorhaben mit Fachleuten besprochen werden.

---

1 OLG Düsseldorf, VersR 2003, 104.
2 *Platen*, Handbuch der Versicherung von Bauleistungen, Rz. 3.2.3.1 f.

III. Die Berufshaftpflichtversicherung der Architekten und Ingenieure

Vertragliche Grundlagen sind: 44

▷ Individuelle Vereinbarungen im Versicherungsvertrag

▷ Besondere Bedingungen und Risikobeschreibungen für die Berufshaftpflichtversicherung der Architekten, Bauingenieure und Beratenden Ingenieuren (BBR)

▷ Allgemeine Versicherungsbedingungen für die Haftpflichtversicherung (AHB)

Seit der Liberalisierung des Versicherungsmarkts in der EU haben sich die Produkte der einzelnen VR stark vom früher allgemein üblichen HUK-Verbandsmodell verändert. Im nachfolgenden werden die Musterbedingungen zugrunde gelegt, wie sie im VVG-Kommentar Prölss/Martin abgedruckt sind.

Hinweis:

Bei der Erstbearbeitung[1] eines Architektenmandats sollten die Versicherungsunterlagen zur Prüfung durch den Rechtsanwalt angefordert werden, soweit Hinweise auf eine Inanspruchnahme des Architekten vorliegen. Bei Honorarforderungen ist zu klären, ob dafür eine Rechtsschutzversicherung besteht. Auch diese Versicherungsleistung kann in einen Haftpflichtversicherungsvertrag integriert sein.

In den neuen BBR bzw. Zusatzbedingungen einiger Spezialversicherer sind die Kosten des Schlichtungsverfahrens vor der Architektenkammer (nicht der Bauingenieurkammer!) sowie das Strafrechtsschutzrisiko aus der beruflichen Tätigkeit des Architekten mitversichert.

1. Definition des Versicherungsfalls; Verstoß- oder Kausaltheorie

Der Architekt als Sachwalter des Bauherrn, den er in gewissem Umfang sogar rechtlich beraten muss[2], läuft aufgrund seiner Aufgabenfülle leicht Gefahr, einen Fehler zu machen, der zu einem Mangel seiner Architektenleistung oder zu einem sonstigen Schaden führt. Wesentliche Fallgruppen sind Planungsfehler, Bauüberwachungsfehler, Koordinierungsfehler, Verstöße gegen vertragliche Vermögensfürsorgepflichten z. B. durch Baukostenüberschreitungen, Nichtausnutzen steuerlicher Vorteile, Verabsäumen fristgebundener Subventionsanträge etc. 45

Die Berufshaftpflichtversicherung stellt den Architekten im Rahmen der Bedingungen des Versicherungsvertrags von Haftpflichtansprüchen frei, d. h. wehrt unberechtigte Ansprüche ab (§ 3 Abs. 3 Nr. 1 Satz 1 AHB) und reguliert berechtigte Ansprüche im Rahmen der vereinbarten Deckung. Versichert ist die freiberufliche Tätigkeit des Architekten bzw. des Ingenieurs gemäß seinen Angaben im Antrag auf Abschluss des Versicherungsvertrags, in dem seine individuelle Tätigkeit als Wagnis zur Tarifierung darzustellen ist. Entscheidend ist das im Versiche- 46

---

1 Vgl. dazu *Thesenvitz*, Architektenhaftpflicht – Mandat – Anspruchsvoraussetzungen und Ausschlussgründe, BauRB 2003, 124.
2 Vgl. *Bönker*, NZBau 2003, 80 ff.

rungsschein **dokumentierte Berufsbild**. Fehlen besondere Vereinbarungen, wird auf das typische Berufsbild abgestellt. Kommt es zu Fehlern bei nicht zum Berufsbild gehörenden Tätigkeiten, ist die Berufshaftpflichtversicherung nicht eintrittspflichtig.

Beispiel:
Ist das normale Berufsbild von Beratenden Ingenieuren versichert, gehört die Weitergabe von Software für statische Berechnungen nicht dazu. Die typische Berufsaufgabe eines Beratenden Ingenieurs ist die Erstellung einer Planung, auch mittels selbst entwickelter Software. Die Weitergabe eines solchen Programms an einen Bauunternehmer untergräbt das tradierte Berufsbild, weil damit ein Ersatz für sonst notwendige einzelfallbezogene Beratung geliefert wird.[1]

47 Soweit der Architekt die Aufgabe als **Koordinator nach Baustellenverordnung (SIGE-Koordinator)** übernehmen will[2], sollte er unbedingt mit seinem Haftpflichtversicherer klären, ob dies vom Versicherungsschutz gedeckt ist.

Manche Versicherer haben dies in ihren BBR ausdrücklich aufgenommen, andere decken dieses Risiko, zum Teil gegen Mehrbeitrag und wiederum andere lehnen eine Deckung ab. Es ist daher eine Klärung vor Aufnahme der Tätigkeit dringend anzuraten.

Grundsätzlich gilt also, dass Gegenstand der Versicherung die gesetzliche Haftpflicht des VN für die Folge von Verstößen bei der Ausübung der im VS beschriebenen Tätigkeit ist, vgl. A Ziff. 1 BBR/Arch.[3]

48 Der Verstoß muss zeitlich zwischen Beginn und Ablauf des Versicherungsvertrages liegen und darf nicht in einen versicherungsschutzlosen Zeitraum fallen (§§ 38, 39 VVG). Maßgeblicher Verstoß ist stets **das erste fehlerhafte Verhalten** des VN, das in unmittelbarer Kausalkette den Schaden herbeigeführt hat, auch dann, wenn der VN die Möglichkeit und die Rechtspflicht hatte, ihn im weiteren Verlauf zu berichten und damit seine schädlichen Wirkungen abzuwenden.[4] Nachdem die Rechtsprechung die Architekten für immer längere Zeiträume haften lässt, ist eine so genannte **Nachhaftungsklausel** für 30 Jahre zu vereinbaren. Hier sei nicht nur an die Fälle arglistigen Verschweigens eigener Fehler erinnert[5], sondern insbesondere an die Schadenersatzansprüche aus Schlechterfüllung eines selbständigen, unentgeltlichen Auskunfts- oder Beratungsvertrags, die früher nach 30 Jahren gemäß § 195 BGB a. F. verjährten.[6]

49 Seit dem 1. 1. 2002 hat sich durch die **Schuldrechtsreform** die Rechtslage verändert. Die Verjährungsfrist für Mängel bei einem Bauwerk und von Planungs- oder Überwachungsleistungen beträgt fünf Jahre, § 634 a Abs. 1 Nr. 2 BGB. Erklärtes Ziel des Gesetzgebers war es, die nach dem bisherigen Rechtszustand bestehende Unterscheidung zu beseitigen, die Leistungen von Architekten und Son-

---
1 LG Hannover, Urt. v. 13. 5. 1998 – 6 O 439/97 – unveröffentlicht.
2 Vgl. *Moog*, BauR 1999, 795; *Meyer*, Die Haftung des SIGE-Koordinators nach der Baustellenverordnung, NZBau 2003, 607; OLG Bamberg, NZBau 2003, 615.
3 Näher hierzu *Schmalzl*, Berufshaftpflichtversicherung, Rz. 243 ff.
4 OLG Nürnberg, VersR 1994, 1462.
5 OLG Celle, NJW-RR 1995, 1486; BGH, BauR 1986, 113.
6 BGH, VersR 2000, 1151.

derfachleuten unterschiedlich behandelte, je nach dem, wo sich ihre Leistung verkörperte.[1]

2. Anzeigenobliegenheit

Wird der Architekt wegen eines Verstoßes in Anspruch genommen, muss er seinen VR unverzüglich informieren. In der Baupraxis ist nicht immer klar, wann dies der Fall ist.

Beispiel:
Ein Bauherr rügt beim Architekten, dass Regenwasser vom Balkon in sein Schlafzimmer gelangt. Darin ist zunächst noch keine konkrete Anspruchserhebung gegen den Architekten zu sehen. Vielmehr muss sich der Architekt darum bemühen, die Ursache zu ermitteln und ggfs. Mängel der Handwerkerleistung abstellen zu lassen. Wenn jedoch nicht eine fehlerhafte Ausführung des Fliesenlegers (z. B. negatives Gefälle zum Haus hin), sondern ein eigener Planungsfehler (z. B. keine Aufkantung der Türschwelle) festgestellt wird, sollte der Architekt seinen VR informieren.

Vielfach unterbleibt eine Schadensmeldung durch den Architekten, weil er sich „sicher" ist, keinen Fehler gemacht zu haben und weil früher eine Schadensmeldung und entsprechende Rückstellungsbildung des VR zu einer Vertragsbelastung mit der Folge einer höheren Prämie im Folgejahr führte. Heute wird der Schadenfreiheitsrabatt erst durch eine konkrete Schadenszahlung belastet, nicht jedoch schon durch eine Rückstellungsbildung, Zahlung von Regulierungskosten oder Kostenvorschüssen an Rechtsanwälte.

Hinweis:
Sobald dem Architekten ein konkretes Fehlverhalten vorgeworfen und die Inanspruchnahme wegen daraus resultierendem Schadenersatz avisiert wird, ist eine Schadensanzeige dringend geboten.

Eine weitere Anzeigenobliegenheit besteht bei Zustellung eines Antrags auf ein **selbständiges Beweisverfahren** oder einer **Klageschrift**. Zwar ist in der Haftpflichtversicherung von dem anerkannten Erfahrungsgrundsatz auszugehen, dass kein vernünftiger VN sich durch vorsätzliche Nichterfüllung der Anzeigenobliegenheit des § 5 Nr. 2 AHB Rechtsnachteile in seinem Deckungsverhältnis zum VR zuziehen will.[2]

Aber unterlässt der VN eine Schadensanzeige, so läuft er Gefahr, den Versicherungsschutz zu verlieren!

Beispiel:
Unterrichtet ein Architekt seinen Haftpflichtversicherer mit mehrmonatiger Verspätung von einem gegen ihn eingeleiteten Beweissicherungsverfahren und erst nach Urteilserlass von einem Rechtsstreit, so verliert er seinen Versicherungsschutz.[3]

Wird ein Beratender Ingenieur von einem Bauunternehmer unter Übersendung von Rechnungen mit Hinweis auf Planungsfehler um Ausgleich von Mehrkosten gebeten, liegt darin

---
1 Ott, Anwalts-Checkbuch, § 634a Rz. 667.
2 OLG Koblenz, VersR 1996, 1356.
3 OLG Saarbrücken, IBR 1991, 388 = VersR 1991, 872; BauR 1991, 494; KG, VersR 2003, 1246; LG Bielefeld, NZBau 2003, 392.

eine ernsthafte und unmissverständliche Inanspruchnahme wegen Schadensersatz. Dies stellt zugleich den Beginn der Verjährung des Haftpflichtdeckungsanspruchs dar.[1]

52 Denn auch eine grob fahrlässige Verletzung von Anzeigeobliegenheiten kann den Verlust des Versicherungsschutzes zur Folge haben, § 6 Abs. 3 VVG. Nur wenn es dem Versicherungsnehmer nachzuweisen gelingt, dass die grob fahrlässige Obliegenheitsverletzung weder Einfluss auf die Feststellung des Versicherungsfalls noch auf die Feststellung oder den Umfang der dem VR obliegenden Leistung gehabt hat (so genannter **Kausalitätsgegenbeweis** § 6 Abs. 3 Satz 2 VVG), bleibt der VR leistungspflichtig. Er kann diesen negativen Beweis aber praktisch nur so führen, dass er zunächst die sich aus dem Sachverhalt ergebenden Möglichkeiten ausräumt und dann abwartet, welche Behauptungen der VR über Art und Maß der Kausalität aufstellt, die der VN dann ebenfalls zu widerlegen hat. Der VR muss dazu die konkrete Möglichkeit eines für ihn günstigen Ergebnisses aufzeigen, indem er z. B. vorträgt, welche Maßnahmen er bei rechtzeitiger Erfüllung der Obliegenheit getroffen und welchen Erfolg er sich davon versprochen hätte. Der VN kann diesen Beweis beispielsweise durch Vorlage eines Schadensgutachtens und der staatsanwaltschaftlichen Ermittlungsakte führen.[2]

3. Verletzung von Anzeigeobliegenheiten und ihre Rechtsfolgen

53 Auch wenn der VR gegenüber seinem VN von der Leistung frei geworden ist, z. B. wegen Obliegenheitsverletzung oder Verjährung, bleibt die Leistungspflicht des VR gegenüber dem geschädigten Dritten bestehen, § 158 c Abs. 1 VVG, soweit es sich bei der Berufshaftpflichtversicherung um eine **Pflichtversicherung** i. S. d. § 158 b VVG handelt.[3]

Hinweis:

Lehnt der VR seine Eintrittspflicht gegenüber dem geschädigten Dritten als Anspruchssteller ab, ist anhand des jeweiligen Landesrechts zu prüfen, ob für das konkrete Bauvorhaben eine Pflichtversicherung bestand (s. Tabellen im Anhang).

Je nach Bundesland kommt die Versicherungspflicht für Entwurfsverfasser, öffentlich bestellte Vermessungsingenieure, Sachverständige oder Fachplaner für den Standsicherheitsnachweis und für den Nachweis über den ausreichenden Brand-, Schall- und Wärmeschutz in Betracht.

54 Allerdings haftet der VR nur im Rahmen der amtlich festgesetzten **Mindestdeckungssummen** und der von ihm übernommenen Gefahr, § 158 c Abs. 3 VVG. Soweit eine höhere als die Mindestdeckungssumme vertraglich vereinbart ist, gilt die Sonderregelung des § 158 c VVG für den die Mindestdeckungssumme überschreitenden Teil nicht, § 158 k VVG. Insoweit verbleibt es bei der Leistungsfreiheit des VR. Um die Haftung des VR eines Architekten beurteilen zu können sind also die einschlägigen Landesgesetze zu prüfen, welche auch (teilweise) die Mindestdeckungssummen beinhalten.

---

1 OLG Hamm, r + s 1991, 408; BGH, VersR 1979, 1117.
2 BGH, NVersZ 2001, 330.
3 Vgl. *Thesenvitz*, BauRB 2004, 178, 182.

Beispiel:
Im Bundesland Hessen wird die gesetzliche Verpflichtung zum Abschluss einer Architektenhaftpflichtversicherung aus § 4 Abs. 5 Nr. 5, § 17 Abs. 1 Nr. 8 des Hessischen Architekten- und Stadtplanungsgesetzes (HASG) vom 23. 5. 2002, in Kraft getreten am 1. 8. 2002 für Architekten, Innenarchitekten und Landschaftsarchitekten begründet. Hier ist bei Aufnahme der Berufstätigkeit eine ausreichende Berufshaftpflichtversicherung bei selbständiger oder gewerblicher Berufsausübung nachzuweisen.

Berufsgesellschaften (Handelsgesellschaften wie GmbH, KG, AG) müssen nach § 6 Abs. 4, § 17 Abs. 1 Satz 2 Nr. 8 des HASG einen Haftpflichtdeckungsschutz in Höhe von 1 000 000 Euro für Personen- und 500 000 Euro für Sach- und Vermögensschäden abschließen, wobei die Höchstleistung des VR p.a. auf diese Deckungssumme, vervielfacht um die Zahl der Gesellschafter und Geschäftsführer begrenzt werden kann. Die Jahreshöchstleistung für alle im Versicherungsjahr verursachten Schäden muss sich mindestens auf den vierfachen Betrag der Mindestversicherungssumme belaufen.

Der VR haftet nicht, wenn und soweit der Dritte in der Lage ist, Ersatz seines Schadens von einem anderen Schadensversicherer oder einem Sozialversicherungsträger zu erlangen, § 158 c Abs. 4 VVG.

Hinweis:
Die besonderen Anzeigepflichten des Dritten gegenüber dem VR gemäß § 158 d VVG sind zu beachten.

4. Obliegenheitsverletzung wegen Verstoß gegen das Anerkenntnisverbot

Wird in einem Vergleich seitens des VN wechselseitig auf eigene geltend gemachte Ansprüche verzichtet, so liegt darin bei wirtschaftlicher Betrachtungsweise ein Verstoß gegen das Anerkenntnisverbot. Grob fahrlässig verstößt ein VN gegen das Anerkenntnisverbot, wenn er nicht vor Abschluss des Vergleichs mit dem Geschädigten in seinen Haftpflichtversicherungsvertrag schaut.[1]

Hinweis:
Achtung, hier lauern besondere Regressgefahren für den Anwalt! Bei einem Rechtsanwalt ist im Falle einer Zuwiderhandlung gegen diese Obliegenheit von Kenntnis der einschlägigen Vorschriften und damit von Vorsatz auszugehen. Der VN muss sich die vorsätzliche Obliegenheitsverletzung seines Anwalts zurechnen lassen. Die Voraussetzungen der Relevanzrechtsprechung sind gegeben, wenn ohne Einverständnis des VR ein unwiderruflicher Vergleich abgeschlossen wurde.[2]

5. Deckungssumme/Serienschäden

Die Leistungspflicht des VR wird durch die Deckungssummen für Personenschäden und für Sach- und Vermögensschäden begrenzt. Die teilweise durch Landesgesetze vorgeschriebenen Mindestdeckungssummen sind erfahrungsgemäß oft zu gering. Für **Personenschäden** sollte eine Deckungssumme von mindestens 2 Mio. Euro vereinbart werden, weil bei einem jugendlichen Unfallverletzten

---
1 OLG Hamm, r + s 1991, 408.
2 OLG Bamberg, zfs 1993, 271 = r + s 1993, 173.

mit Querschnittslähmung in der Praxis Rückstellungen für lebenslange Pflegekosten, Verdienstausfallschäden und Aufwendungen sonstiger Art in Höhe von mindestens 1,5 Mio. Euro notwendig sind und häufig mehrere Verletzte versorgt werden müssen. Viele alte Versicherungsverträge weisen für **Sach- und Vermögensschäden** sogar nur eine Deckungssumme von 150 000 DM auf, was auch für ganz kleine Büros absolut unzureichend ist. Zu bedenken ist, dass für Schäden möglicherweise **bis zu 30 Jahre** gehaftet werden muss und die zum Verstoßzeitpunkt vereinbarte Deckungssumme dafür ausreichend bemessen sein sollte. Für dieses Risiko sollte eine Mindestsumme von 1 Mio. Euro vereinbart sein.

Hinweis:
Die Vereinbarung der Einzelheiten des Versicherungsvertrags ist Chefsache und sollte nicht delegiert werden.

Zu überprüfen ist der Versicherungsschutz bei jedem größeren Auftrag und insbesondere bei Abschluss von Gesellschaftsverträgen einer Planungs-ARGE.

Werden Subaufträge an andere Architekten vergeben, sollte der dortige Versicherungsschutz erfragt und eine Bestätigung über bestehenden Versicherungsschutz vom Versicherer angefordert werden, weil die **Durchgangshaftung** auch bei einer Subvergabe verbleibt.

58 Üblicherweise werden die Deckungssummen in den Versicherungsverträgen für alle Versicherungsfälle eines Versicherungsjahrs (nicht Kalenderjahrs!) zweifach maximiert, d. h. auf das Doppelte beschränkt.

Beispiel:
Führen verschiedenartige Verstöße bei einem BV zu selbständigen Schäden, kann – bei entsprechend hohen Schadensfolgen und geringer Deckungssumme – der Versicherungsschutz für ein Versicherungsjahr vollständig bei diesem BV aufgezehrt werden, sodass für weitere Verstöße bzw. andere BV kein Versicherungsschutz mehr besteht.[1] Berücksichtigt man die häufig gegebene gesamtschuldnerische Haftung des Architekten mit den ausführenden Firmen, liegt hier ein erhebliches Risikopotenzial.

Empfehlung:
Es sollte eine Erweiterung des Versicherungsschutzes auf die drei- oder vierfache Maximierung (Kosten ca. 8 % bzw. 13 % Prämienzuschlag) oder eine dem konkreten Auftrag entsprechende Objektdeckung abgeschlossen werden.

59 Die **frühere Serienschadenklausel** wurde vom BGH wegen Verstoßes gegen § 9 AGBG für unwirksam erklärt.[2] Die neue Formulierung (in I.3 BBR 1996) trägt dieser Rechtsprechung Rechnung. Danach stehen die **Versicherungssummen nur einmal zur Verfügung,**

▷ wenn mehrere gleiche oder gleichartige Verstöße, die unmittelbar auf demselben Fehler beruhen, zu Schäden an einem Bauwerk oder an mehreren Bauwerken führen, auch wenn diese Bauwerke nicht zum selben Bauvorhaben gehö-

---

1 *Schmalzl*, Berufshaftpflichtversicherung, Rz. 262.
2 BGH, VersR 1991, 175; zur Ursachenidentität vgl. ferner BGH, VersR 2003, 187 = r + s 2003, 106 = NJW 2003, 511; BGH, IBR 2003, 704 und *Büsken*, Voraussetzungen und Wirksamkeit der Serienschadenklausel der AHB, NJW 2003, 1715.

ren und/oder zu Schäden durch eine oder mehrere Umwelteinwirkungen führen;

▷ wenn mehrere Verstöße zu einem einheitlichen Schaden führen;

▷ gegenüber mehreren entschädigungspflichtigen Personen, auf die sich der Versicherungsschutz bezieht.

Hinweis:
Besondere Vorsicht ist also bei sich wiederholenden Plänen etc. geboten, wie z. B. für eine Reihenhaussiedlung, die dann möglicherweise vielfach mit demselben Fehler ausgestattet sind. Eine unzureichende Planung der Kellerabdichtung gegen drückendes Wasser kann zum Ruin des Architekten führen, wenn keine ausreichend hohe Deckungssumme zur Verfügung steht.

6. Wesentliche Ausschlüsse und nicht versicherte Risiken

a) Ansprüche wegen Schäden aus der Überschreitung von Fristen und Terminen

Hier ist ausschließlich der Bereich der **eigenen Architektenleistung** gemeint, also 60
der des Verzugs eigener Leistungserbringung wie beispielsweise die verspätete Abgabe von Plänen etc. Hat ein Architekt vertraglich die Beantragung von öffentlichen Förderungsmitteln für ein Bauvorhaben übernommen und die Frist dafür verabsäumt mit der Folge, dass sich die kalkulierten Baukosten nunmehr um den entgangenen Förderungsbetrag erhöhen, ist die Klausel nicht einschlägig.[1]

Ist die Überschreitung der Bauzeit Folge eines gedeckten Schadens, so sind daraus 61
resultierende Schäden ebenfalls versichert.[2] Unabhängig von Ziff. IV Nr. 1 BBR/Arch. besteht kein Versicherungsschutz, wenn der Architekt gegenüber dem Bauherrn die Garantie für die Einhaltung einer Bauzeit in der Weise übernimmt, dass er ihn bezüglich aller Nachteile schadlos zu halten hat, wenn sie überschritten wird. Hier wird der Architekt aufgrund einer selbständigen Garantiezusage in Anspruch genommen, nicht aufgrund gesetzlicher Haftpflichtansprüche, sodass bereits nach § 1 Nr. 1 AHB keine Deckung besteht.[3]

b) Ansprüche wegen Schäden aus der Überschreitung von Vor- und Kostenanschlägen

Die Formulierung der Klausel entspricht derjenigen unter II s. BBR 1964, auf die 62
der Verband der Schadensversicherer (VdS) zurückgegriffen hat, nachdem der BGH sie detailliert geprüft hatte.[4]

Danach fallen auch Ansprüche wegen Überschreitung fehlerhaft ermittelter Kosten unter diese Regelung. Für die Anwendung der Ausschlussklausel genügt jedoch nicht, dass sich das Fehlverhalten des Architekten letztlich „irgendwie" wirtschaftlich zulasten geschädigter Dritter auswirkt.[5]

---
1 OLG Bamberg, IBR 1998, 217; anders die Vorinstanz LG Würzburg, Urt. v. 19. 3. 1997 – 24 O 2255/96, unveröffentlicht; *Wussow*, WJ 1998, 53.
2 *Schmalzl*, Berufshaftpflichtversicherung, Rz. 315.
3 BGH, VersR 1971, 930.
4 BGH, VersR 1986, 857.
5 OLG Celle, BauRB 2003, 53.

Hinweis:
Nicht versichert sind Verstöße in den ersten drei Phasen der DIN 276, nämlich bei der Kostenschätzung, Kostenberechnung und beim Kostenanschlag.

Ansprüche wegen fehlerhafter Wohnflächenberechnung werden nicht von dieser Ausschlussklausel erfasst und sind regelmäßig gedeckt.

c) Ansprüche wegen Schäden, die als Folge eines im Inland oder Ausland begangenen Verstoßes im Ausland eingetreten sind (IV.7 BBR)

63 Wird der Architekt oder Ingenieur mit Aufgaben befasst, die z. B. als Bauvorhaben im Ausland realisiert werden, ist der Versicherungsschutz besonders zu prüfen! Zwar wird schon in den BBR einiger VR die Deckung erweitert und für den Bereich der EG und der Schweiz bedingungsgemäß Deckung gewährt. In anderen BBR findet sich diese Ausschlussklausel unverändert und wird weder als überraschend i. S. d. § 305 c Abs. 1 BGB noch als in unangemessener Weise benachteiligend i. S. d. § 307 Abs. 1 und 2 BGB angesehen.[1]

Beispiel:
Wird ein Ingenieur im Bereich des Anlagenbaus als Subplaner eines inländischen Ingenieurbüros mit Teil-Planungsleistungen für den Bau einer Anlage im Ausland beauftragt und begeht er einen Planungsfehler, so realisiert sich dieser beim Bau im Ausland, mit der Folge, dass kein Versicherungsschutz besteht.

Hinweis:
Gegebenenfalls ist mit dem VR für konkrete BV eine Objektdeckung zu vereinbaren oder der Versicherungsschutz per Individualvereinbarung zum Vertrag zu erweitern (meistens erfolgt dies gegen Prämienzuschlag).

d) Ansprüche wegen Schäden, die der VN oder ein Mitversicherter durch ein bewusst gesetz-, vorschrifts- oder sonst pflichtwidriges Verhalten verursacht hat (IV.8 BBR)

64 Haftet ein VN wegen vorsätzlicher Schadensverursachung, z. B. wegen vorsätzlicher sittenwidriger Schädigung gemäß § 826 BGB, besteht kein Versicherungsschutz nach § 4 Abs. 1 AHB, § 152 VVG. Die Ausschlussklausel soll davon abhalten, bewusst gegen Bauvorschriften bzw. andere Bestimmungen zu verstoßen und im Falle des Offenkundigwerdens die Folgen dem VR anzulasten.

Beispiel:
Ein Bauherr möchte sein ungünstig geschnittenes Innenstadtgrundstück optimal bebauen. Absprachegemäß reicht der Architekt eine Planung ein, die wegen zu geringer Abstandsflächen nicht genehmigungsfähig ist. Zunächst wird die Baugenehmigung jedoch erteilt, aus welchen Gründen auch immer. Erst im Zuge der Bauausführung erfolgt ein Drittwiderspruch der Nachbarn und die Baugenehmigung wird aufgehoben und abgeändert. Der Bauherr verlangt jetzt vom Architekten die Kosten des Rückbaus etc. und dieser von seinem VR entsprechende Freistellung.

65 Ein wissentlicher Verstoß gegen Berufspflichten setzt voraus, dass der Architekt die konkrete Pflicht positiv kannte und darüber hinaus gewusst hat, wie er sich

---

1 LG Köln, r + s 1993, 51.

pflichtgemäß hätte verhalten müssen. Bei technischen Regeln setzt er voraus, dass diese im Rahmen der Auftragserteilung überhaupt zu beachten waren.[1]

Von der **Rechtsprechung** wurden folgende Fälle als bewusste Pflichtwidrigkeit gewertet:

▷ Bauen ohne Baugenehmigung;[2]

▷ Bauen ohne Baugenehmigung bzw. Abweichen von genehmigten Plänen;[3]

▷ Verschweigen von Planungsungewissheiten;[4]

▷ Freigabe völlig nichts sagender, nicht prüffähiger Abschlagsrechnungen als sachlich, fachlich und rechnerisch geprüft.[5]

Hinweis:
Der VR hat die Beweislast dafür, dass der Architekt bewusst gegen ein Pflichtgebot verstoßen und dadurch einen Schaden verursacht hat; ein bedingtes Bewusstsein in Form einer billigenden Inkaufnahme genügt nicht.[6]

e) Berufsbildklausel (VII. BBR)

Kein Versicherungsschutz besteht, wenn der VN Verpflichtungen übernimmt, die über das vom Antrag/Versicherungsschein beschriebene Berufsbild hinausgehen. Dies ist insbesondere der Fall, wenn der Architekt als Bauherr, Bauunternehmer, Baustofflieferant, Bauträger oder Generalunternehmer handelt. Ist er selbst Teil der Bauherrengemeinschaft, so ist er nicht „Dritter" im Sinne der Haftpflichtkonstellation.[7]

66

Durch die Vereinbarung von **Zusatzbedingungen** kann die Tätigkeit des Architekten als Bauträger/Generalübernehmer gegen Haftpflichtansprüche versichert werden, soweit die Schäden oder Mängel auf einem schuldhaft verursachten Planungsfehler oder einer ausdrücklich falschen Anweisung – nicht jedoch Unterlassung des VN – bei der **Objektüberwachung** (Bauüberwachung) beruhen. Bedingungsgemäß bleiben jedoch Schäden bzw. Mängel am Objekt selbst, die auf Herstellungs-, Ausführungs- und Montagefehler zurückzuführen sind, vom Versicherungsschutz ausgeschlossen, es sei denn, ein Planungs- oder Anweisungsfehler ist mitwirkende Ursache eines Schadens oder Mangels. In diesem Falle beschränkt sich der Versicherungsschutz auf die Quote, die dem Planungs- oder Anweisungsfehler entspricht.

67

Hinweis:
Kein Versicherungsschutz besteht, wenn diese Voraussetzungen in der Person des Ehegatten oder bei einem Unternehmen gegeben sind, die vom VN oder seinem

---

1 OLG Karlsruhe, BauRB 2003, 231.
2 OLG Hamm, VersR 1978, 52.
3 OLG Saarbrücken, VersR 1993, 86.
4 OLG Saarbrücken, NJW-RR 1998, 93.
5 OLG Köln, VersR 1997, 1345.
6 OLG Frankfurt, NZBau 2000, 389.
7 OLG Koblenz, zfs 1994, 23; r + s 1993, 411.

Ehegatten geleitet werden, die ihnen gehören oder an denen sie beteiligt sind. Aber jeder Einzelfall ist zu prüfen.

Beispiel:
Im Ausnahmefall kann gleichwohl Versicherungsschutz bestehen, wenn der Architekt bei Beantragung einer Berufshaftpflichtversicherung gegenüber dem den Antrag aufnehmenden Agenten klarstellt, dass er als Architekt überwiegend für eine GmbH tätig sein wolle, deren Alleingesellschafterin und Mitgeschäftsführerin seine Ehefrau und deren Geschäftsführer er selbst ist, so wird eine Bestimmung in den Versicherungsbedingungen, die die Deckung für die Tätigkeit im Auftrag einer solchen GmbH ausschließt, nach § 305 c Abs. 1 BGB nicht Vertragsbestandteil, wenn seitens des Versicherers zur Vermeidung einer Überraschung des Antragstellers auf den Ausschlusstatbestand nicht ausdrücklich hingewiesen wird.[1]

Hier konnte der Versicherer nicht beweisen, dass er den Antragsteller auf die fragliche Ausschlussklausel im Anbahnungsgespräch hingewiesen hatte. In der Vertragskorrespondenz fehlte offenbar jeglicher Hinweis. In der Praxis ist dieser Sachverhalt häufig anzutreffen, weil eine Kombination von Architekt und Bauträgergesellschaft durchaus üblich ist.

IV. Spezielle Versicherungsfragen für Bauunternehmer

1. Betriebshaftpflichtversicherung

a) Deckungsbereich

aa) Schadensereignis

69 Nach § 1 Abs. 1 AHB wird Versicherungsschutz für das Schadensereignis gewährt, das einen Personen- oder Sachschaden zur Folge hatte. Die Rechtsprechung schwankte hinsichtlich der Definition des Versicherungsfalls zwischen der „Ereignis- bzw. Folgeereignis-Theorie" und der so genannten „Kausalereignistheorie".

70 Als Ereignis im erstgenannten Sinne hatte der BGH nicht die einzelne Schadensursache, sondern das Schadensereignis selbst definiert, also das **äußere Ereignis**, das den Personen- oder Sachschaden unmittelbar ausgelöst hat.[2] Danach ist unter dem Begriff Schadensereignis nicht schon irgendein fehlerhaftes Handeln oder Unterlassen, dessen Folgen zunächst verborgen bleiben, zu verstehen, sondern ein sinnfälliger objektiver Vorgang im Gegensatz zu einem vorhandenen Zustand, der sich vom gewöhnlichen Tagesgeschehen deutlich abhebt und dessen schwerwiegende Bedeutung sofort ins Auge springt.[3] Erforderlich ist dabei nicht, dass ein solcher Vorgang von den Beteiligten erkannt wird. Es genügt vielmehr, wenn das gemeinte äußere Vorkommnis in der Weise eingetreten ist, dass es mit menschlichen Erkenntnismöglichkeiten feststellbar gewesen wäre.[4]

Nicht ausschlaggebend für die Leistungspflicht war danach, ob auch die Ursache des Schadensereignisses und seine Folgen in den versicherten Zeitraum fallen.

---

1 OLG Düsseldorf, VersR 2002, 1273; BGH hat die Revision nicht angenommen, IBR 2003, 51.
2 BGH, VersR 1957, 499.
3 BGH, Urt. v. 18. 1. 1965 – II ZR 135/62, VersR 1965, 325.
4 WJ 1983, 26.

Der BGH hat zur Überraschung der gesamten Versicherungswirtschaft mit seiner 71
Entscheidung vom 4. 12. 1980[1] die **„Kausal- bzw. Verstoßtheorie"** für die AHB der
Betriebshaftpflichtversicherung zugrunde gelegt, wie sie sonst nur für die speziellen Risiken der Berufshaftpflichtversicherung der Architekten und Ingenieure
gilt. Entscheidend ist hier der Zeitpunkt der Verursachung, d. h. des ersten Verstoßes gegen Berufspflichten, der Schadensfolgen nach sich zieht.

Zur Vermeidung aufgetretener Rechtsunsicherheit wurde die **Fortgeltung der** 72
„Ereignistheorie" durch eine Änderung des Wortlauts der AHB sichergestellt; in
den §§ 1, 3 AHB wurde das Wort „Ereignis" durch „Schadensereignis" ersetzt.
Nach der Intention des Bundesaufsichtsamts für das Versicherungswesen sollte
der Versicherungsschutz nicht materiell geändert, sondern lediglich klargestellt
werden, dass die langjährige Rechtsanwendung unverändert bleiben soll.[2]

Beispiel:
Wird beim Setzen eines Erdankers eine bestehende Abwasserleitung durchbohrt, so ist das
Schadensereignis i. S. d. § 1 AHB eingetreten – und nicht erst bei Feststellung dieses Sachverhalts zwei Jahre später, wenn die Ursache einer Leitungsverstopfung untersucht und der
Sachverhalt festgestellt wird. Die Beschädigung des Abwasserrohres ist der „sinnfällige Vorgang", der mit menschlichen Erkenntnismöglichkeiten feststellbar gewesen wäre, sich jedoch unter der Erdoberfläche und damit aktuell nicht wahrgenommen abgespielt hat.

Hinweis:
Die Definition des Versicherungsfalls kann in den Versicherungssparten abweichen, so z. B. die Kausaltheorie in der alten WHG/Umweltdeckung[3] und der Berufshaftpflicht von Architekten und Ingenieuren oder eine andere Ausprägung
erfahren wie in Verbindungs- und Vermischungsfällen der Produkthaftpflicht
von Transportbetonlieferanten (Zeitpunkt des Einbaus bzw. der Lieferung ist
hier das definierte Schadensereignis[4]).

bb) Leistungspflicht/-umfang

Die Haftpflichtversicherung soll das Vermögen des VN vor Haftpflichtansprü- 73
chen schützen. Deshalb hat der VR den VN von – gedeckten – Haftpflichtansprüchen freizustellen.[5] Lehnt der VR seine Eintrittspflicht ab, kann der VN grundsätzlich nur **auf Feststellung** klagen, dass der VR wegen einer genau zu bezeichnenden Haftpflichtforderung Versicherungsschutz zu gewähren habe, außer
wenn der Anspruch auf Befreiung von einer Verbindlichkeit sich in einen Zahlungsanspruch umgewandelt hat.[6] In der Haftpflichtversicherung kann auch der
Geschädigte ein rechtliches Interesse im Sinne von § 256 ZPO an der Feststellung
haben, dass der VR dem Schädiger Deckungsschutz zu gewähren habe.[7]

Der VR hat berechtigte Ansprüche zu befriedigen und unberechtigte abzuwehren, 74
vgl. § 150 Abs. 1 VVG, § 3 Abs. 3 Nr. 1 und Abs. 2 Nr. 1 AHB. Nach der einschlä-

---
1 BGH, VersR 1981, 173.
2 Ver BAV 1982, 66; *Späte*, AHB-Kommentar, § 1 Rz. 22; OLG Karlsruhe, VersR 2003, 1436.
3 OLG Celle, VersR 1997, 609.
4 *Schmidt/Salzer*, Produkthaftung Bd. IV/1, 2. Auflage, Rz. 7.879.
5 BGH, NJW 1980, 1623.
6 BGH, VersR 1984, 252; OLG Koblenz, VersR 1997, 1390.
7 BGH, NVersZ 2001, 132.

gigen Rechtsprechung steht es dem VR frei, ob er die gegen seinen VN geltend gemachten Haftpflichtansprüche erfüllen oder den Versuch einer Abwehr dieser Ansprüche machen will.[1] Bietet der VR die Abwehr für unberechtigt gehaltene Ersatzansprüche an, so kommt eine Klage des VN auf Befreiung von der Haftpflichtverbindlichkeit nicht in Betracht. Es ist nicht unbillig oder gar als sittenwidrig anzusehen, auch von einem mit dem VN verwandten Geschädigten zu fordern, dass er seine Haftpflichtansprüche in einem Gerichtsverfahren rechtskräftig feststellen lässt. Dies gilt auch für den Fall, dass der Geschädigte Prozesskostenhilfe in Anspruch nehmen müsste.[2]

75 Entscheidet sich der VR für eine gerichtliche Klärung und verabsäumt er eine Regelung der Haftpflichtansprüche vergleichsweise, kann dies weit reichende Folgen haben. Nach § 150 Abs. 2 VVG muss der VR Zinsen und Kosten auch über die Deckungssumme hinaus zahlen, soweit letztere „infolge einer vom VR veranlassten Verzögerung der Befriedigung des Dritten" von diesem zu entrichten sind. Darüber hinaus könnte auch ein Freistellungsanspruch des VN gegen seinen VR wegen Verletzung einer Nebenpflicht gegeben sein, wenn den VR ein Verschulden bei der Schadensbearbeitung oder Regulierung trifft.[3] Eine solche Pflichtverletzung liegt vor, wenn ein Haftpflichtversicherer die Führung des Haftpflichtprozesses übernommen hat und einen für den VN günstigen Vergleich widerruft, obwohl er beabsichtigt, die Deckung zu versagen.[4]

cc) Schadensereignis im versicherten Zeitraum

76 Nach § 1 Nr. 1 AHB gewährt der VR Versicherungsschutz für Schadensereignisse, die während der Laufzeit des Versicherungsvertrags eintreten. Voraussetzung ist allerdings die rechtzeitige **Zahlung der Versicherungsprämie**. Andernfalls kann nach §§ 38, 39 VVG der Versicherungsschutz entfallen. Im Hinblick auf die für § 39 VVG notwendige Mahnung ist auf den Nachweis des Zugangs hinzuweisen. Aus § 35 b VVG ergibt sich ein **Aufrechnungsrecht** des VR bezüglich fälliger Prämienforderungen. Ein AS als Dritter muss sich allerdings die Aufrechnung nur mit solchen Prämienforderungen entgegenhalten lassen, die vor dem Versicherungsfall fällig geworden sind.[5]

77 Fälligkeit setzt voraus, dass die Prämienrechnung erstellt und an den VN übermittelt wurde. Die Betriebshaftpflichtprämie wird auf Grundlage des Umsatzes und/oder der Lohnsumme ermittelt, welche der Berufsgenossenschaft zur Beitragserhebung dort übermittelt wurde. Es werden jeweils nachträglich die Vorjahreszahlen berücksichtigt, sodass regelmäßig erst im ersten Quartal eines Jahres nach entsprechender Mitteilung des VN die Prämie berechnet werden kann. Verzögerungen sind dabei nicht ausgeschlossen. Meldet ein VN trotz Erinnerung keine Zahlen, so wird eine Schätzung nach der (Vor-)Vorjahressumme als Basis für die – vorläufige – Prämienberechnung durchgeführt.

---

1 BGH, VersR 1981, 173.
2 OLG Karlsruhe, VersR 1993, 1390.
3 OLG Hamm, VersR 1994, 925.
4 BGH, NVersZ 2001, 472.
5 BGH, VersR 1987, 655.

Hinweis:
Beruft sich der VR auf sein Aufrechnungsrecht, sollte er zur substantiierten Darlegung der Voraussetzungen angehalten werden.

dd) Trennungsprinzip

Hat der Anwalt nach der Erstberatung den Sachverhalt beim Haftpflichtversicherer seines Mandanten mit der Bitte um Bestätigung der Eintrittspflicht angemeldet, wird er mitunter abschlägig beschieden, weil ganz oder überwiegend – z. B. wegen Schlechterfüllung des Werkvertrags – keine Deckung bestünde.

Der VR prüft zunächst anhand der Schadensanzeige sowie beigefügter Unterlagen, ob nach dem geschilderten Sachverhalt Versicherungsschutz besteht:

▷ Hat der VN für den in Frage kommenden Zeitraum die Versicherungsprämie gezahlt (§§ 3 Abs. 1 Nr. 3, 8 Abs. 1 Nr. 1 Satz 3 AHB)?

▷ Fallen die gegen den VN erhobenen Ansprüche in den Schutzbereich der Versicherung, insbesondere den angemeldeten Tätigkeitsbereich des VN (§§ 1, 2 AHB)?

▷ Greift ein Ausschlusstatbestand ein?

Soweit sich der VR auf § 4 Abs. 1 Nr. 6 Buchst. b AHB für den Erfüllungsbereich beruft, mag dies zutreffen. Wird jedoch auch wegen Haftpflichtschäden ein Anspruch erhoben, muss der VR – und sei es unter Vorbehalt – Rechtsschutz zur Abwehr gewähren und somit Kostenvorschuss leisten.[1]

Grundsätzlich muss der VR einen Ausschlusstatbestand darlegen und beweisen. Kann er dies nicht, weil z. B. der Sachvortrag der Beteiligten strittig ist, muss der VR den Sachvortrag seines VN als Vertragspartner – bis zum Beweis des Gegenteils – als wahr und richtig unterstellen und für ihn eintreten. Der VR muss im Haftpflichtprozess die Interessen des VN so wahren wie ein von diesem beauftragter Rechtsanwalt. Dies gilt auch bei einer Kollision der Interessen des VR und des VN. In diesem Fall muss der VR seine Interessen zurückstellen. Verzichtet der VR auf die Führung des Haftpflichtprozesses, nachdem er den Deckungsschutz wegen Vorsatztat des VN verneint hat, so kann er sich z. B. im Deckungsprozess nicht darauf berufen, die Feststellung in dem vorausgegangenen Haftpflichtprozess, der VN habe nicht vorsätzlich gehandelt, sei falsch.[2] Wird in der Folgezeit der Tatsachenvortrag bestätigt, der den rechtlichen Ausschlussgrund erfüllt, verliert der VN den Versicherungsschutz und der VR wird den bereits gezahlten Vorschuss zurückverlangen.

Der gegen den VR gerichtete Anspruch auf Deckung (§ 149 VVG) entsteht mit der Erhebung von Ansprüchen durch Dritte, wobei es ausreicht, dass der Dritte seinen Anspruch auch mit einem in den Schutzbereich des Versicherungsvertrags fallenden Rechtsverhältnis begründet. Eine Prüfung der Ansprüche des Dritten erfolgt im Deckungsprozess nicht.

---
1 *Schmalzl*, Berufshaftpflichtversicherung, Rz. 223.
2 BGH, r + s 1992, 406.

82 Der VR ist zur Gewährung von Rechtsschutz auch für die Abwehr unbegründeter Ansprüche verpflichtet. Das gilt jedenfalls dann, wenn die Ansprüche im Haftpflichtprozess gerichtlich geltend gemacht sind und auch nur die entfernteste Möglichkeit besteht, dass der VN aus dem unter das versicherte Risiko fallenden behaupteten Tatbestand verurteilt wird.

83 Für den vorgezogenen Deckungsprozess sind die Angaben des Dritten bindend, für den nachfolgenden Deckungsprozess ist es die rechtskräftige Entscheidung des Haftpflichtprozesses.[1]

Hinweis:

Die Bindungswirkung eines Urteils im Haftpflichtprozess erstreckt sich nicht nur auf die Entscheidung der Haftpflichtfrage, sondern auch auf die ihr zugrunde liegenden Tatsachenfeststellungen. Erfüllen diese Tatsachenfeststellungen einen versicherungsrechtlichen Ausschlusstatbestand, so steht das für VR und VN in einem nachfolgenden Deckungsprozess unangreifbar fest.[2]

Ist im Haftpflichturteil ein schadensverursachender Pflichtverstoß des VN festgestellt, kann sich der VR im Deckungsprozess zur Begründung des Ausschlusstatbestands nicht auf eine andere schadensverursachende Pflichtverletzung berufen.[3]

ee) Haftpflichtansprüche privatrechtlichen Inhalts

84 Nach § 1 Nr. 1 AHB sind nur gesetzliche Haftpflichtansprüche privatrechtlichen Inhalts vom Versicherungsschutz umfasst. Mit diesem Begriff sind Rechtsnormen gemeint, die unabhängig vom Willen der Beteiligten an die Verwirklichung eines unter § 1 Nr. 1 AHB fallenden Ereignisses Rechtsfolgen knüpfen.

85 Der **Begriff der gesetzlichen Haftpflichtbestimmungen** ist nicht zu eng aufzufassen. Hierzu gehören alle gesetzlichen Regelungen, aufgrund deren eine Schadensersatzpflicht aus einer Schadensentstehung im Zusammenhang mit der Bauleistung einem Dritten gegenüber vorliegt. Hauptanwendungsfälle sind die Vorschriften des BGB über unerlaubte Handlungen, so beispielsweise aus § 823 Abs. 1 BGB, Verschulden bei Vertragsschluss (c.i.c.), jetzt § 311 Abs. 2 i.V.m. §§ 241 Abs. 2, 280 Abs. 1 BGB oder positiver Vertragsverletzung (pVV) nach alter Rechtslage, jetzt § 280 BGB i.V.m. §§ 281–283 BGB. Zu den Schutzgesetzen i. S. d. § 823 Abs. 2 BGB gehören insbesondere die §§ 907, 909 BGB.

86 Fehlt es an einem Verschulden des Bauunternehmers, so kommt allenfalls ein **nachbarrechtlicher Ausgleichsanspruch** analog § 906 Abs. 2 Satz 2 BGB in Betracht. Nach bislang herrschender Meinung handelt es sich hier nicht um eine gesetzliche Haftpflichtbestimmung i. S. d. § 1 Nr. 1 AHB.[4] Ein nachbarrechtlicher Ausgleichsanspruch analog § 906 Abs. 2 Satz 2 BGB steht jedenfalls dann nach der neueren Rechtsprechung des BGH einem Schadenersatzanspruch i. S. d. § 1 AHB gleich, wenn die Einwirkung zu einer Substanzschädigung geführt hat. Zur Be-

---

1 KG, NVersZ 2000, 98.
2 OLG Hamm, VersR 1987, 603.
3 BGH, VersR 2001, 1103; BGH, VersR 2002, 1141.
4 *Späte*, AHB-Kommentar, § 1 Rz. 167.

gründung wird ausgeführt, dass in dem Fall einer rechtswidrigen, an sich zur Abwehr berechtigenden Beeinträchtigung, die der Betroffene aus faktischen Gründen nicht hat verhindern können, der nachbarrechtliche Ausgleichsanspruch einem Schadenersatzanspruch im engeren Sinne vor allem dann nahe steht, wenn der Entschädigungsanspruch auf vollen Schadensersatz gehen kann. Er erfasst dann die Beseitigungskosten ebenso wie einen verbleibenden Minderwert, was die Anwendung des § 1 AHB rechtfertige.[1]

Diese **neue Rechtsprechung** hat der BGH für den Beseitigungsanspruch aus § 1004 BGB bestätigt und eine Inanspruchnahme aus § 1 Nr. 1 AHB erkannt, wenn und soweit dieser Anspruch dieselbe Wirkung hat wie ein auf Naturalrestitution gerichteter Schadensersatzanspruch.[2] 87

Probleme bereiten, im Rahmen des Begriffs **„privatrechtlichen Inhalts"**, **öffentlich-rechtliche Ansprüche**, die eine Ersatzverpflichtung nach öffentlich-rechtlichen Grundsätzen vorsehen, also insbesondere eine Unterwerfung des Ersatzpflichtigen unter die hoheitliche Gewalt des Ersatzberechtigten.[3] 88

Beispiel:
Eine selbstfahrende Arbeitsmaschine, die in den Versicherungsvertrag eingeschlossen ist, verliert auf dem Weg von Baustelle A zur Baustelle B Öl auf der Straße. Polizei bzw. Feuerwehr verstreuen Ölbindemittel. Die Gemeinde regressiert die Kosten gemäß Satzung oder auf Grundlage von Ordnungsgesetzen (OBG, PolG).

Hinweis:
Für Ansprüche auf Kostenerstattung für Maßnahmen im öffentlichen Interesse, insbesondere einen polizeirechtlichen Beseitigungsanspruch oder einen Kostenerstattungsanspruch einer Ersatzvornahme besteht kein Versicherungsschutz.[4]

Streitig ist, ob Versicherungsschutz für einen an und für sich ungedeckten öffentlich-rechtlichen Anspruch besteht, wenn ein gedeckter privatrechtlicher Haftpflichtanspruch mit diesem konkurriert. Das LG Mönchengladbach hat in einem Fall den Deckungsschutz verneint, in dem der VN durch Verwaltungsakt zur Zahlung von Straßenreinigungsgebühren herangezogen wurde.[5] Nach anderer Ansicht soll VS bestehen, wenn neben dem öffentlich-rechtlichen auch ein zivilrechtlicher Anspruch begründet wäre.[6] 89

Besondere Relevanz kann durch landesrechtliche Gesetze entstehen, z. B. das Hamburgische Wegegesetz (WegeG HH).[7] 90

Beispiel:
Beschädigt ein VN eine Abwasserleitung (dort Sielschaden genannt), regelt sich eine Ersatzpflicht ausschließlich nach öffentlichem Recht, §§ 5, 60 WegeG HH. Die Kostenerstattung wird durch Bescheid der Wegeaufsichtsbehörde festgesetzt, § 62 Abs. 1 WegeG HH. Gemeinkostenzuschläge werden nach § 62 Abs. 2 WegeG HH i.V.m. der Verordnung über die Höhe

---

1 BGH, NJW 1999, 2896.
2 BGH, NJW 2000, 1194.
3 *Späte*, AHB-Kommentar, § 1 Rz. 178.
4 *Späte*, AHB-Kommentar, § 1 Rz. 180.
5 LG Mönchengladbach, VersR 1968, 389.
6 *Bruck/Möller/Johannsen*, VVG-Kommentar, § 149 VVG Anm. G 66.
7 In der Fassung v. 22. 1. 1974, Hamb. GVBl. 1974, 41.

der Gemeinkostenzuschläge nach dem Hamburgischen Wegegesetz und dem Sielabgabengesetz vom 8. 12. 1961 festgesetzt. Nach § 1 Abs. 1 dieser VO betragen die Gemeinkosten bis zu einem Rechnungsbetrag von 5000 DM 10 %, zwischen 5000 und 10 000 DM 7 % mindestens 500 DM und über 10 000 DM 4 % mindestens 700 DM.

91 Ist eine spezielle Deckungsdokumentation für diese Ansprüche unterblieben, kann nur auf die übliche Praxis in der Schadensregulierung gehofft werden. Die Versicherungspraxis geht dahin, diese Fälle wie zivilrechtliche Ansprüche zu sehen und entsprechend zu regulieren.

ff) Personen-, Sach- und Vermögensschäden

92 Das Haftpflichtversicherungsrecht unterscheidet zwischen Personen-, Sach- und Vermögensschäden gemäß § 1 Nr. 1 AHB. Deshalb werden für jedes Risiko separate Deckungssummen vereinbart. Nach § 1 Nr. 3 AHB sind **Vermögensschäden grundsätzlich** vom Versicherungsschutz **ausgeschlossen**. Dabei handelt es sich jedoch nur um so genannte **echte oder reine Vermögensschäden**.

93 Nicht ausgeschlossen und damit versichert sind so genannte **unechte Vermögensschäden**, die als Folge eines Personen- oder Sachschadens eintreten.

Beispiel:
Verdienstausfall als Folge einer schuldhaft verursachten Körperverletzung.

Die reinen Vermögensschäden sind regelmäßig nur dann versichert, wenn sie aufgrund einer besonderen Vereinbarung in den Haftpflichtversicherungsschutz einbezogen sind.

Hinweis:
Grundsätzlich sind Vermögensschäden vom Versicherungsschutz ausgeschlossen, soweit sie nicht Folge eines Personen- oder Sachschadens sind.

94 Nach § 4 Abs. 1 Nr. 6 Buchst. b AHB sind unmittelbare Sachschäden durch eine gewerbliche oder berufliche Tätigkeit des VN vom Versicherungsschutz ausgeschlossen, es sei denn, dass für dieses spezielle so genannte „**Bearbeitungsrisiko**" eine gesonderte Deckungssumme vereinbart wurde.

Hinweis:
Ein Nutzungsausfall als **Sachfolgeschaden** unterfällt nicht dieser Deckungsbeschränkung (bzw. der separaten Deckungssumme für Bearbeitungsschäden), sondern ist durch die allgemeine Deckungssumme für Sachschäden versichert.

Beispiel:
Ein Tankleichter explodierte, als ein Werftarbeiter einen brennenden Schweißbrenner in einen nach Gas riechenden Tank hinunterließ um festzustellen, ob sich darin noch Gas befand. Hinsichtlich des Sachschadens handelt es sich um einen Bearbeitungsschaden (Bearbeitung = Prüfung der Gasfreiheit), der mit 50 000 DM versichert war. Der Nutzungsausfallschaden in Höhe von über 200 000 DM war aus der Deckungssumme der allgemeinen Sachschadendeckung zu zahlen.[1]

---

1 BGH, r + s 1999, 192 mit Anm. *Bayer*, VersR 1999, 813.

Die Höhe der zu empfehlenden **Deckungssummen** richtet sich nach der betrieblichen Tätigkeit und dem damit verbundenen Wagnis. Allgemein sollte die Deckungssumme für Personen- und Sachschäden mindestens jeweils 2,5 bzw. 3 Mio. Euro betragen. Erfahrungsgemäß werden bei einem jugendlichen Unfallverletzten mit Querschnittslähmung Rückstellungen von rund 1,5 Mio. Euro notwendig und man muss einen Unfall mit mehreren Personenschäden als schlimmsten Fall berücksichtigen. Feuerschäden (verursacht durch Reparaturarbeiten) erreichen mitunter eine Schadenshöhe von bis zu 15–30 Mio. Euro (wenn man von Größtschäden wie dem Brand auf dem Düsseldorfer Flughafen absieht, der vermutlich rund 250 Mio. Euro Schaden verursacht hat), sodass der Abschluss einer (Objekt-)Excedentenversicherung über die Grunddeckung hinaus nur empfohlen werden kann. 95

gg) Serienschäden

Für den Umfang der Leistungspflicht des VR bilden die im Versicherungsschein angegebenen Versicherungssummen die Höchstgrenze bei jedem Schadensereignis. Nach § 3 Abs. 2 Nr. 2 Satz 3 AHB gelten mehrere zeitlich zusammenhängende Schäden aus derselben Ursache oder mehrere Schäden aus Lieferungen der gleichen mangelhaften Ware als **ein** Schadensereignis. Dies hat zur **Folge, dass auch nur einmal die dafür vereinbarte Deckungssumme zur Verfügung steht.**[1] 96

Die Brisanz dieser Regelung auch für Handwerker und Bauunternehmer wird vielfach übersehen, daher folgendes Praxisbeispiel:

Ein Bauunternehmer hat die Sanierung der Fassade einer Konzernzentrale im Auftrag. Seine Mitarbeiter reinigen die Natursteinverblendung und floatieren (d. h. beaufschlagen mit einer Salzsäurelösung) anschließend mangelhaft mit der Folge von Schäden an den Glasfenstern und den eloxierten Aluminiumfensterrahmen. Hier können binnen kurzer Zeit mehrere tausend Fenster beschädigt werden. Es handelt sich um einen Serienschaden aus einer Ursache.

Zudem kann die – meist nur geringe – Deckungssumme für Bearbeitungsschäden betroffen sein, die nur einmal zur Verfügung steht.

In der Regel wird ferner die Gesamtleistung des VR für alle Schadensereignisse eines Versicherungsjahres auf ein Mehrfaches – üblicherweise **zweifache Maximierung** – der vereinbarten Deckungssumme begrenzt. Pro Versicherungsjahr muss der VR für Schäden aus Schadensereignissen des betreffenden Jahres nicht über diese vereinbarte Höchstleistung hinaus leisten. Hat der VR die Höchstleistung gezahlt, so soll die Leistungspflicht des VR erst wieder nach Ablauf des Versicherungsjahres, also in einer neuen Versicherungsperiode wirksam werden.[2] 97

Hinweis:
Die vereinbarte Jahreshöchstleistung bezieht sich nur auf die Entschädigungsleistung. Unabhängig davon besteht die Pflicht zur Schadensbearbeitung und Abwehr unberechtigter Ansprüche fort.[3]

---

1 Vgl. Rz. 57 ff.
2 *Littbarski*, Bauwesen, Rz. 570.
3 *Schmalzl*, Berufshaftpflichtversicherung, Rz. 55.

hh) Drittschaden

98 Wesentliches Kriterium für einen Haftpflichtschaden ist der Schadenseintritt beim so genannten Dritten. Fehlt dieser, ist der Schaden rechtlich gesehen als Eigenschaden des VN nicht versichert. In der Betriebshaftpflichtversicherung ist nicht nur der VN (als natürliche oder juristische Person) versichert, sondern der **Versicherungsschutz** erstreckt sich – kraft Vereinbarung, § 151 Abs. 1 VVG ist dispositives Recht – auf **alle gesetzlichen Vertreter des VN**, die zur Leitung oder Beaufsichtigung des Betriebs von ihm angestellt sind und sämtliche Betriebsangehörige für Schäden, die sie in dienstlichen Verrichtungen verursachen.[1]

99 Es können auch **Mitversicherungsnehmer** i. S. d. § 7 Nr. 1 Satz 1 AHB – in der Regel natürliche Personen, die in der Risikobeschreibung aufgeführt sind, – vom Haftpflichtversicherungsvertrag begünstigt werden, wie z. B. die Lebensgefährtin des Firmeninhabers, die mit der Firma als versichertes Risiko nichts zu tun haben.

Hinweis:
Ansprüche des Versicherungsnehmers selbst oder der in § 4 Abs. 2 Nr. 2 AHB genannten Personen gegen die Versicherten sowie Ansprüche von Versicherten untereinander sind von der Versicherung ausgeschlossen, § 7 Nr. 2 AHB.

Beispiel:
Der Radladerfahrer beschädigt auf dem Betriebsgelände den Privat-Pkw seines Chefs oder eines Kollegen. Bedingungsgemäß besteht dafür kein Versicherungsschutz, es sei denn, eine entsprechende Sondervereinbarung wurde getroffen.

Weiteres Beispiel:
Ein Bauunternehmer baut mit seinen Mitarbeitern ein Haus seiner Ehefrau um, mit der er in Gütertrennung lebt, die jedoch als Mitversicherungsnehmerin in der Risikobeschreibung seines Betriebs aufgeführt und damit versichert ist. Richten seine Mitarbeiter dabei Schäden an dem Haus an, besteht kein Versicherungsschutz.

100 In der Praxis kann ein VR von seinen Kunden kaum verlangen, dass ausgerechnet bei Baumaßnahmen bei ihm Zuhause oder bei Angehörigen die Konkurrenz beauftragt werden soll, damit der Versicherungsschutz gewährleistet ist. Soweit der Schadensverlauf des Haftpflichtvertrags es erlaubt, werden solche Fälle in der Praxis über **Kulanzzahlungen** zu einem einvernehmlichen Abschluss gebracht.

ii) ARGE-Schäden

101 In der Bauwirtschaft reichen die finanziellen oder technischen Fähigkeiten eines einzelnen Unternehmens oft nicht aus, größere oder technisch komplexe Bauvorhaben allein durchzuführen. Als Alternative bietet sich die Einschaltung von Subunternehmern oder der Zusammenschluss mehrerer selbständiger Unternehmen zur Durchführung des Auftrags oder eines Loses – als Teil eines Großbauvorhabens wie z. B. eine Teilstrecke beim Autobahnbau – an. Ein weiterer Vorteil liegt in der kontinuierlichen Auslastung von Spezialisten, die andernfalls nach einem Großbauvorhaben im Fall fehlender Anschlussaufträge entlassen werden müssten und deren „Know-how" dem Unternehmen abhanden kommt. Vielfach

---

[1] Vgl. Standard BBR Nr. 2 abgedruckt in *Prölss/Martin*, VVG-Kommentar.

wünscht auch der Bauherr eine **Arbeitsgemeinschaft (ARGE)** mehrerer leistungsstarker Unternehmen, um die Folgen bzw. das Risiko eines Konkurses des Hauptunternehmers zu vermindern. Denn mitunter ist für den Bauherrn die zeitgerechte Fertigstellung des Bauvorhabens, wie z. B. der Neubau einer ICE-Strecke, von überaus großer Bedeutung.

Arbeitsgemeinschaften sind grundsätzlich in verschiedenen Gesellschaftsformen denkbar, z. B. als BGB-Gesellschaft oder oHG.[1] Üblicherweise erfolgt der Zusammenschluss bis dato in Form einer BGB-Gesellschaft.

102

Zu unterscheiden sind so genannte „**echte ARGE**" und „**Bieter**"- bzw. „**Los-ARGE**". In beiden Formen verpflichten sich die ARGE-Partner dem Bauherrn gegenüber zur Vertragserfüllung, und zwar gesamtschuldnerisch.

Bei der „echten ARGE" haftet jeder ARGE-Partner auch im Innenverhältnis gesamtschuldnerisch. Bei einer „Los-ARGE" oder „Bietergemeinschaft" wird im Vertrag vereinbart, dass die ARGE-Partner zwar im Außenverhältnis für durch die ARGE verursachte Schäden gesamtschuldnerisch haften, jedoch im Innenverhältnis jeder nur für durch ihn selbst verursachte Schäden aufkommt. Gleiches gilt für die Vertragserfüllung.

103

Hinweis:
Entscheidend ist also die Ausgestaltung der Haftungsregelung der ARGE-Partner im Innenverhältnis.[2]

In den Betriebshaftpflicht-BBR wird die Ersatzpflicht des VR regelmäßig auf die Quote beschränkt, welche der prozentualen Beteiligung des VN an der Arbeitsgemeinschaft entspricht.[3] Diese Regelung gilt nur für die „echte ARGE".

104

Beispiel:
Hat eine ARGE bestehend aus drei Partnern den Auftrag für ein Baulos erhalten und im Innenverhältnis vereinbart, dass jeder nur für seine Teilleistung (z. B. Tiefbau, Hochbau, Ausbaugewerke) verantwortlich ist, handelt es sich um eine so genannte Los-ARGE oder Bietergemeinschaft, für die die Regelung in Nr. 5.6a) BBR-Betriebshaftpflicht nicht gilt.

Gleiches gilt für die Regelungen in Nr. 5.6b) und c) BBR-Betriebshaftpflicht. Danach bleiben vom Versicherungsschutz Haftpflichtansprüche wegen Schäden an den von den einzelnen Partnern in die Arbeitsgemeinschaft eingebrachten oder von der Arbeitsgemeinschaft angeschafften Sachen ausgeschlossen, gleichgültig, von wem die Schäden verursacht wurden. Diese Regelungen entsprechen dem **Grundsatz**, dass Eigenschäden, in diesem Falle der ARGE, grundsätzlich nicht in den von einer Haftpflichtversicherung zu deckenden Bereich fallen.

Wird ein ARGE-Partner für eine Teilleistung als **Subunternehmer** der ARGE beauftragt und beschädigen seine Mitarbeiter bei diesem Auftrag Sachen oder Bauleistungen der ARGE oder ihrer Partner, besteht dafür kein Versicherungsschutz.

105

Hinweis:
ARGE-Partner bleibt ARGE-Partner.

---
1 Vgl. *Joussen*, Zur Auswirkung des HandelsrechtsreformG v. 1. 7. 1998, BauR 1999, 1063.
2 Vgl. Muster ARGE-Vertrag, § 4.
3 Vgl. beispielsweise Prölss/Martin/*Voit*, VVG-Kommentar, Betriebshaftpfl. Nr. 5.

106 Die **Bearbeitung der Haftpflichtschäden** erfolgt durch Meldung des kaufmännisch federführenden ARGE-Partners an seinen **Betriebshaftpflichtversicherer**.[1] **Dieser reguliert – üblicherweise – nach außen für alle ARGE-Partner vor**, auch wenn diese bei anderen Versicherungsgesellschaften ihre Haftpflichtverträge platziert haben. Nach Abschluss der Regulierung nimmt der VR bei den Haftpflichtversicherern der übrigen ARGE-Partner entsprechend der jeweiligen ARGE-Quote Regress.

b) Ausschlussklauseln

aa) Erfüllungsausschlussklausel § 4 Abs. 1 Nr. 6 Satz 3 AHB

107 Sinn und Zweck der Ausschlussklausel liegt in der Verdeutlichung der schon in § 1 Nr. 1 AHB enthaltenen Regelung, dass die Erfüllungserwartung des Vertragspartners des VN nicht Gegenstand des Versicherungsschutzes ist. **Erfüllungsansprüche sind keine gesetzlichen Haftpflichtansprüche i. S. d. § 1 Nr. 1 AHB**.[2]

108 Ausgeschlossen sind beispielsweise der werkvertragliche Anspruch auf Nachbesserung, der reine Mangelbeseitigungsanspruch und der kaufrechtliche Anspruch auf Nachlieferung. Entscheidend für die deckungsrechtliche Frage ist nicht, welche Anspruchsgrundlage zur Begründung von Ansprüchen herangezogen wird, sondern ob das **Vertragserfüllungsinteresse** geltend gemacht wird oder ein **darüber hinausgehender Schaden** geltend gemacht wird, z. B. durch mangelhafte Leistung verursachte Schäden an Sachen des Bestellers.

Allgemein wird danach differenziert, ob die Ansprüche dem so genannten Äquivalenzinteresse des Bestellers (Leistungsinteresse aus dem Bauvertrag) oder aber seinem Integritätsinteresse (seine übrigen Rechtsgüter unversehrt zu erhalten) zuzuordnen ist.[3] Entgangener Gewinn bzw. ein Nutzungsausfallschaden als Folge mangelhafter Vertragserfüllung fällt ebenfalls nicht unter den Versicherungsschutz.

109 Zur Begründung wird darauf verwiesen, dass das Erfüllungsinteresse des Werkbestellers nicht nur die Herstellung eines mangelfreien Werks, sondern auch den Gewinn- bzw. den Nutzungsausfall umfasst, der dadurch entsteht, dass der bestimmungsgemäße Gebrauch der Sache infolge der Leistungsstörung nicht möglich war.[4]

Beispiel:
Ein Bauunternehmer hat den Auftrag, ein Wohnhaus schlüsselfertig zu errichten. Wegen Mängeln in der Ausführung kommt es zu verspäteter Fertigstellung, sodass das Objekt erst 2 Monate nach vereinbartem Termin vermietet werden kann.

---

1 Vgl. Muster ARGE-Vertrag, § 9.
2 *Späte*, AHB-Kommentar, § 1 Rz. 171.
3 *Späte*, AHB-Kommentar, § 4 Rz. 170; *Littbarski*, Haftungs- und Versicherungsrecht im Bauwesen, S. 180 ff.
4 Prölss/Martin/*Voit*, VVG-Kommentar, § 4 Rz. 75; OLG Naumburg, r + s 1996, 348 = VersR 1997, 179; BGH, VersR 1985, 1153; OLG Köln, r + s 2002, 58.

Entgangener Gewinn und Nutzungsausfallschaden sind durch § 4 Abs. 1 Nr. 6 Satz 3 AHB ausgeschlossen auch als Folge von so genanntem Bearbeitungsschaden.[1]

Für die versicherungsrechtliche Einordnung ist entscheidend, welchen Auftrag der Bauunternehmer hat, weil sich daraus erst das Erfüllungsinteresse des Bestellers seiner Leistung ableiten lässt.

Bei nachträglich erteilten **Zusatz- und Ergänzungsaufträgen** ist hinsichtlich der Erfüllungsklausel (§ 4 Abs. 1 Nr. 6 Satz 3 AHB) und auch der Herstellungsklausel (§ 4 Abs. 2 Nr. 5 AHB) zwischen diesem und dem Ursprungsauftrag zu unterscheiden. Werden Nachbesserungsarbeiten an einem mit Kupferplatten gedeckten Dach vorgenommen, ist Ausschlussobjekt das ganze Dach und nicht nur ein Teil desselben (§ 4 Abs. 1 Nr. 6 Satz 3 AHB).[2] 110

Wird der VN aufgrund mehrerer rechtlich selbständiger Aufträge tätig und beschädigt er bei Ausführung eines späteren Auftrags das aufgrund eines früheren Auftrags fertig gestellte und von dem Vertragsgläubiger bereits abgenommene andere Werk, greifen regelmäßig weder die Herstellungs- noch die Erfüllungsklausel ein. Eine andere rechtliche Bewertung kann dann geboten sein, wenn die Aufspaltung in mehrere Aufträge nur aus formalen Gründen erfolgt ist.[3] 111

bb) Nachbesserung und Mangelbeseitigungsnebenkosten

Neben den Kosten der Nachbesserung sind auch so genannte Mangelbeseitigungsnebenkosten zu den **Erfüllungspflichten** des Unternehmers zu zählen. 112

Beispiel:
Ein Unternehmer hat mangelhafte Installationsarbeiten durch fehlerhafte Leitungsverlegung erbracht. Er lehnt die Mangelbeseitigung ab, sodass der Bauherr die schadhaften Rohre durch einen anderen Unternehmer auswechseln ließ. Dabei waren Kosten für Maurer-, Putz- und Malerarbeiten sowie für Architektenleistungen notwendig geworden, weil die Fußböden, Decken und Wände zum Zwecke der Instandsetzung der Abflussleitungen aufgeschlagen und nach Neuverlegung wieder in den alten Zustand versetzt werden mussten.

Müssen zur Vorbereitung von Nachbesserungsarbeiten Sachen des Bestellers beschädigt werden, handelt es sich nicht um eine Schadenersatzleistung, sondern sie gehört zu den Erfüllungspflichten des Unternehmers.[4] Tritt an ihre Stelle eine Schadenersatzverpflichtung, so stellt deren Befriedigung eine an die Stelle der Erfüllungsleistung tretende Ersatzleistung dar.[5] 113

Hinweis:
Zu prüfen ist, ob eine so genannte Mangelbeseitigungsnebenkostenklausel im Versicherungsvertrag oder in den Besonderen Bedingungen und Risikobeschreibungen enthalten ist.

---

1 BGH, VersR 1999, 748.
2 OLG Hamm, r + s 1997, 151.
3 OLG Koblenz, VersR 2000, 755.
4 BGH, VersR 1963, 179.
5 BGH, VersR 1963, 180.

114 Früher war eine solche Klausel nur für den Bereich der Baunebengewerke wie z. B. Installateure, Dachdecker etc. üblich, nicht jedoch für das so genannte Bauhauptgewerbe (Hochbau, Tiefbau, Spezialtiefbau, Rohrleitungsbau). Bauspezialversicherer bieten heutzutage jedoch auch für das Bauhauptgewerbe diese Mangelbeseitigungsnebenkostenklausel an. Der Vertragstext ist also genau zu prüfen.

Beispiel:
Die Wasserleitung ist an einer Lötstelle in der Wand undicht. An dieser Stelle wird der Putz durchfeuchtet und fällt ab. Die reinen Freilegungskosten zum Zwecke der Nachbesserung wären nicht gedeckt, soweit der Putz jedoch von der Feuchtigkeit beschädigt ist, liegt ein Folgeschaden am Fremdgewerk vor, der gedeckt ist. Muss der Installateur zur Vorbereitung der Nachbesserung den Putz großflächiger abschlagen, kann es Abgrenzungsprobleme geben, die mit der Mangelbeseitigungsnebenkostenklausel vermieden werden sollen.

Kosten für das Aufschlagen der Wand und anschließender Wiederherstellung des vorherigen Zustands sind mitversichert, wenn der Versicherungsschutz über § 4 Abs. 1 Nr. 6 Satz 3 AHB auf solche Schäden ausgedehnt wird, die als Folge eines mangelhaften Werkes eintreten und z. B. ein Durchnässungsschaden als Mangelfolgeschaden eingetreten ist, der letztlich ohne den Austausch des mangelhaften Rohres nicht ordnungsgemäß beseitigt werden kann.[1]

116 Die in den BBR für Bauhandwerker aufgenommene Mangelbeseitigungsnebenkostenklausel wird vom BGH als Deckungserweiterung angesehen, obwohl sie seitens der VR nur als Klarstellung des **Überschneidungsbereichs** zwischen **gedecktem Folgeschaden** und **ungedecktem Nachbesserungsaufwand** gedacht war.[2]

cc) Bearbeitungsschaden § 4 Abs. 1 Nr. 6 Buchst. b AHB

117 Die Bedeutung der Ausschlussklausel wird durch **Vereinbarung eines Sublimits**, d. h. einer besonderen Deckungssumme für Bearbeitungsschäden, für die Bereiche des Bauhaupt- und Baunebengewerbes in der Praxis relativiert. Mit der Versicherung des Bearbeitungsrisikos wird ein Teil des so genannten „Unternehmerrisikos" gedeckt. Nach früher vorherrschender Meinung (auch des BAV) sollte „Pfuscharbeit" – aus Gründen volkswirtschaftlicher Gesamtschau nicht versicherbar sein. Nach der Liberalisierung des Versicherungsmarkts gilt dies so nicht mehr, wie beispielsweise die Möglichkeit des Abschlusses einer Gewährleistungsversicherung zeigt (s.u. Rz. 158).

118 Das Bedürfnis nach Versicherungsschutz für so genannte Tätigkeitsschäden ist sehr unterschiedlich ausgeprägt, je nach konkretem Betätigungsfeld des Unternehmers. Ein Gas-/Wasserinstallateur, der ganz überwiegend Reparaturarbeiten durchführt, hat insoweit eine andere Interessenlage als ein Bauunternehmer, der im Bereich Hochbau überwiegend Rohbauten erstellt. Je nach Wagnisgruppe ist der Versicherungsschutz für Bearbeitungsschäden kalkuliert und üblicherweise mit einer relativ hohen Prämie zu bezahlen.

Je mehr ein Handwerker bzw. Bauunternehmer seine Leistungen an oder mit fremden Sachen erbringt, umso größer ist der Bedarf an Versicherungsschutz für das Bearbeitungsrisiko.

---

1 BGH, r + s 1991, 81.
2 *Späte*, AHB-Kommentar, § 1 Rz. 157.

Beispiel:
Erhält ein Steinmetz den Auftrag, einen Grabstein mit Inschrift zu liefern und wird die Einarbeitung des Namens fehlerhaft von ihm durchgeführt, so hat er dafür wegen der Erfüllungsklausel § 4 Abs. 1 Nr. 6 Satz 3 AHB keinen Versicherungsschutz. Wird der Steinmetz nach erfolgter Abnahme im Rahmen eines separaten weiteren Auftrags erneut tätig und erfolgt die Inschrift des zweiten Ehepartners fehlerhaft, so liegt ein so genannter Bearbeitungsschaden vor.

Hinweis:
Die Ausschlussklausel des Bearbeitungsrisikos betrifft jedoch nur den unmittelbaren Sachschaden, nicht jedoch Folgeschäden; für diese gilt die vereinbarte Deckungssumme für Sach- und sonstige Schäden.[1]

Zur Bearbeitungsschadenklausel hat sich eine Kasuistik in der Rechtsprechung entwickelt, die systematisch kaum noch darstellbar ist. Nachfolgende Beispiele können daher nur schlaglichtartig Grundzüge darlegen: 119

▷ Bei einer gewerblichen oder beruflichen Tätigkeit an einem Teil einer beweglichen Sache wird die gesamte Sache von der Ausschlussklausel umfasst.[2]

Beispiel:
Bei Arbeiten an der Achse der gesamte Radbagger[3] oder bei Arbeiten an der Hydraulik das gesamte Kfz.[4]

▷ Bei Tätigkeiten an unbeweglichen Sachen gilt der Ausschlusstatbestand nur, soweit diese oder Teile davon unmittelbarer Gegenstand der Bearbeitung sind.

Beispiel:
Hat ein Bauunternehmer das Nachbarhaus unterfangen, um eine Grenzbebauung auftragsgemäß zu realisieren und kommt es dabei zu Setzungsschäden am Nachbarhaus, kann ein Bearbeitungsschaden vorliegen. Anhand des Schadensbilds und der konkreten Unterfangungsbereiche müsste der „unmittelbare Bearbeitungsbereich" vom Bereich des Folgeschadens abgegrenzt werden. In der Praxis werden Unterfangungsarbeiten in Baupolicen vielfach bedingungsgemäß mitversichert, sodass sich diese Problematik gar nicht erst stellt.

Ob und in welchem Umfang eine Sache unmittelbarer Gegenstand der Bearbeitung ist, wird von der Rechtsprechung unter Berücksichtigung der so genannten **Verkehrsanschauung** bestimmt. Dies kann in den unterschiedlichen Fallgruppen zu deutlich divergierenden Ergebnissen führen.[5] Unlängst hat der BGH unter ausdrücklicher Aufgabe seiner früheren Rechtsprechung[6] entschieden, dass der Risikoausschluss nur eingreift, wenn der beschädigte Grundstücks- bzw. Gebäudeteil der Auftragsgegenstand gewesen ist, eine Benutzung im Rahmen der Auftragsarbeiten z. B. als Materialablagefläche genügt nicht.[7] 120

---
1 BGH, r + s 1999, 192; Anm. Beyer, VersR 1999, 813; BGH, NJW 1984, 370.
2 Späte, AHB-Kommentar, § 4 Rz. 135.
3 OLG Köln, VersR 1984, 26.
4 BGH, VersR 1973, 809.
5 Im Fall von Brandschäden durch Dachdecker vgl. OLG Hamm, VersR 1986, 117 und OLG Saarbrücken, r + s 1990, 368; im Gegensatz dazu Schadenfälle anlässlich von Dachbegrünungsarbeiten BGH, BauR 1998, 187 und OLG Hamm, VersR 1997, 1475.
6 BGH, Urt. v. 25. 9. 1961 – II ZR 121/59, VersR 1961, 974.
7 BGH, VersR 2000, 963.

121 Besteht für Bearbeitungsschäden abweichend von § 4 Abs. 1 Nr. 6 Buchst. b AHB aufgrund besonderer Vertragsbedingungen eine Haftpflicht für Schäden, die an fremden Sachen durch eine gewerbliche oder berufliche Tätigkeit des VN an oder mit diesen Sachen entstanden sind, so kann diese Erweiterung des Versicherungsschutzes wiederum dadurch eingeschränkt werden, dass die **Ausschlussbestimmungen** des § 4 Abs. 1 Nr. 6 Satz 3 AHB (Erfüllungsansprüche oder Erfüllungssurrogat) und § 4 Abs. 2 Nr. 5 AHB (Schäden an hergestellten oder gelieferten Arbeiten oder Sachen) ausdrücklich **bestehen bleiben**. Ob der VN Deckungsschutz für eine zum Ausgleich des Erfüllungsinteresses seines Gläubigers zu erbringende Ersatzleistung fordert, bestimmt sich danach, ob der Vertragspartner des VN ein unmittelbares Interesse am eigentlichen Leistungsgegenstand geltend macht.

Beispiel:
Schuldete der VN die Demontage eines vorhandenen Fußbodens und die Montage einer Holzunterkonstruktion und wurde das Material für deren Herstellung vom Bauherrn gestellt, so ist der Schaden bei mangelhafter Werkleistung des VN insgesamt am Leistungsgegenstand eingetreten, sodass die Ausschlussklausel greift.

Der Haftungsausschluss nach § 4 Abs. 2 Nr. 5 AHB für Schäden, die an den vom VN hergestellten oder gelieferten Arbeiten oder Sachen infolge einer in der Herstellung oder Lieferung liegenden Ursache entstehen, greift auch, wenn der VN vom Bauherrn zur Verfügung gestellte Spanplatten fehlerhaft verarbeitet und letztlich insgesamt ein fehlerhaftes Werk erstellt. Die Haftpflichtversicherung dient nicht dazu, das **Unternehmerrisiko** abzudecken.[1]

dd) Schäden an fremden Sachen, die der VN gemietet, gepachtet, geliehen oder durch verbotene Eigenmacht erlangt hat, § 4 Abs. 1 Nr. 6 Buchst. a AHB

123 Hintergrund dieser Ausschlussklausel ist einerseits die allgemeine Lebenserfahrung, dass man mit fremden Sachen als Besitzer ebenso umgeht wie mit eigenen und die Haftpflichtversicherung nicht für Schäden an eigenen Sachen aufkommen soll. Ob ein Bauunternehmer einen Bagger erwirbt oder least ist schließlich häufig nur eine Frage des Steuerrechts.

124 Benötigt ein Bauunternehmer für ein Bauvorhaben ein Arbeitsgerät, welches er anmieten oder leihen muss, so ist der Versicherungsschutz in zweifacher Hinsicht zu prüfen:

▷ Besteht Haftpflichtversicherungsschutz für Schäden, die durch diese Arbeitsmaschine bei Dritten verursacht werden?

Regelmäßig werden selbstfahrende Arbeitsmaschinen per Einzelanmeldung (und separate Tarifierung) oder pauschal in die Betriebshaftpflichtversicherung einbezogen. In den BBR-Bau ist häufig eine Klausel enthalten, die für kurzfristig angemietete Arbeitsmaschinen Haftpflichtversicherungsschutz gewährt.

▷ Besteht eine Maschinenkaskoversicherung für Schäden an dem geliehenen bzw. gemieteten Gerät?

---
1 OLG Koblenz, r + s 2000, 148.

Hier ist ggf. im Mietvertrag eine Kaskoversicherung abzuschließen bzw. eine Deckung im Rahmen einer Baugeräteversicherung zu prüfen.

Auch **gemischte Verträge** wie beispielsweise die Anmietung eines Krans mit Bedienpersonal[1] als **Kombination von Miete und Dienstverschaffungsvertrag** unterfallen der Ausschlussklausel, wenn die Gebrauchsgewährung Gegenstand des Vertrags ist.[2] Ein solcher Vertrag ist anzunehmen, wenn dem Vertragspartner das Weisungsrecht über den zeitlichen und örtlichen Einsatz des Krans zusteht und dieser das überlassene Personal nach seinen betrieblichen Erfordernissen einsetzen kann. 125

In der Alltagspraxis kommt es häufiger vor, dass ein Autokran mit Bedienungspersonal angemietet wird. Auch hier ist regelmäßig von einem kombinierten Miet- und Dienstverschaffungsvertrag auszugehen.[3] Kommt es bei dessen Einsatz zu Schäden, können folgende Probleme auftauchen:

▷ Für Schäden an zu hebendem Transportgut ist der Abschluss einer so genannten **Hakenlastversicherung** (Sachversicherung) im Rahmen des Mietvertrags zu empfehlen.

▷ Für Schäden an Sachen Dritter durch den Einsatz des Autokrans haftet der Entleiher für Fehler des Bedienpersonals regelmäßig, weil der Kranbetreiber (= Verleiher) nach Mietrecht nur eine zum vertraglich vorausgesetzten Gebrauch geeignete Maschine schuldet und im Rahmen des Dienstverschaffungsvertrags nur nach den Grundsätzen des Auswahlverschuldens haftet. Für ein darüber hinausgehendes Verschulden des Kranführers bei Verrichtung seiner Dienste haftet der Kranbetreiber dagegen nicht. Vielmehr wird ein Verschulden des Kranführers über § 278 BGB dem Auftraggeber (= Entleiher) zugerechnet.[4] Im Rahmen des Betriebshaftpflicht-Versicherungsvertrags kann Deckung für Schäden an Sachen Dritter durch eine kurzfristig gemietete Arbeitsmaschine oder dergleichen vereinbart werden und ist üblicherweise in den BBR für das Baugewerbe enthalten. Ausgeschlossen ist die Deckung für Autokrane jedoch durch §§ 1 Nr. 2 Buchst. b, 2 Nr. 3 Buchst. c AHB bzw. die so genannte Benzinklausel in Nr. 4.2 der Musterbedingungen Betriebshaftpflicht.[5]

▷ Die Schäden am Autokran selbst z. B. im Fall des Umstürzens sind gemäß § 4 Abs. 1 Nr. 6 Buchst. a AHB ausgeschlossen, es sei denn, in den BBR ist eine entsprechende Deckungserweiterung vorhanden. In den BBR-Bau 1999 ist dies teilweise mit einer Deckungssumme von 150 000 DM der Fall. Angesichts der Kosten eines Autokrans, die im Bereich mehrerer Millionen Euro liegen können, ist immer der Abschluss einer speziellen Kaskoversicherung anzuraten.

Beispiel:
Bei Abbrucharbeiten bestellt der Bauleiter des (Haupt-)Abbruchunternehmers den Autokran eines an der Baustelle für einen Subunternehmer im Einsatz befindlichen Kranverlei-

---
1 OLG Celle, NJW-RR 1997, 469.
2 *Späte*, AHB-Kommentar, § 4 Rz. 119.
3 BGH, VersR 1970, 934.
4 OLG Düsseldorf, VersR 1996, 511; *Saller*, VersR 1997, 1191.
5 Prölss/Martin/*Voit*, VVG-Kommentar, S. 1252 Rz. 9.

hers für zwei Tage. In der Praxis wird dies als so genanntes Telefongeschäft abgewickelt. Einzelheiten außer Tages-/Stundenpreis werden meist nicht besprochen, vielfach werden die „üblichen Bedingungen" vereinbart. Wird der Abschluss einer Kaskoversicherung nicht angesprochen oder nicht beweiskräftig vereinbart, kann ein schwerwiegendes Risiko entstehen. Der Entleiher zahlt möglicherweise eine anteilige Versicherungsprämie im Glauben, Kaskodeckung zu haben; tatsächlich handelt es sich jedoch um eine Hakenlastversicherung, die im konkreten Abbruchfall völlig überflüssig war, sodass der Entleiher den Schaden am Autokran selbst bezahlen muss.[1]

Hinweis:
Kein Einsatz bzw. Anmieten eines Autokrans ohne vorherige Prüfung des Versicherungsschutzes! Keine betriebsinterne Delegation dieser Prüfung auf insoweit unerfahrene Hierarchieebenen, z. B. Bauleiter, die mit Einzelheiten des Versicherungsrechts nicht vertraut sind!

ee) Abgrenzung zum Kraftfahrzeughaftpflichtrisiko – „Benzinklauseln"

127 Im Rahmen der AHB sind die Risiken aus dem Führen oder Halten von Kraftfahrzeugen gemäß §§ 1 Nr. 2 Buchst. a, 2 Nr. 3 Buchst. c AHB vom Versicherungsschutz ausgeschlossen. Die so genannten „Benzinklauseln" dienen der Abgrenzung des Deckungsbereichs der Kfz-Haftpflichtversicherung und der Allgemeinen Haftpflichtversicherung (Privathaftpflicht- oder Betriebshaftpflichtversicherung).

Hinweis:
Marktüblich sind mehrere Typen von so genannten „Benzinklauseln", sodass im Einzelfall der Betriebshaftpflicht-Versicherungsvertrag mit seinen Anlagen und Druckstücken im Wortlaut zu prüfen ist.[2]

128 Der Ausschlussbereich der so genannten **„Großen Benzinklausel"** ist sehr weitgehend. So wird beispielsweise ein Kraftfahrzeug im Sinne dieser Klausel auch dann gebraucht, wenn es nur als Arbeitsmaschine eingesetzt wird (Arbeiten mit von Lkw angetriebener Hydraulikpumpe).[3] Der Begriff „Gebrauch" im Sinne dieser Vertragsbedingung knüpft an die entsprechende Regelung in § 1 PflVG und § 10 Abs. 1 AKB an und geht über denjenigen des § 7 StVG hinaus.[4]

129 In Betriebshaftpflicht-Versicherungsverträgen sind – je nach Vereinbarung pauschal oder per Einzelanmeldung – regelmäßig nur **selbstfahrende Arbeitsmaschinen** mitversichert, die nicht zulassungspflichtig im Sinne der StVZO sind. Hinsichtlich des Begriffs der selbstfahrenden Arbeitsmaschinen verweist § 2 Abs. 6 PflVG auf § 18 Abs. 2 Nr. 1 StVZO. Selbstfahrende Arbeitsmaschinen sind dort definiert als Fahrzeuge, die nach ihrer Bauart und ihren besonderen, mit dem Fahrzeug fest verbundenen Einrichtungen zur Leistung von Arbeit, nicht zur Beförderung von Personen oder Gütern bestimmt und geeignet sind.

---

1 OLG Hamm, Urt. v. 12. 5. 2000 – 30 U 130/99, bei Drucklegung nicht rechtskräftig, unveröffentlicht.
2 Vgl. *Voit*, NJW 1993, 1889; *Schug*, VersR 1998, 819; *Hofmann*, NVersZ 1998, 54.
3 OLG Karlsruhe, VersR 1996, 1228.
4 *Wussow*, VersR 1996, 668.

Spezielle Versicherungsfragen für Bauunternehmer Rz. 132 **Teil 6**

Welche Fahrzeuge dazu gehören wird durch eine besondere Verordnung des Bundesministers für Verkehr geregelt.[1] **Gabelstapler** sind beispielsweise in der abschließenden Aufzählung der selbstfahrenden Arbeitsmaschinen nicht enthalten. Es handelt sich um Kraftfahrzeuge im Sinne von §§ 1 Abs. 2 StVG, 4 StVZO, nämlich um Landfahrzeuge, die durch Maschinenkraft bewegt werden, ohne an Bahngleise gebunden zu sein. Gabelstapler gehören grundsätzlich zu den zulassungs- und versicherungspflichtigen Kraftfahrzeugen.[2] 130

Der Risikoausschluss in §§ 1 Abs. 2 Buchst. a, 2 Abs. 3 Buchst. c AHB wird in den BBR der Betriebshaftpflichtversicherung regelmäßig im Hinblick auf folgende Ausnahmen eingeschränkt: 131

▷ Kraftfahrzeuge, die nur auf nichtöffentlichen Wegen oder Plätzen verkehren

Beispiel:
Reiner Baustellenverkehr innerhalb einer abgesperrten Baustelle.

Gegenbeispiel:
Ein beschränkt öffentlicher Verkehr erfüllt diese Voraussetzung nicht, z. B. bei einer Großbaustelle mit umfangreichem Zulieferverkehr oder bei einem Kundenparkplatz eines Baumarkts, auf dem gelegentlich ein Gabelstapler Sackware direkt zum Kunden-Kfz bringt. Hier besteht Zulassungs- und damit Steuer- und Kraftfahrtversicherungspflicht.

▷ Kraftfahrzeuge mit nicht mehr als max. 6 km/h

▷ Selbstfahrende Arbeitsmaschinen mit nicht mehr als 20 km/h

Hinweis:
Die Frage des beschränkt öffentlichen Verkehrs ist im Hinblick auf den Einsatzbereich an der Betriebsstätte bzw. der jeweiligen Baustelle zu prüfen. Die bauartbedingte Höchstgeschwindigkeit ist in der Betriebserlaubnis verzeichnet und für die Frage der Steuerpflicht maßgebend.

Die Problematik der Einbeziehung von Arbeitsmaschinen bzw. Gabelstaplern in Haftpflichtversicherungsverträge ist auch unter Fachleuten nicht immer bekannt, wie veröffentlichte Urteile zeigen.[3] Werden beispielsweise in den AVB eines Versicherers fälschlicherweise Gabelstapler als Beispiele für nicht zulassungs- und nicht versicherungspflichtige Arbeitsmaschinen behandelt und diese in den Versicherungsschutz einbezogen, darf ein durchschnittlicher VN einer Betriebshaftpflichtversicherung die Klausel so verstehen, dass er für Gabelstapler unabhängig von der Rechtslage zur Zulassungs- und Versicherungspflicht Versicherungsschutz erhalten soll. Andererseits kann die AVB-Regelung auch so verstanden werden, dass die Fahrzeuge nur dann in die Betriebshaftpflichtversicherung einbezogen werden, wenn sie nicht zulassungs- und nicht versicherungspflichtig sind. Da zwei vertretbare Auslegungen vorliegen, ist eine Klausel mit diesem Inhalt unklar i. S. d. § 5 AGBG[4], jetzt § 305 c Abs. 2 BGB. 132

---

1 Abgedruckt bei *Lukes/Wagner/Emmerich*, Straßenverkehr Teil 1, Leitzahl 3, § 16 StVZO.
2 BGH, r + s 1995, 332.
3 OLG Köln, r + s 1999, 272.
4 BGH, r + s 1995, 332.

ff) Umweltschäden

133 Die Abgrenzung der Umweltschäden von denjenigen der Betriebshaftpflicht-Versicherung bereitet Schwierigkeiten, weil die Definition des Versicherungsfalls unterschiedlich ist und verschiedene Deckungskonzepte in den bestehenden Versicherungsverträgen noch gelten. Manche Verträge werden nicht gekündigt oder angepasst, weil die VN noch alte WHG-Deckungen besitzen, deren Schutzumfang erheblich größer ist als derzeitige. Die eingetretenen Schäden sind vielfach als reine Vermögensschäden und nicht als Sachschäden zu klassifizieren.

134 Durch zum Teil individuelle Ausschlussklauseln wurde der Umweltschaden nach dem ab 1.1.1991 geltenden UmwelthaftungsG bzw. dem WHG aus dem Deckungsbereich der Betriebshaftpflichtversicherung ausgeschlossen. Die **Abgrenzung** zwischen versicherten und nicht versicherten Schäden gestaltete sich schwierig und richtete sich allein danach, ob die entstandenen Schäden überschaubar sind, ob sie daher nur einen **eingeschränkten Kreis von möglichen Geschädigten** treffen können oder ob diese Schäden beliebige Dritte und damit auch beliebig viele Personen treffen können.[1]

Beispiel:
Ein Korrosionsschutzbetrieb verursacht Schäden durch Sandstrahlgeräte, in dem Partikel vom Sandstrahlgut gelöst und von der Luft fortgetragen werden und – auf entsprechendem Untergrund – zu Korrosionserscheinungen führen bzw. durch Farbsprühgeräte, die Kfz-Schäden durch Farbnebel verursachen.

135 Durch die Einfügung des § 4 Abs. 1 Nr. 8 AHB ist nunmehr klargestellt, dass die Deckung von **Umweltschäden** aus der Betriebshaftpflichtversicherung **ausgeschlossen** ist. Die Definition ist identisch mit derjenigen des Umweltschadens im Umwelthaftungsgesetz (§ 3 Abs. 1 UmweltHG).

136 Durch diesen Ausschluss (so genannte „Nullstellung") wurde der Abschluss einer Umweltdeckung notwendig, die modular aufgebaut ist. Je nach betrieblichem Bedürfnis wird die Deckung konzipiert.

137 (1) In der – alten – **Gewässerschadenhaftpflichtversicherung**[2] gilt die **Kausaltheorie**.[3] Es kommt darauf an, wann die Handlung oder Unterlassung begangen worden ist, für die der VN in Anspruch genommen wird. Das wirtschaftlich bedeutende Anlagenrisiko und das Abwässeranlagenrisiko werden ebenso wie weitere Einzelrisiken über besondere Zusatzbedingungen zur Betriebs- und Berufshaftpflichtversicherung versichert.

138 Der VN muss beweisen, dass der Versicherungsfall während der Versicherungszeit eingetreten ist. Werden dem VN von der zuständigen Behörde nach Beseitigung einer Gewässerbeeinträchtigung **Kosten der Ersatzvornahme in Rechnung gestellt, sind diese nicht vom Versicherungsschutz in der Gewässerschadenhaftpflichtversicherung umfasst.**[4] Es handelt sich nicht um privatrechtliche i. S. d. § 1 Nr. 1 AHB, sondern um öffentlich-rechtliche Ansprüche.

---

1 OLG Köln, VersR 1996, 442.
2 Abgedruckt bei *Prölss/Martin/Voit*, S. 1262 ff.
3 OLG Celle, VersR 1997, 609.
4 LG Köln, r + s 1997, 235; OLG Oldenburg, r + s 2000, 407; OLG Koblenz, r + s 1998, 408; VersR 1999, 573.

Ein Anspruch gegen den VR aus dem Gesichtspunkt der **Rettungskosten** i. S. d. 139
§ 63 VVG wird eher restiktiv von der Rechtsprechung beurteilt. In der Haftpflichtversicherung beginnt die Rettungspflicht mit dem Eintritt des Versicherungsfalls. Eine Übertragung der Grundsätze der so genannten Vorerstreckungstheorie im Bereich der Sachversicherung auf die Haftpflichtversicherung ist nicht gerechtfertigt.[1]

Ist von einem Dritten noch kein Haftpflichtanspruch gegen den VN geltend ge- 140
macht worden, kann er nach § 63 VVG nur Ersatz für solche Aufwendungen verlangen, die er zur Abwehr unmittelbar bevorstehender Gefahren gemacht hat (**vorgezogene Rettungskosten**), weil ohne sie ein versicherter Schaden unabwendbar gewesen oder doch innerhalb kurzer Zeit mit hoher Wahrscheinlichkeit eingetreten wäre. Rettungsmaßnahmen in diesem Sinne sind aber nicht schon solche, die der einem Grundstückseigentümer ohnehin obliegenden allgemeinen Schadensverhütung dienen.[2]

Soweit das **Anlagenrisiko** betroffen ist, liegt kein bestimmungswidriger Austritt aus der (Tank-)Anlage vor, wenn die Kontamination des Bodens mit gewässerschädlichen Stoffen durch Überfüllung oder so genannten Verkleckerung erfolgt.[3]

(2) Die „Besonderen Bedingungen und Risikobeschreibungen für die Versicherung 141
der Haftpflicht wegen Schaden durch Umwelteinwirkung" (Umwelthaftpflicht-Modell) und die „Besonderen Bedingungen und Risikobeschreibungen für die Versicherung der Haftpflicht wegen Schäden durch Umwelteinwirkung im Rahmen der Betriebs- und Berufshaftpflichtversicherung" (Umwelthaftpflicht-Basisversicherung) sind zuletzt im Jahr 1998 aktualisiert worden.[4] Je nach Bedarf des VN werden einzelne Module als Komponenten des Versicherungsschutzes aktiviert.

Hinweis:
Der Ausschluss in § 4 Abs. 1 Nr. 8 AHB ist sehr weitgehend und umfasst auch Schäden, die auf den ersten Blick nichts mit dem Begriff „Umweltschaden" im normalen Sprachgebrauch zu tun haben, wie beispielsweise Erschütterungsschäden am Nachbargebäude durch Einvibrieren von Spundbohlen für den Verbau.

Ausgeschlossen sind danach Haftpflichtschäden wegen **Schäden durch Umwelt-** 143
einwirkungen auf Boden, Luft oder Wasser (einschließlich Gewässer) und alle sich daraus ergebenden Schäden. Teilweise finden sich auch erweiterte Ausschlussklauseln, in denen **Schäden durch Brand** (z. B. durch Funkenflug) ausdrücklich als Umweltschaden definiert werden. Schäden durch Explosion, Wind, Sturm sind nunmehr als Umweltschäden im Sinne dieser Bedingungen anzusehen. Schäden **innerhalb geschlossener Räume**, z. B. durch den Ruß einer wegen elektrischen Defekts in Brand geratenen Kaffeemaschine können ebenfalls zu den – ausgeschlossenen – Umweltschäden gehören. Vom Ausschluss umfasst sind auch Folgeschäden wie z. B. Nichtbenutzbarkeit der Räume und Verdienstausfall.[5]

---

1 OLG Köln, nicht rechtskräftig, VersR 2002, 1231.
2 OLG Köln, r + s 1999, 499; OLG Hamburg, VersR 1998, 969.
3 OLG Stuttgart, VersR 1997, 822.
4 Veröffentlicht als Beilage zu Versicherungswirtschaft erstmals am 15. 12. 1993, aktualisiert in Heft 24 v. 15. 12. 1998.
5 OLG München, r + s 1999, 146; AG Kehl, VersR 2000, 313.

gg) Haftpflichtansprüche aus Personenschäden, bei denen es sich um Arbeitsunfälle im Betrieb des VN gemäß der RVO handelt

144 Marktübliche Policen schließen dieses Risiko z. B. aus dem Regress der Berufsgenossenschaften nicht aus; vielmehr sind die Ansprüche aus §§ 110 ff. SGB VII gedeckt.[1]

145 Es handelt sich hier um ein nicht immer in seinen schwerwiegenden Folgen erkanntes Risiko, dass durchaus existenzbedrohend werden kann. Bei schweren Unfällen belaufen sich die Kosten für Krankenhaus-, Rehabilitations- und Umschulungsaufwendungen sowie Rentenansprüche auf erhebliche Summen. Kalkulatorisch werden von Versicherern beispielsweise für ein querschnittsgelähmtes Unfallopfer im Jugendalter Rückstellungen von rund 1,5 bis 2 Mio. Euro gebildet.

146 Ist ein Arbeitsunfall eingetreten, leistet beispielsweise die Bau-Berufsgenossenschaft (Bau-BG) als Sozialversicherungsträger. Die Kosten der Bau-BG werden im Umlageverfahren durch die Mitgliedsfirmen aufgebracht. Deshalb sind seit der Einführung der **gesetzlichen Unfallversicherung** die Schadenersatzansprüche des verletzten Mitarbeiters gegen seinen Chef als Unternehmer (und auch seine Kollegen) gesetzlich ausgeschlossen, §§ 104 ff. SGB VII, es sei denn der Arbeitsunfall wurde grob fahrlässig herbeigeführt § 110 SGB VII.

Hinweis:
Verstößt ein Sicherungspflichtiger gegen Vorschriften, die dem Schutz der Arbeiter vor tödlichen Gefahren dienen und elementare Sicherungspflichten zum Inhalt haben, so legt allein der Verstoß den Schluss auf ein auch subjektiv gesteigertes Verschulden nahe.[2]

147 An Stelle von Schadenersatzansprüchen, zu denen auch Schmerzensgeldansprüche zählen, werden gesetzliche Leistungen von der BG erbracht, die **im Zweifel werthaltiger** sind als die von der Solvenz des Unternehmens abhängigen Schadenersatzansprüche nach BGB. Die BG kann ihre Leistungen gegen haftungsprivilegierte Personen nach § 110 SGB VII oder gegen sonstige Personen nach § 116 SGB VII regressieren.[3]

148 Sind auf einer Baustelle mehrere Unternehmen mit Mitarbeitern gleichzeitig tätig, kann ein Unfall von Mitarbeitern eines anderen Unternehmens verschuldet sein. Nach § 106 Abs. 3 SGB VII gelten die Ausschlussbestimmungen der §§ 104, 105 SGB VII entsprechend, wenn Versicherte mehrerer Unternehmen vorübergehend betriebliche Tätigkeiten auf einer gemeinsamen Betriebsstätte verrichten.[4]

149 Der Begriff der „**Gemeinsamen Betriebsstätte**" ist noch nicht abschließend geklärt. In ersten Entscheidungen hat der BGH einer engen Auslegung widerspro-

---
1 Musterbedingungen Betriebshaftpflichtversicherung Nr. 2 abgedruckt bei *Prölss/Martin/Voit*, S. 1246.
2 BGH, VersR 2001, 985 = IBR 2001, 515.
3 Vgl. *Kernes*, r + s 2002, 309; *Waltermann*, NJW 2002, 1225.
4 Vgl. *Imbusch*, VersR 2001, 547.

chen und eine deutliche Ausdehnung der Haftungsprivilegierung im Vergleich zur alten Rechtslage festgestellt. Gegen die so genannte weite Auslegung, die an eine räumliche und zeitliche Parallelität der Unternehmensaktivitäten anknüpft, wendet der BGH mit knapper Begründung ein, dass eine „gemeinsame Betriebsstätte" jedenfalls mehr sei als „dieselbe Betriebsstätte". Der Gesetzgeber habe mit dem Merkmal der „Gemeinsamkeit" der Betriebsstätte bezweckt, den Kreis der unter das Haftungsprivileg fallenden Schadensstätte nicht ausufern zu lassen. Erforderlich ist danach ein „bewusstes Miteinander im Arbeitsablauf", ohne dass eine rechtliche Vereinbarung (z. B. Subunternehmervertrag oder ARGE-Vertrag) oder eine ausdrückliche anderweitige Vereinbarung erforderlich wäre.[1]

Strittig war, ob der Haftungsausschluss nicht nur zugunsten der Angehörigen des Unfallbetriebs gilt oder auch für den Unternehmer des Unfallbetriebs selbst. In § 106 Abs. 3 SGB VII sind ausdrücklich nur die für die beteiligten Unternehmen Tätigen genannt. Die Haftungsbeschränkung soll auch zugunsten des Unfallunternehmers gelten, da eine entsprechende Anwendung des § 104 SGB VII angeordnet sei. Die Gegenmeinung stützt sich auf den Wortlaut, der ausdrücklich den Unternehmer nicht erwähnt.[2]

150

Durch Grundsatzentscheidungen hat der BGH klargestellt, dass die Haftungsausschlussbestimmung des § 106 Abs. 3 3. Alternative SGB VII nur anwendbar ist, sofern **ein Unternehmer selbst** eine vorübergehende betriebliche Tätigkeit auf gemeinsamer Betriebsstätte verrichtet.[3] Sind z. B. bei einer juristischen Person die Organe nicht auf der Baustelle tätig, bleibt ein Regress des Geschädigten gegen die Firma des haftpflichtigen Unfallverursachers möglich, weil die Haftungsfreistellung nach § 106 Abs. 3 3 Alt. SGB VII nicht eingreift.

151

2. Die Bauleistungsversicherung

Die Bauleistungsversicherung, hervorgegangen aus den alten Bauwesenversicherungen für Baustelleneinrichtungen und Baugeräte, bildet mit den so genannten Maschinen-Kaskoversicherungen (auf Grundlage der ABG/ABMG) die so genannten „Technischen Versicherungen". Grundlage für den Bauunternehmer sind die ABU, „Allgemeine Bedingungen für die Bauwesenversicherung von Unternehmerleistungen".

152

Die Bauleistungsversicherung soll bestmöglichen Schutz vor finanziellen Verlusten durch Bauschäden bieten. Für den Unternehmer wird ein Teil seiner Wagnisse versichert, insbesondere wird seine eigene Leistung gegen Zerstörung und **„höhere Gewalt bzw. Dritte"** gedeckt. Nicht versichert sind reine Leistungsmängel.[4]

153

---

1 BGH, VersR 2001, 336; VersR 2001, 372; 2002, 1107; r + s 2003, 347.
2 *Wussow*, WJ v. 28. 8. 2000; für die Gegenmeinung vgl. *Lemcke*, r + s 2000, 221; r + s 2000, 23; r + s 1999, 201; r + s 1999, 376.
3 BGH, NJW 2001, 3127 m. w. N.; BGH, NJW 2001, 3125 m. w. N.; *Dahm*, r + s 2001, 397; BGH, Info-Letter Versicherungs- und Haftungsrecht 2003, 11.
4 Zur Abgrenzung bei Teilleistungen vgl. *Littbarski*, Haftungs- und Versicherungsrecht im Bauwesen, Rz. 670 ff.

Beispiel:

Zur Sicherung eines 7 m hohen Geländesprungs, der sich durch den Ausbau einer Verbindungsstraße ergab, war eine Stützwand in Form einer Raumgitterwand aus Betonfertigteilen geplant worden. Kurz vor ihrer Vollendung stürzte die Wand auf halber Länge ein. Als Ursache des Schadens wurde eine fehlerhafte statische Berechnung dieser Wandkonzeption ermittelt. Somit war offensichtlich, dass auch der bisher unbeschädigt gebliebene Teil der Wand nicht standsicher war. Die Wand musste auf ganzer Länge abgebaut und danach wieder mangelfrei errichtet werden.

154 Für diesen Fall aus dem so genannten „Erfüllungsbereich" besteht in der Haftpflichtversicherung des Bauunternehmers kein Versicherungsschutz gemäß §§ 1 Abs. 1 i.V.m. 4 Abs. 1 Nr. 6 Satz 3 AHB. Auch im Rahmen der Bauleistungsversicherung wird dieser Schaden nicht vollständig abgedeckt, weil die Kosten der reinen Mangelbeseitigung nicht unter die Ersatzpflicht fallen, § 2 Nr. 2 Buchst. a ABU.

155 Bei Schäden infolge von Planungsfehlern prüft der Bauleistungsversicherer, ob die Planung in den Verantwortungsbereich des Bauherrn oder des Bauunternehmers fällt. Für den Fall, dass nur das Unternehmerrisiko (ABU ohne Klausel 64) versichert ist, hat der Versicherer für Bauherrenschäden nicht einzutreten.

Nach einer Ersatzleistung des Bauleistungsversicherers wird ein **Regress** gegen den Planer bzw. dessen Berufshaftpflichtversicherer durchgeführt. In dem Bedingungswerk für die „Bauwesenversicherung von Gebäudeneubauten durch den Auftraggeber" (ABN) ist die Vereinbarung der Klausel 68 „Verzicht auf Rückgriff gegen versicherte Unternehmer § 3 Nr. 3 ABN" möglich.[1] Gegen **Prämienzuschlag** verzichtet der Versicherer dann auf Rückgriffsansprüche gegen versicherte Unternehmer und Nachunternehmer wegen Schäden an versicherten Bauleistungen, soweit nicht die Haftpflichtversicherung des Schadensstifters eintreten muss.[2]

Hinweis:

Soweit das BV **Altbauten** (mit-)betrifft, ist die Mitversicherung von Altbauten gegen Einsturz nach Klausel 55 zu § 1 Nr. 1 ABU oder § 1 Abs. 1 ABN besonders zu prüfen.

Altbauten können danach mitversichert werden, soweit an ihnen unmittelbar eine versicherte Bauleistung ausgeführt wird, durch die in ihre tragende Konstruktion eingegriffen wird oder durch die sie unterfangen wird, gleichgültig, ob es sich um das BV selbst oder das **Nachbargrundstück** handelt.

Beispiel:

Ein Landwirt wollte sein bestehendes Stallgebäude mit einem so genannten Spaltboden nachrüsten. Die Fäkalien der Tiere gelangen durch den Spaltboden ins Souterrain. Das Entmisten kann maschinell erfolgen. Das Innere des Stallgebäudes musste daher vertieft werden. Wegen krasser Missachtung der technischen Regeln für Unterfangungsarbeiten gemäß DIN 4123, die auch im Gebäudeinneren gelten, kam es zu so starken Setzungen und Rissen im Mauerwerk, dass ein Totalabbruch notwendig wurde.

---

1 *Platen*, Handbuch der Versicherung von Bauleistungen, 3. Aufl., Rz. 22.0.0ff.
2 *Platen*, Handbuch der Versicherung von Bauleistungen, Rz. 7.2.2.

Im Rahmen der Betriebshaftpflichtversicherung besteht für den so genannten „Erfüllungsbereich" keine Deckung. Die Bearbeitungsdeckungssummen sind durch ein entsprechendes Sublimit regelmäßig sehr gering, wenn nicht sogar Unterfangungsarbeiten grundsätzlich vom Versicherungsschutz ausgeschlossen sind.

Hier kann eine **Deckungslücke** durch eine Bauleistungsversicherung mit der vereinbarten **Klausel 55** geschlossen werden. Vor Abschluss des Versicherungsvertrags wird regelmäßig eine Objektbesichtigung durchgeführt, damit der Versicherer das Risiko technisch und auch hinsichtlich einer risikogerechten Prämie beurteilen kann. 157

Hinweis:
Nebeneffekt: Das technische Konzept der Planung und Baurealisierung wird von den Baufachleuten der Bauleistungsversicherung geprüft und bei Feststellen von Fehlern ein entsprechender Hinweis erteilt.

Eine Entschädigung wird allerdings nur geleistet für den Einsturz versicherter Einbauten bzw. für sonstige Schäden, die einem Einsturz nur dann gleichstehen, wenn der Altbau aus Gründen der Standsicherheit ganz oder teilweise abgebrochen werden muss.

3. Baugewährleistungs-Versicherung

Die VHV V.a.G. Hannover bietet seit 1999 mit der Gewährleistungsversicherung ein neues Produkt an, mit dem in Deutschland **Neuland** betreten wird. Mit den Großbauvorhaben in Berlin kamen u. a. französische Baufirmen auf den Deutschen Baumarkt, die ihren eigenen Versicherer mitbrachten – und damit die De'cennale-Versicherung, seit 1978 gesetzliche Pflichtversicherung in Frankreich. Sie deckt für zehn Jahre Gewährleistungsmängel ab. Nachdem sich auch die EU-Kommission mit diesem Thema in einer dafür einberufenen „GAIPEC-Kommission" beschäftigt hat, die Vorschläge für eine Richtlinie zum Thema Haftung, Abnahme und Gewährleistung erarbeiten sollte, wurde ein neues Deckungskonzept als Objektversicherung für das Baugewerbe entwickelt. 158

Nach § 1 – Gegenstand der Versicherung – gewährt der VR dem VN Versicherungsschutz für Gewährleistungsansprüche aus der Erbringung mangelhafter Bauleistungen gemäß BGB und/oder VOB auf Mangelbeseitigung im Rahmen der aufgrund eines Werkvertrags übernommenen Gewährleistungsfristen, höchstens jedoch fünf Jahre nach Abnahme. 159

Hinweis:
Damit können erstmals Mängel an der Bauleistung nach der Bauabnahme versichert werden.

Die **mangelfreie Abnahme** stellt den Beginn der Gewährleistungsfristen dar und daran knüpft der **Versicherungsbeginn** an. Innerhalb der Versicherung stehen dem VN verschiedene Formen der Abnahme zur Verfügung. Die verschiedenen Abnahmekonstellationen ziehen zwangsläufig eine Reihe von Obliegenheiten nach sich, die der VN während der Dauer der Versicherung zu beachten hat. 160

161 Ebenso ist eine Mitteilung erforderlich, wenn eine förmliche Abnahme ohne Mitwirkung eines Architekten/Bauingenieurs als Vertreter des Bauherrn stattfinden soll; desgleichen, wenn der VN oder eine ihm natürlich oder juristisch verbundene Person die Aufgaben des Bauherrn selbst wahrnehmen soll. Hier entscheidet dann der VR über einen Einsatz von Sachverständigen zur Überprüfung. Findet keine förmliche Abnahme statt, muss der VN eine Fertigstellungsanzeige übersenden, damit der VR ggfs. über eine Sachverständigenbeauftragung zur Überprüfung entscheiden kann.

162 Bedingungsgemäß umfasst der Versicherungsschutz:

▷ Erstattung der Mangelbeseitigungskosten für Mängel an der Bauleistung, die erstmals nach der Abnahme eintreten. Erstattet werden neben den Kosten für die reine Nachbesserung auch die Kosten für die erforderlichen vorbereitenden und nachbereitenden Arbeiten auf Selbstkostenbasis; Wagnis und Gewinn werden nicht erstattet, ebenso keine „Sowieso-Kosten".

▷ Erstattung des angemessenen Minderungsbetrags, soweit die Mangelbeseitigung unmöglich bzw. unverhältnismäßig ist. Bei der Berechnung der Minderung wird die Vergütung des Unternehmers in dem Verhältnis herabgesetzt, in dem der Wert der Sache in mangelfreiem Zustand zu dem wirklichen Wert gestanden haben würde. Das Wertverhältnis der gelieferten mangelhaften Sache zu demjenigen der geschuldeten mangelfreien Sache ist objektiv nach den Verhältnissen zum Zeitpunkt der Abnahme zu beurteilen.

▷ Versichert ist der vertraglich vereinbarte Gewährleistungszeitraum bis zu maximal 5 Jahren in den Fällen ohne Anspruchserhebung. Eine Verlängerung kann sich im Fall eines anerkannten Mangels ergeben, denn für diese Teilleistung beginnt der Versicherungsschutz erneut mit der Abnahme der Mangelbeseitigungsarbeiten und endet spätestens 5 Jahre und ein Monat nach Beendigung des Versicherungsvertrags.

▷ Die Abwehr unbegründeter Gewährleistungsansprüche. Neben der rechtlichen Prüfung des Gewährleistungsanspruchs übernimmt der VR die Kosten eines Sachverständigen oder mehrerer Sachverständiger sowie den Rechtsschutz, d. h. die Kosten eines eventuellen Rechtsstreits (Anwalts- und Gerichtskosten), und führt den Prozess im Namen des VN.

▷ Im Insolvenzfall des Bauunternehmers kann sich der Bauherr zwecks Kostenerstattung im Rahmen des Versicherungsvertrags direkt an den VR wenden. Hier erfolgt eine Dokumentation in einem Zertifikat für den Bauherrn.

163 In einigen Versicherungsfällen ist eine Überschneidung mit anderen Versicherungen möglich. Die Baugewährleistungsversicherung tritt dann hinter diesen Versicherungen zurück, sie gilt subsidiär.

164 Vom Versicherungsschutz ausgeschlossen bleiben beispielsweise:

▷ Nicht erprobte Baustoffe oder Bauteile;

▷ Optische Mängel (ab einer bestimmten Wertgrenze);

▷ Mangelfolgeschäden (d. h. Schäden, die nur mittelbar aus der mangelhaften Leistung hervorgehen, wie z. B. entgangener Gewinn);

▷ Wandelung;

▷ Selbständige Garantiezusagen;

▷ Raumakustik.

Die Entschädigungsleistung wird begrenzt durch die Deckungssumme je Versicherungsfall und einen Selbstbehalt von 10 % der Entschädigungssumme, mindestens aber 2500 Euro je Versicherungsfall.

Hinweis:
Weitere Informationen: Infotelefon zum Ortstarif 01 80 2 23 21 80 oder im Internet unter www.vhv.de.

V. Anhang[1]

1. Anschriftenübersicht Bau-Berufsgenossenschaften

Bau-Berufsgenossenschaft Frankfurt am Main
An der Festeburg 27–29
60389 Frankfurt   *(Ortsanschrift)*
oder
Postfach 600 112   *(Postanschrift)*
60331 Frankfurt

Bau-Berufsgenossenschaft Hamburg
Holstenwall 8–9
20355 Hamburg   *(Postanschrift)*

Bau-BG Hannover
Hildesheimer Str. 309   *(Ortsanschrift)*
30159 Hannover
oder
30141 Hannover   *(Postanschrift)*

Südwestliche Bau-Berufsgenossenschaft
Steinhäuserstr. 10
76135 Karlsruhe   *(Ortsanschrift)*
oder
76123 Karsruhe   *(Postanschrift)*

Tiefbau-Berufsgenossenschaft
Am Knie 6
81241 München   *(Ortsanschrift)*
oder
81237 München   *(Postanschrift)*

---

1 Weitere Informationen unter www.bau-bg.de.

Bau-Berufsgenossenschaft Bayern und Sachsen
Loristr. 8
80335 München   *(Ortsanschrift)*
oder
80267 München   *(Postanschrift)*

Bau-Berufsgenossenschaft Wuppertal
Viktoriastr. 21
42115 Wuppertal   *(Ortsanschrift)*
oder
42095 Wuppertal   *(Postanschrift)*

Württembergische Bau-Berufsgenossenschaft
Friedrich-Gerstlacher-Str. 15
71032 Böblingen   *(Ortsanschrift)*
oder
71029 Böblingen   *(Postanschrift)*

2. Versicherungspflichten in den einzelnen Bundesländern[1]

167

Kurzübersicht

Bundesland	Versicherungspflicht für …					
	Freie Architekten / Beratende Ingenieure	Entwurfsverfasser	Berufsgesellschaften	Prüfingenieure für Baustatik	Sachverständige iSv. § 19i WHG/Landes-VAwS	Sonstige
Baden-Württemberg	nein	nein	ja	ja	ja	
Bayern	ja	Pflicht für Arch. allg.	Pflicht für Arch. allg.	ja	ja	SV Boden + Altlasten
Berlin		nein	nein	ja		
Brandenburg		ja	ja	ja	ja	
Bremen	ja	ja (Beratende Ingenieure)	ja	ja	ja	
Hamburg						
Hessen	ja	ja	ja	ja	ja	
Mecklenburg-Vorpommern	ja		ja (Partnerschaften)	ja		
Niedersachsen	nein	ja	ja		ja	
Nordrhein-Westfalen	nein	ja	nein	ja	ja	Für SV iSd TiefbohrVO besteht keine gesetzliche Verpflichtung
Rheinland-Pfalz	ja	nein	Ingenieure: ja	ja	ja	SV für baulichen Brandschutz
Saarland	ja/ja	ja	nein (sind nicht vorgesehen)	ja	ja	

---

1 Mit freundlicher Genehmigung der VHV A.G. Vgl. auch die ausführliche Übersicht im Anhang.

Kurzübersicht

Bundesland	Versicherungspflicht für ...					Sonstige
	Freie Architekten / Beratende Ingenieure	Entwurfsverfasser	Berufsgesellschaften	Prüfingenieure für Baustatik	Sachverständige iSv. § 19i WHG/Landes-VAwS	
Sachsen		ja	nein	ja		Pflicht für Ingenieure und Landschaftsarchitekten im Straßen- und Brückenbau
Sachsen-Anhalt				ja		
Schleswig-Holstein		ja	in Vorbereitung	ja		
Thüringen		nein		ja		

Teil 7
Der Bauvertrag (Überblick)

	Rz.		Rz.
I. Bauvertragsbegriff	1	V. Stellvertretung/ARGE	27
II. Werkvertrag, Dienstvertrag, Geschäftsbesorgungsvertrag	4	VI. Prüfliste	35
		VII. Muster eines BGB-Vertrags	36
III. Vertragsabschluss	12	VIII. Muster eines VOB/B-Vertrags	37
IV. Allgemeine, Besondere, Zusätzliche Vertragsbedingungen, VOB	19		

I. Bauvertragsbegriff

Der Bauvertrag ist eine spezielle Ausformung des in § 631 BGB statuierten **Werkvertrags**. Er wird in der Grundform zwischen einem Auftraggeber, der die Bauleistung im eigenen Namen vergibt, und einem Auftragnehmer, der diese Bauleistung als Alleinunternehmer im Rahmen seines Betriebs allein ausführt, geschlossen. Gerichtet ist der Bauvertrag auf die Herstellung eines körperlichen Arbeitsergebnisses. 1

Ausgehend von diesem Grundvertrag haben sich jedoch viele besondere Arten von Bauverträgen entwickelt. Sie basieren aber alle auf der Grundlage des Werkvertragsrechts des BGB, da die **Erfolgsbezogenheit der Leistungspflicht** des Bauunternehmers maßgeblich bleibt. 2

Gerade die Individualität der jeweils zu erbringenden Bauleistung erfordert es jedoch, dass in einem Bauvertrag die Regelungen über die Gefahrtragung, die Gewährleistung und die Vergütung für die Werkleistung schwerpunktmäßige Anwendung finden. Dabei erweisen sich die allgemeinen Bestimmungen des Werkvertragsrechts häufig als zu unflexibel, tragen sie doch den besonderen Anforderungen des Bauvertrags nicht hinreichend Rechnung. Lediglich in einigen wenigen Bestimmungen hat der baurechtliche Aspekt gesonderte Berücksichtigung erfahren (Verjährungsregelung des § 634 a Abs. 1 Nr. 2 BGB, Regelung der Sicherungshypothek des Bauunternehmers nach § 648 BGB, Bauhandwerkersicherung gemäß § 648 a BGB). 3

II. Werkvertrag, Dienstvertrag, Geschäftsbesorgungsvertrag

Der Bauvertrag beinhaltet neben werkvertraglichen Ausführungspflichten häufig auch Elemente der Geschäftsbesorgung und des Dienstvertragsrechts. Dieser Umstand resultiert daher, dass das bei der Konzeption des Werkvertrags vom Gesetzgeber verfolgte Leitbild eines selbständigen, handwerklichen Unternehmers für den Bauunternehmer heute nicht mehr zutreffend ist. In der Praxis liegen deshalb häufig so genannte **typengemischte Verträge** vor, deren einzelne Leistungsteile den §§ 631 ff. BGB, andere den §§ 611 ff. BGB und wieder andere den 4

§§ 675 ff. BGB unterstellt werden. Wegen der Verquickung verschiedener gesetzlicher Vertragstypen ist eine saubere Abgrenzung der Regelungen nach den einzelnen gesetzlichen Vertragskonzeptionen nötig.

5 Maßgebliche Unterschiede finden sich bei den **Leistungsstörungen**. So unterliegt der Werkunternehmer der Nacherfüllungspflicht nach § 635 BGB und der verschuldensunabhängigen Mängelhaftung (§ 634 BGB). Dagegen haftet der Dienstverpflichtete nur bei einer schuldhaften Verletzung seiner Vertragspflichten aus positiver Vertragsverletzung. Auch beinhaltet das Dienstvertragsrecht keine Gefahrtragungsregeln wie beim Werkvertrag die §§ 644, 645 BGB.

6 Während im Dienstvertragsrecht der Verpflichtete für den Fall des **Annahmeverzugs** des Berechtigten von seiner Leistungspflicht befreit wird, kann er andererseits dennoch die Vergütung für die nicht geleisteten Dienste verlangen (§ 615 BGB). Dagegen findet sich im Recht des Werkvertrags eine spezielle Regelung zum Annahmeverzug für den Fall, dass der Besteller eine Mitwirkungsobliegenheit unterlässt (§ 642 BGB).

7 Auch treffen den Dienstberechtigten besondere **Schutzpflichten** hinsichtlich der körperlichen Integrität des zum Dienst Verpflichteten (§ 618 BGB); die §§ 631 ff. BGB indes beinhalten eine solche Regelung nicht.

8 Grundlegende Unterschiede ergeben sich auch bei den **Kündigungsregelungen**. Ein Dienstvertrag als Dauerschuldverhältnis kann nur aus wichtigem Grund, bei Diensten höherer Art mit einem besonderen Vertrauensanspruch, jederzeit gekündigt werden (§§ 626, 627 BGB); die Vergütung für die vor der Kündigung liegende Zeit regelt sich sodann nach § 628 BGB. Dagegen kann der Besteller den Werkvertrag jederzeit kündigen, löst damit aber einen Anspruch auf die gesamte Vergütung abzüglich der ersparten Aufwendungen aus (§ 649 BGB). Zudem kann der Besteller den Vertrag bei Überschreitung des Kostenvoranschlags kündigen (§ 650 BGB).

9 Zentrales **Abgrenzungskriterium** zwischen Dienst- und Werkvertrag ist nach der Dogmatik des BGB, dass beim Dienstvertrag das bloße Bewirken der Leistung, beim Werkvertrag hingegen ein bestimmter Erfolg geschuldet wird.[1] Dabei ist aus der Sicht des Sachschuldners zu fragen, ob er verspricht, seine subjektiven Kenntnisse und Fähigkeiten, auch die entsprechenden personellen wie sachlichen Mittel, einzusetzen (Dienstvertrag), oder ob er ein bestimmtes Ergebnis garantiert, für dessen Fehlschlagen, also einstehen will (Werkvertrag).[2]

10 Die Dauer der Tätigkeit oder die Frage, ob es sich um eine Spezies- oder eine Gattungsschuld handelt, sind keine Erfolg versprechenden Unterscheidungsmerkmale. Auch die Tatsache, dass der Verpflichtete wirtschaftlich selbständig agieren kann, spricht nicht für eine Klassifizierung des Vertrags als Werkvertrag. So kann insbesondere beim Dienstvertrag der Verpflichtete selbständig sein, besondere Fachkenntnisse benötigen, wie z. B. der Rechtsanwalt oder der Arzt, und einzelne Aufträge im Rahmen der freien Mitarbeit übernehmen. Betrifft der Vertrag

---

1 Palandt/*Sprau*, Einf. v. § 631 Rz. 5.
2 BGHZ 63, 306; BGH BauR 1995, 572; *Stapelfeld*, Der Projektsteuerungsvertrag – juristische terra incognita?, BauR 1994, 693.

dagegen einen fest umrissenen Leistungsgegenstand, nicht eine allgemein laufende Tätigkeit, liegt ein Werkvertrag vor.[1]

Der **Geschäftsbesorgungsvertrag** ist je nach Tätigkeit ein Werk- oder ein Dienstvertrag, folgt aber weitgehend den Regeln des Auftragsrechts. Als Beispiel für einen Geschäftsbesorgungsvertrag sei hier der **Baubetreuungsvertrag** aufgeführt. Im Rahmen dieses Vertrags verpflichtet sich der Baubetreuer, das Bauvorhaben technisch und wirtschaftlich vorzubereiten und auszuführen. 11

III. Vertragsabschluss

Ein (Bau-)Vertrag besteht aus zwei übereinstimmenden **Willenserklärungen**, Angebot und Annahme desselben. Häufig ist problematisch, ob die zwei Willenserklärungen wirklich übereinstimmend sind. Oft wird der aufgesetzte Vertragstext noch vor der Unterzeichnung geändert. Nicht immer sind sich beide Parteien dieser Änderungen bewusst. Ob ein Konsens vorliegt, ist anhand der **Auslegungsgrundsätze** zu bestimmen. Ergibt die Auslegung, dass die Erklärungen von Antragendem und Annehmendem divergieren, so ist durch normative Auslegung zu ermitteln, welcher Sinn beiden Erklärungen nach dem objektiven Empfängerhorizont (§§ 133, 157 BGB) zukommt. Stimmt der Sinn beider Erklärungen überein, so ist, obwohl der tatsächliche Wille der Parteien voneinander abweicht, Übereinstimmung gegeben. 12

Beruht der Konsens auf dem erst durch normative Auslegung gefundenen, übereinstimmenden Sinn der Erklärungen, kann die Partei, bei der eine Abweichung von Gewolltem und Erklärtem vorliegt, wegen Erklärungsirrtums anfechten (§ 119 Abs. 1 BGB). Der **Anfechtende** ist jedoch zum Ersatz des Vertrauensschadens nach § 122 BGB, welcher jedoch durch das positive Interesse begrenzt wird, verpflichtet. 13

Ein **Dissens** (Nichtübereinstimmung der Willenserklärungen) liegt nur vor, wenn zuvor festgestellt wurde, dass auch durch Auslegung keine Übereinstimmung der Erklärungen zu erzielen war (Primat der Auslegung). Ist über einen der wesentlichen Vertragsbestandteile (essentialia negotii) keine Einigung erreicht worden, so ist kein Vertrag zustande gekommen. Wesentlich sind die Umstände, die nach dem Gesetz den Vertragstyp bestimmen. 14

Die **wesentlichen Vertragselemente** beim Bauvertrag sind zum einen die Merkmale der Herstellungspflicht, insbesondere Art, Ort und Umfang der Bauausführung. Ferner ist eine Einigung über die Vergütungspflicht als vertragswesentlich anzusehen. Diese kann jedoch nach § 632 Abs. 1 BGB fingiert werden, wenn eine Einigung über die Herstellungspflicht vorliegt und nach objektiver Anschauung nicht zu erwarten ist, dass die zu erbringenden Leistungen unentgeltlich erfolgen. Auch die Höhe der Vergütung kann gemäß § 632 Abs. 2 BGB fingiert werden. 15

Diese Vorschriften des BGB können aber nur Anwendung finden, wenn die Parteien keine Angaben zur **Vergütung** gemacht haben. Sollten sie bereits Aussagen getroffen haben, so kann nicht auf die Grundregelung des § 632 BGB zurück- 16

---

1 BGH, NJW 2000, 1107.

gegriffen werden. Vielmehr muss in diesen Fällen vom Fehlen einer Einigung ausgegangen werden. Dann sind die Regelungen der §§ 154, 155 BGB anzuwenden.

17 Für den Auftragnehmer besteht in der Bauwirtschaft vollständige Abschlussfreiheit. Anders sieht es jedoch für den Auftraggeber aus. Verknüpft der Auftraggeber die Aufforderung zur Abgabe eines Angebots damit, dass er in Bezug auf die Auswahl des Auftragnehmers ein **besonderes Vergabeverfahren** benutzt, so setzt er ein erstes Vertrauensverhältnis zwischen sich und den Auftragnehmer. Missbraucht der Auftraggeber dieses Vertrauen, indem er sich nicht an die getroffenen Vergaberegelungen hält, so hat der Auftragnehmer einen Schadensersatzanspruch aus culpa in contrahendo (§§ 280 Abs. 1, 311 Abs. 2 BGB).

18 Der öffentliche Auftraggeber hat bei der Vergabe die Vorschriften der VOB/A zu beachten. Sie stellen ein Regelwerk für ein geordnetes Vergabeverfahren dar (ausführlich hierzu Teil 8). Ferner unterliegt der öffentliche Auftraggeber nach Art. 3 Abs. 1 GG der Selbstbindung der Verwaltung. Während des Vergabeverfahrens muss er sich an die Regelungen der VOB/A halten und darf nicht einzelne Bewerber bevorzugen oder benachteiligen, da den benachteiligten Bietern ansonsten gegebenenfalls ein Schadensersatzanspruch zusteht.

IV. Allgemeine, Besondere, Zusätzliche Vertragsbedingungen, VOB

19 Die Vergabe- und Vertragsordnung für Bauleistungen (VOB; früher: Verdingungsordnung für Bauleistungen; der Name wurde durch Beschluss des Deutschen Vergabe- und Vertragsausschusses für Bauleistungen – DVA – vom 2. 5. 2002 geändert) regelt generell die Vergabe und die Durchführung von Bauleistungen. Teil A enthält die Regelungen für die Vergabe von Aufträgen durch die öffentliche Hand (ausführlich hierzu Teil 8 und Teil 9).

20 Teil B versteht sich als maßgeschneiderte Ergänzung zu den Werkvertragsregeln; den besonderen Anforderungen des Bauens soll hier besonders Rechnung getragen werden. Die VOB/B enthält keine Rechtsnormen, sondern Vertragsrecht. Bei ihren Bestimmungen handelt es sich um **Allgemeine Geschäftsbedingungen**. Diese werden Vertragsinhalt, wenn sich die Bauvertragsparteien darauf einigen, dass die VOB/B Vertragsgrundlage sein soll. Wird sie Vertragsbestandteil, gelten ihre Regelungen für die gegenseitigen Rechte und Pflichten der Vertragsparteien kraft vertraglicher Vereinbarung. Hierdurch werden die allgemeinen gesetzlichen Bestimmungen, insbesondere die des BGB-Werkvertragsrechts, modifiziert und ergänzt. Die §§ 631 ff. BGB greifen also nur noch dann ein, wenn und soweit die VOB/B keine abweichenden Regelungen trifft.

21 Ist die VOB/B in den Bauvertrag mit einbezogen, so unterliegt sie der Kontrolle durch § 307 BGB. Die Bestimmungen der VOB halten aber, wenn die VOB als Ganzes vereinbart wurde, aufgrund ihrer Ausgewogenheit der **Inhaltskontrolle** der §§ 307 bis 309 BGB stand. Die § 308 Nr. 5, § 309 Nr. 8 Buchst. b ff. BGB enthalten ausdrückliche Privilegierungen der VOB/B.[1]

---
1 Siehe ausführlich zur Privilegierung der VOB/B: Ingenstau/Korbion-*M. Locker*, 15. Aufl., VOB, Anhang 1, Rz. 67 ff.

Die VOB/C enthält allgemeine **technische Bestimmungen** für die Ausführung von Bauleistungen und wird Vertragsbestandteil, falls Teil B dem Vertrag zugrunde gelegt wird (§ 1 Nr. 1 Satz 2 VOB/B).

22

Daneben werden die gesetzlichen Regelungen und die Regelungen der VOB in der Regel durch weitere vertragliche Vereinbarungen ergänzt, die oft in den „**Besonderen Vertragsbedingungen**" zusammengefasst sind. Diese Besonderen Vertragsbedingungen unterliegen den Bestimmungen der §§ 305 ff. BGB, wenn eine Vertragspartei (Verwender) die Vertragsbedingungen bereits einseitig vorformuliert hat, um sie bei mehreren Gelegenheiten den Vertragspartnern zum Vertragsabschluss vorzulegen. Die §§ 305 ff. BGB verfolgen den Zweck, eine unangemessene Benachteiligung des Vertragspartners durch den Verwender zu verhindern. Dies wird dadurch erreicht, dass Klauseln mit einer derartigen Folge unwirksam sind und durch die allgemeinen gesetzlichen Regelungen ersetzt werden. Allein dann, wenn der Verwender beim Stellen der Allgemeinen Geschäftsbedingungen die Interessen des Vertragspartners nach Treu und Glauben hinreichend berücksichtigt hat, halten die Klauseln auch einer Inhaltskontrolle nach den §§ 305 ff. BGB stand.

23

Im Falle der **Unwirksamkeit einer Klausel** bleibt der Vertrag im Übrigen wirksam (§ 306 Abs. 1 BGB). Der Inhalt richtet sich nach den gesetzlichen Bestimmungen (§ 306 Abs. 2 BGB). Nur in dem Fall, wenn das Festhalten am Vertrag unter Berücksichtigung von § 306 Abs. 2 BGB eine unzumutbare Härte für eine Vertragspartei darstellen würde, ist der Vertrag als Ganzes unwirksam (§ 306 Abs. 3 BGB). Nur in diesem Fall müssen sich die Parteien auf einen neuen Vertrag einigen oder aber die bereits erbrachten Leistungen nach den §§ 812 ff. BGB rückabwickeln.

24

Bei **Verträgen unter Kaufleuten** kommt es oft vor, dass jede der beiden Vertragsparteien seiner Willenserklärung jeweils seine eigenen AGB beifügt und diese **voneinander abweichen**. Da die Regelungen in den AGB Willenserklärungen darstellen, stimmen die Willenserklärungen insoweit nicht überein, als die AGB voneinander abweichen. Daher ist § 150 Abs. 2 BGB anzuwenden: Demnach gilt die Annahme als Ablehnung des Angebots und gleichzeitig als neues Angebot. Vollziehen die Parteien dennoch den Vertrag, so geben sie zu erkennen, dass sie den Vertrag nicht an der Diskrepanz zwischen den AGB scheitern lassen wollen. Dann gelten die AGB nur insoweit, als sie übereinstimmen;[1] im Übrigen ist dispositives Recht anwendbar (§ 306 Abs. 2 BGB).

25

Zusammenfassend bleibt festzuhalten, dass die Miteinbeziehung der VOB/B und damit auch der VOB/C in einen Bauvertrag meist vorteilhaft ist, da in ihnen Standardregelungen enthalten sind, die in der deutschen Bauwirtschaft anerkannt sind. Bei der Verwendung von besonderen Vertragsbedingungen sind die Vorschriften der §§ 305 ff. BGB zu beachten, die eine unangemessene Benachteiligung einer Vertragspartei verhindern sollen.

26

---

1 BGH, NJW 1985, 1839; NJW 1991, 1604, 1606.

V. Stellvertretung/ARGE

27 Die Stellvertretung bei Rechtsgeschäften ist in den §§ 164 ff. BGB geregelt. Diese Bestimmungen finden auch beim Bauvertrag Anwendung. Es sind jedoch einige Besonderheiten zu beachten, die von der Rechtsprechung aufgrund der besonderen Interessenlagen im Bauvertragsrecht entwickelt worden sind.

28 Auch die VOB/B enthält eine Bestimmung zur Vertretung bei Bauverträgen. Nach § 4 Nr. 1 Abs. 3 Satz 3 VOB/B muss der Auftragnehmer dem Auftraggeber mitteilen, welche Person er für die Leitung der Ausführung bestimmt hat. Diese Person ist dann für den Auftraggeber ein verbindlicher Ansprechpartner. Bei einem Wechsel der Person ist § 171 Abs. 2 BGB zu beachten, wonach die Vertretungsmacht so lange bestehen bleibt, bis die Kundgebung in derselben Weise, wie sie erfolgt ist, widerrufen wird.

29 Probleme gibt es bei der **Vertretung** des Bauherrn durch den **Architekten**. Der Architekt ist zwar der Sphäre des Bauherrn zuzuordnen, er ist aber nur dann zur Vertretung berechtigt, wenn er eine wirksame Vollmacht des Bauherrn nach den §§ 164 ff. BGB besitzt. Grundsätzlich ist davon auszugehen, dass der Architekt nicht originär bevollmächtigt ist, den Bauherrn in vollem Umfang zu vertreten. Die originäre Vollmacht des Architekten bezieht sich auf Entscheidungen, die bei der Bauausführung zu treffen sind. Sie stellt eine Mindestvollmacht für den Architekten dar, der durch den Bauherrn beauftragt worden ist, die Bauleitung und andere ihm aufgetragene Anforderungen zu erfüllen.

30 Der **Umfang** dieser Vollmacht ist jedoch begrenzt und richtet sich nach dem Einzelfall. Bei der Auslegung ist auf das bisherige Verhalten des Bauherrn abzustellen. Hat er im bisherigen Bauablauf dem Architekten einen großzügigen Freiraum gelassen, so ist der Umfang der Vollmacht eher weiter, handelte der Bauherr bisher zumeist selbst und stand den Vorschlägen des Architekten eher restriktiv gegenüber, so ist auch die originäre Vertretungsmacht des Architekten begrenzt. Die originäre Vollmacht des Architekten umfasst in der Regel **nicht** die Möglichkeit der Änderungen, der bauvertraglichen Vereinbarungen, die rechtsgeschäftliche Abnahme der Werkleistung und die Vergabe von Aufträgen. In diesen Fällen ist der § 179 BGB zu prüfen.

31 Im Bereich der Stellvertretung ist ferner das **Selbstkontrahierungsverbot** des § 181 BGB zu beachten. Nur nach ausdrücklicher Gestattung kann ein Vertreter sich selbst berechtigen und verpflichten (so genanntes erlaubtes Selbstkontrahieren). Mangelt es an einer ausdrücklichen Erlaubnis, so ist das Geschäft nichtig.

32 Bei der Stellvertretung ist stets auf das Vorliegen und den Umfang der erteilten Vollmacht zu achten. Liegt die Vollmacht nicht vor oder überschreitet der Vertreter ihren Umfang, können die Voraussetzungen der Haftung des Vertreters ohne Vertretungsmacht nach § 179 BGB vorliegen.

33 Bauwirtschaftliche Arbeitsgemeinschaften (ARGE) sind in der Regel Gesellschaften bürgerlichen Rechts (GbR). Für sie gelten die §§ 705 ff. BGB, sofern der Gesellschaftsvertrag nichts anderes bestimmt. Die rechtsgeschäftliche Vertretung einer GbR ist in § 709 BGB geregelt, wonach die Führung der Geschäfte der Gesellschaft den Gesellschaftern gemeinschaftlich zusteht.

Hinweis:
Da dies regelmäßig unpraktikabel ist, sollte die Geschäftsführung nach § 710 BGB auf einen oder mehrere Gesellschafter übertragen werden. Gängig ist auch eine Aufteilung in kaufmännische und technische Geschäftsführung.

Die Frage, ob eine GbR rechtsfähig ist, war lange umstritten. In seiner Entscheidung vom 29. 1. 2001 hat der BGH die **Rechts- und Parteifähigkeit der GbR** anerkannt[1] und ist damit der so genannten „Lehre von der Teilrechtsfähigkeit" gefolgt. Seitdem gilt, dass auch neu in die Gesellschaft eintretende Gesellschafter mit dem Gesellschaftsvermögen für Altschulden haften und dass Dauerschuldverhältnisse auch bei einem Gesellschafterwechsel bestehen bleiben. Damit ist auch zivilrechtlich etabliert, dass der Gesetzgeber mittlerweile die **Insolvenzfähigkeit der GbR** festgeschrieben hat (§ 11 Abs. 2 Nr. 1 InsO) und die GbR in § 191 Abs. 2 Nr. 1 UmwG als Rechtsträger bezeichnet wird.

VI. Prüfliste

1. Vertragsparteien (Bauherr/Auftraggeber, Unternehmer)
2. Bauleitung, Vertretungsbefugnisse (Vollmacht)
3. Hilfspersonen des Unternehmers, Subunternehmer (Wünsche bzw. Vorbehalte des Bauherrn)
4. Maßgebende Vertragsgrundlagen:
   ▷ Offerte
   ▷ Baubeschreibung, Raumblätter, Leistungsverzeichnisse
   ▷ Pläne: Ausführungs- und Detailpläne (wenn vorhanden), Grundstückskataster
   ▷ Behördliche Bewilligungen (Auflagen, Bedingungen)
   ▷ Finanzierung gewährleistet?
   ▷ Anwendbare „Allgemeine Bedingungen" oder Normen (z. B. AGB, VOB/B)
5. Werklohn:
   ▷ Art (Einheits-, Global-, Pauschalpreis, Preis nach Aufwand)
   ▷ Ausschlüsse
   ▷ Änderungen (Projekt-/Bestellungs-)
   ▷ Zahlungsmodus, Fälligkeiten
   ▷ Werklohnrückbehalt
   ▷ Bauhandwerkerpfandrecht Unternehmer – Subunternehmer (Absicherung)
   ▷ Preisgarantie

---
1 BGHZ 146, 341–361 = NJW 2001, 1056–1061.

6. Termine und Fristen:

   ▷ Baubeginn, Zwischentermine, Fertigstellung, Bezugsbereitschaft, Betriebsbereitschaft

   ▷ Nebenleistungen (Abrechnung)

   ▷ Termingarantien (z. B. Konventionalstrafen)

7. Materiallieferung durch Unternehmer, Bauherrn; Bauüberwachung:

   ▷ Verantwortlichkeiten, Vertretungen

   ▷ Informationspflicht Unternehmer

   ▷ Kontrollrecht Bauherr

8. Inbetriebsetzung, Prüfung und Abnahme:

   ▷ Zeitpunkt

   ▷ Rügefrist (Bauten, Apparate)

   ▷ Mitwirkung Bauherrschaft (Vertretung)

9. Gewährleistung und Haftung Unternehmer:

   ▷ Mängelrechte Bauherr, Abtretung Mängelrechte

   ▷ Sicherheitsleistungen des Unternehmers

   ▷ Eventuell Solidarhaftungsgarantie, Planungsfachleute

   ▷ Verjährung

10. Versicherung: Unternehmer, Bauherr

11. Vertragsänderungen, Vertragsergänzungen:

    ▷ Formerfordernisse

    ▷ Auswirkungen auf den Werklohn

12. Vorzeitige Vertragsauflösung:

    ▷ VOB/B oder spezielle Abrede

13. Sonstiges:

    ▷ Urheberrecht, Publikationen, Dokumente, Baureklame, Heizölvorräte

14. Streitigkeiten:

    ▷ Gerichtsstand, evtl. Schiedsgericht, Mediationsklausel

    ▷ Anwendbares Recht (internationale Verträge!)

    ▷ Ort und Zeit der Vertragsunterzeichnung (von allen Parteien)

VII. Muster eines BGB-Vertrags

Der Auftraggeber nimmt in seinem/seiner .... (z. B. Haus, Anschrift) einen Umbau mit (Tätigkeitsbeschreibung) vor.

Im Rahmen dieses Vorhabens überträgt der Auftraggeber dem Auftragnehmer die Ausführung der Arbeiten zum/zur .... (Angabe des übertragenen Gewerkes) gemäß der Ausschreibung des Architekten .... (Name) vom .... (Datum) und der Baugenehmigung vom .... (Datum).

Dieser Auftrag ist ordnungsgemäß und im gebotenen Zusammenwirken mit den anderen am Umbauvorhaben beteiligten Handwerkern bis spätestens zum .... (Datum) auszuführen. Innerhalb einer Woche nach diesem Zeitpunkt findet zu einem noch zu vereinbarenden Termin die Abnahme in Anwesenheit eines oder mehrerer Repräsentanten beider Vertragsparteien durch den Architekten des Auftraggebers statt.

Der Werklohn ist wie folgt zur Zahlung fällig:

Bei/nach .... (Bezeichnung der Leistung)	zu ⅓ =	.... Euro
Bei/nach .... (Bezeichnung der Leistung)	zu ⅓ =	.... Euro
Nach Beendigung der Arbeiten des Auftragnehmers	zu ⅓ =	.... Euro

Im Übrigen finden die Vorschriften des Bürgerlichen Gesetzbuches (BGB) Anwendung.

VIII. Muster eines VOB/B-Vertrags

Bauvertrag

Zwischen ....

(Auftraggeber – nachfolgend AG genannt)

und ....

(Auftragnehmer – nachfolgend AN genannt)

wird nachfolgender Vertrag geschlossen:

1. Vertragsgegenstand

Dem AN wird für das Bauvorhaben .... die Ausführung der ....-Arbeiten übertragen.

2. Vertragsbestandteil

Neben den Vereinbarungen dieses Vertrags gelten in nachstehender Reihenfolge als Vertragsbestandteile:

☐ Dieser Vertrag

☐ Die Baugenehmigung der .... vom ...., AZ. ....

☐ Das Verhandlungsprotokoll vom ....

☐ Die Leistungsbeschreibung mit deren Vorbemerkungen

☐ Die Zusätzlichen Vertragsbedingungen

☐ Die VOB Teile B und C

☐ Das Angebot des AN vom ....

☐ ....

3. Vertretung der Vertragspartner

3.1 Auftraggeber

Der AG wird vertreten durch ....

Der Vertreter ist zu Vertragsänderungen, Vergabe von Zusatzleistungen und Stundenlohnarbeit

☐ nicht berechtigt

☐ berechtigt bis zu einem Wert von .... Euro

3.2 Auftragnehmer

Der AN wird vertreten durch ....

4. Werklohn

4.1 Als Werklohn für die vertragsgegenständlichen Leistungen wird vereinbart

☐ die vorläufige Summe von .... Euro zzgl. MwSt.

Die Abrechnung erfolgt nach ausgeführten Massen zu den Einheitspreisen des Leistungsverzeichnisses

☐ die Pauschalsumme von .... Euro zzgl. MwSt.;

von der Pauschalsumme sind erfasst:

....

☐ Abrechnung nach Stundenlohn wie folgt:

Meister: .... Euro/Std.

Polier: .... Euro/Std.

Facharbeiter: .... Euro/Std.

Helfer: .... Euro/Std.

(jeweils zzgl. MwSt.)

4.2 Besondere Vereinbarungen

....

5. Ausführungsfristen

5.1 Mit der Ausführung ist zu beginnen

☐ am ....

☐ innerhalb von 12 Werktagen nach Abforderung durch den AG

5.2 Die Arbeiten sind fertig zu stellen bis ....

☐ Die Arbeiten sind fertig zu stellen innerhalb von .... Werktagen nach Ausführungsbeginn.

☐ Es gilt der beiliegende Bauzeitenplan.

6. Vertragsfristen und Vertragsstrafe

☐ Im Falle des Verzugs hat der AN folgende Vertragsstrafe zu zahlen: hinsichtlich der vereinbarten Fertigstellungsfrist .... % für jeden Werktag der Verspätung (höchstens 0,2 %), insgesamt jedoch höchstens 5 % der Brutto-Abrechnungssumme.

Anm.: Die Vereinbarung von Zwischenfristen wird nicht empfohlen.

7. Mängelansprüche

☐ Es gilt § 13 VOB/B.

☐ In Abweichung des § 13 VOB/B wird Folgendes vereinbart:

....

8. Abnahme

☐ Es gilt § 12 VOB/B.

☐ In Abänderung von § 12 VOB/B wird vereinbart:

....

9. Zahlungen

☐ Es gilt § 16 VOB/B.

☐ In Abweichung von § 16 VOB/B wird Folgendes vereinbart:

....

☐ Zahlungen werden geleistet nach folgendem Zahlungsplan:

....

10. Sicherheitsleistungen

☐ Es wird Sicherheitsleistung in Höhe von .... % der Brutto-Abrechnungssumme (Mängelanspruchssicherheit sowie Sicherheit für Erstattung von Überzahlungen) vereinbart.

☐ wird nicht vereinbart

☐ Besondere Vereinbarungen:

....

11. Sonstige Vereinbarungen

....

............, den ...., den ....
(Ort, Datum)   (Ort, Datum)

....
(Auftragnehmer)   (Auftraggeber)

Teil 8
Vergabe an Unternehmer

	Rz.
I. Öffentliche Vergabe	1
1. Grundsätzliches und Einführung	1
a) Nationale und europaweite Vergabeverfahren	11
b) Europarechtliche Vorgaben	18
aa) Das zurzeit noch gültige Europäische Sekundärrecht	18
bb) Das geplante Europäische Sekundärrecht	19
cc) Neufassung der Verdingungsordnungen in 2000 und in 2002	21
c) Zuordnung zu den Verdingungsordnungen	25
2. Regelungen des GWB	26
a) Vergabeprinzipien	29
b) Mittelstandsfreundlichkeit	37
c) Eignungskriterien	40
d) Zuschlag	43
e) Ermächtigungsgrundlagen für Vergabeverordnung	44
f) Subjektive Rechte	45
g) Öffentliche Auftraggeber	47
h) Öffentliche Aufträge	62
i) Anwendungsbereich	65
j) Vergabeverfahrensarten	67
3. Regelungen der Vergabeverordnung (VgV)	74
a) Grundlegendes	79
b) Schwellenwerte und Berechnung	81
c) Verweise auf die VOL/A, VOB/A und VOF	88
d) Sektorenbereich	92
e) Vorabinformationspflicht	99
f) Anwendung des CPV	105
g) Elektronische Angebotsabgabe	107
h) Voreingenommene Personen – „Doppelmandate"	111
II. Grundzüge der Vergabeverfahren mit Hinweisen zur anwaltlichen Beratung	117
1. VOB-Vergabe	117
a) Neuerungen in der VOB/A 2000 und 2002	118
aa) Nationale Ausschreibungen	119
bb) Europaweite Ausschreibungen	127
b) Anwendungsbereich der VOB/A	133
aa) Persönlicher Anwendungsbereich	133
bb) Sachlicher Anwendungsbereich	135
cc) Schwellenwertberechnung	140
c) Grundsätze der Vergabe nach VOB/A	144
d) Wahl der Vergabeverfahrensarten	152
e) Einheitliche Vergabe und Vergabe nach Losen	159
f) Modalitäten und Durchführung der Ausschreibung	164
aa) Vertragsarten	164
bb) Angebotsverfahren	166
cc) Einschaltung Sachverständiger	167
g) Teilnehmer am Wettbewerb	172
h) Leistungsbeschreibung	178
i) Vergabeunterlagen; Ausführungsfristen; Modalitäten	184
j) Ausschreibungsreife; Missbrauchsverbot	191
k) Bekanntmachungen	195
l) Angebots- und Teilnahmefristen	198
m) Zuschlags- und Bindefristen	201
n) Kosten	204
o) Form und Inhalt der Angebote	206
p) Eröffnungstermin	216
q) Prüfung der Angebote; Aufklärungsverhandlungen	220
r) Angebotswertung	224
aa) Erste Wertungsstufe	225
bb) Zweite Wertungsstufe	231
cc) Dritte Wertungsstufe	237
dd) Vierte Wertungsstufe	240
s) Aufhebung der Ausschreibung	250

	Rz.
t) Nicht berücksichtigte Bewerber	258
u) Zuschlag und Bekanntmachung über die Auftragserteilung	261
v) Vergabevermerk	265
w) Nachprüfungsstellen	266
x) Baukonzessionen	267
y) Melde- und Berichtspflichten	270
2. VOL-Vergabe	271
a) Neuerungen in der VOL/A Fassung 2000 und Fassung 2002	272
aa) Nationale Ausschreibungen	273
bb) Europaweite Ausschreibungen	277
b) Anwendungsbereich der VOL/A	281
aa) Persönlicher Anwendungsbereich	281
bb) Sachlicher Anwendungsbereich	282
cc) Schwellenwertberechnung	296
c) Grundsätze der Vergabe nach VOL/A	299
d) Wahl der Vergabeverfahrensart	300
e) Vergabe nach Losen	301
f) Modalitäten und Durchführung der Ausschreibung	303
aa) Erkundung des Bewerberkreises	303
bb) Einschaltung Sachverständiger	305
g) Teilnehmer am Wettbewerb	307
h) Leistungsbeschreibung	310
i) Vergabeunterlagen; Ausführungsfristen; Modalitäten	312
j) Ausschreibungsreife; Missbrauchsverbot	319
k) Bekanntmachungen	320
l) Angebots- und Teilnahmefristen	321
m) Zuschlags- und Bindefristen	323

	Rz.
n) Kosten	324
o) Form und Inhalt der Angebote	325
p) Öffnung der Angebote	327
q) Prüfung der Angebote; Aufklärungsverhandlungen	328
r) Angebotswertung	329
s) Aufhebung der Ausschreibung	330
t) Nicht berücksichtigte Bewerber	331
u) Zuschlag und Bekanntmachung über die Auftragserteilung	333
v) Vergabevermerk	335
w) Nachprüfungsstellen	336
x) Konzessionen	337
y) Melde- und Berichtspflichten	338
3. VOF-Vergabe	339
a) Neuerungen in der VOF Fassung 2000 und Fassung 2002	340
b) Anwendungsbereich der VOF	347
c) Grundsätze der Vergabe nach VOF	348
d) Verhandlungsverfahren	349
e) Modalitäten und Durchführung der Ausschreibung	352
III. Fehler im Vergabeverfahren: Checkliste und Beanstandungsmöglichkeiten	354
1. Checkliste für typische Fehler im Vergabeverfahren	354
2. Beanstandung von Verfahrensfehlern	355
a) Rechtsaufsichtsbeschwerde (unterhalb der Schwellenwerte)	355
b) Rügeschreiben (oberhalb der Schwellenwerte)	357
IV. Private Vergabe	358
1. Grundsätzliches	358
2. Betroffene Auftraggeber	360
3. Anwendung der VOB/A	364

Hinweis:

Einen gut strukturierten Wegweiser durch die kaum mehr überschaubare Zahl von Aufsätzen zu allgemeinen und speziellen Fragestellungen des Vergaberechts stellt der von Kirsten Appel und dem forum vergabe e. V. (Berlin)[1] herausgegebene „Literaturführer zum Vergaberecht und Vergabewesen" dar. Er ist bereits in dritter Auflage, diesmal als CD-ROM Stand Juni 2003, erschienen.

I. Öffentliche Vergabe

1. Grundsätzliches und Einführung

Das Vergaberecht ist ein „altes" Rechtsgebiet, denn die Vergabe öffentlicher Aufträge geht bis in das 17. Jahrhundert zurück. In seinen Ursprüngen erfolgte eine öffentliche Versteigerung des Auftrags durch mündliches Angebot an den Mindestbietenden, so genannte Lizitation. Mitte des 19. Jahrhunderts wurde dann die schriftliche Aufforderung zur Abgabe des Angebots eingeführt, so genannte Auftragsvergabe durch Submission[2]. Traditionell wurde das Vergaberecht in den Haushaltsgesetzen des Bundes und der Länder geregelt, ging es doch angeblich nur darum zu regeln, auf welche Art und Weise der Staat seine öffentliche Bautätigkeit oder seinen privaten Beschaffungsbedarf, bezahlt durch Steuergelder, organisiert.

Erst durch die Tätigkeit der Europäischen Kommission wurde bewusst, wie viele Milliarden innerhalb der EG insgesamt pro Jahr im Rahmen öffentlicher Bau-, Liefer- und Dienstleistungsaufträge ausgegeben werden bzw. welche Milliardensummen jeder Nationalstaat ausgibt. Die öffentliche Hand vergibt europaweit jährlich Aufträge im Werte von 1,500 Milliarden Euro, das sind ca. 16 % des Bruttoinlandprodukts in der EU.[3] In Deutschland werden mehr als 720 Mrd. Euro bei der Vergabe öffentlicher Aufträge ausgegeben. Das sind ca. 12 % des Bruttoinlandprodukts.[4]

Das Interesse der EG-Kommission war eindeutig: Man wollte durch **Europäische Vergaberichtlinien** einen harmonisierten, gleichen und für alle EG-Marktbürger offenen Binnenmarkt für dieses große Nachfragepotenzial der Mitgliedstaaten schaffen. Aufgrund gleicher Rahmenbedingungen sollten die Mitgliedstaaten entsprechende Vergabeverfahren legislativ umsetzen.

In Deutschland hat man zunächst versucht, die erforderliche Umsetzung der Europäischen Richtlinien im Rahmen der so genannten haushaltsrechtlichen Lösung durchzuführen. Noch immer war dem deutschen Gesetzgeber nicht bewusst geworden, dass es nicht nur um ein Verfahren zur Verteilung von Steuergeldern unter Wahrung fiskalischer Belange geht, sondern gleichwertig darum, für diejenigen, die sich um einen öffentlichen Auftrag bewerben, transparente und rechtsstaatlich überprüfbare Verfahren zu entwickeln. Subjektive Bieterrechte waren in Deutschland nicht bekannt.

---
1 Anschrift des „forum vergabe e. V.": Breite Straße 29, 10178 Berlin, Tel. 0 30 / 20 28–16 31, www.forum-vergabe.de.
2 Zur Geschichte vgl. *Kapellmann/Messerschmidt*, VOB/A Einleitung, Rz. 3 ff.
3 *Weyand*, ibr-online-Kommentar, Ziff. 2.1.
4 In Deutschland erteilen jährlich über 30 000 öffentliche Auftraggeber, davon 50 % die Kommunen, 25 % die Länder, 20 % der Bund und 5 % die Sozialversicherungsträger über 1 Mio. öffentliche Aufträge – BMI, 12. 9. 2001, Staatssekretärin Zypries; ähnliche Zahlen *Weyand*, ibr-online-Kommentar, Ziff. 2.2.

5 Erst ein im Herbst 1995 eingeleitetes **Vertragsverletzungsverfahren** gegen die Bundesrepublik Deutschland wegen fehlerhafter Umsetzung der so genannten Rechtsmittelrichtlinie brachte die Wende. Jetzt wurde bewusst, dass im Rahmen öffentlicher Auftragsvergaben jährlich Hunderttausende von Firmen, Unternehmen und Dienstleister erhebliche Summen in Bewerbungsverfahren und in die Erarbeitung von Angeboten investieren, in der Hoffnung, einen Auftrag zu bekommen. Langsam vollzog sich ein Bewusstseinswandel dahin gehend, dass bei der öffentlichen Auftragsvergabe, die auf privatrechtlicher Basis geschieht, sich zwei gleichwertige Vertragsparteien gegenüberstehen, und nicht etwa ein hoheitlich handelnder öffentlicher Auftraggeber, der auch aufgrund seiner Finanzmacht und teilweise bestehenden Monopolnachfragemacht, z. B. Bau öffentlicher Straßen und Versorgungseinrichtungen, gnädig Aufträge verteilt. Durch das **Vergaberechtsänderungsgesetz**, verkündet am 26. 8. 1998 und in Kraft seit dem 1. 1. 1999, wurden endlich die Bieterrechte gestärkt und ein effektives Rechtsschutzsystem eingeführt.

6 Die **EU-Kommission** nimmt ihre Aufgabe, die Umsetzung des Vergaberechts in den Mitgliedstaaten zu beobachten, ernst. Dabei wird sie durch den **EuGH** unterstützt. Dies beweisen zwei Klagen der Kommission gegen die Bundesrepublik Deutschland wegen der Verletzung ihrer Pflichten aus dem EG-Vertrag. Anlass war, dass die Gemeinde Bockhorn in Niedersachsen und die Stadt Braunschweig jeweils öffentliche Dienstleistungsaufträge unter Verstoß gegen die Dienstleistungsrichtlinie abgeschlossen hatten. Der EuGH stellt ausdrücklich fest, dass die Kommission nicht nur ein Überwachungsrecht hat, sondern auch ein Interesse daran, dass festgestellte Verstöße abgestellt werden. Die in Deutschland bestehende Möglichkeit, dass bei rechtswidriger Auftragsvergabe geschlossene Verträge wirksam bleiben, und Dritte nur Schadensersatzansprüche geltend machen könnten, zeige, dass der Verstoß gegen das Gemeinschaftsrecht fortbestehe, dafür aber sei die Bundesrepublik Deutschland verantwortlich.[1] Das deutsche Vergaberecht wird daher zukünftig noch weitere Änderungen erfahren müssen.[2]

7 Die Flut an Entscheidungen, die seitdem bis April 2004 durch die früheren Spruchkörper auf der Grundlage der haushaltsrechtlichen Lösung und heute durch die Vergabekammern des Bundes und der Länder bzw. die Vergabesenate ergangen ist, es handelt sich um über 3400 Entscheidungen, belegt, welche Defizite im Vergabeverfahren bisher bestanden haben. Dabei leistet die Rechtsprechung einen erheblichen Beitrag zur Durchsetzung des europäischen Vergaberechts, denn die öffentlichen Auftraggeber versuchen immer wieder, das europäische Vergaberecht zu umgehen, indem sie:

▷ in Kenntnis der Ausschreibungspflicht nicht ausschreiben,

▷ den maßgeblichen Schwellenwert herunterrechnen oder

▷ bei erkannten Fehlern im Vergabeverfahren die Flucht in die Aufhebung der Ausschreibung antreten.

---

1 EuGH, Urt. v. 10. 4. 2003 verb. RS C-20/01 und C-28/01, EUK 2003, 88 ff.
2 Einen Überblick über die neueste Rechtsprechung des EuGH zum öffentlichen Auftragswesen findet man in EUK 2003, 117 ff.

Auch eine unterbliebene Ausschreibung kann inzwischen überprüft werden. Das OLG Düsseldorf hat in einem Beschluss vom 20. 6. 2001[1] Rechtsschutz gegen so genannte **de-facto-Vergaben** mit der überzeugenden Begründung gewährt, dass es logisch unstimmig ist, Rechtsschutz im Vergabeverfahren zu gewähren, diesen aber zu versagen, wenn durch eine rechtswidrige Entscheidung erst gar kein Vergabeverfahren eröffnet wird. Allerdings muss sich die beabsichtige Vergabe bereits hinreichend konkretisiert haben. Dies rechtzeitig zu erkennen, bereitet in der Praxis den benachteiligten Unternehmen größte Schwierigkeit.[2]   8

Das OLG Naumburg hat inzwischen die Frage, ob die Rechtsmittelrichtlinie 89/665 EWG gebietet, dass der nationale Gesetzgeber auch Rechtsschutz gegen die Entscheidung der Vergabestelle, keine europäische Ausschreibung durchzuführen, gewährt, dem EuGH vorgelegt.[3]   9

Aber auch eine falsche Schwellenwertberechnung oder die Aufhebung einer Ausschreibung können heute einer Überprüfung im Vergabeverfahren zugeführt werden.

Eine erste Wertung der heutigen Situation ergibt, dass durch die **Verrechtlichung des Vergabewesens** öffentliche Auftraggeber verunsichert sind und daher versuchen, eine Auftragsvergabe über dem Schwellenwert zu umgehen. Bieter hingegen versuchen, gerade in wirtschaftlich schwierigen Zeiten, immer häufiger, mit Hilfe der Gerichte einen Auftrag zu bekommen, dabei verkennend, dass der Überprüfung der Ermessensentscheidung bei der Vergabe enge Grenzen gesetzt sind.   10

Hinweis:
Leider fehlt bei öffentlichen Auftraggebern immer noch das Bewusstsein dafür, dass die rechtzeitige Beauftragung eines Anwalts zur Vorbereitung und während der Durchführung eines Vergabeverfahrens zur außergerichtlichen Klärung entstandener Zweifelsfragen, z. B. bei Verfahrensrügen, das Verfahren fördert und die zügige Abwicklung des Vergabeverfahrens, die im gemeinsamen Interesse beider Seiten liegt, ermöglichen kann.

Der unabhängige und nicht im Beschäftigungsverhältnis des öffentlichen Auftraggebers stehende Auftraggeberanwalt sollte alles tun, um die Durchführung eines fairen, transparenten und normkonformen Vergabeverfahrens sicherzustellen und rechtzeitig vorgetragene Rügen sorgfältig prüfen.

---

1 VergabeE C-10-3/01 – weitere Rechtsprechung zur unterbliebenen Ausschreibung als Überprüfung eines Verstoßes gegen das Haushaltsrecht: OVG Rhld.-Pf., Urt. v. 9. 4. 1997, Erschließungsmaßnahmen, WuW 1998, 415; OVG Schleswig, Urt. v. 24. 6. 1998, Abfall entsorgungsleistung, besprochen in Behörden-Spiegel 1/1999 S. B IV; OVG Lüneburg, Urt. v. 22. 1. 1999, NVwZ 1999, 1128.
2 Vgl. dazu den Beschluss der VK Sachsen-Anhalt v. 3. 2. 2003 – VK 18/02 MD EUK 2003, 90 f.; zum Problem: Rechtsschutz gegen de-facto-Vergabe für ein Unternehmen, welches sich an den Verhandlungen nicht beteiligt hatte, vgl. Beschl. des OLG Thüringen v. 28. 1. 2004, EUK 2004, 24 – keine Berufung auf § 13 Satz 6 VGV, aber ggf. Nichtigkeit gem. § 138 BGB.
3 EUK 2003, 7 f.

Der Bieteranwalt sollte alles tun, um Verfahrensverstöße im Rahmen der Vergabe zu unterbinden und die subjektiven Bieterrechte seines Mandanten wahren.

a) Nationale und europaweite Vergabeverfahren

11 Das Recht der öffentlichen Auftragsvergabe gliedert sich in die

▷ nationalen Vergabeverfahren (nach den ersten Abschnitten der VOB/A und der VOL/A)

und die

▷ europaweiten Vergabeverfahren (nach den zweiten Abschnitten der VOB/A, VOL/A und der VOF);

die so genannte **Zweiteilung des deutschen Vergaberechts**.

Nationale Vergabe	Europaweite Vergabe
VOB/A, Abschnitt 1	VOB/A, Abschnitte 2–4
VOL/A, Abschnitt 1	VOL/A, Abschnitte 2–4
	VOF

12 Sowohl bei den nationalen als auch bei den europaweiten Vergabeverfahren stehen die Ziele der **Transparenz**, der **Nichtdiskriminierung** (Gleichbehandlung) und des **fairen Wettbewerbs** im Mittelpunkt.

13 Rechtsgrundlage der **nationalen Ausschreibungen** ist das **Haushaltsrecht**, das die ersten Abschnitte der Verdingungsordnungen für anwendbar erklärt. Aber nicht jeder Bau-, Liefer- oder Dienstleistungsauftrag ist auszuschreiben. Denn bei Bagatellwerten überschreiten die betriebswirtschaftlichen Kosten der Ausschreibung den Wert der Ausschreibung selbst. Daher haben die ausschreibenden Körperschaften intern so genannte Bagatellschwellen festgelegt, bis zu deren Wert keine Pflicht zur Durchführung von nationalen Auftragsvergabeverfahren besteht. Je nach ausschreibender Körperschaft, liegt dieser Wert zwischen 5000 Euro und 15 000 Euro. Die Rechtsqualität einer solchen Bestimmung ist mit der einer internen Verwaltungsvorschrift vergleichbar. Sie entfaltet nur intern für die Verwaltung Bindungswirkung aber grundsätzlich keine Außenwirkung und ist nicht als Schutzgesetz i. S. d. § 823 Abs. 2 BGB anzusehen.

14 Die bei öffentlichen Beschaffungen fiskalisch handelnden, staatlichen Vergabestellen wenden die Bestimmungen der ersten Abschnitte der **Verdingungsordnungen** der VOB/A und der VOL/A als eine Art „Allgemeine Geschäftsbedingungen" an. Sie sind als öffentlich-rechtliches Vorschriftenwerk zum Zweck der Ermittlung des Bieters mit dem wirtschaftlichsten Angebot zu verstehen. In diesem Sinne stellen diese Vorschriften auch Wettbewerbsregeln dar, durch die sichergestellt werden soll, dass die öffentliche Hand in einem transparenten Verfahren allen Bewerbern um einen öffentlichen Auftrag die gleichen Chancen einräumt. Insgesamt sind diese Regelungen daher unter besonderer Würdigung des Ziels, einen privatrechtlichen Vertrag abzuschließen, eher dem Zivilrecht als dem öffentlichen Recht zuzuordnen.

Öffentliche Vergabe   Rz. 15 **Teil 8**

Eine Qualifizierung des Zuschlags als Verwaltungsakt mit der Folge der Anwendung der aus dem Subventionsrecht bekannten 2-Stufen-Theorie wird allgemein, mit Ausnahme von Kopp[1], abgelehnt.

Der Aufbau des Vergaberechts unterhalb der Schwellenwerte

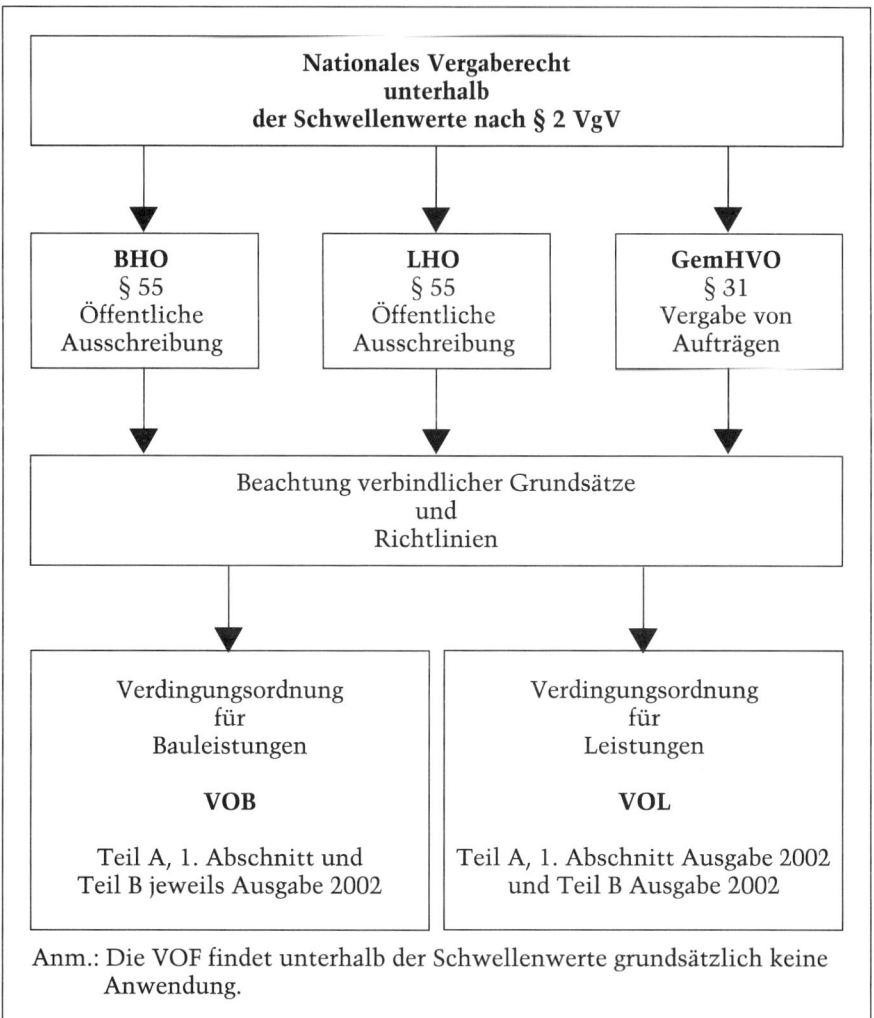

Oberhalb bestimmter Auftragswerte, der so genannten **Schwellenwerte**, ist das 15
Beschaffungswesen **europaweit harmonisiert**. Dies drückt sich bei den Verdingungsordnungen in der Weise aus, dass in der VOB/A sowie auch in der VOL/A

---

1 *Kopp*, BayVBl 1980, 609 bis 611; *Kopp*, VwVfG, 6. Aufl. 1996, Rz. 22 zu § 35, S. 637f. Die Verwaltungsaktsqualität wird – ohne nähere Begründung – bejaht vom VÜA Bayern v. 2. 2. 1998 – VÜA 24/97, VergabE V-2-24/97.

die Abschnitte 2 bis 4 eingeführt wurden. Zusätzlich wurde für den Bereich bestimmter freiberuflicher Dienstleistungen eine VOF geschaffen, die eines Pendants auf der nationalen Ausschreibungsebene entbehrt.

Der Aufbau des Vergaberechts oberhalb der Schwellenwerte

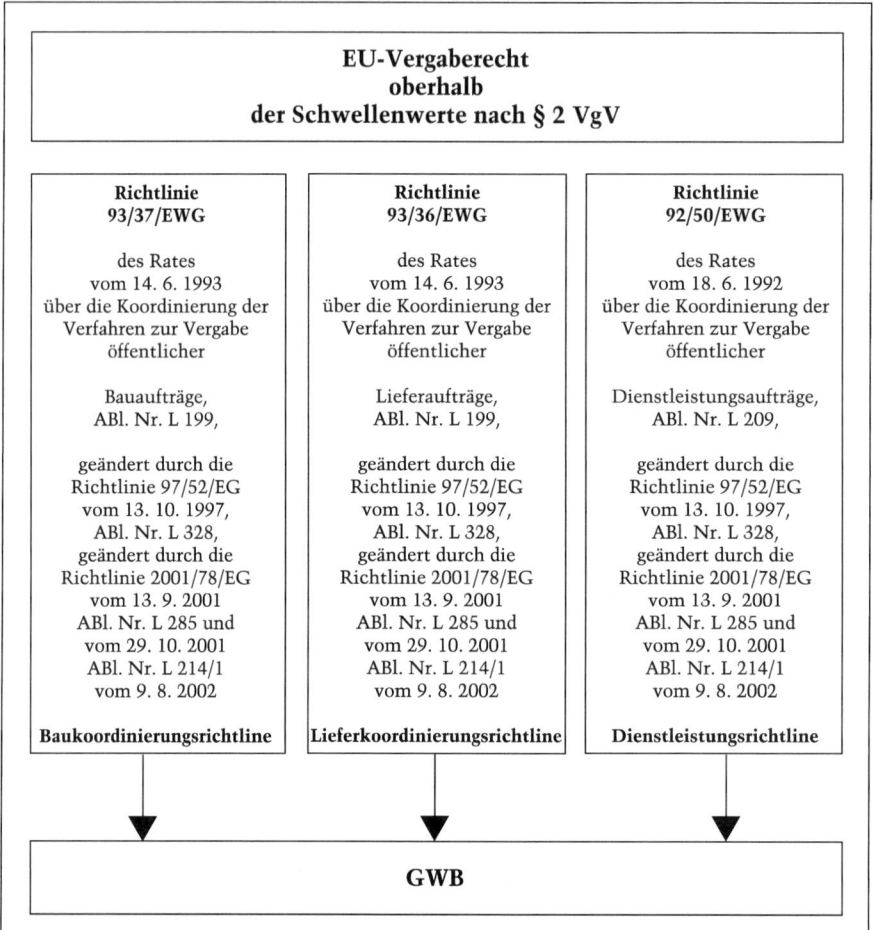

16 Beschlossen werden die Verdingungsordnungen von den so genannten **Vergabe und Vertragsausschüssen** (DVAL und DVA),[1] die sich aus Vertretern von Bund

---

1 Deutscher Vergabe- und Vertragsausschuss für Leistungen (DVAL) und Deutscher Vergabe- und Vertragsausschuss für Bauleistungen (DVA). Der Verdingungsausschuss für Bauleistungen hat sich mit Beschluss der Mitgliederversammlung am 18. 10. 2000 als nichtrechtsfähiger Verein etabliert und nunmehr den Namen „Deutscher Vergabe- und Vertragsausschuss für Bauleistungen (DVA)" angenommen. Da die Verdingungsordnung für Bauleistungen (VOB 2000) zu diesem Zeitpunkt schon veröffentlicht war, konnte eine Umbenennung der VOB in „Vergabe- und Vertragsbedingungen für Bauleistungen" nicht mehr stattfinden.

und Ländern, Gewerkschaften, Industrieverbänden usw. zusammensetzen. Als nichtstaatliches Regelwerk werden diese Verdingungsordnungen **unterhalb der Schwellenwerte** für die Verwaltungen durch so genannte Anwendungserlasse von Bund, Ländern und Gemeinden bindend eingeführt. **Oberhalb der Schwellenwerte** werden sie über das GWB und die Vergabeverordnung, so genannte Kaskadenlösung, in den Willen des deutschen Gesetzgebers aufgenommen und als verbindliches Recht vorgeschrieben. Sie stellen daher Schutzgesetze i. S. d. § 823 Abs. 2 BGB dar.

Diese Rechtskonstruktion hat neben grundsätzlichen Diskussionen europarechtlicher und verfassungsrechtlicher Art auch die, nicht unberechtigte, Kritik hervorgebracht, das deutsche Beschaffungswesen sei zu unübersichtlich. Die Kritik ist u. a. deshalb nicht unberechtigt, weil sich im GWB, der Vergabeverordnung und den Verdingungsordnungen Duplizierungen, etwa zu den Schwellenwerten, der Schätzung des Auftragswerts, des Anwendungsbereichs usw. finden. Hinzu kommt, dass im Anwendungsbereich der europaweiten Vergaben, also bei Anwendung der Abschnitte 2 und 3, die Basisparagraphen der ersten Abschnitte der Verdingungsordnungen zusätzlich gelten. Dadurch ergibt sich eine nicht unbeträchtliche Verschränkung der Vorschriften. 17

Aufbau der deutschen Umsetzungsvorschriften

Gesetz gegen Wettbewerbsbeschränkungen
GWB
vom 26. 8. 1998 (BGBl. I S. 2546)
zuletzt geändert durch Gesetz vom 10. 11. 2001 (BGBl. I S. 2992)

▼

Aufgrund der Ermächtigungen in §§ 97 Abs. 5 und 127 GWB erlässt die Bundesregierung mit Zustimmung des Bundesrates die Vergabeverordnung
VGV
vom 9. 1. 2001 (BGBl. S. 110)
i.d.F. vom 11. 2. 2003 (BGBl. I S. 169)

▼

Starre Verweisung auf die Beachtung der

VOB	**VOL**	**VOF**
(§ 6 VgV)	(§ 4 VgV)	(§ 5 VgV)
▼	▼	▼
Vergabe- und Vertragsordnung für Bauleistungen	Verdingungsordnung für Leistungen	Verdingungsordnung für freiberufliche Leistungen
VOB	**VOL**	**VOF**
Teil A Allgemeine Bestimmungen für die Vergabe von Bauleistungen i.d.F. der Bekanntmachung vom 12. 9. 2002 (BAnz. v. 29. 10. 2002 Nr. 202a) 2.–4. Abschnitt	Teil A Allgemeine Bestimmungen für die Vergabe von Leistungen i.d.F. der Bekanntmachung vom 17. 9. 2002 (BAnz. v. 20. 11. 2002 Nr. 216a) 2.–4. Abschnitt	In der Fassung der Bekanntmachung vom 26. 8. 2002 (BAnz. v. 30. 10. 2002 Nr. 203a)

Der Aufbau der deutschen Umsetzungsvorschriften in Form des GWB, der VgV und der Verdingungsordnungen wird als **Kaskadenprinzip** bezeichnet, d.h. die Anwendbarkeit der Vergabevorschriften wird von der Gesetzesebene (GWB) über die Verordnungsebene (VgV) auf die Verdingungsordnungen „heruntergebrochen".

b) Europarechtliche Vorgaben

aa) Das zurzeit noch gültige Europäische Sekundärrecht

Das „deutsche" Vergaberecht oberhalb der Schwellenwerte basiert auf den **europarechtlichen Vorgaben**, auf die grundsätzlich zusätzlich zurückgegriffen werden muss. 18

Die Bedeutung des Europäischen Gemeinschaftsrechts für die Umsetzung und Auslegung der nationalen Bestimmungen ist, so scheint es, in seiner gesamten Tragweite immer noch nicht erkannt. Wie sonst wäre es zu verstehen, dass der EuGH in seiner Entscheidung vom 30. 9. 2003[1] entschieden hat, dass die EU-Mitgliedstaaten im Wege der Staatshaftung auch für Schäden eines EU-Bürgers einstehen müssen, die diesem daraus erwachsen, dass ein letztinstanzliches Gericht bei der Urteilsfindung offenkundig gegen Gemeinschaftsrecht verstoßen hat.

Die zu beachtenden europarechtlichen Vorgaben finden sich sowohl in den primärrechtlichen Bestimmungen des Diskriminierungsverbotes, des freien Waren- und Dienstleistungsverkehrs sowie der Niederlassungsfreiheit als auch in den sekundärrechtlichen Bestimmungen in Form der materiellen Vergaberichtlinien. 18a

Europäisches Primärrecht (EG-Vertrag)
▷ Diskriminierungsverbot (Prinzip der Nichtdiskriminierung), Art. 12 EG
▷ Freier Warenverkehr, Art. 28 EG – Niederlassungsfreiheit, Art. 43 EG
▷ Freier Dienstleistungsverkehr, Art. 49 EG – Freier Kapitalverkehr, Art. 56 EG
Europäisches Sekundärrecht (EG-Richtlinien)
▷ Baukoordinierungsrichtlinie
▷ Lieferkoordinierungsrichtlinie
▷ Dienstleistungskoordinierungsrichtlinie
▷ Sektorenrichtlinie
▷ Rechtsmittelrichtlinien

Materielle Vergaberichtlinien:[2]

▷ Richtlinie 93/37/EWG des Rates v. 14. 6. 1993, ABl. der EG L 199/54 v. 9. 8. 1993 (Baukoordinierungsrichtlinie), 18b

▷ Richtlinie 93/36/EWG des Rates v. 14. 6. 1993, ABl. der EG L 199/1 v. 9. 8. 1993 (Lieferkoordinierungsrichtlinie),

▷ Richtlinie 92/50/EWG des Rates v. 18. 6. 1992, ABl. der EG L 209/1 v. 24. 7. 1992 (Dienstleistungsrichtlinie),

---

1 Rs. C-224/01 – Europa kompakt, Jg. 2003, S. 170f.
2 Die Richtlinien 93/36/EWG, 92/50/EWG und 93/37/EWG gelten i.d.F. der Richtlinie 97/52/EG v. 13. 10. 1997 (ABl. der EG Nr. L 328 v. 28. 11. 1997) und die Richtlinie 93/38/EWG i.d.F. der Richtlinie 98/4/EG v. 16. 2. 1998 (ABl. der EG Nr. 101/1 v. 1. 4. 1998). Hierbei handelt es sich um die Änderungsrichtlinien aufgrund des Regierungsbeschaffungsabkommens (GPA = Government Procurement Act), die sich vor allem auf die Anpassung der Schwellenwerte bei Regierungskäufen beziehen. Als Schwellenwerte zugrunde gelegt sind hier die sog. Sonderziehungsrechte (SZR) der UNO. Siehe auch zu Abschn. B., Kap. I., Ziff. 5.

▷ Richtlinie 93/38/EWG des Rates v. 14. 6. 1993, ABl. der EG L 199/84 v. 9. 8. 1993 (Sektorenrichtlinie).

Nicht näher interessieren sollen in diesem Teil die **Rechtsmittelrichtlinien**:

▷ Richtlinie 89/665/EWG des Rates v. 21. 12. 1989, ABl. der EG L 395/33 v. 30. 12. 1989 (Rechtsmittelrichtlinie),

▷ Richtlinie 92/13/EWG des Rates v. 25. 2. 1992, ABl. der EG L 76/14 v. 23. 3. 1992 (Rechtsmittelrichtlinie betreffend die Sektoren),

die für die Einführung von nationalen Rechtsschutzsystemen vorgesehen wurden, um eine gleichmäßige Anwendung bzw. Kontrolle der europaweit harmonisierten Vergabeverfahren sicherzustellen: Dazu wird auf den Beitrag von RA Dr. Anders, Vergabeüberprüfung, im Anschluss an diesen Beitrag, verwiesen.

Der Anwalt, der sich mit dem Vergaberecht befasst, muss wissen, dass die deutschen Umsetzungsnormen nicht ohne Beachtung dieser europäischen Vorgaben ausgelegt werden können. Auch die berechtigte Frage, ob der deutsche Gesetzgeber eine **richtlinienkonforme Umsetzung** vorgenommen hat, kann man nur dann beantworten, wenn man die europäischen Vorgaben in Form des Europäischen Sekundär- und Primärrechts beachtet.[1]

bb) Das geplante Europäische Sekundärrecht

19 Die Akzeptanz des Europäischen Vergaberechts sowie seine Umsetzung in den Mitgliedstaaten werden von der Europäischen Kommission beobachtet. Die Zahl der Vertragsverletzungsverfahren, welche die Kommission wegen verzögerter oder fehlerhafter Umsetzung des sekundären Gemeinschaftsrechts eingeleitet hat, ist beachtlich. Bereits 1996 hat die Kommission ein Grünbuch mit dem Titel: „Das öffentliche Auftragswesen in der Europäischen Union" veröffentlicht[2], welches auch aufgezeigt hat, dass der größte Teil der Vergabeverfahren, welche der Kommission bekannt geworden sind, nicht richtlinienkonform durchgeführt wird.

Umgehungsmechanismen der Öffentlichen Auftraggeber, Scheinprivatisierungen, die Entstehung der Informationsgesellschaft, Manipulationen bei den Eignungs- und Zuschlagskriterien, alle diese Entwicklungen veranlassten die Kommission im Jahre 2000 einen Richtlinienvorschlag vorzulegen, durch den die Baukoordinierungs-, die Lieferkoordinierungs- und die Dienstleistungsrichtlinie in einer einzigen Richtlinie zusammengefasst werden sollen.[3]

---

1 Ob der deutsche Gesetzgeber z. B. in § 5 VOF ausschließlich das Verhandlungsverfahren als Vergabeform vorschreiben durfte, ist zweifelhaft. Denn Art. 11 Abs. 2 Buchst. c der Dienstleistungsrichtlinie sieht auch hier, wie Art. 11 Abs. 4 beweist, den Vorrang des offenen bzw. nicht offenen Verfahrens vor. Die von einer Richtlinie zur Zielerreichung vorgegebene Systematik bindet auch den nationalen Gesetzgeber. Um dem Einwand der nicht richtlinienkonformen Umsetzung vorzubeugen, kam es zur Zweiteilung der Dienstleistungsaufträge zwischen VOL und VOF.
2 KOM (1996) 583, endg. v. 27. 11. 1996.
3 Richtlinienvorschlag v. 30. 8. 2000, KOM (2000) 275 endg.

Dieser Richtlinienvorschlag wurde diskutiert, die Kommission hat am 6. 5. 2002 einen geänderten Vorschlag vorgelegt,[1] der gemeinsame Standpunkt Rat/Parlament wurde am 20. 3. 2003 veröffentlicht,[2] die neuen Richtlinien selbst am 30. 4. 2004.[3]

19a

Fest steht jetzt, dass die drei Richtlinien, mit Ausnahme der Sektorenrichtlinie, zusammengelegt werden. Es wird eine neue Form des Vergabeverfahrens geben, den sog. technischen Dialog, die elektronische Auftragsvergabe wird erheblich ausgeweitet, die technischen Spezifikationen sollen vereinheitlicht werden, Umweltbelange können bei der Vergabe von Aufträgen eine größere Gewichtung bekommen[4] und zur Vermeidung von Manipulationen sollen die öffentlichen Auftraggeber nicht nur die Zuschlagskriterien bekannt geben, sondern auch deren Gewichtung.[5]

Die neue Richtlinie bedeutet, dass die Vergabeverordnungen erneut geändert werden müssen. VOB/A, VOL und VOF müssen angepasst werden.[6] Zurzeit wird diskutiert, das Kaskadenprinzip abzuschaffen, so dass es zukünftig für Auftragsvergaben ab dem Schwellenwert nur noch das GWB und eine **die gesamten Verfahrensregeln** beinhaltende **Vergabeverfahrensordnung** geben soll. Unterhalb der Schwellenwerte werden zwei Lösungsmodelle diskutiert: entweder wird die bisherige Lösung über VOB/A und VOL/A beibehalten, oder die neue Vergabeverfahrensordnung soll entsprechend anwendbar sein.[7]

20

Diese Entwicklung trifft zeitlich mit dem Bemühen des Hauptausschusses des DVA zusammen, die VOB/A zu vereinfachen. In seiner Sitzung am 9. 10. 2003 wurde ein erstes Konzept für eine Verschlankung der VOB/A vorgelegt.[8]

Im Rahmen dieses Beitrages kann auf diese Entwicklungen und Neuerungen nicht eingegangen werden. Aber jeder Anwalt, der sich mit dem Vergaberecht befasst, muss wissen, dass das Vergaberecht wie kaum ein anderes Rechtsgebiet Gegenstand ständiger Entwicklungen ist, die der Anwalt verfolgen muss, und die die Rechtsberatung auf diesem Gebiet, auch hinsichtlich der Prognose der Entwicklung der Rechtsprechung, fast unmöglich machen.

cc) Neufassung der Verdingungsordnungen in 2000 und in 2002

Sowohl im Jahr 2000 als auch im Jahr 2002 sind die Verdingungsordnungen neu gefasst worden:

21

---

1 Richtlinienvorschlag v. 6. 5. 2002, KOM (2002) 236 endg.
2 Rat der EU, Interinstitutionelles Dossier: 2000/0115 (COD) v. 20. 3. 2003.
3 Richtlinie 2004/18/EG des Europäischen Parlaments und des Rates v. 31. 3. 2004 über die Koordinierung der Verfahren zur Vergabe öffentlicher Bauaufträge, Lieferaufträge und Dienstleistungsaufträge, ABl. 134/114, Richtlinie 2004/17/EG – neue Sektorenrichtlinie v. 31. 3. 2004 – ABl. 134/11.
4 Dazu Urt. des EuGH v. 4. 12. 2003 – Rs. C-448/01 – Europa Kompakt. Jg. 2004, S. 6.
5 Vgl. dazu auch die Zusammenfassung bei *Kapellmann/Messerschmidt*, VOB Einleitung Rz. 15 ff.
6 Das Bundesministerium für Verkehr-, Bau- und Wohnungswesen erwägt, die VOF ersatzlos entfallen zu lassen und in die VOL zu integrieren.
7 Monatsinfo forum vergabe Heft 3/2004, 41 f.
8 So genannter Entwurf VOB 200X v. 9. 10. 2003.

Hinweis:
Zu Beginn der Fallbearbeitung ist zu prüfen, welche Verdingungsordnung in welcher Fassung maßgeblich ist. Dies richtet sich nach dem Tag der Bekanntmachung der öffentlichen Ausschreibung.

22 **Im Jahr 2000** sind **alle Verdingungsordnungen neugefasst** worden, weil Anpassungen im Zuge der Änderungsrichtlinien 97/52/EG und 98/4/EG notwendig wurden. Diese Richtlinien enthalten die Vorgaben für die Verfahrensabläufe bei der elektronischen Vergabe und für die weltweiten Beschaffungsübereinkommen (Government Procurement Act – GPA).[1] Das GPA sieht abgesenkte Schwellenwerte von 130 000 Sonderziehungsrechten (SZR) vor, die von zentralen Regierungsstellen (z. B. Ministerien) zu beachten sind.

Hinweis:
Die Fassungen des Jahres 2000 inklusive der Fundstellen im Bundesanzeiger sind:

▷ VOB/A 2000, BAnZ Nr. 120a vom 30. 6. 2000

▷ VOB/B 2000, BanZ Nr. 120a vom 30. 6. 2000

▷ VOF 2000, BAnZ Nr. 173a vom 13. 9. 2000

▷ VOL 2000, BAnZ Nr. 200a vom 24. 10. 2000

23 **Im Jahr 2002** wurden wiederum **Neufassungen der Verdingungsordnungen** erforderlich. Dies hat seine Ursache in der Schuldrechtsreform sowie in der Änderungsrichtlinie 2001/78/EWG, die neue Bekanntmachungsmuster für die europaweiten Vergabeverfahren vorschreibt.

Hinweis:
Die Fassungen des Jahres 2002 inklusive der Fundstellen im Bundesanzeiger sind:

▷ VOB/A 2002, BAnZ Nr. 202a vom 29. 10. 2002

▷ VOB/B 2002, BAnZ Nr. 202a vom 29. 10. 2002

▷ VOF 2002, BAnZ Nr. 203a vom 30. 10. 2002

▷ VOL/A 2002, BAnZ Nr. 216a vom 20. 11. 2002

▷ VOL/B 2003, BAnZ Nr. 178a vom 23. 9. 2003

24 Die Frage, ob eine Ausschreibung nur national erfolgen kann, oder ob sie europaweit erfolgen muss, entscheidet sich am **Schwellenwert** der beabsichtigten Auftragsvergabe.

---

[1] Siehe Beschluss des Europäischen Rates 94/800/EG, ABl. EG Nr. L 336 v. 23. 12. 1994, S. 1.

Öffentliche Vergabe   Rz. 25 **Teil 8**

Die Schwellenwerte für die europaweiten Vergabeverfahren sind Folgende:

	Richtlinie 93/37/EWG[1]	Richtlinie 92/50/EWG Richtlinie 93/36/EWG[2]	Richtlinie 93/38/EWG[3]	WTO-Übereinkommen[4]
Euro	1 000 000	80 000	400 000	139 312
SZR				130 000
Euro	5 000 000	200 000	600 000	214 326
SZR				200 000
Euro		750 000	750 000	428 653
SZR				400 000
Euro			1 000 000	5 358 153
SZR				5 000 000
Euro			5 000 000	
SZR				

Der Umrechnungskurs lautet: 1 Euro = 0,933 SZR (= Sonderziehungsrechte).

c) Zuordnung zu den Verdingungsordnungen

Überblick über die Auftragsarten und deren Zuordnung zu den Verdingungsordnungen: 25

---

1 Richtlinie 93/37/EWG (ABl. Nr. L 199 v. 9. 8. 1993) für die Vergabe öffentlicher **Bauaufträge** in der modifizierten Fassung gemäß Richtlinie 97/52/EWG (ABl. Nr. L 328 v. 13. 10. 1997), geändert durch die Richtlinie 2001/78/EG v. 13. 9. 2001 ABl. Nr. L 285 und v. 29. 10. 2001 ABl. Nr. L 214/1 v. 9. 8. 2002.

2 Richtlinie 93/36/EWG (ABl. Nr. L 199 v. 9. 8. 1993) für die Vergabe öffentlicher **Lieferaufträge** sowie Richtlinie 92/50/EWG (ABl. Nr. L 209 v. 24. 7. 1992) für die Vergabe öffentlicher Dienstleistungsaufträge in den modifizierten Fassungen gemäß Richtlinie 97/52/EWG (ABl. Nr. L 328 v. 13. 10. 1997), geändert durch die Richtlinie 2001/78/EG v. 13. 9. 2001 ABl. Nr. L 285 und v. 29. 10. 2001 ABl. Nr. L 214/1 v. 9. 8. 2002.

3 Richtlinie 93/38/EWG (ABl. Nr. L 199 v. 9. 8. 1993) für die Vergabe von Liefer-, Dienstleistungs- und Bauaufträgen **in den Bereichen der Wasser-, Energie- und Verkehrsversorgung sowie im Telekommunikationssektor** in modifizierter Fassung gemäß Richtlinie 98/4/EG v. 16. 2. 1998 (ABl. der EG Nr. L 101 v. 1. 4. 1998).

4 **WTO-Übereinkommen** über das öffentliche Beschaffungswesen bei Liefer-, Bau- und Dienstleistungsaufträgen der öffentlichen Auftraggeber und der Sektorenauftraggeber ohne die Bereiche Schienenverkehr und Telekommunikation (ABl. Nr. L 336 v. 23. 12. 1994).

Auftragsarten		
Bauleistungen	**Lieferleistungen** und – oberhalb der Schwellenwerte – gewerbliche sowie **freiberufliche Dienstleistungen**, die vorab eindeutig und erschöpfend beschreibbar sind	Sonstige Dienstleistungen
VOB/A	VOL/A	▷ **VOF oberhalb** des Schwellenwerts von 200 000 Euro ▷ Freihändige Vergabe **unterhalb** des Schwellenwerts von 200 000 Euro

2. Regelungen des GWB

26   Das GWB enthält in den §§ 97 bis 101 eine Reihe grundsätzlicher Bestimmungen, die für die Vergabeverfahren oberhalb der Schwellenwerte von besonderer Bedeutung sind. Der Umstand, dass die Vorschriften der §§ 97 ff. und damit auch die Vorschriften der §§ 102 ff. für das Nachprüfungsverfahren nur für die europaweiten Ausschreibungsverfahren oberhalb der Schwellenwerte gelten, ist versteckt in § 100 Abs. 1 geregelt, der bestimmt, dass „dieser Teil", gemeint ist der **Vierte Teil des GWB**, nur für **Auftragsvergaben oberhalb der Schwellenwerte** Geltung beansprucht. Das bedeutet im Kern: **Nur oberhalb der Schwellenwerte** verfügt der Bieter gemäß § 97 Abs. 7 GWB über subjektive Rechte im Vergabeverfahren, denen er durch einen vergabespezifischen gerichtlichen Rechtsschutz Geltung verschaffen kann.

27   Dies ist die gravierendste Konsequenz der bereits erwähnten **Zweiteilung des deutschen Vergaberechts**. Abzuwarten bleibt, ob diese Zweiteilung erhalten bleibt oder ob sie verfassungswidrig ist. Der österreichische Verfassungsgerichtshof hat diese Zweiteilung als verfassungswidrig gerügt.[1] Diese wird damit begründet, dass der Bieter unterhalb der Schwellenwerte keine subjektiven Rechte besitzt und er von dem vergabespezifischen Primärrechtsschutz ausgeschlossen ist, während er oberhalb der Schwellenwerte diese Rechte besitzt. Das national weitergeltende Verfassungsrecht gebiete hier eine Korrektur.[2]

28   Nun muss auch das deutsche BVerfG diese Frage entscheiden. Die erhobene Verfassungsbeschwerde richtet sich gegen ein Urteil des Saarländischen OLG vom 29. 4. 2003[3] und mittelbar gegen die Schwellenwertregelung des § 100 GWB. Der Verfassungsbeschwerde werden größere Chancen eingeräumt, denn die Rechtslage ist in beiden Ländern vergleichbar, die Vergaberegeln sind weitgehend ähnlich ausgestaltet. Wenn man außerdem berücksichtigt, dass das europäische Vergaberecht häufiger durch unzutreffende Schwellenwertermittlungen umgangen wird, so ist dies, neben dem Rechtsschutzargument und der Verletzung des

---

1 ÖsterVGH, Erkenntnis vom 30. 11. 2000, IBR 2001, 135.
2 IBR-Interview: Brauchen wir einen Vergaberechtsschutz unterhalb der Schwellenwerte?, IBR 2004, 397.
3 OLG Saarbrücken, VergabE C-12-4/02, dazu auch *Weyand*, ibr-online-Kommentar, Ziff. 9.1.1.1.1.

Gleichheitsgrundsatzes eine weitere Begründung für eine Änderung auch im deutschen Rechtssystem. Den dagegen sprechenden Bedenken bezüglich der Durchführung von Vergabeverfahren mit geringen Vergabewerten und der Wirtschaftlichkeit der Verfahren[1] könnte durch gegenüber den europäischen Schwellenwerten modifizierte Verfahrensregelungen Rechnung getragen werden.

a) Vergabeprinzipien

§ 97 Abs. 1 und Abs. 2 enthält die drei zentralen Prinzipien des Vergaberechts: 29

▷ Wettbewerb,

▷ Transparenz und

▷ Nichtdiskriminierung bzw. Gleichbehandlung.

Diese **Grundprinzipien** finden sich in den Bestimmungen der Verdingungsordnungen – auch den Basisparagraphen für die nationalen Vergabeverfahren – wieder. Sie haben für die europaweiten Vergabeverfahren eine Aufwertung erfahren, indem sie auf Gesetzesebene festgeschrieben sind.

Dem **Wettbewerbsprinzip** kommt eine besonders herausragende Funktion zu. 30
Die Vergabeverfahren dienen dazu, den Markt für das zu beschaffende Produkt oder die Dienstleistung bestmöglich abzufragen. Der Wettbewerb soll dafür sorgen, dass als erwünschter Nebeneffekt auch Kosteneinsparungen zugunsten der öffentlichen Hand erreicht werden.[2] Erweitert man das Wettbewerbsprinzip noch um das Adjektiv „fair", so wird der grundlegende Charakter dieses Prinzips noch deutlicher. Ein fairer Wettbewerb beinhaltet auch die Basis für transparente und nichtdiskriminierende Vergabeverfahren. Fairness im Wettbewerb beinhaltet, dass die Bieter vorab wissen, welche Kriterien zur Anwendung kommen werden (Transparenz), und dass sie nicht gegenüber anderen Bietern benachteiligt werden (Nichtdiskriminierung bzw. Gleichbehandlung).

Transparenz bedeutet zum einen, dass die Vergabestelle von Anfang an erkennen 31
lässt, welches Verfahren (Offenes Verfahren, Nichtoffenes Verfahren, Verhandlungsverfahren) zur Anwendung kommt, zum anderen, die Bekanntgabe der anzuwendenden Eignungs- und Zuschlagskriterien, damit der potenzielle Bieter in die Lage versetzt wird, zu prüfen, ob sich seine Teilnahme an der Ausschreibung überhaupt lohnt und seine Kosten für die Angebotserstellung keine von vornherein aussichtslose Fehlinvestition darstellen. In diesem Zusammenhang spricht man von der so genannten **ex-ante-Transparenz**.

Davon zu unterscheiden ist die so genannte **ex-post-Transparenz**.[3] Hierunter ist 32
zu verstehen, dass der Bieter im Nachhinein ein Bild darüber gewinnt, welche Ursachen dazu geführt haben, dass er den Zuschlag nicht erhalten hat. Er muss in die Lage versetzt werden, zu prüfen, inwieweit er seine Geschäftspolitik zukünftig ändern kann, um konkurrenzfähigere Angebote zu unterbreiten. Gegebe-

---

1 So z. B. *Kapellmann/Messerschmidt*, VOB Einleitung, Rz. 59 ff.; keine Bedenken hat auch das OLG Saarbrücken, VergabE C-12–4/02.
2 So auch *Thieme* in: Langen/Bunte, Kommentar zum deutschen und europäischen Kartellrecht, 9. Aufl. 2001, § 97 Rz. 2.
3 *Noch*, Vergaberecht kompakt, 2. Aufl. 2002, S. 13 f.

nenfalls muss er erkennen können, ob der Vergabestelle ein Verfahrensverstoß zur Last fällt und ob es daher zweckmäßig ist, ein Rechtsschutzverfahren anzustrengen.

33 **Nichtdiskriminierung** bedeutet, dass alle Bieter mit gleichen Startbedingungen in den Wettbewerb gehen, also keine Kriterien verlangt werden, die beispielsweise von nicht ortsansässigen oder ausländischen Bietern ersichtlich nicht erfüllt werden können. Der 2. Halbsatz in § 97 Abs. 2 macht eine Einschränkung für die vergabefremden Aspekte (Bevorzugung bestimmter Unternehmen usw.)[1], die notwendigerweise das Gleichbehandlungsprinzip tangieren. Der Bundesgesetzgeber wollte ursprünglich vergabefremde Aspekte nur durch Bundesgesetze zulassen, weil in den Ländern in kürzester Zeit ein Wildwuchs an Regelungen entstanden war, hat dann aber auf Druck der Länder diesen auch das Recht zugestehen müssen, in Vergabegesetzen Einschränkungen vorzunehmen. Daher muss bei der Prüfung eines Vergabefalls immer überprüft werden, ob ein Landesvergabegesetz weitere Vergabeaspekte vorsieht.[2]

34 In jüngerer Zeit ist in Gerichtsentscheidungen häufiger von einem „**Neutralitätsprinzip**" die Rede. Hierbei handelt es sich um kein offizielles, neues Grundprinzip des Vergaberechts, sondern um einen Versuch, im Rahmen richterlicher Rechtsfortbildung die Fälle eines „bösen Scheins" bei öffentlichen Auftragsvergaben in den Griff zu bekommen. Ein solcher „böser Schein" soll beispielsweise dann bestehen, wenn ein Entscheidungsträger in der öffentlichen Verwaltung unmittelbar oder mittelbar an einer Zuschlagsentscheidung teilnimmt und sich an der Vergabe ein Unternehmen beteiligt, dessen Aufsichtsratsmitglied er ist (Interessenkollisionen, Doppelmandate – Flughafen Schönefeld[3]). Eine andere Konstellation auf kommunaler Ebene ist beispielsweise, dass ein Entscheidungsträger mitgewirkt hat, der mit dem bezuschlagten Bieter verwandt ist (der mitwirkende Kreisbaumeister war der Onkel des Bieters, der Sachgebietsleiter der Vater des Bieters). Hier gibt es ohne jeden Zweifel Gefahren der Diskriminierung, etwa der unberechtigten Bevorzugung in der Wertungsphase.[4]

35 Umstritten ist, ob eine **abstrakte Gefährdung**, d. h. allein die Zugehörigkeit des Betroffenen zum Personenkreis des § 16 VgV ausreichend ist, um zu einem fehlerhaften Vergabeverfahren zu gelangen, oder ob eine **konkrete Gefährdungslage durch Mitwirkung** dieser Person im Rahmen des Verfahrens erforderlich ist. Die Tendenz in der Rechtsprechung ist, dass eine konkrete Konfliktsituation vorliegen muss. Dem ist zuzustimmen, d. h. es ist immer nach der konkreten Möglichkeit einer kausalen Beeinflussung des Vergabeverfahrens zu fragen.[5] Dann aber bedarf es eines zusätzlichen und abstrakten, zunächst einmal inhaltsleeren Prinzips der „Neutralität" nicht. Das Prinzip der Neutralität ist nicht nur überflüssig,

---

1 Eingehend dazu *Benedict*, Sekundärzwecke im Vergabeverfahren, 2000. Siehe auch: *Riese*, Vergaberecht, 1998, S. 201 ff.; *Prieß/Pitschas*, ZVgR 1999, 144.
2 Vgl. das Tariftreuegesetz in NRW v. 17. 12. 2002, GVBl. 2003, S. 8, Vergabegesetz Bremen v. 1. 1. 2003, GBl. Nr. 66 v. 19. 12. 2002, S. 594; Landesvergabegesetz Niedersachsen, Nds. JVBl. v. 6. 9. 2002, S. 370; Vergabegesetz Sachsen v. 8. 7. 2002, GVBl. Nr. 10 v. 26. 7. 2002, S. 218 nebst DVO v. 17. 12. 2002 – GVBl. Nr. 14 v. 30. 12. 2002, S. 378.
3 OLG Brandenburg, VergabE C-4-1/99.
4 BayObLG VergabE C-4-1/99.
5 So sehr überzeugend OLG Düsseldorf, EUK 2000, 181; OLG Stuttgart, VergabE C-1-2/99.

Öffentliche Vergabe   Rz. 38 **Teil 8**

sondern auch deshalb äußerst problematisch, weil hier konsequenterweise gleichzeitig ein Rückgriff auf das Verwaltungsrecht (Befangenheit nach §§ 20, 21 VwVfG) durchzuführen ist (so auch das OLG Brandenburg in der Sache Flughafen Schönefeld).[1] Das Verwaltungsrecht hat jedoch mit dem auf den zivilrechtlichen Vertrag ausgerichteten Verhalten der Vergabestelle nichts zu tun. Die dezidierte Einordnung des Vergaberechts in das Wettbewerbsrecht spricht außerdem dagegen. In § 16 VgV ist der Gesetzgeber diesem Ansatz, ausweislich der Begründung, nicht gefolgt. Es ist dort bewusst nur von „Voreingenommenheit", nicht aber von „Befangenheit" im verwaltungsrechtlichen Sinne die Rede.[2]

Der Bieteranwalt muss die Frage, ob ausgeschlossene Personen an der Vergabeentscheidung mitgewirkt haben, sorgfältig prüfen. Ist der geschilderte Kausalzusammenhang beweisbar, d. h. hat eine an sich ausgeschlossene Person während des Vergabeverfahrens mitgewirkt, z. B. bei der Erstellung des LV oder den Wertungskriterien, kann das Vergabeverfahren fehlerhaft sein, ohne dass es auf den oft schwer zu führenden Nachweis einer fehlerhaften Wertungsentscheidung im Rahmen des Zuschlags ankommt. Diese Frage ist allerdings umstritten. So wird die Auffassung vertreten, dass § 16 VgV erst ab dem Zeitpunkt relevant werden kann, wenn der Wettbewerb durch Beteiligung von Unternehmen tatsächlich begonnen hat, vorher sei eine Beeinflussung von relevanten Vorentscheidungen gar nicht feststellbar.[3]   36

b) Mittelstandsfreundlichkeit

Die Mittelstandsfreundlichkeit des Vergaberechts[4] kommt in verschiedenen Vorschriften zum Ausdruck, etwa in dem Gebot der Fachlosvergabe (§ 4 Nr. 3 VOB/A), der Teillosvergabe (§ 5 Nr. 1 VOL/A)[5], bei der angemessenen Berücksichtigung von Berufsanfängern und kleineren Büroeinheiten (§ 4 Abs. 5 VOF), bei dem Verbot, dem Bieter ein ungewöhnliches Wagnis aufzubürden oder durch den Vorrang der Leistungsbeschreibung mit Leistungsverzeichnis gegenüber der Funktionalausschreibung.   37

Umstritten ist, welche **Auswirkungen** die Aufnahme dieses Grundsatzes der mittelstandsfreundlichen Vergabe in § 97 Abs. 3 GWB hat. Die Meinungen tendieren von einem nicht justiziablen **Programmsatz**[6] bis hin zu einem **einklagbaren Anspruch**.[7] Diese Diskussion zeigt das Spannungsverhältnis des Ver-   38

---

1 OLG Brandenburg, VergabE C-4–1/99; kritisch zum „bösen Schein" etwa VK Lüneburg, EUK 2000, 182. Ferner auch: *Portz*, Behörden Spiegel, Beschaffung Special, September 1999, S. B IV; *Berrisch*, DB 1999, 1797, 1798; *Heiermann*, ZVgR 1999, 218, 219; *Noch*, Behörden Spiegel, Beschaffung Special 3/2000, S. B III; *Noch*, Sachsenlandkurier, Heft 3/2000, S. 135; *Ax*, ZVgR 2000, 161.
2 So ausdrücklich *Marx* auf einer Veranstaltung am 19. 10. 2000 in Berlin.
3 OLG Koblenz – Westerwaldentscheidung, EUK 2002, 172 ff.
4 Zur Mittelstandförderung: *Korbion*, Vergaberechtsänderungsgesetz, § 97 Rz. 4; *Ax/Sattler*, ZVgR 1999, 231; *Johannes*, LKV 2000, 235.
5 *Weyand*, ibr-online-Kommentar, Ziff. 6.7.3 f.
6 *Stickler* in: Reidt/Stickler/Glahs, Vergaberecht-Kommentar 2000, § 97 Rz. 11: „politischer Kompromiss zwischen dem Grundsatz größtmöglichen Wettbewerbs und der Förderung des Mittelstands"; *Weyand*, ibr-online-Kommentar, Ziff. 6.7.2.
7 *Kulartz* in: Niebuhr/Kulartz/Kus/Portz, Kommentar zum Vergaberecht, 2000, § 97 Rz. 136.

gaberechts zwischen Recht und Politik. Generalunternehmer und Generalübernehmer fühlen sich durch § 97 Abs. 3 GWB „diskriminiert" und werten diese Bestimmung als unzulässigen, vergabefremden Aspekt. Für einen einklagbaren Anspruch sprechen dagegen zum einen die fortbestehenden Mittelstandsrichtlinien der Bundesregierung, die damit ihren politischen Bestimmungsspielraum in zulässiger Weise ausgenutzt hat, zum anderen die restriktive Rechtsprechung der letzten Jahre insbesondere zum Komplex der Fachlosvergabe. Relativierend ist dabei, dass sich diese Rechtsprechung in den so genannten Stahlschutzplankenfällen (siehe unten zu § 4 Nr. 3 VOB/A) auf sehr krasse Fälle bezog, in denen die Vergabestellen das Gebot mit bloßen formelhaften Wendungen abzubedingen versuchten.[1]

39 In Betracht zu ziehen ist auch, dass die Vergabestelle einen sehr weiten **Beurteilungsspielraum** hat. Wenn sie sich gut mit Argumenten für eine Fach- oder Teillosvergabe ausstattet, dann wird der sich auf § 97 Abs. 3 GWB berufende Bieter häufig das Nachsehen haben.[2]

c) Eignungskriterien

40 § 97 Abs. 4 GWB normiert die Eignungskriterien der Fachkunde, Leistungsfähigkeit und Zuverlässigkeit, die auch schon aus den Verdingungsordnungen bekannt sind (siehe z. B. § 2 Nr. 1, § 8 Nr. 3 VOB/A).

41 Von besonderer Bedeutung ist die Einschränkung in Halbsatz 2, dem gemäß „andere oder weitergehende Anforderungen" nur gestellt werden dürfen, wenn sie durch Bundes- oder Landesgesetz vorgesehen sind. Hiermit ist eine **Einbruchstelle für vergabefremde Aspekte** (Einhaltung von Tariflöhnen, Lehrlingsausbildung, Frauenförderung s.u. Rz. 42) geschaffen worden, die den Grundsatz der Gleichbehandlung tangieren. Denn wenn vergabefremde, bieterbezogene Kriterien vom Prinzip her zugelassen werden, muss es denknotwendigerweise Einschränkungen bei der Gleichbehandlung geben. Freilich ist, wie der nachfolgenden Tabelle zu entnehmen, noch vieles ungeklärt.[3]

42 Die überwiegende Zahl der **Kriterien** ist jedoch nach gegenwärtigem Erkenntnisstand **unzulässig**, weil sie die Nachprüfbarkeit einer Vergabeentscheidung erschwert und im Einzelfall zu großen Anwendungsschwierigkeiten führt. Dies gilt insbesondere in Bezug auf europaweite Ausschreibungen oberhalb der Schwellenwerte. So kennen beispielsweise Niederländer nicht das deutsche dua-

---

1 VÜA Sachsen, VergabE V-13-3/96; VK Arnsberg, EUK 2002, 74; OLG Düsseldorf, BauR 2000, 1603; VK Bund, VergabE D-1-1/01.
2 VK Bund, VergabE D-1-1/01. Vgl. Marx in: Jestaedt/Kemper/Marx/Prieß, Das Recht der Auftragsvergabe, 1999, S. 13: „Eine ausgeprägte Prophetengabe braucht nicht, wer besondere Schwierigkeiten bei Auslegung und Anwendung des § 97 Abs. 3 GWB prognostiziert. Hier sind gleich drei hervorstechend unbestimmte Rechtsbegriffe in einem einzigen Satz versammelt. „Was ‚mittelständische Interessen' sind, dürfte noch am ehesten greifbar sein. Wann sie aber ‚angemessen' berücksichtigt sind, ist schwer darzutun, zumal der Vorschrift selbst keine weiteren Kriterien dafür zu entnehmen sind. Hinzu kommt schließlich, dass diesen Interessen ‚vornehmlich' durch Fach- und Teillosvergabe, möglicherweise also auch auf einem anderen Weg, Rechnung getragen werden soll."
3 Zu vergabefremden Aspekten etwa: *Götz*, EuR 1999, 621; *von Voigt*, ZVgR 1999, 291; *Martin-Ehlers*, WuW 1999, 685.

le Ausbildungssystem mit betrieblicher Ausbildung und einer solchen in der Berufsschule. Verlangt eine deutsche Vergabestelle nun, dass die Bieterunternehmen Lehrlinge ausbilden sollen, so ist die Erfüllung dieses Kriteriums für ein niederländisches Unternehmen unmöglich. Diese Hürde könnte der niederländische Bieter nur durch Abgabe einer unwahren Erklärung umgehen. Vorsätzlich falsche Angaben berechtigen aber ebenfalls zum Ausschluss aus dem Vergabeverfahren. Eine Lösung dieses Konflikts und einer Vielzahl weiterer Widersprüche vermögen die Befürworter der vergabefremden Aspekte nicht überzeugend darzulegen.

Übersicht über die vergabefremden Aspekte und deren Zulässigkeit:

Vergabefremdes Kriterium	Bewertung
Ortsansässigkeit	in praktisch allen Fällen unzulässig[1]
Umweltschutz	unzulässig, wenn kein unmittelbarer Zusammenhang mit dem Leistungsgegenstand (ökologisches Verhalten **des Bewerbers**). Zulässig, wenn als objektives Leistungskriterium verlangt (Förderung ökologischer Bauprodukte)[2]
Mindestlöhne (Entsendegesetz)	zulässig[3]
Tariftreue	unzulässig nach Auffassung einiger Gerichte (BKartA, KG), BVerfG muss noch entscheiden[4]
Lehrlingsausbildung	oberhalb der Schwellenwerte unzulässig[5]
Frauenförderung	oberhalb der Schwellenwerte unzulässig[6]
Beschäftigung von Langzeitarbeitslosen	möglicherweise unzulässig[7]

---

1 EuGH, VergabeE A-1-1/91; EuGH, Slg. I, 1992, 3401, 3420; BayObLG, VergabE C-2-8/99; VÜA Bund, VergabE U-1-3/94; VK Rheinland-Pfalz, EUK 2000, 125; VÜA Brandenburg, WuW/E Verg, 134; VÜA Sachsen, VergabE V-13-2/97.
2 Siehe jüngst: EuGH, EUK 2002, 152. Vgl. Mitteilung der Kommission zu umweltgerechten Beschaffungen, Dok. Nr. KOM (2001) 274, endg., EUK 2001, 120; *Hailbronner* in: Byok/Jaeger, Kommentar zum Vergaberecht, 2000, § 97 Rz. 181.
3 VÜA Bund, VergabE U-1-23/97. Vgl.: EuGH „Guiot", Slg. 1996, I-1909, Rz. 12; EuGH, EUK 2000, 12.
4 KG, WuW 1998, 1023; vgl. nachfolgend auch BGH, EUK 2000, 29. Hierzu im Übrigen: *Knipper*, WuW 1999, 677; *Lischka*, BauR 2000, 1672.
5 Der Erlass des BMBF vom 9. 9. 1997 (Az.: Z 22 – 04508, BAnz. Nr. 181 v. 26. 9. 1997 = VgR 6/1997, 44) wurde nur unterhalb der Schwellenwerte für anwendbar erklärt. Vgl. *Hailbronner* in: Byok/Jaeger, Kommentar zum Vergaberecht, 2000, § 97 Rz. 179.
6 Vgl. die Brandenburgische Frauenförderungsverordnung vom 25. 4. 1996 (GVBl. Nr. 22 vom 17. 5. 1996, S. 354, abgedruckt in VgR 4/1997, 43 f.), die nicht für europaweite Vergaben gilt. Hierzu auch: *Rust*; EuZW 1999, 453; *Meyer*, ZVgR 1999, 238.
7 Streitige Frage, vor allem wegen EuGH v. 20. 9. 1988 – Rs. C-31/87 „Gebroeders Beentjes BV./. Niederlande", Slg. 1988, 4635 = VergabE A-1-1/88 und EuGH, VergabE A-1-1/00 „Beentjes II". Dazu kritisch: *Seidel*; Behörden Spiegel, Beschaffung Special 1/2001, S. B VI, *Seidel*, EuZW 2000, 762. Siehe außerdem die Mitteilung der Europäischen Kommission zu sozialen Gesichtspunkten bei öffentlichen Beschaffungen vom 15. 10. 2001, Dok. KOM (2001) endg., 566, EUK 2001, 167, einzusehen über simap.eu.int.

Vergabefremdes Kriterium	Bewertung
Forderung der Vorlage einer Erklärung, mit der der Bieter versichert, keine Arbeitnehmer zu beschäftigen, die Scientology angehören (Scientology-Erklärung)	nur zulässig, wenn Software und Schulungsleistungen ausgeschrieben werden (dann objektiv Merkmal einer Schlechtleistung)[1]

d) Zuschlag

43 Die Zuschlagserteilung erfolgt gemäß § 97 Abs. 5 auf das **wirtschaftlichste Angebot**.[2] Mit dieser Vorschrift hat die Bundesrepublik von ihrem Wahlrecht Gebrauch gemacht, welches die europäischen Richtlinien in Bezug auf die Zuschlagskriterien kennen. Die Europäischen Vergaberichtlinien kennen **zwei Zuschlagskriterien**, nämlich jenes nach dem niedrigsten Preis und jenes nach dem wirtschaftlich günstigsten Angebot (vgl. z. B. Art. 30 Abs. 1 BKR). Diese gesetzliche Vorgabe bedeutet, dass die Vergabestelle die Vergabeentscheidung mehr nach **Wirtschaftlichkeitsgesichtspunkten** zu treffen hat, also neben dem Preis andere Kriterien wie Qualität, Betriebskosten, Wartungs- und Unterhaltungskosten, Zweckmäßigkeit, Gewährleistungssicherheit etc. zum Zug kommen lassen muss. Die frühere Vergabe nach dem „annehmbarsten" Angebot, die in der VOB/A 1992 vorgeschrieben war, ist bereits in der Fassung der VOB/A 2000 sprachlich angepasst worden. Auch dort ist nun von der Vergabe nach dem wirtschaftlich günstigsten Angebot die Rede.

e) Ermächtigungsgrundlagen für Vergabeverordnung

44 Der Gesetzgeber ermächtigt die Bundesregierung in § 97 Abs. 6 GWB und in § 127 GWB, per Rechtsverordnung nähere Bestimmungen über die einzuhaltenden Vergabeverfahren zu erlassen. Hierin liegt das erste „Scharnier" des **Kaskadenprinzips**, nämlich die Verknüpfung zwischen Gesetz und Rechtsverordnung. Das zweite „Scharnier" liegt in den §§ 4 bis 6 der VgV, die auch nach der deutlichen Ausweitung des in der Vergabeverordnung befindlichen Regelungsgehalts noch immer auf die in den Vergabe- und Vertragsordnungen enthaltenen wesentlichen Verfahrensregelungen verweisen.

f) Subjektive Rechte

45 Die subjektiven Rechte des Bieters im Vergabeverfahren sind die wesentliche Neuerung des seit 1. 1. 1999 geltenden **Vergaberechtsänderungsgesetzes**. Sie bilden den Dreh- und Angelpunkt für die Überprüfung von Vergabeverfahren vor der Vergabekammer und dem Vergabesenat beim Oberlandesgericht.[3]

---

1 Hierzu speziell: *Prieß/Pitschas*, ZVgR 1999, 144, 152. Abdruck der von der Innenminister-Konferenz verabschiedeten Scientology-Schutzklausel-Erklärung u. a. in EUK 1999, 14.
2 Zum Beurteilungsspielraum bei der Zuschlagserteilung *Opitz*, BauR 2000, 1564.
3 Ausführlich dazu: *Kalinowsky*, Der Anspruch der Bieter auf Einhaltung des Vergaberechts nach § 97 Abs. 7 GWB, 2000; Schriftenreihe forum vergabe, Heft 11.

Der Kreis subjektiver Bieterrechte ist weit zu ziehen. Insbesondere wegen des Gleichbehandlungsprinzips fallen auch viele Form- und Ordnungsvorschriften hierunter, ebenso Bestimmungen, die von ihrer Intention her primär die Vergabestelle schützen sollen.[1] 46

g) Öffentliche Auftraggeber

Sedes materiae des oberhalb der Schwellenwerte geltenden öffentlichen Auftraggeberbegriffs ist seit dem 1. 1. 1999 § 98 GWB. Diese Bestimmung übernimmt im Wesentlichen den Regelungsgehalt des früheren § 57 a Abs. 1 HGrG. Der hier geregelte **Begriff** des „öffentlichen Auftraggebers" geht auf die Vergaberichtlinien zurück und übernimmt die Unterscheidung zwischen so genannten **institutionellen** Auftraggebern und **funktionellen** Auftraggebern. 47

Institutionelle Auftraggeber sind gemäß § 98 Nr. 1 GWB der Staat mit all seinen Untergliederungen, also der Bund, die Länder und die Kommunen. Hinzu kommen die Eigenbetriebe des Staates, die Anstalten des öffentlichen Rechts und die Sondervermögen. Hierbei handelt es sich um Rechtssubjekte, die dem Staat ohne irgendwelche Zuordnungsschwierigkeiten unmittelbar zuzurechnen sind. Sie verwalten die Steuergelder der Bürger und sind daher verpflichtet, diese Mittel wirtschaftlich und sparsam einzusetzen. Dies geschieht vorzugsweise durch öffentliche Ausschreibungen. Die haushaltsrechtlichen Vorschriften besagen in den Haushaltsgesetzen bzw. -verordnungen Entsprechendes. 48

Problematischer sind die **funktionellen Auftraggeber**, mit denen der europäische und, ihm folgend, der deutsche Gesetzgeber auch solche Institutionen bzw. öffentliche Unternehmen dem Ausschreibungsreglement unterwirft, die so staatsnah sind, dass sie von ihrer Funktion her den klassischen institutionellen öffentlichen Auftraggebern gleichgestellt werden können.[2] Zweck der Einbeziehung dieser funktionellen Auftraggeber ist die Verhinderung einer „Flucht ins Privatrecht", die als Folge der zunehmenden Privatisierungen einsetzte und zu Ungleichbehandlungen führte. Die Ungleichbehandlungen resultierten vor allem daraus, dass staatliche Aufgaben ausgegliedert wurden und durch privatrechtliche öffentliche Unternehmen wahrgenommen wurden, ohne dass eine vollständige Privatisierung dahinterstand. Es stellte sich in manchen Fällen heraus, dass die Privatisierungen nur der äußeren Form nach erfolgten, die staatlichen Eingriffs- und Lenkungsbefugnisse aber in keiner Weise eingeschränkt waren, so dass es sich der Sache nach um staatliche Unternehmen handelte. 49

Betroffen vom Auftraggeberbegriff nach § 98 Nr. 2 GWB ist die kaum überschaubare Grauzone zwischen Staat und Privatwirtschaft, also die gesamte Palette gemischtwirtschaftlicher Unternehmen. Diese werden als so genannte **„Einrichtungen des öffentlichen und privaten Rechts"** bezeichnet und müssen für eine Zuordnung zum öffentlichen Auftraggeberbegriff folgende Merkmale erfüllen: 50

---

1 Zur Rechtsqualität von Einzelvorschriften als subjektive Rechte siehe jeweils dort.
2 *Werner* in: Byok/Jaeger, Kommentar zum Vergaberecht, 2000, § 98 Rz. 224. Ferner auch: *Dreher*, WuW 1999, 244; *Pietzcker*, ZVgR 1999, 24; *Noch*, NVwZ 1999, 1083; *Weidemann/Otting*, EWS 1999, 41; *Prieß*, BauR 1999, 1354; *Thode*, ZIP 2000, 1; *Weyand*, ibr-online-Kommentar, Ziff. 7.1.

▷ Beherrschung oder Finanzierung durch staatliche Stellen
▷ Erfüllung von im Allgemeininteresse liegenden Aufgaben
▷ Aufgaben nichtgewerblicher Art
▷ Besonderer Gründungszweck

51 Die **Beherrschung** der betreffenden Unternehmen kann sich beispielsweise in einem staatlichen Vorrecht, Aufsichtsräte oder die Geschäftsführung zu bestimmen, ausdrücken. Die **Finanzierung** kann z. B. durch überwiegende Kapitalanteile, z. B. staatlichen Aktienbesitz, erfolgen.

52 Die Erfüllung von **im Allgemeininteresse liegenden Aufgaben** bedeutet, dass die betreffenden Institutionen und Unternehmen von ihrer rechtlichen Zweckbestimmung her Aufgaben erfüllen, die im gesamtgesellschaftlichen Interesse liegen („Daseinsvorsorge"). Die „rechtliche Zweckbestimmung" des Unternehmens ist aus den gesetzlichen Regelungen, Satzungen, Gesellschaftsverträgen usw. zu entnehmen.[1] Nach gefestigter Rechtsprechung schadet die **zusätzliche Wahrnehmung** von nicht im Allgemeininteresse liegenden Aufgaben grundsätzlich nicht. Es genügt die Wahrnehmung von im Allgemeininteresse liegenden Aufgaben in einem Teilbereich („Infizierungstheorie")[2], um dem funktionellen Auftraggeberbegriff zu unterfallen.

53 **Nichtgewerblichkeit** definiert sich vorzugsweise über das positive Gegenstück der Gewerblichkeit. Der Begriff der Gewerblichkeit in diesem Sinne ist weit auszulegen und erfasst jedes Unternehmen, welches am Austausch von Wirtschaftsgütern gegen Entgelt beteiligt ist, und als Wirtschaftsunternehmen anzusehen ist, sofern es von seiner Gesamtzielsetzung her auf die Erbringung einer dauernden wirtschaftlichen Tätigkeit gerichtet ist. Es schadet auch hier nicht, wenn nicht in allen Geschäftsbereichen nach dem Prinzip der Gewinnmaximierung gearbeitet wird. Nichtgewerblichkeit wird in vielen Fällen durch die Wahrnehmung von im Allgemeininteresse liegenden Aufgaben indiziert und wird vor allem in Fällen des Vorliegens von (Rest-)Monopolen zu bejahen sein.[3]

54 Das Merkmal der **Gründung „zu dem besonderen Zweck"** verlangt die Wahrnehmung von im Allgemeininteresse liegenden Aufgaben nichtgewerblicher Art. Auch hier schadet die Wahrnehmung anderer, zusätzlicher Zwecke nicht.[4] In Fortführung seiner Rechtsprechung hat der EuGH inzwischen entschieden, dass es für die Erfüllung des öffentlichen Auftraggeberbegriffs auf die tatsächlich ausgeübte Tätigkeit durch das Unternehmen ankommt, nicht auf die Rechtsgrundlagen.[5]

---

1 *Weyand*, ibr-online-Kommentar, Ziff. 7.4.4.
2 So *Eschenbruch* in: Niebuhr/Kulartz/Kus/Portz, Kommentar zum Vergaberecht, 2000, § 98 Rz. 48.
3 Das BayObLG vertritt in seinem Beschluss v. 10. 9. 2002 – Verg 23/02 EUK 2003, 39 f. die Auffassung, der Träger des Bayerischen Rettungsdienstes sei kein öffentlicher Auftraggeber i. S. v. § 98 Nr. 2 GWB.
4 EuGH, „Österreichische Staatsdruckerei", VergabE A-1-1/98. In diesem Sinne für die deutsche Bundesdruckerei auch VK Bund v. 18. 10. 1999 – VK 1-25/99, VergabE D-1-25/99.
5 RS C 470/99 Universale-Bau AG, EUK 2003, 23 ff. (VergabE A-1-5/02).

Öffentliche Vergabe   Rz. 55 **Teil 8**

Nachfolgende Übersicht über die Institutionen verdeutlicht, welche den öffent- 55
lichen Auftraggebern im Sinne des § 98 Nr. 1 bis 3 GWB zuzurechnen sind. Die
aufgeführten Zuordnungen sind nicht abschließend.

Vorschrift	Tatbestandsmerkmal	Beispiele
§ 98 Nr. 1	Gebietskörperschaften	Bundes- und Landesbehörden, Kommunen
§ 98 Nr. 1	Deren Sondervermögen	Kommunale Eigenbetriebe
§ 98 Nr. 2	Juristische Personen des öffentlichen Rechts	Wissenschaftliche Hochschulen und verfasste Studentenschaften
		Berufsständische Vereinigungen (Rechtsanwalts-, Notar-, Steuerberater-, Wirtschaftsprüfer, Architekten-, Ärzte- und Apothekerkammern usw.)
		Wirtschaftsvereinigungen (Landwirtschafts-, Handwerkskammern u. ä.)
		Sozialversicherungsträger
		Kassenärztliche Vereinigungen
		Genossenschaften und Verbände
§ 98 Nr. 2	Anstalten und Stiftungen	Rechtsfähige Bundesanstalten
		Versorgungsanstalten und Studentenwerke
		Kultur-, Wohlfahrts- und Hilfsstiftungen (u.U. je nach landesrechtlichen Vorschriften)
§ 98 Nr. 2	Juristische Personen des Privatrechts	Konkret entschieden für folgende Unternehmen:
		▷ Fahrweggesellschaft der Deutschen Bahn AG
		▷ Deutsche Post AG
		▷ Kommunale Wohnungsunternehmen, sofern sie überwiegend im Allgemeininteresse tätig sind (sozialer Wohnungsbau)
		▷ Kommunale Versorgungsunternehmen zumindest in den Fällen, in denen sie maßgeblich von einer Gebietskörperschaft finanziert und beherrscht werden
		▷ Messegesellschaften
		▷ WestLB
		Allgemein Einrichtungen in folgenden Bereichen anhand des Anhangs I zu Art. 1 Buchst. b Baukoordinierungsrichtlinie:
		Gesundheitswesen (Krankenhäuser, Kurmittelbetriebe, medizinische Forschungseinrichtungen, Untersuchungs- und Tierkörperbeseitigungsanstalten)
		Kultur (öffentliche Bühnen, Orchester, Museen, Bibliotheken, Archive, zoologische und botanische Gärten)

Dieblich

Vorschrift	Tatbestandsmerkmal	Beispiele
		Soziales (Kindergärten, Kindertagesheime, Erholungseinrichtungen, Kinder- und Jugendheime, Freizeiteinrichtungen, Gemeinschafts- und Bürgerhäuser, Frauenhäuser, Altersheime, Obdachlosenunterkünfte)
		Sport (Schwimmbäder, Sportanlagen und -einrichtungen)
		Sicherheit (Feuerwehren, Rettungsdienste)
		Bildung (Umschulungs-, Aus-, Fort- und Weiterbildungseinrichtungen, Volksschulen)
		Wissenschaft, Forschung und Entwicklung (Großforschungseinrichtungen, wissenschaftliche Gesellschaften und Vereine, Wissenschaftsförderung)
		Entsorgung (Straßenreinigung, Abfall- und Abwasserbeseitigung)
		Bauwesen und Wohnungswirtschaft (Stadtplanung, Stadtentwicklung, Wohnungsunternehmen, Wohnraumvermittlung)
		Wirtschaft (Wirtschaftsförderungsgesellschaften)
		Friedhofs- und Bestattungswesen
		Zusammenarbeit mit den Entwicklungsländern (Finanzierung, technische Zusammenarbeit, Entwicklungshilfe, Ausbildung)
§ 98 Nr. 3	Verbände, deren Mitglieder unter § 98 Nr. 1 und 2 fallen	Landschafts- und Zweckverbände Landkreise
		Wasserversorgungs, Abwasser-, Müllbeseitigungs- und Planungsverbände

Zu beachten ist, dass, unbeschadet dieser grundsätzlichen Zuordnung, stets eine **Einzelfallprüfung** durchzuführen ist.

56 Zu den öffentlichen Auftraggebern im Sinne der Richtlinien kommen die **privaten Sektorenauftraggeber** im Bereich der Wasser-, Energie- und Verkehrsversorgung hinzu (§ 98 Nr. 4 GWB). Dadurch sollen über die europäischen Richtlinien private Auftraggeber erfasst werden, die auf Gebieten tätig sind, in denen faktisch kein Wettbewerb besteht, sondern ein monopolisierter Markt.

57 Die Kommission beobachtet diese Märkte um rechtzeitig zu reagieren, wenn sich diese Märkte öffnen und Wettbewerb entsteht. Der ursprünglich von der Sektorenrichtlinie ebenfalls erfasste Telekommunikationsbereich wurde infolge der Liberalisierung bereits ausgenommen[1] und wird künftig in der neuen Sektorenrichtlinie, die in einigen Jahren die Richtlinie 93/38/EWG ablösen wird, nicht mehr enthalten sein.

---

[1] Die Freistellung erfolgte auf der Grundlage des Art. 8 der RiLi 93/38 EWG durch eine entsprechende Mitteilung der Kommission.

Ein lebhafter Streit ist hinsichtlich der Frage entbrannt, welche **Zuordnung von** 58
Sektorenauftraggebern vorzunehmen ist, die nicht nur die Merkmale des § 98
Nr. 4, sondern gleichzeitig die des § 98 Nr. 2 erfüllen. Hintergrund dieses Streits
ist, dass Auftraggeber die unter Nr. 2 fallen den 3. Abschnitt der Vergabebestimmungen anwenden müssen und damit auch alle Basisbestimmungen, während
die privaten Sektorenauftraggeber, die unter Nr. 4 fallen, dadurch privilegiert
sind, dass sie die Art der Vergabe frei wählen dürfen. Kern der Diskussion ist die
Frage, ob § 98 Nr. 4 den § 98 Nr. 2 im Wege der **Spezialität** verdrängt oder ob § 98
Nr. 2 den § 98 Nr. 4 im Wege der **Subsidiarität** verdrängt. Für Letzteres spricht,
dass sich der deutsche Gesetzgeber seinerzeit für die Existenz so genannter öffentlicher Sektorenauftraggeber[1] entschieden hat, also von Sektorenauftraggebern, die so staatsnah sind, dass sie die Merkmale des § 98 Nr. 2 erfüllen. Von
einer möglichen Doppelzuordnung sowohl unter § 98 Nr. 4 als auch zusätzlich
unter § 98 Nr. 2 scheint auch der deutsche Gesetzgeber auszugehen, wenn er in
§ 101 Abs. 5 GWB von Auftraggebern spricht, die „nur unter § 98 Nr. 4 fallen".

§ 98 Nr. 5 GWB bezieht einzelfallbezogen natürliche oder juristische Personen 59
des privaten Rechts in solchen Fällen in den öffentlichen Auftraggeberbegriff
ein, in denen sie für Tiefbaumaßnahmen, für die Errichtung von Krankenhäusern, Sport-, Erholungs- oder Freizeiteinrichtungen, Schul-, Hochschul- oder Verwaltungsgebäuden oder für damit in Verbindung stehende Dienstleistungen und
Auslobungsverfahren von Stellen, die unter Nr. 1 bis 3 fallen, Mittel erhalten, mit
denen diese Vorhaben zu mehr als 50 vom Hundert finanziert werden.

Ebenso der Ausschreibungspflicht unterliegen gemäß **§ 98 Nr. 6 GWB Baukon-** 60
zessionäre, also natürliche oder juristische Personen des privaten Rechts, die
mit Stellen, die unter Nr. 1 bis 3 fallen, einen Vertrag über die Erbringung von
Bauleistungen abgeschlossen haben, bei dem die Gegenleistung für die Bauarbeiten statt in einer Vergütung (Werklohn) in dem Recht auf Nutzung der baulichen
Anlage, gegebenenfalls zuzüglich der Zahlung eines Preises besteht (Baukonzession), hinsichtlich der durch sie erteilten Aufträge an Dritte.

Darüber hinaus kann prinzipiell jedes Rechtssubjekt per Verwaltungsakt dem 61
Vergaberecht unterworfen werden, indem z. B. in **Förderbescheiden** entsprechende Verpflichtungen ausgesprochen werden.

h) Öffentliche Aufträge

§ 99 Abs. 1 GWB liefert eine abstrakte Definition des öffentlichen Auftrags, die 62
bislang weder in den Verdingungsordnungen noch in der Vergabeverordnung
oder dem Haushaltsgrundsätzegesetz zu finden war. Sie ist auch auf die Auftragsvergaben unterhalb der Schwellenwerte übertragbar. Danach sind öffentliche
Aufträge **entgeltliche Verträge** zwischen öffentlichen Auftraggebern und Unternehmen, die Liefer-, Bau- oder Dienstleistungen zum Gegenstand haben und
Auslobungsverfahren, die zu Dienstleistungsaufträgen führen sollen.

Erfasst sind nach teilweise vertretener Auffassung nur **privatrechtliche Verträge** 63
der öffentlichen Hand mit der Privatwirtschaft, nicht aber Rechtsbeziehungen,

---
1 Siehe etwa OLG Jena, VergabE C-16–3/99, betreffend eine Talsperrenverwaltung.

die als öffentlich-rechtliche Verträge oder Verwaltungsakte einzuordnen sind. So wurde etwa die Übertragung von Aufgaben nach dem Niedersächsischen Rettungsdienstgesetz nicht als öffentlicher Auftrag eingeordnet.[1] Der BGH hat die Frage, ob auch öffentlich-rechtliche Verträge einen öffentlichen Auftrag im Sinne des § 99 Abs. 1 GWB bilden können, offen gelassen.[2]

64 Die Absätze 2 bis 5 des § 99 enthalten die vor die Klammer gezogenen Definitionen der jeweiligen Verdingungsordnungen bzw. der Vergaberichtlinien in Bezug auf Liefer-, Bau- und Dienstleistungsaufträge sowie Auslobungsverfahren. Insbesondere aus § 99 Abs. 4 wird der **Auffangcharakter der Dienstleistungen** gegenüber den Liefer- und Bauleistungen deutlich. Es existiert eine Hierarchie, die, ausgehend von den klassischen Bauleistungen, über Lieferleistungen bis hin zu den Dienstleistungen reicht.

Oberhalb der Schwellenwerte gestaltet sich die Zuordnung der Leistungen daher wie folgt:

Auftragsarten		
Bauleistungen	Lieferleistungen und gewerbliche sowie freiberufliche Dienstleistungen, die vorab eindeutig und erschöpfend beschreibbar sind	Übrige Dienstleistungen und Auslobungsverfahren
§ 99 Abs. 3 GWB: VOB/A ▷ Abschnitt 1 („Basisparagraphen") ▷ zzgl. Abschnitt 2 bei klassischen Auftraggebern („a-Paragraphen") ▷ alternativ zzgl. Abschnitt 3 bei öffentlichen Sektorenauftraggebern („b-Paragraphen") ▷ einzig Abschnitt 4 bei privaten Sektorenauftraggebern („VOB/A-SKR")	§ 99 Abs. 2 GWB: VOL/A ▷ Abschnitt 1 („Basisparagraphen") ▷ zzgl. Abschnitt 2 bei klassischen Auftraggebern („a-Paragraphen") ▷ alternativ zzgl. Abschnitt 3 bei öffentlichen Sektorenauftraggebern („b-Paragraphen") ▷ einzig Abschnitt 4 bei privaten Sektorenauftraggebern („VOL/A-SKR")	§ 99 Abs. 4, Abs. 5 GWB: VOF ▷ Keine Abschnitte ▷ Geht vollkommen auf Europarecht zurück ▷ Keine Umsetzung im Sektorenbereich

i) Anwendungsbereich

65 Etwas versteckt ist im § 100 Abs. 1 GWB geregelt, dass der Vierte Teil des GWB, also die §§ 97 bis 129, nur dann gilt, wenn die in der auf §§ 97 Abs. 6, 127 GWB basierenden Vergabeverordnung festgeschriebenen **Schwellenwerte**, also die voraussichtlichen Auftragswerte ohne MwSt., erreicht oder überschritten werden.

66 Selbst wenn der Schwellenwert erreicht wird, entfällt eine Anwendung des europäischen Vergaberecht für die in § 100 Abs. 2 GWB genannten **Ausnahmen**; näm-

---

[1] OLG Celle, VergabE C-9–7/99. Vgl. auch OLG Naumburg v. 19. 10. 2000 – 1 Verg 9/00, EUK 2000, 183.
[2] BGH, Beschl. v. 12. 6. 2001 – VergabE B-2–1/01.

Öffentliche Vergabe   Rz. 71 **Teil 8**

lich: besondere Vergabeverfahren aufgrund internationaler Abkommen, Geheimschutzvorbehalte, Vergabe militärischer Hardware, spezielle Fallkonstellationen bei Sektorenauftraggebern, Ausstrahlung von Sendungen, bestimmte finanzielle Dienstleistungen sowie, unter besonderen Voraussetzungen,[1] Forschungs- und Entwicklungsleistungen.

j) Vergabeverfahrensarten

Gemäß § 101 Abs. 1 GWB haben die europaweiten Vergaben von Bau-, Liefer- und Dienstleistungsaufträgen unter Anwendung des **Offenen Verfahrens**, des **Nichtoffenen Verfahrens** oder des **Verhandlungsverfahrens** zu erfolgen.[2] Diese Verfahren werden in den Absätzen 2 bis 4 definiert. 67

Die europaweiten Ausschreibungsverfahren treten bei Erreichung des Schwellenwerts an die Stelle der nationalen Ausschreibungsverfahren und modifizieren diese, insbesondere bezüglich der Bekanntmachungsvorschriften und der Fristen. Zu beachten ist beispielsweise auch, dass beim Nichtoffenen Verfahren die Durchführung eines vorherigen Teilnahmewettbewerbs zwingend erforderlich ist. 68

Übersicht:

Nationale Ausschreibung	Europaweite Ausschreibung
▷ Öffentliche Ausschreibung	▷ Offenes Verfahren
▷ Beschränkte Ausschreibung	▷ Nichtoffenes Verfahren
▷ Freihändige Vergabe	▷ Verhandlungsverfahren

Von Bedeutung ist im GWB vor allem die gesetzliche Festschreibung des **Vorrangs des Offenen Verfahrens** in § 101 Abs. 5: „Öffentliche Auftraggeber haben das Offene Verfahren anzuwenden, ...". Eine Ausnahme besteht, wie oben bereits erwähnt, für die rein privaten Sektorenauftraggeber, die „nur unter § 98 Nr. 4 fallen". Sie wenden die 4. Abschnitte der VOB/A und der VOL/A an und brauchen den in den Basisparagraphen vorgeschriebenen Vorrang der öffentlichen Ausschreibung bzw. des Offenen Verfahrens nicht zu beachten. Sie können sich vielmehr **frei entscheiden**, welches der drei Verfahren sie zur Anwendung bringen wollen. 69

Dem gesetzlichen Gebot, Auftragsvergaben vorrangig im Offenen Verfahren durchzuführen, liegt die Erwägung des Richtlinien- und des deutschen Gesetzgebers zugrunde, dass nur in diesen Verfahren die umfassendste Marktabfrage stattfindet und daher der größtmögliche Wettbewerb herbeigeführt wird.[3] 70

Dies korreliert mit dem haushaltsrechtlichen Gebot der Wirtschaftlichkeit und Sparsamkeit. So ist es ein wesentliches Nebenziel des Ausschreibungswett- 71

---

[1] Hinsichtlich der Einzelheiten siehe *Stickler* in: Reidt/Stickler/Glahs, Vergaberecht-Kommentar, 2000, § 100 Rz. 12 ff.
[2] EuGH, VergabE A-1-1/87; OLG Düsseldorf, EUK 2000, 181; VÜA Bund, „Schürmannbau", VergabE U-1-12/97; VÜA Bund, VergabE U-1-12/98.
[3] Siehe auch *Thieme* in: Langen/Bunte, Kommentar zum deutschen und europäischen Kartellrecht, 9. Aufl. 2001, § 101 Rz. 55.

Dieblich | 283

bewerbs, Kosteneinsparungen auf Seiten der öffentlichen Hand zu erreichen. Entsprechend verstehen sich die diversen Bestimmungen des **Haushaltsrechts**:

„**§ 6 Abs. 1 HGrG:** (1) Bei Aufstellung und Ausführung des Haushaltsplans sind die Grundsätze der Wirtschaftlichkeit und Sparsamkeit zu beachten. (2) Für geeignete Maßnahmen von erheblicher finanzieller Bedeutung sind Nutzen-Kosten-Untersuchungen anzustellen.

§ 30 Haushaltsgrundsätzegesetz (HGrG): Dem Abschluss von Verträgen über Lieferungen und Leistungen muss eine öffentliche Ausschreibung vorausgehen, sofern nicht die Natur des Geschäfts oder besondere Umstände eine Ausnahme rechtfertigen.

§ 7 Bundeshaushaltsordnung (BHO): (1) Bei Aufstellung und Ausführung des Haushaltsplans sind die Grundsätze der Wirtschaftlichkeit und Sparsamkeit zu beachten....

§ 55 Bundeshaushaltsordnung (BHO): (1) Dem Abschluss von Verträgen über Lieferungen und Leistungen muss eine Öffentliche Ausschreibung vorausgehen, sofern nicht die Natur des Geschäfts oder besondere Umstände eine Ausnahme rechtfertigen.

§ 31 Gemeindehaushaltsverordnung (z. B. GemHVO Rh.-Pf.): (1) Der Vergabe von Aufträgen muss eine Öffentliche Ausschreibung vorausgehen, sofern nicht die Natur des Geschäfts oder besondere Umstände eine beschränkte Ausschreibung oder freihändige Vergabe rechtfertigen. (2) Bei der Vergabe von Aufträgen und dem Abschluss sonstiger Verträge sind die Grundsätze und Richtlinien zu beachten, die der Minister des Inneren durch Verwaltungsvorschriften bestimmt."

72 Mit diesen haushaltsrechtlichen Vorgaben stehen die vergaberechtlichen Bestimmungen über den **Vorrang der öffentlichen Ausschreibung**, z. B. in der VOL/A, in Übereinstimmung:

„**§ 3 Verdingungsordnung für Leistungen (VOL/A)**

1.

(1) Bei Öffentlicher Ausschreibung werden Leistungen im vorgeschriebenen Verfahren nach öffentlicher Aufforderung einer unbeschränkten Zahl von Unternehmen zur Einreichung von Angeboten vergeben.

(2) Bei Beschränkter Ausschreibung werden Leistungen im vorgeschriebenen Verfahren nach Aufforderung einer beschränkten Zahl von Unternehmen zur Einreichung von Angeboten vergeben.

(3) Bei Freihändiger Vergabe werden Leistungen ohne ein förmliches Verfahren vergeben.

(4) Soweit es zweckmäßig ist, soll der Beschränkten Ausschreibung und der Freihändigen Vergabe eine öffentliche Aufforderung vorangehen, sich um Teilnahme zu bewerben (Beschränkte Ausschreibung mit Öffentlichem Teilnahmewettbewerb bzw. Freihändige Vergabe mit Öffentlichem Teilnahmewettbewerb)

2.

Öffentliche Ausschreibung muss stattfinden, soweit nicht die Natur des Geschäfts oder besondere Umstände eine Ausnahme rechtfertigen.

3.

Beschränkte Ausschreibung soll nur stattfinden, wenn ...

4.

Freihändige Vergabe soll nur stattfinden, wenn ..."

§ 3 VOB/A enthält fast wörtlich, im Übrigen sinngemäß, die gleichen Bestimmungen.

Bei **Nichtbeachtung des Vorrangs der öffentlichen Ausschreibung** bzw. dem Fehlen von Gründen für eine Abweichung drohen nicht nur vergaberechtliche Rechtsschutzmaßnahmen oberhalb der Schwellenwerte, sondern sogar Klageverfahren **unterhalb** der Schwellenwerte. So ist es in den zurückliegenden Jahren häufiger vorgekommen, dass etwa im Bereich der Ausschreibung von Abfallleistungen oder bei der Durchführung von Erschließungsmaßnahmen Bürger erfolgreich vor dem Verwaltungsgericht Klageverfahren angestrengt haben mit dem Ziel, ihre Gebührenbescheide für rechtswidrig erklären zu lassen, da es an der notwendigen Durchführung eines Offenes Verfahrens fehlte. Der objektive Verstoß etwa gegen die Gemeindehaushaltsverordnung reichte den Gerichten in einigen Fällen bereits aus, um die betreffenden Gebührenbescheide für rechtswidrig zu erklären. Die Begründung in diesen Fällen war, dass sich durch das zu Unrecht gewählte Nichtoffene Verfahren oder die Beschränkte Ausschreibung oder sogar die Freihändige Vergabe mangels optimaler Marktabfrage Verteuerungen eingestellt hätten, die dann ihren Ausdruck in zu hohen Gebührenforderungen in Form der Abgabebescheide gefunden haben.[1]

3. Regelungen der Vergabeverordnung (VgV)

Die Vergabeverordnung[2] vom 9. 1. 2001, in der Fassung der Neubekanntmachung vom 11. 2. 2003, bildet das „Scharnier"[3] zwischen den GWB-Vorschriften und den Verdingungsordnungen. Letztere enthalten, trotz der Bemühungen des Gesetz- bzw. Verordnungsgebers, immer mehr Regelungen auf Gesetzes- und Verordnungsebene zu bringen, noch immer den wesentlichen Regelungsgehalt des materiellen Vergaberechts.

Die Neufassung der VgV vom 11. 2. 2003 diente vor allem dazu, die Vergabeordnungen in der Fassung des Jahres 2002 für anwendbar zu erklären. Auch der Zweck der VgV in der vorausgehenden Fassung vom 9. 1. 2001 bestand maßgeblich darin, die Neufassungen der Verdingungsordnungen (VOB/A 2000, VOL/A 2000, VOF 2000) für anwendbar zu erklären, sowie darin, einige **übergreifende Regelungen** zu treffen, die alle Vergabeverfahren, also Bau-, Liefer- und Dienstleistungsvergaben betreffen.

In der jetzt **gültigen Fassung der VgV 2002** wurde in letzter Minute durch eine Neufassung des § 13 VgV außerdem der Streit entschieden, ob es für die Fristberechnung der 14-tägigen Frist auf die **Absendung** der Vorabinformation **durch den öffentlichen Auftraggeber** ankommt **oder** auf den **Zugang dieser Information**

---

1 OVG Rhld.-Pf. v. 9. 4. 1997 – 12 A 12010/96 (Erschließungsmaßnahmen), WuW 1998, 415; VG Neustadt/Weinstr. v. 14. 4. 1997 – 1 K 961/96.NW (Abfallentsorgungsleistungen), WuW 1998, 416; OVG Schleswig v. 24. 6. 1998 – 2 L 113/97 (Abfallentsorgungsleistungen), bespr. in Behörden-Spiegel 1/1999, Seite B IV; OVG Rheinld.-Pf. (v. 4. 2. 1999, 12 C 13291/96.OVG und 12 A 10533/98.OVG). Siehe auch VÜA Nordrhein-Westfalen, VergabE V-10-12/98, und *Tomerius*, NVwZ 2000, 727.
2 Noch zur Verordnung über die Vergabe öffentlicher Aufträge (Vergabeverordnung – VgV) vom 9. 1. 2001, BGBl. Teil I v. 18. 1. 2001, S. 110; alte Fassung, siehe EUK 2001, 24. Zur Vergabeverordnung allgemein: *Höfler/Bert*, NJW 2000, 3310; *Pietzcker*, NZBau 2000, 64; *Dreher*, NZBau 2000, 178; EUK 2001, 24; *Gröning*, WRP 2001, 2; *Berrisch/Nehl*, DB 2001, 184.
3 So anschaulich *Marx*, Behörden Spiegel, Beschaffung Special, Oktober 2000, S. B III.

beim Bieter. Der Gesetzgeber hat entschieden, dass diese Frist mit dem auf die Absendung der Vorabinformation folgenden Tag beginnt.

77 Diese Entscheidung ist, pragmatisch betrachtet, richtig. Denn wenn es auf den Zugang beim Bieter ankäme, wüsste der öffentliche Auftraggeber nie, wann die Frist tatsächlich abgelaufen ist, unabhängig davon, dass diese Lösung Manipulationsmöglichkeit bezüglich des Zugangs durch den Bieter eröffnet.

Hinweis:
Nachteil dieser Lösung ist, dass faktisch oft weniger als 14 Kalendertage für die Prüfung der Frage verbleiben, ob die Vergabekammer angerufen werden soll, um das Vergabeverfahren zu stoppen. Die erste Frage in der anwaltlichen Beratung muss daher auf die Überprüfung dieser Frist gerichtet sein, wenn man einen Regress wegen Fristversäumung vermeiden will.

78 Folgende Bestimmungen der VgV, die daher nachfolgend erläutert werden, sind für die Rechtsanwendung und die begleitende Rechtsberatung von erheblicher Bedeutung.

a) Grundlegendes

79 Die auf den Bestimmungen der §§ 97 Abs. 6, 127 GWB basierende Vergabeverordnung gliedert sich in drei Abschnitte. Im ersten Abschnitt (§§ 1 bis 16 VgV) werden Fragen des Anwendungsbereichs geregelt, im zweiten Abschnitt (§§ 17 bis 22 VgV) befinden sich ausführende Bestimmungen zum Nachprüfungsverfahren und im dritten Abschnitt (§§ 23, 24 VgV) stehen die Übergangs- und Schlussbestimmungen.

80 Für das Vergabeverfahren sind die §§ 1 bis 16 VgV von größerer Bedeutung. **§ 1 VgV** stellte klar, dass diese Vorschriften, wie auch diejenigen der §§ 97 ff. GWB, nur oberhalb der Schwellenwerte gelten. Eine Erläuterung der das Nachprüfungsverfahren betreffenden Paragraphen enthält der Beitrag von RA Dr. Anders (siehe unten Teil 9).[1]

b) Schwellenwerte und Berechnung

81 § 2 VgV legt die für die jeweiligen Vergabeverfahren zugrunde zu legenden Schwellenwerte fest. Dabei ergeben sich Duplizierungen im Hinblick auf die §§ 1a, 1b VOB/A und § 1 VOB/A SKR sowie in Bezug auf § 3 VOF. In § 3 VgV enthalten die Absätze 3 bis 9 zusätzliche Regelungen für die Dienstleistungs- und Lieferaufträge. Diese speziellen Bestimmungen wurden aus der VOL/A herausgenommen, um Duplizierungen zu vermeiden, im Gegensatz zur VOB/A und zur VOF.

82 Die Besonderheiten der jeweiligen Schwellenwertberechnungen werden im Rahmen der jeweiligen Verdingungsordnungen behandelt. Voranzustellen sind folgende allgemeine Gesichtspunkte:

---

[1] Vgl. dazu den Beitrag von RA Dr. *Anders*: Vergabeüberprüfung Teil 9.

Die Anpassung an das **GPA-Beschaffungsübereinkommen** der Welthandelsorganisation WTO[1] erforderte eine Änderung der Ursprungsrichtlinien durch die Richtlinien 97/52/EG und 98/4/EG. Die Bestimmung des § 2 Nr. 2 VgV, der die Vergabe von Liefer- und Dienstleistungsaufträgen seitens der „obersten und oberen Bundesbehörden sowie vergleichbaren Bundeseinrichtungen" betrifft, dient dazu, den abgesenkten Schwellenwert in Höhe von 130 000 Euro für anwendbar zu erklären. Damit sind die im Anhang I zur Richtlinie 93/36/EWG genannten Stellen (Bundesministerien einschließlich Geschäftsbereich) gemeint. 83

Die Absätze 1, 2 und 10 des § 3 VgV stellen einige allgemeine **Grundsätze für die Schätzung** der Auftragswerte auf.[2] Maßgeblicher Zeitpunkt für die Schätzung des Auftragswerts ist gemäß § 3 Abs. 10 VgV der Tag der Absendung der Bekanntmachung oder der Zeitpunkt der sonstigen Einleitung des Vergabeverfahrens. Es ist eine Vorab-Schätzung vorzunehmen. Die Vergabestelle muss dabei eine realistische, seriöse und nachvollziehbare Prognose treffen. Eine Dokumentation der hierbei angestellten Überlegungen und Berechnungen/Bewertungen ist erforderlich, andernfalls ist eine Überprüfung dieser wichtigen Weichenstellung nicht möglich. Dies gilt insbesondere dann, wenn Auftragswerte erwartet werden, die nur 10 bis 20 % unterhalb der Schwellenwerte angesiedelt sind. Eine geringfügige Unterschätzung des Auftragswerts von bis zu 10 % ist in der Regel unschädlich. Weichen die erwarteten Auftragswerte jedoch erheblich von der Höhe der tatsächlich eingegangenen Angebote ab, muss sich die Vergabestelle rechtfertigen.[3] 84

Bekannt ist die Neigung vieler Vergabestellen, den Schwellenwert so lange herunterzurechnen, bis man endlich nicht mehr den Bestimmungen über die europaweite Ausschreibung und Vergabe unterliegt. § 3 Abs. 2 VgV enthält daher das **Verbot jeglicher Umgehung** des Vergaberechts in Bezug auf die Schwellenwerte. So dürfen Aufträge nicht absichtlich aufgeteilt werden oder in ihrem Wert unterschätzt werden, um sie der Anwendung des europäischen Vergaberechts zu entziehen. Diese Vorschrift korreliert mit dem bereits in den Basisbestimmungen enthaltenen Gebot, eine unwirtschaftliche Zersplitterung durch Aufteilung der Aufträge in Lose zu vermeiden (siehe § 5 Nr. 1 VOL/A). 85

Letzten Endes greift außerdem das haushaltsrechtliche Gebot der Wirtschaftlichkeit und Sparsamkeit. Es handelt sich bei dieser Bestimmung um einen verallgemeinerungsfähigen Rechtsgedanken, der auch auf andere Bereiche des Vergaberechts übertragen werden kann, wie etwa die Versuche, das Ausschreibungsrecht durch Scheinprivatisierung zu umgehen (so genannte „Flucht ins Privatrecht"). 86

---

1 Siehe Beschluss des Europäischen Rates 94/800/EG, ABl. EG Nr. L 336 v. 23.12.1994, S. 1. Weiterführend hierzu: *Kunnert*, WTO-Vergaberecht, 1998. Einen umfassenden Überblick über das internationale Vergaberecht (WTO-GPA, EWR-Abkommen, Europa-Abkommen, UNCITRAL-Modellgesetz) liefert *Drügemöller*, Vergaberecht und Rechtsschutz, 1999, S. 11 ff. Allgemein zur WTO: *Senti*, WTO-System und Funktionsweise der Welthandelsordnung, 2000. Ferner auch *Schaller*, RiA 1999, 125.
2 *Weyand*, ibr-online-Kommentar – VgV, Ziff. 41.
3 Vgl. hierzu KG, NZBau 2000, 258.

87 Zugrunde zu legen ist gemäß § 3 Abs. 1 VgV der **Wert der geschätzten Gesamtvergütung**. Es sind daher Teilleistungen zusammenzurechnen oder etwaige Optionen hinzuzurechnen.

c) Verweise auf die VOL/A, VOB/A und VOF

88 § 4 Abs. 1 Satz 1 VgV verweist auf die neue Fassung der VOL/A 2002. Die öffentlichen Auftraggeber nach § 98 Nr. 1 bis 3 GWB, also die klassischen öffentlichen Auftraggeber, die Einrichtungen des öffentlichen und privaten Rechts, sowie die durch diese gebildeten Verbände, werden hierdurch verpflichtet, bei der Vergabe von Liefer- und bestimmten Dienstleistungsaufträgen die Vorschriften des 2. Abschnitts der VOL/A anzuwenden. Dies unter dem Vorbehalt, dass die §§ 5 und 6 VgV keine anderen Regelungen enthalten, also etwa eine Bauleistung oder eine freiberufliche Leistung vergeben wird, mit der Konsequenz, dass nach VOB/A oder VOF auszuschreiben wäre. Der **Sektorenbereich** ist gemäß § 4 Abs. 1 Satz 2 VgV von der Anwendung des Abschnitts 2 ausgenommen. Für ihn gilt der 4. Abschnitt, mindestens aber der 3. Abschnitt der VOL/A.

89 Nach § 4 Abs. 2 VgV haben zu mehr als 50 % bezuschusste öffentliche Auftraggeber (§ 98 Nr. 5 GWB) bei der Vergabe von Dienstleistungsaufträgen und bei Auslobungsverfahren, die zu Dienstleistungen führen sollen, gleichfalls den 2. Abschnitt der VOL/A anzuwenden.

90 **Freiberufliche Dienstleistungen**, die vorab eindeutig und erschöpfend beschreibbar sind, müssen gemäß § 5 VgV nach der VOF 2002 ausgeschrieben werden. Dies gilt gleichermaßen für Auslobungsverfahren, die zu Dienstleistungen führen sollen. Ausdrücklich ausgenommen von der Anwendungspflicht sind Dienstleistungen im Sektorenbereich, die vorab nicht eindeutig und erschöpfend beschreibbar sind. In dieser Regelung zeigt sich, dass eine Ausschreibungspflicht dieser Leistungen im Sektorenbereich nicht umgesetzt wurde. Es existiert keine VOF-SKR. In diesen Fällen ist, unter Beachtung der allgemeinen Grundsätze der Nichtdiskriminierung und des fairen Wettbewerbs, eine Freihändige Vergabe vorzunehmen.

91 § 6 VgV erklärt die VOB/A 2002 für anwendbar. Auftraggeber nach den §§ 98 Nr. 1 bis 3, 5 und 6 GWB haben den zweiten Abschnitt der VOB/A anzuwenden. Die ausdrückliche Definition der **Baukonzession** wurde aufgenommen, um klarzustellen, dass die Vorschriften des Vierten Teils des GWB auch für diese Auftragsform gelten. Da für Sektorenauftraggeber der 2. Abschnitt der VOB/A nicht gilt, enthält die Vorschrift auch hier wieder eine entsprechende Ausnahme.

d) Sektorenbereich

92 Wichtige Verweisungen und Ausnahmen für den Sektorenbereich finden sich in den Bestimmungen der §§ 7 bis 12 VgV.

93 Zum Sektorenbereich sind Unternehmen zu rechnen, die Tätigkeiten versehen, welche auf den Gebieten der **Trinkwasser- oder Energieversorgung oder im Ver-**

Öffentliche Vergabe　　　　　　　　　　　　　　　　　　　Rz. 97　**Teil 8**

kehrsbereich angesiedelt sind (§ 8 VgV[1]). Der **Telekommunikationsbereich**, der früher noch hinzugerechnet wurde und daher auch in der Richtlinie 93/38/EWG, siehe dort Art. 8, noch enthalten ist, wurde aus dem Anwendungsbereich **herausgenommen**, weil diesbezüglich die Liberalisierung, d. h. der Wettbewerb zwischen einer Vielzahl von Anbietern, sich zwischenzeitlich so entwickelt hat, dass kein Monopol mehr vorhanden ist und daher ein Verbleib im Ausschreibungsreglement der Sektorenrichtlinie nicht mehr sinnvoll erschien.[2] Die Europäische Kommission hat in der Mitteilung vom 3. 6. 1999[3] über diese Freistellung für die Leistungen „öffentlicher Telefondienst (Fest- und Mobilnetz), Satellitendienste und Datenübertragung/Mehrwertdienste" Deutschland informiert.

§ 7 Abs. 1 VgV bestimmt, dass die in § 98 Nr. 1 bis 3 GWB genannten Auftraggeber, die eine Tätigkeit im Bereich der Trinkwasserversorgung (§ 8 Nr. 1 VgV) oder im Verkehrsbereich ausüben (§ 8 Nr. 4 VgV), die dritten Abschnitte der VOB/A bzw. VOL/A anwenden müssen. Hierbei handelt es sich um die **so genannten öffentlichen Sektorenauftraggeber**, die damit dem strengeren Reglement des 3. Abschnitts unterworfen werden und den Vorrang des Offenen Verfahrens beachten müssen. 94

§ 7 Abs. 2 VgV sieht vor, dass die in § 98 Nr. 1 bis 3 GWB genannten Auftraggeber, die eine Tätigkeit im Bereich der Elektrizitäts- und Gasversorgung (§ 8 Nr. 2 VgV) oder im Bereich der Wärmeversorgung (§ 8 Nr. 3 VgV) versehen, sowie die in § 98 Nr. 4 GWB genannten Auftraggeber, die jeweiligen 4. Abschnitte der VOB/A bzw. VOL/A anwenden müssen. Eine der wesentlichen Konsequenzen ist, dass sie die **Vergabeverfahrensarten** (Offenes Verfahren, Nichtoffenes Verfahren, Verhandlungsverfahren) **frei wählen** können.[4] Neu ist gegenüber der bisherigen Rechtslage, dass der gesamte Bereich der Energieversorgung, unabhängig ob es sich um Auftraggeber nach § 98 Nr. 1 bis 3 oder Nr. 4 GWB handelt, einheitlich zur Anwendung der Vergabevorschriften der Abschnitte 4 der Verdingungsordnungen verpflichtet wird. Der Verordnungsgeber erhofft sich durch diese einheitliche rechtliche Behandlung eine Vereinfachung, die der fortgeschrittenen Liberalisierung Rechnung trägt. 95

Der Übersichtlichkeit soll es dienen, dass die Ausnahmen des Sektorenbereichs im Vergleich zu der früheren Fassung der VgV nunmehr in einer gesonderten Bestimmung, nämlich der des § 9, geregelt sind. Diese bislang in § 4 VgV enthaltenen Bestimmungen werden in § 9 übernommen.[5] 96

Anknüpfend an Art. 13 Abs. 1 Sektorenrichtlinie 93/38/EWG und § 100 Abs. 2 Buchst. i GWB sieht § 10 VgV eine **Ausnahme** hinsichtlich Dienstleistungen vor, die an ein **verbundenes Unternehmen** vergeben werden. § 10 VgV definiert, welche Unternehmen darunter fallen. Es muss sich um konzerninterne Aufträge 97

---

1 Vgl. den früheren § 4 VgV (Fassung 1997), der allerdings infolge der zwischenzeitlich erfolgten Liberalisierungen im Telekommunikations- und Energiesektor modifiziert wurde.
2 Dazu *von Craushaar*, EUK 1999, 71.
3 ABl. EG Nr. C 156/03.
4 Vgl. auch § 101 Abs. 5 GWB.
5 Im Einzelnen dazu *Hailbronner* in: Byok/Jaeger, Kommentar zum Vergaberecht, 2000, § 100 Rz. 417 ff.

handeln und es müssen mindestens 80 % des von diesem Unternehmen, während der letzten drei Jahre in der Europäischen Gemeinschaft, erzielten durchschnittlichen Umsatzes im Dienstleistungssektor, aus der Erbringung dieser Dienstleistungen für die mit ihm verbundenen Unternehmen stammen. Es wird darüber hinaus klargestellt, dass die Ausnahme auch gilt, wenn das verbundene Unternehmen noch keine drei Jahre existiert, aber die Prognose zu der relativ gesicherten Annahme führt, dass die Ausnahmevoraussetzungen vorliegen.

98 Die §§ 11 und 12 VgV stellen **weitere Sonderregeln** dar (Auftraggeber nach dem Bundesberggesetz, Drittlandklausel), die an die bisherigen §§ 5 bzw. 4 Abs. 9 VgV 1997 anknüpfen.

e) Vorabinformationspflicht

99 Eine der wichtigsten Neuerungen der Vergabeverordnung 2001 ist die in § 13 verbindlich eingeführte Vorabinformationspflicht über die beabsichtigte Zuschlagserteilung. Die Vorabinformationspflicht über die beabsichtigte Zuschlagserteilung ist nicht zu verwechseln mit der Vorinformation über die beabsichtigte Ausschreibung von Aufträgen (§ 17a Nr. 1 VOB/A, § 17a Nr. 2 VOL/A, § 9 Abs. 1 VOF). Letztere ist eine unverbindliche Bekanntmachung[1] im Vorfeld einer avisierten Ausschreibung.

100 Demgegenüber besitzt die Vorabinformationspflicht über die beabsichtigte Zuschlagserteilung **verbindlichen Charakter**. Sie stellt die Konsequenz aus der so genannten Münzplättchen-Entscheidung der Vergabekammer (VK) Bund[2] dar. Die VK Bund hatte in dieser Entscheidung das Problem erkannt, dass auch nach Einführung des Vergaberechtsänderungsgesetzes Rechtsschutz in bestimmten Fällen nicht möglich ist. Dann nämlich, wenn Rechtsverstöße in der Schlussphase des Vergabeverfahrens auftreten wie etwa bei der Angebotswertung. Wird beispielsweise der Zuschlag unter fehlerhafter Anwendung der Zuschlagskriterien erteilt, so hat der Bieter, der durch diesen Fehler übergangen wird, keine Chance, Rechtsschutz zu erhalten, weil das Vergabeverfahren durch den Zuschlag mit der prozessrechtlichen Folge beendet wurde, dass die Vergabekammer einen eventuellen Nachprüfungsantrag als unzulässig ablehnen müsste. Materiellrechtlich kommt die Schwierigkeit hinzu, dass mit der Zuschlagserteilung, genauer mit dem Bestätigungsschreiben über die Zuschlagserteilung (= Annahmeerklärung), der zivilrechtliche Vertrag geschlossen ist und dieser in der Regel nicht mehr anfechtbar ist („pacta sunt servanda").[3]

101 Diese **Rechtsschutzlücke** beseitigte die VK Bund dadurch, dass sie den Grundsatz entwickelt hat, dass alle Bieter, die zuvor einen Antrag auf Mitteilung der Gründe der Nichtberücksichtigung gestellt haben (§ 27a VOL/A), über die beabsichtigte Zuschlagserteilung zu informieren sind und ihnen eine **Frist von 14 Tagen** einzuräumen ist, innerhalb derer sie die Einleitung von Rechtsschutzmaßnahmen prüfen können. Nur auf diese Weise werde den rechtsstaatlichen Anforderungen

---

1 So EuGH, EUK 2000, 167.
2 VK Bund, VergabE D-1-7/99.
3 Zu der europarechtlichen Problematik dieser Konstruktion: *Reidt*, BauR 2000, 22; *Kus*, NJW 2000, 544; *Martin-Ehlers*, EuZW 2000, 101.

Öffentliche Vergabe												Rz. 104 **Teil 8**

an den Rechtsschutz (Art. 19 Abs. 4, 20 Abs. 3 GG) sowie dem Geltungsanspruch der Rechtsmittelrichtlinien 89/665/EWG und 92/13/EWG Rechnung getragen.

Die Entscheidung der VK Bund hatte zwar nur inter-partes-Wirkung und wurde für die Liefervergaben entwickelt. Die darin enthaltenen Grundsatzüberlegungen sind aber auch auf die VOB- und VOF-Vergaben übertragbar. Der Verordnungsgeber hat mit Einführung des § 13 VgV auf diese Rechtsschutzlücke reagiert und nunmehr für alle Fälle eine Vorabinformation über die beabsichtigte Zuschlagserteilung zwingend vorgeschrieben. Einer Antragstellung seitens der Bieter bedarf es also nicht. Der Verordnungsgeber hat eine Frist von 14 Kalendertagen ab Absendung der Vorabinformation vorgesehen. Für den **Beginn der Frist** kommt es nur auf den Tag der Absendung der Information durch den öffentlichen Auftraggeber an.[1] Während dieser Zeit darf die Vergabestelle keinen Vertragsabschluss vornehmen. Tut sie es trotzdem, ist der Vertrag wegen Verstoßes gegen ein gesetzliches Verbot (§ 134 BGB) nichtig. Die Rechtsfolge der Nichtigkeit gilt auch dann, wenn die Vorabinformation gar nicht durchgeführt wurde. 102

Umstritten ist, welchen **(Mindest-)Informationsgehalt** diese Vorabinformation enthalten muss. Die Praxis dürfte hinsichtlich des Inhalts gebieten, zumindest dem engeren Kreis aussichtsreicher Bieter eine Information zu geben, die den Namen des erfolgreichen Bieters enthält und die Gründe für die anderweitige Zuschlagserteilung einzelfallbezogen benennt. Formelhafte Wendungen sind als nicht ausreichend zu erachten.[2] Die Grenze dieser Informationspflicht wird durch Geheimhaltungspflichten, deren Reichweite im Einzelfall abzustecken ist, gebildet.[3] Nicht unwidersprochen kann die Rechtsfindung des OLG Düsseldorf[4] bleiben, wonach an den Inhalt der Vorabinformation generell keine hohen Anforderungen zu stellen sein sollen. Dadurch wird das Problem aufgeworfen, dass die chancenreichsten Bieter gerade nicht diejenigen Informationen erhalten, die sie in die Lage versetzen, die Erfolgsaussichten eines Nachprüfungsantrags ernsthaft zu prüfen. 103

In einem zunächst geplanten § 13 Abs. 2 VgV sollte bestimmt werden, dass auch die Fälle einer unberechtigten **Aufhebung der Ausschreibung** einer Nachprüfung unterworfen werden können, indem auch hier eine Vorabinformationspflicht eingeführt wird. In dem Regierungsentwurf vom 26. 7. 2000[5] jedoch wurde dieser Absatz, der erst in den Entwurf vom 8. 6. 2000 eingefügt worden war, wieder fallen gelassen.[6] 104

---

1 Andere Auffassung, wonach es entgegen dem Wortlaut des § 13 VgV auf den Zugang beim letzten Bieter ankommen soll: KG, EUK 2002, 72; ihm folgend OLG Thüringen, EUK 2002, 167.
2 Völlig unklar und widersprüchlich ist der Text der amtlichen Begründung zu § 13 VgV: „Die Information kann auch durch einen Standardtext erfolgen, der die jeweilige für den Einzelfall tragende Begründung enthalten muss."
3 *Höfler/Bert*, NJW 2000, 3310, 3314; *Gröning*, NZBau 2000, 366, 369.
4 OLG Düsseldorf, VergabE C-10–28/01.
5 Besprochen in EUK 2000, 120.
6 § 13 Abs. 2 des Entwurfs der Vergabeverordnung vom 8. 6. 2000 lautete: „Beabsichtigt der Auftraggeber, das Vergabeverfahren durch Aufhebung zu beenden, sind alle Bieter spätestens 10 Werktage vor der Aufhebung zu informieren. Das Vergabeverfahren darf vor Ablauf dieser Frist und ohne dass der Auftraggeber nicht alle Bieter über die beabsichtigte

f) Anwendung des CPV

105 Das Common Procurement Vocabulary (CPV)[1] soll gemäß § 14 VgV bei den Bekanntmachungen Anwendung finden. Das CPV stellt eine **grobe Klassifizierung** der Leistungsklassen- und Warentypen dar, damit bei den europäischen Ausschreibungen eine Vergleichbarkeit gewährleistet ist. Denn nicht in allen Ländern der EU werden die Bezeichnungen für Waren- oder Dienstleistungen in gleicher Weise verstanden.

106 Dem Wortlaut nach handelt es sich beim § 14 VgV um eine Soll-Vorschrift. Die Begründung zu § 14 sagt jedoch aus, dass die öffentlichen Auftraggeber verpflichtet sind, dieses Vokabular anzuwenden, so dass im Ergebnis ein klares Gebot anzunehmen ist.[2]

g) Elektronische Angebotsabgabe

107 Eine der bedeutenden Neuerungen der Richtlinien 97/52/EG und 98/4/EG, auf die die Bestimmung des § 15 VgV zurückgeht, ist die Einführung der elektronischen Auftragsvergabe. Dies führte auch zu den Ergänzungen der §§ 21 VOL/A und VOB/A, in denen die Möglichkeit zur Abgabe eines Angebots auch in anderer Weise als auf herkömmlichem Wege eröffnet wurde.

108 Wie in allen anderen Wirtschaftsbereichen basiert auch im Beschaffungswesen die elektronische Angebotsabgabe auf zwei EG-Richtlinien, nämlich der Richtlinie über den elektronischen Geschäftsverkehr (**so genannte E-Commerce-Richtlinie**)[3] und der **Signaturrichtlinie**.[4] Die E-Commerce-Richtlinie ebnet den Weg für den elektronischen Vertragsabschluss und die Signaturrichtlinie sichert die Anerkennung der für den Vertragsabschluss notwendigen elektronischen Unterschrift sowie die Vereinheitlichung der dazu erforderlichen Techniken und Systeme.[5] So hat der Auftraggeber zu gewährleisten, dass die Vertraulichkeit der Angebote gewahrt bleibt. Digitale Angebote sind mit Signatur im Sinne des deutschen Signaturgesetzes zu versehen und zu verschlüsseln. Die Verschlüsselung ist bis zum Ablauf der für die Einreichung der Angebote festgelegten Frist aufrechtzuerhalten. Die digitale Signatur ersetzt die herkömmliche Unterschrift.

Aufhebung informiert hat, nicht aufgehoben werden". Dieser Entwurf der Verordnung ist dokumentiert in ZVgR 3/2000, S. III ff.

1 Gemeinsames Vokabular für öffentliche Aufträge, herausgegeben vom Bundesministerium für Wirtschaft und Technologie, gemäß der Empfehlung der Europäischen Kommission in der Neufassung der VO (EG) Nr. 2195/2002 v. 5. 11. 2002, ABl. EG v. 16. 12. 2002 Nr. L. 340/1; diese VO ist gemäß Art. 4 zum 16. 12. 2003 in Kraft getreten und damit unmittelbar geltendes Recht; Veröffentlichung: Bundesanzeiger Nr. 33 a v. 18. 2. 2004.
2 Dort heißt es: „Um eine einheitliche Anwendung dieses Vokabulars zu erreichen, werden die Auftraggeber zur Anwendung verpflichtet."
3 Richtlinie 2000/31/EG vom 8. 6. 2000, ABl. L 178 vom 17. 7. 2000, S. 1.
4 Richtlinie 1999/93/EG vom 13. 12. 1999, ABl. L 13 vom 13. 1. 2000, S. 12.
5 Instruktiv dazu: *Kratzenberg*, NZBau 2000, 265, 266; *Höfler*, NZBau 2000, 449. Siehe außerdem: *Scherer/Butt*, DB 2000, S. 1009 ff. (Allgemein zu den Richtlinien); *Bülow/Artz*, NJW 2000, 2049 ff. (Fernabsatzverträge); *Tonner*, BB 2000, 1413 ff. (Fernabsatzgesetz); *Kilian*, BB 2000, 733 ff. (Signaturrichtlinie); *Gierschmann*, DB 2000, 1315 ff. (E-Commerce-RL). Ein kompakter allgemeiner Überblick findet sich bei *Gronau*, EUK 2000, 175.

§ 15 VgV enthält aber noch einen **Vorbehalt**: Sofern die Verdingungsordnungen 109
Regelungen über die elektronische Angebotsabgabe enthalten, richtet sich die
Angebotsabgabe nach diesen Vorschriften. Damit wird klargestellt, dass bei der
Bauvergabe die elektronische Angebotsabgabe derzeit aus technischen Gründen
noch keine vollwertige Alternative darstellen kann, anders als bei Vergaben
nach der VOL/A. Es existieren noch nicht alle technischen Voraussetzungen,
die es erlauben, jede Form von Graphiken und Zeichnungen zu digitalisieren.
Daraus erklärt sich die bereits in der VOB/A Fassung 2000 enthaltene und auch
in der Fassung 2002 nicht geänderte Formulierung in § 21 Nr. 1 Abs. 1 Satz 1
VOB/A:

„Die Angebote müssen schriftlich eingereicht und unterzeichnet sein. **Daneben** kann der Auftraggeber mit digitaler Signatur im Sinne des Signaturgesetzes versehene digitale Angebote zulassen, die verschlüsselt eingereicht werden müssen."

Gemäß § 21 Nr. 3 Abs. 2 VOB/A ist der öffentliche Auftraggeber verpflichtet, auf 110
die Möglichkeit zur elektronischen Angebotsabgabe in den Bekanntmachungen
nach § 17 oder § 17 a Nr. 1 Abs. 1 VOB/A oder in den Verdingungsunterlagen hinzuweisen.

Hinweis:
Es empfiehlt sich, diese Hinweise schon in den Bekanntmachungen zu geben.
Dies gilt vor allem in Hinblick auf den umgekehrten Fall, falls die technischen
Voraussetzungen im Einzelfall noch nicht vorliegen. Dann sollte auf die noch
nicht vorhandene Möglichkeit zur elektronischen Angebotsabgabe ausdrücklich
hingewiesen werden.

h) Voreingenommene Personen – „Doppelmandate"

Aus dem Gleichbehandlungsgrundsatz (§ 97 Abs. 2 GWB) wird gefolgert, dass bei 111
Auftragsvergaben jede Form von **Interessenkollisionen** unterbunden werden
muss. Grundsätzlich denkbar sind folgende Konstellationen:

▷ Vergabestelle und Bieter („Doppelmandate"),

▷ zur Vorbereitung der Ausschreibung eingeschaltete Zweigniederlassung eines Ingenieurbüros und Mutterfirma, die sich nachher um die Ausführung bewirbt,

▷ Vergabestelle und Personen in den Nachprüfungsorganen,

▷ Kollision anwaltlicher Vertretung.

Hintergrund für die Vorschrift des § 16 VgV sind die Erfahrungen aus einigen Pra- 112
xisfällen, in denen bei der Vergabestelle Personen an verantwortlicher Stelle über
die Auftragsvergabe entscheiden sollten, aber gleichzeitig ein Aufsichtsratsmandat bei einem der sich bewerbenden Bieterunternehmen innehatten.[1] In anderen
Fallvarianten hatte ein Kreisbaumeister die Entscheidungen der kommunalen
Gremien vorbereitet, verfügte jedoch über einen Onkel, der ein Bauunternehmen

---
1 Fall des OLG Brandenburg, VergabE C-4-1/99.

besaß, das plötzlich unter Verzicht auf die ursprünglichen Ausschreibungsbedingungen den Zuschlag erhalten sollte.[1]

113 Um diese und viele andere Interessenkonflikte handhaben zu können, wurde § 16 VgV geschaffen. Es soll sichergestellt werden, dass für den Auftraggeber nur Personen tätig werden, deren Interessen weder mit einem Bieter noch mit einem Beauftragten des Bieters verknüpft sind. Die in diesen Fällen oft nahe liegende Verletzung des Gleichbehandlungsgebots kann an öffentlichen Aufträgen interessierte Bieter diskriminieren. § 16 VgV soll voreingenommene Personen zum Schutz der Bieter vor Parteilichkeit ausschließen, wobei auf die Besonderheiten der öffentlichen Auftragsvergabe Rücksicht genommen wurde.

114 Es soll, entgegen der in diesem Punkt zu weit gehenden Rechtsauffassung des OLG Brandenburg, bewusst nicht an die §§ 20, 21 VwVfG angeknüpft werden, weil es sich bei öffentlichen Auftragsvergabeverfahren gerade um keine Verwaltungsverfahren handelt, sondern um fiskalisches, also privatrechtliches Handeln der Verwaltung mit einem vorgeschalteten öffentlich-rechtlichen Auswahlverfahren.[2] Die Problematik der Anwendung des Verwaltungsverfahrensrechts liegt darin, dass sie eine nicht sachgerechte Objektivierung des Vergabeverfahrens mit sich bringt, die dazu führt, dass a priori auch Personen ausgeschlossen werden müssten, die der Vergabestelle nur angehören, an den betreffenden Entscheidungen oder auch nur an den vorbereitenden Entscheidungen und Festlegungen, überhaupt nicht teilnehmen.

115 Dies führte in einem vom OLG Saarbrücken[3] entschiedenen Fall zu dem nach hier vertretener Ansicht nicht haltbaren Ergebnis, dass entdeckte Interessenkollisionen nicht gerügt werden müssen, der Bieter mit erkannten Vergabefehlern also spekulieren kann, was er aber nach der Begründung zum Regierungsentwurf des Vergaberechtsänderungsgesetzes gerade nicht können soll.[4]

116 Richtiger ist es daher, wenn man verlangt, dass eine konkrete, und nicht nur die abstrakt denkbare Möglichkeit der **Kausalität** gegeben ist, also eine irgendwie geartete Einmischung in das Vergabeverfahren stattgefunden hat, die kausale Auswirkungen auf die Vergabeentscheidung befürchten lässt und damit das Gebot der Gleichbehandlung bzw. Nichtdiskriminierung tangiert. Eine abstrakte Neutralitätsverletzung (so genannter „böser Schein") kann nicht genügen.[5] Zu verlangen sind vielmehr gewisse Kausalitätsanforderungen, um eine rechtlich messbare Vergaberechtsverletzung oder zumindest eine große Wahrscheinlichkeit sel-

---

1 Siehe BayObLG, VergabE C-10–8/99.
2 Gegen die analoge Anwendung des § 20 VwVfG mit der Begründung, dass das Vergabeverfahren als fiskalisches Hilfsgeschäft dem Zivilrecht zuzuordnen sei: VÜA Brandenburg als VK, VergabE E-4–1/99–1.
3 OLG Saarbrücken, VergabE C-12–2/99.
4 Begründung des Regierungsentwurfs, zu § 117, BT-Drucks. 13/9340, S. 17.
5 Kritisch dazu: *Höfler/Bert*, NJW 2000, 3310, 3316; *Berrisch*, DB 1999, 1797; *Neßler*, NVwZ 1999, 1081; *Noch*, Das Problem der Doppelmandate und der Neutralität bei öffentlichen Ausschreibungen, Sachsenlandkurier (SLK) 2000, S. 135 ff.; *Noch*, Neutralität bei öffentlichen Auftragsvergaben – Ein inhaltsleeres „Prinzip" des Vergaberechts?, Behörden Spiegel – Beschaffung Special, April 2000, S. B IV. Zustimmend aber wohl: *Kulartz/Niebuhr*, NZBau 2000, 6; *Otting*, NJW 2000, 484; *Malmendier*, DVBl 2000, 963, 965 f.

biger annehmen zu können.[1] Ein lediglicher In-Kenntnis-Setzen oder Informieren über die vom Ausschluss nach dem Wortlaut der Vorschrift betroffenen Personen über den Verfahrensstand, ohne dass diese das Verfahren beeinflusst haben, kann daher kein Grund für deren Ausschluss sein.

II. Grundzüge der Vergabeverfahren mit Hinweisen zur anwaltlichen Beratung

1. VOB-Vergabe

Die VOB-Bauvergabe[2] stellt den klassischen Bereich des Vergaberechts dar, was sich u.a. darin dokumentiert, dass im Bereich der europaweiten Ausschreibungen schon im Jahr 1971 die erste Koordinierungsrichtlinie geschaffen wurde. Der Lieferbereich kam erst 1977 und der Dienstleistungsbereich sogar erst 1992 hinzu. Gleichwohl hat die Bedeutung der Liefer- und vor allem der Dienstleistungsvergaben in den letzten Jahren erheblich zugenommen. Seit einiger Zeit steht der Dienstleistungsbereich volumenmäßig sogar an erster Stelle.

117

Dies belegt eine Statistik für das Jahr 2000, wonach die Aufträge in Deutschland ein Gesamtvolumen von über 560 Mrd. DM erreichten.

Davon entfielen

▷ 35 % auf Dienstleistungen,

▷ 33 % auf Bauleistungen,

▷ 32 % auf Lieferleistungen.

a) Neuerungen in der VOB/A 2000 und 2002

Die VOB/A i. d. F. vom 12. 11. 1992[3] musste aufgrund der Bestimmungen des Europäischen Vergaberechts, nämlich der am 13. 10. 1997 geänderten BKR und der am 16. 2. 1998 geänderten Sektorenrichtlinie in Verbindung mit dem Vergaberechtsänderungsgesetz überarbeitet werden. Dies geschah durch die VOB/A in der Fassung 2000. Schwerpunktmäßig bezogen sich die Änderungen auf folgende Vorschriften.[4]

118

aa) Nationale Ausschreibungen

Mit In-Kraft-Treten der Insolvenzordnung (InsO) zum 1. 1. 1999 wurden die Vergleichsordnung und die Konkursordnung aufgehoben. In § 8 Nr. 5 Abs. 1 Buchst. a, der den Ausschluss von Unternehmen am Ausschreibungswettbewerb betrifft, musste daher die Terminologie angepasst werden.

119

---

1 In dieser Richtung OLG Stuttgart, VergabeE C-1-2/99, betreffend ein anwaltliches Doppelmandat.
2 Einige Werke zur VOB-Vergabe: *Ingenstau/Korbion*, VOB, 15. Auflage 2004; *Heiermann/Riedl/Rusam*, Handkommentar zur VOB, 9. Aufl. 2000; *Motzke/Pietzcker/Prieß*, Beck'scher Kommentar zur VOB/A, 2001; *Franke/Höfler/Bayer*, Bauvergaberecht in der Praxis, Loseblatt, 1999 ff.; *Weyand*, ibr-online-Kommentar.
3 BAnz. Nr. 223a vom 27. 11. 1992.
4 Die in diesem Teil nicht näher bezeichneten Vorschriften sind diejenigen der VOB/A.

120　Eine wichtige Änderung betrifft § 9 Nr. 1 Satz 2 und 3. Es hatte sich gezeigt, dass **Bedarfspositionen** in zunehmendem Maße in die Leistungsverzeichnisse aufgenommen wurden. Diese Praxis widersprach zum einen dem Gebot der eindeutigen und erschöpfenden Leistungsbeschreibung. Untersuchungen über **Korruptionsfälle** bei öffentlicher Auftragsvergabe hatten zum anderen bewiesen, dass Bedarfspositionen, an den unterschiedlichsten Stellen im Leistungsverzeichnis (LV) versteckt, Angebotsmanipulationen und Preisspekulationen zulasten der öffentlichen Hand begünstigen. Um dies zu unterbinden, wurde bestimmt, dass Bedarfspositionen nur noch ausnahmsweise in die Leistungsbeschreibung aufgenommen werden dürfen. Die gleiche Zielrichtung verfolgt die Bestimmung, dass angehängte Stundenlohnarbeiten nur noch in dem unbedingt erforderlichen Ausmaß in die Leistungsbeschreibung aufgenommen werden können.

121　Gemäß § 14 Nr. 1 Satz 2 sollen **Sicherheitsleistungen** im Fall von Freihändiger Vergabe und Beschränkter Ausschreibung nicht mehr verlangt werden. Die Bestimmung dient der Entlastung des Kreditrahmens bauausführender Firmen. Analysen über die finanzielle Situation der mittelständischen Unternehmen in der Bauwirtschaft haben ergeben, dass die dort vorhandenen Deckungsreserven bzw. das Eigenkapital äußerst gering, in den meisten Fällen sogar völlig unzureichend ist. Hinzu kommt eine weitere Belastung des Kreditrahmens durch gestellte Vertragserfüllungs- und Gewährleistungsbürgschaften, da diese Bürgschaften von den Banken wie begebene Kredite behandelt werden. Da sowohl bei Beschränkter Ausschreibung als auch bei der Freihändigen Vergabe nur Firmen aufgefordert werden, die dem öffentlichen Auftraggeber bekannt sind, hier also bereits eine Überprüfung stattgefunden hat, kann auf die Sicherheitsleistung verzichtet werden.

122　Ein weiteres Segment der Änderungen betraf die Möglichkeit zur **digitalen Angebotsabgabe**. Entsprechende Änderungen wurden in dem § 21 Nr. 1 Abs. 1, aber auch in dem § 10 Nr. 5 Abs. 2, Buchst. d, h und i, dem § 17 Nr. 1 Abs. 2 Buchst. i, j und l sowie dem § 22 Nr. 1 und 3 vorgenommen.

123　Außerdem wurde auf das Merkmal der Rechtsverbindlichkeit der Unterschrift verzichtet. Dies hatte seine Ursache in der restriktiven Spruchpraxis einiger Vergabeüberwachungsausschüsse, deren Anforderungen zum Teil über die Formvorschriften des BGB hinausgingen. Diese Rechtsprechung verkannte, dass es dem öffentlichen Auftraggeber gar nicht möglich ist, in jedem Einzelfall zu prüfen, ob tatsächlich der gesetzliche oder bevollmächtigte Vertreter eines Bewerbers das Angebot unterzeichnet hatte.

124　Zum Zwecke der Erleichterung des Eröffnungstermins und zur Herstellung von größerer **Transparenz** sowie zur Vermeidung von Manipulationen müssen die Anzahl der Nebenangebote und Änderungsvorschläge an einer festgelegten Stelle im Angebotsschreiben angegeben werden (§ 21 Nr. 3 bis 6). Gleichfalls können Preisnachlässe nur noch an vorher festgelegten Stellen angeboten werden.

125　§ 25 Nr. 3 Abs. 3 enthält, in Anpassung an den § 97 Abs. 5 GWB, das Gebot der Bezuschlagung des **wirtschaftlich günstigsten Angebots** anstatt des „annehmbarsten" Angebots.

Die Mitteilung der Gründe über die Aufhebung des Vergabeverfahrens und die Absicht, gegebenenfalls ein neues einzuleiten, wurde in § 26 Nr. 2 geregelt. Der Bieter kann hierzu einen Antrag stellen. Ähnlich verhält es sich in Hinblick auf einen schriftlichen Antrag der Bieter zwecks Mitteilung der Gründe über die Nichtberücksichtigung (§ 27 Nr. 2). 126

bb) Europaweite Ausschreibungen

In § 1 a wurden Anpassungen an den Begriff des öffentlichen Auftraggebers nach § 98 GWB vorgenommen. Die Angaben der **Schwellenwerte** erfolgen in Euro anstatt in ECU. Eine Umrechnung der Euro-Kurse in DM ist aufgrund der unwiderruflichen Festlegung der **Wechselkurse** nicht mehr erforderlich. Der frühere § 1 a Nr. 5 konnte daher entfallen. 127

Außerdem wurden einige Modifikationen bei den **Fristverkürzungen** für den Eingang der Angebote (§ 18 a Nr. 1 Abs. 2) sowie bei den Angebotsfristen (§ 18 a Nr. 2) vorgenommen. 128

Darüber hinaus wurde eine **Unterrichtungspflicht** im Fall der Beendigung des Vergabeverfahrens, § 26 a, sowie im Falle der Nichtberücksichtigung von Bewerbern oder Bietern, § 27 a, normiert. 129

Für **Baukonzessionen** wurde zur Klarstellung der Schwellenwert von 5 Mio. Euro in den Text des § 32 a übernommen. 130

Abschließend wurden die **Melde- und Berichtspflichten** für die EG-Statistik des früheren § 30 a aus diesem herausgenommen und, systematisch zutreffend, in § 33 a eingeordnet.[1] 131

Die Neuerungen der VOB/A in der Fassung des Jahres 2002 betrafen die Abschnitte 2 bis 4, und trugen den erneuten Änderungen der BKR und der Sektorenrichtlinie durch die Richtlinie 2001/78/EG der Kommission vom 13. 9. 2001 über die Verwendung von Standardformularen[2] Rechnung. Durch diese Richtlinie wurden die **Bekanntmachungsmuster überarbeitet**. Hier hatte es zeitliche Verzögerungen gegeben, da sich in der Ursprungsfassung der Richtlinie eine Vielzahl von Fehlern, über fünfzig, eingeschlichen hatten, deren Korrektur abgewartet werden musste. Die Schuldrechtsreform betrifft überwiegend den B-Teil der VOB. 132

b) Anwendungsbereich der VOB/A

aa) Persönlicher Anwendungsbereich

In der anwaltlichen Beratung ist oft zunächst die Frage zu klären, ob und wenn ja, welche **Auftraggebereigenschaft** anzunehmen ist[3] und wie die Zuordnung zu den anwendbaren Abschnitten der VOB/A vorzunehmen ist bzw. ob diese durch die Vergabestelle richtig vorgenommen wurde. 133

---

1 Die Einzelheiten der – größtenteils ohnehin parallelen – Änderungen betreffend den Sektorenbereich (Abschnitt 3 und 4) sollen an dieser Stelle ausgeklammert werden.
2 ABl. EG Nr. L 285 vom 29. 10. 2001 und ABl. EG Nr. L 214/1 vom 9. 8. 2002.
3 Siehe dazu oben in den Erläuterungen zu § 98 GWB Rz. 47 ff.

134 Der persönliche Anwendungsbereich hängt infolge des erweiterten Auftraggeberbegriffs oberhalb der Auftragswerte der Richtlinien auch von den Schwellenwerten[1] ab. **Unterhalb der Schwellenwerte** knüpft die Bindung an die Vergabevorschriften nach der VOB/A an die haushaltsrechtlichen Vorschriften an und vollzieht sich über Verwaltungsanweisungen. **Oberhalb der Schwellenwerte** kommen für die klassischen Auftraggeber die „a-Paragraphen" des 2. Abschnitts hinzu. Je nachdem, ob es sich um einen reinen Sektorenauftraggeber nach § 98 Nr. 4 GWB oder um einen öffentlichen Sektorenauftraggeber, der zugleich die Merkmale nach § 98 Nr. 1 bis 3 GWB erfüllt, handelt, sind die Vorschriften der Abschnitte 3 oder 4 anzuwenden.

Übersicht über den Anwendungsbereich und die Zuordnung der 4 Abschnitte der VOB/A:

	Abschnitt 1	Abschnitt 2	Abschnitt 3	Abschnitt 4
Regelungsgehalt	Basisparagraphen für Bauvergabeverfahren	Basisparagraphen mit zusätzlichen Bestimmungen nach der BKR 93/37/EWG („a-Paragraphen")	Basisparagraphen mit zusätzlichen Bestimmungen nach der SKR 93/38/EWG („b-Paragraphen")	Bestimmungen nach der SKR 93/38/EWG („VOB/A-SKR")
Rechtsgrundlagen	BHO, LHO, GemHVO usw.	§§ 97 Abs. 6, 127 GWB, § 6 VgV	§§ 97 Abs. 6, 127 GWB, § 7 Abs. 1 Nr. 2 i. V. m. § 8 Nr. 1, 4 VgV	§§ 97 Abs. 6, 127 GWB, § 7 Abs. 2 Nr. 2 i. V. m. § 8 Nr. 2, 3 VgV
Rechtscharakter der Vorschrift	Verwaltungsvorschrift	Rechtsnormcharakter	Rechtsnormcharakter	Rechtsnormcharakter
Schwellenwert	Gesamtauftragswert unter 5 Mio. Euro für die europaweite Ausschreibung und über dem durch Bundes- bzw. Landesrecht festgelegten Mindestauftragswert für die Durchführung einer nationalen Ausschreibung	Gesamtauftragswert gleich oder mehr als 5 Mio. Euro	Gesamtauftragswert gleich oder mehr als 5 Mio. Euro	Gesamtauftragswert gleich oder mehr als 5 Mio. Euro
Öffentliche Auftraggeber	Alle zur Anwendung der VOB/A Verpflichteten, z. B. Bund, Länder, Gemeinden, ggf. auch Anstalten und Stiftungen sowie durch VA	Auftraggeber gemäß § 98 Nr. 1 bis 3 GWB: Nr. 1: Gebietskörperschaften sowie deren Sondervermögen	Auftraggeber gemäß § 98 Nr. 1 bis 3 GWB auf dem Gebiet der Sektoren (hier: Trinkwasserversorgung oder Verkehrsbereich):	Auftraggeber gemäß § 98 Nr. 3 (hier: Elektrizitäts- und Gas- sowie Wärmeversorgung) sowie Auftraggeber nach § 98 Nr. 4 GWB:

---

[1] Zur Berechnung der Schwellenwerte siehe unten Rz. 140.

Grundzüge der Vergabeverfahren   Rz. 134 **Teil 8**

	Abschnitt 1	Abschnitt 2	Abschnitt 3	Abschnitt 4
	zur Anwendung Gezwungene	Nr. 2: Andere juristische Personen des öffentlichen oder privaten Rechts, wenn Gebietskörperschaften sie beherrschen oder überwiegend finanzieren Nr. 3: Verbände, deren Mitglieder unter Nr. 1 oder 2 fallen	Nr. 1: Gebietskörperschaften sowie deren Sondervermögen Nr. 2: Andere juristische Personen des öffentlichen oder privaten Rechts, wenn Gebietskörperschaften sie beherrschen oder überwiegend finanzieren Nr. 3: Verbände, deren Mitglieder unter Nr. 1 oder 2 fallen	Natürliche oder juristische Personen des privaten Rechts, die auf dem Gebiet der Trinkwasser- oder Energieversorgung oder des Verkehrs tätig sind, wenn diese Tätigkeiten auf der Grundlage von besonderen oder ausschließlichen Rechten ausgeübt werden, die von einer zuständigen Behörde gewährt wurden, oder wenn Auftraggeber, die unter Nrn. 1 bis 3 fallen, auf diese Personen einzeln oder gemeinsam einen beherrschenden Einfluss ausüben können
Auftragsgebiet	Bauleistungen nach § 1 VOB/A	Alle Bauleistungen nach § 1 VOB/A außer Leistungen in den Sektoren	Bauleistungen auf dem Gebiet der Sektoren im Bereich der Trinkwasserversorgung oder im Verkehrsbereich	Bauleistungen auf dem Gebiet der Sektoren im Bereich der Elektrizitäts- und Gas- sowie Wärmeversorgung von Auftraggebern nach § 98 Nr. 1 bis 3 GWB sowie Bauleistungen auf dem Gebiet der Sektoren im Bereich der Trinkwasserversorgung oder der Elektrizitäts- und Gas- sowie

	Abschnitt 1	Abschnitt 2	Abschnitt 3	Abschnitt 4
				Wärmeversorgung oder im Verkehrsbereich von Auftraggebern nach § 98 Nr. 4 GWB
Reichweite des Vergabeverfahrens	Nationales Vergabeverfahren	Europaweites Vergabeverfahren	Europaweites Vergabeverfahren	Europaweites Vergabeverfahren

Hinweis:
Diese Übersicht dient als Leitlinie. Eine Einzelfallprüfung ist vor allem im Sektorenbereich wegen der vielfältigen Ausnahmen in den §§ 9 ff. VgV unausweichlich.

bb) Sachlicher Anwendungsbereich

135 Zwischen den **Vertragstypen** des öffentlichen Auftrags besteht ein **Rangverhältnis**, das seinen Ausdruck in einem sehr weiten Anwendungsbereich des Bauvergaberechts findet.

§ 1 VOB/A:

„Bauleistungen sind Arbeiten jeder Art, durch die eine bauliche Anlage hergestellt, instandgehalten, geändert oder beseitigt wird."

Der **Bauleistungsbegriff** geht über den Begriff der Werkleistungen nach dem BGB hinaus. Insbesondere kommt es im Fall von Neubauten **auf den Funktionszusammenhang** mit dem späteren Objekt an, so dass auch Gegenstände, die keine wesentlichen Bestandteile des Bauwerks oder sonst in besonderer Weise eingepasst sind, als Bauleistung auszuschreiben sind. Dies deckt sich mit dem funktionsbezogenen Bauleistungsbegriff der Baukoordinierungsrichtlinie.

Art. 1 Buchst. c BKR 93/37/EWG bestimmt, dass:

„ein Bauwerk das Ergebnis einer Gesamtheit von Tief- oder Hochbauarbeiten ist, das seinem Wesen nach eine wirtschaftliche oder technische Funktion erfüllen soll" (siehe auch § 1 a Nr. 1 Abs. 1 Satz 3 VOB/A).

Die weite Definition der Bauleistungen hat ihre Ursache in den besonderen Anforderungen an die Ausführung von Bauleistungen. Dies äußert sich in den Gewährleistungsfristen und den häufig gravierenden Folgen bei Ausführungsfehlern.

136 Die Wahl der richtigen Verdingungsordnung ist deshalb bedeutsam, weil es signifikante **Unterschiede** in den Vergabeverfahren nach der **VOB/A** und der **VOL/A** gibt:

▷ Die VOL/A enthält insgesamt mehr Vorgaben für das Verwaltungshandeln. Grund hierfür ist, dass die VOL/A ausschließlich von Behörden angewendet wird, wohingegen die VOB/A auch im Bereich privater Aufträge verwendet wird.

▷ Die VOL/A kennt keinen Eröffnungstermin. Da also die Angebote ohne Beteiligung der Bieter zu öffnen sind, laufen die Verfahren nach der VOL/A wesentlich intransparenter ab.

▷ Für die Verjährung von Gewährleistungsansprüchen gelten nach der VOL/A die gesetzlichen Fristen (§ 13 VOL/A), bei Bauleistungen gilt, abweichend von der 5-jährigen Frist des § 634 a Abs. 1 Nr. 2 BGB, eine Regelfrist von 4 Jahren, vgl. § 13 Ziffer 4 Abs. 1 VOB/B 2002.

▷ Die Leistungsbeschreibung kann nach der VOL/A durch einfaches Leistungsverzeichnis, funktional oder auch konstruktiv erfolgen, vgl. § 8 Ziffer 2 Abs. 1. Die VOB/A kennt nur zwei Leistungsbeschreibungen, nämlich die Leistungsbeschreibung mit Leistungsverzeichnis oder die Leistungsbeschreibung mit (funktionalem) Leistungsprogramm.

▷ Die Statthaftigkeit von Verhandlungen bei Änderungsvorschlägen, Nebenangeboten und Funktionalausschreibungen ist im Fall der VOL/A eingeschränkter als im Fall der VOB/A.

Ob die Vergabestelle daher ein Vergabeverfahren nach der VOL/A oder der VOB/A einleitet, ist daher keineswegs bedeutungslos.[1] Es kommt in der Praxis durchaus vor, dass bei VOL/A-Vergabeverfahren fehlerhafterweise Submissionstermine angesetzt werden u. Ä. m. Im Zweifel existieren hier Nachfragepflichten des Bieters[2] oder gegebenenfalls auch Aufklärungspflichten der Vergabestelle. 137

Hinweis:
Im Einzelnen ist sorgfältig zu prüfen, ob im Zweifel nicht doch eine Bauleistung im Sinne des § 1 VOB/A gegeben ist. Maßgeblich für die Bestimmung des Anwendungsbereichs von § 1 VOB/A ist die Verkehrsanschauung.[3]

Zur **Unterscheidung von Bau- und Lieferleistungen** hat sich in den letzten Jahren eine reichhaltige **Kasuistik** herausgebildet, die als Leitlinie dienen kann.[4] Als Bauleistungen wurden klassifiziert: 138

▷ Schrankeinbauten, Einpassen von Großküchen (Mensen usw.);

▷ Operationssäle für Krankenhäuser;

▷ Lift für 10-stöckiges Verwaltungsgebäude (Nota bene: Zweitausstattung kann Lieferleistung sein!);

▷ Regalsysteme für neue Bibliotheksgebäude, ohne dass diese mit dem Bauwerk fest verbunden sein müssen;

▷ Notstromaggregat für Rauchgasentschwefelungsanlagen einer Müllverbrennungsanlage (MVA);

---

1 VÜA Nordrhein-Westfalen, VergabE V-10-7/97.
2 VÜA Nordrhein-Westfalen, VergabE V-10-5/97.
3 BGHZ 19, 319, 324; BGH, NJW 1979, 712; BGH, NJW 1984, 2278; OLG Hamm, NJW 1976, 1269.
4 Siehe im Einzelnen auch die Kommentierung von *Rusam* in: Heiermann/Riedl/Rusam, Handkommentar zur VOB, 9. Aufl. 2000, § 1 Rz. 12 ff., 16 ff., 18 ff., 32 ff.

▷ Energiespar-Contracting-Vertrag mit baulichen Veränderungen an den Wärme- und Kälteaggregaten (Nota bene: Dienstleistungselemente wie Planung, Engeneering, Standby etc. können durchaus überwiegen);

▷ Elektroinstallation für Bühnenhaus;

▷ Maschinentechnische Teile einer Kläranlage;

▷ Betrieb einer Hausmülldeponie inklusive der Nachsorge in Form des Einlagerns, Verdichtens, Drainierens, Einbau von Abdeckmaterial etc.;

▷ Einsatzleitsystem für Polizeigebäude;

▷ Sanierung und Erneuerung der Brandmeldeanlagen in Gebäuden.[1]

139 Zu beachten ist, dass es für typengemischte Verträge keine starre 50%-Regel gibt, die besagt, dass bei einem entsprechenden wertmäßigen Überwiegen von Liefer- oder Dienstleistungen keine Bauleistungen mehr angenommen werden könnten. Die **Rechtsprechung** des EuGH und der deutschen Nachprüfungsorgane stellt stattdessen auf das **Wesen des Vertrags** ab, wobei die Rangfolge der Leistungen (Bauleistungen, Warenlieferungen, Dienstleistungen) in die Beurteilung einzufließen hat.[2] Zum anderen ist bei Neubauten die herausragende Bedeutung des Funktionszusammenhangs zu beachten (kein Krankenhaus ohne Operationssäle, keine Mensa ohne Küchenausrüstungen usw.).

Hinweis:
Dies führt unter Umständen zu der Konsequenz, dass die Erst- und Zweitausstattung in Hinblick auf die Anwendung der VOB/A bzw. VOL/A unterschiedlich zu beurteilen ist.

cc) Schwellenwertberechnung

140 Der Schwellenwert beträgt in der Regel **5 Mio. Euro** (§ 1a Nr. 1 Abs. 1 Satz 1 VOB/A; § 2 Nr. 4 VgV). Er bemisst sich **ohne Umsatzsteuer** und ist vorab von der Vergabestelle seriös zu schätzen.[3] Er bezieht sich auf den Gesamtauftragswert der Baumaßnahme. Einzubeziehen sind gemäß § 1a Nr. 1 Abs. 1 Satz 2 auch vom Auftraggeber bereitgestellte Stoffe, Bauteile und Leistungen.

141 Fehler sind häufig bei **Losvergaben** und den daran anknüpfenden Berechnungen zur Feststellung der europaweiten Ausschreibungspflicht zu beobachten. § 1 Nr. 1 Abs. 2 (s.a. § 2 Nr. 7 VgV) besagt, dass eine europaweite Ausschreibung stattzufinden hat bei jedem Los mit einem geschätzten Auftragswert von mindestens 1 Mio. Euro sowie, unabhängig davon, bei allen Bauaufträgen, bis mindestens 80 % des geschätzten Gesamtauftragswerts erreicht sind.[4]

---

1 VK Südbayern, EUK 2003, 112.
2 Das OLG Düsseldorf hat durch Beschluss vom 12. 3. 2003, EUK 2003, 72 f. den umgekehrten Fall entschieden: Wird für ein Gebäude ein Anlagen-Contracting abgeschlossen, hier Erneuerung, Finanzierung und Betreiben der Heizung, überwiegt die Lieferleistung.
3 Hinsichtlich der Schätzung und der Umgehungstatbestände, die im Übrigen nochmals in § 1a Nr. 3 und Nr. 4 VOB/A enthalten sind, siehe die Ausführungen zu § 3 VgV Rz. 84 ff.
4 BayObLG v. 27. 4. 2001 – Verg 5/01, VergabeE C-2–5/01 v.

§ 1 a Nr. 2, 1. Spiegelstrich schreibt eine Sonderregel für die Beschaffungsstellen nach dem Government Procurement Agreement (GPA) fest. Danach ist dann, wenn die Baumaßnahme aus nur einem Bauauftrag besteht, ab einem geschätzten Auftragswert von 130 000 Euro europaweit auszuschreiben. Gemäß § 1 a Nr. 2, 2. Spiegelstrich muss von allen übrigen Auftraggebern, also denen, die keine Regierungsbeschaffungsstellen nach dem GPA sind, ab einem Schwellenwert von 200 000 Euro europaweit ausgeschrieben werden, wenn eine Baumaßnahme aus nur einem Bauauftrag besteht.

142

Eine nach diesen Bestimmungen rechtswidrig unterbliebene europaweite Ausschreibung ist grundsätzlich geeignet, die Rechtswidrigkeit des Vergabeverfahrens zu indizieren. Denn in diesen Fällen hat der beabsichtigte europaweite Wettbewerb nicht stattgefunden, die Teilnahme europäischer Bieter wurde unterbunden.[1]

143

c) Grundsätze der Vergabe nach VOB/A

§ 2 normiert die Grundsätze der Vergabe nach VOB/A. Sie entsprechen größtenteils den für die europaweiten Vergaben in § 97 GWB festgeschriebenen Anforderungen.[2] Insoweit kann weitgehend auf diese Ausführungen verwiesen werden.

144

Den allgemeinen Anforderungen an die **Bietereignung** (§ 2 Nr. 1 Satz 1) kommt im Fall der Bauvergaben eine besondere Bedeutung zu. Schlechtleistungen, die ihre Ursache in mangelnder Eignung des Bieters haben, wiegen bei Bauvergaben schwerer als bei Liefer- oder Dienstleistungsvergaben. Auch die Insolvenz einer bauausführenden Firma kann fatale Auswirkungen haben, wenn ohnehin schon, wie häufig, großer Termindruck in Hinblick auf die Fertigstellung des Objekts herrscht.[3] § 2 Nr. 1 Satz 1, 2. Halbsatz stellt in diesem Zusammenhang eine allgemeine Warnung an die Vergabestellen dar, auf **unangemessen niedrige Preise** zu achten und sie notfalls nicht zu bezuschlagen. Die Frage der Wertung unterkalkulatorischer Angebote stellt nicht von ungefähr ein bedeutendes Themenfeld in den Entscheidungen der Nachprüfungsinstanzen dar.[4]

145

§ 2 Nr. 1 Sätze 2 und 3 stellen das **Wettbewerbsprinzip** als grundlegendes Element des Bauvergabewesens heraus. Mit dem Gebot ungesunde Begleiterscheinungen zu vermeiden, wird zum Ausdruck gebracht, dass auch sonstige Wettbewerbsverstöße, die nicht unbedingt oder zumindest nicht allein vergaberechtlicher Natur sind, zu unterlassen sind. Seit jeher ist anerkannt, dass auch das allgemeine Wett-

146

---

[1] Vgl. VÜA Rheinland-Pfalz, VergabeE V-11-2/97, der eine von der Vergabestelle vorgenommene ausdrückliche Beschränkung der Ausschreibung auf den EU-Raum für unzulässig erachtete, weil dies einen Verstoß gemäß § 8 Nr. 1 VOB/A i.V.m. Art. 35 und 65 des EWR-Abkommens darstellt. Die Verbreitung des Amtsblatts im EWR-Raum ändert nach Ansicht des VÜA an diesem Verfahrensfehler nichts.
[2] *Weyand*, ibr-online-Kommentar, VOB/A, Ziff. 94.3 bis 94.6.
[3] Vgl. den Fall VÜA Bayern, EUK 1999, 172. Hier konnte der Vergabestelle wegen des Konkurses kein Vorwurf gemacht werden, weil sie die Eignung sorgfältig geprüft hatte, dafür keinerlei Anzeichen bestanden und diese Situation daher nicht vorhersehbar war.
[4] An dieser Stelle ist auf die speziellen Erläuterungen zur Angebotswertung (§ 25 Nr. 3) zu verweisen.

bewerbsrecht, also die Vorschriften des UWG (§ 1) und des restlichen GWB (§ 20), auf die öffentliche Hand anwendbar sind.

147 **Unlautere Verhaltensweisen** der öffentlichen Hand können in einer Vielzahl von Vergaberechtsverstößen liegen. So kann die wirtschaftliche Betätigung eines privatisierten Betriebs der öffentlichen Hand unlauter sein und zudem gegen die Gemeindeordnung verstoßen.[1] Die rechtswidrigerweise unterbliebene Fachlosvergabe von Stahlschutzplankenarbeiten kann neben dem Verstoß gegen § 4 Nr. 3 VOB/A auch gegen §§ 20 Abs. 1, 33 GWB (§§ 22, 26 GWB a. F.) verstoßen.[2] Die **parallele Geltung** von Vergaberecht und Wettbewerbsrecht ist deshalb bedeutsam und darf bei der anwaltlichen Beratung nicht vergessen werden, weil Rechtsverstöße gegen das GWB grundsätzlich unabhängig von dem vergaberechtlichen Rechtsschutz sind und daher auch unterhalb der Schwellenwerte, z. B. im Wege einstweiliger Verfügungen, geltend gemacht werden können.

148 Oberhalb der Schwellenwerte stellt sich die Frage der Konkurrenz zwischen den Überprüfungsmöglichkeiten durch die Vergabekammern und den allgemeinen Zivilgerichten. Gemäß § 104 Abs. 2 Satz 1 GWB sollen die Vergabekammern einen Ausschließlichkeitsanspruch in ihrer Zuständigkeit innehaben (vgl. dazu Teil 9 Rz. 7 ff.). Unbeschadet dieser an sich eindeutigen Regelung geht die Diskussion um zusätzlichen primären Rechtsschutz vor den Zivilgerichten mit hörenswerten Argumenten weiter.[3] Nicht geleugnet werden kann jedenfalls der Umstand, dass es in der Gemengelage des Vergabe- und Kartellrechts zu rechtlichen Überschneidungen und Konkurrenzen kommen kann.[4]

149 Zur Vermeidung ungesunder Begleiterscheinungen gehört die **Beachtung von Urheber- und Patentrechten** seitens der öffentlichen Auftraggeber. Insbesondere im Fall von funktionalen Ausschreibungen wird dies praxisrelevant. Diese Rechtsfragen sind grundsätzlich in separaten Verfahren zu klären.[5]

150 § 2 Nr. 2 enthält das **allgemeine Diskriminierungsverbot**, das in verschiedenen Vorschriften, wie beispielsweise der Leistungsbeschreibung, weiter konkretisiert wird.

151 § 2 Nr. 3 enthält eine spezielle Regel, wonach die Ausführung von Bauleistungen über das ganze Jahr gefördert werden soll. **Mittelstandsschutz** und auch das ureigene Interesse der Vergabestelle, bestimmte Termine etwa mit Rücksicht auf winterliche Frostperioden anzusetzen, spielen hier hinein (s.a. § 11 Nr. 1 Abs. 1). Ein subjektives und damit einklagbares Recht wird in dieser Bestimmung zumindest nach überwiegender Auffassung nicht gesehen, es handelt sich vielmehr um eine Art Programmsatz.

---

1 LG München I v. 19. 5. 1999 – 1 HK O 3922/99, bespr. in EUK 2000, 44.
2 LG Hannover v. 17. 4. 1997 – 21 O 38/97 (Kart), WuW/E AG/LG, 739.
3 Siehe *Reidt* in: Reidt/Stickler/Glahs, Vergaberecht-Kommentar, 2000, § 104 Rz. 18 ff.; *Gronstedt* in: Byok/Jaeger, Kommentar zum Vergaberecht, 2000, § 104 Rz. 572–575.
4 Vgl. VK Nordrhein-Wetsfalen (Düsseldorf), EUK 1999, 153.
5 VÜA Bayern, VergabE V-2–22/97. Vgl. dazu am Rande OLG Stuttgart, VergabE C-1–2/00.

d) Wahl der Vergabeverfahrensarten

Die Grundsätze der Vergabeverfahrensarten wurden bereits im Zusammenhang mit § 101 GWB erläutert. Die Voraussetzungen für die Wahl der Vergabeverfahrensart sind im Einzelnen den §§ 3, 3a zu entnehmen. 152

Der **Vorrang der Öffentlichen Ausschreibung** bzw. des Offenen Verfahrens ist in den §§ 3 Nr. 2, 3a Nr. 2 festgeschrieben. Die Bestimmungen der §§ 3 und 3a sind für die europaweiten Vergabeverfahren zusammen zu lesen, für die nationalen Verfahren gelten nur die Basisparagraphen.[1] 153

Eine **Beschränkte Ausschreibung** ist gemäß § 3 Nr. 3 Abs. 1 Buchst. a zulässig, wenn die Öffentliche Ausschreibung einen Aufwand verursachen würde, bei dem Kosten und Nutzen in keinem vernünftigen Verhältnis zueinander stehen. Dies ist insbesondere dann der Fall, wenn spezielle Anforderungen an die Leistung zu stellen sind, die einer ökonomisch sinnvollen Angebotsabgabe entgegenstehen. Ebenso kann eine Beschränkte Ausschreibung durchgeführt werden, wenn eine Öffentliche Ausschreibung kein annehmbares Ergebnis gebracht hat (§ 3 Nr. 3 Abs. 1 Buchst. b) oder wenn die Öffentliche Ausschreibung aus anderen Gründen wie z. B. Dringlichkeit unzweckmäßig ist (§ 3 Nr. 3 Abs. 1 Buchst. c). Häufig passiert es, dass sich Vergabestellen auf diesen Ausnahmetatbestand für die Abweichung von der Öffentlichen Ausschreibung berufen, aber die Dringlichkeit auf Gründen beruht, die die Vergabestelle selbst verursacht hat. Dies ist rechtswidrig, weil die Dringlichkeit dann zu einem Allgemeinplatz für die Abweichung von der Öffentlichen Ausschreibung bzw. dem Offenen Verfahren mutieren könnte.[2] Die Dringlichkeit kann nur aus der Sache selbst heraus begründet werden, z. B. unmittelbare Gefahren für Leib und Leben nach einer Naturkatastrophe oder Einsturzgefahr mit weiteren erheblichen Schäden, wenn nicht sofort Sicherungsmaßnahmen ergriffen werden. 154

Eine **Beschränkte Ausschreibung nach Öffentlichem Teilnahmewettbewerb** (§ 3 Nr. 3 Abs. 2) ist im Bereich europaweiter Verfahren im Rahmen des Nichtoffenen Verfahrens obligatorisch. Diese Ausschreibung kann dann durchgeführt werden, wenn die Leistungen aufgrund außergewöhnlicher Aufgabenstellungen nur von einigen wenigen Unternehmen erbracht werden können. Beispiel ist die Sanierung des Schürmann-Baus in Bonn nach dem Absinken infolge des Rheinhochwassers 1993.[3] Gleichfalls kann die Beschränkte Ausschreibung nach Öffentlichem Teilnahmewettbewerb gewählt werden, wenn die Bearbeitung der eingegangenen Angebote einen außergewöhnlich hohen Aufwand erfordert. 155

Freihändige Vergabe ist nach § 3 Nr. 4 zulässig, wenn nur ein bestimmter Unternehmer in Betracht kommt (z. B. bei technischen Ergänzungsbeschaffungen oder bestehenden Patentrechten) oder die Leistungen infolge der ungewöhnlichen Leistungsabfrage nicht eindeutig und erschöpfend beschrieben werden können (vgl. auch § 3a Nr. 4 Buchst. c). Dies wurde im Fall des Rückbaus des Forschungsreaktors Jülich für einschlägig gehalten.[4] Dieser Ausnahmetatbestand ist, wie 156

---

1 OLG Düsseldorf, VergabE C-10-3/00; *Kapellmann/Messerschmidt* zu § 3, Rz. 17.
2 Vgl. VÜA Brandenburg, VergabE V-4–6/97, für den VOL-Bereich.
3 VÜA Bund, VergabE U-1–12/97.
4 VÜA Bund, EUK 1999, 42.

alle Ausnahmen, in der Weise eng auszulegen, dass für die betreffende Maßnahme tatsächlich keine Erfahrungswerte zur Verfügung stehen.

157 Die **Dringlichkeit der Leistung** bildet auch für die Anwendung der Freihändigen Vergabe bzw. des Verhandlungsverfahrens einen wichtigen Ausnahmegrund (§§ 3 Nr. 4 Buchst. d, 3a Nr. 5 Buchst. d), wobei im europaweiten Verfahren der Vorrang des Verhandlungsverfahrens mit vorheriger Bekanntmachung (§ 3 a Nr. 4) vor dem Verhandlungsverfahren ohne Öffentliche Vergabebekanntmachung (§ 3 a Nr. 5) zu beachten ist.[1] Auch hier gilt, dass die Dringlichkeit durch die Vergabestelle nicht selbst verursacht sein darf.[2]

158 Ohne die **Ausnahmetatbestände** im Einzelnen aufzuzählen[3], ist ein besonders praxisrelevanter Fall die **Aufhebung einer Ausschreibung** und der nachfolgende Übergang in die Freihändige Vergabe bzw. in das Verhandlungsverfahren (§ 3 Nr. 4 Buchst. e bzw. § 3 a Nr. 5 Buchst. a).[4] Im Anwendungsbereich der europaweiten Ausschreibungen kommt die Anforderung hinzu, dass sich die ursprünglichen Verdingungsunterlagen „nicht grundlegend geändert" haben dürfen und alle geeigneten Bieter aus der vorangegangenen Ausschreibung in das Verhandlungsverfahren einbezogen werden. Die Frage, was „grundlegende Änderungen" an den Verdingungsunterlagen sind, ist bislang von der Rechtsprechung nicht umfassend beantwortet worden. Dies dürfte im Wesentlichen nur von Fall zu Fall zu bestimmen sein.[5] In jedem Falle werden darunter Änderungen der Art und Güte der Leistungen zu subsumieren sein sowie deutliche Masseminderungen. Eine Masseminderung von lediglich 5 bis 10 % dürfte bei im Übrigen gleichen Leistungsarten hingegen unschädlich sein.

e) Einheitliche Vergabe und Vergabe nach Losen

159 § 4 Nr. 1 normiert den **Grundsatz der einheitlichen Vergabe**. Nur sie ermöglicht eine spätere zweifelsfreie umfassende Gewährleistung. Es sind demnach Leistungen, die baulich/funktionell zusammengehören, einheitlich auszuschreiben.[6] Verfährt die Vergabestelle nicht nach diesem Grundsatz, setzt sie sich u. U. der Gefahr aus, dass die ausführenden Unternehmen sich wechselseitig der Schlechtleistung bezichtigen und u. U. aufwendige Gutachten eingeholt werden müssen, um den Verursacher zu ermitteln.[7]

---

1 Siehe EuGH, „Vertiefung der Unterems", VergabE A-1-3/96.
2 VÜA Bayern, VergabE V-2-4/98; VÜA Bayern, EUK 1999, 172 (Verhandlungsverfahren ohne Bekanntmachung nach unvorhersehbarem Konkurs eines Bauunternehmens).
3 Im Einzelnen muss auf die einschlägigen Kommentierungen zur VOB/A verwiesen werden.
4 VÜA Bund, VergabE U-1-19/96.
5 VK Nordbayern, EUK 2000, 9; VÜA Hessen, VergabE V-7-2/96. Siehe auch VÜA Thüringen, VergabE VergabE V-16-8/97: Leistungsverzeichnis in 50 Positionen geändert und damit wohl „grundlegend" i. S. v. § 3 a Nr. 5 lit. a VOB/A.
6 Vgl. dazu auch Beschluss des OLG Schleswig, EUK 2003, 27 mit dem zutreffenden Hinweis, dass mittelständische Unternehmen, die nicht alle Leistungen abdecken, sich auch zu Bietergemeinschaften zusammenschließen können.
7 Hier hilft das Urteil des BGH v. 26. 6. 2003, BauR 2003, 1379: Vor- und Nachunternehmer haften dann gesamtschuldnerisch, wenn ein Mangel nur durch eine einheitliche Sanierungsmaßnahme beseitigt werden kann.

In § 4 Nr. 2 und Nr. 3 wird der **Grundsatz der Teillos- bzw. Fachlosvergabe** aufgestellt, der für die europaweiten Auftragsvergaben seit 1. 1. 1999 zusätzlich auf Gesetzesebene in § 97 Abs. 3 GWB zu finden ist. Ob damit der Status eines einklagbaren Rechts im Sinne des § 97 Abs. 7 GWB erreicht wurde, ist fraglich. Bauleistungen verschiedener Handwerks- und Gewerbezweige sind gemäß § 4 Nr. 3 Satz 1 in der Regel nach Fachgebieten und Gewerbezweigen getrennt zu vergeben. Durch diese Bestimmung wird der Grundsatz der einheitlichen Vergabe nicht tangiert. In § 4 Nr. 1 geht es im Gegensatz zu § 4 Nr. 3 um einen einzigen Gewerbezweig.[1] 160

§ 4 Nr. 3 Satz 2 normiert die **Ausnahme**, wonach von einer Fachlosvergabe abgesehen werden kann, wenn wirtschaftliche oder technische Gründe dem entgegenstehen. Zur Substantiierung dieser Gründe reichen formelhafte Wendungen wie „erhöhter Koordinationsaufwand" oder „technisch unmöglich" nicht aus. Erforderlich sind immer klare Darlegungen, die die Vergabestelle in ihren Unterlagen vermerkt haben sollte. 161

Für das Vorliegen „**wirtschaftlicher Gründe**" muss die Vergabestelle z. B. einen außerordentlichen Koordinationsaufwand anführen können, der den normalen Koordinierungsaufwand, der bei der Beauftragung von mehreren Unternehmen zwangsläufig entsteht, deutlich übersteigt. „**Technische Gründe**" muss die Vergabestelle ebenfalls überzeugend darlegen können. Es muss den technischen Bauablauf nachvollziehbar behindern, wenn eine Fachlosvergabe vorgenommen wird. Geringfügige Bauzeitenverlängerungen infolge der Fachlosvergabe, die immer wieder als Grund angeführt werden, genügen für sich genommen deshalb nicht, weil dies in der Natur der Sache liegt. 162

Der **Vorrang der Fachlosvergabe** und die Ausnahmen sind Gegenstand einer Vielzahl von Nachprüfungsverfahren gewesen. Sehr oft handelte es sich um die Vergabe der Lieferung und Montage von Stahlschutzplanken für Autobahnen. Die Gesamtvergabe wurde dabei ganz überwiegend nicht anerkannt.[2] 163

f) Modalitäten und Durchführung der Ausschreibung

aa) Vertragsarten

Die Vergabe der Bauleistungen erfolgt gemäß § 5 Nr. 1 in der Regel durch Leistungsvertrag nach Einheitspreisen (**Einheitspreisvertrag**). Die Einheitspreise für die Teilleistungen sind in den Verdingungsunterlagen anzugeben. Nur in geeigneten Fällen können die Leistungen durch **Pauschalvertrag** vergeben werden, wenn sie nach Art und Umfang genau bestimmt sind und Änderungen nicht zu erwarten sind.[3] Der Bieter muss eine eigene, gesicherte Kalkulation vornehmen können. Verlangt die Vergabestelle zwei Preisangaben, also Pauschalpreis und Einheitspreis, so ist ein Ausschluss (gemäß § 25 Nr. 1 Abs. 1 Buchst. b) bei Fehlen eines Pauschalpreisangebots keineswegs zwingend.[4] 164

---
1 VÜA Thüringen, VergabE V-16–3/96.
2 Auswahl aus der Rspr.: VÜA Bayern, VergabE V-2–5/96; VÜA Niedersachsen, VergabE V-9–3/96; VÜA Rhld.-Pf., VergabE V-11–6/98; VÜA Thüringen, VergabE V-16–7/98.
3 So auch VÜA Bund, WuW/E Verg, 17.
4 VÜA Bund, WuW/E Verg, 78.

165 Gemäß § 5 Nr. 2 dürfen Bauleistungen geringeren Umfangs, die überwiegend Lohnkosten verursachen, z. B. Reparaturarbeiten, im Wege eines **Stundenlohnvertrags** vergeben werden. § 5 Nr. 3 eröffnet ausnahmsweise die Möglichkeit, einen **Selbstkostenerstattungsvertrag** im Fall von größeren Bauleistungen abzuschließen, wenn eine eindeutige Preisermittlung nicht möglich ist.

bb) Angebotsverfahren

166 Das Angebotsverfahren (§ 6 Nr. 1) bildet die Regel. Dieses beinhaltet, dass die Bieter der Vergabestelle ihre Preise angeben, von denen sie meinen, sie seien auskömmlich und konkurrenzfähig. Das Auf- und Abgebotsverfahren (§ 6 Nr. 2) bei dem den Bietern ein Preisniveau unterstellt wird, das dann über- oder unterboten wird, soll nur im Fall von wiederkehrenden Unterhaltungsarbeiten angewendet werden.

cc) Einschaltung Sachverständiger

167 Angesichts des Abbaus von Personal in den Bauverwaltungen hat die Einschaltung von Sachverständigen (§ 7 Nr. 1) in den letzten Jahren zunehmende Bedeutung erlangt. Die Ausschreibungen laufen daher immer mehr über eingeschaltete Ingenieurbüros, die oftmals nicht nur die Ausschreibungen vorbereiten, sondern auch die Wertungsvorschläge erarbeiten. Diese Vorgehensweise tangiert noch nicht die alleinige Verantwortung der Vergabestelle.[1] Die Vergabestelle ist nicht befugt, die **ihr obliegende Verantwortung** für die Ausschreibung zu übertragen. Insbesondere darf sie sich die Wertungskriterien und Wertungsvorschläge des eingeschalteten Dritten nicht unreflektiert zu Eigen machen, sondern muss eine eigenständige Willensbildung betreiben. Nur die Vergabestelle entscheidet, welchem Unternehmen sie aufgrund der Wertungsergebnisse den Zuschlag erteilen möchte bzw. je nach Eindeutigkeit erteilen muss.[2]

Gegen diesen Grundsatz wird in der Praxis häufiger verstoßen. Öffentliche Auftraggeber glauben, sie müssten sich nun um das gesamte Vergabeverfahren nicht mehr kümmern. Der Anwalt muss gerade auch diese Frage, ob nicht delegierbare Befugnisse des Auftraggebers auch tatsächlich von diesem wahrgenommen wurden, besonders prüfen.

168 Besteht Anlass, an den Aussagen eines eingeschalteten Gutachters zu zweifeln, so muss die Vergabestelle notfalls einen weiteren Gutachter einschalten. Nicht auszuschließen ist der Fall, dass die Vergabestelle für eine **Fehlberatung** des eingeschalteten Gutachters haftet.[3]

169 Eine praktisch wichtige Voraussetzung ist, dass eingeschaltete Sachverständige **kein eigenes** unmittelbares oder mittelbares **Interesse** an der betreffenden Ver-

---

1 Vgl. die Formulierung in § 2 Nr. 2 VOL/A: „Leistungen sind unter ausschließlicher Verantwortung der Vergabestellen an fachkundige, leistungsfähige und zuverlässige Bewerber zu angemessenen Preisen zu vergeben"; so auch *Weyand*, ibr-online-Kommentar zu § 7 VOB/A, Ziff. 103.6.
2 So auch VK Baden-Württemberg, EUK 2003, 41.
3 VÜA Bayern, VergabE V-2-2/96: Haftung der Vergabestelle für Fehlberatung eines Gutachters betreffend PVC-Wärmedämmfolien über § 278 BGB.

gabe haben dürfen. Im Fall von personellen bzw. wirtschaftlichen Verquickungen zwischen planenden Ingenieurbüros und ausführenden Bauunternehmen hat diese Voraussetzung eine zentrale Bedeutung. Die Rechtsprechung hat hierzu fast einhellig die Auffassung vertreten, dass ein pauschaler Ausschluss der sich um die Ausführung bewerbenden Mutterunternehmen nicht zulässig ist, auch wenn die Konstellation „grundsätzlich unerwünscht" ist.[1]

Grund dafür ist, dass die Verdingungsordnungen genau wie die Vergaberichtlinien immer nur Einzelfallprüfungen kennen.[2] Eine pauschale Behauptung, es bestehe eine Verquickung zwischen Ingenieurbüro und einem Bauunternehmen, das sich um die Bauausführung bewirbt, ist selbst dann nicht zugkräftig, wenn sie stimmt. Es sind immer konkrete Anhaltspunkte (z. B. diskriminierende Vorgaben in der Leistungsbeschreibung und/oder den zu verwendenden Produkten) notwendig, um in einem etwaigen Nachprüfungs- bzw. Beanstandungsverfahren Erfolg haben zu können. Ein pauschaler Ausschluss ist auch deshalb teilweise gar nicht möglich, weil manchmal nur wenige Ingenieurbüros bzw. ausführende Bauunternehmen existieren, die bestimmte Projekte planen bzw. ausführen können. 170

Die Argumentation sollte in diesen Fällen der Interessenkollision bzw. Interessenverflechtung sehr differenziert ausfallen und sich nicht mit pauschalen Hinweisen auf die Verletzung der „Neutralität" bei der Auftragsvergabe beschränken. Auf die Ausführungen zu § 16 VgV, die hier ebenfalls herangezogen werden können, wird verwiesen. 171

g) Teilnehmer am Wettbewerb

§ 8 Nr. 1 normiert das **Gleichbehandlungsgebot**, das mit dem Gebot der Nichtdiskriminierung in § 2 Nr. 2 korreliert und bei Vergaben oberhalb der Schwellenwerte in § 97 Abs. 2 GWB gesetzlich fixiert ist. Im Zusammenhang hiermit steht das grundsätzliche **Verbot, ortsansässige Bieter zu bevorzugen**.[3] Nur in ganz wenigen Leistungssegmenten wird die Vergabestelle das zwingende Erfordernis einer Ortsnähe (u. U. Sofortservice bei Störungen wichtiger technischer Systeme) überzeugend begründen können. In den allermeisten Fällen jedoch wird dies nicht gelingen, so dass die Ortsansässigkeit einen vergabefremden Aspekt darstellt und gegen § 8 Nr. 1 verstößt. Dessen unbeschadet existieren in vielen Bundesländern und Regionen inoffizielle oder offiziöse Leitlinien, an heimische Bieter zu vergeben (Gewerbesteuer, Arbeitsplatzsicherung). In der anwaltlichen Beratung soll- 172

---

1 VÜA Bund, WuW/E VergAB 79; VÜA Bund, VergabE U-1-22/98; VÜA Niedersachsen, VergabE V-9-15/97; VÜA Nordrhein-Westfalen, VergabE V-10-7/97; VÜA Thüringen, VergabE V-16-4/97; VÜA Thüringen, VergabE V-16-3/98; VK Sachsen als VÜA, EUK 2000, 27. Dazu auch Noch, Vergaberecht kompakt 2002, S. 124 ff. Für den VOL-Bereich betreffend die Beteiligung eines Maklers für die Vergabe von Versicherungsleistungen siehe auch: OLG Rostock, VergabE C-8-1/99; OLG Düsseldorf, VergabE C-10-3/00.
2 Siehe deshalb auch das Abrücken des Verordnungsgebers in § 16 VgV von der auf §§ 20, 21 VwVfG basierenden, pauschalen Rechtsfigur „ausgeschlossener Personen".
3 EuGH, VergabE A-1-1/90; EuGH v. 3. 6. 1992 – Rs. C-360/89, Slg. I, 1992, 3401, 3420. Siehe auch: BayObLG, VergabE C-2-8/99; VK Rheinland-Pfalz, EUK 2000, 125, bzgl. „regionaler Präsenz".

te nicht gezögert werden, diese eklatanten Rechtsverstöße anzuprangern und auf Abhilfe zu dringen.

173 § 8 Nr. 2 normiert die nationalen Vergabeverfahrensarten, die bereits erläutert wurden. Von besonderer Bedeutung sind die in § 8 Nr. 3 exemplarisch aufgeführten **Nachweise**, die von den Bietern zur Darlegung ihrer **Fachkunde, Leistungsfähigkeit und Zuverlässigkeit** verlangt werden können. § 8 Nr. 3 konkretisiert die grundsätzliche Anforderung (§ 2 Nr. 1), dass Bauleistungen nur an geeignete Bieterunternehmen vergeben werden sollen. Die Vergabestelle soll bei dieser Prognoseentscheidung eine einigermaßen sichere Gewähr dafür erhalten, dass der spätere Vertrag auch durchgeführt wird. Nicht geeignete Bieter sind, je nach gewähltem Vergabeverfahren,[1] in der späteren Auswahl- oder Wertungsphase auszuscheiden.

174 Von besonderem Gewicht sind die Umsatzzahlen der letzten drei Jahre, Referenzobjekte, eine genügende Zahl von (Fach-)Arbeitskräften, Vorhandensein der erforderlichen technischen Ausrüstung, Aufsichtspersonal, Berufsregistereintrag. Fehlt es schon an diesen essenziellen Voraussetzungen in der Weise, dass der Unternehmer entsprechende Referenzbauvorhaben noch nie durchgeführt hat oder sich entsprechend qualifiziertes Personal erst beschaffen bzw. die technische Ausrüstung erst noch kaufen oder mieten muss, so ist die Gewähr einer späteren Vertragsdurchführung mit dem betreffenden Bieter nicht gegeben.

175 Allgemein ist zu diesen **Eignungskriterien** zu sagen, dass sie **verhältnismäßig** sein müssen. Besonders hohe Anforderungen dürfen, etwa bei einem geringerem Auftragswert, grundsätzlich nicht gestellt werden. Dies gilt erst recht, wenn die Baumaßnahme eine Standard-Baumaßnahme ist, die von einer Vielzahl von Unternehmen erledigt werden kann. Wird hingegen eine aufwendige Sanierungsmaßnahme (z. B. Fachwerk-, Natursteinarbeiten) ausgeschrieben, dürfen die Anforderungen höher ausfallen.

176 § 8 Nr. 5 enthält zentrale Ausschlussgründe mit der gleichen Zielrichtung, nämlich dass sich die Vergabestelle nicht mit Bietern auseinander setzen muss, die nicht die Gewähr für eine ausreichende **Zuverlässigkeit** besitzen. Unternehmen, die sich im Insolvenzverfahren oder in Liquidation befinden, scheiden ersichtlich aus. Gleiches gilt für das Vorhandensein einer nachweislichen Verfehlung (§ 8 Nr. 5 Abs. 1 Buchst. d). Hier kommen insbesondere Verfehlungen im Zusammenhang mit den Korruptionsdelikten in Betracht (Stichwort: „Schwarze Liste"[2]). Ausschlussgründe sind ferner die Nichtabführung von Sozialabgaben und Steuern, die Abgabe vorsätzlich unzutreffender Erklärungen in Bezug auf die Eignung sowie eine fehlende Anmeldung bei der Berufsgenossenschaft.

---

1 Bei der Beschränkten Ausschreibung findet die Eignungsprüfung vor der Aufforderung zur Angebotsabgabe statt (§ 8 Nr. 4), bei der Öffentlichen Ausschreibung im Rahmen der Angebotswertung (§ 25 Nr. 2).
2 In einigen Bundesländern werden so genannte „Schwarze Listen" geführt, in denen bestimmte Unternehmen, die durch Verurteilungen im Zusammenhang mit Korruptionsdelikten aufgefallen sind, für die Dauer von sechs Monaten bis zu zwei Jahren gesperrt sind. Sie erhalten für diesen Zeitraum keine öffentlichen Aufträge mehr. Die Bundesregierung erwägt ebenfalls, ein Korruptionsregister einzuführen, ist damit aber im September 2002 im Bundesrat zunächst gescheitert.

§ 8 Nr. 6 beschreibt in Ansätzen die **Grenzen der wirtschaftlichen Betätigung** der öffentlichen Hand und ihrer Betriebe. Die Privatwirtschaft soll vor einer Konkurrenz durch die öffentliche Hand geschützt werden. Zu dieser im Einzelnen allerdings noch recht unklaren Bestimmung kommen die Vorschriften des Gemeinderechts hinzu (z. B. § 107 Abs. 1 GO NRW), die ebenfalls Grenzen für eine wirtschaftliche Betätigung der öffentlichen Hand enthalten.[1]

177

h) Leistungsbeschreibung

Die in § 9 enthaltenen Anforderungen an die Gestaltung der Leistungsbeschreibung sind nicht nur für das Vergabeverfahren selbst, sondern auch für die spätere Vertragsdurchführung mit dem bezuschlagten Bieter von essenzieller Bedeutung. Die Leistungsbeschreibung stellt das Kernstück der Vergabeunterlagen dar und bildet die maßgebliche Grundlage für den späteren privatrechtlichen Vertrag.[2]

178

Eine optimale Leistungsbeschreibung liegt vor, wenn alle Bieter sie in gleichem Sinne verstehen können und daher **Angebote** unterbreiten, die miteinander **vergleichbar** sind.[3] Die Vergabestelle ist daher verpflichtet, die Leistungsbeschreibungen möglichst eindeutig und erschöpfend vorzunehmen (§ 9 Nr. 1), denn nur eine solche Unterlage ermöglicht auf Bieterseite eine hinreichend präzise Preiskalkulation. Leider wird in der Praxis häufig gegen diesen Grundsatz unter Hinweis auf Zeitdruck, politische Vorgaben etc. verstoßen.

179

Die VOB/A kennt **zwei Arten** der Leistungsbeschreibung, nämlich die **Leistungsbeschreibung mit Leistungsverzeichnis** (§ 9 Nr. 6 ff.) sowie die Leistungsbeschreibung mit Leistungsprogramm (§ 9 Nr. 10 ff.). Letzteres bezeichnet die **Funktionalausschreibung**[4], bei der aufgrund der Art der auszuführenden Leistung nicht alle Parameter lückenlos vorgegeben werden können und den Bietern auch die Chance gegeben werden soll, Lösungsmöglichkeiten zu entwickeln.[5] Allerdings darf die Funktionalausschreibung nicht durchgeführt werden, um Planungsmängel zu ersetzen oder um auf Auftraggeberseite Personal und Zeit zu sparen. Dies würde die Bieter in unzulässiger Weise belasten (vgl. § 8 Nr. 2). Der Vorrang einer Ausschreibung mit detailliertem Leistungsverzeichnis wurde in einer Anzahl von Fällen bekräftigt.[6] Wird dieser Vorrang nicht beachtet, so sind die subjektiven Rechte der Bieter tangiert.

180

Hinweis:
Im Anwendungsbereich der europaweiten Ausschreibungen darf bei einem groben Verstoß gegen das Gebot der Leistungsbeschreibung mit Leistungsverzeichnis nicht gezögert werden, sofort eine Rüge beim öffentlichen Auftraggeber anzubringen. Auch bei Ausschreibungen unterhalb der Schwellenwerte sollte die

---

1 OLG Düsseldorf, NZBau 2000, 155; VK Nordrhein-Westfalen (Düsseldorf), EUK 1999, 153.
2 Siehe allgemein: *Wettke*, BauR 1989, 292; *Cuypers*, BauR 1994, 426; *Schaller*, DB 1995, 1498; *Quack*, BauR 1998, 381; *Dähne*, BauR 1999, 289.
3 BGH, BauR 1997, 636; VK Brandenburg als VÜA, VergabE V-4–18/98; *Ingenstau/Korbion*, VOB/A, 15. Aufl., § 9 Nr. 1 Rz. 15.
4 Eingehend zur Funktionalausschreibung: OLG Düsseldorf, VergabE C-10–14/00.
5 VÜA Bayern, VergabE V-2–2/97.
6 VÜA Bayern, VergabE V-2–2/97; VÜA Rheinland-Pfalz, VergabE V-11–2/97.

Vergabestelle auf die für sie nachteiligen Folgen einer unberechtigten Funktionalausschreibung, nämlich Einschränkungen bei der Vergleichbarkeit der Angebote sowie Mehraufwand bei der Wertung usw., hingewiesen werden.

181 § 9 Nr. 1 Satz 2 normiert, dass von **Bedarfspositionen** (Eventualpositionen) nur ausnahmsweise Gebrauch gemacht werden darf. Terminologisch ist zu unterscheiden zwischen den **Wahl- oder Alternativpositionen** einerseits und Bedarfs- oder Eventualpositionen andererseits.

182 Beide Begriffspaare dürfen nicht mit den Grundpositionen verwechselt werden, also den Positionen, die im Leistungsverzeichnis die verbindlich nachgefragten Leistungseinheiten erfassen. Über die Grundpositionen hinaus kann es nun das Bedürfnis der Vergabestelle geben, zusätzliche Leistungspositionen auszuschreiben. Wahl- oder Alternativpositionen liegen dann vor, wenn Leistungen alternativ zur Ausführung kommen sollen, sich also die Vergabestelle noch nicht darüber im Klaren ist, ob diese Leistungspositionen **anstelle der Grundpositionen** zur Ausführung gelangen sollen. Bedarfs- oder Eventualpositionen hingegen sind dann gegeben, wenn ihre Ausführung bei Erstellung der Ausschreibungsunterlagen noch gar nicht feststeht. Es geht hier also, anders als im Fall der Wahl- oder Alternativpositionen, nicht um Alternativen zu den Grundpositionen, sondern um zusätzliche Leistungseinheiten, die möglicherweise zu **den Grundpositionen hinzukommen**.

183 Sowohl von Wahl- oder Alternativpositionen als auch von Bedarfs- oder Eventualpositionen darf seitens der Vergabestellen **nur zurückhaltend Gebrauch** gemacht werden.[1] Begründung dafür ist, dass sie die Eindeutigkeit und den erschöpfenden Charakter der Leistungsbeschreibungen einschränken. Insbesondere gilt dies für die Bedarfs- oder Eventualpositionen, weil sie als mögliches zusätzliches Element der Leistungsabfrage den Bieter noch mehr belasten als im Fall der Wahl- oder Alternativpositionen. Aus diesem Grund hat der Verordnungsgeber bereits in der VOB 2000 in § 9 Nr. 1 Satz 2 den Ausnahmecharakter der Bedarfs- oder Eventualpositionen festgeschrieben. Die Rechtsprechung hat diesbezüglich zum Ausdruck gebracht, dass die Grenze der Wahl- oder Alternativpositionen im Verhältnis zu den Grundpositionen höchstens 10 % betragen dürfe.[2] Bei den Bedarfs- oder Eventualpositionen wird von einem noch geringeren Prozentsatz auszugehen sein, weil sie die Bieter bzw. Bewerber noch mehr belasten.

i) Vergabeunterlagen; Ausführungsfristen; Modalitäten

184 Die Vergabeunterlagen bestehen gemäß § 10 Nr. 1 Abs. 1 aus dem Anschreiben (Aufforderung zur Angebotsabgabe), ggf. aus den Bewerbungsbedingungen und aus den Verdingungsunterlagen.

185 In den **Verdingungsunterlagen** ist nach § 10 Nr. 1 Abs. 2 vorzuschreiben, dass die Allgemeinen Vertragsbedingungen für die Ausführung von Bauleistungen (VOB/B) und die Technischen Vertragsbedingungen für Bauleistungen (VOB/C), die, entgegen ihrer Bezeichnung, ebenfalls Vertragsrecht enthalten und der AGB-

---

1 VK Bund, EUK 2001, 122.
2 OLG Saarbrücken, VergabE C-12–2/99.

Kontrolle unterliegen, Bestandteile des Vertrags werden. Hier ist eine der wesentlichen Schnittstellen zwischen der VOB/A, die das vorgeschaltete öffentlich-rechtliche Vergabeverfahren betrifft, und den Teilen B und C der VOB zu finden, die die nachfolgenden Bedingungen des mit dem erfolgreichen Bieter abzuschließenden Vertrags betreffen. Das private Baurecht greift an dieser Stelle in das als öffentlich-rechtliche Vorfrage zu beurteilende Vergabeauswahlverfahren ein.

Weiterhin können noch Zusätzliche Vertragsbedingungen (ZVB)[1], Ergänzende Vertragsbedingungen (EVB) und Besondere Vertragsbedingungen (BVB) hinzukommen. Die einzelnen Anforderungen sind dem § 10 zu entnehmen; für europaweite Vergabeverfahren treten noch die Modalitäten gemäß § 10 a hinzu. 186

§ 11 enthält Vorgaben, welche die **Ausführungsfristen** betreffen. Insbesondere sind bei Baumaßnahmen die Jahreszeiten (Frostperioden) zu beachten. Im Falle der Erstellung eines Bauplans sind nur die für den Baufortschritt wesentlichen Einzelfristen als verbindliche Fristen (Vertragsfristen) festzusetzen (§ 11 Nr. 2 Abs. 2). **Vertragsstrafen** für die Überschreitung der Vertragsfristen (§ 12 Nr. 1) müssen verhältnismäßig sein. Beschleunigungsprämien sollen nur dann gezahlt werden, wenn die frühere Fertigstellung erhebliche Vorteile bringt (§ 12 Nr. 2). 187

Von § 13 Nr. 4 abweichende **Verjährungsfristen** sollen gemäß § 13 nur vorgesehen werden, wenn die besonderen Umstände des Einzelfalls dies rechtfertigen. 188

Die zu verlangenden **Sicherheitsleistungen** wurden bereits durch § 14 Nr. 1 VOB/B 2000 eingeschränkt. Bei der Beschränkten Ausschreibung und der Freihändigen Vergabe sollen Sicherheitsleistungen in der Regel nicht mehr verlangt werden. 189

Die Verdingungsunterlagen können im Fall von ungewissen Änderungen der Preisermittlungsgrundlagen Änderungen der **Vergütungen** vorsehen (§ 15). Die Einzelheiten der Preisänderungen sind dabei allerdings festzulegen.[2] 190

j) Ausschreibungsreife; Missbrauchsverbot

Zu den wesentlichen Grundsätzen der Ausschreibung gehört es, dass sie erst dann stattfinden darf, wenn die rechtlichen und tatsächlichen Grundlagen vollständig geklärt sind (§ 16 Nr. 1). Dies gebieten die Transparenz und der Wettbewerb. Im Einzelnen müssen zum einen die Verdingungsunterlagen fertiggestellt sein. Zum anderen muss eine Ausführung der geforderten Leistungen innerhalb einer angegebenen Frist möglich sein. 191

Zur Ausschreibungsreife (auch „Vergabereife"[3] genannt) gehört beispielsweise, dass vor der Durchführung von Bauvergabeverfahren Bodenuntersuchungen (Festigkeit des Untergrunds, Altlasten usw.) durchgeführt werden. Außerdem sind öffentlich-rechtliche Genehmigungen grundsätzlich vorher einzuholen.[4] Ein ganz 192

---
1 Siehe § 10 Nr. 4.
2 Die früher für Bauvergaben geltende Preisverordnung PR I/72 wurde mit Wirkung ab dem 1. 7. 1999 aufgehoben (BGBl. I, S. 1419).
3 Dazu *Noch*, Vergaberecht kompakt, 2. Aufl. 2002, S. 110.
4 VÜA Sachsen, EUK 2000, 141: Baugenehmigung und Fördermittel.

wichtiges Element der Ausschreibungsreife ist die Prüfung, ob die für die Beschaffung erforderlichen Haushaltsmittel verfügbar sind.[1] Ein Vorbehalt in der Ausschreibung, nur im Fall der Mittelbereitstellung tatsächlich zu vergeben, ist nach einer Entscheidung des LG München I[2] nicht zulässig.

193 Zum Gedanken eines fairen Wettbewerbs gehört es außerdem, dass Ausschreibungen nicht zu vergabefremden Zwecken durchgeführt werden (§ 16 Nr. 2).[3] Der Begriff der vergabefremden Zwecke ist weit zu verstehen und als allgemeiner Missbrauchstatbestand anzusehen.[4] Insbesondere sind Testausschreibungen zu Markterkundungszwecken unstatthaft, sie missbrauchen das Vergaberecht. Schließlich gibt jeder Unternehmer, der sich an einer öffentlichen Ausschreibung beteiligt, teilweise seine Unternehmenssituation und seine Angebotskalkulation preis.

194 **Rechtsverstöße** gegen § 16 Nr. 1 oder Nr. 2 sind als **sehr gravierend** einzustufen und sollten von Seiten des Bieters aufgeklärt werden. Beweisprobleme können in den Fällen auftreten, in denen die Ausschreibung trotz nicht vorhandenen Haushaltsmitteln eingeleitet wurde. Einfacher ist es, wenn behördliche Genehmigungen fehlen oder sogar objektive Verstöße gegen öffentliches Recht vorliegen.

k) Bekanntmachungen

195 **Nationale Ausschreibungen**, d. h. mit einem Auftragswert unterhalb der Schwellenwerte, sind gemäß § 17 in Tageszeitungen, amtlichen Veröffentlichungsblättern (z. B. Bundesausschreibungsblatt) oder Fachzeitschriften bekannt zu machen. Die notwendigen Angaben für die Öffentlichen Ausschreibungen bzw. Beschränkten Ausschreibungen sind § 17 Nr. 1 und Nr. 2 zu entnehmen.[5]

196 Im Bereich der **europaweiten Ausschreibungen** sind die aufgrund der Baukoordinierungsrichtlinie erforderlichen zusätzlichen Anforderungen gemäß § 17 a zu beachten. Die Bekanntmachungen richten sich nach gesonderten Mustern, die in den Anhängen abgedruckt sind. Verfahrensfehlerhaft ist es, wenn die Vergabestelle die nationalen Bekanntmachungen früher veröffentlicht als sie im Amtsblatt der EG bzw. den elektronischen Nachfolgediensten TED (Tenders Electronic Daily)[6] erscheinen.

197 Die **Vorinformation** nach § 17 a Nr. 1 ist **unverbindlicher Rechtsnatur**.[7] Eine Nichtdurchführung dieser die Transparenz vergrößernden Möglichkeit bleibt

---

1 BGH, JZ 1999, 253, mit Anm. *Noch* und zahlreichen weiteren Nachweisen.
2 LG München I v. 29. 10. 1996 – 11 O 8041/96, VgR 1998, 47 mit Anm. *Noch*.
3 OLG Jena, VergabE C-16-4/00; OLG Saarbrücken, VergabE C-12-2/99; VÜA Thüringen als VK, VergabE E-16-3/99ü.
4 VÜA Thüringen, VergabE V-16-1/96-1.
5 Die zu verwendenden Formblätter ergeben sich aus den einschlägigen Vergabehandbüchern (VHB). Siehe hierzu im Einzelnen *Franke/Höfler/Bayer*, Bauvergaberecht in der Praxis, Loseblatt, Kap. II, Nr. 4, Rz. 11 ff.
6 Amt für amtliche Veröffentlichungen, 2 Rue Mercier, 2985 Luxemburg, Tel.: 0 03 52 / 29 29–1, Fax: 0 03 52 / 2 92 94 26 70. Die Internet-Adresse des TED (Tenders Electronic Daily), die seit dem 1. 1. 1999 kostenlos eingesehen werden kann, lautet: http://www.ted.lu bzw. http://www.ted.eur-op.eu.int.
7 EuGH, EUK 2000, 167.

ohne negative Konsequenzen. Nur dann, wenn Fristverkürzungen in Anspruch genommen werden, die bei Durchführung dieses Vorinformationsverfahrens zulässig wären, welche aber im konkreten Verfahren tatsächlich nicht durchgeführt wurden, sind Rechtsverletzungen der Bieter im Sinne des § 97 Abs. 7 GWB denkbar.

Hinweis:
Aus § 107 Abs. 3 Satz 2 GWB ergibt sich, dass im Anwendungsbereich europaweiter Vergabeverfahren Verstöße gegen Vergabevorschriften, die schon aufgrund der Bekanntmachung erkennbar waren, bis zum Ablauf der Angebotsfrist gerügt werden müssen[1], sonst ist der Nachprüfungsantrag unzulässig.

Der Anwalt muss bei der ersten Überprüfung auf diese Ausschlussmöglichkeit für das Nachprüfungsverfahren besonders achten.

l) Angebots- und Teilnahmefristen

Im **nationalen Vergabeverfahren** ist gemäß § 18 Nr. 1 bei Öffentlichen Ausschreibungen eine „ausreichende Angebotsfrist" vorzusehen, die eine sorgfältige Prüfung, insbesondere der Eignung sowie des Angebots an sich, erlaubt. Der Beginn der Angebotsöffnung im Eröffnungstermin markiert den Ablauf der Angebotsfrist (§ 18 Nr. 2). Bis zu diesem Zeitpunkt können Angebote auch wieder zurückgezogen werden, egal auf welchem Kommunikationsweg (§ 18 Nr. 3). § 18 Nr. 4 schreibt eine ausreichende Bewerbungsfrist für den Eingang der Teilnahmeanträge bei Beschränkter Ausschreibung vor.

198

Zu kurz bemessene Fristen können zu Diskriminierungen führen und stellen prinzipiell einen Vergaberechtsverstoß dar. Der auslegungsbedürftige Begriff der „angemessenen Frist" bzw. der „ausreichenden Bewerbungsfrist" ist fallbezogen, d. h. bezogen auf Art und Umfang der nachgefragten Bauleistung, zu konkretisieren.

199

Bei der **europaweiten Ausschreibung** gelten folgende wesentliche Fristen:[2]

200

▷ Offenes Verfahren: 52 Tage (Angebotsfrist)

▷ Nichtoffenes Verfahren: 37 Tage (Bewerbungsfrist)

▷ Offenes Verfahren: 37 Tage (Bewerbungsfrist)

Rechtsverstöße gegen diese Fristen für das europaweite Vergabeverfahren bedingen grundsätzlich schon eine **formelle Rechtswidrigkeit** des Vergabeverfahrens und führen zu einer Verletzung des Wettbewerbsprinzips, auch wenn die zu kurz bemessenen Fristen für alle potenziellen Bieter gelten.

---

[1] § 107 Abs. 3 Satz 2 GWB; siehe auch die Erläuterungen zum Vergaberechtsschutz Teil 9.
[2] Ausführlich dazu die einschlägigen Kommentierungen zu der §§ 17a, 18a VOB/A und *Noch*, Vergaberecht kompakt, 2. Aufl. 2002, S. 153 ff.

m) Zuschlags- und Bindefristen

201 Die Zuschlagsfrist beginnt mit dem **Eröffnungstermin** (§ 19 Nr. 1). Sie bezeichnet die Frist, in der die Vergabestelle die Entscheidung über die Vergabe trifft. Die daran gekoppelte Bindefrist (§ 19 Nr. 3) bedeutet die Bindung der Bieter an ihr Angebot.

Das OLG Frankfurt hat mit Beschluss vom 5. 8. 2003 entschieden, dass das Vergabeverfahren aufzuheben ist, wenn der ausgewählte Bieter nach Ablauf der Bindefrist nicht bereit ist, das Vertragsangebot anzunehmen.[1]

202 Die Bieter sollen im Hinblick auf die Auftragsvergabe so kurz wie möglich im Unklaren gelassen werden, so dass § 19 Nr. 2 eine **Soll-Frist** von 30 Kalendertagen statuiert. Eine Verlängerung ist in begründeten Ausnahmefällen möglich, sie sollte sich jedoch keinesfalls außerhalb eines Rahmens von 2 bis 3 Monaten bewegen. Eine Verlängerung der 30-tägigen Zuschlagsfrist um das 6-fache ist nicht mehr von Sinn und Zweck des § 19 Nr. 2 VOB/A gedeckt.[2]

203 Seitdem europaweite Vergabeverfahren durch Einleitung von Nachprüfungsverfahren bei den Vergabekammern gestoppt werden können, können öffentliche Auftraggeber die Bindefrist nicht mehr einhalten, denn aufgrund des Suspensiveffekts ist der Zuschlag untersagt und das gerichtliche Verfahren dauert länger als die Bindefrist. Der Gesetzgeber hat dieses Problem übersehen. Zurzeit behilft sich die Praxis mit Billigung der Rechtsprechung damit, dass eine entsprechende Verlängerung der Zuschlags- und Bindefrist im Einvernehmen mit dem Kreis aussichtsreicher Bieter für zulässig erachtet wird.[3]

n) Kosten

204 Die Kosten für die Leistungsbeschreibung und die anderen Unterlagen können im Fall der Öffentlichen Ausschreibung in **Höhe der Selbstkosten** von den Bietern verlangt werden (§ 20 Nr. 1 Abs. 1). Im Sinne der Transparenz sollen diese Kosten schon in der Bekanntmachung (§ 17 Nr. 1) angegeben werden. Im Falle der Beschränkten Ausschreibung und der Freihändigen Vergabe gilt das Prinzip der Unentgeltlichkeit (§ 20 Nr. 1 Abs. 2).

205 Für die Angebotsbearbeitung wird vom Grundsatz her **keine Entschädigung** gewährt (§ 20 Nr. 2 Abs. 1). Insoweit sind diese beim Bieter entstehenden Kosten unter der Position „Akquisition" zu verbuchen. Anders ist dies bei **Funktionalausschreibungen** (§ 9 Nr. 10 bis 12). Hier können die Auslagen der Bieter beträchtlich sein. Zudem werden Lösungsmöglichkeiten erarbeitet, die sich die Vergabestelle, selbst unter Beachtung des § 20 Nr. 3, sehr häufig in irgendeiner Weise zunutze machen kann. Es gilt dann das Prinzip der Festsetzung einer einheitlichen Entschädigung für alle Bieter oder Bewerber.

---

1 Vergabe Neues Heft 9/2003, S. 73.
2 VÜA Sachsen, VergabE V-13-7/98.
3 BayObLG, NVwZ 1999, 1138; *Weyand*, ibr-online-Kommentar zu § 19 VOB/A Ziff. 125.4.2.

o) Form und Inhalt der Angebote

§ 21 normiert die grundlegenden Anforderungen an Form und Inhalt der Angebote. Neu ist, dass auf Basis der Änderungsrichtlinien 97/52/EG und 98/4/EG Angebote nunmehr auch in elektronischer Form abgegeben werden dürfen, allerdings mit der Einschränkung in § 21 Nr. 1 Abs. 1 Satz 2 („Daneben ..."), da derzeit noch nicht alle Formen von Zeichnungen digitalisierbar sind und daher die elektronische Angebotsabgabe im VOB-Bereich noch keine vollwertige, gleichberechtigte Alternative darstellt.[1]

206

Der Gleichbehandlungsgrundsatz (§ 97 Nr. 2 GWB, § 8 Nr. 1) kommt in dieser Bestimmung in besonderem Maße zum Ausdruck, weil das Vergabeverfahren als formalisiertes Verfahren vom Bieter eine große **Genauigkeit bei der Abgabe** des Angebotes verlangt.[2] Die Vergabestellen sind, nach überwiegender Auffassung, gehalten, eine Balance zwischen notwendiger Formstrenge und übertriebenem Formalismus[3] zu finden, denn Letzterer kann den Wettbewerb unnötig verengen.

207

Im Angebot müssen die geforderten **Preise und Erklärungen** enthalten sein[4], wobei im Rahmen der Erklärungen nach deren Preis- und Wettbewerbsrelevanz zu differenzieren ist. Nur solche Erklärungen unterliegen dem Wettbewerb und damit dem notwendigen Inhalt des § 21 Nr. 1, die für die spätere Angebotswertung unverzichtbar sind.[5] Nach dieser, wegen der entstehenden Abgrenzungsschwierigkeiten, nicht ganz unumstrittenen Rechtsprechung soll es z. B. der späteren Wertung des Angebots nicht entgegenstehen, wenn der Bieter das Formblatt für Erklärungen zur Innungszugehörigkeit, Steuertreue, Staatsangehörigkeit und Subunternehmereinsatz zunächst nicht einreicht, sondern diese erst zu einem späteren Zeitpunkt nachliefert.[6] Die Vergabestelle kann im Fall der Nichtvorlage einer dieser Erklärungen mit dem späteren Ausschluss drohen, ohne dass dies rechtliche Relevanz entfaltet. Die Vergabestellen sollten stattdessen überlegen, welche Erklärungen für den Wettbewerb wirklich notwendig sind und diese zwingend bei der Angebotsabgabe verlangen. Andernfalls ist einer Ungleichbehandlung der Bieter Tür und Tor geöffnet. Zu Recht geht daher die jüngere Rechtsprechung von einer Formstrenge des Vergabeverfahrens aus. Die Vergabestelle darf nicht zu einem späteren Zeitpunkt (leistungsbezogene) Angaben und Erklärungen nachfordern. Dadurch verletzt sie das Prinzip der Ex-ante-Transparenz.

208

Nicht zweifelsfreie **Änderungen des Bieters** an seinen Eintragungen (§ 21 Nr. 1 Abs. 1 Satz 4) sowie Änderungen an den Verdingungsunterlagen (§ 21 Nr. 1 Abs. 2) dürfen nicht akzeptiert werden, da sie der notwendigen Formstrenge und damit dem Gleichbehandlungsprinzip widersprechen.

209

---

1 Siehe auch die Erläuterungen zu § 15 VgV Rz. 107 ff.
2 VK Bund, VergabE D-1-25/99.
3 OLG Jena, BauR 2000, 388; OLG Bremen, EUK 2000, 139.
4 Sehr streng bei auch nur teilweise fehlenden Preisangaben: VK Bund, VergabE D-1-3/01.
5 OLG Bremen, EUK 2000, 139.
6 BayObLG, NZBau 2000, 211; OLG Bremen, EUK 2000, 139; VK Arnsberg, VergabE E-10a-2/99.

210 **Abweichungen** von den technischen Spezifikationen sind von Bietern eindeutig zu bezeichnen und müssen dem geforderten Schutzniveau entsprechen. Der Gleichwertigkeitsnachweis ist vom Bieter zu erbringen (§ 21 Nr. 2).

211 **Nebenangebote und Änderungsvorschläge** sind in den Verdingungsunterlagen an besonderer Stelle aufzuführen und auf besonderer Anlage deutlich zu kennzeichnen (§ 21 Nr. 3). Hiermit soll versteckten Nebengeboten vorgebeugt werden.

212 **Preisnachlässe** sollen nur an besonderer, vom Auftraggeber in den Verdingungsunterlagen bezeichneter Stelle aufgeführt werden (§ 21 Nr. 4). Andernfalls ist nicht klar, welche Preisnachlässe sich worauf beziehen.

213 **Bietergemeinschaften** sind gehalten, eines ihrer Mitglieder als bevollmächtigten Vertreter anzugeben. Fehlt eine solche Angabe im Angebot, muss sie bis zur Zuschlagserteilung beigebracht werden (§ 21 Nr. 5).

214 § 21 Nr. 6 statuiert die **Dokumentationspflicht** hinsichtlich der Anforderungen nach den Nummern 1 bis 5 dieser Vorschrift.

215 Viele, auch noch so marginal erscheinende Verletzungen der formellen Anforderungen nach § 21 sind bei näherer Betrachtung gravierender als dies zunächst den Anschein hat. Bei Vergaben oberhalb der Schwellenwerte kann dadurch eine Verletzung des Gleichbehandlungsgebots gegeben sein (§ 97 Abs. 2 GWB).

p) Eröffnungstermin

216 Der Eröffnungstermin (§ 22) im Vergabeverfahren nach VOB/A stellt ein wesentliches Unterscheidungsmerkmal zum Vergabeverfahren nach VOL/A dar.[1] Daher herrscht bei Bauvergaben mehr Transparenz, vor allem was die **Schlussphase** der Angebotswertung anbelangt. Bis zum Eröffnungstermin sind alle Angebote, die eingegangen und zu kennzeichnen sind, unter Verschluss zu halten (§ 21 Nr. 1).

217 Zur Wertung zugelassen sind nur Angebote, die rechtzeitig eingegangen sind; sie müssen dem Verhandlungsleiter bei Öffnung des ersten Angebots vorliegen (§ 21 Nr. 2). Auch eine Verspätung von nur wenigen Minuten ist grundsätzlich nicht zu akzeptieren. Unbeachtlich ist, wenn die Mitbieter der Zulassung eines verspäteten Angebots zustimmen. Für den rechtzeitigen Zugang reicht die Verbringung in die Sphäre des Auftraggebers mit der Möglichkeit der Kenntnisnahme. Es muss sich jedoch um die zuständige Behörde handeln. Wird innerbehördlich falsch zugestellt (falscher Gebäudeteil, falsches Zimmer), so fällt dies in die Sphäre des Auftraggebers (vgl. § 21 Nr. 5, Nr. 6).

218 Der Verhandlungsleiter stellt fest, ob die Umschläge unversehrt sind (§ 21 Nr. 3 Abs. 1) und kennzeichnet nach deren Öffnung alle wesentlichen Teile des Angebots (§ 21 Nr. 3 Abs. 2). Die Namen der Bieter und die Endbeträge der Angebotssummen werden **verlesen**. Außerdem wird bekannt gegeben, ob und von wem welche Nebenangebote bzw. Änderungsvorschläge abgegeben worden sind. Weiteres aus dem Inhalt der Angebote soll nicht mitgeteilt werden.

---

1 Zum Ablauf im Einzelnen *Ax*, BauR 2000, 1397.

Über den Eröffnungstermin ist eine **Niederschrift** zu fertigen (§ 21 Nr. 4), die vom Verhandlungsleiter zu unterschreiben ist. Einsicht in die Niederschrift über den Eröffnungstermin wird nach Maßgabe des § 21 Nr. 7 gewährt. Die Vergabestelle ist zur sorgfältigen Verwahrung der Angebote (§ 21 Nr. 8) verpflichtet. 219

q) Prüfung der Angebote; Aufklärungsverhandlungen

Die rechnerische, technische und wirtschaftliche **Prüfung** erfolgt nach Maßgabe des § 23. Ausgenommen von dieser Prüfung sind solche, die die erforderlichen Preisangaben und Erklärungen nicht enthalten oder aus sonstigen Gründen nicht den Bestimmungen des § 21 Nr. 1 entsprechen. Dies gilt in gleicher Weise für verspätete Angebote. 220

Der in § 24 verwendete Begriff der „Verhandlung" ist etwas irreführend. Grundsätzlich ist im Rahmen des § 24 Nr. 1 lediglich eine **informatorische Aufklärung** möglich. Diese kann sich auf folgende Aspekte beziehen: 221

▷ Eignung des Bieters (insbesondere die technische und wirtschaftliche Leistungsfähigkeit)

▷ Information über das Angebot selbst

▷ Änderungsvorschläge

▷ Geplante Art der Durchführung der Leistung[1]

▷ Ursprungsorte oder Bezugsquellen von Stoffen oder Bauteilen

▷ Angemessenheit der Preise, gegebenenfalls durch Einsicht in die Preisermittlungen (Kalkulationen)

Im Fall einer Weigerung des Bieters, Aufklärung zu leisten, kann sein Angebot unberücksichtigt bleiben (§ 24 Nr. 2).

Verhandlungen über die Preise sind grundsätzlich **unstatthaft** (§ 24 Nr. 3 Satz 1). Im Fall von Nebenangeboten bzw. Änderungsvorschlägen oder Angeboten im Rahmen einer Funktionalausschreibung sind unverzichtbare technische Änderungen geringen Umfangs und daraus resultierende Preisänderungen möglich (§ 24 Nr. 3 Satz 2).[2] Dabei darf sich keinesfalls der Charakter der angebotenen Leistung verändern. Der Umfang der zu vereinbarenden Preisänderungen darf ca. 2–3 % nicht übersteigen. 222

Verstöße gegen das Nachverhandlungsverbot verletzen grundsätzlich subjektive **Bieterrechte**. Bleibt indes der Fehler folgenlos, weil sich die Bieterrangfolge nicht verschoben hat, kann dies dazu führen, dass ein Nachprüfungsantrag als unbegründet abgelehnt wird.[3] 223

---

[1] Diese darf aber nur durch eine Unterrichtung erfolgen, nicht etwa dadurch, dass der Bewerber jetzt neue Ausführungsvarianten anbietet wie z. B. kürzere Fertigstellungstermine, OLG Naumburg, EUK 2003, 92.
[2] VK Bund, VergabE D-1-24/99.
[3] OLG Rostock, EUK 2000, 28.

r) Angebotswertung

224 Die Angebotswertung gliedert sich in eine **4-Stufen-Prüfung**:

▷ Ausschlussgründe (§ 25 Nr. 1),

▷ fachliche Eignung (§ 25 Nr. 2),

▷ Angemessenheit der Preise (§ 25 Nr. 3 Abs. 1 und 2) und

▷ Angebotswertung im engeren Sinne (§ 25 Nr. 3 Abs. 3).[1]

In dieser Schlussphase des Vergabeverfahrens werden die Angebote nach Prüfung (§ 23) und etwaiger Aufklärung des Angebotsinhalts (§ 24) einer abschließenden Wertung unterzogen.

aa) Erste Wertungsstufe

225 Zwingend auszuschließen sind nach § 25 Nr. 1 Abs. 1 Buchst. a solche Angebote, die im Eröffnungstermin **nicht rechtzeitig** vorliegen[2], außer sie sind nachweislich rechtzeitig zugegangen und haben das Eröffnungszimmer, aus vom Bieter nicht zu vertretenden Gründen, fristgerecht erreicht (Fall des § 22 Nr. 6). Aus Gründen der Gleichbehandlung kann es bei diesem formalen Ausschlussgrund kein Ermessen der Vergabestelle geben.

226 Weiterhin auszuschließen sind gemäß § 25 Nr. 1 Abs. 1 Buchst. b Angebote, die die Erfordernisse des § 21 Nr. 1 Abs. 1 und Abs. 2 nicht erfüllen, also beispielsweise die erforderlichen **Preisangaben und Erklärungen** nicht enthalten. Im Rahmen der Erläuterungen zu § 21 Nr. 1 wurde bereits dargestellt, dass nicht jede fehlende Erklärung bereits Anlass sein darf, den betreffenden Bieter auszuschließen. Es ist vielmehr danach zu differenzieren, ob die betreffende Erklärung dem Preis- und Leistungswettbewerb dient oder nicht. Auch hinsichtlich fehlender Preisangaben (z. B. völlig untergeordnete Positionen bei richtigem Gesamtergebnis) hat die Rechtssprechung eine Bagatellschwelle entwickelt.[3]

227 Eine fehlende **Unterschrift** unter das Angebot berechtigt dagegen in der Regel zum Ausschluss.[4]

228 Ausschlussbedürftig sind darüber hinaus solche Angebote, hinsichtlich derer Bieter eine **Abrede** getroffen haben, die eine unzulässige Wettbewerbsbeschränkung beinhaltet (§ 25 Nr. 1 Abs. 1 Buchst. c). Hier ist erstens zu verlangen, dass die Abrede in Bezug auf den konkreten Vergabevorgang getroffen wurde. Zweitens ist es erforderlich, dass Nachweise oder zumindest konkrete und belegbare Hinweise auf eine solche Abrede existieren. Vermutungen oder ein bloßer Verdacht genü-

---

1 VK Bund, VergabE D-1-12/00.
2 OLG Jena, BauR 2000, 388; OLG Hamburg, VergabE C-6-1/99v; VK Baden-Württemberg, VergabE E-1-8/00.
3 VÜA Bund, IBR 1998, 2; VÜA Nordrhein-Westfalen, VergabE V-10-16/97-1; VÜA Sachsen, VergabE V-13-6/96.
4 OLG Jena, BauR 2000, 388.

gen nicht. Insbesondere kann das Tatbestandsmerkmal „getroffene Abrede" nicht durch das Merkmal „böser Schein" ersetzt werden.[1]

Ferner sind Angebote mit nicht zugelassenen **Nebenangeboten** auszuschließen (§ 25 Nr. 1 Abs. 1 Buchst. d). Auch diesbezüglich kommt der Vergabestelle kein Entscheidungsspielraum zu. 229

Zu den fakultativen Ausschlussgründen („können ausgeschlossen werden") nach § 25 Nr. 1 Abs. 2 zählen Angebote von Bietern, die insolvent sind, eine schwere Verfehlung begangen haben, Sozialbeiträge oder Steuern nicht abgeführt haben oder vorsätzlich unzutreffende Erklärungen abgegeben haben[2] (Fälle des § 8 Nr. 5). Hierbei ist einerseits zu beachten, dass der Vergabestelle bei der Beurteilung der Bietereignung und hieran anknüpfender Ausschlusstatbestände ein großes Ermessen zukommt.[3] Andererseits kann sich das Ermessen, je nach Schwere des Rechtsverstoßes, auf Null reduzieren. Ein weiterer Fall der fakultativen Ausschlussgründe (§ 25 Nr. 1 Abs. 2) ist die Nichtkennzeichnung von Nebenangeboten oder Änderungsvorschlägen auf besonderer Anlage. 230

bb) Zweite Wertungsstufe

Die Vergabestelle soll in der Öffentlichen Ausschreibung bzw. im Offenen Verfahren über die Ausschlussgründe des § 25 Nr. 1 hinaus, Bieter ausschließen, von deren **persönlicher und fachlicher Eignung** sie nicht überzeugt ist (§ 25 Nr. 2 Abs. 1). Im Fall des Nichtoffenen Verfahrens (bzw. der Beschränkten Ausschreibung) ist diese Eignungsprüfung zeitlich vorgelagert (vgl. § 25 Nr. 2 Abs. 2). Im Verhandlungsverfahren bzw. in der Freihändigen Vergabe sind die Wertungsstufen des § 25 Nr. 2 und Nr. 3 in gleicher Weise wie bei der Öffentlichen Ausschreibung anzuwenden (§ 25 Nr. 7). 231

Bedeutung gewinnen bei dieser Prüfung der Nachweis von Referenzen[4], die finanzielle Leistungsfähigkeit[5], besondere Qualifikationen (z. B. in Form des Besuchs von Fortbildungsveranstaltungen), Zertifizierungen, Qualitätsmanagement[6] usw. Die Vergabestelle muss dabei die Regeln des allgemeinen **Verhältnismäßigkeitsgrundsatzes** sowie den **Gleichbehandlungsgrundsatz** einhalten. Dies beinhaltet, dass zum einen die geforderten Qualifikationen für die Eignungsanforderungen im Verhältnis zur Art und Güte der nachgefragten Leistung stehen müssen.[7] Zum anderen muss die Vergabestelle die Bieter gleich behandeln und ist nicht befugt, hinsichtlich nur eines Bieters besondere Nachforschungen anzu- 232

---

1 So VK Hessen, EUK 2000, 170, in Bezug auf die parallele Vorschrift des § 25 Nr. 1 Abs. 1 Buchst. f VOL/A.
2 VÜA Hessen als VK, VergabE E-7-2/99.
3 VÜA Sachsen, VergabE V-13-17/98. Vgl. auch VK Bund, VergabE U-2-30/99.
4 VK Baden-Württemberg, VergabE E-1-11/00.
5 Siehe zu den Anforderungen an eine Bankenerklärung: VK Nordbayern, EUK 2000, 107. Eine 20 Monate alte Bankenerklärung muss nach VK Bund, NZBau 2000, 107 nicht akzeptiert werden.
6 VK Bund, NZBau 2000, 107.
7 Allgemein zu den Anforderungen EuGH, NZBau 2000, 149; VK Nordbayern, VergabE E-2a-6/99.

stellen, ohne dass ein sachlicher Grund für diese Ungleichbehandlung angegeben werden kann.

233 Berücksichtigungsfähig sind nach der Rechtsprechung des BGH[1] nur Umstände, die sich im Bereich gesicherter Erkenntnisse bewegen. Informationen über eine angeblich mangelnde Leistungsfähigkeit, die sich nicht belegen lassen, können in aller Regel nicht in die Prüfung einfließen.[2] Das bedeutet für die Praxis, dass negative Äußerungen von Mitbewerbern zwar nicht unbeachtet bleiben dürfen, die Vergabestelle aber verpflichtet ist, diese zu überprüfen und **rechtliches Gehör** zu gewähren. Vorangegangene schlechte Erfahrungen[3] mit einem Bieter, die die Vergabestelle selbst gesammelt hat, sind, vorbehaltlich einer Einzelfallprüfung, berücksichtigungsfähig. Tendenziell problematisch sind aber pauschale Ausschlüsse, da sich zwischenzeitlich das Management des Bieterunternehmens geändert haben könnte. In die Beurteilung muss auch die Schwere der zurückliegenden Rechtsverstöße (Nichteinhaltung von Terminen, laufende Gerichtsprozesse usw.) einfließen.

234 Grundsätzlich ist die Vergabestelle verpflichtet, die geforderten Eignungsnachweise so klar und deutlich zu formulieren, dass die Bieter sie möglichst ohne Rückfrage beibringen können. Andererseits haben Bieter eine Bringschuld, auch wenn sie bereits Voraufträge für den betreffenden Auftraggeber ausgeführt haben.

235 Am Ende der Eignungsprüfung muss das Ergebnis stehen, welche Bieter geeignet sind und welche nicht. Eine Rangliste der Eignung, mit dem Ziel, diese in die Angebotswertung nach § 25 Nr. 3 einzubeziehen, darf nicht erstellt werden. Es gibt nach der VOB/A keine „geeigneteren" Bieter. Der BGH hat in einem Grundsatzurteil festgestellt, dass die **Vermischung von Kriterien der persönlichen** Wertung (Eignung, § 25 Nr. 2) und **der angebotsbezogenen** Wertung (sachliche Prüfung des Angebots, § 25 Nr. 3) zu kaum mehr nachvollziehbaren Ergebnissen der Zuschlagserteilung führt.[4]

236 Die Vergabestelle hat im Rahmen des § 25 Nr. 2 einen anerkannt **großen Beurteilungs- und Ermessensspielraum**. Fehler lassen sich häufig nur dann nachweisen, wenn dieses Ermessen[5] fehlerhaft ausgeübt wird, also z. B. die Grenzen des Ermessens überschritten, sachfremde Erwägungen angestellt werden oder ein Ermessensfehlgebrauch vorliegt.

cc) Dritte Wertungsstufe

237 Vor der abschließenden Wertung nach § 25 Nr. 3 Abs. 3 muss der öffentliche Auftraggeber die **Angemessenheit der Preise** anhand des § 25 Nr. 3 Abs. 1 und 2 prüfen.

---

1 BGH, BauR 2000, 254, betreffend § 25 Nr. 2 VOB/A.
2 VK Nordbayern, EUK 2003, 121.
3 VK Bund als VÜA, VergabE U-2-17/99.
4 BGH, BauR 1998, 1246; VK Bund, VergabE D-1-8/00.
5 Eingehend zur Ermessensausübung: VK Bund, NZBau 2000, 107; VK Baden-Württemberg, VergabE E-1-11/00. Ferner *Eyermann*, VwGO, 10. Aufl., § 114 Rz. 20.

Das geringere Problem sind Angebote mit **unangemessen hohen** Preisen. Aber auch hier ist Vorsicht geboten. Ein solches Angebot darf nur dann nicht gewertet werden, wenn der angebotene Gesamtpreis derart eklatant von dem für die ausgeschriebene Leistung angemessenen Preis abweicht, dass eine genauere Überprüfung nicht mehr erforderlich ist, und die Unangemessenheit des Angebotspreises sofort ins Auge springt.[1] Stellt sich ein Angebot als **unangemessen niedrig** dar und kann das Angebot anhand der eingereichten Unterlagen über die Preisermittlung nicht zuverlässig beurteilt werden, so hat die Vergabestelle eine Nachfrage- und Aufklärungspflicht beim Bieter.[2] Die Nachfragepflicht wird in der Regel bei preislichen Abweichungen von mehr als 20 % ausgelöst.[3] Können die Ursachen für die niedrige Kalkulation nicht aufgeklärt werden, so wird ein Ausschluss nicht zu vermeiden sein.

238

Man kann sich mit guten Argumenten auf den Standpunkt stellen, dass die Bezuschlagung eines Angebots, bei dem Preis und Leistung in einem Missverhältnis zueinander stehen, in erster Linie die Interessen der Vergabestelle an einer reibungslosen Vertragserfüllung tangiert, weil bei erheblich unterkalkulatorischen Angeboten die Gefahr besteht, dass der Vertrag nicht erfüllt wird oder Gewährleistungsrechte erheblich gefährdet werden. Nach herrschender Auffassung verletzt ein rechtswidrigerweise unterbliebener Ausschluss aber auch die subjektiven Bieterrechte des § 97 Abs. 7 GWB.[4] Dem ist zuzustimmen, denn der seriös kalkulierende Bieter wird dadurch benachteiligt.

239

dd) Vierte Wertungsstufe

Die vierte Wertungsstufe bildet die endgültige Auswahl und die **Bezuschlagung des wirtschaftlichsten Angebots**. Ausdrücklich stellt § 25 Nr. 3 Abs. 3 Satz 3 klar, dass der niedrigste Angebotspreis allein nicht entscheidend ist. Es sollen bei dem **Kriterium der Wirtschaftlichkeit** zusätzlich zum Preis weitere Unterkriterien wie Folgekosten, Zweckmäßigkeit, Ästhetik, technischer Wert, Wartung etc. hinzukommen.[5]

240

Zu beachten ist insbesondere im Anwendungsbereich der europaweiten Vergabeverfahren, dass keine Kriterien **nachträglich** eingeführt werden dürfen, die nicht zuvor bekannt gemacht wurden (§ 25a). Ebenso gilt nach den Richtlinien,

241

---

1 Beschluss OLG Düsseldorf v. 19. 11. 2003, EUK 2004, S. 25, welches eine Überprüfungspflicht der Vergabestelle bejaht, wenn der Angebotspreis eines Bieters zwischen 66 % bis 100 % höher liegt. Die Entscheidung bedeutet in der Praxis, dass ein unangemessenes Verhältnis zwischen Angebotspreis und Leistung nie ohne weitere Aufklärung festgestellt werden kann, denn wenn 100 % mehr den Ausschluss nicht rechtfertigen, dann fragt man sich, wie hoch denn die Preisdifferenz sein muss.
2 VK Bund, VergabE D-1-26/00.
3 So auch OLG Jena, VergabE C-16–3/99.
4 So OLG Jena, VergabE C-16–3/99 entgegen VK Thüringen, EUK 1999, 170. Für die Anerkennung als subjektive Rechtsverletzung auch *Kulartz/Niebuhr*, NZBau 2000, 6, 13; gegenteilig noch *Kulartz* in: Daub/Eberstein, Kommentar zur VOL/A, 4. Aufl. 1998, A § 25 Rz. 36.
5 VK Bund, VergabE D-1-13/00.

dass die Kriterien im Sinne der Transparenz möglichst in der Reihenfolge der ihnen zuerkannten Bedeutung bekannt gemacht werden sollen.

242 Einen Anspruch auf die vorherige Angabe der Gewichtung der Kriterien gibt es derzeit allerdings nicht.[1] Vielfach finden **Bewertungsmatrices** Anwendung, welche die Vergabestelle **intern** erstellt und in denen sie die unterschiedlichen Faktoren für die Vergabe prozentual gewichtet. Es wird diskutiert, die Vergabestelle dazu zu verpflichten, auch die Gewichtung der Kriterien vorher bekannt zu geben.

243 Die neue EG-Richtlinie verpflichtet nun zur Bekanntgabe der Gewichtung der Zuschlagskriterien.[2] Dies wird in der Praxis für beide Seiten zu erheblichen Problemen führen. Denn der Vergabestelle muss die Möglichkeit verbleiben, eine zu Anfang aufgestellte Bewertungsmatrix dann zu ändern, wenn weitere, im Verlauf des Vergabeverfahrens gewonnene Erkenntnisse vorliegen, die diese Änderung objektiv rechtfertigen. Zuzugeben ist, dass die Vergabestelle dadurch die Möglichkeit hat, die Gewichtung nach Auswertung aller Angebote so zu verschieben, dass ein von ihr präferierter Bieter den Zuschlag erhält. Diese Manipulationsmöglichkeit ist aber zum einen überprüfbar, zum anderen abzuwägen gegen die Gefahr, dass die Vergabekammern mit Nachprüfungsanträgen überschüttet werden, die ausschließlich die prozentuale Bewertung des Antragstellers in zahlreichen Einzelpunkten betreffen.

244 Der nahe liegende Gedanke, dass solche Bewertungsmatrices, welche die Vergabestelle **bei einer Überprüfung** bekannt geben muss, die Überprüfung der Ermessensentscheidung vereinfachen, ist nur vordergründig richtig. In Wirklichkeit liegt darin auch die Gefahr einer willkürlichen, aber nicht mehr angreifbaren Vergabeentscheidung. Denn welches Gericht will nach welchen Kriterien die Feststellung treffen, dass ein bestimmter Prozentsatz für einen Wertungsgesichtspunkt ermessensfehlerhaft gewesen ist? Zwar hat die Rechtsprechung entschieden, dass der Preis angesichts seiner wirtschaftlichen Bedeutung nicht mit weniger als 30% der Gesamtwertung von 100% angesetzt werden darf.[3] Aber wie sieht es mit der Bewertung der zahlreichen anderen Wertungsaspekte aus? Hier wird wohl nur die Vornahme einer objektbezogenen Schlüssigkeitsprüfung helfen. Wird z.B. der Bau eines technisch aufwendigen und komplizierten Tunnels unter Wasser ausgeschrieben, dann dürfen die Bewertungsgesichtspunkte technische Ausführung oder Referenzobjekte nicht nur mit 5–10% der Gesamtwertung angesetzt werden. Trotzdem bleibt die aufgezeigte Manipulationsmöglichkeit. Man kann und sollte sich der Einsicht nicht verschließen, dass es bei Ermessensentscheidungen eine mathematisierte Gerechtigkeit nicht geben kann.

245 Die Vergabestelle darf dieses Bewertungsergebnis nicht verfälschen, indem sie z.B. das Kriterium der Verwendung umweltgerechter Baustoffe nachträglich ein-

---

1 Wohl anders VK Bund als VÜA, EUK 2000, 123; ebenfalls noch ablehnend OLG Düsseldorf, Beschl. v. 29.10.2003, EUK 2003, 172 ff.
2 S.o. Rz. 19a.
3 OLG Dresden, EUK 2001, 138; a.A. OLG Düsseldorf, VergabeR 2002, 267, 274; VK Bund, EUK 2001, 8f. auch 27% reichen aus.

führt. Ebenso wäre es unzulässig, entgegen dem Wertungsergebnis einem Bieter den Zuschlag zu erteilen mit der Begründung, er verfüge über eine längere Referenzliste und sei daher „geeigneter". Ein solches „Mehr an Eignung"[1] ist nicht berücksichtigungsfähig. Es gibt als Ergebnis der Eignungsprüfung nach § 25 Nr. 2 nur gleich geeignete oder ungeeignete Bieter, Letztere sind auszusortieren.

Eine **Verfälschung des Wertungsergebnisses** und insgesamt eine deutliche Einbuße an Transparenz kann sich zusätzlich noch durch die Berücksichtigung so genannter **vergabefremder Aspekte** ergeben. Aus diesem Grund wird die Diskussion um die Zulassung solcher Kriterien lebhaft geführt.[2]

246

Sind bei der Vergabe nach dem wirtschaftlichsten Angebot **mehrere Angebote** unter technischen, gestalterischen und funktionsbedingten Gesichtspunkten als **gleichwertig** zu erachten, so kommt nach der Rechtsprechung des BGH[3] den Angebotspreisen die ausschlaggebende Bedeutung zu und zwar unbeschadet der Regelung des § 25 Nr. 3 Abs. 3 Satz 3, wonach der niedrigste Angebotspreis allein nicht entscheidend ist.

247

Nebenangebote und Änderungsvorschläge sind nach § 25 Nr. 4 zu werten, sofern sie in der Bekanntmachung nicht ausgeschlossen wurden. Preisnachlässe müssen an der bezeichneten Stelle aufgeführt werden.

248

Bietergemeinschaften sind grundsätzlich Einzelbewerbern gleichzusetzen (§ 25 Nr. 6).

249

s) Aufhebung der Ausschreibung

Eine Aufhebung der Ausschreibung ist nur unter den eher eng auszulegenden Voraussetzungen des § 26 Nr. 1 möglich. Wichtig ist, dass die Umstände, die zur Aufhebung der Ausschreibung führen, der Vergabestelle zuvor nicht bekannt waren. Waren sie jedoch der Vergabestelle schon vorher geläufig, so bedeutet dies gleichzeitig einen Verstoß gegen das Gebot der Ausschreibungsreife (§ 16). In jedem Fall ist die Vergabestelle gehalten, eine Aufhebung der Ausschreibung nach pflichtgemäßem Ermessen („kann aufgehoben werden") zu prüfen und sorgfältig abzuwägen, ob dieses Vorgehen wirklich gerechtfertigt ist. Gelegentlich kann sich das Ermessen auf Null reduzieren.[4]

250

Im Einzelnen ist eine Aufhebung der Ausschreibung möglich, wenn **kein Angebot** eingegangen ist, das den Ausschreibungsbedingungen entspricht (§ 26 Nr. 1 Buchst. a).[5] Vor allem ist hiermit der Fall gemeint, dass die Angebote den formellen Voraussetzungen nicht entsprechen und daher unvollständig sind.[6]

251

---

1 BGH, BauR 1998, 1246; VK Bund, VergabE D-1-8/00. Zu Schadensersatzansprüchen *Schelle*, BauR 1999, 1233.
2 Siehe auch die Erläuterungen zu § 97 Abs. 4, Rz. 40 ff.
3 BGH, BauR 2000, 254.
4 VÜA Bayern, VergabE V-2-7/97.
5 VK Bund, VergabE D-1-20/99.
6 *Rusam* in: Heiermann/Riedl/Rusam, Handkommentar zur VOB, 9. Aufl. 2000, A § 26 Rz. 6.

Davon zu trennen ist der Fall, dass nach formalem Ausschluss aller Wettbewerber, z. B. wegen mangelhafter Nachunternehmererklärungen, nur ein einziges, wertungsfähiges Angebot übrig bleibt. Dann darf die Ausschreibung nicht aufgehoben werden.[1]

252 Ein weiterer Fall ist, dass die Vergabestelle die Verdingungsunterlagen durch einen **nachträglich eintretenden Umstand** grundlegend ändern muss (§ 26 Nr. 1 Buchst. b). Hierunter fallen beispielsweise: nicht vorsehbare Unwägbarkeiten der Bodenverhältnisse, nachträgliche Bauauflagen, Bauverbote oder Baubeschränkungen.

253 Den 3. Ausschlussgrund markiert der **Auffangtatbestand** „andere schwerwiegende Gründe" (§ 26 Nr. 1 Buchst. c). Es ist von der Vergabestelle sicherzustellen, dass hieraus kein Allgemeinplatz für die beliebige und damit missbräuchliche Aufhebung einer Ausschreibung wird.

▷ Das Nichtvorhandensein von ausreichenden Haushaltsmitteln rechtfertigt die Aufhebung nach § 26 Nr. 1 Buchst. a und c VOB/A nicht, weil mangelnde Budgetierung ein Umstand ist, welcher der Vergabestelle vorher bekannt ist.[2] Die Vergabestelle verletzt in einem solchen Fall das schutzwürdige Vertrauen des Bieters in die Durchführung des Vergabeverfahrens und damit in die Nicht-Vergeblichkeit seiner Aufwendungen für die Angebotserstellung.[3]

▷ Ein Aufhebungsgrund nach Buchst. c ist anzunehmen, wenn sich keiner der Bieter als geeignet herausstellt.

▷ Aufgehoben werden kann ggf. auch dann, wenn keines der eingegangenen Angebote angemessene Preise aufweist.

▷ Unter Buchst. c ist außerdem der Fall zu subsumieren, dass insgesamt nur ein oder zwei Angebote eingegangen sind. In einem solchen Fall existiert kein Wettbewerb, wie ihn die VOB/A zur Ermittlung des Bieters mit dem wirtschaftlichsten Angebot voraussetzt. Meistens indiziert ein so geringer Angebotseingang, dass irgendwelche Fehler existieren (kaum erfüllbare Leistungen o.Ä.).

Die Aufhebung einer Ausschreibung aus „schwerwiegenden Gründen" (§ 26 Nr. 1 Buchst. c darf sich nach alledem nur auf außergewöhnliche Fälle erstrecken.[4] Eine unberechtigte Aufhebung der Ausschreibung kann in krassen Fällen an Missbrauch grenzen und Schadensersatzansprüche bis hin zum Ersatz des entgangenen Gewinns auslösen. Letzteres hat der BGH[5] im Anschluss an einige vorangegangene Entscheidungen der Oberlandesgerichte bekräftigt.[6] Im Anwendungsbereich europaweiter Ausschreibungen kann sich der Bieter, der im Schadensersatzprozess den Vertrauensschaden aus c.i.c. einklagt, zudem die Erleichterung des § 126 Satz 1 GWB zunutze machen, wonach er keinen Verschuldensnachweis führen muss.

---
1 OLG Koblenz, Beschl. v. 18. 12. 2003, EUK 2004, S. 25 ff.
2 VÜA Bund, IBR 1997, 488.
3 BGH, BauR 1998, 1232.
4 VÜA Bayern, EUK 2000, 57, 58; *Noch*, JZ 1999, 256, 257.
5 BGH, BauR 1998, 1232 = JZ 1999, 253, mit Anm. *Noch*.
6 *Noch*, Vergaberecht und subjektiver Rechtsschutz, 1998, S. 199, 203, 204.

Den Bietern und Bewerbern sind die **Gründe** für die Aufhebung der Ausschreibung **mitzuteilen** (§ 26 Nr. 2).[1] In jedem Fall ist auch die Information zu geben, ob ein neues Vergabeverfahren eingeleitet oder das Beschaffungsvorhaben aufgegeben wird. Auf Antrag der Bieter erfolgt diese Unterrichtung schriftlich. 254

Für die europaweiten Ausschreibungsverfahren ist diese Unterrichtungspflicht auf die Einstellung des Verhandlungsverfahrens erweitert (§ 26 a Nr. 2). Es treten noch die Bekanntmachungspflichten nach § 26 a Nr. 3 hinzu. Wird ein dem aufgehobenen Offenen Verfahren nachgeschaltetes Verhandlungsverfahren ohne nennenswerte Änderungen an den Verdingungsunterlagen durchgeführt, so gilt zumindest nach teilweise vertretener Auffassung prozessrechtlich das ursprünglich aufgehobene Offene Verfahren als fortgeführt, so dass eine Nachprüfung des Vorliegens der Aufhebungsgründe erfolgen kann.[2] 255

Die Rechtsprechung bietet auch hier Schutz, denn die Aufhebung ist im Nachprüfungsverfahren überprüfbar und kann durch das Gericht wieder aufgehoben werden, so genannte **Aufhebung einer Aufhebung**. Ursprünglich waren die Vergabesenate mehrheitlich der Auffassung, die Aufhebung einer Ausschreibung unterliege nicht ihrer Kontrolle, da es kein Vergabeverfahren mehr gäbe, welches überprüft werden könne. Nur dann, wenn es Hinweise auf eine rechtsmissbräuchliche Aufhebung gäbe, könne eine Überprüfung stattfinden.[3] Antragsteller wurden auf die Möglichkeit verwiesen, vor den Zivilgerichten einen Schadensersatzanspruch aus c.i.c. einzuklagen. 256

Dem hat der EuGH in seiner Entscheidung vom 18. 6. 2002[4] widersprochen und festgestellt, dass Art. 1 Abs. 1 der Rechtsmittelrichtlinie nur dann gemeinschaftsrechtlich konform umgesetzt worden ist, wenn auch die Aufhebungsentscheidung gerichtlich überprüfbar ist. Dabei steht dem Gericht eine umfassende Überprüfungsmöglichkeit zu, die nicht auf den Fall einer missbräuchlichen Aufhebungsentscheidung[5] begrenzt sein darf. Deutsche Gerichte können sich dieser Vorgabe nicht entziehen, d. h. hier muss eine Änderung der Rechtsprechung erfolgen.[6] 257

Allerdings bedeutet die Aufhebung einer Ausschreibung nicht, dass dem Bieter damit der Zuschlag zu erteilen wäre, das Verfahren ist vielmehr ordnungsgemäß fortzusetzen.[7]

t) Nicht berücksichtigte Bewerber

Bieter, deren Angebote schon in der ersten Prüfungsstufe nach § 25 Nr. 1 ausgeschlossen wurden oder deren Angebote nicht in die engere Wahl gekommen 258

---

1 VK Nordbayern, EUK 2000, 9.
2 VK Bund, EUK 2000, 169. Anderer Auffassung VK Bund, VergabeR 2001, 238, mit Anmerkung *Noch*, VergabeR 2001, 242.
3 OLG Düsseldorf, NZBau 2000, 306, 309; OLG Rostock NZBau 2000, 597.
4 EuGH, Rs. C-92/00 (Hospital Ingenieure), NZBau 2002, 458 ff.
5 So noch BGH, EUK 2003, 54 f.
6 Vgl. z. B. den Beschluss der VK Bremen, EUK 2003, 10; jetzt auch OLG Düsseldorf, Beschl. v. 19. 11. 2003, 185 f., welches nunmehr ebenfalls eine umfängliche Überprüfung der Aufhebung vornimmt.
7 *Kapellmann/Messerschmidt*, VOB Einleitung, Rz. 14.

sind, müssen gemäß § 27 Nr. 1 so bald wie möglich **benachrichtigt werden**. Bieter aus dem engeren Kreis sind mit Zuschlagserteilung zu benachrichtigen.

259 Auf Verlangen (schriftlichen Antrag) müssen den Bietern die **Gründe der Nichtberücksichtigung** mitgeteilt werden (§ 27 Nr. 2). Es gilt eine Frist von 15 Kalendertagen nach Eingang ihres Antrags. Im Anwendungsbereich des europäischen Vergaberechts existieren im Interesse zusätzlicher Transparenz gemäß § 27 a Nr. 1 Abs. 1 **erweiterte Auskunftspflichten**, die auch die Schilderung der Vorteile des bezuschlagten Angebots umfassen – Ausnahmefälle: § 27 Nr. 1 Abs. 2. Es besteht demnach nicht nur eine negative Informationspflicht, aus welchen Gründen das Angebot des Antragstellers nicht den Zuschlag erhielt. Im Übrigen ist auf die in der Vergabeverordnung normierte Vorabinformationspflicht des § 13 VgV zu verweisen.

260 Nichtberücksichtigte Angebote und Ausarbeitungen darf sich der öffentliche Auftraggeber nicht anderweitig zunutze machen (§ 27 Nr. 3). Dies gilt vor allem bei funktionalen Ausschreibungen. Auf Verlangen sind Muster, Proben, Ausarbeitungen usw. innerhalb von 30 Kalendertagen nach Ablehnung des Angebots zurückzugeben (§ 27 Nr. 4).

u) Zuschlag und Bekanntmachung über die Auftragserteilung

261 Die Zuschlagserteilung (§ 28 Nr. 1) ist möglichst vor Ablauf der Zuschlagsfrist (§ 19) vorzunehmen. Sie bedeutet den **Abschluss des zivilrechtlichen Vertrags**. Genau genommen erfolgt der Vertragsschluss aber nicht unmittelbar mit dem Zuschlag, weil die Benachrichtigung über den Zuschlag dem Empfänger, also dem erfolgreichen Bieter, als empfangsbedürftige Willenserklärung noch zugehen muss.[1] Eine Weigerung des Bieters, diese Erklärung anzunehmen oder etwa der gegenüber der Vergabestelle geäußerte Wille, von dem Vertrag zurückzutreten, ist rechtlich nicht relevant, weil er innerhalb der Zuschlags- und Bindefrist an sein Angebot gebunden ist.[2]

262 Wird der Zuschlag rechtzeitig und ohne Abänderungen erteilt (§ 28 Nr. 2 Abs. 1), so ist damit der Vertragsabschluss gegeben, und zwar unbeschadet einer späteren urkundlichen Fixierung (§ 29).[3]

263 Abweichungen vom Inhalt hingegen gelten als neues Angebot des Auftraggebers i. S. d. § 150 Abs. 1 BGB, über das sich der Bieter unverzüglich zu erklären hat (§ 28 Nr. 2 Abs. 2). Diese Erklärung kann eine Annahme des Angebots beinhalten, muss es aber nicht.[4]

---

1 *Ingenstau/Korbion*, VOB-Kommentar, Teil A, § 28 Rz. 9 ff.
2 Vgl. aber OLG Düsseldorf, BauR 1999, 1288, wonach eine Zuschlags- und Bindefrist von 50 Kalendertagen in einer öffentlichen Ausschreibung für den Bau einer Kindertagesstätte einer Gemeinde unwirksam ist, so dass trotz Zuschlagserteilung kurz vor deren Ablauf der Bauvertrag nicht wirksam zustande kommt, wenn der Bieter widerspricht.
3 Beachte aber die Formerfordernisse bei Grundstücksgeschäften. Siehe VK Bund, VergabE D-1-25/99, betreffend die Beurkundungspflicht gemäß § 11 Abs. 2 ErbbRVO i.V.m. § 313 S. 1 BGB.
4 BayObLG, NZBau 2000, 49; VK Nordrhein-Westfalen (Münster), v. 14. 10. 1999 – VK 1/99, VergabE E-10e-1/99–1.

Im Anwendungsbereich des **europäischen Vergaberechts** normiert § 28 a die Bekanntmachungspflichten und deren Einschränkungen. 264

v) Vergabevermerk

Zentrale Bedeutung für die so genannte Ex-post-Transparenz hat der nach § 30 zu fertigende Vergabevermerk. Unbeschadet der Formulierung in § 30, aus der man entnehmen könnte, der Vergabevermerk sei erst im Nachhinein, also nach erfolgter Vergabe anzufertigen, müssen alle wichtigen **Phasen des Vergabeverfahrens** von der Grundlagenermittlung bis hin zum Zuschlag und der abschließenden Bekanntmachung dokumentiert werden. Fehlt eine solche Dokumentation, so ist das Vergabeverfahren schon formell rechtsfehlerhaft.[1] Dies bedeutet im Anwendungsbereich der europaweiten Vergabe- und Nachprüfungsverfahren eine Anfechtbarkeit des gesamten Vorgangs. Es ist zwischenzeitlich entschieden, dass auch der Vergabevermerk zu den subjektiven Rechten des Bieters im Sinne des § 97 Abs. 7 GWB zählt.[2] 265

w) Nachprüfungsstellen

Sowohl unterhalb als auch oberhalb der Schwellenwerte sind in der Bekanntmachung die Stellen anzugeben, an die sich der Bieter bzw. Bewerber wenden kann. Hiermit wird insbesondere bei den europaweiten Verfahren den Erfordernissen der Rechtsmittelrichtlinie 89/665/EWG Rechnung getragen. 266

x) Baukonzessionen

Die §§ 32 und 32a enthalten zunächst eine **Definition** der Baukonzessionen. Wesen einer Baukonzession ist, dass der Bauunternehmer oder Investor für die Errichtung des Bauwerks statt einer Vergütung in Geld das Recht zur ausschließlichen Nutzung des Bauwerks erhält. Dies muss mit einem Mindestmaß an wirtschaftlichem Risiko verbunden sein. Dem Vorliegen einer Baukonzession schadet es nicht, wenn ein gewisser Anteil auch in der Vergütung mit Geld besteht. Die Zwischenformen zwischen einer reinen Baukonzession und einem reinen Bauauftrag sind breit gestreut und sorgen nicht selten auch für Streit.[3] 267

Auf Baukonzessionen finden die Vorschriften der **Baukoordinierungsrichtlinie** im Wesentlichen Anwendung, was folgerichtig auch für das Nachprüfungsverfahren gilt. Baukonzessionen sind von der **Dienstleistungskonzession abzugrenzen**.[4] Mischformen sind auch hier denkbar, wobei allerdings die Dienstleistungsanteile schon ganz stark überwiegen müssen, damit von einer Dienstleistungskonzession gesprochen werden kann. Die Bauleistungen müssen absolut 268

---

1 VK Arnberg, Beschl. v. 29.11.2002, IBR 2003, 211 – Leitsatz: „Insbesondere bei Ermessensentscheidungen ist die Dokumentation der Entscheidungsverläufe durch Anfertigung eines Vergabevermerks gemäß § 30 VOB/A von Anfang an und fortlaufend erforderlich. Ihr Fehlen verletzt das Recht des Bieters auf Transparenz (GWB § 97 Abs. 1): *Kapellmann/Messerschmidt* zu § 30 Rz. 1.
2 OLG Brandenburg, BauR 1999, 1175.
3 VK Berlin, VergabE E-3–15/00.
4 OLG Brandenburg, BauR 1999, 1175.

untergeordnet sein. Dienstleistungskonzessionen unterliegen, im Gegensatz zu den Baukonzessionen, nicht dem Vergaberecht.

269 Für Baukonzessionen existieren u. a. besondere Bckanntmachungsmuster und die Pflicht, dass Baukonzessionäre, die ihrerseits öffentliche Auftraggeber sind, bei Untervergaben ebenfalls das Vergaberecht anzuwenden haben.

y) Melde- und Berichtspflichten

270 Bei den europaweiten Ausschreibungen gibt es besondere Melde- und Berichtspflichten (§ 33a). So sind der Europäischen Kommission aus dem Vergabevermerk bestimmte Angaben zu übermitteln. Außerdem sind bestimmte Statistikpflichten normiert.

2. VOL-Vergabe

271 Die VOL-Vergabe[1] galt lange als Auffangtatbestand der öffentlichen Auftragsvergaben, die sich herkömmlich auf die Vergabe von Bauaufträgen bezogen. Die Bedeutung der VOL hat jedoch nicht zuletzt als Folge des stärker werdenden europaweiten Warenaustauschs signifikant zugenommen. Insbesondere kommt hinzu, dass der deutsche Gesetz- bzw. Verordnungsgeber einen großen Bereich der Vergabe von Dienstleistungen dem Lieferbereich gleichgestellt hat. Es erfolgt auch hier eine Vergabe nach der VOL/A. Ursache hierfür ist, dass sich der deutsche Verordnungsgeber nicht zur Schaffung einer VOD (Verdingungsordnung für Dienstleistungen) entschließen konnte. Vielmehr hat er eine Verdingungsordnung für freiberufliche Dienstleistungen (VOF) kreiert, die ihrerseits wiederum nur ein schmales Segment von Dienstleistungen erfasst, nämlich solche, die vorab nicht eindeutig und erschöpfend beschrieben werden können.

Für den Bereich der europaweiten Ausschreibungen ergibt sich folgende Zuordnung:

Bauleistungen	Lieferleistungen	Gewerbliche Dienstleistungen	Freiberufliche Dienstleistungen, die vorab eindeutig und erschöpfend beschreibbar sind	Freiberufliche Dienstleistungen, die vorab nicht eindeutig und erschöpfend beschreibbar sind
VOB/A	VOL/A	VOL/A	VOL/A	VOF

a) Neuerungen in der VOL/A Fassung 2000 und Fassung 2002

272 Die wesentlichen Änderungen in der Fassung des Jahres 2000 beziehen sich schwerpunktmäßig auf die nachfolgend genannten Vorschriften.[2]

---

[1] Einige Werke zur VOL-Vergabe: *Daub/Eberstein*, VOL-Kommentar, 5. Aufl. 2001; *Müller-Wrede*, Kommentar zur VOL Teil A, 1. Aufl. 2001; *Franke/Höfler*, Auftragsvergabe nach VOL und VOF, 1999; *Bartl*, Handbuch öffentliche Aufträge, 2. Aufl. 2000.

[2] Die in diesem Teil nicht näher bezeichneten Vorschriften sind diejenigen der VOL/A.

aa) Nationale Ausschreibungen

Die Änderungen im ersten Abschnitt, dem so genannten Basisparagraphen, betreffen zunächst die Fassung des § 7 Nr. 5. Mit In-Kraft-Treten der Insolvenzordnung (InsO) zum 1.1.1999 musste daher eine terminologische Anpassung erfolgen.

273

Eine wesentliche Änderung in den Basisparagraphen betrifft die Zulassung **digitaler Angebote**. Zu diesem Zweck wurde, neben folgerichtigen Änderungen in den §§ 17 Nr. 1–3, 20, 22 Nr. 1 und 3, bei § 21 eine neue Nr. 3 eingefügt. § 21 Nr. 3 lässt nunmehr auch für den Bereich der nationalen Ausschreibungen eine digitale Angebotsabgabe zu, die sich maßgeblich nach den Vorschriften des Signaturgesetzes richtet. Eine solche explizite Regelung war erforderlich, weil § 15 VgV nicht für den Anwendungsbereich der nationalen Ausschreibungen gilt.

274

Die Einfügung dieser Regelung betrifft allerdings nur den Basisparagraphen 21, also nur den 1. Abschnitt der VOL/A. Hingegen fehlt diese neue Nr. 3 im 2. Abschnitt. Der Grund liegt darin, dass im Anwendungsbereich des europäischen Vergaberechts die elektronische Angebotsabgabe betreffend § 15 VgV gilt und die Autoren der VOL/A keine zusätzliche (abweichende) Regelung treffen wollten. Es handelt sich daher um kein Redaktionsversehen. Unbeschadet dessen ist mit dieser Lösung deshalb ein kleiner Systembruch vollzogen worden, weil die Basisparagraphen in den Abschnitten 1–3 sonst immer absolut identisch sind. Dies ist in Hinblick auf § 21 ausnahmsweise nicht der Fall.

275

Außerdem findet sich in § 21 Nr. 1 Abs. 2, wie gleichfalls in der VOB/A, der Verzicht auf das Merkmal der Rechtsverbindlichkeit der Unterschrift. Die Begründung ist mit der für die gleichlautende Änderung in der VOB/A identisch (s.o. Rz. 123).

276

bb) Europaweite Ausschreibungen

Die Änderungen betreffen zunächst den Wegfall wesentlicher Regelungsteile des § 1a. Ursache hierfür ist das Bestreben des Verordnungsgebers, insbesondere des Bundesrats, zunehmend Regelungsgehalte „vor die Klammer zu ziehen", also in die Vergabeverordnung zu transferieren. Dies hat man bei der VOL/A in Ansätzen vollzogen, im Fall der VOB/A hingegen nicht. § 1 a VOB/A enthält daher viele Regeln, die doppelt in der Vergabeverordnung vorhanden sind. Die VOL/A dagegen enthält eine Reihe von Regelungen nicht mehr. Diese sind jetzt nur in den §§ 2 und 3 VgV zu finden. Sie betreffen die Schwellenwerte sowie deren Berechnungsmethoden insbesondere bei Daueraufträgen.

277

Weitere Änderungen betreffen die Mitteilung über den Verzicht auf eine Vergabe (§ 26 a Abs. 2). Die Mitteilung erfolgt automatisch, nur im Fall eines Antrags in schriftlicher Form. Zudem sind die **Mitteilungspflichten** in § 27 a Nr. 1 betreffend die Nichtberücksichtigung eines Angebots erweitert worden. Mitzuteilen sind auf einen entsprechenden Antrag hin nicht nur die Nachteile des abgelehnten Angebots, sondern ausdrücklich auch die Vorteile und besonderen Merkmale des erfolgreichen Angebots. Ziel dieser erweiterten Mitteilungspflichten ist die Gewährleistung einer umfassenderen Ex-post-Transparenz.

278

279 Darüber hinaus finden sich erweiterte **Statistikpflichten** nach § 30a Nr. 2, insbesondere unter Einbeziehung der CPV-Nomenklatur (vgl. § 14 VgV).

280 Die Neuerungen der Fassung des Jahres 2002 beziehen sich auf die wesentlich überarbeiteten Bekanntmachungsmuster, die gemäß der Richtlinie 2001/78/EG einzuführen sind. Im Übrigen wird auf die Ausführungen zur VOB/A Fassung 2002 verwiesen (s.o. Rz. 132). Die Schuldrechtsreform betrifft vorwiegend den B-Teil der VOL.

b) Anwendungsbereich der VOL/A

aa) Persönlicher Anwendungsbereich

281 Der persönliche Anwendungsbereich der VOL/A orientiert sich **unterhalb der EG-Schwellenwerte** an der Verpflichtung zur Anwendung des Haushaltsrechts. **Oberhalb der Schwellenwerte** gilt die Erweiterung des öffentlichen Auftraggeberbegriffs des Europarechts, deren Umsetzung in § 98 GWB erfolgt ist. Da die Anwendung der jeweiligen Abschnitte der VOL/A parallel zu der Anwendung der VOB/A verläuft, kann auf die dortigen Ausführungen verwiesen werden (s.o. Rz. 133 ff.).

bb) Sachlicher Anwendungsbereich

282 Der sachliche Anwendungsbereich der VOL/A ist zur VOB/A zunächst **negativ abgegrenzt** (§ 1, 1. Spiegelstrich). Hierbei ist in Erinnerung zu rufen, dass der Anwendungsbereich der VOB/A sehr weit auszulegen ist und über den Bedeutungsgehalt des BGB hinausgeht. Insoweit kann auf die Ausführungen zur VOB/A verwiesen werden (s.o. Rz. 135).

283 **Freiberufliche Leistungen** oder Leistungen, die im Wettbewerb mit freiberuflich Tätigen von Gewerbetreibenden angeboten werden, und die die EG-Schwellenwerte nicht erreichen, sind nicht nach der VOL/A auszuschreiben (§ 1, 2. Spiegelstrich). Hier gilt der Grundsatz der Freihändigen Vergabe mit Beachtung der allgemeinen Prinzipien, dass zwischen Bewerbern möglichst zu wechseln ist und auch sonst nicht diskriminiert werden darf.

284 Oberhalb der EG-Schwellenwerte, also ab 200 000 Euro, entsteht bei Liefer- und Dienstleistungen das Problem der **Abgrenzung zwischen der VOL/A und der VOF** (§ 1, 3. Spiegelstrich). Ausgangslage für diese Abgrenzungsschwierigkeit ist, dass der deutsche Verordnungsgeber die Vergabe von Dienstleistungen im Prinzip zwei Verdingungsordnungen zugewiesen hat, nämlich der VOL/A und der VOF. Die VOF wiederum erfasst nur einen kleinen Teil der Dienstleistungen, nämlich solche, die freiberuflicher Natur sind und aus diesem Segment nur solche freiberuflichen Dienstleistungen, die vorab nicht eindeutig und erschöpfend beschrieben werden können.

285 Es empfiehlt sich die nachfolgende **3-Stufen-Prüfung**:

In der 1. Stufe ist eine Unterscheidung nach den Anhängen I A und I B der Dienstleistungsrichtlinie, auf die § 1 a VOL/A und § 2 VOF verweisen, vorzunehmen.

Anhang I A bezeichnet so genannte **vorrangige Dienstleistungen**:

Kategorie	Titel	CPC-Referenznummer
1	Instandhaltung und Reparatur	6112, 6122, 633, 886
2	Landverkehr[1] einschließlich Geldtransport und Kurierdienst, ohne Postverkehr	712 (außer 71235, 7512, 87304)
3	Fracht- und Personenbeförderung im Flugverkehr, ohne Postverkehr	73 (außer 7321)
4	Postbeförderung im Landverkehr[2] sowie Luftpostbeförderung	71235, 7321
5	Fernmeldewesen[3]	752
6	Finanzielle Dienstleistungen a) Versicherungsleistungen b) Bankenleistungen und Wertpapiergeschäfte[4]	ex 81 812, 814
7	Datenverarbeitung und verbundene Tätigkeiten	84
8	Forschung und Entwicklung[5]	85
9	Buchführung, -haltung und -prüfung	862
10	Markt- und Meinungsforschung	864
11	Unternehmensberatung und verbundene Tätigkeiten	865, 866
12	Architektur, technische Beratung und Planung; integrierte technische Leistungen; Stadt- und Landschaftsplanung; zugehörige wissenschaftliche und technische Beratung; technische Versuche und Analysen	867
13	Werbung	871
14	Gebäudereinigung und Hausverwaltung	874, 82201 bis 82206
15	Verlegen und Drucken gegen Vergütung oder auf vertraglicher Grundlage	88442
16	Abfall- und Abwasserbeseitigung; sanitäre und ähnliche Dienstleistungen	94

Ist eine Subsumtion der ausgeschriebenen Leistung hierunter möglich, so gilt das Vergaberecht grundsätzlich in vollem Umfang. An dieser Stelle ist noch offen, ob die VOL/A oder die VOF anzuwenden ist.

---

1 Ohne Eisenbahnverkehr der Kategorie 18.
2 Ohne Eisenbahnverkehr der Kategorie 18.
3 Ohne Fernsprechdienstleistungen, Telex, beweglichen Telefondienst, Funkrufdienst und Satellitenkommunikation.
4 Ohne Verträge über finanzielle Dienstleistungen in Zusammenhang mit Ausgabe, Verkauf, Ankauf oder Übertragung von Wertpapieren oder anderen Finanzinstrumenten sowie Dienstleistungen der Zentralbanken.
5 Ohne Aufträge über Forschungs- und Entwicklungsdienstleistungen anderer Art als derjenigen, deren Ergebnisse ausschließlich Eigentum des Auftraggebers für seinen Gebrauch bei der Ausübung seiner eigenen Tätigkeit sind, sofern die Dienstleistung vollständig durch den Auftraggeber vergütet wird.

286 Ist eine Einordnung unter Anhang I A nicht möglich, so ist weiter zu prüfen, ob es sich um eine **nachrangige Dienstleistung** im Sinne des Anhangs I B handelt.

Kategorie	Titel	CPC-Referenznummer
17	Gaststätten- und Beherbergungsgewerbe	64
18	Eisenbahnen	711
19	Schifffahrt	72
20	Neben- und Hilfstätigkeiten des Verkehrs	74
21	Rechtsberatung	861
22	Arbeits- und Arbeitskräftevermittlung	872
23	Auskunfts- und Schutzdienste (ohne Geldtransport)	873 (außer 87304)
24	Unterrichtswesen und Berufsausbildung	92
25	Gesundheits-, Veterinär- und Sozialwesen	93
26	Erholung, Kultur und Sport	96
27	Sonstige Dienstleistungen	

Beispiele für nachrangige Dienstleistungen:

▷ Vergabe von Deutschkursen (Kategorie 24)[1]

▷ Vergabe von Dienstleistungen zum Betrieb einer Asylbewerberaufnahmeeinrichtung (Kategorie 17)[2]

▷ Abschleppleistungen (Kategorie 27)[3]

287 Ist eine Subsumtion unter die Kategorien 17 bis 26 nicht möglich, so ist der Auffangtatbestand „Sonstige Dienstleistungen" der Kategorie 27 einschlägig. Es handelt sich dann in jedem Fall um eine nachrangige Dienstleistung.

288 Im Fall von **Mischformen** bzw. Verknüpfungen zwischen den Kategorien 17 bis 27 und 1 bis 16 ist für die Einordnung unter nachrangige oder vorrangige Dienstleistungen der jeweils überwiegende Auftragswert maßgeblich (§ 1 a Nr. 2 Abs. 3).

289 Für die nachrangigen Dienstleistungen der Kategorien 17 bis 27 gilt gemäß § 1 a Nr. 2 Abs. 2 das eingeschränkte Reglement der §§ 8 a und 28a (bzw. §§ 8 Abs. 2, 17 VOF), d. h. es sind nur die europäischen Spezifikationen zu beachten und die Bekanntmachungspflichten über die Auftragserteilung. Hintergrund hierfür ist, dass betreffend dieser nachrangigen Dienstleistungen eine Statistik geführt werden soll, mit dem Ziel, sie u. U. zu einem späteren Zeitpunkt in den vollen Anwendungsbereich des Vergaberechts einzubeziehen.[4] Obwohl hinsichtlich dieser nachrangigen Dienstleistungen ein eingeschränktes vergaberechtliches Reglement gilt, ist nach herrschender Meinung eine vergaberechtliche Nachprüfung gemäß den §§ 102 ff. GWB möglich.[5]

---

1 VK Bund, EUK 2000, 56.
2 VK Sachsen, EUK 2000, 168.
3 VÜA Bayern, EUK 1999, 136.
4 Der Richtliniengeber hat sich gemäß den Erwägungsgründen 21 und 43 zur Dienstleistungsrichtlinie eine gewisse Beobachtungszeit ausbedungen.
5 VK Bund, EUK 2000, 56; VK Sachsen, EUK 2000, 168. A. A.: VÜA Bayern, VergabE V-2-38/98.

Nachdem festgestellt worden ist, dass es sich um eine vorrangige Dienstleistung 290
handelt, ist in der 2. Stufe zu untersuchen, ob eine gewerbliche oder freiberufliche
Dienstleistung vorliegt (§ 1a, §§ 1, 2 Abs. 2 VOF).

Welche Dienstleistungen freiberuflicher Natur sind, richtet sich nach § 18 Abs. 1 291
Nr. 1 EStG. In dem für die öffentliche Auftragsvergabe relevanten Bereich zählen
insbesondere die Leistungen von Architekten, Dolmetschern, Vermessungs- und
sonstigen Ingenieuren dazu.

Die **Unterscheidung nach freiberuflichen und gewerblichen Dienstleistungen**
führt schon in diesem Prüfungsstadium zu dem Ergebnis, dass beispielsweise folgende Tätigkeiten nach der VOL/A zu vergeben sind:

▷ Versicherungsdienstleistungen (Kategorie 6b)

▷ Gebäudereinigung (Kategorie 14)

▷ Abfallbeseitigung (Kategorie 16)

Kann eine eindeutige Zuordnung zu freiberuflicher oder gewerblicher Tätigkeit 292
erfolgen, und dies ist in aller Regel der Fall, so ist die Ausschreibung nach der
VOL/A rechtlich kaum angreifbar.[1]

Liegt eine **freiberufliche Dienstleistung** vor, so ist in der 3. Stufe danach zu diffe- 293
renzieren, ob die Leistung **vorab eindeutig und erschöpfend beschreibbar** ist (§ 2
Abs. 2 VOF). Maßgebend ist die ex-ante-Sicht der Vergabestelle.

▷ Eindeutig und erschöpfend beschreibbare Leistung: Ausschreibung nach
VOL/A

▷ Keine eindeutig und erschöpfend beschreibbare Leistung: Ausschreibung nach
VOF

Leistungen sind nach herrschender Ansicht eindeutig und erschöpfend beschreib- 294
bar, wenn sie hinsichtlich ihres Ergebnisses von vornherein festlegbar sind. Dies
ist bei einer Architektenleistung wie der Bauüberwachung, Leistungsphase 8 gemäß § 15 HOAI, der Fall. Hier geht es um die Überwachungstätigkeit an sich,
diese ist klar definierbar. Das Ergebnis ist die abgeschlossene Bauüberwachung.
Bei der Ausschreibung solcher standardisierter freiberuflicher Dienstleistungen
ist daher nach VOL/A auszuschreiben.

Anders verhält es sich in Bezug auf Leistungen, die nicht vorab eindeutig und 295
erschöpfend beschreibbar sind, z. B. die Planung eines Gebäudes. In einem solchen Fall ist das Ergebnis vorab nicht definierbar, weil Aspekte der kreativ-künstlerischen Tätigkeit hinzukommen. Es handelt sich daher nicht um eine standardisierte freiberufliche Tätigkeit. Zwar könnte man das Ergebnis nun in der Weise
marginalisieren, dass im Ergebnis ein Haus geplant werden soll, wie auch immer
dieses aussehen mag („Haus ist gleich Haus"). Dies wird jedoch dem Charakter
der zu erbringenden Leistung nicht gerecht, da diese gerade darin besteht, eine
gewisse künstlerische Entfaltung zuzulassen.

---

1 Zur Abgrenzungsproblematik s.a. *Weyand*, ibr-online-Kommentar zur VOF, Ziff. 65.

Hinweis:
In der anwaltlichen Beratung werden insbesondere Sachverhalte eine Rolle spielen, die den **letztgenannten Prüfungsschritt**, also die Beurteilung der eindeutigen und erschöpfenden Beschreibbarkeit, betreffen. Es gibt immer wieder Dienstleistungen, die im konkreten Fall schwer zuordnungsfähig sind und die Anwendung der VOF oder VOL/A nicht mit der wünschenswerten „Gerichtsfestigkeit" ermittelt werden kann.

cc) **Schwellenwertberechnung**

296 Einschlägige Vorschrift für die Ermittlung des Schwellenwerts ist nunmehr § 3 VgV. Der Verordnungsgeber hat hier einen ersten Schritt unternommen der VOL/A einen gewissen Regelungsgehalt zu entziehen, um Duplizierungen zu vermeiden.

297 Für die Schwellenwertberechnung ist der **geschätzte Auftragswert ohne MwSt.** maßgeblich. Der Auftragswert ist nach Maßgabe des § 3 Abs. 1, Abs. 2, Abs. 10 VgV vorab seriös zu schätzen, wobei auf den Zeitpunkt der Absendung der Bekanntmachung der beabsichtigten Auftragsvergabe oder die sonstige Einleitung des Vergabeverfahrens abzustellen ist.

298 Die folgenden wichtigen weiteren Maßgaben sind dem § 3 VgV zu entnehmen:

▷ Lose sind zusammenzurechnen (§ 3 Abs. 5 VgV)

▷ Optionen sind einzubeziehen (§ 3 Abs. 6 VgV)

▷ Für zeitlich begrenzte Lieferaufträge mit einer Laufzeit bis zu 12 Monaten und für Dienstleistungsaufträge mit einer Laufzeit von bis zu 48 Monaten, für die kein Gesamtpreis angegeben wird, ist der geschätzte Gesamtwert für die Laufzeit des Vertrags zugrunde zu legen (§ 3 Abs. 3 S. 1 VgV).

▷ Für unbefristete Verträge oder Verträge mit nicht absehbarer Vertragsdauer ist der Vertragswert aus der monatlichen Zahlung mit 48 zu multiplizieren (§ 3 Abs. 3 S. 2 VgV).

▷ Bei regelmäßigen Aufträgen oder Daueraufträgen über Lieferungen oder Dienstleistungen ist der Monatswert mit 12 zu multiplizieren (§ 3 Abs. 4 VgV).

▷ Bei Rahmenvereinbarungen erfolgt die Berechnung auf der Grundlage des geschätzten Höchstwerts aller für diesen Zeitraum geplanten Aufträge (§ 3 Abs. 8 VgV).

c) **Grundsätze der Vergabe nach VOL/A**

299 § 2 normiert die grundlegenden Anforderungen an die Auftragsvergaben, die sich bei den europaweiten Ausschreibungen in ähnlicher Form in § 97 GWB wiederfinden. Im Wesentlichen kann daher auf diese Ausführungen sowie auf die Erläuterungen zu den Grundsätzen der Vergabe nach VOB/A verwiesen werden (s.o. Rz. 144 ff.).

d) Wahl der Vergabeverfahrensart

Prinzipiell gelten hier die gleichen Grundsätze wie bei der Vergabe nach der VOB/A (s.o. Rz. 152 ff.). Gründe für die Wahl des Nichtoffenen Verfahrens oder im Einzelfall gar des Verhandlungsverfahrens bestehen im VOL-Vergabeverfahren häufig darin, dass technische Systeme ergänzt oder aufgerüstet werden sollen. Durch die vorherige Festlegung auf ein bestimmtes System ist es gegebenenfalls zulässig, das Nichtoffene oder von vornherein das Verhandlungsverfahren zu wählen, weil die Bezuschlagung eines anderen Anbieters dazu führen kann, dass technisch nicht kompatible Systemkomponenten beschafft werden. Dies ist vom Vergaberecht nicht gewollt. Insbesondere gilt es in Erinnerung zu rufen, dass das Vergaberecht nur in den Bereichen Wettbewerb eröffnen kann, in denen ein solcher tatsächlich existiert. 300

e) Vergabe nach Losen

Der Grundsatz der mittelstandsfreundlichen Vergabe kommt in § 5 Nr. 1 zum Ausdruck, der eine Losvergabe für die Fälle vorsieht, in denen dies nach Art und Umfang der Leistung möglich und zweckmäßig ist. Es gilt auch hier, wie bei der VOB/A, ein **Regel-/Ausnahmeverhältnis**. Insbesondere ist von der Vergabestelle zu beachten, dass bei der Bemessung der Losgröße eine unwirtschaftliche Zersplitterung vermieden wird. 301

Die Zweckmäßigkeit einer Losvergabe kann z. B. dann entfallen, wenn bei technischen Systemen die Gefahr besteht, dass im Fall von Störungen ein Lieferant die Ursache auf den anderen schiebt. Gewährleistungsansprüche sind in solchen Fällen oft nur schwer durchsetzbar.[1] 302

Hinweis:
Eine Einklagbarkeit von Losvergaben als subjektives Recht im Sinne des § 97 Abs. 7 GWB wird man vom Grundsatz her bejahen müssen.[2] Jedoch ist der große Beurteilungs- und Ermessensspielraum der Vergabestelle und die eher programmsatzmäßige Formulierung in § 97 Abs. 3 GWB zu beachten. Daraus ergibt sich eine erhebliche Einschränkung der Einklagbarkeit.[3]

f) Modalitäten und Durchführung der Ausschreibung

aa) Erkundung des Bewerberkreises

§ 4 bestimmt, dass vor Durchführung einer Beschränkten Ausschreibung oder Freihändigen Vergabe der Bewerberkreis zu erkunden ist, sofern die Vergabestelle nicht über eine ausreichende Marktkenntnis verfügt. In diesen Fällen wird ein Öffentlicher Teilnahmewettbewerb i. S. d. § 3 Nr. 1 Abs. 4 durchzuführen sein. 303

---

1 Die Gesamtvergabe von Hard- und Software muss allerdings besonders begründet werden, so VK Sachsen, Beschl. v. 8. 12. 2003, EUK 2004, 57 f.
2 Für ein einklagbares subjektives Recht: *Thieme* in: Langen/Bunte, Kommentar zum deutschen und europäischen Kartellrecht, 9. Aufl. 2001, § 97 Rz. 15.
3 VK Bund, VergabE D-1-1/01.

304 Gemäß § 4 Nr. 2 Abs. 2 können ab einem Auftragswert von 5000 Euro die **Auftragsberatungsstellen** eingeschaltet werden. Sie sollen in dem betreffenden Bundesland, in dem die Ausschreibung stattfindet, entsprechende Benennungen von Unternehmen vornehmen.

bb) Einschaltung Sachverständiger

305 Bei der Einschaltung Dritter in das Vergabeverfahren ist grundsätzlich zu beachten, dass sich die Vergabestelle dadurch ihrer „ausschließlichen Verantwortung" (§ 2 Nr. 3) für das Vergabeverfahren nicht entziehen darf.

306 Der Begriff des „Sachverständigen" ist weit auszulegen und umfasst, gegebenenfalls unter analoger Anwendung, z. B. auch den durch die Vergabestelle eingeschalteten Versicherungsmakler bei der Vergabe von Versicherungsdienstleistungen.[1] Die eingeschalteten Sachverständigen dürfen kein eigenes unmittelbares oder mittelbares Interesse an einem bestimmten Ergebnis des Vergabeverfahrens haben. Einziges Ziel ist der möglichst wirtschaftliche Einkauf von Leistungen der Privatwirtschaft.

g) Teilnehmer am Wettbewerb

307 § 7 Nr. 1 normiert auch für die innerstaatlichen Vergabeverfahren das Gleichbehandlungsgebot. Jede Beschränkung des Wettbewerbs auf örtliche Anbieter ist grundsätzlich untersagt. Arbeits- und Bietergemeinschaften sind Einzelbewerbern gleichgestellt.

308 Weitere Regelungen des § 7 bzw. § 7 a betreffen die Berücksichtigung mittelständischer Teilnehmer, die Verhältnismäßigkeit bei der Anforderung von Nachweisen für die Fachkunde, Leistungsfähigkeit und Zuverlässigkeit sowie den Ausschluss von solchen Teilnehmern, die als späterer Vertragspartner nicht infrage kommen.[2]

309 Das OLG Düsseldorf vertritt die Auffassung, dass die Vergabestelle die persönlichen **Eignungskriterien** aus Gründen der Transparenz und der Gleichbehandlung nur anhand der Unterlagen überprüfen darf, die in der Bekanntmachung zugelassen worden sind. Andere Formen des Eignungsnachweises sollen „... rechtlich wirkungslos ..." sein.[3] Dem kann nicht zugestimmt werden, weil wohl kaum eine Vergabestelle in der Lage ist, **europaweit** die zulässigen Eignungsnachweise festzulegen.

h) Leistungsbeschreibung

310 Die bereits zur VOB/A dargestellten Grundsätze der Eindeutigkeit und des erschöpfenden Charakters der Leistungsbeschreibung (s.o. Rz. 178 ff.) gelten auch im Fall von Vergaben nach der VOL/A (§ 8 Nr. 1). Ebenso genießt die **Ausschrei-**

---

1 OLG Düsseldorf, VergabE C-10-3/00.
2 Im Einzelnen kann auf die entsprechenden Ausführungen zur VOB/A verwiesen werden.
3 OLG Düsseldorf, EUK 2003, 27.

bung mit detailliertem Leistungsverzeichnis auch hier **Regelcharakter**; allen anderen Formen der Leistungsbeschreibung kommt Ausnahmecharakter zu.

Die VOB/A kennt nur die konventionelle Ausschreibung mit Leistungsverzeichnis (§ 9 Nr. 6 ff. VOB/A) oder die Funktionalausschreibung (§ 9 Nr. 10 VOB/A). Bei der VOL/A ist dies differenzierter. Im Einzelnen können gemäß § 8 Nr. 2 folgende Formen von Leistungsbeschreibungen zur Grundlage der Ausschreibung gemacht werden: 311

▷ Konventionelle Leistungsbeschreibung unter Verwendung „verkehrsüblicher Bezeichnungen" (§ 8 Nr. 2 Abs. 1, 1. Halbsatz)

▷ Funktionale Leistungsbeschreibung – so genannte Funktionalausschreibung „Darstellung ihres Zwecks, ihrer Funktion sowie der an sie gestellten sonstigen Anforderungen" (§ 8 Nr. 2 Abs. 1, 2. Halbsatz Buchst. a)

▷ Konstruktive Leistungsbeschreibung „wesentlichen Merkmalen und konstruktiven Einzelheiten" (§ 8 Nr. 2 Abs. 1, 2. Halbsatz Buchst. b)

▷ Alle Mischformen zwischen diesen Arten von Leistungsbeschreibungen (§ 8 Nr. 2 Abs. 1, 3. Halbsatz)

Auch zwischen diesen Formen der Leistungsbeschreibung nach der VOL/A besteht jeweils ein Regel-/Ausnahmeverhältnis.

i) Vergabeunterlagen; Ausführungsfristen; Modalitäten

Die Vergabeunterlagen bestehen gemäß § 9 Nr. 1 aus dem Anschreiben (Aufforderung zur Angebotsabgabe) und aus den **Verdingungsunterlagen**. 312

In den Verdingungsunterlagen ist nach § 9 Nr. 2 vorzuschreiben, dass die Allgemeinen Vertragsbedingungen für die Ausführung von Leistungen (VOL/B)[1] Bestandteil des Vertrags werden. Weiterhin können noch Zusätzliche Vertragsbedingungen (ZVB), Ergänzende Vertragsbedingungen (EVB) und Besondere Vertragsbedingungen (BVB) hinzukommen (vgl. § 9 Nr. 4). Gesondert ist für den Bereich der europaweiten Ausschreibungen auf die vorherige **Bekanntmachung** der Zuschlagskriterien nach § 9 a hinzuweisen (Ex-ante-Transparenz). 313

§ 10 regelt die Vergabe von Unteraufträgen durch den Auftragnehmer. 314

§ 11 Nr. 1 besagt, dass die **Ausführungsfristen** ausreichend zu bemessen sind. Außergewöhnlich kurze Fristen dürfen nur festgesetzt werden, wenn Fälle besonderer Dringlichkeit gegeben sind. Die ist aber nur anzunehmen, wenn die Vergabestelle die Dringlichkeit nicht selbst verschuldet hat. Einzelfristen können nach Maßgabe des § 11 Nr. 2 festgesetzt werden. 315

Von **Vertragsstrafen** ist gemäß § 12 zurückhaltend und in angemessenen Grenzen Gebrauch zu machen. 316

---
1 Die VOL/B, die Allgemeinen Vertragsbedingungen für die Ausführung von Leistungen wurden neu gefasst, und zwar i.d.F. vom 5. 8. 2003, BAnz. 2003 Nr. 178 a vom 23. 9. 2003. Die VOL/B wurde wegen des Schuldrechtsmodernisierungsgesetzes unter Berücksichtigung von Rechtsprechung und Literatur neu gefasst.

317 Für die Verjährung der **Gewährleistungsansprüche** sollen die gesetzlichen Fristen zugrunde gelegt werden. Im Einzelfall können abweichende Verjährungsregelungen ausbedungen werden, wenn dies durch die Eigenart der Leistung gerechtfertigt ist (§ 13). **Sicherheitsleistungen** bilden bei VOL/A-Vergaben gemäß § 14 die Ausnahme.

318 § 15 verweist auf die Preisverordnung VO PR 30/53 und die nachfolgenden Änderungsverordnungen. Zu beachten ist, dass diese noch fortgilt, sie wurde nur für die Bauvergaben im Jahr 1999 abgeschafft. Es gilt der Grundsatz der Vergabe nach festen Preisen. Nur in Ausnahmefällen dürfen bei längerfristigen Verträgen Änderungsklauseln vorgesehen werden.

j) Ausschreibungsreife; Missbrauchsverbot

319 Hinsichtlich der notwendigen Ausschreibungsreife und des Missbrauchsverbots besteht in der VOL/A in § 16 eine dem § 16 VOB/A weitgehend inhaltsgleiche Regelung. Insofern kann auf die dort gemachten Ausführungen verwiesen werden (s.o. Rz. 191 ff.).

k) Bekanntmachungen

320 Im Hinblick auf die Bekanntmachungen kann auf die im Wesentlichen vergleichbaren Vorschriften der §§ 17, 17a VOB/A und die entsprechenden Erläuterungen dazu verwiesen werden (s.o. Rz. 195 ff.).

l) Angebots- und Teilnahmefristen

321 Im **nationalen Vergabeverfahren** ist gemäß § 18 Nr. 1 bei Öffentlichen Ausschreibungen eine „**ausreichende Angebotsfrist**" vorzusehen. Eventueller zusätzlicher Aufwand ist für die Beschaffung von Unterlagen für die Angebotsbearbeitung, Erprobungen oder Besichtigungen zu berücksichtigen. Im Übrigen kann auch hier auf die Ausführungen zu § 18 VOB/A Bezug genommen werden (s.o. Rz. 198 ff.). Zu kurz bemessene Fristen können zu Diskriminierungen führen und stellen prinzipiell einen Vergaberechtsverstoß dar.

322 Bei der **europaweiten Ausschreibung** gelten gemäß § 18 a folgende wesentliche Fristen:[1]

▷ Offenes Verfahren: 52 Tage (Angebotsfrist)

▷ Nichtoffenes Verfahren: 37 Tage (Bewerbungsfrist)

▷ Verhandlungsverfahren: 37 Tage (Bewerbungsfrist)

Hinweis:
Die **Nichtbeachtung** dieser Fristen im europaweiten Ausschreibungsverfahren nach der VOL/A verletzt grundsätzlich die Rechte der Bieter. In der Praxis geschieht es häufig, dass zu Unrecht eine besondere (und damit fristverkürzende)

---

[1] Ausführlich dazu die einschlägigen Kommentierungen zu den §§ 17a, 18a VOB/A und *Noch*, Vergaberecht kompakt, 2. Aufl. 2002, S. 153 ff.

Dringlichkeit geltend gemacht wird, weil die Vergabestelle die zeitliche Planung der Ausschreibung zu kurzfristig vornimmt und auf diese Weise eine Dringlichkeit geschaffen wird, die von der Vergabestelle selbst zu verantworten ist.

m) Zuschlags- und Bindefristen

Die Zuschlagsfrist beginnt gemäß § 19 Nr. 1 mit dem Ablauf der Angebotsfrist. Wie in der VOB/A, so gilt auch hier der Beschleunigungsgrundsatz des Inhalts, dass die Zuschlagsfrist nur so lang bemessen werden soll, wie die Vergabestelle unbedingt für die zügige Prüfung und Wertung des Angebots benötigt. Der Bieter soll auf diese Weise so kurze Zeit wie möglich an sein Angebot gebunden bleiben (Bindefrist, § 19 Nr. 3). Diese Grundsätze sind bei Freihändiger Vergabe entsprechend anzuwenden. 323

n) Kosten

Bei der Öffentlichen Ausschreibung können die Vervielfältigungskosten von der Vergabestelle gemäß § 20 Nr. 1 Abs. 1 eingefordert werden, wobei die Kosten in der Bekanntmachung anzugeben sind. Bei Beschränkter Ausschreibung und Freihändiger Vergabe sind die Unterlagen kostenlos abzugeben (§ 20 Nr. 1 Abs. 2). Kostenerstattungen für die Bearbeitung des Angebots sind nur im Ausnahmefall zu gewähren (§ 20 Nr. 2). 324

o) Form und Inhalt der Angebote

Im Hinblick auf den Angebotsinhalt und die sonstigen formalen Anforderungen kann im Wesentlichen auf die Ausführungen zu § 21 VOB/A verwiesen werden (s.o. Rz. 206 ff.). 325

Im Rahmen der Erläuterungen zu den Neuerungen der VOL/A 2000 wurde bereits ausgeführt, dass die Basisparagraphen der Abschnitte 1 und 2 nicht identisch sind, weil im Anwendungsbereich der europaweiten Vergaben (2. Abschnitt) eine zusätzliche Regelung betreffend die elektronische Angebotsabgabe infolge der Regelung des § 15 VgV nicht erforderlich ist. Im Anwendungsbereich der nationalen Vergaben (1. Abschnitt) musste die elektronische Angebotsabgabe hingegen eigens eingeführt werden, vgl. die zusätzliche Regelung in Nummer 3. Wie auch in § 21 VOB/A hat der Verordnungsgeber auf das Erfordernis einer Rechtsverbindlichkeit der Unterschrift verzichtet. 326

p) Öffnung der Angebote

Ein wesentliches Unterscheidungsmerkmal zur VOB/A ist das Fehlen eines Eröffnungstermins (Submission). § 22 regelt die Durchführung der (internen) Angebotseröffnung durch die Vergabestelle. Abgesehen hiervon kann im Wesentlichen auf die Grundsätze des § 22 VOB/A verwiesen werden (s.o. Rz. 216 ff.). 327

q) Prüfung der Angebote; Aufklärungsverhandlungen

328 § 24 enthält das auch in der VOB/A geltende grundsätzliche Nachverhandlungsverbot. Nachverhandlungen dürfen sich lediglich auf die Aufklärung von Angebotsinhalten beziehen, nicht jedoch auf die Preise.[1] Im eigentlichen Sinne handelt es sich daher, entgegen der allgemein üblichen Terminologie, auch nicht um „Verhandlungen".

r) Angebotswertung

329 Die Angebotswertung läuft im Wesentlichen wie bei der VOB/A ab (s.o. Rz. 224 ff.). Eine Besonderheit besteht insofern, als die Vergabestelle im Fall besonders niedrig erscheinender Preise mit einem Angebotsausschluss vorsichtiger umgehen muss. Der Grund hierfür liegt darin, dass gerade im Bereich der Lieferleistungen und der Dienstleistungen nicht selten Newcomer[2] an den Markt drängen, die sich mit „Kampfpreisen"[3] neue Geschäftsfelder erschließen wollen. Zudem werden bestimmte Dienstleistungen auf ausgesprochen volatilen Märkten mit sich schnell ermäßigenden Preisen vergeben.[4]

s) Aufhebung der Ausschreibung

330 Die Regelungen des § 26 in der VOL/A enthalten keine substanziellen Unterschiede zu denen in der VOB/A. Insofern kann auf die dortigen Erläuterungen Bezug genommen werden (s.o. Rz. 250 ff.).

t) Nicht berücksichtigte Bewerber

331 Die Mitteilungspflichten der Vergabestelle gegenüber nicht berücksichtigten Bietern bzw. Bewerbern sind in § 27 geregelt. Die Benachrichtigung über die Nichtberücksichtigung erfolgt auf Antrag der Bieter nach der Zuschlagserteilung.

332 Im Anwendungsbereich der **europaweiten Ausschreibung** teilt der öffentliche Auftraggeber auf entsprechenden Antrag innerhalb von 15 Tagen mit, welche Gründe im Einzelnen für die Ablehnung existieren und welche vorteilhaften Merkmale des konkurrierenden Angebots dazu geführt haben, dass dieses letztlich den Zuschlag erhalten hat. Diese **erweiterten Auskunftspflichten** sollen eine größere Transparenz hervorrufen, die es den Bietern ermöglicht, ihre Angebotssituation künftig entsprechend einzurichten. Nur im Ausnahmefall (überragende öffentliche Interessen, Geschäftsinteressen) können diese substantiierten Informationen unterbleiben (§ 27 a Nr. 2).

u) Zuschlag und Bekanntmachung über die Auftragserteilung

333 Die Bezuschlagung soll in der Weise rechtzeitig erfolgen, dass dem betreffenden Bieter diese **Willenserklärung** möglichst noch vor Ablauf der Zuschlagsfrist (§ 19)

---

1 Zur Frage des Nachverhandlungsspielraums *Ax*, BauR 1999, 1238.
2 Vgl. z. B. VÜA Bund, VergabE U-1–13/97.
3 Siehe etwa VK Düsseldorf, EUK 2000, 45.
4 Zur Bioabfallvergärung siehe OLG Celle, VergabE C-9–1/99.

zugeht. Im Wesentlichen gelten auch hier die Grundsätze des § 28 VOB/A, so dass auf die dortigen Erläuterungen verwiesen werden kann (s.o. Rz. 261 ff.).

Bei europaweiten Ausschreibungen sind die Auftragsvergaben anhand des Musters Anhang III Standardformular 3-DE bekannt zu machen, vgl. § 28 a VOL/A. Diese Bekanntmachungspflicht gilt nicht nur bei Dienstleistungen des Anhangs I A, sondern auch im Fall von solchen des Anhangs I B. Eine Bekanntmachung, durch welche die Interessen von Unternehmen verletzt werden, z. B. durch Verletzung von Betriebs- und Geschäftsgeheimnissen, Datenschutz- und/oder Urheberrechten, kann zu Schadensersatzansprüchen der Unternehmen führen.[1]

334

v) Vergabevermerk

Die herausragende Bedeutung des Vergabevermerks wurde bereits in Zusammenhang mit der Bestimmung des § 30 VOB/A erläutert (s.o. Rz. 265). Der Vergabevermerk bildet die maßgebliche Grundlage für eine etwaige spätere Nachprüfung. Die Vergabestelle kann das Vergabeverfahren materiell richtig betrieben haben; fehlt jedoch der Vergabevermerk oder ist dieser unvollständig, so kann dies dazu führen, dass die gesamte Ausschreibung aus formalen Gründen rechtswidrig ist. Der Vergabevermerk ist außerdem begleitend zur Ausschreibung anzufertigen, und nicht im Nachhinein, nachdem der Zuschlag erteilt ist.

335

w) Nachprüfungsstellen

Die Nachprüfungsbehörden sind gemäß § 32 a bereits in der Bekanntmachung und den Vergabeunterlagen anzugeben.

336

x) Konzessionen

Regelungen über Konzessionen finden sich in der VOL/A nicht, weil nur die Baukoordinierungsrichtlinie Konzessionen kennt. Dienstleistungs- und sonstige Konzessionen sind daher nicht ausschreibungspflichtig.

337

y) Melde- und Berichtspflichten

Auf Anfrage der Europäischen Kommission sind bestimmte Angaben zu Auftragsvergaben zu übermitteln (§ 30 Nr. 1). Jährliche statistische Aufstellungen sind unter Verwendung des CPV gemäß § 30 Nr. 2 bekannt zu machen.

338

3. VOF-Vergabe

Die Verdingungsordnung für freiberufliche Leistungen (VOF)[2] ist **gänzlich europarechtlicher Provenienz**. Sie gilt nicht für nationale Vergaben. Außerdem fehlt eine Umsetzung im Bereich der Sektoren. Die VOF weist daher keine Abschnitte

339

---

1 *Noch* in: Müller-Wrede, VOL/A Kommentar zu § 28 a, Rz. 11 f.
2 Einige Werke zur VOF-Vergabe: *Müller-Wrede*, VOF-Kommentar, 1999; *Kaufhold/Mayerhofer/Reichl*, Die VOF im Vergaberecht, Bundesanzeiger, 1999; *Voppel/Osenbrück/Bubert*, VOF, 2001.

wie die VOB/A und VOL/A auf. Sie besitzt auch keinen Teil B für die Vertragsbedingungen wie bei der VOB und der VOL. Die VOF besteht aus zwei Kapiteln (§§ 1 bis 21 und §§ 22 bis 26[1]), wobei sich das 2. Kapitel speziell auf den Anwendungsbereich für die Vergabe von Architekten- und Ingenieurleistungen bezieht.

a) Neuerungen in der VOF Fassung 2000 und Fassung 2002

340 Die Änderungen in der VOF 2000 beziehen sich zunächst auf die **Schwellenwerte**. Die Bestimmungen der VOF sind gemäß § 2 Abs. 2 anzuwenden, sofern der Auftragswert die folgenden Werte ohne Umsatzsteuer erreicht oder übersteigt und soweit sich nicht aus § 5 VgV anderes ergibt:

▷ 130 000 Euro für Dienstleistungen nach § 2 Nr. 2 VgV

▷ 200 000 Euro für alle anderen Dienstleistungen.

341 Gemäß § 11 lit. a können Unternehmen ausgeschlossen werden, die sich im Insolvenzverfahren befinden. Der Terminus Insolvenzverfahren tritt an die Stelle der früher geltenden Konkurs- und Vergleichsordnung.

342 Die Fassung des § 14 Abs. 2 wurde dahin gehend erweitert, dass die Anträge auf Teilnahme an den Verfahren zur Auftragsvergabe nunmehr nicht nur durch Brief, Telegramm, Fernkopierer und Telefon übermittelt werden können, sondern jetzt auch in sonstiger Weise elektronisch gestellt werden können.

343 Bei der Information über die Gründe der **Nichtberücksichtigung** gemäß § 14 Abs. 4 Satz 1 kann der Auftraggeber Informationen zurückhalten, wenn die Weitergabe den Gesetzesvollzug vereiteln würde oder sonst nicht im öffentlichen Interesse läge oder den berechtigten Geschäftsinteressen von Bewerbern oder dem fairen Wettbewerb schaden würde.

344 Gemäß § 17 Abs. 5 macht der Auftraggeber dem Amt für amtliche Veröffentlichungen der Europäischen Gemeinschaften eine Mitteilung, wenn er auf die Vergabe eines dem EG-weiten Wettbewerb unterstellten Auftrags verzichtet. Den Bewerbern teilt der Auftraggeber so rasch wie möglich die Gründe mit, weshalb beschlossen wurde, auf die Vergabe eines bekannt gemachten Auftrags zu verzichten oder das Verfahren erneut einzuleiten. Auf Antrag teilt er dies schriftlich mit.

345 Die **Statistikpflichten** betreffend der vergebenen Aufträge sind in § 19 wesentlich erweitert worden. So wurde eine jährliche Statistik eingeführt und es kamen die Statisikpflichten nach dem Beschaffungsübereinkommen der WTO hinzu. Die restlichen Änderungen sind im Wesentlichen redaktioneller Natur.

346 Die Neuerungen der Fassung des Jahres 2002 beziehen sich auf die wesentlich überarbeiteten Bekanntmachungsmuster, die gemäß der Richtlinie 2001/78/EG umzusetzen waren.

---

1 Die in diesem Teil aufgeführten und nicht näher bezeichneten Vorschriften sind solche der VOF.

b) Anwendungsbereich der VOF

Die VOF betrifft den gleichen **persönlichen** Anwendungsbereich wie die VOB/A und VOL/A. Der **sachliche** Anwendungsbereich bezieht sich auf die freiberuflichen, vorab nicht eindeutig beschreibbaren Dienstleistungen (§§ 1, 2) und erfasst damit im Wesentlichen die nicht standardisierten Architekten- und Ingenieurleistungen. Zur Abgrenzung von den standardisierten freiberuflichen Dienstleistungen kann auf die Ausführungen zur VOL/A verwiesen werden (s.o. Rz. 282ff.). 347

c) Grundsätze der Vergabe nach VOF

Hinsichtlich der Berechnung des **Auftragswerts** findet sich in § 3 eine mit § 3 VgV im Wesentlichen vergleichbare Regelung. § 4 wiederholt die Grundsätze der ausschließlichen Verantwortung der Vergabestelle, der Gleichbehandlung und der Unzulässigkeit unlauterer Verhaltensweisen. Gesondert ist auf die Bestimmung des § 4 Abs. 4 hinzuweisen, wonach die Durchführung der freiberuflichen Leistungen unabhängig von späteren Ausführungs- und Lieferinteressen erfolgen soll. Auf den Bedeutungsgehalt des § 4 Abs. 5, angemessene Beteiligung kleinerer Büroeinheiten und von Berufsanfängern, wurde bereits im Zusammenhang mit § 97 Abs. 3 GWB hingewiesen (s.o. Rz. 37ff.). 348

Da es um die Vergabe nicht beschreibbarer Leistungen geht, darf das Preiskriterium bei VOF-Vergaben nicht den Ausschlag geben.[1]

d) Verhandlungsverfahren

Das Verhandlungsverfahren (§ 5 Abs. 1 VOF, § 101 Abs. 4 GWB) bildet bei der VOF-Vergabe das **Regelverfahren**, weil der Verordnungsgeber davon ausgegangen ist, dass die nach der VOF zu vergebenden freiberuflichen und nicht erschöpfend beschreibbaren Leistungen sinnvollerweise nicht im Offenen oder Nichtoffenen Verfahren vergeben werden können. 349

Hier stellt sich die Frage, ob die DKR in diesem Punkt tatsächlich in Übereinstimmung mit der europäischen Richtlinie umgesetzt worden ist. Denn gemäß Art. 11 Abs. 1 i.V.m. Art. 1 Buchst. d, e und f gilt auch hier der Grundsatz, dass das Offene Verfahren anzuwenden ist und demzufolge das Verhandlungsverfahren die Ausnahme darstellt. Die Bundesrepublik Deutschland hat das Ausnahmeverfahren ohne hinreichende Begründung zum Regelverfahren erhoben. 350

Die Durchführung des VOF-Verhandlungsverfahrens ist regelmäßig bekannt zu machen (§ 5 Abs. 1). Auf die Vergabebekanntmachung kann nur verzichtet werden, wenn besondere Umstände dies rechtfertigen (§ 5 Abs. 2). Häufig wird zur Rechtfertigung des Verzichts auf eine Vergabebekanntmachung eine besondere Dringlichkeit angeführt (§ 5 Abs. 1). Diese darf jedoch nicht selbst von der Vergabestelle verursacht worden oder in irgendeiner Weise vorhersehbar gewesen sein. 351

---

[1] OLG Düsseldorf, Beschl. v. 1. 10. 2003, EUK 2003, 174 unter Hinweis auf § 16 Abs. 1 VOF.

e) Modalitäten und Durchführung der Ausschreibung

352 Die Vergabe von Leistungen nach der VOF kann gemäß § 6 auch unter Einschaltung eines **Sachverständigen** durchgeführt werden. Dieser darf weder ein unmittelbares noch ein mittelbares Interesse an der Vergabe haben. Insoweit gilt das zu § 6 VOL, § 16 VgV Gesagte (s.o. Rz. 167 ff., 305 f.).

Hinweis:

353 **Nachfolgend soll auf einige häufige Fehler im VOF-Vergabeverfahren** hingewiesen werden:[1]

▷ Teilweise wird von den Vergabestellen der Fehler gemacht, in der Bekanntmachung bezüglich der Zuschlagskriterien den Text des § 16 Abs. 2 unspezifiziert zu übernehmen oder Formulierungen zu verwenden wie „Zuschlagskriterien nach § 16 Abs. 2 VOF". Eine einzelfallspezifische Bezeichnung und Konkretisierung der Zuschlagskriterien ist jedoch unumgänglich.[2]

▷ Werden die Auftragskriterien weder in der Vergabebekanntmachung noch in der Aufgabenbeschreibung noch in sonstiger Weise vor Beginn des Verhandlungsverfahrens mitgeteilt, kann ein solches gar nicht stattfinden.[3]
In Abweichung zur VOB/A hält das OLG Stuttgart[4] es bei VOF-Vergaben für zulässig, von der strengen Trennung zwischen Prüfung der Bietereignung und Zuschlagsfähigkeit des Angebots abzuweichen, weil bei dieser Entscheidung der Prognosecharakter eine größere Rolle spiele als das konkrete Leistungsangebot und dem Preis, noch reglementiert durch die HOAI, eine untergeordnete Bedeutung zukomme. Derselbe Senat hat gleichzeitig entschieden, dass Honorarangebote, die nicht der HOAI entsprechen, sondern diese unterschreiten, der Nachverhandlung zugänglich sind.[5] Diese Entscheidung ist äußerst problematisch. Abgesehen davon, dass sich beide Entscheidungen bezüglich der Preisrelevanz widersprechen, belohnt das OLG Stuttgart den Planer, der sich rechtswidrig verhält und bewusst unterhalb der HOAI-Mindestsätze anbietet.

▷ Die Bestimmung des § 13 Abs. 2 VOF gebietet eine Mehrzahl von Eignungskriterien in Ansatz zu bringen, damit ein Abwägungsprozess unter Verwendung einer Liste einzelner Bewertungskriterien stattfinden kann. Teilweise kommt es vor, dass Vergabestellen rechtswidrigerweise nur ein Kriterium verwenden wollen und dadurch verfahrenswidrig auf die Ausschöpfung des ihnen zustehenden Beurteilungsspielraums verzichten.[6]

▷ Übersehen wird häufig, dass auch die VOF-Vergabe in systematisch abgrenzbaren Phasen erfolgt. § 11 VOF verlangt die Prüfung der Ausschlusskriterien

---

1 Grundlage der Zusammenfassung ist die Rechtsprechungsübersicht bei *Noch*, Vergaberecht kompakt 2002, S. 411 ff.
2 Anderer Auffassung: VK Südbayern, EUK 2000, 183. Vgl. demgegenüber aber: *Müller-Wrede* in: Müller-Wrede, VOF, § 16 Rz. 46 ff., unter Berufung auf das allgemeine Transparenzgebot.
3 Völlig zutrefffend VK Nordbayern, EUK 2003, 57.
4 OLG Stuttgart, VergabE C-1–10/02.
5 OLG Stuttgart, VergabE C-1–14/02.
6 VK Sachsen, EUK 2000, 143.

(1. Phase), § 12 VOF die Untersuchung der wirtschaftlichen und finanziellen Leistungsfähigkeit (2. Phase) und § 13 VOF die Bewertung der fachlichen Eignung (3. Phase). In einer 4. Phase wählt der Auftraggeber die Bewerber aus, die zu den Vergabeverhandlungen geladen werden müssen.

▷ Immer wieder kommt es vor, dass die Verhandlungen mit allen Bietern gleichzeitig geführt werden. Dies ist zum einen aus Gründen des Schutzbedürfnisses anderer Bieter nicht akzeptabel und zum anderen im Interesse der wettbewerblichen Ermittlung des besten Angebots nicht hinnehmbar. Die Verhandlungsgespräche werden durch die Anwesenheit der anderen Bieter gestört.[1]

▷ Ein weiterer Fehler ist, dass, trotz getrennter Verhandlungen, in der letzten Verhandlungsrunde dem Letztbietenden die Preise seiner Mitbewerber genannt werden, ohne dass seine Konkurrenten auf die (wahrscheinliche) Unterbietung reagieren können. Jede Weitergabe von bedeutsamen Informationen nur an einzelne Bewerber, nicht aber an alle, stellt einen schwerwiegenden Verstoß gegen das Gleichbehandlungsprinzip dar.[2]

III. Fehler im Vergabeverfahren: Checkliste und Beanstandungsmöglichkeiten

1. Checkliste für typische Fehler im Vergabeverfahren

Nachfolgend wird eine Übersicht über die **wichtigsten Vergabefehler** und die **Möglichkeiten ihrer Behebung** gegeben.

354

▷ *Droht die Gefahr, dass die Ausschreibung rechtswidrig gänzlich unterbleiben soll?*

Vergaberechtsschutz nur teilweise und nur unter erschwerten Voraussetzungen möglich, Prüfung von Ansprüchen aus UWG und GWB.

▷ *Wurde der Schwellenwert für eine nationale Ausschreibung erreicht?*

Die Schwellenwerte für nationale Ausschreibungen divergieren; Rechtsquelle: Haushaltsrechtliche Vorschriften; Einlegung einer Rechts- und Dienstaufsichtsbeschwerde prüfen.

▷ *Wurde der Schwellenwert für eine europaweite Ausschreibung erreicht?*

Nachprüfung im GWB-Nachprüfungsverfahren u. U. möglich, wenn nur national ausgeschrieben wurde, der Schwellenwert aber tatsächlich erreicht ist; evtl. Fall der absichtlichen Unterschätzung (siehe § 3 Abs. 2 VgV); mögliche formale Rechtswidrigkeit des Vergabeverfahrens.

▷ *Erfolgte eine rechtswidrige Aufhebung der Ausschreibung?*

Seit dem Urteil des EuGH vom Juni 2002[3] kann man von einer breit gefächerten Überprüfbarkeit der Aufhebung einer Ausschreibung ausgehen.

---
1 VÜA Sachsen, EUK 2000, 143.
2 VK Sachsen, EUK 2000, 143.
3 EuGH, VergabeR 2002, 361.

▷ *Sind Fehler im Vergabeverfahren bereits aufgrund der Bekanntmachung erkennbar?*

Bei europaweiten Ausschreibungen an die Rügepflicht nach § 107 Abs. 3 Satz 2 GWB denken (Rüge bis zur Angebotsfrist); erkennbare Fehler sind z. B.

– Wahl des falschen Vergabeverfahrens,

– keine zur Fristverkürzung berechtigende Dringlichkeit,

– diskriminierende Eignungskriterien,

– unzulässige Zuschlagskriterien.

▷ *Ist der Ablauf des Vergabeverfahrens fehlerhaft?*

– Unklare Leistungsbeschreibungen,

– Fehler im Lastenheft,

– unberechtigte Zulassung von Angeboten, die den formalen Anforderungen nicht genügen und daher zwingend auszuschließen waren;

– Vermischung von Eignungs- und Zuschlagskriterien;

– Zulassung von vergabefremden Aspekten.

Immer muss der Anwalt an die unverzügliche Rügepflicht nach § 107 Abs. 3 Satz 1 GWB denken, wobei sich die „Unverzüglichkeit" je nach Qualität und Komplexität des Fehlers von maximal 14 Tagen auf 1 bis 2 Tage reduzieren kann.

▷ *Wurde die Vorabinformationspflicht nach § 13 VgV eingehalten?*

Ist die Frist von 14 Kalendertagen für die Vorabinformation nicht eingehalten worden oder die Vorabinformation gänzlich unterblieben, so ist der von der Vergabestelle abgeschlossene zivilrechtliche Vertrag gemäß § 13 Satz 4 VgV nichtig.

▷ *Wurde der Vergabevermerk mit einer ausreichenden Dokumentationsdichte angefertigt?*

Mangelhafte Dokumentation kann zur formellen Rechtswidrigkeit des gesamten Vergabeverfahrens führen, auch wenn in materiell-rechtlicher Hinsicht alles korrekt gehandhabt wurde.

▷ *Entspricht die Mitteilung über die Gründe der Nichtberücksichtigung hinreichend den Anforderungen des Ex-ante-Transparenzgebots?*

2. Beanstandung von Verfahrensfehlern

a) Rechtsaufsichtsbeschwerde (unterhalb der Schwellenwerte)

355   Rechts- und Dienstaufsichtsbeschwerde können **formlos** eingelegt werden. Die Rechtsaufsichtsbeschwerde betrifft sachliche Fehler des Verwaltungshandelns, wohingegen sich die Dienstaufsichtsbeschwerde gegen das individuelle Fehlverhalten des handelnden Beamten richtet. Der Unterscheidung kommt allerdings

keine große praktische Relevanz zu, da Dienstaufsichtsbeschwerden in der Regel in Rechtsaufsichtsbeschwerden umgedeutet und sachlich abgehandelt werden.

Die Rechtsaufsicht ist befugt, eine **vollständige Kontrolle** des Vergabeverhaltens des öffentlichen Auftraggebers durchzuführen, allerdings ohne dass ein individueller, subjektiver Anspruch auf Einschreiten besteht. Die Rechtsaufsichtsbehörde besitzt einen umfassenden Auskunftsanspruch gegenuber der Vergabestelle, kann die Korrektur rechtswidrigen Verhaltens anordnen, das Unterlassen bestimmter Handlungen verfügen und zur Ersatzvornahme schreiten, wenn die Vergabestelle den Anordnungen der Rechtsaufsichtsbehörde nicht nachkommen sollte. 356

b) Rügeschreiben (oberhalb der Schwellenwerte)

Die Rüge bildet das **zwingend zu durchlaufende Vorverfahren** vor einer Überprüfung durch die Vergabekammer und den Vergabesenat. Die ausschreibende Stelle soll eine letzte Chance erhalten, die etwaigen Fehler im Vergabeverfahren von sich aus abzustellen.[1] Mit dem Vorverfahren wird eine Möglichkeit zur konsensualen Lösung geschaffen. 357

Hinweis:

Nachfolgend wird ein Muster gegeben, das zur Grundlage des Vorgehens gemacht werden kann. Es ist hervorzuheben, dass die Anforderungen an die Rüge, anders als in manchen vergaberechtlichen Entscheidungen und Kommentierungen dargestellt, hoch sind, denn nur so ist eine Korrektur des fehlerhaften Verfahrens möglich.[2]

Muster eines Rügeschreibens

Vorab via Fax: ...

Vergabestelle ...

Abteilung ...

... Anschrift

Ausschreibungsverfahren betr. die Vergabe Neubau des ... -gebäudes ..., Nr. ...

Rüge gemäß § 107 Abs. 3 GWB

Sehr geehrte Damen und Herren,

hiermit rügen wir folgende Fehler in dem oben bezeichneten Vergabeverfahren.

Folgende Gesichtspunkte sind unserer Auffassung nach vergaberechtswidrig:

1. ....
2. ....
3. ....

---

1 VK Bund, EUK 2000, 141.
2 Zum Konkretisierungsgebot der Rüge auch OLG Frankfurt, EUK 2003, 11 und OLG Düsseldorf v. 26. 3. 2003 – Verg 14/03, VergabE C-10–14/03v.

Wir fordern Sie hiermit auf, die gerügten Verstöße, schon in Ihrem eigenen Interesse, unverzüglich abzustellen und alle notwendigen Maßnahmen zu ergreifen, um das Vergabeverfahren ordnungsgemäß durchzuführen. Im Fall der Nicht-Abhilfe sehen wir uns leider gezwungen, die Vorgänge ggf. durch die zuständige Vergabekammer überprüfen zu lassen.

Abschließend möchten wir betonen, dass uns, ebenso wie Ihnen, an einer konsensualen und partnerschaftlichen Lösung des Problems gelegen ist. Wir kommen hiermit nur der uns vom Gesetzgeber auferlegten Pflicht nach, erkannte Vergabefehler rechtzeitig zu rügen, um unsere Rechte im Vergabeverfahren zu wahren.

Mit freundlichen Grüßen

IV. Private Vergabe

1. Grundsätzliches

358 Wenn von „Vergabe" oder „Vergaberecht" gesprochen wird, so erfolgt dies meist im Zusammenhang mit der öffentlichen Vergabe, also der Vergabe von Aufträgen der öffentlichen Hand an private Unternehmen. Infolge der besonderen Situation der öffentlichen Auftraggeber, die, abgesehen von der Rechnungsprüfung, keinen besonderen Kontrollen unterliegen, muss ein zusätzliches Reglement eingreifen, das Beschaffungen im Wettbewerb gewährleistet.

359 Dieses Reglement ist mit dem öffentlichen Auftragsvergaberecht in Form der **Verdingungsordnungen** geschaffen worden. Die europarechtlichen Harmonisierungsprozesse zur Schaffung eines transparenten, einheitlichen und wettbewerbsrechtlich harmonisierten EU-Binnenmarkts haben die Verdingungsordnungen inhaltlich beeinflusst. Diese sind durch Rechtsverordnungen und gesetzliche Bestimmungen auf eine höhere Wertigkeitsstufe gestellt worden.

2. Betroffene Auftraggeber

360 Über die klassischen öffentlichen Auftraggeber (Bund, Länder, Gemeinden – § 98 Nr. 1 GWB) hinaus hat der Gesetzgeber die Regelungen des öffentlichen Vergaberechts auf bestimmte **private und gemischtwirtschaftliche Unternehmen** ausgedehnt (§ 98 Nr. 2 GWB). Insbesondere bei den rein privatrechtlich organisierten **Sektorenauftraggebern** (§ 98 Nr. 4 GWB) wird die private Vergabe öffentlich und ist durch die Sektorenrichtlinie 93/38/EWG reguliert.

361 Ein weiterer Fall, in dem die private Vergabe öffentlich wird, ist die **Bezuschussung eines Auftraggebers** mit mehr als 50 % (Fall des § 98 Nr. 5 GWB – so genannte Drittvergabe). Die dahinter stehende Idee ist, wie im gesamten Vergaberecht, dass überall dort, wo öffentliche Gelder investiert werden, das öffentliche Vergaberecht gelten soll. Allerdings ist die Vorschrift des § 98 Nr. 5 GWB nur für die dort genannten, subventionierten Bauvorhaben anwendbar.[1]

---

1 *Werner* in: Byok/Jaeger, Kommentar zum Vergaberecht, § 98 Rz. 286 ff.; *Dreher*, DB 1998, 2579, 2585.

Einen Sonderfall bildet die Untervergabe durch einen **Baukonzessionär** (§ 98 Nr. 6 GWB). Anknüpfungspunkt ist hier die öffentlich-rechtliche Konzessionierung des betreffenden Unternehmers (Baukonzessionärs).[1]

362

Darüber hinaus ist es unstreitig, dass die Administration jederzeit durch Verwaltungsakt (etwa im Rahmen eines **Förderbescheids**) die Anwendung des öffentlichen Vergaberechts festlegen kann. Dies gilt auch unterhalb der von den EG-Vergaberichtlinien geschaffenen Schwellenwerten.

363

3. Anwendung der VOB/A

Die Anwendung des A-Teils der VOB unter Privaten ist rechtlich ohne weiteres möglich und insbesondere hinsichtlich der Vorschriften über die Leistungsbeschreibung etc. häufige Praxis. Insoweit gilt hier nichts Besonderes.

364

Die freiwillige (dispositive) Anwendung der Regeln des Vergaberechts dürfte nicht die Anwendung des Rechtsschutzes nach dem GWB nach sich ziehen[2], es gilt aber das allgemeine **Wettbewerbsrecht**.

365

---

1 *Werner* in: Byok/Jaeger, Kommentar zum Vergaberecht, § 98 Rz. 289 ff.; *Dreher*, DB 1998, 2579, 2586. Siehe im Übrigen die Mitteilung der Kommission zu Auslegungsfragen im Bereich Konzessionen, ABl. EG C 121 vom 29. 4. 2000, S. 2.
2 Sogar für eine öffentliche Vergabestelle nicht, die irrtümlich europaweit ausschreibt. So jedenfalls OLG Stuttgart, EUK 2002, 137.

Teil 9
Vergabeüberprüfung

	Rz.
I. System der Vergabeüberprüfung und des Vergaberechtsschutzes	1
1. Einleitung	1
2. Primärrechtsschutz oberhalb der Schwellenwerte	7
a) Kartellvergaberechtliches Nachprüfungsverfahren	7
aa) Instanzenzug	8
bb) Vergabeprüfstellen	10
cc) Schlichtungsverfahren im Sektorenbereich	15
b) Sonstige Rechtsschutzmöglichkeiten	20
aa) Kartellbehörden/Zivilgerichte	20
bb) Verwaltungsgerichte	24
3. Primärrechtsschutz unterhalb der Schwellenwerte	25
4. Sekundärrechtsschutz	29
a) Schadensersatzanspruch aus §§ 311 Abs. 2, 280 Abs. 1 BGB	33
b) Ersatz des Vertrauensschadens gemäß § 126 GWB	42
c) Schadensersatzansprüche aus unerlaubter Handlung	46
5. Rechtsweg für Sekundäransprüche/Verjährung	49
II. Kartellrechtliches Nachprüfungsverfahren	50
1. Anwendungsbereich des Kartellvergaberechts	50
a) Öffentliche Auftraggeber	52
aa) Klassische öffentliche Auftraggeber (§ 98 Nr. 1 GWB)	53
bb) Funktionale Auftraggeber (§ 98 Nr. 2 GWB)	54
cc) Verbände von klassischen und/oder funktionalen Auftraggebern (§ 98 Nr. 3 GWB)	60
dd) Sektorenauftraggeber (§ 98 Nr. 4 GWB)	61
ee) Auftraggeber subventionierter Bauvorhaben (§ 98 Nr. 5 GWB)	65
ff) Baukonzessionen gemäß § 98 Nr. 6 GWB	67
b) Die Vergabe eines öffentlichen Auftrags	69
aa) Beschaffungsvorgang	71
bb) Öffentlich-rechtliche Verträge	72
cc) Inhouse-Vergabe	73
c) Die Verlängerung bestehender Aufträge	79
d) Typen öffentlicher Aufträge	81
aa) Bauaufträge	82
bb) Lieferaufträge	83
cc) Dienstleistungsaufträge/Auslobungsverfahren	84
dd) Typengemischte Aufträge	87
e) Schwellenwerte	88
2. Einleitung des Nachprüfungsverfahrens	95
a) Verfahrensgrundsätze	99
b) Zuständigkeit	101
c) Nachprüfungsantrag	105
d) Keine Zuschlagserteilung	107
e) Kostenvorschuss	110
3. Zulässigkeitsvoraussetzungen	111
a) Konkretes Vergabeverfahren	112
aa) Kein vorbeugender Rechtsschutz	113
bb) Auftragsvergaben ohne Vergabeverfahren (De-facto-Vergaben)	114
b) Antragsbefugnis	119
c) Rügeobliegenheit	125
aa) Erkennbarkeit und Kenntnis von Verstößen	128
bb) Unverzügliche Rüge	131
cc) Form der Rüge	138
dd) Konsequenzen für die Praxis	139
d) Anderweitige Rechtshängigkeit/Beiladung	141
4. Akteneinsichtsrecht	145
a) Voraussetzungen	146
aa) Kennzeichnungspflicht	147
bb) Geheimhaltungsinteressen	149
b) Verfahren	152
c) Rechtsmittel	154

	Rz.
d) Verwertung von Geheimnissen	156
5. Erledigung des Nachprüfungsantrags	158
a) Fallkonstellationen	159
b) Sonderfall: Unzulässige Aufhebung	164
c) Rücknahme/Feststellungsinteresse	166
6. Entscheidung der Vergabekammer und Vollstreckung	172
a) Entscheidungsfrist	172
b) Entscheidungsbefugnisse der Vergabekammer	175
c) Form und Inhalt	182
d) Zustellung	184
e) Vollstreckung	185
7. Kosten	191
a) Verfahrenskosten	191
aa) Höhe der Verfahrensgebühr	192
bb) Kostenschuldner	194
b) Aufwendungen der Rechtsverfolgung	198
aa) Rechtsanwalts- und Sachverständigenkosten	201
bb) Sonstige Aufwendungen	207
c) Kostenfestsetzung	208
8. Anwaltliche Tätigkeit	209
a) Beratung des Antragstellers im Vergabeverfahren	210
b) Beratung des beigeladenen Bieters im Nachprüfungsverfahren	218
c) Beratung der Vergabestelle im Nachprüfungsverfahren	220
d) Muster eines Nachprüfungsantrags	223

III. Eilverfahren vor der Vergabekammer ... 224
1. Vorläufige Maßnahmen der Vergabekammer ... 225
2. Vorabgestattung der Zuschlagserteilung ... 227
   a) Voraussetzungen ... 228
   b) Verfahren und Entscheidung ... 233
3. Rechtsmittel ... 236
4. Kosten ... 239
5. Muster eines Vorabstattungsantrags ... 240

IV. Sofortige Beschwerde zum Oberlandesgericht ... 241

	Rz.
1. Gegenstand der sofortigen Beschwerde	241
2. Frist und Form der sofortigen Beschwerde	244
a) Frist	244
b) Form	248
c) Benachrichtigungspflicht	250
3. Zuständiges Gericht	251
4. Beschwer	252
5. Aufschiebende Wirkung der sofortigen Beschwerde	256
6. Verfahren und Entscheidung	259
a) Verfahren	259
b) Entscheidung	263
7. Kosten des Beschwerdeverfahrens	265
8. Muster einer sofortigen Beschwerde eines Antragstellers zum OLG	268

V. Eilverfahren im Beschwerderechtszug ... 269
1. Verlängerung der aufschiebenden Wirkung ... 272
   a) Voraussetzungen ... 276
   b) Verfahren ... 278
      aa) Antragsfrist ... 278
      bb) Form ... 280
   c) Verfahrensgrundsätze und Entscheidung ... 281
2. Vorabentscheidung über den Zuschlag ... 284
   a) Anwendungsbereich ... 284
   b) Voraussetzungen des § 121 Abs. 1 GWB ... 287
   c) Verfahren ... 291
   d) Entscheidung ... 295
   e) Beendigungsfiktion ... 298
   f) Antragsmuster Vorabentscheidung über die Gestattung des Zuschlags ... 299

VI. Bindungswirkung von Hauptsacheentscheidungen im Nachprüfungsverfahren ... 300
1. Bindungswirkung ... 302
2. Sonderfall: Verletzung der Rügeobliegenheit, Nichtdurchführung eines Nachprüfungsverfahrens ... 305

VII. Divergenzvorlage an den Bundesgerichtshof ... 308
1. Voraussetzungen der Vorlagepflicht ... 309

	Rz.		Rz.
2. Beschwerdeverfahren vor dem BGH	312	3. Exkurs: Vorlagepflicht zum EuGH gemäß Art. 234 EG	314

I. System der Vergabeüberprüfung und des Vergaberechtsschutzes

1. Einleitung

Die **Rechtsschutzmöglichkeiten** eines Bieters im Rahmen einer öffentlichen Auftragsvergabe und gegen die Vergabe eines öffentlichen Auftrags ohne ein förmliches Vergabeverfahren sind abhängig von dem **geschätzten Auftragswert**. Oberhalb der in § 2 VgV festgelegten **Schwellenwerte** besteht die Möglichkeit eines Nachprüfungsverfahrens vor der Vergabekammer mit Beschwerdemöglichkeit zum Oberlandesgericht nach Maßgabe der §§ 97 ff. GWB in Verbindung mit den Bestimmungen der VgV (kartellrechtliches Nachprüfungsverfahren). Dieses Verfahren zeichnet sich dadurch aus, dass mit der Zustellung des Nachprüfungsantrags durch die Vergabekammer an die Vergabestelle ein Zuschlagsverbot entsteht. Das Zuschlagsverbot besteht über den Abschluss des Nachprüfungsverfahrens vor der Vergabekammer hinaus bis in das Beschwerdeverfahren vor dem Oberlandesgericht fort.

Unterhalb der Schwellenwerte gibt es, abgesehen von den Möglichkeiten, die das Kartell- und Wettbewerbsrecht auch bisher schon geboten haben, keinen Rechtsbehelf die Erteilung eines öffentlichen Auftrags zu verhindern.

Die Zahl der kartellrechtlichen Nachprüfungsverfahren nimmt von Jahr zu Jahr zu. Grundkenntnisse im „Vergabeprozessrecht" sind erfolgreiche Voraussetzung für eine anwaltliche Beratungstätigkeit, sei es auf Seiten der Bieter oder der Vergabestelle. Mit der Zahl der Verfahren steigen statistisch auch die Erfolgsaussichten. Grund hierfür dürfte sein, dass die Zahl unzulässiger Nachprüfungsanträge wegen Verletzung der Rügeobliegenheit oder fehlender Antragsbefugnis zurückgeht und sich die Verfahren zunehmend auf Fragen des materiellen Vergaberechts konzentrieren.

Die Beratungstätigkeit beginnt mit der Prüfung, ob der Beschaffungsvorgang in den **Anwendungsbereich** der Bestimmungen des **Kartellvergaberechts** fällt, also ein öffentlicher Auftraggeber einen öffentlichen Auftrag mit einem den einschlägigen Schwellenwert übersteigenden Auftragsvolumen vergeben will. Ist ein Beschaffungsvorgang erst einmal in Gang gesetzt, stellt sich für die am Auftrag interessierten Unternehmen die Frage, ob, wann und mit welchen Erfolgsaussichten Vergabeverstöße beanstandet und ein Nachprüfungsverfahren eingeleitet werden soll. Die Vergabestelle hat kurzfristig die Berechtigung der Rüge von Vergabeverstößen, die Möglichkeiten einer Abhilfe und die Risiken eines Nachprüfungsverfahrens und dessen zeitliche Auswirkungen auf den Beschaffungsvorgang zu prüfen.

Im **Nachprüfungsverfahren** besteht zwar **kein Anwaltszwang**. Die Notwendigkeit einer anwaltlichen Vertretung/Beratung ergibt sich aber in der Regel für die Bieter aus der Spezialität der Rechtsmaterie und für die öffentlichen Auftraggeber zudem aus der Ausgestaltung des Nachprüfungsverfahrens als **Eilverfahren**. Es soll innerhalb von fünf Wochen abgeschlossen werden. Ein Nachprüfungsantrag, der nach fünf Wochen nicht beschieden wurde, gilt als abgelehnt. Auch für eine personell gut ausgestattete Vergabestelle ist der zusätzliche Arbeitsaufwand eines Nachprüfungsverfahrens ohne externen Beistand oft nicht adäquat zu bewältigen. Daneben besteht für die Vergabestelle Beratungsbedarf hinsichtlich der Möglichkeiten, während eines Nachprüfungsverfahrens Vergabefehler nachzubessern, einer Entscheidung durch die Vergabekammer, durch weitere Handlungen innerhalb des Vergabeverfahrens oder durch Aufhebung des Verfahrens, zuvorzukommen oder aber eine Gestattung der Zuschlagserteilung vor Abschluss des Nachprüfungsverfahrens vor der Vergabekammer oder des Beschwerdeverfahrens vor dem Oberlandesgericht zu erreichen.

6 Diese „vergabeprozessualen" Fragen stehen im Vordergrund dieses Abschnitts. Das materielle Vergaberecht – unabhängig von der Anwendbarkeit der § 102 ff. GWB – ist in Teil 8 „Vergabe" dargestellt.

2. Primärrechtsschutz oberhalb der Schwellenwerte

a) Kartellvergaberechtliches Nachprüfungsverfahren

7 Der Anwendungsbereich des den Primärrechtsschutz, im Zusammenhang mit einer öffentlichen Auftragsvergabe, eröffnenden Nachprüfungsverfahrens ist in den §§ 98 ff. GWB festgelegt. § 98 GWB regelt, wer öffentlicher Auftraggeber ist. In § 99 werden die öffentlichen Aufträge definiert. Die in § 100 Abs. 2 GWB genannten Aufträge sowie Arbeitsverträge unterliegen nicht der Vergabeüberwachung nach dem GWB. Die sonstigen öffentlichen Aufträge im Sinne des § 99 GWB unterliegen der Vergabeüberwachung nach GWB, wenn die in § 2 VGV festgelegten Schwellenwerte überschritten sind.

aa) Instanzenzug

8 Der Primärrechtsschutz wurde durch die Regelungen des Vergabeverfahrens im Vierten Teil des GWB auf das Nachprüfungsverfahren vor den Vergabekammern als **erste Instanz**, den Vergabesenaten der Oberlandesgerichte und dem Bundesgerichtshof als **zweite Instanz** konzentriert.

9 Daneben, insbesondere vor Einleitung eines Nachprüfungsverfahrens bei der Vergabekammer, besteht die Möglichkeit, die **Fach- und Rechtsaufsichtsbehörde** der Vergabestelle einzuschalten und – soweit von der Bundesrepublik und den Ländern eingerichtet – die Rechtmäßigkeit des Vergabeverfahrens durch die **Vergabeprüfstelle** prüfen zu lassen. Die Anrufung der Vergabeprüfstelle durch einen Bieter ist nicht Voraussetzung für die Einleitung eines Nachprüfungsverfahrens vor der Vergabekammer, § 103 Abs. 3 S. 2 GWB.

bb) Vergabeprüfstellen

10 Die Einrichtung von **Vergabeprüfstellen** steht im Ermessen des Bundes und der Länder. Vergabeprüfstellen eingerichtet haben die Länder Bremen, Rheinland-Pfalz, Schleswig-Holstein, Thüringen und der Bund.

Vergabeprüfstellen haben gemäß § 103 Abs. 2 GWB drei Aufgabenbereiche. Sie **prüfen** auf Antrag oder von Amts wegen die **Einhaltung** der einschlägigen **Vergabevorschriften** durch die Vergabestelle. Dabei steht ihnen die Befugnis zu, gegenüber der Vergabestelle die erforderlichen Anordnungen zu treffen, um die Rechtmäßigkeit des Vergabeverfahrens sicherzustellen. Sie können jedoch das Verfahren nicht an sich ziehen und selbst Fehler des Vergabeverfahrens beheben. 11

Gehören Vergabeprüfstelle und Vergabestelle nicht derselben juristischen Person des öffentlichen Rechts an, stellen Entscheidungen der Vergabeprüfstelle gegenüber der Vergabestelle (Gemeinde, Kammer, Körperschaft des öffentlichen Rechts, GmbH) einen **Verwaltungsakt** dar. Dieser kann von der Vergabeprüfstelle vollstreckt und von der Vergabestelle auf dem Verwaltungsgerichtsweg angefochten werden. 12

Weitere Aufgabe der Vergabeprüfstelle ist die **Beratung** der Vergabestelle sowie der an dem Auftrag interessierten Unternehmen. Die Vergabeprüfstelle berät bei der (richtigen) Anwendung des Vergaberechts. Eng mit der Beratungsaufgabe verbunden ist die **Streitschlichtung** durch die Vergabeprüfstelle. Für die Streitschlichtung gibt es kein festgelegtes Verfahren. Die Vergabeprüfstelle soll aufgetretene Konflikte zwischen Vergabestelle und Bieter bereinigen. Eine für die Parteien verbindliche Entscheidungskompetenz steht ihr nicht zu. 13

Die Einschaltung einer Vergabeprüfstelle kann in einem frühen Stadium des Vergabeverfahrens effektiv sein. Die Einschaltung der Vergabeprüfstelle enthebt einen Bieter weder von einer Verpflichtung zur Rüge etwaiger Verfahrensfehler gegenüber der Vergabestelle, noch bietet sie hinreichend sicheren Schutz gegen eine Zuschlagserteilung. 14

Hinweis:
Ist ein Vergabeverfahren soweit fortgeschritten, dass die Vergabestelle die Möglichkeit hat, zeitnah einen Auftrag zu erteilen, sind die Voraussetzungen für eine Schlichtung durch die Vergabeprüfstelle schlecht. Der – ein zum Kreis der Bieter gehörendes Unternehmen beratende – Anwalt sollte deshalb seinem Mandanten die Durchführung eines Nachprüfungsverfahrens empfehlen und dieses auch so vorbereiten, dass eine Zuschlagserteilung verhindert werden kann.[1] Die Einschaltung der Vergabeprüfstelle kann dagegen ein Notanker für einen Bieter sein, der seiner Rügepflicht nicht nachgekommen ist.

Beispiel:
Vom Bieter erkannte, in der Ausschreibung definierte, vergabefremde Kriterien (Ortsansässigkeit) werden nicht unverzüglich gerügt. Der Bieter gibt das Angebot mit dem niedrigsten Preis ab. Die Vergabestelle, informiert ihn, dass der Auftrag an ein ortsansässiges Unternehmen vergeben werden soll. Hier hilft nur noch die Einschaltung der Vergabeprüfstelle. Ein Nachprüfungsantrag wäre wegen verspäteter Rüge unzulässig, § 107 Abs. 3 GWB.

---

[1] *Marx* in Motzke/Pietzker/Prieß, § 103 GWB Rz. 9; *Reidt* in Reidt/Stickler/Glahs, § 103 GWB Rz. 33.

cc) **Schlichtungsverfahren im Sektorenbereich**

15 In Umsetzung der Art. 9 ff. Sektorenrechtsmittelrichtlinie eröffnet § 20 VgV bei Vergabeverfahren von Sektorenauftraggebern die Möglichkeit eines Schlichtungsverfahrens wegen der korrekten Anwendung des europäischen Gemeinschaftsrechts bei der **EU-Kommission**.

16 Antragsberechtigt sind die an einem Vergabeverfahren Beteiligten sowie jeder, dem in Zusammenhang mit einem Vergabeverfahren durch einen Rechtsverstoß ein Schaden entstanden ist oder zu entstehen droht, § 20 Abs. 1 VgV. Der Antrag ist an das **Bundesministerium für Wirtschaft und Technologie** zu richten, welches ihn an die EU-Kommission weiterleitet.

17 Das Schlichtungsverfahren wird nur durchgeführt, wenn die EU-Kommision der Auffassung ist, die Streitigkeit betreffe die korrekte Anwendung des Gemeinschaftsrechts und der Auftraggeber dem Verfahren beitritt. Verpflichtet ist er hierzu nicht. Es kann vom Antragsteller und Auftraggeber gemäß § 20 Abs. 6 VgV jederzeit einseitig beendet werden. Die Verfahrenskosten werden in diesem Fall geteilt.

18 Die Auswahl der **Schlichter** ist in § 20 Abs. 4 VgV geregelt. Das Verfahren selbst ist nicht geregelt. Die bisherige **praktische Bedeutung** ist gering. Eine Schlichtung macht nur dann Sinn, wenn der Auftraggeber und sämtliche ernsthaft am Auftrag interessierten Unternehmen sich daran ernsthaft beteiligen. Der Beteiligte, der einen für sich negativen Ausgang des Schlichtungsverfahrens befürchten muss, wird jedoch vom Schlichtungsverfahren Abstand nehmen und den Weg zur Vergabekammer suchen.

19 Das Schlichtungsverfahren steht einem Nachprüfungsverfahren nicht entgegen. Stellt während eines laufenden Schlichtungsverfahrens ein anderes Unternehmen einen **Nachprüfungsantrag**, bieten die Schlichter ihm den **Beitritt zum Schlichtungsverfahren** gemäß § 20 Abs. 7 VgV an. Die Schlichter können das Schlichtungsverfahren, wenn es ihnen angemessen erscheint, insbesondere weil das Unternehmen nicht dem Schlichtungsverfahren beitritt, beenden.

b) **Sonstige Rechtsschutzmöglichkeiten**

aa) **Kartellbehörden/Zivilgerichte**

20 Von der Konzentration der Vergabeüberwachung bei den Vergabekammern unberührt bleiben die **Befugnisse der Kartellbehörden** außerhalb des Vierten Teils des GWB. Kartellbehörden werden tätig, wenn das Verhalten öffentlicher Auftraggeber und/oder Bieter Untersagungs- oder Eingriffstatbestände erfüllt. Die Gefahr unterschiedlicher Entscheidungen nimmt der Gesetzgeber in Kauf.[1] Kartellbehörden sind gemäß § 48 GWB das Bundeskartellamt, das Bundesministerium für Wirtschaft und Technologie und die nach Landesrecht zuständigen obersten Landesbehörden.

---

1 *Marx* in Motzke/Pietzker/Prieß, § 104 GWB Rz. 11.

Im Gegensatz zu den Vergabekammern werden Kartellbehörden auch von Amts 21
wegen tätig. Sie sind berechtigt, einstweilige Anordnungen gemäß § 70 GWB zu
treffen. Zu den Aufgaben der Kartellbehörden gehört es, insbesondere unzulässige
Preisabsprachen gemäß § 14 GWB, den Missbrauch einer marktbeherrschenden
Stellung gemäß § 19 GWB und Diskriminierungen oder unbillige Behinderungen
im Sinne des § 20 GWB zu verhindern bzw. zu sanktionieren.[1] Die kartellrechtlichen Verbote dienen dem **Schutz des Wettbewerbs** als Institution. Die Ermittlungen der Kartellbehörden betreffen zum einen Beeinträchtigungen des Wettbewerbs durch die Unternehmen. Adressat des Kartellrechts kann jedoch auch
der öffentliche Auftraggeber als marktbeherrschendes Unternehmen sein. Es
kann deshalb im Einzelfall, insbesondere bei wiederholtem Missbrauch der
Nachfrage eines öffentlichen Auftraggebers zur Durchsetzung vergabefremder
Auftragskriterien, sinnvoll sein, die Kartellbehörden einzuschalten.[2]

Die kartellrechtlichen Verfahren unterliegen nicht in gleicher Weise dem Be- 22
schleunigungsgrundsatz wie das Nachprüfungsverfahren der Vergabekammer.
Die Kartellbehörden haben zwar die Möglichkeit, **einstweilige Anordnungen** zu
erlassen. Ihre Ermittlungen haben im Übrigen keinen Einfluss auf den Fortgang
eines laufenden Vergabeverfahrens. Kartellrechtliche Verfahren ermöglichen keinen dem Nachprüfungsverfahren gleichwertigen Bieterschutz im Vergabeverfahren.

Aufgrund der ausschließlichen und abschließenden Zuständigkeit der Vergabe- 23
kammern für Vergaberechtsverstöße ist für einen Primärrechtsschutz vor den Zivilgerichten kein Raum. Der **ordentliche Rechtsweg** ist eröffnet für Schadensersatzansprüche wegen Vergaberechtsverstößen (Sekundärrechtsschutz).

bb) Verwaltungsgerichte

Der Verwaltungsrechtsweg bietet **keinen vergaberechtlichen Primärrechts-** 24
schutz. Die Verwaltungsgerichte sind gemäß § 40 Abs. 1 VwGO zuständig für
öffentlich-rechtliche Streitigkeiten nichtverfassungsrechtlicher Art. Die Rechtsbeziehungen zwischen dem öffentlichen Auftraggeber und den Bietern sind
privatrechtlicher Natur.[3] Die Beauftragung erfolgt in einem Gleichordnungs-
verhältnis. Die Auftraggeber handeln bei der Vergabe von Aufträgen weder hoheitlich, noch regeln die § 97 ff. GWB die Rechtsbeziehungen zu den Bietern, indem sie den Auftraggebern bestimmte Befugnisse einräumen. Zudem entfaltet
§ 104 Abs. 2 GWB, wonach subjektive Bieterrechte außer vor den Vergabeprüfstellen nur vor der Vergabekammer und dem Beschwerdegericht geltend gemacht
werden können, eine Sperrwirkung auch gegenüber der Verwaltungsgerichtsbar-
keit.

---
1 *Marx* in Motzke/Pietzker/Prieß, § 104 GWB Rz. 11; *Bechtold*, § 4 GWB Rz. 5; *Reidt* in
  Reidt/Stickler/Glahs, § 104 GWB Rz. 18 f.; *Kus* in Niebur/Kularz/Kus/Porz, § 102 GWB
  Rz. 25.
2 *Karenfort/Siebert*, BB 1999, 1825; KG, WuW/E Verg 111 (Tariftreueerklärung).
3 VG Chemnitz, NVwZ-RR 1997, 198, 199.

3. Primärrechtsschutz unterhalb der Schwellenwerte

25 Die Beschränkung des Primärrechtsschutzes auf Aufträge mit einem bestimmten Auftragsvolumen ist verfassungsgemäß.[1] Ein Primärrechtschutz unterhalb der den Anwendungsbereich der § 102 ff. GWB eröffnenden Schwellenwerte besteht nur, wenn der benachteiligte Bieter in eigenen Rechten verletzt wird und aufgrund dieser Rechtsverletzung einen **Unterlassungsanspruch** hat. Als Anspruchsgrundlagen kommen § 1 UWG, § 823 Abs. 2 BGB i.V.m Art. 3 GG und § 97 Abs. 7 GWB i.V.m. Art. 3 GG in Betracht.

26 Ein wettbewerbsrechtlicher Unterlassungsanspruch aus **§ 1 UWG** setzt voraus, dass die Vergabestelle zum Zweck des Wettbewerbs handelt. Dies ist nur dann der Fall, wenn die Vergabestelle in der Absicht handelt, den Wettbewerb eines Bieters zulasten des anderen Bieters zu fördern. Wendet die Vergabestelle das materielle Vergaberecht lediglich falsch an, liegt keine Wettbewerbshandlung vor.[2]

27 Ein Anspruch aus **unerlaubter Handlung** scheitert – abgesehen von den Fällen einer vorsätzlichen sittenwidrigen Schädigung – nach vorherrschender Meinung daran, dass weder die VOB/A noch die §§ 97 ff. GWB unterhalb der Schwellenwerte Schutzgesetze im Sinne des § 823 Abs. 2 BGB sind.[3]

28 Umstritten ist, ob Art. 3 GG (und andere **Grundrechte**) bei der Vergabe öffentlicher Aufträge durch die öffentliche Hand unmittelbare Anwendung finden.[4] Ein Unterlassungsanspruch wegen willkürlicher Benachteiligung eines Bieters dürfte regelmäßig zugleich den Tatbestand des § 1 UWG erfüllen, sodass für den Primärrechtsschutz den Grundrechten keine eigenständige Bedeutung zukommt.

Hinweis:
Unterlassungsansprüche sind im einstweiligen Verfügungsverfahren vor den Zivilgerichten geltend zu machen. Die Schwierigkeit des Primärrechtsschutzes unterhalb der Schwellenwerte liegt in der Glaubhaftmachung eines Verstoßes gegen § 1 UWG bzw. einer willkürlichen Ungleichbehandlung.

4. Sekundärrechtsschutz

29 Außerhalb des Anwendungsbereichs des Kartellvergaberechts, das die Möglichkeit der Beseitigung von Verstößen gegen die Regeln des materiellen Vergaberechts im Nachprüfungsverfahren vor der Vergabekammer eröffnet, bleibt in der Regel nur die **Klage auf Schadensersatz**.

30 Unterhalb der Schwellenwerte wurde ein Schadensersatzanspruch früher auf das Institut der **culpa in contrahendo** (c.i.c.) gestützt. Zwischen den Bietern und der Vergabestelle entsteht mit der Durchführung eines Vergabeverfahrens ein vorvertragliches Vertrauensverhältnis. Die Bieter können darauf vertrauen, dass die Ver-

---

1 OLG Saarbrücken, VergabE C-12-4/02.
2 OLG Stuttgart, NZBau 2002, 395.
3 OLG Stuttgart, NZBau 2002, 395; a. A. bezogen auf die Gleichbehandlung bei der Umsetzung sekundären Gemeinschaftsrechts in Österreich der Österreichische Verfassungsgerichtshof, DB 1999, 2511, 2512.
4 *Dreher* in Immenga/Mestmäcker, vor § 97 GWB Rz. 88–95.

gabestelle die im jeweiligen Einzelfall einschlägigen Regelungen über die Vergabe öffentlicher Aufträge einhält.[1] Seit dem 1. 1. 2002 ergibt sich der Schadensersatzanspruch aus § 311 Abs. 2 BGB i. V. m. § 280 Abs. 1 BGB.

Das **Kartellvergaberecht** hat für den Ersatz des Vertrauensschadens mit dem **§ 126 GWB** eine eigene Anspruchsgrundlage geschaffen. Daneben besteht der Anspruch aus §§ 311 Abs. 2, 280 Abs. 1 BGB. Schließlich kommt im Anwendungsbereich der §§ 97 ff. GWB ein Schadensersatzanspruch aus § 823 Abs. 2 BGB i.V.m. § 97 Abs. 7 GWB bei einer Verletzung von Vorschriften des materiellen Vergaberechts in Betracht. Materielle bieterschützende Regelungen des Vergaberechts in den Verdingungsordnungen erhalten durch die Vergabeverordnung oberhalb der Schwellenwerte den Rang von Schutzgesetzen i. S. d. § 823 Abs. 2 GWB, auf deren Einhaltung ein Anspruch gemäß § 97 Abs. 7 GWB besteht. 31

Schadensersatzansprüche kommen schließlich in Betracht wegen einer vorsätzlichen sittenwidrigen Schädigung gemäß **§ 826 BGB**, insbesondere bei einem kollusiven Zusammenwirken zwischen der Vergabestelle und einem Unternehmen in der Absicht, durch bewusste Außerachtlassung der Bestimmungen des Vergaberechts (potenzielle) Konkurrenten des Unternehmens zu schädigen. 32

a) Schadensersatzanspruch aus §§ 311 Abs. 2, 280 Abs. 1 BGB

Die Durchführung eines Vergabeverfahrens begründet zwischen den teilnehmenden Unternehmen und dem öffentlichen Auftraggeber ein gegenseitiges, **vorvertragliches Vertrauensverhältnis**, das bei Nichteinhaltung von Vorschriften des Vergaberechts zu Schadensersatzansprüchen berechtigen kann. 33

Nach Auffassung des Bundesgerichtshofs ergibt sich die Schutzwürdigkeit des dieser Haftung zugrunde liegenden Vertrauens aus der **Bindung der öffentlichen Verwaltung an Gesetz und Recht**. Diese Bindung rechtfertige es, aus Sicht der Vertragspartner der öffentlichen Verwaltung, auch bei privatrechtlichen Geschäften der öffentlichen Hand und der von ihr getragenen Unternehmen die Erwartung, dass von diesen die für sie geltenden Regeln und Vorschriften beachtet und eingehalten werden. 34

Nach der jüngsten Rechtsprechung des Bundesgerichtshofs erstreckt sich das vorvertragliche Vertrauensverhältnis auch darauf, dass bei einer beabsichtigten Auftragsvergabe ein Vergabeverfahren ordnungsgemäß eingeleitet wird.[2] Dies bedeutet, dass sich die Vergabestelle auch unterhalb der Schwellenwerte bei einer **De-facto-Vergabe**, also der Erteilung eines öffentlichen Auftrags ohne Vergabeverfahren, schadensersatzpflichtig machen kann. Es bleibt abzuwarten, wie die Rechtsprechung dieses Vertrauensverhältnis ausgestalten wird. Ein **Schuldverhältnis im Sinne des § 311 Abs. 2 BGB** setzt die Aufnahme von Vertragsverhandlungen, die Anbahnung eines Vertrags oder ähnliche geschäftliche Kontakte voraus. Daran fehlt es, wenn zwischen der Vergabestelle und einem an einem Auftrag interessierten Unternehmen kein geschäftlicher Kontakt besteht. In dem vom Bundesgerichtshof entschiedenen Fall hatte der später nicht berücksichtigte Bieter bereits ein Angebot abgegeben. 35

---
1 BGH, NJW 1998, 3634 ff.; NJW 2002, 2258.
2 BGH, NZBau 2001, 637.

36 Voraussetzung für einen Schadensersatzanspruch aus c.i.c. ist, dass der öffentliche Auftraggeber im Rahmen des Vertrauensverhältnisses eine Rechtsverletzung begeht und dem (potenziellen) Bieter hieraus ein **Schaden** entsteht. Dies ist nach der Rechtsprechung nur dann der Fall, wenn der Bieter eine echte Chance auf Zuschlagserteilung hatte.[1]

Beispiel:
Typische Rechtsverletzungen sind eine auf einen bestimmten Bieter zugeschnittene, diskriminierende Ausschreibung, der ungerechtfertigte Ausschluss eines Bieters, die Verletzung von Geheimhaltungspflichten, eine fehlerhafte Angebotswertung, die Erteilung des Zuschlags entgegen der Ausschreibung oder die rechtswidrige Aufhebung der Ausschreibung.[2]

37 Der Schadensersatzanspruch richtet sich auf den **Ersatz des positiven Interesses**, also des entgangenen Gewinns, wenn der (potenzielle) Bieter beweisen kann, dass der Auftrag ohne diese Rechtsverletzung an ihn hätte erteilt werden müssen. Dies setzt bei einer Aufhebung der Ausschreibung voraus, dass der Auftrag später an einen anderen Auftragnehmer vergeben wurde.[3]

38 **In allen anderen Fällen** richtet sich der Schadensersatzanspruch auf das **negative Interesse**. Es sind dem Bieter die Aufwendungen für die Teilnahme am Vergabeverfahren zu ersetzen. Dies sind sämtliche Kosten für die Angebotserstellung. Der Bieter ist so zu stellen, wie er stünde, wenn das Vergabeverfahren nicht stattgefunden hätte.[4] Fraglich ist, ob sich der Auftraggeber gegenüber einem Schadensersatzanspruch eines Bieters auf Ersatz des positiven Interesses darauf berufen kann, dass er, anstatt den Auftrag an einen Dritten zu vergeben, die Ausschreibung hätte aufheben können. Der Einwand des **rechtmäßigen Alternativverhaltens** soll dann zulässig sein, wenn der Auftraggeber verpflichtet gewesen wäre, die Ausschreibung aufzuheben. Eine solche Verpflichtung kann nicht angenommen werden, wenn die ausschreibende Stelle durch fehlerhaftes Verhandeln im Ausschreibungsverfahren den Grund für eine mögliche Aufhebung selbst herbeiführt.[5]

39 Weitere Voraussetzung ist, dass die Vergabestelle den Rechtsverstoß **schuldhaft** begangen hat. Zur Bestimmung des Verschuldens können die von der Rechtsprechung entwickelten Maßstäbe für Amtspflichtverletzungen im Sinne des § 839 Abs. 1 BGB herangezogen werden. Danach scheidet ein Verschulden bei falscher Rechtsanwendung in der Regel aus, wenn das Verhalten von einem Kollegialgericht als rechtmäßig beurteilt wurde oder zum Zeitpunkt der Vornahme der Handlung im Einklang mit der einschlägigen Rechtsprechung stand oder in Ermangelung einer solchen einschlägigen Rechtsprechung die Vergabestelle die Rechtmäßigkeit der Handlung sorgfältig geprüft und zu einem vertretbaren, wenn auch nicht zutreffenden Ergebnis gelangt ist.[6]

---

1 *Glahs* in Reidt/Stickler/Glahs, § 26 GWB Rz. 29 ff.
2 *Hertwig*, Auftragsvergabe, Rz. 272–278.
3 BGH, NJW 1998, 3640; NJW 2002, 2558; BauR 2003, 240; zur Schadensberechnung *Dähne*, NZBau 2003, 489.
4 *Hertwig*, Auftragsvergabe, Rz. 283.
5 BGH, NZBau 2001, 637, 640; *Glahs* in Reidt/Stickler/Glahs, § 126 Rz. 46.
6 Palandt/*Thomas*, § 839 BGB Rz. 53 m. w. N.

Bei Aufträgen, die **ohne Vergabeverfahren** erteilt wurden, wird es den Konkurrenten eines Auftragnehmers der öffentlichen Hand erhebliche, wenn nicht gar unüberwindliche Schwierigkeiten bereiten, einen Schaden darzulegen. Kosten für die Abgabe eines Angebots oder die Bewerbung um einen Auftrag sind diesen Unternehmen regelmäßig nicht entstanden. Ein Schadensersatzanspruch wird sich deshalb regelmäßig auf das positive Interesse richten, also den Schaden, der dem Unternehmen dadurch entstanden ist, dass es den Auftrag nicht erhalten hat. Hierzu muss das Unternehmen nachweisen, dass es bei einer rechtmäßigen Ausschreibung den Zuschlag erhalten hätte. Hierzu muss das Unternehmen nicht nur den Vertragsinhalt, sondern auch das Angebot des Auftragnehmers kennen. Dies wird nur dann möglich sein, wenn die Rechtsprechung dem Anspruchsinhaber entsprechende Auskunftsansprüche zuerkennt und Beweiserleichterungen zugesteht. 40

Im Anwendungsbereich des Kartellvergaberechts wird ein Schadensersatzanspruch aus §§ 311 Abs. 2, 280 Abs. 1 BGB wegen überwiegenden **Mitverschuldens des Bieters** ausscheiden, wenn der Vergabeverstoß nicht korrigiert wird, weil es der Bieter schuldhaft unterlassen hat, den Vergabeverstoß zu rügen und zum Gegenstand eines Nachprüfungsverfahrens zu machen. Dieser Rechtsgedanke ist in § 839 Abs. 3 BGB für Amtshaftungsansprüche gesetzlich geregelt. Eine Übertragung des enteignungsrechtlichen Verbots des „dulde und liquidiere" auf Schadensersatzansprüche wegen Vergabeverstößen ist sachgerecht.[1] 41

Hinweis:
Ist bereits ein Nachprüfungsverfahren von einem anderen Bieter eingeleitet, bedarf es eines weiteren Verfahrens im Hinblick auf die Wahrung von Schadensersatzansprüchen nicht. In der Regel erfolgt eine Einbeziehung der übrigen chancenreichen Bieter über die Beiladung nach § 109 GWB.

b) Ersatz des Vertrauensschadens gemäß § 126 GWB

Ein **verschuldensunabhängiger Schadensersatzanspruch** auf das **negative Interesse** besteht gemäß § 126 GWB, wenn 42

▷ die Vergabestelle gegen eine den Schutz des Unternehmens bezweckende Vorschrift verstößt,

▷ das Unternehmen eine echte Chance auf Erteilung des Zuschlags hatte und

▷ diese Chance durch den Rechtsverstoß des Auftraggebers vereitelt wurde.

Umstritten ist, nach welchen Kriterien zu bestimmen ist, welche Bieter eine **„echte Chance" auf Zuschlagserteilung** haben. Hierzu werden die unterschiedlichsten Ansichten vertreten. Nach einer besonders restriktiven Auffassung sollen nur die Bieter, bei denen die Erteilung des Zuschlags innerhalb des Wertungsspielraums des Auftraggebers lag, anspruchsberechtigt sein. Nach einer anderen, weitergehenden Auffassung, sollen sämtliche Bieter, die in die engere Wahl gekommen sind, deren Angebote also nicht aufgrund von Formfehlern, mangelnder 43

---
1 *Hertwig*, Auftragsvergabe, Rz. 373; *Glahs* in Reidt/Stickler/Glahs, § 126 Rz. 24e, 24f.; a. A. *Stockmann* in Immenga/Mestmäcker, § 126 Rz. 9.

Eignung oder unangemessener Preise zwingend auszuschließen waren, anspruchsberechtigt sein. Vertreten wird auch die vermittelnde Ansicht, dass die zur „engeren Spitzengruppe" gehörenden Bewerber eine echte Auftragschance hätten.[1]

44 Der Auftragnehmer hat den Unternehmen, die eine echte Chance auf Zuschlagserteilung hatten, die **Kosten für die Vorbereitung** des Angebots oder die Teilnahme an einem Vergabeverfahren zu erstatten. Hierzu gehören die direkten und indirekten Sach- und Personalaufwendungen, insbesondere die Kosten der Beschaffung der Verdingungsunterlagen, der Erstellung eines Teilnahmeantrags, des Eignungsnachweises, der Angebotsbearbeitung, der Ausarbeitung von Unterlagen, von Ortsbesichtigungen, für Sicherheiten, die Abgabe des Angebots und der Teilnahme am Eröffnungstermin.[2]

45 Vom Anspruchsteller nachzuweisen ist die **Kausalität** zwischen dem Vergaberechtsverstoß und der Vereitelung der reellen Chance auf Zuschlagserteilung. Dies eröffnet dem Auftraggeber die Möglichkeit, **rechtmäßiges Alternativverhalten** einzuwenden. Legt der Auftraggeber dar, dass der Anspruchsteller auch bei einem rechtmäßigen Verhalten der Vergabestelle keine echte Chance auf die Zuschlagserteilung gehabt hätte, weil z. B. sein Angebot zwingend ausgeschlossen werden musste, ist ein Anspruch aus § 126 Satz 1 GWB ausgeschlossen.[3] Der Auftraggeber kann sich jedoch nicht darauf berufen, dass er wegen des Vergabefehlers berechtigt gewesen wäre, die Ausschreibung aufzuheben und ein neues Vergabeverfahren einzuleiten.[4]

c) Schadensersatzansprüche aus unerlaubter Handlung

46 Überschreitet das Auftragsvolumen den maßgeblichen Schwellenwert, sind die Vorschriften der Verdingungsordnungen und der Vergabeverordnung als **Schutzgesetze** i. S. v. § 823 Abs. 2 BGB anzusehen. Unterhalb der Schwellenwerte stellen die Verdingungsordnungen Verwaltungsvorschriften der öffentlichen Hand dar. Sie haben keinen Schutznormcharakter.

47 Hinsichtlich der Reichweite eines Schadensersatzanspruchs aus § 823 Abs. 2 BGB i.V.m. § 97 Abs. 7 GWB und der verletzten Vergabevorschrift gilt das oben zu dem Anspruch aus §§ 311 Abs. 2, 280 Abs. 1 BGB Gesagte. Das **positive Interesse** kann nur verlangt werden, wenn der Anspruchsberechtigte nachweist, dass er den Zuschlag erhalten hätte, wenn das Vergabeverfahren ohne Rechtsverstöße durchgeführt worden wäre.

48 Erfasst werden auch Verstöße gegen die **Ausschreibungspflicht** und/oder **Bekanntmachungspflichten**. Die Beweisschwierigkeiten sind die gleichen wie bei

---

1 Übersicht bei *Stockmann* in Immenga/Mestmäcker, § 126 GWB Rz. 14; *Glahs* in Reidt/Stickler/Glahs, § 126 GWB Rz. 8 ff.; *Schnorbus*, BauR 1999, 77 ff.; *Boesen*, § 126 GWB Rz. 24 f.; *Marx* in Motzke/Pietzker/Prieß, § 126 GWB Rz. 4 f.
2 *Glahs* in Reidt/Stickler/Glahs, § 126 Rz. 26 f.; *Marx* in Motzke/Pietzker/Prieß, § 126 GWB Rz. 6; *Bechtold*, § 126 GWB Rz. 3.
3 *Stockmann* in Immenga/Mestmäcker, § 126 GWB Rz. 15 m. w. N.; *Glahs* in Reidt/Stickler/Glahs, § 126 Rz. 19.
4 BGH, NZBau 2001, 637, 640.

einem auf die Verletzung eines vorvertraglichen Vertrauensverhältnisses gestützten Schadensersatzanspruch.

5. Rechtsweg für Sekundäransprüche/Verjährung

Für Ansprüche auf Schadensersatz ist sowohl oberhalb als auch unterhalb der Schwellenwerte der **Zivilrechtsweg** eröffnet. Für die vorvertraglichen Ansprüche aus §§ 311 Abs. 2, 280 Abs. 1 BGB, den gesetzlichen Anspruch aus § 126 Satz 1 GWB und die deliktischen Ansprüche aus § 823 Abs. 2 BGB gilt die regelmäßige Verjährungsfrist von 3 Jahren gemäß § 195 BGB. Die Frist beginnt gemäß § 199 Abs. 1 BGB mit dem Schluss des Jahres zu laufen, in dem der Anspruch entstanden ist und der Gläubiger von den den Anspruch begründenden Umständen und der Person des Schuldners Kenntnis erlangt hat oder ohne grobe Fahrlässigkeit hätte erlangen müssen. 49

II. Kartellrechtliches Nachprüfungsverfahren

1. Anwendungsbereich des Kartellvergaberechts

Das Kartellvergaberecht dient der Überprüfung laufender Vergabeverfahren. 50
Die §§ 97 ff. GWB finden Anwendung, wenn

▷ ein öffentlicher Auftraggeber im Sinne des § 98 GWB,

▷ einen öffentlichen Auftrag im Sinne des § 99 GWB vergeben will,

▷ dessen geschätzter Auftragswert den in § 2 VgV festgesetzten Schwellenwert erreicht oder überschreitet (§ 100 Abs. 1 GWB) und

▷ der Auftrag nicht zu den in § 100 Abs. 2 GWB aufgezählten Aufträgen gehört.

Ein **vorbeugender Rechtsschutz** ist nicht vorgesehen. Das Nachprüfungsverfahren vor der Vergabekammer findet jedoch statt gegen Vergabeverfahren ohne Ausschreibung. Wann bereits ein **konkretes Vergabeverfahren** in Abgrenzung zu einer Markterkundung und -beobachtung vorliegt, ergibt sich nicht unmittelbar aus dem Gesetz. Mindestvoraussetzung für ein konkretes Vergabeverfahren ist die Entscheidung eines öffentlichen Auftraggebers, eine bestimmte Maßnahme durchzuführen und hierzu Aufträge an Dritte zu vergeben.[1] Die Schwelle zu einem Vergabeverfahren ist überschritten, wenn der Auftraggeber mit organisatorischen und/oder planerischen Schritten Festlegungen trifft, auf welche Weise und mit welchen gegenständlichen Leistungsanforderungen das Beschaffungsvorhaben eingeleitet und durchgeführt wird, mit dem Ziel, dass am Ende dieser Schritte ein Vertragsabschluss steht.[2] Das OLG Naumburg vertritt demgegenüber die Auffassung, dass der Zugang zum Nachprüfungsverfahren erst nach Beginn 51

---
1 OLG Thüringen, VergabE C-16–8/00; *Kling*, NZBau 2003, 23.
2 OLG Düsseldorf, Beschluss v. 20. 6. 2001 – Verg 3/01, NZBau 2001, 696; *Burgi*, NZBau 2003, 16, 17.

eines förmlichen Vergabeverfahrens möglich sei und hat diese Frage dem EuGH zur Entscheidung vorgelegt.[1]

a) Öffentliche Auftraggeber

52 Wer öffentlicher Auftraggeber ist, regelt § 98 GWB. Die Aufzählung des § 98 GWB ist abschließend. Zu unterscheiden sind sechs Kategorien öffentlicher Auftraggeber:

aa) Klassische öffentliche Auftraggeber (§ 98 Nr. 1 GWB)

53 Öffentliche Auftraggeber im Sinne des § 98 Nr. 1 GWB sind die **Gebietskörperschaften** (Bund, Länder, Kreise, Gemeinden und Zweckverbände[2]). Hinzu kommen die **Sondervermögen** der Gebietskörperschaften wie Eigenbetriebe.

bb) Funktionale Auftraggeber (§ 98 Nr. 2 GWB)

54 Der Auftraggeberbegriff wird entscheidend von der Rechtsprechung des Europäischen Gerichtshofs geprägt. Der EuGH vertritt einen extensiven, funktionalen Auftraggeberbegriff.[3] Darunter fallen juristische Personen des öffentlichen und des privaten Rechts, die zu dem besonderen Zweck gegründet wurden, **im Allgemeininteresse liegende Aufgaben nichtgewerblicher Art** zu erfüllen und **unter staatlichem Einfluss** in Gestalt einer überwiegenden Finanzierung, Aufsicht über ihre Leitung oder Bestellung der Leitungs- oder Aufsichtsorgane, stehen.

55 Hierzu gehören **öffentlich-rechtliche Rechtsträger**, wie Körperschaften, Anstalten und rechtsfähige Stiftungen. Hierunter fallen ferner die **juristischen Personen des Privatrechts**. Nach dem funktionellen Verständnis des Auftraggeberbegriffs gehören darüber hinaus Vorgesellschaften (Vor-GmbH, Vor-AG) ebenso zu den privatrechtlichen Rechtsträgern wie die Gesellschaften des bürgerlichen Rechts und des Handelsrechts, aber auch Institutionen ohne eigene Rechtspersönlichkeit wie eine Flurbereinigungskommission.[4] Die weitere Voraussetzung, dass diese Rechtsträger zu dem besonderen Zweck gegründet wurden, im Allgemeininteresse liegende Aufgaben nichtgewerblicher Art zu erfüllen, wird vom Europäischen Gerichtshof weit ausgelegt. Die Erfüllung im Allgemeininteresse liegender Aufgaben nichtgewerblicher Art muss nicht der Hauptzweck des Rechtsträgers sein. Öffentlicher Auftraggeber ist ein Unternehmen bereits dann, wenn es überhaupt Aufgaben dieser Art erfüllt. Auf den Umfang dieser Tätigkeiten kommt es nicht an.[5]

56 Rechtsträgern, die (auch) zu dem Zweck der Erfüllung im Allgemeininteresse liegender Aufgaben gegründet werden, sind solchen Körperschaften, **Sonderver-**

---

1 OLG Naumburg, BauRB 2003, 82.
2 VK Baden-Württemberg IBR 2001, 217.
3 *Dreher* in Immenga/Mestmäcker, § 98 GWB Rz. 10, 22 m. w. N.; *Marx* in Motzke/Pietzker/Prieß, § 98 GWB Rz. 7.
4 EuGH, „Bentjes", NVwZ 1990, 353; „Kommission/Irland", WuW/E Verg 174; *Dreher* in Immenga/Mestmäcker, § 98 GWB Rz. 22 f.; *Bechtold*, § 98 GWB Rz. 8; *Eschenbruch* in Niebuhr/Kulartz/Kus/Portz, § 98 GWB Rz. 30.
5 EuGH, Gemeinde Arnheim, WuW/E Verg 161; *Dreher* in Immenga/Mestmäcker, § 98 GWB Rz. 24 ff.

mögen und **Gesellschaften des privaten Rechts** gleichzustellen, die nach ihrer Gründung derartige Aufgaben übernommen haben oder von Anfang an ohne einen entsprechenden Grundlagenakt (Satzung, Errichtungsgesetz, Gesellschaftsvertrag) tatsächlich im Allgemeininteresse liegende Aufgaben nichtgewerblicher Art erfüllt haben. Auch hier ist eine funktionelle, an der tatsächlichen Tätigkeit orientierte Auslegung vorzunehmen. Bei einer formalen Betrachtungsweise dagegen könnte durch entsprechende Ausgestaltung der Gründungsakte der Vergaberechtsschutz umgangen werden.[1]

Von einer **überwiegenden Finanzierung** ist auszugehen, wenn mehr als die Hälfte der Finanzmittel von öffentlichen Auftraggebern stammt.[2] Maßgeblich für die Finanzierungsperiode ist das Geschäfts- bzw. Haushaltsjahr der von der Auftragsvergabe betroffenen juristischen Person. 57

Auch wenn keine überwiegende Finanzierung durch die öffentliche Hand erfolgt, ist der Rechtsträger öffentlicher Auftraggeber, wenn Stellen der öffentlichen Hand über seine Leitung die **Aufsicht** ausüben oder mehr als die Hälfte der Mitglieder eines hier zur Geschäftsführung oder zur Aufsicht berufenen Organs bestimmt haben. Nach der Rechtsprechung des EuGH wird in zureichendem Maße über die Leitung des Rechtsträgers die Aufsicht ausgeübt, wenn die bestehenden vertraglichen Vereinbarungen und gesetzlichen Regelungen es der öffentlichen Hand ermöglichen, die Entscheidungen des Rechtsträgers auch in Bezug auf öffentliche Aufträge zu beeinflussen.[3] 58

Einen Anhaltspunkt, allerdings keine darüber hinausgehende Vermutung, welche öffentlich-rechtlichen und privatrechtlichen Rechtsträger unter § 98 Abs. 2 GWB fallen, bietet der Anhang I zur Baukoordinierungsrichtlinie, auf den auch die Lieferkoordinierungsrichtlinie und die Dienstleistungskoordinierungsrichtlinie in ihren Art. 1 lit. b verweisen.[4] 59

Beispiel:
Öffentliche Auftraggeber im Sinne des § 98 Nr. 2 GWB sind die Deutsche Post AG, Deutsche Bahn AG, Sparkassen und Landesbanken, Wohnungsbaugesellschaften und Krankenkassen.[5] Umstritten ist die Auftraggebereigenschaft bei Rundfunkanstalten, Religionsgesellschaften[6] und Messegesellschaften sowie einer kommunalen Parkhaus-GmbH, deren Gesellschaftszweck die Errichtung und Bewirtschaftung von Park-&-Ride-Plätzen, Parkhäusern und Tiefgaragen im Stadtgebiet ist.[7] Umstritten ist auch, ob kommunale Versorgungsunternehmen unter § 98 Nr. 2 GWB fallen. Sie gehören jedenfalls zu den Sektorenauftraggebern im Sinne des § 98 Nr. 4 GWB. Im Anhang I der BKR genannt werden auch Wirtschaftsvereinigungen, wie Handelskammern, Rechtsanwalts- und Ärztekammern, und kassenärztliche Vereinigungen. Bei den Wirtschaftsvereinigungen, die sich durch die Beiträ-

---

1 *Dreher* in Immenga/Mestäcker, § 98 GWB Rz. 26 f.; *Eschenbruch* in Niebuhr/Kulartz/Kus/Portz, § 98 Rz. 32; a. A. *Boesen*, § 98 GWB Rz. 58 und *Thode*, ZIP 2000, 3 f.
2 EuGH, NZBau 2001, 218 „University Camebridge"; *Stickler* in Reidt/Stickler/Glahs, § 98 GWB Rz. 21 ff.
3 EuGH, NZBau 2001, 215, 217, VergE C-10–67/02.
4 Abgedruckt bei *Motzke/Pietzker/Prieß*, § 98 GWB Rz. 8; *Müller-Wrede* in Ingenstau/Korbion, § 98 GWB Rz. 8.
5 VK Bund, IBR 2001, 685.
6 *Dreher* in Immenga/Mestmäcker, § 98 Rz. 65; *Weyand*, BauR 1996, 780; ablehnend VK Nordbayern, IBR 2001, 628.
7 VK Münster, IBR 2002, 31.

ge ihrer Mitglieder finanzieren und bei der Erfüllung ihrer Selbstverwaltungsaufgaben nur einer Rechtsaufsicht durch den Staat unterliegen, ist der von § 98 Nr. 2 GWB geforderte Staatseinfluss durch überwiegende Finanzierung, Aufsicht über die Leitung oder Bestellung der Leitungs- und Aufsichtsorgane nicht gegeben. Es ist daher fraglich, ob die Kammern öffentliche Auftraggeber sind.[1]

Nach Auffassung der Vergabekammer Nordbayern sollen Kirchen, kirchliche Ordensgemeinschaften und kirchliche Diakoniewerke aufgrund der religiösen Neutralität des Staates und der karitativen Zwecksetzung der zu beurteilenden Einrichtungen nicht unter § 98 Nr. 2 GWB fallen.[2]

cc) Verbände von klassischen und/oder funktionalen Auftraggebern (§ 98 Nr. 3 GWB)

60 Zusammenschlüsse von Gebietskörperschaften (§ 98 Nr. 1 GWB) und funktionalen Auftraggebern (§ 98 Nr. 2 GWB), wie die kommunalen Spitzenverbände, sind selbst öffentliche Auftraggeber. Dies gilt auch für privatrechtliche Zusammenschlüsse.[3] § 98 Nr. 3 GWB hat eine **Auffangfunktion**. Zweckverbände, die eine eigene Rechtspersönlichkeit haben, fallen sowohl unter § 98 Nr. 1 GWB als auch unter § 98 Nr. 3 GWB. Im kommunalen Bereich spielt diese Bestimmung aufgrund der eingeschränkten, nach Landesrecht unterschiedlichen Möglichkeiten der kommunalen Zusammenarbeit eine untergeordnete Rolle.

dd) Sektorenauftraggeber (§ 98 Nr. 4 GWB)

61 Sektorenauftraggeber im Sinne des § 98 Nr. 4 GWB sind zum einen die natürlichen und juristischen Personen des Privatrechts, die auf dem Gebiet der **Trinkwasserversorgung**, der **Energieversorgung**, des **Verkehrs** oder der **Telekommunikation** tätig sind und entweder ein ausschließliches Recht zur Ausübung dieser Tätigkeit haben oder von einem klassischen (§ 98 Nr. 1 GWB) oder einem funktionalen (§ 98 Nr. 2 GWB) öffentlichen Auftraggeber beherrscht werden.

62 Die Sektoren Trinkwasserversorgung, Energieversorgung, unterteilt in Elektrizitäts- und Gasversorgung sowie Wärmeversorgung und der Verkehrssektor, werden in §§ 8 und 9 VgV definiert. Der **Telekommunikationssektor** (Festnetz, Mobilnetz, Satellitendienste, Datenübertragung/Mehrwertdienste)[4] wird aufgrund der fortgeschrittenen Liberalisierung gemäß Art. 8 SKR vom Anwendungsbereich der Richtlinie ausgenommen und ist in der VgV deshalb nicht erwähnt. Daraus folgt, dass die Anbieter von Telekommunikationsdienstleistungen davon freigestellt sind, die Vergabebestimmungen für Sektorenauftraggeber (3. und 4. Abschnitt der VOB/A und der VOL/A) anzuwenden. Es besteht jedoch die Verpflichtung, auch im Telekommunikationsbereich die **materiellen Vergaberechtsgrundsätze** des § 97 Abs. 6 GWB[5] zu beachten. Auftragsvergaben in diesem Sektor sind

---

1 *Eschenbruch/Hunger*, NZBau 2003, 471.
2 VK Nordbayern, VergabE E-2a-21/01 und VergabE E-2a-35/01.
3 *Dreher* in Immenga/Mestmäcker, § 98 GWB Rz. 81; *Marx* in Motzke/Pietzcker/Prieß, § 98 GWB Rz. 16.
4 *Dreher* in Immenga/Mestmäcker, § 98 GWB Rz. 101; *Marx* in Motzke/Pietzker/Prieß, § 98 GWB Rz. 20.
5 *Marx* in Motzke/Pietzker/Prieß, § 98 GWB Rz. 20.

einem Nachprüfungsverfahren gemäß § 100 Abs. 2 Buchst. k GWB nicht zugänglich.

§ 9 VgV nimmt von dem Anwendungsbereich des § 98 Nr. 4 GWB die Gewinnung von Trinkwasser, die Erzeugung von Strom, Gas und Wärme aus, wenn diese Tätigkeiten **zum Eigenverbrauch** erfolgen und die Lieferung an das öffentliche Netz von dem Eigenverbrauch abhängt und im Mittel der letzten drei Jahre einschließlich des laufenden Jahres nicht mehr als 30 % der gesamten Trinkwassergewinnung und Energieerzeugung bzw. 20 % des Umsatzes mit Gas und Wärme ausmacht.

Außerdem ist ein Sektorenauftraggeber gemäß § 10 Abs. 1 VgV von der Anwendung des Vergaberechts bei der Vergabe von Dienstleistungsaufträgen freigestellt, die er an ein ihm **verbundenes Unternehmen** vergibt, sofern mindestens 80 % des von diesem Unternehmen während der letzten drei Jahre in der Europäischen Gemeinschaft erzielten durchschnittlichen Umsatzes im Dienstleistungssektor auf Dienstleistungen für das ihm verbundene Unternehmen entfällt (**Konzernprivileg**). Beträgt der Anteil des Fremdgeschäfts des beauftragten verbundenen Unternehmens mehr als 20 %, unterfällt der zu vergebende Dienstleistungsauftrag dem Vergaberecht.

ee) Auftraggeber subventionierter Bauvorhaben (§ 98 Nr. 5 GWB)

Private Rechtsträger unterliegen den Bestimmungen des Kartellvergaberechts unabhängig von einer Beherrschung durch die öffentliche Hand, wenn sie Tiefbaumaßnahmen durchführen, Krankenhäuser, Sport-, Erholungs- oder Freizeiteinrichtungen, Schul-, Hochschul- oder Verwaltungsgebäude errichten oder mit der Errichtung in Zusammenhang stehende Dienstleistungen, insbesondere Planungsleistungen, erbringen und diese Vorhaben mit mehr als 50 % durch öffentliche Mittel finanziert werden.

Beispiel:
Finanzieren bedeutet richtlinienkonform ausgelegt **direktes Subventionieren**. Maßgeblich ist der europarechtliche Subventionsbegriff, d. h. der Begriff der Beihilfe i. S. d. Art 87 EGV.[1] Subventionen sind sowohl verlorene Zuschüsse als auch zinsgünstige Darlehen und andere Finanzierungsinstrumente, wie Investitionszulagen, wenn sie zu einer direkten Subventionierung des zu vergebenden Auftrags führen.[2]

Fraglich ist, ob § 98 Nr. 5 GWB auf juristische Personen des öffentlichen Rechts Anwendung findet, wenn diese nicht bereits unter § 98 Nr. 2 GWB fallen. Die VK Nordbayern hat dies für eine mit mehr als 50 % geförderte Baumaßnahme eines Diakoniewerks verneint.[3] Die Auffassung, juristische Personen des öffentlichen Rechts, die nicht die Voraussetzungen des § 98 Nr. 2 GWB erfüllen, wie Privatrechtssubjekte zu behandeln, ist abzulehnen. Der Gesetzgeber wollte für den wegen seines Auftragsvolumens und Subventionsanteils volkswirtschaftlich wich-

---

1 *Dreher* in Immenga/Mestmäcker, § 98 GWB Rz. 118; *Marx* in Motzke/Pietzcker/Prieß, § 98 GWB Rz. 25.
2 *Dreher* in Immenga/Mestmäcker, § 98 GWB Rz. 118; *Marx* in Motzke/Pietzcker/Prieß, § 98 GWB Rz. 25.
3 VK Nordbayern, VergabE E-2a-35/01.

tigen Bereich der Krankenhäuser, Alten- und Pflegeheime und sonstigen sozialen Einrichtungen in kirchlicher Trägerschaft keine Rechtsschutzlücke schaffen.

ff) Baukonzessionen gemäß § 98 Nr. 6 GWB

67 Die Vergabe einer Baukonzession durch einen öffentlichen Auftraggeber ist gemäß § 99 GWB i.V.m. § 6 Satz 1 VgV ausschreibungspflichtig. Öffentlicher Auftraggeber ist neben dem Konzessionsgeber auch der Baukonzessionär.[1] Der Vertragspartner eines Auftraggebers i. S. d. § 98 Nr. 1 bis 5 GWB, der zusätzlich zu der Aufgabe, ein Bauwerk zu errichten, auf eigenes unternehmerisches Risiko weitere Funktionen übernimmt, z. B. den Betrieb des zu errichtenden Flughafens[2], unterliegt selbst dem Kartellvergaberecht.

68 Öffentliche Baukonzessionen sind Verträge, die von öffentlichen Bauaufträgen nur insoweit abweichen, als die Gegenleistung für die Arbeiten ausschließlich in dem Recht zur Nutzung des Bauwerks oder in diesem Recht zuzüglich der Zahlung eines Preises besteht. Die **Rechtsnatur** einer Baukonzession wird dadurch charakterisiert, dass mit der Gestattung der Nutzung auch das Bauherrn-, Bewirtschaftungs- und Nutzungsrisiko auf den Konzessionär übergeht.[3]

b) Die Vergabe eines öffentlichen Auftrags

69 Öffentliche Aufträge sind **entgeltliche Verträge** zwischen Auftraggebern und Unternehmen, die Liefer-, Bau- oder Dienstleistungen zum Gegenstand haben und Auslobungsverfahren, die zu Dienstleistungsaufträgen führen sollen, § 99 Abs. 1 GWB.

70 Verträge, die nicht dem Vergaberechtsschutz unterliegen, sind in § 100 Abs. 2 GWB aufgezählt. Eine weitere Einschränkung erfährt § 99 Abs. 1 GWB durch die Anhänge zur Dienstleistungsrichtlinie und zur Lieferrichtlinie. In diesen Anhängen sind diejenigen Typen von Aufträgen, die in den Anwendungsbereich der Richtlinien fallen, genannt. Die Anhänge sind Bestandteil der VOL/A und der VOF. Nach herrschender Auffassung gelten für die dort nicht genannten oder nicht zuzuordnenden Aufträge weder die Bestimmungen der §§ 97 ff. GWB über den Primärrechtsschutz noch das materielle Vergaberecht des 2. Abschnitts der VOL/A.[4]

aa) Beschaffungsvorgang

71 Der Anwendungsbereich des § 99 GWB ist beschränkt auf Beschaffungsvorgänge öffentlicher Auftraggeber. In den Anwendungsbereich fallen deshalb keine Verträge über die **Entäußerung von Vermögensgegenständen** oder die **Erbringung von Liefer- oder Dienstleistungen** durch die öffentliche Hand. Ebenso wenig fallen Verträge über den Erwerb und die Vermietung von Grundstücken oder Immo-

---

1 *Dreher* in Immenga/Mestmäcker, § 98 GWB Rz. 120 f.
2 „Flughafen Berlin-Brandenburg" OLG Brandenburg, BauR 1999, 1175.
3 *Dreher* in Immenga/Mestmäcker, § 98 GWB Rz. 121.
4 *Dreher* in Immenga/Mestmäcker, § 99 GWB Rz. 46.

bilien in den Anwendungsbereich des § 99 GWB.¹ Dies ist in Art. 1 der **Dienstleistungsrichtlinie** ausdrücklich klargestellt.

bb) Öffentlich-rechtliche Verträge

Umstritten ist, ob öffentlich-rechtliche Verträge im Sinne der §§ 54 ff. VwVfG in den Anwendungsbereich des § 99 GWB fallen. Dies wird bei Verträgen über Rettungsdienstleistungen mit dem Argument verneint, die Erbringung dieser Leistungen sei öffentlich-rechtlich (hier: durch ein Rettungsdienstgesetz) geregelt. Nach der Begründung des Gesetzesentwurfs zu § 99 GWB fallen nur **privatrechtliche Verträge** über die Erbringung einer Leistung gegen Entgelt unter § 99 GWB.² Eine vom Gesetzgeber gewünschte privatrechtliche Kooperationsvereinbarung zwischen einem öffentlichen Auftraggeber und einem Privatunternehmen im ÖPNV ist auch nach Auffassung des OLG Koblenz kein öffentlicher Auftrag.³ Nach Auffassung des EuGH handelt es sich auch bei Verträgen, in denen sich ein Privater gegenüber dem öffentlichen Auftraggeber zur Durchführung von Erschließungsarbeiten verpflichtet (**Erschließungsvertrag**) um einen öffentlichen Auftrag. Dies gelte unabhängig von der nach nationalem Recht zu beurteilenden Frage, ob es sich bei einem solchen Erschließungsvertrag um eine dem öffentlichen Recht oder dem privaten Recht zuzuordnende Vereinbarung handele.⁴ Die Entscheidung des EuGH wird mit dem Argument, es handele sich bei den Erschließungsverträgen im Sinne des § 125 BauGB nicht um entgeltliche Verträge, für nicht anwendbar gehalten.⁵

72

Hinweis:
Ob die Tendenz zur Ausklammerung öffentlich-rechtlicher Verträge aus dem Vergaberechtsschutz vor dem Hintergrund des wettbewerbsfördernden Schutzzwecks des Europäischen Vergaberechts Bestand haben wird, ist zweifelhaft. Wettbewerbsrechtlich macht es keinen Unterschied, ob es sich um einen entgeltlichen öffentlich-rechtlichen Vertrag oder einen privatrechtlichen Vertrag handelt. Wäre diese Unterscheidung maßgebend, könnte der nationale Gesetzgeber durch die öffentlich-rechtliche Ausgestaltung von Beschaffungsverhältnissen den Anwendungsbereich des Vergaberechts und damit des Rechtsschutzes verkürzen.⁶

cc) Inhouse-Vergabe

Ein Vertrag ist eine Vereinbarung zwischen (mindestens) zwei verschiedenen Rechtsträgern. Ein öffentlicher Auftrag liegt nicht vor, wenn Auftraggeber und Auftragnehmer zu derselben Rechtsperson gehören. Die Deckung des Bedarfs ei-

73

---
1 BayObLG, VergabE C-2-1/03.
2 OLG Celle, NZBau 2000, 299; VK Südbayern, VergabE E-2b-21/00; OLG Naumburg, VergabE C-14-9/00v; vgl. BT-Drs. 13/9340, 15.
3 OLG Koblenz, NZBau 2002, 346.
4 EuGH, NZBau 2001, 512 „Milano et lodi".
5 *Stickler* in Reidt/Stickler/Glahs, § 99 GWB Rz. 5a; *Wilke*, ZfBR 2002, 231; *Antweiler*, NZBau 2003, 93; a. A. VK Baden-Württemberg, IBR 2002, 619.
6 *Pasker*, NZBau 2000, 274; *Althaus*, NZBau 2000, 277.

nes öffentlichen Auftraggebers mit eigenen Mitteln (Inhouse-Vergabe) ist vergaberechtlich nicht zu beanstanden.[1]

Beispiel:
Die Reinigung und Instandhaltung von Immobilien durch Eigenbetrieb einer Kommune.

74 Den Inhouse-Geschäften im engeren Sinn gleichzustellen sind Verträge zwischen Körperschaften des öffentlichen Rechts und rechtlich selbständigen Gesellschaften in öffentlicher oder privater Rechtsform,

▷ über die die Körperschaft des öffentlichen Rechts eine Kontrolle ausübt, wie über ihre eigene Dienststelle und

▷ die Gesellschaft im Wesentlichen ihre Tätigkeit für die (Gebiets-)Körperschaft verrichtet, die ihre Anteile innehat.[2]

75 Gesetzliche Regelungen zu diesen **Inhouse-Geschäften im weiteren Sinne** fehlen weitgehend. Es bedarf einer Einzelfallprüfung der Beziehungen des Auftraggebers zu der beauftragten Gesellschaft. Noch unklar ist, ob der Auftraggeber bei einer Gesellschaft privaten Rechts Alleingesellschafter sein muss oder es bei entsprechender Ausgestaltung der Gesellschaftsverhältnisse ausreichend sein kann, dass der öffentliche Auftraggeber (nur) Mehrheitsgesellschafter ist. Auch das Kriterium der Wesentlichkeit der Tätigkeit für den „Inhaber" der Gesellschafter ist bisher nicht näher eingegrenzt worden. Lediglich für die Erbringung von Dienstleistungen für Sektorenauftraggeber enthält der auf Art. 13 SKR beruhende § 100 Abs. 2 Buchst. i GWB in Verbindung mit § 10 VgV hierzu das Erfordernis, dass mindestens 80 % des von dem Unternehmen während der letzten drei Jahre in der Europäischen Gemeinschaft erzielten durchschnittlichen Umsatzes im Dienstleistungssektor mit Dienstleistungen für das mit ihm verbundene Unternehmen stammen müssen.[3]

76 Wenig zielführend im Zusammenhang mit der Bestimmung des Anwendungsbereichs des Kartellvergaberechts war bisher die Diskussion um das Phänomen des **Public Private Partnership (PPP)**. Unter dem Begriff des PPP werden die unterschiedlichsten Kooperationsformen zwischen Körperschaften des öffentlichen Rechts und privaten Rechtsträgern, wie die Gründung gemeinsamer Gesellschaften, die Beleihung, Betreibermodelle oder Konzessionen, zusammengefasst.[4] Vergaberechtlich von Interesse ist die Frage, ob die **Auswahl des Kooperationspartners** in einem **Vergabeverfahren** zu erfolgen hat.

77 Die Gründung von gemischten Gesellschaften erfolgt häufig in Hinblick auf die Übertragung bestimmter öffentlicher Aufgaben. Der Kern der von der Gesellschaft zu erbringenden Leistungen steht in der Regel fest. Die Suche nach einem privaten Gesellschafter, der sein Know-how zur Erfüllung der Aufgaben der Gesellschaft einbringt, steht der Vergabe eines öffentlichen Auftrags gleich. Noch

---

1 Begründung Nr. 27 und 76ff. DRK; *Dreher* in Immenga/Mestmäcker, §§ 99 GWB Rz. 18f.
2 BGH, NZBau 2001, 517; EuGH, NZBau 2000, 90 „Teckal/Viano"; *Dreher* in Immenga/Mestmäcker, § 99 GWB Rz. 28.
3 Zu § 100 Abs. 2 Buchst. i GWB: *Dreher* in Immenga/Mestmäcker, § 100 GWB, Rz. 22.
4 Überblick bei *Jaeger*, NZBau 2001, 6; *Dreher*, NZBau 2002, 245.

kein einheitliches Meinungsbild besteht hinsichtlich der Qualität der Gesellschaftsbeteiligung des Privaten.

Eines Vergabeverfahrens bedarf es, wenn eine **Gesellschaft privatisiert** wird, die 78 zuvor im Wege der Inhouse-Vergabe mit der Durchführung einer ausschreibungspflichtigen Leistung beauftragt wurde. Der Verkauf der Gesellschaftsanteile der öffentlichen Hand an einen privaten Investor tritt hier an die Stelle der Vergabe der ausschreibungspflichtigen Leistung.[1] Die Gründung einer gemeinsamen Gesellschaft eines öffentlichen Auftraggebers mit einem privaten Gesellschafter führt unter den Voraussetzungen des § 98 Nr. 2 GWB dazu, dass die Gesellschaft selbst öffentlicher Auftraggeber wird. Daneben kann auftragsbezogen das Kartellvergaberecht Anwendung finden, wenn der Auftrag mit mehr als 50 % mit öffentlichen Mitteln finanziert wird.

c) Die Verlängerung bestehender Aufträge

Ein insbesondere im Entsorgungsbereich zu beobachtender Versuch von Unter- 79 nehmen, bestehende vertragliche Bindungen langfristig zu sichern, ohne sich der Gefahr des Verlustes der eigenen Pfründe durch eine öffentliche Ausschreibung aussetzen zu müssen, besteht darin, die Verlängerung auslaufender Verträge zu verbesserten Konditionen und mit verändertem Leistungsumfang anzubieten. Die öffentlichen Auftraggeber und deren politische Gremien sind häufig geneigt, auf derartige Angebote einzugehen. Die Verbesserung des Preis-Leistungs-Verhältnisses, die Aussicht auf Gebührensenkungen und nicht zuletzt das Fehlen eigenen Know-hows für die Erstellung eigener Konzepte und Leistungsbeschreibungen ist verlockender als die vage Aussicht, durch eine öffentliche Ausschreibung möglicherweise noch günstigere Konditionen zu erzielen.

Das OLG Düsseldorf ist der Auffassung, dass die Anpassung, Änderung und Ver- 80 längerung bestehender Verträge, wenn diese Veränderungen so erheblich sind, dass sie wirtschaftlich einer **Neuvergabe gleichkommen**, unzulässig sind und untersagt werden können.[2] Andernfalls liefe das Vergaberecht leer, weil es ein öffentlicher Auftraggeber in der Hand hätte, ein ihm genehmes Unternehmen immer wieder zu beauftragen. Zulässig ist die Wahrnehmung von Verlängerungsmöglichkeiten bei unverändertem Vertragsinhalt. Gleiches gilt für das Unterlassen einer Kündigungsmöglichkeit eines fortlaufenden Vertrags.[3]

d) Typen öffentlicher Aufträge

Die Einordnung eines Auftrags als Bau-, Liefer- oder Dienstleistungsauftrag oder 81 ein Auslobungsverfahren, das zu einem Dienstleistungsauftrag führen soll (Architektenwettbewerb), ist maßgeblich für die Bestimmung des Schwellenwerts. Die Schwellenwerte bestimmen den Anwendungsbereich der §§ 97 ff. GWB.

---

1 VK Düsseldorf, VergabE E-10c-12/00; *Jaeger*, NZBau 2001, 6/10 f.; VK Lüneburg, NZBau 2001, 51; VK Baden-Württemberg, NZBau 2001, 340.
2 OLG Düsseldorf, NZBau 2002, 54 und VergabE C-10–3/01.
3 OLG Celle, VergabE C-9–5/00.

aa) Bauaufträge

82　Bauaufträge sind gemäß § 99 Abs. 3 GWB Verträge entweder über die Ausführung oder die gleichzeitige Planung und Ausführung eines Bauvorhabens oder eines Bauwerks, das Ergebnis von Tief- oder Hochbauarbeiten ist und eine wirtschaftliche oder technische Funktion erfüllen soll. Dabei kommt es nicht darauf an, ob die Bauleistungen vom Auftragnehmer oder Dritten erbracht werden. Gebäudeleasingverträge, die die Errichtung eines Gebäudes zum Gegenstand haben, sind ebenso Bauaufträge, wie die Errichtung eines Bauwerks in Form eines Betreibermodells, bei dem der private Investor nicht als Konzessionär, sondern als Verwaltungshelfer, also nur im Innenverhältnis, zum öffentlichen Auftraggeber, tätig wird.[1]

bb) Lieferaufträge

83　Lieferaufträge gemäß § 99 Abs. 2 GWB sind **Verträge zur Beschaffung von Waren**, insbesondere Kauf- oder Ratenkaufverträge, Leasing-, Miet- oder Pachtverträge. Waren sind bewegliche Sachen. Verträge über Immobilien sind keine Lieferaufträge.[2]

cc) Dienstleistungsaufträge/Auslobungsverfahren

84　Dienstleistungsaufträge sind Verträge über Leistungen, die weder Bauaufträge oder Lieferaufträge noch Auslobungsverfahren sind (§ 99 Abs. 4 GWB). **Auslobungsverfahren** i.S.d. § 99 Abs. 5 GWB sollen dem Auftraggeber aufgrund vergleichender Beurteilung durch ein Preisgericht mit oder ohne Verteilung von Preisen zu einem Plan verhelfen.

Personennahverkehr der Kategorie Eisenbahn sind Dienstleistungsaufträge, für deren Vergabe gemäß § 4 Abs. 3 VgV aufgrund des begrenzten Wettbewerbs Vereinfachungen zulässig sind.

85　Im Gegensatz zu Baukonzessionen[3] sind **Dienstleistungskonzessionen** keine öffentlichen Aufträge i. S. d. § 99 Abs. 4 GWB.[4] Eine Dienstleistungskonzession hat folgende Merkmale:

▷ Vorliegen einer vertraglichen Vereinbarung, wonach die Gegenleistung für die Erbringung des Auftrags nicht in einem vorher festgelegten Preis, sondern in dem Recht besteht, die zu erbringende eigene Leistung zu nutzen oder entgeltlich zu verwerten,

▷ die Übertragung der Dienstleistung liegt im öffentlichen Interesse in dem Sinne, dass die Erbringung der betreffenden Leistung institutionell einer öffentlichen Einrichtung obliegt,

---

1 *Dreher* in Immenga/Mestmäcker, § 99 GWB Rz. 40 f.
2 *Marx* in Motzke/Pietzker/Prieß, § 99 GWB Rz. 25; *Eschenbruch* in Niebuhr/Kulartz/Kus/Portz, § 99 GWB Rz. 67.
3 *Dreher* in Immenga/Mestmäcker, § 98 GWB Rz. 124, § 99 GWB Rz. 8.
4 EuGH, „Tele Austria", NZBau 2001, 148; Urteil vom 10. 11. 1998 „BFI-Holding", NVwZ 1999, 397.

▷ der Auftragnehmer (Konzessionär) trägt das Nutzungs- und Verwertungsrisiko.[1]

Beispiele:
Die Herstellung und Herausgabe gedruckter und elektronisch nutzbarer Teilnehmerverzeichnisse (Telefonbücher), Versorgung von Wohnanlagen mit Rundfunk- und Fernsehprogrammen (Breitbandkommunikationsanlage), der Betrieb einer Spielbank, der Betrieb einer Fahrradstation und die Verpachtung von Flächen für das Aufstellen von Außenwerbung.

Für Dienstleistungskonzessionen, deren Gegenstand die Vergabe von Leistungen ist, an deren Erbringung ein öffentliches Interesse besteht, gelten die allgemeinen bieterschützenden Vergabegrundsätze. Dies sind die Grundregeln des EG-Vertrags, insbesondere das Diskriminierungsverbot aus Gründen der Staatsangehörigkeit. Bei der Vergabe solcher Dienstleistungskonzessionen hat ein Verfahren mit europaweiter Publizität stattzufinden. Über die Vergabeentscheidung sind die Bewerber zu informieren.[2]

dd) Typengemischte Aufträge

Bei der Einordnung typengemischter Verträge ist das **Schwergewicht des Vertrags** maßgeblich. Die EG-Richtlinien enthalten hierzu folgende Abgrenzungsregelungen:

▷ Aufträge über Lieferungen und Dienstleistungen sind gemäß Art. 2 DKR, Art. 1 Nr. 4 lit. c SKR nach dem Wert der Dienstleistungen im Verhältnis zu dem Wert der Waren einzuordnen.

▷ Bauaufträge können auch für ihre Ausführung erforderliche Dienstleistungen umfassen, Art. 1 Nr. 4 lit. b SKR. Aufträge über Bau- und Dienstleistungen sind Bauaufträge, wenn sie hauptsächlich die Errichtung eines Bauwerks zum Ziel haben (13. Erwägungsgrund DKR).

▷ Lieferaufträge können gemäß Art. 1 Nr. 4 lit. a LKR auch Nebenarbeiten, wie das Verlegen oder Anbringen der Ware umfassen.

Beispiele:
Bauaufträge sind z. B.: Generalunternehmerverträge, Generalübernehmerverträge, Bauträgerverträge, Neubauleasing mit Kaufoption, Betreibervertrag mit Bauerrichtungsverpflichtung.

Lieferaufträge sind z. B.: Miet- und Pachtverträge mit und ohne Kaufoption beweglicher Gegenstände, der Erwerb einer EDV-Anlage nebst Software und mehrjähriger Wartung; das Leasing von Fahrzeugen, Kaufverträge über Waren und der Bezug von Energie, Wärme und Strom.

Dienstleistungsaufträge sind z. B.: die Abfuhr und Entsorgung von Müll, die Personenbeförderung, Versicherungsleistungen, Finanzdienstleistungen; das Bergen und Abschleppen von Kraftfahrzeugen.

---

1 OLG Düsseldorf, VergabE C-10–7/00v1; Brandenburgisches OLG, VergabE C-4–3/01; *Gröning*, NZBau 2001, 123; *Kulartz*, NZBau 2001, 173.
2 EuGH, NZBau 2001, 148 „Telaustria"; Anm. *Gröning*, NZBau 2001, 123.

e) Schwellenwerte

88 Der vierte Teil des GWB gilt nur für Aufträge, deren **geschätzter Auftragswert** die in § 2 VgV festgelegten Schwellenwerte erreicht oder überschreitet. Nur für diese Aufträge ist das Nachprüfungsverfahren vor der Vergabekammer eröffnet. Die an einem Auftrag interessierten Unternehmen haben einen Anspruch auf Einhaltung der vergaberechtlichen Vorschriften aus § 97 Abs. 7 GWB. Nur für diese Aufträge gelten in vollem Umfang die Verfahrensgrundsätze der §§ 102 ff. GWB.

89 Die Auftragswerte sind gemäß § 3 Abs. 1 VgV durch **Schätzung** der Gesamtvergütung für die vorgesehene Leistung zu ermitteln. Die Schätzung erfolgt durch die Vergabestelle. Sie unterliegt der Überprüfung durch die Vergabekammer. Bei zeitlich begrenzten Liefer- und/oder Dienstleistungsaufträgen ist eine Schätzung des Gesamtwerts des Vertrags bezogen auf **die Laufzeit** zugrunde zu legen. Die Festlegung der Laufzeit unterliegt der Überprüfung durch die Nachprüfungsinstanzen.[1] Bei **unbefristeten Verträgen** oder Verträgen mit nicht absehbarer Vertragsdauer bemisst sich der Vertragswert aus den monatlichen Zahlungen für den Zeitraum von 48 Monaten.

90 Bei den Schwellenwerten wird grundsätzlich unterschieden zwischen Bauaufträgen einerseits und Dienstleistungs- und Lieferaufträgen andererseits, zwischen **Gesamtaufträgen** und der **losweisen Vergabe** von Bau- und Dienstleistungsaufträgen sowie bei Liefer- und Dienstleistungsaufträgen zwischen Aufträgen im Bereich der Sektoren Trinkwasser-, Energieversorgung und Verkehrsbereich gegenüber Aufträgen außerhalb dieser Sektoren. In § 98 Nr. 4 GWB ist auch der Telekommunikationssektor aufgeführt. Nachdem die EU-Kommission 1999 aufgrund der Verwirklichung effektiven Wettbewerbs im deutschen Markt von der Anwendung des Vergaberechts gemäß Art. 8 SKR freigestellt hatte, wurde der Telekommunikationssektor von der Anwendung des Vergaberechts für die übrigen Sektorenauftraggeber dadurch freigestellt, dass er in § 8 VgV nicht aufgeführt wird.

Es gelten folgende Schwellenwerte:

§ 98 GWB	Auftraggeber	Bauaufträge	Lieferaufträge	Dienstleistungsaufträge*
Nr. 1–3	Gebietskörperschaften, Sondervermögen, juristische Personen des öffentlichen und privaten Rechts, Verbände (außerhalb der Sektoren)	5 000 000 Euro (§ 2 Nr. 4 VgV) bei Losen: 1 Mio. Euro oder ab 20 % des Gesamtwerts aller Lose (§ 2 Nr. 7 VgV)	200 000 Euro (§ 2 Nr. 3 VgV)	200 000 Euro (§ 2 Nr. 3 VgV) bei Losen ab 80 000 Euro oder ab 20 % des Gesamtwerts aller Lose (§ 2 Nr. 8 VgV)

---

[1] OLG Düsseldorf, Beschluss v. 25. 5. 2002 – 5 Verg/02.

§ 98 GWB	Auftraggeber	Bauaufträge	Lieferaufträge	Dienstleistungsaufträge*
Nr. 1–3	Oberste oder obere Bundesbehörden oder vergleichbare Bundeseinrichtungen	5 000 000 Euro (§ 2 Nr. 4 VgV) Lose wie oben	130 000 Euro im Verteidigungsbereich nur für zivile Waren gemäß Anhang II der Richtlinie 93/36 EWG, geändert durch Richtlinie 97/52 EG (§ 2 Nr. 2 VgV)	130 000 Euro außer Forschungs- und Entwicklungsdienstleistungen und Dienstleistungen des Anhangs 1B der Richtlinie 92/50/EWG geändert durch Richtlinie 97/52 EG (§ 2 Nr. 2 VgV)
Nr. 1–3	Stellen nach Nr. 1–3 als Sektorenauftraggeber im Trinkwasser-, Energie- und Verkehrsbereich	5 000 000 Euro (§ 2 Nr. 4 VgV) Lose wie oben	400 000 Euro (§ 2 Nr. 1 VgV)	400 000 Euro (§ 2 Nr. 1 VgV) bei Losen ab 80 000 Euro oder ab 20 % des Gesamtwerts aller Lose (§ 2 Nr. 8 VgV)
Nr. 4	Natürliche und juristische Personen des Privatrechts als Sektorenauftraggeber im Trinkwasser-, Energie- und Verkehrsbereich	5 000 000 Euro (§ 2 Nr. 4 VgV) Lose wie oben	400 000 Euro (§ 2 Nr. 1 VgV)	400 000 Euro (§ 2 Nr. 1 VgV) bei Losen ab 80 000 Euro oder ab 20 % des Gesamtwertes aller Lose (§ 2 Nr. 8 VgV)
Nr. 5	Unternehmen in privater Rechtsform, sofern der Auftrag von Stellen nach Nr. 1–3 zu mehr als 50 % finanziert werden	5 000 000 Euro (§ 2 Nr. 4 VgV) Lose wie oben	200 000 Euro (§ 2 Nr. 3 VgV)	200 000 Euro (§ 2 Nr. 3 VgV) bei Losen ab 80 000 Euro oder ab 20 % des Gesamtwerts aller Lose (§ 2 Nr. 8 VgV
Nr. 6	Baukonzessionäre	5 000 000 Euro (§ 2 Nr. 3 VgV)		

* Anmerkung: Die Schwellenwerte für Dienstleistungsaufträge gelten gemäß § 2 Nr. 5 VgV auch für Auslobungsverfahren, die zu einem Dienstleistungsvertrag führen.

Bei der Schätzung des Auftragswerts bleibt gemäß § 1 VgV die Umsatzsteuer außer Betracht. Maßgeblich ist die zu schätzende Vergütung für die geforderten Leistungen. Bei Bauleistungen gehören die im Zusammenhang mit dem Bauvorhaben entstehenden weiteren Kosten, z. B. für Architekten- und Ingenieurleistungen, Verwaltungsleistungen, Gebühren, Versicherungs- und Finanzierungskosten (**Baunebenkosten**) nicht zum Auftragswert.[1]

---

1 OLG Celle, IBR 2003, 37.

92 Wird ein Auftrag in **Losen** vergeben, unterliegen zum einen diejenigen Lose, deren Auftragswert die einschlägigen Schwellenwerte überschreitet, der kartellrechtlichen Nachprüfung. Zum anderen sind auch die übrigen Lose mit einem geschätzten Auftragswert unterhalb der Schwellenwerte dem kartellrechtlichen Nachprüfungsverfahren zugänglich, mit Ausnahme des so genannten **20 %-Kontingents**. Gemäß § 2 Nr. 7 und § 2 Nr. 8 VgV fallen insgesamt 80 % des Gesamtwertes aller Lose in den Anwendungsbereich des kartellrechtlichen Nachprüfungsverfahrens (Bagatellklausel). Der Auftraggeber kann selbst bestimmen, ob er ein Los dem nachprüfungsfreien 20 %-Kontingent unterstellt. Unterbleibt eine ausdrückliche Zuordnung, ist diese Zuordnung durch Auslegung der Ausschreibung vorzunehmen. Ist in der Ausschreibung als Nachprüfungsstelle die zuständige Vergabekammer angegeben oder sind Hinweise auf die Anwendung des 2. Abschnitts der VOB/A bzw. der VOL/A vorhanden, liegt hierin eine für den Auftraggeber verbindliche Zuordnung zu den der kartellrechtlichen Nachprüfung unterliegenden Losen.[1]

Hinweis:
Für die Vergabestelle empfiehlt sich, bei der Planung der Ausschreibungen von Aufträgen in Losen auf Grundlage der Schätzung des Gesamt- und der Einzelauftragswerte eine Zuordnung der Lose mit einen Auftragswert unterhalb des Schwellenwerts zu dem nachprüfungsfreien 20 %-Kontigent vorzunehmen, für die Auftragsvergaben konsequent den 1. Abschnitt der Verdingungsunterlagen anzuwenden und dies bei der Ausschreibung mitzuteilen.

93 Voraussetzung für die Eröffnung des Anwendungsbereichs des Vergaberechtsschutzes nach dem GWB ist bei der **losweisen Vergabe** das Erreichen der maßgeblichen Schwellenwerte für den **Gesamtauftrag**. Auch bei einer losweisen Vergabe ist die Schätzung des Auftragswerts hinsichtlich der Gesamtheit und der einzelnen Lose zu **Beginn des Vergabeverfahrens** entscheidend. Ergeben sich im Rahmen der Ausschreibungsverfahren Abweichungen von den Schätzwerten, führt dies nicht zu einer nachträglichen Eröffnung oder dem nachträglichen Herausfallen einzelner Lose aus dem Anwendungsbereich.

Hinweis:
Erhebliche Überschreitungen der Angebotspreise von ursprünglichen Schätzungen sind jedoch ein Indiz dafür, dass die Schätzung des Auftraggebers fehlerhaft war. Dies kann dann wiederum ein Angriffspunkt dafür sein, die Richtigkeit der Schätzung zu überprüfen.

94 Die Feststellung durch den Bieter, ob der Schwellenwert erreicht oder überschritten und der Anwendungsbereich des vierten Teils des GWB eröffnet ist, verlangt folgende **Prüfungsschritte**:

▷ Erreicht der geschätzte Gesamtwert des Auftrags die Schwellenwerte des § 2 VgV?

▷ Bei losweiser Vergabe: Ist ein einzelnes Los aufgrund eines geschätzten Auftragswertes ausschreibungspflichtig?

---

[1] BayObLG, VergR 2002, 61; VergR 2002, 63; NZBau 2001, 643; *Stickler* in Reidt/Stickler/Glahs, § 2 VgV Rz. 5.

▷ Wenn nicht: Hat der Auftraggeber das Los erkennbar dem 80 %igen Anteil des Gesamtauftragswerts zugeordnet, z. B. durch eine europaweite Ausschreibung?

▷ Wenn nicht: Gehört das Los zu dem 20 %igen Anteil gemäß § 2 Nr. 7 oder § 2 Nr. 8 VgV?

Hinweis:
Lässt sich die im letzten Prüfungsschritt aufgeworfene Frage nicht klären, empfiehlt sich eine unverzügliche Rüge bei der Vergabestelle. Die Vergabestelle ist dann gehalten, die jeweiligen Lose zuzuordnen, falls sie nicht von vornherein sämtliche Lose europaweit ausschreiben will.

2. Einleitung des Nachprüfungsverfahrens

Das Nachprüfungsverfahren findet in zwei Instanzen statt. Die **erste Instanz** bilden die Vergabekammern des Bundes und der Länder. Zweite Instanz sind die bei einzelnen Oberlandesgerichten eingerichteten Vergabesenate. Die Vergabekammern ersetzen die Vergabeüberwachungsausschüsse nach altem Recht. Sie sind die zentrale Institution für den vergaberechtlichen Primärrechtsschutz.

Obwohl die Vergabekammern behördliche Stellen sind, wird ihnen und ihren Mitgliedern kraft Gesetzes eine quasi-richterliche Unabhängigkeit zuerkannt. Sie üben gemäß § 105 Abs. 1 GWB ihre Tätigkeit im Rahmen der Gesetze unabhängig und in eigener Verantwortung aus. Die Vergabekammern sind mit einem Vorsitzenden, einem hauptamtlichen und einem ehrenamtlichen Beisitzer besetzt. Mindestens ein Mitglied muss die Befähigung zum Richteramt haben.

Die Vergabekammern des Bundes werden gemäß § 106 Abs. 1 Satz 1 GWB beim **Bundeskartellamt** eingerichtet. Die Einrichtung, Organisation und Besetzung der Vergabekammern der Länder bestimmen diese selbst. Die Besetzung und Tätigkeit der Vergabekammern ist in Ergänzung zu den Regelungen des GWB in den Geschäftsordnungen der Kammern geregelt.

Im **Anhang I** zu diesem Teil sind die Vergabekammern beim Bundeskartellamt und die Vergabekammern der Länder nebst rechtlichen Grundlagen ihrer Einrichtung, Geschäftsordnungen, Anschriften und Telefon- und Telefaxverbindungen aufgeführt.

a) Verfahrensgrundsätze

Für das Nachprüfungsverfahren vor der Vergabekammer gilt der **Antragsgrundsatz**. Die Vergabekammer ist nicht befugt, selbst ein Nachprüfungsverfahren wegen möglicher Verstöße gegen vergaberechtliche Bestimmungen einzuleiten. Im Nachprüfungsverfahren gilt der **Untersuchungsgrundsatz**, § 110 GWB. Die Vergabekammer ermittelt den Sachverhalt von Amts wegen. Sie ist an das Vorbringen der Beteiligten nicht gebunden. Eine **mündliche Verhandlung** ist gemäß § 112 Abs. 1 GWB vorgeschrieben. Bei ordnungsgemäßer Ladung kann gemäß § 112 Abs. 2 GWB in Anlehnung an § 102 Abs. 2 VwGO in Abwesenheit der Beteiligten verhandelt und entschieden werden.

100 Das gesamte Nachprüfungsverfahren ist auf eine schnelle Entscheidung ausgerichtet. Fünf Wochen nach Eingang des Nachprüfungsantrags soll die schriftliche Entscheidung der Vergabekammer vorliegen, § 113 Abs. 1 GWB. Eine Verlängerung ist nur in Ausnahmefällen zulässig. Der **Beschleunigungsgrundsatz** des § 113 Abs. 2 GWB statuiert eine Mitwirkungspflicht der Beteiligten, um den engen zeitlichen Rahmen einhalten zu können.

b) Zuständigkeit

101 Die Zuständigkeit der Vergabekammern ist in § 18 VgV geregelt. Das Bundeskartellamt als **Vergabekammer des Bundes** ist zuständig für die Nachprüfung der Vergabe öffentlicher Aufträge der bundeseigenen Verwaltung und in den übrigen in § 18 Abs. 1 bis 5 VgV geregelten Fällen. Vergaben, die die Länder im Rahmen der Bundesauftragsverwaltung durchführen, wie zum Beispiel der Bau von Bundesstraßen, fallen ebenso in den Zuständigkeitsbereich der **Vergabekammern der Länder**, wie die Ausführung von Bundesgesetzen als eigene Angelegenheiten der Länder, § 18 Abs. 6 VgV. Die Nachprüfung kommunaler Auftragsvergaben fällt in den Zuständigkeitsbereich der Vergabekammern der Länder.

102 In denjenigen Ländern, die bei unterschiedlichen Körperschaften/Behörden Vergabekammern eingerichtet haben, bedarf es einer Prüfung der Zuständigkeit anhand der landesrechtlichen Zuständigkeitsregelungen. Bei öffentlichen Auftraggebern gemäß § 98 Nr. 2 und Nr. 4 GWB, an denen mehrere Körperschaften des öffentlichen Rechts beteiligt sind, ist für die Zuständigkeit maßgeblich, wessen Einfluss (Beteiligung, Finanzierung, Aufsicht) beherrschend ist. Die an einem öffentlichen Auftraggeber i. S. d. § 98 Abs. 4 GWB beteiligten Körperschaften können die Zuständigkeit der Vergabekammer selbst vereinbaren, § 18 Abs. 1 Satz 2 GWB.

Beispiel:
Die Vergabekammer des Bundes ist zuständig, wenn eine Stiftung des öffentlichen Rechts (§ 98 Nr. 2 GWB) zu 90 % vom Bund und zu 10 % von mehreren Ländern finanziert und überwiegend vom Bund kontrolliert wird.[1]

103 Lässt sich die Zuständigkeit der Vergabekammer nicht anhand der in § 18 Abs. 1 bis Abs. 6 VgV aufgeführten Kriterien ermitteln, bestimmt sich gemäß § 18 Abs. 8 VgV die Zuständigkeit der Vergabekammer nach dem Sitz des Auftraggebers.

104 Wird eine **unzuständige Vergabekammer** angerufen, ist diese nach Auffassung des OLG Bremen auf Antrag verpflichtet, das Verfahren an die zuständige Vergabekammer zu verweisen. Sie darf den Antrag nicht als unzulässig zurückweisen.[2] Eine einheitliche Rechtsprechung gibt es hierzu nicht.

Hinweis:
Es empfiehlt sich, vor Einreichung des Nachprüfungsantrags mit dem Vorsitzenden der Vergabekammer Kontakt aufzunehmen und die Zuständigkeitsfrage zu erörtern. Wird ein Antrag unzulässigerweise bei mehreren Vergabekammern ge-

---
1 OLG Bremen, VergabE C-5–2/00.
2 OLG Bremen, VergabE C-5–2/00; a. A. *Stockmann* in Immenga/Mestmäcker, § 104 GWB Rz. 7.

stellt, weist die zeitlich später angerufene Kammer den Antrag wegen anderweitiger Rechtshängigkeit auch dann als unzulässig zurück, wenn sie zuständig ist.

c) Nachprüfungsantrag

Der Nachprüfungsantrag ist gemäß § 108 Abs. 1 GWB **schriftlich** bei der Vergabekammer einzureichen und unverzüglich zu begründen. Die Stellung eines Antrags ist nicht zwingend vorgeschrieben. Aus der Antragsschrift muss sich jedoch das Begehren des Antragstellers herleiten lassen. In der Begründung sind der Antragsgegner zu bezeichnen, die behauptete Rechtsverletzung und deren Rüge darzulegen und die verfügbaren Beweismittel zu benennen. 105

Die **Begründung** des Nachprüfungsantrags ist Voraussetzung für die Zustellung des Nachprüfungsantrags durch die Vergabekammer. Diese stellt den Nachprüfungsantrag dem Auftraggeber zu, wenn der Antrag nicht offensichtlich unzulässig oder unbegründet ist. Mit der Zustellung wird gemäß § 115 Abs. 1 GWB das **Zuschlagsverbot wirksam**. Die vor Zustellung des Nachprüfungsantrags durchzuführende Plausibilitätskontrolle auf eine offensichtliche Unzulässigkeit oder Unbegründetheit des Nachprüfungsantrags setzt eine Begründung dieses Antrags voraus. 106

d) Keine Zuschlagserteilung

Die Vergabestelle ist bis zur Zustellung des Nachprüfungsantrags auch bei Kenntnis seiner Vorbereitung oder Einreichung berechtigt, den Zuschlag zu erteilen. Ein nach Zuschlagserteilung zugestellter Nachprüfungsantrag ist unzulässig. Das Vergabeverfahren wird durch die Zuschlagserteilung abgeschlossen. Die Vergabekammer kann nach wirksamer Zuschlagserteilung Vergabeverstöße nicht mehr korrigieren.[1] Umstritten ist die Zulässigkeit eines **Feststellungsantrags**, wenn der Zuschlag zwischen Antragseingang bei der Vergabekammer und dessen Zustellung an die Vergabestelle erteilt wurde.[2] 107

Die Frage der **wirksamen Zuschlagserteilung** ist von der Vergabekammer zu prüfen. Der Zuschlag ist die Annahme des Vertragsangebots eines Bieters. Durch den Zuschlag kommt der Vertrag mit dem Auftraggeber zustande. Es gelten die allgemeinen Grundsätze des Vertragsrechts. Kein (wirksamer) Zuschlag wurde erteilt, wenn sich die Erklärung des Auftraggebers nicht in der Annahme des Angebots erschöpft, sondern abweichend von dem durch die Verdingungsunterlagen festgelegten Vertragsinhalt weitere oder abweichende Bestimmungen enthält. Dann handelt es sich gemäß § 150 Abs. 2 BGB um die Ablehnung des unterbreiteten Angebots, verbunden mit einem neuen Antrag auf Abschluss des „neuen" Vertrags.[3] 108

---

1 BGH, NZBau 2001, 151; OLG Düsseldorf, BauR 1999, 751, 757, NZBau 2000, 45, 47; BayObLG, IBR 2000, 57.
2 Bejahend: OLG Düsseldorf, BauR 1999, 751, 757; NZBau 2001, 106; *Portz* in Niebuhr/Kulartz/Kus/Portz, § 107 GWB Rz. 7; veneinend: VK Bund, VergabE D-1–63/02; *Reidt* in Reidt/Stickler/Glahs, § 107 GWB Rz. 9.
3 *Reidt* in Reidt/Stickler/Glahs, § 114 GWB Rz. 25 ff.

Hinweis:

109 Für den Antragsteller kann es sich lohnen, die körperschaftlichen Vertretungsverhältnisse zu untersuchen. Ein erteilter Zuschlag ist unwirksam, wenn der Zuschlag nicht von den satzungsmäßig bestimmten Vertretern der Körperschaft erteilt worden ist.[1] Dies soll jedoch nicht gelten, wenn sich die Körperschaft des öffentlichen Rechts selbst nicht auf den Verstoß gegen die eigene Vertretungsregelung berufen könnte.

Beispiel:
Der Auftrag für einen Beratungsvertrag wird auf Grundlage eines Kreistagsbeschlusses schriftlich von dem Landrat erteilt. Nach der Landkreisordnung war der Auftrag gemeinsam vom Vorsitzenden des Kreistags und dem Landrat zu erteilen. Der Landkreis ist vorliegend an die Auftragserteilung gebunden. Er kann sich nicht auf die fehlende Unterschrift des Kreistagsvorsitzenden berufen, weil die Interessen des Kreistags gewahrt worden sind. Der Zuschlag ist wirksam.[2]

e) Kostenvorschuss

110 Nicht in den Bestimmungen des GWB geregelt und deshalb hinsichtlich seiner Zulässigkeit äußerst umstritten ist die in den Geschäftsordnungen vieler Vergabekammern aufgenommene auf § 16 VwKostG gestützte Regelung, dass die Zustellung des Nachprüfungsantrags und damit auch das Wirksamwerden des Zuschlagsverbots von der Einzahlung eines Kostenvorschusses in Höhe der Mindestgebühr des § 128 Abs. 2 GWB (2500 Euro) abhängig gemacht wird. Andere Vergabekammern fordern nach Zustellung des Nachprüfungsantrags einen Kostenvorschuss in Höhe der Mindestgebühr. Ein Teil der Vergabekammer verzichtet gänzlich auf einen Vorschuss. Die Handhabung ist auch bei den Vergabekammern eines Bundeslandes nicht immer einheitlich.

Hinweis:

Es wird daher empfohlen, sich vor Einreichung des Antrags bei der Vergabekammer nach der Notwendigkeit der Einzahlung eines Vorschusses und den Möglichkeiten, die Einzahlung nachzuweisen zu erkundigen. In Eilfällen empfiehlt es sich, bei Vergabekammern, die in ihrer Geschäftsordnung die Möglichkeit des Einforderns eines Vorschusses vor Zustellung des Nachprüfungsantrags vorsehen, einen Verrechnungsscheck über 2500 Euro beizufügen oder die umgehende Zahlung des Vorschusses anwaltlich zu versichern.

3. Zulässigkeitsvoraussetzungen

111 Fragen der Zulässigkeit haben in der Praxis bisher eine große Bedeutung. Eine Vielzahl von Nachprüfungsanträgen muss von den Vergabekammern wegen fehlender oder verspäteter Rüge von Vergabeverstößen oder wegen fehlender Antragsbefugnis zurückgewiesen werden. Umstritten ist, wann ein Vergabeverfahren vorliegt.

---

1 OLG Brandenburg, NZBau 2002, 624; OLG Dresden, WuW 2000, 1288; *Reidt* in Reidt/Stickler/Glahs, § 114 GWB Rz. 22.
2 OLG Brandenburg, NZBau 2002, 625.

a) Konkretes Vergabeverfahren

Die Einleitung eines Nachprüfungsverfahrens ist nur bezüglich einer konkreten Beschaffungsmaßnahme zulässig.[1] Voraussetzung ist nicht, dass ein förmliches Vergabeverfahren für einen öffentlichen Auftrag eingeleitet wurde, ausreichend ist vielmehr dass eine **Beschaffungsmaßnahme** – auch bzw. gerade unter Außerachtlassung der Ausschreibungsverpflichtung – angelaufen ist. Der Übergang von einer reinen **Marktbeobachtung oder Markterkundung** zu einem informellen Vergabeverfahren ist dann überschritten, wenn die Vergabestelle erkennbar organisatorische Schritte zur Deckung eines Bedarfs vornimmt.[2] Bei Körperschaften des öffentlichen Rechts, insbesondere Kommunen und Landkreisen, wird die Grundentscheidung über die Einleitung einer Beschaffungsmaßnahme häufig öffentlich erfolgen oder zumindest veröffentlicht. Die Gefahr unbemerkter Freihändiger Vergaben ist geringer als bei öffentlichen Auftraggebern, die derartige Entscheidungen intern treffen und umsetzen.

112

Beispiel:
Zwischen dem öffentlichen Auftraggeber und dem privaten Mitgesellschafter einer gemeinsamen Gesellschaft wird in einem Eckpunktepapier die konkrete und zeitnahe Beauftragung des gemeinsamen Unternehmens mit Entsorgungsleistungen vereinbart; der Kreistag beschließt, dass der Abfallwirtschaftsbetrieb des Kreises mit den vertraglich gebundenen Entsorgungsunternehmen die Verlängerung auslaufender Verträge zu verbesserten Konditionen verhandelt.[3]

Wettbewerber können in diesem Stadium nach vorheriger Rüge ein Nachprüfungsverfahren einleiten, um die Ausschreibung des Auftrags zu erzwingen.

aa) Kein vorbeugender Rechtsschutz

Ein vorbeugender Rechtsschutz vor der Vergabekammer aufgrund von zu erwartenden zukünftigen Vergabeverstößen bei der Vergabe von öffentlichen Aufträgen, sei es aufgrund von in der Vergangenheit aufgetretenen Vergabefehlern (Wiederholungsgefahr) oder aufgrund von zu erwartenden Vergabefehlern (Erstbegehungsgefahr), ist nicht möglich. Die Einleitung eines Nachprüfungsverfahrens ohne Bezug zu einer konkreten Beschaffungsmaßnahme ist unzulässig.

113

Hinweis:
In derartigen Fällen kommt die Geltendmachung eines **vorbeugenden Unterlassungsanspruchs** gemäß **§ 1004 BGB** analog vor dem Zivilgericht in Betracht. Dieser Anspruch besteht jedenfalls unter den Voraussetzungen des § 20 Abs. 1 GWB und des § 1 UWG.[4]

---

1 *Braun*, NZBau 2001, 765, 767; *Kus* in Niebuhr/Kulartz/Kus/Portz, § 102 GWB Rz. 6; OLG Düsseldorf, NZBau 2000, 306; OLG Frankfurt a.M., VergabE C-7-2/99; OLG Jena, VergR 2001, 52, 54; *Jaeger*, NZBau 2001 290 f.; a. A. VK Bund, VergR 2001, 147 m. w. N.
2 OLG Düsseldorf, NZBau 2001, 696.
3 Die Verlängerung eines längerfristigen Vertrags mit verändertem Vertraginhalt kommt einer Neuvergabe gleich: OLG Düsseldorf, VergabE C-10–13/00.
4 *Byok*, WRP 1999, 204; *Kling*, NZBau 2003, 23.

bb) Auftragsvergaben ohne Vergabeverfahren (De-facto-Vergaben)

114 Ein Nachprüfungsverfahren kann auch wegen Auftragsvergaben durchgeführt werden, die unter Außerachtlassung der Verfahrensvorschriften der einschlägigen Verdingungsordnungen durchgeführt werden. Umstritten ist, ob die Durchführung eines Nachprüfungsverfahrens dadurch unzulässig wird, dass die Vergabestelle den Auftrag vergibt. Ein bereits erteilter Zuschlag kann gemäß § 114 Abs. 2 GWB nicht aufgehoben werden.

115 In der Erteilung eines Zuschlags ohne vorherige Durchführung eines Vergabeverfahrens und Information anderer (potenzieller) Bieter über die beabsichtigte Auftragserteilung könnte ein Verstoß gegen § 13 VgV liegen. § 13 VgV regelt die **Informationspflicht der Vergabestelle** gegenüber den an einem Vergabeverfahren beteiligten Bietern über die beabsichtigte Zuschlagserteilung und die Gründe der Nichtberücksichtigung der übrigen Bieter. Die Erteilung eines Zuschlags ohne (rechtzeitige) Information führt gemäß § 13 Satz 4 VgV zur **Nichtigkeit der Zuschlagserteilung**. § 13 VgV enthält insoweit ein gesetzliches Verbot im Sinne des § 134 BGB.

116 Für die Anwendung des § 13 Satz 4 VgV auf Auftragsvergaben, die ohne Vergabeverfahren, auch ohne Verhandlungsverfahren, durchgeführt wurden, spricht, dass andernfalls der Primärrechtsschutz des Kartellvergaberechts durch informelle Auftragsvergaben unterlaufen werden könnte. Die Entscheidung über die Auswahl des Bieters ist nach Auffassung des EuGH einem Nachprüfungsverfahren zugänglich zu machen.[1] Für den öffentlichen Auftraggeber würde ein besonderer Anreiz geschaffen, die Verpflichtung zur Anwendung des Kartellvergaberechts zu missachten. Bei **informellen Auftragsvergaben** wird es den potenziellen benachteiligten Bietern in der Regel nicht möglich sein, einen Schadensersatzanspruch wegen Verletzung von bieterschützenden Vorschriften (§ 97 Abs. 7 GWB) geltend zu machen. Das Unternehmen müsste darlegen, dass es bei Durchführung eines Vergabeverfahrens den Zuschlag erhalten hätte. Dies wird ihm in Unkenntnis des Anforderungsprofils und des Angebots des Auftragnehmers nicht möglich sein. Den benachteiligten Konkurrenten bliebe nur die Möglichkeit einer vorbeugenden Unterlassungsklage nach § 1004 BGB analog, gestützt auf kartell- und/oder wettbewerbsrechtliche Vorschriften.

117 Gegen eine Ausdehnung des § 13 Satz 4 VGV auf informelle Vergaben spricht die damit einhergehende **Rechtsunsicherheit**. Öffentliche Aufträge, die aufgrund der Überschreitung der Schwellenwerte in den Anwendungsbereich des Kartellvergaberechts und des § 13 VgV fallen, wären unwirksam. Die **Rückabwicklung** dieser Verträge wäre erschwert. Soweit sich der öffentliche Auftraggeber auf die Nichtigkeit des Auftrags berufen könnte, wären derartige Aufträge nach Bereicherungsrecht abzuwickeln. Der Auftraggeber hätte bei einem bereits begonnenen Bauvorhaben oder einem Planungs- und Entwicklungsauftrag Wertersatz zu leisten. Er würde hierdurch für seinen Vergabeverstoß privilegiert, ohne dass die potenziellen anderen Bieter hiervon einen Vorteil hätten.[2]

---

[1] EuGH, NZBau 2000, 33 „Alcatel Austria"; OLG Düsseldorf, VergabE C-10-67/02; VK Baden-Württemberg, VergabE E-1-7/02.
[2] *Schimanek*, ZfBR 2002, 39, 41; *Bär*, ZfBR 2001, 375 ff.; *Wegmann*, NZBau 2001, 475; a. A. *Hertwig*, NZBau 2001, 241; *Dreher*, NZBau 2001, 244; *Byok*, NJW 2001, 2295.

In Ausnahmefällen kommt die **Nichtigkeit** eines unter völliger Missachtung des Vergaberechts erteilten Auftrags **gemäß § 138 Abs. 1 BGB** in Betracht, wenn der Auftraggeber und der von ihm ausgewählte Auftragnehmer unter Verstoß der Vergabevorschriften zum Nachteil der übrigen potenziellen Bieter zusammengewirkt haben. Dies setzt voraus, dass nicht nur der Auftraggeber, sondern auch der Auftragnehmer wusste oder sich die Erkenntnis grob fahrlässig verschloss, dass der Auftrag nur nach einem Vergabeverfahren unter Beachtung dementsprechender Verfahrensregeln hätte vergeben werden dürfen.[1]

118

b) Antragsbefugnis

Die Antragsbefugnis ist materielle Voraussetzungen für die Zulässigkeit des Nachprüfungsantrags. Antragsbefugt ist gemäß § 107 Abs. 2 GWB jedes Unternehmen, das ein **Interesse am Auftrag** hat, die Verletzung in seinen Rechten nach § 97 Abs. 7 GWB durch Nichtbeachtung von Vergabevorschriften geltend machen kann und darlegen kann, dass ihm durch die behauptete Verletzung der Vergabevorschriften ein **Schaden** entstanden ist oder zu entstehen droht. Das Erfordernis einer Antragsbefugnis steht im Einklang mit der Rechtsmittelrichtlinie.[2] Die Antragsbefugnis ist im Nachprüfungsantrag darzulegen.

119

Ein **Interesse am Auftrag** haben die Unternehmen, die eigene Angebote abgegeben haben. Ein Unternehmen, das in Kenntnis der Ausschreibung und des Vergabefehlers sich nicht beworben bzw. kein Angebot abgegeben hat, ist grundsätzlich nicht antragsbefugt. Ein Interesse am Auftrag besteht jedoch, wenn dieses Unternehmen gerade durch den Verfahrensfehler an der Erstellung oder Abgabe eines Angebots gehindert war.[3] Es ist einem Unternehmen nicht zumutbar, sich unter vergaberechtswidrigen Bedingungen zu bewerben.[4] Die Antragsbefugnis beschränkt sich in diesem Fall auf Vergabeverstöße, die ursächlich für die unterlassene Beteiligung an der Ausschreibung waren.[5]

120

Ein Interesse am Auftrag fehlt bei einem Unternehmen, das sich nicht an dem Vergabeverfahren unmittelbar beteiligt hat, sondern dessen Leistungen Bestandteil des Angebots eines anderen Unternehmens sind. Subunternehmer und Lieferanten von Bietern sind nicht antragsbefugt. Sie haben nur ein mittelbares Interesse an dem Auftrag.[6]

121

Beispiel:
Ein Lichtsignalanlagenhersteller, der an einem Straßenbauauftrag interessiert ist, hat darzulegen, dass er in Bietergemeinschaft mit einem Straßenbauunternehmen ein Angebot abgegeben hätte, wenn die (unzulässigen) Fabrikatsvorgaben für die Lichtzeichenanlagen in der Ausschreibung ihn hieran nicht gehindert hätten.[7]

---

1 OLG Düsseldorf, NZBau 2000, 391; OLG Schleswig, NZBau 2000, 100.
2 EuGH, BauRB 2003, 143 f.
3 OLG Rostock, VergabE C-8-11/01; OLG Düsseldorf, IBR 2002, 326.
4 OLG Düsseldorf, NZBau 2001, 155; KG, BauR 2000, 1579.
5 KG, VergabE C-3-11/00.
6 OLG Rostock, NZBau 2000, 447, 448; *Boesen*, VergR, § 107 C I.
7 OLG Rostock, VergabE C-8-11/01.

122 Das Interesse an dem Auftrag muss bis zum Abschluss des Nachprüfungsverfahrens fortbestehen. Scheiden aus einer Bietergemeinschaft während des Verfahrens Mitglieder aus, fällt die Antragsbefugnis weg, weil der Zuschlag der Bietergemeinschaft nicht erteilt werden kann.[1]

Der Antragsteller muss in eigenen Rechten i.S.d. § 97 Abs. 7 GWB verletzt sein. Die verletzten Vergabebestimmungen müssen dazu bestimmt sein, (auch) dem Schutz der am Auftrag interessierten Unternehmen zu dienen. Die Verletzung reiner Ordnungsvorschriften ist nicht ausreichend.[2]

123 Es hat sich noch keine einheitliche Rechtsprechung hinsichtlich der Anforderungen an die **Kausalität von Rechtsverletzung und Schaden** herausgebildet.[3] An die Antragsbefugnis dürfen nicht zu hohe Anforderungen gestellt werden. Gehört das Angebot – die Vergabeverstöße hinweggedacht – noch in den Kreis derjenigen Angebote, die für eine Zuschlagserteilung ernsthaft in Betracht kommen, ist die Antragsbefugnis gegeben.[4] Die von der Rechtsprechung zu § 126 GWB sich herausbildenden strengen Kriterien für die Beurteilung einer **echten Chance** oder konkreten Aussicht **auf Zuschlagserteilung**[5] sollten nicht unbesehen übernommen werden.

124 Bei Rechtsverletzungen im Zusammenhang mit der Prüfung und Wertung der Angebote ist ein Schaden nicht gegeben, wenn der Antragsteller aus anderen Gründen als den gerügten Vergabeverstößen keine Aussicht auf den Zuschlag hat, weil sein Angebot auszuschließen ist oder in der Wertungsreihenfolge weit hinten liegt.[6]

Beispiel:
Ein Bieter, dessen Angebot, die gerügten Vergabeverstöße hinweggedacht, in der Wertungsreihenfolge allenfalls an dritter oder vierter Stelle stünde, hat keine Aussicht auf Zuschlagserteilung.[7]

c) Rügeobliegenheit

125 Weitere Zulässigkeitsvoraussetzung ist gemäß § 107 Abs. 3 Satz 1 GWB die unverzügliche Rüge eines vom Antragsteller bereits im Vergabeverfahren erkannten Verstoßes gegen Vergabevorschriften. Die Rügepflicht ist das Nadelöhr der Zulässigkeit. § 107 Abs. 3 Satz 1 GWB stellt bezogen auf das Nachprüfungsverfahren eine **materielle Präklusionsregelung**[8] dar. Die Regelung steht im Einklang mit der Rechtsmittelrichtlinie.[9]

---

1 EuGH, BauRB 2003, 25 „Makedoniko Metro"; *Jaeger*, NZBau 2001, 289, 292.
2 *Reidt* in Reidt/Stickler/Glahs, § 107 Rz. 22.
3 BayObLG, NZBau 2000, 481, 485; OLG Düsseldorf, NZBau 2001, 106, 111; OLG Frankfurt a.M., NZBau 2001, 101, 104; OLG Rostock, NZBau 2001, 285.
4 OLG Koblenz, VergR 2001, 407; *Reidt* in Reidt/Stickler/Glahs, § 107 Rz. 25.
5 OLG Saarbrücken, NZBau 2000, 158, 160; OLG Koblenz, NZBau 2000, 445, 446.
6 OLG Naumburg, VergabE C-14–11/00; BayObLG, VergabE C-2–17/01v; VergabE C-2–10/01; OLG Düsseldorf, VergabE C-10–18/00v; *Reidt* in Reidt/Stickler/Glahs, § 107 GWB Rz. 25.
7 OLG Düsseldorf, VergabE C-10–19/01v.
8 *Braun*, NZBau 2000, 320; BT-Dr 13/9340 vom 3. 12. 1997, 17.
9 EuGH, IBR 2003, 317.

Nach herrschender Meinung besteht die Präklusionswirkung des § 107 Abs. 3 126
Satz 1 GWB auch dann, wenn der Nachprüfungsantrag wegen anderer rechtzeitig
gerügter Vergabefehler zulässig ist. Der Amtsermittlungsgrundsatz gebietet der
Vergabekammer insoweit nicht, im Rahmen eines Verfahrens, das aufgrund anderer rechtzeitig gerügter Mängel durchgeführt wird, verspätet gerügte Vergabefehler mitzuberücksichtigen.[1] Sie darf wegen der präkludierten Verstöße keine Maßnahmen ergreifen.

Es ist umstritten, ob die Rügeobliegenheit auch außerhalb eines förmlichen Vergabeverfahrens besteht.[2] Keinesfalls entbehrlich ist die Rüge von weiteren aus 127
einem bereits gerügten Vergabeverstoß resultierenden Vergabeverstößen.

Beispiel:
Wird eine Ausschreibung unzulässigerweise aufgehoben und wegen der Aufhebung von einem Bieter ein Nachprüfungsverfahren eingeleitet, so muss der Bieter auch die erneute Ausschreibung des Auftrags durch die Vergabestelle rügen und gegebenenfalls einen weiteren Nachprüfungsantrag einreichen.[3]

aa) Erkennbarkeit und Kenntnis von Verstößen

Es ist grundsätzlich zu unterscheiden zwischen Verstößen gegen Vergabevor- 128
schriften, die aufgrund der Bekanntmachung erkennbar sind und Verstößen gegen
Vergabevorschriften im weiteren Verfahren, insbesondere bei der Wertung der
Angebote. Verstöße gegen Vergabevorschriften, die sich bereits aus der Bekanntmachung ergeben, zum Beispiel hinsichtlich der (unterlassenen) Bildung von
Teillosen oder Bewerbungsfristen, sind gemäß § 107 Abs. 3 Satz 2 GWB spätestens bis zum Ablauf der Frist zur Angebotsabgabe/Bewerbung zu rügen. Die **Rügeobliegenheit** entsteht bei **Erkennbarkeit** eines Verstoßes.

Bei Vergabefehlern, die sich nicht bereits aus der Bekanntmachung ergeben, ist 129
nach dem Wortlaut des § 107 Abs. 3 Satz 1 GWB („erkannt") die **Kenntnis** entscheidend. Von der Kenntnis eines Vergabefehlers ist auszugehen, wenn dem Bieter die den Verstoß begründenden Tatsachen bekannt sind und diese Tatsachen
bei objektiver Wertung und nach dem laienhaften Verständnis des Bieters einen
Verstoß gegen die den Bieter schützenden Vergabevorschriften darstellen.[4] Nicht
erforderlich ist die zweifelsfreie Kenntnis und die sichere Nachweismöglichkeit.
Nicht vom Gesetz gefordert ist eine **Rüge auf Verdacht**, wenn ein Vergabeverstoß
vorhersehbar, jedoch noch nicht eingetreten ist[5] oder eine bestimmte Verfahrensweise objektiv nicht zweifelsfrei als Vergabeverstoß gewertet werden kann.[6] Es
wird von dem Bieter allerdings verlangt werden können, dass er unverzüglich
Rechtsrat einholt, um den Verdacht zu verifizieren.

---
1 VK Baden-Württemberg, VergabE E-1–9/00; VK Bund, VergabE D-1-29/99; BayObLG, VergabE C-2–1/99; Hanseatisches OLG, VergabE C-6-1/99v.
2 Verneinend: BayObLG, VergabE C-2–25/02; bejahend: *Wagner*, VergabeR 2002, 250.
3 OLG Koblenz, IBR 2003, 380; OLG Düsseldorf, NZBau 2000, 440; *Reidt* in Reidt/Stickler/Glahs, § 107 GWB Rz. 30.
4 OLG Düsseldorf, VergabE C-10–9/00; OLG Saarbrücken, VergabE C-12–1/00; VK Baden-Württemberg, VergabE E-1–9/00; VK Bund, VergabE D-1-14/99; VK Südbayern, VergabE E-2b-10/99.
5 OLG Düsseldorf, NZBau 2000, 440/441.
6 BayObLG, VergabE C-2-1/99.

130 Die Auffassung, die Rügeobliegenheit entstehe selbst bei grob fahrlässiger Unkenntnis des Verstoßes nicht[1], ist vom Wortlaut des § 107 Abs. 3 Satz 1 GWB nicht gedeckt. Der Bieter, der das Verhalten der Vergabestelle schuldhaft nicht als Vergabeverstoß bewertet, ist nicht schutzwürdig, wenn er sich mutwillig der Erkenntnis eines Rechtsverstoßes verschließt.[2] Er wäre besser gestellt als der aufmerksame Unternehmer, der ein als Fehler erkanntes Verhalten nicht unverzüglich rügt.

bb) Unverzügliche Rüge

131 Die Rüge ist sowohl in den Fällen des Satzes 1 als auch des Satzes 3 des § 107 Abs. 3 GWB unverzüglich zu erheben. Unverzüglichkeit der Rüge bedeutet, **rügen ohne schuldhaftes Zögern**. Die Rüge muss zwar nicht sofort, aber unter Berücksichtigung der für ihre Prüfung und Begründung notwendigen Zeit so bald erfolgen, wie es dem Bieter nach den Umständen möglich und zumutbar ist. Der Zeitrahmen ist von den Umständen des jeweiligen konkreten Vergabeverfahrens abhängig.[3]

Hinweis:
Es verbietet sich jegliches von der Hoffnung einer positiven Vergabeentscheidung getragenes Taktieren.

132 Erkannte Vergabefehler sollten **binnen 3 Tagen** gerügt werden. Bei **Zweifelsfällen** beträgt die Rügefrist längstens **14 Tage**.[4] Sie ist in der Regel kürzer. Ein Zeitraum von 2 Wochen kann einem Unternehmen nur dann zugestanden werden, wenn eine Prüfung des Vorliegens eines Vergabeverstoßes und die vollständige Abfassung der Rüge durch eine schwierige Sach- und/oder Rechtslage erschwert werden und die Inanspruchnahme fachkundiger, d.h. in der Regel anwaltlicher Unterstützung erfordert.[5] Die Rügefrist kann sich nach Auffassung des OLG Koblenz auf 1 bis 3 Tage reduzieren. Einzurechnen ist jedoch immer eine angemessene Überlegungsfrist.[6]

133 Zu berücksichtigen ist bei der Bemessung der Rügefrist auch das **Informationsverhalten der Vergabestelle**. Ein Unternehmen, dem mitgeteilt wird, dass ein anderes Unternehmen den Zuschlag erhält, kann Vergabefehler im Zusammenhang mit der Wertung der Angebote nur rügen, wenn die Mitteilung eine weitergehende Begründung enthält. Enthält sie diese Begründung nicht, muss dies gerügt und müssen die Gründe für die anderweitige Vergabe erfragt werden.

---

1 *Jaeger*, NZBau 2001, 289, 294 m. w. N.
2 OLG Düsseldorf, VergabE C-10-16/01.
3 OLG Düsseldorf, NZBau 2000, 440, 441; VK Südbayern, VergabE E-2b-18/00; VK Hessen, VergabE E-7-26/99.
4 OLG Düsseldorf, BauR 1999, 751 (757), in Anlehnung an die legale Definition des § 121 Abs. 1 Satz 1 BGB, s.a. Beschluss vom 22. 8. 2000 – Verg 9/00, VergabE C-10-9/00; BayObLG, NZBau 2000, 481, 483; KG, NZBau 2000, 258, 259; OLG Jena, NZBau 2000, 539, 540; OLG Schleswig, VergabE C-15-1/01.
5 OLG Düsseldorf, BauR 1999, 751 (757); OLG Koblenz, NZBau 2000, 445 (447); *Noch*, BB 1999, 1081.
6 OLG Düsseldorf, NZBau 45, 47; OLG Jena, NZBau 2000, 539, 540; BayObLG, NZBau 2000, 481, 483.

Hinweis:
Die fehlenden Gründe selbst stellen ein Verstoß gegen die Informationspflicht der Vergabestelle dar und berechtigten zur Durchführung eines Nachprüfungsverfahrens, das nach erfolgter Unterrichtung und Erkenntnis der Aussichtslosigkeit für erledigt erklärt oder zurückgenommen werden kann.[1] Wenn die Gründe von der Vergabestelle genannt werden, kann, gegebenenfalls unter Hinziehung fachkundigen Rates, die Rechtmäßigkeit überprüft und eine weitergehende Rüge formuliert werden.

In diesem Zusammenhang stellt sich die weitere Frage, ob zwischen der Rüge und der Einreichung des Nachprüfungsantrags eine **Wartefrist** eingehalten werden muss. Der Wortlaut des § 107 Abs. 3 Satz 1 GWB sieht eine solche Frist nicht ausdrücklich vor. Da es jedoch Sinn und Zweck der Rüge ist, der Vergabestelle eine letzte Chance einzuräumen und den Vergabefehler zu beseitigen, ist grundsätzlich die Reaktion der Vergabestelle vor Einreichung eines Nachprüfungsantrags abzuwarten. Andernfalls würde ein Auftraggeber, der bereit ist, einer Rüge abzuhelfen, unnötig mit einem Nachprüfungsverfahren überzogen werden.[2] Nach anderer Auffassung hat die verfrühte Erhebung des Nachprüfungsantrags zur Folge, dass der Antragsteller bei sofortigem Einlenken der Vergabestelle im Nachprüfungsverfahren die Verfahrenskosten trägt.[3] 134

Die Erfüllung der Rügeobliegenheit darf jedoch nicht dazu führen, dass der Bieter Gefahr läuft, durch das Rügeverfahren seinen Rechtsschutz zu verkürzen. Wie lange das Unternehmen nach seiner Rüge mit der **Einleitung des Nachprüfungsverfahrens** abwarten muss, hängt von den Umständen des Einzelfalls ab. Von wesentlicher Bedeutung ist, in welchem Verfahrensstadium der vermeintliche Vergabefehler erkannt und gerügt wird. Je näher die Zuschlagserteilung rückt, desto kürzer kann der Zeitraum zwischen Rüge und Nachprüfungsantrag sein. 135

Der Rügende muss den Ablauf der zur Beseitigung des Vergabeverstoßes gesetzten Frist nicht abwarten, wenn dies der Vergabestelle die Möglichkeit der Zuschlagserteilung vor Zustellung des Nachprüfungsantrags ermöglichen würde.[4] 136

Beispiel:
Der Antragsteller erhielt durch die Vorabinformation der Vergabestelle von dem vermeintlichen Vergabeverstoß Kenntnis. Er rügte den Wertungsfehler innerhalb einer Woche und setzte der Vergabestelle eine Äußerungsfrist, die einen Werktag vor dem Ende der 14-tägigen Wartefrist ablief. Seinen Nachprüfungsantrag reichte er zulässigerweise jedoch vor Ablauf der gesetzten Frist ein, um die rechtzeitige Zustellung durch die Vergabekammer zu gewährleisten.

Das OLG Rostock und das OLG Stuttgart lassen die Rügepflicht entfallen, wenn nach der Rüge und der Stellungnahme der Vergabestelle keine ausreichende Zeit bliebe, durch einen Nachprüfungsantrag die Zuschlagserteilung zu verhindern.[5] Dies widerspricht dem Wortlaut des § 108 Abs. 2 Satz 2 GWB. 137

---

1 Das OLG Dresden, IBR 2003, 318 will die Kosten in analoger Anwendung des § 93 ZPO der Vergabestelle auferlegen.
2 *Portz* in Niebuhr/Kulartz/Kus/Portz, § 107 GWB Rz. 40.
3 OLG Frankfurt, NZBau 2001, 101, 103, BauR 2000, 1595, 1597.
4 OLG Düsseldorf, VergabE C-10–57/02v.
5 OLG Rostock, IBR 2000, 352; OLG Stuttgart, NZBau 2000, 542.

Hinweis:
Wegen der weitreichenden Folgen eines Verstoßes gegen die Rügeobliegenheit sollte die Rüge auch in Eilfällen zumindest taggleich mit dem Nachprüfungsantrag erhoben werden.[1]

cc) Form der Rüge

138 Die Rüge ist nicht formgebunden. Eine (fern-)mündliche Rüge ist ausreichend. Aus Beweisgründen ist jedoch immer eine **schriftliche Rüge** zu empfehlen.[2] Die Rüge ist gegenüber der Vergabestelle zu erheben. Eine unverzügliche Rüge gegenüber einer anderer Behörde der Körperschaft, in deren Namen der Auftrag erteilt werden soll, genügt der Rügepflicht nicht.[3]

dd) Konsequenzen für die Praxis

139 Die Tendenz in der Rechtsprechung, die Anforderungen an die Unverzüglichkeit der Rüge streng zu beurteilen, bedeutet für die **anwaltliche Tätigkeit**, dass die Bekanntmachung und die Verdingungsunterlagen während der Angebotsbearbeitung auf Vergabeverstöße zu überprüfen sind. Es darf aufgrund der kurzen Fristen bei der Prüfung von Vergabeverstößen und der Formulierung von Rügen keine Zeit verloren werden. Derartige Mandate sind vorrangig zu bearbeiten.

140 Im Nachprüfungsverfahren können weitere vorher nicht erkannte Rechtsverstöße gerügt werden. Bestimmte Vergabeverstöße lassen sich erst beim Studium der Vergabeakte erkennen.[4] Ein **Akteneinsichtsrecht** besteht für das antragstellende und die beigeladenen Unternehmen erstmals im Rahmen des Nachprüfungsverfahrens. Die Vergabekammer ist befugt, von den Beteiligten nicht erkannte Vergabefehler zur Grundlage seiner Entscheidung zu machen. Sie ist an das Parteivorbringen nicht gebunden.

d) Anderweitige Rechtshängigkeit/Beiladung

141 Ein Nachprüfungsantrag ist ferner unzulässig, wenn ihm die Bindungswirkung eines anderen Nachprüfungsverfahrens in gleicher Sache entgegensteht. Eine Bindungswirkung entsteht durch die **Beiladung** gemäß § 109 GWB, § 65 Abs. 2 VwGO. Gemäß § 109 GWB sind Unternehmen, deren Interessen durch die Entscheidung der Vergabekammer in einem Nachprüfungsverfahren schwerwiegend berührt werden, beizuladen. Es handelt sich um eine notwendige Beiladung im Sinne des § 65 Abs. 2 VwGO, da die Entscheidung über den Nachprüfungsantrag nur einheitlich ergehen kann. Die Einleitung eines Nachprüfungsverfahrens entfaltet deshalb eine **Sperrwirkung** für Nachprüfungsanträge anderer Bieter außerhalb des eingeleiteten Nachprüfungsverfahrens. Der Streitgegenstand ist identisch. Die Entscheidung in dem Nachprüfungsverfahren bindet die Beigeladenen, § 121 Nr. 1 VwGO analog.[5] Die Heranziehung der verwaltungsgerichtlichen

---
1 OLG Düsseldorf, VergabE C-10-16/01.
2 VK Baden-Württemberg, VergabE E-1-20/99.
3 VK Brandenburg, VergabE E-4-24/00.
4 OLG Stuttgart, NZBau 2000, 301.
5 VK Hessen, VergabE E-7-3/00.

Grundsätze über die anderweitige Rechtshängigkeit und die daraus resultierenden Bindungswirkungen entspricht dem Ziel des Gesetzgebers, durch die Neuregelung des Vergabenachprüfungsverfahrens, das Vergabeverfahren zu beschleunigen.[1]

Den Beigeladenen entsteht durch die Sperrwirkung eines bereits eingeleiteten Nachprüfungsverfahrens kein Nachteil. Sie sind berechtigt, im Nachprüfungsverfahren eigene **Anträge** zu stellen. Diese Anträge können über die Sachanträge der Hauptbeteiligten hinausgehen.[2] Die **Zulässigkeitsvoraussetzungen** müssen auch in der Person des Beigeladenen, der Anträge stellt, vorliegen. Er muss gemäß § 107 Abs. 1 GWB antragsbefugt sein. Die Pflicht zur unverzüglichen Rüge besteht ebenfalls. Für den Beigeladenen folgt aus der Sperrwirkung der Beiladung, dass ein eigener Sachantrag auf die Beseitigung von Vergabefehlern, die erst durch die Akteneinsicht im Laufe des Nachprüfungsverfahren erkannt werden, gestützt werden kann. 142

Ist eine Beiladung noch nicht erfolgt oder nicht vorgesehen, kann der Beizuladende selbst ein Nachprüfungsverfahren anstrengen. 143

Beispiel:
Der nach Wertung der Vergabestelle an zweiter Stelle liegende Bieter strengt mit der Begründung, das Angebot des an erster Stelle liegenden Konkurrenten sei auszuschließen, ein Nachprüfungsverfahren an. Wird nicht nur der erst- sondern auch der drittplatzierte Bieter beigeladen, kann dieser vorbringen, das Angebot des Zweitplatzierten sei auszuschließen und beantragen, bei der Vergabe sein Angebot als das annehmbarste zu berücksichtigen. Wird er nicht beigeladen, muss er einen eigenen Nachprüfungsantrag stellen.

Die Entscheidung über die Beiladung, auch die Ablehnung eines Antrags auf Beiladung, ist gemäß § 109 Satz 2 GWB unanfechtbar. 144

4. Akteneinsichtsrecht

Eine der wesentlichen Errungenschaften des Rechtsschutzes bei gemeinschaftsweit auszuschreibenden öffentlichen Aufträgen ist das Akteneinsichtsrecht im Nachprüfungsverfahren. Ohne das Recht auf Akteneinsicht wäre das durch § 97 Abs. 7 GWB eingeführte subjektive Recht auf Einhaltung der Vergabebestimmungen durch den Auftraggeber für die sich bewerbenden Unternehmen nicht durchsetzbar. Die internen Vorgänge innerhalb der Vergabestelle könnten nicht überprüft und etwaige Vergabeverstöße im Vergabeverfahren nicht vorgetragen werden. 145

a) Voraussetzungen

Die Regelung des Akteneinsichtsrechts in § 111 GWB ist allerdings lückenhaft. Gemäß § 111 Abs. 1 GWB können die Beteiligten die Akten bei der Vergabekam- 146

---

[1] BR-Drucks. 646/97, S. 37: „Auch die Festlegung des Kreises der Verfahrensbeteiligten muss mit dem Ziel der Beschleunigung des Vergabeverfahrens erfolgen. Durch Beiladung ... soll die Beteiligung all derer sichergestellt werden, die durch eine für sie nachteilige Entscheidung der Vergabekammer eine Verletzung ihrer eigenen Rechte erfahren und – bei Nichtbeteiligten – ein weiteres Überprüfungsverfahren beantragen könnten."; VK Hessen, VergabE E-7–3/00.
[2] *Kopp/Schenke*, § 66 VwGO Rz. 5 f.; *Eyermann*, § 66 VwGO Rz. 3.

mer einsehen und sich durch die Geschäftsstelle auf ihre Kosten Ausfertigungen, Auszüge und Abschriften erteilen lassen. Die Vergabekammer hat die Einsicht in die Unterlagen gemäß § 111 Abs. 2 GWB zu versagen, soweit dies aus wichtigen Gründen, insbesondere des Geheimschutzes zur Wahrung von Fabrikations-, Betriebs- oder Geschäftsgeheimnissen geboten ist.

aa) Kennzeichnungspflicht

147 Die Beteiligten haben mit Übersendung ihrer Akten oder Stellungnahmen auf die vorgenannten Geheimnisse hinzuweisen (Kennzeichnungspflicht) und die Unterlagen entsprechend kenntlich zu machen. Erfolgen derartige Hinweise nicht, so kann gemäß § 111 Abs. 3 Satz 2 GWB die Vergabekammer von der Zustimmung der Beteiligten auf Akteneinsicht ausgehen.

148 Die Kennzeichnung von Akteninhalten als geheimhaltungsbedürftig allein steht der Gewährung der Akteneinsicht nicht entgegen. Die Geheimhaltungspflicht ist nachvollziehbar darzulegen. Andernfalls wird von der Vergabekammer Akteneinsicht – auch in Angebotsunterlagen der Konkurrenten – gewährt.[1]

bb) Geheimhaltungsinteressen

149 Das Akteneinsichtsrecht ist hinsichtlich der Offenbarung von Geheimnissen beschränkt. Es hat eine **Interessenabwägung** zwischen den Geheimhaltungsinteressen konkurrierender Bieter und dem Rechtsschutzinteresse des um Akteneinsicht nachsuchenden Antragstellers[2] stattzufinden. Das Akteneinsichtsrecht besteht nur in dem Umfang, wie es zur Durchsetzung der behaupteten, subjektiven Rechte des betreffenden Verfahrensbeteiligten zum jeweiligen Verfahrensstand, begrenzt durch den Verfahrensgegenstand, erforderlich ist. Ist die Zulässigkeit des Nachprüfungsantrags im Streit, wird Akteneinsicht in die Vergabeakten gewährt, soweit dies zur Beurteilung der Zulässigkeit des Nachprüfungsantrags erforderlich ist.[3] Zur Feststellung, ob der Zuschlag wirksam erteilt wurde, bedarf es nicht der Kenntnis der Angebotsunterlagen der anderen Bieter, sondern nur der Korrespondenz mit der Vergabestelle. Geht es um die Gleichwertigkeit eines Nebenangebots, ist dem Antragsteller dieses Nebenangebot nebst Stellungnahmen der Vergabestelle und Dritter zur Frage der Gleichwertigkeit dieses Nebenangebots in Kenntnis zu setzen.[4]

150 Der Konflikt von Offenlegungs- und Geheimhaltungsinteressen ist wie folgt zu entscheiden:

▷ Ermittlung entscheidungserheblicher Geheimnisse,

▷ Untersuchung anderer Möglichkeiten der Aufklärung ohne Offenbarung der Geheimnisse,

▷ Bedeutung der Angelegenheit für den Rechtsschutz des Antragstellers im Vergleich zum Interesse des Betroffenen an der Geheimhaltung.

---

1 OLG Celle, VergR 2002, 82; OLG Frankfurt, VergR 2002, 389; OLG Jena, IBR 2003, 158.
2 OLG Jena, IBR 2003, 158; a. A. *Dreher* in Immenga/Mestmäcker, § 111 GWB Rz. 13.
3 BayObLG, VergabE C-2–7/00; VergabE C-2–24/02.
4 OLG Thüringen, VergabE C-16–5/01–1.

Der **Geheimnisbegriff** in § 111 GWB entspricht dem in § 72 GWB, § 203 StGB und § 30 VwVfG. Geheimnisse sind danach Tatsachen, die nur einem beschränkten Personenkreis bekannt sind, an deren Geheimhaltung der Geheimnisträger ein von seinem Standpunkt aus sachlich begründetes Interesse hat und die er geheim halten will. Konkurrenzangebote unterliegen grundsätzlich dem Geheimhaltungsschutz.[1]

151

Beispiel:
Zu den Fabrikations-, Geschäfts- und Betriebsgeheimnissen gehören die Einheitspreise in den Ausschreibungsunterlagen einschließlich der Angaben über die Kalkulation wichtiger Einheitspreise, Nebenangebote/Sondervorschläge, Unterlagen über die Zuverlässigkeit der Beteiligten, die Bescheinigung der Finanzämter, Krankenkassen usw., die Einzelwertungen der Vergabestelle sowie Angaben der Bieter zu Nachunternehmern und sonstigen Erfüllungsgehilfen. Die Rechtsprechung tendiert dazu, sämtliche Preisangaben in der Vergabeakte als geheimhaltungsbedürftig anzusehen.[2] Ein überwiegendes Geheimhaltungsinteresse wurde auch angenommen für Nebenangebote und Änderungsvorschläge sowie Einzelwertungen der Prüfungskommission, Unterlagen über die Zuverlässigkeit der Beteiligten.[3]

b) Verfahren

Die Vergabestelle ist nicht Geheimnisträger hinsichtlich der Angebote anderer Bieter, die sie ebenfalls an die Vergabekammer übersendet. Die Hinweispflicht und die Zustimmungsfiktion des § 111 Abs. 3 GWB gelten nicht für die von der Vergabestelle an die Vergabekammer übersandten Angebote. Die **Erforschung des Geheimhaltungsinteresses** derjenigen Unternehmen, die Angebote abgegeben haben, hat entweder durch Beiladung oder – wenn die Vergabekammer eine Beiladung nicht für erforderlich hält – durch Anhörung zu erfolgen. Das beigeladene Unternehmen muss, wenn es das eigene Angebot oder Teile davon als geheimhaltungsbedürftiges Geheimnis ansieht, im Rahmen der Stellungnahme zu dem eingereichten Nachprüfungsantrag eine Einschränkung des Akteneinsichtsrechts beantragen.

152

Wegen des möglichen Geheimhaltungsinteresses hinsichtlich der Angebote von Unternehmen, die nicht beigeladen werden, kann die Akteneinsicht auf diese Angebotsunterlagen also nur ausgedehnt werden, wenn den Unternehmen **rechtliches Gehör** gewährt wurde. Vor Gewährung der Akteneinsicht ist mithin folgendes Verfahren durchzuführen:

153

▷ die Vergabekammer fordert bei der Vergabestelle die Vergabeakte an,

▷ die Vergabestelle übersendet die Akte und markiert die aus ihrer Sicht geheimhaltungsbedürftigen Dokumente/Textpassagen,

▷ die Vergabekammer sichtet Vergabeakten, beschließt Beiladungen und hört nicht beigeladene Unternehmen wegen der Gewährung von Akteneinsicht in ihren Angebotsunterlagen an,

---

1 VK Sachsen, IBR 2000, 411; VK Bund, VergabE D-1-29/99; a. A. OLG Jena, NZBau 2000, 354.
2 VK Bund, VergabE D-1-29/99; *Boesen*, IBR 2000, 304 und WuW 2000, 453; VK Baden-Württemberg, VergabE E-1-23/99.
3 VK Sachsen, IBR 2000, 411; VK Baden-Württemberg, VergabE E-1-23/99 und VergabE E-1-2/00.

▷ die Beigeladenen und die angehörten Unternehmen nehmen zur Akteneinsicht Stellung,

▷ die Vergabekammer entscheidet über die Beschränkung der Akteneinsicht.

c) Rechtsmittel

154 Die Beschränkung oder Versagung des Akteneinsichtsrechts des Antragstellers und der Beigeladenen kann nicht isoliert, sondern gemäß § 111 Abs. 4 GWB nur **im Rahmen der sofortigen Beschwerde** gegen den Beschluss der Vergabekammer in der Hauptsache angegriffen werden. Das Oberlandesgericht hat gegebenenfalls ein Zwischenverfahren – wie oben beschrieben – durchzuführen, oder die Sache an die Vergabekammer gemäß § 123 GWB zurückzuverweisen.

155 Fraglich ist, ob den Bietern, deren Antrag auf Beschränkung nicht entsprochen wurde, vor Gewährung der Akteneinsicht durch die Vergabekammer eine gerichtliche Überprüfungsmöglichkeit dieser Entscheidung zusteht. Eine spezielle Regelung hierzu fehlt. Es wird aufgrund des mit der Gewährung unbeschränkter Akteneinsicht verbundenen **Verlustes des Geheimnisschutzes** argumentiert, die Entscheidung sei mit einer sofortigen Beschwerde beim Vergabesenat des Oberlandesgerichts anfechtbar.[1] Diese Überprüfungsmöglichkeit liefe dem Beschleunigungsgebot zuwider. Bis zur Entscheidung des Oberlandesgerichts über den Umfang des Akteneinsichtsrechts würde das Nachprüfungsverfahren vor der Vergabekammer ruhen und könnte nicht innerhalb von 5 Wochen zum Abschluss gebracht werden.

d) Verwertung von Geheimnissen

156 Bei Einschränkung des Akteneinsichtsrechts stellt sich die Frage, ob die Vergabekammer die Inhalte, die dem Antragsteller oder dem Beigeladenen aufgrund der Beschränkung des Akteneinsichtsrechts nicht bekannt sind, zur Grundlage ihrer Entscheidung machen kann. Hiergegen spricht vordergründig, dass aufgrund der Beschränkung des Akteneinsichtsrechts nicht allen Beteiligten rechtliches Gehör gewährt werden konnte. Da die Vergabekammer den **Sachverhalt von Amts wegen ermittelt** und die Entscheidung auch auf Vergabeverstöße stützen darf, die vom Antragsteller nicht gerügt wurden, ist es Aufgabe der Vergabekammer den entscheidungsrelevanten Sachverhalt vollständig zu ermitteln und zu verwerten. Das Gebot des effektiven Rechtsschutzes würde unterlaufen werden, wenn das überwiegende Geheimhaltungsinteresse eines Beteiligten die Überprüfung des geheimhaltungsbedürftigen Sachverhalts gänzlich ausschlösse.

157 Es wird deshalb unter Berufung auf eine allerdings anders gelagerte Entscheidung des Bundesverfassungsgerichts vorgeschlagen, im Rahmen eines so genannten **in-camera-Verfahrens**, die Akteneinsicht auf die Mitglieder der Vergabekammer zu beschränken.[2] Dem Vorschlag ist beizupflichten. Die Vergabekammer hat die

---

1 *Gröning*, NZBau 2000, 366, 370; *Reidt* in Reidt/Stickler/Glahs, § 111 GWB Rz. 28; *Kus* in Niebuhr/Kulartz/Kus/Portz, § 111 GWB Rz. 21.
2 *Gröning*, NZBau 2000, 366, 370 unter Bezugnahme auf BVerfG, NJW 2000, 1175, 1178; *Reidt* in Reidt/Stickler/Glahs, § 111 GWB Rz. 15e.

Möglichkeit, den geheimhaltungsbedürftigen Sachverhalt so zu umschreiben, dass den Beteiligten und insbesondere dem Geheimnisträger die Möglichkeit eröffnet wird, zu dem Vorwurf eines Vergabeverstoßes Stellung zu nehmen. Die Gewährung rechtlichen Gehörs ist Voraussetzung für die Verwertung nicht zugänglicher Akteninhalte.

5. Erledigung des Nachprüfungsantrags

Das Rechtsschutzbegehren des Antragstellers ändert sich, wenn sich das mit dem Nachprüfungsantrag verfolgte Rechtsschutzziel nach Einleitung des Nachprüfungsverfahrens erledigt hat. Kann das Rechtsschutzziel nicht mehr erreicht werden, ist der Nachprüfungsantrag unbegründet und müsste abgewiesen werden. Der Antragsteller kann in dieser Situation gemäß § 114 Abs. 2 GWB die Feststellung beantragen, ob eine Rechtsverletzung vorgelegen hat. 158

a) Fallkonstellationen

§ 114 Abs. 2 GWB zählt die Erledigungsgründe abschließend auf: 159

▷ Zuschlagserteilung,

▷ Aufhebung der Ausschreibung,

▷ Einstellung des Vergabeverfahrens,

▷ Erledigung in sonstiger Weise.

Eine Erledigung durch **Zuschlagserteilung** kommt wegen des geltenden Zuschlagsverbotes nur in Betracht, wenn der Zuschlag nach Einreichung bei der Vergabekammer und vor Zustellung des Nachprüfungsantrags oder aufgrund einer Gestattung durch die Vergabekammer gemäß § 115 Abs. 2 GWB erteilt wurde. 160

Eine **Einstellung** des Vergabeverfahrens ist jederzeit möglich. Der öffentliche Auftraggeber ist nicht gezwungen, ein Vergabeverfahren durch Zuschlagserteilung zu beenden. Er kann, z.B. aus fiskalischen Gründen von dem Vorhaben Abstand nehmen. Die Einstellung ist von der Aufhebung des Verfahrens zu unterscheiden. Die Aufhebung kommt nach Maßgabe der einschlägigen Vorschriften der Vergabe- und Vertragsordnungen in Betracht und ermöglicht dem Auftraggeber eine erneute Vergabe des Auftrags. 161

Die Erledigung in sonstiger Weise umfasst die Fälle der **Heilung** der gerügten Vergabeverstöße durch die Vergabestelle. 162

Beispiel:
Der Antragsteller wendet sich gegen den Ausschluss seines Angebots wegen Unzuverlässigkeit. Die Vergabestelle wertet daraufhin das Angebot des Antragstellers.

In all diesen Konstellationen kann der antragstellende Bieter, den Nachprüfungsantrag für erledigt erklären und gemäß § 114 Abs. 2 GWB die Feststellung beantragen, dass er durch ein bestimmtes Verhalten der Vergabestelle in seinen Rechten verletzt worden ist. 163

b) Sonderfall: Unzulässige Aufhebung

164 Die Rechtmäßigkeit der Aufhebung ist einer Überprüfung durch die Vergabekammer zugänglich.[1] Eine rechtswidrige Aufhebung der Ausschreibung stellt deshalb keine Erledigung des Nachprüfungsantrags dar. Es gelten auch bei einem bereits wegen eines anderen Vergabestoßes angestrengten Nachprüfungsverfahrens die Zulässigkeitsvoraussetzungen wie rechtzeitige Rüge und Antragsbefugnis. Der Antragsteller hat deshalb zuerst die rechtswidrige Aufhebung der Ausschreibung gegenüber der Vergabestelle zu rügen und kann dann das Nachprüfungsverfahren fortsetzen, wenn die Vergabestelle die Aufhebung der Ausschreibung nicht rückgängig macht.

Hinweis:

165 Da häufig in rechtlicher Hinsicht Unsicherheit über die Rechtmäßigkeit der Aufhebung der Ausschreibung bestehen wird, ist dem Antragsteller zu empfehlen, den Feststellungsantrag **hilfsweise** zu stellen und im Hauptantrag die Aufhebung der Aufhebung der Ausschreibung und die Fortführung des Vergabeverfahrens sowie die Beseitigung der gerügten Vergabeverstöße geltend zu machen.

c) Rücknahme/Feststellungsinteresse

166 In den Fällen einer **Erledigung** kann der Antragsteller den Nachprüfungsantrag zurücknehmen, die Erledigung erklären und weitergehend, die Feststellung eines Rechtsverstoßes verlangen.

167 Durch die **Rücknahme** des Nachprüfungsantrags wird das Nachprüfungsverfahren beendet; Raum für einen Antrag auf Feststellung einer Rechtsverletzung durch die Vergabestelle besteht nicht mehr. Ein solcher Antrag könnte auch nicht im Rahmen eines weiteren Nachprüfungsverfahrens gestellt werden. Eine Rücknahme kommt in Betracht, wenn die Vergabekammer den Nachprüfungsantrag für voraussichtlich unzulässig oder unbegründet hält und die Zuschlagserteilung vorab gemäß § 115 Abs. 2 GWB gestattet hat.

168 Die Möglichkeit der Fortführung eines in der Hauptsache erledigten Nachprüfungsverfahrens dient der **Vorbereitung** der Geltendmachung eines **Schadensersatzanspruchs**. Voraussetzung ist deshalb ein Feststellungsinteresse. Dieses besteht, wenn die Möglichkeit eines Schadensersatzanspruchs oder eine Wiederholungsgefahr besteht.[2] Ein Schadensersatzanspruch des Antragstellers kommt nicht in Betracht, wenn die Vergabestelle den Fehler heilt. Im Beispiel unter Rz. 152 ist dem Antragsteller kein Schaden entstanden, wenn die Vergabestelle das zunächst ausgeschlossene Angebot wertet. Ein Feststellungsantrag wäre deshalb nur unzulässig, wenn Wiederholungsgefahr bestünde. Fehler bei der Wertung des Angebots sind zu rügen und in einem gesonderten Nachprüfungsverfahren anzugreifen.

169 Erklärt der Antragsteller die Erledigung, ohne dies mit einem Feststellungsantrag zu verbinden, stellt die Vergabekammer entsprechend den zu § 91 a ZPO ent-

---

1 EuGH, NZBau 2002, 458; *Prieß*, NZBau 2002, 433.
2 OLG Düsseldorf, NZBau 2002, 583; *Reidt* in Reidt/Stickler/Glahs, § 114 GWB Rz. 58.

wickelten Grundsätzen die Erledigung fest, wenn die übrigen Beteiligten keine Erledigungserklärungen abgeben. Bei allseitigen Erledigungserklärungen entscheidet die Vergabekammer nach billigem Ermessen unter Berücksichtigung der Erfolgsaussichten nur über die Kosten.

Für die Entscheidung der Vergabekammer über den Feststellungsantrag gelten die allgemeinen Verfahrensgrundsätze mit Ausnahme des Beschleunigungsgebots. Das Verfahren braucht nicht innerhalb von fünf Wochen abgeschlossen werden. 170

Die Entscheidung der Vergabekammer über den Feststellungsantrag ergeht durch Verwaltungsakt in Form eines Beschlusses. **Rechtsmittel** ist gemäß § 114 Abs. 3 Satz 1 und § 116 Abs. 1 GWB die sofortige Beschwerde. 171

6. Entscheidung der Vergabekammer und Vollstreckung
a) Entscheidungsfrist

Die Vergabekammer soll gemäß § 113 Abs. 2 GWB innerhalb von 5 Wochen ab Eingang des Nachprüfungsantrags in der Sache entscheiden. Nur in Ausnahmefällen bei besonderen tatsächlichen oder rechtlichen Schwierigkeiten kann die Entscheidungsfrist vom Vorsitzenden der Vergabekammer um den erforderlichen Zeitraum verlängert werden, § 113 Abs. 1 Satz 2 GWB. 172

Ein Nachprüfungsantrag gilt gemäß § 116 Abs. 2 GWB als abgelehnt, wenn die Vergabekammer nicht innerhalb der Frist des § 113 Abs. 1 GWB entschieden hat. Maßgeblich ist der Zeitpunkt der Abfassung der Entscheidung (Niederlegung der unterschriebenen Entscheidung bei der Geschäftsstelle/Dienststelle), nicht der Zugang der Entscheidung bei den Beteiligten.[1] Umstritten ist, ob die Verlängerung der 5-wöchigen Entscheidungsfrist gemäß § 113 Abs. 1 Satz 2 GWB nach Fristablauf erfolgen kann. In § 113 Abs. 1 GWB ist nicht geregelt, ob die Fristverlängerung innerhalb der **5-Wochen-Frist** zu erfolgen hat und auch innerhalb dieser Frist den Beteiligten zugehen muss oder die Frist auch noch nach ihrem Ablauf durch den Vorsitzenden der Vergabekammer verlängert werden kann. In der Literatur werden sämtliche Varianten vertreten.[2] Gegen eine Verlängerung nach Fristablauf spricht die gesetzliche **Ablehnungsfiktion** des § 116 Abs. 2 GWB.[3] Zudem wären für ein- und denselben Nachprüfungsantrag zwei Instanzen zuständig. 173

Ein **Rechtsbehelf** gegen eine Verlängerungsentscheidung ist nicht vorgesehen. Die Vergabestelle als Antragsgegner kann einen Antrag auf **Vorabgestattung der Zuschlagserteilung** gemäß § 115 Abs. 2 GWB stellen. Damit wird sie jedoch nur durchdringen, wenn der Nachprüfungsantrag offensichtlich keinen Erfolg haben wird oder das Interesse der Allgemeinheit an dem schnellen Abschluss des Vergabeverfahrens, unabhängig von den, bei tatsächlich oder rechtlich komplexen Streitgegenständen, summarisch nur schwer zu ermittelnden Erfolgsaussichten 174

---
1 *Stockmann* in Immenga/Mestmäcker, § 116 GWB Rz. 6; *Gröning* in Motzke/Pietzker/Prieß, § 116 GWB Rz. 38; a. A. *Stickler* in Reidt/Stickler/Glahs, § 116 GWB Rz. 9a; VK Thüringen, IBR 2003, 218.
2 *Gröning* in Motzke/Pietzker/Prieß, § 116 GWB Rz. 40 ff.
3 *Reidt* in Reidt/Stickler/Glahs, § 113 GWB Rz. 13.

des Nachprüfungsantrags, von überragender Bedeutung ist. Ob der Antragsteller ein- oder mehrmalige unbegründete Verlängerungsentscheidungen hinnehmen muss oder er eine Untätigkeitsbeschwerde beim OLG erheben kann, bleibt der Rechtsfortbildung überlassen.[1]

b) Entscheidungsbefugnisse der Vergabekammer

175 Die Befugnisse der Vergabekammer sind in § 114 Abs. 1 und Abs. 2 GWB geregelt. Die Vergabekammer entscheidet, ob der Antragsteller in seinen Rechten verletzt ist, prüft also die Zulässigkeit und Begründetheit des Nachprüfungsantrags. Darüber hinaus trifft die Vergabekammer die **geeigneten Maßnahmen**, um eine Rechtsverletzung zu beseitigen und eine Schädigung der betroffenen Interessen zu verhindern. Sie ist dabei nicht an die Anträge gebunden. Die fehlende Bindung an die vom Antragsteller und den Beigeladenen gestellten Anträge bedeutet nicht, dass die Vergabekammer zugunsten des Antragstellers über vom Antragsteller nicht oder verspätet gerügte Vergabeverstöße entscheiden kann.

176 Umstritten ist, ob die Vergabekammer auch bei einem, z. B. mangels Antragsbefugnis, unzulässigen Antrag berechtigt ist, Maßnahmen zur Wiederherstellung der Sicherung der Rechtmäßigkeit des Vergabeverfahrens zu ergreifen. Die Mehrzahl der Oberlandesgerichte lässt ein Eingreifen der Vergabekammer nur bei zulässigen Nachprüfungsanträgen zu.[2] Für diese Auffassung spricht, dass andernfalls die strengen Zulässigkeitsanforderungen an den Nachprüfungsvertrag leer laufen würden. Die Gegenmeinung beruft sich auf die Entstehungsgeschichte des § 114 Abs. 2 GWB. Der Vergabekammer sollte zunächst eine unbeschränkte Prüfungskompetenz zukommen. Die Vorschrift wurde dann in eine Kann-Bestimmung abgeändert, ohne das gesetzgeberische Ziel verändern zu wollen.[3] Einigkeit besteht darüber, dass die Vergabestelle wegen der Verletzung der Rügeobliegenheit präkludierte Vergabeverstöße nicht maßregeln kann.[4]

177 Das Rechtsschutzziel des Antrags ist für die Vergabekammer verbindlich. Es gilt die **Dispositionsmaxime**. Ändert der Antragsteller das Rechtsschutzziel oder nimmt er gar den Antrag zurück, kann die Vergabekammer das Verfahren nicht an sich ziehen und weiterbetreiben.[5] Die Vergabekammer kann jedoch Vergabefehler bzw. erkennbare Rechtsverletzungen zulasten des Antragstellers beanstanden und Anregungen und Gelegenheit zu einer Fehlerkorrektur geben.[6]

178 Die von der Vergabekammer zu treffenden Maßnahmen müssen verhältnismäßig sein. Die Eingriffe in die Verfahrenshoheit der Vergabestelle haben sich auf die Maßnahmen zu beschränken, die zur Heilung und Vermeidung von Vergabeverstößen erforderlich sind.

---

1 *Reidt* in Reidt/Stickler/Glahs, § 113 GWB Rz. 22.
2 OLG Jena, VergabE C-16-3/02v; OLG Düsseldorf, VergabE C-10-22/02.
3 OLG Naumburg, VergabE C-14-3/01.
4 OLG Dresden, VergabE C-13-19/02.
5 *Dreher* in Immenga/Mestmäcker, § 114 GWB Rz. 10 f.
6 *Dreher* in Immenga/Mestmäcker, § 114 GWB Rz. 11; *Boesen*, § 114, Rz. 31 f.; *Reidt* in Reidt/Stickler/Glahs, § 114 GWB Rz. 13.

Beispiel:
Wurde das Angebot des Antragstellers zu Unrecht ausgeschlossen oder ein Nebenangebot des Beigeladenen zu Unrecht gewertet, ist die Wertung der Angebote unter Berücksichtigung der Rechtsauffassung der Vergabekammer zu wiederholen.

Die Vergabekammer ist nicht befugt, in das Vergabeverfahren einzugreifen und anstelle des öffentlichen Auftraggebers zu handeln, also den Zuschlag zu erteilen oder ein Vergabeverfahren aufzuheben. Die Erteilung des Zuschlags an den Antragsteller kann indirekt durch die Anordnung vorgegeben werden, das Angebot des Antragstellers für den Fall der Beendigung des Vergabeverfahrens durch Zuschlagserteilung als das annehmbarste zu berücksichtigen. Dies ist dann zulässig, wenn unter Berücksichtigung des Wertungsspielraums der Vergabestelle nur eine rechtmäßige Entscheidung in Betracht kommt.[1]   179

Beispiel:
Das Hauptangebot des Antragstellers ist nach dem Nebenangebot des Beigeladenen das wirtschaftlichste. Das Nebenangebot ist zwingend mangels Gleichwertigkeit auszuschließen. Dem Antragsteller gebührt der Zuschlag, wenn kein Aufhebungsgrund vorliegt und die Vergabestelle von der ausgeschriebenen Maßnahme nicht gänzlich Abstand nimmt.

Eine **Aufhebung der Ausschreibung** ist anzuordnen, wenn der Vergabeverstoß nur durch eine neue öffentliche Ausschreibung geheilt werden kann.   180

Beispiele:
Es wurde die falsche Vergabeart gewählt (Beschränke Ausschreibung statt Öffentlicher Ausschreibung); es wurde die falsche Vergabe- und Vertragsordnung angewendet (VOL statt VOF); die angegebenen Eignungs- und Wertungskriterien sind unzulässig und widersprüchlich.

Ein bereits **erteilter Zuschlag** kann gemäß § 114 Abs. 2 GWB nicht aufgehoben werden. Hat sich das Nachprüfungsverfahren durch Erteilung des Zuschlags, durch Aufhebung oder durch Einstellung des Vergabeverfahrens oder in sonstiger Weise erledigt, ist die Vergabekammer auf Antrag eines Beteiligten befugt festzustellen, ob eine Rechtsverletzung vorgelegen hat.   181

c) Form und Inhalt

Die Vergabekammer entscheidet durch **Verwaltungsakt** in der Sache selbst und über die Kosten. Verwaltungsakte bedürfen der Schriftform und sind zu begründen. Die **Begründung** muss hinsichtlich der Tatsachen- und Rechtsfragen so vollständig sein, dass eine rechtliche Prüfung durch die Beteiligten und durch das Beschwerdegericht möglich ist.   182

Die Entscheidung der Vergabekammer ist von den hauptamtlichen Mitgliedern (Vorsitzender und hauptamtlicher Beisitzer) zu unterschreiben. Die **Unterschriften** der hauptamtlichen Mitglieder sind ausreichend, um die Herkunft des Beschlusses zu verbürgen und sicherzustellen, dass es sich hierbei nicht um einen bloßen Entwurf einer Entscheidung der Vergabekammer handelt.[2] Ob darüber hinaus auch zur Wirksamkeit der Entscheidung die Unterschrift des ehrenamtli-   183

---
1 VK Südbayern, VergabE E-2b-29/03; *Bechtold*, § 114 Rz. 2; *Boesen*, § 114 Rz. 23.
2 BGH, NZBau 2001, 517, 518.

chen Beisitzers erforderlich ist, bestimmt sich nach Landesrecht. Regelungen über die Ausfertigung der Entscheidung der Vergabekammer finden sich entweder in den Landesverordnungen über die Einrichtung, Organisation und Besetzung der jeweiligen Vergabekammern und/oder den von den Vergabekammern erlassenen Geschäftsordnungen.

d) Zustellung

184 Gemäß § 61 Abs. 1 GWB richtet sich die Zustellung der Entscheidungen nach den Vorschriften des **Verwaltungsvollstreckungsgesetzes**. Die Zustellung ist Voraussetzung für die Wirksamkeit der Entscheidung der Vergabekammer und für den Lauf der Rechtsmittelfristen.[1] Gegenüber Behörden, Körperschaften und Angestellten des öffentlichen Rechts, Rechtsanwälten, Wirtschaftsprüfern und Steuerberatern kann ein Schriftstück gegen Empfangsbekenntnis in der Weise zugestellt werden, dass als Nachweis der Zustellung ausreichend ist, ein mit Datum und Unterschrift versehenes Empfangsbekenntnis an die Behörde zurückzusenden.

e) Vollstreckung

185 Die Vergabekammer entscheidet durch Verwaltungsakt. Die Vollstreckung richtet sich – auch gegen einen Hoheitsträger – nach den Verwaltungsvollstreckungsgesetzen des Bundes und der Länder, § 114 Abs. 3 Satz 2 GWB.

186 Es kann im Einzelfall Schwierigkeiten bereiten, festzustellen ob ein Vollstreckungsantrag ausreichend ist oder ein erneuter Nachprüfungsantrag erforderlich ist.

Beispiel:
Der Vergabestelle wird durch Beschluss der Vergabekammer untersagt, den Zuschlag zu erteilen und aufgegeben, die Wertung der Angebote erneut vorzunehmen. Die Vergabestelle ist der Auffassung, sie habe den Zuschlag vor Einleitung des Vergabeverfahrens wirksam erteilt und legt gegen die Entscheidung der Vergabekammer sofortige Beschwerde ein. Während des Beschwerdeverfahrens gestattet die Vergabestelle der beigeladenen Bietergemeinschaft die Aufnahme der Bauarbeiten. Der Antragsteller ruft deswegen erneut die Vergabekammer an.

Der Antrag ist unzulässig.[2] Entscheidungen der Vergabekammer werden mit Zustellung gemäß § 61 GWB wirksam. Sie sind **ohne Anordnung** der sofortigen Vollziehbarkeit im Gegensatz zu anderen Verwaltungsakten **vollstreckbar**.

187 Die Notwendigkeit einer Vollstreckungsmaßnahme ist nur dann gegeben, wenn die im Nachprüfungsverfahren unterlegene Vergabestelle, den **Beschluss der Vergabekammer nicht beachtet**. Die Vollstreckung dient – wie im Beispielsfall – dazu, die Schaffung vollendeter Tatsachen durch die Vergabestelle zu verhindern. Zwar steht im Beispielsfall der Beschluss der Vergabekammer einer wirksamen Zuschlagserteilung entgegen, die Gestattung der Aufnahme der Bauarbeiten führt zu einer Schmälerung des Auftragsvolumens der anderen potenziellen Auf-

---

1 *Dreher* in Immenga/Mestmäcker, § 114 GWB Rz. 56.
2 OLG Düsseldorf, NZBau 2001, 582.

tragnehmer und muss deshalb von diesen nicht hingenommen werden. Für die Einleitung eines weiteren Nachprüfungsverfahrens besteht also kein Rechtsschutzbedürfnis.

Die Vollstreckung setzt einen **Antrag** eines Verfahrensbeteiligten voraus, regelmäßig des Antragstellers oder eines durch die Entscheidung der Vergabekammer begünstigten Beigeladenen. Anwendung findet das für die Vergabestelle geltende Verwaltungsvollstreckungsgesetz. Zwangsmittel sind die Ersatzvornahme, das Zwangsgeld und der unmittelbare Zwang, § 9 VwVG. Da die Aufhebung oder Fortsetzung eines Vergabefahrens eine unvertretbare Handlung darstellt, die nicht von der Vergabekammer anstelle der Vergabestelle vorgenommen werden kann, ist das Zwangsgeld das geeignete Zwangsmittel. Die Zwangsmittel sind vor ihrer Festsetzung anzudrohen. 188

Zuständig ist die Vergabekammer. Die Vollstreckung ist kein gesondertes Verwaltungsverfahren, sie findet im Nachprüfungsverfahren statt. 189

Hinweis: 190

Der Vergabekammer wird es im Rahmen der Entscheidung über die Anordnung von Zwangsmitteln in der Regel nicht möglich sein, die Berechtigung des Handelns der Vergabestelle zu prüfen, wenn diese sich auf Sachverhalte stützt, die nicht Gegenstand des Nachprüfungsverfahrens waren. Aus Sicht des Antragstellers empfiehlt es sich in diesem Fall, einen Nachprüfungsantrag und hilfsweise zu dem angeschlossenen Verfahren einen Vollstreckungsantrag zu stellen.

Beispiel:
Wird die Vergabekammer verpflichtet, das Vergabefahren unter Berücksichtigung des zuvor ausgeschlossen Angebots des Antragstellers fortzusetzen und hebt die Vergabestelle daraufhin die Ausschreibung mit der Begründung auf, die Verdingungsunterlagen müssten grundlegend geändert werden (um Teilleistungen außerhalb des Verfahrens zu vergeben), handelt es sich um einen neuen Lebenssachverhalt, der die Vergabestelle möglicherweise berechtigt, von dem Beschluss der Vergabekammer abzuweichen.

7. Kosten

a) Verfahrenskosten

Das Nachprüfungsverfahren vor der Vergabekammer ist ein Verwaltungsverfahren. Es werden unter Anwendung des **Verwaltungskostengesetzes** Gebühren und Auslagen erhoben. 191

aa) Höhe der Verfahrensgebühr

Die Höhe der Gebühr bemisst sich gemäß § 128 Abs. 2 GWB nach dem sachlichen Aufwand der Vergabekammer unter Berücksichtigung der wirtschaftlichen Bedeutung des Gegenstands des Nachprüfungsverfahrens. Die **Mindestgebühr** beträgt 2500 Euro. Dieser Betrag kann aus Billigkeitsgründen, z. B. bei Rücknahme des Antrags vor Zustellung an den Antragsgegner, bis auf 250 Euro ermäßigt werden.[1] Die Gebühr soll den Betrag von 25 000 Euro nicht überschreiten, kann aber 192

---
1 VK Brandenburg, VergabE E-4-32/00 und VergabE E-4-34/00.

ausnahmsweise im Einzelfall, wenn der Aufwand oder die wirtschaftliche Bedeutung außergewöhnlich hoch sind, bis auf maximal 50 000 Euro erhöht werden.

193 In § 128 Abs. 2 GWB ist nicht geregelt, wie der sachliche Aufwand und die wirtschaftliche Bedeutung zu ermitteln sind. In der Praxis wird die Gebühr anhand des Auftragswerts ermittelt. Dabei wird der Mindestgebühr von 2500 Euro ein Auftragswert von bis zu 1 Mio. Euro und der Höchstgebühr von 25 000 Euro ein Auftragswert von 150 Mio. Euro zugeordnet. Für Auftragswerte bis 150 Mio. Euro ergeben sich die jeweils zuzuordnenden proportionalen Basisgebühren durch Interpolation.

bb) Kostenschuldner

194 Die Kosten des Verfahrens (Gebühren und Auslagen der Vergabekammer) sind gemäß § 128 Abs. 3 GWB von den Beteiligten, die im Verfahren unterliegen, zu tragen. Dies sind der Antragsteller oder die Vergabestelle und diejenigen Beigeladenen, die eigene Anträge stellen. Die unterliegenden Beteiligten haften für die Kosten der Vergabekammern als **Gesamtschuldner**.

195 Die meisten Vergabekammern und Vergabesenate der Oberlandesgerichte wenden den **Befreiungstatbestand** des § 8 Abs. 1 VwKostG zugunsten der dort genannten juristischen Personen des öffentlichen Rechts an.[1] Die Gebührenbefreiung ist zugunsten des nicht gebührenbefreiten Beigeladenen bei einer gesamtschuldnerischen Haftung zu berücksichtigen.

196 Umstritten war die Kostentragung bei der **Erledigung** des Nachprüfungsverfahrens, z. B. weil das Vergabeverfahren aufgehoben wird oder der Nachprüfungsantrag zurückgenommen wird. Die Regelungen des § 128 Abs. 3 und Abs. 4 GWB sehen für die Erledigungssituation weder eine Erstattung der von dem Antragsteller verauslagten Verfahrenskosten noch eine Erstattung der den Verfahrensbeteiligten erwachsenen Auslagen, insbesondere der Rechtsanwaltskosten vor. Eine Anwendung der § 91 a ZPO oder § 161 Abs. 2 VwGO, die eine interessengerechte Erstattung ermöglichen, kommt nur in Betracht, wenn die Regelungen des § 128 Abs. 3 und Abs. 4 keinen abschließenden Charakter haben. Der BGH[2] hat entschieden, dass der Antragsteller die Kosten der Vergabekammer trägt und eine Erstattung der Rechtsverfolgungskosten unterbleibt.

197 Hat die Vergabestelle, durch eine unzureichende Information gemäß § 13 VgV oder durch einen nach Einleitung des Nachprüfungsverfahrens geheilten Verstoß gegen bieterschützende Vorschriften, einen Nachprüfungsantrag veranlasst, sind ihr bei Rücknahme des Antrags die Verfahrenskosten aufzuerlegen.[3]

b) Aufwendungen der Rechtsverfolgung

198 Die Kosten der Beteiligten werden nach Maßgabe des § 128 Abs. 4 GWB erstattet. Die zur zweckentsprechenden Rechtsverfolgung **notwendigen Aufwendungen**

---

1 A. A. VK Magdeburg, VergabE E-14b-5/02.
2 BGH v. 9. 12. 2003 – X ZB 14/03 (IBR 2004, 275).
3 OLG Dresden, VergabE C-13–11/01 K.

des Antragstellers sind gemäß § 128 Abs. 4 Satz 1 GWB bei erfolgreicher Anrufung der Vergabekammer vom Antragsgegner zu erstatten. Unterliegt der Antragsteller, hat er die zur zweckentsprechenden Rechtsverfolgung oder Rechtsverteidigung notwendigen Aufwendungen des Antragsgegners gemäß § 128 Abs. 4 Satz 2 GWB zu tragen.

Die **Beigeladenen** haben einen Kostenerstattungsanspruch gegen diejenige Hauptpartei, zu der sie sich in einem Interessengegensatz befinden, wenn sie einen eigenen Sachantrag gestellt und das Verfahren (wesentlich) gefördert haben.[1] 199

Die im Nachprüfungsverfahren unterlegenen Beteiligten haften für die dem obsiegenden Antragsteller zu erstattenden Kosten nicht gesamtschuldnerisch, sondern nach Kopfteilen. Hat ein Nachprüfungsantrag nur teilweise Erfolg, hat die Kostengrundentscheidung der Vergabekammer eine verhältnismäßige Teilung der Kosten vorzusehen. Die Quoten richten sich nach dem Interesse am Verfahrensausgang.[2] 200

aa) Rechtsanwalts- und Sachverständigenkosten

Rechtsanwaltskosten aufseiten des **Antragstellers** und der **Beigeladenen** sind Aufwendungen, die für eine zweckentsprechende Rechtsverfolgung notwendig waren. Auch die Kosten für die Einholung sachverständigen Rates bzw. eines Sachverständigengutachtens zur Unterstützung der eigenen Rechtsauffassung sind erstattungsfähig, wenn die Feststellungen des Sachverständigen für die Entscheidung der Vergabekammer erheblich waren. 201

Bei der Erstattungsfähigkeit von Rechtsanwaltskosten **aufseiten des öffentlichen Auftraggebers** bedarf es einer differenzierten auf den Einzelfall bezogenen Betrachtung. Nach vorherrschender Meinung verbietet sich eine an die Praxis der Anwendung des § 80 Abs. 2 VwVfG angelehnte restriktive Handhabung, dergestalt, dass die Erstattungsfähigkeit die Ausnahme ist.[3] Das OLG Düsseldorf hat auf dieser Grundlage versucht, für die gebotene Einzelfallentscheidung Orientierungshilfen herauszuarbeiten. Danach ist die Hinzuziehung eines Bevollmächtigten durch den öffentlichen Auftraggeber notwendig, wenn 202

▷ über rein auftragsbezogene Sach- und Rechtsfragen hinaus weitere – nicht einfache – Rechtsprobleme, insbesondere solche des Vergabeprozessrechts auftreten;

▷ der öffentliche Auftraggeber während des konkreten Verfahrens vor der Vergabekammer nicht über vergaberechtskundiges Personal verfügt;

▷ der im Streit befindliche Auftrag für den Aufgabenbereich des öffentlichen Auftraggebers eine besonders hohe Bedeutung hat;

---

1 BayObLG, IBR 2003, 219; OLG Bremen, VergabE C-5–3/03 K; OLG Düsseldorf, NZBau 2000, 440; OLG Frankfurt, NZBau 2001, 101, 103; *Glahs* in Reidt/Stickler/Glahs, § 128 GWB Rz. 16.
2 OLG Düsseldorf, NZBau 2000, 440.
3 BayObLG, VergabE C-2–1/00; *Niebuhr* in Niebuhr/Kulartz/Kus/Portz, § 128 GWB Rz. 15; *Glahs* in Reidt/Stickler/Glahs, § 128 Rz. 23; *Korbion*, § 128 Rz. 15.

▷ die Zeit, die zur Erfüllung der Parteipflichten und -obliegenheiten aufgrund der gesetzten Fristen zur Verfügung steht, auch in Anbetracht der übrigen Begleitumstände sehr knapp ist.[1]

203 Auch für die öffentlichen Auftraggeber sind die Fragestellungen und Verhaltensweisen im Nachprüfungsverfahren zur Wahrung der eigenen Rechte und Interessen Neuland. Gerade bei öffentlichen Auftraggebern, die nicht regelmäßig öffentliche Aufträge oberhalb der Schwellenwerte vergeben, ist es zur Wahrung der Chancen- und Waffengleichheit geboten, sich externen Sachverstands zu bedienen.

204 Das RVG sieht für anwaltliche Tätigkeit im Zusammenhang mit der Vergabe eines öffentlichen Auftrages, insbesondere der Vertretung in einem Vergabenachprüfungsverfahren keinen besonderen Gebührentatbestand vor. Die Vergütung bestimmt sich daher nach §§ 14, 13 RVG i. V. m. Nr. 2400 VV RVG. Innerhalb des Rahmens von 0,5 bis 2,5 Gebühren bestimmt der Rechtsanwalt unter Berücksichtigung der Umstände des Einzelfalles die Gebühr. Eine Gebühr von mehr als 1,3 kann nur gefordert werden, wenn die Tätigkeit umfangreich oder schwierig war. Die Festsetzung ist für einen erstattungspflichtigen Dritten nur dann nicht verbindlich, wenn sie unbillig ist. Der Streit, ob die Gebühr im Nachprüfungsverfahren nach § 65 Abs. a BRAGO[2] oder nach den §§ 118 ff. BRAGO[3] abzurechnen ist, dürfte damit überholt sein.

Hinweis:
Aufgrund dieser Unsicherheit wird empfohlen, soweit nicht ohnehin nach Zeitaufwand abgerechnet wird, eine klarstellende **Honorarvereinbarung** zu treffen.

205 Die aus der Tätigkeit vor Einleitung des Nachprüfungsverfahren, insbesondere für die Abfassung einer Rügeschrift, entstandenen Gebühren aus §§ 14, 13 RVG i. V. m. Nr. 2400 VV RVG sind auf die im Nachprüfungsverfahren entstehenden Gebühren anzurechnen. Die Auffassung, die Abfassung der **Rügeschrift** sei eine selbständige, gesondert zu vergütende Tätigkeit, ist nicht haltbar.[4] Kern der Abfassung einer Rüge ist die Prüfung von Vergabefehlern, die später zum Gegenstand des Nachprüfungsverfahrens gemacht werden.

206 Der **Gegenstandswert** für das Nachprüfungsverfahren wird nach den Wertvorschriften für das gerichtliche Verfahren berechnet, § 23 Abs. 1 RVG. Er beträgt gemäß § 12 a Abs. 2 GKG 5 % der Auftragssumme.[5] Die Definition der Auftragssumme ist in der Rechtsprechung uneinheitlich. Einige Vergabesenate legen den Bruttobetrag zugrunde[6], andere die Nettoangebots- bzw. die Nettoauftragssumme.[7] Wieder andere Oberlandesgerichte stellen auf den vom Auftraggeber bei Ein-

---

1 OLG Düsseldorf, BauR 2000, 1626, 1627 f.
2 *Byok* in Byok/Jaeger, Anh. zu § 128 Rz. 1055.
3 BayObLG, BauR 2001, 238.
4 *Bär*, NZBau 2002, 63, 67.
5 BayObLG, VergabE C-2–13/01 K; *Gröning* in Motzke/Pietzker/Prieß, § 128 GWB Rz. 22; *Noelle* in Byok/Jaeger, Anh. zu § 128 Rz. 1055.
6 OLG Saarbrücken, VergabE C-12–1/01; OLG Dresden, ZVgR 2001, 27; OLG Koblenz, ZVgR 2001, 34; BayObLG, VergabE C-2–32/02 K; OLG Naumburg, VergabE C-14–12/02.
7 KG, VergabE C-3–4/02.

leitung des Vergabeverfahrens geschätzten Auftragswert auch dann ab, wenn das Nachprüfungsverfahren nach Einreichung und Prüfung der Angebote eingeleitet worden ist.[1] Eine Vereinheitlichung scheitert daran, dass die Vorlagepflicht an den Bundesgerichtshof aus § 124 Abs. 2 GWB auf das Hauptsacheverfahren beschränkt ist.

bb) Sonstige Aufwendungen

Reise- und Kopierkosten sind als zur zweckentsprechenden Rechtsverfolgung notwendige Aufwendungen unter den Voraussetzungen, die sich in den einzelnen Oberlandesgerichtsbezirken durch die Rechtsprechung der jeweiligen Oberlandesgericht herausgebildet haben, erstattungsfähig. 207

c) Kostenfestsetzung

Die Vergabekammer entscheidet auf Antrag der Beteiligten über die im Verhältnis der Beteiligten zueinander zu erstattenden Kosten durch Kostenbescheid bzw. Kostenfestsetzungsbeschluss. Die Kostenfestsetzung stellt einen Verwaltungsakt dar. Gegen den Kostenbescheid ist die sofortige Beschwerde zum OLG zulässig.[2] 208

8. Anwaltliche Tätigkeit

Das Vergaberecht ist durch die Einführung des Primärrechtsschutzes in Bewegung geraten. Wöchentlich werden zu Fragen des materiellen Rechts und des Verfahrensrechts Entscheidungen der Oberlandesgerichte, des Bundesgerichtshofs und des Europäischen Gerichtshofs veröffentlicht, die Auswirkungen auf das erteilte Mandat haben können. Da die Mandatserteilung seitens der am Auftrag interessierten Unternehmen in der Regel erst erfolgt, nachdem der Mandant selbst feststellt, dass er in einem laufenden Vergabeverfahren benachteiligt worden ist, bleibt für den Rechtsanwalt kaum Zeit, sich rechtskundig zu machen. Er sollte deshalb nicht nur über eine aktuelle Handbibliothek mit Kommentierungen zu den Vergabe- und Vertragsordnungen und den Bestimmungen des Vierten Teils des GWB verfügen, sondern sich fortlaufend über die Entwicklungen der Rechtsprechung anhand monatlich erscheinender Fachzeitschriften informieren. 209

a) Beratung des Antragstellers im Vergabeverfahren

Veranlassung für die Einleitung eines Nachprüfungsverfahrens besteht für einen Bieter bereits dann, wenn er von Planungen der öffentlichen Hand für eine Beschaffungsmaßnahme oder Verhandlungen mit einem Konkurrenten über den Abschluss oder die Fortsetzung eines Auftrags erfährt. 210

Beispiel:
Ein Entsorgungsunternehmen erfährt aus der Zeitung, dass der Kreistag eines Landkreises zur Umsetzung des neuem Abfallbeseitigungskonzepts beschlossen hat, mit dem bisher unter Vertrag stehenden Entsorgungsunternehmen einen neuen, gegenüber dem auslaufenden hinsichtlich der Leistungen und der Vergütung geänderten, Vertrag abzuschließen.

---

1 OLG Düsseldorf, VergabE C-10–42/01 K; OLG Celle, VergabE C-9–11/01; OLG Rostock, VergabE C-8–1/01.
2 BayObLG, VergabE C-2–13/01 K; BauR 2001, 238; *Glahs* in Reidt/Stickler/Glahs, § 128 GWB Rz. 24a.

211 Auch die Fortsetzung und wesentliche Änderung von Verträgen stellen ausschreibungspflichtige Beschaffungsvorgänge dar.[1] **De-facto-Vergaben** sind einem Nachprüfungsverfahren zugänglich und können – solange der Anwendungsbereich des § 13 Satz 4 VgV nicht durch die Rechtsprechung geklärt ist – nur verhindert werden, wenn der Nachprüfungsantrag vor Vertragsschluss dem öffentlichen Auftraggeber zugestellt und dadurch das Zuschlagsverbot des § 115 Abs. 1 GWB ausgelöst wird. Hier wird der Anwalt eines an einem Auftrag interessierten Unternehmen zu prüfen haben, ob das Auftragsvolumen die für ein Nachprüfungsverfahren festgelegten Schwellenwerte (§ 100 Abs. 1 GWB i.V.m. § 2 VGV) erreicht. Sind Anhaltspunkte dafür ersichtlich, dass die Vergabestelle den Auftrag ohne Durchführung eines formellen Vergabeverfahrens vergeben will, hat das an dem Auftrag interessierte Unternehmen die Durchführung des Vergabeverfahrens anzumahnen (Rügepflicht gemäß § 107 Abs. 3 GWB) und gegebenenfalls einen Nachprüfungsantrag zu stellen.

212 Bei einem förmlichen Vergabeverfahren hat der Bieter jede Handlung der Vergabestelle von der Bekanntmachung der Ausschreibung bis zur Information über die beabsichtigte Zuschlagserteilung auf etwaige Verstöße gegen bieterschützende Bestimmungen (§ 97 Abs. 7 GWB) zu prüfen. In einem frühen Stadium einer Ausschreibung ist häufig für die am Auftrag interessierten Unternehmen noch nicht abschätzbar, ob sich ein aus der **Bekanntmachung** oder den Ausschreibungsunterlagen ergebender etwaiger Vergabefehler für das jeweilige Unternehmen nachteilig auswirken wird. Im Hinblick auf die Geltendmachung der Bieterrechte in einem Nachprüfungsverfahren muss sich der Bieter darüber im Klaren sein bzw. entsprechend aufgeklärt werden, dass aus der Bekanntmachung erkennbare Vergabeverstöße nur **bis zur Angebotsabgabe** bzw. Bewerbung **gerügt werden können**. Mit der Geltendmachung der verspätet gerügten Vergabeverstöße ist der Bieter in einem Nachprüfungsverfahren ausgeschlossen.

213 Hat ein Bieter positive Kenntnis eines Vergabeverstoßes, wobei von **Kenntnis** aufgrund einer **Parallelwertung in der Laiensphäre** bereits dann ausgegangen werden kann, wenn der Bieter meint, das Verhalten der Vergabestelle sei fehlerhaft – es kommt in der Regel nicht auf die nach Einholung von Rechtsrat bestätigte Kenntnis an – muss er diesen Mangel unverzüglich, d. h. je nach Verfahrensstand und Offensichtlichkeit des Vergabefehlers in einer Frist von 1 bis 14 Tagen rügen. Es verbietet sich jegliches Taktieren. Der abwartende Bieter läuft Gefahr, mit seinen Rechten in einem Nachprüfungsverfahren ausgeschlossen zu werden (materielle Präklusion).

214 Das Ziel, das mit der Einleitung eines Nachprüfungsverfahrens von einem Bieter verfolgt wird, richtet sich nach dem Verfahrensstand. Das Begehren muss immer darauf gerichtet sein, dass die Vergabestelle den Vergabefehler beseitigt und das Verfahren in den Stand vor dem fehlerhaften Handeln zurückversetzt.

215 Richtet sich der Nachprüfungsantrag gegen eine **fehlerhafte Ausschreibung**, weil z. B. den zukünftigen Auftragnehmern ein ungebührliches Wagnis aufgebürdet wird, muss mit dem Nachprüfungsantrag eine Änderung der Ausschreibung verlangt werden. Ist der Fehler so gravierend, dass eine einfache Änderung eines

---

1 OLG Düsseldorf, NZBau 2001, 696/700; differenzierend *Marx*, NZBau 2002, 311.

Teils der Ausschreibung nicht möglich ist, z. B. weil eine losweise Vergabe statt einer Gesamtvergabe durchzuführen ist, richtet sich das Begehren des Bieters auf eine **Aufhebung der Ausschreibung**.

Auch bei einer fehlerhaften Definition der **Eignungskriterien** oder dem Verlangen unzulässiger Nachweise der Eignung, kommt in der Regel nur eine Aufhebung der Ausschreibung in Betracht. Anders verhält es sich bei Vergabefehlern im Zusammenhang mit der Auswahl des Bieters, der den Zuschlag erhalten soll. Wird das Vergaberecht bei der Wertung der Angebote fehlerhaft angewendet, ist das Ziel des Nachprüfungsverfahrens eine Wiederholung der Wertung unter Beachtung der Rechtsauffassung der Vergabekammer. 216

Nicht verlangt werden kann, dass die Vergabekammer festlegt, dass an den das Nachprüfungsverfahren betreibenden Bieter der Zuschlag erteilt wird. Die Vergabekammer hat keine Kompetenz, anstatt der Vergabestelle über die Zuschlagserteilung zu entscheiden. Sie ist auch nicht berechtigt, den Zuschlag selbst zu erteilen. 217

Hinweis:
Der Rechtsanwalt wird in jedem Stand des Vergabeverfahrens darauf zu achten haben, dass sein Mandant die Vorschriften des Vergabeverfahrens, insbesondere die geforderten Nachweise und Erklärungen, vollständig beibringt. Ein Nachprüfungsverfahren eines Antragstellers, dessen Angebot wegen Unvollständigkeit, Abweichungen von der Ausschreibung usw. ausgeschlossen werden kann oder muss, ist wegen fehlender Antragsbefugnis als unzulässig zurückzuweisen.

b) Beratung des beigeladenen Bieters im Nachprüfungsverfahren

Gemäß § 109 Satz 1 GWB sind die Unternehmen, deren Interessen durch die Entscheidung der Vergabekammer schwerwiegend berührt werden, von dieser beizuladen. Beizuladen ist regelmäßig derjenige Bieter, dem ein Zuschlag erteilt werden soll. Dieser Bieter hat ein Interesse daran, dass der Nachprüfungsantrag des Konkurrenten zurückgewiesen und ihm der Zuschlag erteilt wird. 218

Es bedarf einer Entscheidung im Einzelfall, ob es als Beigeladener sinnvoll ist, sich **aktiv am Nachprüfungsverfahren zu beteiligen** und insbesondere eigene Anträge zu stellen. Um die Notwendigkeit und Erfolgsaussichten eigener Anträge prüfen zu können, bedarf es der **Akteneinsicht** in die Verfahrensakten der Vergabekammer und die Akten der Vergabestelle. Das Stellen eigener Anträge hat zur Folge, dass der Beigeladene im Falle des Unterliegens einen Teil der Kosten des Antragstellers und der Kosten der Vergabekammer zu tragen hat. Im Fall des Obsiegens bekommt der Beigeladene seine Kosten von dem Antragsteller erstattet. Über das Kostenrisiko ist der Beigeladene aufzuklären. 219

Hinweis:
Die Möglichkeit, als Beigeladener gegen die Entscheidung der Vergabekammer sofortige Beschwerde beim Oberlandesgericht einzulegen, besteht nach herrschender Meinung unabhängig von dem Stellen eigener Anträge im Nachprüfungsverfahren vor der Vergabekammer.

c) Beratung der Vergabestelle im Nachprüfungsverfahren

220 Das Interesse der Vergabestelle besteht regelmäßig darin, das begonnene Vergabeverfahren möglichst zeitnah in der vorgesehenen Art und Weise fortzuführen und zu beenden. Durch die Zustellung des Nachprüfungsantrags wird der Vergabestelle die Möglichkeit der Zuschlagserteilung durch den eintretenden Suspensiveffekt genommen, § 115 Abs. 1 GWB. Um die Erfolgsaussichten eines Antrags auf **Vorabgestattung der Zuschlagserteilung** gemäß § 115 Abs. 2 GWB beurteilen zu können, muss sich der Anwalt ein umfassendes Bild über das bisherige Vergabeverfahren und etwaige Vergabeverstöße machen.

221 Eine umfassende Überprüfung des Vergabeverfahrens von der Bekanntmachung über die Ausschreibung bis zur Eignungsprüfung und Bieterauswahl ist geboten, um die Mandanten auf die **Risiken des Verfahrens** vollständig hinweisen zu können. Die Vergabekammer ist bei ihren Entscheidungen gemäß § 114 Abs. 1 Satz 2 GWB nicht an die Anträge der Beteiligten gebunden. Sie hat unabhängig von den Anträgen auf die Rechtmäßigkeit des Vergabeverfahrens hinzuwirken. Die Vergabekammer kann vom Antragsteller nicht erkannte Fehler der Vergabestelle, die ihn in seinen Rechten verletzten, aufgreifen und Maßnahmen zur Herstellung der Rechtmäßigkeit des Vergabeverfahrens anordnen.[1] Es besteht deshalb für die Vergabestelle während des Verfahrens immer die Gefahr, dass die Vergabekammer andere als die behaupteten Vergabeverstöße feststellt und deren Beseitigung oder gar die Aufhebung des Vergabeverfahrens verlangt.

222 Liegen Vergabeverstöße vor, sind die Möglichkeiten einer **Heilung** im laufenden Verfahren zu prüfen. Dabei wird aus anwaltlicher Sicht auch zu untersuchen sein, ob eine Aufhebung oder Einstellung des Vergabeverfahrens in Betracht kommt. Eine Aufhebung ist in einem laufenden Nachprüfungsverfahren überprüfbar. Eine wirksame Aufhebung kann zudem Schadensersatzansprüche aus § 126 GWB und aus §§ 311, 280 BGB nach sich ziehen.

223 ## d) Muster eines Nachprüfungsantrags

An die Vergabekammer

....

Antrag auf Einleitung eines Nachprüfungsverfahrens

Der ....-GmbH, vertreten durch ....

– Antragstellerin –

Verfahrensbevollm.: Rechtsanwälte ....

gegen

das Land ...., vertreten durch das Innenministerium, ...

– Antragsgegner –

---

1 OLG Stuttgart, VergabE C-1-14/02.

betreffend das Vergabeverfahren „Lieferung/Leistungen von digitalen Abfragesystemen sowie grafischen Informationssystemen für die Polizei" in ....

Namens und in Vollmacht der Antragsstellerin beantragen wir die Durchführung des Nachprüfungsverfahrens und die zeitnahe Anberaumung einer mündlichen Verhandlung in der wir folgende **Anträge** stellen werden:

1. **Der Antragsgegner wird verpflichtet, die Wertung der Angebote unter Beachtung der Rechtsauffassung der Vergabekammer zu wiederholen.**
2. **Der Antragsgegner trägt die Kosten des Verfahrens.**
3. **Es wird festgestellt, dass die Hinzuziehung eines Rechtsanwalts durch die Antragstellerin notwendig war.**

Eine auf uns ausgestellte Verfahrensvollmacht ist in beglaubigter Kopie beigefügt. Des Weiteren fügen wir einen Scheck über 2500 Euro Gebührenvorschuss bei und bitten um sofortige Zustellung des Nachprüfungsantrags an die Antragsgegnerin.

Des Weiteren beantragen wir

Akteneinsicht

und bitten um Mitteilung, sobald die Vergabeakten der Vergabekammer vorliegen.

Begründung:

I. Zum Sachverhalt

1. Die Vergabestelle, das Innenministerium, hat die Lieferung/Leistung von 32 Anfragesystemen für Notruf, Gefahrenmeldeanlagen, Funk und Telefon sowie grafische Informationsgeräte für die Polizei des Antragsgegners im Nichtoffenen Verfahren europaweit ausgeschrieben. Dabei ist u. a. auch die Entsorgung der bestehenden Altanlagen gefordert. Die Abgabe von Nebenangeboten war zugelassen.

   Die Antragstellerin liegt rechnerisch mit einem Angebotspreis von .... Mio. Euro an zweiter Stelle. Vor ihr lag die Firma ....-AG mit einer Angebotssumme von .... Euro.

2. In den Verdingungsunterlagen, Ziffer ..., ist vorgesehen, dass die nicht auszuschließenden Angebote einer Nutzwertanalyse unterzogen werden und eine Produktpräsentation erfolgt. Aufgrund der Nutzwertanalyse erreichte das Angebot der Antragstellerin den ersten Platz vor dem Angebot der ....-AG.

   Die Wertung der Angebote ist in Ziffer ... der Verdingungsunterlagen geregelt. Der Zuschlag ist unter Berücksichtigung des Ergebnisses der Nutzwertanalyse auf das wirtschaftlichste Angebot zu erteilen.

3. Mit Schreiben vom .... teilte die Vergabekammer der Antragstellerin mit, dass ihr Angebot aus preislichen Gründen nicht berücksichtigt werden könne. Es sei beabsichtigt, der preisgünstigsten Bieterin, der ....-AG, den Zuschlag zu erteilen.

II. Zur Begründetheit

1. Der Antrag auf Einleitung des Nachprüfungsverfahrens ist zulässig. Er ist auch begründet. Die angerufene Vergabekammer ist zuständig. Der Auftragswert liegt bei dem für den für die Aufträge gemäß § 100 Abs. 1 GWB in Verbindung mit § 2 VgV geltenden Schwellenwerts in Höhe von 200 000 Euro.

Die Antragstellerin ist gemäß § 107 Abs. 2 GWB antragsbefugt. Sie hat sich an dem Vergabeverfahren beteiligt und gehört zu dem engsten Kreis der Bieter, die die erforderliche Eignung besitzen und deren Angebote eine echte Chance auf Verteilung des Zuschlags haben.

Die Antragstellerin würde in ihren Rechten aus § 97 Abs. 7 GWB verletzt, wenn die Antragsgegnerin der . . .-AG den Zuschlag erteilen würde. Bei Anwendung der in den Vergabebedingungen angegebenen Wertungskriterien ist, nach allem was der Antragstellerin über das Angebot der . . .-AG bekannt ist, der Zuschlag der Antragsstellerin zu erteilen. Das Innenministerium beabsichtigt, unter fehlerhafter Anwendung des § 25 Nr. 3 VOL/A, der . . .-AG den Zuschlag zu erteilen. Gemäß § 25 Nr. 3 VOL/A ist der Zuschlag auf das wirtschaftlichste Angebot zu erteilen. Das Angebot der . . .-AG ist zwar preislich niedriger. Die Nutzwertanalyse hat jedoch ergeben, dass das Angebot der Antragstellerin günstiger ist. Die Formulierung im Zuschlagsschreiben, es sei Zuschlag der preisgünstigsten Bieterin zu erteilen, lässt darauf schließen, dass die Vergabestelle den Begriff der Wirtschaftlichkeit verkennt.

Die Antragstellerin hat einen Verstoß gegen § 25 Nr. 3 VOL/A gemäß § 107 Abs. 3 GWB unverzüglich gerügt. Unverzüglich bedeutet ohne schuldhaftes Verzögern. Die Mitteilung der Vergabestelle über die Absicht, den Zuschlag der . . .-AG zu erteilen, ging der Antragstellerin am . . . . zu. Sie rügte den Verstoß mit anwaltlichem Schreiben vom . . . ., also drei Werktage später.

2. Der Antrag ist begründet. Die Antragsgegnerin ist verpflichtet, die in den Verdingungsunterlagen genannten Wertungskriterien einzuhalten. Vorbehaltlich weiterer Erkenntnisse aus der Akteneinsicht, ist davon auszugehen, dass die Wertung des Innenministeriums rechtsfehlerhaft ist. Die Antragsgegnerin hat gemäß § 9 Buchst. a VOL/A die Zuschlagskriterien im Einzelnen genannt und ihre Rangfolge bestimmt. Danach ist der Zuschlag auf das wirtschaftlichste Angebot zu erteilen. Die Wirtschaftlichkeit des Angebots ergibt sich nicht allein aus dem Angebotspreis. Die Wirtschaftlichkeit beurteilt sich vorrangig nach der von der Antragsgegnerin durchgeführten Nutzwertanalyse. Dies ergibt sich aus Ziffer . . . der Verdingungsunterlagen in Verbindung mit § 25 Nr. 3 VOL/A (wird ausgeführt). Weiterer Vortrag bleibt im Hinblick auf die zu gewährende Akteneinsicht vorbehalten.

Es wird angeregt, die . . .-AG beizuladen.

Rechtsanwalt

III. Eilverfahren vor der Vergabekammer

Mit Zustellung eines Nachprüfungsantrags durch die Vergabekammer wird der Vergabestelle die Erteilung des Zuschlags gemäß § 115 Abs. 1 GWB untersagt (**Zuschlagsverbot**). Das Zuschlagsverbot bedeutet nicht, dass die Vergabestelle das Vergabeverfahren gänzlich zum Ruhen bringen muss. Sie kann das Vergabeverfahren fortführen. 224

Beispiel:
Wird von einem nichtberücksichtigten Bieter die Wahl des nichtoffenen Verfahrens mit vorangegangenem Öffentlichen Teilnahmewettbewerb (§ 3 a Nr. 1 Buchst. b VOB/A) im Nachprüfungsantrag beanstandet, führt dessen Zustellung nicht zu einem Verbot, die Angebote der qualifizierten Teilnehmer zu öffnen, zu werten und die Teilnehmer gemäß § 13 VgV über die beabsichtigte Zuschlagserteilung zu informieren.

1. Vorläufige Maßnahmen der Vergabekammer

Werden die Rechte des Antragstellers auf andere Weise als durch den drohenden Zuschlag gefährdet, kann die Vergabekammer auf Antrag gemäß § 115 Abs. 3 GWB weitere vorläufige Maßnahmen gegenüber der Vergabebehörde, zum Beispiel das Verbot mit anderen Bietern zu verhandeln, anordnen. In der Praxis läuft diese Bestimmung weitestgehend leer, da außer der Zuschlagserteilung und der Aufhebung des Vergabeverfahrens kaum Handlungen oder Unterlassungen der Vergabestelle im laufenden Vergabeverfahren vorstellbar sind, die zu einem von der Vergabekammer nicht mehr korrigierbaren Rechtsverlust des Antragstellers führen können. 225

Das Fortsetzen des Vergabeverfahrens mit den anderen Bietern stellt in der Regel keine Gefahr für den übergangenen Bieter dar. War die Wahl des Vergabeverfahrens oder die Nichtberücksichtigung des Bieters rechtswidrig, wird die Vergabekammer die Vergabestelle verpflichten, den Vergabefehler zu heilen, gegebenenfalls das Vergabeverfahren in den Stand zurückzuversetzen, in dem der oder die festgestellten Fehler geschahen. 226

2. Vorabgestattung der Zuschlagserteilung

In der Praxis bedeutsamer ist die in § 115 Abs. 2 GWB geregelte Vorabgestattung der Zuschlagserteilung. Die Vergabestelle kann bei der Vergabekammer beantragen, dass ihr gestattet wird, den Zuschlag vor Abschluss des Vergabeverfahrens zu erteilen. Voraussetzung hierfür ist, dass „unter Berücksichtigung aller möglicherweise geschädigten Interessen sowie des Interesses der Allgemeinheit an einem raschen Abschluss des Vergabeverfahrens die nachteiligen Folgen einer Verzögerung der Vergabe bis zum Abschluss der Nachprüfung die damit verbundenen Vorteile überwiegen", § 115 Abs. 2 Satz 1 GWB. 227

a) Voraussetzungen

Die **Erfolgsaussichten des Nachprüfungsantrags** werden anders als in den Bestimmungen §§ 118 Abs. 1 und 121 Abs. 1 GWB über die Verlängerung der aufschie- 228 benden Wirkung einer sofortigen Beschwerde bzw. der Vorabentscheidung über die Zuschlagsgestattung nicht erwähnt. Eine Berücksichtigung ist europarechtlich nicht gefordert.[1] Die Erfolgsaussichten werden im Rahmen der gemäß § 115 Abs. 2 GWB vorzunehmenden Interessenabwägung zulasten der Vergabestelle berücksichtigt.[2]

229 Die Vorabgestattung der Zuschlagserteilung kommt bei überwiegenden Erfolgsaussichten und bei offenen Erfolgsaussichten des Nachprüfungsantrags nur in Betracht, wenn das **Interesse der Vergabestelle** und der Allgemeinheit an der sofortigen Auftragsvergabe von besonderem Gewicht ist. Hierbei ist zu berücksichtigen, dass nach Zuschlagserteilung mögliche Vergabefehler nicht mehr geheilt werden können und der geschädigte Bieter nur noch Schadensersatz verlangen kann. Des Weiteren ist zu berücksichtigen, dass das Nachprüfungsverfahren vor der Vergabekammer selbst dem **Beschleunigungsgebot** unterliegt und in der Regel nach 5 Wochen abgeschlossen ist und im Fall einer Beschwerde des Bieters das Zuschlagsverbot nach vier weiteren Wochen erlischt. Das Interesse einer sofortigen Zuschlagserteilung muss deshalb das gesetzlich festgeschriebene Interesse an der Zuschlagssperre deutlich übersteigen.

230 Das Bundeskartellamt führt hierzu aus:

„Das Primärrechtsschutzinteresse des Antragstellers können angesichts dieser Gesetzessystematik und des zu beachtenden Interesses des beschwerdeführenden Bieters nur solche Gründe aufwiegen, die den zu vergebenden Auftrag so streng fristgebunden erscheinen lassen, dass eine Überschreitung der vorgesehenen Zuschlagsfrist seine Durchführung unmöglich machen oder in unzumutbarer Weise verzögern würde. Dasselbe muss gelten, wenn die drohende Verzögerung geeignet ist, die Funktionsfähigkeit und Aufgabenerfüllung des Auftraggebers spürbar zu beeinträchtigen, wobei diese Beeinträchtigung mit hinreichender Wahrscheinlichkeit zu erwarten sein muss."[3]

231 Die Begründung, dass durch das Nachprüfungsverfahren dringend notwendige Baumaßnahmen von öffentlichen Einrichtungen nicht fristgerecht fertig gestellt werden können und hierdurch Mehrkosten entstehen, sind nicht geeignet, ein überwiegendes öffentliches Interesse an der vorgezogenen Zuschlagserteilung zu begründen.[4]

232 Auch bei einer möglichen Unzulässigkeit oder Unbegründetheit des Nachprüfungsantrags darf der Zuschlag deshalb vorab nicht gestattet werden, wenn die behauptete Eilbedürftigkeit von der Vergabestelle mitverursacht worden ist oder keine gravierenden Schäden bei einem Abwarten der Entscheidung der Vergabekammer in der Hauptsache zu erwarten sind.[5]

---

1 EuGH, VergabE A-1-4/03.
2 OLG Düsseldorf, VergabE C-10-44/02v.
3 VK Bund, VergabE D-1-14/99v.
4 OLG Celle, BauRB 2003, 81; VK Sachsen, VergabE E-13-20/99v.
5 OLG Jena, BauR 2000, 95/97; OLG Celle, VergR 2001, 342; OLG Dresden, VergR 2002, 165; a. A. VK Südbayern, VergabE E-2b-18/00v; VK Bund, VergabE D-1-14/99v; *Gröning*, ZIP 1999, 184.

b) Verfahren und Entscheidung

Der Antrag auf Gestattung der Zuschlagserteilung kann nur während eines laufenden Nachprüfungsverfahrens vor der Vergabekammer gestellt werden. Hat die Vergabekammer entschieden, ist der Antrag unzulässig.[1]

233

Vor der Entscheidung hat die Vergabekammer den Beteiligten **rechtliches Gehör** zu gewähren. Eine mündliche Verhandlung ist nicht vorgesehen. Die von der Vergabestelle vorgebrachten Tatsachen für die besondere Eilbedürftigkeit sind zu prüfen. Offene Sachverhaltsfragen gehen zulasten der Vergabestelle.

234

Die Entscheidung ergeht in Form eines Beschlusses. Die Vergabekammer kann die Erteilung des Zuschlags nach Ablauf einer mit der Bekanntgabe des Beschlusses beginnenden 2-Wochen-Frist gestatten. Eine frühere Zuschlagserteilung ist unwirksam.

235

3. Rechtsmittel

Die Anordnung vorläufiger Maßnahmen gegenüber der Vergabestelle ist nicht selbständig angreifbar, § 115 Abs. 3 Satz 3 GWB.

236

Gegen die Entscheidung der Vergabekammer über die Vorabgestattung ist gemäß § 115 Abs. 2 GWB die Anrufung des Oberlandesgerichts zulässig. Anwaltszwang besteht für dieses Beschwerdeverfahren wohl nicht.[2] Das OLG kann auf Antrag das Zuschlagsverbot wiederherstellen bzw. der Vergabestelle die vorgezogene Zuschlagserteilung gestatten. Eine Antragsfrist gibt es nicht.

237

Der Antrag des Antragstellers auf Wiederherstellung des Zuschlagverbots hat **keine aufschiebende Wirkung**. Die Vergabestelle kann trotz des laufenden Beschwerdeverfahrens nach Ablauf von zwei Wochen nach Bekanntgabe der Entscheidung den Zuschlag erteilen.

238

Hinweis:
Für den im Eilverfahren unterlegenen Bieter bedeutet dies, dass er möglichst umgehend das Oberlandesgericht anrufen muss und in der sofortigen Beschwerde nicht nur die Wiederherstellung des Zuschlagsverbots, sondern auch die Anordnung eines vorläufigen Zuschlagverbots zu beantragen hat. Das OLG kann durch eine **Zwischenverfügung** die Zuschlagserteilung vorläufig untersagen.[3] Gibt die Vergabekammer dem Nachprüfungsantrag zwischenzeitlich statt, steht der Beschluss der Vorabgestattung entgegen. Die Beschwerde hat sich erledigt. Der Antragsgegner kann die Gestattung des Zuschlags durch das OLG nur durch einen Antrag gemäß § 121 GWB erreichen.[4]

---

1 OLG Naumburg, NZBau 2000, 642, 643.
2 *Reidt* in Reidt/Stickler/Glahs, § 115 Rz. 55; *Dreher* in Immenga/Mestmäcker, § 115 Rz. 41.
3 *Reidt* in Reidt/Stickler/Glahs, § 115 GWB Rz. 50; *Bechtold*, § 115 GWB Rz. 5; *Dreher* in Immenga/Mestmäcker, § 115 GWB Rz. 36.
4 *Reidt* in Reidt/Stickler/Glahs, § 115 GWB Rz. 57.

4. Kosten

239 Eine gesonderte Kostenentscheidung durch die Vergabekammer ist nicht vorgesehen. Das Oberlandesgericht entscheidet über die Kosten des Beschwerdeverfahrens nach den Grundsätzen der §§ 91 ff. ZPO.

240 ## 5. Muster eines Vorabgestattungsantrags

**Antrag auf Vorabgestattung
der Erteilung des Zuschlags gemäß § 115 Abs. 2 GWB**

In dem Vergabenachprüfungsverfahren

der Firma Büromöbel GmbH

– Antragstellerin –

Verfahrensbevollmächtigte: Rechtsanwälte ....

gegen

den Landkreis G, vertreten durch ....

– Antragsgegnerin –

Verfahrensbevollmächtigte: Rechtsanwälte ....

beigeladen: Firma Büroausstattung GmbH & Co. KG

beantragen

wir namens und in Vollmacht der Antragsgegnerin,

dieser die Erteilung des Zuschlags an die Beigeladene zu erstatten.

Zur

Begründung

tragen wir unter Bezugnahme auf unseren Schriftsatz vom .... in der Hauptsache Folgendes vor:

I. Sachverhalt

1. Die Antragsgegnerin beabsichtigt, den im Offenen Verfahren ausgeschriebenen Auftrag über die Möblierung und Einrichtung des sanierten Altenpflegeheims in K der Beigeladenen zu erteilen. Die Beigeladene hat das wirtschaftlichste Angebot abgegeben. Das Angebot der Antragstellerin ist nicht zuschlagsfähig, weil die Antragsgegnerin weder die Gleichwertigkeit für die angebotenen Küchenzeilen nachgewiesen hat, noch die in den Ausschreibungsbedingungen ebenfalls geforderten Angaben zu den Herstellern der Sitzmöbel und Tische getätigt hat.

2. Die Antragsgegnerin hat während der Sanierung des Altenpflegeheims die Bewohner in drei von ihr angemieteten Häusern an unterschiedlichen Standorten untergebracht, und zwar .... (wird ausgeführt).

Die Mietverträge sehen eine Mietzeit von drei Jahren vor. Diese endet in drei Monaten.

Beweis:

    (1) Mietvertrag für das Haus A .... in Kopie

    (2) Mietvertrag für das Haus B .... in Kopie

    (3) Mietvertrag für das Haus C .... in Kopie

Ausweislich der insoweit gleich lautenden §§ 7 Abs. 2 der Mietverträge sind die Mietverträge nicht verlängerbar. Bei nicht fristgerechter Räumung der Mietsache müsste die Antragsgegnerin nicht nur eine Nutzungsentschädigung von monatlich 15 000 Euro für Haus A, 9000 Euro für Haus B und 17 000 Euro für Haus C zahlen. Sie müsste zudem für jeden angefangenen Monat der Überschreitung als Vertragsstrafe nochmals das 1,5fache der monatlichen Miete entrichten.

Diese Vertragsstrafe wird auf einen Verzugsschaden bei der Räumung angerechnet. Der Vermieter hat bereits mit Anwaltsschreiben vom .... angekündigt, dass der tatsächliche Schaden aus einer nicht fristgerechten Räumung weitaus höher liegen könnte, weil er für die einzelnen Häuser mit den zukünftigen Mietern bereits Mietverträge abgeschlossen hat, und zwar für das Haus A ab dem ...., für das Haus B ab dem .... und für das Haus C ab dem ....

Beweis:

    (1) Schreiben der Rechtsanwälte .... vom ....

    (2) Mietvertrag für das Haus A ....

    (3) Mietvertrag für das Haus B ....

    (4) Mietvertrag für das Haus C ....

Die vor Übergabe von Vermieterseite durchzuführende Renovierung und die Herstellung der Nutzbarkeit der jeweiligen Räume zu den in den vorgelegten Mietverträgen genannten Zwecken wird ausweislich der Bestätigung der Architektengruppe M für das Haus A auf sechs Monate, für das Haus B auf vier Monate und für das Haus C auf neun Monate veranschlagt.

Beweis:

Bauzeitenpläne für den Umbau und die Renovierung der Häuser A, B und C

Die vereinbarten Bezugstermine können nicht eingehalten werden, wenn die Antragsgegnerin die Objekte nicht vertragsgemäß räumt. Die zukünftigen Mieter der Häuser A und C haben bereits darauf hingewiesen, dass sie für den Fall einer nicht fristgerechten Übergabe der umgebauten und renovierten Mietflächen an sie von den geschlossenen Mietverträgen zurücktreten werden. Dieses Vorgehen erklärt sich daraus, dass die Mietverträge zu einem Zeitpunkt geschlossen wurden, als der Markt für Büroflächen angespannt war. Zwischenzeitlich hat sich die Lage entspannt. Es stehen vergleichbare Objekt zu günstigeren Konditionen leer.

Bei einer Auflösung der neuen Mietverträge entstünden vermieterseitig Schäden, die die vereinbarte Vertragsstrafe übersteigen würden.

Die Sanierungsarbeiten an dem Altenpflegeheim sind weitestgehend abgeschlossen. Der Umzug könnte zum .... erfolgen, wenn bis dahin die Küchenzeilen und Schrankelemente eingebaut wären. Damit der streitgegenständliche Auftrag fristgemäß erfüllt werden kann, bedarf es einer Auftragserteilung bis zum .... Die Vertragsbedingungen sehen eine Lieferung und einen Einbau der Küchen- und Wandschränke gemäß § 5 der besonderen Vertragsbedingungen bis zum .... vor.

3. Die Antragsgegnerin hat den Auftrag rechtzeitig ausgeschrieben. Sie hat für ein etwaiges Vergabenachprüfungsverfahren einen Zeitraum von insgesamt zehn Wochen einkalkuliert und zwar fünf Wochen für das Nachprüfungsverfahren selbst, zwei Wochen für die Beschwerdefrist und zwei weitere Wochen für die Fortdauer des Zuschlagsverbots im Falle der Einlegung einer sofortigen Beschwerde. Eine Woche ist als Puffer für Unwägbarkeiten bei der Zustellung von Entscheidungen der Vergabekammer vorgesehen.

Da die Vergabekammer mitgeteilt hat, dass sie die Frist zur Entscheidung über den Nachprüfungsantrag wegen krankheitsbedingter eigener Arbeitsüberlastung um vier Wochen verlängert, kann der Zuschlag nicht mehr innerhalb der Zuschlagsfrist und so rechtzeitig erteilt werden, dass die streitgegenständlichen Leistungen rechtzeitig bis zu dem vorgesehenen Umzugstermin erbracht werden können.

Würde die Vergabekammer dem Antrag auf Vorabgestattung innerhalb der nächsten zwei Wochen stattgeben, könnte der Auftrag unter Berücksichtigung der Zwei-Wochen-Frist des § 115 Abs. 2 GWB in der Kalenderwoche .... erteilt werden.

II. Begründetheit

1. Der Antrag auf Vorabgestattung ist zulässig. Die Voraussetzung des § 115 Abs. 2 Satz 1 GWB sind erfüllt. Durch die Zustellung des Nachprüfungsantrags der Antragstellerin an die Antragsgegnerin wurde der Suspensiveffekt des § 115 Abs. 1 GWB ausgelöst. Das Nachprüfungsverfahren vor der Vergabekammer ist noch nicht abgeschlossen.

2. a) Der Antrag ist auch begründet. Voraussetzung für die Vorabgestattung ist, dass, unter Berücksichtigung aller möglicherweise geschädigten Interessen sowie des Interesses der Allgemeinheit an einem raschen Abschluss des Vergabeverfahrens, die nachteiligen Folgen einer Verzögerung der Vergabe bis zum Abschluss der Nachprüfung die damit verbundenen Vorteile überwiegen.

Bei der vorzunehmenden Interessenabwägung sind die Vor- und Nachteile für die Verfahrensbeteiligten sowie die Erfolgsaussichten des Nachprüfungsantrags zu berücksichtigen.

Dem Antragsgegner droht im Fall einer Verzögerung des Nachprüfungsverfahrens ein erheblicher wirtschaftlicher Schaden. Er könnte die Ausweichobjekte nicht zum vertraglich vereinbarten Zeitpunkt räumen und müsste hierfür eine Nutzungsentschädigung und eine Vertragsstrafe zahlen.

b) Demgegenüber entstünde der Antragstellerin bei Vorabgestattung des Zuschlags an die Beigeladenen kein, jedenfalls kein erheblicher Schaden. Sollte sich im Nachprüfungsverfahren herausstellen, dass das Angebot zu Unrecht ausgeschlossen worden ist und bei Wertung ihres Angebots diesem der Zuschlag gebührt hätte, kann sie auf Grundlage einer von der Vergabekammer gemäß § 114 Abs. 2 GWB zu treffenden Feststellung von der Antragsgegnerin Schadensersatz verlangen. Der Schadensersatz wäre auf das positive Interesse gerichtet. Die Antragstellerin wäre so zu stellen, wie sie stünde, wenn sie den Auftrag erhalten hätte. Es wären zumindest der kalkulierte Gewinnanteil aus dem Auftrag als Schaden zu ersetzen. Dieser Schaden läge jedoch weit unter dem Schaden für die Antragsgegnerin, der im Raum steht, wenn der Auftrag nicht vor Ablauf der Zuschlagsfrist erteilt wird.

c) Zudem hat der Nachprüfungsantrag keine Aussicht auf Erfolg. Das Angebot der Antragstellerin ist gemäß § 25 Nr. 1 Abs. 1 Buchst. c und Abs. 2 Buchst. a VOL/A 2. Abschnitt zwingend auszuschließen (wird ausgeführt).

In Zusammenschau der Interessen überwiegen die Interessen der Antragsgegnerin an einer zeitnahen Auftragserteilung die Interessen der Antragstellerin an der Aufrechterhaltung des Zuschlagsverbots bei weitem.

Rechtsanwalt

IV. Sofortige Beschwerde zum Oberlandesgericht

1. Gegenstand der sofortigen Beschwerde

Gemäß § 116 Abs. 1 GWB ist gegen **Endentscheidungen der Vergabekammer** die sofortige Beschwerde zulässig. Die sofortige Beschwerde ist das **einheitliche Rechtsmittel** gegen Entscheidungen der Vergabekammer und zwar für alle Beteiligten (Antragsteller, Antragsgegner, Beigeladene). Besonderheit der sofortigen Beschwerde ist, dass sie sich sowohl gegen die von der Vergabekammer getroffenen als auch die von der Vergabekammer unterlassenen Entscheidungen richtet. Die Situationen einer Anfechtungs- und einer Verpflichtungsklage werden erfasst. Entscheidungen i. S. d. § 116 Abs. 1 GWB sind Entscheidungen, die die 1. Instanz des Nachprüfungsverfahrens abschließen[1], und zwar

▷ die Entscheidung in der Hauptsache über den Nachprüfungsantrag gemäß § 114 Abs. 1 GWB oder die Kostengrundentscheidung als Teil dieser Entscheidung;[2]

▷ die feststellende Entscheidung über das Vorliegen einer Rechtsverletzung gemäß § 114 Abs. 2 GWB;

▷ die isolierte Kostenentscheidung nach übereinstimmender Erledigungserklärung der Hauptsache oder Rücknahme des Nachprüfungsantrags;

▷ die Gebührenfestsetzung nach § 128 Abs. 1, 2 GWB;

241

---

1 OLG Düsseldorf, VergabE C-10-2/00.
2 Nach OLG Düsseldorf, NZBau 2000, 486 auch isoliert gegen den Ausspruch über die Notwendigkeit des Bevollmächtigten.

▷ die ablehnende Entscheidung über die Beschränkung der Akteneinsicht in Angebote des Antragstellers oder beigeladener Bieter (str.).

242 Entscheidet die Vergabekammer nicht innerhalb der 5-Wochen-Frist des § 113 Abs. 1 Satz 1 GWB oder innerhalb der von ihr selbst verlängerten Frist gemäß § 113 Abs. 1 Satz 2 GWB, gilt der Nachprüfungsantrag gemäß § 116 Abs. 2 GWB als abgelehnt. Auch in diesem Fall ist die sofortige Beschwerde das statthafte Rechtsmittel gegen die Untätigkeit der Vergabekammer bzw. die gemäß § 116 Abs. 2 GWB **fingierte Ablehnung**.

243 Nicht mit einer sofortigen Beschwerde angreifbar sind diejenigen Entscheidungen, die keine Endentscheidungen sind, wie

▷ die Entscheidung, den Nachprüfungsantrag dem öffentlichen Auftraggeber zuzustellen, § 110 Abs. 2 Satz 1 GWB[1],

▷ die Entscheidung über die Beiladung, § 109 Satz 2 GWB,

▷ die Entscheidung über die Gewährung von Akteneinsicht, § 111 Abs. 4 GWB,

▷ die vorläufigen Maßnahmen gemäß § 115 Abs. 3 GWB.

Eine Sonderstellung nimmt der Antrag auf Wiederherstellung des Zuschlagsverbotes bzw. auf Vorabgestattung der Zuschlagserteilung als Rechtsmittel gegen die Entscheidung der Vergabekammer über die Vorabgestattung der Zuschlagserteilung gemäß § 115 Abs. 2 GWB ein. Der Antrag hat keine aufschiebende Wirkung.

2. Frist und Form der sofortigen Beschwerde

a) Frist

244 Die sofortige Beschwerde ist binnen einer Frist von zwei Wochen beim zuständigen Oberlandesgericht einzulegen und zu begründen. Die **Beschwerdefrist** ist nicht verlängerbar. Es handelt sich um eine **Notfrist**.

245 Besonderes Augenmerk ist auf die Berechnung der Notfrist bei der gemäß § 116 Abs. 2 GWB **fingierten Ablehnung** des Nachprüfungsantrags bei Überschreiten der Entscheidungsfrist zu legen. Die Notfrist beginnt mit Ablauf der Fünf-Wochen-Frist zu laufen. Die Entscheidungsfrist der Vergabekammer kann vom Vorsitzenden der Vergabekammer vor Ablauf dieser Frist verlängert werden.

246 Rechtsunsicherheit besteht, wenn der Vorsitzende der Vergabekammer die Entscheidungsfrist für die Vergabekammer erst nach Ablauf der Fünf-Wochen-Frist bekannt gibt oder einzelne Beteiligte von der Verlängerung erst nach Ablauf der Frist Kenntnis erlangen. Ist die Verlängerung rechtzeitig erfolgt, ist das Verfahren vor der Vergabekammer noch nicht abgeschlossen. Für die Ablehnungsfiktion ist kein Raum. Legt der Antragsteller innerhalb der Notfrist sofortige Beschwerde in Unkenntnis einer wirksam gewährten, aber noch nicht zugestellten Fristverlängerung durch den Vorsitzenden der Vergabekammer ein, wäre diese als unzulässig zu verwerfen. Kostennachteile dürfen dem Antragsteller nicht entstehen, weil er berechtigt war, sofortige Beschwerde einzulegen. Das Oberlandesgericht könnte

---
[1] OLG Düsseldorf, NZBau 2000, 596.

die Sache bis zur Entscheidung der Vergabekammer ruhen lassen oder analog § 123 GWB an die Vergabekammer zurückverweisen. Wegen der durch die ausstehende Entscheidung der Vergabekammer möglichen Änderungen des Streitgegenstands ist die kostenfreie Rücknahme der Beschwerde die sauberste Lösung.

War die Verlängerung nicht wirksam, weil sie nach Fristablauf erfolgte, greift die **Ablehnungsfiktion** des § 116 Abs. 2 GWB. Entscheidet die Vergabekammer dennoch, muss der durch die Entscheidung der Vergabekammer Beschwerte den Beschluss mit einer sofortigen Beschwerde angreifen. Der Beschluss ist ein Verwaltungsakt. Auch ein rechtswidriger Verwaltungsakt wird bei unterlassener Anfechtung bestandskräftig.[1] 247

b) Form

Antragsteller und Beigeladene müssen sich vor dem Oberlandesgericht durch einen dort zugelassenen Rechtsanwalt vertreten lassen. Der **Anwaltszwang** gilt nicht für Beschwerden von juristischen Personen des öffentlichen Rechts. Deren Antragsschriften sind von den gemäß § 12 VwVfG zur Vornahme von Verfahrenshandlungen berechtigten Personen zu unterzeichnen. Im Beschwerdeverfahren vor dem Oberlandesgericht können sich juristische Personen des öffentlichen Rechts von Beamten und Angestellten mit Befähigung zum Richteramt gemäß § 120 Abs. 1 GWB vertreten lassen. 248

Die Anforderungen des § 117 Abs. 2 GWB an die **Begründung** der Beschwerde entsprechen den Anforderungen des § 66 Abs. 4 GWB im Kartellbeschwerdeverfahren. Es ist deshalb kein förmlicher Antrag erforderlich.[2] Die Beschwerdebegründung hat eine Erklärung, inwieweit die Entscheidung der Vergabekammer angefochten und eine abweichende Entscheidung beantragt wird, zu enthalten. 249

Hinweis:
Aus der Beschwerdeschrift muss erkennbar sein, welches Ziel der Beschwerdeführer mit dem Rechtsmittel verfolgt. Es empfiehlt sich deshalb bereits zur Vermeidung von Unklarheiten das Begehren in einen förmlichen Antrag zu kleiden. Die Tatsachen und Beweismittel, auf die sich die Beschwerde stützt, sind gemäß § 117 Abs. 2 GWB anzugeben.

c) Benachrichtigungspflicht

Der Beschwerdeführer hat die anderen Beteiligten gemäß § 117 Abs. 4 GWB über die Beschwerdeeinlegung durch Übermittlung von Abschriften zu unterrichten. Umstritten ist die Rechtsfolge eines Verstoßes gegen diese Benachrichtigungspflicht bezogen auf die aufschiebende Wirkung der Beschwerde gemäß § 118 Abs. 1 GWB. Das OLG Naumburg ist der Auffassung, die Beschwerde entfalte bis zur Bekanntgabe gegenüber der Vergabestelle keine aufschiebende Wirkung. Der Zuschlag könne wirksam erteilt werden. Das OLG Frankfurt vertritt die ge- 250

---
1 *Wirner* zu VK Thüringen, IBR 2003, 218.
2 BayObLG, VergabeR 2001, 65, 66; OLG Jena, NZBau 2000, 349; OLG Düsseldorf, NZBau 2000, 45, 46; *Gröning* in Motzke/Pietzker/Prieß, § 117 GWB Rz. 10; *Kohlmorgen* in Langen-Bunte, § 65 GWB Rz. 6.

genteilige Auffassung und hat die Rechtsfrage dem BGH zur Entscheidung gemäß § 124 Abs. 2 GWB vorgelegt.[1]

3. Zuständiges Gericht

251 Die sofortige Beschwerde ist bei dem für den Sitz der Vergabekammer zuständigen **Oberlandesgericht** einzulegen. In jedem Bundesland wurde in Umsetzung des § 116 Abs. 3 GWB ein Vergabesenat gebildet. Die Oberlandesgerichte sind in der als Anhang I beigefügten Liste der Vergabekammern mit aufgeführt.

4. Beschwer

252 Es gilt auch im vergaberechtlichen Beschwerdeverfahren der allgemeine Verfahrensgrundsatz, dass dem Beschwerdeführer ein Rechtsmittel nur zusteht, wenn seinen Anträgen im Nachprüfungsverfahren nicht voll entsprochen worden ist. Zulässigkeitsvoraussetzung ist die **formelle Beschwer** des Beschwerdeführers.[2] Der Antragsteller ist auch beschwert, wenn sein Antrag innerhalb der 5-Wochen-Frist des § 113 Abs. 1 GWB nicht entschieden wurde.

Die formelle Beschwer lässt sich leicht ermitteln, wenn die im Nachprüfungsverfahren Beteiligten vor der Vergabekammer Anträge gestellt haben. Hat der **Antragsteller** keinen formellen Nachprüfungsantrag gestellt, ist sein Verfahrensziel anhand seines Vorbringens zu bestimmen.

253 Haben **Beigeladene** im Nachprüfungsverfahren vor der Vergabekammer keinen Antrag gestellt, ist ihre Beschwer aufgrund des bisherigen Vorbringens und der Auswirkungen der Entscheidung der Vergabekammer auf ihre Rechtsposition zu ermitteln.[3] Der Beigeladene, dem die Vergabestelle den Zuschlag erteilen wollte, ist durch die Entscheidung der Vergabekammer beschwert, wenn diese der Vergabestelle Vorgaben hinsichtlich der Fortführung oder Wiederholung von einzelnen Vergabeschritten macht. Für die übrigen Beigeladenen kommt es darauf an, ob die Entscheidung der Vergabekammer ihre Chancen auf die Zuschlagserteilung verbessert oder verschlechtert.

254 Die **Antragsgegnerin** ist formell beschwert, wenn die Vergabekammer dem Nachprüfungsantrag in vollem Umfang oder teilweise stattgibt. Eine formelle Beschwer liegt auch vor, wenn der Antragsgegner die Zurückweisung des Nachprüfungsantrags als unzulässig beantragt hat, der Antrag jedoch aus materiellen Gründen, also als unbegründet, zurückgewiesen wird.[4]

255 Anerkannt ist in der Rechtssprechung der Vergabesenate die Zulässigkeit einer **unselbständigen Anschlussbeschwerde** des Beschwerdegegners.[5] Sie wird unwirksam, wenn die Hauptbeschwerde zurückgenommen wird.[6]

---

[1] OLG Naumburg, VergabE C-14-10/02; OLG Frankfurt, IBR 2003, 446.
[2] *Gröning* in Motzke/Pietzker/Prieß, VOB/B Teil A, § 116 Rz. 24.
[3] Die Beschwerdebefugnis des Beigeladenen setzt einen eigenen Antrag vor der Vergabekammer nicht voraus, OLG Dresden, BauR 2000, 1591, 1592.
[4] *Gröning* in Motzke/Pietzker/Prieß, VOB/B Teil A, § 116 Rz. 34.
[5] OLG Dresden, BauR 2000, 1582, 1585; OLG Frankfurt a.M., NZBau 2001, 101, 106; OLG Jena, BauR 2000, 1629, 1631; OLG Rostock, VergabE C-8-12/00.
[6] *Stickler* in Reidt/Stickler/Glahs, § 117 GWB Rz. 8a.

5. Aufschiebende Wirkung der sofortigen Beschwerde

Nach Zustellung des Nachprüfungsantrags an den Auftraggeber darf der Zuschlag bis zum Ablauf der Beschwerdefrist des § 117 Abs. 1 GWB nicht erteilt werden. Über den Ablauf der zweiwöchigen Notfrist für die Einlegung der Beschwerde hinaus besteht die aufschiebende Wirkung nur, wenn wirksam sofortige Beschwerde eingelegt wurde. Das Zuschlagsverbot endet zwei Wochen nach Ablauf der Beschwerdefrist gemäß § 118 Abs. 1 Satz 2 GWB. Nach Ablauf dieser Frist ist der Auftraggeber berechtigt das Vergabeverfahren fortzusetzen und den Zuschlag zu erteilen. 256

Ob die Erteilung des Zuschlags vor Beendigung des Beschwerdeverfahrens sinnvoll ist, ist eine Frage der Beurteilung der Erfolgsaussichten des Beschwerdeverfahrens durch den Auftraggeber. Wird der Zuschlag während des Beschwerdeverfahrens erteilt, kann der beschwerdeführende Beteiligte (Antragsteller oder Beigeladener) **Fortsetzungsfeststellungsantrag** gemäß § 114 Abs. 2 GWB stellen. Das Oberlandesgericht entscheidet dann darüber, ob der Antragsteller oder Beteiligte durch das Vergabeverfahren in seinen Rechten verletzt worden ist. 257

Um das **Ende des Zuschlagsverbots** ermitteln zu können, muss sich der Auftraggeber bei der Vergabekammer nach dem Zeitpunkt der Zustellung der Entscheidung der Vergabekammer gegenüber dem Beteiligten, der sofortige Beschwerde eingelegt hat, erkundigen. Der Ablauf der Frist zur Einlegung der sofortigen Beschwerde errechnet sich nach § 188 Abs. 2 1. Alternative BGB. Für die Berechnung des Ablaufs der 2-Wochen-Frist des § 118 Abs. 1 Satz 3 gilt hingegen § 188 Abs. 2 2. Alternative BGB. 258

Beispiel:
Die Vergabekammer stellt dem Antragsteller den ablehnenden Beschluss am Mittwoch, den 7. 4. 2004, zu. Die Beschwerdefrist läuft am Mittwoch, den 21. 4. 2004, 24.00 Uhr, ab. Die 2-Wochen-Frist des § 118 Abs. 1 GWB beginnt am 22. 4. 2004, 0.00 Uhr. Sie endet am Mittwoch, den 5. 5. 2004 um 24.00 Uhr.

Hinweis:
Die Beschwerdeschrift sollte vorsorglich, in Hinblick auf den befristeten Suspensiveffekt der sofortigen Beschwerde nach § 118 Abs. 1 GWB, auch einen Antrag auf Verlängerung der aufschiebenden Wirkung bis zur Entscheidung über die Beschwerde gemäß § 118 Abs. 1 Satz 3 GWB enthalten.

6. Verfahren und Entscheidung

a) Verfahren

Das Beschwerdeverfahren ist in § 120 Abs. 2 GWB durch Verweise auf Bestimmungen des kartellrechtlichen Beschwerdeverfahrens und Bestimmungen über das Verfahren vor der Vergabekammer geregelt. § 73 GWB wiederum verweist auf die anwendbaren Vorschriften des GVG und der ZPO. 259

Im Beschwerdeverfahren gegen die Entscheidung der Vergabekammer in der Hauptsache findet grundsätzlich eine **mündliche Verhandlung** statt. Eine unzulässige sofortige Beschwerde soll in entsprechender Anwendung des § 522 Abs. 1 260

ZPO ohne mündliche Verhandlung zurückgewiesen werden können.[1] Beteiligt am Beschwerdeverfahren sind die Hauptparteien und die Beigeladenen. Auch im Beschwerdeverfahren gilt der **Untersuchungsgrundsatz**. Der Vergabesenat hat unter Mitwirkung der Beteiligten die vorgebrachten Tatsachen und Beweismittel zu überprüfen. Weiteren Tatsachen und Beweismittel hat er nur aus begründetem Anlass nachzugehen. Er ist nicht verpflichtet, von Amts wegen eine lückenlose Sachverhaltsaufklärung zu betreiben.[2]

261 Gemäß § 71 Abs. 1 Satz 1 GWB gilt der Grundsatz der **freien Beweiswürdigung**. Dem Beteiligten ist auch im Beschwerdeverfahren nach Maßgabe des § 111 GWB Akteneinsicht zu gewähren.

262 Die Verfahrensdauer des Beschwerdeverfahrens in der Hauptsache ist nicht geregelt. Der Vergabesenat entscheidet gemäß § 120 Abs. 2 i.V.m. § 71 Abs. 1 Satz 1 GWB durch Beschluss. Maßgeblich für die Entscheidung des Beschwerdegerichts ist der Sach- und Streitstand sowie die Rechtslage zum Zeitpunkt der letzten mündlichen Verhandlung.

b) Entscheidung

263 Auf eine zulässige und begründete Beschwerde hin hebt das Beschwerdegericht die Entscheidung der Vergabekammer auf. Es entscheidet entweder in der Sache selbst oder es spricht die Verpflichtung der Vergabekammer aus, unter Berücksichtigung seiner Rechtsauffassung, über die Sache erneut zu entscheiden. Da das Beschwerdegericht **Tatsacheninstanz** ist, macht eine Zurückverweisung an die Vergabekammer nur Sinn, wenn diese entweder keine Entscheidung getroffen hat (Untätigkeitsbeschwerde) oder bereits die Zustellung des Nachprüfungsantrags wegen offensichtlicher Unzulässigkeit oder Unbegründetheit gemäß § 110 Abs. 2 GWB unterlassen hat. In allen anderen Fällen gebietet die Prozessökonomie dem Beschwerdegericht, selbst zu entscheiden.[3]

264 Der Beschluss des Beschwerdegerichts ist zu begründen. Er wird gegenüber den Beteiligten durch Zustellung wirksam. Er ist **nicht rechtsmittelfähig**. Da es sich um eine den Rechtsweg ausschöpfende Entscheidung handelt, besteht die Möglichkeit der Einlegung einer **Verfassungsbeschwerde**.

7. Kosten des Beschwerdeverfahrens

265 Das GWB regelt nicht die Kostenverteilung und -erstattung im Beschwerdeverfahren. In Ermangelung einer Verweisung auf § 78 GWB, der für das kartellrechtliche Beschwerdeverfahren eine Kostenregelung enthält, bedarf es eines Rückgriffs auf die Regelungen der Zivilprozessordnung oder der Verwaltungsgerichtsordnung. Der Bundesgerichtshof hat sich für eine Anwendung der **zivilprozessualen Kostenerstattungsregelungen** ausgesprochen.[4]

---

1 OLG Düsseldorf, NZBau 2000, 596; *Stickler* in Reidt/Stickler/Glahs, § 120 GWB Rz. 10.
2 BGH, NZBau 2001, 151; NZBau 2001, 518; OLG Düsseldorf, VergR 2001, 419, 423.
3 *Stickler* in Reidt/Stickler/Glahs, § 123 Rz. 8; *Stockmann* in Immenga/Mestmäcker, § 123 GWB Rz. 5.
4 BGH, NZBau 2001, 151, 155.

Bei erfolgloser Beschwerde und Beschwerderücknahme trägt der Beschwerdeführer die Kosten des Beschwerdeverfahrens und die Kosten des Beschwerdegegners. Uneinheitlich ist die Rechtsprechung hinsichtlich der **Kosten der Beigeladenen**. Nach einer Ansicht sollen den Beigeladenen, auch wenn sie sich aktiv am Rechtsstreit beteiligen, weder Kosten auferlegt noch Kosten erstattet werden können.[1] Nach anderer Ansicht sollen Beigeladenen Kosten erstattet bzw. Kosten auferlegt werden, wenn sie sich mit eigenen Anträgen aktiv am Beschwerdeverfahren beteiligt haben.[2] Eine dritte Meinung will § 101 ZPO entsprechend anwenden und den Antragsteller als Beschwerdeführer im Unterliegensfall auch die zur zweckentsprechenden Rechtsverteidigung erforderlichen Kosten der Beigeladenen tragen lassen. Im Fall des Unterliegens der vom Beigeladenen unterstützten Hauptpartei – in der Regel die Vergabestelle – soll er die eigenen außergerichtlichen Kosten und die Kosten für erfolglos vorgebrachte Angriffs- und Verteidigungsmittel gemäß § 96 ZPO tragen. Eine auch nur anteilige Übernahme der Kosten des obsiegenden Beschwerdegegners soll nicht erfolgen.[3] Ist ein Beigeladener alleiniger Beschwerdeführer, trägt er im Unterliegensfall die Kosten des Beschwerdeverfahrens und des Beschwerdegegners.

266

Über die Kosten des Beschwerdeverfahrens entscheidet der Vergabesenat von Amts wegen. Ein Antrag ist nicht erforderlich.

267

8. Muster einer sofortigen Beschwerde eines Antragstellers zum OLG

An das Oberlandesgericht

268

– Vergabesenat –

**Sofortige Beschwerde und Antrag auf Verlängerung
der aufschiebenden Wirkung der sofortigen Beschwerde**

In der Vergaberechtssache

der Entsorgungs GmbH, vertreten durch ....

– Antragstellerin/Beschwerdeführerin –

Prozessbevollmächtigte: Rechtsanwälte ....

gegen

den Landkreis K, vertreten durch den Landrat, ...

– Antragsgegner/Beschwerdegegner –

Prozessbevollmächtigte: Rechtsanwälte ....

---

1 OLG Koblenz, NZBau 2000, 534, 539; OLG Naumburg, VergabE C-14–7/00; OLG Rostock, VergabE C-8–4/00.
2 OLG Stuttgart, NZBau 2000, 543; OLG Düsseldorf, NZBau 2000, 155, 158; OLG Dresden, VergabE C-13–4/00 und VergabE C-13–5/00.
3 *Jaeger*, NZBau 2001, 366, 375 m. w. N.

Beizuladen:

die Müll GmbH & Co. KG, vertreten durch die Abfallentsorgungsgesellschaft mbH, diese vertreten durch ....

wegen der Untersagung der Verlängerung und Änderung eines Entsorgungsvertrags zwischen dem Antragsgegner und der Beizuladenden

Namens und in Vollmacht der Antragstellerin legen wir gegen den Beschluss der Vergabekammer .... (Az.: ....)

sofortige Beschwerde

ein. Wir bitten um zeitnahe Anberaumung einer mündlichen Verhandlung, in der wir folgende

Anträge

stellen werden:

1. Der Beschluss der Vergabekammer .... (Az.: ....) vom .... wird aufgehoben.

2. Der Antragsgegner wird verpflichtet, für die Abfallbeseitigung, die er auf seinem Kreisgebiet für die Zeit nach dem 30. 6. 2004 durch Dritte durchführen lässt, Aufträge nur im Wettbewerb und im Wege transparenter Vergabe zu erteilen.

3. Der Antragsgegner trägt die Kosten der Vergabe, die Aufwendungen der Antragstellerin im Verfahren vor der Vergabekammer und die Kosten des Beschwerdeverfahrens.

4. Es wird festgestellt, dass die Hinzuziehung eines anwaltlichen Bevollmächtigten für die Antragstellerin im Verfahren für die Vergabekammer notwendig gewesen ist.

Des Weiteren stellen wir für die Antragstellerin gemäß § 118 Abs. 1 Satz 3 GWB den Antrag,

die aufschiebende Wirkung der sofortigen Beschwerde bis zum Abschluss des Beschwerdeverfahrens zu verlängern.

Eine Ausfertigung des Beschlusses der Vergabekammer fügen wir mit der Bitte um spätere Rückgabe bei.

Begründung:

I. Zum Sachverhalt

1. Die Antragstellerin ist ein Abfallentsorgungsunternehmen mit Sitz im Gebiet des Antragsgegners. Dieser lässt sämtliche Abfallentsorgungsdienstleistungen seit 1978 durch die beizuladende Müll GmbH & Co. KG erbringen.

Der zwischen dem Antragsgegner und der Beizuladenden geschlossene Vertrag verlängert sich um jeweils 5 Jahre, wenn er nicht 2 Jahre vor Ablauf schriftlich gekündigt wird. Der Antragsgegner beabsichtigte, den Vertrag zum 30. 6. 2003 fristgerecht zu kündigen. Die Beizuladende unterbreitete dem Antragsgegner daraufhin ein wesentlich verbessertes und inhaltlich verändertes Angebot. Zudem wurde das Auftragsvolumen um bestimmte Bereiche reduziert (wird ausgeführt).

2. Der Kreistag des Antragsgegners stimmte in seiner Sitzung am .... dem Abschluss eines „Änderungsvertrags" zu dem 1977 geschlossenen Vertrag zu und verpflichtete den Antragsgegner, diesen Vertrag bis zum .... mit der Beizuladenden abzuschließen.

3. Die Antragstellerin rügte mit Schreiben vom .... gegenüber dem Antragsgegner die Unzulässigkeit des Abschlusses des 2. Änderungsvertrags und verlangte die Vergabe der Leistungen auf Grundlage einer öffentlichen Ausschreibung. Sie reichte, nachdem sie vom Landratsamt, Herrn ...., die telefonische Auskunft erhalten hatte, man beabsichtige, entsprechend dem Kreistagsbeschluss vorzugehen, am .... bei der Vergabekammer .... einen Nachprüfungsantrag ein. Dieser wurde – vorab per Telefax – noch am gleichen Tag dem Antragsgegner zugestellt.

Der Änderungsvertrag war von der Beizuladenden am .... unterschrieben worden. Der Landrat unterschrieb den Vertrag am ...., also 10 Tage nach Zustellung des Nachprüfungsantrags der Antragstellerin.

4. Die Vergabekammer hat den Nachprüfungsantrag mit der Begründung abgewiesen, bei der Verlängerung eines laufenden Vertrags handelt es sich nicht um die Neuvergabe eines öffentlichen Auftrags. Dies sei allenfalls dann der Fall, wenn der Antragsgegner von seinem Kündigungsrecht Gebrauch gemacht hätte. Der Beschluss der Vergabekammer wurde der Antragstellerin am .... zugestellt.

II. Zur Begründetheit der sofortigen Beschwerde

1. Die sofortige Beschwerde ist zulässig. Die 2-Wochen-Frist des § 117 Abs. 1 GWB für die Einreichung der Begründung der sofortigen Beschwerde wurde gewahrt. Der angerufene Vergabesenat ist für die Vergabe öffentlicher Aufträge der Antragsgegnerin zuständig.

Die Antragstellerin ist antragsbefugt. Sie hat gemäß § 107 Abs. 2 GWB ein Interesse an dem ausschreibungspflichtigen Auftrag. Sie hat ihren Sitz im Kreisgebiet und ist in der Lage, sämtliche der streitgegenständlichen Leistungen selbst zu erbringen. Durch die Vergabe der Leistungen im Wege des „Änderungsvertrags" wird die Antragstellerin in ihren Rechten aus § 97 Abs. 7 GWB, hier aus ihrem Recht auf Durchführung eines förmlichen den Anforderungen der §§ 97ff. GWB und der einschlägigen Bestimmungen der VOL/A entsprechendem Vergabeverfahren, verletzt.

2. Die sofortige Beschwerde ist begründet. Der Abschluss des Änderungsvertrags zwischen dem Antragsgegner und der Beizuladenden stellt einen Verstoß gegen die Verpflichtung des Antragsgegners, diese Leistungen öffentlich auszuschreiben, dar.

   a) Bei den streitgegenständlichen Entsorgungsleistungen handelt es sich um Dienstleistungen i. S. d. § 99 Abs. 4 GWB. Der Auftragswert der vom Antragsgegner benötigten Abfallentsorgungsdienste übersteigt den Schwellenwert von 200 000 Euro gemäß § 100 Abs. 1 GWB i. V. m. § 2 Nr. 3 VgV bei weitem.

b) Bei der Fortsetzung des Vertrags zwischen dem Antragsgegner und der Beizuladenden zu geänderten Bedingungen handelt es sich funktionell betrachtet um die (Neu-)Vergabe eines öffentlichen Auftrags.

Der Antragsgegner und die Beizuladende waren sich einig darüber, dass der bestehende Vertrag für die derzeit geltenden Bedingungen nicht fortgesetzt wird. Der Antragsgegner hat von seinem Kündigungsrecht nur deshalb nicht Gebrauch gemacht, weil die Beizuladende bereit war, die von ihr erbrachten Leistungen zu geänderten, für den Antragsgegner günstigeren Konditionen ab dem 30. 6. 2003 zu erbringen. Es handelt sich bei dem „Änderungsvertrag" aufgrund der Änderungen des Leistungsumfangs und der Änderungen der Vergütung um den Abschluss eines Dienstleistungsauftrags i. S. d. § 99 Abs. 4 GWB. Derartige Aufträge können nicht ohne vorherige Durchführung eines Vergabeverfahrens vergeben werden.

c) Der Änderungsvertrag ist bisher auch nicht wirksam zustande gekommen. Der Antragsgegner hat das Vertragsangebot der Beizuladenden erst nach Zustellung des Nachprüfungsantrags angenommen. Gemäß § 115 Abs. 1 GWB darf der öffentliche Auftraggeber in dem Zeitraum zwischen der Zustellung des Nachprüfungsantrags und dem Ablauf der Beschwerdefrist den Zuschlag nicht erteilen. Gegen dieses gesetzliche Verbot hat der Antragsgegner verstoßen. Die Änderungsvereinbarung ist deshalb gemäß § 134 BGB i.V.m. § 115 Abs. 1 GWB nichtig.

III. Zur Begründetheit des Antrags auf Verlängerung der aufschiebenden Wirkung der sofortigen Beschwerde

Die aufschiebende Wirkung der sofortigen Beschwerde endet 2 Wochen nach Ablauf der Beschwerdefrist. Würde dem Antrag auf Verlängerung der aufschiebenden Wirkung gemäß § 118 Abs. 1 Satz 3 GWB nicht stattgegeben werden, könnte der Beschwerdegegner mit der Beizuladenden den Änderungsvertrag erneut, und zwar wirksam, abschließen.

Die Voraussetzungen für die Verlängerung der aufschiebenden Wirkung der sofortigen Beschwerde liegen vor. Gemäß § 118 Abs. 2 GWB ist dem Antrag stattzugeben, wenn, unter Berücksichtigung der Erfolgsaussichten der Beschwerde, die Interessen der Allgemeinheit an einem raschen Abschluss des Vergabeverfahrens und die nachteiligen Folgen einer Verzögerung der Vergabe bis zur Entscheidung über die Beschwerde und die damit verbundenen Vorteile, unter Berücksichtigung der Interessen der Antragstellerin, nicht überwiegen.

Die Beschwerde hat – auch bei summarischer Prüfung – Aussicht auf Erfolg. Das Interesse der Antragstellerin an dem Abschluss des Beschwerdeverfahrens überwiegt das Interesse des Antragsgegners an einer vorzeitigen Zuschlagserteilung. Es sind weder für die Allgemeinheit noch für die Antragsgegnerin Nachteile ersichtlich, die durch das Abwarten des Ausgangs des Beschwerdeverfahrens entstehen könnten.

Wird der Antragsgegner verpflichtet, die streitgegenständlichen Entsorgungsdienstleistungen öffentlich auszuschreiben, bleibt ihm hierfür bis zur Beendigung des Vertrags mit der Beizuladenden am 30. 6. 2003 noch genügend Zeit. Die Abfallentsorgung im Kreisgebiet ist sichergestellt.

Rechtsanwalt

V. Eilverfahren im Beschwerderechtszug

Das Beschwerdeverfahren unterliegt nicht in gleicher Weise dem Beschleunigungsgebot wie das Verfahren vor der Vergabekammer. Es können mehrere Monate vergehen, bevor eine Verhandlung vor dem Vergabesenat des Oberlandesgerichts stattfindet. Entscheidungen in den im Beschwerderechtszug vorgesehenen Eilverfahren präjudizieren die Entscheidung in der Hauptsache, weil die Erfolgsaussichten der Beschwerde zumindest summarisch geprüft werden. Die Durchführung eines Eilverfahrens ist mithin geeignet, das Beschwerdeverfahren zu beschleunigen. 269

Im Beschwerderechtszug kann sich für den vor der Vergabekammer unterlegenen öffentlichen Auftraggeber, wegen besonderer **Eilbedürftigkeit der Vergabe** des öffentlichen Auftrags, die Notwendigkeit der Erwirkung einer Vorabgestattung der Zuschlagserteilung ergeben. Die Voraussetzungen sind in § 121 GWB regelt. 270

Für den vor der Vergabekammer unterlegenen Antragsteller ergibt sich die Notwendigkeit, das Verbot, den Zuschlag zu erteilen, bis zur Entscheidung über die Beschwerde aufrecht zu erhalten. Das Oberlandesgericht kann unter den Voraussetzungen des § 118 Abs. 1 und 2 GWB auf Antrag die Verlängerung der aufschiebenden Wirkung der Beschwerde anordnen. 271

1. Verlängerung der aufschiebenden Wirkung

Das Zuschlagsverbot endet gemäß § 115 Abs. 1 GWB mit Ablauf der Beschwerdefrist. Die Beschwerdefrist beträgt gemäß § 117 Abs. 1 GWB 2 Wochen. Die sofortige Beschwerde des im Nachprüfungsverfahren vor der Vergabekammer unterlegenen Antragstellers hat aufschiebende Wirkung gegenüber der Entscheidung der Vergabekammer. Die aufschiebende Wirkung entfällt 2 Wochen nach Ablauf der Beschwerdefrist, § 118 Abs. 1 Satz 2 GWB. Der Zuschlag kann **4 Wochen nach Bekanntgabe** der Entscheidung der Vergabekammer erteilt werden. 272

Die aufschiebende Wirkung wird durch die Einlegung der sofortigen Beschwerde und den Antrag auf Verlängerung der aufschiebenden Wirkung der sofortigen Beschwerde dann nicht gesichert, wenn die Vergabekammer den **Nachprüfungsantrag zurückgewiesen** und zugleich die **Zuschlagserteilung** gemäß § 115 Abs. 2 Satz 2 GWB **gestattet** hat. Der Beschwerdeführer muss dann unverzüglich nach Bekanntgabe des Beschlusses über die Gestattung der Zuschlagserteilung gemäß § 115 Abs. 2 Satz 2 GWB beim Oberlandesgericht beantragen, das **Zuschlagsverbot wieder herzustellen**. 273

274 Das Antragsrecht aus § 118 Abs. 1 GWB steht auch einem Beigeladenen zu, der gegen die Entscheidung der Vergabekammer sofortige Beschwerde eingelegt hat.

Beispiel:
Die Vergabekammer hat dem gegen die Wertung der Angebote gerichteten Nachprüfungsantrag stattgegeben und festgestellt, dass das Angebot des Antragstellers das wirtschaftlichste sei. Die Vergabestelle wollte dem Angebot des Beigeladenen den Zuschlag erteilen.

275 Akzeptiert die Vergabestelle diese Entscheidung, kann sie nach Ablauf der Beschwerdefrist dem Antragsteller den Zuschlag erteilen. Der Beigeladene ist durch die Entscheidung der Vergabekammer beschwert. Er kann diese durch sofortige Beschwerde angreifen und die Verlängerung von deren aufschiebender Wirkung beantragen.

a) Voraussetzungen

276 Der Antrag setzt die Einlegung einer sofortigen Beschwerde beim Oberlandesgericht voraus. Er hat Erfolg, wenn nach **summarischer Prüfung** davon auszugehen ist, dass die sofortige Beschwerde Erfolg haben wird und die Interessen des Beschwerdeführers das Interesse der Allgemeinheit an einem raschen Abschluss des Vergabeverfahrens und die nachteiligen Folgen einer Verzögerung der Vergabe bis zur Entscheidung über die Beschwerde überwiegen (Interessenabwägung).

277 § 118 Abs. 2 GWB verlangt zwei Prüfungsschritte. Zuerst werden die **Erfolgsaussichten der Beschwerde** geprüft. Sind die Erfolgsaussichten negativ, findet keine Interessenabwägung statt. Der Antrag ist unbegründet. Sind die Erfolgsaussichten positiv oder im Rahmen einer summarischen Prüfung nicht eindeutig zu ermitteln, ist eine **Interessenabwägung** vorzunehmen. Das Gebot des effektiven Rechtsschutzes gebietet es grundsätzlich, bei ungewissem Ausgang des Beschwerdeverfahrens, die aufschiebende Wirkung der Beschwerde zu verlängern.[1] Eine Ablehnung des Antrags trotz bestehender Erfolgsaussichten der sofortigen Beschwerde ist in Ausnahmefällen zulässig, wenn die Interessen an einem zügigen Abschluss des Vergabeverfahrens, z.B. wegen der Unaufschiebbarkeit der Vergabe zur Erfüllung von öffentlichen Pflichten von erheblicher Bedeutung (Funktionieren des Rettungsdienstes[2], Vervielfältigung und Verbreitung der Deutschen Nationalbiographie[3]) überwiegen.

b) Verfahren

aa) Antragsfrist

278 Ungeklärt ist, ob es für den Antrag auf Verlängerung der aufschiebenden Wirkung eine **Antragsfrist** gibt. Der Wortlaut „verlängern" spricht dafür, dass der Antrag bis zum Ablauf der aufschiebenden Wirkung, also 2 Wochen nach Ablauf der Beschwerdefrist, einzureichen ist.[4] Es wird auch mangels einer ausdrücklichen Fristenregelung die Auffassung vertreten, dass der Antrag bis zur wirksamen Zu-

---
1 OLG Jena, VergabE C-16-2/00v.
2 OLG Naumburg, VergabeR 2001, 134, 137.
3 OLG Düsseldorf, NZBau 2000, 530.
4 OLG Düsseldorf, VergabeR 2001, 162 f.; OLG Koblenz, VergabE C-11-1/99v.

schlagserteilung zulässig sein soll.¹ Es empfiehlt sich, den Antrag auf Verlängerung der aufschiebenden Wirkung der sofortigen Beschwerde mit der Beschwerde gegen die Entscheidung der Vergabekammer in der Hauptsache zu verbinden.²

Ein Antrag nach § 118 Abs. 1 Satz 3 GWB kann dann entbehrlich sein, wenn sich die Vergabestelle verpflichtet, bis zur Entscheidung über die sofortige Beschwerde keinen Zuschlag zu erteilen. Es besteht insoweit jedoch ein erhebliches Risiko, da auch eine abredewidrige Zuschlagserteilung durch die Vergabestelle wirksam ist. 279

bb) Form

§ 118 Abs. 1 Satz 3 GWB schreibt für den Verlängerungsantrag keine besondere Form vor. Der Antrag sollte dennoch schriftlich gestellt und begründet werden. Da zu den Erfolgsaussichten der sofortigen Beschwerde bereits in der innerhalb der zweiwöchigen Notfrist einzureichenden Begründung der sofortigen Beschwerde Stellung zu nehmen ist, bedarf es zur Begründung des Antrags auf Verlängerung der aufschiebenden Wirkung der Beschwerde nur Ausführungen zur Interessenabwägung. 280

c) Verfahrengrundsätze und Entscheidung

Das Verfahren, das der Entscheidung über den Verlängerungsantrag vorauszugehen hat, ist nicht geregelt. Hieraus wird geschlossen, dass die **Verfahrensgrundsätze für das Beschwerdeverfahren** auch für die Behandlung und Entscheidung des Verlängerungsantrags gelten. Einer mündlichen Verhandlung bedarf es jedoch nicht. Den Beteiligten ist rechtliches Gehör zu gewähren. 281

Eine Entscheidungsfrist ist, anders als bei der Vorabgestattung über den Zuschlag nach § 121 GWB, nicht vorgesehen. Die aufschiebende Wirkung der sofortigen Beschwerde entfällt gemäß § 118 Abs. 1 GWB zwei Wochen nach Ablauf der Beschwerdefrist auch in diesem Fall. Eine Verlängerung der aufschiebenden Wirkung der Beschwerde bis zur Entscheidung über den Verlängerungsantrag ist nicht vorgesehen.³ Im Interesse eines wirksamen Primärrechtsschutzes behelfen sich die Vergabesenate mit einer im GWB nicht vorgesehenen **vorläufigen Untersagung der Zuschlagserteilung**.⁴ Diese „Zwischenverfügung" dient dazu, dem Vergabesenat genügend Zeit für eine summarische Prüfung der Erfolgsaussichten der sofortigen Beschwerde und eine Interessenabwägung zu verschaffen. In der Regel wird dem Beschwerdegegner vorher rechtliches Gehör gewährt. Ein Anspruch auf eine vorläufige Untersagung der Zuschlagserteilung besteht jedoch nicht. 282

Beispiel:
Der Beschwerdeführer wusste bereits vor der Beschwerdeeinlegung von der beabsichtigten sofortigen Zuschlagserteilung. Der Verlängerungsantrag ging am letzten Tag vor Erlöschen

---
1 *Hunger* in Niebuhr/Kulartz/Kus/Portz, § 118 GWB Rz. 4; *Bechtold*, § 118 Rz. 3; *Boesen*, § 118 GWB Rz. 22; *Stickler* in Reidt/Stickler/Glahs, § 118 GWB Rz. 9.
2 In dem Muster einer Beschwerdeschrift ist der Antrag mit enthalten, siehe Rz. 268.
3 OLG Düsseldorf, VergR 2001, 429/430.
4 *Stickler* in Reidt/Stickler/Glahs, § 118 GWB Rz. 11.

des Zuschlagsverbots ein. Eine frühere Einreichung wäre möglich gewesen. Das OLG informierte die Vergabestelle zwar vom Antrag, verfügte jedoch wegen der verspäteten Antragstellung keine vorläufige Untersagung.[1]

283 Das RVG hat für die Tätigkeit des Rechtsanwaltes in den Verfahren nach § 115 Abs. 2 Satz 2 und 3, § 118 Abs. 1 Satz 3 und § 121 GWB unter Nr. 3300 VV RVG einen neuen Gebührentatbestand geschaffen. Der Rechtsanwalt enthält für jedes der vorgenannten Verfahren neben den Gebühren für das Beschwerdeverfahren aus Nr. 3200 und 3202 VV RVG für die Eilverfahren in der Beschwerdeinstanz eine 2,3fache Verfahrensgebühr.

---

[1] OLG Düsseldorf, VergR 2001, 429, 430.

Schaubild 1: Auftraggeber gewinnt im Verfahren vor der Vergabekammer/Rechtsschutz vor dem Oberlandesgericht

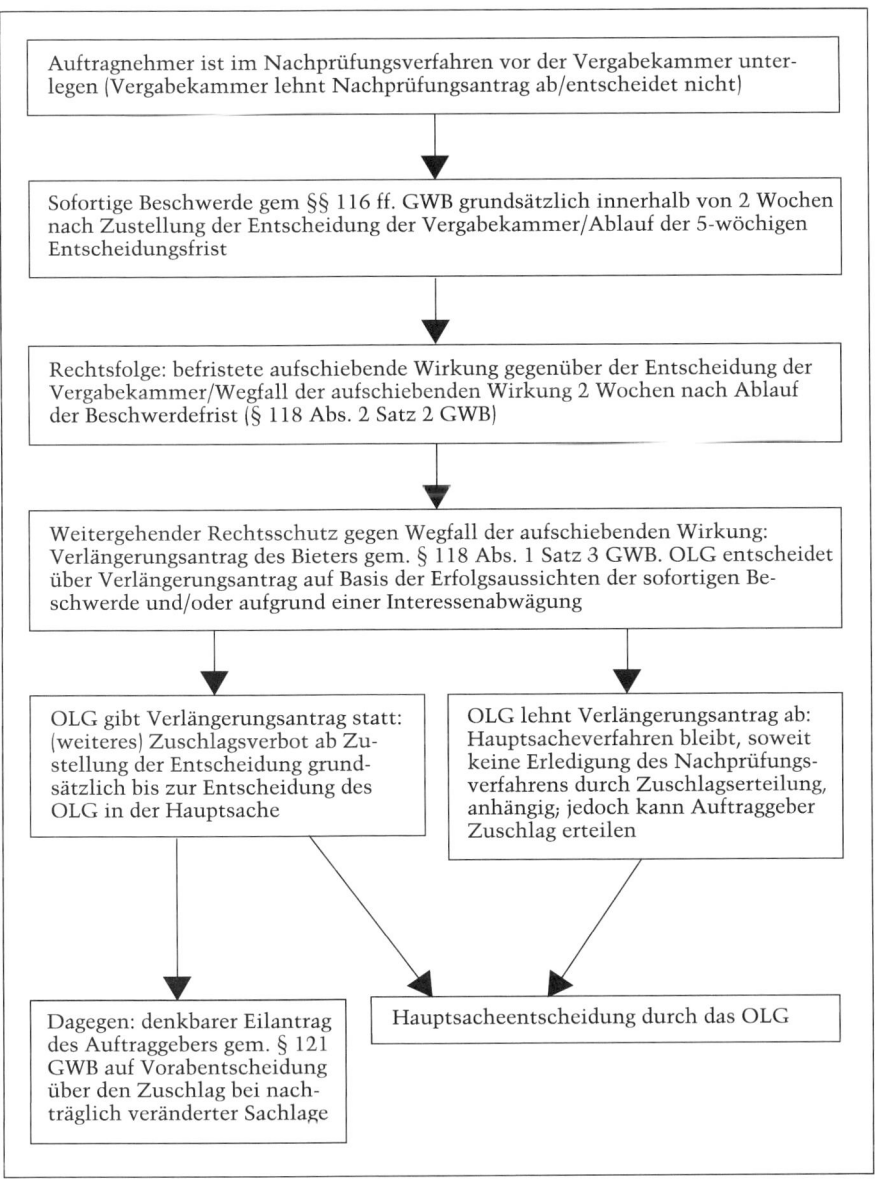

2. Vorabentscheidung über den Zuschlag

a) Anwendungsbereich

284 Ist der öffentliche Auftraggeber vor der Vergabekammer unterlegen, steht einer Zuschlagserteilung die von der Vergabekammer ausgesprochene Verpflichtung, festgestellte Vergabefehler zu beseitigen, entgegen. Legt er gegen die Entscheidung der Vergabekammer sofortige Beschwerde ein, kann er eine Gestattung der Zuschlagserteilung durch Vorabentscheidung beantragen.

285 § 121 GWB findet auch Anwendung, wenn nach Ansicht der vor der Vergabekammer unterlegenen Vergabestelle ein Zuschlag bereits vor Eintritt des Suspensiveffekts wirksam erteilt wurde.[1] Der Beschluss der Vergabekammer steht in diesem Fall einer Durchführung des öffentlichen Auftrags entgegen. Der Antrag ist in diesem Fall nicht auf Gestattung des Zuschlags, sondern auf **Feststellung der wirksamen Zuschlagserteilung** und Gestattung der Durchführung des streitgegenständlichen Auftrags zu richten.

286 Hat der öffentliche Auftraggeber vor der Vergabekammer obsiegt, kommt ein Antrag gemäß § 121 Abs. 1 GWB auf Gestattung des Zuschlages allenfalls in Betracht, wenn er den Zuschlag innerhalb der vierwöchigen Zuschlagsverbotsfrist gemäß §§ 115 Abs. 1, 118 Abs. 1 Satz 2 GWB erteilen will. Nach Auffassung des OLG Naumburg soll ein Antrag nach § 121 GWB zur Verkürzung des Suspensiveffekts unzulässig sein. Dabei wird jedoch übersehen, dass sich die Eilbedürftigkeit der Zuschlagserteilung durchaus in einer Weise verstärken kann, so dass eine Zuschlagserteilung geboten sein kann.[2]

b) Voraussetzungen des § 121 Abs. 1 GWB

287 Die Voraussetzungen für die Gestattung der Zuschlagserteilung nach § 121 Abs. 1 GWB entsprechenden denen des § 118 Abs. 2 GWB für die Verlängerung der aufschiebenden Wirkung der sofortigen Beschwerde, unter umgekehrten Vorzeichen.[3] Voraussetzungen für die Gestattung der Zuschlagserteilung im laufenden Beschwerdeverfahren sind

▷ die **Erfolgsaussichten** der sofortigen Beschwerde (des Antragstellers bzw. der Vergabestelle als Antragsgegner) oder

▷ ein Überwiegen der nachteiligen Folgen einer Verzögerung der Vergabe bis zur Entscheidung über die Beschwerde gegenüber den damit verbundenen Vorteilen unter Berücksichtigung aller möglichen geschädigten Interessen sowie des Interesses der Allgemeinheit an einem raschen Abschluss des Vergabeverfahrens (**Interessenabwägung**).

288 Es handelt sich um zwei selbständige Tatbestände für die Entscheidung über die Gestattung des Zuschlags. Eine Interessenabwägung findet statt, wenn die Zuschlagserteilung nicht ohnehin schon aufgrund der Erfolgsaussichten des Rechts-

---

[1] OLG Dresden, BauR 2000, 1640 Nr. 10 L; zustimmend *Jaeger*, NZBau 2001, 366, 370.
[2] OLG Naumburg, NZBau 2001, 642; NZBau 2001, 642; VergabE C-14–3/99v2; kritisch *Jaeger*, NZBau 2001, 366, 370.
[3] OLG Düsseldorf, VergabE C-10–6/00v; VergabeR 2001, 162.

mittels zu gestatten ist.[1] Von Bedeutung ist dies insbesondere dann, wenn die Erfolgsaussichten sich nicht beurteilen lassen, weil sie von einer Rechtsfrage abhängen, die dem EuGH zur Entscheidung vorgelegt wurde.[2]

Noch nicht geklärt ist, ob, bei überwiegenden Erfolgsaussichten der Beschwerde der Vergabestelle, eine weitere Voraussetzung für die Gestattung der Zuschlagserteilung eine **besondere Eilbedürftigkeit** der Auftragsvergabe ist. § 121 Abs. 2 Satz 2 GWB, der die Glaubhaftmachung der besonderen Eilbedürftigkeit verlangt, legt dies nahe.[3] In der Spruchpraxis wird die Eilbedürftigkeit jedoch nicht immer geprüft.[4] 289

Können die Erfolgsaussichten – wie bei einer Vorlage an den EuGH – nicht beurteilt werden und verlangt das öffentliche Interesse die Erbringung der streitgegenständlichen Leistung, sei es durch Fortsetzung eines befristeten Dauerschuldverhältnisses oder durch neue Vergabe des Auftrags, kann es dem Gebot des effektiven Rechtsschutzes widersprechen, wenn durch die Vergabe der ausgeschriebenen Leistung vollendete Tatsachen geschaffen werden. Das OLG Düsseldorf hat deshalb eine **befristete Gestattung der Auftragsvergabe** an den beigeladenen Bieter zugelassen.[5] 290

c) Verfahren

Es handelt sich um ein Eilverfahren. Eine **Frist** für die Stellung des Antrags auf Vorabentscheidung über den Zuschlag ist nicht vorgesehen. Ein zu langes Zuwarten nach Einlegen der sofortigen Beschwerde verbietet sich für die Vergabestelle jedoch im Hinblick auf die dem Anspruch immanente besondere Eilbedürftigkeit. 291

Der Antrag ist gemäß § 121 Abs. 2 GWB schriftlich zu stellen und gleichzeitig zu begründen. Die zur Begründung des Antrags vorzutragenden Tatsachen sind, ebenso wie der Grund für die Eilbedürftigkeit, glaubhaft zu machen. 292

Das OLG hat über den Antrag gemäß § 121 Abs. 3 GWB innerhalb von fünf Wochen zu entscheiden. Ein Antrag, der keine Begründung enthält, setzt die Entscheidungsfrist von 5 Wochen nicht in Gang. Er ist als unzulässig zu behandeln.[6] Das Beschwerdegericht kann durch Entscheidung des Vorsitzenden die Entscheidungsfrist wegen besonderen tatsächlichen und/oder rechtlichen Schwierigkeiten verlängern. 293

Auch in diesem Eilverfahren gilt der **Untersuchungsgrundsatz**. Eine mündliche Verhandlung ist nicht zwingend vorgesehen. 294

---

1 BayObLG, NZBau 2001, 643, 644; OLG Bremen, VergabE C-5–1/00v; *Stockmann* in Immenga/Mestmäcker, GWB, § 121 Rz. 20.
2 OLG Düsseldorf, VergabE C-10–7/00v2.
3 OLG Celle, VergabE C-9–2/00v; *Jaeger*, NZBau 2001, 366, 371.
4 OLG Bremen, VergabE C-5–1/00v.
5 OLG Düsseldorf, VergabE C-10–7/00v1.
6 *Stickler* in Reidt/Stickler/Glahs, § 121 GWB Rz. 7.

d) Entscheidung

295 Das Beschwerdegericht entscheidet durch **Beschluss**. Weist es den Antrag auf Vorabentscheidung zurück, hat es gemäß § 122 GWB dem Beschwerdeführer (der Vergabestelle) Maßnahmen zur Herstellung der Rechtmäßigkeit des Vergabeverfahrens aufzugeben. Die Maßnahmen müssen nicht im Entscheidungstenor aufgeführt sein.

296 Eine Kostenentscheidung im Eilverfahren erfolgt nicht. Über die Kosten des Eilverfahrens wird im Rahmen der Kostenentscheidung des Beschwerdeverfahrens entschieden. Dabei wird zusätzlich zu der $^{13}/_{10}$-Prozessgebühr für das Beschwerdeverfahren eine $^{6,5}/_{10}$-Prozessgebühr für die anwaltliche Tätigkeit anerkannt.

297 Ein **Rechtsmittel** ist gegen die Entscheidung des Vergabesenats nicht vorgesehen. Das Verfahren über die Vorabentscheidung über den Zuschlag stellt eine Vorwegnahme des Beschwerdeverfahrens in der Hauptsache dar. Das Vorabentscheidungsverfahren ist für die Vergabestelle aufgrund der Beendigungsfiktion des § 122 GWB bei Zurückweisung des Antrags mit einem erheblichen Risiko verbunden. Sie hat innerhalb von zehn Tagen die vom Vergabesenat festgestellten Fehler in vollem Umfang zu beseitigen.

e) Beendigungsfiktion

298 Stellt die Vergabestelle nicht innerhalb von 10 Tagen seit Zugang der Entscheidung des OLG die Rechtmäßigkeit des Vergabeverfahrens her, endet dieses gemäß § 122 GWB kraft Gesetzes.

Fraglich ist, ob das Beschwerdegericht auch in den Fällen, in denen die festgestellten Verstöße nicht geheilt werden können, entweder eine nicht erfüllbare Anordnung zu treffen oder die Aufhebung des Vergabeverfahrens anzuordnen hat. Letzteres ist nicht notwendig, da § 122 GWB als **gesetzliche Fiktion** die **Beendigung des Vergabeverfahrens** mit dem Ablauf von zehn Tagen nach Zustellung der Entscheidung auch in diesem Fall eingreift.

f) Antragsmuster Vorabentscheidung über die Gestattung des Zuschlags

299 An das OLG
Vergabesenat

Antrag auf Vorabentscheidung über den Zuschlag gemäß § 121 Abs. 1 GWB

.... (Aktenzeichen des Beschwerdeverfahrens)

In dem Rechtsstreit

Bundesrepublik Deutschland, vertreten durch ....

– Antragsgegnerin/Beschwerdeführerin –

Prozessbevollmächtigte: ....

gegen

XY GmbH, vertreten durch ....

– Antragstellerin/Beschwerdegegnerin –

beantragen wir namens der Antragsgegnerin

der Antragsgegnerin zu gestatten, den Zuschlag für den ausgeschriebenen Auftrag über .... an die Beigeladene zu erteilen.

Begründung

I. Zum Sachverhalt

Die Antragsgegnerin schrieb den Auftrag .... öffentlich aus. Sie beabsichtigte der Beigeladenen den Auftrag zu erteilen. Hiergegen wandte sich die Antragstellerin mit Nachprüfungsantrag vom .... an das Bundeskartellamt. Das Bundeskartellamt als Vergabekammer des Bundes entschied durch Beschluss vom ...., dass der Nachprüfungsantrag zulässig sei und verpflichtete die Antragsgegnerin zu einer erneuten Bewertung der Angebote. Wegen der Einzelheiten wird auf den Beschluss der Vergabekammer des Bundes und die Beschwerdeschrift in diesem Verfahren verwiesen.

Der Vergabesenat hat auf zulässige Beschwerde der Antragsgegnerin den Gerichtshof der europäischen Gemeinschaften gemäß Art. 241 EG angerufen, um zu klären, ob der streitgegenständliche Auftrag in den Anwendungsbereich der Dienstleistungsrichtlinie fällt und ein Nachprüfungsverfahren statthaft ist. Mit einer Entscheidung des EuGH ist in den nächsten Monaten nicht zu rechnen.

Die Antragsgegnerin ist gesetzlich verpflichtet, ... (wird ausgeführt). Zu der Erfüllung dieser Verpflichtung bedarf es der Erteilung des streitgegenständlichen Auftrags. Erfüllt sie ihre Verpflichtung nicht, hat dies folgende Konsequenzen .... (wird ausgeführt).

Sie kann sich für den Zeitraum bis zum Abschluss des Beschwerdeverfahrens nicht anderweitig behelfen, weil es sich um eine gänzlich neue Dienstleistung handelt, für deren Erfüllung das der Ausschreibung zugrunde liegende vernetzte Datenbanksystem eingerichtet wurde und zu übernehmen ist .... (wird ausgeführt).

II. Zur Rechtslage

Der Antragsgegnerin ist die Erteilung des Zuschlags gemäß § 121 Abs. 1 Satz 2 2. Alt. GWB zu gestatten. Die Erfolgsaussichten der sofortigen Beschwerde hängen insbesondere von der Entscheidung des Europäischen Gerichtshofs ab. Der Ausgang des Vorlageverfahrens lässt sich nicht beurteilen. Im vorliegenden Fall ist eine Zuschlagserteilung geboten, da die Interessen an dem raschen Abschluss des Vergabeverfahrens und die nachteiligen Folgen, die sich aus der faktischen Aussetzung des Vergabeverfahrens aufgrund der Vorlage an den EuGH ergeben, die Belange der Antragstellerin bei weitem überwiegen .... (wird ausgeführt).

Schaubild 2: Auftraggeber unterliegt im Verfahren vor der Vergabekammer/ Rechtsschutz vor dem Oberlandesgericht

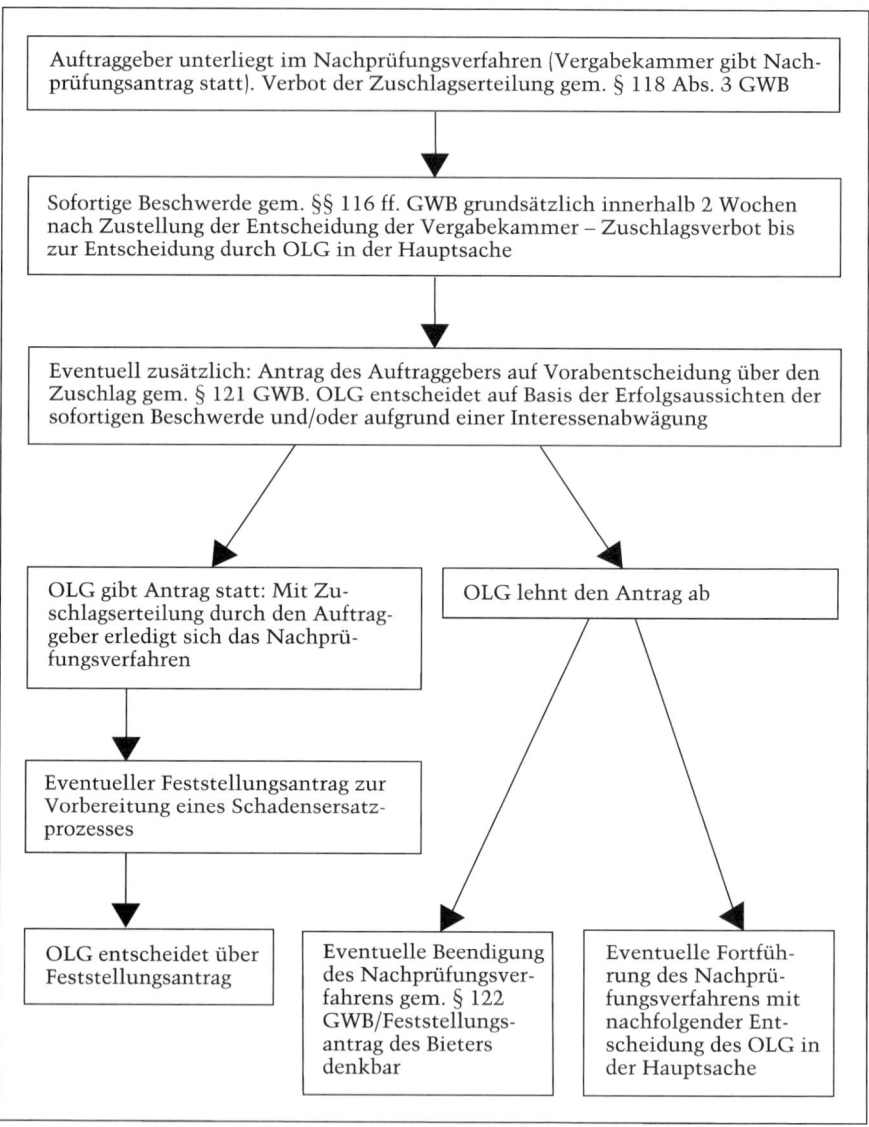

VI. Bindungswirkung von Hauptsacheentscheidungen im Nachprüfungsverfahren

§ 124 Abs. 1 GWB regelt die Bindungswirkung bestandskräftiger Entscheidungen der Vergabekammer, rechtskräftiger Entscheidungen der Vergabesenate der Oberlandesgerichte und des anstelle des Oberlandesgerichts gemäß § 124 Abs. 2 GWB entscheidenden Bundesgerichtshofs in einem Schadensersatzprozess wegen des Verstoßes gegen Vergabevorschriften vor den Zivilgerichten. 300

Ziel des § 124 Abs. 1 GWB ist die **Vermeidung widersprüchlicher Entscheidungen** im Primär- und Sekundärrechtsschutzverfahren. Das ordentliche Gericht, das über einen Schadensersatzanspruch eines Bieters aus § 126 GWB oder aus §§ 311, 280 BGB wegen des Verstoßes gegen Vergabevorschriften[1] zu entscheiden hat, ist deshalb an die bestands- bzw. rechtskräftigen Entscheidungen von Vergabekammer, Oberlandesgericht und Bundesgerichtshof im Nachprüfungsverfahren gebunden. 301

1. Bindungswirkung

Bindungswirkung entfalten nur **bestandskräftige** Entscheidungen der Vergabekammer und **rechtskräftige Entscheidungen** des Oberlandesgerichts bzw. des Bundesgerichtshofs. Dieser entscheidet gemäß § 124 Abs. 2 GWB anstelle des Oberlandesgerichts, wenn dieses in einer Vergaberechtsstreitigkeit von der Entscheidung eines Oberlandesgerichts oder einer Entscheidung des Bundesgerichtshofs abweichen will und die Sache deshalb dem Bundesgerichtshof vorgelegt hat. Die Bindungswirkung bezieht sich nur auf Entscheidungen in der Hauptsache, also nicht auf Entscheidungen im Eilverfahren nach §§ 115 Abs. 2, 118 Abs. 1 Satz 3, 121 GWB.[2] 302

Schadensersatzklagen werden nur geführt, wenn der Bieter seine Rechtsstellung im Nachprüfungsverfahren nicht wahren konnte. Dies ist bei einer rechtmäßigen Aufhebung der Ausschreibung während des Nachprüfungsverfahrens oder bei wirksamer Zuschlagserteilung der Fall. Durch die Aufhebung oder die anderweitige Zuschlagserteilung erledigt sich das Nachprüfungsverfahren in der Hauptsache. Die Vergabekammer bzw. das Oberlandesgericht oder der Bundesgerichtshof entscheiden dann nur noch über den gemäß § 114 Abs. 2 GWB zulässigen **Feststellungsantrag**. 303

Gegenstand der Bindungswirkung ist die Feststellung eines Vergabeverstoßes, die Verletzung der Rechte des Bieters durch diesen Verstoß und die Feststellung, dass der klagende Bieter ohne den Verstoß eine echte Chance auf den Zuschlag gehabt hätte. Die Bindungswirkung tritt nur inter partes ein. Sie gilt sowohl für positive als auch den Nachprüfungsantrag zurückweisende Entscheidungen im Nachprüfungsverfahren.[3] 304

---

[1] Zu den Voraussetzungen eines Schadensersatzanspruchs, vgl. BGH, NJW-RR 1997, 1106; NJW 1998, 3636.
[2] *Gröning* in Motzke/Pietzcker/Prieß, § 124 GWB Rz. 7; *Stickler* in Reidt/Stickler/Glahs, § 124 GWB Rz. 7.
[3] *Gröning* in Motzke/Pietzcker/Prieß, § 124 GWB Rz. 8.

2. Sonderfall: Verletzung der Rügeobliegenheit, Nichtdurchführung eines Nachprüfungsverfahren

305 Rügt ein Bieter Vergabefehler, auf die er seinen **Schadensersatzanspruch** stützt, nicht gegenüber der Vergabestelle und stellt er keinen Nachprüfungsantrag, macht er mithin bewusst oder unbewusst von den Möglichkeiten des Primärrechtsschutzes keinen Gebrauch, stellt sich die Frage, ob diese Passivität Auswirkungen auf einen Schadensersatzprozess haben kann.

306 Diese Frage wird vor dem Hintergrund einer etwaigen Verpflichtung zur Rüge eines Vergabefehlers gemäß § 107 Abs. 3 Satz 1 GWB unter dem Gesichtspunkt des **Mitverschuldens** gemäß § 254 Abs. 1 BGB diskutiert.[1] Es drängt sich ein Vergleich mit § 839 Abs. 3 BGB auf. Voraussetzung für einen Amtshaftungsanspruch ist danach, dass der Verletzte die ihm zumutbaren Rechtsmittel gegen das amtspflichtwidrige Verhalten ergriffen hat. Verstöße gegen bieterschützende Vergabevorschriften stellen auch Amtspflichtverletzungen dar. Der Gesetzgeber hat für diesen Bereich des rechtswidrigen Amtshandelns Sonderrecht geschaffen. Er hat dabei die Regelung des § 839 Abs. 3 BGB nicht übernommen. Hieraus kann geschlossen werden, dass das Unterlassen einer Rüge nach § 107 Abs. 3 GWB und das Absehen von der Einleitung eines – äußerst kostenträchtigen – Nachprüfungsverfahrens einen Schadensersatzanspruch aus § 126 GWB oder §§ 311 Abs. 2, 280 Abs. 1 BGB nicht von vornherein ausschließt. Ob und inwieweit dem sich passiv verhaltenden Bieter ein Mitverschulden gemäß § 254 Abs. 1 BGB entgegengehalten werden kann, lässt sich nicht abschließend beurteilen. Gänzlich ausgeschlossen ist eine „Bestrafung" des sich passiv verhaltenden, seinen Schaden später liquidierenden, Bieters nicht.

307 Eng hiermit zusammen hängt die Frage, welche **Bindungswirkung** eine Hauptsacheentscheidung im Nachprüfungsverfahren entfaltet, mit der der Nachprüfungsantrag als unzulässig wegen unterlassener oder verspäteter Rüge zurückgewiesen wurde. Besteht keine Verpflichtung als Ausfluss einer **Schadensminderungspflicht** Vergabefehler zu rügen, entfaltet eine Entscheidung, die einen Nachprüfungsantrag als unzulässig zurückweist, keine Bindungswirkung für einen Schadensersatzprozess.[2] Falls eine Bindungswirkung bestehen sollte, ist für den Schadensersatzprozess bindend festgestellt, dass ein Vergabefehler verspätet gerügt wurde.

VII. Divergenzvorlage an den Bundesgerichtshof

308 Ein Oberlandesgericht, das als Beschwerdegericht in einem Vergabenachprüfungsverfahren von einer Entscheidung eines anderen Oberlandesgerichts oder des Bundesgerichtshofs abweichen will, ist gemäß § 124 Abs. 2 GWB verpflichtet, die Sache dem Bundesgerichtshof vorzulegen.

---

1 *Gröning* in Motzke/Pietzcker/Prieß, § 124 GWB Rz. 9; *Bechtold*, § 124 GWB Rz. 2; *Jaeger* in Byok/Jaeger, § 124 GWB Rz. 856.
2 *Jaeger* in Byok/Jaeger, § 124 GWB Rz. 856.

1. Voraussetzungen der Vorlagepflicht

Voraussetzung der Vorlagepflicht ist die beabsichtigte **Abweichung von der Entscheidung eines anderen Oberlandesgerichts** oder des **Bundesgerichtshofs**. Eine Abweichung liegt nur vor, wenn das entscheidende Oberlandesgericht eine Rechtsfrage anders beurteilt als ein anderes Oberlandesgericht oder der Bundesgerichtshof und sich die Abweichung auf das Ergebnis des Rechtsstreits auswirkt. Dies ist dann der Fall, wenn das erkennende Gericht den Rechtsstreit anders entscheiden müsste, wenn es der Auffassung des anderen Gerichts folgen würde.[1]

309

Die Entscheidung, in der ein anderes Oberlandesgericht oder der Bundesgerichtshof eine entscheidungserhebliche Rechtsfrage anders beurteilt, muss nicht zwingend eine Entscheidung gemäß § 123 GWB eines Oberlandesgerichts in einem Nachprüfungsverfahren oder des Bundesgerichtshofs gemäß § 124 Abs. 2 GWB sein. Es kann sich auch um Entscheidungen in zivilrechtlichen Schadensersatzprozessen außerhalb des Nachprüfungsverfahrens handeln.[2] Eine Vorlagepflicht besteht nicht bei unterschiedlichen Rechtsauffassungen verschiedener Senate eines Oberlandesgerichts.

310

Bevor das Oberlandesgericht über die Vorlage an den Bundesgerichtshof entscheidet, hat es den Beteiligten **rechtliches Gehör** zu gewähren. Die Durchführung einer mündlichen Verhandlung ist in der Regel nicht geboten. Es genügt, wenn das Oberlandesgericht die Beteiligten von einer beabsichtigten Vorlage und der Vorlagefrage in Kenntnis setzt und ihnen Gelegenheit zur schriftlichen Stellungnahme einräumt.[3] Eine ohne die Gewährung rechtlichen Gehörs beim Bundesgerichtshof eingereichte Vorlage wird als unzulässig zurückgewiesen. Das vorliegende Oberlandesgericht fasst einen schriftlich begründeten Vorlagebeschluss.

311

2. Beschwerdeverfahren vor dem BGH

Nach dem Wortlaut des § 124 Abs. 2 Satz 2 GWB („der Bundesgerichtshof entscheidet anstelle des Oberlandesgerichts") gelten die Verfahrens- und Entscheidungsregelungen der §§ 120 und 123 GWB auch für das Verfahren vor dem Bundesgerichtshof. In der Entscheidung vom 19. 12. 2000 hat der Bundesgerichtshof jedoch zu erkennen gegeben, dass er abweichend von § 120 Abs. 2 in Verbindung mit § 69 GWB eine mündliche Verhandlung nur dann für notwendig erachtet, wenn es dem jeweiligen Streitfall gerecht wird.[4]

312

Der Bundesgerichtshof prüft die Zulässigkeit der Vorlage. Ist die Vorlage zulässig, liegt also ein Abweichungsfall gemäß § 124 Abs. 2 Satz 1 GWB vor, entscheidet der Bundesgerichtshof über die Beschwerde selbst **„an Stelle des Oberlandesgerichts"**. Nicht geäußert hat sich der Bundesgerichtshof zu der Streitfrage, ob er – entgegen des eindeutigen Wortlauts – berechtigt ist, das Verfahren an das Oberlandesgericht zurückzuweisen.[5]

313

---

1 *Gröning* in Motzke/Pietzcker/Prieß, § 124 GWB Rz. 16, 18.
2 *Gröning* in Motzke/Pietzcker/Prieß, § 124 GWB Rz. 14.
3 BGH, VergabE B-2–3/03.
4 BGH, NZBau 2001, 151; kritisch hierzu *Dreher*, NZBau 2001, 244, 246.
5 Ablehnend: *Dreher*, NZBau 2001, 244, 246; *Bechtold*, § 124 GWB Rz. 3; bejahend: *Gröning* in Motzke/Pietzcker/Prieß, § 124 GWB Rz. 23.

3. Exkurs: Vorlagepflicht zum EuGH gemäß Art. 234 EG

314 Neben der Vorlagepflicht an den Bundesgerichtshof besteht die Vorlagepflicht nach Art. 234 EG. Danach sind einzelstaatliche Gerichte verpflichtet, den EuGH zur Vorabentscheidung über die Auslegung des primären und sekundären Gemeinschaftsrechts anzurufen, wenn sich eine solche **Auslegungsfrage** in einem Gerichtsverfahren stellt.

315 Auch die Vergabekammern sind nach Rechtssprechung des EuGH Gerichte im Sinne des Art. 234 EG. Sie kommen ihrer Vorlageverpflichtung anders als die Oberlandesgerichte in der Regel nicht nach.

Hinweis:

In der Praxis ist es Aufgabe der Rechtsanwälte, die europarechtlichen Fragestellungen herauszuarbeiten und Vergabekammern und Vergabesenate hierauf aufmerksam zu machen.

Teil 10
Architektenvertrag

	Rz.
I. Allgemeines zum Architektenvertrag	1
1. Zustandekommen des Vertrags	1
a) Notwendige Vereinbarungen	1
b) Mögliche Formerfordernisse/Unwirksamkeit des Vertrags	4
c) Mündlicher Vertragsabschluss	8
d) Konkludenter Vertragsabschluss/Akquisition	10
e) Vereinbarung einer Bedingung	13
f) Vor- und Rahmenverträge	14
aa) Vorvertrag	14
bb) Rahmenvertrag	20
cc) Stufenweise Beauftragung	21
2. Werkvertrag, Dienstvertrag	24
a) Architekten- und Ingenieurvertrag als Werkvertrag	24
b) Architekten- und Ingenieurvertrag als Dienstvertrag	27
c) Folgen der Einordnung des Architektenvertrags als Werkvertrag	31
3. Vollmacht	38
4. Beendigung des Architektenvertrags/Kündigung	42
a) Kündigung durch den Auftraggeber	42
aa) Ordentliche Kündigung/Kündigungsrecht	42
bb) Kündigung aus wichtigem Grund	43
b) Kündigung durch den Auftragnehmer	45
c) Vertragliche Regelungen	49
d) Kündigungsfolgen	55
aa) Honorar für erbrachte Leistungen	55
bb) Honorar für nicht erbrachte Leistungen	61
5. Wirksamkeit, Anfechtung	77
a) Widerruf nach § 312 BGB (früher § 1 HWiG)	77
b) Koppelungsverbot	78
c) Sittenwidrigkeit des Architektenvertrags	83

	Rz.
II. Pflichten des Architekten	84
1. Werkvertragliche Leistungspflichten	84
2. Der Architekt/Ingenieur als Sachwalter des Bauherrn	86
a) Der Begriff des Sachwalters	86
b) Sachwalterpflichten des Architekten und Ingenieurs	88
aa) Beratungs- und Hinweispflichten	88
bb) Verhandlungspflichten	91
cc) Prüfungspflichten	92
3. Vertragliche Vereinbarungen	95
III. Haftung des Architekten	96
1. Mangel des Architektenwerks	96
a) Der Begriff des Mangels	96
b) Nacherfüllungsrecht des Architekten	104
c) Anspruch auf Minderung	112
d) Rücktritt vom Vertrag	112
e) Anspruch auf Selbstvornahme	113
f) Gesamtschuldnerische Haftung des Architekten	114
g) Abnahme des Architektenwerks	120
2. Planungsfehler	127
a) Dauerhaft genehmigungsfähige Planung	127
b) Folgen einer mangelhaften Planung	139
c) Vertragliche Haftungsbegrenzungen	141
3. Haftung in der Ausschreibungs- und Vergabephase	144
4. Haftung wegen mangelhafter Bauüberwachung	149
5. Vorvertragliche Haftung und Nebenpflichten des Architekten	156
6. Haftung gegenüber Dritten	170
a) Vertrag mit Schutzwirkung für Dritte	170
b) Deliktische Ansprüche	172
7. Die Haftung wegen Bausummenüberschreitung	178
a) Der Begriff der Bausummenüberschreitung	178

	Rz.
b) Bausummengarantie	181
c) Vereinbarung eines Kostenlimits	184
d) Die Haftung ohne Vereinbarung eines Kostenlimits	188
e) Verschulden des Architekten	192
f) Die Berechnung des Schadens	193
g) Vereinbarung zwischen den Parteien	195
8. Verjährung	196
IV. Anwendungsbereich der HOAI	201
1. Sachlicher Anwendungsbereich	201
2. Persönlicher Anwendungsbereich	206
3. Grundbegriffe	209
a) Leistungsbilder	209
b) Grundleistungen	210
c) Besondere Leistungen	211
d) Zusätzliche Leistungen	212
4. Vergütung und Vereinbarung	213
a) Die Mindestsatzfiktion	213
b) Wirksamkeitsvoraussetzung der Honorarvereinbarung	215
aa) Das Schriftformerfordernis	215
bb) Zeitpunkt der Honorarvereinbarung	218
cc) Höhe der Vereinbarung	222
(1) Höchst- und Mindestsätze	222
(2) Vereinbarung unterhalb der Mindestsätze	224
(3) Vereinbarung oberhalb der Höchstsätze	232
(4) Sonstige Honorarvereinbarungen	234
c) Folgen einer unwirksamen Honorarvereinbarung	235
5. Pauschalhonorar	240
6. Vereinbarung eines Stundensatzes	244
7. Honorarvereinbarungen nach § 4 a HOAI	254
8. Erfolgshonorar nach § 5 Abs. 4 Buchst. a HOAI	261
9. Berechnung des Architektenhonorars	263
a) Abrechnungen nach der HOAI	263

	Rz.
aa) Grundlagen der Rechnung	263
bb) Die anrechenbaren Kosten nach § 10 HOAI	264
cc) Die Honorarzonen nach §§ 11 ff. HOAI	279
dd) Die Honorartafel	282
b) Die Abschlagsrechnung	286
aa) Begriff der Abschlagsrechnung	286
bb) Voraussetzungen der Abschlagsforderung	294
cc) Verjährung der Abschlagsforderung	298
dd) Bindungswirkung der Abschlagsrechnung	299
ee) Rückforderung von Abschlagszahlungen	300
ff) Prüffähigkeit der Abschlagsrechnung	301
c) Die Schlussrechnung	303
aa) Zeitpunkt der Erteilung der Schlussrechnung	303
bb) Rückforderungsansprüche des Auftraggebers	309
cc) Prüffähigkeit der Schlussrechnung	312
dd) Prüffähigkeit nach vorzeitiger Beendigung des Vertrags	324
d) Konsequenzen nicht prüffähiger Abschlags- und Schlussrechnungen	329
10. Bindung an die Schlussrechnung	332
a) Stand der Rechtsprechung	332
b) Folgen für die Praxis	335
V. Urheberrechte des Architekten	344
1. Voraussetzungen des Urheberschutzes	344
2. Ansprüche aus der Urheberrechtsverletzung	349
VI. Der Architektenvertrag	355
1. Der Architektenvertrag im Spiegel des AGB-Gesetzes und der EG-Richtlinie über missbräuchliche Klauseln in Verbraucherverträgen	355
2. Musterverträge	365
a) Klauseln in Musterverträgen	365
b) Der Einheitsarchitektenvertrag/AVA	373

	Rz.		Rz.
c) Einige Vorschläge zur Vertragsgestaltung	379	2. Muster einer Klageschrift im Rahmen einer Honorarklage	390
3. Internationales Architektenvertragsrecht	382	3. Die Bauhandwerkersicherungshypothek des Architekten/Ingenieurs	391
VII. Der Architekt/Ingenieur im Prozess	386	4. Muster eines Antrags auf Eintragung einer Vormerkung für eine Sicherungshypothek	394
1. Die Honorarklage des Architekten	386	5. Verjährung der Honorarforderung	395
a) Zulässigkeitsprobleme	386		
b) Aufbau und Inhalt einer Klageschrift	389		

I. Allgemeines zum Architektenvertrag

1. Zustandekommen des Vertrags

a) Notwendige Vereinbarungen

Erforderlich für das Zustandekommen des Architektenvertrags sind, wie bei jedem Vertrag, ein Angebot und eine Annahme. Der Architektenvertrag ist grundsätzlich nicht an bestimmte Formvorschriften gebunden. Er kann schriftlich oder mündlich geschlossen werden oder durch konkludentes Verhalten zustande kommen.

In der Praxis streiten die Parteien häufig über die Frage, ob und in welchem Umfang ein Auftrag erteilt worden ist, sodann über den Einwand des Auftraggebers, man habe sich dahin gehend geeinigt, dass der Architekt seine Leistungen unentgeltlich erbringen soll. Dies gilt meist dann, wenn der Auftrag nicht schriftlich erteilt worden ist.

Allein aus der **Entgegennahme von Leistungen** des Architekten oder Ingenieurs – beispielsweise per Fax – kann nicht auf den Willen des Empfängers geschlossen werden, ein entsprechendes Angebot zum Abschluss eines Architektenvertrags anzunehmen. Erforderlich sind vielmehr weitere Umstände, die einen rechtsgeschäftlichen Willen erkennen lassen.[1] Die Umstände, nach denen Architektenleistungen nur **gegen Vergütung** zu erwarten sind, muss der Architekt **darlegen und beweisen**. Die Tatsachen, auf die der Auftraggeber eines Architektenvertrags seinen Einwand stützt, er habe sich mit dem Architekten darauf geeinigt, dass der Architekt seine Leistungen unentgeltlich habe erbringen wollen, muss hingegen der Auftraggeber beweisen.[2]

b) Mögliche Formerfordernisse/Unwirksamkeit des Vertrags

Vom Grundsatz der **Form- und Vertragsfreiheit** des Architektenvertrags kann sich aber eine Ausnahme aus den **Kommunal- bzw. Gemeindeordnungen** ergeben. Dort ist vielfach Schriftform vorgesehen, gegebenenfalls die Unterschrift des Bürgermeisters, zum Teil zusätzlich die Unterschrift eines weiteren Mit-

---
1 BGH, BauR 1999, 1319.
2 Siehe auch BGH, BauR 1987, 454.

glieds des Gemeindevorstands. So ist beispielsweise nach der Thüringer Kommunalordnung zum einen die Schriftform vorgesehen, zum anderen sind die Erklärungen des Bürgermeisters oder seines Stellvertreters unter Angabe der Amtsbezeichnung handschriftlich zu unterzeichnen, § 31 ThürKO.

5 Bei einem Verstoß gegen ein solches Formerfordernis ist der Vertrag nach § 177 BGB **schwebend unwirksam**. Gegebenenfalls wird man bei einer solchen Konstellation überprüfen müssen, ob sich die Gemeinde auf den Verstoß gegen die Formvorschriften berufen kann. Dies ist ausnahmsweise dann nicht der Fall, wenn das nach der Gemeindeordnung für die Willensbildung zuständige Organ den Abschluss des Verpflichtungsgeschäfts gebilligt hat.[1] Ist der Architektenvertrag wegen Formverstoß unwirksam, ist zu prüfen, ob dem Architekten ein Vergütungsanspruch nach den §§ 683, 670 BGB zusteht.[2] Sind die Grundsätze der **Geschäftsführung ohne Auftrag** nicht anwendbar und die Architektenleistung vom Auftraggeber verwertet, wird man einen Anspruch des Architekten nach den **§§ 812 ff. BGB** zu prüfen haben – allerdings kommt dann ein Honoraranspruch nur nach den Mindestsätzen in Betracht.[3]

6 Eine Beschränkung kann sich aus den §§ 305 ff. BGB ergeben, d. h. einzelne Klauseln können unwirksam im Sinne von §§ 308, 309 BGB oder § 307 BGB sein. Eine weitere Beschränkung ergibt sich durch die EG-Richtlinie 93/13 EWG vom 5. 4. 1993 über **missbräuchliche Klauseln** in Verbraucherverträgen, also durch eine nicht richtlinienkonforme Auslegung der Umsetzung in § 310 Abs. 3 BGB.

7 Schließlich kann sich eine Beschränkung durch das so genannte **Koppelungsverbot** ergeben. Nach Art. 10 § 3 MRVG sind Vereinbarungen nichtig, durch die der Erwerber eines Grundstücks sich im Zusammenhang mit dem Erwerb verpflichtet, bei der Planung oder Ausführung eines Bauwerks auf dem Grundstück die Leistung eines bestimmten Ingenieurs oder eines Architekten in Anspruch zu nehmen, vgl. ausführlich Rz. 78 ff.

c) Mündlicher Vertragsabschluss

8 Der Architektenvertrag kann auch **mündlich** geschlossen werden, was jedoch für beide Seiten mit einem erheblichen Risiko verbunden ist. Etwaige Honorarvereinbarungen sind gemäß § 4 Abs. 1 HOAI unwirksam, d. h. es können lediglich die **Mindestsätze** verlangt werden. Hinzu kommen dabei Fragen hinsichtlich des Umfangs der Beauftragung. Die Rechtsprechung beschränkt den Auftrag im Zweifel auf die zum Zeitpunkt des Auftrags für den Auftraggeber zweckmäßigen Leistungen.[4]

9 Welche Leistungen für den Auftraggeber zweckmäßig sind, ist eine Einzelfallentscheidung. Zweckmäßig sind wohl all diejenigen Leistungen, die der Auftraggeber verwertet hat. Hat der Architekt eine genehmigungsfähige Planung erstellt und der Bauherr daraufhin mit der entsprechenden Baugenehmigung gebaut, mag dies noch darstellbar sein. In vielen anderen Fällen dürfte das Merkmal der

---

1 BGH, BauR 1994, 363.
2 So BGH, BauR 1994, 110 für den Bauvertrag.
3 So BGH, BauR 1994, 651.
4 BGH, BauR 1999, 1319.

„zweckmäßigen Leistung" in der praktischen Handhabung unklar sein, man denke beispielsweise an Leistungen des Architekten im Rahmen der Objektüberwachung.

d) Konkludenter Vertragsabschluss/Akquisition

Die Abgrenzung zwischen einem konkludenten Vertragsschluss und dem honorarfreien Akquisitionsbereich bereitet in der Praxis häufig Schwierigkeiten. Bis zum Urteil des Bundesgerichtshofs vom 5. 6. 1997[1] galt der Grundsatz, dass jeder, der die Dienste eines Architekten in Anspruch nimmt, zumindest stillschweigend einen Architektenvertrag abschließt und demgemäß mit der Verpflichtung zur Zahlung einer Vergütung zu rechnen hat.[2]

10

Seit der Entscheidung des Bundesgerichtshofs vom 5. 6. 1997 gibt es keine abstrakte Regel mehr dahin gehend, dass ein Architekt im Regelfall entgeltlich leistet. Aus dem Tätigwerden des Architekten alleine kann noch nicht der Abschluss eines Vertrags hergeleitet werden. Das Zustandekommen des Vertrags hat der Architekt vorzutragen und im Bestreitensfall zu beweisen. Der **Architekt** trägt also die **Beweislast** für den Abschluss des Vertrags, einschließlich seines Umfangs.[3] Ist dies gelungen, muss der Auftraggeber beweisen, dass der Architekt seine Leistungen unentgeltlich erbringen sollte.[4]

11

Der Rechtsanwalt, der die Frage zu prüfen hat, ob es sich um einen konkludenten Vertragsabschluss oder noch um freiwillige Akquisition des Architekten handelt, wird sich an **Indizien** orientieren und, soweit auf Architektenseite tätig, die für einen entgeltlichen Vertragsabschluss bzw. gegen eine unentgeltliche Akquisition sprechende Indizien darstellen müssen.

12

Hinweis:
Die Unterschrift des Auftraggebers unter Plänen, einer Bauvoranfrage oder einem Baugesuch wird ein Indiz für den Abschluss eines Vertrags sein. Gleiches gilt für den Fall, dass der Auftraggeber bereits Abschlagszahlungen geleistet hat. Je weitergehend die Architektenleistungen gediehen sind, desto eher ist die Üblichkeit einer Vergütung für diese Leistungen zu bejahen.[5] Insbesondere in den Fällen, in denen die Architektenleistungen entgegengenommen und verwertet werden, wird man von einem Vertragsabschluss sprechen können.[6] Wird die vom Architekten erstellte Vorplanung an den Grundstücksnachbarn für die erforderliche nachbarschaftliche Zustimmung weitergeleitet, wird dies gleichfalls ein Indiz für ein entgeltliches Vertragsverhältnis sein.[7] Auch die vom Bauherrn erteilte Vollmacht für den Architekten für die erforderlichen Verhandlungen mit Behörden ist ein solches Indiz.[8]

---

1 BGH, BauR 1997, 1060.
2 BGH, BauR 1987, 454.
3 BGH, BauR 1997, 1060.
4 BGH, BauR 1997, 1060.
5 *Locher/Koeble/Frick*, HOAI, Einl. Rz. 19.
6 OLG Celle, BauR 2001, 1135; *Werner/Pastor*, Rz. 615; *Locher/Koeble/Frick*, HOAI, Einl. Rz. 10.
7 BGH, BauR 1999, 934.
8 *Morlock*, Die HOAI in der Praxis, Rz. 12.

e) Vereinbarung einer Bedingung

13 Sowohl das Zustandekommen eines Vertrags als auch der **Honoraranspruch** des Architekten können von einer Bedingung abhängig gemacht werden. So können die Parteien beispielsweise vereinbaren, dass der Architekt auf die Geltendmachung von Forderungen für den Fall verzichtet, dass das Bauvorhaben aus irgendwelchen Gründen nicht zur Ausführung gelangt.[1] Auch ist es möglich, dass eine Vereinbarung dahin gehend getroffen wird, dass der Honoraranspruch des Architekten erst entsteht, wenn der Auftraggeber das Bauvorhaben ausführt.[2] Genauso kann es möglich sein, dass die Parteien vereinbaren, dass der Honoraranspruch des Architekten erst dann entsteht, wenn die **Baugenehmigung** erteilt wird. Auch der Erwerb eines Grundstücks kann als Bedingung vereinbart werden.[3]

f) Vor- und Rahmenverträge

aa) Vorvertrag

14 Der Vorvertrag ist ein schuldrechtlicher Vertrag, der die Verpflichtung zum späteren Abschluss eines Hauptvertrags begründet.[4] Seine Zulässigkeit ergibt sich aus dem Grundsatz der **Vertragsfreiheit**.

15 Auch im Architekten- und Ingenieurrecht ist es möglich, solche Vorverträge zu schließen. Man spricht hier in der Praxis von so genannten **Verpflichtungserklärungen**.[5] Im Rahmen einer solchen Verpflichtungserklärung verpflichtet sich der Auftraggeber, dem Architekten Architektenleistungen für ein bestimmtes Bauvorhaben auf der Grundlage eines noch abzuschließenden Architektenvertrags zu übertragen.

16 Als **Muster** eines solchen Vorvertrags dient eine Formulierung, wie sie der Entscheidung des BGH vom 17. 12. 1997[6] zugrunde lag. Der Leitsatz dieser Entscheidung lautet auszugsweise:

Füllt ein Bauherr einen Vordruck aus, wonach er einen Architekten bevollmächtigt, für ein bestimmtes Bauvorhaben

„die erforderlichen Verhandlungen mit den zuständigen Behörden und Stellen sowie den Nachbarn zu führen und insbesondere Rückfragen im Baugenehmigungsverfahren ... zu erledigen",

und verpflichtet er sich im Anschluss daran formularmäßig, dem Architekten

„die Architektenleistung (Planungs-, Ausführungs- und Überwachungsleistung) für das oben bezeichnete Bauvorhaben auf der Grundlage des noch abzuschließenden Architektenvertrags zu übertragen",

so kommt damit lediglich ein **Vorvertrag** des Inhalts zustande, dass der Abschluss des eigentlichen Architektenvertrags – jedenfalls ab Leistungsphase 5 des § 15 HOAI – von der tatsächlichen, der freien Entscheidung des Bauherrn unterliegenden, Durchführung des Bauvorhabens abhängig sein soll.

---

1 BGH, BauR 1996, 414.
2 BGH, BauR 1998, 579.
3 OLG Hamm, BauR 1987, 582; *Locher/Koeble/Frick*, HOAI, Einl. Rz. 21.
4 BGH, BGHZ 102, 384, 388.
5 *Werner/Pastor*, Rz. 632.
6 BGH, BauR 1988, 234.

Fraglich und häufig unklar ist jedoch die Frage der **Tragweite** eines solchen Vorvertrags. Klar ist zunächst, dass sich der Auftraggeber nicht schadensersatzpflichtig macht und der Vorvertrag keine weiteren Wirkungen entfaltet, wenn feststeht, dass das Bauvorhaben nicht durchgeführt wird.[1] Der Auftraggeber wird die Verpflichtungserklärung dahin gehend verstehen, dass er gegenüber dem Auftragnehmer für das bestimmte Bauvorhaben eine gewisse Bindung eingeht, der eigentliche Architektenvertrag jedoch gerade erst noch geschlossen werden soll. Der Bauherr möchte seine Entscheidung über den endgültigen Vertragsschluss von der Durchführung des Bauvorhabens abhängig machen.[2]

17

Dies ist bereits deshalb praxisgerecht, da bei dem Bauherrn zum Zeitpunkt des Abschlusses des Vorvertrags oft noch gar nicht feststeht, ob die Finanzierung gesichert ist oder er Eigentümer des Grundstücks wird. Die Verpflichtungserklärung ist daher dahin gehend zu werten, dass der Abschluss des eigentlichen Architektenvertrags von der tatsächlichen, der **freien Entscheidung des Bauherrn** unterliegenden Durchführung des Bauvorhabens abhängig sein soll.[3]

18

Wenn der Bauherr **triftige Gründe** hat, von der Weiterführung des Bauvorhabens Abstand zu nehmen, steht dem Architekten weder ein Erfüllungs- noch ein Schadensersatzanspruch zu.[4] Einen triftigen Grund können beispielsweise finanzielle Erwägungen darstellen.[5]

19

bb) Rahmenvertrag

Rahmenverträge, die eine auf Dauer angelegte Geschäftsverbindung eröffnen und dabei bestimmte Einzelheiten künftig abzuschließender Verträge festlegen, sind in der Rechtsprechung und Literatur allgemein anerkannt.[6] Aus einem Rahmenvertrag kann grundsätzlich mangels Bestimmtheit der Einzelverträge nicht auf den Abschluss eines konkreten Vertrags geklagt werden.[7] Eine **Auftragserteilung im Sinne des § 4 HOAI** liegt erst vor, wenn der Auftrag für das **konkrete Einzelobjekt** erteilt ist.[8] Der Bundesgerichtshof hat es bislang offen gelassen, ob das Nichtabschließen von Einzelverträgen im Rahmen eines Rahmenvertrags eine positive Vertragsverletzung der Rahmenvereinbarung darstellt, die zum Schadensersatz verpflichtet.[9]

20

cc) Stufenweise Beauftragung

Von dem Rahmenvertrag ist die so genannte stufenweise Beauftragung zu unterscheiden. Bei der stufenweisen Beauftragung wird ein Teil der Architektenleistung in Auftrag gegeben und im Übrigen vereinbart, dass bei Fortführung des Bau-

21

---

1 BGH, BauR 1988, 234.
2 BGH, BauR 1988, 234.
3 BGH, BauR 1988, 234.
4 BGH, BauR 1988, 234; *Werner/Pastor*, Rz. 634.
5 BGH, BauR 1988, 234.
6 BGH, ZfBR 1992, 215; *Werner/Pastor*, Rz. 628; *Löffelmann/Fleischmann*, Rz. 744.
7 BGH, BauR 1992, 531.
8 *Locher/Koeble/Frik*, HOAI, § 4 Rz. 45.
9 BGH, BauR 1992, 531; *Werner/Pastor*, Rz. 628, der den Schadensersatzanspruch nach den für § 649 BGB geltenden Grundsätzen ermittelt.

vorhabens der Architekt mit weiteren Leistungen beauftragt wird. Hinsichtlich der **zukünftigen Leistungen** liegt also lediglich ein **Vorvertrag** vor.

22 Für die Frage, ob der Architekt einen **Anspruch auf Übertragung** der weiteren Leistungen hat, ist die Formulierung im „Ursprungs"- Architektenvertrag entscheidend. Mangels einer klaren und eindeutigen Formulierung wird man hier die gleichen Grundsätze anzuwenden haben, wie bei einem Vorvertrag.

23 Im Rahmen der stufenweisen Beauftragung ist zu berücksichtigen, dass der **werkvertragliche Erfolg** nach mangelfreier Vollendung der jeweilig in Auftrag gegebenen „Stufe" eintritt. In einem Fall, den der Bundesgerichtshof im Jahr 1997 zu entscheiden hatte[1], wurde der Architekt zunächst mit der Entwurfsplanung beauftragt, später auch mit der Genehmigungsplanung. Die Entwurfsplanung wurde mangelfrei erstellt. Das Erstellen einer genehmigungsfähigen Planung ist dem Architekten jedoch nicht gelungen. Der Bundesgerichtshof hat hier festgestellt, dass dem Architekten ein Honoraranspruch für die Entwurfsplanung zusteht. Der Architekt schuldet in diesem Fall als selbständigen Werkerfolg die Erstellung einer Entwurfsplanung. Die **Frage der Mangelhaftigkeit** der Leistungen richtet sich selbständig nach diesem Planungsstadium, für das eine hinreichende Aussicht auf Genehmigung in der Regel ausreichen muss. Auch wenn die Genehmigungsplanung später nicht genehmigungsfähig ist, hat der Architekt in diesem Fall Anspruch auf das Honorar für die mangelfrei ausgeführte Entwurfsplanung.[2]

2. Werkvertrag, Dienstvertrag

a) Architekten- und Ingenieurvertrag als Werkvertrag

24 Während das Reichsgericht den Architektenvertrag grundsätzlich als Dienstvertrag ansah und ihm einen werkvertraglichen Charakter nur dann zusprach, wenn der Architekt ausschließlich mit der Planung beauftragt war[3], ist spätestens seit der Entscheidung des Bundesgerichtshofes vom 26. 11. 1959[4] der Architekten- und Ingenieurvertrag als **Werkvertrag** anzusehen.

25 Gleiches gilt für einen Vertrag, der lediglich das Leistungsbild der **Objektüberwachung** umfasst.[5] In seiner Entscheidung vom 7. 3. 1974[6] hat der Bundesgerichtshof ein Vertragsverhältnis, das weder einen Vorentwurf, noch einen Entwurf oder Bauvoranfragen zum Gegenstand hatte, jedoch alle sonstigen Architektenleistungen beinhaltete, ebenfalls als Werkvertrag angesehen.

26 Wenn dem Architekten lediglich die Leistung des § 15 Abs. 2 Nr. 9 HOAI übertragen worden ist, wird man mit guten Argumenten gleichfalls den Vertrag als Werkvertrag einordnen können, da der Erfolg, nämlich die Objektbetreuung und Dokumentation, im Vordergrund steht.[7] Das OLG Hamm[8] vertritt insoweit je-

---

1 BGH, BauR 1997, 1065.
2 BGH, BauR 1997, 1065.
3 RGZ 97, 125.
4 BGH, NJW 1960, 431.
5 BGH, ZfBR 1982, 15.
6 BGH, BauR 1974, 211.
7 So auch *Morlock*, Die HOAI in der Praxis, Rz. 3.
8 OLG Hamm, BauR 1995, 579.

doch die Ansicht, dass der Architekt nicht den Erfolg der Mängelbeseitigung selbst schuldet, sondern nur die Beratung und gegebenenfalls die Einleitung der erforderlichen Beseitigungsmaßnahmen.

b) Architekten- und Ingenieurvertrag als Dienstvertrag

Somit bleibt die Frage, wann ein Architekten- oder Ingenieurvertrag als Dienstvertrag anzusehen ist. Dies kommt gegebenenfalls für den so genannten **Projektsteuerungsvertrag** in Frage. In einer Entscheidung vom 26. 1. 1995[1] hat der BGH es dahin stehen lassen, ob ein Vertrag, der die Leistungspflichten des § 31 HOAI beinhaltet, als Werkvertrag einzuordnen ist. Im konkreten Fall wurde der Auftragnehmer mit der Wahrnehmung der Projektsteuerung bei einem bestimmten Bauvorhaben mit der Zielsetzung beauftragt, eine wirtschaftliche und kostenreduzierende Objektabwicklung herbeizuführen. Die Vereinbarung eines Erfolgshonorars ist nach Auffassung des BGH für einen Werkvertrag nicht charakteristisch. Zum Vergleich wird der Maklervertrag herangezogen, der gleichfalls eine erfolgsbezogene Honorierung vorsieht, im Regelfall jedoch nicht als Werkvertrag zu verstehen ist. 27

Im Ergebnis wird es auch hier auf die konkrete Vereinbarung der vom Projektsteuerer zu erbringenden Leistungen ankommen. Werden ihm in erster Linie Beratungs-, Informations- und Koordinierungsleistungen übertragen, kann man mit guten Gründen von einem Dienstvertrag ausgehen.[2] 28

Sofern dem Architekten/Ingenieur lediglich **Teilleistungen** aus dem Bereich der **Objektüberwachung** übertragen werden, könnte Dienstvertragsrecht zugrunde gelegt werden. Dies wird beispielsweise für das Führen eines Bautagebuchs, das gemeinsame Aufmaß mit den bauausführenden Unternehmen, der Rechnungsprüfung und der Auflistung der Gewährleistungsfristen bejaht.[3] Im Ergebnis wird es hier auf die konkreten, vertraglichen Vereinbarungen und die Aufgabenstellung des Architekten im Einzelfall ankommen. 29

Bleiben die Fälle, in denen der Architekt als **freier Mitarbeiter** planend tätig ist. Hier bestimmen sich die Beziehungen der Parteien nach Dienstvertragsrecht.[4] 30

c) Folgen der Einordnung des Architektenvertrags als Werkvertrag

Die gegenseitigen Rechte und Pflichten aus einem Architektenvertrag regelt somit das Werkvertragsrecht des BGB. Der Architekt schuldet daher die Herstellung des versprochenen Werks gemäß § 631 Abs. 1 BGB, also die Herbeiführung des Werkerfolgs mit dem dafür erforderlichen Aufwand. Der Architekt hat also – vorbehaltlich anderweitiger Vereinbarungen – alle Leistungen zu erbringen, die für den werkvertraglichen Erfolg notwendig sind. Er schuldet die Herbeiführung eines **mangelfreien, vertragsgerechten Werks** entsprechend der vertraglichen Ver- 31

---

1 BGH, BauR 1995, 572.
2 So auch OLG Düsseldorf, BauR 1999, 508.
3 *Locher/Koeble/Frik*, HOAI, Einl. Rz. 6, der abschließend in diesen Fällen jedoch auch das Werksvertragsrecht anwendet.
4 BGH, BauR 1995, 731.

einbarungen.¹ Keineswegs kann er sich lediglich an den Vorgaben der **Grundleistungen des § 15 Abs. 2 HOAI** orientieren. Die HOAI enthält keine normativen Leitbilder für den Inhalt von Architekten- und Ingenieurverträgen, sondern lediglich die Gebührentatbestände für die Berechnung des Honorars des Architekten der Höhe nach. Die HOAI regelt also **keine dispositiven Vertragsinhalte**. Für die Frage, was der Architekt oder Ingenieur zu leisten hat, ist allein der geschlossene Werkvertrag nach Maßgabe der Regelungen des BGB und der dazu im Einzelnen getroffenen Vereinbarungen von Bedeutung.²

Hinweis:
Als Folge lässt sich somit festhalten:
Die Leistungsbilder der HOAI stellen also keine Bestimmung der vertraglichen Leistungsgegenstände dar.

32 Auch kommt der Unterscheidung zwischen **Grundleistungen** und **besonderen Leistungen** lediglich eine honorarrechtliche Bedeutung zu. Durch diese Unterscheidung wird bestimmt, für welche Leistungen der Architekt oder Ingenieur sich mit dem Regelhonorar begnügen und für welche weiteren Leistungen er ein zusätzliches Honorar vereinbaren muss.³ Die HOAI regelt also nicht, ob der Architekt oder Ingenieur das durch eine preisrechtlich zusätzliche Vereinbarung festgelegte Honorar beanspruchen kann, die Gebührentatbestände der HOAI sind nur die Bemessungsgrundlage für die Anspruchshöhe.

33 Der **vertragliche Vergütungsanspruch** des Architekten ergibt sich ausschließlich aus der Erreichung des geschuldeten werkvertraglichen Erfolgs.⁴ Wenn der Architekt vereinbarungsgemäß im Rahmen der Leistungsphase 6 lediglich eine funktionelle Baubeschreibung ausarbeitet, kann ihm der volle Honoraranspruch für diese Leistungsphase nicht mit der Begründung versagt werden, er habe keine ausführliche Leistungsbeschreibung, wie dies in § 15 Abs. 2 Nr. 6 HOAI aufgeführt ist, erstellt.⁵ Etwaige Honorarkürzungen hätten hier im Architektenvertrag vereinbart werden müssen.

34 Sofern dem Architekten die Genehmigungsplanung in Auftrag gegeben worden ist, hat er ein Honorar für die Leistungsphasen 1 bis 4 des § 15 Abs. 2 HOAI nur dann verdient, wenn eine genehmigungsfähige Planung von ihm erstellt worden ist. Die Planung ist dabei so zu erstellen, dass sie als zulässig im Sinne von § 34 Abs. 1 BauGB anzusehen ist, somit innerhalb eines etwaigen Beurteilungsspielraumes liegt, den § 34 BauGB einräumt.⁶ Sofern die Planung nicht genehmigungsfähig ist, erhält der Architekt kein – auch kein anteiliges – Honorar für die Leistungsphasen 1 bis 4 des § 15 Abs. 2 HOAI.

35 Allenfalls **subsidiär** kann man neben der Herbeiführung des werkvertraglichen Erfolgs und der vertraglichen Vereinbarung die **Leistungskataloge** der §§ 15, 64 HOAI heranziehen.

---
1 BGH, BauR 2001, 823.
2 BGH, BauR 1997, 154.
3 BGH, BauR 1997, 154.
4 BGH, BauR 1997, 154.
5 So richtigerweise KG, BauR 2001, 1929.
6 BGH, BauR 1999, 1195; OLG Nürnberg, IBR 2002, 145.

Als Zwischenergebnis lässt sich somit festhalten, dass sich Inhalt und Umfang der Werkleistung des Architekten aus dem vertraglich vereinbarten Werkerfolg ergeben.

Hinweis:
Aus diesem Grund ist es bei jedem Architektenvertrag ratsam, die **Aufgaben**, die von dem Architekten zur Herbeiführung des Werkerfolges verlangt werden, **im Einzelnen zu definieren**. Es spricht nichts dagegen, beispielsweise bei der Bauüberwachung festzuschreiben, bei welchen Gewerken der Architekt auf der Baustelle anwesend zu sein hat. Auch können die Leistungen des Architekten in einer Anlage exakt definiert werden, beispielsweise auch hinsichtlich des Umfangs der Kostenfortschreibung, Anzahl und Häufigkeit von Baustellenbesprechungen oder die Vereinbarung eines Kostenrahmens. Gerade Letzteres ist in der Praxis von erheblicher Bedeutung. Sofern die Parteien eine bestimmte Bausumme als Kostenrahmen vereinbart haben, hat der Architekt diesen einzuhalten. Wird der Rahmen überschritten, so bedeutet dies einen Mangel des geschuldeten Architektenwerks.[1]

Der Auftraggeber, der sich gegen eine Honorarklage eines Architekten oder Ingenieurs mit dem Einwand verteidigt, der Architekt oder Ingenieur habe nicht sämtliche geschuldeten Leistungen erbracht, kann daher nicht den Leistungskatalog des § 15 Abs. 2 HOAI zugrunde legen und im Einzelnen auflisten, welche dieser Grundleistungen nicht erbracht worden sind. Sehr oft wird in Schriftsätzen dann aus der Nichterbringung einzelner in § 15 Abs. 2 HOAI aufgeführte Grundleistungen eine Reduzierung des Honoraranspruchs des Architekten abgeleitet.

Beispiel:
Es ist beispielsweise unerheblich, ob der Architekt im Rahmen der Leistungsphase 8 des § 15 Abs. 2 HOAI die Grundleistungen „Aufstellung und Überwachung eines Zeitplans (Balkendiagramm)" erbracht hat, wenn der werkvertragliche Erfolg – ein mangelfreies Werk – eingetreten ist. Sofern Letzteres der Fall ist, hat der Architekt alle Leistungen erbracht, die notwendig waren. Aus diesem Grund hat er dann auch Anspruch auf das volle vereinbarte Honorar. Genauso wenig ist es für das Erreichen des werkvertraglichen Erfolgs von Bedeutung, wie häufig der Architekt im Rahmen der Bauüberwachung auf der Baustelle war. Einwände, der Architekt sei höchstens während der gesamten Bauphase zehnmal auf der Baustelle gewesen und dies teilweise nach Feierabend der Handwerker, sind unerheblich, sofern der werkvertragliche Erfolg, ein mangelfreies Bauwerk, eingetreten ist.

Inhalt des werkvertraglichen Erfolgs sind auch die **Wünsche des Bauherren**, die der Architekt zu ermitteln und nach denen er zu planen hat.[2]

3. Vollmacht

Die Literatur spricht vereinzelt von einer **so genannten originären Vollmacht** des Architekten.[3] Abgeleitet wird diese originäre Vollmacht aus einem Urteil des Bundesgerichtshofs aus dem Jahre 1960. Mit der Beauftragung des Architekten sollen diesem zugleich in gewissem Umfange auch die Befugnisse eingeräumt werden, den Bauherren gegenüber den Bauhandwerkern zu vertreten.[4]

---
1 BGH, BauR 1997, 494.
2 BGH, BauR 1998, 356.
3 Insbesondere *Werner/Pastor*, Rz. 1072 ff.
4 BGH, NJW 1960, 859.

39 Der Umfang dieser so genannten originären Vollmacht ist unklar und führt zu Verwirrungen. Den Begriff der originären Vollmacht sollte man schnell vergessen, eine originäre Vollmacht gibt es nicht, sie ist der juristischen Dogmatik des Allgemeinen Teils des BGB fremd.[1] Auch der Bundesgerichtshof verwendet diesen Begriff nicht mehr, er wird von den Richtern des VII. Zivilsenats sogar als eine Art „Zombie" bezeichnet.[2] Die so genannte originäre Vollmacht ist also lediglich ein **erfundener Begriff** für eine stillschweigend oder schlüssig bzw. konkludent erteilte Vollmacht.[3]

40 Grundsätzlich umfasst die Vollmacht des Architekten nur die üblicherweise **zur Erfüllung** der Bauausführung **erforderlichen rechtsgeschäftlichen Erklärungen**. Von der Vollmacht ist nicht die Befugnis erfasst, beispielsweise den Bauvertrag in wesentlichen Punkten zu ändern.[4]

41 Für die Frage des Umfangs einer etwaigen Vollmacht des Architekten kommt es auf die konkrete Ausgestaltung im Architektenvertrag an. Im Vertrag sollte im Einzelnen festgelegt werden, für welche Handlungen der Architekt ausdrücklich bevollmächtigt ist. Ansonsten wird die Vollmacht des Architekten restriktiv auszulegen sein. Der **Einheitsarchitektenvertrag 1995** hat die Vollmacht auch auf eine so genannte **Notvollmacht** beschränkt. Weiterhin ist es möglich, die Vollmacht des Architekten dergestalt einzuschränken, dass **Zusatzaufträge** nur schriftlich durch den Auftraggeber erteilt werden dürfen. Eine solche Klausel in einem Bauvertrag, die die Befugnisse des bauleitenden Architekten zur Erteilung von Zusatzaufträgen beschränkt, verstößt nicht gegen die §§ 305 ff. BGB.[5]

4. Beendigung des Architektenvertrags/Kündigung

a) Kündigung durch den Auftraggeber

aa) Ordentliche Kündigung/Kündigungsrecht

42 Der Auftraggeber kann den Architektenvertrag gemäß § 649 Satz 1 BGB bis zur Vollendung der Leistung des Architekten **jederzeit** kündigen. Die Kündigung hat zur Folge, dass der Architekt seine bereits erbrachten Leistungen abbrechen muss. Hinsichtlich der nicht erbrachten Leistungen ist er nach § 649 Satz 2 BGB berechtigt, die vereinbarte Vergütung zu verlangen. Er muss sich jedoch dasjenige anrechnen lassen, was er infolge der Aufhebung des Vertrags an Aufwendungen erspart oder durch anderweitige Verwendung seiner Arbeitskraft erwirbt oder zu erwerben böswillig unterlässt.

bb) Kündigung aus wichtigem Grund

43 Der Auftraggeber kann den Architektenvertrag auch aus wichtigem Grund kündigen. Ein wichtiger Grund liegt dann vor, wenn dem Vertragspartner bei Abwägung aller Umstände die **Fortsetzung des Vertragsverhältnisses** zu dem Empfän-

---

1 Siehe *Quack*, BauR 1995, 441 ff.
2 *Quack*, BauR 1995, 441 ff.
3 *Quack*, BauR 1995, 441 ff.
4 BGH, NZBau 2002, 571.
5 BGH, BauR 1994, 760.

ger der Kündigung auch bis zum Ablauf einer ordentlichen Kündigungsfrist **nicht zuzumuten** ist.[1]

Hinweis:
Diese Definition bedarf für den Werkvertrag lediglich einer Modifizierung hinsichtlich des zeitlichen Moments „bis zum Ablauf der Frist für eine ordentliche Kündigung", da der Auftraggeber gemäß § 649 BGB ohnehin ohne Einhaltung einer Frist ordentlich kündigen kann.[2]

Folgende Fälle wichtiger Kündigungsgründe für den Auftraggeber haben sich im Laufe der Zeit anhand der Rechtsprechung herausgebildet:[3] 44

Beispiele:

▷ Der Architekt nimmt Provision für die Erteilung eines Auftrags von einem Bauhandwerker an.[4]

▷ Der Architekt weigert sich trotz mehrmaliger Aufforderung eine genehmigungsfähige Planung zu erstellen.[5]

▷ Auch die Fälle, in denen die Baukosten erheblich von der ursprünglichen Kalkulation abweichen, wird man als wichtigen Kündigungsgrund ansehen können.[6] Hier ist jedoch wie in allen Fällen, in denen eine Fehlleistung des Architekten vorliegt, zunächst das Nachbesserungsrecht des Architekten zu berücksichtigen, solange der Fehler noch nachbesserungsfähig ist.[7]

▷ Fraglich und streitig ist der Fall des Todes des Architekten. Teilweise wird hier die Ansicht vertreten, aufgrund der höchstpersönlichen Natur des Architektenvertrags bestehe für den Auftraggeber ein wichtiger Grund zur Kündigung.[8] Teilweise wird dargelegt, dass der Tod einer Vertragspartei vor Beendigung des Vertrags diesen unberührt lässt und die Erben in die Vertragsbeziehung eintreten.[9]

▷ Auch mehrere Vertragsverstöße, die im Einzelfall als nicht schwerwiegend zu bezeichnen sind, können in ihrer Mehrzahl jedoch zu einer erheblichen Erschütterung des Vertrauensverhältnisses geführt haben und einen wichtigen Kündigungsgrund darstellen.[10]

b) Kündigung durch den Auftragnehmer

Ein Kündigungsrecht des Architekten besteht nur bei **Verletzung einer Mitwirkungspflicht** des Auftraggebers im Sinne der §§ 642, 643 BGB und bei Vorliegen eines wichtigen Grunds. 45

Fälle der Mitwirkungshandlung des Bauherrn sind beispielsweise die Bereitstellung eines bebaubaren Grundstücks, die Sicherstellung der Finanzierung sowie 46

---

1 BGH, NJW 1993, 1972.
2 Zutreffend *Löffelmann/Fleischmann*, Architektenrecht, Rz. 1454.
3 Siehe die ausführliche Aufzählung bei *Werner/Pastor*, Rz. 953.
4 BGH, BauR 1977, 363; OLG Düsseldorf, BauR 1996, 574.
5 OLG Stuttgart, BauR 1996, 438 (Leitsatz).
6 OLG Hamm, BauR 1987, 464.
7 OLG Düsseldorf, BauR 1988, 237.
8 *Werner/Pastor*, Rz. 954; *Löffelmann/Fleischmann*, Architektenrecht, Rz. 1486.
9 *Löffelmann/Fleischmann*, Architektenrecht, Rz. 1486.
10 *Werner/Pastor*, Rz. 956.

der Abschluss von Bauverträgen für die einzelnen Gewerke.[1] Befindet sich der Bauherr mit diesen Leistungen in **Verzug**, kann ihm der Architekt unter Androhung der Vertragskündigung auffordern, die unterlassene Mitwirkungsleistung innerhalb einer **angemessenen Frist** nachzuholen. Sofern diese Frist fruchtlos verstreicht, gilt der Vertrag gemäß § 643 Satz 2 BGB als aufgehoben.

47 In der Literatur wird diesbezüglich teilweise gefordert, dass nicht jede unterbliebene Mitwirkungshandlung zum Verzug des Bauherrn und damit zum Kündigungsrecht des Architekten führt. Eine Kündigung soll nur dann möglich sein, wenn die Mitwirkungshandlung des Bauherrn für den Fortgang der Architektenleistung **dringend erforderlich** ist.[2]

48 Ein wichtiger Kündigungsgrund für den Architekten ist unter anderem dann gegeben, wenn der Auftraggeber durch sein Verhalten die Durchführung des Vertrags so erheblich gefährdet, dass das **Vertrauensverhältnis** zwischen den Vertragsparteien **nachhaltig gestört** ist.[3] Weigert sich beispielsweise der Auftraggeber, angemessene Abschlagszahlungen zu leisten, ist eine **Kündigung aus wichtigem Grund** möglich.[4]

Hinweis:

In diesen Fällen ist jedoch, bevor vom Architekten eine Kündigung ausgesprochen wird, stets zu prüfen, ob dem Auftraggeber nicht beispielsweise ein Leistungsverweigerungsrecht zusteht.

Voraussetzung für die Kündigung ist aber, dass eine prüfbare Rechnung vorliegt, also die **Honorarforderung** auch **fällig** ist. Auch wird man die Fälle, in denen der Bauherr sein Grundstück, das bebaut werden soll, veräußert, als wichtigen Kündigungsgrund annehmen, ebenso, wenn der Bauherr in Konkurs fällt oder in anderer Weise illiquide wird.[5]

c) Vertragliche Regelungen

49 In Architektenverträgen wird teilweise versucht, das freie Kündigungsrecht zu beschränken und nur eine Kündigung aus wichtigem Grund für den Auftraggeber zuzulassen. Des Weiteren wird der Versuch unternommen, die ersparten Aufwendungen im Sinne des § 649 Satz 2 BGB zu pauschalieren.

50 Klauseln in allgemeinen Geschäftsbedingungen, die das **freie Kündigungsrecht** des Auftraggebers gemäß § 649 Satz 1 BGB ausschließen, hat der BGH mittlerweile als unwirksam nach § 9 Abs. 2 Nr. 1 AGBG (§ 307 Abs. 2 BGB) angesehen.[6]

51 Bis zum Jahre 1996 war in Architektenverträgen eine Klausel üblich, die bei einer Kündigung nach § 649 Satz 1 BGB dem Architekten den Anspruch auf das vertrag-

---

1 Siehe dazu *Jochem*, Auswirkungen der unterlassenen Mitwirkungshandlung, BauR 1976, 392.
2 *Jochem*, BauR 1976, 392; *Werner/Pastor*, Rz. 952.
3 BGH, BauR 1989, 626.
4 BGH, BauR 1989, 626; *Werner/Pastor*, Rz. 951.
5 *Werner/Pastor*, Rz. 951.
6 BGH, BauR 1999, 1294.

liche Honorar zusprach, jedoch unter Abzug der ersparten Aufwendungen, die mit 40 % für die vom Auftragnehmer noch nicht erbrachten Leistungen vereinbart wurden. Diese Klausel hat der BGH nach § 11 Nr. 5 Buchst. b (§ 309 Nr. 5b BGB) und § 10 Nr. 7 AGBG (§ 308 Nr. 7 BGB) als unwirksam angesehen.[1]

Der BGH hat die **so genannte 60/40-Regelung** als unwirksam nach § 11 Nr. 5 Buchst. b AGBG (jetzt § 309 Nr. 5 Buchst. b BGB) angesehen, wenn sich aus der Formulierung der Klausel ergibt, dass der Gegenbeweis der höheren ersparten Aufwendungen ausgeschlossen sein soll.[2] 52

Des Weiteren wurde vom BGH eine Unwirksamkeit nach § 10 Nr. 7 AGBG (jetzt § 308 Nr. 7 BGB) angenommen. Die Unangemessenheit der 60/40-Regelung wurde nicht allein damit begründet, dass der Reingewinn des selbständigen Architekten in der Regel unter 60 % des Honorars liegt. Vielmehr wurde angenommen, dass der Architekt nach einer Kündigung des Auftraggebers in der Lage sein kann, Einkünfte durch die **anderweitige Verwendung seiner Arbeitskraft** zu erzielen. Ihm sei die Möglichkeit eröffnet, die durch die Kündigung frei gewordenen Kapazitäten einschließlich seiner eigenen Arbeitskraft für andere Aufträge einzusetzen. Sofern bei einem solchen Fall der Architekt 60 % des Honorars für nicht ausgeführte Leistungen erhält, könne er wesentlich höhere Vergütungen erlangen, als bei Durchführung des Vertrags. Aus diesem Grund, so der BGH, würde diese 60/40-Regelung das Ziel des § 649 Satz 2 BGB verfehlen, die den Architekten nicht besser stellen soll, als er bei Durchführung des Vertrags stünde. In diesen Fällen führe diese Regelung zu einer **unangemessen hohen Vergütung** für nicht erbrachte Leistungen.[3] 53

Hinweis:
Mit den Entscheidungen des BGH ist jedoch anderen vertraglichen Regelungen nicht von vornherein der Boden entzogen. Aus der Rechtsprechung des BGH ist zu folgern, dass Vertragsklauseln, die die Einwände des BGH berücksichtigen, nach wie vor wirksam sein können.

Der Architekt kann als Verwender einer **unwirksamen Klausel**, also beispielsweise der so genannten 60/40-Regelung, dennoch nicht mehr als 60 % seines Honorars verlangen, auch wenn sich ein Honorar ergeben sollte, dass 60 % der Forderung übersteigt.[4] Der Verwender einer unwirksamen Klausel kann sich auf diese nicht berufen. Dies bedeutet also, dass der Architekt als Verwender einer unwirksamen Pauschalierungsklausel 40 % als Pauschale für ersparte Aufwendungen ansetzen kann, wenn er gleichzeitig **substantiiert darlegt**, dass die konkrete Ersparnis oder die anderweitige Verwendung seiner Arbeitskraft dem entspricht oder niedriger ist.[5] 54

---

[1] BGH, BauR 1997, 156; BGH, BauR 1999, 167; BGH, BauR 1998, 866; siehe auch BGH, BauR 1996, 412, für eine Abrechnung, bei der die ersparten Aufwendungen mit 40 % angesetzt worden ohne entsprechende vertragliche Regelung.
[2] BGH, BauR 1997, 156.
[3] BGH, BauR 1997, 156.
[4] BGH, BauR 1998, 357.
[5] BGH, BauR 2000, 126.

d) Kündigungsfolgen

aa) Honorar für erbrachte Leistungen

55 Sofern der **Auftraggeber** nach § 649 Satz 1 BGB **kündigt**, steht dem Architekten zunächst ein Honoraranspruch für erbrachte Leistungen zu; für nicht erbrachte Leistungen steht ihm der Honoraranspruch im Sinne von § 649 Satz 2 BGB zu. Das Gleiche gilt für den Fall, in dem der Auftraggeber aus wichtigem Grund kündigt, ein solcher Kündigungsgrund jedoch nicht vorliegt.[1]

56 Hat der Architekt eine **Kündigung** aus wichtigem Grund zu vertreten, kann er ein Honorar für nicht erbrachte Leistung nicht geltend machen. Für die bereits erbrachten Leistungen kann der Architekt in diesem Fall ein Honorar zunächst nur dann verlangen, sofern diese Leistungen mangelfrei sind. Die **Mangelfreiheit** hat der Architekt dabei darzulegen und gegebenenfalls zu beweisen.[2] Selbst wenn dieser Nachweis gelingt, kann der Auftraggeber gegenüber der Forderung für die erbrachten Leistungen einwenden, dass die Leistung unabhängig von ihrer Mangelfreiheit für ihn nicht brauchbar oder ihre Verwertung nicht zumutbar ist. Diesen Nachweis hat der Bauherr zu führen.[3] Dieser Einwand soll dem Auftraggeber aus dem Gesichtspunkt von Treu und Glauben zustehen, da er den Vertrag zu Recht zu einem Zeitpunkt gekündigt hat, zu dem der werkvertragliche Erfolg vom Architekten noch nicht herbeigeführt worden war.[4]

57 Zu der Frage, wann die **Verwertung** der Leistung des Architekten **nicht zumutbar** ist, führt der BGH wie folgt aus:[5]

> Unzumutbar kann die Verwertung einer an sich mangelfreien Architektenleistung z. B. dann sein, wenn ein mit der Fertigstellung des Architektenwerkes beauftragter Architekt die erbrachten Teilleistungen nicht verwerten kann oder aus anerkennenswerten Gründen nicht verwerten will. Bei der Prüfung der Zumutbarkeit sind alle Umstände des Falles von Bedeutung, vor allem die Gründe der außerordentlichen Kündigung wie ein etwaiges pflichtwidriges oder schuldhaftes Verhalten des Architekten, unabhängig davon, dass letzteres auch zu Schadenersatzansprüchen führen kann. Gelingt dem Auftraggeber der ihm obliegende Nachweis, so schuldet er kein Honorar für die Leistung oder Teilleistung, die für ihn nicht brauchbar sind oder deren Verwertung ihm nicht zumutbar ist.

58 Sofern der **Auftraggeber** einen wichtigen Kündigungsgrund **zu vertreten** hat, steht dem Architekten ein Schadensersatzanspruch auf Ersatz des entgangenen Gewinns zu.[6]

59 Fraglich und von der Rechtsprechung noch nicht geklärt ist der Fall, in dem der Architekt aus wichtigem Grund kündigt, der **Kündigungsgrund vom Auftraggeber** jedoch **nicht zu vertreten** ist. Einen Honoraranspruch für den nicht erbrachten Teil der Leistung wird man dem Architekten mit Sicherheit nicht zusprechen können. Der Vergütungsanspruch für die erbrachte Leistung wird sich in diesen

---

1 Siehe auch BGH, BauR 1996, 412.
2 BGH, BauR 1999, 1319.
3 BGH, BauR 1997, 1060; BGH, BauR 1999, 1319.
4 BGH, BauR 1997, 1060; BGH, BauR 1999, 1319.
5 BGH, BauR 1997, 1060.
6 *Löffelmann/Fleischmann*, Architektenrecht, Rz. 1479.

Fällen wohl an den Grundsätzen der oben zitierten Entscheidung des BGH[1] zu orientieren haben, so dass der Fall gleichzusetzen ist mit dem einer Kündigung aus wichtigem Grund seitens des Auftraggebers.

In den Fällen der Kündigung muss der Architekt seinen Honoraranspruch für die erbrachten und auch für die nicht erbrachen Leistungen in einer **Schlussrechnung getrennt** ausweisen.[2] 60

bb) Honorar für nicht erbrachte Leistungen

Schwierigkeiten bereitet in der Praxis die Frage, wie das Honorar für nicht erbrachte Leistungen nach § 649 Satz 2 BGB zu berechnen ist. 61

Bei den **ersparten Aufwendungen** ist grundsätzlich zwischen den objektbezogenen Kosten und den allgemeinen Geschäftskosten zu unterscheiden. 62

Beispiel:
Objektbezogene Kosten sind beispielsweise Kosten für Fahrten zur Baustelle oder Kosten für Bauleiter, die nur für das bestimmte Objekt eingestellt worden sind. Allgemeine Geschäftskosten sind Gehälter und Löhne der ständigen Mitarbeiter, Büromiete, Versicherung etc.[3]

Der Bundesgerichtshof führt hinsichtlich der ersparten Aufwendungen in einer Entscheidung aus dem Jahre 1995[4] wörtlich aus: 63

Als erspart anrechnungspflichtig sind die Aufwendungen, die der Unternehmer bei Ausführung des Vertrages hätte machen müssen und die er wegen der Kündigung nicht mehr machen muss. Dabei ist auf die Aufwendung abzustellen, die durch die Nichtausführung des konkreten Vertrages entfallen sind. Maßgebend sind dabei im Einzelnen die Aufwendungen, die sich nach den Vertragsunterlagen unter Berücksichtigung der Kalkulation ergeben.

Der Architekt hat im Einzelnen zu beziffern, was er sich in jenem Sinne als Aufwendung anrechnen lassen muss.[5] Der BGH hat mit seiner Entscheidung vom 28. 10. 1999[6] im Einzelnen dargetan, wie solch eine Abrechnung auszusehen hat. Aus dieser Entscheidung ergeben sich folgende Überlegungen: 64

▷ Auch das Honorar für nicht erbrachte Leistungen ist nach § 8 Abs. 1 HOAI **prüffähig abzurechnen**. Dabei ist der Ansatz eines nichtvertragsbezogenen ermittelten Prozentsatzes – zum Beispiel 40 % – nicht ausreichend.[7] Der Architekt kann diesen Prozentsatz jedenfalls dann nicht aus den Allgemeinen Geschäftsbedingungen seines Architektenvertrags ableiten, wenn darin gleichzeitig die Anrechnung anderweitigen Erwerbs ausgeschlossen ist oder dem 65

---

1 BGH, BauR 1997, 1060.
2 BGH, BauR 1994, 655.
3 *Werner/Pastor*, Rz. 938.
4 BGH, BauR 1996, 382.
5 BGH, BauR 1996, 382.
6 BGH, BauR 2000, 430.
7 BGH, BauR 1996, 412.

66 ▷ Der Architekt als Verwender solcher Allgemeinen Geschäftsbedingungen kann sich jedoch nicht auf die Unwirksamkeit der Klausel berufen. Hat der Architekt das Vertragsmuster also selbst gestellt und enthält der Vertrag eine **so genannte 60/40-Regelung**, kann der Architekt selbst nicht mehr als 60 % seines Honorars verlangen, auch wenn sich ein Honorar ergeben sollte, das 60 % der Forderung übersteigt.[2]

Auftraggeber der Nachweis abgeschnitten wird, dass der Architekt höhere ersparte Aufwendungen gehabt hat. Derartige Klauseln sind unwirksam.[1]

67 ▷ Als erspart sind diejenigen Aufwendungen von dem Honorar abzuziehen, die durch die Nichtausführung des konkreten Vertrags entfallen sind. Der Architekt muss also eine Feststellung dahin gehend treffen, welche Leistungen nach dem Vertrag noch zu erbringen waren und inwieweit dafür vorgesehene Aufwendungen entfallen sind. Als erspart sind diejenigen Aufwendungen anzusehen, die der Architekt ohne die Kündigung gehabt hätte und die infolge der Kündigung entfallen sind. Hier sind die so genannten **projektbezogenen Herstellungskosten** von den **Gemeinkosten** des Architekten zu unterscheiden. Diese Gemeinkosten werden auch als allgemeine Geschäftskosten oder nichtprojektbezogene Kosten bezeichnet. Diese sind nicht erspart. Projektbezogene Kosten sind beispielsweise eingesparte Personalkosten, die der Architekt für das Projekt gehabt hätte, wenn der Auftrag nicht gekündigt worden wäre. Eine Ersparnis liegt dann vor, wenn diese Personalkosten infolge der Kündigung nicht mehr anfallen. Dies kann beispielsweise der Fall sein, wenn das Personal infolge der Kündigung nicht mehr eingestellt werden muss. Wenn Angestellte jedoch weiter beschäftigt und für andere Aufträge eingesetzt werden, handelt es sich insoweit nicht um ersparte Aufwendungen. Eine Verpflichtung, dieses Personal zu kündigen, besteht nicht. Sofern eine Arbeitnehmerkündigung also nicht ausgesprochen wird, muss sich der Architekt diese projektbezogenen Personalkosten nicht als ersparte Aufwendungen anrechnen lassen.

68 ▷ Die entsprechenden **Personalkosten** können nach Stundenzahl und Stundenkosten ausgewiesen werden, eine Ordnung nach Leistungsphasen ist grundsätzlich nicht erforderlich. Diese Kosten sind ersparte Aufwendungen, wenn sie infolge der Kündigung nicht mehr verwendet werden.[3]

69 ▷ Ersparte Kosten für **freie Mitarbeiter** oder **Subunternehmer** müssen vertragsbezogen ermittelt werden. Dabei ist ein aus der Vergütung nach der HOAI berechneter durchschnittlicher Stundensatz keine tragfähige Grundlage für die Berechnung.[4]

70 ▷ Der Ansatz eines prozentualen projektbezogenen Gemeinkostenzuschlags für **Zeichen- und Büromaterial** ist ausreichend.[5]

---

1 Vgl. das Grundsatzurteil BGH, BauR 1997, 156.
2 BGH, BauR 1998, 357.
3 BGH, BauR 2000, 126; BGH, BauR 2000, 430.
4 BGH, BauR 2000, 430.
5 BGH, BauR 2000, 126.

Allgemeines zum Architektenvertrag Rz. 76 **Teil 10**

▷ Fraglich ist, ob der Architekt für diese Leistungen **Mehrwertsteuer** verlangen 71
kann. Bislang hat der BGH dies verneint.[1] In einer Entscheidung aus dem Jahr
1999[2] hat der BGH die Beantwortung dieser Frage offen gelassen. Ob für die
nicht erbrachten Leistungen Mehrwertsteuer verlangt werden kann, ist eine
Frage der gemeinschaftsrechtlichen Auslegung der 6. Richtlinie des Rates zur
Harmonisierung der Rechtsvorschriften der Mitgliedsstaaten über die Umsatzsteuern 77/388/EWG. Da die gemeinschaftsrechtliche Auslegung umstritten ist, hat sich der Gerichtshof der Europäischen Gemeinschaften mit dieser
Frage zu befassen.

▷ Erspart sind in der Regel auch diejenigen sachlichen, projektbezogenen Auf- 72
wendungen, die der Architekt infolge der Kündigung nicht hat und die mit
der Vergütung abgegolten werden. Dazu gehören beispielsweise die projektbezogenen Aufwendungen für Schreib- und Zeichenmittel, Fahrtkosten, Telefon- und Fotokopiekosten, soweit diese nicht von § 7 HOAI als **Nebenkosten**
erfasst werden.

▷ Im Rahmen der Erstellung einer prüffähigen Abrechnung muss der Architekt 73
nicht seinen gesamten Personalbestand mit Beschreibung von Funktion und
Vergütung vor und nach der Kündigung des Architektenvertrags darlegen.

▷ Auch an die **Darlegung der projektbezogenen Aufwendungen** stellt der BGH 74
keine allzu hohen Anforderungen. Es genügt, dass der Architekt die Sachmittel zusammenfassend so beschreibt, dass der Auftraggeber in der Lage ist, die
Richtigkeit des dafür angesetzten Betrages beurteilen zu können. Dabei ist
beispielsweise ausreichend, wenn der Architekt darlegt, für welche Sachmittel er einen Abzug vornimmt und dafür eine, gemessen an der Gesamtvergütung, geringe, an Erfahrungswerten orientierte Pauschale von 2 % des Gesamthonorars auswirft.[3]

▷ Weiterhin muss der Architekt angeben, welchen **anderweitigen Erwerb** er sich 75
anrechnen lässt. Dieser ist zu beziffern. Es kommt dabei darauf an, inwieweit
ein Ersatzauftrag erlangt worden ist oder der Architekt es böswillig unterlassen hat, einen solchen zu erlangen. Dabei genügt es, wenn der Architekt darlegt, um welche Ersatzaufträge er sich bemüht hat. Von ihm wird nicht verlangt, dass er seine gesamte Geschäftsstruktur offen legt.[4]

▷ Der Architekt hat zwar vorzutragen und zu beziffern, welche ersparten Auf- 76
wendungen und welchen anderweitigen Erwerb er sich anrechnen lassen
muss. Dabei hat er über die kalkulatorischen Grundlagen der Abrechnungen
so viel vorzutragen, dass dem für höhere ersparte Aufwendungen und anderweitigen Erwerb **darlegungs- und beweispflichtigen Bauherrn** eine sachgerechte Rechtswahrung ermöglicht wird.[5] Er trägt hierfür jedoch nicht die Beweislast. Für die ersparten Aufwendungen, die anderweitige Verwendung der Ar-

---
1 BGH, BauR 1986, 577.
2 BGH, BauR 1999, 1294.
3 BGH, BauR 2000, 430.
4 BGH, BauR 2000, 430.
5 BGH, BauR 2000, 430; OLG Düsseldorf, IBR 2001, 26.

beitskraft oder deren böswilliges Unterlassen gemäß § 649 Satz 2 BGB trägt stets der Auftraggeber die Beweislast.[1]

5. Wirksamkeit, Anfechtung

a) Widerruf nach § 312 BGB (früher § 1 HWiG)

77 Sofern die Voraussetzungen des § 312 BGB (früher § 1 HWiG) vorliegen, wird auch für einen Architekten- oder Ingenieurvertrag die Widerrufsmöglichkeit nach § 355 BGB (früher § 2 HWiG) bestehen. Zu Schwierigkeiten wird die Rückabwicklung eines solchen Vertrags nach § 357 Abs. 1 BGB (früher § 3 HWiG) führen. Danach ist im Falle des Widerrufs jeder Teil verpflichtet, dem anderen Teil die empfangenen Leistungen zurückzugewähren. Für bereits bezahltes Honorar auf eine Abschlagsrechnung des Architekten dürfte dieses klar sein. Welche Leistungen der Architekt zurückfordern kann, erscheint fraglich. Rechtsprechung hierzu gibt es bislang nicht.

Hinweis:
Ebenso ist fraglich, welche Auswirkungen ein etwaiger Widerruf auf bereits entstandene **Gewährleistungsansprüche** aus dem Architektenvertrag hat. Nach Beginn der Bauausführung ist ein Widerruf nach den §§ 312 ff. BGB daher nicht zu empfehlen.

b) Koppelungsverbot

78 Ein Architektenvertrag ist nach § 3 des Gesetzes zur Regelung von Ingenieur- und Architektenleistungen (Art. 10 § 3 MRVG) unwirksam, wenn er gegen das so genannte Koppelungsverbot von Grundstückserwerb und Architektenbindung verstößt. Nach dieser Vorschrift ist eine Vereinbarung, durch die der Erwerber eines Grundstücks sich im Zusammenhang mit dem Erwerb verpflichtet, bei der Planung oder Ausführung eines Bauwerks auf dem Grundstück die Leistungen eines bestimmten Ingenieurs oder Architekten in Anspruch zu nehmen, unwirksam. Der Grund dieser Regelung liegt darin, dass bei einem knappen Angebot an Baugrund der Planer durch die Architektenbindung eine monopolartige Stellung erwerben würde, die nicht auf eigener Leistung beruht. Der Wettbewerb würde manipuliert werden, der Käufer würde in der **freien Wahl des Architekten** behindert, da er Planungsleistungen unbesehen mitkaufen würde, ohne die Leistungsfähigkeit des Planers zu kennen.[2]

79 Grundsätzlich sind zwei Fallgestaltungen zu unterscheiden:

▷ Eine gesetzwidrige Architektenbindung liegt zum einen dann vor, wenn der Veräußerer den Erwerb des Grundstücks in irgendeiner Form von der Beauftragung eines bestimmten Architekten abhängig macht.

---

[1] BGH, BauR 2001, 666.
[2] *Hesse/Korbion/Mantscheff/Vygen*, MRVG Art. 10 § 3 Rz. 3 unter Hinweis auf die Begründung der Bundesregierung in Druck siehe VI/1549, 14/15; *Werner/Pastor*, Rz. 668.

▷ Zum anderen liegt ein solcher Fall vor, wenn der Architekt den Nachweis eines Baugrundstücks von der Verpflichtungen des Käufers abhängig macht, ihn mit den entsprechenden Architektenleistungen zu beauftragen.[1]

Die Unwirksamkeit nach § 3 MRVG besteht auch dann, wenn der Grundstückserwerb und die Beauftragung des Architekten nicht in einem einheitlichen Vertrag erfolgen.[2] Voraussetzung ist lediglich, dass die Architektenbindung im Zusammenhang mit dem Erwerb des Grundstücks vereinbart wurde.[3] Ebenso wenig ist erforderlich, dass beide Verträge gleichzeitig abgeschlossen werden.[4] § 3 MRVG ist nach der Rechtsprechung des Bundesgerichtshofs[5] auch dort anwendbar, wo freiberufliche Ingenieure oder Architekten über die ihr Berufsbild prägenden Aufgaben hinaus zusätzliche Leistungen versprechen und damit wie Generalübernehmer, Bauträger oder Baubetreuer auftreten. 80

Hinweis:
Im Übrigen ist das Koppelungsverbot berufsstands-, nicht leistungsbezogen.[6]

Wenn der Architekt oder Ingenieur bereits Leistungen aufgrund des nichtigen Vertrags erbracht hat, erfolgt die Abwicklung der erbrachten Leistungen nach den **Grundsätzen des Bereicherungsrechts**.[7] Ein solcher Bereicherungsanspruch steht dem Architekten oder Ingenieur jedoch dann nicht zu, wenn die erbrachten Architektenleistungen vom Auftraggeber nicht verwertet wurden. Nur im Falle einer Verwertung ist nämlich davon auszugehen, dass der Auftraggeber infolge der Nichtigkeit des Architekten- bzw. Ingenieurvertrags ohne rechtlichen Grund etwas erlangt hat und somit bereichert ist.[8] Weitere Voraussetzung ist, dass der Auftraggeber entsprechende Auslagen erspart hat.[9] Dem Architekten steht in diesem Fall ein Honorar nach den Mindestsätzen der HOAI zu.[10] 81

Gegebenenfalls werden dem Architekten oder Ingenieur auch noch Ansprüche aus einer **Geschäftsführung ohne Auftrag** nach §§ 683, 670 BGB zustehen.[11] 82

c) Sittenwidrigkeit des Architektenvertrags

Auch aus anderen Gründen kann ein Architektenvertrag unwirksam sein, beispielsweise aufgrund einer Sittenwidrigkeit. Allerdings muss ein im Zusammen- 83

---

1 *Werner/Pastor*, Rz. 670.
2 BGH, BauR 1975, 280; *Werner/Pastor*, Rz. 672.
3 *Werner/Pastor*, Rz. 673.
4 OLG Düsseldorf, BauR 1975, 138; *Werner/Pastor*, Rz. 672.
5 BGH, BauR 1978, 147.
6 BGH, BauR 1993, 490; *Löffelmann/Fleischmann*, Architektenrecht, Rz. 731; *Werner/Pastor*, Rz. 683.
7 BGH, BauR 1982, 83.
8 *Hesse/Korbion/Mantscheff/Vygen*, MRVG Art. 10 § 3 Rz. 36.
9 BGH, BauR 1994, 651; *Locher/Koeble/Frik*, MRVG Art. 10 § 3 Rz. 16; *Hesse/Korbion/Mantscheff/Vygen*, MRVG Art. 10 § 3 Rz. 36.
10 OLG Hamm, BauR 1986, 710; OLG Hamm, BauR 1986, 711; *Hesse/Korbion/Mantscheff/Vygen*, MRVG Art. 10 § 3 Rz. 36.
11 *Locher/Koeble/Frik*, MRVG Art. 10 § 3 Rz. 16, die dies durch eine entsprechende Anwendung der BGH-Entscheidung vom 30. 9. 1993 – VII ZR 178/91, BauR 1994, 110, ableiten.

hang mit einer **Bestechung** abgeschlossener Architektenvertrag nicht zwingend sittenwidrig sein.[1] Der Bundesgerichtshof hat in einer Entscheidung aus dem Jahre 1999 diesbezüglich ausgeführt, dass ein solches Rechtsgeschäft nur dann sittenwidrig ist, wenn es – wie im zu entscheidenden Fall einer Schmiergeldabrede – zu einer für den Auftraggeber nachteiligen Vertragsgestaltung geführt hat. Fehle ein solcher Nachteil, sei der Vertrag trotz der Bestechung nicht sittenwidrig.[2]

II. Pflichten des Architekten

1. Werkvertragliche Leistungspflichten

84 Der Architekt oder Ingenieur schuldet gemäß § 631 Abs. 1 BGB alle Leistungen, die für den werkvertraglichen Erfolg notwendig sind. Entscheidend sind die **vertraglichen Vereinbarungen** und die **Regelungen des BGB**, nicht die Gebührentatbestände der HOAI.[3] Aus diesem Grund spielt es auch keine Rolle, ob die Leistung, die der Architekt zur Herbeiführung des werkvertraglichen Erfolges zu erbringen hat, Grundleistungen oder besondere Leistungen sind. Diese Unterscheidung hat nur eine honorarrechtliche und keine werkvertragsrechtliche Bedeutung.[4] Der Architekt schuldet daher alle werkvertraglichen Leistungspflichten, die zur Herstellung eines mangelfreien, vertragsgerechten Werks entsprechend der vertraglichen Vereinbarungen notwendig sind.[5]

85 Zu diesen werkvertraglichen Leistungspflichten gehört es auch, dass der Architekt die vereinbarten **finanziellen Vorstellungen** des Bauherrn einhält.[6] Die Pflicht zur **kostengünstigen Planung** wird vom Architekten gleichfalls geschuldet. Schließlich wird man zu den werkvertraglichen Leistungspflichten die **gesteigerte Bauaufsicht** bei schadensträchtigen Baumaßnahmen rechnen können.

2. Der Architekt/Ingenieur als Sachwalter des Bauherrn

a) Der Begriff des Sachwalters

86 Der Architekt oder Ingenieur ist Sachwalter des Bauherrn. Daraus ergibt sich ein besonderer Pflichtenkreis, der über die werkvertraglichen Leistungspflichten hinausgeht. Der Architekt ist als geschäftlicher **Oberbauleiter** der sachkundige Berater und Betreuer des Bauherrn auf dem Gebiet des Bauwesens. Aus diesem Grund werden von ihm Kenntnisse des Werkvertragsrechts, des Bürgerlichen Gesetzbuches und der entsprechenden Vorschriften der VOB/B gefordert. Er muss die Rechte des Bauherrn hinsichtlich etwaiger Gewährleistungsansprüche genauso wahren, wie er wissen muss, dass die Geltendmachung einer Vertragsstrafe bei der Abnahme vorbehalten werden muss.[7]

---

1 BGH, NJW 1999, 2266.
2 BGH, BauR 1999, 1047.
3 BGH, BauR 1999, 187.
4 BGH, BauR 1997, 154.
5 BGH, BauR 2001, 823.
6 BGH, BauR 1997, 494.
7 BGH, BauR 1979, 345.

Der Architekt schuldet eine objektbezogene und auftraggeberbezogene **Aufklä-** 87
rung und Beratung.[1] Aus diesen Grundsätzen werden die verschiedenen Sachwalterpflichten des Architekten und Ingenieurs abgeleitet.

b) Sachwalterpflichten des Architekten und Ingenieurs
aa) Beratungs- und Hinweispflichten

An erster Stelle zu nennen sind Beratungspflichten hinsichtlich der **Kosten des** 88
Bauvorhabens. Der Architekt/Ingenieur ist verpflichtet, dem Bauherrn auf eine außerordentliche Entwicklung der Baukosten hinzuweisen.[2] Der Architekt/Ingenieur muss also den Bauherrn über die Kosten und deren Entwicklung ausreichend beraten.[3] Dies gilt auch bei verteuernden Sonder- und Änderungswünschen des Bauherrn.[4]

Fraglich und umstritten ist, ob der Architekt/Ingenieur auch verpflichtet ist, den 89
Bauherrn über die **Vergütungspflicht** und das **Honorar** seiner Leistungen aufzuklären. Der BGH hat diese Frage bislang noch nicht entschieden. Das OLG Stuttgart hat eine solche Aufklärungspflicht in einem Fall bejaht, in dem der Bauherr mehrere Architekten gebeten hatte, Grobskizzen zu erstellen. Hier wurde vom Gericht die Verpflichtung des Architekten bejaht, den Auftraggeber darauf hinzuweisen, dass für seine Leistungen Kosten anfielen, auch wenn der Auftraggeber das Bauvorhaben gar nicht oder mit einem anderem Architekten ausführen wird.[5] Ansonsten wird die Aufklärungspflicht des Architekten/Ingenieurs über die voraussichtliche Höhe seines Honorars prinzipiell verneint.[6]

Hinweis:
Man wird eine solche Aufklärungspflicht nur dann annehmen können, wenn besondere Umstände des Einzelfalls vorliegen. Sofern der Auftraggeber den Architekten/Ingenieur ausdrücklich nach den voraussichtlichen Kosten fragt, ist dieser verpflichtet, korrekte Auskunft über diese Kosten zu erteilen.[7]

Sofern dem Architekten die Vereinbarung einer **Vertragsstrafe** bekannt ist, gehört 90
es zu seinen Pflichten, den Bauherrn darauf hinzuweisen, dass er sich die geltend gemachte Vertragsstrafe bei der Abnahme vorbehalten muss.[8]

bb) Verhandlungspflichten

Den Architekten trifft auch eine Pflicht, Verhandlungen mit der **Baugenehmi-** 91
gungsbehörde oder Nachbarn zu führen, beispielsweise über die Übernahme von Abstandsflächen.[9]

---
1 BGH, BauR 1998, 356.
2 BGH, BauR 1997, 1067.
3 BGH, BauR 1997, 494.
4 *Werner/Pastor*, Rz. 1794.
5 OLG Stuttgart, BauR 1989, 630.
6 *Locher/Koeble/Frik*, HOAI, Einl. Rz. 59; *Hesse/Korbion/Mantscheff/Vygen*, HOAI, § 4 Rz. 95.
7 OLG Köln, BauR 1994, 271; *Hesse/Korbion/Mantscheff/Vygen*, HOAI, § 4 Rz. 96.
8 BGH, BauR 1979, 345.
9 BGH, BauR 1999, 934.

cc) Prüfungspflichten

92 Unter dieser Überschrift sind zunächst die Pflichten des beauftragten Architekten zu nennen, **Abschlags- und Schlussrechnung** von Bauunternehmen daraufhin zu überprüfen, ob sie fachtechnisch und rechnerisch richtig, ob die zugrunde gelegten Leistungen erbracht sind und ob sie der vertraglichen Vereinbarung entsprechen. Die Überprüfungspflicht des Architekten soll gewährleisten, dass der Auftraggeber nur berechtigte Abschlagsforderungen erfüllt und dass etwaige Überzahlungen in der Vergangenheit mit später noch nicht bezahlten Abschlagsforderungen verrechnet werden können.[1]

93 Des Weiteren trifft den Architekten/Ingenieur eine Prüfungspflicht hinsichtlich der vom Auftraggeber geäußerten **Bauwünsche**. Der Architekt muss die Bauwünsche seines Auftraggebers ermitteln und dementsprechend planen. Der Architekt muss dabei über die technischen Möglichkeiten, wie die Bauherrenwünsche verwirklicht werden können, aufklären.[2]

94 Auch die Verpflichtung der **Bau begleitenden Kostenkontrolle** gehört zum Pflichtenkreis des Architekten/Ingenieurs als Sachwalter des Bauherrn.[3] Auch in den Fällen, in denen die Parteien eine Kostengrenze nicht als Beschaffenheit des Architektenwerks vereinbart haben, hat der Architekt die ihm bekannten Kostenvorstellungen des Auftraggebers bei seiner Planung zu berücksichtigen und den Auftraggeber über etwaige Kostenmehrungen zu informieren.[4]

3. Vertragliche Vereinbarungen

95 Aus der Definition der werkvertraglichen Leistungspflichten ergibt sich zwingend, dass die Parteien des Architekten-/Ingenieurvertrags **weitere Pflichten** des Architekten oder Ingenieurs **vereinbaren** können. Sofern der Architekt oder Ingenieur im Rahmen der Vertragsausführung Aufgaben übernimmt, die bei Vertragsschluss nicht vereinbart wurden, hat er für schuldhaft verursachte Schäden aus diesen Aufgaben einzustehen.[5] So kann der Architekt beispielsweise die Verpflichtung übernehmen, für den Bauherrn Fördermittel zu beantragen.[6]

III. Haftung des Architekten

1. Mangel des Architektenwerks

a) Der Begriff des Mangels

96 Aus der Einordnung des Architektenvertrags als **Werkvertrag** und dem damit verbundenen Leistungsbegriff nach § 631 Abs. 1 BGB folgt, dass hinsichtlich des mangelhaften Architektenwerks die §§ 633 ff. BGB gelten. Damit ist der Mangelbegriff des § 633 BGB einschlägig.

---

1 BGH, BauR 1998, 869.
2 BGH, BauR 1998, 356.
3 BGH, BauR 1997, 494; BGH, BauR 1997, 1067.
4 BGH, BauR 1997, 494; BGH, BauR 1999, 1319.
5 BGH, BauR 1996, 418.
6 BGH, BauR 1996, 570.

Das Architektenwerk ist insbesondere mangelhaft, wenn es nicht die vereinbarte Beschaffenheit hat, wenn es also nicht den zwischen dem Auftraggeber und dem Architekten getroffenen Vereinbarungen entspricht. An dieser Stelle sei nochmals darauf hingewiesen, dass für die Frage nach den vom Architekten geschuldeten Leistungen nicht auf die Leistungsbilder der HOAI zurückgegriffen werden kann (siehe oben Rz. 31). Der Architekt schuldet die Herbeiführung eines mangelfreien, vertragsgerechten Werks entsprechend der vertraglichen Vereinbarungen.[1] 97

Ein zur Mangelhaftigkeit führender Fehler liegt bei einer relevanten Abweichung der **Ist-Beschaffenheit** des Werks des Architekten/Ingenieurs von der vereinbarten **Soll-Beschaffenheit** vor. Eine besondere Bedeutung kommt in diesem Zusammenhang den anerkannten Regeln der Technik zu. Im Einheitsarchitektenvertrag ist als werkvertragliches Soll die Einhaltung der anerkannten **Regeln der Technik** und Baukunst vereinbart. Sind diese nicht eingehalten, liegt stets ein Mangel des Architektenwerks vor. Die Einhaltung der Regeln der Technik führt jedoch nicht dazu, von einem mangelfreien Architektenwerk auszugehen. Weist das Architektenwerk dennoch einen Fehler auf, liegt ein Mangel vor.[2] 98

Nicht jeder Baumangel ist zugleich ein Mangel des Architektenwerks. Der Architekt haftet nur für die Mangelfreiheit seines Werks. Baumängel sind nur dann zugleich Mängel des Architektenwerks, wenn sie durch eine objektiv mangelhafte Erfüllung der Architektenaufgaben verursacht worden sind.[3] Auch bei der Ermittlung der Soll-Beschaffenheit des Architektenwerks ist einzig und allein auf den vereinbarten Werkerfolg und nicht auf die Kataloge der Leistungsphasen abzustellen, siehe Rz. 36.

Der **Zeitpunkt** für die Beurteilung der Mangelfreiheit der Architektenleistung ist nicht deren Erbringung, sondern die Abnahme oder die Abnahmereife.[4] 99

Ansprüche des Bauherrn wegen fehlerhafter Planung werden dann zu verneinen sein, wenn er sich mit Planung und Ausführung einverstanden zeigte. Das setzt allerdings voraus, dass der Bauherr Bedeutung und Tragweite der Fehlerhaftigkeit der Planung kannte, was nur angenommen werden kann, wenn der Architekt den Bauherrn aufgeklärt und belehrt hat.[5] 100

Für **Verträge**, die **vor dem 1. 1. 2002** geschlossen worden sind, gilt der Mangelbegriff des § 633 BGB a. F. (Art. 229 § 5 Satz 1 EGBGB). Danach musste das Architektenwerk, um mangelfrei zu sein, noch die zugesicherten Eigenschaften aufweisen. 101

Von einer **zugesicherten Eigenschaft** im Sinne von § 633 Abs. 1 BGB a. F. ist auszugehen, wenn der Architekt oder Ingenieur versprochen hat, das Werk mit einer bestimmten Eigenschaft auszustatten.[6] Jedoch ist nicht jede Beschreibung der 102

---

1 BGH, BauR 2001, 823.
2 BGH, BauR 1995, 230.
3 BGH, BauR 1989, 97.
4 BGH, BauR 1998, 872 für den Bauvertrag, dies gilt jedoch uneingeschränkt auch für den Architektenvertrag; *Morlock*, Die HOAI in der Praxis, Rz. 45.
5 BGH, BauR 1996, 732.
6 BGH, BauR 1997, 1032.

vom Architekten zu erbringenden Leistungen als zugesicherte Eigenschaft anzusehen. Eine Eigenschaftszusicherung liegt nur vor, wenn der Auftraggeber erkennbar großen Wert auf die Einhaltung der Leistungsbeschreibung legt, weil es ihm darauf ankommt, dass das Werk nach der Leistungsbeschreibung gestaltet wird und der Unternehmer die Einhaltung dieser Leistungsbeschreibung verspricht.[1] Nicht erforderlich ist – anders als im Kaufrecht –, dass der Auftragnehmer zum Ausdruck bringt, er werde für alle Folgen einstehen, wenn die Eigenschaft nicht erreicht werde.[2] Damit sind zugesicherte Eigenschaften von bloßen Beschreibungen und Anpreisungen abzugrenzen.

103 Darüber hinaus muss das Architektenwerk frei von **Rechtsmängeln** sein. Ein Rechtsmangel kann beispielsweise dann vorliegen, wenn der Architekt an der Planung keine eigenen Urheberrechte hat und somit ein Dritter gegenüber dem Bauherrn Rechte geltend machen kann.[3]

b) Nacherfüllungsrecht des Architekten

104 Grundsätzlich steht dem Architekten ein Nacherfüllungsrecht zu, um den Mangel seines Architektenwerks zu korrigieren. Dies gilt auch nach einer Kündigung des Architektenvertrags.[4]

105 Der Auftraggeber muss somit dem Architekten die Möglichkeit der Nacherfüllung einräumen. Hat sich der Mangel des Architektenwerks jedoch **bereits im Bauwerk verkörpert**, kommt eine Nacherfüllung nicht mehr in Betracht. In diesen Fällen kann der Auftraggeber Minderungsansprüche oder **Schadensersatzansprüche** geltend machen, ggf. von dem Vertrag zurücktreten.[5] Eine Abnahme des Architektenwerks ist dafür nicht Voraussetzung.[6]

106 Die Nacherfüllung kann bis zur **Neuherstellung** des Architektenwerks gehen.[7] Ein Honorar für die Nacherfüllung bzw. Neuherstellung steht dem Architekten auch aus § 20 HOAI nicht zu.[8]

107 Im Architektenvertrag kann jedoch auch ein **Nacherfüllungsrecht** des Architekten für den Fall **vereinbart** werden, dass sich der Mangel am Bauwerk bereits realisiert hat.[9] Ein uneingeschränktes Nacherfüllungsrecht des Architekten in diesem Fall dürfte jedoch gegen die §§ 305 ff. BGB verstoßen. Im Schrifttum und in den Instanzgerichten wird diesbezüglich jedoch teilweise die Ansicht vertreten, dass es durchaus Fälle gebe, in denen eine Nacherfüllung auch bei fehlerhafter Planung oder Bauleitung des Architekten möglich sei. Als Beispiel wird genannt, dass durch Ergänzung oder Änderung des Plans oder der Ausführungszeichnung

---

1 BGH, BauR 1986, 93.
2 BGH, BauR 1986, 93.
3 *Morlock*, Die HOAI in der Praxis, Rz. 44.
4 BGH, BauR 2001, 667.
5 BGH, BauR 1981, 395; zuletzt bestätigt BGH, BauR 2000, 128.
6 BGH, BauR 1999, 760; BGH, BauR 2000, 128.
7 BGH, BauR 1986, 93.
8 BGH, BauR 1986, 93.
9 BGH, BauR 1996, 735.

oder der Überwachung von Reparatur- und Ausbesserungsarbeiten der Bauunternehmer eine Nacherfüllung möglich sei.[1]

Um Zweifelsfragen aus dem Weg zu gehen, sollte man dem Architekten auf jeden Fall eine **Frist zur Nacherfüllung** setzen. Diese Fristsetzung ist nur dann entbehrlich, wenn eine Nacherfüllung der Planung absolut keinen Sinn mehr macht und auch eine Beseitigung des Mangels durch die Unternehmer nicht in Frage kommt.

Hinweis:
Sofern der Mangel der fehlerhaften Planung oder Vergabe am Bauwerk noch nacherfüllungsfähig ist, ist zum einen die entsprechende Aufforderung mit Fristsetzung zur Nacherfüllung unentbehrlich, zum anderen empfiehlt sich eine Einigung mit dem Architekten, dass er auf eine Nacherfüllung des Mangels am Bauwerk durch die Unternehmer selbst hinwirkt und etwaige dafür anfallende Kosten übernimmt. Dies wird um so leichter möglich sein, wenn der Mangel auch auf eine fehlerhafte Ausführung seitens des Unternehmers zurückzuführen ist und dieser selbst zur Nacherfüllung verpflichtet ist.

Sofern der Architekt/Ingenieur der Aufforderung zur Nacherfüllung binnen der gesetzten Frist nicht nachkommt, hat der Auftraggeber die Möglichkeit, die Kosten der Nacherfüllung zunächst als **Vorschuss** zu verlangen und über diesen Vorschuss nach Durchführung der Mängelbeseitigungsarbeiten abzurechnen.[2]

Hinweis:
Der Architekt ist grundsätzlich nicht verpflichtet, die Mängel am Bauwerk nachzubessern.[3] Dies folgt bereits daraus, dass das Architektenwerk streng von dem Bauwerk zu trennen ist.

In seiner früheren Rechtsprechung hat der BGH vereinzelt angenommen, dass der Bauherr gegen seine **Schadensminderungspflicht** aus § 254 Abs. 2 Satz 1 BGB verstößt, wenn er dem Architekten keine Gelegenheit gegeben hat, den Mangel selbst zu beseitigen.[4] Dies kann jedoch nur dann in Frage kommen, wenn der Architekt darlegen und beweisen kann, dass es ihm möglich gewesen wäre, den Mangel mit einem wesentlich geringeren Kostenaufwand selbst beseitigen zu lassen.[5] In Musterarchitektenverträgen findet man teilweise eine Berechtigung des Architekten, Baumängel selbst beseitigen zu dürfen. Fraglich ist, ob eine solche Klausel als wirksam angesehen werden kann.[6] Eine solche Klausel wird als unbedenklich angesehen, wenn der Architekt berechtigt ist, Mängelbeseitigungsarbeiten Dritter zu überwachen.[7] In einem solchen Fall könnte der Bauherr dann die Kosten für den Einsatz eines anderen Architekten für die Bauüberwachung nur dann von seinem ursprünglichen Vertragspartner verlangen, wenn er diesem zuvor eine Frist zur Nacherfüllung[8] gesetzt hat.

---

1 *Locher/Koeble/Frik*, 7. Aufl., HOAI, Einl. Rz. 48; OLG Hamm, BauR 1978, 326.
2 BGH, BauR 1990, 358.
3 BGH, BauR 1996, 735.
4 BGH, NJW 1962, 1499; BGH, BGHZ 43, 227.
5 So BGH, NJW 1962, 1499.
6 Bejaht von OLG Hamm, NJW-RR 1992, 467.
7 OLG Celle, BauR 1999, 676; *Locher/Koeble/Frik*, HOAI, Einl. Rz. 84.
8 Für Verträge bis zum 31. 12. 2001 eine Frist mit Ablehnungsandrohung.

111 Darüber hinaus besteht eine **Mitwirkungspflicht** des Architekten, sofern der Bauherr den Unternehmer auf Nacherfüllung in Anspruch nimmt.[1]

c) Anspruch auf Minderung

112 Darüber hinaus steht dem Bauherrn ein Anspruch auf Minderung gemäß § 634 Nr. 3 in Verbindung mit § 638 BGB zu.[2] Die Höhe der Minderung ergibt sich aus § 638 Abs. 3 Satz 1 BGB. Für den Architekten- oder Ingenieurvertrag hat dies zur Folge, dass der entsprechende Honoraranteil für die ordnungsgemäße Leistung im Verhältnis zur nichtordnungsgemäßen Leistung ermittelt werden muss.[3] Wie dies für den Architekten- und Ingenieurvertrag im Einzelnen praktisch auszusehen hat, ist unklar. Insoweit wird man sich in einem solchen Fall jedoch mit der Möglichkeit der **Schätzung** gemäß § 638 Abs. 3 Satz 2 BGB helfen müssen. In der Beratungspraxis führt die Ermittlung eines Schadens dennoch zu erheblichen Schwierigkeiten, eindeutige und klare Vorgaben der Ermittlung der Minderung gibt es nicht.[4]

d) Rücktritt vom Vertrag

Liegt darüber hinaus ein erheblicher Mangel der Architektenleistung vor, kommt ein Rücktritt vom Vertrag nach §§ 634 Nr. 3, 636, 325 Abs. 5 BGB infrage, wenn er an der Teilleistung kein Interesse hat.

e) Anspruch auf Selbstvornahme

113 In den Fällen, in denen eine Nachbesserung des Architektenwerks noch möglich ist, steht dem Auftraggeber der Anspruch auf Selbstvornahme nach § 637 BGB zu. Voraussetzung ist der Ablauf einer zur Nacherfüllung bestimmten angemessenen Frist. In diesem Fall kann der Auftraggeber auch den Anspruch auf **Kostenvorschuss** gemäß § 637 Abs. 3 BGB geltend machen.

f) Gesamtschuldnerische Haftung des Architekten

114 Ist der Mangel am Bauwerk sowohl auf einen Planungsfehler des Architekten als auch auf einen Ausführungsfehler des Unternehmers zurückzuführen, haftet der **planende** Architekt zusammen mit dem Unternehmer als Gesamtschuldner. Gleiches gilt zwischen dem **bauleitenden Architekten** und dem **Unternehmer**.[5] Der Auftraggeber hat die **Wahl**, an wen er sich wegen des eingetretenen Schadens hält. Es gibt keinen Grundsatz, dass der Architekt neben dem Unternehmer nur subsidiär haftet.

115 In seiner früheren Rechtsprechung hat der BGH die Auffassung vertreten, der Bauherr könne gegen seine Schadensminderungspflicht aus § 254 Abs. 2 Satz 1

---

1 *Werner/Pastor*, Rz. 1646.
2 Bei Verträgen bis zum 31. 12. 2001 Anspruch nach § 634 BGB.
3 *Locher/Koeble/Frik*, HOAI, Einl. Rz. 283.
4 Für Verträge bis zum 31. 12. 2001 war dies ein wenig leichter, da die Minderung nach altem Recht die notwendigen Nachbesserungskosten waren.
5 BGH, BauR 1996, 732; *Werner/Pastor*, Rz. 1972; *Morlock*, Die HOAI in der Praxis, Rz. 52.

BGB verstoßen, wenn er vom Architekten Schadenersatz verlangt, ohne zuvor gegen den Unternehmer einen außer Zweifel stehenden, Erfolg versprechenden Nachbesserungsanspruch geltend zu machen.[1] Die Entscheidung des BGH erging jedoch zu einem Zeitpunkt, als dieser noch die Gesamtschuld von Architekten und Unternehmern verneinte. Spätestens seit der Entscheidung des Großen Senats für Zivilsachen[2], in der eine gesamtschuldnerische Haftung von Architekt und Bauunternehmer bejaht wurde, ist diese frühere Rechtsprechung des BGH nicht mehr aufrecht zu erhalten.

Eine gesamtschuldnerische Haftung besteht auch zwischen dem planenden und dem bauleitenden Architekten, wenn für den Baumangel sowohl ein **Planungs- als auch ein Bauüberwachungsfehler** verantwortlich ist.[3] Gleiches gilt, wenn Ursache des Baumangels neben der fehlerhaften Planung des Architekten auch der Umstand ist, dass der Unternehmer den Planungsfehler fahrlässig nicht erkannt hat.[4] Eine gesamtschuldnerische Haftung wird man in diesen Fällen auch dann annehmen, wenn der Bauunternehmer den Planungsfehler zwar erkannt hat, aber eine entsprechende **Mitteilung gemäß § 4 Nr. 3 VOB/B** unterlässt.[5]

116

Trotz der gesamtschuldnerischen Haftung kann der Bauunternehmer den Einwand erheben, der Mangel beruhe auch auf einer Pflichtverletzung des Architekten. Eine solche Pflichtverletzung muss sich der Bauherr im Verhältnis zum Bauunternehmer entgegenhalten lassen. Der **Bauherr** muss sich nämlich gemäß §§ 254, 278 BGB das planerische Fehlverhalten des **Architekten als seines Erfüllungsgehilfen** anrechnen lassen.[6]

117

An diesem Gesamtschuldverhältnis zwischen Architekt und Bauunternehmer ändert sich auch dann nichts, wenn der Architekt auf Schadensersatz in Anspruch genommen wird und der Bauunternehmer wegen desselben Mangels noch nacherfüllungsberechtigt ist.[7] Eine gesamtschuldnerische Haftung besteht auch zwischen Architekt und **Sonderfachleuten**.[8]

118

Der **Ausgleichsanspruch** unterliegt der regelmäßigen Verjährung.[9] Er verjährt somit gemäß § 195 BGB in drei Jahren. Ein Ausgleichsanspruch zwischen Gesamtschuldnern besteht auch, wenn etwa die Forderung des Gläubigers gegen einen der Gesamtschuldner bereits verjährt ist.[10] Ein Ausgleichsanspruch besteht im Übrigen dann, wenn der andere Gesamtschuldner gegenüber dem Bauherrn wegen eines vertraglichen oder gesetzlichen Haftungsausschlusses nicht oder nicht mehr haftet.[11]

119

---

1 BGH, NJW 1962, 1499.
2 BGH, BGHZ 43, 227.
3 BGH, BauR 1989, 97.
4 *Löffelmann/Fleischmann*, Architektenrecht, Rz. 292; *Werner/Pastor*, Rz. 1978.
5 *Löffelmann/Fleischmann*, Architektenrecht, Rz. 292; *Werner/Pastor*, Rz. 1978.
6 BGH, BauR 1984, 395; *Locher/Koeble/Frik*, HOAI, Einl. Rz. 111; *Werner/Pastor*, Rz. 1981; *Löffelmann/Fleischmann*, Architektenrecht, Rz. 292.
7 BGH, BauR 1971, 60; *Werner/Pastor*, Rz. 1974.
8 *Locher/Koeble/Frik*, HOAI, Einl. Rz. 112; *Werner/Pastor*, Rz. 1975.
9 BGH, BauR 1971, 60.
10 BGH, BauR 1970, 60; BGH, BauR 1972, 246.
11 BGH, BauR 1972, 247; andere Ansicht *Werner/Pastor*, Rz. 2008 ff.

g) Abnahme des Architektenwerks

120 Die Abnahme des Architekten- bzw. Ingenieurwerks ist von der **Abnahme der Bauleistung** zu **unterscheiden**. Dies ergibt sich bereits zwingend daraus, dass sich die Architektenleistungen nicht in der Bauwerkserrichtung erschöpfen, wie nicht zuletzt die Leistungsphase 9 des § 15 Abs. 2 HOAI zeigt.[1]

121 Auch wenn die Abnahme des Architekten- bzw. Ingenieurwerks nicht als Fälligkeitsvoraussetzung in § 8 HOAI beschrieben ist, hat der Architekt oder Ingenieur **Anspruch auf Abnahme** seiner Leistung, sobald er den werkvertraglichen Erfolg ordnungsgemäß erbracht hat, das Architektenwerk also abnahmefähig ist. Für die Abnahme ist insoweit ausreichend, dass der Auftraggeber gegenüber dem Architekten oder Ingenieur schlüssig zum Ausdruck bringt, das Werk werde – jedenfalls in der Hauptsache – als vertragsgemäß hergestellt gebilligt, was beispielsweise durch die **ungekürzte Zahlung des Honorars** angenommen werden kann.[2]

122 Das Architektenwerk ist jedoch erst dann vollendet, wenn der Architekt alle ihm übertragenen Leistungen erbracht hat.[3] Sofern sich der Architekt dazu verpflichtet hat, eine **genehmigungsfähige Planung** zu erstellen, schuldet er eine dem Vertrag entsprechende genehmigungsfähige Planung.[4] Liegt diese vor, ist das **Architektenwerk vollendet**.

123 Wenn dem Architekten Leistungen einschließlich der **Leistungsphase 8** des § 15 Abs. 2 HOAI übertragen worden sind, tritt die **Abnahmereife** nicht bereits mit der Fertigstellung des Bauwerks, sondern erst dann ein, wenn der Architekt auch die nach der Fertigstellung des Bauwerks noch ausstehenden Leistungen wie beispielsweise Prüfung der Rechnungen, Feststellung der Rechnungsbeträge und der endgültigen Höhe der Herstellungskosten[5] und die Überwachung der Beseitigung der bei der Abnahme festgestellten Mängel erbracht hat.[6]

124 Sind dem Architekten auch Leistungen der **Leistungsphase 9** des § 15 Abs. 2 HOAI übertragen, ist das Architektenwerk erst abgeschlossen nach der letzten dort zu erbringenden Leistung, nämlich der **Objektbegehung** vor Ablauf der Gewährleistungsfrist der Unternehmer.[7]

125 Eine Abnahme (**Teilabnahme**) der Leistungen bis einschließlich der Leistungsphase 8 kann der Architekt oder Ingenieur nur bei einer entsprechenden vertraglichen Vereinbarung verlangen.[8] Von einer konkludenten Teilabnahme nach Abschluss der Leistungsphase 8 wird man grundsätzlich nicht ausgehen können. Ein entsprechender Wille des Bauherrn zur Vorwegabnahme muss wegen der gravierenden Folgen klar zum Ausdruck kommen und kann nicht ohne weiteres unterstellt werden[9], zumal eine solche konkludente Teilabnahme für den Bauherrn

---

1 Siehe auch BGH, BauR 1979, 76; *Löffelmann/Fleischmann*, Architektenrecht, Rz. 1433.
2 Siehe auch BGH, BauR 1979, 76.
3 BGH, BauR 1994, 392; BGH, BauR 1999, 934.
4 BGH, BauR 1998, 579.
5 BGH, BauR 1983, 168.
6 *Wirth*, Handbuch Baurecht, Rz. 228 (X. Teil).
7 BGH, BauR 1994, 392; *Wirth*, Handbuch Baurecht, Rz. 228 (X. Teil); *Morlock*, Die HOAI in der Praxis, Rz. 56.
8 BGH, BauR 1987, 113; BGH, BauR 1994, 392.
9 BGH, BauR 1994, 392.

aufgrund des früheren Beginns der Gewährleistungsfristen mit Nachteilen verbunden ist.

Ohne vertragliche Vereinbarung kommt somit kein Anspruch auf eine Teilabnahme nach der Leistungsphase 8 des § 15 Abs. 2 HOAI infrage. Eine solche Teilabnahme kann im Übrigen auch im Rahmen von **Allgemeinen Geschäftsbedingungen** im Architektenvertrag wirksam vereinbart werden.[1] Für das Vorliegen einer Teilabnahme trägt der Architekt die **Beweislast**.[2] 126

2. Planungsfehler

a) Dauerhaft genehmigungsfähige Planung

Um den vereinbarten Werkerfolg herbeizuführen, ist der Architekt verpflichtet, eine dauerhaft genehmigungsfähige Planung zu erstellen. Dies gilt auch dann, wenn **Auflagen** der Genehmigungsbehörde auf eine vom Vertrag abweichende Bauausführung hinauslaufen.[3] 127

Ein Architekt, der gemäß dem Architektenvertrag eine genehmigungsfähige Planung im Sinne des § 34 BauGB erstellen muss, hat seine Planung nach der Auffassung des Bundesgerichtshofs so zu erstellen, dass sie als **zulässig im Sinne von § 34 Abs. 1 BauGB** anzusehen ist, somit innerhalb eines etwaigen Beurteilungsspielraums liegt, den § 34 BauGB einräumt.[4] 128

Die Parteien können zwar in dem Architektenvertrag vereinbaren, dass die Planung des Architekten nicht genehmigungsfähig sein muss. Eine solche **Vereinbarung** ist jedoch **restriktiv** zu handhaben. Von ihr soll nur dann ausgegangen werden, wenn sich der Bauherr bewusst über die Vorschriften des öffentlichen Baurechts hinwegsetzen oder diese bis an die Grenzen des Möglichen ausreizen will.[5] 129

Wenn die **Baugenehmigung versagt** wird, wird man nicht den Einwand des Architekten gelten lassen, der Bauherr hätte gegen die Versagung der Baugenehmigung Rechtsmittel einlegen müssen. Dies kann nur dann der Fall sein, wenn die Baugenehmigung für den Auftraggeber erkennbar zu Unrecht versagt worden ist.[6] Aus diesem Grund trifft den Architekten eine **Aufklärungs- und Hinweispflicht**, wenn er Bedenken hinsichtlich der Genehmigungsfähigkeit seiner Planung hat.[7] 130

Ein möglicher **Amtshaftungsanspruch** gegen die Bauaufsichtsbehörde ist subsidiärer Natur. Wird dem Bauherrn für ein fehlerhaft geplantes Bauvorhaben eine rechtswidrige Baugenehmigung erteilt, so verliert durch das Hinzutreten der Baugenehmigung die schuldhafte Pflichtverletzung des Architekten nicht 131

---

1 BGH, BauR 2001, 1928 (Nichtannahmebeschluss); a. A. beispielsweise OLG Schleswig, BauR 2001, 1286, das aufgrund einer mittelbaren Verkürzung der Gewährleistungsfrist einen Verstoss gegen § 11 Nr. 10f. AGBG und § 9 AGBG sieht.
2 BGH, BauR 1974, 215.
3 BGH, BauR 1998, 579; BGH, BauR 1999, 1195.
4 BGH, BauR 1999, 1195.
5 BGH, BauR 1999, 1195.
6 OLG Düsseldorf, BauR 1996, 287; *Werner/Pastor*, Rz. 1482.
7 OLG Düsseldorf, BauR 1997, 159; *Werner/Pastor*, Rz. 1482.

ihre Bedeutung als selbständiger Haftungstatbestand. Dabei kann sich der Architekt im Verhältnis zum Bauherrn nicht mit dem Hinweis entlasten, dass er nicht klüger zu sein braucht, als die mit der Prüfung des Bauantrages befassten Beamten der Baugenehmigungsbehörde.[1]

132 Sofern sich der Bauherr mit der für ihn erkennbaren fehlerhaften Planung des Architekten einverstanden erklärt hat, kann dies unter dem Gesichtspunkt des Handelns auf eigene Gefahr zu einem von vornherein bestehenden **Haftungsausschluss** führen.[2] Voraussetzung ist allerdings, dass der Bauherr die Bedeutung und die Tragweite der Fehlerhaftigkeit der Planung erkannte, wovon nur dann ausgegangen werden kann, wenn der Architekt den Bauherren diesbezüglich aufgeklärt und belehrt hat.[3]

133 Gleiches gilt, wenn Bauherr und Architekt bewusst eine riskante Planung eingehen und damit in Kauf nehmen, einen ablehnenden Bescheid zu erhalten.[4] Auch hier ist der Architekt verpflichtet, hinreichend über die Risiken der Genehmigungsfähigkeit und auch über die **Möglichkeit einer Bauvoranfrage** aufzuklären.[5]

134 Die Planung des Architekten ist ferner mangelhaft, wenn sie nicht mit den Plänen und **Wünschen des Bauherrn** übereinstimmt. Der Architekt ist nämlich verpflichtet, im Rahmen seiner Planung zunächst die Bauwünsche seines Auftraggebers zu ermitteln und dementsprechend zu planen.[6]

Hinweis:
Gegenüber dem Bauherrn kann der Architekt, sofern er für einen Planungsfehler einzustehen hat, sich nicht darauf berufen, dass der Werkunternehmer die fehlerhaft geplante Bauleistung nicht fachgerecht ausgeführt hat.[7]

135 Sofern der **Bauherr** einen **Sonderfachmann einschaltet**, beispielsweise einen Baugrundgutachter, kann sich der planende Architekt grundsätzlich auf dessen Vorgaben verlassen, sofern für ihn kein Anlass besteht, den Feststellungen und Schlussfolgerungen des Gutachters zu misstrauen.[8] Fehlen dem Architekten die erforderlichen Fachkenntnisse, muss er den Auftraggeber informieren und auf die Hinzuziehung der notwendigen Sonderfachleute hinwirken. Dies entbindet ihn jedoch nicht von der Eigenverantwortlichkeit. Nach der Rechtsprechung des BGH[9] haftet der Architekt bei Hinzuziehung eines Sonderfachmanns für dessen Auswahl und Überprüfung nach dem Maß der von ihm als Architekten zu erwartenden Kenntnisse. Für Mängel des Gutachtens ist der Architekt dann mitverantwortlich, wenn der Mangel auf seinen Vorgaben beruht, wenn er einen unzuverlässigen Sonderfachmann ausgewählt hat oder er Mängel nicht beanstandet, die

---

1 BGH, MDR 1992, 648.
2 BGH, BauR 1994, 533; *Werner/Pastor*, Rz. 1482.
3 BGH, BauR 1996, 732; *Werner/Pastor*, Rz. 1482.
4 BGH, BauR 1999, 1195; *Werner/Pastor*, Rz. 1482.
5 OLG Köln, BauR 1993, 358; OLG Hamm, BauR 1996, 578; OLG Düsseldorf, BauR 2000, 1515; *Werner/Pastor*, Rz. 1482.
6 BGH, BauR 1998, 356.
7 *Werner/Pastor*, Rz. 1490.
8 BGH, BauR 1996, 404; *Werner/Pastor*, Rz. 1490.
9 BGH, BauR 1997, 488; BGH, BauR 2001, 823.

für ihn nach den von einem Architekten zu erwartenden Kenntnissen erkennbar waren.[1]

Komplizierter wird es, wenn der **Architekt selbst** einen **Sonderfachmann beauftragt** hat. Hier ist nach der Rechtsprechung des BGH zu unterscheiden, ob die Leistung des Sonderfachmanns zu den primären Leistungspflichten des Architekten gehört. Der Architekt haftet für Mängel des Gutachtens nach den werkvertraglichen Gewährleistungsregelungen in Verbindung mit § 278 BGB, wenn die Leistung des Sonderfachmanns zu dem vom Architekten aufgrund des Architektenvertrags geschuldeten Werkerfolg gehört.[2]

136

Ist dies nicht der Fall, so haftet der Architekt bei Zuziehung eines Fachmanns nur für dessen Auswahl und dessen Überprüfung nach dem Maß der von ihm als Architekten zu erwartenden Kenntnisse. Eine Pflichtverletzung des Architekten kommt dann nur in dem oben beschriebenen Sinne in Betracht, wenn also der Mangel der Leistung des Sonderfachmanns auf den unzureichenden Vorgaben des Architekten beruht, wenn er einen unzuverlässigen Sonderfachmann ausgewählt hat oder wenn er Mängel nicht beanstandet, die für ihn nach von einem Architekten zu erwartenden Kenntnissen erkennbar waren.[3] In diesem Fall haftet der Architekt also genauso wie bei der Beauftragung des Sonderfachmanns durch den Bauherrn.

137

Der Grundsatz, dass der Architekt eine dauerhaft genehmigungsfähige Planung schuldet, kann nur dann eine Einschränkung erfahren, wenn der Architekt **stufenweise beauftragt** wird. Wenn der Architekt beispielsweise zunächst allein mit der Erstellung der Entwurfsplanung beauftragt wird, schuldet er die Entwurfsplanung als selbständigen Erfolg. Auch die Frage der Mangelhaftigkeit seiner Werkleistung richtet sich allein nach diesem **Planungsstadium**. Bei der Entwurfsplanung ist insoweit ausreichend, dass eine hinreichende Aussicht auf Genehmigung besteht. Auch wenn der Architekt später mit der Genehmigungsplanung beauftragt wird und diese ihm nicht gelingt, kann er in diesem Fall für die Entwurfsplanung ein volles Honorar verlangen.[4]

138

b) Folgen einer mangelhaften Planung

Sofern mit dem Bauvorhaben noch nicht begonnen worden ist, hat der Architekt ein Nacherfüllungsrecht bzw. der Bauherr einen **Nacherfüllungsanspruch**.

139

Sofern der Schaden nicht mehr reparabel ist, sich also im Bauwerk bereits verkörpert hat, stehen dem Bauherrn **Schadensersatzansprüche** nach §§ 634 Nr. 4, 636, 280, 281 BGB zu.[5] In diesem Fall ist eine Fristsetzung zur Nachbesserung entbehrlich, da der Schaden im Bauwerk bereits vorhanden und die Nachbesserung der Planung somit zwecklos ist.

140

---

1 BGH, BauR 1997, 488; BGH, BauR 2001, 823.
2 BGH, BauR 1997, 488.
3 BGH, BauR 1997, 488; BGH, BauR 2001, 823.
4 BGH, BauR 1997, 1065.
5 OLG München, BauR 1992, 534 – rechtskräftig durch Nichtannahmebeschluss des BGH.

c) Vertragliche Haftungsbegrenzungen

141 Es ist grundsätzlich nicht möglich, dass sich der Architekt im Verhältnis zum Bauherrn von vornherein von seiner vertraglichen Verpflichtung zur Erbringung einer genehmigungsfähigen Planung freistellen lässt.[1]

142 Die Genehmigungsfähigkeit der Planung kann im Architektenvertrag jedoch eingeschränkt werden. Der BGH führt hier wörtlich aus:[2]

> Die Parteien eines Architektenvertrages können allerdings im Rahmen der Privatautonomie vereinbaren, dass und in welchen Punkten die vom Architekten zu erstellende Planung nicht genehmigungsfähig sein muss. Von einer solchen Vereinbarung kann jedoch nur in Ausnahmefällen ausgegangen werden, etwa wenn sich der Bauherr bewusst über die Vorschriften des öffentlichen Baurechts hinwegsetzt oder diese an die Grenze des möglichen „ausreizen" will.

143 Des Weiteren sind Vereinbarungen denkbar, die den Bauherrn verpflichten, im Falle der Verweigerung der Genehmigung oder der Erteilung der Genehmigung unter Auflagen Widerspruch und Klage zu erheben.

3. Haftung in der Ausschreibungs- und Vergabephase

144 Auch im Rahmen der Erbringung der **Leistungsphasen 6 und 7** des § 15 Abs. 2 HOAI kann es zu einer Haftung des Architekten kommen. Nimmt der Architekt auf die Vertragsgestaltung Einfluss, trägt er das Haftungsrisiko, wenn dem Auftraggeber durch eine ungünstige oder unklare Vertragsgestaltung ein Nachteil entsteht.

145 In dem Fall, den der BGH zu entscheiden hatte[3], sollte der Architekt an der **Vertragsgestaltung** mitwirken. Insoweit hatten die Parteien vereinbart, dass bei der Vergabe der Bauaufträge mit den ausführenden Unternehmen die 5-jährige Verjährungsfrist des BGB vereinbart werden sollte. Aufgrund einer unklaren vertraglichen Regelung galt jedoch nicht die 5-jährige Verjährungsfrist nach BGB, sondern eine 2-jährige Verjährungsfrist nach § 13 VOB/B. Der BGH hat eine Verletzung einer Hauptpflicht aus dem Architektenvertrag angenommen, wenn der Architekt vertragswidrig nicht hinreichend darauf achte, dass etwaige Gewährleistungsansprüche nur nach den Bestimmungen des BGB verjähren können.[4]

146 Sofern eine **Vergabe nach der VOB** beabsichtigt ist, hat der Architekt die Maßgaben des § 9 Nr. 1 bis 9 VOB/A zu beachten, also dafür Sorge zu tragen, dass die Leistung eindeutig und so erschöpfend zu beschreiben ist, dass sie für alle Bewerber gleichermaßen verständlich ist.[5]

147 Schreibt der Architekt oder Ingenieur **Gewerke unvollständig** oder unrichtig aus, kann er sich schadensersatzpflichtig machen, wenn spätere Mängel in der Bau-

---

1 BGH, BauR 1999, 1195.
2 BGH, BauR 1999, 1195.
3 BGH, BauR 1983, 168.
4 BGH, BauR 1983, 168.
5 *Wirth*, Handbuch Baurecht, Rz. 268 (X. Teil).

ausführung auf die nicht den technischen Gegebenheiten angepasste Ausschreibung zurückzuführen sind.[1]

Sind die in den Ausschreibungsunterlagen niedergelegten **Mengenermittlungen** unrichtig und sieht sich der Auftraggeber **Mehrvergütungsansprüchen** gegenüber dem Bauunternehmer ausgesetzt, kann der Architekt/Ingenieur gleichfalls zum Schadensersatz verpflichtet sein.[2] 148

4. Haftung wegen mangelhafter Bauüberwachung

Die Objektüberwachung umfasst in erster Linie das Überwachen der Ausführung des Objekts auf Übereinstimmung mit der Baugenehmigung, den Ausführungsplänen, den Leistungsbeschreibungen und den anerkannten Regeln der Baukunst/Technik.[3] 149

Die dem Architekten in diesem Zusammenhang obliegenden Pflichten richten sich nach den Umständen des Einzelfalls. Der Umfang seiner Überwachungspflicht hängt von der **Bedeutung und Schwierigkeit des Bauabschnitts** ab, ebenso davon, ob der Architekt den Bauunternehmer und seine Leute als zuverlässig kennt und ihnen in gewissem Umfang vertrauen darf.[4] Je höher die Qualitätsanforderungen an das Baumaterial und an die Bauausführung sind, desto größer ist auch das Maß an Überwachung, das der Architekt, der die örtliche Bauaufsicht übernommen hat, aufbringen muss.[5] 150

Handwerkliche **Selbstverständlichkeiten** hat der Architekt nicht zu überwachen. Insoweit gilt folgender Grundsatz, den der BGH in seinem Urteil vom 10. 2. 1994[6] aufgestellt hat: 151

Der die Bauaufsicht (Objektüberwachung) führende Architekt hat dafür zu sorgen, dass der Bau plangerecht und frei von Mängeln errichtet wird. Der Architekt ist dabei nicht verpflichtet, sich ständig auf der Baustelle aufzuhalten. Er muss allerdings die Arbeiten in angemessener und zumutbarer Weise überwachen und sich durch häufige Kontrollen vergewissern, dass seine Anweisungen sachgerecht erledigt werden. Bei wichtigen oder kritischen Baumaßnahmen, die erfahrungsgemäß ein hohes Mängelrisiko aufweisen, ist der Architekt zu erhöhter Aufmerksamkeit und zu einer intensiveren Wahrnehmung der Bauaufsicht verpflichtet. Besondere Aufmerksamkeit hat der Architekt auch solchen Baumaßnahmen zu widmen, bei denen sich im Verlauf der Bauausführung Anhaltspunkte für Mängel ergeben.

Hinweis:
Insoweit empfiehlt es sich bereits im Vertrag zu vereinbaren, bei welchen Gewerken den Architekten eine überhöhte oder intensivere Überwachungspflicht trifft.[7]

---

1 OLG Celle, BauR 1984, 647; *Wirth*, Handbuch Baurecht, Rz. 268 (X. Teil).
2 *Wirth*, Handbuch Baurecht, Rz. 268 (X. Teil) unter Verweis auf BGH, BauR 1981, 482.
3 BGH, BauR 1978, 498; *Werner/Pastor*, Rz. 1498.
4 So bereits BGH, BauR 1971, 205.
5 BGH, BauR 1974, 66.
6 BGH, BauR 1994, 392.
7 Eine ausführliche Aufstellung nebst Fundstellen derjenigen Arbeiten, in denen die Rechtsprechung eine Überwachungspflicht bejaht, findet sich bei *Werner/Pastor*, Rz. 1501 ff.

Dies sollte zumindest bei den Abdichtungsarbeiten und Arbeiten am Dach stets der Fall sein.[1]

152 Bei **Umbauten und Modernisierung** eines Gebäudes trifft den Architekten eine intensivere Bauaufsicht als bei Neubauten. Begründet wird dies damit, dass in diesen Fällen häufig Probleme auftreten, die bei Beginn der Arbeiten nicht voraussehbar waren.[2]

153 Die Sorgfaltspflichten des mit der Bauaufsicht beauftragten Architekten sind nicht gemindert, wenn ein Teil der Arbeiten nicht von ihm vergeben worden sind, sondern vom Bauherrn selbst.[3]

154 Die Objektüberwachung umfasst nicht nur die Überwachung der fachgerechten Ausführung der einzelnen Gewerke. Der mit der Objektüberwachung beauftragte Architekt ist darüber hinaus auch verpflichtet, die **Abschlagsrechnung** von Bauunternehmern daraufhin zu überprüfen, ob sie fachtechnisch und rechnerisch richtig, ob die zugrunde gelegten Leistungen erbracht sind und ob sie den vertraglichen Vereinbarungen entsprechen.[4]

155 Auch wenn der Architekt für die Mängel gegebenenfalls aufgrund von Planungsfehlern oder mangelhafter Bauüberwachung selbst einzustehen hat, wird von ihm eine **unverzügliche und umfassende Aufklärung** verlangt. Er muss also auch die Mängel des eigenen Architektenwerks so rechtzeitig offenbaren, dass sein Auftraggeber gegen ihn Ansprüche geltend machen kann.[5]

5. Vorvertragliche Haftung und Nebenpflichten des Architekten

156 Im Rahmen der Anbahnung des Vertragsverhältnisses kann eine Pflichtverletzung des Architekten oder Ingenieurs zu Schadensersatzansprüchen führen. Ist der Vertrag mit dem Architekten oder Ingenieur vor dem 1. 1. 2002 geschlossen worden, ergeben sich die Ansprüche aus dem Rechtsinstitut der „culpa in contrahendo".

157 Verträge, die nach dem 1. 1. 2002 geschlossen wurden, wird man bei der Verletzung von **Mitwirkungspflichten, Fürsorge- und Obhutspflichten sowie Hinweispflichten** die Begriffe der positiven Forderungsverletzung, „culpa in contrahendo", Mangelschaden und Mangelfolgeschaden nicht mehr benutzen. Eine Verletzung der beschriebenen Pflichten begründet einen **Schadensersatzanspruch** nach §§ 241 Abs. 2, 280, 311 Abs. 2, 3 BGB. Daneben besteht bei schweren und wiederholten Pflichtverletzungen nach wie vor das Recht zur **Kündigung** des Vertrags aus wichtigem Grund.

158 Trägt der mit der Planung und/oder Bauüberwachung beauftragte Architekt wahrheitswidrig vor, in die Architektenliste eingetragen zu sein bzw. unterlässt

---

1 Vgl. die Beispiele für handwerkliche Selbstverständlichkeiten und schwierige bzw. gefährliche Arbeiten bei *Werner/Pastor*, Rz. 1499 bis 1503 m. w. N.
2 BGH, BauR 2000, 1217; *Locher/Koeble/Frik*, HOAI, § 24 Rz. 8.
3 BGH, BauR 2001, 273.
4 BGH, BauR 1998, 869; *Locher/Koeble/Frik*, HOAI, § 15 Rz. 190; *Werner/Pastor*, Rz. 1509.
5 BGH, BauR 1978, 235.

er einen entsprechenden Hinweis auf seine **fehlende Architekteneigenschaft**, können dem Auftraggeber gegebenenfalls Schadensersatzansprüche zustehen.[1]

Insoweit stellt sich jedoch die Frage des Schadens des Auftragnehmers. Man wird in diesem Fall zur Folge gelangen können, dass der Vertrag wegen **arglistiger Täuschung** gemäß § 123 BGB angefochten werden[2] oder aus wichtigem Grund gekündigt werden kann.[3] Die zitierte oberlandesgerichtliche Rechtsprechung kommt des Weiteren zu dem Ergebnis, dass dem Architekten in diesem Fall ein Honoraranspruch nicht zusteht. Ob und in welcher Höhe gegebenenfalls mit bereicherungsrechtlichen Ansprüchen argumentiert werden kann, ist nicht entschieden. 159

Fraglich ist weiterhin, ob Schadensersatzansprüche bestehen, wenn der Architekt oder Ingenieur nicht über die **Höhe** seines **zu erwartenden Honorars** aufklärt. Eine solche Aufklärungspflicht wird man allenfalls in Ausnahmefällen bejahen können.[4] Eine Verpflichtung des Architekten zur Aufklärung über die Höhe des Honorars lässt sich im Einzelfall nur schlüssig dartun, wenn der Auftraggeber ausdrücklich nach den voraussichtlichen Kosten fragt oder er erkennbar völlig falsche Vorstellungen über die Höhe der anfallenden Kosten hat.[5] 160

Insoweit geht eine Ansicht des OLG Karlsruhe[6] und des OLG Köln[7], die eine **Aufklärungspflicht** auch dann bejahen, wenn der Architekt vom Vorliegen eines besonders günstigen Konkurrenzangebots weiß, zu weit. In der zitierten Entscheidung des OLG Karlsruhe wusste der Architekt, dass dem Bauherrn ein günstigeres Konkurrenzangebot zur Hälfte des Mindestsatzes nach der HOAI vorlag. Hier ist zu bedenken, dass das entsprechende Konkurrenzangebote nach § 4 Abs. 2 HOAI unwirksam war. Das OLG Karlsruhe hat eine Pflichtverletzung des Architekten darin gesehen, dass er verschwiegen hat, dass selbst die Mindestsätze des nach der HOAI zu berechnenden Honorars erheblich höher liegen als das Konkurrenzangebot. Das Gericht sah eine Verpflichtung des Architekten, Zweifel an der Seriosität des anderen Angebots zu äußern und es dem potentiellen Auftraggeber zu überlassen, wie er entscheidet. 161

Folgt man der Rechtsauffassung des OLG Karlsruhe und auch des OLG Köln, wären unwirksamen Honorarvereinbarungen „Tür und Tor" geöffnet. Der Architekt muss sich nicht selbst in Konkurrenz zu einer **unwirksamen Honorarvereinbarung** setzen. Mit einer ähnlichen Argumentation hat der BGH die Frage, ob dem Architekten eine Aufklärungspflicht über eine unwirksame Honorarvereinbarung trifft, offen gelassen.[8] Ein Schaden ist allenfalls dann ersichtlich, wenn der 162

---

1 OLG Köln, BauR 1980, 372; OLG Hamm, BauR 1987, 582; OLG Düsseldorf, BauR 1993, 630; OLG Naumburg, BauR 1996, 890 für den Fall, dass der Auftragnehmer als „Büro für Architektur und Tragwerksplanung" firmiert mit der Folge, dass der Auftraggeber erwarten kann, dass der Auftrag unter Anleitung eines Architekten ausgeführt wird; *Locher/Koeble/Frik*, HOAI, § 1 Rz. 15.
2 *Locher/Koeble/Frik*, HOAI, § 1 Rz. 15.
3 *Wirth*, Handbuch Baurecht, Rz. 201.
4 *Locher/Koeble/Frik*, HOAI, Einl. Rz. 59; *Wirth*, Handbuch Baurecht, Rz. 212 ff.
5 So das OLG Köln, BauR 1994, 271; *Wirth*, Handbuch Baurecht, Rz. 208.
6 OLG Karlsruhe, BauR 1984, 538.
7 OLG Köln, BauR 1994, 271.
8 BGH, BauR 1993, 239.

Auftragnehmer die Leistungen des Architekten von einem anderen Architekten ohne Verstoß gegen § 4 Abs. 2 HOAI hätte günstiger erhalten können.[1]

163 Darüber hinaus kommen eine Reihe von **Beratungspflichten** des Architekten in Betracht. Zu den Pflichten des mit der Bauleitung und Bauaufsicht beauftragten Architekten gehört es, den Bauunternehmer bei mangelhafter Leistung namens des Bauherrn zur **Nacherfüllung** innerhalb einer angemessenen Frist aufzufordern und notfalls nach fruchtlosem Fristablauf im Einvernehmen mit dem Bauherrn einen anderen Unternehmer mit der **Mängelbeseitigung** zu beauftragen, um die Ansprüche des Bauherrn gegenüber dem Bauunternehmer zu wahren.[2] Von einer solchen Beratungspflicht ist der Architekt lediglich befreit, wenn der Bauherr selbst die erforderliche Sachkunde besitzt oder wenn er erklärt, einen sachkundigen Dritten mit der Wahrung seiner Interessen wegen der Nacherfüllung betrauen zu wollen.[3]

164 Daneben obliegt dem Architekten die objektive Klärung der **Mängelursachen**, selbst wenn diese in eigenen Planungs- oder Aufsichtsfehlern liegen. Als Sachwalter des Bauherrn schuldet der Architekt die unverzügliche und umfassende Aufklärung der Ursachen sichtbar gewordener Baumängel sowie die sachkundige Unterrichtung des Bauherrn vom Ergebnis der Untersuchung und von der daraus sich ergebenden Rechtslage.[4] Diese den Architekten als Sachwalter des Bauherrn betreffenden vertraglichen Nebenpflichten erstrecken sich grundsätzlich nur soweit, wie dies die mangelfreie Erbringung des Architektenwerks selbst erfordert. In diesem Zusammenhang muss der Architekt jedoch beispielsweise auch auf **Vorschriften des öffentlichen Baurechts** hinweisen, die für den Bau beachtet werden müssen.[5]

165 Eine allgemeine Verpflichtung des Architekten, in jeder Hinsicht die Vermögensinteressen des Bauherrn wahrzunehmen wird zwar nicht angenommen. Insbesondere die **Baufinanzierung** oder die Erlangung und Erhaltung von **Steuervorteilen** gehören ohne besonderen Auftrag grundsätzlich nicht zu den Nebenpflichten des Architekten. Etwas anderes gilt nur, wenn der Architekt weiß, dass der Bauherr eine steuerliche Vergünstigung in Anspruch nehmen will, welche nur bei Einhaltung einer bestimmten Wohnflächen-Höchstgrenze gewährt wird. In einem solchen Fall muss der Architekt in seiner Planung und bei der Bauausführung dafür sorgen und darauf achten, dass diese Höchstgrenze nicht überschritten wird.[6]

166 Als Sachwalter des Bauherrn muss der Architekt, soweit ihm die Vereinbarung einer Vertragsstrafe bekannt ist, regelmäßig durch einen Hinweis an den Bauherrn sicherstellen, dass dieser den **Vertragsstrafenvorbehalt** bei Abnahme erklären kann.[7] Doch wird auch hier der Umfang der Beratungs- und Betreuungspflicht

---

1 BGH, BauR 1993, 239.
2 BGH, BauR 1973, 321.
3 BGH, BauR 1973, 321.
4 BGH, BauR 1978, 235.
5 BGH, BauR 1973, 121.
6 BGH, BauR 1973, 121.
7 OLG Düsseldorf, NZBau 2002, 457.

vom Einzelfall abhängen, insbesondere vom Kenntnisstand des Auftraggebers. Ist dieser selbst genügend sachkundig, wird der Architekt von seiner Beratungspflicht befreit sein.

Entsprechende Berater- und Betreuungspflichten treffen den Architekten auch nach Beendigung seiner eigentlichen Tätigkeit[1], auch danach hat der Architekt dem Bauherrn bei der Behebung von Baumängeln zur Seite zu stehen.

167

Für Verletzungen dieser Beratungs- und Hinweispflichten haftet der Architekt nach §§ 634 Nr. 4, 636, 280, 281 BGB. Für Verträge, die vor dem 1. 1. 2002 geschlossen worden sind, kam eine Haftung nach § 635 BGB a. F. und auch eine nach dem Rechtsinstitut der positiven Forderungsverletzung in Frage. Insoweit gab es keine klare Abgrenzung zwischen einem Mangelschaden (Haftung nach § 635 BGB a. F.) und einem Mangelfolgeschaden (Haftung nach den Grundsätzen der positiven Forderungsverletzung). Die Rechtsprechung war insofern kasuistisch.

168

Im Falle von schweren und wiederholten Pflichtverletzungen wird man dem Auftraggeber auch ein Kündigungsrecht aus wichtigem Grund zugestehen.[2]

169

6. Haftung gegenüber Dritten

a) Vertrag mit Schutzwirkung für Dritte

Bei bestimmten Fallgestaltungen wird eine Haftung eines Architekten oder Ingenieurs mit der Rechtsfigur des Vertrags mit Schutzwirkung gegenüber Dritten bejaht. Dies wird von der Rechtsprechung dann angenommen, wenn der Architekt/Ingenieur ein Gutachten erstellt hat, das als Grundlage für die Entscheidung von Personen dienen soll, die zu dem Architekten oder Ingenieur als Sachverständigen nicht in vertraglichen Beziehungen stehen. In diesen Fällen ist zu prüfen, ob die Vertragsparteien den Willen hatten, zugunsten dieser dritten Person eine Schutzpflicht des Architekten oder Ingenieurs als Sachverständigen zu begründen.[3] Der BGH führt dazu wörtlich aus:

170

> Im vorliegenden Fall wird zu erwägen sein, dass ein Interessent, der ein Gutachten als Grundlage für die Entscheidung einer bestimmten Gruppe in Auftrag gibt, regelmäßig nicht nur sein persönliches Interesse, sondern auch das Interesse der anderen Gruppenmitglieder gewahrt wissen möchte; eine Beschränkung der Schadenersatzpflicht auf die Schäden, die ihm in eigener Person erwachsen, wird daher in der Regel nicht seinem rechtsgeschäftlichen Willen entsprechen. In diesem Zusammenhang sind allerdings auch die Interessen des Sachverständigen zu berücksichtigen; dieser darf nicht in einer unzumutbaren Weise mit Schadenersatzpflichten gegenüber Dritten belastet werden; dass er eine solche Verpflichtung übernimmt, kann von seinen Vertragspartnern nach Treu und Glauben (§ 157 BGB) nicht erwartet werden.

Den Fall, den der BGH mit dem zitierten Urteil zu entscheiden hatte, lag ein Wertgutachten über ein Grundstück zugrunde.

---

[1] So bereits BGH, BauR 1978, 235; BGH, BauR 1985, 97.
[2] So BGH, BauR 1999, 1322; OLG Naumburg, ZfBR 1996, 213.
[3] BGH, BauR 1984, 189.

171 Noch weiter geht die Entscheidung des BGH vom 10. 11. 1994.[1] Auch hier ging es um ein Wertermittlungsgutachten, das der beklagte Sachverständige erstellt hatte. Der Sachverständige müsse, so der BGH, damit rechnen, dass das Gutachten **Kaufinteressenten** vorgelegt werde und seine gutachterlichen Äußerungen ein größeres Gewicht haben können, als die Angaben des Verkäufers selbst. Aus diesem Grund sei es möglich, dass die Haftung des Sachverständigen gegenüber dem Dritten, also dem Kaufinteressenten, sogar weiter reiche als gegenüber dem Auftraggeber.

b) Deliktische Ansprüche

172 Sofern Dritte einen Schaden an den Schutzgütern Eigentum, Leben oder Gesundheit aufgrund einer Pflichtverletzung des Architekten oder Ingenieurs erleiden, deren Beachtung dem Schutz Dritter und nicht nur des Vertragspartners dient, kommt eine deliktische Haftung des Architekten oder Ingenieurs nach § 823 Abs. 1 BGB infrage. So sind beispielsweise bei einer Grundstücksvertiefung in Grenznähe eines bebauten Nachbargrundstücks an die Sorgfaltspflichten des Architekten strenge Anforderungen zu stellen. Sofern er bei der Anwendung der von ihm zu erwartenden Sorgfalt ein Schaden am Nachbarhaus hätte voraussehen und vermeiden können, handelt der Architekt oder Ingenieur fahrlässig im Sinne von § 823 Abs. 1 BGB.[2]

173 In der vorgenannten Leitentscheidung des BGH kam es beim Bau einer Tiefgarage zu Schäden am Nachbarhaus. Die Baugrube für die Tiefgarage wurde durch einen so genannten „Berliner Verbau" abgestützt. In die Bohrlöcher wurde mittels eines Rüttelgerätes („Vibrationsbär") bis zu einer Tiefe von 7 bis 8 m unterhalb der Baugrubensohle Stahlträger in den Boden getrieben. Der BGH hat hier ausgeführt, dass der mit der Planung und Leitung des Bauvorhabens beauftragte Architekt fahrlässig handle, wenn er bei Anwendung der von einem Architekten zu erwartenden Sorgfalt die Gefahr hätte voraussehen und vermeiden können, welche einen „Berliner Verbau" im Spundwandverfahren wegen der damit verbundenen Rüttelarbeiten und der hierdurch bedingten Bodenerschütterungen für das Nachbarhaus zur Folge haben konnte. Auch wenn aus der Wahl des „Berliner Verbaus" selbst dem Architekten kein Schuldvorwurf gemacht werden könne, so hätte er sich ab Baubeginn als Bauleiter selbständig und eigenverantwortlich davon überzeugen müssen, ob und in welchem Ausmaß durch den Einsatz des Rüttelgeräts Bodenerschütterungen auf das Nachbargrundstück ausgingen. Der Architekt dürfte sich nicht damit begnügen, dass es sich bei der Verwendung einer Spundwand um eine übliche Bauweise handle. Er sei verpflichtet gewesen, sich von Anfang an und ständig Gewissheit über die tatsächlichen Auswirkungen des mit erheblichen Bodenerschütterungen verbundenen Arbeitsvorgangs auf den ohnehin schon durch Alter und Kriegsschäden gefährdeten Zustand des Nachbarhauses zu verschaffen.[3]

174 Der BGH hat eine **gesamtschuldnerische Haftung** des Grundstückseigentümers mit dem Architekten **nach § 840 BGB** angenommen. Auch wenn § 840 BGB sei-

---

1 BGH, MDR 1995, 354.
2 BGH, BauR 1983, 177.
3 BGH, BauR 1983, 177.

nem Wortlaut nach nur für eine von mehreren Personen begangene „unerlaubte Handlung" gelte, sei dieser Begriff im Interesse des Geschädigten in einer über die Tatbestände der §§ 823 ff. BGB hinausreichenden Bedeutung zu verstehen. § 840 BGB gilt nach Auffassung des BGH auch dann, wenn eine Person aus **Gefährdungshaftung** (Grundstückseigentümer), eine andere aus **unerlaubter Handlung** (Architekt) ersatzpflichtig ist.[1]

Auch die Verletzung einer **Verkehrssicherungspflicht** kann zu einer Haftung des Architekten oder Ingenieurs führen. Bei dem mit der örtlichen Bauaufsicht beauftragten Architekten beschränkt sich die Sicherungspflicht grundsätzlich auf die im Rahmen der Bauüberwachung erkennbaren baustellentypischen Gefahrenstellen, der BGH spricht hier von **sekundären** Verkehrssicherungspflichten.[2] Sofern der Architekt oder Ingenieur jedoch selbst Maßnahmen an der Baustelle veranlasst, die sich als Gefahrenquellen erweisen können, treffen ihn auch die **primären** Verkehrssicherungspflichten.[3] Sofern der Architekt das Stellen eines Gerüsts beauftragt, muss er, da er mit den Baugefahren vertraut ist, bei der Erteilung des Auftrags sogar in besonderer Weise auf die Verkehrssicherheit des Gerüsts achten und sich von der Sicherheit, der Standfestigkeit und der Belastbarkeit des Gerüsts überzeugen.[4] 175

In einer weiteren Entscheidung vom 28. 10. 1986[5] hat der BGH zusammenfassend klargestellt, dass den Architekten prinzipiell auch gegenüber dritten Personen, die bestimmungsgemäß mit dem Bauwerk in Berührung kommen, deliktisch die Verkehrssicherungspflicht trifft, etwaigen Gefahren, die von dem Bauwerk für Gesundheit und Eigentum ausgehen, vorzubeugen und sie gegebenenfalls abzuwehren. 176

In Ausnahmefällen kann eine „**Durchgriffshaftung**" des Architekten gegenüber dem Bauherrn in Betracht gezogen werden, die sich aus § 823 Abs. 2 BGB in Verbindung mit § 263 StGB begründen lässt. Das OLG Düsseldorf hat eine Haftung des Architekten gegenüber dem Bauherrn auch dann bejaht, wenn mit diesem kein Vertrag bestand.[6] In dem dieser Entscheidung zugrunde liegenden Fall hatte der Generalunternehmer entgegen den vertraglichen Vereinbarungen eine zu schwache und nicht druckwassersichere Bodenplatte ausgebildet. Das OLG Düsseldorf hat dabei einen **Betrug zum Nachteil des Bauherrn** bejaht, zu dem der Architekt Beihilfe geleistet habe, da er von dem Umstand der mangelhaften Ausführung Kenntnis gehabt habe. Dabei hat das Gericht auch auf den Umstand abgestellt, dass der Architekt den Rohbau abgenommen hatte. 177

---

1 BGH, BauR 1983, 177.
2 BGH, BauR 1984, 77.
3 BGH, BauR 1984, 77.
4 BGH, BauR 1984, 77; BGH, BauR 1989, 504.
5 BGH, BauR 1987, 116.
6 OLG Düsseldorf, NJW-RR 2001, 885.

7. Die Haftung wegen Bausummenüberschreitung

a) Der Begriff der Bausummenüberschreitung

178 Das Phänomen der Bausummenüberschreitung gewinnt in der gerichtlichen Praxis immer mehr an Bedeutung. Der Bauherr möchte zu Beginn des Bauvorhabens, möglichst schon bei Beauftragung des Architekten, wissen, mit welchen Baukosten er zu rechnen hat. Bei Beauftragung des Architekten teilt der Bauherr entweder seine Vorstellungen konkret mit, das heißt er gibt vor, dass sein Bauvorhaben ein bestimmtes Kostenlimit nicht überschreiten darf. Auch ist der Fall denkbar, dass der Architekt im Rahmen der **Kostenschätzung** entsprechende Vorgaben macht, die dann überschritten werden.

179 Zu unterscheiden ist zum einen die Vereinbarung einer bestimmten **Bausummengarantie**, was jedoch in der Praxis selten ist. Zum anderen sind Fälle denkbar, in denen eine **Kostenobergrenze** im Architektenvertrag vereinbart wird. Schließlich sind noch die Fallgestaltungen zu unterscheiden, in denen kein Kostenlimit vereinbart wird, der Architekt jedoch im Rahmen der Kostenberechnungen entsprechende Vorgaben macht.

180 Die dogmatische Aufarbeitung der Fälle der Bausummenüberschreitung führt oft dazu, dass sämtliche oben geschilderte Alternativen vereinheitlicht werden und die Rechtsprechung zur Überschreitung von bestimmten Toleranzrahmen für alle Fälle zitiert wird.

b) Bausummengarantie

181 Von einer **Garantieübernahme** durch den Architekten kann man nur dann sprechen, wenn sich aus dem Vertrag ergibt, dass der Architekt ohne Rücksicht auf Verschulden für die Einhaltung einer bestimmten Bausumme einstehen will mit der Folge, dass er bei Überschreitung dieser Höchstgrenze den Mehrbetrag übernimmt.[1] Es ist nicht notwendig, dass das Wort „Garantie" wirklich verwendet wird, es genügt, wenn sich das oben formulierte Versprechen aus der Vereinbarung ergibt. Bei einem solchen Garantievertrag kann bei einer Überschreitung der vereinbarten Bausumme vom Bauherrn die Erfüllung aus dem Garantievertrag verlangt werden, nicht etwa nur Schadensersatzansprüche. Der Bauherr muss daher nur beweisen, dass die garantierte Summe überschritten worden ist.[2]

182 Unterschieden wird zwischen einer **selbständigen** (auch totale oder echte) Baukostengarantie und einer **unselbständigen** (auch beschränkte oder unechte) **Bausummengarantie**.[3] Von Ersterem wird gesprochen, wenn der Architekt für unvorhersehbare Geschehensabläufe haften soll, von Zweiterem, wenn der Architekt nur für atypische Geschehensabläufe einstehen will, beispielsweise nicht für mögliche Preissteigerungen.

---

1 BGH, BauR 1987, 225.
2 BGH, BauR 1987, 225.
3 *Werner/Pastor*, Rz. 17, 78; *Löffelmann/Fleischmann*, Architektenrecht, Rz. 1729; *Lauer*, S. 99.

Der Architekt haftet bei der Vereinbarung einer Bausummengarantie **ohne Nachweis eines etwaigen Schadens** für die den garantierten Preis übersteigenden Kosten, es sei denn, dieser beruht auf Umständen, die der Auftraggeber zu verantworten hat, beispielsweise entsprechende Zusatzwünsche.

183

c) Vereinbarung eines Kostenlimits

Von der Bausummengarantie sind diejenigen Fälle zu unterscheiden, in denen im Architektenvertrag ausdrücklich oder konkludent eine Kostenobergrenze vereinbart wird. Überschreitet der Architekt im Rahmen seiner Planung die vereinbarte Kostenobergrenze, ist sein **Architektenwerk mangelhaft**. Anspruchsgrundlage für den Bauherrn sind hier die §§ 633 ff. BGB. Sofern also eine **Nacherfüllung** noch möglich ist, muss der Bauherr diese verlangen.[1] Erst wenn diese Nacherfüllung nicht mehr möglich ist, steht dem Bauherren ein Schadensersatzanspruch zu.

184

Bei der Vereinbarung eines Kostenlimits wird man dem Bauherren auch ein **Kündigungsrecht aus wichtigem Grund** zugestehen müssen, sofern eine schuldhafte Pflichtverletzung vorliegt, die Umstände also nicht auf Sonderwünschen des Bauherren beruhen.[2]

185

In der Rechtsprechung und Literatur werden eine Vielzahl von Beispielsfällen genannt, unter welchen Umständen von der Vereinbarung eines Kostenlimits ausgegangen werden kann. So wird teilweise die Ansicht vertreten, dass bereits in dem unterschriebenen Bauantrag, in dem die Baukosten aufgeführt worden sind, eine solche Vereinbarung zu sehen sei.[3] Auch in der Abgabe eines Honorarangebots seitens des Architekten soll nach einer teilweise vertretenen Ansicht eine verbindliche Kostenvorgabe zu sehen sein.[4]

186

Ob in diesen Fällen tatsächlich von einer **konkludenten Vereinbarung** eines Kostenlimits auszugehen ist, erscheint fraglich. Für die Vereinbarung eines Kostenlimits wird man voraussetzen müssen, dass die Parteien eine Einigung darüber erzielt haben, dass das Bauvorhaben nicht mehr kosten wird, als ein Preis von Euro x, der beispielsweise im Bauantrag genannt wird. Wenn angesetzte Baukosten dem Bauherrn lediglich als Orientierung für die zu erwartenden tatsächlichen Kosten dienen sollen und keine strikte Grenze darstellen, wird man nicht von der Vereinbarung eines Kostenlimits ausgehen können. Die Kostenangabe in einem Bauantrag alleine wird aus diesem Grund nicht als Vereinbarung eines Kostenrahmens anzusehen sein.[5]

187

d) Die Haftung ohne Vereinbarung eines Kostenlimits

Auch ohne die Vereinbarung einer Kostengrenze kann der Architekt aufgrund einer Bausummenüberschreitung haften. Diese Haftung wird dann bejaht, wenn die tatsächlichen Baukosten von seinen **Kostenermittlungen** abweichen.

188

---

1 So auch OLG Düsseldorf, BauR 1988, 237; OLG Hamm, BauR 1995, 413; *Werner/Pastor*, Rz. 1791.
2 BGH, BauR 1998, 354.
3 OLG Hamm, BauR 1987, 464.
4 *Werner/Pastor*, Rz. 1781.
5 BGH, BauR 1997, 494; so dann auch *Werner/Pastor*, Rz. 1786.

189 Allerdings wird dem Architekten in diesen Fällen für die Kostenermittlung ein **Toleranzrahmen** zugebilligt. In der Literatur wird der Toleranzrahmen bei der Kostenschätzung bei etwa 30 % angesiedelt, bei der Kostenberechnung bei 20–25 % und bei dem Kostenanschlag bei 10–15 %.[1]

190 Diese Toleranzgrenzen können jedoch nur ein Anhaltspunkt für eine objektive Pflichtverletzung sein. Als allgemeingültige Pauschale können sie nicht herangezogen werden. Es gibt keine absolute, von den Einzelheiten des Falls unabhängige Grenze der Überschreitung der Baukosten.[2]

Hinweis:
So wird man in den Fällen, in denen entweder im Vertrag oder in weiteren Gesprächen zwischen den Parteien von einer Kostenobergrenze die Rede war, ohne dass die Vereinbarung eines Kostenlimits vorliegt, den Toleranzrahmen weiter unten ansiedeln müssen.[3] Sofern es sich um eine Planung nach individuellen Vorstellungen des Auftraggebers handelt – beispielsweise bei einem Fachwerkhaus, das aus alten Materialien besteht – wird man mit guten Gründen die Ansicht vertreten können, dass von vornherein eine realistische Einschätzung dieser Baukosten sehr schwierig ist und der Toleranzrahmen weiter oben anzusiedeln sein wird.[4]

191 Bei groben Fehlern, wie beispielsweise vergessene Mehrwertsteuer oder gänzlich unrealistische Kubikmeterpreise kann man zu dem Ergebnis kommen, dass dem Architekten kein Toleranzrahmen zugestanden wird.[5]

e) Verschulden des Architekten

192 Der Architekt hat den Beweis zu führen, dass ihm ein Verschulden an der Bausummenüberschreitung nicht trifft, er hat das aufgrund der objektiven Pflichtverletzung **vermutete Verschulden** im Rahmen der Beweislastumkehr zu widerlegen.[6] Exkulpieren kann sich der Architekt in erster Linie mit Änderungs- und Zusatzwünschen des Bauherrn.[7]

f) Die Berechnung des Schadens

193 Eine Vielzahl von Fällen, bei denen die Frage zu beantworten ist, ob der Architekt auch bei einer Bausummenüberschreitung haftet, wird an der Berechnung des Schadens des Bauherrn scheitern. Außer in den Fällen der Baukostengarantie ist für die Schadensberechnung nicht die Differenz zwischen den prognostizierten Kosten und den tatsächlichen Kosten maßgebend. Als Schaden kann der Auftraggeber nur die Differenz geltend machen, um die der Verkehrswert des Objekts durch die Baukosten nicht erhöht worden ist. Gegenstand können daher **nur Mehrkosten** sein, die bei zutreffender Kostenermittlung nicht entstanden wä-

---

1 *Werner/Pastor*, Rz. 1788 und 1789, ähnlich *Löffelmann/Fleischmann*, Architektenrecht, Rz. 1707.
2 BGH, BauR 1994, 268.
3 So auch der BGH, BauR 1994, 268.
4 BGH, BauR 1994, 268.
5 BGH, BauR 1997, 335.
6 *Werner/Pastor*, Rz. 1793.
7 *Werner/Pastor*, Rz. 1793.

ren.¹ Der entscheidende Punkt bei der Schadensberechnung ist also der **so genannte Vorteilsausgleich**.

Hinweis:
Maßgeblicher Zeitpunkt für die im Rahmen des Vorteilsausgleiches vorzunehmende Bestimmung der Werterhöhung durch zusätzliche Aufwendungen ist der Schluss der letzten mündlichen Tatsachenverhandlung.²

Für die Berechnung des Verkehrswerts ist wie folgt zu unterscheiden: 194

▷ Für die Bemessung des Verkehrswerts eines bebauten Grundstücks kommt es in der Regel auf den **Ertragswert** an.³ Dies gilt zumindest dann, wenn das Gebäude im engeren Sinne zur Ertragserzielung – beispielsweise Vermietung oder Verpachtung – bestimmt ist.⁴

▷ Sofern bei dem Gebäude die Eigennutzung im Vordergrund steht – beispielsweise bei einem selbst genutzten Einfamilienhaus – soll der **Sachwert** herangezogen werden.⁵

▷ Bei gemischt genutzten Objekten wird folgerichtig eine Mischberechnung vorzunehmen sein.

▷ Sofern es um **Umbaumaßnahmen** geht, muss der Wert des von der früheren Bebauung weiter verwendeten Teils errechnet und vom Gesamtwert des Gebäudes abgezogen werden.⁶

▷ Diese Grundsätze gelten auch für die Kosten der Finanzierung zusätzlicher Baukosten. Auch **Zinsen für eine Nachfinanzierung**, die durch eine Vertragsverletzung des Architekten entstehen, können ein zu ersetzender Schaden sein. Dabei ist auch zu prüfen, ob den Finanzierungskosten Vorteile gegenüberstehen, die es ganz oder teilweise ausschließen, einen Schaden anzunehmen.⁷

▷ Einfacher wird die Berechnung bei einem Notverkauf oder **Zwangsvollstreckung** sein. Hier ist die Differenz zwischen Erlös und Verkehrswert sowie Ersatz der nutzlosen Aufwendungen zu bilden.⁸

g) Vereinbarung zwischen den Parteien

Die vorstehenden Ausführungen haben gezeigt, dass in der Praxis ein Anspruch 195
aus einer Bausummenüberschreitung nur selten durchsetzbar sein wird.

Hinweis:
Die vorgegebenen Problematiken hinsichtlich Toleranzfragen, gegebenenfalls auch Schadensberechnungen können jedoch durch vertragliche Gestaltungen er-

---

1 So zutreffend *Löffelmann/Fleischmann*, Architektenrecht, Rz. 1715.
2 BGH, BauR 1997, 335.
3 BGH, BauR 1979, 74.
4 BGH, BauR 1970, 246; *Werner/Pastor*, Rz. 1801.
5 BGH, BauR 1970, 246; OLG Celle, BauR 1998, 1030; *Werner/Pastor*, Rz. 1801.
6 BGH, BauR 1997, 494.
7 BGH, BauR 1994, 268.
8 BGH, WM 1971, 1371.

leichtert werden. Sofern der Anwalt den Bauherrn berät, empfiehlt sich die Vereinbarung einer Kostenbegrenzung oder/und die Vereinbarung eines Termins zur Vorlage der Kostenermittlung. Gegebenenfalls kann dies mit einer Vertragsstrafenregelung verknüpft werden.

8. Verjährung

196 Für Architekten- und Ingenieurleistungen gilt die 5-jährige Gewährleistungsfrist des § 634 a BGB.[1] Gemäss § 634 a Abs. 2 BGB[2] beginnt die Verjährung mit der Abnahme des Architektenwerks. Sofern eine Abnahme zwischen Architekt und Bauherr nicht durchgeführt worden ist, wird man den Beginn der Gewährleistungsansprüche des Bauherrn bei **Abnahmereife** des Architektenwerks annehmen.

197 Schuldet der Architekt alle Leistungsphasen des § 15 Abs. 2 HOAI, also auch die Leistungsphase 9, so beginnt die Verjährung erst mit **Vollendung der Leistungsphase 9**. Dies wird erst dann der Fall sein, wenn die Gewährleistungsfristen gegenüber den am Bau beteiligten Unternehmen abgelaufen sind. Bedenkt man, dass gegebenenfalls gegen einzelne am Bau Beteiligten die Verjährung beispielsweise durch **selbständige Beweisverfahren** gehemmt sind, kann aus einer 5-jährigen Gewährleistungsfrist des Architekten durchaus eine weit längere Gewährleistungsfrist werden.

198 Wenn die Parteien jedoch im Architektenvertrag nach Beendigung der Leistungsphase 8 eine **Teilabnahme** vereinbart haben, so beginnt die Frist für die Gewährleistung des Teilgewerks, also der Architektenleistung für die Leistungsphasen 1 bis 8 des § 15 Abs. 2 HOAI mit der Abnahme oder **Abnahmereife** dieses Teilgewerks. Die Gewährleistung des Architekten für die Leistungsphase 9 läuft dann gesondert mit der Abnahme oder Abnahmereife dieses Teilgewerks.

199 Wird der Architektenvertrag **vorzeitig** durch Kündigung oder einvernehmliche Aufhebung **beendet**, beginnt die Verjährungsfrist zu dem Zeitpunkt der Beendigung des Vertragsverhältnisses zu laufen, also dem Zugang der Kündigung oder dem Tag der Vereinbarung über die Aufhebung des Vertrags.

200 Die Haftung für vorvertragliche und vertragliche **Beratungspflichtverletzung** beträgt nach der regelmäßigen Verjährungsfrist des § 195 BGB 3 Jahre. Ist auf das Schuldverhältnis gemäß Art. 229 § 5 Satz 1 EGBGB das BGB in der bis zum 31. 12. 2001 geltenden Fassung anzuwenden, ist insoweit Art. 229 § 6 EGBGB zu beachten.

IV. Anwendungsbereich der HOAI

1. Sachlicher Anwendungsbereich

201 Der sachliche Anwendungsbereich der HOAI ergibt sich aus § 1 HOAI. Er erstreckt sich somit auf alle Leistungen, soweit sie durch **Leistungsbilder** oder andere Bestimmungen der HOAI erfasst werden. In der HOAI werden also die-

---
1 § 638 BGB a. F.
2 § 638 Abs. 1 Satz 2 BGB a. F.

jenigen Tätigkeiten erfasst, die sich aus den Teilen II (Leistungen bei Gebäuden, Freianlagen und raumbildenden Ausbauten), III (Zusätzliche Leistungen), IV (Gutachten und Wertermittlungen, sofern von § 33 umfasst), V (Städtebauliche Leistungen), VI (Landschaftsplanerische Leistungen), VII (Leistungen bei Ingenieurbauwerken und Verkehrsanlagen), VIII (Leistungen bei der Tragwerksplanung), IX (Leistungen bei der technischen Ausrüstung) und die Ingenieurleistung in den Teilen X bis XIII (Leistungen für Thermische Bauphysik, Schallschutz und Raumakustik, Bodenmechanik, Erd- und Grundbau und vermessungstechnische Leistungen) ergeben.

Für all diese Leistungen gelten die Preisvorschriften der HOAI auch ohne gesonderte Vereinbarung. Für Aufträge, die vor dem 1. 1. 1996 erteilt worden sind, gilt gemäß § 103 Abs. 6 i. V. m. § 103 Abs. 1 die HOAI in der Fassung vor dem 1. 1. 1996. Wurde der Vertrag vor dem 1. 1. 1991 geschlossen, ist die HOAI in der Fassung vor dem 1. 4. 1988 anwendbar. 202

Hinweis:
Die Parteien eines Architekten- oder Ingenieurvertrags können nach § 103 Abs. 2 HOAI jedoch **vereinbaren**, dass die HOAI in der **Neufassung** für die bis zum Stichtag noch nicht erbrachten Leistungen gelten soll.

Bei **grenzüberschreitenden Verträgen** gilt die HOAI dann, wenn Architektenleistungen für eine Baustelle in der Bundesrepublik Deutschland erbracht werden.[1]

Nicht von der HOAI umfasst wird die reine Beratungstätigkeit, sofern sie nicht als Grundleistung in § 15 Abs. 2 Nr. 1 HOAI erfasst ist. Gleichfalls werden von der HOAI nicht die Tätigkeiten aus § 2 Abs. 3 und § 5 Abs. 4 und 5 HOAI erfasst, sofern sie isoliert vergeben werden. Man spricht hier von „**isolierten besonderen Leistungen**".[2] 203

Ebenso wenig werden von dem Anwendungsbereich der HOAI Leistungen der **Projektentwicklung** erfasst. Sofern sich der Auftragnehmer verpflichtet, sämtliche tatsächlichen, wirtschaftlichen und rechtlichen Voraussetzungen dafür zu schaffen, dass Wohnobjekte in Wohnungseigentum umgewandelt und als solches veräußert werden können, sind für diese Leistungen die Preisvorschriften der HOAI nicht anwendbar. Der Grund hierfür ist, dass es sich insoweit um Leistungen handelt, die erheblich von dem einen Architektenvertrag prägenden Werkerfolg abweichen. Voraussetzung ist jedoch, dass diese „HOAI-fremden Leistungen" im Vordergrund stehen und den Gesamtcharakter des Vertrags prägen.[3] 204

Sofern dem Architekten eine **Bauvoranfrage als isolierte Leistung** in Auftrag gegeben worden ist, ist diese Leistung nach Auffassung des Bundesgerichtshofs nicht als besondere Leistung im Sinne des § 15 Abs. 2 Nr. 2 HOAI anzusehen.[4] Die Höhe der Vergütung für diese isolierte Tätigkeit kann nicht gemäß § 632 Abs. 2 BGB aus der HOAI hergeleitet werden. 205

---
1 *Thode/Wenner*, Internationales Architekten- und Bauvertragsrecht, Rz. 239 ff.
2 *Löffelmann/Fleischmann*, Architektenrecht, Rz. 30 spricht hier von so genannten eigenständigen Leistungen; zust. *Pott/Dahlhoff/Kniffka*, HOAI, § 1 Rz. 3b.
3 BGH, BauR 1998, 193.
4 BGH, BauR 1997, 1060.

2. Persönlicher Anwendungsbereich

206 Die Frage, ob die HOAI nur für Architekten und Ingenieure anwendbar ist oder für jedermann, der Architekten- oder Ingenieurleistungen im Rahmen des sachlichen Anwendungsbereichs der HOAI erbringt, war jahrelang umstritten.

207 Der Bundesgerichtshof hat mit seiner Entscheidung vom 22. 5. 1997[1] die Diskussion beendet. Der Bundesgerichtshof hat dargelegt, dass der Wortlaut der Ermächtigungsgrundlage in Art. 10 §§ 1 und 2 MRVG sowie die HOAI zu keinem eindeutigen Ergebnis führen. Man könne den Geltungsbereich der HOAI sowohl **berufsbezogen** als auch **leistungsbezogen** verstehen. Die Ermächtigungsgrundlage des MRVG spreche in Art. 10 § 1 Abs. 1 und § 2 Abs. 1 MRVG von der Leistung der Ingenieure bzw. der Architekten. Auch die sprachliche Fassung der HOAI insbesondere der Titel „Verordnung über die Honorare für Leistungen der Architekten und der Ingenieure" und der Anwendungsbereich des § 1 HOAI sprächen eher für eine berufsbezogene Regelung.

208 Der Bundesgerichtshof vertritt weiter die Ansicht, dass ein leistungsbezogenes Verständnis der HOAI dem Zweck der Norm besser gerecht wird als ein berufsstandsbezogenes.[2] Weil der Bundesgerichtshof einen „ruinösen Preiswettbewerb bei Architekten- und Ingenieurleistungen" unterbinden will und dies nur dann möglich ist, wenn alle Anbieter denselben Honorarsätzen unterliegen, soll in der Schlussfolgerung grundsätzlich die HOAI auf alle Personen anwendbar sein, die Architekten- und Ingenieuraufgaben erbringen, die in der HOAI beschrieben sind.[3] Da die Bestimmungen der HOAI jedoch nur von Auftragnehmern ausgehe, die mit den in der HOAI beschriebenen Architekten- und Ingenieuraufgaben betraut sind, folgert der Senat, dass die HOAI auf solche Anbieter, die neben oder zusammen mit Bauleistungen auch Architekten- oder Ingenieurleistungen zu erbringen haben, nicht anzuwenden sei.[4] Dies gilt für **Bauträger** und **Generalunternehmer**, die auch die für ein Bauvorhaben erforderlichen Ingenieur- und Architektenleistungen erbringen.

3. Grundbegriffe

a) Leistungsbilder

209 Die Leistungsbilder der HOAI wurden bereits oben unter Rz. 201 beschrieben. Der Begriff der Leistungsbilder ist, wie § 2 Abs. 1 HOAI zeigt, der Oberbegriff für Grundleistungen und besondere Leistungen.

b) Grundleistungen

210 Der § 2 Abs. 2 HOAI definiert den Begriff der Grundleistungen. Grundleistungen sollen danach alle Leistungen sein, die zur ordnungsgemäßen Erfüllung eines Auftrags im Allgemeinen erforderlich sind. Anders ausgedrückt sind Grundleis-

---

1 BGH, BauR 1997, 677.
2 BGH, BauR 1997, 677.
3 BGH, BauR 1997, 677.
4 BGH, BauR 1997, 677.

c) Besondere Leistungen

Der Begriff der Besonderen Leistung ist in § 2 Abs. 3 HOAI definiert. Diese besonderen Leistungen sind für den werkvertraglichen Erfolg **allgemein nicht erforderlich**, können jedoch zu den Grundleistungen hinzutreten, um einen vollständigen Auftrag zu erfüllen.[1] Besondere Leistungen dürfen nicht in einem anderen Leistungsbild als Grundleistungen eingeordnet sein[2], auch können besondere Leistungen nicht Grundleistungen aus einem anderen Teil der HOAI sein.[3] Die Frage der Honorierung der besonderen Leistungen soll an einer anderen Stelle erörtert werden (siehe unten Rz. 247).

211

d) Zusätzliche Leistungen

Die zusätzlichen Leistungen sind in Teil III der HOAI, in den §§ 28–32 HOAI, aufgeführt. Zusätzliche Leistungen sind **unabhängig von den Leistungsbildern** der anderen Teile der HOAI. Sie können isoliert in Auftrag gegeben werden.[4] Die Honorare für zusätzliche Leistungen sind von denen der Grundleistungen und besonderen Leistungen getrennt zu betrachten. Für diese Leistungen kann ein **Pauschalhonorar** vereinbart werden, dass dann nicht an § 4 Abs. 3 HOAI zu messen ist. Lediglich für Leistungen in den §§ 29 und 31 HOAI ist die schriftliche Vereinbarung Wirksamkeitsvoraussetzung. Ohne gesonderte Vereinbarung sind die Leistungen aus den §§ 28 und 32 HOAI als **Zeithonorar** nach § 6 zu berechnen, § 28 Abs. 3, § 32 Abs. 3 HOAI.

212

4. Vergütung und Vereinbarung

a) Die Mindestsatzfiktion

Sofern die Parteien keine schriftliche Vereinbarung oder eine unwirksame Vereinbarung hinsichtlich des Honorars des Architekten oder Ingenieurs treffen, gelten gemäß § 4 Abs. 4 HOAI die Mindestsätze als vereinbart. Man spricht hier von der so genannten Mindestsatzfiktion. Die Frage der wirksamen oder unwirksamen Honorarvereinbarung ist von der Wirksamkeit des Vertrags zu unterscheiden. Ist die **Honorarvereinbarung unwirksam**, bleibt der Vertrag als solches wirksam. Anstelle der unwirksamen Honorarvereinbarung tritt die Fiktion des § 4 Abs. 4 HOAI, wonach die jeweiligen Mindestsätze als vereinbart gelten.

213

Weiterhin ist zu beachten, dass § 4 Abs. 1 und 4 HOAI nicht nur für die Vereinbarung des Honorars als solches gelten, sondern für alle Vereinbarungen, in denen die Parteien die Berechnungsgrundlagen festlegen, die nach der HOAI für die Be-

214

---

1 So auch *Locher/Koeble/Frik*, HOAI, § 2 Rz. 4.
2 *Locher/Koeble/Frik*, HOAI, § 2 Rz. 12; *Pott/Dahlhoff/Kniffka*, HOAI, § 2 Rz. 5, der von einem klaren „entweder/oder" spricht.
3 *Locher/Koeble/Frik*, HOAI, § 2 Rz. 14.
4 *Locher/Koeble/Frik*, verweisen in der Vorbemerkung zum Teil 3 der HOAI daher zutreffend darauf hin, dass der bessere Begriff der der „sonstigen Leistungen" ist.

rechnung des Architektenhonorars maßgeblich sind.[1] Von § 4 Abs. 1 und 4 HOAI werden also auch Vereinbarungen hinsichtlich der anrechenbaren Kosten sowie Vereinbarungen hinsichtlich der Nebenkosten erfasst. Gleiches gilt für eine Vereinbarung über die Erstattung der Mehrwertsteuer.[2]

b) Wirksamkeitsvoraussetzung der Honorarvereinbarung

aa) Das Schriftformerfordernis

215 Erste Voraussetzung für die wirksame Vereinbarung eines Honorars nach § 4 HOAI ist, dass dieses schriftlich getroffen wird. Für die Schriftform sind die §§ 126, 126a BGB heranzuziehen. Die Schriftlichkeit ist also nur dann gewahrt, wenn sowohl der Auftraggeber als auch der Architekt auf einer Vertragsurkunde eigenhändig oder durch bevollmächtigte Vertreter unterschrieben haben.[3] Sofern die Vereinbarung in elektronischer Form geschlossen wird, sind die Voraussetzungen des § 126 a BGB zu beachten.

216 Sofern keine einheitliche Urkunde vorliegt, wird man auf die Grundsätze der **Rechtsprechung** des Bundesgerichtshofs **zum Gewerbemietrecht** zurückgreifen müssen und zu dem Ergebnis gelangen, dass eine körperliche Verbindung mehrerer Blätter dann nicht erforderlich ist, wenn sich die Einheit der Urkunde und der Anlagen aus der Verweisung sowie den Unterschriften der Vertragspartner auf jedem Blatt zweifelsfrei ergibt.[4]

217 Eine **Auftragsbestätigung** genügt nicht dem Schriftformerfordernis, weil sie nicht von beiden Parteien unterschrieben ist.[5] Ein **Austausch von Faxen** wird gleichfalls nicht genügen. Lediglich in dem Fall, in dem eine Vertragspartei ein Angebot übermittelt und die andere das erhaltene Fax unterzeichnet, ist dem Schriftformerfordernis genüge getan.[6] Wird ein bestehender Architektenvertrag von einem neuen Architekten übernommen, bedarf es keiner neuerlichen schriftlichen Honorarvereinbarung.[7]

bb) Zeitpunkt der Honorarvereinbarung

218 § 4 Abs. 1 HOAI schreibt weiter vor, dass die Honorarvereinbarung **bei Auftragserteilung** getroffen sein muss. Der Begriff ist eng auszulegen. Er führt in der Praxis immer wieder zu Schwierigkeiten, wenn der Abfassung eines schriftlichen Architektenvertrags bereits eine mündliche Beauftragung vorangegangen ist. Das Merkmal „bei Auftragserteilung" meint nämlich nicht den schriftlichen Architektenvertrag, sondern gegebenenfalls auch die vorangegangene mündliche Beauftragung.[8]

---

1 BGH, BauR 1990, 97.
2 BGH, BauR 1989, 222.
3 BGH, BauR 1989, 222; OLG Düsseldorf, IBR 2001, 24.
4 BGH, BauR 1999, 504.
5 BGH, BauR 1989, 222.
6 *Locher/Koeble/Frik*, HOAI, § 4 Rz. 29.
7 BGH, BauR 2000, 592.
8 So auch *Löffelmann/Fleischmann*, Architektenrecht, Rz. 795; *Locher/Koeble/Frik*, HOAI, § 4 Rz. 37; für eine weite Auslegung *Werner/Pastor*, Rz. 742 ff.; *Morlock*, Die HOAI in der Praxis, Rz. 172.

Eine bei Auftragserteilung wirksam getroffene Honorarvereinbarung kann auch **nicht** vor Beendigung der Architektentätigkeit bei unverändertem Leistungsziel **abgeändert werden**.[1] Aus der Rechtsprechung des Bundesgerichtshofs kann man jedoch andererseits den Rückschluss ziehen, dass bei grundlegender Änderung des Auftrags gegebenenfalls noch eine Honorarvereinbarung getroffen werden kann oder dies zumindest dann möglich ist, wenn die Parteien übereinstimmend eine **grundlegende Änderung** des ursprünglichen Vertrags vereinbaren.

219

Sofern die Parteien jedoch nach vollständiger Erbringung der Leistungen oder nach Kündigung des Vertrags des Architekten/Ingenieurs eine Vereinbarung hinsichtlich des Honorars treffen, greift § 4 Abs. 1 HOAI nicht.[2] Insoweit ist dann von einem **Vergleich** im Sinne von § 779 BGB auszugehen. Gleiches gilt für eine nachträgliche Verzichtsvereinbarung über die Honorarforderung des Architekten.[3]

220

Im Schrifttum wird darüber hinaus die Ansicht vertreten, dass die Parteien bei Vertragsschluss zum Ausdruck bringen können, dass später noch eine schriftliche Honorarvereinbarung getroffen werden kann. In diesem Fall soll der Vertrag noch nicht wirksam abgeschlossen worden sein, so dass eine schriftliche **Honorarvereinbarung nachgeholt** werden könne. Begründet wird dies mit § 154 Abs. 2 BGB.[4]

221

cc) Höhe der Vereinbarung

(1) Höchst- und Mindestsätze

Schließlich ist für eine wirksame Honorarvereinbarung gemäß § 4 Abs. 2 und 3 HOAI Voraussetzung, dass die Honorarvereinbarung weder die Mindestsätze unterschreitet noch die Höchstsätze überschreitet. Die Festsetzung von Mindest- und Höchstsätzen in § 4 HOAI ist durch Art. 10 §§ 1 Abs. 2 Satz 1, 2 Abs. 2 Satz 1 MRVG vorgeschrieben.

222

Die HOAI kennt **verschiedene Arten** von Mindest- und Höchstsätzen. Mindest- und Höchstsätze finden sich beim Zeithonorar des § 6 HOAI sowie bei den Honorartafeln der §§ 16 Abs. 1 HOAI, jedoch auch bei der Objektplanung und bei den Wertermittlungen, außerdem bei Flächennutzungsplan, Bebauungsplan, Landschaftsplan, Grünordnungsplan und Tragwerksplan.[5]

223

(2) Vereinbarung unterhalb der Mindestsätze

§ 4 Abs. 2 HOAI legt fest, dass die Mindestsätze nur **in Ausnahmefällen** unterschritten werden dürfen. Die HOAI selbst definiert diese Generalklausel nicht näher. Im Schrifttum werden für die Unterschreitung zum einen wenig aufwendige Leistungen, zum anderen verwandtschaftliche Beziehungen genannt.[6]

224

---
1 BGH, BauR 1988, 364.
2 BGH, BauR 1987, 112; BGH, BauR 2001, 1612.
3 BGH, BauR 1996, 414.
4 *Koeble*, BauR 1977, 375; BauR 1980, 9; *Hesse/Korbion/Mantscheff/Vygen*, HOAI, § 4 Rz. 36.
5 Ausführlich bei *Koeble*, BauR 1977, 372; vgl. auch *Locher/Koeble/Frik*, HOAI, § 4 Rz. 58.
6 *Löffelmann/Fleischmann*, Architektenrecht, Rz. 819 ff.; *Pott/Dahlhoff/Kniffka*, HOAI, § 4 Rz. 17 u. 17a; *Hesse/Korbion/Mantscheff/Vygen*, HOAI, § 4 Rz. 83.

225 Der Bundesgerichtshof hat mit seiner nicht nur in diesem Bereich grundlegenden Entscheidung vom 22. 5. 1997[1] die **Generalklausel** definiert. Danach kann ein Ausnahmefall bei engen Beziehungen rechtlicher, wirtschaftlicher, sozialer oder persönlicher Art oder sonstigen besonderen Umständen gegeben sein. Diese besonderen Umstände könnten etwa in der mehrfachen Verwendung einer Planung liegen.

226 Der Senat führt zur Begründung aus, dass einerseits die Mindestsatzregelung nicht gefährdet werden dürfe, um einen ruinösen Preiswettbewerb unter Architekten und Ingenieuren zu verhindern. Andererseits könnten jedoch all die Umstände eine Unterschreitung der Mindestsätze rechtfertigen, die das Vertragsverhältnis in dem Sinne deutlich von den üblichen Vertragsverhältnissen unterscheide, so dass ein unter den Mindestsätzen liegendes Honorar angemessen sei. Dies kann nach Auffassung des Senats beispielsweise der Fall sein, wenn die vom Architekten oder Ingenieur geschuldete Leistung nur einen **besonders geringen Aufwand** erfordere.[2]

227 Diese Rechtsprechung weicht von dem Gesetzgebungsverfahren im Jahr 1984 ab, bei dem der **Bundestagsausschuss** für Raumordnung, Bauwesen und Städtebau die Ansicht vertrat, für ein Unterschreiten der Mindestsätze kämen nur Verwandtschaft oder außergewöhnlich geringer Aufwand in Betracht, nicht hingegen Bauaufgaben für soziale oder kirchliche Einrichtungen.[3] Da jedoch die gedachten Ausnahmefälle nicht in die HOAI aufgenommen wurden, sondern die Ausfüllung des Begriffs der Rechtsprechung vorbehalten blieb[4], rechtfertigt der Bundesgerichtshof seine Rechtsprechung damit, dass eine Beschränkung der Ausnahmen auf die von den Ausschussmitgliedern genannten Beispielsfälle, also bei geringem Aufwand und verwandtschaftlichen Beziehungen, nicht der gesetzlichen Regelung entspreche.

Beispiel:
Freundschaftliche Umgangsformen im Laufe einer geschäftlichen Zusammenarbeit werden vom Bundesgerichtshof jedoch nicht als Ausnahmefall in dem oben geschilderten Sinne angesehen.[5] Eine gemeinsame Mitgliedschaft in einem Tennisverein begründe auch dann noch keine enge persönliche Beziehung mit der Folge eines Ausnahmefalls, wenn sich die Mitglieder duzen und ihr Verhältnis von einem freundschaftlichen Miteinander geprägt sei.[6] Auch die Tatsache, dass der Architekt sich bereits im Ruhestand befinde und gegebenenfalls der Auftrag zur Finanzierung seines Lebensunterhalts und fixer Kosten nicht notwendig gewesen sein mag, begründe keinen Ausnahmefall.[7]

228 Es ist möglich und mittlerweile durchaus auch üblich, dass beispielsweise die Leistungsphase 1 des § 15 Abs. 2 HOAI entfällt und der Architekt lediglich ein um 3 % gemindertes Honorar erhält. In der juristischen Praxis wird oft die Ansicht vertreten, dass dies eine **verdeckte Unterschreitung** der Mindestsätze dar-

---

1 BGH, BauR 1997, 677.
2 BGH, BauR 1997, 677.
3 BT-Drucks. 10/1562, S. 5.
4 Beschlussempfehlung und Bericht des Ausschusses BT-Drucks. 10/1562, S. 2, 5.
5 BGH, BauR 1997, 1062.
6 BGH, BauR 1999, 1044.
7 BGH, BauR 1999, 1044.

stellen könne, da der Architekt nicht das volle Honorar, sondern das geminderte Honorar erhalte.

Dies stellt jedoch ausdrücklich **keinen Fall des § 4 Abs. 3 HOAI** dar. Bereits an anderer Stelle (vgl. Rz. 31 ff.) wurde darauf hingewiesen, dass für die Frage, welche Leistung der Architekt oder Ingenieur zu erbringen hat, allein der geschlossene Werkvertrag nach Maßgabe der Regelungen des BGB und die dazu im Einzelnen getroffenen Vereinbarungen von Bedeutung sind. Die Auslegung des Werkvertrags bzw. der Inhalt der vertraglichen Verpflichtungen des Architekten und Ingenieurs können nicht durch einen Vergleich der Gebührentatbestände der HOAI mit den vertraglich vereinbarten Leistungen bestimmt werden. Dies führt folgerichtig dazu, dass die Parteien selbstredend im Architekten- oder Ingenieurvertrag einzelne **Leistungsphasen ausgrenzen** können, verknüpft mit einer gesonderten Honorarvereinbarung. Der Architekt hat im genannten Beispielsfall also alle Leistungen erbracht, die zur Erreichung des werkvertraglichen Erfolgs erforderlich sind. Aus diesem Grund erhält er dann auch das vereinbarte Honorar. 229

Nach der Rechtsprechung des BGH kann der Architekt oder Ingenieur mit dem Auftraggeber eine Vereinbarung schließen, wonach er seine Leistung **kostenlos oder unentgeltlich** erbringt.[1] So ist es beispielsweise zulässig, dass die Parteien eines Architektenvertrags einen Verzicht auf eine Honorierung des Architekten vereinbaren, sofern das Bauvorhaben aus irgendwelchen Gründen nicht zur Ausführung gelangt. **Nach Abschluss des Architektenvertrags** und vor Beendigung der vertraglich vereinbarten Architektentätigkeit ist ein **Verzicht** auf das vereinbarte Honorar möglich. Eine solche Verzichtsvereinbarung richtet sich nach den Vorschriften des BGB.[2] 230

Nach dem Regelungszweck des § 4 HOAI sind nach Auffassung des BGH lediglich Vertragsänderungen ausgeschlossen, die die Höhe des Honorars für einen noch nicht erledigten Auftrag betreffen. So kann eine bei Auftragserteilung wirksam getroffene Honorarvereinbarung vor Beendigung der Architektentätigkeit bei unverändertem Leistungsziel nicht abgeändert werden.[3] Nach Auffassung des BGH ist also der Verzicht nicht gleichzusetzen mit einer geänderten Honorarvereinbarung. 231

Hinweis:
Ein Verzicht ist möglich, eine Änderung der Honorarvereinbarung nicht. Auch ist es möglich, dass die Parteien eines Architektenvertrags vereinbaren, dass der Honoraranspruch des Architekten erst entsteht, wenn der Auftraggeber das Bauvorhaben ausführt.[4]

(3) Vereinbarung oberhalb der Höchstsätze

Auch Vereinbarungen über den Höchstsätzen der HOAI sind **prinzipiell unwirksam**, die in der Praxis eher selten vorkommende Ausnahme ist in § 4 Abs. 3 HOAI geregelt. Bei außergewöhnlichen oder ungewöhnlich lange dauernden Leistungen 232

---
1 BGH, BauR 1992, 531.
2 BGH, BauR 1996, 414.
3 BGH, BauR 1988, 364.
4 BGH, BauR 1998, 579.

kann der Höchstsatz durch schriftliche Vereinbarung überschritten werden. Die Begriffsdefinition der **außergewöhnlichen Leistungen** befindet sich bereits in den Gesetzesmaterialien zur HOAI.[1] Dort heißt es:

„Außergewöhnliche Leistungen sind überdurchschnittliche Leistungen auf künstlerischem, technischem oder wirtschaftlichem Gebiet."

Die Außergewöhnlichkeit ergibt sich aus der Aufgabe selbst. Zur Abgrenzung zu den gewöhnlichen Leistungen können für Gebäude und Freianlagen die in den §§ 11 und 13 HOAI aufgeführten Kriterien hilfreich sein.

233 Von einer **ungewöhnlichen langen Leistungsdauer** wird man dann sprechen, wenn die Leistung einen Zeitaufwand erfordert, der erheblich über das Normale hinausgeht.[2] Voraussetzung ist allerdings, dass diese lange Dauer nicht der Architekt oder Ingenieur zu vertreten hat.[3]

(4) Sonstige Honorarvereinbarungen

234 Ein nach Beendigung der Architektentätigkeit über die Honorarforderung abgeschlossener Vergleich fällt nicht unter die Regelung des § 4 Abs. 4 HOAI.[4] Im Umkehrschluss kann man zu dem Ergebnis kommen, dass eine entsprechende **Vereinbarung vor Beendigung der Tätigkeit** des Architekten an § 4 HOAI zu messen sein wird.[5]

c) Folgen einer unwirksamen Honorarvereinbarung

235 Bei einem Unterschreiten der Mindestsätze ist die Honorarvereinbarung nach § 134 BGB **unwirksam**. Dies führt dazu, dass gemäß § 4 Abs. 4 HOAI die Mindestsätze als vereinbart gelten.[6] Gleiches gilt, soweit die Honorarvereinbarung nicht entsprechend § 4 Abs. 4 HOAI getroffen wurde.

236 Insoweit stellt sich die Frage, ob der Architekt bei diesem Fall tatsächlich **nach den Mindestsätzen abrechnen** kann. Der Bundesgerichtshof hat mit seiner Entscheidung vom 22. 5. 1997[7] klargestellt, dass in dem Fall, in denen die Parteien ein Honorar vereinbaren, das in unzulässiger Weise die Mindestsätze unterschreitet, sich der Architekt, der später nach den Mindestsätzen abrechnen will, gegebenenfalls **widersprüchlich** verhält. Das Gericht führt wörtlich aus:

„Nach der ständigen Rechtsprechung des Senates ist ein Architekt an eine Schlussrechnung, mit der er die Mindestsätze unterschreitet, gebunden, wenn er mit der Schlussrechnung einen Vertrauenstatbestand begründet und der Auftraggeber sich im berechtigten Vertrauen auf die Endgültigkeit der Schlussrechnung in schutzwürdiger Weise eingerichtet hat. Diese Grundsätze sind auf eine Honorarvereinbarung übertragbar, die deshalb unwirksam ist, weil die Mindestsätze in nicht zulässiger Weise unterschritten worden sind."

---

1 BT-Drucks. 270/76, S. 9.
2 *Locher/Koeble/Frik*, HOAI, § 4 Rz. 101.
3 So auch *Hesse/Korbion/Mantscheff/Vygen*, HOAI, § 4 Rz. 106.
4 BGH, BauR 1987, 112.
5 So auch OLG Naumburg, NZBau 2003, 44.
6 OLG München, BauR 1997, 164; OLG Stuttgart, BauR 1981, 404; OLG Düsseldorf, BauR 1981, 484; *Locher/Koeble/Frik*, HOAI, § 4 Rz. 9; *Löffelmann/Fleischmann*, Architektenrecht, Rz. 830; *Hesse/Korbion/Mantscheff/Vygen*, HOAI, § 4 Rz. 23.
7 BGH, BauR 1997, 677.

Vereinbaren die Parteien eines Architektenvertrags ein Honorar, das die Mindestsätze in unzulässiger Weise unterschreitet, verhält sich der Architekt, der später nach den Mindestsätzen abrechnen will, widersprüchlich. Dieses widersprüchliche Verhalten steht nach Treu und Glauben einem Geltendmachen der Mindestsätze entgegen, sofern der Auftraggeber auf die Wirksamkeit der Vereinbarung vertraut hat und vertrauen durfte und wenn er sich darauf in einer Weise eingerichtet hat, dass ihm die Zahlung des Differenzbetrages zwischen dem vereinbarten Honorar und den Mindestsätzen nach Treu und Glauben nicht zugemutet werden kann."

Zur Begründung hat der BGH also seine Rechtsprechung zur Bindungswirkung an die Schlussrechnung des Architekten herangezogen, wonach der Architekt **an eine Schlussrechnung**, mit der er die Mindestsätze unterschreitet, **gebunden** ist, wenn er mit dieser einen Vertrauenstatbestand begründet und der Auftraggeber sich im berechtigten Vertrauen auf die Entgültigkeit der Schlussrechnung in schutzwürdiger Weise eingerichtet hat.[1]

Insoweit bleibt die Frage offen, in welchen Fällen man annehmen wird, dass ein Geltendmachen der Mindestsätze **kein widersprüchliches Verhalten** des Architekten darstellt. Im Ergebnis bleiben zwei Fälle:

▷ Wenn der Auftraggeber eine Beauftragung des Architekten generell bestreitet, kommt man zu dem Ergebnis, dass er nicht auf die Wirksamkeit der vom Architekten behaupteten Honorarvereinbarung vertraut hat. Er hat sich auf diese Vereinbarung nicht in der Weise eingerichtet, dass ihm die Zahlung des Differenzbetrags zwischen dem vereinbarten Honorar und den Mindestsätzen nach Treu und Glauben nicht zugemutet werden kann.

▷ Wenn sowohl Auftraggeber als auch Auftragnehmer Architekten oder Ingenieure sind und diese eine unwirksame Honorarvereinbarung treffen, wird man gleichfalls nicht mit den Grundsatz von Treu und Glauben argumentieren könne. Derjenige, der wusste, dass eine Honorarabsprache unwirksam ist, hat auf diese auch nicht vertraut.

Eine **Überschreitung der Höchstsätze** führt dazu, dass nicht die gesamte Vereinbarung nach § 134 BGB **nichtig** ist. Die Folge ist lediglich, dass ein Verstoß gegen die Höchstsatzgrenzen zu einer Honorarreduzierung auf den Höchst-, nicht auf den Mindestsatz führt.[2] Die Honorarvereinbarung wird in eine wirksame umgedeutet (§ 140 BGB). Die **Umdeutung** der unwirksamen Honorarvereinbarung ergibt, dass die Vertragsparteien zumindest die Höchstsätze vereinbaren wollten.[3]

Hinweis:
Dies betrifft jedoch nur diejenigen Fälle, in denen ein Verstoß gegen den Höchstpreischarakter vorliegt. Wenn die Vereinbarung nicht schriftlich oder nach Auftragsvergabe getroffen wurde, so führt bereits dies zu einer Unwirksamkeit. Für eine Umdeutung nach § 140 BGB bleibt kein Raum, so dass dann lediglich die Mindestsätze verlangt werden können.

---

1 BGH, BauR 1993, 239.
2 BGH, BauR 1990, 239; *Locher/Koeble/Frik*, HOAI, § 4 Rz. 70; *Löffelmann/Fleischmann*, Architektenrecht, Rz. 844 ff.
3 *Locher/Koeble/Frik*, HOAI, § 4 Rz. 70.

5. Pauschalhonorar

240 Die Vereinbarung einer Pauschale ist wirksam, wenn sie schriftlich bei Auftragserteilung getroffen wird sowie die Mindestsätze nicht unterschreitet bzw. die Höchstsätze nicht überschreitet. Bei dem Merkmal **„bei Auftragserteilung"** liegt die Schwierigkeit einer solchen Vereinbarung. Da sich in der Praxis der Umfang des zu planenden Bauvorhabens oft erst im Zuge der Tätigkeit des Architekten oder Ingenieurs zeigt, ist eine frühe Vereinbarung innerhalb der festgesetzten Mindest- und Höchstsätze bei Auftragserteilung oft schwierig. Die Frage der Unwirksamkeit der Pauschalhonorarvereinbarung wird erst zu einem viel späteren Zeitpunkt – oft erst bei Vorlage der Kostenfeststellung – zu Tage treten.

241 Es stellt sich daher die Frage, ob die Parteien eines Architekten- oder Ingenieurvertrages nachträglich eine **Anpassung** des bei Vertragsschluss vereinbarten Pauschalhonorars vornehmen können. Eine solche Anpassung der Pauschale kann nur in Ausnahmefällen verlangt werden, ist jedoch nach den Grundsätzen über den „Wegfall der Geschäftsgrundlage" prinzipiell möglich.[1]

242 Ausnahmefälle, in denen eine Anpassung des Honorars nachträglich verlangt werden kann, können nicht die in § 4 Abs. 3 HOAI genannten außergewöhnlichen oder ungewöhnlich lange dauernden Leistungen sein, da es hierfür stets einer schriftlichen Vereinbarung bedarf. Eine Änderung wird man nur dann annehmen können, wenn die eingetretenen Umstände bei Vertragsabschluss zum einen **nicht vorhersehbar** waren und zum anderen derart **schwerwiegend** sind, dass der betroffenen Vertragspartei ein Festhalten an der ursprünglichen Honorarvereinbarung nach Treu und Glauben nicht zuzumuten ist und zu einem untragbaren Ergebnis führen würde.[2]

243 Klar dürfte auch sein, dass in den Fällen, in denen sich das **Objekt grundlegend ändert**, also ein völlig anderes Objekt geplant und gebaut wird, als zum Zeitpunkt der getroffenen Pauschalvereinbarung, diese ursprüngliche Vereinbarung nicht mehr gelten kann.[3]

6. Vereinbarung eines Stundensatzes

244 Das Zeithonorar ist in § 6 HOAI geregelt. § 6 HOAI trifft jedoch nur eine Regelung hinsichtlich der Höhe des Zeithonorars und regelt nicht die Frage, wann ein solches Honorar vereinbart werden kann.[4]

---

1 BGH, BauR 1990, 379, in diesem Fall bei Änderung der Förderungsrichtlinien, wenn die Parteien im Vertrag vereinbart haben, dass die Planungsbauvorhaben nach den geltenden öffentlich-rechtlichen Förderungsrichtlinien förderungswürdig sein müssten.
2 So Locher/Koeble/Frik, HOAI, § 4 Rz. 22.
3 Locher/Koeble/Frik, HOAI, § 4 Rz. 23, die diesen Fall sogar als Kündigung des ersten Architektenvertrags und Abschluss eines neuen Architektenvertrags ansehen, da sie für den ersten Vertrag dem Architekten Anspruch auf die Pauschale abzüglich der ersparten Aufwendungen zugestehen wollen.
4 So wohl auch BGH, BauR 1990, 236; Locher/Koeble/Frik, HOAI, § 6 Rz. 2; Pott/Dahlhoff/Kniffka, HOAI, § 6 Rz. 2; Hesse/Korbion/Mantscheff/Vygen, HOAI, § 6 Rz. 2; Werner/Pastor, Rz. 911.

Eine Abrechnung nach Zeithonorar ist in folgenden Fällen zulässig: 245

▷ Sofern das Honorar frei vereinbart werden kann (Fälle der §§ 16 Abs. 3, 31 Abs. 2, 33, 34 Abs. 4, 38 Abs. 8 und 9, 41 Abs. 3 Nr. 1 bis 3, 42 Abs. 2, 45b Abs. 4, 48b Abs. 3, 50 Abs. 2, 55 Abs. 4, 57 Abs. 3, 61 Abs. 4, 61a Abs. 3, 67 Abs. 4, 79, 84, 86 Abs. 6, 90, 92 Abs. 5, 95, 97 Abs. 5, 98 Abs. 4, 100 Abs. 4 HOAI.

▷ Sofern die HOAI die Abrechnung eines Zeithonorars ausdrücklich vorsieht oder zulässt (§§ 5 Abs. 4, 16 Abs. 2, 26, 28 Abs. 3, 29 Abs. 2, 32 Abs. 3, 39, 42 Abs. 2, 45b Abs. 4, 49 Abs. 2, 61 Abs. 4, 67 Abs. 4 HOAI).

Hinweis:
Ein Fehlen der Rechtsgrundlage für die Abrechnung nach Zeitaufwand können die Parteien **nicht durch** eine **dispositive Vereinbarung** ersetzen, eine solche Vereinbarung wäre unwirksam.[1]

Als wichtigste Fälle sind die Objekte mit **niedrigen anrechenbaren Kosten** in § 16 246 Abs. 2 HOAI zu nennen. Sofern die anrechenbaren Kosten unter 25 565 Euro liegen, kann anstelle einer Pauschale ein Zeithonorar nach § 6 HOAI vereinbart werden.

Bei der Ausführung von **besonderen Leistungen** ist zu beachten, dass ein Zeithonorar dann nicht berechnet werden kann, wenn die besonderen Leistungen anstelle der Grundleistungen treten. In diesem Fall sind sie wie Grundleistungen zu honorieren. Nach Stundensätzen kann also nur abgerechnet werden, wenn die besonderen Leistungen zusätzlich zu den Grundleistungen hinzutreten.[2]

Da es sich bei dem Zeithonorar um ein Honorar im Sinne des § 4 Abs. 1 HOAI 248 handelt, muss die Vereinbarung, dass nach Zeithonorar abgerechnet werden kann, **schriftlich bei Vertragsschluss** erfolgen, sofern das Zeithonorar die Mindestsätze unter- bzw. die Höchstsätze überschreitet.[3] Sofern die Vereinbarung des Zeithonorars unwirksam ist, weil es beispielsweise am Schriftformerfordernis bei Vertragsschluss fehlt, sind nicht die Mindeststundensätze nach § 6 Abs. 2 HOAI anwendbar. In diesem Fall richtet sich das dem Architekten oder Ingenieur zustehende Honorar nach den Mindestsätzen der §§ 10 ff. HOAI.[4] Der BGH lässt allerdings offen, ob in den Fällen, in denen ein Zeithonorar wahl- oder ersatzweise zugelassen ist, die Mindestsätze nach § 6 Abs. 2 HOAI anzuwenden sein können.[5]

Sofern ein den Höchstsatz übersteigender Stundensatz vereinbart ist, hat die Unwirksamkeit zur Folge, dass der Höchstsatz als vereinbart gilt.[6] 249

---

1 *Werner/Pastor*, Rz. 911; *Löffelmann/Fleischmann*, Architektenrecht, Rz. 1113.
2 *Locher/Koeble/Frik*, HOAI, § 6 Rz. 2.
3 *Hesse/Korbion/Mantscheff/Vygen*, HOAI, § 6 Rz. 33; *Locher/Koeble/Frik*, HOAI, § 6 Rz. 3; *Werner/Pastor*, Rz. 912.
4 BGH, BauR 1990, 236; *Hesse/Korbion/Mantscheff/Vygen*, HOAI, § 6 Rz. 35; *Locher/Koeble/Frik*, HOAI, § 6 Rz. 3.
5 BGH, BauR 1990, 236.
6 So BGH, BauR 1990, 239, für das Pauschalhonorar; jedoch uneingeschränkt anwendbar auf Stundensatzvereinbarung; *Hesse/Korbion/Mantscheff/Vygen*, HOAI, § 6 Rz. 33.

250 Zeithonorare sind auf der Grundlage der Stundensätze nach § 6 Abs. 2 HOAI durch eine **Vorausschätzung des Zeitbedarfs** zu berechnen. Sofern sich die Voraussetzungen des Zeitbedarfs im Nachhinein als zu hoch oder als zu niedrig erweist, stellt sich die Frage, ob der Architekt oder Ingenieur an seine Vorausschätzung gebunden ist. Dies wird im Allgemeinen bejaht.[1] Auf der Grundlage des § 313 Abs. 1 BGB – **Wegfall oder Änderung der Geschäftsgrundlage** – wird eine Anpassung an die tatsächlichen Verhältnisse jedoch dann möglich sein, wenn es sich um eine außergewöhnliche Abweichung handelt und sich im Nachhinein herausstellt, dass eine Vorausschätzung sinnvoll nicht möglich war und damit entsprechend des § 6 Abs. 1 Satz 2 HOAI eine Abrechnung nach dem nachgewiesenen Zeitbedarf erfolgen kann.[2] Hier sollte Ähnliches gelten wie bei der Anpassung der Pauschale. Eine solche Anpassung wird jedoch die Ausnahme bleiben müssen.

251 Auf der Grundlage dieses vorausgeschätzten Zeitbedarfs vereinbaren die Parteien einen **Fest- oder Höchstbetrag**. Sofern die Parteien sich auf einen Festbetrag einigen, ist dieser für beide Vertragsparteien bindend.[3] Etwaige Erhöhungen oder Minderungen des geschätzten Zeitaufwands sind daher unerheblich.

252 Sofern die Parteien sich auf einen Höchstbetrag einigen, legen sie die obere Grenze des Honorars fest. Der Höchstpreis kann unter-, nicht jedoch überschritten werden. Sofern der tatsächliche Zeitbedarf niedriger als der im Voraus geschätzte Zeitbedarf liegt, ist der Höchstbetrag entsprechend zu ermäßigen.[4]

253 Sofern eine Vorausschätzung nicht möglich war, tritt an deren Stelle nach § 6 Abs. 1 Satz 2 HOAI die Abrechnung nach dem **nachgewiesenen Zeitbedarf**. Die Unmöglichkeit darf nicht in der Sphäre des Auftragnehmers liegen.[5] Der Architekt oder Ingenieur muss stets versuchen, eine Vorausschätzung des Zeitbedarfs vorzunehmen. Nur wenn keine hinreichenden zuverlässigen Anhaltspunkte für die voraussichtliche Dauer der Leistung vorliegen, dürfen die Parteien die zu vergütende Zeit offen lassen und die endgültige Höhe der Vergütung davon abhängig machen, wie viel Zeit tatsächlich aufgewendet wird.[6]

7. Honorarvereinbarungen nach § 4 a HOAI

254 Durch die 5. HOAI-Novelle wurde § 4 a HOAI eingefügt. Die Vorschrift soll dem kostensparenden und wirtschaftlichen Bauen dienen. Gegenstand von § 4 a HOAI sind alle Arten von Honoraren, die über **anrechenbare Kosten** ermittelt werden können.

255 Auch bei § 4 a Satz 1 HOAI muss eine Vereinbarung schriftlich bei Auftragserteilung erfolgen. Hinzu kommt, dass die Basis der Honorarberechnung eine nach-

---

1 *Locher/Koeble/Frik*, HOAI, § 6 Rz. 4; *Hesse/Korbion/Mantscheff/Vygen*, HOAI, § 6 Rz. 12; *Werner/Pastor*, Rz. 907.
2 *Locher/Koeble/Frik*, HOAI, § 6 Rz. 4; *Hesse/Korbion/Mantscheff/Vygen*, HOAI, § 6 Rz. 12.
3 *Werner/Pastor*, Rz. 907.
4 *Locher/Koeble/Frik*, HOAI, § 6 Rz. 7; *Werner/Pastor*, Rz. 908.
5 *Locher/Koeble/Frik*, HOAI, § 6 Rz. 5.
6 *Hesse/Korbion/Mantscheff/Vygen*, HOAI, § 6 Rz. 17.

prüfbare Ermittlung der voraussichtlichen Herstellungskosten nach **Kostenberechnung oder** nach **Kostenanschlag** sein muss.

Eine solche Vereinbarung hat zur Folge, dass die anrechenbaren Kosten für die 256
Honorarermittlung zwingend nur nach der Kostenberechnung oder nach dem Kostenanschlag zu berechnen sind, die Dreiteilung einer Architektenrechnung, wie in § 10 Abs. 2 HOAI vorgesehen, findet also nicht statt. Damit ist jedoch auch die Möglichkeit einer Unterschreitung der Mindestsätze und auch eine Überschreitung der Höchstsätze möglich[1], die Vereinbarung ist dann nicht nach § 4 Abs. 1 und Abs. 3 der HOAI unwirksam.

Hinweis:
Im Falle der Unwirksamkeit der Honorarvereinbarung nach § 4 a HOAI gelten die Mindestsätze.

Nach § 4 a Satz 2 HOAI steht dem Architekten oder Ingenieur ein weiteres Hono- 257
rar für den Fall zu, dass auf Veranlassung des Auftraggebers **Mehrleistungen** erforderlich werden.

Hinweis:
Klarzustellen ist, dass § 4 a Satz 2 HOAI nur eine Vereinbarung nach § 4 a Satz 1 HOAI meint.[2] Andere Honorarvereinbarungen werden von § 4 a Satz 2 HOAI also nicht erfasst.

Nicht geklärt ist in § 4 a Satz 2 HOAI, wann solche Mehrleistungen vorliegen. Ebenso ungeklärt bleibt, wie der Honoraranspruch zu bestimmen ist. Es besteht die Möglichkeit, diese Mehrleistungen als besondere Leistungen nach § 5 Abs. 4 HOAI oder als wiederholt erbrachte Grundleistungen, sofern mehrfach erarbeitete Grundleistungen notwendig sind, oder nach Zeitaufwand zu honorieren.[3] Eine Einstufung als besondere Leistung dürfte aber an der Formvorschrift des § 5 Abs. 4 HOAI scheitern.

Schließlich ist in § 4 a Satz 3 HOAI noch ein zusätzlicher Honoraranspruch des 258
Architekten oder Ingenieurs beschrieben, wenn sich die **Planungs- und Bauzeit** wesentlich durch Umstände ändert, die der Architekt/Ingenieur nicht zu vertreten hat.

Auch hier bleibt im Gesetzeswortlaut die Frage unbeantwortet, wie ein solches 259
Honorar zu berechnen ist. Schriftform und ein bestimmter Zeitpunkt sind in § 4 a Satz 3 HOAI nicht genannt, so dass man zu dem Ergebnis kommen wird, dass eine entsprechende Vereinbarung auch mündlich getroffen werden kann. Ebensowenig ist der Zeitpunkt der Vereinbarung in § 4 a Satz 3 HOAI vorgeschrieben.

§ 4 a Satz 3 HOAI erwähnt eine Verlängerung der Planungs- und Bauzeit. Dabei 260
bleibt offen, ob die Planungs- und die Bauzeit sich verlängert haben müssen oder ob diese Formulierung alternativ zu verstehen ist.[4] Klar ist lediglich, dass die Ver-

---
1 So auch *Locher/Koeble/Frik*, HOAI, § 4 a Rz. 6.
2 *Locher/Koeble/Frik*, HOAI, § 4 a Rz. 15; *Pott/Dahlhoff/Kniffka*, HOAI, § 4 a Rz. 9.
3 *Morlock*, Die HOAI in der Praxis, Rz. 181.
4 Für das Zweitere *Locher/Koeble/Frik*, HOAI, § 4 a Rz. 18, allerdings spricht der Wortlaut für die 1. Alternative.

längerung der Planungs- und Bauzeit auf Umstände zurückzuführen sein muss, die der **Architekt** oder Ingenieur **nicht zu vertreten** hat.

8. Erfolgshonorar nach § 5 Abs. 4 Buchst. a HOAI

261 Ebenfalls mit der 5. Änderungsnovelle wurde das Erfolgshonorar nach § 5 Abs. 4 Buchst. a HOAI eingeführt. Mit dieser Regelung sollte ein wirtschaftlicher **Anreiz** zu einer besonders **kostengünstigen Planung** geschaffen werden.[1] Auch hier ist Voraussetzung, dass der Architekt besondere Leistungen erbringt, die zu den Grundleistungen hinzutreten.[2]

262 § 5 Abs. 4 Buchst. a HOAI scheint sich in der Praxis jedoch nicht zu bewähren. Zu berücksichtigen ist, dass der Architekt oder Ingenieur von vornherein eine Leistung schuldet, die den vereinbarten Standard möglichst kostengünstig und optimal herbeiführt.[3] Raum für ein Erfolgshonorar bleibt wohl nur dort, wo der Auftragnehmer neue Organisationsformen, Techniken, Stoffe, Materialien oder Methoden ausprobiert.[4] Zu denken ist auch an die Reduzierung der Bauzeit.[5]

Hinweis:
Es empfiehlt sich in jedem Fall eine genaue vertragliche Vereinbarung, für welchen Fall und in welcher Höhe dem Architekten ein Erfolgshonorar zustehen soll.

9. Berechnung des Architektenhonorars

a) Abrechnungen nach der HOAI

aa) Grundlagen der Rechnung

263 Die Anforderungen an die Honorarrechnung eines Architekten oder Ingenieurs sind zahlreich und streng. Die **Grundkomponenten**, die eine Rechnung verlangt, sind in § 10 Abs. 1 HOAI beschrieben. Danach gehören zu einer Rechnung die anrechenbaren Kosten nach § 10 Abs. 2 HOAI, die Honorarzone nach §§ 11, 12 HOAI, die Honorartafel nach § 16 HOAI – bei Freianlagen nach § 17 HOAI – sowie die Aufstellung der erbrachten Leistungen nach § 15 HOAI.

bb) Die anrechenbaren Kosten nach § 10 HOAI

264 Die HOAI sieht in § 10 Abs. 2 HOAI drei grundsätzliche Ermittlungsarten der anrechenbaren Kosten vor, die jeweils in der DIN 276 in der Fassung vom April 1981 zu ermitteln sind. Dies sind für die Leistungsphasen 1–4 des § 15 Abs. 2 HOAI die **Kostenberechnung**, solange diese nicht vorliegt, die Kostenschätzung; für die Leistungsphasen 5–7 des § 15 Abs. 2 HOAI der **Kostenanschlag**, solange

---

1 BR-Drucks. S. 399/95.
2 *Pott/Dahlhoff/Kniffka*, HOAI, § 5 Rz. 22; *Hesse/Korbion/Mantscheff/Vygen*, HOAI, § 5 Rz. 65.
3 *Pott/Dahlhoff/Kniffka*, HOAI, § 5 Rz. 22.
4 *Pott/Dahlhoff/Kniffka*, HOAI, § 5 Rz. 23.
5 *Morlock*, Die HOAI in der Praxis, Rz. 182, sofern Morlock auch eine Kostenkontrolle nennt, dürfte dafür ein Erfolgshonorar ausscheiden, da dies bereits zu den Grundleistungen des Architekten gehört.

dieser nicht vorliegt, die Kostenberechnung sowie für die Leistungsphasen 8 und 9 die **Kostenfeststellung**, solange diese nicht vorliegt, der Kostenanschlag.

Kostenermittlungen für die Rechnungen des Architekten oder Ingenieurs sind in der **DIN 276 in der Fassung vom April 1981** und nicht in der Fassung 1993 zu erstellen. Die Verweisung in der HOAI auf die DIN 276 ist eine statische Verweisung auf die Fassung von 1981. Sofern der Architekt hier die DIN 276 in der Fassung von 1993 der Rechnung zugrunde legt, ist die Rechnung nicht prüffähig.[1] Dies gilt nicht per se, wenn bei der Abrechnung nicht das Formularmuster der DIN 276 verwendet wird[2], vgl. unten Rz. 269 f. 265

Hinweis: 266
Für die Praxis ergeben sich daraus Konsequenzen. **Differenzieren** muss man bei den Anforderungen an die Kostenermittlungen zwischen denjenigen Ermittlungen, die als Architektenleistung zu honorieren sind, also die zu den Grundleistungen des § 15 Abs. 2 HOAI gehören und den Kostenermittlungen, die einer Architekten- oder Ingenieurrechnung zugrunde liegen.

Die Kostenermittlungen, die der Architekt als zu honorierende Architektenleistung erbringen muss, dienen im Wesentlichen der **Kostendokumentation** und der dadurch ermöglichten **Analyse der Kostenstruktur**. Dies ist erforderlich, damit der Auftraggeber zum einen die Architektenleistung kontrollieren kann, zum anderen eine Übersicht über die zu erwartenden Kosten für das Bauwerk erhält. Aus diesem Grund muss beispielsweise die Kostenberechnung in der Leistungsphase 8 des § 15 Abs. 2 HOAI eine ausdifferenzierte Kostenanalyse enthalten, die Grundlage für wirtschaftliche Entscheidungen sein kann und deren Fehlen Folgen für die sachliche Berechtigung des Honoraranspruchs haben kann.[3] 267

Bei den Kostenermittlungen, die der Architekt oder Ingenieur im Zusammenhang mit der **Rechnungsstellung** erbringen muss, ist für den konkreten Fall zu prüfen, was die **berechtigten Informations- und Kontrollinteressen** des Auftraggebers an Umfang und Differenzierung der Angaben erfordern. Für die Prüfung der Rechnung werden die fraglichen Differenzierungen häufig nicht erforderlich sein, sofern sie sich tatbestandsmäßig nicht auf die anrechenbaren Kosten auswirken.[4] 268

Im Einzelnen: 269

▷ Grundsätzlich hat der Architekt seinen Kostenermittlungen das **Formularmuster** der **DIN 276 April 1981** zugrunde zu legen. Wenn sich jedoch das Gliederungsschema einer Kostenermittlung an das der DIN 276 April 1981 orientiert und der Auftraggeber in die Lage versetzt wird, die Berechtigung der unterschiedlichen Preisansätze zu überprüfen, also beispielsweise Pläne, Berechnungen und Erläuterungen zur Kostenermittlung vorgelegt werden,

---

1 BGH, BauR 1998, 354.
2 BGH, BauR 1999, 1318; OLG Düsseldorf, BauR 2001, 1137.
3 BGH, BauR 1998, 1108.
4 BGH, BauR 1998, 1108.

muss nicht zwingend das Formularmuster der DIN 276 April 1981 verwendet werden.[1]

270 ▷ Die Verwendung der **DIN 276 in der Fassung von 1993** alleine, also ohne Beachtung der genannten Voraussetzungen, lässt die Rechnung als nicht prüffähig erscheinen.[2]

271 ▷ Es ist auch nicht erforderlich, eine vollständige Kostenermittlung zu erstellen. Es genügt vielmehr, wenn rudimentäre **Kostenermittlungen des einschlägigen Typs** als Rechnungsgrundlagen geliefert werden.[3]

272 ▷ Legt der Architekt der Honorarermittlung lediglich die **anrechenbaren Kosten** des Bauwerks (DIN 276 Kostengruppe 3) zugrunde und berechnet er sein Honorar lediglich aus dieser Kostengruppe, bedarf es zur Prüffähigkeit seiner Schlussrechnung keiner Angaben zu den übrigen Kostengruppen.[4]

273 ▷ Der Architekt ist nicht verpflichtet, Kostenfeststellungen zu erbringen, die außerhalb seines übertragenen Leistungsumfangs liegen. Es sind lediglich die **Kostenermittlungsarten** maßgeblich, die **in der jeweiligen Leistungsphase** der HOAI dem Leistungsumfang entsprechen, der vertraglich vereinbart ist.[5] Dies gilt auch, wenn der Leistungsumfang durch eine Kündigung verkürzt wird. Wird also der Architektenvertrag beispielsweise vor der Fertigung der Kostenfeststellung gekündigt, ist der Architekt nicht verpflichtet, diese Kostenfeststellung noch vorzunehmen. Er kann dann nach dem Kostenanschlag abrechnen.[6]

274 ▷ Schließlich sei noch darauf hingewiesen, dass die anrechenbaren Kosten durch den **Vertragsgegenstand** bestimmt und begrenzt werden. Aus diesem Grund ist beispielsweise eine Vereinbarung, durch die die Vergütung des Architekten mittelbar dadurch erhöht wird, dass Kosten in die Berechnungsgrundlage einbezogen werden, die ein Objekt betreffen, das nicht Gegenstand des Auftrags ist, nach § 134 BGB unwirksam. Eine solche Vereinbarung widerspricht den **zwingenden Preisvorschriften** des § 10 HOAI und des § 4 Abs. 4 HOAI.[7]

275 ▷ Möglich ist, dass die Vertragsparteien eines Architekten- oder Ingenieurvertrags eine Honorarvereinbarung treffen, die sich nicht an den anrechenbaren Kosten nach § 10 HOAI orientiert.[8] Voraussetzung ist, dass dadurch die Mindestsätze nicht unterschritten bzw. die Höchstsätze nicht überschritten werden.

276 ▷ In den Fällen, in denen der Architekt oder Ingenieur eine **Baukostengarantie** abgegeben hat und diese niedriger liegt als die später von ihm erstellte Kosten-

---

1 BGH, BauR 1999, 1318; OLG Düsseldorf, BauR 2001, 1137.
2 BGH, BauR 1998, 354.
3 BGH, BauR 1999, 1318; BGH, BauR 2000, 124.
4 BGH, BauR 2000, 591.
5 BGH, BauR 1998, 813.
6 BGH, BauR 1999, 1467.
7 BGH, BauR 1999, 1045.
8 *Locher/Koeble/Frik*, HOAI, § 10 Rz. 69; *Hesse/Korbion/Mantscheff/Vygen*, HOAI, § 10 Rz. 27.

ermittlung, muss er sich an dieser Baukostengarantie orientieren und diese Summe als anrechenbare Kosten zugrunde legen.[1]

▷ Auch wenn die Parteien eine wirksame **Pauschalhonorarvereinbarung** getroffen haben, braucht der Architekt die Kostenermittlungen im Rahmen von § 10 HOAI nicht vorzunehmen.[2] 277

▷ Ansonsten kann sich **ausnahmsweise** im Einzelfall aus dem Gesichtspunkt von Treu und Glauben ergeben, dass der Architekt oder Ingenieur nicht verpflichtet ist, seinen Honoraranspruch nach den anrechenbaren Kosten des § 10 Abs. 2 HOAI abzurechnen.[3] Dies kann beispielsweise dann der Fall sein, wenn die Parteien eine Honorarvereinbarung getroffen haben, die unwirksam war, der Auftraggeber danach den Vertrag gekündigt und das Bauvorhaben mit einem anderen Architekten fertig gestellt hat. In diesem Fall ist der Architekt nicht mehr in der Lage, Berechnungen im Sinne des § 10 Abs. 2 HOAI vorzunehmen, so dass es hier ausnahmsweise gerechtfertigt sein kann, die maßgeblichen Kostenansätze durch ein **Sachverständigengutachten** zu ersetzen.[4] 278

cc) Die Honorarzonen nach §§ 11 ff. HOAI

Die Honorarzonen für Leistungen bei Gebäuden, § 11 HOAI, die Honorarzonen für Leistungen bei Freianlagen, § 13 HOAI, sowie die Honorarzonen für Leistungen bei raumbildenden Ausbauten, § 14 a HOAI, richten sich nach dem Schwierigkeitsgrad der Planungsanforderungen. Beim Zusammentreffen unterschiedlicher Planungsanforderungen ist eine **Punktebewertung** nach den jeweiligen Absätzen 3 **vorgeschrieben**, die Anzahl der Gesamtpunkte entscheidet dann über die Honorarzone. In den Objektlisten der §§ 12, 14 und 14b HOAI erfolgt eine Honorarzonenzuordnung dagegen nach der Art des Gebäudes bzw. der Freianlagen und des raumbildenden Ausbaus. 279

Hinweis:
Vorrang hat stets die Punktebewertung gegenüber den Objektlisten.[5]

Die Frage, welche Honorarzone für den Einzelfall anwendbar ist, ist eine Rechtsfrage und daher vom Gericht und nicht von Sachverständigen zu entscheiden.[6] 280

Man wird davon ausgehen können, dass auch eine **Vereinbarung** über die Honorarzone wirksam ist. Im Rahmen dieser Vereinbarung ist jedoch § 4 HOAI zu beachten. Wenn das Honorar bei Einordnung in die richtige Honorarzone zu einer Mindestsatzunterschreitung oder einer Höchstsatzüberschreitung führt, ist eine solche Vereinbarung unwirksam.[7] 281

---

1 BGH, WM 1970, 1139; *Locher/Koeble/Frik*, HOAI, § 10 Rz. 68; *Hesse/Korbion/Mantscheff/Vygen*, HOAI, § 10 Rz. 27.
2 *Locher/Koeble/Frik*, HOAI, § 8 Rz. 17; *Hesse/Korbion/Mantscheff/Vygen*, HOAI, § 10 Rz. 27.
3 BGH, BauR 1990, 97; *Locher/Koeble/Frik*, HOAI, § 10 Rz. 71.
4 BGH, BauR 1990, 97.
5 *Löffelmann/Fleischmann*, Architektenrecht, Rz. 1214; *Pott/Dahlhoff/Kniffka*, Rz. 9 zu § 11/12; *Hesse/Korbion/Mantscheff/Vygen*, HOAI, §§ 11, 12 Rz. 5.
6 OLG Frankfurt, BauR 1982, 600.
7 Zum Ganzen *Locher/Koeble/Frik*, HOAI, § 5 a Rz. 4 ff. mit Beispielen.

dd) Die Honorartafel

282 Die Honorartafel des § 16 HOAI gilt für die **Grundleistungen** des § 15 HOAI, also für Grundleistungen bei der Objektplanung für Gebäude und raumbildenden Ausbau. Liegen die anrechenbaren Kosten zwischen zwei der Honorartafeln, ist das Honorar durch die so genannte **lineare Interpolation** zu ermitteln, § 5 a HOAI. Hier gilt die Formel

$$\frac{a + b \times c}{d}$$

wobei gilt

a = Honorar für die nächst niedrige Stufe der anrechenbaren Kosten

b = Differenz zwischen tatsächlichen anrechenbaren Kosten und dem in der Honorartafel genannten nächst niedrigen Betrag von anrechenbaren Kosten

c = Differenz der beiden Honorare für die nächst höheren und nächst niedrigeren anrechenbaren Kosten

d = Differenz der in der Tabelle nacheinander genannten anrechenbaren Kosten.[1]

283 Gemäß § 16 Abs. 2 HOAI kann das Honorar bei Gebäuden mit anrechenbaren Kosten **unter 50 000 Euro frei vereinbart** werden, allerdings jedoch höchstens bis zu den in der Honorartafel nach Absatz 1 für anrechenbare Kosten von 50 000 Euro festgesetzten Höchstsätzen.

Hinweis:
In diesem Bereich ist es also möglich, Honorare frei zu vereinbaren und zwar entweder als Pauschalbetrag oder als Zeithonorar nach § 6 HOAI. Voraussetzung ist jedoch, dass die Vereinbarung schriftlich und bei der Auftragserteilung erfolgen muss, § 4 Abs. 1 HOAI gilt insoweit.[2]

284 Eine **Extrapolation** der Honorartafeln nach unten unter 50 000 Euro ist nicht möglich.

285 Sofern die anrechenbaren Kosten **über 25 564,59 Euro** liegen, kann das Honorar für Gebäude und raumbildende Ausbauten frei vereinbart werden, § 16 Abs. 3 HOAI. Die Merkmale bei Auftragserteilung und das Schriftformerfordernis gelten dann nicht. Wenn in diesem Fall eine Honorarvereinbarung nicht getroffen wird, ist zu beachten, dass die Tabelle des § 16 Abs. 1 HOAI nicht gilt. Ausgangspunkt für die Frage der Höhe des Honorars ist dann § 632 Abs. 2 BGB, also die für solche Architektenleistungen **übliche Vergütung**.[3]

---

[1] Zum Ganzen *Locher/Koeble/Frik*, HOAI, § 5 a Rz. 4 ff. mit Beispielen.
[2] *Hesse/Korbion/Mantscheff/Vygen*, HOAI, § 16 Rz. 6; *Pott/Dahlhoff/Kniffka*, HOAI, § 16 Rz. 3; *Locher/Koeble/Frik*, HOAI, § 16 Rz. 8; OLG Düsseldorf, BauR 1987, 708.
[3] *Locher/Koeble/Frik*, HOAI, § 16 Rz. 13; *Hesse/Korbion/Mantscheff/Vygen*, HOAI, § 16 Rz. 9; *Pott/Dahlhoff/Kniffka*, HOAI, § 16 Rz. 4.

b) Die Abschlagsrechnung
aa) Begriff der Abschlagsrechnung

Nach § 8 Abs. 2 HOAI können **Abschlagszahlungen** in angemessenen zeitlichen Abständen für nachgewiesene Leistungen gefordert werden.

286

Wenn auch im Schrifttum **Kritik** an dieser Bestimmung geübt wird, da die die Fälligkeit regelnde Vorschrift des § 641 BGB verdrängt wird[1], hat der Bundesgerichtshof in seinem Urteil vom 9. 7. 1981[2] dargelegt, dass § 8 Abs. 2 HOAI unabhängig davon gilt, ob die Parteien eine entsprechende Vereinbarung getroffen haben. § 8 HOAI sei von der Ermächtigungsvorschrift des Art. 10 § 2 MRVG gedeckt. Der Gesetzgeber war durch diese Ermächtigungsvorschrift nach der Auffassung des BGH auch beauftragt, Regelungen über den Zeitpunkt zu treffen, zu dem der Architekt das ihm zustehende Honorar verlangen kann, da diese Frage in engem Zusammenhang mit der Höhe der Vergütung stehe. Eine Honorarordnung, die diese Frage offen ließe, wäre unvollständig.[3]

287

Sofern man dagegen die Auffassung vertritt, § 8 Abs. 2 HOAI begründe keinen Anspruch auf Abschlagszahlungen, sondern diese müssten entsprechend vereinbart werden, sind entsprechende Regelungen in **Allgemeinen Geschäftsbedingungen** an der Neuregelung des § 632 a BGB zu messen. Danach könnte der Architekt Abschlagszahlungen für in sich abgeschlossene Teile des Werks verlangen. Problematisch ist insoweit § 632 a Satz 3 BGB, der den Anspruch nur bestehen lässt, wenn dem Auftraggeber Eigentum an den Teilen des Werks übertragen oder dafür Sicherheit geleistet worden ist.

288

Alle drei Voraussetzungen des § 632 a BGB bereiten Schwierigkeiten. Eine in sich abgeschlossene Teilleistung richtet sich danach, ob die betreffenden Teile von der Gesamtleistungen funktionell trennbar und unabhängig von den übrigen Leistungen selbständig gebrauchsfähig sind.[4] Voraussetzung wäre also, **funktionsfähige Teilleistungen** des Architektenwerks abzugrenzen. Wie dies im Einzelnen erfolgen kann, ist nicht geklärt. Denkbar erscheint, die Vorplanung, die Genehmigungsplanung, die Vergabe, die Bauüberwachung und die Überwachung der Gewährleistungsfristen als funktionsfähige Teilleistungen anzusehen.

289

Der Begriff der vertragsgemäßen Teilleistung bedeutet **mangelfreie Leistung**. Ist die Architektenleistung mit einem Mangel behaftet, ändert dies die Fälligkeit der Abschlagsforderung.

290

Auch die **Sicherung des Auftraggebers**, entweder durch Übertragung des Eigentums oder Stellung einer Sicherheit, führt zu Schwierigkeiten. Eigentum an Teilen seiner Leistung wird der Architekt dem Auftraggeber kaum verschaffen können. Aus diesem Grund bleibt ihm nur die Möglichkeit, dem Auftraggeber Sicherheit zu leisten.

291

---
1 Siehe etwa *Locher/Koeble/Frik*, HOAI, § 8 Rz. 5.
2 BGH, BauR 1981, 582.
3 BGH, BauR 1981, 582.
4 *Jagenburg* in Beck'scher VOB-Kommentar, Rz. 12 zu § 12 Nr. 2; *Thode*, ZfBR 1999, 116, 118.

Hinweis:
Vertritt der Anwalt den Architekten, sollte er stets dahin gehend argumentieren, dass § 8 Abs. 2 HOAI cinen Anspruch auf Zahlung von Abschlagsrechnungen gewährt. Auch kann mit § 8 Abs. 4 HOAI argumentiert werden, der gestattet, andere Zahlungsweisungen zu vereinbaren. Stets ist jedoch auch bei dieser Argumentation § 307 BGB zu beachten. Sofern Vorschüsse oder Vorauszahlungen vereinbart werden, die unabhängig von den erbrachten Leistungen sind, dürfte eine solche Vereinbarung nach § 307 BGB unwirksam sein. Im Übrigen muss die Vereinbarung einer anderen Zahlungsweise nach § 8 Abs. 4 HOAI schriftlich, nicht jedoch zwingend bei Auftragserteilung erfolgen.[1]

Sofern man den Auftraggeber vertritt, könnte dahin gehend argumentiert werden, dass § 8 Abs. 2 HOAI keinen Anspruch auf Zahlung von Abschlagsleistungen gewährt. Sodann müsste § 632 a BGB herangezogen werden mit den oben angeführten Argumenten. Eine von § 632 a BGB abweichende vertragliche Vereinbarung unterliegt, sofern diese Vereinbarung vom Architekten gestellt worden ist, der Inhaltskontrolle nach § 307 Abs. 1, Abs. 2 Nr. 1 BGB. Eine unangemessene Benachteiligung ist im Zweifel anzunehmen, wenn eine Bestimmung mit wesentlichen Grundgedanken der gesetzlichen Regelung, von der abgewichen wird, nicht zu vereinbaren ist. Wenn die Parteien also im Architektenvertrag die Zahlung von Abschlagsleistungen ohne Stellen der Sicherheit vereinbaren, dürfte dies unwirksam sein.

292 Einen Anspruch auf Abschlagszahlung kann dann nicht mehr geltend gemacht werden, wenn das **Vertragsverhältnis beendet** ist, der Architekt also seine Leistung vollständig erbracht hat oder der Vertrag aus sonstigen Gründen, etwa aufgrund einer Kündigung, beendet wurde.[2]

293 Abschlagszahlungen sind lediglich vorläufige Zahlungen auf vorläufige Berechnungen, sie haben somit hinsichtlich der Honorarforderung **keine Erfüllungswirkung**.[3] Dies bedeutet, dass der Auftraggeber nach Erteilung der Schlussrechnung oder auch bei einer anderen Abschlagsrechnung bestimmen kann, wie die Abschlagszahlungen zu verrechnen sind.

bb) Voraussetzungen der Abschlagsforderung

294 Die nachfolgenden Ausführungen setzen eine **wirksame Abschlagszahlungsvereinbarung** voraus bzw. gehen von der Ansicht aus, § 8 Abs. 2 HOAI begründet einen selbständigen Anspruch auf Zahlungen von Abschlagsrechnungen.

295 Eine generelle Lösung oder gar Definition des Merkmals „**angemessene zeitliche Abstände**" gibt es nicht. Einerseits dürfte zu berücksichtigen sein, dass zwischen zwei Abschlagsrechnungen nennenswerte weitere Leistungen liegen sollen, damit der Auftraggeber nicht mit allzu häufigen Bagatellforderungen überzogen

---
1 *Pott/Dahlhoff/Kniffka*, HOAI, § 8 Rz. 12a, a. A. *Hesse/Korbion/Mantscheff/Vygen*, HOAI, § 8 Rz. 65; *Locher/Koeble/Frik*, HOAI, § 8 Rz. 67, sehen § 8 Abs. 4 HOAI und das Schriftformerfordernis als unwirksam an, weil sie nicht von der Ermächtigungsgrundlage des MRVG gedeckt sind.
2 BGH, BauR 1999, 267.
3 BGH, BauR 1997, 468; für das Architektenrecht BGH, BauR 1999, 267.

wird.¹ Andererseits herrscht Einigkeit darüber, dass dieses Merkmal leistungsbezogen und nicht zeitbezogen zu verstehen ist, es also auf einen **Leistungsfortschritt** ankommt, wobei der zeitliche Abstand unerheblich sein soll.² Letztendlich wird es auf den Einzelfall ankommen, im Besonderen auf die Dauer der Baumaßnahme und auf die Größe und den Zuschnitt des Objekts.³

Abschlagszahlungen können nur für **nachgewiesene**, vertragsmäßige **Leistungen** verlangt werden. Somit ergibt sich die Verpflichtung des Architekten oder Ingenieurs, nachzuweisen, dass er die Leistungen, die er mit der Rechnung abrechnen will, auch erbracht hat. Daraus wird abgeleitet, dass eine Abschlagsrechnung genau wie eine Schlussrechnung aufzustellen ist, damit der Auftraggeber überprüfen kann, welche Leistungen erbracht worden sind.⁴ Man wird nicht verlangen können, dass eine Leistungsphase des § 15 Abs. 2 HOAI vollständig abgeschlossen ist, auch Teile von einzelnen Grundleistungen können abgerechnet werden.⁵   296

Die **Fälligkeit** der Abschlagsforderung setzt im Unterschied zur Honorarschlussforderung weder die Abnahme noch die Abnahmereife der abgerechneten Leistungen voraus.⁶   297

cc) Verjährung der Abschlagsforderung

Abschlagsforderungen des Architekten unterliegen einer selbständigen Verjährung.⁷ Die Verjährung beginnt am Ende des Jahres, in dem die Abschlagszahlung angefordert worden ist und beträgt gemäß § 195 BGB drei Jahre. Bereits verjährte Forderungen aus Abschlagsrechnungen können von dem Architekten jedoch als Rechnungsposten in seiner **Schlussrechnung** eingestellt und geltend gemacht werden.⁸   298

dd) Bindungswirkung der Abschlagsrechnung

Nach der Rechtsprechung des BGH kann im Unterschied zu einer Schlussrechnung durch eine Abschlagsrechnung **kein Vertrauenstatbestand** zugunsten des Auftraggebers darin begründet werden, dass der Architekt mit der Abschlagsrechnung alle bisher erbrachten Leistungen vollständig und endgültig abrechnet. Eine Abschlagsrechnung und die auf eine derartige Rechnung geleistete Zahlung ist vorläufig.⁹   299

---

1 So *Pott/Dahlhoff/Kniffka*, HOAI, § 8 Rz. 10a.
2 *Hesse/Korbion/Mantscheff/Vygen*, HOAI, § 8 Rz. 56.
3 *Locher/Koeble/Frik*, HOAI, § 8 Rz. 62.
4 *Pott/Dahlhoff/Kniffka*, HOAI, § 8 Rz. 10a.
5 *Locher/Koeble/Frik*, HOAI, § 8 Rz. 59; *Hesse/Korbion/Mantscheff/Vygen*, HOAI, § 8 Rz. 54, insbesondere für die Leistungsphase 8 des § 15 Abs. 2 HOAI.
6 BGH, BauR 1996, 138.
7 BGH, BauR 1999, 267; bereits vor der Entscheidung des Bundesgerichtshofs *Locher/Koeble/Frik*, HOAI, § 8 Rz. 64 in der 7. Auflage; *Pott/Dahlhoff/Kniffka*, HOAI, § 8 Rz. 19; *Hesse/Korbion/Mantscheff/Vygen*, HOAI, § 8 Rz. 60ff.
8 BGH, BauR 1999, 267.
9 BGH, BauR 1996, 138.

ee) Rückforderung von Abschlagszahlungen

300 Sofern sich aus der Schlussrechnung eine **Überzahlung** des Auftraggebers ergibt, kann dieser den Differenzbetrag zurückverlangen, um den die Summe der Abschlagszahlungen das Gesamthonorar übersteigt. Insoweit handelt es sich um einen vertraglichen Anspruch, nicht um einen Bereicherungsanspruch.[1]

ff) Prüffähigkeit der Abschlagsrechnung

301 Die Fälligkeit der Abschlagsrechnung tritt erst ein, wenn dem Auftraggeber eine prüffähige Abrechnung zugegangen ist.[2] Fraglich ist insoweit, welche Anforderungen an die Prüffähigkeit der Abschlagsrechnung zu stellen sind, mit anderen Worten: Sind die Anforderungen die gleichen wie bei der Frage der Prüfbarkeit der Schlussrechnung? Unter Verweis auf ein Urteil des OLG Stuttgart[3], in dem das Gericht eine nachvollziehbare Aufstellung von Honorarzone, erbrachten Leistungsphasen, gegebenenfalls erbrachten Grundleistungen und den anrechenbaren Kosten fordert, wird im Schrifttum die Auffassung und auch Empfehlung vertreten, die hohen Anforderungen an eine prüffähige Honorarschlussrechnung auf Abschlagsrechnungen zu übertragen.[4] Das OLG Celle[5] nimmt Bezug auf eine Entscheidung des BGH aus dem Jahr 1997.[6] Mit dieser Entscheidung hat der BGH für eine Werklohnrechnung die Auffassung vertreten, dass die Anforderungen an die Prüffähigkeit der Abschlagsrechnung **erheblich geringer** sind als die an die Prüffähigkeit der Schlussrechnung. Dies nimmt das OLG Celle auch für eine Abschlagsrechnung des Architekten/Ingenieurs an.

Hinweis:
Dem Architekten/Ingenieur ist zu empfehlen, die strengen Anforderungen hinsichtlich der Prüffähigkeit der Schlussrechnung auch für die Abschlagsrechnung gelten zu lassen.

302 Hinsichtlich der Anforderungen im Einzelfall wird es auch bei der Abschlagsrechnung auf die Informations- und Kontrollinteressen des Auftraggebers ankommen. Maßstab für die Prüffähigkeit der Kostenaufstellung ist auch bei der Abschlagsrechnung § 10 HOAI. Die Abschlagsrechnung sollte auch im Regelfall in **vier Komponenten** aufgeteilt werden, nämlich den anrechenbaren Kosten, der Honorarzone, der Honorartafel und den erbrachten Leistungen sowie ihre Bewertung nach Prozentsätzen.

---

1 BGH, BauR 1990, 379; für den Bauvertrag BGH, BauR 1999, 635; *Portz/Rath*, Architektenrecht, 3. Aufl. 2000, Rz. 418; a. A. OLG Düsseldorf, BauR 1994, 272; OLG Köln, BauR 1995, 585; KG, BauR 1998, 348.
2 BGH, BauR 1999, 267.
3 OLG Stuttgart, BauR 1999, 67.
4 *Morlock*, Die HOAI in der Praxis, Rz. 396; *Löffelmann/Fleischmann*, Architektenrecht, Rz. 1372; *Locher/Koeble/Frik*, HOAI, § 8 Rz. 60.
5 OLG Celle, BauR 1999, 268 – von *Löffelmann/Fleischmann* fälschlicherweise als Ansicht des BGH zitiert –.
6 BGH, BauR 1997, 468.

c) **Die Schlussrechnung**

aa) **Zeitpunkt der Erteilung der Schlussrechnung**

Gemäß § 8 Abs. 1 HOAI wird das Honorar des Architekten und des Ingenieurs fällig, wenn die Leistung vertragsgemäß erbracht und eine prüffähige Honorarschlussrechnung überreicht worden ist. Zwar ist eine Abnahme der Architektenleistungen nicht erforderlich[1], jedoch muss die vertragsgemäße Werkleistung erbracht sein, also **Abnahmereife** vorliegen. Dabei bedeutet Abnahmefähigkeit nicht, dass das Architektenwerk ohne jeden Mangel ganz vollendet ist. Es genügt, wenn das Werk im Großen und Ganzen (in der Hauptsache, im Wesentlichen) dem Vertrag entsprechend hergestellt ist und demgemäß vom Besteller gebilligt werden kann.[2]

303

Eine vertragsgemäße Leistungserbringung des Architekten oder Ingenieurs ist zu verneinen, wenn er **wesentliche Mängel** zu verantworten hat. In diesem Fall ist von einer vertragsgemäßen Leistungserbringung erst dann auszugehen, wenn die Mängel beseitigt sind, soweit sie noch nachbesserungsfähig sind.

304

Sofern eine Nacherfüllung nicht mehr in Betracht kommt, ist das Honorar sofort fällig und der Bauherr auf seine Minderungs- oder Schadensersatzansprüche zu verweisen.[3] Der Bundesgerichtshof hat in seiner Entscheidung vom 11. 3. 1982[4] die gleiche Ansicht vertreten und bei Mängeln des Architektenwerks den Bauherren auf Gewährleistungsansprüche verwiesen, da anderenfalls bei der Erbringung von unvollständigen Teilleistungen Mängel doppelt berücksichtigt werden würden, nämlich einmal bei der Kürzung der Vergütungsansprüche, zum anderen bei den in aller Regel auf Schadensersatz gerichteten Gewährleistungsansprüchen des Bauherren.

305

Sofern der Architekt lediglich mit der Planung für das Bauwerk beauftragt worden ist, muss die Leistung des Architekten mit der **Übergabe der Pläne** als erbracht gelten.[5] Sofern der Architekt neben der Planung auch mit der Bauüberwachung beauftragt worden ist, ist das Architektenwerk mit Erledigung der letzten mit der Bauüberwachung geschuldeten Leistung erbracht.[6]

306

Ist der Architekt auch noch mit der **Leistungsphase 9** des § 15 Abs. 2 HOAI beauftragt, ist seine Tätigkeit erst nach der letzten dort zu erbringenden Leistung, nämlich der Objektbegehung vor **Ablauf der Gewährleistungsfrist** der jeweiligen Unternehmer, abgeschlossen.[7]

307

---

1 BGH, BauR 1986, 596; *Löffelmann/Fleischmann*, Architektenrecht, Rz. 1334; *Locher/Koeble/Frik*, HOAI, § 8 Rz. 8; *Hesse/Korbion/Mantscheff/Vygen*, HOAI, § 8 Rz. 22; *Werner/Pastor*, Rz. 962.
2 BGH, BauR 1972, 251; *Locher/Koeble/Frik*, HOAI, § 8 Rz. 9; *Werner/Pastor*, Rz. 962; *Löffelmann/Fleischmann*, Architektenrecht, Rz. 1342 u. *Pott/Dahlhoff/Kniffka*, HOAI, § 8 Rz. 9, sind der Ansicht, dass lediglich bei ganz geringfügigen oder unbedeutenden Mängeln der Architektenleistung von einer Fälligkeit auszugehen sei.
3 *Werner/Pastor*, Rz. 962; *Löffelmann/Fleischmann*, Architektenrecht, Rz. 1344.
4 BGH, BauR 1982, 290.
5 *Locher/Koeble/Frik*, HOAI, Einl. Rz. 70; *Morlock*, Die HOAI in der Praxis, Rz. 56.
6 *Morlock*, Die HOAI in der Praxis, Rz. 56.
7 *Morlock*, Die HOAI in der Praxis, Rz. 56.

308 Weitere Voraussetzung neben der vertragsgemäßen erbrachten Leistung ist, dass die **Schlussrechnung** dem Auftraggeber **zugegangen** ist.[1]

bb) Rückforderungsansprüche des Auftraggebers

309 Ergibt sich aus der Schlussrechnung, dass die Summe der Voraus- und Abschlagszahlungen des Auftraggebers bereits die Forderung des Architekten/Ingenieurs übersteigt, also eine Überbezahlung vorliegt, kann der Auftraggeber den Differenzbetrag zurückverlangen. Ein entsprechender Anspruch auf Zahlung des Überschusses ist ein vertraglicher und kein Bereicherungsanspruch.[2]

310 Fraglich und umstritten war bisher die Frage, ob der Auftraggeber geleistete Abschlagszahlungen zurückverlangen kann, wenn der Architekt keine oder eine **nicht prüffähige Schlussrechnung** innerhalb der vereinbarten oder einer angemessenen Frist vorlegt. Dies wurde in früherer Zeit vom BGH offen gelassen.[3] Die herrschende Meinung in der Rechtsprechung der Instanzgerichte und im Schrifttum hat einen entsprechenden Anspruch bejaht.[4]

311 Der **Bundesgerichtshof** hat jedoch mit seiner Entscheidung vom 11. 2. 1999[5] einen **Bereicherungsanspruch verneint**. Für einen solchen sei kein Raum, weil sich ein Zahlungsanspruch aus der vertraglichen Abrede ergebe. Dieser bestehe in Höhe einer Überzahlung. Für den Fall, dass der Auftragnehmer seiner Verpflichtung zur Abrechnung nicht nachkomme, könne der Auftraggeber ihn auf Abrechnung verklagen oder eine eigene Rechnung erstellen und den Überschuss einklagen. Ausreichend sei dabei eine Abrechnung, aus der sich ergibt, in welcher Höhe der Auftraggeber Vorauszahlungen bzw. Abschlagszahlungen geleistet habe und dass diesen Zahlungen eine entsprechende entgültige Vergütung des Auftragnehmers nicht gegenüber stehe. Soweit dem Auftraggeber eine nähere **Darlegung** dazu nicht möglich sei, könne er nicht auf die Möglichkeit einer Auskunftsklage verwiesen werden. Vielmehr könne er sich in diesem Fall auf den Vortrag beschränken, der bei zumutbarer Ausschöpfung der ihm zur Verfügung stehenden Quellen seinem Kenntnisstand entspreche.

Hinweis:
Diese Grundsätze der Entscheidung des BGH sind auch auf einen Architektenvertrag anzuwenden.

cc) Prüffähigkeit der Schlussrechnung

312 In Architektenhonorarprozessen geht es vielfach um die Frage, ob die vom Architekten vorgelegte Schlussrechnung – und wohl auch die vorgelegten Abschlagsrechnungen, vgl. oben Rz. 301 ff. – als prüffähig im Sinne von § 8 HOAI angesehen

---

1 *Löffelmann/Fleischmann*, Architektenrecht, Rz. 1346; *Werner/Pastor*, Rz. 979; *Locher/Koeble/Frik*, HOAI, § 8 Rz. 56; BGH, BauR 1999, 267, wenn auch nur bei einer Abschlagsrechnung.
2 BGH, BauR 1990, 379; BGH, BauR 1999, 635 zum VOB-Vertrag.
3 BGH, BauR 1990, 379.
4 OLG Düsseldorf, BauR 1994, 272; OLG Köln, BauR 1995, 583; KG, BauR 1998, 348 für einen Bauvertrag.
5 BGH, BauR 1999, 635.

wird. Eine Architektenrechnung muss prüffähig sein, damit das ausgewiesene Honorar fällig wird. Der Einwand des Auftragnehmers, die Rechnung sei nicht prüffähig und damit nicht fällig, ist in der forensischen Praxis weit verbreitet.

Zunächst muss man voranschicken, dass sich die Anforderungen an die Prüffähigkeit einer Architektenschlussrechnung aus den Informations- und Kontrollinteressen des Auftraggebers ergeben. Diese bestimmen und begrenzen die Anforderungen an die Prüffähigkeit. Die Prüffähigkeit ist somit kein Selbstzweck. Unter welchen Voraussetzungen eine Schlussrechnung als prüfbar angesehen werden kann, kann nicht abstrakt bestimmt werden. Die Anforderungen hängen vielmehr von den **Umständen des Einzelfalls** ab. Dabei ist unter anderem der beiderseitige Kenntnisstand über die tatsächlichen und rechtlichen Umstände von Bedeutung, auf denen die Berechnung des Honorars beruht.[1] In welchem Umfang die Schlussrechnung aufgeschlüsselt werden muss, damit der Auftraggeber in der Lage ist, sie in der gebotenen Weise zu überprüfen, hängt darüber hinaus von den Besonderheiten der Vertragsgestaltung und der Vertragsausführung ab.[2] 313

Grundsätzlich liegt es in der **Disposition des Auftraggebers**, ob er die Rechnung für prüffähig erachtet oder nicht. Der Zeitpunkt der Fälligkeit tritt mit dem Zeitpunkt der Disposition des Auftraggebers ein und nicht, weil erst zu diesem Zeitpunkt feststeht, dass die Rechnung prüffähig ist.[3] Fraglich ist jedoch, ob dies auch dann gilt, wenn die Rechnung offensichtlich und für jedermann erkennbar prüffähig ist und die fehlende Prüffähigkeit nicht ernsthaft in Zweifel gezogen werden kann. Stellt der Auftraggeber eine Architektenrechnung als im Ergebnis sachlich und rechnerisch richtig außer Streit, kann er die mangelnde Prüffähigkeit der Rechnung nicht mehr einwenden.[4] 314

Hinweis:
Mängel der Prüfbarkeit können vom Auftragnehmer noch nachträglich und sogar durch entsprechenden Prozessvortrag geheilt werden.[5]

Die Frage der Prüffähigkeit einer Rechnung ist zu trennen von der **inhaltlichen Richtigkeit**. Eine prüffähige Honorarschlussrechnung kann durchaus inhaltlich falsch sein. Die inhaltlich falschen Positionen können vom Auftraggeber gerügt und korrigiert werden.[6] 315

Hinweis:
Die Frage der Prüffähigkeit einer Architektenrechnung ist eine Rechtsfrage und keine Sachverständigenfrage.

Nachfolgend sollen die **Anforderungen** an die Prüffähigkeit der Schlussrechnung im Einzelnen dargelegt werden: 316

---
1 BGH, BauR 1998, 1108; BGH, BauR 2000, 1511.
2 BGH, BauR 1994, 655; *Werner/Pastor*, Rz. 969; *Locher/Koeble/Frik*, HOAI, § 8 Rz. 19.
3 BGH, BauR 2000, 589.
4 BGH, BauR 1997, 1065.
5 OLG Hamm, BauR 1998, 819; OLG Düsseldorf, BauR 2000, 1889; im Ergebnis auch BGH, BauR 1999, 63, wenn auch nicht „expressis verbis"; *Locher/Koeble/Frik*, HOAI, § 8 Rz. 19; *Morlock*, Die HOAI in der Praxis, Rz. 416.
6 BGH, NJW 2000, 2006; *Morlock*, Die HOAI in der Praxis, Rz. 415.

▷ **Maßstab** für die Prüffähigkeit der Kostenaufstellung ist **§ 10 HOAI**. Die Abrechnung muss im System der HOAI erfolgen, § 10 Abs. 1 HOAI. Aus der Aufstellung muss ersichtlich sein, welche Kosten vollkommen, gemindert oder gar nicht Grundlage der Kostenberechnung sein können.[1] Der Grad der hierbei notwendigen Aufschlüsselung hängt von dem Informations- und Kontrollinteresse des jeweiligen Auftraggebers ab, sie sind also nach der Sachkunde des Auftraggebers zu beurteilen.[2]

317 ▷ Die Rechnung ist im Regelfall **in vier Komponenten aufzuteilen**, nämlich die anrechenbaren Kosten, die Honorarzone, die Honorartafel und die erbrachten Leistungen sowie ihre Bewertung nach Prozentsätzen im Sinne der oben dargestellten Grundsätze, vgl. Rz. 279 ff.

318 ▷ **Besondere Vergütungen** für mehrere Entwurfsplanungen nach § 20 HOAI müssen ebenso wie Zuschläge für Umbauten oder Modernisierungen nach § 24 HOAI gesondert ausgewiesen werden.[3] Bei mehreren Gebäuden einer Anlage müssen die Kosten **gebäudebezogen** nach § 22 Abs. 1 HOAI aufgegliedert werden.[4]

319 ▷ Den jeweiligen Leistungsphasen muss die richtige Kostenermittlung nach § 10 Abs. 2 HOAI zugrunde gelegt werden. Die Berechnung der anrechenbaren Kosten muss dabei grundsätzlich nach dem **Muster der DIN 276** (1981) erfolgen[5], zu den Anforderungen der Kostenermittlung vgl. oben Rz. 265 ff.

320 ▷ Neben den anrechenbaren Kosten muss auch die **Honorarzone** angegeben sein.[6]

321 ▷ Neben den **Grundleistungen** ist das Honorar für **besondere Leistungen** im Einzelnen anzuführen.[7]

322 ▷ Nach herrschender Meinung müssen auch die **Paragraphen der HOAI** mit angegeben sein, es sei denn, es handelt sich um einen sachkundigen Bauherrn[8] oder der Architektenvertrag nimmt auf die einschlägigen Bestimmungen Bezug.[9]

323 ▷ In seiner früheren Rechtsprechung hat der BGH die Auffassung vertreten, dass die bereits geleisteten **Abschlagszahlungen** in der Schlussrechnung aufgeführt

---

1 BGH, BauR 1998, 1108.
2 BGH, ZfBR 2000, 46.
3 BGH, ZfBR 1994, 219.
4 BGH, BauR 2000, 1513.
5 Mit Vorsicht ist insoweit das Urteil des OLG Köln, BauR 2002, 1582, zu betrachten. Das OLG Köln hat ausgeführt, dass allein der Umstand, dass eine Honorarrechnung auf einer formal fehlerhaften Kostenermittlung beruhe, im Architektenhonorarprozess nicht ohne weiteres zur Unschlüssigkeit der Klage wegen fehlender Forderungsfälligkeit führe. Dem Fall lag eine Kostenberechnung nach der DIN 276 in der Fassung von 1983 und nicht 1981 zugrunde.
6 *Locher/Koeble/Frik*, HOAI, § 8 Rz. 26.
7 *Locher/Koeble/Frik*, HOAI, § 8 Rz. 28.
8 OLG Düsseldorf, BauR 1982, 294; *Locher/Koeble/Frik*, HOAI, § 8 Rz. 29; a. A. OLG Hamm, BauR 1994, 536.
9 OLG Düsseldorf, BauR 2001, 1137.

sowie ein Restbetrag ausgewiesen sein muss.[1] Diese Auffassung hat der BGH mit seinem Urteil vom 28. 10. 1999[2] dahin gehend eingeschränkt, dass die Nichtberücksichtigung der Abschlagszahlungen in der Schlussrechnung nur dann zu einer fehlenden Prüffähigkeit führt, wenn das Informations- und Kontrollinteresse des Auftraggebers deren Berücksichtigung erfordere. Daraus wird man den Schluss ziehen können, dass in den Fällen, in denen geleistete Abschlagszahlungen unstreitig sind, diese in der Schlussrechnung nicht aufgeführt werden müssen.

dd) Prüffähigkeit nach vorzeitiger Beendigung des Vertrags

Auch bei vorzeitiger Beendigung des Architektenvertrags ist es erforderlich, dass der Architekt zur Fälligkeit seines Honoraranspruchs eine prüfbare Schlussrechnung über sein Honorar für die bereits erbrachten und die nicht erbrachten Leistungen vorlegt. Etwaige Abschlagszahlungen müssen dabei berücksichtigt werden. 324

Das Honorar für nicht erbrachte Leistungen wird erst fällig, wenn der Architekt/ Ingenieur eine prüfbare Schlussrechnung für sein Honorar für die bereits erbrachten und die nicht erbrachten Leistungen erteilt hat.[3] Er ist allerdings nicht daran gehindert, seine Abrechnung auf die erbrachten Leistungen zu beschränken.[4] 325

Erweist sich die Rechnung lediglich hinsichtlich der erbrachten Leistungen als prüffähig, hinsichtlich der nicht erbrachten Leistungen jedoch als nicht prüffähig, darf das Gericht die Klage nicht insgesamt als derzeit unbegründet abweisen.[5] Die Konsequenz eines solchen Falles ist, dass lediglich die **Verjährung für den prüfbaren Teil** der Rechnung zu laufen beginnt, nicht jedoch für den nicht prüffähigen Teil. 326

Maßgebend für die Berechnung des Honorars des Architekten bei einer vorzeitigen Vertragsbeendigung ist jeweils die **Kostenermittlungsart**, die der jeweiligen Leistungsphase zur Zeit der Kündigung entspricht.[6] Dies gilt selbst dann, wenn der Bauherr später die Kostenfeststellung selbst vorlegt.[7] 327

Der Architekt/Ingenieur trägt bei der vorzeitigen Beendigung des Vertrags die **Darlegungs- und Beweislast** für die von ihm bis zur Beendigung als tatsächlich erbracht abgerechneten Leistungen.[8] Insoweit trägt er auch die Darlegungs- und Beweislast dafür, dass er mangelfrei geleistet hat.[9] 328

---

1 BGH, BauR 1994, 655.
2 BGH, BauR 2000, 430.
3 BGH, BauR 1994, 655.
4 BGH, BauR 1999, 265.
5 BGH, BauR 1999, 265.
6 BGH, BauR 1998, 813; BGH, BauR 1999, 1467; BGH, BauR 2000, 1511.
7 BGH, BauR 1999, 1467.
8 BGH, BauR 1994, 655.
9 BGH, BauR 1997, 1060.

d) Konsequenzen nicht prüffähiger Abschlags- und Schlussrechnungen

329 Eine nicht prüffähige Rechnung des Architekten verhindert die Fälligkeit des Honoraranspruchs. Die **Honorarklage** des Architekten wird in diesen Fällen als zur Zeit unbegründet abgewiesen.[1] Sofern das Gericht die Klage fälschlicherweise uneingeschränkt abweist und die Abweisung auf die fehlende Prüffähigkeit der Rechnung gründet, gilt die Klage dennoch als zur Zeit unbegründet abgewiesen.[2]

330 Die **Verjährung** der Honorarforderung beginnt erst zu laufen, wenn dem Bauherrn eine prüffähige Honorarschlussrechnung übergeben worden ist.[3] Der Rechtsprechung des BGH wird oft entgegengehalten, der Verjährungsbeginn könne nicht von der Prüffähigkeit einer Rechnung abhängen, zumal diese noch je nach Auftraggeber unterschiedliche Anforderungen haben kann. Zwar sei bei Vorlage einer nicht prüffähigen Rechnung noch keine Fälligkeit gegeben, der Architekt müsse sich jedoch nach Treu und Glauben so behandeln lassen, als ob seine Honorarschlussrechnung prüffähig wäre, da er sich sonst zu seinem eigenen Verhalten in Widerspruch setzen, die falsche Rechnungserteilung sonst noch belohnt[4] würde.

331 Der BGH hat sich mit diesem Argument auseinander gesetzt, dieses jedoch grundsätzlich abgelehnt.[5] Allerdings hat auch der BGH zugestanden, dass es **Fälle von Missbrauch** geben könne, die einen Rückgriff auf den Grundsatz von Treu und Glauben verlangen. So könne der Auftraggeber seinem mit der Schlussrechnung säumigen Architekten eine angemessene Frist zur Rechnungsstellung mit der Folge setzen, dass für die Frage der Verjährung nach Treu und Glauben bei weiterer Untätigkeit des Architekten von der Vorlage der Rechnung innerhalb angemessener Frist ausgegangen werden könne.[6] Jedoch bedeuten weder die Überreichung einer nicht prüffähigen Rechnung, noch die späte Vorlage einer prüfbaren Rechnung für sich alleine treuwidrige Verhaltensweisen. Es müssten zusätzliche Umstände gegeben sein, um aufgrund von Treu und Glauben rechtliche Folgen der Fälligkeit für einen Zeitpunkt annehmen zu können, in dem eine prüfbare Honorarschlussrechnung noch nicht vorgelegen habe.

Beispiel:
Ein solcher Umstand kann nach Auffassung des BGH eine Fristsetzung zur Vorlage der prüffähigen Rechnung seitens des Auftraggebers sein.[7]

10. Bindung an die Schlussrechnung

a) Stand der Rechtsprechung

332 Der Architekt ist nach Treu und Glauben an seine Schlussrechnung, die er in Kenntnis der für die Berechnung maßgeblichen Umstände erteilt hat, grundsätzlich gebunden. Ohne wichtigen Grund kann er von ihr nicht nachträglich zu sei-

---

[1] BGH, BauR 1995, 126.
[2] BGH, BauR 2000, 430; BGH, BauR 2001, 124.
[3] BGH, BauR 1986, 596.
[4] *Locher/Koeble/Frik*, HOAI, § 8 Rz. 37.
[5] BGH, BauR 2000, 589.
[6] BGH, BauR 1986, 596; BGH, BauR 2000, 589.
[7] BGH, BauR 2000, 589.

nem Vorteil abweichen, weil er sich anderenfalls in Widerspruch setzen würde, zu seiner der Schlussrechnung zu entnehmenden Erklärung, dass er mit ihr seine **Leistungen abschließend berechnet** habe.[1]

Dieser Grundsatz gilt bei anderen freien Berufen wie auch den Rechtsanwälten oder Steuerberatern nicht. Aus diesem Grund ist im Anschluss an diese oben erwähnte Entscheidung des Bundesgerichtshofes Kritik aufgekommen. In der Folgezeit hat der Bundesgerichtshof an dieser **Grundsatzentscheidung** nur noch mit Einschränkungen festgehalten. Nach wie vor stützt er die Bindungswirkung auf § 242 BGB. Der **Kritik** an seiner Entscheidung, der Architekt sei gegenüber den anderen freien Berufen benachteiligt, tritt der Bundesgerichtshof entgegen. Er führt insoweit aus, dass lediglich Architekten im Gegensatz zu anderen Berufsgruppen eine Schlussrechnung erstellen müssten, die eine umfangreiche und komplexe Aufstellung voraussetze. Die weitere geäußerte Kritik an seiner Rechtsprechung, jede Änderung der Schlussrechnung des Architekten sei nach § 242 BGB ein widersprüchliches Verhalten ohne Rücksicht darauf, ob auf der Gegenseite schutzwürdiges Vertrauen begründet worden sei, sieht der Senat als **teilweise berechtigt** an. Grundsätzlich hält der Bundesgerichtshof jedoch daran fest, dass eine Nachforderung des Architekten nach erteilter Schlussrechnung gegen Treu und Glauben verstoßen kann. Der Bundesgerichtshof führt wörtlich aus: 333

„Sofern in der Änderung der Schlussrechnung eine unzulässige Rechtsausübung i. S. v. § 242 BGB liegt, ist der Architekt an seine Schlussrechnung gebunden. Das ergibt sich allerdings noch nicht aus der Erteilung einer Schlussrechnung allein, sondern setzt vielmehr eine umfassende Abwägung der beiderseitigen Interessen voraus.

Im Einzelnen gilt Folgendes: Erteilt ein Architekt nach der HOAI eine Schlussrechnung, so liegt darin regelmäßig die Erklärung, dass er seine Leistung abschließend berechnet habe. Diese Erklärung hat erhebliches Gewicht. Aus ihr ergibt sich häufig für den Auftraggeber ein entsprechender Vertrauenstatbestand. Eine Nachforderung zur Schlussrechnung stellt jedoch nicht stets ein treuwidriges Verhalten dar. So kann der Architekt gute Gründe für eine nachträgliche Änderung haben. Andererseits begründet nicht jede Schlussrechnung eines Architekten beim Auftraggeber Vertrauen und ist nicht jedes erweckte Vertrauen schutzwürdig. Es müssen deshalb in jedem Einzelfall die Interessen des Architekten und die des Auftraggebers umfassend geprüft und gegeneinander abgewogen werden. Die Schutzwürdigkeit des Auftraggebers kann sich insbesondere daraus ergeben, dass er auf eine abschließende Berechnung des Honorars vertrauen durfte und sich darauf in einer Weise eingerichtet hat, dass ihm eine Nachforderung nach Treu und Glauben nicht mehr zugemutet werden kann. Auf Vertrauen wird sich der Auftraggeber allerdings im Regelfall insoweit nicht berufen können, als er selbst alsbald die mangelnde Prüffähigkeit der Schlussrechnung rügt, da er in diesem Fall in die Schlussrechnung gerade kein Vertrauen setzt.[2]"

Hinweis:
Eine Schutzwürdigkeit des Vertrauens des Auftraggebers entfällt nicht allein aus dem Grund, dass die Schlussrechnung auf einer unwirksamen Honorarvereinbarung beruht.[3]

---

1 BGH, BauR 1985, 582.
2 BGH, BauR 1993, 236.
3 BGH, BauR 1993, 239.

334 Die **grundsätzliche Bindungswirkung** an die Schlussrechnung tritt auch dann ein, wenn die Schlussrechnung nicht den Anforderungen an die Prüffähigkeit entsprach und deshalb den Honoraranspruch nicht fällig stellen konnte.[1]

b) Folgen für die Praxis

335 Für die Praxis stellt sich die Frage, welche Fälle bleiben, in denen eine **Bindungswirkung zu verneinen** sein wird.

336 Dies dürfte zum einen dann der Fall sein, wenn der **Auftraggeber** von vornherein entweder eine Beauftragung und damit einen Anspruch des Architekten auf eine Vergütung gänzlich **bestreitet** oder unmittelbar nach Zugang der Schlussrechnung die Prüffähigkeit der Schlussrechnung **rügt**. In diesen Fällen hat der Auftraggeber ersichtlich nicht auf eine abschließende Berechnung des Honorars vertraut und sich darauf nicht in einer Weise eingerichtet, dass eine Nachforderung ihm nach Treu und Glauben nicht mehr zugemutet werden kann.[2]

337 Locher nennt noch Fälle, in denen der Architekt die Abrechnung nach §§ 119, 123 BGB anfechten kann oder wenn die Schlussrechnung **erkennbare Fehler** enthält. Bei dem ersten Fall entfällt eine Bindungswirkung. Der zweite Fall dürfte fraglich sein.

338 Werner/Pastor ist der Ansicht, dass eine Bindungswirkung dann entfällt, wenn der Architekt sich die Erhöhung seiner Rechnung ausdrücklich vorbehält.[3] Dem dürfte nicht uneingeschränkt zuzustimmen sein. Zumindest der Bundesgerichtshof vertritt die Ansicht, dass die Frage, unter welchen Voraussetzungen ein **Vorbehalt** die Bindungswirkung einer Honorarschlussrechnung aufheben oder einschränken kann, von den Umständen des Einzelfalls abhänge, vor allem von den Vertragsverhandlungen der Parteien, dem Inhalt des Architektenvertrags sowie den Besonderheiten der Vertragsdurchführung. Der Bundesgerichtshof führt wörtlich aus:

„Ein derartiger Vorbehalt kann den durch die Schlussrechnung begründeten Vertrauensschutz des Auftraggebers nur dann einschränken, wenn der Auftraggeber aufgrund des Inhaltes des Vorbehaltes und der genannten besonderen Umstände des Einzelfalles das Risiko abschätzen kann, aus welchem Rechtsgrund, für welche Leistungen und in welcher Höhe der Architekt eine zusätzliche Honorarforderung möglicherweise nachträglich verlangen wird. Der Inhalt und Umfang der Information, der für den Auftraggeber als Beurteilungsgrundlage notwendig ist, damit er das Risiko etwaiger Nachforderungen und vor allem deren Berechtigung abschätzen kann, hängt wiederum von den besonderen Umständen des Einzelfalles ab. Nicht ausreichend und damit ohne Rechtswirkung ist jedenfalls ein unbestimmter Vorbehalt in einer Honorarschlussrechnung, der auch im Zusammenhang mit

---

1 *Locher/Koeble/Frik*, HOAI, § 8 Rz. 42; *Hesse/Korbion/Mantscheff/Vygen*, HOAI, § 8 Rz. 33; *Löffelmann/Fleischmann*, Architektenrecht, Rz. 1415; OLG Hamm, BauR 1989, 351; wohl auch OLG Düsseldorf, BauR 1996, 289, dass allerdings *Werner/Pastor*, Rz. 810 mit der Auffassung zitiert, eine Bindungswirkung komme nur dann in Betracht, wenn zugunsten des Auftraggebers ein über die Schlussrechnung hinausgehender weiterer Vertrauenstatbestand geschaffen wurde und dadurch einer Nachforderung des Architekten der Einwand des Rechtsmissbrauchs entgegengehalten werden kann.
2 Diesen Beispielsfall nennt auch der Bundesgerichtshof in seiner Entscheidung, BauR 1993, 236.
3 *Werner/Pastor*, Rz. 801.

den genannten Umständen des Einzelfalles dem Auftraggeber keine hinreichende Grundlage für die Beurteilung des Risikos etwaiger Nachforderungen bietet.¹"

In dem Fall, den der Bundesgerichtshof zu entscheiden hatte, hat der Architekt auf der Schlussrechnung vermerkt, dass von ihm Mehrleistungen getätigt wurden, auf deren Begleichung er bei umgehender Überweisung seiner Restforderung verzichte. Dies hat der Bundesgerichtshof als lediglich vage und nicht überprüfbare Andeutung angesehen, die Druck auf den Auftraggeber ausübe. 339

Eine Bindungswirkung der Schlussrechnung wird man auch in den Fällen verneinen, in denen die Rechnung **offensichtliche Fehler** enthält, die der Auftraggeber entweder erkannt hat oder hätte erkennen müssen², insbesondere bei falscher Berechnung der Mehrwertsteuer.³ 340

Wenn der Architekt eine Abrechnung übermittelt, die **erkennbar keine Schlussrechnung** ist, wird man gleichfalls nicht von einer Bindungswirkung ausgehen können. Zu beachten ist jedoch, dass die Rechnung nicht ausdrücklich als „Schlussrechnung" bezeichnet sein muss. Es ist ausreichend, dass die Rechnung keinen Zweifel daran lässt, dass damit die Leistungen des Architekten für das Bauvorhaben abschließend berechnet werden sollen. In diesem Fall ist die Abrechnung immer eine Schlussrechnung im Sinne der Rechtsprechung des Bundesgerichtshofs.⁴ 341

Streitig sind im Schrifttum und in der Rechtsprechung schließlich noch zwei Fragen. Zunächst wird teilweise die Ansicht vertreten, dass die Frage der Bindungswirkung und damit der unzulässigen Rechtsausübung **seitens des Auftraggebers dargelegt** und bewiesen werden müsse, eine **Prüfung von Amts wegen** würde nicht stattfinden.⁵ Andererseits wird die Ansicht vertreten, dass die Bindung an die Schlussrechnung von Amts wegen zu beachten sei, da die Bindung aus Treu und Glauben abgeleitet werde und aus diesem Grund keine Einrede darstelle.⁶ 342

Hinweis:
Für die **Praxis** wird der Auftraggeber die Umstände, aus denen sich eine Bindung ergibt, stets darlegen und gegebenenfalls unter Beweis stellen müssen. Da die Umstände des Vertrauenstatbestandes dem Gericht ohne einen Vortrag nicht bekannt sein dürften, ist dieser Meinungsstreit eher dogmatischer Natur.

Heftigst umstritten ist auch die Frage, ob sich die **Bindungswirkung** nur auf den Schlussrechnungsbetrag erstreckt, oder auch auf die abgerechneten oder nicht abgerechneten **Einzelpositionen** sowie auf Leistungen, die der Architekt **nicht aufgeführt** hat, jedoch in seiner Rechnung hätte aufnehmen können. Nach der Auffassung des Bundesgerichtshofs erfasst die Bindungswirkung nicht nur die in der Rechnung aufgeführten Positionen, sondern **alle Positionen**, die der Auftragneh- 343

---
1 BGH, BauR 1990, 382.
2 *Locher/Koeble/Frik*, HOAI, § 8 Rz. 46.
3 So auch BGH, BauR 1986, 593.
4 BGH, BauR 1985, 582.
5 *Werner/Pastor*, Rz. 803; *Locher/Koeble/Frik*, HOAI, § 8 Rz. 40.
6 *Löffelmann/Fleischmann*, Architektenrecht, Rz. 1428.

mer nicht aufgeführt hat und die er hätte aufnehmen können.¹ Im Schrifttum wird die Auffassung vertreten, dass dem Architekten auch nach Stellen der Schlussrechnung das Recht vorbehalten bleiben muss, zunächst nicht in Ansatz gebrachte Rechnungspositionen nachträglich in Rechnung zu stellen oder auf der Grundlage tatsächlich höherer anrechenbarer Kosten abzurechnen.²

V. Urheberrechte des Architekten

1. Voraussetzungen des Urheberschutzes

344 Gemäß § 22 Abs. 1 Nr. 4 UrhG sind Werke der bildenden Künste einschließlich der Werke der Baukunst und der angewandten Kunst und Entwürfe solcher Werke schutzfähig. Gemäss § 2 Abs. 1 Nr. 7 UrhG sind Darstellungen wissenschaftlicher oder technischer Art, wie Zeichnungen, Pläne, Karten, Skizzen, Tabellen und plastische Darstellungen vom Urheberrecht geschützt. Gemäss § 2 Abs. 2 UrhG ist jedoch Voraussetzung, dass diese Werke **persönliche geistige Schöpfungen** darstellen.

345 Bei der Frage, ob die Leistung des Architekten oder Ingenieurs urheberrechtlich geschützte Leistungen sind, wird man zunächst zu berücksichtigen haben, dass die Architekten in der Regel keine Kunstgegenstände fertigen, sondern **Gebrauchsgegenstände**. Diese Gebrauchsgegenstände unterliegen nicht dem Urheberrechtsschutz.

346 Damit es sich um ein **Werk der Baukunst** im Sinne des Urhebergesetzes handelt, muss die Architektur einen künstlerischen Rang aufweisen. Dies ist bei anspruchsvollen Bauaufgaben sowie bei individuellen und kreativen Lösungen möglich, die eben über die Planung reiner Gebrauchsgegenstände hinausgehen. Entscheidend ist also, ob ein künstlerisch gestalteter Bau vorliegt.³ Ein Baukunstwerk liegt nach der Rechtsprechung des BGH⁴ vor, wenn es aus der Masse des alltäglichen Bauschaffens herausragt und das Ergebnis einer persönlichen, geistigen Schöpfung ist oder sich vom durchschnittlichen Architektenschaffen abhebt.

347 **Leistungsbeschreibungen** sind nach Auffassung des BGH nur dann urheberrechtlich geschützt, wenn eine eigenschöpferische Formulierung des dargestellten Inhalts und/oder eine besondere geistvolle Form und Art der Sammlung, Einteilung und Anordnung des dargebotenen Stoffes gegeben ist.⁵

Beispiel:
Urheberrechtsschutz hat der BGH z. B. bei der Planung einer technisch anspruchsvollen Umgestaltung eines Treppenhauses in einem Dienstleistungszentrum bejaht.⁶ Dagegen ist eine Architektenleistung im Zusammenhang mit der Planung eines Einfamilienhauses, sofern diese nicht eine besondere individuelle oder kreative Lösung darstellt, grundsätzlich

---
1 BGH, BauR 1990, 382.
2 *Löffelmann/Fleischmann*, Architektenrecht, Rz. 1420; *Pott/Dahlhoff/Kniffka*, HOAI, § 8 Rz. 15b; *Jagenburg*, BauR 1976, 319.
3 *Werner/Pastor*, Rz. 1940.
4 BGH, BauR 1988, 361.
5 BGH, BauR 1984, 423.
6 BGH, BauR 1999, 272.

nicht als schutzwürdig nach dem Urhebergesetz anzusehen.[1] Auch Einzeldetails eines Bauwerks, wie beispielsweise die Fassadengestaltung, können eine eigenschöpferische Darstellung darstellen und urheberrechtsschutzfähig sein.[2]

Urheber eines Werks ist gemäß § 7 UrhG der **Schöpfer des Werks**, also diejenige natürliche Person, die das Werk geschaffen hat. Dies können auch mehrere Personen gemeinsam sein. Sofern ein Architekt als Angestellter ein Werk schafft, ist er dennoch Urheber des Werks. Urheberrechtliche Ansprüche können nur von dem alleinigen Urheber oder von allen Miturhebern übertragen werden.[3]

348

2. Ansprüche aus der Urheberrechtsverletzung

Sofern dem Architekten ein Urheberrecht an seinen Leistungen zusteht und dieses durch den Bauherrn oder einen Dritten verletzt wird, kann er gemäß § 97 UrhG bei einer widerrechtlichen Verletzung die **Beseitigung der Beeinträchtigung** verlangen oder bei Wiederholungsgefahr auf **Unterlassung** klagen. Der Urheber hat grundsätzlich ein Recht darauf, dass das von ihm geschaffene Werk, in dem seine individuelle künstlerische Schöpferkraft ihren Ausdruck gefunden hat, der Mit- und Nachwelt in seinen unveränderten individuellen Gestaltungen zugänglich gemacht wird, §§ 11, 14 UrhG. Der Schutz des Urhebers richtet sich nicht nur gegen künstlerische Verschlechterungen, sondern auch gegen andere Verfälschungen der Wesenszüge des Werks.

349

Daraus kann sich auch ein **Anspruch gegen Umgestaltungen** ergeben, die für sich genommen als Schaffung eines neuen urheberrechtlich schutzfähigen Werks anzusehen sind. Allerdings ist in einem solchen Fall bei der Beurteilung der Frage, ob ein Beseitigungsanspruch besteht, im Rahmen der erforderlichen Abwägung der Urheber- und der Eigentümerbelange das Interesse des Eigentümers des Bauwerks an der Erhaltung des neuen Werks mit zu berücksichtigen.[4]

350

Bei Vorliegen einer fahrlässigen oder vorsätzlichen Urheberrechtsverletzung steht dem Architekten aus der gleichen Vorschrift gegebenenfalls ein **Schadensersatzanspruch** zu. Anstelle des Schadensersatzanspruches kann der Architekt vom Verletzer auch die Herausgabe des Gewinns, den der Verletzer durch die Verletzung des Urheberrechts erlangt hat und Rechnungslegung über diesen Gewinn verlangen.

351

Da gemäß § 97 Abs. 2 UrhG Ansprüche aus anderen gesetzlichen Vorschriften unberührt bleiben, kommen noch Ansprüche des Architekten aus ungerechtfertigter Bereicherung, Delikt, § 1004 BGB sowie § 687 ff. BGB in Frage.

352

Von entscheidender Bedeutung ist die Höhe eines möglichen Schadens des Architekten oder Ingenieurs. Die Rechtsprechung spricht hier von einem Schadensersatzanspruch nach der **Lizenzanalogie**.[5] Dabei wird man grundsätzlich die Auf-

353

---

1 Vgl. beispielsweise OLG Hamm, BauR 1981, 300, für Grundrisspläne; vgl. die Rechtsprechungsübersicht bei *Werner/Pastor*, Rz. 1945.
2 BGH, BauR 1989, 348.
3 BGH, BauR 1999, 272.
4 BGH, BauR 1999, 272.
5 BGH, BGHZ 61, 88.

fassung vertreten können, dass der Architekt ein Honorar für diejenigen Leistungsphasen des § 15 Abs. 2 HOAI verlangen kann, die direkt mit seiner schöpferischen, Individualität für das Bauwerk schaffenden, Tätigkeit in Verbindung stehen.[1]

354 Sofern dem Architekten ein Urheberrecht an seinen Leistungen zusteht, kann er gemäß § 13 Satz 2 UrhG verlangen, dass an geeigneter Stelle am Werk ein Hinweis auf ihn angebracht wird, das Werk also mit einer **Urheberbezeichnung** versehen wird. Das Recht auf Anbringung der Urheberbezeichnung kann jedoch durch Vertrag zwischen Urheber und Werkverwerter eingeschränkt werden. Soweit sich Verkehrsgewohnheiten oder eine allgemeine Branchenübung gebildet haben, geht die Rechtsprechung davon aus, dass diese beim Abschluss von Verwertungsverträgen mangels abweichender Abreden stillschweigend zugrunde gelegt werden.[2]

VI. Der Architektenvertrag

1. Der Architektenvertrag im Spiegel des AGB-Gesetzes und der EG-Richtlinie über missbräuchliche Klauseln in Verbraucherverträgen

355 Bestimmungen eines Architektenvertrags unterliegen, sofern die Voraussetzungen des § 305 BGB vorliegen, der **Inhaltskontrolle** der §§ 307 ff. BGB. Sofern die unwirksame Klausel vom Architekten gestellt worden ist, kann dieser sich nicht auf die Unwirksamkeit einer Klausel berufen. Gleiches gilt für den Auftraggeber, sofern dieser den Vertrag vorgelegt hat.

356 Auch die **so genannte AVA** (Allgemeine Vertragsbedingungen zum Einheitsarchitektenvertrag) unterliegt der Inhaltskontrolle durch die §§ 307 ff. BGB. Sofern in Architektenverträgen das freie Kündigungsrecht des Auftraggebers beschränkt wird, vgl. Ziffer 8.1 AVA, ist eine solche Klausel nach der Rechtsprechung des BGH[3] unwirksam. Auch Klauseln, die von **§ 22 HOAI** abweichen, dürften gleichfalls AGB-widrig sein.

357 Darüber hinaus sind Architektenverträge an der **Richtlinie 93/13/EWG** des EG-Ministerrats vom 5. 4. 1993 über missbräuchliche Klauseln in Verbraucherverträgen zu messen.

Hinweis:
Wenn man Vertragsklauseln anhand dieser Richtlinie misst, sollten stets die insgesamt 24 aufgezählten Gründe zum Erlass der Richtlinie durch den Rat der europäischen Gemeinschaften herangezogen werden.

Gemäß Art. 10 Abs. 1 der Richtlinie waren die Mitgliedsstaaten verpflichtet, die Richtlinie bis zum 31. 12. 1994 umzusetzen und die erforderlichen Rechts- und Verwaltungsvorschriften zu erlassen. In das deutsche Recht ist die Klauselricht-

---

1 So auch OLG Nürnberg, BauR 1998, 168.
2 BGH, BauR 1994, 784.
3 BGH, BauR 1999, 1294.

linie durch § 24 a AGB-Gesetz (§ 310 Abs. 3 BGB n. F.) verspätet umgesetzt worden. Jedoch ist die Richtlinie auch auf Verträge, die in der Zeit zwischen dem Ablauf der Umsetzungsfrist und der tatsächlichen Umsetzung abgeschlossen worden sind, unmittelbar anwendbar.[1]

Der Architektenvertrag ist ein **Verbrauchervertrag** im Sinne der Richtlinie, wenn er zwischen dem privaten Bauherrn und dem Architekten zustande kommt. Der Architekt ist im Sinne der Richtlinie Gewerbetreibender, weil er beruflich tätig wird.[2] Der private Bauherr wird als Verbraucher geschützt. Hat der private Bauherr jedoch selbst Bauvertragsklauseln entworfen und in sein Vertragsverhältnis zum Architekten eingeführt, so greift die Richtlinie nicht, weil sie sich nur auf den Verbraucher als Kunden bezieht.[3] 358

Ist der Auftraggeber des Architekten ein Bauträger oder ein anderer Gewerbetreibender oder die öffentliche Hand, so fällt der vom Architekten gestellte Vertrag nicht unter die Richtlinie, der Selbständige wird als **Gewerbetreibender** nicht geschützt.[4] 359

Eine wichtige Vorschrift ist Art. 3 der Richtlinie, der in Abs. 1 zunächst die **Generalklausel** enthält, deren Abs. 2 in § 24 a AGB-Gesetz, dem jetzigen § 310 Abs. 3 BGB, ihren Niederschlag gefunden hat und schließlich Abs. 3, der auf eine erschöpfende Liste der Klauseln verweist, die für missbräuchlich erklärt werden. 360

Für den Architektenvertrag, insbesondere die zahlreichen, erhältlichen Vertragsmuster, dürfte noch Art. 4 Abs. 2 der Richtlinie entscheidend sein. Die Beurteilung der **Missbräuchlichkeit der Klausel** betrifft nur dann nicht die Angemessenheit zwischen dem Preis und der Dienstleistung, sofern die Klauseln **klar und verständlich** abgefasst sind. Dies bedeutet im Umkehrschluss, dass Preisabsprachen, die nicht klar und verständlich abgefasst sind, unwirksam sein können. 361

Hinweis:
Dies zeigt einmal mehr, wie wichtig es ist, die Leistungen des Architekten, für die er ein Honorar erhält, bereits im Vertrag zu beschreiben. Verfehlt ist es nicht zuletzt aus diesem Grund, in einem Architektenvertrag die vom Architekten zu erbringenden Leistungen an § 15 Abs. 2 HOAI zu orientieren. Nochmals sei klargestellt, dass die Leistungsbilder der HOAI keine Leistungsbilder sind, sie heißen nur so.[5]

Auch wenn die HOAI begrifflich von **Leistungsbildern** spricht, sind damit nicht normative Leitbilder bzw. vertragliche Leistungsbilder für den Inhalt von Architektenverträgen gemeint. Die Leistungsbilder dienen nicht der Beschreibung der vom Architekten vorzunehmenden und vom Auftraggeber zu honorierenden Handlungen. Im Übrigen kann weder der Verordnungsgeber der HOAI, noch können die Parteien durch Begriffsverwendungen normative Folgen herbeiführen. Als Beispiel sei daran erinnert, dass auch der Bauträgervertrag, der von den Par- 362

---

1 EuGH, NJW 2000, 2571.
2 *Frieling*, BauR 1994, 154, 156.
3 *Frieling*, BauR 1994, 154, 155.
4 *Frieling*, BauR 1994, 154, 156.
5 BGH, BauR 1997, 154; BGH, BauR 1999, 187.

teien als Kaufvertrag bezeichnet wird, ein Werkvertrag ist. Für die Leistungsbilder in der HOAI fallen lediglich bestimmte Honorarteile an und zwar nur der Höhe, nicht dem Grunde nach. Die in der HOAI geregelten Leistungsbilder sind also **Gebührentatbestände** für die Berechnung des Honorars der Höhe nach.[1]

363 Daraus folgt weiter, dass die HOAI auch nicht konkludent oder stillschweigend als Leistungsinhalt vereinbart ist.

2. Musterverträge

a) Klauseln in Musterverträgen

364 Viele gängige Musterverträge weisen unter § 1 oder der ersten Ziffer eine Regelung hinsichtlich des **Gegenstands des Vertrags** auf. Dabei ist oft vorgesehen, dass die Parteien entweder durch ankreuzen oder durch ein bis zwei Sätze den Gegenstand des Vertrags im Einzelnen beschreiben. Sodann findet man eine Auflistung der Leistungsphasen des § 15 Abs. 2 HOAI. Bei einer solchen Vertragsgestaltung wird übersehen, dass § 15 Abs. 2 HOAI nicht regeln kann, welche Leistungen der Architekt zu erbringen hat. Dies richtet sich allein nach Werkvertragsrecht, vgl. oben Rz. 31 ff.

365 Zahlreiche Musterverträge beschränken unter der Überschrift „Aufgaben des Bauherrn" das **Abnahmerecht des Bauherrn** dahin gehend, dass eine Abnahme nach entsprechender Beratung durch den Architekten erfolgen soll oder der Bauherr verpflichtet wird, eine förmliche Abnahme mit den Baubeteiligten durchzuführen. Ungeachtet der Frage, ob eine solche Klausel nach § 307 BGB unwirksam ist, erscheint sie rechtlich nicht durchsetzbar. Insbesondere stellt sich die Frage, welche Folgen die Nichtbeachtung dieser Abnahmebeschränkung durch den Bauherrn haben soll.

366 Auch Regelungen hinsichtlich einer **Zusatzvergütung des Architekten** oder Ingenieurs bei der Verlängerung der Bauzeit bzw. Unterbrechung des Vertrags sind problematisch. So ist beispielsweise im „Einheitsarchitektenvertrag für Gebäude" geregelt, dass in dem Fall, in dem die Bauausführung sich verlängert, die Parteien über eine angemessene Erhöhung des Honorars für die Bauüberwachung verhandeln. Im Abs. 2 dieser Regelung wird festgelegt, dass dem Architekten für die Dauer der Unterbrechung des Bauvorhabens eine angemessene Entschädigung zustehen soll. Dem Architekten wird hier ein **Verzögerungsschaden** zugesprochen, ohne dass die Voraussetzung des Verzugs vorliegen müssen. Aus diesem Grund erscheinen solche Regelungen unwirksam nach den §§ 307 ff. BGB.

367 Bei etwaigen **Haftungsfreizeichnungen**, wie sie in einer Vielzahl von Musterverträgen vorhanden sind, ist die Rechtsprechung des BGH bei der Haftungsbeschränkung bei so genannten Kardinalpflichten zu beachten.[2]

---

1 BGH, BauR 1997, 154.
2 BGH, BGHZ 89, 367.

Der Architektenvertrag Rz. 373 **Teil 10**

Viele Musterverträge enthalten eine Klausel, die etwa wie folgt lautet: 368

Wird der Architekt wegen eines Schadens am Bauwerk auf Schadensersatz in Geld in Anspruch genommen, kann er vom Bauherrn verlangen, dass ihm die Beseitigung des Schadens übertragen wird. Wird der Architekt wegen eines Schadens in Anspruch genommen, den auch ein Dritter zu vertreten hat, kann er vom Bauherrn verlangen, dass der Bauherr sich außergerichtlich erst bei einem Dritten ernsthaft um die Durchsetzung seiner Ansprüche auf Nachbesserung und Gewährleistung bemüht.

Die **Übertragung des Nachbesserungsrechts** auf den Architekten ist zumindest nach § 309 Nr. 8 Buchst. b, bb BGB[1] und § 307 BGB[2] bedenklich, da sie die Gewährleistungsansprüche gegenüber dem Architekten oder Ingenieur zunächst auf die Nachbesserung (Nacherfüllung) beschränken. Hinsichtlich des zweiten Satzes muss man sich im Klaren sein, dass sich der Verjährungsbeginn für die Gewährleistungsansprüche gegenüber dem Architekten hinauszögern, nämlich bis zu dem Zeitpunkt, in denen die Ansprüche gegen den Dritten nicht mehr durchgesetzt werden können.

Vertragliche Klauseln in allgemeinen Geschäftsbedingungen, die das **freie Kündi-** 369 **gungsrecht** des Auftraggebers ausschließen, sind spätestens seit der Entscheidung des BGH vom 8. 7. 1999[3] als unwirksam anzusehen.

Sofern Musterverträge Klauseln enthalten, die bei einer **Kündigung aus wichti-** 370 **gem Grund** seitens des Bauherrn dem Architekten oder Ingenieur ein Anspruch auf Vergütung der bis zum Zeitpunkt der Kündigung erbrachten Leistungen zuspricht, sind diese Klauseln seit dem Urteil des BGH vom 5. 6. 1997[4] gleichfalls als unwirksam anzusehen. Dem Architekten steht hier lediglich ein Anspruch auf Vergütung für erbrachte Leistungen zu, wenn diese **mangelfrei** erbracht worden sind. In diesem Fall kann der Auftraggeber immer noch einwenden, dass die Leistungen für ihn nicht brauchbar oder ihre Verwertung nicht zumutbar ist.

Im Übrigen sind bei den vertraglichen Regelungen hinsichtlich des Honorars bei 371 einer Kündigung des Auftraggebers die Grundsätze des Urteils des BGH vom 10. 10. 1996[5], vgl. oben Rz. 51 ff., zu berücksichtigen.

Klauseln dergestalt, dass eine **Herausgabepflicht** des Architekten für **Bauunterla-** 372 **gen** erst fällig wird, wenn der Architekt sein gesamtes Honorar erhalten hat, dürften gleichfalls nach den §§ 307 ff. BGB unwirksam sein. Auf eine solche Klausel sollte man in Architekten- oder Ingenieurverträgen verzichten.

b) Der Einheitsarchitektenvertrag/AVA

Aus mehreren Gründen erscheint der Einheitsarchitektenvertrag Muster 1995 373 nicht geeignet, die vertraglichen Beziehungen zwischen Bauherrn und Architek-

---

1 Bis 31. 12. 2001 § 11 Nr. 10 Buchst. b AGBG.
2 Bis 31. 12. 2001 § 9 AGBG.
3 BGH, BauR 1999, 1294.
4 BGH, BauR 1997, 1060.
5 BGH, BauR 1997, 156.

ten zu regeln. Bereits § 1, Gegenstand des Vertrags, zeigt die Schwäche des Einheitsarchitektenvertrags. § 1 ist nicht orientiert an den Begriffen des Werkvertragsrechts und lässt die zwingend **notwendige Beschreibung der Architektenleistung** nicht zu.

374 Ähnliches gilt für § 2, **Aufgaben und Pflichten** des Architekten, der im Übrigen § 1.1 AVA entspricht. Auch hier wird der Werkerfolg in den Leistungsbildern des § 15 Abs. 2 HOAI beschrieben.

375 § 4.9 Abs. 1 des Einheitsarchitektenvertrags erscheint, sofern das Honorar der Leistungsphase 9 nach deren Abschluss und einer entsprechenden Schlussrechnung fällig wird, AGB-widrig. Voraussetzung für die **Fälligkeit des Honorars** ist die vertragsgemäß erbrachte und abnahmefähige Leistung des Architekten. § 4.9 Abs. 2, der § 4. 1 AVA entspricht, steht im Widerspruch zu § 8 Abs. 2 HOAI. § 4.9 Abs. 3, **Aufrechnungsverbot**, erscheint unvereinbar mit der EG-Richtlinie über missbräuchliche Klauseln in Verbraucherverträgen, siehe Regel 3 Abs. 3 Anhang c der EG-Richtlinie. Auch § 6, Regelung der Zusatzvergütung, sieht die Erstattung von Verzögerungsschäden vor, ohne das Verzugsvoraussetzungen vorliegen. Eine solche Klausel dürfte gleichfalls AGB-widrig sein.

376 § 7.4, **Beschränkung in der Haftung** für leichte Fahrlässigkeit, dürfte gleichfalls mit der EG-Richtlinie über missbräuchliche Klauseln in Verbraucherverträgen nicht vereinbar sein. Die subsidiäre Haftung des Architekten in § 7.6 Satz 2 des Einheitsarchitektenvertrags ist kein Vorteil, sondern ein Nachteil für den Architekten. Die Klausel verschiebt den Verjährungsbeginn auf den Zeitpunkt des Fehlschlags des Versuchs der Durchsetzung der Ansprüche des Bauherrn gegen Dritte.

377 § 9.1, der den **Ausschluss des einfachen Kündigungsrechts** vorsieht, ist nach der Rechtsprechung des BGH[1] nach § 307 Abs. 2 Nr. 1 BGB unwirksam.

378 Gleiches gilt für § 9 Satz 2 des Einheitsarchitektenvertrags, der die Vergütung für erbrachte Leistungen regelt. Nach der Rechtsprechung des BGH ist neben der Mangelfreiheit der **Werkleistung** des Architekten weitere Voraussetzung, dass sie für den Auftraggeber **brauchbar** und ihre **Verwertung zumutbar** ist.[2] Diese Einschränkung sieht die Bestimmung im Einheitsarchitektenvertrag nicht vor. Auch § 9 Satz 3 hinsichtlich der **Vergütung für nicht erbrachte Leistungen** widerspricht der Rechtsprechung des BGH.

c) Einige Vorschläge zur Vertragsgestaltung

379 Bereits mehrfach wurde angeführt, dass die vom Architekten zu erbringenden Leistungen möglichst umfassend zu beschreiben sind. Dies kann in einer Art **Leistungsverzeichnis** geschehen. Auch die Anforderungen an die Planung, die der Architekt zu erbringen hat, können und sollten im Vertrag bereits beschrieben werden. Gleiches gilt für von Bauunternehmen auszuführende Leistungen, für die der Architekt eine gesteigerte Überwachungspflicht übernehmen soll, bei-

---

1 BGH, BauR 1999, 1294.
2 BGH, BauR 1997, 1060.

spielsweise Abdichtung und Dach. Auch **Fristen** für die Fertigung von Plänen, Kostenermittlungen oder Leistungsverzeichnissen können vereinbart werden, diese gegebenenfalls geknüpft an Vertragsstrafenregelungen. Im Rahmen der vom Architekten zu erbringenden **Bauüberwachung** kann vereinbart werden, dass er, sofern förmliche Abnahmen durchgeführt werden, bei diesen anwesend sein soll.

Auf Seiten des Auftraggebers sollte man überlegen, eine **Kostengrenze** als Beschaffenheitsvereinbarung im Vertrag aufzunehmen. Die Folge ist dann, dass eine Überschreitung der Kostengrenze aus Gründen, die der Architekt zu vertreten hat, zu einem Mangel des Werks führt.[1] Weiterhin kann daran gedacht werden, ein **Kündigungsrecht** aus wichtigem Grund bei einer Kostenüberschreitung zu vereinbaren. Darüber hinaus können zusätzliche Vereinbarungen über mögliche Kündigungsgründe getroffen werden. 380

Unter Hinweis auf die Rechtsprechung des BGH[2] können die Parteien eines Architektenvertrags vereinbaren, dass und in welchen Punkten die vom Architekten zu erstellende Planung nicht genehmigungsfähig sein muss. Unabhängig davon kann der Architekt durch Information und Beratung des Bauherrn bei Abschluss des Architektenvertrags und während der Vertragsführung das **Haftungsrisiko bei nicht erteilter Baugenehmigung** begrenzen.[3] Für den Auftraggeber empfiehlt sich eine Vereinbarung dahin gehend, dass die Nichterteilung der Baugenehmigung die fehlende Genehmigungsfähigkeit der Genehmigungsplanung indiziert. Als Vertreter des Architekten kann man gegebenenfalls darauf drängen, dass zusätzlich vereinbart wird, dass der Auftraggeber sich zur Durchführung des Widerspruchsverfahrens verpflichtet. 381

3. Internationales Architektenvertragsrecht

Eine bedeutende Frage bei internationalen Architektenverträgen ist die nach dem **anwendbaren Recht**. Dies gilt sowohl für den Fall, dass ein ausländischer Architekt Leistungen für einen Auftraggeber mit gewöhnlichem Aufenthalt in der Bundesrepublik Deutschland erbringt oder ein Auftragnehmer mit gewöhnlichem Aufenthalt in der Bundesrepublik Deutschland Leistungen für einen Auftraggeber im Ausland erbringt. 382

Zunächst können die Parteien eine **ausdrückliche Rechtswahl** nach Art. 27 Abs. 1 Satz 1 EGBGB treffen. Sofern dies nicht geschieht, hat der BGH hinreichende Anhaltspunkte für die stillschweigende Rechtswahl zugunsten des deutschen Rechts in einem grenzüberschreitenden Bauvertrag dann gesehen, wenn die Parteien die VOB/B, die VOL und die deutschen DIN-Vorschriften vereinbart und die besonderen Vereinbarungen des Vertrags an der VOB/B und den gesetzlichen Vorschriften des deutschen Werkvertragsrechts orientiert haben.[4] Die Vereinbarung oder die fehlende Vereinbarung der HOAI soll allenfalls von geringer indizieller Bedeutung für die Beurteilung einer konkludenten Rechtswahl nach 383

---
1 BGH, BauR 1997, 494.
2 BGH, BauR 1999, 1195.
3 BGH, BauR 1999, 934.
4 BGH, BauR 1999, 631.

Art. 27 Abs. 1 Satz 2 2. Alternative EGBGB sein, da die HOAI als zwingendes Preisrecht des öffentlichen Rechts unabhängig von einer Rechtswahl der Vertragsparteien gelte.[1] In der oben zitierten Entscheidung hat der BGH aus mehreren Indizien den Schluss gezogen, dass der deutsche Auftraggeber und ein in Norwegen ansässiger Architekt konkludent gemäß Art. 27 Abs. 1 Satz 2 2. Alternative EGBGB das deutsche materielle Recht gewählt haben.[2]

384 Beim Fehlen einer Rechtswahl unterliegt der Architektenvertrag dem Recht am **Niederlassungsort** bzw. am gewöhnlichen Aufenthaltsort des Werkunternehmers, weil dieser die charakteristische Leistung im Sinne des Art. 28 Abs. 2 Satz 2 EGBGB erbringt.[3] Im Regelfall unterliegt also ein internationaler Architektenvertrag nach der Vermutungsregelung des Art. 28 Abs. 2 EGBGB dem Recht des Staates, in dem der Architekt als Schuldner der für den Vertrag charakteristischen Leistung im Zeitpunkt des Vertragsabschlusses seinen gewöhnlichen Aufenthalt bzw. seine Niederlassung hat, es sei denn, aus dem Gesamtumstand ergibt sich, dass der Vertrag eine engere Beziehung zu einem anderen Staat aufweist, Art. 28 Abs. 5 EGBGB.

385 Erwähnt werden soll schließlich noch Art. 34 EGBGB. Die Vorschriften des **Bauordnungsrechts** und zwingend geregelte Qualitäts- und Sicherheitsstandards sind danach von einem Architekten auch dann zu beachten, wenn der Architektenvertrag einem fremden Schuldstatut unterliegt. Die Frage, ob die HOAI als zwingendes Recht im Sinne des Art. 34 EGBGB anzusehen ist, ist ungeklärt.

Hinweis:
Um Streitigkeiten über die Honorarfrage zu vermeiden, sollten die Parteien die Anwendbarkeit der HOAI vereinbaren. Gleichfalls sollte der Auftraggeber sicherstellen, dass der technische Standart und Qualitätsstandard der Bundesrepublik Deutschland in den Vertrag einfließt. Dies wird erreicht, wenn mit einem ausländischen Architekten deutsches Recht und die internationale Zuständigkeit deutscher Gerichte vereinbart wird. Falls ausländisches Recht gilt, beispielsweise aufgrund einer Rechtswahl oder aufgrund Art. 28 EGBGB, sollte bei der Beschreibung der vom Architekten zu erbringenden Leistung darauf geachtet werden, die technischen Standards zu definieren und mit dem Architekten zu vereinbaren.

VII. Der Architekt/Ingenieur im Prozess

1. Die Honorarklage des Architekten

a) Zulässigkeitsprobleme

386 Mit seinem Beschluss vom 5. 12. 1985[4] hat der BGH klargestellt, dass der **Erfüllungsort** für die beiderseitigen Verpflichtungen aus einem Bauvertrag regelmäßig der Ort des Bauwerks ist. Somit können alle bauvertraglichen Ansprüche wechselseitig an dem Ort des Bauwerks gerichtlich geltend gemacht werden.

---

1 BGH, NJW 2001, 1936; Thode/Wenner, Rz. 19.
2 BGH, NJW 2001, 1936.
3 BGH, BauR 1999, 677.
4 BGH, BauR 1986, 241.

Für die Honorarklage des Architekten gilt das Gleiche. Eine Einschränkung ist nur dann zu machen, wenn das Bauwerk nicht errichtet wurde, in diesem Fall soll der Gerichtsstand des Erfüllungsortes nach § 29 ZPO nicht gelten, so dass es bei dem **allgemeinen Gerichtsstand** der §§ 12, 13 ZPO verbleibt.[1] Dies gilt auch, wenn der Architektenvertrag vom Bauherrn gekündigt worden ist.[2] 387

Gleiches gilt für die Fälle, in denen dem Architekten nur die **Planung** übertragen worden ist und sich die Planungsleitung nicht im Bauwerk realisiert hat.[3] 388

b) Aufbau und Inhalt einer Klageschrift

Die Honorarklage des Architekten oder Ingenieurs sollte folgendes Vorbringen enthalten, damit sie **schlüssig** ist: 389

▷ Zeitpunkt des Vertragsschlusses, Vorlage des Architektenvertrags

▷ Angaben zum Leistungsumfang

▷ Honorarvereinbarung, gegebenenfalls Vereinbarung hinsichtlich der anrechenbaren Kosten, der Honorarzone und des Honorarsatzes

▷ gegebenenfalls Vereinbarung über pauschale Nebenkosten

▷ Umfang der vom Architekten oder Ingenieur erbrachten Leistungen, insbesondere Baugenehmigung, Vorlage der Kostenermittlungen, Angaben über die Vergabe, Datum der Fertigstellung des Bauwerks

▷ Angaben zu der Abnahme der Architektenleistung, zumindest der Zeitpunkt der Fertigstellung der Architektenleistung und damit Abnahmefähigkeit

▷ Datum und Vorlage der Schlussrechnung des Architekten

▷ Angaben über gezahlte Abschlagsrechnungen

▷ Mahnschreiben des Architekten oder Ingenieurs, Schriftverkehr nach Vorlage der Schlussrechnung

▷ Anspruchsgrundlage der Honorarforderung (§ 631 Abs. 1 BGB)

▷ Behauptung, dass die Honorarrechnung fällig und prüffähig ist, Beweisangebot Sachverständigengutachten

▷ Erläuterung der Zusammensetzung des Honorars

Beispiel:
Die Honorarrechnungen vom … sind prüffähig und fällig. Die anrechenbaren Kosten ergeben sich aus der Kostenberechnung vom … Diese endet mit einem Betrag in Höhe von … Euro. Für das vorliegende Bauvorhaben war die Honorarzone III – Mindestsatz – in Ansatz zu bringen. Hieraus errechnet sich ein Honorar in Höhe von … Euro. Der Kläger hat die Leistungsphasen 1 bis 4 vollständig erbracht, somit 27 % sämtlicher Leis-

---

1 OLG Zweibrücken, BauR 1990, 513; *Locher/Koeble/Frik*, HOAI, § 1 Rz. 27; *Hesse/Korbion/Mantscheff/Vygen*, HOAI, § 8 Rz. 75; *Werner/Pastor*, Rz. 421.
2 *Werner/Pastor*, Rz. 421.
3 *Locher/Koeble/Frik*, HOAI, § 1 Rz. 27; *Hesse/Korbion/Mantscheff/Vygen*, HOAI, § 8 Rz. 75; *Werner/Pastor*, Rz. 421.

tungsphasen des § 15 Abs. 2 HOAI. Hieraus ergibt sich ein Honoraranspruch in Höhe von ... Euro.

▷ Verzug des Beklagten, Angaben über den Verzugsschaden

2. Muster einer Klageschrift im Rahmen einer Honorarklage

390 Landgericht[1] Erfurt

Klage

des Dipl.-Ing. ....,

Klägers,

Prozessbevollmächtigte: ....

gegen

den ....,

Beklagten,

Prozessbevollmächtigter: ....

wegen: Architektenhonorarforderung

vorläufiger Streitwert: 23 511,28 Euro

Namens und in Vollmacht des Klägers erheben wir Klage. Im Termin zur mündlichen Verhandlung werden wir beantragen, wie folgt zu erkennen:

Der Beklagte wird verurteilt, an den Kläger 23 511,28 Euro nebst Zinsen in Höhe von 5 Prozentpunkten über dem Basiszinssatz seit dem 28. 1. 2003 zu bezahlen.

Sofern das Gericht das schriftliche Vorverfahren anordnet, wird für den Fall der Fristversäumnis oder des Anerkenntnisses beantragt,

den Beklagten durch Versäumnis- oder Anerkenntnisurteil ohne mündliche Verhandlung zu verurteilen.

Ferner wird beantragt,

dem Kläger zu gestatten, eine eventuell von ihm zu erbringende Sicherheit in Form einer selbstschuldnerischen Bürgschaft einer deutschen Großbank oder Sparkasse zu erbringen.

Begründung:

Mit der vorliegenden Klage macht der Kläger ein Architektenhonorar aus erbrachten Architektenleistungen am Bauvorhaben „Wohn- und Geschäftshaus ...." in .... geltend.

---

1 Es gilt entweder der allgemeine Gerichtsstand des Wohnsitzes des Beklagten nach §§ 12, 13 ZPO oder, wenn dem Architekten sämtliche Architektenleistungen übertragen worden sind, als Erfüllungsort der Architektenleistung der Ort des Bauwerks, somit § 29 ZPO.

I.

Der Klage liegt der folgende Sachverhalt zugrunde:

1. Mit Architektenvertrag vom 5. 4. 2002 beauftragte der Beklagte den Kläger mit der Planung, Vergabe und Bauüberwachung des Wohn- und Geschäftshauses .... in ....

Beweis: Architektenvertrag vom 5. 4. 2002, **Anlage K 1**

Gegenstand der Beauftragung waren die Leistungsphasen 1 bis 8 des § 15 Abs. 2 HOAI.

Beweis: wie vor

Vereinbart wurde die Honorarzone III, Mindestsatz.

Beweis: wie vor

Für die Nebenkosten wurde unter § 7 des Vertrages eine Pauschale in Höhe von 7 % des Nettohonorars vereinbart.

Beweis: wie vor

2. Im Anschluss an die Beauftragung hat der Kläger die Genehmigungsplanung erstellt. Er hat dabei zunächst mit dem Beklagten die Möglichkeiten der Planung geklärt und sodann eine Vorplanung erstellt und diese mit dem Beklagten abgestimmt.

Beweis: 1. Vorlage der Planmappe im Termin zur mündlichen Verhandlung;
2. Zeugnis der ...., Mitarbeiterin des Klägers, zu laden über den Kläger

Dem Beklagten wurde eine Kostenschätzung nach DIN 276 übergeben und diese mit ihm abgestimmt.

Beweis: wie vor

Eine Entwurfsplanung im Maßstab 1:100 sowie eine Kostenberechnung nach DIN 276 wurde von dem Kläger erstellt und mit dem Beklagten abgestimmt.

Beweis: wie vor

Die Genehmigungsplanung wurde am 10. 5. 2002 beim zuständigen Bauamt eingereicht. Die Baugenehmigung wurde auf Grundlage der Genehmigungsplanung am 2. 7. 2002 erteilt.

Beweis: 1. Fotokopie der Baugenehmigung, **Anlage K 2**;
2. Zeugnis der ...., bereits benannt

In Abstimmung mit dem Beklagten und auf Grundlage der Entwurfs- und Genehmigungsplanung fertigte der Kläger sodann die Ausführungsplanung und übergab dem Beklagten eine Planmappe im Maßstab von 1:50.

Beweis: 1. Vorlage der Planmappe im Termin zur mündlichen Verhandlung;
2. Zeugnis der ...., bereits benannt

Mit dem Beklagten wurde sodann die Möglichkeit der Vergabe besprochen. Dabei kam man überein, dass das gesamte Bauvorhaben nicht nach einzelnen Gewerken, sondern an einen Generalunternehmer auszuschreiben sei.

Beweis: Zeugnis der ...., bereits benannt

Daraufhin erstellte der Kläger im August 2002 ein Leistungsverzeichnis und holte auf Grundlage dieses Leistungsverzeichnisses entsprechende Angebote ein.

Beweis: wie vor

Nach Eingang der Angebote erstellte der Kläger einen Kostenanschlag sowie eine Zusammenstellung der eingegangenen Angebote.

Beweis: wie vor

Mit dem Beklagten wurde sodann besprochen, dass die Fa. ....-GmbH den Auftrag zur Durchführung der Arbeiten bekommen sollte.

Beweis: wie vor

Die Fa. ....-GmbH fertigte den Bau von September 2002 bis Mai 2003 auf Grundlage der vom Kläger gefertigten Leistungsbeschreibung.

Beweis: wie vor

Der Kläger hat zusammen mit der Zeugin .... die Arbeiten überwacht.

Beweis: wie vor

Mit Schreiben vom 12. 5. 2003 hat die Fa. ....-GmbH die Fertigstellung des Objekts angezeigt.

Beweis: Fotokopie des vorgenannten Schreibens, **Anlage K 3**

Der Kläger hat sodann mit den Mitarbeitern der Fa. ....-GmbH ein Aufmaß gefertigt.

Beweis: Vorlage des Aufmaßes im Termin zur mündlichen Verhandlung

Am 26. 5. 2003 fand sodann die Abnahme statt.

Beweis: Fotokopie des Abnahmeprotokolls, **Anlage K 4**

Die im Abnahmeprotokoll aufgeführten Mängel wurden im Anschluss von der Fa. ....-GmbH beseitigt, so dass das Objekt dem Kläger am 20. 6. 2003 mangelfrei übergeben werden konnte.

Beweis: Zeugnis der ...., bereits benannt

Mit Datum vom 23. 6. 2003 erstellte die Fa. ....-GmbH ihre Schlussrechnung, die der Kläger entsprechend dem Aufmaß überprüfte.

Beweis: Fotokopie der geprüften Schlussrechnung, **Anlage K 5**

Der geprüfte Betrag wurde von dem Beklagten an die Fa. ....-GmbH bezahlt.

Der Kläger erstellte sodann eine Kostenfeststellung nach DIN 276.

Beweis: Vorlage der Kostenfeststellung im Termin zur mündlichen Verhandlung

3. Mit Datum vom 25. 7. 2003 stellte der Kläger seine Schlussrechnung, die unter Berücksichtigung bereits geleisteter Abschlagszahlungen mit einem Betrag in Höhe von 23 511,28 Euro endet.

Beweis: Fotokopie der Schlussrechnung, **Anlage K 6**

Mit Schreiben vom 7. 8. 2003 ließ der Beklagte über seine Prozessbevollmächtigten mitteilen, dass er eine weitere Zahlung ablehne. Zur Begründung hat der Beklagte ausführen lassen, der Kläger könne für die Leistungsphasen 6 und 7 nicht das volle Honorar beanspruchen, da er aufgrund der Ausschreibung an einen Generalunternehmer einen geringeren Aufwand gehabt habe als bei einer Einzelvergabe. Außerdem sei der Kläger nicht berechtigt, das volle Honorar der Leistungsphase 8 zu verlangen, da er allenfalls 20–25-mal auf der Baustelle gewesen sei.

Beweis: Fotokopie des anwaltlichen Beklagtenschreibens, **Anlage K 7**

Mit anwaltlichem Schreiben vom 14. 8. 2003 hat der Kläger den Beklagten darauf hingewiesen, dass der vereinbarte Erfolg von ihm vollumfänglich erbracht sei, unabhängig davon, welcher Aufwand bei der Vergabe von ihm erbracht worden und wie oft er auf der Baustelle gewesen sei. Dem Beklagten wurde insoweit eine letzte Frist zur Zahlung des offen stehenden Honorars bis zum 26. 8. 2003 gesetzt.

Beweis: Fotokopie des vorgenannten anwaltlichen Klägerschreibens, **Anlage K 8**

Da eine Zahlung bis heute nicht erfolgte, war Klage geboten.

II.

Dem Kläger steht ein Anspruch auf das geltend gemachte Architektenhonorar aus § 631 BGB zu.

Der Kläger hat die Leistungsphasen 1 bis 8 des § 15 Abs. 2 HOAI vollständig und mangelfrei erbracht. Die Schlussrechnung vom 25. 7. 2003 wurde ordnungsgemäß erstellt. Sie ist prüffähig und zur Zahlung fällig.

Beweis: Einholung eines Sachverständigengutachtens

Die Schlussrechnung setzt sich im Einzelnen wie folgt zusammen:

1. Honorar gemäß § 15 Abs. 1 Nr. 1 bis 4 HOAI

Die anrechenbaren Kosten ergeben sich aus der Kostenberechnung vom .... und belaufen sich gemäß § 10 Abs. 2 Nr. 1 HOAI auf .... Euro. Im Architektenvertrag ist die Honorarzone 3, Mittelsatz vereinbart. Der Honoraransatz berechnet sich für die Grundlagenermittlung mit 3 %, die Vorplanung mit 7 %, die Entwurfsplanung mit 11 % und die Genehmigungsplanung mit 6 %, insgesamt also 27 %. Das Honorar ermittelt sich nach der Honorartafel des § 16 HOAI mit .... Euro × 0,27 = ... Euro.

2. Honorar gemäß § 15 Abs. 1 Nr. 5 bis 7 HOAI

Die anrechenbaren Kosten ergeben sich aus dem Kostenanschlag vom .... und belaufen sich gemäß § 10 Abs. 2 Nr. 1 HOAI auf .... Euro. In dem Architektenvertrag ist Honorarzone III, Mindestsatz vereinbart. Der Honoraransatz berechnet sich für die Ausführungsplanung mit 25 %, die Vorbereitung der Vergabe mit 10 % sowie die Mitwirkung bei der Vergabe mit 4 %, insgesamt 39 %. Das Honorar ermittelt sich nach der Honorartafel des § 16 HOAI mit .... Euro × 0,39 = ... Euro.

3. Honorar gemäß § 15 Abs. 1 Nr. 8 HOAI

Die anrechenbaren Kosten ergeben sich aus der Kostenfeststellung vom .... und belaufen sich gemäß § 10 Abs. 1 Nr. 1 HOAI auf .... Euro. In dem Architektenvertrag wurde Honorarzone 3, Mindestsatz vereinbart. Der Honoraransatz berechnet sich für die Objektüberwachung mit 31 %. Das Honorar ermittelt sich nach der Honorartafel des § 16 HOAI mit .... Euro × 0,31 = ... Euro.

4. Hinzuzurechnen waren Nebenkosten, die die Parteien im Architektenvertrag mit 7 % der Nettoabrechnungssumme vereinbart haben, somit .... Euro.

Unter Hinzuziehung der Mehrwertsteuer und unter Abzug der Abschlagszahlungen vom .... in Höhe von .... Euro ergibt dies die Schlussrechnungssumme in Höhe von 23 511,28 Euro.

Die Nebenkosten ergeben sich aus dem Gesichtspunkt des Verzugs. Wie oben dargestellt, wurde der Beklagte mit Schreiben vom 14. 8. 2003 unter Fristsetzung bis zum 26. 8. 2003 zur Zahlung aufgefordert. Er befindet sich daher spätestens seit dem 27. 8. 2003 in Verzug. Die Höhe der geltend gemachten Nebenforderung ergibt sich aus § 288 Abs. 1 BGB.

Eine beglaubigte, eine einfache Abschrift anbei.

Rechtsanwalt

3. Die Bauhandwerkersicherungshypothek des Architekten/Ingenieurs

391 Sofern der Architekt Unternehmer eines Bauwerks im Sinne von § 648 Abs. 1 BGB ist, kann er die dort festgelegten Sicherungsansprüche geltend machen.

392 Da die Leistungen des Architekten oder Ingenieurs ausschließlich nach Werkvertragsrecht zu beurteilen sind (vgl. dazu Rz. 31 ff.) ist die **Sicherbarkeit des Honoraranspruchs** des Architekten nach § 648 BGB grundsätzlich zu bejahen.[1] Eine Einschränkung wird vom OLG Dresden[2] dahin gehend gemacht, dass in den Fällen, in denen das Bauwerk nicht errichtet wird, dem Architekten oder Ingenieur kein Anspruch auf Einräumung einer Sicherungshypothek zustehen soll.

393 Ebenso wird man einen Anspruch des Statikers auf Einräumung einer Sicherungshypothek bejahen.[3]

---

1 *Werner/Pastor*, Rz. 211; *Theis*, Rz. 373; Palandt/*Thomas*, Rz. 5 zu § 648 a BGB.
2 OLG Dresden, NJW-RR 1996, 920.
3 *Werner/Pastor*, Rz. 217.

4. Muster eines Antrags auf Eintragung einer Vormerkung für eine Sicherungshypothek

Amtsgericht Erfurt

Antrag auf Erlass einer einstweiligen Verfügung

des Dipl.-Ing. ....,

Antragsteller,

– Verfahrensbevollmächtigte: RAe .... –

gegen

den ....

Antragsgegner,

wegen: Vormerkung zur Sicherung einer Bauhandwerker-Sicherungshypothek

Streitwert: 17 300,30 Euro

Namens und in Vollmacht des Antragstellers beantragen wir im Wege der einstweiligen Verfügung – wegen der Dringlichkeit ohne mündliche Verhandlung – für Recht zu erkennen:

Im Grundbuch von .... wird zulasten des Eigentums des Antragsgegners, Grundbuchblatt ...., Flur ...., Flurstück ...., zugunsten des Antragstellers eine Vormerkung zur Sicherung eines Anspruchs auf Einräumung einer Sicherungshypothek für die Forderung aus dem Architektenvertrag vom 6. 6. 2002 gemäß Schlussrechnung vom 15. 1. 2003 in Höhe von .... Euro sowie wegen eines Kostenbetrags in Höhe von 2000 Euro einschließlich Gerichtskosten eingetragen.

Es wird weiterhin beantragt,

den Antrag auf Eintragung der Vormerkung durch das Gericht beim zuständigen Grundbuchamt einzureichen.

Begründung:

Die Parteien schlossen am 6. 6. 2002 einen Architektenvertrag über Planungsleistungen und Leistungen der Objektüberwachung für das Bauvorhaben „Wohn- und Geschäftshaus ...." in .... Der Antragsteller wurde von dem Antragsgegner für die Erbringung sämtlicher Leistungen der Leistungsphasen 1 bis 8 des § 15 Abs. 2 HOAI beauftragt.

Glaubhaftmachung: Fotokopie des vorgenannten Architektenvertrags

Der Antragsteller hat die ihm im Architektenvertrag übergebenen Leistungen vollständig und mangelfrei erbracht. Abnahme und Übergabe des Bauwerks war der 20. 10. 2002.

Unter dem Datum des 25. 10. 2002 hat der Antragsteller seine Schlussrechnung gestellt. Sie endet mit einem Betrag in Höhe von .... Euro.

Glaubhaftmachung: Fotokopie der Schlussrechnung vom 25. 10. 2002

Einwände gegen die Schlussrechnung wurden seitens des Antragsgegners nicht erhoben.

Der Antragsgegner ist Eigentümer des im Antrag bezeichneten Grundstücks.

Glaubhaftmachung: Grundbuchauszug vom ....

Der Antragsteller hat zur Sicherung seines Honoraranspruchs gegenüber dem Antragsgegner Anspruch auf Eintragung der Vormerkung gemäß § 648 Abs. 1 BGB in Verbindung mit §§ 883, 885 BGB.

Da dem Architekten sämtliche Leistungen von der Planung bis zur öffentlichen Bauaufsicht übertragen worden sind, ist er als Bauwerkunternehmer im Sinne des § 648 BGB anzusehen (BGHZ 51, 190).

Der Verfügungsanspruch wird durch die eidesstattliche Versicherung des Antragstellers glaubhaft gemacht.

Glaubhaftmachung: Eidesstattliche Versicherung des Antragstellers

Der Antragsgegner ist nicht in der Lage, seinen Zahlungsverpflichtungen nachzukommen. Es steht zu befürchten, dass auch andere Gläubiger, nachdem der Antragsgegner die Zahlung hinsichtlich des Bauvorhabens vollständig eingestellt hat, die Zwangsvollstreckung betreiben. Insoweit besteht die Gefahr, dass der Antragsteller durch Zeitablauf um die Vorteile des vorrangigen Sicherungsrechts gebracht wird, wenn andere Gläubiger die Zwangsvollstreckung betreiben. Es liegt somit ein dringender Grund vor, die Einstweilige Verfügung ohne mündliche Verhandlung zu erlassen.

Rechtsanwalt

5. Verjährung der Honorarforderung

395 Die Verjährungsfrist für Ansprüche auf Architektenhonorar beträgt nach § 195 BGB drei Jahre und beginnt gemäß § 199 BGB mit dem Schluss des Jahres, in dem der **Anspruch entstanden** ist und der Architekt/Ingenieur von den den Anspruch begründenden Umständen und der Person seines Schuldners **Kenntnis** erlangt hat oder ohne grobe Fahrlässigkeit hätte erlangen müssen. Entstanden ist der Anspruch dann, wenn er fällig ist, wenn also eine prüffähige Rechnung überreicht worden ist.[1] Das Gleiche gilt auch für Honoraransprüche der Ingenieure.[2] Vorstehendes bezieht sich auf Schuldverhältnisse, die nach dem 31.12.2001 entstanden sind.

396 Für Ansprüche, die **vor dem 1.1.2002** entstanden sind, ist Art. 229 § 6 EGBGB zu berücksichtigen. Nach Absatz 3 dieser Vorschrift verjähren diese Ansprüche nach altem Recht, d.h. in 2 Jahren, beginnend mit dem Schluss des Jahres, in dem sie entstanden sind. Dies galt im Übrigen auch für den Fall, in dem der Architekt Leistungen für den Gewerbebetrieb eines Kaufmanns erbracht hatte. Die 4-jährige Verjährungsfrist nach § 196 Abs. 2 BGB kommt insoweit nicht zur Anwen-

---

1 BGH, BauR 1991, 489; BauR 1994, 655.
2 BGH, BauR 1983, 170 für den Statiker.

dung. Dies gilt sowohl für Honorarforderungen des Architekten als auch des Statikers.[1] Nur wenn die Architektenleistung von einem Kaufmann erbracht wurde, gilt die 4-jährige Verjährungsfrist gemäß § 196 Abs. 2 BGB bei Leistungen für den Gewerbebetrieb des Auftraggebers.

Sofern die Forderung von einer **Architekten-GmbH** oder Ingenieur-GmbH geltend gemacht wird und bis zum 1.1.2002 eine 4-jährige Verjährungsfrist galt, ist Art. 229 § 6 Abs. 6 EGBGB zu berücksichtigen, es gilt dann die **neue**, 3-jährige **Verjährungsfrist**. Für Schuldverhältnisse, die bis zum 31.12.2001 entstanden sind, läuft die neue Frist gemäß Art. 229 § 6 Abs. 4 Satz 1 EGBGB ab dem 1.1.2002. Liegt allerdings das Ende der alten Frist vor dem Ende der neuen Frist, gilt ausnahmsweise die alte Frist, was sich aus Satz 2 der vorgenannten Vorschrift ergibt.

---

[1] BGH, BauR 1983, 170.

Teil 11
Hauptunternehmervertrag

	Rz.
I. Definition des Hauptunternehmervertrags; Abgrenzung von ähnlichen Vertragstypen	1
1. Vorbemerkung zur Wirkung der BGB-Reform	1
2. Definition	9
3. Abgrenzung zu ähnlichen Vertragstypen	10
a) Bauträgervertrag	12
b) Generalübernehmervertrag	14
c) Baubetreuung	16
d) Immobilien-Development	17
4. Hauptunternehmervertrag und Planungsleistungen	18
II. Vor- und Nachteile des Hauptunternehmervertrags aus Sicht des Auftraggebers	21
1. Hauptunternehmervertrag oder Einzelgewerkevergabe?	22
2. Vor- und Nachteile des Hauptunternehmervertrags	26
a) Vorteile	26
aa) Koordinations- und sonstiger zeitlicher Aufwand	26
bb) Durchsetzung von Erfüllungs- und Mängelansprüchen	29
cc) Verzug	31
dd) Kostensicherheit	44
(1) Aspekte der Kostensicherheit: Was kann der Hauptunternehmervertrag in dieser Hinsicht leisten?	44
(2) Die Leistungsbeschreibung	52
(3) Sonstige Kostenrisiken	63
b) Mögliche Nachteile	76
aa) Abhängigkeit von einem Auftragnehmer	76
bb) Hauptunternehmerzuschlag	79
3. Öffentliche Auftraggeber und Hauptunternehmervergabe	80

	Rz.
III. Besondere Risiken aus der Sicht des Hauptunternehmers	89
IV. Die wichtigsten Regelungen des Hauptunternehmervertrags	96
1. Die Beschreibung der Leistung des Hauptunternehmers	96
2. Kalkulation und Preisbildung des Hauptunternehmers	97
3. Vereinbarung von Abschlagszahlungen	101
4. Gegenseitige Sicherheiten im Hauptunternehmervertrag	111
a) Sicherheiten für den Auftraggeber	111
aa) Erfüllungssicherheit	111
bb) Gewährleistungssicherheit, Sicherheit für Mängelansprüche	123
b) Besicherung des Vergütungsanspruchs des Auftragnehmers	126
5. Berechtigung zu Vertragsänderungen und sonstiger Schriftverkehr	141
6. Regelungen für den Subunternehmereinsatz; Bauabzugssteuer	144
a) Subunternehmereinsatz	144
b) Bauabzugssteuer	151
7. Die Vereinbarung der VOB/B	155
V. Probleme der Kündigung des Hauptunternehmervertrags	161
1. Ausschluss der freien Kündbarkeit des Hauptunternehmervertrags	161
2. Abrechnung des gekündigten Hauptunternehmervertrags	175
3. Außerordentliche Kündigung bzw. sonstige Vertragsbeendigung aus wichtigem Grunde durch den Auftraggeber	187
4. Besonderheiten bei der vorzeitigen Vertragsbeendigung durch den Auftragnehmer	195
VI. Mustervertrag	199

I. Definition des Hauptunternehmervertrags; Abgrenzung von ähnlichen Vertragstypen

1. Vorbemerkung zur Wirkung der BGB-Reform

1 Gemäß Art. 229 § 5 EGBGB ist auf alle Schuldverhältnisse, die nach dem 1.1. 2002 entstanden sind und noch entstehen, das BGB und die anderen in der zitierten Vorschrift genannten Gesetze in der Fassung, die ab dem 1.1.2002 gilt, anzuwenden. Soweit Vorschriften des alten BGB zitiert werden, werden diese mit a. F. ergänzt.

2 Im Übrigen wird wie folgt vorgegangen: Eine Behandlung der Probleme des Hauptunternehmervertrags – und im folgenden Abschnitt des Subunternehmervertrags – muss auf die zum „alten" BGB ergangene Rechtsprechung und die zum alten BGB verfasste Literatur aufbauen. Eine höchstrichterliche Rechtsprechung zu den neuen Vorschriften existiert zum jetzigen Zeitpunkt nur in wenigen Einzelfällen. Wenn man davon ausgehen muss, dass durch die neuen Regelungen eine inhaltliche Rechtsänderung für in diesem Abschnitt behandelte Probleme herbeigeführt worden ist, dann wird dies angesprochen und die Änderung der Rechtslage kurz dargelegt.

3 Allgemein muss berücksichtigt werden, dass das „neue" BGB den **Verbraucherschutz weiter verstärkt** und deshalb jede Abweichung vom dispositiven Gesetzesrecht zulasten des Verbrauchers noch kritischer gesehen werden muss, als bisher, wenn und soweit mit einer Inhaltskontrolle gerechnet werden muss[1], und dies ist bei Verbraucherverträgen immer der Fall, siehe § 24 a AGBG a. F., jetzt § 310 Abs. 3 BGB.

4 Der Umgang mit vielen neuen Vorschriften wird nicht zuletzt auch dadurch erleichtert, dass mit diesen neuen Vorschriften eine Rechtslage, die bereits seit vielen Jahrzehnten qua **Richterrecht** gilt, nunmehr auch in das **kodifizierte Recht** aufgenommen wurde. Es sei hier nur hingewiesen auf die positive Vertragsverletzung, die nunmehr ein Bestandteil des § 280 BGB ist, an das Verschulden bei Vertragsschluss, welches nunmehr in Gestalt von § 311 Abs. 2 und 3 BGB gesetzlich geregelt ist, an den Wegfall der Geschäftsgrundlage, der nunmehr in § 313 BGB kodifiziert ist sowie auch an die Figur des großen Schadensersatzes, die nunmehr durch die Regelung des Schadensersatzes statt der ganzen Leistung in § 281 Abs. 1 BGB ersetzt wurde.

5 Speziell für das **Werkvertragsrecht**, welches schon im Jahre 2000 einige wichtige Änderungen erfahren hat (z. B. die Abschlagszahlungsregelung, § 632 a BGB) hat das „neue" BGB Änderungen vor allem für die Gewährleistung gebracht. So verweist nun das neue Recht der Mängelansprüche vielfach auf ebenfalls neue Regelungen des allgemeinen Schuldrechts zurück, wie sich schon anhand von § 634 BGB zeigt.[2] Neu ist auch, dass die EU-Verbrauchsgüterkaufrichtlinie 1999/44 EG für die Auslegung auch des nationalen Werkvertragsrechts heranzuziehen ist.[3]

---
1 Vgl. *Grziwotz*, BauR 2001, 1839, 1842 f.
2 Siehe hierzu auch *Wagner*, ZIP 2002, 789, 97.
3 So zu Recht *Vorwerk*, BauR 2003, 1, 2.

Weiterhin stellen sich der **Rücktritt** (statt Wandelung) und die **Minderung** nunmehr als **einseitige Gestaltungsrechte** des Auftraggebers dar. Damit stellt sich speziell im Wandelungsrecht das Problem, dass dieses als Anspruch auf Abschluss des Wandelungsvertrags gestaltet wurde, nicht mehr. Allerdings wurde bereits vorher in der Praxis das Problem schon lange dadurch gelöst, dass allgemein die sofortige Klage des mit einer mangelhaften Leistung „bedienten" Auftraggebers und – viel wichtiger – Käufers auf Rückzahlung des Preises Zug-um-Zug gegen Rückgabe der Leistung anerkannt wurde und nicht etwa eine Klage auf Abschluss eines Wandelungsvertrags verlangt wurde. Gleichzeitig kann es durchaus sein, dass der Rücktritt im Werkvertrag im Gegensatz zur früheren Wandelung für den Auftraggeber ein weitaus interessanterer Anspruch ist und deshalb womöglich nicht das Schicksal der Wandelung im Werkvertragsrecht, nämlich die weitgehende Bedeutungslosigkeit, teilen wird.[1]

Die wichtigste **Neuerung** im Bereich des werkvertraglichen Gewährleistungsrechts betrifft aber die **Definition des Mangels**: Hier ist nach § 633 Abs. 2 Satz 1 BGB zunächst einmal die vertraglich vereinbarte Beschaffenheit maßgeblich. Damit ist der subjektive Mangelbegriff Gesetz geworden (Nagelprobe: Aliud ist ein Mangel, jede Abweichung von der vertraglichen Sollbeschaffenheit ist ein Mangel[2]).

Hinweis:
Es wird sich mehr denn je rächen, bei der Vertragsgestaltung in der Regelung der vom Auftragnehmer geschuldeten Leistung nachlässig zu sein[3], insbesondere auch im Hinblick auf das verstärkte Transparenzgebot bei AGB-Bestimmungen gemäß § 307 Abs. 1 Satz 2, Abs. 3 BGB.

Das Werkvertragsrecht muss nach der BGB-Reform von 2002 nicht neu geschrieben werden, weder die zum alten BGB ergangene Rechtsprechung noch die hierzu geschriebene Literatur sind zur Makulatur geworden. Gleichwohl setzt das neue Recht einige wichtige neue Akzente, die hoffentlich vorstehend kurz und übersichtlich dargestellt worden sind.

2. Definition

„Hauptunternehmervertrag" wird hier definiert als ein **Bauleistungsvertrag**, in dem sich der Hauptunternehmer verpflichtet, ein Gebäude gebrauchsfertig, in der Regel schlüsselfertig, zu errichten, wobei der Hauptunternehmer selbst mit einem oder mehreren Gewerken an der Erstellung des Bauvorhabens beteiligt ist. Man könnte statt „Hauptunternehmervertrag" auch **„Generalunternehmervertrag"** sagen. Aus Gründen der auch sprachlich klareren Abgrenzung von ähnlichen Vertragstypen, z. B. auch vom Generalübernehmervertrag, wurden hier die Begriffe „Hauptuntenehmervertrag" und „Hauptunternehmer" gewählt.

---

1 Siehe hierzu *Acker/Konopka*, BauR 2002, 1307 ff.
2 Zum Stand der Diskussion siehe *Kniffka*, IBR-Online Kommentar, § 633 BGB, Rz. 8.
3 *Schudnagies*, NJW 2002, 396, 397.

3. Abgrenzung zu ähnlichen Vertragstypen

10 Im Bereich des Schlüsselfertigbaus haben sich in der Praxis mehrere Vertragstypen herausgebildet, die **gesetzlich nicht definiert** und auch nicht geregelt sind. Dabei gibt es eine Wechselwirkung zwischen der Baupraxis auf der einen Seite und der Rechtsprechung und der Rechtslehre auf der anderen Seite, da letztere immer wieder ex post mit der Lösung von Streitigkeiten zwischen den Vertragsparteien befasst waren und so ihrerseits das Bild der einzelnen Vertragstypen mitgestaltet haben.

11 Es erscheint sinnvoll, den hier verwendeten Begriff des Hauptunternehmervertrags durch eine kurze Abgrenzung von anderen Vertragstypen im Bereich des Schlüsselfertigbaus noch klarer herauszustellen.

a) Bauträgervertrag

12 Im Gegensatz zum Bauträger schuldet der Hauptunternehmer nicht die **Eigentumsverschaffung** an einem Grundstück. Das Baugrundstück wird dem Hauptunternehmer von dem Auftraggeber, der in der Regel (aber nicht immer!) Grundstückseigentümer ist, zur Verfügung gestellt.

13 Manchmal werden **gleichzeitig** ein **Grundstückskaufvertrag** und ein **Generalüber- oder Generalunternehmervertrag** mit verschiedenen Vertragspartnern abgeschlossen. Diese Verträge mögen miteinander „stehen und fallen", d. h. gegenseitig voneinander abhängig sein und ergo sogar beide beurkundungspflichtig sein[1], nach herrschender Auffassung ist aber der Bauvertrag ein „normaler" Bauvertrag, ohne die Anforderungen der MaBV.[2]

b) Generalübernehmervertrag

14 Als Generalübernehmervertrag wird ein Vertrag bezeichnet, in dem sich der Unternehmer ebenfalls zur schlüsselfertigen Herstellung eines Bauvorhabens verpflichtet, wobei aber der **Unternehmer selbst keine Bauleistungen** ausführt, d. h. er vergibt sämtliche Bauleistungen und alle Gewerke ausnahmslos an Subunternehmer weiter.[3]

15 Theoretisch ist möglich, dass der Hauptauftragnehmer wie auch der Generalübernehmer nach der oben stehenden ersten Definition noch zusätzliche Aufgaben des **Immobilien-Developments** übernimmt. Aus praktischen Gründen kann dies jedoch nur in Form einer abgestuften Beauftragung (erst Durchführung des Immobilien-Developments, dann Erbringung der Bauleistung) erfolgen.

c) Baubetreuung

16 Die Baubetreuung wird heute vorwiegend als **rein wirtschaftliche** Betreuung eines Bauvorhabens (Vorbereitung, Organisation und Koordination der Baudurch-

---

1 Aber eben nur bei gegenseitiger Abhängigkeit, BGH, BauR 2002, 1449 = NJW 2002, 2559.
2 Vgl. *Brych/Pause*, Bauträgerkauf und Baumodelle, 3. Aufl., Rz. 1160 ff.
3 Diese Abgrenzung findet sich z. B. in *Kleine-Möller/Merl/Oelmaier*, Handbuch des privaten Baurechts, 2. Aufl. S. 160; *Brych/Pause*, Bauträgerkauf und Baumodelle, 3. Aufl., Rz. 1163.

führung usw.) angesehen, und zwar oft im Zusammenhang mit Fondsmodellen.[1] In der Regel handelt es sich bei dieser wirtschaftlichen Baubetreuung um einen Geschäftsbesorgungs-Dienstvertrag.[2]

d) Immobilien-Development

Das Immobilien-Development ist keine Bauleistung, sondern soll die **Voraussetzung** für den Beginn der Bauleistung klären. Es geht darum herauszufinden, wo in welcher Größe und mit welcher Nutzung ein Gebäude errichtet werden kann; dies sind eher betriebswirtschaftliche und rechtliche Fragen. Erst wenn diese geklärt sind und wenn darüber hinaus die Baugenehmigung vorliegt, wird ein Bauherr sinnvollerweise eine derart weitgehende Verpflichtung eingehen wie die Beauftragung eines Hauptunternehmers mit der schlüsselfertigen Erstellung des Bauvorhabens.

17

4. Hauptunternehmervertrag und Planungsleistungen

Der vernünftige Bauherr wird einen Vertrag über die schlüsselfertige Erstellung eines Bauvorhabens erst abschließen, wenn eine – nach Möglichkeit bestandskräftige – öffentlich-rechtliche **Baugenehmigung** für das beabsichtigte Bauvorhaben vorliegt. Zum einen vermeidet es der Auftraggeber so, möglichen Ansprüchen des Vertragspartners aus einer Vielzahl von Rechtsgründen (z. B. § 649, § 311 Abs. 2 und 3 BGB = cic; §§ 280 ff. i.V.m. §§ 323, 324 BGB) ausgesetzt zu sein.

18

Mit Vorliegen der Baugenehmigung ist das Bauvorhaben außerdem hinsichtlich seiner Art der Nutzung, räumlichen Lage, dem Maß der baulichen Nutzung (GRZ; GFZ) und auch hinsichtlich der Konstruktion und der Gestaltung weitgehend festgelegt, so dass beide Vertragsparteien wissen, wovon sie reden, wenn sie den Vertrag abschließen.

19

Es kann dann durchaus für beide Vertragsparteien sinnvoll sein, wenn der Hauptunternehmer die nach dem Vorliegen der Baugenehmigung noch erforderlichen Planungsleistungen erbringt. Dazu gehören die **Detail- und Ausführungsplanung** aus dem Bereich der Architektenleistungen, aber auch aus dem Bereich der Tragwerksplanung sowie die für den technischen Ausbau erforderlichen Planungsleistungen.

20

II. Vor- und Nachteile des Hauptunternehmervertrags aus Sicht des Auftraggebers

Wie bei der Entscheidung der Frage, ob und inwieweit der Hauptunternehmer Planungsleistungen ausführen soll, so muss auch bei der Entscheidung der Frage „Hauptunternehmervertrag oder Einzelgewerkevergabe?", der Bauherr sorgfältig seine **Wünsche** hinsichtlich der Durchführung des Bauvorhabens **analysieren** und danach seine Entscheidung treffen.

21

---

1 Zu den Pflichten des Baubetreuers u. seiner Haftung s. BGH, BGHZ 126, 326 ff.
2 Vgl. *Brych/Pause*, Bauträgerkauf und Baumodelle, 3. Aufl., Rz. 997 ff.

1. Hauptunternehmervertrag oder Einzelgewerkevergabe

2.2 Beabsichtigt der Bauherr, ein **zum Zwecke der** bestmöglichen wirtschaftlichen Verwertung, etwa durch **Vermietung**, herzustellendes Gebäude zu errichten, dann wird es ihm in allererster Linie auf eine rechtzeitige und im Kostenrahmen liegende Herstellung ankommen. Anders wird es sich verhalten, wenn der Bauherr ein für seinen ausschließlichen **persönlichen Gebrauch** vorgesehenes Objekt einmal im Leben errichten möchte. In diesem Fall wird der Bauherr möglichst intensiv an dem komplexen Prozess der Entwicklung eines solchen Hauses teilnehmen wollen und sich jederzeit das Recht vorbehalten wollen, in diesen Prozess einzugreifen und Änderungen vorzunehmen.

2.3 Zwischen diesen beiden Polen spannt sich das persönliche und wirtschaftliche Interesse des Bauherrn. Im ersten Fall liegt die Entscheidung für einen schlüsselfertigen Bauvertrag nahe, im zweiten Fall wird der Bauherr gemeinsam mit dem Architekten, der dann ein Sachwalter mit Schlüsselfunktion ist, die einzelnen Firmen für die einzelnen Gewerke selbst heraussuchen und mit diesen jeweils individuelle Werkverträge abschließen.

2.4 Man muss sich aber von Anfang an darüber im Klaren sein, dass weder der Abschluss eines Schlüsselfertigbauvertrags, wie etwa des Hauptunternehmervertrags, garantiert, dass das Bauvorhaben **zeitlich rechtzeitig** und im Rahmen der **vorgesehenen Kosten** fertig wird, noch die Entscheidung für die klassische Weise des Bauens (Schlüsselstellung des Architekten und Einzelgewerkevergabe) bedeutet, dass Verspätungen eintreten und der Kostenrahmen überschritten wird. Der Bauherr kann im zweiteren Fall durchaus besser fahren, wenn er z. B. einen tüchtigen Architekten hat, der auch die wirtschaftliche Seite des Bauvorhabens jederzeit im Griff hat. Er kann auf der anderen Seite großes Pech haben, wenn er den falschen Hauptunternehmer erwischt.

Hinweis:
Wie noch zu sehen sein wird, steigt das Risiko des Bauherrn bei Abschluss eines Hauptunternehmervertrages ohnehin in dem Maße, in welchem die erforderliche Vorbereitung vor Abschluss des Vertrages vernachlässigt wurde.

2.5 Gegenüber anderen Formen des Schlüsselfertigbaus hat der Hauptunternehmervertrag aber immerhin den **Vorteil**, dass der Bauherr wenigstens mit einer der **unmittelbar das Bauvorhaben errichtenden Firmen** direkt einen Vertrag hat, nämlich eben mit dem Hauptunternehmer, der selbst einen erheblichen Teil des Bauvorhabens selbst ausführen wird. Nahe liegend ist dabei, den Unternehmer, der die technisch und/oder wirtschaftlich bedeutsamsten Gewerke ausführt, mit der Hauptunternehmerstellung zu betrauen.

Beispiel:
Im Falle eines üblichen Massivbauwerks wäre dies dann die Firma, die die sog. Baumeisterarbeiten ausführt (Maurerarbeiten, Betonarbeiten, ggf. noch Zimmermannsarbeiten und/oder Putzarbeiten). Wird z. B. eine Holzbaukonstruktion angestrebt, sollte der Holzbauer Hauptunternehmer sein. Wird das Bauvorhaben als Stahl-/Glaskonstruktion ausgeführt, liegt es nahe, den Metallbauer zum Hauptunternehmer zu machen.

2. Vor- und Nachteile des Hauptunternehmervertrags

a) Vorteile

aa) Koordinations- und sonstiger zeitlicher Aufwand

Im Idealfall hat der Bauherr ab dem Abschluss des Hauptunternehmervertrags bis zur Schlüsselübergabe bzw. bis zum Bezug des fertigen Bauwerks mit diesem Bauwerk nichts mehr zu tun. Er kann sich in dieser Zeit voll und ganz anderen beruflichen Aufgaben widmen oder auch in einer Jacht in der Karibik vor sich hindümpeln. Dieser Idealfall wird indessen mit fast 100 %iger Sicherheit nicht eintreten. Er tritt umso weniger ein, desto weniger das Bauvorhaben vor Abschluss des Hauptunternehmervertrags vorbereitet wurde. Auch nach Abschluss eines Hauptunternehmervertrags werden im Zusammenhang mit der Durchführung eines Bauvorhabens immer wieder Probleme auftreten, die einer **Entscheidung des Bauherrn** bedürfen. Es kann sich hier um Probleme mit den Baubehörden handeln, um unvorhergesehene Erschwernisse oder auch um Entscheidungen, ob die Bauausführung geändert werden soll oder Nachträge erteilt werden müssen. Die Frage der Vorbereitung wird umfassender im Zusammenhang mit der Kostensicherheit (siehe unten Rz. 44 ff.) abgehandelt werden. 26

Insbesondere dann, wenn 27

▷ das Bauvorhaben technisch sehr anspruchsvoll ist und/oder

▷ ein ehrgeiziger Zeitplan vorliegt und/oder

▷ das Bauvorhaben wirtschaftlich überdurchschnittlich bedeutsam ist,

ist der Bauherr gut beraten, wenn er das Bauvorhaben regelmäßig zumindest stichprobenartig durch einen Architekten und Ingenieur seines Vertrauens, der seine Tätigkeit sinnvollerweise auf Stundenbasis gemäß § 6 HOAI (es ist hier nicht das Leistungsbild der Phase 8 des § 15 HOAI erfüllt) abrechnet, **überwachen** lässt. Aufgabe dieses Beraters ist es, rechtzeitig seinen Auftraggeber zu alarmieren, wenn das Bauvorhaben z. B. in zeitlicher Hinsicht aus dem Ruder zu laufen droht oder aber technische und/oder Qualitätsprobleme auftreten. Der Vertrag kann noch so gut sein und noch so weitgehende Sicherheiten zugunsten des Bauherrn eingebaut haben (hier muss ja stets das rechtlich Machbare berücksichtigt werden!), wenn das Kind einmal in den Brunnen gefallen ist und etwa der Käufer oder Mieter wegen Fristüberschreitung oder wegen Qualitätsproblemen „abzuspringen" droht und/oder Schadensersatzansprüche in erheblichem Umfang ankündigt, dann sind bleibende wirtschaftliche Schäden für den Bauherrn nicht mehr abzuwenden. Die Einschaltung des hier angesprochenen **„Bauüberwachers"** soll also sicherstellen, dass groben Fehlentwicklungen frühzeitig gegengesteuert wird.

Hinweis:
Ein Nebenaspekt dabei ist, dass der Bauüberwacher selbst natürlich wiederum für etwaige Fehlleistungen haftet, wobei (und dies sollte wiederum im Vertrag mit dem Bauüberwacher klargestellt werden und durch Vorlage der Versicherungsurkunde in Kopie verifiziert werden) der Bauüberwacher für diese Tätigkeit in aller Regel auch noch haftpflichtversichert ist, was eine zusätzliche Absicherung bedeutet.

28 Die Leistung dieses Bauüberwachers (der vielleicht noch besser als „kleiner Projektsteuerer" charakterisiert werden könnte) könnte wie folgt definiert werden:
Der Auftragnehmer hat ab Baubeginn, welcher voraussichtlich am ... sein wird, das Bauvorhaben XY regelmäßig, mindestens jedoch zweimal in der Woche zu besichtigen und zu überprüfen, ob die Bauausführung technisch ordnungsgemäß und entsprechend den vertraglichen Vorgaben erfolgt sowie ob der Bauzeitenplan eingehalten wird und dem Auftraggeber hierüber jeweils schriftlich Bericht zu erstatten ...

Wird dieser Vertrag so oder so ähnlich ausgestaltet, dann handelt es sich wohl um einen **Dienstvertrag**, da eine eigene Erfolgshaftung des Auftragnehmers für das Bauwerk nicht gewollt ist, wohl aber haftet der „kleine Projektsteuerer" bzw. „Bauüberwacher" gegebenenfalls unter dem Gesichtspunkt der Pflichtverletzung gemäß § 280 Abs. 1 BGB – bei Altverträgen von vor dem 1. 1. 2002 pVV.[1]

bb) Durchsetzung von Erfüllungs- und Mängelansprüchen

29 Nach vollständiger Fertigstellung eines Bauvorhabens tritt ein banal erscheinender Mangel auf, z. B. Risse von erheblicher Länge und Breite in der Fassade. Sämtliche Beteiligten zeigen mit dem Finger auf andere: der Maurer auf den Putzer, der Putzer auf den Maurer, beide zusammen auf den Architekten oder auch den Statiker und schließlich werden noch durch den Baugrund verursachte Setzungen des Gebäudes als Ursache angegeben. Die **Klärung der Mängelverantwortlichkeit** der einzelnen Beteiligten einschließlich der Klärung der Frage, ob und inwieweit die einzelnen Beteiligten gesamtschuldnerisch[2] oder quotal haften, ist ungeheuer zeit-, geld- und nervenraubend für den Bauherrn, der oft nach Vorliegen eines oder mehrerer Privatgutachten und sogar nach Durchführung eines Beweissicherungsverfahrens immer noch mehrere äußerst unwillige Handwerker gegen sich hat und am Schluss sogar noch gezwungen ist, den einen bei Streitverkündung an den oder die anderen zu verklagen mit der Aussicht, bei einem negativen Verlauf dieses ersten Prozesses noch einen zweiten gegen den oder die bisherigen Empfänger der Streitverkündung führen zu dürfen.

30 Die umfassende Vergabe der schlüsselfertigen Bauleistung an einen Unternehmer macht die Durchsetzung von Mängelgewährleistungsansprüchen sicher einfacher. Dies gilt umso mehr, wenn der Hauptunternehmer auch die **Ausführungs- und Detailplanung**, und zwar einschließlich Tragwerksplanung und technischem Ausbau, übernommen hat. Zwar kann der Unternehmer dann immer noch die Mangelhaftigkeit der bereits zum Zeitpunkt des Vertragsabschlusses vorliegenden **Genehmigungsplanung** behaupten und insoweit eine Mitbeteiligung des Bauherren an den Mängelbeseitigungskosten geltend machen.[3] Da jedoch der

---

1 Zur Abgrenzung Werkvertrag/Dienstvertrag bei Architekten- und Ingenieurleistungen siehe *Locher/Koeble/Frik*, HOAI-Kommentar, § 31, Rz. 15 sowie *Korbion/Mantscheff/Vygen*, HOAI, 6. Aufl. Rz. 56f.
2 Auch nach der Entscheidung d. BGH v. 26. 6. 2003 – IBR 2003, 468 ist für die gesamtschuldnerische Haftung mehrerer Unternehmen, die einen Mangel „produziert" haben, Voraussetzung, dass der Mangel durch eine einheitliche Maßnahme beseitigt werden muss.
3 Zur Mitwirkung mangelhafter Planung an einem Baumangel und den daraus zu ziehenden Konsequenzen für die Mängelverantwortlichkeit vgl. *Kleine-Möller/Merl/Oelmaier*,

Hauptunternehmer, der auch die Verpflichtung zur Erstellung der Ausführungs- und Detailplanung übernommen hat, bei der Erstellung eben dieser Pläne denknotwendig die vorliegende Eingabe- und Genehmigungsplanung mit einarbeiten muss, verschiebt sich hier schon die **Haftung** zulasten **des planenden Hauptunternehmers**. Zwar stellen die Leistungsphasen z. B. in § 15 HOAI und die dortige genauere Umschreibung der Tätigkeit in den einzelnen Leistungsphasen lediglich Honorartatbestände, aber keine Leistungsbeschreibungen dar[1], aber, wie bereits angedeutet, muss derjenige, der die Ausführungs- und Detailplanung macht, logischerweise auf die vorangegangene, weniger detaillierte Planung aufbauen und kann dabei Fehler dieser vorangehenden Planung nicht einfach übernehmen, ohne Bedenken anzumelden.

cc) Verzug

Jeder Baupraktiker weiß, dass Bauauftraggeber schnell mit Worten wie „Verzug", „Verzugsschaden" und „Vertragsstrafe" bei der Hand sind. Jeder Baupraktiker weiß aber auch, dass die Durchsetzung dieser – vermeintlichen – Ansprüche wegen Schuldnerverzugs schwierig ist. 31

Dem Unternehmer, der neben mehr oder weniger vielen anderen nach **Einzelgewerkevergabe** tätig geworden ist, stehen selbst dann, wenn für sein Gewerk ein Fertigstellungstermin datumsmäßig fixiert ist und dieses Datum zweifelsfrei klar überschritten wurde, zahlreiche Einwendungen zu Gebote, wenn ihn der Auftraggeber auf Verzugsschadensersatz in Anspruch nehmen will. 32

Zunächst einmal kann der Handwerker einwenden, dass er die **Verzögerung nicht verschuldet** habe („kein Verzug ohne Verschulden" §§ 280 Abs. 2, 286 BGB). In diese Kategorie gehören Einwendungen wie z. B.: er habe zum geplanten Termin nicht beginnen können, da das Baugrundstück nicht vorbereitet gewesen sei oder das bauseits zu stellende Gerüst nicht fertig gewesen sei; Gewerke, auf die er notwendig aufbauen müsse, seien noch nicht fertig gewesen; er sei bei Beginn seiner Arbeiten oder während der Durchführung seiner Arbeiten von anderen Handwerkern behindert worden; es habe Probleme mit der Zufahrt zur Baustelle oder generell mit der Zugänglichkeit der Baustelle gegeben; erforderliche Planunterlagen hätten nicht rechtzeitig vorgelegen etc. 33

Hinweis:
Behinderungsanzeigen sind

▷ an die richtige Adresse (nämlich den Auftraggeber und sonst niemanden, insbesondere nicht an den Architekten oder andere Auftragnehmer) zu richten;

▷ so abzufassen, dass die Bedenkenanmeldung selbst und ihr Zugang später nachgewiesen werden können (also Übersendung durch Einschreiben mit Rückschein bzw., wenn es Zweifel gibt, ob die Sendung übergeben werden kann oder abgeholt wird, durch einen zuverlässigen Boten oder durch den Gerichtsvollzieher zu übergeben);

Handbuch des privaten Baurechts, § 12 Rz. 820; Werner/Pastor, Der Bauprozess, 10. Auflage, Rz. 1975, 2455 ff.
1 Vgl. BGH, NJW 1997, 586.

▷ so abzufassen, dass der Adressat sinnvoll darauf reagieren kann und die Entscheidung treffen kann, ob er bei seiner bisherigen Anordnung bleiben will, ob er diese noch einmal überprüfen oder ob er sie gleich ändern will.

34 Neben dem Argument, er habe die eingetretene Terminsüberschreitung nicht zu vertreten, kann und wird der Einzelgewerkunternehmer darüber hinaus aber auch noch argumentieren, dass, selbst wenn ihm die Terminüberschreitung anzulasten sei, diese seine Terminüberschreitung jedenfalls aber **nicht kausal für eine eingetretene Verspätung des Endfertigstellungstermins** sei und deshalb auch nicht kausal einen Schaden verursacht habe. Geht es bei der ersten Kategorie von Einwendungen des Unternehmers um Ereignisse, die sich zeitlich vor oder während der Leistungserbringung des Unternehmers abgespielt haben, kann er bei der hier angesprochenen zweiten Kategorie der Einwendungen auch Ereignisse ins Feld führen, die nach Beendigung der Leistung des Einzelgewerksunternehmers eingetreten sind. Der Unternehmer bringt z. B. vor, dass zu dem Zeitpunkt, zu dem er planmäßig sein Gewerk hätte fertig stellen sollen, eine Fortführung des Bauvorhabens ohnehin nicht möglich gewesen wäre, weil z. B. die Folgehandwerker noch gar nicht bereit gewesen wären oder weil eine Fortsetzung aus Witterungsgründen zu diesem Zeitpunkt nicht in Betracht gekommen wäre. Er kann weiterhin vorbringen, dass „seine" Verspätung unerheblich gewesen sei und die eigentliche Verspätung mit der Endfertigstellung erst durch spätere Gewerke oder durch Änderungen bei diesen Gewerken oder durch behördliches Eingreifen oder wodurch auch immer verursacht worden sei.

35 Die Einwendungen der zweiten Kategorie kann der Auftraggeber durch die wirksame **Vereinbarung einer Vertragsstrafe** konterkarieren. Will er einen über den Betrag der Vertragsstrafe hinausgehenden Verzugsschaden geltend machen, dann muss er sich allerdings wieder mit diesen Argumenten auseinander setzen.

36 Die Einwendungen der ersten Kategorie kann der bauausführende Einzelgewerksunternehmer auch dem Vertragsstrafenanspruch jederzeit entgegenhalten, da auch die Verwirkung einer Vertragsstrafe **Verzug voraussetzt** und Verzug eben nicht ohne Verschulden eintreten kann.

37 Will der Bauherr im Falle der Einzelgewerkevergabe mit Aussicht auf Erfolg Vertragsstrafe und erst recht tatsächlich entstandenen Verzugsschaden geltend machen, muss er stets auf eine **minuziöse Dokumentation des Bauablaufs** bedacht sein und in der Lage sein, jederzeit den Bauablauf in zeitlicher Hinsicht genau zu rekonstruieren. Er muss ein **eigenes Bautagebuch** führen. Dies ist mühsam, wird oft vergessen und gelingt selbst bei besten Vorsätzen in der Hektik des Bauablaufs oft nicht.

Hinweis:
Verzugsschadensersatzansprüche sind daher bei Einzelgewerkevergabe schwer durchzusetzen. Auch ihr „Verhandlungswert" sowohl bei außergerichtlichen wie bei gerichtlichen Vergleichsverhandlungen ist in der Regel nicht hoch.

38 Zu allem Überfluss können dem Auftraggeber sogar Ansprüche seitens der Auftragnehmer drohen, die auf Grund der Verspätung eines anderen Auftragnehmers erst verspätet mit ihrer Leistung beginnen konnten (hier kommt ein Anspruch

aus § 642 BGB in Betracht[1]), wenn der behindernde Unternehmer nach dem Vertrag und dessen Auslegung als **Erfüllungsgehilfe** des Auftraggebers anzusehen ist.

Schließt der Bauunternehmer einen **Hauptunternehmervertrag** ab, **verlagert** er diese **Risiken** zu einem erheblichen Teil auf den Hauptunternehmer: Alles, was im Leistungsbereich des Hauptunternehmers geschieht, ist für den Auftraggeber eine „black box"; es braucht ihn im Hinblick auf den Verzug nicht zu interessieren. Der Hauptunternehmer muss **für alle seine Subunternehmer einstehen** wie für sich selbst. Will er einen vom Auftraggeber geltend gemachten Verzugsschadenanspruch oder Vertragsstrafenanspruch an einen oder mehrere seiner Subunternehmer weitergeben, hat er mit den Problemen zu kämpfen, mit denen der Bauherr bei der Einzelgewerkevergabe zu kämpfen hat. Dazu gehört auch das bisher noch gar nicht angesprochene Problem, dass ja durchaus mehrere Einzelgewerke bei der eingetretenen verspäteten Fertigstellung zusammengewirkt haben können und sich dann neben Nachweisproblemen auch noch die Frage der **gesamtschuldnerischen** oder quotalen **Haftung** dieser mehreren Unternehmer stellt. Mit all dem muss sich beim Hauptunternehmervertrag wie überhaupt beim Schlüsselfertigbau der Auftraggeber nicht auseinandersetzen. 39

Gleichwohl kann auch der Auftraggeber im Schlüsselfertigbau alles andere als sicher sein, dass er jedweden wirtschaftlichen Nachteil, den er durch eine verspätete Baufertigstellung erleidet (z. B. Mietausfälle, Zinsschäden, etc.) an den Hauptunternehmer weiterleiten kann. Auch der Hauptunternehmer kann Behinderungen vorbringen, soweit sie von Umständen außerhalb seines Leistungsbereichs hervorgerufen werden. Hierher gehört z. B. das nicht rechtzeitige Vorliegen von Plänen, soweit die Planung nicht zur Leistung des Hauptunternehmers gehört. Hierher gehören natürlich auch behördliche Anordnungen und Verfügungen und vor allem Leistungsänderungen. 40

Es kommt im Bereich der Terminsicherheit wie auch in dem der Kostensicherheit ganz entscheidend auf die **Vorbereitung des Bauvorhabens** zum Zeitpunkt des Abschlusses des Hauptunternehmervertrags an. Es kommt darauf an, wie genau das Bauvorhaben schon auf Papier fixiert ist. 41

Dies bedeutet, dass folgende Überlegungen anzustellen sind:

▷ In welchem Stadium befindet sich die Planung?

▷ Stehen Endnutzer (Mieter, Leasingnehmer, Käufer) bereits fest?

▷ Welche Absprachen sind mit diesen Endnutzern getroffen?

▷ Ist in öffentlich-rechtlicher Hinsicht soweit denkbar alles abgeklärt?

▷ Gab oder gibt es Auseinandersetzungen mit Grundstücksnachbarn?

▷ Ist mit Baugrundproblemen zu rechnen?

▷ Ist mit Problemen bei der Zufahrt oder in der Logistik zu rechnen?

---

1 Laut BGH, IBR 2000, 217; BGH, BauR 2003, 531 = ZfBR 2003, 254.

42 Auch der Hauptunternehmer kann sich bei nicht von ihm zu vertretenden Verzögerungen aus z. B. den vorstehenden Gründen auf die sog. „Hinfälligkeit" der Vertragsstrafe berufen.[1]

43 Da all diese Fragen auch und vor allem im Bereich der Kostensicherheit eine Rolle spielen, wird hierauf nachfolgend im Detail eingegangen.

dd) Kostensicherheit

(1) Aspekte der Kostensicherheit: Was kann der Hauptunternehmervertrag in dieser Hinsicht leisten?

44 Ob privater, gewerblicher oder öffentlicher Bauherr: Die wohl unangenehmste und deshalb auch am meisten gefürchtete Überraschung sind **Mehrkosten**. Wenn man sich vergegenwärtigt, dass z. B. der private „Häuslebauer" seinen Traum von den eigenen vier Wänden oft, wenn nicht sogar in der Regel, mit einer **Finanzierung** umsetzt, die die gerade noch tragbare monatliche Belastung des Familieneinkommens darstellt, oder wenn man sich vorstellt, dass ein gewerblicher Bauherr wie ein Bauträger mit den Käufern oder Mietern des von ihm zu errichtenden Objekts Festpreise bzw. langjährige Mieten vereinbart hat, die es ausschließen, Mehrkosten für das geplante Objekt an den späteren Käufer oder Nutzer weiterzugeben, dann ist auch klar, dass jedenfalls erhebliche Kostensteigerungen die **wirtschaftliche Existenz** des Bauherrn bedrohen können und dieser deshalb gesteigerten Wert auf die weitestgehende Vermeidung derartiger Mehrkosten legen muss.

Hinweis:
Der Abschluss von Schlüsselfertigbauverträgen wie z. B. Hauptunternehmerverträgen wird oft als probates Mittel gegen die gefürchteten Mehrkosten eines Bauvorhabens angesehen. Es ist jedoch wichtig, zu erkennen, dass der Abschluss eines Hauptunternehmervertrags für sich alleine noch keinen wirksamen Schutz gegen Mehrkosten darstellt, und zwar auch dann nicht, wenn noch so oft das Wort „Pauschalfestpreis" in dem Vertrag vorkommt.

45 Um zu klären, was der Auftraggeber eines Hauptunternehmervertrags tun sollte, muss man sich einfach vor Augen führen, welche **Ursachen** im Wesentlichen zu höheren Kosten als eingeplant und als auch in dem oder den Verträgen mit den Bauausführenden vorgesehen führen.

46 Hierher gehört zunächst die **unvollständige Leistungsbeschreibung**, d. h. der in dem Vertrag niedergelegte Leistungsumfang ist nicht identisch, weil zu gering, mit dem vom Bauherrn anvisierten Bauziel. Hierher gehört ebenfalls die vermeidbar ungenaue Leistungsbeschreibung, denn auch diese eröffnet dem Unternehmer die Möglichkeit, Nachforderungen zu stellen.

47 Das zweite „Einfallstor" für Mehrkosten bildet das Baugrundstück und ggf. auch seine Umgebung. Treffen die Bauvertragsparteien auf andere **geologische Verhältnisse** als sie bei Vertragsschluss angenommen haben oder muss die Lage des Gebäudes auf dem Grundstück verändert werden oder zeigen sich Probleme bei der

---

[1] Vgl. BGH, NJW 1996, 971.

Logistik oder Erschließung der Baustelle, dann sind Aufwendungen, mit denen die Beteiligten nicht gerechnet haben und/oder die jedenfalls nicht im Vertrag explizit enthalten sind, unvermeidlich.

Nicht nur die Natur (im weitesten Sinne) kann dem Bauherrn Streiche spielen; andere Menschen in Gestalt von Behördenmitarbeitern oder Nachbarn können dies eben so gut: Behördliche Baustopps oder sonstige Anordnungen wegen (vermeintlichen) **Verstößen gegen das öffentliche Baurecht**, oder auch aus wasserrechtlichen Gründen (weil man unvermutet auf Grundwasser trifft); polizeiliches Eingreifen wegen Gefährdung der öffentlichen Sicherheit und Ordnung; **nachbarliches Einschreiten**, sei es öffentlich-rechtlicher oder zivilrechtlicher Natur, führen in aller Regel zu Bauzeitverlängerungen und daneben oft noch zusätzlich dazu, dass zusätzliche bauliche Maßnahmen erforderlich werden, die ursprünglich nicht eingeplant waren. 48

Im Zusammenhang mit Nachbarn wird ein möglicher Anspruch oft vernachlässigt. Gemäß § 906 Abs. 2 Satz 1 BGB kann ein Nachbar zwar die Errichtung eines genehmigten Bauwerks nicht verhindern, da es sich in einem solchen Fall stets um eine ortsübliche Nutzung des Grundstücks handelt. Sollten aber durch die Baumaßnahmen oder durch die zur Durchführung der Baumaßnahmen erforderlichen Arbeiten am Grundstück Schäden an dem Nachbargrundstück oder an dort befindlichen Gebäuden oder sonstigen Werten entstehen, kann der **Nachbar**, und zwar verschuldensunabhängig, nach § 906 Abs. 2 Satz 2 BGB Anspruch auf Ausgleich der bei ihm entstandenen Schäden erheben. Da ein Verschulden des Bauherrn bei diesem sog. privatrechtlichen **Aufopferungsanspruch** gerade nicht Voraussetzung ist, kann der Bauherr hier zu erheblichen Ausgleichsleistungen herangezogen werden, ohne diese Mehrkosten an den Architekten oder die Baufirma weitergeben zu können, da diese nur für Mängel an ihrem Gewerk haften oder aber für schuldhaft durch Vertragsverletzung zugefügte Schäden. 49

Schließlich und endlich kommen noch die Probleme auf der Nutzerseite: Wenn der Nutzer, sei es ein **Käufer oder Mieter**, bereits feststeht, dann müssen natürlich die Bauleistungen und die Regelungen in dem Vertrag mit den Nutzerinteressen in Übereinstimmung gebracht werden. Ist ein Nutzer noch nicht vorhanden, baut der in der Regel gewerbliche Bauherr auf Vorrat, dann muss er damit rechnen, dass Wünsche von Interessenten zu **Änderungen der Bauleistung** und damit zu Mehrkosten führen. 50

Nachfolgend wird das Problem der Leistungsbeschreibung behandelt (Rz. 52–63); hinsichtlich der anderen oben angesprochenen Punkte wird auf Rz. 63–75 verwiesen. 51

(2) Die Leistungsbeschreibung

Die Definition dessen, was der Unternehmer für die vereinbarte Vergütung zu leisten hat, ist die **wichtigste Bestimmung eines Bauvertrags**. Gleichwohl ist oft gerade diese Regelung die am wenigsten durchdachte des gesamten Vertragswerkes. Man behilft sich mit der Aufzählung einzelner Unterlagen wie z. B. Pläne, Baubeschreibungen, Leistungsverzeichnisse u. a.; dazu kommen dann noch allgemeine Regelwerke wie die VOB/B und C oder, je nach Art des Bauvorhabens 52 die Vorschriften über z. B. Betreutes Wohnen oder die Heimmindestbauverordnung.

53 Wenn irgendetwas auf dieser Welt sicher ist, dann, dass zwischen den verschiedenen zum Zwecke der Leistungsbeschreibung herangezogenen Dokumenten **Widersprüche** bestehen und dann ein Streit darüber ausbricht, welche Unterlage nun den Vorrang hat. Um dies zu vermeiden, werden die verschiedenen „Vertragsgrundlagen" in einer Hierarchie einander über- und untergeordnet. Kleine-Möller[1] hält dies für die einzig mögliche Lösung. Damit tragen die Parteien das Risiko, dass im Zweifel nach einem langjährigen Rechtsstreit ein Richter definiert, was die Parteien eigentlich gewollt haben.[2] Darüber hinaus kann es durchaus geschehen, dass Leistungsdefinitionen wie hier beschrieben von den Gerichten insgesamt jedenfalls im Rahmen der Inhaltskontrolle von Allgemeinen Geschäftsbedingungen als unwirksame, da **unklare und überraschende Klausel** gemäß § 307 BGB „kassiert" werden.[3]

54 Der Grund, weshalb die Vertragsparteien und insbesondere die Auftraggeber dennoch immer wieder auf die beschriebene Art und Weise der Leistungsdefinition zurückgreifen, liegt oft genau darin, dass die **Risiken**, die sich aus der – möglicherweise in der Natur der Sache liegenden – unzureichenden Vorbereitung des Bauvorhabens ergeben, durch diese Bestimmung **dem Vertragspartner aufgebürdet** werden sollen. Was dadurch aber neben den oben genannten Problemen gerade für den Auftraggeber erreicht wird, ist Folgendes:

Es wird ein sehr **unterschiedliches Bild von der Leistungspflicht** des Unternehmers geschaffen. Während der Auftraggeber meint, er habe die noch nicht geklärten und vielleicht auch nicht zum gegenwärtigen Zeitpunkt klärbaren Unsicherheiten auf den Unternehmer abgewälzt, sieht der Unternehmer in erster Linie die konkreten Unterlagen, also die herangezogenen Pläne, die Baubeschreibung oder Leistungsverzeichnisse, die ihm vorgelegt worden sind und auf deren Basis er kalkuliert hat. Das Ganze ist eine Folge der – bewusst oder unbewusst angewandten – Methode, Dinge, die man nicht offen und klar im Vertrag durchsetzen kann, so zu fassen, dass die eigene Auffassung zumindest in vertretbarer Weise begründet werden kann und somit im Falle eines Streits, insbesondere auch vor Gericht, die eigene Auffassung nachträglich durchgesetzt werden kann. Da die Rechtsprechung das aus unklaren Leistungsbeschreibungen folgende Risiko vor allem dem Bieter aufbürdet,[4] könnte man versucht sein, dem AG dazu zu raten. Im Ergebnis ist es demnach keine gute Idee.

---

1 In: *Kleine-Möller/Merl/Oelmaier*, Handbuch des privaten Baurechts, S. 38 f.
2 Zu den Folgen widersprüchlicher Erklärungen BGH, NJW 1986, 1035 – betraf allerdings keinen Bauvertrag.
3 Vgl. *Korbion/Locher*, Rz. 62; s.a. OLG München, NJW-RR 1988, 786 zu der „Reihenfolge-Bestimmung".
4 Z. B. BGH, BauR 2002, 935 = NZBau 2002, 234; Zusammenfassungen bei *Erdl*, BauR 2004, Sonderheft 14, 166, 179; *Markus*, ebenda, 180 ff.; *Kummermehr*, ebenda, 161 ff.

Hinweis:
Diese Taktik, die auch von vielen Anwälten nach wie vor angewandt wird, ist meiner Meinung nach für beide Seiten nachteilig: Da sie Streit provoziert, ist sie wirtschaftlich ungünstig. Darüber hinaus belastet sie unnötigerweise das Verhältnis der Parteien zueinander und die Nerven der an der Realisierung beteiligten Personen.

Das Ziel sollte vielmehr sein, gemeinsam das festzulegen, was sicher der Bestimmung der Leistungspflicht des Unternehmers zugrunde gelegt werden kann, damit beide Parteien die gleiche Vorstellung von der zu erbringenden Leistung haben. Weiterhin sollten Fälle, in denen beide Parteien dahin gehend übereinstimmen, dass eine Partei ein bestimmtes Risiko übernimmt, **klar im Vertrag bezeichnet** werden und womöglich auch noch **erklärt werden**, wieso dieses Risiko bei einer Vertragspartei angesiedelt wird. 55

Hinweis:
Ich habe überhaupt die Erfahrung gemacht, dass erklärende Sätze in Verträgen oft sehr hilfreich sind, weil sie nämlich bei der späteren Auslegung von Vertragsbestimmungen unschätzbare Dienste leisten können.

Wenn die Parteien im Vertrag zu einer Risikoverteilung gelangt sind, die mit den dispositiven Gesetzesrecht nicht unbedingt übereinstimmt, dann ist es sicher nicht verfehlt, im Vertrag schriftlich die Gründe für diese **ungewöhnliche Risikoverteilung** niederzulegen. Diese können z. B. in einer speziellen Vergütung für diese Riskoübernahme bestehen, oder auch generell in einer günstigen Vergütungsregelung oder auch darin, dass an anderer Stelle dafür der andere Vertragspartner ein Risiko übernimmt, welches er nicht unbedingt zu übernehmen bräuchte. 56

Schließlich sollte offen darüber gesprochen werden, dass und ggf. welche **Änderungen oder Zusatzleistungen** im Rahmen des Vertrags möglich sind und geregelt werden, unter welchen Bedingungen der Unternehmer verpflichtet ist, diese Änderungen auszuführen sowie weiterhin mindestens die **Grundlage der Preisfindung** für diese geänderten oder zusätzlichen Leistungen festgelegt oder mindestens der anderen Partei bekannt gemacht werden. Es bleiben auch nach Anwendung dieser Grundsätze genug Unwägbarkeiten für jedes Bauvorhaben, deren „friedliche" Auflösung aus wirtschaftlichen wie rechtlichen Gründen von den Parteien angestrebt werden muss.[1] 57

Es ist auf jeden Fall für den Auftraggeber keine Lösung, Risiken oder Neben- oder Zusatzleistungen durch Vertragsklauseln, die in der Regel der **Inhaltskontrolle nach den §§ 305 ff. BGB** (dem früheren AGBG) unterfallen, auf den Auftragnehmer abzuwälzen. Denn alle Vereinbarungen, die nicht Bestandteil der Preis-Leistungsvereinbarung sind (Ausnahme von der Inhaltskontrolle, vorher in § 8 AGBG geregelt), unterliegen der Inhaltskontrolle nach den §§ 307 bis 309 BGB, zuvor §§ 9 bis 11 AGBG.[2] Genauso müßig ist es, Risiken in der Weise auf den Auftrag- 58

---
1 *Schuhmann*, BauR 2003, 162, 163 f.
2 Vgl. zu dieser Differenzierung echte Preisvereinbarung – Preisnebenregelung BGH, ZIP 1991, 857, 858; BGH, BGHZ 93, 358 (360, 361); BGH, BGHZ 116, (117).

nehmer abzuwälzen, indem formuliert wird, der Auftragnehmer habe die Pläne und die sonstigen Unterlagen geprüft, bejaht, dass er alles (wobei sich bereits hier die Frage stellt, was denn nun dieses „alles" ist) zu dem vereinbarten Pauschalpreis ausführen könne und sei deshalb mit Nachforderungen ausgeschlossen. Auch dergleichen **Risikoverlagerungen** halten regelmäßig einer Inhaltskontrolle nicht stand.[1]

59 Da es offensichtlich nicht möglich ist, eine Standardregelung für alle denkbaren Fälle zu finden, wird an dieser Stelle sowie später bei den Bedingungen für den Mustervertrag (siehe unten § 2 Rz. 200) versucht, ein **variables Muster** für die Leistungsbestimmung im Hauptunternehmervertrag zu finden.

60 **Ausgangspunkt** sollten die **genehmigten Baupläne** (eine vollständige Ausführungsplanung wird bei Vertragsschluss nie vorliegen; sie wird aus Zeitgründen mit kurzem Vorlauf zum Baufortschritt gefertigt) sein. Die Parteien vereinbaren also, dass der Hauptunternehmer das in Rede stehende Objekt (z. B. Büro und Wohnhaus) auf dem Grundstück xy schlüsselfertig errichtet nach Maßgabe der genehmigten Baupläne, die im Einzelnen benannt werden. Die Lage des Bauvorhabens ergibt sich aus dem Lageplan, die Außenanlagen, die zu errichten sind, ergeben sich aus dem Freiflächengestaltungsplan. Die vorzunehmenden Gründungs- und Tiefbauarbeiten sind entweder in den genehmigten Bauplänen enthalten oder in einem Baugrundgutachten mit Gründungsberatung vorgegeben. Die Art und Güte der **zu verwendenden Baustoffe** sowie die Ausstattung, z. B. hinsichtlich der zu verwendenden Fenster und Türen oder hinsichtlich Art und Anzahl der zu verwendenden Elektroinstallationsteile, wird in einer gesonderten Liste für alle Gewerke festgelegt.

61 Hinsichtlich **Leistungsänderungen** (Leistungsmehrungen, Leistungsminderungen oder Leistungsersetzungen) wird vereinbart

▷ wer solche Leistungsänderungen vereinbaren darf;

▷ dass der Auftragnehmer solche Leistungsänderungen ausführen muss, aber nur, wenn sie für ihn zumutbar sind hinsichtlich der Art der Leistung und der Dauer der Ausführung (keine unzumutbare Verlängerung der vorgesehenen Bauzeit; keine Leistungen, auf die der Hauptunternehmer nicht eingerichtet ist und mit denen nach Art und Umfang des vereinbarten Bauvorhabens nicht zu rechnen war, in Anlehnung an § 1 Nr. 4 VOB/B);

▷ dass Preisanpassungen nach Möglichkeit vor Beginn mit der geänderten Leistung zu vereinbaren sind; jedenfalls aber richten sie sich nach der vom Hauptunternehmer offen gelegten Kalkulation des Pauschalpreises.

62 Außerdem sollte festgelegt werden, über welche Straßen die **Zufahrt und die Versorgung zur Baustelle** erfolgen kann bzw. soll, und ggf. auch aufgenommen werden, wenn es Besonderheiten auf dem Baugrundstück selbst zu beachten gibt, z. B. wenn mit LKWs oder mit sonstigen schweren Maschinen nur bestimmte Teile des Baugrundstücks befahren werden können und/oder Baumaschinen wie

---

1 Vgl. OLG München, BB 1986, 554; OLG Frankfurt, BauR 2003, 269 u. BGH, IBR 2004, 125.

Kräne nur an bestimmten Stellen errichtet werden können, z. B. weil es sonst Konflikte mit den Nachbarn gibt.

(3) Sonstige Kostenrisiken

An der Spitze der sonstigen Kostenrisiken marschiert das Baugrundrisiko. „**Baugrundrisiko**" bedeutet, dass der Teil der Erdoberfläche, auf und in dem das geplante Bauvorhaben errichtet werden soll, anders beschaffen ist, als beide Vertragspartner dies angenommen haben. Sollte einer der Vertragspartner einen Wissensvorsprung in dieser Hinsicht haben und den jeweils anderen Vertragspartner hierüber täuschen bzw. trotz diesbezüglich in der Regel bestehender Aufklärungspflicht die ihm bekannte Bodenproblematik verschwiegen haben, ist dies keine Frage des Baugrundrisikos, sondern eine solche des Schadensersatzes gemäß § 311 Abs. 2 (cic) oder § 280 (pVV) BGB oder auch eine Frage der Konsequenzen einer womöglich vorliegenden arglistigen Täuschung, z. B. in Gestalt des Anfechtungsrechts des Vertragspartners. 63

Beispiel: 64
Beiden Vertragspartnern nicht bekannte und deshalb auch nicht in den Vertrag einbezogene **Bodenprobleme** können sein:

▷ geringere Tragfähigkeit des vorhandenen Baugrunds;

▷ Art und Umfang des Auftretens von Grundwasser;

▷ Fremdkörper im Boden wie z. B. frühere Bauten, Bodendenkmäler, Fliegerbomben aus dem 2. Weltkrieg;

▷ weiterhin kommen in Betracht Kontaminationen des Bodens und natürlich die Situation, dass der Boden wesentlich schwieriger zu bearbeiten ist als dies angenommen wurde, z. B. weil der Boden eine wesentlich härtere Bodenklasse hat oder weil geologische Probleme wie z. B. Findlinge gegeben sind.[1]

Die Konsequenzen des Eintretens einer solchen nicht vorhergesehenen Bodensituation sind stets, dass zur Durchführung des Bauvorhabens ein höherer Aufwand getrieben werden muss (z. B. durch aufwändigere Gründungsmaßnahmen oder Wasserhaltungsmaßnahmen) und eine Verzögerung des Baufortgangs eintritt, da der zusätzliche Aufwand in aller Regel nicht nur Geld, sondern auch Zeit kostet. 65

Dieses Risiko wird nach der zu Recht ganz herrschenden Auffassung bei demjenigen angesiedelt, der das Grundstück zur Verfügung stellt. Mit Ausnahme des Bauträgervertrags ist es der Auftraggeber, der das Grundstück „liefert". Aufgrund des beschriebenen Bodenrisikos eintretende Mehrkosten oder Verzögerungen gehen also beim Hauptunternehmervertrag **zulasten des Auftraggebers**. Dieses Ergebnis wird auf eine Reihe von gesetzlichen Vorschriften und VOB-Regelungen gestützt, z. B. auf die §§ 644 Abs. 1 Satz 3 und 645 BGB, § 9 Nr. 2 und 3 VOB/A und Abschnitt 0 der VOB/C.[2] 66

---
1 Zur Definition des Baugrundrisikos sowie zu den Beispielen vgl. *Englert*, BauR 1991, 537, 537 f.
2 BGH, BGHZ 78, 352; *Ingenstau/Korbion*, VOB, 13. Aufl. Teil B § 7 Rz. 9; *Englert/Bauer*, Rechtsfragen zum Baugrund, Rz. 114 ff.

67 Wohl ist es möglich, durch ausdrückliche Individualvereinbarung dieses Risiko dem Auftragnehmer aufzubürden, insbesondere dann, wenn er hierfür eine zusätzliche Vergütung (**Risikovergütung**) erhält. Dies muss dann klar und deutlich im Vertrag herausgestellt werden.[1] Müßig ist es dagegen, den Versuch zu unternehmen, durch AGB-Bestimmungen dieses Risiko zu verlagern.[2]

68 Will der Auftraggeber dieses **Risiko minimieren**, dann bleibt ihm wohl nichts anderes übrig, als ein Baugrundgutachten in Auftrag zu geben[3], und zwar möglichst frühzeitig, da Baugrundprobleme die bautechnische und statische Konstruktion des Gebäudes grundlegend beeinflussen können und es wirtschaftlich nicht sehr sinnvoll ist, wenn erst kurz vor der Vergabe an den Hauptunternehmer festgestellt wird, dass das ganze Bauvorhaben ohnehin nicht durchführbar ist, weil aufwändige Gründungsmaßnahmen die gesamte wirtschaftliche Rentabilität infrage stellen.

69 Der Baugrundgutachter haftet für die Richtigkeit seines Gutachtens. Allerdings ist der Umfang seiner **Haftung** natürlich auch vom Umfang seines Auftrags abhängig. Hält der Bodengutachter zur Klärung z. B. weitere Bodenaufschlüsse wie Schürfungen oder Bohrungen für erforderlich, und der Auftraggeber erteilt aber aus Kostengründen diese zusätzlichen Aufträge nicht, dann kann er, wenn genau in diesem Bereich Probleme auftreten, hinterher nicht den Baugrundgutachter hierfür verantwortlich machen. Auch bei einem noch so weitgehenden Baugrundgutachten bleibt immer ein Restrisiko, wie es der alte Spruch „hinter der Hacke ist es finster" zum Ausdruck bringt.

70 Die vorstehenden Ausführungen zeigen auf, dass der Hauptunternehmer – im Gegensatz zum Bauträger – keineswegs daran gehindert ist, **sog. Sowieso-Kosten** geltend zu machen: Hat der Hauptunternehmer einen Anspruch auf **zusätzliche Vergütung** für ursprünglich nicht vorgesehene Leistungen, die z. B. aufgrund nicht vorhergesehener Baugrundprobleme erforderlich werden, dann kann er auch, soweit diese zusätzlichen Leistungen unterblieben sind und es deswegen zu Mängeln an der Bauleistung kommt, einwenden, dass bei richtiger Ausführung Mehrkosten entstanden wären und diese Mehrkosten als Sowieso-Kosten geltend machen.[4] Allerdings ist der Hauptunternehmer sehr wohl verpflichtet, **den Auftraggeber darauf hinzuweisen**, wenn er unvorhergesehene Baugrundprobleme erkennt. Die Mehrkosten, die durch eine spätere Beseitigung der Probleme entstehen, verbleiben nämlich sonst bei dem Hauptunternehmer.[5] Wie hier, so verfahren die Vertragsparteien auch sonst am besten, wenn sie Kommunikation und Kooperation möglichst groß schreiben.[6]

---

1 Vgl. *Vygen*, Bauvertragsrecht nach VOB und BGB, Rz. 645 und 668; z. Risikoverlagerung bei einem Anlieferungsvertrag s. BGH, NZBau 2003, 38 = BauR 2002, 1872.
2 OLG Frankfurt v. 7. 6. 1985 – 6 U 148/84, n. v.; *Korbion/Locher*, Rz. 67.
3 Vgl. hierzu VOB-Stelle Sachsen-Anhalt v. 8. 3. 2000 – Fall 237, IBR 2000, 313.
4 Zu Sowieso-Kosten auch bei Verpflichtung zur schlüsselfertigen Bauleistung OLG Düsseldorf, NJW-RR 1992, 23; OLG Düsseldorf, NJW-RR 1996, 532.
5 BGH, BauR 1993, 722 f.
6 Zum Bauvertrag als Kooperationsvertrag, der den Parteien u. a. die Verpflichtung auferlegt, auftretende Konflikte offen und zunächst einmal ohne den Versuch, gegenseitig unangemessenen Druck auszuüben, zu behandeln, vgl. BGH, NJW 2000, 807 und zuletzt *Schuhmann*, BauR 2003, 162 f.

Zum Thema „Baugrundproblematik" passt auch das bereits unter Rz. 49 angesprochene Problem, dass infolge der Ausführung der Baumaßnahme **Schäden an Nachbargrundstücken**, vor allem an den dort stehenden Gebäuden, entstehen können. Dies kann z. B. durch Rammarbeiten im Zusammenhang mit der Herstellung von Spundwänden oder bei Durchführung von Wasserhaltungsmaßnahmen (Auswaschung des Bodens und damit Verursachung von Setzungen) geschehen. Sofern solche Arbeiten in Betracht kommen oder gar schon feststehen, empfiehlt es sich, den Zustand der Nachbargebäude durch eine **sog. Beweissicherung** dokumentieren zu lassen.

71

Nach § 906 Abs. 2 BGB auszugleichende Schäden am Nachbargrundstück können durchaus auch dann auftreten, wenn die mit der Bauausführung beauftragten Unternehmen vollständig nach den Regeln der Kunst arbeiten. Dem Nachbarn gegenüber haftet ausschließlich der Grundstückseigentümer und nicht etwa der Bauunternehmer.[1] Der Grundstückseigentümer wiederum kann sich an seinem Auftragnehmer nur schadlos halten, wenn er diesem ein Verschulden nachweisen kann.

72

Zum Thema „Nachbar" ist noch zu beachten, dass für den Fall, dass die **Baugenehmigung nicht bestandskräftig** ist und vom Nachbarn angefochten wird, zwar die aufschiebende Wirkung des **Nachbarwiderspruchs** wegen § 212a BauGB entfällt, gleichwohl aber der Nachbar u. U. auf öffentlich-rechtlichem Weg einen **Baustopp** durchsetzen kann, wenn das angegangene Verwaltungsgericht zu dem Ergebnis kommt, dass nach summarischer Prüfung die Baugenehmigung wohl rechtswidrig ist und den Nachbarn in seinen Rechten verletzt. Auch in privatrechtlicher Hinsicht ist darauf zu achten, dass dingliche oder auch schuldrechtliche Vereinbarungen mit dem Nachbarn, die Bebaubarkeit des Grundstücks betreffend, nicht verletzt werden und dass das Grundstück des Nachbarn nicht ohne dessen Zustimmung für das Bauvorhaben genutzt werden kann. Allerdings gibt es landesrechtliche Vorschriften, vor allem in den jeweiligen AGBGB's, die die Inbenutzungsnahme von Nachbargrundstücken für die Durchführung von Baumaßnahmen zulassen; dies gilt vor allem für die neuen Bundesländer, z. B. Sachsen. Ansonsten muss man sich mit dem so genannten nachbarschaftlichen Gemeinschaftsverhältnis behelfen, um z. B. den Kran so aufstellen zu können, dass dessen Schwenkbereich z. T. über dem Nachbargrundstück liegt.[2]

73

Hinweis:
Oft sind Nachbarn, wenn man sie vorher fragt, recht umgänglich und lassen solche Nutzungen gegen einen relativ geringen Obolus zu. Müssen sie feststellen, dass ohne ihre Zustimmung und ohne sie auch nur zu fragen derartige Inanspruchnahmen erfolgen, dann werden die meisten Nachbarn allerdings ungehalten mit womöglich weit reichenden Folgen für das Bauvorhaben.

Verheerende Folgen kann das **falsche Einmessen des Bauvorhabens** im Grundstück und die daraus womöglich folgende Unterschreitung von Abstandsflächen haben. Auch sonst ist darauf zu achten, dass die öffentlichen Bauvorschriften und insbesondere Auflagen aus der Baugenehmigung peinlich genau beachtet werden.

74

---

1 BGH, BGHZ 72, 289.
2 Vgl. *Seidel/Fries*, BauRB 2004, 217 f.

Behörden können äußerst gereizt reagieren, wenn sie feststellen müssen, dass der Bauherr sich einfach über sie hinwegsetzt.

75 **Fazit**: Vollständige Kostensicherheit gibt es nicht. Weitgehende Kostensicherheit ist auch beim Hauptunternehmervertrag nur zu erreichen, wenn die zu erbringende Leistung ordentlich definiert ist und das Bauvorhaben auch sonst professionell vorbereitet ist.

b) Mögliche Nachteile

aa) Abhängigkeit von einem Auftragnehmer

76 Der Vorteil, es nur mit einem Ansprechpartner zu tun zu haben, kann sich natürlich in einen Nachteil verkehren, wenn nämlich dieser eine Ansprechpartner sich als unsolide, vertragsuntreu oder auch als **wirtschaftlich angeschlagen** erweist. Auch bei einer Einzelgewerkevergabe ist es natürlich ärgerlich, wenn ein Unternehmer z. B. wegen Insolvenz wegbricht oder sich als dauernd unzuverlässig erweist. Für den Hauptunternehmer gilt dies natürlich umso mehr.

77 Dem kann der Auftraggeber nur dadurch vorbeugen, dass er sich den Hauptunternehmer sorgfältig heraussucht, z. B. dadurch, dass er sich von früheren Auftraggebern, für die der Hauptunternehmer schon ähnliche Projekte durchgeführt hat, **Auskunft** über die Leistung und die sonstige Vertragserfüllung des avisierten Hauptunternehmers **geben lässt**.

78 Daneben sollte es der Auftraggeber unterlassen, einem Hauptunternehmer, sofern es sich nicht um ein bezüglich der wirtschaftlichen Situation über jeden Zweifel erhabenes Unternehmen handelt, den Auftrag zu erteilen, der die Leistung zu einem **Preis** anbietet, der offensichtlich **nicht auskömmlich** ist. In diesem Fall muss der Auftraggeber damit rechnen, dass der Auftragnehmer sich Arbeit „einkauft" und lediglich auf kurzfristige Abschlagszahlungen spekuliert, aber tatsächlich nicht in der Lage sein wird, das Projekt ordnungsgemäß durchzuführen.

bb) Hauptunternehmerzuschlag

79 Der Hauptunternehmer wird sich nicht nur seine eigene Bauleistung, sondern auch die mit der Beauftragung von Subunternehmern verbundene **Koordinationsleistungen** bezahlen lassen wollen. Dies geschieht in der Regel dadurch, dass der Hauptunternehmer auf die Angebotspreise seiner Subunternehmer einen bestimmten Prozentsatz aufschlägt. Allerdings muss die Leistungserbringung durch den Hauptunternehmer im Endeffekt nicht teurer sein als die Durchführung einer Einzelgewerkevergabe, denn gerade erfahrene Hauptunternehmer haben Subunternehmer „an der Hand", mit denen sie ständig zusammen arbeiten und die aufgrund der durch den Hauptunternehmer abgenommenen größeren Mengen auch zu günstigen Preisen anbieten können.

3. Öffentliche Auftraggeber und Hauptunternehmervergabe

80 Nach § 4 Nr. 3 VOB/A müssen öffentliche Auftraggeber ihre Aufträge nach Fachgebieten oder Gewerbezweigen getrennt vergeben. Diese **Vergabe nach Fachlosen**

bedeutet, dass in der Regel bei Anwendung der VOB/A die Beauftragung eines Hauptunternehmers oder auch Generalübernehmers ausgeschlossen ist. Die VOB/A ist kein Gesetz, bindet aber die öffentlichen Auftraggeber haushaltsrechtlich (§ 55 BHO z. B.), bei Auftragsvergaben im Baubereich die VOB zugrunde zu legen.

Schadensersatzansprüche von Bietern können bei Nichtbeachtung die Folge sein, bis hin zum Anspruch auf das positive Interesse[1], wenn sich der Auftraggeber durch die Erklärung, die VOB/A anzuwenden, selbst bindet.[2] Darüber hinaus ist bei Überschreitung der Schwellenwerte die Überprüfung der Vergabeentscheidungen der öffentlichen Hand in einem justizförmigen Verfahren vor der Vergabekammer und dann vor den Vergabesenaten des OLG möglich (zum Vergaberecht siehe ausführlich Teile 8 und 9). 81

Die Zahl der vergaberechtlichen Entscheidungen, und zwar auch solcher, die sich mit Fällen unterhalb der in der Vergabeverordnung festgelegten Schwellenwerte befassen und sich deshalb nicht auf die Vorschriften der §§ 97 ff. GWB stützen können, hat in den vergangenen zehn Jahren stark zugenommen. Dies ist ein Indiz für den **verschärften Wettbewerb** um öffentliche Aufträge. Die Rechtsprechung hat dabei in aller Regel eine strenge Anwendung der Vorschriften der VOB/A verlangt. 82

Dies gilt auch für die Entscheidung Einzelgewerkevergabe oder Fachlosvergabe: Die Gerichte lassen es nicht gelten, wenn vonseiten der öffentlichen Auftraggeber ins Feld geführt wird, dass die Generalunternehmervergabe wirtschaftlicher und für den Auftraggeber (wegen der hier ja eingehend behandelten Vorteile) weniger belastend sei. Nach Meinung der Rechtsprechung hat die VOB/A sich dafür entschieden, dass durch die Gewährleistung der Vergabe nach Teillosen und nach Fachlosen auch kleine und mittlere Firmen in den Genuss öffentlicher Aufträge gelangen sollen. Diese **Mittelstandsförderung** darf nicht durch vorschnelle Entscheidung zugunsten des Hauptunternehmers oder Generalunternehmers verdrängt werden.[3] 83

Für normale öffentliche Bauvorhaben wie z. B. die Errichtung von Schulen, Universitäten, Krankenhäusern, Verwaltungsbauten, Gefängnissen etc. kommt daher in aller Regel die Hauptunternehmervergabe nicht in Betracht. Bei besonders **speziellen Bauvorhaben** mag dies anders sein, z. B. dann, wenn für diese Bauaufgabe kleine mittelständische Betriebe ohnehin nicht zur Verfügung stehen und/oder aus diesem Grund ohnehin eine beschränkte Ausschreibung zulässig ist und/oder die Bauaufgabe technisch sinnvoll nicht in einzelne Gewerke oder Fachlose aufgeteilt werden kann. 84

Die Vergabepraxis von Wohnungsbaugesellschaften und Stadtwerken, die rechtlich selbständig als **GmbHs** organisiert sind, zeigt, dass dort offenbar die Auffassung vertreten wird, bei der Vergabe von Aufträgen völlig frei zu sein und ins- 85

---

1 OLG Düsseldorf, BauR 1990, 257.
2 OLG Düsseldorf, BauR 1993, 597.
3 So explizit LG Hannover, IBR 1997, 353; zum Regel-Ausnahme-Verhältnis zwischen Fachlosvergabe und GU-Vergabe s.a. VK Sachsen, IBR 2000, 302.

besondere nicht an die Regelungen des Vergaberechts, also an den Vierten Teil des GWB und die VOB/A gebunden zu sein. Dem widersprechen schon die §§ 98 und 130 des GWB. Sog. **Sektorenauftraggeber**, Auftraggeber, die im Bereich der Daseinsvorsorge tätig sind und von öffentlichen Gebietskörperschaften gegründet und/oder finanziert werden, haben unter den Voraussetzungen der VOB/A SKR das öffentliche Vergaberecht zu beachten.

86 Noch zu dem alten Vergaberecht, zu der sog. haushaltsrechtlichen Lösung, die dann aufgrund schwer wiegender Bedenken, ob diese Regelung mit der EU-Richtlinie zum Vergaberecht vereinbar ist, durch die nunmehrige wettbewerbsrechtliche Lösung abgelöst wurde, erging die sog. Kraftwerkskomponenten-Entscheidung des Vergabeüberwachungsausschusses des Bundes[1], in der klargestellt wurde, dass Firmen, die im Eigentum der Treuhandanstalt bzw. der Bundesanstalt für vereinigungsbedingte Sonderaufgaben (BVS) stehen, das für die Vergabe öffentlicher Aufträge geltende Recht zu beachten haben. Die **Gründung von GmbHs** zum Zwecke der Erledigung von Aufgaben, die im Interesse der Allgemeinheit stehen, ist nicht das geeignete Mittel, um die Regelungen des Vergaberechts zu umgehen.[2] Die freie wirtschaftliche Betätigung zum Zwecke der Gewinnerzielung auf Gebieten, die nicht dem Allgemeininteresse dienen mit der Folge der Verdrängung privatwirtschaftlicher Wettbewerber, ist den öffentlichen Gebietskörperschaften schon aus verfassungsrechtlichen und auch EU-rechtlichen Gründen ohnehin untersagt.[3]

87 Soweit der **öffentliche Auftraggeber** gar nicht als Bauherr in Erscheinung tritt, sondern als langjähriger **Mieter oder Leaser** einer Immobilie, ist zwar der eigentliche Bauherr (= Leasinggeber) oder Vermieter als private Firma hinsichtlich der Vergabe der Aufträge frei. Hinsichtlich des Leasinggebers allerdings hat ein öffentlicher Vergabewettbewerb stattzufinden. Gleiches gilt auch bei sog. Konzessionsverträgen, also bei Verträgen, wie sie z. B. abgeschlossen werden mit dem Inhalt, dass eine private Firma eine Brücke oder einen Tunnel herstellt und dafür von der öffentlichen Hand keine Vergütung erhält, sondern das Recht, für einen bestimmten Zeitraum Maut für diesen Verkehrsweg zu verlangen.[4]

88 Diese Ausführungen können nur auf einige Probleme im Bereich der öffentlichen Vergabe und des Hauptunternehmervertrags hinweisen. Im konkreten Fall ist auf der Basis der detaillierten Kenntnis der Umstände des Einzelfalls die Rechtslage genauestens zu ermitteln, was fundierte Kenntnisse des Vergaberechts und der einschlägigen Rechtsprechung erfordert (im Einzelnen siehe Teil 8 und Teil 9).

III. Besondere Risiken aus der Sicht des Hauptunternehmers

89 Die besonderen Risiken des Hauptunternehmers ergeben sich reziprok aus den besonderen Vorteilen, die der Hauptunternehmervertrag für den Auftraggeber hat: Den **Überwachungs- und Koordinierungsaufwand**, den sich der Auftraggeber

---

1 VÜA Bund, WuW/E Verg. AB 27 ff.
2 VÜA Bayern, IBR 2000, 207; VK Münster, IBR 2002, 31.
3 Siehe BGH v. 24. 9. 2002 – KZR 4/01.
4 S. OLG Brandenburg z. Flughafen Schöneberg, NVwZ 1999, 1142.

des Hauptunternehmers spart, muss der Hauptunternehmer selbst betreiben. Er muss die übernommene Leistungspflicht, soweit er Teile der Leistung nicht selbst ausführt, rechtlich wirksam und technisch vollständig auf die **Subunternehmer** übertragen.

Der Hauptunternehmer muss voll und ganz für die **Fehler und Versäumnisse** aller 90 Firmen und Personen, die er zur Erfüllung der gegenüber dem Auftraggeber eingegangenen Leistungspflicht beauftragt hat, **einstehen**. Dies ergibt sich schon aus § 278 BGB. Er muss unter Umständen sogar für die Zulieferungen an seine Subunternehmer geradestehen.[1]

Wenn solche Fehler und Versäumnisse auftreten, dann hat der Hauptunterneh- 91 mer das Problem, welches sonst der Auftraggeber hat. Der Hauptunternehmer muss dann den **Nachweis führen**, dass z. B. ein Mangel auf die Leistung eines ganz bestimmten Subunternehmers zurückzuführen ist. Er muss beweisen, dass die eingetretene Verzögerung auf die Verspätung eines ganz bestimmten Subunternehmers zurückzuführen ist und Letzterer nicht einwenden kann, dass er nicht rechtzeitig mit seiner Leistung beginnen konnte oder während der Leistungserbringung behindert wurde usw.

Weiterhin trägt der Hauptunternehmer natürlich das Risiko, seine **Subunterneh-** 92 **mer bezahlen** zu müssen, auch wenn er von seinem Auftraggeber nicht oder nicht ganz bezahlt wird. Versuche, durch **AGB-Bestimmungen** dieses Risiko auf die Subunternehmer abzuwälzen, etwa indem in dem Vertrag mit dem Subunternehmer geregelt wird, dass Letzterer nur und insoweit Geld erhält, soweit der Hauptunternehmer vom Auftraggeber bezahlt worden ist, stellt eine unangemessene Benachteiligung des Subunternehmers dar und dürfte in jedem Fall **unwirksam** sein.[2] Umgekehrt ist nach § 641 Abs. 2 BGB die Vergütung des Subunternehmers dann fällig, wenn der Hauptunternehmer von seinem Auftraggeber bezahlt worden ist.

Aus zwei relativ neuen Vorschriften kann sich bei Weitervergabe an Subunter- 93 nehmer eine Haftung des Hauptunternehmers ergeben. Der eine Komplex ist die so genannte **Bauabzugssteuer**. Diese betrifft jeden Auftraggeber von Bauleistungen mit Ausnahme desjenigen, der ein Objekt ausschließlich zu eigenen Wohnzwecken erbaut. Dieser Steuerabzug nach § 48 ff. EStG wird unten in Rz. 151 ff. näher erläutert.

Der zweite Komplex betrifft die **Haftung** nach dem **Arbeitnehmerentsendegesetz**. 94 Die dort niedergelegte verschuldensunabhängige Haftung dafür, dass ein anderer Unternehmer seine Mitarbeiter entsprechend den Vorschriften des AEntG bezahlt und auch die sonstigen Leistungen (Urlaubskasse!) erbringt, trifft nicht den Bauherrn selbst, wohl aber den Hauptunternehmer.[3] Sicherungsmöglichkeiten für den Hauptunternehmer werden darin gesehen, dass sich der Hauptunternehmer eben seine Vertragspartner genau ansehen muss und nur mit zuverlässigen Subunternehmern zusammen arbeiten darf. Vom Hauptunternehmer wird

---
1 Zu weitergehenden Prüfungspflichten siehe BGH, NJW 2000, 280 ff.
2 OLG München, BB 1984, 1386.
3 *Schlachter* in Dieterich u. a., Erfurter Kommentar, 3. Aufl., AEntG § 1a, Rz. 2.

also die Menschenkenntnis eines Winnetou oder eines anderen Karl-May-Helden erwartet. Daneben soll sich der Hauptunternehmer gegen die Inanspruchnahme auf die Vergütung, die sein – doch unzuverlässiger – Subunternehmer nicht bezahlt hat, vor allem durch Bürgschaften schützen können. Dies ist dann ein Thema des Subunternehmervertrags und wird dort auch behandelt werden (siehe Teil 12).[1]

95 Wichtig ist noch, dass die **Haftung** des Hauptunternehmers bürgenähnlich ausgestaltet und somit **akzessorisch** ist. Der Hauptunternehmer kann sich auf die Verjährung der Hauptforderung des Arbeitnehmers berufen.

IV. Die wichtigsten Regelungen des Hauptunternehmervertrags

1. Die Beschreibung der Leistung des Hauptunternehmers

96 Hierzu ist bereits unter Rz. 52 ff. das Wichtigste gesagt worden. In dem weiter unten folgenden Mustervertrag (§ 2 Rz. 200) wird der Versuch unternommen, Anhaltspunkte für eine akzeptable Leistungsbeschreibung zu finden. Letztlich ist die Leistungsbeschreibung aber immer von dem speziellen Bauvorhaben, welches verwirklicht werden soll, und von der Art und Weise, wie weit dieses Bauvorhaben schon planerisch Gestalt angenommen hat und sonst wie vorbereitet wurde, abhängig.

2. Kalkulation und Preisbildung des Hauptunternehmers

97 Eigentlich, könnte man sagen, ist es ja ganz alleine Sache des Auftragnehmers, wie er seinen Preis kalkuliert. Im Hinblick darauf, dass der Hauptunternehmer ein komplexes Bauvorhaben zu einem Pauschalpreis ausführen soll, erscheint es aber sinnvoll, wenn sich vor und jedenfalls bei Abschluss des Hauptunternehmervertrags beide Vertragsparteien gemeinsam darüber klar sind, wie der Hauptunternehmer den Vertragspreis gebildet hat, und zwar schon wegen der ja stets möglichen und sogar mehr als wahrscheinlichen Änderungen, die das Bauprogramm im Laufe seiner Durchführung erfahren wird. Wenn hier und an anderer Stelle von der Notwendigkeit die Rede ist, dass beide Vertragsparteien die gleiche Vorstellung hinsichtlich der zu erbringenden Leistung und hinsichtlich der **Preisbildung** haben (soweit dies möglich ist), dann soll eine **Methode** hier nicht unerwähnt bleiben, die, wenn von den Vertragsparteien mit der erforderlichen Sorgfalt praktiziert, in sehr hohem Maße sicherstellen kann, dass dies der Fall ist.

98 Es ist die Rede von dem GMP-Verfahren. „GMP" bedeutet hier „garantierter maximaler Preis". Es sprengt den Rahmen dieser Darstellung, würde man hier intensiv auf den **GMP-Vertrag** eingehen. Dies ist auch nicht nötig, zumal es hierzu ausgezeichnete Aufsätze gibt, in denen das Vorgehen der Parteien und der dann zu vereinbarende Vertragsinhalt eingehend dargestellt werden.[2] Hier sei zu diesem Thema nur soviel gesagt, dass der „Witz" beim GMP-Vertrag darin besteht,

---

[1] Zu diesem Komplex noch einmal *Schlachter*, Erfurter Kommentar, 3. Aufl., AEntG § 1a, Rz. 1 und 3.
[2] *Oberhäuser*, BauR 2000, 1397; *Grünhoff*, NZBau 2000, 313.

dass der Auftraggeber und der Auftragnehmer das Bauprojekt **gemeinsam entwickeln** bis zu dem Punkt, zu dem der Hauptunternehmer oder Generalübernehmer die vorzunehmenden Bauleistungen, soweit er sie nicht selbst übernehmen will und hierfür einen Preis angeboten hat, für die potenziellen Subunternehmer ausschreibt. Die erforderlichen Ingenieurleistungen (in der Regel die Leistungen entsprechend den Phasen 5, 6 und 7 des § 15 HOAI) erbringt der in Aussicht genommene Hauptunternehmer. Das **Prinzip der „open books"** durchzieht den gesamten Vertrag und dessen Durchführung.

Der garantierte maximale Preis, zu dem der Hauptunternehmer oder Generalübernehmer das Objekt schlüsselfertig zu erstellen hat, setzt sich zusammen aus dem Pauschalpreis für den Hauptunternehmer zzgl. Vergütung für dessen Planungsleistungen, den Kosten für die Subunternehmer und einem Bonus. Die gemeinsame Kenntnis von den **Grundlagen der Preisbildung** des Pauschalpreises erleichtert es generell ungemein, bei auftretenden Änderungen sich auf eine Anpassung des Preises zu verständigen, falls eine solche nach Meinung der Vertragspartner erforderlich ist. 99

Hinweis:
In jedem Fall sollte aber der Hauptunternehmer seine **Urkalkulation** aufbewahren, um die Preise bei Vertragsänderungen richtig kalkulieren und die Angemessenheit dieser Preise nachweisen zu können. Weiterhin für den Fall, dass aus welchen Gründen auch immer der Hauptunternehmer seinen Vertrag nicht vollständig erfüllt, um den erfüllten Teil gemäß den Anforderungen der Rechtsprechung abrechnen zu können sowie ggf. auch die nicht erbrachten Leistungen abzüglich ersparter Aufwendungen gemäß § 649 Abs. 1 BGB bzw. 8 Nr. 1 VOB/B abrechnen zu können.

Die zahlreichen Entscheidungen zu der Frage, wie ein nicht vollständig erfüllter Pauschalpreisvertrag von dem Auftragnehmer abzurechnen ist, zeigen, dass einmal die nicht vollständige Erfüllung eines solchen Pauschalvertrags sehr oft vorkommt und zum anderen gerade in den Fällen der vorzeitigen Beendigung des Vertrags zwischen den Parteien oft erbittert über den erbrachten Leistungsumfang und dessen Abrechnung gestritten wird. Dies muss auch nicht Wunder nehmen, denn die vorzeitige Beendigung eines Bauvertrags erfolgt i. d. R. wegen erheblicher Meinungsverschiedenheiten u. im Streit, z. B. über nicht oder nicht vollständig bezahlte Abschlagsrechnungen, über vor Abnahme bereits vom Auftraggeber behauptete Mängel und natürlich auch über bereits eingetretene Verzögerungen des Bauvorhabens. Die Neigung der Auftraggeber, die vom Auftragnehmer eingereichte Schlussrechnung nach einer solchen Auseinandersetzung zu bezahlen, ist offenbar nicht besonders groß. Viele Auftraggeber verteidigen sich in dem dann stattfindenden **Vergütungsprozess** mehr oder weniger erfolgreich damit, dass der Auftragnehmer die Abrechnung des nicht vollendeten Pauschalvertrags nicht prüfbar vorgenommen hat. Diese Probleme werden eingehend unter Rz. 175 ff. behandelt werden. 100

3. Vereinbarung von Abschlagszahlungen

Die Vereinbarung von Abschlagszahlungsregelungen in Verträgen, die der Inhaltskontrolle unterliegen, bereitete aufgrund diverser seit 1. 5. 2000 geltender 101

Regelungen des Gesetzgebers, die die Rechte des Leistungserbringers stärken sollten, aber – nicht nur – in dieser Hinsicht nach zutreffender allgemeiner Einschätzung grandios misslungen sind, erhebliche Probleme.

102 Die Bestimmung des § 284 Abs. 3 a. F. BGB gilt für ab dem 1. 2. 2002 zu Stande gekommene Verträge Gott sei dank nicht mehr. Stattdessen gilt die Regelung des § 286 BGB, in der es klar und deutlich heißt, dass der Verzugseintritt nach Ablauf von 30 Tagen nach Rechnungserhalt nicht die einzige Möglichkeit ist, bei einer Geldforderung in Verzug zu geraten; vielmehr tritt Verzug auch durch Mahnung ein sowie wenn die Leistung zeitlich im Sinne von § 286 Abs. 2 BGB bestimmt ist.

103 Die anhand von § 284 Abs. 3 a. F. BGB geführte Diskussion, ob und unter welchen Voraussetzungen überhaupt kürzere Zahlungsfristen als 30 Tage vereinbart werden können, ist somit erledigt. Nachdem der Gesetzgeber klar und deutlich gesagt hat, dass auch für Geldforderungen andere Möglichkeiten bestehen, in Verzug zu geraten, als durch den Ablauf von 30 Tagen nach Rechnungszugang, kann man wohl nicht mehr die Auffassung vertreten, dass eine 30-tägige Prüfungsfrist für Rechnungen zum gesetzlichen Leitbild gehört. Für Abschlagszahlungen bei Bauverträgen sind 30 Tage nach Rechnungszugang regelmäßig zu lange, da in einem Zeitraum von einem Monat ein ganz erheblicher Leistungsfortschritt eintritt und der Auftragnehmer erst nach Ablauf von mindestens 31 Tagen erfährt, dass sein Auftraggeber die geschuldete Abschlagszahlung nicht leistet. Schon unter der Geltung des § 283 Abs. 3 a. F. wurde mit Recht die Auffassung vertreten, dass generell Zahlungsfristen entsprechend § 16 VOB/B zulässigerweise vereinbart werden können.[1]

104 Problematisch ist nach wie vor aber die Vereinbarung von Abschlagszahlungen überhaupt: Hier hat es im Zusammenhang mit dem Bauträgervertrag erhebliche Aufregungen gegeben, da ebenfalls wiederum u. a. von Thode, in IBR 2001, 153 ff., dezidiert die Auffassung vertreten wurde, dass nach der Neuregelung des § 632 a BGB der Bauträger wirksam keine Abschlagszahlungen mehr nach MaBV vereinbaren kann, da § 632 a BGB ein Leitbild für die Abschlagszahlung normiert, von dem zulasten des Bauträgerkäufers nicht abgewichen werden kann. Unabhängig von der Frage, wie sich das nun tatsächlich beim Bauträgervertrag verhält, stellt sich die Frage, ob aufgrund des Leitbildcharakters des § 632 a BGB nicht auch in anderen Verträgen über Bauleistungen gilt, dass von dem dort Niedergelegten zulasten des Auftraggebers nicht abgewichen werden darf.

105 Wenn der Begriff des in sich abgeschlossenen Teils des Werks so verstanden wird, wie er bisher in § 12 VOB/B verstanden wurde, dann kann jedenfalls in Verträgen, die vom Auftragnehmer gestellt werden, eine Abschlagszahlung wirtschaftlich sinnvoll nicht mehr vereinbart werden, weil ein in sich abgeschlossener Teil des Werks (= ein unabhängig vom Rest nutzbarer Teil des Werks) bei einem Bauvorhaben in aller Regel erst dann gegeben ist, wenn das Bauvorhaben eben vollständig fertig gestellt ist. Dies hätte für die Bauwirtschaft verheerende Konsequenzen, da die Vereinbarung von Abschlagszahlungen in regelmäßigen Abständen das einzige „Sicherungsmittel" ist, welches einigermaßen funktioniert und sicher-

---

1 Vgl. *Ingenstau/Korbion*, VOB-Kommentar, 14. Aufl., § 16 Rz. 70 ff.

stellt, dass die Baufirmen nicht in noch viel größerem Umfang mit ihren (gesamten) Werklohnforderungen ausfallen.

Kein Wunder also, dass sich nach den diesbezüglichen Äußerungen von Thode eine teilweise heftig geführte Diskussion anschloss, die auch durch die so genannte Eil-Sicherungsverordnung, die auf der Basis des § 27 a a. F. AGBG am 23. 5. 2001 in Kraft getreten ist, nicht beendet worden ist. Sowohl § 27 a a. F. AGBG als Ermächtigungsgrundlage als auch die Verordnung selbst mit ihrer Beanspruchung einer Rückwirkung auch auf vor dem In-Kraft-Treten der Verordnung am 29. 5. 2001 abgeschlossene Verträge wurden kritisiert als sowohl gegen Verfassungsrecht (Art. 80 Abs. 1 Satz 2 GG) als auch gegen Europarecht verstoßend.[1]

106

Zwar entzündete sich die ganze Diskussion an dem unbestrittenen besonderen Risiko des Bauträgerkäufers, der auf einem fremden Grundstück baut, welches in der Regel noch dazu mit einer Global-Grundschuld zur Besicherung einer fremden, nämlich einer Schuld des Bauträgers, belastet ist[2], aber § 632 a BGB gilt eben nicht nur für Bauträgerverträge, sondern für alle Werkverträge.

107

Was das Problem der in sich abgeschlossenen Teilleistung betrifft, so zeichnet sich aber doch ab, dass sich die Auffassung durchsetzt, dass die in sich abgeschlossene Teilleistung im Sinne von § 12 VOB/B nicht ein gesetzliches Leitbild des § 632 a BGB ist, von dem nicht abgewichen werden könnte. Soweit in Bauverträgen Abschlagszahlungen für tatsächlich erbrachte Leistungen vorgesehen werden, der Auftraggeber die Möglichkeit hat, in angemessener Weise zu prüfen, ob der behauptete Leistungsstand erreicht ist und womöglich noch zugunsten des Auftraggebers ein Sicherheitseinbehalt vorgesehen ist, dürfte einer Vereinbarung von Abschlagszahlungen für tatsächlich erbrachte Teilleistungen in Bauverträgen und damit auch in Hauptunternehmerverträgen nichts entgegen stehen.[3]

108

Im Übrigen hat die BGB-Reform auch hier eine Neuerung gebracht, indem für die Regelung von Abschlagszahlungen jedenfalls in so genannten Hausbauverträgen eine neue Ermächtigungsgrundlage geschaffen wurde, nämlich Art. 244 EGBGB. Diese Ermächtigungsgrundlage, in Bauträgerverträgen (die nach wie vor betroffen sind) Abschlagszahlungen nach MaBV vorzusehen, ist nunmehr ein Bestandteil des Zivilrechts selbst und nicht lediglich eine Einschränkung der Inhaltskontrolle gegenüber Abweichungen vom dispositiven Zivilrecht, so dass einer der Hauptkritikpunkte von Thode u. a. an der Konstruktion über § 27 a a. F. AGBG entfallen sein dürfte, was hoffentlich für eine weitere Entspannung sorgt. Auch für den Bauträgervertrag wird die Auffassung vertreten, dass für erbrachte Leistungen Abschlagszahlungen – unter Beachtung der MaBV – wirksam vereinbart werden können.[4]

109

Schließlich noch zur Frage der Sicherheitsleistung: Die Art der Sicherheitsleistung ist in § 632 a BGB nicht geregelt. Auch hier ist jedoch die selbstschuldneri-

110

---

1 Vgl. *Thode*, ZfIR 2001, 345, 346; *Wagner*, ZFIR 2001, 422; *Sienz*, BauR 2001, 1147.
2 Vgl. noch einmal *Thode*, IBR 2001, 153, 157.
3 Vgl. *Kniffka*, ZfBR 2000, 227, 229; *Karczewski/Vogel*, BauR 2001, 859, 862; *Voppel*, BauR 2001, 1165, 1167 und 1171; *Ingenstau/Korbion*, VOB-Kommentar, 15. Aufl., § 16 Nr. 1 Rz. 2 f.
4 Vgl. *Ullmann*, NJW 2002, 1073 ff.

sche Bankbürgschaft das Mittel der Wahl, welches auch in § 7 MaBV für ausreichend gehalten wird.[1] § 27 a a. F. AGBG und Art. 244 EGBGB sagen auch sinngemäß aus, dass die Art der Sicherheitsleistung wie in der MaBV geregelt jedenfalls für Bauträgerverträge als ausreichende Sicherheit angesehen wird. Nachdem gerade im Bauträgervertrag der Auftraggeber ein besonderes Risiko eingeht, welches der Auftraggeber, der auf eigenem Grundstück baut, gerade nicht hat, muss man im Erst-Recht-Schluss zu der Konsequenz gelangen, dass auch im „normalen" Bauvertrag und damit auch im Hauptunternehmervertrag die Stellung einer Bankbürgschaft eine angemessene Sicherheit im Sinne von § 632 a BGB ist.

4. Gegenseitige Sicherheiten im Hauptunternehmervertrag

a) Sicherheiten für den Auftraggeber

aa) Erfüllungssicherheit

111 Vertragswidriges Verhalten oder auch die Insolvenz des einen Hauptunternehmers können den Auftraggeber, der ja seinerseits wieder darauf angewiesen ist, dass das Bauvorhaben ordnungsgemäß und innerhalb eines bestimmten Zeitraums fertig gestellt wird, in erhebliche wirtschaftliche Schwierigkeiten bringen.

112 Erfüllt der Hauptunternehmer seine Vertragspflichten nicht, kann der Auftraggeber dadurch, dass er eine **angemessene Frist** setzt, bei erfolglosem Fristablauf den Anspruch auf Durchführung der Bauleistung in einen Geldanspruch, nämlich in einen Anspruch auf Schadensersatz statt der Leistung gemäß § 281 Abs. 1 BGB (eventuell neben dem Rücktritt, §§ 323, 324 BGB) umwandeln. Dieser Geldanspruch auf Schadensersatz statt der Leistung wird durch die **Erfüllungsbürgschaft** besichert. Dies gilt auch für die Ansprüche aus § 6 Nr. 6 oder § 8 Nr. 3 VOB/B.

Hinweis:
Achtung: Für diese VOB-Ansprüche ist nach wie vor die Nachfristsetzung mit Ablehnungsandrohung erforderlich!

113 Es ist generell sinnvoll, zur Vermeidung von Unklarheiten die **Sicherungsabrede im Vertrag** ausdrücklich zu **fixieren**, d. h. klarzustellen, welche Ansprüche durch die Erfüllungsbürgschaft besichert werden und wann die Erfüllungsbürgschaft in Anspruch genommen werden darf (= Sicherungsfall).[2]

114 Was die Form der Sicherheit und die Höhe der Sicherheit betrifft, so ist man mit der Vereinbarung einer **Sicherheit in Höhe von 5 %** der vereinbarten Gesamtvergütung, zu leisten durch selbstschuldnerische, unwiderrufliche und unbefristete Bürgschaft eines tauglichen Bürgen (dem Einlagensicherungsfonds angeschlossene Bank oder Kreditversicherer) auf der sicheren Seite.[3] Weiterhin sollte man auf Abweichungen von den Rechten des Bürgen, z. B. dem Recht, sich auf die Aufrechenbarkeit zu berufen, § 770 Abs. 2 BGB, verzichten.[4]

---

1 BGH, IBR 2002, 421.
2 Vgl. *Thode*, ZfIR 2000, 165 (166); *Kuffer*, BauR 2003, 155, 156f.
3 Vgl. *Werner/Pastor*, Der Bauprozess, Rz. 1262; *Ingenstau/Korbion*, VOB/A, § 14 Rz. 13.
4 BGH, IBR 2003, 244.

Das AGB-mäßige Verlangen, dass als Erfüllungssicherheit eine **Bürgschaft auf** 115
erstes Anfordern gestellt wird, ist in der Vergangenheit durchaus von der obergerichtlichen Rechtsprechung akzeptiert wurden.[1] **Voraussetzung** war dabei, dass Sicherungsabrede und Sicherungsfall klar und deutlich geregelt waren und die Bürgschaft auf erstes Anfordern nur im Sicherungsfall in Anspruch genommen werden durfte.[2] Voraussetzung war weiter, dass als tauglicher Bürge nur ein Kreditinstitut in Betracht kam.[3] Seit der Entscheidung des BGH vom 18. 4. 2002[4] gilt das nicht mehr: In dieser Entscheidung hat der BGH noch nach der alten Vorschrift des § 9 AGBG (das gilt aber für den neuen § 307 BGB genauso) eine Regelung in einem der **Inhaltskontrolle** unterliegenden Vertrag, wonach der Auftragnehmer eine Erfüllungsbürgschaft auf erstes Anfordern zu übergeben hat, für **unwirksam**, weil den Auftragnehmer unangemessen benachteiligend, gehalten. Der BGH hat dies auf die besondere Gefährlichkeit der Bürgschaft auf erstes Anfordern (Grundsatz: erst zahlen, dann zurückfordern) gestützt.

Hinweis:
Als Berater muss man sagen: Finger weg von der Erfüllungsbürgschaft auf erstes Anfordern, das Risiko, am Ende ganz ohne Sicherheit dazustehen, ist zu groß.[5] Dies gilt auch und gerade unter Berücksichtigung der BGH-Entscheidung vom 4. 7. 2002.[6]

Diese Entscheidung schafft zwar wieder Unsicherheit, indem sie nicht zu einem 116
ersatzlosen Wegfall der Klausel über die Sicherheitsleistung gelangt, sondern dem Auftraggeber das Recht einräumt, im **Austausch** gegen die unwirksame Bürgschaft auf erstes Anfordern eine „**normale**" selbstschuldnerische Bürgschaft zu verlangen. Dies soll jedoch nach dieser Entscheidung nur für die Vergangenheit, also bis zur Veröffentlichung der zuvor zitierten Entscheidung des BGH vom 18. 4. 2002, gelten. Weiterhin hat der BGH in der Entscheidung vom 4. 7. 2002 diese Überlegungen nur für die Vertragserfüllungsbürgschaft und nicht für die Gewährleistungsbürgschaft angestellt.[7]

Das Ergebnis daher noch einmal: Der Auftraggeber sollte in Verträgen, bei denen 117
eine Inhaltskontrolle in Betracht kommt, vom Auftragnehmer keine Erfüllungsbürgschaft auf erstes Anfordern verlangen.

Bevor auf die Gewährleistungsbürgschaft eingegangen wird, stellt sich die Frage, 118
wann die Erfüllungsbürgschaft zurückzugeben und ggf. gegen eine Gewährleistungsbürgschaft auszutauschen ist. **Nach altem Recht** war es so, dass, wie sich schon aus dem Namen „Erfüllungsbürgschaft" ergibt, diese Bürgschaft die Ansprüche aus der Erfüllungsphase eines Bauvertrags abdeckt. Die **Erfüllungsphase endet mit der Abnahme** und geht dann in die Gewährleistungsphase über.

---
1 Vgl. OLG Stuttgart, IBR 2000, 121.
2 Vgl. *Fischer*, WM 1998, 1749, 1760 mit Rechtsprechungsnachweisen.
3 BGH, ZIP 1998, 905.
4 NJW 2002, 2388.
5 So auch *Krakowsky*, BauR 2002, 1620, 1626.
6 BauR 2002, 1533.
7 BGH, BauR 2002, 1533, 1535 f.

119 Die **Gewährleistungsbürgschaft** wiederum deckt Ansprüche aus der **Gewährleistungsphase** ab. Soweit bei Abnahme feststeht, dass aus der Erfüllungsphase noch Mängelbeseitigungsansprüche bestehen, die bis zur Abnahme nicht beseitigt worden sind, kommt eine Rückgabe der Erfüllungsbürgschaft, auch im Austausch gegen die Gewährleistungsbürgschaft, nicht infrage, weil die Gewährleistungsbürgschaft diese Ansprüche nicht abdeckt.[1] Will der Auftragnehmer es in diesem Fall vermeiden, dass der Auftraggeber – zurecht – einerseits die Vertragserfüllungsbürgschaft nicht zurückgibt, aber andererseits – genauso zurecht – auf der Leistung der Gewährleistungssicherheit besteht oder aber die Abnahme bei wesentlichen Mängeln ablehnt, muss er eben die Erfüllungsphase ordnungsgemäß abschließen, d. h. also die noch aus diesem Bereich stammenden **Mängel beseitigen**.

120 Wie verhält es sich nun bei **nach dem 1. 1. 2002** abgeschlossenen Verträgen? Es ist **umstritten**, ob nach dem neuen Recht die Mängelansprüche schon vor der Abnahme geltend gemacht werden können und müssen, ob also mit anderen Worten die Abnahme jedenfalls in dieser Hinsicht keine Zäsur mehr darstellt.[2]

121 Für die Beratung der Baubeteiligten dürfte Folgendes wesentlich sein: § 631 ist unverändert in das neue BGB übernommen worden. Nach dem ebenso unveränderten § 640 Abs. 1 BGB stellt die Abnahme nach wie vor eine Hauptpflicht des Bestellers dar. Der Besteller muss das Werk abnehmen, wenn es im Wesentlichen vertragsgerecht ist, auch das hat sich nicht geändert. Damit bleibt es aber dabei, dass **mit der Abnahme** die **Erfüllungsphase endet**: Wenn das Werk vom Besteller als im Wesentlichen vertragsgerecht akzeptiert wird, dann ist für Erfüllungsansprüche kein Raum mehr. Es mag zwar so sein, dass Mängelansprüche schon während der Erfüllungsphase vor der Abnahme geltend gemacht werden können, nach der Abnahme kann aber der Erfüllungsanspruch nicht mehr geltend gemacht werden.

Hinweis:
Mit anderen Worten: In Befolgung der Vorgabe des „sichersten Weges" wird der rechtsberatende Anwalt bei Verträgen, die nach dem 1. 1. 2002 abgeschlossen wurden, auch nicht anders beraten als bei „Altverträgen", soweit es um die Frage des Austauschs oder der Rückgabe einer Erfüllungsbürgschaft geht: Rückgabe nur, wenn die Protokollmängel beseitigt sind.

122 Zu der Frage, inwieweit eine Erfüllungsbürgschaft wie hier angesprochen als **Abschlagszahlungssicherheit** gemäß § 632 a BGB dienen kann, vgl. § 7 Rz. 200.

bb) Gewährleistungssicherheit, Sicherheit für Mängelansprüche

123 Zum Thema „Gewährleistungssicherheit" hat es in den letzten zehn Jahren fast eine Flut von höchstrichterlichen Entscheidungen gegeben. In zahlreichen Fällen sind die die Gewährleistungssicherheit regelnden **Klauseln** als **unwirksam** „kassiert" worden mit der Folge, dass der Auftraggeber ohne Sicherheit dastand. Der

---
1 Vgl. hierzu BGH, BGHZ 139, 325; *Thode*, ZfIR, 165 (177).
2 *Vorwerk*, BauR 2003, 1, 8 ff.; Palandt/*Sprau*, Ergänzungsband, 61. Aufl. 2002, § 633 BGB, Rz. 7 f.; Erman/*Schwenker*, BGB (2004), § 634 Rz. 1.

Hintergrund für diese zahlreichen und oft genug für das Bestehen der Gewährleistungssicherheit negativen Entscheidungen liegt wohl darin, dass zahlreiche Auftraggeber die Gewährleistungssicherheit **missverstanden** oder dahin gehend missbraucht haben, dass sie den 5%igen Gewährleistungseinbehalt nicht als Sicherheit für evtl. während der Gewährleistungsphase auftretende Gewährleistungsansprüche angesehen haben, sondern wohl **als weiteren 5%igen Nachlass** vom Werkvertragspreis. In zahlreichen Fällen waren die betreffenden Klauseln so zugeschnitten, dass aus ihnen deutlich ablesbar war, dass ihr Zweck eigentlich darin bestand, dem Auftragnehmer den 5%igen, manchmal sogar noch höheren, Gewährleistungseinbehalt **endgültig vorzuenthalten**, zumindest aber den Auftragnehmer über fünf Jahre hinweg unverzinst das volle Insolvenzrisiko des Auftraggebers tragen zu lassen.[1] Es würde zu viel Raum in Anspruch nehmen und vom Leser einen zu hohen Zeitaufwand für die Lektüre verlangen, wollte man alles aufzählen, was in diesem Rahmen unzulässig ist und gegen die §§ 309 ff. BGB verstößt.

Es ist in diesem Fall wirklich sinnvoller, darzustellen, mit welchen Regelungen man als Auftraggeber auf der sicheren Seite steht. Wenn die Stellung einer Sicherheit für Gewährleistungsansprüche in Höhe von 5% der Gesamtvergütung einschließlich MWSt. und auch einschließlich evtl. Zusatzaufträge **für die Dauer der Gewährleistungszeit** (soweit diese fünf Jahre nicht übersteigt) vereinbart wird, wobei dem Auftragnehmer ausdrücklich das Recht vorbehalten bleibt, den Gewährleistungseinbehalt durch selbstschuldnerische, unwiderrufliche und unbefristete **Bürgschaft** eines tauglichen Bürgen abzulösen oder innerhalb angemessener Frist vom Auftraggeber die Einzahlung des **Sicherheitseinbehaltes** auf ein Sperrkonto zu verlangen, hält eine solche Vereinbarung einer Gewährleistungssicherheit auch der Kontrolle nach §§ 305 ff. BGB.[2] Bei Einhaltung all der vorgenannten Vorgaben sollte sogar, so Thode[3], eine Bürgschaft auf erstes Anfordern höchstrichterliche Akzeptanz finden.

124

§ 17 Nr. 4 Satz 3 VOB/B in der Fassung der VOB 2002 **missbilligt** nunmehr ausdrücklich die **Bürgschaft auf erstes Anfordern**.[4] Soweit auch und gerade für den VOB-Vertrag die Auffassung vertreten wird, dass auch unter der Geltung der VOB/B 2002 eine Bürgschaft auf erstes Anfordern formularmäßig vereinbart werden kann, wenn nur das Austauschrecht des Auftragnehmers unangetastet bleibt und damit vor allem dessen Möglichkeit, anstelle der Bürgschaft die Einzahlung auf ein Sperrkonto zu verlangen[5], erscheint die Auffassung als zu riskant: Immerhin sagt die VOB/B glasklar, gerade wegen der Gefährlichkeit der Bürgschaft auf erstes Anfordern, dass eben diese Bürgschaft kein Sicherungsmittel mehr bei einem VOB/B-Vertrag sein soll. Angesichts der zunehmenden Missbilligung der Bürgschaft auf erstes Anfordern durch Gerichtsentscheidungen, z. B. die BGH-Entscheidung vom 18. 4. 2002[6] gibt es eben gerade keine Sicherheit, dass eine der Inhaltskontrolle unterliegende Regelung, die vom Auftragnehmer die Stel-

125

---
1 Vgl. nur OLG Karlsruhe, BauR 1989, 203; LG München I v. 25. 4. 1991 – 7 O 2084/90, n. v.
2 Vgl. zusammenfassend *Thode*, ZfIR 2000, 165 (168).
3 In ZfIR 2000, 165, 168.
4 Vgl. *Kiesel*, NJW 2002, 2064, 2066.
5 So *Joussen*, BauR Sonderheft zu VOB/B 2002, Seite 76 ff.
6 NJW 2002, 2388.

lung einer Bürgschaft auf erstes Anfordern verlangt, „wasserdicht" gestaltet werden kann. Die Folgen einer eben nicht „wasserdichten" Regelung sind weit reichend: Die **Unwirksamkeit** der Vereinbarung über die Sicherheitsleistung und die Pflicht, die erhaltene Sicherheit zurückzugeben[1] und bei einer Sicherheit für nach der Abnahme entdeckte Mängelansprüche (so müssten die Gewährleistungsansprüche jetzt heißen) gibt es nicht den „Vertrauensschutz" für „Altverträge".[2] Der Sachstand ist jetzt – Juli 2004 – folgender:

▷ Bürgschaft auf erstes Anfordern: Nein.

▷ Selbstschuldnerische Bürgschaft: ja

▷ Ausschluss Sperrkonto: ja[3], aber für 100 %ige Sicherheit sollte man das Sperrkonto nicht abbedingen.

b) Besicherung des Vergütungsanspruchs des Auftragnehmers

126 Im Gegensatz zu der Besicherung der Ansprüche des Auftraggebers ist die Besicherung des Vergütungsanspruchs des Auftragnehmers gesetzlich vorgesehen, und zwar in der Form der **Bauhandwerkersicherungshypothek** (§ 648 BGB) sowie der **Zahlungsbürgschaft** nach § 648a BGB. Davon ist die Bürgschaft sicher das verbreitetere und praktischere Sicherungsmittel, wie sich aus Folgendem ergibt:

127 Die **Sicherungshypothek** greift natürlich nur, wenn der Auftraggeber **gleichzeitig Grundstückseigentümer** ist oder zumindest, in ganz wenigen Ausnahmefällen, eine derart weitgehende wirtschaftliche Identität zwischen dem Auftraggeber einerseits und dem Grundstückseigentümer andererseits besteht, dass auch in diesen Fällen der Auftragnehmer auf § 648 BGB zurückgreifen kann.[4] Sofern geplant ist, das zu erstellende Objekt weiter zu verkaufen, ist die Sicherungshypothek entweder wirkungslos (nämlich wenn bereits für die Käufer **Auflassungsvormerkungen** eingetragen sind) oder aber für den Auftraggeber nicht akzeptabel, weil der Auftraggeber nach § 3 MaBV erst dann den ersten Cent vom Käufer erhält, wenn zugunsten des Käufers die lastenfreie Eigentumsverschaffung sichergestellt ist. Dies ist aber gerade dann nicht der Fall, wenn vor der Auflassungsvormerkung des Käufers noch eine Bauhandwerkersicherungshypothek zugunsten eines Dritten eingetragen ist.[5]

128 Sofern ein Objekt vom Grundstückseigentümer zum Zwecke der Eigennutzung oder der Vermietung errichtet wird, stellt die Sicherungshypothek ein sinnvolles Sicherungsmittel dar. In allen anderen Fällen kommt eigentlich nur die **Zahlungsbürgschaft** in Betracht. Zu § 648a BGB, der nach dem Willen des Gesetzgebers das in Bausachen erschreckend hohe Insolvenzrisiko des Auftragnehmers mindern sollte, ist seit dessen In-Kraft-Treten viel geschrieben worden und sind

---

1 BGH, IBR 2000, 230; OLG Hamm, IBR 2000, 603.
2 BGH, BauR 2002, 1533.
3 BGH, IBR 2004, 67.
4 Vgl. – relativ großzügig – OLG Naumburg, NJW-RR 2000, 311 sowie – wesentlich restriktiver – OLG Schleswig, BauR 2000, 1377.
5 Im Streitfall kann der AN den Bauträger-AG mit der Sicherungshypothek bzw. der Vormerkung hierfür schon ärgern, denn auch die nachrangige Sicherungshypothek ist eine Belastung, welche der Käufer nicht hinnehmen muss, BGH v. 5. 12. 2003 – V ZR 341/02.

auch schon in der relativ kurzen Zeit, seit dem diese Vorschrift gilt, zahlreiche höchst- und obergerichtliche Urteile ergangen.

Das Recht des Auftragnehmers, **jederzeit** auch nach Abschluss des Vertrages diese Bürgschaft zu verlangen, kann in keiner Weise eingeschränkt werden. 129

Hinweis:
Aus diesem Grund muss es vermieden werden, in dem Vertrag auch nur den Anschein zu erwecken, dass die Pflicht des Auftraggebers zur Leistung der Bürgschaft gemäß § 648 a BGB abhängig gemacht wird von irgendwelchen Gegenleistungen des Auftragnehmers, insbesondere von der Stellung einer Erfüllungsbürgschaft.

Die Bürgschaft gemäß § 648 a umfasst den **gesamten** voraussichtlichen **Zahlungsanspruch**, und zwar nach der dezidierten Auffassung des Verfassers sowohl für Leistungen, die noch nicht ausgeführt worden sind, als auch erst recht für Leistungen, die zwar ausgeführt, aber noch nicht bezahlt sind. Im letzten Fall ist ja die Schutzwürdigkeit und Schutzbedürftigkeit des Auftragnehmers noch größer als im ersten Fall, da der Auftragnehmer ja bereits seine Vorleistung erbracht hat.[1] 130

Es gibt oft **praktische Schwierigkeiten**, wenn nach Vertragsschluss der Auftragnehmer die Stellung einer Zahlungsbürgschaft über den vollen voraussichtlichen Werklohn verlangt. Der Auftraggeber hat oft keine weiteren Sicherheiten mehr, die er der Bank, die die Zahlungsbürgschaft stellen soll, geben kann, da das Baugrundstück ja bereits für die Kosten des Grunderwerbs und für die Baukosten belastet ist. Allerdings erkennen immer mehr Banken, dass keine zusätzlichen Sicherheiten erforderlich sind, wenn zwischen Bank, Bauherr und Hauptunternehmer eine Art **Sicherheitenpoolvereinbarung** getroffen wird und/oder wenn sichergestellt wird, dass die geleisteten Zahlungen ausschließlich auf die durch die Bürgschaft nach § 648 a BGB gesicherten Zahlungsansprüche des Auftragnehmers erfolgen. In diesem Fall geht die Bank ja kein zusätzliches Risiko ein, denn durch die Zahlung geht zwar die Valutierung des Kredits nach oben, aber gleichzeitig das Risiko aus der Bürgschaft gemäß § 648 a nach unten. 131

Man kann z. B. vereinbaren, dass der Auftragnehmer bei seinen Abschlagsrechnungen und auch bei der Schlussrechnung einen **Vermerk** anzubringen hat, dass die hier abgerechnete Leistung durch eine Bürgschaft gemäß § 648 a BGB besichert ist und die Zahlung auf die durch diese Bürgschaft gesicherte Forderung erfolgt. Diese Erklärung ist ersichtlich auch im Hinblick und zur Vorlage bei der Bank abgefasst und dient somit auch dem **Schutz der Bank**, die die Bürgschaft nach § 648 a bereitgestellt hat. 132

Sollte gleichwohl der Auftraggeber tatsächliche oder angebliche Probleme bei der Beschaffung der § 648a-Bürgschaft angeben und erklären, dass eine Bürgschaft über die Höhe des gesamten voraussichtlichen Werklohns nicht möglich sei, ist für den Auftragnehmer auch eine Regelung akzeptabel, wonach nur **ein Teil des Werklohns**, der mindestens der Höhe zweier Abschlagszahlungen entsprechen 133

---
1 Wie der Verfasser auch OLG Karlsruhe, BauR 1996, 556; OLG Dresden, BauR 1999, 1314 ff.; *Ingenstau/Korbion*, VOB/B § 16, Rz. 425; *Vygen*, Bauvertragsrecht, Rz. 955.

sollte, besichert wird. In diesem Fall kann der Auftragnehmer, wenn eine Abschlagsrechnung zu Unrecht nicht oder nicht vollständig bezahlt wird, seine Leistung einstellen und ist dann doch, wenn die Bürgschaftshöhe richtig berechnet wurde, jedenfalls hinsichtlich seiner erbrachten Leistungen abgesichert.

Hinweis:
Wohlgemerkt: Es handelt sich hier um eine **Notlösung**, die der Auftragnehmer dem Auftraggeber anbieten kann, um überhaupt zu einer Sicherheit für seine Vergütungsansprüche zu gelangen. Eine AGB-mäßige Regelung in dieser Hinsicht durch AGB, die der Auftraggeber stellt, dürfte nicht möglich sein, da Abweichungen von § 648 a zulasten des Auftragnehmers unzulässig sind.

134 **Weigert sich der Auftraggeber** strikt, die Sicherheit nach § 648 a BGB zu leisten und ist die Bonität des Auftraggebers nicht über jeden Zweifel erhaben, dann sollte sich der Auftragnehmer gut überlegen, ob er die Leistung einfach ausführt oder ob er von seinen Rechten, die ihm gemäß §§ 648 a, 643 BGB zustehen, Gebrauch macht.

135 In der Situation, in der der Auftraggeber die Bürgschaft ablehnt, hat der Auftragnehmer zwei Möglichkeiten: Er kann dem Auftraggeber gemäß §§ 648 a Abs. 5, 643 Satz 1 BGB eine **Nachfrist** zur Stellung der Bürgschaft setzen und erklären, dass für den Fall, dass die Bürgschaft nicht fristgemäß gestellt wird, der Vertrag gemäß § 643 Satz 2 BGB beendet ist. Dem Auftragnehmer steht dann die **Vergütung** für die erbrachten Leistungen gemäß § 645 Abs. 1 Satz 1 BGB zu sowie gemäß § 648 a Abs. 5 Satz 2 BGB ein **Schadensersatzanspruch**, gerichtet auf das negative Interesse, nämlich die Vergütung, die dem Auftragnehmer entgangen ist, weil er auf den Bestand des Vertrags vertraut hat. Es handelt sich dabei z. B. um Vergütungsansprüche aus Verträgen, die der Auftragnehmer alternativ abgeschlossen hätte, wenn er nicht den Vertrag mit dem Auftraggeber, der die Bürgschaft nicht leistet, abgeschlossen hätte. Der Schadenseintritt und die Schadenshöhe sind allerdings oft schwierig darzulegen und erst recht unter Beweis zu stellen.

136 Die zweite, für den Auftraggeber unangenehmere Möglichkeit des Auftragnehmers besteht darin, dass er den Vertrag bestehen lässt, aber von seinem **Recht auf Leistungsverweigerung** gemäß § 648 a Abs. 1 Satz 1 BGB Gebrauch macht. Der Auftraggeber steht dann vor einem Dilemma: Entweder er stellt doch die Bürgschaft an den Auftragnehmer, oder er sucht sich einen anderen Auftragnehmer (denn das Objekt muss ja schließlich fertig gestellt werden und in der Regel steht der Auftraggeber unter Zeitdruck). Beauftragt er aber einen anderen Auftragnehmer, dann ist dies als **konkludente Kündigung** des ersten Vertrags anzusehen mit der Folge, dass der erste Auftragnehmer die Ansprüche auf Vergütung abzüglich ersparter Aufwendungen gemäß § 649 Abs. 1 BGB geltend machen kann.

137 Hierzu ist wichtig, dass letzterer Anspruch entgegen dem, was oft in Rechtsstreitigkeiten geäußert wird[1], nichts, aber schon gar nichts mit dem entgangenen Gewinn zu tun hat. Der Auftragnehmer kann hieraus Ansprüche ableiten, selbst

---
1 Vgl. OLG Koblenz, NJW-RR 1992, 850.

wenn er nur kostendeckend oder vielleicht sogar mit einem Verlust kalkuliert hat. Man muss sich nur den Wortlaut der Vorschrift des § 649 Abs. 1 BGB genau ansehen: Dort ist von entgangenem Gewinn mit keinem Wort die Rede, sondern es heißt **Vergütung abzüglich ersparter Aufwendungen.**

Beispiel:
Ausgangspunkt ist die vertraglich vereinbarte Vergütung. Von dieser sind dann diejenigen Aufwendungen abzuziehen, die sich der Auftragnehmer erspart hat dadurch, dass er gerade diesen Auftrag nicht ausführt. Kosten, die der Auftragnehmer ohnehin hat, wie z. B. die Kosten des Betriebsgebäudes und/oder Geländes, oder derjenige Teil der Personalkosten, der unabhängig von der Ausführung des betreffenden Auftrags anfällt, sind nicht abzuziehen. Was erspart wird, sind in der Regel Materialkosten (solange nicht das Material schon ganz speziell für dieses Bauvorhaben vorbereitet wurde und nicht anderweitig verwendet werden kann, wie z. B. der Abbund für einen ganz speziellen Dachstuhl), Fahrtkosten, spezielle Personalkosten wie z. B. Auslöse etc.

Man sollte also den Anspruch gemäß § 649 Abs. 1 BGB auch in Zeiten schlechter Baupreise nicht auf die leichte Schulter nehmen.[1]

Haben die Parteien **andere Formen** der Sicherheit als die in §§ 648 und 648a BGB geregelten für den Auftragnehmer vereinbart, ändert dies nichts an dem Recht des Auftragnehmers gemäß § 648 a BGB. Macht der Auftragnehmer dann von seinem Recht aus dieser Vorschrift Gebrauch, wird er wohl die andere Sicherheit zurückgeben müssen **Zug-um-Zug** gegen die Bürgschaft nach § 648a. 138

Hinweis:
Der Auftragnehmer muss wissen, dass § 648 a BGB keine „Wunderwaffe" ist, die ihn vor den Konsequenzen mangelhafter Leistung oder verspäteter Leistung schützt, wenn der Auftraggeber sich richtig verhält.[2]

Verhält der Auftraggeber sich falsch und legt er die verlangte Bürgschaft nach § 648 a BGB nicht innerhalb einer angemessenen Frist vor, dann soll er nach einer Entscheidung des OLG Dresden, die allerdings umstritten ist und im Widerspruch zu Entscheidungen anderer Oberlandesgerichte[3] steht, sogar immer noch ein **Zurückbehaltungsrecht** in der Höhe der **voraussichtlichen Mängelbeseitigungskosten** haben.[4] Richtig an der gerade zitierten Entscheidung ist, dass sie dem Auftragnehmer das Recht gibt, auch **nach Abnahme** Sicherheitsleistung gemäß § 648 a BGB zu verlangen. Dies hat seinen Grund darin, dass der Auftragnehmer nicht mehr das Insolvenzrisiko des Auftraggebers tragen soll. Weiterhin soll dem Auftraggeber auch die Inanspruchnahme des so genannten „Justizkredits" bzw. der „dritten Finanzierung" verleidet werden. All dies spricht dafür, dass die jetzt auch vom BGH geteilte Auffassung richtig ist, welche dem Auftragnehmer eben auch nach Abnahme das Recht zugesteht, Sicherheitsleistung nach § 648 a BGB für noch nicht bezahlte Werklohnforderungen zu verlangen,[5] jedenfalls solange der AN seine Leistung noch erbringen kann. 139

---
[1] S. z. B. OLG Düsseldorf, IBR 2002, 26 zum Architektenvertrag.
[2] Vgl. hierzu die Ausführungen des OLG Dresden in der durchaus auftragnehmerfreundlichen Entscheidung, NZBau 2000, 26, 27.
[3] OLG München, IBR 2002, 249; OLG Jena, IBR 2002, 12.
[4] OLG Dresden, IBR 2002, 480 m. Anm. *Pfau*.
[5] BGH, IBR 2004, 201.

Hinweis:
Der Auftragnehmer sollte auch wissen, dass dann, wenn er sich zunächst auf eine andere, womöglich auch geringere Sicherheit mit dem Auftraggeber verständigt oder auch ursprünglich gar keine Sicherheit verlangt hat, er dem Auftraggeber **ausreichend Zeit zur Beschaffung** der Bürgschaft geben muss und ein Recht zur Leistungsverweigerung erst hat, wenn der Auftraggeber trotz angemessener Frist nicht ordnungsgemäß reagiert. Je nach Höhe des Bürgschaftsvertrages ist eine Frist von bis zu 14 Tagen angemessen.[1]

140 Gerade beim Hauptunternehmervertrag sollten die Parteien Wert auf eine sorgfältige Regelung der Sicherheiten legen. Dafür spricht schon die wirtschaftliche Bedeutung der meisten Vorhaben, die mithilfe eines Hauptunternehmers abgewickelt werden. Der Hauptunternehmer ist natürlich aufgrund seiner speziellen Risiken, die oben unter Rz. 89 ff. kurz dargelegt wurden, ebenfalls besonders auf angemessene Sicherheiten angewiesen.

5. Berechtigung zu Vertragsänderungen und sonstiger Schriftverkehr

141 Es freut alle Beteiligten an einem Bauprozess, in dem (natürlich) auch **Nachtragsaufträge** streitig sind, zu hören, dass der Bauleiter A oder der Polier B nicht befugt war, Nachtragsaufträge zu erteilen bzw. Vertragsänderungen irgendwelcher Art zu vereinbaren. Es folgt dann in der Regel umfangreicher Sachvortrag zu Fragen der Anscheins- oder der Duldungsvollmacht sowie Beweisaufnahmen, die selten weniger Zeit als einen halben Arbeitstag beanspruchen, und alles nur, um die Frage des Zustandekommens von Zusatzaufträgen oder sonstigen Vertragsänderungen zu klären.

142 Es ist verständlich, dass schon bei kleinen Firmen, die mehrere Bauvorhaben durchführen bzw. durchführen lassen, nicht der oder die Geschäftsführer jeden Nachtragsauftrag persönlich vergeben können oder wollen. Zur **Absicherung beider Seiten** empfiehlt es sich, in den Vertrag eine Klausel aufzunehmen, in der geregelt ist, wer bei den jeweils beteiligten Firmen berechtigt ist, **Vertragsänderungen** zu vereinbaren, wobei zur Sicherung der jeweiligen Arbeitgeber natürlich auch Höchstbeträge festgelegt werden können. Die Beteiligten wissen dann, woran sie sind: Die gesetzlichen Vertreter der Vertragsparteien sowie die im Vertrag ausdrücklich genannten Personen dürfen Zusatzaufträge vereinbaren und andere Personen dürfen dies nicht.

Hinweis:
All dies nützt natürlich gar nichts, wenn dann in der Praxis auf der Baustelle hiervon wieder abgewichen wird und Personen, die überhaupt nicht genannt sind, dann doch ständig Zusatzaufträge erteilen und diese Zusatzaufträge auf der anderen Seite auch akzeptiert werden. Jede Vertragsregelung ist nur so gut, wie die Handhabung, die sie dann in der Praxis erfährt.

143 Auch sonst empfiehlt es sich, festzulegen, wie bestimmte **Kommunikationsstränge** verlaufen, an wen z. B. Schreiben im Zusammenhang mit dem Bauvorhaben (z. B. Nachtragsangebote, Behinderungsanzeigen etc.) zu richten sind oder

---
[1] OLG Naumburg, BauR 2003, 556 ff. m. Anm. *Schmitz.*

wo Rechnungen einzureichen sind. Letzteres soll verhindern, dass das beliebte Spiel gespielt wird, wonach auf eine Abschlagsrechnung sinngemäß geantwortet wird: „Wir schicken hiermit Ihre Abschlagsrechnung vom soundsovielten zu unserer Entlastung zurück. Bitte reichen Sie diese beim Baubüro XY ein".

6. Regelungen für den Subunternehmereinsatz; Bauabzugssteuer

a) Subunternehmereinsatz

Die Vertragsparteien eines Hauptunternehmervertrags sind sich darüber im Klaren, dass der Hauptunternehmer außerhalb seines eigenen Gewerks zur Erfüllung seines Vertrags Subunternehmer einschalten muss. Die Frage ist, ob man dem Hauptunternehmer Vorschriften hinsichtlich des Subunternehmereinsatzes machen soll, z. B. dahin gehend, dass die Subunternehmer bestimmte **Eigenschaften** erfüllen müssen. 144

Diese Überlegungen sollte man nicht ohne weiteres von der Hand weisen. Der Auftraggeber hat eine bekannte Firma mit viel Erfahrung als Hauptunternehmer engagiert. Er hat sicher kein Interesse daran, dass sein Hauptunternehmer Knebelverträge mit unerfahrenen Subunternehmern abschließt, die dann versuchen, die mit ihnen vereinbarten unauskömmlichen Preise durch möglichst schludrige und schnelle Leistung zu kompensieren. Die Folgen solcher Bauweise treten oft erst nach Jahren auf, und dann ist die Verfolgung von hieraus resultierenden Ansprüchen nicht nur wegen des möglichen Ablaufs von Verjährungsfristen äußerst problematisch. 145

Man wird daher schon vereinbaren, dass der Hauptunternehmer nur Subunternehmerfirmen beschäftigen darf, bei deren Beschäftigung nicht gegen das **Gesetz zur Bekämpfung der Schwarzarbeit** verstoßen wird und dass die Subunternehmerfirmen, die der Hauptunternehmer einschaltet, oder jedenfalls zumindest deren Geschäftsführer und/oder Bauleiter durch **Referenzen** nachzuweisende ausreichende Erfahrung mit der Ausführung der betreffenden Gewerke bei vergleichbaren Bauvorhaben, haben. Es ist auch sinnvoll, dem Hauptunternehmer aufzugeben, dem Auftraggeber eine **Liste** der von ihm beauftragten Subunternehmer mit korrekter und vollständiger Firmenbezeichnung und gesetzlicher Vertretung sowie Firmensitz vorzulegen und die Bauleiter der Subunternehmer von Anfang an in die **Besprechungen** zwischen Auftraggeber und Auftragnehmer und auch in den jour fixe mit einzubinden. 146

Weiterhin kann der Auftraggeber mit dem Hauptunternehmer vereinbaren, dass als zusätzliche Gewährleistungssicherheit der Hauptunternehmer die Mängelansprüche **gegen** seine **Subunternehmer** abtritt. Dabei muss darauf geachtet werden, dass der Hauptunternehmer, der ja wiederum auf die Durchsetzung seiner Gewährleistungsansprüche gegenüber seinen Subunternehmern angewiesen wird, hier nicht unzulässig behindert wird. Man kann dies etwa dadurch erreichen, dass diese **Abtretung** entweder unter die **aufschiebende Bedingung** gestellt wird, dass sie nur dann wirksam wird, wenn der Hauptauftragnehmer seinen Pflichten nicht nachkommt. Die Schwierigkeit ist hierbei eine klare und leicht handhabbare Definition, wann dies der Fall ist. 147

148 Die andere Möglichkeit besteht darin, diese Abtretung als **stille Zession** auszugestalten und dem Auftraggeber zu untersagen, diese Abtretung anzuzeigen, geschweige denn von ihr Gebrauch zu machen, solange sich der Hauptunternehmer im Hinblick auf seine Gewährleistungspflichten vertragskonform verhält. Das Problem ist dabei jedoch dasselbe wie es bei der ersten Variante auftritt.

Die Regelung könnte wie folgt formuliert werden:

> Der Hauptunternehmer tritt hiermit die Mängelansprüche, die ihm gegen die mit der Erbringung von Leistungen für das hier gegenständliche Bauvorhaben beauftragten Subunternehmer gemäß beigefügter Subunternehmer-Liste zustehen, an den Auftraggeber ab. Von dieser Abtretung darf nur Gebrauch gemacht werden, wenn der Hauptunternehmer seiner Pflicht, vorliegende Mängel innerhalb angemessener Frist zu beseitigen, nicht oder nicht vollständig nachkommt.

149 Ein **AGB-mäßiges Verbot** der Abtretung im Subunternehmervertrag wäre wohl nur zulässig, wenn die Abtretung ohne Zustimmung des Vertragspartners ausgeschlossen ist und der Auftraggeber aber diese Zustimmung nicht unbillig verweigern darf.[1]

150 Unabhängig von der AGB-Inhaltskontrolle ist bei Geschäften, die für beide Teile ein **Handelsgeschäft** sind oder bei denen der Schuldner eine juristische Person des öffentlichen Rechts oder ein öffentlich-rechtliches Sondervermögen darstellt, die Abtretung auch bei ausdrücklichem Ausschluss derselben im Vertrag wirksam. Die Regelung des § 354 a HGB soll auch die Möglichkeit des Auftragnehmers, sich Bankkredite zu verschaffen, schützen, da die Forderungszession (Globalzession) oft genug das einzige Sicherungsmittel ist, welchen den betreffenden Firmen zur Verfügung steht.[2]

b) Bauabzugssteuer

151 Im Rahmen des Subunternehmervertrags muss der Hauptunternehmer natürlich auch die **neue Bauabzugssteuer** beachten. Das Gesetz gegen illegale Betätigung im Baugewerbe[3] ändert vor allem Bestimmungen des EStG (darunter als zentrale Vorschriften des neuen Gesetzes die §§ 48 bis 48d), der AO, des Arbeitnehmerentsendegesetzes sowie die Umsatzsteuerzuständigkeitsverordnung.

152 Nach § 48 EStG n. F. muss jeder **Empfänger einer Bauleistung**, der Unternehmer im Sinne des § 2 UStG ist, einen **Steuerabzug von 15 %** der berechtigten Forderung des Bauleistungserbringers (also verringert um Skonto oder Massendifferenzen, aber zzgl. Umsatzsteuer) abziehen und in der im Gesetz angegebenen Form und Frist anmelden und an das Finanzamt bezahlen. Weiterhin muss der Auftraggeber dem Leistenden den Abzug unter konkreten Angaben, sinnvollerweise und am besten im Rahmen des Rechnungsrücklaufs, mitteilen.

153 Ein Hauptunternehmer erfüllt in jedem Fall die Anforderungen an die **Unternehmereigenschaft** (tatsächlich ist bereits ein rein privater Vermieter Unternehmer im Sinne des § 2 UStG, da er durch die Vermietung nachhaltig Einnahmen er-

---
1 Vgl. BGH, IBR 2000, 111.
2 *Baumbach/Hopt*, HGB-Kommentar, 31. Aufl. § 354 a Rz. 1.
3 BGBl. I 2001, 2276.

zielt). Auch die **Bagatellgrenze** (15 000 Euro, wenn der Leistungsempfänger ausschließlich steuerfreie Umsätze nach § 4 Nr. 12 Satz 1 UStG – Vermietungsumsätze – ausführt, sowie 5000 Euro in allen übrigen Fällen) dürfte in der Regel bei einem Hauptunternehmervertrag überschritten sein, umso mehr, als die Bagatellgrenze pro Kalenderjahr gilt und nicht pro Auftrag oder gar pro Rechnung.

Die Pflicht zur Vornahme des Steuerabzuges (und das Risiko der Haftung für Steuerausfälle, wenn der Steuerabzug übersehen wird) kann nur vermieden werden, wenn der Auftragnehmer eine **Freistellungsbescheinigung** nach § 48 b EStG vorlegt, wobei der Auftraggeber bei irgendwelchen Zweifeln an der Freistellungserklärung beim Finanzamt nachfragen muss. Da zahlreiche Finanzämter wegen Überarbeitung des Personals so gut wie jedem Antragsteller die Freistellungsbescheinigung erteilen und andererseits es unheimlich schwierig ist, bei Zweifelsfragen schnellen und kompetenten Rat bzw. schnelle und kompetente Antworten vom Finanzamt zu erhalten, muss nachhaltig bezweifelt werden, ob dieses Gesetz das selbst gesetzte Ziel, nämlich die Schmutzkonkurrenz durch „steuer- und sozialabgabentreie Unternehmen" zu beseitigen, erreichen wird. Gleichwohl handelt jeder grob fahrlässig, der nicht die Vorgaben dieses neuen Gesetzes beachtet.[1]

154

7. Die Vereinbarung der VOB/B

Zu Recht wird die Auffassung vertreten, dass die VOB/B für Bauverträge besser „passt" als das Werkvertragsrecht des BGB. Die VOB/B wurde sogar als Gesetzesersatzrecht angesehen.[2]

155

Die VOB/B gilt zwar als **Allgemeine Geschäftsbedingung**, jedoch hieß es, dass die einzelnen Bestimmungen nicht der Inhaltskontrolle nach den §§ 307 ff. BGB (früher §§ 9 ff. AGBG) unterzogen werden, weil die VOB/B ein ausgewogenes Vertragswerk sei, welches **im Ganzen** keine Vertragsseite, weder Auftraggeber noch Auftragnehmer, benachteilige.

156

Insofern ist es logisch, dass dann, wenn dieses **Gleichgewicht** zulasten einer der beiden Seiten **gestört** wird, die VOB/B dieses Privileg nicht mehr genießt und die einzelnen Bestimmungen der VOB/B, je nachdem, wer sie als Vertragsbedingung „gestellt" hat, einer Überprüfung nach dem AGBG unterzogen wurden.[3] Bestimmungen, die **einzeln** als unangemessen benachteiligend im Sinne des § 9 AGBG empfunden wurden, sind z. B. bei AGB der Auftraggeberseite die Regelung betreffend den Schlusszahlungseinwand in § 16 Nr. 3 Abs. 2 VOB/B[4], in AGB der Auftragnehmerseite die Verkürzung der Gewährleistungsfrist in § 13 Nr. 4 VOB/B.[5]

157

---
1 Vgl. zu diesem Thema: *Seipl/Kindsdorfer*, Praxis Steuerstrafrecht 2001, 193 ff.
2 Vgl. BGH, NJW 1983, 816.
3 Zur Rechtsprechung zum Thema „VOB als Ganzes" vgl. BGH, NJW 1990, 2384; OLG Düsseldorf, IBR 2004, 120 u. BGH v. 22. 1. 2004 – VII ZR 419/02, n. v.: Danach führt *jeder* Eingriff in die VOB/B zur Inhaltskontrolle; die „Kernbereichstheorie" fällt weg.
4 Alte Regelung vor 1996: BGH, NJW 1988, 55; Neue Regelung nach 1996: OLG Düsseldorf, IBR 2004, 120.
5 BGH, NJW 1982, 169.

158 Die Frage ist nun, wann denn eine Beeinträchtigung der VOB/B durch Vertragsbedingungen einer Partei eintritt, die so wesentlich ist, dass die VOB nicht mehr „als Ganzes" vereinbart ist. Die Rechtsprechung ist hier sehr streng. Nach Auffassung des OLG München[1] führte schon die Vereinbarung einer längeren Gewährleistungsfrist als der zwei Jahre, die in § 13 Nr. 4 VOB/B niedergelegt waren (jetzt: 4 Jahre für Bauwerke), dazu, dass die VOB/B nicht mehr „als Ganzes" vereinbart ist. Der Verfasser hält dies für falsch, nachdem die VOB an der zitierten Stelle ausdrücklich für längere Gewährleistungsfristen offen ist und die fünfjährige Gewährleistungsfrist allgemein nicht als unbillig empfunden wird. Wohlgemerkt: die zitierte Entscheidung des OLG München sagt auch nicht, dass die Vereinbarung der fünfjährigen Gewährleistungsfrist unwirksam ist, sie sagt nur, dass durch die Verlängerung der Gewährleistungsfrist die VOB nicht mehr „als Ganzes" vereinbart worden ist und deshalb andere Bestimmungen einer **Inhaltskontrolle nach AGBG** unterzogen werden können. Aber wenn man vor die Wahl gestellt ist, entweder die VOB „als Ganzes" oder aber eine mindestens fünfjährige Gewährleistungsfrist zu vereinbaren, konnte man dem Auftraggeber nur raten, sich für die fünfjährige Gewährleistungsfrist zu entscheiden, da sich zwei Jahre gerade bei schwerwiegenden Baumängeln, z. B. im Bereich des Kellers, oft als viel zu kurze Frist herausstellen.[2] Jetzt (s. Fn. 1) gilt, dass jede Abänderung von VOB/B-Bestimmungen dazu führt, dass die VOB/B nicht mehr „als Ganzes" vereinbart ist.

159 Leider hat sich die ohnehin schon große Unsicherheit hinsichtlich der Vereinbarung der VOB/B „als Ganzes" in neuerer Zeit noch vergrößert, weil die Stimmen zunehmen, die es nicht mehr für vertretbar halten, die VOB/B (auch bei Vereinbarung „als Ganzes") von der Inhaltskontrolle auszunehmen. Bekanntlich war die VOB/B durch § 23 Abs. 2 Nr. 5 a. F. AGBG ausdrücklich nur zu einem geringen Teil privilegiert und der Inhaltskontrolle entzogen. Dass die VOB/B insgesamt als ausgewogenes Vertragswerk der Inhaltskontrolle entzogen wurde, war das Ergebnis von Rechtsfortbildung. Der **Angriff auf die Gesamtprivilegierung** der VOB/B stützte sich zunächst vor allem auf die bereits in die VOB-Ausgabe 1996 aufgenommene Verjährungsregelung des § 13 Nr. 4 Abs. 2 VOB/B, die ein Eingriff in den Kernbereich der verbraucherschützenden Gewährleistungsregelungen sei.[3]

160 Die **BGB-Reform** und der Umstand, dass dort weiterhin nicht davon die Rede ist, dass die gesamte VOB/B der Inhaltskontrolle entzogen werden soll, wenn sie denn „als Ganzes" vereinbart wird, sondern vielmehr nach wie vor zwei Einzelregelungen der VOB/B gemäß §§ 308 Nr. 5 und 309 Nr. 8 Buchst. b ff. BGB „privilegiert" werden, sowie die gerade auf Grund der BGB-Reform vorgelegte **Neufassung der VOB/B** 2002 haben diese Diskussion nur noch verstärkt. Dabei reichen die Auffassungen von der vollen Unterstützung der These des Deutschen Verdingungsausschusses (DVA), dass die VOB/B auch nach der BGB-Reform ein **privilegiertes Regelwerk** bleibt und diese Privilegierung auch für spätere Fassungen der VOB/B gilt (dynamische Verweisung)[4] bis zu der Meinung, dass die VOB/B **kein**

---

1 Az. 13 U 5798/93.
2 So sieht es auch der BGH in seiner Entscheidung v. 8. 10. 1981, NJW 1982, 169.
3 Vgl. dazu Tomic, BauR 2001, 14 mit zahlreichen weiteren Nachweisen.
4 So Vygen, Sonderheft der Zeitschrift Baurecht November 2002, Seite 17 f.

"privilegiertes", also der Inhaltskontrolle entzogenes, Regelwerk mehr sei und sein könne und dies insbesondere auch für spätere Fassungen der VOB/B gilt, die der Gesetzgeber z. B. bei der Neufassung des BGB noch nicht gekannt haben kann (keine dynamische Verweisung).[1]

Hinweis:
In der täglichen Vertragspraxis wird man dieser – bis zur nächsten höchstrichterlichen Klärung für die dann geltende Fassung der VOB/B weiter anhaltende – zusätzliche Unsicherheit wohl nur dadurch begegnen können, dass die Vertragsgestaltung noch sorgfältiger als bisher betrieben wird in der Form, dass der jeweilige Bauvertrag ausgewogen ist und keine der Inhaltskontrolle nicht standhaltenden Regelungen enthält. Umgekehrt wird man die von manchen Praktikern – bisher nicht ganz zu Unrecht – ausgesprochene Empfehlung, sich beim Bauvertrag auf die Vereinbarung der Leistung und des Preises zu beschränken und ansonsten die VOB/B zu vereinbaren, nicht mehr befolgen können, wenn und weil das **Ende der Gesamtprivilegierung der VOB/B** zumindest droht. Dann wäre stets derjenige Vertragspartner, der die VOB/B „gestellt" hat, im Nachteil, denn alle ihm günstigen VOB/B-Regelungen sind womöglich unwirksam, während er die ihm ungünstigen Regelungen akzeptieren muss.

V. Probleme der Kündigung des Hauptunternehmervertrags

1. Ausschluss der freien Kündbarkeit des Hauptunternehmervertrags

Wenn die Parteien keine besondere Regelung getroffen haben, dann kann der Auftraggeber den Hauptunternehmervertrag **jederzeit** kündigen, und zwar unabhängig davon, ob die VOB/B vereinbart worden ist oder nicht (§ 649 Abs. 1 BGB bzw. § 8 Nr. 1 VOB/B). Da der Hauptunternehmer, um seine Vertragspflichten zu erfüllen, seinerseits zahlreiche vertragliche Bindungen, vor allem zu den Subunternehmern, eingeht und darüber hinaus über einen längeren Zeitraum mit diesem Bauvorhaben plant, wird in der Literatur vorgeschlagen, in den Hauptunternehmervertrag eine Bestimmung aufzunehmen, wonach dieser ordentlich nicht kündbar ist.[2] Die für den Ausschluss der ordentlichen Kündigung vorgebrachten Argumente sind sicher beachtenswert. Die Frage ist, ob der **AGB-mäßige Ausschluss der ordentlichen Kündigung** bei Vertragsbedingungen, die vom Auftragnehmer gestellt werden, zulässig ist. 161

Und hier gibt es Entscheidungen, die auch bei einem Schlüsselfertigbau den Ausschluss des freien Kündigungsrechts des Auftraggebers durch AGB, die vom Auftragnehmer gestellt werden, **nicht** für **zulässig** halten.[3] Begründbar ist dies damit, dass das jederzeitige Kündigungsrecht des Auftraggebers ein **wesentliches Element** des gesetzlichen und des VOB-Werkvertragsrechts ist. 162

---

1 So *Kiesel*, NJW 2002, 2064, 2070f. u. OLG Düsseldorf, IBR 2004, 120 mit Anm. *Karezewosei*.
2 Vgl. *Kleine-Möller/Merl/Oelmaier*, Handbuch des privaten Baurechts, S. 164.
3 BGH, NJW 1999, 3261, 3262, s. weiterhin ebenfalls *Kleine-Möller/Merl/Oelmaier*, Handbuch des privaten Baurechts, S. 135.

163 Möchte der Auftragnehmer das freie Kündigungsrecht des Auftraggebers ausschließen, dann kann er sich nicht darauf beschränken, in von ihm gestellten AGB einen solchen Ausschluss festzulegen. Vielmehr muss er versuchen, während der **Vertragsverhandlungen** dieses durchzusetzen und als eindeutige Individualklausel in den Vertrag aufnehmen zu lassen.

Hinweis:
Ein solches Verlangen könnte der Auftragnehmer dadurch begründen, dass er jetzt einige Regelungen, die vom Auftraggeber gewünscht waren und für ihn, den Auftragnehmer, nachteilig sind, „geschluckt" habe und darüber hinaus auch mit dem Preis nachgelassen habe. Da dieses Bauvorhaben für den Auftragnehmer von herausragender Bedeutung sei und eine jederzeitige freie Kündigungsmöglichkeit des Auftraggebers für ihn mit enormen Nachteilen verbunden wäre, z. B. aufgrund der vertraglichen Bindung gegenüber zahlreichen Subunternehmern, bestehe er darauf, dass das freie Kündigungsrecht des Auftraggebers ausgeschlossen werde. Wenn der Auftraggeber äußert, dass er ohnehin nicht beabsichtigte, den Vertrag einfach so zu beenden, dann kann man ihn ja beim Wort nehmen und darauf hinweisen, dass bei schwerwiegenden Vertragsverstößen seitens des Auftragnehmers ja ohnehin die Möglichkeit besteht, sich von dem Vertrag zu lösen (siehe Rz. 167). Sodann einigen sich die Vertragsparteien darauf, dass das ordentliche Kündigungsrecht des Auftraggebers ausgeschlossen ist und fügen am besten noch eine kurze Begründung, die eine oder mehrere Ursachen für diese Regelung benennt, bei.

164 Wenn in **vom Auftraggeber gestellten** Vertragsbedingungen die freie Kündbarkeit des Vertrags durch den Auftraggeber ausgeschlossen wird, stellen sich derartige Probleme natürlich nicht; in diesem Fall ist diese Regelung stets wirksam, und zwar ganz unabhängig von der Frage, ob die VOB „als Ganzes" vereinbart ist oder nicht.

165 Wenn die freie Kündbarkeit des Hauptunternehmervertrags wirksam ausgeschlossen wurde, so stellt sich als nächstes die Frage nach den Konsequenzen, wenn der Auftraggeber gleichwohl kündigt und dem Auftragnehmer die Fortsetzung der Bauarbeiten untersagt, z. B. dadurch, dass er ausdrücklich ein Baustellenverbot ausspricht. In diesen Fällen behauptet der Auftraggeber in der Regel, dass die Voraussetzung einer außerordentlichen Kündigung aus wichtigem Grund vorliege. Diese Kündigung aus wichtigem Grund, die Auftragsentziehung, ist in der VOB/B in § 8 Nr. 3 ausdrücklich geregelt. Auch im BGB-Vertrag war nach altem Recht die Kündigung des Vertrags aus wichtigem Grund, vor allem wegen schwerwiegender Vertragsverstöße des Vertragspartners, nicht nur zulässig und möglich, sie konnte darüber hinaus auch selbst mit Individualvereinbarungen nicht wirksam ausgeschlossen werden, da es ein Grundsatz eines rechtsstaatlichen Schuldrechts ist, dass niemand an einen unzumutbaren Vertrag festgehalten werden darf.[1]

166 Unter der Geltung des neuen Rechts wird nun die Auffassung vertreten, dass das bisher bei einem BGB-Bauvertrag bestehende Recht des Auftraggebers auf außerordentliche Kündigung des Vertrags aus einer Regelungslücke abgeleitet worden

---

[1] Vgl. hierzu nur BGH, BB 1973, 819.

sei, die nunmehr wegen der umfassenden Regelung der Pflichtverletzung in § 280 nicht mehr gegeben sei, weshalb die Begründung des Rechts des Auftraggebers auf außerordentliche Kündigung sehr zweifelhaft geworden sei.[1] Dem Verfasser erscheint diese Argumentation wiederum nicht zwingend. Sie hat ihren Grund vielleicht darin, dass zu sehr auf den Begriff der „Kündigung" bzw. der „außerordentlichen Kündigung" gestarrt wird und nicht gesehen wird, worum es in der Sache eigentlich geht: Nämlich darum, dass sich der Auftraggeber von einem vertragsuntreuen Auftragnehmer schon während der Erfüllungsphase trennen kann und für die ordnungsgemäße Restfertigstellung des Werks Schadensersatz in Anspruch nehmen kann.

Dies ist nun explizit im Allgemeinen Schuldrecht in **§ 281 BGB** geregelt. Danach kann der Auftraggeber bei Vorliegen einer **Pflichtverletzung** und bei zusätzlichen Voraussetzungen (in der Regel fruchtloser Fristablauf, aber keine Ablehnungsandrohung) **Schadensersatz** statt der Leistung geltend machen, und zwar im Regelfall Schadensersatz statt der restlichen Leistung. Will der Auftraggeber den Schadensersatz statt der gesamten Leistung (der etwas schief als Nachfolger des früheren „großen Schadensersatzes" angesehen wird) geltend machen, muss als weitere Voraussetzung noch vorliegen, dass der Auftraggeber an der Teilleistung kein Interesse hat (was beim Bauvertrag nicht so ohne weiteres der Fall sein wird[2]). Mit guten Gründen wird außerdem vertreten, dass die außerordentliche Kündigung des Bauvertrages nach wie vor möglich ist.[3] 167

Hinweis:
Jedenfalls aus Sicht des Auftraggebers ist der nunmehrige Streit über die außerordentliche Kündigung ein rein akademischer Streit: Auch und gerade nach dem neuen Recht hat der Auftraggeber die Möglichkeit, sich noch während der Erfüllungsphase von einem vertragsuntreuen Auftragnehmer zu trennen und auf Kosten dieses vertragsuntreuen Auftragnehmers das Werk von Dritten fertig stellen zu lassen.[4] Ggf. sind mehrere Rechte vorsorglich nacheinander zu staffeln.

Der Auftraggeber wird also in der Regel die Voraussetzungen einer außerordentlichen Kündigung, jetzt die des Rücktritts gemäß § 323 BGB und/oder Schadensersatzes statt der Leistung gemäß § 281 BGB behaupten. Stellt sich heraus, dass diese Voraussetzungen nicht vorgelegen haben, dann hätten wir es mit einer **freien Kündigung** zu tun, wenn diese denn zulässig wäre, was sie aber nicht ist. Bei der Beurteilung der Frage, ob diese Vertragsbeendigung gerechtfertigt war, muss auch berücksichtigt werden, ob der Auftraggeber seinen Pflichten zur Kooperation[5] nachgekommen ist und die „Kündigung" tatsächlich die ultima ratio war. 168

Man könnte sagen, dass in einem solchen Fall die **rechtlich unzulässige** Kündigung des Bauvertrags und die damit einhergehende Hinderung des Auftragnehmers an der Fortsetzung des Bauvorhabens eine **Behinderung** des Auftragnehmers im Sinne von § 9 Nr. 1 Buchst. a VOB/B bzw. eine **Obliegenheitsverletzung** im Sinne von § 642 Abs. 1 BGB darstellt. Im Falle des BGB-Vertrags könnte sich 169

---
1 Vgl. *Krauss*, BauR 2002, 524, 527 f.
2 Vgl. *Acker/Konopka*, BauR 2002, 1307, 1312 f.
3 *Kniffka*, IBR-Online Kommentar, St. 9. 2. 2004, § 649 Rz. 8 f.
4 S. dazu auch *Voit*, BauR 2002 – Sonderausgabe Heft 1a, S. 145, 164 und BauR 2002, 1776 ff.
5 *Schuhmann*, BauR 2003, 162, 163 f.

dann der Auftragnehmer gemäß § 643 BGB vom Vertrag lösen und gemäß § 645 Abs. 1 Satz 2 BGB Vergütung für die geleistete Arbeit verlangen und, darauf weist der Absatz 2 des § 645 BGB ausdrücklich hin, weitergehende Ansprüche aus dem Gesichtspunkt des Schadensersatzes bei Verschulden des Auftraggebers geltend machen. Bei einem VOB-Vertrag gelangt man über § 9 Nr. 1 sowie Nr. 3, der ebenfalls weitergehende Ansprüche, z. B. aus dem Gesichtspunkt des Schadensersatzes wegen Nichterfüllung offen lässt, zu dem gleichen Ergebnis.

170 Der rechtswidrig gekündigte Auftragnehmer müsste also die von ihm tatsächlich erbrachten Leistungen unter Beachtung der Grundsätze der Rechtsprechung schlüssig **abrechnen**. Will er darüber hinaus **Schadensersatz**, müsste er diesen konkret ermitteln und in einzelnen unter Berücksichtigung der tatsächlichen Umstände des vorliegenden Werkvertrages darlegen.[1] Der Auftragnehmer müsste also darlegen, welche Gegenleistung er bei ordnungsgemäßer Ausführung des Vertrags erhalten hätte (nämlich den restlichen Werklohn), müsste aber dabei berücksichtigen, dass er ja die restlichen Leistungen, die für ihn ebenfalls Kosten verursacht hätten, nicht mehr ausführen muss. Im Ergebnis müsste er also die **ersparten Aufwendungen** für die nicht mehr ausgeführten Bauleistungen darlegen.

Hinweis:

Damit käme man **zum gleichen Ergebnis**, wie wenn man die freie Kündigung gleich zulassen würde, nur dass das Ganze für den Auftragnehmer eigentlich noch schwieriger und damit gefährlicher ist, denn er muss ja, ggf. unter Setzung von Fristen gemäß §§ 642, 643 BGB, dafür sorgen, dass das Vertragsverhältnis beendet wird.

171 Wegen dieses **unbefriedigenden Ergebnisses** wird denn auch vorgeschlagen, dass ausdrücklich vereinbart werden soll, dass die **Mitwirkungspflicht** des Auftraggebers, insbesondere seine Pflicht, das Baugrundstück zur Verfügung zu stellen, eine echte Leistungspflicht im Rahmen des Vertrags darstellt und nicht nur eine Obliegenheit im Sinne des § 642 BGB.[2]

172 Eben dieses geschieht doch aber, wenn entweder der Auftraggeber selbst den Vertrag mit dem Ausschluss des freien Kündigungsrechts stellt oder aber wenn die freie Kündigung durch individuelle Vereinbarung zwischen Unternehmen ausgeschlossen wird, denn dann haben die Parteien bereits durch diese Regelung die Pflicht des Auftraggebers, den Auftragnehmer das Bauvorhaben durchführen zu lassen und insbesondere, dem Auftragnehmer das Baugrundstück zur Verfügung zu stellen, als **echte Leistungspflicht** vereinbart. Lässt der Auftraggeber unter diesen Voraussetzungen den Auftragnehmer die Bauleistung nicht vollständig fertig stellen, dann stellt dies einen **schwerwiegenden Vertragsverstoß** dar, vergleichbar der sog. Vertragsaufsage mit der Folge, dass der Auftragnehmer nicht auf die Rechte aus den §§ 642, 643, 645 BGB bzw. § 9 VOB/B beschränkt ist, sondern vielmehr unter dem Gesichtspunkt der pVV den gesamten Werklohn verlangen kann.[3]

---

1 Vgl. zum alten Recht Palandt/*Heinrichs*, 61. Aufl., § 325 BGB, Rz. 14.
2 Siehe nochmals *Kleine-Möller/Merl/Oelmaier*, Handbuch des privaten Baurechts, S. 135.
3 So der BGH in seiner Entscheidung vom 16. 5. 1968, BGHZ 50, 175 ff. – diese Entscheidung ist vom BGH seither nicht für obsolet erklärt worden.

Gleichwohl kann **heute** nicht ausgeschlossen werden, dass die Rechtsprechung 173
den Auftragnehmer nunmehr auf den Werklohn für die erbrachte Leistung plus
Vergütung für die nicht erbrachte Leistung abzüglich ersparter Aufwendungen
beschränkt, insbesondere im Hinblick auf die Betonung der strengen Kausalität
(„... hierdurch entstehender Schaden ...") in § 280 BGB, und dann würde auch
dieser Ansatz wieder **zu dem gleichen Ergebnis** führen wie wenn die „freie Kündigung" zugelassen würde.

Liegt ein wirksamer Kündigungsausschluss vor, dann könnte der Auftragnehmer 174
im Übrigen auch den Auftraggeber darauf in Anspruch nehmen, dass er ihm die
Fortsetzung des Bauvorhabens ermöglicht. Abgesehen davon, dass ein Antrag mit
vollstreckbarem Inhalt in einer solchen Klage nicht ganz einfach zu stellen ist, ist
dies natürlich schon aus rein faktischen Gründen kein gangbarer Weg, denn man
kann dem Auftragnehmer nicht raten, zunächst sein Recht auf Fortsetzung des
Bauvorhabens einzuklagen und möglicherweise zu vollstrecken, wenn, was ja der
Regelfall ist, schon für die bis dahin erbrachten Leistungen erhebliche Zahlungsrückstände bestehen und darüber hinaus der Zeitablauf auch eine erfolgreiche
Hauptsacheklage zur Makulatur macht; es sei denn, der Auftragnehmer erreicht
durch eine einstweilige Verfügung einen Baustopp, was indessen im Hinblick auf
das überragende Interesse des Auftraggebers, mit dem Bauvorhaben fortfahren zu
können, im Rahmen eines summarischen Verfahrens nur sehr, sehr schwer zu
erreichen sein wird.

Hinweis:
Daher kann man dem Auftragnehmer nur raten, im Falle einer seiner Ansicht
nach unzulässigen Kündigung aus wichtigem Grund bzw. Geltendmachung von
Schadensersatz statt der Leistung gemäß § 649 BGB abzurechnen und diesen **Anspruch** mindestens **hilfsweise** geltend zu machen.

2. Abrechnung des gekündigten Hauptunternehmervertrags

Da der Hauptunternehmervertrag in aller Regel ein Pauschalvertrag ist, und noch 175
dazu ein komplexer, trifft den Auftragnehmer im Falle der vorzeitigen Beendigung des Vertrags die Aufgabe, diesen Vertrag nach den Vorgaben der Rechtsprechung **prüfbar** abzurechnen.

Lediglich dann, wenn nur noch ein **minimaler Teil** zur vollständigen Fertigstellung 176
des Vertragsobjekts fehlt, darf der Auftragnehmer so abrechnen, wie wenn er
den gesamten Pauschalvertrag erfüllt hätte und sich in der Abrechnung damit
begnügen, den gesamten Pauschalwerklohn abzüglich der geleisteten Abschlagszahlungen anzugeben.[1]

Haben wir es dagegen mit einem Fall zu tun, bei dem infolge der Kündigung eine 177
erhebliche Abweichung der tatsächlich ausgeführten Leistung gegenüber dem ursprünglichen Leistungssoll nach Vertrag vorliegt, dann muss die erbrachte Leistung nach den vom BGH aufgestellten Grundsätzen der Abrechnung des nicht
erfüllten Pauschalvertrags abgerechnet werden. Dabei kann schon die **Leistungsfeststellung** das erste Problem des Auftragnehmers darstellen: Im Hinblick auf

---

1 Vgl. *Werner/Pastor*, Der Bauprozess, 9. Aufl., Rz. 1180.

den abgeschlossenen Pauschalvertrag wird der Auftragnehmer oft keine Aufmaße der bereits erbrachten Teilleistungen fertigen und vielleicht auch nicht von seinem Recht auf Feststellung von Leistungen, die durch die weitere Ausführung im wahrsten Sinne des Wortes verdeckt werden (siehe § 4 Nr. 10 VOB/B, unverändert in Ausgabe 2002), Gebrauch machen. Wird die Bauleistung aber nicht vollständig erbracht, dann muss der Auftragnehmer die erbrachten Leistungen **schlüssig darlegen** und, wenn sie vom Auftraggeber substantiiert bestritten werden, auch beweisen.

178 Aus diesem Grund kann man dem Auftragnehmer nur raten, immer wenn erforderlich, die Leistungsfeststellung im Sinne des § 4 Nr. 10 VOB/B zu betreiben. § 4 Nr. 10 VOB/B differenziert ja auch zu Recht nicht danach, ob die Parteien einen Einheitspreisvertrag oder einen Pauschalvertrag abgeschlossen haben. Zu allermindestens muss der Auftragnehmer jedoch den **Leistungsfortschritt** einseitig gut **dokumentieren**, z. B. durch Fotografien und sonstige Dokumentationsmaßnahmen. Dies gilt natürlich erst recht, wenn der Vertragspartner zu Unrecht die gemeinsame Zustandsfeststellung verweigert; in diesem Fall ist auch daran zu denken, den Auftraggeber mit späteren Mehrkosten im Zusammenhang von Beweiserhebungen, zumindest jedoch mit den Kosten für die einseitige Dokumentation des Auftragnehmers zu belasten.[1]

179 Darüber hinaus wird man nach Meinung des Verfassers dem Hauptunternehmer im Falle des vorzeitig gekündigten Pauschalvertrags, sei es, dass der Auftraggeber gekündigt hat oder bei Kündigung durch den Hauptunternehmer, der Auftraggeber diese zu vertreten hat sowie weiterhin auf Grund des Umstandes, dass er ja gerade im Hinblick auf den abgeschlossenen Pauschalvertrag keine, erst recht keine mit dem Auftraggeber gemeinsamen, Feststellungen über „verdeckte" Leistungen getroffen hat und auch nicht treffen musste, **Darlegungs- und Beweiserleichterungen** zukommen lassen müssen. Man wird bezüglich durch den Baufortschritt verdeckter Leistungen ein minuziöses Aufmaß und auch einen Beweis der einzelnen verdeckten Leistungen nicht verlangen können. In diesem Fall muss es genügen, wenn der Auftragnehmer den erreichten, **äußerlich feststellbaren Leistungsstand** darlegt und notfalls beweist und darüber hinaus vorträgt, dass die nach den Plänen oder nach der Leistungsbeschreibung vorgesehenen „verdeckten" Leistungen, die für diesen Leistungsstand erforderlich sind, erbracht sind. Behauptet der Auftraggeber, dass der Auftragnehmer sozusagen potemkinsche Dörfer geliefert habe und das Bauvorhaben im Wesentlichen hohl sei, ist er verpflichtet, dies im Einzelnen darzulegen und ggf. zu beweisen. Dies folgt daraus, dass die prüfbare Abrechnung keinen Selbstzweck darstellt, sondern den Informations- und Kontrollinteressen des Auftraggebers dient.[2] Zur Abrechnung der nicht erbrachten Leistungen (vereinbarte Vergütung abzüglich ersparter Aufwendungen etc.) wird auf die Rz. 137 ff. hingewiesen.

180 Im Übrigen muss sich der Auftragnehmer an die bereits apostrophierten **Vorgaben der Rechtsprechung** halten, die leider nicht besonders konzise sind. Es liegt natürlich in der Natur der Rechtsprechung, dass sie sich mit Einzelfällen befasst und es nicht ihre Aufgabe ist, in lehrbuchhafter Form zusammengefasst leicht

---

1 Vgl. hierzu Ingenstau/Korbion-*Oppler*, VOB-Kommentar, 14. Aufl., Teil B, § 4 Rz. 444.
2 S. BGH, BauR 1999, 635; BGH, BauR 2003, 377.

auswendig zu lernende Merksätze aufzustellen. Gleichwohl muten die Ausführungen des BGH zu diesem Problem manchmal etwas kryptisch an und erleichtern dem Berater die Arbeit keineswegs. Es soll hier der Versuch unternommen werden, aus den wesentlichen Entscheidungen des BGH[1] zu diesem Thema eine Art **Grundsatz für die Abrechnung der erbrachten Leistungen** im Rahmen des gekündigten Pauschalvertrags aufzustellen.

Ausgangspunkt ist die sicher richtige Überlegung, dass das Gericht, welches ja schließlich entscheiden muss, ob dem klagenden Werkunternehmer der geltend gemachte Teilwerklohn aus dem nicht vollständig erfüllten Pauschalvertrag zusteht, ja nicht weiß, wie sich dieser monolithische Betrag, der als Pauschalpreis im Vertrag steht, zusammensetzt. 181

Der erste Schritt ist daher klar: Der **Auftragnehmer** muss **aufschlüsseln**, wie sich eben dieser Pauschalpreis im Verhältnis zur übernommenen Leistung im Einzelnen zusammensetzt. Deshalb ist es ja so wichtig, dass der Auftragnehmer mindestens die Unterlagen über die Preisfindung aufbewahrt, besser aber noch nachweisen kann, dass aus den Vertragsverhandlungen oder aus dem Vertragsschluss auch der Auftraggeber weiß, wie dieser Preis zustande gekommen ist. 182

Sodann muss der Auftragnehmer darlegen, welchen Teil der Leistung er erbracht hat (und damit logischerweise auch, welchen Teil er nicht erbracht hat). Dann muss er das **Verhältnis Leistung : Preis** aus der ursprünglichen Pauschalkalkulation übernehmen und so den Preis für die erbrachte Leistung ermitteln. 183

Hat der Auftragnehmer den Pauschalpreis auf der Basis eines Leistungsverzeichnisses ermittelt und dabei mit **Einheitspreisen** und mit angenommenen Mengen (= Massen) kalkuliert, muss er darlegen, welche der Positionen aus diesem Leistungsverzeichnis mit welcher Menge er schon erbracht hat. Hat der Hauptunternehmer dagegen den Preis so kalkuliert, dass er einen **Preis pro Quadratmeter umbauten Raum** ausgeworfen hat, dann muss er differenzieren: Geht die Unterscheidung nur dahin, dass er einen Teil des Bauwerks vollständig mit allen Gewerken errichtet hat und einen anderen gar nicht, ist das nicht weiter problematisch. Er muss dann nur sagen: x qm umbauter Raum à x Euro. 184

In der Regel wird dies aber nicht so sein. Dazu bilden wir folgendes Beispiel. 185

Beispiel:
Bei einem Bauvorhaben sind die Baumeisterarbeiten einschließlich Dach vollständig erbracht sowie bei einem Teil der Räume sämtliche Ausbaugewerke. Diese Räume sind also vollständig fertig. Bei einem weiteren Teil sind die Ausbaugewerke zum Teil erbracht und schließlich bei einem letzten Teil der Räume die Ausbaugewerke überhaupt nicht, diese Räume befinden sich also noch im Rohbauzustand. In diesem Fall muss der Auftragnehmer aufschlüsseln, wie denn der Preis für den qm umbauten Raum sich zusammensetzt, z. B. nach einzelnen Gewerken und muss dann aufschlüsseln, wie viel qm vollständig erbracht sind, bei welchen qm welche Gewerke mit welchem Anteil erbracht sind usw. Soweit Gewerke nur teilweise erbracht sind, wird er wohl einen Anteil angeben müssen, mit dem dieses Gewerk in diesem speziellen Raum erbracht ist.

---
1 BGH, BauR 1998, 121; BGH, BauR 1997, 304 f.; BGH, NZBau 2002, 507; BGH, BauR 2003, 1588 = NZBau 2002, 614 u. Fn. 1.

186 Drei Dinge sind also essenziell für eine prüfbare Abrechnung des nicht vollendeten Hauptunternehmervertrags:

(1) Die Dokumentation der Preisfindung

(2) die Dokumentation der geschuldeten Leistung und

(3) die Dokumentation des erreichten Leistungsstandes.

Jedenfalls dürfen die Anforderungen nicht überspannt werden und einen Grundsatz, dass der gekündigte Pauschalvertrag wie ein Einheitspreisvertrag abzurechnen ist, gibt es nicht.[1]

3. Außerordentliche Kündigung bzw. sonstige Vertragsbeendigung aus wichtigem Grunde durch den Auftraggeber

187 Die **ordentliche Kündigung** nach § 649 Abs. 1 BGB bzw. § 8 Nr. 1 VOB/B braucht hier nicht ausführlich diskutiert zu werden. Der Auftraggeber kann sie **jederzeit** aussprechen, wenn sie nicht wirksam ausgeschlossen wurde (vgl. Rz. 162 ff.). Er muss im Austausch hierzu allerdings auch die Folge hinnehmen, dass er die vom Auftragnehmer dann nicht mehr erbrachten Leistungen jedenfalls insoweit bezahlen muss, als nicht die ersparten Aufwendungen oder Ersatzeinnahmen in Abzug zu bringen sind. Den Auftraggeber trifft also die Pflicht, überhaupt **nicht erbrachte Leistungen** zu bezahlen. Es ist nicht aussichtsreich zu versuchen, diese Konsequenz des jederzeitigen ordentlichen Kündigungsrechts des Auftraggebers durch AGB-Klauseln abzubedingen.[2]

188 Problematischer hinsichtlich Voraussetzung und Rechtsfolge ist die **außerordentliche Kündigung**, die in der VOB/B in § 8 Nr. 3 ausdrücklich vorgesehen ist und im BGB früher nicht geregelt war, sich aber letztlich aus § 242 BGB ergab. Jetzt gibt es bei nicht vertragsgemäßer Leistung im Rahmen eines gegenseitigen Vertrags die Möglichkeit des Rücktritts mit zusätzlicher Geltendmachung von Schadensersatz nach den §§ 323, 324, 280 ff. BGB oder die Geltendmachung von Schadensersatz statt der Leistung alleine gemäß § 281 BGB. Sowohl nach BGB als auch nach VOB/B sind Vertragsverletzungen des Auftragnehmers der Grund dafür, dass dem Auftraggeber die Fortsetzung des Vertrags nicht mehr zugemutet werden kann. Die VOB/B benennt die beiden **Kardinalsünden** des Auftragnehmers: Trödelei (§ 5 Nr. 4 VOB/B) und schlechte Arbeit, also mangelhafte Leistung (§ 4 Nr. 7 VOB/B).

189 Darüber hinaus kann sowohl für den BGB-Vertrag als auch bei dem VOB/B-Vertrag jede **nicht unerhebliche Pflichtverletzung** durch den Auftragnehmer den Auftraggeber berechtigen, sich durch Rücktritt bzw. außerordentliche Kündigung von diesem Vertragsverhältnis zu lösen. Es wurde bereits kurz angesprochen, dass nach altem Recht aus allgemeinen Rechtsgrundsätzen wie § 242 BGB, aber auch in Analogie zu den Regeln über Dauerschuldverhältnisse oder auch zu den Bestimmungen, die die Unmöglichkeit oder den Verzug regeln (§§ 325, 326 a. F. BGB) abgeleitet wurde, dass ein Vertragspartner die Möglichkeit haben muss,

---

[1] BGH, NZBau 2002, 507.
[2] Vgl. OLG Düsseldorf, BauR 1984, 95.

sich aus einem unzumutbaren Vertragsverhältnis zu lösen, insbesondere dann, wenn dieses Vertragsverhältnis ein Dauerschuldverhältnis oder eine jedenfalls zeitlich längere oder intensivere Bindung beinhaltet.[1]

§ 8 Nr. 3 Abs. 1 VOB/B schreibt ausdrücklich vor, dass die **Kündigung** oder Auftragsentziehung durch den Auftraggeber **angedroht** werden muss für den Fall, dass eine vom Auftraggeber gesetzte Frist zur Rückkehr zum vertragsgemäßen Verhalten fruchtlos verstreicht. Das BGB sieht eine solche „gelbe Karte" nicht mehr vor (z. B. §§ 323, 281 BGB).

Auch wenn nicht die Voraussetzungen des § 4 Nr. 7 oder § 5 Nr. 4 VOB/B gegeben sind, sondern ein anderer Grund für eine außerordentliche Kündigung gegeben ist und auch wenn kein VOB/B-Vertrag, sondern ein **BGB-Vertrag** vorliegt, kann man dem Auftraggeber nur empfehlen, diesen äußerst weit reichenden Schritt der außerordentlichen Kündigung oder Auftragsentziehung **nachweislich anzudrohen** und dem Auftragnehmer gleichzeitig mit der Androhung eine letzte Gelegenheit zur Rückkehr zum vertragsgemäßen Verhalten zu geben. Laut BGH ist der Bauvertrag ein Kooperationsvertrag. Dies bedeutet u. a., dass die Vertragsparteien stets verpflichtet sind, gemeinsam eine Lösung für eingetretene Probleme zu finden und ernsthaft zu versuchen, aufgetretene Streitigkeiten einvernehmlich zu regeln. Eine **überaggressive Vorgehensweise**, die genau dieses Bemühen um die Rettung des gemeinsamen Vertrags und um eine kooperative nicht streitige Lösung vermissen lässt, kann für denjenigen, der so vorgeht, weit reichende Folgen haben insofern, als dann nicht dem Vertragspartner, sondern dem vorschnell Kündigenden **Schadensersatzpflichten** auferlegt werden.[2] Zu dem Streit über die Möglichkeit der außerordentlichen Kündigung nach neuem Recht siehe Rz. 166 f.

Kommt es zur Kündigung, dann liegt es auch im Interesse des Auftraggebers den erreichten **Bautenstand** zu dokumentieren und nach Möglichkeit gemeinsam festzuhalten. Dies gilt insbesondere natürlich im Hinblick auf Mängel.

Nach der „Weg-über-Rechtsprechung" des BGH muss der Auftraggeber bei einem VOB-Vertrag bei Vorliegen von Mängeln vor Abnahme den Auftragnehmer unter Fristsetzung gemäß § 4 Nr. 7 VOB/B zur Beseitigung dieser Mängel auffordern und für den Fall, dass diese Mängelbeseitigung nicht erfolgt, die Entziehung des Auftrags androhen. Konsequenterweise kann der Auftraggeber dann, wenn die betreffenden **Mängel nicht beseitigt** werden und er genau deswegen den Vertrag kündigt, die Mängel wie die gesamte, infolge der Kündigung noch nicht (ordnungsgemäß) erbrachte Restleistung sofort durch ein Drittunternehmen beseitigen bzw. fertig stellen lassen und muss nicht noch einmal eine Frist zur Mängelbeseitigung setzen: Er hat ja dem Unternehmer schon ausdrücklich die „gelbe Karte" gezeigt und gedroht, ihm den Auftrag und damit das Recht zur Weiter-

---

1 Vgl. BGH, BB 1973, 819; *Kleine-Möller/Merl/Oelmaier*, Handbuch des privaten Baurechts, S. 1092.
2 Zu den Grundsätzen des Bauvertrags als Kooperationsvertrag und den Folgen der Missachtung der sich daraus ergebenden Pflichten siehe BGH, NJW 2000, 807 f.

arbeit zu entziehen, wenn er die Mängel nicht beseitigt.[1] Bei der **„freien" Kündigung** muss dagegen Gelegenheit zur Nachbesserung gegeben werden.[2]

194 Soweit die an den Hauptunternehmer gebundenen Subunternehmer dem Auftraggeber anbieten, die Leistung unverzüglich und zu angemessenen Bedingungen fortzusetzen, sollte der Auftragnehmer dieses Angebot annehmen, da wir uns hier im Bereich des Schadensersatzrechtes bewegen und damit die Schadensminderungspflicht gemäß § 254 BGB greift.

4. Besonderheiten bei der vorzeitigen Vertragsbeendigung durch den Auftragnehmer

195 Auch für den Auftragnehmer gelten natürlich die Rechte und Pflichten, die sich aus der Eigenschaft des Bauvertrags als Kooperationsvertrag ableiten. Auch der Auftragnehmer darf nicht vorzeitig die Flinte ins Korn werfen und den Vertrag ohne triftigen Grund kündigen.

196 Gesetzlich oder in der VOB geregelte Kündigungsmöglichkeiten sind die Nichtstellung der Sicherheit gemäß § 648 a BGB, die Nichtzurverfügungstellung des Baugrundstücks oder die sonstige Verletzung von diesbezüglichen Obliegenheiten des Auftraggebers gemäß § 642 und die Nichtzahlung einer Abschlagsrechnung gemäß § 9 VOB/B.

197 Die Nichtzahlung berechtigter Abschlagsrechnungen berechtigt auch im **BGB-Vertrag** den Auftragnehmer zur Lösung vom Vertrag, i. V. m. Schadensersatzansprüchen, früher durch außerordentliche Kündigung, nach dem 1. 1. 2002 durch Rücktritt i. V. m. Schadensersatz (§ 323 BGB) u. wohl auch durch fristlose Kündigung, vgl. Rz. 166 f.

198 **Hinweis:**

Der Auftragnehmer ist gut beraten, die **„Kündigung"** sorgfältig **vorzubereiten**: Ein solch drastischer Entschluss wie der, als Auftragnehmer einen Bauvertrag vorzeitig zu beenden, wird ja nicht aus heiterem Himmel gefällt. In der Regel gehen diesem Entschluss ja Krisenerscheinungen voraus. Wir haben gesehen, dass der Auftragnehmer sich bemühen muss, den Vertrag zu retten und erst als Ultima Ratio zum Mittel der Kündigung greifen darf.

Wenn sich **Krisensymptome** zeigen, wie z. B. schlechte Zahlungsmoral des Auftraggebers, ständiges „Mäkeln des Auftraggebers", z. B. unberechtigte Verzugsrügen, oder z. B. auch Streitigkeiten über technische oder ästhetische Details, dann sollte der Auftragnehmer dies alles sehr sorgfältig dokumentieren und insbesondere stets Art und Umfang der erbrachten Leistung dokumentieren, da er unter Umständen nach der Kündigung mit einem **Baustellenverbot** rechnen muss. Zwar darf dem Auftragnehmer niemand das Recht auf Abnahme und auf Aufmaß der erbrachten Leistung nehmen (§ 8 Nr. 6 VOB/B), aber dies nützt dem Auftragnehmer nicht viel, da es für ihn sicher kein gangbarer Weg ist, zunächst

---
1 Zur „Weg-über-Rechtsprechung", siehe BGH, BauR 1997, 1027; OLG Düsseldorf, NJW-RR 1988, 211 (212).
2 S. Anm. *Vogel* in IBR 2002, 605 zu OLG Celle v. 1. 8. 2002.

sein Recht auf Abnahme und Aufmaß einzuklagen und dann noch einen weiteren Prozess über seine Werklohnforderung zu führen. Womöglich kann er sich aber auf Erleichterungen beim Vertrag der erbrachten Leistung u. ihres Wertes berufen.[1]

VI. Mustervertrag

Das folgende Vertragsmuster soll einer Inhaltskontrolle standhalten und ausgewogen sein. Das Muster kann **in keinem Fall** für einen konkreten Vertrag einfach **abgeschrieben werden**. Jedes Bauvorhaben ist anders, und in jedem Fall wird eine Anpassung an das besondere Bauvorhaben erforderlich sein. Dies gilt natürlich vor allem im Bereich der Beschreibung des Leistungsumfanges. Hier wurde ein Vorschlag gemacht auf der Basis der Annahme, dass die Baugenehmigung erteilt ist und ein Bauvorhaben errichtet wird, welches nach WEG in einzelne Einheiten aufteilt ist und wobei auch der Aufteilungsplan bereits existiert, im Übrigen aber die Ausführungs- bzw. Detailplanung vom Hauptunternehmer zu erbringen ist.

199

Mustervertrag

200

Hauptunternehmervertrag

Die Firma[2] ...., in ....

hier vertreten durch den Inhaber/Geschäftsführer/Vorstand bzw. vertreten aufgrund Prokura oder Spezialvollmacht durch ....

– nachfolgend „Auftraggeber" oder „AG" genannt –

und

Firma ...., in ....

hier vertreten durch den Inhaber/Geschäftsführer/Vorstand bzw. vertreten aufgrund Prokura oder Spezialvollmacht durch ....

– nachfolgend „Auftragnehmer" oder „AN" genannt –

schließen hiermit folgenden

Hauptunternehmervertrag
§ 1
Vertragsgegenstand

Gegenstand dieses Vertrages ist die schlüsselfertige und vollständige sowie gebrauchstaugliche Errichtung des Bauvorhabens Wohn- und Geschäftshaus

---

1 Vgl. BGH, BauR 2003, 1588 = NZBau 2002, 614.
2 Selbstverständlich kann auf Auftraggeber- wie auf Auftragnehmerseite auch ein Konsortium oder eine ARGE stehen; dann sind sämtliche Teilnehmer des Konsortiums oder der ARGE zu benennen wie vor beschrieben und der Konsortialführer sowie im Fall der ARGE der technische und der kaufmännische Geschäftsführer zu benennen.

.... Str., ... auf dem Grundstück/den Grundstücken eingetragen im Grundbuch des AG .... für ...., Band ...., Blatt ...., Flur-Nr./Flur-Nr. ....

Die Vertragsparteien vereinbaren die Geltung der VOB/B.

§ 2
Leistungsumfang

Das Bauvorhaben ist zu errichten einschließlich Baustelleneinrichtung und abschließender vollständiger ordnungsgemäßer Räumung der Baustelle nach den genehmigten Plänen des Landratsamtes .... einschließlich Lageplan Nr. ...... und Freiflächengestaltungsplan Nr. ....

Der Inhalt der schriftlichen Baugenehmigung des Landratsamtes .... vom ...., die diesem Vertrag in Kopie beigefügt ist, insbesondere die dortigen Auflagen, sind zu beachten.

Der Auftraggeber hat das Baugrundstück im Wege der Vorratsteilung in einzelne Einheiten gemäß Wohnungseigentumsgesetz (WEG) aufgeteilt.

Die Abgeschlossenheitsbescheinigung und die Aufteilungsplanung liegen vor und sind ebenfalls diesem Vertrag als Kopien beigefügt.

Nachfolgend wird beschrieben, welche Nutzung für die einzelnen Einheiten vorgesehen ist und welche Ausstattung im Detail die einzelnen Einheiten erhalten sollen.

Der Auftragnehmer hat die Ausführungs- und Detailplanung nach den Vorgaben dieses Vertrages auf der Basis der genehmigten Pläne zu erstellen. Der Auftraggeber erhält von jedem Ausführungs- bzw. Detailplan ein Exemplar (Lichtpause oder CAD-Zeichnung). Der AN hat den Plan für Sicherheit und Gesundheitsschutz auf der Baustelle (SIGe-Plan) zu erstellen und umzusetzen.

Für die konstruktiven Teile des Hauses einschließlich des Kellers, für die Außenhaut einschließlich des Außenputzes sowie für das Dach sind folgende Baustoffe zu verwenden:

....

....

Die Gründungs- und Tiefbauarbeiten sind wie folgt auszuführen:[1]

....

....

Die einzelnen Räumlichkeiten der einzelnen Einheit erhalten folgende Ausstattung:

Einheit 1 = Laden:

Verkaufsraum a):[2]

---

[1] Evtl. Hinweis auf vorliegendes Bodengutachten mit Gründungsvorschlag.
[2] Folgt Angabe der Ausstattung an Bodenbelägen, für die Wände, für die Decken; Angabe der zu verwendenden Fenster und Türen; Angabe der auszuführenden Installation im Bereich Heizung, Lüftung, Sanitär und Elektro einschließlich evtl. EDV-Vorbereitung.

Raum b): . . . .

Einheit 2 = Zahnarztpraxis:[1]

. . . .

. . . .

Hinsichtlich der Außenanlagen wird Folgendes vereinbart:

Die Außenanlagen werden gemäß dem Freiflächengestaltungsplan Nr. . . . . ausgeführt.

Hinsichtlich der Bepflanzung werden noch folgende Vereinbarungen getroffen:[2]

Die Zufahrt zu der Baustelle erfolgt ausschließlich über die . . . .-Straße. Die Einfahrt zur Baustelle ist im Lageplan markiert.

Weiterhin sind im Lageplan die Flächen markiert, innerhalb derer Kräne (bzw. Silos etc.) aufgestellt werden können.

Der Auftraggeber hat sich, soweit dies möglich war, nach der Lage von evtl. Leitungen im Boden des Baugrundstücks erkundigt. Der voraussichtliche Verlauf dieser Leitungen ist angegeben. Der Auftragnehmer ist gehalten, bei den Bodenarbeiten, insbesondere in den Bereichen, in denen angeblich Leitungen vorhanden sind, besonders vorsichtig vorzugehen, da keine Garantie dafür besteht, dass die Leitungen sich genau an der markierten Stelle befinden.

Die Errichtung eines Bauzauns, Aufstellung eines Bauschilds gemäß den Vorschriften der Landesbauordnung, verkehrspolizeiliche Maßnahmen im Bereich der Zufahrt zur Baustelle sowie entlang des Bauzaunes, Überbrückungsmaßnahmen für Leitungen, Fußgängerbrücken und geschützte Fußgängerwege entlang des Baugrundstücks sind Bestandteil der Leistung des Auftragnehmers.

Der Auftragnehmer hat die benötigten Provisorien für Baustrom und Bauwasser zu beschaffen, zu installieren und für die nach diesem Vertrag vorgesehene Bauzeit vorzuhalten.

§ 3
Vergütung

1. Für die gesamte Leistung gemäß §§ 1 und 2 dieses Vertrages erhält der Auftragnehmer einen Pauschalfestpreis in Höhe von . . . . Euro, zzgl. MwSt.

2. Dem Auftraggeber ist bekannt, wie dieser Preis zustande gekommen ist und wie er sich im Einzelnen zusammensetzt. Der Auftraggeber hat Kopien der maßgeblichen Kalkulationsunterlagen.

3. Der unter § 3 Abs. 1 ausgewiesene Preis bleibt für die gesamte Dauer des Bauvorhabens, wie sie nach diesem Vertrag vorgesehen ist, unverändert. Sollte es auf Grund von Umständen, die nicht der Auftragnehmer zu vertreten hat, zu einer

---

[1] Folgt Angabe der Ausstattung an Bodenbelägen, für die Wände, für die Decken; Angabe der zu verwendenden Fenster und Türen; Angabe der auszuführenden Installation im Bereich Heizung, Lüftung, Sanitär und Elektro einschließlich evtl. EDV-Vorbereitung.
[2] Folgt die Angabe, wo welche Bäume, Sträucher oder sonstige Pflanzen einzusetzen sind.

Verlängerung der Bauausführungszeit um mehr als ...... Wochen kommen, ist der Auftragnehmer berechtigt, nachgewiesene Material- und/oder Personalpreissteigerungen auf der Basis der ursprünglichen Preiskalkulation an den Auftraggeber weiterzugeben.

Kommt es aus Gründen, die der Auftragnehmer nicht zu vertreten hat, zu einer Verzögerung mit dem Beginn der Bauausführung und/oder zu Terminsverschiebungen oder Verzögerungen während der Bauausführungszeit, ist der Auftragnehmer auf Verlangen des Auftraggebers verpflichtet, besondere Maßnahmen zur Beschleunigung des Bauvorhabens und zur Sicherstellung des vereinbarten Bezugsfertigkeitstermins (z. B. höherer Personaleinsatz, Einsatz von speziellen Baustoffen oder Maschinen) zu ergreifen, aber nur,

▷ wenn der Betrieb des Auftragnehmers auf diese Beschleunigungsmaßnahmen eingerichtet ist bzw. diese Maßnahmen mit zumutbarem Aufwand durchführen kann und

▷ wenn der Auftraggeber die durch diese Maßnahmen entstehenden Mehrkosten, die im Einzelnen nachzuweisen sind, übernimmt.

4. Die Parteien vereinbaren folgenden Zahlungsplan:[1]

5. Werden Abschlagszahlungen innerhalb von ...... Tagen nach Eingang der Abschlagsrechnung bei der in § 4 genannten Stelle bezahlt und wird die Schlussrechnung innerhalb von ...... Tagen nach Eingang der Schlussrechnung bei der in § 4 genannten Stelle bezahlt, ist der Auftraggeber berechtigt, einen Skontoabzug von (höchstens) 3 % von dem jeweils ausgewiesenen Rechnungsbetrag vorzunehmen. Die Berechtigung zum Skontoabzug ist für jede Rechnung isoliert zu beurteilen. Unter Zahlung ist im Sinne dieses Vertrages zu verstehen bei Überweisung der Eingang des Zahlbetrags auf dem Konto des Auftragnehmers und bei Scheckzahlung der Eingang des Schecks in dem in § 4 genannten Büro des Auftragnehmers zu verstehen. Ist der Auftraggeber zu Recht der Auffassung, eine Rechnung nicht oder nicht ganz bezahlen zu müssen, ist er verpflichtet, dies innerhalb der Skontierungsfrist dem Auftragnehmer mitzuteilen und innerhalb der gleichen Frist die nach Meinung des Auftraggebers berechtigte Teilzahlung zu leisten, ansonsten verliert der Auftraggeber insgesamt die Skontierungsberechtigung für die betreffende Rechnung.

§ 4
Organisation und Ablauf des Bauvorhabens; Vertragsänderungen

1. Der gesamte Schriftverkehr im Rahmen dieses Bauvorhabens an den Auftragnehmer ist zu richten an dessen Baubüro:[2]

---

1 Bei Hauptunternehmerverträgen mit Pauschalfestpreis empfiehlt es sich, den Zahlungsplan an einfach festzustellenden „Landmarken" im Baufortschritt zu orientieren, also z. B. Fertigstellung Oberkante Kellerdecke; Fertigstellung Oberkante Erdgeschossdecke etc. Dabei muss aber die jeweils zu leistende Zahlung mindestens dem Wert der Leistung relativ im Verhältnis zum gesamten Bauvorhaben entsprechen, vgl. Rz. 104 ff.

2 Folgt ganz genaue Angabe dieses Baubüros mit Adresse, ggf. Postfach einschließlich Telefon- und Telefax-Nr. Sollte das Baubüro nicht identisch mit dem Sitz einer Niederlassung des Auftragnehmers sein, sondern z. B. erst vor Ort errichtet werden, ist die Verpflichtung aufzunehmen, dass der Auftragnehmer dem Auftraggeber diese Angaben mitteilen muss, sobald das Baubüro installiert ist.

Der gesamte Schriftverkehr im Rahmen dieses Bauvorhabens mit dem Auftraggeber ist zu führen mit dessen Büro:[1]

....

Die Vertragsparteien sind verpflichtet, die oben genannten Büros wie folgt besetzt zu halten:[2]

....

2. Die Rechnungen sind an das oben genannte Büro des Auftraggebers in ......-facher Ausfertigung zu richten.
3. Neben den Inhabern/Geschäftsführern/Vorstandsmitgliedern der Vertragsparteien sind zum Abschluss von vertragsändernden Vereinbarungen, das heißt z. B. zur Abgabe und Annahme von Nachtragsangeboten, zur Vereinbarung von Vertragsminderungen oder zu Änderungen hinsichtlich der Ausstattung etc. ausschließlich berechtigt folgende Personen, wobei die Vertragsänderungen innerhalb eines Zeitraums von .... ein Volumen von .... Euro nicht übersteigen dürfen:[3]

....

Die gesetzlichen Vertreter der Vertragsparteien können die letztgenannten Personen auch austauschen unter der Voraussetzung, dass hiervon dem anderen Vertragsteil in angemessener Weise Mitteilung gemacht wird.

4. Der Auftragnehmer hat einen der deutschen Sprache mächtigen und mit der entsprechenden Qualifikation versehenen Bauleiter zu benennen, der die Funktion des Fachbauleiters nach der Landesbauordnung ausübt und in entsprechender Funktion auch anzumelden ist.[4]

§ 5
Ausführungsfristen

1. Der Auftragnehmer hat seine Leistungen mit dem Beginn der Baustelleneinrichtung bis spätestens .... aufzunehmen.

Der erste Ausführungsplan betreffend die genaue Ausführung und die Details des Kellergeschosses und der Tiefgarage einschließlich der Gründungs- und Tiefbaumaßnahmen hat bis spätestens .... vorzuliegen. Danach sind die Ausführungs- bzw. Detailpläne jeweils so rechtzeitig zu fertigen und in Ausfertigung dem Auftraggeber zu überlassen, dass der weitere Baufortschritt planmäßig durchgeführt werden kann.

---

1 Folgen wieder die gleichen Angaben wie beim Auftragnehmer auch, einschließlich Telefon und Telefax Angabe.
2 Folgt Angabe der Zeiten, innerhalb derer Auftraggeber und Auftragnehmer ihre maßgeblichen Büros besetzt haben.
3 Folgt genaue Angabe der Personen auf beiden Seiten, die zum Abschluss von Vertragsänderungen in dem angegebenen Umfang berechtigt sind; darüber hinaus können dann Vertragsänderungen nur von den jeweiligen gesetzlichen Vertretern bzw. Inhabern vereinbart werden.
4 Selbstverständlich kann dieser Bauleiter auch eine der in der vorigen Ziffer genannten Personen sein.

Die Parteien vereinbaren als Termin für die schlüsselfertige und gebrauchstaugliche Herstellung des Gebäudes gemäß §§ 1 und 2 dieses Vertrages (Bezugsfertigkeitstermin) den ....

Zu diesem Zeitpunkt müssen auch die Außenanlagen bzw. Freiflächen so errichtet sein, dass die Benutzung des Gebäudes in vollem Umfang gewährleistet ist.

Im Übrigen sind dann die Außenanlagen und evtl. Restarbeiten vollständig fertig zu stellen bis ....

2. Weiterhin werden folgende Zwischenfristen vereinbart:[1]

3. Sollte sich die Durchführung des Bauvorhabens aus Gründen, die nicht vom AN zu vertreten sind, so verzögern, dass der Bezugsfertigkeitstermin voraussichtlich nicht eingehalten werden kann, sind die Vertragsparteien verpflichtet, in Anlehnung an diesen Vertrag einen neuen Terminplan schriftlich zu vereinbaren.

Kommt es zu Bauverzögerungen, die der Auftragnehmer zu vertreten hat, dann ist der Auftragnehmer verpflichtet, dem Auftraggeber darzulegen, wie diese Bauverzögerungen nach Möglichkeit aufzuholen sind und, soweit dies nicht möglich ist, darzulegen, inwieweit sich die Termine voraussichtlich verschieben.

Zur Klarstellung:

Diese Bestimmung ändert nichts an dem Recht des Auftraggebers Verzugsschaden oder Vertragsstrafe geltend zu machen und/oder gemäß §§ 5 Nr. 4, 8 Nr. 3 VOB/B den Auftrag zu entziehen, wenn denn die Voraussetzungen der genannten Vorschriften gegeben sind.

§ 6
Vertragsstrafe

Für den Fall des vom Auftragnehmer verschuldeten Überschreitens des Bezugsfertigkeitstermins wird vereinbart, dass der Auftraggeber für jeden Werktag, um den der genannte Termin in der genannten Weise überschritten wird, eine Vertragsstrafe von 0,2 % der Gesamtvergütung, höchstens jedoch 5 % der Gesamtvergütung, verlangen kann.

Das Recht des Auftraggebers, Vertragsstrafe zu verlangen, lässt das Recht des Auftraggebers, einen höheren tatsächlich entstandenen Schaden geltend zu machen, unberührt. Selbstverständlich ist in diesem Fall die verwirkte Vertragsstrafe auf den Verzugsschaden anzurechnen; Vertragsstrafe und Verzugsschaden können also nicht kumulativ geltend gemacht werden.

Die Pflicht des Auftragnehmers, Vertragsstrafe zu zahlen, endet mit dem Tag, zu dem die Bezugsfertigkeit gemäß § 5 Nr. 1 dieses Vertrages hergestellt ist.[2]

---

1 Wieder sollte man sich an leicht feststellbaren Marken orientieren, wie z. B. wieder Oberkante Decke über Keller bzw. Tiefgarage usw.
2 Die Verwirkung der Vertragsstrafe muss an einen Termin, sinnvollerweise den wichtigsten in dem speziellen Vertrag, geknüpft werden. Vertragsstrafen für Zwischenfristen sind unwirksam, vgl. OLG Hamm, BauR 2000, 1202, 1203 f.

§ 7
Sicherheiten

1. Vertragserfüllungsbürgschaft:

   Der Auftragnehmer ist verpflichtet, dem Auftraggeber nach Abschluss dieses Vertrages eine Vertragserfüllungsbürgschaft über 5 % des Pauschalpreises gemäß diesem Vertrag zu stellen. Die Bürgschaft muss als selbstschuldnerische, unwiderrufliche und unbefristete Bürgschaft eines tauglichen Bürgen (Deutsche, dem Einlagensicherungsfonds angeschlossene und als Steuerbürgin zugelassene Bank oder Kreditversicherung) ausgestaltet sein.

   Sicherungsgegenstand der Bürgschaft sind sämtliche Ansprüche des Auftraggebers auf Schadensersatz wegen nicht ordnungsgemäßer Erfüllung dieses Vertrages, egal aus welchem Rechtsgrund. Mit der Entstehung eines solchen Anspruchs des Auftraggebers tritt der Sicherungsfall ein. Mit Eintreten des Sicherungsfalles darf die Bürgschaft verwertet werden.

   Die Erfüllungsbürgschaft ist bei bzw. nach Abnahme Zug-um-Zug gegen Übergabe der Sicherheit für Mängelansprüche zurückzugeben unter der Voraussetzung, dass während der Erfüllungsphase aufgetretene und bei der Abnahme gerügte Mängel ordnungsgemäß beseitigt sind.

2. Sicherheit für Mängelansprüche:

   Zur Sicherung eventueller Mängelansprüche des Auftraggebers während der Dauer der Verjährungsfrist für Mängelansprüche kann der Auftraggeber einen Sicherheitseinbehalt in Höhe von 5 % der dem Auftragnehmer zustehenden Gesamtwerklohnforderung einschließlich der aus Zusatzaufträgen oder sonstigen Vertragsänderungen sich ergebenden Vergütungen vornehmen.

   Der Auftragnehmer kann diesen Sicherheitseinbehalt durch selbstschuldnerische, unwiderrufliche und unbefristete Bürgschaft einer Deutschen, dem Einlagensicherungsfonds angeschlossenen und als Steuerbürgin zugelassenen Geschäftsbank, Raiffeisenbank oder Sparkasse oder eines zugelassenen Kredit- und Kautionsversicherers ablösen.

   Daneben kann der Auftragnehmer auch die Einzahlung des Sicherheitseinbehalts auf ein Sperrkonto verlangen. Hierfür ist dem Auftraggeber eine angemessene Frist zu setzen.[1]

3. Zahlungssicherheit:

   Der Auftraggeber stellt dem Auftragnehmer zur Besicherung der Zahlungsansprüche des Auftragnehmers aus diesem Vertrag eine selbstschuldnerische, unwiderrufliche und unbefristete Bürgschaft einer Deutschen, dem Einlagensicherungsfonds angeschlossenen und als Steuerbürgin zugelassenen Geschäftsbank, Raiffeisenbank oder Sparkasse oder eines zugelassenen Kredit- und Kautionsversicherers in Höhe von ...... % des gesamten voraussichtlichen Werklohns.

   Das Recht des Auftragnehmers, Sicherheit für die gesamte voraussichtliche Werklohnforderung gemäß § 648 a BGB zu verlangen, bleibt jedoch unberührt.

---

1 Jetzt abdingbar, BGH, IBR 2004, 67.

Verlangt der Auftragnehmer eine solche Sicherheit, dann muss er die Bürgschaft gemäß Satz 1 dieser Bestimmung Zug-um-Zug gegen Übergabe der Bürgschaft gemäß § 648 a BGB zurückgeben.

Außerdem muss der Auftragnehmer eine Bestimmung in der Bürgschaft gemäß § 648 a BGB akzeptieren, wonach diese Bürgschaft nur dann wirksam wird, wenn die andere Zahlungssicherheit tatsächlich zurückgegeben wurde. Weiterhin muss der Auftragnehmer auf seinen Rechnungen angeben, dass die zur Besicherung der hiesigen Werklohnforderung gegebene Bürgschaft gemäß § 648 a BGB sich bei Zahlung auf die Rechnung entsprechend verringert.

§ 8
Einsatz von Subunternehmern

1. Das Gewerk[1] hat der Auftragnehmer selbst und im eigenen Betrieb auszuführen; eine Übertragung dieses Gewerks ganz oder teilweise an Subunternehmer ist unzulässig. Setzt der Auftragnehmer dennoch für dieses Gewerk Subunternehmer ein, stellt dies einen schwerwiegenden Vertragsverstoß dar, der zur Auftragsentziehung bzw. zum Rücktritt berechtigt. Weiterhin hat der AN dem AG den durch diese vorzeitige Vertragsbeendigung entstehenden Schaden zu ersetzen.

2. Hinsichtlich aller übrigen Gewerke und Leistungen nach diesem Vertrag darf der Auftragnehmer Subunternehmer beauftragen.

   Der Auftragnehmer darf nur zuverlässige Subunternehmer beauftragen.

   „Zuverlässig" in diesem Sinn bedeutet insbesondere:

   ▷ Die Subunternehmer oder mindestens das Führungspersonal des Subunternehmers (Geschäftsführer, Bauleiter, Polier) muss einschlägige Erfahrung mit der Durchführung des betreffenden Gewerks bei vergleichbaren Bauvorhaben haben und diese Leistungen bisher zur Zufriedenheit der Auftraggeber ausgeführt haben.

   ▷ Bei den Verträgen mit den Subunternehmern darf nicht gegen Bestimmungen des Schwarzarbeitergesetzes und des Entsendegesetzes verstoßen werden.

   ▷ Der Subunternehmer hat sich zu verpflichten, ausreichend deutschsprachiges Führungspersonal auf der Baustelle einzusetzen.

   Für dem Auftraggeber wegen Verstoßes gegen diese Pflichten entstehende Schäden haftet die Erfüllungsbürgschaft, nach deren Rückgabe die Gewährleistungsbürgsschaft.

3. Der Auftragnehmer ist verpflichtet, dem Auftraggeber eine Liste sämtlicher bei diesem Bauvorhaben eingesetzter Subunternehmer zu übergeben.

   Die Liste muss die vollständige und korrekte Firmenbezeichnung des Subunternehmers, dessen gesetzliche Vertretung, dessen Anschrift, und zwar sowohl den Hauptsitz bzw. die zuständige Zweigniederlassung als auch, falls hiervon abweichend, das Baubüro enthalten.

---

[1] Folgt Bezeichnung des Gewerks, welches in das Metier des Hauptunternehmers fällt, nach Möglichkeit unter Anlehnung an die Leistungsbestimmung in diesem Vertrag.

Dem Subunternehmer ist die Verpflichtung aufzuerlegen, an Baubesprechungen mit dem Auftraggeber bzw. am entsprechenden jour fixe teilzunehmen, wenn dies erforderlich oder sinnvoll ist.

4. Der Auftragnehmer tritt hiermit sämtliche Erfüllungs- und Gewährleistungsansprüche aus den mit den Subunternehmern abgeschlossenen Verträgen zur Sicherheit an den Auftraggeber ab. Von dieser Abtretung darf nur Gebrauch gemacht werden, wenn entweder im Bereich der Erfüllungsphase ein Anspruch auf Schadensersatz für den Auftraggeber entsteht oder, im Bereich der Gewährleistungsansprüche, der Auftragnehmer seinen Gewährleistungspflichten nicht nachkommt, wenn also der Auftragnehmer trotz ordnungsgemäßer Mängelanzeige und Aufforderung der Mängelbeseitigung unter Fristsetzung die Mängelbeseitigung nicht oder nicht ordnungsgemäß durchführt.

§ 9
Versicherungen

Der Auftragnehmer hat eine Haftpflichtversicherung mit ausreichenden Deckungssummen für Personen und Sachschäden[1] sowie eine Bauleistungsversicherung zum Schutz der gesamten Bauleistung vor den Gefahren des zufälligen Untergangs oder der zufälligen Verschlechterung vor Abnahme abzuschließen und dem Auftraggeber den Abschluss dieser Versicherungen nachzuweisen.

§ 10
Abnahme und Gewährleistungsfristen

1. Es hat auf schriftliche Anforderung des Auftragnehmers eine förmliche Abnahme unter Teilnahme beider Vertragsparteien bzw. von deren Vertretern stattzufinden. Beide Parteien sind berechtigt, Sachverständige oder andere Hilfspersonen hinzuzuziehen bei der Abnahmeverhandlung.

§ 12 Nr. 5 Abs. 1 VOB/B (die so genannte fiktive Abnahme) wird ausgeschlossen.

2. Die Gewährleistungsfrist beträgt fünf Jahre.[2]

§ 11
Schlussbestimmungen

1. Sollte eine oder sollten mehrere Bestimmungen dieses Vertrages unwirksam sein oder werden, bleibt die Wirksamkeit dieses Vertrages im Übrigen unberührt.[3]

---

1 Hier können noch konkrete Beträge genannt werden.
2 Ggf. ist für besonders sensible Arbeiten die Vereinbarung einer längeren Gewährleistungsfrist zulässig; unter der Berücksichtigung des AGB-Gesetzes liegt hier wohl die Grenze bei zehn Jahren, und auch dies ist nur unter besonderen Voraussetzungen, die im Vertrag genannt werden sollten, zulässig. Für Verschleißteile ist die Vereinbarung von kürzeren Gewährleistungsfristen möglich, aber nicht unbedingt erforderlich, da ein Mangel ohnehin nur vorliegt, wenn die Leistung bei Abnahme mangelbehaftet war. Im Übrigen enthält § 13 Nr. 4 VOB/B hierzu einschlägige Regelungen.
3 Weitergehende salvatorische Klauseln sind im Hinblick auf § 307 BGB, früher § 9 AGBG unwirksam.

2. Erfüllungsort ist der Ort des Bauvorhabens.

Mit Vollkaufleuten, juristischen Personen des öffentlichen Rechts oder öffentlich-rechtlichen Sondervermögen wird als Gerichtsstand .... vereinbart.

201 **Hinweis:**

Es folgen die Unterschriften der gesetzlichen oder hierzu bevollmächtigten Vertreter der Vertragsparteien mit Orts- und Datumsangabe.

Es ist sinnvoll, diesen Vertrag entweder für beide Seiten sodann fest miteinander zu verbinden, sodass er nur mit Gewalt aufgetrennt werden kann oder aber zumindest auf eine fortlaufende Paginierung zu achten und dann noch zusätzlich jede Seite von den Vertretern paraphieren zu lassen.

Teil 12
Subunternehmereinsatz und Subunternehmervertrag

	Rz.
I. Begriff, Rechtsverhältnisse und Abgrenzung zu anderen Vertragsformen	1
1. Begriff	1
2. Rechtsverhältnisse und Beteiligte	4
3. Abgrenzung gegenüber anderen Verträgen	9
a) Scheinselbstständigkeit – Arbeitsvertrag	9
b) Arbeitnehmerüberlassung	12
II. Der Einsatz von Subunternehmern aus der Sicht des Hauptauftraggebers	13
1. VOB-Vertrag	13
2. BGB-Vertrag	15
3. Sinnvolle Regelungen für den Subunternehmereinsatz bzw. Subunternehmerausschluss	16
4. Das Arbeitnehmer-Entsendegesetz	20
III. Besondere Risiken des Subunternehmers und weiterer Untervertragsparteien (Sub-Subunternehmer)	21
1. Das kumulierte Insolvenzrisiko	21
2. Die potenzierte Haftung des Subunternehmers	29
a) Mängelbeseitigungskosten und Schadensersatz	29
b) Verzug und Verzugsschaden	33
3. Vereinbarungen über Abschlagszahlungen	38
IV. Sicherungsmöglichkeiten für den Subunternehmer	41

	Rz.
1. Bürgschaft nach § 648a BGB und andere Bürgschaften	41
2. Sicherungsabtretung der Werklohnansprüche des Zwischenauftraggebers	46
3. Zahlung an Dritte gemäß § 16 Nr. 6 VOB/B	51
4. Gesetz über die Sicherung von Bauforderungen	60
V. Das Verhältnis des Subunternehmers zu anderen (Sub-)Unternehmern	68
1. Mit dem Gefahrübergang verbundene Probleme – Beschädigungen des Werks des Subunternehmers vor Abnahme	68
2. (Sub-)Unternehmer behindern (Sub-)Unternehmer	77
3. Positive Aspekte des Zusammentreffens mehrerer Subunternehmer	81
a) Personal	81
b) Maschinen/Geräte	83
c) Gemeinsame Nutzung von Baustelleneinrichtungen	84
d) Mustertexte	86
aa) Personal und Geräte	86
bb) Baustelleneinrichtung	88
VI. Mustervertrag	89
1. Vorbemerkungen	89
a) AGB und VOB	89
b) Pauschal – oder Einheitspreisvertrag?	90
c) Die Leistungsdefinition	93
2. Mustervertrag	96

I. Begriff, Rechtsverhältnisse und Abgrenzung zu anderen Vertragsformen

1. Begriff

Was den in Altfällen nach wie vor relevanten Umgang mit den umfangreichen Neuregelungen der Schuldrechtsreform angeht, so wird hierzu auf die Rz. 1 ff. des Teils 11 – Hauptunternehmervertrag – verwiesen.

2 Der Subunternehmervertrag ist ein **Werkvertrag**. Der Subunternehmer schuldet das mangelfreie Werk, also den werkvertraglichen Erfolg, einem anderen Werkunternehmer, der wiederum mit einem Dritten seinerseits einen Werkvertrag abgeschlossen hat. Dieser Dritte kann der Bauherr oder Hauptauftraggeber sein, es kann aber auch ein weiterer Werkunternehmer sein. Je nach Art und Umfang des Bauvorhabens und nach den rechtlichen und wirtschaftlichen Konstruktionen, die die Beteiligten wählen, sind **Ketten** wie: Bauherr (z. B. ein geschlossener Immobilienfonds) – Bauträger – Generalübernehmer – Hauptunternehmer – Baumeisterfirma – Spezialbetonbaufirma für bestimmte Betonböden – Betonglättfirma alles andere als selten oder ausgefallen. Bei einer strengen Anwendung der eingangs verwendeten Definition wäre auch der Hauptunternehmer, der für den Generalübernehmer die Pflicht übernommen hat, das Bauvorhaben schlüsselfertig zu erstellen, ein Subunternehmer.

3 Im baurechtlichen Sprachgebrauch hat sich jedoch eingebürgert, dass als Subunternehmer nicht bezeichnet wird, wer ein gesamtes Bauvorhaben schlüsselfertig errichtet, auch wenn er dies nicht für den Hauptauftraggeber tut, sondern für jemanden, der selbst Werkunternehmer ist. „Subunternehmer" ist also ganz genau ein **Werkunternehmer, der ein oder mehrere Einzelgewerke** für einen anderen Werkunternehmer unter Übernahme der werkvertraglichen Erfolgshaftung herzustellen hat. Soweit im Folgenden von „Auftraggeber" und „Auftragnehmer" die Rede ist, ist mit dem Auftragnehmer der Subunternehmer gemeint und mit dem Auftraggeber der Auftraggeber des Subunternehmers. Der Subunternehmervertrag ist fast immer ein **AGB-Vertrag**, da der Auftraggeber ein professioneller Auftraggeber ist und nicht nur einmal einen Bauvertrag abschließt.

2. Rechtsverhältnisse und Beteiligte

4 Vertragspartner des Subunternehmervertrags sind der Auftraggeber und der Auftragnehmer. Diese sind aber nun nicht alleine auf der Baustelle. Es kommen andere Firmen sowie der Bauherr hinzu, gegenüber denen gesetzliche Schuldverhältnisse, z. B. aus unerlaubter Handlung oder wegen ungerechtfertigter Bereicherung, entstehen können.

5 Sehr oft hat der Auftraggeber des Subunternehmers seine **Gewährleistungsansprüche** an seinen Auftraggeber **abgetreten**, wobei diese Abtretung manchmal unter einer aufschiebenden Bedingung steht. Der Auftragnehmer wiederum lässt sich womöglich den **Vergütungsanspruch**, den der Auftraggeber gegenüber seinem Auftraggeber hat, **abtreten**. Oft soll in diesem letzteren Vertragsverhältnis diese Abtretung ausgeschlossen werden; allerdings wird die Zulässigkeit der AGB-mäßigen Ausschließung der Abtretung bestritten; zulässig ist aber wohl, die Abtretung von der Zustimmung des Auftraggebers abhängig zu machen, die dann erteilt werden muss, wenn kein wichtiger Grund zur Verweigerung der Zustimmung vorliegt.[1]

6 Im Übrigen dürfte für das Vertragsverhältnis zwischen dem Subunternehmer und seinem Auftraggeber meistens § 354a HGB Anwendung finden, da sich hier meistens zwei **Kaufleute** gegenüberstehen werden. Gemäß § 354a HGB

---

1 BGH, BGHZ 56, 228.

kann in einem solchen Fall die Abtretung ohnehin nicht wirksam ausgeschlossen werden. Diese Vorschrift dient gerade dem Interesse des (Sub-)Unternehmers, seine Forderungen als Sicherheiten bei der Kreditbeschaffung einbringen zu können.[1]

Subunternehmer werden oft sinnvollerweise in die vertragliche Abwicklung zwischen dem Auftraggeber des Subunternehmers und dessen Auftraggeber einbezogen, um eine bessere Koordination auf der Baustelle zu erreichen. Auch in diesem Zusammenhang können Rechtsverhältnisse entstehen, z. B. Ansprüche aus **Auskunftsverträgen**: Der Hauptauftraggeber erklärt auf Frage eines Subunternehmers, dass die Finanzierung des Bauvorhabens gesichert sei und selbstverständlich die Ansprüche der beteiligten Bauhandwerker erfüllt werden. Hieraus können z. B. Ansprüche aus dem Gesichtspunkt der positiven Vertragsverletzung eines im Rahmen dieses Gespräches zu Stande gekommenen Auskunftsvertrags entstehen.[2]

Hinweis:
Auch zu den Architekten, Ingenieuren, Sicherheitsbeauftragten ergeben sich zahlreiche Berührungspunkte, die durchaus auch rechtliche Bedeutung erlangen können. Klare, genaue und gut dokumentierte Kommunikation sollte es auch hier ermöglichen, Streitigkeiten oder gar Schaden zu vermeiden.

Wenn der Auftraggeber des Subunternehmers und der Auftraggeber dieses Auftraggebers in ihrem Vertrag die **VOB/B „als Ganzes"** vereinbart haben, dann kommt als weitere mögliche Rechtsbeziehung die Aufforderung des Subunternehmers an den Auftraggeber seines Auftraggebers hinzu, **Zahlungen** über den Auftraggeber des Subunternehmers hinweg **direkt an den Subunternehmer** zu leisten, wenn und weil der Auftraggeber des Subunternehmers an den Letzteren nicht oder nicht vollständig leistet. Auf diese VOB-Bestimmung (§ 16 Nr. 6 VOB/B) wird unten unter IV. (Rz. 51) bei den Sicherungsmöglichkeiten des Subunternehmers noch eingegangen.

3. Abgrenzung gegenüber anderen Verträgen

a) Scheinselbstständigkeit – Arbeitsvertrag

Es stellt für beide Vertragspartner eine äußerst unangenehme Überraschung dar, wenn sie sich von einem Gericht oder auch von einer Verwaltungsbehörde sagen lassen müssen, dass das, was sie als Subunternehmervertrag bezeichnet haben, kein solcher ist, sondern vielmehr ein Arbeitsvertrag oder ein **Arbeitnehmerüberlassungsvertrag** oder ein **freier Dienstvertrag**.

Gerade sehr kleine Firmen, die von einem Auftraggeber abhängig sind und die z. B. mit diesem Auftraggeber einen sog. „**Rahmenvertrag**" abgeschlossen haben, der für sämtliche Aufträge, die der betreffende Unternehmer von seinem einzigen Auftraggeber erhält, gelten soll, liefen Gefahr, bei der Überprüfung, ob der Auftraggeber die Sozialversicherungsbeiträge richtig bezahlt hat, als Scheinselbst-

---
1 Vgl. *Baumbach/Hopt*, HGB, 30. Aufl., § 354a, Rz. 1.
2 Vgl. den sog. Konsul-Fall BGH, DB 1985, 1464.

ständige und in Wirklichkeit Arbeitnehmer identifiziert zu werden. Bis 1. 4. 2003 bestand nach dem Gesetz zur Bekämpfung der Scheinselbstständigkeit die Gefahr, dass ein Subunternehmer als Arbeitnehmer mit allen sozialversicherungsrechtlichen Konsequenzen eingestuft würde.

11 Dieses Resultat einer Überprüfung und die daraus folgende Pflicht für den Auftraggeber, womöglich sogar in erheblichem Umfang **Sozialversicherungsbeiträge nachzahlen** zu müssen, konnte der Auftraggeber, wenn er auf die Beauftragung von Ein-Mann-Unternehmen nicht verzichten wollte, wohl nur dadurch verhindern, dass er sich von seinem Auftragnehmer nachweisen lässt, dass dieser auch andere Auftraggeber hat.[1] „Hartz" hat auch das geändert: Jetzt kommt es nur auf Weisungsgebundenheit und Eingliederung an.

b) Arbeitnehmerüberlassung

12 Im Übrigen ist das entscheidende Kriterium des Werkvertrags die Erfolgshaftung des Werkunternehmers.[2] Wenn und solange dieses sich aus dem Vertragsinhalt und, noch wichtiger, aus der Vertragspraxis ergibt (etwa dadurch, dass vorhandene Mängel konsequent vom Auftraggeber gerügt und vom Auftragnehmer beseitigt werden), dann ist eine ausreichende Abgrenzung gegenüber der Arbeitnehmerüberlassung, die im **Bereich des Bauhauptgewerbes** nach wie vor nur mit einer besonderen Erlaubnis **zulässig** ist (vgl. § 1 b AÜG[3]), gegeben.

II. Der Einsatz von Subunternehmern aus der Sicht des Hauptauftraggebers

1. VOB-Vertrag

13 Dem Hauptauftraggeber kann es nicht ganz egal sein, wer die Leistung, die auszuführen er einem Unternehmen, das er ausgesucht hat oder das sich im Wettbewerb durchgesetzt hat, anvertraut hat, tatsächlich ausführt. In § 4 Nr. 8 Abs. 1 Satz 1 der VOB/B ist ausdrücklich niedergelegt, dass der Auftragnehmer die Leistung **im eigenen Betrieb** auszuführen hat und (Satz 2 der zitierten Vorschrift) nur mit ausdrücklicher schriftlicher Zustimmung des Auftraggebers die Leistung (ganz oder teilweise) an Nachunternehmer übertragen darf, soweit es sich um Leistungen handelt (Satz 3 der zitierten Vorschrift), auf die der Betrieb des Auftragnehmers nicht eingerichtet ist. In der VOB/B 2000 ist zusätzlich ergänzt worden, dass der Auftraggeber dem Auftragnehmer, der eine Leistung ohne **schriftliche Zustimmung** des Auftraggebers nicht im eigenen Betrieb ausführt, obwohl der Betrieb darauf eingerichtet ist, eine angemessene Frist zur Aufnahme der Leistungen im eigenen Betrieb setzen und für den Fall des fruchtlosen Fristablaufs die

---

[1] Zum alten Recht *Berndt*, NJW 2000, 464 ff., auch zum Anfrageverfahren und zur Beitragspflicht.
[2] Zur „Erfolgsdominanz" im Werkvertrag s. BGH, BauR 2003, 236; BGH, ZfIR 2001, 812.
[3] Zur Beschränkung der Unzulässigkeit auf das Bauhauptgewerbe vgl. BGH, IBR 2000, 261; OLG Celle, IBR 2004, 168.

Auftragsentziehung androhen kann mit den Rechtsfolgen des § 8 Nr. 3 VOB/B. Dies blieb in der VOB 2002 unverändert.

Da die VOB/B für **öffentliche Auftraggeber** verbindlich ist und darüber hinaus in der Regel bei öffentlicher Vergabe nach Fachlosen auszuschreiben ist, sollte der Subunternehmereinsatz im Bereich der öffentlichen Aufträge eigentlich die Ausnahme sein. Für den VOB/B-Vertrag gilt also, dass der Subunternehmereinsatz nur mit **ausdrücklicher schriftlicher Zustimmung** des Auftraggebers möglich ist (und zwar gilt dies auch, wenn die VOB nicht „als Ganzes" vereinbart worden ist: Diese Bestimmung begründet sich aus dem bei Bauverträgen erforderlichen Vertrauensverhältnis.[1]). 14

Hinweis:
Dem öffentlichen Auftraggeber ist zu empfehlen, bereits bei der Ausschreibung anzugeben, ob für die ausgeschriebene Leistung Subunternehmereinsatz zulässig ist und wenn ja, in welchem Umfang.

2. BGB-Vertrag

Bei einem BGB-Vertrag gilt exakt das **Gegenteil** dessen, was bei dem VOB-Vertrag gilt: Nach der unveränderten Regelung in § 267 BGB, der durch die besonderen Regelungen des Werkvertragsrechts nicht abbedungen wird, kann im Rahmen eines Schuldverhältnisses der Schuldner die ihm obliegende Leistung selbst erbringen oder aber durch jeden x-beliebigen Dritten erbringen lassen. Wer diese Leistung erbringt, das geht den Vertragspartner nichts an, sofern ihm der Vertragspartner als Verantwortlicher und Haftender verbleibt. Er kann die Leistungserbringung durch einen Dritten nur ablehnen, wenn **ausdrücklich** vereinbart wurde, dass der Vertragspartner die Leistung **selbst**, also mit dem eigenen Unternehmen, erbringen muss.[2] Aus dem oben Gesagten (Rz. 14) ergibt sich aber, dass auch im BGB-Vertrag wegen des Vertrauensverhältnisses zwischen den Vertragsparteien der Ausschluss des Subunternehmereinsatzes möglich sein muss. 15

3. Sinnvolle Regelungen für den Subunternehmereinsatz bzw. Subunternehmerausschluss

Wenn der Auftraggeber Subunternehmer zulässt, dann sollte er Bestimmungen in den Vertrag aufnehmen, wonach die Leistung ganz oder teilweise nur an Unternehmer weitergegeben werden darf, die eine bestimmte **Zuverlässigkeit** aufweisen, d. h. also die oder jedenfalls deren führendes Personal mit Bauvorhaben dieser Art und Größenordnung Erfahrung aufweisen. Außerdem sollte die Einbindung der Subunternehmer in die Bauausführung geregelt werden, z. B. also die Informationspflichten gegenüber dem Subunternehmer, die Teilnahme am Jour fixe usw. (vgl. hierzu die für den Hauptunternehmervertrag gemachten Ausführungen, Teil 11 IV. 5 Rz. 144 ff.). 16

Die Möglichkeit der **Abtretung der Gewährleistungsansprüche**, die dem Hauptauftraggeber gegenüber seinem Subunternehmer zustehen, ist ebenfalls bereits in 17

---
1 Vgl. BGH, BGHZ 59, 323.
2 Vgl. *Ingenstau/Korbion*, VOB 15. Aufl., VOB/B, § 4 Nr. 8 Rz. 1.

den Ausführungen über den Hauptunternehmervertrag (dort Rz. 147 ff.) behandelt worden.

18 Eine andere Frage ist die, ob man dem (Haupt-)Auftragnehmer auferlegen soll, gegenüber dem Subunternehmer die **gleichen Vertragsbestimmungen** zu verwenden, wie sie der Vertrag zwischen dem Hauptauftraggeber und dem Auftraggeber des Subunternehmers vorsieht. Soweit es um die vollständige Ausführung der beauftragten Leistung und auch um deren rechtzeitige Fertigstellung geht, hat natürlich der Auftraggeber ein überragendes Interesse daran, dass sein Auftragnehmer eventuellen Subunternehmern eben diese Vertragsbedingungen mindestens aufgibt, auf der anderen Seite wird aber der Auftragnehmer schon aus wirtschaftlichem Selbsterhaltungstrieb genau dafür sorgen. Dabei sollte man aber dem Auftragnehmer, wenn man schon zugelassen hat, dass er Subunternehmer einschaltet, die wirtschaftliche Freiheit lassen, hier selbst die beste Lösung zu finden, die auch am besten mit der sonstigen Organisation des Bauvorhabens, wie sie der Auftragnehmer vorzunehmen gedenkt, zusammenpasst.

19 Umgekehrt: Wenn es aus ganz spezifischen Gründen erforderlich ist, dass die Bedingungen und der Inhalt des Bauvertrags, den der Bauherr mit seinem Auftragnehmer abgeschlossen hat, vollständig und 1:1 eingehalten werden, dann kann man dem Auftraggeber nur raten, die Einschaltung von Subunternehmern eben nicht zuzulassen, weil eben bei der Einschaltung eines Subunternehmers genau dies nicht mehr gewährleistet ist. In diesem Fall ist jedenfalls **im BGB-Vertrag** dies explizit in den Vertrag aufzunehmen und zu erläutern, da ansonsten der bloße **vertragswidrige Subunternehmereinsatz** nach altem Recht keinen wichtigen Grund zur Kündigung des Vertrags darstellte.[1] Wie es nach neuem Recht aussieht gemäß § 323 BGB, der dem Vertragspartner in einem gegenseitigen Vertrag bei nicht vertragsgemäßer Leistung die Möglichkeit des Rücktritts (und daneben noch die des Schadensersatzes, § 325 BGB) ermöglicht, kann nicht abschließend gesagt werden. Wenn im Vertrag aber geregelt ist, dass Subunternehmereinsatz nicht zulässig ist, dann stellt die Ausführung durch Subunternehmer eine nicht vertragsgemäße Leistung dar. § 323 Abs. 1 BGB sieht nicht vor, dass der Vertragsverstoß besonders qualifiziert sein muss, sodass sich möglicherweise die vorgenannte Rechtslage dahin gehend geändert hat, dass jetzt auch im BGB-Vertrag der vertragswidrige Subunternehmereinsatz alleine schon zum Rücktritt und unter Umständen auch zum Schadensersatz berechtigt. Für den **VOB-Vertrag** gilt seit In-Kraft-Treten der VOB 2000 die bereits in Rz. 13 angesprochene Neuregelung der Nr. 8 des § 4 VOB/B.

Hinweis:
Gleichwohl kann es auch im Rahmen eines VOB-Vertrags nicht schaden, wenn ausdrücklich angegeben wird, dass und warum der Auftraggeber gesteigerten Wert darauf legt, dass der Auftragnehmer die Leistungen im eigenen Betrieb ausführt.

---

1 Vgl. OLG Düsseldorf, BauR 2000, 1095.

4. Das Arbeitnehmer-Entsendegesetz

Gemäß § 1 a AEntG haftet ein Unternehmer, der einen anderen Unternehmer mit der Erbringung von Bauleistungen beauftragt, für die Verpflichtung des Nachunternehmers zur **Zahlung des Mindestentgelts wie ein Bürge**. Diese Bürgenhaftung trifft nicht den Hauptauftraggeber, wohl aber den Generalübernehmer oder Generalunternehmer, der seinerseits wieder Subunternehmer mit der Leistungserbringung beauftragt.[1] Der Hauptunternehmer kann sich nur durch sorgfältige Auswahl der Subunternehmer schützen sowie im Weiteren durch Vereinbarung von Sicherheiten wie z. B. Bürgschaften, wobei daran zu denken ist, dass die Haftung der Erfüllungs- und der Gewährleistungssicherheit auf die Besicherung der bürgenähnlichen Haftung des Hauptunternehmers gemäß § 1 a AEntG erweitert wird.[2] Dennoch besteht hier keine vollständige Sicherheit vor der „AGB"-Inhaltskontrolle. Die Alternativen wären die Vereinbarung einer weiteren Sicherheitsleistung neben Erfüllungs- und Gewährleistungssicherheit (und auch dies kann dann im Rahmen der Inhaltskontrolle „kassiert" werden) bzw. überhaupt keine Sicherheit zu verlangen. Die hier vorgeschlagene Lösung findet sich in § 7 des Mustervertrags, Rz. 96.

20

III. Besondere Risiken des Subunternehmers und weiterer Untervertragsparteien (Sub-Subunternehmer)

1. Das kumulierte Insolvenzrisiko

Der Subunternehmer und erst recht der Sub-Subunternehmer tragen de facto nicht nur das Insolvenzrisiko ihres unmittelbaren Vertragspartner, sondern auch das Risiko, dass der oder die Auftraggeber ihres Auftraggebers in Vermögensverfall geraten.

21

Zwar sind Regelungen, wonach der Subunternehmer seine Vergütung nur und insoweit erhalten soll, wie auch der **Zwischenauftraggeber** seine Vergütung erhalten hat, unter dem Gesichtspunkt der AGB-Kontrolle regelmäßig unwirksam.[3] Subunternehmerverträge sind fast immer **AGB-Verträge**, da diese von Unternehmen verwendet werden, und diese setzen in der Regel nicht nur einmal Subunternehmer ein. Aber selbst wenn es sich ausnahmsweise um eine einmalig verwendete Klausel handelt, bestehen Zweifel an der Wirksamkeit einer solchen Regelung unter dem Gesichtspunkt der Sittenwidrigkeit, möglicherweise auch unter dem Gesichtspunkt der Inhaltskontrolle einer so genannten formelhaften Klausel.[4] Schließlich muss berücksichtigt werden, dass eine derartige Vereinbarung unter Umständen im Falle der Insolvenz gemäß §§ 130ff. InsO von dem Insolvenzverwalter angefochten werden kann.

22

Umgekehrt hat der Gesetzgeber gerade zum **Schutz des Subunternehmers** die am 1. 5. 2000 in Kraft getretene Regelung der **Durchgriffsfälligkeit** geschaffen (§ 641

23

---

1 *Schlachter* in Dieterich u. a., Erfurter Kommentar zum Arbeitsrecht, 3. Aufl., § 1 a AEntG, Rz. 2.
2 Vgl. hierzu *Schlachter*, a. A. O. Rz. 1.
3 Vgl. OLG München, BB 1984, 1386.
4 Zur letzteren siehe OLG München, BauR 93, 494.

Abs. 2 und 3 BGB). Danach erhält der Subunternehmer sein Geld jedenfalls dann, wenn sein Auftraggeber von dessen Auftraggeber bezahlt worden ist. Auch hier gibt es in der Anwendung erhebliche Unsicherheiten, die bis jetzt naturgemäß durch höchstrichterliche Rechtsprechung noch nicht geklärt sind. Es scheint wohl weitgehend Einigkeit zu bestehen, dass diese Regelung nur für Schlusszahlungen an den Auftraggeber des Subunternehmers gilt.[1]

24 Fraglich ist, ob der bezahlte Auftraggeber dem Subunternehmer gegenüber Zurückbehaltungsrechte wegen Mängeln oder sonstige Ansprüche wegen Mängeln entgegenhalten kann. Da es sich, wie die Bezeichnung „Durchgriffsfälligkeit" sagt, um eine Regelung der Fälligkeit handelt, ist nach Meinung des Verfassers der Auftraggeber nicht gehindert, dem Subunternehmer **Ansprüche wegen Schlechtleistung** in jeder Form (also egal, ob Mängel oder Verzug) entgegenzuhalten.[2] In tatsächlicher Hinsicht ist daran zu denken, dass z. B. die Leistung eines Subunternehmers im Rahmen eines großen Bauvorhabens einen sehr kleinen Umfang haben kann. Wenn nun diese Leistung mit Mängeln behaftet ist, kann es trotzdem geschehen, dass der Hauptauftraggeber den Hauptunternehmer voll bezahlt, weil er mit dessen Leistungen im Großen und Ganzen zufrieden ist. Eben dann stellt sich die Frage, warum der Vertragspartner des Subunternehmers diesem nicht die Mangelhaftigkeit von dessen kleiner Leistung entgegenhalten kann, umso mehr, als er für den – vom Hauptauftraggeber bei der Abnahme vorbehaltenen – Mangel weiter haftet.

25 Der Schutz, den der Subunternehmer gemäß § 641 Abs. 2 und 3 BGB genießen mag, versagt jedenfalls vor den Tatsachen: Zunächst einmal natürlich dann, wenn der unmittelbare Auftraggeber des „Subs" in die Insolvenz fällt. Sodann aber sehr oft auch dann, wenn nicht der unmittelbare Auftraggeber des „Subs" in Vermögensverfall gerät, aber dessen Auftraggeber. Zunächst einmal wird der **Zwischenauftraggeber**, der mit seinem (berechtigten) **Vergütungsanspruch ausgefallen** ist, versuchen, seinen Verlust dadurch zu minimieren, dass er „seinem" Subunternehmer ebenfalls die noch offene Vergütung vorenthält und zu diesem Zweck alle möglichen Einwendungen, vor allem natürlich Mängel, Verzug, Bestreiten von Nachträgen, erhebt und/oder einfach darauf hofft, dass der Subunternehmer infolge dieses Verhaltens ebenfalls in Vermögensverfall gerät mit der Folge, dass dann unser Zwischenauftraggeber mit einer gerichtlichen Geltendmachung von Bauwerklohnansprüchen des Subunternehmers kaum rechnen muss.

Hinweis:
Der Verfasser hat zwar keine wissenschaftliche Ansprüche erhebende rechtstatsächliche Untersuchung angestellt, geht aber nach seiner persönlichen Erfahrung davon aus, dass Ansprüche aus Bauwerkverträgen diejenigen Ansprüche sind, die von **Insolvenzverwaltern** zu allerletzt verfolgt werden. Insolvenzverwalter winken in der Regel ab, wenn es um die gerichtliche Geltendmachung solcher Ansprüche der Gemeinschuldner geht. Sie tun dies nicht zu Unrecht, denn Bauprozesse sind mit einem erheblichem **Prozessrisiko** verbunden und kosten die Masse erhebliche Beträge, die oft ohnehin nicht vorhanden sind. Im Insolvenzfall kommt hinzu, dass es an Unterlagen und sachkundigen Mitarbeitern fehlt. Im

---
1 So wohl auch *Kniffka*, IBR Online Kommentar, Stand 9. 2. 2004, § 641 BGB Rz. 19 f.
2 Ebenfalls *Kniffka*, a. a. O., Rz. 23.

Ergebnis verzichtet der Insolvenzverwalter also auf die Eintreibung streitiger Bauwerklohnforderungen.

Hinzu kommt, dass es oft gar nicht einmal eine Frage des „bösen Willens" des Zwischenauftraggebers ist, dass dieser seinen Subunternehmer im Falle der Insolvenz seines Auftraggebers nicht bezahlt: Wenn der **Forderungsausfall** des Zwischenauftraggebers erheblich ist, dann ist er womöglich selbst gezwungen, Insolvenzantrag zu stellen. Dazu kommt, dass es ihm unter Umständen sogar untersagt sein kann, mit evtl. noch vorhandenen Mitteln den Subunternehmer zu bedienen. Einmal ist die steuerrechtliche Vorschrift des **§ 69 AO** zu beachten, zufolge der in einer Situation, in der die vorhandenen Mittel nicht mehr zur Befriedigung aller Ansprüche ausreichen, die Ansprüche des Finanzamts vorrangig oder mit mindestens dem gleichen Anteil zu bedienen sind wie alle anderen berechtigten Ansprüche, die bedient werden.[1]

26

Weiterhin verlangt der § 266 a StGB von unserem Zwischenauftraggeber bzw. dessen Geschäftsführern, mit vorhandenen Mitteln vorrangig die offenen Ansprüche ihrer Arbeitnehmer auf Zahlung der **Arbeitnehmerbeiträge** zur Sozialversicherung zu befriedigen.[2] Befolgen die Geschäftsführer des Zwischenauftraggebers diese gesetzlichen Vorgaben nicht, droht ihnen aufgrund des § 266 a StGB in Verbindung mit § 823 Abs. 2 BGB die persönliche Haftung und des Weiteren im Falle des § 266 a StGB sogar dann, wenn die Sozialbeiträge – verspätet – bezahlt wurden, die Strafbarkeit. Selbst wenn die Geschäftsführer oder gesetzlichen Vertreter des Zwischenauftraggebers den besten Willen haben, ihre Subunternehmer zu befriedigen, kann ihnen dies bei einem erheblichen Forderungsausfall und der daraus resultierenden wirtschaftlichen Krisensituation sogar gesetzlich untersagt sein. Je mehr Subunternehmer in der Kette stehen, desto länger kann dann die Reihe von Dominosteinen sein, die aufgrund der Insolvenz des Hauptauftraggebers oder aber eines weiter oben stehenden Zwischenauftragnehmers umfallen.

27

Was die zivil- (und wohl auch die straf-)rechtliche **Haftung** der Geschäftsführer und faktischen **Geschäftsführer einer juristischen Person** wegen nicht abgeführter Sozialversicherungsbeiträge betrifft, so ist zu hoffen, dass der BGH mit der Entscheidung vom 11. 12. 2001[3] wenigstens hinsichtlich der Darlegungs- und Beweislast einiges geradegerückt hat: Soweit es um die Frage der haftungsausschließenden Unmöglichkeit der Zahlung der Sozialversicherungsbeiträge geht, hat der BGH immerhin betont, dass der klagende Sozialversicherungsträger dafür darlegungs- und beweisbelastet ist, dass eine solche Unmöglichkeit nicht vorlag, der Unternehmer also im maßgeblichen Zeitpunkt noch zahlungsfähig gewesen ist.[4]

28

2. Die potenzierte Haftung des Subunternehmers

a) Mängelbeseitigungskosten und Schadensersatz

Der einzelne Subunternehmer mag nur ein kleines Rädchen in der Maschinerie sein, die etwa ein zig-Millionen-Projekt hervorbringen soll und deshalb auch an

29

---
1 Vgl. *Klein*, AO, 6. Aufl., § 69, Rz. 4.
2 BGH, NJW 1997, 1237 ff.
3 NJW 2002, 1123 ff.
4 BGH, NJW 2002, 1123, 1124 f.

diesem gesamten Bauvolumen nur mit einem relativ geringen Werklohn von einigen 10 000 Euro beteiligt sein. Ein relativ geringfügiger Mangel, ein Flüchtigkeitsfehler des Subunternehmers bzw. seines Personals (oder seines Sub-Subunternehmers) kann dazu führen, dass der Subunternehmer Mängelbeseitigungskosten oder Schadensersatz aufbringen muss, die bzw. der den gesamten **Werklohn**, den der Subunternehmer bei ordnungsgemäßer Ausführung seiner Leistung zu erwarten hätte, bis **zu einem Vielfachen übersteigen** kann.

30 **Beispiel:**
Der Subunternehmer verlegt Leitungen, z. B. Heizschlangen einer Fußbodenheizung, die im Zuge des Baufortschritts durch Leistungen anderer Baubeteiligter (Estrichleger, Fliesenleger) „zugedeckt" werden. Es stellt sich heraus, dass diese Leitungen nicht dem vertraglich Geschuldeten entsprechen, weil infolge eines geringfügigen Versehens des für die Materialausgabe zuständigen Mitarbeiters unseres Subunternehmers anstatt der vertraglich vorgesehenen hochwertigen, wenig diffundierenden Kupferrohre Plastikrohre verlegt worden sind. Niemand hat den Irrtum bemerkt. Die Mitarbeiter vor Ort waren der Meinung, dass schon das richtige Material ausgegeben worden sei. Unser Subunternehmer hat im Rahmen der Nachbesserung dieser mangelhaften, weil nicht der vereinbarten Beschaffenheit (§ 633 Abs. 2 BGB) entsprechenden, Bauleistung für den vollständigen Austausch der verlegten Heizschlangen zu sorgen einschl. der Übernahme der Kosten für das vollständige Aufschlagen, Entfernen und Neuherstellen des Estrichs und des Bodenbelags. Hinzu kommen unter Umständen Schadensersatzansprüche, weil die mit dieser Fußbodenheizung versehenen Wohnungen oder Büros während der Dauer der Nachbesserung nicht genutzt werden können und deshalb die Mieter keine Miete zahlen bzw. die Käufer Nutzungsausfall geltend machen.[1]

Dies muss seit Geltung des „neuen" BGB und seit Geltung der Fassung 2002 der VOB/B sowohl für den BGB als auch den VOB-Vertrag erst recht gelten.[2]

31 Die höchstrichterliche Rechtsprechung geht – absolut zu Recht – davon aus, dass der Werklohn einerseits und die Mängelbeseitigungskosten andererseits **nicht in irgendeinem angemessenen Verhältnis** zu stehen brauchen. Dafür, dass der Werkunternehmer sich darauf berufen kann, dass die Nachbesserung unzumutbar ist und der Auftraggeber auf eine Minderung verwiesen werden kann, liegt sowohl nach § 13 Nr. 6 VOB/B als auch nach § 634 a. F. BGB die Messlatte sehr hoch: Der Auftragnehmer kann die – teure – Nachbesserung erst dann unter dem Gesichtspunkt der **Unzumutbarkeit** verweigern und den Auftraggeber auf eine Minderung verweisen, wenn der Vorteil, den der Auftraggeber aus der Nachbesserung zieht, in keinem Verhältnis zu dem Aufwand steht, den der Werkunternehmer für die Nachbesserung hat. Im vorliegenden Fall ist es dem Auftraggeber entscheidend darauf angekommen, hochwertige, so gut wie nicht diffundierende Heizrohre zu verwenden. Er kann den Austausch der eingebauten Rohre verlangen.[3] Ob sich dies unter der Regelung des neuen § 635 Abs. 3 BGB geändert hat, ist mehr als fraglich, denn das „neue" Werkvertragsrecht stellt gerade die Bedeutung des vertraglich Vereinbarten besonders heraus.[4]

---

1 BGH, NJW 2000, 2020 f.
2 *Wirth*, Sonderheft BauR, November 2002, S. 55 f.
3 Vgl. zur Frage, wann der Unternehmer wegen Unzumutbarkeit die Nachbesserung verweigern kann: BGH, BauR 1995, 540, 541 f.
4 *Schudnagies*, NJW 2002, 396, 397.

Bei Vorsatz und wohl auch grober Fahrlässigkeit sowie bei Fehlen einer zugesicherten Eigenschaft (jetzt: Garantie; § 276 Abs. 1 Satz 1 BGB) kann sich der Auftragnehmer wohl auch in Zukunft unter keinen Umständen auf die Unzumutbarkeit der Mängelbeseitigung berufen.[1]

b) Verzug und Verzugsschaden

Was oben zu dem verhältnismäßig hohen Risiko des Subunternehmers, bei Mängeln ein Vielfaches des dem Subunternehmer zustehenden Werklohns zu riskieren, gesagt wurde, kann auch analog zu den Risiken im Zusammenhang mit Verzug und der daraus folgenden Pflicht, Verzugsschäden zu erstatten, gesagt werden.

Im Bereich des Verzugs ergibt sich aber noch ein ganz spezielles Risiko daraus, dass der Zwischenauftraggeber womöglich gegenüber seinem Auftraggeber auf eine **Vertragsstrafe**, die auch in einem AGB-Vertrag bis zu 5 %[2] (s. Verträge vor dem 23. 1. 2003 10 %) des Gesamtwerklohns des Zwischenauftraggebers erreichen kann, haftet. Bei **mehrgliedriger Auftragnehmerkette** gilt das Gleiche natürlich auf jeder weiteren Stufe der Auftragnehmerhierarchie. Am Ende kann also ein Generalübernehmer stehen, der sich verpflichtet hat, für einen Pauschalpreis von, sagen wir, 50 Mio. Euro ein Gebäude schlüsselfertig zu errichten und mit dem wirksam vereinbart wurde, dass für den Fall, dass der entscheidende Termin aus Gründen, die der Generalübernehmer oder einer seiner Erfüllungsgehilfen zu vertreten hat, überschritten wird, eine Vertragsstrafe von bis zu 5 % des gerade genannten Betrages, dies sind dann 2,5 Mio. Euro, zu zahlen ist. Für den Fall, dass sich nachweisen lässt, dass ein Subunternehmer aus der Hierarchie für die Verzögerung (alleine) verantwortlich ist (was nicht ganz einfach, aber auch nicht ausgeschlossen ist), kann dann der Generalübernehmer die von ihm zu entrichtende Vertragsstrafe an den Hauptunternehmer durchstellen, dieser wiederum an seinen Sub, usw., so dass zum Schluss ein Sub-Subunternehmer, der vielleicht einen Auftrag im Volumen von 100 000 Euro auszuführen hat, für eine Vertragsstrafe von 2,5 Mio. Euro geradestehen muss. Dies ist sicher ein extremes Beispiel, es ist aber nicht ausgeschlossen.

Es gab zwar einmal in der Rechtsprechung die Auffassung, dass ein solches **Durchstellen von Vertragsstrafen** unzulässig sei[3], aber inzwischen hat sich durchgesetzt, dass ein Auftragnehmer, der Vertragsstrafe wegen Verzugs zahlen muss, diesen unter dem Gesichtspunkt des **Verzugsschadensersatzes** gemäß § 284 a. F. BGB (jetzt: §§ 280 Abs. 2, 286 BGB) bzw. § 6 Nr. 6 VOB/B an seinen Subunternehmer weiterreichen kann. Eine Höhenbegrenzung greift nicht, da es sich insoweit im Verhältnis zwischen dem Vertragsstrafe zahlen müssenden Zwischenauftraggeber und seinem Subunternehmer nicht mehr um eine Vertragsstrafe handelt, sondern um einen Schadensersatz.[4]

---

1 Vgl. BGH, BauR 1995, 540, 541 f.; *Ingenstau/Korbion*, VOB/B, § 13 Rz. 625 zur „alten Rechtslage".
2 Höchstbetrag für Verträge, die der Inhaltskontrolle unterliegen, seit BGH, BGHZ 153, 311.
3 Vgl OLG Frankfurt, OLG-Rp Frankfurt 1996, 212.
4 BGH, NZBau 2000, 195; BGH, NJW 1998, 1493 f.

Hinweis:
Wohlgemerkt: Der Subunternehmer, gegen den dergleiche Forderungen geltend gemacht werden, kann sich mit allen **Einwendungen**, die einen Verzugsschadensersatzanspruch entgegenhalten werden können, verteidigen. Er kann vorbringen, dass die Verzögerung nicht schuldhaft von ihm zu vertreten sei und dass eine etwa doch bei seinem Gewerk eintretende Verspätung nicht kausal für die Versäumung des entscheidenden Termins beim Hauptauftraggeber war, aber das Damokles-Schwert, unter dem Gesichtspunkt des Verzugsschadensersatzes einen gewaltigen Betrag alleine deshalb bezahlen zu müssen, weil einer der Vorauftraggeber sich zur Zahlung einer hohen Vertragsstrafe wirksam verpflichtet hat, bleibt über unserem Sub-Subunternehmer hängen.

36 Mehr noch: Da es nicht völlig abwegig ist und auch nicht außerhalb jedweder Lebenserfahrung, dass die rechtzeitige Fertigstellung eines Bauvorhabens für den Hauptauftraggeber von ganz besonderer wirtschaftlicher Bedeutung ist (etwa weil von der rechtzeitigen Fertigstellung Fördermittel in Millionenhöhe abhängen oder weil bei nicht rechtzeitiger Fertigstellung Investoren oder Käufer abspringen), ist unter dem Gesichtspunkt der adäquaten Kausalität eine noch **weitergehende Haftung des Sub-Subunternehmers** durchaus denkbar, wenn und soweit der tatsächliche Schaden die Marke von 5 % des Bauvolumens überschreitet und/oder der Hauptauftraggeber und der Generalüber- oder -unternehmer in einer Individualvereinbarung wirksam eine höhere Vertragsstrafe vereinbart haben.

Zu der Frage, ob und wenn ja, wann der Auftraggeber Vereinbarungen z. B. über Nachlässe, die er seinem AG wegen schlechter Leistung des Subunternehmers gewährt, an den „Sub" durchstellen kann, s. OLG Brandenburg v. 14. 1. 2003.[1]

37 Fazit: Das Risiko des Subunternehmers, der für einen wahrscheinlich ziemlich schlechten Preis einen kleinen Teil der Gesamtbauleitung in einem komplexen Bauvorhaben erbringt und dies im Rahmen knapper Termine und womöglich schlechter Baustellenorganisation tun soll, für Beträge zu haften, die den gesamten Werklohn des betreffenden Auftrags um ein Vielfaches übersteigen, ist nicht zu vernachlässigen. Der Subunternehmer muss sich dessen bewusst sein und entsprechend handeln, d. h. den Auftrag nur übernehmen, wenn er sowohl in technischer als auch zeitlicher Hinsicht zu dessen Ausführung auskömmlich in der Lage ist und darüber hinaus die Leistungserbringung in technischer und zeitlicher Hinsicht von der Geschäftsleitung bzw. speziellen hierfür abgestellten kompetenten Mitarbeitern penibel überwacht wird. Es kann gar nicht genug davor gewarnt werden, solche Aufträge nach dem kölschen Motto „Et hätt noch immer jot jejange" („Es ist noch immer gut gegangen") anzugehen.

3. Vereinbarungen über Abschlagszahlungen

38 Eine Vereinbarung hierüber kann zwischen Auftraggeber und Auftragnehmer getroffen werden. Die Ausgestaltung hängt im Wesentlichen von dem durch den Subunternehmer auszuführenden Gewerk ab. Führt z. B. der Subunternehmer eine bestimmte Installations- oder Bodenverlegeleistung in einem gesamten Bauvorhaben durch, dann kann wie beim Hauptunternehmervertrag ein Zahlungs-

---
1 OLGReport Brandenburg 2004, 2 m. Anm. *Moufang*, BauRB 2004, 37.

plan vereinbart werden nach den einzelnen Bauabschnitten, mit denen der Subunternehmer fertig geworden ist, also beispielsweise: soundsoviel % nach Erbringung der Leistung im EG, soundsoviel % nach Erbringung der Leistung im OG usw. Ähnlich kann verfahren werden, wenn es andere, für jedermann leicht nachvollziehbare, „Landmarken" gibt, an die Abschlagszahlungen geknüpft werden können.

Solange dies nicht möglich ist, können die Parteien allgemein bestimmen, dass 39
der Subunternehmer berechtigt ist, bis zu 90 oder bis zu 95 % des gesamten Werklohnes in Abschlagsrechnungen nach Baufortschritt abzurechnen, wobei ein entsprechender Leistungsstand erreicht sein muss.

Eine andere Möglichkeit schließlich ist die Stellung von Abschlagsrechnungen in 40
einem bestimmten zeitlichen Takt ab Baubeginn, wobei allerdings hier auch festgelegt werden muss, dass ein entsprechender Leistungsstand erreicht sein muss, sonst droht in Verträgen, die der „Sub" stellt, Unwirksamkeit gemäß § 307 BGB wegen unzulässiger Abweichung vom gesetzlichen Leitbild des § 632 a BGB, vgl. Teil 11 IV 3 Rz. 101 ff.

IV. Sicherungsmöglichkeiten für den Subunternehmer

1. Bürgschaft nach § 648 a BGB und andere Bürgschaften

Nachdem die Sicherungshypothek des Bauhandwerkers als Sicherheit für den 41
Subunternehmer in aller Regel ausgeschlossen ist, weil der Auftraggeber des Subunternehmers nicht Grundstückseigentümer ist, verbleibt als wichtigste und darüber hinaus auch gesetzlich geregelte Form der Sicherheitsleistung die **Zahlungsbürgschaft gemäß § 648 a BGB**, von welcher Regelung nur zugunsten, nicht aber zulasten des Auftragnehmers abgewichen werden darf, und zwar unabhängig davon, ob die diesbezügliche Regelung als allgemeine Geschäftsbedingung anzusehen ist oder nicht.

Der Auftragnehmer kann stets Sicherheit für die **gesamte voraussichtliche Ver-** 42
gütung verlangen. Nach zutreffender Auffassung gilt dies auch für Leistungen, die der Auftragnehmer bereits erbracht, aber noch nicht bezahlt erhalten hat:[1] Der Auftragnehmer ist, wenn er schon vorgeleistet hat, ja wohl schutzbedürftiger, als wenn er noch gar nicht geleistet hat.

Dass der AN die Sicherheit nach § 648 a BGB auch nach Abnahme verlangen 43
kann, wurde zuerst von einigen Oberlandesgerichten[2] entschieden und dann auch vom BGH[3] bejaht. Solange der AN seine Leistung noch erbringen kann und will, darf er die Sicherheit nach § 648 a BGB zur Bedingung seiner weiteren Tätigkeit machen. Stellt sie der AG nicht, kann der AN (muss es aber nicht) eine Nachfrist setzen und nach erfolglosem Ablauf die vereinbarte Vergütung abzüglich des mangelbedingten Minderwertes abrechnen (s. Fn. 3).

---

1 OLG Karlsruhe, BauR 1996, 556; OLG Dresden, BauR 1999, 1314 ff.; *Vygen*, Bauvertragsrecht, Rz. 955; *Schulze-Hagen*, BauR 1999, 210 ff.
2 Vgl. OLG Dresden, BauR 1999, 1314 ff.; *Thierau*, NZBau 2000, 14 (16 f.); *Ullrich*, MDR 1999, 1233 ff.
3 BGH v. 22. 1. 2004 – VII ZR 183/02, VII ZR 267/02 u. VII ZR 68/03, n. v.

44 Soweit die Bonität des Auftraggebers nicht über jeden Zweifel erhaben ist (und der Fall Holzmann hat gezeigt, dass im Baugewerbe auch Großkonzerne nicht vor der Pleite geschützt sind), sollte der Subunternehmer auf der Leistung einer angemessenen Zahlungssicherheit bestehen. Er kann dies **nach Vertragsschluss** tun. Viele Subunternehmer haben Angst, die Sicherheitsleistung zu verlangen, weil sie sonst keinen Auftrag bekommen. Wenn sie den Auftrag nun aber schon einmal haben, dann ist es ihr gutes Recht, die Sicherheitsleistung zu verlangen. Dabei ist der Subunternehmer durchaus in der Lage, Zuckerbrot und Peitsche anzuwenden: „Zuckerbrot" besteht darin, dass der Subunternehmer seinem Auftraggeber gegenüber erklärt, er könne Sicherheit für den gesamten Werklohn verlangen, tue dies aber nur **für einen Teil des Werklohns** (der Teil sollte so groß sein, dass bei Zahlungsverweigerung des Auftraggebers jedenfalls die erbrachte Leistung abgesichert ist; dies ist nach dem Zeitplan und den vorgesehenen Abschlagszahlungen zu ermitteln). „Peitsche" besteht darin, dass er den Auftraggeber auf dessen Risiken hinweist, wenn er die Sicherheitsleistung ablehnt. Diese Risiken des Auftraggebers bestehen darin, dass der Auftragnehmer entweder sich nach §§ 648 a Abs. 5, 643 Satz 1 BGB vom Vertrag löst und dann die Ansprüche aus § 645 BGB geltend macht sowie den auf das negative Interesse gerichteten Schadensersatzanspruch nach § 648 a Abs. 5 Satz 2 BGB.

45 Die andere Möglichkeit besteht darin, dass der Subunternehmer von seinem **Recht auf Leistungsverweigerung** gemäß § 648 a Abs. 1 Satz 1 BGB Gebrauch macht und damit den Auftraggeber vor die Wahl stellt, entweder doch die verlangte Sicherheit zu leisten oder aber einen anderen mit der Erbringung der betreffenden Bauleistung zu beauftragen, was aber wiederum im Verhältnis zum ersten Auftragnehmer als Kündigung mit den Konsequenzen des § 649 Abs. 1 BGB bzw. § 8 Nr. 1 VOB/B anzusehen ist (vgl. die Ausführungen hierzu in Teil 11 IV 4. b [Rz. 126 ff.]). Dort ist auch die Frage behandelt, wie zu reagieren ist, wenn der Auftraggeber erklärt, er könne die zusätzliche Sicherheit nicht leisten, seine Bank mache da nicht mit).

2. Sicherungsabtretung der Werklohnansprüche des Zwischenauftraggebers

46 Eine Sicherungsmöglichkeit, die dem Zwischenauftraggeber nicht wehtut, ist die sicherungshalber erfolgende Abtretung der Werklohnansprüche, die dem Zwischenauftraggeber gegenüber seinem Auftraggeber zustehen. Allerdings nützt die **bloße Abtretung** dem Subunternehmer in der Regel nicht sehr viel.

47 Die Abtretung der Werklohnansprüche des Zwischenauftraggebers an den Subunternehmer kann aus einer Reihe von Gründen heraus **ins Leere gehen**:
▷ Die Abtretung der Werklohnansprüche des Zwischenauftraggebers kann in dessen Vertrag mit seinem Auftraggeber **wirksam ausgeschlossen** oder jedenfalls von der Zustimmung des Auftraggebers des Zwischenauftraggebers abhängig gemacht worden sein;[1] beachte aber § 354 a HGB.

---

[1] Derlei ist auch im AGB-Vertrag nicht schlechthin unzulässig; vgl. BGH, BB 2000, 220.

▷ Der Auftraggeber des Zwischenauftraggebers kann berechtigt sein, die Zahlung des Werklohns im Rahmen dieses Vertragsverhältnisses **wegen Mängeln der Leistung** des Zwischenauftraggebers, die nicht in der Leistung des Subunternehmers begründet sind, zu verweigern. Wenn der Zwischenauftraggeber mehrere Gewerke zu erledigen hat und der Subunternehmer nur eines hiervon ausführt, dann kann ein anderes Gewerk erhebliche Mängel aufweisen und aus diesem Grund kann wiederum die Zahlung des dem Zwischenauftraggeber zustehenden Werklohnes zurecht verweigert werden. 48

▷ Der Werklohnanspruch des Zwischenauftraggebers kann durch **Aufrechnung** mit evtl. ganz anderen Ansprüchen von dessen Auftraggeber zum Erlöschen gebracht werden. Diese Aufrechnung muss sich der Subunternehmer im Rahmen des § 406 BGB entgegenhalten lassen. 49

▷ Meistens ist jedoch die Geltendmachung von abgetretenen Bauwerklohnansprüchen schon deshalb zum Scheitern verurteilt und wird deshalb auch zu Recht unterlassen, weil dem Zessionar die **erforderlichen Unterlagen** und Nachweise, die er für eine schlüssige **Darlegung** des abgetretenen Anspruchs benötigt, **nicht zur Verfügung stehen**. Um diesen abgetretenen Anspruch mit Aussicht auf Erfolg geltend machen zu können, benötigt er von seinem Zwischenauftraggeber alle relevanten Unterlagen als da wären: Der Vertrag; das Angebot und alle Unterlagen, die für die Leistungsbestimmung maßgeblich sind; die gestellten Abschlagsrechnungen; Information über die erhaltenen Abschlagszahlungen; eine prüffähige Schlussrechnung oder aber wenigstens die Unterlagen, die erforderlich sind, um eine prüffähige Schlussrechnung des Zwischenauftraggebers erstellen zu können. Will der Subunternehmer sich die Chance offen halten, im Fall des Falles die Sicherungsabtretung mit Aussicht auf Erfolg geltend zu machen, dann müssen der Subunternehmer und sein Vertragspartner vereinbaren und nicht nur vereinbaren, sondern auch durchführen, dass der Auftraggeber dem Subunternehmer sämtliche genannten relevanten Unterlagen jeweils unverzüglich nach deren Vorliegen zumindest **in Kopie überlässt**. Dazu gehören auch Zwischenaufmaße und Zwischenabnahmeprotokolle. Ist der Zwischenauftraggeber und Zedent erst einmal in die Insolvenz gefallen, ist es meistens zu spät, diese Unterlagen zu verlangen, da eine typische Begleiterscheinung der Insolvenz eine Unordnung in den Unterlagen und in der Buchhaltung des „Konkursanten" (um einmal den österreichischen Ausdruck zu verwenden) ist. 50

Hinweis:
Fazit: Eine Vereinbarung, die sich auf eine bloße (Sicherungs-)Zession beschränkt, stellt aller Voraussicht nach kein geeignetes Sicherungsmittel dar.

3. Zahlung an Dritte gemäß § 16 Nr. 6 VOB/B

Hier handelt es sich eigentlich nicht um eine Sicherheit. § 16 Nr. 6 VOB/B wurde allerdings schon im Hinblick auf die sehr wohl gesehene Situation, dass Subunternehmer oft leer ausgehen, und zwar auch dann, wenn der Hauptauftraggeber ordnungsgemäß bezahlt, geschaffen.[1] 51

---
[1] Vgl. *Ingenstau/Korbion*, 15. Aufl., VOB/B, § 16 Nr. 6 Rz. 2.

52 § 16 Nr. 6 VOB/B richtet sich gleichwohl nicht nur oder vielleicht einmal gar nicht so sehr an den Subunternehmer als an den Hauptauftraggeber: Diesem soll die Möglichkeit gegeben werden, ein Stocken der Baumaßnahme zu vermeiden, indem er die **unberechtigte Zahlungsverweigerung seines Auftragnehmers** überbrückt und direkt an die Subunternehmer, die mit Leistungseinstellung drohen, bezahlt.[1]

53 Letztlich stellt sich diese Bestimmung leider sowohl für den Auftraggeber als auch für den Auftragnehmer des möglicherweise vertragsuntreuen Zwischenauftragnehmers als **stumpfe Waffe** dar, und zwar aus folgenden Gründen:

▷ Für den Fall, dass die **VOB/B nicht „als Ganzes"** vereinbart worden sein soll, was nach BGH[2] schon der Fall sein soll, wenn irgendein Eingriff in die VOB/B erfolgt ist – nicht notwendig in den „Kernbereich", wird auch die Bestimmung des § 16 Nr. 6 VOB/B als unwirksam gemäß § 9 AGBG (jetzt § 307 BGB) angesehen.[3]

54 ▷ Insbesondere und spätestens dann, wenn der angeblich vertragsuntreue Haupt- oder Zwischenauftragnehmer sich gegen die Zahlung an seinen Subunternehmer irgendwie sträubt, kann man als Rechtsberater auf die Frage des Auftraggebers, was er denn angesichts der Anforderung des Subunternehmers nach § 16 Nr. 6 VOB/B tun soll, nur antworten: Zahle an deinen Vertragspartner. Mit dieser Zahlung ist keinerlei Risiko verbunden, sofern der Anspruch besteht. Wird auf die Anforderung des Subunternehmers Zahlung an diesen geleistet, ist ein **Risiko des zahlenden Hauptauftraggebers** nicht zu verneinen. Möglicherweise hat ja im Verhältnis zwischen Hauptauftraggeber und Subunternehmer der erstere dem letzteren die Zahlung zurecht verweigert, jedenfalls zu diesem Zeitpunkt und in dieser Höhe.

Hinweis:
Da der Rechtsberater gehalten ist, für seinen Auftraggeber immer den sichersten Weg aufzuzeigen[4], kann der Rechtsberater hier nur Zahlung an den Vertragspartner und Ignorierung der Anforderung nach § 16 Nr. 6 VOB/B empfehlen. Erst recht gilt dies, wenn gegen den Auftragnehmer ein **Veräußerungsverbot** erlassen worden ist.[5]

55 ▷ Wird doch an den „Sub" bezahlt, dann kann im Falle der Eröffnung des Insolvenzverfahrens der Verwalter des in die Insolvenz gefallenen Hauptauftraggebers die Zahlung wegen **inkongruenter Deckung** zurückverlangen.[6]

56 ▷ Eine **Direktzahlung** ist unter Umständen aber dann empfehlenswert, wenn auf Grund der Nichtzahlung an den Subunternehmer **Leistungseinstellung** durch diesen droht oder schon erfolgt ist und dadurch ein erheblicher Schaden

---

1 Vgl. Ingenstau/Korbion, 15. Aufl., VOB/B, § 16 Nr. 6 Rz. 3.
2 V. 22. 1. 2004 – VII ZR 419/02, n. v.
3 Vgl. BGH, BauR 1990, 727, 728 f.
4 Ständige Rechtsprechung, die jedem Anwalt bestens bekannt sein sollte; vgl. nur BGH, NJW 1995, 51, 52 f.
5 BGH, NJW 1999, 2969 f.
6 Brauns, BauR 2003, 301, 309 ff.

droht, der möglicherweise wiederum nicht vom Hauptauftragnehmer beigetrieben werden kann und/oder

▷ der Subunternehmer, der die Anforderung nach § 16 Nr. 6 VOB/B gemacht hat, 57
bereit ist, geeignete **Sicherheiten** für den Hauptauftraggeber zu stellen, etwa in Form von Bankbürgschaften.

Überhaupt kann es auch außerhalb eines VOB-Vertrages sinnvoll sein, wenn sich 58
der Subunternehmer, der kein Geld erhält, an den Hauptauftraggeber wendet. Allermindestens kann der Hauptauftraggeber eine **Besprechung** unter Teilnahme sowohl des Hauptauftragnehmers als auch des Subunternehmers einberufen und dort versuchen, eine von allen drei Beteiligten mitgetragene Regelung zu finden, die die **Weiterführung des Bauvorhabens** einerseits und die **Sicherstellung des Subunternehmers** andererseits zum Ergebnis hat. Hier sind der Kreativität der Beteiligten keine Grenzen gesetzt. In Betracht kommt z. B., dass sich die Parteien den Ergebnissen eines Schiedsgutachtens zur Frage, wem wie viel Werklohn zusteht, unterwerfen oder auch der Entscheidung eines ad hoc vereinbarten Schiedsgerichtes. In Betracht kommt natürlich die Stellung von wechselseitigen Sicherheiten, auch wenn diese nicht in den ursprünglichen Verträgen vereinbart worden sind; bei Letzterem kann es jedoch bei Insolvenz eines Beteiligten zur Anfechtung kommen.

Hinweis:
Sollte der Hauptauftraggeber meinen, die Angelegenheit durch allgemeine Erklärungen wie „die Vergütung aller Subunternehmer ist gesichert" bereinigen zu können und damit die Beteiligten zum Weiterbau veranlassen zu können, dann muss er auf die sich aus derlei Erklärungen folgenden Haftungsrisiken gegenüber allen, die diese Erklärung hören und auf sie vertrauen und entsprechende Entscheidungen treffen, hingewiesen werden.[1]

Daneben sollte der Auftragnehmer unbedingt auch an das in einer relativ ungünstigen Situation in jedem Fall noch gegebene „Sicherungsmittel", nämlich die 59
Verweigerung weiterer Leistungen gemäß § 320 BGB, denken. Auch dies sollte jedoch nicht stur, schematisch und ohne Augenmaß durchgeführt werden: Ist z. B. ein Pauschalvertrag abgeschlossen und sind nur noch geringfügige Restleistungen, die dem Subunternehmer nur noch geringe Kosten verursachen, auszuführen, dann kann es u. U. sinnvoll sein, diese geringfügigen Restleistungen auch im Hinblick auf bestehende Außenstände noch auszuführen, damit dann der Subunternehmer ganz normal auf der Basis des vollständig erfüllten Pauschalvertrags abrechnen kann und nicht einen riesigen Aufwand eingehen muss, um nach den Anforderungen der Rechtsprechung den nicht vollständig erfüllten Pauschalvertrag abrechnen zu müssen mit dem weiteren Risiko, dass eine spätere Klage wegen nicht prüfbarer Schlussrechnung abgewiesen wird.

4. Gesetz über die Sicherung von Bauforderungen

Das Gesetz über die Sicherung von Bauforderungen (GSB) aus dem Jahre 1909 hat 60
eine wahre Renaissance erlebt, die den zahlreichen **Baukonkursen** zu verdanken

---
1 Vgl. hierzu noch einmal die Rechtsprechung zum Konsul-Fall, BGH, DB 1985, 1464.

ist sowie dem Umstand, dass mit ihren **Forderungen gegen juristische Personen** (meist GmbHs) ausgefallene Bauauftragnehmer oder vielmehr deren Anwälte in ihrer Verzweiflung, wie ein Ertrinkender nach dem Strohhalm, nach jeder Möglichkeit greifen, die vielleicht doch zumindest den Totalausfall mit einer erheblichen Werklohnforderung (für deren Entstehen der Forderungsinhaber Material und Personal bereits bezahlt hat) verhindern hilft. Der **Subunternehmer** ist **Baugläubiger** i. S. § 1 Abs. 1 GSB, wenn und weil er an der Herstellung des Baues beteiligt ist.[1]

61 Das GSB ist insgesamt nie richtig aus den Startlöchern gekommen, weil der damalige wie auch sämtliche späteren Gesetzgeber die Verordnung, derer es bedurft hätte, um das GSB insgesamt mit Leben zu erfüllen, nie erlassen hat. Der **2. Teil des GSB**, der sich mit einer besonderen dinglichen Sicherung befasste, ist **nie in Kraft getreten**.[2] Sehrwohl in Kraft getreten und bis heute wirksam ist dagegen **Teil 1**, und dort regelt u. a. die Vorschrift des § 1 GSB, dass die **zweckwidrige Verwendung von Baugeld** zu unterlassen ist. Nach der ganz herrschenden Rechtsprechung[3] stellt § 1 GSB ein Schutzgesetz dar, so dass Verstöße hiergegen zu einer unerlaubten Handlung nach § 823 Abs. 2 BGB führen mit der Folge, dass der Täter dieser unerlaubten Handlung haftet. Der Sinn der Übung besteht also darin, über die Vorschrift des § 1 GSB zu einer persönlichen Haftung des oder der gesetzlichen Vertreter z. B. einer GmbH oder anderer Täter zu gelangen.

62 Die **Klage gegen** den oder die **Geschäftsführer** der insolvent gewordenen GmbH macht zunächst einmal nur Sinn, wenn einigermaßen begründete Hoffnung darauf besteht, dass die Beklagten wenigstens in der Lage sein werden, die eingeklagte Forderung ganz oder jedenfalls teilweise zu begleichen. Prima facie ist nichts weniger sicher als das: Generell lässt sich sagen, dass die „anständigen" Gesellschafter-Geschäftsführer insolvent gewordener GmbHs oft für Bankkredite an die Gesellschaft ihr (gesamtes) Privatvermögen, welches in der Regel in Immobilien und/oder Lebensversicherung besteht, belastet haben und somit im Fall des Zusammenbruchs der GmbH selbst insolvent, jedenfalls aber weitgehend vermögenslos sind. Bei den weniger „anständigen" Geschäftsführern muss man zumindest befürchten, das diese auch für die Eventualität der persönlichen Inanspruchnahme vorgesorgt haben und sich rechtzeitig, wie es so schön heißt, „pfandlos" gestellt haben. Dies soll nicht bedeuten, bei Vorliegen der rechtlichen Voraussetzungen auf ein Vorgehen gegen den oder die Geschäftsführer prinzipiell zu verzichten, es soll aber zur Vorsicht und zu eventueller Recherchearbeit über die **Vermögensverhältnisse** der ins Auge gefassten Personen ermutigen.

Hinweis:

Unter Umständen kommt natürlich gegen Geschäftsführer, die im Zuge der Insolvenz ihrer Firma ihr persönliches Vermögen noch zu „retten" beabsichtigen, auch die Einleitung eines Arrestverfahrens in Betracht.

63 **Baugeld im Sinne des § 1 Abs. 3 GSB** ist dann gegeben, wenn das zur Bezahlung eines Bauvorhabens notwendige **Geld aus einem Darlehen** stammt, welches

---

1 BGH, BauR 1989, 758, 761.
2 Vgl. *Maritz*, BauR 1990, 401, 401.
3 Vgl. nur BGH, BauR 1990, 108, 109; BGH, BauR 1991, 237, 237.

durch Grundschuld oder Hypothek an eben dem Baugrundstück grundbuchlich gesichert ist. Dabei ist es für die Baugeldeigenschaft schädlich, wenn zwar ein Darlehen nach grundbuchlicher Sicherung in der beschriebenen Art ausgereicht wurde, jedoch die ausgereichten Mittel nach dem Willen der finanzierenden Bank einerseits und des Bauherrn andererseits nicht nur für die Bezahlung der Bauleistungen zur Verfügung gestellt werden, sondern auch für andere Zwecke.[1] Öffentliche Fördermittel sind kein Baugeld.[2]

Den **Nachweis**, dass überhaupt ein grundbuchlich gesichertes Darlehen zur Verfügung gestellt wurde, kann der Kläger relativ einfach führen, indem er einen entsprechenden **Grundbuchauszug** mit der entsprechenden Eintragung einer Grundschuld vorlegt. Nicht ganz so einfach ist es, den Zweck, den die im Zuge der Valutierung der Grundschuld ausgezahlten Mittel nach dem Willen der Parteien des Kreditvertrags dienen sollten, zu beweisen. Hier kann der Kläger Mitarbeiter der Bank (hier kann es aber Probleme mit der Aussagegenehmigung geben) und/oder, wenn z. B. der Hauptauftraggeber gar nicht Beklagter ist, des Hauptauftraggebers als Zeugen benennen. Wenn die Baugeldeigenschaft einmal gegeben ist, nämlich im Moment der Auszahlung der Mittel an den Hauptauftraggeber, dann wird diese Eigenschaft an die weiteren Vertragsparteien sozusagen durchgereicht, d. h.: Wenn der Generalunternehmer vom Auftraggeber ordnungsgemäß mit Baugeld bezahlt wird, dann wird der Generalunternehmer Baugeldempfänger und ist verpflichtet, das Baugeld zweckentsprechend zu verwenden.[3]

64

Das am schwierigsten zu beweisende Tatbestandsmerkmal, ist der Umstand, dass das Baugeld **vorsätzlich zweckentfremdet wurde** (§ 5 GSB i. V. m. § 15 StGB). Bei der Zweckentfremdung gibt es keine Probleme, wenn der Kläger nachweisen kann, dass sein Auftraggeber mit dem Baugeld ordnungsgemäß und, soweit die Forderung berechtigt war, vollständig bezahlt worden ist und diese Mittel ganz offensichtlich ja nicht an den Kläger weitergereicht worden sind. Vorhanden sind sie auch nicht mehr, sonst hätte ja der betreffende Vertragspartner nicht das Insolvenzverfahren einleiten müssen oder wäre nicht in Vermögensverfall geraten. Das Geld ist also verschwunden und damit offensichtlich für andere Zwecke verwendet worden. Diese Zweckentfremdung muss jedoch durch den oder die Geschäftsführer (und womöglich auch andere Handelnde des Zwischenauftraggebers, z. B. einen Prokuristen) vorsätzlich durchgeführt worden sein, wobei allerdings Eventualvorsatz genügt. Bloße fahrlässige Zweckentfremdung reicht jedenfalls nicht aus. Es genügt bereits, wenn die Betreffenden es für möglich halten, dass sie mit Baugeld hantieren,[4] und davon muss heute ausgegangen werden, denn fast alle Bauvorhaben werden (z. T.) fremd finanziert. Auch hier lässt sich der **Beweis** wohl letztendlich nur **durch Zeugen** führen. In Betracht kommen wieder Bankmitarbeiter, Mitarbeiter am Bau beteiligter Firmen oder Mitarbeiter des Hauptauftraggebers, der den Zwischenauftraggeber ordnungsgemäß bezahlt hat.

65

Sofern bei der Ausführung des Bauvorhabens die Zahlungsmoral des unmittelbaren Auftraggebers sich bereits als problematisch erweist oder der Auftragneh-

66

---
1 Vgl. BGH, BauR 1989, 230, 231.
2 BGH, NJW-RR 2000, 1261.
3 Zu dieser „Durchreichung" der Baugeldeigenschaft vgl. BGH, BauR 1990, 244, 244.
4 BGH, BauR 1989, 758, 762.

mer Probleme befürchtet, kann er sich spätestens zu diesem Zeitpunkt Informationen beschaffen, z. B. eben einen Grundbuchauszug betreffend das Baugrundstück und den unmittelbaren Auftraggeber dann darauf hinweisen, dass er auf Grund der Tatsache, dass die für die Finanzierung des Bauvorhabens zur Verfügung stehenden Mittel ursprünglich aus einem grundbuchlich gesicherten Darlehen stammen, mit Baugeld umgeht und deshalb verpflichtet ist, soweit er solches Baugeld durch Zahlung von seinem Auftraggeber erhält, dieses Baugeld zunächst einmal zur Bezahlung der berechtigten Forderungen der Subunternehmer zu verwenden. Vielleicht führt ein solcher **Hinweis zur rechten Zeit** noch dazu, dass sich der eine oder andere Geschäftsführer, Prokurist oder leitende Mitarbeiter einer als Zwischenauftraggeber tätigen Baufirma eines Besseren besinnt. Auch ist die **Beweislast** des Klägers durch die Entscheidung des BGH vom 13. 12. 2001[1] **sehr erleichtert** worden: Danach müssen in der Baubranche Tätige damit rechnen, dass das Bauvorhaben unter Besicherung am Grundstück fremdfinanziert ist; dies reicht für Eventualvorsatz aus.

67 Eine **Klageschrift**, mit der ein mit seinem Werklohn ausgefallener Subunternehmer den Geschäftsführer des Hauptunternehmers persönlich in Anspruch nimmt, könnte wie folgt aussehen:

An das Landgericht . . . .
Zivilkammer

Klage

in Sachen

K. M., Inhaber des Fliesenlegerbetriebes (Niederlassung) . . . .

– Kläger –

Prozessbevollmächtigte:

gegen

H. K., (Niederlassung) . . . .

– Beklagter –

wegen Forderung

wird hiermit unter Einzahlung eines Gerichtskostenvorschusses von . . . . Euro Klage zum Landgericht . . . . – Zivilkammer – erhoben, vor der

beantragt

wird:

I. Der Beklagte wird verurteilt, an den Kläger 23 425,20 Euro nebst 8 % Zinsen über dem EZB-Basiszinssatz hieraus seit . . . . zu bezahlen.

II. Der Beklagte trägt die Kosten des Rechtsstreits.

III. Das Urteil ist, notfalls gegen Sicherheitsleistung, vorläufig vollstreckbar.

---

[1] IBR 2002, 127.

Für den Fall der Anordnung des schriftlichen Vorverfahrens werden bereits jetzt die Anträge gemäß § 331 Abs. 3 Satz 1 und § 307 Abs. 2 ZPO gestellt.

Begründung:

1. Verfahrensgegenstand:

Der Beklagte war vom .... bis .... alleiniger und allein vertretungsberechtigter Geschäftsführer der Firma G.-GmbH mit Sitz in M. Die letzte Geschäftsadresse lautete: ....

Der Kläger ist Inhaber eines Fliesenlegerbetriebes und hat als Subunternehmer der Firma G.-GmbH bei dem Bauvorhaben XY-Straße in M. Fliesenlegerarbeiten vertragsgemäß ausgeführt, hat aber infolge Insolvenz des Auftraggebers G.-GmbH Restwerklohn in Höhe von 23 425,20 Euro nicht erhalten.

Der Kläger nimmt den Beklagten persönlich wegen unerlaubter Handlung, und zwar auf der Basis der Anspruchsgrundlage des § 823 Abs. 2 BGB in Verbindung mit § 1 GSB in Anspruch.

Das angesprochene Bauvorhaben wurde von einer Bauträgerfirma S.-GmbH durchgeführt, die für die Finanzierung dieses Bauvorhabens Bankkredit in Anspruch genommen hat, der wiederum durch eine Grundschuld an dem Baugrundstück besichert war.

Die Firma S.-GmbH hat auch sämtliche Werklohnansprüche der Firma G.-GmbH erfüllt.

Diese Firma, deren Geschäftsführer der Beklagte während der Dauer des Bauvorhabens (welches am .... abgeschlossen und insgesamt abgenommen wurde) war, hat diese Mittel nicht an Subunternehmerfirmen, darunter auch nicht an die Firma des Kläger weitergeleitet (Zweckentfremdung von Baugeld).

Im Einzelnen:

2. Sachverhalt:

a) Der Werklohnanspruch des Klägers gegen die Firma G.-GmbH:

Die Firma G.-GmbH hat ausweislich des hiermit als

Anlage K 1

in beglaubigter Fotokopie vorgelegten VOB-Bauvertrags die klägerische Firma beauftragt, bei dem Bauvorhaben .... die Fliesenlegerarbeiten durchzuführen. Es handelt sich um einen Einheitspreisvertrag.

Die Klagepartei hat die ihr übertragenen Fliesenlegerarbeiten vollständig ausgeführt; die Arbeiten wurden ausweislich Abnahmeprotokoll

Anlage K 2

am .... abgenommen. Die im Protokoll verzeichneten geringfügigen Mängel sind unverzüglich beseitigt worden. Unter dem .... hat die Klagepartei gegenüber der G.-GmbH Schlussrechnung gestellt. Diese Schlussrechnung wird hiermit als

Anlage K 3

vorgelegt.

Sie entspricht voll und ganz den Anforderungen des § 14 Nr. 1 VOB/B. Insbesondere sind die dort aufgeführten einzelnen Leistungen übersichtlich und in der Reihenfolge und unter Einordnung dem Vertrag bzw. dem Angebot entsprechend aufgeführt, wobei Zusatzleistungen ausdrücklich als solche ausgewiesen sind.

Die erforderlichen Aufmaße und Zeichnungen sind der Schlussrechnung beigefügt. Die Firma G.-GmbH hat diese Schlussrechnung auch geprüft und einen Gesamtwerklohn von .... Euro netto = ... Euro brutto festgestellt, wie sich dem hiermit als

Anlage K 4

beigefügten Rechnungsrücklauf entnehmen lässt.

Die Rechnungsprüfung der Firma G.-GmbH enthält allerdings ungerechtfertigte Abzüge:

So wurde zu Unrecht von dem Gesamtwerklohn ein Skonto von 3 % abgezogen, obwohl keine einzige Abschlagsrechnung innerhalb der Skontierungsfrist bezahlt worden war.

Weiterhin wurde ein Sicherheitseinbehalt von 5 % in Abzug gebracht, obwohl eine wirksame Vereinbarung über einen Sicherheitseinbehalt nicht vorliegt, da der von der Firma G.-GmbH gestellte Vertrag, der auch gegenüber den anderen bei dem Vorhaben .... tätigen Subunternehmern Anwendung fand, lediglich einen durch Bürgschaft auf erstes Anfordern ablösbaren Sicherheitseinbehalt von 5 % auf die Dauer von 6 Jahren vorgesehen hatte.

Zählt man diese unberechtigten Abzüge wieder hinzu, dann gelangt man zu einer Gesamtwerklohnforderung in Höhe von .... Euro.

Hierauf hat die Firma G.-GmbH an Abschlagszahlungen geleistet .... Euro, so dass die mit der Klage geltend gemachten 23 425,20 Euro verbleiben.

Weder der im Rechnungsrücklauf festgestellte Restforderungsbetrag noch der tatsächliche, hier berechnete Restforderungbetrag sind jedoch bezahlt worden:

Am .... wurde über das Vermögen der Firma G.-GmbH ein Insolvenzantrag gestellt.

Die Eröffnung des Insolvenzverfahrens ist am .... ausweislich des hiermit als

Anlage K 5

vorgelegten Beschlusses des AG .... mangels Masse abgelehnt worden.

b) Die Voraussetzungen des § 1 GSB:

Als

Anlage K 6

wird hiermit vorgelegt Grundbuchauszug des Baugrundstücks.

Dieses ist in Abteilung III u. a. belastet mit einer Buchgrundschuld in Höhe von 1 Mio. Euro zugunsten der Sparkasse ....

Diese Buchgrundschuld dient ausschließlich der Besicherung eines Kredits, den die Sparkasse .... an die Firma S.-GmbH zum Zwecke der Finanzierung der Sanierungsarbeiten an dem Objekt .... ausgereicht hat.

Beweis: Frau B. G., Vorstandsmitglied der Sparkasse ....,
  zu laden über diese;

  Herr H. P., ehemaliger Mitarbeiter der Firma S.-GmbH,
  zu laden über folgende Adresse:

  ....

  ....;

  als Zeugen.

Die Firma G.-GmbH machte gegenüber dem Bauträger S.-GmbH aus dem Generalunternehmervertrag einschließlich Nachträgen Werklohnforderungen in Höhe von 945 000 Euro geltend.

Diese gesamte Werklohnforderung aus dem Bauvorhaben ist durch den Bauträger S.-GmbH mit Ausnahme einiger geringfügiger, berechtigter Abzüge (z. B. Skontoabzüge und geringfügige Minderungen) vollständig bezahlt worden.

Beweis: wie vor.

Die Zahlungen, die die Firma G.-GmbH für Ihre Leistungen (eigentlich die Leistung der Subunternehmer) bei diesem Bauvorhaben erhalten hat, sind Baugeld im Sinne von § 1 Abs. 3 GSB. Sie hätten ausgereicht, um die für die G.-GmbH tätigen Subunternehmer vollständig zu bezahlen.

Mit diesem Baugeld hätte die Firma G.-GmbH zunächst einmal die berechtigten Ansprüche der bei diesem Bauvorhaben tätigen Handwerker und Subunternehmer befriedigen müssen; dies geschah offensichtlich nicht, so dass Baugeld zweckentfremdet wurde.

Verantwortlich hierfür ist als damals einziger Geschäftsführer der Beklagte. Dieser hat auch zumindest bedingt vorsätzlich gehandelt, denn er wusste, dass er mit Mitteln bezahlt wurde, für die an dem Baugrundstück eine dingliche Sicherheit in Gestalt einer Buchgrundschuld bestellt worden war.

Zunächst muss man heute in aller Regel davon ausgehen, dass Bauvorhaben durch solche grundbuchgesicherten Darlehen finanziert werden (vgl. BGH vom 13. 12. 2001 – VII ZR 305/99, IBR 2002, 127), so dass der Geschäftsführer eines Unternehmens, welches als Generalunternehmer bei einem Bauvorhaben tätig ist, immer damit rechnen muss, dass die Zahlungsmittel, die er von seinem Auftraggeber erhält, Baugeld sind.

Leitet er diese Mittel nicht oder nicht vollständig an die zu bezahlenden Subunternehmer weiter, dann handelt er stets mit Eventualvorsatz.

In diesem konkreten Fall wurde der Beklagte bereits am. . ., als es erstmals zu Zahlungsschwierigkeiten im Zusammenhang mit der Dritten Abschlagsrechnung der Klagepartei (und wohl auch hinsichtlich anderer Abschlagsrechnungen) kam, darauf hingewiesen, dass die Firma S.-GmbH diese Bauvorhaben mit grundschuldfinanzierten Darlehen bezahlt und die Nichtweiterleitung dieser Mittel an die beteiligten Subunternehmer einen Verstoß gegen § 1 GSB darstellt.

Beweis: Rechtsanwalt H. M.,

zu laden über die Kanzlei . . . . ;

als Zeuge.

Rechtsanwalt M. war für die Klagepartei bei einem Krisengespräch in den Räumen der Firma G.-GmbH anwesend. Gegenstand dieses Krisengespräches waren die aufseiten der G.-GmbH eingetretenen Zahlungsschwierigkeiten und die Forderungen der beteiligten Handwerker, unverzüglich ihre offenen Rechnungen bezahlt erhalten zu bekommen.

Insgesamt sind also alle Voraussetzungen für eine persönliche Haftung des Beklagten auf der Grundlage der zitierten Vorschriften des § 823 Abs. 2 i. V. m. § 1 GSB gegeben:

▷ Die Firma G.-GmbH, deren Geschäftsführer der Beklagte war, hat Baugeld erhalten;

▷ dieses Baugeld ist mindestens mit Eventualvorsatz zweckentfremdet worden.

Es muss davon ausgegangen werden, dass die Firma G.-GmbH, geleitet von ihrem Geschäftsführer, den Beklagten, mit dem für das Bauvorhaben . . . . erhaltenen Mitteln jedenfalls zum Teil noch ältere, bereits titulierte Forderungen anderer Handwerker aus anderen Bauvorhaben bedient hat.

Dies stellt jedoch keine gerechtfertigte, zwecksentsprechende Verwendung von Baugeld dar.

3. Zu den Zinsen: . . . .

V. Das Verhältnis des Subunternehmers zu anderen (Sub-)Unternehmern

1. Mit dem Gefahrübergang verbundene Probleme – Beschädigungen des Werks des Subunternehmers vor Abnahme

68 Mehr als jeder andere Unternehmer ist der Subunternehmer in ein **komplexes Zusammenspiel** verschiedenster Beteiligter mit unterschiedlichen Vertragsverhältnissen und -partnern eingebunden. Daraus resultieren mannigfaltige Proble-

me. Eines davon ist die Situation, dass andere am Bau beteiligte Unternehmer das noch nicht abgenommene Werk des Subunternehmers beschädigen. Wir haben es hier also mit einer **zufälligen Verschlechterung** oder einem zufälligen Untergang der bereits teilweise hergestellten, nicht abgenommenen Bauleistung zu tun, die weder vom Auftragnehmer noch vom Auftraggeber zu vertreten ist.

Nach § 644 Abs. 1 Satz 1 BGB ist der Fall klar: Der Subunternehmer muss die bereits teilweise erbrachte Leistung kostenlos noch einmal erbringen. Sofern die Vertragsparteien die VOB/B vereinbart haben, gilt, das ergibt sich ausdrücklich aus § 12 Nr. 6, die gleiche Regelung, wie sie auch das BGB vorsieht, mit dem Ergebnis, dass der **(Sub-)Unternehmer** die **Leistungsgefahr** trägt, sofern sich der Auftraggeber **nicht in Abnahmeverzug** befunden hat bzw. sofern nicht die Verschlechterung oder der Untergang der Teilleistung auf einen vom Auftraggeber gelieferten Stoff zurückzuführen ist. 69

Allerdings sieht die VOB/B in § 7 eine **Ausnahme** zu der gesetzlichen Regelung für Extremfälle vor, nämlich für Fälle höherer Gewalt, Krieg und Aufruhr und, so wörtlich, „andere unabwendbare vom Auftragnehmer **nicht zu vertretende Umstände**". Dass bei der hier angenommenen Konstellation weder höhere Gewalt noch Krieg noch Aufruhr vorliegen, liegt auf der Hand. Wie verhält es sich mit der vierten Variante, nämlich den unabwendbaren vom Auftragnehmer nicht zu vertretenden Umständen? Der entscheidende Begriff ist der der „Unabwendbarkeit". Die hier diskutierte vierte Alternative ist dem Begriff der höheren Gewalt angenähert, dies ergibt sich schon aus der Rechtsprechung zu Fällen, bei denen mehr oder weniger außergewöhnliche Wetterlagen bereits hergestellte Bauteilleistungen zerstört haben.[1] 70

„Unabwendbare Umstände" sind solche, die oder deren Auswirkung trotz Anwendung wirtschaftlich erträglicher Mittel durch die äußerste nach der Sachlage zu erwartende Sorgfalt nicht verhütbar oder in ihren Wirkungen nicht auf ein erträgliches Maß unschädlich zu machen sind.[2] Dies bedeutet, dass bei der hier gegebenen Fallkonstellation auch die wirksame Vereinbarung der VOB/B einschließlich von deren § 7 dem betroffenen Subunternehmer nicht hilft. Dies gilt umso mehr nach dem sog. „Schürmannbau-I.-Urteil" des BGH[3] und der hiervon inspirierten Änderung des § 7 VOB/B in der VOB 2000: In der VOB/B heißt es nunmehr, dass die Unvorhersehbarkeit und Unabwendbarkeit **objektiv** gegeben sein muss.[4] 71

Schließlich hilft auch § 645 Abs. 1 BGB, der auch bei dem VOB-Vertrag mindestens entsprechend anzuwenden ist, nicht weiter, denn alleine der Umstand, dass ein Auftraggeber mehrere Unternehmer beauftragt oder es zumindest zulässt, dass sich mehrere Unternehmer eine Leistung teilen (z. B. eben Hauptunternehmer und Subunternehmer), erfüllt noch nicht einen der Tatbestände des § 645 Abs. 1 BGB.[5] Es bleibt also im Verhältnis zum Auftraggeber bei dem Ergebnis, 72

---
1 Vgl. OLG Köln, VersR 1973, 43; OLG Düsseldorf, NJW-RR 1992, 1440ff.
2 BGH, BauR 1991, 331, 335.
3 BGH, BGHZ, 136, 303 = BGH, BauR 1997, 1019.
4 Vgl. hierzu auch *Ingenstau/Korbion*, VOB-Kommentar, 14. Aufl., VOB/B, § 7 Rz. 21.
5 Vgl. BGH, NJW 1981, 391, 392.

dass unser Subunternehmer bereits teilweise erbrachte Leistung **kostenlos** noch einmal erbringen muss.

73 Vor dieser bitteren Konsequenz (für den Auftraggeber wäre es freilich genauso bitter, wenn er die mehr oder weniger fertig gestellte Teilleistung seines Auftragnehmers zweimal bezahlen muss, ohne hiervon irgendetwas zu haben) kann sich der Auftragnehmer durch den **Abschluss einer Bauleistungsversicherung** schützen, aber wohl nur **teilweise**. Die einschlägigen Versicherungsbedingungen[1] sind, wie dies bei Versicherungsbedingungen üblich ist, auf ganz bestimmte Einzelfälle zugeschnitten und beschränkt und können keinen umfassenden Schutz bieten.[2]

74 Springt auch eine Bauleistungsversicherung nicht ein oder wurde eine solche, aus welchen Gründen auch immer, nicht abgeschlossen, dann bleibt es wieder dabei, dass jedenfalls im Verhältnis zum Auftraggeber der betroffene Subunternehmer, dessen teilweise bereits errichtetes Werk durch fahrlässiges Verhalten von Mitarbeitern eines anderen Unternehmers beschädigt oder zerstört worden ist, diese Leistung kostenlos noch einmal erbringen muss.

Wie sieht es nun im Verhältnis zu den anderen (Sub-)Unternehmern aus? Vertragliche Anspruchsgrundlagen scheiden aus. Einen Vertrag oder auch nur ein vorvertragliches Vertrauensverhältnis gibt es zwischen unseren beiden Unternehmern nicht. Eine Eigentumsverletzung (§ 823 Abs. 1 BGB) scheidet aus, da teilweise erbrachte Bauleistungen in aller Regel mit dem Grundstück fest verbunden sind und damit Eigentum des Grundstückseigentümers geworden sind, §§ 93 und 94 BGB. In Betracht kommt die **Verletzung des Besitzrechts**, welches ebenfalls ein absolutes Recht im Sinne des § 823 Abs. 1 BGB ist.[3] Damit der betreffende Subunternehmer Ansprüche wegen Besitzverletzung geltend machen kann, muss er aber auch **Besitzer** gewesen sein zum Zeitpunkt der Beschädigung seiner Teilleistung, d. h., er muss die unmittelbare Sachherrschaft über den betreffenden Baustellenbereich ausgeübt haben.[4] Es dürfte regelmäßig nicht möglich sein, einem Subunternehmer, der gleichzeitig mit zahlreichen anderen (Sub-)Unternehmern einen kleinen Ausschnitt aus dem Gesamtbauprogramm herstellt, die **unmittelbare Sachherrschaft** über die Baustelle oder auch nur einen Baustellenbereich zuzusprechen. Insofern dürfte, soweit nicht außergewöhnliche Umstände eingreifen, ein Anspruch gegen den schädigenden anderen Subunternehmer auch unter dem Gesichtspunkt des § 823 Abs. 1 BGB ausscheiden.

75 Die nächste Anspruchsgrundlage, die man schulmäßig zu prüfen hat, ist der § 823 Abs. 2 BGB: Diese Vorschrift greift nur ein, wenn der Schädiger ein Schutzgesetz verletzt hat. Dies ist im Einzelfall zu prüfen. Hierbei kommt z. B. die **Missachtung einer Auflage** in einer Baugenehmigung in Betracht, deren Beachtung dem Schädiger aufgegeben wurde.[5] Ob z. B. die Baustellenverordnung im Verhältnis

---

1 Abgedruckt z. B. in *Prölss/Martin*, VVG, 26. Aufl., S. 2129 ff.
2 Eine kurze Übersicht hierzu gibt es bei *Ingenstau/Korbion*, VOB, 13. Aufl., VOB/B, § 7, Rz. 38 ff. mit weiteren Hinweisen auf weiterführende Literatur zum Thema „Versicherung im Bauwesen", vor allem das Werk von *Littbarski*, Haftungs- und Versicherungsrecht im Bauwesen.
3 Vgl. nur *Palandt/Thomas*, BGB, § 823 Rz. 13.
4 Vgl. BGH, NJW 1984, 2569 f.
5 Vgl. BGH, NJW 1997, 55.

des einen Unternehmers zum anderen Unternehmer ein Schutzgesetz ist, dürfte fraglich sein, da die Baustellenverordnung dem Schutz vor Arbeitsunfällen auf der Baustelle dient und nicht dem Schutz des Vermögens der mit der Errichtung eines Bauvorhabens beauftragten Unternehmers.

Es sieht für unseren armen Subunternehmer, der eine Teilleistung im Verhältnis zum Auftraggeber kostenlos zum zweiten Mal ausführen muss, nicht gut aus. Eine sachgerechte Lösung bei Versagen aller anderen bisher angesprochenen Anspruchsgrundlagen könnte sein, dass man hier eine **Schadensliquidation im Drittinteresse** zulässt: Der Auftraggeber hat Anspruchsgrundlagen (vertragliche Pflichtverletzung durch den „schädigenden" Subunternehmer, § 280 BGB, sowie Eigentums- oder Besitzverletzung, § 823 Abs. 1 BGB), aber keinen Schaden, weil ja unser Subunternehmer verpflichtet ist, seine Leistung noch einmal vollständig zu erbringen. Der Subunternehmer dagegen hat einen Vermögensschaden, aber, wie gesehen, keine Anspruchsgrundlage; er kann aber vom Auftraggeber die Abtretung von dessen Ansprüchen verlangen.[1]

76

2. (Sub-)Unternehmer behindern (Sub-)Unternehmer

Der Fall ist ähnlich wie der vorher behandelte, nur dass diesmal nicht das von einem Subunternehmer bereits teilweise erstellte Gewerk beschädigt oder gar zerstört wird, dafür aber wird der Subunternehmer dadurch in seiner Unternehmensplanung empfindlich beeinträchtigt, dass er nicht zu dem vertraglich **vorgesehenen Zeitpunkt** mit seiner Leistung beginnen kann. Die Probleme, die sich daraus ergeben können, sind vielfältig. Hier seien nur beispielhaft erwähnt folgende: Da der Subunternehmer nicht weiß, wann er nun endlich anfangen kann und ihm sogar noch bedeutet wird, dass es eigentlich jeden Tag soweit sein könnte, es dann aber wieder nicht soweit ist, hält er Personal und Maschinen umsonst vor. Er kann auch keine andere Leistung beginnen, da er jeden Tag damit rechnet, endlich den hier angesprochenen Auftrag in Angriff nehmen zu können.

77

Der Subunternehmer kann auch dadurch in Bedrängnis gebracht werden, dass er minuziös geplant hat und, ein Idealfall, unmittelbar anschließend an die Leistung auf unserem Bauvorhaben eine gleichartige Leistung auf einem Nachbarbauvorhaben beginnen kann. Die vertragsgerechte und pünktliche Leistungserbringung gegenüber diesem anderen Bauherrn ist jedoch durch den verzögerten Baubeginn auf dem ersten Bauvorhaben ernsthaft in Gefahr gebracht und/oder schließlich sogar unmöglich geworden mit Folgen für das zweite Vertragsverhältnis. In dieser Situation kann sich der Subunternehmer auch veranlasst sehen, um jeden Preis den **zweiten Auftrag** pünktlich und ordnungsgemäß auszuführen, etwa indem er dadurch Leiharbeiter (soweit es gesetzlich zulässig ist) anheuert oder aber sich der Hilfe eines weiteren Subunternehmers (soweit es vertraglich zulässig ist) bedient. Wir sehen also, dass durch diese, wieder einmal in keiner Weise von ihm zu vertretende Situation der Subunternehmer in zahlreiche, womöglich äußerst ernsthafte (es geht ja nicht nur darum, dass evtl. Schadensersatzansprüche oder Mehrkosten Dritter entstehen; es geht auch darum, dass der betreffende Subunterneh-

78

---

1 Dies ist wohl auch die Lösung in der Entscheidung BGH, NJW 1970, 38, 41; siehe auch *Feudner*, BauR 1984, 257 ff.

mer andere Auftraggeber verlieren kann, wenn er bei diesen nicht pünktlich anfängt) Schwierigkeiten gebracht werden kann.

79 Eine **Entschädigung** kann der Subunternehmer von seinem Auftraggeber nur verlangen, wenn er diesen unter dem Gesichtspunkt des § 642 BGB in Anspruch nehmen kann. Dazu muss aus dem Bauvertrag ableitbar sein, dass der Auftraggeber dafür einstehen will, dass dem Auftragnehmer, hier dem Subunternehmer, das Bauwerk in der geeigneten Form rechtzeitig so zur Verfügung gestellt wird, dass der Subunternehmer mit der Leistung beginnen kann. In diesem Fall wäre dann der **säumige Vorunternehmer Erfüllungsgehilfe** des Auftraggebers und damit der Weg zu der genannten Anspruchsgrundlage eröffnet. Alleine die Vereinbarung von Vertragsfristen, insbesondere auch die Vereinbarung einer Frist für den Baubeginn, reicht dafür nicht aus.[1] Was die Höhe dieses Anspruchs betrifft, so müssen die Mehrkosten durch Vorhalten von Personal und Geräten nachprüfbar dargelegt werden. Auch hier hilft eine gute Kalkulation des angebotenen Werklohns.

80 Was den säumigen Vorunternehmer betrifft, so scheiden Ansprüche aus Vertrag sowie aus dem § 823 Abs. 1 und 2 BGB ersichtlich aus. Eine **Drittschadensliquidation** scheidet ebenfalls aus, wenn und soweit der Auftragnehmer jedenfalls eine angemessene Entschädigung nach § 642 Abs. 1 BGB verlangen kann; es fehlt dann an der für die Drittschadensliquidation typischen Schadensverlagerung.[2] In der Regel bleibt also der Subunternehmer in diesem Fall auf den Anspruch nach § 642 Abs. 1 BGB gegenüber seinem Auftraggeber beschränkt. Dauert die Verzögerung sehr lange, kann sich der Subunternehmer gemäß § 6 Nr. 7 VOB/B, bei einem BGB-Vertrag gemäß § 281 (Schadensersatz statt der restlichen Leistung) oder die fristlose Kündigung – strittig – vom Vertrag lösen.[3]

3. Positive Aspekte des Zusammentreffens mehrerer Subunternehmer

a) Personal

81 Bisher hatten wir es mit den negativen Auswirkungen der Beteiligung verschiedener Unternehmer an ein- und demselben Bauvorhaben zu tun. Es kann hierbei auch positive Aspekte geben, nämlich, wenn sich die beteiligten Firmen, zwischen denen sonst kein Vertragsverhältnis besteht, da sie sozusagen parallel nebeneinander als Subunternehmer des gleichen Auftraggebers tätig sind, **gegenseitig unterstützen**. Damit diese freundliche gegenseitige Hilfe nicht später bösem Blut weicht, empfiehlt es sich in jedem Fall, eine kurze Vereinbarung zu fixieren, vor allem hinsichtlich der Frage, ob und wie diese Hilfeleistung **vergütet** werden soll. In Betracht kommt eine Vergütung in Geld oder auch eine solche, indem bei einem anderen Punkt dann die Firma, der zuerst geholfen wurde, der anderen Firma hilft.

82 Soweit es um Personal geht, müssen die Beteiligten die Grenzen beachten, die durch das **Arbeitnehmerüberlassungsgesetz** gesteckt werden. Allerdings gibt es hier zugunsten von Bauunternehmen, die sich gegenseitig helfen, eine Ausnah-

---

1 Vgl. hierzu BGH, IBR 2000, 216.
2 Vgl. BGH, NJW 1996, 2734, 2735.
3 Zu der Diskussion der vorzeitigen Vertragsbeendigung durch den Unternehmer s. Teil 11, Rz. 187–195.

me in § 16 Satz 2 AÜG. Die Beteiligten müssen wissen, dass hier der „Entleiher" (nennen wir ihn einmal so) für die Sicherheit der Hilfskräfte verantwortlich ist und auch für mangelhafte Leistungen dieser Kräfte einstehen muss.

b) Maschinen/Geräte

Bei der Zurverfügungstellung von Maschinen oder Geräten stellen sich folgende Fragen: 83

▷ Mit oder ohne Personal?

▷ Wer ist für die Einweisung und die Beachtung der Sicherheitsregeln verantwortlich?

▷ Ist den Anforderungen der Baustellensicherheit und die speziellen Anforderungen der Sicherheit im Zusammenhang mit der betreffenden Maschine genüge getan?

▷ Wird dieser Einsatz vergütet und wenn ja, wie?

c) Gemeinsame Nutzung von Baustelleneinrichtungen

Es leuchtet wohl ein, dass es nicht besonders wirtschaftlich ist, wenn jede am Bau beteiligte Firma ihre eigenen Bauprovisorien, die z. B. der Strom- und Wasserversorgung dienen, erstellt. Üblicherweise wird dies dadurch gelöst, dass eine Firma diese Anlagen zur Verfügung stellt, betriebsfertig macht und bis zur Beendigung der Baumaßnahme vorhält. Bei einem Hauptunternehmervertrag könnte dies der Hauptunternehmer sein. Bei der Einzelgewerkevergabe wird dies in der Regel mit der Firma vereinbart, die die **Baumeisterarbeiten** ausführt. Dies muss entweder gesondert vergütet werden oder aber offen und deutlich zum Bestandteil der Preis-/Leistungsvereinbarung gemacht werden. In beiden Fällen ist darauf zu achten, dass keine unkalkulierbaren Risiken überbürdet werden, d. h.insbesondere, dass die Dauer der Zurverfügungstellung zu bestimmen ist mit der Folge, dass bei Überschreitungen zusätzliche Vergütung fällig wird. Dies ist aber im Rahmen eines Vertrags, der der Inhaltskontrolle unterliegt, nicht anders möglich, sonst haben wir es mit einer **unkalkulierbaren Zusatzleistung** zu tun.[1] Unter dem neuen § 307 BGB (Transparenzgebot!) gilt dies noch mehr. 84

Wir haben es mit einer sternförmigen Lösung zu tun, der Hauptunternehmer stellt die Anlagen zur Verfügung und rechnet dann mit allen Firmen, die wiederum mit ihm einen Vertrag haben, ab. Dabei sind Umlageklauseln zulässig, wenn der Umlagebetrag angemessen ist.[2] Bei der Einzelgewerkevergabe muss der Auftraggeber, der ja den Erbringer der Baumeisterarbeiten vergüten muss, mit den anderen Handwerkern eine entsprechende **Umlageklausel** vereinbaren. Klauseln, in denen Vertragspartnern aufgegeben wird, mit anderen Unternehmern, mit denen sie keine Vertragsbeziehungen unterhalten, abzurechnen, sind wohl unwirksam.[3] 85

---
1 S. hierzu nur LG Frankfurt/Main, Bunte VI 219.
2 Preisvereinbarung; OLG Hamm, IBR 2000, 485.
3 Vgl. LG München I, Baurechts-Report 8/89.

d) **Mustertexte**

aa) **Personal und Geräte**

86 Vereinbarung

zwischen den Firmen

A.-GmbH ....

und

B.-GmbH ....

1. Vorbemerkung

Die Firmen A.-GmbH und B.-GmbH sind beide als Subunternehmer bei dem Bauvorhaben .... tätig.

Die Firma A.-GmbH ist mit Trockenbauarbeiten beauftragt, die Firma B.-GmbH mit Elektroarbeiten.

Im 4. und 5. Stock des Bauvorhabens müssen Trockenbauwände mit sog. .... Schienen befestigt werden.

2. Leistung

Da Mitarbeiter der Firma B.-GmbH zeitgleich mit der Verlegung von Leitungen in diesem Bereich des Bauvorhabens beschäftigt sind, vereinbaren die beiden Firmen, dass Mitarbeiter der Firma B.-GmbH mit entsprechendem Gerät die Befestigungsschienen befestigen.

3. Vergütung

Der Personaleinsatz wird nach Stundenaufwand wie folgt vergütet:

An Geräten kommen zum Einsatz: ....

Der Geräteeinsatz wird pro Stunde wie folgt vergütet: .... Euro

Sollte absehbar werden, dass die von beiden Vertragsparteien in etwa unterstellten Kosten von... Euro überschritten werden, hat die Firma B.-GmbH die Firma A.-GmbH unverzüglich zu verständigen.

87   Dieses Beispiel ist eigentlich ein weiterer „kleiner" Subunternehmervertrag. Dies sichert zum einen, dass keine unzulässige Arbeitnehmerüberlassung in einer solchen Handhabung erblickt wird. Zum anderen ist es fast gar nicht anders möglich, als eine solche Vereinbarung am Werkvertrag zu orientieren, denn es muss ja geregelt werden, für welche Tätigkeit die Maschinen oder das Personal zur Verfügung gestellt werden und wie diese Zurverfügungstellung bezahlt werden soll.

bb) Baustelleneinrichtung

Vereinbarung 88

zwischen den Firmen

A.-GmbH ....

und

B.-GmbH ....

1. Versorgung mit Baustrom und Bauwasser

Die Firma A.-GmbH ist bei dem Bauvorhaben .... damit beauftragt, die Baumeisterarbeiten durchzuführen.

Die Firma A.-GmbH errichtet die Baustellenprovisorien für Baustrom und Bauwasser und unterhält diese bis zum Ende des Bauvorhabens, voraussichtlich ....

Die Firma B.-GmbH ist bei dem Bauvorhaben mit der Erstellung der ....-Gewerke beauftragt worden.

Für die Benutzung der von der Firma A.-GmbH zur Verfügung gestellten Baustellenprovisorien und für die Verbrauchsabrechnung vereinbaren die Beteiligten Folgendes:

2. Vergütung

Die Errichtung und Vorhaltung der Baustellenprovisorien wird der Firma A.-GmbH von dem Auftraggeber .... bezahlt.

Der Verbrauch an Baustrom und Bauwasser ist jedoch von der Firma A.-GmbH selbst zu tragen; dieser Verbrauch wird nicht vom Auftraggeber gesondert vergütet.

Der Verbrauch der Firma B.-GmbH wird über einen Zwischenzähler abgerechnet.

Dabei wird folgende Vergütung vereinbart:[1]

....

Verbrauchswerte werden regelmäßig in folgenden Zeitabständen:[2] .... abgelesen und unmittelbar darauf, in der Regel am folgenden Tag abgerechnet und vergütet.

---

[1] Folgt Angabe der zu zahlenden Vergütung pro Kilowattstunde Strom bzw. Kubikmeter Bauwasser.
[2] Folgt Angabe der Ablesungszeiten.

VI. Mustervertrag

1. Vorbemerkungen

a) AGB und VOB

89 Subunternehmerverträge sind zwangsläufig AGB-Verträge, da nur Unternehmen Subunternehmer beschäftigen. Es ist fast ausgeschlossen, dass eine Firma nur einmal einen Subunternehmer beauftragt. Es ist ökonomisch sicher nicht sinnvoll, wenn für jede Beauftragung ein eigener Vertrag ausgearbeitet wird, umso mehr, als nicht einmal damit die Qualifikation des Vertrags als AGB-Vertrag vermieden werden kann: Sofern nur einzelne Klauseln inhaltlich öfter wiederkehren, unterliegen diese Klauseln der **AGB-Kontrolle**. Dies galt auch dann, wenn von Dritten entworfene Klauseln verwendet wurden[1] oder auch wenn es sich um sog. „formelhafte Klauseln" handelte.[2] Ausschlaggebend ist aber, dass der Verwender selbst die Klausel mehrfach (d. h. mehr als 2 x) verwenden will.[3]

Hinweis:
Soweit es um die Frage der VOB geht, sollte der Auftraggeber mit dem Subunternehmer die **Geltung der VOB/B vereinbaren**, wenn diese auch in seinem eigenen Vertrag vereinbart wurde. Zur Problematik der VOB „als Ganzes" wird auf die Ausführungen in Teil 11 IV 6 (Rz. 155–161) hingewiesen.

b) Pauschal- oder Einheitspreisvertrag?

90 Auch hier richtet sich der Auftraggeber sinnvollerweise nach den Bedingungen, die er in seinem Vertrag mit seinem Auftraggeber hat: Ist der Auftraggeber des Subunternehmers ein Schlüsselfertigbauer und hat somit selbst einen **Pauschalvertrag** abgeschlossen, dann ist es sicher sinnvoll, auch die Einzelgewerke an die einzelnen Subunternehmer in Pauschalverträgen zu vergeben, da dann jedenfalls das **Massenrisiko** über die vereinbarten Leistungen innerhalb bestimmter Grenzen[4] ausgeschlossen ist und der Schlüsselfertigbauer besser und sicherer kalkulieren kann.

91 Handelt es sich dagegen um einen Fall, in dem jemand, der selbst ein Einzelgewerk auszuführen hat und hierüber einen **Einheitspreisvertrag** abgeschlossen hat, dann wird er sinnvollerweise mit seinem Sub jedenfalls einen Einheitspreisvertrag abschließen, da er ja dann **Massenänderungen** weitergeben kann.

92 Es wird daher nach folgendem Vertragsmuster ein Vorschlag für die Vereinbarung eines Pauschalpreises und ein Vorschlag für die Vereinbarung eines Einheitspreises aufgenommen.

---

1 Vgl. BGH, BauR 1987, 438 f.
2 Vgl. OLG München, BauR 1993, 494.
3 BGH, IBR 2001, 597.
4 Je nach Grad der Pauschalierung sind diese Grenzen verschieden zu ziehen; zur Wirksamkeit dezidierter Grenzbestimmungen bei Einzelpositionen bei Detail-Pauschalvertrag s. BGH, IBR 2004, 60.

c) Die Leistungsdefiniton

Auch hier sind **Unterschiede** zwischen dem Pauschalpreisvertrag und dem Einheitspreisvertrag zu beachten. Haben wir es mit einem Pauschalpreisvertrag zu tun, dann kann die Leistungsdefiniton über eine **funktionale Leistungsbeschreibung** erfolgen, wobei allerdings darauf zu achten ist, dass die Leistung für den Auftragnehmer überschaubar und kalkulierbar sein muss.[1] Selbstverständlich besteht daneben die Möglichkeit, dass zunächst einmal ein detailliertes Leistungsverzeichnis vorgelegt wurde und der Auftragnehmer hierauf angeboten hat und dann auf dieser Basis ein Pauschalpreis gebildet wird. Die Leistung, die Gegenstand des Leistungsverzeichnisses war, ist dann auch Gegenstand des Pauschalvertrags. 93

Der Einheitspreisvertrag baut logischerweise auf einem **detaillierten Leistungsverzeichnis** auf. Dabei braucht jedoch nicht jede Einzelposition als Einheitspreisposition ausgeschrieben zu werden. Zum Beispiel ist es durchaus möglich, Punkte aufzunehmen, wie etwa „Baustelleneinrichtung pauschal" oder auch das Gegenteil, nämlich das Räumen der Baustelle. Auch baubehelfliche Gerüste können so ausgeschrieben werden, aber immer unter Beachtung der Voraussetzung, dass die Leistung für den Anbietenden überschaubar und kalkulierbar sein muss. Genauso wie beim Hauptunternehmervertrag sollten auch beim Subunternehmervertrag alle Versuche unterlassen werden, Leistungen, gar noch unkalkulierbare Leistungen, dem Auftragnehmer durch AGB-Klauseln, die sich als Preisnebenvereinbarungen herausstellen und damit der Inhaltskontrolle unterliegen, aufzugeben. 94

Hinweis:
Die einzige sinnvolle Lösung hier ist es, die Leistung in einer ordentlichen Unterlage, sei dies ein Leistungsverzeichnis oder ein Leistungsprogramm, zu definieren und zu vereinbaren, dass für diese Leistung X der Handwerker den Preis Y bekommt. Dies ist dann eine echte Preisvereinbarung oder vielmehr eine Preis-/Leistungsvereinbarung, die bis 1. 1. 2002 gemäß § 8 AGBG nicht der Inhaltskontrolle unterlag. Ab 1. 1. 2002 könnte § 307 Abs. 3 BGB ein Einfallstor sein, um auch Preisvereinbarungen zu kontrollieren, deshalb muss besonders auf die Transparenz solcher Preis-/Leistungsvereinbarungen geachtet werden.

Schließlich ist die Leistungsdefinition auch der richtige Ort, den Subunternehmer auf etwaige **Besonderheiten oder Erschwernisse** des speziellen Bauvorhabens hinzuweisen und zu regeln, in der gleichen Art und Weise wie vorher beschrieben, dass diese Erschwernisse in der Vergütung bereits berücksichtigt sind. 95

---

[1] Keine unkalkulierbare Leistung; vgl. z. B. OLG München, BauR 1990, 776.

2. Mustervertrag

96

Subunternehmervertrag

Die Firma[1]

....

Vertreten durch den Inhaber/Geschäftsführer/Vorstand bzw. vertreten aufgrund Prokura oder Spezialvollmacht durch ....

– nachfolgend „Auftraggeber" oder „AG" genannt –

und

Firma[2]

....

Hier vertreten durch die Inhaber/Geschäftsführer/Vorstand bzw. vertreten aufgrund Prokura oder Spezialvollmacht durch ....

– nachfolgend „Auftragnehmer" oder „AN" genannt –

schließen hiermit folgenden

Subunternehmervertrag

§ 1
Gegenstand

Der Auftraggeber wurde beauftragt, als Generalübernehmer/Hauptunternehmer das Bauvorhaben[3] schlüsselfertig zu errichten.

Alternative:

Der Auftraggeber wurde beauftragt, bei dem Bauvorhaben .... folgende Gewerke zu erbringen:[4]

Der Auftraggeber überträgt hiermit folgendes Gewerk/folgende Gewerke[5]

an den Auftragnehmer zu den in diesem Vertrag vereinbarten Bedingungen.

Die Vertragsparteien vereinbaren die Geltung der VOB/B.

---

[1] Folgt vollständige Bezeichnung des Auftraggebers unter Angabe der gesetzlichen Vertreter für die für diesen Vertrag maßgeblichen Firmensitzes bzw. der hierfür maßgeblichen Zweigstelle.
[2] Folgt vollständig korrekte Firmenbezeichnung des Auftragnehmers unter Angabe der gesetzlichen Vertreter und des für diesen Vertrag maßgeblichen Vertreters und Firmensitzes bzw. der hierfür maßgeblichen Zweigstelle.
[3] Folgt genaue Bezeichnung des Bauvorhabens.
[4] Folgt Angabe der Gewerke.
[5] Folgt Angabe der betreffenden Gewerke.

§ 2
Leistungsumfang

Variante 1: Pauschalvertrag

Der Auftragnehmer hat das in § 1 genannte Gewerk vollständig und gebrauchstauglich nach den Spezifikationen des Leistungsprogramms vom ...., welches diesem Vertrag in Kopie beigefügt ist, zu erstellen. Hierzu gehört die vom Auftragnehmer benötigte spezifische Baustelleneinrichtung sowie, nach Fertigstellung der Leistung, die Räumung der Baustelle hinsichtlich der Gegenstände usw., die der Auftragnehmer auf die Baustelle verbracht hat, einschließlich der Entfernung des von dem Auftragnehmer verursachten Bauschutts in ordnungsgemäßer, den gesetzlichen Vorschriften entsprechender Weise.

Nebenleistungen gemäß VOB/C und/oder DIN sind im Leistungsumfang des Auftragnehmers enthalten, auch wenn sich dies nicht ausdrücklich aus dem Leistungsprogramm ergeben sollte.

Die Zufahrt zur und die Versorgung der Baustelle ist wie folgt geregelt:

Von dem Auftragnehmer zur Durchführung seines Auftrags benötigte größere Baumaschinen, Silos usw. sind ausschließlich an den auf dem beigefügten Lageplan markierten Stellen aufzustellen.[1]

Variante 2: Einheitspreisvertrag

Der vom Auftragnehmer zu erbringende Leistungsumfang ergibt sich aus dem Leistungsverzeichnis vom ....

Soweit einige Positionen in diesem Leistungsverzeichnis als Pauschalpositionen angegeben sind, scheidet für diese Positionen eine Berücksichtigung einer Massenmehrung oder Massenminderung aus.[2]

§ 3
Werklohn

Variante 1: Pauschalvertrag

1. Für die gesamte Leistung gemäß §§ 1 und 2 dieses Subunternehmervertrags erhält der Auftragnehmer einen Pauschalfestpreis in Höhe von .... Euro zzgl. MwSt., wobei derjenige MwSt.-Satz als vereinbart gilt, der von dem Auftragnehmer nach den geltenden steuerlichen Vorschriften an das Finanzamt abzuführen ist, derzeit 16 %.

2. Dem Auftraggeber ist bekannt, wann dieser Preis zu Stande gekommen ist und wie er sich im Einzelnen zusammensetzt. Der Auftraggeber hat Kopien der maßgeblichen Kalkulationsunterlagen.

---

[1] Folgt Hinweis und ebenfalls auch Erläuterung weiterer evtl. gegebener Besonderheiten der Baustelle, und insbesondere auch Angaben zu Einrichtungen, die zusammen mit anderen Handwerkern benutzt werden können oder müssen. Weiterhin gehören hierher bei den entsprechenden Gewerken Hinweise auf im Boden vorhandenen Leitungen und die im Hinblick auf diese Leitungen zu wahrende Vorsicht; siehe Teil 11 § 2 des Mustervertrags, Rz. 200.

[2] Folgen die übrigen Bestimmungen und Hinweise wie auch beim Pauschalvertrag.

3. . . . .[1]

4. Abschlagszahlungen/Zahlungsplan:[2]

Variante 2: Einheitspreisvertrag

1. Der Auftragnehmer erhält die Einheitspreise gemäß seinem Angebot vom . . . ., welches wiederum auf dem Leistungsverzeichnis vom . . . . basiert.[3]

   Soweit in dem Angebot einzelne Positionen als Pauschalpositionen ausgewiesen sind, ist ein Aufmaß insoweit nicht erforderlich. Diese Positionen werden als einzelne Pauschalpositionen auch abgerechnet. Massenminderungen oder Massenmehrungen bleiben außer Betracht.[4]

2. Die Preise gemäß Ziffer 1. bleiben für die gesamte Leistungszeit, wie sie nach diesem Vertrag vorgesehen ist, unverändert. Sollte es auf Grund von Umständen, die der Auftragnehmer nicht zu vertreten hat, zu einer Verlängerung der Bauausführungszeit um mehr als . . . . Wochen kommen, ist der Auftragnehmer berechtigt, nachgewiesene Material- und/oder Personalpreissteigerungen auf der Basis der ursprünglichen Preiskalkulation an den Auftraggeber weiterzugeben.

3. Abschlagszahlungen:

   Der Auftragnehmer ist berechtigt, nach Baufortschritt Abschlagsrechnungen zu stellen. Der erreichte Leistungsstand ist durch beigefügte Aufmaße nachzuweisen.

   Die Abschlagsrechnungen sind jeweils kumulativ aufeinander aufbauend zu erstellen.

4. Aus der Zahlung der Abschlagsrechnungen gemäß der vorstehenden Ziffer ist kein Anerkenntnis bezüglich der den Abschlagsrechnungen beigefügten Aufmaße verbunden. Der Auftraggeber behält das Recht, die gesamte Leistung und das gesamte Aufmaß im Rahmen der Schlussrechnungsprüfung insgesamt zu prüfen.

   Zur Sicherstellung der ordnungsgemäßen Erfüllung dieses Vertrags kann der Auftraggeber bei jeder Abschlagszahlung einen Sicherheitseinbehalt von 5 % vornehmen, für den die Regelungen des § 17 VOB/B gelten.

5. Skontoregelung:[5]

---

1 Wie bei Teil 11, § 3 Abs. 3 des Mustervertrags, Rz. 200.
2 Hier kann eine allgemeine Vorgabe nicht gemacht werden. Es kommt ganz auf die Natur des vom Subunternehmer zu erstellenden Gewerkes an, wenn es um die Frage geht, welche Art der Regelung von Abschlagszahlungen am sinnvollsten für beide Vertragspartner ist. Insofern wird hier auf die Ausführungen in Rz. 38 ff. verwiesen.
3 Soweit die Preise nach dem Angebot des Auftragnehmers noch geändert wurden, ist dies natürlich aufzunehmen. In Betracht kommen hier Abgebote oder sonstige Resultate, die während der Vertragsverhandlungen erzielt wurden.
4 Falls erforderlich, zusätzlich genau definierbare, kalkulierbare Zusatzleistungen und/oder Hinweise, wie beim Pauschalvertrag.
5 Wie in Teil 11, § 3 Abs. 5 des Mustervertrags, Rz. 200.

6. Um beide Vertragsparteien vor der Gefahr des zufälligen Untergangs oder der zufälligen Verschlechterung der erbrachten Leistung vor Abnahme zu schützen, schließt der Auftraggeber eine so genannte Bauleistungsversicherung ab. An den Kosten dieser Bauleistungsversicherung beteiligt sich der Auftragnehmer im Verhältnis seiner Vergütung zur Vergütung der gesamten Bauleistung. Dies ist ein Betrag von ...... %.[1] Dem Auftragnehmer bleibt der Nachweis vorbehalten, dass die tatsächlichen anteiligen Kosten der Bauleistungsversicherung niedriger sind oder der Abschluss einer günstigeren Versicherung möglich gewesen wäre.

7. Der Auftraggeber stellt die Provisorien für Baustrom und Bauwasser zur Verfügung.

Der Auftragnehmer hat den von ihm verursachten Verbrauch zu bezahlen.

Die Abrechnung erfolgt nach den Zwischenzählerständen.[2]

§ 4
Organisation, Ablauf des Bauvorhabens, Vertragsänderungen

............[3]

§ 5
Ausführungsfristen

1. Der Auftragnehmer hat mit seiner Leistung bis spätestens .... zu beginnen.

Als Termin für die vollständige Fertigstellung der dem Auftragnehmer nach diesem Vertrag übertragenen Leistungen vereinbaren die Parteien den ....

2. Es werden folgende Zwischenfristen vereinbart:

............[4]

3. Sollte sich die Durchführung des Bauvorhabens aus Gründen, die nicht vom Auftragnehmer zu vertreten sind, so verzögern, dass der Endfertigstellungstermin voraussichtlich nicht eingehalten werden kann, sind die Vertragsparteien verpflichtet, in Anlehnung an diesen Vertrag einen neuen Terminplan schriftlich zu vereinbaren. Der Auftragnehmer ist verpflichtet, auf Verlangen des Auftraggebers Aufholmaßnahmen durchzuführen, wenn diese dem Auftragnehmer zumutbar sind und der Betrieb des Auftragnehmers hierfür eingerichtet ist sowie wenn diese Aufholmaßnahmen, d. h. die hierdurch entstehenden Mehrkosten, angemessen vom Auftraggeber vergütet werden.

---

1 Die Höhe muss sich an den realistischen tatsächlichen Kosten orientieren; alles andere führt ggf. zur Unwirksamkeit dieser Bestimmung (trotz BGH, IBR 2000, 483).
2 Soweit dies nicht möglich ist, kommt auch ein pauschaler abzunehmender Betrag, der insgesamt auf keinen Fall höher als 1,5 % des Werklohns sein sollte. Wieder sollte man dem Auftragnehmer den Nachweis offen lassen, dass die tatsächlichen Kosten niedriger sind.
3 Hier sind die Bestimmungen aus dem Hauptunternehmervertrag, § 4 im Teil 11, Rz. 200, zu übernehmen.
4 Wieder sollte man sich an leicht feststellbaren Marken orientieren, wie z. B. einzelne Stockwerke oder Häuser oder Bauabschnitte.

Kommt es zu Bauverzögerungen, die der Auftragnehmer zu vertreten hat, dann ist der Auftragnehmer verpflichtet, dem Auftraggeber darzulegen, wie diese Bauverzögerungen nach Möglichkeit aufzuholen sind und, soweit dies nicht möglich ist, darzulegen, inwieweit sich die Termine voraussichtlich verschieben.[1]

§ 6
Vertragsstrafe

Für den Fall des vom Auftragnehmer verschuldeten Überschreitens des Endfertigstellungstermins wird vereinbart, dass der Auftraggeber für jeden Werktag, um den der genannte Termin in der genannten Weise überschritten wird, eine Vertragsstrafe von 0,2 % der Gesamtvergütung, höchstens jedoch 5 % der Gesamtvergütung, verlangen kann.

Das Recht des Auftraggebers, Vertragsstrafe zu verlangen, lässt das Recht des Auftraggebers, einen höheren tatsächlichen Schaden geltend zu machen, unberührt. Selbstverständlich ist in diesem Fall die verwirkte Vertragsstrafe auf den Verzugsschaden anzurechnen; Vertragsstrafe und Verzugsschaden können also nicht kumulativ geltend gemacht werden.

Die Pflicht des Auftragnehmers, Vertragsstrafe zu zahlen, endet mit dem Tag, zu dem die abnahmefähige Fertigstellung nach den Bestimmungen dieses Vertrags erfolgt.

§ 7
Sicherheiten

1. „Gewährleistungssicherheit":

Zur Sicherung eventueller Mängelansprüche des Auftraggebers nach Abnahme kann der Auftraggeber einen Sicherheitseinbehalt in Höhe von 5 % der dem Auftragnehmer zustehenden Gesamtwerklohnforderung einschließlich der aus Zusatzaufträgen oder sonstigen Vertragsänderungen sich ergebenden Vergütungen vornehmen.

Der Auftragnehmer kann diesen Sicherheitseinbehalt durch selbstschuldnerische, unwiderrufliche und unbefristete Bürgschaft einer deutschen, dem Einlagensicherungsfonds angeschlossenen und als Steuerbürgin zugelassenen Geschäftsbank, Raiffeisenbank oder Sparkasse oder eines zugelassenen Kredit- oder Kautionsversicherers ablösen.

Daneben kann der Auftragnehmer auch die Einzahlung des Sicherheitseinbehaltes auf ein Sperrkonto verlangen. Hierfür ist dem Auftraggeber eine angemessene Frist zu setzen.

Die hier geregelte Sicherheit muss auch den Rückgriffsanspruch des Auftraggebers gegen den Auftragnehmer bei einer Inanspruchnahme des Auftraggebers aus § 1a AEntG besichern. Die Sicherheit ist nach Ablauf der Gewährleistungsfrist zurückzugeben.

---

1 Zur Klarstellung: Diese Bestimmung ändert nichts an dem Recht des Auftraggebers, gemäß §§ 5 Nr. 4, 8 Nr. 3 VOB/B den Auftrag zu entziehen, wenn denn die Voraussetzungen der genannten Vorschrift gegeben sind. Diese Bestimmung ändert auch nichts an dem Recht des Auftraggebers, Verzugsschaden oder Vertragsstrafe geltend zu machen.

2. Zahlungssicherheit:

Der Auftraggeber stellt dem Auftragnehmer zur Besicherung der Zahlungsansprüche des Auftragnehmers aus diesem Vertrag eine selbstschuldnerische, unwiderrufliche und unbefristete Bürgschaft einer deutschen, dem Einlagensicherungsfonds angeschlossenen und als Steuerbürgin zugelassenen Geschäftsbank, Raiffeisenbank oder Sparkasse oder eines zugelassenen Kredit- oder Kautionsversicherers in Höhe von ...... % des gesamten voraussichtlichen Werklohnes = ... Euro.

Das Recht des Auftragnehmers, Sicherheit für die gesamte voraussichtliche Werklohnforderung gemäß § 648 a BGB zu verlangen, bleibt unberührt. Verlangt der Auftragnehmer eine solche Sicherheit, dann muss er die Bürgschaft gemäß Satz 1 dieser Bestimmung Zug-um-Zug gegen Übergabe der Bürgschaft gemäß § 648 a BGB zurückgeben.

Außerdem muss der Auftragnehmer eine Bestimmung in der Bürgschaft gemäß § 648 a BGB akzeptieren, wonach diese Bürgschaft nur dann wirksam wird, wenn die andere Zahlungssicherheit tatsächlich zurückgegeben wurde.

§ 8
Einsatz von weiteren Subunternehmern

Variante 1:[1] Die Untersagung des weiteren Subunternehmereinsatzes könnte wie angegeben formuliert werden:

Der Auftraggeber hat sich hinsichtlich der hier gegenständlichen Bauleistung für die Fa. XY als Auftragnehmerin entschieden, weil diese Firma für die hier in Rede stehende spezielle Bauaufgabe – z.B. Verlegung von Elektro- und Datenleitungen für ein Bürogebäude nach ganz besonderen Vorgaben unter Wahrung von Geheimhaltungspflichten – Erfahrung mitbringt und Referenzen vorgelegt hat. Die Vergütung ist der Schwere der Bauaufgabe und dem Ruf der Auftragnehmerin angemessen. Es ist der Auftragnehmerin daher strikt untersagt, die Bauleistungen nach diesem Vertrag ganz oder auch nur teilweise an dritte Firmen, in welcher Form auch immer, weiter zu beauftragen oder sonst wie weiterzugeben.

Eine Zuwiderhandlung gegen die Bestimmung würde einen ganz erheblichen Vertrauensbruch bedeuten, der zur Auftragsentziehung und zur Geltendmachung des hieraus entstehenden Schadens jedenfalls dann berechtigt, wenn dieses vertragswidrige Verhalten trotz Abmahnung fortgesetzt wird.

---

1 Hier kann niedergelegt werden, dass aus ganz besonderen Gründen, etwa weil sich der Auftraggeber für eine ganz spezielle Bauaufgabe für den Vertragspartner entschieden hat, obwohl dieser beileibe kein Billiganbieter ist, weiterer Subunternehmereinsatz ausgeschlossen ist.

Variante 2:[1]

**§ 9
Versicherungen**

1. Haftpflichtversicherung:

   Der Auftragnehmer hat eine Bauhaftpflichtversicherung mit angemessenen Deckungsbeträgen für Sach- und Vermögensschäden abzuschließen und dem Auftraggeber eine Kopie der Versicherungspolice vorzulegen.

2. Um den Auftragnehmer vor der Gefahr des zufälligen Untergangs oder der zufälligen Verschlechterung seiner Leistung vor Abnahme zu schützen,

Variante 1:

hat der Auftragnehmer selbst eine Bauleistungsversicherung auf eigene Kosten abgeschlossen und dem Auftraggeber nachgewiesen

Variante 2:

hat der Auftraggeber für die gesamte Bauleistung eine Bauleistungsversicherung abgeschlossen. Der dem Wert der Leistung des Auftragnehmers entsprechende Anteil macht 0,75 % des Werklohns des Auftragnehmers aus. Dieser Betrag wird bei der Schlussrechnung in Abzug gebracht. Dem Auftragnehmer wird der Nachweis nachgelassen, dass die anteiligen Kosten der Bauleistungsversicherung für sein Gewerk niedriger sind oder der Abschluss einer günstigeren Versicherung möglich gewesen wäre.

**§ 10
Abnahme und Gewährleistungsfristen**

1. Es hat auf schriftliche Aufforderung des Auftragnehmers eine förmliche Abnahme und durch Teilnahme beider Vertragsparteien bzw. von deren Vertretern stattzufinden. Beide Parteien sind berechtigt Sachverständige oder andere Hilfspersonen bei der Abnahmeverhandlung hinzuzuziehen.

   § 12 Nr. 5 Abs. 1 VOB/B (die sog. fiktive Abnahme) wird ausgeschlossen.

2. Die Gewährleistungsfrist beträgt 5 Jahre.[2]

---

1 Anderenfalls, wenn weiterer Subunternehmereinsatz zugelassen werden soll, müssen in den Vertrag Bestimmungen wie in Teil 11, § 8 Ziff. 2 ff. des Mustervertrags, Rz. 200 übernommen werden.

2 Wie bereits im Hauptunternehmer-Mustervertrag, Teil 11 Rz. 200, ausgeführt, kann für besonders sensible Arbeiten auch in AGB eine längere Verjährungsfrist vereinbart werden. Dies sollte dann allerdings auch ausdrücklich erklärt werden. Für den Subunternehmervertrag kommt u. U. in Betracht, den Beginn der Gewährleistung auf eine allerdings genau bestimmte Zeit, die nicht zu lang sein darf, hinauszuschieben, um für den Zwischenauftraggeber den Lauf der Verjährungsfristen, die er gegenüber seinem Auftraggeber einzuhalten hat, zu harmonisieren mit den Gewährleistungsfristen, die im Bereich des Subunternehmervertrags laufen. Die AGB-rechtliche Zulässigkeit solcher Vereinbarungen kann nicht als gesichert gelten. Besser wäre dann in solchen Fällen, die Verjährungsfrist etwa um ein paar Monate noch zu verlängern, also zu sagen: Die Verjährungsfrist beträgt 5 Jahre und 6 Monate.

§ 11
Schlussbestimmungen

1. Sollte eine oder sollten mehrere Bestimmungen dieses Vertrags unwirksam sein oder werden, bleibt die Wirksamkeit dieses Vertrags im Übrigen unberührt.

2. Erfüllungsort ist der Ort des Bauvorhabens.

    Mit Vollkaufleuten, juristischen Personen des öffentlichen Rechts oder öffentlich-rechtlichen Sondervermögen wird als Gerichtsstand .... vereinbart.

Hinweis:
Es folgen die Unterschriften der gesetzlichen oder hierzu bevollmächtigten Vertreter der Vertragsparteien mit Orts- und Datumsangabe.

Es ist sinnvoll, diesen Vertrag, d. h. die für beide Seiten bestimmten Vertragsformulare, entweder fest zu verbinden, so dass er nur mit Gewalt aufgetrennt werden kann, zumindest aber auf eine fortlaufende Paginierung zu achten und gegebenenfalls dann noch zusätzlich jede Seite von den Vertretern der Vertragsparteien paraphieren zu lassen.

Teil 13
Generalübernehmervertrag

	Rz.		Rz.
I. Abgrenzung zum Generalunternehmervertrag	1	bb) §§ 2, 3 MaBV	21
		2. Gewährleistung	26
II. Rechtliche Grundlagen	4	III. Vertragsgestaltung	29
1. Vertragsbeziehungen	5	1. Generalübernehmermodell	29
a) Beurkundungspflicht	6	2. Kopplungsverbot	34
b) Einbeziehung der VOB/B	9	IV. Besonderheiten – Steuerliche Probleme	36
c) Anwendbarkeit von § 34 c GewO und §§ 2, 3 MaBV	12		
aa) Gewerbeerlaubnis § 34 c GewO	13		

I. Abgrenzung zum Generalunternehmervertrag

Der Bauherr hat die Auswahl zwischen verschiedenen Vertragskonstruktionen, wenn er ein Bauprojekt mit einem Auftragnehmer realisieren will. Die in der Praxis wohl am häufigsten anzutreffende Vertragsform ist der **Generalunternehmervertrag**. Der Generalunternehmer steht dem Bauherrn rechtlich so gegenüber, als ob es sich um einen **Alleinunternehmer** handelte.[1] Der Unterschied zum Alleinunternehmer besteht darin, dass der Generalunternehmer zumindest zum Teil Bauleistungen nicht in eigener Person erbringt, sondern sich anderer Unternehmer zur Erfüllung seiner werkvertraglichen Pflicht bedient. 1

Im Unterschied zum Generalunternehmer führt der **Generalübernehmer keine eigenen Bauleistungen** aus. Vielmehr obliegen ihm Planungs- und Aufsichtsaufgaben.[2] Die vom Generalübernehmer zu erfüllenden Aufgaben lassen sich mit dem Begriff des **Managements** überschreiben. Er übernimmt die Rolle des Auftraggebers, indem er in eigenem Namen und auf eigene Rechung Verträge mit Subunternehmern abschließt; hierdurch wird er allerdings nicht selbst zum Bauherrn.[3] Gegenüber dem Bauherrn ist er Auftragnehmer mit einem separaten Werkvertrag. 2

Beim so genannten **Generalübernehmermodell**, auf das sich die nachfolgenden Ausführungen beziehen, verkauft oder vermittelt der Generalübernehmer ein **Grundstück** an den Auftraggeber und sichert ihm zugleich die **schlüsselfertige Übergabe** zu. Grund dieser Trennung zwischen dem Grundstückskaufvertrag und dem Vertrag über die schlüsselfertige Herstellung eines Hauses waren in der Regel steuerliche Erwägungen. 3

---

1 *Ingenstau/Korbion*, VOB, 14. Aufl., Anhang 1, Rz. 123.
2 Vgl. *Ingenstau/Korbion*, VOB, 14. Aufl., Anhang 1, Rz. 129.
3 BGH, NJW 1978, 1054; *Ingenstau/Korbion*, VOB, 14. Aufl., Anhang 1, Rz. 129.

II. Rechtliche Grundlagen

4 Risiken beim Abschluss eines Generalübernehmervertrags bestehen in erster Linie für den Käufer. Er muss darauf vertrauen, dass der Generalübernehmer den versprochenen Erfolg erbringt und dem Käufer am Ende ein schlüsselfertiges Haus übergibt.

Der Vorteil für den Auftraggeber besteht darin, dass er nicht die Betreuungs- und Steuerungsaufgaben übernehmen muss.

1. Vertragsbeziehungen

5 Der Generalübernehmervertrag besteht aus **drei verschiedenen Vertragsbestandteilen**. Er beinhaltet einen **Kaufvertrag** über das Grundstück, einen **Werkvertrag** für den Bau des Gebäudes und einen **Werkvertrag** für die zu erbringenden Planungsleistungen der Architekten und Ingenieure.

a) Beurkundungspflicht

6 Der **Kaufvertrag über das Grundstück** oder das Bruchteilseigentum einer Eigentumswohnung muss gemäß § 311 b I 1 BGB n. F. (= § 313 I 1 BGB a. F.) notariell beurkundet werden. Da meist alle Vertragsleistungen zusammen abgeschlossen werden, findet dadurch auch eine Beurkundung der anderen Vertragsbestandteile statt, § 139 BGB. Dies hat den Vorteil, dass der Auftraggeber und der Auftragnehmer noch einmal durch den Notar über ihre Rechte und Pflichten aus dem Vertrag aufgeklärt werden. Falls eine zeitliche Diskrepanz zwischen dem Abschluss des Grundstückskaufvertrags und dem Vertrag zur schlüsselfertigen Errichtung eines Hauses besteht, hat die Rechtsprechung für letztgenannten Vertrag ebenfalls eine notarielle Beurkundungspflicht angenommen, wenn die Verträge derart miteinander verzahnt sind, dass eine **rechtliche Einheit** (§ 139 BGB) der Verträge vorliegt[1], d. h. wenn die Verträge miteinander „stehen und fallen" sollen.[2] Ob dies der Fall ist, ist eine Tatfrage und bestimmt sich nach den Willen der Parteien.

7 Gerade beim Generalübernehmermodell wird der Grundstückskaufvertrag nur unter der **Bedingung** abgeschlossen, dass gleichzeitig auch ein Werkvertrag zum Bau eines Gebäudes abgeschlossen wird; umgekehrt will der Auftraggeber das Bauwerk nur gleichzeitig mit dem Grundstück erwerben.

8 Ein **eingeräumtes Kündigungsrecht** beim Generalübernehmervertrag im Falle des fehlgeschlagenen Eigentumserwerbs am Grundstück kann allerdings eine Beurkundungspflicht der Verträge mit Ausnahme des Grundstückkaufvertrags ausschließen.[3]

---

1 BGH, NJW 1981, 274.
2 BGH, DNotZ 1981, 115.
3 BGH, DNotZ 1980, 409.

b) Einbeziehung der VOB/B

Der **Bauvertrag** zwischen dem **Generalübernehmer** und den **Subunternehmern** 9
beinhaltet regelmäßig den Hinweis auf die Einbeziehung der VOB/B. Es ist in besonderem Interesse des Auftragnehmers, dass die **VOB/B „als Ganzes"** Vertragsbestandteil wird. Dies bewirkt, dass sich die gesetzliche Gewährleistungspflicht für Mängel an einem Bauwerk nach § 634 a Abs. 1 Nr. 2 BGB n. F. (§ 638 Abs. 1 BGB a. F.) von fünf Jahren auf vier Jahre reduziert (vgl. § 13 VOB/B). Denn soweit für einen Werkvertrag die VOB/B vereinbart ist, sind ihre Regelungen abschließend und gehen insoweit den Vorschriften des BGB vor.[1] Eine isolierte Vereinbarung von § 13 VOB/B ist nicht gültig[2], denn nach dem erklärten Willen des Gesetzgebers muss die VOB/B als AGB angesehen werden und unterliegt daher dieser strengen Kontrolle, soweit sie nicht als Ganzes vereinbart wurde.[3]

In der vertraglichen Beziehung zwischen **Auftraggeber** und **Generalübernehmer** 10
können nicht die Bestimmungen der VOB/B (auch nicht als Ganzes) vereinbart werden. Die projektsteuernden Leistungen des Generalübernehmers werden vom Regelungsgehalt der VOB/B, welcher durch Teil A § 1 determiniert wird, nicht erfasst.[4] Dies gilt auch dann, wenn der **Projektsteuerungsvertrag** nach werkvertraglichen Regelungen zu beurteilen ist.[5]

Da sich der Generalübernehmer auch nicht gewerbsmäßig mit der **Ausführung** 11
der Bauleistungen befasst, ist eine öffentliche Auftragsvergabe an ihn gemäß VOB/A § 8 Nr. 2 Abs. 1 nicht möglich. Zudem soll nach VOB/A § 8 Nr. 3 die Ausführung der Leistung nur an solche Unternehmen in Auftrag gegeben werden, die nach ihrer Ausstattung in der Lage sind, die **Leistung selbst auszuführen**.

c) Anwendbarkeit von § 34 c GewO und §§ 2, 3 MaBV

Vorteilhaft für den Generalübernehmer ist jedoch, dass er weder § 34 c GewO 12
noch der MaBV unterliegt. Eine Anwendung dieser Vorschriften auf die vorliegenden Vertragsbeziehungen, wie es vermehrt durch die Literatur gefordert wird, wäre dann gerechtfertigt, wenn **konkret** auch der vom Gesetzgeber beabsichtigte **Schutzzweck** der einzelnen Vorschriften erreicht werden würde. Dies kann jedoch nur im Einzelfall und unter Berücksichtigung der widerstreitenden Interessen entschieden werden. Es verbietet sich daher eine schematische Erweiterung des Anwendungsbereichs der genannten Vorschriften auf die vorliegende Vertragskonstruktion. Die Anwendbarkeit der §§ 2, 3 MaBV ist nach deren Wortlaut abhängig von der Frage, ob § 34 c GewO überhaupt auf den Generalübernehmer anwendbar ist.

---

1 *Kemper*, in: Franke/Kemper/Zanner/Grünhagen, VOB/B, § 1 Rz. 11.
2 BGH, NJW 86, 315.
3 *Ingenstau/Korbion*, VOB, 14. Aufl., Teil A, AGB-Gesetz, Rz. 45.
4 Vgl. BGH, BauR 1987, 702.
5 BGH, BauR 1999, 1469; BauR 1999, 1317; BauR 1995, 572; OLG Düsseldorf, BauR 1999, 1049; BauR 1999, 508.

aa) Gewerbeerlaubnis § 34 c GewO

13 Die Begriffsbestimmung des Bauherrn ergibt sich aus der schon im Wortlaut zum Ausdruck kommenden Ratio des § 34 c GewO, nämlich der Begrenzung der Vermögensrisiken des Auftraggebers, der ohne entsprechende Sicherheiten Vorleistungen erbringt. Ein solches **Vermögensrisiko** besteht aber dann nicht, wenn das Baugrundstück **lastenfrei** im Eigentum des Auftraggebers steht, da der Bauherr so gemäß §§ 94, 946 BGB Eigentum an allen Einbauten erwirbt. Bauherr i. S. d. § 34 c Abs. 1 Nr. 2 Buchst. a GewO ist daher nach der Rechtsprechung des BGH nicht, wer im eigenen Namen und für eigene Rechnung auf dem Grundstück seines Auftraggebers für diesen einen Bau errichtet.[1]

14 Der Generalübernehmer fällt daher nach Ansicht der Rechtsprechung nicht unter den Anwendungsbereich dieser Vorschrift, da er Leistungen auf dem Grundstück des Auftraggebers erbringt. Bauherr ist vielmehr der Auftraggeber des Generalunternehmers. Einigkeit besteht darüber, dass diese Aussage des BGH keinen Raum für eine Ausnahme bereithält.[2] Das Urteil des BGH lässt somit nicht die Auslegung zu, es gebe Fälle, in denen die Bauherrneigenschaft auch dann anzunehmen sei, wenn der Bau auf fremdem Boden stattfindet.[3]

15 Weiterhin ist der Generalübernehmer aufgrund der Vornahme von Leistungen im eigenem Namen und auf eigene Rechnung auch **kein Baubetreuer** i. S. d. § 34 c Abs. 1 Nr. 2 Buchst. b GewO, wenngleich Betreuungsleistungen von untergeordneter Rolle außer Betracht bleiben. Daher schließt der Generalübernehmer zwar einen Werkvertrag ab, welcher jedoch nicht auf eine Geschäftsbesorgung gerichtet ist.

16 Anders als beim **Bauträger-Modell**, bei dem der Bauträger auch Eigentümer des Grundstücks ist, muss der Generalübernehmer **keine gewerberechtliche Genehmigung** für seine Tätigkeiten beantragen. Somit muss er auch keine belastenden Auflagen durch die Behörde fürchten. Der Auftraggeber ist in diesem Fall aber nur unzureichend vor „schwarzen Schafen" dieser Branche geschützt, wodurch die Wahrscheinlichkeit eines eventuellen Ausfallrisikos steigt. Es erfolgt weder die Überprüfung der Vermögensverhältnisse des Generalübernehmers, noch dessen Zuverlässigkeit durch die Behörde. Sinn und Zweck des § 34 c GewO ist es jedoch, gerade das Vermögensrisiko des Auftraggebers so gering wie möglich zu halten, in Verbindung mit der MaBV gerade dann, wenn der Auftraggeber Abschlagszahlungen leistet.

17 In der **Literatur** wird teilweise entgegen der Meinung des BGH vertreten, es gebe spezifische Fallkonstellationen, in denen es gerechtfertigt sei, auch den Gewerbetreibenden als Bauherrn anzusehen, der auf dem Grundstück des Auftraggebers baut. Entsprechend dem Sinn und Zweck des § 34 c Abs. 1 Satz 1 Nr. 2 Buchst. a GewO müsste ein etwaiger Ausnahmefall dadurch gekennzeichnet sein, dass der Auftraggeber mit Risiken belastet sei, die **über das übliche Vertragsrisiko** des Auftraggebers **hinausgehen** und den Risiken ähnlich seien, die für den Auftrag-

---
1 BGH, NJW 1978, 1054; vgl. auch BGH, NJW 1984, 732, 733.
2 Vgl. BVerwG, NJW 1987, 511, 512 m. w. N.; BayObLG, GewArch 1980, 226, 228; *Goldenbaum*, Prüfungsbestimmungen für Wohnungsunternehmen, S. 43.
3 BVerwG, NJW 1987, 511 f.

geber beim Bauen auf dem eigenen Grundstück des Auftragnehmers bei Vorleistungspflicht des Auftraggebers gegeben seien.[1]

Diese Qualität wäre dann gegeben, wenn der Auftraggeber durch den Zusammenhang von Bauvertrag und Grundstückskaufvertrag risikomäßig in die Nähe der Situation gebracht würde, die beim Bau auf dem eigenen Grundstück des Generalübernehmers gegeben ist. Dies sei allenfalls dann der Fall, wenn beide Verträge dergestalt verknüpft wären, dass der Auftraggeber bei vorzeitiger Beendigung des Bauvertrags zur Rückübereignung des Grundstücks auf den Veräußerer verpflichtet wäre.[2]

Diese Problematik stellt sich auch in den Fällen, bei denen das Bauvorhaben aus **Wohnungs- oder Teilungseigentum** besteht, demnach mehrere Auftraggeber separate Verträge mit dem Generalübernehmer abschließen. Hier wird im Wege der **so genannten Vorratsteilung** schon vorab auf dem Papier durch den Generalübernehmer (im Gegensatz zum Bauherrnmodell) eine entsprechende Aufteilung vorgenommen. Es ist zu beachten, dass den jeweiligen Auftraggebern die Bauleistung nur teilweise zugute kommt, auch wenn das Eigentum des Grundstücks schon an die Auftraggeber übergegangen ist. Alleineigentum erwirbt der jeweilige Auftraggeber gerade nur an seiner Wohnung bei deren Fertigstellung bzw. an seiner Haushälfte, während er an den Bauleistungen an dem übrigen Grundstück bzw. Gebäude lediglich Miteigentum erwirbt. Demnach kommen dem Bauherrn die Bauleistungen nicht vollständig alleine zugute.

Der Auftraggeber ist zudem auf die Zahlungsmoral bzw. -fähigkeit der anderen Auftraggeber angewiesen, wenn diese überhaupt schon zur Realisierung des Projekts gefunden worden sind. Gerade solche Risiken will der Gesetzgeber im Anwendungsbereich des § 34c GewO vermeiden. Grundstückskaufpreis und Werklohn sollten daher nicht fällig gestellt werden, solange noch nicht **Wohnungsgrundbücher** gebildet oder zumindest **Vormerkungen** im Grundbuch eingetragen wurden.[3]

bb) §§ 2, 3 MaBV

Auch unterliegt der Generalübernehmer **nicht** den Vorschriften der MaBV[4], da das Grundeigentum in der Regel lastenfrei vor Baubeginn an den Auftraggeber übertragen wird. Dies hat jedoch auch zur Folge, dass die Regelung des § 3 Abs. 2 MaBV bezüglich der Leistung von Abschlagszahlungen nach Baufortschritt **keine Anwendung** findet. Dies ist ein **entscheidender Unterschied zum Bauträgervertrag**, bei dem die Errichtung des Hauses und der Verkauf des Grundstücks als Einheit behandelt werden, und der Bauträger Abschlagszahlungen von der gesamten Vertragssumme (!) nur nach Fertigstellung der in § 3 Abs. 2 MaBV aufgeführten Bauabschnitte fordern darf.

---

1 So auch BVerwG, NJW 1987, 512.
2 *Locher/Koeble*, Baubetreuungs- und Bauträgerrecht, 4. Aufl., Rz. 44; *Goldenbaum*, S. 45; so auch BVerwG, NJW 1987, 511 f. m. w. N.
3 *Reithmann/Meichsner/von Heimann*, Kauf vom Bauträger, 6. Aufl., D Rz. 44.
4 Vgl. nur *Ingenstau/Korbion*, VOB, 14. Aufl., Anhang 1, Rz. 131 m. w. N.

22 Die Anwendung kann aus der Überlegung heraus verneint werden, dass es sich bei diesen Vertragsbeziehungen um nichts anderes als um ein „Bauherrn-Modell" handelt. Der **Auftraggeber** lässt auf seinem eigenen Grundstück bauen und ist daher **selbst Bauherr**. Demnach kann es trotz des Generalübernehmervertrags nicht als nachteilig für ihn angesehen werden, wenn er die damit verbundenen Risiken trägt.[1]

23 Zwar wird gelegentlich in der Literatur[2] vertreten, dass die MaBV auf das Generalübernehmermodell angewendet werden soll. Die herrschende Meinung[3] lehnt dies jedoch ab. Nach § 632 a BGB kann der Unternehmer nun auch Abschlagszahlungen für in sich abgeschlossene Teile des Werks verlangen, wenn dies nicht vereinbart worden ist.

24 An eine entsprechende Anwendung könnte allenfalls dann wieder gedacht werden, wenn der Auftraggeber noch nicht lastenfreies Eigentum am Grundstück erworben hat. In diesem Fall befindet er sich in derselben Position, als wenn ihm ein Bauträger gegenüberstünde.

Hinweis:
Der Auftraggeber sollte dann zumindest eine **Sicherheitsleistung** für das Bauvorhaben mit dem Generalübernehmer vertraglich vereinbaren, von deren Bestand die Zahlungen von Abschlägen abhängig gemacht werden sollte.

25 Die MaBV kann lediglich dann als Kriterium herangezogen werden, wenn der Generalübernehmer **formularmäßig** die Zahlungen von **Abschlägen** in seinen Verträgen vereinbart.

2. Gewährleistung

26 Durch das **besondere Vertrauensverhältnis**, welches der Käufer dem Generalübernehmer entgegenbringt, ist es üblich, dass der Generalübernehmer bis zur Abnahme und Übergabe des Hauses mit dem Grundstück gemäß § 644 BGB die **Haftung** für auftretende Schäden übernimmt. Dafür muss er dem Auftraggeber eine Betriebshaftpflichtversicherung nachweisen können. Die Gewährleistung erstreckt sich dabei nicht nur auf die Bauleistungen, sondern auch auf etwaige Planungs- und Überwachungsfehler. Somit trägt der Generalübernehmer alle Risiken, die während des Baus auftreten können, insbesondere das **Bonitätsrisiko** für seine Subunternehmer.

27 Inwiefern der Generalübernehmer auch für die **Bebaubarkeit des Grundstücks** einstehen muss, ist umstritten. Bisher ist dieser Aspekt noch nicht gerichtlich entschieden worden. Die Auffassung, der Generalübernehmer müsse vollständig haften, kann mit der vertraglichen Verpflichtung des Generalübernehmers zur Übernahme von Planungsdienstleistungen begründet werden. Zum **Umfang der Planungsleistungen** gehört es auch, dass sowohl die Genehmigungsfähigkeit des Bauvorhabens wie auch die Bebaubarkeit des Grundstücks zu prüfen sind.

---

1 Landesnotarkammer Bayern, Bauträgermerkblatt (1. 8. 1987).
2 *Koeble*, Probleme des Generalübernehmermodells, NJW 1992, 1142, 1145.
3 *Brych/Pause*, Bauträgerkauf und Baumodelle, 3. Aufl., Rz. 1177.

Eine andere Auffassung[1] befreit den Generalübernehmer von der Haftung mit der 28
Begründung, dass durch den Grundstückskaufvertrag, der vor Beginn der Bauleistungen geschlossen wird, der Auftraggeber Eigentümer des Grundstücks wird und somit selbst mögliche Baubeeinträchtigungen als Eigentümer zu verantworten hat. Der letztgenannten Auffassung kann nicht gefolgt werden, da der Auftraggeber zumeist keine eigenen Leistungen erbringen will, bevor er nicht in das Haus einzieht. Für ihn ist es von großer Bedeutung, dass ihm die Bauausführungen und Planungen von kompetenter Hand abgenommen werden. Deswegen kann nicht davon ausgegangen werden, dass er die Verantwortung für mögliche Probleme bei der Bebaubarkeit des Grundstücks übernehmen will. Somit haftet der Generalübernehmer auch für die Bebaubarkeit des Grundstücks.

Übersicht

Risiken für den Auftraggeber	Vorteile für den Auftraggeber
▷ Generalübernehmer ist kein Gewerbetreibender i. S. d. § 34 c GewO → fehlende Zuverlässigkeitsprüfung	▷ Erstellung eines schlüsselfertigen Hauses ohne seine Mitwirkung
▷ Keine Anwendbarkeit der §§ 2, 3 MaBV aber: § 632 a BGB betreffend Abschlagzahlungen; keine gesetzliche Regelung für Sicherheitsleistungen (Bürgschaft)	▷ Übernahme der Bauleistungen, Projektsteuerung, Bauleitung und Überprüfung
▷ Kein unmittelbarer Einfluss auf die ausführenden Bauunternehmen	▷ Notarielle Beurkundungspflicht des Generalübernehmervertrags bei rechtlicher Einheit mit dem Grundstückskaufvertrag
▷ Erhöhtes Ausfallrisiko, da Vertragspartner lediglich der Generalübernehmer ist und Leistungen nicht auf mehrere Gesellschaften verteilt sind (Insolvenz!)	▷ Kein Einbezug der VOB/B „als Ganzes" zwischen Auftraggeber und Generalübernehmer → keine Verkürzung von Gewährleistungsfristen

III. Vertragsgestaltung

1. Generalübernehmermodell

Beim Generalübernehmermodell gibt es verschiedene Gestaltungsmöglichkeiten. 29
Je nach Gestaltungsmöglichkeit existieren auch verschiedene Vertragsbeziehungen.

Die **Standard-Variante** ist, dass eine Gesellschaft, in der Regel eine Wohnungsbaugesellschaft, Eigentümer eines Grundstücks ist und dieses mit mehreren Häusern bebauen will. Sie sucht nun sowohl für das Grundstück als auch für das

---

1 *Brych/Pause*, Bauträgerkauf: Vom Generalübernehmer- zum Mehrwertsteuermodell?, NJW 1990, 545, 546.

Haus einen Käufer. Der Käufer kauft das Grundstück mittels eines Kaufvertrags. Gleichzeitig wird zwischen der Gesellschaft und dem Käufer ein Bauvertrag abgeschlossen, der die Gesellschaft verpflichtet, ein „schlüsselfertiges" Haus auf dem Grundstück zu errichten.

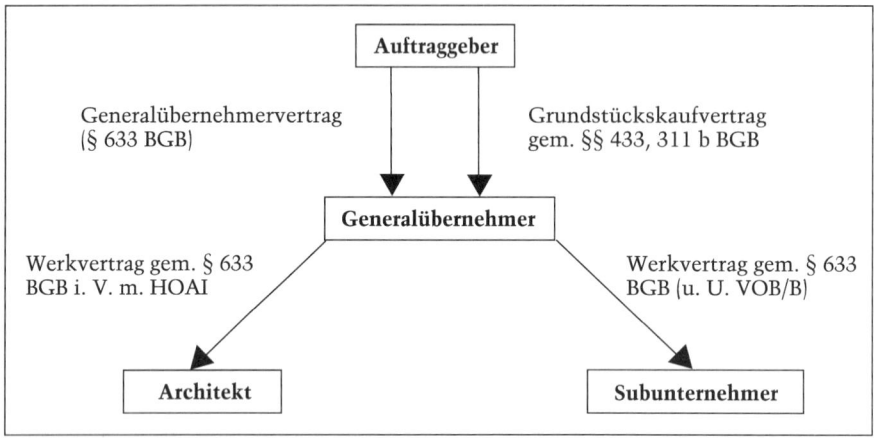

30   In diesem Fall bestehen direkte Vertragsbeziehungen zwischen dem Generalübernehmer und dem Käufer. Der Käufer hat auf die Fertigstellung des Hauses nur begrenzten Einfluss. Auch hat er keine Möglichkeiten, Ansprüche gegen vom Generalübernehmer beauftragte Handwerker geltend zu machen (es sei denn die vertragliche Vereinbarung zwischen ihm und der Gesellschaft sieht dies vor). Diese Variante ähnelt dem typischen Bauträgervertrag, so dass man hier auch vom **verdeckten Bauträgermodell** spricht. Ob in diesem Fall die MaBV anwendbar ist, wurde höchstrichterlich noch nicht entschieden.

Hinweis:
Da auf einem unparzellierten Gesamtgrundstück in aller Regel zugleich eine Globalgrundschuld lastet, kann ein solcher Vertrag aber nicht anders als nach der MaBV durchgeführt werden.

31   Von der üblichen „Zweier-Konstellation" (Verkäufer ist auch Eigentümer des Grundstücks) ist die **„Dreier-Konstellation"** zu unterscheiden. Hierzu sucht sich der Generalübernehmer zunächst ein im Eigentum eines Dritten stehendes Grundstück, welches zu seinem Bauvorhaben passt. Mit dem Grundstückseigentümer wird vereinbart, dass dieser das Grundstück an eine noch zu nennende Person verkauft. Der Generalübernehmer wird dann einen Interessenten für das Grundstück suchen, welcher gleichzeitig mit ihm einen Vertrag über die schlüsselfertige Herstellung eines Hauses abschließt. Diesen Interessenten wird der Generalübernehmer zu einem späteren Zeitpunkt dem Grundstückseigentümer als Käufer benennen.

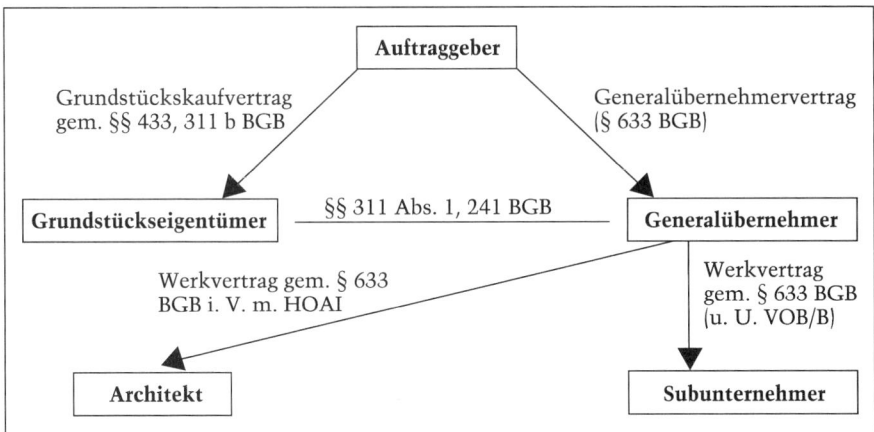

Der Vorteil für den Generalübernehmer besteht darin, dass er den Abschluss des Grundstückskaufvertrags von dem Abschluss des Generalübernehmervertrags abhängig machen kann. Insoweit wird er bei den einzugehenden Verträgen darauf achten, dass er sich die **Annahme** dieser Verträge **bis zur Klärung der Durchführbarkeit** des Bauvorhabens **vorbehält**, wogegen der Grundstückseigentümer und der Interessent durch deren Angebotsabgabe schon einseitig gebunden sind.

Beiden Konstellationen ist es jedoch immanent, dass sie dem Käufer **keinen Einfluss auf die Bauausführung** ermöglichen. Der Käufer muss darauf vertrauen, dass der Vertragspartner seinen vertraglichen Pflichten nachkommt. Er hat keinen Einfluss auf den Prozess der Planung oder Bauerstellung.

2. Kopplungsverbot

Unzulässig ist es, wenn freiberufliche **Ingenieure oder Architekten** zusätzliche Leistungen versprechen, indem sie z. B. vollständig alle Bau- und Planungsleistungen zu übernehmen bereit sind und dem Interessenten darüber hinaus das Grundstück zu vermitteln gedenken und damit wie ein Generalübernehmer, Bauträger oder Baubetreuer agieren.[1] Art. 10 § 3 MRVG ist nämlich bewusst weit gefasst, um **jegliche Kopplung** zwischen Grundstückserwerb und Architektenauftrag zu **unterbinden**.[2] Nach dieser Norm ist eine Vereinbarung unwirksam, durch die der Grundstückserwerber sich im Zusammenhang mit dem Erwerb verpflichtet, bei der Planung oder Ausführung eines Bauwerks auf dem Grundstück die Leistung eines bestimmten Ingenieurs oder Architekten in Anspruch zu nehmen.

Hat der Erwerber sich dagegen an ein Unternehmen gebunden, das Baubetreuung im engeren oder weiteren Sinn betreibt, also an einen **Baubetreuer** oder an einen **Bauträger**, so hat der BGH wegen des diese Unternehmen kennzeichnenden, mit

---
1 BGHZ 70, 55, 60; BGH, NJW 1984, 732, 733.
2 BGH, NJW 1983, 227; NJW 1984, 732, 733.

dem des Architekten nicht zu vergleichenden Berufsbilds einen Verstoß gegen das Kopplungsverbot grundsätzlich verneint.[1] Andernfalls wäre die Tätigkeit von Wohnungsbauunternehmen, die Grundstücke erschließen und die erschlossenen Grundstücke für Rechung des Erwerbers im **so genannten Betreuungsbau** bebauen lassen, stark behindert. Wohnungsbauunternehmen soll es, so die Intention des Gesetzgebers, ermöglicht werden, mit Hilfe von Kopplungsverträgen ihre Planung durchzusetzen.[2]

IV. Besonderheiten – Steuerliche Probleme

36 Der Generalübernehmervertrag ist in letzter Zeit **in der Praxis seltener aufgetreten**. Dies hat vor allem steuerliche Gründe. Verkauft eine Wohnungsbaugesellschaft einem Kunden ein Haus inklusive Grundstück schlüsselfertig, muss der Kunde sowohl auf den Wert des Grundstücks als auch auf den Wert des Hauses **Grunderwerbssteuer** zahlen. Ferner ist in den erbrachten Bauleistungen beim Hausbau **Umsatzsteuer** enthalten, die sich in der Regel im Kaufpreis niederschlägt. Gerade die Erhöhung der Grunderwerbssteuer auf 3,5 % hat das Generalübernehmermodell unrentabel gemacht. Zwar hat es Versuche gegeben, wenigstens eine Umsatzsteuerbefreiung nach § 4 Nr. 9 Buchst. a UStG zu erreichen. Diese sind jedoch alle durch den BFH abgelehnt worden.

37 Auch der Abschluss von **zwei getrennten Verträgen** (zunächst die Grundstücksübereignung und anschließend die Erbringung der Bauleistungen) hatte steuerlich keinen Erfolg. Zumeist enthielten die Grundstückskaufverträge Klauseln, die den Käufer zum Abschluss eines weiteren Vertrags mit dem Verkäufer des Grundstücks zwecks einer Bebauung verpflichteten. Schließlich wollte der Verkäufer sichergehen, dass er auch die nachfolgenden Bauleistungen erbringen konnte. Dementsprechend waren die Verkaufspreise für das Grundstück zumeist sehr niedrig, um zum einen Steuern und zum anderen Gebühren zu sparen. Die Finanzverwaltung und der BFH sind in diesen Fällen jedoch davon ausgegangen, dass es sich um ein zusammengehöriges Geschäft handelt, so dass beide Vorgänge **steuerlich als Einheit** betrachtet werden müssen. Folglich konnte durch die Trennung der beiden Verträge keine Steuererleichterung erzielt werden.

38 **Hinweis:**
Somit steht sich der Kunde steuerlich wesentlich besser, wenn er erst ein unbebautes Grundstück kauft und danach durch einen Generalunternehmer dieses bebauen lässt.

Daher ist das Generalübernehmermodell aufgrund der doppelten Steuerbelastung in der Praxis eher die Ausnahme. In der Regel handelt es sich um gemeinnützige Wohnungsunternehmen, die diese Konstellation noch anwenden.

---

1 BGHZ 63, 302; BGH, NJW 1984, 732, 733.
2 BT-Drucks. VI/2421, S. 6.

Checkliste: Abschluss des Generalübernehmervertrags

▷ Notarielle Beurkundungspflicht des Generalübernehmervertrags bei rechtlicher Einheit mit dem Grundstückskaufvertrag

▷ Keine Einbeziehung der VOB/B „als Ganzes" im Generalübernehmervertrag möglich, lediglich im Verhältnis des Generalübernehmers zu den Subunternehmern

▷ Nachweis einer ausreichenden Betriebshaftpflichtversicherung durch den Generalübernehmer

▷ Einstandspflicht des Generalübernehmers für die Bebaubarkeit des Grundstücks?

▷ Individualvereinbarung über den Ausschluss der Zug-um-Zug-Leistung gemäß § 320 BGB bei Forderung von Abschlagszahlungen

▷ Abschlagszahlungen bei Formularverträgen nur im Rahmen von § 307 BGB (Maßstab des § 3 MaBV beachten); neu: gesetzlicher Anspruch auf Abschlagszahlungen nach Maßgabe von § 632 a BGB

▷ Nachweis einer Bürgschaft durch den Generalübernehmer zur Absicherung der durch ihn zu erbringenden Leistung, insbesondere bei Erhalt von Abschlagszahlungen

▷ Gewährleistung, dass geleistete Abschlagszahlungen nur im Bauprojekt des Auftraggebers eingesetzt werden

▷ Leistungen von Abschlagszahlungen in der Regel erst dann, wenn der Auftraggeber schon lastenfreies Eigentum an dem Grundstück erworben hat

▷ Kündigungsrecht des Auftraggebers im Fall eines fehlgeschlagenen Grundstückskaufvertrags

# Teil 14
Projektsteuerung

	Rz.
I. Einführung	1
1. Allgemeines	2
a) Historische Entwicklung	3
b) Rechtliche Regelungen	5
aa) § 31 HOAI	6
bb) DVP-Vorschlag vom August 1998	9
c) Rechtsprechung und Literatur	11
2. Begriff	12
II. Zur Person des Projektsteuerers und Abgrenzung seiner Tätigkeit zu anderen Baubeteiligten	16
1. Abgrenzung zu anderen Baubeteiligten	17
a) Bauherr/Auftraggeber	18
b) Planer und bauausführende Unternehmen	21
c) Projektentwicklung/Projektmanagement/Baucontrolling etc.	24
2. Zur Person des Projektsteuerers	28
a) Berufsaufgabe der Architekten und Ingenieure?	28
b) Neutralität und Unabhängigkeit des Projektsteuerers	29
c) Geeignete Berufsgruppen	30
III. Leistungsbereiche und Aufgabenprofile des Projektsteuerers	32
1. Systematik	33
2. § 31 HOAI	36
a) Allgemeines	37
b) Leistungskatalog des § 31 Abs. 1 Satz 2 HOAI	40
aa) Nummern 1, 2, 3, 5 des Leistungskatalogs	41
bb) Nummern 4, 6, 7, 8 des Leistungskatalogs	45
3. Exkurs: Projektsteuerung und zulässige Rechtsberatung/Abgrenzung zum juristischen Projektmanagement	50
a) Juristisches Projektmanagement	50
b) Zulässige Rechtsberatung der Projektsteuerer	51
c) Folgen eines Verstoßes gegen das Rechtsberatungsgesetz	58

	Rz.
IV. Rechtsnatur des Projektsteuerungsvertrags	62
1. Dienst- oder Werkvertrag	62
2. Leistungskatalog des § 31 HOAI als Werkvertrag	65
3. Projektsteuerung als Geschäftsbesorgung gemäß § 675 BGB	67
V. Ausgewählte Rechtsprobleme beim Projektsteuerungsvertrag	68
1. Abnahme des Projektsteuerungswerks	69
2. Ansprüche bei Mängeln der Projektsteuererleistung	74
a) Mangelbegriff	76
b) Zu einzelnen Mängelansprüchen des Auftraggebers	80
aa) Nacherfüllung	80
bb) Selbstvornahme	84
cc) Rücktrittsrecht	86
dd) Minderung	88
ee) Schadensersatzanspruch	90
c) Verjährung der Mängelansprüche	94
d) Sonderprobleme	95
aa) Haftung für Terminüberschreitung	96
bb) Haftung für Bausummenüberschreitung	99
3. Kündigung	103
a) Ordentliche Kündigung	104
b) Außerordentliche Kündigung	111
4. Mitverschuldens- und Gesamtschuldfragen	115
a) Mitverschulden	116
b) Gesamtschuldner	118
5. Vollmacht	122
6. Sonstiges	125
a) Haftpflichtversicherung	125
b) Vergabe von Projektsteuererleistungen	126
c) Stufenweise Auftragsvergabe	127
7. Besonderheiten eines „reinen" Dienstvertrags	129
a) Erfüllung und Pflichtverletzung	130

	Rz.		Rz.
b) Kündigung des Dienstvertrags	132	c) Honoraranpassungen	146
VI. Rechtsfragen im Rahmen von Honorarvereinbarungen	135	2. Fälligkeit und Verjährung des Honorars	148
1. Allgemeines	135	3. Sicherung des Honorars	151
a) Freie Vereinbarkeit	135	VII. Musterformulierungen	154
aa) Werkvertragsrecht des BGB	139	1. Einleitung	154
bb) § 31 HOAI	141	2. Mustervertrag	156
cc) DVP-Vorschlag	142	VIII. Anhang: §§ 204, 205 DVP-Vorschlag von August 1998	157
b) Honorarhöhe	143		

I. Einführung

1 Bezeichnungen wie „Architekt", „Ingenieur" sind seit jeher nicht nur aufgrund der gesetzlich vorgeschriebenen Ausbildung und sonstiger Festlegungen inhaltlich wie begrifflich definiert. Für den Namen Projektsteuerer bzw. Projektsteuerung gilt dies nicht. Er bietet zunächst nichts anderes als eine **griffige Bezeichnung** für eine fast **beliebige Anzahl von Tätigkeiten** im Rahmen eines Bauvorhabens, unter der jedoch die Verwender dieses Begriffs in praktisch jedem Einzelfall etwas anderes verstehen. Hinzu kommt, dass nicht einmal das Wort Projektsteuerer „gesichert" ist; mitunter werden auch synonyme Wortschöpfungen wie Baumanagement[1], Projektmanagement[2], Baucontrolling[3] u. Ä. verwendet.[4] Die Projektsteuerung wird auch als „juristische terra incognita"[5] oder als **„Berufsbild ohne Rechtsgrundlage"**[6] bezeichnet.

1. Allgemeines

2 Die Unschärfe in der begrifflichen wie inhaltlichen Definition des Projektsteuerers ist zum einen der historischen Entwicklung dieses Berufsbilds, zum anderen der inhaltlichen Weite und hierdurch schwierigen **Abgrenzung zu den hergebrachten Funktionen** der einzelnen Baubeteiligten geschuldet.

a) Historische Entwicklung

3 Die Projektsteuerung stellt sich historisch gesehen als die allmähliche und bei weitem noch nicht abgeschlossene Entstehung eines neuen Berufsbildes dar, hervorgerufen weniger durch allgemeine technische Fortschritte als durch die stetig wachsende Komplexität größerer Bauvorhaben. Insbesondere die steigende Zahl von Baubeteiligten (namentlich Bauausführenden sowie Trägern öffentlicher Belange), ferner auf der Finanzierungsseite (Kreditgeber, öffentliche Mittel, Bau-

---

[1] *Heinrich*, BauR 1986, 524 ff.
[2] *Heinrich*, BauR 1986, 524 ff.; *Wagner*, BauR 1991, 665 ff.
[3] *Will*, BauR 1984, 333 ff.; *Heinrich*, Der Baucontrollingvertrag, 1 et passim.
[4] *Pott/Dahlhoff/Kniffka*, HOAI, § 31 Rz. 1; *Stapelfeld*, BauR 1994, 698; *Eschenbruch*, Recht der Projektsteuerung, 2. Aufl. 2003, Rz. 169 ff.
[5] *Stapelfeld*, BauR 1994, 693 ff.
[6] *Quack*, BauR 1995, 27 ff.

herrngemeinschaften usw.) hat die Entstehung eines **Schnittstellenkoordinators** geradezu erzwungen. Sei es aufgrund der finanziellen oder volumenmäßigen Größe eines Bauvorhabens, sei es aus anderen, prinzipiellen Gründen entscheiden sich Bauherrn in zunehmendem Maße, einen Projektsteuerer an ihre Seite zu stellen. Dabei kann dahinstehen, ob dies freiwillig aus besserer Einsicht geschieht oder faktisch erzwungen wird aufgrund der Notwendigkeit, das unternommene Bauvorhaben „im Griff" zu halten. Die Notwendigkeit und Bedeutung der Projektsteuerung, wie sie sich in den vergangenen rund 50 Jahren entwickelt hat, kann jedenfalls nicht bezweifelt werden. Es dürfte zutreffend sein, anzunehmen, dass ein Bauherr ab einer bestimmten Größe seines Bauvorhabens, aber auch bei dessen besonderer Komplexität, nicht nur aus organisatorischen, sondern gerade auch aus wirtschaftlichen Gründen grob fahrlässig gegen die eigenen Interessen handelt, wenn er darauf verzichtet, einen erfahrenen Projektsteuerer einzuschalten.

Für die **zukünftige Entwicklung**[1] darf ohne weiteres unterstellt werden, dass die inhaltliche und wirtschaftliche Bedeutung des Projektsteuerers für ein Bauvorhaben noch erheblich zunehmen wird, sei es aus Gründen der Kostenkontrolle, sei aus dem Zwang, die in Deutschland noch sehr defizitäre Bauorganisation zu verbessern. 4

Hinweis:
Darüber hinaus werden die Projektsteuerer tendenziell immer mehr Aufgaben der Projektentwicklung und der Planung integrieren, da erfahrungsgemäß die Ursachen für die nachhaltigsten Fehler im Verlauf eines Bauvorhabens bereits vor dem tatsächlichen Baubeginn gesetzt werden.

b) Rechtliche Regelungen

Der Gesetzgeber hat sich bereits relativ früh[2] gehalten gesehen, mit § 31 HOAI die bis heute **einzige rechtliche Regelung** zur Projektsteuerung zu schaffen. 5

aa) § 31 HOAI

Diese Norm beinhaltet keinerlei begriffliche Definition oder Umschreibung des Berufsbildes, sondern regelt **ausschließlich Honorarfragen** für bestimmte Tätigkeiten[3], die typisch für einen Projektsteuerer sein *sollen*. Aus Sicht des Gesetzgebers mag die Einordnung des Projektsteuerers in die HOAI folgerichtig gewesen sein, zumal die in § 31 HOAI enthaltenen Leistungsbilder zum Teil „originäre" Architekten- und Ingenieurleistungen umfassen.[4] Darüber hinaus zeigt die Einordnung in Teil III der HOAI (zusätzliche Leistungen), dass der Gesetzgeber wohl davon ausging, die vom Bauherrn bereits beauftragten Architekten und Ingenieure würden überwiegend auch diese zusätzlichen Leistungen übernehmen. 6

---

1 Informativ: *Eschenbruch*, Projektsteuerung, Rz. 39 ff.
2 In der heutigen Fassung durch 4. ÄVO zur HOAI zum 1. 1. 1977; vgl. auch *Pott/Dahlhoff/Kniffka*, HOAI, § 31, Rz. 1.
3 *Pott/Dahlhoff/Kniffka*, HOAI, § 31, Rz. 3.
4 Vgl. aber die harsche Kritik von *Quack*, BauR 1995, 27, 28.

7 Hierdurch gerät der Gesetzgeber jedoch in einen wesentlichen Zielkonflikt, der sich sogar in dem Leistungsbild des § 31 HOAI unmittelbar widerspiegelt: Einerseits soll es zum idealtypischen Bild des Projektsteuerers gehören, dass er mehrere Fachbereiche nicht nur koordiniert, sondern auch kontrolliert – wozu dann eben auch die Kontrolle der Bauüberwachung durch Architekten (gemäß § 15 HOAI – Leistungsphase 8) gehört. Bei einer Personalunion von Architekt und Projektsteuerer müsste also der Architekt sich selbst überwachen – ein unmögliches Ergebnis. Dies gilt andererseits auch umgekehrt, da der Projektsteuerer z. B. nicht Bauüberwachung und Planung (vollständig) übernehmen kann, die er sodann kontrollieren soll.[1]

8 Eine rechtliche und tatsächliche Notwendigkeit für den Erlass des **§ 31 HOAI** bestand nicht.[2] Sie besteht erst recht nicht mehr, seit der Bundesgerichtshof § 31 Abs. 2, 1. HS. HOAI für nichtig erklärt hat.[3] Zudem kann füglich bezweifelt werden, ob die Norm überhaupt zulässig ist; ihre **Verfassungswidrigkeit** ist wiederholt und mit guten Gründen geltend gemacht worden.[4] Einstweilen gilt sie jedoch fort mit dem wesentlichen Regelungsinhalt, dass für die in § 31 Abs. 1 HOAI bezeichneten Leistungen das Honorar frei und ggf. neben den weiteren Honorarregelungen der HOAI vereinbart werden kann.[5]

bb) DVP-Vorschlag vom August 1998

9 Nach Erlass des § 31 HOAI sind verschiedentliche Versuche unternommen worden, sowohl das Leistungsspektrum als auch die Begrifflichkeit des Projektsteuerers näher zu definieren.[6] Ergebnis dieser Versuche ist jedoch letztlich nur, dass sie Inhalt und Umfang der Tätigkeiten eines Projektsteuerers immer weiter und feiner ausdifferenzierten und ferner Vorschläge für einen Honorarrahmen entstanden. Hervorzuheben ist ein Vorschlag der AHO-Fachkommission Projektsteuerung im DVP vom August 1998[7] – **DVP-Vorschlag** – der in sehr umfassender Weise versucht, die Tätigkeit eines Projektsteuerers zu erfassen und seine Honorierung zu regeln. Der Vorschlag der DVP-Fachkommission sieht hierzu die Einführung von 13 neuen Paragrafen in der HOAI vor.

---

1 *Werner/Pastor*, Der Bauprozess, 10. Aufl., Rz. 1428.
2 *Quack*, BauR 1995, 27 ff.
3 BGH, BauR 1997, 497.
4 *Quack*, BauR 1995, 27 ff.; a. A. *Kämmerer*, BauR 1996, 162 ff.
5 Allerdings hat der Projektsteuerer sehr darauf zu achten, dass Architekten- und Ingenieurleistungen, wie sie in den Teilen II und V der HOAI geregelt sind, nicht den (oder einen) wesentlichen Teil seiner Aufgaben darstellen. Dann sind die Preisgrenzen des § 4 HOAI zu beachten und ist ggf. eine getrennte Abrechnung der einzelnen Architekten-/Ingenieur- und Projektsteuerungsleistungen erforderlich – vgl. OLG Nürnberg, BauR 2001, 438; *Eschenbruch*, Recht der Projektsteuerung, Rz. 840 ff.; *Locher/Koeble/Frik*, HOAI, § 31, Rz. 23; *Pott/Dahlhoff/Kniffka*, HOAI, § 31, Rz. 3 ff.
6 Vgl. die Darstellungen bei *Eschenbruch*, Recht der Projektsteuerung, Rz. 77 ff.
7 Untersuchungen zum Leistungsbild des § 31 HOAI und zur Honorierung für die Projektsteuerung, Nr. 9 der Schriftenreihe des DVP-Ausschusses der Ingenieurverbände und Ingenieurkammern für die Honorarordnung e. V., Stand August 1998, erhältlich bei der DVP, Spandauer Damm 73, 14059 Berlin.

Es hat sich seither gezeigt, dass die **Praxis**[1] den DVP-Vorschlag durchaus zur Vertrags- oder Rechtsgrundlage heranzieht und damit als wesentliches Element der Beurteilung dient, welchen Inhalt und welche Rechtsnatur der konkrete Projektsteuerungsvertrag bietet. Der DVP-Vorschlag ist im relevanten „Markt" bekannt und hat sich in gewissem Umfang durchgesetzt; zumindest benutzen ihn die Beteiligten bei Vertragsgestaltung und zur Schlichtung von Streitfragen. Es besteht sogar die nicht unbegründete Vermutung, dass der DVP-Vorschlag gerade deshalb Wirksamkeit entfaltet und harmonisierend wirkt, weil er nicht Rechtsnorm geworden ist – denn die inhaltliche Weite des Leistungsspektrums bei der Projektsteuerung steht einer stets eingrenzenden Normierung entgegen. Der Projektsteuerer ist praktisch der einzige Baubeteiligte, dessen Leistungsspektrum allein vom konkreten Willen und den Fähigkeiten des Bauherrn abhängt.

c) Rechtsprechung und Rechtsliteratur

Während die Rechtsliteratur zur Projektsteuerung inzwischen nennenswerten Umfang angenommen hat[2], bleibt die hierzu ergangene **Rechtsprechung** ausgesprochen „**dünn**".[3] Dies mag zum einen daran liegen, dass die Parteien eines Projektsteuerungsvertrags die bei einem bestimmten Bauvorhaben vom Projektsteuerer zu leistenden Aufgaben und Tätigkeiten exakt bestimmen und das Honorar frei vereinbaren müssen. Dass Parteien die wesentlichen Rechtsprobleme eines Projektsteuerungsvertrags, auf die noch einzugehen sein wird (vgl. Rz. 60 ff., 65 ff.), häufig schlicht nicht wahrnehmen, steht auf einem anderen Blatt.[4] Schließlich mag auch eine Rolle spielen, dass ein großer Teil der Leistungen eines Projektsteuerers solcher Natur ist, die eine außergerichtliche Einigung über Streitpunkte, insbesondere vertragsgemäße Erbringung, Mängel und dem Bauherrn entstandene Schäden, nahe legt.

2. Begriff

Eine Definition des Begriffs Projektsteuerung oder Projektsteuerer gibt es nicht – weder rechtlich noch inhaltlich. Dies liegt in der eigentümlichen Stellung des Projektsteuerers begründet, der nicht als einfacher Auftragnehmer eines Bauherrn bei der Erstellung bzw. Herstellung eines Bauwerks oder dessen Durchführung eingesetzt wird. Der Projektsteuerer **steht auf der Seite des Bauherrn**, nicht jedoch auf Seiten der bauausführenden Auftragnehmer (einschließlich Planern).

---

1 Z. B. OLG Düsseldorf, BauR 1999, 1049.
2 Vgl. Schrifttumshinweise.
3 Auswahl: BGH, NJW 2000, 202 – Kündigung eines Projektsteuerungsvertrags aus wichtigem Grund wegen Störung der Vertrauensbeziehung; BGH, BauR 1999, 1317 – Projektsteuerungsvertrag: Dienst- oder Werkvertrag; BGH, NJW 1997, 1694 – Kein Schriftformerfordernis für Projektsteuerungsvertrag wegen Unwirksamkeit des § 31 HOAI; BGH, BauR 1995, 572 – Zum Vertragscharakter eines Projektsteuerungsvertrags; OLG Nürnberg, BauR 2001, 438 – Projektsteuerung und Architektenleistungen: Getrennte Honorarberechnung erforderlich; OLG Dresden, Urteil v. 29. 7. 1999 – 16 U 687/98, NJW-RR 2000, 652, IBR 2000, 559; Projektsteuerungsvertrag: Fristlose Kündigung wegen Wechsel des Ansprechpartners; OLG Düsseldorf, BauR 1999, 1049 – Projektsteuerungsvertrag nach DVP-Modell als Dienstvertrag.
4 Zum Baubetreuer: BGH, BauR 2000, 1762 – Baubetreuerhaftung für Planungs- und Überwachungsfehler; BGH, BauR 1994, 776 – Haftung des Baubetreuers.

Dies gilt unabhängig von der Tatsache, dass er rechtlich selbstverständlich Auftragnehmer des Bauherrn ist.

13 **Wesentliches tatsächliches Merkmal** der Tätigkeit eines Projektsteuerers ist es, dass er bei einem, zumeist größeren oder sonst komplexen Bauvorhaben originäre, aber delegierbare Aufgaben des Bauherrn für den Bauherrn wahrnimmt. Damit tritt auch der Kern des Problems zu Tage, warum eine allgemeingültige Definition des Begriffs „Projektsteuerer" nicht gelingt: Kennzeichnend sind nicht allein oder vorrangig der vereinbarte Umfang, Inhalt oder die Qualität der Projektsteuerungsleistungen im Einzelfall, sondern der tatsächliche Umstand, dass (ob) der Projektsteuerer Aufgaben des Bauherrn gegenüber den anderen Baubeteiligten und Dritten im Rahmen eines Bauvorhabens wahrnimmt. Projektsteuerung stellt so „die neutrale und unabhängige **Wahrnehmung delegierbarer Auftraggeberfunktionen** in technischer, wirtschaftlicher und rechtlicher[1] Hinsicht"[2] dar.

14 Als unmittelbare Folge dieser Grundeigenschaft des Projektsteuerungsvertrags tritt als weiteres tatsächliches Element die **typische Schnittstellenfunktion** des Projektsteuerers zwischen dem Bauherrn/Auftraggeber und den anderen Baubeteiligten und Dritten hinzu. Dabei können sich die Leistungen eines Projektsteuerers durchaus mit denen anderer Baubeteiligter überschneiden, gelegentlich sind gewisse „Dopplungen" oder Konkurrenzen nicht zu vermeiden. Letztlich ist Projektsteuerung bzw. ein Projektsteuerungsvertrag also ein weniger von den vereinbarten Leistungen als von seinem äußeren Erscheinungsbild und dem Willen der Parteien (Vertreter des Bauherrn) geprägter Typus.

15 **Projektsteuerung** liegt demnach vor, wenn der Projektsteuerer

▷ für und „anstelle" des Bauherrn[3],

▷ originäre[4] Aufgaben dieses Bauherrn, soweit sie delegierbar sind,

▷ bei einem (durchweg größeren oder komplexen) Bauvorhaben,

▷ mit mehreren[5] Fachbereichen,

übernimmt. Art und Umfang dieser Aufgaben lassen sich zwar gewissen Typen zuordnen und im Allgemeinen auch von den Aufgaben anderer Baubeteiligter abgrenzen (dazu siehe Kapitel II, Rz. 17ff.), sie stellen jedoch kein Wesensmerkmal der Projektsteuerung dar.

---

1 Exkurs (Rz. 50ff.).
2 *Diederichs* in Tagung „Projektentwicklung am Bau" am 3. 7. 1991 in Frankfurt – zitiert nach *Wagner*, BauR 1991, 665, (666).
3 Vgl. *Stapelfeld*, BauR 1994, 693 (697).
4 *Will*, BauR 1987, 370; *Will*, BauR 1984, 333; *Hartmann/Wingsch*, HOAI, § 31, Rz. 1; *Heiermann*, BauR 1996, 48 (49); sehr kritisch: *Eschenbruch*, Projektsteuerung, Rz. 125ff.
5 Siehe hierzu *Pott/Dahlhoff/Kniffka*, HOAI, § 31, Rz. 2.

II. Zur Person des Projektsteuerers und Abgrenzung seiner Tätigkeit zu anderen Baubeteiligten

Die Aufgabe des Projektsteuerers, die ihm der Bauherr überträgt, „entstammt" zwingend dem grundsätzlichen Tätigkeitsfeld (**funktioneller Aufgabenbereich**) des Bauherrn; z. T., wenn die Parteien dies vereinbaren, auch dem übriger Baubeteiligter. Dabei ist ein Projektsteuerer kein bei jedem Bauvorhaben fachlich oder sonst notwendig Mitwirkender. Ein Projektsteuerer wird regelmäßig vielmehr (erst) dann herangezogen, wenn das Bauvorhaben eine Größe oder Komplexität erreicht, die die Möglichkeiten oder Kompetenzen des Bauherrn überschreitet bzw. dieser aus anderen Gründen die Einbeziehung eines Projektsteuerers wünscht. Eine Umschreibung des Aufgabenbereichs sowie die **Abgrenzung** des Projektsteuerers von anderen Baubeteiligten ist daher nur nach dem Wesen des jeweiligen Aufgabenbereichs der anderen Baubeteiligten[1] möglich.

16

1. Abgrenzung zu anderen Baubeteiligten

Ausgangspunkt ist zunächst, dass der Projektsteuerer auf der Seite des Bauherrn bei einem Bauvorhaben mit Aufgaben des Bauherrn betraut wird, die sich über **mehrere Fachbereiche** erstrecken sollen (vgl. § 31 Abs. 1 HOAI).

17

a) Bauherr/Auftraggeber

Die Abgrenzung vom Bauherrn/Auftraggeber erscheint zunächst recht einfach, denn der Projektsteuerer ist nicht nur Auftragnehmer des Bauherrn, er ist vor allem **nicht Träger des Bauvorhabens** und übernimmt auch nicht das Bauherrnrisiko. Jenseits dieser eher rechtlichen, denn inhaltlichen Grenzpunkte gibt es zwar noch eine Fülle von so genannten originären Bauherrnaufgaben[2], bei denen die Praxis aber gezeigt hat, dass sie – wenn es dem Willen des Bauherrn entspricht, er also das Risiko des Fehlschlagens zu tragen bereit ist – auf Dritte delegiert werden können.[3] Der Projektsteuerer kann im Außenverhältnis sehr weitgehend an die Stelle des Bauherrn treten, so dass dieser fast völlig „im Hintergrund" bleibt.

18

Immerhin lässt sich aber für die ganz überwiegende Praxis konstatieren, dass sich der Bauherr, insbesondere bei öffentlichen Auftraggebern, sehr wohl zumindest einen **Kern eigener Kompetenz** und Entscheidungsbefugnis vorbehält. Hierzu zählen regelmäßig[4]

19

▷ Vorgabe der wesentlichen Projektziele,

▷ Abschluss von Verträgen zur Verwirklichung der Projektziele,

---

1 Instruktiv *Will*, BauR 1987, 370 ff.
2 Vgl. *Eschenbruch*, Projektsteuerung, Rz. 102 ff. mit zahlreichen Beispielen.
3 Vgl. hierzu auch die kritischen Anmerkungen von *Eschenbruch*, Projektsteuerung, Rz. 125 ff., der zu Recht darauf hinweist, dass es wirtschaftlich wie rechtlich keinen unverrückbaren Fixpunkt von nicht delegierbaren Bauherrnaufgaben gibt; a. A. *Stemmer/Wierer*, BauR 1997, 935, 939.
4 Vgl. auch *Eschenbruch*, Projektsteuerung, Rz. 103 ff., 122 ff.; *Stemmer/Wierer*, BauR 1997, 935, 939.

▷ oberste Kontrolle der Verwirklichung der Projektziele,

▷ letzte Verantwortung für die Mittelbereitstellung,

▷ Bauherrnverantwortung und Risikoübernahme.

20 Hilfreich kann gelegentlich auch eine gedankliche Differenzierung zwischen Tätigkeiten „in der Linie" und „aus der Linie" sein. Bei Ersteren nimmt der Projektsteuerer als Bauherrnstellvertreter die Projektleitung wahr (**Projektleitung**), bei Letzteren handelt es sich um die klassische **Projektsteuerung** durch Kontrolle, Koordination und Steuerung; aufschlussreich hierzu ist auch die Differenzierung im DVP-Vorschlag zu den Leistungsbildern Projektsteuerung (§ 204 DVP-Vorschlag) und Projektleitung (§ 205 DVP-Vorschlag). Bei besonders großen Bauvorhaben kommt es in der Tat vor, dass ein Bauherr unterschiedliche Anbieter mit der Projektleitung einerseits und den klassischen Projektsteuerungsaufgaben andererseits beauftragt.

b) Planer und bauausführende Unternehmen

21 Genauso wie sich prinzipiell „nach oben" (in Richtung Bauherr) keine Grenze für die Tätigkeit des Projektsteuerers ziehen lässt, ist diese ebenso wenig „nach unten" (in Richtung Planer und bauausführende Unternehmen) exakt zu definieren.[1] Aus der Einordnung des Projektsteuerers auf der Bauherrnseite folgt allerdings unmittelbar, dass dessen Aufgabenbereich grundsätzlich **nicht die Erstellung des Bauwerks** (Bauausführung) und der hierzu notwendigen Planungsarbeiten umfasst. Für Letzteres gilt allerdings auch, dass im Einzelfall Projektsteuerer durchaus Planungsarbeiten übernehmen, sofern dies für die grundsätzliche Konzeption oder aufgrund besonderer Fachkompetenz des Projektsteuerers zweckmäßig ist.

22 Es liegt auf der Hand, dass – insbesondere im Bereich der Leistungsphasen 1 und 6 bis 8 (§ 15 HOAI) – Dopplungen mit den Planern auftreten können, die nicht nur Kompetenzgerangel provozieren, sondern auch zu einem viel späteren Zeitpunkt für den Bauherrn **nachteilige Haftungsprobleme** auslösen können.[2] Ein Bauherr wird sich daher nicht nur aus Kostengründen sehr genau überlegen müssen, ob und inwieweit er dem Projektsteuerer Leistungen überträgt, die bereits von anderen Baubeteiligten erbracht werden oder in deren „natürlichen" Aufgabenbereich fallen. Besonders kritisch wird der Bauherr die Delegation eigener Aufgaben zu beleuchten haben, wenn er beabsichtigt, das Projekt im Rahmen von Baubetreuungsverträgen oder **Total-/Generalübernehmerverträgen** mit nur einem (Bau-)Vertragspartner abzuwickeln. Diesen Vertragsgestaltungen ist immanent, dass ein großer Teil üblicher Projektsteuerungs- und -leitungsaufgaben von dem Auftragnehmer erbracht werden muss, der letztlich auch den Werkerfolg gegenüber dem Bauherrn schuldet. Eine vom Baubetreuer/Generalübernehmer unabhängige (Rz. 25) Projektsteuerung wird in diesen Fällen unabdingbar sein.

---

1 *Locher/Koeble/Frik*, HOAI, § 31, Rz. 8.
2 Vgl. *Locher/Koeble/Frik*, HOAI, § 31, Rz. 10 ff.; *Pott/Dahlhoff/Kniffka*, HOAI, § 31, Rz. 3 ff.

Entsprechend der grundsätzlichen Ausrichtung eines Projektsteuerungsvertrags, der die **Kontrolle** (Überwachung) und **Koordinierung** der übrigen Baubeteiligten, die **Information** des Bauherrn und die Erledigung (**Bearbeitung**) von Finanzierungs- und Genehmigungsverfahren beinhalten kann, lässt sich als generelles Abgrenzungsmerkmal zu den Planern und bauausführenden Unternehmen die Eigenschaft des Projektsteuerers als Überwacher dieser Baubeteiligten (für und anstelle des Bauherrn) festhalten. Dies geschieht regelmäßig mit dem Ziel, die vom Bauherrn vorgegebenen Projektziele (Qualitäten, Kosten, Termine etc.) für das gesamte Bauvorhaben einzuhalten bzw. zu erreichen.[1]   23

c) Projektentwicklung/Projektmanagement/Baucontrolling etc.

Wie bereits eingangs ausgeführt (Rz. 1), ist die Bezeichnung Projektsteuerung nicht ohne weiteres klar von ähnlichen Begriffsbildungen abzugrenzen; geschuldet ist dies im Wesentlichen dem nicht endgültig festzulegenden Inhalt der möglichen Aufgaben eines Projektsteuerers. Immerhin lässt sich konstatieren, dass in den vergangenen 15 Jahren Inhalt und Struktur von Begriffen, die zuvor auch synonym mit der Projektsteuerung verwendet wurden, abgegrenzt werden konnten. Aufgabe des **Projektentwicklers** ist es, ein Bauprojekt – vor allem hinsichtlich Standort, Idee und Kapital – so vorzubereiten und diese Voraussetzungen so miteinander zu verbinden, dass ein realisierungsfähiges Projekt zustande kommt.[2] Vereinfacht ausgedrückt ist Projektentwicklung die Vor- und Aufbereitung eines Projekts, während die Projektsteuerung die Projektdurchführung bzw. -abwicklung eines Bauvorhabens betrifft. Beide Begriffe werden auch unter der Bezeichnung **Projektmanagement**[3] zusammengefasst.   24

Das so genannte **Baucontrolling** umfasst im Wesentlichen die Baukostenplanung und -steuerung. Dies beinhaltet, dass der Baucontroller nicht nur typische Projektsteuerungsleistungen, sondern vor allem auch Aufgaben aus dem Bereich der Objektplanung gemäß § 15 HOAI übernimmt.[4] Dies bedeutet zugleich, dass auf den Baucontroller in erheblichem Umfang Aufgaben des Architekten übertragen werden (können), ausgenommen der Kern der planerischen Tätigkeit des Architekten. Indem der Baucontroller mit Übernahme der Baukostenplanung und -steuerung in erheblichem Umfang in den herkömmlichen Aufgabenbereich des Architekten hineinreicht, unterscheidet er sich grundsätzlich von Stellung und Tätigkeit des Projektsteuerers. Der Baucontroller ist letztlich auf der Seite der übrigen Baubeteiligten anzusiedeln, nicht jedoch, wie der Projektsteuerer, auf der Seite des Bauherrn. Zu den Aufgaben eines Projektsteuerers wird im Zweifel auch die **Überwachung des Baucontrollers** gehören.   25

Projektcontrolling wiederum kann als ein Teilbereich der Projektsteuerung bezeichnet werden. Es überwacht – unter Ausklammerung der Koordinierungsfunktion – die Planung und die Ausführung i. S. einer Qualitätskontrolle. Dies   26

---

1 *Pott/Dahlhoff/Kniffka*, HOAI, § 31, Rz. 1 a. E.
2 Vgl. *Eschenbruch*, Projektsteuerung, Rz. 314 ff.
3 Vgl. DIN 69901; *Kapellmann*, Juristisches Projektmanagement, Rz. 3; *Wagner*, BauR 1991, 665 ff. mit weiteren Abgrenzungen.
4 *Heinrich*, Baucontrollingvertrag, 5 ff.; *Eschenbruch*, Projektsteuerung, Rz. 260 f.; *Will*, BauR 1984, 333 ff.; *Böggering*, BauR 1983, 402 ff.

wird vor allem bei solchen Bauvorhaben der Fall sein, bei denen sich der Auftraggeber die Projektleitung und die wichtigsten Steuerungsfunktionen vorbehält. **Vertragsmanagement** umfasst die rechtliche Beratung des Bauherrn, die Überwachung der Erfüllung vertraglicher Verpflichtung und ihre Durchsetzung gegenüber Dritten, auch im öffentlich-rechtlichen Bereich eines Bauvorhabens. Vertragsmanagement ist nicht Teil der Projektsteuerung, da es sich nicht als bloße Nebentätigkeit (Annexfunktion) der überwachenden, kontrollierenden und steuernden Tätigkeit eines Projektsteuerers darstellt.[1] Der Begriff Baumanagement[2] hat sich nicht durchgesetzt.

27 Festzuhalten ist, dass es mit Ausnahme der reinen Bauleistungen, den wesentlichen Planungsleistungen und der Bauherrnverantwortung bzw. des Bauherrnrisikos keine wirkliche Beschränkung der auf einen Projektsteuerer übertragbaren Aufgaben gibt. Der Projektsteuerer berät und/oder vertritt den Bauherrn; er wird aber – von Ausnahmen abgesehen – nicht selbst Vertragspartner der zur Projektrealisierung kontrahierten Unternehmen. Maßgebend ist die von den Parteien als zweckmäßig angesehene Aufgabenverteilung. Umgekehrt wird ein Projektsteuerer nicht danach trachten, übliche Arbeiten der Auftragnehmerseite an sich zu ziehen.

2. Zur Person des Projektsteuerers

a) Berufsaufgabe der Architekten und Ingenieure?

28 § 31 HOAI geht ebenso wie der DVP-Vorschlag ohne weiteres davon aus, dass Projektsteuerung eine Berufsaufgabe[3] der mit der Planung und Bauüberwachung eines Projektes befassten Architekten und Ingenieure darstellt. Dem steht jedoch nicht nur entgegen, dass die HOAI als „Preisordnung" keine Aussagen darüber trifft, wer die in ihr aufgeführten Leistungen erbringt oder erbringen darf. Im Fall des Projektsteuerers spricht schon gegen eine Beauftragung des bereits mit einzelnen oder allen Leistungsphasen gemäß § 15 HOAI oder § 73 HOAI beauftragten Architekten bzw. Ingenieure, dass der Projektsteuerer auf der Seite des Bauherrn steht und letztlich die übrigen Baubeteiligten, damit auch die beauftragten Architekten und Ingenieure zu kontrollieren und zu steuern hat. Dies gilt für jede Phase des Bauvorhabens, so dass die einfach zusätzliche Übertragung von Projektsteuerungsleistungen auf bereits mit anderen – im Zweifel erfolgsabhängigen – Aufgaben betraute Planer stets die **Gefahr von Kollisionen**, schlichter Unmöglichkeit und somit des inhärenten Scheiterns heraufbeschwört.

b) Neutralität und Unabhängigkeit des Projektsteuerers

29 Die Berufsordnung des DVP als Verband der Projektsteuerer sieht die **neutrale und unabhängige Wahrnehmung** von Auftraggeberfunktionen[4] als wesentliche Voraussetzung für die Tätigkeit des Projektsteuerers. Zwingend ist dies zwar nicht, denn die Projektsteuerung kann der Bauherr auch durch eigene Abteilun-

---

1 Vgl. *Kapellmann*, Juristisches Projektmanagement, Rz. 26 ff.; vgl. auch Rz. 51 ff.
2 *Heinrich*, BauR 1986, 524 ff.
3 Sehr kritisch *Quack*, BauR 1995, 27, 28 f.
4 Vgl. *Eschenbruch*, Projektsteuerung, Rz. 149 m. w. N.

gen oder von ihm abhängige Gesellschaften erbringen lassen. Richtig daran ist aber, dass der Bauherr darauf zu achten hat, den Projektsteuerer danach auszuwählen und mit solchen Befugnissen (zur Vollmacht siehe Rz. 122 ff.) auszustatten, dass dieser seine Leistungen neutral gegenüber den übrigen Baubeteiligten und ohne die Gefahr von Interessenkollisionen erbringen kann.

c) Geeignete Berufsgruppen

Zur Person des Projektsteuerers selbst hat der Bauherr darauf zu achten, dass dieser über die nötige **Erfahrung und Fachkompetenz**, vor allem in organisatorischer, technischer, wirtschaftlicher, aber auch rechtlicher Hinsicht verfügt. Zudem sollte der Projektsteuerer besonders befähigt sein, mit den übrigen Baubeteiligten so „umzugehen", dass eine möglichst effiziente, kostengünstige und konfliktfreie Durchführung des Projekts gewährleistet ist – weder zulasten des Bauherrn noch zulasten der übrigen Baubeteiligten; der Projektsteuerer sollte also im Sinne der **Sozialkompetenz** gleichermaßen verhandlungsfähig wie durchsetzungsstark sein. Hieraus ergibt sich zwanglos, dass Architekten und Ingenieure als (unabhängige, sonst nicht mit dem konkreten Bauvorhaben befasste) Fachleute im Bauwesen grundsätzlich für Projektsteuerungsaufgaben geeignet sind. 30

Je nach Schwerpunkt der konkreten Beauftragung, z. B. in den Fällen der Projektleitung, können jedoch auch kaufmännische, juristische und sonstige betriebswirtschaftliche Kenntnisse – bis hin zum **Immobilienvertrieb** – im Vordergrund stehen. Dann kommen auch Projektsteuerer aus den einschlägigen Berufsgruppen in Betracht. Ohnehin ist zu berücksichtigen, dass bei Großbauvorhaben (z. B. Flughafenneubauten, zentralen Stadtbebauungen, Containerhäfen) nicht nur eine einzelne Person mit der Projektsteuerung befasst ist, sondern **spezialisierte Unternehmen** mit einer Vielzahl von Fachleuten beauftragt werden. 31

III. Leistungsbereiche und Aufgabenprofile des Projektsteuerers

Es wäre verfehlt, aus § 31 HOAI eine umfassende Tätigkeitsbeschreibung abzuleiten. Der Leistungskatalog des § 31 HOAI beschränkt sich lediglich auf Ansätze; die Aufgaben des Projektsteuerers werden beispielhaft, aber nicht abschließend beschrieben („insbesondere"). Gleiches gilt auch für die wesentlich umfangreichere und detailliertere Beschreibung, wie sie in dem DVP-Vorschlag enthalten ist. Weitere, zum Teil noch detailliertere Systematiken finden sich bei *Eschenbruch*.[1] 32

1. Systematik

Wichtiger als eine ohnehin nicht mögliche, enumerative Aufzählung aller denkbaren Leistungen eines Projektsteuerers dürfte ein **praktisch nutzbares Muster** sein, dass es Bauherrn und Projektsteuerern sowohl bei Vertragsschluss als auch bei Durchführung des Projekts erlaubt, die gewünschten bzw. angebotenen Leis- 33

---

1 *Eschenbruch*, Projektsteuerung, Rz. 1510 ff. (Anhang); s. auch *Locher/Koeble/Frik*, HOAI, § 31, Rz. 3; *Stemmer/Wierer*, BauR 1997, 935, 941 ff.

tungen nach Zeit und Ort zu „lokalisieren" und ggf. im Verlauf des Bauvorhabens abzuändern bzw. zu präzisieren. Eine derartige Herangehensweise liegt auch dem in Kapitel VII wiedergegebenen Vertragsmuster zugrunde. Praxisgerecht ist eine Systematik, die Aufgaben eines Projektsteuerers nach Schwerpunkten sowie zeitlichen und inhaltlichen Kriterien erfasst. § 31 HOAI ist hierzu nicht geeignet.

34 Unabhängig von seiner an die übliche Regelungsweise der HOAI angepassten Struktur bietet der **DVP-Vorschlag** von August 1998[1] – hier die §§ 204 und 205 – einen durchaus **geeigneten Ansatz**. Zum einen eröffnet die Unterscheidung in Projektsteuerung (§ 204) und Projektleitung (§ 205) eine Handreichung, um zwischen den Bereichen der klassischen Projektsteuerung und einer auf die „inneren" Bauherrnaufgaben konzentrierten Projektleitung, die zwar dem Bauvorhaben verbunden ist, aber weitgehend vom tatsächlichen Baugeschehen (Bauwerkserrichtung) getrennt ist, zu differenzieren.[2] Zum anderen erlaubt die Reihenfolge der **Projektstufen** eine **zeitliche Einordnung**, zudem eine Bewertung der Honoraranteile – insoweit zum Teil § 31 HOAI entsprechend. Hervorzuheben ist jedoch die innerhalb der Projektstufen in den DVP-Vorschlag aufgenommene Differenzierung nach Handlungsbereichen: A-Organisation, Information, Koordination und Dokumentation; B-Qualitäten und Quantitäten; C-Kosten und D-Termine. Insbesondere für die Vertragsparteien eines Projektsteuerungsvertrags ermöglichen diese Handlungsbereiche – weitere Unterteilungen sind selbstverständlich denkbar – eine weitgehend präzise Ermittlung und Zuordnung der gewünschten Tätigkeiten des Projektsteuerers bei einem konkreten Bauvorhaben.

Hinweis:
Zu beachten ist stets, dass die Einbeziehung des DVP-Vorschlags als Vertragsgrundlage eines Projektsteuerungsvertrags **schriftlich** vorzunehmen ist.

35 Der DVP-Vorschlag hat zwar noch keine Umsetzung durch den Normgeber gefunden. Gleichwohl wird dieses Modell in der Praxis genutzt und Verträgen zugrunde gelegt.[3] Der **Text** der §§ 204 und 205 ist dementsprechend im **Anhang** wiedergegeben. Zudem hat sich die DVP-Fachkommission bemüht, die etwas wahllos aufgelisteten Aufgaben des Projektsteuerers in § 31 Abs. 1 HOAI zu strukturieren, vor allem aber das Leistungsbild zu vervollständigen und die einzelnen Leistungen von denen abzugrenzen, die an die Planer (Architekten und Ingenieure) übertragen werden können.

Hinweis:
Eine Verwendung des DVP-Vorschlags bietet sich also insbesondere dann an, wenn der Bauherr vor Einleitung des Bauvorhabens sich veranlasst sieht, die grundsätzliche Aufgabenverteilung zur Durchführung des Bauvorhabens anhand der eigenen Möglichkeiten, Kompetenzen und Professionalität zu strukturieren.

---

1 Vgl. Rz. 9. Nicht verkannt werden soll, dass der DVP-Vorschlag, wenn auch um Ausgewogenheit bemüht, letztlich aus der Sicht eines Projektsteuerers gestaltet ist.
2 Es sei hervorgehoben, dass damit keine Wertung oder Einordnung des jeweiligen Projektsteuerungsvertrags als Dienst- oder Werkvertrag verbunden ist.
3 Vgl. z. B. den der Entscheidung des OLG Düsseldorf v. 16. 4. 1999 – 22 U 174/98, BauR 1999, 1049 unterliegenden Vertrag.

2. § 31 HOAI

Zu § 31 HOAI hat bereits die **amtliche Begründung** ausgeführt, dass „sich die Verordnung darauf [beschränke], die Leistung der Projektsteuerung zu umschreiben, um die weitere Diskussion über Honorierung und Leistungsinhalt der Projektsteuerung offen zu halten."[1] Daher mögen einige grundsätzliche Anmerkungen zu § 31 Abs. 1 HOAI genügen.

36

a) Allgemeines

§ 31 Abs. 1 Satz 1 HOAI spricht von „**Funktionen des Auftraggebers bei der Steuerung von Projekten über mehrere Fachbereiche**", die der Projektsteuerer übernimmt. Diese **Funktionen** sind nicht näher definiert;[2] die Rechtsprechung geht jedenfalls davon aus, dass es u. a. „steuernde und kontrollierende Bauherrnfunktionen"[3] sein können, regelmäßig zu ihnen auch die Wahrung der Qualitäts-, Termin- und Kostensicherung gehört.[4] Entscheidend ist letztlich, dass der Projektsteuerer (originäre) Aufgaben des Bauherrn und nicht etwa Leistungen der Planer ausführt. Bereits die amtliche Begründung zeigt, dass es dem Normgeber auf diese Trennung ankam. Mit **Fachbereichen** sind **eigenständige Planungsbereiche** gemeint, die an einen oder mehrere Objektplaner zur jeweils eigenverantwortlichen Ausführung zu vergeben sind.[5] Dies ist z. B. dann der Fall, wenn neben der Statik auch Leistungen für Schallschutz und Akustik einzubeziehen sind. Allerdings ist es keineswegs zwingend, dass ein Projektsteuerer nur dann eingesetzt werden kann, wenn ein Bauvorhaben mehrere Fachbereiche betrifft. Die Regelung geht nur idealtypisch davon aus, dass beim Zusammentreffen mehrerer Fachbereiche (und ungenannt: größeren Bauvorhaben) die Geschehensabläufe komplizierter und damit Projektsteuerungstätigkeiten notwendig werden.

37

Die Termini „Steuerung" und „Projekt" sind inhaltsleer. Die Steuerung eines Bauvorhabens kann auf jeder Ebene – auch der bauausführenden Unternehmen, insbesondere beim (Teil-)Generalunternehmer – notwendig sein. Der Begriff „Projekt" kann letztlich jedes Bauvorhaben sein; es kommt dabei auf die Perspektive des Bauherrn an.[6]

38

Mit Urteil vom 9. 1. 1997[7] hat der BGH die Regelung des § 31 Abs. 2 HOAI für unwirksam erklärt. Damit sind die Vertragsparteien eines Projektsteuerungsvertrags in der **Vereinbarung des Honorars frei**; auch eine Schriftlichkeit ist nicht mehr zwingend vorgegeben.

39

b) Leistungskatalog des § 31 Abs. 1 Satz 2 HOAI

Der **Leistungskatalog** in § 31 Abs. 1 Satz 2 HOAI enthält kein vollständiges Leistungsbild, sondern beschreibt die Aufgaben des Projektsteuerers **nur beispielhaft**

40

---

1 BR-Drucks. 270/76, 39 (40).
2 *Quack*, BauR 1995, 27 (29).
3 OLG Nürnberg, BauR 2001, 438.
4 BGH, NJW 2000, 202.
5 *Löffelmann/Fleischmann*, Architektenrecht, Rz. 2045.
6 *Quack*, BauR 1995, 27 (29).
7 BGH, BauR 1997, 479.

(„insbesondere").¹ Die Trennung der Leistungen in 8 einzelne Gruppen erscheint willkürlich. Statt einer zeitlichen Unterteilung werden Aufgabenbereiche voneinander abgegrenzt, was allerdings nicht vollständig gelungen ist und zu Überschneidungen der einzelnen Leistungsgruppen führt.² Zudem **unterscheiden** die Verträge in der Praxis wegen der Schwierigkeiten bei der Abgrenzung üblicherweise nicht nach Aufgabenbereichen, sondern **nach zeitlichen Abschnitten**.³ Nachfolgend soll es genügen, die einzelnen Ziffern in § 31 Abs. 1 Satz 2 HOAI nach übergeordneten Bereichen im Zeitablauf zu sortieren.

aa) Nummern 1, 2, 3, 5 des Leistungskatalogs

41 In den Nummern 1, 2, 3 und 5 enthält der Leistungskatalog des § 31 Abs. 1 HOAI **vorbereitende Leistungen** der Organisation und Koordination. Im Rahmen der Projektentwicklung und Projektvorplanung muss der Projektsteuerer besonders eng mit dem Auftraggeber zusammenarbeiten und seine Beratungsleistungen sorgfältig erfüllen, denn in der Vorbereitungsphase werden die jeweiligen Projektziele entwickelt und festgelegt. Eine spätere Umorientierung wird in der Regel mit hohen Mehrkosten verbunden sein. Die Beratung mit dem Auftraggeber spielt insbesondere bei Renditeobjekten eine entscheidende Rolle, denn fehlerhafte **Renditeeinschätzungen** oder auch die unzureichende Berücksichtigung von erkennbaren, die Renditeerwartung beeinträchtigenden Rahmenbedingungen können zu beträchtlichen Schadensersatzansprüchen des Auftraggebers führen.⁴

42 Geklärt werden müssen die organisatorischen Voraussetzungen für die Abgrenzung der Aufgaben zwischen Bauherr und Projektsteuerer bei der Finanzierung, Planung und Ausführung. Der Projektsteuerer hat in dieser Phase sowohl den **Zeitrahmen** als auch den **Kostenrahmen** für die Bauinvestitions- und Baunutzungskosten festzulegen. Zusammen mit den Objektplanern sind die weiteren Rahmenbedingungen zu erarbeiten. Zum Beispiel kann es nützlich sein, einen **Planungswettbewerb** vorzubereiten und zu organisieren.⁵ Des Weiteren gilt es zu klären, ob neben den Objektplanern zusätzliche Fachplaner, z. B. aus den Bereichen Maschinen- und Anlagenbau, hinzugezogen werden müssen und welche Voraussetzungen für den Einsatz derartiger Fachleute zu beachten sind.

43 Der Projektsteuerer kann in **technischer, organisatorischer und wirtschaftlicher Sicht** beratend bei Verhandlungen und beim Erarbeiten der Verträge mit anderen Projektbeteiligten mitwirken, z. B. den Wartungsgesellschaften, Finanzierungsinstituten und Versicherungsgesellschaften.⁶ Allerdings sollten die Verträge nicht selbst von den Projektsteuerern erarbeitet werden, um eine Verletzung des **Rechtberatungsgesetzes** zu vermeiden (vgl. hierzu und zur Abgrenzung zum Juristischen Projektmanagement, Rz. 50 ff.). Auch sind Schadensersatzansprüche

---

1 Ein § 31 HOAI-Leistungsbild mit Erläuterungen und Beispielen findet sich bei *Eschenbruch*, Projektsteuerung, Rz. 1510; vgl. auch *Locher/Koeble/Frik*, HOAI, § 31, Rz. 3; *Pott/Dahlhoff/Kniffka*, HOAI, § 31, Rz. 6.
2 Vgl. nur die in den Nr. 1, 2 und 5 genannten Aufgaben.
3 *Pott/Dahlhoff/Kniffka*, HOAI, § 31, Rz. 6.
4 *Pott/Dahlhoff/Kniffka*, HOAI, § 31, Rz. 6.
5 Hierzu kann auch die Entscheidungshilfe gehören, ob Leistungen an Auftragnehmer nach freien Kriterien oder entsprechend der VOB/A vergeben werden sollen oder müssen.
6 *Pott/Dahlhoff/Kniffka*, HOAI, § 31, Rz. 6.

zu befürchten, da den vorwiegend kaufmännisch bzw. technisch ausgebildeten Projektsteuerern die Kompetenz für eine juristisch abgesicherte Vertragsgestaltung fehlt.[1]

Besonders hervorzuheben ist die Nummer 3 des Leistungskatalogs, da Aufstellung und Überwachung von Organisations-, Termin- und Zahlungsplänen zu den Hauptaufgaben des Projektsteuerers zählen. Ihm obliegen vorwiegend **Überwachungsaufgaben**, um die Interessen aller Projektbeteiligten, aber auch der späteren Nutzer zu koordinieren. Hierfür ist es notwendig, das Planungsumlaufverfahren zu organisieren und es ordnungsgemäß zu dokumentieren. Die Überwachung von Zahlungsplänen dient auch dem Zweck der Kostenkontrolle. In dieser vom Architekten unabhängigen Kostenkontrolle ist einer der maßgeblichen Gründe für die Einsetzung des Projektsteuerers zu sehen.[2]

44

bb) Nummern 4, 6, 7, 8 des Leistungskatalogs

Die Nummern 4, 6, 7 und 8 des Leistungskatalogs umfassen vorrangig **Leistungen während der Ausführung**, namentlich Information, Koordination und Kontrolle. Dabei bedarf die Informationspflicht gegenüber dem Auftraggeber und die Einholung seiner Entscheidungen keiner näheren Begründung; der Auftraggeber ist in Projektmeetings über den Fortgang zu informieren. Dem Projektsteuerer können in diesem Zusammenhang auch **Dokumentationspflichten** obliegen. Zudem kann es notwendig sein, dass er dem Auftraggeber etwaige Konsequenzen von Entscheidungen vor Augen führt. Dies gilt es insbesondere auch deshalb zu beachten, weil eine **verspätete Information** und Aufklärung einen außerordentlichen Grund für die **Kündigung** durch den Auftraggeber darstellen können.[3]

45

Die Koordination der Baubeteiligten erfolgt in der Regel durch Baubesprechungen, in denen der Projektsteuerer gemeinsam mit ihnen Lösungen für anstehende Probleme erarbeitet. Es bietet sich an, in Hinblick auf mögliche spätere Auseinandersetzungen **Baubesprechungsprotokolle** zu erstellen, da diese in einem Rechtsstreit beachtlichen Aussage- und ggf. Beweiswert besitzen. Vor allem bezüglich späterer Nachtragsforderungen kann einem verständlichen und aussagekräftigen Bild vom Bauablauf maßgebliche Bedeutung zukommen.

46

Neben der Koordination obliegt dem Projektsteuerer auch die Kontrolle der Projektbeteiligten. Er muss z. B. den vom Architekten entwickelten **Zeitplan** für das zu errichtende Bauwerk überprüfen. Hingegen gehört die Koordination und Kontrolle der ausführenden Firmen nicht zum Aufgabengebiet des Projektsteuerers, sofern hierfür bereits der Architekt nach § 15 HOAI zuständig ist. Faktisch werden hier aber Dopplungen nicht zu vermeiden sein, wenn dem Projektsteuerer weitgehende Aufgaben und Befugnisse zukommen. Der Projektsteuerer hat dann bereits bei Vertragsabschluss auf eine möglichst genaue Tätigkeitsbeschreibung und Verteilung der Verantwortlichkeit gegenüber dem Bauherrn zu achten, um nicht im Zweifel für von den Planern verursachte Fehler einstehen zu müssen.

47

---
1 Vgl. *Kniffka*, ZfBR 1995, 2.
2 *Pott/Dahlhoff/Kniffka*, HOAI, § 31, Rz. 6.
3 Vgl. OLG Dresden, NJW-RR 2000, 652.

48 Bei entsprechender Vereinbarung kann die Koordination und Kontrolle auch bezüglich der Qualitäten und Quantitäten dem Projektsteuerer obliegen, weshalb dann auch die entsprechende **Überprüfung der Planungen** zu seinem Aufgabenbereich gehört. Sollte es notwendig sein, dass Planungsziele fortgeschrieben und Zielkonflikte gelöst werden müssen, ist der Projektsteuerer zudem auch für die in diesem Zusammenhang notwendigen Leistungen zuständig. Er muss die Planungsergebnisse fortlaufend überprüfen, d. h. sie sammeln, aufbereiten und dem Auftraggeber zur Entscheidung vorlegen.

49 Schließlich erfassen die Leistungen des Projektsteuerers auch die Koordination und Kontrolle der Bearbeitung von **Finanzierungs-, Förderungs- und Genehmigungsverfahren**. Der Projektsteuerer muss auf die (rechtzeitige) Einleitung der entsprechenden Genehmigungsverfahren bei den Behörden, etwa einen Antrag auf Erteilung einer Baugenehmigung, einwirken bzw. den Ablauf kontrollieren. Er muss ferner darauf hinwirken, dass Förderungsmöglichkeiten ausgelotet werden, die regional, bundesstaatlich oder auf EU-Ebene bestehen können und dem Auftraggeber ein schlüssiges Finanzierungskonzept vorlegen. Die Bearbeitung dieser Aufgaben selbst stellt nach Nummer 8 des Leistungskatalogs zwar keine Leistung des Projektsteuerers („Kontrolle" und „Koordination") dar, sondern ist von den jeweiligen Fachbeteiligten auszuführen. In der Praxis stellen jedoch oft größere Ingenieurbüros, die die Projektsteuerung übernommen haben, auch die Anträge auf Genehmigung bei den Behörden und loten die Förderungsmöglichkeiten selbst aus. Dies wird man noch mit Nummer 8 des Leistungskatalogs als vereinbar ansehen können, da z. B. bei der Beantragung der baurechtlichen Genehmigung noch kein Verstoß gegen das **Rechtsberatungsgesetz** vorliegt.[1]

3. Exkurs: Projektsteuerung und zulässige Rechtsberatung/Abgrenzung zum juristischen Projektmanagement

a) Juristisches Projektmanagement

50 Wegen seiner Größe und Komplexität bewegt sich jedes größere Projekt in einem besonderen rechtlichen Umfeld. Das beginnt schon bei der Projektentwicklung und reicht weiter über die Projektvorbereitung bis zur eigentlichen Projektabwicklung. Zu denken ist dabei insbesondere an Grundstücksfragen, das öffentliche Planungsrecht wie die Beantragung einer Baugenehmigung, Finanzierungsfragen, Verträge mit anderen Projektbeteiligten, Ausführungsdifferenzen, Regelung von Fristen, Abwehr von Nachtragsforderungen, Durchsetzung und Abwehr von Zahlungsansprüchen.[2] Weitere rechtliche Probleme sind durch neue Aufgabenstellungen und Abwicklungsformen entstanden, wobei hier insbesondere an die Projektentwicklung, die funktionale Ausschreibung großer Infrastrukturprojekte, z. B. bei der Bahn, und zahlreiche Finanzierungsmodelle (public-private-partnership; BOT-Modelle) zu denken ist. Die Bewältigung dieser Aufgaben aus den rechtlichen Problemfeldern eines Projekts wird als Juristisches Projektmanagement bezeichnet. Darunter versteht sich die vorausschauende **Analyse und Lösung projektrelevanter Rechtsfragen**, ihre Umsetzung in Organisation (und Steuerung) sowie deren Kontrolle unter den Gesichtspunkten baubetrieblicher und öko-

---
1 OLG Dresden, BauR 2000, 743.
2 Vgl. *Kapellmann*, Juristisches Projektmanagement, Kap. 1, Rz. 8.

nomischer Effizienz, interner und äußerer Akzeptanz sowie nachvollziehbarer Strukturierung.[1]

b) Zulässige Rechtsberatung der Projektsteuerer

Wegen der enormen **wirtschaftlichen Bedeutung** des Juristischen Projektmanagements bei Großvorhaben suchen verschiedene Berufsgruppen den Zugriff auf diese Dienstleistungstätigkeit. Früher waren es insbesondere die Architekten, die sich als „Sonderfachmann für die Vertragsgestaltung im Bauwesen" ausgaben.[2] In neuerer Zeit bieten einige (technische) Projektsteuerer die Leistungen des Juristischen Projektmanagements, insbesondere das **Vertrags- und Nachforderungsmanagement**, an. Die Übernahme derartiger rechtsbesorgender Tätigkeiten durch den Projektsteuerer ist in Hinblick auf das Rechtsberatungsgesetz nicht unproblematisch, denn die Besorgung fremder Rechtsangelegenheiten ist grundsätzlich erlaubnispflichtig (Art. 1 § 1 RberG). Zu berücksichtigen ist auch, dass die (technischen) Projektsteuerer in der Regel nicht über die notwendige Fachkompetenz verfügen und das entsprechende rechtliche Aufgabenfeld bereits aus diesem Grund nicht hinreichend abdecken können. Spezifische rechtliche Fragestellungen können als Sachaufgabe optimal nur von Juristen gelöst werden.

51

Hinweis:
Für Projektablauf und -entwicklung erscheint es deshalb vorteilhaft, die Aufgaben des Juristischen Projektmanagements als gesonderte Aufgaben neben denen der technischen Projektsteuerung zu erfassen.[3] Eine enge Kooperation zwischen Rechtsanwälten und Projektsteuerern ist für die Auftraggeberseite vorteilhaft.

Allerdings scheint der Verordnungsgeber ausweislich der amtlichen Begründung[4] zu § 31 HOAI davon ausgegangen zu sein, dass die Projektsteuerung auch die Klärung rechtlicher Vorfragen beinhaltet:[5] Zu den Aufgaben des Projektsteuerers gehöre auch die Koordination des Projekts in „technischer, rechtlicher und wirtschaftlicher Hinsicht".[6] Auch der DVP-Vorschlag enthält Leistungen, die dem Juristischen Projektmanagement zuzurechnen sind.[7] Zum Teil wird sogar angenommen, dass das Vertrags- und Nachforderungsmanagement eine der wichtigsten Aufgaben des Projektsteuerers sei.[8] Diese **rechtsbesorgende Tätigkeit** ist in der Literatur als offenkundiger Verstoß gegen das Rechtsberatungsgesetz **heftig kritisiert**[9] worden. Die Frage nach der Zulässigkeit der Beauftragung bestimmter Berufsgruppen stellt sich für den Auftraggeber allerdings erst, wenn die Leistungen

52

---

1 *Kapellmann*, Juristisches Projektmanagement, Kap. 1, Rz. 9.
2 So *Kniffka*, ZfBR 1994, 253, 255.
3 *Kapellmann*, Juristisches Projektmanagement, Kap. 1, Rz. 12.
4 BR-Drucks. 270/76, S. 39 f.
5 Dazu kritisch *Quack*, BauR 1995, 27, *Heiermann*, BauR 1996, 48, 49.
6 BR-Drucks. 270/76, S. 39.
7 Dies gilt u. a. für das Vertragswesen und die Durchsetzung von Vertragspflichten gegenüber den Projektbeteiligten. Vgl. hierzu auch *Locher/Koeble/Frik*, § 31 HOAI, Rz. 24.
8 *Hamann*, Vertrags- und Nachforderungsmanagement, Vortragsmanuskript, Tagung des DVP v. 22. 3. 1996.
9 Vgl. dazu *Kniffka*, ZfBR 1994, 253; *Kniffka*, ZfBR 1995, 10; *Heiermann*, BauR 1996, 48; *Wagner*, ZfBR 1996, 185; *Wagner*, BauR 1991, 665, 666.

extern vergeben werden sollen. Folglich ist die Diskussion für den Auftraggeber dann ohne Bedeutung, wenn das Juristische Projektmanagement durch eine eigene Rechtsabteilung des Bauherrn erbracht wird.[1]

53 Ausgangspunkt für die Frage, ob der Projektsteuerer juristische Beratungstätigkeiten als eigene Leistungen anbieten darf, ist Art. 1 § 1 RBerG. Danach brauchen Personen, die die Besorgung fremder Rechtsangelegenheiten betreiben, eine **behördliche Erlaubnis**. Eine erlaubnispflichtige Besorgung fremder Rechtsangelegenheiten liegt vor, wenn die betreffende geschäftsmäßige Tätigkeit das Ziel verfolgt, konkrete fremde Rechte zu verwirklichen oder fremde Rechtsverhältnisse zu gestalten.[2] Die Tätigkeiten des Juristischen Projektmanagements haben rechtsbesorgenden Charakter. Dem Projektsteuerer ist es daher grundsätzlich verboten, solche juristischen Sachaufgaben wahrzunehmen.

54 Ausnahmsweise dürfen kaufmännische und sonstige gewerbliche Unternehmer gemäß Art. 1 § 5 RBerG für ihre Kunden jedoch solche rechtlichen Angelegenheiten erledigen, die mit einem Geschäft ihres Gewerbebetriebs in einem unmittelbaren Zusammenhang stehen. Diese „**Annex-Tätigkeit**"[3] zum Berufsbild ist aus Gründen einer sachgerechten Ausübung der übertragenen Aufgaben geboten. Die Grenze der Übernahme zulässiger rechtlicher Tätigkeiten liegt dort, wo es sich nicht mehr um Hilfs- oder Nebentätigkeiten[4] zu der gewerblichen Tätigkeit handelt. Die Rechtsberatung muss gegenüber der Haupttätigkeit **dienende Funktion** haben und darf nicht im Vordergrund stehen.[5] Der Umfang der rechtsbesorgenden Tätigkeit für die im Einzelfall zu treffende Entscheidung ist nicht das allein maßgebliche Abgrenzungskriterium, kann aber ein Indiz sein.[6]

55 Es ist allgemein anerkannt, dass auch der Beruf des Projektsteuerers die Erledigung einzelner Rechtsbesorgungen mit sich bringt.[7] Sofern sich der Projektsteuerer im Rahmen der ihm übertragenen Aufgaben auch mit rechtlichen Angelegenheiten befasst, sind diese also zulässig, wenn sie nach den vorstehenden Kriterien gegenüber seiner Haupttätigkeit eindeutig als nachrangig anzusehen sind. Dabei dürfte auch der zeitliche und tatsächliche Umfang, den der Projektsteuerer für die Erledigung dieser Aufgaben betreibt, zur Beurteilung heranzuziehen seien. Hinzu kommt, ob der Bauherr die Erledigung dieser rechtlichen Angelegenheiten gerade dem Projektsteuerer übertragen hat bzw. auf deren Abarbeitung durch den Projektsteuerer besonderen Wert legt; hier hinein spielt auch, ob der Bauherr noch Dritte mit rechtsberatenden Tätigkeiten beauftragt hat oder diese selbst wahrnimmt. Schließlich können auch sonstige Umstände zu berücksichtigen sein, namentlich mit welchen Leistungen der Projektsteuerer für das konkrete Projekt geworben hat.

---

1 *Kapellmann*, Juristisches Projektmanagement, Kap. 2, Rz. 22.
2 BGH, NJW 1989, 2125.
3 *Kapellmann*, Juristisches Projektmanagement, Kap. 2, Rz. 23.
4 Zur Zulässigkeit von Tätigkeiten eines „Beraters in Bausachen" vgl. auch BGH, NJW 1976, 1635, 1636.
5 *Heiermann*, BauR 1996, 48, 53.
6 Vgl. BGH, NJW 1981, 873; *Kniffka*, ZfBR 1995, 10, 12.
7 Grundlegend zur Zulässigkeit rechtsbesorgender Tätigkeiten *Kniffka*, ZfBR 1994, 253 und insbesondere ZfBR 1995, 10.

Sofern in einem Projektsteuerungsvertrag die in § 204 DVP-Vorschlag aufgeführten Tätigkeiten (mehr oder weniger) **vollständig übernommen** werden, stehen die technischen, wirtschaftlichen und organisatorischen Aufgaben im Vordergrund.[1] Die Besorgung einzelner Rechtsangelegenheiten ist dann regelmäßig, aber nicht zwingend als „Begleittätigkeit" zulässig. Nach der Rechtsprechung zur Baubetreuung stellen Beratungsleistungen, die auf die Auswahl und Beauftragung des Notars, die Abstimmung der benötigten Unterlagen und Einholung baurechtlicher Genehmigungen gerichtet sind, typische Nebengeschäfte der Baubetreuung dar.[2] Diese Rechtsprechung dürfte hierzu auf den Projektsteuerer übertragbar sein.[3] Sofern Vertragsmanagement, Nachtragsmanagement oder die umfassende Besorgung der Rechtsangelegenheiten während der Projektrealisierung in den Vordergrund rücken oder solche Tätigkeiten erheblichen Stellenwert einnehmen – sei es nach Umfang oder Zeit –, liegt ein Verstoß gegen das Rechtsberatungsgesetz vor.[4]

56

Grundsätzlichen Bedenken begegnet eine Mitwirkung des Projektsteuerers bei **Vergleichen, Insolvenzverfahren, Pfändungen, Forderungsabtretungen** u. Ä., wenn der Projektsteuerer insoweit **als Vertreter des Bauherrn** handelt, gar rechtsverbindliche Erklärungen im Rahmen solcher Rechtsangelegenheiten abgibt.[5] Dann dürfte es auch nicht mehr darauf ankommen, ob diese Tätigkeiten im Rahmen der insgesamt dem Projektsteuerer übertragenen Aufgaben bei einem Bauvorhaben faktisch nur eine untergeordnete Rolle spielen. Gleiches gilt, wenn der Projektsteuerer die rechtliche Gestaltung und Verhandlung der Verträge mit den übrigen Baubeteiligten übernimmt und insoweit als Vertreter des Bauherrn handelt.[6] Für die Mitwirkung bei Beweissicherungsverfahren, der Überwachung einer Prozessführung beauftragter Dritter oder die sonstige Mitwirkung bei Gerichtsverfahren wird es auf den Einzelfall ankommen.[7]

57

c) Folgen eines Verstoßes gegen das Rechtsberatungsgesetz

Grundsätzlich führt ein Verstoß gegen das Rechtsberatungsgesetz zur **Nichtigkeit des Vertrags** (§ 134 BGB), zumindest für den Teil des Vertrags, der die unzulässige Rechtsbesorgung beinhaltet; im Zweifel zur Gesamtnichtigkeit des Vertrags (§ 139 BGB).[8] Teilnichtigkeit liegt nur dann vor, wenn sich die Bestimmung über die unzulässige Rechtsausübung vom restlichen Vertrag klar abgrenzen lässt.[9]

58

Bei Nichtigkeit des gesamten Vertrags verliert der Projektsteuerer seinen gesamten vertraglichen **Honoraranspruch**. Hier steht zu befürchten, dass der Auftraggeber bei Unzufriedenheit mit den Leistungen des Projektsteuerers evtl. ver-

59

---

1 So auch *Kniffka*, ZfBR 1995, 10, 12.
2 OLG Dresden, BauR 2000, 743.
3 Vgl. *Kniffka*, ZfBR 1995, 10, 13.
4 Dies entspricht der allgemeinen Ansicht; vgl. *Locher/Koeble/Frik*, § 31 HOAI, Rz. 18; *Kniffka*, ZfBR 1994, 253 (256); *Kniffka*, ZfBR 1995, 10, 12 ff.; *Heiermann*, BauR 1996, 185.
5 Vgl. *Locher/Koeble/Frik*, HOAI, § 31, Rz. 24.
6 Vgl. *Locher/Koeble/Frik*, HOAI, § 31, Rz. 24.
7 Vgl. *Kniffka*, ZfBR 1995, 10, 13.
8 *Kniffka*, ZfBR 1995, 10, 14.
9 Staudinger/*Sack*, § 134, Rz. 86 ff.; *Heiermann*, BauR 1996, 48, 56.

suchen wird, den Vertrag insgesamt für nichtig zu erklären.[1] Dem Projektsteuerer bleiben dann zwar noch **Bereicherungsansprüche** nach § 812 BGB[2], gerichtet auf Wertersatz, sofern der Auftraggeber durch die baubezogene technische oder die rechtsbesorgende Tätigkeit (besonders im Fall der Teilnichtigkeit) bereichert ist. Letzteres ist der Fall, soweit er sich durch fehlerfreie, verwendbare Beratungstätigkeit des Projektsteuerers z. B. die Beauftragung eines Rechtsanwalts erspart hat.

60 Ein Anspruch aus Bereicherung entfällt jedoch gemäß § 817 Satz 2 BGB, wenn dem Projektsteuerer bei seiner rechtsbesorgenden Tätigkeit ein Verstoß gegen das Rechtsberatungsgesetz **bewusst** war. Ein solches „Bewusstsein" kann angesichts der laufenden Diskussion in den relevanten Projektsteuerungskreisen über die Reichweite des Rechtsberatungsgesetzes kaum ernsthaft bezweifelt werden;[3] jedenfalls wird sich ein Projektsteuerer wohl nicht darauf berufen können, von der Bedeutung des Rechtsberatungsgesetzes und dessen Auswirkungen auf Projektsteuerungsverträge nichts gewusst zu haben. Hauptstreitpunkt wird in solchen Fällen also stets sein, ob es sich bei den rechtsberatenden Tätigkeiten des Projektsteuerers um solche handelt, die noch zulässig im Sinne einer Annex-Tätigkeit sind.

61 Darüber hinaus haftet der Projektsteuerer dem Auftraggeber nach § 280 Abs. 1 i.V.m. §§ 311 Abs. 2, 241 Abs. 2 BGB[4] auf Schadensersatz, wenn er den Auftraggeber nicht rechtzeitig über seine mangelnde Kompetenz aufgeklärt hat, ihn hinsichtlich der Verletzung der Aufklärungspflicht ein Verschulden trifft und dem Auftraggeber aufgrund der Pflichtverletzung ein Schaden entstanden ist. Zu erwähnen ist noch, dass der Auftraggeber bei einer unzulässigen Projektsteuerungsleistung durch Verstoß gegen das Rechtsberatungsgesetz neben dem Erfüllungsanspruch auch seine vertraglichen Gewährleistungs- und Schadensersatzansprüche verlieren kann. Zu bedenken ist schließlich, dass ein Haftpflichtversicherungsschutz (dazu Rz. 125) des Projektsteuerers wegen Verstoßes gegen das Rechtsberatungsgesetz entfallen kann und der Auftraggeber dann ohne ausreichende (finanzielle) Haftungsgrundlage bleibt.

Hinweis:
Anzustreben ist daher, dass die Berufsgruppen der Projektsteuerer und der Rechtsanwälte insbesondere bei Großprojekten zusammenarbeiten. Entscheidend ist dabei, dass der Rechtsanwalt ein eigenes **Mandatsverhältnis** mit dem **Auftraggeber** begründet.[5] Der Projektsteuerer verstößt nämlich auch dann gegen das Rechtsberatungsgesetz, wenn er für den Auftraggeber selbst mit dem Anwalt einen Vertrag schließt. Der Bauherr erhält nur dann eine ausreichende Vertrags-

---

1 Siehe dazu auch LG Düsseldorf v. 26. 1. 2001 – 3 O 45/00, IBR 2001, 267 mit Anm. *Eschenbruch*, wonach empirische Untersuchungen eine recht hohe Unzufriedenheit der Auftraggeber mit Projektsteuerungsleistungen belegen; *Kapellmann*, Juristisches Projektmanagement, Kap. 2, Rz. 31.
2 Siehe auch BGH, NJW 1995, 3122; *Heiermann*, BauR 1996, 48, 56, 57.
3 *Kapellmann*, Juristisches Projektmanagement, Kap. 2, Rz. 31.
4 Vor der Schuldrechtsreform aus dem allgemein anerkannten Rechtsinstitut der cic.
5 *Kniffka*, ZfBR 1995, 10, 13; ebenso *Wagner*, ZfBR 1996, 185, 186.

sicherheit, wenn er unabhängig von einem Projektsteuerer Rechtsanwälte gesondert mit den Leistungen des Juristischen Projektmanagements beauftragt.[1]

IV. Rechtsnatur des Projektsteuerungsvertrags

1. Dienst- und Werkvertrag

Lange Zeit war umstritten, ob die Projektsteuerung als dienst- oder werkvertragliches Rechtsverhältnis einzuordnen sei.[2] Hierzu beigetragen hat sicherlich die zunächst nicht eindeutige bzw. auch widersprüchliche Rechtsprechung.[3] Nach der als grundlegend einzustufenden Entscheidung des BGH vom 10. 6. 1999[4] dürfte geklärt sein, dass es nicht darauf ankommt, **ob** „der Projektsteuerungsvertrag" an sich dienst- oder werkvertraglicher Natur ist. Als maßgebend erweist sich vielmehr, **wann** ein **konkreter** Projektsteuerungsvertrag als Dienstvertrag oder als Werkvertrag zu qualifizieren ist. Der BGH hat in dieser Entscheidung ausgeführt:

„Die Rechtsnatur eines Projektsteuerungsvertrages hängt von den getroffenen Vereinbarungen ab. Sie bestimmen, ob der Vertrag eine Geschäftsbesorgung zum Gegenstand hat oder ob er als Dienst- oder Werkvertrag einzuordnen ist. Das Recht des Werkvertrages ist anwendbar, wenn der Projektsteuerer durch seine vertragliche Leistung einen Erfolg im Sinne des § 631 Abs. 2 BGB schuldet. Dabei ist es nicht notwendig, dass der Projektsteuerer ausschließlich erfolgsorientierte Pflichten wahrnimmt. Werkvertragsrecht kann auch dann anwendbar sein, wenn der Unternehmer ein Bündel von verschiedenen Aufgaben übernommen hat und die erfolgsorientierten Aufgaben dermaßen überwiegen, dass sie den Vertrag prägen."

Der Bundesgerichtshof hat sich insoweit an seiner eigenen Rechtsprechung zum Baubetreuungsvertrag[5] orientiert. Entscheidend ist also, ob sich nach dem **Gesamtbild der vereinbarten Leistungen** die Tätigkeit des Projektsteuerers als erfolgsorientiert erweist. In der zitierten Entscheidung hat der BGH **Werkvertragscharakter** auch bei vorwiegend überwachenden und kontrollierenden Aufgaben bejaht, weil diese dem zentralen Zweck des streitgegenständlichen Projektsteuerungsvertrags, die vertragsgerechte Ausführung des Bauvorhabens zu gewährleisten, dienten.

Danach dürfte für die ganz überwiegende Zahl der regelmäßig abgeschlossenen Projektsteuerungsverträge eine Qualifikation als **Werkvertrag** anzunehmen sein. Zwar werden auch weiterhin Projektsteuerungsverträge in Betracht kommen, die als Dienstvertrag einzuordnen sind. Allerdings dürfte sich dies auf solche Fälle beschränken, in denen der Projektsteuerer vorrangig oder ausschließlich informierende[6], beratende und allgemein koordinierende Aufgaben übernimmt (z. B. § 205 Abs. 1 Ziff. 5 und 8 DVP-Vorschlag). Jedenfalls dann, wenn der Bauherr auch deshalb einen Projektsteuerer einschaltet, weil er mit dessen Hilfe die

---

1 *Kapellmann*, Juristisches Projektmanagement, Kap. 2, Rz. 36.
2 Ausführlich: *Schill*, Projektsteuerungsvertrag, S. 55 ff.; *Eschenbruch*, Projektsteuerung, Rz. 754 ff.
3 Vgl. OLG Düsseldorf, BauR 1999, 1049; BGH, NJW-RR 1995, 855.
4 BGH, BauR 1999, 1317.
5 BGH, BauR 1976, 367; BGH, BauR 1991, 475; BGH, BauR 1994, 776.
6 OLG Düsseldorf, BauR 1999, 1049; OLG Oldenburg, IBR 2000, 619.

Durchführung des Bauvorhabens im vorgegebenen Kosten-, Qualitäts- und Zeitrahmen gewährleistet sehen will, ist im Zweifel ein Werkvertrag anzunehmen. Das in Abschnitt VII. dargestellte Vertragsmuster (Rz. 154 ff.) geht deshalb von einem Werkvertrag aus; die Besonderheiten für einen Dienstvertrag sind in Abschnitt V. 7. (Rz. 129 ff.) in einer Zusammenfassung erläutert.

2. Leistungskatalog des § 31 HOAI als Werkvertrag

65 Der BGH hat in seiner Entscheidung vom 10. 6. 1999[1] ausdrücklich offen gelassen, ob ein Projektsteuerungsvertrag, der den Katalog des § 31 HOAI ganz oder teilweise zur Bestimmung der Leistungspflichten eines Projektsteuerers übernimmt, als Werkvertrag einzuordnen ist. Für eine solche Qualifikation spricht nicht nur die Einordnung der Projektsteuerungsleistungen in der HOAI durch den Normgeber, sondern vor allem auch der Umstand, dass Mehrzahl und Schwerpunkt der in § 31 HOAI aufgeführten Tätigkeitsbereiche eine Überwachung und Kontrolle in praktisch jeder Phase des Bauvorhabens beinhalten. Übernimmt der Projektsteuerer solche Überwachungs- und Kontrolltätigkeiten gegenüber den anderen Baubeteiligten, legt also der Bauherr gerade auf diese Leistungen des Projektsteuerers besonderen Wert, liegt ein Werkvertrag vor. In diesem Sinne ist also ein Projektsteuerungsvertrag, dessen Leistungspflichten ganz oder überwiegend nach dem Katalog des § 31 HOAI vereinbart werden, als Werkvertrag einzuordnen.

66 **Gleiches** gilt auch für den **DVP-Vorschlag**.[2] Zwar hat das OLG Düsseldorf[3] einen Vertrag, der auf dem DVP-Vorschlag beruhte, noch als Dienstvertrag eingeordnet. Allerdings ist dieses Urteil vor der Entscheidung des BGH vom 10. 6. 1999[4] ergangen, so dass höchst zweifelhaft ist, ob an dieser Rechtsauffassung noch festgehalten werden kann.

3. Projektsteuerung als Geschäftsbesorgung gemäß § 675 BGB

67 Neben[5] der Qualifikation als Dienst- oder Werkvertrag können die Leistungspflichten eines Projektsteuerers auch als **Geschäftsbesorgung** im Sinne des **§ 675 BGB** einzuordnen sein. Als Wahrnehmung fremder Vermögensinteressen kann der Tatbestand einer Geschäftsbesorgung durch den Projektsteuerer unabhängig davon eintreten, ob der Projektsteuerungsvertrag insgesamt als Dienst- oder Werkvertrag anzusehen ist.[6] Mit Blick auf die Abdingbarkeit der für die Geschäftsbesorgung geltenden Vorschriften und den Umstand, dass die Inhalte dieser Normen in Projektsteuerungsverträgen durchweg individuell (abweichend)

---

1 S.o. Fn. 3 zu Rz. 62.
2 So auch *Heiermann*, Projektsteuerungsvertrag, 1991, S. 5 ff.
3 OLG Düsseldorf, BauR 1999, 1049.
4 S. o. Fn. 3 zu Rz. 62.
5 *Locher/Koeble/Frik*, HOAI, § 31, Rz. 16 f. gehen wohl davon aus, dass ein Projektsteuerungsvertrag prinzipiell als Geschäftsbesorgungsvertrag einzuordnen ist. Hieran ist richtig, dass ein solches Vertragswerk stets und mitunter auch überwiegend geschäftsbesorgende Elemente enthält, dieses jedoch nicht prägen. Für die Lösung der mit dem Projektsteuerungsvertrag verbundenen rechtlichen Probleme hilft eine generelle Qualifikation als Geschäftsbesorgungsvertrag nicht.
6 *Eschenbruch*, Projektsteuerung, Rz. 790 ff.; *Schill*, Projektsteuerungsvertrag, S. 72 ff.

geregelt werden, kommt dieser Frage in der Praxis keine tragende Bedeutung zu. Zu erwähnen ist lediglich, dass bei fehlender vertraglicher Regelung die Auskunfts-, Rechenschafts- und Herausgabepflichten nach §§ 666f. BGB maßgeblich werden können[1], soweit sich dies nicht bereits aus anderen Umständen des Projektsteuerungsvertrags herleiten lässt. Immerhin mag es Fälle geben, in denen ein vertraglicher Vergütungsanspruch – aus welchem Grund auch immer – nicht besteht oder entfällt, so dass dann dem Projektsteuerer ein Aufwendungsersatzanspruch durch Verweisung auf § 670 BGB zustehen kann.[2]

V. Ausgewählte Rechtsprobleme beim Projektsteuerungsvertrag

Nachfolgend werden einige Rechtsprobleme im Zusammenhang mit den Leistungen bzw. Tätigkeiten eines Projektsteuerers dargestellt und erläutert. Dabei liegt der Schwerpunkt auf solchen Problemkreisen, die schon **bei Abschluss** des Projektsteuerungsvertrags besonderer Beachtung und – mit Blick auf die stets „relative" Wirksamkeit von **allgemeinen Geschäftsbedingungen**[3] – ausdrücklicher individualvertraglicher Vereinbarung im konkreten Projektsteuerungsvertrag bedürfen. Die nachfolgenden Darstellungen verzichten auf eine Wiedergabe allgemeiner Rechtsfragen und Schwierigkeiten, die sich in diesen Problemfeldern bei Verträgen im Zusammenhang mit einem Bauvorhaben ergeben können, insoweit ist auf die einschlägige Rechtsprechung und Literatur zu verweisen.   68

1. Abnahme des Projektsteuerungswerkes

Die **Abnahme bzw. Abnahmefähigkeit** eines Projektsteuerungswerks spielt eine wichtige Rolle im Werkvertragsrecht. Infolge der Abnahme geht die Gefahr des zufälligen Untergangs oder der Verschlechterung der abgenommenen Leistung nach § 644, 645 BGB auf den Auftraggeber über. Es tritt eine Umkehr der Beweislast zugunsten des Auftraggebers ein. Mit dem Gefahrübergang erlischt der ursprüngliche Erfüllungsanspruch des Auftraggebers, er konkretisiert und beschränkt sich auf die Mängelbeseitigung. Neuherstellung eines mangelfreien Werks kann somit nur bis zur Abnahme verlangt werden. Grundsätzlich[4] erst nach Abnahme des Werks kann der Auftraggeber die Mängelrechte nach §§ 634ff. BGB geltend machen. Mit Abnahme wird der Vergütungsanspruch des Projektsteuerers fällig, § 641 BGB. Zudem beginnt die Verjährungsfrist nach § 634a Abs. 2 BGB regelmäßig mit Abnahme des Werks zu laufen.   69

Es entspricht allgemeiner Ansicht[5], dass die Leistungen eines Projektsteuerers **abnahmefähig** sind, sei es als Werkvertrag gemäß § 640 BGB, sei es als Dienstvertrag gemäß § 614 BGB. Eine grundsätzliche Abnahmefähigkeit des Projektsteuerwerks lässt sich zwar ohne weiteres postulieren, angesichts der Eigentümlichkeit der Projektsteuererleistungen und den mit der Abnahme, insbesondere   70

---
1 *Eschenbruch*, Projektsteuerung, Rz. 795; *Schill*, Projektsteuerungsvertrag, S. 74.
2 *Schill*, Projektsteuerungsvertrag, S. 72.
3 Zu Projektsteuerungsverträgen insbesondere *Schill*, Projektsteuerungsvertrag, S. 21 ff.; *Eschenbruch*, Projektsteuerung, Rz. 1261 ff.
4 Vgl. zu den Ausnahmen Palandt/*Sprau*, Vorb. zu § 633, Rz. 7 a. E.
5 Vgl. nur *Eschenbruch*, Projektsteuerung, Rz. 1038; *Heiermann*, Projektsteuerungsvertrag, S. 11 ff.; *Pott/Dahlhoff/Kniffka*, HOAI, § 31, Rz. 11.

beim Werkvertrag, einhergehenden einschneidenden Rechtswirkungen kommt diesem Rechtsproblem für den Projektsteuerer jedoch **außerordentliche Bedeutung** zu. Dies liegt vor allem daran, dass die Leistungen des Projektsteuerers in aller Regel (Ausnahme: Planzeichnungen, Baustellenprotokolle etc.) vom Bauherrn gar nicht körperlich entgegengenommen werden **und** der Abnahmezeitpunkt erhebliche Probleme bereiten kann, namentlich bei so genannten Nachsorgepflichten des Projektsteuerers nach Abschluss der eigentlichen Baumaßnahme (Kostenüberprüfung, Dokumentationszusammenstellungen, Schlussrechnungsprüfungen, Begleitung bei der Gewährleistung etc.). Es ist daher für die Vertragsparteien eines Projektsteuerungsvertrags unverzichtbar, zu diesen Problempunkten bei der Abnahme der Projektsteuerungsleistungen **explizite** Vertragsvereinbarungen zu treffen.

71 Kommt – wie regelmäßig – eine **körperliche Entgegennahme** der vom Projektsteuerer erbrachten Leistungen durch den Bauherrn **nicht in Betracht**, wird man ein Projektsteuerungswerk jedenfalls dann als abgenommen ansehen müssen, wenn der Projektsteuerer alle ihm übertragenen Aufgaben **vollendet** und der Bauherr die **Schlussrechnung** des Projektsteuerers entgegengenommen hat.[1] Eine **konkludente** Abnahme wird dann vorliegen, wenn der Bauherr die Schlussrechnung des Projektsteuerers ohne Vorbehalt bezahlt. Dies lässt sich dadurch begründen, dass erst durch die Schlussrechnung der Auftraggeber in die Lage versetzt wird, die erbrachten Leistungen nachzuvollziehen und die aufgeführten Leistungen mit den tatsächlich erbrachten Arbeiten zu vergleichen.

72 Die **Vollendung** des Werks tritt gemäß § 646 BGB an die Stelle einer Abnahme. Es kann dahingestellt bleiben, ob diese Bestimmungskriterien für eine **Abnahmewirkung** aus der Rechtsprechung des BGH zum Architektenrecht[2] übertragen werden oder § 8 HOAI auf den Projektsteuerungsvertrag angewendet wird.[3] Gegen eine pauschale Anwendung des § 8 HOAI auf einen Projektsteuerungsvertrag – gleich, ob dieser auf der Grundlage des § 31 HOAI oder anderer Leistungsbildsystematiken verfasst wurde – spricht allerdings nicht nur, dass diese Norm starken Bedenken hinsichtlich ihrer eigenen Rechtsgrundlage ausgesetzt ist.[4] Vor allem ist bedenklich, dass dadurch bei Projektsteuerungsverträgen, die nicht ersichtlich oder gar bewusst nicht auf dem Muster des § 31 HOAI aufbauen, den Parteien die Vorschrift des § 8 HOAI „durch die Hintertür" aufgedrängt wird. Eine Anwendung des im Rahmen der Schuldrechtsreform neu eingeführten § 632 a BGB auf den Projektsteuerungsvertrag erscheint hingegen kaum vorstellbar.

73 Die Vollendung aller übertragenen Leistungen durch den Projektsteuerer als Zeitpunkt, in dem die **Abnahmewirkung** eintritt, kann – ähnlich wie bei den Architekten, die auch die Leistungen aus der Leistungsphase 9 (§ 15 HOAI) übernommen haben – zu höchst unerfreulichen **Konsequenzen** bei der **Fälligkeit** der Vergütung führen. Ist der Projektsteuerer mit Leistungen des Projektabschlusses

---

1 Allg.M., vgl. nur *Heiermann*, Projektsteuerungsvertrag, 1991, S. 12; *Werner/Pastor*, Der Bauprozess, Rz. 1430 a. E.
2 Ausführlich nur Rechtsprechung: *Locher/Koeble/Frik*, HOAI, Einl., Rz. 69 ff.
3 Vgl. hierzu Fn. 116.
4 *Locher/Koeble/Frik*, HOAI, § 8, Rz. 5.

(vgl. Projektstufe 5 – § 204 DVP-Vorschlag) betraut, könnte sich eine Abnahmefähigkeit des Werks durch Vollendung unter Umständen erst Jahre nach Fertigstellung des Bauvorhabens ergeben.

Hinweis:
Letztlich lässt sich die Problematik nur durch eine geeignete Vertragsgestaltung beheben, sei es durch die individualvertragliche Regelung von Teilabnahmen i. V. m. Zahlungsplänen, sei es durch die stufenweise Vergabe (Beauftragung) von Projektsteuerungsleistungen, namentlich solcher Tätigkeiten, die den Projektabschluss und die Betreuung des Bauherrn gegenüber anderen Baubeteiligten nach diesem Zeitpunkt betreffen.

2. Ansprüche bei Mängeln der Projektsteuererleistung

Nach der Schuldrechtsreform richten sich die Mängelansprüche des Auftraggebers nach den **neu gefassten §§ 634 ff. BGB**. Diese Vorschriften stellen für die Ansprüche des Auftraggebers bei Vorliegen eines Mangels am erbrachten Werk eine **abschließende Sonderregelung** dar. Anders als das alte Gewährleistungsrecht ist das neue Mängelhaftungsrecht jedoch in das allgemeine Leistungsstörungsrecht eingegliedert, ein eigenständiges Gewährleistungsrecht gibt es somit nicht mehr.[1] Die Herstellung bzw. Lieferung eines mangelhaften Werks wird so als (teilweise) Nichterfüllung der Leistungspflichten des Unternehmers verstanden, die grundsätzlich die Rechtsfolgen nach dem allgemeinen Leistungsstörungsrecht auslöst.

74

Für den Werkvertrag gilt bei mangelhafter Werkleistung grundsätzlich Folgendes: Zunächst kann der Auftraggeber vom Projektsteuerer **Nacherfüllung** gemäß §§ 634 Nr. 1, 635 BGB verlangen. Verweigert der Projektsteuerer die Nacherfüllung, schlägt diese fehl oder ist sie unzumutbar, kann der Bauherr nach Ablauf einer von ihm gesetzten, angemessenen Nacherfüllungsfrist grundsätzlich **Selbstvornahme** nach §§ 634 Nr. 2, 637 BGB ausüben, **Rücktritt** vom Vertrag nach §§ 634 Nr. 3, 636, 323, 326 Abs. 5 BGB erklären, nach §§ 634 Nr. 3, 638 BGB **mindern** sowie **Schadensersatz** gemäß §§ 634 Nr. 4, 636, 280, 281, 283, 311a BGB verlangen.

75

a) Mangelbegriff

Voraussetzung für sämtliche Ansprüche nach § 634 BGB ist ein Mangel im Sinne des § 633 BGB; die mangelhafte Herstellung des Werks ist ein Unterfall der Nichterfüllung, als deren Konsequenz Sach- und Rechtsmängel gleichgestellt sind. Bei der Bestimmung von Sachmängeln ist von einem **subjektiven Fehlerbegriff** auszugehen (§ 633 Abs. 1 BGB), mithin von dem, was die Parteien über die Beschaffenheit des Werks vereinbart haben. Fehlen derartige Angaben im Vertrag, sind die weiteren Bestimmungskriterien gemäß § 633 Abs. 2 Satz 2 BGB anzuwenden.

76

Im Einzelfall äußerst schwierig zu beantworten sein kann die Frage, ob überhaupt ein Mangel im Sinne der (dienst- oder) werkvertraglichen Bestimmungen vorliegt. Der Projektsteuerer schuldet nämlich nicht das Bauwerk selbst, sondern

77

---

1 Palandt/*Sprau*, Ergänzungsband zur 61. Auflage, Vorb. in § 633 BGB, Rz. 1.

„lediglich"[1] eine **mangelfreie Projektsteuerungsleistung**, wobei es auf die bei Architektenleistungen früher vorgenommene Differenzierung zwischen technischen und wirtschaftlichen Leistungen[2] nicht ankommt. Der Bauherr beschäftigt den Projektsteuerer, damit dieser dafür Sorge trägt, dass die vereinbarten oder vorgegebenen Ziele zu Kosten, Qualitäten und Terminen erreicht werden und der angestrebte Projekterfolg vollständig eintritt. Sieht man die Optimierung des Projekts als eine Hauptleistungspflicht des Projektsteuerers an[3], ist eine Mangelhaftigkeit des Projektsteuerungswerks nach dem neuen Leistungsstörungsrecht eigentlich nie auszuschließen, da eine **„Optimierung der Optimierung"**[4] theoretisch und praktisch immer möglich ist. Dies gilt erst recht dann, wenn die Parteien die Zielvorgaben eher umschreibend denn präzise definiert im Vertrag niedergelegt haben.

78 Eine pauschale Definition des Mangelbegriffs – etwa im Sinne einer Abweichung der Soll- von der Ist-Beschaffenheit – scheint beim Projektsteuerungsvertrag kaum möglich. Eine **präzise Definition der geschuldeten Leistungen** und ihre Abgrenzung zu den übrigen Baubeteiligten durch schriftliche Niederlegung im Projektsteuerungsvertrag ist daher unbedingt anzuraten. Fehlt es jedoch an einer solch hinreichenden Beschreibung, geht dieser Mangel letztlich zulasten sowohl des Bauherrn wie des Projektsteuerers: Ersterer kann zwar ein evidentes Fehlersymptom – nämlich den Mangel des Bauwerks in wirtschaftlicher oder technischer Hinsicht – vorweisen, ihm obliegt jedoch der Nachweis, dass überhaupt ein Mangel der Projektsteuerungsleistung vorliegt und sich zudem dieser Mangel in dem Bauwerksfehler niedergeschlagen hat. Zu dem nachfolgenden Problem, ob eine Nachbesserung des Projektsteuerungswerks überhaupt noch möglich ist, siehe Rz. 80 ff.

79 Der Projektsteuerer hingegen wird mitunter die Erfahrung machen müssen, dass der Bauherr im Zweifel ihm sämtliche Mängel des Bauwerks als Mängel der Projektsteuerungsleistung anlasten will oder genötigt wird, sich mit erheblichem Aufwand gegen die angeblichen wirtschaftlichen/finanziellen Folgen eines ansonsten geringfügigen Mangels seiner Projektsteuerungsleistung zur Wehr zu setzen. Gerade hinsichtlich der einschneidenden Rechtsfolgen, die sich für den Auftraggeber aus der Feststellung eines Mangels ergeben, bleibt abzuwarten, ob aufgrund der Schuldrechtsreform zukünftig heftiger als bisher um das Vorliegen eines Mangels im Projektsteuerungswerk gerungen wird.

Hinweis:
Auf ein weiteres **Sonderproblem**, dass sich nach der Schuldrechtsreform in besonderer Schärfe stellt, ist noch hinzuweisen: Die Vertragsparteien, namentlich der Projektsteuerer, werden bei der – grundsätzlich anzustrebenden – präzisen Beschreibung der Leistungspflichten genau darauf achten müssen, dass hieraus nicht **Garantien** im Sinne der §§ 633 Abs. 2 Satz 1 i. V. m. § 639 BGB abgeleitet

---

1 In übertragbarer Anwendung der Kriterien zum Inhalt des Architektenwerks – vgl. nur *Locher/Koeble/Frik*, HOAI, Einl., Rz. 7.
2 Ausführlich dazu: *Schill*, Projektsteuerungsvertrag, S. 83.
3 *Schill*, Projektsteuerungsvertrag, S. 85 f.
4 *Schill*, Projektsteuerungsvertrag, S. 86.

werden können, für die der Projektsteuerer auch ohne Verschulden haftet. Auf eine entsprechende **Klarstellung im Vertrag** sollte nicht verzichtet werden.

b) Zu einzelnen Mängelansprüchen des Auftraggebers

aa) Nacherfüllung

Der Anspruch auf Nacherfüllung[1] (§§ 634 Nr. 1, 635 BGB) umfasst die **Nachbesserung** und **Neuherstellung**; dem Unternehmer steht ein **Wahlrecht** zu. Demzufolge kann der Projektsteuerer entscheiden, ob er das Werk nur nachbessern oder vollständig neu herstellen will.[2] Der Anspruch auf Nacherfüllung besteht unabhängig davon, ob der Mangel erheblich ist. Dabei hat der Unternehmer die zum Zweck der Nacherfüllung erforderlichen Aufwendungen zu tragen. Allerdings kann der Unternehmer die Nacherfüllung dann verweigern, wenn diese nur mit unverhältnismäßigen Kosten möglich ist (§ 635 Abs. 3 BGB) oder einen unverhältnismäßigen Aufwand erfordert (§ 275 Abs. 2 BGB) oder ihm nicht zugemutet werden kann (§ 275 Abs. 3 BGB). Sofern der Unternehmer das Werk neu herstellt, hat er gegen den Besteller einen Anspruch auf Rückgewähr des mangelhaft hergestellten Werks nach den Vorschriften über das Rücktrittsrecht (§§ 635 Abs. 4, 346 bis 348 BGB).

80

Bei Anwendung dieser Grundsätze auf den Projektsteuerungsvertrag kommt dem **Nacherfüllungsanspruch** in der Praxis nur **sehr geringe Bedeutung** zu. Das Problem[3] besteht in der zeitlichen Überlagerung bzw. Überholung der erbrachten Leistungen. Die mangelhafte Projektsteuerungsleistung wird sich in der Regel schon auf das Projekt ausgewirkt oder durch den Projektfortschritt überholt haben, so dass die Nacherfüllung mangels Korrekturmöglichkeit durch den Projektsteuerer regelmäßig ausscheidet.[4] Weil der Projektsteuerer nicht das materielle Bauwerk schuldet, ist er auch nicht verpflichtet bei einer Fehlleistung, die sich im materiellen Bauwerk realisiert hat, nachzubessern oder das Werk neu herzustellen. Eine Nacherfüllung des „geistigen Werks" ist dann aufgrund der zeitlichen Überholung seiner Leistung nicht möglich.[5]

81

Im Übrigen wird eine Nachbesserung des Projektsteuerungswerks in der Regel kaum zur Beseitigung des eingetretenen Mangels am Bauwerk führen. So können z.B. die nachbessernde Überprüfung der Angebotsauswertungen, der Überprüfung der vorliegenden Angebote in Hinblick auf die vorgegebenen Kostenziele und der Angemessenheit der Preise bzw. der Kostenanschläge der Objekt- und

82

---

1 Der Anspruch auf Nacherfüllung entspricht dem bisherigen Nachbesserungsanspruch nach § 633 Abs. 2 BGB a. F.
2 So auch schon die bisherige Rechtsprechung BGH, NJW-RR 1988, 208.
3 Siehe zum Nachbesserungsanspruch nach § 633 BGB a. F.: *Schill*, Projektsteuerungsvertrag, S. 88 f.
4 So zum Nachbesserungsanspruch nach § 633 BGB a. F.: *Heiermann*, Projektsteuerungsvertrag, S. 21; zum neuen Recht: *Eschenbruch*, Projektsteuerung, Rz. 1152.
5 Zum Nacherfüllungsanspruch beim Architekten auch Palandt/*Sprau*, Ergänzungsband zur 61. Auflage, § 633, Rz. 11: Der Architekt schuldet meist nicht die (nicht mehr mögliche) Nacherfüllung, sondern Schadensersatz. Dies gelte auch für einen Baubetreuer, Statiker und Ingenieur.

Fachplaner sowie erforderliche Anpassungsmaßnahmen den eingetretenen Mangel nicht nachträglich beseitigen.[1]

83 Eine Nacherfüllung ist aber dann denkbar[2], wenn der Projektsteuerer Vertragspflichten gegenüber anderen Projektbeteiligten mangelhaft durchgesetzt hat und dies zu Mängeln am materiellen Bauwerk geführt hat. Zur Beseitigung dieses Mangels sind zwar nur die anderen Baubeteiligen verpflichtet, in diesem Rahmen ist es aber auch dem Projektsteuerer möglich, seine eigenen Vertragspflichten vertragsgemäß zu erfüllen. Das Gleiche gilt bei einer mangelhaften Prüfung von Ausführungsänderungen oder Qualitätsstandards durch den Projektsteuerer. Verallgemeinernd lässt sich sagen, dass der Projektsteuerer **trotz „Überholung"** seiner geistigen Leistung dann zur Nacherfüllung verpflichtet bleibt, wenn er dieser Pflicht auch noch in Zusammenhang mit der **Nacherfüllung durch andere Baubeteiligte** nachkommen kann.

bb) Selbstvornahme

84 Nach §§ 634 Nr. 2, 637 BGB ist der Besteller des Werks berechtigt, den Mangel selbst zu beseitigen und den Ersatz der hierfür erforderlichen Aufwendungen zu verlangen. Voraussetzung ist, dass er dem Unternehmer zur Nacherfüllung eine angemessene **Frist** gesetzt hat, diese **erfolglos abgelaufen** ist und der Unternehmer die Nacherfüllung nicht zu Recht verweigert. Nicht notwendig ist Verzug mit der Nacherfüllung bzw. ein diesbezügliches Verschulden des Unternehmers. Der Fristsetzung bedarf es z. B. ausnahmsweise dann nicht, wenn sie offensichtlich erfolglos bleiben würde oder besondere Umstände unter beiderseitiger Interessenabwägung ein Absehen rechtfertigen (§ 323 Abs. 2 BGB). Sofern die Nacherfüllung fehlgeschlagen oder für den Besteller unzumutbar ist, kann die Fristsetzung ebenfalls entfallen (§ 637 Abs. 2 BGB).

85 Auch bei der Selbstvornahme sind die Besonderheiten des Projektsteuerungsvertrags zu berücksichtigen. Insoweit kann auf die obigen Ausführungen zur Nacherfüllung verwiesen werden. Eine Selbstvornahme durch den Auftraggeber wird wegen zeitlicher „Überholung" der Leistung des Projektsteuerers daher nur selten in Betracht kommen.

cc) Rücktrittsrecht

86 Der Besteller eines Werks kann nach § 634 Nr. 3 BGB unter den Voraussetzungen der §§ 636, 323 BGB vom Vertrag zurücktreten. Hier bedarf es ebenfalls grundsätzlich einer Fristsetzung zur Nacherfüllung, nicht aber einer ausdrücklichen Ablehnungsandrohung durch den Besteller. Die Fristsetzung ist neben den allgemeinen Vorschriften nach §§ 281 Abs. 2, 323 Abs. 2 BGB auch dann entbehrlich, wenn die Nacherfüllung wegen unverhältnismäßiger Kosten verweigert wird, fehlgeschlagen oder für den Besteller unzumutbar ist. Liegt nur ein unerheblicher Mangel vor, ist der Rücktritt ausgeschlossen (326 Abs. 5 BGB).

---

1 So das Beispiel von *Schill*, Projektsteuerungsvertrag, S. 88; vgl. auch *Eschenbruch*, Projektsteuerung, Rz. 1152.
2 Vgl. *Schill*, Projektsteuerungsvertrag, S. 89.

Der **Rücktritt** wird in der Praxis – wie zuvor die Wandlung – beim Projektsteuerungsvertrag **eher selten** erklärt werden können.[1] Bei einem Rücktritt müssten die empfangenen Leistungen grundsätzlich nach § 346 Abs. 1 BGB zurückgewährt werden, was aber praktisch nicht möglich ist.[2] Allerdings ist in § 346 Abs. 2 Nr. 1 BGB ein Wertausgleich vorgesehen, wenn die Rückgewähr oder die Herausgabe nach der Natur des Erlangten ausgeschlossen ist. Der Auftraggeber ist bei einem Rücktritt dem Projektsteuerer de facto zum **Wertersatz** für die empfangenen Leistungen verpflichtet. Im Ergebnis entspricht der Wertausgleich einer Minderung des Honoraranspruchs, die gegenseitig ausgetauschten Leistungen sind zu verrechnen.

87

dd) Minderung

Sofern der Besteller trotz der Mangelhaftigkeit des Werks am Vertrag festhält, kann er Minderung des Werklohns gemäß §§ 634 Nr. 3, 638 BGB beanspruchen. Grundsätzlich bedarf es auch hier einer Fristsetzung zur Nacherfüllung, nicht aber einer Ablehnungsandrohung. Anders als beim Rücktritt kann der Besteller auch bei nur unerheblichen Mängeln den Werklohn mindern (§ 638 Abs. 1 Satz 2 BGB). Zur **Berechnung** der Minderung (§ 638 Abs. 3 BGB) ist die Vergütung in dem Verhältnis herabzusetzen, in dem zur Zeit des Vertragsschlusses der Wert des Werks in mangelfreiem Zustand zu dem wirklichen Wert gestanden hätte. Soweit erforderlich, ist die Minderung durch Schätzung zu ermitteln.

88

Die Minderung stellt beim Projektsteuerungsvertrag im Gegensatz zu den übrigen Mängelansprüchen einen geeigneten Anspruch des Auftraggebers für den Ausgleich entstandener Mängel dar. Es stellt sich hier vorrangig das Problem der Berechnung des Betrags, um den das Honorar des Projektsteuerers zu mindern ist, denn der Berechnung darf nicht der „Wert" des im materiellen Bauwerk eingetretenen Mangels zugrunde gelegt werden. Maßgeblich ist nur das vom Projektsteuerer geschuldete Projektsteuerungswerk. Zu ermitteln ist der Wert des mangelhaften Projektsteuerungswerks im Vergleich zu einer mangelfreien Leistung.[3] Abzustellen ist dabei auf den **Zeitpunkt der Abnahme** (vgl. zur Abnahme Rz. 69 ff.), denn bis zur Abnahme kann der Projektsteuerer grundsätzlich noch vertragsgemäß erfüllen. Der Wert des mangelhaften Projektsteuerungswerks richtet sich nach dessen **objektiven Verkehrswert**; Kriterium für dessen Ermittlung können z. B. die Aufwendungen des Projektsteuerers zur Beseitigung des Mangels (= **Nachbesserungsaufwand**) sein.[4] Scheidet dieser Ansatz aus, weil eine Nachbesserung aus tatsächlichen Gründen entfällt, kann auch der (im Streitfall durch Sachverständige zu ermittelnde) **Zeitaufwand** für eine fehlerfreie Leistung der mangelhaften Tätigkeit zur Feststellung des Minderungsbetrags herangezogen werden.

89

---

1 So auch *Schill*, Projektsteuerungsvertrag, S. 90.
2 Vgl. zum Wandlungsrecht nach altem Recht *Heiermann*, Projektsteuerungsvertrag, S. 22; *Schill*, Projektsteuerungsvertrag, S. 90.
3 *Eschenbruch*, Projektsteuerung, Rz. 1153.
4 *Schill*, Projektsteuerungsvertrag, S. 91.

Hinweis:

Es empfiehlt sich daher, im Projektsteuerungsvertrag Honorarstundensätze – ggf. differenziert nach Projektstufen – zu bestimmen, die bei der Ermittlung der Minderung heranzuziehen sind. Zu beachten ist auch, dass der Wert des mangelfreien Projektsteuerungswerks sich in der Regel nicht mit der vereinbarten Vergütung deckt, da das Werk für den Auftraggeber üblicherweise einen wesentlich höheren Wert hat.

ee) Schadensersatzanspruch

90 Der Schadensersatzanspruch ist in §§ 634 Nr. 4, 636 BGB geregelt und verweist auf das allgemeine Schuldrecht (§§ 280, 281, 283, 311 a BGB). Ein Anspruch auf Schadensersatz besteht (§ 280 Abs. 1 Satz 1 BGB), sofern der Projektsteurer eine Pflicht aus dem Schuldverhältnis verletzt hat. Dies gilt nicht, wenn der Schuldner die Pflichtverletzung nicht zu vertreten hat. Grundsätzlich bedarf es einer Frist zur Nacherfüllung (§ 636 BGB), eine Ablehnungsandrohung ist hingegen nicht erforderlich. Eine Unterscheidung zwischen Mangelschaden und Mangelfolgeschaden entfällt aufgrund des allgemeinen Schadensersatzanspruchs (§ 280 BGB).[1] Die frühere Streitfrage, welche Schäden vom Schadensersatzanspruch erfasst werden, ist damit geklärt: Unter § 634 Nr. 4 BGB werden **alle in Betracht kommenden Schäden** subsumiert, d. h. nicht nur Mangelschäden, sondern auch (unmittelbare und mittelbare) Mangelfolgeschäden. Wichtig ist, dass der Auftraggeber den Anspruch auf Schadensersatz auch **neben** seinen Ansprüchen auf **Minderung bzw. Rücktritt** geltend machen kann.[2]

91 Ein Schadensersatzanspruch gegen den Projektsteuerer setzt voraus, dass er vorsätzlich oder fahrlässig seine Leistungspflichten verletzt (§ 276 Abs. 2 BGB). **Haftungsmaßstab** ist das Verhalten eines gewissenhaften, sorgfältigen Angehörigen des Berufsstands; es ist ein objektiver Haftungsmaßstab anzulegen.[3] Der Projektsteuerer hat z. B. wie der Architekt die allgemein anerkannten Regeln der Baukunst und Technik zu beachten.[4] Ferner bestehen auch im wirtschaftlichen Bereich der Kostenermittlung, -kontrolle und -prüfung allgemein anerkannte Regeln der Technik (Kostenschätzung).[5]

92 Die **Feststellung** des ersatzfähigen **Schadens** und seiner Höhe bereitet erhebliche Schwierigkeiten. So ist z. B. eine bloße Differenzermittlung zwischen Kostenschätzung/-ermittlung einerseits und tatsächlichen Baukosten andererseits bei Inanspruchnahme des Projektsteuerers wegen Bausummenüberschreitung unzureichend. Zu berücksichtigen sind ferner Toleranzrahmen (hierzu unten Rz. 100 f.) und Vorteilsausgleich. Namentlich das letztgenannte Kriterium ist oft höchst streitig, da der hinter dem **Vorteilsausgleich** stehende Wertzuwachs u. a. aus dem Verkehrswert, dem Ertragswert oder dem Sachwert des Projekts berechnet werden kann. Letztlich wird es hier auf einen Sachverständigen ankommen;

---

1 Zum früheren Recht insbesondere BGH, NJW 1993, 923.
2 Dies ergibt sich aus dem Wort „und" zwischen Nr. 3 und Nr. 4 in § 634 BGB.
3 *Heiermann*, Projektsteuerungsvertrag, S. 23.
4 *Schill*, Projektsteuerungsvertrag, S. 92.
5 Dazu *Schill*, Projektsteuerungsvertrag, S. 92 (Fn. 319).

verbindliche Richtlinien lassen sich hierzu nicht aufstellen.[1] Ein Vorteilsausgleich unterbleibt nur in den Fällen der so genannten echten Bausummenüberschreitung, wenn also die Pflichtverletzung ausschließlich nachteilig für den Auftraggeber war.[2]

Während bei Terminüberschreitungen ein Schaden noch relativ leicht ermittelt werden kann, ist die Situation bei tatsächlichen **Mängeln** am Bauwerk – unabhängig von der Minderungsmöglichkeit des Auftraggebers – besonders kompliziert. Der Mangelbeseitigungsaufwand kann nur dann ein Kriterium sein, wenn eine tatsächliche Mangelbeseitigung überhaupt in Betracht kommt. Andernfalls ist zwar eine **Schadensermittlung** nach dem Objektwert (mit Mangel/ohne Mangel) denkbar, scheitert aber häufig schon an dem anzusetzenden Wertmaßstab (Verkehrswert, Sachwert oder Ertragswert). Hinzu kommen etwaige weitere Schadenspositionen wie Mietausfall oder Mietminderung. Letztlich wird hier häufig der einzige Ausweg in einer (gerichtlichen) Schätzung bzw. einem Sachverständigengutachten zu finden sein. 93

c) Verjährung der Mängelansprüche

Gemäß § 634 a Abs. 1 Nr. 2, Abs. 2 BGB[3] verjähren die Mängelansprüche (Nacherfüllung, Selbstvornahme und Schadensersatz) in Zusammenhang mit der Herstellung, Planung sowie Überwachung von Bauwerken nach **fünf Jahren**. Die Frist beginnt mit der Abnahme des Werks – zum Abnahmezeitpunkt vgl. Rz. 70ff. Diese Vorschriften gelten auch für den Projektsteuerer. Hinsichtlich der Verjährung der **Mängelgestaltungsrechte** gelten für das Rücktrittsrecht §§ 634 a Abs. 4 Satz 1, 218 BGB bzw. für das Minderungsrecht §§ 634 a Abs. 5 HS. 1, 218 BGB. In Art. 229 § 6 EGBGB ist zur Neuregelung der Verjährungsvorschriften eine **Übergangsregelung** vorgesehen, wonach die neuen Verjährungsregelungen im Grundsatz ab dem 1. 1. 2002 für alle an diesem Tag bestehenden und noch nicht verjährten Ansprüche gelten.[4] 94

d) Sonderprobleme[5]

Termin- und/oder Bausummenüberschreitungen sind oft der wesentliche Grund einer Unzufriedenheit des Auftraggebers mit dem Projektsteuerer. Dies dürfte vor allem daran liegen, dass der Bauherr den Projektsteuerer häufig gerade für die Einhaltung der Zielvorgaben bei Terminen und Bausummen eingeschaltet hat und deren Verfehlung zumindest auch dem Projektsteuerer anlasten wird. Sofern der Projektsteuerer nicht eine ausdrückliche vertragliche Verpflichtung für die Einhaltung dieser Zielvorgaben im Projektsteuerungsvertrag übernom- 95

---

1 *Schill*, Projektsteuerungsvertrag, S. 99.
2 *Eschenbruch*, Projektsteuerung, Rz. 1253 ff.; *Schill*, Projektsteuerungsvertrag, S. 99 m. w. N.
3 Nach altem Recht (§ 638 BGB a. F.) verjähren Gewährleistungsansprüche nach § 638 BGB a. F. in fünf Jahren nach Abnahme.
4 Zu den Überleitungsregelungen siehe *Heß*, NJW 2002, 253, 256 ff.
5 Zu weiteren Sonderproblemen der Haftung siehe *Eschenbruch*, Projektsteuerung, Rz. 1161 (stufenweise Beauftragung), 1171 ff. (unerlaubte Handlung), 1197 ff., 1207 ff., 1221 ff. (Mängel bei der Beratung, Koordination und Kontrolle), 1256 ff. (Mitverschulden des Auftraggebers).

men hat, war nach altem Recht die Rechtsgrundlage für eine Haftung des Projektsteuerers weitgehend unklar.[1] Mit der Schuldrechtsreform dürfte dem Auftraggeber jedenfalls ein Schadensersatzanspruch (§ 634 Nr. 4, 636 BGB) zukommen, sofern nicht bereits eine Garantie gemäß §§ 633 Abs. 2, 630 BGB anzunehmen ist.

Hinweis:
Rechtsprechung zu Haftungsgrund und Haftungsumfang des Projektsteuerers bei Termin- und Bausummenüberschreitungen ist, soweit ersichtlich, bislang nicht ergangen. Es bestehen jedoch keine Bedenken dagegen, die höchstrichterlichen Entscheidungen zur Haftung der Baubetreuer und Architekten als Leitlinien heranzuziehen.[2]

aa) Haftung für Terminüberschreitung

96 In einem vom BGH entschiedenen Fall[3] hatte der Baubetreuer zugesagt, alles zu tun, um die Abnahmefähigkeit des Bauvorhabens bis zu einem bestimmten Termin sicherzustellen. Dann sei er, so das Gericht, verpflichtet, alle möglichen Maßnahmen zu ergreifen, damit der vertraglich vereinbarte Fertigstellungstermin eingehalten werden kann. Deshalb dürfe der Baubetreuer nur Firmen beauftragen, die hinreichend leistungsfähig sind, ihre Arbeiten fach- und fristgerecht fertig zu stellen; sofern sie nicht in der Handwerksrolle eingetragen sind, müsse er ausreichend Referenzen einholen; der Baubetreuer müsse überprüfen, ob die Firma aufgrund ihrer Mitarbeiterzahl in der Lage sei, das Vorhaben auszuführen; er müsse die Firma auch überwachen.

97 In dem entschiedenen Fall hatte der Baubetreuer zwar eine nach den jetzt geltenden Vorschriften als **Garantie** einzuordnende Zusicherung gegeben, so dass er letztlich verschuldensunabhängig haftete. Jedoch ist auch festzustellen, dass der BGH wohl grundsätzlich sehr hohe Anforderungen an die Einhaltung bzw. Erfüllung von Zielvorgaben stellt, die ein Baubetreuer übernimmt. Für den Projektsteuerer wird dann nichts anderes gelten, auch wenn er keine ausdrückliche Garantie für die Termineinhaltung übernimmt.

Hinweis:
Der Projektsteuerer sollte deshalb bereits bei seinen **Vertragsverhandlungen** mit dem Auftraggeber den Umfang seiner Verantwortlichkeit für die Termineinhaltung klären und im Rahmen der Zielvorgaben schriftlich fixieren. Zeichnen sich bei der Projektdurchführung bereits Terminüberschreitungen gegenüber den Zielvorgaben im Projektsteuerungsvertrag ab, hat der Projektsteuerer frühzeitig darauf zu achten, diese dem Auftraggeber **mitzuteilen** und neue Zielvorgaben auszuarbeiten, zumindest jedoch die **Ursachen** für die Terminüberschreitungen nachvollziehbar zu dokumentieren.

98 Den entstandenen Schaden hat der **Auftraggeber** darzulegen und **zu beweisen**. Kommuniziert und dokumentiert der Projektsteuerer Terminüberschreitungen

---

[1] Vgl. *Eschenbruch*, Projektsteuerung (1. Auflage 1999), Rz. 530 ff., 535; *Schill*, Projektsteuerungsvertrag, S. 96 f.; *Heiermann*, Projektsteuerungsvertrag, S. 30 ff.
[2] Vgl. zuletzt BGH, BauRB 2003, 46 f.; ZfIR 2003, 1035 ff.
[3] BGH, BauR 2000, 1762.

bereits während der Projektdurchführung in ausreichendem Maße gegenüber dem Auftraggeber, trifft diesen eine Schadensminderungspflicht (§ 254 BGB). Dies kann wiederum den Auftraggeber vor erhebliche Schwierigkeiten stellen, den tatsächlich eingetretenen Schaden wegen Terminüberschreitung gegenüber dem Projektsteuerer und anderen Baubeteiligten durchzusetzen.

bb) Haftung für Bausummenüberschreitung

Bausummenüberschreitungen können z. B. immer dann auftreten, wenn Kostenplanung oder Kostensteuerung fehlerhaft erstellt werden.[1] Für solche Fehler haftet der Projektsteuerer im Rahmen der ihm übertragenen Aufgaben nur bei **schuldhaftem Verhalten**, es sei denn, er hat eine Bausummengarantie abgegeben. Im Fall einer **Bausummengarantie**[2] haftet er nicht nur **verschuldensunabhängig**, sondern auch für die Einhaltung der Kosten fremder Leistungen. Ihm ist auch der Einwand der so genannten Sowieso-Kosten[3] oder des Vorteilsausgleichs wegen Werterhöhung des Bauwerks verwehrt. 99

In der Praxis werden häufig auch **Honorarzusatzvergütungen** für den Fall vereinbart, dass der Projektsteuerer bei Einhaltung der übrigen Zielvorgaben Bausummenunterschreitungen erreicht; es kann auch vereinbart werden, dass ein grundsätzlich an der Höhe der Bausumme orientiertes Honorar sich bei Bausummenunterschreitung nicht vermindert. Mit solchen, stets schriftlich zu treffenden Vereinbarungen wird der den Projektsteuerer auch bei Bausummenunterschreitungen schützende Toleranzrahmen – vgl. Rz. 101 – abgeändert bzw. ausgehebelt. Deshalb ist bei solchen Vergütungsregeln darauf zu achten, dass aus ihnen im Streitfall nicht im Weg des Umkehrschlusses eine verschuldensunabhängige Bausummengarantie des Projektsteuerers abgeleitet werden kann. 100

Verfehlt der Projektsteuerer – ohne eine Bausummengarantie abgegeben zu haben – eine als Zielvorgabe gesetzte Kostengrenze, wird man ihm hinsichtlich der Bausummenüberschreitung jedoch entsprechend den Grundsätzen zum Architektenrecht[4] einen Toleranzrahmen zubilligen müssen. Die obere Grenze dieses Toleranzrahmens ist bei den Architekten umstritten und schwankt zwischen 30 und 50 Prozent.[5] Es dürfte sachgerecht sein, den Toleranzrahmen beim Projektsteuerer niedriger anzusetzen, weil die zentrale Aufgabe des Projektsteuerers in wesentlich stärkerem Maße als beim Architekten von wirtschaftlichen Aspekten und der Einhaltung der Zielvorgaben zu Qualität, Terminen, Koordination und 101

---

[1] Vgl. *Eschenbruch*, Projektsteuerung, Rz. 1229.
[2] Zur Frage, wann eine Bausummengarantie vorliegt *Eschenbruch*, Projektsteuerung, Rz. 1231 ff. Insgesamt ist davon auszugehen, dass wie bei der Terminüberschreitung an die Pflichten des Projektsteuerers, die Zielvorgaben im Kostenbereich einzuhalten, sehr hohe Anforderungen gestellt werden, der Begriff des ordentlichen und gewissenhaften handelnden Kaufmanns sehr weit ausgelegt wird, vgl. auch *Eschenbruch*, Projektsteuerung, Rz. 1242 ff. Siehe hierzu *Locher/Koeble/Frik*, HOAI, Einl., Rz. 99.
[3] Vgl. hierzu *Früh*, Die „Sowieso-Kosten".
[4] Siehe hierzu *Locher/Koeble/Frik*, HOAI, Einl., Rz. 99; *Eschenbruch*, Projektsteuerung, Rz. 1246 ff.; *Schill*, Projektsteuerungsvertrag, S. 97.
[5] *Heiermann*, Projektsteuerungsvertrag, S. 32; *Locher/Koeble/Frik*, HOAI, Einl. Rz. 99.

Kosten geprägt ist.[1] Eine Überschreitung der Kosten aus der Zielvorgabe um **20 Prozent** dürfte bereits die **Obergrenze** darstellen[2], zum Teil werden auch 15 Prozent als praxisgerecht angesehen.[3] Zu beachten ist auch, dass in den Toleranzrahmen auch solche Kosteneinflüsse eingerechnet werden müssen, auf die der Projektsteuerer keine oder nur geringe Einflussmöglichkeiten hat.[4]

102 Zutreffend wird hervorgehoben, dass das eigentliche Problem der Bausummenüberschreitung in der Feststellung des Schadens liegt.[5] Wie bereits unter Rz. 92 ausgeführt, besteht der Schaden keineswegs in Höhe der Differenz zwischen tatsächlichen Kosten und Plankosten. Insbesondere muss sich der Bauherr Werterhöhungen und ggf. auch die so genannten Sowieso-Kosten entgegenhalten lassen.

3. Kündigung

103 Bei den Fragen zur Zulässigkeit und Wirkung einer Kündigung des Projektsteuerungsvertrags ist zwischen der ordentlichen und der außerordentlichen Kündigung (aus wichtigem Grund) zu differenzieren (zu den Besonderheiten beim Dienstvertrag s. Rz. 132 f.). Generell kann zur Kündigung des Projektsteuerungsvertrags auf die einschlägige Rechtsprechung und Rechtsliteratur zur Kündigung von Bau- und Architektenverträgen verwiesen werden.[6] Nachfolgend sind daher nur einige **Besonderheiten** der ordentlichen und außerordentlichen Kündigung, die sich beim Projektsteuerungsvertrag ergeben können, dargestellt.

a) Ordentliche Kündigung

104 Nach § 649 BGB kann der **Auftraggeber** den Projektsteuerungsvertrag bis zur Vollendung des Werks (§ 646 BGB) **jederzeit** ordentlich kündigen. Dies ist grundsätzlich auch dann noch möglich, wenn nur noch die Beseitigung behebbarer Mängel aussteht;[7] die Kündigung nach § 649 BGB setzt keinen besonderen Grund voraus.[8]

105 Allerdings behält der Projektsteuerer seinen **Vergütungsanspruch** auch hinsichtlich der **noch nicht erbrachten Leistungen**, auf den er sich seine ersparten Aufwendungen und dasjenige, was er durch anderweitige Verwendung seiner Ar-

---

1 *Heiermann*, Projektsteuerungsvertrag, S. 30; weitere Aspekte, die den Toleranzrahmen für den Projektsteuerer begrenzen, finden sich bei *Eschenbruch*, Projektsteuerung, Rz. 1246, 1251.
2 So auch *Heiermann*, Projektsteuerungsvertrag, S. 33.
3 *Eschenbruch*, Projektsteuerung, Rz. 1251.
4 Zu diesen Einflüssen vgl. *Schill*, Projektsteuerungsvertrag, S. 98; zu den Problemen der Schadensberechnung für den Auftraggeber bei Bausummenüberschreitungen durch den Architekten: *Locher/Koeble/Frick*, HOAI, Einl., Rz. 100 f.
5 *Heiermann*, Projektsteuerungsvertrag, S. 33; *Locher/Koeble/Frik*, HOAI, Einl., Rz. 100 f.
6 Eingehend bei *Werner/Pastor*, Bauprozess, Rz. 1829 f.; *Kapellmann/Schiffers*, Vergütung, Nachträge und Behinderungsfolgen beim Bauvertrag, Bd. 2, Teil 6; Staudinger/*Peters*, § 649, Rz. 1 ff.; *Kapellmann* in Kapellmann/Vygen, Jahrbuch Baurecht 1998, 35 ff. Zum Projektsteuerungsvertrag *Eschenbruch*, Projektsteuerung, Rz. 1058 ff.
7 Dann aber u. U. volle Vergütung, vgl. OLG Dresden, NJW-RR 1998, 882.
8 BGH, NJW 1997, 259.

beitskraft erwirbt oder zu erwerben böswillig unterlässt, anrechnen lassen muss.[1] Hier ist zu beachten, dass es nicht auf den an tatsächlichem Aufwand ersparten Kostenanteil ankommt. Maßgeblich ist der Anteil, den der Projektsteuerer in seiner Kalkulation für den entfallenden Leistungsanteil vorgesehen hatte. Für den Projektsteuerer ist daher von Bedeutung, dass er eine betriebswirtschaftliche Kalkulation seiner Aufwendungen bereits bei Vertragsabschluss für sich und nachweisbar dokumentiert, um bei einer späteren Kündigung oder sonstigen vorzeitigen Vertragsbeendigung die ihm obliegende konkrete Nachweispflicht erfüllen zu können. Der Projektsteuerer erhält einen Ausgleich für die Folgen der ordentlichen Kündigung, so dass ihm mangels Schaden kein Anspruch auf Schadensersatz zusteht.

Der Vertrag wird durch die Kündigung nur für die Zukunft aufgehoben. Somit bleibt er für die Vergangenheit als Rechtsgrund für die **erbrachten Leistungen** bestehen. Diese Leistungen müssen nicht nach § 640 BGB abgenommen werden[2], weshalb die Vergütung auch ohne Abnahme **sofort fällig** wird; die gesonderte Erteilung einer Schlussrechnung ist dann keine Fälligkeitsvoraussetzung. **106**

Problematisch kann sich beim Projektsteuerungsvertrag vor allem die zwingend notwendige Aufteilung in den erbrachten Leistungsanteil und die nicht erbrachten Leistungen zur Berechnung der anteiligen Restvergütung darstellen. Ausgangspunkt ist zwar durchweg die vereinbarte Vergütung. Allerdings ist problematisch, wie **Bedarfspositionen** (zusätzliche Leistungen), die z. B. nach Stundensätzen abgerechnet werden, zu berücksichtigen sind, wenn zum Zeitpunkt der Kündigung feststand bzw. als sicher abzusehen war, dass die Bedarfspositionen vergütungspflichtig angefallen wären.[3] Eine pauschale Lösung verbietet sich hier, letztlich wird es auf eine richterliche bzw. gutachterliche Beurteilung der Wahrscheinlichkeit bzw. der **Abgrenzung zur bloßen Erwerbschance** ankommen.[4] **107**

Entsprechendes gilt in verstärktem Maße für die so genannten **Bonus-Malus-Regelungen**, wie sie typischerweise in Projektsteuerungsverträgen vereinbart werden. Hier wird vor allem zu bedenken sein (vgl. auch Rz. 137), dass einerseits der Auftraggeber sich nicht durch eine Kündigung „kurz vor Schluss" den vereinbarten Boni zu entziehen versucht, andererseits der Projektsteuerer keine solche, besonders erfolgsabhängige Zusatzvergütung erhält, die er nicht wesentlich „mitverursacht" hat. **108**

Aus der eigentümlichen Rolle des Projektsteuerers als Baubeteiligter auf der Seite des Bauherrn kommt auch dem **Kündigungsrecht des Projektsteuerers** nach den ansonsten im Baurecht eine eher untergeordnete Rolle spielenden §§ 642, 643 BGB Bedeutung zu, sofern diese Vorschriften nicht abbedungen sind. Aufgrund der Begleitung des Bauherrn regelmäßig über das gesamte Bauprojekt hinweg, teilweise bereits bei dessen Planung bzw. Einleitung, treffen den Auftraggeber er- **109**

---
1 Zu Einzelfragen der Anrechnung *Eschenbruch*, Projektsteuerung, Rz. 1100 ff.
2 Palandt/*Sprau*, § 649 BGB, Rz. 1.
3 Vgl. *Glöckner*, BauR 1998, 669, 674.
4 Vgl. auch *Eschenbruch*, Projektsteuerung, Rz. 1090; zu dem Sonderfall, dass ein Honorar bei den Vertragsparteien einvernehmlich deshalb über alle vergebenen Projektstufen abgemildert wurde, weil vorausgehende Projektstufen vom Projektsteuerer nicht erbracht werden mussten, *Eschenbruch* (1. Auflage 1999), Rz. 479.

heblich **höhere Mitwirkungspflichten** als allgemein üblich, zumal die Mitwirkungspflicht des Bestellers nach der Konstruktion des § 642 BGB lediglich eine Obliegenheit[1] darstellt. Allerdings gehört zu dieser Obliegenheit auch, dass der Auftraggeber ein **Pflichtenheft** erstellt, das zur Vertragsgrundlage werden kann oder aufgrund der vertraglichen Vereinbarungen vom Auftraggeber zu liefern ist.[2] Hinzu kommt, dass zwischen Bauherr und Projektsteuerer in erhöhtem Maße ein **Vertrauensverhältnis** besteht, das den Auftraggeber ebenfalls zu einem erhöhten Maß an Mitwirkung verpflichtet.

Hinweis:

Daher dürfte es zweckmäßig sein, die Mitwirkungspflichten des Bestellers **im Projektsteuerungsvertrag ausdrücklich** als (Neben- oder Hauptleistungs-)Pflicht zu **verankern** und den Kanon der Mitwirkungshandlungen zumindest grob und **nach Projektstufen** unterschieden zu beschreiben. Indem das Kündigungsrecht gemäß §§ 642, 643 BGB letztlich eine Kündigung wegen Unzumutbarkeit bzw. gestörtem Vertrauensverhältnis darstellt[3], bietet eine solche Beschreibung der Mitwirkungspflichten des Auftraggebers eine geeignete Grundlage, um später die entsprechende Verletzungshandlung des Bauherrn nachzuweisen. Dem Bauherrn erwächst aus einer solchen Festlegung seiner Mitwirkungspflichten der Vorteil einer klaren Übersicht der Maßnahmen und Handlungen, die ihm abverlangt werden und damit zugleich auch eine Abgrenzung zu den Pflichten, die den Projektsteuerer treffen.

110 Der Projektsteuerer hat bei der Auflösung des Vertrags einen Anspruch auf Teilvergütung gemäß § 645 Abs. 1 Satz 2 BGB. Die **anteilige Vergütung** ist nach den Grundsätzen für erbrachte Leistungen bei einem nach § 649 BGB gekündigtem Werkvertrag[4] zu berechnen (vgl. Rz. 139f.). Der Projektsteuerer kann neben diesem Teilvergütungsanspruch für die Zeit bis zur Kündigung zusätzlich einen **Entschädigungsanspruch** nach § 642 BGB[5] geltend machen, dessen Höhe einerseits von der Dauer des Verzugs und der Höhe der vereinbarten Vergütung und andererseits von den infolge des Verzugs ersparten Aufwendungen und dem Erwerb durch anderweitige Verwendung seiner Arbeitskraft abhängig ist. Ferner kann der Projektsteuerer auch aus § 280 Abs. 1 BGB einen weitergehenden **Schadensersatz** wegen Verletzung der Mitwirkungspflicht durch den Auftraggeber verlangen; dieser Anspruch tritt neben Vergütungs- und Entschädigungsanspruch[6] (vgl. auch § 645 Abs. 2 BGB).

b) Außerordentliche Kündigung

111 Sowohl der Projektsteuerer als auch der Auftraggeber können den Projektsteuerungsvertrag außerordentlich aus wichtigem Grund kündigen. Ein wichtiger Grund liegt vor, wenn dem Kündigenden die Fortsetzung des Vertrags unter Be-

---

1 BGHZ, Bd. 11, 80ff.; Bd. 50, 175.
2 Vgl. zur Softwareherstellung BGH, NJW 2001, 1718ff.
3 Staudinger/*Peters*, § 642, Rz. 1ff., 17ff.
4 BGH, NJW 2000, 1257; vgl. auch zum Anspruch eines Architekten OLG Düsseldorf, BauR 2001, 434.
5 Vgl. *Schill*, Projektsteuerungsvertrag, S. 133.
6 Palandt/*Sprau*, § 643 BGB, Rz. 1; § 642 BGB, Rz. 5.

rücksichtigung aller Umstände des Einzelfalls **nicht mehr zugemutet** werden kann. Das ist z. B. der Fall, wenn die Vertrauensbeziehung zwischen Auftraggeber und Projektsteuerer gestört ist. Unabhängig, ob es sich um einen Dienst- oder Werkvertrag handelt, erfordern nach Ansicht des BGH[1]

„Leistungen der Bauüberwachung, vor allem aber solche der Projektsteuerung, (…) ein hohes Maß an Vertrauenswürdigkeit und Loyalität. Das Festhalten an einer Vertragsbeziehung mit einem Vertragspartner, der sich als unseriös oder illoyal gezeigt hat, wird deshalb gerade bei der Projektsteuerung sehr häufig unzumutbar sein. Der Projektsteuerer übernimmt beratend und handelnd die Wahrung der Qualitäts-, Termin- und Kostensicherung für den Auftraggeber. Er ist damit maßgebend am Kernbereich der Investitionsentscheidung und des Investitionserfolgs beteiligt. Für Leistungen dieser Art kann der Auftraggeber die Identifikation mit seinen Interessen, Loyalität und Vertrauenswürdigkeit erwarten."

Im entschiedenen Fall hatte der Projektsteuerer eigene Interessen über die seines Auftraggebers gestellt und sich bei einem Bauvorhaben eine ungeprüfte Rechnung über 28 750,00 DM anweisen lassen.

Ein wichtiger Grund liegt auch dann vor, wenn das Projektsteuerungsunternehmen das Arbeitsverhältnis mit einem **Mitarbeiter gekündigt** hat, ohne den Auftraggeber hiervon sogleich zu unterrichten und für den Auftraggeber der **Einsatz** dieses Mitarbeiters **von entscheidender Bedeutung** für eine erfolgreiche, vertrauensvolle Zusammenarbeit war.[2] Dies kann erhebliche praktische Bedeutung erlangen, denn große Projektsteuerungsmandate werden oft durch besonders qualifizierte Mitarbeiter eingeworben. Später erfolgt dann nicht selten die Einbeziehung (weniger erfahrener) Projektmitarbeiter in die Projektsachbearbeitung[3], so dass dann die Interessen des Auftraggebers an einer qualitativ vertragsgemäßen Leistungserbringung und der Projektsteuerungsunternehmen zu unternehmerischer Optimierung kollidieren können. Es wird daher vom Einzelfall abhängen, ob die Führung des Projektmanagements bestimmten Personen übertragen wird, deren namentliche Benennung Vertragsbestandteil wird. In einem solchen Fall ist eine ausdrückliche Befugnis des Projektsteuerers vorzusehen, eine Auswechselung des Mitarbeiters in Abstimmung mit dem Bauherrn vornehmen zu können.

112

Folge einer zulässigen Kündigung aus wichtigem Grund ist, dass der Auftraggeber lediglich die bereits **erbrachten Leistungen** des Projektsteuerers zu bezahlen hat. Schwierigkeiten bereitet es allerdings, die bisherige Leistung des Projektsteuerers zum Zeitpunkt der Kündigung genau festzustellen.[4] Eine genaue **Abgrenzung** zwischen bereits erbrachter und noch nicht erbrachter Leistungen ist oft kaum möglich.

113

Hinweis:
Nur bei Zugrundelegung des DVP-Vorschlags als vertragliche Grundlage kann die Höhe des Anspruchs einigermaßen konkret festgelegt werden.[5] Anhand der fünf Projektstufen und vier Handlungsbereiche kann bestimmt werden, welcher

---

1 BGH, NJW 2000, 202.
2 OLG Dresden, NJW-RR 2000, 652.
3 Vgl. Anm. von *Eschenbruch* zur Entscheidung des OLG Dresden, IBR 2000, 559.
4 Vgl. dazu *Schill*, Projektsteuerungsvertrag, S. 133.
5 *Eschenbruch*, Projektsteuerung, Rz. 1091.

Handlungsbereich bereits abgeschlossen ist und welche Teilleistungen innerhalb des Handlungsbereichs bereits erbracht wurden.

114 Als weiterer außerordentlicher Kündigungsgrund ist der durch das Schuldrechtsmodernisierungsgesetz neu in das BGB eingefügte **§ 314 BGB** anzuführen, der, sofern es sich bei dem Projektsteuerungsvertrag um ein **Dauerschuldverhältnis**[1] handelt, bei Unzumutbarkeit der Fortsetzung des Vertragsverhältnisses ein **Kündigungsrecht**[2] sowohl für den Auftraggeber als auch für den Projektsteuerer vorsieht.

4. Mitverschuldens- und Gesamtschuldfragen

115 Wird der Projektsteuerer von seinem Auftraggeber wegen Mängeln oder anderer Schlechtleistungen aus dem Projektsteuerungsvertrag in Anspruch genommen, hat der Projektsteuerer zu prüfen, ob ein Mitverschulden des Auftraggebers in Betracht kommt. Die Frage des Mitverschuldens stellt sich auch, wenn andere, vom Auftraggeber in Anspruch genommene Baubeteiligte, namentlich Architekten und Bauunternehmer, diesen Einwand erheben wollen oder beabsichtigen, den Projektsteuerer als (ihren) Mitschuldner (Gesamtschuldner) **im Wege des Innenausgleichs regresspflichtig** zu machen.

a) Mitverschulden

116 Verletzt der Auftraggeber die ihm nach dem Projektsteuerungsvertrag auferlegten Pflichten und wird hierdurch der Schaden mitverursacht, so kann dem Projektsteuerer der Einwand des Mitverschuldens durch den Auftraggeber zukommen. Problematischer ist jedoch die Frage, ob sich der Auftraggeber ein Fehlverhalten des Projektsteuerers als eigenes Mitverschulden zurechnen lassen muss, wenn er z. B. gegen den Architekten vorgeht. Solches wird man (nur) dann annehmen können, wenn der Projektsteuer gegenüber dem Architekten als **Erfüllungsgehilfe des Auftraggebers** tätig geworden ist. Dies betrifft vor allem Anweisungen, Entscheidungen und Handlungen des Projektsteuerers, die der Auftraggeber gegenüber dem Architekten schuldete.[3] Hervorzuheben ist dabei, dass vor allem die Leistungen der Kontrolle, Prüfung und Überwachung grundsätzlich nicht zu den Auftraggeberpflichten gehören, die dieser gegenüber den anderen Baubeteiligten zu erfüllen hat.

117 Dem Projektsteuerer wiederum ist der Einwand des Mitverschuldens anderer Baubeteiligter bei eigener Inanspruchnahme durch den Auftraggeber regelmäßig verwehrt, da die übrigen **Baubeteiligten** üblicherweise **keine Auftraggeberfunktionen** wahrnehmen. Eine Ausnahme ist nur dann denkbar, wenn der Auftraggeber seine eigenen Pflichten auf einen Dritten, z. B. den Architekten, übertragen hatte.[4]

---

1 Siehe zur Definition Palandt/*Heinrichs*, § 314 BGB, Rz. 2.
2 Ergänzungsband zum Palandt/*Sprau*, § 643 BGB, Rz. 1.
3 Im Ergebnis auch *Schill*, Projektsteuerungsvertrag, S. 104; *Eschenbruch*, Projektsteuerung, Rz. 1190 ff.
4 Vgl. *Schill*, Projektsteuerungsvertrag, S. 104.

b) Gesamtschuldner

Es ist allgemein anerkannt[1], dass eine **originäre Gesamtschuldnerhaftung** der Baubeteiligten gegenüber dem Auftraggeber nicht besteht, diese jedoch im Rahmen einer eng zu definierenden „Zweckgemeinschaft" ein Gesamtschuldverhältnis gegenüber dem Auftraggeber bilden können. Eine solche haftungsrechtliche Zweckgemeinschaft – als gesamtschuldnerische Mithaftung und mit den Folgen des § 426 BGB – liegt nur dann vor, wenn und soweit die verletzte Pflicht zum Leistungsumfang der in Anspruch genommenen Baubeteiligten gehört; die Vertragsziele müssen sich also insoweit entsprechen.[2] – Zu betonen ist, dass eine haftungsrechtliche Zweckgemeinschaft weit über die jeweilige Einstandspflicht eines Projektsteuerers oder sonstigen Baubeteiligten für eigene Fehler hinausgeht, auch wenn das jeweilige Fehlverhalten in derselben Mangelerscheinung resultiert. 118

Eine Rechtsprechung zu einer solchen **haftungsrechtlichen Zweckgemeinschaft** des Projektsteuerers mit anderen Baubeteiligten ist nicht vorhanden;[3] in der Rechtsliteratur ist hingegen umstritten, ob eine solche angenommen werden kann. Einerseits wird ein Gesamtschuldverhältnis verneint[4], weil der Projektsteuerer typische Bauherrnaufgaben wahrzunehmen habe bzw. im Lager des Auftraggebers stehe. Andererseits wird ohne nähere Begründung angenommen, dass für das Verhältnis von Projektsteuerern und sonstigen Projektbeteiligten nichts anderes gelten kann als für das Verhältnis von Architekt und Sonderfachleuten/Bauunternehmen[5] bzw. dass das vereinbarte Vertragsziel entscheidend sei, soweit es z. B. für Projektsteuerer und Architekt deckungsgleich ist.[6] Auf die Zuordnung des Projektsteuerers zur Auftraggeberseite komme es nicht an. 119

Im Ergebnis wird man eine haftungsrechtliche Zweckgemeinschaft des Projektsteuerers mit anderen Baubeteiligten **ablehnen** müssen, denn anderenfalls würde die besondere Eigentümlichkeit des Projektsteuerers, nämlich auf der Seite des Auftraggebers zu stehen (Lagertheorie), in einem entscheidendem Punkt ausgehebelt. Dabei kommt es nicht so sehr darauf an, dass die Aufgaben des Projektsteuerers tatsächlich die gleiche Zielrichtung wie die eines Architekten oder eines anderen Planers aufweisen können. Entscheidend ist vielmehr, dass der Projektsteuerer bei der Erfüllung dieser (gleichgerichteten) Tätigkeiten quasi als Bauherr gegenüber den anderen Baubeteiligten auftritt. Eine gesamtschuldnerische Haftung würde ihn letztlich auf eine andere „**Ebene**" – nämlich die der übrigen Baubeteiligten – gegenüber seinem Auftraggeber, mehr noch aber gegenüber 120

---

1 Siehe hierzu Ingenstau/Korbion/*Wirth*, VOB/B § 13, Rz. 27 ff.; *Locher/Koeble/Frik*, HOAI, Einl. Rz. 111 ff.
2 *Locher/Koeble/Frik*, HOAI, Einl., Rz. 111.
3 Das Urteil des BGH vom 11. 10. 2001, BauR 2002, 315, 317, lässt die Haftung eines (im Streitfall) Spezialüberwachers für Baumängel (während der Bauphase) neben dem ausführenden Bauunternehmer ohne weiteres zu. Dies ist auch völlig unproblematisch, da selbstverständlich jeder Baubeteiligte für seine Fehler haftet. Eine Gesamtschuldnerschaft i. S. einer haftungsrechtlichen Zweckgemeinschaft kann dem Urteil nicht entnommen werden – a. A. *Eschenbruch*, Projektsteuerung, Rz. 1186.
4 *Locher/Koeble/Frik*, 7. Aufl. (Vorauflage), HOAI, § 31 Rz. 16 – anders wohl in der 8. Aufl., Einl., Rz. 112/§ 31, Rz. 18; *Diederichs* in Hartmann, HOAI, § 31, Rz. 12.
5 *Eschenbruch*, Projektsteuerung, Rz. 1185.
6 Vgl. *Schill*, Projektsteuerungsvertrag, S. 105, 107.

den anderen Baubeteiligten versetzen. Vor allem der Innenausgleich gemäß § 426 BGB würde den Projektsteuerer zu einem der übrigen Baubeteiligten werden lassen.

121 Ferner würden bei Annahme eines Gesamtschuldverhältnisses den übrigen Gesamtschuldnern auch solche **Mitverschuldenseinwände** des Projektsteuerers gegenüber seinem Auftraggeber zugute kommen, die – wie allgemein anerkannt – von den anderen Baubeteiligten gerade nicht geltend gemacht werden können, soweit sie nicht aus dem Bereich der Auftraggeberpflichten gegenüber diesen Baubeteiligten stammen (vgl. Rz. 116). Der Auftraggeber müsste sich dann z. B. die Verletzung von Mitwirkungspflichten im Verhältnis zum Projektsteuerer vorhalten lassen, die den weiteren Baubeteiligten gerade nicht zustehen. Schließlich ist auch zu bedenken, dass die gewünschte **Neutralität** des Projektsteuerers erheblich leiden dürfte, wenn er im Spannungsfeld zwischen Bauherrn und übrigen Baubeteiligten zu befürchten hätte, im Streitfall in ein Gesamtschuldverhältnis mit anderen Baubeteiligten hineingezogen zu werden.

5. Vollmacht

122 Unabhängig von den Grundsätzen der **Anscheins- und Duldungsvollmacht**, die ohne weiteres auf den Projektsteuerer zu übertragen sind[1], ist streitig, ob dem Projektsteuerer aufgrund des Projektsteuerungsvertrages eine „**originäre Vollmacht**"[2] zukommt. Dies wird zum Teil bejaht[3], zum Teil entschieden verneint[4], Letzteres mit der Begründung, es gäbe keine einheitlichen Leistungsbilder der Projektsteuerung und es stehe darüber hinaus nicht fest, ob dem Projektsteuerer über die rein beratende Tätigkeit hinaus überhaupt außenwirksame Kompetenzen zukommen müssen oder sollen. Sofern der Projektsteuerer – ähnliches ist bei einem Architekten denkbar – tatsächlich allein **im Innenverhältnis** dem Bauherrn **beratend** oder planend zuarbeitet, ohne gegenüber Dritten für den Bauherrn aufzutreten, mag die ablehnende Rechtsauffassung zutreffend sein.

In fast allen Fällen erschöpft sich jedoch die Tätigkeit des Projektsteuerers nicht in einer solchen internen Beratungsfunktion. Der Bauherr will gerade, dass der Projektsteuerer die erforderliche Fachkompetenz **gegenüber Dritten**, seien sie Baubeteiligte, seien sie sonstige mit dem Bauprojekt befasste Dritte (Behörden, Kreditinstitute etc.), „liefert" und dies für und anstelle des Bauherrn nach außen dokumentiert. Zweck eines Projektsteuerungsvertrags ist es – von Ausnahmefällen abgesehen –, dass der Projektsteuerer den Bauherrn in Vorbereitung, Planung und/oder Durchführung des Bauprojekts vertritt, also für ihn gegenüber Dritten handelt. Aus diesem Grund ist die Annahme einer „originären Vollmacht" des Projektsteuerers mit Abschluss des Projektsteuerungsvertrags zu bejahen[5], auch wenn damit über deren Inhalt noch nichts ausgesagt ist.

---

1 Vgl. auch *Eschenbruch*, Projektsteuerung, Rz. 465 ff.
2 Vgl. hierzu *Schill*, Projektsteuerungsvertrag, S. 77.
3 *Schill*, Projektsteuerungsvertrag, S. 77.
4 *Eschenbruch*, Projektsteuerung, Rz. 462 f.
5 *Schill*, Projektsteuerungsvertrag, S. 77 weist zudem daraufhin, dass eine Vollmacht bereits nach der Verkehrssitte vorausgesetzt wird.

Ohne jede nähere Bestimmung der Vollmacht im Projektsteuerungsvertrag wird der Projektsteuerer aus diesem zumindest die Befugnis zur Vornahme solcher Handlungen (auch mit rechtsgeschäftlichen Folgen) ableiten dürfen, die ihm der Auftraggeber **zur Erfüllung der Bauherrnfunktionen** übertragen hat.[1] 124

Hinweis:
Im Übrigen ist schon aus organisatorischen Gründen empfehlenswert, im Projektsteuerungsvertrag eine explizite Vollmachtsregelung aufzunehmen bzw. eine solche gesondert zu erstellen, damit der Projektsteuerer sie im Rechtsverkehr verwenden kann.[2]

6. Sonstiges

a) Haftpflichtversicherung

Der Projektsteuerer trägt ein erhebliches Haftungsrisiko, weil er u. a. durch Fehleinschätzungen und Versäumnisse sowohl beim Auftraggeber als auch bei Dritten erhebliche Schäden durch Bauzeitverzögerungen oder fehlerhafte Mengen- und Kostenermittlungen verursachen kann. Die einschlägigen **Berufshaftpflichtversicherungen** der Architekten und Ingenieure sind für eine Absicherung des Projektsteuerers jedoch nicht geeignet. Es gilt zu beachten, dass diese Versicherungen durch Ausschlussklauseln das Schadensrisiko der Architekten z. B. für fehlerhafte Mengen- und Kostenermittlungen sowie für Termin- und Kostenüberschreitungen nicht abdecken. Weiter sind auch Ansprüche wegen Aufwendungen, die auch bei ordnungsgemäßer Erstellung des Objekts angefallen wären, ausgeschlossen, und zwar unabhängig davon, wer sie geltend macht.[3] Durch die übliche Berufshaftpflichtversicherung der Architekten und Ingenieure werden die spezifischen Projektsteuerungsrisiken daher nicht gedeckt.[4] Notwendig ist ein **individualvertraglicher Versicherungsschutz**, ggf. speziell konzipiert für das betreffende Bauvorhaben.[5] Selbstverständlich sollte sein, dass der Auftraggeber den Projektsteuerungsvertrag aus wichtigem Grund kündigen kann, wenn der Projektsteuerer eine Mindesthaftpflichtversicherung bzw. den vereinbarten Versicherungsschutz, ggf. nach Fristsetzung, nicht vorweisen kann.[6] 125

b) Vergabe von Projektsteuererleistungen

Grundsätzlich und wohl auch noch überwiegend werden Projektsteuerungsleistungen **freihändig** durch den Auftraggeber vergeben. Vor allem bei Großprojekten 126

---

1 Den Umfang einer Mindestvollmacht bei Zugrundelegung des DVP-Vorschlags in einem Projektsteuerungsvertrag versucht *Schill*, Projektsteuerungsvertrag, S. 78, zu umschreiben, allerdings ohne nähere Begründung.
2 Vgl. auch *Pott/Dahlhoff/Kniffka*, HOAI, § 31 Rz. 11.
3 *Schill*, Projektsteuerungsvertrag, S. 112.
4 Vgl. *Eschenbruch*, Projektsteuerung, Rz. 1491.
5 Vgl. *Eschenbruch*, Projektsteuerung, Rz. 1492f.; *Schill*, Projektsteuerungsvertrag, S. 113; empfehlenswert ist im Übrigen, dass Projektsteuerer, Bauherr und Versicherer bei objektbezogenen Haftpflichtversicherungen gemeinsam den individuellen Versicherungsumfang aushandeln und der Bauherr die Versicherungsprämie zusätzlich zum vereinbarten Honorar trägt.
6 So auch *Eschenbruch*, Projektsteuerung, Rz. 1494ff.

werden diese Leistungen jedoch zunehmend von den Auftraggebern mittels eines standarisierten Verfahrens vergeben. Öffentliche Auftraggeber unterliegen gesetzlich vorgeschriebenen Verfahrensregeln, die mittlerweile auch gerichtlich überprüft werden können. Es würde den Rahmen dieser Darstellung sprengen, das in den vergangenen Jahren erheblich an Bedeutung gewonnene Vergaberecht und die hierzu umfangreiche Gesetzgebung zu erläutern. Genannt seien nur die Grundlagen des Vergaberechts in §§ 97 ff. GWB. Insoweit ist auf die einschlägige Literatur[1] sowie die Darstellung in Teil 8 und 9 zu verweisen.

c) Stufenweise Auftragsvergabe

127 Aus gleichermaßen rechtlichen wie wirtschaftlichen Gründen ist es üblich und entspricht regelmäßig den Interessen beider Vertragsparteien, die beabsichtigten Projektsteuerungsleistungen nicht bereits zu Beginn eines Projekts/Bauvorhabens insgesamt in Auftrag zu geben, sondern dies stufenweise vorzunehmen. Eine Auftragsvergabe in Stufen, z. B. ausgerichtet an **zeitlichen Eckpunkten**, öffentlich-rechtlichen Genehmigungen oder **Leistungsphasen** der HOAI schafft zudem grundsätzlich Sicherheit für beide Vertragsparteien. Der Umstand, dass der Projektsteuerer nicht von vornherein einen Gesamtauftrag erhält, der bei Kündigung wegen Einstellung des Projekts/Bauvorhabens zu Vergütungsansprüchen führen kann, sollte den Projektsteuerer nicht „belasten" – ein eventuell insolventer Auftraggeber nützt ihm ohnehin nicht viel und wiegt gegenüber dem Vorteil, ggf. seinerseits das Vertragsverhältnis mit dem Auftraggeber vorzeitig und ohne allzu großes Kostenrisiko beenden zu können, nicht schwer. Im Übrigen darf auch der faktische Zwang, dem ein Auftraggeber während eines laufenden Bauvorhabens unterliegt und ihm den einfachen Wechsel seines Auftragnehmers regelmäßig verbietet, nicht unterschätzt werden. Die „Größe" der einzelnen Stufen bleibt den Parteien überlassen.

Hinweis:

Es sollte darauf geachtet werden, für die nach Fertigstellung/Übergabe des Bauwerks noch vorgesehenen Leistungen des Projektsteuerers zu vereinbaren, dass die **Fälligkeit der übrigen Honoraransprüche** nicht von der Vollendung dieser Leistungen abhängt. Im Übrigen dürfte sich regelmäßig eine Verfahrensweise anbieten, bei der der gesamte vorgesehene Leistungsumfang sowie die gesamte Vergütung im Projektsteuerungsvertrag aufgeführt und gleichzeitig die Beauftragung der einzelnen Stufen festgeschrieben wird. Dabei ist dann darauf zu achten, dass ein **Rechtsanspruch** des Projektsteuerers für die jeweils nächste Leistungsstufe **ausgeschlossen** wird.

128 Im Ergebnis stellt der Projektsteuerungsvertrag dann insoweit **eine Art Rahmenvertrag** dar, der zudem die Auftragsvergabe der weiteren Projektstufen vereinfacht. Etwaige Änderungen sind ebenfalls zu kennzeichnen. Gegebenenfalls bietet sich auch an, bei jeder weiteren Vergabe einer Projektstufe die hierfür anrechenbaren Kosten explizit festzulegen; dann ist im Rahmenvertrag die Gesamtvergütung entsprechend flexibel zu definieren.

---

1 Z. B. ausführlich: *Eschenbruch*, Projektsteuerung, Rz. 1266 ff.

7. Besonderheiten eines „reinen" Dienstvertrags

Unter einem „reinen" Dienstvertrag wird ein solcher verstanden, der ausdrücklich von den Vertragsparteien als Dienstvertrag konzipiert ist und auch nur solche Leistungen enthält oder aufgrund des Gesamtgepräges insgesamt als Dienstvertrag zu qualifizieren ist. 129

a) Erfüllung und Pflichtverletzung

Erbringt der Projektsteuerer nach der vertraglichen Vereinbarung eine Dienstleistung nach § 611 BGB, schuldet er dem Auftraggeber nicht den Erfolg seiner Tätigkeit. Die Projektsteuerungsleistungen müssen **nicht abgenommen** werden. Der Vergütungsanspruch des Projektsteuerers besteht grundsätzlich ohne Rücksicht auf eine ordnungsgemäße Erfüllung. Verletzt der Projektsteuerer eine Pflicht aus dem Dienstvertrag, haftet er dem Auftraggeber gemäß § 280 Abs. 1 BGB[1] auf Schadensersatz. Dieser **Schadensersatzanspruch** tritt zusätzlich neben den Erfüllungsanspruch aus § 611 BGB. Das Verschulden des Projektsteuerers wird widerlegbar vermutet (§ 280 Abs. 1 S. 2 BGB). Der Auftraggeber kann mit seinem Schadensersatzanspruch gegen den Vergütungsanspruch des Projektsteuerers aufrechnen. Zu beachten ist allerdings, dass der Projektsteuerer z. B. für das unverschuldete Fehlschlagen des Projekts oder anderer Erfolge (Termine, Kosten etc.) nicht einzustehen hat. 130

Der Schadensersatzanspruch unterliegt der regelmäßigen 3-jährigen **Verjährungsfrist** (vgl. § 195 BGB). Diese beginnt mit dem Schluss des Jahres, in dem der Anspruch entstanden ist und der Auftraggeber von den den Anspruch begründenden Umständen Kenntnis erlangt oder ohne grobe Fahrlässigkeit erlangen müsste (§ 199 Abs. 1 BGB), ohne Rücksicht auf die Kenntnis oder grob fahrlässige Unkenntnis in 10 Jahren von ihrer Entstehung an (§ 199 Abs. 3 Satz 1 Nr. 1 BGB), ohne Rücksicht auch auf die Entstehung in 30 Jahren von der Pflichtverletzung an (§ 199 Abs. 3 Satz 1 Nr. 2 BGB). Die früher endende Frist ist maßgeblich. 131

b) Kündigung des Dienstvertrags

Die **ordentliche** Kündigung bei einem Dienstvertrag bemisst sich nach § 621 BGB. Eine außerordentliche Kündigung **aus wichtigem Grund** ist nach § 626 Abs. 1 BGB zulässig, wenn die Fortsetzung des Dienstverhältnisses dem kündigenden Vertragsteil unter Abwägung der gegenseitigen Interessen nicht bis zum Ablauf der Kündigungsfrist oder bis zu der vereinbarten Beendigung des Dienstverhältnisses zugemutet werden kann. § 626 BGB ist nicht vertraglich abdingbar. 132

Das Dienstverhältnis kann darüber hinaus in bestimmten Fällen nach § 627 BGB auch ohne Vorliegen dieser Voraussetzungen und ohne Einhaltung einer Kündigungsfrist gekündigt werden. Die Regelung setzt voraus, dass dem Projektsteuerer aufgrund eines **besonderen Vertrauens** Dienste höherer Art übertragen sind. Nach der Rechtsprechung des BGH[2] dürfte zumindest dann von einem derartigen 133

---

[1] Dies entspricht nach altem Recht der Haftung für Schlechtleistung nach den Grundsätzen der positiven Vertragsverletzung (pVV).
[2] BGH, NJW 2000, 202.

besonderen Vertrauensverhältnis auszugehen sein, wenn der Projektsteuerer nicht nur einige wenige, z. B. beratende oder ausschließlich interne Tätigkeiten für den Auftraggeber ausführt. Darüber hinaus begründet die mit der Projektsteuerung verbundene Durchführung von Bauherrnaufgaben gegenüber Dritten, insbesondere wenn sie mit rechtsgeschäftlichen Befugnissen verbunden ist, eine besondere Nähe zu den Auftraggeberinteressen i. S. d. § 627 BGB. Die Vorschrift des **§ 649 BGB**, ordentliche Kündigung, stellt eine werkvertragliche Eigentümlichkeit dar und kann auf dienstvertragliche Projektsteuerungsverträge nur über eine entsprechende vertragliche Vereinbarung zur Anwendung gelangen.

134 Schließlich kommt auch in Betracht, dass ein dienstvertraglicher Projektsteuerungsvertrag ein **Dauerschuldverhältnis** darstellt.[1] Ein solches Dauerschuldverhältnis kann gemäß **§ 314** BGB gekündigt werden, wenn die Fortsetzung des Dauerschuldverhältnisses unter Berücksichtigung aller Umstände des Einzelfalls und unter Abwägung der beiderseitigen Interessen bis zur vereinbarten Beendigung oder bis zum Ablauf einer vertraglich vereinbarten Kündigungsfrist nicht zugemutet werden kann. Eine Kündigung zur Unzeit ist unzulässig.

VI. Rechtsfragen im Rahmen von Honorarvereinbarungen

1. Allgemeines

a) Freie Vereinbarkeit

135 Das Honorar für Projektsteuerungsleistungen kann von den Vertragsparteien frei vereinbart werden. Die Vorschrift des **§ 31 Abs. 2 HOAI** hat der Bundesgerichtshof wegen fehlender gesetzlicher Ermächtigung für **nichtig** erklärt, soweit die Wirksamkeit von Honorarvereinbarungen davon abhängig gemacht wird, dass sie „schriftlich" und „bei Auftragserteilung" getroffen werden.[2] Diese Vorschrift ist damit weitgehend überflüssig; die Höhe des Honorars ist nicht festgelegt, es muss auch keine Relation zu den Leistungen des § 15 HOAI bestehen.[3]

136 Die Freiheit in der Vereinbarung des Honorars bezieht sich nicht nur auf die **Höhe**, sondern auch auf die **Bemessungskriterien** – Zeit, Stunden, Pauschale, Ermittlungen nach anrechenbaren Kosten, Prozentsatz des Bauvolumens etc. Als **Grundsatz** sollte gelten, dass die Honorarhöhe und -bestimmung, insbesondere der Bemessungskriterien eindeutig und detailliert im Vertrag geregelt werden. Dies gilt auch bei Pauschalhonoraren und Auftragsvergabe in Stufen (Rz. 126 ff.). Die Notwendigkeit hierzu folgt daraus, dass sich Projektsteuerungsleistungen einerseits regelmäßig in ihrem zeitlichen Ablauf an den Leistungsphasen der HOAI (z. B. § 15 HOAI) ausrichten. Anderseits ist den Projektsteuerungsleistungen eine Unterteilung in Grundleistungen, besondere Leistungen und zusätzliche Leistungen i. S. d. HOAI (namentlich des § 15 HOAI) grundsätzlich wesensfremd. Aus diesem Grund liegt es nahe, im Vertrag nicht nur die Leistungen des Projektsteuerers umfassend zu beschreiben, sondern auch das Honorar auf diese Leis-

---

1 Vgl. hierzu Ergänzungsband zu Palandt/*Heinrichs*, § 314, Rz. 1 ff.
2 BGH, BauR 1997, 497.
3 Vgl. *Eschenbruch*, Projektsteuerung, Rz. 837.

tungen zu beziehen und etwaige zusätzliche Leistungen bzw. Honorarmehrungen oder -minderungen explizit nach Voraussetzungen und Folgen zu regeln.

Die Parteien sind ferner frei in der Vereinbarung von **Bonus-/Malusregelungen und besonderen Vergütungen** für **Garantien**, die der Projektsteuerer übernehmen soll. 137

Hinweis:
Für Bonus-/Malusregelungen[1] gilt grundsätzlich, dass von ihnen nur sparsam Gebrauch gemacht werden sollte, da sie zu Konflikten bei den Projektzielen (Qualitäten, Kosten, Termine) führen können. Hinzu kommt, dass sich die Voraussetzungen für einen Bonus/Malus häufig nur schwer exakt definieren lassen, solche Regelungen mithin „streitträchtig" sind.

Zu beachten ist allerdings, dass sich – unbeschadet der individualvertraglichen Vereinbarungen – im Streitfall die gewählten **Rechtsgrundlagen** eines Projektsteuerungsvertrags **unterschiedlich auswirken** können. 138

aa) Werkvertragsrecht des BGB

Liegt dem Projektsteuerungsvertrag allein – sei es durch ausdrücklichen Ausschluss der HOAI oder des DVP-Vorschlags, sei es durch Auslegung – das Werkvertragsrecht des BGB zugrunde, so ist bei fehlender oder unzureichender vertraglicher Bestimmung die **„übliche" Vergütung** geschuldet.[2] Eine indirekte Bezugnahme auf die HOAI oder den DVP-Vorschlag als Ermittlungsgrundlage scheidet aus, da ansonsten diese, von den Parteien gerade nicht gewünschten Regelungswerke auf Umwegen wieder Anwendung fänden. Indem es jedoch keinen allgemein gültigen Standard für die Ermittlung der üblichen Vergütung bei Projektsteuerungsleistungen gibt, dürfte bei einem gerichtlichen Streit selbst ein Sachverständigengutachten kaum zu befriedigenden Ergebnissen führen.[3] 139

Dies gilt aber unter Umständen nicht, wenn ein **Architekt oder Ingenieur** mit Projektsteuerungsleistungen betraut wird, ohne dass für den Projektsteuerungsvertrag auf § 31 HOAI bzw. die HOAI insgesamt Bezug genommen wird. Dann kann es nahe liegen, die Honorarbestimmungen **nach den Grundsätzen der HOAI** vorzunehmen. Dies wiederum kann für beide Vertragsparteien zu fast unkalkulierbaren **Risiken** führen: Der Auftraggeber muss damit rechnen, dass die Honorartabellen der HOAI einschließlich aller Zuschlagsregelungen (z. B. §§ 21 ff. HOAI) zur Anwendung gelangen. Der Projektsteuerer läuft Gefahr, dass seine Leistungen nachträglich den „allgemeinen" Architekten-/Ingenieurleistungen (z. B. gemäß § 15 HOAI) zugeordnet werden und eine besondere Vergütungspflicht entfällt. Schließlich ist auch noch einmal hervorzuheben, dass der (oder ein) wesentliche Teil der Projektsteuerungsleistungen nicht Architekten- und Ingenieurleistungen, wie sie in den Teilen II und V der HOAI geregelt 140

---
1 Instruktiv *Eschenbruch*, Projektsteuerung, Rz. 1437 ff.
2 Ausführlich *Eschenbruch*, Projektsteuerung, Rz. 936 ff.; *Schill*, Projektsteuerungsvertrag, S. 124; vgl. auch OLG Nürnberg, BauR 2001, 438.
3 Letztlich überlassen dann die Parteien die Honorarbestimmungen einem häufig in diesen Dingen nicht erfahrenen Gericht – ein weiterer Grund dafür, eine Schiedsgerichtsklausel im Projektsteuerungsvertrag zu vereinbaren.

sind, darstellen. In solchen Fällen sind die **Preisgrenzen des § 4 HOAI** zu beachten, so dass in jedem Fall eine getrennte Abrechnung erforderlich wird.

bb) § 31 HOAI

141 Hier gilt das zum Werkvertragsrecht Ausgeführte entsprechend. Unklare Honorarbestimmungen im Projektsteuerungsvertrag können bei Geltung des § 31 HOAI im besonderen Maße zu unerwünschten Folgen durch die Anwendung der HOAI führen.

cc) DVP-Vorschlag

142 Die Honorierung der Projektsteuerungsleistungen im DVP-Vorschlag entspricht der herkömmlichen **Systematik der HOAI** und fügt sich dort nahtlos ein. Die Bezugsgröße der anrechenbaren Kosten nach DIN 276 stellt sicherlich einen Vorteil des DVP-Vorschlags dar, dem hierdurch ein nachvollziehbares Berechnungskriterium vorgegeben wird. Angesichts anderer, ebenso plausibler Bemessungskriterien (Stunden, Prozentsatz vom Gesamtbauvolumen, Pauschalen) kann dahinstehen, ob das ausgefeilte Honorarmodell des DVP-Vorschlags notwendig ist. Auf einem anderen Blatt steht, ob die vorgesehenen Zu- und Abschläge (§§ 207 ff. DVP-Vorschlag) angesichts der freien Vereinbarkeit des Honorars, plausibler Alternativmodelle und der zu beobachtenden Tendenz zu Pauschalvereinbarungen realistisch oder gar wünschenswert sind.

b) Honorarhöhe

143 Unabhängig von dem für ein konkretes Projekt oder Bauvorhaben geeigneten Honorarmodell ist – auch mit Blick auf die im Zweifel „übliche Vergütung" – die Frage nach der Höhe des Honorars für die Leistungen eines Projektsteuerers zu betrachten. Indem der Umfang der Leistungen eines Projektsteuerers stets von der individuellen Vereinbarung mit dem Auftraggeber abhängt, zudem der Projektsteuerer auch Aufgaben übernehmen kann, die nicht zu den klassischen Projektsteuerungsleistungen gehören, entfällt die Möglichkeit eines generellen Verfahrens zur Ermittlung der Honorarhöhe. Allein bei Anwendung des DVP-Vorschlags in seiner Gesamtheit kann für die dort aufgeführten Leistungen das Honorar annähernd exakt vorherbestimmt werden.

144 In der Praxis und in der Rechtsliteratur sind zahlreiche Vorschläge zur Bestimmung der Honorarhöhe bekannt.[1] In diesen wird regelmäßig auf die **anrechenbaren Kosten nach DIN 276** als Bemessungsgrundlage und einen Prozentsatz hiervon als angemessenes Honorar abgestellt. Im Einzelnen variieren und differenzieren die Vorschläge in recht unterschiedlicher Weise (Höhe der anrechenbaren Kosten/Schwierigkeitsgrade/Leistungsphasen). Folgende **Richtwerte**, die im Einzelfall erheblich über- oder unterschritten werden können, erscheinen derzeit als sachgerecht:[2]

---

1 Ausführlich *Eschenbruch*, Projektsteuerung, Rz. 897 ff.
2 In Anlehnung an *Stemmer/Wierer*, BauR 1997, 935, 945.

Anrechenbare Kosten (DIN 276)	Prozentsatz
Bis 5,0 Mio. Euro	3 %
Bis 10,0 Mio. Euro	2,5 %
Bis 20,0 Mio. Euro	2,0 %
Ab 20,0 Mio. Euro	1,5–2 %

Letztlich entscheiden Angebot und Nachfrage, Komplexität der Aufgaben, Dauer des Vorhabens, eingebundene Personenzahl usw.

Immerhin hat eine Umfrage der AHO-Fachkommission – die auch den DVP-Vorschlag erarbeitet hat – im Jahr 1995 ergeben, dass bei rund 50 Projekten mit anrechenbaren Kosten von durchschnittlich 56,0 Mio. DM Honorare von 1,5 % der anrechenbaren Kosten erzielt wurden. Ob sich bei kleineren Vorhaben regelmäßig höhere Prozentsätze, bei größeren Vorhaben noch niedrigere Honorare ergeben, bestimmt letztlich der Markt. Die Höhe etwaiger Erfolgshonorare (Bonus-/Malusregelung) hängt stets vom Einzelfall ab und entzieht sich einer pauschalierten Betrachtung.

145

c) Honoraranpassungen

Eine Darstellung der rechtlichen Grundlagen bzw. Möglichkeiten zur Honoraranpassung würde den Rahmen dieser Darstellung sprengen.[1] Es ist den Parteien eines Projektsteuerungsvertrags dringend zu empfehlen, detaillierte Regelungen für Honoraranpassungen bei veränderten Leistungen bzw. Verhältnissen zu treffen. Abhängig von den Bedürfnissen des Einzelfalls kommen folgende honorarändernde Faktoren – ohne Anspruch auf Vollständigkeit – in Betracht:

146

▷ Behinderung aus tatsächlichen oder zeitlichen Gründen

▷ Geänderte Leistungen aus tatsächlichen Gründen oder auf Anweisung des Auftraggebers

▷ Zusätzliche Leistungen

▷ Unterbrechung des Projekts (über eine einfache zeitliche Behinderung hinaus)

In allen Fällen gilt, dass sich die Parteien über die Abgrenzung von wesentlichen und unwesentlichen Leistungsänderungen möglichst weitgehend abgestimmt und dies im Vertrag niedergelegt haben sollten. Namentlich bei Verträgen mit einem Pauschalhonorar sollte zumindest für massive Änderungen eine Öffnungsklausel vorgesehen werden. Als weitere, zumeist nur im Ausnahmefall anwendbare Rechtsgrundlagen zur Vertragsanpassung kommen der Wegfall der Geschäftsgrundlage (§ 313 BGB) und die Vorschriften über die Geschäftsführung ohne Auftrag (§ 677 ff BGB) in Betracht.

147

---

1 Insoweit ist auf die Erläuterungen in *Eschenbruch*, Recht der Projektsteuerung, Rz. 832 bis 1057 zu verweisen.

2. Fälligkeit und Verjährung des Honorars

148 Es wurde bereits erwähnt (Rz. 70), dass die präzise Regelung der Fälligkeit des Honorars im Vertrag notwendig ist. Andernfalls wird die Vergütung mit der Abnahme des Werks fällig (§ 641 BGB).[1] Ist ein Pauschalhonorar vereinbart, genügt für eine prüffähige Schlussrechnung, die Angabe der vereinbarten Pauschale und der Abschlagszahlungen sowie die Möglichkeit des Auftraggebers, daraus die Restforderung zu ermitteln.[2] In diesem Zusammenhang ist auf § 8 HOAI hinzuweisen, der neben der prüffähigen Schlussrechnung als Voraussetzung für die Fälligkeit weiter verlangt, dass die Leistung vertragsgemäß erbracht wurde. Allerdings ist höchst zweifelhaft (Rz. 72), ob § 8 HOAI über eine ausreichende Ermächtigungsgrundlage verfügt und auf Projektsteuerungsverträge anwendbar ist.

149 Aufgrund der prinzipiellen Gefahr für den Projektsteurerer, dass seine Leistungen unter Umständen erst mehrere Jahre nach Fertigstellung des Bauwerks und Übergabe an den Nutzer vollendet sind (z. B. Überwachung der Gewährleistungsfristen der Bauhandwerker), empfiehlt es sich, einen Anspruch auf Teilabnahme und auch Teilschlussrechnung unmittelbar nach Fertigstellung des Bauwerks bzw. Übergabe an den Nutzer zu vereinbaren. Daneben oder anstelle kann auch ein Zahlungsplan vertraglich vereinbart werden. Liegt dem Vertrag das Modell des DVP-Vorschlags zugrunde, kann der Projektsteuerer auch vereinbaren, dass jeweils nach Abschluss einer Leistungsphase der entsprechende Prozentsatz des Gesamthonorars fällig wird.[3]

150 Von einer Darstellung der Verjährungsvorschriften des BGB a. F. wird nachfolgend abgesehen. Die Verjährung der Honoraransprüche richtet sich nach den §§ 195 ff. BGB und beträgt regelmäßig 3 Jahre. Die Verjährungsfrist beginnt mit dem „Schluss des Jahres, in dem der Anspruch entstanden ist und der Gläubiger von den den Anspruch begründenden Umständen und Person des Schuldners Kenntnis erlangt oder ohne grobe Fahrlässigkeit erlangen müsste" (§ 199 BGB). Ohne Rücksicht auf die Kenntnis oder grob fahrlässige Unkenntnis verjährt der Anspruch gemäß § 199 Abs. 4 BGB in 10 Jahren von der Entstehung an.

3. Sicherung des Honorars

151 Sofern der Projektsteuerer eine Werkleistung zu erbringen hat, kann er die Einräumung einer **Sicherungshypothek** am Baugrundstück gemäß § 648 BGB verlangen. Sicherbar sind alle aus dem Vertrag herrührenden Forderungen des Projektsteuerers (einschließlich etwaiger Forderungen aus zusätzlichen Leistungen oder Boni), auch die **Kosten** der Erwirkung der Hypothek und der Vormerkung. Dies gilt allerdings nur hinsichtlich der bereits erbrachten Leistungen. Voraussetzung ist ferner, dass der Unternehmer Eigentümer des Grundstücks ist; nur ausnahmsweise kann in Missbrauchsfällen von diesem Erfordernis abzusehen sein. Regelmäßig wird der Anspruch durch eine einstweilige Verfügung auf Eintragung einer entsprechenden Vormerkung durchgesetzt.

---

1 Falls ein Dienstvertrag vorliegt – vgl. § 614 BGB.
2 LG Düsseldorf, IBR 2001, 267.
3 Vgl. *Heiermann*, Projektsteuerungsvertrag, S. 15 f.

Des Weiteren besteht die Möglichkeit, gemäß § 648 a BGB Sicherheit vom Auftraggeber für die Vorleistungen des Projektsteuerers zu verlangen. Für die Einzelheiten der Voraussetzung des § 648 a BGB ist hier auf die einschlägige Literatur zu verweisen; hervorzuheben ist, dass ein solcher Anspruch nicht geltend gemacht werden kann, wenn der Auftraggeber eine juristische Person des öffentlichen Rechts oder ein öffentlich-rechtliches Sondervermögen ist. Das Verlangen der Sicherheit bezieht sich auf den gesamten voraussichtlichen Vergütungsanspruch, der ggf. zu schätzen ist, einschließlich Boni, zusätzlicher Leistungen etc. 152

Der Projektsteuerer ist Unternehmer eines Bauwerks i. S. d. § 648 a BGB, wenn er – wie Architekt oder Ingenieur – „kraft werkvertraglicher Verpflichtung eine für die Errichtung des Bauwerks notwendige geistige Leistung schuldet".[1] Erforderlich ist, dass durch diese Leistung die Errichtung des Bauwerks bzw. die Durchführung des Projekts nicht unerheblich gefördert wird, wobei es auf eine objektive Betrachtungsweise ankommen dürfte.[2] Während regelmäßig davon ausgegangen werden darf, dass ein klassischer Projektsteuerungsvertrag den Projektsteuerer als Unternehmer i. S. d. § 648 a BGB klassifiziert, mag in Einzelfällen, namentlich bei Tätigkeiten des Projektsteuerers „in der Linie" (Rz. 20) oder der Begleitung des Auftraggebers bei der Beschaffung von Finanzmitteln, diese Einordnung fraglich sein. Angesichts der Spannbreite möglicher Aufgaben, die einem Projektsteuerer übertragen werden können, wird in solchen Fällen der Schwerpunkt des (Werk-)Vertrags maßgeblich sein. 153

VII. Musterformulierungen

1. Einleitung

Jeder Projektsteuerungsvertrag ist höchst individuell. Nicht zu Unrecht wird behauptet, dass es *den* Projektsteuerungsvertrag nicht gibt[3]. In der Tat soll das nachfolgende Muster im Wesentlichen als **Checkliste** dienen, so dass für jeden Einzelfall zu überprüfen ist, welche Änderungen und Ergänzungen notwendig sind. Insbesondere bei Projektsteuerungsverträgen mit Generalüber- oder -unternehmern sowie internationalen Bezügen treten Besonderheiten auf, die hier nicht behandelt werden können. 154

Die Musterformulierungen unterstellen einen **„vollen" Projektsteuerungsvertrag** über alle Leistungsphasen (gem. HOAI) mit stufenweiser Vergabe, ausgestaltet als Werkvertrag nach BGB[4]. Als Auftraggeber ist ein privater Bauherr angenommen; bei öffentlichen Auftraggebern sind vor allem dessen öffentlich-rechtlichen Belange (vergaberechtliche Vorschriften) zu beachten und soweit als möglich explizit zu regeln. Hervorzuheben ist, dass die genaue Beschreibung des Leistungsumfangs (auch zur Abgrenzung vom Projektentwickler/juristischen Projektmanagement/Planungstätigkeiten etc.) sowie der jeweiligen Leistungspflichten, namentlich des Bauherrn, absolut unverzichtbar sind. Die Möglichkei- 155

---

1 BT-Drucks. 12/1836, 8.
2 Vgl. *Eschenbruch*, Projektsteuerung, Rz. 1117.
3 *Eschenbruch*, Projektsteuerung, Rz. 1369.
4 Für Besonderheiten des Dienstvertrags ist auf Abschn. V./7. zu verweisen.

ten zur Honorargestaltung sind unbegrenzt; das Muster verwendet ein einfaches Grundmodell.

2. Mustervertrag

156

Projektsteuerungsvertrag

zwischen

............, vertreten durch ....

nachfolgend – Auftraggeber/AG – genannt

und

....

nachfolgend – Auftragnehmer/AN – genannt

wird nachstehender Projektsteuerungsvertrag geschlossen:

§ 1
Gegenstand

Vertragsgegenstand sind die in § 2 nebst Anlagen aufgeführten Projektsteuerungsleistungen für das Bauvorhaben .... in .... (Bauabschnitte ....[1]).

§ 2
Vertragsgrundlagen

1. Grundlage für die Auftragnehmerleistungen dieses Werkvertrags sind in nachstehender Reihenfolge:

   ▷ dieser Vertrag einschließlich aller Anlagen, auch soweit sie nach Vertragsabschluss oder verändert werden,

   ▷ das Werkvertragsrecht des BGB,

   ▷ der DVP-Vorschlag (Untersuchungen zum Leistungsbild des § 31 HOAI und zur Honorierung für die Projektsteuerung), Stand August 1998.

Soweit sich die vorgenannten Vertragsgrundlagen widersprechen, bestimmt sich die Rangfolge nach der Reihenfolge ihrer Aufzählung. Entsprechendes gilt für die Anlagen. Bestimmungen in den Anlagen gehen den Bestimmungen im DVP-Vorschlag vor.

---

1 Bei zeitlich getrennter Durchführung einzelner Bauabschnitte oder Teile eines Bauvorhabens ist dies gesondert hervorzuheben und in Übereinstimmung mit § 3 (Stufenbeauftragung) zu bringen. Im Übrigen ist dann in § 7 ggf. danach zu differenzieren, welche Leistungen nur den Bauabschnitt und welche Leistungen das Gesamtbauvorhaben betreffen; ggf. sind die Architektenleistungen separat zu honorieren, um Streitfragen über die anzurechnenden Kosten und die Problematik des § 4 HOAI zu vermeiden.

2. Der AN hat bei seinen Leistungen sämtliche einschlägigen zivil- und öffentlich-rechtlichen Vorschriften zu beachten, insbesondere

▷ die jeweils gültige Bauordnung des Landes/Freistaates . . . sowie die sonstigen baurechtlichen Vorschriften,

▷ die Bestimmungen der VOB und VOL in der jeweils geltenden Fassung,

▷ die einschlägigen technischen Normen, Richtlinien und Bestimmungen (z. B. DIN/ATV),

▷ die Vergabe- und Vertragsbedingungen des Auftraggebers.[1]

§ 3
Projektsteuerungsleistungen des Auftragnehmers

1. Die Projektsteuerung des vertragsgegenständlichen Bauvorhabens (Bauabschnitte . . . .) umfasst die in Anlage 1 beschriebenen Leistungen[2].

2. Der AG überträgt dem AN zunächst die in der Anlage 2 näher beschriebenen Leistungen, entsprechend der Leistungsphase . . . . (§ . . . HOAI)[3].

3. Der AG beabsichtigt, dem AN weitere Projektsteuerungsleistungen aus den Leistungsphasen . . . . (§ . . . HOAI) – einzeln oder insgesamt – zu übertragen. Der Umfang dieser Projektsteuerungsleistungen ist in Anlage 3 näher beschrieben.

Die Übertragung weiterer Leistungen bedarf eines schriftlichen Auftrags. Die Parteien stellen ausdrücklich klar, dass der AN auf die Übertragung weiterer Leistungen keinen Rechtsanspruch hat und aus der stufenweisen Beauftragung sowie daraus, dass Leistungen gemäß diesem Absatz nicht oder nur teilweise auf ihn übertragen werden, keinen Anspruch auf zusätzliche Vergütung oder Schadensersatz herleiten kann.

Der AN ist zur Übernahme der weiter beauftragten Leistungen verpflichtet, wenn die Beauftragung spätestens innerhalb von . . . Monaten nach Fertigstellung der Leistungen einer vorher beauftragten Stufe erfolgt. Für die weitere Beauftragung gelten die Bestimmungen dieses Vertrags einschließlich der Anlagen.

---

1 Namentlich bei Bauvorhaben zu besonderen Nutzungszwecken (Krankenhäuser, Pflegeheime, Schwimmbäder etc.) und/oder öffentlichen bzw. gemeinnützigen Auftraggebern können zahlreiche Sondervorschriften zu beachten sein. Dies gilt nicht nur für baurechtliche Sondervorschriften, sondern vor allem für Investitions- und Zuwendungsbedingungen. Es ist dringend zu empfehlen, die wichtigsten Vorschriften dieser Art ausdrücklich aufzuführen (als Anlage). In den Auftraggeberpflichten ist dann zu vereinbaren, dass der Auftraggeber sämtliche ihm bekannte Sondervorschriften für das Bauvorhaben, insbesondere zur Gewährung finanzieller Zuschüsse, Kredite o. Ä. dem Projektsteuerer zur Verfügung zu stellen hat.

2 In Anlage 1 – die bei kleineren Bauvorhaben, Teilleistungen/einzelnen Leistungsphasen ohne Stufenbeauftragung etc. entfallen kann – sind die Bereiche der vorgesehenen Projektsteuerungsaufgaben überblicksmäßig darzustellen. Diese Anlage dient vor allem der Abgrenzung von dem AN übertragenen und nicht übertragenen Leistungen.

3 Hier sind die einzelnen Leistungen des AN so detailliert wie nötig aufzuführen – siehe DVP-Vorschlag Rz. 9. – Weitere Leistungsbilder (Systematiken) bei *Eschenbruch*, Projektsteuerung, Rz. 1509–1525.

Der AN verpflichtet sich, die ihm übertragenen Leistungen so umfassend und rechtzeitig zu organisieren und zu erbringen, dass

▷ die in Anlage 4 aufgeführten Kostenziele einschließlich des Gesamtbudgets in Höhe von .... Euro,

▷ die in Anlage 5 vorgegebenen Terminziele und

▷ die in Anlage 6 vom AG vorgegebenen Qualitätsziele

eingehalten werden.[1]

4. Der AN hat den AG unverzüglich und mit ausführlicher Begründung über die voraussichtlichen Qualitätsabweichungen und/oder Zusatzkosten und/oder Terminverzögerungen zu unterrichten sowie geeignete Maßnahmen zur Zielerreichung bzw. Einsparmöglichkeiten vorzuschlagen, wenn sich für ihn (AN) abzeichnet, dass die vorgegebenen Projektziele nicht (mehr) erreicht werden oder werden können.

§ 4
Weitere Pflichten des Auftragnehmers

1. Der AN hat den AG über den Ablauf und die Durchführung seiner Leistungen sowie wesentliche, im Rahmen seiner Leistungen das Bauvorhaben betreffende Angelegenheiten fortlaufend und umfassend schriftlich zu unterrichten. Hierzu hat er auf Verlangen dem AG unverzüglich und ohne besondere Vergütung Auskunft zu erteilen.

Im Übrigen sind AG und AN zur gegenseitigen Information verpflichtet, namentlich über Vereinbarungen oder Abstimmungen, die jede Vertragspartei mit Dritten getroffen hat. Insoweit hat der AN Niederschriften anzufertigen und dem AG zuzuleiten.

2. Seine Leistungen hat der AN nach den Anordnungen und Anregungen des AG zu erbringen. Im Rahmen der ihm übertragenen Leistungen und der erteilten Vollmacht (Anlage 7) ist der AN befugt, Entscheidungen herbeizuführen bzw. zu treffen, Weisungen zu erteilen und Maßnahmen umzusetzen, soweit dadurch keine rechtsgeschäftlichen Verpflichtungen des AG begründet werden. Bei grundsätzlichen Meinungsverschiedenheiten mit anderen Projekt- bzw. Baubeteiligten hat der AN jedoch unverzüglich eine (regelmäßig schriftliche) Entscheidung des AG herbeizuführen. Im Übrigen kommt allein dem AG die Entscheidungsbefugnis zu.

Hält der AN Anregungen oder Anordnungen des AG für falsch oder unzweckmäßig, so hat er dies dem AG unter Darlegung seiner Gründe mitzuteilen. Ist Einvernehmen nicht herzustellen, ist der AN verpflichtet, den Anordnungen des AG zu folgen.

3. Der AN verpflichtet sich – auch für seine Erfüllungsgehilfen –, die Unterlagen und Informationen, die er vom AG erhält, nur für den Vertragszweck zu verwenden und

---

[1] Mit dieser Verpflichtung für die Einhaltung von Qualitäts-, Kosten- und Terminzielen ist keine Garantiezusage, z. B. im Sinne einer Haftung für Bausummenüberschreitung enthalten. Eine solche ist ausdrücklich zu vereinbaren und sollte vom Projektsteuerer nur eingegangen werden, wenn sie „versicherungsfähig" ist.

nicht an Dritte weiterzugeben. Ebenso ist eine Verwendung für eigene Zwecke des AN nicht gestattet. Der AN ist im Übrigen nicht berechtigt, Dritten Auskunft über das Projekt zu geben (z. B. Medien), es sei denn der AG hat zuvor zugestimmt oder der AN ist zur Auskunft gesetzlich verpflichtet.

4. Der AN ist verpflichtet, von Besprechungen, Verhandlungen etc., an denen er teilnimmt, schriftliche Protokolle anzufertigen und diese dem AG zuzuleiten. Soweit Dritte Protokolle von solchen Besprechungen, Verhandlungen etc. anfertigen, hat der AN diese auf Richtigkeit und Vollständigkeit zu prüfen und ggf. Änderungen zu verlangen, zudem den AG schriftlich auf Fehler bzw. Bedenken hinzuweisen. Sonstige Unterlagen anderer AN, die der AN im Rahmen seiner Leistungspflicht zu prüfen hat, sind vom AN mit entsprechenden Prüfungs- und Freigabevermerken zu versehen; ggf. sind Prüfberichte anzufertigen.

Vom AN in Ausführung dieses Vertrags angefertigte Unterlagen (z. B. Pläne, Zeichnungen, Schreiben, auch soweit sie auf Datenträger gespeichert sind) hat dieser an den AG je nach Erfordernis und bei Vertragsende vollständig herauszugeben; sie werden Eigentum des AG. Ein Zurückbehaltungsrecht steht dem AN nicht zu.

5. Der AN erkennt ausdrücklich an, dass er im Rahmen der ihm übertragenen Leistungen auch verpflichtet ist, für eine umfassende und rasche Information aller Projekt- und Baubeteiligten untereinander zu sorgen und ein reibungsloses Zusammenwirken zu gewährleisten. Dies gilt unabhängig von den jeweiligen Informations- und Zusammenarbeitspflichten der übrigen Beteiligten aus deren jeweiligen Vertrag mit dem AG.

6. Im Rahmen der ihm übertragenen Leistungen, aber unabhängig von gleichen oder ähnlichen Leistungspflichten anderer AN, hat der AN bestmöglich, jedenfalls aber in geeigneter Weise

  ▷ Verbindung mit den für das Bauvorhaben zuständigen Genehmigungs-, Fach- und Aufsichtsbehörden sowie weiteren in Betracht kommenden öffentlich-rechtlichen Stellen aufzunehmen und zu halten;

  ▷ an Verhandlungen mit Behörden und anderen Stellen grundsätzlich mit dem AG teilzunehmen; hierzu hat er den AG über solche Verhandlungen rechtzeitig vorab und umfassend zu informieren. Nimmt der AG an solchen Verhandlungen nicht teil, benötigt der AN hierfür dessen vorherige schriftliche Zustimmung;

  ▷ den AG entsprechend seinen Verpflichtungen in Absatz 1 und 5 unverzüglich über seine Gespräche und Verhandlungen mit Dritten schriftlich zu informieren.

7. Für Genehmigungen, Erlaubnisse, Zustimmungen, Anzeigen etc., die der AN im Rahmen der ihm übertragenen Leistungen nicht zu erbringen hat, obliegt es dem AG bzw. einem von ihm beauftragten Dritten, die entsprechenden behördlichen Verfahren zu betreiben. Auf Wunsch des AG wird der AN in jeweils einvernehmlich festzulegender Weise diese Verfahren begleiten. Solche Tätigkeiten sind nicht vom Honorar gem. § 7 erfasst, das Honorar hierfür ist gesondert zu vereinbaren.

8. Der AN benennt für das gegenständliche Bauvorhaben und die ihm übertragenen Leistungen Herrn/Frau .... als verantwortlichen Leiter des AN und Ansprechpartner des AG (Fachleiter)[1]. Der AN wird einen Qualifikationsnachweis für Herrn/Frau .... unverzüglich nach Abschluss des Vertrags vorlegen[2].

   Herr/Frau .... obliegt es, sämtliche übertragenen Leistungen des AN intern und im Informationsaustausch mit dem AG zu koordinieren und durchzuführen sowie die Leistungserfüllung fachlich zu leiten bzw. zu überwachen. Herr/Frau .... nimmt grundsätzlich an allen Besprechungen mit dem AG, den übrigen Projekt- und Baubeteiligten und etwaigen Dritten teil, soweit solche Besprechungen den Aufgabenbereich des AN berühren. Herr/Frau .... ist insbesondere für die Erfüllung der Kommunikations-, Dokumentations- und Nachweispflichten gem. Absatz 1, 2, 4 und 6 verantwortlich.

   Herr/Frau .... kann nur auf Wunsch des AG oder mit dessen vorheriger schriftlicher Zustimmung abgelöst werden, wobei die Verweigerung der Zustimmung und der Wunsch der Ablösung eines wichtigen Grunds bedürfen. Die Benennung eines Nachfolgers bedarf der schriftlichen Zustimmung des AG. Ersetzt der AN Herrn/Frau .... (oder dessen/deren Nachfolger/in) ohne Zustimmung des AG durch einen Dritten oder überträgt er die Aufgaben auf eine oder mehrere Personen, ohne Herrn/Frau .... (oder Nachfolger/in) von der Position als Ansprechpartner und Fachleiter abzuberufen, ist der AG zur außerordentlichen Kündigung des Vertrags berechtigt.

9. Soweit dem AN hierzu nicht ausdrücklich schriftliche Vollmacht erteilt wird, ist er nicht berechtigt, finanzielle Verpflichtungen für den AG einzugehen. Dies gilt auch für die Änderungen und Ergänzungen von Verträgen sowie zur Vereinbarung von Preisen. Ausgenommen hiervon sind lediglich Fälle von Gefahr in Verzug, wenn eine Auftragserteilung an Dritte notwendig ist und eine Entscheidung des AG nicht oder nicht rechtzeitig erwirkt werden kann.

10. Der AN ist ebenso wie seine Erfüllungsgehilfen verpflichtet, keine Interessen der übrigen Baubeteiligten (Unternehmer, Planer, Lieferanten etc.) zu vertreten (Neutralitätspflicht). Ist der AN an solchen Projekt- bzw. Baubeteiligten mittelbar oder unmittelbar beteiligt, so hat er dies dem AG unverzüglich anzuzeigen; im Fall von Ausschreibungen, mit denen der AN befasst ist, gilt dies auch für solche Unternehmen, die sich an der Ausschreibung beteiligen.

---

1 Sofern der Projektsteuerungsvertrag mit einer Einzelperson/Einzelunternehmen geschlossen wird, kann es genügen, festzulegen, dass der AN seine Leistungen persönlich bzw. im eigenen Unternehmen zu erbringen hat und die Beauftragung von Subunternehmern/Fachleuten zur Erfüllung seiner Leistungen der vorherigen schriftlichen Zustimmung des AG bedarf.

2 Das Muster geht davon aus, dass der Fachleiter ein Arbeitnehmer des AN ist. Sollte es sich dabei um einen nur dienst- oder werkvertraglich gebundenen Dritten handeln, der im Übrigen in keinem Arbeitnehmerverhältnis zum AN steht, ist dies besonders zu berücksichtigen.

§ 5
Pflichten des Auftraggebers

1. Dem AG obliegt die Entscheidung

   z. B.[1]

   ▷ Vorgabe der Projektziele

   ▷ Auftragsvergabe und Vertragsabschlüsse

   ▷ Mittelbereitstellung

   Der AG ist Bauherr des Projekts im Rechtssinne und trägt die Bauherrnverantwortung sowie das Bauherrnrisiko.[2]

2. Unbeschadet der dem AN obliegenden Pflichten gem. § 4 Abs. 5 erbringt der AG die nachstehenden, zur Erfüllung der AN-Leistungen gem. § 3 notwendigen Leistungen, ggf. in seinem Auftrag durch andere fachlich Beteiligte oder Dritte:

   z. B.

   ▷ Pläne/Zeichnungen/Berechnungen

   ▷ Vorträge

   ▷ Genehmigungen

   Der AN wird den AG bei diesen Leistungen des AG unterstützen, soweit sich dies im Rahmen der ihm übertragenen Leistungen ergibt; zusätzlicher Aufwand ist gesondert zu vergüten.

3. Der AG verpflichtet sich, den AN über alle wesentlichen Vorgänge des Projekts zu unterrichten, die der AN zur Erfüllung der ihm übertragenen Leistungen benötigt. Stellt der AN fest, dass zur Erreichung der Projektziele (Qualitäten, Kosten, Termine) Entscheidungen des AG erforderlich sind, hat er diese unverzüglich und ggf. unter Angabe einer Erledigungsfrist anzufordern. Soweit zweckmäßig soll er den AG auch auf etwaige Folgen hinsichtlich der Projektziele hinweisen.

4. Es wird ausdrücklich klargestellt, dass die termingerechte Bereitstellung der Finanzierungsmittel Sache des AG ist.[3]

---

1 Hier ist, insbesondere bei Projektsteuerungsverträgen über alle Leistungsphasen eines Bauvorhabens, namentlich der Leistungsphasen 1–5, der grundsätzliche Kompetenzbereich des Bauherrn zu beschreiben – vgl. insoweit Rz. 18f. Die generelle Beschreibung der AG-Kompetenzen ist auch von grundlegender Bedeutung für die Haftungsverteilung bzw. den Haftungsmaßstab des Projektsteuerers.

2 Diese Festlegungen sind vor allem dann wichtig, wenn es sich um einen klassischen Projektsteuerungsvertrag handelt („Tätigkeiten aus der Linie"). Soll der AN auch die Projektleitung übernehmen („Tätigkeiten in der Linie") wird es sich im Außenverhältnis kaum vermeiden lassen, dass der Projektsteuerer mitunter als unmittelbarer Vertreter des Bauherrn mit Übernahme von originären Bauherraufgaben angesehen wird, denn als sein „bloßer" Auftragnehmer.

3 Hier sind ggf. ergänzende Regelungen einzufügen, falls der Projektsteuerer auch bei der Finanzierung eingeschaltet werden soll – z. B. für die Erstellung von Kreditunterlagen, Rechnungen und Kalkulationen für Zuschüsse, Subventionen etc. Mitunter kann es auch zweckmäßig sein, diese Tätigkeiten, die grundsätzlich außerhalb der klassischen Projektsteuerung anzusiedeln sind, gesondert zu vergüten. In jedem Fall sind diese Leistungen in das Leistungsbild gem. § 3 aufzunehmen.

§ 6
Termine und Fristen

1. Der AN hat seine Leistungen innerhalb der durch den Terminplan (Anlage 5) festgelegten Termine und Fristen so rechtzeitig zu erbringen, dass diese eingehalten werden. Dies gilt insbesondere auch in Hinblick auf seine Koordinierungspflichten gem. § 4 Abs. 5 und 6.

2. Zeichnen sich Terminüberschreitungen ab oder werden vereinbarte Termine überschritten, auch solche von weiteren Projekt- und Baubeteiligten, hat der AN den AG hiervon unverzüglich schriftlich zu unterrichten (§ 3 Abs. 4).

§ 7
Honorar[1]

1. Das Honorar des AN sowie die Fälligkeit des Honorars (Zahlungsplan) sind in Anlage 8 niedergelegt. Mit dem Honorar sind sämtliche Leistungen gem. § 3 einschließlich aller Nebenkosten, soweit nachstehend nichts anderes geregelt ist, abgegolten. Zusätzliche Vergütungen gem. § 4 Abs. 7 und § 5 Abs. 2 bleiben unberührt; diese sind gesondert zu vereinbaren.

Dem Zahlungsplan liegt ein Gesamthonorar zugrunde, das die Parteien auf der Grundlage eines zum Zeitpunkt des Vertragabschlusses geschätzten Gesamtbauvolumens von ... Mio. Euro ermittelt haben (Honorar = ... % des Gesamtbauvolumens). Das Gesamthonorar ist in der Weise anzupassen, wie sich das Gesamtbauvolumen zum Zeitpunkt der Abnahme der Leistungen des AN bzw. bei vorzeitiger Beendigung der Vertrags zum Zeitpunkt der Vertragsbeendigung bestimmt. Die Höhe des Gesamtbauvolumens ist unter entsprechender Anwendung des § 10 Abs. 2 HOAI i.V.m. der DIN 276 (Fassung April 1981) zu bestimmen; das Honorar des AN ist dabei nicht zu berücksichtigen.

2. Die Parteien sind sich darin einig, dass sich das Honorar auch erhöhen kann, soweit dies auf Leistungen beruht, deren zusätzliche Erbringung oder Änderung der AG nach Vorlage einer bestandskräftigen Baugenehmigung[2] verfügt hat (zusätzliche Leistung).

Honorar für solche zusätzlichen Leistungen kann der AN jedoch nur verlangen, wenn diese Leistungen einen nicht unwesentlichen Arbeits- und Zeitaufwand erfordern. Des Weiteren hat der AN vor Durchführung der zusätzlichen Leistung diese schriftlich dem AG zu benennen und das dafür geforderte Zusatzhonorar anzugeben. Ein Honoraranspruch für solche zusätzlichen Leistungen entsteht nur dann, wenn der AG eine schriftliche Honorarvereinbarung mit dem AN trifft. Lehnt der AG eine solche Vereinbarung ab, kann der AN die zusätzliche Leistung verweigern.

---

1 Zu den Möglichkeiten der Honorarvereinbarung vgl. Rz. 135 ff. Das Muster geht von einem Honorar aus, dessen Höhe sich als Prozentsatz vom anzurechnenden Kostenvolumen (§ 10 Abs. 2 HOAI/DIN 276) errechnet. Der Zahlungsplan sollte bei stufenweiser Beauftragung den etwaigen Gesamtauftrag und das Gesamthonorar aufweisen und je nach Auftragsstufe aufschlüsseln.
2 Falls Beauftragung nach Baugenehmigung: Vertragsabschluss.

Im Übrigen gilt, dass die Überarbeitung von Unterlagen, Berechnungen, Zeichnungen u. Ä. bei ansonsten im Wesentlichen unverändertem Bauvorhaben bzw. nur unwesentlich veränderten Anforderungen keinen Anspruch auf Zusatzhonorar begründet. Dies gilt auch für in ihrem Umfang unwesentliche Leistungen, die nicht ausdrücklich vereinbart sind, aber zur Durchführung des Projekts notwendig werden. Diese hat der AN auf Verlangen des AG auszuführen.

3. Hinsichtlich der in § 6 vereinbarten Fristen und Termine (Regelleistungsdauer) wird vereinbart, dass dem AN ein angemessenes Zusatzhonorar zusteht, das sich an seinem tatsächlichen Mehraufwand ausrichtet, wenn und soweit sich die Regelleistungsdauer aus Gründen verlängert, die keine der Vertragsparteien zu vertreten haben bzw. nur vom AG zu vertreten oder diesem zuzurechnen sind. Eine Überschreitung der Regelleistungsdauer um bis zu ... Monate berechtigt den AN nicht, ein Zusatzhonorar zu verlangen.[1]

4. Die im Zahlungsplan aufgeführten Teilzahlungen sind Abschlagszahlungen, die mit prüffähigen Abschlagsrechnungen frühestens zu den im Zahlungsplan angegebenen Zeitpunkten gestellt werden können. Die Abschlagszahlungen sind innerhalb von einer Woche nach Eingang beim AG fällig.

5. Die (Teil-)Schlussrechnung wird innerhalb von einem Monat fällig, nachdem die vereinbarten Leistungen gem. § 10 abgenommen sind oder als abgenommen gelten und eine prüffähige Rechnung beim AG eingegangen ist.

6. In dem vereinbarten Honorar ist die Umsatzsteuer nicht enthalten und wird zusätzlich in der jeweils geltenden gesetzlichen Höhe gezahlt; sie ist auf den Abschlagsrechnungen und der (Teil-)Schlussrechnung gesondert auszuweisen.

§ 8
Nebenkosten[2]

§ 9
Bonus/Malus-Regelung[3]

---

1 Bei größeren Bauvorhaben oder zeitlich ausgedehnten Leistungsphasen kann auch eine differenzierte Beurteilung nach Leistungsphasen vorgenommen werden; dies bedingt dann auch eine nähere Spezifizierung des für eine Leistungsphase geschuldeten Honorars gemäß Abs. 1.
2 Wird regelmäßig nur bei Besonderheiten des Bauvorhabens oder besonderen Aufwendungen bzw. Vorleistungen des Projektsteuerers erforderlich sein. Die üblichen Kosten für Post-/Telefon-/Kopier-/Fahrt- und Reisekosten sollten im Honorar bereits enthalten bzw. verrechnet sein.
3 Hier ist zunächst auf die Ausführungen Rz. 108, 137 zu verweisen. Eine pauschale oder allgemeingültige Bonus-/Malusregelung, etwa ausgerichtet an den anrechenbaren Kosten, verbietet sich bereits deshalb, weil die Erfolgsparameter bei jedem Bauvorhaben für Bauherr und Projektsteuerer unterschiedlich sind.

§ 10
Abnahme[1]

1. Sofern die Parteien nicht ausdrücklich eine Abnahme der Leistung des AN durchführen, gelten die Leistungen des AN jedenfalls dann als abgenommen, wenn er die ihm übertragenen Leistungen gem. § 3 vollendet hat und dem AG die (Teil-)Schlussrechnung zugegangen ist. Eine Abnahme liegt auch dann vor, wenn der AG die Schlussrechnung des AN vorbehaltlos bezahlt hat. Der AN hat die ihm übertragenen Leistungen auch dann vollendet, wenn sie zum Zeitpunkt des Zugangs der Schlussrechnung beim AG nur unwesentliche Mängel aufweisen.

2. Unbeschadet der Regelung in Absatz 1 kann der AN eine Abnahme seiner Leistungen vom AG verlangen, soweit er dieses Verlangen rechtzeitig und schriftlich dem AG ankündigt. Kommt der AG diesem Verlangen trotz Mahnung und Fristsetzung nicht nach, gelten die Leistungen des Projektsteuerers mit Ablauf der Frist als abgenommen.

Eine Abnahme von Teilleistungen[2] ist nur im beiderseitigen Einvernehmen der Vertragsparteien möglich.

§ 11
Gewährleistung, Haftung, Verjährung

1. Gewährleistungs- und Schadensersatzansprüche des AG richten sich nach den gesetzlichen Vorschriften des Werkvertragsrechts, soweit nachstehend nichts anderes vereinbart ist.

2. Haftet der AN wegen eines schuldhaften Verstoßes gegen die allgemein anerkannten Regeln der Baukunst oder Technik oder sonstiger Verletzung seiner Vertragspflichten, gleich aus welchem Rechtsgrund, so hat er dem AG bei Vorsatz und grober Fahrlässigkeit den Schaden in voller Höhe zu ersetzen. In allen anderen Fällen (leichte Fahrlässigkeit) beschränkt sich die Haftung der Höhe nach auf die in diesem Vertrag genannten Deckungssummen (§ 13). Dabei ist unerheblich, ob die Schäden versicherbar sind.

3. Auf Verlangen des AN hat der AG seine sämtlichen etwaigen Ansprüche gegen Dritte wegen eines solchen Schadens an den AN abzutreten, wenn und soweit der AN den AG schadlos stellt.

4. Die Ansprüche des AG aus diesem Vertrag verjähren in 5 Jahren. Die Verjährung beginnt mit der Abnahme der nach diesem Vertrag zu erbringenden Leistungen, spätestens mit Übergabe des Bauwerks an den Nutzer. Für Leistungen, die nach

---

1 Zur besonderen Bedeutung der Abnahme im Projektsteuerungsvertrag s.o. Rz. 69 ff. Das Muster geht von einer stufenweisen Beauftragung aus, so dass die Festlegung des Abnahmezeitpunkts verhältnismäßig einfach ist. Bei einer Gesamtbeauftragung für ein vollständiges Bauvorhaben, insbesondere aber bei Leistungen, die der Leistungsphase 9 der HOAI bzw. Projektstufe 5 des DVP-Vorschlags entsprechen, ist darauf zu achten, dass deren Erbringung nicht Voraussetzung für die Abnahme und Fälligkeit der bis dahin erbrachten Leistungen darstellt. Insoweit muss dem Projektsteuerer auch eine Teilschlussrechnung eingeräumt werden.
2 Ausgenommen Leistungsphase 9 (HOAI), Projektstufe 5 (DVP-Vorschlag).

Abnahme bzw. Übergabe noch zu erbringen sind, beginnt die Verjährung mit der Vollendung der letzten Leistung.

5. Die Parteien sind sich einig und stellen ausdrücklich klar, dass die in diesem Vertrag nebst Anlagen beschriebenen Leistungen und Leistungspflichten des AN keine Garantie im Sinne des § 639 i.V.m. § 633 BGB darstellen. Gleiches gilt auch für die vereinbarten Qualitäts-, Kosten- und Terminziele (Fristen) gem. § 3 Abs. 3.[1]

§ 12
Kündigung

1. Der AG kann den Vertrag gemäß § 649 BGB kündigen. Eine außerordentliche Kündigung ohne Einhaltung einer Frist ist zulässig, wenn

    ▷ das Projekt/Bauvorhaben nicht oder nicht weitergeführt wird, insbesondere eine Baugenehmigung nicht erteilt, widerrufen oder durch gerichtlichen Beschluss ausgesetzt wird,

    ▷ ein Insolvenzverfahren gegen den AN eingeleitet und nicht innerhalb von 2 Monaten wieder aufgehoben wird oder ein Insolvenzverfahren über das Vermögen des AN eröffnet bzw. die Eröffnung eines solchen Verfahrens mangels Masse abgelehnt wird,

    ▷ das Vertrauen des AG in den AN so nachhaltig erschüttert ist, dass eine weitere Zusammenarbeit unzumutbar wird, insbesondere wenn der AN vertragswidrig (§ 4 Abs. 8) den Fachleiter abzieht oder auswechselt,

    ▷ der AN die in § 13 vereinbarte Haftpflichtversicherung nicht oder nicht vollständig nachweist oder hierfür fällige Versicherungsbeträge nicht rechtzeitig zahlt.

    Die Kündigung ist in jedem Falle schriftlich zu erklären.

2. Der AN kann nur aus wichtigem Grund ohne Einhaltung einer Frist kündigen, namentlich wenn,

    ▷ ein Insolvenzverfahren gegen den AG eingeleitet und nicht innerhalb von 2 Monaten wieder aufgehoben wird oder ein Insolvenzverfahren über das Vermögen des AG eröffnet bzw. die Eröffnung eines solchen Verfahrens mangels Masse abgelehnt wird,

    ▷ das Vertrauen des AN in den AG so nachhaltig erschüttert ist, dass eine weitere Zusammenarbeit unzumutbar wird, insbesondere wenn der AG nachhaltig seinen Mitwirkungspflichten gemäß § 5 nicht nachkommt. Die Verweigerung von zusätzlichen Leistungen gemäß § 4 Abs. 7, § 5 Abs. 2, § 7 Abs. 2 durch den AG stellen allein keinen wichtigen Grund dar.

3. Wird der Vertrag aus einem Grund beendet oder gekündigt, den der AG zu vertreten hat, verbleibt dem AN der Anspruch auf das vereinbarte Honorar, jedoch abzüglich ersparter Aufwendungen, die die Parteien einvernehmlich pauschal auf

---

1 Dieser Absatz ist entsprechend anzupassen, wenn bestimmte Garantien, z. B. zu Terminen/Fristen, Bausummen, vereinbart werden.

... % des Honorars für die noch nicht erbrachten Leistungen festlegen.[1] Weitergehende Ansprüche des AN sind ausgeschlossen.

4. Wird der Vertrag aus einem Grund beendet oder gekündigt, den der AG nicht zu vertreten hat, so sind nur die bis dahin erbrachten und nachgewiesenen Leistungen sowie, falls vereinbart, hierbei entstandene Nebenkosten zu vergüten. Ein Schadensersatzanspruch des AG bleibt unberührt.

5. Bei vorzeitiger Beendigung des Vertrags wird das Honorar innerhalb von 4 Wochen nach Vorlage einer den Maßgaben des § 7 Abs. 5 genügenden Schlussrechnung fällig.

§ 13
Versicherung

1. Zur Sicherung etwaiger Ersatzansprüche aus diesem Vertrag hat der AN unverzüglich nach Abschluss dieses Vertrags eine auf das Projekt/Bauvorhaben bezogene Haftpflichtversicherung nachzuweisen. Die Versicherung hat auch Schäden wegen fehlerhafter Kosten- und Terminsteuerung sowie unmittelbarer und mittelbarer Drittschäden zu umfassen.

Die Deckungssummen müssen mindestens betragen:

▷ für Personenschäden .... Euro

▷ für Sach- und Vermögensschäden .... Euro

Der AN weist seinen Versicherer an, dem AG Mitteilung zu geben, wenn sich Veränderungen im vereinbarten Versicherungsschutz ergeben.

2. Der Nachweis der Haftpflichtversicherung ist durch Vorlage einer entsprechenden Bestätigung des Versicherers, der der Versicherungsaufsicht unterliegen muss, zu erbringen. Die Parteien sind sich darin einig, dass ein solcher Versicherungsnachweis die Voraussetzung für die Fälligkeit jeglicher Zahlungsansprüche des AN ist.

§ 14
Urheberrecht

1. Der AN überträgt dem AG an seinen sämtlichen Arbeitsergebnissen mit urheberrechtlichem Charakter das unbeschränkte Nutzungsrecht ohne zusätzliche Vergütung. Dies gilt auch in Bezug auf Änderungen und unabhängig davon, ob der Vertrag fortbesteht oder vorzeitig beendet wird. Der AG hat das Recht zur Veröffentlichung solcher Arbeitsergebnisse unter Namensangabe des AN. Der AN bedarf zur Veröffentlichung seiner Arbeitsergebnisse der vorherigen schriftlichen Zustimmung des AG. Diese Zustimmung kann nur dann verweigert werden, wenn berechtigte Interessen des AG entgegenstehen. Dies gilt auch dann, wenn das Vertragsverhältnis vorzeitig endet.

2. Sachliche Weisungen des AG oder von ihm beauftragter Dritter weist der AN nicht unter Berufung auf sein Urheberrecht oder das Urheberrecht Dritter zurück, so-

---

1 In Hinblick auf die gesetzlichen Vorgaben zu den Allgemeinen Geschäftsbedingungen ist darauf Wert zu legen, dass diese Klausel individuell ausgehandelt wird.

weit dies zulässig ist. Mit seinen etwaigen Nachunternehmern vereinbart der AN eine entsprechende Regelung und stellt den AG von allen urheberrechtlichen Ansprüchen solcher Nachunternehmer frei, soweit dies zulässig und vereinbar ist.

§ 15
Sonstiges[1]

1. Erfüllungsort für sämtliche Leistungen des AN, auch wenn sie dort nicht unmittelbar erbracht werden, ist .... [2]
2. Gerichtsstand ist .... [3]
3. Änderungen und Ergänzungen dieses Vertrags bedürfen der Schriftform. Dies gilt auch für Nebenabreden und die Änderung bzw. Aufhebung dieser Schriftformklausel.
4. Sollten einzelne Bestimmungen des Vertrags rechtsunwirksam sein, berührt dies die Rechtswirksamkeit der übrigen Bestimmungen nicht. Die Parteien verpflichten sich, die unwirksame Bestimmung durch eine gleichwertige, wirksame Regelung zu ersetzen, die wirtschaftlich und sachlich dem am nächsten kommt, was die Parteien nach Sinn und Zweck des Vertrags gewollt haben würden, sofern sie den Punkt bedacht hätten. Entsprechendes gilt auch für Vertragslücken.

....
(Ort, Datum, Unterschriften)

VIII. Anhang: §§ 204, 205 DVP-Vorschlag von August 1998

§ 204 Leistungsbild Projektsteuerung

(1) Das Leistungsbild der Projektsteuerung umfasst die Leistungen von Auftragnehmern, die Funktionen des Auftraggebers bei der Steuerung von Projekten mit mehreren Fachbereichen übernehmen. Die Grundleistungen sind in den in Abs. 2 aufgeführten Projektstufen 1 bis 5 zusammengefasst. Sie werden in der folgenden Tabelle für die Erbringung aller vier Handlungsbereiche

A – Organisation, Information, Koordination und Dokumentation,

B – Qualitäten und Quantitäten,

---

1 Bei den Vertragsverhandlungen sollte auch geklärt werden, ob der Bauherr möglicherweise eine Veräußerung oder Übertragung des Projekts/Bauvorhabens auf Dritte erwägt. Für diesen Fall müssen sich die Parteien über die Bedingungen einer Fortführung/Übertragung des Projektsteuerervertrags verständigen.
2 Z. B. Ort des Projekts/Bauvorhabens.
3 In praktisch allen Fällen, außer bei besonders einfachen oder kleinen Projekten/Bauvorhaben, ist dringend zu empfehlen, eine Schiedsgerichtsklausel vorzusehen und dem Schiedsgericht die Befugnis zur endgültigen Streitbeilegung zuzuweisen. Je nach Tätigkeitsschwerpunkt des Projektsteuerers bieten sich verschiedene Schiedsgerichtsordnungen (SGO Bau, SO Bau, DIS etc.) als geeignete Verfahrensordnungen an.

C – Kosten und

D – Termine

nach Projektstufen mit nachfolgenden Vom-Hundert-Sätzen der Honorare des § 206 bewertet.

Projektstufen	Bewertung der Grundleistungen in v. H. des Grundhonorars nach § 206 (1)
1 Projektvorbereitung (Projektentwicklung, strategische Planung, Grundlagenermittlung)	26
2 Planung (Vor-, Entwurfs- u. Genehmigungsplanung)	21
3 Ausführungsvorbereitung (Ausführungsplanung, Vorbereiten der Vergabe und Mitwirken bei der Vergabe)	19
4 Ausführung (Projektüberwachung)	26
5 Projektabschluss (Projektbetreuung, Dokumentation)	8
Summe	100

(2) Für das Leistungsbild sind folgende Hinweise zu beachten:

1. Das Aufstellen, Abstimmen und Fortschreiben i. S. des Leistungsbilds beinhaltet:

    ▷ die Vorgabe der Solldaten (Planen/Ermitteln),

    ▷ die Kontrolle (Überprüfen und Soll-/Ist-Vergleich) sowie

    ▷ die Steuerung (Abweichungsanalyse, Anpassen, Aktualisieren).

2. Mitwirken im Sinne des Leistungsbilds heißt stets, dass der beauftragte Projektsteuerer die genannten Teilleistungen in Zusammenarbeit mit den anderen Projektbeteiligten inhaltlich abschließend zusammenfasst und dem Auftraggeber zur Entscheidung vorlegt.

3. Sämtliche Ergebnisse der Projektsteuerungsleistungen erfordern vor Freigabe und Umsetzung die vorherige Abstimmung mit dem Auftraggeber.

Grundleistungen	Besondere Leistungen
1. Projektvorbereitung	
A Organisation, Information, Koordination und Dokumentation	
1 Entwickeln, Vorschlagen und Festlegen der Projektziele und der Projektorganisation durch ein projektspezifisch zu erstellendes Organisationshandbuch	1 Mitwirken bei der betriebswirtschaftlich-organisatorischen Beratung des Auftraggebers zur Bedarfsanalyse, Projektentwicklung und Grundlagenermittlung
2 Auswahl der zu Beteiligenden und Führen von Verhandlungen	2 Besondere Abstimmungen zwischen Projektbeteiligten zur Projektorganisation
3 Vorbereitung der Beauftragung der zu Beteiligenden	3 Unterstützen der Koordination innerhalb der Gremien des Auftraggebers
4 Laufende Information und Abstimmung mit dem Auftraggeber	4 Besondere Berichterstattung in Auftraggeber- oder sonstigen Gremien

Grundleistungen	Besondere Leistungen
5 Einholen der erforderlichen Zustimmungen des Auftraggebers	
B Qualitäten und Quantitäten	
1 Mitwirken bei der Erstellung der Grundlagen für das Gesamtprojekt hinsichtlich Bedarf nach Art und Umfang (Nutzerbedarfsprogramm, NBP)	1 Mitwirken bei Grundstücks- und Erschließungsangelegenheiten
2 Mitwirken beim Ermitteln des Raum-, Flächen- oder Anlagenbedarfs und der Anforderungen an Standard und Ausstattung durch das Bau- und Funktionsprogramm	2 Erarbeiten der erforderlichen Unterlagen, Abwickeln und/oder Prüfen von Ideen-, Programm- und Realisierungswettbewerben
	3 Erarbeiten von Leit- und Musterbeschreibungen, z. B. für Gutachten, Wettbewerbe etc.
3 Mitwirken beim Klären der Standortfragen, Beschaffen der standortrelevanten Unterlagen, der Grundstücksbeurteilung hinsichtlich Nutzung in privatrechtlicher und öffentlich-rechtlicher Hinsicht	4 Prüfen der Umwelterheblichkeit und der Umweltverträglichkeit
4 Herbeiführen der erforderlichen Entscheidungen des Auftraggebers	
C Kosten und Finanzierung	
1 Mitwirken beim Festlegen des Rahmens für Investitionen und Baunutzungskosten	1 Überprüfen von Wertermittlungen für bebaute und unbebaute Grundstücke
2 Mitwirken beim Ermitteln und Beantragen von Investitionsmitteln	2 Festlegen des Rahmens der Personal- und Sachkosten des Betriebs
3 Prüfen und Freigeben von Rechnungen zur Zahlung	3 Einrichten der Projektbuchhaltung für den Mittelzufluss und die Anlagenkonten
4 Einrichten der Projektbuchhaltung für den Mittelabfluss	
D Termine und Kapazitäten	
1 Entwickeln, Vorschlagen und Festlegen des Terminrahmens	
2 Aufstellen/Abstimmen der Generalablaufplanung und Ableiten des Kapazitätsrahmens	
2. Planung	
A Organisation, Information, Koordination und Dokumentation	
1 Fortschreiben des Organisationshandbuchs	1 Veranlassen besonderer Abstimmungsverfahren zur Sicherung der Projektziele
2 Dokumentation der wesentlichen projektbezogenen Plandaten in einem Projekthandbuch	2 Vertreten der Planungskonzeption gegenüber der Öffentlichkeit unter besonderen Anforderungen und Zielsetzung sowie bei mehr als 5 Erläuterungs- oder Erörterungsterminen
3 Mitwirken beim Durchsetzen von Vertragspflichten gegenüber den Beteiligten	
4 Mitwirken beim Vertreten der Planungskonzeption mit bis zu 5 Erläuterungs- und Erörterungsterminen	3 Unterstützen beim Bearbeiten von besonderen Planungsrechtsangelegenheiten
	4 Risikoanalyse

Grundleistungen	Besondere Leistungen
5 Mitwirken bei Genehmigungsverfahren 6 Laufende Information und Abstimmung mit dem Auftraggeber 7 Einholen der erforderlichen Zustimmungen des Auftraggebers	5 Besondere Berichterstattung in Auftraggeber- oder sonstigen Gremien
B Qualitäten und Quantitäten	
1 Überprüfen der Planungsergebnisse auf Konformität mit den vorgegebenen Projektzielen 2 Herbeiführen der erforderlichen Entscheidungen des Auftraggebers	1 Vorbereiten, Abwickeln oder Prüfen von Wettbewerben zur künstlerischen Ausgestaltung 2 Überprüfen der Planungsergebnisse durch besondere Wirtschaftlichkeitsuntersuchungen 3 Festlegen der Qualitätsstandards ohne/mit Mengen oder ohne/mit Kosten in einem Gebäude- und Raumbuch bzw. Pflichtenheft 4 Veranlassen oder Durchführen von Sonderkontrollen der Planung 5 Änderungsmanagement bei Einschaltung eines Generalplaners
C Kosten und Finanzierung	
1 Überprüfen der Kostenschätzungen und -berechnungen der Objekt- und Fachplaner sowie Veranlassen erforderlicher Anpassungsmaßnahmen 2 Zusammenstellen der voraussichtlichen Baunutzungskosten 3 Planung von Mittelbedarf und Mittelabfluss 4 Prüfen und Freigeben der Rechnung zur Zahlung 5 Fortschreiben der Projektbuchhaltung für den Mittelabfluss	1 Kostenermittlung und -steuerung unter besonderen Anforderungen (z. B. Baunutzungskosten) 2 Fortschreiben der Projektbuchhaltung für den Mittelzufluss und die Anlagekonten
D Termine und Kapazitäten	
1 Aufstellen und Abstimmen der Grob- und Detailablaufplanung für die Planung 2 Aufstellen und Abstimmen der Grobablaufplanung für die Ausführung 3 Ablaufsteuerung der Planung 4 Fortschreiben der General- und Grobablaufplanung für die Planung 5 Führen und Protokollieren von Ablaufbesprechungen der Planung sowie Vorschlagen und Abstimmen von erforderlichen Anpassungsmaßnahmen	1 Ablaufsteuerung unter besonderen Anforderungen und Zielsetzungen

Grundleistungen	Besondere Leistungen
3. Ausführungsvorbereitung **A Organisation, Information, Koordination, Dokumentation** 1 Fortschreiben des Organisationshandbuchs 2 Fortschreiben des Projekthandbuchs 3 Mitwirken beim Durchsetzen von Vertragspflichten gegenüber den Beteiligten 4 Laufende Information und Abstimmung mit dem Auftraggeber 5 Einholen der erforderlichen Zustimmungen des Auftraggebers	1 Veranlassen besonderer Abstimmungsverfahren zur Sicherung der Projektziele 2 Durchführung der Submission 3 Besondere Berichterstattung in Auftraggeber- oder sonstigen Gremien
B Qualitäten und Quantitäten 1 Überprüfen der Planungsergebnisse inkl. evtl. Planungsänderungen auf Konformität mit den vorgegebenen Projektzielen 2 Mitwirken beim Freigeben der Firmenliste für Ausschreibungen 3 Herbeiführen der erforderlichen Entscheidungen des Auftraggebers 4 Überprüfen der Verdingungsunterlagen für die Vergabeeinheiten und Anerkennen der Versandfertigkeit 5 Überprüfen der Angebotsauswertungen in technisch-wirtschaftlicher Hinsicht 6 Beurteilen der unmittelbaren Auswirkungen von Alternativangeboten auf Konformität mit den vorgegebenen Projektzielen 7 Mitwirken bei den Vergabeverhandlungen bis zur Unterschriftsreife	1 Überprüfen der Planungsergebnisse durch besondere Wirtschaftlichkeitsuntersuchungen 2 Fortschreiben des Gebäude- und Raumbuchs unter Einbeziehung der Ergebnisse der Ausführungsplanung 3 Veranlassen oder Durchführen von Sonderkontrollen der Ausführungsvorbereitung 4 Versand der Ausschreibungsunterlagen 5 Änderungsmanagement bei Einschaltung eines Generalplaners
C Kosten und Finanzierung 1 Vorgabe der Soll-Werte für Vergabeeinheiten auf der Basis der aktuellen Kostenberechnung 2 Überprüfen der vorliegenden Angebote in Hinblick auf die vorgegebenen Kostenziele und Beurteilung der Angemessenheit der Preise 3 Vorgabe der Deckungsbestätigung für Anträge 4 Überprüfen der Kostenanschläge der Objekt- und Fachplaner sowie Veranlassen der aktualisierten Baunutzungskosten 5 Zusammenstellen der aktualisierten Baunutzungskosten 6 Fortschreiben der Mittelbewirtschaftung 7 Prüfen und Freigeben der Rechnungen zur Zahlung	1 Kostenermittlung und -steuerung unter besonderen Anforderungen (z. B. Baunutzungskosten) 2 Fortschreiben der Projektbuchhaltung für den Mittelzufluss und die Anlagenkonten

Grundleistungen	Besondere Leistungen
8 Fortschreiben der Projektbuchhaltung für den Mittelabfluss	
D Termine und Kapazitäten	
1 Aufstellen und Abstimmen der Steuerungsablaufplanung 2 Fortschreiben der General- und Grobablaufplanung für Planung und Ausführung sowie der Steuerungsablaufplanung für die Planung 3 Vorgabe der Vertragstermine und -fristen für die besonderen Vertragsbedingungen der Ausführungs- und Lieferleistungen 4 Überprüfen der vorliegenden Angebote in Hinblick auf vorgegebene Terminziele 5 Führen und Protokollieren von Ablaufbesprechungen der Planung sowie Vorschlagen und Abstimmen von erforderlichen Anpassungsmaßnahmen	1 Ermitteln von Ablaufdaten zur Bieterbeurteilung (erforderlicher Personal-, Maschinen- und Geräteeinsatz nach Art, Umfang und zeitlicher Verteilung) 2 Ablaufsteuerung unter besonderen Anforderungen und Zielsetzungen
4. Ausführung **A Organisation, Information, Koordination, Dokumentation**	
1 Fortschreiben des Organisationshandbuchs 2 Fortschreiben des Projekthandbuchs 3 Mitwirken beim Durchsetzen von Vertragspflichten gegenüber den Beteiligten 4 Laufende Information und Abstimmung mit dem Auftraggeber 5 Einholen der erforderlichen Zustimmung des Auftraggebers	1 Veranlassen besonderer Abstimmungsverfahren zur Sicherung der Projektziele 2 Unterstützung des Auftraggebers bei Krisensituationen (z. B. bei außergewöhnlichen Ereignissen wie Naturkatastrophen, Ausscheiden von Beteiligten) 3 Unterstützung des Auftraggebers beim Einleiten von Beweissicherungsverfahren 4 Unterstützung des Auftraggebers beim Anwenden unberechtigter Drittforderungen 5 Besondere Berichterstattung in Auftraggeber- oder sonstigen Gremien
B Qualitäten und Quantitäten	
1 Prüfen von Ausführungsänderungen, ggf. Revision von Qualitätsstandards nach Art und Umfang 2 Mitwirken bei der Abnahme der Ausführungsleistungen 3 Herbeiführen der erforderlichen Entscheidungen des Auftraggebers	1 Mitwirken beim Herbeiführen besonderer Ausführungsentscheidungen des Auftraggebers 2 Veranlassen oder Durchführen von Sonderkontrollen bei der Ausführung, z. B. durch Einschalten von Sachverständigen und Prüfbehörden 3 Änderungsmanagement bei Einschaltung eines Generalunternehmers
C Kosten und Finanzierung	
1 Kostensteuerung zur Einhaltung der Kostenziele 2 Freigabe der Rechnungen zur Zahlung	1 Kontrolle der Rechnungsprüfung der Objektüberwachung 2 Kostensteuerung unter besonderen Anforderungen

Grundleistungen	Besondere Leistungen
3 Beurteilen der Nachtragsprüfung 4 Vorgabe von Deckungsbestätigungen für Nachträge 5 Fortschreiben der Mittelbewirtschaftung 6 Fortschreiben der Projektbuchhaltung für den Mittelabfluss	3 Fortschreiben der Projektbuchhaltung für den Mittelzufluss und die Anlagenkonten
D Termine und Kapazitäten 1 Überprüfen und Abstimmen der Zeitpläne des Objektplaners und der ausführenden Firmen mit den Steuerungsablaufplänen der Ausführung des Projektsteuerers 2 Ablaufsteuerung der Ausführung zur Einhaltung der Terminziele 3 Überprüfen der Ergebnisse der Baubesprechungen (Baustellen-Jours-fixes) anhand der Protokolle der Objektüberwachung, Vorschlagen und Abstimmen von Anpassungsmaßnahmen bei Gefährdung von Projektzielen	1 Ablaufsteuerung unter besonderen Anforderungen an Zielsetzung
5. Projektabschluss **A Organisation, Information, Koordination und Dokumentation** 1 Mitwirken bei der organisatorischen und administrativen Konzeption und bei der Durchführung der Übergabe/Übernahme bzw. Inbetriebnahme/Nutzung 2 Mitwirken beim systematischen Zusammenstellen und Archivieren der Bauakten inkl. Projekt- und Organisationshandbuch 3 Laufende Information und Abstimmung mit dem Auftraggeber 4 Einholen der erforderlichen Zustimmungen des Auftraggebers	1 Mitwirken beim Einweisen des Bedienungs- und Wartungspersonals für die betriebstechnischen Anlagen 2 Prüfen der Projektdokumentation der fachlich Beteiligten 3 Mitwirken bei der Überleitung des Bauwerks in die Bauunterhaltung 4 Mitwirken bei der betrieblichen und baufachlichen Beratung des Auftraggebers zur Übergabe/Übernahme bzw. Inbetriebnahme/Nutzung 5 Unterstützung des Auftraggebers bei Prüfen von Wartungs- und Energielieferungsverträgen 6 Mitwirken bei der Übergabe/Übernahme schlüsselfertiger Bauten 7 Organisatorisches und baufachliches Unterstützen bei Gerichtsverfahren 8 Baufachliches Unterstützen bei Sonderprüfungen 9 Besondere Berichterstattung beim Auftraggeber zum Projektabschluss

Grundleistungen	Besondere Leistungen
B Qualitäten und Quantitäten	
1 Veranlassen der erforderlichen behördlichen Abnahmen, Endkontrolle und/oder Funktionsprüfungen 2 Mitwirken bei der rechtsgeschäftlichen Abnahme der Planungsleistungen 3 Prüfung der Gewährleistungsverzeichnisse	1 Mitwirken bei der abschließenden Aktualisierung des Gebäude- und Raumbuchs zum Bestandsgebäude- und -raumbuch bzw. -pflichtenheft 2 Überwachen von Mängelbeseitigungsleistungen außerhalb der Gewährleistungsfristen
C Kosten und Finanzierung	
1 Überprüfen der Kostenfeststellungen der Objekt- und Fachplaner 2 Freigabe der Rechnungen und Zahlungen 3 Veranlassen der abschließenden Aktualisierung der Baunutzungskosten 4 Freigabe von Schlussabrechnungen sowie Mitwirken bei der Freigabe von Sicherheitsleistungen 5 Abschluss der Projektbuchhaltung für den Mittelfluss	1 Abschließende Aktualisierung der Baunutzungskosten 2 Abschluss der Projektbuchhaltung für den Mittelzufluss und die Anlagenkonten inkl. Verwendungsnachweis
D Termine und Kapazitäten	
1 Veranlassen der Ablaufplanung und -steuerung zur Übergabe und Inbetriebnahme	1 Ablaufplanung zur Übergabe/Übernahme und Inbetriebnahme/Nutzung

158 **§ 205 Leistungsbild Projektleitung**

(1) Sofern seitens des Auftraggebers auch die Projektleitung in Linienfunktion beauftragt wird, gehören dazu im Wesentlichen folgende Grundleistungen:

1. Rechtzeitiges Herbeiführen bzw. Treffen der erforderlichen Entscheidungen sowohl hinsichtlich Funktion, Standard und Gestaltung als auch hinsichtlich Qualität, Kosten und Termine.

2. Durchsetzen der erforderlichen Maßnahmen und Vollzug der Verträge unter Wahrung der Rechte und Pflichten des Auftraggebers.

3. Herbeiführen der erforderlichen Genehmigungen, Einwilligungen und Erlaubnisse in Hinblick auf die Genehmigungsreife.

4. Konfliktmanagement zur Orientierung der unterschiedlichen Interessen der Projektbeteiligten auf einheitliche Projektziele hinsichtlich Qualitäten, Kosten und Termine, u. a. in Hinblick auf

   ▷ die Pflicht der Projektbeteiligten zur fachlich-inhaltlichen Integration der verschiedenen Planungsleistungen und

   ▷ die Pflicht der Projektbeteiligten zur Untersuchung von alternativen Lösungsmöglichkeiten.

5. Leiten von Projektbesprechungen auf Geschäftsführungs-, Vorstandsebene zur Vorbereitung/Einleitung/Durchsetzen von Entscheidungen.

6. Führen aller Verhandlungen mit projektbezogener vertragsrechtlicher oder öffentlich-rechtlicher Bindungswirkung für den Auftraggeber.

7. Wahrnehmen der zentralen Projektanlaufstelle; Sorge für die Abarbeitung des Entscheidungs-/Maßnahmekatalogs.

8. Wahrnehmen von projektbezogenen Repräsentationspflichten gegenüber dem Nutzer, dem Finanzierer, den Trägern öffentlicher Belange und der Öffentlichkeit.

(2) Für den Nachweis der übertragenen Projektleitungskompetenzen ist dem Auftragnehmer vom Auftraggeber eine entsprechende schriftliche Handlungsvollmacht auszustellen.

Teil 15
Nebenpflichten der Bauvertragsparteien bei Planung und Ausführung

	Rz.
I. Vorbereitung der Bauausführung	1
1. Allgemeine Bemerkungen zu den gesetzlichen Regelungen in BGB und VOB/B	1
2. Überblick über die Pflichten in der Vorbereitungsphase	9
3. Planungsunterlagen und Vorbereitung der Baustelle	18
a) Ausführungsunterlagen des Auftraggebers	19
aa) Begriff	20
bb) Bereitstellungspflicht	24
cc) Rechtsfolgen bei Pflichtverletzungen	28
b) Unterlagen des Auftragnehmers	35
c) Vorbereitung der Baustelle	42
aa) Umfang der Pflichten des Auftraggebers aus § 3 Nr. 2 VOB/B	43
bb) Weitere Mitwirkungspflichten des Auftraggebers nach § 4 Nr. 4 VOB/B	53
4. Prüfungs- und Hinweispflichten des Auftragnehmers	62
a) Maßgeblichkeit überlassener Unterlagen	62
b) Prüfungs- und Hinweispflichten	66
5. Gemeinsame Pflichten der Vertragsparteien	80
6. Urheberrechte	88
7. Veränderungen durch die VOB 2002	91
8. AGB-Klauseln in Zusammenhang mit der Vorbereitung der Bauausführung	92
II. Ausführung der Bauleistung	99
1. Allgemeines zu Pflichten und Rechtsfolgen	99
2. Rechte und Pflichten des Auftraggebers während der Bauausführung	110
a) Koordinierungs- und Beschaffungspflicht nach § 4 Nr. 1 Abs. 1 VOB/B	111
aa) Umfang	111
bb) Architekt als Erfüllungsgehilfe	117
cc) Rechtsfolgen bei Verletzung der Mitwirkungspflichten des Auftraggebers	121
b) Überwachungs- und Anordnungsrechte	125
aa) Überwachungs- und Anordnungsrecht gemäß § 4 Nr. 1 Abs. 2 VOB/B	125
bb) Anordnungsrecht gemäß § 4 Nr. 1 Abs. 3 VOB/B	129
3. Pflichten des Auftragnehmers im Rahmen der Bauausführung	141
a) Eigenverantwortung und Einhaltung der Regeln der Technik gemäß § 4 Nr. 2 VOB/B	142
b) Prüfungs- und Anzeigepflicht gemäß § 4 Nr. 3 VOB/B	156
c) Schutzpflichten gemäß § 4 Nr. 5 VOB/B	178
d) Beseitigung vertragswidriger Stoffe und Bauteile gemäß § 4 Nr. 6 VOB/B	184
4. Anspruch des Auftraggebers auf Beseitigung mangelhafter Leistungen vor Abnahme gemäß § 4 Nr. 7 VOB/B	187
a) § 4 Nr. 7 Satz 1 VOB/B	197
b) § 4 Nr. 7 Satz 2 VOB/B	221
c) § 4 Nr. 7 Satz 3 VOB/B	225
5. Eigenausführung des Auftragnehmers gemäß § 4 Nr. 8 VOB/B	255
6. Schatzfund, § 4 Nr. 9 VOB/B	261
7. Technische Teilabnahme, § 4 Nr. 10 VOB/B	264
III. Bauvertragsklauseln zur Ausführung der Bauleistung	269

I. Vorbereitung der Bauausführung

1. Allgemeine Bemerkungen zu den gesetzlichen Regelungen in BGB und VOB/B

1 Die Planung eines Bauvorhabens ist und muss immer die **Vorstufe** zur Realisierung des Bauwerks sein. Zugleich ist festzustellen, dass dies immer Aufgabe des Auftraggebers sein muss, gleich, ob er sie nun selbst „ersinnt" oder durch Dritte Personen durchführen lässt.

2 Die Bauvorbereitung und die Bauausführung ist im Bürgerlichen Gesetzbuch (BGB) nur unzureichend geregelt worden. Sieht man von den §§ 642, 643, 645 BGB ab, die sich mit den Mitwirkungspflichten und Obliegenheiten des Bestellers (Bauherrn) und den Rechten und Ansprüchen des Unternehmers befassen, so ist ernüchternd festzustellen, dass auch die Bauausführung, also die eigentliche Situation des „Bauens" und die Herstellung der vertraglich vereinbarten Werkleistung **im BGB-Bereich nur ausschnittweise** geregelt wurde.

Die **VOB Teil B** enthält in den Vorschriften der §§ 3 und 4 **detailliertere Regelungen** zur Planung und Ausführung. Die §§ 3 und 4 VOB/B regeln grundsätzlich die Pflichten beider Parteien innerhalb des bestehenden Vertrags. Dabei handelt es sich nicht um die Hauptpflichten der Vertragsparteien, sondern um **vertragliche Nebenpflichten.**[1] Denn es geht hier nicht um die dem Hauptpflichtenbereich zuzuordnende mangelfreie und rechtzeitige Herstellungsverpflichtung des Auftragnehmers einerseits und die Zahlungsverpflichtung sowie Abnahmeverpflichtung des Auftraggebers andererseits, sondern um die Phase der Bauausführung mit seinen wesentlichen Nebenpflichten der Vertragsparteien.

4 Hierzu zählen dann auch die „**Koordinierungspflichten**" der Baubeteiligten. Der BGH hat diese zuletzt noch § 1 Nr. 3 und 4 VOB/B zugeordnet. Besser wäre diese Selbstverständlichkeit am Bau unter §§ 3 und 4 VOB/B einzuordnen gewesen.[2] Schließlich geht es hier um den „fundamentalen Treuepflicht-Grundsatz"[3] mit dem Ziel einer reibungslosen Bauausführung. Dabei ist immer das Zusammenwirken der Baubeteiligten zu gewährleisten, als da sind: der Architekt, der Statiker, der Unternehmer und dessen Nachunternehmer, aber auch die Projektbetreuer, Generalunternehmer, Bauträger, Vermessungsingenieure, Lieferanten, usw.

5 Eine **Einwirkungsmöglichkeit des Auftraggebers** bietet die Leistungsplanung. Hierunter sind die Planungen des Bauablaufs, die Bauablaufsteuerung und Bauablaufkoordination (Netzplan, Bauzeitenplan) zu verstehen. Wichtig sind auch genaue vertragliche Regelungen, die dem jeweiligen Vertragspartner genau die Verpflichtung seiner oder der Handlungspflicht des Bauherrn darstellen.

6 Insoweit hat sich bei Verträgen mit Generalunternehmern oder Hauptunternehmern nachfolgender **Anhang zum Vertrag** bewährt:

---

[1] Siehe hierzu auch: Beck'scher VOB-Komm.-*Hofmann*, vor § 3, Rz. 2; Ingenstau/Korbion/*Döring*, § 3, Rz. 2, 33, 39; BGH, NJW 1972, 99.
[2] BGH, BauR 2000, 409; kritisch auch: *Grieger*, BauR 2000, 969.
[3] So zu Recht die Begrifflichkeit von Beck'scher VOB-Komm.-*Hofmann*, vor § 3, Rz. 3.

Zur Festlegung von Leistungspflichten im Generalübernehmer- und Projektsteuerungsvertrag siehe Teile 13 und 14.

lfd. Nr.	Leistungsart (Beschreibung)	Auftraggeber	Auftragnehmer
1	Baugenehmigung	x	
2	Wasseranschlüsse	x	
3	Toilettenhäuschen		x
…	…	…	…

Ferner muss von allen Seiten infolge des langfristigen vertraglichen Gebundenseins besonderer Wert auf die **kommunikative Zusammenarbeit** gelegt werden. Wichtig sind daher für alle am Bauvorhaben Beteiligten die gemeinsamen Besprechungen. Die VOB/B hat auch hierfür in § 4 Nr. 1 Abs. 1 die Verpflichtung des Bauherrn geschaffen, das Zusammenwirken der Baubeteiligten zu regeln. Damit ergibt sich eine Verpflichtung des Bauherrn, die Koordination des Bauvorhabens zu sichern.

7

§ 3 Nr. 1 und Nr. 3 Satz 2 VOB/B zeigen weiterhin eine enge Verzahnung zwischen Planungsbereich und Ausführungsbereich mit damit einhergehenden Ersatzansprüchen infolge von **Nebenpflichtverletzungen**.

8

2. Überblick über die Pflichten in der Vorbereitungsphase

§ 3 Nr. 1 VOB/B besagt:

9

„Die für die Ausführung nötigen Unterlagen sind dem Auftragnehmer unentgeltlich und rechtzeitig zu übergeben."

Hierzu zählen im Wesentlichen die **Ausführungsunterlagen** selbst, Berechnungen und Genehmigungen im weiteren Sinne. Dazu zählt auch, dass der Auftraggeber gegenüber dem Auftragnehmer verpflichtet ist, die **notwendigen Entscheidungen** zu treffen, die für den reibungslosen Ablauf und die reibungslose Ausführung des Bauwerks unentbehrlich sind.[1]

Notwendige Unterlagen sind im Sinne des § 3 Nr. 1 VOB/B unter anderem die Anleitungen zum sachgerechten Einsatz von Arbeit und Material, Pläne und Zeichnungen, Statiken und Berechnungen. Dabei ist zu beachten, dass diese Unterlagen ihrerseits zur vertragsgemäßen und mangelfreien Erstellung der Leistung erforderlich sind und damit auch einwandfrei sein müssen, um das so genannte „**Bausoll**" auch abnahmereif zu erreichen.[2]

10

Hinweis:
Dabei ist darauf zu achten, dass die Unterlagen so rechtzeitig zur Verfügung stehen, dass dem Unternehmer in der verbleibenden Zeit zwischen Aushändigung

---

1 BGH, NJW 1972, 447.
2 Ingenstau/Korbion/*Döring*, VOB, B, § 3 Nr. 1 Rz. 2 ff.; *Hofmann*, Beck'scher VOB-Kommentar, Teil B, Rz. 11 ff.

der Unterlagen und Beginn der Ausführung noch genügend Zeit verbleibt, die Bauausführung vorzubereiten, § 3 Nr. 5 i. V.m § 2 Nr. 9 VOB/B.

11 Weiterhin zählen zu den Unterlagen auch die **öffentlich-rechtlichen Genehmigungen** und Erlaubnisse. Dies ergibt sich aus § 3 Nr. 1 und Nr. 5 VOB/B. Wichtig ist in diesem Zusammenhang, dass § 4 Nr. 1 Abs. 1 Satz 2 VOB/B eindeutig vorsieht, dass der Bauherr – grundsätzlich im VOB-Vertragsbereich – die erforderlichen öffentlich-rechtlichen Genehmigungen und Erlaubnisse, auch die nach dem (öffentlichen) Baurecht, dem Straßenverkehrsrecht, dem Wasserrecht und dem Gewerberecht beizubringen hat.[1]

12 Die VOB Teil B sieht allerdings zu Recht **Verwertungs- und Benutzungsrechte** vor bzw. berücksichtigt diese. So gelten gemäß § 3 Nr. 6 VOB/B Benutzungsbeschränkungen. Müssen die Unterlagen veröffentlicht, vervielfältigt, geändert oder für einen anderen als den vereinbarten Zweck benutzt werden, so ist zwingend zuvor die Erlaubnis/Genehmigung des Urhebers gemäß § 3 Nr. 6 Abs. 1 VOB/B einzuholen, siehe hierzu auch unter 6. (Rz. 88). Dabei kann die Erlaubnis auch über einen weiteren Beteiligten oder Dritten einzuholen sein; insbesondere wenn ein Dritter als Vertragsfremder in den Schutzbereich des Vertrags mit einzubeziehen war und bei Verletzung seiner Rechte (Urheber) dieser eigene Ansprüche aus der Verletzung von Pflichten geltend machen könnte.[2] Dies gilt insbesondere für Architekten, die Urheberrechte an zu errichtenden oder bereits errichteten Gebäuden/Ausgestaltungen geltend machen könnten.

13 **Die wesentlichen Punkte** zur Vorbereitung eines Bauvorhabens können wie folgt zusammengefasst werden:

A. Planung der Bauausführung

1. Ausführungsunterlagen

   ▷ Anleitung zum Einsatz von Arbeit und Material

   ▷ Pläne

   ▷ Zeichnungen

   ▷ Statische und andere Berechnungen

2. Rechtzeitige Zurverfügungstellung

   ▷ Abrufpflicht des Auftragnehmers

   ▷ Vorlegungsfrist für Auftraggeber

3. Entscheidungen für reibungslosen Bauablauf

   ▷ Baustelleneinrichtungsplan

4. Genehmigungen

   ▷ Baugenehmigungen

---

1 Ingenstau/Korbion/*Oppler*, VOB, B, § 4, Rz. 17 ff.
2 Ingenstau/Korbion/*Döring*, VOB, § 3 Rz. 12 ff., 17; BGH, BauR 1985, 571.

Vorbereitung der Bauausführung   Rz. 15 **Teil 15**

▷ Straßenrechtliche Sondernutzungserlaubnis (Container, Baubuden)
▷ Nachbarrechtliches Einverständnis

B. Vorbereitung der Baustelle

1. Vorbereitung des Baugrundstücks und Baustellenabschnitts
2. Abstecken der Hauptachsen der baulichen Anlage sowie des Grundstücks
3. Bestimmung der Lage des Bauwerks auf dem Gelände
4. Schaffung der Zuwege zum Baugelände
5. Bereitstellung vorhandener Zufahrtswege und Anschlussgleise
6. Sicherung der Energieversorgung
7. Sicherung der Wasserversorgung und Abwasserversorgung
8. Festlegung der Höhenfestpunkte in unmittelbarer Nähe des Baugrundstücks
9. Bereitstellung der Lager- und Arbeitsplätze auf der Baustelle und Mitteilung an die Auftragnehmer

Grundsätzlich gilt für die **Ausführungspflichten** des Auftraggebers und des Auftragnehmers in der Planungs- und Vorbereitungsphase Folgendes: 14

(1) Für den Auftraggeber:

▷ § 3 Nr. 1, 2 VOB/B: Ausführungsunterlagen übergeben, Hauptachsen abstecken, Höhenfestpunkte schaffen
▷ § 4 Nr. 1 Satz 2 VOB/B: Herbeiführung öffentlich-rechtlicher Genehmigungen
▷ § 4 Nr. 4 VOB/B: Überlassung vorhandener Infrastruktur
▷ § 3 Nr. 4 VOB/B: gemeinsame Feststellung des Zustands der Straßen und Geländeoberfläche usw.

(2) Für den Auftragnehmer:

▷ § 3 Nr. 3 VOB/B: Unterlagen überprüfen und den Auftraggeber auf Mängel hinweisen
▷ § 3 Nr. 4 VOB/B: gemeinsame Feststellung des Zustands der Straßen und Geländeoberfläche

Bei **Missachtung** der Pflichten kommen folgende Ansprüche in Betracht: 15

(1) Nebenpflichten des Auftraggebers

▷ Erfüllung nicht isoliert einklagbar
▷ Annahmeverzug gemäß §§ 293 ff. BGB
▷ Kündigung und Abrechnung bisheriger Leistungen, §§ 9 Nr. 1 Buchst. a, 3 VOB/B, § 642 BGB

▷ § 6 Nr. 2, 6 VOB/B Verlängerung der Ausführungsfristen oder Schadensersatz bei Verschulden des Auftraggebers

(2) Nebenpflichten des Auftragnehmers

▷ Schadensersatz aus pVV; bei schuldhafter Verzögerung § 5 Nr. 4 VOB/B i. V. m. § 6 Nr. 6 VOB/B

16 Im Rahmen der **Ausführung der Bauleistungen** sind folgende Pflichten zu beachten (siehe hierzu auch unten II, Rz. 99 ff.):

(1) Für den Auftraggeber:

▷ § 4 Nr. 1 Abs. 1 VOB/B: Koordinationspflicht

▷ § 4 Nr. 1 Abs. 2 und 3 VOB/B: Überwachungs- und Anordnungsrecht

(2) Für den Auftragnehmer:

▷ § 4 Nr. 3 VOB/B: Bedenkenhinweispflicht

▷ § 4 Nr. 8 Abs. 1 VOB/B: eigenverantwortliche und vertragsgemäße Leistung im eigenen Betrieb

▷ § 4 Nr. 5 VOB/B: Erhaltungspflichten gegen Diebstahl, Beschädigungen sowie Winterschäden und Grundwasser

17 Bei **Missachtung** dieser Pflichten kommen folgende Ansprüche in Betracht:

(1) Auftraggeberpflichten:

▷ wie bei Nebenpflichten Auftraggeber

(2) Auftragnehmerpflichten:

▷ Verstoß gegen Bedenkenhinweispflicht: Einrede gemäß § 13 Nr. 3 VOB/B entfällt, im Übrigen pVV wegen Schäden, die nicht Werkmängel sind

▷ Verstoß gegen § 4 Nr. 5 VOB/B oder § 4 Nr. 8 VOB/B: Schadensersatz aus pVV bei Verschulden des Auftragnehmers

3. Planungsunterlagen und Vorbereitung der Baustelle

18 Nach diesen einleitenden Darstellungen können nun die einzelnen Regelungen unter Berücksichtigung der Besonderheiten und Unterschiede zwischen dem BGB-Vertrag und dem VOB/B-Vertragswerk dargestellt werden.

a) Ausführungsunterlagen des Auftraggebers

19 Im Gegensatz zum BGB-Werkvertragsrecht stellt die VOB/B den Vertragsparteien mit **§ 3 VOB/B** eine **detaillierte Regelung** zu Ausführungsunterlagen, den erforderlichen Feststellungen vor Baubeginn und zum Bauablauf zur Verfügung. Die in § 3 VOB/B enthaltenen Grundsätze **gelten** über §§ 642, 645 Abs. 1 BGB hinaus **auch für den BGB-Bauvertrag**.[1] Bei der Erfüllung seiner Pflichten aus § 3 VOB/B

---

1 BGH, BauR 1970, 57; BGH, NJW 1972, 447.

wird sich der Auftraggeber in der Regel der Mithilfe von so genannten Sonderfachleuten, wie Architekt, Statiker, Vermessungsingenieur, Bodengutachter usw. bedienen. Für Fehler und Versäumnisse dieser Hilfspersonen hat der Auftraggeber **in der Regel** nach § 278 BGB einzustehen.[1]

aa) Begriff

In § 3 Nr. 1 VOB/B ist geregelt, dass der Auftraggeber dem Auftragnehmer die für die Ausführung der Werkleistungen nötigen Unterlagen **unentgeltlich und rechtzeitig** zu übergeben hat. Weiterhin ist der Auftraggeber verpflichtet, die nötigen Entscheidungen zu treffen, die für die reibungslose Durchführung des Bauvorhabens unentbehrlich sind.[2]

Die „**notwendigen Ausführungsunterlagen**" sind alle Hilfsmittel, die der Auftragnehmer benötigt, um die Bauleistung vertragsgemäß und mangelfrei zu erstellen. Dazu zählen zunächst nicht die Pläne oder Unterlagen zum Grundstück, wie Grundbuchauszug oder öffentlich-rechtliche Erlaubnisse, da sie unmittelbar mit der Bauerrichtung nichts zu tun haben. Der Begriff Ausführungsunterlagen ist sehr weit zu fassen. Es zählen dazu:

▷ Zeichnerische Darstellung des Objekts mit Ansichten, Schnitten, Maßen, komplette Ausführungsplanung im Maßstab 1:50 (nicht: Maßstab 1:100)

▷ Baugenehmigung

▷ Geprüfte Statik

Jedoch darf diese Aufstellung nicht damit verwechselt werden, was Vertragsgrundlage oder **vertragliche Vereinbarung** zwischen Auftraggeber und Auftragnehmer ist. Hier kann gerade vereinbart werden, dass notwendige Voraussetzung zur Vertragsdurchführung eben doch die Beibringung der öffentlich-rechtlichen Erlaubnisse, der Grunduntersuchungen, der Bodengutachten, der Unterlagen zum Grundstück und der Zustimmungen des Nachbarn zu einer bestimmten Bauerrichtung sein können.

Hinweis:
Es ist schon an dieser Stelle darauf hinzuweisen, dass vorrangig vor allen anderen Auslegungen immer die vertragliche Vereinbarung ist. Es ist immer zuerst zu fragen, was eigentlich nach dem wohlverstandenen Willen der Parteien denknotwendig zur Leistungserbringung eigentlich erforderlich ist. Dazu sind alle Äußerungen, Schriftstücke und auch Pläne beizuziehen (am Besten in dieser Reihenfolge!).

bb) Bereitstellungspflicht

Was rechtzeitig ist, hängt stets von den Umständen des Einzelfalls ab. Generell gilt, dass die Unterlagen so frühzeitig vorzulegen sind, dass dem Auftragnehmer eine **ausreichende Vorbereitungszeit** bis zur Ausführung bleibt. Es darf damit kei-

---
1 So BGH, NJW 1972, 901.
2 BGH, NJW 1972, 447.

ne Behinderung des Auftragnehmers verbunden sein. Daher sollten die Parteien in einem Vertrag auch diesen Punkt dringend regeln.

25 Jedoch ist auf den **Ausnahmefall** des § 3 Nr. 5 VOB/B hinzuweisen: § 3 Nr. 5 VOB/B beschäftigt sich mit dem Fall, dass ausnahmsweise Zeichnungen und sonstige Unterlagen für die Durchführung der Baumaßnahme nicht vom Auftraggeber, sondern vom Auftragnehmer vorzulegen sind. Hauptanwendungsbereich von § 3 Nr. 5 VOB/B sind die **Nebenleistungen**, die in den **ATV** (Allgemeine Technische Vertragsbedingungen für Bauleistungen) über DIN 18 299 jeweils in Nr. 4.1 der einzelnen DIN-Vorschriften aufgeführt sind. Dabei gewinnt dann auch die Nr. 5 der jeweiligen DIN-Vorschrift Bedeutung. Danach soll die Leistung aus den vorhandenen Zeichnungen primär ermittelt werden; erst wenn Zeichnung und Leistung offenbar nicht übereinstimmen, soll die Leistung als maßgeblich für die Abrechnung (DIN 18 299 Nr. 5 und folgende DIN-Vorschriften) gelten.

26 Darüber hinaus verweist § 3 Nr. 5 VOB/B auf § 2 Nr. 9 VOB/B. Grundlage des **Forderungsrechts** des Auftraggebers bezüglich Unterlagen, Plänen, Berechnungen, Zeichnungen ist grundsätzlich der Vertrag. Sinnvollerweise sollten die Parteien in den Allgemeinen oder Besonderen Technischen Vertragsbedingungen oder – nicht so sinnvoll – in den Allgemeinen oder Besonderen Vertragsbedingungen die einzelnen Unterlagen **genaustens regeln**, damit keine Verwirrung bei der Vertragsabwicklung aufkommt. Der Auftraggeber kann daher nur dann „Verlangen" im Sinne des § 3 Nr. 5 VOB/B, wenn die Gestellung durch den Auftragnehmer auch vereinbart war.[1]

27 Vielfach stellt sich aber die Frage, was eine **Verkehrssitte** ist, die § 3 Nr. 5 VOB/B hier alternativ bemerkt. Die Verkehrssitte gibt dem Auftraggeber zunächst in keiner Weise das Recht grundsätzlich die Unterlagen immer vom Auftragnehmer zu fordern. Es handelt sich um eine „gewerbliche" Pflicht. Dazu zählen die im „Bauverkehr" üblichen Handlungsweisen, nämlich die allgemein üblichen Pflichten des Auftragnehmers. So zählt dazu beispielsweise die Überprüfung der Herstelleranweisungen, Herstellerrichtlinien, Einbaupläne der Hersteller (z. B. Elektroverkabelungen, Aufhängungsanweisungen, Bohrungslehren usw.), soweit sie für die Beurteilung zur Leistungsbeschreibung und Leistungsabforderung durch den Auftraggeber überhaupt erforderlich sind.[2]

cc) Rechtsfolgen bei Pflichtverletzungen

28 Die rechtliche Einordnung der Mitwirkungspflichten des Auftraggebers ist nicht unbedingt einfach darzustellen. Grundsätzlich ergeben sich die Pflichten aus §§ 3 und 4 VOB/B als Gläubigerobliegenheiten aus § 642 BGB i. V. m. §§ 293 ff. BGB[3], wobei hier das Verschulden nicht etwa Annahmeverzug voraussetzt.[4] Sie gehören damit aber wiederum zu den Vertragspflichten, da sie Verbindlichkeiten aus dem Vertragsverhältnis darstellen. Notwendige Voraussetzung ist, dass diese vom Ver-

---
1 Ingenstau/Korbion/*Döring*, B, § 13 Nr. 5, Rz. 54 ff.
2 So auch zu verstehen: Ingenstau/Korbion/*Döring*, B, § 3 Nr. 5 Rz. 3 ff.; Beck'scher VOB-Komm.-*Hofmann*, § 3 Nr. Rz. 8 ff.
3 So auch Beck'scher VOB-Komm.-*Hofmann*, vor § 3, Rz. 31 ff.
4 *Kleine-Möller/Merl/Oelmaier*, § 10 Rz. 467 ff., § 13 Rz. 252 ff.

tragspartner auch zur Erfüllung der Vertragsverbindlichkeiten verlangt werden können.¹ Allerdings stehen sie nicht innerhalb eines synallagmatischen Gegenseitigkeitsverhältnisses.² Damit wird auch hier die Meinung vertreten, dass es sich bei den in §§ 642, 643, 645 BGB sowie in §§ 3, 4 VOB/B bezeichneten Pflichten um **Nebenleistungspflichten** handelt. Diese können dann durch Einbeziehung in den Vertrag als Hauptleistungspflichten ausgestaltet werden, was der **besonderen Hervorhebung** im Vertrag bedarf.

Bei den Mitwirkungspflichten des Auftraggebers nach § 3 Nr. 1 und Nr. 2 VOB/B handelt es sich mithin grundsätzlich um bauvertragliche Nebenpflichten. Diese sind **nicht selbständig einklagbar**. 29

Übergibt der Auftraggeber dem Auftragnehmer die Ausführungsunterlagen nicht rechtzeitig oder verzögert er eine sonstige Mitwirkungshandlung, so kann der Auftragnehmer Ansprüche auf **Verlängerung der Ausführungsfristen** und Ersatz des ihm dadurch entstehenden Schadens geltend machen (§ 6 Nr. 2, Nr. 6 VOB/B). 30

Beispiel:
Dies kann beispielsweise bei einer noch nicht angeordneten Vermessung der Fall sein oder beim noch nicht eingeholten Bodengutachten.

Ferner steht dem Auftragnehmer die Möglichkeit offen, den Bauvertrag wegen Verletzung einer Mitwirkungspflicht des Auftraggebers nach § 9 Nr. 1 Buchst. a VOB/B zu kündigen. Eine solche **Kündigung** ist in § 9 Nr. 2 und Nr. 3 VOB/B geregelt. Da nach § 9 Nr. 3 Satz 2, 2. Halbsatz VOB/B weitergehende Ansprüche unberührt bleiben, kann der Auftragnehmer für den Fall, dass durch ein schuldhaftes Unterlassen einer Mitwirkungspflicht des Auftraggebers die Leistung dauerhaft unmöglich wird nach § 324 Abs. 1, jetzt § 326 Abs. 2, BGB den **vereinbarten Werklohn** abzüglich der ersparten Aufwendungen und des böswillig unterlassenen Erwerbs verlangen.³ 31

Beispiel:
Der Auftraggeber kann die erforderliche Baugenehmigung nicht beibringen.

Diese Bestimmung ist in entsprechender Anwendung auch nach der Kündigung anwendbar.⁴

Zu dem gleichen Ergebnis gelangt man, wenn die unterlassene Mitwirkungshandlung als Fall der positiven Vertragsverletzung eingeordnet wird, mit der Folge der **Schadensersatzpflicht** des Auftraggebers (zur neuen Rechtslage siehe Rz. 34). Der Auftragnehmer ist dann beim Schadensersatzanspruch so zu stellen, als habe der Auftraggeber seine Mitwirkungspflicht nicht erbracht, was zur Folge hat, dass der Auftragnehmer den Bauvertrag erfüllt hat und die vereinbarte Vergütung erlangt. Der Auftraggeber kann sich in einem solchen Fall nicht auf die Einrede des nichterfüllten Vertrags und der fehlenden Fälligkeit der Werklohnfor- 32

---

1 BGH, NJW 1968, 1873; Ingenstau/Korbion/*Döring*, B, § 3 Rz. 8, § 3 Nr. 1 Rz. 6 ff.
2 BGH, NJW 1972, 99; Palandt/*Heinrichs*, § 242, Rz. 32; Beck'scher VOB-Komm.-*Hofmann*, vor § 3, Rz. 38.
3 Vgl. *Heiermann/Riedl/Rusam*, § 9 VOB/B, Rz. 25; Beck'scher VOB-Komm.-*Motzke*, § 9 Nr. 3, Rz. 22; Ingenstau/Korbion/*Vygen*, § 9 Nr. 3 Rz. 8 ff., 20 ff.
4 So einschränkend auch Ingenstau/Korbion/*Vygen*, B § 9 Nr. 3, Rz. 7.

derung stützen; insbesondere dann nicht, wenn er die Mitwirkungshandlung etwa endgültig und/oder grundlos verweigert.[1]

33 Da es sich bei den in §§ 3 Nr. 1 bis 4 VOB/B genannten Pflichten um **echte vertragliche Nebenpflichten** handelt, sind den Auftragnehmer begünstigender Gläubigerverzug, Schadensersatzansprüche oder gar die Kündigung des Vertrags die Folge. Andererseits gilt für den Auftragnehmer auch die ihm obliegende Hinweis- und Prüfungspflicht. Bei Verletzung haftet der Auftragnehmer auf Schadensersatz.[2]

34 Während für die Altverträge bis 1. 1. 2002 die positive Vertragsverletzung zur Anwendung gelangt, hat sich die bisherige Unterscheidung in Haupt- und Nebenpflicht gemäß § 280 Abs. 1 BGB nun für die **Neuverträge ab dem 1. 1. 2002** relativiert. § 280 Abs. 1 BGB stellt nur noch auf die Pflichtverletzung ab. Daher kann für die Neuverträge im VOB/B-Bereich auch ab dem 28. 10. 2002 diese Unterscheidung vernachlässigt werden. Sie hat jedoch noch für die Unterscheidung bei Anwendung des Anspruchs auf Verzugsschadenersatz gemäß §§ 280 Abs. 2, 286 BGB sowie bei dem Schadensersatzanspruch statt Leistung gemäß §§ 280 Abs. 3, 281 ff. BGB Bedeutung.

b) Unterlagen des Auftragnehmers

35 Nach § 3 Nr. 5 VOB/B hat der Auftragnehmer Zeichnungen, Berechnungen, Nachprüfungen von Berechnungen oder andere Unterlagen, die er nach dem Vertrag, besonders den technischen Vertragsbedingungen oder der gewerblichen Verkehrssitte oder auf besonderes Verlangen des Auftraggebers entsprechend § 2 Nr. 9 VOB/B zu beschaffen hat, dem Auftraggeber nach Aufforderung **rechtzeitig** vorzulegen.

36 Die Regelung des § 3 Nr. 5 VOB/B stellt allerdings eine **Ausnahme** dar.[3] Wie bereits aus § 3 Nr. 1 VOB/B folgt, hat grundsätzlich der Auftraggeber die für die Ausführung der Bauleistung erforderlichen Unterlagen zur Verfügung zu stellen. Allerdings kann sich aus dem Vertrag, insbesondere aus den technischen Vertragsbedingungen oder der gewerblichen Verkehrssitte ein anderes ergeben. Dem steht nicht entgegen, dass der Auftraggeber nach Abschluss der Durchführung der vertraglichen Arbeiten die Beschaffung dieser Unterlagen besonders verlangen kann.

37 Ist ein **Vertrag unklar** gefasst und muss ausgelegt werden, ob dem Auftragnehmer die Beschaffungspflicht im Vertrag auferlegt wurde, gehen diese zulasten des Auftraggebers.[4] Die Pflicht des Auftragnehmers zur Beschaffung von Ausführungsunterlagen muss sich daher eindeutig und klar aus den getroffenen Vereinbarungen ergeben.[5]

---

1 BGH, NJW 1968, 1873.
2 Ingenstau/Korbion/*Döring*, B, § 3 Nr. 3 Rz. 7, 15.
3 Ingenstau/Korbion/*Döring*, B, § 3 Nr. 5 Rz. 2.
4 *Nicklisch/Weick*, § 3, Rz. 20.
5 So auch: *Heiermann/Riedl/Rusam*, § 3, Rz. 22; Ingenstau/Korbion/*Döring*, B, § 3 Nr. 5 Rz. 6, 7.

Ist im Vertrag die Beschaffung der Unterlagen zulasten des Auftragnehmers in den ATV oder ZTV geregelt, ist dies **verbindlich**, da sie damit ausdrücklich durch den Auftraggeber angeordnet wurde. Eine gewerbliche Verkehrssitte besteht grundsätzlich nicht. Nur wenn diese am Leistungsort als allgemein übliche Pflicht anerkannt ist.[1]   38

Die Verpflichtung kann sich auch aus den **DIN-Vorschriften** ergeben. Wenn die Beschaffung von Ausführungsunterlagen eine Nebenleistung im Sinne der Ziffern 4 der jeweiligen DIN-Vorschriften (18 299 ff.) ist, zieht die Beschaffungshandlung des Auftragnehmers grundsätzlich eine Vergütungspflicht nach sich. Insbesondere, wenn der Auftraggeber die Beschaffung von Ausführungsunterlagen anordnet, führt dies zur Vergütungsfolge des § 2 Nr. 9 VOB/B.[2]   39

Zum **Begriff der Rechtzeitigkeit** ist auf die Ausführungen zu § 3 Nr. 1 VOB/B zu verweisen (Rz. 20).   40

Auch hier handelt es sich um eine **vertragliche Nebenleistungspflicht**.[3] Gerät der Auftragnehmer mit der Beschaffung der Ausführungsunterlagen in Verzug, macht er sich gegenüber dem Auftraggeber **schadensersatzpflichtig**.[4] Weisen die Ausführungsunterlagen einen Mangel auf und führt dieser Planungsmangel zu einer mangelhaften Werkleistung, bestimmen sich die Rechte des Auftraggebers vor der Abnahme nach § 4 Nr. 7 VOB/B und nach der Abnahme nach § 13 Nr. 5 bis Nr. 7 VOB/B.[5]   41

c) Vorbereitung der Baustelle

Neben der rechtzeitigen Vorlage der notwendigen Ausführungsunterlagen ist auch die ausreichende Vorbereitung der Baustelle eine wichtige Voraussetzung für die **termingerechte Herstellung** der vereinbarten Werkleistung. Regelungen hierüber finden sich in § 3 Nr. 2 VOB/B sowie in § 4 Nr. 4 VOB/B.   42

aa) Umfang der Pflichten des Auftraggebers aus § 3 Nr. 2 VOB/B

Nach dieser Regelung hat der Auftraggeber **auf eigene Kosten** zu erledigen: 43

▷ Abstecken der Hauptachsen der baulichen Anlage zwecks Festlegung der genauen Lage des Bauwerks;

▷ Abstecken der Grenzen des Baugrundstücks. Es muss festgelegt werden, wo der Auftragnehmer tätig werden darf, also zum Beispiel Aushubmaterial lagern darf, ohne sich Ansprüchen Dritter/Nachbarn auszusetzen;

▷ Festlegen der notwendigen Höhenfestpunkte für beispielsweise die Entwässerung des Grundstücks und des Gebäudes.

---

1 *Heiermann/Riedl/Rusam*, § 3, Rz. 22; Ingenstau/Korbion/*Döring*, B, § 3 Nr. 5 Rz. 7.
2 Ingenstau/Korbion/*Döring*, B, § 3 Nr. 5 Rz. 7.
3 Beck'scher VOB-Komm.-*Hofmann*, § 3 Nr. 5, Rz. 15.
4 Beck'scher VOB-Komm.-*Hofmann*, § 3 Nr. 5, Rz. 16.
5 Vgl. hierzu Ingenstau/Korbion/*Döring*, B, § 3 Nr. 5 Rz. 7.

44 Hier geht es zunächst um eine Präzisierung und inhaltliche Ergänzung des § 3 Nr. 1 VOB/B. Die dort genannten Pflichten sind die des Auftraggebers. Es wird klargestellt, dass die in Nr. 2 im Einzelnen aufgeführten Pflichtenkreise diejenigen des Auftraggebers in dessen ureigenstem Pflichtensystem sind und damit grundsätzlich ihm obliegen.[1]

45 Jedoch können die Parteien diese **Pflichtensystematik durchbrechen** und vereinbaren, dass der Auftragnehmer alle in Nr. 2 genannten Pflichten des Auftraggebers übernimmt. Dieses ist zulässig, da die Regelung in § 3 Nr. 2 VOB/B nicht insgesamt schwerwiegend in das Gefüge der VOB Teil B als Ganzes eingreift. Die Gefahrtragung – des im Wesentlichen vermessungstechnischen Aspekts der Regelung – ist im Gegensatz zum Baugrundrisiko eher zu vernachlässigen. Grundsätzlich ist die Ansicht aber zu weitgehend, wenn ein „Verlangenkönnen" des Auftraggebers gegenüber dem Auftragnehmer hier behauptet wird. Auch unter Berücksichtigung der Verpflichtung des Auftraggebers in § 2 Nr. 9 Abs. 1 VOB/B[2], diese Leistung des Auftragnehmers entgelten zu müssen, so muss sie doch eine deutliche **vertragliche Grundlage** haben, um diesen Anspruch des Auftraggebers auch durchsetzbar zu gestalten.

46 Auftraggeber und Auftragnehmer vereinbaren, dass abweichend von § 3 Nr. 2 VOB/B der Auftragnehmer auch die Vermessung des Geländes ... sowie das Abstecken der Hauptachsen, der Grenzen des Geländes und die Höhenfestpunkte zu dem BV... schuldet. Hierzu hat sich der Auftragnehmer zu verpflichten, die vom Auftraggeber benannten Vermessungsingenieure ... mit der Durchführung zu beauftragen. Die Arbeiten hierzu sind bis zum ... zu beenden. Der Termin gilt als verbindlich. Sofern der Auftragnehmer Vollmachten zur Einsicht in Grundbücher, behördliche Unterlagen und Akten sowie Auskünfte Dritter wie Behörden, Notar oder Gerichten usw. benötigt, werden diese Vollmachten hiermit erteilt. Im Übrigen wird auf die anliegende Vollmacht zu diesem Punkt verwiesen. Sollte der Auftraggeber dennoch verpflichtet sein, Mitwirkungshandlungen zu diesen Punkten vorzunehmen, hat er diese unverzüglich nach Aufforderung durch den Auftragnehmer vorzunehmen.

47 Aus dem Beispiel wird auch deutlich, dass die in § 3 Nr. 2 VOB/B beschriebene Situation nur zu Beginn eines Bauvorhabens zu Tage tritt oder bei Erweiterungsbauten. Insofern ist dann auf § 1 Nr. 4 Satz 2 VOB/B hinzuweisen. Der Auftraggeber kann nur das verlangen, was der Auftragnehmer zu leisten in der Lage ist. Bei der „**höchstpersönlichen Leistungspflicht**" die die VOB verlangt, bedarf es daher der vorherigen Zustimmung, also des bereits erwähnten Vertrags. Die vertraglichen Leistungen können daher nur übertragen werden auf Auftragnehmer, die über eigene Planungsabteilungen verfügen, dauerhaft mit Ingenieurbüros zusammenarbeiten oder die vorgeschriebenen Planungs- und Vermessungsbüros auch akzeptieren wollen.

---

1 Ingenstau/Korbion/*Döring*, B, § 3, Rz. 21; Heiermann/Riedl/Rusam, § 3, Rz. 4.
2 Ingenstau/Korbion/*Döring*, B, § 3 Nr. 2 Rz. 9, 10; Heiermann/Riedl/Rusam, § 3, Rz. 5 ff.

Weiterhin muss die Leistung auch **erforderlich** sein, um den Bauerfolg herbeizuführen und damit nicht nutzlos oder neben dem Gewollten Voraussetzung von anderen Wünschen des Auftraggebers sein.[1] 48

Der **BGH** sieht in der Verletzung der Pflichten nach Nr. 1 und Nr. 2 eine reine Verletzung von **Obliegenheiten** und keine vertraglichen Nebenpflichten. Das ist dahin gehend einzuschränken, dass dieses nur grundsätzlich gilt und nicht für ausdrückliche vertragliche Regelungen. Das hat den Vorteil, sie nur als Annahmeverzug begründende Regelung der Parteien durch die Vereinbarung der VOB/B zu sehen. Bei der Einordnung aber als **vertragliche echte Nebenpflicht** oder als direkt abgeschlossene vertragliche Nebenpflicht mit Sanktionscharakter ist dann aber eine schuldhafte Handlung erforderlich, da Schadensersatzansprüche des Auftraggebers aus PVV (Rechtszustand bis 1.1.2002) oder aus § 280 Abs. 1 BGB drohen. Die Schadensersatzansprüche sind dabei primär über § 6 Nr. 6 VOB/B einzuordnen. Gleiches gilt für § 642 BGB, der aber nachrangig ist. 49

Zusätzlich zu den Schadensersatzansprüchen kann der Auftragnehmer vom Auftraggeber verlangen, so gestellt zu werden wie bei Einhaltung der Verpflichtung, was sich hier aus § 6 Nr. 2 Abs. 1 Buchst. a VOB/B ergibt: Die **Verlängerung der Ausführungsfristen** kann vom Auftragnehmer verlangt werden. 50

Verweigert der Auftraggeber erkennbar deutlich ernsthaft und endgültig die **Mitwirkungshandlung**, zu der er unmissverständlich aufgefordert wurde, so kann der Auftragnehmer gemäß § 9 Nr. 1 Buchst. a VOB/B **kündigen**. Hier ist jedoch, wie in allen anderen Kündigungsfällen, immer äußerste **Zurückhaltung** und eingehende Überlegung zu diesem Schritt geboten, da die Vorteile die Nachteile überwiegen können; so bei dann möglichen Ersatzansprüchen des Auftraggebers bei einer unberechtigten Kündigung. Hier muss auf Teil 18 „Kündigung" in diesem Buch verwiesen werden. 51

Nur bei schuldhaftem Einstehen ist daher die Frage des Vertretenmüssens für **Erfüllungsgehilfen** – Vermessungsingenieure, Planer, Architekten, Fachplaner usw. – zu diskutieren, da § 278 BGB das Mitverschulden in diesem Sinne voraussetzt und damit nur bei eindeutigen vertraglichen Regelungen in Betracht kommt.[2] Folgt man daher der grundsätzlichen Ansicht des BGH zur Obliegenheitsverletzung, wäre der Auftraggeber – sofern er keine beweisbare Verpflichtung nachweisen kann – vom Anspruch ausgeschlossen. 52

Hinweis:
Vereinbaren Sie in solchen Fällen im Einzelnen ausdrücklich die Pflichten des Auftragnehmers und definieren Sie diese genau!

bb) Weitere Mitwirkungspflichten des Auftraggebers nach § 4 Nr. 4 VOB/B

Nach dieser Regelung schuldet der Auftraggeber dem Auftragnehmer für die Dauer der Bauausführung die **unentgeltliche Benutzung** und/oder Mitbenutzung von: 53

---

1 BGH, BauR 84, 395; BauR 70, 57.
2 Unklar hier: Leinemann/*Schliemann*, § 3, Rz. 22.

▷ notwendigen Lager- und Arbeitsplätzen auf der Baustelle (§ 4 Nr. 4 Buchst. a VOB/B),

▷ vorhandenen Zufahrtswegen und Anschlussgleisen (§ 4 Nr. 4 Buchst. b VOB/B),

▷ vorhandenen Anschlüssen für Wasser und Energie, wobei die Kosten für den Verbrauch und Zähler vom Auftragnehmer zu tragen sind (§ 4 Nr. 4 Buchst. c VOB/B).

54 Grundsätzlich ist der Auftraggeber verpflichtet, dem Auftragnehmer die bereits vorhandenen und für die Erstellung des Bauvorhabens notwendigen Lager- und Arbeitsplätze also Sanitärvorrichtungen, Tagesunterkünfte und Baracken und Stand- oder Stellplätze hierzu zu überlassen und zuzuweisen. Zufahrtswege und Anschlussgleise, die für die Anlieferung des Materials erforderlich sind, sowie Anschlüsse für Wasser und Energien (Strom, Gas, Erdöl) muss der Auftraggeber ebenso zur Verfügung stellen.

Wenn diese Leistungen zur Erreichung des Bauziels **neu erstellt** werden müssen, bestimmt sich diese Verpflichtung nach den vertraglichen Vereinbarungen. Hieraus muss aber ersichtlich sein, inwieweit sich der Auftragnehmer daran zu beteiligen hat.

55 Nicht Pflicht des Auftraggebers ist – dies folgt eben nicht aus § 4 Nr. 4 VOB/B – eine Kostenübernahme für den für die Bauleistung erforderlichen Wasser-, Kanal-, Strom- und Gasverbrauch. Dieses wird in § 4 Nr. 4 Buchst. c Satz 2 VOB/B ausdrücklich geregelt. Der **Auftragnehmer** hat also grundsätzlich die **Verbrauchskosten** ebenso wie die Kosten für die **Installation** von Zählern und Verbrauchsmessern zu tragen. Diese Regelungen gelten aber nur dann, wenn vertraglich keine anderen Vereinbarungen getroffen sind. § 4 Nr. 4 VOB/B ist daher den vertraglichen Regelungen gegenüber grundsätzlich nachrangig.

56 Zulässig ist es zur Vermeidung von Abrechnungsschwierigkeiten eine **Kostenpauschale** zu vereinbaren, sodass kein Zähler installiert werden muss. Mehrere Auftragnehmer tragen die Kosten anteilig.

Hinweis:
Um die daraus resultierende **Abrechnung**, zwischen den Parteien zu erleichtern, sollte in Bauverträgen eine pauschale Abrechnung vereinbart werden. Dabei kann sie sich an dem Auftragswert orientieren und dann prozentual festgelegt werden. Diese **Klauseln** sehen in der Regel eine pauschale Umlage für Strom, Bauschutt und Bauwasser vor (z. B. 0,5 % der Auftragssumme; zulässig sind aber auch vereinbarte Höhen von 1,2 % und auch 1,5 % der Abrechnungssumme).

57 Bei Verträgen zwischen Hauptunternehmer und Nachunternehmern finden sich diese Regelungen entweder im Verhandlungsprotokoll oder in den Nachunternehmerbedingungen, sodass es sich um Allgemeine Geschäftsbedingungen (§ 1 AGBG) gemäß § 305 Abs. 1 Satz 1 BGB handelt. Früher schon wurden solche Klauseln vielfach einer kritischen Prüfung unterzogen. Der BGH ist insbesondere im Verhältnis des Hauptunternehmers zum Nachunternehmer der Ansicht, dass Umlageklauseln regelmäßig einer **Überprüfung** nach dem **AGBG** (jetzt § 305 ff.)

BGB) **entzogen** sind. Der Inhaltskontrolle unterliegen nur so genannte Preisnebenabreden, die nur mittelbare Auswirkungen auf Preis und Leistung haben und an deren Stelle dispositives Gesetzesrecht tritt, wenn eine wirksame vertragliche Regelung fehlt.

Daher gehören hier nicht Abreden hinein, die Art und Umfang der vertraglichen Leistungspflichten unmittelbar regeln. Umlageklauseln für Baustrom und Bauwasser stellen aber **keine Preisnebenabreden** dar, sondern enthalten ein selbständiges Angebot des Auftraggebers (auch Hauptunternehmer), den Auftragnehmer (auch Nachunternehmer oder weitere Subnachunternehmer) auf der Baustelle mit Strom und Wasser zu beliefern. Daher stellt das nach Prozentsätzen der Auftragssumme oder in einem festen Betrag pauschalierte Entgelt die Gegenleistung hierfür dar und ist bei der Zwischenrechnung oder bei der Schlussrechnung in Abzug zu bringen (Gegenanspruch). 58

Dasselbe gilt für eine vom Auftraggeber abgeschlossene **Bauleistungsversicherung**, für die er durch vorformulierte Vertragsbedingungen eine Kostenbeteiligung des Auftragnehmers in Höhe eines bestimmten Prozentsatzes von der Abrechnungssumme in Abzug bringen kann. Auch diese Vereinbarung stellt eine zulässige Preisabrede dar. Die Beschaffung dieser Versicherung stellt eine entgeltliche Geschäftsbesorgung dar und unterliegt nicht der Kontrolle gemäß §§ 305 ff. BGB (AGBG). 59

Die **pauschale Umlage** für **Baureinigungskosten** dagegen stellt eine **Preisnebenabrede** dar. Sie ist an §§ 305 ff. BGB zu messen (AGBG). Die Beseitigung des Bauschutts gehört grundsätzlich zu den Leistungen des Auftragnehmers. Wenn er den Bauschutt nicht beseitigt, ist seine Leistung mangelbehaftet. Nach § 633 Abs. 2 BGB (§ 633 Abs. 3 BGB a. F.) bzw. § 4 Nr. 7 VOB/B ist er berechtigt und verpflichtet, diesen Mangel selbst zu beseitigen. Durch die Vereinbarung einer Umlage für die Baureinigung wird der Auftragnehmer in seinen gesetzlichen Rechten beschnitten und haftet daher doppelt. Zugleich bleibt er nämlich verpflichtet, den Bauschutt zu beseitigen. Denn der Auftraggeber könnte die Schuttbeseitigung auf Kosten des Auftragnehmers nur nach vorheriger Fristsetzung mit Ablehnungsandrohung gemäß § 4 Nr. 7 VOB/B oder § 13 VOB/B veranlassen. 60

Hat dann der Auftraggeber aber keinen Bauschutt verursacht oder die Baureinigung für sein Gewerk vorgenommen, **benachteiligt** ihn die Klausel unangemessen, da ihm der **Beweis des Gegenteils** abgeschnitten wird. Daher hält diese Abrede der Inhaltskontrolle nicht stand. Hier sind die §§ 309 Nr. 4 und 307 BGB zu beachten. Soweit beim öffentlichen Auftraggeber § 310 Abs. 1 BGB den § 309 BGB ausschließt, gilt § 307 BGB.[1] 61

4. Prüfungs- und Hinweispflichten des Auftragnehmers

a) Maßgeblichkeit überlassener Unterlagen

Nach § 3 Nr. 3 Satz 1 VOB/B sind für den Auftragnehmer alle ihm vom Auftraggeber überlassenen Ausführungsunterlagen maßgebend, nicht nur die in Satz 1 62

---

1 Palandt/*Heinrichs*, BGB, § 310, Rz. 3, 4.

ausdrücklich genannten Hilfsmittel. Die Aufzählung in § 3 Nr. 3 Satz 1 VOB/B erhebt nämlich **keinen Anspruch auf Vollständigkeit**. Maßgeblich sind vielmehr immer alle Unterlagen die übergeben werden.[1] Unerheblich ist auch der Zeitpunkt, wann die Unterlagen übergeben werden. Dies kann also auch während der Durchführung des Bauvorhabens sein. Auch diese sind verbindlich![2] Dies gilt auch für verspätet übergebene Unterlagen.[3] Der Auftragnehmer kann nur die gemäß § 6 VOB/B verbleibenden Rechte geltend machen. Gleiches gilt für Unterlagen, die der Auftraggeber infolge Planungsänderungen im Sinne des § 1 Nr. 3 VOB/B übergeben hat.[4]

63 **Hinweis:**

Der Auftragnehmer hat die ihm übergebenen Unterlagen **zwingend zu beachten** und die geschuldete Bauleistung danach auszuführen. Weicht der Auftragnehmer eigenmächtig von den ihm überlassenen Unterlagen ab, führt dies zwangsläufig zu einem Fehler (Mangel) der Werkleistung. Die Folge hiervon sind Ansprüche des Auftraggebers nach § 4 Nr. 7 VOB/B (vor Abnahme) oder nach § 13 Nr. 5 bis 7 VOB/B (nach Abnahme). Etwas anderes gilt nur, wenn die Abweichung den Wert des Werks oder den nach dem Vertrag vorausgesetzten Gebrauch nicht mindert.[5]

64 Hält sich der Auftragnehmer dagegen bei der Ausführung der Leistung an die Vorgaben und Festlegungen des Auftraggebers, so hat der Auftragnehmer für hierauf beruhende Mängel grundsätzlich nicht einzustehen.[6] Denn für die **Tauglichkeit der Ausführungsunterlagen** hat allein der Auftraggeber die Verantwortung zu tragen. Dies zeigt der nachfolgende Beispielsfall:[7]

65 **Beispiel:**

Der Auftraggeber beauftragt den Auftragnehmer mit der Errichtung eines Rohbaus für ein Doppelhaus; die Geltung der VOB/B wird vereinbart. Nach der Leistungsbeschreibung, die Vertragsbestandteil ist, liegt die richtige Lage des Gebäudes auf dem Grundstück nach dem auch öffentlich-rechtlich genehmigten Bauplan und die Einhaltung der Abstandsflächen in dem alleinigen Verantwortungsbereich des Auftragnehmers! Zu Beginn der Bauarbeiten gibt der Vertreter des Auftraggebers dem Auftragnehmer einen Höhenfestpunkt an, der 50 cm zu hoch liegt, wie sich erst später herausstellt. Die falsche Höhenlage wird erst beim Einschalen der Kellerdecke entdeckt; auf Verlangen des Auftraggebers reißt der Auftragnehmer das Bauwerk wieder ab und errichtet es tiefer wieder neu. Der Auftragnehmer macht später die hieraus resultierenden Mehrkosten klageweise geltend. Der BGH ist hierzu der Ansicht, dass der Vertreter des Auftraggebers bei der Festlegung des Höhepunkts nicht etwa nur eine Bauüberwachungsaufgabe ausgeführt hat, auf die der Auftragnehmer keinen Anspruch hat, sondern dass der Vertreter des Auftraggebers die dem Auftraggeber gemäß § 3 Nr. 2 VOB/B obliegende Festlegung des Höhenfestpunkts vorgenommen hat, also eine dem **Auftraggeber obliegende Mitwirkung** an der Vorbereitung des Bauwerks erbracht hat. Auch die Festlegung in der Leistungsbeschreibung, wonach allein der Auftragnehmer für die richtige Lage des Gebäudes auf dem Grundstück verantwortlich ist, führt zu keiner abweichenden Bewertung, weil der Auftragnehmer solchen Verpflichtungen nur im Rahmen dessen nachkommen kann, was ihm vorgegeben worden ist. Wenn der Auftraggeber dem Auftragneh-

---

1 *Heiermann/Riedl/Rusam*, § 3, Rz. 10.
2 BGH, BauR 1982, 374.
3 BGH, BauR 1982, 374.
4 *Heiermann/Riedl/Rusam*, § 3, Rz. 10; Ingenstau/Korbion/*Döring*, B, § 3 Rz. 2 ff., 43.
5 BGH, BauR 1982, 374.
6 BGH, BauR 1986, 203.
7 BGH, BauR 1986, 203.

mer pflichtgemäß den Höhenfestpunkt angegeben und dem Auftragnehmer einen Bauplan überlassen hat, so müssen sich, um eine Überprüfung der Höhenlage geboten erscheinen zu lassen, aus dem Bauplan oder aus anderen **offensichtlichen Umständen** Zweifel an den Angaben des Auftraggebers ergeben. Daher ist der nutzlose Aufwand des Auftragnehmers dem Auftraggeber wegen schuldhafter Verursachung dieser Zusatzkosten anzulasten.

b) Prüfungs- und Hinweispflichten

Nach § 3 Nr. 3 Satz 2 VOB/B hat der Auftragnehmer die Ausführungsunterlagen auf **etwaige Unstimmigkeiten** zu überprüfen und den Auftraggeber auf entdeckte oder vermutete Mängel hinzuweisen.

66

Beispiele:

▷ Unvollständige oder widersprüchliche Ausführungsunterlagen;

▷ Verstöße gegen die anerkannten Regeln der Technik.

Inhalt und Umfang der Prüfungspflicht hängen von den Umständen des Einzelfalls ab, insbesondere von der **Fachkunde** des Auftragnehmers. Stößt der Auftragnehmer bei seiner Überprüfung auf Unstimmigkeiten, hat er diese dem Auftraggeber unverzüglich (§ 121 BGB) mitzuteilen. Allein schon aus **Beweiszwecken** empfiehlt sich auch hier dringend die Schriftform. Im Übrigen kann sich der Auftragnehmer nur bei **schriftlicher Bedenkenmitteilung** (§ 4 Nr. 3 VOB/B) auf die Beschränkung der Gewährleistungspflicht nach § 13 Nr. 3 VOB/B berufen.[1] Richtiger Adressat der Bedenkenmitteilung ist dabei stets der Auftraggeber. Die Anzeige nur gegenüber dem Architekten, zum Beispiel bei Fehlern der Ausführungsplanung reicht nicht, es sei denn, der Auftraggeber hat dem Auftragnehmer die Bevollmächtigung zur Entgegennahme von Willenserklärung wie die Bedenkenanmeldung, Abnahmehandlungen oder Auftragserteilungen ausdrücklich und schriftlich (§§ 167, 170 ff., 177, 179 BGB) mitgeteilt.

67

Muster einer Bedenkenmitteilung

Bauunternehmung Klein
Düsseldorf

An
Bauherrn Gewalt
Köln

Betrifft

Bauwerk/Bauvorhaben ....

Bauabschnitt ....

Auftrag vom ....

---

1 BGH, NJW 1975, 1217.

Bedenkenmitteilung

Sehr geehrte Damen und Herren,

wir teilen Ihnen hiermit gemäß

☐ § 3 Nr. 3 S. 2 VOB/B   (Ausführungsunterlagen)

☐ § 4 Nr. 2 Abs. 4 S. 1 VOB/B   (Anordnungen des AG)

☐ § 4 Nr. 3 VOB/B   (Art der Ausführung etc.)

Bedenken der nachfolgend näher bezeichneten Art mit:

☐ Überprüfung der Ausführungsunterlagen ergab Unstimmigkeiten: Geländeaufnahmen, Absteckungen, Pläne, Zeichnungen, Berechnungen, ... (etc.) ....

  ☐ mangelhaft

  ☐ vermutlich mangelhaft

☐ Anordnung/en vom .... (Datum) .... ist/sind

  ☐ unberechtigt

  ☐ unzweckmäßig

  ☐ Wir bitten um Mitteilung, ob Ausführung fortgesetzt werden soll.

☐ Art der Ausführung

☐ Sicherung gegen Unfallgefahren

☐ Güte gelieferter Stoffe und/oder Bauteile

☐ Leistungen anderer Unternehmer, nämlich

.... (Name/Firma) ....

Begründung der Bedenken:

....

....

....

.... (Unterschrift) Bauunternehmung Klein

68 Die Verletzung der Hinweispflicht (vertragliche Nebenpflicht) führt zu einem **Schadensersatzanspruch** des Auftraggebers wegen pVV bzw. §§ 280, 281 BGB, soweit die Schäden nicht von der Gewährleistung umfasst sind.

Beispiel:
Eine eingetretene Verzögerung in der Bauausführung, weil die Unvollständigkeit der Planung nicht frühzeitig vom Auftragnehmer beanstandet wurde, obwohl für ihn erkennbar.

Der Auftragnehmer kann aber den Einwand des **Mitverschuldens** nach §§ 254, 276, 278 BGB geltend machen bei Planungsfehlern des Architekten, weil nach § 3 Nr. 1 VOB/B grundsätzlich der Auftraggeber für die Säumigkeit der Ausführungsunterlagen einzustehen hat.[1]

69

Der Sinngehalt der Regelung erschöpft sich nicht darin, künftige Mängel bei der Bauleistung zu vermeiden. Vielmehr kommt ihr eine eigenständige Funktion zu, die sich vor allem auf die Klärung der Planung als solche bezieht.[2] Ein **Fehler** in den Ausführungsunterlagen ist **vor Bauausführung zu korrigieren**. Würde der Auftragnehmer die ihm übergebenen Unterlagen erstmals zur Ausführung oder kurz davor sichten, geht ansonsten für die Plankorrektur wertvolle Zeit verloren. Es besteht daher ein Interesse sowohl des Auftragnehmers als auch des Auftraggebers daran, dass der Auftragnehmer die ihm obliegende Pflicht zur Überprüfung der Ausführungsunterlagen möglichst frühzeitig erfüllt.[3]

70

An dieser Stelle ist der Auftragnehmer mit seiner besonderen Sachkunde gefordert.[4] Sofern die frühzeitige Überprüfung der Pläne nicht zu einem ungewöhnlich hohen Zusatzaufwand – dieser ist ihm grundsätzlich nicht zusätzlich zu vergüten – führt, hat er die **Planüberprüfung so früh wie möglich** durchzuführen. Prüft der Auftragnehmer die ihm übergebenen Pläne trotz rechtzeitigen Vorliegens erst kurz vor Ausführung seiner Leistungen und kommt es dadurch zu Verzögerungen bei der Ausführung der Werkleistung, werden die Schadensersatzansprüche des Auftragnehmers nach § 6 Nr. 6 VOB/B aufgrund seines Mitverschuldens gemäß § 254 BGB reduziert. Bei einem überwiegenden Mitverschulden sind sie abgeschnitten.

71

Die Prüfpflicht nach § 3 Nr. 3 Satz 2 VOB/B einerseits und § 4 Nr. 3 VOB/B andererseits sind aber **voneinander abzugrenzen**. § 3 Nr. 3 VOB/B stellt bei der Prüfungs- und Hinweispflicht auf den frühen Zeitpunkt der Aushändigung der Ausführungsunterlagen ab. Dagegen stellt § 4 Nr. 3 VOB/B auf den Zeitpunkt der Ausführung ab. Insofern geht § 4 Nr. 3 VOB/B über den Regelungsgehalt von § 3 Nr. 3 S. 2 VOB/B hinaus. Es wird hier auch auf die vom Auftraggeber gelieferten Stoffe, Bauteile und Vorleistungen dritter Unternehmer abgestellt.[5]

72

Grundsätzlich ist die Pflicht des Auftragnehmers zur Überprüfung der Ausführungsunterlagen eine **vertragliche Nebenpflicht**, deren Verletzung **Schadensersatzansprüche** auf Grund pVV bzw. § 280 Abs. 1 BGB nach sich zieht.[6] Notwendig ist einfache Fahrlässigkeit i. S. v. § 276 BGB. Dabei bezieht sich der Anspruch nicht auf die Mängelrechte. Zu beachten ist allerdings, dass eine Verletzung der dem Auftragnehmer obliegenden Prüf- und Hinweispflichten von vornherein nur unter dem Gesichtspunkt des Mitverschuldens in Betracht kommen kann.[7]

73

---

1 BGH, NJW 1963, 140; BGH, NJW 1973, 518.
2 Ingenstau/Korbion/*Döring*, B, § 3 Nr. 3 Rz. 3 ff.; *Heiermann/Riedl/Rusam*, § 3, Rz. 11.
3 OLG Stuttgart, BauR 1995, 850.
4 Beck'scher Komm.-*Hofmann*, VOB/B, § 3, Rz. 5.
5 Ingenstau/Korbion/*Döring*, B, § 3 Nr. 3 Rz. 3 ff.; *Heiermann/Riedl/Rusam*, § 3, Rz. 16a.
6 *Nicklisch/Weick*, § 3, Rz. 16; *Heiermann/Riedl/Rusam*, § 3, Rz. 16a; Ingenstau/Korbion/ *Döring*, B, § 3 Nr. 3 Rz. 12, 15.
7 *Nicklisch/Weick*, § 3, Rz. 8; Ingenstau/Korbion/*Döring*, B, § 3 Nr. 3 Rz. 12.

74 Der **Auftraggeber** hat aber auch für sachkundige **Berater einzustehen**. Dabei kommt es nicht auf das Beschäftigungsverhältnis an, also für angestellte, frei beschäftigte oder beauftragte Auftragnehmer oder Berater oder Angestellte. Dies befreit andererseits den Auftragnehmer nicht von den ihm obliegenden Prüfungs- und Hinweispflichten. Es geht darum, dass der Beauftragte gerade seinen Sachverstand als Partner des Bauvertrags zur Verfügung stellen soll. Diese Idee des § 3 VOB/B würde ins Leere laufen, wenn der Auftragnehmer aufgrund der Anwesenheit eines fachkundigen Beraters Erleichterungen bei den ihm obliegenden Pflichten erfahren würde. Dies schon deshalb, weil § 3 Nr. 3 Satz 2 VOB/B nicht zwischen Auftraggeber und Auftragnehmer mit unterschiedlicher Fachkunde differenziert.[1] Umgekehrt trifft den Auftragnehmer eine Pflicht zu einer **gesteigerten Prüfungsintensität**, wenn sein Auftraggeber offenbar für ihn erkennbar nicht sachkundig oder nicht sachkundig vertreten ist.[2]

75 Wenn der Auftragnehmer aufgrund der von ihm zu erwartenden Fachkunde feststellt, dass die ihm übergebenen Ausführungsunterlagen unvollständig oder in sich widersprüchlich sind, muss er dem nachgehen[3], da er sich ansonsten eines Schadensersatzanspruchs aussetzt. Hierzu hat er beim Auftraggeber rückzufragen und sich um **Klarstellung** zu bemühen. Hierzu hat er den Auftraggeber aufzufordern, binnen einer auskömmlichen Frist **Abhilfe zu schaffen** oder Unterlagen vorzulegen.

Die Prüfungs- und Hinweispflicht beschränkt sich auf diejenigen Punkte der Planung, die einen unmittelbaren technischen Zusammenhang mit der von ihm geschuldeten Leistung haben. Die Prüfpflicht erstreckt sich daher nicht auf die Punkte der Planung, die den Bereich der Architekten- und/oder Sonderfachmannplanung betreffen.[4]

76 Soweit § 3 Nr. 3 Satz 2 VOB/B von entdeckten oder vermuteten Mängeln spricht, geht es um die bloße Hinweispflicht des Auftragnehmers. Eine Differenzierung für die Baupraxis ist nicht erforderlich, da der Auftragnehmer dem Auftraggeber in beiden Fällen zu entsprechenden Hinweisen verpflichtet ist.[5] Wo es sich nur um vermutete Mängel handelt, trifft den Auftragnehmer eine über die bloße Hinweispflicht hinausgehende **Aufklärungspflicht**, welche inhaltlich auf eine **Kooperationspflicht** der Vertragsparteien hinausläuft. Die Hauptverantwortung an den dabei zu bewältigenden Aufgaben obliegt aber dem Auftraggeber, da dieser der eigentliche Planungsverantwortliche ist.[6]

77 Der Auftragnehmer hat die Hinweise sofort nach Entdeckung der Unstimmigkeit zu erteilen.[7] Liegt es bei objektiver, fachlicher Prüfung nahe, dass die entdeckten Unstimmigkeiten dann zu Mängeln oder Fehlern an der Bauleistung führen oder führen können, hat der Auftragnehmer die entsprechenden **Leistungen zurück-**

---

1 Beck'scher VOB-Komm.-*Hofmann*, VOB/B, § 3, Rz. 19.
2 Beck'scher VOB-Komm.-*Hofmann*, VOB/B, § 3, Rz. 19.
3 BGH, NJW 1973, 518.
4 Ingenstau/Korbion/*Döring*, B, § 3 Nr. 3 Rz. 4.
5 Ingenstau/Korbion/*Döring*, B, § 3 Nr. 3 Rz. 4, 5.
6 Ingenstau/Korbion/*Döring*, B, § 3 Nr. 3 Rz. 9, 12, 13; so auch *Heiermann/Riedl/Rusam*, § 3, Rz. 15.
7 Ingenstau/Korbion/*Döring*, B, § 3 Nr. 3 Rz. 13.

zustellen.[1] Im eigenen Interesse hat der Auftragnehmer aber zunächst auf jeden Fall darauf hinweisen, dass er sich i. S. v. § 6 Nr. 1 VOB/B in der Ausführung seiner Leistung behindert glaubt. Bis der Auftraggeber sich zu den Hinweisen geäußert hat, kann er einstellen.

Hinweis: 78
Dabei ist allerdings besonders wichtig, zuvor die Abwägung zu treffen, ob die **Einstellung** nicht zu einem möglichen **Ersatzanspruch des Auftraggebers** führen kann. Dies ist zunächst immer bei termingebundenen Bauvorhaben zu überlegen und es sind ggf. dann die Arbeiten doch weiterzuführen, jedoch unter Beachtung der anerkannten Regeln der Technik oder nach dem wohlverstandenen Willen – ersichtlich aus dem Vertragswerk – des Auftraggebers. Hier liegt eine nicht unbedeutende Gefahr für den Auftragnehmer. Eine vollständige Lösung wird es nur durch die sofortige Kooperation am Bau geben (Stichwort: „Alle Mann in die Baubude zur gemeinsamen Lösungsfindung"). Dieser Punkt ist weniger ein juristisch zu klärender Punkt, sondern zumeist ein Punkt der Ausführungstechnik oder -planung.

Wenn der Auftragnehmer offenkundige Unstimmigkeiten entdeckt, ist er dann 79
bis zu deren Berichtigung oder bis zum Erhalt einer klaren Anweisung von der Erbringung der Leistung befreit. Das gilt sowohl bei Verstößen gegen technische als auch bei Verstößen gegen rechtliche Bestimmungen.[2]

5. Gemeinsame Pflichten der Vertragsparteien

Nach § 3 Nr. 4 VOB/B sind die Bauvertragsparteien verpflichtet, vor Beginn der 80
Arbeiten den **Zustand** der Straßen, der Geländeoberfläche, der Vorfluter und der baulichen Anlagen im Baubereich in einer **Niederschrift** festzuhalten und diese Feststellungen durch Unterschrift zu bestätigen. Sinn dieser Regelung ist die Vermeidung späterer Streitigkeiten über die Ursache von Beschädigungen, Zerstörungen und anderen Unwägbarkeiten. Die Kosten der Feststellungen hat der Auftraggeber zu tragen.

Verweigert eine Partei ihre Mitwirkung an der Feststellung, sollten die **Beweise** 81
in geeigneter Form gesichert werden. Die hiermit verbundenen Kosten sind aus pVV, bzw. § 280 Abs. 1 BGB derjenigen Vertragspartei anzulasten, die die Mitwirkungspflicht schuldhaft verletzt hat. Die Beweise sollten durch einen Privatgutachter einer Partei oder nach gemeinsamer Festlegung oder ggf. in einem – zeitlich langwierigen – Selbständigen Beweisverfahren gemäß §§ 485 ff. ZPO gesichert werden.

Die Regelung dient ausschließlich Beweiszwecken.[3] Es handelt sich um eine **ver-** 82
tragliche Nebenpflicht, die grundsätzlich nicht selbständig einklagbar ist, weil sie nicht auf die Herstellung des Werks an sich gerichtet ist, sondern lediglich Streitigkeiten im Umfeld der vertraglichen Leistungen vorbeugen soll.[4]

---
1 Beck'scher VOB-Komm.-*Hofmann*, § 3 Nr. 3, Rz. 25.
2 *Heiermann/Riedl/Rusam*, § 3, Rz. 14; Ingenstau/Korbion/*Döring*, B, § 3 Nr. 3 Rz. 13.
3 *Nicklisch/Weick*, § 3, Rz. 18.
4 *Nicklisch/Weick*, § 3, Rz. 18.

83 Die Feststellung des Zustands liegt hier vor allem im Interesse des Auftragnehmers. Dem Auftragnehmer sollen nicht Schäden angelastet werden, für die er nicht verantwortlich ist, insbesondere weil sie bereits vor Ausführung vorhanden waren. Wesentlicher ist, dass der Auftragnehmer **darlegen und beweisen** könnte, tatsächliche Behinderungen durch den Zustand des Geländes und anderer baulicher Begebenheiten seien vorhanden oder/und nicht vorhanden. Umgekehrt ist es für den Auftraggeber von erheblichem Interesse, den **Zustand des Geländes** vor Beginn der Ausführung festzuhalten, um den Auftragnehmer später leichter für die eingetretenen Schäden verantwortlich machen zu können.[1] Sofern es nach der Ausführung der Bauleistung zu Streitigkeiten kommt, soll sie die Klärung bestimmter Fragen ermöglichen, etwa warum eine Leistung auf eine bestimmte Art und Weise erbracht wurde oder worin die Ursache für Beschädigungen, Zerstörungen oder vorzeitiges Abnutzen zu sehen sind.[2]

84 Daraus folgt, dass eine **vertragliche Abbedingung** über Allgemeine Geschäftsbedingungen **nicht statthaft** ist und bei Vereinbarung der VOB/B in deren Kernbereich, also deren Ausgewogenheit eingreift. Wenn dem Auftragnehmer die Möglichkeit des Gegenbeweises abgeschnitten wird, ist gemäß §§ 305, 307 BGB die Klausel unwirksam.

> Der Auftragnehmer erklärt, dass die ihm überreichten Unterlagen zum Bauvorhaben .... vollständig und richtig sind. Der Auftragnehmer hat dies bei der Übergabe der Unterlagen zu erklären.

85 Eine Pflicht der Parteien, an derartigen Feststellungen mitzuwirken, besteht nur, wenn diese tatsächlich notwendig sind. Es muss also objektiv ein **berechtigtes Interesse** einer der beiden Vertragsparteien bestehen, derartige Feststellungen zu sichern. Entzieht sich eine der Parteien ihrer Mitwirkungspflicht, können die Beweise auch durch ein **Selbständiges Beweisverfahren** nach §§ 485 ff. ZPO erhoben werden.[3] Die dabei entstehenden Kosten sind nach materiell-rechtlichen Grundsätzen von derjenigen Vertragspartei zu tragen, die sich ihrer Mitwirkungspflicht entzogen hat.[4] Dabei wird es sich regelmäßig um den Antragsgegner handeln, sodass die Kosten des Selbstständigen Beweisverfahrens inhaltlich zum Streitgegenstand eines Hauptsacheverfahrens gemacht werden müssten.

86 Wirken die Parteien bei der Beweisaufnahme einvernehmlich zusammen, sind die dabei entstehenden **Kosten** grundsätzlich vom **Auftraggeber** zu tragen. Dies folgt aus der in § 3 Nr. 1 VOB/B enthaltenen Grundregel, wonach der Auftraggeber die Bedingungen für die Ausführung der Leistung zu schaffen hat. Es gibt jedoch Ausnahmen. So können sich auf der Grundlage der Leistungspflichten und Nebenleistungsbeschreibungen in DIN-Vorschriften Änderungen dieses Grundsatzes ergeben. Daraus folgt eine abweichende Kostentragungspflicht zulasten des Auftragnehmers.[5]

---

1 *Heiermann/Riedl/Rusam*, § 3, Rz. 17.
2 Ingenstau/Korbion/*Döring*, B, § 3 Nr. 3 Rz. 3, 4, 15.
3 *Nicklisch/Weick*, § 3, Rz. 18.
4 *Nicklisch/Weick*, § 3, Rz. 21.
5 Siehe hierzu: *Heiermann/Riedl/Rusam*, § 3, Rz. 20.

Die von den Parteien gemeinsam erstellten Feststellungen sind in einer **Niederschrift** aufzunehmen. Dabei kann sich die Mitwirkung einer Partei darauf beschränken, dass sie den von der anderen Partei protokollierten Zustand durch eine eigene Unterschrift bestätigt.

87

6. Urheberrechte

§ 3 Nr. 6 VOB/B weist auf die Urheberrechte hin. Dabei verbleiben die Urheberrechte an den gemäß § 3 Nr. 5 VOB/B vom Auftragnehmer beschafften Ausführungsunterlagen grundsätzlich bei deren Urhebern. Für den Auftraggeber besteht an diesen Unterlagen lediglich ein **Nutzungsrecht**.[1] § 3 Nr. 6 VOB/B ist dabei als weit gefasster Schutz zu verstehen. So bezieht sich die Regelung daher nicht nur auf die urheberrechtlich geschützten Unterlagen. Die vom Auftragnehmer zu beschaffenden Ausführungsunterlagen können auch (überwiegend) durch **Computerprogramme** erstellt werden. Dann hat der Auftraggeber qua Vertrag das Recht, diese zu nutzen. Der Auftraggeber darf das Programm aber nicht verändern oder in den Betriebsablauf eingreifen. Er darf es auch nur auf denjenigen Geräten benutzen, die zuvor zwischen den Vertragsparteien festgelegt wurden, § 3 Nr. 6 Abs. 2 Satz 1 VOB/B.

88

Auch haben die Vertragsparteien die einzelnen **Leistungsmerkmale zu vereinbaren**; so, welche Eigenschaften das Programm haben muss und von welchen Eigenschaften der Auftraggeber Gebrauch machen kann.

89

Hinweis:
Nur wenn diese drei Voraussetzungen gegeben sind, darf der Auftraggeber das Programm nutzen.

Erlangt der Auftraggeber somit ein Nutzungsrecht, bleibt der Auftragnehmer natürlich selbst weiterhin berechtigt, das Programm zu nutzen.

Verstößt der Auftraggeber gegen die sich aus § 3 Nr. 6 VOB/B ergebenden Vertragspflichten, kann er auf **Unterlassung** und, sofern ein Schaden eingetreten ist, auch auf **Schadensersatz** in Anspruch genommen werden.

90

7. Veränderungen durch die VOB 2002

Die Vorschrift ist unverändert geblieben. Der DVA hat trotz der sich aus dem Schuldrechtsmodernisierungsgesetz ergebenden Änderungen daran festgehalten (siehe zu den Schadensersatzansprüchen oben Rz. 73).

91

8. AGB-Klauseln in Zusammenhang mit der Vorbereitung der Bauausführung

Der Auftraggeber könnte in seinen Allgemeinen Geschäftsbedingungen, sei es als Allgemeine oder Besondere Vertragsbedingungen oder auch den Zusätzlichen oder Allgemeinen Technischen Vertragsbedingungen versuchen, die ihn treffende Verantwortlichkeit für die Richtigkeit und Vollständigkeit der **Ausführungs-**

92

---
1 Beck'scher VOB-Komm.-*Hofmann*, § 3 Nr. 6, Rz. 1.

unterlagen einseitig auf den Auftragnehmer abzuwälzen. Solche Klauseln sind **in der Regel AGB-widrig** und demgemäß unwirksam.

93 **Beispiele** für unwirksame AGB-Regelungen im Zusammenhang mit § 3 VOB/B sind:
Der Auftragnehmer erkennt an, dass er alle Maße unter seiner eigenen Verantwortung am Bau bzw. nach den Bauzeichnungen kontrolliert und bei An- und Erweiterungsbauten alle Höhen und Einzelheiten der bestehenden Teile genau aufgenommen hat, sodass eine **Berufung auf Planfehler** oder falsche Angaben im LV oder in anderen Unterlagen **ausgeschlossen** ist.

Diese Regelung stellt einen Verstoß gegen §§ 9 und 11 AGB-Gesetz (jetzt §§ 305, 307 BGB) dar, weil dem Auftragnehmer die alleinige Haftung für Fehler in den Plan- und sonstigen Ausführungsunterlagen überbürdet wird.[1]

94 **Beispiel:**
Die dem Auftragnehmer übergebenen Unterlagen gelten als vollständig, wenn dieser nicht **binnen drei Tagen Widerspruch** erhebt.

Auch diese Klausel stellt einen Verstoß gegen §§ 9, 10 Nr. 5 AGB-Gesetz bzw. §§ 305, 307 BGB dar.

95 **Beispiel:**
Soweit dem Auftragnehmer Ausführungsunterlagen fehlen, hat er sie sich **auf eigene Kosten zu beschaffen** und dem Auftraggeber zur Zustimmung vorzulegen.

Diese Klausel stellt ebenfalls einen Verstoß gegen § 9 AGB-Gesetz dar, weil die Aufgaben des Auftraggebers in unbegrenztem Umfang auf den Auftragnehmer verlagert werden und zugleich ein Vergütungsanspruch und der Beweis dazu dem Auftragnehmer abgeschnitten wird. Damit wird dem Auftragnehmer ein unkalkulierbares Wagnis aufgebürdet.[2]

96 Auch die Klausel, dass der Auftragnehmer sich nicht entlasten kann, wenn die **Bauleitung eigenmächtig Änderungen** in den Unterlagen vorgenommen hat, ist gemäß §§ 9, 11 Nr. 7 AGBG bzw. § 309 Nr. 8 BGB nicht zulässig.

97 Besonders unwirksam ist die immer wieder verwendete Klausel, dass der Auftraggeber **keine Gewähr für die Richtigkeit** der Ausführungsunterlagen übernimmt. Hier handelt es sich um eine Hauptpflicht gemäß § 9 AGBG bzw. § 307 BGB.

98 Auch unwirksam ist im Privatrechtsverkehr gemäß § 11 Nr. 15 Buchst. b AGBG bzw. § 309 Nr. 12 BGB die Klausel, wonach mit der **Unterschrift der Auftraggeber** die **Richtigkeit** von vom Auftragnehmer beigebrachten Skizzen und Plänen bestätigt.[3]

---

[1] OLG Karlsruhe, BB 1983, 725.
[2] Siehe auch dazu: *Glatzel/Hoffmann/Frikell*, Unwirksame Bauvertragsklauseln, S. 184.
[3] OLG Frankfurt/Main, BB 1985, 220.

II. Ausführung der Bauleistung

1. Allgemeines zu Pflichten und Rechtsfolgen

Der Zeitraum der Bauausführung erstreckt sich von bauvorbereitenden Maßnahmen, wie zum Beispiel die Herbeiführung der erforderlichen baubehördlichen Genehmigungen, bis hin zur Fertigstellung der Werkleistung und ihrer Abnahme durch den Auftraggeber. Die Realisierung eines Bauprojekts setzt in der Ausführungsphase ein vertrauensvolles und erfolgsorientiertes Zusammenwirken von Auftraggeber und Auftragnehmer voraus. Dieses **Zusammenwirken** geht über die bloße Erfüllung der Hauptpflichten durch den Auftragnehmer und Abnahme und Vergütung durch den Auftraggeber hinaus. § 4 VOB/B regelt daher die unterschiedlichen Rechte und Pflichten der Vertragsparteien während der Ausführungsphase eingehend. Dabei geht es um eine Vielzahl von Rechten und Pflichten, die miteinander korrespondieren.[1]

99

Dabei ist bereits hier ausdrücklich auf den **Grundgedanken** der VOB/B hinzuweisen, den der BGH bereits zu früherer Zeit ausdrücklich als erfolgreiche Voraussetzung konfliktfreien Bauens angesehen hat: die **Kooperationspflicht**.[2] Der BGH wiederholt in regelmäßigen Abständen deren grundsätzliche Notwendigkeit. Dabei ist nicht so sehr der öffentliche Auftraggeber gefordert, sondern die privaten Auftraggeber. Dabei sind die Versuche größerer und kleinerer – meist anwaltlich beratener – Bauunternehmen und Bauträger dem BGH auch weiterhin ein Dorn im Auge. Der VII. Zivilsenat ist daher der Ansicht, dass das Kooperationsprinzip den Rang einer Hauptpflicht einnehme. Hierzu bietet sicherlich auch die entsprechende Anwendung und Auslegung des § 280 Abs. 1, 2 und 3 BGB sowie § 281 BGB durchaus eine Chance, weil die Auseinandersetzung zwischen **echten und unechten Nebenpflichten** fortfällt.

100

Während **§§ 3 und 4 VOB/B** die höchst unterschiedlichen Mitwirkungs- und Verhaltenspflichten der Vertragsparteien wegen des gemeinsamen Ziels einer reibungslosen, vertragsgemäßen, mängelfreien und rechtzeitigen Ausführung der vereinbarten Bauleistung regelt, ist bei einem BGB-Vertrag nur auf **§ 642 BGB** zurückzugreifen. Hiernach trifft den Besteller eine Mitwirkungspflicht im Hinblick auf Handlungen, die bei der Herstellung des Werks erforderlich sind.

101

Hinweis:
Diese Regelung ist jedoch äußerst **lückenhaft**. Der BGH hat klargestellt, dass der Regelungsinhalt von § 4 VOB/B auch im Rahmen von BGB-Verträgen Berücksichtigung findet. Daher ist § 4 VOB/B ergänzend dahin gehend in den BGB-Verträgen heranzuziehen.[3]

Die dem Auftraggeber obliegenden Mitwirkungspflichten ergeben sich aus § 4 Nr. 1 Abs. 1, Abs. 2 Satz 4, Nr. 4 und Nr. 10 VOB/B; z. B. Erwirkung der Baugenehmigung oder Bereiten des Baugrunds.

102

---

1 *Vygen/Schubert/Lang*, Bauverzögerungen und Leistungsänderungen, Rz. 364.
2 BGH, BauR 1996, 542; BGH, BauR 2000, 409.
3 BGH, BB 1957, 524.

103 In der Mitwirkung liegt eine **„echte" Verpflichtung** im Sinne des § 280 Abs. 1 BGB. Daher führt das Unterlassen zu einer schuldhaften Leistungsstörung mit der Folge der Schadenersatzverpflichtung für den Auftraggeber. Es handelt sich hierbei **nicht** um eine **bloße Obliegenheit**.[1] „Echte" Obliegenheiten haben keinen wesentlichen das Verschulden darstellenden Rechtscharakter und lösen bei Verletzungen daher grundsätzlich nur einen dann feststehenden – aber dem Gegenbeweis unterliegenden – Nachteil für den Schuldner aus. Jedoch ziehen als bedeutendste Pflicht die Mitwirkungspflichten des Auftraggebers die **Kündigungsmöglichkeit** nach § 9 Nr. 1 Buchst. a VOB/B nach sich und haben daher sanktionierenden Rechtscharakter. Dem Auftragnehmer wird die Möglichkeit gegeben, sich bei fehlender Mitwirkung des Auftraggebers vom Vertrag zu lösen.

104 Nach § 642 Abs. 1 BGB entsteht bei fehlender Mitwirkung des Auftraggebers der **Gläubigerverzug**. Dem Auftragnehmer entsteht ein Anspruch auf eine angemessene Entschädigung. § 643 BGB regelt bei einer fehlenden Mitwirkung des Bestellers die **Kündigung** des Vertragsverhältnisses. Daher wird die Rechtsfolge für die Verletzung von Mitwirkungspflichten im BGB-Vertrag – bis auf geringe Ausnahmen – auf die Kündigung begrenzt.[2] Der **Rücktritt** nach §§ 323 Abs. 1, 324 BGB für die Verletzung von Nebenpflichten wäre daher auf diese Fälle **nicht anzuwenden**.

105 Wenn der Auftraggeber die Mitwirkung schuldhaft unterlässt, kann der Auftragnehmer auch Ansprüche aus § 6 Nr. 6 VOB/B geltend machen. Dies bedeutet, dass er nur bei **Anzeige der Behinderung** zumindest begrenzt gegen den entstehenden Schaden abgesichert ist. Neben dem im VOB/B-Vertrag anwendbaren § 642 BGB kann auch ein Anspruch aus positiver Forderungsverletzung begründet sein, sofern Schäden eingetreten sind, die durch § 642 BGB nicht abgedeckt werden.[3]

106 Jedoch gilt für Verträge, die **nach dem 1. 1. 2002** abgeschlossen wurden, die Regelung des Schadensersatzanspruchs in §§ 241 Abs. 2 BGB und 280 Abs. 1 BGB. Dieser Anspruch ist nur dann gegeben, wenn die Mitwirkungspflicht als eine **echte Nebenpflicht** und nicht als Obliegenheit des Werkvertrags verstanden wird. So hat der **BGH** entschieden, dass in § 642 BGB **Obliegenheiten** geregelt sind.[4] Diese lösen dann Schadensersatzansprüche aus. Eine Einordnung als Hauptpflicht schlägt mangels gesetzlichen oder normierten Hinweises fehl.[5] Folglich sind die Mitwirkungspflichten der VOB/B nicht als „echte" Obliegenheiten, sondern als Nebenpflichten einzuordnen, die bei Verletzung einen Schadensersatzanspruch des Auftraggebers auslösen können.

107 Folge der Verletzung der Mitwirkungspflichten aus § 4 VOB/B sind bei wesentlicher Verletzung gemäß § 9 Nr. 1 Buchst. a VOB/B die Kündigung des Vertrags. Der Auftragnehmer kann nach **fruchtlosem Fristablauf** den Vertrag kündigen, sofern die dort genannten Voraussetzungen vorliegen.[6]

---

1 Palandt/*Heinrichs*, BGB, § 241 Rz. 6, 16 und Palandt/*Sprau*, BGB, § 642 BGB, Rz. 1; BGHZ 50, 175; a. A. *Kleine-Möller/Merl/Oelmaier*, § 10, Rz. 517.
2 BGH, NJW 1969, 223; MüKo-*Soergel*, BGB, § 643 Rz. 7.
3 BGHZ 11, 80, 83; BGHZ 50, 175; BGH, BauR 2000, 722.
4 BGHZ 11, 80; BGHZ 50, 175.
5 So aber Beck'scher VOB-Komm.-*Hofmann*, § 4, Rz. 13.
6 Siehe hierzu im Einzelnen: Ingenstau/Korbion/*Oppler*, B, § 4 Nr. 3 Rz. 58, 59, 75 ff.

Hinweis:
Der Auftragnehmer ist auch berechtigt bei Altverträgen Schadensersatzansprüche nach positiver Vertragsverletzung oder bei seit dem 1. 1. 2002 geschlossenen Verträgen gemäß §§ 241 Abs. 2, 280 Abs. 1 BGB geltend zu machen. Da die Folgen der Verletzung der Mitwirkungspflichten ausdrücklich in § 9 VOB/B geregelt sind, findet die Vorschrift des **§ 324 BGB keine Anwendung**. Diese sieht die Möglichkeit des Rücktritts für den Fall vor, dass eine sich aus dem Vertrag ergebende Schutzpflicht (Rücksichtnahmegebot) verletzt wird und dem Gläubiger ein Festhalten am Vertrag nicht mehr zuzumuten ist.[1] § 324 BGB nimmt zwar Bezug auf § 241 Abs. 2 BGB (positive Vertragsverletzung), bleibt aber wegen der besonderen Regelung des § 9 VOB/B unberücksichtigt. Diese Lösung geht konform mit den Vorschriften des Werkvertragsrechts in § 642 BGB und § 643 BGB, indem die Rechtsfolge für Mitwirkungspflichten ebenfalls neben dem Schadensersatzanspruch auf die Kündigung beschränkt wird.[2]

Die Mitwirkungspflichten des Auftraggebers können allerdings durch vertragliche Vereinbarung zu **echten Vertragspflichten** erhoben werden, aus denen der Auftragnehmer dann berechtigt ist, die Mitwirkungshandlung einzuklagen.

---

1 BR-Drucks. 338/01, S. 282, 283.
2 BGH, NJW 1969, 223; MüKo-*Soergel*, BGB, § 643, Rz. 7.

2. Rechte und Pflichten des Auftraggebers während der Bauausführung

110 Übersicht: Rechte und Pflichten des Auftraggebers während der Phase der Bauausführung

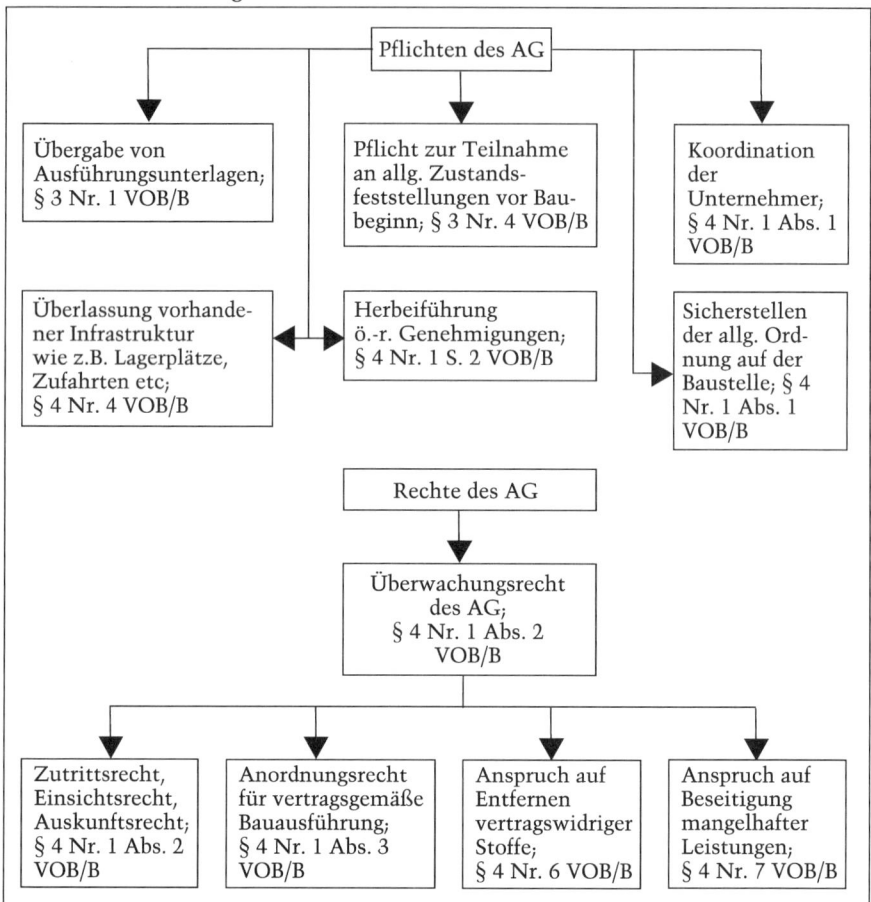

a) Koordinierungs- und Beschaffungspflicht nach § 4 Nr. 1 Abs. 1 VOB/B

aa) Umfang

111 Nach § 4 Nr. 1 Abs. 1 VOB/B hat der Auftraggeber für die **Aufrechterhaltung der allgemeinen Ordnung** auf der Baustelle zu sorgen und das Zusammenwirken der verschiedenen Unternehmen zu regeln. Ihm obliegt die Koordinierungspflicht.[1] Er hat des Weiteren – als Beschaffungspflicht – dafür zu sorgen, dass alle erforderlichen rechtlichen Genehmigungen und Erlaubnisse für das Bauvorhaben vorliegen.

---

[1] BGH, BauR 1985, 561; darüber hinausgehend: OLG Köln, BauR 1986, 582.

Ausführung der Bauleistung   Rz. 116   **Teil 15**

Damit gehört sowohl die **Planung** als auch die **Steuerung** zu den primären Auf- 112
gaben des Auftraggebers. Ziel von § 4 Nr. 1 Abs. 1 VOB/B ist es daher, dem bauausführenden Unternehmer eine termingerechte Ausführung der Werkleistung
zu ermöglichen.[1] Dies soll mit einer Aufrechterhaltung der allgemeinen Ordnung
auf der Baustelle erreicht werden. Damit ist die Verpflichtung des Auftraggebers
gemeint, die Voraussetzungen für einen **ordnungsgemäßen Baubetrieb** auf der gesamten Baustelle zu schaffen. Die Verpflichtung bezieht sich nicht nur auf das
eigentliche Baugelände, sondern zum Beispiel auch auf die Schaffung und Erhaltung ausreichender Zufahrtswege, Lagerstellen für Baumaterial und Maschinen,
Plätze für Unterkünfte, sanitäre Einrichtungen. Weiterhin ist er für die Einhaltung der **Sicherheit** und des **Gesundheitsschutzes** nach der Baustellenverordnung
und den Einsatz eines dort vorgesehenen Koordinators verantwortlich.[2]

Weiterhin hat der Auftraggeber für die Herbeiführung der notwendigen **öffent-** 113
lich-rechtlichen Genehmigungen zu sorgen, was in § 4 Nr. 1 Abs. 1 Satz 2 VOB/B
klargestellt wird. Dabei hängt der Umfang der Genehmigungen vom Einzelfall
ab.[3] Vom Auftragnehmer sind nur solche Genehmigungen einzuholen, die seinen
konkreten Tätigkeitsbereich betreffen.

Beispiel:
▷ Genehmigung für den Betrieb von speziellen Baumaschinen;
▷ Genehmigung für den Betrieb von maschinengetriebenen Fahrzeugen auf den deutschen
Nordseeinseln und Naturschutzgebieten.

Ist vertraglich nichts anderes vereinbart, ist der Auftraggeber auch verpflichtet, 114
die **privatrechtlichen Genehmigungen**, z. B. Nachbarzustimmung oder Bestellung von Grunddienstbarkeiten, einzuholen.

Die Koordinationspflicht des Auftraggebers umfasst, ein reibungsloses Zusam- 115
menwirken aller an der Bauausführung beteiligten Firmen zu gewähren. Welche
Maßnahmen dazu notwendig sind, steht in seinem **Ermessen**. Bei größeren Baumaßnahmen ist es notwendig, einen **Bauzeitenplan** aufzustellen. Darin müssen
Beginn, Fortschritt und Ende des Bauvorhabens eingetragen sein. Auch Baustel-
lenordnungspläne sind zu erstellen. Hier werden Lagerplätze, Zufahrtswege,
Containerlagerplatz und Ordnung auf der Baustelle verbindlich für alle Beteiligten geregelt.

Es ist hier darauf hinzuweisen, dass die Frage, ob der Auftraggeber dem Auftrag- 116
nehmer haftet, wenn ein Vorunternehmer seine Werkleistung, auf der der Auftragnehmer aufzubauen hat, nicht termingerecht oder mängelfrei fertigstellt, in
Teil 17 „Behinderung" behandelt wird. Die Verpflichtung des Auftraggebers zur
Bereitstellung im Rahmen der Baustelleneinrichtung bezieht sich naturgemäß
auch auf die Bauausführungsphase; insofern wird auf Abschnitt I. 3. c), Rz. 42 ff.
verwiesen.

---
1 Zu weit: Beck'scher VOB-Komm.-*Hofmann*, § 4 Nr. 1, Rz. 47.
2 Siehe hierzu unten § 44; Verordnung über Sicherheit und Gesundheitsschutz auf Baustellen vom 10. 6. 1998, BGBl. 1998 I, 1283 ff.; Leinemann/*Sterner*, VOB/B, § 4 Rz. 8.
3 Zu den Rechten des Auftragnehmers bei Ausbleiben der Baugenehmigung: BGH, BauR
1974, 247.

bb) Architekt als Erfüllungsgehilfe

117 Soweit sich der Auftraggeber bei der Erfüllung der Pflichten im Sinne der §§ 3 und 4 VOB/B eines Architekten bedient, ist dieser als Erfüllungsgehilfe des Auftraggebers tätig. Das hat zur Folge, dass der Auftraggeber für dessen Verschulden nach § 278 BGB wie für eigenes Verschulden einzustehen hat.

Beispiel:
Der **planende Architekt** ist gegenüber dem Auftraggeber verpflichtet, diesen über Vorschriften des öffentlichen Baurechts für das Bauvorhaben hinzuweisen.[1]

118 **Hinweis:**
Der **bauüberwachende Architekt** ist im Verhältnis des Bauherrn zum planenden Architekten kein Erfüllungsgehilfe des Bauherrn.[2]

119 Jedoch geht die Koordinationsverpflichtung des Architekten nur so weit, wie die Tätigkeit des Fachplaners beginnt. Gehört eine Planung oder Überwachung zum Kerngehalt des fachplanerischen Wissens und der Tätigkeit, so endet die Verantwortung des Architekten.[3]

120 **Hinweis:**
Der **Prüfstatiker** ist nicht Erfüllungsgehilfe des Auftraggebers, weil er eine öffentlich-rechtlich vorgeschriebene Position innehat, die sich aus den jeweiligen Landesbauordnungen ergibt.[4]

cc) Rechtsfolgen bei Verletzung der Mitwirkungspflichten des Auftraggebers

121 Das Recht auf Mitwirkung ist zunächst **nicht selbständig einklagbar**. Jedoch haben die Sekundärrechte Einfluss auf die Vertragsabwicklung.

122 Die als **echte Nebenleistungspflicht** anzusehende unterlassene oder nicht rechtzeitige Mitwirkung des Auftraggebers führt zum verschuldensunabhängigen **Annahmeverzug** des Auftraggebers gemäß §§ 293 ff. BGB.[5] Folge ist dann das **Kündigungsrecht** des Auftragnehmers, wenn die weiteren Voraussetzungen des § 9 Nr. 1 Buchst. a VOB/B vorliegen. Folge ist dann auch das Recht des Auftragnehmers auf Teilkündigung nach § 9 Nr. 3 VOB/B und Anspruch auf angemessene Entschädigung nach § 642 BGB.[6]

123 Führt dann die Verletzung der Mitwirkungshandlung zur Behinderung und Unterbrechung der Bauausführung, steht dem Auftragnehmer bei Vorliegen der dortigen Voraussetzungen ein Anspruch auf **Fristverlängerung** gemäß § 6 Nr. 2 VOB/B und **Schadensersatz** gemäß § 6 Nr. 6 VOB/B zu.

---

1 BGH, BauR 1973, 120.
2 BGH, BauR 1989, 97.
3 BGH, BauR 1976, 138; BGH, BauR 1978, 60; Beck'scher VOB-Komm.-*Hofmann*, § 4 Nr. 1, Rz. 51.
4 Vgl. § 15 BauO NW; *Gätke/Temme/Heintz*, BauO NW, § 15, Rz. 21, 22, 23.
5 Siehe hierzu auch *Larenz*, Allg. Teil Schuldrecht, § 25 I; Palandt/*Heinrichs*, § 293 Rz. 1, 2, 8.
6 *Heiermann/Riedl/Rusam*, § 4, Rz. 12.

Verletzt der Auftraggeber seine Mitwirkungshandlung darüber hinaus **schuld-** 124
haft, kommt des Weiteren ein Anspruch des Auftragnehmers aus pVV bzw. über
§§ 241 Abs. 2, 280 Abs. 1 und Abs. 3, 281 ff. BGB in Betracht. Jedoch darf **kein Fall
der Behinderung** oder Unterbrechung der Ausführung **nach § 6 VOB/B** vorliegen,
denn § 6 VOB/B schließt als Sonderregelung Schadensersatzansprüche des Auftragnehmers wegen Behinderung und Unterbrechung aus pVV, Schuldnerverzug
(§§ 285 ff. BGB) und Gläubigerverzug (§§ 293 ff. BGB) aus. Dies gilt auch nach
§§ 241 Abs. 2, 280 Abs. 1 und Abs. 3, 281 ff. BGB.¹

b) Überwachungs- und Anordnungsrechte

aa) Überwachungs- und Anordnungsrecht gemäß § 4 Nr. 1 Abs. 2 VOB/B

§ 4 Nr. 1 Abs. 2 VOB/B gibt dem Auftraggeber ein – notfalls – **einklagbares Recht**, 125
die Vertragsgemäßheit der Bauausführung zu überwachen. Daher hat der Auftraggeber auf Verlangen – jederzeit **Zutritt zu den Arbeitsplätzen**, Werkstätten und
Lagerräumen, in denen die Werkleistung hergestellt oder die hierfür bestimmten
Stoffe und Bauteile gelagert werden. Weiterhin darf der Auftraggeber Einsicht in
die Ausführungsunterlagen, wie zum Beispiel die Ausführungs- und Detailzeichnungen, verlangen. Er ist allerdings nicht befugt, **so genannte Geschäftsgeheimnisse** zu erhalten. Dies ist häufig jedoch der Fall, wenn die Ausschreibung lediglich eine besondere Zielvorgabe enthält. Die Vorschläge weniger Spezialfirmen
gelten dann in Wahrheit als Firmengeheimnisse; z. B. im Spezialtiefbau.

Hinweis: 126
Der Auftraggeber ist nicht verpflichtet, sein **Überwachungsrecht** auszuüben. Aus
einer unterlassenen Überwachung kann der Auftragnehmer auch keine Ansprüche ableiten, auch nicht einem Schadensersatzanspruch des Auftraggebers den
Einwand des Mitverschuldens wegen unterlassener Überwachung entgegenhalten.²

Mit dem Überwachungsrecht des Auftraggebers aus § 4 Nr. 1 Abs. 2 VOB/B kor- 127
respondiert die Bestimmung des § 4 Nr. 6 VOB/B. Diese gibt dem Auftraggeber
einen **vorweggenommenen Mängelbeseitigungsanspruch**. Nach § 4 Nr. 6 VOB/B
nämlich sind Stoffe oder Bauteile, die dem Bauvertrag nicht entsprechen, auf Anordnung des Auftraggebers innerhalb einer von ihm zu bestimmenden, angemessenen Frist von der Baustelle zu entfernen. Geschieht dies nicht, hat der Auftraggeber ein Selbsthilferecht, das heißt, er kann die Stoffe oder Bauteile auf Kosten
des Unternehmers entfernen oder für dessen Rechnung veräußern; siehe hierzu
unten 3.d) (Rz. 184 ff.).

Die **Abgrenzung** zwischen **§ 4 Nr. 6 VOB/B** und **§ 4 Nr. 7 VOB/B** erfolgt in zeitli- 128
cher Hinsicht. Der Beseitigungsanspruch aus § 4 Nr. 6 VOB/B besteht nur **bis
zum Einbau** der Baumaterialien. Später hat der Auftraggeber dann nur noch die
Rechte aus § 4 Nr. 7 VOB/B.

---
1 *Heiermann/Riedl/Rusam*, § 6, Rz. 3.
2 BGH, NJW 1973, 518.

bb) Anordnungsrecht gemäß § 4 Nr. 1 Abs. 3 VOB/B

129 Dem Auftraggeber wird über § 4 Nr. 1 Abs. 3 VOB/B das Recht eingeräumt, Anordnungen zu treffen, die zur vertragsgemäßen Ausführung der Werkleistung **notwendig** sind. Mit dieser Regelung soll sichergestellt werden, dass der Auftraggeber eine nicht vertragsgemäße Ausführung der Werkleistung verhindern kann. Absatz 3 stellt eine Ergänzung des Überwachungsrechts nach § 4 Nr. 1 Abs. 2 VOB/B dar.

130 § 4 Nr. 1 Abs. 3 VOB/B bezieht sich dabei nur auf die Durchführung der geschuldeten Leistung.[1] Die Anordnungen des Auftraggebers dürfen sich **nur auf die Modalitäten** der Ausführung beziehen, also auf die Art und Weise, wie die Werkleistung erbracht wird. Hierin liegt ein Unterschied zu § 1 Nr. 3 und Nr. 4 VOB/B sowie § 2 Nr. 5 und Nr. 6 VOB/B. Diese geben dem Auftraggeber das Recht, in den Umfang der Leistungspflicht einzugreifen.

131 Jedoch wird das Recht des Auftraggebers durch den Grundsatz der **Eigenverantwortlichkeit** des Auftragnehmers begrenzt. Der Auftraggeber darf nicht in den Bauablauf des Auftragnehmers eingreifen und zum Beispiel den Arbeitern des Auftragnehmers oder dessen Subunternehmer Anweisungen geben.

Beispiel:
Der Auftraggeber weist den Auftragnehmer an, statt der ausgeschriebenen geschlossenen eine offene Wasserhaltung durchzuführen.[2]

132 Nur in wirklichen **Eil- und Notfällen**, also vergleichbaren Fällen der so genannten Gefahr in Verzug, ist der Auftraggeber berechtigt, Anordnungen zu treffen, also zur Abwendung eines eingetretenen oder unmittelbar bevorstehenden Schadens.[3]

133 Eine Anordnung im Sinne von § 4 Nr. 1 Abs. 3 VOB/B liegt nur bei einer **eindeutigen** Aufforderung vor, eine Baumaßnahme in einer ganz bestimmten Art und Weise auszuführen.[4] Dagegen stellen bloße Wünsche, Vorschläge oder Empfehlungen, die keine eindeutige Aufforderung zur Befolgung enthalten, keine Anordnung dar.[5] Wenn der Auftragnehmer dennoch solchen für ihn unverbindlichen Vorschlägen nachkommt, stellt dies eben nicht eine **Risikoverlagerung** nach § 13 Nr. 3 VOB/B dar.[6] Nach dem Wortlaut der Bestimmung – Stand 2002 – wird der Unternehmer nur dann frei von der Haftung, wenn er die Mitteilung gemäß § 4 Nr. 3 VOB/B machte, ansonsten eben nicht.

134 Trifft der Auftraggeber eine Anordnung im Sinne von § 4 Nr. 1 Abs. 3 VOB/B, so ist der Auftragnehmer verpflichtet, die Anordnung zu **prüfen** und **Bedenken anzumelden**, wenn er die Anordnung für unberechtigt oder unzweckmäßig hält, wie sich eindeutig aus § 4 Nr. 1 Abs. 4 VOB/B ergibt. **Unberechtigt** ist jede Anordnung, wenn sie zur vertragsgemäßen Ausführung gar nicht notwendig ist. Un-

---

1 Hierzu: *Diehr*, BauR 2001, 1507, 1510.
2 Wasserhaltung I: BGH, BauR 1992, 759 ff.
3 OLG Hamm, BauR 2001, 1594; Leinemann/*Sterner*, § 4, Rz. 27; Beck'scher VOB/Komm.-*Hofmann*, § 4 Nr. 1, Rz. 220.
4 Vgl. BGH, NJW 1973, 754; BGH, BB 1978, 1236.
5 BGH, NJW 1984, 2457.
6 BGH, BauR 1992, 759.

Ausführung der Bauleistung   Rz. 139 **Teil 15**

zweckmäßig ist eine Anordnung, wenn sie dazu führt, dass der geschuldete Leistungserfolg entweder nicht oder nur unter unzumutbaren Erschwerungen zu erreichen ist.

Ziel der Prüfungs- und Mitteilungspflicht ist es, unter mehreren denkbaren Ausführungsarten, die grundsätzlich alle zu einer vertragsgemäßen Werkleistung führen, diejenige zu wählen, die die **Zweckmäßigste** ist und den Auftragnehmer nicht mit unnötigen Erschwerniskosten belastet, wie der Wortlaut § 4 Nr. 1 Abs. 4 Satz 2 VOB/B erkennen lässt. Es handelt sich folglich um eine eigenständige Regelung gegenüber der Prüfungs- und Mitteilungspflicht des Auftragnehmers aus § 4 Nr. 3 VOB/B, bei der die Mangelfreiheit der Leistung im Vordergrund steht. 135

Besteht der Auftraggeber trotz Bedenken des Auftragnehmers auf der Befolgung der Anordnung, so ist der Auftragnehmer **verpflichtet**, die Anordnung **auszuführen**. 136

Hinweis:
Verstößt die Anordnung gegen gesetzliche oder behördliche Bestimmungen, so zum Beispiel Unfallverhütungsvorschriften, bauordnungsrechtliche Bestimmungen usw. so gilt die Anordnung als unzweckmäßig und unnötig.

Verursacht eine Anordnung einen **Schaden** oder einen **Mangel**, so kommt es auf Folgendes an: 137

▷ Hat der Auftragnehmer **keine Bedenken** geäußert, trifft ihn allein die volle Haftung.

▷ Hat der Auftragnehmer **Bedenken** geäußert, der Auftraggeber aber auf Befolgung der Anordnung bestanden, so ist der Auftragnehmer von der Haftung frei.

Wichtig ist, dass bei einer Anordnung des Auftraggebers, die umweigerlich zum Mangel (Nachbesserungsverlangen) führen muss, wie zum Beispiel bei der Anordnung gegen eine DIN-Vorschrift oder die allgemein anerkannten Regeln der Technik, der Auftragnehmer zur Ausführung verpflichtet ist.[1] Er kommt jedoch nicht in **Verzug**.[2] Ist die Ausführung aber mit den Vorschriften (DIN, Herstellerrichtlinien, allgemein anerkannten Regeln der Technik) noch – eben – vereinbar, so hat der Auftragnehmer diese Leistung doch auszuführen. Ob in diesen Fällen allerdings die Möglichkeit der **Teilkündigung** nicht die bessere Variante ist, muss an dieser Stelle dem Einzelfall überlassen bleiben. 138

Die **Bedenkenanmeldung** des § 4 Nr. 1 Abs. 4 VOB/B ist zwar nicht ausdrücklich an eine Form geknüpft; jedoch sollte sie immer – wie die Bedenkenanmeldung des § 4 Nr. 3 VOB/B – schriftlich erfolgen (Beweiszwecke).[3] Der Auftragnehmer ist grundsätzlich beweisbelastet. 139

---

1 BGH, BauR 1998, 397.
2 BGH, BauR 1985, 77.
3 Die Bedenkenanmeldung des § 4 Nr. 3 VOB/B ist von der des § 4 Nr. 1 Abs. 3 VOB/B zu unterscheiden!

Hinweis:
In Baubesprechungen muss hier auf **Schriftlichkeit** des Protokolls bestanden werden.

140 Nach § 4 Nr. 1 Abs. 4 VOB/B kann der Auftragnehmer die **Mehrkosten** im Fall der Erschwerung der Leistungsverpflichtung geltend machen. Die **Berechnung** erfolgt unter Berücksichtigung der Minderkosten. Dabei kann nicht auf die Grundsätze der Berechnung nach § 2 Nr. 5 oder Nr. 6 VOB/B zurückgegriffen werden. Vielmehr ist die Berechnung losgelöst von den Vergütungen für ortsübliche und angemessene Preise vom Auftragnehmer zu bilden. Dies bedeutet, er hat ohne Angebot eine **neue Preisbildung** auf der Grundlage der tatsächlich entstanden Kosten in Verbindung mit den von ihm errechneten Mehrkosten (nicht Urkalkulation) vorzunehmen.[1] Dies rechtfertigt sich aus der Losgelöstheit von § 2 Nr. 5 und Nr. 6 VOB/B, die auf die Urkalkulation im Zweifel zurückgreifen, da der Anhaltspunkt für eine Leistung sich bereits aus dem Angebot ergibt. Allerdings lassen sich die **Stillstandszeit** im Rahmen der Urkalkulation ermitteln. Diese stellt aber einen – berechenbaren – Verzugsschaden dar.

3. Pflichten des Auftragnehmers im Rahmen der Bauausführung

141 **Übersicht: Pflichten des Auftragnehmers während der Phase der Bauausführung**

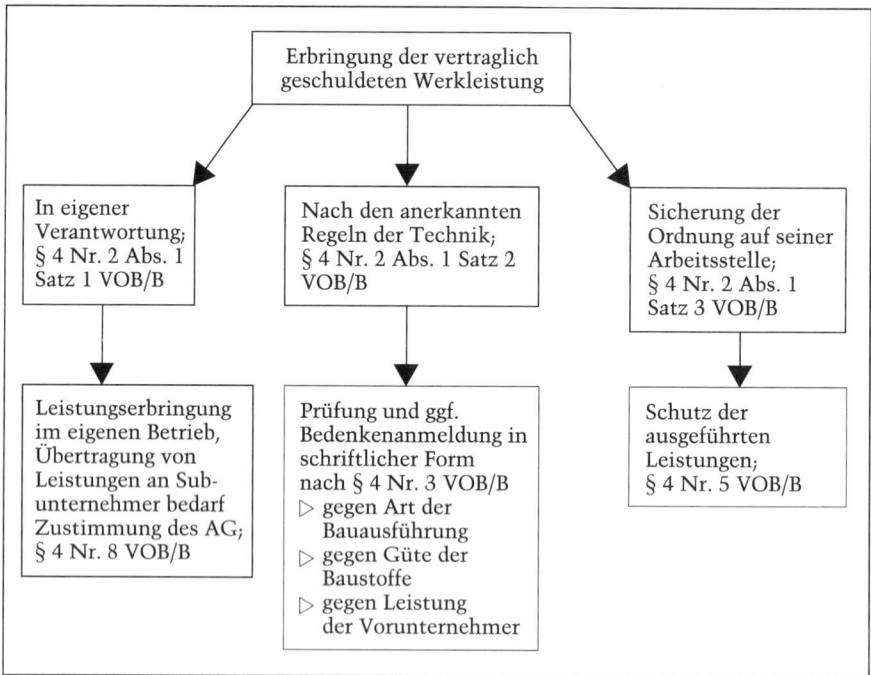

---

1 So auch Ingenstau/Korbion/*Oppler*, B, § 4 Nr. 1 Rz. 99 ff.

a) Eigenverantwortung und Einhaltung der Regeln der Technik gemäß § 4 Nr. 2 VOB/B

Der Unternehmer ist aufgrund des Vertrags grundsätzlich verpflichtet, die Arbeiten in **eigener Verantwortung** in seinem Betrieb vorzunehmen. Er muss die notwendige Sach- und Fachkenntnis haben. Jedenfalls wird dies durch § 4 Nr. 2 VOB/B nochmals klargestellt. Wesentlich ist dies vor dem Hintergrund des vertraglichen „Bausolls".[1] 142

Hierzu zählt aber auch die **Untersuchung der Vorleistung** anderer Unternehmer oder des Auftraggebers.[2] 143

Beispiele:

▷ Estrichlegerarbeiten im Verhältnis zu Parkettlegerarbeiten;

▷ Aushubarbeiten im Verhältnis zur Pflicht des Auftraggebers, das Grundstück zur Verfügung zu stellen.

Wenn der Auftraggeber Vorgaben macht, so haftet ein Fachunternehmer dann nicht, wenn er diese **Fachkenntnisse** nicht haben kann. Andererseits haftet der Architekt dem Auftraggeber nicht, wenn er kein weiteres Spezialwissen haben muss oder dieses unterstellt werden muss. Die Abgrenzung ist sehr schwierig und orientiert sich zunächst an den Vorgaben der Herstellerrichtlinien und der einschlägigen Vorschriften (DIN und ETB). Ergibt sich hier nichts, ist auf die besonderen Spezialkenntnis des Unternehmers abzustellen, also, was ihm üblicherweise bekannt sein könnte. Ist das Wissen derart besonders oder speziell, so haftet der Auftraggeber nur dann, wenn er eine besondere Anweisung erteilte.[3] Grenze der Überprüfungspflicht des Auftragnehmers ist immer die **Zumutbarkeit**.[4] 144

An dieser Stelle ist aber auch immer zu prüfen, ob und wie die geschuldete Ausführung erreicht werden kann. Hierzu ist auf die allgemein anerkannten Regeln der Technik und damit den Umfang der Regelungen in den ETB und den DIN-Normen abzustellen. Dies gilt gerade für den Problemkreis des **Einsatzes von neuen Materialien** und Stoffen, und zwar in Hinblick darauf, ob der Auftragnehmer diese von sich aus einsetzt oder auf Anordnung des Auftraggebers.[5] 145

Beispiel:

▷ Blockheizkraftwerk als Alternative;[6]

▷ Dachabdichtfolie;[7]

▷ Außenverblendsteine aus niederländischem Blähbeton mit erheblicher Diffusionsmöglichkeit für Feuchtigkeit in beide Richtungen.

---

1 BGH, BauR 1997, 475; BGH, BauR 1987, 681; OLG Zweibrücken, BauR 1974, 125; Beck'scher VOB-Komm.-Ganten, § 4 Nr. 2, Rz. 1.
2 BGH, BauR 1995, 475.
3 Daher sehr kritisch zu betrachten: OLG Karlsruhe, BauR 1972, 383; OLG Köln, BauR 1990, 492; BGH, BauR 1971, 265.
4 BGH, BauR 1987, 79.
5 BGH, ZfBR 1987, 269; BGH, NJW-RR 1996, 789; OLG Köln, BauR 1997, 831.
6 BGH, BauR 1993, 79.
7 OLG Köln, S/F/H, Nr. 7 zu § 13 Nr. 3 VOB/B.

146 Die Einhaltung der anerkannten Regeln der Technik ergibt sich aus dem Wortlaut des § 13 Nr. 7 Abs. 3 Buchst. a VOB/B. Bei dem Begriff „anerkannte Regeln der Technik" handelt es sich um einen **unbestimmten Rechtsbegriff**. Die anerkannten Regeln der Technik bestehen nicht nur aus wissenschaftlichen Erkenntnissen, sondern auch aus deren allgemeiner Anerkennung in der Theorie und der Praxis durch Technik und Wissenschaft.[1] Dabei ist zu beachten, dass die anerkannten Regeln der Technik über die DIN-Vorschriften hinausgehen können. Dabei sind sie allerdings nur verbindlich, wenn sie schriftlich niedergelegt sind. Weiterhin gilt, dass die DIN-Vorschriften des Deutschen Instituts für Normung e. V. und die Einheitlichen Technischen Baubestimmungen (ETB) grundsätzlich die Vermutung für sich haben, den anerkannten Regeln der Technik zu entsprechen.

147 Der Begriff der anerkannten Regeln der Technik ist außerdem dem **Wandel der Zeit** und insbesondere den Erkenntnissen der Wissenschaft unterworfen. So kann sich der Auftragnehmer nicht darauf verlassen, dass Leistungen, die er anhand von DIN-Vorschriften ausgeführt hat, in jedem Fall auch den anerkannten Regeln der Technik entsprechen. Insbesondere wenn er infolge der Veröffentlichung des „Gelbdrucks" des Deutschen Normungsausschusses Kenntnis davon hat, dass sich Richtlinien für bestimmte Leistungen fortentwickeln und die DIN-Vorschriften damit möglicherweise veraltet sind oder in nächster Zukunft verändert werden („Hart gelötete Kupferrohre").[2] Der Auftragnehmer haftet immer für eine fehlende Übereinstimmung zwischen Bauleistung („Bau-Ist") und anerkannten Regeln der Technik („Bau-Soll") unter Zugrundelegung des Vertragsinhalts. Die **DIN-Normen** sind daher **widerlegbar**.[3]

148 Der Auftragnehmer hat daher die Aufgabe die Empfehlungen der **Fachpresse** zu kennen und zu berücksichtigen.[4] So werden aber auch die Bearbeitungsverfahren, Herstellervorschriften, Verlegeanleitungen, Planungs- und Verarbeitungshinweise oder ähnliche entsprechende Vorgaben damit für die Verpflichtung des Auftragnehmers wesentlicher Vertragsinhalt, ohne dass darauf im Vertrag im Einzelnen zurückzukommen ist. Relevant sind für den Auftragnehmer alle Vorschriften, die in sein Fachgebiet fallen und deren Entwicklung er überprüfen und verfolgen muss.[5] Weiterhin sind zu beachten die VDE-Vorschriften, die Bestimmungen des DVGW, aber auch öffentlich-rechtliche Regelwerke, wie die TA Luft, die TA Abfall oder die Verordnungen zum BImSchG.

149 **Hinweis:**
Für die Beurteilung einer mangelfreien Leistung, die den anerkannten Regeln der Technik entspricht, ist immer der **Zeitpunkt der Abnahme** bzw. die Fertigstellungsmitteilung maßgeblich (§ 13 Nr. 1 VOB/B).[6] Ist ein Zeitpunkt nicht be-

---

1 OLG Hamm, BauR 1997, 309.
2 OLG Köln, BauR 1997, 831 (zum „Gelbdruck").
3 BGH, BauR 1996, 447; BGH, BauR 1995, 230; BGH, BauR 1984, 401.
4 OLG BauR 1997, 831.
5 OLG Schleswig, BauR 1998, 1103; *Jagenburg*, BauR 2000, 1060; *Ingenstau/Korbion*, B, § 4, Rz. 155, 157 ff.
6 Ingenstau/Korbion/*Oppler*, VOB/B, § 4 Nr. 2 Rz. 2, 39 ff.

stimmt, so ist die objektive Aussage durch den Sachverständigen maßgeblich, siehe auch die §§ 640, 641, 641a, 646 BGB.

Wesentlich bleibt allerdings, dass der Auftragnehmer zum Zeitpunkt der Abnahme die Leistung so ausgeführt hat, dass sie technisch dem tatsächlichen, wenn auch nicht unbedingt schriftlich niedergelegten, aber einem Fachunternehmen generell bekannten **Standard** entspricht. 150

Hinweis:
Missverständlich sind die in diesem Zusammenhang immer wieder gerne zitierten Ausführungen des **BVerfG** und die dort vorgenommene Abstufung zwischen „Stand der Technik", „Stand der Wissenschaft und Technik" und „neuester Stand der Technik".[1] Sie sind nicht maßgeblich.

Weiterhin ist aber in diesem Zusammenhang auch Folgendes zu beachten: Die Haftung des Auftragnehmers wirkt über den Zeitraum der Abnahme hinaus. Damit schuldet er sogar ein Werk, dass **bis zur Beendigung der Gewährleistungszeit** jederzeit anzupassen ist. Dieses Ergebnis scheint unbillig zu sein, ist jedoch nur denklogische Konsequenz des Vorstehenden und des § 13 Nr. 7 VOB/B. Das System ist jedoch auf den Bereich des Geschuldeten zu reduzieren, da dem Unternehmer ansonsten ein **unbekanntes Risiko aufgebürdet** würde, was eben aus § 4 Nr. 2 VOB/B nicht herausgelesen werden kann. Denn auch nach der Änderung des § 13 Nr. 1 und Nr. 7 VOB/B mit der VOB 2002 ist nur die Grenze beim vertraglich geschuldeten Erfolg zu ziehen und nicht für die zukünftige Entwicklung zulasten des Auftragnehmers. Das Risiko muss auch kalkulatorisch überschaubar sein.[2] 151

§ 4 Nr. 2 VOB/B verlangt auch die Einhaltung der **gesetzlichen und behördlichen Bestimmungen** wie Verordnungen, Satzungen, das Strafrecht und Verwaltungsrecht, öffentliches Baurecht, Immissionsschutzrecht, Straßenverkehrsrecht, Schallschutzbestimmungen, Wärmeschutzverordnungen und die Landesbauordnungen. Die Arbeitsämter sind verpflichtet, die Befolgung der Arbeitsschutzauflagen zu überprüfen. Wesentlich erhält die für das jeweilige Bauwerk erlassene Baugenehmigung Vorgaben, die eingehalten werden müssen. Die Leistung darf nur ausgeführt werden, wenn die Baugenehmigung – vollziehbar – vorliegt. 152

Gem. § 4 Nr. 2 Abs. 1 Satz 3 VOB/B kann sich der Unternehmer anderer **Erfüllungsgehilfen** bedienen. Dies sind die Bauleiter oder Oberbauleiter (auch Projektleiter usw.) sowie Architekten in dieser Funktion. Dabei haftet er nach § 278 BGB.[3] 153

Beim Zusammentreffen von Planungs- und Ausschreibungsfehlern einerseits und Verletzung der Hinweispflicht andererseits **haftet** grundsätzlich der **Auftragnehmer**, denn er hat Mängel, mit den bei einem Fachmann seines Gebiets zu erwartenden Kenntnissen, anzuzeigen.[4] Dies beinhaltet zugleich die Prüfung des bisherigen und zu erwartenden Leistungserfolgs. 154

---

1 BVerfG, NJW 1979, 359.
2 Vgl. hierzu auch BauR Heft 11a/2002, 40 ff.
3 Ingenstau/Korbion/*Oppler*, B, § 4 Nr. 2 Rz. 6, 8 ff., 15 ff., 19 ff., 31 ff.; BGH, NJW 1973, 518; BGH, BauR 1982, 79; BGH, NJW 1973, 518.
4 BGH, NJW-RR 1991, 276.

155 Zwar ist der Auftragnehmer gemäß § 4 Nr. 2 Abs. 2 VOB/B selbst für die Einhaltung der gesetzlichen, behördlichen[1] und berufsgenossenschaftlichen Verpflichtungen gegenüber seinen Arbeitnehmern verantwortlich. Dies insbesondere unter Beachtung der **Baustellenverordnung** vom 10. 7. 1998, § 4. Überlässt der Auftraggeber aber Baustelleneinrichtungen oder Material dem Auftragnehmer, so haftet der Auftraggeber für von dort ausgehende Gefahren.[2]

Beispiel:

▷ Asbest;

▷ Containerstandort zu nahe am Wasserlauf eines Bachs oder an einer viel befahrenen Straße mit Lkw-Verkehr.

b) Prüfungs- und Anzeigepflicht gemäß § 4 Nr. 3 VOB/B

156 Der **Umfang** der Prüfungspflicht ist nicht unproblematisch. Zunächst ist auf das Normalwissen des Auftragnehmers abzustellen.[3] Dies kann jedoch nicht grundsätzlich als abgestuft betrachtet werden. Jeder Auftragnehmer hat ein Grundwissen zu haben, dass sich an den ihm als bekannt zu geltenden anerkannten Regeln der Technik, also zunächst den ETB und den DIN-Vorschriften und den jeweiligen Fachvorschriften (z. B. VDE) in seinem Fachgewerk zu orientieren hat. Bezeichnet sich der Handwerker als „**Allrounder**", so gilt für ihn nicht etwa eine mindere Stufe des Wissens. Gleiches gilt für den „Einmannbetrieb" eines bestimmten Fachgewerks.

Hinweis:

Kein Argument ist in diesem Zusammenhang nämlich, dass er nicht die Zeit habe sich zu bilden. Das ist „Lebensschicksal"!

157 Begrenzt wird dieses erforderliche **Grundwissen** nur von der Zumutbarkeit der Ansammlung von Fachwissen.[4] So ist bei einer Bau-AG üblicherweise aufgrund der Größe des Betriebs davon auszugehen, dass mehr Basiswissen und Erfahrung mit Materialien vorhanden ist, was intern weitergegeben wird. Bedient sich der Auftragnehmer eines oder ist er selbst ein **Fachplaner** oder Architekt, so ist ihm eine **erhöhte Pflicht** zur Prüfung zu unterstellen. Hierzu gehört aber auch, dass der Auftragnehmer sich im Rahmen seiner Verpflichtung zur Bedenkenanmeldung die Kenntnisse des **Subunternehmers** nach § 278 BGB zurechnen lassen muss.[5]

158 Andererseits ist die **Bedenkenanmeldungsverpflichtung** nicht ebenso groß, aber entfällt auch nicht, wenn der Auftragnehmer die Mängel an der Vorgabe des

---

[1] BGH, NJW 1998, 738.
[2] Siehe auch *Leinemann/Maibaum*, VOB 2002, S. 81 ff.; Ingenstau/Korbion/*Oppler*, B, § 4 Nr. 1 Rz. 6, 7; Leinemann/*Sterner*, VOB, § 4, Rz. 53, 54.
[3] Hierzu auch: BGH, BauR 1987, 79; OLG Düsseldorf, NJW-RR 1998, 20; AG Nürnberg, NJW-RR 1993, 406; OLG München, BauR 1996, 547.
[4] OLG Düsseldorf, NJW-RR 1993, 405; *Siegburg*, Gewährleistung beim Bauvertrag, Rz. 402; KG IBR 1995, 111; OLG Hamm, IBR 1995, 112; BGH, BauR 1981, 201; *Stuttmann*, BauR 2001, 1487, 1496.
[5] OLG Dresden, IBR 2002, 707; OLG Jena, BauR 2001, 1945.

Ausführung der Bauleistung　　　　　　　　　　　　　　　Rz. 162　**Teil 15**

vom Auftraggeber gestellten Fachplaners erkannt hat.[1] Dies gilt auch für den Fall, dass der Fachplaner Spezialist ist und einen gewissen Ruf genießt.[2]

Hinweis:
Daraus folgt, dass den Auftragnehmer grundsätzlich eine Haftung trifft. Es geht lediglich darum, ob das **Mitverschulden** des Auftraggebers, gemäß § 254 BGB, als abgestuftes Mitverschulden einzuordnen ist.[3]

Die Prüfung umfasst auch die Leistungsbeschreibung, das Leistungsverzeichnis, die Einhaltung der technischen Regeln und die bauordnungsrechtlichen Vorschriften.[4]　　　　159

Die Hinweispflicht kann **vertraglich ausgeschlossen** werden. Jedoch ist zu beachten, dass hierdurch in das Gefüge des § 13 Nr. 3 VOB/B eingegriffen wird, wodurch gegen § 305 BGB (§ 9 AGBG) verstoßen wird. Durch § 13 Nr. 3 VOB/B (Fassung 2002) wird nunmehr klargestellt, dass zunächst der Auftraggeber die Beweislast für die Darlegung der Prüfungs- und Hinweispflicht hat. Sodann hat der Auftragnehmer darzulegen, dass er dieser Verpflichtung nachkam. Die **Beweislast** für die Erfüllung der Pflicht liegt daher bei ihm. Hieraus folgt auch, dass bei schwerwiegender Verletzung der Pflicht gemäß § 241 Abs. 2 BGB eine schuldhafte Pflichtverletzung mit der Folge des Ersatzanspruchs vorliegt.　　　160

Der Auftragnehmer hat die vom Auftraggeber vorgegebenen **Materialien und Stoffe** auf ihre **Tauglichkeit** zu untersuchen. Dabei hat er dies mit allen ihm zur Verfügung stehenden Möglichkeiten zu tun, also Besichtigung, Untersuchung, Materialbeschreibung, Einbauanleitung usw. Ist ihm eine bestimmte Sorte oder Marke vorgegeben, so genügt er der Hinweispflicht bei Überprüfung eines Einzelstücks auf Tauglichkeit.　　　161

Beispiel:　　　162
Bei der Demontage von Heizungs- und Sanitäranlagen in einem 1904 errichteten und 1975 mit Brandschutzwänden versehenen Gebäude sind die beauftragten Unternehmen nicht verpflichtet, die zu demontierenden Bauteile auf eine Asbestbelastung zu untersuchen.[5] Baut der Unternehmer als Tragschicht einer Tennishalle vom Bauherrn beigestellte Hausmüllverbrennungsasche ein, obwohl diese wegen fehlender Raumbeständigkeit für die geplante Tragschicht ungeeignet ist, so verletzt der einbauende Unternehmer seine Prüfungs- und Hinweispflicht. Beide sind als Gesamtschuldner schadenersatzpflichtig, wobei sich aber auch der Bauherr ein erhebliches Mitverschulden anrechnen lassen muss, weil er mit Beistellung der Hausmüllverbrennungsasche von der ursprünglichen Planung des Architekten abgewichen ist.[6]

---

1 BGH, BauR 2001, 622; BGH, BauR 1991, 79; OLG Düsseldorf, BauR 2001, 638.
2 OLG Celle, NZBau 2001, 98.
3 *Werner/Pastor*, Der Bauprozess, Rz. 1522; Ingenstau/Korbion/*Oppler*, B, § 4 Nr. 2 Rz. 34.
4 *Heiermann/Riedl/Rusam*, § 4, Rz. 46; BGH, BauR 1974, 202; OLG Düsseldorf, S/F/H 2.4.10 Nr. 43; BGH, BauR 1987, 683 zu lückenhaftem LV; BGH, BauR 1991, 79; OLG Stuttgart, BauR 1995, 850 zu Differenzen bei Architekten und Fachplanerplänen; OLG Düsseldorf, BauR 1995, 247; OLG Hamm, BauR 1994, 632; BGH, BauR 1989, 467; BGH, BauR 1992, 627; BGH, BauR 1991, 79.
5 OLG Hamm, IBR 2002, 659.
6 OLG Hamm, BauR 2003, 101.

163 Wie bereits oben dargestellt, gilt für den Fall, dass der Auftraggeber trotz der deutlichen Hinweise auf einer bestimmten Ausführung besteht, so haftet bei Durchführung der Auftragnehmer zwar, jedoch ist das Mitverschulden des Auftraggebers hier überwiegend (§ 254 BGB), sodass faktisch eine **Enthaftung** besteht (Reduzierung auf Null).[1]

164 Auch **neuartigen** oder einzigartigen **Materialien**, die nur für das Bauvorhaben hergestellt wurden, müssen untersucht werden, allerdings nur im Rahmen der Möglichkeiten des Auftagnehmers. Denn der Auftraggeber haftet dann überwiegend oder teilweise, wenn er bewusst das Risiko der Ausführung eingehen will und die Neuartigkeit auch kennt.[2]

165 Der Auftragnehmer hat die **Vorunternehmerleistungen** zu überprüfen, d. h. Stoffe und Bauteile. Wesentlich ist hier, dass er nur die für ihn **angrenzenden Gewerke** zu untersuchen hat, etwa diejenigen, auf denen er aufbauen will. Dabei ist ihm aber nicht das „Basiswissen" des Vorunternehmers zuzumuten, sondern das Wissen, dass dazu führt, dass angrenzende Normen eingehalten werden.[3] Dabei hat und muss er sich ggf. auch eines Fachmanns oder eines Sachverständigen bedienen. Anhaltspunkte bilden die Verweise in den DIN-Vorschriften; so die Hinweise in den jeweiligen Ziffern 1, 2, und 3 der DIN 18 299 ff. Dort sind die Hinweise auf weitere Anwendung notwendiger Vorschriften und Nachbargewerke deutlich gemacht.[4]

166 Der Auftragnehmer, der in Teilbereichen der Gesamtanlage neben der Ausführung auch noch die **Ausführungs- und Werkplanung** übernommen und diese durch einen Subunternehmer erbracht hat, ist gemäß § 4 Nr. 3 VOB/B verpflichtet, die Dimensionierung des im Detail von ihm zu planenden Nachklärbeckens durch die Generalplanung zu prüfen und gegebenenfalls Bedenken insoweit anzumelden.[5]

167 Die **Prüfungspflicht** des **Subunternehmers** beschränkt sich allerdings auf die vom Hauptunternehmer beigestellten Baustoffe, z. B. Sand beim Straßenbau, auf eine Sicht- und Fühlprobe. Einer Laboranalyse bedarf es regelmäßig nicht, es sei denn, grobe Anhaltspunkte für Falschlieferungen bestehen. Auch die Einsichtnahme in Lieferscheine ist nicht notwendig.[6]

168 Der Auftragnehmer hat auch dafür Sorge zu tragen, dass die Vorunternehmerleistung, welche der Auftraggeber monierte, **bei der Nachbesserung** zum Erfolg führt.[7] Er hat ansonsten die mangelhafte Leistung erneut anzuzeigen. Im Übrigen

---

1 Nicht ganz klar bei OLG Düsseldorf, BauR 2002, 323; OLG Düsseldorf, BauR 1995, 139; BGH, NJW 1975, 1217; OLG Düsseldorf, BauR 1996, 260; OLG Hamm, BauR 1995, 852.
2 So auch: Ingenstau/Korbion/*Oppler*, VOB/B, § 4 Nr. 2 Rz. 39; BGH, BauR 1973, 188; BGH, NJW 1974, 747; *Heiermann/Riedl/Rusam*, § 4, Rz. 53.
3 OLG Bremen, BauR 2001, 1599.
4 Vgl. hierzu insbesondere ausdrücklich: Beck'scher VOB/C Kommentar, zu den jeweiligen Ziffern 1, 2 der Normen! Grundsätzlich: desgl. *Englert/Grauvogl/Katzenbach*, DIN 18 299, Rz. 92 ff; BGH, BauR 1983, 70; OLG Köln, BauR 1990, 729; *Werner/Pastor*, Der Bauprozess, Rz. 1530.
5 OLG Dresden, BauR 2003, 262.
6 Brandenburgisches OLG, BauR 2001, 102.
7 Beck'scher VOB-Komm.-*Hofmann*, § 4 Nr. 3, Rz. 17.

haftet er ansonsten **gesamtschuldnerisch**[1] mit dem Vorunternehmer, wobei allerdings eine Haftung nach Verschuldensanteilen in Betracht kommt.

Hinweis:
Der Auftragnehmer kann sich nicht darauf zurückziehen, dass er den Erfolg oder Misserfolg nicht erkennen konnte.[2]

Die **Bedenkenanmeldung** hat immer **schriftlich** zu erfolgen, Geschieht dies nicht, so liegt darin eine Pflichtverletzung und ein Mitverschulden gemäß § 254 BGB. Die Anzeige hat nicht nur den beteiligten Architekten oder/und Fachplaner zu erreichen, sondern den **Auftraggeber**.[3] Er hat die Verantwortung für die Auftragsänderung und für die Änderung der Anordnungen. Dabei muss die Bedenkenanmeldung immer **unverzüglich** vor oder während der Bauphase erfolgen, sobald der Fehler/Mangel entdeckt wurde. 169

Hat der vom Auftraggeber beauftragte Architekt oder Fachplaner nach eigener Überprüfung den Mangel erkannt, ist der Auftragnehmer auch ohne eigene Nachschau und Prüfung nicht von seiner Pflicht gemäß § 4 Nr. 3 VOB/B entbunden.[4] 170

Wird durch den Auftraggeber dann die Ausführung **trotzdem angeordnet**, steht der Auftraggeber für die Ausführung ein.[5] Daraus folgt, dass die Durchführung immer zu erfolgen hat, da dem **Auftraggeber** auch die Änderungen und Anordnungen über § 1 Nr. 3 und Nr. 4 VOB/B **zuzurechnen** sind (hier analog). Grenze sind lediglich die öffentlich-rechtlichen Bestimmungen, Schutzgesetze und das Deliktsrecht. 171

Eine **Nachbesserungsverpflichtung** hinsichtlich der von dem Auftragnehmer nicht erkannten fehlerhaften Vorleistungen besteht nicht.[6] 172

Allerdings hat der Auftragnehmer einen **Ausgleichsanspruch** gegen den Auftraggeber bei den von ihm gleich mitbearbeiteten Mängeln anderer Unternehmer, die er im Rahmen seiner Beseitigung auch und zugleich notwendigerweise beseitigen muss.[7] 173

Die Prüfungs- und Anzeigepflicht des Auftragnehmers ist vom Auftraggeber **nicht selbständig einklagbar**. Wenn ein Mangel oder Schaden deswegen eintritt, dass seinerzeit die Bedenken nicht vom Auftragnehmer angezeigt wurden, ist der 174

---

1 BGH, BauR 1975, 130.
2 BGH, BauR 1974, 128.
3 BGH, BauR 1989, 467; BGH, BauR 1997, 301; *Heiermann/Riedl/Rusam*, § 4, Rz. 58; BGH, NJW 1987, 643; OLG Köln, NJW-RR 1994, 533; OLG Celle, BauR 1996, 259; OLG Karlsruhe, BauR 1988, 598; OLG Hamm, ZfBR 1987, 248; *Korbion/Hochstein/Keldungs*, VOB-Vertrag, Rz. 240; BGH, NJW 1974, 188; OLG Düsseldorf, BauR 1992, 381; OLG Dresden, BauR 1998, 565; OLG Düsseldorf, BauR 1995, 247.
4 OLG Düsseldorf, BauR 1994, 764.
5 Ingenstau/Korbion/*Oppler*, B, § 4 Nr. 7 Rz. 39 ff., 61 ff.
6 OLG Hamm, BauR 1995, 852; OLG München, BauR 1996, 547; OLG München, NJW-RR 1988, 20.
7 OLG Hamm, BauR 1992, 519; zur dann geltenden analogen Anwendung des § 255 BGB: Ingenstau/Korbion/*Oppler*, B, § 4 Nr. 3 Rz. 58.

Auftraggeber durch seine Mängelrechte (**Mängelansprüche**) gemäß § 4 Nr. 7 VOB/B und § 13 VOB/B genügend gesichert. Dies gilt auch für den BGB-Vertrag über §§ 633 ff. BGB i. V. m. § 242 BGB.[1]

175 Allerdings ist hier zu beachten, dass § 4 Nr. 3 VOB/B nur auf die in § 4 Nr. 1 VOB/B beschriebenen Fälle anwendbar ist. Die Risikoverlagerung auf den Auftraggeber gilt also nur dann, wenn die Bedenken auch **schriftlich** angemeldet wurden.

176 Die Hinweispflicht ergibt auch bei **schuldhaftem Handeln** ein neben § 4 Nr. 3 VOB/B bestehendes Recht aus pVV bzw. aus § 241 Abs. 2 i. V.m § 280 Abs. 1 BGB.[2]

177 Ein Verstoß gegen § 4 Nr. 3 VOB/B begründet **kein Recht** des Auftraggebers zur fristlosen **Kündigung** des Bauvertrags wegen schwerer Vertragsverletzung.[3]

c) Schutzpflichten gemäß § 4 Nr. 5 VOB/B

178 § 4 Nr. 5 VOB/B ist eine Klarstellung zu § 12 VOB/B. Hierzu zählen alle Gegenstände, die dem Auftragnehmer zur Ausführung seiner Leistung überlassen wurden wie Baustoffe, Baumaterialien, Baumaschinen und das Grundstück.[4]

179 Der Schutz der vom Auftragnehmer beschafften Baumaterialien **gegen Schädigungen Dritter** fällt nicht in seinen Aufgabenbereich.[5] Schutzpflichten gegenüber Leistungen Dritter obliegen dem Auftragnehmer grundsätzlich nicht. Jedoch kann vertraglich hier etwas anderes vereinbart werden.

Hinweis:
Für überlassene Gegenstände, Materialien oder Geräte gilt der Zeitpunkt, in dem der Auftraggeber die unmittelbare Gewalt über die Gegenstände wiedererlangt.

180 Der Auftraggeber ist berechtigt, entsprechende Hinweise zu erteilen. Schutz vor Diebstahl kann nur durch **regelmäßige Überwachungen** auf der Baustelle oder Verschließen von Gegenständen und Materialien sein. Eine Versicherungspflicht des Auftragnehmers besteht aber nicht.[6]

181 Bei der in § 4 Nr. 5 VOB/B statuierten Schutzverpflichtung handelt es sich um eine **vertragliche Nebenpflicht**, für die der Auftragnehmer keine zusätzliche Vergütung verlangen kann. Bei Verletzung der Pflicht haftet der Auftragnehmer dem Auftraggeber aus pVV bzw. gemäß § 241 Abs. 2 i. V. m. § 280 Abs. 1 BGB. Dabei richtet sich die Beweislast nach den Gefahren- oder Verantwortungsbereichen, die auf der Baustelle auftreten.

---

1 OLG Düsseldorf, NZBau 2001, 401; OLG Bremen, NZBau 2001, 685; OLG Bremen, BauR 2001, 1599; BGH, BauR 1987, 79; OLG Düsseldorf, NJW-RR 1993, 405; BGH, BauR 1997, 79; BGH, ZfBR 1991, 61; *Korbion/Hochstein/Keldungs*, VOB-Vertrag, Rz. 255; OLG Düsseldorf, NJW-RR 1997, 1450.
2 Siehe zum alten Recht bis 1. 1. 2000: BGH, BauR 1974, 202; OLG Köln, S/F/H, Nr. 6 zu § 4 Nr. 3.
3 OLG Düsseldorf, BauR 1995, 247.
4 OLG Karlsruhe, S/F/H, Z 2.413 Nr. 25.
5 Zu den Aufgaben des bauleitenden Architekten: OLG Düsseldorf, S/F/H, Z 2.413 Nr. 28.
6 Ingenstau/Korbion/*Oppler*, B, § 4 Nr. 5 Rz. 11; *Stuttmann*, BauR 2001, 1487, 1491, 1497.

Nach §§ 823, 831 BGB haftet der Auftragnehmer nur, wenn er trotz deutlicher Anzeichen, dass es zu Diebstählen oder Beschädigungen kommen wird, keine dementsprechenden Maßnahmen ergriffen hat.[1] 182

Die DIN 18 299 sieht unter Ziffer 4.2.5 besondere Schutzmaßnahmen gegen Witterungsschäden, Hochwasser und Grundwasser als **Besondere Leistungen** vor. Nach Ziffer 4.1.10 ist der Auftragnehmer verpflichtet, als Nebenleistung seine Arbeiten gegen Niederschlagswasser, mit dem normalerweise gerechnet werden muss, zu sichern. § 4 Nr. 5 VOB/B bezieht sich auf die in Ziffer 4.2 als Besondere Leistungen geregelten Maßnahmen und löst damit eine **Vergütungsverpflichtung** aus. Ist vertraglich nichts geregelt, entsteht ein Anspruch gemäß § 2 Nr. 6 VOB/B.[2] 183

d) Beseitigung vertragswidriger Stoffe und Bauteile gemäß § 4 Nr. 6 VOB/B

Sind vertragswidrige Baustoffe **bereits eingebaut**, findet ausschließlich § 4 Nr. 7 VOB/B Anwendung.[3] Die Bauteile oder Stoffe müssen – objektiv – **mangelhaft** sein. Hierzu kann auf Kosten der Beteiligten ein Sachverständiger berufen werden. Stellt der Auftraggeber oder sein Vertreter (Architekt, Fachplaner) vertragswidrige Stoffe oder Bauteile fest, muss er dem Auftragnehmer eine Frist zur Beseitigung setzen, die angemessen ist.[4] 184

Kommt der Auftragnehmer der **Beseitigungspflicht** innerhalb der ihm gesetzten **angemessenen Frist** nicht nach, ist der Auftraggeber zur Selbsthilfe berechtigt. Auf ein Verschulden des Auftragnehmers kommt es bei der Überschreitung der Frist nicht an. Im Rahmen der **Ersatzvornahme** ist der Auftraggeber berechtigt, die Stoffe und Bauteile auch durch ein Drittunternehmen von der Baustelle entfernen, einlagern oder verwerten zu lassen. Erfolgt eine Verwertung, so sind die Erlöse unter Abzug der Kosten des Auftraggebers an den Auftragnehmer herauszugeben. Der Anspruch auf Vergütung des Auftraggebers bestimmt sich nach den Grundsätzen der Geschäftsbesorgung ohne Auftrag. Bei **Einlagerung** hat er Auskunft zu erteilen, da er sich nach pVV bzw. § 241 Abs. 1 BGB i. V. m. § 280 Abs. 1 BGB schadensersatzpflichtig machen kann. 185

Der Entfernungsanspruch gemäß § 4 Nr. 6 VOB/B 186

I. Voraussetzungen des Anspruchs

1. Stoffe und Bauteile auf Baustelle vorhanden

2. Liegen beim Einbau bereit

3. Es besteht eine Vertrags- oder Probenwidrigkeit (objektiv gesehen) (DIN-Vorschriften usw.)

4. Der Auftraggeber ordnet die Entfernung an

5. Fristsetzung zur Beseitigung

---

1 Ingenstau/Korbion/*Oppler*, B, § 4 Nr. 5 Rz. 12 ff.
2 Siehe auch: *Zerhusen*, Privates Baurecht, S. 18.
3 *Vygen*, Bauvertragsrecht nach VOB, Rz. 485.
4 *Nicklisch/Weick*, § 4, Rz. 83.

Daraus folgt:

II. Rechtsfolge

1. Der Auftragnehmer ist zur Beseitigung oder Entfernung verpflichtet
2. Im Fall des fruchtlosen Ablaufs der Frist (auch ohne Verschulden)
   ▷ Fortschaffen durch Auftraggeber und Information an Auftragnehmer
   ▷ ggf. Veräußerung

Beim BGB-Vertrag: Der Auftraggeber hat die Möglichkeiten des § 4 Nr. 6 VOB/B **nicht**!

Beim VOB/B-Vertrag: Entfernungsanspruch gemäß § 4 Nr. 6 VOB/B

4. Anspruch des Auftraggebers auf Beseitigung mangelhafter Leistungen vor Abnahme gemäß § 4 Nr. 7 VOB/B

187 **Überblick zu § 4 Nr. 7 VOB/B**

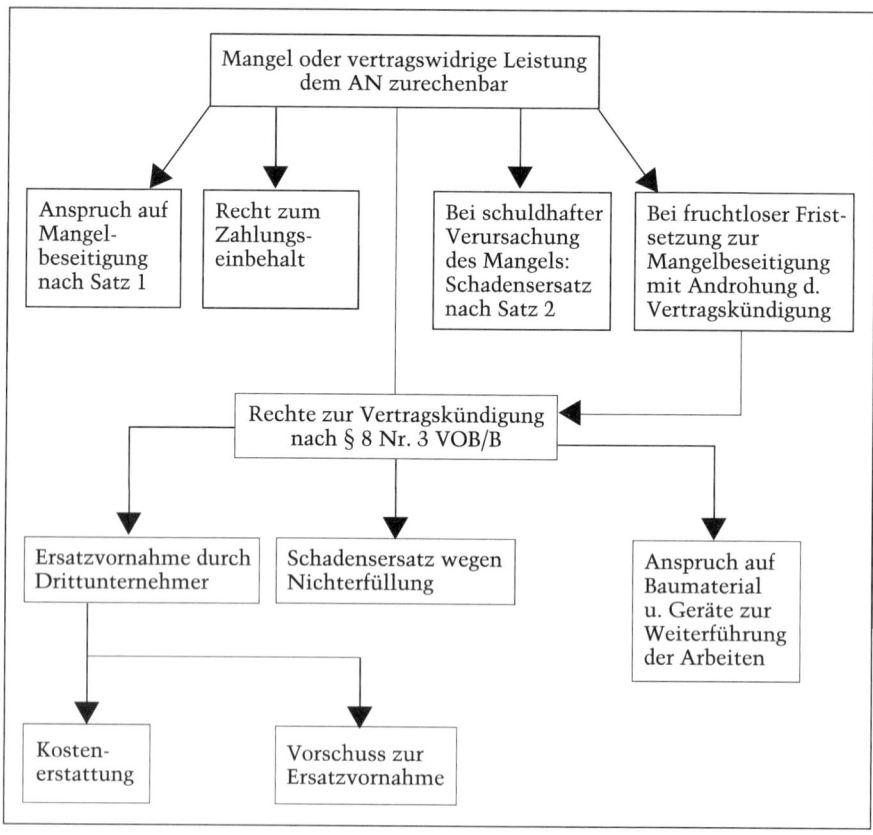

§ 4 Nr. 7 VOB/B ist eine Regelung für den Fall, dass der Auftraggeber schon **während der Bauausführung** diese als **mangelhaft** oder vertragswidrig erkennt. In solchen Fällen soll der Auftraggeber die Fertigstellung der gesamten Werkleistung nicht abwarten müssen. Er soll die Möglichkeit haben, schon während der Bauausführung seinen Anspruch auf eine mangelfreie und vertragsgemäße Leistung durchzusetzen.

Dies ist für den Auftragnehmer von Vorteil, weil während der Bauausführung beanstandete Mängel in der Regel einfacher und kostengünstiger beseitigt werden können als nach Fertigstellung des Bauwerks. Außerdem kann die **frühzeitige Mangelbeseitigung** in der Regel das Entstehen von Mängeln an Folgegewerken, die auf mangelhaften Vorleistungen aufbauen, von vornherein ausschließen. 188

Nach der Neuregelung des Nachbesserungsrechts mit der **Schuldrechtsmodernisierung** ab dem 1. 1. 2002 ist das Sanktionssystem nun einheitlich. Es sieht grundsätzlich eine angemessene Fristsetzung und nach Ablauf der Frist die Wahl des Auftraggebers zwischen allen ihm zur Verfügung stehenden Gewährleistungsansprüchen vor. Damit kann er wählen zwischen Selbstvornahme und Kostenerstattung oder Vorschuss, Rücktritt, Minderung und Schadensersatzanspruch statt der Leistung. Letzerer ist allerdings einzig verschuldensabhängig. Daneben besteht der Anspruch auf Ersatz der Mangelfolgeschaden. Damit ist die alte Regelung des § 634 Abs. 1 Satz 3 BGB nicht mehr existent. Allerdings ist aber nicht geregelt worden, wie lange eigentlich der Besteller sich die Rechte überlegen darf. Hier ist es angemessen gemäß § 242 BGB von einer nicht nur zeitnahen Inanspruchnahme auszugehen, sondern von der **Unverzüglichkeit**. 189

Da der neue Wortlaut des § 634 BGB **nicht mehr** vor und nach der Abnahme **differenziert**, ist davon auszugehen, dass die allgemeinen Regeln des Leistungsstörungsrechts gemäß §§ 280ff., 323ff. BGB anwendbar sind. Daher ist es dem Besteller möglich, nach Ablauf der Frist entweder Schadensersatz nach § 281 BGB oder gemäß § 323 BGB den Rücktritt geltend zu machen. 190

Nicht ganz klar ist das bei der Selbstvornahme oder der Minderung. Hier spricht der Wortlaut „verschaffen" dagegen. Der Gesetzgeber hat sich hier aber einmal mehr undeutlich ausgedrückt, denn aus § 634 a Nr. 1, 2 und Nr. 4 BGB folgt, dass die **Verjährungsregeln** gerade auch für die Ansprüche vor Abnahme gelten sollen. 191

Wenn die Ansprüche vor dem Fertigstellungstermin geltend gemacht werden können, so müssen sie fällig sein. Die bisherige Rechtsansicht, dass die Frist so zu bemessen ist, dass sie nicht vor dem Ablieferungszeitpunkt endet[1], dürfte aber nun überholt sein. 192

Da die Nacherfüllung denknotwendig die **Fälligkeit** der Erfüllung zunächst voraussetzt, kommt es zunächst darauf an, wann die **vertragliche Fertigstellung** sein sollte. Ergibt sich aus dem Vertrag nichts, so ist gemäß § 271 BGB der Vertrag auszulegen. Ist dieses nicht möglich, dann ist über § 242 BGB davon auszugehen, dass der Anspruch auf Nacherfüllung grundsätzlich – weil etwa zwingend die Er- 193

---

1 Siehe noch hierzu: *Knütel*, BauR 2002, 689.

füllung technisch notwendig ist (z. B. wenn der Aufbau des Gebäudes die Bodenplatte oder der Estrich die Rohbetondecke voraussetzt) – im Zeitpunkt der Fertigstellung auch noch gegeben ist.

194 Ist dieses so, so kann gemäß § 324 Abs. 4 BGB auch der **Rücktritt** ab dem Zeitpunkt der – vertraglich vereinbarten – Fertigstellung erklärt werden. Gleiches gilt dann wie vorher bei der endgültigen Verweigerung des Unternehmers. Daneben kann gemäß § 280 BGB auch vor Ablauf der Fertigstellungsfrist **Schadensersatz** verlangt werden.

195 Ob der Unternehmer allerdings mit dem Ablauf der gesetzten Frist sein **Nacherfüllungsrecht** verliert, ist nicht ganz klar. Es wird vertreten, dass dieses Leistungsrecht untergeht und dann ein Abwicklungsverhältnis, nach Vorliegen der Voraussetzungen des Fristablaufs eintritt. Demgegenüber könnte man auch der Ansicht sein, dass lediglich die gesetzlichen Voraussetzungen das Leistungsrecht erlöschen lassen, also die Selbstvornahme, die Minderung, der Rücktritt oder Schadensersatz statt Leistung, also die tatsächliche Ausübung der Rechte des Gläubigers der Leistung. Das ist aber nur **einschränkend** zu akzeptieren, nämlich dann, wenn der Unternehmer im Verzug die Leistungserbringung endgültig ablehnt. Außerdem natürlich, wenn der Auftraggeber nach der Ablehnung die Wahl des Nacherfüllungsrechts tatsächlich ausübt. Das kann dann angenommen werden, wenn der Auftraggeber nach **Ablauf der angemessen gesetzten Frist** einen weiteren Unternehmer mit der Ausführung der Arbeiten stattdessen beauftragt. Über § 242 BGB muss man zu dem Schluss kommen, dass die dann notwendige Kündigung des Drittunternehmers nicht zulasten des Auftraggebers gemäß § 649 BGB geht, sondern der Auftraggeber die Wahl fiktiv getroffen hat, so dass er mit der Beauftragung des Drittunternehmers, ohne dass der ursprüngliche Unternehmer nach Fristablauf davon Kenntnis hat, sein **Recht zur Nacherfüllung** damit **verloren** hat.[1]

196 **Übersicht**

Mängelbeseitigungspflicht vor Abnahme gemäß § 4 Nr. 7 Satz 1 VOB/B

BGB-Vertrag (Verträge bis 1. 1. 2002): § 634 Abs. 1 Satz 2 BGB
▷ Herstellungszeitraum
▷ Mängel festgestellt
▷ Aufforderung zur Mängelbeseitigung mit Fristsetzung **verbunden mit**:
  – Ablehnungsandrohung
  – Fruchtloser Fristablauf vor Abnahme/Ablieferung
  – Minderung/Wandlung
  – Erlöschen des Mängelbeseitigungsanspruchs

BGB-Vertrag (Verträge bis 1. 1. 2002): § 634 BGB
▷ Herstellungszeitraum
▷ Mängel festgestellt

---

[1] Hierzu: *Vorwerk*, BauR 2002, 173; Palandt/*Sprau*, § 634, Rz. 1, 3; OLG Koblenz, BauR 1997, 845; KG, BauR 1990, 472; BGH, BauR 2000, 98; BGH, BauR 2000, 1479; *Sienz*, BauR 2002, 188.

Ausführung der Bauleistung Rz. 199 **Teil 15**

▷ Aufforderung zur Mängelbeseitigung mit angemessener Fristsetzung
  – Fälligkeit des Nacherfüllungsanspruchs?
    – vertraglich vereinbart oder
    – § 271 BGB (Auslegung) oder
    – § 242 BGB oder
    – steht fest, dass Voraussetzungen des Rücktritts (§ 324 Abs. 4 BGB) im Zeitpunkt des Rücktritts vorliegen oder
    – endgültig die Nachbesserung verweigert wird
  – daneben auch Schadensersatz gemäß § 280 BGB
VOB-Vertrag (Stand 2002): § 4 Nr. 7 Satz 1 VOB/B
▷ vor Abnahmezeitpunkt
▷ Leistungen sind mangelhaft oder vertragswidrig
▷ Kenntnis des Auftragnehmers
  – Mangelbeseitigungspflicht
  – Auf eigene Kosten des Auftragnehmers
  – Daneben: Gewährleistungsrecht des Auftraggebers

a) § 4 Nr. 7 Satz 1 VOB/B

Im Einzelnen gilt Folgendes: Nach § 4 Nr. 7 Satz 1 VOB/B hat der Auftraggeber einen Anspruch darauf, dass der Auftragnehmer auf eigene Kosten die mangelhafte Leistung durch eine mangelfreie Leistung ersetzt. Für den Fall, dass der Auftragnehmer den Mangel zu vertreten hat, gibt Satz 2 dem Auftaggeber einen Schadensersatzanspruch. Kommt der Auftragnehmer seiner **Pflicht zur Mangelbeseitigung** nicht nach, so hat der Auftraggeber nach Satz 3 das Recht zur Auftragsentziehung mit den Rechten aus **§ 8 Nr. 3 VOB/B**, insbesondere auf Erstattung von Drittunternehmerkosten oder Schadensersatz. 197

§ 4 Nr. 7 VOB/B stellt nach überwiegender Ansicht für die Zeit **vor der Abnahme** eine **abschließende Sonderregelung** dar. Daneben ist für eine unmittelbare oder analoge Anwendung der Gewährleistungsregelungen der §§ 633 ff. BGB kein Raum.¹ 198

Während die VOB/B durch § 4 Nr. 7 VOB/B und § 13 Nr. 5 bis Nr. 7 VOB/B zwischen Mangelbeseitigungsansprüchen vor und nach Abnahme trennt, ist diese **Unterscheidung im BGB nicht** zu erkennen. Die dem Auftraggeber wegen Mängeln zustehenden Rechte gemäß §§ 633 ff. BGB differenzieren nicht zwischen Ansprüchen vor und nach Abnahme der Bauleistung. Entdeckt der Auftraggeber bei einem BGB-Bauvertrag schon während der Bauausführung einen Mangel, so kann er seinen **Erfüllungsanspruch** nach § 631 BGB geltend machen und im Übrigen die Abnahme gemäß § 640 Abs. 1 Satz 1 BGB verweigern.

Ferner kann er seine Mangelbeseitigungsrechte nach § 633 ff. BGB geltend machen, die eine Abnahme nicht voraussetzen und – solange keine Abnahme erfolgt – nicht als Mängelrechte (**Nacherfüllung**), sondern als modifizierter Erfül- 199

---
1 Beck'scher VOB-Komm.-*Hofmann*, § 4 Nr. 7, Rz. 8; BGHZ 50, 160.

Korbion | 767

lungsanspruch eingeordnet werden.¹ Nur die eigentlichen Mängelansprüche, die in **§ 634 BGB** genannten Rechte, treten an die Stelle des Erfüllungsanspruchs. Hier ist allerdings zu beachten, dass es der Fristsetzung gemäß § 636 BGB nur in wenigen Fällen bedarf (hierzu wird verwiesen auf Teil 17 dieses Buchs).

200 Der Anspruch nach § 4 Nr. 7 Satz 1 VOB/B ist **verschuldensunabhängig**. Der Anspruch ist daher ein Erfüllungsanspruch, gerichtet auf die Erbringung einer mangelfreien, vertragsgemäßen Leistung durch den Auftragnehmer.² Insoweit entspricht die Regelung im Wesentlichen dem werkvertraglichen Erfüllungsanspruch der §§ 631, 633 BGB.

201 Voraussetzung des Mängelbeseitigungsanspruchs ist eine mangelhafte oder vertragswidrige, dem Auftragnehmer zurechenbare Werkleistung. Dabei ist der **neue Mangelbegriff** des § 13 Nr. 1 VOB/B heranzuziehen (siehe hierzu wieder ausführlich: Teil 18 in diesem Buch). Die Vorschrift wurde mit der VOB 2002 dem Wortlaut des § 633 Abs. 1 und 2 BGB angepasst. Zu beachten ist, dass der Begriff „Gewährleistung" nach dem Schuldrechtsmodernisierungsgesetz im BGB nun nicht mehr angewendet wird. Dementsprechend wurde auch die Überschrift in „Mängelansprüche" vom DVA geändert. Die Neufassung ist daher die konsequente Vereinheitlichung der Begriffe. Dabei folgt die VOB/B nun dem 3-stufigen Aufbau des § 633 Abs. 2 BGB.³

202 **Hinweis:**

Durch die Änderung ergeben sich **zahlreiche Gefahren**, die möglichst durch eine klare vertragliche Regelung zu umgehen sind:

Durch den Wegfall der Einschränkung des Fehlerbegriffs, nämlich der Minderung des Werts und der Tauglichkeit zu dem gewöhnlichen oder nach dem Vertrag vorausgesetzten Gebrauch, ist nunmehr die Haftung des Unternehmers unwägbar größer geworden. Denn die neue Formulierung des § 633 BGB und des § 13 Nr. 1 VOB/B stellt nunmehr **jede Abweichung** von der vereinbarten Beschaffenheit als einen Mangel dar. Daher ist die Definition nun offen für jedwede Auslegung gemäß §§ 133, 157 BGB geworden.

203 Grenzen allerdings sind eine eindeutige Auslegungsmöglichkeit des Begriffs aus dem Vertrag heraus und andererseits die nunmehr im Gegenzug offenere Klausel des § 13 Nr. 6 VOB/B, wonach der Auftragnehmer nunmehr die Mangelbeseitigung verweigern darf, wenn der **Aufwand** zur Beseitigung **unverhältnismäßig** ist. Damit wird der bisherigen hier getroffenen Einschränkung auf weit über die finanzielle Möglichkeit des Unternehmers abstellende Auslegungen ein Riegel vorgeschoben. Nunmehr kommt es nicht mehr auf die Finanzkraft, sondern auch auf die objektive Sinnhaftigkeit und die technische Möglichkeit des Unternehmers an, den Mangel zu beseitigen. Die Grenzen sind hier fließend, was dann doch eine sehr deutliche Regelung im Vertrag zu diesem Punkt und zu dieser Definition erfordert. Andere Auslegungen dürften zu weit gehen.⁴

---

1 BGH, BauR 1994, 242; Siegburg, BauR 2001, 875, 879.
2 BGH, NJW 1971, 838.
3 Siehe hierzu ausführlich: *Kemper*, BauR 2002, 1613 ff.; *Schmidt-Räntsch*, Rz. 714 ff.
4 *Kemper*, BauR 2002, 1653 ff.; *Vorwerk*, BauR 2003, 1 ff.

Weiterhin ist aber davon auszugehen, dass die weiterhin beigehaltene Regel **„anerkannte Regeln der Technik"** nach dem ausdrücklichen Wortlaut des § 13 Nr. 1 Satz 2 und 3 VOB/B nicht nur den Fall einer vereinbarten Beschaffenheit beschreibt. Dieses ist insoweit wichtig, als Satz 3 auch so ausgelegt wird, dass der Begriff der „anerkannten Regeln der Technik" in § 13 Nr. 1 VOB/B hineinzulesen sei.[1] Das wird sicherlich auch ein richtiger Weg sein. Jedoch ist zu beachten, dass § 633 BGB, der die „anerkannten Regeln der Technik" nicht beschreibt (erwähnt), als Grundlage des § 13 Nr. 1 VOB/B dienen muss. Die **Auslegung des Vertrags** ist daher grundsätzlich **vorrangig**. Ergibt sich nichts, so gelten die anerkannten Regeln der Technik und damit zugleich beispielsweise die DIN-Vorschriften oder ETB. Nur wenn sich dem Vertrag der Wunsch der Parteien entnehmen lässt, dass entgegen diesen Normen eine Leistung erstellt werden soll, ist sie mangelfrei. Damit bleibt für den Auftraggeber gesichert, dass er einen „Mindeststandard" erhält und der Auftragnehmer weiß im Zweifel immer, wie der „Mindeststandard" definiert wird und wo die Definition zu finden ist.[2] 204

Weggefallen ist das Tatbestandsmerkmal **„zugesicherte Eigenschaften"**. Dies ist konsequent, weil eine Notwendigkeit der Bevorzugung des Begriffs der „vertraglichen Vereinbarung" nicht mehr zu sehen ist.[3] 205

§ 13 Nr. 1 VOB/B hat den **Zeitpunkt der Beschaffenheit** auf die Abnahme deutlich festgelegt. Das steht nicht im Widerspruch zu § 633 BGB, der lediglich von „verschaffen" spricht.[4] 206

Es liegt also weiterhin eine vertragswidrige Leistung vor, wenn die Leistung qualitativ und quantitativ zum Nachteil des Auftraggebers vom vertraglichen Leistungsprogramm abweicht.[5] Bestimmt wird dieses vertragliche Leistungsprogramm durch die **Bau- und Leistungsbeschreibung**, durch in Bezug genommene Allgemeine und Zusätzliche Technische Vertragsbedingungen sowie festgelegte Muster. 207

Liegt eine **Mitverantwortung des Auftraggebers** für den Mangel vor, muss differenziert werden. Sind Mängel oder Vertragswidrigkeiten die Folge der Leistungsbeschreibung des Auftraggebers, beruhen sie auf einer Anordnung oder auf vom Auftraggeber gestellten oder vorgeschriebenen Stoffen oder Bauteilen oder auch einer mangelhaften Vorleistung eines anderen Unternehmers, so haftet der Auftragnehmer nur dann, wenn er seiner Pflicht aus § 4 Nr. 3 VOB/B zum Vorbringen seiner Bedenken nicht nachgekommen ist. Für den Anspruch aus § 4 Nr. 7 VOB/B gelten daher – ebenso wie für die Gewährleistungsrechte von § 13 Nr. 5 und Nr. 7 VOB/B – die Beschränkungen des § 13 Nr. 3 VOB/B in Verbindung mit § 4 Nr. 3 VOB/B.[6] 208

Hat der Auftraggeber gegen seine Prüfungs- und Hinweispflicht verstoßen, so handelt es sich um einen Fall der **beiderseitigen Verantwortlichkeit**. Hier hat die 209

---

1 *Kemper*, BauR 2002, 1653 ff.; BT-Drucks. 338/01, S. 492, 493, 616.
2 *Oppler*, MittBl. ARGE Baurecht, 2002, 19 ff.; *Wirth*, BauR 11a, 2002, 45.
3 *Schwenker/Heinze*, BauR 2002, 1143 ff.
4 Palandt/*Sprau*, BGB, § 633 Rz. 2, 14.
5 Beck'scher VOB-Komm.-*Hofmann*, § 4 Nr. 7, Rz. 33.
6 Ingenstau/Korbion/*Oppler*, B, § 4 Nr. 7 Rz. 26 ff., 29, 30 ff.

Rechtsprechung unter Bezug auf die Literatur einen Anspruch auf Zuschuss zu den Mangelbeseitigungskosten entwickelt. Die dogmatische Herleitung dieses Kostenbeteiligungsanspruchs kann sowohl mit dem Rückgriff auf § 254 Abs. 1 BGB i. V. m. § 242 BGB oder aber auf pVV (§ 241 Abs. 2 BGB i. V. m. § 280 Abs. 1 BGB) gestützt werden.[1] Dabei kommt es aber in beiden Fällen zu einer Quotierung der mangelbedingten Kosten zwischen Auftraggeber und Auftragnehmer. Hier ist der Einzelfall entscheidend; allgemein gültige Lösungen aufzuzeigen ist hier nicht möglich.

210 **Hinweis:**

Der Auftragnehmer darf die Mangelbeseitigung bei einer Mitverantwortlichkeit des Auftraggebers davon abhängig machen, dass der Auftraggeber einen **Vorschuss** zu dieser Mangelbeseitigung erbringt. Andererseits kann der Auftragnehmer in analoger Anwendung von § 273 Abs. 3 BGB von dem Auftraggeber eine **Sicherheit** in Höhe der auf ihn voraussichtlich entfallenden Kosten verlangen. Lehnt der Auftraggeber daraufhin das Stellen einer solchen Sicherheitsleistung ab, darf der Auftragnehmer die Mangelbeseitigung verweigern. Wichtig ist allerdings, dass der Auftragnehmer die Berechnungsgrundlage für die angeforderte Höhe der Sicherheitsleistung substantiiert darlegen muss, indem er die voraussichtlichen Nachbesserungskosten unter Berücksichtigung der darin enthaltenen ursprünglich ebenfalls angefallenen Kosten („**Sowieso-Kosten**") und die vom Auftraggeber daran zu tragende Quote nachvollziehbar darlegt.[2] Hier bietet sich immer das Sachverständigengutachten an.

211 Unterlässt der Auftragnehmer diese Ausführungen und Berechnungen, stellt sich dies als unberechtigte **Nachbesserungsverweigerung** dar mit der Folge, dass der Auftraggeber die Nachbesserung durch einen Drittunternehmer durchführen lassen kann. Gleiches gilt, wenn der Auftragnehmer die Durchführung von Nachbesserungsmaßnahmen von der sofortigen Zahlung einer Kostenbeteiligung abhängig macht.[3]

212 Fallen bei einer Mangelbeseitigung Kosten, die ohnehin entstanden wären, um eine ordnungsgemäße Leistung zu erhalten, an („**Sowieso-Kosten**"), hat der Auftraggeber diese grundsätzlich zu tragen. Die Mangelbeseitigung darf nicht dazu führen, dass sich mittelbar das vom Auftragnehmer übernommene vertragliche Leistungsprogramm auf diese Weise ausweitet.

213 Der Inhalt und Umfang des Mangelbeseitigungsanspruchs ist auf Ersetzung der beanstandeten Leistung durch eine mangelfreie, vertragsgemäße Leistung gerichtet. Diese Ersetzung der Leistung kann entweder durch eine **Nachbesserung oder eine Neuherstellung** erfolgen. Die Entscheidung für Nachbesserung oder Neuherstellung liegt im Ermessen des Auftragnehmers. Dabei darf der Auftraggeber ihm die Art und Weise der Mangelbeseitigung nicht vorgeben.[4]

---

1 Beck'scher VOB-Komm.-*Hofmann*, § 4 Nr. 7, Rz. 102 ff.; Ingenstau/Korbion/*Oppler*, B, § 4 Nr. 7 Rz. 26 ff., 29, 30 ff.
2 BGH, BauR 1993, 722; BGH, NZBau, 2002, 31.
3 *Heiermann/Riedl/Rusam*, § 4 Rz. 83a; Beck'scher VOB/B Komm.-*Hofmann*, § 4 Nr. 7, Rz. 138, 139; Ingenstau/Korbion/*Oppler*, B, § 4 Nr. 7 Rz. 48 ff.
4 BGH, NJW-RR 1988, 208; Ingenstau/Korbion/*Oppler*, B, § 4 Nr. 7 Rz. 2, 8 ff.; BGH, BauR 1996, 858.

Ausführung der Bauleistung   Rz. 218 **Teil 15**

Hinweis: 214
Bei einer **klageweisen Durchsetzung** des Auftraggebers mit dem Ziel der Mangelbeseitigung ist diese nur ganz allgemein auf Ersetzung der mangelhaften durch eine mangelfreie, vertragsgemäße Leistung zu richten. Dieser Grundsatz wird durchbrochen, wenn nur eine geeignete Nachbesserungsmaßnahme zur Verfügung steht. Allerdings ist der Auftraggeber nicht verpflichtet eine erkennbar ungeeignete Beseitigungsmethode zuzulassen.[1]

Erklärt sich der Auftraggeber mit einer bestimmten, vom Auftragnehmer vorgeschlagenen Nachbesserung einverstanden, so bedeutet dies allerdings keineswegs, dass damit zugleich auf bestehende Mängelbeseitigungsansprache verzichtet wird.[2] Der BGH ist hier der Auffassung, dass das Einverständnis des Auftraggebers in eine vorgenommene Nachbesserung den Werkunternehmer in der Regel nicht von einer **weiteren Haftung** freistellt, also nicht als Verzicht auf bestehende Gewährleistungsansprüche interpretiert werden kann. 215

Die vom Auftragnehmer geschuldete Mangelbeseitigung umfasst alle diejenigen Maßnahmen, die erforderlich sind, um den vertraglich geschuldeten mangelfreien Zustand herbeizuführen.[3] 216

Hinweis:
Dies bedeutet, dass der Auftragnehmer neben den **Mangelbeseitigungskosten** auch die Vorbereitungskosten – Gutachterkosten, Planungskosten usw. – zu tragen hat sowie die Kosten für Sicherungsmaßnahmen – Absperrungen, Gerüste usw. –, aber auch die Kosten der Koordinierung der einzelnen Maßnahmen durch den Auftraggeber bzw. des vom Auftraggeber hierzu beauftragten Architekten. Soweit es sich sogar um Kosten der Mangelbeseitigung des fehlerhaften Architektenwerks (Planung oder Überwachung) handelt, ist dann ggf. eine Quote anhand des Mitverschuldens zu ermitteln, die üblicherweise zwischen einem Drittel und der Hälfte liegt.

Das Bestehen eines Mangels berechtigt den Auftraggeber im Übrigen zum Einbehalt von **Abschlagszahlungen**. Der Nachbesserungsanspruch aus § 4 Nr. 7 Satz 1 VOB/B begründet sowohl ein Leistungsverweigerungsrecht nach § 320 BGB als auch ein Zurückbehaltungsrecht nach § 273 BGB.[4] Dies gilt selbst dann, wenn die Parteien im Bauvertrag einen Sicherheitseinbehalt in Höhe von 5 % oder 10 % bei den einzelnen Abschlagszahlungen vereinbart haben.[5] 217

Der Auftragnehmer kann seiner sich aus § 4 Nr. 7 Satz 1 VOB/B ergebenden Pflicht zur Nachbesserung oder Neuherstellung nur in Ausnahmefällen entgehen. Insbesondere aber dann, wenn die von ihm zu beweisenden Voraussetzungen des § 635 Abs. 3 BGB, der hier auch analog Anwendung findet, vorliegen, also die Beseitigung nur mit einem **unverhältnismäßig hohem Aufwand** (Unternehmerkosten) möglich wäre. Eine analoge Anwendung des § 13 Nr. 6 VOB/B auf die- 218

---
1 OLG Köln, BauR 1977, 275.
2 BGH, ZfBR 1997, 32.
3 BGH, BauR 2001, 1897.
4 BGH, BauR 1988, 474.
5 BGH, BauR 1981, 577.

se Fälle verbietet sich, da diese Vorschrift eindeutig nur den Zeitpunkt nach der Abnahme regeln will.[1] Der Auftragnehmer ist für die Behauptung des unverhältnismäßigen Aufwands beweispflichtig.[2]

219 Der Anspruch gemäß § 4 Nr. 7 VOB/B **verjährt** gemäß § 195 BGB in drei Jahren.
Hinweis:
Nach der Überleitungsvorschrift des Art. 229 § 6 Abs. 4 EGBGB verjähren die Ansprüche in drei Jahren berechnet vom 1. 1. 2002 an, es sei denn bei ursprünglich davor eingetretener Verjährung bei einer – seinerzeit üblichen – Verjährungsfrist von 30 Jahren.[3] Da aber die Abnahme die Verjährung beeinflusst, wird dies nur in seltenen Fällen noch denkbar sein. Vielmehr ist zu beachten, dass die Verjährung gemäß § 13 Nr. 4 VOB/B nun im Regelfall vier Jahre beträgt.

220 **Übersicht**

Schadensersatzanspruch vor der Abnahme
VOB-Vertrag: gemäß § 4 Nr. 7 Satz 2 VOB/B
▷ VOB/B-Vertrag
▷ Keine Abnahme
▷ Mangel
▷ Vertretenmüssen, auch des Erfüllungsgehilfen
▷ Kausalität zwischen Schulden und Mangel
– Umfang der Schulden gemäß §§ 249 ff. BGB
– Mangel- und Mangelfolgeschaden
BGB-Vertrag: gemäß §§ 634 Nr. 4 i. V. m. 636, 280, 281, 283, 311a BGB Mangelfolgeschäden, § 280 BGB

b) § 4 Nr. 7 Satz 2 VOB/B

221 Der Schadensersatzanspruch nach **§ 4 Nr. 7 Satz 2 VOB** gewährt dem Auftraggeber vor der Abnahme einen besonderen **Schadensersatzanspruch**. Es geht hier um den vom Auftragnehmer zu vertretenden Mangel. Voraussetzung ist daher ein **Verschulden** des Auftragnehmers oder seines Erfüllungsgehilfen (§§ 276, 278 BGB). Dabei handelte es sich ursprünglich um einen Anspruch aus pVV, der weitergehende Ansprüche aus demselben Rechtsgrund generell ausschloss. Das wird man heute, nach dem Schuldrechtsmodernisierungsgesetz ebenso sehen müssen; allerdings ist der Anspruch hier weiter gezogen und ergibt sich bereits aus § 241 BGB i. V. m. § 280 Abs. 1 BGB.[4]

222 § 4 Nr. 7 Satz 2 VOB/B definiert den **Umfang** des Schadensersatzanspruchs nicht. Eine analoge Anwendung des §§ 634 Nr. 2 und Nr. 4 i. V. m. § 636 BGB kommt – ebenfalls wie für die Altfälle bei § 635 BGB (Schadensersatz wegen Nichterfüllung des gesamten Vertrags) nicht in Betracht. Dies ergibt sich bereits aus dem

---
1 Siehe hierzu auch Palandt/*Sprau*, Vorb. zu § 633 Rz. 7; § 635 Rz. 2.
2 BGH, NJW-RR 1999, 347.
3 Siehe hierzu BauR, BGH 1972, 172.
4 Zur alten Rechtslage vor 1. 1. 2002 siehe: BGH, NJW 1968, 1524; BGH, BauR 1972, 172; BGH, BauR 1978, 306.

Ausführung der Bauleistung   Rz. 223 **Teil 15**

in § 4 Nr. 7 Satz 3 VOB/B enthaltenen Verweis auf § 8 Nr. 3 VOB/B, der nur unter weiteren Voraussetzungen Schadensersatz wegen Nichterfüllung vorsieht. Daher ist § 4 Nr. 7 Satz 2 VOB/B nur auf die Fälle beschränkt, die im Wesentlichen auf den Ersatz desjenigen **Schadens** abzielen, der dem Auftraggeber bei weiterbestehendem Bauvertrag **auch nach Beseitigung** der mangelhaften und vertragswidrigen Leistung **verbleibt**.[1] Der Schaden muss daher auf den Mangel oder die Vertragswidrigkeit zurückzuführen sein, also adäquat kausal auf einem Baumangel beruhen.[2] Der BGH verneint im Übrigen aber einen Schadensersatzanspruch nach § 4 Nr. 7 Satz 2 VOB/B, wenn es sich nicht um einen trotz Mängelbeseitigung verbleibenden Schaden handelt, sondern um einen typischen Nichterfüllungsschaden, der grundsätzlich nicht von § 4 Nr. 7 Satz 2 VOB/B erfasst ist.[3]

Beispiel:
Typische Schadensfälle, die von § 4 Nr. 7 Satz 2 VOB/B erfasst sind:

▷ die Sachverständigenkosten, die dem Auftraggeber entstanden sind, um die Mangelursache und Mangelverantwortlichkeit zu klären;

▷ die Anwaltskosten, die im Zusammenhang mit der Durchsetzung der Rechte des Auftraggebers nach § 4 Nr. 7 Satz 1 und 2 VOB/B entstanden sind;[4]

▷ entgangene eigene Nutzungsmöglichkeit bei selbst genutztem Wohnraum;[5]

▷ mittelbare Schäden: Mietausfall (entgangener Gewinn nach § 252 BGB) oder Mehraufwendungen für Finanzierung;[6]

▷ Verzugsschäden[7], hierzu zählen auch die Ansprüche über § 6 Nr. 6 VOB/B wegen Bauverzögerung.[8]

§ 4 Nr. 7 Satz 2 VOB/B erfasst also grundsätzlich nicht die reinen Mangelbeseitigungskosten.[9] Aber **ausnahmsweise** kann der Auftraggeber **gemäß § 4 Nr. 7 Satz 2 VOB/B** auch **Schadensersatz wegen Nichterfüllung** fordern. Dies insbesondere, wenn die Mängel nicht anders als durch Beseitigung des gesamten Bauwerks behoben werden können[10] oder wenn der Auftragnehmer die Nacherfüllung der mangelhaften Leistung ernsthaft und endgültig verweigert, ohne dass der Auftraggeber deswegen den Bauvertrag nach § 4 Nr. 7 Satz 3 VOB/B i. V. m. § 8 Nr. 3 VOB/B kündigt.[11] Die **Erfüllungsverweigerung** ist ein Fall der pVV bzw. des § 241 Abs. 2 BGB i. V. m. § 280 Abs. 1 BGB, der zum Schadensersatz berechtigt und zur Folge hat, dass der Auftraggeber die Mangelbeseitigungskosten erstattet verlangen kann.[12]

223

---

1 BGH, BauR 1982, 277.
2 *Kaiser*, BauR 1991, 391.
3 BGH, BauR 1982, 277; *Kaiser*, BauR 1991, 391.
4 *Heiermann/Riedl/Rusam*, § 4 VOB/B, Rz. 90.
5 BGH, BauR 1987, 312.
6 BGH, BauR 1990, 464; *Ingenstau/Korbion/Oppler*, B, § 4 Nr. 7 Rz. 33 ff., 37.
7 BGH, BauR 2000, 1189.
8 Siehe hierzu auch: *Vygen/Schubert/Lang*, Bauverzögerung und Leistungsänderung, Rz. 252 ff.
9 BGHZ 50, 160, 165; OLG München, BauR 2001, 964.
10 BGH, BauR 1989, 462.
11 BGH, BauR 2001, 1577.
12 BGHZ 11, 80; BGH, NJW 1979, 549.

224 Hinweis:
Wenn ein Mangel, der den Schaden verursacht hat, **bereits vor der Abnahme beseitigt** wurde, aber der Schaden noch nicht reguliert ist, kann dieser auch noch nach Abnahme auf § 4 Nr. 7 Satz 2 VOB/B gestützt werden, denn es fehlt hier an einem Mangelbeseitigungsanspruch nach § 13 Nr. 5 VOB/B und damit an einem Anknüpfungstatbestand für den Schadensersatzanspruch nach § 13 Nr. 7 VOB/B. Allerdings gilt für diesen Schadensersatzanspruch nach § 4 Nr. 7 Satz 2 VOB/B nach der Abnahme die kurze Verjährung des § 13 Nr. 4 Abs. 1 VOB/B[1] analog.

c) § 4 Nr. 7 Satz 3 VOB/B

225 Das Recht zur **Auftragsentziehung** und **Ersatzvornahme** nach § 4 Nr. 7 Satz 3 VOB/B in Verbindung mit § 8 Nr. 3 VOB/B gibt dem Auftraggeber die Möglichkeit, sich aus der bauvertraglichen Bindung zu befreien, indem er den Bauvertrag kündigt mit den dann aus § 8 Nr. 3 VOB/B resultierenden Rechten auf Erstattung von Drittunternehmerkosten sowie Schadensersatz.

Hinweis:
Hier ist die **anwaltliche Beratung** in höchstem Maße gefordert, da sich hier vom Mandanten gemachte Fehler in seltenen Fällen wieder beseitigen lassen und so zu erheblichen Regressen führen können.

226 Bei § 4 Nr. 7 Satz 3 VOB/B handelt es sich um eine **abschließende Sonderregelung.** Vor Abnahme ist bei einem VOB-Vertrag nur nach entsprechender Fristsetzung mit Ablehnungsandrohung und nachfolgendem Ausspruch der Kündigung des Bauvertrags eine Ersatzvornahme möglich.[2]

227 Die **Voraussetzungen** des Rechts auf **Auftragsentziehung** und **Ersatzvornahme** sind Folgende:

▷ Es muss eine eindeutige, unmissverständliche und zweifelsfreie Aufforderung zur Mängelbeseitigung vom Auftraggeber dem Auftragnehmer gegenüber nachweisbar zukommen;

▷ weitere Voraussetzung des Kündigungsrechts ist das Vorhandensein eines Mangels und eine unmissverständliche Aufforderung zur Mangelbeseitigung der im Einzelnen konkret zu bezeichnenden Mängel und/oder Vertragswidrigkeiten. Dabei hat der Auftraggeber den Mangel so konkret in seinem Erscheinungsbild zu beschreiben, dass der Auftragnehmer zweifelsfrei ersehen kann, welche Leistung von ihm gefordert wird;[3]

▷ der Auftraggeber muss eine angemessene Frist zur Mangelbeseitigung setzen, wobei die Angemessenheit der Frist nach den konkreten Umständen des Einzelfalls, insbesondere nach Art und Umfang der Mängel und der voraussicht-

---
1 Korbion/Hochstein/Keldungs, VOB-Vertrag, Rz. 534 ff.; zum Rechtszustand VOB 2000: Ingenstau/Korbion/Oppler, B, § 4 Nr. 7 Rz. 39; ähnlich: Leinemann/Sterner, § 4, Rz. 108.
2 BGH, BauR 1986, 573; BGH, BauR 1997, 1027; OLG Hamm, NJW-RR 1997, 723; Beck'scher VOB-Komm.-Hofmann, § 4 Nr. 7, Rz. 229 ff.
3 BGH, BauR 1982, 66.

lichen Dauer der notwendigen Nachbesserungsarbeiten zu beurteilen ist. Eine unangemessen kurze Frist ist rechtlich nicht wirkungslos, sondern setzt die im konkreten Fall angemessene Frist in Gang.[1]

Hinweis: 228
Hat der Auftraggeber eine **zu kurze Frist gesetzt**, hilft ihm allerdings die Vermutung der Rechtsprechung nicht, dass eine auskömmliche Frist gesetzt wird. Denn die Vermutung gilt nur für den Auftragnehmer. Spricht der Auftraggeber nach Verstreichen einer von ihm zu knapp gesetzten Frist die Kündigung aus, so hat sich der Auftraggeber selbst gebunden und muss die Rechtswirkungen des Kündigungsausspruchs zu seinen Lasten hinnehmen.

Die **Frist** hat sich immer auf die Bewirkung der Leistung, also auf die **Vollendung** 229 **der Nachbesserung**, zu beziehen. An eine Fristsetzung für den Beginn solcher Nachbesserungen oder an eine Frist zur Erklärung des Auftragnehmers, dass dieser gewillt ist, die geforderte Nachbesserung durchzuführen, können keine Sanktionen (Kündigung) seitens des Auftraggebers geknüpft werden, weil das Verstreichen solcher Fristen – in der Regel – nicht zur Berechtigung einer Kündigungserklärung führt.[2] Daneben besteht immer die zwingende Notwendigkeit, neben der Fristsetzung zur Mangelbeseitigung auch den Auftragsentzug anzudrohen:

Beispiel:
▷ Nach dem Ablauf der Frist wird auf Kosten des Auftragnehmers eine Ersatzvornahme eingeleitet;[3]
▷ Nach Ablauf der Frist wird die Annahme der Erfüllung verweigert und Schadensersatz geltend gemacht werden;
▷ Der Auftraggeber behält sich schon jetzt die Kündigung (oder Aufhebung) des Vertrags vor.

Ferner muss die **Frist** zur Mangelbeseitigung **exakt bestimmt** sein. Allgemeine 230 Redewendung wie „umgehende Beseitigung" oder „unverzüglich" oder „binnen kurzem" sind untauglich.

Hinweis:
§ 637 BGB fordert dazu im Gegensatz keine **Androhung** der Ersatzvornahme. Der Besteller des Werks muss sich bereits bei der Setzung der Frist im Klaren sein, was er verlangt, nämlich Erfüllung oder Selbstvornahme.

Die nach VOB/B erforderliche Androhung des Auftragsentzugs soll eine deutliche 231 Warnfunktion haben. Dem vertragsuntreuen Auftragnehmer soll unmissverständlich vor Augen geführt werden, welche gravierenden Rechtsfolgen eine nicht fristgerechte Mangelbeseitigung nach sich zieht. Der Auftraggeber muss **deutlich** zum Ausdruck bringen, dass er nach Fristablauf einen anderen Unternehmer beauftragen wird[4] oder dass er nach Ablauf der Frist weitere Nachbesse-

---
1 OLG Celle, BauR 1984, 409; *Werner/Pastor*, Der Bauprozeß, Rz. 1617.
2 Ausnahmefälle: *Heiermann/Riedl/Rusam*, § 4 VOB/B, Rz. 98.
3 BGH, NJW 1983, 1731.
4 BGH, BauR 1983, 258.

rungen ablehnen und Schadensersatz verlangen wird.[1] Unerheblich ist allerdings, ob der Auftraggeber den Auftragsentzug als sicher ankündigt oder sich nur die Möglichkeit der Kündigung vorbehält.

232 Zu beachten ist, dass die Kündigungsandrohung mit der Aufforderung zur Mangelbeseitigung verknüpft werden kann. Es müssen nicht zwei hintereinander erfolgende Fristsetzungen erfolgen. Vielmehr können die Aufforderung zur Mangelbeseitigung und die Kündigungsandrohung in einem Schreiben enthalten sein.

233 Die **Aufforderung** zur Mangelbeseitigung bedarf – im Gegensatz zur Auftragsentziehung – allerdings eigentlich **nicht** der **Schriftform**. Wegen der Beweislast des Auftraggebers hat dies jedoch in geeigneter Form zu erfolgen (Einwurf-Einschreiben, Boten oder Telefaxübermittlung). Dies ist anders als bei der **Kündigung**, die **schriftlich** erfolgen muss.

234 Nach Ablauf der Frist braucht der Auftraggeber nicht zu kündigen. Wenn er aber nicht kündigt, so verwirkt er sein **Recht auf Kündigung**. Dies insbesondere, wenn er nicht zeitnah zum Ablauf der Frist kündigt.[2]

235 Erfolgt die Fristsetzung durch einen **Nichtberechtigten**, so kann sie nach Fristablauf nicht nach § 184 BGB rückwirkend genehmigt werden.[3]

236 Hat der Auftraggeber die Androhung des Auftragsentzugs nicht ausgesprochen, so ist die nachfolgend von ihm ausgesprochene Kündigung des Bauvertrags als **Kündigung nach § 8 Nr. 1 VOB/B** anzusehen. Es sei denn, die Erklärung des Auftraggebers zur Auftragsentziehung ist nach § 140 BGB unter Berücksichtigung seines Willens so umzudeuten, dass sie als Androhung nach § 4 Nr. 7 VOB/B auszulegen ist.[4]

237 **Hinweis:**

Es kommt häufig vor, dass der Auftraggeber die erforderliche Fristsetzung mit Kündigungsandrohung unterlässt oder einfach vergisst. In einem solchen Fall kann dann im Streitfall nur noch versucht werden, sich auf die Ausnahmefälle zur **Entbehrlichkeit der Fristsetzung** mit Kündigungsandrohung zu berufen.

238 Eine Entbehrlichkeit der Fristsetzung mit Kündigungsandrohung kommt insbesondere **in folgenden Fällen** in Betracht:

▷ Der Auftragnehmer **verweigert ernsthaft und endgültig** die Nachbesserung, so beim Abstreiten seiner Verantwortung für den Mangel, ferner dann, wenn er sich irrigerweise auf eine Mitverantwortung des Auftraggebers für den Mangel beruft und deshalb die vorbehaltlose Mangelbeseitigung verweigert oder nur zusammen mit anderen, seines Erachtens auch für den Mangel verantwortlichen Auftragnehmern nachbessern will.[5] Nach bisheriger, ständiger Rechtsprechung des BGH war ein Anspruch des Auftraggebers auf Ersatz der Man-

---

1 OLG Koblenz, BauR 1989, 729.
2 *Vygen*, Bauvertragsrecht nach VOB, Rz. 508; BGH, BauR 1985, 91.
3 BGH, NJW 1998, 3058.
4 BGH, BauR 1987, 689; BGH, BauR 1988, 82; OLG Frankfurt, BauR 1988, 600.
5 BGH, BauR 1983, 258; BGH, BauR 1985, 450; BGH, BauR 1990, 466.

gelbeseitigungskosten vor Abnahme nur dann gegeben, wenn der Bauvertrag gekündigt wurde[1], dies selbst dann, wenn der Auftragnehmer die Mangelbeseitigung nachhaltig verweigerte. Der VII. Senat des BGH ist von dieser ständigen Rechtsprechung[2] abgerückt. Der Anspruch des Auftraggebers auf Kostenvorschuss oder Aufwendungsersatz besteht auch ohne Auftragsentzug, wenn der Auftragnehmer die vertragsgemäße Fertigstellung endgültig verweigert.[3] In Hinblick auf die endgültige Weigerung des Klägers, das Werk vertragsgemäß fertigzustellen, ist eine erneute Fristsetzung zur Mangelbeseitigung mit einer Kündigungsandrohung entbehrlich. Sinn der Entscheidung ist es insbesondere der Situation unter den Beteiligten vorzubeugen, in der es zu unklaren Verhältnissen bei der weiteren Bauabwicklung kommen könnte. Ein Nebeneinander von Auftragnehmer und Drittunternehmer, was zu Streitigkeiten auf der Baustelle führen könnte, ist damit ausgeschlossen. Unter diesen besonderen Voraussetzungen ist der Auftraggeber ohne vorherige Kündigung des Vertrags oder Benachrichtigung des Auftragnehmers berechtigt, die Mängel durch einen Drittunternehmer beseitigen zu lassen.

▷ Die **Insolvenz** des Auftragnehmers steht der Mangelbeseitigungsverweigerung nicht gleich, weil dem Insolvenzverwalter die Entscheidung ermöglicht werden muss, ob er gemäß § 103 InsO den Vertrag erfüllen will oder nicht.[4] 239

▷ Die Beseitigung des Mangels ist rechtlich oder technisch **unmöglich**.[5] 240

▷ Die Mangelbeseitigung wird von der vorherigen Überweisung zu Recht einbehaltener **Abschlagszahlungen** oder sonstiger Vorleistungen des Auftraggebers abhängig gemacht.[6] 241

▷ Anders dagegen, wenn der Auftragnehmer die Nachbesserung von der Stellung einer **Bürgschaft** gemäß § 648 a BGB abhängig gemacht hat.[7] 242

▷ Dem Auftraggeber ist ein Festhalten am Bauvertrag nicht mehr zumutbar, weil der Auftragnehmer durch seine mangelbehaftete Leistung den **Vertragszweck erheblich gefährdet** und die notwendige Vertrauensgrundlage zerstört hat.[8] Das ist aber nur dann der Fall, wenn die bisherigen Werkleistungen und gegebenenfalls auch die bisherigen Bemühungen um Nachbesserung wegen der Schwere oder der Vielzahl der Baumängel die notwendige Vertrauensbasis zwischen Auftraggeber und Auftragnehmer nachhaltig erschüttert haben und bei objektiver Betrachtung auch nicht zu erwarten ist, dass sich zukünftig die Qualität der Werkleistung des Auftragnehmers verbessert und in angemessener Frist eine insgesamt abnahmefähige Bauleistung erbracht wird. 243

---

1 BGH, BauR 1986, 537; BGH, BauR 1989, 462; BGH, BauR 1997, 1027; OLG Hamm, NJW-RR 1997, 723; OLG Düsseldorf, BauR 1994, 369; BGH, BauR 1974, 280.
2 BGH, BauR 1986, 573; BGH, BauR 1997, 1027.
3 BGH, BauR 2000, 1479; *Klein*, BauR 2000, 1863 ff.
4 OLG Hamm, BauR 1984, 538; OLG Düsseldorf, NJW-RR 1993, 1110.
5 BGH, BauR 1988, 592.
6 BGH, BauR 1983, 260; BGH, BauR 1988, 592; BGH, NJW-RR 1995, 939.
7 LG Bonn, BauR 1997, 857; OLG Karlsruhe, BauR 1996, 556.
8 BGH, BauR 1985, 450; OLG Düsseldorf, BauR 1996, 112.

244 Ist die gesetzte **Frist ergebnislos verstrichen**, weil die gerügten Mängel nicht vom Auftragnehmer beseitigt wurden (so genannte „unterlassene oder fehlgeschlagene Nachbesserung") oder der Auftragnehmer die ihm gesetzte Frist überschritten hat (so genannte „Fristüberschreitung"), so kann der Auftraggeber den Auftrag mit Wirkung für die Zukunft entziehen, also den Bauvertrag kündigen. Ob der Auftraggeber den Bauvertrag kündigen oder an ihm festhalten will, hat er unverzüglich nach Fristablauf zu entscheiden. Andernfalls kann ihm der Auftragnehmer entgegenhalten, dass er sein Kündigungsrecht verwirkt hat, da der Auftragnehmer nicht mehr mit der Geltendmachung dieses Rechts rechnen brauchte.

245 Jedoch ist auch zu beachten, dass eine **unerhebliche Fristüberschreitung** nach Treu und Glauben nicht zur Kündigung berechtigt.[1] Die Aufforderung kann auch auf die mangelhafte Teilleistung beschränkt werden. Daher ist eine solche Kündigung dann als eine **Teilkündigung** hinsichtlich der mangelhaften Werkleistung anzusehen. Anders als bei der Teilabnahme nach § 12 Nr. 2 VOB/B kann der Auftraggeber nicht nur in sich abgeschlossene Leistungsteile kündigen, sondern auch jeweils betroffene untechnisch fertige (nicht abnahmereife) Teilleistungen. Dies folgt auch aus § 4 Nr. 10 VOB/B.

246 **Hinweis:**
§ 8 Nr. 5 VOB/B schreibt die Einhaltung der **Schriftform** als Wirksamkeitserfordernis vor.[2] Der Architekt kann allerdings ohne eine besondere Vollmacht den Bauvertrag nicht namens des Auftraggebers entziehen. Hier handelt es sich um einen höchstpersönlichen Rechtsakt, der nur vom Auftraggeber ausgeübt werden darf (wie auch die Abnahme oder Teilabnahme nach § 12 Nr. 2 VOB/B).

247 Ausnahmsweise ist eine **Kündigung nicht notwendig**, nämlich wenn der Auftragnehmer mit der Nachbesserung durch den Drittunternehmer auf seine Kosten bei Fortbestehen des Bauvertrags einverstanden ist.[3]

248 Die **Rechtsfolgen** der **Auftragsentziehung**: Nach der Kündigung kann der Auftraggeber von seinem Wahlrecht Gebrauch machen. Er kann entweder von seinem Recht der **Ersatzvornahme** nach § 8 Nr. 3 Abs. 2 Satz 1 VOB/B Gebrauch machen oder bei Vorliegen weiterer Voraussetzungen **Schadensersatz** wegen Nichterfüllung nach § 8 Nr. 3 Abs. 2 Satz 2 VOB/B verlangen.

249 Während es sich bei der Ersatzvornahme um einen verschuldensunabhängigen Aufwendungsersatzanspruch handelt, setzt die Geltendmachung des Schadensersatzanspruchs wegen Nichterfüllung neben dem Interessenwegfall des Auftraggebers hinsichtlich der weiteren Ausführung der Werkleistung voraus, dass der Mangel vom Auftragnehmer **schuldhaft** verursacht wurde.

250 Bei der Ersatzvornahme kann der Auftraggeber den gekündigten Teil der Leistung auf Kosten des Auftragnehmers entweder durch einen Drittunternehmer fertigstellen lassen oder selbst ausführen und die **Mehraufwendungen**, also die Differenz zwischen den Kosten des gekündigten Auftragnehmers und den Ersatzvornahmekosten des Drittunternehmers, vom Auftragnehmer erstattet verlangen.

---

1 Vgl. OLG Koblenz, BauR 1989, 729.
2 BGH, NJW 1973, 1463; Beck'scher VOB-Komm.-*Hofmann*, § 4 Nr. 7 VOB/B, Rz. 222.
3 BGH, BauR 1999, 254.

Ausführung der Bauleistung   Rz. 255 **Teil 15**

Dabei muss der Auftraggeber nicht in Vorlage treten, sondern kann auch analog 251
zu den sonstigen Fällen der Ersatzvornahme einen **Vorschuss** auf die voraussichtlichen Mehrkosten der Ersatzvornahme verlangen.[1] Dabei ist allerdings zu beachten, dass der Anspruch auf Vorschuss zur Mangelbeseitigung von vornherein nur in Höhe der Differenz zwischen den voraussichtlichen Mehrkosten der Ersatzvornahme und der offenen, wenn auch noch nicht fälligen Werklohnforderung des Auftragnehmers besteht. Hat also der Auftraggeber auf andere Weise die Möglichkeit, den für die Mangelbeseitigung erforderlichen Geldbetrag zu erlangen – so durch Einbehalt der Restvergütung –, so entfällt der Vorschussanspruch.[2]

Die Nachbesserungsverpflichtung des Auftragnehmers bezieht sich nicht nur auf 252
die eigene Leistung, sondern **auch** auf **gewerkefremde Vor- und Nacharbeiten**. Daher steht dem Auftragnehmer insoweit auch ein Nachbesserungsrecht zu. Dies gilt auch vor der Abnahme. Hat der Auftragnehmer Bewehrungsstahl mangelhaft verlegt und sind zur Mangelbeseitigung Vor- und Nacharbeiten (Aufstemmarbeiten und Neubetonierungen) erforderlich, kann der Auftraggeber vor Abnahme diese Arbeiten nur auf Kosten des Auftragnehmers durchführen lassen, wenn er zuvor nach vergeblicher Fristsetzung und Kündigungsandrohung den Auftrag (teil-)gekündigt hat.[3]

Außerdem verbleibt dem Auftraggeber neben dem Recht auf Ersatzvornahme das 253
verschuldensabhängige Recht auf Geltendmachung von Schadensersatzansprüchen nach § 4 Nr. 7 Satz 2 VOB/B wegen weitergehender Mangelfolgen **Verzugsschäden**. Im Übrigen bestehen die Ansprüche des Auftraggebers wegen Mängeln der erbrachten Werkleistung auch nach Auftragsentziehung weiter. Der Auftragnehmer ist durch die Kündigung des Bauvertrags nicht von seiner Verpflichtung entbunden, neu auftretende Mängel an der von ihm erstellten Teilleistung zu beseitigen.[4]

Bei einem VOB/B-Vertrag ist eine Kündigung nur bei **Einhaltung der Schriftform** 254
gemäß § 8 Nr. 5 VOB/B wirksam. Der Auftragnehmer muss sich nach Abschluss der Arbeiten Drittnachbesserungskosten als ersparte Aufwendungen analog § 8 Nr. 1 Abs. 2 VOB/B anrechnen lassen, auch wenn ihm der Auftraggeber keine Frist zur Nachbesserung gesetzt hat.[5]

5. Eigenausführung des Auftragnehmers gemäß § 4 Nr. 8 VOB/B

Nach § 4 Nr. 8 Abs. 1 Satz 1 VOB/B besteht die Pflicht des Auftragnehmers die 255
Bauleistung im eigenen Betrieb auszuführen. Wenn der Auftraggeber zustimmt, kann die Leistungen auf **Subunternehmer** übertragen werden, die dann unverzüglich dem Auftraggeber auf Verlangen bekannt zu geben sind, § 4 Nr. 8 Abs. 3 VOB/B. Enthält der Leistungsumfang auch betriebsfremde Leistungspflichten, so kann der Auftragnehmer solche Leistungsteile, auf die sein Betrieb nicht ein-

---

1 OLG Celle, BauR 1994, 250; OLG Schleswig, IBR 1995, 341; BGH, BauR 1989, 462.
2 OLG Oldenburg, BauR 1994, 371.
3 KG, IBR 2002, 604.
4 BGH, NJW 1988, 140; Werner/Pastor, Der Bauprozeß, Rz. 1620.
5 OLG Celle, IBR 2002, 605.

gerichtet ist, auch ohne Zustimmung des Auftraggebers an Subunternehmer vergeben.

256 Dabei ist auch zu beachten, dass § 4 Nr. 8 Abs. 1 S. 3 VOB/B dem Auftraggeber ein **besonderes Kündigungsrecht** zugesteht. Hat der Auftragnehmer bei unbefugter Weitergabe von Bauleistungen an Subunternehmer innerhalb einer angemessenen Frist die Leistung nicht selbst aufgenommen und wurde ihm für diesen Fall die Kündigung angedroht, so kann unter Fristsetzung gekündigt werden.

257 Grundsätzlich ist die Verpflichtung zur Erbringung der Bauleistung im eigenen Betrieb so zu verstehen, dass die Bauleistung mit **im Betrieb** des Auftragnehmers **beschäftigtem Personal** erfolgen muss. Nicht erheblich ist, ob das Material, die Maschinen usw. von einer Drittfirma stammen.[1] Bei der Vergabe an Subunternehmer ist auf § 4 Nr. 8 Abs. 2 VOB/B zu achten. Mittlerweile reicht es allerdings aus, dass nur noch wesentliche Teile im Sinne des § 4 Nr. 8 VOB/B im Betrieb des Auftragnehmers ausgeführt werden.[2] Bei dem Zusammenschluss zu einer ARGE soll mindestens ein Drittel ausgeführt werden (bedenklich).[3]

258 Andererseits ist im **Vergabebereich** das Angebot des Bieters, der ca. 80 % des Auftragsumfangs an Nachunternehmer vergeben will, von der Vergabe wegen Ungeeignetheit auszuschließen, da es nicht der Pflicht zur Selbstausführung entspricht.[4] Öffentliche Bauaufträge sind hier aber besonders zu beachten. So sieht das Vergabehandbuch (VHB) zu § 4 Nr. 8 VOB/B vor, dass die Vertragsbedingungen des öffentlichen Auftraggebers immer die Zustimmung zum Nachunternehmereinsatz voraussetzen.

259 Zu beachten ist auch, dass **Vertragsstrafeklauseln** bei ungenehmigtem Nachunternehmereinsatz als überraschende Klausel gemäß § 3 AGBG bzw. § 305 c BGB unwirksam ist, wenn sie an versteckter Stelle in einem Beiblatt erscheint.[5]

260 **Weitervergabemitteilung gemäß § 4 Nr. 8 VOB/B**

> Bauunternehmung Klein
> Düsseldorf
>
> An
> Bauherrn
> Gewaltig in Köln
>
> Bauvorhaben: ....
>
> Bauabschnitt: ....
>
> Auftrag vom: ....

---

[1] Beck'scher VOB-Komm.-*Hofmann*, § 4 Nr. 8, Rz. 6; Ingenstau/Korbion/*Oppler*, B, § 4 Nr. 8 Rz. 4 ff., 21; *Kemper*, BauR 2001, 1021, 1022.
[2] OLG Düsseldorf, BauR 2000, 1623.
[3] OLG Frankfurt, BauR 2000, 1597.
[4] BayObLG, VergabeR 2002, 485.
[5] Ingenstau/Korbion/*Oppler*, B, § 4 Nr. 8 Rz. 27; KG, BauR 2001, 101.

Ausführung der Bauleistung   Rz. 264 **Teil 15**

> **Mitteilung über Weitervergabe
> von Leistungen gemäß § 4 Nr. 8 Abs. 3 VOB/B**
>
> Wir haben nachfolgende Leistung/Teile von Leistungen gemäß VOB/B-Vertrag an die nachfolgenden Unternehmen weitervergeben:
>
> | Leistungsteil | Nachunternehmen |
> |---|---|
> | .... | .... |
> | .... | .... |
>
> Die Leistungen werden weitervergeben, weil
>
> ▷ der Weitervergabe mit Schreiben v. .... zugestimmt wurde
>
> ▷ der Betrieb auf die Ausführung der Leistung nicht eingerichtet ist.
>
> Düsseldorf, den ....
>
>   Bauunternehmung Klein

6. Schatzfund, § 4 Nr. 9 VOB/B

Nach § 4 Nr. 9 hat der Auftragnehmer die von ihm aufgefundenen Gegenstände, die einen Altertums-, Kunst- oder wissenschaftlichen Wert haben, dem Auftraggeber anzuzeigen und auf sein Verlangen **abzuliefern**. Dies bedingt, dass der Auftragnehmer die **Arbeiten einstellt**. Die Vorschrift ist damit eine Vereinbarung zur zeitlichen Unterbrechung und verlagert das Risiko des **Verzugs** auf den Auftraggeber.[1] Dadurch sollen Beschädigungen bzw. ein Verlust des Funds verhindert werden. Ansonsten haftet der Auftragnehmer nach pVV oder nach § 280 Abs. 1 BGB. 261

Der Auftraggeber hat unverzüglich zu reagieren. Ordnet der Auftraggeber an, den Fund zu transportieren (Auslieferung), stehen dem Auftragnehmer die **Mehrkosten** nach § 2 Nr. 6 VOB/B zu. Eine Mehrkostenanzeige ist nicht erforderlich. Wenn allerdings der Auftraggeber nicht reagiert, muss der Auftragnehmer eine Behinderungsanzeige ausbringen und einen Anspruch nach § 6 Nr. 6 VOB/B geltend machen; außerdem ist auf das Recht nach § 9 VOB/B hinzuweisen. 262

Im Übrigen ist § 984 BGB i. V. m. § 1008 BGB zu beachten.[2] Der Arbeitnehmer gilt im Innenverhältnis als **Entdecker**. Streitigkeiten zwischen Arbeitgeber und Arbeitnehmer sollten in einem Abschnitt des Arbeitsvertrags Rechnung getragen werden. 263

7. Technische Teilabnahme, § 4 Nr. 10 VOB/B

§ 4 Nr. 10 VOB/B beschreibt die Kontrolle von Leistungen vor der Gesamtabnahme. Vermieden werden soll, dass durch die Weiterführung der Arbeiten wegen 264

---

1 Ingenstau/Korbion/*Oppler*, B, § 4 Nr. 9 Rz. 2, 3, 4.
2 OLG Düsseldorf, BauR 1998, 354; Ingenstau/Korbion/*Oppler*, B, § 4 Nr. 9 Rz. 8, 9.

Überdeckung diese nicht mehr prüfbar ist. Damit soll die Leistung technisch nachvollziehbar gemacht werden. Sie dient zugleich dem Auftragnehmer beim Beweis seiner erbrachten Leistungen und bei den Teilabrechnungen sowie den Pauschalverträgen als **Dokumentation des Leistungsstands**. Gemeint ist aber nur die so genannte „technische Teilabnahme", nicht die juristische Teilabnahme, welche in § 12 Nr. 2 VOB/B geregelt ist.

265 **Beide Vertragsparteien** haben ein Interesse an der Leistungsfeststellung und sind jeweils berechtigt, die Leistungsfeststellung vom anderen zu **fordern**. Schwierig ist die Situation für den Auftragnehmer, dessen Leistungen durch Nachfolgeunternehmer verdeckt werden können. Kommt er allerdings der Verpflichtung der Forderung zur Teilabnahme nicht nach, haftet er für einen daraus resultierenden Schaden aus pVV bzw. § 241 Abs. 2 i. V. m. § 280 Abs. 1 BGB. Wenn der Auftraggeber durch einen Bauleiter oder bauleitenden Architekten vertreten ist, liegt dann ein **Mitverschulden** gemäß § 254 BGB vor.

266 **Verweigert der Auftraggeber** die **Mitwirkung** und macht er später geltend, die Leistung sei nicht so oder mangelhaft ausgeführt worden, trägt er für diese Behauptung die Beweislast.[1] Im Übrigen hat der Auftragnehmer einen Anspruch nach pVV bzw. § 280 Abs. 1 BGB i. V. m. § 241 Abs. 2 BGB wegen der Mehrkosten, wenn später die Leistung untersucht werden muss und dies zu Beschädigungen führt.

267 **Verweigert der Auftragnehmer** die **Mitwirkung**, hat er bis zur Abnahme die ordnungsgemäße Ausführung seiner Leistung darzulegen. Die Verletzung dieser Pflicht kann Schadensersatzansprüche aus §§ 323 ff. BGB, nach pVV bzw. §§ 280, 281 BGB auslösen. Diese erlöschen nach endgültig erfolgter Abnahme.[2]

268 **Hinweis:**
Das Ergebnis der Leistungsfeststellung soll daher aus Beweisgründen möglichst **schriftlich festgehalten** werden. Dabei ist aber darauf hinzuweisen, dass als Folge der gemeinsamen Feststellung eine Partei, die sich später auf einen abweichenden Leistungsstand berufen möchte, die Beweislast für diese Behauptung trägt.[3]

III. Bauvertragsklauseln zur Ausführung der Bauleistung

269 Beide Vertragsparteien stehen häufig vor der Frage, ob es sinnvoll ist, sich von den jeweils unerwünschten Folgen der Regelungen in § 4 VOB/B zu befreien. Während der Auftragnehmer als Verwender von **AGB-Klauseln** darum bemüht ist, sich von der Verpflichtung zu lösen, seinen Prüfungs- und Hinweispflichten nach § 4 Nr. 3 VOB/B nachzukommen, versucht der Auftraggeber im umgekehrten Fall als Verwender von AGB-Klauseln, sich die Mängelrechte zu erhalten, wenn er sich entsprechend § 4 Nr. 3 VOB/B verhält.[4]

---

1 Ingenstau/Korbion/*Oppler*, B, § 4 Nr. 9 Rz. 4, 8, 9; *Rester*, BauR 2001, 1819, 1820.
2 OLG Düsseldorf, BauR 1996, 121.
3 Ingenstau/Korbion/*Oppler*, B, § 4 Nr. 9 Rz. 4 ff.
4 Siehe hierzu die einzelnen Übersichten in *Glatzel/Hofmann/Frikell*, Unwirksame Bauvertragsklauseln, 9. Auflage 2000.

Die Entlastungsmöglichkeit des Auftragnehmers nach § 4 Nr. 3 VOB/B in Verbindung mit § 13 Nr. 3 VOB/B ist eine Konkretisierung von Treu und Glauben (§ 242 BGB). AGB-Regelungen, die darauf abzielen, die **Verantwortung des Auftragnehmers** bei Vorgaben des Auftraggebers auszuweiten, sind daher **in aller Regel unwirksam**. Gleiches gilt für solche Regelungen, die im Ergebnis darauf abzielen, die in Betracht kommende Mitverantwortung des Auftraggebers beispielsweise für von ihm gelieferte mangelhafte Baustoffe oder für fehlerhafte Angaben auszuschließen oder zumindest in erheblichem Umfang einzuschränken.

270

Umgekehrt wird es auch nur in sehr **engen Grenzen** möglich sein, den **Auftragnehmer zu entlasten**. So stellt es nach überwiegender Ansicht einen Verstoß gegen § 9 AGB-Gesetz (§ 307 BGB) dar, wenn der Auftragnehmer über von ihm verwendete AGB-Klauseln versucht, sich seiner Prüfpflicht nach § 4 Nr. 3 VOB/B zu entledigen. Demgegenüber ist es aber zulässig, wenn der Auftragnehmer über von ihm verwendete AGB-Klauseln Erleichterungen hinsichtlich der **Formalien** herbeiführt, also beispielsweise die in § 4 Nr. 3 VOB/B vorgesehene Schriftform des Hinweises für entbehrlich erklärt. AGB-Klauseln des Verwenders, die allerdings auf eine **Beweislastumkehr** abzielen, sind von vornherein wegen Verstoßes gegen § 11 Nr. 15 AGB-Gesetz (§ 309 Nr. 12) unwirksam.

271

Die Klausel „Kommt der Auftragnehmer seiner **Prüfungspflicht** nach § 4 Nr. 3 VOB/B nicht nach, so haftet er für die dadurch bedingten Mehrkosten allein" ist unwirksam wegen Verstoßes gegen § 9 sowie § 11 Nr. 7 AGB-Gesetz (§ 309 Nr. 7 BGB), weil mit einer solchen Klausel eine unzulässige Haftungsfreistellung für die übrigen Baubeteiligten, insbesondere den Auftraggeber, herbeigeführt wird, während die Verletzung der Prüfungs- und Hinweispflicht des Auftragnehmers nur eine Mithaftung des Auftragnehmers auslöst.[1]

272

Nach dem Wortlaut der Klausel „Der Auftragnehmer hat die Verdingungsunterlagen, insbesondere die Mengenberechnung, zu prüfen und **Bedenken** innerhalb der in der Zuschlagserteilung genannten **Frist** von 14 Tagen schriftlich geltend zu machen." ist diese unwirksam wegen Verstoßes gegen § 9 AGB-Gesetz (§ 307 BGB).[2] Die Klausel zielt darauf ab, den Auftragnehmer daran zu hindern, eine eventuelle Mithaftung des Auftragnehmers geltend zu machen oder eine Irrtumsanfechtung vorzunehmen.[3]

273

„**Bedenken** gegen diese **Unterlagen** (Pläne und Leistungsverzeichnis) hat der Auftragnehmer noch vor Vertragsschluss mitzuteilen. Nach Vertragsschluss mitgeteilte Bedenken, die ihre Grundlage in den übergebenen Unterlagen haben, berechtigen den Auftragnehmer nicht, andere Preise oder zusätzliche Leistungen für die bedenkenfreie Art der Ausführung in Rechnung zu stellen." Die Klausel ist unwirksam wegen Verstoß gegen § 9 Abs. 1 AGB-Gesetz (§ 307 BGB). Eine solche AGB-Klausel überschreitet die Grenze des Zumutbaren für den Auftragnehmer, da er häufig erst während der Bauausführung in der Lage ist, entsprechende Prüfungen anzustellen und daraufhin Bedenken mitzuteilen. Es ist im Übrigen auch nicht ersichtlich, welches schützenswerte, berechtigte Interesse der Auf-

274

---
1 Siehe hierzu: Ingenstau/Korbion/*Oppler*, B, § 4 Nr. 3 Rz. 5 ff.
2 OLG Zweibrücken, BB 1995, 13
3 OLG Zweibrücken, BB 1995, 13.

traggeber als Verwender einer solchen Klausel daran hat, dass Bedenken des Auftragnehmers in diesem Fall noch vor Vertragsschluss geltend zu machen sind. Ferner stellt es auch eine unangemessene Benachteiligung des Auftragnehmers als Vertragspartner dar, wenn diesem über diese Klausel Werklohnansprüche für Zusatzleistungen wegen unvollständigen oder mangelhaften Vorarbeiten von vornherein abgeschnitten werden.[1]

275 Die Klausel „Die Reihenfolge der Ausführung kann der Auftraggeber bestimmen" ist wegen der Dispositionsfreiheit des Auftragnehmers gemäß § 9 Abs. 2 Nr. 1 AGBG bzw. § 307 Abs. 2 Nr. 1 BGB unwirksam.

276 Der Auftraggeber darf keine Bestimmung wählen, die ihm das Recht erteilt, Auflagen über die **Anzahl der Beschäftigten** zu erteilen, weil ebenfalls der Auftragnehmer hier frei ist. Auch der „Wechsel des Bauleiters" unterliegt nicht der Weisungsbefugnis des Auftraggebers. Die verantwortliche Bauleitung eines Auftragnehmers kann nicht zur „kostenlosen" Bauleitung herangezogen werden.[2] Die Bestimmung des Abziehens der Geräte nur mit schriftlicher Zustimmung ist unzulässig; Gleiches bei der Räumung der Lagerplätze.

277 Ebenfalls unwirksam ist eine Klausel, die bei Zweifeln über die Qualität der Leistung des Auftragnehmers die **Kosten** des dann notwendigen **Sachverständigen** dem Auftragnehmer auferlegt. Besonders unwirksam ist eine Klausel, die dem Auftraggeber die Wahl lässt, das Prüfverfahren zu verlangen, wonach er das ungünstigste Ergebnis als verbindlich erklären kann. Dadurch wird die Leistung gemäß §§ 320 ff. BGB nicht mehr berechenbar.

---

[1] OLG München, BauR 1986, 579.
[2] Ingenstau/Korbion/*Oppler*, B, § 4 Nr. 1 Rz. 2 ff.

Teil 16
Ausführungsfristen

	Rz.
I. Ausführungsfristen (§ 5 VOB/B)	1
1. Allgemeines	1
a) Bedeutung der Bauzeit im Bauvertrag	1
b) Regelungen zur Bauzeit in BGB und VOB/B	5
aa) Bürgerliches Gesetzbuch	6
bb) Vergabe- und Vertragsordnung für Bauleistungen (VOB)	9
c) Überblick über die Regelungen des § 5 VOB/B	11
2. Verbindliche Vertragsfristen	17
a) Fristarten	17
Exkurs: Bauzeitenplan	20
b) Vereinbarung von Vertragsfristen	23
aa) Vereinbarungsvarianten	24
bb) Anforderungen an die vertragliche Gestaltung	25
cc) Fristen und AGB-Kontrolle	28
c) Nachträgliche Anpassung von Fristen	32
aa) Bauzeitverlängernde Anordnungen	33
bb) Berechnung der Fristverlängerung	39
cc) Bevollmächtigung zur Änderung von Vertragsfristen	43
3. Fehlen von verbindlichen Ausführungsfristen	45
a) BGB-Werkvertrag	45
b) VOB-Vertrag	47
4. Abhilfeverlangen des Auftraggebers bei drohender Verzögerung	52
5. Konsequenzen von Fristüberschreitungen für den Auftragnehmer	60
a) BGB-Vertrag	60
b) VOB-Vertrag	64
II. Eingetretene Verzögerung (§ 5 Ziff. 4 VOB/B)	67
1. Begriffe	67
a) Überblick	67
b) Rechte des Auftraggebers	70

	Rz.
2. Regelungssystem des § 5 Nr. 4 VOB/B	73
a) Anwendungsbereich	73
aa) Sonderregelungscharakter der Vorschrift	73
bb) Unmöglichkeit	75
cc) Einwendungen des Auftragnehmers	78
b) Klauseln in Allgemeinen Geschäftsbedingungen	79
3. Ansprüche von Auftraggeber und Auftragnehmer bei der Bauverzögerung	82
a) Die Tatbestände des § 5 Nr. 4 VOB/B	82
b) Die Rechte des Auftraggebers	84
aa) Verzögerung des Beginns der Ausführung	86
bb) Der Auftragnehmer gerät mit der Vollendung in Verzug	87
cc) Nichterfüllung der Förderungspflicht aus § 5 Nr. 3 VOB/B	89
dd) Wahlrecht des Auftraggebers	90
ee) Schadensersatz nach §§ 5 Nr. 4, 6 Nr. 6 VOB/B	91
ff) Berücksichtigung des Mitverschuldens	94
gg) Verjährung des Schadensersatzanspruchs	96
hh) Das Kündigungsrecht des Auftraggebers	99
c) Sonstige Rechte des Auftraggebers	104
aa) Vertragserfüllung	104
bb) Erfüllungsverweigerung des Auftragnehmers	105
cc) Einrede des nicht erfüllten Vertrags	107
d) Die Rechte des Auftragnehmers	110
III. Regelungen im BGB-Vertrag	113
1. Überblick	113

	Rz.
2. Anwendbarkeit von VOB-Regelungen auf den BGB-Werkvertrag?	116
3. Ansprüche des Bestellers gemäß § 636 BGB a. F.	118
a) Die Anspruchsvoraussetzungen des Rücktrittsrechts vor dem Schuldrechtsmodernisierungsgesetz	119
b) Schadensersatz gemäß § 636 Abs. 1 Satz 2 BGB a. F.	132
4. Ansprüche des Bestellers nach neuem Schuldrecht	135
a) Schadensersatz wegen Verzögerung nach § 280 Abs. 2 BGB n. F.	136
b) Rücktrittsrecht nach § 323 BGB n. F.	140
5. Rechte des Unternehmers	148
IV. Mustertexte	149
1. Aufforderung zum Arbeitsbeginn gemäß § 5 Nr. 2 Satz 2 VOB/B	149
2. Nachfristsetzung für Baubeginn	150
3. Abhilfeverlangen nach § 5 Nr. 3 VOB/B bzw. Fristsetzung gemäß § 5 Nr. 4 VOB/B	151
4. Nachfristsetzung für Vollendung der Ausführung gemäß § 5 Nr. 4 VOB/B	152
5. Kündigungsschreiben gemäß §§ 5 Nr. 4, 8 Nr. 3 VOB/B	153

I. Ausführungsfristen (§ 5 VOB/B)

1. Allgemeines

a) Bedeutung der Bauzeit im Bauvertrag

1   Die frist- und termingerechte Bauausführung ist regelmäßig ein wichtiges organisatorisches und betriebswirtschaftliches Element des Herstellungsprozesses. Bauvorhaben stehen meist unter **großem Zeitdruck**, der den am Bau Beteiligten ein hohes Maß an Präzision, Koordination und Termintreue abverlangt. Die Baukosten werden durch die Bauzeit in vielfältiger Weise beeinflusst.

2   Für den **Auftraggeber** kann die Veränderung der Bauzeit **Auswirkungen** auf Finanzierungskosten und Fördermittel haben.[1] Gleichzeitig ist der dem Auftraggeber entstehende Bauüberwachungs- bzw. Bauleitungsaufwand von der Bauzeit abhängig. Bei einer Bauverzögerung drohen Schäden durch Störungen der Baustellenkoordination, Mehrkosten durch Behinderungsansprüche von Nachfolgeunternehmern und eine spätere Nutzungsmöglichkeit des Bauwerks.[2] Gerade weil Bauwerke erfahrungsgemäß zum Teil unter erheblicher Überschreitung von vereinbarten Fristen vollendet werden, ist das Interesse des Auftraggebers an einer fristgerechten Fertigstellung schutzwürdig.[3]

3   Auf Seiten des **Auftragnehmers** sind die **Kosten** für die Vorhaltung der Baustelleneinrichtung, für die Ausstattung der Baustelle mit Geräten und für überwachende Arbeitskräfte ebenfalls zeitabhängig. Bei der Bewerbung um einen Auftrag, im Rahmen der konkreten Angebotskalkulation und bei der Verteilung der vorhandenen Kapazitäten auf verschiedene Baustellen bildet die vertraglich vorgegebene

---

1   Zur Berechnung des Verzugsschadens des Auftraggebers bei verspäteter Herstellung des Bauwerks vgl. BGH, BauR 2000, 1188.
2   Zu anzurechnenden Zinsvorteilen und Steuerersparnissen vgl. BGH, NJW 1983, 2137 = *Schäfer/Finnern/Hochstein*, Nr. 1 zu § 286 BGB.
3   OLG Koblenz, NJW-RR 2000, 1042.

Bauzeit einen wesentlichen Faktor der unternehmerischen Dispositionsmöglichkeiten. Bauverzögerungen können Nachteile in Form von Preisänderungen bei Lieferanten und tariflichen Lohnerhöhungen oder eine Verschiebung der Bauleistung in die ungünstigere Jahreszeit zur Folge haben. Häufig erschweren sie eine kontinuierliche und effektive Erbringung der Bauleistung.

Insgesamt ist eine koordinierte, zügige Bauabwicklung von wesentlicher Bedeutung für die Baukosten und damit letztlich für die Wirtschaftlichkeit des Bauvorhabens. Der vom Auftragnehmer **geschuldete werkvertragliche Erfolg** umfasst neben der Mangelfreiheit des Bauwerks die **zeitgerechte Herstellung** als eigenständige Komponente einer ordnungsgemäßen Vertragserfüllung.[1] Je komplexer das Bauvorhaben ist und je mehr die Leistungen verschiedener Baubeteiligter ineinander greifen, desto detaillierter sollten die Angaben zu den zeitlichen Abläufen der Baustelle im jeweiligen Bauvertrag ausgestaltet werden.

b) Regelungen zur Bauzeit in BGB und VOB/B

Die Bestimmungen des allgemeinen Schuldrechts und des Werkvertragsrechts im BGB unterscheiden sich von den Regelungen der VOB/B durch ihren wesentlich höheren **Abstraktionsgrad**. Während das BGB einen Bezug zu den Besonderheiten des Bauvertrags vermissen lässt, stellt die VOB/B dem Rechtsanwender zu Fragen der Bauzeit ein differenziertes System von konkreten Pflichten und Rechtsfolgen zur Verfügung.

aa) Bürgerliches Gesetzbuch

Im **Werkvertragsrecht** des BGB wird die **Bauzeit** nur über die Regelungen des allgemeinen Schuldrechts erfasst. In der bis zum 31. 12. 2001 geltenden Fassung enthielt das BGB in § 636 eine Sonderbestimmung für den Fall der verspäteten Herstellung des Werks. Unter den Voraussetzungen des § 636 Abs. 1 Satz 1 a. F. hatte der Besteller ein Rücktrittsrecht unabhängig davon, ob der Unternehmer die Verspätung zu vertreten hatte. Daneben waren die allgemeinen Verzugsregeln anwendbar (§§ 636 Abs. 1 Satz 2, 286, 326 Abs. 1 BGB a. F.), sofern ein *schuldhaftes* Verhalten des Auftragnehmers vorlag (§ 285 BGB a. F.).[2]

Das verschuldensunabhängige Rücktrittsrecht gemäß §§ 636, 634 a. F. BGB war insbesondere angesichts der Konsequenzen der Vertragsauflösung für den Bauvertrag nicht praxisgerecht, weswegen diesem Gestaltungsrecht keine nennenswerte Bedeutung zukam. Im Zuge der **Schuldrechtsreform** wurde die Bestimmung aufgehoben und die Vorschrift des § 636 BGB mit einem anderen Regelungsgehalt versehen. Seither stellt das BGB zu Fragen der Bauzeit lediglich die Regelungen des allgemeinen Schuldrechts (vor allem §§ 271, 280, 281, 286, 293 ff. BGB) und den besonderen Entschädigungsanspruch des Unternehmers bei unterlassener

---

1 Zum geltenden Recht s. Palandt/*Sprau*, Gesetz zur Modernisierung des Schuldrechts, Ergänzungsband zu Palandt, BGB, 61. Aufl. 2002, § 631 Rz. 12; zur Rechtslage bis zum 31. 12. 2001 s. Palandt/*Sprau*, BGB, 61. Aufl. 2001, § 631 Rz. 12 sowie § 636 BGB a. F.
2 Vgl. BGH, NJW 1997, 50 zur Möglichkeit des Bestellers, im Falle des Verzugs des Unternehmers neben § 636 BGB a.F. wahlweise nach § 326 Abs. 1 BGB a. F. vorzugehen.

Mitwirkung des Bestellers nach § 642 BGB bzw. das Kündigungsrecht nach § 643 BGB zur Verfügung (siehe Teil 17 Behinderung und Unterbrechung, Rz. 291 ff.).

8 Die Verzugsregelungen des BGB nehmen bekanntlich keine Rücksicht auf die Besonderheiten des Bauvertrags, in dessen Mittelpunkt die – meist komplexe – Herstellung eines Bauwerks steht. Am Entstehen des Bauwerks sind regelmäßig mehrere Personen beteiligt, die über längere Zeit zusammenwirken und als Bauvertragspartner in einem **Kooperationsverhältnis** stehen.[1] Die daraus resultierenden Wechselwirkungen zwischen Herstellungspflichten des Unternehmers, Mitwirkungshandlungen des Bestellers bzw. seiner Sonderfachleute und zwischen den einzelnen Gewerken werden im BGB nicht erfasst. Vielmehr geht § 271 BGB von einem Vertrag aus, der sich in einem einmaligen, punktuellen Leistungsaustausch erschöpft.[2]

bb) Vergabe- und Vertragsordnung für Bauleistungen (VOB)

9 Im Gegensatz zum Gesetz enthält die Vergabe- und Vertragsordnung für Bauleistungen in **§ 5, § 6 und § 11 VOB/B** detaillierte Regelungen zur **Bauzeit** und zu den Folgen (drohender oder eingetretener) Verzögerungen, die auf die besonderen Bedürfnisse des Bauvertrags zugeschnitten sind.

10 Darüber hinaus finden sich in **§ 11 VOB/A** Hinweise für eine sachgerechte vertragliche Gestaltung von **Ausführungsfristen bei öffentlichen Bauvorhaben**. Danach sind Ausführungsfristen unter Berücksichtigung von Jahreszeit, Arbeitsverhältnissen und etwaigen besonderen Schwierigkeiten des Bauvorhabens ausreichend zu bemessen (§ 11 Nr. 1 Abs. 1 VOB/A). Ferner enthält § 11 VOB/A interne Anweisungen für den öffentlichen Auftraggeber zu der Frage, welche Einzelfristen bestimmt und ggf. als Vertragsfristen vereinbart werden sollen (§ 11 Nr. 2 VOB/A). Die Vorschriften der VOB/A sind zwar im Vergabeverfahren vom öffentlichen Auftraggeber im Verhältnis zu den Bietern zu beachten. Bei der Vertragsabwicklung kann sich der Auftragnehmer aber nicht auf Einhaltung der Bestimmungen der VOB/A berufen. Allenfalls können sie als **Argumentationshilfe** bei auslegungsbedürftigen vertraglichen Regelungen eine Rolle spielen,[3] sofern der Auftraggeber Regelungsadressat der VOB/A ist.

c) Überblick über die Regelungen des § 5 VOB/B

11 Die Vorschrift des § 5 VOB/B befasst sich mit dem fristgerechten Beginn und der fristgerechten Vollendung des Werks sowie mit den Rechtsfolgen der Missachtung von Ausführungsfristen. Der Regelungskomplex war von den vergangenen Änderungen der VOB durch die Fassungen 2000 und 2002 nicht betroffen und wurde auch vor dem Hintergrund der Schuldrechtsreform vom DVA nicht überarbeitet. § 5 VOB/B stellt eine **Sonderregelung** dar, die in ihrem Anwendungsbereich den Bestimmungen des allgemeinen Leistungsstörungsrechts des BGB vorgeht.

---

1 Grundlegend zu den Kooperationspflichten im VOB/B-Bauvertrag: BGH, NJW 2000, 807 = BauR 2000, 409.
2 Vgl. *Motzke* in Beck'scher VOB-Kommentar, Teil B, vor § 5, Rz. 5.
3 Ähnlich *Vygen*, Bauvertragsrecht, S. 116.

§ 5 Nr. 1 VOB/B enthält **bauzeitbezogene Erfüllungsansprüche** des Auftraggebers und führt gleichzeitig den Terminus der **Vertragsfristen** ein. Während der Begriff der „Frist" einen **Zeitraum** beschreibt, fixiert der „Termin" einen **Zeitpunkt**. **Ausführungsfrist** ist dabei der Zeitraum, der dem Auftragnehmer für die Ausführung seiner Bauleistung vom Beginn bis zur Vollendung zur Verfügung steht. Fristen für die Herstellung einzelner Bauabschnitte oder Bauwerksteile werden als *Einzelfristen* oder **Zwischenfristen** bezeichnet. 12

Hinweis:
In einem **Bauzeitenplan** enthaltene Einzelfristen sind nach § 5 Nr. 1 Satz 2 VOB/B grundsätzlich keine Vertragsfristen.

Wenn im Bauvertrag keine Frist für den Beginn der Ausführung vereinbart wurde, schließt **§ 5 Nr. 2 VOB/B** diese Regelungslücke, indem er dem Auftragnehmer einen Anspruch auf Auskunft über den voraussichtlichen Beginn und dem Auftraggeber ein **Recht auf Abruf** der Leistung einräumt. In diesem Fall ist der Auftragnehmer verpflichtet, mit der Ausführung innerhalb von 12 Werktagen nach Aufforderung (= Abruf) zu beginnen. 13

§ 5 Nr. 3 VOB/B ermöglicht es dem Auftraggeber, sich abzeichnenden Fristüberschreitungen bereits frühzeitig entgegenzuwirken. Wenn der Auftragnehmer seiner allgemeinen Pflicht zur angemessenen Förderung der Bauausführung (§ 5 Nr. 1 Satz 1, 2. Alt. VOB/B) nicht nachkommt und die Ausführungsfristen wegen unzureichender personeller oder technischer Baustellenausstattung offenbar nicht eingehalten werden können, ist der Auftraggeber berechtigt, unverzügliche **Abhilfe zu verlangen**. 14

Missachtet der Auftragnehmer die Ausführungsfristen, indem er den Beginn der Ausführung verzögert, mit der Vollendung der Ausführung in Verzug gerät oder trotz Abhilfeverlangen die Baustelle weiterhin nur ungenügend besetzt, so gibt **§ 5 Nr. 4 VOB/B** dem Auftraggeber alternativ einen **Schadensersatzanspruch** gemäß § 6 Nr. 6 VOB/B oder – nach Fristsetzung mit Androhung der Auftragsentziehung – ein **Kündigungsrecht** nach § 8 Nr. 3 VOB/B. 15

Übersicht zu § 5 VOB/B 16

§ 5 Nr. 1 Satz 1 Ansprüche des AG bei der Bauausführung
▷ fristgerechter Beginn
▷ angemessene Förderung und
▷ fristgerechte Vollendung
§ 5 Nr. 1 Satz 2 Auslegungsregel
▷ Einzelfristen in einem Bauzeitenplan nur bei ausdrücklicher Vereinbarung verbindlich (Vertragsfristen)
§ 5 Nr. 2 Ansprüche/Pflichten des AG/AN bei fehlender Vereinbarung des Baubeginns
▷ Auskunftsanspruch des AN über den voraussichtlichen Beginn
▷ Abrufrecht des AG

§ 5 Nr. 2 Ansprüche/Pflichten des AG/AN bei fehlender Vereinbarung des Baubeginns
▷ Ausführungspflicht des AN innerhalb von 12 Werktagen nach Abruf
▷ Anzeigepflicht des AN bzgl. Baubeginn
§ 5 Nr. 3 Ansprüche des AG bei drohender Bauverzögerung
▷ Abhilfeanspruch bei unzureichender Personal-, Material- und/oder Geräteausstattung durch den AN
§ 5 Nr. 4 Pflichtverletzungen des AN durch
▷ Verzögerung des Baubeginns
▷ Verzug mit der Vollendung
▷ Verstoß gegen Abhilfeverpflichtung
Ansprüche des AG bei Pflichtverletzung des AN
▷ § 5 Nr. 4 iVm § 6 Nr. 6 Schadensersatz unter Aufrechterhaltung des Vertrags
▷ § 5 Nr. 4 iVm § 8 Nr. 3 Kündigung nach Fristsetzung mit Androhung der Auftragsentziehung

2. Verbindliche Vertragsfristen

a) Fristarten

17 Wenn in § 5 Nr. 1 Satz 1 VOB/B von „verbindlichen Fristen **(Vertragsfristen)**" die Rede ist, wird gleichzeitig zum Ausdruck gebracht, dass es auch unverbindliche Zeitangaben (Nichtvertragsfristen) gibt. Wird ein **Bauzeitenplan** zum Vertragsbestandteil gemacht, so sind darin enthaltene Einzelfristen nach § 5 Nr. 1 Satz 2 VOB/B im Regelfall **keine Vertragsfristen**. Um aus einer Einzelfrist eines Bauzeitenplans eine verbindliche Frist machen, bedarf es daher einer ausdrücklichen Vereinbarung.[1]

Hinweis:
Die sich aus einem Bauzeitenplan ergebende Frist für **Beginn und Ende** der Gesamtleistung keine Einzelfrist in diesem Sinne. Es handelt sich dabei um eine **Vertragsfrist**, wenn der Bauzeitenplan als Vertragsbestandteil vereinbart wurde.

18 Einzel- oder Zwischenfristen beziehen sich nicht auf die Gesamtleistung, sondern auf Teile davon. Sie haben als Nichtvertragsfristen vor allem den Zweck, die kontinuierliche Überwachung der Bauzeit und die Koordination der verschiedenen Gewerke im Bauablauf zu ermöglichen **(Kontrollfristen)**.[2]

---

[1] *Motzke* in Beck'scher VOB-Kommentar, Teil B, § 5 Nr. 1 Rz. 35.
[2] Vgl. hierzu z. B. OLG Hamm, BauR 1996, 392, 393.

Überblick zu den Fristarten: 19

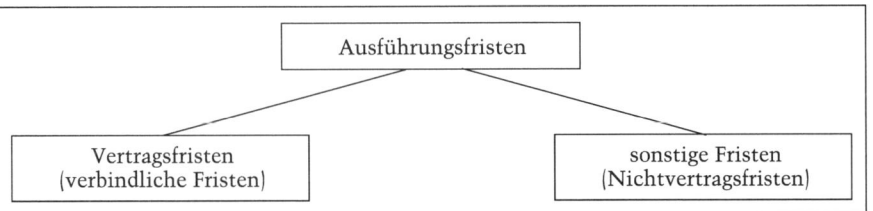

Exkurs: Bauzeitenplan

Der Auftraggeber hat nach § 4 Nr. 1 Abs. 1 Satz 1 VOB/B „das Zusammenwirken der verschiedenen Unternehmer zu regeln". Hierzu gehört auch die zeitliche Abstimmung der einzelnen Gewerke. Grundlage dieser Koordination ist häufig ein Bauzeitenplan, der – beispielsweise in Form eines **Balkendiagramms** – den zeitlichen Ablauf der Gesamtbauleistung sowie Beginn und Ende der Arbeiten der einzelnen Gewerke regelt. 20

Zu den Aufgaben des mit der Planung und Überwachung des Objekts betrauten Architekten/Ingenieurs gehört auch die zeitliche **Koordination des Baustellenablaufs**. Die Ausarbeitung eines Bauzeitenplans wird daher regelmäßig vom Architekten/Ingenieur des Auftraggebers wahrgenommen. Als Erfüllungsgehilfe des Auftraggebers kann er mit den Auftragnehmern einen Bauzeitenplan vereinbaren, soweit er die vertraglichen Vorgaben beachtet und diese lediglich konkretisiert.[1] Für eine darüber hinausgehende Vereinbarung oder **Änderung von Vertragsfristen** bedarf es einer besonderen Bevollmächtigung des Architekten/Ingenieurs.[2] 21

Der Bauzeitenplan dient zunächst der Konkretisierung der Vorstellungen des Auftraggebers in Bezug auf die zeitliche Abwicklung des Bauvorhabens. Darüber hinaus bietet er die Möglichkeit, das Zusammenwirken der verschiedenen Gewerke ordnungsgemäß zu koordinieren, die Einhaltung der Vertragsfristen zu überwachen und drohenden Fristüberschreitungen frühzeitig entgegenzuwirken. Aus diesen Gründen ist er ein **unverzichtbares Instrument** der terminlichen Steuerung des Bauablaufs. 22

b) Vereinbarung von Vertragsfristen

Bei der Vertragsgestaltung ist aufseiten des Auftraggebers zu klären, welche Fristen für ihn von ausschlaggebender Bedeutung sind. Hierbei handelt es sich regelmäßig um die Frist für den Beginn und das Ende der vertragsgegenständlichen Gesamtleistung. Aber auch Zwischenfristen für die Fertigstellung einzelner Bauabschnitte oder Bauwerksteile können für eine zeitsparende Bauabwicklung und ein effizientes Ineinandergreifen der Gewerke wichtig sein. Derartige Fristen sind 23

---

1 BGH, IBR 2002, 356.
2 BGH, BauR 1978, 139, 140.

als Vertragsfristen zu vereinbaren und sollten ggf. mit einer **Vertragsstrafe** bewehrt werden.[1]

aa) Vereinbarungsvarianten

24 Eine **Ausführungsfrist** ist dann eine echte Vertragsfrist, wenn die Parteien einen verbindlichen Termin für den Beginn und das Ende der Bauarbeiten vereinbart haben. Dasselbe gilt bei Festlegung des Beginns und einer Ausführungsfrist. Aber auch wenn die Parteien lediglich eine Ausführungsfrist für die Gesamtleistung vereinbart haben, ohne den Baubeginn zu regeln, liegt eine verbindliche Vertragsfrist vor. Für den Beginn der Ausführung ist in diesem Fall § 5 Nr. 2 VOB/B heranzuziehen. Nach § 284 Abs. 2 Satz 1 BGB a. F. ist damit die Leistungszeit allerdings nicht nach dem Kalender bestimmt, weswegen es einer **verzugsbegründenden Mahnung** bedarf. Nach § 286 Abs. 2 Nr. 2 BGB n. F. dürfte bei einer vereinbarten Ausführungsfrist in Verbindung mit der Beginnfrist des § 5 Nr. 2 VOB/B (12 Werktage nach Aufforderung) eine von dem Ereignis der Aufforderung an nach dem Kalender berechenbare Leistungszeit vorliegen.

Beispiele:
▷ Festlegung Beginn + Fertigstellungstermin (nach dem Kalender)
z. B. Beginn: 15. 10. 03, Fertigstellung: 30. 11. 03
▷ Festlegung Fertigstellungstermin
z. B. verbindliche Fertigstellung: 30. 11. 03
▷ Festlegung Beginn + Ausführungsfrist (Zeitraum)
z. B. Ausführungsfrist ab 15. 10. 03 innerhalb von 24 Werktagen
▷ vereinbarte Ausführungsfrist + § 5 Nr. 2 S. 1 VOB/B
z. B. Ausführungsfrist/Bauzeit: 3 Monate

bb) Anforderungen an die vertragliche Gestaltung

25 Echte Vertragsfristen nach § 5 Nr. 1 VOB/B liegen nur dann vor, wenn die Regelungen über die Bauzeit **klar und eindeutig** sind. Es bedarf der unmissverständlichen Fixierung der verbindlichen Fristen, da diese auch für die Preisgestaltung und Kalkulation des Unternehmers von erheblicher Bedeutung sind, insbesondere wenn an deren Nichteinhaltung die Verwirkung einer Vertragsstrafe geknüpft wird.

Hinweis:
Die notwendige **Bestimmtheit** ist nicht gewährleistet, wenn im Bauvertrag Zusätze wie „ca.", „etwa", „ungefähr", „möglichst bis" oder „voraussichtlich" verwendet werden. Eine Zeitangabe mit der Ergänzung „und je nach Witterung" ist ebenfalls nicht ausreichend, weil sie völlig unbestimmt ist.[2] Das Gleiche gilt für eine nach „Arbeitstagen" bemessene Frist, da dieser Begriff nicht eindeutig ist.[3]

---

1 Zur Wirksamkeit einer Vertragsstrafenregelung bei Überschreitung von Zwischenfristen vgl. BGH, IBR 2001, 252; BGH, IBR 2001, 165; BGH, IBR 1999, 157; OLG Hamm, BauR 2000, 1202; OLG Koblenz, IBR 2000, 535, NJW-RR 2000, 1042.
2 OLG Düsseldorf, NJW-RR 1998, 89, 90.
3 Saarländisches OLG v. 15. 5. 2002 – 1 U 897/01, Baurechts-Report 11/2002.

Der Auftragnehmer gerät in diesen Fällen erst durch Zugang dieser Mahnung in Verzug.

Ungenügend ist auch die Formulierung, dass die Arbeiten innerhalb einer angegebenen Frist ausgeführt werden „sollen" (oder gar „sollten"), da es sich dabei auch um eine **bloße Absichtserklärung** handeln könnte, der die für eine Vertragsfrist zu fordernde Verbindlichkeit fehlt.[1] Sind Ausführungsfristen nicht eindeutig vereinbart, ist im Zweifel davon auszugehen, dass der Auftragnehmer eine Leistungszeit nur in Aussicht stellen will.[2] Die gewollte Verbindlichkeit der Frist wird am besten durch Verwendung der Begriffe „Vertragsfrist" oder „verbindliche Frist" verdeutlicht.

Auch sollte in der Fristvereinbarung zweifelsfrei zum Ausdruck kommen, ob die Vertragsfrist sich auf die Herstellung der Abnahmefähigkeit[3] oder auf die Beseitigung aller Mängel bezieht. Das OLG Düsseldorf legte die gesetzliche Regelung des § 636 BGB a. F. in der Weise aus, dass ein Werk nicht rechtzeitig hergestellt ist, wenn es zwar zum überwiegenden Teil vollendet ist, Restarbeiten aber noch ausstehen.[4] Nach herrschender Auffassung genügt zur **fristgerechten** Vertragserfüllung die **Abnahmereife der Leistung**. Eine komplette Fertigstellung einschließlich Beseitigung unwesentlicher Mängel und Räumung der Baustelle soll danach nicht erforderlich sein.[5] Entscheidend ist jedoch der im konkreten Fall vereinbarte Bezugspunkt der Vertragsfrist, weswegen im Einzelfall zu prüfen ist, welchen Leistungsstand die Parteien für den Fertigstellungstermin fixiert haben.[6]

cc) Fristen und AGB-Kontrolle

Bei der Verwendung allgemeiner Geschäftsbedingungen ist darauf zu achten, dass Klauseln, die dem Auftraggeber die Befugnis einräumen, **einseitig** Fristen zu bestimmen, regelmäßig gegen § 9 Abs. 2 Nr. 1 AGBG a. F. bzw. § 307 Abs. 2 BGB n. F. verstoßen. Dies gilt etwa für eine vom Auftraggeber gestellte formularvertragliche Bestimmung, wonach der Auftragnehmer einen vom Auftraggeber aufgestellten **Terminplan** auch dann als verbindlich anerkennt, wenn dieser im Zuge der Bauabwicklung fortgeschrieben und an geänderte Verhältnisse angepasst wird.[7]

Entsprechend sind Klauseln unwirksam, die den Auftraggeber berechtigen sollen, eine im Bauvertrag überhaupt nicht oder nur ungefähr angegebene Ausführungs-

---
1 OLG Düsseldorf, BauR 1982, 582 = *Schäfer/Finnern/Hochstein*, Nr. 7 zu § 11 VOB/B.
2 OLG Düsseldorf, NJW-RR 1998, 89, 90 = BauR 1997, 851 mit Verweis auf *Ingenstau/Korbion*, 13. Aufl., § 5 VOB/B Rz. 8.
3 Bei privat und gewerblich genutzten Gebäuden ist die *Bezugsfertigkeit* ein weiterer möglicher Bezugspunkt der Frist; zum Begriff der Bezugsfertigkeit vgl. etwa *Brych/Pause*, Bauträgerkauf und Baumodelle, S. 68 (Rz. 151).
4 Vgl. OLG Düsseldorf, NJW-RR 1997, 89, 90, mit Verweis auf *Soergel*, in Münch-Komm, 2. Aufl. § 636 Rz. 4.
5 *Vygen/Schubert/Lang*, Bauverzögerung und Leistungsänderung, 4. Aufl. 2002, S. 62 (Rz. 85), *Ingenstau/Korbion/Döring*, 15. Aufl. 2004, § 5 Nr. 1–3 Rz. 23.
6 Vgl. OLG Düsseldorf, NJW-RR 1998, 89, 90, wonach eine vereinbarte *Montagefrist* eingehalten ist, wenn das Bauwerk zwar noch Mängel aufweist, aber jedenfalls innerhalb der Frist fertig montiert und in diesem Sinne vollendet war.
7 Vgl. LG München, Baurechts-Report 6/88.

frist später einseitig festzulegen. Bei derartigen Formulierungen ist nicht sicher gestellt, dass der Auftraggeber sein **Leistungsbestimmungsrecht** nach billigem Ermessen (vgl. § 315 BGB) ausübt.

30 Weiter sind auch Bestimmungen unwirksam, die einseitig und undifferenziert dem Auftragnehmer das Risiko von Verzögerungen auferlegen. So ist etwa die Klausel:

„Noch fehlende behördliche Genehmigungen sind durch den Auftragnehmer so rechtzeitig einzuholen, dass zu keiner Zeit eine Behinderung des Terminablaufs entsteht."

nach Auffassung des BGH unwirksam, da jedenfalls die Überbürdung des Risikos, dass Genehmigungen nicht rechtzeitig erteilt werden, den Vertragspartner des Verwenders unangemessen benachteiligt.[1] Das gilt erst recht für den Fall, dass die Verantwortung für Terminsverschiebungen ohne Rücksicht auf die tatsächliche Verursachung pauschal dem Auftragnehmer zugewiesen wird, weswegen die Klausel:

„Der Auftragnehmer ist verpflichtet, aufgrund von Prüfungen gemachte Auflagen zu beachten und zu erfüllen. Hieraus resultierende Terminsverschiebungen oder Mehrkosten gehen zu seinen Lasten."[2]

ebenfalls einer Inhaltskontrolle nicht stand hält.

31 Geschäftsbedingungen des Auftragnehmers können nach § 10 Nr. 1 AGBG a. F. bzw. § 308 Nr. 1 BGB n. F. unwirksam sein, wenn sie unangemessen lange oder nicht hinreichend bestimmte Fristen für den Beginn der Ausführung vorsehen.[3]

c) Nachträgliche Anpassung von Fristen

32 Im Zuge der Bauausführung können sich Umstände ergeben, die eine **Baufristverlängerung** erforderlich machen. In diesem Fall sollte zwischen Auftraggeber und Auftragnehmer eine Anpassung der Ausführungsfrist vereinbart werden, was einvernehmlich ohne weiteres möglich ist (§ 311 Abs. 1 BGB n. F. [§ 305 BGB a. F.]).

aa) Bauzeitverlängernde Anordnungen

33 Nicht selten beruht die Verschiebung bzw. Verlängerung des Ausführungszeitraums auf Anordnungen des Auftraggebers. Die Bauzeit ist unmittelbar von Art und Umfang der zu erbringenden Bauleistung abhängig. Durch erteilte Zusatzaufträge, Leistungsänderungen oder Massenmehrungen können sich die Ausführungsfristen nach § 6 Nr. 2 Abs. 1 Buchst. a VOB/B verlängern und ursprüngliche Termine hinfällig werden.[4]

34 Für den Auftragnehmer kann ein **hindernder Umstand** i. S. v. § 6 Nr. 1 bzw. Nr. 6 VOB/B auch dann vorliegen, wenn es sich bei der Anordnung um eine **rechtmäßige Maßnahme** des Auftraggebers handelt.[5] Denn Behinderungen in diesem Sinne

---

1 BGH (Nichtannahmebechluss), NJW-RR 1997, 1513, 1514.
2 BGH, NJW-RR 1997, 1513.
3 BGH, NJW 1985, 855; BGHZ 92, 24.
4 OLG Düsseldorf, BauR 2000, 1336, 1337.
5 Vgl. OLG Köln, NJW 1986, 71, 72; OLG Koblenz, NJW-RR 1988, 851 (Nachtragsaufträge als Ausführungsbehinderungen).

sind alle Ereignisse, die den vorgesehenen Leistungsablauf hemmen oder verzögern, welche also auf die Ausführung der Leistung hindernd einwirken.[1] Soweit derartige Anordnungen vom Auftraggeber zu vertreten sind, ist er zum **Ersatz** des nachweislich entstandenen **Schadens** nach § 6 Nr. 6 VOB/B verpflichtet.[2]

Nach den überzeugenden Darlegungen von *Thode*[3] ist bei der Geltendmachung von Kosten aus Bauzeitverzögerungen auf Auftragnehmerseite streng zwischen den Voraussetzungen der in Betracht kommenden Anspruchsgrundlagen zu differenzieren. Eine Anspruchskonkurrenz zwischen § 2 Nr. 5 und § 6 Nr. 6 VOB/B besteht nach dieser Auffassung nicht. Vielmehr schließen sich der Anspruch des AN auf geänderte oder zusätzliche Vergütung gemäß § 2 Nr. 5/§ 2 Nr. 6 VOB/B und der Anspruch auf Schadensersatz gemäß § 6 Nr. 6 VOB/B, der eine schuldhafte Pflichtverletzung des AG voraussetzt, gegenseitig aus. 34a

Anders als der Schadensersatzanspruch nach § 6 Nr. 6 VOB/B hat der vertragliche **Anspruch auf Bauzeitverlängerung** nach § 6 Nr. 2 Abs. 1 Buchst. a nicht zur Voraussetzung, dass der hindernde Umstand vom Auftraggeber zu vertreten ist. Vielmehr genügt es, dass der hindernde Umstand aus dem **Risikobereich des Auftraggebers** herrührt, was in der Fassung 2000 der VOB klargestellt wurde.[4] 35

Kann die Vertragsfrist vom Auftragnehmer wegen Nachtragsaufträgen oder Mehrmengen nicht eingehalten werden, kommt eine Verlängerung der Ausführungszeit allerdings nur dann in Betracht, wenn der Auftragnehmer eine **Behinderungsanzeige** nach § 6 Nr. 1 VOB/B gemacht hat, da diese Behinderungen und ihre hindernde Wirkung für den Auftraggeber im Allgemeinen nicht offenkundig sind.[5] 36

Beruht die Fristüberschreitung auf einem Verhalten des Auftraggebers oder einem Umstand aus seinem bauvertraglichen Risikobereich, ist er nicht berechtigt, dem Auftragnehmer einseitig eine neue, ausschließlich an seinen eigenen Interessen orientierte Frist zu setzen. Vielmehr muss die neue **Fristsetzung** auch die Interessen des Auftragnehmers berücksichtigen und **angemessen** sein.[6] 37

Allgemeine Geschäftsbedingungen des Auftraggebers, in denen er die Auswirkungen seiner Anordnungen bezüglich der Bauzeit auf den Auftragnehmer ab- 38

---

1 Vgl. BGH, NJW 1967, 2262.
2 Vgl. OLG Köln, NJW 1986, 71, 72.
3 *Thode*, Nachträge wegen gestörten Bauablaufs im VOB/B-Vertrag, ZfBR 2004, 214.
4 In den früheren Textfassungen der VOB/B wird eine Verlängerung der Ausführungsfristen daran geknüpft, dass die Behinderung durch einen „*vom Auftraggeber zu vertretenden Umstand*" (§ 6 Nr. 2 Abs. 1 Buchst. a VOB/B a. F.) verursacht worden sind. Trotz dieses Wortlauts ging die Rechtsprechung schon damals davon aus, dass es für eine Bauzeitverlängerung nach § 6 Nr. 2 Abs. 1 VOB/B (a. F.) genüge, wenn die hindernden Ereignisse dem bauvertraglichen Risikobereich des Auftraggebers zuzuordnen seien, vgl. BGH v. 21. 12. 1989 – VII ZR 132/88, NJW-RR 1990, 403.
5 OLG Düsseldorf, *Schäfer/Finnern/Hochstein*, Nr. 2 zu § 5 VOB/B und Nr. 2 zu § 6 Nr. 1 VOB/B; zu den Anforderungen an eine Behinderungsanzeige s. BGH, NJW 2000, 1336 sowie BGH, NJW-RR 1990, 403.
6 Vgl. OLG Köln, BauR 1997, 318 (Berücksichtigung der Betriebsferien des Auftragnehmers nach Wegfall der in der Sphäre des Auftraggebers liegenden Verzögerung des Ausführungsbeginns).

wälzt oder ihn zu kostenlosen Beschleunigungsmaßnahmen verpflichtet, benachteiligen diesen unangemessen. Beispielsweise hat der BGH eine Klausel für unwirksam angesehen, wonach der Auftragnehmer bei Zusatzleistungen oder bauseitigen Behinderungen – unter Ausschluss weitergehender Ansprüche – nur dann einen Anspruch auf angemessene Fristverlängerung haben soll, wenn er nicht in der Lage ist, vereinbarte Fristen durch verstärkten Personal- und/oder Geräteeinsatz einzuhalten und er den Anspruch auf Fristverlängerung schriftlich ankündigt.[1]

bb) Berechnung der Fristverlängerung

39 Bei der Bemessung einer behinderungsbedingten Fristverlängerung ist § 6 Nr. 4 VOB/B heranzuziehen. Danach berechnet sich die Fristverlängerung nach der **Dauer der Behinderung** mit einem **Zuschlag** für die Wiederaufnahme der Arbeiten und die etwaige Verschiebung in eine ungünstigere Jahreszeit. Auch die sich hieraus ergebenden geänderten Fristen müssen wiederum eindeutig als verbindliche Vertragsfristen vereinbart werden, um bei Nichteinhaltung die entsprechenden Rechtsfolgen herbeiführen zu können. Ohne eine solche **ergänzende Parteivereinbarung** liegt keine neue Vertragsfrist vor.

40 Wenn eine kalendermäßig bestimmte verbindliche Ausführungsfrist durch Zusatzaufträge verlängert wird, ist der Fertigstellungstermin zudem nicht mehr nach dem Kalender bestimmt, so dass der Auftragnehmer **erst durch Mahnung** nach Fälligkeit **in Verzug** gerät.[2] Selbst wenn die durch den Auftraggeber veranlasste Verzögerung nur einen Tag beträgt, wird der ursprüngliche Vertragstermin hinfällig und eine kalendermäßige Bestimmbarkeit nach § 284 Abs. 2 BGB a. F. ist nicht mehr gegeben. Auch § 286 Abs. 2 Nr. 2 BGB n. F. macht in diesen Fällen eine Mahnung nicht entbehrlich, da hindernde Umstände und daraus resultierende Fristverlängerungen kein „Ereignisse" im Sinne dieser Vorschrift sind, auf deren Grundlage die Leistungszeit nach dem Kalender sicher berechnet werden könnte.

41 **Hinweis:**
Bei Behinderungen im Sinne von § 6 Nr. 2 VOB/B werden die Ausführungsfristen verlängert, wodurch die ursprünglichen Vertragsfristen hinfällig werden. Die Fristverlängerung berechnet sich nach § 6 Nr. 4 VOB/B. Die auf diese Weise verlängerten Fristen sind **keine Vertragsfristen** mehr. Der Auftragnehmer gerät daher nicht automatisch mit Ablauf der gemäß § 6 Nr. 2 i.V.m § 6 Nr. 4 VOB/B verlängerten Frist in Verzug. Es bedarf vielmehr einer verzugsbegründenden Mahnung nach Eintritt der Fälligkeit (§ 286 Abs. 1 S. 1 BGB n. F.).

42 Bei der **anwaltlichen Beratung** des Auftraggebers ist in diesen Fällen darauf hinzuwirken, dass bei allen Bauzeitverschiebungen und Nachträgen eine gemeinsame Anpassung der Vertragsfristen – möglichst bereits in der Nachtragsvereinbarung – erfolgt und die neuen Fristen inklusive der daran geknüpften Rechtsfolgen (z. B. Vertragsstrafe) vom Auftragnehmer **als verbindlich anerkannt und bestätigt** werden.

---

1 BGH (Nichtannahmebeschluss), NJW-RR 1997, 1513.
2 OLG Düsseldorf, BauR 2000, 1336.

cc) Bevollmächtigung zur Änderung von Vertragsfristen

Schließlich ist bei Friständerungen im Bauablauf aus Sicht des Bauunternehmers/-handwerkers zu beachten, dass der objektüberwachende **Architekt** oder Ingenieur ohne besondere Vollmacht **nicht befugt** ist, mit Wirkung für den Auftraggeber eine Verlängerung der Bauzeit oder eine anderweitige Änderung der Ausführungsfrist zu vereinbaren.[1] Soweit es sich um Vertragsfristen handelt, bedeutet die Verlängerung der Ausführungsfrist eine **Änderung des Vertrags**, wozu der Architekt/Ingenieur nicht ohne weiteres berechtigt ist. Dies gilt in besonderem Maße, wenn die schuldhafte Überschreitung der Ausführungsfrist vertragsstrafenbewehrt ist.

Wenn allerdings im Bauvertrag Vertragsfristen vereinbart wurden und ein Bauzeitenplan vorgesehen ist, ist der Architekt bevollmächtigt, einen solchen **Bauzeitenplan** zu erstellen und mit den Auftragnehmern zu vereinbaren, soweit er den vertraglichen Vorgaben entspricht und diese lediglich ausfüllt bzw. konkretisiert.[2] Die Befugnis dürfte sich auch auf spätere Änderungen und Anpassungen des Bauzeitenplans beziehen, solange die Vertragsfristen hiervon nicht berührt werden.

3. Fehlen von verbindlichen Ausführungsfristen

a) BGB-Werkvertrag

Wenn im Bauvertrag keine verbindlichen Ausführungsfristen fixiert wurden, bedeutet dies nicht, dass der Auftragnehmer seine Leistung zeitlich beliebig hinausschieben darf. Vielmehr können sich **aus den Umständen** einzuhaltende Ausführungsfristen ergeben. Nach OLG Frankfurt ist ein Unternehmer auch ohne ausdrückliche Vereinbarung eines Fertigstellungstermins verpflichtet, die Arbeiten in Anlehnung an die Regelung des § 271 Abs. 1 BGB innerhalb des sich aus den Umständen als angemessen ergebenden Ausführungszeit zu erbringen.[3] Das OLG Frankfurt stellte im konkreten Fall darauf ab, innerhalb welchen Zeitraums die Werkleistung bei zügiger Arbeitsweise und ausreichendem Personal fertig zu stellen gewesen wäre.

Bei der im Einzelfall zu treffenden **Bestimmung der Leistungszeit** kommt es darauf an, welche Bedeutung die Fertigstellung des Bauvorhabens zu einem bestimmten Termin für den Auftraggeber hat (z. B. wegen bereits abgeschlossener Miet-/Pachtverträge, Räumung der bisherigen Wohnung, Finanzierung, Steuervorteile, Eigenheimzulage, Verlust von Fördermitteln, etc.) und inwieweit diese **Umstände** für den Auftragnehmer erkennbar waren.

Hinweis:
Inzwischen hat der **Bundesgerichtshof** entschieden, dass der Unternehmer eines BGB-Werkvertrages auch ohne ausdrücklich vereinbarte Herstellungsfrist nach

---

1 BGH, BauR 1978, 139, 140 (Umfang einer Architektenvollmacht).
2 BGH, NJW 2002, 2716.
3 OLG Frankfurt, NJW-RR 1994, 1361, 1362 (Bauverzugsschaden bei Überschreitung der angemessenen Ausführungszeit).

allgemeinen Rechtsgrundsätzen mit seiner Leistung gemäß § 271 BGB alsbald zu beginnen und in angemessener Frist die geschuldete Leistung zu vollenden hat.[1]

b) VOB-Vertrag

47 Auch ohne verbindliche Zwischenfristen ist der Auftragnehmer nach § 5 Nr. 1 VOB/B verpflichtet, nach Baubeginn die Arbeiten mit dem jeweils gebotenen Einsatz zügig durchzuführen und zu Ende zu bringen. Mindestens muss aber eine Vereinbarung zur Bauzeit vorhanden sein. Die in § 5 Nr. 4 VOB/B genannten Rechtsfolgen treten nur ein, wenn eine vertraglich vereinbarte Ausführungsfrist nicht eingehalten wurde.

48 Fehlt es an einer ausdrücklichen oder konkludenten vertraglichen Bestimmung des Ausführungsbeginns, kann der Auftragnehmer nach § 5 Nr. 2 Satz 1 VOB/B vom Auftraggeber **Auskunft** über den voraussichtlichen Ausführungsbeginn verlangen. Er ist also nicht verpflichtet, von sich aus mit der Ausführung zu beginnen. Vielmehr ist der Auftraggeber **verpflichtet**, die **Leistung abzurufen**. Hierbei handelt es sich grundsätzlich um eine vertragliche Nebenpflicht. Kommt der Auftraggeber dem Auskunftsverlangen nicht nach, hat der Auftragnehmer grundsätzlich Anspruch auf eine entsprechende Verlängerung der Ausführungsfrist nach § 6 Nr. 2 Abs. 1 Buchst. a VOB/B, sofern er dem Auftraggeber die Behinderung nach § 6 Nr. 1 VOB/B angezeigt hat.

49 Eine weitere wichtige Ergänzungsregelung enthält § 5 Nr. 2 Satz 2 VOB/B, wonach der Auftragnehmer **innerhalb von 12 Werktagen** nach Aufforderung mit der Ausführung zu beginnen hat, wenn in Bezug auf den Baubeginn keine Vereinbarung getroffen worden ist.

Hinweis:
Er muss den Beginn der Ausführung dem Auftraggeber anzeigen (§ 5 Nr. 2 Satz 3 VOB/B). Aus Beweisgründen empfiehlt es sich, die Schriftform zu wählen.

50 Für die Einhaltung des Beginntermins genügt es, dass der Auftragnehmer seine **Baustelle einrichtet**, sofern sich daran die eigentliche Ausführung unmittelbar anschließt.[2] Allerdings braucht der Auftragnehmer grundsätzlich erst tätig zu werden, wenn sämtliche Fälligkeitsvoraussetzungen vorliegen. Dazu gehört beispielsweise, dass die erforderlichen baubehördlichen Genehmigungen erteilt sind und dass der Bauherr die ihm nach dem Vertrag obliegenden Vorleistungen erbracht hat.[3] Soweit derartige Umstände bereits dem Beginn der Bauausführung entgegenstehen, ist der Auftraggeber an der Ausübung seiner in § 5 Nr. 4 VOB/B vorgesehenen Rechte gehindert.

51 Wurde lediglich der Baubeginn als Vertragsfrist vereinbart und konnte der Unternehmer fristgemäß seine Baustelle einrichten, kann er **Mehrkosten**, die dadurch entstanden sein sollen, dass die von einem Vorunternehmer erbrachte Leistung

---

1 BGH, IBR 2001, 251.
2 Vgl. Ingenstau/Korbion/*Döring*, VOB-Kommentar, 15. Aufl. 2004, § 5 Nr. 1–3 Rz. 8.
3 BGH, NJW 1983, 989.

mangelhaft sei, jedenfalls nicht auf die Nichteinhaltung von Vertragsfristen gründen. In Betracht kommt jedoch ein Anspruch aus § 642 BGB.[1]

4. Abhilfeverlangen des Auftraggebers bei drohender Verzögerung

Bei § 5 Nr. 3 VOB/B handelt es sich um eine Ausgestaltung des **Überwachungs- und Anordnungsrechts** des Auftraggebers. Im Verhältnis zu den sich aus § 4 Nr. 1 VOB/B ergebenden allgemeinen Anordnungs- und Überwachungsrechten stellt § 5 Nr. 3 VOB/B die **speziellere** Bestimmung dar, an deren Nichtbeachtung in § 5 Nr. 4 VOB/B harte Rechtsfolgen geknüpft sind.

52

§ 5 Nr. 3 räumt dem Auftraggeber einen Anspruch auf **Intensivierung der Baustellenbesetzung** ein. Er kann vom Auftragnehmer eine Verstärkung des personellen und technischen Einsatzes verlangen, wenn mit den bisher eingesetzten Kapazitäten die Ausführungsfristen offenbar nicht eingehalten werden können. Es handelt sich dabei um eine **Präventivmaßnahme** bei sich abzeichnenden Fristüberschreitungen, also noch ehe tatsächlich Verzug eingetreten ist. In diesem Zusammenhang ist der in der VOB/B nicht genannte interne Bauablaufplan des Auftragnehmers von besonderer Bedeutung.

53

Eine „offenbare" Nichteinhaltung der Ausführungsfristen liegt nicht schon dann vor, wenn deren Wahrung lediglich fraglich oder zweifelhaft erscheint. Vielmehr muss für jeden mit den zeitlichen Gegebenheiten und den Baustellenverhältnissen vertrauten Dritten **offenkundig** sein, dass eine Vollendung der Leistung bis zum vereinbarten Fertigstellungstermin nicht zu erwarten ist. Davon ist auszugehen, wenn bei einer **Hochrechnung** der in der bereits verstrichenen Zeit erbrachten Leistungen die ernsthafte Befürchtung besteht, dass der geschuldete Leistungsstand zum Ende der Frist nicht erreicht werden wird. Die Verzögerungen dürfen dabei nicht auf bauseitige Behinderungen zurückzuführen sein.

54

Hinweis:
Wichtigstes Hilfsmittel zur Kontrolle der Vertragsfristen ist dabei der Bauzeitenplan des Auftraggebers und die dort enthaltenen Einzelfristen. Darüber hinaus ist es empfehlenswert, dass der Auftraggeber sich **bei Vertragsabschluss** einen **internen Bauablaufplan des Auftragnehmers** vorlegen lässt. Zwar dient dieser zunächst nur der Steuerung und Kontrolle der übernommenen Bauleistung durch den Auftragnehmer selbst. Meist kann der Auftragnehmer nur mit diesem Plan eine konkrete Behinderung nachweisen. Er kann aber auch von erheblicher Bedeutung für die Durchsetzung des Anspruchs des Auftraggebers aus § 5 Nr. 3 VOB/B sein, da er Anhaltspunkte dafür liefert, ob Ausführungsfristen offenbar nicht eingehalten werden können.

55

Während der allgemeine, vom Auftraggeber erstellte Bauzeitenplan für das Gesamtobjekt nur dann zur Beurteilung der ordnungsgemäßen Baustellenförderung tauglich ist, wenn darin Einzelfristen nach § 5 Nr. 1 Satz 2 enthalten sind, von denen der Ausführungsstand abweicht, stellt der innerbetriebliche Bauablaufplan des Unternehmers ein **differenzierteres Kontrollinstrument** des Auftraggebers

56

---
[1] BGH, NJW-RR 2000, 970.

dar. Falls der Ausführungsstand des Auftragnehmers hiervon abweicht, kann der Auftraggeber u. U. bereits in einem frühen Stadium Abhilfe verlangen.

Formulierungsvorschlag

> Der Auftragnehmer hat einen Bauablaufplan für seine vertraglichen Leistungen zu erstellen, anhand dessen die Einhaltung der Vertragsfristen nachgewiesen und überwacht werden kann. Der Plan ist dem Auftraggeber 2 Wochen nach Auftragserteilung zu übergeben.

57 Soweit die Einhaltung von **Einzelfristen** für das Ineinandergreifen verschiedener Gewerke von Bedeutung ist, sollten diese ausdrücklich **als Vertragsfristen** vereinbart werden. Auch der Ablaufplan des Unternehmers kann zum Vertragsbestandteil gemacht werden. In diesem Fall bestimmt er den terminlichen Ablauf der Baustelle nach den § 5 Nr. 1 und Nr. 3 VOB/B genannten Grundsätzen.

58 Aus praktischen Gründen ist es allerdings nicht sinnvoll, zu viele Einzelfristen als Vertragsfristen festzulegen. Stellt der Auftraggeber einen Gesamtbauzeitenplan auf, damit die Leistungen aller Unternehmer sicher ineinander greifen, so sollen nur die für den Fortgang der Gesamtarbeit **besonders wichtigen Einzelfristen** als vertraglich verbindliche Fristen (Vertragsfristen) bezeichnet werden (vgl. § 11 VOB/A).

59 **Allgemeine Vertragsbestimmungen**, mit denen sich der Auftraggeber über § 5 Nr. 3 und § 5 Nr. 4 VOB/B hinaus einen weitergehenden Einfluss auf die zeitliche Bauabwicklung durch den Auftragnehmer einräumen lässt, müssen sich an den gesetzlichen Bestimmungen des Schuldnerverzugs orientieren. Folgende Klausel eines Auftraggebers hat der BGH insoweit als **AGB-widrig** angesehen:

„Befindet sich der Auftragnehmer während seiner vorgegebenen Bauzeiten so offensichtlich im Rückstand mit der Ausführung seiner Leistungen, dass nach Lage der Dinge erwartet werden muss, dass die gesetzten Termine nicht erfüllt werden, ist der Auftraggeber berechtigt, auf Kosten des Auftragnehmers durch Verstärkung durch Fremdfirmen die Erfüllung der dem Auftragnehmer obliegenden Verpflichtungen zu sichern."[1]

Eine solche Formulierung benachteiligt den Auftragnehmer unangemessen, weil ihm der mögliche Einwand fehlenden Verschuldens abgeschnitten und das Erfordernis der Mahnung als Verzugsvoraussetzung abbedungen wird.

5. Konsequenzen von Fristüberschreitungen für den Auftragnehmer

a) BGB-Vertrag

60 Der **Ablauf** einer verbindlichen Vertragsfrist hat zunächst nur den **Eintritt der Fälligkeit** der bis dahin geschuldeten Bauleistung zur Folge. Ein Schadensersatzanspruch wegen Verzögerung der Leistung setzt darüber hinaus grundsätzlich eine **Mahnung** nach Fälligkeit voraus (§ 280 Abs. 2 BGB n. F. i.V.m. § 286 Abs. 1 BGB).

---

[1] BGH (Nichtannahmebeschluss), NJW-RR 1997, 1513.

Einer verzugsbegründenden Mahnung bedarf es nach geltendem Recht nur dann nicht, wenn 61

▷ für die Vollendung der Leistung eine Zeit nach dem Kalender bestimmt ist (§ 284 Abs. 2 Nr. 1 BGB n. F.) *oder*

▷ der Leistung ein Ereignis vorauszugehen hat und eine angemessene Zeit für die Leistung in der Weise bestimmt ist, dass sie sich von dem Ereignis an nach dem Kalender berechnen lässt (§ 284 Abs. 2 Nr. 2 BGB n. F.).

Im Gegensatz zur bis zum 31. 12. 2001 geltenden Rechtslage genügt damit auch eine Vereinbarung, nach der die Leistungszeit anhand eines vorausgehenden Ereignisses **nach dem Kalender bestimmbar** ist (z. B. 6 Monate nach Auftragserteilung). Die Leistungszeit kann folglich auch vom Abruf oder dem Beginn der Bauarbeiten abhängig gemacht werden.[1] 62

Hinweis:
Im Sinne einer sicheren Beratung sollte dem Auftraggeber immer empfohlen werden, den Auftragnehmer jedenfalls durch eine schriftliche Mahnung nach Eintritt der Fälligkeit in Verzug zu setzen. Der Verzugsschaden erfasst auch den entgangenen Gewinn (§ 252 BGB).

Im Bereich des allgemeinen Leistungsstörungsrechts muss der **Auftraggeber** zur Geltendmachung des Verzögerungsschadens die Fristüberschreitung **darlegen und beweisen**, während der Auftragnehmer nach Maßgabe der §§ 280 Abs. 1 Satz 2 und 286 Abs. 4 BGB n. F. Entschuldigungsgründe vortragen und den Entlastungsbeweis führen muss. 63

b) VOB-Vertrag

Wird der Beginn der Bauausführung verzögert, das Abhilfeverlangen missachtet oder das Bauwerk nicht fristgerecht fertig gestellt, stehen dem Auftraggeber die in § 5 Nr. 4 VOB/B genannten Rechte zu, sofern die VOB/B wirksam vereinbart worden ist. Kann der vereinbarte Fertigstellungstermin erkennbar nicht eingehalten werden, ist der Auftraggeber nach ergebnisloser **Rüge mit Fristsetzung und Kündigungsandrohung** berechtigt, dem Auftragnehmer den Auftrag zu entziehen.[2] 64

Die im Rahmen des § 286 Abs. 1 BGB a. F. (§§ 280 Abs. 1, Abs. 2 i.V.m. 286 BGB n. F.) entwickelten Grundsätze zur Höhe des **Verzugsschadens** gelten bei § 6 Nr. 6 VOB/B entsprechend.[3] Nach § 6 Nr. 6 VOB/B ist umfasst der ersatzfähige Verzögerungsschaden nur dann den entgangenen Gewinn, wenn der Auftragnehmer die Verzögerung vorsätzlich oder grob fahrlässig herbeigeführt hat.[4] 65

---

1 Vgl. Palandt/*Heinrichs*, Gesetz zur Modernisierung des Schuldrechts, Ergänzungsband zu Palandt, BGB, 61. Aufl., § 286 Rz. 23.
2 OLG München, BGH v. 26. 8. 1999 – VII ZR 317/97 (Revision nicht angenommen), IBR 1999, 526.
3 BGH, BGHZ 121, 210.
4 OLG Düsseldorf, NJW-RR 2001, 1028 (Mietausfallschaden als entgangener Gewinn).

66 Für einen **Schadensersatzanspruch** nach § 6 Nr. 6 VOB/B hat der Auftraggeber darzulegen und zu beweisen, dass die Ursachen der Verzögerung im Verantwortungsbereich des Auftragnehmers liegen, während dieser sein Verschulden auszuräumen hat. Soweit es jedoch um den **Ersatz entgangenen Gewinns** geht, trifft den Auftraggeber auch die **Beweislast** für eine vorsätzliche oder grob fahrlässige Verursachung der hindernden Umstände durch den Auftragnehmer. Insoweit muss der Auftraggeber konkret vortragen, wann und unter welchen Umständen der Auftragnehmer mögliche Arbeiten unterlassen und damit in besonders grober Weise gegen seine Vertragspflichten verstoßen hat.[1]

II. Eingetretene Verzögerung (§ 5 Ziff. 4 VOB/B)

1. Begriffe

a) Überblick

67 Im vorangegangenen Abschnitt wurden die so genannten Vertragsfristen, die Pflicht des Auftragnehmers zur fristgerechten Ausführung der Leistung und zur Abhilfe bei unzulänglicher Bauförderung behandelt.

In diesem Kapitel ist auf die Folgen der Pflichtenverstöße einzugehen. Es werden die **Rechte des Auftraggebers** erläutert, die § 5 Nr. 4 VOB/B wie folgt definiert:

„Verzögert der Auftragnehmer den Beginn der Ausführung, gerät er mit der Vollendung in Verzug oder kommt er der in Nummer 3 erwähnten Verpflichtung nicht nach, so kann der Auftraggeber bei Aufrechterhaltung des Vertrages Schadensersatz nach § 6 Nr. 6 verlangen oder dem Auftragnehmer eine angemessene Frist zur Vertragserfüllung setzen und erklären, dass er ihm nach fruchtlosem Ablauf der Frist den Auftrag entziehe (§ 8 Nr. 3)."

68 Die Ausgabe der VOB des Jahres 2000 enthält in § 5 VOB/B keine Veränderungen gegenüber der zuvor gültigen Fassung. Durch die am 2. 5. 2002 durch den Deutschen Vergabe- und Vertragsausschuss (DVA) für Bauleistungen beschlossene Ausgabe der VOB 2002, am 1. 10. 2002 in Kraft getreten, sind ebenfalls keine Änderungen erfolgt.

69 Obwohl das Rücktrittsrecht des § 323 Abs. 1 BGB n. F. keine **Ablehnungsandrohung** mehr fordert, ist diese weiterhin in § 5 Nr. 4 VOB/B erhalten geblieben.

b) Rechte des Auftraggebers

70 In § 5 Nr. 4 VOB/B sind die Rechte des Auftraggebers für den Fall geregelt, dass der Auftragnehmer seinen Pflichten aus § 5 Nr. 1 bis 3 VOB/B nicht nachkommt. Wie verhält sich der Auftraggeber bei:

▷ nicht rechtzeitigem Arbeitsbeginn des Auftragnehmers,

▷ nicht rechtzeitiger Fertigstellung des Werks durch den Auftragnehmer oder

▷ bei unzureichender Förderung der Baumaßnahme bedingt durch nicht genügend Arbeitskräfte und/oder Material, bei gleichzeitiger Gefährdung der Ausführungsfristen?

---

1 OLG Düsseldorf, NJW-RR 2001, 1028.

Die Rechte, die § 5 Nr. 4 VOB/B dem Auftraggeber in einem solchen Fall zur Hand 71
gibt sind:

▷ **Schadensersatz** nach § 6 Nr. 6 VOB/B bei gleichzeitiger Aufrechterhaltung des Vertrags,

▷ **Auftragsentziehung** (Kündigung) nach fruchtlosem Ablauf einer zuvor gesetzten Frist mit Ablehnungsandrohung, gemäß § 8 Nr. 3 VOB/B.

Im Folgenden wird das Regelungssystem des § 5 Nr. 4 VOB/B erläutert, d. h. im 72
Detail auf die Ansprüche des Auftraggebers im Falle der Bauverzögerung durch den Auftragnehmer eingegangen. Da aber weder § 5 Nr. 4 VOB/B noch die VOB an sich eine abschließende Regelung aller zeitbedingten Leistungsstörungen enthalten, wird ergänzend ein Blick auf die Vorschriften des BGB geworfen.

Dabei sind auch die Fälle berücksichtigt, die von § 5 Nr. 4 VOB/B nicht abschließend erfasst werden und deshalb auch für den Fall der wirksamen Einbeziehung der VOB/B als Ganzes, einen Rückgriff auf das BGB notwendig machen.

2. Regelungssystem des § 5 Nr. 4 VOB/B

a) Anwendungsbereich

aa) Sonderregelungscharakter der Vorschrift

Soweit festgestellt ist, dass die VOB/B wirksam in den Werkvertrag einbezogen 73
wurde, enthält § 5 Nr. 4 VOB/B für die dort genannten Fälle eine **Sonderregelung** der Leistungsverzögerung. Dies bedeutet, dass sowohl das verschuldensunabhängige Rücktrittsrecht nach § 636 BGB a. F., als auch die Ansprüche nach §§ 326, 286 BGB a. F. ausgeschlossen sind.[1] Die Vorschrift des § 636 BGB a. F. ist durch das Schuldrechtsmodernisierungsgesetz (SRMG) im allgemeinen Leistungsstörungsrecht aufgegangen. Insofern ist auf die §§ 286, 280, 323, 325 BGB n. F. zu verweisen. Am Sonderregelungscharakter des § 5 Nr. 4 VOB/B kann sich durch das Schuldrechtsmodernisierungsgesetz aber nichts geändert haben.

Eine **Ausnahme** stellen die Ansprüche des Auftraggebers bezüglich **Planungsleistungen** 74
dar. Diese sind keine Bauleistungen i. S. d. VOB/B. Bis zur Abnahme können trotz der Sonderregelung des § 5 Nr. 4 VOB/B daher die Rechte aus § 326 BGB a. F. beansprucht werden.[2] Nach der Rechtsprechung des Bundesgerichtshofs „passt" die Bestimmung des § 5 Nr. 4 VOB/B auf Planungsleistungen nicht. Davon sind gerade auch die Fälle betroffen, in denen der Auftragnehmer nicht nur die Bauleistung, sondern auch die Erstellung von Planungen (nach § 2 Nr. 9 VOB/B) übernommen hat.

bb) Unmöglichkeit

Seit dem Jahr 1970 ist für die Baurechtspraxis die Frage entschieden, ob neben den 75
Gewährleistungsvorschriften des Werkvertragrechts § 306 BGB a. F. Anwendung

---
1 BGH, ZfBR 1996, 245; BauR 1996, 544.
2 BGH, BauR 1996, 544; NJW-RR 1996, 853.

finden kann. Der BGH schließt dies aus.[1] Zumindest die Regelungen der **objektiv anfänglichen Unmöglichkeit** haben für das Baurecht damit keine Bedeutung mehr.[2]

76 Für die **nachträgliche objektiv unmögliche Leistung** sollen die Gewährleistungsvorschriften nicht den gleichen Vorrang genießen. Hier gilt § 275 BGB a. F. für die Leistungspflicht des Auftragnehmers und § 323 BGB a. F. für die Vergütungspflicht des Auftraggebers nach der von *Motzke* vertretenen, aber nicht näher begründeten Ansicht.[3] Dies hätte zur Folge, dass der Unternehmer grundsätzlich die Vergütungsgefahr tragen müsste, es sei denn, der Besteller hat die Unmöglichkeit zu vertreten.

Hinweis:
Aber Vorsicht: Die vorgenannte Ansicht lässt sich so allgemein nicht auf die Rechtsprechung des BGH stützen. Zu beachten ist die **Sondervorschrift des § 645 Abs. 1 Satz 1 BGB**, die für ihren Anwendungsbereich den allgemeinen Regelungen der §§ 323 f. BGB a. F. vorgeht.[4] Die Vorschrift des § 645 Abs. 1 Satz 1 BGB muss danach als Ausnahme von § 323 BGB a. F., als auch von § 324 BGB a. F. verstanden werden: Sie mildert für den Unternehmer die harte Bestimmung des § 323 BGB a. F. ab, ohne dem Besteller die volle Vergütungsgefahr aufzubürden, wie das § 323 BGB a. F. vorsieht.

77 Nach der alten und unverändert fortgeltenden Fassung des **§ 631 BGB** wird der Unternehmer zur Herstellung des versprochenen Werks verpflichtet. Zumindest für den Bereich des Werkvertrags hat sich damit durch das Schuldrechtsmodernisierungsgesetz an dem Einstehenmüssen für die ursprünglich übernommene Leistungspflicht nichts geändert. Zwar entfällt nach § 275 Abs. 1 BGB n. F. der Anspruch auf die Leistung, in § 311 a Abs. 1 BGB n. F. wird aber gerade an die Wirksamkeit des Vertrags angeknüpft. Nach *Voit* bleibt der Gedanke des Einstehenmüssens nicht nur für die persönliche Leistungsfähigkeit, sondern auch für die technische Durchführbarkeit nach altem wie neuem Recht begründbar,[5] wenngleich das gesamte Unmöglichkeitsrecht durch die Schuldrechtsreform eine weitreichende Neugestaltung erfahren hat.[6]

cc) Einwendungen des Auftragnehmers

78 Ferner scheidet die Anwendung des § 5 Nr. 4 VOB/B dann aus, wenn die **Verzögerung** nicht vom Auftragnehmer zu vertreten ist. Hier ist vor allem an folgende Sachverhalte zu denken:

▷ Behinderung in der Ausführung nach § 6 Nr. 1 VOB/B

▷ Fälle des Kündigungsrechts des Auftragnehmers nach § 9 Nr. 1 VOB/B

---

1 BGH, BGHZ 54, 236, 237 f.
2 BGH, BGH-Report 2001, 408.
3 *Motzke*, in: Beck'scher VOB-Kommentar, Teil B, 1. Aufl. 1997, § 5 Nr. 4, Rz. 5.
4 BGH, NJW 1973, 318; ZfBR 1995, 253.
5 Eine verständliche Übersicht über die neue Rechtslage findet sich in *Voit*, BauR 2002, 145 ff.
6 *Wirth/Sienz/Englert*, Verträge am Bau nach der Schuldrechtsreform, Rz. 55 ff.

▷ Einstellung wegen Zahlungsverzugs gemäß § 16 Nr. 5 Abs. 3 Satz 3 VOB/B
▷ Einrede des nicht erfüllten Vertrags gemäß § 320 BGB
▷ Leistungsverweigerung bei Verschlechterung der Vermögensverhältnisse des Auftraggebers nach Vertragsschluss gemäß § 321 BGB (Unsicherheitseinrede)
▷ Nicht erfülltes Sicherheitsbegehren gemäß § 648 a BGB

b) Klauseln in Allgemeinen Geschäftsbedingungen

Soweit von Auftraggeberseite versucht wird, das eigene Verschulden oder die eigene Verantwortung an der Verzögerung durch Stellung Allgemeiner Geschäftsbedingungen auf den Auftragnehmer zu übertragen, muss die Klausel im Detail anhand der Bestimmungen der §§ 305 ff. BGB n. F. überprüft werden. 79

So ist etwa die Klausel: 80

Eventueller Zahlungsverzug des AG infolge nicht freigegebener Mittel aus der Finanzierung aufgrund des Bautenstands berechtigen den AN nicht zur Verschiebung der vereinbarten Ausführungsfristen

unwirksam, da sie praktisch zu einer **uneingeschränkten Vorleistungspflicht** des Auftragnehmers führt; die Klausel verstößt sowohl gegen § 9 als auch gegen § 11 Nr. 8 Buchst. b AGBG a. F. (§§ 307, 309 Nr. 8 Buchst. a BGB n. F.).[1]

Ein Beispiel für eine unzulässige Klausel auf Auftragnehmerseite: 81

Der Lieferant kann die Auslieferung bis zu 6 Wochen gegenüber dem vereinbarten Termin verschieben.

Diese Klausel ist schon deshalb **unwirksam**, weil sie den Vertragspartner, demnach den Auftraggeber, im Sinne von § 9 AGBG a. F. (§ 307 BGB n. F.) unangemessen benachteiligt, da der **Vorrang der Individualabrede** nach § 4 AGBG a. F. (§ 305 b BGB n. F.) ausgehebelt werden soll. Unabhängig davon kann eine Klausel, welche vorsieht, dass eine individuell vereinbarte Herstellungsfrist nicht eingehalten zu werden braucht, niemals wirksam Vertragsinhalt werden.[2]

3. Ansprüche von Auftraggeber und Auftragnehmer bei der Bauverzögerung

a) Die Tatbestände des § 5 Nr. 4 VOB/B

Die Vorschrift des § 5 Nr. 1 bis Nr. 3 VOB/B enthält drei Tatbestände der Verzögerung. Die **Rechtsfolgen** des § 5 Nr. 4 VOB/B berechtigen den Auftraggeber zur Vertragskündigung und/oder zur Forderung von Schadensersatz. Sollen die in § 5 Nr. 4 VOB/B normierten Rechtsfolgen unmittelbar greifen, so muss es sich bei den vereinbarten Fristen grundsätzlich um **Vertragsfristen** handeln. 82

Auch **ohne konkrete Vereinbarung** von Vertragsfristen ist der Auftraggeber nicht rechtlos. Über die allgemeinen **Regeln des Verzugs** und den Grundsatz, dass der Auftragnehmer verpflichtet ist, seinen Vertrag zu erfüllen, also sofort mit den 83

---
1 OLG Karlsruhe, *Glatzel/Hofmann/Frikell*, Unwirksame Bauvertragsklauseln, S. 200.
2 BGH, NJW 1984, 2468.

Arbeiten beginnen muss, zügig auszuführen hat und selbstverständlich auch fertig stellen muss, ist der Auftraggeber ähnlich geschützt (vgl. auch Rz. 45 ff.).

b) Die Rechte des Auftraggebers

84 **Voraussetzung** für den Schadensersatzanspruch und/oder das Kündigungsrecht des Auftraggebers ist alternativ:

▷ der Auftragnehmer verzögert den Beginn der Ausführung,

▷ der Auftragnehmer gerät mit der Vollendung in Verzug,

▷ der Auftragnehmer kommt seiner Verpflichtung aus § 5 Nr. 3 VOB/B, d. h. seiner Abhilfeverpflichtung die drohende Verzögerung des Baufortschritts zu verhindern, nicht unverzüglich nach.

85 Ist einer der drei Tatbestände verwirklicht, so stehen dem Auftraggeber wahlweise folgende Rechte zur Verfügung:

▷ der Auftraggeber kann unter Aufrechterhaltung des Vertrags Schadensersatz nach § 6 Nr. 6 VOB/B verlangen,

▷ oder nach fruchtlosem Ablauf einer **angemessenen Nachfrist mit Ablehnungsandrohung** den Auftrag entziehen (§ 8 Nr. 3 VOB/B), wobei gemäß § 8 Nr. 3 Abs. 2 VOB/B der Anspruch auf Ersatz des Verzögerungsschadens nach § 6 Nr. 6 VOB/B erhalten bleibt.

aa) Verzögerung des Beginns der Ausführung

86 Beginnt der Auftragnehmer mit seinen Arbeiten nicht innerhalb der vertraglich vereinbarten Fristen oder leistet er einer Aufforderung des Auftraggebers gemäß § 5 Nr. 2 VOB/B keine Folge, so bedarf es nach dem Wortlaut des § 5 Nr. 4 VOB/B **keines Verschuldens** um die Voraussetzung des Schadensersatzanspruchs, gemäß § 5 Nr. 4 VOB/B zu schaffen. Ist die Verzögerung vom Auftraggeber zu vertreten, so ist diese Tatbestandsvoraussetzung schon vom Wortlaut her nicht erfüllt, da dann eben nicht der Auftragnehmer verzögert.

Hinweis:
Die Einrichtung der Baustelle wird gemeinhin als Arbeitsbeginn betrachtet. Vorgelagerte Arbeiten, beispielsweise im Werk des Auftragnehmers (Herstellung von Fertigteilen) genügen im Zweifel.[1]

bb) Der Auftragnehmer gerät mit der Vollendung in Verzug

87 Die Vollendung stellt die Fertigstellung des Werks dar. Rechtlich gesehen genügt aber die **Abnahmereife**[2] (vgl. Rz. 27). Anders als für den Beginn der Ausführung verlangt § 5 Nr. 4 VOB/B bei Überschreitung des Vollendungstermins den **Verzug**, also ein **Verschulden** des Auftragnehmers. Für die Voraussetzungen des Verzugs gelten die allgemeinen Bestimmungen. Zu beachten ist, dass der Auftragnehmer

---

1 *Vygen/Schubert/Lang*, Bauverzögerung, Teil A, Rz. 33.
2 *Motzke* in Beck'scher VOB-Kommentar, Teil B, 1. Aufl. 1997, § 5 Nr. 4, Rz. 16.

nur durch die schuldhafte Nichteinhaltung einer verbindlichen Frist (Vertragsfrist), die nach dem Kalender bestimmbar ist, automatisch mit Fristablauf in Verzug gerät (§ 286 Abs. 2 Nr. 1 BGB n. F.). Andernfalls bedarf es einer **Mahnung**, gemäß § 286 Abs. 1 BGB n. F. oder des Vorliegens der weiteren Alternativen des § 286 Abs. 2 Nr. 2–4 BGB n. F. um den Verzug zu begründen.

Das Verschulden (§§ 276 bis 278 BGB n. F.) wird gemäß § 286 Abs. 4 BGB n. F. zu Lasten des Auftragnehmers vermutet, den auch die **Beweislast** für seine „Unschuld" trifft.[1] Es fehlt aber am Verschulden, wenn der Auftragnehmer zur Leistungsverweigerung, beispielsweise nach § 16 Nr. 5 Abs. 3 VOB/B berechtigt ist. 88

cc) Nichterfüllung der Förderungspflicht aus § 5 Nr. 3 VOB/B

Der Auftragnehmer hat nach § 5 Nr. 3 VOB/B die Pflicht, **unverzüglich** Abhilfe zu schaffen, wenn die Ausführungsfristen offenbar nicht eingehalten werden können, weil unzureichend Arbeitskräfte oder Arbeitsmittel vorgehalten werden. Er hat also ohne schuldhaftes Zögern (i. S. d. § 121 BGB) zu handeln. Da für den Tatbestand der unzureichenden Förderung kein Verzug vorausgesetzt wird, tritt die **Schadensersatzpflicht ohne Verschulden** des Auftragnehmers ein. Auch hier gilt wieder, dass der Pflichtverstoß nicht im Verantwortungsbereich des Auftraggebers begründet sein darf. 89

dd) Wahlrecht des Auftraggebers

Nach § 5 Nr. 4 VOB/B hat der Auftraggeber die Wahl zwischen Schadensersatz unter Aufrechterhaltung des Vertrags und Kündigung (inklusive Schadensersatz wegen Verzögerung, vgl. § 8 Nr. 3 Abs. 2 VOB/B). Diese freie Wahlmöglichkeit endet erst mit der **Ausübung des Rechts**. Bis zum Ausspruch der Kündigung kann der Auftraggeber auch trotz vorangegangener Drohung mit der Auftragsentziehung am Vertrag festhalten. Ist die Kündigung ausgesprochen, führt dies zur Beendigung des Vertrags, womit das Gestaltungsrecht ausgeübt und verbraucht ist.[2] 90

ee) Schadensersatz nach §§ 5 Nr. 4, 6 Nr. 6 VOB/B

Liegen die Voraussetzungen des § 5 Nr. 4 VOB/B vor, kann der Auftraggeber den Vertrag aufrechterhalten und Schadensersatz gemäß § 6 Nr. 6 VOB/B fordern. Die normierte Rechtsgrundverweisung zieht eine weitere Prüfung nach sich. Nur wenn zusätzlich die Voraussetzungen des § 6 Nr. 6 VOB/B gegeben sind, ist der Schadensersatzanspruch erfüllt. 91

Hinweis:
Aus § 6 Nr. 6 VOB/B folgt letztlich, dass für alle Alternativen des § 5 Nr. 4 VOB/B ein **Verschulden** des Auftragnehmers vorliegen muss, da die hindernden Umstände vom Auftragnehmer zu vertreten sein müssen. Dies ist aber in der Literatur **heftig umstritten**.[3]

---

1 BGHZ 32, 222.
2 *Motzke* in Beck'scher VOB-Kommentar, Teil B, 1. Aufl. 1997, § 5 Nr. 4, Rz. 34.
3 Eine Übersicht der unterschiedlichen Meinungen und Argumente findet sich bei: *Heiermann/Riedl/Rusam*, Handkommentar zur VOB, B § 5, Rz. 20.

92 Checkliste: Voraussetzungen des Schadensersatzanspruchs

▷ Ist die VOB/B wirksam vereinbart?

▷ Ist die Leistung fällig?

– Kein rechtzeitiger Beginn mit der Ausführung?

– Keine angemessene Bauförderung trotz Abhilfeverlangen?

– Keine rechtzeitige Vollendung?

▷ Befindet sich der Auftragnehmer mit der Vollendung in Verzug, hat er den verzögerten Beginn oder die unzureichende Bauförderung zu vertreten?

▷ Rechtsfolge: Schadensersatz

93 Der **Umfang** der Schadensersatzpflicht bestimmt sich nach dem konkret entstandenen Schaden, gemäß §§ 249 ff. BGB. Der **entgangene Gewinn** ist nur bei Vorsatz oder grober Fahrlässigkeit zu ersetzen (vgl. auch Teil 17 Rz. 242 ff., 282 ff.).

ff) Berücksichtigung des Mitverschuldens

94 Im Bereich des Schadensersatzes ist auch ein etwaiges **Mitverschulden des Auftraggebers im Rahmen des § 254 BGB zu berücksichtigen**.[1] Der Auftraggeber kann die Rechte aus § 5 Nr. 4 VOB/B nur für den Fall uneingeschränkt geltend machen, dass die Verzögerung vom Auftragnehmer allein verursacht wurde, also ausschließlich dessen Leistungsbereich zuzuordnen ist.[2]

95 Hindernde Umstände bzw. ein **Vertretenmüssen** im Bereich **beider Vertragspartner** sind weder in der VOB/B noch im Werkvertragsrecht des BGB ausdrücklich geregelt. Drei verschiedene Fallkonstruktionen und ihre Rechtsfolgen werden von *Nicklisch*[3] untersucht:

▷ Verursachen beide Vertragsparteien, also Auftraggeber und Auftragnehmer Verzögerungen zu unterschiedlichen Zeitpunkten, so sind die gegenseitigen Ansprüche auch **getrennt** zu überprüfen und stehen sich unabhängig voneinander gegenüber.

▷ Greifen sowohl vom Auftraggeber als auch vom Auftragnehmer verursachte Verzögerungen zeitgleich ineinander, so dass beide Parteien die Verzögerung zu vertreten haben und sich die Verzögerung aufaddiert, so hat eine **Schadensteilung** entsprechend § 254 BGB zu erfolgen.[4]

▷ Letztlich ist aber auch an die Fälle zu denken, bei denen wiederum beide Vertragspartner Verzögerungen verursachen, die aber nicht ineinander greifen und sich somit nicht aufaddieren, sondern die nebeneinander jeweils für sich

---

1 *Kleine-Möller/Merl/Oelmaier*, Handbuch des privaten Baurechts, § 13, Rz. 122.
2 *Vygen/Schubert/Lang*, Bauverzögerung, Teil A, Rz. 92.
3 *Nicklisch/Weick*, VOB Teil B, § 5, Rz. 28.
4 BGHZ 121, 210.

kausal zu der Verzögerung führen. Auch hier sind beiden Vertragsparteien der Verzögerungsumstand **anteilig** gemäß § 254 BGB anzurechnen.[1]

gg) Verjährung des Schadensersatzanspruchs

Die **regelmäßige Verjährungsfrist** beträgt nach § 195 BGB n. F. nur noch 3 Jahre. Gemäß § 199 Abs. 1 BGB n. F. beginnt die regelmäßige Verjährungsfrist mit dem Schluss des Jahres, in dem der Anspruch entstanden ist und der Gläubiger von den anspruchsbegründenden Umständen und der Person des Schuldners Kenntnis erlangt hat oder ohne grobe Fahrlässigkeit erlangen müsste. 96

Einmal abgesehen von den Schadensersatzansprüchen wegen Verletzung von Leben, Körper, Gesundheit oder Freiheit, verjähren **Schadensersatzansprüche, gesetzliche und vertragliche**, in 10 Jahren ab ihrer Entstehung (§ 199 Abs. 3 Nr. 1 BGB n. F.). Auf die Kenntnis oder grob fahrlässige Unkenntnis kommt es dabei nicht an. Spätestens jedoch in 30 Jahren von der Begehung der Handlung, der Pflichtverletzung oder dem sonstigen, den Schaden auslösenden Ereignis an (§ 199 Abs. 3 Nr. 2 BGB n. F.). Maßgeblich ist die früher endende Frist (§ 199 Abs. 3 Satz 2 BGB n. F.). 97

Gleiches gilt für den **Schadensersatzanspruch wegen Verzugs**; aber Vorsicht (!), dieser verjährt spätestens mit der **Hauptforderung**, gemäß § 217 BGB n. F.[2] Zu Einzelheiten der Verjährungsproblematik vgl. auch Teil 17, Rz. 335 ff. 98

hh) Das Kündigungsrecht des Auftraggebers

Für die Ausübung des Kündigungsrechts nach § 5 Nr. 4 VOB/B bedarf es zunächst einer Fristsetzung zur Vertragserfüllung mit **Kündigungsandrohung**. Die Frist hat angemessen zu sein und muss die **ausdrückliche Erklärung** enthalten, dass nach fruchtlosem Ablauf der Auftrag entzogen wird. 99

Angemessen ist eine Frist, die dem Schuldner eine letzte Gelegenheit zur Vertragserfüllung eröffnet. Aus dem Aufforderungsschreiben muss dem Auftragnehmer deutlich werden können, **welcher Verstoß** ihm vorgeworfen wird. Die Androhung hat nicht zwingend dem Wortlaut der VOB zu folgen, es genügt, wenn der Wille des Auftraggebers, die Leistung des Auftragnehmers nach fruchtlosem Fristablauf nicht mehr anzunehmen, deutlich zum Ausdruck kommt[3] (vgl. auch Teil 18, Rz. 17 ff.). 100

Hinweis:

Das Aufforderungsschreiben muss dem richtigen Erklärungsempfänger zugehen! Ein **Zugangsnachweis** sollte für einen möglichen späteren Prozess vorhanden sein. Der richtige Adressat ist grundsätzlich der Unternehmer, also der Vertragspartner.

---

1 *Heiermann/Riedl/Rusam*, Handkommentar zur VOB, B § 5, Rz. 14.
2 Palandt/*Heinrichs*, Ergänzungsband zur 61. Aufl., § 199, Rz. 15; § 217, Rz. 1; BGHZ 128, 74.
3 BGH, NJW 1983, 1731.

101 Checkliste: Ausübung des Kündigungsrechts

▷ Ist die VOB/B wirksam vereinbart?

▷ Ist die Leistung fällig?

– Kein rechtzeitiger Beginn mit der Ausführung?

– Keine angemessene Bauförderung trotz Abhilfeverlangen?

– Keine rechtzeitige Vollendung?

– Befindet sich der Auftragnehmer mit der Vollendung in Verzug?

▷ Fristsetzung mit Kündigungsandrohung

▷ Fruchtloser Fristablauf

▷ Kündigung möglich

102 Nach fruchtlosem Ablauf der Frist ist der Auftraggeber berechtigt (nicht verpflichtet), die Kündigung auszusprechen. Die Kündigungserklärung ist **bedingungsfeindlich** und kann erst nach Ablauf der Frist wirksam im Sinne des § 8 Nr. 3 VOB/B ausgesprochen werden.[1] Die Kündigung muss grundsätzlich schriftlich erfolgen (§ 8 Nr. 5 VOB/B). Spricht ein **Bevollmächtigter** die Kündigung aus, so ist vorsorglich eine Originalvollmacht beizufügen (vgl. § 174 BGB). Die einzelnen Rechtsfolgen der ausgesprochenen Kündigung ergeben sich aus § 8 Nr. 3 VOB/B (vgl. auch Teil 18, Rz. 17 ff.).

Hinweis:
Sehr häufig wird übersehen, dass der fruchtlose Ablauf der unter Ablehnungsandrohung gesetzten Frist **nicht automatisch** zur Vertragsbeendigung führt. Die Kündigung ist in einem gesonderten Schreiben auszusprechen! Einzige Ausnahme ist die endgültige Erfüllungsverweigerung des Auftragnehmers. Hier wird das Kündigungsschreiben entbehrlich.[2]

103 Zu beachten ist weiterhin, dass nach Ablauf der gesetzten Frist nicht zu lange mit der Kündigungserklärung abgewartet werden darf. Wird nicht alsbald nach Fristablauf gekündigt, kann der ursprünglich vorhandene **Kündigungsgrund verwirkt** sein. Eine Fristsetzung wird aber nicht bereits dadurch hinfällig, dass sich der Auftraggeber nach Fristablauf auf Verhandlungen mit dem Auftragnehmer über eine Auftragsdurchführung einlässt.[3]

c) Sonstige Rechte des Auftraggebers

aa) Vertragserfüllung

104 Zusätzlich, d. h. auch außerhalb des Regelungsbereichs des § 5 Nr. 4 VOB/B, kann der Auftraggeber selbstverständlich die Vertragserfüllung trotz Verzögerung for-

---

1 BGH, NJW 1973, 1463.
2 BGH, NJW 2000, 2997.
3 OLG Düsseldorf, IBR 2001, 357.

dern und auch gerichtlich durchsetzen. Sicher wird sich dies angesichts der langen **Gerichtslaufzeiten** wohl als praktisch unbrauchbar darstellen. Über den Umweg des § 283 BGB a. F., bzw. § 281 BGB n. F. gelangt der Auftraggeber wiederum an das Recht **Schadensersatz** zu verlangen, unter der Voraussetzung, dass der Auftragnehmer trotz Fristsetzung nach Verurteilung seiner Verpflichtung zur Vertragserfüllung nicht nachkommt. Die Vollstreckung erfolgt gemäß § 887 ZPO.

bb) Erfüllungsverweigerung des Auftragnehmers

Über die Regelungen der **positiven Vertragsverletzung** (nach altem Schuldrecht)[1] bzw. unter den Voraussetzungen des **§ 323 Abs. 2 BGB n. F.** kann sich der Auftraggeber von einem leistungsunwilligen Auftragnehmer durch Kündigung (nach altem Recht) bzw. Rücktritt fristlos trennen, wenn dieser die Erfüllung seiner Verpflichtung aus dem Vertrag unberechtigt, ernsthaft und endgültig verweigert. Ist dem Gläubiger ein Festhalten am Vertrag aufgrund einer Pflichtverletzung des Schuldners nicht mehr zuzumuten, kann er auch nach § 324 BGB n. F. den Rücktritt erklären.

Daneben (vgl. § 325 BGB n. F.) tritt das Recht des Auftraggebers, Schadensersatz zu fordern. Dabei kann sich der Auftragnehmer nicht auf die **Haftungsbeschränkung** der §§ 6 Nr. 6 und 8 Nr. 3 Abs. 2 Satz 2 VOB/B berufen. Er ist zum vollen Schadensersatz, d. h. einschließlich des entgangenen Gewinns verpflichtet. Eines Interessenfortfalls für den Auftraggeber bedarf es dabei nicht.[2] Ob der Auftragnehmer die Leistung vor oder nach Fälligkeit endgültig verweigert, ist unerheblich. So oder so bleibt er zum vollen Schadensersatz verpflichtet.

cc) Einrede des nicht erfüllten Vertrags

Bei bestehender **Vorleistungsverpflichtung** des Auftragnehmers kann der Auftraggeber dem fälligen Vergütungsanspruch des Auftragnehmers die Einrede des nicht erfüllten Vertrags, gemäß § 320 BGB entgegenhalten, wenn die Voraussetzungen des § 5 Nr. 4 VOB/B vorliegen.[3]

Beispiel:
Der Auftraggeber wendet gegen den fälligen Vergütungsanspruch auf Abschlagszahlung ein, dass der vereinbarte Bautenstand nicht erreicht ist.

Die Gegenleistung darf aber insoweit nicht verweigert werden, als dies nach den Umständen, insbesondere wegen verhältnismäßiger **Geringfügigkeit** des rückständigen Teils gegen Treu und Glauben verstoßen würde (vgl. § 320 Abs. 2 BGB). Im Übrigen überschneiden sich die aus § 320 BGB ergebenden Rechte nicht mit denen in § 5 Nr. 4 VOB/B geregelten. Dies gilt natürlich nur für den Fall, dass der Vertrag nicht gekündigt wird. Dann hielte der Auftraggeber an dem Vertrag nicht fest, so dass die Voraussetzungen des § 320 BGB (für noch ausstehende Arbeiten) nicht vorliegen. Hinsichtlich der Ansprüche der bereits ausgeführten Bauleistun-

---
1 BGH, NJW 1976, 517.
2 BGH, ZfBR 1980, 229; BauR 1980, 465.
3 *Heiermann/Riedl/Rusam*, Handkommentar zur VOB, B § 5 Rz. 28; *Ingenstau/Korbion*, VOB-Kommentar, 14. Aufl. 2001, B § 5 Rz. 55.

gen dürfte aber auch **im Falle der Vertragskündigung** für die bis dahin erbrachten Leistungen § 320 BGB anwendbar bleiben.[1]

109 Erhebt der Auftraggeber die Einrede des nicht erfüllten Vertrags, trägt der Auftragnehmer die **Beweislast** dafür, dass er seinen Verpflichtungen aus § 5 Nr. 1 bis Nr. 3 VOB/B nachgekommen ist.[2] Dies muss jedenfalls bis zur Abnahme gelten, da mit der rechtsgeschäftlichen Abnahme der Auftraggeber die Leistungen des Auftragnehmers als der Hauptsache nach als vertragsgerecht anerkennt, womit der allgemeine Erfüllungsanspruch erlischt.[3]

d) Die Rechte des Auftragnehmers

110 Unmittelbar aus § 5 Nr. 4 VOB/B sind **keine Rechte** des Auftragnehmers zu entnehmen. Für die Begründung des Schadensersatzanspruchs oder des Kündigungsrechts des Auftraggebers bedarf es der Feststellung, dass die Ursache der Verzögerung im Verantwortungsbereich des Auftragnehmers liegt.[4] Ist der Auftragnehmer also etwa gemäß § 6 Nr. 1 VOB/B in der ordnungsgemäßen Ausführung der Leistung behindert, so verlängern sich die vereinbarten Ausführungsfristen unter den Voraussetzungen des § 6 Nr. 2 VOB/B.

111 Die „Rechte" des Auftragnehmers beschränken sich also auf das Recht, die Verpflichtungen aus § 5 Nr. 1 bis Nr. 3 VOB/B ungehindert, d. h. ohne bauseitige Störungen, zu erfüllen.

112 **Checkliste: Bauzeitbezogene Ansprüche des Auftraggebers aus § 5 VOB/B**

1. **Erfüllungsansprüche** nach § 5 Nr. 1 VOB/B

   ▷ Anspruch auf termingerechten Baubeginn (ist kein Termin vereinbart, gilt § 5 Nr. 2 VOB/B)

   ▷ Anspruch auf angemessene Förderung der Bauausführung (nicht unmittelbar einklagbar; Konkretisierung durch § 5 Nr. 3 VOB/B)

   ▷ Anspruch auf fristgemäße Vollendung der Bauleistung

2. Anspruch zur Absicherung der Vertragserfüllung: **Abhilfeverlangen** nach § 5 Nr. 3 VOB/B gerichtet auf Verstärkung des personellen und/oder sachlichen Einsatzes

   ▷ Tatbestandsvoraussetzungen:

   – verbindliche Vertragsfrist für Vollendung der Gesamtleistung oder einer Teilleistung vereinbart

   – Baustellenbeschickung (Arbeitskräfte, Geräte, Gerüste, Stoffe oder Bauteile) unzureichend (= Verletzung der Pflicht zur angemessenen Förderung der Ausführung)

---

1 *Motzke* in Beck'scher VOB-Kommentar, Teil B, § 5 Nr. 4, Rz. 64.
2 Palandt/*Heinrichs*, 61. Aufl., § 320, Rz. 14.
3 Zur Wirkung der Abnahme: *Thode*, ZfBR 1999, 116.
4 Vgl. *Nicklisch/Weick*, VOB Teil B, § 5, Rz. 26 f.

– offenbare Nichteinhaltung der Ausführungsfrist, d. h. Erheblichkeit der Leistungsstörung bezogen auf die Vollendung (Maßstab: Bauzeitenplan des AG/Bauablaufplan des AN im Vergleich zum tatsächlichen Bautenstand)

3. **Sekundäransprüche** (§ 5 Nr. 4 VOB/B)

▷ Voraussetzungen des Schadensersatzanspruchs:
  – Ist die VOB/B wirksam vereinbart?
  – Ist die Leistung fällig?
    – Kein rechtzeitiger Beginn mit der Ausführung?
    – Keine angemessene Bauförderung trotz Abhilfeverlangen?
    – Keine rechtzeitige Vollendung?
  – Befindet sich der Auftragnehmer mit der Vollendung in Verzug, hat er den verzögerten Beginn oder die unzureichende Bauförderung zu vertreten?
  – Rechtsfolge: Schadensersatz

▷ Ausübung des Kündigungsrechts:
  – Ist die VOB/B wirksam vereinbart?
  – Ist die Leistung fällig?
    – Kein rechtzeitiger Beginn mit der Ausführung?
    – Keine angemessene Bauförderung trotz Abhilfeverlangen?
    – Keine rechtzeitige Vollendung?
    – Befindet sich der Auftragnehmer mit der Vollendung in Verzug?
  – Fristsetzung mit Kündigungsandrohung
  – Fruchtloser Fristablauf
  – Kündigung möglich

III. Regelungen im BGB-Vertrag

1. Überblick

Wie bereits bei Rz. 72 dargelegt, stellt § 5 Nr. 4 VOB/B keine abschließende Regelung aller zeitbedingten Leistungsstörungen dar. Nur in § 636 BGB a. F. geht das Werkvertragsrecht des Bürgerlichen Gesetzbuchs auf die Bauzeit ein. Allgemeine Vorschriften, wie § 271 BGB helfen nur dürftig, die Frage der Leistungszeit zu bestimmen. In der Literatur und Rechtsprechung besteht deshalb Einigkeit darüber, dass das Werkvertragsrecht des BGB nicht den Realitäten des Bauens genügt und soweit insbesondere der Problemkreis der Bauzeit betroffen ist, die **VOB das bessere rechtliche Instrument** darstellt. Daran hat auch das Schuldrechtsmodernisierungsgesetz nichts geändert. Das Recht Schadensersatz zu fordern und/oder

113

(vgl. § 325 BGB n. F.) vom Vertrag zurückzutreten muss außerhalb der Gewährleistungsrechte den Vorschriften der §§ 280, 323 BGB n. F., d. h. dem allgemeinen Schuldrecht, entnommen werden.

114 Neben § 271 Abs. 1 BGB, der dem Gläubiger mangels Vereinbarung einer Leistungszeit das Recht gibt, die Leistung sofort zu verlangen und den Schuldner berechtigt sie sofort zu bewirken, stellt das BGB noch folgende Bestimmungen zur Verfügung:

▷ Die Störungstatbestände gemäß §§ 284 ff. BGB a. F., bzw. §§ 286 ff. BGB n. F. (Schuldnerverzug), §§ 293 ff. BGB (Gläubigerverzug) und § 326 BGB a. F. (Verzug bei gegenseitigem Vertrag) bzw. §§ 281, 323, 325 BGB n. F., wobei es durch das Schuldrechtsmodernisierungsgesetz nicht mehr erforderlich ist, dass der Schuldner eine im Gegenseitigkeitsverhältnis stehende Pflicht verletzt,

▷ fehlende Mitwirkung des Bestellers gemäß §§ 642, 643 BGB,

▷ verspätete Herstellung gemäß § 636 BGB a. F. bzw. §§ 280, 323 BGB n. F.

115 Durch § 636 BGB a. F. finden nur die Ansprüche des Bestellers für den Fall der nicht rechtzeitigen Herstellung des Werks Berücksichtigung. Die vielfältigen Probleme der Bauzeitverlängerung, etwa wegen Behinderung des Unternehmers, Mehrvergütungsansprüche oder Schadensersatzansprüche des Unternehmers infolge von ihm nicht zu vertretender Bauzeitverlängerung, werden nicht behandelt. Auch hier wurde durch das Schuldrechtsmodernisierungsgesetz keine wirkliche Besserung erreicht. Immerhin schließt § 323 Abs. 6 BGB n. F. das Rücktrittsrecht des Gläubigers aus, wenn er für den Umstand, der ihn zum Rücktritt berechtigen würde, allein oder weit überwiegend verantwortlich ist, oder der vom Schuldner nicht zu vertretende Umstand zu einer Zeit eintritt, zu welcher der Gläubiger sich im Annahmeverzug befindet.

2. Anwendbarkeit von VOB-Regelungen auf den BGB-Werkvertrag?

116 Oft ist man versucht, die Lücken des BGB-Werkvertragrechts durch eine entsprechende Anwendung der VOB-Regelungen zu schließen. Hierbei ist aber äußerste Vorsicht geboten. Es muss in Erinnerung bleiben, dass das Klauselwerk der VOB ungeachtet seiner großen Verbreitung bei Bauverträgen nichts anderes als eine **Allgemeine Geschäftsbedingung** ist und als solche nicht dafür herangezogen werden kann, um gesetzliche Lücken zu schließen.

117 Sicher kann aber beispielsweise der für den Verzug notwendige **Verschuldensbegriff** auch durch einen Blick in die VOB mit ausgeformt werden. Etwa wenn es um die Frage geht, ob der Verzug im BGB-Werkvertragsrecht bejaht werden kann, wenngleich die Voraussetzungen der Bauzeitverlängerung gemäß § 6 Nr. 2 VOB/B vorliegen würden.[1]

3. Ansprüche des Bestellers gemäß § 636 BGB a. F.

118 Wird das Werk durch den Unternehmer ganz oder zum Teil nicht rechtzeitig hergestellt, so bestimmt § 636 Abs. 1 BGB a. F., dass die für die Wandlung geltenden

---

1 *Vygen/Schubert/Lang*, Bauverzögerung, Teil A, Rz. 23.

Vorschriften des § 634 Abs. 1–3 BGB a. F. entsprechende Anwendung finden. An die Stelle des Anspruchs auf Wandlung tritt das Recht des Bestellers nach § 327 BGB a. F. von dem Vertrag zurückzutreten.

a) Die Anspruchsvoraussetzungen des Rücktrittsrechts vor dem Schuldrechtsmodernisierungsgesetz

Checkliste: Voraussetzungen für das Rücktrittsrecht   119

▷ Fälligkeit der Leistung?

▷ Fristsetzung mit Ablehnungsandrohung, alternativ: Entbehrlichkeit der Fristsetzung?

▷ Fruchtloses Verstreichen der Frist?

▷ Rechtsfolge: Rücktritt kann erklärt werden

Fälligkeit der Leistung des Unternehmers heißt, dass die Leistungszeit oder die vereinbarte Ausführungsfrist abgelaufen ist, das Werk aber trotzdem nicht vollständig oder zum Teil nicht rechtzeitig hergestellt ist. Es reicht die Überschreitung der vereinbarten Frist.   120

Fehlt eine Vereinbarung, gilt, dass der Auftragnehmer (Unternehmer) durch die **Mahnung** des Auftraggebers (Bestellers) in Verzug geraten kann und deshalb zum Schadenersatz verpflichtet ist, auch wenn keine Ausführungsfristen vereinbart sind.[1] Denn: Der Auftragnehmer (Unternehmer) muss mit den Arbeiten „alsbald" nach Auftragserteilung beginnen und sie in angemessener Zeit zu Ende führen. Angemessen ist hierbei der für die Ausführung notwendige Zeitaufwand. Mit dessen Ablauf tritt die Fälligkeit ein. Der Auftragnehmer (Unternehmer) muss jetzt die abnahmefähige Leistung übergeben. Ist die Leistung zu diesem Zeitpunkt nicht soweit fertig gestellt, kann der Auftraggeber (Besteller) den Auftragnehmer mahnen. Mit Zugang der Mahnung gerät der Auftragnehmer in Verzug.   121

Der **enge Wortlaut** des § 636 BGB a. F. stellt nur auf die Nichteinhaltung des **Fertigstellungstermins** ab. Damit sind die in § 5 Nr. 4 VOB genannten Fälle des nicht rechtzeitigen Beginns oder der nicht ausreichenden Förderung des Baubetriebes ausdrücklich nicht erfasst. Nach Treu und Glauben ist es aber geboten, das Kündigungsrecht des Bestellers auch hier entsprechend anzunehmen.[2] Sind nur noch **geringfügige** Restarbeiten auszuführen (Bsp.: Müllbeseitigung), so ist dies über §§ 636 Abs. 1 Satz 1, 634 Abs. 3 BGB a. F. für den Unternehmer unschädlich. Eine Fristüberschreitung um einen Tag kann allenfalls dann als geringfügig angesehen werden, wenn die mit eintägiger Verspätung erbrachte Leistung brauchbar ist, was mangels Abnahme der Auftragnehmer darzulegen hat.[3]   122

---

[1] BGH, NJW-RR 2001, 806.
[2] *Vygen/Schubert/Lang*, Bauverzögerung, Teil A, Rz. 90; BGH, NJW-RR 1992, 1141.
[3] BGH, IBR 2001, 355.

123 ▷ **Fristsetzung mit Ablehnungsandrohung**, gemäß § 634 Abs. 1 BGB a. F. Deutlich muss auf die drohende Vertragsauflösung hingewiesen werden!

Alternativ: **Entbehrlichkeit der Fristsetzung** gemäß § 634 Abs. 2 BGB a. F. bei Unmöglichkeit der vertragsgemäßen Leistung und zwar innerhalb der angemessenen Nachfrist nach § 634 Abs. 1 Satz 1 BGB a. F. oder bei Leistungsverweigerung durch den Unternehmer oder bei besonderem Interesse des Bestellers.

124 ▷ **Fruchtloses Verstreichen**. Eines Verschuldens bedarf es nicht: Der Unternehmer muss aber für die Fristüberschreitung verantwortlich sein. Ist die Fristüberschreitung dem Verantwortungsbereich des Bestellers zuzuordnen, dann ist die Fristüberschreitung dem Unternehmer nicht zuzurechnen,[1] z. B. bei Fehlen der erforderlichen Baugenehmigung.[2]

125 ▷ **Rechtsfolge:** Der Besteller kann vom Vertrag zurücktreten (**verschuldensunabhängiges Rücktrittsrecht**[3]), d. h. das Vertragsverhältnis wird rückwirkend aufgehoben und rückabgewickelt. Dies bedeutet, dass beide Vertragspartner die bereits empfangenen Leistungen gegenseitig zurückzugewähren haben.

126 Die Geltendmachung des Rücktritts bedarf einer entsprechenden Erklärung des Bestellers, da es sich um ein **Gestaltungsrecht** handelt (§ 349 BGB). Hierfür besteht keine Frist. Es ist aber für den Unternehmer an die Vorschrift des § 355 BGB a. F. zu denken. Danach kann dem Besteller für die Ausübung seines Rücktrittsrechts eine angemessene Frist gesetzt werden.

127 Nach Erklärung des Rücktritts erlöschen die gegenseitigen werkvertraglichen Leistungspflichten. Es entsteht ein **Rückgewährschuldverhältnis** gemäß § 346 BGB a. F. Die empfangenen Leistungen sind zurückzugewähren, mit einer wichtigen Ausnahme: Hat der Unternehmer den Verzögerungsgrund nicht zu vertreten, haftet er wegen im Voraus empfangener Leistungen (Beispiel: Werklohn) gemäß § 327 Satz 2 BGB a. F. nur nach den Vorschriften über die ungerechtfertigte Bereicherung, wodurch der Haftungsumfang begrenzt wird (§ 818 Abs. 3 BGB).

128 **Nach Abnahme** kann der Besteller nicht mehr aus § 326 BGB a. F. vorgehen. Er ist dann auf die Gewährleistungsvorschriften gemäß §§ 633 ff. BGB a. F. verwiesen.[4]

129 Die Schwierigkeit des **Rücktrittrechts** besteht in der **Unpraktikabilität** der Durchführung. Meist ist im Zeitpunkt des Rücktritts die vom Unternehmer zu erbringende Bauleistung teilweise oder fast vollständig erbracht. Dann kommt ein Rücktrittsrecht aber nur noch hinsichtlich der nicht erbrachten Teilleistung in Betracht, was in der Folge aber den Auswirkungen einer Kündigung (für die Zukunft) gleichkommt.

130 Bezüglich des **bereits fertig gestellten Teils** der zu erbringenden Bauleistung besteht seitens des Bestellers eine Abnahme- und Vergütungspflicht.[5] Eine Ausnahme hiervon kann nur gelten, wenn der Besteller an dem bereits erbrachten Teil

---

1 BGH, NJW-RR 1992, 1141.
2 BGH, BB 1974, 857.
3 BGH, MDR 1993, 318.
4 BGH, BGHZ 62, 83.
5 *Vygen/Schubert/Lang*, Bauverzögerung, Teil A, Rz. 89.

der Leistung kein Interesse mehr hat und er dieses Interesse bzw. ein besonderes Interesse an der Beseitigung der Leistung auch darlegen und beweisen kann. Des Weiteren bleiben dem Besteller auch die Gewährleistungsansprüche und das Nachbesserungsrecht an der erbrachten Teilleistung erhalten.[1] Dies bedeutet im Endeffekt mit der überwiegend vertretenen Ansicht auch im Schrifttum,[2] dass die Wandelung bzw. das Rücktrittsrecht nach § 636 BGB a. F. von den Rechtsfolgen her meist als Kündigung zu betrachten ist.[3]

Rücktritt auch bei **Verletzung einer Nebenpflicht?** Es ist unerheblich, ob eine Hauptleistungs- oder Nebenleistungspflicht verletzt ist. Dies jedenfalls dann, wenn eine werkvertraglich geschuldete Leistung nicht rechtzeitig erbracht wird, auf der vom Unternehmer geschuldete weitere Leistungen aufbauen und infolge der nicht rechtzeitig erbrachten Leistung der Eintritt des vertragsgemäß geschuldeten Erfolgs gefährdet ist.[4] 131

b) Schadensersatz gemäß § 636 Abs. 1 Satz 2 BGB a. F.

Weitere Rechtsfolge der nicht rechtzeitigen Fertigstellung, außer dem bereits behandelten Rücktrittsrecht, ist der **Schadensersatzanspruch** im Falle des Verzugs gemäß § 636 Abs. 1 Satz 2 BGB a. F.: 132

▷ Ersatz des Verzögerungsschadens gemäß § 286 Abs. 1 BGB a. F. (auch entgangener Gewinn, da eine Beschränkung des Schadensersatzanspruchs gemäß § 6 Nr. 6 VOB im BGB nicht enthalten ist) unabhängig davon, ob der Vertrag aufrechterhalten bleibt.

▷ Schadensersatz wegen Nichterfüllung, gemäß § 326 BGB a. F., unter den dort genannten Voraussetzungen.

Beide Ansprüche setzen den **Verzug** des Unternehmers und demnach auch ein Verschulden voraus. D. h. die **allgemeinen Voraussetzungen des Verzugs** müssen vorliegen, also die Fälligkeit der Leistung muss gegeben sein. Der Unternehmer schuldet grundsätzlich nur den Erfolg, also die Ablieferung der Gesamtleistung, soweit nichts anderes vereinbart ist. 133

Die **Beweislast** für die rechtzeitige Herstellung liegt gemäß § 636 Abs. 2 BGB a. F. beim Unternehmer. Selbstverständlich steht dem Besteller bei nicht rechtzeitiger Fertigstellung der Bauleistung und entsprechender Vereinbarung im Vertrag auch eine **Vertragsstrafe** gemäß §§ 339 ff. BGB zu. 134

4. Ansprüche des Bestellers nach neuem Schuldrecht

Das Schuldrechtsmodernisierungsgesetz hat die ohnehin für die Baurechtspraxis dürftigen Bestimmungen über die „verspätete Herstellung" in § 636 BGB a. F. ersatzlos entfallen lassen. Die gesetzlichen Folgen der Verspätung sind nun dem **allgemeinen Schuldrecht** zu entnehmen. 135

---

1 BGH, ZfBR 1987, 238; BauR 1987, 689.
2 *Locher*, Das private Baurecht, Rz. 44.
3 *Vygen/Schubert/Lang*, Bauverzögerung, Teil A, Rz. 89.
4 BGH, IBR 2001, 354.

a) Schadensersatz wegen Verzögerung nach § 280 Abs. 2 BGB n. F.

136 Zentrale Voraussetzung für die Ersatzpflicht des Unternehmers ist die **Pflichtverletzung** nach § 280 Abs. 1 BGB n. F. Erfasst werden alle Pflichten, wie Leistungspflichten (ob sie im Gegenseitigkeitsverhältnis stehen oder nicht), Nebenleistungspflichten und Verhaltenspflichten. Konkret ist auf den jeweiligen Vertrag oder den notfalls durch Auslegung zu ermittelnden Umfang des Schuldverhältnisses abzustellen. Die Frage des Verschuldens spielt bei der Frage der Pflichtverletzung zunächst keine Rolle. Erst im Rahmen der weiteren Prüfungsschritte ist auf das Vertretenmüssen, etwa im Rahmen des § 280 Abs. 1 Satz 2 BGB n. F., einzugehen.

137 Soll also überprüft werden, ob der Unternehmer zum Schadensersatz verpflichtet ist, weil er sein Werk nicht rechtzeitig erstellt hat, Zwischenfristen nicht einhält oder allgemein die Bauausführung verzögert, sind folgende Prüfungsschritte einzuhalten:

▷ Liegt eine Pflichtverletzung nach § 280 Abs. 1 Satz 1 BGB n. F. vor?

▷ Befindet sich der Schuldner (Unternehmer) in Verzug nach §§ 280 Abs. 2, 286 BGB n. F.?

138 Sowohl durch § 280 Abs. 1 Satz 2 BGB n. F. als auch durch § 286 Abs. 4 BGB n. F. ist sichergestellt, dass der Besteller nur dann Schadensersatz wegen einer Verzögerung der Leistung verlangen kann, wenn der Unternehmer die Pflichtverletzung, hier die Verzögerung, zu vertreten hat. Die **Verantwortlichkeit** des Schuldners wird weiterhin nach § 276 BGB bestimmt, der inhaltlich zwar verändert, aber weiterhin die Haftung mangels anderweitiger Bestimmung auf Vorsatz und Fahrlässigkeit festschreibt.

139 Ist festgestellt, dass der Unternehmer die Verzögerung zu vertreten hat, bestimmt sich der Inhalt und der **Umfang** des von ihm zu ersetzenden Schadens nach den §§ 249 ff. BGB. Ergänzt wird der Anspruch durch den Ersatz vergeblicher Aufwendungen nach § 284 BGB n. F. Ein **Mitverschulden** des Bestellers wird im Rahmen des § 254 BGB berücksichtigt.

Hinweis:
Bei der Bestimmung des Umfangs des Schadensersatzanspruchs ist darauf zu achten, dass nur der **kausal** durch die Pflichtverletzung entstandene Schaden ersetzt verlangt werden kann. Hierfür trägt der Besteller die **Beweislast**. Der Unternehmer hat den Entlastungsbeweis dafür zu erbringen, dass er die Pflichtverletzung nicht zu vertreten hat.

b) Rücktrittsrecht nach § 323 BGB n. F.

140 Die Neuregelung des § 325 BGB bringt für die **anwaltliche Beratungspraxis** einen erweiterten Spielraum. Ist vor Einführung des neuen Schuldrechts der Rücktritt gegenüber dem Schadensersatzanspruch wegen Nichterfüllung noch regelmäßig der ungünstigere Rechtsbehelf, da eine Kombination beider Ansprüche ausgeschlossen war, stellt § 325 BGB n. F. fest:

„Das Recht, bei einem gegenseitigen Vertrag Schadensersatz zu verlangen, wird durch den Rücktritt nicht ausgeschlossen."

Erbringt der Schuldner bei einem gegenseitigen Vertrag eine fällige Leistung nicht, so kann der Gläubiger vom Vertrag zurücktreten. Voraussetzung ist der Ablauf einer zuvor **erfolglos gesetzten Frist** zur Leistungserbringung nach § 323 Abs. 1 BGB n. F. Der Anwendungsbereich dieser Vorschrift erstreckt sich grundsätzlich auf alle gegenseitigen Verträge. Sie ersetzt das alte Rücktrittsrecht des § 326 BGB a. F.

Hinweis:
Der Besteller ist nun auch dann zum Rücktritt berechtigt, wenn der Unternehmer die Pflichtverletzung nicht zu vertreten hat. Der Unternehmer muss auch keine im Gegenseitigkeitsverhältnis stehende Pflicht verletzt haben und eine Fristsetzung mit Ablehnungsandrohung ist nicht mehr erforderlich.

Will der Besteller vom Vertrag mit dem Unternehmer zurücktreten, so müssen folgende **Voraussetzungen** gegeben sein:

▷ Der Unternehmer muss eine Leistungspflicht aus dem gegenseitigen Vertrag verletzt haben.

▷ Der Anspruch des Bestellers muss fällig sein.

▷ Der Besteller muss dem Unternehmer erfolglos eine angemessene Frist zur Leistungserbringung gesetzt haben. Die Aufforderung muss bestimmt und eindeutig sein.

Die **Fristsetzung** ist nach § 323 Abs. 2 BGB n. F. **entbehrlich**, wenn

▷ der Schuldner die Leistung ernsthaft und endgültig verweigert,

▷ der Schuldner die Leistung zu einem im Vertrag bestimmten Termin oder innerhalb einer bestimmten Frist nicht bewirkt und der Gläubiger im Vertrag den Fortbestand seines Leistungsinteresses an die Rechtzeitigkeit der Leistung gebunden hat oder

▷ besondere Umstände vorliegen, die unter Abwägung der beiderseitigen Interessen den sofortigen Rücktritt rechtfertigen.

Nach § 323 Abs. 4 BGB n. F. kann der Besteller auch bereits **vor Eintritt der Fälligkeit** der Leistung zurücktreten, wenn offensichtlich ist, dass die Voraussetzungen des Rücktritts eintreten werden.

Beispiel:
Im Vertrag ist festgehalten, dass der Unternehmer für die Durchführung seiner Arbeiten drei Monate benötigen wird. Eine Woche vor Ablauf der vertraglich vereinbarten Fertigstellungsfrist hat er noch nicht einmal mit den Arbeiten begonnen.

Ist der Besteller für den Umstand, der ihn zum Rücktritt berechtigen würde, allein oder weit überwiegend verantwortlich, oder befindet sich der Besteller im Annahmeverzug, so ist der **Rücktritt ausgeschlossen** (§ 323 Abs. 6 BGB n. F.).

Bei **bereits bewirkter Teilleistung** kann der Besteller nur dann vom ganzen Vertrag zurücktreten, wenn er an der Teilleistung kein Interesse hat (§ 323 Abs. 5 Satz 1 BGB n. F.). Sollte die Pflichtverletzung unerheblich sein, kann der Besteller auch bei nicht vertragsgemäß bewirkter Leistung durch den Unternehmer nicht zurücktreten (§ 323 Abs. 5 Satz 2 BGB n. F.).

147 Ist der Besteller zum Rücktritt berechtigt und erklärt er ihn auch (§ 349 BGB) gegenüber dem Unternehmer, richten sich die Rechtsfolgen nach den Vorschriften der §§ 346 ff. BGB.

5. Rechte des Unternehmers

148 Wie aus § 5 Nr. 4 VOB/B, so ergeben sich auch aus § 636 BGB a. F. und den entsprechenden Neuregelungen durch das Schuldrechtsmodernisierungsgesetz unmittelbar keine Rechte des Auftragnehmers bzw. Unternehmers. Bestehen **Mitwirkungsverpflichtungen** des Bestellers, kann der Unternehmer über die Vorschrift des § 642 BGB die Handlung unter Fristsetzung **einfordern** und unter den Voraussetzungen des § 643 BGB den Vertrag **kündigen** (vgl. Teil 17, Rz. 61 ff.).

IV. Mustertexte

Hinweis:
Bei den nachfolgenden Musterschreiben ist jeweils der Zugang sicherzustellen.

1. Aufforderung zum Arbeitsbeginn gemäß § 5 Nr. 2 Satz 2 VOB/B

149 Dieses Musterschreiben ist für den Fall vorgesehen, dass keine verbindliche Vertragsfrist für den Baubeginn vereinbart wurde, § 5 Nr. 2 Satz 2 VOB/B. Dazu im Einzelnen Rz. 24 ff.

An:

Bauvorhaben:
Gewerk:

Bauvertrag vom:

Aufforderung zum Arbeitsbeginn

Sehr geehrte Damen und Herren,

wir vertreten die Fa. . . . . Zwischen Ihnen und unserer Mandantschaft wurde am . . . . ein Bauvertrag geschlossen. Für den Beginn der Ausführung der vertraglich geschuldeten Leistungen ist keine Frist vereinbart.

Wir fordern Sie hiermit auf, die Arbeiten spätestens 12 Werktage nach Zugang dieses Schreibens aufzunehmen (§ 5 Nr. 2 Satz 2 VOB/B).

Der tatsächliche Beginn der Ausführung ist uns anzuzeigen.

Eine auf uns lautende Originalvollmacht finden Sie in der Anlage.

Mit freundlichen Grüßen

Rechtsanwalt

2. Nachfristsetzung für Baubeginn

Eine Mahnung mit Fristsetzung dient der Herbeiführung des Verzugs und ist verbunden mit einer Kündigungsandrohung (§ 5 Nr. 4 VOB/B) bzw. Rücktrittsandrohung (§ 327 BGB a. F.) oder ohne Androhung (§ 323 BGB n. F.) u. U. erforderlich zur Geltendmachung von Sekundäransprüchen bzw. zur Kündigung.

150

An:

Bauvorhaben:
Gewerk:

Bauvertrag vom:

Fristsetzung zu Beginn der Ausführung

Sehr geehrte ....,

wir vertreten die Fa. .... Nach dem zwischen Ihnen und unserer Mandantschaft geschlossenen Bauvertrag vom .... waren sie verpflichtet, am .... mit der Ausführung Ihrer Leistungen zu beginnen.

Leider haben Sie bis heute keine Leistungen auf der Baustelle erbracht.

Namens und im Auftrag der Fa. .... fordern wir Sie daher auf, bis spätestens .... mit der Ausführung Ihrer Leistungen zu beginnen.

Bei fruchtlosem Ablauf dieser Frist wird unsere Mandantschaft den mit Ihnen geschlossenen Bauvertrag nach §§ 5 Nr. 4, 8 Nr. 3 VOB/B kündigen und Schadensersatz geltend machen.

Eine auf uns lautende Originalvollmacht finden Sie in der Anlage.

Mit freundlichen Grüßen

Rechtsanwalt

---

3. Abhilfeverlangen nach § 5 Nr. 3 VOB/B bzw. Fristsetzung gemäß § 5 Nr. 4 VOB/B

Das Abhilfeverlangen ist bei drohender Bauzeitverzögerung infolge unzureichender Baustellenausstattung an den Unternehmer zu richten. Aber auch im Rahmen des § 5 Nr. 4 VOB/B ist nach erfolglosem Verstreichen der Abhilfefrist zur Vorbereitung der Kündigung (siehe Muster unter Rz. 153) eine erneute Fristsetzung vorzunehmen.

151

An:

Bauvorhaben:

Gewerk:
Bauvertrag vom:

Abhilfeverlangen und Fristsetzung zur Intensivierung der Baustellenbesetzung/-ausstattung

Sehr geehrte ....,

in vorbezeichneter Bausache vertreten wir die Fa. .... Nach dem zwischen Ihnen und unserer Mandantschaft geschlossenen Bauvertrag vom .... war als verbindliche Ausführungsfrist vereinbart, dass Sie Ihre Leistung (alternativ: folgende Teile der Gesamtleistung: ....)

bis zum ....

(alternativ: .... Kalender-/Werktage nach Auftragserteilung/nach Beginn)

vollenden.

Diese Vertragsfrist werden Sie angesichts der völlig unzureichenden Kapazitäten offenbar nicht einhalten können. Der Stand Ihrer Bauleistung liegt deutlich hinter der vertraglichen Zeitplanung zurück. Die von Ihnen auf der Baustelle eingesetzten Arbeitskräfte/Geräte/Stoffe/Bauteile sind ungenügend.

Namens und im Auftrag der Fa. .... fordern wir Sie daher auf, bis spätestens .... die Ausstattung der Baustelle mit Personal und Gerät derart zu verstärken, dass die Einhaltung der Ausführungsfrist sichergestellt wird.

Bei fruchtlosem Ablauf dieser Frist wird Ihnen unsere Mandantschaft den Auftrag nach §§ 5 Nr. 4, 8 Nr. 3 VOB/B entziehen und Schadensersatz geltend machen.

Eine auf uns lautende Originalvollmacht finden Sie in der Anlage.

Mit freundlichen Grüßen

Rechtsanwalt

4. Nachfristsetzung für Vollendung der Ausführung gemäß § 5 Nr. 4 VOB/B

152 Eine Mahnung mit Fristsetzung dient der Herbeiführung des Verzugs und ist mit einer Kündigungsandrohung zu verbinden, § 5 Nr. 4 VOB/B.

An:

Bauvorhaben:
Gewerk:

Bauvertrag vom:

Fristsetzung mit Kündigungsandrohung

Sehr geehrte Damen und Herren,

wir vertreten die Fa. .... Nach dem zwischen Ihnen und unserer Mandantschaft geschlossenen Bauvertrag vom .... waren sie verpflichtet, Ihre Leistung bis zum ....

(alternativ: .... Werktage nach Auftragserteilung/nach Beginn) zu vollenden.

Leider haben Sie die vereinbarte Ausführungsfrist nicht eingehalten. Sie befinden sich daher seit dem genannten Termin (alternativ: seit dem ....) in Verzug. Wir melden für unsere Mandantschaft dem Grunde nach Schadensersatzansprüche an.

Namens und im Auftrag der Fa. .... fordern wir Sie auf, Ihre Leistung bis spätestens .... fertig zu stellen. Nach fruchtlosem Ablauf dieser Frist wird unsere Mandantschaft den mit Ihnen geschlossenen Bauvertrag nach §§ 5 Nr. 4, 8 Nr. 3 VOB/B kündigen und Schadensersatz geltend machen.

Eine auf uns lautende Originalvollmacht finden Sie in der Anlage.

Mit freundlichen Grüßen

Rechtsanwalt

5. Kündigungsschreiben gemäß §§ 5 Nr. 4, 8 Nr. 3 VOB/B

An:
Bauvorhaben:
Gewerk:

Bauvertrag vom:

Kündigung nach §§ 5 Nr. 4, 8 Nr. 3 VOB/B

Sehr geehrte Damen und Herren,

mit Schreiben vom .... hatten wir unter gleichzeitiger Originalvollmachtsvorlage die Vertretung der Fa. .... angezeigt.

Trotz Fristsetzung mit Kündigungsandrohung haben Sie Ihre Verpflichtung mit den vertraglich vereinbarten Arbeiten bis zum .... zu beginnen (alternativ: Ihren Baustelleneinsatz zu verstärken/die Arbeiten fertig zu stellen) nicht erfüllt.

Namens und im Auftrag der Fa. .... kündigen wir Ihnen hiermit den Bauvertrag gemäß § 8 Nr. 3 VOB/B und melden bereits jetzt Schadensersatzansprüche an.

Mit freundlichen Grüßen

Rechtsanwalt

Teil 17
Behinderung und Unterbrechung

	Rz.
I. **Behinderung**	1
1. Allgemeines zur Behinderung	5
a) Begriff der Behinderung	5
b) Die Behinderung nach dem BGB	12
c) Die Behinderung nach der VOB/B	18
2. Beurteilung nach Verantwortungsbereichen	19
3. Behinderungsanzeige	23
a) Entstehen der Anzeigepflicht	25
b) Form der Behinderungsanzeige	28
c) Inhalt der Behinderungsanzeige	29
d) Adressat der Behinderungsanzeige	30
e) Folgen einer Verletzung der Anzeigepflicht	32
4. Offenkundigkeit der Behinderung/Zurückweisung der Behinderungsanzeige	34
a) Vorliegen von Offenkundigkeit	35
b) Verantwortungsbereich des Auftraggebers	39
c) Zurückweisung der Behinderungsanzeige	45
d) Checkliste: Behinderungsanzeige	46
5. Verlängerung der Ausführungsfristen	47
a) Im Risikobereich des Auftraggebers liegende Umstände	50
aa) Änderung des Leistungsumfangs	54
bb) Mitwirkungspflichten des Auftraggebers	61
cc) Öffentlich-rechtliche Genehmigungen und Erlaubnisse	68
dd) Eventual- oder Alternativpositionen	72
ee) Ausführungsunterlagen	75
ff) Bereitstellung eines baureifen Grundstücks	78
gg) Koordination der Baustelle	80
hh) Zahlungsverweigerung und -verzögerung	82
ii) Mangelhafte Vorleistungen anderer Unternehmer	84
b) Beiderseitige Verantwortlichkeit	88
c) Doppelkausalität	89
d) Umstände außerhalb der Verantwortungsbereiche von Auftraggeber und Auftragnehmer	91
aa) Streik und Aussperrung	91
bb) Höhere Gewalt und andere unabwendbare Umstände	96
cc) Behinderung durch Witterungseinflüsse	105
6. Sphäre des Auftragnehmers	110
7. Beschleunigungsmaßnahmen	113
a) Umfang der Förderungspflicht	114
b) Recht des Auftragnehmers zur Beschleunigung/Zusatzvergütung	120
8. Berechnung der Fristverlängerung	125
a) Berechnung des Verzögerungszeitraums	130
b) Zeitpunkt auftraggeberseitiger Mitwirkungshandlungen	140
c) Folgen der Fristverlängerung für eine vereinbarte Vertragsstrafe	144
9. Mustertexte	147
a) Behinderungsanzeige	147
b) Zurückweisung einer Behinderungsanzeige	148
c) Mitteilung über den Wegfall der Behinderung	149
d) Mitteilung der Fristverlängerung	150
e) Aufforderung zur Bauförderungspflicht nach § 6 Nr. 3 VOB/B	151
f) Aufforderung zur Wiederaufnahme der Arbeiten (§ 6 Nr. 3 VOB/B)	152
II. **Unterbrechung**	153

	Rz.
1. Begriff	153
2. Vorläufige Abrechnung bei Unterbrechung der Bauleistung (§ 6 Nr. 5 VOB/B)	154
a) Unterbrechung für voraussichtlich längere Dauer	155
b) Höhe des Vergütungsanspruchs	158
3. Vorläufige Abrechnung nach Beschädigung, Zerstörung, Unmöglichkeit der Leistung (§ 7 Nr. 1 VOB/B)	163
a) Leistungs- und Vergütungsgefahr	164
b) Verlagerung der Vergütungsgefahr nach § 645 BGB	168
c) Gefahrtragungsregelung in § 7 VOB/B	172
d) Die Risiken des § 7 Nr. 1 VOB/B	177
e) Zerstörung oder Beschädigung der Leistung	186
f) Rechtsfolgen des Gefahrübergangs	187
4. Kündigungsrecht des Auftraggebers und Auftragnehmers	190
a) Dreimonatige Unterbrechung	191
b) Ausschluss des Kündigungsrechts	193
c) Kündigungserklärung	195
d) Abrechnung	198
e) Kosten der Baustellenräumung	200
5. Mustertexte	201
a) Abrechnung nach Unterbrechung der Bauleistung gemäß § 6 Nr. 5 VOB/B	201
b) Kündigung des Bauvertrags wegen längerer Unterbrechung durch den Auftragnehmer (§ 6 Nr. 7 VOB/B)	202
c) Kündigung des Bauvertrags wegen längerer Unterbrechung durch den Auftraggeber (§ 6 Nr. 7 VOB/B)	203
d) Mitteilung über Vergütungsansprüche nach § 7 VOB/B	204
e) Zurückweisung von Vergütungsansprüchen nach § 7 VOB/B	205
III. Schadensersatzanspruch	206
1. Anwendungsbereich	206

	Rz.
2. Verhältnis zu anderen Anspruchsgrundlagen	208
a) § 6 Nr. 6 VOB/B neben § 642 BGB	210
b) § 6 Nr. 6 VOB/B neben § 2 Nr. 5 VOB/B	219
3. Allgemeine Anspruchsvoraussetzungen	227
a) Behinderung des Geschädigten	227
b) Behinderungsanzeige	228
c) Verschulden des Schädigers	230
d) Darlegungs- und Beweislast	233
e) Beiderseitiges Verschulden an der Behinderung	238
4. Der Schaden	242
a) Inhalt und Umfang des Anspruchs	243
b) Schadensberechnung	244
aa) Feststellung des hypothetischen Soll-Aufwands	251
bb) Feststellung des behinderungsbedingten Ist-Aufwands	258
(1) Personalkosten	259
(2) Aufwand für Geräte	261
(3) Stoffe	262
(4) Nachunternehmer	263
(5) Zusätzliche behinderungsbedingte Arbeitsvorgänge	264
c) Dokumentation	265
d) Abstrakte Schadensberechnung	269
e) Schadensschätzung nach § 287 ZPO	271
5. Der entgangene Gewinn	276
6. Schadensersatzanspruch des Auftraggebers	282
a) Finanzierungskosten	284
b) Miet- und Nutzungsausfall	286
c) Vertragsstrafe	288
d) Mehrkosten an Architekten- oder Ingenieurgebühren	289
e) Fertigstellung durch Dritte	290
7. Schadensersatzanspruch des Auftragnehmers	291
a) Erstattungsfähige Schäden des Auftragnehmers	292
aa) Baustellengemeinkosten	295

	Rz.		Rz.
bb) Allgemeine Geschäftskosten 297		dd) Behörden und sonstige öffentlich-rechtliche Entscheidungsträger . 330	
cc) Direkt zurechenbare Kosten 301		8. Mehrwertsteuer 331	
dd) Kosten des Baustillstands 303		9. Abschlagszahlung 333	
ee) Beschleunigungsmehrkosten 305		10. Verjährung des Schadensersatzanspruchs nach § 6 Nr. 6 VOB/B 335	
ff) Sonderkosten 306		11. Checkliste: Behinderungsschaden 337	
b) Verschulden des Auftraggebers 308		12. Mustertexte 341	
aa) Änderungsanordnungen des Auftraggebers ... 310		a) Berechnung der behinderungsbedingten Mehrkosten gemäß § 6 Nr. 6 VOB/B 341	
bb) Mangelnde Koordination der Baustelle 317		b) Zurückweisung geltend gemachter Behinderungskosten 342	
cc) Mangelhafte oder verspätete Vorunternehmerleistungen 321			

I. Behinderung

Neben einer mangelfreien Herstellung des Bauvorhabens schuldet der Unternehmer auch die **termingerechte Fertigstellung** der vertraglichen Leistung. Die Einhaltung der vertraglichen Bauzeit ist einerseits für den Auftraggeber von besonderer Bedeutung, weil dieser insbesondere bei gewerblichen Objekten, wie bspw. Einkaufs- oder Erlebniszentren, bereits vor Abschluss des Bauvorhabens weitere Dispositionen mit den entstehenden Einheiten, wie Kauf- oder Mietverträge, abgeschlossen hat, und daher entsprechenden zeitlichen Zwängen unterliegt. Andererseits hat die termingerechte Ausführung auch für den Unternehmer ein besonderes Gewicht, weil die Bauzeit, insbesondere die Einsatzzeiten für Baumaschinen und Personal, einen wesentlichen Kostenfaktor innerhalb der Auftragkalkulation darstellen. 1

Gerade für den Unternehmer sind mit jeder Bauzeitverlängerung **erhebliche Mehrkosten** verbunden, weil regelmäßig Geräte, aber auch Personal, wegen geändertem Leistungsumfang oder geänderter örtlicher Einsatzbedingungen ungenutzt vorgehalten werden müssen. Mehrkosten entstehen dem Unternehmer auch bei einer Wiederaufholung der durch die Behinderung verloren gegangenen Zeit. Derartige Beschleunigungsmaßnahmen erfordern meistens den Einsatz zusätzlicher Arbeitskräfte und Baumaschinen. Aus diesen Gründen vereinbaren die Parteien gerade bei Großbauvorhaben **verbindliche Vertragsfristen** für die Bauausführung. Dies erfolgt in der Regel durch einen Bauzeitenplan in Form eines **Balken- oder Netzplans**, in dem insbesondere das Ineinandergreifen der einzelnen Gewerke und damit die gesamte Bauablaufplanung des Vorhabens dargestellt ist. 2

Behinderungen, die sowohl vom Besteller als auch vom Unternehmer zu verantworten sein können, können zu Störungen dieser Bauablaufplanung führen. **Behinderungstatbestände** können ihren Grund in verschiedenen Sphären haben. Stammen die Behinderungen aus der Sphäre des Unternehmers, ändern diese für ihn an der Rechtsgültigkeit der vereinbarten Fristen und Termine grundsätzlich 3 nichts. Behinderungen aus der Sphäre des Auftraggebers wirken sich auf die Vertragsfristen aus, wobei regelmäßig eine Verlängerung der vereinbarten Fristen eintritt (§ 6 Nr. 2 VOB/B). Hierbei sind jedoch wiederum gewisse Förderungspflichten des Auftragnehmers zu beachten (§ 6 Nr. 3 VOB/B). § 6 Nr. 5 und 7 VOB/B eröffnen Abrechnungs- und Kündigungsmöglichkeiten. § 6 Nr. 6 enthält eine Schadensersatzregelung, die auf den Ersatz des Verzögerungs- oder Behinderungsschadens ausgerichtet ist.

4 In der baulichen Praxis stellen sich in diesem Zusammenhang regelmäßig folgende Fragen:

▷ Kann der Unternehmer eine Verlängerung der im Bauvertrag vereinbarten Bauzeit und damit eine Verschiebung des verbindlich vereinbarten Fertigstellungstermins verlangen?

▷ Welche Pflichten treffen den Unternehmer bei auftretenden Behinderungen des Bauablaufs?

▷ Besteht für eine Vertragspartei die Möglichkeit, sich aufgrund der aufgetretenen Behinderungen vom Vertrag zu lösen und wie ist in diesem Fall ggf. die bislang erbrachte Bauleistung abzurechnen?

▷ Stehen dem Unternehmer aufgrund der verlängerten Bauzeit oder dem Besteller aufgrund der verspäteten Fertigstellung des Bauvorhabens Schadensersatzansprüche zu?

1. Allgemeines zur Behinderung

a) Begriff der Behinderung

5 Unter den Begriff „**Behinderung**" fallen alle Umstände, die sich störend auf den Ablauf der Bautätigkeit auswirken. Neben solchen so genannten Bauablaufstörungen, die den vorgesehenen Leistungsablauf in sachlicher, zeitlicher oder räumlicher Hinsicht hemmen oder verzögern, zählen hierzu auch Behinderungen oder besser Verhinderungen des Baubeginns sowie zwangsläufige vorübergehende Unterbrechungen der Bautätigkeit. Von **Bauablaufstörungen** ist die Rede, wenn die Arbeit als solche zwar noch ihren Fortgang nehmen kann, sie aber in einem für den betreffenden Einzelfall beachtlichen Maße langsamer als geplant oder sonst erforderlich vor sich geht.[1]

Beispiel:
Als Beispiel für derartige Bauablaufstörungen sind nicht oder nicht vollständig erbrachte Vorleistungen anderer Unternehmer, widrige Bodenverhältnisse oder den Bauablauf störende Gerätschaften, z. B. Gerüste, die den Zugang zum maßgeblichen Leistungsort verhindern oder erschweren, zu nennen.

6 Unter den Begriff der Behinderung fallen aber auch **geänderte oder zusätzliche Leistungen** (§ 2 Nr. 4, 5 VOB/B) sowie erhebliche Mehr- oder Mindermengen (§ 2 Nr. 3 VOB/B). Zu nennen sind in diesem Zusammenhang auch Anordnungen des Auftraggebers, die den zeitlichen Ablauf der Baumaßnahme betreffen (z. B. ein angeordneter Baustopp). Der Baubeginn wird häufig auch durch eine fehlende

---

1 *Ingenstau/Korbion*, § 6 VOB/B Rz. 2.

oder unstimmige Planung, Abweichungen der Ausführungsplanung von der Baugenehmigung oder eine Versagung der erforderlichen Mitwirkung der Nachbarn herbeigeführt.

Umstände, die die Ausführung der Leistung **auf Dauer unmöglich** machen, sind keine Behinderungen iSd. § 6 VOB/B. Dauerhafte Störungen des Bauablaufs, die zu einer Beendigung der Bautätigkeit führen, werden **nicht von § 6 VOB/B erfasst**. In diesen Fällen besteht die Möglichkeit der Vertragskündigung nach § 9 VOB/B. Im Übrigen kommen die gesetzlichen Regelungen über die Unmöglichkeit zur Anwendung. Behinderungen, die zwar ihrer Natur nach nur vorübergehend sind, deren Dauer aber nicht absehbar ist, werden von der Rechtsprechung aus Billigkeitsgründen dennoch wie Unmöglichkeit behandelt, wenn ein längeres Zuwarten dem Auftragnehmer deshalb nicht zumutbar ist, weil die Behinderung nicht seiner Risikosphäre zugerechnet werden kann. 7

Ebenso wenig ist § 6 VOB/B anwendbar, wenn sich der Auftraggeber nach Vertragsschluss, aber vor Baubeginn **ernsthaft und endgültig weigert**, den Auftragnehmer die Arbeit ausführen zu lassen. Insbesondere greift in diesen Fällen nicht das Haftungsprivileg des § 6 Nr. 6 VOB/B (entgangener Gewinn nur bei Vorsatz oder grober Fahrlässigkeit). Der Auftragnehmer kann – ggf. nach vorheriger Fristsetzung vollen Schadensersatz anstatt der Leistung einschließlich des entgangenen Gewinns nach §§ 281 ff. BGB verlangen.[1] 8

Für den Begriff der Behinderung ist es zunächst unerheblich, auf welchen **Ursachen** diese beruht. So kann die Behinderung auf einem vertragswidrigen Verhalten bzw. auf einer Pflichtverletzung einer Vertragspartei, auf einem zulässigen Verhalten des Auftraggebers, z. B. einer Änderung des Bauentwurfs oder erteilten Zusatzaufträgen, sowie auch auf äußeren Umständen, z. B. schlechter Witterung, Streiks, ungünstige Bodenverhältnisse, beruhen. Dennoch muss zwischen so genannten vertragskonformen und vertragswidrigen Störungen unterschieden werden. 9

Vertragskonforme Störungen sind solche, die im Vertrag oder der Systematik der VOB/B angelegt und damit zulässig sind.[2] Hierunter fallen beispielsweise Massen- und Mengenveränderungen (§ 2 Nr. 3 VOB/B) oder Änderungsanordnungen (§ 1 Nr. 3, 4 VOB/B). Mit derartigen Modifikationen der Vertragsleistung muss der Auftragnehmer rechnen, so dass die vertragskonformen Störungen grundsätzlich nur ergänzende Ansprüche auf zusätzliche Vergütung und/oder Bauzeitverlängerung auslösen. 10

Vertragswidrige Handlungen oder Unterlassungen können darüber hinaus je nach Schwere zu Schadensersatzansprüchen sowie zur Vertragskündigung des behinderten Vertragspartners führen. Hierzu zählt vor allem die Verletzung von Mitwirkungspflichten durch den Auftraggeber. In diesem Zusammenhang ist auch die gegenseitige **Kooperationspflicht** der Bauvertragsparteien zu nennen, die der BGH erst neuerdings wieder mit Nachdruck unterstrichen hat.[3] 11

---

1 *Kapellmann/Schiffers*, Bd. 1, Rz. 1210.
2 *Sturmberg/Steinbrecher*, Rz. 13 ff.
3 BGH, BauR 2000, 409.

b) Die Behinderung nach dem BGB

12 Das gesetzliche Werkvertragsrecht des BGB enthält im Unterschied zur VOB/B keine expliziten Regelungen für die Behinderung am Bau und die sich daraus ergebenden Rechtsfolgen. Beim BGB-Werkvertrag müssen die Behinderungen daher nach dem allgemeinen Leistungsstörungsrecht gelöst werden. Leistungsstörungen, die den Beginn, die Fortführung oder die Beendigung der Leistung hemmen, verzögern oder unterbrechen, sind je nach der zugrunde liegenden Ursache der Behinderung als Fälle des **Gläubigerverzugs** (§§ 293 ff. BGB), der **Pflichtverletzung** (§§ 280 ff. BGB) oder des **Schuldnerverzugs** (§ 286 BGB) zu behandeln.

13 Resultieren die Behinderungen aus Leistungsmängeln, kann auch § 635 BGB zur Anwendung kommen, wobei dessen Anwendbarkeit vor Abnahme bzw. Fertigstellung umstritten ist. Insofern dürften insbesondere nach der Schuldrechtsreform 2002 auch bei mängelbedingten Behinderungen **vor Abnahme** die allgemeinen Vorschriften über die Pflichtverletzung (§§ 280 ff. BGB) zur Anwendung gelangen. Von wesentlicher Bedeutung für die Behandlung von Behinderungen beim BGB-Werkvertrag sind die §§ 642, 643 BGB. Danach kann der Auftragnehmer eine angemessene **Entschädigung** verlangen, wenn der Auftraggeber durch das Unterlassen einer Mitwirkungshandlung in Annahmeverzug gerät. Weiter ist der Auftragnehmer nach erfolgloser Nachfristsetzung und Kündigungsandrohung berechtigt, den Vertrag zu kündigen.

14 Die Verlängerung von Ausführungsfristen bei auftretenden Behinderungen ist im BGB nicht geregelt. Dennoch sind die **Grundsätze der VOB/B** jedenfalls teilweise auch beim BGB-Werkvertrag entsprechend anzuwenden, da Ansprüche des Auftraggebers wegen verspäteter Herstellung der Bauleistung gemäß §§ 281, 286, 323 BGB Verzug des Auftragnehmers voraussetzen und insbesondere die in § 6 Nr. 2 VOB/B geregelten Behinderungsfälle das für den Verzug nach § 286 Abs. 4 BGB erforderliche Verschulden des Unternehmers ausschließen.[1] Weiter verlängern sich die Ausführungsfristen jedenfalls dann, wenn die Behinderung vom Auftraggeber verursacht wurde oder seinem Risikobereich zugeordnet werden kann. Witterungseinflüsse kommen als Grund für eine Fristverlängerung nur dann in Betracht, wenn der Auftraggeber mit ihnen bei Angebotsabgabe bzw. Vertragsschluss nicht rechnen konnte, so dass hier auf die Regelung in § 6 Nr. 2 Abs. 2 VOB/B zurückgegriffen wird. Ansonsten ist es jedoch fraglich, inwieweit beim BGB-Vertrag neutrale Risiken, die nicht aus dem Risikobereich des Auftraggebers stammen, wie z. B. Streiks oder Aussperrung, eine Fristverlängerung bewirken.[2]

15 Auch die sich im Fall von auftretenden Behinderungen für den Auftragnehmer ergebenden **(Neben-) Pflichten** sind im BGB nicht geregelt. Aus den allgemeinen Rechtsgrundsätzen, insbesondere der grundlegenden Verpflichtung des Auftragnehmers, im Rahmen des ihm nach Treu und Glauben Zumutbaren, alles zu tun, um die vertragsgemäße Erfüllung sicherzustellen, ergeben sich letztlich auch die in § 6 VOB/B enthaltenen Pflichten zur unverzüglichen **Anzeige der Behinderung** und zur **Förderung bzw. Beschleunigung** der gestörten Arbeiten. Der Auftragnehmer hat folglich auch beim BGB-Vertrag auf drohende oder bereits ein-

---

1 *Vygen*, BauR 1983, 210, 214.
2 Verneinend *Kleine-Möller/Merl/Oelmeier*, § 13 Rz. 403.

getretene Störungen des Bauablaufs hinzuweisen, die Arbeiten während der Zeit der Behinderungen soweit als möglich fortzuführen, im zumutbaren Umfang Maßnahmen zur Beseitigung der Behinderung und ihrer Auswirkungen zu ergreifen und nach Wegfall der Behinderung die Arbeiten unverzüglich wieder aufzunehmen.

Kommt der Auftragnehmer dieser Hinweis- und Förderungspflicht schuldhaft nicht oder nur unzureichend nach, liegt eine Schadensersatzansprüche des Auftraggebers begründende Pflichtverletzung vor. Daher ist es dem Auftragnehmer verwehrt, sich bei Leistungsverzug auf zwar im Verantwortungsbereich des Auftraggebers liegende Behinderungen zu berufen, wenn er diese Behinderung nicht oder nicht rechtzeitig angezeigt hat und bei einem rechtzeitig erfolgten Hinweis die Behinderungsfolgen hätten vermieden bzw. jedenfalls eingeschränkt werden können.[1] Auch § 6 Nr. 1 Satz 2 VOB/B, wonach eine Behinderungsanzeige bei Offenkundigkeit bzw. sonstiger Kenntnis der Behinderung für den Auftraggeber unterbleiben kann, ist entsprechend beim BGB-Werkvertrag anwendbar.

Hinsichtlich der auch hier geltenden Förderungspflicht des Auftragnehmers, entsprechend § 6 Nr. 3 VOB/B alles Zumutbare zu tun, um die Weiterführung der Arbeiten zu ermöglichen, ist es zunächst – ebenso wie beim VOB-Vertrag – nicht von Bedeutung, aus wessen **Verantwortungsbereich** die Behinderung stammt. Der Auftragnehmer ist folglich auch dann zur Beschleunigung verpflichtet, wenn die Behinderung durch den Auftraggeber verursacht wurde. Die Frage, wem die Behinderung zuzurechnen ist, kann zur Beurteilung des **Umfangs** der vom Auftragnehmer zu fordernden Beschleunigungsmaßnahmen Bedeutung erlangen. Hier sind die Anforderungen, die an den Auftragnehmer gestellt werden, wesentlich niedriger, wenn die Behinderung vom Auftraggeber verschuldet wurde, während er bei eigener Verantwortlichkeit alle nur denkbaren Anstrengungen und Aufwendungen zu erbringen hat, um den Leistungsfortschritt zu gewährleisten.

c) Die Behinderung nach der VOB/B

§ 6 VOB/B enthält differenzierte Regelungen für die Abwicklung von auftretenden Behinderungen. Der Auftragnehmer hat hier unter den nachstehend näher erläuterten Voraussetzungen einen Anspruch auf Verlängerung der vereinbarten Ausführungsfristen (§ 6 Nr. 2 VOB/B). Im Gegenzug unterliegt er jedoch erhöhten Bauförderungspflichten (§ 6 Nr. 3 VOB/B). Beruht die Behinderung auf dem Verschulden einer Partei, kann der andere Vertragsteil Schadensersatz nach § 6 Nr. 6 VOB/B verlangen. Voraussetzung für entsprechende Ansprüche des Auftragnehmers ist jedoch regelmäßig eine unverzügliche schriftliche Behinderungsanzeige (§ 6 Nr. 1 VOB/B). Aufgrund dieser in der VOB/B enthaltenen **Spezialregelung** für Behinderungen und Unterbrechungen, scheidet ein Rückgriff auf die Vorschriften des allgemeinen Leistungsstörungsrechts des BGB ebenso aus wie auf die werkvertragliche Vorschrift des § 636 BGB.

---

[1] *Kleine-Möller/Merl/Oelmeier*, § 13 Rz. 406.

2. Beurteilung nach Verantwortungsbereichen

19 Wesentlicher Umstand eines Anspruchs auf Verlängerung der vereinbarten Ausführungsfristen sowie Ersatz der durch die Bauzeitverzögerung entstandenen Mehrkosten ist daher die Frage der Ursache der Bauablaufstörung. Hierbei ist zwischen innerbetrieblichen und außerbetrieblichen Bauablaufstörungen zu unterscheiden.[1] **Innerbetrieblich verursachte Bauablaufstörungen** ergeben sich aus einer unzureichenden Organisation des Baubetriebs, wie z. B. unzulängliches Material, unfähiges Personal oder eine unzureichende Ablaufplanung. Solche innerbetrieblichen Störungen liegen im Verantwortungsbereich des Unternehmers und gewähren diesem weder Ansprüche auf eine Verlängerung der Ausführungsfrist noch Schadensersatzansprüche. § 6 VOB/B regelt nicht die Auswirkungen von durch den Auftragnehmer selbst verursachten Störungen auf seine eigene Leistung. Solche betriebsinternen Probleme unterfallen der eigenen Risikosphäre des Auftragnehmers. Die hieraus resultierenden Auswirkungen auf den Bauablauf muss der Auftragnehmer selbst bewältigen. Die vertraglich vereinbarte **Ausführungszeit verlängert sich daher nicht.** Insofern läuft der Auftragnehmer Gefahr, seinerseits in Leistungsverzug zu geraten und Schadensersatzansprüchen des Auftraggebers hinsichtlich der dadurch bedingten Zeit- und Kostenfolgen ausgesetzt zu sein.

20 Haben Bauablaufstörungen **außerbetriebliche Einflüsse**, so ist dahin gehend zu unterscheiden, ob diese bei Vertragsschluss bekannt und damit für den Auftragnehmer **kalkulierbar** waren oder nicht. Normale Witterungseinflüsse bzw. die Standortbedingungen der Baustelle (Niederschlagsmengen, Grundwasserspiegel, Hochwassergebiet) sind für den Unternehmer regelmäßig kalkulierbar, wobei er ggf. auch verpflichtet ist, erforderliche Erkundigungen einzuholen. Verwirklichen sich später solche kalkulierbaren Störungen, betrifft dies – soweit nicht der Auftraggeber vertraglich derartige Risiken übernommen hat – zunächst einmal den Verantwortungsbereich des Unternehmers, so dass auch hier grundsätzlich keine Ansprüche aus § 6 Nr. 2 und Nr. 6 VOB/B bestehen.

21 Lediglich außerbetriebliche Störungen, die bei Vertragsschluss für den Unternehmer **nicht erkennbar bzw. kalkulierbar** und daher auch nicht Eingang in der Preisermittlung gefunden haben, kommen als Grundlage für derartige Ansprüche des Auftragnehmers auf Bauzeitverlängerung und Schadensersatz in Betracht.

Beispiel:
Hierzu gehören insbesondere Erschwernisse wegen erforderlicher Mehrleistungen aufgrund einer fehlerhaften oder unvollständigen Leistungsbeschreibung, verspätete Planfrei- bzw. übergaben durch den Bauherrn, Planänderungen nach Baubeginn oder die verspätet erteilte Baugenehmigung.

---

1 *Vygen/Schubert/Lang*, Rz. 153 ff.

Übersicht: Auswirkungen von Behinderungen 22

Sicht des Auftragnehmers
- ▷ Verlängerung der Ausführungsfristen (§ 6 Nr. 2 VOB/B)
- ▷ Zahlungsansprüche (§ 6 Nr. 6 VOB/B)
- ▷ Kündigung (§ 9 VOB/B)
- ▷ Wiederaufnahme (§ 6 Nr. 3 VOB/B)
- ▷ Pufferauflösung (§ 6 Nr. 3, 4 VOB/B)

Sicht des Auftraggebers
- ▷ Aufrechterhaltung der Baufristen
- ▷ Neuorganisation der Fristen
- ▷ Dispositionsbefugnisse baubetrieblicher Art
- ▷ Schadensersatzansprüche

3. Behinderungsanzeige

Glaubt sich der Auftragnehmer in der ordnungsgemäßen Ausführung der Leistung behindert, so hat er dem Auftraggeber **unverzüglich** die Behinderung durch eine **schriftliche Anzeige** mitzuteilen (§ 6 Nr. 1 Satz 1 VOB/B). Diese Anzeige dient dazu, dem Auftraggeber Kenntnis von bevorstehenden oder bereits eingetretenen hindernden Umständen zu verschaffen und ihm die Möglichkeit der Abhilfe und Ausübung seiner Befugnisse nach § 4 Nr. 1 Satz 1 VOB/B zu geben.[1] Unterlässt er die Anzeige, so hat er nur dann Anspruch auf Berücksichtigung der hindernden Umstände, wenn dem Auftraggeber offenkundig die Tatsache und deren hindernde Wirkung bekannt waren (§ 6 Nr. 1 Satz 2 VOB/B). Voraussetzung für eine Verlängerung der bisherigen Ausführungsfristen nach § 6 Nr. 2 VOB/B sowie ggf. bei Verschulden des Auftraggebers für einen Schadensersatzanspruch des Auftragnehmers nach § 6 Nr. 6 VOB/B sind somit eine ordnungsgemäße Behinderungsanzeige oder – bei deren Unterlassen – Offenkundigkeit der Behinderung oder Unterbrechung.[2] 23

Streng genommen würden begrifflich auch vom Auftragnehmer selbst verursachte Störungen anzeigepflichtige Behinderungen darstellen. Dennoch besteht nach § 6 Nr. 1 VOB/B für solche **eigenverursachten Behinderungen** keine generelle Anzeigepflicht, da diese Vorschrift von „fremden" Einflüssen auf den ordnungsgemäßen Bauablauf ausgeht. Im Einzelfall kann der Auftragnehmer jedoch aufgrund der bestehenden Kooperationspflicht gehalten sein, solche eigenverursachten Behinderungen dem Auftraggeber mitzuteilen.[3] 24

a) Entstehen der Anzeigepflicht

§ 6 Nr. 1 VOB/B verpflichtet den Auftragnehmer zur unverzüglichen Anzeige sämtlicher Umstände, die er bei ordnungsgemäßer Ausführung der Leistung als 25

---
1 BGH, NJW 2000, 1336.
2 Detailliert hierzu *Oberhauser*, BauR 2001, 1177.
3 *Kapellmann/Schiffers*, Bd. 1, Rz. 1215.

hindernd erkannt hat.[1] Die Behinderung muss dem Auftraggeber **unverzüglich** angezeigt werden. Unverzüglich heißt ohne schuldhaftes Zögern (§ 121 BGB). Das bedeutet, dass die Anzeige so früh wie möglich nach Erkennen der Behinderung erfolgen muss, ggf. bereits vor ihrem Auftreten.[2] Die Anzeigepflicht besteht bereits dann, wenn der Auftraggeber glaubt, in der ordnungsgemäßen Durchführung der Leistung behindert zu sein. Eine positive Kenntnis von Tatsachen, die die ordnungsgemäße Durchführung der Leistung wirklich behindern, ist nicht Voraussetzung der Anzeigepflicht. Es genügt eine **nach objektiven Gesichtspunkten anerkennenswerte Besorgnis** des Auftragnehmers, die aufgrund gegebener, notfalls von ihm nachzuweisender Umstände angebracht ist, was allerdings eine vorherige sorgfältige und sachgerechte Prüfung durch den Auftragnehmer voraussetzt.[3]

26 Auch besteht die Anzeigepflicht nicht erst dann, wenn die Behinderung oder Unterbrechung bereits eingetreten ist. Ausreichend ist die Gewissheit oder die begründete Vermutung, dass sie aller Voraussicht nach eintreten wird, wobei **rein prophylaktische Anzeigen**, die nicht den Hinweis auf eine gegenwärtige oder alsbald bevorstehende konkrete Situation enthalten, unzulässig und somit unbeachtlich sind.

Beispiel:
Eine begründete Vermutung liegt bspw. dann vor, wenn der Auftragnehmer die Ausführungspläne verspätet erhält und er aufgrund der damit geschaffenen Gegebenheiten im Zweifel ist, ob er die vorgesehene Bauzeit einhalten, insbesondere die verlorene Zeit wieder aufholen kann.[4]

In solchen Fällen, in denen die Behinderung verspätete oder fehlende Mitwirkungshandlungen des Auftraggebers betrifft, hat der Auftragnehmer sofort nach oder bei Beginn des Behinderungszeitraums die Behinderung anzuzeigen, also sobald der vereinbarte Planliefertermin fruchtlos verstrichen ist, nicht erst dann, wenn die Arbeit mangels Plan eingestellt werden muss.

27 Da die frühzeitige Behinderungsanzeige dem Auftraggeber die Möglichkeit geben soll, für eine schnellstmögliche Abhilfe zu sorgen, kann die **verspätete Anzeige** durch den Auftragnehmer eine **Pflichtverletzung** darstellen, die Schadensersatzansprüche des Auftraggebers auslöst. Wenn der Auftraggeber entsprechende Abhilfemaßnahmen nur aufgrund einer verspäteten Anzeige des Auftragnehmers unterlassen hat, muss sich der Auftragnehmer bei seinen sich ggf. aus der Verzögerung ergebenden Ansprüchen jedenfalls ein anspruchsminderndes Mitverschulden (§ 254 BGB) entgegenhalten lassen.

b) Form der Behinderungsanzeige

28 Nach § 6 Nr. 1 VOB/B ist für die Anzeige die **Schriftform** vorgeschrieben. Nach überwiegender Auffassung, insbesondere im Schrifttum, genügt die **mündliche**

---

1 BGH, BauR 1990, 210, 211.
2 *Heiermann/Riedl/Rusam*, Rz. 7 zu § 6 VOB/B.
3 *Kaiser*, NJW 1974, 445.
4 *Ingenstau/Korbion*, Rz. 3 zu § 6 Nr. 1 VOB/B.

Anzeige, weil die Schriftform nur Beweiszwecken dient.[1] Eine mündliche Anzeige ist daher nicht wirkungslos.

Hinweis:
Dennoch ist die Beachtung der Schriftform dringend zu empfehlen, weil der Auftragnehmer die volle Beweislast dafür trägt, dass er dem Auftraggeber die Behinderung rechtzeitig, sachlich vollständig und richtig angezeigt hat. Eine ordnungsgemäße Anzeige der Behinderung kann auch dadurch nachgewiesen werden, dass der Auftragnehmer die entsprechenden Tatsachen richtig und vollständig in das **Bautagebuch** einträgt und diese Eintragung unverzüglich entweder an den Auftraggeber oder an dessen befugten Vertreter auf der Baustelle weiterleitet.[2] Ebenso ist es in der Regel ausreichend, wenn die Behinderung und deren Auswirkung in das **Baubesprechungsprotokoll** oder in Bautagesberichte, die unverzüglich weitergeleitet werden, aufgenommen werden.[3]

c) Inhalt der Behinderungsanzeige

Damit der Auftraggeber in der Lage ist, Behinderungstatbestände zu beheben und sich dadurch vor den weitreichenden Folgen solcher Behinderungen zu schützen, muss ihn der Auftragnehmer auf die Tatsachen, die dieser – bei der ordnungsgemäßen Ausführung der Leistung – als hindernd ansieht, klar und unmissverständlich hinweisen.[4] Die Anzeige muss alle Tatsachen enthalten, aus denen sich für den Auftraggeber mit hinreichender Klarheit die Gründe für die Behinderung oder Unterbrechung ergeben.[5] Der Auftragnehmer muss Angaben machen, ob und wann seine Arbeiten, die nach dem geplanten Bauablauf nunmehr ausgeführt werden müssen, nicht oder nicht wie vorgesehen ausgeführt werden können.[6] Inhaltlich bedarf die Behinderungsanzeige also Angaben über die **Ursache der Behinderung** und deren **Auswirkung auf den geplanten Bauablauf**. Der Anzeigende braucht jedoch nicht mitzuteilen, welche zeitlichen Auswirkungen die Behinderung zur Folge haben wird und welchen ungefähren Umfang bzw. welche ungefähre Höhe ein Ersatzanspruch ggf. hätte.[7]

29

d) Adressat der Behinderungsanzeige

Richtiger Adressat der Behinderungsanzeige ist grundsätzlich der **Auftraggeber**. Die Anzeige ist daher entweder an den Auftraggeber persönlich oder an den in seinem unmittelbaren Bereich mit der Durchführung des Bauvorhabens Betrauten zu richten. Dies ist regelmäßig der Bau- bzw. Projektleiter. Der **bauleitende Architekt** ist als Vertreter des Auftraggebers dann richtiger Adressat einer Behinderungsanzeige, wenn sich der Architekt den berechtigten Vorhaltungen des Auftragnehmers nicht verschließt und der Auftragnehmer davon ausgehen kann, dass der bauleitende Architekt auch insoweit die Interessen des Bauherrn wahr-

30

---

1 *Ingenstau/Korbion*, Rz. 5 zu § 6 Nr. 1 VOB/B; *Kapellmann/Schiffers*, Bd. 1, Rz. 1218.
2 *Motzke*, in: Beck'scher VOB-Kommentar, § 6 Nr. 1 Rz. 34.
3 *Vygen/Schubert/Lang*, Rz. 147.
4 OLG Köln, BauR 1981, 472.
5 BGH, BauR 1990, 210; BGH, NJW 2000, 1336.
6 BGH, BauR 2000, 722.
7 BGH, BauR 1990, 210.

nehmen kann und auch wahrnimmt.[1] Sofern aus Sicht des Auftragnehmers nur der **geringste Zweifel** daran besteht, dass der Architekt dafür sorgt, dass alles Erforderliche zur Beseitigung der Behinderung unternommen und der Auftraggeber vor Nachteilen geschützt wird, ist eine nur ihm gegenüber abgegebene Anzeige nicht ausreichend.[2] Der Auftragnehmer muss sich insbesondere dann unverzüglich an den Auftraggeber selbst wenden, wenn die hindernden Umstände vom bauleitenden Architekten ausgehen (z. B. verspätete Lieferung erforderlicher Pläne) und dieser sie nicht sofort beheben will oder kann.[3] Nach gegenteiliger Ansicht ist grundsätzlich nur eine Anzeige unmittelbar an den Auftraggeber ausreichend.[4]

31 **Hinweis:**

Mit Blick auf die diesbezüglich kontrovers geführte Diskussion und auch weil der Auftragnehmer regelmäßig eine Ursächlichkeit des bauaufsichtführenden Architekten für die aufgetretene Behinderung nicht zweifelsfrei beurteilen kann, ist von einer Anzeige nur an den Architekten in der Praxis **dringend abzuraten**. Jedenfalls aber sollte eine an den Architekten gerichtete Behinderungsanzeige in Fotokopie auch an den Bauherrn gehen. Ebenso zweifelhaft ist auch, ob die Anzeige durch einen Subunternehmer des Auftragnehmers gegenüber dem Bauherren ausreicht. Sicherheitshalber sollte die Anzeige stets durch den Auftragnehmer erfolgen oder im Falle vorheriger Anzeige durch den Subunternehmer wiederholt werden.

e) Folgen einer Verletzung der Anzeigepflicht

32 Die Verletzung der Anzeigepflicht führt zum **Verlust eigener Rechtspositionen**. Unterlässt der Auftragnehmer die Anzeige und sind dem Auftraggeber die Tatsachen und deren hindernde Wirkung nicht bekannt, kann der Auftragnehmer weder eine Verlängerung der Ausführungsfristen nach § 6 Nr. 2 VOB/B noch Schadensersatz nach § 6 Nr. 6 VOB/B geltend machen. Macht der Auftraggeber seine Rechte aus § 5 Nr. 4 VOB/B geltend, verlangt er also wegen verzögerter Bauausführung Schadensersatz, oder entzieht er dem Auftragnehmer aus diesen Gründen den Auftrag nach § 8 Nr. 3 VOB/B, kann der Auftragnehmer bei einer unterlassenen Behinderungsanzeige und fehlender Offenkundigkeit an sich berechtigte **Einwendungen** hiergegen nicht mehr erheben.[5]

33 Macht der Auftraggeber hingegen eine **Vertragsstrafe** wegen Überschreitung vereinbarter Fertigstellungstermine gegen den Auftragnehmer geltend, kann sich dieser anhand der aufgetretenen Behinderungen trotzdem **darauf berufen**, dass ihn an der Fristüberschreitung **kein Verschulden treffe**, auch wenn er eine Behinderung nicht oder nicht rechtzeitig angezeigt hat.[6] Gleiches gilt, wenn der Auftraggeber wegen eingetretener Verzögerungen **Schadensersatzansprüche** nach § 6

---

1 *Ingenstau/Korbion*, Rz. 8 zu § 6 Nr. 1 VOB/B; *Heiermann/Riedl/Rusam*, Rz. 8 zu § 6 VOB/B; *Jagenburg*, BauR 1978, 180, 186; *Kapellmann/Schiffers*, Bd. 1, Rz. 1219; *Vygen*, BauR 1983, 210, 219.
2 OLG Köln, BauR 1981, 472.
3 OLG Köln, BauR 1981, 472.
4 *Kaiser*, NJW 1974, 445.
5 *Ingenstau/Korbion*, Rz. 10 zu § 6 Nr. 1 VOB/B.
6 BGH, BauR 1999, 645; a. A. *Kapellmann/Schiffers*, Bd. 1, Rz 1216.

Nr. 6 VOB/B oder Verzugsschadensersatzansprüche geltend macht. Auch hier wird dem Auftragnehmer bei Verletzung der Anzeigepflicht nicht der Einwand genommen, ihn treffe an der Verzögerung kein Verschulden.[1] Für die Verteidigung gegenüber Ansprüchen des Auftraggebers sieht § 6 Nr. 1 VOB/B keine Anzeigepflicht vor.[2]

4. Offenkundigkeit der Behinderung/Zurückweisung der Behinderungsanzeige

Eine Behinderungsanzeige ist für die Ansprüche des Auftraggebers auf Bauzeitverlängerung und Schadensersatz dann nicht erforderlich, wenn die hindernden Umstände und die Folgen der drohenden Behinderung für die Arbeiten des Auftragnehmers nach § 6 Nr. 1 Satz 2 VOB/B offenkundig sind. Die Voraussetzungen der Offenkundigkeit liegen nur in seltenen Ausnahmefällen vor, so dass die unterlassene oder inhaltlich unzureichende Anzeige regelmäßig zum Verlust der Ansprüche führt.[3] 34

Hinweis:
In der Praxis sollte daher nicht auf eine Offenkundigkeit spekuliert, sondern auftretende Behinderungen **in jedem Fall** rechtzeitig angezeigt werden.

a) Vorliegen von Offenkundigkeit

Unter welchen Voraussetzungen eine Behinderungsanzeige wegen Offenkundigkeit entfallen kann, ergibt sich aus dem **Zweck** der regelmäßig erforderlichen Behinderungsanzeige. Diese soll den Auftraggeber über die drohende oder bereits aufgetretene Störung informieren und ihm die Möglichkeit einräumen, Behinderungen abzustellen. Daneben soll sie dem Auftraggeber zum Schutz vor unberechtigten Behinderungsansprüchen die Möglichkeit geben, **Beweise** für eine in Wahrheit nicht oder nicht im geltend gemachten Umfang bestehende Behinderung **zu sichern**. Nur wenn diese Informations-, Warn- und Schutzfunktion im Einzelfall keine Anzeige erfordert, ist eine Behinderungsanzeige wegen Offenkundigkeit entbehrlich.[4] Liegen sowohl die Tatsache der Behinderung als auch ihre hindernde Wirkung auf der Hand, werden diese Umstände jedoch **vom Auftraggeber ignoriert** oder aus eigener Nachlässigkeit nicht wahrgenommen, kann sich dieser nicht auf eine fehlende Behinderungsanzeige berufen.[5] 35

Offenkundig bekannt ist die Tatsache und deren hindernde Wirkung dem Auftraggeber dann, wenn er **tatsächliche Kenntnis** von diesen Umständen besitzt und der Auftragnehmer auf diese Kenntnis aufgrund von Äußerungen oder Verhalten oder Anordnungen des Auftraggebers als gesichert schließen kann und ferner dann, wenn die Tatsache und deren hindernde Wirkung mit einer derartigen Klarheit zutage getreten ist, dass diese Umstände **auch einem Laien nicht verborgen bleiben konnten**.[6] Eine Unterrichtung des Auftraggebers über hindernde Um- 36

---

1 OLG Saarbrücken, BauR 1998, 1010; BGH, BauR 1999, 645.
2 *Werner/Pastor*, Der Bauprozess, Rz. 1825; *Oberhauser*, BauR 2001, 1177.
3 A. A. *Kapellmann/Schiffers*, Bd. 1, Rz 1223.
4 BGH, BauR 2000, 722 = NJW 2000, 1336; BGH, BauR 2002, 1249, 1252.
5 *Kapellmann/Schiffers*, Bd. 1, Rz. 1222.
6 *Heiermann/Riedl/Rusam*, Rz. 10 zu § 6 VOB/B.

stände, wie bspw. Unwetter, Streiks oder behördliche Maßnahmen, kann durch die Medien (Zeitungen, Rundfunk, Fernsehen), eigene Anschauung an Ort und Stelle oder eine sichere Information durch die Baustelle erfolgen.

37 **Beispiele** für offenkundige Tatsachen:
   ▷ Ohne Veranlassung des Auftragnehmers müssen völlig neue und für die Bauausführung unentbehrliche Zeichnungen angefertigt werden.[1]
   ▷ Es finden Besprechungen über die Folgen eines unerwartet frühen und harten Wintereinbruchs statt und der Auftraggeber oder dessen Vertreter bekommen die Auswirkungen auf der Baustelle zu Gesicht.[2]
   ▷ Die Bauverzögerung ist von derartiger Dauer, dass der Auftraggeber ohne weiteres Materialpreiserhöhungen erwarten muss.
   ▷ Es finden mehrere Besprechungen auf der Baustelle über mögliche Behinderungen statt, aufgrund derer sich der Auftraggeber eine eigene Überzeugung bildet und Zusagen über eine Bauzeitverlängerung tätigt.[3]

38 Da es sich bei dem Wegfall der Anzeigepflicht bei einer Offenkundigkeit um einen restriktiv auszulegenden **Ausnahmetatbestand** handelt, ist eine Anzeige auch bei einer verhältnismäßig kurzen und nicht unüblichen Behinderung oder Verzögerung des Baubeginns nicht entbehrlich, was selbst dann gilt, wenn diese vom Auftraggeber zu vertreten sein sollte. So ist bspw. eine Behinderungsanzeige nicht entbehrlich, wenn bei einem größeren Bauvorhaben nur einzelne, für die Ausführung benötigte Pläne nicht rechtzeitig übergeben werden.[4] In solchen Fällen dürfte zwar die Behinderung als solche regelmäßig offenkundig sein. Diese offenkundige Kenntnis des Auftraggebers umfasst in diesen Fällen jedoch regelmäßig nicht auch deren **hindernde Auswirkungen.**[5]

b) Verantwortungsbereich des Auftraggebers

39 Auch dann, wenn die Behinderung aus dem Verantwortungsbereich des Auftraggebers stammt, liegt Offenkundigkeit häufig nicht vor, weil der Auftraggeber zwar den bloßen Behinderungssachverhalt kennen mag, nicht jedoch dessen **Auswirkung auf den Bauablauf.** Ordnet der Auftraggeber geänderte oder zusätzliche Leistungen an, so ist eine hieraus ggf. resultierende zeitliche Behinderung keineswegs per se offenkundig, da nicht jede Modifikation des Bauinhalts Bedeutung für den Bauablauf hat. So kann bspw. durch geschickte Einfügung der zusätzlichen Leistungen in den bisher vorgesehenen Bauablauf eine Bauzeitverlängerung vermieden werden. Einer vom Auftraggeber angeordneten Bauinhaltsmodifikation ist daher nicht anzusehen, ob sie zu einer Bauablaufänderung oder einer Bauzeitverlängerung führt. Insofern gilt auch hier der Grundsatz, dass der Auftragnehmer die Behinderung gemäß § 6 Nr. 1 VOB/B anzeigen muss, um eine Verlängerung der Ausführungsfristen zu erreichen.[6]

---
1 OLG Düsseldorf, S/F/H Z 2.300 Blatt 14 ff.
2 *Ingenstau/Korbion*, Rz. 11 zu § 6 Nr. 1 VOB/B.
3 BGH, BauR 1990, 210, 212.
4 OLG Köln, BauR 1981, 472.
5 BGH, BauR 2000, 722.
6 *Kapellmann/Schiffers* Bd. 1, Rz. 1224 ff.

Betrifft eine Anordnung des Auftraggebers die **Bauzeit (z. B. ein Baustopp)**, sind 40 sowohl die Behinderung als auch die zeitbeeinflussende Auswirkung offenkundig, so dass in diesen Fällen auch ohne Behinderungsanzeige ein **Anspruch** des Auftragnehmers **auf Fristverlängerung** entsteht.[1] Eine Ausnahme von diesem Grundsatz kann allerdings dann gelten, wenn Anordnungen zur Bauzeit nur sehr marginale Auswirkungen haben, z. B. wenn sich bei einem größeren Bauvorhaben der Baubeginn um 1 bis 3 Tage verschiebt, weil hier aufgrund der Möglichkeit, diese Verzögerung zu Beginn der Bauphase wieder aufzuholen, zwar die Tatsache der Behinderung, nicht jedoch deren hindernde Wirkung, offenkundig ist.[2]

Bei der Frage, inwieweit Behinderungen infolge **verspätet vorgelegter Pläne** sich 41 hindernd auswirken, ist dahin gehend zu differenzieren, ob ein **verbindlicher Bauzeitenplan** oder gar Vorlauffristen für die Beibringung der Ausführungspläne vereinbart wurden. In diesen Fällen ist die hindernde Wirkung fehlender oder verspätet übergebener Pläne jedenfalls dann offenkundig, wenn die Verspätung im Verhältnis zur Vorlauffrist nicht nur völlig unbeachtlich ist.[3] Eine Ausnahme hiervon besteht wiederum dann, wenn bei einem größeren Bauvorhaben nur einzelne Pläne fehlen und der Auftragnehmer andere Arbeiten vorziehen kann.[4] Ist **kein Terminplan** oder sonstige Fristregelung vereinbart, ist die Offenkundigkeit einer Behinderungsauswirkung im Regelfall nur dann zu bejahen, wenn für den Auftraggeber an deutlichen Merkmalen erkennbar ist, dass Pläne für den Arbeitsablauf benötigt werden und zu dem Zeitpunkt nicht vorliegen, zu dem sie spätestens notwendig sind, um eine Behinderung zu vermeiden.[5]

Der Auftraggeber muss sich eine Offenkundigkeit der Tatsachen und deren hin- 42 dernde Wirkung für von ihm mit der Wahrnehmung seiner Interessen **beauftragten Dritten zurechnen lassen**. Daher ist es grundsätzlich ausreichend, wenn dem vom Auftraggeber beauftragten bauleitenden Architekten die Tatsachen und deren hindernde Wirkung offenkundig waren, solange nicht wegen Selbstverursachung ein Interessenkonflikt vorliegt.[6] Ein Teil des Schrifttums will lediglich eine Offenkundigkeit für den Auftraggeber genügen lassen.[7]

Der **Auftragnehmer** hat den **Nachweis der Offenkundigkeit** zu führen. In der ge- 43 richtlichen Praxis werden hieran wegen des Ausnahmecharakters erhebliche Anforderungen gestellt. Eintragungen in das Bautagebuch sind jedenfalls dann als hinreichende Behinderungsanzeige anzusehen, wenn das entsprechende Blatt dem Auftraggeber unverzüglich übergeben wird.[8] Eine Eintragung der Behinderung in das Bautagebuch reicht als Anzeige auch dann aus, wenn der Auftraggeber selbständig auf der Baustelle einen Bauleiter beschäftigt oder wenn der bauleitende Architekt regelmäßig die Baustelle besucht und das Bautagebuch ein-

---

1 *Kapellmann/Schiffers* Bd. 1, Rz. 1228.
2 BGH, BauR 1979, 245; *Kapellmann/Schiffers* Bd. 1, Rz. 1229.
3 *Kapellmann/Schiffers*, Bd. 1, Rz. 1230.
4 OLG Köln, BauR 1981, 472; einschränkend *Kapellmann/Schiffers*, Bd. 1, Rz. 1233.
5 *Kapellmann/Schiffers*, Bd. 1, Rz. 1231.
6 *Vygen*, BauR 1983, 210; *Heiermann/Riedl/Rusam*, Rz. 10 zu § 6 VOB/B; *Kapellmann/ Schiffers*, Bd. 1, Rz. 1234.
7 *Kaiser*, NJW 1974, 445; *Motzke*, in: Beck'scher VOB-Kommentar, Rz. 56 zu § 6 VOB/B; *Nicklisch/Weick*, Rz. 20 zu § 6 VOB/B.
8 BGH, BauR 1986, 347.

sieht.¹ Unbeachtlich ist hier, ob der Auftraggeber oder dessen Vertreter das Bautagebuch unterzeichnet hat oder nicht. Ähnliches gilt, wenn in Protokollen über Baustellenbesprechungen die fragliche Behinderung erwähnt ist, wobei es hier nicht darauf ankommt, von wem die Protokolle verfasst worden sind.²

44 Eine **formularmäßige Regelung im Bauvertrag**, wonach sich der Auftragnehmer nicht auf eine Offenkundigkeit der Behinderung berufen kann und trotzdem eine Behinderungsanzeige Voraussetzung für eine Verlängerung der Ausführungsfristen bzw. von Schadensersatzansprüchen ist, stellt eine unangemessene Benachteiligung des Auftragnehmers iSd. § 307 BGB dar und ist somit unwirksam.³

c) Zurückweisung der Behinderungsanzeige

45 Liegen die Voraussetzungen des § 6 Nr. 2 VOB/B nicht vor, kann der Auftraggeber die Behinderungsanzeige zurückweisen. Zwar kann der Auftraggeber auch bei einer unterlassenen Zurückweisung später den Einwand erheben, die vom Auftragnehmer behauptete Behinderung rechtfertige eine Verlängerung der Ausführungsfrist nicht. Eine schriftliche und mit einer kurzen Begründung versehene Zurückweisung empfiehlt sich jedoch einerseits zu **Dokumentationszwecken**, damit die zugrunde liegende Argumentation in der geführten Korrespondenz festgehalten und gegebenenfalls für den Rechtsanwalt später nachvollziehbar ist. Daneben wird dem, wenn auch regelmäßig unbegründeten, aber doch häufig erhobenen Einwand entgegengewirkt, der Auftraggeber hätte die in der Behinderungsanzeige dargelegte Behinderung durch widerspruchslose Entgegennahme des Behinderungsschreibens akzeptiert.

d) Checkliste: Behinderungsanzeige

46 **(1) Entstehen der Anzeigepflicht**

(a) Unverzügliche Anzeige

▷ Ohne schuldhaftes Zögern (§ 121 BGB),

▷ Ggf. bereits vor Auftreten der Behinderung, wenn der Auftraggeber glaubt, in der ordnungsgemäßen Durchführung der Leistung behindert zu sein bzw. zu werden, wobei eine nach objektiven Gesichtspunkten anerkennenswerte Besorgnis des Auftragnehmers genügt.

(b) Form der Behinderungsanzeige

▷ Schriftform (§ 6 Nr. 1 VOB/B);

▷ Eine mündliche Anzeige ist zwar – wenn beweisbar – grundsätzlich ausreichend, aufgrund der beim Auftragnehmer liegenden Beweislast jedoch nicht zu empfehlen;

▷ Ausreichend: Eintragung in das Bautagebuch und unverzügliche Weiterleitung an den Auftraggeber;

---

1 *Kapellmann/Schiffers*, Bd. 1, Rz. 1236.
2 *Kapellmann/Schiffers*, Bd. 1, Rz. 1238.
3 *Ingenstau/Korbion*, Rz. 10 zu § 6 Nr. 1 VOB/B.

▷ Ausreichend: Aufnahme in ein Baubesprechungsprotokoll und unverzügliche Weiterleitung an den Auftraggeber.

(c) Inhalt der Behinderungsanzeige

▷ Alle Tatsachen, aus denen sich für den Auftraggeber mit hinreichender Klarheit die Gründe für die Behinderung oder Unterbrechung ergeben;

▷ Ursache der Behinderung;

▷ Auswirkung auf den geplanten Bauablauf;

▷ Nicht erforderlich: Angaben zu den zeitlichen Auswirkungen der Behinderung;

▷ Nicht erforderlich: Angaben zum Umfang und zu der Höhe eines etwaigen Ersatzanspruchs.

(d) Adressat der Behinderungsanzeige

▷ Grundsätzlich der Auftraggeber persönlich bzw. dessen Bau- oder Projektleiter;

▷ Bauleitender Architekt nur dann, wenn er sich den berechtigten Vorhaltungen des Auftragnehmers nicht verschließt und der Auftragnehmer davon ausgehen kann, dass der Architekt die Interessen des Bauherrn auch tatsächlich wahrnimmt.

(2) **Wegfall der Anzeigepflicht wegen Offenkundigkeit**

▷ Sehr restriktive Handhabung dieses Ausnahmetatbestandes;

▷ Tatsächliche positive Kenntnis des Auftraggebers;

▷ Unterrichtung durch Medien (Zeitungen, Rundfunk, Fernsehen);

▷ Eigene Anschauung an Ort und Stelle;

▷ Sichere Information durch die Bauleitung;

▷ Behinderung aus dem Verantwortungsbereich des Auftraggebers allein reicht für Offenkundigkeit nicht.

(3) **Zurückweisung der Behinderungsanzeige**

Folgende Gründe rechtfertigen eine Zurückweisung der Behinderungsanzeige und des ggf. behaupteten Anspruchs auf Verlängerung der Ausführungsfristen:

▷ Behinderung liegt tatsächlich nicht vor;

▷ Behinderung stammt nicht aus dem Risikobereich des Auftraggebers;

▷ Behinderung ist nicht durch für den Auftragnehmer unabwendbare Umstände oder höhere Gewalt bedingt;

▷ Ursache der behaupteten Behinderung sind Witterungsansprüche, mit denen bei Angebotsabgabe normalerweise gerechnet werden musste;

▷ Behinderung wurde zu spät angezeigt, wobei bei rechtzeitiger Anzeige durch entsprechende Maßnahmen des Auftraggebers die nunmehr aufgetretene Behinderung verhindert worden wäre;

▷ Behinderung wurde nicht gegenüber dem richtigen Adressaten angezeigt und der Auftraggeber hat auch nicht auf andere Weise von der Behinderung und deren Auswirkungen auf den Bauablauf erfahren.

5. Verlängerung der Ausführungsfristen

47 Liegt eine Behinderung oder Unterbrechung tatsächlich vor und erfüllt der Auftragnehmer die Anzeigepflicht oder liegen die Voraussetzungen der Offenkundigkeit der hindernden Umstände nach § 6 Nr. 1 Satz 2 VOB/B vor, werden die vertraglich verbindlichen Ausführungsfristen verlängert, wenn die Behinderungen durch **folgende Umstände** verursacht sind:

▷ durch einen Umstand aus dem Risikobereich des Auftraggebers (§ 6 Nr. 2 Abs. 1 Buchst. a),

▷ durch Streik oder eine von der Berufsvertretung der Arbeitgeber angeordnete Aussperrung im Betrieb des Auftragnehmers oder in einem unmittelbar für ihn arbeitenden Betrieb (§ 6 Nr. 2 Abs. 1 Buchst. b),

▷ durch höhere Gewalt oder andere, für den Auftragnehmer unabwendbare Umstände (§ 6 Nr. 2 Abs. 1 Buchst. c),

▷ durch für den Auftragnehmer bei Angebotsabgabe nicht vorhersehbare Witterungseinflüsse während der Ausführungszeit (§ 6 Nr. 2 Abs. 2).

48 Unter § 6 Nr. 2 fallen nicht nur Störungen im Verlauf der begonnenen Ausführung, sondern auch die Verschiebung des Baubeginns selbst.[1] § 6 VOB/B ist nur auf die in **§ 6 Nr. 2 VOB/B genannten Behinderungsgründe** anwendbar. Beruht die Behinderung auf **anderen Ursachen**, bleibt der Auftragnehmer grundsätzlich an die vertraglich vereinbarten oder die sich aus § 5 Nr. 2 VOB/B ergebenden Fristen gebunden. Die vorgenannten hindernden Umstände müssen jedoch tatsächlich vorliegen. Die bloße Vermutung, die den Auftragnehmer zwar zunächst verpflichtet, eine mögliche bevorstehende Behinderung nach Nr. 1 anzuzeigen, ist für eine Fristverlängerung nicht ausreichend.[2] Voraussetzung für eine Verlängerung der Ausführungsfristen ist letztlich, dass die **Behinderung** auch **für die Verzögerung** der Arbeiten des Auftragnehmers ursächlich geworden ist. Eine Verlängerung der Ausführungsfristen tritt daher nicht ein, wenn der Auftragnehmer ohne die Behinderung auch nicht anders (früher, mehr, schneller) gearbeitet hätte, als er das tatsächlich getan hat.[3]

49 Der Auftragnehmer ist für das tatsächliche Vorliegen der Hinderungsgründe und ihre hindernden Auswirkungen auf die vorgesehenen Ausführungsfristen **darlegungs- und beweispflichtig**. Einer besonderen vertraglichen Vereinbarung bedarf

---

1 BGH, BauR 1983, 71, 73.
2 *Ingenstau/Korbion*, Rz. 2 zu § 6 Nr. 2 VOB/B.
3 BGH, ZfBR 1999, 203.

Behinderung   Rz. 52 **Teil 17**

es für die Fristverlängerung nicht, wenn die VOB/B vereinbart wurde (ausführlich hierzu Rz. 128).[1] Prozessual ist der Anspruch auf Bauzeitverlängerung im Wege der **Feststellungsklage** geltend zu machen. Das notwendige rechtliche Interesse für die Erhebung einer Feststellungsklage besteht jedoch nur, wenn für den Auftragnehmer keine vorrangigen und effektiveren Möglichkeiten bestehen, seine Rechte durchzusetzen, wie beispielsweise die Abwehr möglicher Schadensersatzansprüche des Auftraggebers durch eine negative Feststellungsklage.[2] In der Regel ist dem Auftragnehmer mit einer isolierten Entscheidung über die Bauzeitverlängerung auch nicht geholfen. Im Regelfall ist die Bauzeitverlängerung nur eine Vorfrage für daraus abgeleitete Ansprüche wie Vertragsstrafe oder Schadensersatz.

a) Im Risikobereich des Auftraggebers liegende Umstände

Mit der „VOB 2000" erfuhr § 6 Nr. 2 Abs. 1 Buchst. a VOB/B die in Rechtsprechung und Literatur seit langem geforderte Klarstellung, dass für einen Bauzeitverlängerungsanspruch des Auftragnehmers **kein Verschulden des Auftraggebers** erforderlich ist.[3] Die Behinderung oder Unterbrechung muss durch Umstände verursacht worden sein, die **aus der Sphäre des Auftraggebers** stammen und von ihm beeinflussbar sind. Damit ist nunmehr klargestellt, dass ein Vertretenmüssen im Sinne eines Verschuldens des Auftraggebers nicht erforderlich ist. Die hindernden Umstände müssen ihren Ausgangspunkt in einem dem Auftraggeber zuzurechnenden Bereich haben, also aus dessen Sphäre stammen. Unerheblich ist, ob die hindernden Umstände auf ein Tun oder Unterlassen zurückzuführen sind. In diesem Zusammenhang wirken sich während der Bauausführung insbesondere Änderungen des zu erbringenden Leistungsumfangs und die Verletzung oder verzögerliche Erfüllung von Mitwirkungspflichten durch den Auftraggeber auf den vereinbarten Fertigstellungstermin aus.   50

Zur **Abgrenzung der Verantwortungsbereiche** des Auftraggebers und des Unternehmers kann auf die in §§ 3 und 4 VOB/B enthaltenen Regelungen zurückgegriffen werden. Weitere Anhaltspunkte enthalten die DIN-Normen, insbesondere die DIN 18 299 und natürlich der konkrete Bauvertrag.   51

Übersicht: Sphäre des Auftraggebers   52

Mitwirkungspflichten:
▷ § 3 Nr. 1: Gestellung der nötigen Ausführungsunterlagen
▷ § 3 Nr. 2: Abstecken der Hauptachsen
▷ § 4 Nr. 1: Ablauforganisation, Besorgen der Genehmigungen
▷ § 4 Nr. 4: Überlassungsaufgaben

---

1 *Motzke*, in: Beck'scher VOB-Kommentar, Rz. 6 zu § 6 Nr. 2 VOB/B.
2 KG, IBR 2003, 67.
3 Zum Meinungsstand vor der VOB/B 2000 *Kappelmann/Schiffers*, Bd. 1 Rz. 1249 ff.; *Vygen/Schubert/Lang*, Rz. 131 ff.

Berger | 843

Risikoaspekte:
- § 9 VOB/A: Gestellter Baugrund, Bausubstanz
- Vorleistungen der Vorunternehmer
- § 2 Nr. 3: Mengenabweichung vom Leistungsverzeichnis

Kompetenzregeln:
- § 1 Nr. 3: Änderungen des Bauentwurfs
- § 1 Nr. 4: Angeordnete/erforderliche Zusatzleistungen

Neutrale Risiken, § 6 Nr. 2 Abs. 1 Buchst. c:
- Außergewöhnliche Witterungsverhältnisse
- Höhere Gewalt
- Unabwendbares Ereignis

53 Zuzurechnen ist dem Auftraggeber auch das Verhalten seiner **Vertreter oder Erfüllungsgehilfen**, derer er sich bei der Erfüllung seiner Pflichten bei der Bauausführung bedient. Hierzu zählen insbesondere diejenigen Personen, die er mit Planungs- und Aufsichtsaufgaben außerhalb des Aufgabenbereichs des Auftragnehmers betraut hat, also vor allem die vom Auftraggeber beauftragten Architekten und Ingenieure.

aa) Änderung des Leistungsumfangs

54 Dem Auftraggeber zuzurechnende Behinderungen resultieren oftmals aus Leistungsänderungen und zusätzlichen Leistungen, die notwendig werden oder die der Auftraggeber aufgrund seiner Anordnungsrechte nach § 1 Nr. 3 und Nr. 4 VOB/B sowie § 4 Nr. 1 Abs. 3 und 4 VOB/B verlangt. Insbesondere Änderungen des Bauentwurfs **nach Vertragsschluss** bzw. häufig auch **nach Baubeginn** sowie die Anordnung zusätzlicher Leistungen haben entscheidenden Einfluss auf die Leistungszeit. Derartige Anordnungen behindern den Auftraggeber daher in der ordnungsgemäßen Ausführung der Bauleistung entsprechend seiner vorgesehenen Bauablaufplanung. Hierdurch bedingte Verlängerungen der vereinbarten Ausführungsfristen fallen in den Verantwortungsbereich des Auftraggebers.[1]

55 Voraussetzung für den Anspruch auf Bauzeitverlängerung ist aber, dass durch die angeordnete Leistungsänderung auch **tatsächlich** eine Behinderung des Bauablaufs **eingetreten** ist, was nicht bei jeder Leistungsänderung oder zusätzlichen Leistung der Fall sein muss. Ist eine Behinderung gegeben, bedarf es für eine Fristverlängerung einer ordnungsgemäßen Behinderungsanzeige bzw. Offenkundigkeit nach § 6 Nr. 1 VOB/B.

56 **Hinweis:**
Nimmt der Auftraggeber ein solches Anordnungsrecht wahr, sollte der Auftragnehmer ggf. gleichzeitig mit einem Nachtragsangebot nach § 2 Nr. 5 oder Nr. 6 VOB/B die Behinderung anzeigen, um später sein etwaig bestehendes Recht auf

---

[1] OLG Frankfurt, BauR 1999, 49; OLG Nürnberg, BauR 2001, 409; *Vygen*, BauR 210, 218; *Vygen/Schubert/Lang*, Rz. 138 ff.

Verlängerung der Ausführungsfristen auch wahrnehmen zu können. Zum Teil wird in diesem Zusammenhang auch vertreten, dass es hier nicht automatisch zu einer Verlängerung der Ausführungsfristen kommt, weil nicht jede Leistungsänderung oder Zusatzleistung zwingend zu einer Behinderung des Bauablaufs führt.[1] Vor diesem Hintergrund empfiehlt es sich, **gleichzeitig** mit der Behinderungsanzeige den Anspruch auf Fristverlängerung geltend zu machen.

Beim **BGB-Werkvertrag** stellt sich diese Problematik regelmäßig nicht, da das BGB keine den § 1 Nr. 3 und Nr. 4 VOB/B vergleichbare einseitigen Anordnungsrechte des Auftraggebers enthält. Hier kann der vertraglich festgelegte Leistungsumfang nur **einvernehmlich** geändert werden. Beim BGB-Werkvertrag sollte der Auftragnehmer daher darauf achten, seine Zustimmung zu vom Auftraggeber erbetenen Leistungsänderungen nicht nur von einer Preisanpassung sondern auch von einer Verlängerung der Ausführungsfristen abhängig zu machen.

Stammt das **Leistungsverzeichnis vom Auftraggeber**, dürften auch den vorgesehenen Bauablauf entscheidend beeinflussende, **unvorhergesehene Mehrmengen** gegenüber den Vordersätzen des Leistungsverzeichnisses, durch die zumindest eine Einheitspreisänderung nach § 2 Nr. 3 in Betracht kommt, dem Risikobereich des Auftraggebers zuzuordnen sein, da dieser die Verantwortung und das Risiko einer fehlerfreien und den tatsächlichen Verhältnissen entsprechenden Leistungsbeschreibung trägt.[2] Diese Risikozuweisung folgt aus § 9 VOB/A, wonach der Auftraggeber die geforderte Leistung einerseits eindeutig und erschöpfend zu beschreiben hat (Nr. 1) und dem Bieter (Auftragnehmer) kein ungewöhnliches Wagnis aufgebürdet werden darf (Nr. 2).

§ 2 Nr. 3 VOB weist jedoch dem Auftragnehmer das Mengenrisiko **bis zu einer Abweichung von 10 %** der ausgeschriebenen Menge zu. Diese **Risikozuweisung** bezüglich des vereinbarten Einheitspreises wird auf § 6 Nr. 2 VOB/B übertragen. Der Unternehmer muss daher Mehr- und Mindermengen bis zu 10 % auch in seine zeitabhängigen Kosten einkalkulieren, da solche verhältnismäßig geringen Mengenabweichungen bei nahezu jedem Bauvorhaben auftreten und daher vorhersehbar sind.[3] Hat der Unternehmer bei einzelnen Positionen Mehrmengen über 10 % zu erbringen, entsteht jedoch aufgrund von Mindermengen bei anderen Positionen ein entsprechender Ausgleich auch in zeitlicher Hinsicht, dass letztlich eine Behinderung des Bauablaufs nicht festgestellt werden kann, scheidet eine Fristverlängerung aus.[4] Beruhen die zu niedrigen Mengenangaben auf einem **Verschulden des Auftraggebers** oder dessen Planer, so können dem Unternehmer Schadensersatzansprüche aus der Verletzung vorvertraglicher Pflichten (§§ 280 Abs. 1, 311 Abs. 2, 241 Abs. 2 BGB) zustehen.

Zu beachten ist, dass diese Grundsätze nur bei reinen Überschreitungen der ausgeschriebenen Massen Anwendung finden. Beruhen die Mehrmengen auf **Planänderungen** oder sonstigen **Anordnungen** des Auftraggebers, ist die in § 2 Nr. 3 VOB/B enthaltene Verteilung des Mengenrisikos auch für die Bauzeitverlänge-

---
1 *Vygen/Schubert/Lang*, Rz. 141.
2 *Ingenstau/Korbion*, Rz. 10 zu § 2 Nr. 1 VOB/B.
3 *Vygen/Schubert/Lang*, Rz. 144.
4 *Vygen/Schubert/Lang*, Rz. 144; *Kapellmann/Schiffers*, Bd. 1 Rz. 566.

rung nicht maßgeblich. Auch dann, wenn nachträgliche Leistungsänderungen aufgrund eines Nebenangebots oder **Sondervorschlags** des Auftragnehmers angeordnet werden, tritt **keine Fristverlängerung** ein, weil der Auftragnehmer in diesen Fällen das Mengenrisiko auch im Rahmen seiner Verpflichtung zur Einhaltung der vereinbarten Bauzeit übernommen hat.[1] Gleiches gilt natürlich, wenn der Auftragnehmer das Leistungsverzeichnis selbst aufgestellt und die darin enthaltenen Mengen selbst ermittelt hat.

60 Nach § 9 Nr. 3 Abs. 3 VOB/A sind die für die Ausführung der Leistung wesentlichen Verhältnisse, insbesondere auch die Boden- und Wasserverhältnisse so zu beschreiben, dass der Bewerber ihre Auswirkungen auf die bauliche Anlage und die Bauausführung hinreichend beurteilen kann. Damit ist dem Auftraggeber auch das so genannte **Baugrundrisiko** zugewiesen.[2] Deshalb können auch Behinderungen durch veränderte oder zusätzliche Leistungen aufgrund anders als erwartet angetroffener Boden- oder Wasserverhältnisse ohne besondere Anordnung des Auftraggebers zu einer Verlängerung der Ausführungsfristen führen.[3] Baugrundverhältnisse, die der Auftragnehmer bei Vertragsschluss hätte vorhersehen können, sind jedoch keine relevanten Umstände einer Behinderung.

bb) Mitwirkungspflichten des Auftraggebers

61 Eine Bauleistung erfordert im Regelfall die kontinuierliche Mitwirkung des Auftraggebers. Allgemein hat der Auftraggeber aufgrund des Bauvertrages alles zu tun, um den vertraglichen Bauablauf zu sichern und alle notwendigen Entscheidungen zu treffen, die für die reibungslose Ausführung des Baus unentbehrlich sind.[4]

62 Bei diesen Mitwirkungspflichten des Auftraggebers ist zwischen bloßen Obliegenheiten, Nebenpflichten oder gar Hauptpflichten zu unterscheiden, wobei an die jeweilige Einstufung unterschiedliche Rechtsfolgen geknüpft sein können. Im Normalfall handelt es sich bei erforderlichen Mitwirkungshandlungen des Auftraggebers nicht um eigene Vertragspflichten, sondern um so genannte **Gläubiger-Obliegenheiten**. Der Unterschied zur vertraglichen Nebenpflicht besteht darin, dass sich der Auftraggeber im Falle einer Unterlassung oder verspäteten Vornahme dieser Obliegenheit zunächst einmal nur selbst schadet, denn er bleibt auch dann, wenn das Bauwerk nicht errichtet werden kann, vergütungspflichtig. Ggf. schuldet er darüber hinaus eine angemessene Entschädigung nach § 642 BGB.

63 Unter dem Gesichtspunkt der Pflicht zur gegenseitigen Kooperation auf der Baustelle sind Mitwirkungspflichten, die dazu dienen, die Realisierung des Bauobjekts zu ermöglichen, nicht nur bloße Obliegenheiten, deren Unterlassung zum Annahmeverzug führen, sondern **vertragliche Nebenpflichten**, die zwar nicht selbständig eingeklagt werden können, deren Verletzung aber Schadensersatzansprüche des Auftragnehmers nach §§ 280 ff. BGB begründen können.[5]

---

1 *Vygen/Schubert/Lang*, Rz. 144.
2 *Vygen*, BauR 1983, 210; *Ingenstau/Korbion*, Rz. 8 zu § 6 Nr. 2 VOB/B.
3 *Vygen/Schubert/Lang*, Rz. 143.
4 BGH, BauR 1972, 112.
5 *Kapellmann/Schiffers*, Bd. 1, Rz. 1278 ff.

Unter solche Nebenpflichten fallen z. B. die Aushändigung von Plänen und die Bereitstellung des baureifen Grundstücks.

Mitwirkungspflichten des Auftraggebers werden nur in seltenen Fällen als selbständig einklagbare **Hauptpflichten** zu qualifizieren sein. Eine Mitwirkungshandlung ist dann Hauptpflicht, wenn sie nicht nur der Ermöglichung (dann Nebenpflicht), sondern der konkreten Realisierung des Objekts durch den Auftragnehmer mitdient, wenn sie also als Teil- bzw. „Unter"-Leistung in den Produktionsprozess des Auftragnehmers integriert ist.[1]

Beispiele:
Als Hauptpflicht ist es bspw. anzusehen, wenn sich der Auftraggeber im Bauvertrag verpflichtet, eigenes Baugerät für die Erbringung der Leistung zur Verfügung zu stellen. Gleiches gilt, wenn sich der Auftraggeber im Bauvertrag verpflichtet, im Rahmen des Neubaus einer Autobahn die behelfsmäßige Verkehrsführung einzurichten[2] oder sich im Bauvertrag verpflichtet hat, sicherzustellen, dass der Auftragnehmer auf einer bestimmten Deponie anfallenden Schlamm ablagern kann.[3]

Diese **Unterscheidung** ist deshalb **von Bedeutung**, weil bei der Verletzung bloßer Obliegenheiten keine Schadensersatzansprüche, sondern allenfalls Ansprüche aus Gläubigerverzug entstehen. In der Praxis spielen nahezu ausschließlich die als Nebenpflichten zu beurteilenden Mitwirkungspflichten des Auftraggebers für Behinderungen die entscheidende Rolle.

Inwieweit dieser Unterscheidung nach der Schuldrechtsreform 2002 die beschriebene Bedeutung überhaupt noch zukommt, ist fraglich. Voraussetzung eines Schadensersatzanspruchs ist nach § 280 BGB die Verletzung einer „Pflicht aus dem Schuldverhältnis". Egal ob man die Mitwirkungspflichten des Auftraggebers nun als vertragliche Nebenpflicht oder Gläubigerobliegenheit einstuft, handelt es sich zweifelsohne um eine aus dem abgeschlossenen Bauvertrag resultierende Verpflichtung.[4]

Dem Verantwortungsbereich des Auftraggebers sind Behinderungen zuzurechnen, die aus einer Nichtbefolgung von diesem obliegenden Mitwirkungspflichten resultieren. Solche Mitwirkungspflichten ergeben sich einerseits aus den in § 4 Nr. 1 Abs. 1, Nr. 4, § 3 Nr. 1, § 5 Nr. 2 VOB/B enthaltenen Pflichten des Auftraggebers. Weitere Mitwirkungspflichten des Auftraggebers können sich aus den Regelungen des Bauvertrages ergeben, insbesondere wenn der Auftraggeber darin besondere Pflichten, bspw. den Abtransport von Aushub[5] übernommen hat.

cc) Öffentlich-rechtliche Genehmigungen und Erlaubnisse

Die Beschaffung der für die Bauausführung erforderlichen öffentlich-rechtlichen Genehmigungen oder Erlaubnisse (§ 4 Nr. 1 Abs. 1 Satz 2 VOB/B), insbesondere also der Baugenehmigung, stellt eine wesentliche Mitwirkungspflicht des Auftraggebers dar. Der Auftraggeber hat alle notwendigen öffentlich-rechtlichen Vor-

---
1 *Kapellmann/Schiffers*, Bd. 1., Rz. 1281.
2 OLG Celle, BauR 1994, 629 („Behelfsbrücke").
3 BGH, ZfBR 1992, 31.
4 Vgl. hierzu *Vygen/Schubert/Lang*, Rz. 316.
5 BGH, ZfBR 1992, 31.

aussetzungen zu beschaffen, die den General- oder Gewerkeunternehmer in die Lage versetzen, den vertraglichen Erfolg herbeizuführen, also mit der Bauleistung zu beginnen und diese durchzuführen. Soweit im Vertrag nichts anderes vereinbart ist, muss der Auftraggeber die erforderlichen öffentlich-rechtlichen Genehmigungen **einholen** (§ 4 Nr. 1 Satz 2 VOB/B) und diese darüber hinaus auch dem beauftragten Unternehmer **bereitstellen**.[1] Diese Beschaffungspflicht bezieht sich auf das Baurecht (auch für Nutzungsänderungen), Straßenverkehrsrecht, Gewerberecht, Wasserrecht, Immissionsschutzrecht und die landesrechtlichen Regelungen über die Zweckentfremdung von Wohnungen.

69 Für **auftragnehmerspezifische Genehmigungen** ist der Auftraggeber jedoch denknotwendig nicht verantwortlich. Hat sich der Auftragnehmer vertraglich zur Beschaffung der Baugenehmigung verpflichtet, zählen Verzögerungen der Baugenehmigung und der Baufreigabe zu seinem Verantwortungsbereich.

70 Folgende Störungen, die ihre Ursache im behördlichen Bereich haben, sind dem **Verantwortungsbereich des Auftraggebers** zuzurechnen:

▷ (teilweise) Versagung von Genehmigungen;

▷ verzögerte Bearbeitung bzw. Erteilung von Genehmigungen;

▷ Anordnung eines Baustopps;

▷ Versagung von öffentlich-rechtlichen Abnahmen.

71 Solange die erforderlichen öffentlich-rechtlichen Genehmigungen nicht vorliegen, hat der Auftragnehmer ein **Leistungsverweigerungsrecht**.[2] Er braucht mit der Bauausführung vorher nicht zu beginnen. In diesem Zusammenhang hat ihm der Auftraggeber auch Einblick in die Genehmigungen und Erlaubnisse zu gewähren, die ihm generell oder im Speziellen zur Beachtung aufgegeben werden. Auch besteht eine diesbezügliche Verpflichtung des Auftraggebers, den Auftragnehmer über alle störungsrelevanten Umstände bei der Erteilung öffentlich-rechtlicher Genehmigungen und Erlaubnisse **rechtzeitig und vollständig zu informieren**. Der Auftragnehmer soll sich auf Störungen einrichten können, sobald diese dem Auftraggeber bekannt oder bewusst werden.[3] Der Auftraggeber darf dem Auftragnehmer vor und während der Bauausführung keine Informationen vorenthalten, die für die Ausführung notwendig oder wenigstens sachdienlich sein können.[4] Diese **Informationspflicht** stellt eine wesentliche Nebenpflicht bzw. Kooperationspflicht des Auftraggebers dar.[5]

dd) Eventual- oder Alternativpositionen

72 Soweit dem Auftraggeber aufgrund von Eventual- oder Alternativpositionen im Leistungsverzeichnis ein Wahlrecht zusteht, ob eine bestimmte Leistung oder welche von mehreren alternativ angebotenen Leistungen zur Ausführung kom-

---

1 *Motzke*, in: Beck'scher VOB-Kommentar § 4 Nr. 1 VOB/B Rz. 66.
2 BGH, BauR 1976, 128.
3 *Sturmberg/Steinbrecher*, Rz. 163.
4 BGH, BauR 2000, 409 = NZBau 2000, 130.
5 BGH, BauR 1996, 542.

men soll, so hat er dieses Wahlrecht so **rechtzeitig auszuüben**, dass der Bauablauf nicht beeinträchtigt wird. Dem Wahlrecht aus Alternativpositionen steht die Verpflichtung gegenüber, die Leistung ohne schuldhaftes Zögern zu konkretisieren.[1] Eine verspätete Ausübung dieses Wahlrechts kann zu Störungen des geplanten Bauablaufs führen, weil ggf. erforderliche Materialien vom Auftragnehmer erst bestellt bzw. hergestellt oder sonstige Arbeitsvorbereitungen getroffen werden müssen. Die unverzügliche Entscheidung und Mitteilung an den Auftragnehmer, ob und ggf. welche Alternative der angebotenen Leistungen zur Ausführung kommt, stellt daher eine Mitwirkungspflicht des Auftraggebers dar, deren Verletzung eine Bauzeitverlängerung und ggf. Schadensersatzansprüche auslösen kann.[2] Gleiches gilt, wenn der Auftraggeber noch eine Materialauswahl (Bemusterung) treffen muss.

Hinweis: 73
Problematisch ist in diesem Zusammenhang die Frage, wann hier eine **Behinderung anzuzeigen ist**. Der Auftragnehmer weiß schließlich häufig nicht, ob der Auftraggeber überhaupt von seinem Wahlrecht Gebrauch macht und es daher zu einer Abweichung von den ausgeschriebenen Grundpositionen kommt. Um dem Erfordernis einer rechtzeitigen Behinderungsanzeige gerecht zu werden, ist dem Unternehmer daher zu empfehlen, spätestens mit Beginn der Arbeiten das **Leistungsverzeichnis** auf bis dato noch nicht geklärte Alternativ- bzw. Eventualpositionen zu **prüfen** und den Auftraggeber mit dem Hinweis auf ggf. erforderliche Vorlaufzeiten – ggf. unter Fristsetzung – zu einer baldigen Entscheidung aufzufordern und bereits hierbei mitzuteilen, dass er bei einer verzögerten Entscheidung in der weiteren Ausführung der Leistung behindert ist.

Trotz dieses Hinweises wird es weiter erforderlich sein, anhand der konkreten 74
Vorlaufzeiten zu ermitteln, wann die Wahl spätestens getroffen sein muss, damit es nicht zu einer Behinderung kommt und dem Auftraggeber diesen Zeitpunkt mitzuteilen. Wenn sich die Entscheidung des Auftraggebers auf die vereinbarten Ausführungsfristen auswirkt, sollte der Auftragnehmer unverzüglich die sich daraus ergebende Behinderung anzeigen und auf eine einvernehmliche Verlängerung drängen.

ee) Ausführungsunterlagen

Die verspätete oder **nicht rechtzeitige Übergabe** der für die Bauausführung benö- 75
tigten Unterlagen (§ 3 Nr. 1 VOB/B), also der Pläne, Ausführungszeichnungen, Statik, Bewehrungspläne usw. kann ebenfalls unter dem Gesichtspunkt der Verletzung von Mitwirkungspflichten einen Anspruch des Auftragnehmers auf Verlängerung der Ausführungsfristen begründen. Der Auftraggeber hat alle erforderlichen Unterlagen rechtzeitig zu übergeben, wozu insbesondere die Ausführungspläne sowie Montage- und Werkstattzeichnungen einschließlich aller notwendigen Details (vgl. § 15 Abs. 2 Nr. 5 HOAI) sowie die Statik zählen.[3] Hierbei sind insbesondere vereinbarte Planlieferfristen einzuhalten. Fehlt es an solchen

---

1 *Sturmberg/Steinbrecher*, Rz. 82 ff.
2 *Vygen/Schubert/Lang*, Rz. 201 und 210.
3 OLG Saarbrücken, BauR 1998, 1010; BGH, BauR 2002, 1249.

vereinbarten Planlieferfristen, sind Pläne unter Beachtung technisch gebotener Vorlauffristen so zu liefern, dass der Auftragnehmer entsprechend dem Bauzeitenplan mit der Leistung beginnen, diese fördern und vollenden kann.

76 In diesem Fall setzt eine – behindernde – Obliegenheitsverletzung des Auftraggebers jedoch zunächst eine **schriftliche Plananforderung** durch den Auftragnehmer voraus.[1] Maßgebend sind diesbezüglich allein die vom Auftraggeber oder seinem Architekten **freigegebenen Pläne**. Bloße Vorabzüge haben grundsätzlich auch dann keine Bedeutung, wenn sich die endgültig freigegebenen Pläne gegenüber den Vorabzügen tatsächlich nicht geändert haben.[2] Wird eine zweite Fassung eines freigegebenen Plans vorgelegt, führt dies im Normalfall auch zu einer Behinderung des Auftragnehmers, da dieser den neuen Plan jedenfalls auf seine Übereinstimmung oder Abweichung zum früheren Plan prüfen muss.

77 In der Regel werden die Ausführungsunterlagen durch den Bauherrn bzw. einen durch diesen beauftragten Architekten erstellt. Als Richtschnur gilt § 9 Nr. 1 VOB/A. Danach ist die Leistung eindeutig und so erschöpfend zu beschreiben, dass sie alle Bewerber im gleichen Sinne verstehen müssen, und ihre Preise sicher und ohne umfangreiche Vorarbeiten berechnen können. Der Auftraggeber hat daher **Unklarheiten, Unrichtigkeiten** usw., **im Rahmen der Ausschreibung** zu vermeiden. Die Ausführungsunterlagen müssen klar, richtig und vollständig sein. Führen unzutreffende oder unklare Ausführungsunterlagen zu Störungen des Bauablaufs, gehen diese zulasten des Auftraggebers.

Beispiele für vom Auftraggeber zu vertretende Fehler der Ausführungsunterlagen:
▷ fehlerhafter Bauzeitenplan,[3]
▷ falsche Grundwasserstände,[4]
▷ fehlender Hinweis auf vorhandene schadstoffbelastete Bausubstanz,[5]
▷ fehlender Hinweis auf besondere Belastbarkeitsanforderungen des Untergrunds,[6]
▷ unterlassene Angabe der erforderlichen Höhenlage von Drainageleitungen,[7]
▷ unterlassene Angabe der Anzahl und Lage von Kontrollschächten und Reinigungsöffnungen.[8]

ff) Bereitstellung eines baureifen Grundstücks

78 Zum Verantwortungsbereich des Auftraggebers zählen auch die rechtzeitige Bereitstellung des **baureifen Grundstücks** einschließlich des Absteckens der Hauptachsen der baulichen Anlage, der Grenzen des Geländes, der Schaffung der notwendigen Höhenfestpunkte und der Überlassung der notwendigen Lager- und Ar-

---

1 OLG Braunschweig, BauR 2001, 1739, 1744.
2 *Kapellmann/Schiffers*, Bd. 1, Rz. 1295.
3 OLG Köln, NJW 1986, 71.
4 OLG Köln, BauR 1992, 804.
5 OLG Düsseldorf, BauR 1999, 491.
6 OLG Düsseldorf, BauR 1999, 172.
7 OLG Köln, BauR 1992, 637.
8 OLG Celle, BauR 1992, 801.

beitsplätze (§ 3 Nr. 1, § 4 Nr. 4). Weiter hat der Bauherr die **Lage des Bauwerks** im Lageplan, der bereits Bestandteil der Ausführungsunterlagen ist, zu markieren sowie die richtige Lage der **Entsorgungsleitungen** und deren Anschluss an die öffentliche Kanalisation aufzuzeigen.

Insbesondere die Festlegung der Lage des Bauwerks ist für die bautechnische Ausführung von herausragender Bedeutung, weil einzuhaltende **Abstandsflächen** diesbezüglich oftmals zwingende Vorgaben machen. Kommt es zu einem Baustopp, weil die vom Bauherrn bzw. dessen Vermessungsingenieur vorgegebene Lage des Baukörpers öffentlich-rechtlichen Vorschriften widerspricht, geht die dadurch bedingte Verzögerung zulasten des Auftraggebers. Gleiches gilt, wenn für die Bauausführung vorgesehener Nachbargrund nicht für die Bauausführung benutzt werden kann. Zu den Mitwirkungspflichten des Auftraggebers gehören auch diesbezüglich erforderliche **Vereinbarungen mit Grundstücksnachbarn** oder der Gemeinde zur Inanspruchnahme von Nachbargrund oder öffentlichem Straßenraum.[1]

gg) Koordination der Baustelle

Weiter ist der Auftraggeber als Bauherr nach § 4 Nr. 1 Abs. 1 Satz 1 VOB/B verpflichtet, die Unternehmerleistungen auf der Baustelle zu koordinieren und Regelungen des Zusammenwirkens verschiedener Unternehmer zu treffen. Die Koordination der einzelnen Baubeteiligten (Planer, Sonderfachleute, Bauunternehmen) stellt eine **zentrale Mitwirkungspflicht** des Auftraggebers dar. Bei größeren Bauvorhaben hat der Auftraggeber einen realistischen Projektablauf vorzuplanen, der auch **Pufferzeiten** enthält, um Verzögerungen organisatorisch auffangen zu können.[2] Störungen, die aus einer diesbezüglich mangelhaften Koordination herrühren, sind dem Verantwortungsbereich des Auftraggebers zuzurechnen und können daher zur Verlängerung der Ausführungsfristen führen.

Beispiele:
Unter diesem Gesichtspunkt zählen auch folgende Behinderungen zum Verantwortungsbereich des Auftraggebers:

▷ Behinderungen durch einen vom Nachbarn erwirkten Baustopp;[3]
▷ Behinderung durch die unvorhersehbare Schließung einer öffentlichen Zufahrtsstraße, was die Abfuhr verzögert;[4]
▷ Behinderungen durch die verspätete Anlieferung der durch den Auftraggeber zu stellenden Baustoffe oder die verspätete Fertigstellung von notwendigen Eigenleistungen (z. B. Fundamente für Fertighaus);[5]
▷ Störungen des Bauablaufs durch Bürgerinitiativen und Demonstrationen;[6] auch das Fernhalten derartiger Störungen zählt zur Pflicht des Auftraggebers, dem Auftragnehmer ein baureifes Grundstück zur Verfügung zu stellen und für die Aufrechterhaltung der allgemeinen Ordnung auf der Baustelle zu sorgen.

---
1 *Sturmberg/Steinbrecher*, Rz. 104.
2 *Kapellmann/Schiffers*, Bd. 1, Rz. 1296.
3 *Kapellmann/Schiffers*, Bd. 1 Rz. 1348.
4 OLG Düsseldorf, BauR 1991, 337.
5 *Vygen/Schubert/Lang*, Rz. 137.
6 *Vygen*, BauR 1983, 210, 217.

hh) Zahlungsverweigerung und -verzögerung

82 Bauverzögerungen können auch dadurch entstehen, dass der Auftraggeber vereinbarte **Abschlags- oder Vorauszahlungen** nicht oder nicht rechtzeitig leistet und der Auftragnehmer infolgedessen die Arbeiten einstellt. Abschlagszahlungen sind in § 16 VOB/B und in § 632a BGB aF vorgesehen, um das Vorleistungsrisiko des Auftragnehmers zu kompensieren. Verweigert der Auftraggeber die Zahlung fälliger Abschläge, so kann der Auftragnehmer nach entsprechender Fristsetzung die **Arbeiten** nach § 16 Nr. 3 VOB/B **einstellen**. Erfolgte diese Einstellung berechtigt, gehen dadurch bedingte Bauverzögerungen zulasten des Auftraggebers. Gleiches gilt, wenn die Arbeiten aufgrund einer nicht rechtzeitig übergebenen **Sicherheit** nach § 648a BGB eingestellt werden. Hierbei ist zu beachten, dass die Frist, innerhalb derer der Auftraggeber die Sicherheit beizubringen hat, ausreichend bemessen ist, um die Sicherheit, z. B. Bankbürgschaft, zu besorgen. In der Regel sind dies 8 bis 10 Tage.

83 **Hinweis:**
Oftmals wird in der Praxis vom Auftraggeber eine Einstellung der Arbeiten **provoziert**, um Ansatzpunkte für eine im Verantwortungsbereich des Auftraggebers liegende Bauzeitverzögerung zu schaffen. Dann stellt die Anwendung von § 16 VOB/B ein nicht unbeträchtliches Risiko dar, weil der Auftraggeber die Einstellung meist zum Anlass für eine außerordentliche Kündigung des Bauvertrags nach § 8 Nr. 3 VOB/B nimmt und anschließend im Rahmen der Wirksamkeit dieser Kündigung ein Streit über die Fälligkeit der vom Auftragnehmer behaupteten Forderungen entbrennt. Für diese Zwecke stellt die **Anforderung einer Sicherheit** nach § 648a BGB ein **wesentlich probateres Mittel** dar, da hier allein die nicht rechtzeitige Übergabe der Sicherheit an den Auftragnehmer nach entsprechender Fristsetzung ausreicht, in zulässiger Weise die Arbeiten einzustellen.

ii) Mangelhafte Vorleistungen anderer Unternehmer

84 Vor der Neufassung des § 6 Nr. 2 Abs. 1 Buchst. a VOB/B durch die VOB 2000 wurde eine Behinderung des Nachunternehmers, weil der Vorunternehmer nicht rechtzeitig fertig wurde oder dessen Leistung mangelhaft war, als keine dem Auftraggeber zurechenbare Behinderung angesehen, weil der Vorunternehmer **nicht Erfüllungsgehilfe des Auftraggebers** war.[1] Auch wenn der BGH im Rahmen des Schadensersatzanspruchs nach § 6 Nr. 6 VOB/B nach wie vor an dieser Rechtsauffassung festhält,[2] ist mit der **Neufassung des § 6 Nr. 2 VOB/B** nunmehr klargestellt, dass derartige Behinderungen jedenfalls dem Verantwortungsbereich des Auftraggebers zuzurechnen sind. Verzögert sich die Leistungsausführung also dadurch, dass vorleistende Unternehmer, auf deren Arbeiten der Auftragnehmer aufbauen muss, den hierfür erforderlichen Leistungsstand noch nicht erreicht haben, ist der Anwendungsbereich des § 6 Nr. 2 Abs. 1 Buchst. a VOB/B unabhängig davon eröffnet, ob der Vorunternehmer Erfüllungsgehilfe des Auftraggebers ist. Entscheidend ist, dass es zu den vertraglichen Aufgaben des Auf-

---

1 BGH, BauR 1985, 561; BGH, NJW 2000, 1336.
2 BGH, NJW 1985, 2475; BGH, NZBau 2000, 187; *Kleine-Möller*, NZBau 2000, 401.

traggebers gehört, dem Auftragnehmer eine **bebauungsfähige Baustelle zur Verfügung zu stellen** (§§ 3 Nr. 1; 4 Nr. 1 und 4 VOB/B).[1]

Hierzu zählt sowohl die **rechtliche als auch die tatsächliche Bebauungsfähigkeit**. Gerade die tatsächliche Bebauungsfähigkeit setzt aber zumeist notwendig die vollständige und rechtzeitige Fertigstellung von Vorunternehmerleistungen voraus. Vor diesem Hintergrund zählt auch die mangelfreie Erstellung der Vorunternehmerleistung zum Risikobereich des Auftraggebers, da es in erster Linie in der Hand des Bauherrn bzw. dessen Architekten liegt, Mängel der Vorunternehmerleistung rechtzeitig vor deren Fertigstellung festzustellen und durch entsprechende Anordnungen für deren umgehende Beseitigung zu sorgen sowie ggf. im Rahmen der Bauablaufplanung Pufferzeiten für die Mängelbeseitigung einzubauen.[2] Die **rechtzeitige Fertigstellung** der Leistungen des Vorunternehmers fällt daher in den **Risikobereich des Auftraggebers** und kann bei Vorliegen der sonstigen Voraussetzungen zu einer Verlängerung der Ausführungsfristen führen.[3] 85

Ebenso wie die rechtzeitige Fertigstellung gehört auch die **mangelfreie Erstellung** der Vorunternehmerleistung zum Risikobereich des Auftraggebers.[4] Denn es zählt zu dessen Obliegenheit, sein **Überwachungsrecht** nach § 4 Nr. 1 Abs. 2 und Nr. 6 sowie Nr. 7 VOB/B auszuüben und dadurch Mängel bereits vor der Fertigstellung festzustellen sowie dann für deren umgehende Beseitigung zu sorgen. Aus diesem Grund fällt es auch in den Risikobereich des Auftraggebers, wenn die Bauverzögerung durch eine für den Auftraggeber nicht vorhersehbare **Insolvenz** eines vorangehenden leistenden Unternehmers herbeigeführt worden ist.[5] Anders verhält es sich jedoch, wenn die Vertragspartner im Bauvertrag eine bestimmte Bauzeit mit festgelegtem Ausführungsbeginn vereinbart haben, der Auftragnehmer aber vorzeitig mit seinen Arbeiten beginnt, diese aber nicht fortsetzen kann, weil notwendige Vorunternehmerleistungen noch nicht fertiggestellt sind, die ihn zu einer Unterbrechung zwingen.[6] 86

Hinweis: 87
Nach **mittlerweile ganz hM** zählt also die rechtzeitige und mangelfreie Vorunternehmerleistung zum Risikobereich des Auftraggebers. Eine durch verzögerte oder mangelhafte Vorunternehmerleistung bedingte Behinderung kann somit zu einer Verlängerung der Ausführungsfristen nach § 6 Nr. 2 Buchst. a VOB/B führen. Andererseits sind Vorunternehmer nach Ansicht des BGH keine Erfüllungsgehilfen des Auftragnehmers im Verhältnis zum Nachunternehmer, so dass mangels einer Verschuldenszurechnung regelmäßig Schadensersatzansprüche des Nachunternehmers ausscheiden (hierzu unten Rz. 321 ff.).

---

1 Ebenso *Ingenstau/Korbion*, Rz. 8 zu § 6 Nr. 2 VOB/B.
2 *Vygen/Schubert/Lang*, Rz. 146; BGH, BauR 1997, 1019 ff. und BauR 1997, 1021 (Schürmann-Bau).
3 BGH, BauR 1990, 210.
4 BGH, BauR 1997, 1019 ff. und BauR 1997, 1021 (Schürmann-Bau).
5 Ebenso *Ingenstau/Korbion*, Rz. 11 zu § 6 Nr. 2 VOB/B; a. A. OLG Köln, BauR 1990, 762.
6 OLG Düsseldorf, BauR 2002, 1551.

b) Beiderseitige Verantwortlichkeit

88 Werden die hindernden Umstände durch ein Verhalten des Auftragnehmers mitverursacht, so ist die Fristverlängerung in entsprechender Anwendung des § 254 BGB zu kürzen. Eine Verlängerung der Ausführungsfristen nach § 6 Nr. 2 VOB/B scheidet hingegen aus, wenn der Auftragnehmer die Behinderung allein, insbesondere durch objektive Verletzung der diesem obliegenden Pflichten verursacht hat, da in diesen Fällen der Risikobereich des Auftraggebers nicht betroffen ist. In diesem Zusammenhang darf der Auftragnehmer die Erbringung seiner Leistung auch nicht davon abhängig machen, dass der Auftraggeber zunächst eine Handlung vornimmt, die erst durch seinen Verzug mit der eigenen Leistung des Auftraggebers notwendig wurde.[1]

c) Doppelkausalität

89 Vom vorbeschriebenen Fall, in welchem mehrere Behinderungsursachen zusammenwirken (so genannte „kumulative Kausalität"), sind die Fälle der so genannten „Doppelkausalität" zu unterscheiden. Hier führen zwei oder mehrere Ursachen **selbständig und unabhängig voneinander** zu der Behinderung. Die eingetretene Verzögerung hat also zwei Ursachen, die jede für sich zu der Verzögerung geführt hätte.

Beispiel:
Die Baubehörde erteilt erst 2 Monate nach dem geplanten Baubeginn die erforderliche Baugenehmigung. Der Auftragnehmer erhält erst 1 Monat nach dem geplanten Baubeginn die erforderliche Prüfstatik für das Gerüst, ohne das die vertragliche Leistung nicht ausgeführt werden kann.

90 Jeweils für sich betrachtet, führt die verspätet erteilte Baugenehmigung zu einer Verzögerung von 2 Monaten. Die zunächst fehlende Prüfstatik bedingt einen verspäteten Baubeginn von 1 Monat. Nach Kapellmann/Schiffers[2] richtet sich die Fristverlängerung für den Auftragnehmer in diesem Fall ungekürzt nach dem vom **Auftraggeber verursachten Störungszeitraum**. Mangels Baugenehmigung kann der Auftragnehmer mit seiner Leistung 2 Monate nicht beginnen. Hieran ändert auch der kürzer andauernde eigene Leistungsverzug des Auftragnehmers hinsichtlich der erforderlichen Prüfstatik nichts. Da der Auftragnehmer auch bei eigener Leistungsbereitschaft aufgrund der fehlenden Baugenehmigung nicht anfangen könnte, soll sich die Fristverlängerung allein nach dem „auftraggeberseitigen Ursachenstrang" richten.

d) Umstände außerhalb der Verantwortungsbereiche von Auftraggeber und Auftragnehmer

aa) Streik und Aussperrung

91 Eine Verlängerung der Ausführungsfristen tritt nach § 6 Nr. 2 Buchst. b VOB/B auch dann ein, wenn bzw. soweit die Behinderung durch Streik oder eine von der Berufsvertretung des Auftraggebers angeordnete Aussperrung im Betrieb des

---

[1] BGH, BauR 1986, 206, 207.
[2] *Kapellmann/Schiffers*, Bd. 1, Rz. 1358.

Auftragnehmers oder in einem unmittelbar für diesen arbeitenden Betrieb verursacht wird. Streik und Aussperrung sind Mittel des Arbeitskampfs. **Streik** ist die gemeinsame, planmäßig durchgeführte Einstellung der Arbeiten durch eine größere Anzahl von Arbeitnehmern innerhalb eines Betriebs oder eines Gewerbes oder Berufszweiges zu einem bestimmten Kampfzweck, verbunden mit dem Willen, die Arbeit wieder fortzusetzen, wenn der Arbeitskampf beendet ist. Unerheblich ist der Zweck des Streiks sowie seine Rechtmäßigkeit oder Unrechtmäßigkeit.[1]

Die **Aussperrung** ist die aufgrund eines Kampfentschlusses der Arbeitgeberseite erfolgte Ausschließung einer Mehrzahl von Arbeitnehmern von der Arbeit zu dem Zweck, mit Hilfe des dadurch ausgeübten Drucks eine freiwillig nicht zugestandene kollektive vertragliche Regelung zu erreichen oder abzuwehren. Eine Aussperrung führt nur dann zu einer Fristverlängerung, wenn diese von der Berufsvertretung der Arbeitgeber angeordnet worden ist, wofür wiederum der Auftragnehmer beweispflichtig ist. 92

Im Falle eines Streiks oder einer Aussperrung hat der Auftragnehmer auch dann einen Anspruch auf Verlängerung der Ausführungsfristen, wenn hiervon nicht sein eigener Betrieb, sondern ein Betrieb betroffen ist, der unmittelbar für den Auftragnehmer arbeitet. Wie weit diese **Ausdehnung auf andere Betriebe** zu fassen ist, wird im Schrifttum unterschiedlich beurteilt. Grundsätzliche Voraussetzung ist, dass dieser andere Betrieb an der vertraglich geschuldeten Bauausführung **unmittelbar beteiligt** ist. Daher fällt jedenfalls der in zulässiger Weise eingesetzte Nachunternehmer unter § 6 Nr. 2 Buchst. b VOB/B. Nach § 4 Nr. 8 VOB/B hat der Auftragnehmer ohne schriftliche Zustimmung des Auftraggebers für einen Nachunternehmereinsatz die vertragliche Leistung grundsätzlich im eigenen Betrieb zu erbringen. Liegt diese Zustimmung nicht vor, kann er durch Streiks oder Aussperrung in anderen Betrieben nicht behindert sein, so dass eine Fristverlängerung ausscheidet. Anders dürfte diese Frage jedoch bei der Beauftragung eines Generalunternehmers zu beurteilen sein. Da ein Generalunternehmer ebenso wie ein Generalübernehmer einen Teil oder sogar die gesamte vertragliche Leistung durch Subunternehmer ausführen lässt, sind hier Streiks oder Aussperrung beim Subunternehmer auch ohne Zustimmung des Auftraggebers zu berücksichtigen.[2] 93

Nach überwiegender Auffassung sind Streiks in **Zuliefererbetrieben** nur beachtlich, wenn der Auftragnehmer, insbesondere gemessen an den dem Bauvertrag zugrunde gelegten Preisermittlungsgrundlagen, über keine wirtschaftlich vertretbaren Ausweichmöglichkeiten verfügt, was er darzulegen und zu beweisen hat.[3] Zum Teil sollen Streiks in Zuliefererbetrieben gänzlich unbeachtet bleiben, weil der Auftragnehmer hinsichtlich der Materialbeschaffung eine Art „Garantenstellung" habe[4]. Zutreffend dürfte die von Vygen vertretene Auffassung sein. Da auch der Zulieferbetrieb ein für den Auftragnehmer arbeitender Betrieb ist, 94

---

[1] *Vygen/Schubert/Lang*, Rz. 124.
[2] *Vygen/Schubert/Lang*, Rz. 124.
[3] *Ingenstau/Korbion*, Rz. 13 zu § 6 Nr. 2 VOB/B; *Heiermann/Riedl/Rusam*, Rz. 13 zu § 6 VOB/B; *Motzke*, in: Beck'scher VOB-Kommentar, Rz. 12, 74 zu § 6 Nr. 2 VOB/B.
[4] *Nicklisch/Weick*, Rz. 27 zu § 6 VOB/B.

wenn er die notwendigen Baustoffe oder Einbauteile herzustellen hat, tritt eine Fristverlängerung jedenfalls dann ein, wenn der Auftraggeber ein bestimmtes Material einer bestimmten Firma vorgeschrieben hatte und dieser Betrieb bestreikt wird oder der bestreikte Zulieferant eine Monopolstellung hat und daher für den Auftragnehmer keine **Ausweichmöglichkeiten** bestehen.[1] Soweit keine Ausweichmöglichkeiten bestehen, dürfte diese Argumentation auch auf andere eingeschaltete Unternehmen, insbesondere Transportbetriebe (z. B. Bundesbahn) übertragbar sein.

95 Im Falle eines Streiks oder einer angeordneten Aussperrung ist **Offenkundigkeit** der Behinderung grundsätzlich zu bejahen, so dass es zur Verlängerung der Ausführungsfristen gemäß § 6 Nr. 2 Abs. 1 Buchst. b VOB/B einer Behinderungsanzeige nicht bedarf. **Schadensersatzansprüche** über § 6 Nr. 6 VOB/B scheiden in diesen Fällen jedoch aus, da bei Streik oder Aussperrung keine Partei ein Verschulden trifft. Aus zeitlicher Sicht ordnet die VOB/B also das Streikrisiko durch Verlängerung der Ausführungsfristen allein dem Auftraggeber zu. Die finanziellen Folgen eines Streiks (Mehrkosten) trägt jedoch jede Partei selbst.[2]

bb) Höhere Gewalt und andere unabwendbare Umstände

96 Ausführungsfristen werden auch dann verlängert, wenn die Behinderung durch höhere Gewalt oder andere, für den Auftragnehmer unabwendbare Umstände verursacht wurde (Nr. 2 Buchst. c). Nach der Regelung in § 6 Nr. 2 VOB/B gehen dadurch bedingte Verzögerungen jedoch zulasten des Auftragnehmers, dem in diesen Fällen ein **Anspruch auf Bauzeitverlängerung – nicht** jedoch auf Zusatzvergütung bzw. **Schadensersatz** – zusteht. Diese Arten von Störungen treffen Auftragnehmer wie Auftraggeber gleichermaßen, ohne dass sie von einer Partei verantwortet werden. Jedes auch noch so geringe Verschulden einer Partei schließt jedoch die Annahme höherer Gewalt oder eines unabwendbaren Ereignisses aus.

97 **Höhere Gewalt** ist ein betriebsfremdes, von außen durch elementare Naturkräfte oder durch Handlungen dritter Personen herbeigeführtes Ereignis, das nach menschlicher Einsicht und Erfahrung **unvorhersehbar** ist, mit wirtschaftlich erträglichen Mitteln auch durch die äußerste, nach der Sachlage vernünftigerweise zu erwartende, Sorgfalt nicht verhütet oder unschädlich gemacht werden kann und auch nicht wegen seiner Häufigkeit vom Betriebsunternehmer in Kauf zu nehmen ist.[3]

98 Der Begriff der höheren Gewalt ist **restriktiv auszulegen**. Als Auslegungskriterium kann die Regelung des § 1a HaftpflichtG herangezogen werden. Bei Naturereignissen, wie Erdbeben, Überschwemmungen (z. B. Oderbruch 1997 oder die Flutkatastrophe 2002), orkanartigen Stürmen und Blitzschlag, sowie bei nicht vorherzusehenden Eingriffen Dritter von außen, wie z. B. bei gewaltsamen Anschlägen, Brandstiftungen und mutwilligen Sachbeschädigungen und bei politischen Verhältnissen, also Revolutionen oder ähnlichen Unruhen mit gravieren-

---

1 *Vygen/Schubert/Lang*, Rz. 125.
2 *Kapellmann/Schiffers*, Bd. 1, Rz. 1244.
3 BGH, BGHZ 7, 338, 339; BGH, NJW-RR 1988, 486.

den Auswirkungen auf das öffentliche Leben, liegt höhere Gewalt regelmäßig vor.[1]

Der **Begriff des unabwendbaren**, vom Auftragnehmer nicht zu vertretenden **Umstandes** ist weiter als der Begriff der höheren Gewalt. Er setzt Ereignisse voraus, die nach menschlicher Einsicht und Erfahrung in dem Sinne **unvorhersehbar** sind, dass sie oder ihre Auswirkungen trotz Anwendung wirtschaftlich erträglicher Mittel durch äußerste, nach der Sachlage zu erwartender Sorgfalt nicht verhütet oder in ihren Wirkungen bis auf ein erträgliches Maß unschädlich gemacht werden können.[2] Das Ereignis muss **objektiv**, dh. unabhängig von der konkreten Situation des betroffenen Auftragnehmers, **unvorhersehbar und unvermeidbar** sein.[3] Das bedeutet, dass es darauf ankommt, ob der Umstand nach „menschlicher Einsicht und Erfahrung" in dem Sinn unvorhersehbar ist oder war, dass er nicht abgewendet werden kann. Auf die besondere Sicht des Auftragnehmers kommt es dagegen nicht an.[4] Diese an eine objektive Sichtweise geknüpften Voraussetzungen sind regelmäßig nur in engen Ausnahmefällen erfüllt.

99

Auch **Diebstahl oder Beschädigung** des Bauwerks oder Teilen davon (z. B. eingeschlagene Fensterscheiben, Besprühen der Fassade) können unabwendbare Ereignisse darstellen, wenn der Auftragnehmer hiergegen ausreichende Schutzvorkehrungen getroffen hat.[5] Da nach § 4 Nr. 5 VOB/B der Auftragnehmer grundsätzlich die Gefahr des Untergangs und der Beschädigung der Bauleistung vor Abnahme trägt, hat er diese bis zur Abnahme insbesondere vor Diebstahl und Beschädigung zu schützen. Daher kann der Auftragnehmer keine Fristverlängerung verlangen, wenn die Beschädigung oder der Diebstahl durch ihm **zumutbare Schutzmaßnahmen** hätten vermieden werden können.[6] Andererseits können vom Auftragnehmer keine unzumutbaren Schutzmaßnahmen mit nicht mehr tragbarem wirtschaftlichen Aufwand verlangt werden.[7] Daher enthält § 4 Nr. 5 VOB/B keine Verpflichtung des Auftragnehmers, seine Leistung gegen gewaltsame Anschläge zu schützen.[8] Zur Beurteilung der gebotenen Schutzmaßnahmen kann auf die DIN 18 299 (Ziff. 4.2.) zurückgegriffen werden, wonach bestimmte Schutzmaßnahmen (z. B. gegen nicht zu erwartende Witterungsschäden, Sichern von Leitungen, Kabeln etc.) als besondere Leistungen nur geschuldet sind, wenn sie vertraglich vereinbart wurden.

100

Eingriffe Dritter wie Diebstähle oder Beschädigungen sind jedoch dann nicht als höhere Gewalt oder unabwendbares Ereignis zu qualifizieren, wenn diese **objektiv vorhersehbar** waren.[9] Hierbei ist entweder auf die Erfahrung in der weiteren Umgebung des Baubereichs oder auf bauwerkspezifische, in der Vergangenheit gewonnene Erfahrungen abzustellen.[10] Gerade bei umstrittenen Bauvorhaben,

101

---

1 BGH, BauR 1982, 273 = BGHZ 83, 197.
2 BGH, BauR 1973, 317, BauR 1997, 1019.
3 BGH, BauR 1973, 317; BGH, NJW 1997, 3018 (Schürmann-Bau I).
4 *Ingenstau/Korbion*, Rz. 13 ff. zu § 7 Nr. 1–3 VOB/B.
5 Vgl. dazu *Köhler*, BauR 2002, 27 ff.
6 OLG Düsseldorf, BauR 1985, 728.
7 *Vygen/Schubert/Lang*, Rz. 127.
8 *Vygen/Schubert/Lang*, Rz. 127 mwN.
9 OLG Düsseldorf, BauR 1985, 728.
10 *Ingenstau/Korbion*, Rz. 19 zu § 6 Nr. 2 VOB/B.

wie beispielsweise Atomkraftwerke und Flughafenerweiterungen, ist durchaus mit gewaltsamen Anschlägen zu rechnen und der Auftragnehmer, der hier eine entsprechende Vorsorge treffen muss, kann sich nicht auf höhere Gewalt oder das Vorliegen eines unabwendbaren Umstands berufen. Da **geringstes eigenes Verschulden** bei der Entstehung des außergewöhnlichen Ereignisses höhere Gewalt bzw. das Vorliegen eines unabwendbaren Umstandes ausschließt,[1] muss der Auftragnehmer bei entsprechenden Verdachtsmomenten für etwaige Anschläge eine ausreichende Vorsorge treffen. Bestehen für das betreffende Bauvorhaben jedoch keine Anhaltspunkte oder entsprechende Verdachtsmomente für etwaige Anschläge oder sind nur dem Auftraggeber derartige Anhaltspunkte bekannt und teilt er dies dem Auftragnehmer bei Vertragsschluss nicht mit, ist eine Berufung auf § 6 Nr. 2 Buchst. c VOB/B möglich.[2]

102 Im Rahmen der beiden Urteile zum so genannten „Schürmann-Bau" hat der BGH[3] im Zusammenhang mit dem Übergang der Preisgefahr nach § 7 VOB/B den Begriff des unabwendbaren Ereignisses dahin gehend eingeschränkt, dass ein Umstand nicht bereits dann für den Auftraggeber unabwendbar ist, wenn er für diesen unvorhersehbar ist und seine Auswirkungen trotz äußerster Sorgfalt und durch wirtschaftlich erträgliche Mittel von ihm nicht abgewendet werden konnten. Die Voraussetzungen des § 7 Nr. 1 VOB/B sind nach Meinung des BGH nur dann erfüllt, wenn das Ereignis objektiv unabhängig von der konkreten Situation des betroffenen Auftragnehmers unvorhersehbar und unvermeidbar war.[4] Dementsprechend wurde im Rahmen der VOB 2000 die Regelung in § 7 Nr. 1 VOB/B auch durch Einfügen des Wortes „objektiv" angepasst.

103 Im Unterschied zum Begriff der höheren Gewalt bedarf es für ein unabwendbares Ereignis keines von außen auf den Betrieb einwirkenden Ereignisses. Umfasst sind daher auch **unvorhersehbare nicht betriebsfremde Ereignisse**. In Betracht kommt z. B. eine durch Deckungskäufe nicht zu beseitigende und die weitere Bauausführung hindernde Materialknappheit. Die Unabwendbarkeit ist nach der Situation des Auftragnehmers zu beurteilen. Ein Ereignis ist nur dann unabwendbar, wenn es objektiv unabhängig von der konkreten Situation des betroffenen Auftragnehmers unvorhersehbar und unvermeidbar war.[5] Kein unabwendbarer Umstand ist es, wenn der Auftragnehmer andere Unternehmer suchen und ggf. zu beauftragen hat und wenn er wegen der Hochkonjunktur einen Subunternehmer nur mit erheblichem finanziellen Aufwand verpflichten kann.[6]

Beispiele:
▷ Verkehrsprobleme auf öffentlichen Straßen und dadurch erforderliche weite Umwege bei der Anlieferung sind gewöhnlich für den Auftragnehmer unabwendbar. Probleme mit Nachbarn, die z. B. aus dem Kraneinsatz folgen, sind für den Auftragnehmer regelmäßig nicht unabwendbar, weil dieser bei der Baustelleneinrichtung die Nachbarinteressen zu beachten hat.[7]

---

1 BGH, BauR 1997, 1019 (Schürmann-Bau I); BGH, BauR 1997, 1021 (Schürmann-Bau II).
2 *Ingenstau/Korbion*, Rz. 19 zu § 6 Nr. 2 VOB/B.
3 BGH, BauR 1997, 1019; BauR 1997, 1021.
4 Kritisch hierzu *Vygen/Schubert/Lang*, Rz. 127.
5 BGH, BauR 1997, 1019 (Schürmann-Bau II).
6 BGH, BauR 1983, 73.
7 OLG Karlsruhe, NJW-RR 1993, 91.

Auch im Falle höherer Gewalt oder anderer für den Auftragnehmer unabwendbarer Umstände wird das zeitliche Risiko durch Verlängerung der Ausführungszeiten allein dem Auftraggeber zugewiesen. Aus finanzieller Sicht scheiden Schadensersatzansprüche gegen den Auftraggeber nach § 6 Nr. 6 VOB/B/B zwar mangels Verschulden aus. Da der Auftraggeber jedoch für derartige Fälle nach § 7 VOB/B/B oder § 645 BGB die **Preisgefahr** trägt, können sich im Falle der Beschädigung oder Zerstörung von schon vorhandenen Teilleistungen Vergütungsansprüche des Auftragnehmers ergeben. Analog § 645 BGB kann ein Anspruch auf Zusatzvergütung bestehen, wenn sich die höhere Gewalt als „Erschwernis" der Leistung auswirkt.[1]

cc) Behinderung durch Witterungseinflüsse

Klarstellend regelt § 6 Nr. 2 Abs. 2 VOB/B/B, dass Witterungseinflüsse während der Ausführungszeit, mit denen **bei der Abgabe des Angebots gerechnet werden muss**, nicht als Behinderung gelten. Behindernde Witterungseinflüsse rechtfertigen daher nur dann ausnahmsweise eine Fristverlängerung, wenn der Auftragnehmer mit der wetterbedingten Behinderung unter Berücksichtigung der örtlichen und jahreszeitlichen Verhältnisse nicht rechnen musste.

Auftretende Witterungseinflüsse, mit denen der Auftragnehmer bei Abgabe des Vertragsangebots rechnen musste und die die Bauausführung während der vertraglich festgelegten Ausführungsfristen behindern oder gar unterbrechen, sind **unbeachtlich**. Der Auftragnehmer kann keine Verlängerung der Ausführungsfrist verlangen, so dass der vertraglich vereinbarte Fertigstellungszeitpunkt maßgebend bleibt. Liegen neben den vorhersehbaren Witterungseinflüssen andere Umstände vor, die nach § 6 Nr. 2 Abs. 1 VOB/B zu einer Verlängerung der Ausführungsfristen führen, so sind nur diese bei der Berechnung der Fristverlängerung zu berücksichtigen. **Klimatische Mittelwerte**, die vom Deutschen Wetterdienst erfragbar sind, sind bei der Kalkulation zu beachten.

Beispiel:
Bloße so genannte Schlechtwettertage sind regelmäßig vorhersehbar.[2] Gleiches gilt für mehrere aufeinander folgende Regentage, Wolkenbrüche in der wärmeren Jahreszeit sowie Stürme in der Küstengegend.[3]

Unter die **beachtlichen Witterungseinflüsse** fallen Regen, Wind, Schneefall, Sturm, Eis, Hagel, Frost, Helligkeit und Dunkelheit. Diese bewirken jedoch nur dann eine Verlängerung der Ausführungsfrist, wenn sie **außergewöhnlich und unerwartet stark** auftreten.

Beispiele:
So z. B. eine lang anhaltende und massive Kältewelle im Winter,[4] wolkenbruchartige Regenfälle, mit denen an der Baustelle im Durchschnitt nur alle 20 Jahre einmal zu rechnen ist[5] oder lang anhaltende Kälteperioden.[6] Weitere beachtliche Witterungseinflüsse können

---
1 *Kapellmann/Schiffers*, Bd. 1, Rz. 1248.
2 *Ingenstau/Korbion*, Rz. 24 zu § 6 Nr. 2 VOB/B.
3 *Ingenstau/Korbion*, Rz. 24 zu § 6 Nr. 2 VOB/B.
4 *Motzke*, in: Beck'scher VOB-Kommentar, § 6 Nr. 2 Rz. 83.
5 *Ingenstau/Korbion*, Rz. 25 zu § 6 Nr. 2 VOB/B.
6 *Motzke*, in: Beck'scher VOB-Kommentar, § 6 Nr. 2 VOB/B Rz. 83 ff.

Hochwasser, Sturmfluten, ungewöhnlich hohe Grundwasserstände sowie eine ungewöhnliche Gewässervereisung sein.

Grundsätzlich gelten nur außergewöhnliche Naturereignisse, mit deren Auftreten nicht, auch nicht selten, gerechnet werden muss,[1] als Behinderung. Die Frage, welche Witterungseinflüsse in welcher Intensität zu einer Verlängerung der Ausführungsfristen führen hängt vom konkreten Einzelfall, insbesondere der Art der auszuführenden Arbeiten ab. Da bspw. eine Dachabdichtung nur bei trockener Witterung möglich ist, sind hier geringere Maßstäbe anzusetzen, als bei bloßen Rohbauarbeiten.[2]

Hinweis:
Zur **Beurteilung der Vorhersehbarkeit** derartiger Witterungseinflüsse ist auf Vergleichsdaten in vorangegangenen Zeiträumen abzustellen. Entsprechende Informationen können bspw. über die örtlichen Wasserwirtschaftsämter bezogen werden. Bei größeren oder stark witterungsabhängigen Bauvorhaben empfiehlt sich eine besondere **vertragliche Regelung** für Ausfalltage. Als Anhaltspunkt hierfür kann der Vorschlag der Bundesanstalt für Gewässerkunde vom 6. 10. 1951 dienen.[3]

108 Maßgebend sind grundsätzlich nur die Witterungseinflüsse, die unmittelbar auf das **Grundstück der Bauausführung** einwirken, da im Regelfall nur solche die Bauausführung behindern oder unterbrechen können.[4] Auf andere Orte, z. B. den Sitz oder ein Lager des Auftragnehmers, dürfte nur dann abzustellen sein, wenn Geräte, die für die betreffende Ausführung erforderlich sind und sich noch nicht auf der Baustelle befinden, durch Witterungseinflüsse beschädigt wurden oder nicht transportiert werden können. In diesen Ausnahmefällen dürfte eine Fristverlängerung jedoch nur dann in Betracht kommen, wenn der Auftragnehmer ausreichende Vorkehrungen getroffen hat.[5] Daneben muss auch nach Arbeiten an Gewerken differenziert werden, die nicht bei jahrestypischer Witterung ausgeführt werden können, wie z. B. Verputz- oder Dachdeckerarbeiten. Ausbaugewerke werden dagegen weniger von Witterungsbedingungen abhängig sein.[6]

109 **Maßgeblicher Zeitpunkt** für die Beantwortung der Frage, mit welchen Witterungseinflüssen zu rechnen ist, ist die gültige Abgabe des Angebots, wenn der Auftraggeber das Angebot **unverändert annimmt**. Wird hingegen vom Auftraggeber ein verändertes Angebot unterbreitet, so ist der relevante Zeitpunkt unter Berücksichtigung des § 150 BGB zu bestimmen. Maßgebend ist derjenige Zeitpunkt, in dem sich der Auftragnehmer letztlich mit dem Inhalt des dann zur Durchführung gelangten Vertrags gebunden hat. Vereinbaren die Parteien später, beispielsweise im Zuge einer Anordnung zusätzlicher oder geänderter Leistungen durch den Auftraggeber, eine Verlängerung der Ausführungsfristen, ist der Zeitpunkt der veränderten Vereinbarung entscheidend.[7]

---

1 OLG Düsseldorf, NJW-RR 1992, 1440, 1441.
2 *Vygen/Schubert/Lang*, Rz. 129.
3 Vgl. *Ingenstau/Korbion*, Rz. 27 ff. zu § 6 Nr. 2 VOB/B.
4 BGH, BauR 1973, 317.
5 *Ingenstau/Korbion*, Rz. 22 zu § 6 Nr. 2 VOB/B.
6 *Vygen/Schubert/Lang*, Rz. 129.
7 *Ingenstau/Korbion*, Rz. 31 zu § 6 Nr. 2 VOB/B.

6. Sphäre des Auftragnehmers

Übersicht: Sphäre des Auftragnehmers 110

Zuweisung durch § 5 Nr. 3 VOB/B:
▷ Baustellenbeschickung
▷ Arbeitskräfte
▷ Geräte, Gerüste, Stoffe, Bauteile (soweit nicht vom AG gestellt)
Zuweisung durch § 4 Nr. 2 VOB/B:
▷ Korrekte und terminkonforme Ablaufplanung
Zuweisung durch ausdrückliche vertragliche Regelung (z. B. § 2 Nr. 9 Abs. 1, 2 VOB/B):
▷ Planerstellung
▷ Berechnungen
▷ Prüfung von Berechnungen

In die Sphäre des Auftragnehmers fällt alles, was nicht nach § 6 Nr. 2 VOB/B in die Sphäre des Auftraggebers fällt (vgl. Übersicht „Sphäre des Auftraggebers" Rz. 52). In erster Linie wird das Aufgabenfeld des Auftragnehmers durch die **Ausführung der Werkleistung** geprägt, wozu nach § 5 Nr. 3 VOB/B auch die Gestellung von Arbeitskräften, Gerät, Gerüst sowie Baustoffe und Bauteile zählen. Nach § 4 Nr. 2 VOB/B zählt auch die **Baustellenablauforganisation** sowie die seinen Bereich betreffende Ordnung auf der Baustelle dazu. Neben diesen klassischen Aufgabenfeldern des Auftragnehmers können diesem im Vertrag weitere Aufgaben zugewiesen werden, die im Normalfall nicht zum Bereich der Ausführung gehören. Insbesondere können dem Auftragnehmer nach § 2 Nr. 9 VOB/B Planungs-, Berechnungs- und Prüfungsaufgaben übertragen werden. 111

Zum Verantwortungsbereich des Auftragnehmers zählen also in erster Linie **innerbetriebliche Bauablaufstörungen** (vgl. Rz. 19). Derartige Behinderungen begründen weder einen Anspruch auf Verlängerung der Ausführungsfristen noch Schadensersatzansprüche. Der Auftragnehmer hat die hieraus resultierenden Auswirkungen auf den Bauablauf selbst zu bewältigen. Vielmehr besteht bei vom Auftragnehmer selbst zu verantwortenden Störungen des Bauablaufs eine gesteigerte Verpflichtung den dadurch ggf. eingetretenen Projektverzug durch Beschleunigungsmaßnahmen wieder aufzuholen (vgl. Rz. 114). 112

7. Beschleunigungsmaßnahmen

Nach § 6 Nr. 3 VOB/B hat der Auftragnehmer bei auftretenden Behinderungen **unabhängig** davon, **in wessen Verantwortungsbereich** diese fallen, alles zu tun, was ihm billigerweise zugemutet werden kann, um die Weiterführung der Arbeiten zu ermöglichen. Sobald die hindernden Umstände wegfallen, hat er ohne weiteres und unverzüglich die **Arbeiten wieder aufzunehmen** und den Auftraggeber davon zu benachrichtigen. Der Auftragnehmer ist also verpflichtet, im Rahmen 113 des Zumutbaren dafür Sorge zu tragen, dass sich Behinderungen oder Unterbrechungen so gering als möglich auswirken.[1]

a) Umfang der Förderungspflicht

114 Nach § 6 Nr. 3 VOB/B ist die Pflicht des Auftragnehmers zur Schadensminderung dahin gehend zu verstehen, dass dieser seinen eigenen möglichen Schaden aus der verspäteten Fertigstellung möglichst gering halten und im Rahmen des Zumutbaren Behinderungen oder Unterbrechungen so weit als möglich zeitlich einschränken muss. Für die Frage, was dem Auftragnehmer hier noch zumutbar ist, sind einerseits die konkreten Umstände heranzuziehen. Andererseits ist in diese Beurteilung aber auch einzustellen, **wer die Behinderung verursacht** bzw. verschuldet hat. Gerade dann, wenn der Auftragnehmer die Behinderung oder Unterbrechung selbst verursacht hat, ist ihm jede nur mögliche Anstrengung auch bei einem größeren Kostenaufwand zuzumuten, damit die Arbeiten so bald als möglich wieder fortgesetzt werden können.[2] So lange die Behinderung ein Fortsetzen der Arbeiten im Ergebnis nicht unmöglich macht, steht dem Auftragnehmer keinesfalls ein Recht zur Arbeitseinstellung zu.[3] Stammt die Behinderung aus dem Verantwortungsbereich des Auftraggebers, sind die Anforderungen an die Zumutbarkeit der Fördermaßnahmen geringer.

115 Allgemein hat der Auftragnehmer alle gebotenen Maßnahmen zu ergreifen, damit nach Wegfall der Behinderung die Arbeiten unverzüglich fortgesetzt werden können. Hierzu zählen beispielsweise Aufräumarbeiten, die Disposition der dann benötigten Materialien, Gerätschaften sowie des Personals und die Planung der weiteren Arbeitsgänge. So lange an anderen Stellen, die nicht von dem hindernden Ereignis betroffen sind, weitergearbeitet werden kann, sind die Arbeiten dort fortzusetzen. Der Auftragnehmer ist folglich verpflichtet, seine **Produktionsplanung** aufgrund der behinderungsbedingten Veränderungen des Bauablaufs **anzupassen**. Diese Maßnahmen hat der Auftragnehmer **eigenständig** ohne entsprechende Aufforderung des Auftraggebers zu erbringen, wobei sowohl Auftraggeber als auch Auftragnehmer in diesem Zusammenhang bereits im Rahmen der gegenseitig bestehenden Kooperationspflicht gehalten sind, sich gegenseitig umfassend zu informieren und über die erforderlichen Anpassungsmaßnahmen abzustimmen.

116 In diesem Zusammenhang hat der Auftraggeber jedoch **kein Recht**, nach § 1 Nr. 4 VOB/B zur Verkürzung der Bauzeit einen **verstärkten Personaleinsatz anzuordnen**. § 1 Nr. 4 VOB/B räumt dem Auftraggeber lediglich das Recht ein, bauinhaltliche zusätzliche Maßnahmen zu verlangen. Hiervon nicht erfasst ist aber ein Recht des Auftraggebers, per Anordnung über die Kapazitäten des Auftragnehmers zu verfügen und eine vertraglich innerhalb bestimmter Fristen auszuführende Leistung nunmehr innerhalb kürzerer Zeit zu verlangen. Über die Anpassungspflicht nach § 6 Nr. 3 VOB/B hinaus kann der Auftraggeber zusätzliche Beschleunigungsmaßnahmen nicht gegenüber dem Auftragnehmer anordnen.[4]

---

1 *Ingenstau/Korbion*, Rz. 2 zu § 6 Nr. 3 VOB/B.
2 *Ingenstau/Korbion*, Rz. 3 zu § 6 Nr. 3 VOB/B.
3 *Kapellmann/Schiffers*, Bd. 1, Rz. 1455.
4 *Kapellmann/Schiffers*, Bd. 1, Rz. 1458.

Zu unterscheiden ist also zwischen der Anpassungs- und Schadensminderungspflicht des Auftragnehmers bei auftretenden Behinderungen nach § 6 Nr. 3 VOB/B und **überobligatorischen Beschleunigungsmaßnahmen**. Zu den zuletzt genannten Kosten verursachenden Beschleunigungsmaßnahmen ist der Auftragnehmer nur aufgrund einer besonderen Vereinbarung verpflichtet, deren Ausführung auch von einer Vergütungsvereinbarung abhängig gemacht werden kann.

117

Hinweis:
Stammt die Behinderung, die Beschleunigungsmaßnahmen erforderlich macht, aus dem Verantwortungsbereich des Auftraggebers, so kann der Auftragnehmer für seine Beschleunigungsmaßnahmen zusätzliche Vergütung nach § 2 Nr. 5 VOB/B und – bei Verschulden des Auftraggebers – Schadensersatz nach § 6 Nr. 6 VOB/B verlangen. In diesen Fällen ist es empfehlenswert, sich mit dem Auftraggeber vorab hinsichtlich einer **Vergütung** der Beschleunigungsmaßnahmen zu verständigen. Lehnt der Auftraggeber eine solche Vergütung dem Grunde nach ab, hat der Auftragnehmer ein **Leistungsverweigerungsrecht** und kann daher beispielsweise eine Personalverstärkung zunächst zurückstellen, bis eine Einigung über die Vergütung erzielt wird. Natürlich geht der Auftragnehmer bei der Berufung auf ein Leistungsverweigerungsrecht mangels Vergütungsvereinbarung ein **nicht unbeträchtliches Risiko** ein, wenn zu diesem Zeitpunkt noch ungeklärt ist, wer die maßgebliche Behinderung zu vertreten hat, da er bei einer eigenen Verursachung ohnehin im eigenen Interesse verpflichtet ist, durch entsprechende Beschleunigungsmaßnahmen den von ihm verursachten Verzug wieder aufzuholen. Führt der Auftragnehmer ohne eine solche Einigung Beschleunigungsmaßnahmen durch, sind diese nach § 2 Nr. 5 VOB/B auf Basis der Auftragskalkulation zu vergüten. Ein Rückgriff auf Schadensersatzansprüche aus § 6 Nr. 6 VOB/B ist in diesen Fällen zwar grundsätzlich möglich, im Regelfall jedoch nicht erforderlich.[1]

118

Eine Verletzung der sich allein aus § 6 Nr. 3 VOB/B ergebenden Pflicht zur Anpassung des Bauablaufs und zur Schadensminimierung stellt eine **Pflichtverletzung** dar, die den Auftragnehmer seinerseits nach § 6 Nr. 6 VOB/B zum Schadensersatz verpflichten kann, wenn dem Auftraggeber infolge dieser Unzulänglichkeit weitere Schäden entstehen. Da die Verpflichtung des Auftragnehmers aus § 6 Nr. 3 VOB/B unabhängig davon gilt, in wessen Verantwortungsbereich die Behinderung liegt, kann ein derartiger Schadensersatzanspruch auch dann bestehen, wenn der Auftragnehmer die ursächliche Behinderung nicht zu vertreten hat. Da **unzulängliche Beschleunigungsmaßnahmen** des Auftragnehmers wohl wiederum als **Behinderung** des Bauablaufs zu qualifizieren sind, dürfte als Rechtsgrundlage eines Schadensersatzanspruchs allein § 6 Nr. 6 VOB/B einschlägig und aufgrund des darin enthaltenen Haftungsprivilegs bezüglich des entgangenen Gewinns ein Rückgriff auf die allgemeinen Vorschriften der §§ 280 ff. BGB ausgeschlossen sein.

119

b) Recht des Auftragnehmers zur Beschleunigung/Zusatzvergütung

Wenn der Auftragnehmer Verursacher der Behinderung und des damit verbundenen Terminrückstands ist, hat er oftmals ein eigenes Interesse daran, den Ter-

120

---

1 *Kapellmann/Schiffers*, Bd. 1, Rz. 1460 f.

minverzug durch Beschleunigungsmaßnahmen wieder aufzuholen. Aber auch in Fällen, in denen der Auftraggeber oder ein Dritter die Verantwortung für auftretende Behinderungen tragen, können Beschleunigungsmaßnahmen für den Auftragnehmer interessant sein, wenn er die dadurch anfallenden Mehrkosten als **Zusatzvergütung** geltend machen kann. Um einerseits zu verhindern, dass der Auftragnehmer sozusagen zur „Gewinnmaximierung" Beschleunigungsmaßnahmen erbringt, die in keinem Verhältnis zum Nutzen des Auftraggebers stehen, andererseits aber dafür zu sorgen, dass der Auftragnehmer zweckmäßige oder vom Auftraggeber verlangte Beschleunigungsmaßnahmen auch vergütet bekommt, empfiehlt sich eine Beurteilung nach § 2 Nr. 8 Abs. 2, Abs. 3 VOB/B, der im Rahmen des § 6 Nr. 3 VOB/B analog herangezogen werden kann.[1] Ohne gesonderte Vergütungsvereinbarung kann der Auftragnehmer daher für erbrachte Beschleunigungsmaßnahmen eine Zusatzvergütung fordern, wenn die **Beschleunigungsmaßnahmen notwendig** waren, dem **mutmaßlichen Willen des Auftraggebers** entsprachen und diesem **unverzüglich angezeigt** wurden.

121 Beschleunigungsmaßnahmen sind immer dann notwendig, wenn trotz des eingetretenen Terminrückstands am bisherigen Gesamtfertigstellungstermin festgehalten werden soll und dies ohne entsprechende Maßnahmen nicht möglich ist. Kostenträchtige Beschleunigungsmaßnahmen entsprechen nur dann dem mutmaßlichen Willen des Auftraggebers, wenn die dadurch bedingte Vergütung des Auftragnehmers letztlich geringer ist, als die Mehrkosten bzw. Schäden, die dem Auftraggeber ohne Beschleunigung, also bei einer späteren Fertigstellung der Teil- oder Gesamtleistung, entstehen.

122 **Hinweis:**
Da der Auftragnehmer diese Abwägung mangels detaillierter Kenntnis der Verspätungsfolgen regelmäßig nicht selbst beurteilen kann, geht er bei eigenmächtig durchgeführten Beschleunigungsmaßnahmen hinsichtlich seiner Vergütung ein nicht unbeträchtliches Risiko ein. Hier empfiehlt es sich, ein auf Beschleunigung bezogenes Verlangen des Auftraggebers abzuwarten oder ihn diesbezüglich zu einer **Erklärung** aufzufordern, da dann nicht mehr auf den mutmaßlichen, sondern auf den anhand der Erklärung auch **nachweisbaren wirklichen Willen** des Auftraggebers abzustellen ist.

123 Die in § 8 Abs. 2 Satz 2 VOB/B enthaltene **Pflicht zur unverzüglichen Anzeige** seiner Absicht zur Durchführung von Beschleunigungsmaßnahmen oder bereits eingeleiteter Beschleunigungsmaßnahmen ist nicht Anspruchsvoraussetzung für einen Vergütungsanspruch. Ihre Unterlassung kann jedoch eine Pflichtverletzung darstellen, die wiederum Schadensersatzansprüche auslöst.[2]

124 **Hinweis:**
Korrigiert der Auftragnehmer ohne gesonderte Beauftragung vom Auftraggeber übergebene und von diesem zu stellende **fehlerhafte Pläne**, sind derartige Planungsleistungen grundsätzlich zu vergüten, wenn eine Rückgabe der unkorrigierten Pläne an den Auftraggeber zu **Bauablaufstörungen** geführt hätte. Solange sich der Korrekturaufwand innerhalb von als angemessen anzusehender Grenzen

---

1 *Kapellmann/Schiffers*, BauR 1986, 615, 629.
2 Vgl. hierzu insgesamt *Kapellmann/Schiffers*, Bd. 1, Rz. 1462 ff.

bewegt, entsprechen derartige Leistungen im Normalfall dem wirklichen oder mutmaßlichen Willen des Auftraggebers, wenn diese zu einer Schadensverringerung führen.[1]

8. Berechnung der Fristverlängerung

Steht dem Auftragnehmer aufgrund der aufgetretenen Behinderungen ein Anspruch auf Verlängerung der vereinbarten Ausführungsfristen zu, so berechnet sich diese gemäß § 6 Nr. 4 VOB/B nach der **Dauer der Behinderung** mit einem **Zuschlag für die Wiederaufnahme** der Arbeiten und die **etwaige Verschiebung in eine ungünstigere Jahreszeit**. Maßstab für die Fristverlängerung sind die konkreten Auswirkungen der Behinderung auf die Abwicklung der Bauleistung. Bei einer völligen Unterbrechung des Bauablaufs (z. B. Baustopp) verlängert sich die Vertragsfrist mindestens um die Stillstandszeit. Liegen bloße Bauablaufstörungen vor, ist die erforderliche Fristverlängerung anhand der **Intensität der Behinderung** zu ermitteln. 125

Bestimmende Faktoren für die Fristverlängerung[2]: 126

Terminrelevante Auswirkungen der aus der Sphäre des Auftraggebers stammenden Behinderungen nach Maßgabe des Bauablaufplans.

+ Zusätzlicher Zeitbedarf für die Wiederaufnahme der Arbeiten

+ Zusätzlicher Zeitbedarf infolge Verschiebung der Arbeiten in eine ungünstigere Jahreszeit

./. Zeitersparnis aus zumutbarer Weiterarbeit und/oder Umgestaltung des Arbeitsablaufs nach Maßgabe des § 6 Nr. 3 VOB/B (Beschleunigung)

./. Entfallen von Leistungen und damit Einsparung von Leistungszeit

./. Zeitliche Auswirkungen, aufgrund von Umständen aus der Sphäre des Auftragnehmers.

Zu beachten ist in diesem Zusammenhang jedoch § 6 Nr. 3 VOB/B, wonach der Auftragnehmer alles zu tun hat, was ihm billigerweise zugemutet werden kann, um die Weiterführung der Arbeiten zu ermöglichen. Nicht jeder hindernde Umstand und nicht jede unwesentliche Verzögerung bewirken eine Fristverlängerung.[3] Lassen sich also kleinere Terminverzüge des Auftraggebers problemlos durch den Auftragnehmer auffangen, wird er sich nicht auf eine Fristverlängerung berufen können. Der Auftragnehmer kann auch im Rahmen der ihm obliegenden **Schadensminderungspflicht** nach §§ 254, 242 BGB verpflichtet sein, Umplanungen vorzunehmen und andere Arbeitsgänge vorzuziehen, um die Auswirkung der Behinderung zu minimieren.[4] Auch muss der Unternehmer in seinen Ablaufplan in gewissem Umfang **Pufferzeiten** einbauen.[5] Behinderungen, deren Alltäglichkeit bei der Erstellung des Ablaufplans einzukalkulieren sind, und die 127

---

1 BGH, BauR 1986, 347.
2 *Schiffers*, Jahrbuch Baurecht 1998, 298.
3 OLG Köln, BauR 1981, 472, 474.
4 *Vygen/Schubert/Lang*, Rz. 149.
5 OLG Köln, BauR 1986, 582.

sich in einem gewissen Rahmen halten, stellen keine effektive Behinderung dar, wenn sie für den Unternehmer, z. B. durch kleinere Umorganisationen, zu bewältigen sind.

128 Wenn der Behinderungszeitraum feststeht, verlängert sich die Ausführungsfrist **automatisch** um diesen Zeitraum. Einer Zustimmung des Auftraggebers oder einer Vereinbarung über die Verlängerung der Ausführungsfristen bedarf es hierzu nicht.[1] Nach überwiegender Meinung bewirkt die vertraglich vereinbarte Geltung der VOB/B, dass es zur Bewirkung der Fristverlängerung nicht einer nochmaligen Vereinbarung zwischen Auftragnehmer und Auftraggeber über deren Bestehen und Dauer bedarf.

Hinweis:
Nach **anderer Auffassung**[2] hat der Auftragnehmer zunächst im Sinne eines vertragsändernden Angebots eine Berechnung der Fristverlängerung vorzunehmen und dem Auftraggeber die wesentlichen Gesichtspunkte der Neuberechnung mitzuteilen. Daher sollte der Auftragnehmer unter Darlegung der einzelnen Behinderungen und deren Auswirkungen eine Verlängerung der Ausführungsfristen gegenüber den Auftraggeber ausdrücklich verlangen. Ein mit der Bauaufsicht beauftragter Architekt kann ohne entsprechende Vollmacht nicht wirksam für den Auftraggeber mit dem Auftragnehmer eine Fristverlängerung vereinbaren.[3]

129 Weigert sich der Auftraggeber, einer Verlängerung der Ausführungsfristen zuzustimmen, dann kann die Bestimmung der Fristverlängerung nach §§ 317 ff. BGB einem Dritten übertragen werden. Der Auftragnehmer kann den geänderten Leistungstermin mittels einer **Feststellungsklage** gerichtlich festlegen lassen.

a) Berechnung des Verzögerungszeitraums

130 Für die Berechnung der Fristverlängerung ist zunächst die so genannte **Primärverzögerung** maßgeblich. Bei **Unterbrechungen** handelt es sich hierbei um die Zeiträume, an denen überhaupt nicht gearbeitet werden konnte oder um die sich der geplante Baubeginn verschoben hat (z. B. wegen fehlender Baugenehmigung). Bei bloßen Verzögerungen der Arbeiten durch **Bauablaufstörungen** ist die Feststellung der reinen Dauer der Behinderung schwieriger. Diese ermittelt sich durch einen **Vergleich des eingeschränkten Arbeitswertes mit dem vollen Leistungswert**. Hier können auch mehrere Behinderungen Berücksichtigung finden. Bei mehreren Behinderungen ist jedoch keine einfache Addition der einzelnen Fristverlängerungen je Behinderung möglich, sondern es ist festzustellen, inwieweit sich diese Behinderungen gegenseitig beeinflussen oder sich unabhängig voneinander bewegen. Diese Beurteilung ist zumeist nur im Rahmen eines baubetrieblichen Sachverständigengutachtens möglich.

131 So können Behinderungen nur teilweise aus dem Verantwortungsbereich des Auftraggebers entstammen und teilweise in den Risikobereich des Unterneh-

---

1 *Vygen/Schubert/Lang*, Rz. 149; *Heiermann/Riedl/Rusam*, § 6 VOB/B Rz. 24; a. A. *Ingenstau/Korbion*, Rz. 6 f. zu § 6 Nr. 4 VOB/B.
2 *Ingenstau/Korbion*, Rz. 6 f. zu § 6 Nr. 4 VOB/B.
3 BGH, BauR 1978, 139.

mers fallen. In diesen Fällen einer **Verantwortlichkeit beider Vertragspartner** richtet sich die Fristverlängerung entsprechend § 254 BGB danach, inwieweit die Behinderung vorwiegend von dem einen oder dem anderen Vertragspartner verursacht worden ist. Diese Beurteilung kann im Wege einer Schätzung nach § 287 ZPO erfolgen.[1] Grundsätzlich ist für die Fristverlängerung der gesamte Verzögerungszeitraum maßgeblich. Wenn der Auftragnehmer seiner Verpflichtung zur unverzüglichen Behinderungsanzeige nicht rechtzeitig nachkommt, muss der Zeitraum vom gebotenen Zeitpunkt der Anzeige bis zur tatsächlichen Anzeige der Behinderung bei der Berechnung der Fristverlängerung aber außer Betracht bleiben. Für diesen Zeitraum gilt § 6 Nr. 1 Satz 2 VOB/B.

Die Feststellung und Berechnung des Behinderungszeitraums kann im Einzelfall schwierig sein. Der Auftragnehmer hat die konkreten Behinderungen und deren Auswirkungen in zeitlicher Hinsicht schlüssig durch einen nachprüfbaren Soll-/Ist-Vergleich darzulegen. Fehlt beispielsweise eine vom Auftraggeber durchzuführende Mitwirkungshandlung (z. B. Planlieferung), ist genau festzustellen, wann der entsprechende Plan spätestens hätte vorliegen müssen und wann diese Mitwirkungshandlung vom Auftraggeber (verspätet) erbracht wurde. 132

Hinweis:
Um diesen Anforderungen an die **Darlegungslast** gerecht zu werden, bedarf es einer genauen Dokumentation auf der Baustelle. Im vorgenannten Beispiel der verspäteten Planlieferung muss exakt festgehalten werden, wann die jeweiligen Pläne dem Unternehmer zur Verfügung stehen sollten, wann diese vom Auftraggeber tatsächlich übergeben wurden und welche Arbeiten durch diese Verspätung zunächst nicht ausgeführt werden konnten. Hier eignen sich am besten so genannte **Planlieferlisten** mit Soll-Terminen, in die dann die tatsächlichen Übergabe- bzw. Freigabetermine ergänzend eingetragen werden können. In diesem Zusammenhang sollte auch dokumentiert werden, ob und ggf. welche Arbeiten stattdessen ausgeführt wurden. Diese Dokumentation sollte entweder im Bautagebuch oder in den Bautagesberichten erfolgen.

Daneben sind die so genannten **Sekundärverzögerungen** zu berücksichtigen. Hierbei handelt es sich zunächst um den Wiederaufnahmezuschlag. Dieser steht für das (Wieder-)Anlaufenlassen der Baustelle, womit ein erhöhter Zeitbedarf verbunden ist, sowie für den Ausgleich von Einarbeitungsverlusten und den Verlust von Wiederholungseffekten.[2] Derartige **Wiedereinarbeitungseffekte** führen erfahrungsgemäß sowohl beim eingesetzten Personal als auch bei den Geräten in der Wiedereinarbeitungsphase einer Baustelle zu erheblichen Minderleistungen. Zwar kommt dieser Zuschlag in erster Linie bei einer vorangegangenen Unterbrechung des Bauablaufs in Betracht. Er kann aber auch bei bloßen Behinderungen angesetzt werden, wenn eine Baustelle beispielsweise nur teilweise zum Stillstand kommt und in anderen Bereichen weitergearbeitet werden kann.[3] Ein zusätzlicher Aufschlag kann durch die Einschränkung der Arbeitsproduktivität aufgrund der Verschiebung der Arbeiten in eine typisch oder zufällig ungünstigere Jahreszeit entstehen. Der umgekehrte Fall, dass sich die Arbeiten aufgrund von 133

---
1 BGH, BauR 1993, 600.
2 *Vygen/Schubert/Lang*, Rz. 150.
3 *Vygen/Schubert/Lang*, Rz. 150.

Behinderungen in eine günstigere Jahreszeit verschieben, ist nicht geregelt. Dieser Fall führt nicht zu einer Verkürzung der Fristverlängerung. Im Schrifttum wird jedoch eine Beschleunigung gefordert.[1]

134 **Checkliste: Berechnung der Fristverlängerung**

Zur Beurteilung der zeitlichen Dauer des Behinderungszeitraums und der dadurch bedingten Verlängerung der Ausführungsfristen nach § 6 Nr. 3 VOB/B ist jeder Behinderungstatbestand nach folgenden Gesichtspunkten zu untersuchen:

▷ vereinbarter Soll-Ablauf,

▷ tatsächlich Ist-Ablauf,

▷ Berechnung des Ist-Behinderungszeitraums durch Vergleich der tatsächlichen Ist- mit den geplanten bzw. vereinbarten Soll-Gegebenheiten,

▷ Beurteilung der terminlichen Auswirkungen der jeweils festgestellten Ist-Gegebenheiten,

▷ Beurteilung der Sekundärverzögerungen

▷ (bei mehreren Behinderungstatbeständen) zusammenfassende Beurteilung der terminlichen Auswirkungen im Wege einer Gesamtbetrachtung.

135 Die Ermittlung der jeweiligen Soll-Zeitpunkte ist dann regelmäßig unproblematisch, wenn bei Vertragsschluss durch entsprechende Terminpläne oder die Regelung von Vorlauffristen festgelegt worden ist, wann erforderliche Mitwirkungspflichten jeweils stattfinden sollen. In diesen Fällen lässt sich der Ist-Behinderungszeitraum durch einen Vergleich mit den jeweiligen tatsächlichen Ist-Terminen leicht errechnen. Fehlt es jedoch an entsprechenden terminlichen Festlegungen, so müssen nachträglich Soll-Termine ermittelt werden, an denen der Auftraggeber seinen Mitwirkungspflichten spätestens hätte nachkommen müssen. Diese Beurteilung ist im Regelfall schwierig und bietet **erhebliches Streitpotential**.

136 Das **neue Ende der Ausführungsfrist** wird somit dadurch bestimmt, dass die Dauer der Unterbrechung bzw. die zeitliche Auswirkung der Ablaufstörung an das ursprüngliche Vertragsende angehängt wird. Daneben werden der Wiederaufnahmeaufschlag sowie ggf. jahreszeitbedingte Erschwernisse hinzugerechnet.[2] Der leicht zu berechnende Fall, wonach sich jede Behinderung mindestens in gleicher Länge auf die auftragnehmerseitigen Ausführungsfristen auswirkt, wird selten vorliegen. Häufiger wird der Fall gegeben sein, dass der Auftragnehmer nur in **Teilbereichen der Baustelle**, nicht oder lediglich langsamer arbeiten kann, als dies in seinen Terminplänen als Soll vorgegeben war. Die zeitlichen Auswirkungen solcher Störungen, die nicht zu einem Stillstand der Bautätigkeit führen, müssen anhand des jeweiligen konkreten Einzelfalls jeweils für sich betrachtet werden, wobei insbesondere die Zusammenhänge von Terminabläufen und Kapa-

---
1 *Nicklisch/Weick*, § 6 VOB/B Rz. 38; *Ingenstau/Korbion*, Rz. 4 zu § 6 Nr. 5 VOB/B.
2 OLG Dresden, BauR 2000, 1881.

zitäten zu verfolgen sind. Zu berücksichtigen sind auch versteckte Puffer oder Dispositionsmöglichkeiten, wodurch ggf. aufgetretene Behinderungen relativ unproblematisch wieder aufgefangen werden können.[1]

Die Fristverlängerung ist **grundsätzlich konkret zu berechnen.** Hierbei muss der ursprünglich vorgesehene Soll-Ablauf unter Berücksichtigung der terminlichen Auswirkungen der auftraggeberseitigen Störungen in einen behinderungsbedingt modifizierten Soll-Ablauf fortgeschrieben werden. Dieser hat im Wege einer **Gesamtbetrachtung** sämtliche Primär- und Sekundärverzögerungen, also Behinderungsauswirkungen, Unterbrechungen, Zeiträume für Wiederaufnahme der Arbeit bzw. Arbeitsverschiebung in eine ungünstigere Jahreszeit sowie ggf. weitere Zu- bzw. Abschläge möglichst **ursachenkausal** zu berücksichtigen. In diese Gesamtbetrachtung einbezogen werden müssen auch Abhilfemaßnahmen gemäß § 6 Nr. 3 VOB/B sowie ggf. ausgeschöpfte Puffer. Die Fortschreibung des störungsmodifizierten Bauablaufs erfolgt im Regelfall durch den Auftragnehmer, der eine Fristverlängerung beansprucht.

Wichtiger Hinweis:
Das in dieser Weise bestimmte neue Ende der Ausführungsfrist ist auch nach der Schuldrechtsreform 2002 **nicht** iSd. § 286 Abs. 2 Nr. 1 BGB **nach dem Kalender bestimmt**, sondern nur bestimmbar. M. E. kommt auch § 286 Abs. 2 Nr. 1 BGB, wonach eine Mahnung entbehrlich ist, wenn sich der Zeitpunkt der Leistung anhand eines vorauszugehenden Ereignisses und einer bestimmten Leistungszeit berechnen lässt, nicht zur Anwendung. Diese Regelung knüpft an andere Sachverhalte wie insbesondere Rechnungsstellung bzw. Lieferung an, anhand derer leicht berechenbar ist, wann die Leistung zu erbringen ist, was bei Bauzeitverzögerungen gerade nicht der Fall ist.

Kommt es somit infolge von Behinderungen zu einer Bauzeitverlängerung, so kommt der Auftragnehmer nicht bereits mit Ablauf der verlängerten Bauzeit in Verzug. Es bedarf dann vielmehr einer Mahnung bzw. einer so genannten Inverzugsetzung durch den Auftraggeber nach Ablauf der verlängerten Ausführungsfrist. Da der Verlängerungszeitraum regelmäßig von mehreren Faktoren abhängt, die die Parteien zumeist während der Bauphase nicht abschätzen können, empfiehlt es sich, derartige Inverzugsetzungen in gewissen Abständen mehrfach auszusprechen. Einer Mahnung bedarf es jedoch dann nicht, wenn die Parteien einvernehmlich einen neuen nach dem Kalender bestimmten Fertigstellungstermin festgelegt haben.

In diesem Zusammenhang kalkulieren die Parteien oftmals **Pufferzeiten.** Übergibt der Auftraggeber die Pläne zwar später als vertraglich vereinbart, jedoch noch innerhalb dieser Pufferzeit, wirkt sich die Behinderung möglicherweise nicht auf den vorgesehenen Fertigstellungstermin aus, wenn keine weiteren Störungen auftreten. Der Auftragnehmer, der entsprechende Pufferzeiten in seine Zeitplanung aufgenommen hat, ist jedoch nicht verpflichtet, diese aufzulösen, also für im Verantwortungsbereich des Auftraggebers liegende Behinderungen zu opfern.[2]

---
1 Hierzu sehr detailliert: *Kapellmann/Schiffers*, Bd. 1, Rz. 1254 ff.
2 *Vygen/Schubert/Lang*, Rz. 150.

b) Zeitpunkt auftraggeberseitiger Mitwirkungshandlungen

140 Grundsätzlich hat der Auftraggeber erforderliche Mitwirkungshandlungen zeitlich so rechtzeitig zu erbringen, dass dem Auftragnehmer ein kontinuierlicher Arbeitsablauf ermöglicht wird. Dieser ergibt sich im Normalfall aus einem – ggf. vereinbarten – **Bauzeitenplan**. Auch wenn die darin enthaltenen Einzelfristen normalerweise keine verbindlichen Vertragsfristen nach § 5 Nr. 1 Satz 2 VOB/B sind, ergibt sich hieraus für den Auftraggeber der vom Auftragnehmer geplante und kalkulierte Detail-Ablaufplan für die zu erbringende Baumaßnahme. Unabhängig davon, ob der Bauzeitenplan vom Auftraggeber vorgegeben oder aber vom Auftragnehmer erstellt und vom Auftraggeber widerspruchslos hingenommen wurde, kann sich der Auftragnehmer auf den im Bauzeitenplan vorgegebenen Arbeitsablauf einstellen. Auch wenn die darin enthaltenen Einzelfristen für den Auftraggeber grundsätzlich unverbindlich sind, können sich hieraus die **Soll-Zeitpunkte** für erforderliche Mitwirkungshandlungen des Auftraggebers ergeben. Diese ermitteln sich anhand der in den Einzelfristen ausgedrückten Zeitpunkte, zu denen der Auftragnehmer mit der jeweiligen Bauleistung fertig sein soll, unter Abzug der erforderlichen Zeit für Planung und Ausführung sowie ggf. weitere erforderlichen Vorlaufzeiten.[1]

141 Schwierig wird die zeitliche Bestimmung von Soll-Terminen für Mitwirkungshandlungen des Auftraggebers, wenn **kein Bauzeitenplan** vorliegt und auch sonst keine einzelnen Baufristen oder keine Bauzeit im Vertrag vereinbart sind. Ausgangspunkt ist in diesen Fällen, dass der Auftragnehmer, wenn er mit seinen Arbeiten einmal begonnen hat, einen **Anspruch auf kontinuierliche Fertigstellung seiner Arbeiten** hat.[2] Dem Rechtsgedanken des § 3 Nr. 1 VOB/B, wonach der Auftraggeber die für die Ausführung nötigen Unterlagen dem Auftragnehmer insbesondere rechtzeitig zu übergeben hat, ist zu entnehmen, dass der Auftraggeber seine Mitwirkungspflichten zeitlich in der Weise zu erbringen hat, dass dem Auftragnehmer eine kontinuierliche Fertigstellung der Vertragsleistung möglich ist.

142 In diesen Fällen wird man dem Auftraggeber aber nur dann den Vorwurf einer verspäteten Mitwirkung machen können, wenn diesem die Ablaufüberlegungen des Auftragnehmers bekannt sind. Letzterer sollte dem Auftraggeber daher einen projektorientierten (Grob-) Ablaufplan vorlegen. Der Auftraggeber ist dann nach Treu und Glauben gehalten, sich entweder mit seinen Mitwirkungshandlungen auf diesen Terminplan einzustellen oder aber selbst seine zeitlichen Vorstellungen zum Ablauf der Baumaßnahme mitzuteilen.[3] Auf Grundlage eines solchen projektorientierten Ablaufplanes können dann die Soll-Zeitpunkte für die Erbringung von auftraggeberseitigen Mitwirkungshandlungen unter Berücksichtigung der erforderlichen Vorlauf-, Planungs- und Ausführungszeiten rückgerechnet werden.

143 Erfolgt eine auftraggeberseitige Mitwirkungshandlung nicht rechtzeitig, so wird eine **Behinderung** des Bauablaufs **widerlegbar vermutet**. Der Auftraggeber muss in diesen Fällen also darlegen und ggf. unter Beweis stellen, dass die verspätete

---

1 Detailliert hierzu: *Kapellmann/Schiffers*, Bd. 1, Rz. 305 ff.
2 *Kapellmann/Schiffers*, Bd. 1, Rz. 1312.
3 OLG Düsseldorf, BauR 1996, 862.

Mitwirkung nicht zu einer Verschiebung des Ist- gegenüber dem Soll-Ausführungstermin geführt hat oder dass der Soll-Termin nicht nur mit Hilfe von Beschleunigungsmaßnahmen eingehalten werden konnte.[1]

c) Folgen der Fristverlängerung für eine vereinbarte Vertragsstrafe

Sind im Verlauf der Bauausführung mehrere Behinderungen aufgetreten, die dazu geführt haben, dass der gesamte Zeitplan des Unternehmers umgeworfen ist und wurde dieser dadurch zu einer durchgreifenden Neuordnung der Bauablaufplanung gezwungen, kann eine nachträgliche Berechnung der Fristverlängerung unmöglich sein. In solchen Fällen entfällt die vereinbarte Ausführungsfrist als vereinbarte Vertragsfrist, weil die **gesamte vom Unternehmer vorgesehene Bauablaufplanung grundlegend gestört** ist und davon ausgegangen werden kann, dass dieser sich unter diesen Umständen und bei entsprechender Kenntnis nicht zur Einhaltung einer festen Ausführungsfrist verpflichtet hätte. In diesen Fällen ist insbesondere ein Vertragstrafenversprechen hinfällig.[2] Inwieweit aufgrund von Behinderungen eine „durchgreifende Neuordnung" des Terminplans erzwungen wird, beurteilt sich immer nach dem konkreten Einzelfall, wobei insbesondere die Dauer der ursprünglich vereinbarten Ausführungsfrist maßgebend ist. Je knapper diese bemessen ist, um so weniger wird es dem Auftragnehmer möglich sein, unvorhergesehene Verzögerungen aufzufangen, so dass eine für sich gesehene geringe Störung des Bauablaufs zu einer Neuordnung der Terminplanung zwingen kann. 144

Für die Voraussetzungen einer Hinfälligkeit der **Vertragsstrafenvereinbarung** ist der Auftragnehmer darlegungs- und beweispflichtig. Der erforderliche **Sachvortrag** umfasst insbesondere die Darlegung der grundlegenden Änderungen (z. B. bei Planänderungen) und deren beeinträchtigender Auswirkungen auf die Bauabwicklung. In diesem Zusammenhang ist auch darzustellen, welche Arbeiten nicht in das ursprüngliche Vertragsbild eingeordnet werden konnten und aus welchem Grund deswegen die Beibehaltung der ursprünglichen Fristberechnung unmöglich oder jedenfalls unsicher war.[3] 145

Eine derart umfassende Änderung des Zeitplans dürfte darüber hinaus auch zum gänzlichen **Fortfall** der Ausführungsfrist **als verbindliche Vertragsfrist** führen, weil die gesamte vom Unternehmer vorgesehene Bauablaufplanung grundlegend gestört ist und davon ausgegangen werden kann, dass er sich unter diesen Umständen und bei entsprechender Kenntnis nicht zur Einhaltung einer festen Ausführungsfrist verpflichtet hätte.[4] 146

---

1 *Kapellmann/Schiffers*, Bd. 1, Rz. 1254.
2 BGH, NJW 1966, 971; BauR 1974, 206; BauR 1993, 600; OLG Düsseldorf, BauR 1975, 57; BauR 1982, 582; BauR 1985, 327.
3 OLG Düsseldorf, BauR 1975, 57.
4 *Vygen*, BauR 1983, 219.

9. Mustertexte

a) Behinderungsanzeige

147 (An den
Auftrageber)

Bauvorhaben: ....

Behinderungsanzeige gemäß § 6 Nr. 1 VOB/B

Sehr geehrte Damen und Herren,

hiermit teilen wir Ihnen mit, dass wir aus folgenden Gründen in der ordnungsgemäßen Ausführung unserer Leistung behindert sind:

▷ Die Baufreiheit für die Baugrube ist nicht gegeben, weil im Bereich der Achsen A/B des Grundstücks das Rohrsystem sowie die Fundamente der Fernwärmeleitung noch nicht entfernt sind.

▷ Die angekündigte Teilbaugenehmigung für die Fundamente und Kellersohle liegt uns noch nicht vor.

▷ Die Ausführungspläne für die Fundamente und Kellersohle sind noch nicht freigegeben.

▷ Im 1. OG im Bereich der Achsen X/Y des Gebäudes weist der von der Firma A verlegte Estrich eine erhöhte Restfeuchte auf.

Diese Behinderungen haben zur Folge, dass die Aushubarbeiten/Rohbauarbeiten/Bodenlegearbeiten in den genannten Bereichen nicht begonnen/fortgesetzt werden können.

Da die vorbezeichneten Behinderungen aus Ihrem Verantwortungsbereich stammen, erfolgt gemäß § 6 Nr. 2 VOB/B eine Verlängerung der Ausführungsfristen. Die Geltendmachung von behinderungsbedingten Vergütungs- bzw. Schadensersatzansprüchen behalten wir uns ausdrücklich vor.

Mit freundlichen Grüßen

(Auftragnehmer)

b) Zurückweisung einer Behinderungsanzeige

148 (An den
Auftragnehmer)

Bauvorhaben: ....

Ihre Behinderungsanzeige vom ....

Sehr geehrte Damen und Herren,

mit Schreiben vom .... haben Sie aufgrund im Boden vorgefundener Altlasten Behinderung angezeigt und eine Verlängerung der Ausführungsfristen verlangt. Dieses Verlangen ist jedoch unbegründet, weil wir Ihnen vor Vertragsschluss Gelegenheit gegeben hatten, eine Baugrunduntersuchung vorzunehmen. Aus diesem Grund haben Sie vertraglich auch das Risiko etwaig vorhandener Altlasten übernommen. Die in Ihrer Behinderungsanzeige enthaltenen Umstände entstammen daher entsprechend der vertraglichen Regelung aus Ihrem eigenen Risikobereich, so dass eine Verlängerung der Ausführungsfristen nach § 6 Nr. 2 VOB/B ausscheidet. Unter Bezugnahme auf § 6 Nr. 3 VOB/B fordern wir Sie auf, unverzüglich die erforderlichen Maßnahmen einzuleiten, damit die vereinbarten Ausführungsfristen eingehalten werden.

Mit freundlichen Grüßen

(Auftraggeber)

c) Mitteilung über den Wegfall der Behinderung

(An den Auftraggeber)

Bauvorhaben: ....

Unsere Behinderungsanzeige vom ....

Mitteilung über den Wegfall der Behinderung

Sehr geehrte Damen und Herren,

mit Behinderungsanzeige vom .... hatten wir Ihnen mitgeteilt, dass wir aufgrund von .... in der Ausführung unserer Bauleistung behindert sind. Nachdem diese Störung am .... behoben wurde, haben wir umgehend noch am selben Tag/am nächsten Tag/am .... die Arbeiten wieder aufgenommen/werden wir die Arbeiten unverzüglich am .... wieder aufnehmen.

Mit freundlichen Grüßen

(Auftragnehmer)

d) Mitteilung der Fristverlängerung

(An den Auftraggeber)

Bauvorhaben: ....

Behinderungsanzeige vom ....

Verlängerung der Ausführungsfrist

Sehr geehrte Damen und Herren,

mit Schreiben vom .... hatten wir Sie davon unterrichtet, dass wir mangels Baufreiheit für die Baugrube aufgrund noch vorhandener Fernwärmeleitungen in der Ausführung unserer Leistung behindert waren. Diese Behinderung hat sich in Bezug auf die Ausführungsfristen folgendermaßen ausgewirkt:

Lt. Bauzeitenplan sollten die Aushubarbeiten für die Baugrube am .... beginnen. Zu diesem Zeitpunkt sollten auch sämtliche im Grundstück verlaufenden Leitungen umverlegt sein. Tatsächlich wurden die Rohrsysteme sowie die Fundamente der Fernwärmeleitung jedoch erst am .... entfernt. Da bis dahin mit den Aushubarbeiten nicht begonnen werden konnte, hat sich der geplante Baubeginn um .... Arbeitstage verschoben. Für die Wiederaufnahme der Arbeiten waren weitere .... Arbeitstage erforderlich. Die Verzögerung hat nunmehr zur Folge, dass die Restarbeiten in einer ungünstigeren Jahreszeit ausgeführt werden müssen, wodurch weitere zusätzliche .... Arbeitstage anfallen.

Aufgrund der aus Ihrem Verantwortungsbereich resultierenden Behinderung verlängert sich die vertraglich vereinbarte Ausführungsfrist um insgesamt .... Arbeitstage.

Mit freundlichen Grüßen

(Auftragnehmer)

e) Aufforderung zur Bauförderungspflicht nach § 6 Nr. 3 VOB/B

151 (An den
Auftragnehmer)

Bauvorhaben: ....

Verstoß gegen die Bauförderungspflicht nach § 6 Nr. 3 VOB/B

Sehr geehrte Damen und Herren,

mit Behinderungsanzeige vom .... haben Sie mitgeteilt, aufgrund angeblich vorhandener Altlasten im Bereich .... des Bauvorhabens an der Fortsetzung der Ausschachtungsarbeiten behindert zu sein. Wie wir im Rahmen unserer heutigen Baustellenbegehung festgestellt haben, wurden die Arbeiten im genannten Bereich mittlerweile vollständig eingestellt. Wir weisen darauf hin, dass Sie nach § 6 Nr. 3 VOB/B verpflichtet sind, alles zu tun, was Ihnen billigerweise zugemutet werden kann, um die Weiterführung der Arbeiten zu ermöglichen.

Wir fordern Sie daher auf, die Ausschachtungsarbeiten unverzüglich im Bereich .... fortzusetzen, der ausweislich des beiliegenden Bodengrundgutachtens nicht von Altlasten betroffen ist. Weiter fordern wir Sie auf, folgende zusätzliche Maßnahmen zu ergreifen, um die zügige Fortführung der Bauarbeiten zu ermöglichen:

....

Zur Fortsetzung der Arbeiten entsprechend der vorstehenden Ausführungen setzen wir Ihnen hiermit eine Frist bis zum ...., wobei wir darauf hinweisen, dass ein Verstoß gegen diese Aufforderung zu Schadensersatzansprüchen führt. Die Geltendmachung bereits entstandener Schadensersatzansprüche aufgrund der erfolgten Arbeitseinstellung behalten wir uns ausdrücklich vor.

Mit freundlichen Grüßen

(Auftraggeber)

f) Aufforderung zur Wiederaufnahme der Arbeiten (§ 6 Nr. 3 VOB/B)

(An den Auftragnehmer)

Bauvorhaben: ....

Ihre Behinderungsanzeige vom ....

Wegfall der Behinderung

Sehr geehrte Damen und Herren,

hiermit teilen wir Ihnen mit, dass die Ihrerseits mit Schreiben vom .... angezeigte Behinderung seit heute/seit dem .... beseitigt ist. Unter Bezugnahme auf § 6 Nr. 3 VOB/B fordern wir Sie daher auf, Ihre Arbeiten unverzüglich, spätestens aber bis zum ...., wieder aufzunehmen und uns hiervon schriftlich zu benachrichtigen.

Mit freundlichen Grüßen

(Auftraggeber)

II. Unterbrechung

1. Begriff

Unterbrechungen sind der **vorübergehende Stillstand** der Arbeiten, die unmittelbar auf den Leistungserfolg gerichtet sind. Die Unterbrechung ist eine besondere Form der Behinderung, die nicht nur eine zeitliche Hemmung oder Einengung der Leistungsdurchführung, sondern einen Arbeitsstillstand voraussetzt. Begrifflich stellt die Unterbrechung nur einen vorübergehenden Stillstand der Bautätigkeit dar. Wenn es sich um einen Dauerzustand handelt, so liegt nicht eine Unterbrechung, sondern ein Abbruch der Bauarbeiten vor. Die Unterbrechung von Nebentätigkeiten fällt nicht unter § 6 Nr. 1 VOB/B.

2. Vorläufige Abrechnung bei Unterbrechung der Bauleistung (§ 6 Nr. 5 VOB/B)

154 Wird die Ausführung der Leistung für **voraussichtlich längere Dauer** unterbrochen, ohne dass die Leistung dauernd unmöglich wird, so sind nach § 6 Nr. 5 VOB/B die ausgeführten Leistungen nach den Vertragspreisen abzurechnen und außerdem die Kosten zu vergüten, die dem Auftragnehmer bereits entstanden und in den Vertragspreisen des nicht ausgeführten Teils der Leistung enthalten sind. Der Vergütungsanspruch setzt voraus, dass mit der Leistung **bereits begonnen** wurde, also zumindest die zum Einrichten der Baustelle notwendigen Arbeiten aufgenommen wurden. Ansonsten kann der Vergütungsanspruch entstehen, wenn der Auftragnehmer Leistungen erbracht hat, für die er eine Abschlagszahlung nach § 16 Nr. 1 Abs. 1 Satz 3 VOB/B verlangen kann. Demzufolge gilt als Beginn der Arbeiten auch die Herstellung der für die vertragliche Leistung bestimmten Bauteile, wenn diese bereits auf die Baustelle geliefert wurden oder zum Abtransport bereitstehen.[1]

a) Unterbrechung für voraussichtlich längere Dauer

155 Der Vergütungsanspruch entsteht, wenn aufgrund einer voraussichtlich länger andauernden Unterbrechung **mit der Wiederaufnahme** der Arbeiten **vorerst nicht gerechnet werden kann** und eine längere Dauer der Unterbrechung in hohem Maße wahrscheinlich ist. Was als längere Dauer anzusehen ist, hängt von den Umständen des Einzelfalls ab. Hierbei sind einerseits die Ursachen der Unterbrechung, andererseits deren vermutliche Auswirkungen auf den zukünftigen Baufortschritt zu beachten. Eine prognostizierte Unterbrechungsdauer von 3 Monaten ist regelmäßig ausreichend.[2] Dauert die Unterbrechung voraussichtlich mehr als 3 Monate, steht den Parteien nach § 6 Nr. 7 VOB/B ein Recht zur Vertragskündigung zu. Spätestens mit diesem Zeitpunkt hat der Auftragnehmer dann auch das Recht, die bisherigen Leistungen nach § 6 Nr. 5 VOB/B abzurechnen.[3]

156 **Keine Unterbrechung** iSv. § 6 Nr. 5 VOB/B liegt vor bei **dauernder Unmöglichkeit** der Leistung. Ist die Ausführung zeitweilig unterbrochen, dann steht die **zeitweilige Unmöglichkeit** der dauernden Unmöglichkeit gleich, wenn einer Vertragspartei nicht zuzumuten ist, bis zum Wegfall der Unterbrechungsgründe zu warten. In Fällen dauernder Unmöglichkeit sind die allgemeinen **Vorschriften über Leistungsstörungen** des BGB anwendbar. Die Frage, ob ein Leistungshindernis zu einer dauernden Unmöglichkeit oder nur vorübergehenden Unterbrechung führt, ist nach dem **Zeitpunkt des Eintritts** dieses Hindernisses zu beurteilen, wobei auch die beiderseitigen Interessen der Vertragsparteien abzuwägen sind.[4] Im Rahmen dieser Abwägung kommt es einerseits darauf an, inwieweit der Auftraggeber ein Interesse daran hat, dass die vereinbarte Leistung nachträglich noch erbracht wird, andererseits aber auch darauf, ob dem Unternehmer zugemutet werden kann, nach der Beseitigung des Hindernisses, den Vertrag noch zu erfüllen. Unter

---

1 *Ingenstau/Korbion*, Rz. 1 zu § 6 Nr. 5 VOB/B.
2 *Ingenstau/Korbion*, Rz. 3 zu § 6 Nr. 5 VOB/B.
3 *Ingenstau/Korbion*, Rz. 3 zu § 6 Nr. 5 VOB/B.
4 BGH, BauR 1982, 273.

Umständen ist der Vertrag in einem derartigen Fall nach den Grundsätzen des Wegfalls der Geschäftsgrundlage anzupassen.

Bei einer **vom Auftragnehmer zu vertretenden Unterbrechung** steht dem Vergütungsanspruch aus § 6 Nr. 5 VOB/B nach Treu und Glauben der Einwand der **unzulässigen Rechtsausübung** entgegen. Beruht die Unterbrechung auf einem Leistungsmangel, der dem Auftragnehmer zuzurechnen ist, ergeben sich die Rechtsfolgen aus §§ 4 Nr. 7, 13 Nr. 7 VOB/B. 157

b) Höhe des Vergütungsanspruchs

Die Abrechnung der ausgeführten Leistungen erfolgt nach **Vertragspreisen**. Hierzu sind, am besten in Form einer gemeinsamen Leistungsstandfeststellung, die vom Auftragnehmer vor der Unterbrechung ausgeführten Arbeiten festzustellen. Diese Feststellung kann durch ein gemeinsames Aufmaß erfolgen. Da hinsichtlich des Leistungsstandes regelmäßig erhebliche Meinungsverschiedenheiten zwischen Bauherr und Auftragnehmer bestehen, empfiehlt es sich, zur Feststellung des Leitungsstandes einen Bausachverständigen hinzuzuziehen. 158

Für den **Einheitspreisvertrag** ist auf Grundlage des erstellten Aufmaßes und der Vertragspreise abzurechnen. Beim **Pauschalpreisvertrag** erfolgt die Abrechnung nach dem **Verhältnis** des Werts der erbrachten Leistungen zum Wert der Gesamtleistung. Enthält eine dem Pauschalpreisvertrag zugrunde gelegte Leistungsbeschreibung Einzelpreise oder Einzelpauschalen, sind diese zur Ermittlung des Pauschalwerts der erstellten Teilleistung heranzuziehen, wobei ein etwa gewährter Pauschalnachlass anteilig abzuziehen ist. Der Auftragnehmer, der im Falle des Pauschalpreisvertrags die Bezahlung der bereits erbrachten Leistungen verlangt, muss diese und die dafür anzusetzende Vergütung darlegen und von dem nicht ausgeführten Teil abgrenzen. Dazu gehört, dass er das Verhältnis der bewirkten Leistungen zur vereinbarten Gesamtleistung und des Preisansatzes für die Teilleistungen zum Pauschalpreis darstellt.[1] Ggf. kann es hierzu auch erforderlich sein, dass nachträglich Einheitspreise erstellt werden. 159

Da ein vereinbarter Zahlungsplan grundsätzlich keine ausreichende Grundlage für die Bewertung der vom Unternehmer erbrachten Teilleistungen darstellt, kann der Unternehmer nicht ohne weiteres die nach dem Vertrag für den erreichten Bautenstand vorgesehenen Raten verlangen.[2] **Stundenlohnarbeiten** sind entsprechend § 15 VOB/B abzurechnen, wofür allerdings die Nachweise nach § 15 Nr. 3 VOB/B vorliegen müssen. Für **mangelhafte** oder vertragswidrig ausgeführte **Leistungsteile** kann der Auftragnehmer keine Vergütung verlangen, da der betreffende Teil der Leistung als noch nicht ausgeführt zu gelten hat.[3] 160

Neben den bisher ausgeführten Leistungen sind dem Auftragnehmer auch die **Kosten** zu vergüten, die diesem **bereits entstanden** und in den Vertragspreisen **des nicht ausgeführten Teils** der Leistung enthalten sind. Hierunter fallen z. B. eigens für die vertragliche Leistung hergestellte Bauteile, die bereits auf der Bau- 161

---
1 BGH, BauR 1995, 691.
2 BGH, BauR 1980, 356.
3 *Ingenstau/Korbion*, Rz. 13 zu § 6 Nr. 5 VOB/B.

stelle angeliefert wurden oder zum Abtransport bereitstehen (§ 16 Nr. 1 Abs. 1 Satz 3 VOB/B). Weiter gehören hierzu alle weiteren Aufwendungen, die der Auftragnehmer mit Blick auf die Fortsetzung der Leistung bereits getätigt hat, wie beispielsweise Material- und Gerätebeschaffung, Baustelleneinrichtung und Vorhaltung. Gleiches gilt für die Baustellengemeinkosten. Soweit diese nicht gesondert ausgewiesen sind, muss eine anteilige Ermittlung der tatsächlich erbrachten Leistungen angestellt werden.[1] Sowohl für die erbrachte Teilleistung als auch für die vorbeschriebenen Kosten, die sich noch nicht im Leistungsobjekt verwirklicht haben, erfolgt eine Abrechnung nach den Vertragspreisen. Sind diese zwischen den Parteien streitig, hat der Auftragnehmer, der diesbezüglich beweispflichtig ist, ggf. die Auftragskalkulation offen zu legen.

162 § 6 Nr. 5 VOB/B betrifft **nur** die **bis zum Beginn der Unterbrechung entstandenen Kosten**, so dass der Aufwand, der dem Auftragnehmer für die Abrechnung der erbrachten Teilleistungen entsteht (z. B. zur Leistungsstandfeststellung) ebenso wenig abgerechnet werden kann, wie Kosten für Maßnahmen im Rahmen der Handlungspflicht nach § 6 Nr. 3 VOB/B.[2]

3. Vorläufige Abrechnung nach Beschädigung, Zerstörung, Unmöglichkeit der Leistung (§ 7 Nr. 1 VOB/B)

163 Nach § 7 VOB/B kann der Auftragnehmer seine Vergütung für die ausgeführten Teile der Leistung nach § 6 Nr. 5 VOB/B abrechnen, wenn die ganz oder teilweise ausgeführte Leistung vor der Abnahme durch höhere Gewalt, Krieg, Aufruhr oder andere objektiv unabwendbare, vom Auftragnehmer nicht zu vertretende, Umstände beschädigt oder zerstört wurde. § 7 VOB/B enthält für die vorgenannten Leistungsstörungen eine vom in § 644 BGB enthaltenen Grundsatz **abweichende Gefahrtragungsregelung**.

a) Leistungs- und Vergütungsgefahr

164 Nach § 644 BGB trägt der Unternehmer bis zur rechtsgeschäftlichen Abnahme des Werks die Vergütungsgefahr bei zufälligem Untergang und zufälliger Verschlechterung sowie bei zufällig eintretender Unausführbarkeit der Leistung. Ist eine Abnahme nach der Beschaffenheit des Werks ausgeschlossen, so ist der Zeitpunkt der Vollendung maßgeblich (§ 646 BGB). Die **Vergütungsgefahr** regelt bei einem gegenseitigen Vertrag die Folgen, die eine zufällige Beschädigung oder ein zufälliger Untergang der Sachleistung auf die Vergütung (Gegenleistung) hat. Sie bestimmt also, ob und inwieweit der Auftragnehmer die vereinbarte Vergütung fordern kann, wenn das ganz oder teilweise hergestellte Werk durch Umstände untergeht, die weder er noch der Auftraggeber zu vertreten haben. Nach dem in § 644 BGB enthaltenen Grundsatz kann der Auftragnehmer daher bei zufälliger Beschädigung oder Zerstörung seiner erbrachten Leistung **vor Abnahme** die vereinbarte Vergütung nicht fordern.

---

1 *Ingenstau/Korbion*, Rz. 14 zu § 6 Nr. 5 VOB/B.
2 *Stein*, ZfBR 1986, 210, 212.

Da die Vergütungsgefahr mit der Abnahme auf den Besteller übergeht, hat dieser 165
die vereinbarte Vergütung zu bezahlen, wenn das Werk **nach Abnahme** beschädigt oder zerstört wird, ohne dass eine Partei die Verschlechterung zu vertreten hat. Insofern berührt auch eine zufällige Verschlechterung des bereits abgenommenen, aber noch nicht vollständig oder mangelfrei hergestellten Werks, den Vergütungsanspruch des Auftragnehmers nicht mehr. Ebenso wenig begründet eine zufällige Verschlechterung des abgenommenen Werks Mängelansprüche des Auftraggebers gegen den Auftragnehmer.[1] Für wiederholte Leistungen steht dem Auftragnehmer dann eine zusätzliche Vergütung zu.[2]

Von der Vergütungsgefahr zu unterscheiden ist die **Leistungsgefahr**. Diese bestimmt, ob und inwieweit der Auftragnehmer verpflichtet bleibt, den werkvertraglichen Erfolg herbeizuführen, also die zerstörte oder beschädigte Werkleistung neu herzustellen bzw. auszubessern. Da der Auftragnehmer **bis zur Abnahme** auch die Leistungsgefahr trägt, führt dies regelmäßig dazu, dass er bei einer durch Zufall eingetretenen Beschädigung oder Zerstörung seiner Werkleistung verpflichtet bleibt, die vertraglich geschuldete Leistung (nochmals) zu erbringen, ohne hierfür eine gesonderte Vergütung verlangen zu können.[3] 166

Nach § 644 Abs. 1 Satz 2 BGB geht die **Vergütungsgefahr** auch dann auf den Auftraggeber über, wenn dieser im **Annahmeverzug** ist. Nach § 642 BGB kann der Besteller auch durch die Verletzung von Mitwirkungspflichten, wie z. B. die verspätete Lieferung von Plänen oder die unzulängliche Koordination der Baustelle, in Annahmeverzug geraten. Ein Annahmeverzug setzt jedoch in jedem Fall voraus, dass der Unternehmer seine Leistungsbereitschaft oder sein fertig gestelltes Werk nach §§ 293 ff. BGB angeboten hat. Kommt der Auftraggeber seinen Mitwirkungspflichten nach und endet dadurch der Annahmeverzug, geht die Vergütungsgefahr wieder auf den Auftragnehmer über.[4] 167

Hinweis:
Für Bauverträge von geringer praktischer Bedeutung ist § 644 Abs. 2 BGB, wonach die Vergütungsgefahr vor Abnahme bereits dann auf den Besteller übergeht, wenn der Auftragnehmer das vertragsgemäß vollendete Werk auf Verlangen des Auftraggebers nach einem anderen Ort als den Erfüllungsort versendet.

b) Verlagerung der Vergütungsgefahr nach § 645 BGB

Nach § 645 Abs. 1 BGB ist der Auftragnehmer jedoch nicht für den zufälligen Untergang oder eine zufällige Verschlechterung seines Werks aufgrund eines vom Besteller gelieferten Stoffes verantwortlich. Unter den Begriff „Stoff" fallen alle Gegenstände, aus denen oder mit deren Hilfe das Werk herzustellen ist, insbesondere der vom Auftraggeber zur Verfügung gestellte Baugrund.[5] § 645 BGB enthält somit eine Gefahrtragungsregelung hinsichtlich der Vergütungsgefahr für den Fall, dass das Leistungshindernis auf einen Mangel des vom Besteller gelieferten 168

---
1 *Kleine-Möller/Merl/Oelmeier*, § 10 Rz. 296.
2 BGH, BauR 1991, 331.
3 BGH, BauR 1973, 317.
4 *Heiermann/Riedl/Rusam*, § 7 VOB/B Rz. 5.
5 Palandt/*Thomas*, § 645 BGB Rz. 8.

Stoffes oder auf einer Ausführungsanweisung des Bestellers beruht. Für diese Fälle sieht § 645 BGB eine **Aufteilung** der grundsätzlich vom Auftragnehmer bis zur Abnahme getragenen **Vergütungsgefahr** vor. Hat einer der vorgenannten Umstände am Untergang oder an der Beschädigung der Leistung mitgewirkt, ohne dass der Auftragnehmer dies zu vertreten hat, so erhält er seine Vergütung und seine Auslagen anteilig nach dem Umfang der erbrachten Leistung.

169 Auch wenn diese Voraussetzungen vorliegen, geht die Vergütungsgefahr jedoch nicht vorzeitig auf den Auftraggeber über, wenn ein **Umstand** mitgewirkt hat, **den der Auftragnehmer zu vertreten** hat. Ein solches Verschulden kann in der Verletzung von Nebenpflichten, insbesondere in der unterlassenen Prüfung des vom Besteller gelieferten Stoffes oder in einem unterlassenen Hinweis auf Bedenken gegen dessen Eignung, liegen[1] sowie in der blinden Befolgung laienhafter Anweisungen des Bestellers.

170 § 645 Abs. 1 BGB wird in der Rechtsprechung entsprechend angewendet, wenn das Werk aufgrund von Umständen beschädigt oder zerstört wird, die in der Person des Auftraggebers liegen oder auf seine Handlungen zurückgehen.[2] Nach der so genannten **Sphärentheorie** wird die in § 645 BGB enthaltene Regelung auf alle Leistungshindernisse vor Abnahme angewendet, die aus dem Gefahrenbereich des Bestellers stammen. Eine derart weit gehende Risikoverlagerung auf den Besteller ist jedoch **abzulehnen**, da sie mit der grundsätzlichen Risikoverteilung des Werkvertragsrechts unvereinbar ist.[3] Auch der BGH hat die Sphärentheorie bislang nicht übernommen. Er wendet § 645 BGB jedoch in besonderen Einzelfällen entsprechend an, wenn eine Handlung des Auftraggebers die Leistung in einen Zustand oder in eine Lage versetzt hat, die eine Gefährdung der Leistung mit sich gebracht hat und ursächlich für ihre anschließende Beschädigung oder ihren Untergang gewesen ist.[4]

171 **Beispiele:**
In nachfolgenden Fällen hat die Rechtsprechung eine erweiterte Anwendung des § 645 BGB bejaht:

▷ Niederbrennen einer noch nicht übergebenen Scheune durch vom Bauherrn eingebrachtes Heu.[5]

▷ Abbruch- und Maurerarbeiten des Unternehmers werden wertlos, weil das Bauwerk durch Schweißarbeiten eines Dritten, die der Besteller in Auftrag gegeben hat, in Brand gesetzt wurde.[6]

▷ Ein Nachunternehmer kann die ihm gegenüber dem Generalunternehmer geschuldete Bauleistung nicht erbringen, weil es dem Generalunternehmer aus Gründen, die allein in der Person des Bauherrn liegen, nicht möglich ist, das Baugrundstück zur Verfügung zu stellen.[7]

---

1 OLG Koblenz, NJW-RR 1996, 919.
2 BGH, NJW 1981, 391, 392.
3 OLG Hamm, BauR 1980, 576; OLG München, ZfBR 1992, 33.
4 BGH, BauR 1981, 71; NJW 1963, 1824.
5 BGH, NJW 1963, 1824.
6 OLG Köln, OLGZ 75, 323.
7 OLG München, ZfBR 1992, 33.

▷ Bei Unmöglichkeit der Montage wegen der politischen Verhältnisse im Iran hat der Unternehmer Anspruch auf Bezahlung der gelieferten Anlageteile gegen den Besteller, die dieser seinerseits von dessen iranischem Vertragspartner bereits erhalten hat.[1]

c) Gefahrtragungsregelung in § 7 VOB/B

Die VOB/B regelt die Vergütungsgefahr in den §§ 7 und 12 Nr. 6 VOB/B. Nach § 12 Nr. 6 VOB/B bleibt es zwar zunächst beim Grundsatz, dass die Gefahr mit der Abnahme auf den Auftraggeber übergeht, wobei dies aber nur dann gelten soll, wenn die Gefahr nicht bereits nach § 7 VOB/B auf den Auftraggeber übergegangen ist (§ 12 Nr. 6 2. HS VOB/B). § 7 VOB/B regelt die Verteilung der Vergütungsgefahr teilweise **für den Unternehmer günstiger**. Er entlastet den Auftragnehmer, schon bevor der Auftraggeber die Leistung abgenommen hat, von der Gefahr für **durch unabwendbare Umstände** verursachte Schäden an der Bauleistung, und zwar in vollem Umfang. Danach erhält der Auftragnehmer eine Vergütung für die bisher erbrachten Leistungen, wenn die ganz oder teilweise ausgeführte Leistung durch höhere Gewalt, Krieg, Aufruhr oder andere unabwendbare, vom Auftragnehmer nicht zu vertretende Umstände beschädigt oder zerstört wird. Führt der Auftragnehmer beschädigte oder zerstörte Leistungen nochmals aus, kann er nach § 2 Nr. 6 VOB/B die Vergütung der für die Wiederherstellung erforderlichen Arbeiten fordern.[2]

172

Eine Aufteilung nach Einwirkungen, mit welchen der Auftragnehmer bei Angebotsabgabe hätte rechnen können und solche, die nicht vorhersehbar und daher auch nicht einzukalkulieren gewesen wären, erfolgt nicht.[3] Bei der Frage, welche Vertragspartei das Risiko höherer Gewalt und anderer unabwendbarer Ereignisse zu tragen hat, erfolgt also **keine Aufteilung nach Verantwortungsbereichen** entsprechend § 254 BGB. Beispielsweise kann ein Wolkenbruch nicht in einen vorhersehbaren normalen Regenschauer und ein darüber hinausgehendes unabwendbares Ereignis aufgespalten werden. Vielmehr ist der ganze Wolkenbruch das unabwendbare Ereignis.[4]

173

§ 7 VOB/B modifiziert lediglich die allgemein in § 644 Abs. 1 Satz 1 BGB enthaltene Gefahrtragungsregel. **§ 7 Nr. 1 VOB/B ist daher nicht anwendbar**, wenn die Schädigung auf den Auftragnehmer zurückzuführen ist. Für diese Fälle bleiben § 644 Abs. 1 Satz 2, wonach die Vergütungsgefahr bei Annahmeverzug des Auftraggebers übergeht, sowie § 645 Abs. 1 BGB für den Fall, dass das Leistungshindernis auf einen Mangel des vom Bestellers gelieferten Stoffes oder auf Ausführungsanweisungen des Bestellers beruht, anwendbar.

174

Der **vorzeitige Übergang** der Vergütungsgefahr beschränkt sich jedoch auf die ausgeführte, also die **mit dem Bauwerk unmittelbar verbundenen**, in seine materielle Substanz eingehenden **Leistungen**.[5] Dies bedeutet, dass Sachen und Arbeiten, die nicht in das Bauwerk eingehen, wie beispielsweise Baugeräte, aber auch vor-

175

---
1 BGH, ZfBR 1982, 114.
2 BGH, BauR 1973, 317.
3 BGH, BauR 1973, 317.
4 BGH, BauR 1973, 317.
5 BGH, NJW 1973, 368.

bereitende Arbeiten wie etwa die Schalung für Betonarbeiten, nicht Gegenstand des vorzeitigen Gefahrübergangs nach § 7 VOB/B sind. Werden derartige Geräte des Auftragnehmers beschädigt oder zerstört, steht diesem kein Anspruch auf Zusatzvergütung zu.[1]

176 **Hinweis:**
Es bleibt den Parteien unbenommen, die Gefahrtragung abweichend von § 7 VOB/B zu regeln. Oftmals wird in Bauverträgen die **Anwendbarkeit des § 7 VOB/B ausgeschlossen.** Dann verbleibt es bei den Regelungen der §§ 644, 645 BGB. In § 10 Nr. 4 Abs. 2 VOB/A sind abweichende Vereinbarungen über die Verteilung der Gefahr bei Schäden, die durch Hochwasser, Sturmfluten, Grundwasser, Wind, Schnee, Eis und dergleichen entstehen können, in besonderen oder zusätzlichen Vertragsbedingungen ausdrücklich vorgesehen.

d) Die Risiken des § 7 Nr. 1 VOB/B

177 Der vorgezogene Gefahrübergang nach § 7 Nr. 1 VOB/B betrifft lediglich Leistungshindernisse aufgrund höherer Gewalt, Krieg, Aufruhr oder anderen unabwendbaren und **vom Auftragnehmer nicht zu vertretenden Umständen**, wobei höhere Gewalt, Krieg und Aufruhr letztlich Sonderfälle eines unabwendbaren Ereignisses sind. Bei anderen, außerhalb des Verantwortungsbereichs der Parteien liegenden Risiken ist § 7 Nr. 1 VOB/B nicht anwendbar. Hierzu im Einzelnen:

178 **aa) Höhere Gewalt** ist ein betriebsfremdes, von außen durch elementare Naturkräfte oder durch Handlungen dritter Personen herbeigeführtes Ereignis, das nach menschlicher Einsicht und Erfahrung unvorhersehbar ist, mit wirtschaftlich erträglichen Mitteln auch durch die äußerste, nach der Sachlage vernünftigerweise zu erwartende Sorgfalt nicht verhütet oder unschädlich gemacht werden kann und auch nicht wegen seiner Häufigkeit vom Betriebsunternehmer in Kauf zu nehmen ist.[2] Die höhere Gewalt setzt somit ein **betriebsfremdes Schadensereignis** voraus. Sie umfasst jedoch nicht nur elementare Naturkräfte, sondern auch Handlungen dritter Personen, die objektiv nicht vorhersehbar sind.

179 **bb)** Unter **Krieg** sind sowohl militärische Auseinandersetzungen zwischen Staaten zu verstehen als auch solche innerhalb eines Staates zwischen der Regierung und militärisch organisierten Aufständischen, wenn diese ein größeres Gebiet kontrollieren.[3]

180 **cc) Aufruhr** ist die öffentliche Zusammenrottung zahlenmäßig nicht unerheblicher Teile des Volkes, die verbunden ist mit der Störung der öffentlichen Ruhe und Sicherheit und in deren Verlauf gegen Sachen und Personen Gewalttätigkeiten verübt werden.[4]

181 **dd)** Der Begriff des **unabwendbaren** vom Auftragnehmer nicht zu vertretenden **Umstandes** ist weiter als der Begriff der „höheren Gewalt". Ereignisse sind dann

---

1 BGH, NJW 1973, 368.
2 BGH, BauR 1997, 1019.
3 *Rüßmann* in Beck'scher VOB-Kommentar, § 7 VOB/B Rz. 10.
4 *Rüßmann* in Beck'scher VOB-Kommentar, § 7 VOB/B Rz. 11.

unabwendbar, wenn sie nach menschlicher Einsicht und Erfahrung in dem Sinne unvorhersehbar sind, dass sie oder ihre Auswirkungen trotz Anwendung wirtschaftlich erträglicher Mittel durch die äußerste nach der Sachlage zu erwartende Sorgfalt nicht verhütet oder in ihren Wirkungen bis auf ein erträgliches Maß unschädlich gemacht werden können.[1] Hierbei kommt es auf eine **objektive Sichtweise** an. Lediglich subjektive, also nur für den Auftragnehmer unabwendbare Umstände, führen nicht zum Übergang der Vergütungsgefahr. Eine Aufteilung der Einwirkungen in einen vorhersehbaren einkalkulierten und einen nicht vorhersehbaren Teil ist nicht geboten. Sind die Witterungsverhältnisse für den Auftragnehmer nicht vorhersehbar, ist dieser vor Abnahme der Leistung hinsichtlich durch unabwendbare Umstände verursachter Schäden in vollem Umfang entlastet.[2]

Ein **Verschulden des Auftragnehmers** oder seines Erfüllungsgehilfen schließt das unabwendbare Ereignis im Allgemeinen, aber auch das Vorliegen von höherer Gewalt aus.[3] § 7 Nr. 1 VOB/B ist daher nicht anwendbar, wenn die Schädigung auf den Auftragnehmer zurückzuführen ist.[4] Ein Vertretenmüssen des Auftragnehmers kann auch dann gegeben sein, wenn dieser zwar nicht die in § 7 genannten Umstände verschuldet hat, er aber anschließend seine Pflicht verletzt, alles zu tun, um den **drohenden Schaden abzuwenden** oder zu mindern.[5] In diesem Zusammenhang obliegt dem Auftragnehmer auch die vertragliche Nebenpflicht, den Auftraggeber vom Eintritt der in § 7 genannten Umstände zu benachrichtigen, wenn dieser nicht ohnehin schon davon Kenntnis hat.[6]

182

Bei **Diebstahl** oder **mutwilliger Beschädigung** des Bauwerks durch Dritte oder auch bei Brandstiftung ist zu prüfen, ob der Auftragnehmer seinen vertraglichen **Schutzpflichten** nachgekommen ist. Diebstähle können dann unabwendbare Umstände sein, wenn der Auftragnehmer ausreichende Schutzmaßnahmen getroffen hat.[7] In Bezug auf Diebstähle steht der Anwendbarkeit des § 7 VOB/B nicht schon entgegen, dass die Entwendung von Gegenständen weder zu einer Zerstörung noch zu einer Beschädigung der Leistung führt. Werden bereits eingebaute Teile gestohlen, so wird dadurch das Bauwerk beschädigt. Aber auch der Diebstahl von Gegenständen, die vorübergehend vom Bauwerk getrennt werden (z. B. von Heizkörpern, die bereits eingebaut waren, jedoch kurzfristig zwecks Anstrichs abgenommen worden sind), ist als eine Beschädigung oder Zerstörung der Bauleistung zu behandeln.[8]

183

Witterungseinflüsse (Regen, Wind, Schneefälle, Stürme, Eis, Hagel, Helligkeit, Dunkelheit) fallen grundsätzlich nicht unter den Begriff des „unabwendbaren Umstandes". Etwas anderes kann nur bei ganz außergewöhnlichen Witterungsverhältnissen gelten, mit denen bei objektiver Betrachtungsweise nicht zu rechnen ist, z. B. Orkane, Sturmfluten, ungewöhnliche Gewitter oder wolkenbruch-

184

---

1 BGH, BauR 1997, 1019 = ZfBR 1997, 300.
2 BGH, BauR 1973, 317, 318f.
3 BGH, DB 1953, 593.
4 BGH, BauR 1997, 1019.
5 *Ingenstau/Korbion*, Rz. 17 zu § 7 Nr. 1–3 VOB/B.
6 *Heiermann/Riedl/Rusam*, § 7 VOB/B Rz. 14.
7 BGH, WM 1968, 1017.
8 *Heiermann/Riedl/Rusam*, § 7 VOB/B Rz. 11.

artige Regenfälle.¹ In diesem Zusammenhang kann auf die Rechtsprechung zu § 6 Nr. 2 Abs. 2 VOB/B zurückgegriffen werden (vgl. hierzu auch Rz. 105 ff.).

185 Entgegen § 6 Nr. 2 VOB/B fallen **Streiks und Aussperrungen** grundsätzlich nicht in den Anwendungsbereich des § 7 VOB/B. Hiermit im Zusammenhang stehende Geschehnisse, wie z. B. Gewalttätigkeiten im Zusammenhang mit einem Streik, können jedoch für den Auftragnehmer unabwendbare Umstände sein.²

e) Zerstörung oder Beschädigung der Leistung

186 Infolge der vorbeschriebenen Risiken muss die ganz oder teilweise ausgeführte Leistung beschädigt oder zerstört worden sein. Der Begriff der **baulichen Anlage** entspricht § 1 VOB/A. Danach ist unter einem Bauwerk „eine unbewegliche, durch Verwendung von Arbeit und Material in Verbindung mit dem Erdboden hergestellte Sache" zu verstehen.³ Zur ausgeführten Leistung iSd. § 7 VOB/B gehören daher nur die mit dem Bauwerk unmittelbar verbundenen, in seine materielle Substanz eingehenden Leistungen. Auf den Grad der Fertigstellung kommt es nicht an. Insofern ist es unbeachtlich, ob die erbrachte Leistung abnahmefähig oder abnahmereif ist.⁴ Nach § 7 Nr. 3 VOB/B gehören zu der ganz oder teilweise ausgeführten Leistung **nicht die noch nicht eingebauten Stoffe** oder Bauteile sowie die Baustelleneinrichtung und Absteckungen. Zu der ganz oder teilweise ausgeführten Leistung gehören ebenfalls **nicht Baubehelfe**, z. B. Gerüste, auch wenn diese als besondere Leistung oder selbständig vergeben sind. Sachen und Arbeiten, die nicht in das Bauwerk eingehen, sowie Vorbereitungs- und Schutzmaßnahmen unterliegen daher nicht dem vorzeitigen Gefahrübergang des § 7 VOB/B.

f) Rechtsfolgen des Gefahrübergangs

187 Unter den Voraussetzungen des § 7 VOB/B hat der Auftragnehmer Anspruch auf Vergütung der zerstörten oder beschädigten Leistung nach Maßgabe des § 6 Nr. 5 VOB/B. Der Auftragnehmer hat die ausgeführten Leistungen **nach den Vertragspreisen abzurechnen**. Daneben sind auch die Kosten zu vergüten, die ihm bereits entstanden und in den Vertragspreisen des nicht ausgeführten Teils der Leistung enthalten sind. Nicht zu vergüten sind die Kosten der Baustellenräumung, da diese nicht von § 6 Nr. 5 VOB/B erfasst, sondern in § 6 Nr. 7 Satz 2 VOB/B geregelt sind. Ist die Höhe der Vergütung nicht bestimmt, ist die **übliche Vergütung** gemäß § 632 Abs. 2 BGB zu bezahlen.⁵ Da § 7 VOB/B nur die vertragsgemäß ausgeführte Leistung meint, mindert sich der Vergütungsanspruch des Auftragnehmers bei der Beschädigung oder Zerstörung einer mangelhaften Leistung um den zur Mängelbeseitigung erforderlichen Betrag, da die Leistung insoweit als noch nicht ausgeführt gelten kann.⁶ Nach § 645 Abs. 1 Satz 1 BGB kann der Auftragnehmer eine Vergütung nur für die Leistungen verlangen, die er bis zu dem Scha-

---

1 OLG Düsseldorf, NJW-RR 1992, 1440, 1441. Im Einzelnen *Heiermann/Riedl/Rusam*, § 7 VOB/B Rz. 11.
2 *Heiermann/Riedl/Rusam*, § 7 VOB/B Rz. 11.
3 BGH, BB 1964, 820.
4 OLG Köln, BauR 1985, 203; *Ingenstau/Korbion*, Rz. 7 zu § 7 Nr. 1–3 VOB/B.
5 *Heiermann/Riedl/Rusam*, § 7 VOB/B Rz. 15.
6 *Heiermann/Riedl/Rusam*, § 7 VOB/B Rz. 15.

densereignis erbracht hat.[1] Da § 7 VOB/B **keine Aufteilung der Gefahr** vorsieht, steht dem Auftragnehmer der Vergütungsanspruch nach § 6 Nr. 5 VOB/B in vollem Umfang zu. Eine Aufteilung nach Verursachungsbeiträgen entsprechend § 254 BGB kommt nicht in Betracht.[2]

Der vorzeitige Gefahrübergang hat keinen Einfluss auf den Fortbestand des Bauvertrags. Die Frage, inwieweit der Auftragnehmer die beschädigte oder zerstörte **Leistung wiederholen** muss, bestimmt sich nicht nach § 7 VOB/B, der lediglich die Vergütungsgefahr regelt. Bei einem VOB-Vertrag kann sich eine solche Pflicht aus dem Anordnungsrecht des Auftraggebers aus § 1 Nr. 4 VOB/B ergeben, das mit einer entsprechenden Vergütungspflicht nach § 2 Nr. 6 VOB/B korrespondiert. Beim BGB-Vertrag bedarf es hingegen einer vertraglichen Vereinbarung. 188

Der Auftragnehmer trägt grundsätzlich die **Darlegungs- und Beweislast**, dass infolge einer der in § 7 Nr. 1 VOB/B genannten Risiken die Vergütungsgefahr auf den Auftragnehmer übergegangen ist. Hierbei hat der Auftragnehmer insbesondere zu beweisen, dass er die Beschädigung oder Zerstörung der Leistung nicht zu vertreten hat und diese auf einem der in § 7 VOB/B genannten Umstände beruhen.[3] 189

4. Kündigungsrecht des Auftraggebers und Auftragnehmers

Dauert eine Unterbrechung **länger als 3 Monate**, können sowohl Auftraggeber als auch Auftragnehmer nach Ablauf dieser Zeit den Vertrag schriftlich kündigen. Die Abrechnung erfolgt dann nach § 6 Nr. 5 und 6 VOB/B. Hintergrund dieser Regelung ist, dass für die Vertragsparteien eine länger als 3 Monate andauernde Unterbrechung unter Umständen nicht zumutbar sein kann. Das Kündigungsrecht greift nur im Falle einer Unterbrechung, also einem Stillstand der Bautätigkeit. Bei Behinderungen, die nicht zu einer Unterbrechung führen, gilt § 6 Nr. 7 VOB/B nicht. 190

a) Dreimonatige Unterbrechung

Im Zeitpunkt der Kündigung muss die Unterbrechung grundsätzlich 3 Monate angedauert haben und noch andauern. Für die **Fristberechnung** gelten die §§ 186 ff. BGB. Insofern kommt eine Vertragskündigung grundsätzlich erst nach Ablauf der 3 Monate in Betracht. Eine 3-monatige Unterbrechung liegt auch dann vor, wenn 3 Monate nach dem verbindlich vereinbarten Beginn der Ausführung mit den Arbeiten noch nicht begonnen wurde. Eine **Verschiebung des Baubeginns**, z. B. infolge verschiedener Planungsänderungen oder Gründungsschwierigkeiten, steht einer Unterbrechung der Bauausführung gleich.[4] 191

Das Kündigungsrecht besteht ausnahmsweise bereits **vor dem Ablauf der 3-Monats-Frist**, wenn die Unterbrechung begonnen hat und mit Sicherheit feststeht, 192

---

1 BGH, BauR 1997, 1021.
2 BGH, NJW 1973, 1698.
3 BGH, BauR 1991, 331.
4 OLG Düsseldorf, BauR 1995, 706.

dass diese länger als 3 Monate andauern wird.¹ Die hierfür erforderliche **Prognose** ist anhand der zum Kündigungszeitpunkt voraussehbaren Umstände zu treffen. In diesem Zusammenhang stellt beispielsweise die hochwasserbedingte Bauunterbrechung (Schürmann-Bau) für den Auftraggeber einen hinreichenden Kündigungsgrund nach § 6 Nr. 7 VOB/B dar.² Die Unterbrechung muss im Zeitpunkt der Kündigung fortbestehen, ohne dass mit einer Wiederaufnahme der Arbeiten in Kürze gerechnet werden kann.³

b) Ausschluss des Kündigungsrechts

193 Auch wenn die Unterbrechung bereits 3 Monate angedauert hat, kann eine Kündigung gegen **Treu und Glauben** verstoßen, wenn die eingetretene Unterbrechung schon bei Vertragsschluss bekannt war oder die Parteien bei Vertragsschluss jedenfalls mit der Möglichkeit längerer Unterbrechungen rechnen mussten, wie dies z. B. bei lang dauernden Bauvorhaben vorkommen kann. Eine Kündigung ist auch dann treuwidrig, wenn nach Ablauf der 3-monatigen Frist feststeht, dass die Arbeiten nunmehr innerhalb weniger Tage wieder aufgenommen werden können, wobei hier im Zeitpunkt der Kündigung feststehen muss, dass eine Fortführung der Leistung in vollem, nach dem Vertrag vorgesehenen Umfang möglich ist.⁴

194 Auch ist es dem Auftragnehmer trotz mehr als 3-monatiger Unterbrechung der Bauausführung nach Treu und Glauben verwehrt, sich auf sein Kündigungsrecht zu berufen, wenn er die **Unterbrechung zu vertreten** oder die Behinderungen, die zu der Unterbrechung geführt haben, selbst verursacht hat oder die hindernden Umstände aus seinem Gefahrenbereich stammen. Aus dem Gesichtspunkt des § 242 BGB ergibt sich nämlich als weitere Voraussetzung des Kündigungsrechts nach § 6 Nr. 7 VOB/B, dass die Ursache der Unterbrechung der Arbeiten nicht in dem Verhalten desjenigen Vertragspartners liegen darf, der die Kündigung erklärt.⁵ Die von einer Partei selbst verursachte oder zu vertretende Unterbrechung **berechtigt** diese somit nicht selbst zur Kündigung, sondern **nur den anderen Vertragsteil**. Ebenso wenig steht der Vertragspartei ein Kündigungsrecht zu, die zwar nicht selbst den Bauablauf unterbrochen hat, die jedoch der anderen Vertragspartei den Grund für die Leistungsunterbrechung gegeben hat.⁶ Andererseits ist es für einen Ausschluss des Kündigungsrechts nicht ausreichend, dass die Gefahr, die sich schließlich in der Unterbrechung verwirklicht hat, lediglich aus dem Risikobereich des Kündigenden stammt (z. B. Beschaffenheit des Hochwasserschutzes).⁷

c) Kündigungserklärung

195 Für die Kündigung ist nach § 6 Nr. 7 VOB/B die **Schriftform** zwingend vorgeschrieben. Diese ist aufgrund der weitreichenden Bedeutung der Aufhebung

---

1 *Kleine-Möller/Merl/Oelmeier*, § 13 Rz. 486; differenzierend *Ingenstau/Korbion*, Rz. 3 zu § 6 Nr. 7 VOB/B.
2 OLG Köln, NJW-RR 2000, 389.
3 *Ingenstau/Korbion*, Rz. 5 zu § 6 Nr. 7 VOB/B.
4 *Ingenstau/Korbion*, Rz. 5 zu § 6 Nr. 7 VOB/B.
5 LG Bonn, NJW-RR 1999, 458.
6 *Kleine-Möller/Merl/Oelmeier*, § 13 Rz. 487.
7 OLG Köln, NJW-RR 2000, 389.

des Bauvertrags Gültigkeitsvoraussetzung. Daneben muss die Kündigungserklärung ihrem Inhalt nach den Willen des Kündigenden zur Beendigung des Vertrags unzweifelhaft erkennen lassen. Ein Verstoß gegen die Schriftform hat daher die Nichtigkeit der Kündigung nach § 125 Satz 2 BGB zur Folge. Bei einer nur mündlichen Kündigung besteht daher der Bauvertrag in seiner bisherigen Form fort.

Die Parteien können im Bauvertrag **abweichend** von Nr. 7 eine mündliche Kündigung für ausreichend erklären.[1] Ggf. kann auch die vorbehaltlose Entgegennahme der formlosen Kündigungserklärung durch den Kündigungsempfänger einen konkludenten Verzicht auf die Schriftform enthalten.[2] Dies kann jedoch beispielsweise dann nicht angenommen werden, wenn der Auftraggeber gleichzeitig mit der Kündigung ein Baustellenverbot ausspricht, dem der Auftragnehmer notgedrungen Folge leistet.[3] 196

Die Kündigung kann auf einen Teil der übertragenen Arbeiten beschränkt werden, wenn sich die Unterbrechung nur auf diesen Teil der Arbeiten bezieht und der von der **Teilkündigung** betroffene Teil der vertraglichen Gesamtleistung von den übrigen **Leistungen abgrenzbar** ist. Beziehen sich die Kündigungsgründe nur auf einen Teil der Leistung, während andere Teile ungehindert fortgeführt werden können, kann eine Kündigung, die sich auch auf den ungehindert ausführbaren Teil erstreckt, unzulässig sein.[4] 197

d) Abrechnung

Nach erfolgter Kündigung sind die **ausgeführten Leistungen** wie bei § 6 Nr. 5 VOB/B abzurechnen. Durch die Verweisung auf § 6 Nr. 6 VOB/B können **auch Schadensersatzansprüche**, die sich ggf. aufgrund der Unterbrechung ergeben haben, abgerechnet werden. Anderweitige Ansprüche (z. B. aus §§ 677 ff., 812 ff., 823 ff. BGB) können ebenfalls abgerechnet werden. Da im Falle des § 6 Nr. 7 VOB/B die vertragliche Beziehung zwischen den Bauvertragsparteien beendet wird, handelt es sich bei der Abrechnung um eine **Schlussrechnung** nach §§ 14, 16 Nr. 3 VOB/B, in die – weiter gehend als bei § 6 Nr. 5 VOB/B – auch Leistungen einzustellen sind, die der Auftragnehmer infolge der Unterbrechung, insbesondere wegen eines Tätigwerdens nach § 6 Nr. 3 VOB/B, erbracht hat. Die Abrechnung nach § 6 Nr. 7 VOB/B löst mit Fälligkeit den Lauf der Verjährungsfrist für die Werklohnforderung aus. 198

Die Werklohnforderung für die erbrachte Leistung bedarf zu ihrer **Fälligkeit** keiner Abnahme des unfertigen Werks.[5] Fälligkeitsvoraussetzung ist jedoch die Vorlage einer prüfbaren Schlussrechnung. Außerdem müssen die weiteren Voraussetzungen des § 16 Nr. 3 Abs. 1 VOB/B vorliegen. Der Auftraggeber muss auch bei der vorzeitigen Vertragsbeendigung in der Lage sein, die Berechtigung der Forderungen zu prüfen, etwaige Abzüge vorzunehmen und mit ggf. bestehenden Ge- 199

---

1 *Ingenstau/Korbion*, Rz. 10 zu § 6 Nr. 7 VOB/B.
2 *Heiermann/Riedl/Rusam*, § 6 Rz. 58.
3 *Kleine-Möller/Merl/Oelmeier*, § 13 Rz. 499.
4 *Motzke* in Beck'scher VOB-Kommentar, § 6 Nr. 7 Rz. 35; OLG Düsseldorf, BauR 1984, 671.
5 BGH, BauR 1987, 95.

genansprüchen aus Pflichtverletzung oder aufgrund einer unberechtigten Kündigung des Vertrags aufzurechnen. Eine Zahlungspflicht des Auftraggebers besteht somit erst nach Vorlage einer prüfbaren Schlussrechnung und anschließender Schlussrechnungsprüfung.[1]

e) Kosten der Baustellenräumung

200 Hat der Auftragnehmer die **Unterbrechung nicht zu vertreten**, darf er nach § 6 Nr. 7 Satz 2 VOB/B auch die Kosten der Baustellenräumung abrechnen, wenn diese nicht bereits durch die Vertragspreise für die ausgeführte Leistung vergütet werden. Wenn und soweit die Kosten der Baustellenräumung im Leistungsverzeichnis bzw. in der Leistungsbeschreibung nicht gesondert ausgewiesen, sondern bereits in der Vergütung für die ausgeführte Leistung enthalten sind, werden sie nicht noch gesondert erstattet. In diesem Fall muss der Auftragnehmer eine **anteilige Berechnung** der Kosten für den ausgeführten Teil und den nicht ausgeführten Teil der Leistung vornehmen. Sind die Kosten der Baustellenräumung dagegen im Vertrag gesondert ausgewiesen, sind diese auch gesondert in Ansatz zu bringen, wobei auch in diesem Fall nur ein entsprechender Teil der Kosten anzusetzen ist, wenn erst ein Teil der Baustelleneinrichtung auf die Baustelle gebracht worden ist.[2]

5. Mustertexte

a) Abrechnung nach Unterbrechung der Bauleistung gemäß § 6 Nr. 5 VOB/B

201 (An den
Auftraggeber)

Bauvorhaben: ....

Abrechnung nach Unterbrechung der Bauleistung gemäß § 6 Nr. 5 VOB/B

Sehr geehrte Damen und Herren,

mit Schreiben vom .... hatten wir Ihnen mitgeteilt, dass wir aufgrund der beim Aushub der Baugrube zutage getretenen Stadtmauer und der nunmehr dadurch bedingten archäologischen Grabungen gezwungen waren, die Bauarbeiten vollständig einzustellen. Wie sich nunmehr herausgestellt hat, werden diese archäologischen Grabungen mindestens noch bis zum .... andauern.

Da unsere Leistung somit für voraussichtlich längere Dauer unterbrochen wird, ohne dass die Leistung dauernd unmöglich wird, rechnen wir nach § 6 Nr. 5 VOB/B die ausgeführten Leistungen nach Vertragspreisen ab, wobei auch die Kosten zu vergüten sind, die uns bereits entstanden sind und die in den Vertragspreisen des nicht ausgeführten Teils der Leistung enthalten sind.

Die Abrechnung entnehmen Sie im Einzelnen der beigefügten Teilschlussrechnung Nr. .... Wir weisen ausdrücklich darauf hin, dass diese Abrechnung keine

---
1 BGH, BauR 1987, 95.
2 *Ingenstau/Korbion*, Rz. 13 zu § 6 Nr. 7 VOB/B.

Schadensersatz- oder Vergütungsansprüche aufgrund der Unterbrechung beinhaltet, die wir ggf. nach deren Beendigung gesondert geltend machen werden.

Mit freundlichen Grüßen

(Auftragnehmer)

b) Kündigung des Bauvertrags wegen längerer Unterbrechung durch den Auftragnehmer (§ 6 Nr. 7 VOB/B)

(An den
Auftraggeber)

202

Bauvorhaben: ....

Kündigung des Bauvertrags wegen längerer Unterbrechung nach § 6 Nr. 7 VOB/B

Sehr geehrte Damen und Herren,

wie Ihnen bekannt ist, sind die Arbeiten an obigem Bauvorhaben seit dem .... aufgrund eines durch die Denkmalschutzbehörde angeordneten Baustopps unterbrochen. Am .... haben Sie uns ein Schreiben der Denkmalschutzbehörde übermittelt, wonach die durchzuführenden archäologischen Grabungen nicht vor dem .... abgeschlossen sein werden, also mindestens noch drei Monate andauern.

Unter Bezugnahme auf § 6 Nr. 7 VOB/B kündigen wir daher den Bauvertrag vom .... Eine Abrechnung über die von uns ausgeführten Leistungen sowie die daneben zu vergütenden Kosten, die uns bereits entstanden sind und in den Vertragspreisen des nicht ausgeführten Teils der Leistung enthalten sind, werden wir Ihnen in Kürze übersenden. Zur Ermittlung des Leistungsstands schlagen wir eine gemeinsame Baustellenbegehung am .... vor.

Da der angeordnete Baustopp von Ihnen zu vertreten ist, weisen wir bereits jetzt auf § 6 Nr. 6 VOB/B hin, wonach uns der hierdurch entstandene Schaden zu ersetzen ist.

Mit freundlichen Grüßen

(Auftragnehmer)

c) Kündigung des Bauvertrags wegen längerer Unterbrechung durch den Auftraggeber (§ 6 Nr. 7 VOB/B)

(An den
Auftragnehmer)

203

Bauvorhaben: ....

Kündigung wegen andauernder Unterbrechung (§ 6 Nr. 7 VOB/B)

Sehr geehrte Damen und Herren,

die Fortsetzung der Bauarbeiten ist seit dem .... unterbrochen. Da die Unterbrechung somit länger als drei Monate andauert, kündigen wir hiermit den zwischen uns abgeschlossenen Bauvertrag gemäß § 6 Nr. 7 VOB/B.

Wir fordern Sie auf, die Baustelle bis zum .... zu räumen sowie unverzüglich nach § 6 Nr. 5 VOB/B die ausgeführten Leistungen nach Vertragspreisen abzurechnen und außerdem die Kosten mitzuteilen, die Ihnen bereits entstanden und in den Vertragspreisen des nicht ausgeführten Teils der Leistung enthalten sind. Da Sie die Unterbrechung zu vertreten haben, werden die Kosten der Baustellenräumung nicht erstattet. Weitergehende Schadensersatzansprüche nach § 6 Nr. 6 VOB/B behalten wir uns ausdrücklich vor.

Mit freundlichen Grüßen

(Auftraggeber)

d) Mitteilung über Vergütungsansprüche nach § 7 VOB/B

204 (An den
Auftraggeber)

Bauvorhaben: ....

Mitteilung über Vergütungsansprüche für beschädigte/zerstörte Leistungen nach § 7 VOB/B)

Sehr geehrte Damen und Herren,

hiermit teilen wir Ihnen mit, dass bei obigem Bauvorhaben die Fassade in der Nacht vom 13. auf den 14. 9. 2001 durch einen mutwilligen Anschlag unbekannter Dritter beschädigt wurde. Die Baustelle war zum damaligen Zeitpunkt entsprechend der vertraglichen Vereinbarung ordnungsgemäß gesichert. Da es sich bei der Beschädigung um ein unabwendbares Ereignis gemäß § 7 Nr. 1 VOB/B handelt, haben wir für diesen ausgeführten Teil der Leistung einen Vergütungsanspruch nach § 6 Nr. 5 VOB/B. Eine entsprechende Abrechnung der Leistung werden wir Ihnen in Kürze übersenden.

Sollten Sie eine Reparatur der beschädigten Fassade durch unser Unternehmen wünschen, bitten wir um eine entsprechende Beauftragung, wobei wir darauf hinweisen, dass uns hierfür eine gesonderte Vergütung zusteht.

Mit freundlichen Grüßen

(Auftragnehmer)

e) Zurückweisung von Vergütungsansprüchen nach § 7 VOB/B

(An den Auftragnehmer)

Bauvorhaben: ....

Vergütung nach § 7 VOB/B bzgl. beschädigter Fassade

Sehr geehrte Damen und Herren,

mit Schreiben vom .... machen Sie unter Berufung auf § 7 VOB/B Vergütungsansprüche für die Reparatur der von Ihnen erstellten und angeblich durch Dritte beschädigten Fassade geltend. Wir weisen diesen Anspruch zurück, weil die Voraussetzungen einen Gefahrübergangs auf uns vor Abnahme weder nach § 7 VOB/B noch aus sonstigen rechtlichen Gründen gegeben sind.

Unsere Festestellungen haben ergeben, dass in der fraglichen Nacht das Tor zur Baustelle unverschlossen und entgegen der vertraglichen Vereinbarung kein Wachdienst auf der Baustelle abgestellt war. Die Beschädigung der Fassade ist daher durch Sie zu vertreten, weil sie bei ordnungsgemäßem Schutz Ihrer ausgeführten Leistungen (§ 4 Nr. 5 VOB/B) verhindert worden wäre.

In Übrigen hatten wir Ihnen bereits mit Schreiben vom .... angezeigt, dass die Verglasung im nun betroffenen Bereich mangelhaft ausgeführt war. Unabhängig von Ihrer ohnehin gegebenen Verantwortlichkeit, wären daher in jedem Fall die Nachbesserungskosten gegenzurechnen.

Mit freundlichen Grüßen

(Auftraggeber)

205

III. Schadensersatzanspruch

1. Anwendungsbereich

§ 6 Nr. 6 VOB/B regelt Schadensersatzansprüche beider Vertragsparteien, wenn die hindernden Umstände von einem Vertragsteil zu vertreten sind. Die Vorschrift enthält eine **Sonderregelung für den Ersatz behinderungsbedingter Verzögerungen**, die andere Anspruchsgrundlagen ausschließt, die auf einer Verschuldenshaftung beruhen, insbesondere die gesetzlichen Ansprüche aus Schuldnerverzug und aus Pflichtverletzung. Entgegen dem Wortlaut des § 6 Nr. 6 VOB/B („die hindernden Umstände") ist der Anwendungsbereich der Vorschrift nicht auf die in § 6 VOB/B ausdrücklich genannten Behinderungsfälle beschränkt.[1] So verweisen auch andere Vorschriften der VOB (§ 5 Nr. 4 Satz 1, § 6 Nr. 7 Satz 2 VOB/B) auf § 6 Nr. 6 VOB/B als Rechtsfolge. Nach der Rechtsprechung des BGH hat § 6 Nr. 6 VOB/B die **Funktion eines Auffangtatbestands** und kommt als Anspruchsgrundlage in allen Fällen in Betracht, in denen eine Partei die hindernden Umstände zu vertreten hat.

206

---

1 OLG Braunschweig, BauR 2001, 1739.

207 § 6 Nr. 6 VOB/B gilt zunächst in allen Fällen der Behinderung, aber auch bei Leistungsstörungen nach § 5 VOB/B bei aufrechterhaltenem Bauvertrag. Ferner findet § 6 Nr. 6 VOB/B bei einem gekündigten Bauvertrag Anwendung, wenn die Kündigung nach § 6 Nr. 7 VOB/B erfolgt. Bei einer Kündigung nach § 5 Nr. 4 iVm. § 8 Nr. 3 VOB/B kommt § 6 Nr. 6 VOB/B zur Anwendung, wenn der kündigende Auftraggeber nicht umfassenden Schadensersatz anstatt der Leistung verlangt, sondern die Fertigstellung der Leistung betreibt und Ersatz des Verzögerungsschadens begehrt.[1] **Keine Anwendung** findet § 6 Nr. 6 VOB/B jedoch, wenn die Leistungsstörung auf einer endgültigen und ernsthaften Erfüllungsverweigerung des Auftragnehmers beruht, da die Haftungsprivilegierung bezüglich des entgangenen Gewinns auf den an sich leistungsbereiten Schuldner zugeschnitten ist.[2] Ebenfalls nicht anwendbar ist § 6 Nr. 6 VOB/B in den Fällen, in denen die Bauverzögerung auf während der Bauausführung erkannte Mängel und deren Beseitigung zurückzuführen ist.[3]

2. Verhältnis zu anderen Anspruchsgrundlagen

208 Beim VOB-Bauvertrag regelt § 6 Nr. 6 VOB/B abschließend alle vertraglichen Ersatzansprüche, die ihren Haftungsgrund in der Behinderung – vornehmlich des Auftragnehmers – haben. In diesen Fällen gibt es also grundsätzlich keine weiteren Ersatzfolgen aus Schuldner- bzw. Gläubigerverzug oder aus allgemeiner Pflichtverletzung. Besondere Bedeutung hat dies insbesondere aufgrund der in § 6 Nr. 6 VOB/B enthaltenen **Haftungsbeschränkung**, wonach ein ggf. entgangener Gewinn nur bei Vorsatz und grober Fahrlässigkeit ersetzt wird, die für jede Art von vertraglichem Schadensersatzanspruch gelten soll. Daneben bleiben jedoch andere vertragliche Ansprüche, die nicht oder nicht nur dem Bereich des Schadensersatzes zugeordnet werden können, unberührt.[4]

209 Neben § 6 Nr. 6 VOB/B als Spezialnorm für Behinderungs-Schadensersatz sind jedoch Ansprüche aus **§ 642 BGB (Entschädigung)** sowie aus **§ 2 Nr. 5 bzw. § 2 Nr. 8 VOB/B (Vergütung)** möglich. Die Abgrenzung vollzieht sich in der Weise, dass § 2 Nr. 5 VOB/B vorrangig zur Anwendung kommt, wenn die Bauablaufstörungen auf Leistungsänderungen oder Mehrmengen beruhen. Geht es um die Verletzung von Mitwirkungspflichten durch den Auftraggeber, kommen nur § 6 Nr. 6 VOB/B oder ggf. § 642 BGB in Betracht. Zunächst sollte hierbei geprüft werden, ob die Voraussetzungen einer Erhöhung der Vergütung nach § 2 Nr. 5 VOB/B vorliegen, bevor auf Schadensersatz nach § 6 Nr. 6 VOB/B oder Entschädigung nach § 642 BGB zurückgegriffen wird.

a) § 6 Nr. 6 VOB/B neben § 642 BGB

210 Wenn der Vertrag nach einer Behinderung aufrechterhalten wird, kann dem Auftragnehmer ein Anspruch auf angemessene Entschädigung aus § 642 BGB zustehen, wenn der Auftraggeber eine ihm obliegende **Mitwirkungshandlung** unter-

---

1 BGH, NJW 1976, 517, 518.
2 BGH, NJW 1976, 517, 518.
3 BGH, NJW 1975, 1701, 1703; NJW 1976, 517, 518.
4 OLG Braunschweig, BauR 2001, 1739.

lässt, die für die Herstellung des Werks erforderlich ist, und dieser dadurch in Annahmeverzug kommt.[1] Dieser Entschädigungsanspruch des Auftragnehmers aus § 642 BGB ist **verschuldensunabhängig**. Allerdings umfasst dieser Entschädigungsanspruch nicht den entgangenen Gewinn und kein Wagnis. Die Mitwirkungspflichten des Auftraggebers, deren Verletzung ggf. Entschädigungsansprüche nach § 642 BGB auslösen können, ergeben sich auch hier im Wesentlichen aus §§ 3 und 4 VOB/B und den entsprechenden DIN-Vorschriften (vgl. hierzu Rz. 61 ff.).

Unter Aufgabe seiner bisherigen Rechtsprechung[2] hat der BGH in einem Grundsatzurteil vom 21. 10. 1999 („Vorunternehmer II")[3] klargestellt, dass der Anspruch aus § 642 BGB neben einem Anspruch aus § 6 Nr. 6 VOB/B bestehen kann. **§ 6 Nr. 6 VOB/B** enthält **keine abschließende Regelung** von Leistungsstörungen, die zu Verzögerungen führen. Der verschuldensunabhängige Entschädigungsanspruch des § 642 BGB knüpft an Obliegenheiten des Auftraggebers an, bei der Herstellung des Werks mitzuwirken.[4] Nach Meinung des BGH handelt es sich bei der Bereitstellung von Vorleistungen nicht um eine Nebenpflicht des Auftraggebers, sondern lediglich um eine Obliegenheit.[5] Diese Aufgabe der bisherigen Rechtsprechung des BGH ist im Schrifttum auf erhebliche Kritik gestoßen.[6]

211

Von besonderer Bedeutung ist die Anwendbarkeit des § 642 BGB für die so genannten „Vorunternehmerfälle", wenn also **verspätete oder mangelhafte Leistungen eines Vorunternehmers** den rechtzeitigen Beginn oder die planmäßige Durchführung der vertraglichen Auftragnehmerleistung behindern. In diesen Fällen scheitert nach Auffassung des BGH eine Zurechnung des Verschuldens von Vorunternehmern nach § 278 BGB an den Auftraggeber, weil die Vorunternehmer im Verhältnis zum betroffenen Auftragnehmer nicht als Erfüllungsgehilfen des Auftraggebers zu qualifizieren sind (vgl. hierzu Rz. 321). Mangels Verschuldenserfordernis greift jedoch § 642 BGB dann ein, wenn der Auftraggeber seiner Mitwirkungsobliegenheit nicht rechtzeitig oder nicht ordnungsgemäß nachkommt, und der Auftragnehmer zu diesem relevanten Zeitpunkt vertraglich leisten darf, zur Leistung bereit und imstande ist und seine Leistung dem Auftragnehmer anbietet. (§§ 294 ff. BGB). Die Anwendbarkeit des § 642 BGB ist jedoch nicht auf diese Fälle beschränkt, sondern kann auch **in sonstigen Fällen** herangezogen werden, wenn ein Schadensersatzanspruch nach § 6 Nr. 6 VOB/B am fehlenden Verschulden des Auftraggebers scheitert, wenn diesen z. B. an der verspäteten Planlieferung oder Erteilung der Baugenehmigung kein Verschulden trifft.

212

Um einen **Annahmeverzug** des Auftraggebers **zu begründen**, muss diesem die Bauleistung zunächst gemäß § 294 BGB tatsächlich angeboten werden. Der Auftragnehmer muss also versuchen, mit der Bauleistung zu beginnen. Ein tatsächliches Anbieten ist nach § 295 BGB nicht erforderlich und ein wörtliches Angebot

213

---

1 BGH, BauR 2000, 722.
2 BGH, BauR 1985, 561.
3 BGH, BauR 2000, 722.
4 OLG Braunschweig, BauR 2001, 1739.
5 Kritisch hierzu: *Kapellmann/Schiffers*, Bd. 1, Rz. 1395.
6 *Ingenstau/Korbion*, Rz. 1 zu § 6 Nr. 6 VOB/B; *Kapellmann/Schiffers*, Bd. 1, Rz. 1394, 1400.

ausreichend, wenn der Auftraggeber bereits vorher erklärt hat, dass er die Leistung nicht annehmen werde oder wenn es zur Bewirkung der Leistung einer Mitwirkung des Auftraggebers bedarf, wenn also beispielsweise die Baugenehmigung oder zur Bauausführung erforderliche Pläne noch nicht vorliegen. Nach § 295 Satz 2 BGB kann anstelle des wörtlichen Angebots der Leistung auch die Aufforderung an den Auftraggeber treten, die erforderliche Mitwirkungshandlung vorzunehmen. Weiter kann ein wörtliches Angebot dadurch zum Ausdruck gebracht werden, dass der Auftragnehmer seine Mitarbeiter auf der Baustelle zur Verfügung hält und zu erkennen gibt, dass er bereit und in der Lage ist, seine Leistung zu erbringen.[1] Ist für die vom Auftrageber vorzunehmende Mitwirkungshandlung eine Zeit nach dem Kalender bestimmt oder aufgrund eines vorauszugehenden Ereignisses bestimmbar, so sind nach § 296 BGB eine solche Aufforderung bzw. ein Leistungsangebot entbehrlich. Nach § 297 BGB muss der Auftragnehmer jedoch bereit und imstande sein, seine Leistung zu erbringen, wobei es auf den Zeitpunkt des Angebots bzw. bei Entbehrlichkeit nach § 296 BGB auf den für die Mitwirkungshandlung bestimmten Zeitpunkt ankommt.

Hinweis:
Die Voraussetzungen des Annahmeverzugs sind einfacher zu begründen, wenn Mitwirkungshandlungen des Auftraggebers bereits im Vertrag zeitlich fixiert sind, z. B. durch vereinbarte Planliefertermine, die entweder kalendermäßig bestimmt sind oder an einen bestimmten Bautenstand anknüpfen. Enthält der Vertrag keine derartigen Vereinbarungen, sollten solche Termine jedenfalls in den Baubesprechungsprotokollen festgehalten werden. Entsprechendes gilt für zur Bauausführung notwendige Vorunternehmerleistungen.

214 Beim VOB-Vertrag ist eine **Behinderungsanzeige** gemäß § 6 Nr. 1 VOB/B weitere Voraussetzung des Entschädigungsanspruchs aus § 642 BGB.[2] Rechtsdogmatisch ist diese zusätzliche Anspruchsvoraussetzung sicherlich fraglich, da nach dem klaren Wortlaut der §§ 294 ff. BGB zur Begründung des Annahmeverzugs ein bloßes Angebot ohne Mitteilung der Gründe der Behinderung ausreichend ist. Andererseits könnte ohne dieses zusätzliche Tatbestandsmerkmal durch Anwendung des § 642 BGB das Erfordernis der Behinderungsanzeige im Rahmen des Schadensersatzanspruchs nach § 6 Nr. 6 VOB/B umgangen werden.[3]

215 Nach § 642 BGB bestimmt sich die **Höhe der Entschädigung** einerseits nach der Dauer des Verzugs und der Höhe der vereinbarten Vergütung, andererseits danach, was der Unternehmer infolge des Verzugs an Aufwendungen erspart oder durch anderweitige Verwendung seiner Arbeitskraft erwerben kann. Die Höhe der Entschädigung bemisst sich daher nicht wie Schadensersatz iSv. § 6 Nr. 6 VOB/B nach der Differenzhypothese (hierzu Rz. 244), sondern **nach Vergütungsmaßstäben** wie bei § 2 Nr. 5, 6 und 8 VOB/B **auf Basis der fortgeschriebenen Auftragskalkulation** ohne Rücksicht darauf, ob überhaupt ein Schaden entstanden ist.[4] Somit können Entschädigungsansprüche als fortgeschriebene Vergütung für

---
1 BGH v. 19. 12. 2002, BauR 2003, 531.
2 BGH, BauR 2000, 722 (Vorunternehmer II).
3 Kritisch hierzu wiederum: *Kapellmann/Schiffers*, Bd. 1, Rz. 1396.
4 *Kapellmann/Schiffers*, Bd. 1, Rz. 1648 ff.

bereitgestelltes Gerät bzw. Personal auch dann bestehen, wenn diese Produktionsfaktoren tatsächlich keine Mehrkosten verursacht haben.

Die Entschädigung berechnet sich somit nach der fortgeschriebenen Kalkulation für **zusätzlich entstehende zeitabhängige Kosten**. In erster Linie sind dies zusätzliche Geräte- und Personalkosten sowie die Kosten für die längere Vorhaltung der Baustelleneinrichtung und der Bauleitung. Andererseits muss sich der Auftragnehmer entsprechend der Regelung in § 649 Satz 2 BGB bzw. § 8 Nr. 1 Abs. 2 VOB/B die Kosten aus der Kalkulation anrechnen lassen, die er infolge des Annahmeverzugs erspart bzw. in der Zeit des Annahmeverzugs anderweitig erwerben kann. Entsprechend der zu § 649 BGB aufgestellten Grundsätze hat der Auftragnehmer daher den beanspruchten Entschädigungsanspruch auf Grundlage seiner Kalkulation zu berechnen und hierbei auch zur Frage der **ersparten Aufwendungen** und des anderweitigen Erwerbs Stellung zu nehmen.[1]   216

Der Entschädigungsanspruch umfasst jedoch nicht **Wagnis und Gewinn**.[2] Daher kann der Auftragnehmer den kalkulatorischen Anteil aus der Vergütung für Wagnis und Gewinn nicht beanspruchen. Den entgangenen Gewinn kann der Auftragnehmer allerdings auch im Rahmen des Schadensersatzanspruchs aus § 6 Nr. 6 VOB/B nur bei grober Fahrlässigkeit oder Vorsatz des Auftraggebers verlangen. Als Sonderform der Vertragsvergütung unterliegt der Entschädigungsanspruch aus § 642 BGB der **Mehrwertsteuer**.[3]   217

Im Rahmen der Beurteilung der Angemessenheit der dem Auftragnehmer zu gewährenden Entschädigung ist auch eine eventuelle eigene Mitwirkung des Auftragnehmers an der Behinderung zu berücksichtigen, so dass in den Fällen der **beiderseitigen Verursachung** im Ergebnis eine Kürzung des Entschädigungsanspruchs gemäß § 254 BGB erfolgt.   218

b) § 6 Nr. 6 VOB/B neben § 2 Nr. 5 VOB/B

§ 2 Nr. 5 VOB/B enthält eine im Anwendungsbereich der VOB/B ausschließlich geltende Sonderregelung für den Mehrvergütungsanspruch des Auftragnehmers, wenn sich durch späteren Eingriff des Auftraggebers der bisherige vertragliche Leistungsinhalt ändert.[4] Der Anspruch auf Anpassung der Vergütung nach § 2 Nr. 5 VOB/B setzt voraus, dass durch eine Änderung des Bauentwurfs oder durch andere Anordnungen des Auftraggebers die Grundlagen des vereinbarten Preises für die im Vertrag vorgesehene Leistung geändert werden. Nach überwiegender Auffassung in der Rechtsprechung besteht zwischen § 6 Nr. 6 VOB/B einerseits und § 2 Nr. 5 VOB/B andererseits aufgrund des unterschiedlichen Regelungsgegenstands **Anspruchskonkurrenz**.[5]   219

---
1 *Vygen/Schubert/Lang*, Rz. 322 f.
2 BGH, BauR 2000, 722; a. A. *Kapellmann/Schiffers*, Bd. 1, Rz. 1650; *Vygen/Schubert/Lang*, Rz. 324.
3 *Kapellmann/Schiffers*, Bd. 1, Rz. 1650; a. A. *Motzke*, in: Beck'scher VOB-Kommentar, § 9 Nr. 3 Rz. 16.
4 OLG Nürnberg, BauR 2001, 409.
5 BGH, NJW 1968, 1234; OLG Celle, BauR 1995, 552; OLG Köln, BauR 1986, 582; OLG Braunschweig, BauR 2001, 1739; *Diehr*, BauR 2001, 1507; a. A. *Kapellmann/Schiffers*, Bd. 1 Rz. 1323 ff.

220 § 2 Nr. 5 VOB/B setzt jedoch eine **Anordnung des Auftraggebers** voraus, wobei es sich um eine einseitige Maßnahme des Auftraggebers handelt, die Ihren Ausgangspunkt in dessen Verantwortungsbereich hat und ihm zuzurechnen ist.[1] Ordnet der Auftraggeber Änderungen des Bauentwurfs nach § 1 Nr. 3 VOB/B oder Zusatzleistungen nach § 1 Nr. 4 VOB/B an, entstehen keine Schadensersatzansprüche aus § 6 Nr. 6 VOB/B, weil es sich hierbei um eine rechtmäßige Verhaltensweise des Auftraggebers handelt. Der Auftragnehmer erhält derartige Leistungen nach § 2 Nr. 5 bzw. § 2 Nr. 6 VOB/B als so genannte Bauinhalts-Nachträge gesondert vergütet. Derartige Anordnungen des Auftraggebers können den Bauablauf dadurch behindern, dass beispielsweise für die geänderte Leistung eine neue Ausführungsplanung des Auftragnehmers erforderlich ist oder bei Zusatzleistungen Lieferzeiten des benötigten Materials abgewartet werden müssen. Gleiches gilt für nachträgliche Änderungen des Bauentwurfs und dadurch bedingte zusätzliche Planungsleistungen aufgrund von Auflagen in der Baugenehmigung.

221 Deshalb können solche **Bauinhalts- bzw. Sachnachträge** auch erhebliche Auswirkungen auf den zeitlichen Ablauf der Baumaßnahme haben. Die dadurch bedingten **Mehrkosten** des Auftragnehmers sind im Rahmen der Nachtragskalkulation zu berücksichtigen. Sind die zeitlichen Auswirkungen der Zusatzleistung bei Abgabe des Nachtragsangebots noch nicht erkennbar gewesen, so hat der Auftragnehmer die Möglichkeit, nachträglich einen so genannten Zeit-Nachtrag zu stellen, der die zeitlichen Auswirkungen kostenmäßig beinhaltet. Voraussetzung hierfür ist jedoch ein entsprechender Hinweis im Sachnachtrag, dass zeitliche Auswirkungen darin nicht erfasst sind. Rechtsgrundlage auch dieses Zeitnachtrags sind jedoch § 2 Nr. 5 bzw. Nr. 6 VOB/B. In diesen Fällen bestehen keine Ansprüche aus § 6 Nr. 6 VOB/B, da sich der Auftraggeber wegen § 1 Nr. 3 und Nr. 4 VOB/B im rechtlich zulässigen Bereich bewegt und daher nicht schuldhaft handelt.[2]

222 Oftmals beruhen Behinderungen auf in der Leistungsbeschreibung nicht erkennbaren und daher auch in der Angebotskalkulation nicht berücksichtigten **Leistungserschwernissen**, wie z. B. abweichende Bodenverhältnisse. Anstatt ausgeschriebenem leichten Fels stößt der Unternehmer auf schweren Fels. Da der Unternehmer in diesen Fällen eine andere Leistung auszuführen hat, als er aufgrund der Leistungsbeschreibung schuldet, liegt ein Fall des § 2 Nr. 5 VOB/B vor.[3] Grundsätzlich stellen Änderungen der Boden und Wasserverhältnisse gegenüber der Ausschreibung zugleich auch Änderungen des Bauentwurfs iSd. § 2 Nr. 5 VOB/B dar, die der Unternehmer nach § 1 Nr. 3 VOB/B auszuführen hat. In diesen Fällen ist es nicht zwingend, dass die Änderung des Bauentwurfs auf eine Eigeninitiative des Auftraggebers zurückgeht. Sie kann vielmehr auch von dritter Seite veranlasst sein oder sich aus technischen Notwendigkeiten ergeben, wie z. B. der vorgefundenen Bodenbeschaffenheit. Diese Grundsätze gelten ebenso für andere

---

1 BGH, NJW 1985, 2475.
2 *Kapellmann/Schiffers*, Bd. 1 Rz. 1401.
3 *Vygen/Schubert/Lang*, Rz. 165; *Kapellmann*, Jahrbuch Baurecht 1999, 1 ff.; a. A. *Keldungs* in Ingenstau/Korbion, Rz. 10 zu § 2 Nr. 5 VOB/B; *Heiermann/Riedl/Rusam*, § 2 VOB/B Rz. 79.

unvermutete Leistungserschwernisse, wie Altlasten, Bauwerksreste, Leitungen oder Kanäle.[1]

Beruhen Behinderungen des Bauablaufs nicht auf einer Anordnung des Auftraggebers, sondern auf einer **unzulänglich erfüllten Bereitstellungs- oder Mitwirkungspflicht**, scheiden Ansprüche aus § 2 Nr. 5 und Nr. 6 VOB/B mangels Anordnung aus. In derartigen Fällen bestehen jedoch regelmäßig **Schadensersatzansprüche** aus § 6 Nr. 6 VOB/B. **Vergütungsansprüche** sind jedoch dann wieder möglich, wenn der Auftragnehmer durch solche Unterlassungen des Auftraggebers zu Leistungsänderungen oder Zusatzleistungen veranlasst oder gar gezwungen wird und der Auftraggeber dies sehenden Auges hinnimmt, da darin eine konkludente Änderungsanordnung des Auftraggebers durch schlüssiges Verhalten zu sehen ist.[2] Daneben sind aber auch Vergütungsansprüche nach § 2 Nr. 8 Abs. 2 Satz 2 und § 2 Nr. 8 Abs. 3 VOB/B möglich. Danach steht dem Auftragnehmer eine Vergütung für nicht beauftragte Leistungen zu, wenn diese für die Erfüllung des Vertrags notwendig waren, dem mutmaßlichem Willen des Auftraggebers entsprachen und ihm unverzüglich angezeigt wurden. 223

Für die Berechnung der **Höhe der Vergütung** gelten die Berechnungsgrundlagen für geänderte oder zusätzliche Leistungen nach § 2 Nr. 5 und Nr. 6 VOB/B entsprechend. Daneben sind nach § 2 Nr. 8 Abs. 3 VOB/B auch die Vorschriften des BGB über die Geschäftsführung ohne Auftrag (§§ 677 ff. BGB) anwendbar. Unter § 2 Nr. 8 VOB/B fallen insbesondere Leistungen, die der Auftragnehmer zur Bewältigung von sich ergebenden **Erschwernissen** erbringt. Hierbei muss es sich nicht zwingend um Bauleistungen handeln. Oftmals entwickelt der Auftragnehmer erforderliche Aktivitäten wegen geänderter Bauumstände (ein ursprünglich für den Materialtransport vorgesehener Weg ist nicht befahrbar und es muss daher ein anderer Transportweg oder sogar eine andere Transportart gewählt werden). Unter § 2 Nr. 8 VOB/B fallen auch Qualitäts- oder Quantitätsabweichungen oder veränderte Bauvorbereitungs- oder Schutzmaßnahmen.[3] Sind derartige Erschwernisse, die **besondere Aktivitäten des Auftragnehmers** erfordern, vom Auftraggeber verschuldet, können Vergütungsansprüche nach § 2 Nr. 8 VOB/B und Schadensersatzansprüche nach § 6 Nr. 6 VOB/B konkurrierend nebeneinander bestehen. 224

Bei komplexen Bauvorhaben, bei denen oftmals eine Fülle von Nachtragsleistungen neben vielen unterschiedlich verursachten Behinderungen stehen, ist eine **Differenzierung der zeitabhängigen Kosten** wegen vom Auftraggeber getroffenen Anordnungen (dann Vergütung nach § 2 Nr. 5, Nr. 6 VOB/B), wegen Erschwerniskosten (dann Vergütung nach § 2 Nr. 8 VOB/B) und wegen Behinderung (dann Schadensersatz nach § 6 Nr. 6 VOB/B) oft nicht oder nur sehr schwer möglich. Eine solche Differenzierung ist jedoch aufgrund der unterschiedlichen Berechnung der Vergütungsansprüche einerseits und der Schadensersatzansprüche andererseits von besonderer Bedeutung. Die Vergütungsansprüche sind anhand der **Auftragskalkulation** des Auftragnehmers, Schadensersatzansprüche nach den **tatsächlich entstandenen Mehrkosten** zu ermitteln. 225

---

1 Hierzu eingehend *Vygen/Schubert/Lang*, Rz. 167 f.
2 OLG Braunschweig, BauR 2001, 1739, 1742.
3 *Kapellmann/Schiffers*, Bd. 1 Rz. 1402 f.

226 Diese Unterscheidung wirkt sich besonders dann aus, wenn in der Angebotskalkulation keine oder **zu geringe zeitabhängigen Baustellengemeinkosten** ausgewiesen sind. In diesen Fällen kann sich der Auftragnehmer bei tatsächlicher Anspruchskonkurrenz aussuchen, ob er insgesamt Vergütungs- oder Schadensersatzansprüche geltend macht. In den letztgenannten Fällen wird er sicherlich den Weg über Schadensersatz aus § 6 Nr. 6 VOB/B wählen, da er seinen Schaden hier losgelöst von der Urkalkulation berechnen kann. Zu beachten ist in diesem Zusammenhang auch, dass Nachtragsangebote nach § 2 Nr. 5 oder 6 VOB/B grundsätzlich alle durch Änderungsanordnungen verursachten Mehrkosten einschließlich der zeitabhängigen beinhalten müssen. Im Falle der Beauftragung des Nachtragsangebotes kann im Einzelfall für den Auftragnehmer keine Möglichkeit mehr bestehen, nachträglich die infolge der Anordnung entstandenen Mehrkosten gesondert über § 6 Nr. 6 VOB/B geltend zu machen, da man grundsätzlich davon ausgehen kann, dass das Nachtragsangebot sämtliche Mehrleistungen umfasst.[1]

Hinweis:
Um eine solche **Präklusion mit etwaigen Behinderungsschäden** zu vermeiden, sollte der Unternehmer bei Abgabe seines Nachtragsangebots klarstellen, ob darin die neben der leistungsbezogenen Mehrvergütung ggf. zusätzlich anfallenden bauzeitbedingten Mehrkosten bereits berücksichtigt sind oder ob diese später noch gesondert geltend gemacht werden. Ein solcher Hinweis dürfte grundsätzlich geboten sein, weil die Auswirkungen von Nachtragsleistungen auf die Bauzeit im Zeitpunkt der Nachtragsbeauftragung zumeist noch nicht überschaubar sind.

3. Allgemeine Anspruchsvoraussetzungen

a) Behinderung des Geschädigten

227 Der Begriff „hindernde Umstände" umfasst alle Störungen des Auftraggebers und des Auftragnehmers, die hindernd auf die **Ausführung der Leistung** einwirken, indem sie den vorgesehenen Leistungsablauf **hemmen oder verzögern** und sich dadurch auf die vorgesehene Bauzeit auswirken.[2] Die hindernden Umstände müssen adäquat-kausal zu einem Schaden führen. Erforderlich ist also ein Ursachenzusammenhang zwischen der Störung des Bauablaufs und den behaupteten Mehrkosten. Dies ist z. B. dann nicht der Fall, wenn die Baugenehmigung erst 3 Monate nach Baubeginn erteilt wird und der Auftragnehmer trotz diesbezüglich vorhandener Kenntnis mit der Bauleistung begonnen hat und auch bei früherer Erteilung nicht anders (früher, schneller oder mehr) gearbeitet hätte, als er dies tatsächlich getan hat.[3] Ebenso mangelt es an der erforderlichen Kausalität, wenn sich eine verspätete Planübergabe aufgrund **kalkulierter Pufferzeiten** nicht auswirkt.

b) Behinderungsanzeige

228 Dem **Auftragnehmer** steht ein Schadensersatzanspruch nach § 6 Nr. 6 VOB/B nur zu, wenn er die maßgeblichen Behinderungen ordnungsgemäß angezeigt hat oder

---
1 OLG Düsseldorf, BauR 1996, 267.
2 BGHZ 48, 78; OLG Nürnberg, BauR 2001, 409.
3 BGH, BauR 1976, 128.

wenn die Anzeige ausnahmsweise deshalb entbehrlich war, weil die hindernden Umstände dem Auftraggeber offenkundig bekannt waren (§ 6 Nr. 1 VOB/B). Für den Schadensersatzanspruch des Auftraggebers bedarf es keiner Behinderungsanzeige.

Eine Behinderungsanzeige ist insbesondere auch dann erforderlich, wenn der Auftragnehmer sein Schadensersatzbegehren auf **beauftragte Nachtragsleistungen**, die grundsätzlich Behinderungen iS von § 6 Nr. 6 VOB/B darstellen, stützt. Aufgrund der Anzeige muss der Auftraggeber nämlich erwägen können, ob er selbst durch einen Zusatzauftrag einen Behinderungstatbestand schafft und dabei mögliche Ersatzansprüche in Kauf nimmt, oder ob er den Zusatzauftrag des Kostenrisikos wegen zunächst zurückstellt.[1] In diesem Fall sollen zum erforderlichen Inhalt der Behinderungsanzeige auch Angaben zum ungefähren Umfang und zur ungefähren Höhe des Ersatzanspruchs gehören.[2] Diese vom OLG Koblenz vertretene Rechtsauffassung überspannt die Anforderungen an eine ordnungsgemäße Behinderungsanzeige. M. E. liegt in einem solchen Fall der Beauftragung von Nachtragsleistungen **Offenkundigkeit** vor. Wenn der Auftraggeber zusätzliche Leistungen beauftragt, dürfte er sich darüber im Klaren sein, dass damit eine Bauzeitverlängerung verbunden ist, die zu zusätzlichen Ansprüchen des Auftragnehmers führen kann. Angaben zu Umfang und Höhe des Ersatzanspruchs sind nicht zwingender Inhalt einer Behinderungsanzeige (vgl. auch Rz. 29).[3]

229

c) Verschulden des Schädigers

Die Behinderungen müssen von dem in Anspruch genommenen Auftraggeber oder Auftragnehmer bzw. dessen Erfüllungsgehilfen (§ 278 BGB) zu vertreten sein. **Vertretenmüssen** setzt Verschulden iSd. § 276 BGB, also Vorsatz oder Fahrlässigkeit, voraus. Im Gegensatz zum Anspruch des Auftragnehmers auf Fristverlängerung (§ 6 Nr. 2 Abs. 1 Buchst. a) reicht die bloße Zurechenbarkeit nach Risikosphären für die Geltendmachung von Schadensersatzansprüchen nicht aus. Ein **Gläubigerverzug** (z. B. bei der Verletzung von Mitwirkungspflichten durch den Auftraggeber) kann die Schadensersatzhaftung nur begründen, wenn dem Gläubiger ein Verschulden vorzuwerfen ist, obwohl § 293 BGB ein Verschulden nicht voraussetzt.[4]

230

Eine Vertragspartei handelt dann **fahrlässig**, wenn sie die Behinderung bei Anlegung objekt-üblicher Maßstäbe hätte vorhersehen und sie hätte vermeiden können. Hierbei ist gegen mögliche Behinderungen umfassend Vorsorge zu treffen, wobei auch Unbequemlichkeiten und zeitliche sowie finanzielle Opfer ggf. auf sich zu nehmen sind. Auch die leichteste Fahrlässigkeit begründet noch ein maßgebliches Verschulden.[5] Die Unterscheidung zwischen einfacher Fahrlässigkeit einerseits und grober Fahrlässigkeit sowie Vorsatz andererseits ist für die Haf-

231

---

1 OLG Koblenz, NJW-RR 1988, 851.
2 OLG Koblenz, NJW-RR 1988, 851.
3 BGH, BauR 1990, 211, 212.
4 *Kapellmann/Schiffers*, Bd. 1, Rz. 1344.
5 *Heiermann/Riedl/Rusam*, § 6 VOB/B Rz. 43.

tungsfolgen von Bedeutung, da im Falle von grober Fahrlässigkeit und Vorsatz auch der **entgangene Gewinn** zu ersetzen ist.

232 Ohne einen konkreten Verschuldensnachweis hat jede Partei immer ihre **finanzielle Leistungsfähigkeit** zu vertreten.[1] Wenn z. B. der Auftraggeber während der Bauausführung in Finanzierungsschwierigkeiten gerät und der Auftragnehmer wegen Nichtleistung fälliger Zahlungen nach § 16 Nr. 5 Abs. 3 Satz 3 VOB/B berechtigt die Arbeiten einstellt, kann er Ersatz seiner Stillstandskosten nach § 6 Nr. 6 VOB/B verlangen, auch wenn der Auftraggeber seine Finanzschwäche nicht fahrlässig herbeigeführt hat.[2] Das Verhalten von **Erfüllungsgehilfen** wird gemäß § 278 BGB zugerechnet. Beispielsweise ist der Architekt des Bauherrn hinsichtlich der rechtzeitigen Planbeistellung dessen Erfüllungsgehilfe gegenüber dem Unternehmer.

d) Darlegungs- und Beweislast

233 Zur Darlegung eines Schadensersatzanspruchs nach § 6 Nr. 6 VOB/B reicht die Angabe des geplanten und des tatsächlichen Baubeginns nicht aus. Vielmehr sind der **gesamte geplante und der tatsächliche Zeitablauf** gegenüberzustellen, wobei die geplanten Soll-Bau-Abläufe ohne Behinderung mit den Ist-Bauabläufen konkret zu vergleichen sind (Eingehend hierzu Rz. 244 ff.).

234 Dem Anspruchsteller kommt bezüglich des Verschuldens des Anspruchsgegners eine **Beweiserleichterung** zugute. Dieser hat zunächst nur darzulegen und zu beweisen, dass hindernde Umstände vorgelegen haben, die ursächlich für die Mehrkosten geworden sind. Der in Anspruch genommene Bauherr bzw. Unternehmer hat dann den Beweis zuführen, dass er diese hindernden Umstände nicht zu vertreten hat.[3]

Hinweis:
Der Unternehmer, der die Erstattung vom Mehrkosten infolge von Bauzeitverlängerung gemäß § 6 Nr. 6 VOB/B geltend machen will, muss also zunächst nur im Einzelnen darlegen, dass er in der Ausführung seiner Leistung behindert worden ist, er die Behinderung angezeigt hat oder diese offenkundig war, dass die Behinderung ihre Ursache im Verantwortungsbereich des Auftraggebers hatte und welche Mehrkosten ihm durch die Behinderung tatsächlich entstanden sind. Sache des Auftraggebers ist es dann, im Einzelnen darzulegen und nachzuweisen, dass ihn an der eingetretenen Behinderung kein Verschulden trifft.[4]

235 Diese **Beweislastverteilung** folgt aus einer entsprechenden Anwendung des § 282 BGB, wonach sich der Schuldner eines Schadensersatzanspruchs vom Vorwurf des Verschuldens entlasten muss. Die Beweislast kann sich aber umkehren, wenn die Parteien bereits während der Bauausführung über einen konkret dargelegten Schadensersatzanspruch des Auftragnehmers (hier wegen Planungsfehlern und unbrauchbarer Ausführungszeichnungen) verhandelt haben und der Auftrag-

---

1 OLG München, BauR 1992, 74.
2 *Kapellmann/Schiffers*, Bd. 1, Rz. 1344.
3 BGH, BauR 1971, 202.
4 *Vygen*, BauR 1983, 414, 420; OLG Düsseldorf, BauR 1988, 487; BauR 1991, 774.

geber die Mehrkostenaufstellung des Auftragnehmers geprüft und diesem dann in einem Prüfvermerk bestätigt hat, dass die Schadensersatzforderung im Umfang des nach der Prüfung festgestellten Betrags für berechtigt angesehen und nicht bestritten werde.[1]

Bei einer Behinderung infolge **verspäteter Planübergabe** durch den Auftraggeber, ist es zur schlüssigen Darlegung ausreichend, wenn die Vertragsparteien der Bauausführung einen Bauzeitenplan zugrunde gelegt haben, aus dem sich die Planvorlagetermine mit den entsprechenden Vorlaufzeiten ergeben, wobei es nicht maßgebend ist, ob es sich bei den darin enthaltenen Fristen um verbindliche Vertragsfristen handelt. Sind dem Bauzeitenplan die erforderlichen Vorlaufzeiten zu entnehmen, bedarf es keiner besonderen Anforderung mehr durch den Auftragnehmer.[2] 236

Zusätzlich muss der Auftragnehmer noch darlegen, dass sich die verspätete Übergabe der freigegebenen Pläne hindernd auf den Bauablauf ausgewirkt haben. In diesem Zusammenhang gilt jedoch der Erfahrungssatz, dass verspätet übergebene Pläne zu einer Störung des Bauablaufs führen.[3] Dennoch ist wiederum allein die Darlegung einer verspäteten Übergabe freigegebener Pläne **nicht ausreichend**. Auch genügen allgemein gehaltene Hinweise, dass die verspätete Übergabe freigegebener Pläne zu Störungen des Bauablaufs geführt haben, die ggf. durch Beschleunigungsmaßnahmen ausgeglichen wurden, nicht den Anforderungen an die Darlegung für eine Behinderung. Vielmehr bedarf es einer konkreten bauablaufbezogenen Darstellung der einzelnen Behinderungen und deren Auswirkung.[4] Im Rahmen dieser Darstellung sind grundsätzlich auch Umstände zu berücksichtigen, die **aufgetretene Behinderungen kompensieren**, z. B. wenn andere Bauabschnitte, hinsichtlich derer freigegebene Pläne vorliegen, vorgezogen wurden oder wenn erforderliche Vorbereitungsmaßnahmen anhand von vorhandenen Vorabzügen durchgeführt werden konnten.[5] 237

e) Beiderseitiges Verschulden an der Behinderung

§ 6 Nr. 6 VOB/B enthält keine Regelung für den häufig auftretenden Fall, dass die hindernden Umstände von beiden Vertragsteilen zu vertreten sind. Ein solches beiderseitiges Verschulden an einer behinderungsbedingten Verzögerung kann in zwei Gestaltungen auftreten. Zum einen kann es sein, dass unterschiedliche hindernde Umstände den Bauablauf gestört haben, wobei für die eine oder mehrere Behinderungen ausschließlich der Auftraggeber verantwortlich ist, weil er z. B. erforderliche Pläne zu spät übergeben hat. Einen anderen Teil der Behinderungstatbestände hat hingegen ausschließlich der Auftragnehmer zu vertreten, z. B. weil ungeeignetes Material auf der Baustelle angeliefert wird. In diesen Fällen können jeweils gesonderte **gegeneinander gerichtete Schadensersatzansprüche** bestehen. Jede Partei kann von der anderen nur den Schaden ersetzen verlangen, der seine Ursache in den vom anderen Vertragspartner zu vertretenden Um- 238

---

1 OLG Zweibrücken, BauR 2002, 1857.
2 BGH, BauR 2002, 1249.
3 BGH, BauR 2002, 1249.
4 BGH, BauR 2002, 1249.
5 *Vygen/Schubert/Lang*, Rz. 256.

ständen hat.¹ Diese wechselseitigen Schadensersatzansprüche sind jedoch in der Praxis aufgrund erheblicher Beweisschwierigkeiten hinsichtlich der Zurechnung der Auswirkungen sowie des Schadens schwer durchsetzbar.

239 Daneben ist der Fall denkbar, dass beide Vertragspartner **gemeinsam** einen Behinderungstatbestand **zu verantworten** haben. Beispielsweise legt der Auftraggeber die zur Fortsetzung der Arbeiten erforderlichen Pläne verspätet vor. Der Auftragnehmer hat bereits im Vorfeld erkannt, dass sich ein Planlieferverzug abzeichnet, ist jedoch untätig geblieben und hat es unterlassen, dem Auftraggeber in Form einer rechtzeitigen Mitteilung aufzuzeigen, welche Pläne er am dringlichsten benötigt. In diesen Fällen einer beiderseitigen Verantwortlichkeit für einzelne hindernde Umstände, erfolgt unter Heranziehung des Rechtsgedankens des § 254 BGB eine **Haftungsquotelung**, wobei sich die Verteilung nach der Schwere der einzelnen Verursachungsbeiträge richtet.² Die Bewertung, inwieweit die Verursachungsbeiträge der Parteien im Einzelnen den Schaden verursacht haben, kann hierbei nach § 287 ZPO geschätzt werden.³ Im Rahmen der Beurteilung der einzelnen Verursachungsbeiträge ist der jeweiligen Partei auch die Verantwortlichkeit bzw. das Verschulden seiner **Erfüllungsgehilfen** nach § 278 BGB zuzurechnen.

Hinweis:
Ein **alleiniges Verschulden des Auftragnehmers** liegt jedoch vor, wenn dieser die Erbringung seiner Leistung davon abhängig macht, dass der Auftraggeber eine Handlung vornimmt, die erst durch ein eigenes vertragswidriges Verhalten des Auftragnehmers, z. B. den Verzug mit der eigenen Leistung notwendig wird.⁴ Daher liegt kein Fall der Schadensteilung nach § 254 BGB vor, wenn der Auftragnehmer die Behinderung zunächst selbst zu vertreten hat und der Auftraggeber bezüglich dieser Erschwernis keine Abhilfe schafft.

240 Anders beurteilt sich die Schadensverteilung im Falle der so genannten **Doppelkausalität** (hierzu auch Rz. 89). Es kann auf obiges Beispiel verwiesen werden. Dem Auftraggeber wird die erforderliche Baugenehmigung verspätet erteilt. Gleichzeitig kann jedoch auch der Auftragnehmer die zur Aufstellung des Gerüsts erforderliche Prüfstatik nicht rechtzeitig vorlegen. Solange die Baugenehmigung nicht erteilt ist, kann der Auftraggeber keinesfalls Schadensersatzansprüche vom Auftragnehmer verlangen, da er eine eigene gläubigerseits geschuldete Leistung nicht erbracht bzw. nicht angeboten hat. In analoger Anwendung des § 295 BGB, wonach der Schuldner selbst leistungsbereit sein muss, wenn er den Gläubiger in Annahmeverzug versetzen will, gerät der Auftragnehmer (Schuldner) bei eigener Fristüberschreitung dann nicht in Verzug, solange der Auftraggeber (Gläubiger) eine eigene erforderliche Mitwirkungshandlung nicht erbringt.⁵

241 Bezogen auf das vorgenannte Beispiel kann der Auftraggeber solange keinen Schadensersatz verlangen, bis er selbst die erforderliche Baugenehmigung vorgelegt

---

1 *Vygen/Schubert/Lang*, Rz. 260.
2 BGH, BauR 1993, 600; BauR 1986, 206.
3 BGH, NJW-RR 1988, 1373.
4 BGH, BauR 1986, 206.
5 *Kapellmann/Schiffers*, Bd. 1, Rz. 1356.

hat. Im Gegenzug kann sich aber auch der Auftragnehmer (Schuldner) nicht auf die vom Auftraggeber verursachte Fristüberschreitung berufen, solange er nicht selbst leistungsbereit ist. Dies ergibt sich aus einer direkten Anwendung des § 295 BGB, wonach der Gläubiger nicht in Annahmeverzug gerät, wenn der Schuldner seinerseits nicht leisten kann. Im obigen Beispiel kann der Auftragnehmer auch vom Auftraggeber erst ab dem Zeitpunkt Schadensersatzansprüche aus § 6 Nr. 6 VOB/B geltend machen, zu dem er selbst die nötige Prüfstatik vorgelegt hat.[1]

4. Der Schaden

Gemäß § 6 Nr. 6 VOB/B hat der geschädigte Vertragspartner, wenn die hindernden Umstände vom anderen Teil zu vertreten sind, Anspruch auf Ersatz des nachweislich entstandenen Schadens, des entgangenen Gewinns aber nur bei Vorsatz oder grober Fahrlässigkeit.

242

a) Inhalt und Umfang des Anspruchs

Der Umfang des vom Schädiger zu ersetzenden Schadens bestimmt sich nach den **allgemeinen Grundsätzen** der §§ 249 ff. BGB. Unter den Schadensbegriff im Sinne des § 6 Nr. 6 VOB/B fallen daher grundsätzlich alle Vermögensnachteile, die adäquat-kausal auf die vom Vertragsgegner zu vertretenden hindernden Umstände zurückzuführen sind. Zu ersetzen sind daher grundsätzlich alle Vermögensnachteile, die der Anspruchsteller durch die Behinderung an seinem Vermögen oder an seinen sonstigen rechtlich geschützten Gütern erleidet. Den entgangenen Gewinn kann der Geschädigte allerdings nur verlangen, wenn der Schädiger die Behinderung mit qualifiziertem Verschulden, also Vorsatz oder grober Fahrlässigkeit verursacht hat.

243

b) Schadensberechnung

Die Schadensberechnung hat grundsätzlich konkret zu erfolgen. Der Geschädigte muss also im Einzelnen darlegen, welche konkreten Mehrkosten ihm durch die Behinderung tatsächlich entstanden sind.[2] Die Ermittlung, ob und inwieweit ein Schaden entstanden ist, erfolgt nach der herrschenden **Differenztheorie**. Danach wird der Schaden im Wege eines **Soll-Ist-Vergleichs** durch die Gegenüberstellung der kalkulierten und der tatsächlich entstandenen Kosten ermittelt.[3] Zunächst kommt es also auf die durch die Behinderung konkret geschaffene Vermögenslage des Geschädigten an. Diese wird verglichen mit derjenigen Vermögenslage, die bei ordnungsgemäßem Ablauf der Dinge, also ohne die Behinderung, entstanden wäre. Aus der sich daraus ergebenden Differenz errechnet sich der Schaden. Mit anderen Worten ist die tatsächliche Vermögenssituation des Geschädigten nach erfolgter Behinderung mit der hypothetischen Vermögenssituation zu vergleichen, die ohne Behinderung bestünde.[4] Die Schadensberechnung nach der Diffe-

244

---
1 *Kapellmann/Schiffers*, Bd. 1, Rz. 1357.
2 BGH, BauR 1986, 347, 1684.
3 OLG Braunschweig, BauR 2001, 1739, 1745.
4 BGH, BauR 1986, 347.

renzhypothese ist jedoch anschließend noch einer **normativen Kontrolle** zu unterziehen, die sich einerseits an der jeweiligen Haftungsgrundlage, also dem sie ausfüllenden haftungsbegründenden Ereignis, und andererseits an der darauf begründenden Vermögensminderung orientiert und dabei auch die Verkehrsanschauung berücksichtigt.[1]

245 Bei der Ermittlung der hypothetischen Aufwendungen ohne Behinderung ist eine detaillierte Prognose des Soll-Aufwands gerade bei länger andauernden Bauvorhaben oftmals nicht möglich ist. Die als Basis für die Berechnung der Höhe des Schadensersatzanspruchs heranzuziehenden hypothetischen Kosten ohne Behinderung können und müssen aus diesem Grund nur annähernd ermittelt werden.[2] Diese **Näherungsberechnung der hypothetischen Baukosten** bedarf jedoch wiederum einer ausreichenden Grundlage durch laufende Informationen über den Bauablauf bis zum Eintritt der Behinderung, damit das Ergebnis jedenfalls einer Plausibilitätskontrolle unterzogen werden kann.
Die tatsächlich durch die Behinderung entstandenen Kosten müssen jedoch konkret dargelegt werden. Hier ist eine nur annähernde Berechnung nicht ausreichend.

246 **Hinweis:**
Um die Problematik der konkreten Schadensberechnung zu umgehen, vereinbaren die Vertragsparteien oftmals individuell oder im Rahmen von Allgemeinen Geschäftsbedingungen **Einheitspreislisten**, in welchen mögliche künftige Behinderungsfolgen im Voraus festgelegt werden. Die Auftraggeber versuchen hierbei oftmals unbekannte Behinderungsfolgen durch den Auftraggeber durch entsprechende Eintragungen in Einheitspreislisten bewerten zu lassen. Im Rahmen von Individualvereinbarungen sind derartige als Eventualposition zu fassende Einheitspreislisten zulässig. Im Rahmen von Allgemeinen Geschäftsbedingungen wird eine Zulässigkeit jedoch an § 307 BGB scheitern, weil es in diesen Fällen je nach Zeitpunkt, Umfang und Auswirkung der Behinderungen vom Zufall abhängen dürfte, ob der Auftragnehmer tatsächliche eine Kompensation für die ihm entstehenden Mehrkosten erlangt. Im Ergebnis kann es sich in diesen Fällen um einen (Teil-) Ausschluss von Ansprüchen des § 6 Nr. 6 VOB/B handeln.

247 **Übersicht: Durchführung der konkreten Schadensberechnung**

Der ersatzfähige behinderungsbedingte Schaden bestimmt sich durch folgende Parameter:
▷ hypothetischer Soll-Aufwand (ohne Behinderung)
▷ tatsächlicher Ist-Aufwand (unter Berücksichtigung der Behinderungen)
▷ behinderungsbedingte Mehrkosten (Differenz)

248 Ausgangspunkt der konkreten Schadensberechnung ist die Ermittlung der **zeitlichen Auswirkungen** der vom Anspruchsgegner (zumeist Auftraggeber) zu vertretenden Behinderungen. Dies erfolgt durch eine Gegenüberstellung der ursprüng-

---

1 BGH, NJW 1998, 302; BauR 1979, 343.
2 *Kapellmann/Schiffers*, Bd. 1, Rz. 1499.

lich geplanten und ggf. vertraglich vereinbarten Soll-Bauzeit (ohne Behinderungen) mit der tatsächlichen Ist-Bauzeit, aufgrund der aufgetretenen und vom Anspruchsgegner verschuldeten Behinderungen.[1] Die **Soll-Bauzeit** wird hierbei regelmäßig durch einen vertraglich vereinbarten oder jedenfalls gemeinsam zugrunde gelegten Bauzeitenplan (Balkenplan oder Netzplan) ermittelt. Dieser Bauzeitenplan ist zunächst (sachverständig) auf seine Plausibilität und Realisierbarkeit zu überprüfen. Bei erst später im Laufe der Bautätigkeit auftretenden Behinderungen spricht für eine Realisierbarkeit, wenn der geplante Bauablauf zunächst weit gehend eingehalten wurde.

Diese geplante Soll-Bauzeit ist nun der **tatsächlichen Ist-Bauzeit** gegenüber zu stellen. Diese Ist-Bauzeit ist jedoch zunächst um die Verlängerungszeiten zu bereinigen, die durch Störungen aus dem Verantwortungsbereich des Anspruchstellers herrühren. Ggf. sind noch die so genannten **Sekundärverzögerungen** wie das Wiederanlaufen der Baustelle sowie die Verschiebung der Arbeiten in eine ungünstigere Jahreszeit zu berücksichtigen. Erst dann gelangt man zu der reinen dem Anspruchsgegner zuzurechnenden Bauzeitverlängerung, die dann als zeitliche Komponente in die Berechnung des Schadensersatzanspruchs hinsichtlich der zeitabhängigen Mehrkosten einfließt. Daneben können sich zeitunabhängige Mehrkosten ergeben, wozu insbesondere die Kosten zählen, die dem Auftraggeber infolge durchgeführter Beschleunigungsmaßnahmen entstehen. 249

In Anwendung der für die Schadensberechnung maßgeblichen **Differenzhypothese** ermittelt sich der Schadensersatzanspruch aus einem Vergleich der hypothetischen Vermögenslage, also des hypothetischen Aufwands bei störungsfreier Bauausführung mit der tatsächlichen Vermögenslage aufgrund des gestörten Bauablaufs. Maßgeblich sind also die Mehrkosten, die dem Anspruchsteller aufgrund des störungsmodifizierten Bauablaufs gegenüber den kalkulierten Kosten bei störungsfreier Bauausführung entstehen. 250

aa) Feststellung des hypothetischen Soll-Aufwands

Basis der konkreten Schadensberechnung ist der hypothetische Soll-Aufwand, also der Aufwand, der dem Auftragnehmer für eine Fertigstellung seiner Leistung ohne die eingetretenen (vom Auftraggeber zu vertretenden) Behinderungen entstanden wäre. Diese **hypothetische Kostenberechnung** muss einerseits so wirklichkeitsnah als möglich erfolgen. Andererseits dürfen die Anforderungen, die an diese hypothetische Kostenermittlung gesetzt werden auch nicht überspannt werden, so dass grundsätzlich die plausible Darstellung der Kausalverläufe ausreichend ist. 251

Hinweis: 252
Gelegentlich kommt es vor, dass sich mehrere Behinderungstatbestände überlagern. Hierbei ist es von Bedeutung, ob diese Behinderungen alternativ, also jede Behinderung für sich, oder kumulativ und damit in ihrer Gesamtheit zur eingetretenen Bauzeitverzögerung führen. Bei einer **alternativen Überlagerung** behindern mehrere Behinderungstatbestände unabhängig voneinander und jede

---
1 Detailliert hierzu *Vygen/Schubert/Lang*, Rz. 296.

für sich den Bauablauf. Dies ist z. B. dann der Fall, wenn einerseits der Auftraggeber einen zur Fortsetzung der Arbeiten erforderlichen Plan nicht übergibt, andererseits der Auftragnehmer mit der entsprechenden Leistung nicht beginnen kann, weil eine von ihm selbst zu erbringende Vorleistung noch nicht fertig gestellt ist. Zwar wird diese eigene Unzulänglichkeit des Auftragnehmers durch die verspätete Planübergabe überlagert. Bei der Ermittlung der hypothetischen Mehrkosten (ohne vom Auftraggeber zu vertretende Behinderungen) ist diese überlagerte Behinderung jedoch zu berücksichtigen.

Bei **kumulativen** Behinderungstatbeständen, wenn also mehrere Behinderungstatbestände in ihrer Summe zu einer Behinderung von bestimmter Dauer führen, muss zur Ermittlung des hypothetischen Soll-Aufwands zunächst eine Differenzierung vorgenommen werden, in welcher Weise sich die vom Auftragnehmer zu vertretende Behinderung ohne Berücksichtigung der anderen (von Auftraggeber zu vertretenden) Behinderung zeitlich ausgewirkt hätte. Der hypothetische Soll-Aufwand ist daher allein unter Berücksichtigung der nicht vom Auftraggeber zu vertretenden Behinderungen zu ermitteln.

253 Zur **Ermittlung** des hypothetischen Aufwandes des Auftragnehmers ohne Behinderung als Basis der Schadensberechnung gibt es im Wesentlichen **zwei Möglichkeiten**.[1] Wirken sich Behinderungen **nur auf einen Teil der Baustelle** aus und kann in anderen Bauabschnitten ungehindert gearbeitet werden, so kann ein Vergleich gezogen werden zwischen den **unbehinderten Arbeitsvorgängen** in dem von der Behinderung nicht betroffenen Bereich und den tatsächlich behinderten Arbeitsvorgängen. Gleiches gilt, wenn sich bestimmte Arbeitsgänge wiederholen und die Behinderung sich nicht in allen Bauphasen auswirkt. In diesen Fällen kann der hypothetische Aufwand des Auftragnehmers ohne Behinderung durch eine Bezugnahme auf den tatsächlich in diesen ungestörten Bauabschnitten oder Bauphasen angefallenen Aufwand ermittelt werden. Es stellt eine ausreichende plausible Annahme dar, dass der Auftragnehmer in dem von der Behinderung betroffenen Bereich oder in der betroffenen Bauphase ohne eine solche Behinderung den selben Aufwand gehabt hätte, wenn er ungehindert hätte arbeiten können.

254 Voraussetzung für die Gegenüberstellung sind natürlich vergleichbare Sachverhalte. Die zu erbringende Leistung und die jeweiligen Bauabläufe müssen also zumindest ähnlich sein. Liegt eine solche Vergleichbarkeit vor, dürfte auch nichts dagegen sprechen, Abläufe an einer anderen Baustelle heranzuziehen. In solchen Fällen kann der Auftragnehmer durch eine auf die Baudokumentation gestützte Gegenüberstellung von Soll- und Ist-Stunden für ungestörte Bauabschnitte einerseits und für die gestörten Bauabschnitte oder Störungsphasen andererseits darlegen, dass seine ursprüngliche den zeitabhängigen Kosten zugrunde gelegte Kalkulation in den ungestörten Zeiten auch tatsächlich erreicht worden ist und die behaupteten Behinderungen zu bestimmten Auswirkungen auf die einzelnen Bauabschnitte und im weiteren Verlauf auf die Gesamtbauzeit geführt haben.[2]

255 Der andere Weg besteht in der Herleitung des hypothetischen Soll-Aufwandes ohne Behinderung **anhand der** vom Auftragnehmer vor der Ausführung auf-

---
1 Detailliert dazu *Kappelmann/Schiffers*, Bd. 1, Rz. 1552 ff.
2 OLG Nürnberg, BauR 2001, 409.

gestellten **Arbeitskalkulation**. Der als Basis für die Schadensberechnung erforderliche Soll-Aufwand für den behinderten Abschnitt wird – soweit entsprechende Angaben vorhanden sind – der Arbeitskalkulation oder der Angebots- bzw. Auftragskalkulation des Auftragnehmers entnommen. Grundsätzlich kann der Auftragnehmer daher zur Darlegung seines Schadens zunächst einmal auf seine eigene Angebots- bzw. Auftragskalkulation zurückgreifen. Nach Auffassung des BGH spricht eine **Rentabilitätsvermutung** dafür, dass diese Kalkulation realistische Kostenansätze beinhaltet. Die Auftragskalkulation stellt daher eine brauchbare Basis für die Schadensberechnung dar.[1]

Natürlich kann der Auftraggeber diese Vermutung der Richtigkeit der Angebots- bzw. Auftragskalkulation des Auftragnehmers **widerlegen**. Hier besteht einerseits die Möglichkeit darzustellen, dass die dem Angebot zugrunde liegende Kostenkalkulation des Auftragnehmers falsche Ansätze beinhaltet, insbesondere die Produktionskosten für das Bausoll als zu niedrig angibt. Weiter kann der Auftraggeber darlegen, dass der Auftragnehmer bereits bei anderen ungestörten Bauabschnitten von seiner Auftragskalkulation abgewichen ist und die dort maßgebenden Gründe auch im hier betroffenen Bauabschnitt fortwirken, mit der Folge, dass auch ohne Behinderung höhere Kosten angefallen wären, als diese in der Angebotskalkulation enthalten sind. Da der Auftraggeber idR keinen detaillierten Einblick in den Arbeitsablauf des Auftragnehmers hat, reicht es aus, wenn dieser die in der Angebotskalkulation enthaltene Vermutung erschüttert. Gelingt ihm dies, muss der Auftragnehmer wiederum die behauptete Richtigkeit der Prognose beweisen. Natürlich ist auch der Auftragnehmer nicht an seine Angebotskalkulation gebunden. Er kann diese auch selbst mit der Begründung widerlegen, er hätte ohne Behinderung noch wirtschaftlicher gearbeitet, als ursprünglich kalkuliert. 256

Den **Nachweis der Richtigkeit** seiner Angebotskalkulation kann der Auftragnehmer am besten dadurch führen, dass er bei unbehinderten Bereichen die dort in der Kalkulation enthaltenen Kosten den tatsächlich angefallenen Kosten gegenüberstellt. Zeigt dieser Vergleich, dass der Auftragnehmer in den unbehinderten Bereichen kostendeckend gearbeitet hat, kann hieraus wiederum der Schluss gezogen werden, dass er sich auch in den von der Behinderung betroffenen Bereichen an die Kalkulation gehalten hätte. Zeigt dieser Vergleich jedoch, dass der Auftragnehmer sich nicht oder nicht überwiegend an die Auftragskalkulation gehalten hat, stellt der Rückgriff auf diese Kalkulation keine geeignete Grundlage zur Ermittlung der hypothetischen Kosten (ohne Behinderung) dar. 257

bb) Feststellung des behinderungsbedingten Ist-Aufwands

Anders als der unbehinderte Soll-Aufwand, der nur hypothetisch ermittelt werden kann, ist hinsichtlich des tatsächlichen behinderungsbedingten Ist-Aufwandes eine **konkrete Kostenermittlung** grundsätzlich möglich und geboten. Die Kosten des Auftragnehmers untergliedern sich regelmäßig in folgende Kostenblöcke: 258

---

[1] BGH, BauR 1986, 347, 348; *Vygen/Schubert/Lang*, Rz. 283 ff.; *Kapellmann/Schiffers*, Bd. 1, Rz. 1573.

▷ Personalaufwand,

▷ Aufwand für Geräte,

▷ Aufwand für zu verarbeitende Stoffe,

▷ Baustellengemeinkosten,

▷ allgemeine Geschäftskosten,

▷ Nachunternehmer.

(1) Personalkosten

259 Die Kosten für das auf der Baustelle vorgehaltene Personal kann normalerweise exakt ermittelt werden, so dass die insgesamt aufgewendete Zeit und die dadurch bedingten Personalkosten nach Zeit, Personen und Tätigkeiten konkret darzulegen und zu beweisen sind.[1] Grundlage für die Ermittlung dieser Personalkosten sind regelmäßig die Eintragungen im Bautagebuch. Herangezogen werden können aber auch Ist-Terminerfassungen im Terminplan, ggf. vorhandene Lichtbilder der Baustelle und sonstige Dokumentationen über den tatsächlichen Personaleinsatz. Im Rahmen der Kostenermittlung ist dann wiederum zu differenzieren hinsichtlich der Kosten für die eingesetzten Arbeitskräfte (Polier, Facharbeiter, Hilfskräfte). Der der Kostenermittlung zugrunde gelegte Dokumentation muss also Angaben enthalten, wer wie viele Stunden für bestimmte Arbeiten aufgewendet hat. Im Normalfall enthalten Bautagesberichte bzw. Lohnberichte entsprechende Angaben.

260 In die Kostenermittlung einzubeziehen sind auch so genannte Kosten für **unproduktiven Personaleinsatz**. Es geht also um Kosten für zur Durchführung bestimmter Arbeiten vorgehaltenes Personal, das letztlich aber nicht im vollem Umfang eingesetzt werden konnte. Im Regelfall müsste das Personal vom Auftragnehmer bezahlt werden, obwohl sich diese Leistung nicht durch einen Produktionsfortschritt auf der Baustelle niederschlägt. Diese Kosten können nur dann leicht ermittelt werden, wenn das betroffene Personal keine Arbeitsleistung entfaltet. Im Regelfall wird der Auftragnehmer jedoch – schon um seiner Schadensminderungspflicht zu genügen – das Personal anderweitig einsetzen, wobei z. B. aufgrund erforderlicher Einarbeitungszeiten aber auch eines fehlenden Bedarfs an zusätzlichen Arbeitskräften es nicht zu einem vollen Produktivitätsausgleich kommen kann. Die in diesen Fällen erforderliche Abgrenzung zwischen unproduktiven und produktiven Personaleinsatz ist idR nur durch eine Schätzung möglich.

(2) Aufwand für Geräte

261 Bei so genannten **Leistungsgeräten** (Bohrgeräten, HDI-Anlagen) kann der behinderungsbedingte Ist-Aufwand anhand der tatsächlich ausgeführten Mengen ermittelt werden. Diese tatsächlichen Mengen sind dann den ohne Behinderung kalkulierten Mengen gegenüberzustellen. Diese Ist-Werte können z. B. anhand von Geräteberichten sowie den Bautagebüchern ermittelt werden.

---

1 BGH, BauR 1998, 184, 185.

Baubehinderungen führen jedoch oftmals nicht zu einem Mehr an erbrachter Geräteleistung, sondern zu Mehrkosten wegen Gerätestillständen und verlängerter Gerätevorhaltung. Derartige Mehrkosten lassen sich leicht berechnen, wenn der Auftragnehmer diese Geräte angemietet hat und aufgrund der längeren Vorhaltedauer ein höherer Mietzins anfällt. Stehen die vorgehaltenen Geräte im Eigentum des Auftragnehmers, ist entweder auf betriebsinterne Abrechnungen, kalkulatorische Ansätze oder eine Baugeräteliste zurückzugreifen. Nach neuerer Rechtsprechung können die Gerätekosten auf Grundlage der **Baugeräteliste** geschätzt werden, wobei die reinen Kosten etwa 70 % des Baugerätelistenwertes entsprechen.[1]

(3) Stoffe

Ein im Vergleich zum ungestörten Bauablauf höherer Materialaufwand lässt sich im Regelfall leicht anhand entsprechender Materialnachweise (Rechnungen, Lieferscheine) ermitteln. In Betracht kommen auch Materialpreiserhöhungen, weil aufgrund der eingetretenen Behinderungen erforderliches Material erst später und dann zu einem höheren Preis bestellt werden kann. Diese Mehrkosten sind im Regelfall ebenfalls leicht darzulegen und zu beweisen.

262

(4) Nachunternehmer

Entsprechendes gilt für vom Auftragnehmer eingesetzte Nachunternehmer. Die tatsächlichen Ist-Kosten der Nachunternehmer ergeben sich im Regelfall aus deren Schlussrechnung oder aus der zusätzlichen Anmeldung entsprechender Ansprüche aus der maßgebenden Behinderung, die den Nachunternehmer im Regelfall in gleicher Weise trifft wie den Auftragnehmer. Mehrkosten entstehen dem Auftragnehmer natürlich nur dann, wenn dessen Nachunternehmer eigene Schadensersatzansprüche gegen den Auftragnehmer hat und diese auch durchsetzen kann, was von der vertraglichen Gestaltung aber auch der Einhaltung der erforderlichen Formalien (z. B. Behinderungsanzeige) durch den Nachunternehmer abhängt. Die tatsächlichen Mehrkosten lassen sich dann wiederum relativ einfach anhand des Angebots und ggf. der zugrunde liegenden Angebotskalkulation des Nachunternehmers darlegen.

263

(5) Zusätzliche behinderungsbedingte Arbeitsvorgänge

Behinderungen können auch zu zusätzlichen Arbeitsvorgängen führen. Handelt es sich hierbei um Leistungen, die vom vertraglichen Leistungsumfang nicht umfasst sind, weil sie beispielsweise nicht im zugrunde liegenden Leistungsverzeichnis enthalten sind, hat der Auftragnehmer bereits einen Nachtragsanspruch nach § 2 Nr. 5 VOB/B, so dass es nicht eines Rückgriffs auf § 6 Nr. 6 VOB/B („Verschulden") bedarf. Dieser Fall ist unproblematisch. Andererseits können Behinderungen dazu führen, dass bereits erbrachte Arbeiten nochmals oder mit einem höheren Aufwand durchgeführt werden müssen. Beispiel: Die Baugrube muss aufgrund eines längeren Stillstands der Arbeiten z. T. nochmals ausgehoben werden. Fundamente müssen nachgeschachtet werden. In diesen Fällen von ursprünglich nicht vorgesehenen zusätzlichen Arbeiten können die gesamten

264

---
1 OLG Düsseldorf v. 25. 3. 2003, BauR 2003, 892.

Mehrkosten in die Schadensberechnung einfließen. Zur Ermittlung des hierfür erforderlichen Personals, Geräts oder Materials kann auf die soeben dargelegten Grundsätze verwiesen werden.

c) Dokumentation

265 Ein großes Problem bei der Durchsetzung von Behinderungsschäden ist oftmals der hierfür erforderliche Nachweis. Nach den bereits dargestellten Anforderungen an eine Behinderungsanzeige müssten sich hieraus zwar der Umfang der Behinderung sowie deren Auswirkung auf den weiteren Bauablauf ergeben. Dies ist jedoch häufig nicht der Fall, so dass auf andere Dokumentationsmöglichkeiten zurückzugreifen ist. Besondere Bedeutung haben hierbei die **Bautagesberichte bzw. das Bautagebuch**, die Aufzeichnungen über durchgeführte Arbeiten, Kapazitätseinsatz, Störungen des Bauablaufs, Planeingänge und sonstige besondere Gegebenheiten enthalten müssen. Weitere sachdienliche Informationen können sich aus den **Protokollen** der Baubesprechungen sowie aus dem **Schriftverkehr** zwischen Auftragnehmer und Bauherren einerseits, aber auch zwischen dem Auftragnehmer und dessen ggf. betroffenen Nachunternehmer ergeben. Im Zusammenhang mit verspätet übergebenen bzw. freigegebenen Plänen existieren oft **Planlieferlisten**, aus welchen sich ermitteln lässt, welche konkreten Pläne wann genau durch den Auftraggeber übergeben bzw. freigegeben wurden.

266 Bei komplexen Bauvorhaben, insbesondere bei **Großbaustellen** besteht die Schadensberechnung aus einer Vielzahl von einzelnen Positionen. Dies macht eine Darstellung des Baugeschehens in all seinen vermögensrechtlichen Auswirkungen erforderlich, wobei die Vor- und Nachteile nicht jeweils gesondert zu betrachten, sondern in einer Gesamtbetrachtung miteinander zu verbinden sind.[1] Nach Auffassung des BGH machten es auch die Verhältnisse auf einer Großbaustelle nicht von vornherein unmöglich, einen Behinderungsschaden konkret darzulegen, da im Rahmen der dort ohnehin üblichen Dokumentation des Bauablaufs in Form von Tagesberichten und dergleichen die Behinderungen und die sich hieraus ergebenden Folgen, wie etwa „Leerarbeit" und „Leerkosten" mit festgehalten werden.[2] Etwaige hierdurch entstehende Mehrkosten sind als Teil des Schadens vom Schädiger zu ersetzen. Soweit ein Auftragnehmer mangels einer ausreichenden Dokumentation der Behinderungstatbestände und der sich daraus ergebenden Verzögerungen nicht in der Lage ist, den behaupteten Schadensersatzanspruch entsprechend den dargestellten Anforderungen darzustellen, geht das grundsätzlich nicht zu Lasten des Auftraggebers.[3]

267 Das Erfordernis des konkreten Schadensnachweises gilt auch, wenn die durch Behinderungen verloren gegangene Zeit durch Einsatz zusätzlicher Arbeitskräfte, Maschinen und Geräte wieder aufgeholt wird. Der Schaden besteht hier in den durch solche **Beschleunigungsmaßnahmen** entstandenen Mehrkosten, die in Form eines Soll-/Ist-Vergleichs durch Gegenüberstellung der kalkulierten und tatsächlich angefallenen Kosten dargelegt werden müssen.

---

1 BGH, BauR 1983, 465.
2 BGH, BauR 1986, 347.
3 BGH, BauR 2002, 1249.

Unsicherheiten, die sich hinsichtlich der konkreten Schadensfeststellung ergeben können, lassen sich in Einzelfällen durch eine **Pauschalierung** auf Grundlage des § 287 ZPO festlegen. Zwar obliegt dem Anspruchsteller die Darlegungs- und Beweislast hinsichtlich derjenigen Umstände, die nach seiner Vorstellung die geltend gemachte Schadenshöhe rechtfertigen sollen. Es ist jedoch nicht sachgerecht, der geschädigten Vertragspartei jeglichen Ersatzanspruch zu versagen, weil dessen Sachvortrag zu Schadenshöhe Lücken oder Unklarheiten enthält, obwohl ein Schadensersatzanspruch dem Grunde nach feststeht und diesem Sachvortrag auch zu entnehmen ist, dass auch tatsächlich ein Schaden entstanden ist. In diesen Fällen muss der Richter nach pflichtgemäßem Ermessen beurteilen, ob nach § 287 ZPO nicht wenigstens die Schätzung eines Mindestschadens möglich ist.[1] Voraussetzung einer solchen Schätzung ist jedoch einerseits, dass der Geschädigte zunächst darlegt, dass und warum er in dem betreffenden Teilbereich den konkreten Nachweis nicht oder nicht in zumutbarer Weise führen kann, und er andererseits hinreichende Anhaltspunkte für die Mindest- und Höchstwerte vorbringt, die eine ausreichende Schätzgrundlage liefern (ausführlicher dazu Rz. 271 ff.).

268

d) Abstrakte Schadensberechnung

Ungeeignet für eine konkrete Schadensberechnung ist das so genannte **Äquivalenzkostenverfahren**.[2] Hier wird dem vom Auftraggeber seiner Kalkulation zugrunde gelegten und mit den einzuhaltenden Terminen abgestimmter Bauablauf ein so genannter störungsmodifizierter Bauablauf gegenübergestellt. Dieser störungsmodifizierte Bauablauf berücksichtigt die auftraggeberseitigen Behinderungen und deren notwendige negative Folgen für den Bauablauf (z. B. Leistungsabfall oder Bauzeitverlängerung), wobei es sich jedoch um eine hypothetische Ermittlung der Behinderungsfolgen handelt. Durch sachverständige Beurteilung wird im Wege einer Fortschreibung des ursprünglich vorgesehenen Bauablaufs unter Berücksichtigung der eingetretenen Bauablaufstörungen die dadurch bedingten Verzögerungen und damit die Bauzeitverlängerung ermittelt. Für jeden Vorgang wird ein Vergleich zwischen dem vom Auftragnehmer geplanten Soll-Ablauf und dem tatsächlichen störungsmodifizierten Bauablauf gemacht. Hierbei wird jedoch außer Acht gelassen, dass nicht jede Soll-Ist-Abweichung sich tatsächlich auf die vereinbarte Bauzeit auswirkt und Mehrkosten verursachen muss. Es wird eine Gesamtbauzeit ermittelt, zu der der Auftragnehmer gekommen wäre, wenn er unter Fortschreibung der Behinderungen und ihrer Auswirkungen „nach Vorschrift" gearbeitet hätte. Die Bauzeit wird hier ohne Rücksicht auf den tatsächlichen Ist-Bauablauf festgestellt, also unter Vernachlässigung von etwa durchgeführten Beschleunigungsmaßnahmen. Das Äquivalenzkostenverfahren ist daher nur sehr bedingt zur Schadensermittlung geeignet, da es sich hierbei um eine sehr verallgemeinernde, vom Einzelfall losgelöste, weit gehend auf fiktiven Elementen beruhende Berechnungsmethode handelt.

269

Eine **abstrakte Schadensberechnung** ist **unzulässig**.[3] Der Behinderungsschaden kann grundsätzlich nicht abstrakt berechnet werden. Nach dem Wortlaut des

270

---
1 BGH, NJW-RR 1992, 202.
2 Detailliert hierzu *Vygen/Schubert/Lang*, Rz. 291 ff.
3 BGH, BauR 1986, 347.

§ 6 Nr. 6 VOB/B ist der nachweislich entstandene Schaden zu ersetzen. Bereits mit dieser Formulierung ist klargestellt, dass ein konkreter Mehrkostennachweis vom Geschädigten geführt werden muss.[1] Auch kann eine solche abstrakte Schadensberechnung zu Schadensersatzansprüchen führen, obwohl eine grundlegende Voraussetzung eines Schadensersatzanspruchs fehlt, nämlich die haftungsausfüllende Kausalität zwischen Behinderung und Schaden, was letztlich zu dem Ergebnis führen kann, dass eine Schadensersatzpflicht auch ohne Schaden eintreten kann. Zu ersetzen ist dem Geschädigten aber nur sein wirklich entstandener Schaden.

e) Schadensschätzung nach § 287 ZPO

271 Ein konkreter Schadensnachweis in der Weise, dass beispielsweise exakt dargelegt wird, an welchen Tagen welche Arbeitskräfte bzw. Geräte aufgrund bestimmter Behinderungen nicht voll eingesetzt werden konnten und wie viele Arbeitskräfte deshalb an anderen Tagen zusätzlich notwendig waren, ist in der Regel nicht möglich. Ähnlich verhält es sich hinsichtlich der Mehrkosten für die verlängerte Vorhaltung von eigenen Geräten sowie bei Beschleunigungsmehrkosten zur Aufholung der durch die Behinderungen verloren gegangenen Zeit. Zum Teil mangelt es für eine grundsätzlich gebotene konkrete Schadensdarlegung (Soll-Ist-Vergleich) häufig auch an aussagekräftigen Unterlagen, weil beispielsweise keine Arbeitskalkulation für die durchzuführende Leistung erstellt und auch während der Arbeiten keine ausreichend detaillierten Tagesberichte erstellt wurden.

272 In derartigen Fällen darf ein klageweise geltend gemachter Schadensersatzanspruch nicht wegen lückenhaften Vorbringens zurückgewiesen werden, wenn der Haftungsgrund unstreitig und bewiesen, ein Schadenseintritt zumindest wahrscheinlich ist und greifbare Anhaltspunkte für eine richterliche Schadensschätzung nach § 287 ZPO vorhanden sind.[2] Eine solche Schätzung ist grundsätzlich hinsichtlich Schaden und Schadenshöhe möglich, nicht jedoch bezüglich der Auswirkungen etwaiger Behinderungen. Der **Ursachenzusammenhang** zwischen der Behinderung und der sich daraus ergebenden Verzögerung gehört zur **haftungsbegründenden Kausalität**, die im Einzelfall dargelegt und bewiesen werden muss.[3] Zumindest ist die Darlegung solcher greifbarer Anhaltspunkte gefordert, die eine plausible Zuordnung von jeweiliger Behinderung und den daraus folgenden einzelnen Mehrkosten ermöglichen und sich nicht auf die bloße Gegenüberstellung von Mehrkosten und Behinderungen beschränken darf.[4]

273 Für eine solche Schätzung muss der Anspruchsteller jedoch ausreichende **Schätzungsgrundlagen** dartun und diese ggf. auch beweisen. Eine mögliche Schätzung befreit den Anspruchsteller daher nicht davor, greifbare Tatsachen für den Ursachenzusammenhang, den Schadenseintritt und die Schadenshöhe darzulegen und hierfür auch Beweis anzutreten.[5] Zu diesen darzulegenden Schätzungsgrund-

---
1 OLG Braunschweig, BauR 2001, 1739, 1746.
2 BGH, BauR 1986, 347.
3 *Werner/Pastor*, Rz. 1822; OLG Nürnberg, BauR 2001, 401.
4 OLG Nürnberg, BauR 2001, 409.
5 BGH, NJW 1983, 998, 999.

lagen zählen beispielsweise die Gegenüberstellung von geplanten und tatsächlichen Arbeitsabläufen sowie Kostenansätzen. Da Kausalität und Schaden grundsätzlich konkret nachzuweisen sind, sind die Anforderungen hinsichtlich der darzulegenden Schätzungsgrundlage nicht zu niedrig anzusetzen, so dass man sich hier schon wieder der konkreten Schadensdarlegung annähert. Dies jedoch mit der Maßgabe, dass eben nicht zwingend ein voller Beweis für den Schaden, die Schadenshöhe sowie die Verursachung erbracht werden muss. In die Schätzung können **auch Vermutungen**, beispielsweise die bereits erörterte Rentabilitätsvermutung (Richtigkeit und Auskömmlichkeit der Arbeitskalkulation) sowie eine Plausibilitätskontrolle einbezogen werden, dass von mehren möglichen Abläufen der wahrscheinlichste Verlauf angenommen werden kann.[1] Hinsichtlich der Vorhaltekosten bedarf es daher zunächst keines konkreten Nachweises, dass bestimmte Geräte ohne die Bauzeitverlängerung sofort auf einer anderen Baustelle eingesetzt worden wären. Ebenso ist bei einem verlängerten Personaleinsatz von einer Beschäftigungsvermutung auszugehen, weil jedenfalls eine überwiegende Wahrscheinlichkeit dafür spricht, dass ein Unternehmer bedacht ist, sein Personal und seine Geräte rentabel einzusetzen.[2]

Eine geeignete Schätzungsgrundlage für die verlängerte Gerätevorhaltung bietet die **Baugeräteliste 1991**. Hierbei sind als reine Kosten jedoch nur etwa 70 % des Baugerätelistenwertes anzusetzen.[3] Die darin enthaltenen Sätze bedürfen jedoch noch vom konkreten Einzelfall abhängige Modifikationen, da nicht unbedingt alle Kostenbestandteile aus der Baugeräteliste ersatzfähiger Schaden iSd. § 6 Nr. 6 VOB/B sind. Bei reinen Stillständen entfallen in der Regel die Kosten für Betriebs- und Schmierstoffe. Auch Reparaturkosten fallen bei einem Gerätestillstand jedenfalls in geringerer Höhe an. Bei längerer Stillstandsdauer kann sich die Lebenszeit der Maschine verlängern, was wiederum Auswirkungen auf die Abschreibung und Verzinsung hat. 274

Hinweis:

Im Rahmen einer Schadensschätzung der **Vorhaltekosten** bei Stillstandszeiten kann auf folgendes Schema zurückgegriffen werden: Für die ersten 10 Kalendertage gelten die vollen Sätze der Baugeräteliste für Abschreibung, Verzinsung und Reparaturkosten. Vom 11. Kalendertag an werden 75 % der vollen Beträge für Abschreibung und Verzinsung und darüber hinaus für Wartung und Pflege berechnet, während Reparaturkosten entfallen.[4]

Ein angerufenes Gericht wird eine Schätzung insbesondere der Schadenshöhe im Regelfall nur unter zur Hilfenahme eines baubetrieblichen Sachverständigengutachtens vornehmen. 275

Übersicht: Zulässigkeit einer Schätzung

Behinderungtatbestand	Nachweis notwendig
Behinderungsanzeige	Nachweis notwendig

---

1 *Kappelmann/Schiffers*, Bd. 1, Rz. 1619 ff.
2 *Vygen/Schubert/Lang*, Rz. 305; BGH, BauR 1986, 347.
3 OLG Düsseldorf v. 25. 3. 2003, BauR 2003, 892.
4 *Vygen/Schubert/Lang*, Rz. 305; OLG Düsseldorf, BauR 1988, 487.

Verursachung	Schätzung möglich
Schadenseintritt	Schätzung möglich
Schadenshöhe	Schätzung möglich
Mitverursachung/Mitverschulden	Schätzung möglich

5. Der entgangene Gewinn

276 § 6 Nr. 6 VOB/B ist nicht nur Anspruchsgrundlage, sondern im Rahmen ihres Anwendungsbereichs auch **haftungsbegrenzende Norm**. Der entgangene Gewinn ist nur bei Vorsatz oder grober Fahrlässigkeit, nicht aber bei bloßer einfacher Fahrlässigkeit zu erstatten. Der **entgangene Gewinn** ist ein mittelbarer Schaden. Nach der Legaldefinition in § 252 Satz 2 BGB gilt als entgangen der Gewinn, welcher nach dem gewöhnlichen Lauf der Dinge oder nach den besonderen Umständen, insbesondere nach den getroffenen Anstalten und Vorkehrungen, mit Wahrscheinlichkeit erwartet werden konnte.[1] Im Rahmen des § 6 Nr. 6 VOB/B ist Gewinn der vermögensmäßige Überschuss, der (beim Auftraggeber) durch die vorgesehene rechtzeitige Nutzung des Bauvorhabens oder (beim Auftragnehmer) durch die rechtzeitige Erstellung der Bauleistung erzielt worden wäre.[2] Auch hier greift jedoch die Beweiserleichterung des § 252 Satz 2 BGB. Der Geschädigte braucht daher nur die Umstände darzulegen und in den Grenzen des § 287 ZPO zu beweisen, aus denen sich nach dem gewöhnlichen Verlauf der Dinge oder den besonderen Umständen des Falles die Wahrscheinlichkeit des Gewinneintritts ergeben.[3]

277 Zur Ermittlung des entgangenen Gewinns ist daher ausnahmsweise eine **abstrakte Schadensberechnung** zulässig.[4] Dies kommt aber nur in Betracht, wenn es dem Geschädigten trotz aller ihm zumutbarer Anstrengungen nicht möglich ist, seinen Gewinn konkret zu ermitteln, was bei Bauverträgen selten und nur ausnahmsweise der Fall sein dürfte.[5] Diese Beweiserleichterung entlastet den Anspruchsteller jedoch nicht davon, die **Ursächlichkeit**, also den adäquat-kausalen Zusammenhang zwischen den hindernden Umständen und dem geltend gemachten Schaden **darzulegen** und insbesondere **zu beweisen**.[6] Auch trifft ihn die Darlegungs- und Beweislast für das Vorliegen von grob fahrlässigem oder vorsätzlichem Handeln. Die für leicht fahrlässiges Handeln geltende Beweiserleichterung des Anspruchstellers, wonach sich der Schädiger selbst vom Vorwurf des Verschuldens entlasten muss, gilt hier nicht. Den Anspruchsteller trifft daher die Darlegungs- und Beweislast für eine vorsätzliche oder grob fahrlässige Verursachung der hindernden Umstände.[7] Grobe Fahrlässigkeit setzt eine ungewöhnlich grobe Verletzung der im Verkehr erforderlichen Sorgfalt voraus. Vorsatz liegt nur in seltenen Fällen vor, beispielsweise wenn der Auftragnehmer bewusst Arbeits-

---

1 Zum Begriff „entgangener Gewinn" vgl. Palandt/*Heinrichs*, § 252 Rz. 1 ff.
2 *Ingenstau/Korbion*, Rz. 32 zu § 6 Nr. 6 VOB/B.
3 BGH, NJW 1964, 661.
4 Vgl. dazu BGH, BauR 1976, 128; NJW-RR 2000, 684.
5 *Ingenstau/Korbion*, Rz. 33 zu § 6 Nr. 6 VOB/B.
6 OLG Nürnberg, BauR 2001, 409, 411.
7 OLG Düsseldorf, BauR 2001, 812.

kräfte abzieht, weil er an einer anderen Baustelle einen höheren Gewinn erzielen kann.

Zum entgangenen Gewinn zählen insbesondere die in der Verzugszeit voraussichtlich entgangenen Erträge, wie z. B.: 278

▷ entgangene Mieteinnahmen,[1]

▷ entgangene Einnahmen aus Aufträgen, die der Auftragnehmer wegen der Verzögerung des jetzigen Bauvorhabens nicht annehmen konnte,

▷ entgangene Habenzinsen.

Mietausfall unterliegt lediglich in Höhe des Rohmietertrags nach Abzug der Kosten für die Finanzierung und weiterer Kosten der Haftungsbeschränkung. Feste Kostenbestandteile, die im Rahmen der Miete rechnungsmäßig erfasst sind und dem Auftraggeber entstehen, z. B. die Bewirtschaftungskosten, die für die wirkliche Nutzung des Gebäudes bezahlt werden, der stetig anfallende Erhaltungsaufwand[2] sowie der regelmäßige Finanzierungsaufwand, der aus den Mieterträgen zu decken ist, zählt noch zum auch bei leichter Fahrlässigkeit erstattungsfähigen Schaden. Entgangener Gewinn ist somit lediglich die **Nettomiete**.[3] 279

Der **entgangene Gewinn** ist nur im Falle grober Fahrlässigkeit oder Vorsatz zu ersetzen. Diese Haftungsbeschränkung gilt nicht, wenn im Bauvertrag die Geltung der VOB/B nur nachrangig nach dem BGB vereinbart ist.[4] Ebenso greift die **Haftungsbeschränkung** in nachfolgenden Fällen **nicht**: 280

▷ Dem Auftragnehmer wurde der Auftrag nach § 8 Nr. 3 Abs. 1 VOB/B entzogen und es liegen die Voraussetzungen des umfassenden Schadensersatzanspruchs nach § 8 Nr. 2 Abs. 2 Satz 2 VOB/B vor.[5] Erfolgt eine Kündigung nach § 8 Nr. 2 VOB/B, ist die Haftungsbeschränkung jedoch zu beachten;[6]

▷ Schadensersatz nach § 4 Nr. 7 Satz 2 VOB/B, weil die Bauverzögerung auf einen bereits während der Ausführung erkannten Mangel der Leistung des Auftragnehmers zurückgeht;[7]

▷ Schadensersatz nach § 13 Nr. 7 VOB/B für nach Abnahme auftretende Mängel;[8]

▷ Der Auftragnehmer verweigert ernsthaft und endgültig die Erfüllung, ohne hierzu berechtigt zu sein.[9]

Unter **AGB-Gesichtspunkten** ist die Wirksamkeit des § 6 Nr. 6 VOB/B nach überwiegender Auffassung unbedenklich. Eine über § 6 Nr. 6 VOB/B hinausgehende 281

---

1 BGH, BauR 1990, 464.
2 BGH, BauR 1990, 464.
3 BGHZ 121, 210.
4 *Ingenstau/Korbion*, Rz. 11 zu § 6 Nr. 6 VOB/B.
5 BGH, BauR 1974, 208, 210.
6 *Ingenstau/Korbion*, Rz. 2 zu § 6 Nr. 6 VOB/B Fn. 4.
7 BGH, BauR 1975, 344, 346.
8 BGH, NJW 1976, 517.
9 BGH, BauR 1980, 465.

Haftungsbeschränkung oder gar eine vollständige Haftungsfreizeichnung von etwaigen Schadensersatzansprüchen bei verschuldeten Bauverzögerungen verstößt entweder gegen § 309 Nr. 7 Buchst. a BGB oder im kaufmännischen Verkehr gegen § 307 BGB.[1] Unproblematisch kann die Haftungsbeschränkung in allgemeinen Geschäftsbedingungen dahin gehend aufgehoben werden, dass der Schadensersatzanspruch auch bei einfacher Fahrlässigkeit den entgangenen Gewinn umfasst, weil damit letztlich nur die in § 252 BGB enthaltene Regelung wieder in Kraft gesetzt wird.

6. Schadensersatzanspruch des Auftraggebers

282 Für Schadensersatzansprüche des Auftraggebers infolge von durch den Auftragnehmer verschuldeter Behinderungen stellt § 6 Nr. 6 VOB/B grundsätzlich keine eigene Anspruchsgrundlage, sondern eine bloße **Rechtsfolgenverweisung** dar, weil derartige Behinderungen regelmäßig auf einer Verletzung seiner Pflichten aus dem Bauvertrag durch den Auftragnehmer beruhen. Denn die Baustellenförderungsverpflichtung ist ebenso wie die Besorgung der Baustoffe und Bauteile oder der Pläne, wenn diese im Vertrag beauftragt worden sind, Teil einer vertraglichen Hauptpflicht. Regelmäßig liegt daher der Tatbestand einer Hauptpflichtverletzung mit Folgeschäden vor, womit die §§ 280, 281 BGB die eigentlichen Anspruchsgrundlagen darstellen.

283 Übersicht: Schadensersatzanspruch des Auftraggebers

(1)	**Anspruchsvoraussetzungen**
(a)	Behinderung in der Sphäre des Auftragnehmers
(b)	Ursächlichkeit zwischen Behinderung und Schaden
(c)	Verschulden des Auftragnehmers an der Behinderung
(d)	Eine Behinderungsanzeige nach § 6 Nr. 1 VOB/B ist keine Anspruchsvoraussetzung.
(2)	**Gegenstand des Schadensersatzes**
(a)	Schäden am Bauwerk selbst, wie Beschädigung oder Zerstörung, z. B. infolge eines Wassereinbruchs oder von Witterungseinflüssen[2]
(b)	Lohnkosten für während der Verzögerung nicht beschäftigtes Personal
(c)	notwendiger Aufenthalt in einem Hotel oder einer Mietwohnung
(d)	Gutachterkosten für die Ermittlung der auf den Leistungsverzug des Auftragnehmers zurückgehenden Schäden[3]
(e)	Mehrkosten für Architekten- und Ingenieurleistungen bei verlängerter Bauzeit
(f)	finanzieller Mehraufwand für die Finanzierung[4]

---

1 *Vygen/Schubert/Lang*, Rz. 284.
2 BGH, NJW 1967, 2262.
3 BGH, BauR 1971, 51.
4 BGH, BauR 2000, 1188; BauR 1990, 464; BauR 1993, 600.

a) Finanzierungskosten

Zum erstattungsfähigen Mehraufwand für die Finanzierung zählt der gesamte Zinsaufwand, der auf die Verzugszeit entfällt und beim Auftraggeber ohne den Verzug nicht angefallen wäre. Im Wege der **Vorteilsausgleichung** sind jedoch ersparte Zinsaufwendungen für die Erwerbspreisfinanzierung sowie etwaige Steuervorteile anzurechnen.[1] Dergleichen gilt für Zinserträge des etwa aufgrund von Grundpfandrechten bereitgestellten, aber noch nicht gebundenen Kapitals.[2]

284

Von den Finanzierungskosten sind jedoch **entgangene Nettomieten** in Abzug zu bringen, die den Finanzierungsaufwand bei ordnungsgemäßer Herstellung vermindert hätten und insoweit kein Schaden entstanden wäre. Die Nettomieten errechnen sich aus den Bruttomieterträgen abzüglich der Betriebskosten und einem etwaigen bei neu hergestellten Gebäuden eher vernachlässigbaren Erhaltungsaufwand. Diese Nettomiete bildet auch die Obergrenze für die zu erstattenden Finanzierungskosten.[3] Denn es kann kein durch die Finanzierungskosten verursachter Schaden sein, dass ein kalkulierter Verlust aus Vermietung infolge des Verzugs später eintritt. Die Finanzierungskosten können als solche keinen über den Mietertrag hinausgehenden Schaden verursachen. Soweit die Finanzierung den Ertrag überschreitet, beruht der dadurch entstehende Nachteil nicht auf dem Verzug des Auftragnehmers, sondern auf der Disposition des Auftraggebers, der diesen Verlust – bewusst oder unbewusst – eingegangen ist.[4]

285

b) Miet- und Nutzungsausfall

Der Auftraggeber kann seinen Mietausfall grundsätzlich nur bei **grob fahrlässiger oder vorsätzlicher Verzögerung** des Bauvorhabens als entgangenen Gewinn verlangen. Der Mietausfall errechnet sich wiederum aus den Bruttomieterträgen abzüglich der Betriebskosten und Erhaltungsaufwendungen. Neben den entgangenen Mieteinnahmen kann der Auftraggeber jedoch nicht den regelmäßigen Finanzierungsaufwand ersetzt verlangen, da dieser bei einer früheren Vermietung des Gebäudes auch angefallen und aus Mieterträgen zu decken gewesen wäre.[5]

286

In diesem Zusammenhang können auch Aufwendungen für eine aufgrund der verspäteten Fertigstellung des Bauvorhabens längere Vorhaltung einer Mietwohnung oder die Kosten für die Beschaffung einer **Ersatzwohnung** einen nach § 6 Nr. 6 VOB/B ersatzfähigen Schaden darstellen. Der bloße Nutzungsausfall allein ist jedoch nur bei Lebensgütern möglich, deren ständige Verfügbarkeit für die eigenständige Lebensführung von zentraler Bedeutung ist.[6] Für die eigene Wohnung kann daher regelmäßig Nutzungsausfall beansprucht werden.[7] Anders kann die jedoch bei Wohnungsteilen von untergeordneter Bedeutung oder bei einer nur gelegentlich von Besuchern genutzten Eigentumswohnung sein.[8] Die

287

---

1 BGH, BauR 1983, 465.
2 BGH, BauR 1990, 464.
3 BGH, ZfBR 2000, 466.
4 BGH, BauR 1990, 464.
5 BGH, BauR 1990, 464.
6 BGH, BGHZ 98, 212, 222; BGHZ 117, 260, 262; Palandt/*Heinrichs*, vor § 249 BGB Rz. 26 f.
7 BGHZ 98, 212, 224.
8 BGHZ 98, 212, 225.

Höhe des aufgrund der entgangenen Nutzung entstandenen Schadens errechnet sich nach der **ortsüblichen Miete**, wobei der Gewinnanteil des Vermieters und die bei privater Nutzung sonst nicht angefallenen Kosten in Abzug zu bringen sind.[1]

c) Vertragsstrafe

288 Unter § 6 Nr. 6 VOB/B fällt auch eine Vertragsstrafe, die ein Hauptunternehmer an den Auftraggeber wegen verzögerter Fertigstellung bezahlen muss und deren Erstattung vom Nachunternehmer deshalb verlangt werden kann, weil die Verzögerung auf dessen schuldhafter Pflichtverletzung beruht.[2] In diesem Zusammenhang kann der Subunternehmer, gegen dessen Werklohnanspruch der Hauptunternehmer mit einer Vertragsstrafe aufrechnet, die dieser wiederum an den Bauherrn bezahlen musste, nicht mit Erfolg einwenden, die Abwälzung einer Vertragsstrafe, die den überwiegenden Teil seiner Schlussrechnungssumme abdeckt, sei unzulässig.[3] Der Subunternehmer kann dem Schadensersatzanspruch jedoch ggf. unter dem Gesichtspunkt des mitwirkenden Verschuldens entgegensetzen, dass der Unternehmer ihn vor Vertragsschluss und während der Durchführung der Arbeiten nicht bzw. nicht ausreichend über das wirtschaftliche Risiko eines Schadensersatzanspruchs in Höhe der eigenen, an einem ganz anderen Auftragsvolumen orientierten Vertragsstrafe hingewiesen hat.

d) Mehrkosten an Architekten- oder Ingenieurgebühren

289 Grundsätzlich unterliegen auch die Mehrkosten für Architekten- und Ingenieurleistungen bei verlängerter Bauzeit dem zu ersetzenden Schaden. Im Normalfall erleidet der Auftraggeber infolge einer bloßen Bauzeitverlängerung allerdings keinen Schaden, weil dem Architekten hier grundsätzlich kein Mehrvergütungsanspruch für seine Leistungen nach § 15 Abs. 2 Nr. 8 HOAI entsteht. Mehrkosten entstehen daher nur, wenn der Bauherr mit dem Architekten oder Ingenieur zulässigerweise ein Zeithonorar nach § 6 HOAI vereinbart hat oder diesem ein Festhalten an dem Honorar nach § 15 Abs. 2 Nr. 8 HOAI nach den Grundsätzen von Treu und Glauben nicht zumutbar wäre.[4]

e) Fertigstellung durch Dritte

290 Lässt der Auftraggeber die Bauarbeiten durch einen Dritten fertig stellen, nachdem der Unternehmer die Arbeiten eingestellt hat und es sich hierbei nach den Umständen um eine von ihm zu vertretende ernsthafte Erfüllungsverweigerung handelt, kann er die Mehrkosten für die Fertigstellung der Bauarbeiten nach § 6 Nr. 6 VOB/B geltend machen, wenn eine wirksame Kündigung nach § 8 Nr. 2 oder Nr. 3 VOB/B nicht ausgesprochen wurde.[5]

---

1 BGHZ 98, 212, 225.
2 BGH, BauR 1998, 330.
3 BGH, NZBau 2000, 195.
4 LG Freiburg, BauR 1980, 467; *Brandt*, BauR 1973, 13, 17.
5 OLG Düsseldorf, NJW-RR 2000, 231.

7. Schadensersatzanspruch des Auftragnehmers

Übersicht: Schadensersatzansprüche des Auftragnehmers   291

(1) **Anspruchsvoraussetzungen**
(a) hindernde Umstände im Verantwortungsbereich des Auftraggebers
(b) hindernde Wirkung(en) auf den Bauablauf
(c) Vorliegen einer Behinderungsanzeige oder Offenkundigkeit bzgl. der hindernden Umstände und deren Wirkung(en)
(d) Kausalität der Behinderung für den eingetretenen Schaden
(e) Zurechenbares Verschulden des Auftraggebers
(f) kausaler Schaden des Auftragnehmers

(2) **Gegenstand des Schadensersatzes**
(a) bei einfacher Fahrlässigkeit des Auftraggebers:
  ▷ höhere Einzelkosten
  ▷ höhere Baustellengemeinkosten
  ▷ ggf. höhere Allgemeine Geschäftskosten (AGK)
  ▷ Minderleistungen aufgrund Behinderung
  ▷ Beschleunigungskosten (§ 6 Nr. 3 VOB/B)
(b) bei grober Fahrlässigkeit oder Vorsatz zusätzlich:
  ▷ entgangener Gewinn
(c) beim Unterbrechungsschaden (§ 6 Nr. 7 Satz 2, 2. HS VOB/B):
  ▷ ggf. Kosten der Baustellenräumung (soweit nicht bereits mit erfolgter Zahlung abgegolten)

a) Erstattungsfähige Schäden des Auftragnehmers

Der Inhalt möglicher Schadensersatzansprüche des Auftragnehmers hängt maßgeblich von den Auswirkungen der Behinderung ab.[1] Kommt es zu einer zeitlichen Verlagerung des Ausführungszeitraums ohne dessen Verlängerung, weil sich beispielsweise der geplante Baubeginn wegen einer verspätet erteilten Baugenehmigung nach hinten verschiebt, umfasst der Schadensersatzanspruch die durch diese zeitliche Verschiebung entstehenden Kosten, wie z. B. Material- und Lohnerhöhungen sowie Mehrkosten wegen Verschiebung der Arbeiten in eine ungünstigere Jahreszeit (Winterbaumaßnahmen, Frostschutz). Bei einer Verlängerung des geplanten Ausführungszeitraums sind die durch die Verlängerung entstehenden Mehrkosten zu ersetzen. Im Falle einer durch den Auftraggeber zu vertretenden Verzögerung sind dies insbesondere Mehraufwendungen für die verlängerte Vorhaltung der Baustelleneinrichtung, des Baustellenpersonals, insbesondere der Bauleitung, erhöhte zeitabhängige Baustellengemeinkosten sowie zeitabhängige allgemeine Geschäftskosten. Daneben kommen wie bei der bloßen   292

---
1 *Vygen/Schubert/Lang*, Rz. 286.

Verschiebung des Ausführungszeitraums Material- und Lohnerhöhungen sowie jahreszeitbedingte Mehrkosten in Betracht.

293 Kommt es trotz vom Auftraggeber zu vertretender Behinderungen nur deshalb nicht zu einer Bauzeitverlängerung, weil der Auftragnehmer von sich aus ohne besondere Anordnung des Auftraggebers **Beschleunigungsmaßnahmen** ergreift, um die Bauzeitverlängerung wieder aufzuholen, zählen die hierdurch entstehenden Mehrkosten dann zum Schadensersatz, wenn diese Beschleunigung dem mutmaßlichen oder wirklichen Willen des Auftraggebers entspricht (§ 2 Nr. 8 VOB/B). Liegt hingegen eine entsprechende Anordnung vor, ergibt sich ein Zahlungsanspruch in der Regel bereits aus § 2 Nr. 5 VOB/B. Weiter kann eine Bauzeitverlängerung dazu führen, dass der Auftragnehmer mit einem Anschlussauftrag nicht oder verspätet beginnen kann und er Schadensersatz- bzw. Vertragsstrafenansprüchen durch den Folgeauftraggeber ausgesetzt ist. Ertragseinbußen aus einem nicht ausgeführten Folgeauftrag unterliegen der Haftungsbeschränkung des § 6 Nr. 6 2. HS VOB/B, da es sich hierbei im Ergebnis um entgangenen Gewinn handelt.

294 Die typischen Schäden des Auftragnehmers infolge von Bauzeitverzögerungen sind hauptsächlich alle Arten von **Stillstandskosten** sowie erforderliche **Mehraufwendungen** bei der Erstellung der vertraglichen Leistung. Zu nennen sind insbesondere folgende Mehrkosten:

▷ Beschleunigungskosten nach § 6 Nr. 3 VOB/B,

▷ Sachverständigenkosten,

▷ erhöhte Unkosten für die Beschaffung und Lagerung von noch nicht eingebauten Baustoffen und/oder Bauteilen,

▷ Kosten für Schutz, Überwachung, Unterhaltung und etwaige Trockenhaltung der stillliegenden Baustelle bzw. der bereits ausgeführten Bauleistung,

▷ Kosten der ganz oder teilweise erforderlichen Baustellenräumung,

▷ Lohn- und Gehaltsaufwendungen sowie Gerätekosten,

▷ Mehrkosten für verlängerte Versicherungszeiten,

▷ Mehrkosten für verlängerte Inanspruchnahme von Lizenzen,

▷ Kosten für eingetretene Lohn- und Materialpreiserhöhungen, wenn der Vertrag Lohn- und Materialgleitklauseln nicht enthält,

▷ Mehrkosten für bereits entstandene oder nicht mehr vermeidbare Vorhaltekosten (z. B. für gemietete und nicht anderweitig einzusetzende Geräte),[1]

▷ Mehrkosten für besondere Maßnahmen zum Schutz der Baustelle,

▷ Mehrkosten für die verlängerte Baustellenvorhaltung,

▷ zusätzliche Gerätekosten bei schadensbedingter Gerätevorhaltung,

▷ Mehrkosten beim Nachunternehmer,

---

1 KG, ZfBR 1984, 129; OLG Düsseldorf, BauR 1988, 487.

▷ erhöhte Wagniskosten,

▷ jahreszeitlich und witterungsbedingte Mehrkosten,

▷ Transport- und Montagekosten für zusätzliche Kapazitäten,

▷ Überstundenzuschläge, Mehrkosten infolge Mehrschichtenbetriebs,

▷ zusätzliche Geräte- und Energiekosten,

▷ Umstellungskosten auf andere Bauverfahren,

▷ die notwendigen Kosten der Schadensermittlung (z. B. Sachverständigenkosten),

▷ zeitabhängige Gemeinkosten der Baustelle.

aa) Baustellengemeinkosten

Behinderungen, die zu einer Verlangsamung des Bauablaufs führen, wirken sich hinsichtlich der Baustellengemeinkosten kostenerhöhend aus, wenn der Auftragnehmer – um die verlorene Zeit wieder aufzuholen – das ursprünglich vorgesehene Baustellenpersonal und Baustellengerät infolge von Beschleunigungsmaßnahmen erhöht. Ebenso fallen zusätzliche Baustellengemeinkosten an, wenn der Baustellengemeinkostenapparat zwar unverändert, jedoch länger als ohne Behinderung in Anspruch genommen wird.

Beispiel:
Wenn z. B. die Baucontainer anstatt der vertraglich vorgesehenen Ausführungsdauer von 5 Monaten aufgrund der behinderungsbedingten Verlängerung der Ausführungsfrist 6 Monate auf der Baustelle vorgehalten werden müssen, sind die Mehrkosten für Miete und Unterhaltung der Container als Schaden zu ersetzen. Gleiches gilt beispielsweise für die Kosten eines speziell für die Baumaßnahme eingestellten Bauleiters, der nunmehr entsprechend länger beschäftigt und folglich auch bezahlt werden muss.

Hinweis:
Um Problemen beim Nachweis der zweifellos entstehenden Mehrkosten für die verlängerte Vorhaltung der Baustelleneinrichtung sowie aus verlängertem Geräte- und Maschineneinsatz oder Maßnahmen zur Wasserhaltung entgegenzuwirken, empfiehlt es sich, im Vertrag eine **Regelung über die Vergütung** von Vorhaltemaßnahmen nach Zeit zu treffen. Beispielsweise kann im Leistungsverzeichnis die Vergütung für die Vorhaltung solcher Baustelleneinrichtungen und deren Betrieb nicht pauschal, sondern **zeitabhängig**, also nach Vorhaltedauer oder Betriebsstunden vereinbart werden.[1]

bb) Allgemeine Geschäftskosten

Allgemeine Geschäftskosten entstehen allein durch die Aufrechterhaltung des Geschäftsbetriebs und unabhängig von der Bautätigkeit. Die allgemeinen Geschäftskosten eines Unternehmens **verändern sich im Allgemeinen** in einer behinderungsbedingten Bauzeitverlängerung **nicht**. Bei strikter Anwendung der Differenztheorie zur Schadensberechnung würden daher derartige Schadens-

---

[1] *Vygen/Schubert/Lang*, Rz. 301.

ersatzansprüche ausscheiden, da sich die Kosten für die allgemeine Verwaltung nicht ändern, wenn sich auf einer von mehreren Baustellen die vorgesehene Bauzeit verlängert. Aus diesem Grund wurde in der früheren Rechtsprechung eine Ersatzpflicht der allgemeinen Geschäftskosten mit der Begründung verneint, diese wären dem Auftragnehmer auch ohne die Behinderung entstanden und seien daher durch die Behinderung nicht verursacht.[1]

298 **Hinweis:**
Bereits hier könnte eine **andere Beurteilung** geboten sein, wenn behinderungsbedingte zusätzlich angefallene allgemeine Geschäftskosten dem betroffenen Bauvorhaben direkt zugeordnet werden können. Dies ist z. B. bei so genannten Profit-Centern der Fall, wo auch unternehmensinterne Verwaltungskosten mit Hilfe von Kostenstellen dem jeweils betroffenen Bauvorhaben zugeordnet werden. Wenn allgemeine Geschäftskosten anhand solcher **innerbetrieblichen Verrechnungen** nachvollziehbar dargestellt werden können, sind dies ersatzfähige Schadenspositionen im Rahmen von § 6 Nr. 6 VOB/B.[2]

299 Im Wege einer normativen Ergänzung der Differenztheorie zählen nach **neuerer Rechtsprechung** auch die allgemeinen Geschäftskosten baubetrieblich zum Schaden iSv. § 6 Nr. 6 VOB/B, da der Auftragnehmer bei einer planmäßigen Fertigstellung des Bauwerks ohne Stillstandszeit diese allgemeinen Geschäftskosten **bei einem Folgeauftrag erwirtschaftet hätte**. Da der Auftragnehmer für die Dauer der Stillstandszeit sowohl an der Erwirtschaftung der Kosten für Maschinen und Geräte als auch an der Erwirtschaftung der darauf üblicherweise entfallenden allgemeinen Geschäftskosten gehindert worden ist, gehört dies zum dem Unternehmer nachweislich entstandenen Schaden. Der Schaden des Auftragnehmers ist also darin zu sehen, dass dieser in der Zeit des Stillstands keine Bauleistungen erbringen und abrechnen konnte, in der Teile zur Deckung der in der Stillstandszeit entstandenen allgemeinen Geschäftskosten enthalten und dem Auftragnehmer zugeflossen wären.[3]

300 Kalkulatorisch werden die allgemeinen Geschäftskosten als Zuschlag auf die Bauleistung erfasst. Im Falle eines Schadens aus Bauzeitverlängerung gibt es jedoch keine zusätzliche Bauleistung. Die in der behinderungsbedingten Bauzeitverlängerung entstehenden allgemeinen Geschäftskosten werden daher in der Weise erfasst, dass die in der Urkalkulation enthaltenen allgemeinen Geschäftskosten durch die Vertragsbauzeit dividiert und dieser **zeitvariable Einheitsbetrag** mit der Bauzeitverlängerung multipliziert wird.[4] Resultieren aus der Behinderung Mehrkosten für den Einsatz von Produktionsfaktoren, können diesen anteilig Deckungsanteile für allgemeine Geschäftskosten zugeschlagen werden.[5]

---

1 BGH, BauR 1976, 128, 130; KG, ZfBR 1984, 129, 132.
2 *Kapellmann/Schiffers*, Bd. 1 Rz. 1427.
3 OLG Düsseldorf, BauR 1988, 487, 490; OLG München, BauR 1992, 74, 76; *Kapellmann/Schiffers*, BauR 1986, 615, 623 f.
4 *Drittler*, BauR 1999, 825, 829; a. A. KG, ZfBR 1984, 129.
5 *Kapellmann/Schiffers*, Bd. 1 Rz. 1430.

cc) Direkt zurechenbare Kosten

Führen Behinderungen zu einer Bauzeitverlängerung, so können sich zusätzliche oder höhere Kosten für die verlängerte Beanspruchung von **Personal und Gerät** ergeben.[1] Wenn der Auftragnehmer bspw. Kräne oder Bohrgeräte anmietet und für die verlängerte Vorhaltedauer ein erhöhter Mietzins anfällt, zählen diese Zusatzkosten zweifellos zum ersatzfähigen Schaden. Bei eigenen Geräten und Maschinen kann ein Vergleich mit Mietkosten für vergleichbare Geräte erfolgen oder auf die Werte aus der Baugeräteliste zurückgegriffen werden. Möglich ist auch ein Rückgriff auf die innerbetriebliche Betriebsbuchhaltung bzw. Betriebsabrechnung. Genau genommen geben diese Arten der Kostenermittlung jedoch die im Rahmen der konkreten Schadensermittlung gebotenen tatsächlichen Mehrkosten nicht exakt wieder.[2] Die Rechtsprechung lässt hier jedoch eine Schätzung gemäß § 287 ZPO zu, die insbesondere auf Grundlage der **Baugeräteliste** erfolgen kann.[3]

301

Ebenso sind Kosten direkt zurechenbar, die aufgrund der Verschiebung der Baumaßnahme in den Winter für **Winterbaumaßnahmen** entstehen, die bei termingerechter Fertigstellung nicht angefallen wären. Ergeben sich als Folge der Bauzeitverlängerung **Lohn- und/oder Materialpreiserhöhungen** oder treten solche während einer Stillstandszeit ein, sind diese zu ersetzen, wenn der Bauvertrag keine entsprechenden Lohn- und Materialgleitklauseln enthält oder diese aufgrund von Selbstbeteiligungs- oder Bagatellklauseln nicht ausreichen. Dies gilt auch dann, wenn in Besonderen oder Zusätzlichen Vertragsbedingungen die Berücksichtigung von Lohn- und Materialpreiserhöhungen ausgeschlossen ist.[4] Hat der Auftragnehmer für den Verspätungszeitraum sein Personal bereits anders disponiert und muss daher für die Fertigstellung Drittunternehmen einsetzen, ist auch die Netto-Vergütung des Nachunternehmers ersatzfähig.

302

dd) Kosten des Baustillstands

Kommt es zu einem Stillstand (Unterbrechung) der Bautätigkeit, entstehen regelmäßig neben den vorgenannten zeitabhängigen Kosten einmalige Kosten, wenn Geräte zur Schadensminimierung abgezogen und anderweitig verwendet werden. Der Auftragnehmer ist im Rahmen seiner Schadensminderungspflicht gehalten, vorab zu überprüfen, ob nicht ein solcher **vorübergehender Abzug der Geräte** sinnvoller ist, als diese ungenutzt auf der Baustelle zu belassen.

303

Wenn jedoch aus Sicht des Auftragnehmers kurzfristig wieder mit einem Fortgang der Bauarbeiten gerechnet werden kann, entstehen **ersatzfähige Stillstandskosten**, wobei zwischen stillstehenden Leistungsgeräten und Bereitstellungsgeräten (z. B. Container), die in der Regel bereits von den Baustellengemeinkosten erfasst sind, zu unterscheiden ist. Sind Kosten für stillstehende Leistungsgeräte nachweisbar, weil diese z. B. vom Auftragnehmer angemietet wurden, ist die Schadenszugehörigkeit unproblematisch. Aber auch wenn die eingesetzten Gerä-

304

---

[1] OLG Düsseldorf, BauR 1988, 487.
[2] Vgl. hierzu *Vygen/Schubert/Lang*, Rz. 302.
[3] OLG Düsseldorf, BauR 1988, 487.
[4] OLG Düsseldorf, BauR 1996, 862.

te im Eigentum des Auftragnehmers stehen, sind Stillstandszeiten ersatzfähig, weil durch den Bauvertrag der Einsatz dieser Produktionsfaktoren gegen Entgelt disponiert war und der Einsatz ohne Entgelt einen Schaden darstellt. Ein Schaden ist im Einzelfall also unabhängig von der Frage zu bejahen, was ohne den Bauvertrag mit den Maschinen geschehen wäre.[1] In diesem Zusammenhang sind auch Lagerkosten für bereits eingekaufte für den Einbau vorgesehene Baustoffe und Materialen zu ersetzen.

ee) Beschleunigungsmehrkosten

305 Zum ersatzfähigen Behinderungsschaden zählen auch die zusätzlichen Kosten für Beschleunigungsmaßnahmen, die der Auftragnehmer durchführt, um behinderungsbedingte Verzögerungen wieder aufzuholen. Ohne eine entsprechende Vereinbarung ist die Ersatzfähigkeit dieser Beschleunigungskosten jedoch der Höhe nach beschränkt. Da Beschleunigungsmaßnahmen für den Auftraggeber nur dann zweckmäßig sind, wenn sie sich hinsichtlich seines aufgrund der Bauzeitverlängerung eintretenden Schadens mindernd auswirken, dürfen die Beschleunigungskosten **nicht höher** sein, **als die Schäden**, die der Auftraggeber aufgrund der durch die Beschleunigung aufgeholten Zeit zu erwarten hat.[2] Diese Begrenzung entfällt bei einer vom Auftraggeber angeordneten Beschleunigung, wobei sich die Ansprüche des Auftragnehmers dann in erster Linie nach § 2 Nr. 5 VOB/B richten.

Beispiel:
Zu den ersatzfähigen Beschleunigungsmehrkosten zählen beispielsweise Mehrkosten für zusätzlich eingesetzte Geräte und Personal, Überstunden- und Nachtzuschläge, erhöhte Energiekosten, Umstellungskosten auf ein anderes Bauverfahren sowie Transport- und Montagekosten für zusätzliche Kapazitäten.

ff) Sonderkosten

306 Ersatzfähig sind auch behinderungsbedingte Sonderkosten, die nicht unmittelbar mit der Produktion zusammenhängen, z. B. die Kosten eines baubetrieblichen **Sachverständigengutachten**, das zum Nachweis der Kausalität der Behinderung und der dadurch entstandenen Mehrkosten eingeholt wurde.[3]

307 Problematisch ist jedoch die Ersatzfähigkeit der **eigenen Tätigkeit des Auftragnehmers** zur Dokumentation und Berechnung etwaiger behinderungsbedingter Schadensersatzansprüche. Es wurde bereits oben angesprochen, dass an eine schlüssige Geltendmachung von behinderungsbedingten Mehrkosten erhebliche Anforderungen zu stellen sind. Wenn sich also der Auftragnehmer hierfür nicht eines baubetrieblichen Sachverständigen bedient, kann insbesondere bei größeren Bauvorhaben und einem Ineinandergreifen von mehreren unterschiedlich zu beurteilenden Behinderungstatbeständen in erheblichem Umfang eigenes Personal gebunden werden. Grundsätzlich gehören Bemühungen zur eigenen Rechtswahrung zum Zuständigkeits- und Verantwortungsbereich des Geschädig-

---

1 *Kapellmann/Schiffers*, Bd. 1 Rz. 1443.
2 *Vygen/Schubert/Lang*, Rz. 300.
3 BGH, BauR 1986, 347.

ten. Diese liegen daher außerhalb des Schutzkreises der Haftung des Schädigers, so dass in diesen Fällen eine Schadensüberwälzung regelmäßig ausscheidet.

Eine andere Beurteilung kommt nur dann in Betracht, wenn dem Geschädigten bei der Rechtsverfolgung außergewöhnliche Belastungen erwachsen, die das, was der Verkehr als übliche persönliche Bemühungen bei der Rechtswahrung ansieht, übersteigen.[1] Daher sind etwaige Kosten für im Rahmen der Schadensverfolgung eingesetztes Personal nur dann zu ersetzen, wenn der konkrete Aufwand weit über dem normalen, üblichen Maß liegt und als „außergewöhnlich hoch" bzw. sogar „extrem" bezeichnet werden kann.[2]

b) Verschulden des Auftraggebers

Der Auftraggeber hat sowohl für **eigenes** Verschulden (§ 276 BGB) als auch für das Verschulden seiner **Erfüllungsgehilfen** (§ 278 BGB) einzustehen. Erfüllungsgehilfen des Auftraggebers sind Architekten, Ingenieure und sonstige Sonderfachleute, deren Hilfe sich der Auftraggeber zur Erfüllung eigener Verbindlichkeiten gegenüber dem Auftragnehmer bedient. Unproblematisch ist daher, dass der Auftraggeber die Planer, die er zur Erfüllung seiner Obliegenheiten oder Mitwirkungsaufgaben nach § 4 Nr. 1, § 3 Nr. 1, Nr. 2 VOB/B einsetzt, im Verhältnis zum Unternehmer als Erfüllungsgehilfen behandeln lassen muss. Denn insoweit besteht nicht nur eine faktische Abhängigkeit der nachfolgenden Bauleistungen von diesen geistigen Leistungen. Diese Leistungen schuldet der Auftraggeber vielmehr dem Auftragnehmer, wie sich aus der Regelung dieser Mitwirkungsaufgaben in der VOB/B ergibt. Der Auftraggeber handelt dann nicht schuldhaft, wenn sich sein Handeln im Rahmen dessen hält, was er vertragsrechtlich darf. In diesen Fällen liegt keine Pflichtwidrigkeit bzw. **Rechtswidrigkeit** des Handels vor, so dass Schadensersatzansprüche aus § 6 Nr. 6 VOB/B ausscheiden.

308

Hinweis:

309

Hier ist zwischen dem **Schadensersatzanspruch** aus § 6 Nr. 6 VOB/B und etwaigen Ansprüchen auf **Verlängerung der Ausführungsfristen** nach § 6 Nr. 2 VOB/B **zu unterscheiden.** Grundsätzlich setzt der Begriff der Behinderung keine Rechtswidrigkeit und auch kein Verschulden der anderen Vertragspartei voraus, so dass Ansprüche auf Fristverlängerung auch ohne ein vertragswidriges Verhalten der anderen Vertragspartei gegeben sein können. Schadensersatzansprüche scheiden in diesen Fällen jedoch aus.

aa) Änderungsanordnungen des Auftraggebers

Grundsätzlich können in Entwurfsänderungen oder Anordnungen des Auftraggebers, zusätzliche Leistungen auszuführen, auch Behinderungen des Auftragnehmers gesehen werden, der seine Bauleistung nicht entsprechend seiner ursprünglichen Bauablaufplanung ausführen kann.[3] Mangels Rechtswidrigkeit scheiden Schadensersatzansprüche aus § 6 Nr. 6 VOB/B aber zunächst aus, wenn der Auftraggeber zusätzliche Leistungen nach § 1 Nr. 4 VOB/B oder aber Leis-

310

---

1 BGH, BGHZ 75, 233, 237.
2 BGH, NJW-RR 1994, 534, 535.
3 OLG Nürnberg, BauR 2001, 409.

tungsänderungen nach § 1 Nr. 3 VOB/B anordnet. Soweit diese zusätzlichen oder geänderten Leistungen den bisherigen Ablauf stören oder unmöglich machen, steht dem Anspruch des Auftraggebers auf Ausführung dieser Leistungen (§ 1 Nr. 4 VOB/B) ein Anspruch des Auftragnehmers auf **Bauzeitverlängerung** gemäß § 6 Nr. 2 Abs. 1 Buchstabe a VOB/B gegenüber. Daneben können Ansprüche des Auftragnehmers auf **Vergütungsänderung** gemäß § 2 Nr. 5 oder § 2 Nr. 6 VOB/B bestehen. Schadensersatzansprüche gemäß § 6 Nr. 6 VOB/B scheiden hier jedoch aus, da weder die Anordnung einer inhaltlich geänderten Leistung noch die Anordnung einer zusätzlichen Leistung rechtswidrige Pflichtverletzungen des Auftraggebers enthalten.[1] Diese Anordnungsrechte sind vielmehr ausdrücklich in § 1 Nr. 3 und Nr. 4 VOB/B enthalten. Der BGH hält in bestimmten Fällen einen Anspruch aus § 6 Nr. 6 VOB/B auch bei einem rechtmäßigen Verhalten für möglich.[2]

311 Dennoch hat der Auftraggeber Behinderungen, die durch vom Auftraggeber angeordnete Leistungsänderungen oder Zusatzleistungen verursacht sind, in aller Regel zu vertreten, da es seine Sache ist, die vom Unternehmer zu erbringende Leistung **vollständig und richtig zu beschreiben** (§ 9 VOB/A).[3] Wenn also eine unrichtige oder eine unvollständige Leistungsbeschreibung Ursache der Änderungsanordnung des Auftraggebers ist, können auch bei zulässigen Anordnungen bzw. Planänderungen nach § 1 Nr. 3 oder 4 VOB/B Schadensersatzansprüche des Auftragnehmers aus § 6 Nr. 6 VOB/B bestehen.[4] Etwas anderes gilt natürlich dann, wenn eine andere Regelung getroffen worden ist, also z. B. das Leistungsverzeichnis vom Auftragnehmer erstellt worden ist.

312 Die gleichen Grundsätze gelten auch für Behinderungen des Unternehmers durch **veränderte Bodenverhältnisse** gegenüber den in der Ausschreibung angegebenen Bodenverhältnissen. Nach § 9 Nr. 3 Abs. 3 VOB/A zählt grundsätzlich auch die richtige und vollständige Beschreibung der Boden- und Wasserverhältnisse des Baugrundstücks zum Verantwortungsbereich des Auftraggebers. Den Entlastungsbeweis hinsichtlich des Verschuldens wird der Auftraggeber nur führen können, indem er darlegt und beweist, dass er bei der Vorbereitung der Baumaßnahme und der Ausschreibung alle zumutbaren und möglichen Untersuchungen vorgenommen hat, um die Boden und Wasserverhältnisse zutreffend beschreiben zu können. Dazu kann auch die Einholung von Bodengutachten und ggf. auch die Anordnung bzw. Durchführung von Probebohrungen gehören.[5]

313 **Hinweis:**

Nicht selten, gerade bei **Großbauvorhaben**, wird dieses Baugrundrisiko auf den Auftragnehmer abgewälzt. Dies bedeutet für den Auftragnehmer ein selten überschaubares Kalkulationsrisiko, so dass eine solche vertragliche Risikoübernahme dringend vermieden werden sollte. Im Rahmen von Allgemeinen Geschäftsbedingungen stellt eine solche Regelung eine unangemessene Benachteiligung des Auftragnehmers dar, die wegen § 307 BGB unwirksam ist.[6]

---

1 OLG Braunschweig, BauR 2001, 1739.
2 BGHZ 48, 78, 81.
3 *Vygen/Schubert/Lang*, Rz. 258.
4 *Vygen/Schubert/Lang*, Rz. 258.
5 *Vygen*, BauR 1983, 414, 421.
6 *Vygen/Schubert/Lang*, Rz. 259 m. w. N.

Beim **BGB-Werkvertrag** kann der Auftragnehmer zwar nicht einseitig vom Auftraggeber gezwungen werden, geänderte oder zusätzliche Leistungen auszuführen. Hierfür bedarf es einer neuen Einigung der Parteien. Wenn sich aber der Auftragnehmer im Rahmen einer solchen neuen Einigung darauf einlässt, und hierbei übersieht, auch hinsichtlich etwaiger Folgekosten eine Vergütungsregelung zu treffen, bestehen wiederum keine Schadensersatzansprüche, weil es auch hier an einer rechtswidrigen Pflichtverletzung des Auftraggebers fehlt, wenn dieser auf einer Durchführung der zusätzlichen oder geänderten Leistungen besteht.[1]

314

Anders beurteilt sich die Rechtslage jedoch, wenn der Auftraggeber keine Anordnungen zum Inhalt der Bauleistung trifft, sondern z. B. durch **Anordnung eines Baustopps** in die Bauzeit eingreift. Wenn ein solches Recht auf zeitliche Änderungen nicht ausnahmsweise vertraglich vereinbart ist, steht dem Auftragnehmer im Normalfall kein Recht auf Änderung der vertraglichen Bauzeit zu.[2] Eine Änderung der vereinbarten Bauzeit ist nur **durch Einigung** beider Parteien, also Vertragsänderung, zulässig.[3] Ordnet der Auftraggeber daher einseitig einen Baustopp oder einen verspäteten Beginn der Bauleistung an, liegen diese Anordnungen außerhalb der ihm zustehenden Anordnungsbefugnis nach § 1 Nr. 3, Nr. 4 VOB/B. Derartige ändernde Eingriffe in den vereinbarten Bauablauf sind daher objektiv vertragswidrig und können bei Vorliegen der weiteren Tatbestandsvoraussetzungen zu Schadensersatzansprüchen aus § 6 Nr. 6 VOB/B führen. Daneben kann der Auftragnehmer aber auch Vergütungsansprüche aus § 2 Nr. 5 VOB/B geltend machen, da diese Vorschrift nicht auf den Anwendungsbereich des § 1 Nr. 3 VOB/B beschränkt ist, sondern auch dann zur Anwendung kommt, wenn der Auftraggeber Änderungen anordnet, zu denen er nach § 1 Nr. 3 VOB/B nicht berechtigt ist.[4] In diesen Fällen ist der Auftragnehmer jedoch nicht verpflichtet, die vom Auftragnehmer verlangten Änderungen zu akzeptieren und auszuführen.[5]

315

Hinweis:
Bei auftraggeberseitigen Anordnungen zur Bauzeit kann der Auftragnehmer **wahlweise** auch Ansprüche aus § 2 Nr. 5 VOB/B und aus § 2 Nr. 6 VOB/B geltend machen, da § 2 Nr. 5 VOB/B sowohl bei rechtmäßigen, als auch bei rechtswidrigen Anordnungen des Auftraggebers Vergütungsansprüche auslösen kann. Der Auftragnehmer kann sich somit aussuchen, welcher Anspruch für ihn günstiger ist.

316

bb) Mangelnde Koordination der Baustelle

Der Auftraggeber hat nach § 4 Nr. 1 VOB/B das Zusammenwirken der Unternehmer auf der Baustelle zu koordinieren. Hierzu gehört auch die Erstellung eines Bauzeitenplans, der auf **realistischen Zeitvorgaben** beruht. Bei Bauplanungen darf nicht nur von optimalen, im realen Baugeschehen kaum einzuhaltenden Abläufen ausgegangen werden. Eine hiervon abweichende Verhaltensweise ist

317

---
1 *Kapellmann/Schiffers*, Bd. 1, Rz. 1326; a. A. OLG Koblenz, NJW-RR 1988, 851 (vom BGH aufgehoben, aber aus anderen Gründen).
2 *Kapellmann/Schiffers*, Bd. 1, Rz. 1333; OLG Braunschweig, BauR 2001, 1739.
3 *Ingenstau/Korbion*, Rz. 26 zu § 5 Nr. 1–3 VOB/B.
4 OLG Braunschweig, BauR 2001, 1739.
5 OLG Düsseldorf, BauR 1995, 706; BauR 1996, 115.

leichtfertig und kann auch nicht durch den Wunsch des Bauherrn, die Bezugsreife des Bauobjekts möglichst frühzeitig herzustellen, gerechtfertigt werden.[1] Kommt es durch eine unzureichende Terminplanung zu einer Verlegung der vertraglich vorgesehenen Ausführungsfristen durch spätere gegenläufige Angaben des Auftraggebers, stellen sich als diese vom Auftraggeber verschuldete Behinderungen iSv. § 6 Nr. 6 VOB/B dar.[2] In diesem Zusammenhang ist der Architekt Erfüllungsgehilfe des Auftraggebers.[3]

318 Im Gegenzug hat jedoch der Auftraggeber **keine Mitwirkungspflicht** dahin gehend, den Auftragnehmer oder dessen Vorunternehmer bei der Ausführung ihrer Leistungen **zu überwachen**. Wenn der Auftraggeber die Leistungen der beauftragten Unternehmen dennoch überwachen lässt, was regelmäßig durch den Architekten geschieht (§ 15 Abs. 1 Nr. 8 HOAI) erfolgt dies ausschließlich im eigenen Interesse des Auftraggebers, nicht jedoch aufgrund einer rechtlichen oder vertraglichen Verpflichtung gegenüber beauftragten Unternehmen. Der Auftragnehmer kann sich daher nicht darauf berufen, etwaige durch ihn selbst oder durch Vorunternehmer verursachte Behinderungen seien vom Auftraggeber verschuldet, weil dieser einer Überwachungspflicht nicht ordnungsgemäß nachgekommen ist. Hinsichtlich der Überwachung ist auch der Architekt nicht Erfüllungsgehilfe des Auftraggebers.[4]

319 In diesem Zusammenhang zählen auch **Störungen durch Nachbarn oder sonstige Dritte** zum Verantwortungsbereich des Auftraggebers, da dieser dem Unternehmer ein baureifes Grundstück mit den notwendigen Lager- und Arbeitsplätzen sowie den erforderlichen Zufahrtswegen zur Verfügung stellen muss (§ 4 Nr. 4 VOB/B). In den Fällen, in denen Behinderungen durch Nachbarn oder sonstige Dritte verursacht werden, hat der Auftraggeber darzulegen und zu beweisen, dass er **hinreichende Vorkehrungen** gegen solche Störungen getroffen hat. Dies gilt z. B. dann, wenn zur Klärung eines Nachbarwiderspruches ein Baustopp angeordnet wird.[5]

320 Im Verhältnis des **Subunternehmers** zum Generalunternehmer führt dagegen die Unterbrechung des Bauvorhabens durch einen gerichtlich angeordneten Baustopp nicht zu Schadensersatz- und Entschädigungsansprüchen, wenn dem Generalunternehmer im Hinblick auf den Baustopp weder eine Verletzung von Vertragspflichten noch von Mitwirkungspflichten vorgeworfen werden kann.[6] Ein weiterer in diesem Zusammenhang zu nennender Fall ist, dass der Auftraggeber bereitzustellende Stoffe oder Bauteile nicht rechtzeitig bestellt hat und es dadurch zu **Lieferverzögerungen** kommt.

cc) Mangelhafte oder verspätete Vorunternehmerleistungen

321 Eine beachtliche Rolle spielen Behinderungen des Auftragnehmers durch verzögerte oder mangelhafte Arbeiten des Vorunternehmers. Eine Haftung des Auf-

---

1 OLG Köln, BauR 1986, 582, 583.
2 OLG Köln, BauR 1986, 582, 584.
3 *Kapellmann/Schiffers*, Bd. 1, Rz. 1364.
4 *Kapellmann/Schiffers*, Bd. 1, Rz. 1365.
5 OLG Düsseldorf, BauR 1988, 487.
6 OLG Saarbrücken, IBR 2001, 353.

traggebers für derartige Verzögerungen käme nur in Betracht, wenn der vorleistende Unternehmer hinsichtlich der mangelfreien und zeitgerechten Erfüllung seiner Leistung gegenüber dem nachfolgenden Unternehmer als Erfüllungsgehilfe des Auftraggebers anzusehen ist. Nach der Rechtsprechung des BGH (Vorunternehmer I[1] und Vorunternehmer II[2]) können Fehler eines Vorunternehmers dem Auftraggeber im Verhältnis zum Nachunternehmer aber regelmäßig nicht zugerechnet werden, weil der **Vorunternehmer insoweit** gerade **nicht Erfüllungsgehilfe** des Auftraggebers ist. Nach Auffassung des BGH will sich der Auftraggeber regelmäßig den einzelnen Auftragnehmern gegenüber nicht zur Erbringung der notwendigen Vorarbeiten verpflichten. Der mit der Vorleistung befasste Auftragnehmer ist nicht in den werkvertraglichen Pflichtenkreis des Auftraggebers gegenüber den anderen Baubeteiligten einbezogen. Anders als der zur Erfüllung der Planungs- und Koordinierungsaufgaben des Bauherrn eingesetzte Architekt ist der zuerst tätige Bauhandwerker nicht Erfüllungsgehilfe des Bauherrn bezüglich seiner Bauleistung, auf die der spätere Bauhandwerker aufbaut.

Da die Errichtung eines Bauwerks nahezu immer aus einer Vielzahl nacheinander auszuführender und aufeinander aufbauender Werkleistungen verschiedener Unternehmer besteht, nehme der einzelne Auftragnehmer dabei hin, dass sein Auftraggeber die für seine Arbeiten notwendigen Vorleistungen typischerweise nicht selbst erbringt, weil er dazu gar nicht in der Lage sei. Auch wolle sich der Auftraggeber regelmäßig dem einzelnen Auftragnehmer gegenüber nicht zur Erbringung der notwendigen Vorarbeiten verpflichten. Der mit der Vorleistung befasste Auftragnehmer sei demgemäß nicht in den werkvertraglichen Pflichtenkreis des Auftraggebers gegenüber den anderen Baubeteiligten miteinbezogen, sondern erbringe vielmehr seine Leistung lediglich im Rahmen des zwischen ihm und dem Auftraggeber geschlossenen Werkvertrags. Aufgrund der in §§ 4 Nr. 3 und 13 Nr. 3 VOB/B normierten Verpflichtung des Auftragnehmers, die Vorleistung eines anderen Unternehmers zu überprüfen, sei der Nachfolgeunternehmer in gewissem Umfang für die Vorleistung mitverantwortlich. Solange also nicht aufgrund besonderer Umstände davon auszugehen sei, dass der Auftraggeber dem Nachfolgeunternehmer für die mangelfreie Erbringung von Vorleistungen einstehen will, können Fehler des Vorunternehmers dem Auftraggeber im Verhältnis zum Nachunternehmer regelmäßig nicht zugerechnet werden.

322

Hinweis:
Klarzustellen ist, dass diese Entscheidung jedenfalls seit Geltung der VOB/B 2000 nichts daran ändert, dass verzögerte oder mangelhafte Vorarbeiten den Verantwortungsbereich des Auftraggebers betreffen und daher jedenfalls eine **Verlängerung der Ausführungsfristen** bewirken. In erster Linie sind die Vorunternehmerentscheidungen für die Frage der Verschuldenszurechnung im Rahmen des Schadensersatzanspruchs nach § 6 Nr. 6 VOB/B von Bedeutung.

323

Etwas anderes kann wohl nur dann gelten, wenn den Auftraggeber hinsichtlich der ihm obliegenden Koordination der Baustelle eine **schuldhafte Pflichtverletzung** trifft[3] oder aufgrund besonderer Umstände davon auszugehen ist, dass der

324

---
1 BGH, BauR 1985, 561.
2 BGH, BauR 2000, 722.
3 BGH, BauR 1985, 561.

Auftraggeber dem Nachfolgeunternehmer für die mangelfreie Erbringung der Vorleistung einstehen will. Ob und welche Verbindlichkeit den Auftraggeber gegenüber dem (Nach-) Unternehmer trifft, ist hier nach der jeweiligen Fallgestaltung zu beurteilen. Derartige Fälle liegen insbesondere dann vor, wenn sich der Auftragnehmer ausnahmsweise zur Erfüllung einer als **Hauptpflicht** ausgestalteten Mitwirkungspflicht **Hilfspersonen bedient**. Solche so genannten Haupt-Mitwirkungspflichten sind insbesondere Erstellungspflichten des Auftraggebers, also eigene Mitwirkungshandlungen bei der Herstellung des Auftragnehmerwerks. In diesem Zusammenhang hat der BGH beispielsweise entschieden, dass der Auftraggeber, der für den vom Unternehmer geschuldeten Abtransport von Erdaushub eine Deponie bereitzuhalten hat, nach § 278 BGB für ein Verschulden der Deponieverwaltung einzustehen hat.[1] Verpflichtet sich der Auftraggeber z. B. zur Ermöglichung der Arbeiten des Auftragnehmer eine Behelfsbrücke zu erstellen, und erbringt der von ihm eingesetzte Unternehmer die Leistung schuldhaft verspätet, so haftet der Auftraggeber für den Brückenbauer als Erfüllungsgehilfen.[2]

325   Eine vom beschriebenen Grundsatz abweichende Beurteilung ist auch dann geboten, wenn der Vorunternehmer unter dem Gesichtspunkt der Rechtzeitigkeit der Leistung **als Erfüllungsgehilfe** des Auftragnehmers **eingestuft** werden kann. So kann der Nachfolgeunternehmer nach § 6 Nr. 6 VOB/B von seinem Auftraggeber Schadensersatz verlangen, wenn im Bauvertrag eine feste Ausführungsfrist für seine Leistung vereinbart worden ist, der Auftragnehmer diese aber wegen Verzugs des vom Auftraggeber mit den notwendigen Vorleistungen beauftragten Vorunternehmers nicht einhalten kann und ihm dadurch ein Schaden entstanden ist.[3] Fest **vereinbarte Ausführungsfristen** können nicht nur für den Auftragnehmer, sondern auch für den Auftraggeber hinsichtlich der notwendigen Mitwirkung **verbindlich** sein, so dass der Auftraggeber verpflichtet ist, Vorunternehmerleistungen, auf die die Leistung des Nachfolgeunternehmers aufbaut oder die sonst Voraussetzung für dessen Arbeitsaufnahme ist, diesem zu dem vertraglich vereinbarten Zeitpunkt zur Verfügung zu stellen. Bedient er sich dazu eines anderen Unternehmers (Vorunternehmer), so ist dieser **Erfüllungsgehilfe**, so dass der Auftraggeber sich dessen Verschulden zurechnen lassen muss.[4]

326   Voraussetzung ist jedoch die Überschreitung einer **fest vereinbarten Frist**. Die Vertragsbestimmungen bedürfen daher zunächst der Auslegung, ob der Auftraggeber tatsächlich die Verpflichtung übernommen hat, das Bauwerk zu den vereinbarten Fristen als für die Nachunternehmerleistung geeignet zur Verfügung zu stellen. Allein die **Vereinbarung von Vertragsfristen reicht** hierfür jedoch **nicht** aus.[5] Ebenso kann allein aus der Aufstellung eines Bauzeitenplans nicht auf eine derartige Risikoübernahme durch den AG geschlossen werden. Sowohl Schadensersatzansprüche aus § 6 Nr. 6 VOB/B als auch Entschädigungsansprüche aus § 642 BGB scheiden aus, wenn die Vertragspartner im Bauvertrag eine bestimmte Bauzeit vereinbart haben, der Unternehmer jedoch vorzeitig mit seinen Bauleis-

---
1 BGH, ZfBR 1992, 31.
2 OLG Celle, BauR 1994, 629.
3 OLG Celle, BauR 1994, 629.
4 OLG Celle, BauR 1994, 629.
5 BGH, BauR 2000, 722.

Schadensersatzanspruch   Rz. 329 **Teil 17**

tungen beginnt und dann infolge nicht fertig gestellter notwendiger Vorunternehmerleistungen seine Arbeiten unterbrechen muss.[1]

Hinweis:
Aus Sicht des Auftragnehmers sollte daher bei den **Vertragsverhandlungen** darauf gedrungen werden, dass sich auch der Auftraggeber verpflichtet, die im Bauvertrag vereinbarten Ausführungsfristen einzuhalten. Noch besser lässt sich die Problematik lösen, wenn man in den Vertrag eine Regelung aufnimmt, wonach sich der Auftraggeber verpflichtet, die ggf. konkret zu beschreibenden notwendigen Vorleistungen rechtzeitig zu erbringen.

In der Literatur sind die Vorunternehmerentscheidungen des BGH mit durchaus beachtlichen Argumenten auf einhellige **Kritik** gestoßen.[2] Danach treffe den Bauherrn aufgrund seiner in der VOB/B festgelegten Mitwirkungspflichten gegenüber dem Nachunternehmer die umfassende Verpflichtung, für die rechtzeitige und vertragsgemäße Ausführung der notwendigen Vorunternehmerleistungen zu sorgen. Der Bauherr sei insbesondere nach §§ 3 Nr. 2 und 4 Nr. 1 VOB/B verpflichtet, dem Auftragnehmer rechtzeitig zu dem vereinbarten Baubeginn ein **baureifes Grundstück zur Verfügung zu stellen**, was insbesondere die rechtliche und tatsächliche Bebauungsfähigkeit des Grundstücks umfasse. Hinsichtlich dieser Verpflichtung des Auftraggebers sei der **Vorunternehmer** im Verhältnis zum Nachunternehmer, der auf dessen Arbeiten aufbauen muss, **Erfüllungsgehilfe** des Auftraggebers, so dass der Auftraggeber gegenüber dem Nachfolgeunternehmer Verzögerungen und Behinderungen zu vertreten hat, die dadurch entstehen, dass der Vorunternehmer seine Leistungen nicht rechtzeitig mangelfrei hergestellt hat.   327

Seit dem **BGH-Urteil vom 21. 10. 1999** „Vorunternehmer II"[3] ist diese Problematik jedoch weit gehend entschärft worden, weil der BGH darin unter Aufgabe seiner bisherigen Rechtsprechung für die Fälle der verspäteten bzw. mangelhaften Vorunternehmerleistung eine **verschuldensunabhängige Haftung des Auftraggebers** nach § 642 BGB bejaht hat. § 642 BGB begründet eine verschuldensunabhängige Haftung des Auftraggebers auf angemessene Entschädigung, wenn dieser mit einer zur Herstellung des Werks erforderlichen Mitwirkungshandlung in **Annahmeverzug** kommt. Dies ist dann der Fall, wenn der leistungsbereite Auftragnehmer seine Leistung anbietet, der Auftragnehmer jedoch nicht die Voraussetzung für die (Weiter-) Arbeit des Auftragnehmers geschaffen hat und dadurch die ihm angebotene Leistung nicht annimmt. Da der Auftraggeber in diesen Fällen ohne Rücksicht auf ein eigenes Verschulden in Annahmeverzug gerät, stellt sich das Problem der Verschuldenszurechnung von Vorunternehmerleistungen nicht.[4]   328

Zusammenfassend lässt sich daher festhalten, dass der Auftragnehmer dann, wenn einem rechtzeitigen Beginn oder einer planmäßigen Durchführung seiner vertraglichen Leistung verspätete oder mangelhafte Leistung eines Vorunterneh-   329

---
1 OLG Düsseldorf, BauR 2002, 1551.
2 *Kapellmann/Schiffers*, Bd. 1, Rz. 1368 mwN; *Vygen/Schubert/Lang*, Rz. 263 ff.
3 BGH, NZBau 2000, 187.
4 Kritisch hierzu wiederum: *Kapellmann/Schiffers*, Bd. 1, Rz. 1393 ff.

mers entgegenstehen, gegenüber dem Auftraggeber **regelmäßig** zwar **keine Schadensersatzansprüche** nach § 6 Nr. 6 VOB/B geltend machen kann. Unter dem Gesichtspunkt der Verletzung von Mitwirkungspflicht durch den Auftraggeber und einem dadurch bedingten **Annahmeverzug** kann jedoch ein **Entschädigungsanspruch aus § 642 BGB** bestehen, der ein Verschulden des Auftraggebers nicht voraussetzt (vgl. hierzu Rz. 210 ff.). Der Unterschied dieser beiden Anspruchsgrundlagen besteht darin, dass der Auftragnehmer bei § 6 Nr. 6 VOB/B im Wege des Schadensersatzes den Ersatz seiner tatsächlichen Mehrkosten erhält. Die Entschädigung nach § 642 BGB ermittelt sich wie bei einem Vergütungsanspruch gemäß § 2 Nr. 5, 6 und Nr. 8 VOB/B auf der Basis der fortgeschriebenen Auftragskalkulation ohne Rücksicht darauf, ob überhaupt ein Schaden entstanden ist. Der Entschädigungsanspruch des § 642 BGB umfasst jedoch keinen entgangenen Gewinn und auch kein Wagnis.

dd) Behörden und sonstige öffentlich-rechtliche Entscheidungsträger

330 Auch wenn der Auftraggeber nach § 4 Nr. 1 VOB/B grundsätzlich die Beschaffungspflicht für alle öffentlich-rechtlichen Erfordernisse des Bauens trägt, hat er nicht schlechthin für alle Störungen gerade zu stehen, die aus dem behördlichen Bereich herrühren. Ohne eine entsprechende vertragliche Regelung wird dem Auftraggeber nicht das **generelle Erteilungsrisiko** für alle öffentlich-rechtlichen Erfordernisse des Bauens aufgebürdet. Der Auftraggeber hat Störungen des Bauablaufs, die ihre Ursache im behördlichen Bereich haben, z. B. durch Nichttätigwerden der Behörden oder durch den Erlass von Verwaltungsakten, dann zu vertreten, wenn diese Störungen auf ein **eigenes Verschulden** oder dasjenige von **Erfüllungsgehilfen** zurückzuführen ist (§§ 276, 278 BGB), wie beispielsweise bei fehlerhaften, nicht vollständigen oder verspätet vorgelegten Genehmigungsunterlagen oder sonstiger unzulänglicher Mitwirkung im Genehmigungsverfahren. Der Auftraggeber kann die verweigerte Erteilung notwendiger Genehmigungen, die eine störungsfreie Leistungserbringung sicherstellen sollen, dann zu vertreten haben, wenn er oder der Planverfasser das Risiko einer Genehmigungsverweigerung bewusst eingegangen sind, wenn also die öffentlich-rechtlichen Grundlagen eines Bauvorhabens für die Auftraggeberseite erkennbar Zweifel geboten haben. Hat sich der Auftragnehmer zu Beschaffung der Baugenehmigung verpflichtet, haftet er für die von ihm zu vertretenden Verzögerungen der Baugenehmigung und der Baufreigabe.

8. Mehrwertsteuer

331 Schadensersatzansprüche sind grundsätzlich mangels Leistungsaustausch gemäß Abschnitt R 3 der Umsatzsteuerrichtlinien (UStR) nicht umsatzsteuerpflichtig. Dennoch wird teilweise eine **Umsatzsteuerpflichtigkeit des Schadensersatzanspruchs** nach § 6 Nr. 6 VOB/B mit der Begründung bejaht, dass es sich hierbei nicht nur um den Ersatz von Vermögensnachteilen handelt, sondern zumindest teilweise um einen zusätzlichen **Vergütungsanspruch**, der dem Auftragnehmer wegen der Behinderung und der daraus folgenden Mehraufwendungen zusteht.[1] Zutreffend dürfte jedoch die andere Auffassung sein, dass der Auftragnehmer

---

1 *Kapellmann/Schiffers*, Bd. 1, Rz. 1497.

neben dem eigentlichen Behinderungsschaden keinen Anspruch auf die darauf entfallende Mehrwertsteuer hat, weil derartige Schadensersatzzahlungen eben nicht § 1 Nr. 1 UStG unterliegen. Die aufgrund der vom Auftragnehmer zu vertretenden Behinderungen entstandenen erhöhten Kosten des Auftragnehmers spiegeln sich gerade nicht in einem Mehrwert der erbrachten Leistung für den Auftraggeber wieder, so dass es an den **Voraussetzungen eines Leistungsaustauschs** fehlt.[1] Der BGH hat sich zu dieser Frage bislang noch nicht konkret geäußert, sondern lediglich festgestellt, dass dem Auftragnehmer ein Anspruch auf Feststellung der Leistungspflicht es Auftraggebers zur Mehrwertsteuerzahlung zusteht.[2]

> Da die Frage, ob und ggf. inwieweit Schadensersatzansprüche aus § 6 Nr. 6 VOB/B der Umsatzsteuer unterliegen, bislang noch nicht höchstrichterlich geklärt ist, sollte in einem Prozess ein entsprechender **bedingter Feststellungsantrag** gestellt werden, der etwa folgendermaßen lauten könnte: Es wird festgestellt, dass die Beklagte zur Zahlung der anfallenden Mehrwertsteuer auf die Rechnung der Klägerin vom .... über „Schadensersatz/Entschädigung", Rechnungsnummer ...., BV .... in Höhe von Euro .... verpflichtet ist.

332

9. Abschlagszahlung

Ein **Schadensersatzanspruch** wegen Behinderungen nach § 6 Nr. 6 VOB/B ist grundsätzlich sofort **mit seiner Entstehung fällig**. Dennoch werden derartige Behinderungsschäden regelmäßig im Rahmen eines Nachtrags zusammen mit der Schlussrechnung abgerechnet. Bei größeren und langwierigen Bauvorhaben stellt sich die Frage, ob der Auftragnehmer seinen Behinderungsschaden bzw. den Mehrkostenerstattungsanspruch jedenfalls teilweise als Abschlagszahlungen im Rahmen von Abschlagsrechnungen nach § 16 Nr. 1 VOB/B vorweg verlangen kann. Dies wird zum Teil verneint, weil die in § 16 VOB/B enthaltene Regelung zu Abschlagszahlungen auf Vergütungsansprüche zugeschnitten sei, worum es sich bei Schadensersatzansprüche nach § 6 Nr. 6 VOB/B gerade nicht handelt.[3] Im Schrifttum wird hierzu die wohl zutreffende Auffassung vertreten, dass dem Auftragnehmer jedenfalls **im Wege einer ergänzenden Vertragsauslegung** auch hinsichtlich der Behinderungsschäden ein Anspruch auf Abschlagszahlungen gemäß § 16 Nr. 1 VOB/B bzw. § 632a BGB zu gewähren sei, weil der Schadensersatzanspruch aus § 6 Nr. 6 VOB/B vergütungsgleichen oder zumindest vergütungsähnlichen Charakter habe.[4] Demnach kann ein Behinderungsnachtrag, wenn er den – nicht unerheblichen – Anforderungen an die Prüffähigkeit genügt, auch Gegenstand vom Abschlagsrechnungen nach § 16 VOB/B sein.[5]

333

---

1 So auch *Vygen/Schubert/Lang*, Rz. 307; *Heiermann/Riedl/Rusam*, § 6 VOB/B Rz. 52.
2 BGH, BauR 1986, 347, 351.
3 OLG Frankfurt, BauR 1980, 570.
4 *Vygen/Schubert/Lang*, Rz. 308.
5 *Kappelmann/Schiffers*, Bd. 1, Rd. 1644.

334 Hinweis:
Gelangt man zu dem Ergebnis, dass § 16 VOB/B auch auf den Schadensersatzanspruch nach § 6 Nr. 6 VOB/B anwendbar ist, wird man konsequenterweise auch die weiteren in §§ 14 und 16 VOB/B enthaltenen Regelungen zur Vergütung auf den Schadensersatzanspruch anwenden. Daraus folgt dann auch das Erfordernis einer **prüfbaren Abrechnung** nach § 14 VOB/B sowie der Ablauf der **2-monatigen Prüfungsfrist** als Voraussetzung für die Fälligkeit. Insbesondere ist aber § 16 Nr. 3 Abs. 2 VOB/B zu beachten, wonach der Auftragnehmer nach entsprechenden Hinweisen durch den Auftraggeber mit sämtlichen Nachforderungen ausgeschlossen sein kann, wenn er eine vom Auftraggeber als Schlusszahlung gekennzeichnete Zahlung **vorbehaltlos** annimmt.

10. Verjährung des Schadensersatzanspruchs nach § 6 Nr. 6 VOB/B

335 Da es sich rein formaljuristisch bei dem Anspruch aus § 6 Nr. 6 VOB/B um einen Schadensersatz- und nicht um einen Vergütungsanspruch handelt, richtet sich die Verjährung nach der **allgemeinen Verjährungsfrist**. Vor der Schuldrechtsreform 2002 wäre daher die 30-jährige Verjährungsfrist des § 195 BGB aF zur Anwendung gelangt. Nach ganz hM in Rechtsprechung und Literatur richtete sich die Verjährung dieses Schadensersatz- bzw. Mehrkostenanspruchs jedoch nach den für Vergütungsansprüche geltenden kurzen Verjährungsfristen des § 196 BGB aF von 2 bzw. 4 Jahren, weil es sich hierbei um vergütungsgleiche oder **vergütungsähnliche Ansprüche** handelt. Diese Problematik hat sich durch die Neufassung des Verjährungsrechts im Zuge der **Schuldrechtsreform 2002** für alle nach dem 1. 1. 2002 abgeschlossenen Bauverträge erledigt, weil seither sowohl für Vergütungs- als auch für Schadensersatzansprüche **einheitlich** die **regelmäßige Verjährungsfrist** von 3 Jahren nach § 195 BGB nF gilt. Nach § 199 BGB nF beginnt diese Frist mit dem Schluss des Jahres zu laufen, in dem der Anspruch entstanden ist und der Gläubiger von den den Anspruch begründenden Umständen und der Person des Schuldners Kenntnis erlangt hat oder ohne grobe Fahrlässigkeit erlangen müsste. Unabhängig davon endet die Verjährungsfrist gemäß § 199 Abs. 3 und 4 BGB nF nach 10 Jahren.

336 Nicht erledigt hat sich jedoch die Frage, ob die Entstehung bzw. Fälligkeit des Anspruchs aus § 6 Nr. 6 VOB/B eine **prüfbare Abrechnung** nach § 14 Nr. 1 VOB/B voraussetzt. Stellt man auch hier auf die Rechtsnatur als Schadensersatzanspruch ab, so entsteht dieser spätestens mit Abschluss der Bauarbeiten, wobei es einer prüfbaren Abrechnung nicht bedarf.[1] Aufgrund des vergütungsähnlichen Charakters des Schadensersatzanspruchs nach § 6 Nr. 6 VOB/B dürfte § 14 VOB/B jedenfalls dann zur Anwendung kommen, wenn die Parteien im Bauvertrag die **Geltung der VOB/B** vereinbart haben. Beim VOB-Vertrag unterliegen auch Mehrkostenerstattungsansprüche dem Erfordernis einer prüfbaren Abrechnung. Dies hat wiederum zur Folge, dass der Schadensersatzanspruch erst nach einer prüfbaren Abrechnung und nach Ablauf der 2-monatigen Prüfungsfrist des § 16 Nr. 3 Abs. 1 VOB/B entsteht und die 3-jährige Verjährungsfrist des § 195 BGB n. F. erst **am Ende des Jahres** zu laufen beginnt, in dem der Behinderungsschaden vom Auftrag-

---

1 So OLG Frankfurt, BauR 1980, 570.

nehmer prüfbar abgerechnet worden und die 2-monatige Prüfungsfrist abgelaufen ist.[1]

11. Checkliste: Behinderungsschaden[2]

I. Konkurrenzen

§ 6 Nr. 6 VOB/B ist Sonderregelung für den Ersatz behinderungsbedingter Verzögerungen. Dies führt zu einem Ausschluss anderer Anspruchsgrundlagen, die auf einer Verschuldenshaftung beruhen (z. B. Schuldnerverzug, Pflichtverletzung). Neben § 6 Nr. 6 sind folgende Ansprüche möglich:

▷ Entschädigungsansprüche aus § 642 BGB

▷ Vergütungsansprüche aus § 2 Nr. 5, 6 VOB/B

II. Anspruchsvoraussetzungen

1. Leistungsbereitschaft des Auftragnehmers

▷ Die Leistungsbereitschaft und Leistungsfähigkeit des Auftragnehmers wird grundsätzlich vermutet.

▷ Bestreitet der Auftraggeber die Leistungsbereitschaft bzw. Leistungsfähigkeit des Auftragnehmers, liegt die Beweislast bei ihm.

2. Behinderung des Geschädigten

Definition Behinderung: Alle Störungen des Auftragnehmers oder Auftraggebers, die hindernd auf die Ausführung der Leistung einwirken, indem sie den vorgesehenen Leistungsablauf hemmen oder verzögern und sich dadurch auf die vorgesehene Bauzeit auswirken.

Der Geschädigte (idR Auftragnehmer) muss darlegen und beweisen:

▷ Störung des Bauablaufs (Tatbestand der Behinderung)

▷ Verantwortungsbereich/Pflichtverletzung des Anspruchsgegners

▷ Unterbrechung, Verzögerung oder negative zeitliche Beeinflussung des Bauablaufs. Die Darlegung soll insbesondere beinhalten:

– Beginn der Störung

– Dauer der Störung

– Umfang der Störung

▷ Ursächlicher Zusammenhang zwischen der Störung und der negativen zeitlichen Beeinflussung des Bauablaufs (ggf. Schätzung nach § 287 ZPO möglich). Hierfür bedarf es regelmäßig einer Gegenüberstellung des geplanten und des tatsächlichen Bauablaufs (Soll-Ist-Vergleich). Folgende Feststellungen sind zu treffen:

---
1 BGH, BauR 1974, 132; BauR 1977, 354.
2 Vgl. auch *Kappelmann/Schiffers*, Bd. 1, Rd. 1642.

- Gegenüberstellung der Soll-Vorgaben und des Ist-Geschehens, ausgehend vom Vertragsterminplan sowie einer ggf. vorhandenen Arbeitskalkulation
- Feststellung der vertraglich vereinbarten oder üblichen Soll-Mitwirkungstermine des Auftraggebers (z. B. rechtzeitige Planübergaben)
- Vergleich der Soll-Mitwirkungstermine mit den Ist-Terminen

▷ Zurechenbares Verschulden des Anspruchsgegners

▷ Kausaler Schaden/Mehrkosten des Anspruchstellers

3. Behinderungsanzeige

Eine Behinderungsanzeige ist lediglich bei auftragnehmerseitigen Schadensersatzansprüchen erforderlich. Gleiches gilt, wenn der Auftragnehmer Entschädigungsansprüche aus § 642 BGB geltend macht. Für jede einzelne Behinderung ist eine Anzeige mit folgendem Inhalt Voraussetzung für die Geltendmachung von Schadensersatzansprüchen:

▷ unverzüglich

▷ schriftlich

▷ Gründe für die Behinderung

▷ mögliche Folgen der Behinderung

Fehlt es an einer hinreichenden Behinderungsanzeige, muss dargelegt werden:

▷ Offenkundigkeit der Behinderung sowie deren Folgen auf den Bauablauf oder

▷ ausnahmsweise Entbehrlichkeit der Behinderungsanzeige aus anderen Gründen (eng begrenzte Ausnahmefälle)

4. Rechtswidrigkeit

Die Rechtswidrigkeit wird im Normalfall durch die im Verantwortungsbereich des Auftraggebers liegende Behinderung (objektive Pflichtverletzung) indiziert, so dass sich zunächst ein diesbezüglicher Sachvortrag erübrigt.

5. Verschulden

Vorsatz oder Fahrlässigkeit des Anspruchsgegners oder dessen Erfüllungsgehilfen

▷ fahrlässiges Handeln, wenn der Schädiger die Behinderung bei Anlegung objektüblicher Maßstäbe hätte vorhersehen und verhindern können.

▷ finanzielle Leistungsfähigkeit ist immer zu vertreten

▷ zurechenbares Verschulden § 278 BGB
  - Architekt
  - Ingenieur
  - sonstige Sonderfachleute
  - Nachunternehmer

Beachte: Der Vorunternehmer des Auftragnehmers ist kein Erfüllungsgehilfe des Auftraggebers (evtl. aber ggf. verschuldensunabhängiger Entschädigungsanspruch aus § 642 BGB)

Verletzung von Mitwirkungspflichten des Auftraggebers

▷ mangelnde Koordination der Baustelle (§ 4 Nr. 1 VOB/B)

▷ Vorlage öffentlich-rechtlicher Genehmigungen (insbes. Baugenehmigung)

▷ Bereitstellung des baureifen Grundstücks

▷ rechtzeitige und vollständige Übergabe der erforderlichen Ausführungsunterlagen

Hinsichtlich des Verschuldens des Auftraggebers gilt eine Beweislastumkehr. Wendet der Auftraggeber fehlendes Verschulden ein, hat er sich selbst zu entlasten.

Haben beide Vertragspartner gemeinsam den Schaden zu verantworten, erfolgt eine Haftungsverteilung entsprechend § 254 BGB, wobei die Bewertung der beiderseitigen Verursachungsbeiträge nach § 287 ZPO geschätzt werden kann.

6. Schaden

Der behinderungsbedingt entstandene Schaden ergibt sich aus der Differenz zwischen der hypothetischen Vermögenslage des Auftragnehmers ohne Behinderung und der Vermögenslage mit Behinderung (Differenzhypothese). Zu Ihrer Ermittlung sind die tatsächlichen und hypothetischen Kosten grundsätzlich im Einzelnen nachzuweisen (Differenz = Behinderungsbedingte Mehrkosten/Schaden).

Hypothetischer Soll-Aufwand (ohne Behinderung).

Der hypothetische Soll-Aufwand kann ermittelt werden:

▷ anhand vergleichbarer unbehinderter Arbeitsvorgänge in anderen Bereichen der Baustelle, die nicht von der Behinderung betroffen sind

▷ anhand sich wiederholender Arbeitsvorgänge, wenn sich die Behinderung nicht in allen Bauphasen ausgewirkt hat

▷ anhand der Arbeits- bzw. Angebotskalkulation (widerlegbare Rentabiltätsvermutung, dass diese realistische Kostenansätze enthält)

Tatsächlicher Ist-Aufwand (unter Berücksichtigung der Behinderung).

Folgende Kostengruppen sind denkbar:

a) Auftragnehmer:

▷ Personalkosten

– Bauleiterkosten

– sonstiges Personal

▷ Verlängerte Vorhaltung der Baustelleneinrichtung

- Materialkosten
  - höherer Materialaufwand
  - Unkosten für Lagerung noch nicht eingebauter Baustoffe
  - höhere Einzelkosten
  - Materialpreiserhöhungen
- Gerätekosten
  - Vorhaltekosten
  - Bereitstellungskosten
  - Betriebskosten
  - allgemeine Gerätekosten
  - Zusätzliche behinderungsbedingte Arbeitsvorgänge
- behinderungsbedingte Minderleistung
- Nachunternehmer
- eigene Schadensersatzansprüche des NU
- zusätzliche vergütungspflichtige Arbeitsvorgänge
- Mehrkosten durch Beschleunigungsmaßnahmen (§ 6 Nr. 3 VOB/B)
- Jahreszeit- bzw. witterungsbedingte Mehrkosten
- sonstige Kosten
  - Gutachterkosten zur Ermittlung des Behinderungsschadens
  - Erhöhte Finanzierungskosten
  - Verlängerte Versicherungszeiten
- allgemeine Geschäftskosten
- entgangener Gewinn (bei Vorsatz oder grober Fahrlässigkeit)

Dokumentation durch
- Einträge im Bautagebuch
- Bautagesberichte
- Protokolle von Baubesprechungen
- Ist-Terminerfassungen im Terminplan
- ggf. Lichtbilder der Baustelle
- Korrespondenz der Baubeteiligten

b) Auftraggeber:
- Finanzierungskosten

▷ Miet- und Nutzungsausfall (Haftungsbeschränkung beachten)
▷ Vertragsstrafe (insbesondere bei General-Unternehmer)
▷ Mehrkosten an Architekten- und Ingenieurleistungen
▷ Fertigstellung durch Dritte

III. Schadensschätzung nach § 287 ZPO 339

Eine Schadensschätzung ist unter folgenden Voraussetzungen zulässig, die kumulativ vorliegen müssen:

▷ der Haftungsgrund ist unstreitig und/oder bewiesen,
▷ ein Schadenseintritt ist zumindest wahrscheinlich,
▷ es sind greifbare Anhaltspunkte für eine richterliche Schadensschätzung nach § 287 ZPO vorhanden.

Die Möglichkeit einer Schätzung nach § 287 ZPO beschränkt sich auf nachfolgend mit (+) gekennzeichnete Tatbestandsmerkmale. Die mit (-) gekennzeichneten Tatbestandsmerkmale müssen konkret nachgewiesen werden:

▷ Behinderungstatbestand (–)
▷ Behinderungsanzeige (–)
▷ Verursachung (–)
▷ Schadenseintritt (+)
▷ Schadenshöhe (+)
▷ Mitverursachung (+)
▷ Mitverschulden (+)

Der Anspruchsteller muss ausreichende Schätzungsgrundlagen darlegen und ggf. beweisen.

▷ Gegenüberstellung von geplanten und tatsächlichen Arbeitsabläufen
▷ Gegenüberstellung von tatsächlichen und geplanten Kostenansätzen

Folgende vom Anspruchsgegner widerlegbare Vermutungen sind im Rahmen der Kostenschätzung zu berücksichtigen:

▷ Rentabilitätsvermutung (Richtigkeit und Auskömmlichkeit der Arbeitskalkulation)
▷ Beschäftigungsvermutung (rentabler Einsatz von Personal und Gerät)
▷ Plausibilitätskontrolle (von mehreren möglichen Arbeitsabläufen ist der wahrscheinlichste anzunehmen)

IV. Der entgangene Gewinn 340

Ersatz des entgangenen Gewinns nur bei Vorsatz und grober Fahrlässigkeit, nicht jedoch bei bloßer einfacher Fahrlässigkeit. § 6 Nr. 6 2. HS VOB/B enthält insoweit eine Haftungsbeschränkung für beiderseitige behinderungsbedingte Schadensersatzansprüche.

Keine Anwendbarkeit der Haftungsbeschränkung:

▷ Schadensersatzanspruch nach Entziehung des Auftrags nach § 8 Nr. 3 Abs. 1 iVm. § 8 Nr. 2 Satz 2 VOB/B

▷ Schadensersatz nach § 4 Nr. 7 Satz 2 VOB/B

▷ Schadensersatz nach § 13 Nr. 7 VOB/B

▷ Ernsthafte und entgültige Erfüllungsverweigerung

Der Begriff des entgangenen Gewinns (Legaldefinition: § 252 Satz 2 BGB) umfasst insbesondere:

▷ entgangene Einnahmen aus anderen Aufträgen

▷ entgangene Habenzinsen

▷ Mietausfall in Höhe des Rohmietertrags (Nettomiete) nach Abzug der Kosten für die Finanzierung

12. Mustertexte

a) Berechnung der behinderungsbedingten Mehrkosten gemäß § 6 Nr. 6 VOB/B

341 (An den Auftraggeber)

Bauvorhaben: ....

Behinderungsanzeige(n) vom ....

Berechnung der behinderungsbedingten Mehrkosten nach § 6 Nr. 6 VOB/B

Sehr geehrte Damen und Herren,

mit Behinderungsanzeigen vom 1. 9. 2001, 24. 9. 2001 und 25. 11. 2001 hatten wir Ihnen mitgeteilt, dass wir wegen folgender Behinderungen in der Ausführung unserer Bauleistung behindert waren:

▷ fehlende Baufreiheit aufgrund noch vorhandener Fernwärmeleitung,

▷ Unterbrechung der Aushubarbeiten aufgrund der Durchführung archäologischer Grabungen,

▷ fehlende Teilbaugenehmigung für die Rohbauarbeiten.

Diese Behinderungen sind von Ihnen zu vertreten. Als Bauherr haben Sie uns zum Zeitpunkt des vertraglich vorgesehenen Baubeginns ein baureifes Grundstück zur Verfügung zu stellen. Hierzu zählte vorliegend auch, bis zum vertraglich vorgesehenen Baubeginn am 1. 9. 2001 für eine Umverlegung der bekanntermaßen vorhandenen Fernwärmeleitung zu sorgen. Da die Rohrsysteme und die Fundamente der Fernwärmeleitung erst am 20. 9. 2001 entfernt wurden, haben Sie die dadurch bedingte Behinderung unserer Bauleistung zu vertreten. Gleiches gilt für die verspätete Erteilung der Teilbaugenehmigung für die Rohbauarbeiten, da die diesbezüglichen Planunterlagen durch das von Ihnen eingeschaltete Architekturbüro X verspätet bei der Baugenehmigungsbehörde eingereicht wurden. Letztlich ist auch die Bauunterbrechung aufgrund der zutage getretenen Stadtmauer und die dadurch bedingten archäologischen Grabungen während der Bauausführung von Ihnen zu vertreten, da der Verlauf der Stadtmauer durch das Grundstück bei Erstellung eines Baugrundgutachtens rechtzeitig erkannt worden wäre.

Hinsichtlich der Auswirkungen dieser Behinderungen steht uns daher ein Schadensersatzanspruch nach § 6 Nr. 6 VOB/B zu, der sich folgendermaßen berechnet:

1. Auswirkungen in zeitlicher Hinsicht

1.1 Mangelnde Baufreiheit

Aufgrund des vertraglich vereinbarten Bauzeitenplans war vorgesehen, dass die Aushubarbeiten für die Baugrube am 1. 9. 2001 beginnen sollen. Zu diesem Zeitpunkt sollten sämtliche das Grundstück durchquerenden Leitungen umverlegt sein. Diese vom Auftraggeber zu erbringenden Leistungen waren zum fraglichen Zeitpunkt jedoch noch nicht abgeschlossen. Insbesondere befanden sich noch die Rohrsysteme und Fundamente der Fernwärmeleitung im Grundstück, so dass mit den Aushubarbeiten nicht begonnen werden konnte. Die Fernwärmeleitung wurde erst am 20. 9. 2001 entfernt. Da mit den Aushubarbeiten erst nach vollständiger Entfernung der Fernwärmeleitung begonnen werden konnte, hat sich der Baubeginn um 14 Arbeitstage verschoben. Die Wiederaufnahme der Arbeiten erforderte einen weiteren Arbeitstag, so dass die behinderungsbedingte Verzögerung insgesamt 15 Arbeitstage beträgt. Zum Nachweis dieses Sachverhalts fügen wir die Bautagesberichte vom 1. 9. bis 21. 9. 2001 bei.

1.2 Archäologische Grabungen

Am 24. 9. 2001 mussten die Aushubarbeiten wieder unterbrochen werden, weil in der Baugrube Reste der historischen Stadtmauer vorgefunden wurden und die Denkmalschutzbehörde einen sofortigen Baustopp zur Durchführung archäologischer Grabungen anordnete. Die Aushubarbeiten konnten erst nach Beendigung dieser archäologischen Grabungen am 18. 10. 2001 fortgesetzt werden. Die Unterbrechung dauerte daher 18 Arbeitstage an. Für den Abzug des Personals und der Geräte von der Baustelle und die anschließende Wiederaufnahme der Arbeiten fielen weitere 2 Arbeitstage an. Daneben hatte der sechswöchige Baustopp zur Folge, dass wir in eine ungünstigere Jahreszeit kamen, wodurch sich die Fertigstellung der Baugrube um weitere 3 Arbeitstage verzögerte. Die vertraglich vorgesehene Bauzeit verlängerte sich daher um weitere 23 Arbeitstage.

1.3 Teilbaugenehmigung Rohbauarbeiten

Die Baugrube war am 2. 12. 2001 fertig gestellt. Voraussetzung für den Beginn der Rohbauarbeiten war eine Teilbaugenehmigung für die Fundamente und Kellersohle sowie freigegebene Schal- und Bewehrungspläne. Hierauf hatten wir Sie rechtzeitig mit Behinderungsanzeige vom 25. 11. 2001 hingewiesen. Die Teilbaugenehmigung der Stadt Y lag uns jedoch erst am 5. 12. 2001 vor. Die Schal- und Bewehrungspläne wurden erst am 9. 12. 2001 freigegeben. Da wir anhand der Vorabzüge die Werkplanung vorbereitet hatten, konnten die verspätet übergebenen Schal- und Bewehrungspläne innerhalb weiterer 2 Arbeitstage umgesetzt werden, so dass die Rohbauarbeiten am 11. 12. 2001 begonnen werden konnten. Die Bauzeitverzögerung aufgrund der verspätet erteilten Teilbaugenehmigung sowie der verspätet freigegebenen Ausführungsplanung beträgt folglich weitere 7 Arbeitstage.

Zusammenfassend stellen sich die zeitlichen Auswirkungen der Ihrerseits zu vertretenden Bauzeitverzögerungen folgendermaßen dar:

– Fehlende Baufreiheit für Erdarbeiten	15 AT
– Unterbrechung wegen archäologischer Grabungen	23 AT
– verspätete Teilbaugenehmigung/Planfreigabe	07 AT
– Verzögerung gesamt	45 AT

2. Bauzeitbedingte Mehrkosten

2.1 Baustellengemeinkosten

Aufgrund der beschriebenen Störungen musste die Baustelle über den vertraglich vorgesehenen Fertigstellungszeitpunkt am 30. 11. 2003 nunmehr bis zum 9. 2. 2003 (45 Arbeitstage) vorgehalten werden. Die hierdurch bedingten Mehrkosten stellen sich folgendermaßen dar:

Baucontainer	Euro 150	45 Tage	Euro 6 750
Baukran	Euro 200	45 Tage	Euro 9 000
Projektleiter	Euro 270	45 Tage	Euro 12 150
Fachbauleiter	Euro 250	45 Tage	Euro 11 250
Gesamt			Euro 39 150

2.2 Baustellensicherung

Während der Durchführung der archäologischen Grabungen an der Stadtmauer war es erforderlich, die Baustelle abzusichern. Einerseits bedurfte es Sicherungsmaßnahmen, um den Diebstahl von Baumaterial sowie Werkzeugen und Maschinen zu verhindern. Daneben musste der begonnene Aushub der Baugrube abgesichert werden, um während der archäologischen Grabungen Personenschäden zu verhindern. Zur Durchführung dieser Sicherungsarbeiten waren drei Arbeiter am 25. 9., 26. 9. und 27. 9. 2002 jeweils 8 Stunden, insgesamt also 72 Stunden beschäftigt. Bei einem Stundensatz von 50 Euro betragen die Kosten der Baustellensicherung 3600 Euro.

Werkzeuge, Maschinen und Baumaterialien, die nicht auf der Baustelle abgesichert, insbesondere nicht in Baucontainern verschlossen werden konnten, wurden von der Baustelle verbracht und auf unserem Betriebsgelände zwischengelagert. Nach Beendigung des Baustopps wurden diese am 18. 9. 2002 wieder zurück auf die Baustelle transportiert. Ausweislich der beigefügten Rechnung des hierfür beauftragten Transportunternehmens betrugen diese Transportkosten netto 2000 Euro.

2.3 Allgemeine Geschäftskosten

Kalkulatorisch war für das Bauvorhaben entsprechend des vertraglich vereinbarten Bauzeitenplans eine Ausführungsdauer von 15 Monaten vorgesehen. Im Deckungsbeitrag war ein Anteil an allgemeinen Geschäftskosten von 1,5 % des Auftragswerts von 5 Mio. Euro vorgesehen. Kalkulatorisch entfallen hiervon 50 % auf den Zeitraum vor Baubeginn. Die verbleibenden 50 % verteilen sich auf den vorgesehenen Ausführungszeitraum. Der Zuschlag für die behinderungsbedingt angefallenen allgemeinen

Geschäftskosten beträgt somit 0,01125 % der Auftragssumme (0,75 % geteilt durch 15 Monate geteilt durch 20 Arbeitstage × 45 Arbeitstage Bauzeitverlängerung). Bei einer Auftragssumme von netto 5 Mio. Euro beträgt der AGK-Zuschlag 56250 Euro.

Insgesamt stellt sich der Mehraufwand, der uns aufgrund der beschriebenen Behinderungen entstanden ist, folgendermaßen zusammen:

Baustellengemeinkosten	Euro	27900
Kosten der Baustellensicherung	Euro	3600
Transportkosten	Euro	2000
allgemeine Geschäftskosten	Euro	39150
Gesamt	Euro	72650

Wir bitten um Überweisung dieses Betrags auf das Ihnen bekannte Konto bis zum ....

Mit freundlichen Grüßen

(Auftragnehmer)

b) Zurückweisung geltend gemachter Behinderungskosten

(An den
Auftragnehmer)

Bauvorhaben: ....

Ihre Anmeldung behinderungsbedingter Mehrkosten vom ....

Sehr geehrte Damen und Herren,

Mit Schreiben vom .... haben Sie aufgrund diverser angeblicher Behinderungen und dadurch bedingter Bauzeitverlängerung Mehrkosten in Höhe von netto .... Euro geltend gemacht. Wir weisen diesen Anspruch sowohl dem Grunde als auch der Höhe nach zurück.

Die verspätete Umverlegung der Fernwärmeleitung wurde von uns nicht verschuldet. Unser diesbezüglich beauftragter Projektsteuerer hat die Firma X bereits am .... mit einer Umverlegung beauftragt. Es mag zwar zutreffend sein, dass die Firma X diese Arbeiten verspätet fertig gestellt hat. Eine Verschuldenszurechnung scheidet jedoch aus, weil die Firma X als Ihr Vorunternehmer nach der Rechtsprechung nicht unser Erfüllungsgehilfe ist.

Hinsichtlich der angeblich verspätet freigegebenen Schal- und Bewehrungsplanung für die Fundamente sowie die Kellersohle wurde uns eine Behinderung nicht ordnungsgemäß angezeigt. In Ihrer Behinderungsanzeige vom .... sind diese Pläne entgegen Ihrer Darstellung nicht genannt, so dass wir davon ausgehen konnten, Sie würden über ausreichende Pläne verfügen, um mit den Rohbauarbeiten beginnen zu können.

Jedenfalls wäre der behauptete Anspruch der Höhe nach zurückzuweisen, da dieser nicht dem Erfordernis einer konkreten Schadensberechnung entspricht und Sie auch keine greifbaren Anhaltspunkte dargelegt haben, die uns eine Prüfung Ihrer angeblichen Mehrkosten ermöglichen. Insbesondere mangelt es an einem nachvollziehbaren Soll-/Ist-Vergleich.

Ihre behaupteten Mehrkosten wegen verspäteter Freigabe der Ausführungsplanung für die Fundamente und Kellersohle wären jedenfalls entsprechend § 254 BGB um mindestens 50 % zu kürzen, weil Ihnen Vorabzüge vorgelegen haben, aufgrund derer eine Werkplanung rechtzeitig hätte erstellt werden können.

Mit freundlichen Grüßen

(Auftraggeber)

§ 18
Kündigung

	Rz.		Rz.
I. Die Kündigung beim BGB-Werkvertrag	2	4. Beiderseitige besondere Kündigungsrechte	36
1. Kündigung durch den Besteller	2	5. Rechtsprechungsübersicht „zur Kündigung aus wichtigem Grund"	37
a) Ordentliche („freie") Kündigung, § 649 Satz 1 BGB	2	III. Wirkung der Kündigung	48
b) Außerordentliche Kündigung	7	1. Keine Rückwirkung	48
c) Teilkündigung	9	2. Mängel/Vergütung bis Kündigung	49
d) § 650 BGB	10	3. § 8 Nr. 6 VOB/B	50
2. Kündigung durch den Unternehmer	13	4. Fälligkeit der Vergütung nur nach Abnahme?	51
a) § 643 BGB	14	IV. Vergütungsansprüche nach Kündigung	53
b) § 648 a Abs. 5 iVm. § 643 BGB	15	1. Freie Kündigung, §§ 649 Abs. 1 BGB, 8 Nr. 1 VOB/B	57
c) Kündigung aus „wichtigem Grund"	16	a) Vergütung für erbrachte Leistungen	61
II. Die Kündigung beim VOB/B-Bauvertrag	17	aa) Einheitspreisvertrag	62
1. Kündigung durch den Auftraggeber, § 8 VOB/B	19	bb) Pauschalpreisvertrag	64
a) § 8 Nr. 1 VOB/B	20	b) Vergütung für nicht erbrachte Leistungen	71
b) § 8 Nr. 3 VOB/B	21	aa) Einheitspreisvertrag	72
c) § 4 Nr. 7 VOB/B	23	bb) Pauschalvertrag	73
d) § 5 Nr. 4 VOB/B	25	2. Aus wichtigem Grund gekündigter Bauvertrag	74
e) § 4 Nr. 8 VOB/B	28	3. Besonderheiten beim VOB-Bauvertrag	75
f) § 8 Nr. 4 VOB/B	29		
2. Kündigung durch den Auftragnehmer, § 9 VOB/B	30		
3. Beiderseitiges Kündigungsrecht, § 6 Nr. 7 VOB/B	34		

Grundsätzlich ist der Bauvertrag darauf ausgerichtet, dass er von den Parteien auch abgewickelt, sprich beiderseits im Sinne des § 631 Abs. 1 BGB erfüllt wird. Den Parteien stehen dabei grundsätzlich bis zur Erfüllung der wechselseitigen vertraglichen Verpflichtungen die allgemeinen Rechte (z. B. aus Anfechtungstatbeständen, Leistungsstörungen etc.)[1] sowie beim BGB-Bauvertrag die besonderen Rechte aus den §§ 631 ff. bzw. bei wirksamer Einbeziehung der VOB/B in den Bauvertrag aus deren entsprechenden Regelungen zu. Ein **ordentliches Kündigungsrecht** sehen sowohl das BGB als auch die VOB/B nur für den Besteller/Auftraggeber vor. Dieser kann gemäß § 649 Satz 1 BGB bzw. § 8 Nr. 1 Abs. 1 VOB/B „den Vertrag bis zur Vollendung des Werkes jederzeit kündigen". Die VOB/B sieht darüber hinaus in § 6 Nr. 7 VOB/B ein **beiderseitiges** Kündigungsrecht sowie in § 8 Nr. 2–4 **außerordentliche Kündigungsrechte** des Auftraggebers und in § 9 VOB/B solche des Auftragnehmers vor. Besondere Kündigungsrechte des Unternehmers

1

---

1 OLG Köln, Urt. v. 14. 6. 1996 – 19 U 8/96, MDR 1996, 903.

sind in der auch für den VOB-Bauvertrag geltenden Vorschrift des § 648 a Abs. 5 BGB (iVm. § 643 BGB, siehe unten Rz. 15) sowie bei fehlender Mitwirkung des Bestellers eines BGB-Bauvertrags im Sinne des § 642 BGB in § 643 BGB geregelt. Darüber hinaus ist für beide Parteien ein außerordentliches Kündigungsrecht denkbar, wenn ein wichtiger, von der jeweils anderen Vertragspartei zu vertretender, Grund vorliegt.

I. Die Kündigung beim BGB-Werkvertrag

1. Kündigung durch den Besteller

a) Ordentliche („freie") Kündigung, § 649 Satz 1 BGB

2 Gemäß § 649 Satz 1 BGB kann der Besteller eines BGB-Bauvertrags diesen **„jederzeit"** ohne Angabe von Gründen und ohne vorherige Fristsetzungen kündigen. Er ist dann aber dem so genannten **„vollen Vergütungsanspruch** abzgl. ersparter Aufwendungen" des Unternehmers gemäß § 649 Satz 2 BGB ausgesetzt.[1]

3 Bei dieser so genannten „freien Kündigung" handelt es sich um eine einseitige, empfangsbedürftige Willenserklärung, so dass insoweit die allgemeinen Vorschriften gelten. Insbesondere ist die Kündigung als einseitiges Gestaltungsrecht **bedingungsfeindlich**[2], kann also nicht mit der Maßgabe erklärt werden, dass ein bestimmter Umstand nicht eintritt bzw. nicht erfüllt oder eine gesetzte Frist nicht eingehalten wird. Grundsätzlich muss die Kündigungserklärung auch so eindeutig abgefasst werden, dass sich aus ihr zweifelsfrei entnehmen lässt, dass der Kündigende den Vertrag tatsächlich und zweifelsfrei beenden will.[3] Ausnahmsweise kann sie auch **konkludent** ausgesprochen werden, wenn sich aus dem Verhalten des Bestellers zweifelsfrei ergibt, dass er die endgültige Aufhebung des Vertragsverhältnisses herbeiführen will, beispielsweise durch ein entsprechendes Verhalten dahin gehend, dass er eine noch nicht fertige Leistung des Unternehmers vollendet[4]. Ansonsten ist diese „freie Kündigung" formfrei und auch nicht an Fristen gebunden („jederzeit"), kommt mithin einer fristlosen Kündigung gleich.[5]

4 Zeitlich befristet ist dieses generelle Kündigungsrecht allerdings **„bis zur Vollendung des Werkes"**, sprich bis zur Abnahme bzw. bis zur **abnahmereifen Fertigstellung** der Leistung des Unternehmers. Insoweit entfaltet auch hier das Gesetz zur Beschleunigung fälliger Zahlungen eine Wirkung zugunsten des Unternehmers, wonach mit Änderung des § 640 Abs. 1 Satz 2 BGB unwesentliche Mängel der Abnahme nicht mehr entgegenstehen (siehe Teil 19). Eine Kündigung scheidet danach aus, wenn das Werk **ohne wesentliche Mängel** fertig gestellt ist.[6] Andererseits ist sie allerdings zulässig, wenn das Werk zwar vollendet, aber mit we-

---

1 BGH, Urt. v. 14. 1. 1999 – VII ZR 277/97, NJW 1999, 1253 ff. = BauR 1999, 642 ff.
2 *Palandt-Heinrichs*, Überbl. v. § 104 BGB Rz. 17.
3 *Korbion/Hochstein*, Der VOB – Vertrag, Rz. 268.
4 BGH, Urt. v. 16. 6. 1972 – V ZR 174/70, WM 1972, 1025 f.
5 MünchKomm-*Soergel*, § 649 Rz. 2, 4.
6 *Stickler/Fehrenbach*, Rz. 23.

sentlichen, jedoch zu beseitigenden Mängeln behaftet ist, wegen derer der Besteller die Abnahme verweigert.[1]

Hat der Besteller das Werk abgenommen, scheidet eine Kündigung bereits begrifflich aus, und zwar unabhängig davon, ob das Werk Mängel aufweist oder nicht. Der Besteller ist auf die entsprechenden **Gewährleistungsrechte** zu verweisen (vgl. insgesamt hierzu Teil 20). Ebenfalls kommt eine Kündigung nicht mehr in Betracht, wenn das Werk mit **nicht mehr behebbaren Mängeln** behaftet ist.[2] 5

Schließlich kann eine Kündigung im Sinne des § 649 Satz 1 BGB auch vor Aufnahme der eigentlichen Bauleistungen ausgesprochen werden, namentlich bei so genannten **schwebend unwirksamen Bauverträgen**, die an bestimmte Bedingungen gebunden sind (z. B. Finanzierung, Baugenehmigung etc.).[3] Solch eine Kündigung löst danach ebenso wenig einen Werklohnanspruch des Unternehmers aus, wie die §§ 162 Abs. 1, 226 BGB zur Anwendung kommen. 6

b) Außerordentliche Kündigung

Nach dem Wortlaut des § 649 Satz 1 BGB ist eine außerordentliche Kündigung des BGB-Bauvertrags durch den Besteller nicht vorgesehen. Eine solche wird allerdings mit der Begründung als so genannter Unterfall des § 649 BGB für zulässig erachtet, dass es sich bei einem Bauvertrag um eine besondere Vertragsgestaltung handele, die einem **Dauerschuldverhältnis angenähert** sei.[4] Kündigt der Besteller berechtigt **aus wichtigem Grund**, findet die Vorschrift des § 649 Satz 2 BGB keine Anwendung, so dass der Unternehmer für die noch auszuführenden Leistungen (anders als bei der „freien Kündigung") die so genannte volle Vergütung abzüglich ersparter Aufwendungen nicht verlangen kann.[5] Er behält allerdings (selbstverständlich) seinen Werklohnanspruch für die bis zur Kündigung (mangelfrei) erbrachten Leistungen, wobei ihn nur hinsichtlich der Mangelfreiheit, nicht hinsichtlich einer Brauchbarkeit des (Teil-)werks, die Beweislast trifft.[6] 7

Generell kann vom Vorliegen eines wichtigen Grundes gesprochen werden, wenn der Unternehmer den Vertragszweck so stark gefährdet, dass eine **Fortsetzung** des Vertrags für den Besteller **nicht mehr zumutbar** ist.[7] Fraglich ist, ob dem Auftragnehmer zuvor durch **Abmahnung** und Nachfristsetzung Gelegenheit zu geben ist, seinen vertraglichen Verpflichtungen ordnungsgemäß nachzukommen.[8] Im Zweifel sollte der Auftraggeber von dieser Möglichkeit Gebrauch machen, einerseits um den immer gegebenen Problemen der Abwicklung eines gekündigten Bauvertrags vielleicht doch noch zu entgehen, andererseits um nicht Gefahr zu laufen, dass die Kündigung aus wichtigem Grund nicht „durchsteht". Dies mag

---
1 OLG Dresden, Urt. v. 16. 10. 1997 – 7 U 1476/97, NJW-RR 1998, 882 = BauR 1998, 787, 789; MünchKomm-*Soergel*, § 649 Rz. 2.
2 MünchKomm-*Soergel*, § 649 Rz. 2.
3 OLG Brandenburg, Urt. v. 11. 11. 1997 – 6 U 61/97, NJW-RR 1998, 1746 f.
4 *Schmidt*, NJW 1995, 1313 ff.; *Voit*, BauR 2002, 1776, 1778.
5 OLG Hamm, Urt. v. 21. 1. 1993 – 17 U 38/92, BauR 1993, 482 f.
6 BGH, Urt. v. 25. 3. 1993 – X ZR 17/92, BauR 1993, 469, 471 f. = ZfBR 1993, 189 ff.
7 Palandt-*Sprau*, § 649 BGB, Rz. 2; Staudinger-*Peters*, § 649, Rz. 31.
8 *Werner/Pastor*, Der Bauprozess, Rz. 1314; *Stickler/Fehrenbach* Rz. 355.

anders zu beurteilen sein, wenn das Vertrauensverhältnis zum Unternehmer nachhaltig gestört ist oder es auf der Hand liegt, dass eine Abmahnung keinen Sinn macht.[1] Entsprechend des Rechtsgedankens des § 626 Abs. 2 Satz 1 BGB sollte eine Kündigung aus wichtigem Grund **innerhalb einer angemessenen Frist** seit Auftreten der „Störung" ausgesprochen werden, wobei die dort geregelte Zwei-Wochen-Frist bezogen auf einen Bauvertrag allerdings zu knapp bemessen sein dürfte.[2] Andererseits ist eine mögliche Anfechtung eines Werkvertrages mit einem nicht in die Handwerksrolle eingetragenen Betriebsinhaber nicht mehr als „unverzüglich" angesehen worden, wenn zwischen Kenntniserlangung des Anfechtungsgrundes und Anfechtung mehr als zwei Wochen liegen.[3]

8 Liegen Gründe für eine Kündigung aus wichtigem Grunde nicht vor, ist zu ermitteln, ob eine solche Kündigung in eine „freie" nach § 649 Satz 1 BGB umzudeuten ist, dies dann aber verbunden mit der Vergütungsfolge des § 649 Satz 2 BGB.[4] Dabei ist u. a. zu berücksichtigen, dass ein **Nachschieben wichtiger Gründe** (ähnlich wie im Dienstvertragsrecht) möglich ist.[5] Ist eine Kündigung zu Unrecht erfolgt, stellt dies im Verhältnis zur anderen Partei eine positive Vertragsverletzung dar, die diese ihrerseits zur Kündigung aus wichtigem Grund berechtigt.[6]

Die Beweislast für das Vorliegen des „wichtigen Grundes" trifft nach allgemeinen Beweislastregeln den Auftraggeber.[7] Bei der Beurteilung, ob ein „wichtiger Grund" vorliegt, ist nicht der subjektive Vertrauensverlust des Auftraggebers maßgeblich; vielmehr ist darauf abzustellen, ob diesem aus Sicht eines objektiven Dritten bei verständiger Würdigung der Umstände des Einzelfalles eine Fortsetzung des Vertragsverhältnisses nicht mehr zumutbar war.[8]

c) Teilkündigung

9 Soweit sie auf **in sich abgeschlossene Teile der Werkleistung** im Sinne des § 12 Nr. 2 VOB/B begrenzt werden kann, ist auch eine Teilkündigung zulässig.[9] Führt beispielsweise ein Unternehmen mehrere Gewerke (z. B. Heizung und Sanitär) aus, kann der Vertrag danach bezogen auf ein in sich abgeschlossenes Gewerk gekündigt werden. Denkbar ist dies auch, wenn es beispielsweise um die Sanierung eines Wohnblocks mit mehreren abgeschlossenen Wohnungen geht, bezogen auf die Leistungen für jeweils eine komplette Wohnung. Keine Teilkündigung ist allerdings möglich, soweit sie sich auf einzelne Rohbauarbeiten oder auch einzelne Leistungen beim schlüsselfertigen Hausbau bezieht oder beim Geschosswohnungsbau bezogen auf Leistungen betreffend ein komplettes Geschoss.

---

1 Palandt-*Heinrichs*, Einl. vor § 241 BGB Rz. 19.
2 *Stickler/Fehrenbach* Rz. 356.
3 OLG Hamm, Urt. v. 9. 1. 1990 – 26 U 21/89, IBR 1990, 353 = NJW-RR 1990, 523.
4 BGH, Urt. v. 24. 7. 2003 – VII ZR 218/02, BauR 2003, 1889 ff.
5 BGH, Urt. v. 6. 2. 1975 – VII ZR 244/73, BauR 1975, 280 f.
6 BGH, Urt. v. 4. 7. 1996 – VII ZR 227/93, BauR 1996, 846 f.
7 BGH, Urt. v. 10. 5. 1990 – 7 ZR 45/89, NJW-RR 1990, 1109 f.
8 OLG Düsseldorf, Urt. v. 26. 11. 1991 – 23 U 61/91, NJW-RR 1992, 1237 f.
9 *Vygen*, Jahrbuch Baurecht 1998, 1, 3; *Werner/Pastor*, Der Bauprozess, Rz. 1291.

d) § 650 BGB

Ein besonderes Kündigungsrecht gewährt § 650 BGB dem Besteller für den Fall, 10
dass dem Vertrag ein **Kostenanschlag** zugrunde gelegt worden ist, ohne dass eine
Garantie des Unternehmers dabei vorgelegen hat. Bei **wesentlicher Überschreitung** der Summe des Kostenanschlags darf der Besteller den Vertrag aus diesem
Grunde kündigen. Dem Unternehmer steht dann nur ein Vergütungsanspruch
nach § 645 Abs. 1 BGB zu.[1]

Voraussetzung dafür ist allerdings zunächst, dass überhaupt ein wirksamer Kos- 11
tenanschlag und nicht nur eine **unverbindliche Schätzung** des Unternehmers vorliegt. Für die Bemessung einer „wesentlichen" Überschreitung hat sich ein Wert
von ca. 20 % (+/- 5 %) herauskristallisiert, wobei jeweils auf den Einzelfall abzustellen ist.[2]

Der Unternehmer ist im Zusammenhang mit diesem besonderen Kündigungs- 12
recht des Bestellers verpflichtet, daran dahin gehend „mitzuwirken", dass er den
Besteller in die Lage versetzt, bei Vorliegen der entsprechenden Voraussetzungen
von seinem Kündigungsrecht Gebrauch zu machen. Gemäß § 650 Abs. 2 BGB hat
er eine wesentliche **Überschreitung** seines Anschlags nämlich dem Besteller **unverzüglich anzuzeigen**. Unterlässt er diese Anzeige, stellt dies eine positive Vertragsverletzung (bzw. **Pflichtverletzung** gemäß § 280 BGB n. F.) dar. Der Besteller
hat einen entsprechenden Schadensersatzanspruch, wonach er so zu stellen ist,
als wenn er bei rechtzeitiger Anzeige gekündigt hätte.[3]

2. Kündigung durch den Unternehmer

Ein freies Kündigungsrecht des Unternehmers sieht das BGB nicht vor. Zu dessen 13
Gunsten sind jedoch **besondere Kündigungsrechte** in den §§ 642, 643 und 648a
Abs. 5 BGB geregelt. Darüber hinaus wird ihm auch ein Kündigungsrecht aus
wichtigem Grund nach dem Grundsatz von Treu und Glauben zugestanden.[4]

a) § 643 BGB

Nach dessen Satz 1 kann der Unternehmer dem Besteller zur **Nachholung einer** 14
Handlung im Sinne des § 642 Abs. 1 BGB eine angemessene Frist mit der Erklärung bestimmen, dass er den Vertrag für den Fall kündige, dass die Handlung
nicht binnen der Frist vorgenommen werde. Nach § 643 Satz 2 BGB gilt der Vertrag dann als aufgehoben, wenn die nachzuholende Handlung nicht bis zum Ablauf der Nachfrist erfolgt. Es bedarf danach keines gesonderten Ausspruchs einer
Kündigung. Vielmehr treten die **Kündigungswirkungen mit Fristablauf** ein und
der Unternehmer kann eine Teilvergütung gemäß § 645 Abs. 1 Satz 2 BGB sowie
eine Entschädigung nach § 642 BGB für die Dauer des Verzugs beanspruchen.[5]

---

1 *Stickler/Fehrenbach*, Rz. 123 ff.
2 Palandt/*Sprau*, § 650 BGB, Rz. 2.
3 Palandt/*Sprau*, § 650 BGB, Rz. 3.
4 *Werner/Pastor*, Der Bauprozess, Rz. 1331.
5 *Stickler/Fehrenbach*, Rz. 383 ff.

Beispiel:
Der Bauherr verpflichtet sich, dem Unternehmer Baupläne oder Statik, bestimmte Stoffe oder aber Zugangsmöglichkeiten zur Baustelle zur Verfügung zu stellen. Kommt er dieser Verpflichtung trotz ordnungsgemäßer Fristsetzung des Unternehmers gemäß §§ 642, 643 BGB nicht nach, gilt der Vertrag dann nach Fristablauf als aufgehoben und der Unternehmer kann die vorstehend dargestellten Ansprüche geltend machen.

b) § 648 a Abs. 5 iVm. § 643 BGB

15 Gemäß § 648 a Abs. 5 BGB gilt der Vertrag ebenfalls gemäß § 643 Satz 2 BGB als aufgehoben, wenn der Besteller einem **rechtmäßigen Sicherheitsverlangen** des Unternehmers im Sinne des § 648 a Abs. 1 BGB trotz Nachfristsetzung nicht nachgekommen ist (siehe hierzu auch Teil 19 Rz. 348 ff.).

c) Kündigung aus „wichtigem Grund"

16 Ausnahmsweise kann auch der Unternehmer eines BGB-Bauvertrags diesen aus wichtigem Grund kündigen, wenn eine so schwere, vom Besteller zu vertretende, Vertragsverletzung vorliegt, dass ihm eine weitere Zusammenarbeit nicht mehr zuzumuten ist.[1]

II. Die Kündigung beim VOB/B-Bauvertrag

17 Entgegen der relativ unvollständigen Kündigungsregelungen im BGB enthält die VOB/B spezielle und detaillierte Kündigungstatbestände einerseits für den Auftraggeber (§ 8 VOB/B), andererseits für den Auftragnehmer (§ 9 VOB/B) und schließlich gleichsam für beide Vertragsparteien (§ 6 Nr. 7 VOB/B). Diese sind allerdings **nicht** als **abschließend** anzusehen, so dass darüber hinausgehende gesetzliche oder von der Rechtsprechung entwickelte Kündigungsgründe ebenfalls zur Anwendung kommen können.[2]

18 Hinsichtlich des Ausspruchs der Kündigung selbst gelten die allgemeinen Regelungen des Bürgerlichen Gesetzbuches, so dass insofern auf die Ausführungen zur Kündigung des BGB-Werkvertrags verwiesen werden kann (s. o. Rz. 2 ff.).

1. Kündigung durch den Auftraggeber, § 8 VOB/B

19 Die Kündigungsrechte des Auftraggebers und deren Voraussetzungen im Einzelnen sind in § 8 VOB/B geregelt. Dabei ist insbesondere die **Wechselwirkung** mit den Vorschriften der §§ 4 Nr. 7 und 5 Nr. 4 VOB/B sowie die Tatsache zu beachten, dass eine Ersatzvornahme beim VOB-Bauvertrag gemäß § 8 Nr. 3 Abs. 2 VOB/B nur nach Entziehung des Auftrags zulässig ist. Hinsichtlich des besonderen Kündigungsrechts aus § 8 Nr. 2 VOB/B wird auf die Ausführungen bei Teil 21 Rz. 231 verwiesen.

---

1 OLG Köln, Urt. v. 18. 9. 1992 – 19 U 106/92 (Verleitung zur Schwarzarbeit), BauR 1993, 80, 81 f.
2 *Ingenstau/Korbion*, VOB/B, vor §§ 8 und 9, Rz. 6 ff.

a) § 8 Nr. 1 VOB/B

Gemäß Absatz 1 dieser Vorschrift steht auch dem Auftraggeber eines VOB-Bauvertrags ein so genanntes **„freies" Kündigungsrecht** zu. Dies ist hinsichtlich der dem Auftragnehmer zustehenden Vergütung gemäß Absatz 2 dieser Vorschrift (unter Hinweis auf § 649 BGB) an die gleichen Rechtsfolgen wie beim BGB-Bauvertrag gebunden. Insoweit wird auf die obigen Ausführungen verwiesen (s. o. Rz. 2 ff.).

b) § 8 Nr. 3 VOB/B

Dessen Absatz 1 enthält praktisch die wichtigste Kündigungsmöglichkeit für den Auftraggeber, wenn der Auftragnehmer trotz **Fristsetzung** seinen vertraglichen Verpflichtungen nicht nachkommt. Gemäß § 8 Nr. 3 Abs. 1 Satz 2 VOB/B kann dabei die Entziehung des Auftrags auch ausdrücklich auf in sich abgeschlossene Teile (vgl. § 12 Nr. 2 VOB/B) beschränkt werden.

Zulässig ist eine Entziehung des Auftrags nach dieser Vorschrift allerdings erst, wenn diese dem Auftragnehmer (schriftlich) unter Fristsetzung wie im Folgenden näher erläutert angedroht worden ist.

c) § 4 Nr. 7 VOB/B

Treten schon **vor der Abnahme Mängel der Werkleistung** auf, kann der Auftraggeber dem Auftragnehmer gemäß § 4 Nr. 7 Satz 3 VOB/B zu deren Beseitigung eine angemessene Frist setzen. Er kann dabei gleichzeitig erklären, dass er ihm **nach fruchtlosem Ablauf der Frist** den Auftrag gemäß § 8 Nr. 3 VOB/B entziehe. Spricht der Auftraggeber nach fruchtlosem Ablauf einer derart wirksam gesetzten Frist unter Bezugnahme darauf die **Kündigung** gemäß § 8 Nr. 3 VOB/B aus (schriftlich!, § 8 Nr. 5 VOB/B), so treten die Rechtsfolgen der Absätze 2–4 des § 8 Nr. 3 VOB/B ein. Der Auftraggeber ist insbesondere nicht verpflichtet, dem Auftragnehmer für die bis zur Kündigung nicht ausgeführten Leistungen die Vergütung (abzüglich ersparter Aufwendungen) zu zahlen. Auch darf er gemäß Absatz 2 nunmehr zur Ersatzvornahme greifen und Mängel auf Kosten des Auftragnehmers beseitigen lassen.[1]

Hinweis:
Anders als beim BGB-Bauvertrag darf der Auftraggeber Mängel der Werkleistung vor Abnahme nur auf **Kosten des Auftragnehmers beseitigen (lassen)**, wenn er **zuvor** den Vertrag wirksam nach den §§ 4 Nr. 7, 8 Nr. 3 VOB/B **gekündigt hat**, da die VOB/B insoweit eine abschließende Regelung enthält; eine bloße Fristsetzung nach § 4 Nr. 7 VOB/B reicht dafür nicht aus. In Ausnahmefällen einer ernsthaften Weigerung des Unternehmers, die Mängel zu beseitigen, kann diese zwar entbehrlich sein, die Entziehung des Auftrags ist jedoch in jedem Falle Voraussetzung dafür, dass der Auftraggeber Ansprüche aus § 8 Nr. 3 Abs. 2 VOB/B geltend machen kann. Die Grundsätze der positiven Vertragsverletzung sind daneben nicht anzuwenden.[2]

---
1 *Ingenstau/Korbion*, VOB/B, § 8 Rz. 84–86.
2 BGH, Urt. v. 15. 5. 1986 – VII ZR 176/85, BauR 1986, 573, 574 f. = ZfBR 1986, 226, 231 = NJW-RR 1986, 1148 f.; OLG Frankfurt, Urt. v. 11. 3. 1986 – 5 U 35/83, NJW-RR 1987, 979, 981 f.

24 Um sich mit jeder Kündigung eines Bauvertrags regelmäßig einhergehende Unannehmlichkeiten (Suche nach neuem Unternehmer, evtl. höhere Kosten, Verzögerung der Fertigstellung) und die dadurch bedingten Schäden, die oftmals nur gerichtlich durchgesetzt werden können, vom Leibe zu halten, kann der Bauherr ggf. in sich abgeschlossene Teile der Leistung kündigen, ohne sich vom gesamten Vertrag lösen zu müssen.

d) § 5 Nr. 4 VOB/B

25 Unter den gleichen Voraussetzungen wie vorstehend beschrieben, kann der Auftraggeber den Vertrag auch nach § 8 Nr. 3 VOB/B kündigen, wenn sich der Auftragnehmer **mit der Fertigstellung** der Leistung **im Verzug befindet**, mit der Ausführung nicht rechtzeitig beginnt oder erkennbar nicht genügend Arbeitskräfte, Geräte, Baustoffe etc. auf der Baustelle vorhält. Liegen die Voraussetzungen des Verzugs vor (Mahnung nach Fälligkeit), kann der Auftraggeber ihm unter ausdrücklicher Kündigungsandrohung eine Frist nach den §§ 5 Nr. 4 bzw. 5 Nr. 3 VOB/B setzen, binnen derer er die Arbeit aufzunehmen (vgl. § 5 Nr. 2 Satz 2 VOB/B), zu vollenden oder aber zumindest Arbeitskräfte, Geräte, Baustoffe etc. in ausreichendem Umfang auf der Baustelle bereitzustellen hat. Lässt der Auftragnehmer diese Frist fruchtlos verstreichen, kann der Auftraggeber (schriftlich, s.o. Rz. 23) den Auftrag nach § 8 Nr. 3 VOB/B mit der gleichen Rechtsfolge, wie vorstehend beschrieben, kündigen.[1]

26 Auch hier sind **Inverzugsetzung** und **Kündigungsandrohung** nur **in Ausnahmefällen** entbehrlich, nämlich, wenn der Auftragnehmer die Vertragserfüllung ernsthaft und endgültig verweigert hat oder dem Auftraggeber ein Festhalten am Vertrag aus anderen Gründen nicht mehr zumutbar ist, woran allerdings strenge, vom Auftraggeber zu beweisende, Anforderungen zu stellen sind.[2]

27 **Hinweis:**

Ist die rechtzeitige Herstellung eines Bauvorhabens durch vom Auftragnehmer zu vertretende Hindernisse ernsthaft in Frage gestellt, reicht es **ausnahmsweise** aus, wenn ihm der Auftraggeber eine Frist mit Kündigungsandrohung nach § 5 Nr. 3, 4, § 8 Nr. 3 VOB/B mit der Maßgabe setzt, nachzuweisen, dass er zur fristgerechten Erfüllung des Bauvertrags **überhaupt noch in der Lage ist**; nach fruchtlosem Ablauf einer solchen Frist kann der Auftraggeber dem Auftragnehmer den Auftrag entziehen.[3]

e) § 4 Nr. 8 VOB/B

28 Mit der **VOB 2000** ist dem Auftraggeber eine **weitere Kündigungsmöglichkeit** aus wichtigem Grund eröffnet worden. In gleichem Maße wie vorstehend zu § 4 Nr. 7 bzw. § 5 Nr. 4 VOB/B beschrieben, kann er dem Auftragnehmer eine entsprechende Frist setzen, die Arbeiten im eigenen Betrieb auszuführen, wenn er bzw. sein Betrieb dazu in der Lage ist und wenn er trotzdem ohne schriftliche Zustimmung

---

1 *Ingenstau/Korbion*, VOB/B, § 8 Rz. 87–89.
2 BGH, Urt. v. 25.3.1993 – X ZR 17/92, BauR 1993, 469, 471; Urt. v. 23.5.1996 – VII ZR 140/95, BauR 1996, 704 ff.
3 BGH, Urt. v. 21.10.1982 – VII ZR 51/82, BauR 1983, 73, 75 f.

des Auftraggebers Subunternehmer beschäftigt.[1] Insoweit gelten die gleichen Ausführungen wie vorstehend zu Rz. 25 ff.

f) § 8 Nr. 4 VOB/B

Der Auftraggeber ist auch zur Kündigung des Vertrags **aus wichtigem Grund** berechtigt, wenn der Auftragnehmer aus Anlass der Vergabe eine **wettbewerbswidrige Abrede** getroffen hatte (§ 8 Nr. 4 Satz 1 VOB/B).[2] Auch für diese Kündigung gilt die in Nummer 5 des § 8 VOB/B generell festgelegte Schriftform. Hinzukommt, dass sie nur innerhalb von 12 Werktagen nach Bekanntwerden des Kündigungsgrunds zulässig ist (§ 8 Nr. 4 Satz 2 VOB/B).

29

2. Kündigung durch den Auftragnehmer, § 9 VOB/B

Ein ordentliches Kündigungsrecht des Auftragnehmers kennt auch die VOB Teil B nicht. Dessen **außerordentliche** Kündigungsrechte sind in § 9 Nr. 1 VOB/B geregelt. Er kann danach den Vertrag kündigen, wenn

30

▷ der Auftraggeber eine ihm obliegende Handlung unterlässt und den Auftragnehmer dadurch außerstande setzt, die Leistung auszuführen oder

▷ der Auftraggeber eine fällige Zahlung nicht leistet oder sonst in Schuldnerverzug gerät.[3]

Da es sich auch bei dieser Kündigung um eine ausdrücklich abzugebende einseitige Willenserklärung handelt, gelten insoweit zunächst die allgemeinen Vorschriften, wie zur Kündigung des Auftraggebers ausgeführt (s.o. Rz. 2 ff., 19 ff.). Ähnlich wie bei der Kündigung des Auftraggebers nach § 8 Nr. 3 VOB/B ist auch für die Auftragnehmerkündigung aus wichtigem Grund Voraussetzung, dass er dem Auftraggeber zuvor eine **angemessene Frist** zur ordnungsgemäßen Vertragserfüllung unter **Androhung der Kündigung** des Vertrags nach fruchtlosem Ablauf dieser Frist gesetzt hat (§ 9 Nr. 2 Satz 2 VOB/B). Gemäß § 9 Nr. 2 Satz 1 VOB/B ist die Kündigung zwingend **schriftlich** zu erklären. Gleichermaßen sollte aber auch die vorherige Fristsetzung mit Kündigungsandrohung schriftlich erfolgen.

31

Entsprechend der Regelungen in §§ 642, 643 BGB ist in § 9 Nr. 1 Buchst. a VOB/B ebenfalls eine **Mitwirkungspflicht** des Auftraggebers normiert und sanktioniert, allerdings mit unterschiedlichen Folgen für den **Vergütungsanspruch** des Auftragnehmers. Eine solche Mitwirkungspflicht kann beispielsweise darin bestehen, dass der Auftraggeber dem Auftragnehmer rechtzeitig Ausführungs- und Werkspläne, öffentlich-rechtliche Genehmigungen und Erlaubnisse, das Baugrundstück selbst, einen Lager- oder Arbeitsplatz auf der Baustelle sowie eine geeignete Zuwegung zum Erreichen der Baustelle zur Verfügung stellen muss. Geschieht dies nicht, kann der Auftragnehmer ihm unter Kündigungsandrohung eine angemessene Frist zur Vornahme der jeweiligen Handlung setzen und nach fruchtlosem Fristablauf den Vertrag kündigen.[4]

32

---
1 *Ingenstau/Korbion*, VOB/B, § 8 Rz. 90, 91.
2 *Ingenstau/Korbion*, VOB/B, § 8 Rz. 131 ff.
3 Eingehend *Vygen*, Jahrbuch Baurecht 1998, 1, 8 ff.
4 *Ingenstau/Korbion*, VOB/B, § 9 Rz. 5 ff.

33 Das gleiche Recht hat der Auftragnehmer gemäß § 9 Nr. 1 Buchst. b VOB/B, wenn der Auftraggeber eine fällige Zahlung trotz Mahnung oder festen Zahlungstermins (vgl. § 286 Abs. 2 BGB) nicht leistet oder sonst in **Schuldnerverzug** gerät.

Beispiel:
Vorrangig wird diese Kündigungsmöglichkeit relevant, wenn der Auftraggeber Zahlungen nicht gemäß § 16 Nr. 1 VOB/B oder nach einem (zulässig) davon abweichenden Zahlungsplan leistet. Aber auch die Nichterfüllung anderer, sich beispielsweise aus Besonderen oder Zusätzlichen Vertragsbestimmungen ergebender Pflichten zur Erbringung selbständiger Herstellungsleistungen fällt hierunter, wenn der Auftraggeber trotz Mahnung seinen Verpflichtungen nicht nachkommt.[1]

3. Beiderseitiges Kündigungsrecht, § 6 Nr. 7 VOB/B

34 Wird die **Ausführung der Leistung** für **länger als 3 Monate unterbrochen**, können beide Parteien den Vertrag gemäß § 6 Nr. 7 Satz 1 VOB/B **schriftlich** kündigen. Dies allerdings nur, wenn weder die Voraussetzungen für eine außerordentliche Kündigung durch den Auftraggeber (§ 8 Nr. 2–4 VOB/B) noch für eine solche durch den Auftragnehmer (§ 9 Nr. 1 VOB/B) vorliegen.[2]

35 Denkbar ist ein Kündigungsrecht für den Auftragnehmer nach § 6 Nr. 7 VOB/B, wenn die Arbeiten länger als 3 Monate unterbrochen sind, weil der Auftraggeber entweder bei aufgetretenen Schwierigkeiten solange braucht, um eine ihm obliegende Handlung vorzunehmen[3] oder aber, wenn er dem Auftragnehmer nicht ermöglicht, binnen 3 Monaten vom vertraglich vereinbarten Ausführungsbeginn an mit seinen Arbeiten zu beginnen und ihm dann eine aufgrund zwischenzeitlich eingetretener Lohnerhöhungen berechtigte Nachtragsforderung verweigert.[4] Die Unterbrechung muss aber bei Ausspruch der Kündigung **noch fortbestehen** und darf auch nicht in absehbarer Zeit erkennbar beendet sein, da eine Kündigung nach § 6 Nr. 7 VOB/B zur Unzeit ausgeschlossen sein muss (§ 242 BGB).[5]

4. Beiderseitige besondere Kündigungsrechte

36 Wie bereits eingangs ausgeführt, sind die expressis verbis in der VOB/B aufgeführten Kündigungsgründe nicht abschließend. Vielmehr können beide Seiten daneben den Vertrag **aus wichtigem Grund** kündigen, wenn die jeweils andere Partei schuldhaft eine **schwerwiegende Vertragsverletzung** begeht, die zu einer erheblichen Störung des Vertrauensverhältnisses und dadurch dazu führt, dass der jeweils anderen Partei eine Fortsetzung des Bauvertrags nicht mehr zugemutet werden kann.[6] So stellt sich z. B. eine zu Unrecht erfolgte Kündigung einer Partei als positive Vertragsverletzung dar, die nunmehr die andere Partei berechtigt, den Vertrag aus wichtigem Grund zu kündigen.[7]

---

1 *Ingenstau/Korbion*, VOB/B, § 9 Rz. 26 ff.
2 *Kuss*, VOB, Teile A und B, 3. Aufl., Teil B, § 6 Rz. 89.
3 OLG Düsseldorf, Urt. v. 17. 9. 1998 – 5 U 10/98, BauR 1999, 491, 492 ff.
4 OLG Düsseldorf, Urt. v. 25. 4. 1995 – 21 U 192/94, BauR 1995, 706, 707 f.
5 *Vygen*, Jahrbuch Baurecht 1998, 1, 13.
6 *Ingenstau/Korbion*, VOB/B, § 8 Rz. 82, 92 ff.; § 9 Rz. 3.
7 BGH, Urt. v. 28. 10. 1999 – VII ZR 393/98, BauR 2000, 409, 410 f.; Urt. v. 4. 7. 1996 – VII ZR 227/93, BauR 1996, 846 f.

5. Rechtsprechungsübersicht „zur Kündigung aus wichtigem Grund"

▷ Ein wichtiger Grund liegt vor, wenn der Auftraggeber Mitarbeiter des Auftragnehmers hinter dessen Rücken in nicht unerheblichem Umfang während der vom Auftragnehmer bezahlten regulären Arbeitszeit oder außerhalb dieser „schwarz" beschäftigt. In derartigen Fällen ist dann auch eine vorherige Abmahnung entbehrlich (anders als bei der Verletzung von Mitwirkungspflichten i. S. d. § 643 BGB.[1] 37

▷ Kündigt der Auftraggeber den Vertrag aus wichtigem Grund, ist er für das Vorliegen der dafür erforderlichen Voraussetzungen **darlegungs- und beweispflichtig**.[2] 37a

▷ Die ernsthafte und endgültige – unberechtigte – Erfüllungsverweigerung des Auftragnehmers eines Bauvertrags stellt eine positive Vertragsverletzung dar, die den Auftraggeber zur fristlosen Kündigung des Vertrags berechtigt. Diese Grundsätze gelten auch für den Architektenvertrag.[3] 38

▷ Verstößt eine Partei gegen die ihr beim VOB-Bauvertrag obliegende **Kooperationspflicht**, indem sie nicht zunächst versucht, aufgetretene Differenzen (hier über eine Nachtragsforderung) mit der sich insoweit nicht endgültig verweigernden anderen Partei einvernehmlich zu regeln, und kündigt stattdessen den Bauvertrag aus wichtigem Grund, geht nicht nur diese Kündigung ins Leere, sondern berechtigt die andere Partei ihrerseits nunmehr, nach entsprechender Fristsetzung, den Bauvertrag aus wichtigem Grund zu kündigen.[4] 39

▷ **Grobe Mängel** können eine Kündigung des Werkvertrags aus wichtigem Grund rechtfertigen, einfache jedoch nur, wenn diese sich aufgrund erfolgloser Setzung einer zumutbaren Frist zur Beseitigung als **nachhaltig** erweisen.[5] 40

▷ Eine Kündigung **wegen positiver Vertragsverletzung** ist auch beim VOB-Bauvertrag gerechtfertigt, wenn eine Vertragspartei so nachhaltig gegen ihre Pflichten verstößt, dass der anderen ein Festhalten am Vertrag nicht mehr zugemutet werden kann. Dies ist jedenfalls dann ohne weitere Fristsetzung und Androhung gerechtfertigt, wenn der Auftragnehmer **trotz Abmahnungen** des Auftraggebers mehrfach und nachhaltig gegen eine Vertragspflicht verstößt und wenn dieses Verhalten des Auftragnehmers hinreichender Anlass für die Annahme des Auftraggebers ist, dass sich sein Vertragspartner auch in Zukunft nicht vertragsgetreu verhalten wird.[6] 41

▷ Ein **unberechtigtes Schadensersatzbegehren** nach § 635 BGB ist als Kündigung gemäß § 649 Satz 1 BGB aufzufassen, so dass dem Unternehmer ein Vergütungsanspruch nach § 649 Satz 2 BGB zusteht.[7] 42

---
1 OLG Köln, Urt. v. 18. 9. 1992 – 19 U 106/92, BauR 1993, 80, 81 f.
2 BGH, Urt. v. 10. 5. 1990 – VII ZR 45/89, NJW-RR 1990, 1109 f.
3 BGH, Urt. v. 12. 6. 1980 – VII ZR 198/79, BauR 1980, 465 f.; Urt. v. 29. 6. 1989 – VII ZR 330/87, NRW-RR 1989, 1248 f.
4 BGH, Urt. v. 28. 10. 1999 – VII ZR 393/98, BauR 2000, 409, 410 f.
5 OLG Bremen, NZBau 2000, 379 L.
6 BGH, Urt. v. 23. 5. 1996 – VII ZR 140/95, BauR 1996, 704 ff.
7 OLG Düsseldorf, Urt. v. 12. 1. 1996 – 22 U 124/95, NJW-RR 1997, 625 f.

43 ▷ Die Kündigung eines **Fertighausvertrags** durch den Auftraggeber ist wegen Verzuges gerechtfertigt, wenn der Auftragnehmer seine Arbeiten wegen vermeintlichen Zahlungsverzugs des Auftraggebers einstellt, dieser wegen erheblicher Mängel der Werkleistung jedoch berechtigt war, den Werklohn zurückzubehalten.[1]

44 ▷ Kein wichtiger Grund zur Vertragskündigung durch den Auftraggeber besteht bei berechtigtem **Sicherungsverlangen** des Architekten nach § 648 a BGB.[2]

45 ▷ Ein wichtiger Grund kann nicht angenommen werden, wenn der Auftraggeber in Kenntnis des Kündigungsgrundes dem Auftragnehmer eine **Frist zur Fortführung der Arbeiten** gesetzt hat, er also selbst das Vertrauensverhältnis nicht schon als so zerstört angesehen hat, dass ihm aus seiner Sicht eine Fortsetzung des Vertrags nicht mehr zuzumuten war.[3]

46 ▷ Zur Kündigung eines Architektenvertrags wegen **herabsetzender Kritik**: Die während einer Bauausschusssitzung von Seiten der Mitglieder des Ausschusses gebrauchten Ausdrücke wie „Kistenarchitektur", „Aussiedlerhof" und „Kolchosebetrieb" rechtfertigen keine sofortige Kündigung des Vertragsverhältnisses aus wichtigem Grund. Vielmehr ist es in solchen Fällen arroganten Verhaltens erforderlich, dem Vertragspartner zuvor deutlich zu machen, dass man so etwas künftig nicht mehr hinzunehmen bereit ist.[4]

47 ▷ Mängel einer Teillieferung stellen keinen wichtigen Grund zur Kündigung eines Werkvertrags dar, sofern eine **Nachbesserung möglich** ist.[5]

III. Wirkung der Kündigung

1. Keine Rückwirkung

48 Die wirksam erklärte Kündigung führt zur Vertragsaufhebung **ex nunc**, mithin nicht zur Rückabwicklung der bis dato beiderseitig gewährten Leistungen.[6]

2. Mängel/Vergütung bis Kündigung

49 Der Unternehmer ist ebenso berechtigt wie verpflichtet, **Mängel** an den bis zur Kündigung erbrachten Leistungen **zu beseitigen**.[7] Auch bleibt sein **Vergütungsanspruch** für die bis zur Kündigung erbrachten Leistungen grundsätzlich unberührt, allerdings lediglich für solche, die **mangelfrei** sind; andernfalls steht dem Besteller/Auftraggeber ein Zurückbehaltungsrecht zu. Die Beweislast für die

---

1 OLG Düsseldorf, Urt. v. 1. 8. 1995 – 21 U 225/94, NJW-RR 1996, 1170 f.
2 LG Hamburg, Urt. v. 26. 5. 1996 – 325 O 212/94, BauR 1996, 895 f.
3 OLG Düsseldorf, Urt. v. 1. 8. 1995 – 21 U 225/94, NJW-RR 1996, 1170.
4 OLG Düsseldorf, Urt. v. 7. 7. 1994 – 5 U 236/93, BauR 1995, 267 f.
5 OLG Düsseldorf, Urt. v. 10. 12. 1993 – 22 U 152/93, NJW-RR 1994, 892 f.
6 *Kuss*, VOB/B, § 8 Rz. 1; *Ingenstau/Korbion*, VOB/B, vor §§ 8 und 9, Rz. 4; Palandt-*Sprau*, § 649 BGB, Rz. 1.
7 BGH, Urt. v. 21. 12. 2000 – VII ZR 488/99, NJW-RR 2001, 383 f.; Urt. v. 20. 4. 1989 – VII ZR 80/88, BauR 1989, 462, 464; Urt. v. 8. 10. 1987 – VII ZR 45/87, BauR 1988, 82.

Mangelfreiheit seines Teilwerks obliegt dem Unternehmer, dass dieses für den Besteller von Wert ist, hat er allerdings nicht zu beweisen.[1]

3. § 8 Nr. 6 VOB/B

Beim VOB-Bauvertrag hat der Auftragnehmer nach § 8 Nr. 6 VOB/B das Recht, alsbald nach Kündigung die **Vornahme eines Aufmaßes** sowie die **Abnahme** der von ihm bis dato **ausgeführten Leistungen** zu verlangen. Diese so genannte **Kann-Vorschrift** sollte nach diesseitiger Auffassung nicht nur **als zwingende Regelung** ausgelegt werden, sie sollte darüber hinaus auch auf den BGB-Bauvertrag Anwendung finden. Hierfür spricht die Tatsache, dass sich letztlich beide Parteien möglicherweise unüberwindbare Abrechnungsschwierigkeiten vom Leibe halten, wenn sie gemeinsam den Stand der bis zur Kündigung erbrachten Leistungen ermitteln und dokumentieren sowie eine Abnahme (siehe dazu nachfolgend Rz. 51f.) dieser Leistungen durchführen. Dabei kommt eine Abnahme der bis zur Kündigung erbrachten Leistungen selbstverständlich nur in Betracht, wenn diese für sich genommen als mangelfrei zu betrachten sind, wobei zu berücksichtigen ist, dass sie eben naturgemäß nicht fertig gestellt sind.

4. Fälligkeit der Vergütung nur nach Abnahme?

Sehr umstritten ist die Frage, ob eine Abnahme der bis zur Kündigung erbrachten Leistungen für die Fälligkeit der Vergütung des Unternehmens erforderlich ist.[2] Der Auffassung, wonach bei einer Kündigung des Bauvertrags eine Abnahme der bis zur Kündigung erbrachten Leistungen **nicht erforderlich sein soll**, kann nicht gefolgt werden. Es ist nicht einzusehen, warum gerade im Falle der berechtigten Auftraggeberkündigung aus wichtigem Grund, namentlich für den Fall, dass das Werk Mängel im Sinne des § 4 Nr. 7 VOB/B aufweist, der Auftragnehmer noch für die Ausführung solcher mangelhaften Leistungen damit belohnt werden soll, dass eine Abnahme derselben nicht erforderlich sein soll, um seinen Vergütungsanspruch zu begründen.

Das Gegenteil ist der Fall: Gerade wenn es um eine Kündigung wegen mangelhafter Werkleistungen geht, ist der Unternehmer zu verpflichten, seinem ja auch für die bis zur Kündigung erbrachten Leistungen bestehenden Mängelbeseitigungsrecht nachzukommen und jedenfalls diese (nachträglich) mangelfrei und damit abnahmefähig herzustellen. Insoweit ist den überzeugenden Ausführungen der beiden Mitglieder des für das private Bau- und Architektenrecht zuständigen VII. Zivilsenates des BGH Kniffka[3] und Thode[4] uneingeschränkt zuzustimmen.

So hat der Bundesgerichtshof[5] nunmehr auch entschieden, dass (erst) „die Abnahme der durch die Kündigung beschränkten vertraglich geschuldeten Werkleis-

---
1 BGH, Urt. v. 25. 3. 1993 – X ZR 17/92, BauR 1993, 169, 171 f.
2 *Werner/Pastor*, Der Bauprozess, Rz. 1301; BGH, BauR 1993, 469 ff.; BauR 1987, 95 f.; *Ingenstau/Korbion*, VOB/B, § 8 Rz. 141 ff.; *Kniffka/Koeble*, Kompendium des Baurechts, Rz. 352; *Kniffka*, ZfBR 1998, 113, 116; *ders.*, Festschrift für von Craushaar, S. 359 ff.; *Thode*, ZfBR 1999, 116, 123.
3 *Kniffka*, ZfBR 1998, 113, 116.
4 *Thode*, ZfBR 1999, 116, 123.
5 Urt. v. 19. 12. 2002 – VII ZR 103/00, BauR 2003, 689 ff.

tung das Erfüllungsstadium des gekündigten Werkvertrages beendet und die Erfüllungswirkung der Werkleistung herbeiführt". Wenn nun aber gemäß § 641 BGB Voraussetzung für den Vergütungsanspruch des Unternehmers die Abnahme seiner Werkleistung ist und diese wiederum als „Billigung dieser Leistung als im Wesentlichen vertragsgerecht", sprich: Als Erfüllung der vertraglichen Verpflichtungen des Unternehmers, zu verstehen ist, dann muss aus der vorgenannten Entscheidung gefolgert werden, dass der Werklohn auch beim gekündigten Bauvertrag erst fällig werden kann, wenn die bis zur Kündigung erbrachten Leistungen nicht nur abnahmefähig, sondern auch abgenommen sind.[1]

IV. Vergütungsansprüche nach Kündigung

53 Wie bereits ausgeführt, wird der Bauvertrag durch die Kündigung nur ex nunc (mit Wirkung für die Zukunft) beendet. Ebenso wie der Auftragnehmer berechtigt und verpflichtet ist, Mängel an bis zur Kündigung erbrachten Leistungen zu beseitigen, steht ihm grundsätzlich der Anspruch auf Werklohn für solche (mangelfrei) erbrachten Leistungen zu.[2] Durch die Kündigung entsteht ein **Abrechnungsverhältnis** zwischen den Parteien. Über die Vergütung **hinausgehende Ansprüche** des Unternehmers, z.B. in Fällen, in denen dieser berechtigt aus wichtigem Grund gekündigt hat, treten **selbständig neben die Vergütungsansprüche** und sind mit etwaigen Gegenansprüchen des Auftraggebers zu verrechnen.[3]

54 Eine Vergütung für **nicht erbrachte Leistungen** steht dem Auftragnehmer (immer abzüglich ersparter Aufwendungen) nur zu, wenn entweder er zu Recht aus wichtigem Grund gekündigt hat oder eine Auftraggeberkündigung als solche nach § 649 Satz 1 BGB bzw. § 8 Nr. 1 VOB/B zu qualifizieren ist.[4]

55 Unabhängig von der streitigen Frage der Abnahme (s.o. Rz. 51 ff.) ist jedenfalls für den VOB-Bauvertrag die Vorlage einer **prüfbaren Abrechnung** und damit auch die Vornahme zumindest eines Aufmaßes **Fälligkeitsvoraussetzung** für den Vergütungsanspruch (§ 8 Nr. 6 VOB/B).[5] Allerdings wird auch der Unternehmer eines BGB-Bauvertrags seinen Vergütungsanspruch nach Kündigung nur durch Vorlage einer nachvollziehbaren Abrechnung – auf der Grundlage eines Aufmaßes – schlüssig darlegen können.

56 **Abschlagszahlungen** können nach Kündigung nicht mehr verlangt werden. Der Auftragnehmer hat vielmehr nachzuweisen, dass er nicht überzahlt ist. Andererseits ist er zur Rückzahlung verpflichtet. Weitere Zahlungen kann er nur auf der Grundlage einer prüfbaren Schlussrechnung beanspruchen.[6]

---

1 *Acker/Roskosny*, BauR 2003, 1279, 1281 f.; *Frank*, BauRB 2003, 68; aA *Schmitz*, IBR 2004, 53.
2 BGH, Urt. v. 25.3.1993 – X ZR 17/92, BauR 1993, 469, 471 f.
3 *Stickler/Fehrenbach*, Rz. 506 f.
4 *Koeble/Kniffka*, Kompendium des Baurechts, 6. Teil, Rz. 352.
5 BGH, Urt. v. 9.10.1986 – VII ZR 249/85, BauR 1987, 95 f. *Ingenstau/Korbion*, VOB/B, § 8, Rz. 145.
6 *Koeble/Kniffka*, Kompendium des Baurechts, 6. Teil, Rz. 352.

1. Freie Kündigung, §§ 649 Abs. 1 BGB, 8 Nr. 1 VOB/B

Macht der Besteller/Auftraggeber von seinem jederzeit bestehenden Recht zur grundlosen Kündigung des Bauvertrags Gebrauch, schuldet er dem Unternehmer/Auftragnehmer nicht nur die Vergütung für die bis zur Kündigung erbrachten (mangelfreien) Leistungen, sondern darüber hinaus auch die **volle Vergütung abzüglich ersparter Aufwendungen** für die nach dem Vertrag noch geschuldeten, aber aufgrund der Kündigung nicht zur Ausführung gekommenen Leistungen (§ 649 Abs. 2 BGB, § 8 Nr. 1 Abs. 2 VOB/B). 57

Hinweis:
Der Bauherr sollte sich also stets gut überlegen, ob er von seinem freien Kündigungsrecht Gebrauch macht. Deshalb sollte er auch die Gründe für eine berechtigte außerordentliche Kündigung **beweiskräftig dokumentieren**, damit ihm im späteren Streitfall nicht droht, dass mangels Vorlage der entsprechenden Gründe seine außerordentliche Kündigung in eine ordentliche mit der vorgenannten Vergütungsfolge umgewandelt wird.[1]

Die gleiche Gefahr droht ihm beim VOB-Bauvertrag, wenn er die **Formalien des § 8 Nr. 3 und 4** in Verbindung mit § 4 Nr. 7 und Nr. 8 Abs. 1 sowie § 5 Nr. 4 VOB/B nicht einhält.[2] Der Auftraggeber läuft danach insbesondere Gefahr, dass eine von ihm vermeintlich aus wichtigem Grund nach § 8 Nr. 3 Abs. 1 VOB/B ausgesprochene Kündigung als solche nach § 8 Nr. 1 Abs. 1 VOB/B qualifiziert wird, wenn er es unterlassen hat, dem Auftragnehmer die erforderlichen Fristen zur Vertragserfüllung unter Androhung der Entziehung des Auftrags zu setzen. Dies hat dann die negative Folge für den Auftraggeber, dass er dem Auftragnehmer die volle Vergütung abzüglich ersparter Aufwendungen im Sinne des § 8 Nr. 1 Abs. 2 VOB/B zahlen muss. 58

Die gleichen Grundsätze gelten auch für **sonstige Kündigungen aus wichtigem Grund**, so dass dem Auftragnehmer auch hier zuvor unter Kündigungsandrohung Gelegenheit zur ordnungsgemäßen Vertragserfüllung zu geben ist, jedenfalls dann, wenn dies dem Auftragnehmer möglich ist und keine Ausnahme dahin gehend vorliegt, dass dem Auftraggeber eine solche Fristsetzung mit Kündigungsandrohung nicht zumutbar ist.[3] Insoweit gilt auch für den BGB-Bauvertrag nichts anderes.[4] 59

Liegt eine freie Kündigung mit der günstigen Vergütungsfolge für den Auftragnehmer vor, gestaltet sich für diesen allerdings die **Abrechnung** nicht unproblematisch, insbesondere bezüglich des **nicht erbrachten Leistungsteils**. Dies gilt wiederum gleichermaßen für den BGB wie für den VOB-Bauvertrag. Zu unterscheiden ist dabei einmal zwischen den erbrachten und den nicht erbrachten Leistungen und danach, ob die Parteien einen Einheitspreis- oder Pauschalpreisvertrag abgeschlossen haben. 60

---
1 Vgl. BGH, Urt. v. 24. 7. 2003 – VII ZR 218/02, BauR 2003, 1889 ff.
2 *Ingenstau/Korbion*, VOB/B, § 8, Rz. 83.
3 *Ingenstau/Korbion*, VOB/B, § 8, Rz. 95.
4 Palandt-*Sprau*, § 649 BGB, Rz. 2.

a) Vergütung für erbrachte Leistungen

61 Grundsätzlich erfolgt die Abrechnung eines frei gekündigten Bauvertrags in zwei Schritten, gleich ob es sich um einen Einheits- oder Pauschalpreisvertrag handelt. Bei beiden Vertragstypen sind die erbrachten von den nicht erbrachten Leistungen abzugrenzen und in der Abrechnung **getrennt voneinander darzustellen**. An dieser Stelle verdeutlicht sich wiederum die Wichtigkeit der Vorschrift des § 8 Nr. 6 VOB/B, die nach diesseitiger Auffassung auch auf BGB-Bauverträge Anwendung finden sollte (s.o. Rz. 50). Auch ist die Vornahme eines gemeinsamen Aufmaßes ratsam, um exakt den bei Kündigung erreichten Leistungsstand feststellen und dokumentieren zu können.

Hinweis:
Erscheint eine der Parteien zu so einem Aufmaßtermin nicht, sind die erforderlichen Feststellungen hinsichtlich des Leistungsstandes – ähnlich wie die Abnahme nach § 12 Nr. 4 Abs. 2 VOB/B – in Abwesenheit der jeweils anderen Partei – allerdings unter Hinzuziehung eines fachkundigen, möglichst ansonsten unbeteiligten Dritten – vorzunehmen. Die darüber zu fertigende Niederschrift ist dann unverzüglich der jeweils anderen Partei zuzustellen. Auf der Grundlage dieser Feststellungen sind dann die erbrachten von den nicht erbrachten Leistungen abzugrenzen und getrennt voneinander abzurechnen.

aa) Einheitspreisvertrag

62 Da sich Art und Weise der Abrechnung je nach Vertragstyp unterscheiden, ist im Folgenden zu differenzieren. Beim Einheitspreisvertrag gestaltet sich jedenfalls die Abrechnung der erbrachten Leistungen relativ einfach: diese sind auf der Grundlage des **Leistungsverzeichnisses** abzurechnen. Das heißt, die festgestellten Mengen sind in die jeweiligen Positionen des Leistungsverzeichnisses einzusetzen und mit den jeweils vereinbarten Einheitspreisen zu multiplizieren. Vertraglich **vereinbarte Nachlässe** sind dabei zu berücksichtigen. Es gilt der Grundsatz, dass keiner der Parteien aufgrund der Kündigung bei dieser Abrechnung ein Vor- oder Nachteil entstehen soll.[1] Der sich danach ergebende Betrag stellt die dem Auftragnehmer zustehende Vergütung i. S. d. § 632 BGB (nicht § 649 Satz 2 BGB)[2] für die erbrachten Leistungen dar; etwa erfolgte Abschlagszahlungen sind davon selbstverständlich abzuziehen.[3]

63 Insbesondere kommen nach den vorgenannten Abrechnungsgrundsätzen keine Änderungen der Einheitspreise für die bis zur Kündigung erbrachten Leistungen in Betracht, wie dies beispielsweise beim VOB-Bauvertrag bei vollständiger Erfüllung nach § 2 Nr. 3 Abs. 3 VOB/B bei über 10 % hinausgehenden **Mengenminderungen** verlangt werden kann. Will der Unternehmer hier für den Fall **kündigungsbedingt** vorliegender Mindermengen einen Ausfall der in solche Positionen einkalkulierten Gemeinkosten oder des anteiligen Gewinns geltend machen, hat

---
[1] BGH, Urt. v. 7. 11. 1996 – VII ZR 82/95, BauR 1997, 304 f.; Urt. v. 28. 10. 1999 – VII ZR 326/98, NJW 2000, 653 ff. = ZfBR 2000, 118 ff. (zum Architektenvertrag).
[2] BGH, Urt. v. 30. 9. 1999 – VII ZR 250/98, BauR 2000, 100 f.
[3] Grundlegend BGH, Urt. v. 21. 12. 1995 – VII ZR 198/94, BauR 1996, 382 ff.; Urt. v. 30. 9. 1999 – VII ZR 250/98, NJW-RR 2000, 309; *Ingenstau/Korbion*, VOB/B, § 8, Rz. 21.

dies **auf der zweiten Stufe** im Rahmen der Abrechnung nach § 8 Nr. 1 Abs. 2 VOB/B (bzw. § 649 Satz 2 BGB) zu geschehen. Da der Auftragnehmer auf diesem Wege seinen vollen, bezogen auf die gesamte angebotene Leistungsmenge, kalkulierten Gewinn beanspruchen kann, erleidet er insoweit durch die kündigungsbedingte Massenverkürzung auch keinen Nachteil.[1]

Rechnet der Auftragnehmer allerdings nicht so ab, geht dies zu seinen Lasten. Andererseits sind etwa vereinbarte Nachlässe nach der zitierten Entscheidung des OLG Celle in vollem Umfang bei der Abrechnung der bis zur Kündigung tatsächlich erbrachten Leistungen, bezogen auf die jeweiligen Einheitspreise, zu berücksichtigen.

bb) Pauschalpreisvertrag

Beim Pauschalpreisvertrag kommt es zunächst darauf an, ob es sich um einen Global- (dessen Grundlage in der Regel eine funktionale Ausschreibung ist) oder aber um einen Detailpauschalpreisvertrag handelt, dem ein detailliertes Leistungsverzeichnis mit Einheitspreisen zugrunde liegt. 64

(1) Im letzteren Fall vollzieht sich die Abrechnung der bis zur Kündigung erbrachten Leistungen auf der Grundlage eines gemeinsamen Aufmaßes und des vorliegenden Leistungsverzeichnisses analog der vorstehenden Ausführungen zum Einheitspreisvertrag. Die tatsächlich ausgeführten Massen sind in das zugrunde liegende Leistungsverzeichnis einzusetzen und mit den dortigen Einheitspreisen – ggf. reduziert um einen im Rahmen der Bildung der Pauschale gewährten Nachlass – zu multiplizieren, um so die Vergütung für die tatsächlich erbrachten Leistungen zu ermitteln.[2] Auch der Bundesgerichtshof lässt für derartige Fallkonstellationen den Rückgriff auf ein der Bildung des Pauschalpreises (insbesondere durch Abrundung) zugrunde liegendes Leistungsverzeichnis mit Einheitspreisen zu.[3] 65

Die einzelnen Positionen und die dafür anzusetzenden Massen sind vom Unternehmer im Rahmen seiner Abrechnung **exakt darzulegen**. Nur in dem Umfang, wie ihm dies in schlüssiger Form gelingt, hat er einen Vergütungsanspruch für die bis zur Kündigung erbrachten Leistungen. Insbesondere darf er nicht einen dem Vertrag zugrunde liegenden Zahlungsplan heranziehen und beispielsweise sämtliche danach bis zum Kündigungszeitpunkt fällig gewordenen Raten zur Abrechnung bringen. Vielmehr richtet sich seine Vergütung nach dem Verhältnis des Werts der erbrachten Teilleistung zum Wert der nach dem Vertrag geschuldeten Gesamtleistung.[4] 66

(2) Sind hingegen keine hinreichenden Anhaltspunkte zur Bewertung der bis zur Kündigung erbrachten Leistungen anhand der Vertragsgrundlagen zu ermitteln, wie dies regelmäßig beim so genannten **Globalpauschalpreisvertrag** der Fall ist, 67

---

1 OLG Celle, Urt. v. 22. 6. 1994 – 6 U 212/93, BauR 1995, 558 f.
2 *Kapellmann/Schiffers*, Band 2, Rz. 1327 ff.
3 BGH, Urt. v. 4. 7. 1996 – VII ZR 227/93, BauR 1996, 846, 848.
4 BGH, Urt. v. 14. 2. 1980 – VII ZR 229/78, BauR 1980, 356 f.; *Kapellmann/Schiffers*, Band 2, Rz. 1334; BGH, Urt. v. 11. 3. 1999 – VII ZR 321/97, BauR 1999, 644 f.; Urt. v. 20. 1. 2000 – VII ZR 97/99, BauR 2000, 726 f. mit Anm. *Vogel*.

hat der Unternehmer im Nachhinein im Einzelnen darzulegen, wie die erbrachten Leistungen unter Beibehaltung des Preisniveaus der vereinbarten Pauschale zu bewerten sind.[1]

68 Die Höhe der ihm für die erbrachten Leistungen zustehenden Teilvergütung richtet sich dabei nach dem Verhältnis des objektiven Werts der erbrachten Leistung zum Wert der nach dem Pauschalvertrag geschuldeten Gesamtleistung.[2] Der Auftragnehmer kann hier insbesondere nicht ohne weiteres nachträglich ein Leistungsverzeichnis erstellen und dies mit (überhöhten) Preisen versehen. Er wird vielmehr entweder eine vorhandene **Kalkulation** vorzulegen oder aber eine solche nachträglich zu erstellen haben, die **objektiven Grundsätzen** im Sinne des § 632 Abs. 2 BGB unter Berücksichtigung des vereinbarten Pauschalpreises für die Gesamtleistung genügt. Er muss konkret das Verhältnis der bis zur Kündigung ausgeführten Leistung zur vertraglich vereinbarten Gesamtleistung und des Preisansatzes für die Teilleistung zum für die Gesamtleistung vereinbarten Pauschalpreis darlegen.[3]

69 Soweit der BGH[4] in seiner Entscheidung vom 30. 10. 1997 ausführt, dass „**nach den Senatsgrundsätzen abzurechnen ist**, unabhängig davon, ob ein Leistungsverzeichnis vorliegt oder nicht", steht dies nicht nur im Widerspruch zur oben zitierten Entscheidung vom 4. 7. 1996.[5] Es ist offen gestanden auch kein vernünftiger Grund dafür erkennbar, dass für den Fall, dass sich **hinreichende Preisgrundlagen** anhand der Vertragsgrundlagen, namentlich eines Leistungsverzeichnisses mit Einheitspreisen, bestimmen lassen, davon nicht im vorstehend unter Rz. 65 – in Übereinstimmung mit der dort zitierten Literatur – dargestellten Sinne Gebrauch gemacht werden sollte.

70 Allerdings hat der BGH in einer neueren Entscheidung[6] vom 20. 1. 2000 wiederum ausgeführt, dass, jedenfalls dann, wenn die Parteien einen Pauschalpreis auf der Grundlage eines nach **Einheitspreisen aufgeschlüsselten Angebots** des Unternehmers, insbesondere durch Abrundung, vereinbart haben, dies ein brauchbarer Anhaltspunkt für die Berechnung der Vergütung für die erbrachten Teilleistungen sein kann, was erst recht gelten solle für die Leistung gleich bleibender Einheiten. Im konkreten Fall ging es um die Abrechnung eines aus der Errichtung eines Bauvorhabens mit mehreren Wohneinheiten bestehenden Vertrags, den der Unternehmer wegen Zahlungsverzugs des Bauherrn gekündigt hatte; der Unternehmer hat jeweils vollständig für einzelne Wohneinheiten erbrachte Leistungen abgegrenzt und durch die Anzahl der insgesamt geschuldeten Wohneinheiten dividiert, was der Bundesgerichtshof ausdrücklich als zutreffende Abrechnung bestätigt hat, wobei der Auftraggeber in dem konkreten Fall diesen Kalkulationsansatz des Auftragnehmers nicht bestritten hatte.

---

1 *Kapellmann/Schiffers*, Band 2, Rz. 1340.
2 BGH, Urt. v. 29. 6. 1995 – VII ZR 184/94, BauR 1995, 691 f.
3 BGH, Urt. v. 30. 10. 1997 – VII ZR 321/95, BauR 1998, 121, 122.
4 BGH, Urt. v. 30. 10. 1997 – VII ZR 321/95, BauR 1998, 121, 122.
5 BGH, Urt. v. 4. 7. 1996 – VII ZR 227/93, BauR 1996, 846, 848.
6 BGH, Urt. v. 20. 1. 2000 – VII ZR 97/99, BauR 2000, 726 f.

b) Vergütung für nicht erbrachte Leistungen

Grundsätzlich problematischer als die Abrechnung der bis zur Kündigung erbrachten Leistungen gestaltet sich die Geltendmachung der Vergütung für die nicht ausgeführten Leistungen im Sinne des § 649 Satz 2 BGB und des § 8 Nr. 1 Abs. 2 VOB/B. Der Unternehmer behält hier grundsätzlich den vollen Vergütungsanspruch auch für die nicht ausgeführten Leistungen. Er muss sich jedoch das anrechnen lassen, was er infolge der Beendigung des Vertrags erspart oder aber durch anderweitige Verwendung seiner Arbeitskraft erwirbt bzw. zu erwerben böswillig unterlässt. Stets hat er hier die **Fakten** so **konkret darzulegen**, dass es dem insoweit beweispflichtigen Bauherrn möglich ist, dazu vorzutragen, dass der Unternehmer mehr Aufwendungen erspart oder anderweitigen Erwerb gehabt hat, als von ihm angegeben.[1] Aus diesem Grund darf sich der Auftragnehmer auch nicht darauf beschränken, mögliche Ersparnisse unter Bezugnahme auf seine allgemeine betriebliche Konstellation oder pauschal bezogen auf den zugrunde liegenden Vertrag prozentual vorzutragen.[2] Da nur er dazu in der Lage ist, hat er vielmehr konkret abgestellt auf die vertraglichen Grundlagen zu beziffern, was er in Bezug auf die nicht ausgeführten Leistungen an Aufwendungen erspart hat bzw. welch anderweitigen Erwerb er aufgrund der Kündigung hat erzielen können. Soweit vorhanden, hat er auf ein vereinbartes Leistungsverzeichnis Bezug zu nehmen oder seine Kalkulation offen zu legen; ggf. muss er eine solche nachträglich erstellen.[3] Sein Vergütungsanspruch besteht von vornherein nur verkürzt um solche Ersparnisse bzw. Erträge aus anderweitigem Erwerb.

71

Diese Positionen kann der Bauherr dann **substantiiert angreifen**, wozu es allerdings nicht ausreichend ist, wenn er schlicht Ersparnisse behauptet und sich zum Beweis dafür auf die Einholung eines Sachverständigengutachtens bezieht[4]. Gleichermaßen hat er substantiiert Tatsachen für einen etwaigen (höheren) anderweitigen Erwerb des Unternehmers vorzutragen und unter Beweis zu stellen. An diesen Vortrag dürfen aber nicht zu hohe Anforderungen gestellt werden, so dass es ausreicht, wenn der Auftraggeber behauptet, Füllaufträge seien entgegen des Vortrages des Auftragnehmers nicht mit Unterdeckung vergeben worden, und sich hierfür auf die Einholung eines Sachverständigengutachtens bezieht.[5] Generell gilt auch hier wiederum der Grundsatz, dass **keine der Parteien** durch die Kündigung einen **Vor- oder Nachteil** im Verhältnis zu den vertraglichen Vereinbarungen dadurch erhalten bzw. erleiden soll, dass der Vertrag nicht vollständig erfüllt wird.[6] So hat der Unternehmer auf die konkreten Preise eines zugrunde liegenden Leistungsverzeichnisses zurückzugreifen, unabhängig davon, ob es sich um „gute" oder „schlechte" Preise handelt.[7]

Die konkrete **Abrechnung der „zweiten Stufe"** gekündigter Bauverträge gestaltet sich wiederum unterschiedlich danach, ob ein Einheits- oder Pauschalpreisver-

---
1 Vgl. BGH, Urt. v. 30. 10. 1997 – VII ZR 222/96, BauR 1998, 185 f.
2 BGH, Urt. v. 21. 12. 1995 – VII ZR 198/94, BauR 1996, 382 f.; Urt. v. 4. 7. 1996 – VII ZR 227/93, BauR 1996, 846, 848; Urt. v. 7. 11. 1996 – VII ZR 82/95, BauR 1997, 304 f.
3 Vgl. BGH, Urt. v. 7. 11. 1996 – VII ZR 82/95, BauR 1997, 304 f.
4 Vgl. OLG Frankfurt, Urt. v. 11. 3. 1986 – 5 U 35/83, NJW-RR 1987, 979, 981.
5 Vgl. BGH, Urt. v. 21. 12. 1995 – VII ZR 198/94, BauR 1996, 382, 384, 386.
6 Vgl. BGH, Urt. v. 28. 10. 1999 – VII ZR 326/98, NJW 2000, 653 ff.
7 BGH, Urt. v. 21. 12. 1995 – VII ZR 198/94, BauR 1996, 382 f.

trag vorliegt.¹ Gleichermaßen **unterliegt** die Vergütung für die nicht erbrachten Leistungen allerdings **nicht der Umsatzsteuer**, da insoweit nicht von einem umsatzsteuerrechtlich relevanten Leistungsaustausch gesprochen werden kann.²

aa) Einheitspreisvertrag

72 Beim Einheitspreisvertrag sind zunächst auch für die Abrechnung der nicht erbrachten Leistungen die **Mengenansätze des Leistungsverzeichnisses** zugrunde zu legen.³ Der Unternehmer hat dann zu den konkreten Positionen vorzutragen, was er aufgrund seiner Kalkulation im Einzelnen erspart hat. Er kann dabei solche Positionen zusammenfassen, bei denen die Berechnung der ersparten Aufwendungen gleichen Grundsätzen unterliegt. Hat er beispielsweise ein komplettes Gewerk mit mehreren Leistungspositionen (z. B. Trockenbauarbeiten, Elektroarbeiten, Estricharbeiten etc.) an Subunternehmer vergeben und dafür einen bestimmten Zuschlag auf die Subunternehmerpreise kalkuliert, kann er darlegen, dass er für dieses Gewerk mit allen seinen Positionen lediglich das erspart hat, was er dem Subunternehmer nicht zahlen muss.

Hinweis:
Andersherum ausgedrückt, er kann einen Prozentsatz für diese Positionen als Vergütung im Sinne der § 649 Satz 2, § 8 Nr. 1 Abs. 2 VOB/B in Höhe des kalkulierten Zuschlags geltend machen.⁴

Soweit das Zahlenwerk der Vertragsunterlagen nicht ausreicht, um die begehrte Vergütung für die nicht ausgeführten Leistungen nachvollziehen zu können, hat der Unternehmer seine **Kalkulationsgrundlage** offen zu legen. Ggf. hat er eine ordnungsgemäße Kalkulation nachzuholen, wenn eine solche nicht vorliegt.⁵ Hat er Wagnis, Gewinn oder Gemeinkosten auf unterschiedliche Positionen mit unterschiedlichen Zuschlägen verteilt, hat er die insoweit aufgrund der Kündigung ersparten Aufwendungen positionsweise aufzuschlüsseln.⁶

Gleichermaßen konkret hat der Auftragnehmer zu einem etwaigen anderweitigen Erwerb vorzutragen. Wenn man hier die zu den ersparten Aufwendungen entwickelten Grundsätze ernst nimmt, hat auch dies konkret vertragsbezogen zu erfolgen. Dies bedeutet dann aber, dass er sich nur **Gewinne** aus solchen Aufträgen anrechnen lassen muss, die er **adäquat kausal** nur deshalb ausführen konnte, weil der andere Vertrag gekündigt worden ist. Wäre sein Betrieb unabhängig vom Bestand des gekündigten Vertrags ohnehin in der Lage gewesen, auch den neuen Auftrag auszuführen, besteht so ein Zusammenhang nicht und es hat keine Anrechnung zu erfolgen.⁷

---

1 Vgl. ausführlich *Ingenstau/Korbion*, VOB/B, § 8 Rz. 37 ff.
2 Str.; BGH, Urt. v. 8. 7. 1999 – VII ZR 237/98, NJW 1999, 3261, 3263; Urt. v. 24. 4. 1986 – VII ZR 139/84, BauR 1986, 577 f.; WM 1999, 2123, 2126; *Klenk*, BauR 2000, 638 ff.
3 BGH, Urt. v. 21. 12. 1995 – VII ZR 198/94, BauR 1996, 382 f.; Urt. v. 24. 6. 1999 – VII ZR 342/98, BauR 1999, 1292.
4 BGH, Urt. v. 24. 6. 1999 – VII ZR 342/98, BauR 1999, 1292 f.
5 BGH, Urt. v. 7. 11. 1996 – VII ZR 82/95, BauR 1997, 304 f.
6 BGH, Urt. v. 24. 6. 1999 – VII ZR 342/98, BauR 1996, 382 f.
7 Staudinger-*Peters*, § 649 Rz. 26; *Werner/Pastor*, Der Bauprozess, Rz. 1293; MünchKomm-*Soergel*, § 649 Rz. 15; *Ingenstau/Korbion*, VOB/B, § 8 Rz. 44; OLG Frankfurt, Urt. v. 11. 3. 1986 – 5 U 35/83, BauR 1988, 599, 605.

bb) Pauschalvertrag

Auch hier sind die ersparten Aufwendungen konkret vertragsbezogen zu ermitteln[1]. Wie oben (Rz. 64 ff., 71 ff.) dargestellt, sind zunächst die erbrachten von den nicht erbrachten Leistungen abzugrenzen und ins Verhältnis zu setzen. Der sich danach ergebende Wert der erbrachten Leistungen ist von dem vereinbarten Pauschalpreis abzusetzen. Die so errechnete **Differenz** ist, **abzüglich** der darin enthaltenen **Mehrwertsteuer**,[2] Grundlage für die Berechnung der dem Unternehmer für die nicht ausgeführten Leistungen zustehenden Vergütung. Von diesem Nettobetrag sind die bezogen auf die nicht ausgeführten Leistungen ersparten Aufwendungen – wiederum netto – in Abzug zu bringen. Der danach verbleibende Betrag stellt dann die Vergütung i. S. v. § 649 Satz 2 BGB bzw. § 8 Nr. 1 Abs. 2 VOB/B dar.[3]

73

Zur Berechnung der ersparten Aufwendungen gelten die gleichen Grundsätze wie beim Einheitspreisvertrag, d. h. der Unternehmer hat zur Ersparnis ganz konkret bezogen auf den gekündigten Vertrag vorzutragen und ggf. seine Kalkulation offen zu legen bzw. nachzuholen, so dass das Zahlenwerk für den Auftraggeber nachvollziehbar ist.[4]

2. Aus wichtigem Grund gekündigter Bauvertrag

Steht dem Besteller eines BGB-Bauvertrags ein wichtiger Grund zur Seite, kann der Unternehmer infolge einer darauf gestützten Kündigung nur Vergütung der bis zur Kündigung ausgeführten Leistungen i. S. d. §§ 631, 632 BGB verlangen. Der Anspruch aus § 649 Satz 2 BGB steht ihm nicht zu (s.o. Rz. 7). Das Gleiche gilt für den VOB-Bauvertrag, für den in § 8 Nr. 3 und 4 VOB/B einige Kündigungsgründe expressis verbis aufgeführt sind (s.o. Rz. 21, 29).

74

Kündigt allerdings der Unternehmer zu Recht aus wichtigem Grund oder – beim VOB-Bauvertrag – gemäß § 9 Nr. 1, 2 VOB/B oder gilt der Vertrag nach § 643 BGB als aufgehoben (s.o. Rz. 14), richtet sich die Höhe der Vergütung nach § 642 BGB, auf den § 9 Nr. 3 VOB/B ausdrücklich verweist, bzw. nach § 645 BGB.[5]

3. Besonderheiten beim VOB-Bauvertrag

Fälligkeitsvoraussetzung für den Vergütungsanspruch des Auftragnehmers nach Kündigung ist in jedem Falle die Vorlage einer **prüfbaren Schlussrechnung** i. S. d. § 14 VOB/B.[6] Dazu bedarf es zunächst der Vornahme eines – möglichst gemeinsamen – Aufmaßes i. S. v. § 8 Nr. 6 VOB/B[7]. Sodann hat der Auftragnehmer die erbrachten von den nicht erbrachten Leistungen abzugrenzen und in dem oben dargelegten Sinne (Rz. 57 ff.) abzurechnen.

75

---
1 BGH, Urt. v. 4. 7. 1996 – VII ZR 227/93, BauR 1996, 846, 849.
2 BGH, Urt. v. 24. 4. 1986 – VII 139/84, BauR 1986, 577 f.
3 BGH, Urt. v. 24. 4. 1986 – VII 139/84, BauR 1986, 577 f.; Urt. v. 4. 7. 1996 – VII ZR 227/93, BauR 1996, 846, 848.
4 OLG Celle, Urt. v. 20. 1. 1998 – 16 U 68/97, BauR 1998, 1016 f.
5 *Kuß*, VOB, Teile A und B, 3. Aufl., Teil B, § 9 Rz. 29 f.; *Ingenstau/Korbion*, VOB/B, § 9 Rz. 49 ff.
6 *Kuß*, VOB, Teile A und B, 3. Aufl., Teil B, § 9 Rz. 25; *Ingenstau/Korbion*, VOB/B, § 8 Rz. 146.
7 *Ingenstau/Korbion*, VOB/B, § 9 Rz. 50, § 8 Rz. 143.

Teil 19
Abnahme

	Rz.
I. Zentrale Bedeutung der Abnahme im VOB- und BGB-Vertrag	1
1. Überblick	2
2. Definition der Abnahme	11
3. Behördliche Bauabnahme	13
4. Kündigung nach Abnahme	16
II. Wirkungen der Abnahme	17
1. Beendigung der Werkleistung	19
2. Beginn des Gewährleistungsstadiums	25
a) Ansprüche des Auftraggebers beim Vorliegen von Mängeln	26
aa) Ansprüche bis zur Abnahme	27
bb) Anspruche nach der Abnahme	28
b) Einrede des nicht erfüllten Vertrags	31
c) Umkehr der Beweislast	32
d) Beginn der Gewährleistungsfrist	33
3. Vergütungs- und Leistungsgefahr	34
a) Übergang der Leistungsgefahr	36
b) Übergang der Vergütungsgefahr	37
4. Fälligkeit der Vergütung beim BGB-Vertrag	38
a) Vorherige Rechtslage	40
b) Gesetz zur Beschleunigung fälliger Zahlungen (ZBG)	43
c) Zahlungen vor Abnahme, § 632 a BGB	48
aa) Voraussetzungen des § 632 a BGB	50
bb) Einschränkung durch § 632 a Satz 3 BGB	57
(1) Eigentumsübertragung	58
(2) Sicherheitsleistung	60
(3) Konsequenzen	64
(4) Höhe der Sicherheitsleistung	66
(5) Gesamtvergütungsanspruch	73
cc) Fälligkeit der Abschlagszahlung	74

	Rz.
dd) Zahlungsverweigerung	78
ee) Beweislast	79
ff) § 27 a AGBG/Art. 244 EGBGB	80
gg) Zahlung durch einen Dritten, § 641 Abs. 2 BGB	81
d) Fälligkeit der Gesamtvergütung	84
aa) Fertigstellungsbescheinigung, § 641 a BGB	87
(1) § 641 a Abs. 1	87
(2) § 641 a Abs. 2	99
(3) § 641 a Abs. 3	101
(4) § 641 a Abs. 4	104
(5) § 641 a Abs. 5	105
(6) VOB-Vertrag	106
bb) Erteilung einer Rechnung	107
cc) Verzinsung	108
(1) § 286 Abs. 3 BGB n. F.	109
(2) § 288 Abs. 1 BGB a. F./n. F.	111
(3) § 288 Abs. 3 BGB n. F.	113
5. Vergütung beim VOB-Vertrag	114
a) Abschlagszahlungen	115
b) Verzinsung	116
6. Vorbehalte bei Abnahme	121
a) Vorbehalte wegen bekannter Mängel	122
aa) Umfang des Ausschlusses von Gewährleistungsansprüchen	124
bb) Entbehrlichkeit des Vorbehalts	128
cc) Positive Kenntnis	129
dd) Form und Zeitpunkt der Vorbehaltserklärung	131
b) Vorbehalt von Vertragsstrafenansprüchen	141
c) Adressat der Vorbehaltserklärung	159
d) Vorbehaltserklärung durch den Architekten oder Ingenieur	161

Frank | 967

	Rz.
7. Verjährung des Vergütungsanspruchs	167
a) BGB-Bauvertrag	167
b) VOB-Vertrag	171
III. Formen der Abnahme	172
1. Allgemeines	172
2. Abnahmeerklärung beim BGB-Bauvertrag	174
a) Ausdrückliche Erklärung	174
b) Stillschweigende (konkludente) Erklärung	178
c) Abnahmefiktionen, § 640 Abs. 1 Satz 3 und § 641 a BGB	188
d) Teilabnahme, § 641 Abs. 1 Satz 2 BGB	192
3. Besondere Abnahmeformen beim VOB-Vertrag, § 12 VOB/B	193
a) Abnahmeverlangen des Auftragnehmers, § 12 Nr. 1 VOB/B	195
aa) Ausdrücklich oder konkludent	195
bb) Zugangserfordernis	197
cc) Frist zur Abnahmehandlung	199
dd) Abnahmereife	201
b) Förmliche Abnahme, § 12 Nr. 1 VOB/B	202
aa) Allgemeines	202
bb) Verlangen einer Vertragspartei	204
cc) Abnahmetermin	209
dd) Beiziehung eines Sachverständigen	211
ee) Abnahmeprotokoll	214
ff) Pflichtverletzungen des Auftraggebers	223
c) Fiktive Abnahme	225
aa) Abgrenzung	226
bb) Voraussetzungen	228
cc) Wirkungslosigkeit einer Anfechtung	237
dd) Voraussetzungen der fiktiven Abnahme im Einzelnen	238
(1) § 12 Nr. 5 Abs. 1 VOB/B	238
(2) Inbenutzungsnahme, § 12 Nr. 5 Abs. 2 VOB/B	242
d) Teilabnahme, §§ 12 Nr. 2, 4 Nr. 10 VOB/B	255
aa) Allgemeines	255

	Rz.
bb) „Echte" Teilabnahme, § 12 Nr. 2 VOB/B	262
cc) „Unechte" Teilabnahme, § 4 Nr. 10 VOB/B	267
4. Übersicht	275
IV. Befugnis zur Abnahme	276
1. Juristische Personen	277
2. Personenmehrheiten	278
3. Abnahme durch den bauleitenden Architekten	282
V. Abnahmeverweigerung nach VOB und BGB	285
1. BGB-Vertrag	286
a) Abnahmeverweigerung, § 640 Abs. 1 BGB a. F.	288
b) Abnahmeverweigerung, § 640 Abs. 1 BGB n. F.	290
2. VOB-Vertrag, § 12 Nr. 3 VOB/B	293
a) Wesentlicher Mangel	294
b) Ausdrückliche Erklärung	303
3. Rechtsfolgen der Abnahmeverweigerung	306
a) Rechtmäßige Abnahmeverweigerung	307
b) Grundlose Nichtabnahme – Verzug des Auftraggebers	310
4. Abnahmeverweigerung trotz Ingebrauchnahme	318
VI. Anfechtung der Abnahme	320
1. Irrtum/arglistige Täuschung	320
2. Widerrechtliche Drohung	322
3. Anfechtung und Abnahmefiktion	326
VII. Abnahme im Verhältnis Haupt-/Nachunternehmer	327
1. Vertragliche Abnahmeregelungen	328
2. Abnahmeverweigerung	333
VIII. Sicherheitsleistung nach Abnahme	337
1. Erfüllungs-/Ausführungsbürgschaft	341
2. Gewährleistungsbürgschaft	346
3. Bauhandwerkersicherung, § 648 a BGB	348
a) Sicherungsverlangen vor Abnahme	348
b) Sicherungsverlangen nach Abnahme	349
IX. Klauseln in Allgemeinen Geschäftsbedingungen	354
1. Auftraggeber als Verwender	355

	Rz.		Rz.
a) Unwirksame Klauseln	355	b) Wirksame Klausel	373
b) Wirksame Klauseln	367	**X. Abnahme und Selbständiges**	
2. Auftragnehmer als Verwender	369	**Beweisverfahren**	374
a) Unwirksame Klauseln	369		

Das Gesetz zur Beschleunigung fälliger Zahlungen (ZBG) hat Auswirkungen auf die Abnahme beim BGB-Bauvertrag gebracht, die entsprechend dargestellt werden. Durch das Schuldrechtsmodernisierungsgesetz haben sich in Bezug auf die Abnahme selbst keine Änderungen ergeben. Anders als nach altem Recht zu beurteilen sind allerdings die Ansprüche des Bestellers eines nach dem 31. 12. 2001 geschlossenen BGB-Bauvertrags vor und nach Abnahme. Diese werden (im Wesentlichen unter Verweisung auf Teil 20 „Gewährleistung") jeweils gesondert dargestellt, wobei die geänderten Vorschriften des BGB in der seit 1. 1. 2002 geltenden Fassung mit dem Zusatz „n. F." und soweit es auf die Unterscheidung ankommt, diejenigen der früheren Fassung mit „a. F." versehen sind.

I. Zentrale Bedeutung der Abnahme im VOB- und BGB-Vertrag

Der Abnahme der Bauleistung kommt im Bauvertragsrecht eine elementare Bedeutung zu, da sie vielfältige rechtliche Wirkungen entfaltet. Sie stellt eine regelrechte Schnittstelle bezüglich der wechselseitigen Verpflichtungen zwischen Bauherren und bauausführenden Firmen dar.[1]

1. Überblick

Die unterschiedlichen Rechtsfolgen, die an die Abnahme geknüpft werden, lassen sich als erste Übersicht kurz wie folgt darstellen:

Die bis zur Abnahme bestehende **Vorleistungspflicht** des Bauunternehmers ist mit der Abnahme der Werkleistung erledigt. Der Erfüllungsanspruch des Auftraggebers auf Herstellung gemäß § 631 Abs. 1 BGB erlischt. Er beschränkt sich danach in der Form auf das abgenommene Werk, dass der Auftragnehmer/Unternehmer nur noch gemäß § 633 Abs. 2 Satz 1 BGB Mängel zu beseitigen hat, die sich konkret auf dieses beziehen.[2]

Mit der Abnahme wird nicht nur der Vergütungsanspruch des Auftragnehmers/ Unternehmers fällig, es kehrt sich auch die Beweislast für die vertragsgemäße Erfüllung zulasten des Auftraggebers um. Von jetzt an muss dieser das Vorhandensein von Mängeln der Werkleistung im Einzelnen darlegen und beweisen. Vor Abnahme muss er Mängel nur substantiiert vortragen, während der Auftragnehmer/Unternehmer darlegen und beweisen muss, dass er seine Werkleistung mangelfrei erbracht hat.[3]

---

1 Zu technischen Besonderheiten hinsichtlich der Beurteilung der Mangelfreiheit der Bauleistung im Rahmen einer Abnahme siehe die sehr anschauliche Darstellung von Hankammer, Abnahme von Bauleistungen, S. 34 ff., insbesondere die „Praktischen Hinweise für die Abnahme der (einzelnen) Gewerke" auf S. 73 ff.
2 BGH, BauR 1973, 313, 316.
3 BGH, BauR 1997, 129, 130.

5 Außerdem sind vom Auftraggeber im Zusammenhang mit der Abnahme rechtlich bedeutsame Erklärungen wirksam gegenüber dem Auftragnehmer/Unternehmer abzugeben, beispielsweise Vorbehalte hinsichtlich bei Abnahme erkennbarer Mängel[1] oder wegen vereinbarter Vertragsstrafenansprüche.[2]

6 Schließlich beginnt mit der Abnahme des Werks sowohl die Verjährungsfrist wegen der Gewährleistungsansprüche des Auftraggebers[3] als auch – dies allerdings nur für den BGB-Bauvertrag, § 641 Abs. 1 BGB – für die Vergütungsansprüche des Unternehmers zu laufen.[4]

7 **Übersicht**

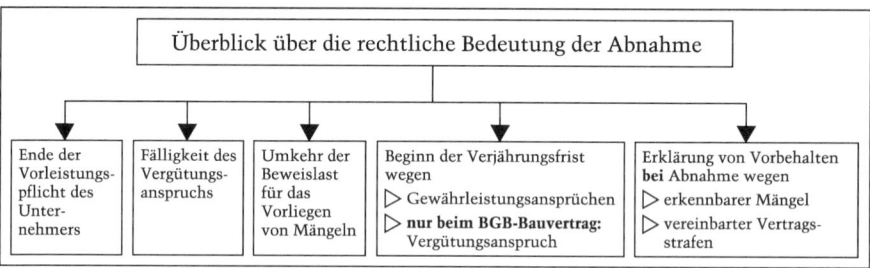

8 Bereits dieser erste Überblick macht die zentrale Funktion und weitreichende Bedeutung der Abnahme deutlich. Sowohl beim BGB- als auch beim VOB-Bauvertrag gehört sie zu den Hauptpflichten des Auftraggebers (vgl. § 640 Abs. 1 BGB) und kann vom Auftragnehmer/Unternehmer gegebenenfalls gesondert eingeklagt werden.[5]

9 Diese Abnahmepflicht stellt eine Besonderheit des Werkvertragsrechts dar, während bei anderen schuldrechtlichen Verträgen regelmäßig die Annahme der Leistung durch den Gläubiger als Zeichen der vertragsgerechten Erfüllung des Schuldners genügt. Da es demgegenüber beim Werkvertrag auf die Feststellung der vertragsgerechten Erstellung des konkret geschuldeten Werks ankommt, muss der Auftraggeber im Einzelnen prüfen, ob das vom Auftragnehmer/Unternehmer hergestellte Werk den vertraglichen Vereinbarungen entspricht.

10 Es wird deshalb zur Beurteilung der vertragsgemäßen Erfüllung der geschuldeten Leistung des Auftragnehmers/Unternehmers i. S. d. § 631 Abs. 1 BGB auf eine Billigung des hergestellten Werks durch den Auftraggeber abgestellt, was letztlich auch bei der Definition des Abnahmebegriffs zum Tragen kommt.

2. Definition der Abnahme

11 Die (rechtsgeschäftliche) Abnahme ist für den BGB-Werkvertrag in § 640 BGB als „Abnahmepflicht des Bestellers" und für den VOB-Bauvertrag in § 12 Nr. 1–4

---

1 BGH, BauR 1980, 460 f.
2 BGH, BauR 1983, 77, 80; 1983, 80, 81 § 341 BGB.
3 BGH, BauR 1972, 250 f.
4 BGH, BauR 1981, 199, 200.
5 BGH, BauR 1981, 284; BauR 1996, 386.

VOB/B als „Abnahmeverlangen des Auftragnehmers" geregelt. Beide Vorschriften enthalten allerdings keine Definition des Begriffs der Abnahme. Die **Rechtsprechung** hat von Anfang an darauf hingewirkt, eine feste, **einheitliche Begriffsbestimmung** zu finden, die heute für BGB- und VOB-Bauverträge in gleicher Weise gültig ist und die sich wie folgt zusammenfassen lässt:

Abnahme bedeutet nach ständiger Rechtsprechung nicht nur die körperliche Hinnahme des Werks, sondern insbesondere auch die Billigung der hergestellten Leistung als im Wesentlichen vertragsgerecht.[1]

Bei dieser **Billigung** handelt es sich um eine **einseitige Willenserklärung** des Auftraggebers, die dem Auftragnehmer/Unternehmer gegenüber zumindest durch ein schlüssiges Verhalten zum Ausdruck kommen muss.[2]

12

3. Behördliche Bauabnahme

Die **rechtsgeschäftliche Abnahme** der Werkleistung hat nichts mit der nach öffentlich-rechtlichen Vorschriften erfolgenden behördlichen Bauabnahme zu tun. Die hier erörterte Abnahmeproblematik liegt allein im bauvertraglichen Bereich, so dass wegen der öffentlich-rechtlichen Problematik einer baubehördlichen Abnahme auf die einschlägigen Vorschriften der Landesbauordnungen der einzelnen Bundesländer und die dazu ergangene Rechtsprechung bzw. vorliegenden Kommentierungen verwiesen wird.

13

Hinweis:
Insbesondere wenn ein **Mandat von Bauherrenseite** erteilt ist und die erforderlichen **technischen Unterlagen** nicht vorliegen, um das vom Unternehmer geschuldete Bausoll abschließend beurteilen zu können, empfiehlt sich die Einsichtnahme der jeweiligen **Bauakte**. **Achtung**: Hierfür ist i. d. R. die Vorlage einer Originalvollmacht des Bauherrn mit entsprechender Ermächtigung erforderlich!

14

Um die gravierendsten und kostenträchtigsten Mangelerscheinungen (Feuchtigkeits-, Wärme- und Schallschutzprobleme) auch ohne Vorlage eines konkreten Leistungsverzeichnisses beurteilen zu können, ergeben sich möglicherweise aus der bei der zuständigen Behörde geführten Bauakte wichtige Anhaltspunkte: Die **Baugenehmigung** kann **technische Anforderungen** bzw. Auflagen für den Unternehmer enthalten, die in Bezug auf den Wärme- und Schallschutz, aber auch auf den Schutz des Gebäudes gegen Eindringen von Feuchtigkeit über diejenigen der einschlägigen DIN-Vorschriften bzw. allgemein anerkannten Regeln der Technik hinausgehen. Gegebenenfalls sollte man die Baugenehmigung und ihre Bestandteile mit einem Sonderfachmann (z. B. Architekt/Dipl.-Ing.) einsehen. Sind sich daraus ergebende elementare technische Anforderungen seitens des Bauunternehmers nicht eingehalten, kann dies Einfluss auf die **Beurteilung eines Gebäudes als „abnahmefähig"** haben. Andererseits lassen sich allerdings keine Schlüsse auf eine solche Abnahmefähigkeit aus der Vorlage öffentlich-rechtlicher Bescheinigungen schließen.

---

1 Vgl. RGZ 57, 337, 339; 110, 404, 406f.; BGH, NJW 1974, 95f.; NJW 1981, 1448.
2 BGH, BauR 1970, 48 = NJW 1970, 421f.; BauR 1974, 67.

15 Beispielsweise liefert die bloße Erteilung des **Gebrauchsabnahmescheins** durch die Baubehörde für sich allein noch keinen ausreichenden Anhalt für die Annahme einer erfolgten Abnahme. Dies gilt auch für die **Rohbauabnahme** der Baubehörde. Andererseits kann allerdings im Zweifel ein **Indiz** dafür vorliegen, dass der Auftraggeber die vom Auftragnehmer/Unternehmer erbrachte Leistung nicht billigt und die Abnahme – zu Recht – verweigert, wenn die Baubehörde ihrerseits die behördliche Bauabnahme nicht erteilt.[1]

4. Kündigung nach Abnahme

16 Nach Abnahme des vom Bauunternehmer hergestellten Werks ist eine Kündigung des Bauvertrags **nicht mehr möglich**, da er seine auf die Herstellung des Werks gerichtete Leistungsverpflichtung, unabhängig davon, ob diese mit Mängeln behaftet ist oder nicht, zunächst einmal erfüllt hat[2] (siehe Teil 18, Rz. 51).

II. Wirkungen der Abnahme

17 Die mannigfaltigen Wirkungen der Abnahme und die im Zusammenhang mit der Abnahme zur Vermeidung rechtlicher Nachteile **auszusprechenden Vorbehalte** stellen sich vom Grundsatz her beim BGB-Werkvertrag nicht anders als beim VOB-Bauvertrag dar.[3] Sie werden deshalb für beide Vertragstypen im Wesentlichen einheitlich dargestellt. Soweit die Vereinbarung der VOB Teil B allerdings teilweise eine abweichende rechtliche Beurteilung gebietet, wird dies gesondert erörtert.

18 Grundvoraussetzung für den Eintritt der Abnahmewirkungen ist generell die **Fertigstellung der geschuldeten Leistung**. Erst wenn diese erfolgt ist, kann von einer Abnahme im Rechtssinne gesprochen werden, die weiterreichende rechtliche Wirkungen entfalten kann.

1. Beendigung der Werkleistung

19 Auf der Grundlage des von der Rechtsprechung entwickelten Abnahmebegriffes[4] (s. o. Rz. 11) setzt die Abnahme grundsätzlich die Fertigstellung, mithin die Vollendung der vertraglich geschuldeten Leistung des Unternehmers voraus.[5]

20 Die vollständige Fertigstellung der Leistung ist allerdings keine absolute Voraussetzung. Begrifflich kann bereits dann von einer Abnahme gesprochen werden, wenn bestimmte, für die endgültige Erfüllung nicht unbedingt wichtige, Einzel-

---

1 Vgl. *Ingenstau/Korbion*, Teil B, § 13 Rz. 115.
2 Vgl. *Werner/Pastor*, Der Bauprozess, Rz. 1291.
3 Vgl. *Werner/Pastor*, Der Bauprozess, Rz. 1341 ff., 1377.
4 Wegen der im Schrifttum unternommenen Versuche, den Abnahmebegriff diffiziler zu gestalten, wird auf die eingehenden Ausführungen bei *Ingenstau/Korbion*, VOB/B, § 12 Rz. 3 ff. und bei *Nicklisch/Weick*, VOB/B, § 12 Rz. 17 sowie Vorbemerkungen zu § 13 Rz. 8 verwiesen.
5 BGHZ 54, 352, 354 = BauR 1971, 51; BGH, WM 1971, 101, 102.

leistungen noch ausstehen.¹ Es genügt daher, dass die Bauleistung nach den jeweiligen vertraglichen Voraussetzungen **nahezu vollständig** erbracht ist. Wenn Teile, die noch fehlen, so unbedeutend sind, dass sie eine ordnungsgemäße Entgegennahme der betreffenden Leistung im Sinne einer Billigung nicht ausschließen, hindert dies die Abnahme nicht. Zur Abgrenzung kann man darauf abstellen, dass die Bauleistung „**funktionell**" fertig sein muss, d. h. dass sie ungehindert in den bestimmungsgemäßen (nach dem Vertrag vorausgesetzten) Gebrauch übernommen werden kann.²

Danach kann eine Abnahme auch angenommen werden, wenn nur noch **geringfügige Arbeiten** aus dem konkreten Vertrag ausstehen. Insofern kommt es für die Beurteilung auf den Umfang des jeweiligen Bauvertrags an. Werden, was häufig der Fall ist, nur einzelne Teile im Rahmen der Herstellung eines Gesamtbauwerks geschuldet, wie z. B. Erdarbeiten, Rohbauarbeiten, Dachdeckerarbeiten etc., so kommt es für die Beurteilung der Fertigstellung nicht auf die Herstellung des Gesamtbauwerks, sondern darauf an, ob und inwieweit die von dem betreffenden Unternehmen geschuldete Leistung zum **ordnungsgemäßen Weiterbau** durch die nachfolgenden Gewerke geeignet ist. 21

Anders sieht es (selbstverständlich) aus, wenn eine **schlüsselfertige Erstellung** einer Leistung geschuldet wird. Dann kann von Fertigstellung erst gesprochen werden, wenn die Leistung benutzt werden kann, also etwa das Haus **bezugsfertig** oder das Gewerbeobjekt **betriebsbereit** ist.³ Daraus ergibt sich, dass beim schlüsselfertigen Bauen die ordnungsgemäße Leistung auf die uneingeschränkte Benutzbarkeit bezogen geschuldet wird, und zwar im Hinblick auf die dauerhafte – vertraglich vorgesehene – Nutzungsmöglichkeit, auch wenn einzelne geringfügige Mängel oder fehlende Teile die Abnahmereife nicht beeinträchtigen. Generell muss der Auftragnehmer/Unternehmer unter Zugrundelegung des Hauptzwecks der jeweils beanspruchten Leistung eine in der Hauptsache vertragsgemäße, den Auftraggeber zur Abnahme verpflichtende, Leistung erbracht haben.⁴ 22

Hinweis 23
Zusammenfassend gilt danach, dass der Begriff der Abnahme nur mit der zu erstellenden Leistung selbst im Sinne eines geschuldeten Enderfolgs in Zusammenhang gebracht werden kann. Nur wenn diese „im Wesentlichen vertragsgerecht" ausgeführt ist, so dass sie vom Auftraggeber **bestimmungsgemäß** in Gebrauch genommen werden kann, kann sie einer Abnahme zugeführt werden.

Bloße Vorbereitungsarbeiten, die erst die Erfüllung der eigentlichen Vertragsleistung ermöglichen sollen, wie z. B. das Einrichten der Baustelle, Aufstellen von Gerüsten, Säubern des Baugrundes etc., haben danach ebenso wenig wie **nach Vollendung** der eigentlichen Werkleistung noch zu erledigende Tätigkeiten, wie z. B. Aufräumen der Baustelle, Abtransport von Baucontainern etc., etwas mit der Abnahme als solcher zu tun und sind daher im Rechtssinne **nicht abnahmefähig**. 24

---
1 BGH, VersR 1972, 640f.
2 Vgl. *Hochstein*, BauR 1975, 221, 222; OLG Düsseldorf, BauR 1982, 168; insoweit offen gelassen bei BGH, BauR 1983, 192.
3 Vgl. *Ingenstau/Korbion*, VOB/B, § 12 Rz. 46.
4 Vgl. *Schmidt*, MDR 1975, 710, 711.

2. Beginn des Gewährleistungsstadiums

25 Dadurch, dass durch die Abnahme des Auftraggebers die Billigung der Leistung des Auftragnehmers/Unternehmers als „im Wesentlichen vertragsgerecht" zum Ausdruck gebracht wird, ist die vertraglich geschuldete Leistung auf „Herstellung des versprochenen Werks" i. S. d. § 631 Abs. 1 BGB als erfüllt anzusehen. Zugleich **endet** die **Vorleistungspflicht** des Auftragnehmers/Unternehmers, und zwar grundsätzlich auch dann, wenn Mängel der Werkleistung vorhanden sind, die beispielsweise in einem Abnahmeprotokoll festgehalten werden.[1]

a) Ansprüche des Auftraggebers beim Vorliegen von Mängeln

26
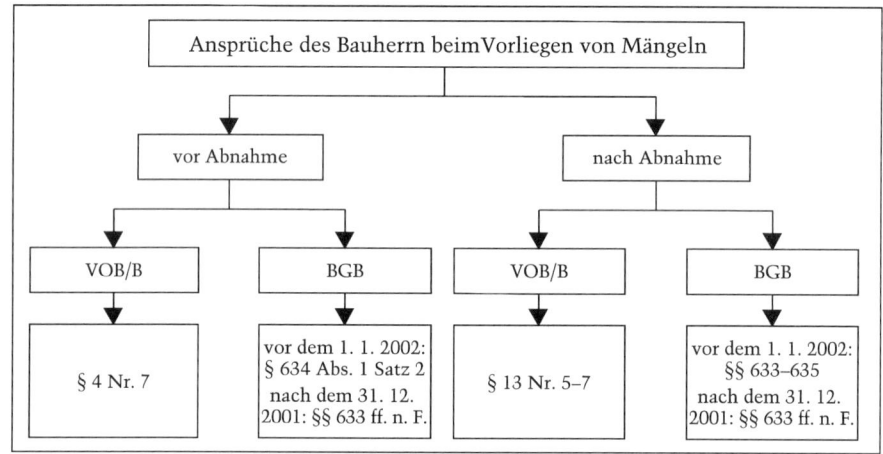

aa) Ansprüche bis zur Abnahme

27 **Bis zur Abnahme** stehen dem Auftraggeber eines **VOB-Vertrags** die Rechte aus § 4 Nr. 7 i. V. m. § 8 Nr. 3 VOB/B und dem Besteller eines vor dem 1. 1. 2002 geschlossenen BGB-Vertrags diejenigen aus § 634 Abs. 1 Satz 2 BGB zu.[2] Nach dem 31. 12. 2001 geschlossene BGB-Bauverträge sind auf der Grundlage der durch das Schuldrechtsmodernisierungsgesetz geänderten §§ 633 ff. BGB n. F. zu beurteilen: Danach stehen dem Besteller vor und nach Abnahme die gleichen Rechte zu.

bb) Ansprüche nach Abnahme

28 Beim **vor dem 1. 1. 2002** geschlossenen **BGB-Bauvertrag** kann der Besteller nach der Abnahme grundsätzlich die sich aus den §§ 633 bis 635 BGB a. F. ergebenden Rechte geltend machen. Der Nachbesserungsanspruch gemäß § 633 Abs. 2 Satz 1 BGB a. F. wird dabei als so genannter **modifizierter Erfüllungsanspruch** angesehen: Der Besteller kann nur noch Erfüllung in Form der Nachbesserung am kon-

---

1 *Werner/Pastor*, Der Bauprozess, Rz. 1341; BGH, BauR 1973, 313.
2 Vgl. *Ingenstau/Korbion*, VOB/B, § 4 Nr. 7 Rz. 325 ff.; Palandt-*Sprau*, 62. Aufl. § 633 BGB Rz. 5.

kret abgenommenen Werk verlangen. In Einzelfällen können allerdings sowohl Unternehmer als auch Bauherr Neuherstellung verlangen.[1]

Die §§ 634, 635 BGB a. F. regeln die eigentlichen Gewährleistungsansprüche und setzen eine **Fristsetzung** des Bauherrn gegenüber dem Unternehmer zur Mängelbeseitigung verbunden mit einer **Ablehnungsandrohung** voraus. 29

Bei Vereinbarung der **VOB/B** ergeben sich die Rechte des Auftraggebers nach Abnahme aus den Nummer 5 bis 7 des § 13 VOB/B (vorrangig auch hier das Verlangen auf **Nachbesserung**). Danach ist er ausschließlich auf diese Gewährleistungsansprüche beschränkt, was u. a. Bedeutung für deren Verjährung hat[2]. Das Vorhandensein von Mängeln ändert an der bereits erfolgten Abnahme und deren Wirkungen auch beim VOB-Vertrag nichts. 30

b) Einrede des nicht erfüllten Vertags

Dem Vergütungsanspruch des Unternehmers kann der Auftraggeber einen Nachbesserungsanspruch mit der Folge entgegenhalten, dass er zur Zahlung nur **Zug um Zug gegen Nachbesserung** (§§ 320, 322 Abs. 1 BGB) verurteilt wird.[3] Dies beim **vor dem 1. 1. 2002** geschlossenen BGB-Bauvertrag allerdings nur so lange, wie er seinen Nachbesserungsanspruch nicht durch Ausspruch einer **Ablehnungsandrohung verloren** hat. 31

c) Umkehr der Beweislast

Bis zur Abnahme ist der Auftragnehmer beweispflichtig dafür, dass er den von ihm vertraglich geschuldeten Erfolg seiner Werkleistung mangelfrei erbracht hat. Von der Abnahme an braucht er nicht mehr die vertragsgerechte Erfüllung seiner Leistung im Einzelnen darzulegen und zu beweisen, sondern die Beweislast für das Vorliegen etwaiger Mängel – mit Ausnahme der bei Abnahme (am besten schriftlich) vorbehaltenen – liegt von diesem Zeitpunkt an beim Auftraggeber.[4] 32

d) Beginn der Gewährleistungsfrist

Mit der Abnahme beginnt die Gewährleistung für die Mängelansprüche des Auftraggebers und damit der Lauf der dafür maßgebenden Gewährleistungsfrist, wie sie in § 638 BGB (bzw. in § 634 a BGB n. F. für nach dem 31. 12. 2001 geschlossene BGB-Bauverträge) oder für den VOB-Vertrag in § 13 Nr. 4 und Nr. 5 Abs. 1 VOB/B geregelt ist. Für die Teilabnahme beim VOB-Vertrag gilt dies allerdings nur für den in § 12 Nr. 2 der VOB/B (2000)[5] geregelten Fall („in sich abgeschlossene Teile der Leistung"), nicht jedoch für von § 4 Nr. 10 der VOB/B (2000)[6] erfasste „andere 33

---

1 Vgl. *Werner/Pastor*, Der Bauprozess, Rz. 1559; Palandt-*Sprau*, 62. Aufl. Vorbem. v. § 633 BGB Rz. 4, 17.
2 Vgl. *Werner/Pastor*, Der Bauprozess, Rz. 1612.
3 BGH, BauR 1973, 313, 315 f.; BauR 1980, 357, 358.
4 Vgl. *Ingenstau/Korbion*, § 12 Rz. 50; BGH, BauR 1997, 129.
5 In der davor geltenden Fassung § 12 Nr. 2 a.
6 In der davor geltenden Fassung § 12 Nr. 2 b.

Teile der Leistung, wenn sie durch die weitere Ausführung der Prüfung und Feststellung entzogen werden" (näheres zur Teilabnahme s. u. Rz. 255 ff.).

3. Vergütungs- und Leistungsgefahr

34 Mit Abnahme geht die Gefahr für die abgenommene Leistung auf den Auftraggeber über. Beim **BGB-Vertrag** trägt diese gemäß § 644 Abs. 1 BGB bis zur Abnahme der Unternehmer. Auch beim **VOB-Vertrag** geht die Gefahr mit der Abnahme auf den Auftraggeber über (§ 12 Nr. 6 VOB/B), soweit er sie nicht schon nach § 7 Nr. 1 VOB/B trägt.

35 Durch diese Gefahrtragungsregelungen wird bestimmt, welcher Vertragspartner bei Beschädigung oder Zerstörung der (teilweise) fertig gestellten Leistung das Risiko einer Neuherstellung einerseits und das Risiko der Vergütung andererseits trägt. Es ist danach zwischen der so genannten **Leistungsgefahr** (Verpflichtung des Unternehmers zur Neuherstellung bzw. zur ganzen oder teilweisen Wiederholung seiner bislang erbrachten Leistungen) und der so genannten **Vergütungsgefahr** (Verpflichtung des Auftraggebers zur Zahlung der vereinbarten Vergütung bei vorzeitigem Untergang oder Beschädigung der Leistung) zu unterscheiden.

Hinweis:
Die insoweit vom BGB-Vertrag abweichende Sonderregelung des **§ 7 VOB/B** regelt nur die Verteilung der Vergütungs- bzw. Preisgefahr.[1]

a) Übergang der Leistungsgefahr

36 Mit der Abnahme geht die sog. Leistungsgefahr auf den Auftraggeber über, was bedeutet, dass zugunsten des Auftragnehmers/Unternehmers für den Fall des von **keiner Vertragspartei zu vertretenden** (zufälligen) Untergangs oder der zufälligen Verschlechterung die allgemeinen Vorschriften (§§ 275, 279 BGB a. F. für vor dem 1. 1. 2002, § 275 BGB n. F. für nach dem 31. 12. 2001 geschlossene Verträge) eingreifen.[2]

b) Übergang der Vergütungsgefahr

37 Mit Abnahme geht neben der Leistungs- auch die Vergütungsgefahr für die abgenommene Bauleistung auf den Bauherrn über (§ 644 BGB, § 12 Nr. 6 VOB/B).[3] Für den Bereich des VOB-Vertrags ist dabei die sich aus **§ 7 VOB/B** ergebende **Vorverlagerung des Übergangs** der Vergütungsgefahr zugunsten des Auftragnehmers zu beachten.[4] Das von der Rechtsprechung[5] hierzu entwickelte Merkmal der „Objektivität" hat zu einer entsprechenden Ergänzung des § 7 VOB/B (2000) geführt.

---

1 Vgl. dazu ausführlich *Kaiser*, Festschrift für Korbion, S. 197 ff.; MünchKomm-*Soergel*, 1997, § 644 Rz. 2 ff.; BGH, BauR 1977, 420 = NJW 1977, 1966 f. = MDR 1978, 131.
2 Vgl. MünchKomm-*Soergel*, § 644 Rz. 5.
3 Vgl. MünchKomm-*Soergel*, Rz. 6.
4 Vgl. dazu im Einzelnen *Ingenstau/Korbion*, VOB/B, § 7 Rz. 17 ff.; *Nicklisch/Weick*, § 7 Rz. 5.
5 BGH, BauR 1997, 1019 f. und 1021 ff. („Schürmann-Bau").

4. Fälligkeit der Vergütung beim BGB-Vertrag

Die Abnahme ist nach ganz herrschender Meinung[1] sowohl beim BGB- als auch beim VOB-Vertrag elementare Voraussetzung für die Fälligkeit des (Schluss-) Zahlungsanspruchs des Unternehmers, wobei im Einzelnen allerdings folgende **unterschiedliche Voraussetzungen** zu berücksichtigen sind: 38

§ 641 Abs. 1 Satz 1 BGB regelt, dass die Vergütung **bei der Abnahme des Werks** zu entrichten ist. Da hier bereits **mit Wirkung zum 1. Mai 2000** eine Gesetzesänderung erfolgt ist, sind von diesem Zeitpunkt an geschlossene Werkverträge anders zu behandeln als davor geschlossene Verträge, von denen es auch heute noch genügend gibt und die noch nicht abgewickelt sind. 39

a) Vorherige Rechtslage

Für Verträge, die vor dem 1. Mai 2000 abgeschlossen worden sind, bedeutet diese Regelung, dass der Unternehmer im Rahmen eines BGB-Werkvertrags ohne gesonderte vertragliche Vereinbarung (z. B. Zahlungsplan nach Baufortschritt) einen Vergütungsanspruch gemäß § 641 Abs. 1 Satz 1 BGB erst mit der Abnahme seines Werks geltend machen konnte. Er war also in diesen Fällen ohne Anspruch auf vorherige Gegenleistung des Bestellers für die zu erbringende Bauleistung vorleistungspflichtig in dem Sinne, dass er die gesamte Bauleistung einschließlich Materialien und Arbeitslöhnen **bis zur Abnahme vorzufinanzieren** hat. 40

Lediglich soweit gemäß entsprechender Vereinbarung mit dem Besteller das Werk in Teilen abzunehmen war bzw. ist, ist gemäß § 641 Abs. 1 Satz 2 BGB die Vergütung für jeden Teil bei dessen Abnahme zu entrichten, allerdings nur, wenn die **Vergütung für die einzelnen Teile bestimmt ist**. Insoweit hat sich durch das Gesetz zur Beschleunigung fälliger Zahlungen[2] (verkündet am 7. April 2000, in Kraft getreten am 1. Mai 2000, im Folgenden „ZBG") hinsichtlich der Vorschrift des § 641 Abs. 1 Satz 2 BGB nichts geändert (siehe im Einzelnen zur Teilabnahme unten Rz. 255 ff.). 41

Lediglich in Ausnahmefällen wird dem Unternehmer eines Altvertrags unter dem Gesichtspunkt von Treu und Glauben ein Anspruch auf Zahlung eines Abschlags oder einer Teilvergütung eingeräumt,[3] namentlich wenn sich die **Vermögensverhältnisse** des Bestellers nach Vertragsschluss erheblich **verschlechtern**.[4] 42

b) Gesetz zur Beschleunigung fälliger Zahlungen (ZBG)

Durch das ZBG sollte zwar insgesamt die Zahlungsmoral verbessert werden, vorrangig sollten die Änderungen bzw. Ergänzungen, insbesondere der werkvertrag- 43

---
1 Vgl. Ingenstau/Korbion, Teil B, § 12 Rz. 69 sowie § 16 Rz. 12 ff.; *Werner/Pastor*, Rz. 1337, 1377; *Locher*, Das private Baurecht, Rz. 204; *Heiermann/Riedl/Rusam*, Teil B, § 12 Rz. 20 sowie § 16 Rz. 5; MünchKomm-*Soergel*, § 641 Rz. 1, 12, 13; Palandt-*Sprau*, 62. Aufl. § 641 Rz. 2; BGH, NJW 1979, 650, 651; BGHZ 79, 180, 181; a. A.: Staudinger-*Peters*, § 641 Rz. 9; *Peters* in Festschrift für Korbion, S. 337 ff.
2 BGBl I, 330–332.
3 BGH, BauR 1985, 192, 196; BauR 1987, 694, 698.
4 Vgl. Palandt-*Sprau*, 60. Aufl., § 632 a Rz. 2.

lichen Vorschriften des BGB, aber der in der Vergangenheit in zunehmendem Maße durch Liquiditätsschwierigkeiten in ein Tief geratenen Bauwirtschaft helfen, weitere Insolvenzen möglichst zu vermeiden und aus der Talsohle herauszugelangen.[1]

44 **Maßgebliche Änderungen** betreffend die Fälligkeit der Vergütung beim BGB-Werkvertrag sind im Rahmen des ZBG zu den §§ 632 (durch Einfügung eines § 632a, siehe unten Rz. 48 ff.) und 641 (durch Einfügung eines neuen Absatzes 2 – dazu siehe unten Rz. 81 ff.) sowie eines § 641 a (siehe unten Rz. 87 ff.) BGB erfolgt.[2]

45 Des Weiteren sind die Vorschriften über den Zahlungsverzug (§ 284 Abs. 3 BGB a. F.), den Zinssatz (§ 288 Abs. 1 Satz 1 BGB, siehe Rz. 111), die Abnahme selbst (§ 640 Abs. 1 Satz 2 und 3 BGB, siehe Rz. 287), die Sicherheitsleistung des Bestellers (§ 648 a Abs. 1 und 5 BGB) sowie die Zahlung von Abschlägen speziell für die Errichtung von Häusern oder ähnlichen Bauwerken (§ 27 a AGBG, jetzt Art. 244 EGBGB, dazu siehe unten Rz. 80) neu eingefügt, geändert bzw. ergänzt worden.

46 Die redaktionell nicht geglückte Vorschrift des § 284 Abs. 3 BGB ist sodann im Rahmen des Schuldrechtsmodernisierungsgesetzes durch § 286 Abs. 3 BGB n. F. ersetzt, diejenige des § 288 BGB verschärft worden (s.u. Rz. 111, 113). Das Gesetz zur Regelung der allgemeinen Geschäftsbedingungen ist in diesem Zusammenhang in das BGB integriert worden (§§ 305 ff. BGB n. F.), wobei sich die Ermächtigung des § 27 a AGBG in Art. 244 EGBGB wiederfindet.

47 **Übersicht: Auswirkungen des ZBG auf Bauverträge nach BGB und VOB/B**

§ 284 Abs. 3 BGB: Fälligkeit 30 Tage nach Erteilung einer Rechnung	§ 16 Nr. 3 Abs. 1 VOB/B ist Spezialregelung
§ 288 Abs. 1 Satz 1 BGB: erhöhter gesetzlicher Zinssatz	§ 16 Nr. 5 Abs. 3 VOB/B ist Spezialregelung
§ 632 a BGB: Abschlagzahlungen auch beim BGB Vertrag	§ 16 Nr. 1 VOB/B bleibt unberührt
§ 640 Abs. 1 Satz 2 BGB: keine Abnahmeverweigerung bei unwesentlichen Mängeln	entspricht § 12 Nr. 3 VOB/B
§ 640 Abs. 1 Satz 3 BGB: Abnahmefiktion	§ 12 Nr. 5 VOB/B ist Spezialregelung
§ 641 Abs. 2 BGB: Fälligkeit der Vergütung des Subunternehmers	gilt auch beim VOB-Vertrag Parallele zu § 16 Nr. 6 VOB/B

---

[1] Vgl. ausführlich dazu *Kiesel*, NJW 2000, 1673–1682; *Kniffka*, ZfBR 2000, 227–238; *Korbion*, MDR 2000, 802–804; *Jani*, BauR 2000, 949–953; *von Craushaar*, BauR 2001, 471–481; Palandt-*Sprau*, 60. Aufl., jeweils zu den nachstehend aufgeführten Vorschriften.
[2] Vgl. dazu die anschauliche Darstellung im Mitteilungsblatt der ARGE Baurecht 2/2000.

§ 641 Abs. 3 BGB: Zurückbehaltungsrecht wegen Mängeln mindestens das Dreifache der Nachbesserungskosten (sog. Druckzuschlag)	gilt auch beim VOB-Vertrag
§ 641 a BGB: Fertigstellungsbescheinigung	§ 12 VOB/B stellt eine abschließende Regelung die Abnahme betreffend dar, so dass § 641 a BGB dort nicht anwendbar ist.
§ 648 a Abs. 1 und 5 BGB: partieller Kündigungsausschluss nach Sicherheitsverlangen	gilt auch beim VOB-Vertrag

Für die Fälligkeit der Vergütung beim BGB-Werkvertrag hat dies folgende Konsequenzen:

c) Zahlungen vor Abnahme, § 632 a BGB

Eine wesentliche Neuerung für die Fälligkeit des Werklohnanspruchs des Unternehmers eines BGB-Werkvertrags, der mit seinem Besteller keinen gesonderten Zahlungsplan vereinbart hat, bringt § 632 a BGB, der dem Unternehmer nunmehr auch für den Bereich des BGB-Werkvertrags das **Recht auf Abschlagszahlungen** für vertragsgemäß erbrachte Leistungen einräumt.[1]

48

Unter den Voraussetzungen des § 632 a BGB entfällt danach für nach dem 30. 4. 2000 geschlossene Verträge die zuvor beschriebene vollständige Vorleistungspflicht des Unternehmers eines BGB-Werkvertrags einschließlich der damit verbundenen Belastungen der Vorfinanzierung der kompletten Leistung.[2] Zu beachten sind dabei allerdings die sich aus **§ 632 a Satz 3 BGB** ergebende **Einschränkung** sowie die auf der Grundlage des § 27 a AGBG (jetzt Art. 244 EGBGB) erlassene Verordnung über Abschlagszahlungen bei Bauträgerverträgen[3] (siehe hierzu unten Rz. 80).

49

(aa) Voraussetzungen des § 632 a BGB

Zunächst besteht das Recht auf Abschlagszahlungen nur für in sich **abgeschlossene Teile** des Werks und für **vertragsmäßig** erbrachte Leistungen. Das Gleiche gilt gemäß Satz 2 dieser neuen Vorschrift für erforderliche Stoffe oder Bauteile, die eigens angefertigt oder angeliefert sind.

50

---

1 § 632 a BGB: Der Unternehmer kann von dem Besteller für in sich abgeschlossene Teile des Werks Abschlagszahlungen für die erbrachten vertragsmäßigen Leistungen verlangen. Dies gilt auch für erforderliche Stoffe oder Bauteile, die eigens angefertigt oder angeliefert sind. Der Anspruch besteht nur, wenn dem Besteller Eigentum an den Teilen des Werks, an den Stoffen oder Bauteilen übertragen oder Sicherheit hierfür geleistet wird.
2 Vgl. aber anscheinend gegen den klaren Wortlaut des Art. 229 § 2 Satz 1 EGBGB *von Craushaar*, BauR 2001, 471, 473; zum Geltungszeitpunkt der durch das ZBG geänderten bzw. neu eingeführten Vorschriften des BGB vgl. im Einzelnen Artikel 229 EGBGB.
3 Vgl. *von Craushaar*, BauR 2001, 471, 474; Kiesel, NJW 2000, 1673, 1675, 1681; Palandt-*Sprau*, 61. Aufl., § 632 a Rz. 3 sowie Ergänzungsband dazu, § 632 a Rz. 3.

51 Als **in sich abgeschlossen** wird eine Leistung dann zu beurteilen sein, wenn sie nach allgemeiner Auffassung als **selbständig** und von den übrigen Teilleistungen aus dem Bauvertrag **unabhängig** anzusehen ist, und zwar in dem Sinne, dass sie bezüglich ihrer Gebrauchsfähigkeit und ihres Werts abschließend und selbständig beurteilt werden kann. Hieran sollten aber keine zu hohen Anforderungen gestellt werden.[1]

52 Es wird als erforderlich angesehen, dass der Besteller die Leistung **eigenständig nutzen** kann.

Beispiel:
Dies können zum Beispiel im Rahmen der Softwareentwicklung selbständig verwertbare Teilprogramme oder bei der Herstellung von mehreren Gebäuden die Fertigstellung der Dachdeckerarbeiten insgesamt sein.[2] Denkbar sind auch in sich abgeschlossene Teile der kompletten Vertragsleistung, wie beispielsweise Sanitär- und Heizungsinstallationsarbeiten, Rohbau- oder Estricharbeiten etc.

Ein entscheidendes Kriterium kann sein, dass für den Fall, dass noch Restleistungen ausgeführt werden müssen, diese auf der der begehrten Abschlagszahlung zugrunde liegenden Teilleistung so aufgebaut werden können, dass das Gesamtwerk fertig gestellt werden kann.

53 Der Anspruch auf Abschlagszahlung ist nur dann fällig, wenn die **Teilleistung vertragsgemäß** hergestellt ist. Nach der amtlichen Begründung soll dazu erforderlich sein, dass die Leistung frei von – auch unwesentlichen – Mängeln ist.[3] Dies wird allerdings als zu eng angesehen. Unter Anlehnung an die Regelung des § 16 Nr. 1 VOB/B wird darauf abgestellt, dass die Teilleistung nach dem Vertrag geschuldet und **frei von wesentlichen Mängeln** ist.[4] Soweit solche Mängel festgestellt werden, wird auf das dem Besteller zustehende Zurückbehaltungsrecht in Höhe des 2- bis 3-fachen der Mängelbeseitigungskosten verwiesen.[5] Unter Berücksichtigung von § 641 Abs. 3 BGB wird dieses allerdings mindestens mit dem 3-fachen zu bemessen sein müssen.

54 Unter der Tatbestandsvoraussetzung „eigens angefertigte oder ausgelieferte Stoffe oder Bauteile" lassen sich speziell für ein bestimmtes Bauvorhaben, d. h. objektspezifisch angefertigte Teile oder extra hierfür angelieferte Baustoffe einordnen. Nach den Beispielen in der Begründung des Gesetzesentwurfs soll es sich dabei um Treppengeländer, Tore oder Schaltanlagen bzw. Dachziegel oder Marmorplatten handeln.

55 Soweit es um die Beurteilung von Bauteilen in diesem Sinne geht, wird der Anspruch auf Abschlagszahlung zu bejahen sein, wenn der **Unternehmer nachweist**, dass er das betreffende Teil **extra für das konkrete Bauvorhaben** gefertigt und angeliefert hat. Dies wird anhand der Maße im Zusammenhang mit einer örtlichen Inaugenscheinnahme auch relativ zuverlässig nachvollziehbar sein. Auch eigens

---
1 Vgl. *Niemöller*, BauR 2001, 481, 499; *Kniffka*, ZfBR 2000, 227, 229.
2 Vgl. Palandt-*Sprau*, 60. Aufl., § 632 a BGB Rz. 5.
3 BT-Drucks. 14/1246, S. 6.
4 *Böhme*, BauR 2001, 525, 530 f.; Palandt-*Sprau*, 60. Aufl., § 632 a BGB Rz. 5.
5 *Kniffka*, ZfBR, 2000, 227, 229.

für das bestimmte Bauvorhaben angelieferte Stoffe kann der Besteller vor Ort entsprechend prüfen.

Hinweis: 56
In diesem Zusammenhang wird teilweise darauf abgestellt, ob es sich dabei um eine **„in sich abgeschlossene Leistung"** handelt oder nicht.[1] Dabei geäußerte Bedenken dürften allerdings ebenso rein theoretischer Natur sein wie die Feststellung, dass die Stoffe bzw. Bauteile keine in sich abgeschlossene Leistung sein müssen. Vom Wortlaut her kann die Bezugnahme in Satz 2 auf Satz 1 eigentlich nur bezogen auf das Wort „Abschlagszahlungen für die erbrachten vertragsmäßigen Leistungen" verstanden werden. Generell dürfte eine entsprechende **Vergleichbarkeit** zu den von § 632 a Satz 1 BGB erfassten „Teilen des Werkes" **nicht gegeben** sein. Hierbei kann es sich nur um „auf der Baustelle gewachsene Leistungen" handeln. Stoffe und Bauteile i. S. v. Satz 2 sind hingegen **extern gefertigt und bezogen** bzw. vom Unternehmer speziell hergestellt, werden jedoch beide speziell für die bestimmte Baustelle angeliefert. D. h., sie kommen dort schon in dem Zustand an, in dem sie in das Bauvorhaben eingefügt werden. Exakt wegen dieser für sich genommen schon fertigen Dinge soll der Unternehmer einen Anspruch auf Abschlagszahlung haben.

Dies scheint auch sachgerecht, da er i. d. R. gerade dafür auch seinerseits bereits **entsprechende Aufwendungen** gehabt haben dürfte, also nicht nur mit seiner Arbeitsleistung, sondern konkret finanziell in Vorlage getreten ist. Ein solcher Abschlag wird ihm auch für auf die Baustelle gelieferte Materialien zu gewähren sein,[2] jedenfalls soweit es sich nicht nur um Lieferungen von unbedeutendem Wert handelt. Allerdings müssen die eigens angelieferten Stoffe bzw. Bauteile **auch „vertragsmäßig"** sein. Hierfür gelten die vorstehenden Ausführungen unter Rz. 50 entsprechend.

bb) Einschränkungen durch § 632 a Satz 3 BGB

Eine erhebliche Einschränkung erfährt die neue Regelung in § 632 a Satz 3 BGB. 57
Danach besteht der Anspruch auf Abschlagszahlung nur, wenn dem Besteller **Eigentum** an den Teilen des Werks bzw. den Stoffen oder Bauteilen übertragen oder dafür Sicherheit geleistet wird.

(1) Eigentumsübertragung

Im Rahmen von Bauleistungen, zu denen auch die Herstellung von „Teilen des 58
Werks" gehört, kommt eine Eigentumsübertragung aufgrund der **§§ 94, 946 BGB** gedanklich nicht in Betracht: Entweder ist der Besteller **Eigentümer des Grundstücks**, auf dem die Bauleistung ausgeführt wird. Dann wird er bereits mit Errichtung der in der Regel mit dem Grundstück fest verbundenen Teilleistung Eigentümer derselben. Oder aber das Grundstück steht nicht in seinem Eigentum. Dann ist eine Eigentumsübertragung hinsichtlich fest mit dem **Fremdgrundstück** verbundener Teilleistungen rechtlich nicht möglich.

---

[1] Vgl. *Kniffka*, ZfBR 2000, 227, 229 sowie Palandt-*Sprau*, 60. Aufl., § 632 a BGB Rz. 5.
[2] A. A. *Kniffka*, ZfBR 2000, 227, 229.

59 Sinn macht diese Einschränkung in Satz 3 des § 632 a BGB danach **nur für bewegliche Sachen** oder für sog. **„fliegende Bauten"**, die dann unter § 95 BGB einzuordnen wären. Nach der letztgenannten Vorschrift zählen zu **wesentlichen Bestandteilen eines Grundstücks** oder Gebäudes nicht solche Dinge, die dort nur zu einem vorübergehenden Zweck aufgestellt oder eingefügt werden.[1] An diesen müsste der Unternehmer dem Besteller dann das Eigentum übertragen, um so einen Anspruch auf Abschlagsvergütung zu erhalten.

(2) Sicherheitsleistung

60 Lässt man diese Ausnahmekonstellation unberücksichtigt, bleibt also nur die im zweiten Halbsatz des Satzes 3 des § 632 a BGB geforderte **Sicherheitsleistung** des Unternehmers.

61 Geht es um Teilleistungen und ist der Besteller **Grundstückseigentümer**, ist er aufgrund der oben aufgeführten Vorschriften mit Ausführung der Teilleistung ja bereits deren Eigentümer geworden. Es stellt sich dann die Frage, ob damit nicht bereits sein Sicherungsbedürfnis befriedigt ist,[2] oder ob trotzdem noch eine Sicherheitsleistung durch den Unternehmer verlangt werden muss.[3] Der Wortlaut des § 632 a BGB verlangt, dass das Eigentum an der Teilleistung „übertragen" werden muss. Wie oben gesehen, erfolgt der Eigentumserwerb des Bestellers an der auf dem in seinem Eigentum stehenden Grundstück ausgeführten Teilleistung aber per Gesetz und eben nicht per Übertragung. Der Unternehmer **bleibt** danach **zur Stellung der Sicherheit verpflichtet**.

62 Aber auch eine Auslegung nach dem Sinn und Zweck dieser Vorschrift führt zu dem Ergebnis, dass der Unternehmer verpflichtet bleibt, eine Sicherheitsleistung zu stellen, auch wenn der Eigentümer durch Verbindung des Teilwerks mit seinem Grundstück dessen Eigentümer geworden ist. Dies lässt sich damit begründen, dass die Sicherheit dann eine **Absicherung** dafür ist, dass entweder das Grundstück selbst oder Teile des Bauwerks, in das die Teilleistung eingebaut wird, nicht beschädigt werden. Gerade eine **etwaige Beschädigung** von Vorleistungen anderer Gewerke (auch wenn diese von ein und dem selben Unternehmer ausgeführt werden) ist nicht selten und in der Regel nicht sofort erkennbar.

63 **Beispiel:**
Zutreffend und anschaulich führt Kiesel[4] hierzu das Beispiel an, wonach es bei der Ausführung von Estrich- und Parkettverlegearbeiten zu einer Beschädigung des Estrichs kommen kann, wenn das Parkett verklebt und dabei ein ungeeigneter Kleber verwendet wird. Dies führt in der Regel nämlich nicht nur zu einem Ablösen des Parketts, sondern auch zu einer – zumindest partiellen – Beschädigung des Estrichs, wenn vorhandene Kleberreste dort vor Neuverlegung des Parketts entfernt werden müssen.

Die vom Unternehmer gestellte Sicherheit bietet dann eine **Absicherung** für die eventuell **erforderliche Neuausführung** der kompletten Leistung, wobei allerdings die Höhe der Sicherheitsleistung problematisch ist (siehe dazu unten). Jedenfalls sichert der gesetzliche Eigentumsübergang am Parkettfußboden den Be-

---
1 Vgl. hierzu die Beispiele bei Palandt-*Heinrichs*, 60. Aufl., § 95 BGB Rz. 3.
2 So z. B. *Kniffka*, ZfBR 2000, 227, 229; Palandt-*Sprau*, 60. Aufl., § 632 a BGB Rz. 5.
3 So *Kiesel*, NJW 2000, 1673, 1675.
4 NJW 2000, 1673, 1675.

steller hier nicht, da das abgelöste Parkett i. d. R. nicht wieder verwendet werden kann. Er hätte dies dann bezahlt, ohne einen Nutzen zu haben. Dieses Risiko wäre nach der auch hier vertretenen Auffassung durch Stellen der (zusätzlich zur Erlangung des Eigentums) geforderten Sicherheit abgedeckt.

(3) Konsequenzen

Für die Lieferung von Stoffen oder Bauteilen sind **beide Alternativen** (Eigentumsübertragung vor Einbau oder Sicherheitsleistung) **denkbar**. Das Werksvertragsrecht enthält insoweit keine der Vorschrift des § 16 Nr. 1 Abs. 1 Satz 3 VOB/B entsprechende Regelung, wonach der Auftraggeber die Wahl hat, ob er die Übertragung des Eigentums oder Stellung einer entsprechenden Sicherheit wünscht. Dies bedeutet für den BGB-Bauvertrag, dass sich die **Parteien** irgendwie **einigen müssen**, damit diese Voraussetzung für die Fälligkeit der vom Unternehmer begehrten Abschlagsvergütung geschaffen wird. Letzteres dürfte dann doch wieder auf ein Wahlrecht des Bestellers im Sinne der vorgenannten VOB-Regelung hinauslaufen, wenn der Unternehmer nicht auf seine Abschlagsvergütung verzichten will.

64

Hinweis:

Der Besteller sollte hier die **Alternative „Sicherheitsleistung"** wählen, und zwar insbesondere vor dem Hintergrund, dass der **Unternehmer** die entsprechenden Stoffe bzw. Bauteile in der Regel von seinem Lieferanten ohne Vorkasse unter Vereinbarung eines entsprechenden **(verlängerten) Eigentumsvorbehalts** erwerben. Insoweit wäre der Besteller sogar verpflichtet, entsprechende Erkundigungen für den Fall einzuziehen, dass er sich für die Eigentumsübertragung entscheidet. Hat der Unternehmer die gelieferten Stoffe bzw. Bauteile nämlich nicht bezahlt, so hat er daran aufgrund des Eigentumsvorbehalts des Lieferanten auch kein Eigentum erworben und kann seinerseits dem Besteller nur in den Grenzen des § 932 BGB Eigentum verschaffen. Dazu gehört aber, dass letzterer **„gutgläubig"** im Sinne vorgenannter Vorschrift ist. Die „Wohltat" des § 932 BGB kann nämlich nicht in Anspruch nehmen, wem bekannt oder in Folge grober Fahrlässigkeit unbekannt ist, dass die entsprechenden Stoffe bzw. Bauteile nicht demjenigen gehören, von dem er sie hat.[1] Insoweit kommt es allerdings immer auf die Umstände des Einzelfalls an. Den in der Abwicklung von Bauvorhaben nicht unbedarften Besteller wird man dabei aber wohl so behandeln müssen, als habe dieser davon auszugehen, dass solche Stoffe und Bauteile dem Unternehmer regelmäßig nur unter Vereinbarung eines – verlängerten – Eigentumsvorbehalts zur Verfügung gestellt worden sind. Für diese Fälle ist deshalb zu verlangen, dass sich der Besteller vom Gegenteil überzeugen muss. Dies kann beispielsweise dadurch geschehen, dass er sich **nachweisen** lässt, dass der Unternehmer die eingebauten Stoffe bzw. Bauteile bereits bezahlt hat. Ob ein solches Verlangen allerdings in der **Praxis** umsetzbar ist, erscheint **zweifelhaft**. Nach alledem wird ein Besteller danach in der Regel die Sicherheitsleistung wählen.

65

---

1 Vgl. Palandt-*Bassenge*, 60. Aufl., § 932 BGB Rz. 10, 12.

66 **(4) Höhe der Sicherheitsleistung**

Die **Höhe der Sicherheitsleistung** ist im Gesetz ebenso wenig bestimmt, wie die Art der zu leistenden Sicherheit. Letzteres dürfte unproblematisch sein, da allein aufgrund der Tatsache, dass das Gesetz keine Ausführungen hierzu macht, die in § 232 BGB geregelten Arten der Sicherheitsleistung heranzuziehen sind.

67 Was aber ist mit der Höhe der Sicherheitsleistung? Zu denken ist zunächst daran, diese **in Höhe der** geltend gemachten **Abschlagszahlung** zu verlangen, wie dies im Übrigen auch der Gesetzesentwurf vorsieht. Soweit es nur um auf die Baustelle angelieferte Stoffe oder Bauteile geht, dürfte dies ausreichend sein, da Beschädigungen oder Entwendungen vor Einbau des angelieferten Materials lediglich dessen Neubeschaffung erfordern. Sind die Stoffe oder Bauteile allerdings in das Bauwerk eingebaut oder verlangt der Unternehmer von vornherein für in sich abgeschlossene Teile des Werks die Abschlagszahlung, besteht die Gefahr, dass bei Materialfehlern oder sonst mangelhaft ausgeführter Bauleistung **deutlich höhere Kosten einer Mängelbeseitigung** entstehen, als mit der Abschlagszahlung geltend gemacht und in deren Höhe abgesichert. Des Weiteren besteht die Gefahr von Folgeschäden aufgrund von Materialfehlern oder mangelhaft ausgeführter Werkleistungen. Hier mag man sich das bereits oben angeführte Beispiel des mangelhaft verklebten Parkettfußbodens vor Augen halten.

68 Denkbar ist auch der Einbau minderwertiger Materialien in einer großen Stückzahl, zum Beispiel von Sanitärobjekten in eine große Wohnanlage, der sich erst zum Zeitpunkt der Abnahme der gesamten Werkleistung auswirkt. Stellt der Besteller hier bei Abnahme entsprechende Fehler fest, wird er eine solche ablehnen und **vollständigen Ersatz** einschließlich sämtlicher erforderlicher Nebenleistungen (Ausbau, Entsorgung, Neulieferung, Einbau) sowie etwaiger Folgeschäden (Mietausfall etc.) verlangen.[1] Dieser Anspruch dürfte sich auf ein mehrfaches der für die eigentliche Teilleistung aufgewendeten Abschlagszahlung belaufen. Hat der Besteller hier nur Sicherheit in Höhe der Abschlagszahlung erhalten, wäre er wegen der darüber **hinausgehenden Kosten ungesichert**.

69 Denkbar wäre danach beispielsweise die Forderung einer Sicherheitsleistung in Höhe des 2- oder 3-fachen Betrags der geforderten Abschlagszahlung. Dann stellt sich allerdings die Frage, ob es für den Unternehmer überhaupt noch sinnvoll ist, eine solche Abschlagszahlung geltend zu machen.

70 Zu berücksichtigen ist bei dieser Abwägung auch der Umstand, dass § 16 Nr. 1 Abs. 1 Satz 1 und 2 VOB/B dem Unternehmer eines **VOB-Vertrags** Abschlagszahlungen in Höhe der jeweils nachgewiesenen vertragsgemäßen Leistungen gewähren, ohne dafür Sicherheit leisten zu müssen. Beim VOB-Bauvertrag muss der Auftragnehmer nur für eigens angefertigte und bereitgestellte Bauteile sowie die auf der Baustelle angelieferten Stoffe und Bauteile nach Wahl des Auftraggebers diesem Sicherheit leisten oder das Eigentum an ihnen übertragen.

71 Insoweit läuft der Auftraggeber eines VOB-Bauvertrags bei abschlagsweiser Bezahlung von ausgeführten Teilleistungen auch Gefahr, dass etwa auftretende

---

1 Vgl. hierzu auch die von *Kiesel*, NJW 2000, 1673, 1676 in Fn. 35 erörterte, vergleichbare Problematik beim Bau eines großen Hotels.

Mängel nur mit einem Mehrfachen des Wertes solcher Abschlagszahlungen beseitigt werden können. Die entsprechende VOB-Regelung war dem Gesetzgeber aber bekannt, so dass davon ausgegangen werden muss, dass er hier eine abweichende Festlegung der Sicherheit der Höhe nach bewusst nicht getroffen hat.

Zur Auslegung ist ergänzend der Sinn und Zweck des ZBG und des damit neu geschaffenen § 632a BGB zu berücksichtigen, wonach dem Unternehmer für seine ansonsten nach dem Bürgerlichen Gesetzbuch bestehende vollständige Vorleistungspflicht ein **angemessener Ausgleich** gewährt werden soll. Um diesen nicht ins Leere laufen zu lassen, scheint es angemessen, die geforderte Sicherheitsleistung nur jeweils nach der **Höhe der geforderten Abschlagszahlungen** zu bestimmen.[1]

72

(5) Gesamtvergütungsanspruch

Wie beim VOB-Bauvertrag, so ist auch im Rahmen des § 632a BGB der Anspruch des Unternehmers auf Abschlagszahlung von vornherein auszuschließen, wenn er seine Gesamtvergütung abschließend berechnen und geltend machen kann. Dies ist in der Regel nach Fertigstellung der geschuldeten und insbesondere Abnahme der gesamten Leistung der Fall, da dann **Fälligkeit des vollen Vergütungsanspruchs** per Gesetz (§ 641 Abs. 1 BGB) eintritt.

73

Hinweis:
Prozessual kann der Unternehmer aber auch insoweit für den Fall, dass er eine Abschlagszahlung bereits selbständig eingeklagt hat – wie beim VOB-Vertrag – ohne rechtliche Nachteile die Schlussrechnung in den Prozess einführen und insgesamt seinen **Klaganspruch** auf den Schlusszahlungsbetrag **umstellen**.[2] Dies lässt sich je nach Fallkonstellation unter alle Alternativen des § 264 ZPO subsumieren und stellt mithin keine Klagänderung dar.[3] Anders sieht dies allerdings der 7. Senat des Bundesgerichtshofes für Abschlagsrechnungen eines Architekten.[4]

cc) Fälligkeit der Abschlagszahlung

Liegen sämtliche Voraussetzungen vor, ist der Anspruch auf **Abschlagszahlung** – anders als beim VOB-Vertrag – **sofort** und nach dem Wortlaut des Gesetzes auch **ohne Abrechnung fällig**. Dass hier nicht die Vorlage einer (prüfbaren) Rechnung verlangt wird, mag eine Schwachstelle dieser Regelung sein.[5] Andererseits ist allerdings nicht ersichtlich, wie der Unternehmer überhaupt einen bestimmten Zahlungsanspruch fällig stellen will, ohne eine nachvollziehbare Aufstellung der ausgeführten Arbeiten bzw. gelieferten Teile oder Stoffe mit entsprechenden

74

---
1 So im Übrigen auch die Kommentierung bei Palandt-*Sprau*, 60. Auflage, 2000, § 632a BGB Rz 6; a. A. *Kiesel*, NJW 2000, 1673, 1676, der gerade wegen der vorstehend beschriebenen Problematik Absicherung mindestens in Höhe des Doppelten der begehrten Abschlagszahlung verlangt.
2 Vgl. *Otto*, BauR 2000, 350, 355f.; BGH, BauR 1985, 456, 457f. = NJW 1985, 1840 = *Schäfer/Finnen/Hochstein* Nr. 3 zu § 16 Nr. 1 VOB/B.
3 Vgl. *Otto*, BauR 2000, 350, 355f.; BGH NJW 1985, 1840, 1841.
4 BGH, BauR 1999, 267f.
5 Vgl. *Kniffka*, ZfBR 2000, 227, 229; *Kirberger*, BauR 2001, 492, 499; wohl auch: *von Craushaar*, BauR 2001, 471, 473.

vertraglich vereinbarten Preisen zu liefern. Es dürfte vielmehr trotz der nicht ausdrücklich im Gesetz erhobenen Forderung unabdingbar sein, dass er über eine begehrte Abschlagszahlung (prüfbar) abrechnet.

75 Sind, wie beispielsweise bei einem Pauschalpreisvertrag, einzelne Teilleistungen oder gelieferte Stoffe bzw. Bauteile nicht auf der Grundlage eines vorliegenden mit Preisangaben versehenen Leistungsverzeichnisses bzw. Angebots des Unternehmers wertmäßig bezifferbar, so wird der Unternehmer einen entsprechenden Teilbetrag bestimmen müssen. Dazu wird er in der Regel seine ursprüngliche **Kalkulation offen zu legen** haben, damit der Besteller die Forderung auf Abschlagszahlung auch zur Höhe nachvollziehen kann.

76 **Hinweis:**
Jedenfalls wird der Unternehmer unabhängig von der Preisgestaltung des Vertrages eine etwa selbständig **eingeklagte Abschlagsforderung** in dem vorgenannten Sinne zu **substantiieren** haben, um einen solchen Anspruch überhaupt schlüssig darlegen zu können.

77 Die **Fälligkeit** tritt dann **sofort** und nicht erst nach 18 Werktagen (vgl. § 16 Nr. 1 Abs. 3 VOB/B) ein. Gleichzeitig kann der Unternehmer durch die Übersendung einer solchen **Rechnung** sicherstellen, dass die **Wirkung des § 286 Abs. 3 BGB n. F.** eintritt. Zahlt der Besteller auf so eine Abschlagsrechnung ohne Grund nicht und ist er als Verbraucher auf diese Rechtsfolge hingewiesen worden, gerät er danach (automatisch) spätestens mit Ablauf von 30 Tagen nach Zugang der Rechnung in Verzug und schuldet spätestens von diesem Zeitpunkt an die relativ hohen Zinsen nach § 288 Abs. 1 Satz 1 BGB n. F., ggf. sogar nach dessen Absatz 2 noch höhere, wenn der Vertragspartner kein Verbraucher i. S. v. § 13 BGB ist. Generell sollte der Unternehmer hier allerdings eine kürzere Zahlungsfrist setzen, um den Verzugszeitpunkt und die daran geknüpften Wirkungen vorzuverlagern.

dd) Zahlungsverweigerung

78 Ebenso wie beim VOB-Vertrag berechtigt die **unberechtigte Zahlungsverweigerung des Bestellers** den Unternehmer zur Arbeitseinstellung und kann für ihn auch einen wichtigen Grund zur Vertragskündigung darstellen.[1] Dies kann sogar der Fall sein, wenn objektiv Mängel der Werkleistung vorliegen, der Besteller sie dem Unternehmer aber nicht mitteilt, sondern ohne Geltendmachung der entsprechenden Einrede nach § 320 BGB den begehrten Abschlag einfach nicht zahlt.[2]

ee) Beweislast

79 Die **Beweislast** für das Vorliegen sämtlicher Voraussetzungen des § 632 a BGB, insbesondere der Mangelfreiheit (siehe oben Rz. 53), trifft den **Unternehmer**. Für das Vorliegen etwaiger Einwendungen ist hingegen der Besteller beweispflichtig.[3]

---

1 Vgl. Palandt-*Sprau*, 60. Aufl., § 632 a BGB Rz. 8; *Peters*, NZBau 2000, 169.
2 Vgl. *Adler/Everts*, BauR 2000, 1111, 1112 ff., 1117 unter Hinweis auf OLG Celle, OLGR 1999, 266.
3 Vgl. Palandt-*Sprau*, 60. Aufl., § 632 a BGB Rz. 8.

ff) § 27 a AGBG/Art. 244 EGBGB

Durch diese – systemwidrig – ebenfalls durch das ZBG in das Gesetz zur Regelung 80
der Allgemeinen Geschäftsbedingungen eingeführte Vorschrift war die Ermächtigung zum Erlass einer Rechtsverordnung geregelt, die der Zustimmung des Bundesrates nicht bedarf. Die „**Verordnung über Abschlagszahlungen bei Bauträgerverträgen**" ist am 23. 5. 2001 erlassen und seit dem 29. 5. 2001 in Kraft. Sie gilt gemäß deren § 2 auch für zwischen dem **1. Mai 2000** und dem 29. Mai 2001 geschlossene Verträge, es sei denn, es liegt eine rechtskräftiges Urteil zwischen den Vertragsparteien vor oder diese haben sich verbindlich verglichen. Nach § 1 dieser Verordnung kann unter **Abweichung der Vorschrift des § 632 a BGB** für die Errichtung von Häusern oder vergleichbaren Bauwerken die Höhe und die Anzahl zu leistender Abschläge geregelt werden. Das Gleiche gilt hinsichtlich der dem Besteller dafür zu leistenden Sicherheit und die Vornahme eventueller Abzüge, falls ein zugrunde liegender Vertrag die Verschaffung des Eigentums voraussetzt. Dies alles gilt allerdings nur unter den Voraussetzungen der § 3 Abs. 1 und 2 sowie § 7 der Makler- und Bauträgerverordnung. Die Verordnung selbst gilt trotz der Aufhebung des AGB-Gesetzes durch das Schuldrechtsmodernisierungsgesetz fort. Ihre Ermächtigungsgrundlage findet sich seither in Art. 244 EGBGB. Sie ist abgedruckt beispielsweise bei Palandt-Sprau im Anhang zu § 632 a BGB.

gg) Zahlung durch einen Dritten, § 641 Abs. 2 BGB

Aufgrund des zum 1. 5. 2000 eingefügten § 641 Abs. 2 BGB kann der Unternehmer eines Werks, dessen Herstellung der Besteller einem Dritten versprochen 81
hat, seine (Teil-) Vergütung vom Besteller verlangen, sobald der Dritte diesen für das konkrete Werk (teilweise) bezahlt hat. Ist die Vergütung nur gegen Stellung einer Sicherheitsleistung erfolgt, wird der Anspruch des Unternehmers nur fällig, wenn er seinem Besteller in gleicher Weise Sicherheit leistet (§ 641 Abs. 2 Satz 2).

Auch durch die Einfügung dieser Vorschrift wird der Unternehmer eines nach 82
dem 30. 4. 2000 geschlossenen Werkvertrags (Art. 229 § 1 Abs. 2 Satz 1 EGBGB) in die Lage versetzt, schon vor Abnahme seine Vergütung oder Teile davon verlangen zu können. Praktisch relevant dürfte diese Vorschrift im Verhältnis von Subunternehmern zu Generalunternehmern etc., insbesondere aber von **Auftragnehmern zu Bauträgern** sein. Soweit hier der Nachweis geführt werden kann, dass der eigentliche Bauherr den Auftraggeber des betroffenen Auftragnehmers vergütet hat, kann dieser in entsprechender Weise (ggf. gegen Stellung einer Sicherheit) seinen Werklohn fällig stellen. Dies gilt auch für den VOB – Bauvertrag. Eine gewisse Ähnlichkeit ist insoweit zu der Regelung des § 16 Nr. 6 VOB/B gegeben, die auch sicherstellen soll, dass letztlich derjenige, der die Arbeit wirklich vollbracht hat, auch seine Vergütung erlangt.

Inwieweit hierdurch wirklich die Zahlungsmoral insbesondere von Bauträgern 83
verbessert und deren Insolvenzrisiko im Verhältnis zu deren Auftragnehmern verringert werden kann, wird aber abzuwarten sein. Jedenfalls scheint es nicht ausgeschlossen, dass hier bei „starken" Auftraggebern die Marktkräfte sozusagen im Wege der „einfachen Erpressung" dafür sorgen, dass Auftragnehmer nicht von der neu eröffneten Möglichkeit der Fälligstellung ihrer Vergütung Gebrauch machen, um auch künftig Aufträge zu erhalten (wie auch bei § 648 a BGB).

d) Fälligkeit der Gesamtvergütung

84 Die Fälligkeit der Vergütung des Unternehmers richtet sich grundsätzlich nach § 641 Abs. 1 BGB. Danach ist die **Abnahme** Fälligkeitsvoraussetzung für den Werklohnanspruch.

85 Bestritt der Besteller in der Vergangenheit die Abnahme, musste der Unternehmer seine vermeintliche **Werklohnforderung einklagen**.[1] Nach mehr oder weniger langer Verfahrensdauer konnte er dann nach Abschluss der ersten Instanz zumindest in den Besitz eines gegen Sicherheitsleistung vorläufig vollstreckbaren Titels gelangen, was möglicherweise wegen zwischenzeitlich eingetretener Insolvenz des Bestellers aber zu spät war.[2]

86 Durch Einfügung des **§ 641 a BGB** soll nun der Unternehmer eines nach dem 30. 4. 2000 (vgl. Art. 229 § 1 Abs. 2 Satz 1 EGBGB) abgeschlossenen Werkvertrags in die Lage versetzt werden, sich **im Wege des Urkundenprozesses** (§§ 592 ff. ZPO) kurzfristig einen ohne Sicherheitsleistung vollstreckbaren Zahlungstitel zu verschaffen. Die Praktikabilität dieser „Mammutvorschrift" wird allerdings stark in Zweifel gezogen.[3]

aa) Fertigstellungsbescheinigung § 641 a BGB

(1) § 641 a Abs. 1

87 Nach Satz 1 steht es der Abnahme gleich, wenn der Unternehmer eine **von einem** – i. d. R. öffentlich bestellten und vereidigten – **Gutachter ausgestellte Bescheinigung** – die **Fertigstellungsbescheinigung** – vorlegt, wonach

▷ das versprochene Werk – oder Teile davon – hergestellt **und**

▷ frei von Mängeln ist, die der Besteller behauptet oder die für den Gutachter bei seiner Besichtigung feststellbar sind.

Gemäß Satz 2 sind weitere Voraussetzungen das **Einhalten des Verfahrens** nach den Absätzen 2 bis 4 des § 641 a BGB und die **Abnahmefähigkeit** des Werks i. S. d. § 640 Abs. 1 Satz 1 und 2 BGB, wobei im Streitfalle allerdings der Besteller zu beweisen hat, dass das Werk nicht abnahmefähig ist. Schließlich kann der Gutachter dem Unternehmer nach Satz 4 auch eine **Abrechnungsbestätigung** hinsichtlich eines vorgelegten Aufmaßes oder einer Stundenlohnaufstellung erteilen.

88 Die Erteilung der Fertigstellungsbescheinigung steht der Abnahme gleich, hat also die Wirkung einer dem BGB bislang unbekannten **Abnahmefiktion** (vgl. nunmehr auch § 640 Abs. 1 Satz 3 BGB, wo nach Fristablauf die Abnahme ebenfalls als erfolgt gilt). Aufgrund der **Beweislastverlagerung** in Satz 2 2. Halbsatz ersetzt sie im Vergütungsprozess den als Fälligkeitsvoraussetzung eigentlich vom Unter-

---

[1] In der Werklohnklage ist inzident die Klage auf Abnahme der Werkleistung enthalten.
[2] Beachte: § 648 BGB ist in solchen Fällen nur dann ein taugliches Sicherungsmittel, wenn sich das Grundstück auch noch im Besitz des Bestellers befindet, was in jedem Falle vor Beantragung einer entsprechenden einstweiligen Verfügung zu prüfen ist.
[3] Vgl. *Kiesel*, NJW 2000, 1673, 1679 f.; *Kniffka*, ZfBR 2000, 227, 236; nicht ganz so kritisch: *Seewald*, ZfBR 2000, 219, 226; *Jaeger*, BB 2000, 1102, 1105 f.; *Niemöller*, BauR 2001, 481, 487 ff.

nehmer zu führenden Nachweis der Mangelfreiheit. Der Besteller verliert etwaige Gewährleistungsansprüche dabei aber selbst dann nicht, wenn er wegen bekannter Mängel **keinen Vorbehalt** geltend macht, da § 640 Abs. 2 BGB gemäß § 641a Abs. 1 Satz 3 BGB nicht gilt.

Die Bescheinigung stellt darüber hinaus eine **Urkunde i. S. d. § 592 ff. ZPO** dar, so dass der Unternehmer unter Vorlage der weiterhin erforderlichen Urkunden (Werkvertrag, Schlussrechnung) rasch in den Besitz eines ohne Sicherheitsleistung vollstreckbaren Titels (§ 708 Nr. 4 ZPO) gelangen kann. Dieser allerdings behaftet mit **möglichen Schadensersatzansprüchen** aus § 600 Abs. 2 ZPO, falls sich im Nachverfahren herausstellen sollte, dass die Fertigstellungsbescheinigung falsch war, weil des Werk doch mit (erheblichen) Mängeln behaftet ist. 89

In gleicher Weise dient die Bescheinigung beim **Einheits- oder Stundenlohnvertrag** als urkundlicher Nachweis der vom Unternehmer erbrachten Leistung. Um zunächst einmal in den Besitz eines ohne Sicherheitsleistung vollstreckbaren Titels zu gelangen, muss er hier **nicht** wegen jeder einzelnen Rechnungsposition den **Vollbeweis** führen, dass die von ihm berechneten Massen bzw. Stunden tatsächlich erbracht worden sind. Aber auch hier bleiben dem Besteller sämtliche Rechte aus dem Nachverfahren einschließlich möglicher Schadensersatzansprüche aus § 600 Abs. 2 ZPO. 90

Dies alles lässt sich aus Sicht des Unternehmers theoretisch zwar wunderbar an, sieht er sich doch innerhalb kürzester Zeit nach Rechnungslegung im Besitz eines ohne Sicherheitsleistung vollstreckbaren Titels. Doch ist dies wirklich so? Zunächst sollte man sich vor Augen halten, welche Fähigkeiten das Gesetz beispielsweise vom Gutachter verlangt: 91

▷ Beurteilung des vereinbarten Leistungssolls anhand eines schriftlichen Vertrages nebst Änderungen/Nachträgen

▷ Erkennbarkeit von Mängeln mit bloßem Auge

▷ Unparteilichkeit

Da der Gutachter vom Unternehmer beauftragt und bezahlt wird, drängen sich aus der Erfahrung mit sonstigen Privatgutachten (meistens vom Bauherrn zwecks Dokumentation von Mängeln eingeholt) erhebliche **Zweifel hinsichtlich** der Erfüllbarkeit der geforderten **Unparteilichkeit** auf. Hiermit ließe sich aber dennoch „leben", insbesondere unter Berücksichtigung der den Gutachter bei Missachtung der ihm auferlegten Pflichten und daraus entstehenden Schäden gegenüber beiden Parteien treffenden Schadensersatzverpflichtung (auch wenn diese entgegen des ursprünglichen Gesetzentwurfs nicht expressis verbis geregelt ist).[1] 92

Wie aber soll ein durchschnittlicher (öffentlich bestellter und vereidigter) Sachverständiger die juristischen Grundlagen anhand nicht selten umfangreicher und komplizierter Bauverträge hinsichtlich des geschuldeten Bausolls ermitteln, um auf dieser Basis durch bloße Besichtigung feststellen zu können, ob eine Werkleistung vollständig und mangelfrei erbracht ist?! Das Gesetz überträgt ihm hier 93

---

1 Vgl. Palandt-*Sprau*, 60. Aufl., § 641a, Rz. 10 a. E.

eine **hoch anspruchsvolle (bau-) juristische Tätigkeit**, die bislang allein dem Richter vorbehalten war. Da ein Gutachter hierfür einerseits i. d. R. nicht die erforderliche Qualifikation besitzen dürfte, andererseits für ein eventuell fehlerhaftes Gutachten in vollem Umfang haftet, kann zur Übernahme eines solchen Auftrags eigentlich nicht geraten werden. Die zuständigen Kammern i. S. d. § 641 a Abs. 2 Nr. 2 BGB werden ihren Mitgliedern entsprechende Empfehlungen (eher: Warnungen) erteilen, solange nicht einzelne, herausragende Sachverständige sich durch entsprechende Schulungen die erforderlichen juristischen Fähigkeiten aneignen. Letzteres scheint aufgrund der Komplexität baurechtlicher Vertragsgestaltungen, mit denen schon der ein oder andere nicht auf dieses Rechtsgebiet spezialisierte Volljurist seine liebe Müh und Not hat, aber auch nur blanke Theorie zu sein.

94 Es ist bislang schon nicht einfach, Gutachter zu finden, die nicht nur **überdurchschnittliche Kenntnisse** der ihrem Fachgebiet zugrunde liegenden **DIN-Normen** und der oft über deren Mindestanforderungen hinausgehenden aktuellen allgemeinen **anerkannten Regeln der Technik** aufweisen, sondern darüber hinaus auch in der Lage sind, ihr Gutachten **zeitnah** zu erstatten. Hiermit sind diese Sonderfachleute als fachkundige Gehilfen des Richters mehr als ausgelastet. Ihnen nun auch noch die Rolle des Richters zuzuteilen, erscheint praktisch nicht durchführbar.

95 Selbst wenn man diese Bedenken außer Acht lässt, erscheint es höchst zweifelhaft, ob dem ratsuchenden Unternehmer aus Anwaltssicht der Weg des § 641 a BGB zu empfehlen ist, muss damit doch verbunden sein das Inaussichtstellen „schnellen Geldes". Zunächst ist es nämlich der **Unternehmer**, der – über die erbrachte Leistung hinaus – in Vorlage treten muss: da er den **Gutachter zu beauftragen** und **zu bezahlen** hat, sind entsprechende Vorschüsse auch von ihm aufzubringen. Diese können je nach Größenordnung des Bauvorhabens schnell fünfstellige Dimensionen erreichen. Die gleiche Vorschusspflicht trifft ihn zwar auch, wenn er seinen Werklohnanspruch bei verweigerter Abnahme sofort einklagt, jedoch liegen **Kosten für Privatgutachten** – und ein solches ist das im Rahmen des § 641 a BGB eingeholte – **deutlich höher**, da die Begrenzungen durch das Zeugen- und Sachverständigenentschädigungsgesetz nicht greifen.

96 Da nicht damit zu rechnen ist, dass der Bauherr nach Vorlage des Privatgutachtens freiwillig zahlt, der Urkundenprozess also unumgänglich ist, fallen **Gerichtskostenvorschüsse** in beiden Fällen gleichermaßen an. Hält man sich dann noch vor Augen, dass der Bauherr die Zwangsvollstreckung aus dem Vorbehaltsurteil gemäß § 711 ZPO **durch Sicherheitsleistung abwenden** kann, falls der Unternehmer dies nicht durch vorherige eigene Sicherheitsleistung verhindert, verliert das auf den ersten Blick schnelles Geld versprechende Urkundenverfahren gegenüber der herkömmlichen Werklohnklage weiter an Attraktivität. Auch bislang kann der Unternehmer nach Vorlage des erstinstanzlichen Urteils seinerseits Sicherheit leisten, um vorläufig vollstrecken zu können. Das einzige Problem ist dabei allerdings die bei vielen Gerichten zu lange Dauer solcher Prozesse, denen gegenüber das **Urkundenverfahren** einen unschlagbaren **Zeitvorteil** hat.

97 Hier wäre der **Gesetzgeber** gefordert, entsprechende **Änderungen** zu beschließen, die beispielsweise – jedenfalls bei Werklohnklagen – die **Anberaumung eines Ver-

handlungstermins binnen eines Monats nach Zustellung der Klage vorschreiben. Zeigt der Bauherr seine Verteidigungsbereitschaft nicht rechtzeitig an, kann nach wie vor Versäumnisurteil im schriftlichen Verfahren ergehen, das auch ohne Sicherheitsleistung vollstreckbar ist. Andererseits ist dem Bauherrn aufzugeben, seine **Einwendungen spätestens eine Woche** vor dem Verhandlungstermin Gericht und Gegner vorzulegen. Sind diese erheblich – und der Klagevortrag selbstverständlich schlüssig –, ergeht zum Schluss des Verhandlungstermins der erforderliche Beweisbeschluss, falls die Parteien nicht doch zu einer Einigung zu bewegen sind. Es kann dann zeitnah ein geeigneter Gutachter in seinem fachlichem Rahmen tätig werden.

Die Vertragsauslegung und weitere Rechtsfindung auf der Grundlage der gutachterlichen Feststellungen bleibt denjenigen überlassen, die hierfür umfassend ausgebildet sind: den Volljuristen. Einigen sich die Parteien nach Vorlage so eines für alle Seiten verbindlichen **Gerichtsgutachtens** nicht doch noch, kann das zuständige Gericht auf dessen Grundlage binnen kurzer Zeit sein Urteil erlassen. Dies dürfte dann zeitlich nicht später sein als ein solches, das auf ein im Anschluss an einen streitigen **Urkundenprozess** mit Sicherheit anschließendes **Nachverfahren** ergeht. Auch wenn danach dem Unternehmer der Weg des § 641 a BGB nicht unbedingt empfohlen werden kann, sollen die weiteren Voraussetzungen dieser Vorschrift kurz dargestellt werden:

98

(2) § 641 a Abs. 2

Gemäß § 641 a Abs. 2 Satz 1 Nr. 2 BGB ist als Gutachter auf Antrag des Unternehmers ein öffentlich bestellter und vereidigter Sachverständiger **durch die zuständige Kammer** zu bestimmen, wenn sich die Parteien nicht auf eine Person einigen (Nr. 1). Dieser wird zwar vom Unternehmer beauftragt (Satz 1), ist aber beiden gegenüber nach bestem Wissen und Gewissen zur Erstattung einer unparteiischen Bescheinigung verpflichtet (Satz 2).

99

Den Unternehmer trifft dabei die **Beweislast** hinsichtlich der **ordnungsgemäßen Bestimmung des Gutachters** durch die Kammer, insbesondere kann er nicht von sich aus direkt einen öffentlich bestellten und vereidigten Sachverständigen beauftragen.[1]

100

(3) § 641 a Abs. 3

Gemäß § 641 a Abs. 3 Satz 2 BGB ist zwingende Voraussetzung für die Erteilung einer Fertigstellungsbescheinigung, dass ein **schriftlicher Werkvertrag** vorliegt.[2] Werden Vertragsänderungen oder -ergänzungen nicht übereinstimmend gegenüber dem Gutachter vorgebracht, sind auch diese nur bei Wahrung der Schriftform zu berücksichtigen (Satz 3). Streitige, **nicht schriftlich fixierte Änderungen** oder Ergänzungen **hindern** die Erteilung einer Fertigstellungsbescheinigung.

101

Unter Wahrung einer Ladungsfrist von mindestens zwei Wochen gegenüber dem Besteller hat der Gutachter mindestens einen **gemeinsamen Besichtigungstermin** durchzuführen (Satz 1). Bis zum Abschluss der örtlichen Feststellungen

102

---
1 Vgl. Palandt-*Sprau*, 60. Aufl., § 641a, Rz. 9, 17.
2 Vgl. Palandt-*Sprau*, 60. Aufl., § 641a, Rz. 6.

kann der Besteller Mängel geltend machen, denen der Gutachter nachzugehen hat (arg. e. Satz 5). Ergeben sich aus dem (schriftlichen) Werkvertrag keine Anhaltspunkte, hat der Gutachter seiner Bewertung die allgemein **anerkannten Regeln der Technik** zugrunde zu legen (Satz 4).

103 Hinsichtlich etwaiger **Verfahrensfehler** des Gutachters trifft den Besteller ebenso die **Beweislast** wie für eine **materielle Unrichtigkeit** des Gutachtens beispielsweise beim Vorliegen wesentlicher Mängel.[1]

(4) § 641 a Abs. 4

104 Den Besteller trifft eine **Mitwirkungspflicht** dahin gehend, dass er dem Gutachter die Vornahme der erforderlichen Untersuchungen der Werkleistung des Unternehmers zu gestatten hat. Verweigert er diese Mitwirkung, gilt die Fiktion, dass das Werk vertragsgemäß hergestellt ist. Der Sachverständige hat die Bescheinigung gemäß Abs. 1 auszustellen. Die **Abnahmefiktion** tritt mit Erteilung der Fertigstellungsbescheinigung ein und entfaltet die gleichen Wirkungen wie eine rechtsgeschäftliche Abnahme.[2]

(5) § 641 a Abs. 5

105 Der Sachverständige hat auch dem Besteller eine **Abschrift** der Fertigstellungsbescheinigung zu erteilen. Die sich daraus ergebenden weiteren Wirkungen hinsichtlich der Berechnung von Fristen, Zinsen und des Zeitpunkts des Gefahrübergangs treten allerdings erst mit Zugang der Bescheinigung beim Besteller ein.

(6) VOB-Vertrag

106 Bei Zugrundelegung der VOB Teil B dürfte sich die vorgenannte Regelung nicht auswirken, da **§ 12 VOB/B** insoweit eine **abschließende Regelung** betreffend die Abnahme enthält. Dies gilt insbesondere im Hinblick auf die dort in Nummer 5 Absatz 1 und 2 geregelten Abnahmefiktionen.[3] Für die **hier vertretene Auffassung** spricht, dass § 641 a BGB dem Verdingungsausschuss in der Gesetz gewordenen Fassung bekannt war, als dieser am 10. 12. 1999 über die VOB 2000 beschloss, ohne diese Regelung – ganz, teilweise oder geändert – in die Neufassung der VOB Teil B zu übernehmen.

bb) Erteilung einer Rechnung

107 In Rechtsprechung und Literatur ist umstritten, ob beim BGB-Bauvertrag die Fälligkeit des Werklohns neben der Abnahme auch von der **Erteilung einer (prüfbaren) Rechnung** abhängig ist. Während der BGH[4] den Vergütungsanspruch bereits mit der Abnahme jedenfalls „im Sinne des Verjährungsrechts" als fällig ansieht, fordern überwiegende Teile in der Literatur, aber auch einzelne Senate verschiedener Oberlandesgerichte, die Vorlage einer – dann aber auch prüfbaren –

---

1 Vgl. Palandt-*Sprau*, 60. Aufl., § 641a, Rz. 17.
2 Vgl. *Merkens*, BauR 2001, 515, 522; Palandt-*Sprau*, 60. Aufl., § 641a, Rz. 15.
3 Vgl. *Kiesel*, NJW 2000, 1673, 1680; a. A. Palandt-*Sprau*, 60. Aufl., § 641a, Rz. 18.
4 BGH, BauR 1981, 199.

Rechnung als weitere Fälligkeitsvoraussetzung des Vergütungsanspruchs des Unternehmers.[1]

Hinweis:
Unter Berücksichtigung der nachstehenden Ausführungen zur Verzinsung des Vergütungsanspruchs des Unternehmers kann auch für den BGB-Werkvertrag nur empfohlen werden, über die erbrachten Leistungen ordnungsgemäß abzurechnen.

cc) Verzinsung

Sowohl für den Verzugszeitpunkt als auch für die Verzinsung von Abschlags- und Schlusszahlungen ergibt sich aus § 286 Abs. 3 und § 288 Abs. 1 Satz 1 BGB n. F., dass diese spätestens 30 Tage nach Fälligkeit und Zugang einer Rechnung bzw. gleichwertigen Zahlungsaufforderung mit 5 Prozentpunkten (von Unternehmern gemäß Abs. 2 mit 8) über dem Basiszinssatz zu verzinsen sind.[2] 108

(1) § 286 Abs. 3 BGB n. F.

Nach dieser Regelung ist eine gesonderte Mahnung nicht mehr erforderlich, um den Verzug zu begründen. Die Gesetzesänderung bedeutet hier, dass die geschuldete Geldforderung ohne gesonderte Mahnung spätestens vom 31. Tage nach Fälligkeit und Zugang einer Rechnung nach den gesetzlichen Vorschriften zu verzinsen ist, von Verbrauchern allerdings nur, wenn diese in der Rechnung darauf hingewiesen worden sind. Unter den vorgenannten Gesichtspunkten ist allerdings auch beim BGB-Werkvertrag die Erteilung einer Rechnung notwendig, um die Wirkungen des § 286 Abs. 3 BGB n. F. auszulösen und Zinsen gemäß § 288 Abs. 1 Satz 1 bzw. Abs. 2 BGB n. F. beanspruchen zu können. 109

Klargestellt wird in diesem Zusammenhang, dass es für Schuldverhältnisse, die wiederkehrende Geldleistungen zum Gegenstand haben (beispielsweise Mietverträge etc.), bei der bisherigen Regelung des § 284 Abs. II BGB bleibt. Gemäß § 286 Abs. 2 BGB n. F. ist nämlich auch dort keine verzugsbegründende Mahnung erforderlich, wenn vertraglich geregelt ist, zu welchem Zeitpunkt die jeweils wiederkehrende Zahlung zu erfolgen hat. Dort gerät der Schuldner ebenfalls „automatisch" in Verzug, wenn er diesen Zeitpunkt verstreichen lässt, ohne die fällige Zahlung zu leisten. 110

(2) § 288 Abs. 1 BGB a. F./n. F.

Für Forderungen, die vor dem 1. 5. 2000 fällig geworden sind, betrug der gesetzliche Zinssatz lediglich 4 %. Dies war für notorische Spät- bzw. Nichtzahler keine adäquate Sanktion, um diese zu einer pünktlichen Zahlungsweise anzuhalten. Insbesondere die Bauwirtschaft wusste und weiß, davon „ein Lied zu singen". Auch sind die Anforderungen der Gerichte an die Vorlage einer Zinsbescheinigung des Gläubigers recht anspruchsvoll, um den Nachweis eines höheren Zinsschadens als geführt anzusehen. Man möge sich in diesem Zusammenhang auch 111

---
1 Vgl. dazu im Einzelnen *Werner/Pastor*, Der Bauprozess, Rz. 1368 ff. mit umfangreichen Nachweisen zum Meinungsstand in Literatur und Rechtsprechung.
2 Gemäß Art. 229 EGBGB gilt dies auch für vor dem 1. 5. 2000 geschlossene Verträge insoweit, als die darauf beruhenden Forderungen nach dem 1. 5. 2000 fällig werden.

nur die von einigen Gerichten gern bemühte – wenig überzeugende – Entscheidung des Kammergerichts Berlin[1] vor Augen halten, wonach selbst nachgewiesene höhere Zinsen nur bis zum Schluss der mündlichen Verhandlung zugestanden werden. Danach sollte der Gläubiger wieder auf den gesetzlichen Zinssatz von 4 % verwiesen sein.

112 Durch die deutliche Erhöhung des gesetzlichen Zinssatzes und dessen Koppelung an die aktuelle Marktentwicklung dürfte nicht nur die vorgenannte Problematik wirtschaftlich bedeutungslos geworden sein, da die Differenz zwischen gesetzlichen und den derzeitigen Marktzinsen nicht mehr allzu groß ist. Der Schuldner muss nunmehr deutlich höhere Zinsen zahlen, als er möglicherweise – jedenfalls bei konservativen Anlagen – mit zu Unrecht einbehaltenen Beträgen erzielen kann.[2] Diese schuldet er dann bei Vorlage der Voraussetzungen des § 286 Abs. 3 BGB n. F. („Entgeltforderung") spätestens vom 31. Tage **nach Zugang der Rechnung**, ohne dass es noch einer gesonderten Mahnung bedarf.[3]

Hinweis:
Selbstverständlich steht es dem Unternehmer wie auch nach der vorherigen Gesetzeslage frei, einen höheren Zinsschaden nachzuweisen. Ebenfalls kann ein **höherer Verzugszins vertraglich vereinbart** werden. Außerdem sollte schon mit Übersendung der Rechnung eine adäquate **kürzere Zahlungsfrist** gesetzt werden, um die Verzugswirkungen früher herbeizuführen.

(3) § 288 Abs. 2 BGB n. F.

113 Bei **nach dem 31. 12. 2001** abgeschlossenen Rechtsgeschäften zwischen Unternehmern beläuft sich der Zinssatz für Entgeltforderungen auf acht Prozentpunkte über dem Basiszinssatz.[4]

5. Vergütung beim VOB-Vertrag

114 Auch beim VOB-Vertrag stellt die Abnahme eine – **aber auch nur eine** – Voraussetzung für die Fälligkeit der Schlusszahlung dar, so dass insoweit zunächst einmal kein Unterschied zu § 641 BGB besteht.[5] Darüber hinaus müssen allerdings noch die in den §§ 14 und 16 VOB/B geregelten Voraussetzungen hinzukommen, um die Fälligkeit der Schlusszahlung herbeizuführen. Insbesondere ist die Erteilung einer **prüfbaren Rechnung** erforderlich, die spätestens 2 Monate nach der konkreten Vorlage durch den Auftragnehmer fällig wird.[6]

a) Abschlagszahlungen

115 Eine wesentliche Besserstellung des Auftragnehmers eines VOB-Bauvertrags gegenüber den vor dem 1. 5. 2000 geschlossenen BGB-Werkverträgen ergibt sich dabei allerdings aus § 16 Nr. 1 VOB/B, der dem Unternehmer des VOB-Vertrags auch

---

1 NJW 1989, 305.
2 Im Sommer 2004 belief sich der Basiszinssatz beispielsweise auf 1,13 %, woraus sich für Handelsgeschäfte ein Verzugszins i. H. v. 9,13 % ergab.
3 Vgl. Palandt-*Heinrichs*, 61. Aufl., Ergänzungsband, § 286 Rz. 27.
4 Vgl. Palandt-*Heinrichs*, 61. Aufl., Ergänzungsband, § 288 Rz. 1, 8 ff.
5 Vgl. *Ingenstau/Korbion* VOB/B, § 12 Rz. 69.
6 Vgl. *Werner/Pastor*, Der Bauprozess, Rz. 1392 ff.

schon für **vor diesem Zeitpunkt** geschlossene Verträge das Recht auf Abschlagszahlungen entsprechend des jeweils erreichten Baufortschritts eingeräumt hat.

b) Verzinsung

Auch die VOB/B hat Neuerungen im Rahmen der so genannten „VOB 2000" und – bedingt durch das Schuldrechtsmodernisierungsgesetz – durch die sog. „**VOB 2002**" erfahren. Aus der Tatsache, dass der Deutsche Verdingungsausschuss bei Beschlussfassung über die VOB 2000 in Kenntnis der damaligen Neufassung des § 284 Abs. 3 BGB den § 16 Nr. 5 Abs. 3 VOB/B nicht verändert hatte, wird geschlossen, dass es insoweit bei der dadurch begründeten Fälligkeitsregelung bleiben sollte:[1]   116

Erforderlich ist für Verträge, die der Geltung der **VOB 2000** unterfallen, eine **Nachfristsetzung nach Fälligkeit**, deren Ablauf erst den Zinsanspruch begründet. Von diesem Zeitpunkt an werden dann die in § 16 Nr. 5 Abs. 3 VOB/B geregelten Zinsen geschuldet. Diese waren zuvor mit 1 % über den Lombardsatz bemessen. Der Lombardsatz lag im Frühjahr 2000 bei 4,5 %. In der VOB 2000 wurde in § 16 Nr. 5 Abs. 3 geregelt, dass der Verzugszinssatz **5 Prozentpunkte** über der Spitzenrefinanzierungsfazilität der Europäischen Zentralbank beträgt. Letzterer belief sich im Frühjahr 2001 auf 5,75 %, so dass sich danach gemäß § 16 Nr. 5 Abs. 3 VOB/B 10,75 % Verzugszinsen ergeben, sobald die erforderlichen Voraussetzungen vorliegen. Auch hier bleibt dem Auftragnehmer der Nachweis eines höheren Zinsschadens vorbehalten (§ 16 Nr. 5 Abs. 3 Satz 2 a. E. VOB/B 2000).   117

Unter dem Eindruck des Schuldrechtsmodernisierungsgesetzes ist die VOB/B dann erneut geändert und unter der Bezeichnung „**VOB 2002**" im Bundesanzeiger veröffentlicht worden.[2] Verzug und Verzinsung sind in § 16 Nr. 5 Abs. 3 und 4 VOB/B 2002 nunmehr wie folgt geregelt: 118

In Absatz 3 bleibt es generell bei dem Erfordernis, dem Auftraggeber – in Abweichung zu § 286 Abs. 3 BGB n. F. – eine **Nachfrist** zu setzen, um dessen Zahlungsverzug zu begründen. Allerdings ist der Zinssatz nunmehr zur Vermeidung von Wiedersprüchlichkeiten zur gesetzlichen Regelung dieser unter ausdrücklicher Bezugnahme auf § 288 BGB n. F. angeglichen worden. Der Nachweis eines höheren Verzugsschadens bleibt nach wie vor möglich.[3]   119

Die Neuregelung des § 16 Nr. 5 Abs. 4 VOB/B 2002 lehnt sich, bezogen auf sog. unbestrittene Guthaben, an § 286 Abs. 3 BGB n. F. an. Hinsichtlich solcher tritt nach **Ablauf der Prüfungsfrist** von 2 Monaten **automatisch Zahlungsverzug** ein mit der Folge, dass diese von da an gemäß § 288 BGB n. F. zu verzinsen sind, wobei dem Auftragnehmer auch hier der Nachweis eines höheren Schadens vorbehalten bleibt.[4]   120

---

1 Vgl. *Nicklisch-Weick*, § 16 Rz. 80 ff.; *Kiesel*, NJW 2000, 1973, 1974.
2 Siehe hierzu im Einzelnen BauR 2002, Heft 11 a, Sonderausgabe VOB/B 2002.
3 *Locher*, BauR 2002, Sonderheft 11 a, S. 62.
4 *Locher*, BauR 2002, Sonderheft 11 a, S. 63.

6. Vorbehalte bei Abnahme

121 Durch die Abnahme oder auch den Eintritt der oben genannten Abnahmewirkungen kann der Bauherr ihm zustehende Rechte verlieren, wenn er sich diese nicht im Zeitpunkt der Abnahme oder bei Eintritt der Abnahmewirkungen (für den Fall der konkludenten oder fiktiven Abnahme, vgl. unten Rz. 178 ff., 225 ff.) vorbehält. Hierbei handelt es sich um die **erforderlichen Vorbehalte** wegen vereinbarter Vertragsstrafen oder dem Auftraggeber im vorgenannten Zeitpunkt bekannten Mängel, deren Unterlassung zum Verlust der jeweiligen Rechte führen kann.

a) Vorbehalte wegen bekannter Mängel

122 Aus § 640 Abs. 2 BGB ergibt sich, dass der Besteller eines **BGB-Bauvertrags** die Ansprüche aus den §§ 633 und 634 BGB a. F. bzw. aus § 634 Nr. 1 bis 3 BGB n. F. für den Fall, dass ihm bei Abnahme Mängel bekannt waren, nur geltend machen kann, wenn er sich die diesbezüglich bestehenden Rechte **bei der Abnahme** vorbehält.

123 Diese Einschränkung wird auch **auf den VOB-Vertrag übertragen**, obwohl in der VOB/B ein Verweis auf § 640 Abs. 2 BGB ausdrücklich nicht erfolgt ist. Begründet wird dies damit, dass sowohl aus den Formulierungen als auch aus Sinn und Zweck der Bestimmungen in § 12 Nr. 4 Abs. 1 Satz 4 und Nr. 5 Abs. 3 VOB/B folge, dass sich auch der Auftraggeber eines VOB-Bauvertrags seine Rechte wegen bekannter Mängel der Werkleistung (oder verwirkter Vertragsstrafen) bei Abnahme vorbehalten muss.[1]

aa) Umfang des Ausschlusses von Gewährleistungsansprüchen

124 Aus dem ausdrücklichen Hinweis in § 640 Abs. 2 BGB a. F. auf die **§§ 633, 634 BGB a. F.** ergibt sich, dass der mögliche Verlust von Gewährleistungsansprüchen **nur diejenigen** betrifft, die dort aufgeführt sind. Dagegen werden etwaige Schadensersatzansprüche aus positiver Vertragsverletzung und insbesondere solche aus § 635 BGB a. F. nicht erfasst, es sei denn, der Besteller hat auf die Verfolgung solcher Ansprüche erkennbar verzichtet.[2] Handelt es sich also um vorgenannte Schadensersatzansprüche, so bedarf es eines ausdrücklichen Vorbehaltes nicht, um diese über die Abnahme hinaus bzw. nach der Abnahme aufrecht zu erhalten.

125 Grundsätzlich nichts anderes gilt für **nach dem 31. 12. 2001** geschlossene Verträge. Nach § 640 Abs. 2 BGB n. F. sind bei Unterlassen eines entsprechenden Vorbehalts nur die Rechte aus § 634 Nr. 1 bis 3 BGB n. F., nicht aber darüber hinausgehende Schadensersatzansprüche ausgeschlossen.[3]

126 **Entsprechendes** gilt auch für den Schadensersatzanspruch nach **§ 13 Nr. 7 VOB/B**, da sich in der VOB/B keine über die Einschränkung des § 640 Abs. 2 BGB hinausgehende Regelung befindet. **Auch** ein Schadensersatzanspruch nach **§ 4 Nr. 7**

---

1 Vgl. *Ingenstau/Korbion*, Teil B § 12 Rz. 59.
2 BGH, WM 1961, 1109, 1111; WM 1969, 96 f.; NJW 1974, 143; insbesondere BGHZ 77, 134, 136 ff.
3 Vgl. Palandt-*Sprau*, 61. Aufl., Ergänzungsband, § 640 Rz. 13.

VOB/B muss bei Abnahme nicht gesondert vorbehalten werden. Er kann vielmehr auch dann an Stelle einer Vertragsstrafe geltend gemacht werden, wenn auf diese wegen Unterlassen des Vorbehalts kein Anspruch besteht.[1]

Soweit der Auftraggeber beim Unterlassen eines entsprechenden Vorbehalts wegen eines Mangels auf den Schadensersatzanspruch verwiesen ist, besteht dieser dann aber **nur noch in Geld**.[2] Allerdings ist der Bauherr verpflichtet, eine ihm in so einer Situation dennoch vom Bauunternehmer **angebotene Nachbesserung** an Stelle des Schadensersatzes in Geld **anzunehmen**. Dies setzt jedoch die ernsthafte Bereitschaft zur Durchführung einer unverzüglichen sachgerechten Nachbesserung durch den Auftragnehmer/Unternehmer voraus, die dieser darüber hinaus schriftlich erklären sollte.

Hinweis:
Im Rahmen des dem Auftraggeber verbleibenden Schadensersatzanspruchs kommt **§ 254 BGB** neben § 640 Abs. 2 BGB **nicht** zur Anwendung.[3]

bb) Entbehrlichkeit des Vorbehalts

Im Übrigen ist ein Vorbehalt entbehrlich, wenn wegen des betreffenden Mangels schon ein **Prozess anhängig** ist. Es wäre nutzlose Förmelei, für diesen Teil einen gesonderten Vorbehalt zu verlangen, da ein solcher doch wohl nicht klarer zum Ausdruck kommen kann als dadurch, dass um den betreffenden Mangel **zur Zeit der Abnahme** bereits prozessiert wird. Das Gleiche gilt, wenn zu diesem Zeitpunkt ein **selbständiges Beweisverfahren** gegen den Bauunternehmer anhängig und noch nicht abgeschlossen ist, das sich auf den betreffenden Mangel bezieht. Es handelt sich hierbei zwar um kein echtes Streitverfahren, jedoch macht der Bauherr durch die Einleitung eines solchen Verfahrens ebenfalls deutlich, dass er wegen des oder der Mängel, die Gegenstand dieses Verfahrens sind, Ansprüche gegenüber dem Auftragnehmer geltend machen bzw. deren Geltendmachung vorbereiten will. Ein darüber hinausgehender Vorbehalt ist dann entbehrlich.[4]

cc) Positive Kenntnis

Die vorbezeichneten Rechtsverluste des Bauherrn bei Unterlassen des Vorbehalts treten allerdings nur ein, wenn er die Abnahme **in Kenntnis eines Mangels** vornimmt. „Kenntnis" bedeutet hier das positive Wissen, durch welchen Fehler der Wert oder die vertragsgemäße Tauglichkeit der Leistung aufgehoben oder gemindert wird. Nur dann kennt er den Fehler in der sich aus § 633 BGB bzw. § 13 Nr. 1 VOB/B ergebenden Bedeutung.[5] Ein bloßes „**Kennenmüssen**", wie z. B. bei Vorliegen eines Verstoßes gegen die zugrunde liegende Planung oder einschlägige bauordnungsrechtliche Bestimmungen, **reicht danach nicht aus**, um bezüglich der betroffenen Mängel einen Ausschluss der Gewährleistungsansprüche annehmen zu können.

---

1 BGH, BauR 1975, 344, 346.
2 BGH, BauR 1974, 59.
3 BGH, NJW 1978, 2240f.
4 OLG Köln, BauR 1983, 463.
5 RGZ 149, 401, 402.

130 Dafür, dass der Bauherr den Mangel im Zeitpunkt der Abnahme gekannt hat, ist der **Unternehmer darlegungs- und beweispflichtig.** Eine Ausnahme gilt nur – vor allem bei einem sachkundigen Auftraggeber – wenn ein Mangel so klar und gravierend in Erscheinung getreten ist, dass er bei der Abnahme schlichtweg nicht übersehen werden konnte. Dies ist jedoch nur bezogen auf den jeweiligen Einzelfall und mit äußerster Vorsicht und Zurückhaltung zu beurteilen, da der Auftragnehmer grundsätzlich den vollen Beweis dafür zu erbringen hat, dass der Auftraggeber einen Mangel bei Abnahme gekannt hat.

dd) Form und Zeitpunkt der Vorbehaltserklärung

131 Auch die Erklärung des Vorbehalts ist eine **empfangsbedürftige Willenserklärung** im Sinne der §§ 130 ff. BGB. Sie hat im Zeitpunkt der Abnahme oder – spätestens – zur Zeit des Eintritts der Abnahmewirkungen zu erfolgen und muss dem Auftragnehmer zugehen. Insoweit gelten die allgemeinen Vorschriften.

Hinweis:
Die Erklärung selbst ist nicht an eine besondere Form gebunden, kann mithin auch mündlich zum Ausdruck gebracht werden. **Aus Beweisgründen** ist dem Auftraggeber allerdings dringend zu empfehlen, den Vorbehalt immer schriftlich zum Ausdruck zu bringen.

132 Für den Bereich der **förmlichen Abnahme** ist allerdings die in § 12 Nr. 4 Abs. 1 Satz 4 VOB/B zum Ausdruck kommende Schriftform in jedem Falle einzuhalten, d. h. dass Vorbehalte wegen bekannter Mängel in das **Abnahmeprotokoll** aufzunehmen sind.

133 Handelt es sich um eine stillschweigende/**konkludente Abnahme**, so muss der Vorbehalt spätestens bis zum Ablauf des Zeitraums erklärt werden, in dem diese als erfolgt anzusehen ist. Hier wird auf den jeweiligen Einzelfall abzustellen sein. Maßgebend dürfte der Zeitraum sein, innerhalb dessen zumutbar eine Prüfung der Werkleistung auf ihre Vertragsgerechtheit erfolgen kann.

134 Hat dagegen der Auftragnehmer eines VOB-Vertrags eine Abnahme nach § 12 Nr. 1 VOB/B verlangt und nimmt der Auftraggeber die Leistung in Gebrauch, **ohne eine ausdrückliche Abnahme** zu erklären, ist der Vorbehalt binnen der **12-Tages-Frist** des § 12 Nr. 1 VOB/B zu erklären.

135 Ähnliches gilt für den VOB-Bauvertrag für die **fiktive Abnahme** (§ 12 Nr. 5 VOB/B). Dazu ergibt sich aus § 12 Nr. 5 Abs. 3 VOB/B, dass Vorbehalte wegen bekannter Mängel innerhalb der **Zeiträume** geltend zu machen sind, die in § 12 Nr. 5 Abs. 1 und/oder Abs. 2 VOB/B **den Eintritt der Abnahmewirkung kennzeichnen**. Spätestens zu diesem Zeitpunkt muss ein etwaiger Vorbehalt erklärt werden. Dies ist nur ausnahmsweise dann entbehrlich, wenn sich dies aus dem früheren Verhalten des Auftraggebers ergibt. So z. B. wenn er kurz vor der Fertigstellungsmitteilung oder Inbenutzungnahme ausdrücklich schon Mängel gerügt und dem Auftragnehmer deutlich gemacht hatte, dass er die – mangelhafte – Leistung niemals hinnehmen werde, und wenn darüber hinaus klar ist, dass sich diese Haltung des Auftraggebers innerhalb der jeweils maßgeblichen Frist nicht geändert hat.[1]

---

[1] KG, BauR 1973, 244; BGHZ 62, 328 ff.

Die Beweislast für das Vorliegen dieses eng auszulegenden Ausnahmetatbestands trägt der Auftraggeber. Er muss substantiiert darlegen und beweisen, dass er die Mängel schon vorher zweifelsfrei bezeichnet und gerügt hat, und dass sich insoweit seine Haltung nicht verändert hat.

136

Durch Einfügung der §§ 640 Abs. 1 Satz 3 und 641 a BGB n. F. zum 1. 5. 2000 kennt nunmehr auch das **Bürgerliche Gesetzbuch** eine **fiktive Abnahme** (siehe dazu im Einzelnen unten Rz. 78 ff.). Die Abnahmefiktion nach den vorgenannten Vorschriften steht der rechtsgeschäftlichen Abnahme gleich.[1]

137

Dennoch ist hier ein **Vorbehalt** wegen bekannter Mängel gemäß § 640 Abs. 2 BGB n. F. **nicht erforderlich**. Dieser nimmt in der seit dem 1. 5. 2000 geltenden Fassung nämlich ausdrücklich nur Bezug auf die (rechtsgeschäftliche) Abnahme gemäß § 640 Abs. 1 Satz 1 BGB n. F. Daraus wird – zu Recht – geschlossen, dass es im Rahmen der fiktiven Abnahme nach § 640 Abs. 1 Satz 3 BGB n. F. der Erklärung eines solchen Vorbehalts nicht bedürfe.[2]

138

Das Gleiche gilt für die Abnahmefiktion aufgrund Vorlage einer **Fertigstellungsbescheinigung** gemäß § 641 a BGB n. F.. Hier regelt § 641 a Abs. 1 Satz 3 BGB n. F. ausdrücklich, dass § 640 Abs. 2 BGB n. F. keine Anwendung findet.

139

Hinweis:

140

Bei einer formellen Abnahme sind erkennbare Mängel in ein **vor Ort gefertigtes Abnahmeprotokoll** mit dem Vermerk aufzunehmen, dass sich der Bauherr insoweit sämtliche Ansprüche vorbehalte. Bei im Handel erhältlichen Vordrucken ist hierfür i. d. R. bereits eine entsprechende Rubrik vorgesehen.

Wird ein Abnahmeprotokoll zunächst auf Tonträger diktiert, sind etwaige Vorbehalte des Bauherrn auf dessen Wunsch mit aufzunehmen. Diktiert der Bauherr oder dessen Vertreter, reicht es aus, wenn diese Vorbehalte in dem **Begleitschreiben** aufgenommen werden, mit dem dem Bauunternehmer das Protokoll übermittelt wird.

Bei Abnahmefiktionen nach § 12 Nr. 5 VOB/B ist der Vorbehalt – anders als beim BGB-Bauvertrag – im Zweifel innerhalb der dort geregelten **6- bzw. 12-Werktagfristen** zu erklären.

b) Vorbehalt von Vertragsstrafenansprüchen

In Bauverträgen werden Vertragsstrafen zulasten des Auftragnehmers regelmäßig für den Fall **nicht zeitgerechter Erfüllung** der in Auftrag gegebenen Leistung vereinbart. Ohne eine solche **Vereinbarung** können Vertragsstrafenansprüche nicht erhoben werden.

141

Für den Fall nicht zeitgerechter Erfüllung gilt dann im Ausgangspunkt sowohl für den BGB- als auch den VOB-Bauvertrag die Regelung des § 341 Abs. 3 BGB, deren wesentlicher Inhalt insoweit in § 11 Nr. 4 VOB/B zum Ausdruck kommt. Danach

142

---
1 Palandt-*Sprau*, 60. Aufl., § 640 Rz. 8.
2 *Kniffka*, ZfBR 2000, 227, 230; Palandt-*Sprau*, 61. Aufl., Ergänzungsband, § 640 Rz. 13.

kann der Auftraggeber die Vertragsstrafe nur verlangen, wenn er sich diese **bei der Abnahme** vorbehält. Dieses Erfordernis des Vorbehalts ist eng auszulegen.[1]

143 Im Rahmen der vertraglichen Vereinbarungen kann das **Erfordernis des Vorbehalts** der Vertragsstrafe bei Abnahme allerdings **abbedungen werden**.[2] Dies muss jedoch so klar und deutlich im Vertrag festgelegt werden, dass keine Zweifel angezeigt sind. In gewissem Umfang kann ein solches Abbedingen auch in **Allgemeinen Geschäftsbedingungen** – insbesondere Zusätzlichen Vertragsbedingungen – erfolgen. Für wirksam ist eine Klausel erachtet worden, nach der sich der Auftraggeber eine Vertragsstrafe nicht schon bei der Abnahme vorbehalten muss, sondern diese noch bis zur Schlusszahlung geltend machen kann.[3]

144 **Nicht möglich** ist es allerdings, in Allgemeinen Geschäftsbedingungen das Erfordernis des Vorbehalts überhaupt **wegfallen** zu lassen. Dies wird damit begründet, dass eine solche Regelung eindeutig gegen § 9 AGBG (§ 307 BGB n. F.) verstoße.[4] Das Gleiche gilt für eine Bestimmung in Allgemeinen Geschäftsbedingungen, nach der die Vertragsstrafe ohne vorherigen Vorbehalt noch **bis zum Ablauf der Gewährleistungsfrist** geltend gemacht werden kann.[5]

145 Generell wird man den vorstehend zitierten Entscheidungen entnehmen können, dass ein vertraglich vereinbartes Hinausschieben des Vorbehalts über die Abnahme hinaus in Allgemeinen Geschäftsbedingungen grundsätzlich **nicht über den Zeitpunkt der Schlusszahlung** hinausgehen darf. Zu überlegen ist in diesem Zusammenhang aber, dass die Schlusszahlung nicht beliebig hinausgezögert werden darf. Dies hat auch der BGH[6] so gesehen und stellt die **Verweigerung der Schlusszahlung** insoweit dem Zeitpunkt der Schlusszahlung gleich.

146 Indes scheint dies nicht ausreichend: Zu denken ist vielmehr daran, eine solche Vereinbarung in Allgemeinen Geschäftsbedingungen dahin gehend auszulegen, dass die **2-Monatsfrist** des § 16 Nr. 3 VOB/B **als zeitliche Grenze** für den Vorbehalt hinsichtlich der Vertragsstrafe gilt.[7] Diese Begrenzung dürfte auch eher den vom BGH angestellten Überlegungen zur Zweckmäßigkeit des § 341 Abs. 3 BGB und zur Vermeidung unbilliger Härten auf Seiten des Schuldners entsprechen. Dieser soll eben nicht auf unabsehbare Zeit – ggf. bis hin zum Verjährungseintritt – der möglichen Verpflichtung zur Zahlung der Vertragsstrafe ausgesetzt sein.[8]

Hinweis:
Bei Vorliegen einer vergleichbaren Fallkonstellation mit entsprechender wirtschaftlicher Bedeutung sollte mit der 2-Monats-Frist des § 16 Nr. 3 VOB/B argumentiert werden, um diese Auffassung ggf. **höchstrichterlich überprüfen** zu las-

---

1 *Nicklisch-Weick*, § 11 Rz. 24; BGH, BauR 1997, 640.
2 BGH NJW 1971, 883 f.
3 BGHZ 72, 222, 223 ff.; BGH, BauR 2000, 1758.
4 BGHZ 85, 305, 307 ff.
5 OLG Nürnberg, MDR 1980, 398, 399.
6 BGH, BauR 1979, 56.
7 Ähnlich OLG Düsseldorf, BauR 1990, 609 und 1997, 1052, das die Erhebung von Einwendungen gegen das Aufmaß und die diesem zugrunde liegenden Abrechnungsvorschriften nach Ablauf der Frist des § 16 Nr. 3 Abs. 1 VOB/B als verwirkt ansieht. Achtung: abweichend BGH, BauR 2001, 784 f.
8 Vgl. BGH, BauR 1979, 56, 58.

sen, um so möglicherweise der Zahlung einer ansonsten nicht zu verhindernden Vertragsstrafe doch noch zu entgehen.

147 Liegen unter Berücksichtigung der vorstehenden Ausführungen von der Vorschrift des § 341 Abs. 3 BGB abweichende, mithin unwirksame Vertragsbestimmungen in Allgemeinen Geschäftsbedingungen vor, bleibt es bei der gesetzlichen Regelung: Der Vorbehalt ist **bei** der Abnahme zu erklären.

148 Kommt es mangels – wirksamer – abweichender vertraglicher Vereinbarungen auf die Erklärung des Vorbehalts bei der Abnahme nach § 341 Abs. 3 BGB bzw. § 11 Nr. 4 VOB/B an, genügt **weder eine frühere noch eine spätere** Geltendmachung des Vorbehalts, um diesen **wirksam** zu erklären.[1] Daher ist es nicht ausreichend, wenn die Abnahme am Ort der Bauleistung vorgenommen wird, dort über den Vorbehalt nichts gesagt wird und dieser erst in einem später angefertigten „Abnahmeprotokoll" auftaucht.[2]

149 Anders verhält es sich, wenn über das Ergebnis der Abnahme vereinbarungsgemäß eine **Niederschrift** gefertigt wird, die von beiden Parteien unterzeichnet werden muss (beispielsweise auf der Grundlage eines vor Ort diktierten oder handschriftlich mit Stichworten gefertigten Protokolls). Dann ist das Erfordernis eines Vorbehalts von Vertragsstrafenansprüchen gewahrt, wenn der Auftraggeber den Vorbehalt in der Niederschrift vor seiner Unterzeichnung vermerkt. Die Unterschriftsleistung ist dabei nämlich als ein Teil der Abnahme anzusehen, wenn die Besichtigung vor Ort und die Fertigung der endgültigen Niederschrift im engen zeitlichen Zusammenhang stehen.[3] Hierbei wird man aber verlangen müssen, dass der Vorbehalt anlässlich der **Abnahmeverhandlung** auch **ausdrücklich erklärt** worden ist.

150 Die **Unterschrift** des Auftragnehmers/Unternehmers unter ein Abnahmeprotokoll, in dem sich sein Vertragspartner die Geltendmachung einer Vertragsstrafe vorbehalten hat, stellt noch **kein Anerkenntnis** des Vertragsstrafenanspruches dar.[4]

151 Andererseits **erlischt** der Vertragsstrafenanspruch, wenn der Auftraggeber mit diesem schon **vorher** die **Aufrechnung** erklärt hatte, es jedoch bei der Abnahme versäumt, sich die Vertragsstrafe nochmals ausdrücklich vorzubehalten.[5]

152 Ebenso wie hinsichtlich des Vorbehalts von Mängelansprüchen bedarf es eines Vorbehalts der Vertragsstrafe bei Abnahme allerdings dann nicht mehr, wenn in diesem Zeitpunkt die Vertragsstrafe schon **eingeklagt** ist. Deutlicher kann ein Vertragsstrafenanspruch nämlich nicht vorbehalten werden.[6] Voraussetzung dafür ist jedoch, dass der Prozess **zum Zeitpunkt der Abnahme** noch **läuft** und auch durchgeführt wird. Gefährlich wird es hier für den Auftraggeber, wenn der Prozess zum Stillstand – beispielsweise durch Anordnung des **Ruhens des Verfah-**

---

1 BGHZ 33, 236, 237; BGH, NJW 1971, 883, 884; BauR 1977, 280; BGHZ 85, 240, 243 f.
2 OLG Düsseldorf, BauR 1982, 582.
3 BGH, BauR 1974, 206, 207.
4 OLG Koblenz, *Schäfer/Finnen/Hochstein*, Z 2.411 Bl. 52.
5 BGHZ 85, 240, 243 f.
6 BGHZ 62, 328 ff.; BGHZ 85, 305, 309.

rens – gekommen ist: Dann wird er sich den Vertragsstrafenanspruch bei Abnahme noch einmal ausdrücklich vorbehalten müssen.

153 Bei der Erklärung des **Vorbehalts** ist es **nicht erforderlich**, dass der Bauherr ausdrücklich das **Wort „Vorbehalt"** gebraucht. Ausreichend ist vielmehr eine unmissverständliche Äußerung, aus der sein Gegenüber seinen eindeutigen Willen erkennen kann, sich die Vertragsstrafe vorzubehalten.[1] Auch hier kann der Vorbehalt mündlich erklärt werden, muss jedoch für den Fall der förmlichen Abnahme gemäß § 12 Nr. 4 Satz 4 VOB/B in das Abnahmeprotokoll aufgenommen werden.[2]

154 Unterlässt der Auftraggeber die rechtzeitige Geltendmachung der Vertragsstrafe bei Abnahme oder zu dem – rechtswirksam – vereinbarten Zeitpunkt, so ist er nicht gehindert, **Schadensersatzansprüche** wegen einer verspäteten Fertigstellung geltend zu machen, die eigentlich durch die Vertragsstrafe ganz oder teilweise abgedeckt worden wären. Bei Verzug des Auftragnehmers/Unternehmers kann der Auftraggeber **ohnehin wählen**, ob er die Vertragsstrafe als Mindestbetrag des Schadens oder ob er Schadensersatz geltend machen will. Ist ersteres aus Rechtsgründen nicht mehr möglich, weil er keinen Vorbehalt erklärt hat, ist damit die Möglichkeit der Geltendmachung eines auf demselben Lebenssachverhalt beruhenden Schadensersatzanspruches nicht ausgeschlossen.[3]

155 Auch hier gelten für den Bereich der **fiktiven Abnahme im Rahmen des VOB-Bauvertrags** (§ 12 Nr. 5 VOB/B) einige **Besonderheiten**. Liegen die Voraussetzungen der Absätze 1 und 2 des § 12 Nr. 5 VOB/B vor, so verbleibt dem Auftraggeber das Recht zur Forderung und Durchsetzbarkeit einer wirksam vereinbarten Vertragsstrafe nur, wenn er sich dies **zum Zeitpunkt des Eintritts der Abnahmewirkungen** nach den vorgenannten Vorschriften vorbehält.[4]

156 Auch insoweit verbleibt dem Auftraggeber für den Fall, dass er einen wirksamen Vorbehalt nicht erklärt hat, ein **Schadensersatzanspruch** wegen Überschreitung der vereinbarten Fertigstellungsfrist gegen den Auftragnehmer. Dazu muss der Auftraggeber allerdings sowohl den Eintritt eines geldwerten **Schadens** als auch ein **Verschulden** des Auftragnehmers darlegen und beweisen.

157 Fraglich ist, ob die vorgenannten Wirkungen auch für die seit dem 1. 5. 2000 in das Bürgerliche Gesetzbuch eingeführten **Abnahmefiktionen der §§ 640 Abs. 1 Satz 3 und 641a BGB n. F.** gelten. Entsprechende Regelungen, wie hinsichtlich der Entbehrlichkeit eines Vorbehalts wegen bekannter Mängel, finden sich in Bezug auf den Vorbehalt einer Vertragsstrafe nämlich nicht. Es muss somit bei der **zwingenden Regelung des § 341 Abs. 3 BGB** bleiben. Wegen der Fristen, innerhalb derer ein solcher Vorbehalt zu erklären ist, bietet sich eine Anlehnung an die vorstehend erörterten Regelungen des § 12 Nr. 5 Abs. 1 und 2 VOB/B an.[5]

---

1 Vgl. BGHZ 62, 328, 329 f.
2 Vgl. *Nicklisch/Weick*, § 11 Rz. 22.
3 BGH, BauR 1975, 344.
4 BGH, NJW 1977, 897, 898.
5 Vgl. *Kniffka*, ZfBR 2000, 227, 230.

Bei einer **Abnahmeverweigerung** braucht ein Vorbehalt wegen einer vereinbarten Vertragsstrafe nicht erklärt zu werden, und zwar unabhängig davon, ob die Verweigerung zu Recht oder zu Unrecht erfolgt. Das Gleiche gilt für den Fall, dass der Auftraggeber wegen Mängeln eine **Ersatzvornahme** nach § 633 Abs. 3 BGB a. F. durchführt.[1]   158

c) Adressat der Vorbehaltserklärung

Sowohl der Vorbehalt bezüglich bekannter Mängel als auch der wegen der Vertragsstrafe müssen bei Abnahme dem Bauunternehmer oder einer zur Entgegennahme solcher wichtigen Erklärungen **befugten Person** seines Betriebs gegenüber erklärt werden. Dabei genügt die Erklärung des Vorbehalts durch den Bauherrn auf der Baustelle gegenüber dem örtlichen Bauleiter im Allgemeinen nicht. Ohne Vorlage entsprechender Anhaltspunkte ist in der Regel nicht davon auszugehen, dass dieser von seinem Arbeitgeber zur Entgegennahme derart wichtiger rechtsgeschäftlicher Erklärungen bevollmächtigt ist. Ein **Bauleiter** kann den Vorbehalt lediglich als **Bote** entgegennehmen, so dass dieser dann unmittelbar im Anschluss an die Abnahmeverhandlung dem Unternehmer zugeleitet werden muss.   159

Hinweis: 160
Da dies i. d. R. erhebliche **Beweisschwierigkeiten** mit sich bringt, kann dem Bauherrn nur empfohlen werden, die Schriftform für die Erklärung seines Vorbehalts zu wählen. Er muss gleichzeitig dafür Sorge tragen, dass dieser dem Unternehmer zeitnah zu der Abnahmeverhandlung zugeht. Auch insoweit trifft die Beweislast den Bauherrn. Am besten lässt er sich dies natürlich anlässlich der Abnahmeverhandlung direkt vor Ort schriftlich bestätigen.

d) Vorbehaltserklärung durch den Architekten oder Ingenieur

Grundsätzlich kann der Vorbehalt vom Auftraggeber selbst oder seinem gesetzlichen oder sonst bevollmächtigten Vertreter abgegeben werden. Im Hinblick auf einen eingeschalteten **bauleitenden Architekten** oder Ingenieur stellt sich die Frage, ob und in welchem Umfang dieser als ermächtigt angesehen werden kann, den Vorbehalt für seinen Auftraggeber zu erklären. Hierbei wird man zwischen dem Vorbehalt wegen Mängeln und einem solchen wegen Geltendmachung einer Vertragsstrafe unterscheiden müssen: 161

Der **Vorbehalt wegen bekannter Mängel** fällt in den **unmittelbaren Aufgabenkreis** des bauleitenden Architekten bzw. Ingenieurs, der ja gerade darauf achten soll, dass das Bauwerk mangelfrei errichtet wird. Hinsichtlich der Erklärung dieses Vorbehalts wird ein mit der Bauleitung beauftragter Architekt oder Ingenieur daher als bevollmächtigt angesehen werden müssen. Behält er sich bei der Abnahme für seinen Bauherrn Rechte wegen bekannter Mängel nicht vor, so dass der Bauherr seine entsprechenden Gewährleistungsansprüche verliert, macht er sich in vollem Umfang schadensersatzpflichtig.   162

---

1 Vgl. BGH, BauR 1997, 640.

163 Problematischer stellt sich dies für einen **Vorbehalt wegen Geltendmachung einer verwirkten Vertragsstrafe** dar. Für diesen Bereich kann der bauleitende Architekt oder Ingenieur **nicht ohne weiteres** als ermächtigt angesehen werden, eine entsprechende Erklärung auch ohne gesonderte Vollmacht für seinen Auftraggeber abzugeben.[1] Es handelt sich hier nämlich um eine Erklärung, die nicht mit den unmittelbaren Interessen des Auftraggebers an der Bauleistung und daher mit dem dem Architekten/Ingenieur im Rahmen der Bauleitung gewöhnlich übertragenen Geschäftsbereich zusammenhängt. Vielmehr sind hier **vorrangig** die **Vermögensinteressen** des Auftraggebers betroffen.

164 Der BGH hat insoweit offen gelassen, ob ein bauleitender Architekt schon allein aufgrund des ihm erteilten Auftrags entsprechend als bevollmächtigt anzusehen ist. Er hat in diesem Zusammenhang allerdings deutlich gemacht, dass es jedenfalls eine unabdingbare **Pflicht des Architekten** ist, seinen Auftraggeber darauf **hinzuweisen**, dass, wann und auf welche Art und Weise dieser einen Vorbehalt wegen einer vom Bauunternehmer verwirkten Vertragsstrafe geltend machen muss.[2]

Hinweis:
Zur Vermeidung rechtlicher Nachteile sowohl auf Bauherren- als auch auf Architektenseite empfiehlt es sich, eine **entsprechende Vollmacht** entweder in den Architektenvertrag aufzunehmen oder in einer gesonderten Vollmachtsurkunde zu regeln. Dies könnte beispielsweise gleichzeitig mit der Bevollmächtigung des Architekten zur Einreichung des Bauantrags geschehen. Erklärt der Architekt danach den Vorbehalt für den Bauherrn, wird er zur Vermeidung rechtlicher Nachteile in Bezug auf § 174 BGB dem Bauunternehmer spätestens dann ein Original seiner **Vollmachtsurkunde übergeben**.

165 Unterlässt der Architekt schuldhaft die Geltendmachung des Vorbehalts bzw. einen **entsprechenden Hinweis** an seinen Auftraggeber, so macht er sich diesem gegenüber schadenersatzpflichtig. Ein solches **schuldhaftes Unterlassen** wird regelmäßig dann vorliegen, wenn der Architekt von der Vereinbarung einer Vertragsstrafe Kenntnis hatte oder den Umständen nach hätte haben müssen.[3] Eine Hinweispflicht des Architekten kann jedoch entfallen, wenn sich für ihn aus den Umständen des Einzelfalls hinreichende Anhaltspunkte für die berechtigte Annahme ergeben, der Auftraggeber werde von sich aus oder durch einen sachkundigen Dritten die Frage des Verfalls der Vertragsstrafe prüfen und diese ggf. rechtzeitig geltend machen.[4] Für diesen Ausnahmefall ist allerdings der Architekt im Streitfall darlegungs- und beweispflichtig. Die bloße Tatsache, dass es sich bei seinem Auftraggeber um einen Fachmann handelt oder dass sich dieser zusätzlich durch einen Baubetreuer beraten lässt, entlastet ihn dabei nicht.[5]

166 Hat ein **nicht bevollmächtigter Architekt** oder sonst ein vollmachtloser Vertreter des Auftraggebers den **Vorbehalt** der Vertragsstrafe erklärt, so ist und bleibt dieser **unwirksam**, wenn der Auftragnehmer die fehlende Vertretungsmacht zur Erklä-

---

1 *Werner/Pastor*, Der Bauprozess, Rz. 1077, 2279.
2 Vgl. BGHZ 74, 235, 237 ff.
3 Vgl. BGHZ 74, 235, 237 ff.
4 Vgl. OLG Stuttgart, BauR 1975, 432.
5 BGH, BauR 1979, 345 ff.

rung des Vorbehalts im Rahmen der Abnahme rügt. Dann ist auch eine nachträgliche **Heilung** durch Genehmigung des Auftraggebers nicht mehr möglich, da es sich bei der Vorbehaltserklärung um ein einseitiges Rechtsgeschäft im Sinne des § 180 BGB handelt.[1] Daher ist eine **Genehmigung** nach den §§ 180 Satz 2, 177 Abs. 1 BGB nur möglich, wenn die Vertretungsmacht bei Erklärung des Vorbehalts nicht beanstandet wird (§ 174 BGB) oder der Erklärungsempfänger damit einverstanden war, dass der Erklärende ohne besondere Vertretungsmacht in Bezug auf den Vorbehalt handelte. Dies gilt gemäß **§ 180 Satz 3 BGB** auch dann, wenn die Erklärung des Vorbehalts gegenüber einem zu dessen Empfang nicht bevollmächtigten Dritten erfolgt und dieser damit einverstanden ist.[2]

7. Verjährung des Vergütungsanspruchs

a) BGB-Bauvertrag

Folgt man der Auffassung des BGH,[3] beginnt der Lauf der Verjährungsfrist des Werklohnanspruchs des Unternehmers für **vor dem 1. 1. 2002** geschlossene Verträge gemäß §§ 196, 197 BGB am 31. 12. des Jahres, in dem die Abnahme erfolgt ist. Von dieser – für den Unternehmer ungünstigen – Fristberechnung sollte zur Sicherheit in jedem Falle ausgegangen werden, um Vergütungsansprüche des Unternehmers nicht verjähren zu lassen. Ein den Unternehmer beratendes Rechtsanwaltsbüro hat danach dafür Sorge zu tragen, dass der Lauf der Verjährungsfrist hinsichtlich des Vergütungsanspruchs des Unternehmers durch gerichtliche Geltendmachung rechtzeitig unterbrochen wird. Andererseits dürfte es allerdings auch der gängigen Praxis entsprechen, dass der Unternehmer bei Zahlungsverweigerung des Bauherrn auf eine beschleunigte gerichtliche Geltendmachung drängt.

167

Hinweis:
Sucht der Unternehmer eines BGB-Bauvertrags das Rechtsanwaltsbüro allerdings erst zu einem Zeitpunkt auf, zu dem nach der bislang vorliegenden Rechtsprechung des Bundesgerichtshofs der Werklohnanspruch **verjährt** ist, bleibt nur noch die gerichtliche Geltendmachung unter Bezugnahme auf die – durchaus gewichtigen – **abweichenden Meinungen** der überwiegenden Literatur und einzelner Senate verschiedener Oberlandesgerichte.[4]

168

Zur Vermeidung eines anwaltlichen Regresses sollte dabei folgende Empfehlung beachtet werden: Dem Mandanten sollte die Rechtslage insbesondere unter Hinweis auf die Entscheidung BGH, BauR 1981, 199 sowie die dazu existierenden abweichenden Meinungen in Literatur und Rechtsprechung schriftlich dargelegt werden, verbunden mit der Bitte, den Klageauftrag – falls dennoch gewünscht – schriftlich unter Bestätigung des so erteilten **Hinweises auf das bestehende Risiko** der Verjährung zu erteilen.

Für am 1. 1. 2002 bestehende und noch nicht verjährte Vergütungsansprüche ist zwingend die **Übergangsregelung** des Art. 229 § 6 EGBGB zu beachten, wonach

169

---

1 Zutreffend *Kleine/Möller*, BB 1976, 442, 443, 445.
2 Vgl. *Nicklisch-Weick*, Teil B, § 11 Rz. 23.
3 BGH, BauR 1981, 199.
4 Vgl. *Werner/Pastor*, Rz. 1370 m. w. N. bzgl. des derzeitigen Meinungsstandes.

170 Für **nach dem 31. 12. 2001** geschlossene Verträge gilt hinsichtlich der Vergütung die **neue Regelfrist** des § 195 BGB n. F. **von drei Jahren**, deren Lauf aber auch gemäß § 199 Abs. 1 Nr. 1 BGB n. F. zum Ende des Jahres beginnt, in dem der Anspruch entstanden ist. Gemäß Nummer 2 der vorgenannten Vorschrift ist zwar noch das Vorliegen eines subjektiven Elements positiver Kenntnis oder grob fahrlässiger Unkenntnis erforderlich, was jedoch hinsichtlich des Vergütungsanspruchs des Unternehmers regelmäßig zu bejahen sein wird.

b) VOB-Vertrag

171 Hier ist der Lauf der Verjährungsfrist beginnend mit Vorliegen sämtlicher **Fälligkeitsvoraussetzungen** bezüglich der Schlusszahlung zu berechnen, insbesondere unter Berücksichtigung des Erfordernisses der Erteilung einer **prüfbaren Schlussrechnung** gemäß § 14 Nr. 1 VOB/B und der **2-Monats-Frist** des § 16 Nr. 3 Abs. 1 VOB/B. Im Übrigen gelten die vorstehend erörterten Grundsätze zur Verjährung des Vergütungsanspruchs beim BGB-Bauvertrag entsprechend.

III. Formen der Abnahme

1. Allgemeines

172 Sowohl für den BGB- als auch für den VOB-Vertrag gilt, dass die Abnahme eine Willenserklärung ist, so dass hierfür zunächst die allgemeinen Grundsätze, wie sie von Rechtsprechung und Literatur für den Bereich der Willenserklärungen aufgestellt worden sind, gelten.[1]

Es bedarf somit grundsätzlich nicht einer ausdrücklichen Äußerung der Billigung der Werkleistung des Auftragnehmers/Unternehmers. Vielmehr genügt auch ein schlüssiges (stillschweigendes, konkludentes) Verhalten, durch das der Auftraggeber die Billigung des Werks „als im Wesentlichen vertragsgerecht" zum Ausdruck bringt.[2] Dies kann beispielsweise durch Benutzung der Leistung über einen gewissen Zeitraum ohne Beanstandungen im Hinblick auf deren Ordnungsgemäßheit geschehen.

Darüber hinausgehende besondere Abnahmeformen sind im BGB – seit dem 1. 5. 2000 neu – in den § 640 Abs. 1 Satz 3 und § 641 a und in der VOB Teil B in § 12 geregelt.

173 Ein **Abnahmeverlangen** des Bauunternehmers – so berechtigt dies im Einzelfall auch sein mag – kann allerdings nicht die auf die Abnahme gerichtete Willenserklärung seines Auftraggebers – sei sie ausdrücklich oder konkludent – ersetzen. Dies gilt erst recht für eine entsprechende Behauptung, „die geschuldete Leistung sei fertig gestellt und deshalb abgenommen", wenn der Bauherr dieser Behaup-

---

[1] Insoweit wird auf die einschlägigen Kommentierungen zum Bürgerlichen Gesetzbuch verwiesen.
[2] BGH, NJW 1970, 421 f.; NJW 1974, 95 f.; NJW 1993, 1063, 1064.

tung widerspricht. Allerdings drohen bei **Untätigkeit** des Auftraggebers die Wirkungen der einzelnen **Abnahmefiktionen**.

2. Abnahmeerklärung beim BGB-Bauvertrag

a) Ausdrückliche Erklärung

Eine ausdrücklich erklärte Abnahme kommt nicht nur dann in Betracht, wenn der Besteller ausdrücklich das Wort „Abnahme" gebraucht.[1] Vielmehr genügt es, wenn er sich in einer Weise äußert, dass daraus der Abnahmewille im Sinne der „**Billigung der Werkleistung als im Wesentlichen vertragsgerecht**" zweifelsfrei zu entnehmen ist. Danach gilt es allgemein als ausdrücklich erklärte Abnahme, wenn der Besteller dem Unternehmer mitteilt, die Abnahme sei durchgeführt worden.[2]

174

Beispiele:
Gleiches trifft zu, wenn der Bauherr dem Unternehmer gegenüber durch andere Äußerungen zum Ausdruck bringt, dass er dessen Werkleistung billige, beispielsweise erklärt,

175

▷ er sei „mit ihm zufrieden",
▷ die Leistung sei „in Ordnung",
▷ er könne nunmehr die Leistung „nutzen",
▷ er könne nunmehr die Leistung „in Gebrauch nehmen",
▷ er „ziehe demnächst ein",
▷ er „eröffne demnächst sein Geschäft",
▷ er – der Auftragnehmer – habe es „gut gemacht".

Es muss sich dabei aber immer um eine nach außen hervortretende Erklärung in dem Sinne handeln, dass der Besteller die Leistung des Unternehmers billigt. Dies kann in Ausnahmefällen durchaus auch dann der Fall sein, wenn die Leistung zwar nicht den vertraglichen Vereinbarungen, wohl aber den Bedürfnissen des Bestellers entspricht, und er dies auch so zum Ausdruck bringt (worin dann zugleich eine **einverständliche Vertragsänderung** zu sehen ist).[3]

176

Beispiel:
In gleicher Weise wird z. B. ein Verhalten eines Auftraggebers zu bewerten sein, der eine von den Mitarbeitern des Unternehmers hergestellte Treppe begeht und sich gegenüber den noch anwesenden Handwerkern nicht negativ äußert, sondern seine Ehefrau fragt, warum „noch kein Bier und Korn auf dem Tisch stehe".

177

b) Stillschweigende (konkludente) Erklärung

Geht man von dem oben definierten Abnahmebegriff aus (Rz. 11), so leuchtet ohne weiteres ein, dass die bloße Entgegennahme oder Inbenutzungnahme der Leistung für sich allein als stillschweigende Abnahme noch nicht ausreichend

178

---
1 Vgl. *Werner/Pastor*, Der Bauprozess, Rz. 1349.
2 BGH, BauR 1973, 192.
3 Vgl. *Ingenstau/Korbion*, VOB/B, § 12 Rz. 47, 81.

sein kann. Vielmehr muss sich aus den Umständen die „Billigung des Werks als im Wesentlichen vertragsgerecht" ergeben. Dabei ist auf den jeweiligen Einzelfall dergestalt abzustellen, dass sich gerade aus dem weiteren Verhalten des Bestellers zweifelsfrei auch ein **Billigungswille** entnehmen lässt.[1]

Beispiele:
Es muss also neben der Entgegennahme oder Inbenutzungnahme der Leistung noch ein **weiteres Verhalten** hinzukommen, dass beispielsweise liegen kann in

▷ der vorbehaltlosen Zahlung der Vergütung,[2]

▷ der Zahlung erheblicher Vergütungsanteile unter gleichzeitiger Inbenutzungnahme der Leistung,[3]

▷ der freiwillig gewährten Eintragung einer Bauhandwerkersicherungshypothek gemäß § 648 BGB,[4]

▷ der Freigabe der Sicherheitsleistung.[5]

179 Aber auch die **Inbenutzungnahme** der Leistung und deren Nutzung **für einen gewissen Zeitraum**, ohne dass wegen vorhandener Mängel die Abnahme oder Billigung des Werks abgelehnt wird, kann einer stillschweigenden Abnahme gleich kommen.[6] In gleicher Weise gilt dies für die Inbenutzungnahme einer **Teilleistung** im Rahmen der Gesamterrichtung eines Bauwerkes, wenn der Bauvertrag nur auf diese Teilleistung bezogen ist und es um die Benutzung dieser Teilleistung zum Weiterbau durch andere Gewerke geht.[7]

180 Zusammenfassend ergibt sich, dass nicht schon die bloße Inbenutzungnahme ausreichend ist, sondern dass in subjektiver Hinsicht nach außen ein **schlüssiges** Verhalten des Bestellers dahin gehend hinzukommen muss, dass daraus deutlich erkennbar ist, dass er die Leistung „als im Wesentlichen vertragsgerecht" entgegennimmt. Im Allgemeinen kann daher auf einen entsprechenden Billigungswillen **erst nach Ablauf eines gewissen Zeitraums** gesprochen werden, innerhalb dessen der Besteller Gelegenheit hat, die Ordnungsgemäßheit der Werkleistung des Unternehmers zu überprüfen. Die Bemessung dieses Prüfungszeitraums hängt von den Umständen des Einzelfalles, insbesondere dem Umfang der Leistung, ab.[8]

181 **Hinweis:**
Für Werklieferungsverträge im **kaufmännischen Geschäftsverkehr** (es ging um einen zu einem Wohnmobil umgebauten Kastenwagen) hat das OLG München mit Urteil vom 7. 12. 1988 entschieden, dass von einer Abnahme im Sinne des § 640 Abs. 1 BGB mit Ablauf der Rügefrist des § 377 HGB auszugehen sei.[9]

---

1 Vgl. *Ingenstau/Korbion*, VOB/B, § 12 Rz. 8 f.
2 BGH, BauR 1970, 48; BauR 1979, 76.
3 BGH, BauR 1971, 128.
4 KG, OLGZ 34, 39, 40.
5 *Heiermann/Riedl/Rusam*, Teil B, § 12 Rz. 9.
6 OLG Celle, NJW 1962, 494 f.; LG Nürnberg-Fürth, BauR 1974, 426.
7 LG Regensburg, *Schäfer/Finnen/Hochstein*, Nr. 6 zu § 641 BGB.
8 BGH, BauR 1985, 200; NJW-RR 1992, 1078, 1079; OLG Hamm, NJW-RR 1995, 1233; OLG Frankfurt ZfBR 1990, 118; OLG Köln, *Schäfer/Finnen/Hochstein*, Nr. 13 zu § 640 BGB.
9 NJW 1989, 1286, 1287.

Allerdings kann die Abnahme ausnahmsweise auch mit der **Inbenutzungnahme** 182
zusammenfallen, nämlich dann, wenn der Bauherr vorher die fertig gestellte Leistung **besichtigt** und sie dann **ohne** eindeutige **Abnahmeverweigerung** in Benutzung nimmt. In diesen Fällen kann der Einzug als Zeitpunkt der stillschweigenden Abnahme gelten.[1]

Letztlich entscheidend für die stillschweigende Abnahme ist, dass nach dem, bei den gegebenen Umständen des Einzelfalls **objektiv zu bewertenden**, Verhalten des Bestellers **ohne vernünftigen Zweifel** auf die Billigung der Leistung als in der Hauptsache vertragsgemäß geschlossen werden kann.[2]

Deshalb wird im Allgemeinen eine stillschweigende Billigung trotz Inbenutzungnahme dann **ausscheiden**, wenn

▷ die Leistung noch nicht im Wesentlichen fertig ist und zusätzlich der bisher erstellte Leistungsteil ersichtlich grobe Mängel aufweist;[3]

▷ der Einzug in ein noch nicht im Wesentlichen fertiges Haus unter dem Zwang der Verhältnisse – etwa wegen unumgänglich notwendiger Aufgabe der bisherigen Wohnung – erfolgt; vor allem wenn es sich nur um einen vorläufigen Einzug in der berechtigten Erwartung der kurzfristigen Fertigstellung handelt;[4]

▷ ein bloßer Probelauf einer technischen Anlage (z. B. einer Heizung) vorgenommen wird, insbesondere dann nicht, wenn der Bauherr noch nicht in deren Bedienung eingewiesen ist;[5]

▷ der Architekt im Auftrag seines Auftraggebers die Rechnungen des Unternehmers geprüft und mit dem Vermerk „sachlich und rechnerisch richtig" versehen hat, da diese bloß rechnerische Prüfung nichts mit der Abnahme zu tun hat, insbesondere nichts mit der Prüfung der Vertragsleistung im Wesentlichen;[6]

▷ der Besteller eine Ersatzvornahme i. S. d. § 633 Abs. 3 BGB a. F. ankündigt und auch durchführt, da ihm diese Regelung gerade die Möglichkeit eröffnet, das gesamte Werk oder fehlerhafte Teile davon mangelfrei fertig zu stellen, wenn der Unternehmer einem entsprechenden Verlangen trotz Fristsetzung nicht nachkommt; wollte man in so einem Verhalten des Bauherrn die Kundgabe eines Abnahmewillens sehen, wäre die Vorschrift des § 633 Abs. 3 BGB a. F. ad absurdum geführt.[7]

Zusammenfassend ist festzuhalten, dass **unabdingbare Voraussetzung** für das 183
Vorliegen einer stillschweigenden Abnahme die **Abnahmefähigkeit des Werks** ist, die allerdings nicht bereits durch das Vorliegen – auch mehrerer – untergeordneter Mängel gehindert wird. So liegt beispielsweise eine **stillschweigende Ab-**

---
1 OLG Düsseldorf, *Schäfer/Finnen/Hochstein*, Nr. 9 zu § 640 BGB.
2 BGH, NJW 2001, 818, 821; BauR 1974, 67.
3 BGH, *Schäfer/Finnen/Hochstein*, Z 2.511 Bl.10, vgl. auch NJW 2001, 818, 821.
4 BGH, BauR 1975, 344.
5 Vgl. allgemein: RGRK-*Glanzmann*, Bd. II 4. Teil, § 640 Rz. 8.
6 LG Köln, MDR 1962, 821.
7 BGH, ZfBR 1994, 81, 83.

nahme im Sinne des § 640 Abs. 1 Satz 1 BGB auch dann vor, wenn die Ehefrau des Bestellers nach Fertigstellung der Arbeiten – zum Beispiel Fertigparkett – eine „Auftrags- und Ausführungsbestätigung" des Handwerkers unterzeichnet, ohne die Abnahme deutlich zu verweigern. Wenn zugleich mündlich kleinere Mängel gerügt werden, dann hindert dies nicht die Abnahme, da es sich aus Sicht des Unternehmers als Erklärungsempfänger nur um einen gemäß § 640 Abs. 2 BGB erforderlichen **Vorbehalt bekannter Mängel** handelt.[1]

184 **Beispiel:**
Fehlen in einer Dachgeschosswohnung allerdings eine **erhebliche Anzahl** vorgesehener Oberlichter, kann trotz Einzugs des Erwerbers nicht angenommen werden, dass dieser dadurch auf eine vereinbarte förmliche Abnahme verzichtet. Sein Verhalten kann **nicht als konkludente Abnahme** gedeutet werden, da aufgrund der vorhandenen Mängel gerade nicht darauf geschlossen werden könne, dass er das Werk als im Wesentlichen vertragsgemäß billige.[2]

185 **Hinweis:**
Oft sind in Bauverträgen, gerade was die schlüsselfertige Errichtung von Eigenheimen anbelangt, verbindliche Fristen betreffend die Bezugsfertigkeit vereinbart. Die Bauherren, die bis dato noch in einer Mietwohnung wohnen, kündigen diese nicht selten aus finanziellen Gründen zeitgleich oder zumindest zeitnah zu dem mit dem Bauunternehmer vereinbarten Fertigstellungstermin, um sodann in ihr neues Haus einziehen zu können. Denkbar sind ebenfalls Konstellationen, wo Eigentümer ihr bisheriges Haus oder ihre bisherige Wohnung verkaufen, weil sie sich für ein neues, in der Regel schöneres und größeres, Objekt entschieden haben und in dem Kaufvertrag für ihr bisheriges Zuhause einen Übergabetermin analog zu dem vom Bauunternehmer versprochenen Fertigstellungstermin vereinbaren.

186 Verzögert sich die Fertigstellung der geschuldeten Werkleistung, sei es, weil der Bauunternehmer schlicht nicht fertig wird, sei es, weil der Bauherr bereits vor Abnahme Mängel rügt, die einer Abnahmefähigkeit des Werks im Wege stehen, kann es dann unter dem gegebenen Zeitdruck, insbesondere zur Vermeidung von Schadensersatzansprüchen des Vermieters/Erwerbers für den Bauherren erforderlich sein, dass er das neue Objekt vorzeitig beziehen muss, soweit dies technisch möglich ist. In diesen Fällen wird es – wie dargestellt – zwar regelmäßig an dem für die Annahme einer stillschweigenden Abnahme erforderlichen Billigungswillen des Bauherren fehlen. Ist das Objekt mit wesentlichen Mängeln behaftet, wird eine Abnahmefähigkeit von vornherein auch nicht gegeben sein.

187 Um aber ganz sicher den **Eindruck einer konkludenten** (oder fiktiven, dazu unten mehr) **Abnahme** zu **vermeiden**, empfiehlt es sich, den Bauherren dahin gehend zu beraten, zur Klarstellung ein entsprechendes Schreiben an den Unternehmer – mit Zugangsnachweis – mit dem Inhalt zu richten, dass das Werk trotz Nichtfertigstellung/Mangelhaftigkeit aus Gründen der Schadensminderung bereits bezogen werden müsse, da man auf den vereinbarten Fertigstellungstermin vertraut und hinsichtlich der bisherigen Wohnung entsprechend disponiert habe. Ergän-

---
1 OLG Düsseldorf, *Schäfer/Finnen/Hochstein*, Nr. 28 zu § 640 BGB.
2 BGH, NJW 2001, 818, 821.

zend sollte darauf hingewiesen werden, dass es sich bei diesem Einzug ausdrücklich nicht um eine Abnahme der Werkleistung des Unternehmers handele, sondern dass diese – unter Angabe der Gründe im Einzelnen– gerade verweigert werde.

c) Abnahmefiktionen, § 640 Abs. 1 Satz 3 und § 641 a BGB

Neben der bereits oben ausführlich dargestellten Abnahmewirkung der Vorlage einer Fertigstellungsbescheinigung gemäß § 641 a BGB (Rz. 87 ff.) gilt das Werk auch dann als abgenommen, wenn der Besteller dies nicht **innerhalb einer angemessenen**, ihm vom Unternehmer gesetzten, **Frist** abnimmt, obwohl er dazu verpflichtet ist (§ 640 Abs. 1 Satz 3 BGB). 188

Auch bei Vorliegen der Voraussetzungen des § 640 Abs. 1 Satz 3 BGB treten die Wirkungen der Abnahme kraft Gesetzes ein, und zwar verbunden mit den gleichen Rechtsfolgen wie bei der **rechtsgeschäftlichen Abnahme**. Voraussetzung ist auch hier das Bestehen einer Abnahmepflicht des Bestellers, insbesondere also die **Abnahmefähigkeit** des vollständig hergestellten, nicht mit wesentlichen Mängeln behafteten (vgl. § 640 Abs. 1 Satz 2 BGB) Werks. 189

Unterlässt der Besteller trotz einer ihm vom Unternehmer gesetzten angemessenen Frist, die in Anlehnung an § 12 Nr. 1 VOB/B mit **12 Werktagen** zu bemessen sein wird, die Durchführung der rechtsgeschäftlichen Abnahme, wird diese durch die gesetzliche Fiktion ersetzt. Auch hier gilt, dass eine unangemessen kurze Frist nicht unwirksam ist, sondern eine angemessene in Lauf setzt. Für das Versäumen der Frist ist ein **Verschulden** auf Seiten des Bestellers allerdings **nicht erforderlich**.[1] 190

Verweigert der Besteller aber spätestens bis zum Ablauf der angemessenen Frist – zu Recht – die Abnahme, weil das Werk nicht fertig gestellt oder mit wesentlichen Mängeln behaftet ist, greift die Abnahmefiktion nicht (eben weil das Werk dann auch schon nicht abnahmefähig ist). **Verweigert der Besteller** die Abnahme bereits, bevor ihm der Unternehmer eine Frist i. S. d. § 640 Abs. 1 Satz 3 BGB gesetzt hat, ist das Setzen einer solchen **Frist** allerdings **nicht entbehrlich**, wenn der Unternehmer meint, seinen vertraglichen Verpflichtungen ordnungsgemäß nachgekommen zu sein und die Wohltat der Abnahmefiktion in Anspruch nehmen möchte.[2] Jedenfalls ist dem Unternehmer aus Gründen der Rechtssicherheit eine solche Fristsetzung zu empfehlen.[3] 191

d) Teilabnahme, § 641 Abs. 1 Satz 2 BGB

Das Bürgerliche Gesetzbuch geht im Rahmen des Werkvertragsrechts grundsätzlich von der Abnahme der **gesamten vertraglichen Leistung** aus, wie sich aus § 640 Abs. 1 Satz 1 BGB ergibt. Eine Ausnahme dazu findet sich in § 641 Abs. 1 Satz 2 BGB. Die dort gebrauchte Wendung „ist das Werk in Teilen abzunehmen" bedeutet aber nicht, dass für diese Abnahme lediglich die Teilabnahmefähigkeit 192

---
1 Vgl. hierzu Palandt-*Sprau*, 62. Aufl. § 640 Rz. 8, 9, 6; *Kniffka*, ZfBR 2000, 227, 230 f.
2 Vgl. hierzu Palandt-*Sprau*, 62. Aufl. § 640 Rz. 8.
3 *Kniffka*, ZfBR 2000, 227, 230.

einer Teilleistung vorliegen muss, um zu einer solchen Teilabnahme zu kommen. Vielmehr setzt diese Regelung voraus, dass die Vertragspartner eines **BGB-Bauvertrags** in Besonderen oder Zusätzlichen Vertragsbedingungen **vereinbart haben**, dass eine Teilabnahme erfolgen soll.[1]

3. Besondere Abnahmeformen beim VOB-Vertrag, § 12 VOB/B

193 Die Besonderheit der in der VOB Teil B zur Abnahme getroffenen Regelungen liegt darin, dass diese an **bestimmte Verhaltensweisen**, insbesondere des Auftraggebers, geknüpft werden, ohne dass es dabei letztlich auf die bei ihm wirklich gegebene innere, nach außen nicht zum Ausdruck gelangte, Willensrichtung ankommt.

194 Vom **Grundsatz** her geht allerdings auch die VOB/B von der „erklärten" Abnahme – also ausdrücklich oder konkludent – aus, wie sich dies aus den Regelungen in § 12 Nr. 1, Nr. 4, aber auch Nr. 2 VOB/B ergibt.[2]

a) Abnahmeverlangen des Auftragnehmers, § 12 Nr. 1 VOB/B

aa) Ausdrücklich oder konkludent

195 Das in § 12 Nr. 1 VOB/B geregelte Abnahmeverlangen des Auftragnehmers bezieht sich nur auf die **vertragliche Gesamtleistung**[3] und setzt eine entsprechende empfangsbedürftige Willenserklärung von dessen Seite voraus. Dabei ist allerdings nicht erforderlich, dass er das Wort „Abnahme" ausdrücklich gebraucht. Entscheidend ist der gegenüber dem Auftraggeber ganz klar und zweifelsfrei zum Ausdruck gebrachte Wille, die Leistung nunmehr abgenommen zu bekommen. Auch eine besondere Form für das Abnahmeverlangen ist nicht vorgeschrieben, so dass eine mündliche Aufforderung ausreicht. Aus Beweisgründen wird allerdings empfohlen, generell die Schriftform zu wählen.

196 Zu vertraglichen Regelungen bezüglich dieses Abnahmeverlangens des Auftragnehmers in Allgemeinen Geschäftsbedingungen vgl. unten Rz. 367 ff.

bb) Zugangserfordernis

197 Der Auftragnehmer ist **beweispflichtig** dafür, dass und wann dem Auftraggeber das Abnahmeverlangen gemäß § 12 Nr. 1 VOB/B zugegangen ist. Dies ergibt sich daraus, dass eine empfangsbedürftige Willenserklärung Rechtsfolgen grundsätzlich erst dann auslöst, wenn sie zugegangen ist. Generell wird zu diesem Problemkreis auf die einschlägigen Kommentierungen zu § 130 BGB verwiesen.

198 **Hinweis:**

Dem Auftragnehmer ist zu empfehlen, den **sichersten Weg der Zustellung** nebst Zustellungsnachweis zu wählen, beispielsweise sich für die Übergabe des schriftlichen Abnahmeverlangens eines Mitarbeiters als Boten zu bedienen. Ausreichend sein kann auch die Versendung mittels Einschreiben/Rückschein, aller-

---

1 Vgl. *Werner/Pastor*, Der Bauprozess, Rz. 1348.
2 Vgl. *Ingenstau/Korbion* VOB/B, § 12 Rz. 80.
3 Teilabnahmen, wie in § 12 Nr. 2 VOB/B geregelt, sind scheiden aus.

dings nur, wenn dieses dem Bauherren nachweislich (von ihm selbst oder einer bevollmächtigten Person unterschrieben zurückgesandter Rückschein) zugegangen ist. Der bloße Benachrichtigungshinweis im Briefkasten des Bauherrn, dass ihm das Schriftstück nicht zugestellt werden konnte und dass dies auf dem Postamt liege, ist nicht ausreichend!

Sollte es zu erfolglosen Zustellversuchen kommen, bleibt dem Unternehmer im Zweifel nur der Weg der persönlichen Zustellung durch den Gerichtsvollzieher, um die Rechtswirkungen des § 12 Nr. 1 VOB/B auszulösen.[1]

cc) Frist zur Abnahmehandlung

Der Auftraggeber hat die Abnahme **binnen 12 Werktagen** nach Eingang des Abnahmeverlangens des Auftragnehmers durchzuführen. Für die Fristberechnung sind nur Werktage maßgebend, worin auch der Samstag einzurechnen ist. Eine Ausnahme bildet § 193 BGB, wonach Samstage, die auf den letzten Tag der Frist fallen, nicht mitgerechnet werden. In solchen Fällen läuft die Frist erst am Montag, und zwar abends um 24.00 Uhr ab. Sofern Sonn- und Feiertage in die Frist fallen, werden diese ebenfalls nicht mitgerechnet.

199

Die Abnahmepflicht des Auftraggebers ist nicht vom Ablauf der vertraglich **festgelegten Ausführungsfrist** abhängig. Vielmehr kann der Auftragnehmer Abnahme nach Fertigstellung der vertraglich geschuldeten Leistung verlangen und zwar ohne Rücksicht darauf, ob vereinbarte Ausführungsfristen abgelaufen sind oder nicht.[2]

200

dd) Abnahmereife

Die Leistung muss abnahmereif, mithin im Wesentlichen vertragsgerecht, erstellt sein.[3] Unschädlich ist allerdings, dass die Gesamtleistung nicht vollständig fertig ist, falls nur noch unwesentliche Leistungsteile fehlen.[4]

201

Die Darlegungs- und Beweislast für die Erfüllung seiner Leistungspflicht obliegt dem Auftragnehmer. Zu dessen Gunsten kann allerdings der **Beweis des ersten Anscheins** sprechen, wenn die Leistung offenkundig fertig gestellt ist und keine (wesentlichen) Mängel aufweist. Dann obliegt es dem Auftraggeber, diesen Anscheinsbeweis durch Vortrag entsprechender, gegen die Abnahmereife sprechender, Tatsachen zu widerlegen.[5]

b) Förmliche Abnahme, § 12 Nr. 4 VOB/B

aa) Allgemeines

Die dem gesetzlichen Werkvertragsrecht (§ 640 Abs. 1 BGB) unbekannte förmliche Abnahme hat gerade für den Bauvertrag **wesentliche Bedeutung**. Eine dem

202

---

1 Die Kosten dafür belaufen sich derzeit auf ca. 12 bis 35 Euro und sollten angesichts der Bedeutung des Zugangsnachweises im Zweifel nicht gescheut werden.
2 Vgl. *Ingenstau/Korbion*, Teil B § 12 Rz. 78.
3 Vgl. OLG Düsseldorf, BauR 1976, 433.
4 Vgl. BGH, VersR 1972, 640f.; OLG Düsseldorf, BauR 1982, 168; *Hochstein*, BauR 1975, 221, 222; *Locher*, Das private Baurecht, Rz. 40; *Vygen*, Bauvertragsrecht, Rz. 370.
5 Vgl. *Ingenstau/Korbion*, Teil B § 16 Rz. 21.

§ 12 Nr. 4 VOB/B entsprechende Regelung sollte daher auch in Besondere oder Zusätzliche Vertragsbedingungen aufgenommen werden, wenn die VOB/B nicht vereinbart ist. Dann gelten die hier gemachten Ausführungen entsprechend.

203 Der Zweck dieser Regelung liegt eindeutig darin, möglichst beide Vertragspartner zu einer gemeinsamen Feststellung des Leistungsstands zusammen zu bringen. Dabei kann sogleich Einigkeit oder jedenfalls Klarheit darüber herbeigeführt werden, ob und inwieweit der Auftragnehmer seine Leistungspflicht erfüllt hat, sowie, ob und gegebenenfalls was von Seiten des Auftraggebers exakt beanstandet wird. Die VOB/B verfolgt hier eindeutig die Tendenz, etwaige Streitigkeiten zu vermeiden oder jedenfalls einzuschränken sowie Unklarheiten oder spätere Beweisschwierigkeiten – auch bezüglich der Vorbehalte bekannter Mängel oder Vertragsstrafen – so schnell wie möglich zu beseitigen. Die in § 12 Nr. 4 VOB/B erfolgte Regelung ist daher **im Interesse beider Vertragsparteien**, so dass insbesondere unter AGB-rechtlichen Gesichtspunkten keine Zweifel an der Wirksamkeit der Vereinbarung einer förmlichen Abnahme in Allgemeinen Geschäftsbedingungen auch für den Bereich des BGB-Bauvertrags bestehen.

bb) Verlangen einer Vertragspartei

204 Gemäß § 12 Nr. 4 Abs. 1 Satz 1 VOB/B ist die Verpflichtung zur Durchführung einer förmlichen Abnahme gegeben, wenn eine der Vertragsparteien es verlangt. Dieses Verlangen kann also sowohl der Auftragnehmer als auch der Auftraggeber stellen. Insofern ist ein **einseitiges Verlangen** ausreichend. Vorliegen muss jedoch eine entsprechende empfangsbedürftige Willenserklärung im Hinblick auf das Abnahmeverlangen.

205 Allerdings ist das Verlangen auf Durchführung einer förmlichen Abnahme nur dann von Bedeutung, wenn nicht bereits auf andere Weise die Abnahme stattgefunden hat – wie für den Bereich des VOB-Bauvertrags beispielsweise nach § 12 Nr. 1 oder Nr. 5 VOB/B. Rechtlich gibt es nämlich **nur eine Abnahme**. Wenn diese erfolgt ist, kann nicht noch eine weitere, auch nicht in einer anderen Form, verlangt werden.

206 Dies ist gerade im Hinblick auf die für den VOB-Vertrag in § 12 Nr. 5 VOB/B geregelte **fiktive Abnahme** von Bedeutung. Ist ursprünglich eine förmliche Abnahme vorgesehen gewesen, kommt aber keiner der Vertragspartner später darauf zurück, kann die **Abnahmewirkung** trotzdem eintreten, wenn die in § 12 Nr. 5 VOB/B geregelten Voraussetzungen vorliegen,[1] und zwar mit allen dort sich ergebenden Folgen.

207 Allerdings sind die in Rz. 225 ff. aufgeführten **Ausnahmen** mit äußerster Vorsicht und daher **zurückhaltend** zu beurteilen. Insofern müssen hinreichende Kriterien zur eindeutigen Bewertung im Einzelfall vorliegen, woran strenge Anforderungen zu stellen sind. Die Parteien verfolgen mit der Vereinbarung einer förmlichen Abnahme nämlich in der Regel bestimmte Rechtsfolgen, namentlich den **Ausschluss der strengen Wirkungen der Abnahmefiktion** nebst den dort geregelten **kurzen Fristen**.[2]

---
1 BGH, *Schäfer/Finnen/Hochstein*, Z 2.50 Bl. 24 ff.
2 Vgl. BGH, NJW 1993, 1063, 1064; *Nicklisch/Weick*, Teil B § 12 Rz. 67.

Im Übrigen kommt eine **Verweigerung** der Abnahme durch den Auftraggeber auch bei der förmlichen Abnahme in Betracht, wenn die Voraussetzungen dafür vorliegen. Allerdings berechtigt nur das Vorliegen **wesentlicher Mängel** gemäß § 12 Nr. 3 VOB/B zur Abnahmeverweigerung.

cc) Abnahmetermin

Wie sich aus § 12 Nr. 4 Abs. 2 Satz 1 VOB/B ergibt, erfordert die förmliche Abnahme außerdem eine Festlegung des Abnahmetermins.[1] Dabei ergibt sich schon aus dem Begrifflichen, dass dieser Termin nicht nur unter Beteiligung eines Vertragspartners, hier des Auftraggebers, stattfindet, sondern in **Anwesenheit beider Vertragspartner**. Der Auftragnehmer muss also Gelegenheit zur Teilnahme haben, was wiederum eine rechtzeitige Kenntnis vom Abnahmetermin voraussetzt. Dieser Abnahmetermin ist zwar vom Auftraggeber zu bestimmen, jedoch hat er den Auftragnehmer nicht nur dazu einzuladen, sondern auch auf dessen berechtigte Belange Rücksicht zu nehmen. Dabei ist es immer zweckmäßig, den Abnahmetermin **in Abstimmung** mit der anderen Vertragspartei zu vereinbaren.

Andererseits genügt es auch, den Auftragnehmer zum Abnahmetermin einzuladen, wobei die Vorschriften über den Zugang von Willenserklärungen nach den §§ 130 ff. BGB maßgebend sind. Sollte dies zweifelhaft sein, muss die Einladung auch klar angeben, **welche Leistung** abgenommen werden soll. Selbstverständlich sind **Ort und Zeit** bekannt zu geben, wobei der Termin so angesetzt werden sollte, dass zwischen dem Eingang der Einladung und dem Terminstag eine ausreichende, insbesondere für den Auftragnehmer auskömmliche, Frist liegt. Diesem ist nach Treu und Glauben insoweit ausreichend Gelegenheit zu geben, sich auf den Termin einzustellen und ihn ggf. vorzubereiten. Dies gilt insbesondere für den Fall, dass der Auftraggeber beispielsweise im Hinblick auf eine vereinbarte Fertigstellungsfrist dem Auftragnehmer nach Überschreiten des Fertigstellungstermins eine Frist zur Abnahme setzt. Die **Angemessenheit** der Frist ergibt sich dabei nach den Umständen des Einzelfalls, insbesondere nach dem Umfang der Bauleistung, der Entfernung des Ortes der Bauleistung etc. Generell kann hier als allgemeine Richtlinie die **12-Werktagefrist** des § 12 Nr. 1 VOB/B gelten.[2]

dd) Beiziehung eines Sachverständigen

Gemäß § 12 Nr. 4 Abs. 1 Satz 2 VOB/B ist jede Partei berechtigt, zum Abnahmetermin **auf ihre Kosten** einen Sachverständigen hinzuzuziehen. Dies gilt natürlich vorrangig für den Auftraggeber, wenn er nicht die notwendige Sachkunde besitzt, um die Mängelfreiheit der Leistung festzustellen, insbesondere wenn das Bauvorhaben auf seiner Seite nicht durch einen Architekten oder Ingenieur begleitet ist oder der mit diesem vereinbarte Leistungsumfang nicht die Durchführung der Abnahme umfasst.

Die hier geregelte Kostentragung betrifft nur die Tätigkeit des Sachverständigen zwecks **Feststellung des Befunds** der zur Abnahme anstehenden Leistung. Sie ist

---
1 Vgl. *Ingenstau/Korbion*, Teil B § 12 Rz. 121.
2 *Vygen*, Bauvertragsrecht Rz. 375.

zu unterscheiden von den durch Hinzuziehung eines Sachverständigen zwecks Feststellung bereits **aufgetretener Mängel** entstehenden Kosten.[1] Insoweit kann ein **Erstattungsanspruch** des Auftraggebers hinsichtlich der Sachverständigenkosten gerechtfertigt sein, wenn die Werkleistung des Auftragnehmers Mängel aufweist. Dabei ergibt sich der Erstattungsanspruch für den Bereich des VOB-Bauvertrags für die Zeit vor der Abnahme aus § 4 Nr. 7 Satz 2 VOB/B und für die Zeit nach der Abnahme aus § 13 Nr. 5 oder Nr. 7 Abs. 1 VOB/B.[2]

213 Für den **BGB-Bauvertrag** hat die Rechtsprechung (ebenso wie zu § 13 Nr. 7 VOB/B) wiederholt entschieden, dass es sich bei Gutachterkosten, die von dem Bauherrn aufgewandt worden sind, um Mängel der Werkleistung zu dokumentieren, um sog. **unmittelbare Schäden am Bauwerk** handelt, so dass sich ein etwaiger Schadensersatzanspruch nach § 635 BGB a. F. und nicht nach den Grundsätzen einer positiven Forderungsverletzung richtet.[3] Zu beachten ist in diesem Zusammenhang allerdings auch, dass der Unternehmer, dem aufgrund einer **unberechtigten Mängelrüge** im Zusammenhang mit deren Überprüfung Kosten entstehen, seinerseits einen entsprechenden **Kostenerstattungsanspruch** gegen seinen Auftraggeber haben kann.[4]

ee) Abnahmeprotokoll

214 Der beim Abnahmetermin festgestellte Befund ist in **gemeinsamer Verhandlung schriftlich niederzulegen**, § 12 Nr. 4 Abs. 1 Satz 3 VOB/B. Dies betrifft sowohl den Befund selbst als auch das Ergebnis der Prüfung. Die entsprechende Protokollierung hat in Anwesenheit des Auftraggebers und des Auftragnehmers oder ihrer bevollmächtigten Vertreter zu erfolgen. Beide Vertragspartner haben das Recht, sowohl beim eigentlichen Prüfungsvorgang als auch bei der schriftlichen Niederlegung in gleicher Weise zu Wort zu kommen.

215 Wie sich aus der Formulierung des zweiten Halbsatzes des § 12 Nr. 4 Satz 4 VOB/B ergibt, geht die VOB Teil B davon aus, dass das Protokoll **durch den Auftraggeber** erstellt wird. Dieser ist daher gehalten, auch in Streitpunkten den Auftragnehmer anzuhören und dessen Auffassung entgegenzunehmen, ggf. versehen mit einer eigenen Würdigung.

216 Die Protokollierung sollte danach unterscheiden zwischen übereinstimmend festgestellten Mängeln und Fragen über das Vorhandensein oder Nichtvorhandensein von Mängeln. Insofern sind dann auch etwaige Stellungnahmen hinzugezogener Sachverständiger mit in das Protokoll aufzunehmen.

217 Etwaige **Vorbehalte** wegen bekannter Mängel und wegen Vertragsstrafen (vgl. dazu oben Rz. 141 ff.) hat der Auftraggeber **eigenverantwortlich zu protokollieren**.

218 Gemäß § 12 Nr. 4 Abs. 1 Satz 5 VOB/B muss **jede Partei** eine **Ausfertigung** der angefertigten Niederschrift erhalten. Durch eine ordnungsgemäß erfolgte Pro-

---
1 Vgl. *Ingenstau/Korbion*, Teil B § 12 Rz. 124.
2 BGHZ 54, 352, 358.
3 BGH, BauR 1970, 244 f.; NJW 1971, 1130 f.; NJW 1985, 38, 382; OLG Düsseldorf, BauR 1989, 329, 331; OLG Koblenz, NJW-RR 1990, 30; OLG Frankfurt, BauR 1991, 777.
4 Vgl. dazu *Malotki*, BauR 1998, 682 ff.; OLG Düsseldorf, BauR 1999, 919 f.

tokollierung können beispielsweise künftige Streitigkeiten über bei der Abnahme seitens des Auftraggebers zu erklärende Vorbehalte, aber auch hinsichtlich der Beweislast für das Vorliegen oder Nichtvorliegen von Mängeln vermieden werden.

Eine Ausnahme von dem Grundsatz, dass bei der förmlichen Abnahme der Bauleistung im Allgemeinen beide Vertragspartner anwesend und an ihr zu beteiligen sind, enthält § 12 Nr. 4 Abs. 2 Satz 1 VOB/B. Erscheint nämlich der Auftragnehmer nicht zu dem vereinbarten oder ihm rechtzeitig mitgeteilten Termin der Abnahme, so ist der Auftraggeber **berechtigt**, die förmliche Abnahme **allein durchzuführen**. Allerdings ist der Auftraggeber **nicht** berechtigt, die Abnahme in Abwesenheit des Auftragnehmers durchzuführen, falls letzterer nachweisbar – wofür ihm die Beweislast obliegt – durch einen **wichtigen Grund** an der Teilnahme des formellen Abnahmetermins gehindert war.[1]

Bedenken bestehen gegen die Regelung des § 12 Nr. 4 Abs. 2 Satz 1 VOB/B nicht, da es ja schließlich der Auftraggeber ist, der seinen Willen hinsichtlich der Billigung der Leistung des Auftragnehmers als im Wesentlichen vertragsgerecht kundzutun hat. Dabei ist der Auftraggeber zwar ausweislich der Regelung in § 12 Nr. 4 Abs. 2 Satz 2 VOB/B lediglich verpflichtet, dem Auftragnehmer das **Ergebnis der Abnahme mitzuteilen**, indes empfiehlt sich auch hier aus Gründen der Rechtssicherheit die Vornahme einer entsprechenden Protokollierung. Dabei hat der Auftraggeber insbesondere wiederum eigenverantwortlich darauf zu achten, dass er Vorbehalte wegen festgestellter Mängel und auch im Hinblick auf eine verwirkte Vertragsstrafe ausdrücklich geltend macht. Diese muss er dem Auftragnehmer sodann durch (nachweispflichtige) Übersendung des entsprechenden Abnahmeprotokolls kundtun.

Dabei ist grundsätzlich davon auszugehen, dass die Abnahme solange noch nicht erfolgt ist, wie nicht die Mitteilung des Abnahmeergebnisses dem Auftragnehmer übermittelt ist. Die erforderliche Billigung seitens des Auftraggebers muss gerade bei der förmlichen Abnahme dem Auftragnehmer gegenüber zum Ausdruck kommen.

Die **Mitteilung des Ergebnisses** der in Abwesenheit des Auftragnehmers durchgeführten Abnahme gehört daher für diesen Bereich **mit zur Abnahme**. Diese Mitteilung hat allerdings **kurzfristig** zu geschehen, wobei auch hier wiederum als Grenze die 12-Werktagefrist des § 12 Nr. 1 VOB/B herangezogen werden kann.

Unterlässt der Auftraggeber die Mitteilung oder schickt er diese dem Auftragnehmer nicht rechtzeitig, so macht er sich grundsätzlich dem Auftragnehmer gegenüber aus positiver Vertragsverletzung (pVV) **schadensersatzpflichtig**. Allerdings wird dem Auftragnehmer hier ein **Mitverschulden** gemäß § 254 BGB vorzuwerfen sein, da es ja seine Sache war, an dem ihm ordnungsgemäß mitgeteilten Abnahmetermin teilzunehmen.

---

1 Vgl. *Ingenstau/Korbion*, Teil B § 12 Rz. 133.

ff) Pflichtverletzungen des Auftraggebers

223 Erscheint der Auftraggeber seinerseits zum Termin der förmlichen Abnahme nicht, liegt **Annahmeverzug** vor (s.o. Rz. 209 ff.).

224 Hat sich der Auftraggeber die Festsetzung des Termins einseitig vorbehalten und **verzögert** er die förmliche Abnahme oder bestimmt erst gar keinen Termin, verhält er sich treuwidrig, wenn er sich später auf ein Fehlen der förmlichen Abnahme beruft. **Meinungsverschiedenheiten** über Abrechnung und Aufmaß berechtigen ihn dabei nicht, die Abnahme zu verzögern, da beides mit der Fertigstellung der geschuldeten Leistung als im Wesentlichen vertragsgerecht nichts zu tun hat[1].

c) Fiktive Abnahme

225 Die sog. fiktive Abnahme ist eine besondere Abnahmeform, die für den VOB-Bauvertrag in § 12 Nr. 5 VOB/B geregelt ist.

aa) Abgrenzung

226 Wesentlich ist zunächst die **Abgrenzung** zwischen der auch für den Bereich des VOB-Bauvertrags nach § 12 Nr. 1 VOB/B in Betracht kommenden **stillschweigenden Abnahme** und der **Fiktivabnahme** nach § 12 Nr. 5 VOB/B.[2] Dies gilt insbesondere im Hinblick auf § 12 Nr. 5 Abs. 2 VOB/B. Beide Abnahmemöglichkeiten treten nämlich bei der Inbenutzungnahme der Leistung in gleicher Weise in Erscheinung. Sie unterscheiden sich allerdings darin, dass die stillschweigende Abnahme einen nach außen erkennbaren **Abnahmewillen** – den Willen zur Billigung der Leistung als im Wesentlichen vertragsgerecht – des Auftraggebers voraussetzt, während dies für die fiktive Abnahme nach § 12 Nr. 5 VOB/B gerade nicht erforderlich ist.[3]

227 Bei der fiktiven Abnahme handelt es sich um ein „**typisiertes Verhalten mit normativer Wirkung**", bei dem der Willen des Handelnden außer Betracht bleibt, solange dieser der damit verbundenen Rechtswirkung nicht ausdrücklich widerspricht. Da beide Fälle in ihrer äußeren Erscheinung in der Praxis zusammentreffen, kommt es für die Entscheidung, ob die eine oder andere Abnahmeform vorliegt, darauf an, ob sich im Einzelfall ein Abnahmewille des Auftraggebers feststellen lässt oder eben nicht. Nur wenn sich dieser feststellen lässt, kommt eine stillschweigende Abnahme nach § 12 Nr. 1 VOB/B in Betracht. Eine fiktive Abnahme nach § 12 Nr. 5 Abs. 2 VOB/B scheidet dann aus, da es keine „doppelte Abnahme" gibt.

Hinweis:
Dies mag zunächst akademisch klingen, ist aber **wesentlich** für die Frage, ob etwaige Vorbehalte wegen Vertragsstrafen oder Mängeln „**bei der Abnahme**" erklärt

---

1 BGH, NJW 1990, 43.
2 *Ingenstau/Korbion*, VOB Teil B, § 12 Rz. 138.
3 BGH, BauR 1975, 344 = NJW 1975, 1701 f.

worden sind oder ob solche noch gemäß § 12 Nr. 5 Abs. 3 VOB/B innerhalb der Fristen von 6 bzw. 12 Werktagen vorgebracht werden können.[1]

bb) Voraussetzungen

Für den Eintritt der Wirkung der fiktiven Abnahme ist grundsätzlich nur das Vorliegen der in § 12 Nr. 5 VOB/B im Einzelnen geregelten tatsächlichen Umstände erforderlich. 228

Allerdings ist allgemeine Voraussetzung für den Eintritt der Abnahmewirkung gemäß § 12 Nr. 5 VOB/B immer, dass einerseits **keine Abnahmeverweigerung** nach § 12 Nr. 3 VOB/B vorliegt und andererseits **keine** ausdrücklich/konkludent **erklärte Abnahme** gemäß § 12 Nr. 1 VOB/B oder/und keine förmliche Abnahme gemäß § 12 Nr. 4 VOB/B verlangt wird. Vor allem setzt § 12 Nr. 5 Abs. 1 VOB/B schlicht ein **fehlendes Abnahmeverlangen** voraus, also insbesondere seitens des Auftragnehmers. Anderenfalls kommt eine fiktive Abnahme nicht in Betracht. 229

Indes darf man im Falle des **Nichtzurückkommens** auf eine vereinbarte „erklärte Abnahme" den Eintritt der Abnahmewirkung nicht schon durch bloßen Ablauf der in § 12 Nr. 5 VOB/B geregelten Fristen annehmen, insbesondere nicht bei einer **ursprünglich vereinbarten** oder verlangten, dann aber ohne sachlich berechtigten Grund nicht mehr durchgeführten förmlichen **Abnahme**. Vielmehr ist an die insoweit maßgeblichen Fristen der Absatz 1 und 2 des § 12 Nr. 5 VOB/B eine weitere angemessene Frist anzuschließen. Darüber hinaus ist unter Berücksichtigung der weiteren Umstände, insbesondere des zwischenzeitlichen Verhaltens des Auftraggebers, zu beurteilen, ob nach Treu und Glauben die Abnahmewirkungen im Einzelfall im Sinne des § 12 Nr. 5 VOB/B als gegeben anzusehen sind.[2] Dies trifft zu, wenn bei **objektiver Beurteilung** aus den Umständen die Annahme berechtigt ist, dass keine Partei, vor allem nicht der Auftraggeber, auf die vereinbarte andere Abnahmeform zurückkommen wollte.[3] So insbesondere, wenn der Auftraggeber die Leistung widerspruchslos nutzt. 230

Soweit Jagenburg[4] dabei zur Bemessung der „**weiteren angemessenen Frist**" § 12 Nr. 1 VOB/B heranzieht und diese Frist daher mit 12 Werktagen nach Ablauf der Fristen des § 12 Nr. 5 VOB/B bemisst, ist dem entgegenzuhalten, dass § 12 Nr. 1 VOB/B ein tatsächliches Verlangen des Auftragnehmers voraussetzt und dass deshalb gerade ein „Vergessen" der vereinbarten förmlichen Abnahme nicht vorliegt. Hinzu kommt, dass es hier nicht allein auf den Zeitablauf, sondern auf die jeweiligen Umstände des Einzelfalls ankommt, aus denen ein **Verzicht der Vertragsparteien**, vor allem des Auftraggebers, **auf die förmliche Abnahme** zu schließen ist. Dabei kann es einen Verstoß gegen Treu und Glauben darstellen, wenn sich ein Vertragspartner, vor allem der Auftraggeber, nach Ablauf eines gewissen Zeitraums, der deutlich länger als 12 Werktage zu bemessen sein wird, noch auf das Erfordernis einer förmlichen Abnahme beruft. 231

---

1 Vgl. die auch auf den VOB-Vertrag anwendbaren §§ 341 Abs. 3 und 640 Abs. 2 BGB sowie die §§ 11 Nr. 4, 12 Nr. 4 Abs. 1 Satz 3 und 12 Nr. 5 Abs. 3 VOB/B.
2 Vgl. *Hochstein*, BauR 1975, 221; KG, BauR 1979, 256; OLG Düsseldorf, BauR 1981, 294.
3 KG, BauR 1979, 256.
4 NJW 1974, 2264f.

232 Treten unter diesen genannten Voraussetzungen die Wirkungen der fiktiven Abnahme trotz einer ursprünglich verlangten oder vereinbarten förmlichen Abnahme ein, so hat dies auch Auswirkung auf die erforderlichen **Vorbehalte** wegen bekannter Mängel und verwirkter Vertragsstrafen. Solche Vorbehalte müssen dann, um nicht auch insoweit einen Rechtsverlust zulasten des Auftraggebers herbeizuführen, ebenfalls **innerhalb** der vorgenannten **weiteren angemessenen Frist** erklärt werden.[1]

233 Generell ist danach das Eintreten der Abnahmewirkung nach § 12 Nr. 5 VOB/B nicht ausgeschlossen, auch wenn in Besonderen und Zusätzlichen Vertragsbedingungen eine förmliche Abnahme nach § 12 Nr. 4 VOB/B vereinbart war. Kommt nach Fertigstellung des Werks keine der Parteien, insbesondere auch nicht der Auftraggeber, auf die vereinbarte förmliche Abnahme zurück, ist hierin ein **Verzicht** auf dieses Erfordernis zu sehen. Ein solcher kann sich vor allem aus den Umständen nach **Inbenutzungnahme** des Werks ergeben, z. B. aus dem längere Monate andauernden Schweigen des Auftraggebers auf die Schlussrechnung des Auftragnehmers[2] und dessen Mahnungen, vor allem nach verhältnismäßig unbedeutenden Mängelbeseitigungsmaßnahmen.[3]

234 Daher ist es **unerheblich**, ob die Parteien sich bewusst sind, dass die förmliche Abnahme im Vertrag vorgesehen ist, oder ob sie dies „vergessen" haben.[4] Das gilt selbst dann, wenn die Parteien vereinbart haben, die **Änderung des Vertrags** bedürfe der Schriftform, sofern aus den Umständen zu entnehmen ist, dass die Parteien von der förmlichen Abnahme **keinen Gebrauch machen wollen**.

Beispiel:
Ein solches Verhalten kann z. B. darin zu sehen sein, dass der Auftraggeber den Auftragnehmer unter Fristsetzung auffordert, die Schlussrechnung vorzulegen, ohne dass zuvor eine vereinbarte förmliche Abnahme stattgefunden hat. Der Auftraggeber kann sich dann in einem etwaigen Vergütungsprozess nicht mehr darauf berufen, dass die Werklohnforderung nicht fällig ist, weil es an der vereinbarten förmlichen Abnahme fehle.

235 Allerdings sind die vorstehend aufgeführten Ausnahmen mit äußerster Vorsicht und daher zurückhaltend zu beurteilen. Insofern müssen hinreichende Kriterien für eine eindeutige Bewertung des jeweiligen Einzelfalles vorliegen. So ist die **Annahme einer konkludenten Aufhebung einer förmlichen Abnahmevereinbarung** strenge Anforderungen zu stellen.[5] Danach kann eine konkludente Abnahme durch Ingebrauchnahme trotz vereinbarter förmlicher Abnahme nur angenommen werden, wenn das Verhalten eines Erwerbers nach den Umständen des Einzelfalls den Schluss rechtfertigt, dass er das Werk als in der Hauptsache vertragsgerecht billige. Dies scheide von vornherein aus, wenn Mängel von erheblichem Gewicht vorlägen.[6]

---

1 *Hochstein*, BauR 1975, 221 ff.
2 BGH, BauR 1977, 344.
3 OLG Stuttgart, BauR 1974, 344; dazu kritisch zur Rechtskonstruktion: *Hochstein*, BauR 1975, 221 mit beachtlichen Argumenten.
4 BGH, BauR 1977, 344; OLG Bamberg, MDR 1998, 465.
5 Vgl. BGH, NJW 2001, 818, 821.
6 Vgl. BGH, NJW 2001, 818, 821.

Ergänzend ist zu berücksichtigen, dass eine Verweigerung der Abnahme durch 236
den Auftraggeber nur unter den Voraussetzungen des § 12 Nr. 3 VOB/B (wesentliche Mängel) in Betracht kommt, so dass auch eine (auf unwesentliche Mängel gestützte) unwirksame Verweigerung der Abnahme die Rechtsfolgen des § 12 Nr. 5 VOB/B auslösen kann.

cc) Wirkungslosigkeit einer Anfechtung

Soweit man schließlich – wenn überhaupt in ganz **begrenzten Ausnahmefällen** – 237
die Anfechtung einer Abnahme für zulässig erachten will (siehe dazu unten Rz. 320), dürfte eine solche für den Bereich des VOB-Vertrags rechtlich ohne Wirkung sein, soweit die Voraussetzungen des § 12 Nr. 5 VOB/B erfüllt sind. Mit so einer (wirksamen) Anfechtung wird ja gerade die **Abnahmeerklärung** „aus der Welt" geschafft (**Nichtigkeit ex tunc**), so dass eine der Voraussetzungen des § 12 Nr. 5 VOB/B vorläge. Da gleichzeitig ein ursprüngliches Abnahmeverlangen wegen Zeitablaufs hinfällig sein dürfte, wäre auch die weitere **Grundvoraussetzung** für das Vorliegen einer **fiktiven Abnahme** erfüllt.

dd) Voraussetzungen der fiktiven Abnahme im Einzelnen

(1) § 12 Nr. 5 Abs. 1 VOB/B

Nach dieser Regelung **gilt** dann, wenn keine Abnahme verlangt wird, **die Leis-** 238
tung mit Ablauf von zwölf Werktagen nach der schriftlichen Mitteilung über die Fertigstellung **als abgenommen**. Auch hier ist es allerdings grundlegendes Erfordernis, dass eine fertige, abnahmereife Leistung vorliegt.[1]

Die **schriftliche Mitteilung** ist eine empfangsbedürftige Willenserklärung, die 239
vom Auftragnehmer an den Auftraggeber bzw. dessen für die Abnahme bevollmächtigten Vertreter gerichtet ist. Diese schriftliche Mitteilung ist **Wirksamkeitsvoraussetzung für den Beginn der Frist** von zwölf Werktagen, somit auch für den Eintritt der Abnahmewirkung nach Ablauf dieser Frist. Insofern ist der Fristbeginn und der daran anschließende Lauf der Frist vom Zugang der schriftlichen Mitteilung über die Fertigstellung der Leistung beim Auftraggeber oder seinem für die Abnahme befugten Vertreter abhängig, wofür die §§ 130 ff. BGB und – für die Fristberechnung – die §§ 187 ff. BGB ausschlaggebend sind. Die Einhaltung der Schriftform ist zwingend, also genügt eine bloße mündliche Mitteilung von der Fertigstellung der Leistung nicht, um die hier in Rede stehende Frist in Lauf zu setzen.[2]

Hinsichtlich der schriftlichen Mitteilung ist es nicht unbedingt nötig, dass der 240
Auftragnehmer erklärt, die Leistung sei vollendet und abnahmereif. Zwar sollte man eine solche konkrete Mitteilung vornehmen, um etwaige Unklarheiten zu vermeiden. Allerdings genügt auch eine andere schriftliche Mitteilung, die zweifelsfrei die Nachricht von der Fertigstellung der Leistung zum Inhalt hat, also dem Auftraggeber **eindeutig** die Fertigstellung anzeigt. Dazu gehört insbesondere

---
1 OLG Düsseldorf, BauR 1976, 939.
2 Vgl. *Ingenstau/Korbion*, Teil B § 12 Rz. 147.

die Zusendung der als solche eindeutig ausgewiesenen **Schlussrechnung**.[1] Auch kann die schriftliche Erklärung von der erfolgten **Räumung der Baustelle** als Fertigstellungsanzeige genügen.[2]

241 Ausnahmsweise kann auch eine als „**Abschlagsrechnung**" bezeichnete Rechnung eine Mitteilung über die Fertigstellung der Leistung im Sinne des § 12 Nr. 5 Abs. 1 VOB/B darstellen, wenn sich aus den abgerechneten Positionen ergibt, dass der Auftragnehmer sein gesamtes Werk abrechnen will.[3] Auch in der Übersendung einer Rechnung, die nicht ausdrücklich als Schlussrechnung bezeichnet ist, aus der sich aber ergibt, dass der Auftragnehmer seine **gesamte Leistung** abschließend **abrechnen** will, liegt zugleich die schriftliche Mitteilung über die Fertigstellung der Leistung im Sinne des § 12 Nr. 5 VOB/B.[4]

Ist die Frist von zwölf Werktagen seit Erhalt der Mitteilung über die Fertigstellung der Leistung abgelaufen, ohne dass der Auftraggeber die Abnahme verweigert oder eine ausdrücklich erklärte/formelle Abnahme verlangt oder vornimmt, dann gilt die Bauleistung als abgenommen und es treten die Wirkungen der Abnahme ein.

(2) Inbenutzungnahme, § 12 Nr. 5 Abs. 2 VOB/B

242 Hat der Auftraggeber die Leistung oder einen Teil derselben **in Benutzung genommen**, gilt die Abnahme **nach Ablauf von 6 Werktagen** nach Beginn der Benutzung als erfolgt, wenn nichts anderes vereinbart ist bzw. wenn der Bauherr einer Abnahme nicht widerspricht. Die Benutzung von Teilen einer baulichen Anlage zur Weiterführung des Baus gilt dagegen nicht als fiktive Abnahme.

243 Für den Eintritt der in § 12 Nr. 5 Abs. 2 VOB/B geregelten Form der fiktiven Abnahme ist grundlegende Voraussetzung, dass der Auftraggeber die Leistung oder einen Teil derselben in Benutzung nimmt, ohne dass auch hier ausdrückliche eine Abnahme verlangt worden ist. Dies ist nunmehr durch eine redaktionelle Änderung im Rahmen der VOB 2002 auch im Text klargestellt, der mit den Worten beginnt: „Wird **keine Abnahme verlangt** und hat der Auftraggeber …"

244 Es darf allerdings weder eine berechtigte **Abnahmeverweigerung** nach § 12 Nr. 3 VOB/B noch ein Abnahmeverlangen oder eine tatsächlich durchgeführte Abnahme nach Maßgabe der Nummern 1 oder 4 des § 12 VOB/B vorliegen.

245 **Beispiel:**

Als typisches Beispiel für die Inbenutzungnahme der Leistung ist der Einzug in ein neu errichtetes bzw. um- oder ausgebautes Bauwerk anzuführen.[5] Die Inbenutzungnahme kann auch auf andere Weise erfolgen, wie z. B. durch

▷ Freigabe einer Straße/Brücke für den Verkehr,

▷ Inbetriebnahme eines Kraftwerks,

---

1 Ständige Rechtsprechung: BHGZ 55, 354, 356; BGH, BauR 1977, 280; BauR 1980, 357 VOB/B Nr. 4; BauR 1989, 603 *(Vermerk auf der Schlussrechnung)*.
2 Vgl. *Brandt*, BauR 1972, 69, 71; OLG Frankfurt, BauR 1979, 326.
3 OLG Celle, BauR 1997, 844.
4 OLG Düsseldorf, BauR 1997, 842.
5 BGHZ 55, 354, 356 = BauR 1971, 126 = NJW 1971, 838 f.; BGH, BauR 1975, 344 = NJW 1975, 1701 f.

▷ Aufnahme einer Fertigung/Produktion von Waren,
▷ Eröffnung eines Geschäfts, einer Gaststätte etc.

Handelt es sich um einen Vertrag zwischen einem General- bzw. Hauptunternehmer und einem Subunternehmer, so liegt die Inbenutzungnahme durch den Auftraggeber – hier **General- oder Hauptunternehmer** – darin, dass dieser die **Leistung dem Bauherrn zur Benutzung überlässt** und der Bauherr sie auch nutzt.[1] Im Falle der Weiterbenutzung während eines Um- oder Erweiterungsbaus liegt die hier angesprochene Inbenutzungnahme im Zeitpunkt der dem Auftraggeber klar erkennbaren Fertigstellung der Arbeiten.[2]

246

Eine fiktive **Abnahme von Teilen** der Leistung kommt nur für solche Teile der Gesamtleistung in Betracht, die für eine eigene Abnahme geeignet sind. Es muss sich um **echte Teilleistungen** im Sinne des § 12 Nr. 2 VOB/B handeln. Solche im Sinne des § 4 Nr. 10 VOB/B sind nicht (teil-) abnahmefähig. Gemäß § 12 Nr. 5 Abs. 2 Satz 2 VOB/B gilt die Benutzung von Teilen der baulichen Anlage **zur Weiterführung der Arbeiten**, wie z. B. beim späteren Ausbau eines Rohbaus, ausdrücklich **nicht** als Abnahme.

247

Zusammenfassend ist festzustellen, dass eine Benutzung im Sinne von § 12 Nr. 5 Abs. 2 Satz 1 VOB/B nur vorliegt, wenn es sich um die Ingebrauchnahme zu dem Zweck handelt, der sich aus dem **Endzweck** der bestimmungsgemäßen **Bauwerkserrichtung** ergibt. Die bloße Erprobung, wie etwa der Probelauf einer Heizung, ist dagegen noch keine Benutzung, selbst wenn der Auftraggeber das Haus – wie bei der Modernisierung/Auswechselung einer Heizungsanlage in einem älteren Gebäude – bereits bewohnt.[3] Auch die gelegentliche Benutzung zu anderen Zwecken als dem Ziel der Bauwerkserrichtung vor dessen Fertigstellung fällt nicht unter § 12 Nr. 5 Abs. 2 Satz 1 VOB/B. Andererseits setzt eine Inbenutzungnahme in dem oben genannten Sinne aber auch nicht voraus, dass das Bauwerk vollständig errichtet ist. Vielmehr reicht eine **Vollendung „im Wesentlichen"** aus, wenn die geschuldete Leistung funktionell soweit fertig gestellt ist, dass sie ungehindert dem bestimmungsgemäßen Gebrauch zugeführt werden kann.[4]

248

Die Abnahmefiktion des § 12 Nr. 5 Abs. 2 VOB/B greift allerdings nicht ein, wenn der Auftraggeber zuvor oder **zeitgleich mit der Inbenutzungnahme** der Leistung seinen Willen, die **Abnahme zu verweigern** (zur Abnahmeverweigerung im Einzelnen siehe unten Rz. 286 ff.), erklärt hat. Hat der Auftragnehmer zuvor jahrelang bestritten, verpflichtet zu sein, die Wärmedämmung und die Dachränder eines Giebels zu komplettieren, die Abdichtung und die Entwässerung sowie die windundichte Konstruktion eines Wintergartens und aufgetretene Nässeschäden nachzubessern, verhält der Auftraggeber sich auch dann nicht treuwidrig, wenn er sich den Nachbesserungsvorschlägen einzelner Subunternehmer des Auftragnehmers verschließt, sofern dieser nicht zuvor ein Gesamtkonzept für die Nachbesserung der betreffenden Gewerke einschließlich terminlicher Vorschläge hinsichtlich jedes Gewerks übersendet. Der Auftragnehmer muss sich vielmehr sein

249

---

1 KG, BauR 1973, 244.
2 Vgl. *Ingenstau/Korbion*, 14. Aufl., § 12 Nr. 5 Rz. 158 a. E.
3 Vgl. dazu *Locher*, Das private Baurecht, Rz. 147.
4 Vgl. OLG Düsseldorf, BauR 1982, 168.

vorheriges Bestreiten entgegenhalten lassen, wenn er erst nach längerer Zeit für einen Bruchteil der festgestellten Mängel Nachbesserungsversuche einzelner Subunternehmer hat durchführen lassen.[1]

250 Für den Eintritt der Abnahmewirkung gemäß § 12 Nr. 5 Abs. 2 VOB/B ist es nicht entscheidend, ob der Auftraggeber **bei Einzug** in das neu erstellte Bauwerk **noch einzelne Mängel** beanstandet. Vielmehr kommt es auch hier darauf an, ob er mit der Inbenutzungnahme bei objektiver Betrachtung durch sein Verhalten zum Ausdruck bringt, dass er die Leistung als im Wesentlichen vertragsgerechte Erfüllung betrachtet. Es kommt dabei **nicht** auf einen inneren **Abnahmewillen** des Auftraggebers an, sondern entscheidend ist die **objektive Betrachtung** dieses typisierten Verhaltens mit normierter Wirkung, es sei denn, der Auftraggeber äußert seinen entgegenstehenden Willen ausdrücklich.[2]

251 Ein solches, die Rechtsfolgen des § 12 Nr. 5 Abs. 2 VOB/B auslösendes Verhalten des Auftraggebers wird in der Regel **nicht anzunehmen** sein, wenn

▷ wesentliche Teile der Leistung noch nicht fertig gestellt sind und die fertig gestellten Teile grobe, ersichtliche Mängel aufweisen;[3]

▷ der Auftraggeber nur aus dem Zwang seiner – dem Auftragnehmer bekannten – persönlichen Situation, etwa, weil er die bisher bewohnte Mietwohnung verlassen muss, die Leistung in Gebrauch nimmt, sprich das neue Haus oder die neue Wohnung bezieht, wofür er allerdings beweispflichtig ist;[4]

▷ der Auftraggeber trotz ausdrücklich erklärter Abnahmeverweigerung unter dem Gesichtspunkt der Schadensminderung zur Vermeidung von Mietausfällen bereits den Einzug von Mietern zulässt;[5]

▷ der Auftraggeber gleichzeitig mit der Ingebrauchnahme erhebliche Mängel rügt.[6]

252 Die Abnahmewirkung tritt 6 Werktage nach Beginn der Benutzung der Leistung ein und zwar gerechnet vom ersten Tage der tatsächlichen Ingebrauchnahme an, wobei die Benutzung **ununterbrochen** erfolgt sein muss. Für die Fristberechnung gelten die §§ 187 ff. BGB. Die Wirkungen dieser fiktiven Abnahme sind die gleichen wie bei einer normalen oder förmlichen.[7]

253 Äußert sich der Auftraggeber allerdings **innerhalb der Frist** von 6 Werktagen nach Inbenutzungnahme **positiv** über die Abnahme, ist für die Abnahmefiktion des § 12 Nr. 5 VOB/B kein Raum. Die Abnahme ist dann vielmehr nach § 12 Nr. 1 oder 2 VOB/B als erfolgt anzusehen, ggf. auch nach § 12 Nr. 4 VOB/B, falls die dort geregelten Voraussetzungen erfolgt sind.[8]

---

1 Vgl. OLG Celle, BauR 1997, 1049.
2 BGH, BauR 1975, 344; NJW 1979, 549 f.
3 BGH, BauR 1995, 159; OLG Düsseldorf, NJW-RR 1994, 408.
4 OLG Düsseldorf, NJW-RR 1994, 408, 409.
5 BGH, BauR 1979, 152.
6 Vgl. OLG Köln, BB 1974, 159.
7 Vgl. *Ingenstau/Korbion*, Teil B § 12 Rz. 164.
8 Vgl. *Ingenstau/Korbion*, Teil B § 12 Rz. 165.

Lehnt der Auftraggeber **innerhalb der Frist** von 6 Werktagen die Leistung wegen **wesentlicher Mängel** gemäß § 12 Nr. 3 VOB/B ab, gilt die erfolgte Benutzung der Leistung nicht als Abnahme.[1]

254

d) Teilabnahme, §§ 12 Nr. 2, 4 Nr. 10 VOB/B

aa) Allgemeines

Die Abnahme von Teilleistungen beim VOB-Bauvertrag war bis zum Jahre 2000 in der Nr. 2 Buchst. a (rechtsgeschäftliche) und Buchst. b (technische) des § 12 VOB/B geregelt. Mit Beschlussfassung über die **VOB 2000** ist auch in diesem Bereich eine Änderung erfolgt.

255

Die zuvor in § 12 Nr. 2 Buchst. b VOB/B geregelte, sog. **technische Teilabnahme** (siehe unten Rz. 262 ff.) findet sich nunmehr in § 4 Nr. 10 VOB/B wieder. Diese Verschiebung beruht hauptsächlich auf systematischen Erwägungen. Die gesamte Vorschrift des § 12 VOB/B befasst sich mit der rechtsgeschäftlichen Abnahme sowie fiktiven Abnahmeformen, denen die gleiche rechtliche Wirkung zukommt. Die reine technische Teilabnahme **dient** dagegen lediglich der **tatsächlichen Prüfung** und Feststellung einer baulichen Ausführung, die bei weiterem Fortschritt der Arbeiten später nicht mehr möglich wäre. Es handelt sich gewissermaßen dabei um eine Art Beweissicherung. **Rechtsgeschäftliche Wirkung** kommt dieser Form der Teilabnahme allerdings **nicht** zu. Diese wird vielmehr erst durch die spätere Abnahme des gesamten Bauwerks erzeugt. Die technische Teilabnahme „passt" deshalb nicht in die übrige Systematik des § 12 VOB/B und findet sich nunmehr – folgerichtig – in der Vorschrift wieder, die die technische Ausführung der Leistung vor der Abnahme regelt.

256

Die sog. **rechtsgeschäftliche Teilabnahme** (siehe unten Rz. 262 ff.) findet sich nunmehr allein in der neuen Nummer 2 des § 12 VOB/B 2000.

257

Da sich **inhaltlich** gegenüber der vorherigen Regelung in § 12 Nr. 2 Buchst. a und Buchst. b VOB/B **nichts geändert** hat, kann insoweit sowohl was die rechtsgeschäftliche als auch was die technische Teilabnahme anbelangt, auf die hierzu vorliegende Rechtsprechung und Literatur vor dem Jahre 2000 zurückgegriffen werden.

258

Generell lässt sich sagen, dass die Unterscheidung zwischen technischer und rechtsgeschäftlicher Abnahme den Gegebenheiten beim Bauvertrag eher gerecht wird, als die Regelung in § 641 Abs. 1 Satz 2 BGB. Eine **Verpflichtung** des Auftraggebers eines VOB-Bauvertrags **zur Abnahme von Teilleistungen** besteht nach § 12 Nr. 2 bzw. § 4 Nr. 10 VOB/B dabei wie folgt:

259

Es muss sich entweder

▷ um in sich abgeschlossene Teile der vertraglichen Leistung

oder

▷ um andere Leistungsteile handeln, die durch die weitere Bauausführung der Prüfung und Festlegung entzogen werden.

---

1 BGH, *Schäfer/Finnen/Hochstein*, Z 2.50 Bl. 3 f.; BauR 1979, 152.

Für beide Fälle ist unabdingbare Voraussetzung, dass es sich um Teile aus demselben Auftrag und nicht aus mehreren Aufträgen handelt.[1]

260 Grundsätzlich ist auch die Abnahme von Teilleistungen nach der VOB/B von einem vorherigen **Verlangen des Auftragnehmers** abhängig. Allerdings wird man auch dem Auftraggeber, insbesondere bei Vorliegen der in § 4 Nr. 10 VOB/B festgelegten Voraussetzungen, das Recht geben müssen, von sich aus eine Teilabnahme herbeizuführen, ohne hierzu vom Willen und Verlangen des Auftragnehmers abhängig zu sein. Darüber hinaus ist es nicht ausgeschlossen, dass der Auftraggeber auch von sich aus eine Teilabnahme nach § 12 Nr. 2 VOB/B verlangt. Für beide Bereiche stellt sich das Verlangen auf Teilabnahme **durch den Auftraggeber** als Bestandteil seines **Anordnungsrechts** gemäß § 4 Nr. 1 Abs. 3 VOB/B dar.[2]

261 Grundsätzlich ist die Teilabnahme eine **erklärte Abnahme**, muss also ausdrücklich oder stillschweigend erfolgen. Die sog. **fiktive Abnahme** kann nach ihrem Sinn und Zweck **nur bei der „echten" Teilabnahme** gemäß § 12 Nr. 2 VOB/B und dort auch nur für den in § 12 Nr. 5 Abs. 2 VOB/B geregelten Fall in Betracht kommen, wie der unterschiedliche Wortlaut in § 12 Nr. 5 Abs. 1 VOB/B einerseits und § 12 Nr. 5 Abs. 2 VOB/B andererseits eindeutig ergibt.[3]

bb) „Echte" Teilabnahme, § 12 Nr. 2 VOB/B

262 Voraussetzung für eine Teilabnahme ist hier, dass **in sich abgeschlossene Teile** der Gesamtleistung des Auftragnehmers fertig gestellt sind. In sich abgeschlossen sind sie dann, wenn sie nach allgemeiner Auffassung als selbständig und von den übrigen Teilleistungen aus dem Bauvertrag unabhängig anzusehen sind, und zwar in dem Sinne, dass sie sich in ihrer Gebrauchsfähigkeit abschließend beurteilen lassen.

263 **Beispiele:**
Dies gilt z. B. für den vertragsmäßig geschuldeten Einbau einer Heizungsanlage, obwohl der Auftragnehmer nach demselben Vertrag noch Installationsarbeiten durchzuführen hat oder umgekehrt.[4] Gleiches gilt dann auch für die Fertigstellung eines Hauses oder eines Reiheneigenheimes, wenn mehrere solche Objekte nach demselben Vertrag zu errichten sind.

264 In den genannten Fällen ist es durchaus sachgerecht, eine rechtsgeschäftliche Teilabnahme zu verlangen, weil sie wegen der **funktionellen Trennbarkeit** der einzelnen vertraglichen Leistungsgegenstände möglich ist. Allerdings ist der Begriff der „in sich abgeschlossenen Teile der Leistung" möglichst eng auszulegen, damit insbesondere Schwierigkeiten und Überschneidungen bei der Gewährleistung, insoweit vor allem auch angesichts der Berechnung der unterschiedlich laufenden Gewährleistungsfristen, vermieden werden.

265 **Beispiele:**
Nicht teilabnahmefähig in diesem Sinne sind daher eine Betondecke oder auch die verschiedenen Stockwerke eines Rohbaus, weil die Abnahme nach ihrem Sinn und Zweck ord-

---

1 Vgl. BGH, BauR 1974, 63.
2 Vgl. dazu *Ingenstau/Korbion*, Teil B § 12 Rz. 98.
3 Vgl. *Ingenstau/Korbion*, Teil B § 12 Rz. 97.
4 BGH, BauR 1975, 423; BGHZ 73, 140.

nungsgemäß nur hinsichtlich des gesamten Rohbaus durchgeführt werden kann.¹ Gleiches gilt auch für verschiedene Abdichtungsarbeiten an demselben Objekt, die als Einzelmaßnahmen auf den gleichen Erfolg ausgerichtet sind. Bloß die Vergabe mehrerer Fachlose in einem Auftrag genügt noch nicht, um von vornherein in sich abgeschlossene Teilleistungen nach § 12 Nr. 2 VOB/B annehmen zu können. Andererseits ist es im Falle der Errichtung von Wohnungseigentum möglich, Sondereigentum und Gemeinschaftseigentum getrennt abzunehmen.²

Erfolgt eine Teilabnahme nach § 12 Nr. 2 VOB/B zu Recht, so hat diese die gleiche **Wirkung** wie die sog. „**Vollabnahme**", d. h. die Abnahme der vertraglichen Gesamtleistung (s.o. Wirkung der Abnahme Rz. 17 ff.). 266

cc) „Unechte" Teilabnahme, § 4 Nr. 10 VOB/B

Nach dieser Vorschrift können andere nicht in sich abgeschlossene Leistungsteile abgenommen werden, wenn sie **durch die weitere Bauausführung der Nachprüfung entzogen** oder sonstige entsprechende Feststellungen im Rahmen einer späteren Abnahme nicht mehr getroffen werden können. Das Ergebnis dieser Form der Teilabnahme ist gemäß § 4 Nr. 10 Satz 2 VOB/B **schriftlich festzulegen**. Insoweit kann auf die §§ 126, 127 BGB verwiesen werden. 267

Diese Regelung hat den Zweck, bisher erstellte, unselbständige Leistungsteile, wie z. B. eine Betondecke vor Aufbringen des Estrichs und des Oberbodens, im Hinblick auf ihre **technisch ordnungsgemäße Beschaffenheit** überprüfen zu können, um nicht später in Schwierigkeiten zu geraten, dass diese Leistungen entweder überhaupt nicht mehr oder nur unter erschwerten, vor allem kostenmäßig weit mehr ins Gewicht fallenden Umständen prüfbar sind.³ 268

Allein aus der unterschiedlichen Zweckrichtung dieser Art der Abnahme ergibt sich auch ihre **unterschiedliche rechtliche Bedeutung**. Im Gegensatz zu der Teilabnahme nach § 12 Nr. 2 VOB/B handelt es sich hier nicht um eine echte Abnahme mit allen ihren rechtlichen Folgen, sofern die Vertragspartner ihr keine weitere Bedeutung zumessen.⁴ Letzteres muss allerdings aus Besonderen oder Zusätzlichen Vertragsbedingungen eindeutig hervorgehen. 269

Richtig betrachtet handelt es sich danach bei der „Abnahme" nach § 4 Nr. 10 VOB/B nur um eine **Vorbereitung der späteren endgültigen Abnahme**. Man kann daher auch von „technischer Abnahme" sprechen. Dabei werden die tatsächlichen Gegebenheiten festgestellt, die für die spätere Prüfung der Leistung im Rahmen der eigentlichen Abnahme von Bedeutung sind. Die rechtlichen Wirkungen der Abnahme treten danach in den Fällen des § 4 Nr. 10 VOB/B im Grundsatz erst ein, wenn entweder die Gesamtleistung abgenommen worden ist oder eine „echte" Teilabnahme nach § 12 Nr. 2 VOB/B erfolgt ist.⁵ 270

Ganz ohne rechtliche Bedeutung ist indes die Abnahme nach § 4 Nr. 10 VOB/B nicht. Durch sie wird nämlich der Befund der **Leistung** im Zeitpunkt der tech- 271

---
1 BGHZ 50, 160, 163.
2 BGH, BauR 1983, 573.
3 Vgl. dazu auch OLG Düsseldorf, BauR 1996, 121.
4 BGHZ 50, 160, 162 f.
5 Vgl. *Ingenstau/Korbion*, Teil B § 4 Rz. 437.

nischen Überprüfung **verbindlich** festgestellt und dokumentiert. Zwar bleibt der Auftragnehmer bei einer „unechten" Teilabnahme bis zur rechtlich wirksamen Abnahme oder „echten" Teilabnahme darlegungs- und beweisbelastet für die Ordnungsgemäßheit seiner Leistung, jedoch wird ihm der **Beweis** in jedem Falle durch Vorlage einer schriftlichen Dokumentation über die „technische Teilabnahme" **erleichtert**.

272 **Hinweis:**
Da es sich bei dem Erfordernis des § 4 Nr. 10 Satz 2 VOB/B um einen Fall der gewillkürten Schriftform handelt, können die Beteiligten übereinstimmend auf sie verzichten.[1] Hiervon ist aus Gründen der Beweiserleichterung allerdings beiden Parteien dringend abzuraten.

273 Verweigert der Auftraggeber seine **Mitwirkung** an einer Teilabnahme nach § 4 Nr. 10 VOB/B, läuft er Gefahr, dass in dem betreffenden Bereich etwa vorhandene Mängel, die nicht festgestellt sind, zu seinen Lasten gehen, weil ihn später wegen der abgelehnten Teilabnahme die Beweislast trifft. Hier handelt es sich bei der technischen Abnahme nämlich um eine **vertraglich vereinbarte „Beweissicherung"**, deren Vereitelung demjenigen unter dem Gesichtspunkt der positiven Vertragsverletzung zur Last gelegt werden muss, der sie verhindert. Insofern spricht dann für den Auftragnehmer jedenfalls der **Beweis des ersten Anscheins**.[2] Ferner wird der Auftragnehmer durch die **Verweigerung** der Teilabnahme an der weiteren **Leistungsdurchführung** gehindert. Wird diese dadurch gar **unterbrochen**, ergeben sich die Rechte des Auftragnehmers darüber hinaus aus den §§ 6, 9 VOB/B (vgl. dazu Teil 17, Rz. 26 ff., 149 ff.).

274 Andererseits macht sich der Auftragnehmer unter Umständen aus positiver Vertragsverletzung schadensersatzpflichtig, wenn er den Auftraggeber **nicht rechtzeitig** zur Durchführung einer Teilabnahme **auffordert**, obwohl dies in den Vertragsbedingungen des Auftraggebers gefordert ist. Dabei kann allerdings wiederum der Auftraggeber unter dem Gesichtspunkt des Mitverschuldens gemäß § 254 BGB insoweit mitverantwortlich sein, dass er seinerseits rechtzeitig auf eine entsprechende technische Teilabnahme hinzuwirken hat.[3]

---

1 Vgl. *Nicklisch-Weick*, § 4 Rz. 131.
2 *Locher*, Das private Baurecht, Rz. 140; *Heiermann/Riedel/Rusam*, Teil B § 12 Rz. 34; *Vygen*, Bauvertragsrecht Rz. 400; *Nicklisch-Weick*, § 4 Rz. 132.
3 Vgl. *Ingenstau/Korbion*, Teil B § 4 Rz. 443 f.

4. Übersicht

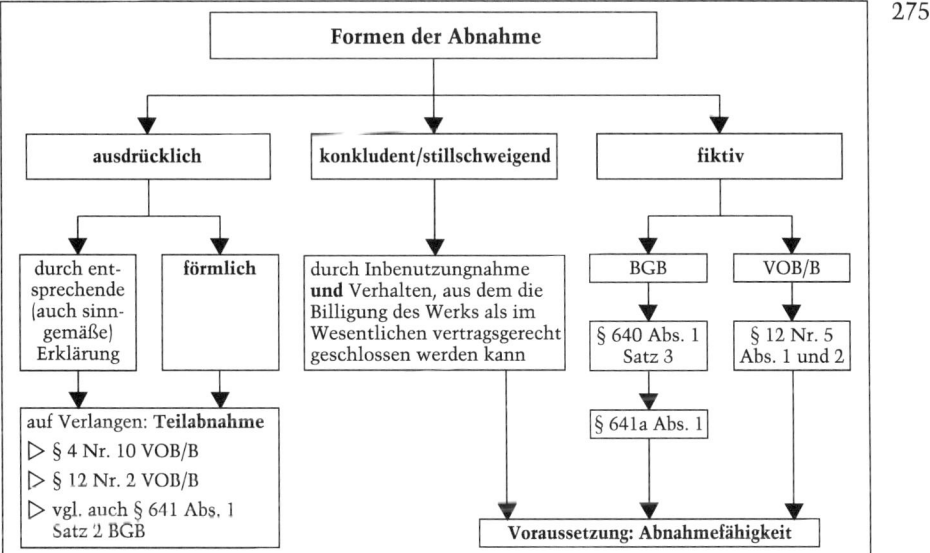

IV. Befugnis zur Abnahme

Das Recht und zugleich die Pflicht zur Abnahme hat der Auftraggeber. Dies ist problemlos jedoch nur beim privaten, natürlichen Auftraggeber, der sich im Rahmen der Abwicklung des Bauvorhabens nicht von Dritten begleiten oder gar vertreten lässt.

1. Juristische Personen

Hier gelten die gesellschaftsrechtlichen Vertretungsbefugnisse, wonach bei einer juristischen Person des privaten oder öffentlichen Rechts der entsprechende **gesetzliche Vertreter** zur Abnahme befugt ist. Dies gilt beispielsweise für die GmbH im Hinblick auf den Geschäftsführer, die Aktiengesellschaft im Hinblick auf den Vorstand oder einzelne bevollmächtigte Mitglieder des Vorstandes und für den eingetragenen Verein hinsichtlich des vertretungsberechtigten Vorstandes. Beim öffentlichen Auftraggeber ist der Leiter der entsprechenden Auftraggeberbehörde zur Abnahme befugt und verpflichtet.

2. Personenmehrheiten

Bei **BGB-Gesellschaften** sollte im Vertrag eine Abnahmebefugnis geregelt werden, ansonsten muss die Abnahme gemeinschaftlich durch sämtliche Auftraggeber erfolgen.

279 Bei **Wohnungseigentümergemeinschaften** ist i. d. R. nur der ordnungsgemäß bestellte **Verwalter** befugt, das Gemeinschaftseigentum abzunehmen. Die Abnahmebefugnis der einzelnen Erwerber bezieht sich nur auf deren Sondereigentum.

280 Bei Auftraggebern aus den Reihen der großen, seit jeher anerkannten, **Religionsgemeinschaften** muss immer darauf geachtet werden, ob die „Vertreterkette" eingehalten wurde, insbesondere der jeweilige **zuständige** Kirchenvertreter auch zur Abnahme berechtigt ist (also gerade nicht der örtliche Kirchenvertreter, wie z. B. Pastor oder Pfarrer!).

281 **Hinweis:**
Im Zweifel sollte sich der Auftragnehmer eine entsprechende **Vollmacht vorlegen** lassen, wobei allerdings gerade im Bereich der Abnahme auch die Grundsätze der Anscheins- und Duldungsvollmacht Anwendung finden.[1] Ggf. sollte er genaue Erkundigungen einholen und sich die Befugnis zur Abnahme bestätigen lassen.

3. Abnahme durch den bauleitenden Architekten

282 In der Praxis taucht häufig die Frage auf, ob der bauleitende Architekt per se die Befugnis zur Abnahme hat. Dies ist auf der Grundlage der HOAI zu verneinen, da der Leistungskatalog des § 15 HOAI nicht mehr die frühere nach der GOA maßgebende geschäftliche und technische Oberleitung in dem seinerzeit verstandenen Umfang kennt. Vielmehr ergibt sich aus der Leistungsphase 8 des § 15 Abs. 2 HOAI, wonach es im Rahmen der Objektüberwachung unter anderem Aufgabe des Architekten ist, die „Abnahme der Bauleistungen unter Mitwirkung anderer an der Planung und Objektüberwachung fachlich Beteiligter unter Feststellung von Mängeln" vorzunehmen, dass diese Aufgabe nicht mehr die weitreichende Tragweite und Befugnis hat, wie dies nach der früher geltenden GOA anzunehmen war.

283 Insoweit ist nur von einer architektenvertraglichen Verpflichtung und damit einer **Befugnis** des Architekten **zur Feststellung des technischen Befundes** auszugehen, nicht aber von einer (rechtsgeschäftlichen) Abnahmebefugnis im Sinne des § 640 BGB oder § 12 VOB/B.[2] Danach bedarf der Architekt zur Vornahme der rechtsgeschäftlichen Abnahme jetzt einer **besonderen Vollmacht** seines Auftraggebers. Der Architekt ist beispielsweise dann zur Abnahme berechtigt, wenn er vom Bauherrn ausdrücklich oder stillschweigend bevollmächtigt war, in seinem Namen den Bauvertrag abzuschließen und wenn in dem Bauvertrag ausdrücklich eine förmliche Abnahme durch den Architekten vorgesehen ist.

284 Bestimmt der Auftraggeber oder sein Architekt dann allerdings **keinen Termin** zur förmlichen Abnahme innerhalb der in der VOB/B bestimmten oder im Bauvertrag abweichend geregelten Frist, kann sich der Auftraggeber ohne Verstoß gegen Treu und Glauben nicht auf die fehlende förmliche Abnahme berufen.[3]

---

[1] Vgl. BGH, VersR 1965, 133, 134; OLG Hamm, BauR 1971, 138.
[2] *Locher/Koeble/Frick*, Kommentar zur HOAI, § 15 Rz. 187; *Hesse/Korbion/Mantscheff/Vygen*, Kommentar zur HOAI, § 15 Rz. 175.
[3] Vgl. OLG Düsseldorf, BauR 1997, 647.

V. Abnahmeverweigerung nach VOB und BGB

Das Recht des Bauherrn, die Abnahme zu verweigern, war für vor dem 1. 5. 2000 geschlossene Verträge sehr unterschiedlich geregelt, je nachdem, ob die VOB Teil B wirksam Vertragsgrundlage war, oder ob sich die vertraglichen Beziehungen nach den werkvertraglichen Vorschriften des Bürgerlichen Gesetzbuches richteten. 285

1. BGB-Vertrag

Gesetzliche Regelungen zur Abnahme der Werkleistung finden sich im BGB in den §§ 638 a. F. § 634 a BGB n. F. Abs. 2 (Verjährungsbeginn mit Abnahme), § 640 (Abnahmepflicht des Bestellers) und § 641 (Fälligkeit der Vergütung bei Abnahme). Darüber hinausgehende Bestimmungen, beispielsweise unter welchem Gesichtspunkt der Bauherr eine Abnahme verweigern darf, finden sich in der bis zum 30. 4. 2000 gültigen Fassung des BGB nicht. 286

Durch das bereits erwähnte Gesetz zur Beschleunigung fälliger Zahlungen (ZGB) ist allerdings auch insoweit – durch Anfügung zweier Sätze an den Absatz 1 des § 640 BGB – der Versuch unternommen worden, dem Unternehmer schneller zu seinem Werklohn zu verhelfen. Für § 640 BGB n. F. ist in Art. 229 § 1 Abs. 2 Satz 3 EGBGB geregelt, dass dieser mit der Maßgabe auch für vor dem 1. 5. 2000 geschlossene Verträge gilt, dass der Lauf der darin bestimmten Frist mit dem 1. 5. 2000 beginnt. Bevor die sich daraus ergebenden Konsequenzen aufgezeigt werden, sei kurz die Abnahmeverweigerung nach der bis zum 30. 4. 2000 geltenden Fassung des § 640 Abs. 1 BGB dargestellt. 287

a) Abnahmeverweigerung, § 640 Abs. 1 BGB a. F.

Aus dem Umstand, dass sich in den werkvertraglichen Vorschriften des BGB in der bis zum 30. 4. 2000 geltenden Fassung keine Regelung über die Abnahmeverweigerung fand, wurde geschlossen, dass die Verweigerung der Abnahme auch **wegen unwesentlicher Mängel möglich** sei, weil sich eine entsprechende Einschränkung auf das Vorliegen wesentlicher Mängel eben nicht fand. Die Grenze wurde für solche Verträge allerdings dort gezogen, wo eine Verweigerung der Abnahme dem Grundsatz von Treu und Glauben (§ 242 BGB) widersprach, was bei einer Rüge absolut geringfügiger Mängel angenommen wurde.[1] 288

So hatte der Auftraggeber eines BGB-Werkvertrags bereits einen Grund, die Abnahme zu verweigern, mit der Folge, dass die gesamte Werklohnforderung noch nicht fällig wurde, weil der Auftragnehmer beim Streichen einer Hausfassade mit einer Außendispersionsfarbe einen falschen abredewidrigen Farbton verwandt hatte. Dies galt, obwohl sich der Mangel selbst nur auf eine von insgesamt drei Leistungspositionen in der Rechnung des Auftragnehmers bezog und diese **nur knapp 20 % des** gesamten **Rechnungsbetrags** ausmachten.[2] 289

---

1 BGH, BauR 1996, 390 ff.; OLG Hamm, BauR 1993, 604; OLG Karlsruhe, BauR 1995, 246.
2 OLG Celle, BauR 1997, 1076.

b) Abnahmeverweigerung, § 640 Abs. 1 BGB n. F.

290 Hier ist nunmehr in dem neu eingefügten Satz 2 geregelt, dass die Abnahme wegen **"unwesentlicher Mängel"** nicht verweigert werden kann. Die erste Frage, die sich zu dieser Einschränkung einer möglichen Abnahmeverweigerung durch den Besteller aufdrängt, ist: „Was sind ‚unwesentliche Mängel'?". Die zweite, sich daran anschließende Frage, dürfte diejenige sein, warum der Gesetzgeber nicht einfach die bereits vor dem 1. 5. 2000 in § 12 Nr. 3 VOB/B enthaltene Beschränkung des Abnahmeverweigerungsrechts des Auftraggebers eines VOB-Bauvertrags auf „wesentliche" Mängel übernommen hat. Statt hierfür einigermaßen Rechtssicherheit auf der Grundlage der zu § 12 Nr. 3 VOB/B vorliegenden, zahlreichen Gerichtsentscheidungen zu sorgen, ist – ohne Not – der Nährboden für eine lebhafte, zeit- und kräfteraubende Diskussion dafür geschaffen worden, ob für die Beurteilung des Vorliegens von Mängeln, die eine Verweigerung der Abnahme rechtfertigen, auch künftig zwischen BGB- und VOB-Bauverträgen – wenn auch nicht so krass wie vor dem 1. 5. 2000 – zu unterscheiden ist. Der Streit wird sich darauf konzentrieren, wo der **Unterschied zwischen „wesentlich"** und **„nicht unwesentlich"** liegt.

291 Dieser dürfte deshalb so überflüssig sein, weil sich aus den Gesetzesmaterialien ergibt, dass der Gesetzgeber die Bestimmung des § 12 Nr. 3 VOB/B auch für den BGB-Bauvertrag übernehmen wollte. So findet sich im Gesetzesentwurf der Bundesregierung[1] zwar die Formulierung „wegen geringfügiger Mängel ...". Der Rechtsausschuss des Deutschen Bundestages hat jedoch in seiner Beschlussempfehlung[2] die Gesetz gewordene Fassung „nicht unwesentliche Mängel" vorgeschlagen. Begründet hat er dies damit, die in § 12 Nr. 3 VOB/B enthaltene Regelung und die dazu ergangene Rechtsprechung aufgreifen zu wollen. Die **negative Formulierung** sei jedoch gewählt worden, um die **Beweislast** dahin gehend zu regeln, dass der Unternehmer zu beweisen habe, dass die Mängel „nicht unwesentlich" sind.[3]

292 **Hinweis:**
Es fragt sich, ob dies nicht durch Übernahme der VOB-Formulierung und Anfügung eines klarstellenden Satzes zur Beweislast eleganter hätte gelöst werden können. So müssen alle Beteiligten mit der Gesetz gewordenen Fassung aber zunächst einmal leben. Eine gewisse Rechtssicherheit wird sich dabei naturgemäß erst nach Ablauf eines gewissen Zeitraums – vgl. z. B. die Problematik zu § 648 a BGB, Rz. 348 ff. – auf der Grundlage der zu erwartenden Gerichtsentscheidungen ergeben. Bis dato kann zunächst – insbesondere auch unter Berücksichtigung der Begründung des Rechtsausschusses – nur eine **Anlehnung** an die Regelung in § 12 Nr. 3 VOB/B und die dazu vorliegende Rechtsprechung empfohlen werden.[4] Insoweit wird daher auf die nachstehenden Ausführungen verwiesen.

---

1 BT-Drucks. 14/1246.
2 BT-Drucks. 14/2752.
3 Vgl. *Kiesel*, NJW 2000, 1673, 1676.
4 In diesem Sinne auch *Kniffka/Koeble*, Kompendium des Baurechts, 6. Teil, Rz. 39; vgl. auch *Roos*, BauR 2000, 459, 462 f.; *Kraus/Vygen/Oppler*, BauR 1999, 964, 966.

2. VOB-Vertrag, § 12 Nr. 3 VOB/B

Der Auftraggeber eines VOB-Bauvertrags kann – und konnte dies auch vor dem 1. 5. 2000 – sowohl die endgültige als auch die Teilabnahme nur verweigern, wenn die vertraglich geschuldete Leistung **wesentliche** Mängel aufweist, die beseitigt werden müssen.

a) Wesentlicher Mangel

Nicht definiert ist allerdings, was als „wesentlicher Mangel" anzusehen ist. Insoweit wird es in der Regel von den Umständen des Einzelfalls abhängen, wann ein Mangel als „wesentlich" anzusehen ist.

Ausgangsgrundlage für diese Beurteilung kann die Regelung des **§ 13 Nr. 1 VOB/B** sein.[1] Entspricht das Werk nicht den dort geregelten **Voraussetzungen**, wird in der Regel das Vorliegen eines wesentlichen Mangels anzunehmen sein.[2]

Generell wird das Vorliegen eines „wesentlichen" Mangels zu bejahen sein, wenn die Bauleistung nicht die vertraglich **zugesicherten Eigenschaften** (vereinbarte Beschaffenheit) aufweist, nicht den **anerkannten Regeln der Technik** entspricht oder sonst **mit Fehlern behaftet** ist, die den Wert oder die Tauglichkeit zu dem gewöhnlichen oder dem nach dem Vertrag vorausgesetzten Gebrauch aufheben oder mindern. Das Gleiche gilt für die Beurteilung der vertraglich geschuldeten, aber noch nicht fertig gestellten Leistung, wobei sich ohnehin schon die Frage nach der Abnahmefähigkeit stellt.[3]

Dabei ist das Merkmal der Wesentlichkeit eines Mangels **weit auszulegen**, da vorrangig auf die wohl berechtigten Interessen des Auftraggebers am Erhalt einer vollständigen und mangelfreien Leistung abzustellen ist (Erfolgsbezogenheit des Werkvertrags). Insofern sind **Art, Umfang und** vor allem **Auswirkungen des Mangels** ein ausschlaggebendes und taugliches Beurteilungskriterium. Dabei kommt es für diese Beurteilung nicht nur auf objektive Gesichtspunkte an, sondern auch auf den dem Auftragnehmer unzweifelhaft erkennbar gemachten subjektiven Willen des Auftraggebers hinsichtlich einzelner spezieller Merkmale der Werkleistung.[4]

---

1 § 13 Nr. 1 VOB/B 2000: „Der Auftragnehmer übernimmt die Gewähr, dass seine Leistung zur Zeit der Abnahme die vertraglich zugesicherten Eigenschaften hat, den anerkannten Regeln der Technik entspricht und nicht mit Fehlern behaftet ist, die den Wert oder die Tauglichkeit zu dem gewöhnlichen oder dem nach dem Vertrag vorausgesetzten Gebrauch aufheben oder mindern." § 13 Nr. 1 VOB/B 2002: „Der Auftragnehmer hat dem Auftraggeber seine Leistung zum Zeitpunkt der Abnahme frei von Sachmängeln zu verschaffen. Die Leistung ist zur Zeit der Abnahme frei von Sachmängeln, wenn sie die vereinbarte Beschaffenheit hat und den anerkannten Regeln der Technik entspricht ...".
2 *Heiermann/Riedl/Rusam*, Teil B § 12 Rz. 36; a. A. (wohl zu eng): *Cuypers*, BauR 1991, 141, 147, der generell den Ausschluss der Nutzbarkeit als Voraussetzung für das Vorliegen eines wesentlichen Mangels verlangt.
3 Vgl. *Ingenstau/Korbion* Teil B § 12 Rz. 105.
4 Vgl. BGH, BauR 1981, 284.

Beispiel:
So hat die Rechtsprechung das Vorliegen eines wesentlichen Mangels angenommen, wenn 16 % des verlegten Fliesenmaterials farblich unzulässige Abweichungen aufweisen.[1]

298 Entscheidend ist auch abzustellen auf den Gesichtspunkt der **Zumutbarkeit der Hinnahme** der zur Abnahme präsentierten Leistung des Auftragnehmers durch den Auftraggeber. Danach liegen beachtliche Fehler allgemein dann vor, wenn die erstellte Leistung dem erkennbar gewordenen Willen des Auftraggebers hinsichtlich der Art, des Umfangs und der Dauer der vorgesehenen Nutzung in einer nach der Verkehrsauffassung fühlbaren Weise nicht entspricht, wobei wesentliche Anhaltspunkte auch die voraussichtlichen Kosten einer Mängelbeseitigung oder ein etwaiges Verschulden des Auftragnehmers sein können. Genauso kann eine Vielzahl kleinerer Mängel, die alle für sich nicht „wesentlich" sind, die Annahme rechtfertigen, dass die **Wesentlichkeitsgrenze** überschritten sei.[2]

299 Bei **Fehlen zugesicherter Eigenschaften** (der vereinbarten Beschaffenheit) und bei Leistungen, die nicht den allgemein anerkannten Regeln der Bautechnik entsprechen, ist im Allgemeinen anzunehmen, dass dies dem Bestellerwillen des Auftraggebers in erheblichem Maße widerspricht, ihn also zur Abnahmeverweigerung berechtigt. Gerade durch die Zusicherung einer bestimmten Eigenschaft (Vereinbarung einer Beschaffenheit) legt der Auftraggeber grundsätzlich besonderen Wert darauf, dass die Leistung auch dem entspricht, was er hinreichend klar und deutlich dem Auftrag zugrunde gelegt hat.

300 Ein wesentlicher Mangel, der zur Verweigerung der Abnahme nach § 12 Nr. 3 VOB/B – bzw. § 640 Abs. 1 Satz 2 BGB n. F. – berechtigt, liegt danach dann vor, wenn der **Mangel so bedeutsam** ist, dass der Auftraggeber die zügige Abwicklung des gesamten Vertragsverhältnisses aufhalten darf und es ihm **nicht zuzumuten** ist, sich trotz des Mangels mit dessen Beseitigung **Zug um Zug** gegen Zahlung des restlichen Werklohns zu begnügen. Ist dies nicht der Fall, darf der Bauherr die Abnahme nicht verweigern.[3]

301 Beachtet man die vorstehend dargelegten Gesichtspunkte, so ergibt sich als entscheidendes Kriterium dafür, ob ein Mangel als wesentlich anzusehen ist, dass es um einen **angemessenen Ausgleich der widerstreitenden Interessen** der Bauvertragspartner geht. Dem Interesse des Auftraggebers an einer möglichst vertragsgerechten Leistung vor Zahlung der Vergütung, steht das Interesse des Auftragnehmers gegenüber, die mit der Abnahme verbundenen Rechtsfolgen herbeizuführen, vor allem eine Grundvoraussetzung für die Fälligkeit seiner Vergütung zu schaffen.

302 Daher wird durch das Merkmal, dass der vor Abnahme zu beseitigende Mangel „wesentlich" sein muss, für den Einzelfall auf den Gesichtspunkt der Zumutbarkeit abgestellt. Tritt die Bedeutung des Mangels bei **Abwägung** der beiderseits berechtigten Interessen soweit zurück, dass es für den Auftraggeber zumutbar ist, eine zügige Abwicklung des gesamten Vertragsverhältnisses nicht länger auf-

---

1 LG Amberg, BauR 1982, 498.
2 Vgl. *Groß*, Festschrift für Locher, S. 53, 55.
3 BGH, BauR 1981, 284.

zuhalten, so darf er die Abnahme nicht verweigern.¹ Dies ist auch aus Sicht des Bauherrn nicht interessenwidrig, da sein Leistungsverweigerungsrecht gemäß § 320 BGB hinsichtlich der Zahlung der Vergütung davon unberührt bleibt. Dies besteht bis zur Beseitigung ordnungsgemäß gerügter Mängel fort. Für den Fall einer prozessualen Auseinandersetzung führt es lediglich zu einer Zug um Zug Verurteilung des Auftraggebers.²

b) Ausdrückliche Erklärung

Sofern der Auftraggeber die Abnahme verweigern will, muss er dies gegenüber dem Auftragnehmer hinreichend klar zum Ausdruck bringen. Auch insofern handelt es sich um eine empfangsbedürftige Willenserklärung, deren Wirksamkeit sich nach Maßgabe der §§ 130ff. BGB richtet. 303

Der Auftraggeber kann sich nicht in jedem Fall darauf verlassen, dass seine Erklärung auch wirklich als Verweigerung der Abnahme aufgefasst wird. Ausnahmsweise kann sich die Weigerung der Abnahme im Einzelfall aber auch **aus den Umständen** ergeben. Dies kann z. B. zutreffen, wenn der Auftraggeber bereits vor Fertigstellung der Leistung Mängel rügt, der Auftragnehmer dann die Nachbesserung versucht hat, der Auftraggeber aber in dem Zeitpunkt, in dem die Abnahme erfolgen soll, erneut die gleichen Mängel rügt.³ 304

Andererseits reicht es für die Kundgabe des auf Verweigerung der Abnahme gerichteten Willens nicht aus, wenn der Architekt des Auftraggebers Mängel rügt, verbunden mit dem Hinweis, dass diese so gravierend seien, dass bis zur Klärung in einem Ortstermin keine weiteren Zahlungen geleistet würden, und mit der Bitte, dass der Auftragnehmer Vorschläge für eine Mängelbeseitigung unterbreiten solle, ohne dass der Architekt dabei ausdrücklich eine Verweigerung der Abnahme erklärt.⁴ 305

3. Rechtsfolgen der Abnahmeverweigerung

Hier ist zu unterscheiden zwischen der rechtmäßigen und der zu Unrecht erklärten sowie der vorläufigen und der endgültigen Abnahmeverweigerung. Zur Beurteilung, ob die Abnahmeverweigerung berechtigt ist, ist auf den Zeitpunkt des Abnahmetermins abzustellen.⁵ 306

a) Rechtmäßige Abnahmeverweigerung

Verweigert der Auftraggeber die Abnahme zu Recht, treten die weit reichenden Wirkungen der Abnahme nicht ein.⁶ Eine Werklohnklage des Unternehmers wäre „als derzeit unbegründet" abzuweisen.⁷ Dies gilt allerdings nur, wenn der 307

---

1 BGH, BauR 1981, 284.
2 BGH, BauR 1981, 264.
3 OLG Köln, BB 1974, 159.
4 OLG Düsseldorf, BauR 1997, 842, 843.
5 BGH, BauR 1992, 627.
6 Vgl. *Heiermann/Riedl/Rusam*, Teil B, § 12 Rz. 31; *Thode*, ZfBR 1999, 116, 118; BGH, BauR 1985, 565; a. A.: Staudinger-*Peters*, § 641 Rz. 8, 9.
7 Vgl. MünchKomm-*Soergel*, § 641 Rz. 4.

Frank | 1035

Auftraggeber die Abnahme nur **vorläufig** – mit dem Ziel, den Unternehmer zur mangelfreien Herstellung des geschuldeten Werks zu bewegen – ablehnt.

308 Verweigert er dagegen ernsthaft und **endgültig** die Erfüllung des Vertrages – z. B. durch Ausspruch einer Kündigung – und lehnt deshalb generell die Abnahme ab, so sollen deren Wirkungen eintreten, und zwar unabhängig davon, ob die Abnahmeverweigerung zu Recht oder zu Unrecht erfolgt ist.[1]

309 Dies erscheint insbesondere für den **VOB-Bauvertrag** im Hinblick auf die Regelung des § 8 Nr. 6 VOB/B zweifelhaft. Man wird aber wohl in jedem Falle ein möglichst gemeinsames Aufmaß der bis zum Ausspruch so einer Kündigung **erbrachten Leistungen** des Auftragnehmers verlangen müssen, um deren Umfang zu dokumentieren. Sind diese ordnungsgemäß, hat der Auftraggeber sie abzunehmen und der Auftragnehmer einen – anteiligen – **Vergütungsanspruch**. Sind sie allerdings derart mangelhaft, dass sie nicht abnahmefähig sind, hat der Bauherr deren Abnahme und damit die endgültige Erfüllung des Vertrags zu Recht verweigert. Dann kann der Unternehmer doch nicht nur wegen dieser endgültigen Abnahmeverweigerung hinsichtlich der Fälligkeit seiner (Teil-) Vergütung so gestellt werden, als sei seine – unbrauchbare – Werkleistung abgenommen.[2] Etwas anderes kann nur für die Berechnung des **Beginns der Gewährleistungsfrist** gelten, da dieser sonst in solchen Fällen nicht festgelegt werden könnte (vgl. insgesamt zu dieser Problematik Rz. 25 ff.).[3]

b) Grundlose Nichtabnahme – Verzug des Auftraggebers

310 Erfüllt der Auftraggeber trotz ordnungsgemäßem Abnahmeverlangens des Auftragnehmers/Unternehmers innerhalb der verlangten/vereinbarten oder der Frist des § 12 Nr. 1 VOB/B seine Verpflichtung zur Abnahme nicht, so tritt damit noch nicht von selbst die Abnahmewirkung ein. Vielmehr gerät der Bauherr in **Gläubigerverzug**, da er seiner Hauptpflicht zur Annahme der Leistung seines Unternehmers nicht (fristgerecht) nachgekommen ist. Dieser Verzug ist **verschuldensunabhängig**.[4]

311 Als Folge dieses Verzugs geht zunächst die **Gefahr des zufälligen Untergangs** der Bauleistung auf den Bauherrn über, § 644 Abs. 1 Satz 2 BGB. Außerdem hat von diesem Zeitpunkt an der Unternehmer nur noch Vorsatz und grobe Fahrlässigkeit zu vertreten (§ 300 BGB). Entstehen ihm nach einem ordnungsgemäßen, aber erfolglosen Abnahmeverlangen für die Erhaltung der geschuldeten Bauleistung Mehraufwendungen, so kann er diese vom Auftraggeber ersetzt verlangen (§ 304

---

[1] BGHZ 79, 180, 182; BGH, BauR 1987, 95; offen gelassen in BGH, NJW 1979, 152 (zum Wegfall des Zurückbehaltungsrechts wegen Mängeln bei Umstellung der Rechtsverteidigung auf Schadensersatz).
[2] So aber Palandt-*Sprau*, 60. Aufl., § 641 BGB Rz. 5; *Werner/Pastor*, Der Bauprozess, Rz. 1344.
[3] So auch zur Verjährung *Nicklisch/Weick*, § 13 Rz. 89; *Ingenstau/Korbion*, Teil B, § 13 Rz. 307; generell in diesem Sinne *Thode*, ZfBR 1999, 116 ff.; *Kniffka*, ZfBR 1998, 113, 116.
[4] Vgl. *Heiermann/Riedl/Rusam*, Teil B, § 12 Rz. 26; *Nicklisch/Weick*, § 12 Rz. 42; Staudinger-*Peters*, § 640 Rz. 37; MünchKomm-*Walchshöfer*, § 293 Rz. 10; Staudinger-*Löwisch*, Vorbem. zu §§ 293–304 Rz. 1 sowie § 293 Rz. 1; Erman-*Battes*, § 293 Rz. 4.

BGB). Dies gilt insbesondere für Aufwendungen zum Schutz der Leistung vor Beschädigung und Diebstahl (vgl. § 4 Nr. 5 Satz 1 VOB/B; § 644 Abs. 1 BGB).[1]

Bei **grundloser Nichtabnahme** können sich die Dinge aber auch noch weiter zum Nachteil des Auftraggebers auswirken. Wird er vom Auftragnehmer/Unternehmer **nach Ablauf der Frist** wegen der bisher nicht erfolgten Abnahme gemahnt und muss ihm wegen der dann immer noch nicht erfolgenden Abnahme ein Verschulden vorgeworfen werden, so gerät er in **Schuldnerverzug**, da es sich bei der Abnahme um eine Hauptpflicht des Auftraggebers aus dem Bauvertrag handelt. In solchen Fällen geht es dann in erster Linie nicht mehr um die bloße Pflicht zur Entgegennahme der Leistung, sondern jetzt vordringlich um die schuldhafte Verletzung der Hauptpflicht zur Entgegennahme der fertig gestellten und ordnungsgemäßen Leistung als im Wesentlichen vertragsgerecht. Hier kann der Auftragnehmer/Unternehmer über seine beim bloßen Annahmeverzug seines Auftraggebers gegebenen Rechte hinaus einen **Verzugsschaden** geltend machen (§§ 286 ff. BGB), namentlich wegen des nicht rechtzeitigen Erhalts seiner Vergütung. Darüber hinaus steht ihm das Recht zu, nach § 326 BGB a. F. vorzugehen.[2] 312

Kein Annahmeverzug des **Generalunternehmers** besteht allerdings, wenn dieser das Abnahmeverlangen eines Subunternehmers dahin gehend beantwortet, dass er diesem mitteilt, dass sein – des Generalunternehmers – Auftraggeber eine Gesamtabnahme und nicht eine solche von einzelnen Gewerken wünsche. Eine solche Mitteilung enthält keine Abnahmeverweigerung, sondern wirbt vielmehr um das Verständnis des Subunternehmers, dieser Vorgehensweise zuzustimmen. Schweigt letzterer auf so ein Schreiben, ist darin ein schlüssiges Einverständnis mit der **vorgeschlagenen Gesamtabnahme** zu sehen, das einen Gläubigerverzug ausschließt.[3] 313

Wenn der Auftraggeber die Abnahme ausdrücklich und endgültig beispielsweise mit der Behauptung tatsächlich nicht vorhandener Mängel **zu Unrecht verweigert**, treten die oben geschilderten **Abnahmewirkungen** auch ohne Abnahme ein und der Auftragnehmer kann sofort seine Vergütung einklagen.[4] 314

Es kehrt sich also die Beweislast wegen etwaiger Mängel um, die Leistungs- und Vergütungsgefahr gehen über und es beginnt die Gewährleistungsfrist, ebenso wie das Abrechnungsstadium hinsichtlich der Vergütung des Auftragnehmers/Unternehmers. Außerdem hat dieser ohne weiteres das Recht, den Auftraggeber auf Abnahme zu verklagen, wozu es allerdings in der Regel nicht kommt, da die **Klage auf Zahlung der Vergütung** ausreichend ist.[5] 315

Schließlich verhält der Bauherr sich **rechtsmissbräuchlich**, wenn er die Abnahme verweigert, weil z. B. ein gerügter Mangel darauf beruht, dass er seiner Mitwir- 316

---
1 *Ingenstau/Korbion*, Teil B, § 12 Rz. 89.
2 Staudinger-*Peters*, § 640 Rz. 51; *Heiermann/Riedl/Rusam*, Teil B, § 12 Rz. 27; BGH, NJW 1972, 99 ff.
3 Vgl. BGH, MDR 1992, 54.
4 Vgl. *Groß*, Festschrift für Locher, S. 53, 56 ff.; *Heiermann/Riedl/Rusam*, Teil B § 12 Rz. 30; *Locher*, Das private Baurecht, Rz. 141; *Ingenstau/Korbion* Teil B § 12 Rz. 93; OLG München, *Schäfer/Finnen/Hochstein*, § 12 VOB/B Nr. 7; BGH, BauR 1996, 390.
5 BGH, BauR 1996, 386; OLG Hamm, BauR 1993, 741.

kungspflicht nicht nachgekommen ist. Der Bundesgerichtshof hat hier den Einwand der mangelnden Fälligkeit trotz fehlender Abnahme nicht gelten lassen, jedoch keine Ausführungen dazu gemacht, wann denn nun Fälligkeit eingetreten sei.

317 Ebenso wenig kann der Besteller dem Werklohnanspruch des Unternehmers mangelnde Fälligkeit wegen fehlender Abnahme entgegenhalten, wenn er auf ein vom Unternehmer im Prozess unterbreitetes Angebot, **ersichtlich geringfügige Mängel** (Risse an Wänden mit einem Mängelbeseitigungsaufwand von 0,43 % der vereinbarten Vergütung) nach Terminvorgabe beseitigen zu lassen, nicht eingeht.[1] Ergänzend hatte der Unternehmer dem Bauherrn Gelegenheit gegeben, sich dazu zu äußern, ob er lieber einen entsprechenden Abzug vom Werklohn wünsche, was dieser ebenfalls unbeantwortet ließ. Hier hat der Bundesgerichtshof – zu Recht – die Fälligkeit des Zahlungsanspruchs mit Zugang des Angebots zur Mangelbeseitigung angenommen.

4. Abnahmeverweigerung trotz Ingebrauchnahme

318 Vielfach kann der Bauherr aufgrund seiner persönlichen Verhältnisse gezwungen sein, das Werk von einem bestimmten Zeitpunkt an zu nutzen, obwohl er es nicht für abnahmefähig hält. So z. B., wenn er auf einen vereinbarten Fertigstellungstermin vertraut und seine bisherige Wohnung gekündigt hat, so dass er diese räumen muss. Auch können im gewerblichen Bereich entsprechende Dispositionen getroffen sein, die es zur Vermeidung eines größeren Schadens erfordern, das Werk trotz Vorliegens erheblicher Mängel in Gebrauch zu nehmen.

319 Hier hat der Auftraggeber unbedingt darauf zu achten, dass dies alles nicht widerspruchslos geschieht. Er muss **parallel** zur Ingebrauchnahme **ausdrücklich** der Abnahme **widersprechen**, insbesondere um den Eintritt einer fiktiven oder konkludenten Abnahme zu verhindern.

VI. Anfechtung der Abnahme

1. Irrtum/Arglistige Täuschung

320 Ist eine Abnahme erfolgt, kann sie im Allgemeinen wegen Irrtums (§ 119 BGB) oder wegen arglistiger Täuschung (§ 123 BGB) nicht angefochten werden, jedenfalls soweit es die Abnahme **in Bezug auf Mängel** und damit insoweit deren Wirkungen betrifft.[2]

321 Zwar ist die Billigung der Vertragsgerechtheit der Leistung des Bauunternehmers eine Willenserklärung des Bauherrn. Es ist auch denkbar, dass die Voraussetzungen der Anfechtung als solche gegeben sein können, z. B. wenn die Werkleistung einen wesentlichen Mangel aufweist, den der Auftraggeber bei der Abnahme nicht erkannt hat oder wenn der Auftragnehmer/Unternehmer den Bauherrn bei der Abnahme über einen wesentlichen Mangel getäuscht hat. Trotzdem kann

---

1 BGH, NJW 1996, 1280f.
2 Vgl. *Werner/Pastor*, Der Bauprozess, Rz. 1356.

eine Anfechtung nach den allgemeinen Vorschriften nicht erfolgen, weil sowohl das Bürgerliche Gesetzbuch in den §§ 633 ff. als auch die VOB/B in § 13 Nr. 5, 6 und 7 für den dann gegebenen Bereich der Gewährleistung **vorrangige Sonderregelungen** enthalten. Dies gilt vor allem im Hinblick auf die auch für den VOB-Vertrag geltenden §§ 637, 638 Abs. 1 BGB a. F., die Anfechtungstatbestände speziell auf die Gewährleistung bezogen enthalten. Im Übrigen reichen die Gewährleistungsvorschriften weitgehend auch aus, um die berechtigten Belange des Auftraggebers auch bei Vorliegen von an sich gegebenen Anfechtungstatbeständen zu wahren.

2. Widerrechtliche Drohung

Anders kann dies nur bei Sachverhalten beurteilt werden, die **außerhalb** des Erfüllungs- und/oder **Gewährleistungsbereichs** liegen, dies allerdings auch nur in eng begrenzten Ausnahmefällen. So ist z. B. eine Anfechtung wegen widerrechtlicher Drohung denkbar, wobei es aber vor allem auf die Widerrechtlichkeit der Drohung ankommt. Ist z. B. im Vertrag eine Übergabe des Hauses vor Bezug vorgesehen, so stellt sich die Frage, wann der Bauunternehmer die Grenze der Wahrnehmung seiner berechtigten Interessen zu einer unzulässigen Druckausübung auf den Bauherrn überschreitet, wenn er die Übergabe des Hauses von gewissen Bedingungen abhängig macht.

322

Dabei stellt es beispielsweise keine widerrechtliche Drohung des Bauträgers dar, wenn dieser die Übergabe des Hauses von der Unterzeichnung eines **Übergabe- und Abnahmeprotokolls** abhängig macht, selbst wenn der Erwerber dringend auf den Einzug in das Haus angewiesen ist.[1] Nach dieser Entscheidung stellt eine entsprechende „Drohung" des Verkäufers, das Haus dem Käufer nicht zu übergeben, wenn dieser ein vorbereitetes Übergabe- und Abnahmeprotokoll nicht unterzeichne, keinen Verstoß gegen die Rechtsordnung dar. Weder sei das verwendete Nötigungsmittel – die **Verweigerung des Einzugs** in das Haus – rechtswidrig noch das Nötigungsmittel im Verhältnis zum erstrebten Zweck unangemessen. Der BGH hebt hervor, dass sich aus keiner gesetzlichen Regelung ergebe, dass das Haus dem Bauherrn ohne Abnahme zu überlassen sei. Da es hier im Wesentlichen um die Beurteilung der werkvertraglichen Elemente des Bauträgervertrags ging, ist diese Entscheidung auch auf andere Bauverträge anzuwenden. Danach widerspricht es in solchen Fällen nicht dem Grundsatz von Treu und Glauben bzw. dem Anstandsgefühl aller billig und gerecht Denkenden, wenn ein Bauunternehmer seine berechtigten Interessen dadurch zu wahren sucht, dass er die Übergabe eines von ihm errichteten Hauses von der Unterzeichnung eines Übergabe- und Abnahmeprotokolls durch den Bauherrn abhängig macht. Selbstverständlich sind in so einem Protokoll aber vom Bauherrn gerügte Mängel und – **sehr wichtig!** – ein Vorbehalt über eine etwa verwirkte Vertragsstrafe aufzunehmen. Verweigert der Bauherr die Unterschrift und damit die Abnahme – gleich ob zu Recht oder nicht –, muss ihm das Haus auch **nicht übergeben werden**.

323

Andererseits darf der Unternehmer die Übergabe des Hauses allerdings nicht von weiteren über die Abnahme **hinausgehenden Erklärungen** des Bauherrn abhän-

324

---

1 Vgl. BGH, BauR 1983, 77, 78 f.

gig machen, durch die – rechtswidrig – versucht werden soll, bestimmte nicht zutreffende Tatsachen durch den Bauherren schriftlich anerkennen zu lassen. Dies hat der BGH[1] zu folgendem Sachverhalt deutlich gemacht:

325 **Beispiel:**
Die Besitzübergabe des Hauses war von einer Zahlung der Bauherren von 20 000 DM abhängig gemacht worden, die diese auch „unter Vorbehalt" zahlten. Bei den Übergabeverhandlungen legte der Unternehmer den Bauherren allerdings ein vorgeschriebenes Übergabe- und Übernahmeprotokoll vor, in dem – teilweise handschriftlich – unter anderem Folgendes wörtlich ausgeführt war: „Die Käufer erkennen alle bisherigen Rechnungen und Zahlungsforderungen der Verkäuferin dem Grunde und der Höhe nach als berechtigt an ... mit Ausnahme der in diesem Protokoll getroffenen Vereinbarungen sind alle Ansprüche der Käufer aus dem Kaufvertrag unwiderruflich abgegolten und erledigt sowie alle Vorbehalte aufgehoben. Die Käufer erklären außerdem, dass sie zur Unterzeichnung des Protokolls nicht durch arglistige Täuschung oder widerrechtlich durch Drohung bestimmt und veranlasst worden sind und auch nicht dadurch, dass sie sich in einer wirtschaftlichen Notlage befinden ..." Das ihnen so vorgelegte Protokoll unterschrieben die Bauherren. Die darauf gerichtete **Anfechtung** hat der BGH für **berechtigt** erachtet. Er hat insbesondere klargestellt, dass hier die Drohung mit einem Nachteil (Verweigerung der Übergabe des Hauses) widerrechtlich sei. Das Verlangen der Verkäuferin zur Abgabe solcher Verzichtserklärungen stelle eben **kein** unter dem Gesichtspunkt von Treu und Glauben **adäquates Mittel** zur Sicherung berechtigter Interessen dar.

3. Anfechtung und Abnahmefiktion

326 Zur Gefahr des Eintritts einer Abnahmefiktion nach § 12 Nr. 5 VOB/B siehe oben Rz. 225 ff.

VII. Abnahme im Verhältnis Haupt-/Nachunternehmer

327 Gerade im Verhältnis zu nachrangig eingeschalteten Unternehmern versuchen Bauträger, Generalüber- und -unternehmer die Wirkungen der Abnahme so lange wie möglich nicht eintreten zu lassen. Dies wird vorrangig damit begründet, dass man beispielsweise gleich lautende Gewährleistungsfristen in den jeweiligen Vertragsverhältnissen haben möchte. Tatsächlich dürfte der Hauptgrund aber das Hinausschieben der Fälligkeit der Werklohnforderung des Nachunternehmers sein. Teils wird dafür bereits in den Vertragsbedingungen Vorsorge getroffen, teils wird die Abnahme schlechthin geleugnet. Derartige Fallkonstellationen lassen sich jedoch i. d. R. zugunsten des – redlichen – Subunternehmers in den Griff bekommen:

1. Vertragliche Abnahmeregelungen

328 In solchen Bauverträgen wird häufig versucht, die **Abnahme zulasten des Nachunternehmers** nach hinten **zu verschieben**. Damit soll erreicht werden, dass dessen Gewerkt zeitgleich oder zumindest zeitnah zu demjenigen des Hauptunternehmers (Bauträger, Generalüber- oder -unternehmer) im Verhältnis zu dessen Auftraggeber abgenommen wird.

---

1 Vgl. BGH, BauR 1982, 503 ff.

Bei solchen Vertragsbestimmungen wird es sich i. d. R. um **Allgemeine Geschäftsbedingungen** i. S. d. § 1 Abs. 1 AGBG (§ 305 Abs. 1 BGB n. F.) handeln. Der Subunternehmer ist Unternehmer i. S. d. §§ 14 BGB, 24 AGBG (§ 310 Abs. 1 BGB n. F.). Die §§ 2, 10 und 11 AGBG (§§ 305 Abs. 2 und 3, 308, 309 BGB n. F.) finden danach gemäß § 24 Satz 1 AGBG (§ 310 Abs. 1 BGB n. F.) keine Anwendung. Entsprechende Klauseln können also auch durch stillschweigend übereinstimmende Willenserklärungen, insbesondere durch Schweigen auf ein kaufmännisches Bestätigungsschreiben, wirksam in den Vertrag einbezogen werden.[1] Deren Inhaltskontrolle erfolgt dann allein auf der Grundlage des § 9 iVm. § 24 Satz 2 AGBG[2] (§ 307 BGB n. F.).

329

Gemessen daran sind derartige Vertragsbestimmungen nur wirksam, wenn sie eine zeitliche Verschiebung vorsehen, um dem Hauptunternehmer eine **angemessene Frist** für die Prüfung des Gewerks des jeweilgen Subunternehmers einzuräumen. Verzögerungen, die über eine solche Prüfungsfrist hinausgehen, können jedenfalls in allgemeinen Geschäftsbedingungen nicht wirksam vereinbart werden, da sie den Vertragspartner in jedem Falle unangemessen benachteiligen. Insbesondere sind danach solche Bestimmungen **unwirksam**, die die Abnahme aller Einzelgewerke auf den **Zeitpunkt der Schlussabnahme** der kompletten Leistung des Hauptunternehmers im Verhältnis zu seinem Auftraggeber verschieben wollen.[3] Dies gilt auch, wenn eine förmliche Abnahme vereinbart ist.

330

Beispiel:
Unwirksam ist die Vereinbarung, dass die förmliche Abnahme der Subunternehmerleistung erst im Zeitpunkt der Übergabe und Abnahme des Gemeinschaftseigentums zu erfolgen habe.[4] Auch kann sich der Hauptunternehmer nicht einseitig die Bestimmung des Abnahmetermins vorbehalten.[5]

331

Grundsätzlich kann eine **Abnahme durch Ingebrauchnahme** auch in Allgemeinen Geschäftsbedingungen **ausgeschlossen** werden. Die in diesem Zusammenhang vereinbarte zwingende Durchführung einer formellen Abnahme benachteiligt den Subunternehmer nicht unangemessen, wenn sichergestellt ist, dass diese spätestens vier bis sechs Wochen nach Fertigstellung seiner Leistung durchzuführen ist. Ein Zeitraum von zwei Monaten wäre dafür aber schon zu lang und verstieße gegen den gesetzlichen Leitgedanken des § 640 Abs. 1 BGB. **Unangemessen** ist dabei insbesondere auch, wenn der Abnahmezeitpunkt für den Subunternehmer ungewiss ist.

332

Beispiel:
Dies ist der Fall, wenn der Eintritt der Abnahmewirkungen von Handlungen Dritter abhängig gemacht wird, die der Subunternehmer weder abschätzen noch – mangels vertraglicher Beziehungen – beeinflussen kann. So ist es unzulässig, den Eintritt der Abnahmewirkungen an die Vorlage von Mängelfreiheitsbescheinigungen oder entsprechender Bestätigungen eines Erwerbers oder der Vorlage behördlicher Bescheinigungen abhängig zu machen. Auch wird die Rechtsstellung des Hauptunternehmers zulasten des Subunternehmers ungerechtfertigt verbessert, wenn Letzterem die Möglichkeit genom-

---

1 Palandt-*Heinrichs*, 60. Aufl., § 2 AGBG Rz. 22 ff. und § 24 AGBG Rz. 3.
2 Palandt-*Heinrichs*, 60. Aufl., § 24 AGBG Rz. 4.
3 BGH, BauR 1989, 727 f.; NJW 1989, 1602, 1603 f.
4 BGH NJW 1997, 394, 395.
5 BGH, BauR 1996, 378.

men wird, selbst einen Abnahmetermin zu bestimmen oder nach Ablauf einer angemessenen Frist auf den Eintritt der Abnahmewirkungen Einfluss nehmen zu können. Insbesondere der Beginn der Gewährleistungsfrist und der Eintritt der Fälligkeit der Vergütung können ansonsten unangemessen hinausgeschoben werden.[1]

2. Abnahmeverweigerung

333 Aber auch auf andere Weise versuchen Bauträger, Generalüber- und -unternehmer sich der Abnahmewirkungen im Verhältnis zu von ihnen eingeschalteten Sub-/Nachunternehmern zu entziehen, indem die Abnahme schlechthin oder jedenfalls die Abnahmereife geleugnet wird. Solche Einwände sind ihnen jedenfalls dann verwehrt, wenn ihre **eigene Leistung** selbst von ihrem Auftraggeber **abgenommen** ist. So gilt die Werkleistung des Nachunternehmers schon dann als abgenommen, wenn der Hauptunternehmer gegenüber seinem Auftraggeber Schlussrechnung legt und damit die Fertigstellung seiner Leistung insgesamt anzeigt.[2]

334 Sind die **Leistungsinhalte** des Haupt- und des Subunternehmervertrags **identisch**, so entfaltet die Abnahme der Leistung des Hauptunternehmers durch den Bauherrn auch Wirkung im Verhältnis zwischen Haupt- und Subunternehmer, insbesondere wenn Letzterer an der Abnahmeverhandlung teilgenommen hat.[3] Auch wenn der Hauptunternehmer nur teilweise einen Nachunternehmer beauftragt hatte, muss er die ihm gegenüber durch den Bauherrn erfolgte Abnahme auch im Verhältnis zu seinem Subunternehmer gelten lassen, so dass dadurch dann auch dessen Leistung abgenommen ist.[4]

335 Der Auftragnehmer, der die gesamten Rohbauarbeiten (Erd-, Kanalisations-, Maurer- Beton- und Stahlbetonfertigteilarbeiten) zu erbringen, und z. B. die Stahlbetonfertigteilarbeiten an einen Subunternehmer vergeben hat, ist nach deren Fertigstellung gegenüber seinem Subunternehmer verpflichtet, diese nach § 12 Nr. 1 VOB/B abzunehmen. Diese Abnahme kann aber **im Verhältnis zum Bauherrn nicht gleichzeitig** als **Teilabnahme** i. S. d. § 12 Nr. 2 VOB/B gesehen werden, und zwar auch dann nicht, wenn der bauleitende Architekt des Auftraggebers an der Abnahmeverhandlung teilgenommen hat. Bezogen auf den Hauptauftrag stellen die Stahlbetonfertigteilarbeiten als Teil des Rohbaus nämlich keine in sich abgeschlossene Leistung dar und sind mithin nicht teilabnahmefähig.[5]

336 Insgesamt lässt sich den vorstehenden Entscheidungen entnehmen, dass sich der Hauptunternehmer im Verhältnis zu seinen Subunternehmern nicht auf mangelnde Abnahmereife oder nicht erfolgte Abnahme berufen darf, wenn seine Gesamtleistung selbst von seinem Auftraggeber abgenommen worden ist. Auch dürfen dem Subunternehmer keine unangemessenen Nachteile in Allgemeinen Geschäftsbedingungen in Bezug auf die Abnahme aufgebürdet werden, insbesondere nicht dadurch, dass dieser keine Möglichkeit hat, in einem angemessenen Zeit-

---

1 Grundlegend BGH, BauR 1989, 322, 324; vgl. auch BauR 1996, 378 f.
2 OLG Düsseldorf, IBR 1996, 141.
3 OLG Jena, IBR 1998, 520.
4 OLG Köln, IBR 1997, 189.
5 OLG Düsseldorf, *Schäfer/Finnen/Hochstein*, § 12 VOB/B Nr. 14.

raum nach Fertigstellung seiner Leistung deren Abnahme zu verlangen und damit ggf. die Abnahmewirkungen herbeizuführen.

VIII. Sicherheitsleistung nach Abnahme

Oftmals werden gerade größere Bauaufträge nur noch vergeben, wenn auch der Bauunternehmer eine Sicherheit dafür stellt, dass die komplette Durchführung der von ihm übernommenen Leistungen gewährleistet ist. Umgekehrt verlangen entsprechend „starke" Auftragnehmer aber auch von ihren Auftraggebern eine Sicherheit dafür, dass die ordnungsgemäße Zahlung der vereinbarten Vergütung abgedeckt ist. Beide Sicherheiten werden i. d. R. durch Übergabe von Bürgschaften geleistet. Hierbei handelt es sich dann um **sog. Vertragserfüllungsbürgschaften**. 337

Aber auch die Gewährleistungsverpflichtung des Unternehmers gilt es abzusichern. Hierzu vereinbart der Bauherr i. d. R. einen **Sicherheitseinbehalt**, den der Auftragnehmer dann durch Stellung einer **Gewährleistungsbürgschaft** ablösen kann. Art, Umfang und Handhabung dieser Sicherheitsleistung des Auftragnehmers werden generell – unter Hinweis auf die §§ 232 bis 240 BGB – in § 17 VOB/B geregelt. 338

Beide Formen der Sicherheitsleistung kommen aber nur zum Tragen, wenn sie vertraglich vereinbart sind (vgl. auch § 17 Nr. 1 Abs. 1 VOB/B: „**Wenn** Sicherheit vereinbart ist ..."). Eine gesetzliche Möglichkeit, den Vergütungsanspruch des Unternehmers auch für den Fall abzusichern, dass es an einer entsprechenden vertraglichen Vereinbarung fehlt, bietet **§ 648 a BGB**. Danach kann der Unternehmer eines Bauwerks, einer Außenanlage oder eines Teils davon Sicherheit für die von „ihm zu erbringenden Vorleistungen einschließlich der dazugehörigen Nebenforderungen" verlangen. Er setzt dem Besteller dazu eine angemessene Frist, verbunden mit der Erklärung, nach deren fruchtlosem Ablauf die Leistung zu verweigern. Stellt der Besteller die Sicherheit innerhalb der Frist nicht, bestimmen sich die Rechte des Unternehmers gemäß § 648 a Abs. 5 BGB nach den §§ 643 und 645 Abs. 1 BGB. Setzt der Unternehmer dem Besteller danach eine entsprechende Nachfrist zur Beibringung der Sicherheit, gilt der Vertrag als aufgehoben, wenn der Besteller diese nicht innerhalb der Frist stellt. Da sich in der VOB Teil B keine abweichende Regelung findet, gilt dies alles auch für den VOB-Bauvertrag.[1] 339

Problematisch ist, welche **Konsequenzen** die **Abnahme** der Bauleistung bezogen auf die eben dargestellten Sicherheiten entfaltet. 340

1. Erfüllungs-/Ausführungsbürgschaft

Mit Abnahme der Leistung des Bauunternehmers gibt der Bauherr zu erkennen, dass er diese „als im Wesentlichen vertragsgerecht" akzeptiert. Die nach § 631 Abs. 1 BGB geschuldete Hauptleistung ist damit erfüllt, so dass die dafür gestellte Bürgschaft mit dieser erlischt. Rechtsdogmatisch dient zwar auch die Gewähr- 341

---

1 Vgl. Palandt-*Sprau*, 60. Aufl., § 648 a BGB Rz. 17 ff.

leistung der Erfüllung des Werkvertrags. Bezogen auf die hier behandelte Bürgschaft ist aber auf den in der Baubranche üblichen Sprachgebrauch abzustellen. Diese trennt dabei ganz klar zwischen „Erfüllungs-" und „Gewährleistungsbürgschaft".

342 So lässt sich aus der Formulierung in einer Bürgschaftsurkunde „... Wir (der Bürge) verbürgen uns selbstschuldnerisch ... für die Ansprüche aus noch auszuführenden Arbeiten betreffend das Bauvorhaben ... gemäß Vertrag vom ... " kein Anhaltspunkt dafür entnehmen, dass damit auch die Gewährleistungsansprüche des Bauherrn abgesichert sein sollen. Der Wortlaut spricht im Gegenteil für die Übernahme einer reinen **Erfüllungsbürgschaft**, die dann aber mit der Abnahme der Bauleistung ihre Wirksamkeit verloren hat. Eine solche sichert nämlich i. d. R. die **Rechte** des Bestellers/Auftraggebers **vor Abnahme**,[1] so beispielsweise:

▷ die fristgerechte und abnahmefähige Erbringung der geschuldeten Leistung,[2]

▷ bis zur Abnahme bestehende Mängelbeseitigungsansprüche,[3]

▷ etwaige Vertragsstrafen, wenn die Bürgschaft für „alle" vertraglichen Verpflichtungen übernommen wurde und der Auftragnehmer die Einhaltung fester Termine unter Abgabe des Vertragsstrafeversprechens zugesichert hatte.[4]

343 Generell kommt es dabei aber auf die vertraglichen Vereinbarungen der Parteien an. So können durch eine Erfüllungsbürgschaft zwar auch Gewährleistungsansprüche gesichert sein. Ist aber ausdrücklich vereinbart, dass die Bürgschaft nur bis zur Abnahme gilt, ist die **Urkunde** nach Abnahme **zurückzugeben**. Eine Inanspruchnahme des Bürgen danach ist nicht mehr zulässig und führt zu Rückforderungsansprüchen des Gläubigers.[5]

344 Dem Bauherrn steht daher mangels anders lautender Vereinbarungen nach der Abnahme auch **kein Zurückbehaltungsrecht** an der Bürgschaftsurkunde zu. Andernfalls würde man ihm die Sicherung der Durchsetzung von Ansprüchen gestatten, für die die Bürgschaft gerade nicht vereinbart war. Anderseits erlischt sie aber nicht durch die Abnahme, wenn sie schon vorher – wegen Mängeln – in Anspruch genommen worden war.[6]

345 Ebenso hat der Bauunternehmer eine entsprechende Vertragserfüllungsbürgschaft des Bauherrn zurückzugeben, wenn alle – berechtigten – Vergütungsansprüche erfüllt sind. Die Verpflichtung des Auftraggebers zur Stellung so einer Bürgschaft entfällt nicht durch die Fertigstellung der Leistung, Erstellung der Schlussrechnung oder Erhebung von Mängelrügen.[7]

---

1 Vgl. *Ingenstau/Korbion*, § 17 VOB/B Rz. 56.
2 OLG Karlsruhe, NJW-RR 1998, 533.
3 BGHZ 139, 325, 327 ff.
4 BGH, BauR 1982, 506 f.; NJW-RR 1990, 811.
5 OLG Düsseldorf, BauR, 1998, 553, 554.
6 BGHZ 139, 325, 327 ff.
7 OLG Nürnberg, NJW-RR 1989, 1296.

2. Gewährleistungsbürgschaft

Eine solche Bürgschaft sichert die Rechte des Auftraggebers nach Abnahme.[1] Der BGH[2] unterscheidet dabei hinsichtlich des Umfangs der gesicherten Ansprüche danach, ob es sich um einen BGB- oder VOB-Bauvertrag handelt.

346

Ist eine Absicherung der Gewährleistungsansprüche des Bauherrn vertraglich vereinbart (vgl. § 17 Nr. 1 Abs. 1 VOB/B), ist dieser i. d. R. berechtigt, einen **Abzug** in der vereinbarten Höhe **von der Schlusszahlung** vorzunehmen, soweit dies nicht schon anteilig bei vorangegangenen Abschlagszahlungen erfolgt ist. Insoweit ändert sich durch die Abnahme nichts, da diese unter anderem ja überhaupt erst Fälligkeitsvoraussetzung für den Vergütungsanspruch des Unternehmers/ Auftragnehmers ist. Hat dieser dem Bauherrn schon vorher eine entsprechende **Bürgschaftsurkunde** ausgehändigt, ist ein **Sicherheitseinbehalt** natürlich **nicht mehr zulässig**. Andererseits kann der Auftragnehmer einen solchen aber auch noch nachträglich durch Stellung einer tauglichen Bürgschaft ablösen (vgl. § 17 Nr. 3 und 4 VOB/B). Kommt es nicht zur Abnahme, sichert die schon in Händen des Bauherrn befindliche Gewährleistungsbürgschaft dennoch dessen Ansprüche wegen Mängeln der Werkleistung, falls sich aus den vertraglichen Vereinbarungen nichts anderes ergibt.

347

3. Bauhandwerkerversicherung, § 648 a BGB

a) Sicherungsverlangen vor Abnahme

Eine weitere Möglichkeit der Sicherung des Vergütungsanspruches des Unternehmers bietet das Gesetz in § 648 a BGB.

348

b) Sicherungsverlangen nach Abnahme

Problematisch im Zusammenhang mit der Abnahme der Werkleistung ist diese Vorschrift wegen der Beurteilung der Frage, ob der Unternehmer Sicherheit hiernach auch noch verlangen kann, wenn seine Leistung abgenommen ist. Bis zur Abnahme sollen etwaige Mängeleinreden des Bauherrn ein – ansonsten berechtigtes (§ 648 a Abs. 6 BGB) – Sicherungsverlangen des Unternehmers nicht hindern.[3]

349

Die rechtliche Problematik der grundsätzlichen Anwendbarkeit des § 648a BGB nach Abnahme findet sich unter Darstellung der verschiedenen Auffassungen und obergerichtlichen Entscheidungen eingehend aufgearbeitet im Jahrbuch Baurecht 2002 auf den Seiten 143, 148 ff. sowie – vorrangig bezogen auf die Kündigung nach §§ 643, 645 Abs. 1 BGB – bei Jacob.[4]

350

Bis dato aufgrund divergierender Entscheidungen verschiedener Oberlandesgerichte bestehende Rechtsunsicherheit ist durch zwei Entscheidungen des

351

---

[1] Vgl. *Ingenstau/Korbion*, § 17 VOB/B Rz. 56; Werner-*Pastor*, Der Bauprozess, Rz. 1252.
[2] BauR 1998, 332 f.
[3] OLG Karlsruhe, BauR 1996, 556 f.; LG Bonn, BauR 1997, 857 f.; Staudinger-*Peters*, § 648 a BGB, Rz. 9; *Liepe*, BauR 1998, 860; *Schulze-Hagen*, BauR 1999, 210, 215; a. A. *Ingenstau/ Korbion*, 13. Aufl., Teil B, § 16 Rz. 426; *Reinelt*, BauR, 1997, 766, 770 ff.
[4] BauR 2002, 386 ff.

VII. Zivilsenats des Bundesgerichtshofes[1] beseitigt worden. Danach hält der Bundesgerichtshof die Vorschrift des § 648a BGB zwar grundsätzlich nach Abnahme für anwendbar, erteilt denjenigen Auffassungen, die als Folge der Nichtstellung einer solchen Sicherheit nach Abnahme den Auftraggebern deren Gewährleistungsrechte nehmen wollten, jedoch eine deutliche Absage. Die Nichtstellung der Sicherheit gemäß § 648a BGB führt nach den vorstehend zitierten Entscheidungen im Ergebnis dazu, dass beim Vorliegen berechtigter Mängel der Werklohn um den mängelbedingten Minderwert zu kürzen ist.

352 **Hinweis:**

Da der Unternehmer allerdings nicht nur von der Pflicht zur Mängelbeseitigung frei wird, sondern gleichsam auch sein Mängelbeseitigungsrecht verliert, sollte vor einem entsprechenden Vorgehen genau überlegt werden, ob der Unternehmer dies will oder ob er es nicht lieber vorzieht, die Nachbesserung mit „Bordmitteln" kostengünstiger zu erledigen und sich so den vollen Werklohn zu verdienen.

353 Gleichzeitig hat der VII. Zivilsenat[2] entschieden, dass § 648a BGB auch nach Kündigung eines Werkvertrages Anwendung findet.

IX. Klauseln in Allgemeinen Geschäftsbedingungen

354 Die Abnahme von Bauwerken wird von den Parteien häufig zum Gegenstand vorformulierter Vertragsbedingungen gemacht. Dabei können sowohl der Auftraggeber als auch der Auftragnehmer Verwender der AGB sein. Der Schwerpunkt der Betrachtung, ob sich Bedingungen (noch) im Rahmen des AGB-Gesetzes (der §§ 305 ff. BGB n. F.) befinden, liegt aber eindeutig dort, wo der Auftraggeber die AGB stellt. Dieser verfolgt in der Regel das Ziel, die Abnahme und die mit ihr verbundenen Wirkungen zu erschweren bzw. möglichst weit hinauszuschieben.

1. Auftraggeber als Verwender

a) Unwirksame Klauseln

355 ▷ „Die Abnahme kann **nur schriftlich** erfolgen."

Eine spätere konkludent erklärte Abnahme hebt diese Schriftformklausel zugleich konkludent auf. Dass dies möglich ist, bestätigt vor allem § 4 AGBG. Darüber hinaus liegt hierin ein Verstoß gegen § 9 Abs. 2 Nr. 1 AGBG, da § 4 AGBG und die durch das Gesetz zur Beschleunigung fälliger Zahlungen in das BGB eingefügten Abnahmeformen nach §§ 640 Abs. 1 Satz 3, 641a BGB ausgeschlossen würden.[3]

356 ▷ „Die Abnahme **durch Ingebrauchnahme** ist ausgeschlossen."

Ein Ausschluss der konkludenten Abnahme durch AGB des Auftraggebers wird zwar für wirksam erachtet, allerdings muss dem Auftragnehmer dann das Recht

---

[1] Urt. v. 22. 1. 2004 – VII ZR 183/02, BauR 2004, 826 ff. sowie Urt. v. 22. 1. 2004 – VII ZR 68/03, BauR 2004, 830 ff.
[2] Urt. v. 22. 1. 2004 – VII ZR 277/02, BauR 2004, 834 ff.
[3] *Glatzel/Hofmann/Frikell*, S. 265.

eingeräumt werden, in angemessener Frist (binnen 6 Wochen) eine förmliche Abnahme zu erreichen. Anderenfalls liegt ein Verstoß gegen § 9 AGBG vor.[1]

▷ „Die Abnahme wird durch **Zahlungen** oder durch eine **Anerkennung und Begleichung der Schlussrechnung** nicht ersetzt."   357

Auch hierin liegt ein Verstoß gegen § 9 AGBG.[2]

▷ „Die Abnahme **durch Fertigstellungsbescheinigung** gemäß § 641a BGB ist ausgeschlossen"   358

Die Klausel verstößt gegen § 9 Abs. 2 Nr. 1 AGBG, da der wesentliche Grundgedanke des durch das Gesetz zur Beschleunigung fälliger Zahlungen eingefügten § 641a BGB darin liegt, eine Abnahme mit Hilfe der Fertigstellungsbescheinigung eines Gutachters herbeiführen zu können und auf diesem Wege denjenigen Auftraggebern/Bestellern entgegenzutreten, die durch die (unredliche) Hinauszögerung der Abnahme die Fälligkeit des Vergütungsanspruchs des Unternehmers zu verhindern bzw. zu verzögern versuchen.[3]

▷ „Die Abnahmewirkungen treten nur ein, wenn der Auftraggeber die Leistung förmlich abnimmt. Die Abnahmefiktion des § 640 Abs. 1 Satz 3 BGB ist ausgeschlossen."   359

Die Klausel ist wegen Verstoßes gegen § 9 Abs. 2 Nr. 1 AGBG unwirksam. Die Einfügung des § 640 Abs. 1 Satz 3 BGB durch das Gesetz zur Beschleunigung fälliger Zahlungen hat den Sinn, Versuchen von Auftraggebern/Bestellern vorzubeugen, die Abnahme des (mängelfrei erstellten) Werks mit dem Ziel zu verweigern, die Fälligkeit der Vergütung des Unternehmers hinauszuschieben. Durch den Ausschluss der Abnahmefiktion würde die gesetzliche Regelung in der Praxis einseitig zulasten des Unternehmers ausgehöhlt.[4]

▷ „Die förmliche Abnahme erfolgt binnen **6 Monaten** nach Fertigstellung der Leistung, es sei denn, der Auftragnehmer fordert schriftlich eine frühere Abnahme."   360

Die Klausel wurde für die Zeit vor dem Inkrafttreten des Gesetzes zur Beschleunigung fälliger Zahlungen – also bis zum 30. 4. 2000 – als wirksam angesehen,[5] da der erste Halbsatz dadurch „geheilt" sein sollte, dass der Auftragnehmer/Besteller das Recht hatte, die förmliche Abnahme schon früher zu verlangen. Seit dem 1. 5. 2000 verstößt die Formulierung allerdings gegen die Neuregelung der §§ 640, 641a BGB und ist nach § 9 Abs. 2 Nr. 1 AGBG unwirksam.[6]

▷ „Die Vorabnahme des Auftraggebers hat nicht die rechtlichen Wirkungen einer Abnahme."   361

Die Klausel verstößt gegen Treu und Glauben und ist nach § 9 AGBG unwirksam. Es widerspricht der Wertung des Gesetzes, eine tatsächliche Handlung, die übli-

---

1 LG München I, BauR 1991, 396; BGH, BB 1996, 763.
2 Vgl. auch OLG München, BauR 1987, 554, 557; KG, BauR 1979, 517.
3 *Hofmann/Glatzel/Frikell*, S. 266f.
4 *Hofmann/Glatzel/Frikell*, S. 266.
5 OLG Bamberg, IBR 1997, 450.
6 *Hofmann/Glatzel/Frikell*, S. 267.

cherweise als Abnahme gewertet werden würde, durch vertragliche Regelung rechtlich anders zu werten.[1]

362 ▷ „Der Werkvertrag gilt als nicht ordnungsgemäß erfüllt, solange der Auftragnehmer kein einwandfrei geführtes Bautagebuch vorlegt."

Die Klausel verstößt gegen § 9 Abs. 2 Nr. 1 AGBG, da sie eine zusätzliche Voraussetzung für die Abnahme schafft, die mit der Werkleistung selbst in keinem unmittelbaren Zusammenhang steht.[2]

363 ▷ „Voraussetzung der Abnahme ist, dass der Auftragnehmer sämtliche Unterlagen (wie z. B. Revisions- und Bestandspläne, behördliche Bescheinigungen) dem Auftraggeber übergeben hat."

Die Unwirksamkeit der Klausel folgt aus einem Verstoß gegen das Transparenzgebot des AGB-Gesetzes, §§ 9, 10 Nr. 1 AGBG. Der Zeitpunkt der Abnahme ist für den Auftragnehmer nicht eindeutig erkennbar.[3]

364 ▷ „Auch unwesentliche Mängel berechtigen den Auftraggeber zur Abnahmeverweigerung."

Durch die Änderung des § 640 BGB durch das Gesetz zur Beschleunigung fälliger Zahlungen sollte eine Angleichung an die Rechtslage gemäß VOB/B erfolgen. Die Abnahmefähigkeit sollte nicht mehr unangemessen beschränkt sein und die Abnahme nicht mehr – mehr oder weniger grundlos – hinausgeschoben werden können. Eine vertragliche Rückkehr zur alten Rechtslage verstößt gegen § 9 Abs. 2 Nr. 1 AGBG. Dies gilt gleichermaßen für die Klausel, dass dem Auftraggeber solange ein Recht zur Abnahmeverweigerung zusteht, wie nicht **sämtliche Mängel** behoben sind.[4]

365 ▷ „Gutachter im Sinne des § 641 a BGB kann nur ein öffentlich bestellter und vereidigter Sachverständiger sein, mit dem der Auftraggeber ausdrücklich einverstanden ist."

Diese Klausel ermöglicht dem Auftraggeber die treuwidrige Hinauszögerung der Abnahme über eine (grundlose) Ablehnung des Sachverständigen.[5]

366 ▷ „Die Gewährleistungsfrist beginnt, unabhängig vom Eintritt der privatrechtlichen Abnahme, erst mit der baubehördlichen Abnahme."

Es stellt einen Verstoß gegen § 9 AGBG dar, wenn die rechtlichen Wirkungen der Abnahme von denen nach §§ 640, 641, 638 BGB getrennt werden, wie im Falle der Verschiebung des Beginns der Gewährleistungsfrist auf den Zeitpunkt der baubehördlichen Abnahme.[6]

---

1 *Hofmann/Glatzel/Frikell*, S. 267 f.
2 LG Koblenz, IBR 1994, 461.
3 *Hofmann/Glatzel/Frikell*, S. 268.
4 *Hofmann/Glatzel/Frikell*, S. 269.
5 *Hofmann/Glatzel/Frikell*, S. 269.
6 *Korbion/Locher*, Rz. 107.

b) Wirksame Klauseln

▷ „Die **Abnahmefiktion** des § 12 Nr. 5 VOB/B ist ausgeschlossen". 367

Der Ausschluss von § 12 Nr. 5 VOB/B ist zulässig.[1]

Hinweis:

Die VOB Teil B ist nicht mehr Vertragsgrundlage im Sinne des § 23 Abs. 2 Nr. 5 AGBG.[2]

Fraglich ist allerdings, ob die zitierten Entscheidungen nach Einfügung der Abnahmefiktion per 1. 5. 2000 in § 640 Abs. 1 Satz 3 BGB noch aufrecht zu erhalten sein werden (s.o. Rz. 286ff.).

„Dem Auftraggeber wird für die Abnahme der Leistung eine **Frist** von 12 Werktagen eingeräumt." 368

Es ist generell unzulässig, durch einseitige Regelung den Zeitpunkt der Abnahme unangemessen hinauszuschieben. Grundsätzlich hat der Auftraggeber entsprechend der Wertung des § 640 BGB das Werk sofort nach vertragsgemäßer Herstellung abzunehmen. Wenn § 12 Nr. 1 VOB/B dem Auftraggeber eine Frist von 12 Werktagen gestattet, so ist dies dennoch sachgerecht, wenn man berücksichtigt, dass regelmäßig noch Vorbereitungen für die Abnahme zu treffen sind. Auch ist eine Verlängerung in Zusätzlichen Vertragsbedingungen des Auftraggebers auf 24 Arbeitstage noch hinnehmbar, ohne dass ein Verstoß gegen § 9 AGBG vorliegt.[3] Erst eine Frist, die darüber hinausgeht – z. B. bei einer Frist von 2 oder 6 Monaten nach Abnahmeverlangen durch den Auftragnehmer – verstößt gegen das durch § 640 BGB geprägte Leitbild und ist gemäß § 9 AGBG unwirksam.[4]

2. Auftragnehmer als Verwender

a) Unwirksame Klauseln

▷ „Wird eine Abnahme verlangt, so gilt die Leistung als abgenommen mit Ablauf von 12 Werktagen nach schriftlicher Mitteilung über die Fertigstellung der Leistung. Hat der Auftraggeber die Leistung oder einen Teil der Leistung in Benutzung genommen, so gilt die Abnahme nach Ablauf von 6 Werktagen nach Beginn der Benutzung als erfolgt, wenn nicht anderes vereinbart ist. Die Benutzung von Teilen einer baulichen Anlage zur Weiterführung der Arbeiten gilt nicht als Abnahme" (entsprechend dem Wortlaut des § 12 Nr. 5 Abs. 1 und 2 VOB/B). 369

Die Klausel ist innerhalb eines VOB-Vertrags selbstverständlich wirksam, da sie lediglich den Wortlaut des § 12 Nr. 5 VOB/B wiedergibt. Dagegen verstößt sie als separat vereinbarte Klausel gegen §§ 9, 10 Nr. 5 AGBG.[5] Die Klausel ist wohl auch auf der Grundlage des per 1. 5. 2000 eingefügten § 640 Abs. 1 Satz 3 BGB unwirksam, da die Abnahmefiktion des § 12 Nr. 5 VOB/B unabhängig davon ein-

---
1 LG München, BauR 1991, 386; *Hofmann/Glatzel/Frikell*, S. 266.
2 BGH, NJW 1990, 2384.
3 BGH, BauR 1983, 161; BauR 1989, 322; *Korbion/Locher*, Rz. 104.
4 *Korbion/Locher*, Rz. 104.
5 *Hofmann/Glatzel/Frikell*, S. 274.

tritt, ob der Auftragnehmer ein Abnahmeverlangen äußert. Darin liegt der Unterschied zur nunmehr auch gesetzlich geregelten Abnahmefiktion.[1]

370 ▷ „Das Kaufobjekt gilt spätestens mit dem Einzug des Käufers in die Wohnung als abgenommen."

Die Bedingung verstößt gegen § 11 Nr. 10 AGBG.[2]

371 ▷ „Der Besteller hat das Bauwerk bei Einzug auch bei erheblichen Mängeln abzunehmen. Andernfalls sind Mängelbeseitigungsansprüche ausgeschlossen."

Die Klausel verstößt gegen § 9 AGBG, weil der Auftraggeber dadurch unangemessen benachteiligt wird, dass ihm gesetzliche Ansprüche genommen werden.[3] Auch nach § 640 Abs. 1 Satz 2 BGB in der seit 1. 5. 2000 geltenden Fassung stehen lediglich unerhebliche Mängel einer Abnahme bzw. der Abnahmereife nicht entgegen.

372 ▷ „Die Fertigstellungsbescheinigung nach § 641a BGB ist auch bei unwesentlichen Mängeln zu erteilen."

Es liegt ein Verstoß gegen § 9 Abs. 2 Nr. 1 AGBG vor, da § 641a Abs. 1 BGB die Erteilung einer Fertigstellungsbescheinigung durch den Gutachter lediglich dann vorsieht, wenn die Leistung mangelfrei ist.[4] Diese Vorschrift ist dabei von grundlegender Bedeutung. Zu berücksichtigen ist auch, dass über die Fertigstellungsbescheinigung die Abnahme gegen den Willen des Auftraggebers möglich ist. Insbesondere enthält § 641a BGB keine dem § 640 Abs. 1 Satz 2 BGB entsprechende Einschränkung und verweist auch nicht auf diese Vorschrift.

b) Wirksame Klausel

373 ▷ „Wegen wesentlicher Mängel kann die Abnahme bis zur Beseitigung verweigert werden." **(entsprechend dem Wortlaut des § 12 Nr. 3 VOB/B)**

Die Wirksamkeit ist selbstverständlich für den VOB-Vertrag gegeben. Aber auch für BGB-Bauverträge ist von der Wirksamkeit auszugehen.[5] Wenn dies für die Zeit vor dem Inkrafttreten des Gesetz zur Beschleunigung fälliger Zahlungen nicht unbestritten war,[6] wird nun wohl einhellig von der Gültigkeit ausgegangen werden, da die Abnahme auch beim BGB-Bauvertrag nicht mehr wegen unwesentlicher Mängel verweigert werden darf (§ 640 Abs. 1 Satz 2 BGB).

X. Abnahme und Selbständiges Beweisverfahren

374 In Ausnahmefällen ist auch die Durchführung eines Selbständigen Beweisverfahrens zur Herbeiführung der Abnahmewirkungen denkbar. So z. B., wenn der Bau-

---

1 *Hofmann/Glatzel/Frikell*, S. 274.
2 *Hofmann/Glatzel/Frikell*, S. 275.
3 *Hofmann/Glatzel/Frikell*, S. 275.
4 *Hofmann/Glatzel/Frikell*, S. 275 f.
5 *Hofmann/Glatzel/Frikell*, S. 274.
6 *Wolf/Horn/Lindacher*, § 23 Rz. 253, die von einer „bedenklichen Verkürzung der Rechte des Auftraggebers" sprechen.

herr vor Abnahme (erhebliche) Mängel rügt und die Abnahme verweigert, der Bauunternehmer sich jedoch sicher ist, dass solche nicht vorliegen. Insoweit dürfte eine Parallele zur seit dem 1. 5. 2000 möglichen Abnahmefiktion durch Vorlage einer Fertigstellungsbescheinigung gemäß § 641 a BGB vorliegen. Der Nachweis der Mangelfreiheit (hier allerdings bis auf unwesentliche Mängel) durch ein gerichtliches Beweissicherungsgutachten löst zwar keine Abnahmefiktion aus, erleichtert aber mit Sicherheit die Erhebung einer Werklohnklage, wenn nicht der Bauherr schon allein auf der Grundlage des vorliegenden Gutachtens „die Segel streicht". Ein möglicher Vorteil könnte dabei noch hinsichtlich der für den Gutachter aufzuwendenden Kosten gegeben sein: Während der Gerichtsgutachter an die Sätze des Zeugen- und Sachverständigenentschädigungsgesetzes gebunden ist, kann der im Rahmen des § 641 a BGB beauftragte Gutachter einen „marktgerechten" Preis fordern, der leicht in einer Größenordnung von 95 bis 120 Euro/Std. liegen kann.

Teil 20
Gewährleistung

	Rz.
I. Einleitung	1
II. Allgemeines zu den Gewährleistungsrechten des Auftraggebers	3
1. BGB-Bauvertrag	6
2. VOB-Vertrag	9
a) VOB 2000	9
b) VOB 2002	10
III. Mangel der Werkleistung	11
1. Mangelbegriff	12
2. Fehlen zugesicherter Eigenschaften	16
3. Leistung nach Probe	34
4. Fehlerbegriff	39
a) Vorliegen eines Fehlers	40
b) Beeinträchtigung des Werts	46
c) Eignungsbeeinträchtigung	47
d) Bestimmung durch die anerkannten Regeln der Technik	49
5. Prüfungs- und Hinweispflicht	57
6. Mangelbegriff nach der Schuldrechtsreform	66
7. Mangelbegriff der VOB 2002	72
a) § 13 Nr. 1 VOB/B	75
b) § 13 Nr. 2 VOB/B	79
c) § 13 Nr. 3 VOB/B	82
8. Die wichtigsten DIN-Vorschriften im Überblick	84
a) DIN 18330 i. V. m. DIN 1053 (Mauerwerk)	88
b) DIN 4102 (Brandschutz)	94
c) DIN 4108 (Wärmeschutz)	95
d) DIN 4109 (Schallschutz)	96
e) DIN 18336 i. V. m. DIN 18195 (Abdichtung von Bauwerken)	107
f) DIN 18299 ff. (ATV)	109
g) Fazit	114
9. Rechtsprechungsübersicht von A-Z	116
a) Abdichtungsprobleme (DIN 18336 i. V. m. DIN 18195)	117
b) Beton- und Stahlbetonarbeiten (DIN 18331)	118
c) Bodenbelagsarbeiten (DIN 18365)	119
d) Dacharbeiten (DIN 18338), vgl. auch DIN 18339 „Klempnerarbeiten"	121
e) Dränarbeiten (DIN 18308)	122
f) Entwässerungsarbeiten (DIN 18315)	123
g) Erdarbeiten (DIN 18300)	124
h) Estricharbeiten (DIN 18353)	125
i) Gas-, Wasser- und Abwasserinstallationsarbeiten (DIN 18381)	126
j) Gerüstarbeiten (DIN 18451)	127
k) Heizungs- und zentrale Wassererwärmungsanlagen (DIN 18380)	128
l) Maler- und Lackierarbeiten (DIN 18363), vgl. auch DIN 18366 „Tapezierarbeiten"	129
m) Schallschutz (DIN 4109)	130
n) Verkehrswegebauarbeiten (DIN 18315 bis 18318)	131
o) Wärmeschutz (DIN 4108)	132
p) Wohnfläche (DIN 276, II. BV)	133
IV. Mängelansprüche des Auftraggebers beim BGB-Bauvertrag	134
1. Beweislast allgemein	135
2. Ansprüche des Auftraggebers vor Abnahme	136
a) Erfüllungsanspruch gemäß § 631 Abs. 1 BGB	139
b) Verhältnis zu den allgemeinen Vorschriften	148
3. Ansprüche des Auftraggebers nach Abnahme	159
a) Mangelbeseitigung/modifizierter Erfüllungsanspruch	163
aa) Beseitigungsverlangen	165
bb) Vorschussanspruch	170
cc) Neuherstellung	191
dd) Ausschluss der Mangelbeseitigung wegen Unverhältnismäßigkeit	192
ee) Sowieso-Kosten/Vorteilsausgleichung	195
ff) Nachbesserungsvereinbarung	197
b) Gewährleistungsansprüche im engeren Sinne	198
aa) Allgemeines	199
bb) Minderung	208

	Rz.
cc) Rechtsprechungsübersicht: Minderung	214
dd) Wandelung	215
ee) Schadensersatz gemäß § 635 BGB a. F.	218
ff) Exkurs: Privatgutachterkosten	230
gg) Rechtsprechungsübersicht Schadensersatz gemäß § 635 BGB a. F.	241
(1) Anspruchsvoraussetzungen	241
(2) Rechtsfolgen	242
(3) Abgrenzung des § 635 BGB a. F. von der pVV	243
(4) Beispiele aus dem Anwendungsbereich des § 635 BGB a. F.	244
(5) Beispiele aus dem Anwendungsbereich der pVV	245
(6) Vorschussanspruch	246
(7) Beweislast	247
4. Schuldrechtsmodernisierungsgesetz	248
a) Übersicht der Gewährleistungsansprüche	250
b) Nacherfüllung, § 635 BGB n. F.	251
c) Selbstvornahme gemäß § 637 BGB n. F.	256
d) Rücktritt und Schadensersatz gemäß §§ 634 Nr. 3 1.Alt., Nr. 4; 636 BGB n. F.	260
aa) Rücktritt vom Vertrag	263
bb) Schadensersatz	273
e) Minderung gemäß §§ 634 Nr. 3 2. Alt.; 628 BGB n. F.	279
f) Haftungsausschluss gemäß § 639 BGB n. F.	284
V. Mängelansprüche des Auftraggebers beim VOB-Vertrag (VOB 2000)	285
1. Mängelansprüche vor Abnahme gemäß §§ 4 Nr. 7, 8 Nr. 3 VOB/B	286
2. Mängelansprüche nach Abnahme gemäß § 13 Nr. 5 bis 7 VOB/B	291
a) Mängelbeseitigung/Nachbesserung	292
b) Minderung gemäß § 13 Nr. 6 VOB/B	297

	Rz.
c) Schadensersatz gemäß § 13 Nr. 7 VOB/B	303
aa) § 13 Nr. 7 Abs. 1 VOB/B	304
bb) § 13 Nr. 7 Abs. 2 VOB/B	308
VI. Mängelansprüche des Auftraggebers nach Abnahme gemäß § 13 Nr. 5 bis 7	312
1. Änderungen bezüglich § 13 Nr. 5 VOB/B	313
2. Änderungen bezüglich § 13 Nr. 6 VOB/B	316
3. Änderungen bezüglich § 13 Nr. 7 VOB/B	319
VII. Ansprüche des Auftragnehmers	321
VIII. Verjährung der Gewährleistungsansprüche	327
1. Verjährung nach dem BGB (Fassung bis 31. 12. 2001)	328
2. Übergangsregelung, Art. 229 § 6 EGBGB	334
3. Verjährung nach dem BGB (Fassung ab 1. 1. 2002)	337
a) § 634a BGB n. F.	338
aa) § 634a Abs. 1 Nr. 1 BGB	341
bb) § 634a Abs. 1 Nr. 2 BGB n. F.	343
cc) Rechtsprechungsübersicht: „Arbeiten an einem Bauwerk"	348
dd) § 634a Abs. 1 Nr. 3 BGB n. F.	351
ee) § 634a Abs. 3 BGB n. F.	352
ff) Rechtsprechungsübersicht: Arglist/Organisationsverschulden	354
gg) § 634a Abs. 4 und 5 BGB n. F.	367
a) § 438 Abs. 1 Nr. 2 Buchst. b BGB n. F.	368
b) Hemmung/Neubeginn der Verjährungsfrist	369
c) Aufrechnung mit verjährten Ansprüchen	371
4. Verjährung nach der VOB/B 2000	372
a) Regelfristen des § 13 Nr. 4 VOB/B	373
b) Quasi-Unterbrechung des § 13 Nr. 5 Abs. 1 Satz 2 VOB/B	378

	Rz.		Rz.
c) Besondere Verjährung des § 13 Nr. 7 Abs. 3 VOB/B	381	5. Vorschussklage (daneben auch Klage auf Feststellung)	402
5. Verjährung nach der VOB 2002	382	6. Klage auf Schadensersatz (auch Feststellungsklage)	407
a) Änderungen bezüglich § 13 Nr. 4 VOB/B	383	7. Klage auf Minderung (Wandelung)	409
b) Änderungen bezüglich § 13 Nr. 5 Abs. 1 VOB/B	389	8. Zurückbehaltungsrecht bei Vergütungsklage	411
IX. Prozessuale Besonderheiten	393	9. Schadensersatz bei Vergütungsklage/Aufrechnung oder Verrechnung	416
1. Schlichtungs- und Schiedsgerichtsvereinbarung	394	10. Streitverkündung	417
2. Selbständiges Beweisverfahren	395	11. Drittschadensliquidation	419
3. Klage auf Mangelbeseitigung	398		
4. Klage auf Kostenerstattung	401		

I. Einleitung

Für den Bereich der werkvertraglichen Gewährleistung beim BGB-Bauvertrag haben sich aufgrund des **Schuldrechtsmodernisierungsgesetzes**[1] zum Teil gravierende Änderungen ergeben, die sich jedoch mit Ausnahme von verjährungsrechtlichen Besonderheiten[2] nicht auf so genannte Altverträge auswirken. Für vor dem 1.1.2002 geschlossene Werkverträge bleibt es ansonsten bei den bis dato geltenden Vorschriften.[3] Diese bilden daher auch die Grundlage der nachfolgenden Ausführungen zur Gewährleistung beim BGB-Bauvertrag, wobei die von einer Änderung betroffenen Vorschriften in diesem Bereich mit dem Zusatz „a. F." (alte Fassung) versehen sind. Die Vorschriften des Bürgerlichen Gesetzbuches in der seit dem 1. Januar 2002 geltenden Fassung sind mit dem Zusatz „n. F." (neue Fassung) kenntlich gemacht. Da sich trotz der Verwendung neuer Rechtsbegriffe und einer anderen Systematik vielfach Parallelen zur alten Rechtslage ziehen lassen, sind die neuen Vorschriften in die entsprechende Erörterung der einzelnen Problemkreise jeweils am Ende eingearbeitet. Die Auswirkungen des Art. 229 § 6 EGBGB auf bestehende Verträge werden dabei im Anschluss an die Abhandlung der werkvertraglichen Verjährung nach altem und neuen Recht einheitlich im Rahmen der Erläuterung der Neuregelungen über Hemmung, Ablaufhemmung und Neubeginn der Verjährung (§§ 203 ff. BGB n. F.) dargestellt. 1

Soweit es um Verträge geht, denen die Verdingungsordnung für Bauleistungen Teil B (VOB/B) zugrunde liegt, basieren die Ausführungen auf der zum 1. Februar 2001 verbindlich in Kraft getretenen „VOB 2000". Die aufgrund des Schuldrechtsmodernisierungsgesetzes kurz danach erneut erforderlich gewordene Überarbeitung der VOB/B hat sich in der im Januar 2003 in Kraft getretenen „**VOB 2002**" niedergeschlagen. Die daraus resultierenden Änderungen sind jeweils gesondert unter dem Stichwort „VOB 2002" dargestellt. 2

---

1 BGBl I, S. 3138.
2 Vgl. Art. 229 EGBGB § 6.
3 Vgl. Art. 229 EGBGB § 5.

II. Allgemeines zu den Gewährleistungsrechten des Auftraggebers

3 Sowohl nach den werkvertraglichen Bestimmungen des Bürgerlichen Gesetzbuches als auch nach den Regelungen der VOB/B ist der Unternehmer verpflichtet, das geschuldete Werk entsprechend den vertraglichen Vereinbarungen und frei von Mängeln herzustellen (§§ 633 Abs. 1 BGB,[1] 13 Nr. 1 VOB/B). Für die Erfüllung dieser Verpflichtung muss der Unternehmer auch noch nach der Abnahme seiner Werkleistung einstehen. Die Abnahme stellt dabei die Schnittstelle zwischen Erfüllungs- und Gewährleistungsansprüchen des Auftraggebers dar. Sie ist der maßgebende Zeitpunkt für die Beurteilung der ordnungsgemäßen Erfüllung der Leistungspflicht des Unternehmers, wobei dieser allerdings für die Mangelfreiheit seiner Leistung bis zum Ablauf der Gewährleistungsfrist einzustehen hat.

4 Die Beurteilung der Ansprüche des Bauherrn aufgrund von Mängeln des Werks richtet sich allerdings danach, ob die **VOB Teil B** wirksam Vertragsgrundlage geworden ist oder ob die werkvertraglichen Vorschriften des Bürgerlichen Gesetzbuches zugrunde zu legen sind. Bei beiden Vertragskonstellationen ist dabei gleichermaßen zu unterscheiden, ob Mängel des Werks bereits im Erfüllungsstadium – also **vor Abnahme** – oder erst – **nach Abnahme** – im Gewährleistungsstadium auftreten. Die VOB Teil B regelt dies in § 4 Nr. 7 einerseits und § 13 Nr. 5 – 7 andererseits. Für das Stadium vor Abnahme enthält das Bürgerliche Gesetzbuch insoweit keine dem § 4 Nr. 7 VOB/B korrespondierende Vorschrift. Der Besteller hat hier vorrangig den Erfüllungsanspruch auf die Errichtung eines mangelfreien Werks aus § 631 BGB a. F. Allerdings bestimmt § 634 Abs. 1 Satz 2 BGB a. F., dass eine Fristsetzung mit Ablehnungsandrohung[2] „sofort" erfolgen kann, falls sich ein Mangel schon vor Fertigstellung (Abnahme) des Werks zeigt. Nach Abnahme richten sich die Rechte des Bestellers beim Vorliegen von Mängeln nach den §§ 633 ff. BGB a. F. Diese verdrängen dann auch für die Mängelgewährleistung die grundsätzlich vor Abnahme anwendbaren allgemeinen Vorschriften über Leistungsstörungen (§§ 320 ff. BGB a. F.).[3]

5 **Hinweis:**
Für nach dem 31. 12. 2001 geschlossene BGB-Bauverträge ergibt sich allerdings aufgrund der durch das Schuldrechtsmodernisierungsgesetz erfolgten Änderungen **keine Unterscheidung** mehr zwischen den dem Besteller vor und nach Abnahme zustehenden Ansprüchen.

1. BGB-Bauvertrag

6 Einleitend lassen sich die verschiedenen Ansprüche des Bauherrn beim Vorliegen von Mängeln des Werks schematisch wie folgt darstellen:

---

[1] Sowohl in der bis zum 31. 12. 2001 als auch in der ab 1. 1. 2002 geltenden Fassung.
[2] Hierzu wird aber noch aufzuzeigen sein, dass der Bauherr von dieser Möglichkeit, insbesondere nach Abnahme, nur zurückhaltend Gebrauch machen sollte.
[3] Vgl. Palandt-*Sprau*, 60. Aufl., Vorbem. v. § 633 BGB Rz. 17 ff.

Übersicht: Vor dem 1. Januar 2002 geschlossener BGB-Werkvertrag 7

Erfüllungsanspruch	„echte" Gewährleistungsansprüche	Schadensersatz
Vor Abnahme ▷ § 631 Abs. 1 ▷ Anspruch auf Herstellung eines einwandfreien Werks, ggf. durch Neuherstellung (Verhältnismäßigkeit analog § 633 Abs. 2 Satz 3) ▷ Ausnahme: Fristsetzung mit Ablehnungsandrohung gemäß § 634 Abs. 1 Satz 1 und 2 ist erfolgt		positive Vertragsverletzung, pVV ▷ auch schon vor Abnahme ▷ Verletzung vertraglicher Nebenpflichten ▷ nach Abnahme: auch Schlechtleistung, so genannter entfernter Mangelfolgeschaden
Nach Abnahme ▷ Modifizierter Erfüllungsanspruch ▷ § 633 Abs. 1 ▷ mangelfreie Herstellung ohne Fehler und mit zugesicherten Eigenschaften	§ 634 ▷ Wandelung ▷ Minderung	§ 635 ▷ nur nach Abnahme ▷ (direkter) Mangelschaden ▷ naher Mangelfolgeschaden
Voraussetzungen: ▷ Nachbesserungsverlangen, § 633 Abs. 2 Satz 1 ▷ Mängelbeseitigung nicht unverhältnismäßig, § 633 Abs. 2 Satz 3	Voraussetzungen: ▷ grundsätzlich Fristsetzung mit Ablehnungsandrohung, § 634 Abs. 1 Satz 1; Ausnahme: § 634 Abs. 2 ▷ erheblicher Mangel bei Wandlungsbegehren, § 634 Abs. 3	Voraussetzungen: ▷ grundsätzlich Fristsetzung mit Ablehnungsandrohung, §§ 634 Abs. 1 Satz 1, 635; Ausnahmen: – nicht bei pVV – § 634 Abs. 2 ▷ Verschulden des Auftragnehmers (i. d. R. zu vermuten bei Verstoß gegen zwingende DIN-Vorschriften oder allgemein anerkannte Regeln der Technik), ggf. § 278
Rechtsfolgen: ▷ Mängelbeseitigung durch den Unternehmer ▷ ggf. Neuherstellung, falls Mängelbeseitigung durch Nachbesserung unmöglich (aber: § 633 Abs. 2 S. 3) ▷ Selbstbeseitigungsrecht bei Verzug auf Kosten des Unternehmers (§ 633 Abs. 3) → Vorschussanspruch (von der Rechtsprechung entwickelt)	Rechtsfolgen: ▷ Wandelung = Rückgängigmachung des Vertrages (aber: § 634 Abs. 3) ▷ Minderung = Herabsetzung der Vergütung ▷ beide Ansprüche nur alternativ ▷ Nachbesserungsanspruch ausgeschlossen	Rechtsfolgen: ▷ § 635: – statt Wandelung oder Minderung – kleiner/großer Schadensersatzanspruch – bedeutendster Anspruch gegenüber Architekten und anderen Sonderfachleuten ▷ pVV: – auch Ersatz entfernter Mangelfolgeschäden

7a **Schaubild:** Nach dem 31. 12. 2001 geschlossener BGB-Werkvertrag

Hinweis:
Keine Unterscheidung mehr zwischen Stadium vor und nach Abnahme!

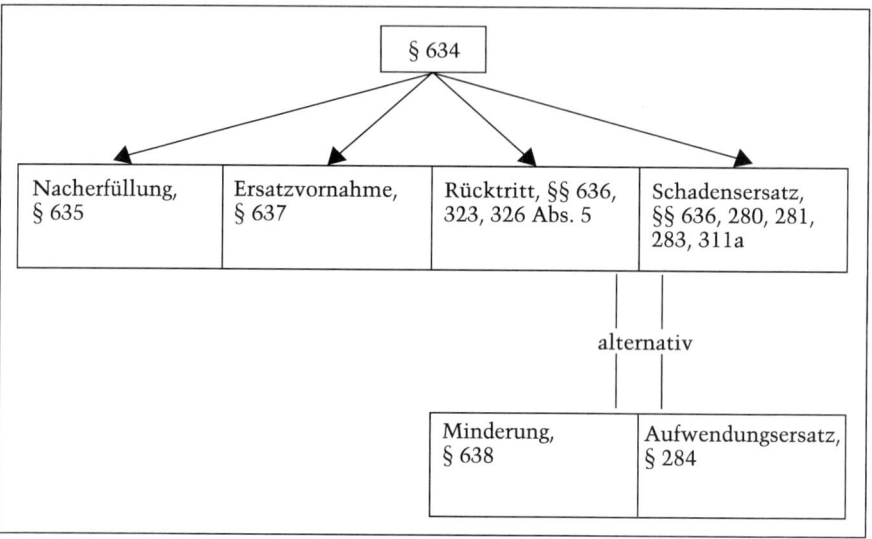

8 **Übersicht:** Mangelansprüche für Werkverträge nach dem 31. 12. 2001

Nacherfüllung, § 635	Gewährleistung, §§ 636 ff.		
	Rücktritt, §§ 636, 323, 326 Abs. 5	Minderung, § 638	Schadensersatz, §§ 636, 280 ff.
	Voraussetzungen		
Nachbesserungsverlangen mit angemessener Fristsetzung	▷ Verstreichen angemessener Frist ▷ Erklärung des(r) Besteller(s) ▷ erheblicher Mangel, § 323 Abs. 5 S. 2 ▷ bei Teilleistung: § 323 Abs. 5 S. 1	▷ grundsätzlich wie beim Rücktritt ▷ alternativ zum Rücktritt ▷ auch bei unerheblichen Mängeln	▷ grundsätzlich wie beim Rücktritt ▷ kumulativ zum Rücktritt ▷ Schaden, der auf Pflichtverletzung des Unternehmers beruht ▷ Verschulden, § 276, vermutet gemäß § 280 Abs. 1 Satz 2

Nacherfüllung, § 635	Gewährleistung, §§ 636 ff.		
	Rücktritt, §§ 636, 323, 326 Abs. 5	Minderung, § 638	Schadensersatz, §§ 636, 280 ff.
Ausnahmen			
▷ Mangelbeseitigung nicht zumutbar oder unverhältnismäßig, §§ 635 Abs. 3, 275	Fristsetzung entbehrlich, wenn ▷ Fixgeschäft ▷ Unternehmer Nachbesserung verweigert ▷ Nacherfüllung fehlgeschlagen oder für Besteller unzumutbar	▷ wie beim Rücktritt	▷ wie beim Rücktritt
Rechtsfolgen			
▷ Nachbesserung oder Neuherstellung nach Wahl des Unternehmers, §§ 635 Abs. 4, 346 ff. ▷ nach fruchtlosem Fristablauf (ohne Mahnung): – Selbstbeseitigungsrecht des Bestellers, § 637 – Vorschussanspruch, § 637 Abs. 3	▷ Rückgängigmachung des Vertrages, §§ 346 f. ▷ Erlöschen des Wahlrechts nach § 634	▷ Herabsetzung der Vergütung ▷ Erlöschen des Wahlrechts nach § 634	▷ kleiner Schadensersatzanspruch, § 281 Abs. 1 Satz 1 ▷ großer Schadensersatzanspruch, § 281 Abs. 1 Satz 3, nur bei erheblichem Mangel ▷ alternativ: Aufwendungsersatz, § 284

2. VOB-Vertrag

a) VOB 2000

Übersicht: Ansprüche nach der VOB 2000

Vor Abnahme, § 4 Nr. 7	Nach Abnahme, § 13 Nr. 5–7		
Erfüllungsanspruch	Gewährleistungsansprüche		
Auf mangelfreie Herstellung des Werks, Satz 1	Nachbesserung, Nr. 5 Abs. 1, Satz 1	Minderung, Nr. 6	Schadensersatz, Nr. 7
▷ Ersatz mangelhafter durch mangelfreie Leistung ▷ Ggf. auch durch Neuherstellung ▷ Bei Verschulden auch Schadensersatz ▷ Achtung: Fremdnachbesse-	▷ Schriftliches Verlangen des Auftraggebers ▷ Mangelbeseitigung durch Auftragnehmer ▷ nach fruchtlosem Fristablauf Mangelbeseitigung durch Auftrag-	▷ Mangelbeseitigung unmöglich ▷ Unverhältnismäßig hoher Aufwand (im Vergleich zum durch Nachbesserung erzielbaren Erfolg) ▷ Mangelbeseiti-	▷ Wesentlicher Mangel, der die Gebrauchstauglichkeit erheblich beeinträchtigt ▷ Verschulden des Auftragnehmers (Vermutung wie bei § 635 BGB) ▷ Nr. 7 Abs. 2: pVV

Vor Abnahme, § 4 Nr. 7	Nach Abnahme, § 13 Nr. 5–7		
Erfüllungsanspruch	Gewährleistungsansprüche		
Auf mangelfreie Herstellung des Werks, Satz 1	Nachbesserung, Nr. 5 Abs. 1, Satz 1	Minderung, Nr. 6	Schadensersatz, Nr. 7
rung vor Abnahme nur nach Fristsetzung und Kündigung, § 4 Nr. 7 Satz 3 i. V. m. § 8 Nr. 3 (insbes. Abs. 2 Satz 1) ▷ Beachte § 4 Nr. 6: Entfernungsrecht des AG bei nicht vertragsgerechten Stoffen oder Bauteilen	geber auf Kosten des Auftragnehmers → Vorschussanspruch	gung für Auftraggeber unzumutbar (subsidiär) ▷ Keine Fristsetzung nötig	nur bei Verletzung von Nebenpflichten

b) VOB 2002

10 Für Verträge auf der Grundlage der VOB 2002 gilt im Prinzip das gleiche Schema, bezogen auf die Ansprüche aus § 13 allerdings mit **folgenden Änderungen**:

▷ statt „Gewährleistung" heißt es „Mängelansprüche".

▷ Nummer 7 wurde aus AGB-rechtlichen Gründen um zwei Absätze erweitert, wonach der Auftragnehmer nunmehr grundsätzlich für alle vorsätzlich oder grob fahrlässig verursachten Mängel haftet (Abs. 2). Kommt es zu Verletzungen von Leben, Körper und Gesundheit haftet er auch bei einfachem Verschulden (Abs. 1). Im Übrigen ist wie bislang Vorliegen wesentlicher Mängel, die die Gebrauchstauglichkeit erheblich beeinträchtigen, Tatbestandsvoraussetzung (Abs. 3).

▷ Bei Verletzung von Nebenpflichten Haftung nach § 280 BGB n. F.

III. Mangel der Werkleistung

11 Voraussetzung für das Entstehen von Gewährleistungsansprüchen des Bauherrn ist generell, dass ein am Bau Beteiligter (Unternehmer/Handwerker, Architekt/Statiker/andere Sonderfachleute) die ihm obliegende Werkleistung mangelhaft erbracht hat. Die **mangelfreie Herstellung** des Werks ist eine **Hauptpflicht** des Auftragnehmers.[1] Dieser hat dem Auftraggeber dafür Gewähr zu leisten, dass das Werk nicht nur zum Zeitpunkt der Abnahme, sondern **bis zum Ablauf der Gewährleistungsfrist** unter Berücksichtigung der vertraglichen Vereinbarungen und Einhaltung der technischen Vorschriften mangelfrei hergestellt ist, und zwar auch dann, wenn sich entsprechende technische Erkenntnisse erst nach Ab-

---

[1] Vgl. Palandt-*Sprau*, 63. Aufl., § 633 Rz. 3; *Ingenstau/Korbion*, 14. Aufl., Teil B, § 8 Rz. 51.

nahme ändern oder ergeben.¹ Für diesen Erfolg hat er grundsätzlich „ohne Wenn und Aber" bzgl. der Ansprüche aus den §§ 633, 634 BGB; §§ 4 Nr. 7, 13 Nr. 5, 6 VOB/B auch ohne Verschulden einzustehen (sog. Erfolgsbezogenheit des Werkvertrags[2]), es sei denn, er kann nachweisen, dass er gegen solche Vorgaben des Auftraggebers wirksam Bedenken angemeldet hat, die erst zu dem Mangel geführt haben. Dies gilt auch für den Architekten, der mit den Leistungsphasen 1 bis 7 des § 15 Abs. 2 HOAI beauftragt ist.[3]

1. Mangelbegriff

Der Begriff des Mangels ist allgemein im Bürgerlichen Gesetzbuch in **§ 633 Abs. 1 und 2** und konkreter in der VOB Teil B in **§ 13 Nr. 1** definiert. 12

Nach § 633 Abs. 1 BGB ist der Unternehmer verpflichtet, das versprochene Werk so herzustellen, dass 13

▷ es die vertraglich zugesicherten Eigenschaften aufweist und

▷ nicht mit Fehlern behaftet ist, die dessen Wert oder Tauglichkeit zu dem gewöhnlichen oder dem vertraglich vereinbarten Gebrauch aufheben oder mindern.

Hinweis:
Entspricht das Werk nicht den vorgenannten Voraussetzungen, kann der Besteller gemäß § 633 Abs. 2 BGB Beseitigung „des Mangels" verlangen. Durch diese Bezugnahme in Absatz 2 des § 633 BGB erfährt der Mangelbegriff des Werkvertragsrechts des Bürgerlichen Gesetzbuches eine gesetzliche Definition dahin gehend, dass ein Werk mangelhaft ist, wenn ihm eine **zugesicherte Eigenschaft fehlt** oder es mit einem **Fehler i. S. v. § 633 Abs. 1 BGB** behaftet ist und dadurch sein Wert oder seine Gebrauchsfähigkeit beeinträchtigt ist.

Die VOB Teil B geht in **§ 13 Nr. 1** zunächst von den **gleichen Voraussetzungen** aus, stellt dabei allerdings schon vom Wortlaut her auf den Zeitpunkt der Abnahme ab und gebraucht statt des Begriffs „Werk" denjenigen der „Leistung". Darüber hinaus verlangt § 13 Nr. 1 VOB/B, dass die Leistung auch den **„anerkannten Regeln der Technik"** entspricht (vgl. auch §§ 1 Nr. 1 Satz 2 – Verweis auf technisches Regelwerk der VOB Teil C -, § 13 Nr. 7 Abs. 2 Buchst. b VOB/B). 14

Trotz dieser nicht ganz der gesetzlichen Regelung in § 633 Abs. 1 BGB entsprechenden Definition gehen Rechtsprechung und Literatur von einem **einheitlichen Mangelbegriff** sowohl für den VOB- als auch für den BGB-Bauvertrag aus.[4] Dies bedeutet, dass auch beim BGB-Bauvertrag das versprochene Werk (die versprochene Leistung) zum Zeitpunkt der Abnahme nicht nur fehlerfrei sein und den zugesicherten Eigenschaften, sondern auch den anerkannten Regeln der Technik entsprechen muss. Gleichermaßen muss bei beiden Vertragskonstellationen für die jeweilige Dauer der Gewährleistung Mangelfreiheit in diesem 15

---

1 Grundlegend: BGH, BauR 1985, 567 f.
2 Vgl. BGH, BauR 2001, 1254 f.; BauR 2000, 411 f.; BauR 1999, 37 ff.; BauR 1984, 510, 512.
3 BGH, Urteil v. 14. 2. 2001 – VII ZR 176/99, BauR 2001, 823 ff.
4 OLG Düsseldorf, BauR 1984, 294 f.; Staudinger-*Peters*, 13. Bearb., § 633 Rz. 36.

Sinne auch bei nachträglicher Änderung technischer Erkenntnisse gegeben sein.¹

2. Fehlen zugesicherter Eigenschaften

16 Im Werkvertragsrecht wird die Frage, unter welchen Voraussetzungen von einer „zugesicherten" Eigenschaft gesprochen werden kann, nicht einhellig beantwortet:

▷ Teilweise wird in Anlehnung an das Kaufrecht verlangt, dass der Unternehmer über eine gesonderte Beschaffenheitsvereinbarung hinaus eine **Garantieerklärung** dahin gehend abgeben muss, dass er in jedem Falle für das Vorhandensein einer Eigenschaft (des künftigen Werks) einstehen wolle.²

▷ Überwiegend wird es jedoch als ausreichend angesehen, wenn die Parteien vereinbaren, dass die Werkleistung eine bestimmte, allerdings **über eine bloße Leistungsbeschreibung hinausgehende** Eigenschaft aufweisen soll, ohne dass der Auftragnehmer deren Herbeiführung noch gesondert garantieren muss.³

17 „Eigenschaften" sind dabei alle wertbildenden Faktoren, die in der Leistung selbst oder in solchen Umständen tatsächlicher und rechtlicher Art liegen, die deren Beziehung zu ihrer Umwelt betreffen, ihr unmittelbar und auf gewisse Dauer anhaften sowie ihren Wert oder ihre Brauchbarkeit beeinflussen.⁴ In der Regel stellt dabei der Text eines Leistungsbeschriebes noch keine Zusicherung einer bestimmten Eigenschaft dar,⁵ es sei denn, es ergibt sich aus den Umständen (ggf. über den reinen Wortlaut einer Vereinbarung durch Auslegung gemäß §§ 133, 157 BGB zu ermitteln), dass ein Auftraggeber gesteigerten Wert auf die bestimmte Art einer Ausführung legt und der Auftragnehmer ihm diese entsprechend zusagt.⁶

18 **Die Vereinbarung „zugesicherter Eigenschaften" hat die Rechtsprechung bejaht:**

▷ Beim Versprechen des Unternehmers, das Werk mit einer ganz bestimmten Beschaffenheit auszustatten, nämlich vom Besteller ausdrücklich vorgegebener und vom Unternehmer durch Gegenzeichnung der entsprechenden Bestellung akzeptierter **Maßtoleranzen**, die den von der einschlägigen DIN gewährten Rahmen einschränken;⁷ die konkret geforderte Einhaltung bestimmter Maßtoleranzen stellt dabei eine besondere Anforderung dar, die über den bloßen Leistungsbeschrieb hinausgeht;

19 ▷ Bei der Zusage, dass eine **Außenfassade** nach deren Errichtung keiner gesonderten Unterhaltungsmaßnahmen bedürfe, allerdings unter Klarstellung, dass

---

1 Vgl. BGH, BauR 1985, 567 f.
2 *Heiermann/Riedl/Rusam*, Teil B, § 13 Nr. 1 Rz. 17; BGH, NJW 1991, 912.
3 BGH, NJW-RR 1994, 1134 f.; NJW-RR 1996, 783 ff.; BauR 1997, 1032, 1035; Palandt-*Sprau*, 63. Aufl., § 633 BGB Rz. 3.
4 BGH, NJW 1981, 864; NJW-RR 1994, 1134; vgl. auch schon RGZ 161, 330, 333.
5 BGH, NJW 1981, 1448.
6 BGH, NJW-RR 1994, 1134 f.
7 BGH, BauR 1997, 1032 ff.; NJW-RR 1994, 1134 f.

als solche nicht das gelegentliche Reinigen der Fassade anzusehen sei, da auch ein bautechnischer Laie aufgrund der in einer Großstadt zu erwartenden Luftverschmutzung nicht davon ausgehen könne, dass keinerlei **Reinigungsmaßnahmen** erforderlich seien;[1]

▷ Wenn der Auftragnehmer verspricht, nur ein **bestimmtes Produkt** eines dem Auftraggeber nahe stehenden Herstellers zu verwenden, wobei sich eine solche Zusicherung sogar abweichend vom schriftlich fixierten Auftrag aus den Begleitumständen ergeben kann (hier ein anlässlich einer dem Vertragsschluss zeitnah vorausgegangenen Besprechung ausdrücklich geäußerter Wunsch des Auftraggebers, den der Auftragnehmer versprochen hat, zu erfüllen);[2] 20

▷ Wenn der Auftraggeber den Einsatz einer Materialqualität mit einer bestimmten Konsistenz, z. B. was deren **Druckfestigkeit** anbelangt, verlangt (hier: Mörtelgruppe 3 statt 2) und der Auftragnehmer den entsprechenden Einbau zusagt; dies gilt selbst dann, wenn auch der Einsatz des höherwertigeren Materials (hier mit einer Druckfestigkeit von 100 kg statt 25 kg pro qcm) nicht zu einer vollständigen Gebrauchstauglichkeit für den vom Auftraggeber begehrten Zweck (Gabelstaplerbetrieb in einem Baumarkt) führt, da es zu geringfügigen Abplatzungen in den Randbereichen einzelner Bodenfliesen kommt; entsprechende **Bedenken** hat der Auftragnehmer vielmehr gemäß § 4 Nr. 3 VOB/B geltend zu machen, um so gemäß § 13 Nr. 3 VOB/B von der Gewährleistung frei zu werden;[3] 21

▷ Wenn der Verkäufer einem Käufer ein neu errichtetes Haus mit einer einkommensteuerrechtlich relevanten **Einliegerwohnung** im Kellergeschoss verkauft und das Finanzamt deren Anerkennung wegen **zu geringer lichter Höhe** der Räumlichkeiten versagt, wobei der Bundesgerichtshof auch bei dieser Gelegenheit noch einmal ausdrücklich klarstellt, dass auf derartige Vertragskonstellationen die werkvertraglichen Gewährleistungsvorschriften anzuwenden sind, selbst wenn das Objekt bei Veräußerung schon fertig gestellt ist und die Parteien in dem als „Kaufvertrag" bezeichneten Vertrag die Begriffe „Käufer" und „Verkäufer" verwenden;[4] 22

▷ Bei der zusätzlich erhobenen Forderung des Bestellers, dass der Unternehmer für die Einhaltung der gesetzlichen und **sicherheitstechnischen Vorschriften** verantwortlich ist; dabei handele es sich um ein konkretes, wenn auch künftiges, dem herzustellenden Werk anhaftendes Merkmal, das über die reine Leistungsbeschreibung hinausgeht und auf dessen Einhaltung es dem Besteller erkennbar ankommt; ist das Merkmal der zugesicherten Eigenschaft zu bejahen, greift gegenüber einer daraus resultierenden Haftung des Unternehmers auch unter Kaufleuten ein in vom Unternehmer gestellten Allgemeinen Geschäftsbedingungen vereinbarter Haftungsausschluss für zugesicherte Ei- 23

---

[1] BGH, BauR 1976, 66.
[2] OLG Hamm, BauR 1993, 478; vgl. auch OLG Düsseldorf, BauR 2002, 1860 ff. zur Vereinbarung eines ganz bestimmten Fußbodenheizungssystems im Leistungsverzeichnis.
[3] OLG Nürnberg, BauR 1998, 1013 ff.
[4] BGH, BauR 1987, 438 f.

genschaften bzw. Mangelfolgeschäden aus positiver Vertragsverletzung wegen Verstoßes gegen § 9 AGBG nicht;[1]

24 ▷ Wenn ein Heizungsbauer vor Abgabe seines Angebots die Feuerstätte seines Kunden untersucht und aufgrund des Ergebnisses dieser Untersuchung eine bestimmte **Energieeinsparung** verspricht; räumt er dabei dem Besteller ein Rücktrittsrecht für den Fall ein, dass die Einsparung nicht erreicht wird, ist er unabhängig vom Vorliegen einer Abnahme beweispflichtig dafür, dass die von ihm zugesicherte Eigenschaft vorliegt (vgl. § 358 BGB); abweichende AGBs treten gegenüber solchen Individualvereinbarungen zurück;[2]

25 ▷ Wenn sich aus den Umständen und der vertraglichen Regelung (§§ 133, 157 BGB) ergibt, dass es dem Besteller gerade auf die Verwendung von **Naturprodukten** statt solchen auf synthetischer Basis ankommt, und der Unternehmer den Vertragsschluss unter Berücksichtigung entsprechender Vorkorrespondenz tätigt; unerheblich ist dabei, ob ein vom Unternehmer statt eines Naturölanstrichs von Holzteilen (hier: gesondert in Auftrag und auf Maß für ein bestimmtes Bauvorhaben zu fertigende Gesimse) verwendeter Anstrich auf Alkydharzbasis technisch gleichwertig ist.[3]

26 Auch trotz Zusicherung **nicht erfüllte, unerhebliche Eigenschaften**, die weder den Wert noch die Tauglichkeit eines Werks beeinträchtigen (wie z.B. bestimmte Farbtöne von Anstrichen oder auch Materialien), lösen die Gewährleistungsverpflichtung des Unternehmers aus, allenfalls in Ausnahmefällen begrenzt durch den Grundsatz von Treu und Glauben (§ 242 BGB).[4] Unter den gleichen Voraussetzungen kann der Auftraggeber Gewährleistungsansprüche auch dann geltend machen, wenn die ausgeführte Leistung qualitativ wertvoller als die bestellte ist.[5]

Hinweis:
Der Auftragnehmer sollte danach tunlichst genau überlegen, ob und in welchem Umfang er hinsichtlich der von ihm geforderten Werkleistung bestimmte Dinge zusichert. In dem Maße, wie er sich auf entsprechende Wünsche der Auftraggeberseite einlässt, trifft ihn eine gesteigerte Verantwortung, diese auch ordnungsgemäß zu erfüllen. Gelingt ihm dies nicht, haftet er nach den Vorschriften der §§ 633 ff. BGB bzw. § 13 Nr. 5 bis 7 VOB/B unabhängig davon, ob die Leistung fehlerfrei bzw. entsprechend den anerkannten Regeln der Technik ausgeführt ist. Dabei ist er **ggf.** auch zum **Schadensersatz** verpflichtet, ohne dass der Auftraggeber ihm ein Verschulden nachweisen muss, da insoweit eine **Beweislastumkehr** aufgrund der Zusicherung bestimmter Eigenschaften eintritt.[6]

27 Keine zugesicherte Eigenschaft stellen z.B. der konkrete Wert oder der verlangte Preis einer Leistung/einer Sache dar,[7] wobei die Rechtsprechung das **Vorliegen**

---

1 BGH, NJW-RR 1996, 783 ff.
2 BGH, NJW 1981, 2403
3 OLG Brandenburg, NJW 2000, 95.
4 *Ingenstau/Korbion*, Teil B, § 13 Nr. 1 Rz. 127 f.; *Nicklisch/Weick*, § 13 Rz. 28.
5 *Nicklisch/Weick*, § 13 Rz. 29.
6 BGH, BauR 1983, 258; BauR 1987, 438 f.; OLG Düsseldorf, BauR 2002, 1860 ff.
7 Palandt-*Putzo*, § 459 BGB Rz. 20.

einer zugesicherten Eigenschaft (vorrangig allerdings in Entscheidungen zum Kaufrecht) in folgenden Fällen verneint hat:

▷ Bestellung eines Fertigbetons für einen monolithischen Betonboden unter **Hinweis** darauf, dass dieser keine Holzeinschlüsse aufweisen dürfe; begründet wird dies damit, dass der erteilte Hinweis kein Verlangen nach Zusicherung einer bestimmten Eigenschaft darstelle, sondern lediglich auszugsweise die in der DIN 4226 geregelte **Betonbeschaffenheit** wiedergebe; die bloße Bezugnahme auf DIN-Vorschriften sei nicht ausreichend, um die (stillschweigende) Zusicherung einer bestimmten Eigenschaft annehmen zu können; der Rechtsstreit wird allerdings ausdrücklich zur Klärung der Frage zurückverwiesen, ob es einen entsprechenden Handelsbrauch gebe, wonach bei Lieferung von Beton für monolithische Betonböden die Freiheit von quellfähigen Betonteilen als stillschweigend zugesichert gelte.[1]

▷ Verkauf eines mit einem Wohnhaus bebauten Grundstücks hinsichtlich der **Bewohnbarkeit** bzw. Nutzbarkeit, wobei diese zum Kaufrecht ergangene Entscheidung den Bewertungsunterschied zum Werkvertragsrecht deutlich macht, da hier vorrangig darauf abgestellt wurde, dass der Verkäufer nicht gesondert zugesichert habe, für die Bewohnbarkeit dauerhaft garantieren zu wollen, und dass der Käufer auch kein gesteigertes Vertrauen in eine etwaige besondere Sachkunde des Verkäufers setzen durfte, die diesen möglicherweise zu einer (ungefragten) Aufklärung hinsichtlich vorhandener statischer Mängel des Dachgeschosses verpflichtet hätte.[2] 28

▷ Angaben hinsichtlich bestimmter **Wohnungsgrößen** oder **Mieterträge**, die nicht in der notariellen Kaufvertragsurkunde selbst mit entsprechender kaufrechtlich erforderlicher, gesonderter Zusicherung aufgeführt sind.[3] 29

▷ Versprechen beim Grundstückskauf, dass private oder öffentlich-rechtliche **Erschließungskosten** vollständig **getilgt** seien, da es sich dabei weder um physische Merkmale eines Grundstücks noch um dessen rechtliche Beziehungen zur Umwelt handele, die in seiner Beschaffenheit ihren Grund hätten oder für seine Brauchbarkeit oder seinen Wert von Bedeutung wären.[4] 30

▷ Steuerliche Behandlung von **Erwerbskosten**.[5] 31

▷ Zusage beim Kauf einer Einbauküche, dass Erweiterungs- oder **Ersatzteile unbegrenzt lieferbar** seien unter Hinweis darauf, dass Eigenschaften nur solche Faktoren sein könnten, die die physische Beschaffenheit einer Sache beträfen.[6] 32

Generell wird man sagen können, dass von zusicherbaren Eigenschaften einer Sache oder Leistung dann nicht gesprochen werden kann, wenn es um **Merkmale** geht, die **außerhalb dieser selbst** angelegt sind und nicht ihren Wert oder ihre 33

---

1 BGH, BauR 1996, 278 ff.
2 BGH, NJW 1996, 2027.
3 OLG Hamm (zwei Entscheidungen), NJW 1995, 1481 f.
4 BGH, NJW 1981, 1600; NJW 1993, 2796.
5 BGH, NJW-RR 1988, 348, 350 f. (Bauherrenmodell); OLG Köln, NJW-RR 1993, 784 (Grunderwerbssteuer).
6 OLG Köln, NJW-RR, 1993, 823.

Brauchbarkeit beeinflussen, wozu z. B. auch die gesondert geregelten Problemkreise „öffentlich-rechtliche Abgaben und Lasten (z. B. Anlieger- und Erschließungskosten, § 436 BGB)", „Freiheit von Rechten Dritter" (§ 434 BGB) oder aber das Eigentum an einer Sache selbst[1] gehören.

3. Leistung nach Probe

34 Die Ausführung einer Leistung auf der Grundlage einer zuvor abgelieferten Probe ist in den werkvertraglichen Vorschriften des Bürgerlichen Gesetzbuches nicht geregelt. Für das Kaufrecht bestimmt allerdings § 494 BGB, dass bei einem Kauf auf der Grundlage einer vorherigen Probe oder Bemusterung die Eigenschaften der Probe bzw. des Musters als zugesichert gelten.

35 Dem Umstand, dass auch die Erbringung von Werkleistungen oft auf der Grundlage einer vorherigen Probe bzw. eines Musters verlangt wird (vgl. z. B. die entsprechenden Regelungen bei der Vergabe öffentlicher Aufträge in den §§ 9 Nr. 7, 21 Nr. 1 Abs. 4 sowie § 22 Nr. 3 Abs. 3 der VOB Teil A), trägt die VOB Teil B in **§ 13 Nr. 2** Rechnung. Dabei ergibt sich jedenfalls von der Rechtsfolge her keine unterschiedliche Betrachtungsweise zu der kaufrechtlichen Regelung des § 494 BGB.[2] Einer **entsprechenden Anwendung** beider Vorschriften **auf den BGB-Bauvertrag** stehen daher Bedenken nicht entgegen.[3]

36 Gemäß § 13 Nr. 2 VOB/B gilt die **Eigenschaft** einer Probe als **zugesichert**, wenn die Parteien vereinbart haben, dass die Leistung auf der Grundlage einer Probe erbracht werden soll. Diese Vereinbarung kann sowohl bei Vertragsschluss als auch noch nachträglich im Laufe der Bauausführung getroffen werden, wenn Proben bezogen auf noch nicht ausgeführte Teile der Leistung ausdrücklich als solche anerkannt werden.[4] Auch hier ist unter Berücksichtigung der gesamten Umstände (§§ 133, 157 BGB) zu entscheiden, ob eine Ausführung dergestalt auf der Grundlage einer Probe als vereinbart anzusehen ist, dass deren Eigenschaften als zugesichert gelten, oder ob der Unternehmer möglicherweise ein Probestück **nur zu Informationszwecken** vorgelegt hat. Ist unter diesen Umständen eine Leistung nach Probe als vereinbart anzusehen, muss sich der Auftragnehmer auch daran halten, sprich seine Leistung so ausführen, dass sie auch sämtliche der Probe anhaftenden Eigenschaften aufweist. Nur dann wird sie als vertragsgerecht beurteilt werden können. Eine Einschränkung ist dabei aber entgegen dem Grundsatz der Erfolgsbezogenheit des Werkvertrags zu beachten: Gemäß § 13 Nr. 2 Satz 1, 2. Halbsatz VOB/B bleiben solche Abweichungen außer Betracht, die nach der **Verkehrssitte** als bedeutungslos anzusehen sind.[5]

37 Ist die **Probe selbst fehlerhaft**, ist danach zu unterscheiden, ob sie vom Auftraggeber oder vom Auftragnehmer herrührt: Stammt die Probe vom Auftragnehmer, bleibt es grundsätzlich bei seiner vollen Verantwortlichkeit. Diese entfällt aller-

---

1 Vgl. dazu BGHZ 34, 32.
2 Vgl. *Ingenstau/Korbion*, Teil B, § 13 Nr. 2 Rz. 168
3 Vgl. *Zerhusen*, Mandatspraxis Privates Baurecht, Rz. 262 für die entsprechende Anwendbarkeit von § 13 Nr. 2 VOB/B.
4 *Ingenstau/Korbion*, Teil B, § 13 Nr. 2 Rz. 170; *Nicklisch/Weick*, § 13 Rz. 38.
5 *Ingenstau/Korbion*, Teil B, § 13 Nr. 2 Rz. 171; *Nicklisch/Weick*, § 13 Rz. 39.

dings dann, wenn der Auftraggeber eine schon mangelhafte Probe „sehenden Auges" akzeptiert und auf dieser Grundlage den Auftrag erteilt.[1]

Stammt die Probe vom Auftraggeber, kann der Auftragnehmer nur bei Beachtung seiner aus § 4 Nr. 3 VOB/B folgenden **Prüfungs- und Hinweispflicht** gemäß § 13 Nr. 3 VOB/B von seiner Gewährleistungspflicht frei werden, wobei je nach Erkennbarkeit für den Auftraggeber dann aber auch ein anteiliges Mitverschulden in Betracht kommen kann, das nach den Grundsätzen des § 254 BGB zu berücksichtigen ist. 38

4. Fehlerbegriff

Ein Fehler liegt vor, wenn die so genannte **Ist-Beschaffenheit** des Werks von der so genannten **Soll-Beschaffenheit** abweicht und dadurch der Wert oder die Tauglichkeit des Werks gemindert wird.[2] Dies bedeutet, dass der tatsächliche Zustand der Leistung mit demjenigen zu vergleichen ist, den die Parteien entweder ausdrücklich bei Vertragsschluss vereinbart oder den diese – ggf. auch stillschweigend – vorausgesetzt haben.[3] Lässt sich diese Abweichung feststellen, ist zu prüfen, ob sie den **Wert des Werks** oder dessen **Eignung** zu dem vertraglich vorausgesetzten oder dem gewöhnlichen Gebrauch herabsetzt oder beseitigt.[4] Die Beurteilung, ob ein Fehler vorliegt, erfolgt dabei grundsätzlich wie im Kaufrecht.[5] 39

a) Vorliegen eines Fehlers

Grundsätzlich ist danach zunächst das vertraglich geschuldete Soll zu ermitteln, um überhaupt feststellen zu können, ob die erbrachte Leistung davon abweicht. Bei der dabei vorzunehmenden Auslegung sind sämtliche Vertragsumstände zu berücksichtigen, insbesondere bei unklaren oder unvollständigen Leistungsbeschreibungen.[6] Maßgebend ist der von den Parteien jeweils vertraglich vorausgesetzte besondere Vertragszweck sowie der tatsächlich beabsichtigte Gebrauch oder gewollte Zustand des Werks (so genannter **subjektiver Fehlerbegriff**).[7] So liegt beispielsweise ein Mangel vor, wenn die tatsächliche von der vertraglich vereinbarten Bauausführung abweicht und dadurch der nach dem Vertrag vorausgesetzte Gebrauch gemindert wird, selbst wenn die – eigenmächtig – gewählte Ausführung möglicherweise wirtschaftlich und technisch besser ist, als die vereinbarte.[8] 40

Erst wenn diese Auslegungskriterien nicht geeignet sind, das vertraglich geschuldete Soll im Einzelfall festzustellen, sind objektive Kriterien heranzuziehen. Es kommt dann darauf an, ob das hergestellte Werk von dem gewöhnlichen (norma- 41

---

1 *Ingenstau/Korbion*, Teil B, § 13 Nr. 2, Rz. 172; *Nicklisch/Weick*, § 13 Rz. 10.
2 BGH, BauR 1989, 462; BauR 2002, 940, 942.
3 BGH, NJW-RR 1995, 364.
4 Vgl. Palandt-*Putzo*, 61. Aufl., § 459 BGB Rz. 8 ff.
5 Vgl. Palandt-*Sprau*, 61. Aufl., § 633 BGB Rz. 2.
6 Kniffka-*Koeble*, 6. Teil, Rz. 199.
7 Soergel-*Huber*, Vorbemerkungen vor § 459 Rz. 39 ff.; Palandt-*Putzo*, 60. Aufl., § 459 BGB Rz. 8.
8 Vgl. BGH, BauR 2002, 1536, 1538 ff. = NJW 2002, 3543 ff.

len) Zustand oder der entsprechenden Gebrauchstauglichkeit vergleichbarer Werke abweicht (so genannter **objektiver Fehlerbegriff**).[1]

42 Insbesondere wenn die Leistung nur funktional beschrieben ist, sind sämtliche vertragsbegleitenden Umstände hinzuzuziehen, wobei entscheidend darauf abzustellen ist, dass die gewollte Funktion der Leistung bzw. des Werks auch erreicht wird.[2] **Funktionale Leistungsbeschreibung** bedeutet dabei, dass die Leistung nicht in allen Einzelheiten unter Beifügung eines konkreten Leistungsverzeichnisses, sondern nur **vom Ergebnis her** beschrieben ist, nämlich welchen Zweck sie nach Fertigstellung erfüllen bzw. welche Funktion sie übernehmen soll (insbesondere bei Vereinbarung einer „schlüsselfertigen" Errichtung). Diese Art der Leistungsbeschreibung beinhaltet dabei ein sehr großes, oft nur schwer zu kalkulierendes Risiko für den Unternehmer, da er unter Berücksichtigung der Erfolgsbezogenheit des Werkvertrags und der von ihm dafür zu leistenden Gewähr in vollem Umfang dafür verantwortlich ist, dass der vom Auftraggeber bestellte Leistungsgegenstand auch die gewollte Funktion bzw. den gewollten Zweck erfüllt.

43 Wie und auf welche Art und Weise der Unternehmer dies erreicht, fällt in der Regel in sein Risiko. Ist der so geschuldete Erfolg mit einer bestimmten, zwischen den Parteien vereinbarten Ausführungsart nicht zu erreichen, schuldet der Unternehmer dennoch die vereinbarte Funktionstauglichkeit und darüber hinaus die Einhaltung der allgemein anerkannten Regeln der Technik, ansonsten ist das Werk mangelhaft.[3] Die ihm aufgrund erforderlicher Zusatzarbeiten (für die mangelfreie Ausführung) zustehende Mehrvergütung kann allerdings im Rahmen der Gewährleistung unter dem Gesichtspunkt „Sowieso-Kosten" berücksichtigt werden, sofern die Kalkulation nicht nur auf seinen Vorstellungen beruht.[4] Andernfalls, insbesondere beim so genannten Globalpauschalpreisvertrag oder in den Fällen, in denen keine über die Festlegungen eines Leistungsverzeichnisses hinausgehenden Zusatzarbeiten erforderlich sind, trägt er das volle Kostenrisiko.

44 **Beispiel:**
Der Bauherr bestellt bei dem Unternehmer lediglich pauschal „ein Stück Haus schlüsselfertig", wobei außer den äußeren Abmessungen und der zu erstellenden Wohnfläche sowie möglicherweise noch der Dachform sowie der Umstände, ob das Haus unterkellert sein soll oder nicht oder 1- oder 2-geschossig ausgeführt werden soll, keine weiteren Details festgelegt werden. Der Unternehmer hat hier so ein Haus unter Berücksichtigung der getroffenen Grundvereinbarungen mit allem, was zu einer mangelfreien Errichtung und beanstandungslosen Nutzung als Wohnhaus dazugehört (selbstverständlich betreffend die Baumaterialien nach „mittlerer Art und Güte") zu errichten. Stößt er dabei auf unvorhersehbare Schwierigkeiten, wie beispielsweise bei Vertragsschluss nicht absehbare hohe Grundwasserstände, die besondere Abdichtungsmaßnahmen erforderlich machen, hat er die dadurch bedingten **höheren Aufwendungen selbst zu tragen**, da er nicht mit dem Einwand gehört wird, „er habe den Werklohn nicht auskömmlich kalkuliert".[5]

---

1 MünchKomm-*Westermann*, § 459 BGB Rz. 11; Palandt-*Putzo*, 61. Aufl., § 459 BGB Rz. 8.
2 Vgl. BGH, BauR 1996, 735; BGH, BauR 1999, 254.
3 BGH, BauR 1999, 37, 38 f.
4 BGH, BauR 1999, 37, 39.
5 Vgl. BGH, BauR 1974, 125; BauR 1987, 207; OLG Celle, BauR 1998, 801.

Der mit der **schlüsselfertigen Errichtung** beauftragte Unternehmer ist dabei auch verpflichtet, die nach Sachlage erforderlichen Informationen einzuholen, um beispielsweise eine ordnungsgemäße Entwässerung zu gewährleisten, wozu auch Erkundigungen über die Funktionsfähigkeit einer Vorflut gehören (vgl. DIN 18315 Nr. 4.1.1 i. V. m. § 3 Nr. 4 VOB/B).[1] Im Rahmen der getroffenen Vereinbarungen schuldet er ein funktionstaugliches und zweckentsprechendes Werk; ist nichts anderes vereinbart, muss auch ohne gesonderten Hinweis des Auftraggebers das Dach einer Lager- und Produktionshalle wasserdicht ausgeführt werden, und zwar unabhängig davon, ob die Ausführung besonders preisgünstig angeboten worden ist.[2]

45

b) Beeinträchtigung des Werts

Um ermitteln zu können, ob ein festgestellter Fehler den Wert einer Leistung bzw. eines Werks beeinträchtigt, ist auf dessen so genannte **wertbildenden Faktoren** abzustellen. Diese werden nicht durch einen für das Werk vereinbarten Preis bestimmt, sondern die äußeren Umstände, die diese Preisbildung beeinflussen, wozu beispielsweise auch die Gebrauchstauglichkeit des Werks gehören kann, aber nicht zwingend muss.[3]

46

c) Eignungsbeeinträchtigung

Um die Gewährleistungspflicht des Unternehmers auszulösen, kommt es schließlich darauf an, ob der festgestellte Fehler die vertraglich vereinbarte oder nach den Umständen zu erwartende (gewöhnliche) Tauglichkeit des Werks aufhebt oder mindert. Auch hier ist im Wege der Auslegung, ggf. unter Hinzuziehung sämtlicher Vertragsumstände zu ermitteln, was der Bauherr nach allgemeiner Lebenserfahrung erwarten durfte. Zur Ermittlung des „**Gewöhnlichen**" ist auf die konkreten, durchschnittlichen Lebensverhältnisse unter Berücksichtigung örtlicher Besonderheiten für die Nutzung gleichartiger Werke abzustellen (**objektiver Maßstab**).[4] Subjektive Besonderheiten auf Seiten einer der beiden Vertragsparteien bleiben dabei ebenso außer Betracht, wie Häufigkeit oder Seltenheit des aufgetretenen Fehlers.

47

Ist das Werk **total unbrauchbar**, kann von einer „Aufhebung" dessen Werts und dessen Tauglichkeit gesprochen werden, wobei das alternative Vorliegen eines der beiden vorgenannten Merkmale genügt. Sind Wert oder Gebrauchstauglichkeit lediglich **eingeschränkt** gegenüber dem, was entweder vertraglich vereinbart oder vorausgesetzt wurde oder was bei vergleichbaren Werken gewöhnlich erwartet werden darf, ist deren Wert oder Gebrauchstauglichkeit „gemindert". **Anders als im Kaufrecht** (vgl. § 459 Abs. 1 Satz 2 BGB) kommt es dabei für den Anspruch des Bauherrn auf „Herabsetzung der Vergütung" nicht darauf an, ob so eine Minderung erheblich ist oder nicht.

48

---

1 BGH, BauR 2001, 1254f.
2 BGH, BauR 2000, 411f.
3 Vgl. *Werner/Pastor*, Der Bauprozess, 9. Aufl., Rz. 1514.
4 Palandt-*Putzo*, 61. Aufl., § 459 BGB Rz. 10.

d) Bestimmung durch die anerkannten Regeln der Technik

49 Schließlich liegt ein Mangel der Werkleistung vor, wenn das geschuldete Werk bzw. die geschuldete Leistung nicht den anerkannten Regeln der Technik entspricht.[1] Die „anerkannten Regeln der Technik" sind weder durch Gesetz noch Verordnung näher definiert, so dass zur Ausfüllung dieses allgemeinen Begriffs auch heute noch auf eine Entscheidung des **Reichsgerichts**[2] für Strafsachen zurückgegriffen wird:

50 Eine Regel der Technik bzw. der Baukunst ist danach „**allgemein anerkannt**", wenn sie durchweg in der Wissenschaft bekannt und als richtig und notwendig anerkannt ist und sich aus Sicht der maßgeblichen Techniker in der Praxis bewährt hat.

51 So anerkannte Regeln der Baukunst müssen dabei **nicht** einmal **schriftlich** niedergelegt sein.[3] Die ganz herrschende Meinung stellt in Anlehnung an die vorstehend zitierte Reichsgerichtsentscheidung generell auf den jeweiligen Einzelfall und dabei darauf ab, ob eine technische Regel gleichermaßen **in Theorie und Praxis** nicht nur anerkannt ist, sondern exakt wissenschaftlicher Erkenntnis entspricht und sich in der Praxis vollständig **durchgesetzt** hat.[4] Wissenschaftliche Einzelmeinungen sind bei alledem zu vernachlässigen.[5]

52 Der 7. Zivilsenat des Bundesgerichtshofes[6] gewährt dem Auftraggeber in diesem Zusammenhang einen – vom Auftragnehmer stillschweigend zugesicherten – Anspruch auf Einhaltung von Qualitäts- und Komfortstandards, die vergleichbare andere, zeitgleich fertig gestellte und abgenommene Bauwerke erfüllen. Er betont dabei gleichzeitig, dass es sich bei **DIN-Normen** um private technische Regelungen mit **Empfehlungscharakter** handelt, die den anerkannten Regeln der Technik entsprechen, aber auch hinter diesen zurückbleiben können. Entscheidend für das Vorliegen eines Mangels sei, dass die **zum Zeitpunkt der Abnahme** geltenden allgemein anerkannten Regeln der Technik eingehalten seien. Für diese Beurteilung komme es auch nicht auf etwaige öffentlich-rechtliche Anforderungen, sondern darauf an, welchen **Qualitätsstandard** der Unternehmer bei fachgerechter Ausführung seiner Leistung hätte erreichen können (hier konkret bezogen auf bestimmte, über die Festlegungen der DIN 4109 hinausgehende Schallschutzanforderungen).

53 Der Unternehmer ist gehalten, sich ständig über **technische Neuentwicklungen** seines Fachs zu unterrichten (Fachpresse, Verbandsmitteilungen etc.),[7] die ggf. über die schriftlich niedergelegten Empfehlungen der jeweiligen DIN-Vorschriften hinausgehen können. Er haftet dem Auftraggeber dabei für die Mangelfreiheit

---

1 BGH, BauR 1975, 341; *Jagenburg/Pohl*, BauR 1998, 1075 ff.
2 RGSt 44, 76.
3 BGH, BauR 1986, 447 f.
4 *Ingenstau/Korbion*, 14. Aufl., Teil B, § 4 Rz. 144, 151; *Heiermann/Riedel/Rusam*, Teil B, § 13 Rz. 20 ff.; *Siegburg*, BauR 1985, 387, 372 ff.; OLG Celle, BauR 1984, 522; OLG Hamm, NJW-RR 1998, 668 f.
5 OLG Celle, BauR 1984, 522.
6 BGH, BauR 1998, 872 f.
7 Vgl. BGH, BauR 1979, 159.

seines Werks bis zum Ablauf der Gewährleistungsfrist auch dann, wenn sich nach Abnahme ein Mangel zeigt, obwohl er die zum damaligen Zeitpunkt geltenden technischen Vorschriften eingehalten hat. Er schuldet ein dauerhaft mangelfreies, dem vereinbarten oder nach dem Vertrag vorausgesetzten Zweck entsprechendes Werk. Ist dies nicht der Fall, hat er alles Erforderliche auf seine Kosten zu unternehmen, damit der Mangel auch unter Berücksichtigung neuer technischer Erkenntnisse beseitigt wird.[1]

Generell haftet der Unternehmer danach in diesen Fällen auf **Nachbesserung** oder **Minderung**, während Schadensersatzansprüche aus § 635 BGB bzw. § 13 Nr. 7 VOB/B ausscheiden, weil es jedenfalls am Verschulden fehlt, wenn er die zum Zeitpunkt der Abnahme geltenden allgemein anerkannten Regeln der Technik eingehalten hat.[2] Inwieweit der Auftraggeber sich in solchen Fällen an Nachbesserungskosten beteiligen (**so genannte Sowieso-Kosten**) oder Abstriche nach den Grundsätzen der **Vorteilsausgleichung** machen muss, ist bezogen auf den Einzelfall jeweils gesondert zu prüfen.[3]   54

Ein **Abweichen** von den Regeln der Technik sowie den Vorgaben der DIN-Vorschriften ist nur **in absoluten Ausnahmefällen** und bei entsprechender Vereinbarung gerechtfertigt. Sofern nichts anderes vereinbart ist, verpflichtet sich der Unternehmer i. d. R. stillschweigend zur Beachtung der allgemein anerkannten Regeln der Technik, wie sie ua. in Regeln des Handwerks, DIN-Normen, Unfallverhütungsvorschriften, VDE-Bestimmungen etc. niedergelegt sind; ein Verstoß hiergegen stellt auch ohne Schadenseintritt einen Fehler dar, so z. B. wenn eine Treppenanlage nicht den der Unfallverhütung dienenden Anforderungen der Arbeitsstättenrichtlinien genügt.[4]   55

So vereinbaren die Parteien bei **Zugrundelegung der VOB Teil B** die Einhaltung der allgemein anerkannten Regeln der Technik sowie der VOB Teil C gerade **ausdrücklich** (vgl. §§ 1 Nr. 1 Satz 2, 13 Nr. 1, 13 Nr. 7 Abs. 2 VOB/B); die Auslegung eines VOB-Bauvertrags dahin gehend, dass die Regeln der Technik nicht eingehalten werden sollen, ist dabei nicht einmal dann gerechtfertigt, wenn die Parteien eine bestimmte Ausführungsart vereinbart haben, die diesen Regeln nicht genügt (Sanierung eines Mietshaus unter Vereinbarung einer bestimmten Ausführung der Trockenausbauarbeiten, die ua. den Anforderungen der DIN 4102 – Brandschutz – und der DIN 4109 – Schallschutz – nicht genügt).[5] Auch die Vereinbarung einer preiswerten Ausführungsart befreit den Unternehmer nicht davon, seine Arbeiten in der üblichen Qualität mit entsprechender Haltbarkeit auszuführen; ggf. muss er insoweit Bedenken anmelden und einen entsprechenden **Nachtrag gemäß § 2 Nr. 5 VOB/B** verlangen, wenn er seine Leistung anders nicht mangelfrei in dem vorgenannten Sinne ausführen kann.[6]   56

---

1 BGH, BauR 1984, 510, 512; BGH, BauR 1985, 567f.
2 Vgl. *Werner/Pastor*, Der Bauprozess, 10. Aufl., Rz. 1456, 1513.
3 Grundlegend dazu: BGH, BauR 1984, 510, 512 ff.
4 Vgl. Brandenburgisches OLG, BauR 2002, 1562.
5 Vgl. BGH, BauR 1999, 37, 39.
6 Vgl. OLG Düsseldorf, BauR 2002, 802 ff.

5. Prüfungs- und Hinweispflicht

57 Hat der Auftragnehmer Bedenken gegen vorgesehene Ausführungsarten, ihm zur Verfügung gestellte Baustoffe oder die Leistungen anderer Unternehmer, hat er diese dem Auftraggeber unverzüglich, i. d. R. **schriftlich**,[1] mitzuteilen (§ 4 Nr. 3 VOB/B). Dies gilt nicht nur für die Fälle, in denen die Bedenken konkret vorhanden sind, sondern generell für alle Konstellationen, in denen er aufgrund der ihm unterstellten Fachkunde solche Bedenken haben musste.[2] Insoweit stellen die technischen Vorschriften der VOB Teil C **keine abschließenden Regelungen** dar, sondern zählen im jeweils 3. Abschnitt lediglich Beispiele auf („insbesondere"), bei deren Vorliegen der Auftragnehmer Bedenken anzumelden hat; der Umfang der Prüfungs- und Hinweispflicht des Unternehmers geht aber darüber hinaus.[3]

58 In diesem Sinne ist der Unternehmer auch verpflichtet, den Auftraggeber auf Bedenken gegen die **Brauchbarkeit** noch **nicht erprobter Stoffe** oder die Anwendung neuer Techniken hinzuweisen.[4] Unterlässt er dies, kann er im Einzelfall sogar arglistig handeln und damit der Gewährleistungsfrist für daraus resultierende Mängel nach § 195 BGB a. F. unterliegen.[5] Dies gilt allerdings dann nicht, wenn auch bei sorgfältiger Prüfung dazu überhaupt kein Anlass besteht, weil sich herausstellt, dass nicht einmal der Hersteller zum Zeitpunkt der Ausführung Erkenntnisse dahin gehend hatte, dass das verwendete Material möglicherweise für den beabsichtigten Zweck nicht geeignet sei.[6]

59 Nur, wenn der Auftragnehmer einer ihm obliegenden Prüfungs- und Hinweispflicht ordnungsgemäß genügt, kann er trotz des Vorliegens von Mängeln von der Gewährleistung frei werden (§ 13 Nr. 3 VOB/B).[7] Diese Grundsätze gelten über § 242 BGB **auch für den BGB-Bauvertrag**,[8] und zwar auch gegenüber einem fachkundigen Bauherrn.[9] Dabei hängt der Umfang der Hinweispflicht von der **eigenen Sachkunde** des Auftraggebers ab. Nur, wenn diesem gegenüber dem Auftragnehmer eine überlegene Fachkenntnis zukommt, kann eine Hinweispflicht ausnahmsweise entbehrlich sein. Nicht ausreichend dafür ist es, wenn der Auftraggeber durch eine nur allgemein als fachkundig anzusehende Person oder Firma, wie beispielsweise eine Hausverwaltung, bei der Auftragsvergabe und -abwicklung vertreten wird.[10]

Beispiel:
Werden hingegen z. B. Fugen einer Klinkerfassade auf Wunsch des Auftraggebers, der selbst Bauunternehmer ist, aus Kostengründen nicht mit Fugmörtel verfugt, sondern lediglich der Mauermörtel glatt gestrichen und kommt es daraufhin zu – witterungsbedingt sogar vorübergehenden – Farbabweichungen im Fugenbild, so ist dies unvermeidbar und begründet keinen Gewährleistungsanspruch des fachkundigen Auftraggebers, auch wenn der Auftrag-

---

1 Vgl. BGH, BauR 1973, 190 f.
2 Vgl. BGH, BauR 1973, 188 f.
3 Vgl. BGH, BauR 2001, 1414 f. (Anforderungen an Fliesenleger bei mangelhaftem Estrich).
4 Vgl. BGH, BauR 1993, 79 f.
5 Vgl. BGH, BauR 2002, 1401, 1402 f.
6 Vgl. BGH, BauR 2002, 945, 946 f.
7 Vgl. BGH, BauR 2002, 613, 617.
8 Vgl. BGH, BauR 1987, 79 ff.
9 Vgl. BGH, BauR 2001, 622 f.
10 Vgl. OLG Düsseldorf, BauR 2002, 802, 803 f.

nehmer gegen die entsprechende Vorgabe des Auftraggebers keine Bedenken angemeldet hat.[1]

Zum nicht zu unterschätzenden **Umfang** dieser Prüfungs- und Hinweispflicht 60 des Unternehmers führt der Bundesgerichtshof in einer grundlegenden Entscheidung vom 23. 10. 1986[2] Folgendes aus:

„Die in § 4 Nr. 3 VOB/B niedergelegte Prüfungs- und Hinweispflicht des Werkunternehmers ist eine Konkretisierung des allgemeinen Grundsatzes von Treu und Glauben, der über den Anwendungsbereich der VOB/B hinaus für den Bauvertrag gilt; ihr Zweck ist es, den Besteller vor Schaden zu bewahren. Jeder Werkunternehmer, der seine Arbeit in engem Zusammenhang mit der Vorarbeit eines anderen oder überhaupt aufgrund dessen Planungen auszuführen hat, muss deshalb prüfen und ggf. auch entsprechende Erkundigungen einziehen, ob diese Vorarbeiten, Stoffe oder Bauteile eine geeignete Grundlage für sein Werk bieten und keine Eigenschaften besitzen, die den Erfolg seiner Arbeit in Frage stellen können. Der Rahmen dieser Verpflichtung und ihre Grenzen ergeben sich aus dem Grundsatz der Zumutbarkeit, wie sie sich nach den besonderen Umständen des Einzelfalles darstellt. Was hiernach zu fordern ist, bestimmt sich ua. nach dem von dem Unternehmer zu erwartenden Fachwissen, nach seiner Kenntnis vom Informationsstand des Vorunternehmers und überhaupt durch alle Umstände, die für den Unternehmer bei hinreichend sorgfältiger Prüfung als bedeutsam erkennbar sind. Kommt er seinen hiernach bestehenden Verpflichtungen nicht nach und wird dadurch das Gesamtgewerk beeinträchtigt, so ist seine Werkleistung mangelhaft. Der Besteller ist dann berechtigt, ihn auf Gewährleistung in Anspruch zu nehmen."

Generell ist die in § 13 Nr. 3 VOB/B beschriebene Haftungsfreistellung **eng** auszulegen.[3] Beruft sich der Unternehmer darauf, dass ein Mangel auf ihm vom Auftraggeber zur Verfügung gestellten Baustoffen beruht, hat er zunächst darzulegen und zu beweisen, dass ihm diese in einer Befolgung heischenden Art und Weise so vorgegeben worden sind, dass er keine andere Wahl hatte, als mit ihnen zu arbeiten.[4] Das **bloße Einverständnis** des Auftraggebers mit der Verwendung bestimmter Stoffe ist dabei nicht ausreichend.[5] Erst danach setzt in diesen Fällen überhaupt die Prüfung ein, ob der Auftragnehmer in dem eben dargelegten Umfang seiner Pflicht zur Bedenkenanmeldung nachgekommen ist. Insoweit ist auch nicht jede Anordnung des Auftraggebers hinsichtlich zu verwendender Stoffe ausreichend; handelt es sich um einen allgemeinen Wunsch nach Verwendung eines bestimmten, grundsätzlich für eine mangelfreie Verarbeitung geeigneten Materials, verbleibt das **so genannte Ausreißerrisiko** beim Unternehmer; je genauer allerdings die Vorgabe des Auftraggebers ist (beispielsweise auf Verwendung einer bestimmten Lieferung) desto größer wird die Chance des Auftragnehmers – bei Beachtung der weiteren Voraussetzungen – entsprechend § 13 Nr. 3 VOB/B von der Gewährleistung frei zu werden.[6] 61

Die **Beweislast** für das Vorliegen der Voraussetzungen des insoweit abschließenden und keiner ausdehnenden Auslegung zugänglichen Befreiungskatalogs des § 13 Nr. 3 VOB/B liegt beim **Auftragnehmer**, da dieser ja von seiner sich aus § 13 Nr. 1 und 2 VOB/B bzw. §§ 633 ff. BGB ergehenden Verpflichtung frei kommen 62

---

1 Vgl. OLG Düsseldorf, BauR 2002, 323 f.
2 BauR 1987, 79 ff.
3 Vgl. BGH, BauR 1975, 421 f.; BauR 1977, 420, 422.
4 Vgl. BGH, BauR 1973, 188 ff.; OLG Zweibrücken, BauR 1992, 770 f.
5 Vgl. BGH, BauR 1975, 421 f.
6 Vgl. BGH, BauR 1996, 702, 703 f.

möchte; ggf. ist eine anteilige Haftung nach dem Grad der Mitverursachung über §§ 242, 254 BGB festzulegen, falls ein Mangel teils auf einer nachlässigen Ausführung, teils auf Anordnungen oder Stoffvorgaben des Auftraggebers beruht und der Auftragnehmer im Übrigen seiner Hinweispflicht nach § 4 Nr. 3 VOB/B genügt hat.[1]

63 Die Prüfungs- und Hinweispflicht gilt auch in Bezug auf dem Unternehmer zur Verfügung gestellte Pläne etc. Er hat diese auf Plausibilität, insbesondere auf das Vorliegen **offenkundiger Fehler** zu prüfen, auch wenn der Bauherr insoweit einen Sonderfachmann eingeschaltet hat. Wie oben dargelegt, kann dies nur den Umfang der Prüfungspflicht reduzieren und diese nur in Ausnahmefällen entfallen lassen. Auf offenkundige Fehler muss der Unternehmer immer hinweisen, wobei bei Verletzung dieser Pflicht allerdings der Einwand des Mitverschuldens wegen der mangelhaften Planung gerechtfertigt sein kann, weil sich der Bauherr das Verschulden des von ihm eingeschalteten Sonderfachmanns gemäß § 278 BGB zurechnen lassen muss.[2] Eine entsprechende Quotierung kommt allerdings nicht in Betracht, wenn der Auftragnehmer einen Mangel überwiegend zu vertreten hat, weil ein Planungsmangel so offenkundig ist, dass sich eine Hinweispflicht geradezu aufgedrängt hat.[3]

64 Grundsätzlich ist es ausreichend, wenn die Bedenken **gegenüber Angestellten** des Bauherrn oder dessen Architekten mitgeteilt werden. Verschließen diese sich aber solchen gegenüber, hat der Auftragnehmer sie direkt gegenüber dem Auftraggeber geltend zu machen.[4]

65 Greift allerdings der Auftraggeber in die bereits teilweise, mangelfrei hergestellte Leistung des Auftragnehmers ein, so trifft diesen **keine Prüfungs- und Hinweispflicht** dahin gehend, ob der Auftraggeber das Werk nach dem Eingriff wieder mangelfrei hat herstellen lassen. Der Auftragnehmer darf seine Leistungen vielmehr so fortsetzen, als hätte es den Eingriff nicht gegeben. Kommt es nach Fertigstellung nur aufgrund des Eingriffs zu Mängeln an der Gesamtleistung, ist der Auftragnehmer gemäß § 13 Nr. 3 VOB/B von der Gewährleistung frei, da insoweit keine Verpflichtung aus § 4 Nr. 3 VOB/B bestand, die nach dem Eingriff wieder von einem Dritten hergestellte Teilleistung auf evtl. Mängel hin zu überprüfen.[5]

Hinweis:
Hinsichtlich der Ausführung von **Nachfolgegewerken** trifft den Unternehmer eine Hinweispflicht allerdings nur in Ausnahmefällen.[6]

6. Mangelbegriff nach der Schuldrechtsreform

66 Im Rahmen der Schuldrechtsreform ist auch der § 633 BGB neu gefasst worden und lautet nunmehr:

---

1 Vgl. *Ingenstau/Korbion*, 14. Aufl., Teil B, § 13 Nr. 3 Rz. 175 ff.
2 Vgl. OLG Celle, BauR 2002, 812 ff.
3 Vgl. OLG Bamberg, BauR 2002, 1708 f.
4 Vgl. BGH, BauR 1973, 190 f.
5 Vgl. OLG Celle, BauR 2002, 633 f.
6 Vgl. *Werner/Pastor*, 10. Aufl., Rz. 1530; Brandenburgisches OLG, BauR 2002, 1709 ff.

„(1) Der Unternehmer hat dem Besteller das Werk frei von Sach- und Rechtsmängeln zu verschaffen.

(2) Das Werk ist frei von Sachmängeln, wenn es die vereinbarte Beschaffenheit hat. Soweit die Beschaffenheit nicht vereinbart worden ist, ist das Werk frei von Sachmängeln,

1. wenn es sich für die nach dem Vertrag vorausgesetzte, sonst

2. für die gewöhnliche Verwendung eignet und eine Beschaffenheit aufweist, die bei Werken der gleichen Art üblich ist und die der Besteller nach der Art des Werks erwarten kann.

Einem Sachmangel steht es gleich, wenn der Unternehmer ein anderes als das bestellte Werk oder das Werk in zu geringer Menge herstellt.

(3) Das Werk ist frei von Rechtsmängeln, wenn Dritte in Bezug auf das Werk keine oder nur die im Vertrag übernommenen Rechte gegen den Besteller geltend machen können."

§ 633 Abs. 1 BGB in der bis zum 31. 12. 2001 geltenden Fassung lautet hingegen:

„Der Unternehmer ist verpflichtet, das Werk so herzustellen, dass es die zugesicherten Eigenschaften hat und nicht mit Fehlern behaftet ist, die den Wert oder die Tauglichkeit zu dem gewöhnlichen oder dem nach dem Vertrag vorausgesetzten Gebrauch aufheben oder mindern."

Weder der Begriff der zugesicherten Eigenschaft noch der des Fehlers finden sich in der Neufassung des § 633 BGB. Dies bedeutet aber nicht, dass der Gesetzgeber den **Mangelbegriff** neu definieren wollte. Der Begriff der „**vereinbarten Beschaffenheit**" korrespondiert vielmehr mit demjenigen der „zugesicherten Eigenschaft".[1] Die bisherige Fehlerdefinition (objektiv bzw. subjektiv) ist dergestalt in den Gesetzestext eingeflossen, dass nunmehr der **so genannte subjektive Fehlerbegriff** zugrunde zu legen ist („vereinbarte Beschaffenheit").[2] Für den Fall, dass sich eine bestimmte Beschaffenheitsvereinbarung nicht aus dem Vertrag ergibt, ist weiter auf objektive Kriterien abzustellen („nach dem Vertrag vorausgesetzte oder gewöhnlich zu erwartende Beschaffenheit bzw. Eignung").[3]

67

Soweit § 633 Abs. 2 Satz 3 BGB n. F. klarstellt, dass nunmehr auch ein **aliud** oder eine **zu geringe Lieferung** einen **Sachmangel** darstellt, ist dies vorrangig mit der gewollten **Angleichung** der werkvertraglichen an die kaufrechtlichen Vorschriften zu begründen. Unbedingt praxisrelevant für den Bereich des Werkvertragsrechts dürfte diese Neuregelung nicht sein, da auch bisher ein aliud oder ein Minus eine Abweichung von der geschuldeten Sollbeschaffenheit und mithin einen Fehler der Werkleistung darstellte.

68

Allerdings dürfte durch diese Klarstellung nunmehr einer, bei **Inanspruchnahme eines Bürgen** wegen Gewährleistungsmängeln weit verbreiteten Unsitte Einhalt geboten sein: Diese versuchen nicht selten, ihrer Eintrittspflicht dadurch zu entgehen, dass behauptet wird, bei bestimmten Mängeln handele es sich nicht um Gewährleistungsmängel, sondern um eine nicht fertig gestellte Leistung, für die man sich im Rahmen der Gewährleistungsbürgschaft nicht verbürgt habe. Oftmals wird dies auch noch gestützt auf Abnahmeprotokolle, deren Vorlage regel-

69

---

1 Vgl. Palandt-*Sprau*, 61. Aufl., Einf. v. § 631 BGB Rz. 29.
2 Vgl. *Albrecht/Flohr/Lange*, Schuldrecht 2002, S. 54.
3 Vgl. auch *Dauner-Lieb/Heidel/Lepa/Ring*, Das neue Schuldrecht, § Rz. 28 ff. sowie zum alten Recht BGH, BauR 1989, 462, 464.

mäßig verlangt wird, unter Hinweis auf die (ebenfalls unzutreffende) Auffassung, dass man ansonsten schon gar nicht aus der Bürgschaft in Anspruch genommen werden könne. Weisen solche Protokolle beispielsweise bei Abnahme noch auszuführende Restleistungen aus, wird dies zum Anlass genommen, Zahlung zu verweigern, weil es sich angeblich nicht um Gewährleistungsmängel handele. Diese bislang schon abzulehnende Ansicht[1] wird nunmehr schon aufgrund des **klaren Wortlauts** des § 633 Abs. 2 Satz 3 BGB n. F. nicht mehr aufrechtzuerhalten sein.

70 Ebenfalls in Anlehnung an das Kaufrecht (§ 435 Satz 1 BGB n. F.) wird der Unternehmer schließlich in § 633 Abs. 3 BGB n. F. verpflichtet, dem Besteller das Werk **frei von Rechten Dritter** zu verschaffen, es sei denn, im Vertrag ist etwas anderes vereinbart.

71 Insgesamt hat sich vom Grundsatz her nichts daran geändert, dass der Unternehmer verpflichtet ist, das Werk **mangelfrei** unter Berücksichtigung der geltenden technischen Vorschriften, insbesondere der allgemein anerkannten Regeln der Technik herzustellen. Gelingt ihm dies nicht, haftet er auch nach der Schuldrechtsreform ohne Verschulden für den Erfolg seiner Leistung, so dass für die Bestimmung, ob diese mangelhaft ist oder nicht, auf die **bisherigen Grundsätze** und die dazu vorliegende Rechtsprechung zurückgegriffen werden kann.[2]

7. Mangelbegriff der VOB 2002

72 Bedingt durch entsprechende obergerichtliche Rechtsprechung, hauptsächlich aber unter dem Eindruck des Gesetzes zur Beschleunigung fälliger Zahlungen und insbesondere des Schuldrechtsmodernisierungsgesetzes war die VOB/B bereits kurze Zeit nach Inkrafttreten der Fassung 2000 grundlegend zu überarbeiten. Die Überarbeitung hat ihren Niederschlag gefunden in dem Beschluss des Vorstands des Deutschen Vergabe- und Vertragsausschusses vom 2. Mai 2002.[3] Die VOB 2002 ist im Januar 2003 gemeinsam mit der neuen Vergabeverordnung im Bundesrat verabschiedet worden und seither verbindlich. Ob die VOB/B nach **Einarbeitung des AGBG** in das BGB (§§ 305 ff. BGB n. F.) aufgrund der Tatsache, dass sich konkrete Privilegierungen nur noch in § 308 Nr. 5 und § 309 Nr. 8 Buchst. b ff BGB n. F. finden, noch insgesamt als „**privilegiertes Regelwerk**"[4] anzusehen ist, erscheint zumindest diskussionswürdig,[5] soll an dieser Stelle jedoch nicht weiter vertieft werden. Mit dem Vorstand des DVA ausgehend davon, dass sich an der Privilegierung der VOB/B durch das Schuldrechtsmodernisierungsgesetz nichts geändert hat, ergibt sich für die Mängelgewährleistung Folgendes:

73 Der die Gewährleistung regelnde **§ 13 der VOB/B** ist nicht nur vom Wortlaut her umfassend überarbeitet worden, sondern hat auch mit „**Mängelansprüche**" eine

---

1 Vgl. *Ingenstau/Korbion*, 14. Aufl., Teil B, § 17 Rz. 21 m. w. N.; Palandt-*Sprau*, 63. Aufl., Einf. v. § 765 BGB Rz. 13.
2 So auch Palandt-*Sprau*, 61. Aufl., Einf. v. § 631 BGB Rz. 29.
3 Nachfolgend DVA-Beschluss VOB 2002; Quelle: www.bmvbw.de/Anlage 9346/DVA-HAA-Beschluesse-zur-VOB/B-vom-02.05.2002.pdf.
4 So DVA-Beschluss VOB 2002, S. 2 ff.
5 Vgl. *Weyer*, BauR 2002, 857 ff.

neue Überschrift erhalten, um die Parallelität zum neuen gesetzlichen Gewährleistungsrecht der §§ 633 ff. BGB n. F. zu wahren. Die den Mangelbegriff betreffenden Regelungen der Nummer 1 bis 3 des § 13 VOB/B 2002 lauten nunmehr wie folgt (Änderungen gegenüber der VOB 2000 sind durch Fettdruck hervorgehoben):

„§ 13 Mängelansprüche 74

Nr. 1
Der Auftragnehmer hat dem Auftraggeber seine Leistung zum Zeitpunkt der Abnahme frei von Sachmängeln zu verschaffen. Die Leistung ist zur Zeit der Abnahme frei von Sachmängeln, wenn sie die vereinbarte Beschaffenheit hat und den anerkannten Regeln der Technik entspricht. Ist die Beschaffenheit nicht vereinbart, so ist die Leistung zur Zeit der Abnahme frei von Sachmängeln

a. wenn sie sich für die nach dem Vertrag vorausgesetzte,

sonst

b. für die gewöhnliche Verwendung eignet und eine Beschaffenheit aufweist, die bei Werken der gleichen Art üblich ist und die der Auftraggeber nach der Art der Leistung erwarten kann.

Nr. 2
Bei Leistungen nach Probe gelten die **Eigenschaften der Probe als vereinbarte Beschaffenheit**, soweit nicht Abweichungen nach der Verkehrssitte als bedeutungslos anzusehen sind. Dies gilt auch für Proben, die erst nach Vertragsabschluss als solche anerkannt sind.

Nr. 3
Ist ein Mangel zurückzuführen auf die Leistungsbeschreibung oder auf Anordnungen des Auftraggebers, auf die von diesem gelieferten oder vorgeschriebenen Stoffe oder Bauteile oder die Beschaffenheit der Vorleistung eines anderen Unternehmers, **haftet der Auftragnehmer, es sei denn, er hat** die ihm nach § 4 Nr. 3 obliegende Mitteilung **gemacht**."

Im Einzelnen gilt danach Folgendes[1]:

a) § 13 Nr. 1 VOB/B

Der Begriff „Gewähr" selbst findet sich nicht mehr. Stattdessen heißt es in Anlehnung an § 633 Abs. 1 BGB n. F. auch hier, dass der Auftragnehmer dem Auftraggeber das Werk „frei von Sachmängeln zu verschaffen hat". Das Merkmal „zugesicherte Eigenschaft" wird durch **„vereinbarte Beschaffenheit"** ersetzt, wobei der DVA-Hauptausschuss Allgemeines davon ausgeht, dass jedenfalls bezogen auf den Bauvertrag eine Differenzierung nicht erforderlich sei, weil zugesicherte Eigenschaften regelmäßig auch vertraglich vereinbarte Beschaffenheiten seien.[2] 75

Unverändert geblieben sind die **zusätzlichen Tatbestandsmerkmale** „zur Zeit der Abnahme" und „anerkannte Regeln der Technik". Beide Merkmale galten bislang auch beim BGB-Gewährleistungsrecht als so genannte ungeschriebene Tatbestandsmerkmale. Hieran soll sich nichts ändern, so dass sie auch in die Neufassung des § 13 Nr. 1 übernommen wurden.[3] 76

---

1 Vgl. insgesamt und ausführlich zu allen Änderungen BauR 2002, Sonderheft 11a, und auch *Kemper*, BauR 2002, 1613 ff.
2 Vgl. DVA-Beschluss VOB 2002, S. 14, 15.
3 Vgl. *Kratzenberg*, NZBau 2002, 177, 180 f.

77 Für Fälle, in denen es an einer Beschaffenheitsvereinbarung fehlt, wird im Wesentlichen der **neue Mangelbegriff des BGB** übernommen. Entgegen der Vorschrift des § 633 Abs. 2 Satz 3 BGB finden sich allerdings das so genannte aliud (Auftragnehmer liefert ein anderes als das bestellte Werk) und das so genannte Manko (Auftragnehmer liefert in geringerer Menge, als bestellt) nicht in § 13 Nr. 1 als mögliche Sachmängel. Grund hierfür war, dass der DVA-Hauptausschuss Allgemeines der Auffassung war, dass sich diese Konstellationen beim typischen Bauvertrag in der Regel nicht stellen.[1] Diese Auffassung scheint logisch: Liefert der Auftragnehmer nämlich ein anderes als das bestellte Bauwerk oder stellt er weniger her, als geschuldet, sprich, führt das Bauwerk nicht zu Ende, wird es schon an der vertraglich geschuldeten Erfüllung und dadurch bedingt an der erforderlichen Abnahme fehlen, so dass man gar nicht in den Anwendungsbereich des § 13 Nr. 1 gelangt.

78 Es ist sodann erwogen worden, noch einen Satz 4 anzufügen, wonach „**Verschleiß und Abnutzung durch vertragsgemäßen Gebrauch** bei mangelfrei hergestellten Leistungen keinen Sachmangel" darstellen sollten. Hierauf ist jedoch zur Vermeidung von Missverständnissen verzichtet worden. Die insoweit erforderlich Abgrenzung soll der juristischen Kommentarliteratur bzw. auch einer Regelung in den Allgemeinen Technischen Vertragsbedingungen vorbehalten bleiben.[2]

b) § 13 Nr. 2 VOB/B

79 Man spricht bei der **Leistung nach Probe** von einem „**Unterfall der vertraglich zugesicherten Eigenschaft**". Redaktionell war auch hier eine Anpassung an § 633 BGB n. F. vorzunehmen, so dass der Begriff der „Zusicherung" durch denjenigen der „**vereinbarten Beschaffenheit**" ersetzt wurde. Bei Leistungen auf der Grundlage einer Probe können regelmäßig die Eigenschaften der Probe als „vereinbarte Beschaffenheit" angesehen werden.[3] Der Gesetzgeber hat deshalb auch im Rahmen des Schuldrechtsmodernisierungsgesetzes die zuvor im Kaufrecht enthaltene korrespondierende Regelung des § 494 BGB a. F. nicht mehr übernommen, da nach seiner Auffassung ein Abweichen von einer vereinbarten Beschaffenheit grundsätzlich Mängelansprüche begründe.[4]

80 **Hinweis:**
Generell ist diese Vorschrift als recht tückisch für den Auftragnehmer anzusehen. Wenn er ein Muster (Probe) herstellt, nach dem dann gebaut werden soll, haftet er dafür, dass er bezogen auf dieses Muster den geschuldeten Erfolg herbeiführt. Das bedeutet, dass seine Leistung selbst dann mangelhaft sein kann, wenn sie keine funktionellen Mängel aufweist und auch sonst den anerkannten Regeln der Technik, aber nicht der Probe entspricht!

81 Die Leistung nach Probe, sprich das Fertigen von Mustern, findet sich unter vergütungsmäßigen Gesichtspunkten in der VOB Teil C, und zwar dort jeweils im Abschnitt 4.2. Es handelt sich danach um eine so genannte besondere Leistung,

---

1 Vgl. DVA-Beschluss VOB 2002, S. 15.
2 Vgl. *Wirth*, BauR 2002, Sonderheft 11a, S. 45 f.
3 Vgl. *von Wietersheim/Korbion*, VOB 2002, S. 30 f.
4 Vgl. *Schwenker/Heinze* BauR 2002, S. 1143, 1148.

die gesondert zu vergüten ist, es sei denn, sie ist nach dem Text der Leistungsbeschreibung Bestandteil der unter einer Ordnungsposition aufgeführten Leistung; dann gilt sie als vom jeweils vereinbarten Einheitspreis mit umfasst.

c) § 13 Nr. 3 VOB/B

Hier ist nicht nur eine redaktionelle Anpassung an den Wortlaut des § 633 BGB erfolgt, sondern durch eine **sprachliche Umstellung** soll auch die jeweilige **Beweislast** verdeutlicht werden: Diese obliegt dem Auftraggeber dafür, dass den Auftragnehmer überhaupt eine Pflicht zur Erteilung von Hinweisen bzw. zum Anmelden von Bedenken trifft. Sodann hat der Auftragnehmer zu beweisen, dass er dieser Pflicht nachgekommen ist.[1] 82

Die geänderte Fassung macht noch deutlicher, dass der Auftragnehmer für ihm zur Verfügung gestellte Baustoffe und Bauteile ebenso haftet wie für **mangelhafte Vorleistungen** anderer Gewerke, wenn er entweder die Stoffe und Teile verwendet oder auf mangelhaften Vorleistungen aufbaut, ohne gegenüber dem Auftraggeber zuvor (wirksam) Bedenken nach § 4 Nr. 3 VOB/B angemeldet zu haben. Diese **Mitteilungspflicht** trifft ihn auch dann, wenn er oder seine Erfüllungsgehilfen solche Mängel von Vorleistungen oder zur Verfügung gestellten Stoffen nicht erkannt haben. Die Rechtsprechung stellt darauf ab, was objektiv für einen durchschnittlichen Auftragnehmer hätte erkennbar sein können. 83

Beispiel:
Insoweit treffen den Auftragnehmer auch **gesonderte Prüfungspflichten**, wie sich dies beispielsweise für den Parkettleger aus der DIN 18356 Abschnitt 3 ergibt: er muss sich Aufheizprotokolle zeigen lassen und gesonderte Feuchtemessungen durchführen, bevor er Parkett auf Estrich verklebt, in den eine Fußbodenheizung eingebaut ist.

Hinweis:
Ein verantwortungsbewusster Auftragnehmer sollte danach nicht nur seine Prüfungs- und Hinweispflicht sehr ernst nehmen, sondern auch sicherstellen, dass er im Streitfalle beweisen kann, dass er dieser ordnungsgemäß nachgekommen ist.[2]

8. Die wichtigsten DIN-Vorschriften im Überblick

Eine überdurchschnittliche Bearbeitung von Baurechtsfällen erfordert nicht nur eine solche Kenntnis der baurechtlichen Vorschriften und der dazu vorliegenden Rechtsprechung, sondern auch ein Verständnis, jedenfalls für **grundlegende technische Vorgänge**. Sehr hilfreich ist die Kenntnis der wichtigsten DIN-Vorschriften, nämlich derjenigen, die wesentlich sind für den dauerhaften Bestand eines Bauwerks und dessen störungsfreie Nutzung. Hierzu gehören vorrangig der Schutz des Gebäudes vor von außen eintretender Feuchtigkeit oder Kondensatbildung im Inneren, Zugerscheinungen und Lärmbelästigungen ausgehend von angrenzenden Wohnungen bzw. Reihen- oder Doppelhausscheiben. Vorrangig sollte zur eingehenden Klärung gravierender Baumängel nicht auf die Hinzuziehung eines entsprechenden Sonderfachmanns (Dipl.-Ing./Architekt/Statiker etc.) verzichtet werden, wobei der so im außergerichtlichem Stadium hin- 84

---
1 Vgl. *Wirth*, BauR 2002, Sonderheft 11a, S. 46.
2 Vgl. *von Wietersheim/Korbion*, VOB 2002, S. 32 f.

zugezogene Sonderfachmann nicht unbedingt als **Sachverständiger** öffentlich bestellt und vereidigt sein muss. Gegebenenfalls reicht es aber auch für die Einleitung eines Sclbständigen Beweisverfahrens unter Berücksichtigung der vom Bundesgerichtshof entwickelten so genannten **Symptomtheorie**[1] aus, den Mangel nach seinem objektiven Erscheinungsbild zu beschreiben.

85 Selbst wenn allerdings auf dieser Grundlage ein zulässiger Antrag auf ein **selbständiges Beweisverfahren** gestellt werden kann, läuft der Bauherr Gefahr, dass der vom Gericht zu beauftragende öffentlich bestellte und vereidigte Sachverständige die möglichen Mangelursachen nicht eingehend ermittelt, sondern – gerade bei zu beurteilenden Feuchtigkeitserscheinungen in zu Wohnzwecken genutzten Räumlichkeiten – allein auf der Grundlage einer örtlichen Inaugenscheinnahme eine unzureichende und damit unzutreffende Beurteilung abgibt. Ist der Bauherr nicht sachverständig beraten und sind seinem Bevollmächtigten nicht die **wesentlichen Grundlagen** der wichtigsten **technischen Vorschriften** geläufig, führt dies dann oftmals dazu, dass eine erforderliche Öffnung von Bauteilen unterbleibt, um die wahre Ursache eines Mangels festzustellen. Vielmehr liest sich in solchen Gutachten später die Feststellung, dass die Feuchtigkeitserscheinungen auf „falschem Wohnverhalten" beruhen.

86 **Hinweis:**
Wird in dem Antrag auf ein Selbständiges Beweisverfahren aber gleichzeitig **substantiiert** dazu vorgetragen, welche technischen Vorschriften verletzt sein können, und der Gerichtsgutachter entsprechend nach den Ursachen gefragt (was im Rahmen des Selbständigen Beweisverfahrens zulässig ist), so muss er sich damit beschäftigen und kann eine so gestellte Frage ausreichend nur beantworten, wenn er der möglichen Mangelursache unter Berücksichtigung der technischen Vorschriften wirklich auf den Grund geht.

87 Um den Bauherren derart fachkundig beraten, aber auch um entscheiden zu können, von welchem Punkt an die Hinzuziehung eines Sonderfachmanns erforderlich ist, sollten jedenfalls dem/r schwerpunktmäßig Baurechtsfälle bearbeitenden Rechtsanwalt/ Rechtsanwältin die nachstehend aufgeführten Auszüge der wichtigsten technischen Vorschriften geläufig sein (wobei diese Aufstellung keinen Anspruch auf Vollständigkeit erhebt).[2]

a) DIN 18330 i. V. m. DIN 1053 (Mauerwerk)

88 Die Ausführung von Mauerarbeiten ist in der DIN 18330 geregelt.[3] Die DIN 1053 beschäftigt sich mit dem Mauerwerksaufbau. Ihr ist zu entnehmen, welche verschiedenen Arten eines Mauerwerks gebaut werden dürfen und welche Besonderheiten, insbesondere im Hinblick auf den **Schutz** des Gebäudes **vor Feuchtigkeit** beim so genannten zweischaligen Mauerwerk zu beachten sind. Die DIN 1053

---

1 Vgl. BGH, BauR 1997, 1029; BGH, BauR 1997, 1065; BauR 2002, 784 ff.
2 Auszugsweise wörtlich bzw. unter Übernahme entsprechender Skizzen und Tabellen zitiert mit freundlicher Genehmigung der Beuth-Verlag GmbH, Burggrafenstraße 6, 10787 Berlin (hier können auch sämtliche DIN-Vorschriften bestellt werden).
3 Vgl. eingehend zur Bautechnik *Hankammer*, Abnahme von Bauleistungen, S. 78 ff.

gibt u. a. zur Errichtung von Außenwänden in ihrem Teil 1, Abschnitt 8.4, umfangreiche Vorgaben.

Insbesondere die Ausführung der so **genannten „Z-Folie"** erfordert dabei **erhöhte handwerkliche Sorgfalt**. Hierbei handelt es sich um die Verlegung einer Folie mit einer vorgeschriebenen Mindeststärke (vgl. DIN 18195 Teil 4), die im Fußpunktbereich eines Mauerwerks, aber auch unter- und oberhalb von Mauerwerksöffnungen (Fenstern, Türen) so verlegt werden muss, dass sie in bestimmter Höhe zunächst im Hintermauerwerk vollflächig zwischen zwei Steinschichten eingemauert, dann durch die Luftschicht schräge nach unten geführt und sodann ebenfalls möglichst vollflächig in das Vordermauerwerk eingearbeitet wird, und zwar so, dass die Vorderkante dieser Folie nicht weiter als 1 cm hinter der Außenkante des vorderen Mauerwerks (Verblendmauerwerk) zurücksteht. 89

Des Weiteren sind in diesen Bereichen **Entlüftungs- bzw. Entwässerungsschlitze** so anzuordnen, dass die senkrecht über der so verlegten Folie befindlichen Fugen vollständig offen bleiben. Ergänzend sind die Vorgaben der DIN 1053 Teil 1 Ziff. 8.4.3.2 für Lüftungsöffnungen im zweischaligen Mauerwerk zu berücksichtigen, wonach insgesamt auf einer Fläche von 2,0 m^2 ca. 7500 mm^2 Öffnungen vorhanden sein müssen. 90

Ist die so genannte Z-Folie mangelhaft verlegt (oftmals hängt sie schlichtweg lose in der Luftschicht), so führt dies dazu, dass durch eine Verblendschale zulässig eintretendes **Niederschlagswasser** nicht in der Luftschicht auf der Außenseite des Hintermauerwerks herunterlaufen und über die Z-Folie durch die Entwässerungsschlitze wieder nach außen geleitet werden kann. Vielmehr besteht die Gefahr, dass sich derartiges Niederschlagswasser im Fußpunktbereich sammelt und dann dort von dem Hintermauerwerk im Extremfall (Gasbeton) wie ein Schwamm aufgesaugt und auf die Innenwand der jeweiligen Räumlichkeiten gelangen kann. Der gleiche Effekt kann auftreten, wenn die Stärke der verlegten Folien zu gering bemessen und deshalb verstärkt der Gefahr der Perforation durch kleine Steine etc. ausgesetzt ist oder wenn die im Fußpunktbereich verlegten Folien nicht wie vorgeschrieben so untermauert sind, dass sie nicht durchhängen und keine so genannten Wassersäcke bilden können. 91

In Kenntnis jedenfalls der DIN 1053 lässt sich beispielsweise durch eine bloße **Inaugenscheinnahme der Außenschale** eines zweischaligen Mauerwerks feststellen, ob: 92

▷ überhaupt Entwässerungs- und Lüftungsschlitze angeordnet sind

▷ diese von der Gesamtfläche her jedenfalls in etwa den Vorgaben des Teiles 1 Ziff. 8.4.3.2 der DIN 1053 entsprechen

▷ die so genannte Z-Folie bis mindestens 1 cm Abstand von der Außenkante des Verblendmauerwerks heranreicht

▷ die Qualität der Z-Folie ausreichend ist, was wiederum relativ einfach durch Untersuchung der Folie auf Perforationen, sprich durch grobkörniges Material oder auch kleinste Steine hervorgerufene Beschädigungen, festgestellt werden kann.

93 Sind Anhaltspunkte in dem vorgenannten Sinne erkennbar (ist beispielsweise in den unteren Entwässerungsöffnungen des Verblendmauerwerks keine in der Regel dunkle Folie zu sehen), ist ein begründeter Verdacht gegeben, der es rechtfertigt, einen vom Gericht im Rahmen eines Selbständigen Beweisverfahrens bestellten Gutachter damit zu konfrontieren, dass die vom Bauherrn beschriebenen Feuchtigkeitserscheinungen auf einem Verstoß der Vorgaben der DIN 1053 Teil 1 beruhen. Es ist in diesen Fällen auf jeden Fall darauf zu drängen, dass der Sachverständige zerstörende Untersuchungen in den betreffenden Bereichen vornimmt, um so eine brauchbare Aussage, beispielsweise über das Vorhandensein der so genannten z-förmigen Sperrschicht oder deren ordnungsgemäßer Verlegung, treffen zu können.

Hinweis:
Anderenfalls läuft man Gefahr in so einem Gutachten, obwohl möglicherweise tatsächliche gravierende Baumängel vorliegen, regelrecht „abgespeist" zu werden, in dem mangels Vornahme entsprechender Untersuchungen dann lapidar ausgeführt wird, die Feuchtigkeitserscheinungen beruhten auf „falschem Wohnverhalten".

b) DIN 4102 (Brandschutz)

94 Das herzustellende Werk muss nicht nur den öffentlich-rechtlichen Brandschutzvorschriften, sondern auch den Anforderungen der DIN 4102 genügen. Diese hat der Unternehmer einzuhalten, selbst wenn er mit dem Bauherrn eine bestimmte Ausführungsart (hier der Trockenbauarbeiten) vereinbart, die den Anforderungen an einen wirksamen Brandschutz nicht genügt.[1]

c) DIN 4108 (Wärmeschutz)

95 In Verbindung mit der oben beschriebenen DIN 1053 ist für die fachgerechte Errichtung eines Mauerwerks ebenfalls ein ausreichender Wärmeschutz im Sinne der DIN 4108 erforderlich.

d) DIN 4109 (Schallschutz)

96 In dieser Norm sind die Mindestschall-Dämmwerte für unterschiedliche zu Wohnzwecken bestimmte Bauwerke tabellarisch jeweils mit Dezibel-Angaben aufgeführt.

97 Gerade die DIN 4109 ist ein plastisches Beispiel dafür, dass DIN-Vorschriften **nicht** immer den **Stand der Technik** wiedergeben müssen. Die letzte Anpassung an die aktuellen Regeln der Technik erfolgte mit Veröffentlichung der Ausgabe 1989.

98 Die Vorläufer-DIN stammte aus dem Jahre 1962 und würde spätestens in den 80er Jahren als nicht mehr dem damaligen Stand der Technik entsprechend angesehen. Dies bedeutete, dass die Bauleistung trotzdem mangelhaft sein konnte, obwohl die Mindestanforderungen der damaligen DIN 4109 aus dem Jahre 1962 erfüllt waren.

---

1 Vgl. BGH, BauR 1999, 37 ff.

Schon seinerzeit gingen die Ansprüche an ein modernes Wohnen, insbesondere 99
für den so genannten Komfort-Wohnungsbau, deutlich über die Mindestanforderungen der seinerzeit geltenden DIN 4109 hinaus und führten somit letztlich dazu, dass in Wissenschaft und Technik Mindestschallschutzwerte anerkannt waren, die teilweise deutlich über diejenigen der damals in der DIN 4109 (1962) festgelegten hinausgingen. Wie gesagt, erfolgte dann erst im Jahre 1989 eine Anpassung der DIN 4109 an die so entwickelten Regeln der Technik.

Hinweis: 100
Die gleiche Frage dürfte sich mittlerweile erneut stellen, da wiederum mehr als zehn Jahre seit der letzten Aktualisierung der DIN 4109 vergangen sind. Gerade in dieser Zeit sind die Ansprüche an ein modernes Wohnen, insbesondere was die Beeinträchtigung durch Lärm anbelangt, weiter gestiegen. Auch die Technik hat sich beispielsweise im Hinblick auf den Fenster- und Türeneinbau schallschutztechnisch **erheblich weiterentwickelt** und ist in der Lage, Schalldämmwerte zu liefern, die teilweise deutlich über die Anforderungen der DIN 4109 (1989) hinausgehen. Sollten diesbezüglich Probleme auftauchen, ist im Einzelfall allerdings unbedingt eine sachverständige Beratung erforderlich.

Eine andere, allerdings **immens praxisrelevante Frage**, ist diejenige des grundsätzlich für ein bestimmtes Bauvorhaben geschuldeten Schallschutzes. Aus der oben auszugsweise wiedergegebenen Tabelle lässt sich entnehmen, dass die Werte für den Geschosswohnungsbau hinter denjenigen für die Errichtung von Reihen- bzw. Doppelhäusern zurückbleiben. Zu dieser Problematik ist in der Vergangenheit wiederholt die Frage aufgetaucht, welcher Schallschutz geschuldet ist, wenn **Reihen- bzw. Doppelhäuser ohne eine Realteilung** der jeweiligen Grundstücke in der Rechtsform von Wohnungseigentum errichtet werden. Noch heute vertreten Unternehmer dazu die Auffassung, dass sie in solchen Fällen lediglich den Anforderungen der DIN 4109 für Geschosshäuser mit Wohnungen unterworfen sind und errichten demzufolge die Haustrennwände solcher Reihen- bzw. Doppelhäuser **einschalig**. Die DIN 4109 Beiblatt 1 Tabelle 6 fordert für die Errichtung von Reihen- bzw. Doppelhäusern allerdings die Ausführung **zweischaliger Haustrennwände** mit entsprechender dazwischenliegender Schalldämmung, und zwar ohne dass dieser Norm Anhaltspunkte dafür zu entnehmen sind, dass eine Unterscheidung dahin gehend zu erfolgen hat, in welcher Rechtsform das Grundstück, auf dem gebaut wurde, aufgeteilt worden ist. 101

Die Rechtsprechung hat nach anfänglich divergierenden Entscheidungen zwischenzeitlich der – soweit erkennbar – einhelligen technischen Sichtweise Rechnung getragen und in einer Vielzahl von Entscheidungen, die es rechtfertigen, insoweit von einer gefestigten obergerichtlichen Rechtsprechung zu sprechen, entschieden, dass es **nicht** darauf ankommt, **in welcher Rechtsform** Reihen- bzw. Doppelhäuser errichtet werden, sondern dass für solche Bauvorhaben zweischalige Haustrennwände anerkannte Regeln der Technik sind, selbst wenn dies von der DIN 4109 nicht ausdrücklich gefordert wird.[1] 102

---

1 Vgl. jüngst die Entscheidung des OLG München, BauR 1999, 399 ff. m. w. N., die durch Nichtannahmebeschluss des Bundesgerichtshofes v. 22. 10. 1998 – VII ZR 135/98 – rechtskräftig ist.

103 Generell ist die Schallschutzproblematik wesentlich schwieriger zu beurteilen als die anderen technischen Problemkreise, die an dieser Stelle durch Hinweis auf die wichtigsten DIN-Vorschriften behandelt werden. Vorrangig für den Bereich des Schallschutzes ist auf **subjektive Empfindungen der Nutzer** abzustellen. Wenn diese beispielsweise Beeinträchtigungen dahin gehend mitteilen, dass sie das im Nachbarhaus oder in der Nachbarwohnung gesprochene Wort oder aber auch Installationsgeräusche hören, liegt ein erster Ansatzpunkt für die Verletzung von Schallschutzvorschriften vor. Wenn insoweit offenkundige Mängel, insbesondere bei Reihen- und Doppelhäusern, unter Berücksichtigung der obigen Ausführungen nicht ohne weiteres erkennbar sind (wie beispielsweise die lediglich einschalige Ausführung solcher Trennwände) bleibt im Zweifel nur eine **Schallmessung** durch speziell dafür ausgerüstete Sachverständige.

104 **Hinweis:**
Eine solche sollte aus **Kostengründen** allerdings außergerichtlich vermieden werden, da deren Ergebnis von der prozessualen Beweiskraft her nichts anderes als ein in der Regel nicht zu Beweiszwecken verwertbares Privatgutachten darstellt. Unter Darlegung und Glaubhaftmachung der im Einzelfall von den Nutzern geschilderten Beeinträchtigungen (was gerade bei so genannten Installationsgeräuschen durchaus sehr plastisch erfolgen kann) sollte vielmehr im Rahmen eines **Selbständigen Beweisverfahrens** – dann gerichtlich verwertbar, § 493 Abs. 1 ZPO – durch einen öffentlich bestellten und vereidigten Sachverständigen ermittelt werden, welche Werte bezogen auf die verschiedenen Schallschutzarten (Luft-, Tritt- und Körperschall) erreicht und auf welche Art und Weise so festgestellte Schallmängel beseitigt werden können. Die nicht geringen Kosten für die Einholung so eines Schallgutachtens fallen dann nur einmal an und der Bauherr läuft nicht Gefahr, auf den Kosten für das Privatgutachten „sitzen zu bleiben".

105 Letztlich sollte nicht vergessen werden, dass Schallbeeinträchtigungen oftmals auch auf der Verletzung elementarster handwerklicher Regeln beruhen, wie beispielsweise darauf, dass bei der Verlegung von Estrichen bzw. den anschließenden Oberbelägen **so genannte Schallbrücken** dadurch erzeugt werden, dass der zur Vermeidung solcher Schallbrücken erforderliche so genannte **Randdämmstreifen** (Schaumstoffmaterial) gar nicht bzw. nicht ordnungsgemäß verlegt worden ist, so dass der Estrich direkten Kontakt zum aufgehenden Mauerwerk hat. „Beliebt" ist es auch, diesen Randdämmstreifen vor Verlegung eines Fliesenoberbelags abzuschneiden, so dass dann der Fliesenbelag den zu vermeidenden, Schallbrücken begründenden direkten Kontakt zum aufgehenden Mauerwerk hat. Auch durch Kenntnis solch technischer Details lassen sich Rechte des Bauherrn überdurchschnittlich wahrnehmen.

106 Zu weiteren Schallschutzproblemen wird auf die nachfolgenden Beispiele aus der Rechtsprechung unter Rz. 130 ff. verwiesen.

e) DIN 18336 i. V. m. DIN 18195 (Abdichtung von Bauwerken)

107 Als besonders schadensträchtig hat sich in der Praxis der Bereich des Schutzes von Bauwerken vor **von außen eindringender Feuchtigkeit** erwiesen. Die DIN 18195 regelt dabei die Anforderungen an die Qualität des zu verwendenden Ab-

dichtungsmaterials bezogen auf den jeweils anzunehmenden so genannten Lastfall (Art der Feuchtigkeitsbeanspruchung). Damit wird entsprechend des Empfehlungscharakters der DIN-Normen ein **Mindeststandard** festgelegt. Umstritten dabei war bis zur Änderung der DIN 18195 im Jahre 2000 speziell bezogen auf die Qualität von Abdichtungen des im Erdreich liegenden Außenmauerwerks gegen nicht drückendes Wasser die Frage, ob dies statt durch die in der DIN 18195 Teil 5 Ziff. 7.2 vorgegebenen folien- und bahnenförmigen Abdichtungen auch durch eine fachgerecht aufgebrachte Bitumendickbeschichtung (wie diese nur in Teil 4 der DIN 18195 für den Lastfall „Bodenfeuchtigkeit" Erwähnung fand) erfolgen konnte.[1]

Seit **August 2000** regelt die DIN 18195 diesen Problemkreis allerdings **abschließend** dahin gehend, dass **Bitumendickbeschichtungen**, die den dortigen Vorgaben entsprechen, sowohl für die Lastfälle nicht drückendes (Teil 5) als auch von außen drückendes und aufstauendes Wasser (Teil 6) eine ordnungsgemäße Abdichtung darstellen. Eine andere Frage ist es dabei natürlich, ob diese fachgerecht aufgebracht sind, insbesondere die erforderliche so genannte **Trockenschichtdicke** aufweisen. Ist dies nicht der Fall, liegt eindeutig ein Ausführungsfehler, mithin ein Mangel der Leistung vor.[2]

108

f) DIN 18299 ff. (ATV)

Grundsätzlich sind die Anforderungen an die Beschreibung der vertraglichen Leistung, deren Ausführung und Abrechnung in den **Allgemeinen Technischen Vertragsbedingungen** für Bauleistungen (DIN 18299 bis DIN 18451) geregelt, die in ihrer Gesamtheit den **Teil C** der Verdingungsordnung für Bauleistungen bilden. Zumindest diese DIN-Vorschriften sollte auch der nur gelegentlich Baurechtsfälle bearbeitende Jurist greifbar haben.[3]

109

Die DIN-Normen des Teiles C der VOB regeln in ihrem jeweiligen

▷ Abschnitt 0,

wie die Leistungsbeschreibung aufzustellen ist;

▷ Abschnitt 1,

für welche Arbeiten sie konkret gelten und dass jeweils ergänzend die als Generalklausel zu verstehende DIN 18299 heranzuziehen ist;

▷ Abschnitt 2,

welchen Anforderungen die zu verwendenden Stoffe unter Hinweis auf die dafür speziell heranzuziehenden DIN- bzw. DIN EN-Vorschriften genügen müssen;

---

1 Vgl. dazu ausführlich m. w. N. aus Rechtsprechung und Literatur *Jagenburg/Pohl*, BauR 1998, 1075 ff.
2 Vgl. zur Bautechnik *Hankammer*, Abnahme von Bauleistungen, S. 142 ff.
3 Beispielsweise in der Ausgabe 2000 zu beziehen über den Beuth-Verlag GmbH, Burggrafenstraße 6, 10787 Berlin (hier können sämtliche DIN-Vorschriften bestellt werden).

▷ Abschnitt 3,

wie die Leistung auszuführen ist, wiederum unter Hinweis auf die speziell zu berücksichtigenden technischen Vorschriften im vorgenannten Sinne;[1]

▷ Abschnitt 4,

welche Leistungen als – nicht gesondert vergütungspflichtige – Nebenleistungen sowie welche als – gesondert vergütungspflichtige – besondere Leistungen anzusehen sind;

▷ Abschnitt 5,

wie die ausgeführte Leistung abzurechnen ist.

110 Auch unter Heranziehung der DIN-Normen des Teiles C der VOB können so zumindest **im Rahmen einer ergänzenden Auslegung** Feststellungen zu dem **geschuldeten Leistungssoll** erfolgen, auf deren Grundlage dann beurteilt werden kann, ob eine Leistung mangelhaft ist oder nicht. Genauso lässt sich ermitteln, welchen Leistungsumfang der Unternehmer beispielsweise für einen vereinbarten Einheitspreis schuldet, sprich, welche über die eigentliche Werkleistung hinausgehenden Leistungen er ohne gesonderte Vergütung erbringen muss oder wofür er auch ohne entsprechende Vereinbarung eine **zusätzliche Vergütung** beanspruchen kann. **Direkt** dürften die Regelungen der VOB Teil C nur heranzuziehen sein, wenn sie wirksam im Sinne AGB-rechtlicher Vorschriften in den Vertrag, beispielsweise bei Vereinbarung der VOB Teil B durch § 1 Nr. 1 Satz 2 VOB/B, einbezogen worden sind.

111 Oftmals besteht Streit darüber, ob der Unternehmer verpflichtet ist, aus seinem Bereich stammenden **Abfall** zu entsorgen oder von seinen Arbeiten herrührende Verunreinigungen zu beseitigen, ohne den dafür erforderlichen Aufwand berechnen zu dürfen. Hier gibt die DIN 18299 generell für alle Bauleistungen in ihrem Abschnitt 4 unter Ziffer 4.1.11 Aufschluss darüber, dass diese Verpflichtung besteht, ohne dafür eine gesonderte Vergütung verlangen zu dürfen. Im Gegenteil: in der nachfolgenden Ziffer findet sich, dass der Auftragnehmer auch Abfall aus dem Bereich des Auftraggebers, allerdings nur bis zu einer Menge von 1 m² und nur, wenn dieser nicht kontaminiert ist, ohne Anspruch auf gesonderte Vergütung entfernen muss.

112 Ähnliche Probleme tauchen im Zusammenhang mit der **Aufstellung** und dem **Vorhalten von Gerüsten** auf. Auch hier gibt der Abschnitt 4 der für die jeweiligen Arbeiten heranzuziehenden DIN-Vorschrift Aufschluss. Überwiegend ist geregelt, dass der Auftragnehmer Gerüste bis zu einer Arbeitshöhe von 2 m auf eigene Kosten zu stellen hat, während er für darüber hinausgehende Höhen Anspruch auf gesonderte Vergütung hat (vgl. DIN 18332 ff.). Für Maurer- (DIN 18330 Abschnitt 4, Ziff. 4.1.2) sowie Beton- und Stahlbetonarbeiten (DIN 18331 Abschnitt 4, Ziff. 4.1.4) gilt allerdings, dass hier die Gerüste insgesamt vom Unternehmer ohne Anspruch auf gesonderte Vergütung zu stellen sind, soweit sie zur Ausführung seiner Leistung erforderlich sind.

---

1 Vgl. hierzu, insbesondere zum Umfang der Prüfungs- und Hinweispflicht, BGH, BauR 2001, 1414 f.

Hinweis:
Während der Auftraggeber danach eine Abrechnung des Auftragnehmers entsprechend darauf überprüfen kann, ob ihm möglicherweise zu viel in Rechnung gestellt wird, ist der Auftragnehmer gehalten, seine **Einheitspreise** entsprechend zu kalkulieren, um vor bösen Überraschungen geschützt zu sein. Möglich ist es auch, eine entsprechende Vergütungspflicht im Vertrag, z. B. in Besonderen Vertragsbedingungen oder direkt im Leistungsverzeichnis als extra Position zu vereinbaren. **Nachforderungen** im Zusammenhang mit solchen Positionen sind **nicht zulässig**.

Schließlich erhält man Aufschluss darüber, wie und in welchem Umfang die erbrachten Leistungen selbst zu vergüten sind, wobei beispielhaft auf den Abschnitt 5 der DIN 18350 „**Putzarbeiten**" hingewiesen sei, wo das so genannte „Übermessen" bzw. der Abzug von Öffnungen, Aussparungen und Nischen in Bezug auf die abzurechnende Quadratmeterfläche geregelt ist.[1]   113

g) Fazit

Wie bereits oben ausgeführt, ist bei alledem aber zu berücksichtigen, dass es sich bei den DIN-Normen um **privatrechtliche Empfehlungen** handelt, die dem Stand der Technik entsprechen, aber auch hinter diesem zurückbleiben können. Die recht drastische Auffassung des Bundesverwaltungsgerichts[2] zur Entstehung von DIN-Normen sollte dabei jedoch nicht abschrecken, auf diese zurückzugreifen. Im Zweifel ist allerdings auf die **anerkannten Regeln der Technik** abzustellen.   114

Treten Probleme bei der **Auslegung** bestimmter Begriffe innerhalb einer DIN-Norm auf, ist vorrangig die **DIN 820** hinzuzuziehen, die entsprechende Definitionen enthält und auch Aufschluss über die Entstehung einzelner Normen gibt. Das gilt selbstverständlich auch für die Allgemeinen Vertragsbedingungen für die Ausführung von Bauleistungen, die VOB Teil B, die der DIN 1961 entspricht.   115

9. Rechtsprechungsübersicht von A–Z

In der nachfolgenden Übersicht werden schlagwortartig obergerichtliche Entscheidungen vorrangig zurückgehend bis zum Jahr 1990 – in Einzelfällen mit grundsätzlicher Bedeutung selbstverständlich auch ältere – für die verschiedensten Mängelkonstellationen wiedergegeben. Diese durchweg **lesenswerten Entscheidungen** sollten in jedem Falle vor einer Verwendung bezogen auf konkrete neue Fallkonstellationen **vollständig** (nicht nur im Leitsatz!) nachgelesen werden, um möglicherweise noch weitere Erkenntnisse zur Lösung des anstehenden Problems zu erlangen, aber vorrangig auch, um Fehlinterpretationen auszuschließen.   116

---

1 Vgl. grundlegend *Grauvogel*, Jahrbuch Baurecht 1998, S. 315 ff. sowie speziell zur Abrechnung von Putzarbeiten: OLG Düsseldorf, BauR 1997, 345.
2 NJW 1987, 2826.

a) **Abdichtungsprobleme (DIN 18336 i. V. m. DIN 18195)**

117 ▷ **Abdichtung eines Kellers** in Hanglagen, strenge Planungsanforderungen an Architekten im Rahmen der Detailplanung für Abdichtungsmaßnahmen gemäß DIN 18195 und Art und Weise der Verlegung der Dränleitungen mit genauen Höhenangaben gemäß DIN 4095;[1]

▷ **Abdichtung eines** zu erstellenden **Anbaus** gegen Bodenfeuchtigkeit bei drückendem Wasser; Verpflichtung des planenden Architekten, unter Berücksichtigung der für den ungünstigsten Fall anzunehmenden Grundwasserverhältnisse den sichersten Weg zum Schutz gegen Feuchtigkeit zu wählen;[2]

▷ **Abdichtung gegen drückendes Wasser und Dickbeschichtung**[3] unter Berücksichtigung der Neufassung der DIN 18195 Teil 6 vom 1. 8. 2000, in der nicht nur die Dickbeschichtung erstmals aufgenommen, sondern gleichzeitig festgelegt wurde, wie so eine Dickbeschichtung technisch einwandfrei auszuführen ist; Verpflichtung des planenden Architekten, dem ausführenden Unternehmer besonders schadenträchtige Details so darzulegen, dass jegliches Risiko ausgeschlossen ist;

▷ **Feststellungsklage** zur Verpflichtung einer Abdichtung gegen drückendes Wasser gegen Bauträger;[4]

▷ **Abdichtung von Balkonen** nach den Flachdachrichtlinien und der DIN 18195;[5]

▷ geschuldete **Kellerabdichtung** bei Herstellung eines schlüsselfertigen Hauses;[6]

▷ Abdichtung und Grundwasser/Planungsanforderungen an Architekt/jeweils 50-prozentige **gesamtschuldnerische Haftung** zwischen Architekt und Bauunternehmer, wenn dieser – bereits mangelhafte – Planungsvorgaben missachtet/Zurechnung Planungsfehler zulasten des Bauherrn als Mitverschulden;[7]

▷ **Pflicht des Architekten**, der mit der Planung beauftragt ist, dem Unternehmer besonders schadenträchtige Details einer Abdichtung (gegen drückendes Wasser) zu verdeutlichen, und zwar in einer jedes Risiko ausschließenden Weise;[8]

▷ die **Vollstreckung** eines Urteils, in dem der Auftragnehmer zur Mängelbeseitigung nicht zur Vornahme einer bestimmten Handlung, sondern zur Herbeiführung eines bestimmten Erfolgs verurteilt wurde (hier: **Abdichtung eines Kellergeschosses** gegen von außen eindringende Nässe), richtet sich nach § 888 ZPO;[9]

---

1 OLG Celle, BauR 1992, 801 f. (mit Anm. *Reim*).
2 OLG Hamm, BauR 1997, 876 ff.
3 BGH, BauR 2000, 1330 ff. (mit Anm. *Ulbrich*); BauR 2000, 1770 f.
4 OLG Düsseldorf, BauR 2000, 1074 ff.
5 OLG Hamm, BauR 1995, 852 ff.
6 OLG Celle, BauR 1998, 801 f.
7 OLG Düsseldorf, BauR 2000, 1358 ff.; OLG Hamm, BauR 2001, 828.
8 BGH, BauR 2000, 1330.
9 OLG Düsseldorf, BauR 1995, 423.

▷ Haftung des Unternehmers auf **Schadensersatz** bei Empfehlung einer von der Architektenplanung **abweichenden Gebäudeabdichtung** ohne vorherige Einholung von Informationen über die konkreten Bodenverhältnisse;[1]

▷ Haftung des objektüberwachenden Architekten auf Schadensersatz wegen **fehlerhafter Bauüberwachung** bei mangelhafter Ausführung der Balkonabdichtung, des Anschlusses der Wind- und Dampfsperre an die Dachflächenfenster und des Außenputzes;[2]

▷ Pflicht des Architekten (oder zumindest eines zuverlässigen Mitarbeiters) zur **ständigen Überwachung** der Abdichtungs- und Isolierungsarbeiten an der Dachkonstruktion und deren Verankerung; für die Rüge der Aufsichtspflichtverletzung durch den Auftraggeber ist es ausreichend, wenn dieser die Mängel der Dachwärmedämmung schlüssig mit Hilfe der sichtbaren Symptome beschreibt;[3]

▷ Pflicht des Architekten zur Planung einer Druckwasserabdichtung in **hochwassergefährdeten Gebieten**; er hat ggf. den Bemessungswasserstand durch Behördenanfragen oder durch Beauftragung eine Baugrunduntersuchung durch Sonderfachleute zuverlässig zu recherchieren;[4]

▷ Verantwortlichkeit des **Architekten** für eine mangelhafte Bauwerksabdichtung, auch wenn er nur die Genehmigungs- und Tragwerksplanung übernommen hat; er muss den Bauherrn zumindest über eine von ihm erkannte **Planungsnotwendigkeit** aufklären; belässt es der sachkundige Bauherr (aus Kostengründen) bei einer bruchstückhaften Planung, trifft ihn ein Mitverschulden (hier: 50 %);[5]

▷ Planungsfehler des Architekten bei Abdichtung mit einer **Bitumendickbeschichtung** eines bei bindigem Boden in **Hanglage** stehenden Gebäudes (anstehender Lastfall: nicht drückendes Wasser gemäß DIN 18195 Teil 5); es sind dann weder die anerkannten Regeln der Technik noch die Anforderungen der DIN 18195 Teil 5 eingehalten; ein Schaden liegt auch dann vor, wenn es innerhalb der Gewährleistungsfrist zu keinem Feuchtigkeitsschaden gekommen ist.[6]

Hinweis:
Die Problematik „Bitumendickbeschichtung" ist sehr umstritten (vgl. die Urteilsanmerkung Kamphausen sowie die nachstehend zitierten Entscheidungen des OLG Hamm und des Schleswig-Holsteinischen Oberlandesgerichts sowie den bereits oben erwähnten Aufsatz von *Jagenburg* und *Pohl*, BauR 1998, 1075 ff.), dürfte sich aber unter Berücksichtigung der Neufassung der DIN 18195 (s.o.) erledigt haben!

---

1 OLG Celle, BauR 2000, 1073.
2 OLG Hamm, BauR 2000, 1379.
3 KG Berlin, BauR 2000, 1362.
4 OLG Frankfurt, IBR 2000, 508, rechtskräftig durch Nichtannahmebeschluss des BGH vom 27. 7. 2000 – VII ZR 342/99.
5 OLG Karlsruhe, IBR 2000, 335.
6 OLG Bamberg, BauR 1999, 650 = NJW-RR 1999, 962.

▷ Strenge Überwachungspflicht und Haftung des Architekten bei **Eigenleistungen des Bauherrn**, wenn besondere handwerkliche Spezialkenntnisse – wie z. B. bei der Bauwerksabdichtung – erforderlich sind, die gewöhnlich durch Fachfirmen ausgeführt werden (hier wurden von der Architektenhaftung lediglich 10 % für das Mitverschulden des Bauherrn in Abzug gebracht); die **Vertikalabdichtung einer Kellerwand** mittels Dickbeschichtung mit einer Zweikomponenten-Polymerbitumen-Spachtelmasse ist inzwischen allgemein anerkannte Regel der Technik, so dass die Bauwerksabdichtung nach der Abdichtungsnorm **DIN 18195 nicht mehr zeitgemäß** ist.[1]

▷ Eine Kelleraußenwandabdichtung mit **Bitumendickbeschichtung** entspricht bei nicht drückendem Wasser seit Jahren den anerkannten Regeln der Technik und genügt den Anforderungen der DIN 18195 Teil 5, auch wenn diese dort nicht ausdrücklich aufgeführt ist;[2] die Revision gegen diese Entscheidung hat der Bundesgerichtshof nicht angenommen.[3]

▷ Eine Vereinbarung, dass der Unternehmer eine **Altbausanierung** „nach den anerkannten Regeln der Bautechnik und Baukunst unter Berücksichtigung des neuesten Stands technischer Erkenntnisse bei der Bauausführung" vornimmt, gilt auch für Abdichtungsmaßnahmen bei der Kellerabdichtung.[4]

b) Beton- und Stahlbetonarbeiten (DIN 18331)[5]

118 ▷ Zur Sorgfaltspflicht des aufsichtsführenden Architekten beim **Gießen einer Betondecke**: insbesondere bei weit spannenden Decken hat der Architekt, der die Bauaufsicht inne hat, die Einhaltung der Bewehrungspläne und die Betongüte unmittelbar zu überprüfen; ggf. hat er Betonwürfel als Muster fertigen zu lassen.[6]

▷ Ebenfalls gesteigerte Überwachungspflicht des Architekten für die Bewehrung von Betonfertigteilfassadenplatten.[7]

c) Bodenbelagsarbeiten (DIN 18365)

119 Verlegen von Linoleum, Kunststoff, Natur- und Synthesekautschuk, Textilien und Kork sowie Schichtstoffelemente spezielle Regelungen finden sich darüber hinaus in: DIN 18332 (Naturwerkstein), DIN 18333 (Betonwerkstein), DIN 18352 (Fliesen), DIN 18356 (Parkettverlegung).

120 ▷ Verlegung eines **nicht atmungsaktiven** („dampfdichten") Bodenbelags auf nicht ausreichend abgedichteter, nicht unterkellerter Betonsohle;[8]

---

1 OLG Hamm, BauR 1998, 1119.
2 OLG Schleswig, BauR 1998, 1100 ff.
3 BGH, BauR 2000, 1060, mit Anm. *Jagenburg*.
4 OLG Hamburg, IBR 2000, 598; vgl. auch BGH, als nachgehende Entscheidung.
5 Zur Bautechnik vgl. *Hankammer*, Abnahme von Bauleistungen, S. 96 ff.
6 OLG Celle, BauR 1974, 66 ff.
7 OLG Stuttgart, BauR 1990, 384.
8 OLG Düsseldorf, BauR 1995, 848 ff.; OLG Celle, BauR 1998, 802 f.

▷ fehlende **Dampfbremse** zwischen zwei Stockwerken bei hoher Wärme- und Feuchtigkeitsbelastung, Planungsanforderung an Architekt/Sonderfachmann;[1]

▷ mangelhafte Parkettverlegung;[2]

▷ blockweiser **Fugenabriss** eines Holzdielenfußbodens, Annahmeverzug des Bestellers hinsichtlich ordnungsgemäß angebotener Nachbesserung;[3]

▷ die Verwendung von **glasierten Fußbodenfliesen** in Hotelbadezimmern ist auch dann zulässig, wenn ein solcher Bodenbelag in feuchtem Zustand oder beim Betreten mit feuchten Füßen nicht absolut rutschfest ist;[4]

▷ Der Umfang der **Verpflichtung eines Fliesenlegers** beschränkt sich nicht auf die in Abschnitt 3.1.3 der DIN 18352 lediglich exemplarisch aufgeführten Positionen, sondern umfasst grundsätzlich alles, was für eine mangelfreie Herstellung seines Gewerks erforderlich ist (hier: Prüfung des Estrichs auf ausreichendes Gefälle und in ausreichendem Umfang vorhandene Dehnungsfugen); kommt er dieser Pflicht nicht nach, ist er in vollem Umfang gewährleistungspflichtig.[5]

d) Dacharbeiten (DIN 18338), vgl. auch DIN 18339 „Klempnerarbeiten"

▷ **Dachsanierung** nach **Vorgaben der Herstellerfirma** mit von dieser empfohlener Dachbahn, die sich aufgrund bestimmter negativer Eigenschaften später löst, führt zur Haftung der Herstellerfirma gegenüber dem ausführenden Unternehmer aus positiver Vertragsverletzung mit entsprechender 30-jähriger Verjährung.[6]

▷ Verarbeitung von Dachbahnen ohne **Gebrauchstauglichkeitsnachweis** gemäß DIN 18531;[7]

▷ Dackdeckung in **Pappdocken** bei wärmegedämmten Dächern nicht ausreichend;[8]

▷ bei einer umbaubedingten, großflächigen Dachöffnung muss die **provisorische Dachabdichtung** auch ungewöhnlichen Wetterverhältnissen standhalten, wenn erkennbar erhebliche Gefahren für größere Warenbestände und wertvolle Einrichtungen des Mieters bestehen.[9]

▷ Zu den Pflichten eines die **Bauaufsicht** führenden Architekten im Bereich von Dacharbeiten.[10]

---

1 OLG Koblenz, BauR 1997, 502 ff.
2 OLG Düsseldorf, BauR 1998, 126 ff.; OLG Koblenz, BauR 1996, 868 f.; vgl. auch OLG Düsseldorf, BauR 1995, 848 ff.
3 OLG Düsseldorf, BauR 1998, 1011 ff.
4 OLG Frankfurt, VersR 1988, 598.
5 BGH, BauR 2001, 1414 f.
6 OLG Hamm, BauR 1997, 859 f.
7 OLG Düsseldorf, NJW-RR 1996, 146
8 OLG Schleswig, BauR 2000, 1486 f.
9 OLG Hamm, NZM 1999, 804.
10 OLG Düsseldorf, BauR 1998, 810.

e) Dränarbeiten (DIN 18308)

122 ▷ Strenge **Planungsanforderungen** für Architekt hinsichtlich zu verlegender Dränanlage gemäß DIN 4095 und Abdichtungsmaßnahmen gemäß DIN 18195;[1]

▷ Ein Bauunternehmer, der die Rohbauarbeiten und die Entwässerung für zwei Mehrfamilienhäuser übernommen hat, muss **den Bauherrn** und nicht den Bauleiter **auf die Notwendigkeit** des Einbaus einer in den Bauplänen nicht vorgesehen Drainage **hinweisen**. Anderenfalls trägt er von den nachträglichen Kosten des Einbaus die Hälfte.[2]

▷ Haftung des planenden Architekten für **unzureichend geplantes Gefälle** und fehlenden Übergabeschacht.[3]

f) Entwässerungsarbeiten (DIN 18315)

123 ▷ Ein mit der schlüsselfertigen Errichtung eines Bauvorhabens beauftragter Unternehmer ist verpflichtet, die nach Sachlage notwendigen **Informationen einzuholen**, um eine ordnungsgemäße Entwässerung zu gewährleisten. Dazu können auch Erkundigungen über die Funktionsfähigkeit einer Vorflut gehören (DIN 18315 Ziff. 4.1.1 i. V. m. § 3 Nr. 4 VOB/B).[4]

g) Erdarbeiten (DIN 18300)

124 ▷ Für Tiefbauarbeiten an öffentlichen Straßen muss sich der Unternehmer Gewissheit über die **Lage von Versorgungsleitungen** verschaffen, bevor er mit seinen Arbeiten beginnt, und zwar regelmäßig durch Einsichtnahme in Verlegepläne des Versorgungsunternehmens. Grundsätzlich bestehen **Erkundigungspflichten** nicht nur bei Erdarbeiten, sondern auch bei Verdichtungs- oder Planierungsarbeiten, also bei Arbeiten an der Erdoberfläche.[5]

▷ Führt ein Tiefbauunternehmer auf einer in einem **Waldgebiet** befindlichen, stillgelegten Mülldeponie Erdarbeiten zu deren Rekultivierung durch, muss er nicht mit dem Vorhandensein eines **Starkstromkabels** rechnen und sich nicht vorher hierüber erkundigen.[6]

▷ Ein **Spezialunternehmen für Baggerarbeiten**, das im Auftrag eines anderen Unternehmens einen Bagger und einen Baggerführer für Erdarbeiten im Bereich einer öffentlichen Verkehrsfläche stellt, wird aufgrund eines **Werkvertrags** und nicht eines Dienstverschaffungsvertrags tätig, wenn die Aufgabe fest umrissen ist und nicht nach Zeit, sondern nach der Kubikmeterzahl der bewegten Erde abgerechnet wird.[7]

▷ Zu den **verbleibenden Verkehrssicherungspflichten** eines Tiefbauunternehmers, der Erdarbeiten in einem Gebiet auszuführen hat, in dem mit Versor-

---

1 OLG Celle, BauR 1992, 801 f. mit Anm. *Reim*, 802 f.
2 OLG Frankfurt, NRW-RR 1999, 461.
3 OLG Hamm, BauR 1991, 788.
4 BGH, BauR 2001, 1254 f.
5 OLG Jena, VersR 1999, 71.
6 OLG Koblenz, 2000, 70.
7 OLG Nürnberg, NJW-RR 1997, 19.

gungsleitungen zu rechnen ist, wenn das Aufsuchen, Freilegen und Sichern solcher Leitungen von einem anderen Unternehmer übernommen worden ist.[1]

h) Estricharbeiten (DIN 18353)

▷ Ein Generalunternehmer, der sich für einen Pauschalfestpreis zur Errichtung einer Lagerhalle und zur Ausführung „aller Arbeiten, Leistungen und Lieferungen, die zur vollständigen schlüsselfertigen Herstellung des Objekts erforderlich sind", verpflichtet hat, muss auf der Betonbodenplatte eine **Nutzschicht** aus Estrich oder Kunstharz aufbringen.[2]   125

▷ Der nach § 635 BGB schadensersatzpflichtige Unternehmer hat nicht für Schäden einzustehen, die ein vom Besteller mit der **Schadensbehebung** beauftragter **Drittunternehmer** durch ungewöhnlich grobes Fehlverhalten verursacht (hier: bei der Beseitigung defekten Estrichs durch sorglose Stemmarbeiten verursachte völlige Zerstörung der unter dem Estrich befindlichen Dachfolie und Durchnässung der Dachisolierung mangels jeglicher Schutzmaßnahmen).[3]

▷ Der mit der Ausführung von Fliesenarbeiten beauftragte Unternehmer muss bei Verlegearbeiten darauf achten, dass die durch schwimmenden Estrich bewirkte Trittschalldämmung erhalten bleibt und keine **Schallbrücken** entstehen.[4]

▷ Ein Bauherr, der zur Zahlung des Restwerklohns Zug um Zug gegen Mängelbeseitigung an einem Estrich verurteilt worden ist, kann statt Mängelbeseitigung die **Neueinbringung des Estrichs** verlangen, wenn die Mängel nur auf diese Weise nachhaltig behoben werden können.[5]

i) Gas-, Wasser- und Abwasserinstallationsarbeiten (DIN 18381)

▷ **Hartlöten** von Kupferrohren und Stand der Technik („überholte DIN-Vorschriften"), Verpflichtung des Unternehmers, sich in Bezug auf sein Fach, z. B. an Hand der Fachpresse ständig auf dem Laufenden zu halten, insbesondere was **technische Neuentwicklungen** anbelangt;[6]   126

▷ **Materialanforderungen** für Trinkwasserleitungen (Kupfer oder nicht?).[7]

j) Gerüstarbeiten (DIN 18451)

▷ PVV des nach Miet- und nicht nach Werkvertragsrecht zu beurteilenden Gerüstvertrags;[8]   127

---

1 BGH, BauR 1983, 95
2 OLG Düsseldorf, NJW-RR 1996, 532.
3 OLG Düsseldorf, BauR 1993, 739.
4 OLG Köln, NJW-RR 1994, 470.
5 OLG München, NJW-RR 1987, 1234.
6 OLG Köln, BauR 1997, 831 f.
7 OLG Hamm, BauR 1991, 343 ff.; OLG Frankfurt, NJW-RR 1998, 669.
8 OLG Hamm, BauR 1997, 577 f.

▷ ein Gerüstbauer haftet nicht für den **Einsturz eines Schalgerüsts**, wenn der Einsturz nicht auf einer fehlerhaften Errichtung des Gerüsts und Verlegung der Schalbretter, sondern in den Arbeiten auf dem Gerüst beruht, für die er nicht verantwortlich ist.[1]

▷ Wer ein Gerüst mit **unzureichender Fangbreite** errichtet hat, muss im Hinblick auf die Unfallverhütungsvorschrift FGB 37 i. V. m. DIN 4420 beweisen, dass auch ein Gerüst mit der vorgeschriebenen Fangbreite den vom Dach stürzenden Kläger nicht aufgefangen hätte. Anderenfalls haftet er wegen Fahrlässigkeit.[2]

▷ Stürzt ein Arbeiter infolge einer sich lösenden Strebe von einer Leiter eines Gerüsts, so spricht der **Beweis der ersten Anscheins** nicht dafür, dass das Gerüst ordnungsgemäß errichtet wurde, wenn das Gerüst schon längere Zeit aufgebaut und bereits von anderen Handwerkern benutzt worden ist.[3]

▷ Wer auf einem **Gehweg** im öffentlichen Verkehrsraum ein Gerüst aufstellt, hat besondere **Absperrmaßnahmen** zu treffen, wenn nach den örtlichen Verhältnissen die Gefahr nahe liegt, dass Fußgänger durch einen Gerüstrahmen hindurchtreten, der in 30 cm Höhe eine Querstrebe aufweist. Eine Plastik-Flatterleine reicht nicht aus. Den Fußgänger, der zur Vermeidung eines minimalen Umwegs durch einen Gerüstrahmen schlüpft und hierbei über die Querstrebe stolpert, trifft ein erhebliches **Mitverschulden** (hier 60 % gegenüber der Haftung des Gerüstaufstellers aus Verletzung der Verkehrssicherungspflicht).[4]

▷ Der vom Hersteller eines bei einem **Sturm** zusammengebrochenen Baugerüsts zu erbringende **Entlastungsbeweis** kann dadurch geführt werden, dass dieser nachweist, bei Errichtung und Unterhaltung des Gerüsts alle aus technischer Sicht gebotenen und geeigneten Maßnahmen ergriffen zu haben, um der Gefahr eines Einsturzes bei starkem Sturm zu begegnen, oder aber er beweist, vor dem Unfall inhaltlich eindeutig und für etwaige Benutzer erkennbar zum Ausdruck gebracht zu haben, dass das Gerüst zur Zeit nicht betreten werden darf.[5]

▷ Anforderungen an **Gerüstbohlen** und Beweis des ersten Anscheins zugunsten des Geschädigten, wenn diese bei bestimmungsgemäßer Benutzung brechen, vgl. §§ 836, 837 BGB.[6]

▷ Wer ein **nicht standfestes Baugerüst** benutzt und nach Beendigung dieser Arbeit in diesem Zustand zurücklässt, haftet wegen Verletzung der Verkehrssicherungspflicht auch dann, wenn ihm das Gerüst lediglich zur zeitweisen Benutzung überlassen worden war.[7]

---

1 OLG Hamm, VersR 1992, 1488.
2 OLG Stuttgart, NJW 200, 752.
3 OLG Köln, VersR 1992, 704.
4 OLG Nürnberg, VersR 1991, 1991 L (siehe oben).
5 BGH, BauR 1999, 1035 = NJW 1999, 2593.
6 BGH, BauR 1997, 673 f.; NJW 1999, 2593.
7 OLG Köln, BauR 1996, 730.

Mangel der Werkleistung   Rz. 130 **Teil 20**

▷ Der **Schutzbereich** der bei der Errichtung eines Baugerüsts wahrzunehmenden **Verkehrssicherungspflicht** erstreckt sich auch auf den bauleitenden Architekten.[1]

k) Heizungs- und zentrale Wassererwärmungsanlagen (DIN 18380)

▷ Unsachgemäße **Inbetriebnahme** einer **Fußbodenheizung** durch sofortiges Aufheizen mit Höchstleistung, Anforderungen an Besteller zur Mängeldarlegung (so genannte Symptomtheorie), Grenzen der Nichtberücksichtigung verspäteten Vorbringens;[2]   128

▷ **stufenweise Erstbeheizung** einer neu verlegten Fußbodenheizung, Risse im Estrich und ua. dadurch bedingte Schädigung des Fußbodenbelags, Aufrechnung mit Vorschussanspruch für Mängelbeseitigungskosten gegen offene Werklohnforderung, dadurch bedingte Unzulässigkeit der Zwangsvollstreckung aus Bauträgervertrag;[3]

▷ die **Einregulierung einer Heizungsanlage** obliegt dem mit der Planung und Installation beauftragten Heizungsbauer, nicht dem lediglich mit der reinen Verlegung von (Fußboden-) Heizrohren beauftragten Hersteller; zu den Anforderungen an ein Einregulieren gemäß DIN 18380;[4]

▷ tritt aus der Heizung eines Hauses, die an ein Fernheizwerk angeschlossen ist, 6 Wochen nach der Reparatur (Abnahme eines Heizkörpers unter Verschluss der Anschlussrohre) durch einen Handwerker Wasser aus, dann spricht ungeachtet des Zeitablaufs der Umstand, dass der Handwerker die Heizung ohne die vorgeschriebene **Dichtigkeits- und Druckprobe** an das Fernheizwerk wieder angeschlossen hat, für eine **objektive Pflichtverletzung**.[5]

▷ Die Umstellung der Ölleitung einer Heizungsanlage auf ein Ein-Strang-System ist nicht deshalb mangelhaft, weil die für einen Fachmann unverkennbar **stillgelegte Rücklaufleitung** im Heizkeller belassen wird.[6]

l) Maler- und Lackierarbeiten (DIN 18363), vgl. auch DIN 18366 „Tapezierarbeiten"

▷ Umfangreiche, der vollständigen Renovierung dienende Malerarbeiten können **Arbeiten „bei einem Bauwerk"** sein und deshalb der 5-jährigen Gewährleistungsfrist des § 638 BGB a. F. unterliegen.[7]   129

m) Schallschutz (DIN 4109)

▷ Die DIN 4109 („Schallschutz im Hochbau") stellt **keine allgemein anerkannte Regel der Technik** dar. Nach dieser Vorschrift ist ein Geräuschpegel von   130

---

1 OLG Stuttgart, BauR 1990, 112.
2 BGH, BauR 1998, 632 f.
3 OLG Celle, BauR 1998, 802 ff.
4 OLG Düsseldorf, OLGR 1996, 87 ff.
5 BGH, NJW-RR 1997, 338.
6 OLG Düsseldorf, NJW-RR 1997, 816.
7 BGH, BauR 1994, 101 f.

Frank | 1095

35 dB (A) noch zumutbar, während er in Wirklichkeit heutzutage allgemein als zu laut empfunden wird. Einem entsprechenden Memorandum vieler anerkannter Sachverständiger ist allerdings nunmehr zumindest in Bezug auf **Installationsgeräusche** durch das Beiblatt A 1 zur DIN 4109 aus dem Jahre 2000 Rechnung getragen.[1]

▷ Haben die Parteien eines Vertrags über die Errichtung eines Einfamilienhauses keine besonderen Vereinbarungen über einen Schallschutz getroffen, schuldet der Unternehmer für **Holzdecken** im eigenen Wohn- und Arbeitsbereich eine Trittschalldämmung von 0 dB.[2]

▷ Die Planung eines Architekten ist mangelhaft, wenn dieser bei einer **1985** errichteten Doppelhaushälfte nicht die Schallschutzwerte entsprechend den Vorschlägen für einen **erhöhten Schallschutz** gemäß DIN 4109 (1962) sicherstellt, weil Schallnebenwege nicht ausgeschaltet oder unterbrochen werden, die den durch Errichtung einer zweischaligen Haustrennwand erstrebten Schallschutz beeinträchtigen.[3]

▷ Schallschutz bei **Reihenhäusern**;[4]

▷ unzureichender Schallschutz; **Nutzungsbeeinträchtigungen**; verbleibender Minderwert;[5]

▷ **Zweischalige** Haustrennwände sind bei Reihenhäusern anerkannte Regel der Technik, auch wenn sie von der DIN 4109 nicht ausdrücklich gefordert werden.[6]

▷ Die Annahme eines Schallschutzmangels bei einer **Wohnungstreppe** ist nicht schon deshalb ausgeschlossen, weil die DIN 4109 (1962) bei Wohnungstrennwänden keine Schallschutzmaße enthält.[7]

▷ Die allgemein anerkannten Regeln der Technik am Beispiel des Schallschutzes; zur **Auslegung** von DIN-Normen.[8]

▷ Ist im **Bauvertrag** vereinbart, dass die Anforderungen der DIN 4109 unterschritten werden sollen, ist eine Berufung hierauf nicht möglich, wenn der Vertragspartner dies mit unzutreffenden Argumenten begründet hat.[9]

▷ Ist der Lärmpegel in einer 1-Zimmer-Wohnung wegen eines Baumangels **doppelt so hoch** wie zulässig, so steht dem Bauherrn gegen den Bauunternehmer für die Dauer der Beeinträchtigung eine angemessene **Nutzungswertentschädigung** zu.[10]

---

1 Vgl. *Hankammer*, Abnahme von Bauleistungen, S. 285 ff.
2 OLG Hamm, NJW-RR 1994, 282.
3 OLG Düsseldorf, NJW-RR 1994, 88.
4 OLG Hamm, BauR 1988, 340.
5 OLG Nürnberg, BauR 1989, 740.
6 OLG München, BauR 1999, 399.
7 BGH, NJW-RR 1995, 472.
8 *Dresenkamp*, SchlHA 1994, 165.
9 OLG München, BauR 1999, 399.
10 OLG Stuttgart, NJW-RR 2000, 1617.

▷ Der Auftragnehmer schuldet auch die Einhaltung der DIN 4109, wenn die Parteien eine **Ausführungsart vereinbart** haben, mit der die Anforderungen der DIN 4109 nicht erfüllt werden können. Mit **Vereinbarung der VOB Teil B** haben die Parteien nicht nur die Einhaltung der allgemein anerkannten Regeln der Technik, sondern auch der geltenden DIN-Normen vereinbart (vgl. §§ 1 Nr. 1 Satz 2, 13 Nr. 1 und Nr. 7 Abs. 2 VOB/B). Die Auslegung eines VOB-Vertrags dahin gehend, dass die anerkannten Regeln der Technik nicht einzuhalten sind, ist nur unter ganz bestimmten Voraussetzungen möglich. Die Vereinbarung einer von diesen Regeln abweichenden Ausführungsart reicht dafür nicht aus.[1]

▷ Schallschutzanforderungen an **Wohnungseingangstüren** in Mehrfamilienhäusern – DIN 4109 Pos. 16 und 17 – sind am Zweck der Normen orientiert auszulegen. Öffnen sich Flure ohne Zwischentür in Aufenthaltsräume, sind die erhöhten Schallschutzanforderungen der Pos. 17 einzuhalten.[2]

n) Verkehrswegebauarbeiten (DIN 18315 bis 18318)

▷ Verlauf von **Wasserleitungen**; erhöhte Anforderungen an Überprüfung durch Tiefbauunternehmer (hier erfüllt).[3] 131

o) Wärmeschutz (DIN 4108)

▷ Unzureichender Wärmeschutz: Ansätze für eine Minderwertberechnung;[4] 132

▷ Planungsfehler des Architekten beim Wärmeschutz von Außenwandecken eines Wohngebäudes.[5]

p) Wohnfläche (DIN 276, II. BV)

▷ Sieht der Bauträgervertrag vor, dass eine **Abweichung** von der vereinbarten Wohnfläche um **bis zu 3 %** keinen Einfluss auf den vereinbarten Preis haben soll und ist wegen einer dies übersteigenden Flächendifferenz Minderung geboten, so errechnet sich der Minderungsbetrag aus dem Verhältnis der tatsächlichen zu der vereinbarten Wohnfläche, ohne dass von dieser 3 % in Abzug gebracht werden.[6] 133

▷ Der Begriff „Wohnfläche" ist **auslegungsbedürftig**. Ist die Wohnfläche einer Dachgeschosswohnung **mehr als 10 %** kleiner als nach dem Werkvertrag geschuldet, so liegt hier ein Fehler vor, der von dem Erwerber zur Minderung der Vergütung berechtigt, auch wenn die Größe nicht zugesichert war.[7]

▷ Der Begriff der „Wohnfläche" ist auslegungsbedürftig. Dabei entspricht es der **Verkehrsauffassung**, dass die Wohnungsgröße in Anlehnung an die DIN 283

---
1 BGH, BauR 1999, 37, 39.
2 Vgl. OLG Frankfurt, BauR 2002, 324 f.
3 OLG Brandenburg, BauR 1999, 1041 ff.
4 *Mantscheff*, BauR 1982, 435.
5 Vgl. auch *Kamphausen*, BauR 1983, 173; 1985, 397.
6 OLG Koblenz, NZBau 2000, 562.
7 BGH, NJW 1997, 2874.

und die II. Berechnungsverordnung (BV) ermittelt und dementsprechend verstanden wird.[1]

IV. Mängelansprüche des Auftraggebers beim BGB-Bauvertrag

134 Die Ansprüche des Auftraggebers beim Vorliegen von Mängeln sind unterschiedlichster Natur, je nachdem, ob es sich um einen BGB- oder VOB-Bauvertrag handelt oder ob die Mängel bereits vor oder erst nach Abnahme auftreten. **Gleichen Grundsätzen** folgt allerdings die **Beweislast** für das Vorhandensein von Mängeln, so dass diese vorab erörtert wird.

1. Beweislast allgemein

135 Den Schnittpunkt für die Beurteilung der Beweislast bildet sowohl beim BGB- als auch beim VOB-Bauvertrag die **Abnahme**. Bis zur Abnahme hat der Unternehmer zu beweisen, dass er sein Werk mangelfrei errichtet hat. Vom Zeitpunkt der Abnahme an ist der Auftraggeber beweispflichtig für das Vorliegen von Mängeln, es sei denn, er hat sich bereits bei der Abnahme erkennbare Mängel vorbehalten; dann bleibt es insoweit bei der Beweislast des Unternehmers, was die Mangelfreiheit seines Werks anbelangt. Daher sollte der Bauherr schon vor der Abnahme darauf hinwirken, dass der Unternehmer das geschuldete Werk mangelfrei erstellt, insbesondere wenn er bereits während der Bauausführung erkennt, dass Mängel „produziert" werden. Er riskiert den Verlust seiner Rechte, wenn er sich erkennbare Mängel bei der Abnahme nicht vorbehält (§ 640 Abs. 2 BGB, vgl. auch § 12 Nr. 4 Abs. 1 Satz 4, Nr. 5 Abs. 3 VOB/B.

Hinweis:

Trägt der Unternehmer substantiiert vor, dass er eine bestimmte Leistung mangelfrei ausgeführt, der Auftraggeber diese jedoch nach Abnahme verändert habe, trägt der Auftraggeber die Darlegungs- und Beweislast dafür, dass der Vortrag des Auftragnehmers nicht zutrifft.[2]

2. Ansprüche des Auftraggebers vor Abnahme

136 Obwohl die §§ 631 ff. BGB keine dem § 4 Nr. 7 VOB/B entsprechende Regelung enthalten, sind die Ansprüche des Bestellers beim Vorliegen von Mängeln auch dahin gehend unterschiedlich zu beurteilen, ob Mängel bereits vor oder erst nach der Abnahme auftreten. Bis zur Abnahme sind die Ansprüche – unabhängig von der günstigeren Beweislast – umfassender, da sich erst mit Abnahme das geschuldete Werk derart konkretisiert, dass der Besteller nur noch die Beseitigung ganz bestimmter Mängel verlangen kann. Man spricht von einem so genannten **modifizierten Erfüllungsanspruch**.[3] Erst, wenn der Besteller diesen – durch Ausspruch einer Ablehnungsandrohung gemäß § 634 Abs. 1 Satz 1 BGB a. F. oder Verweigerung der Mängelbeseitigung – verloren hat, kommen die eigentlichen Gewährleistungsansprüche aus den §§ 634, 635 BGB a. F. zum Tragen. Bis zur Abnahme hingegen steht ihm aufgrund der Erfolgsbezogenheit des Werkvertragsrechts der

---
1 OLG Celle, NJW-RR 1999, 816.
2 Vgl. BGH, BauR 2002, 85 f.
3 Vgl. BGH, BauR 1998, 332, 334.

originäre Erfüllungsanspruch gemäß § 631 Abs. 1 i. V. m. § 633 Abs. 2 Satz 1 BGB a. F. zu, der i. d. R. auf Neuherstellung geht.[1]

137 Direkt sind Mängelbeseitigungsansprüche des Bestellers eines BGB-Bauvertrags vor Abnahme in den §§ 631 ff. BGB nicht geregelt. Lediglich § 634 Abs. 1 Satz 2 BGB a. F. spricht davon, dass „der Besteller die Frist sofort bestimmen kann, wenn sich ein Mangel schon vor der Ablieferung des Werks zeigt". Gemeint ist die Frist des § 634 Abs. 1 Satz 1 BGB a. F., die der Besteller dem Unternehmer zur Beseitigung eines Mangels im Sinne des § 633 Abs. 1 BGB a. F. setzen kann, verbunden mit der Erklärung, dass er die Beseitigung des Mangels nach Fristablauf ablehne. Aus dieser Bezugnahme wird abgeleitet, dass der Besteller den Mangelbeseitigungsanspruch aus § 633 Abs. 2 Satz 3 BGB a. F. auch schon vor Abnahme geltend machen kann.[2]

138 Generell wird der Besteller allerdings vor Abnahme seinen aus § 631 Abs. 1 BGB folgenden **Erfüllungsanspruch** geltend machen, wenn er schon zu diesem Zeitpunkt erkennt, dass das Werk mangelhaft ist. Dieser Erfüllungsanspruch kann gegebenenfalls auf das Verlangen einer **vollständigen Neuherstellung** des Werks gerichtet werden, wenn der Besteller grundsätzlich die gesamte Leistung als mangelhaft und somit nicht abnahmefähig ablehnt. Dies folgt im Unterschied zu dem vom Zeitpunkt der Abnahme an aus § 633 Abs. 1, 2 BGB a. F. resultierenden Nachbesserungsanspruch daraus, dass sich die geschuldete Leistung vor Abnahme noch nicht auf einen bestimmten Leistungsgegenstand konkretisiert hat. Nach Abnahme hingegen sind die Ansprüche des Bestellers auf das konkret abgenommene Werk beschränkt, so dass er nur noch im Ausnahmefall dessen Neuherstellung verlangen kann.

a) Erfüllungsanspruch gemäß § 631 Abs. 1 BGB

139 Gemäß § 631 Abs. 1 i. V. m. § 633 Abs. 1 BGB a. F. ist der Unternehmer verpflichtet, das **versprochene Werk** herzustellen, und zwar so, dass es den vertraglichen Vereinbarungen entspricht und nicht mit wert- oder tauglichkeitsmindernden Fehlern behaftet ist. Der Unternehmer ist dabei verpflichtet, den so geschuldeten Erfolg ohne Rücksicht auf ein etwaiges Verschulden herbeizuführen (so genannte Erfolgsbezogenheit des Werkvertragsrechts[3]). Erst mit der Abnahme erklärt der Besteller, dass er die geschuldete Leistung des Unternehmers „als im Wesentlichen vertragsgerecht" akzeptiere (vgl. § 640 Abs. 1 BGB). **Bis zu** einer solchen **Abnahme** steht dem Besteller der **vollständige Erfüllungsanspruch** gemäß § 631 Abs. 1 BGB zu, der gerichtet ist auf die Herstellung des versprochenen, sprich mangelfreien Werks.[4]

140 Dabei trifft den Unternehmer bis zur Abnahme die **Beweislast** dafür, dass er das von ihm geschuldete Werk **frei von Mängeln** hergestellt hat.[5] Diese kehrt sich mit

---

1 Vgl. BGH, NJW 1976, 143; 1999, 1105; Werner/Pastor, Der Bauprozess, 10. Aufl., Rz. 1545, 1553 f. a. A. Dähne, BauR 1972, 136, 138.
2 Palandt-Sprau, 61. Aufl., § 633 BGB, Rz. 5.
3 BGH, BauR 1984, 510, 512 ff.; BauR 1985, 567 f. (Blasbachtalbrücke); BauR 1989, 462, 464; BauR 1999, 37 ff.; BauR 2000, 411 ff.
4 BGH, NJW 1999, 2046.
5 BGH, NJW-RR 1999, 347.

Abnahme zulasten des Bestellers um, der von diesem Zeitpunkt an für das Vorhandensein von Mängeln beweispflichtig ist. Etwas anderes gilt nur, wenn es sich um solche (erkennbaren, vgl. § 640 Abs. 2 BGB) Mängel handelt, die er sich bei der Abnahme vorbehalten[1] oder die der Unternehmer anerkannt hat.[2]

141 Rügt der Besteller zu Recht bereits vor der Abnahme Mängel des Werks, ist der Unternehmer verpflichtet, diese so zu beseitigen, dass er das geschuldete Werk einwandfrei und ohne einen verbleibenden Minderwert abliefern kann. Da sich vor Abnahme die geschuldete Leistung noch nicht auf einen bestimmten Leistungsgegenstand konkretisiert hat, kann der Besteller grundsätzlich eine mit **wesentlichen** (vgl. § 640 Abs. 1 Satz 2 BGB) **Mängeln** behaftete Leistung insgesamt ablehnen und **Neuherstellung** verlangen. Dieser Anspruch erfährt in Ausnahmefällen eine Beschränkung auf die Rechte aus den §§ 634, 635 BGB a. F., falls sich der Unternehmer in entsprechender Anwendung des § 633 Abs. 2 Satz 3 BGB a. F. zu Recht auf die Unzumutbarkeit einer Neuherstellung berufen kann.[3]

142 Ob dem Besteller dabei auch nach Ausspruch einer **Frist** zur Mängelbeseitigung verbunden **mit einer Ablehnungsandrohung** im Sinne des § 634 Abs. 1 Satz 1, 2 BGB a. F. der Anspruch auf Neuherstellung noch zusteht, ist streitig, erscheint aber höchst zweifelhaft.[4] Auch hier spricht – genauso wie nach der Abnahme – die Regelung des letzten Halbsatzes des Satzes 3 des § 634 Abs. 1 BGB a. F. dafür, dass jedenfalls nach Ablauf der gesetzten Frist der Anspruch auf Beseitigung des Mangels und damit der Anspruch auf Erfüllung – gegebenenfalls durch Neuherstellung – ausgeschlossen ist. Der Besteller ist hier auch vor Abnahme auf die Rechte aus den §§ 634 Abs. 1 Satz 3, 635 BGB a. F. zu verweisen.

143 Gemäß § 633 Abs. 2 Satz 3 BGB a. F. ist der Unternehmer jedenfalls nach Abnahme berechtigt, eine Mängelbeseitigung zu verweigern, wenn sie einen **unverhältnismäßigen Aufwand** erfordert. Diese Vorschrift wird auf den Neuherstellungsanspruch des Bestellers **vor Abnahme analog** angewendet, so dass der Unternehmer auch diese verweigern kann, wenn der mit ihr erzielte Erfolg gegenüber dem dafür erforderlichen Aufwand in keinem vernünftigem Verhältnis steht.[5] Der Unternehmer kann sich aber nur auf diese Ausnahmevorschrift berufen, wenn er dies ausdrücklich geltend macht und sich selbst – mit Ausnahme des produzierten Mangels – ansonsten vertragsgerecht verhalten, sprich den Mangel nicht vorsätzlich oder grob fahrlässig verursacht hat.[6] Im Hinblick auf **zugesicherte Eigenschaften** steht ihm der Einwand der Unverhältnismäßigkeit jedoch nicht zu.[7]

144 Da der Unternehmer grundsätzlich das Risiko für die Herbeiführung des werkvertraglich geschuldeten Erfolgs trägt, und zwar unabhängig von dem dafür erforderlichen Aufwand, ist der **Einwand der Unverhältnismäßigkeit** (sowohl vor als

---

1 BGH, NJW-RR 1997, 339.
2 BGH, NJW-RR 1998, 1268.
3 Vgl. Palandt-*Sprau*, 61. Aufl., Vorbem. vor § 633 BGB, Rz. 3.
4 Vgl. MünchKomm-*Soergel*, § 633 BGB, Rz. 107.
5 Vgl. RGRK, § 633 BGB, Rz. 36; OLG Düsseldorf, BauR 1977, 418 f.; BGH, *Schäfer/Finnen/Hochstein*, Nr. 70 zu § 633 BGB.
6 OLG Düsseldorf, BauR 1987, 572 f.
7 Vgl. BGH, BauR 1997, 1032, 1036.

auch nach Abnahme) nur in Ausnahmefällen unter Berücksichtigung der vom Bundesgerichtshof dazu aufgestellten Grundsätze zulässig:[1]

▷ Unverhältnismäßigkeit der Mängelbeseitigung liegt vor, wenn Besteller unter Abwägung aller Umstände objektiv nur ein geringes Interesse an der Mängelbeseitigung hat, eine solche allerdings mit einem vergleichsweise unangemessenen Aufwand verbunden ist, so dass sich das Nachbesserungs- (oder Neuherstellungs-)verlangen als treuwidrig darstellt.

▷ Maßstab für diese Bewertung ist der vereinbarte oder nach dem Vertrag vorausgesetzte Gebrauch des Werks.

Befindet sich der Unternehmer mit der Mangelbeseitigung **im Verzug**, kann der Besteller auch vor Abnahme zur **Ersatzvornahme** gemäß § 633 Abs. 3 BGB a. F. schreiten und entsprechend Kostenerstattung verlangen.[2] Dies freilich nur, wenn er keine Ablehnungsandrohung ausgesprochen hat.

145

Hat er gleichzeitig mit der Aufforderung, das Werk vertragsgemäß, sprich mangelfrei, herzustellen, die **Ablehnung der Erfüllung** durch den Unternehmer nach Fristablauf angedroht, entfällt der Anspruch aus § 633 Abs. 3 BGB a. F. Mit Ablauf der mit der Ablehnungsandrohung verbundenen Frist gilt das Erfüllungsverhältnis als beendet.

Hinweis:
Hinsichtlich der Fristsetzung ist aber **zwingend** die Vorschrift des § 634 Abs. 1 Satz 2 BGB a. F. zu beachten: Beim Auftreten von Mängeln vor Abnahme ist die Frist so zu bemessen, dass sie **nicht vor der vereinbarten Fertigstellungsfrist** abläuft. Andernfalls geht sie mit der Folge ins Leere, dass die Anspruchsvoraussetzungen des § 635 BGB a. F. nicht vorliegen. Das gleiche gilt, wenn der Bauherr dem Unternehmer nicht gleichzeitig mit der Fristsetzung unmissverständlich mitteilt, dass er nach Fristablauf eine Nachbesserung ablehnt. Eine solche Fristsetzung ist nur ausnahmsweise entbehrlich, nämlich wenn der Unternehmer eine Mängelbeseitigung nachhaltig und endgültig verweigert, wofür das bloße Bestreiten der Verantwortlichkeit für einen Mangel allein nicht ausreicht.[3]

146

Der Besteller kann aber gleichermaßen unter den Voraussetzungen des § 635 BGB a. F. zur Ersatzvornahme schreiten und die dafür entstehenden Kosten als **Schadensersatz wegen Nichterfüllung** geltend machen. Hierin ist insbesondere – jedenfalls ohne Hinzutreten weiterer Umstände – **keine Abnahme** der Unternehmerleistungen zu sehen.[4]

147

b) Verhältnis zu den allgemeinen Vorschriften

Vor Abnahme können die allgemeinen Vorschriften der §§ 323 ff. BGB herangezogen werden, wenn sich eine Mängelbeseitigung, sei es nun durch Nachbesserung

148

---

1 Vgl. BGH, BauR 2002, 613, 616.
2 Vgl. BGH, BauR 1994, 242.
3 Vgl. OLG Düsseldorf, BauR 2002, 1564 ff.; rechtskräftig durch Nichtannahmebeschluss des Bundesgerichtshofes vom 6. 12. 2001 – VII ZR 27/01 –.
4 Vgl. BGH, BauR 1996, 386, 388 f.

oder durch Neuherstellung, als **objektiv unmöglich** erweist.¹ Das Gleiche gilt für die Geltendmachung von **Schadensersatzansprüchen** wegen Nichterfüllung gemäß § 326 Abs. 1 BGB a. F., und zwar selbst dann, wenn dem Besteller das Werk zur Verfügung gestellt worden ist, was sich aus der Vorschrift des § 636 Abs. 1 Satz 2 BGB a. F. ergibt, die im Falle der verspäteten Herstellung des Werks die allgemeinen Verzugsvorschriften unberührt lässt.²

149 Erst nachdem sich die Leistungsverpflichtung des Unternehmers **durch eine Abnahme** auf ein **konkret hergestelltes Werk** konzentriert hat, kann der Besteller **nicht mehr** auf die allgemeinen Vorschriften der §§ 323 ff. BGB zurückgreifen, sondern ist auf die Gewährleistungsansprüche nach den §§ 633 ff. BGB zu verweisen.³

150 Vor der Abnahme kann der Besteller bei Vorliegen der entsprechenden Voraussetzungen sowohl die Rechte aus den **§§ 323 ff. BGB als auch** die **werkvertraglichen Gewährleistungsansprüche** geltend machen. Er kann dabei dem Unternehmer, der sich, bedingt durch die Mangelhaftigkeit des Werks, mit dessen Ablieferung in Verzug befindet, eine Frist zur vertragsgerechten Erbringung seiner Leistung verbunden mit einer Ablehnungsandrohung setzen, ohne sich dabei konkret entscheiden zu müssen, ob dies nun auf der Rechtsgrundlage des § 326 Abs. 1 Satz 1 BGB oder des § 634 Abs. 1 Satz 2 i. V. m. Satz 1 BGB erfolgt.⁴ In gleicher Weise bleiben dem Besteller die Ansprüche nach den Vorschriften des allgemeinen Schuldrechts erhalten, wenn sich aus seinem Verhalten ergibt, dass er die Abnahme der Werkleistung endgültig verweigert.⁵ Erst mit Vollziehung eines etwaigen Rücktritts gemäß § 326 Abs. 1 Satz 2 2. Alternative BGB a. F. oder einer Wandelung bzw. Minderung gemäß § 634 BGB a. F. (durch entsprechende Einverständniserklärung des Unternehmers oder eine diese ersetzende rechtskräftige Gerichtsentscheidung) verliert der Besteller seinen Schadensersatzanspruch wegen Nichterfüllung.⁶

151 Der Besteller kann ausdrücklich oder durch konkludentes Verhalten auf die Rechte aus den §§ 320 ff. BGB, insbesondere auf seinen Schadensersatzanspruch wegen Nichterfüllung gemäß § 326 BGB **verzichten**. Dabei sind insbesondere an einen Verzicht durch schlüssiges Verhalten erhöhte Anforderungen zu stellen, da nicht angenommen werden kann, dass der Besteller freiwillig auf ihm zustehende Rechte verzichtet.⁷ Bedeutsam wird so ein Verzicht im Hinblick auf **verjährungsrechtliche Probleme**, da die Rechte aus den §§ 633 ff. BGB in der kurzen Frist des § 638 Abs. 1 Satz 1 BGB a. F., der Anspruch auf Schadensersatz wegen Nichterfüllung aus § 326 Abs. 1 BGB a. F. jedoch in der 30-jährigen Frist des § 195 BGB a. F. verjähren.⁸ Allein die Erklärung des Bestellers, werkvertragliche Gewährleistungsrechte geltend zu machen, rechtfertigt dabei aber noch nicht die Annahme, dass er dadurch – konkludent – auf seine Rechte aus den §§ 320 ff. BGB verzichten

---

1 Vgl. MünchKomm-*Soergel*, § 633 BGB, Rz. 122; BGH, NJW 1974, 551.
2 BGH, NJW 1999, 2046, 2047.
3 BGHZ 62, 83, 86 f; BGH, NJW 1999, 2046 f.
4 BGH, NJW 1999, 2046, 2048.
5 BGH, NJW 1999, 2046, 2048; NJW 1997, 50.
6 BGH, NJW 1999, 2046, 2048; NJW 1990, 2680, 2681.
7 BGH, NJW 1999, 2046, 2048.
8 Beachte aber Art. 229 § 6 EGBGB.

wolle[1] (vgl. § 636 Abs. 1 Satz 2 BGB a. F., wonach die dem Besteller im Falle des Verzuges des Unternehmers zustehenden Rechte unberührt bleiben).

Bis zur Abnahme folgt das für den Zeitraum nach Abnahme nunmehr in § 641 Abs. 3 BGB gesetzlich verankerte **Zurückbehaltungsrecht** nach wie vor aus § 320 BGB. Dessen **Höhe** ist bereits vor Einführung des § 641 Abs. 3 BGB durch das Gesetz zur Beschleunigung fälliger Zahlungen (ZGB) mindestens mit dem 3-fachen der Mängelbeseitigungskosten bemessen worden. Solange der Unternehmer allerdings nicht detailliert darlegt, dass ein Einbehalt des Bestellers unverhältnismäßig hoch ist, sprich das 3-fache der voraussichtlichen Mängelbeseitigungskosten übersteigt, ist der Besteller zunächst einmal befugt, die gesamte Vergütung zurückzubehalten, soweit diese unter Berücksichtigung etwaiger vertraglicher Vereinbarungen oder auf der Grundlage des § 632a BGB vor Abnahme überhaupt als fällig anzusehen ist.[2] 152

Prozessual führt die berechtigte Einrede des Bestellers nach § 320 BGB zur Klagabweisung (als „derzeit unbegründet"),[3] bei Vorliegen der Voraussetzungen für das Verlangen von Abschlagszahlungen durch den Unternehmer zur Verurteilung „Zug-um-Zug".[4] 153

Hinweis:
Eine Zug-um-Zug-Verurteilung kann auch hinsichtlich der **vollen Vergütung** vor Abnahme gerechtfertigt sein, wenn die Fertigstellung des Werks allein daran scheitert, dass der Auftraggeber ein den Anforderungen des § 294 BGB genügendes Angebot zur Mängelbeseitigung nicht annimmt. Neben so einem bedingten Zahlungsantrag ist auch ein Feststellungsantrag dahin gehend gerechtfertigt, dass sich der Auftraggeber mit der Annahme der Mängelbeseitigung im Verzug befindet. Dies ergebe sich aus der Vorschrift des § 322 Abs. 2 BGB, gemäß der Zahlung nach Erbringung der Gegenleistung gefordert werden könne, i. d. R. mit dem Ziel, nach Feststellung des Annahmeverzugs wegen des Werklohns vollstrecken zu können (§§ 322 Abs. 3, 274 Abs. 2 BGB). Der Auftragnehmer kann in solchen Fällen nicht gezwungen werden, stattdessen den Bauvertrag zu kündigen, da sowohl § 9 Nr. 1 Buchst. a VOB/B als auch § 643 BGB zwar ein Kündigungsrecht, aber keine Pflicht dazu begründen.[5]

Hingegen wird die Anwendung des **§ 306 BGB** im Werkvertragsrecht auch schon vor der Abnahme **ausgeschlossen**.[6] 154

Auch Ansprüche aus **positiver Vertragsverletzung** können schon vor Abnahme geltend gemacht werden, wenn der Unternehmer **vertragliche Nebenpflichten** verletzt und dem Besteller dadurch schuldhaft einen Schaden zufügt, ohne dass dies zu einem Mangel der Werkleistung selbst führt.[7] Ein derartiger Anspruch besteht unabhängig davon, ob der Besteller dem Unternehmer eine Frist zur Män- 155

---
1 BGH, NJW 1999, 2046, 2048.
2 Vgl. BGH, BauR 1997, 133.
3 Vgl. *Siegburg*, Gewährleistung beim Bauvertrag, Rz. 465.
4 BGH, NJW 1979, 650.
5 Vgl. BGH, BauR 2002, 794, 795 f.
6 BGHZ 54, 238.
7 Palandt-*Sprau*, 61. Aufl., Vorbem. v. § 633 BGB, Rz. 22; BGH, NJW 1989, 1922.

gelbeseitigung gesetzt hat oder nicht, da eine solche nicht erforderlich ist, wenn der Besteller Ersatzansprüche aus positiver Vertragsverletzung geltend macht.[1]

156 Hat der Besteller den Werklohn noch nicht entrichtet, wandelt sich das Vertragsverhältnis der Parteien in ein der **Differenztheorie** unterliegendes Schadensersatzverhältnis um, mit der Folge, dass der Besteller den Werklohn nicht zahlen muss; der Unternehmer darf die mangelfreie Fertigstellung des Werks nicht von der Zahlung einer Vergütung abhängig machen; tut er dies doch, begeht er eine positive Vertragsverletzung.[2] Ist die Vergütung noch nicht (vollständig) entrichtet und verletzt der Unternehmer schuldhaft seine Nachbesserungspflicht, steht dem Besteller ein **Verrechnungsanspruch** zu. Dem stehen weder der Ausschluss der weiteren Gewährleistungsansprüche in AGB des Unternehmers noch derjenige der Aufrechnung entgegen. Der Schadensersatzanspruch des Bestellers ist hier vielmehr darauf gerichtet, von der noch **geschuldeten Vergütung befreit** zu werden. Auch eine aus Gründen der Schadensminderungspflicht erfolgte Nutzung des mangelhaften Werks hindert nicht, führt aber zu einer entsprechenden Anrechnung der gezogenen Vorteile.[3]

157 Ein Schadensersatzanspruch aus Verschulden bei Vertragsschluss (**culpa in contrahendo**, c.i.c.) kommt neben den vorstehend aufgeführten Ansprüchen wegen Mängeln des Werks **nicht** in Betracht. Hat der Unternehmer beispielsweise im Zuge der Vertragsverhandlungen Aufklärungspflichten verletzt und führen diese zu einer Mangelhaftigkeit des Werks, stehen dem Besteller nur die vorstehend aufgeführten Ansprüche zu.[4]

158 Ansprüche aus **unerlaubter Handlung** (§§ 823 ff. BGB) können hingegen gegeben sein, wenn die Herbeiführung eines Mangels gleichzeitig den Tatbestand einer unerlaubten Handlung erfüllt, beispielsweise dadurch, dass durch eine mangelhafte Leistung schuldhaft und rechtswidrig das Eigentum des Bestellers oder eines Dritten verletzt wird.[5]

3. Ansprüche des Auftraggebers nach Abnahme

159 Hat der Besteller das Werk abgenommen oder gilt die Abnahme gemäß § 640 Abs. 1 Satz 3 BGB als erfolgt, richten sich seine Ansprüche beim Auftreten von Mängeln, wenn nicht darüber hinausgehende besondere vertragliche Vereinbarungen (z. B. Garantie) vorliegen, nach den §§ 633 ff. BGB. Denkbar sind darüber hinaus in gewissem Umfang auch Ansprüche aus positiver Vertragsverletzung.

160 Mit der Abnahme kehrt sich nicht nur die **Beweislast** für das Vorhandensein von Mängeln zulasten des Bestellers um. Auch sein **Nachbesserungsanspruch** besteht nicht mehr so umfassend wie vor Abnahme (als direkter Erfüllungsanspruch ge-

---

1 BGH, NJW 1989, 1922; NJW 1986, 922.
2 OLG Düsseldorf, BauR 1977, 418 f.
3 BGH, BauR 1978, 224, 226 f.
4 BGH, NJW 1986, 1927.
5 BGHZ 61, 203; 96, 221 ff.; BGH, BauR 2002, 1412 ff.

mäß § 631 Abs. 1 BGB), sondern beschränkt sich auf **konkrete Mängel** an dem abgenommenen Werk.[1]

Soweit bereits Mängel **bei Abnahme** erkennbar waren und sich der Bauherr insoweit seine **Rechte vorbehalten** hat, trägt der Unternehmer die Beweislast dafür, dass die Mängel fachgerecht beseitigt sind. Hat sich der Bauherr seine Rechte wegen bei der Abnahme erkennbarer Mängel **nicht vorbehalten**, so verliert er seine in den §§ 633, 634 BGB a. F. (Nachbesserung, Minderung, Wandelung) geregelten Ansprüche, nicht aber einen etwaigen **Schadensersatzanspruch** nach § 635 BGB a. F. bzw. einen solchen aus positiver Vertragsverletzung.[2] Bedingt durch den Verlust des Mängelbeseitigungsanspruchs verliert der Besteller auch sein **Zurückbehaltungsrecht** gegenüber einer fälligen Werklohnforderung des Unternehmers aus § 641 Abs. 3 BGB, da der Unternehmer ja keine Mängel mehr beseitigen muss. Insoweit ist allerdings positive Kenntnis des Bestellers vom konkreten Mangel und der dadurch bedingten Wert- bzw. Tauglichkeitsminderung des Werks erforderlich.[3] Bloßes Kennenmüssen reicht nicht aus.[4] Die Beweislast für diese Kenntnis trägt der Unternehmer ebenso wie für die erfolgte Abnahme, den Vorbehalt hat der Besteller zu beweisen.[5]

161

Soweit Ansprüche des Bestellers wegen **Mängeln** des Werks bestehen, sind diese vorrangig auf deren **Beseitigung** gerichtet, womit das **Nachbesserungsrecht** des Unternehmers korrespondiert. Dieses **Nachbesserungsrecht** sollte dem Unternehmer nur im Ausnahmefall genommen werden, um keine Ansprüche des Bestellers zu gefährden. Im Einzelnen:

162

a) Mangelbeseitigung/modifizierter Erfüllungsanspruch

Der Anspruch auf Mangelbeseitigung/Nachbesserung ergibt sich aus § 633 Abs. 2 Satz 1 BGB a. F. Es handelt sich im Prinzip um den gleichen Anspruch, wie er vor Abnahme als Teil des allgemeinen Erfüllungsanspruchs gegeben ist. Wie bereits eingangs ausgeführt, beschränkt sich dieser jedoch mit Abnahme auf konkrete Mängel des hergestellten Werks. Vielfach wird unter Bezugnahme auf § 634 Abs. 1 Satz 2 BGB a. F. davon gesprochen, dass es sich bei dem Nachbesserungsanspruch nicht um einen Gewährleistungsanspruch im eigentlichen Sinne, sondern noch um einen (**modifizierten**) Erfüllungsanspruch handelt.[6]

163

Zeigen sich nach Abnahme Mängel des Werks, hat der Besteller dem Unternehmer zunächst Gelegenheit zu geben, diese Mängel zu beseitigen.[7] Das Vorhandensein von Mängeln kann der Besteller einem fälligen Werklohnanspruch des Unternehmers gegenüber einwenden mit der Folge, dass ihm gemäß § 641 Abs. 3 BGB ein **Zurückbehaltungsrecht** in Höhe des dreifachen der voraussichtlichen Mängelbeseitigungskosten zusteht. Grundsätzlich kann er sogar zunächst den

164

---

1 BGH, BauR 1973, 313.
2 Palandt-*Sprau*, 61. Aufl., § 640 BGB Rz. 11.
3 OLG Düsseldorf, NJW-RR 1996, 532.
4 BGH, NJW 1970, 383.
5 *Werner/Pastor*, Der Bauprozess, 10. Aufl., Rz. 2277.
6 BGH, NJW 1976, 143 und 1999, 1105; MünchKomm-*Soergel*, § 633 Rz. 2, 8; Erman-*Seiler*, § 634 Rz. 2.
7 BGHZ 26, 337

vollen Werklohn einbehalten, verbunden mit der Behauptung, das **3-fache der Beseitigungskosten** der gerügten Mängel erreiche diesen. Nach der Rechtsprechung des Bundesgerichtshofes[1] ist es nämlich Sache des Unternehmers darzulegen, dass der Einbehalt eines Bauherrn – das Vorhandensein gerügter Mängel unterstellt – das dreifache der Mängelbeseitigungskosten übersteigt. Dies bedeutet, dass der **Unternehmer** in solchen Fällen **substantiiert** zu den (niedrigeren) Mängelbeseitigungskosten vortragen muss. Kann ein Bauherr solch substantiiertem Vortrag nicht entgegentreten, wird sein Zurückbehaltungsrecht entsprechend den Ausführungen des Unternehmers zu beschränken sein.

aa) Beseitigungsverlangen

165 Da der **Bauherr** das Vorliegen von nach Abnahme aufgetretenen Mängeln zu beweisen hat und er dem Unternehmer Gelegenheit zur Mängelbeseitigung geben muss, ist es zunächst seine Aufgabe, dem Unternehmer gegenüber aufgetretene Mängel **substantiiert zu rügen**. Nach der Rechtsprechung des Bundesgerichtshofes[2] reicht es zwar aus, wenn der bautechnische Laie dem Unternehmer Mangelerscheinungen so mitteilt, dass dieser in die Lage versetzt wird, den gerügten Mangel nachzuvollziehen (so genannte **Symptomtheorie**).

166 Dies birgt allerdings die Gefahr, dass grundlegende Mangelursachen (unentdeckt) bestehen bleiben, wenn der Unternehmer lediglich die bloßen, vom Bauherrn mitgeteilten, so genannten Mangelfolgeerscheinungen beseitigt. Die wenigsten Unternehmer werden von sich aus nach (kostenträchtigen) Mangelursachen forschen und so einen Mangel grundlegend beseitigen. Der Anspruch des Bauherrn ist durch die **Beseitigung der Mangelfolgeerscheinungen** lediglich **vordergründig** erfüllt.

167 So eine „Mangelbeseitigung" stellt dabei zwar auch ein Anerkenntnis in Bezug auf die wirklichen Mangelursachen i. S. d. verjährungsrechtlichen Vorschriften dar,[3] so dass die Gewährleistungsfrist neu zu laufen beginnt. Dennoch sollte jedenfalls im Hinblick auf bedeutende Bauabschnitte, die für den Bestand und die Nutzung eines Bauwerkes unabdingbar sind (z. B. Standsicherheit, Dach, Abdichtung des Außen- und Kellermauerwerks sowie der Sohle, Winddichtigkeit, Schallschutz), im Zweifelsfall beim Auftreten entsprechender Mangelfolgeerscheinungen (z. B. Feuchtigkeit im Inneren des Gebäudes) ein **Sonderfachmann** hinzugezogen werden, um den Problemen auf den Grund zu gehen. So wird der Bauherr in die Lage versetzt, die Mangelhaftigkeit derart substantiiert zu rügen, dass der Unternehmer gezwungen wird, den eigentlichen Mangel einschließlich seiner Ursachen grundlegend zu beseitigen.

168 **Hinweis:**
Insofern darf man sich beileibe auch nicht darauf verlassen, dass ein im Rahmen eines selbständigen Beweisverfahrens beauftragter Gerichtsgutachter trotz konkreter Fragestellung den Mangelursachen wirklich auf den Grund geht. Vielfach

---

1 BauR 1997, 133
2 Vgl. BGH, BauR 1992, 500; BauR 1997, 1029; BauR 1998, 632; BauR 1999, 631 f.; BauR 2000, 261 f.; BauR 2001, 1414 f.; BauR 2001, 630 f.; NJW-RR 2000, 309; NJW-RR 2001, 380.
3 Vgl. BGHZ 110, 99.

werden Parteien und (unerfahrene) Anwälte nämlich mit der „Drohung" ruhig gestellt, ob denn wirklich – mit allen damit verbundenen Kosten und Beeinträchtigungen – Bauwerksteile geöffnet werden sollen, um die tatsächliche **Mangelursache** zu ergründen. Es ist leider kein Einzelfall, dass solche Sachverständigenanfragen dahin gehend beantwortet werden, dass von einer zerstörenden Öffnung von Bauteilen Abstand genommen werden solle (wer will schon gern Schmutz und Dreck in seiner Wohnung haben und dafür auch noch höhere Sachverständigenvorschüsse zahlen?!); dies geschieht gerade auch dann, wenn eine Partei in einem Ortstermin (meist aus Kostengründen, s.u.) anwaltlich nicht vertreten ist. Als Ergebnis bekommt man dann später im Gerichtsgutachten zu lesen, dass das Vorliegen eines Mangels nicht bestätigt werden könne, da dieser mangels Öffnung des betreffenden Bauteils nicht habe nachvollzogen werden können. Damit ist natürlich niemandem geholfen, so dass an dieser Stelle nur empfohlen werden kann, jedenfalls bei bedeutsamen Mangelerscheinungen solche **Ortstermine** als Anwalt/Anwältin **persönlich** wahrzunehmen und im Zweifel auf einer **Öffnung von Bauteilen** zwecks genauer Ergründung eines Mangels zu bestehen. Ggf. sollte auch hier der Sonderfachmann hinzugezogen werden.

Dabei wird nicht verkannt, dass die Wahrnehmung solcher Ortstermine (zuweilen werden in einem Beweisverfahren mehrere erforderlich) aus Anwaltssicht kostendeckend nicht auf der Grundlage des § 28 BRAGO erfolgen kann. Hier sollte das Für und Wider der Wahrnehmung solcher Termine bei Auftragserteilung mit dem Mandanten unter Berücksichtigung der Gewichtigkeit der Mängel erörtert und eine entsprechende **Gebührenvereinbarung** getroffen werden, die eine angemessene Honorierung des nach § 28 BRAGO abzurechnenden Aufwands sicherstellt. Die wirtschaftlichen Verhältnisse des Mandanten mögen dabei die Höhe der zu vereinbarenden Stunden- und Kilometersätze beeinflussen. In jedem Falle ist der Mandant darüber aufzuklären, dass eine **Erstattung** solcher Kosten durch den Gegner selbst bei vollständigem Obsiegen **nicht in Betracht** kommt, soweit die Sätze der BRAGO überschritten werden.

169

bb) Vorschussanspruch

Beseitigt der Unternehmer den gerügten Mangel trotz Vorlage eines Privat- oder Gerichtsgutachtens nicht, stellt sich für den Bauherrn die Frage, ob und wie er die erforderliche **Mangelbeseitigung** selbst bzw. **durch Dritte** vornimmt. Der Beweis ist in dieser Phase mit der Einschränkung gesichert, dass das **Privatgutachten** gegenüber einem in einem Selbständigen Beweisverfahren eingeholten Gerichtsgutachten (vgl. § 493 Abs. 1 ZPO) das „schwächere" Beweismittel ist. Es dürfte gerichtlich als Beweismittel nur verwertbar sein durch zusätzliche Bezugnahme auf Einvernahme des Privatgutachters als Zeugen oder – als „Sachverständigengutachten" – mit Zustimmung beider Parteien.[1] Eine Verwertung im Wege des Urkundenbeweises erscheint zumindest zweifelhaft.[2] Zur Untermauerung eines substantiierten Mangelvortrags ist es allerdings allemal geeignet und vom Gericht auch entsprechend in diesem Sinne zu berücksichtigen.[3]

170

---

1 BGH, BauR 1994, 524 f.
2 Dafür: *Koeble/Kniffka*, Kompendium des Baurechts, 12. Teil, Rz. 32; *Werner/Pastor*, Der Bauprozess, 10. Aufl., Rz. 151.
3 BGH, NJW 1992, 1459.

171 Solange der Bauherr sein Nachbesserungsrecht noch nicht verloren hat, steht ihm ein von der Rechtsprechung als Ausfluss des Grundsatzes von Treu und Glauben (§ 242 BGB) entwickelter **Vorschussanspruch** in Höhe der voraussichtlichen Mängelbeseitigungskosten zu.[1] Dieser Kostenvorschussanspruch steht dem Bauherrn auch dann zu, wenn eine Mangelbeseitigung nur durch Neuherstellung in Betracht kommt.[2]

172 Der Kostenvorschussanspruch umfasst sämtliche voraussichtlich **erforderlichen Nachbesserungskosten**[3] und steht in gleichem Maße dem Hauptunternehmer gegenüber seinem Nachunternehmer zu.[4] Bei umfangreichen Mängelbeseitigungsarbeiten, deren Kosten zunächst auf der Basis eines zuvor eingeholten Gutachtens eingeklagt werden, kann sich ein **Fremdunternehmerzuschlag** rechtfertigen; das Gleiche gilt für etwaige **Regiekosten**, soweit diese als erforderlich anzusehen sind.[5] In diesen Fällen sollte der Gutachter in einem Selbständigen Beweisverfahren nach dem Anfall solcher Regiekosten stets gefragt werden, um insoweit spätere Darlegungsschwierigkeiten zu vermeiden.

173 Die tatsächlichen Mängelbeseitigungskosten übersteigen nicht selten solche, die ein Gerichtsgutachter in einem vorangegangenen Selbständigen Beweisverfahren ermittelt hat, da hier oft sehr knapp gerechnet wird. Es empfiehlt sich daher, eine Vorschussklage durch Einholung entsprechender **Angebote von Fachfirmen** vorzubereiten, denen das Gerichtsgutachten zuvor zur Verfügung gestellt wird. Die Klage kann dann in Höhe des mittleren Angebotspreises (beispielsweise von drei eingeholten Alternativangeboten) zzgl. etwa erforderlicher Regiekosten erhoben werden, wobei allerdings darauf zu achten ist, dass solche Angebote sich – für das Gericht auch erkennbar – wirklich nur mit den Mangelpositionen und nicht mit anderen Arbeiten beschäftigen. Die Vorlage eines Pauschalangebots zur „Mängelbeseitigung" ohne **detailliertes Leistungsverzeichnis** dürfte daher zur Begründung des Vorschussanspruchs der Höhe nach ungeeignet sein.

174 Ob man sich alternativ auf die Erhebung einer unbezifferten Leistungs- oder Feststellungsklage oder gar die Befähigung des Gerichts, eine **Schätzung** des Vorschussanspruchs nach § 287 ZPO vorzunehmen,[6] verlassen soll, erscheint indes höchst zweifelhaft.[7]

175 **Hinweis:**
Trotz der geringen Anforderungen, die der VII. Senat des Bundesgerichtshofes[8] an einen schlüssigen Vortrag zur Höhe des verlangten Vorschusses stellt (Schätzung reicht aus, Vorlage eines Privatgutachtens nicht erforderlich), sollte der Vorschussanspruch zumindest in der vorstehend erläuterten Form durch die **Vorlage nachvollziehbarer Angebote** beziffert werden. Ansonsten droht nämlich die Ge-

---

1 Vgl. BGH, BauR 1993, 96; BauR 1998, 620, 623; BauR 1989, 201 f.; BauR 1990, 358; OLG Hamm, NJW-RR 1996, 272; OLG Köln, BauR 2002, 826 f.
2 BGH, BauR 1993, 96.
3 BGH, BauR 1997, 129; BauR 1999, 631; OLG Hamm, BauR 1998, 1019 f.
4 BGHZ 110, 205.
5 OLG Schleswig, OLGR 1997, 254 f.; OLG Köln, ZfBR 2000, 105, 112.
6 Vgl. *Werner/Pastor*, Der Bauprozess, 10. Aufl., Rz. 1593.
7 So im Ergebnis wohl auch *Ingenstau/Korbion*, 14. Aufl., Teil B, § 13 Rz. 570.
8 BauR 1999, 631 f.

fahr, dass ein im Prozess eingeholtes Sachverständigengutachten zu dem Ergebnis kommt, dass der Vorschussanspruch nur in (möglicherweise deutlich) geringerem Umfang gerechtfertigt ist, als in der Klageschrift geschätzt. Die Folge liegt auf der Hand: Die Klage ist insoweit verbunden mit der **negativen Kostenfolge** für den Bauherrn abzuweisen. Die geringen Anforderungen, die der Bundesgerichtshof (wohl in Fortsetzung der so genannte Symptomtheorie) an einen schlüssigen Klagvortrag stellt, können sich danach auch hier schnell als Bumerang erweisen. An (seriösen) Angeboten von Fachfirmen zur Mängelbeseitigung dürfte ein Gerichtsgutachter indes so schnell nicht vorbeikommen, so dass bei dieser Vorgehensweise ein (teilweises) Unterliegen mit der Vorschussklage relativ unwahrscheinlich ist. Generell sollte der Anspruch lieber zu niedrig als zu hoch beziffert werden, da dem Bauherrn in jedem Falle ein **Nachforderungsanspruch** verbleibt, falls der ausgeurteilte Vorschuss nicht auskömmlich ist (dazu unten mehr).

Wie bereits eingangs ausgeführt, ist allerdings unabdingbare **Voraussetzung** für den Kostenvorschussanspruch, dass der Bauherr sein **Nachbesserungsrecht** noch **nicht verloren** hat. Bereits an anderer Stelle ist darauf hingewiesen worden, dass möglichst davon Abstand genommen werden sollte, die in § 634 Abs. 1 Satz 1 BGB a. F. vorgesehene Ablehnungsandrohung ohne Not auszusprechen. Diese hat nämlich zur Folge, dass nach fruchtlosem Ablauf der mit ihr gesetzten Frist der Unternehmer sein Nachbesserungsrecht ebenso verliert wie der Besteller seinen Nachbesserungsanspruch. Da der Vorschussanspruch Ausfluss des Nachbesserungsanspruchs des Bestellers ist, geht er selbstverständlich mit Letzterem gemeinsam unter. Eine **voreilig ausgesprochene Ablehnungsandrohung** beschneidet dem Bauherrn seine Rechte dahin gehend, dass er nach fruchtlosem Ablauf der mit ihr gesetzten Frist nur noch auf die tatsächlichen Gewährleistungsansprüche Minderung, Wandelung und Schadensersatz zurückgreifen kann. Ein Vorschussanspruch steht ihm dann ebenso wenig zu, wie ein etwaiges Zurückbehaltungsrecht wegen der Mängel im Werklohnprozess gegenüber dem Unternehmer.[1]

176

Hinweis:
Nicht selten kommt es vor, dass Mandanten schon vor Anwaltseinschaltung dem Unternehmer selbst eine Frist zu Mangelbeseitigung gesetzt und diese mit einer Ablehnungsandrohung verbunden haben (die allerdings deutlich und unmissverständlich, s.u., erfolgt sein muss). Auch kann es passieren, dass man ein Mandat in einem laufenden Verfahren übernimmt, in dem der Unternehmer seinen Werklohn einklagt und der Bauherr sich mit Mängeln verteidigt, verbunden mit einer (wirksamen) Ablehnung einer Mängelbeseitigung durch den Unternehmer. Um in so einem Fall im **Vergütungsprozess** nicht zu unterliegen, muss man sofort „in die **Offensive** gehen". Das heißt, die Mängelansprüche des Bauherrn können nicht mehr „passiv" im Wege des Zurückbehaltungsrechts, sondern nur noch „aktiv" geltend gemacht werden. Dies kann entweder durch Geltendmachung des Schadensersatzanspruchs aus § 635 BGB a. F. im Rahmen der Aufrechnung/Verrechnung[2] (ggf. Widerklage erheben, falls dieser den Werklohnanspruch über-

177

---
1 Vgl. BGH, BauR 1979, 420f.; BauR 1987, 209; OLG Düsseldorf, BauR 1995, 854; OLG Hamm, NJW-RR 1996, 72; OLG Köln, BauR 2002, 826f.
2 Vgl. BGH, BauR 1978, 224, 226f.

steigt, damit keine Verjährung droht!¹) oder Erhebung einer Widerklage auf Zustimmung zur Wandelung oder Minderung geschehen. Ggf. muss zwecks Bezifferung der Mängelbeseitigungskosten bzw. des Minderwerts kurzfristig ein Privatgutachter hinzugezogen werden. Die relativ großzügige Rechtsprechung des Bundesgerichtshofes zur Bezifferung eines Vorschussanspruchs auf die Mängelbeseitigungskosten² hilft hier nicht, da der Bauherr seinen Nachbesserungsanspruch ja aufgrund der abgelehnten Mängelbeseitigung und damit auch den Vorschussanspruch verloren hat. Wird der Vortrag nicht entsprechend umgestellt, ist der Werklohnklage – und zwar unbedingt – in der nachgewiesenen Höhe stattzugeben, obwohl das Werk mangelbehaftet ist!

178 Um den Nachbesserungs- und damit den Kostenvorschussanspruch nicht zu verlieren, darf der Unternehmer daher nur unter Setzung einer **Frist zur Mängelbeseitigung** aufgefordert werden. Vom Ausspruch der Ablehnungsandrohung ist Abstand zu nehmen.³ Die Frist zur Mängelbeseitigung selbst muss aber **wirksam gesetzt** sein: So reicht es nicht aus, vom Unternehmer eine Erklärung zu verlangen, mit der Nachbesserung zu einem bestimmten Termin zu beginnen, da dies dem Erfordernis einer klaren und unmissverständlichen Aufforderung zur Mängelbeseitigung innerhalb einer bestimmten Frist nicht genügt.⁴

179 Des Weiteren muss sich der Unternehmer mit der **Mängelbeseitigung im Verzug** befinden.⁵ Ob hierfür unter Berücksichtigung der Regelung des § 284 Abs. 1 BGB a. F. ausreichend ist, dass der Unternehmer eine ihm gesetzte (angemessene) Frist zur Nachbesserung hat fruchtlos verstreichen lassen, erscheint zweifelhaft.⁶ Eine „Zeit nach dem Kalender" i. S. v. § 284 Abs. 2 Satz 1 BGB a. F. kann jedenfalls nicht einseitig, sondern nur durch vertragliche Vereinbarung „bestimmt" werden.⁷ Ausreichend ist es jedoch, die Mahnung mit der Aufforderung zur Mängelbeseitigung zu verbinden.⁸ Weitere rechtliche Erklärungen – etwa, welche Ansprüche er denn genau geltend machen will – muss der Besteller in diesem Zusammenhang nicht abgeben: Befindet sich der Unternehmer mit der Mängelbeseitigung im Verzug, darf er zum Selbsthilferecht des § 633 Abs. 3 BGB a. F. zu greifen und darauf gestützt den Kostenvorschussanspruch geltend machen.⁹

180 **Hinweis:**
Soweit aufgrund der Art des Mangels dessen Beseitigung nicht unverzüglich geboten ist, sollte dem Unternehmer eines vor dem 1. 1. 2002 abgeschlossenen Bauvertrags nach Ablauf der zur Mangelbeseitigung gesetzten Frist noch eine **Mah-**

---

1 Vgl. BGH, BauR 1986, 576; 1989, 603, 605; OLG Düsseldorf, BauR 1985, 341 f.
2 BauR 1999, 631 f.
3 Für nach dem 31. 12. 2001 geschlossene Verträge entfällt diese Fehlerquelle, da die im Rahmen der Schuldrechtsmodernisierung ebenfalls geänderten werkvertraglichen Vorschriften eine Ablehnungsandrohung nicht mehr vorsehen.
4 Vgl. OLG Düsseldorf, BauR 2002, 963, 965 (zu § 13 Nr. 5 Abs. 2 VOB/B).
5 Vgl. Palandt-*Sprau*, 61. Aufl., § 633 BGB, Rz. 8.
6 So aber Werner/Pastor, Der Bauprozess, 10. Aufl., Rz. 1588.
7 Vgl. Palandt-*Heinrichs*, 61. Aufl., § 284 BGB, Rz. 21.
8 Vgl. Koeble-*Kniffka*, Kompendium des Baurechts, 6. Teil, Rz. 257; Palandt-*Heinrichs*, 61. Aufl., § 284 BGB, Rz. 16aE
9 Vgl. BGHZ 96, 221; OLG Hamm, NJW-RR 1996, 272; OLG Düsseldorf, NJW-RR 1996, 401.

nung mit einer (kurzen) **Nachfrist** erteilt werden, um die Voraussetzungen des Verzugs sicherzustellen. Hilfreich und ausreichend ist es in solchen Fällen auch, den Unternehmer mit der Mängelrüge aufzufordern, binnen einer (kurzen) Frist zu erklären, dass und bis wann er die Mängel beseitige. Schon nach Ablauf dieser Erklärungsfrist kann bezogen darauf eine verzugsbegründende Mahnung ausgesprochen werden, um keine unnötige Zeit zu verlieren. Für nach dem 31. 12. 2001 geschlossene Verträge ist dies aufgrund des **Schuldrechtsmodernisierungsgesetzes** allerdings ebenso **entbehrlich** wie für Verträge, denen die **VOB/B** zugrunde liegt, da in beiden Fällen kein Verzug des Auftragnehmers/Unternehmers mit der Mängelbeseitigung erforderlich ist.

Verweigert der Unternehmer ernsthaft und endgültig eine **Mängelbeseitigung** oder ist dem Besteller eine solche – z. B. wegen Unzuverlässigkeit des Unternehmers – nicht zuzumuten, ist eine Fristsetzung im vorgenannten Sinne entbehrlich.[1] Voraussetzung für die Annahme einer ernsthaften und endgültigen Erfüllungsverweigerung ist, dass der Unternehmer das Vorhandensein von Mängeln oder seine Verantwortlichkeit schlechthin in dem Sinne bestreitet, dass er sich **absolut** weigert, mit dem Auftraggeber die behaupteten Mängel und deren Beseitigung überhaupt zu erörtern; dies kann auch noch in einem späteren Prozess geschehen.[2]

181

Dafür reicht es allerdings nicht aus, wenn der Auftragnehmer nicht die Mängel, sondern nur seine Verantwortlichkeit für diese in Abrede stellt, sich dabei aber bereit erklärt, deren Ursächlichkeit ggf. unter Hinzuziehung eines Sachverständigen zu erörtern. In diesem Falle ist nämlich gerade nicht davon auszugehen, dass das „letzte Wort" des Unternehmers gesprochen ist. Selbst wenn er in einem späteren Prozess das Vorhandensein der Mängel aus prozesstaktischen Gründen bestreitet, eben weil der Auftraggeber die Mängel voreilig hat beseitigen lassen und damit eine Beweisführung vereitelt hat, ist dies nicht – wie in den zuvor angesprochenen Fällen der absoluten Verweigerung – ausreichend dafür, die Fristsetzung zur Mängelbeseitigung nachträglich als entbehrlich anzusehen.[3]

182

Mit der **Zahlung des Kostenvorschusses** selbst kam der Unternehmer vor Einführung des neuen § 284 Abs. 3 BGB a. F. durch das Gesetz zur Beschleunigung fälliger Zahlungen vom 30. 3. 2000[4] erst aufgrund einer Mahnung **in Verzug**, so dass dessen Verzinsung vor Rechtshängigkeit (vgl. § 291 BGB) nur nach Ablauf einer entsprechenden Zahlungs-, nicht jedoch schon der Mängelbeseitigungsfrist in Betracht kam.[5] Seither gilt auch insoweit die 30-Tage-Frist des § 284 Abs. 3 BGB a. F., wobei für nach dem 31. 12. 2001 geschlossene Verträge diese ursprünglich missglückte Vorschrift in der Neufassung des Schuldrechtsmodernisierungsgesetzes gilt, d. h. Verzug schon vor Ablauf der 30-Tages-Frist durch Mah-

183

---

1 BGH, NJW RR 2001, 383; 1995, 939; OLG Celle, BauR 1994, 250f.; OLG Koblenz, BauR 1995, 395f.; OLG Düsseldorf, NJW-RR 1996, 16; 1997, 1419; BauR 1996, 112, 114; BauR 1996, 260; OLG Köln, ZfBR 2000, 105, 112f.
2 BGH, BauR 1983, 258; BauR 1984, 181; BauR 1990, 466; NJW-RR 1995, 939; BauR 2002, 1399f.
3 Vgl. OLG Düsseldorf, BauR 2002, 963, 965.
4 BGBl I, S. 330.
5 BGH, BauR 1980, 359.

nung begründet werden kann.[1] Verlangt werden kann nur der gesetzliche Zinssatz.[2]

184 Im Rahmen der **Vorschussklage** wird dann i. d. R. ein zuvor in einem vorangegangenen Selbständigen Beweisverfahren eingeholtes **Gerichtsgutachten** über die Mängel und deren Beseitigungskosten verwertet (§ 493 Abs. 1 ZPO). An diesen gutachterlichen Feststellungen kommen die Parteien nur im Ausnahmefall vorbei, wenn es ihnen nämlich gelingt, dem vorliegenden Gutachten derart gravierende Fehler nachzuweisen, die die Einholung eines Obergutachtens gebieten.[3]

185 Tatsächlich wird sich die Situation für die Beteiligten im Rahmen eines Vorschussprozesses allerdings nicht gegenüber derjenigen verbessern, wie sie sich für sie nach Abschluss eines **Selbständigen Beweisverfahrens** darstellt. Das Gericht wird dem Vorschussanspruch in der Höhe, wie sich dies aus dem Beweissicherungsgutachten ergibt, stattgeben. Das entsprechende Urteil ist dabei allerdings insoweit vorläufiger Natur, als der Bauherr gegebenenfalls berechtigt ist, **Nachforderungen**, die über die Urteilssumme hinausgehen, zu stellen, andererseits aber auch verpflichtet ist, nach Durchführung der Nachbesserung über deren Kosten abzurechnen.[4] Dies kann dazu führen, dass einerseits der Bauherr nach Vorlage so einer Abrechnung verpflichtet sein kann, dem Unternehmer zuviel erhaltene Vorschusszahlungen zu erstatten.[5] Er kann andererseits aber auch berechtigt sein, aufgrund der Abrechnung Nachschüsse zu verlangen, ohne dass ein derartiger Nachforderungsanspruch (bezogen auf die konkreten Mängel des Vorprozesses) verjährt wäre.[6]

186 Der **Abrechnungsanspruch des Unternehmers** besteht nicht, wenn der Bauherr den zur Mängelbeseitigung erstrittenen Betrag auch unter dem Gesichtspunkt des Schadensersatzes gemäß § 635 BGB a. F. beanspruchen kann.[7]

187 Problematisch ist, wie sich der Bauherr zu verhalten hat, wenn der Unternehmer, der zunächst die Nachbesserung nicht vornimmt und auch nicht bereit ist, sich auf der Grundlage eines in einem Selbständigen Beweisverfahren eingeholten Gerichtsgutachtens zu einigen, dann plötzlich nach Erhebung der Vorschussklage Nachbesserung anbietet. Grundsätzlich ist zu beachten, dass das Nachbesserungsrecht des Unternehmers in diesen Fällen ja gerade nicht erloschen ist, da vom Ausspruch der Ablehnungsandrohung abgesehen worden ist, um die Vorschussklage nicht unschlüssig zu machen. Man wird hier wohl unter Hinzuziehung des § 242 BGB auf den jeweiligen Einzelfall abzustellen haben, ob der Bauherr in so einem Stadium noch auf ein entsprechendes Nachbesserungsangebot des Unternehmers eingehen muss.[8]

---

1 Vgl. Palandt-*Heinrichs*, 61. Aufl., § 284 BGB, Rz. 25.
2 Vgl. OLG München, BauR 1996, 547f.; *Koeble/Kniffka*, Kompendium des Baurechts, 6. Teil, Rz. 265.
3 Vgl. Zöller-*Herget*, ZPO, § 493 Rz. 2.
4 Vgl. BGH, BauR 1990, 358.
5 Vgl. BGH, BauR 1985, 569.
6 Vgl. BGH, BauR 1976, 205f.
7 BGHZ 99, 81; OLG Köln, BauR 2002, 826f.
8 Vgl. OLG Koblenz, NJW-RR 1996, 1299; BauR 1997, 845.

Ein Vorschussanspruch scheidet nur aus, wenn der Bauherr dem Unternehmer 188
expressis verbis eine Ablehnungsandrohung gesetzt hat; die bloße **Androhung der Ersatzvornahme**/Fremd- bzw. Eigennachbesserung reicht nicht aus.[1] Er kommt allerdings auch dann nicht mehr in Betracht, wenn der Bauherr die Mängelbeseitigung bereits **durch Dritte vorgenommen** und abgerechnet hat.[2] Klagt der Besteller den Vorschussanspruch ein, ist er auch verpflichtet, mit einem so erstrittenen Vorschuss die Mängel zu beseitigen. Zeigt sich möglicherweise vorher schon, dass er dies gar nicht will, sondern beabsichtigt, das Geld für andere Zwecke gewissermaßen als Minderung oder Schadensersatz zu verwenden, kann ein Vorschussanspruch im Einzelfall ebenfalls zu versagen sein.[3]

Das Gleiche gilt auch, wenn der Bauherr noch über entsprechende Mittel verfügt, 189
die dem Unternehmer zustehen, beispielsweise durch **Einbehalte vom Werklohn**, mit denen er dann gegenüber seinem Vorschussanspruch aufzurechnen hat,[4] und zwar auch, wenn der Werklohnanspruch eigentlich verjährt ist.[5] Jedenfalls solange Gewährleistungsansprüche noch nicht verjährt sind, kann der Besteller allerdings nicht auf etwaige Sicherheitseinbehalte oder Gewährleistungsbürgschaften verwiesen werden.[6] Des Weiteren kann eine lange Verfahrensdauer nicht für sich genommen die Annahme rechtfertigen, dass der Bauherr gar nicht mehr nachbessern will und ihm deshalb der Vorschussanspruch zu versagen ist.[7]

Zu weiteren prozessualen Besonderheiten siehe unten Rz. 393 ff. 190

cc) Neuherstellung

Auch nach Abnahme kann es im Einzelfall gerechtfertigt sein, dem Bauherrn einen Anspruch auf Neuherstellung zuzubilligen. Dies namentlich dann, wenn eine fachgerechte Mängelbeseitigung nur durch Neuherstellung möglich ist.[8] Der Unternehmer kann sich dem gegenüber bei entsprechend gravierenden Mängeln auch nicht auf den Einwand der Unverhältnismäßigkeit gemäß § 633 Abs. 2 Satz 2 BGB berufen (dazu sogleich). 191

dd) Ausschluss der Mangelbeseitigung wegen Unverhältnismäßigkeit

Gemäß § 633 Abs. 2 Satz 2 BGB a. F. kann der Unternehmer die Mangelbeseiti- 192
gung verweigern, wenn sie mit unverhältnismäßig hohen Kosten verbunden ist. Der Besteller ist in diesem Fall auf die Rechte aus den §§ 634, 635 BGB a. F. verwiesen.[9]

---

1 Vgl. BGH, BauR 1987, 209.
2 BGH, BauR 1982, 66 f.; OLG Koblenz, NJW-RR 1990, 981 f.; BGH, NJW 1990, 1475 (für das Verhältnis von Haupt- zu Subunternehmer).
3 Vgl. BGH, BauR 1984, 406.
4 BGH, BauR 1989, 199; OLG Hamm, NJW-RR 1998, 885; OLG Oldenburg, BauR 1994, 371; OLG Düsseldorf, BauR 1993, 736.
5 Vgl. OLG Hamm, OLGR 1997, 117 f.
6 Vgl. BGH, NJW 1967, 34 und 1366; OLG Hamm, BauR 1997, 140; a. A. OLG Düsseldorf, BauR 1975, 349.
7 Vgl. BGH, BauR 2000, 411, 413.
8 BGH, BauR 1986, 93; OLG Köln, BauR 2002, 801 f.; Brandenburgisches OLG, BauR 2002, 1562 f.
9 Vgl. Palandt-*Sprau*, 61. Aufl., § 633 BGB, Rz. 7.

193 Unverhältnismäßig ist die Mangelbeseitigung aber nur dann, wenn der dafür erforderliche Aufwand bei Abwägung aller Umstände des Einzelfalles in keinem vernünftigen Verhältnis zu dem damit erzielten Erfolg steht und sich ein entsprechendes Nachbesserungsverlangen deshalb als **Verstoß gegen Treu und Glauben** darstellt.[1] Auch gegenüber erheblichen optischen Beeinträchtigungen, die sich nicht nur als bloße Schönheitsfehler darstellen, sondern die Gebrauchstauglichkeit des Werks beeinträchtigen, greift der Einwand der Unverhältnismäßigkeit nicht durch, wenn der Mangel nicht anders zu beseitigen ist.[2]

194 Insbesondere ist es nicht rechtsmissbräuchlich, wenn es dem Unternehmer nur mit unverhältnismäßig hohem Aufwand möglich ist, das Werk mit einer **zugesicherten Eigenschaft** auszustatten, da er das Abweichen von der vertraglichen Vereinbarung hier i. d. R. verschuldet hat.[3] Insgesamt gelten insgesamt die gleichen Grundsätze wie im Stadium vor Abnahme.

ee) Sowieso-Kosten/Vorteilsausgleichung

195 Ist eine fachgerechte Mängelbeseitigung nur dadurch möglich, dass das vom Unternehmer geschuldete Werk im Endeffekt **höherwertiger**, verbunden mit höheren Kosten gegenüber den ursprünglichen vertraglichen Vereinbarungen, herzustellen ist, so kann dem Unternehmer ein entsprechender Erstattungsanspruch hinsichtlich der entstehenden Mehrkosten zustehen. Dies jedenfalls beim so genannten Einheitspreisvertrag. Beim Pauschalpreisvertrag wird darauf abzustellen sein, ob es sich um einen Detail- oder Globalpauschalpreisvertrag handelt. Diese zusätzlichen Kosten werden gemeinhin als so genannte „Sowieso- oder Ohnehin-Kosten" bezeichnet,[4] da sie bei von vornherein mangelfreier Errichtung des Bauvorhabens auf entsprechenden Hinweis des Unternehmers als berechtigte Nachtragsforderung „sowieso bzw. ohnehin" angefallen wären. Sie sind auch im Rahmen der Gewährleistung zu berücksichtigen, wenn ein Mangel auf einer bestimmten, zwischen den Parteien vereinbarten Ausführungsart beruht und der Unternehmer für die zur mangelfreien Herstellung erforderlichen Zusatzleistungen **Anspruch auf gesonderte Vergütung hat** (weil die Kalkulation nicht nur auf seinen Vorstellungen beruht).[5] Vorprozessual führt dies dazu, dass der Unternehmer einen Anspruch auf **Sicherheitsleistung** in Höhe der Kostenbeteiligung des Auftraggebers hat, Zahlung kann er vorweg allerdings nicht verlangen.[6] Im Prozess kommt es zu einer so genannten **doppelten Zug-um-Zug-Verurteilung**.[7]

196 **Hinweis:**

Ein Auftraggeber muss allerdings keinen Vorteilsausgleich „**neu für alt**" hinnehmen, wenn eine Mängelbeseitigung zwar erst Jahre nach Abnahme (hier: 13 bei einer Flachdacherneuerung) erfolgt, dies jedoch allein auf einer verzögerten und

---

1 BGH, NJW 1995, 1836; BGHZ 59, 365; 96, 111, 123; BauR 2002, 613, 616.
2 Vgl. OLG Köln, BauR 2002, 801 f.; OLG Düsseldorf, BauR 2002, 802, 805.
3 Vgl. BGH, BauR 1997, 1032, 1036; OLG Düsseldorf, BauR 2002, 1860, 1862 f.
4 Vgl. BGH, BauR 1984, 510, 512.
5 Vgl. BGH, BauR 1999, 37, 38 f.; OLG Düsseldorf, BauR 2002, 802, 804 f.
6 Vgl. BGH, BauR 1984, 395, 399 f.
7 Vgl. BGH, BauR 1984, 401, 404 ff.

unzureichenden Mängelbeseitigung durch den Auftragnehmer beruht, so dass der Auftraggeber jahrelang mit dem mangelhaftem Werk leben musste.[1]

ff) Nachbesserungsvereinbarung

Erklärt sich der Auftraggeber mit einer bestimmten Art der Nachbesserung einverstanden, ist diese Vereinbarung so auszulegen, dass dies unter der stillschweigenden Bedingung geschieht, dass die Nachbesserung auch erfolgreich ist. In dem Einverständnis kann nicht der Verzicht auf bestehende Gewährleistungsansprüche gesehen werden.[2] 197

b) Gewährleistungsansprüche im engeren Sinne

Die Ansprüche auf Minderung, Wandelung (§ 634 Abs. 1 Satz 3 BGB a. F.) und Schadensersatz (§ 635 BGB a. F.) stellen die eigentlichen Gewährleistungsrechte des Bauherrn dar. 198

aa) Allgemeines

Gemeinsame (vgl. § 635 BGB a. F. „statt") grundsätzliche **Anspruchsvoraussetzung** dieser Gewährleistungsansprüche ist, dass eine dem Unternehmer gesetzte (angemessene) **Frist** zur Mängelbeseitigung mit **Ablehnungsandrohung** fruchtlos verstrichen ist.[3] 199

Eine solche ist unter den Voraussetzungen des § 634 Abs. 2 BGB a. F. entbehrlich, wenn 200

▷ eine Mängelbeseitigung (innerhalb der Frist) unmöglich ist,[4]

▷ eine Ablehnungsandrohung bloße Förmelei wäre,[5]

▷ der Unternehmer eine solche (zu Recht oder zu Unrecht) ernsthaft und endgültig verweigert[6] oder

▷ der Besteller ein besonderes Interesse an der sofortigen Geltendmachung des Gewährleistungsanspruchs hat.[7]

„**Unmöglich**" ist eine Mängelbeseitigung durch den Unternehmer beispielsweise auch dann, wenn Gefahr im Verzug ist.[8] So kann eine sofortige Fremdnachbesserung gegenüber einem nicht ortsansässigen Unternehmer geboten sein bei akutem Wassereintritt, um weitere Folgeschäden zu vermeiden. Derartige Fälle 201

---

1 Vgl. OLG Karlsruhe BauR 2002, 93 – rechtskräftig durch Nichtannahmebeschluss des BGH v. 21. 6. 2001 – VII ZR 24/00.
2 Vgl. BGH, BauR 2002, 472 f.
3 Vgl. Palandt-*Sprau*, 61. Aufl., Vorbem. v. § 633 BGB Rz. 5.
4 Vgl. OLG Rostock, BauR 1997, 654, 656; OLG Düsseldorf, BauR 1995, 848 f.
5 BGH, BauR 1983, 258 ff.
6 Vgl. BGH, NJW-RR 2001, 383; 1995, 939; 1990, 786; BGH, BauR 2002, 1847 f.; OLG Düsseldorf, NJW-RR 1996, 16.
7 Vgl. BGH, NJW-RR 1993, 560; OLG Düsseldorf, BauR 1996, 112, 114; OLG Rostock, BauR 1998, 552; BGH, BauR 2002, 940, 942 ff.
8 Vgl. OLG Düsseldorf, NJW-RR 1993, 447.

rechtfertigen gleichzeitig auch ein „besonderes Interesse" des Bestellers i. S. d. der letzten Alternative von § 634 Abs. 2 BGB a. F.

202 Eine „**Verweigerung der Mängelbeseitigung**" kann beispielsweise darin liegen, dass der Unternehmer den gerügten Mangel oder seine Verantwortlichkeit dafür ernsthaft bestreitet, wobei sein gesamtes prozessuales Verhalten zu würdigen ist.[1] So ist eine „Verweigerung" bereits darin gesehen worden, dass der Unternehmer die Abweisung einer gegen ihn gerichteten Gewährleistungsklage beantragt hat.[2]

203 Die Rechtsprechung hat die Anwendbarkeit des § 634 Abs. 2 BGB a. F. auch auf solche Fälle erweitert, in denen eine Mängelbeseitigung entweder für den Besteller[3] oder den Unternehmer[4] als **unzumutbar** angesehen wurde. Insbesondere braucht sich der Besteller nicht auf wiederholte oder von vornherein als untauglich erkennbare Nachbesserungsversuche einzulassen.[5] Die Fristsetzung mit Ablehnungsandrohung ist auch entbehrlich für solche Schadensersatzansprüche, die neben den Nachbesserungsanspruch treten und mit dessen Erfüllung bzw. Nichterfüllung nicht das Geringste zu tun haben.[6]

204 **Hinweis:**

Dennoch sollte auf eine Fristsetzung im vorgenannten Sinne nur in Ausnahmefällen verzichtet werden: So hat die Rechtsprechung eine solche beispielsweise dann nicht für entbehrlich gehalten, wenn der Unternehmer zwar seine Verantwortlichkeit, nicht aber das Vorliegen von Mängeln selbst, bestritten und darüber hinaus noch angeboten hat, die Verantwortlichkeit durch Hinzuziehung eines Sachverständigen klären zu lassen.[7] Auch einem Handwerker, dessen Werkleistung nachweislich absolut unqualifiziert war, ist zunächst ein Nachbesserungsrecht eingeräumt worden mit der Begründung, dass er sich zur fachgerechten Nachbesserung ja qualifizierter Dritter hätte bedienen können, was im konkreten Fall auch von ihm angeboten worden sei.[8]

205 War eine Fristsetzung nach den vorstehenden Ausführungen **entbehrlich**, muss der Besteller dem Unternehmer allerdings – gewissermaßen anstelle der Fristsetzung – **mitteilen**, dass er die Gewährleistungsansprüche geltend macht.[9]

206 Mit Ablauf der wirksamen Fristsetzung mit Ablehnungsandrohung (bei deren Entbehrlichkeit mit Abgabe der entsprechenden Erklärung im vorgenannten Sinne) **erlischt** nicht nur das Nachbesserungsrecht des Unternehmers, sondern auch der **Nachbesserungsanspruch** und damit der **Vorschussanspruch** sowie das **Zurückbehaltungsrecht** des Bestellers gegenüber einer etwa noch offenen Werklohnforderung. Das Rechtsverhältnis zwischen den Parteien verwandelt sich in ein

---

1 Vgl. BGH, BauR 1982, 496 f.; *Mantscheff*, BauR 1996, 338 f.
2 Vgl. BGH, BauR 1984, 181.
3 Vgl. BGHZ 46, 242, 245; BGH, NJW-RR 1998, 1268; OLG Koblenz, BauR 1995, 395 f.
4 Vgl. OLG Köln, ZfBR 2000, 105, 113.
5 Vgl. BGH, BauR 1981, 577, 579.
6 Vgl. BGH, BauR 1985, 83 f.; 1978, 402 f.
7 Vgl. OLG Düsseldorf, BauR 2002, 963, 965.
8 Vgl. OLG Koblenz, BauR 2002, 1110, 1111 f.
9 Vgl. BGH, BauR 1983, 258, 260; BGH, NJW 1976, 143; BGHZ 142, 278.

Abwicklungs- und Abrechnungsverhältnis.¹ Der Besteller hat dabei die Wahl zwischen den einzelnen Gewährleistungsansprüchen und kann auch noch während eines Prozesses zwischen diesen wechseln oder diese auch im Eventualverhältnis (Haupt- und Hilfsantrag) geltend machen.²

Wandelung kann nur bei erheblichen, Minderung oder Schadensersatz wegen Nichterfüllung hingegen auch bei unerheblichen Mängeln verlangt werden (vgl. § 634 Abs. 3 BGB). 207

bb) Minderung

Der Minderungsanspruch im Werkvertragsrecht ist eher untergeordneter Natur. Er kommt in Betracht, wenn eine Mängelbeseitigung tatsächlich, rechtlich oder technisch nicht möglich ist, der Unternehmer eine solche zu Recht als unverhältnismäßig verweigert oder in den Fällen, in denen die Mängelbeseitigung entweder für den Besteller oder den Unternehmer als unzumutbar angesehen wird. Praktisch relevant werden Minderungsansprüche hauptsächlich, wenn das zu errichtende Objekt nicht die vereinbarte Fläche aufweist oder Mängel, beispielsweise betreffend den Schallschutz, vorhanden sind, die nur mit einem immensen Aufwand nachgebessert werden können. 208

Die Minderung ist ebenso wie die Wandelung nach der bis zum 31. 12. 2001 geltenden Rechtslage **nicht** als **Gestaltungsrecht** ausgebildet. Der Besteller kann deren Vollzug also nicht einseitig bestimmen. Vielmehr ist das Einverständnis des Unternehmers mit einem entsprechenden Minderungs- bzw. Wandelungsverlangen des Bestellers erforderlich (vgl. § 465 BGB). Verständigen sich die Parteien also nicht außergerichtlich, müsste der Besteller den Unternehmer theoretisch auf **Zustimmung** zur Minderung in einer bestimmten Höhe verklagen. Dies wird allerdings von der Rechtsprechung nicht verlangt. Vielmehr ist es ausreichend, wenn der Besteller seinen Minderungsanspruch beziffert und entweder selbst einklagt oder in einem vom Unternehmer angestrengten Vergütungsprozess im Wege der Einrede oder der Aufrechnung bzw. Verrechnung geltend macht.³ 209

Da der Besteller mit der Minderung die Herabsetzung der Vergütung verlangen kann (vgl. §§ 634 Abs. I, 462 BGB a. F.), macht ein Minderungsverlangen, das auf Mängelbeseitigungskosten gestützt wird, nur Sinn, wenn diese den Vergütungsanspruch des Unternehmers nicht übersteigen. Darüber hinausgehende Mängelbeseitigungskosten müssen als Schadensersatz gemäß § 635 BGB a. F. geltend gemacht werden. 210

Die **Berechnung** der Minderung erfolgt nach den kaufrechtlichen Vorschriften der §§ 472 bis 475 BGB a. F.⁴ Die Ermittlung der zutreffenden Höhe einer Minderung beim Bauvertrag ist bei nicht nur untergeordneten Mängeln überwiegend **Sachverständigenangelegenheit**. Der Bundesgerichtshof hat insoweit die Grundsätze der Berechnung vorgegeben, wonach sich der Minderungsanspruch einerseits aus 211

---

1 Vgl. BGHZ 142, 278.
2 Vgl. Werner/*Pastor*, Der Bauprozeß, 10. Aufl., Rz. 1652 ff.; Palandt-*Sprau*, 61. Aufl., Vorbem. v. § 633 Rz. 5 a
3 Vgl. Palandt-*Putzo*, 61. Aufl., § 465 BGB, Rz. 5 ff.
4 Vgl. Palandt-*Sprau*, 61. Aufl., § 634 BGB, Rz. 8.

den Mängelbeseitigungskosten und andererseits aus einem – auch nach erfolgter Mängelbeseitigung – etwa verbleibendem merkantilen oder technischen Minderwert zusammensetzt.[1] Die Berechnung selbst erfolgt dann nach mehr oder minder komplizierten Berechnungsverfahren, die von der – überwiegend sachverständigen – Literatur entwickelt worden sind.[2]

212 Eine **Schätzung** des Minderungsbetrags durch das Gericht gemäß § 287 ZPO sollte nur zurückhaltend vorgenommen werden, da dem Gericht in der Regel jedenfalls die erforderliche Sachkunde zur Bewertung entsprechender Mängel fehlen dürfte. Vielmehr sollten beide Vertragsparteien die Möglichkeit nutzen, bereits in einem **Selbständigen Beweisverfahren** den Sachverständigen für solche Positionen, für die eine Minderung in Betracht kommt, nach deren angemessener Höhe zu befragen. Soweit ein Gericht – für untergeordnete Mangelpositionen – von seinem Recht der Schätzung der Minderung gemäß § 287 ZPO Gebrauch macht, wird es die Vorgabe des Bundesgerichtshofes zur berücksichtigen haben, wonach die Schätzung erkennen lassen muss, in welchem Umfang die tatsächlichen Mängelbeseitigungskosten berücksichtigt worden sind.[3]

213 **Hinweis:**

Vielfach geben gerichtlich bestellte Sachverständige – sei es im Hauptsache- oder im Selbständigen Beweisverfahren – ungefragt für einzelne Beweisfragen **Minderungsbeträge** an, statt die Mängelbeseitigungskosten mitzuteilen, ohne dass eine der Parteien danach gefragt hat. Hier ist solchen Sachverständigen deutlich zu machen, dass die grundsätzliche Frage, ob eine Minderung überhaupt in Betracht kommt oder nicht, eine **Rechtsfrage** ist und im Wesentlichen davon abhängt, dass sich eine der Parteien zu Recht darauf beruft, ob die Mängelbeseitigung lediglich mit unverhältnismäßig hohen Kosten möglich oder aber schlicht unzumutbar ist, und deshalb ausdrücklich nach einer angemessenen Minderung fragt. Solche Mängel, deren Beseitigung technisch unabdingbar ist, weil die konkrete Nutzung des Bauwerks beeinträchtigt ist, sind in jedem Falle zu beseitigen. Insbesondere im Rahmen eines Selbständigen Beweisverfahrens ist antragstellerseits eindringlich darauf hinzuwirken, dass der Sachverständige die Mängelbeseitigungskosten ermittelt, selbst wenn er zunächst nur einen Minderungsbetrag angegeben hat. Die Rechtsfrage, ob Nachbesserung oder lediglich Minderung in Betracht kommt, ist erst im sich ggf. anschließenden Hauptsacheprozess zu klären.

cc) Rechtsprechungsübersicht: Minderung

214 ▷ Erstellt ein Bauunternehmer nach der Zerstörung eines Gebäudes durch Brand die **Raumhöhe** entsprechend der Statik, kann dem Auftraggeber trotzdem ein Minderungsanspruch zustehen, wenn er zu keinem Zeitpunkt von dem Auftragnehmer darauf hingewiesen worden ist, dass der Zustand des Wiederaufbaus vom vorherigen Zustand in Bezug auf die Geschossgröße abweicht.[4]

---

1 BGH, BauR 1972, 242; BGH, NJW-RR 1997, 688f.
2 Vgl. dazu *Aurnhammer*, BauR 1978, 356ff.; *Cuypers*, BauR 1993, 541ff.; *Kamphausen*, BauR 1995, 343ff.; *Mortensen*, BauR 1998, 73ff.; *Oswald*, Jahrbuch BauR, 1998, 357ff.
3 Vgl. BGH, NJW-RR 1997, 688f.
4 OLG Celle, BauR 2000, 1122, 1123.

▷ Wird wegen eines Mangels der Dacheindeckung Minderung geltend gemacht, dann gewährleistet die **Zielbaummethode**[1] in ihrer differenzierten und logischen Abfolge eine nachvollziehbare und nachprüfbare Ermittlung des baumängelbedingten Minderwertes durch einen Sachverständigen.[2]

▷ Im Rahmen der Berechnung der Minderung, wenn die tatsächliche **Wohnfläche** kleiner ist, als vertraglich vereinbart, ist der Begriff der Wohnfläche auslegungsbedürftig. Dabei entspricht es der Verkehrsauffassung, dass die Wohnungsgröße in Anlehnung an die DIN 283 und die 2. Berechnungsverordnung ermittelt wird.[3]

▷ Bei der Bewertung des zur Nachbesserung erforderlichen Aufwands ist auf den **Zeitpunkt** abzustellen, in dem die vertragsgemäße Erfüllung geschuldet war. Eine Erhöhung des Aufwands, die sich aus späteren Baukostensteigerungen ergibt, ist daher nicht zu berücksichtigen.[4]

dd) Wandelung

Die Wandelung im Werkvertragsrecht ist von noch geringerer Bedeutung als die Minderung, da es in der Praxis schwer möglich sein dürfte, dem Unternehmer das Bauwerk zurück zu gewähren. Bei Errichtung eines kompletten (schlüsselfertigen) Bauvorhabens auf dem Grundstück des Eigentümers dürfte die Wandelung tatsächlich nicht durchführbar sein. Selbst wenn in diesen Fällen vom Bauherrn Wandelung begehrt wird, kommt nur ein **Wertausgleich** in Betracht, der im Ergebnis der Minderung gleichkommt.[5]   215

Denkbar ist die Wandelung allerdings bei Errichtung einzelner **abzugrenzender Bauteile**, wie z. B. Einbau einer Heizung oder Küche (auch Sauna, Wintergarten/Fenster oder Vordach), die technisch aus dem Gebäude wieder entfernt werden können, ohne in dessen Bausubstanz einzugreifen.[6] Steht fest, dass ein Werk bei der Abnahme mangelhaft war und hat der Werkunternehmer Nachbesserungsversuche unternommen, dann trägt er, falls der Besteller die Wandelungsklage erhebt, die **Beweislast für die fristgerechte Beseitigung** des Mangels; eine Fristsetzung nach § 634 Abs. 2 BGB a. F. ist entbehrlich, wenn weitere Nachbesserungsversuche dem Besteller nicht mehr zumutbar sind, weil der Besteller dem Unternehmer mehr als ein Jahr lang Gelegenheit zu zahlreichen Nachbesserungsversuchen gegeben hat.[7]   216

Weitaus mehr **Relevanz** kommt der Wandelung beim Bauträgervertrag zu, wo diese insbesondere auch nicht in Allgemeinen Geschäftsbedingungen ausgeschlossen werden kann.[8]   217

---

1 Bewertungsmethode nach *Aurnhammer*, vgl. BauR 1978, 356 ff.
2 OLG Schleswig, BauR 1999, 1486, 1486.
3 OLG Celle, BauR 1998, 805, 805.
4 BGH, BauR 1995, 540, 541.
5 Vgl. *Werner/Pastor*, Der Bauprozess, 10. Aufl., Rz. 1660; Palandt-*Sprau*, 61. Aufl., § 634 BGB, Rz. 7.
6 Vgl. OLG München, BauR 1984, 637; OLG Braunschweig, OLGR 1996, 133 f.
7 BGH, NJW-RR 1998, 1268.
8 Vgl. *Brych*, ZfBR 1979, 222 ff.

ee) Schadensersatz gemäß § 635 BGB a. F.

218 Nach dieser Vorschrift kann der Besteller Schadensersatz wegen Nichterfüllung „statt" der Wandelung oder der Minderung verlangen, wenn der Unternehmer den Mangel **zu vertreten** hat. Tatsächlich handelt es sich hierbei um denjenigen der eigentlichen Gewährleistungsansprüche mit der größten **praktischen Relevanz**. Grundsätzlich müssen neben den Voraussetzungen des § 634 Abs. 1, 2 BGB a. F. die allgemeinen Voraussetzungen für die Geltendmachung eines Schadensersatzanspruchs vorliegen. Das bedeutet, dass eine **schuldhafte Pflichtverletzung** des Unternehmers zu einem Mangel des Werks geführt, der wiederum beim Besteller einen **erstattungsfähigen Schaden** verursacht haben muss.[1] Der Anspruch aus § 635 BGB a. F. beschränkt sich allerdings auf Mängel am hergestellten Werk und damit unmittelbar zusammenhängende Schäden.[2]

219 Auch im Rahmen des § 635 BGB a. F. hat der Besteller das **Wahlrecht** zwischen so genanntem großem oder **kleinem Schadensersatz**.[3] Er kann danach entweder das Werk insgesamt zurückweisen und Schadensersatz wegen Nichterfüllung des kompletten Vertrags geltend machen oder das Werk behalten und Ersatz der mangelbedingten Schäden verlangen.

220 Verlangt der Besteller den so genannten **großen** Schadensersatz, verliert der Unternehmer zunächst den Anspruch auf seine Vergütung, eine bereits (anteilig) gezahlte muss er erstatten.[4] Da der Besteller so zu stellen ist, als sei der Vertrag nicht geschlossen worden, hat er darüber hinaus Anspruch auf Ersatz sämtlicher mit der Entfernung des mangelhaften Werks verbundenen Kosten sowie des etwa darüber hinausgehenden Aufwands, um den ursprünglichen Zustand wieder herzustellen, was von ihm allerdings zumindest so substantiiert darzulegen ist, dass das Gericht eine Schätzung nach § 287 ZPO vornehmen kann.[5] Sinnvollerweise sollte aber auch die Durchsetzung solcher Ansprüche durch die Führung eines **Selbständigen Beweisverfahrens** vorbereitet werden, in dem der Gerichtsgutachter nach den erforderlichen Kosten gefragt werden darf. Soweit nach der Beschaffenheit des Werks möglich, hat der Besteller es auf Verlangen des Unternehmers an diesen herauszugeben, der seinerseits in solchen Fällen die Erfüllung des großen Schadensersatzanspruchs davon abhängig machen kann.[6]

221 Macht der Besteller den so genannten **kleinen** Schadensersatzanspruch geltend, kann er den mangelbedingten Minderwert oder Erstattung der Mangelbeseitigungskosten verlangen. Im letzteren Fall ist vom Unternehmer auch ein trotz Nachbesserung verbleibender **merkantiler Minderwert** zu erstatten, wenn der Mangel sich trotz Beseitigung (psychologisch) nachteilig auf den Verkehrswert auswirkt.[7] Kommt es nur zu einer partiellen Mangelbeseitigung, etwa weil sich

---

1 Vgl. *Koeble/Kniffka*, Kompendium des Baurechts, 6. Teil, Rz. 274.
2 Vgl. generell zu der nach alter Rechtslage erforderlichen Abgrenzung zwischen Ansprüchen aus § 635 BGB und solchen aus pVV: *Werner/Pastor*, Der Bauprozess, 10. Aufl., Rz. 1688 ff.
3 Vgl. BGH, BauR 1996, 386.
4 Vgl. OLG Düsseldorf, BauR 1995, 848 ff.
5 Vgl. OLG Düsseldorf, BauR 1995, 848 ff.
6 Vgl. *Koeble/Kniffka*, Kompendium des Baurechts, 6. Teil, Rz. 278 aE.
7 BGH, BauR 1991, 744.

die Parteien auf eine weniger aufwändige Lösung, als streng genommen erforderlich, einigen oder weil die eigentlich technisch gebotene Nachbesserung vom Unternehmer als unzumutbar oder unverhältnismäßig abgelehnt werden kann, ist auch ein danach verbleibender technischer Minderwert zu ersetzen.

Beispiel:
Doppel- oder Reihenhäuser werden nur mit einschaligen Trennwänden, statt zweischalig mit dazwischen liegender Dämmung errichtet.[1] Die Parteien verständigen sich darauf, auf den jeweiligen Innenseiten der Trennwände so genannte Vorsatzschalen anzubringen, die zwar zu einer Verbesserung des Schallschutzes führen, die in der DIN 4109 Beiblatt 1 Tabelle 6 geforderten Werte nicht erreichen.

Grundsätzlich haftet der Unternehmer nach § 635 BGB a. F. nur, wenn er den Mangel schuldhaft verursacht hat, wobei er sich ein Verschulden seiner **Erfüllungsgehilfen** (z. B. Mitarbeiter, Subunternehmer, Baustofflieferanten etc.) über § 278 BGB zurechnen lassen muss. Insoweit greift allerdings eine **Beweiserleichterung** zugunsten des Bauherrn: Dieser muss nur darlegen und beweisen, dass der Unternehmer mangelhaft gearbeitet und dadurch den Schaden verursacht hat. Steht fest, dass der Unternehmer gegen anerkannte Regeln der Technik oder einschlägige DIN-Vorschriften verstoßen hat, ist es dessen Sache, darzulegen und zu beweisen, dass ihn an dem Mangel kein Verschulden trifft.[2] Der Unternehmer hat sich dabei auch über technische Neuentwicklungen betreffend sein Fach auf dem Laufenden zu halten, unterlässt er dies, handelt er ebenfalls schuldhaft.[3]

222

Hinweis:
Die bereits angesprochene **voreilige Ablehnungsandrohung** kann sich in solchen Fällen zum Nachteil des Bestellers auswirken, in denen es trotz Einhaltung der zum Zeitpunkt der Abnahme geltenden Regeln der Technik und DIN-Vorschriften zu einem Mangel kommt. Wie oben dargelegt, hat der Unternehmer zwar für die gesamte Dauer der Gewährleistung für den von ihm geschuldeten Erfolg einzustehen, so dass dem Besteller beim Auftreten eines Mangels in jedem Falle die Rechte aus § 633 BGB a. F. zustehen.[4] Hat er diese jedoch infolge der ausgesprochenen Ablehnungsandrohung verloren, stehen ihm nur noch die Rechte aus den §§ 634, 635 BGB a. F. zu.

223

Gelingt dem Unternehmer hier der Nachweis, dass er sowohl die Regeln der Technik als auch die DIN-Vorschriften eingehalten hat, dürfte ein Verschulden zu verneinen sein, so dass der Anspruch aus § 635 BGB a. F. ausscheidet. Es bleiben zwar noch die verschuldensunabhängigen Gewährleistungsrechte **Minderung** und **Wandelung**. Diese nutzen dem Besteller jedoch nur bis zur Höhe der Werklohnforderung. Übersteigen die Mangelbeseitigungskosten diese, fällt der Besteller mit seinen darüber hinausgehenden Ansprüchen aus. Ohne Ausspruch der Ablehnungsandrohung hätte er hingegen die vollen Nachbesserungskosten (sei es als Vorschuss oder Kostenerstattung) beanspruchen können. Also: Bei vor

---

1 OLG Düsseldorf, NJW-RR 1994, 88; OLG Hamm, BauR 1988, 340; OLG Nürnberg, BauR 1989, 740; OLG München, BauR 1999, 399.
2 BGH, BauR 1974, 276; BauR 1982, 514, 516; 1983, 258, 260; OLG Hamm, NJW-RR 1998, 1031 f.
3 Vgl. BGH, BauR 1979, 159.
4 Vgl. BGH, BauR 1984, 510, 512; BGH, BauR 1985, 567 f.

dem 1. Januar 2002 geschlossenen Bauverträgen Vorsicht mit einem unbedachten Ausspruch der Ablehnungsandrohung!

224 Dennoch hat der Schadensersatzanspruch einen nicht zu unterschätzenden **Vorteil** gegenüber dem Vorschuss- bzw. Erstattungsanspruch auf die Mängelbeseitigungskosten: Er kann auch verlangt werden, wenn die Mängel **nicht beseitigt** werden sollen,[1] allerdings nicht neben dem Vorschussanspruch.[2] Dies gilt auch im Falle einer Veräußerung[3] oder Zwangsversteigerung.[4]

225 Ein etwaiges **Mitverschulden** – auch seiner Erfüllungsgehilfen (§ 278 BGB) – hat sich der Bauherr nach den Grundsätzen des § 254 BGB zurechnen zu lassen.[5] Dies gilt allerdings nicht für ein solches des die Bauaufsicht verletzenden Architekten, da der Unternehmer keinen Anspruch darauf hat, dass der Auftraggeber ihn überwacht oder überwachen lässt.[6] Nur soweit es um die Erfüllung von Aufgaben geht, die den Auftraggeber im Verhältnis zum Unternehmer treffen (insbesondere Planungsleistungen, vgl. §§ 3 Nr. 1, 2; 4 Nr. 1 Abs. 1 VOB/B), kann es zu einer schuldhaften Pflichtverletzung aus dem „Lager" des Auftraggebers (i. d. R. durch den Architekten) kommen, die im Rahmen eines Mitverschuldens zugunsten des Auftragnehmers zu berücksichtigen ist.[7]

226 Auch kann Schadensersatz wegen Nichterfüllung für solche Mängel verlangt werden, wegen derer sich der Besteller seine Rechte nicht i. S. d. § 640 Abs. 2 BGB vorbehalten hat.[8] Sind danach die Ansprüche auf Minderung und Wandelung ausgeschlossen, können dennoch über § 635 BGB a. F. die Mängelbeseitigungskosten als Schadensersatz geltend gemacht werden.

227 Grundsätzlich ist der Schadensersatzanspruch aus § 635 BGB a. F. auf **Entschädigung in Geld** gerichtet, die Naturalrestitution ist entgegen des Grundsatzes des § 249 Satz 1 BGB die Ausnahme. Ob der Besteller dabei aber auch in Fällen, in den der Unternehmer eine Mängelbeseitigung wegen unverhältnismäßig hoher Kosten verweigern darf, Anspruch auf Ersatz gerade dieser Mängelbeseitigungskosten hat, ist umstritten, wird aber unter Berücksichtigung einer (ausnahmsweise) analogen Anwendung des § 251 Abs. 2 BGB von der Rechtsprechung überwiegend im Interesse des Bauherrn entschieden, da „Unverhältnismäßigkeit" in diesem Sinne nach der Definition des Bundesgerichtshofes eher selten anzunehmen ist.[9]

228 Übernimmt der Unternehmer eine über eine Eigenschaftszusicherung i. S. d. § 633 Abs. 1 BGB a. F. hinausgehende **Garantie**, hat er für deren Eintritt ohne Verschulden einzustehen. Dies gilt um so mehr, wenn die Parteien gar einen selb-

---

1 Vgl. BGH, BauR 1973, 321; NJW 1977, 1819; BauR 1987, 89; OLG Köln, BauR 1994, 119 f.; OLG Düsseldorf, NJW-RR 1998, 741; OLG Koblenz, NJW-RR 1995, 655 f.
2 BGH, BauR 1979, 420, 426.
3 Vgl. BGH, BauR 1987, 89; BauR 1996, 735 f.; a. A. OLG Köln, BauR 1993, 734.
4 OLG Bremen, NJW-RR 1990, 218.
5 Vgl. Palandt-*Sprau*, 61. Aufl., § 635 Rz. 8.
6 Vgl. BGH, BauR 1973, 190 f.; BauR 1982, 514, 516.
7 Vgl. BGH, BauR 1981, 284, 287 f.
8 Ständ. Rspr., vgl. BGH, BauR 1980, 191.
9 Vgl. Werner-*Pastor*, Der Bauprozess, 10. Aufl., Rz. 1684 f. m. w. N.

ständigen Garantievertrag abschließen, was aber nur in Ausnahmefällen anzunehmen sein wird.[1]

Da der Anspruch aus § 635 BGB sämtliche mangelbedingten Schäden umfasst, fallen hierunter grundsätzlich auch **Aufwendungen** des Bestellers für die Hinzuziehung eines **Privatgutachters**, wenn er diese für erforderlich halten durfte. Gerade die Erstattungsfähigkeit solcher Privatgutachterkosten gestaltet sich jedoch problematisch. 229

ff) Exkurs: Privatgutachterkosten

Problematisch wird in solchen Fällen allerdings die spätere Erstattung der vom Bauherrn für die Hinzuziehung eines Sonderfachmanns aufgewendeten Kosten, die dieser nur unter dem Gesichtspunkt des Schadensersatzes verlangen kann. Grundsätzlich sind solche Kosten als unmittelbarer Schaden des Bauwerks zu betrachten.[2] Ein solcher Schadensersatzanspruch des Bauherrn ist danach nach § 635 BGB a. F. und nicht nach den Grundsätzen der positiven Vertragsverletzung zu beurteilen.[3] Allerdings tun sich die Instanzgerichte nach wie vor aus kaum nachvollziehbaren Gründen schwer, so eine Kostenerstattung als materiellen Schadensersatzanspruch zuzusprechen. Die Erstattung solcher Privatgutachterkosten wirft dabei nicht nur materiell-rechtliche, sondern auch prozessuale Probleme auf[4]: 230

Soweit es **nicht** zu einem Prozess wegen der Baumängel kommt, können die Privatgutachterkosten grundsätzlich mit der normalen **Leistungsklage** geltend gemacht werden.[5] Wird wegen der Baumängel **prozessiert**, steht es im Ermessen des Bauherrn, die Privatgutachterkosten als **selbständige Schadensposition** im Prozess oder erst anschließend im **Kostenfestsetzungsverfahren** geltend zu machen. Etwaige Unsicherheiten, ob das mit der Sache befasste Gericht möglicherweise noch der veralteten Auffassung anhängt, wonach die Erstattung – wenn überhaupt – nur im Rahmen der Kostenfestsetzung erfolgen könne, sollten mit der Bitte um einen entsprechenden **richterlichen Hinweis** nach § 139 ZPO ausgeräumt werden. 231

Im Prozess richtet sich die Erstattungsfähigkeit der Gutachterkosten materiell-rechtlich danach, ob diese erforderlich waren.[6] Die **Erforderlichkeit** ist dabei im Hinblick auf Art und Ausmaß der aufgetretenen Mängel zu beurteilen, wobei auch darauf abzustellen ist, welche weiteren Mängel künftig noch zu befürchten sind. Hat sich der Bauherr beim Auftreten von gravierenden Mängeln, beispielsweise betreffend die Statik seines Hauses oder aufgrund eingedrungener Feuchtigkeit, eines Privatgutachters bedient, wird man diese Kosten jedenfalls dem Grun- 232

---

1 Vgl. Werner-*Pastor*, Der Bauprozess, 10. Aufl., Rz. 1432 f.
2 BGH, BauR 1985, 83; OLG Düsseldorf, BauR 1989, 329, 331; OLG Hamm, NJW-RR 1992, 1049.
3 BGH, BauR 1971, 51; BauR 1973, 381.
4 Vgl. Werner-*Pastor*, Der Bauprozess, 10. Aufl., Rz. 158 ff.
5 So schon *Schneider*, MDR 1965, 963.
6 OLG Düsseldorf, BauR 1995, 883; OLG Frankfurt, BauR 1991, 777 f.; BGH, BauR 1971, 51.

de nach als nach § 635 BGB a. F. erstattungsfähig zu betrachten haben.[1] Dies gilt ausnahmsweise auch dann, wenn die Hinzuziehung des Sonderfachmanns erst innerhalb eines Prozesses geschieht, um Einwendungen des Unternehmers substantiiert entgegentreten zu können.[2]

Hinweis:
Die bereits eingangs angesprochene, vielfach anzutreffende Neigung **erstinstanzlicher Gerichte**, Bauherren auch in solchen Fällen die grundsätzliche **Erstattungsfähigkeit** von Privatgutachterkosten **abzusprechen**, ist abzulehnen, aus Gründen anwaltlicher Sorgfalt allerdings bei der vorbereitenden Beratung eines Bauherrn zu berücksichtigen und (zur Vermeidung einer evtl. Anwaltshaftung belegbar) darzulegen. Die gleiche Verpflichtung trifft technische Berater, die schon im Vorfeld, d. h. vor der Inanspruchnahme anwaltlicher Hilfe, hinzugezogen werden.

233 Der **sichere** Weg dürfte in diesen Fällen derjenige sein, dem Bauunternehmer zunächst eine (laienhafte) Mängelrüge zu erteilen, verbunden mit einer Frist zur Mängelbeseitigung. Kommt der Unternehmer dem Mängelbeseitigungsverlangen weder innerhalb dieser Frist noch auf eine danach ausgesprochene Mahnung nach, gerät er gemäß § 284 Abs. 1 BGB a. F. (§ 286 Abs. 1 n. F.) in Verzug. Beauftragt der Bauherr danach einen Privatgutachter, sind diese Kosten in jedem Falle als **Verzugsschaden** gemäß § 286 BGB a. F. (§ 280 Abs. 2 i. V. m. § 286 n. F.) zu betrachten.

234 Zu beachten ist allerdings die **Schadensminderungspflicht** aus § 254 BGB. Hier können Abstriche von Privatgutachterkosten der Höhe nach geboten sein, wenn der Bauherr so genannte „Luxusaufwendungen" gemacht hat, beispielsweise einen allein arbeitenden Privatgutachter mit 150 Euro oder mehr vergütet. Dann wird die Erstattungspflicht des Unternehmers angemessen zu reduzieren sein, was allerdings nicht bedeutet, dass hier lediglich die Sätze des ZSEG als erstattungsfähig anzusehen sind. Angemessen dürften Privatgutachterkosten in einer Größenordnung von ca. 75 Euro bis 100 Euro sein.

235 Zu berücksichtigen ist ergänzend, ob es sich bei dem Bauherrn um einen bautechnischen Fachmann handelt oder nicht. Der Laie, der beim Auftreten von erheblichen Mängeln dem Bauunternehmer, Architekten oder anderen Sonderfachleuten gegenübertritt, ist mit Sicherheit auf die Hinzuziehung fachkundiger Hilfe angewiesen. Er wird selbst für den Fall, dass er eine der Symptomtheorie des Bundesgerichtshofes genügende Mängelrüge ohne fremde Hilfe erheben kann, dagegen gerichtete Einwendungen der Gegenseite regelmäßig nicht allein beantworten, geschweige denn einen entsprechenden Prozess ohne sachverständige Hilfe führen können. In dem Umfang, in dem einem **Bauherrn** allerdings **fachliche Kompetenz** zuzusprechen ist, kommt eine (anteilige) Erstattung von Privatgutachterkosten aus Gründen der Schadensminderung nicht in Betracht.

236 Denkbar ist auch, die Privatgutachterkosten im Anschluss an einen Prozess **im Kostenfestsetzungsverfahren** geltend zu machen, was heute allerdings nur noch

---

1 BGH, BauR 1971, 51; BauR 1973, 381; BauR 1985, 93; OLG Koblenz, NJW-RR 1990, 30; OLG Stuttgart, NJW-RR 1996, 255.
2 LG Hamburg (Berufungsurteil), BauR 1999, 684.

selten geschieht. Die hierbei auftretenden Schwierigkeiten liegen auf der Hand: Erstattungsfähig sind Privatgutachterkosten gemäß § 91 ZPO nur, wenn sie als **„notwendige Kosten"**[1] anzusehen sind. Es stellt sich die Frage, wie hier der Begriff der „Notwendigkeit" im Kostenfestsetzungsverfahren hinsichtlich der Höhe der begehrten Kostenerstattung überprüft werden soll. Dieser dürfte gleichzusetzen sein mit dem der „Angemessenheit", der im Rahmen der Schadensminderungspflicht gemäß § 254 Abs. 2 BGB im Hauptsacheverfahren, ggf. durch Einholung eines Sachverständigengutachtens, überprüft werden kann. Derartige Beweismittel stehen im Kostenfestsetzungsverfahren ebenso wenig zur Verfügung wie das ZSEG heranzuziehen ist; vielmehr ist die „Angemessenheit" nach freiem Ermessen zu beurteilen,[2] so dass es schon aus pragmatischen Gründen geboten scheint, Privatgutachterkosten stets als selbständige Schadensposition in einem Hauptsacheprozess geltend zu machen. Auch die weiteren streitigen Fragen, z. B. ob ein vor Prozessbeginn eingeholtes Gutachten sich kausal auf das Ergebnis des Prozesses ausgewirkt hat, lassen sich so besser beantworten.[3]

Die Frage, ob statt eines Privatgutachtens sogleich ein **Selbständiges Beweisverfahren** hätte eingeleitet werden können,[4] kann nur einzelfallbezogen beantwortet werden. Vorrangig wird man darauf abstellen müssen, welcher Natur die zugrunde liegenden Mängel sind. Zu berücksichtigen ist aber auch das **vorprozessuale Verhalten** des Unternehmers. In Fällen, wo dieser trotz Vorlage eines Privatgutachtens nicht nachbessert, sind die Privatgutachterkosten auch dann als erstattungsfähig anzusehen, wenn der Bauherr infolge der Untätigkeit des Unternehmers nicht sogleich zur Ersatzvornahme schreitet, sondern zunächst den Beweis in gerichtlich verwertbarer Weise (§ 493 Abs. 1. ZPO) sichert. Hier hat es der Unternehmer selbst in der Hand, das Selbständige Beweisverfahren zu vermeiden. Demjenigen Bauherren, der den sicheren Weg geht und sich nicht auf die Feststellungen eines Privatgutachtens verlässt, darf daraus kein Nachteil entstehen. 237

Des Weiteren ist hierbei zu berücksichtigen, dass sich Privatgutachten in der Regel mit Mängelfeststellungen und der Ergründung derer Ursachen erschöpfen, während von einer kostspieligen Ermittlung der **Nachbesserungskosten** abgesehen wird. Möchte jetzt der Bauherr seinen Anspruch im Wege der Vorschussklage geltend machen, muss er diesen **beziffern**. Dies wird er am besten können, wenn er über das Selbständige Beweisverfahren die Kosten in gerichtlich verwertbarer Weise ermitteln lässt. Alternativ kann er seine Vorschussklage natürlich auch z. B. auf drei eingeholte Angebote zur Mängelbeseitigung stützen, jedoch ist dann eine entsprechende Beweisaufnahme zur Angemessenheit der Mängelbeseitigungskosten im Hauptsacheprozess dennoch erforderlich. Das Selbständige Beweisverfahren stellt insofern zunächst das einfachere und kostengünstigere Verfahren dar, zumal es nicht selten auf der Grundlage eines Gerichtsgutachtens doch noch zu einer Einigung kommt. Jedenfalls darf der im Vorfeld untätige Unternehmer nicht dadurch belohnt werden, dass dem Bauherren die Erstattung – angemessener – Privatgutachterkosten versagt wird. 238

---

1 Vgl. dazu Zöller-*Herget*, ZPO, § 91 Rz. 12.
2 Vgl. dazu Zöller-*Herget*, ZPO, § 91 Rz. 13 „Privatgutachten".
3 Vgl. OLG Düsseldorf, BauR 1995, 883 = NJW-RR 1996, 572; OLG Koblenz, BauR 1996, 583; Zöller-*Herget*, § 91 ZPO, Rz. 13 „Privatgutachten".
4 Vgl. dazu OLG Düsseldorf, TBAE, Band 1, Nr. 2881.

239 Im Ergebnis ist festzuhalten, dass Privatgutachterkosten nicht nur dann als erstattungsfähig zu betrachten sind, wenn das eingeholte Gutachten in Erwartung einer künftigen streitigen Auseinandersetzung eingeholt wurde und den Rechtsstreit zugunsten des Bauherrn auch positiv beeinflusst hat.[1] Auch wenn sich ein bautechnischer Laie beim Auftreten von Mängeln von nicht unerheblicher Bedeutung privatgutachterlicher Hilfe bedient, ohne bereits einen Prozess mit dem Unternehmer „im Kopf zu haben", stellen die dadurch bedingten Kosten einen **selbständigen Schaden** dar, der in angemessenem Umfang zu erstatten ist. Dies gilt um so mehr, wenn sich der Unternehmer mit der Mängelbeseitigung im Verzug befand.

240 Von der Rechtsnatur her betrachtet der Bundesgerichtshof solche Kosten als **Mangelfolgeschaden**, der beim VOB-Vertrag nach § 13 Nr. 7 VOB/B zu ersetzen ist, ohne dass es einer Fristsetzung nach § 13 Nr. 5 Abs. 2 VOB/B bedarf. Er betrachtet die Kosten in jedem Falle als erstattungsfähig, wenn das Privatgutachten im Einverständnis mit dem Unternehmer eingeholt wird, um Ursache und Ausmaß aufgetretener oder zu befürchtender Mängel zu ermitteln.[2]

gg) Rechtsprechungsübersicht Schadensersatz gemäß § 635 BGB a. F.

(1) Anspruchsvoraussetzungen

241 ▷ Für einen Anspruch aus § 635 müssen die **Voraussetzungen des § 634 BGB a. F.** erfüllt sein (arg.: „statt der Wandlung oder Minderung"), d. h., grundsätzlich sind erforderlich: Mangel, Bestimmung einer angemessenen Frist zur Mängelbeseitigung, verbunden mit einer Ablehnungsandrohung, ergebnisloser Fristablauf oder Entbehrlichkeit der Frist.[3]

▷ Eine **Fristsetzung mit Ablehnungsandrohung** ist jedenfalls dann **nicht erforderlich**, wenn Schäden geltend gemacht werden, die durch Nachbesserung nicht zu beseitigen sind, z. B. Verdienstausfall bis zur und während der Nachbesserung, Sachverständigengutachten.[4]

▷ Da § 634 Abs. 3 BGB a. F. nur die Wandelung ausschließt, genügt grundsätzlich auch das Vorliegen eines nur **geringfügigen Mangels**; der BGH weist allerdings ausdrücklich auf die Möglichkeit einer Korrektur über § 242 BGB hin.[5]

▷ Für einen Anspruch aus § 635 BGB a. F. ist **Abnahme** oder zumindest die Ausführung des Werks im Sinne des § 646 BGB erforderlich.[6] Dies ist allerdings sehr **umstritten**:

▷ a. A. BGHZ 132, 96, 102; BGH NJW 1994, 942.

---

1 Zöller-*Herget*, § 91 ZPO, Rz. 13 „Privatgutachten"; OLG Köln, BauR 1995, 881; Werner-*Pastor*, Der Bauprozess, 10. Aufl., Rz. 172 m. w. N.
2 Vgl. BGH, BauR 2002, 86 f.
3 BGHZ 26, 339; 27, 218; BGHZ 50, 160, 166; BGHZ 59, 328 f.; BGH, NJW-RR 1990, 1300, 1301; BGH, BauR 2002, 1847 f.; a. A.: Staudinger – Peters, § 635 Rz. 20 ff., wonach § 635 BGB lediglich einen vom Unternehmer zu vertretenden Werkmangel voraussetzen soll.
4 BGHZ 92, 308, 310; BGHZ 96, 221, 226 f.; BGH, NJW-RR 1990, 786.
5 BGHZ 27, 219.
6 BGH, NJW 1969, 839.

▷ Auch die Oberlandesgerichte Nürnberg[1] und München[2] sehen für eine Abweichung von den Voraussetzungen § 634 BGB a. F. keinen zwingenden Grund. Dies gelte insbesondere für während der Herstellung auftretende Mängel, die auch nach Fristsetzung nicht beseitigt sind („stecken gebliebene Leistungen").

▷ Nach einer anderen Entscheidung des Bundesgerichtshofes[3] soll dagegen für Schäden am Werk selbst oder außerhalb des Werks, die während der Herstellung entstehen, generell nach den Regeln der pVV gehaftet werden.

▷ Das Oberlandesgericht Düsseldorf[4] hat in einem vergleichbaren Fall Teilunmöglichkeit mit den Folgen aus §§ 280, 325 BGB a. F. angenommen.

▷ Der Unternehmer kann sich bei der Frage des **Verschuldens** nicht darauf berufen, ihm fehlten die zur Werkherstellung erforderlichen Spezialkenntnisse oder Erfahrungen; insoweit gilt für die Sorgfaltspflichten bestimmter Berufsgruppen ein abstrakter, objektiver Maßstab. Der Unternehmer hat sich ggf. bei einem Sachverständigen zu informieren, für dessen sorgfältige Auswahl er einzustehen hat (so genanntes **culpa in eligendo**).[5]

▷ Die Einstandspflicht für **Erfüllungsgehilfen** des Unternehmers beschränkt sich nicht auf die eigenen und die aus fremden Unternehmen hinzugezogenen Angestellten, Arbeiter und Lehrlinge, sondern umfasst auch die durch den Unternehmer beauftragten Subunternehmer und sonstige an der Werkherstellung beteiligte Selbständige.[6]

▷ Der Materiallieferant wird i. d. R. nicht Erfüllungsgehilfe des Unternehmers sein, es sei denn, dass auch die Herstellung des Materials geschuldet ist. Den Unternehmer trifft aber in den Grenzen der von ihm zu fordernden Sachkunde die **Pflicht zur Materialprüfung**, bei deren Verletzung er für eigenes Verschulden haften kann. Das Gleiche gilt für die Lieferung von Ersatzteilen.[7]

(2) Rechtsfolgen

▷ Schadensersatz ist entgegen § 249 Satz 1 BGB in aller Regel durch **Entschädigung in Geld** zu leisten. Der Anspruch auf Naturalrestitution ist hier ausgeschlossen, da es ja gerade zu den Voraussetzungen des § 635 BGB a. F. gehört, dass der Unternehmer trotz Fristsetzung mit Ablehnungsandrohung gemäß § 634 Abs. 1 und 2 BGB a. F. seiner Pflicht zur Erfüllung oder Nachbesserung nicht nachgekommen ist. Nach fruchtlosem Fristablauf hat er diese Rechte nicht mehr, so dass er auch nicht gemäß § 635 BGB a. F. nachträglich dazu verurteilt werden kann. Nur in ganz bestimmten Einzelfällen kann etwas anderes gelten.[8]

242

---

1 MDR 1985, 763.
2 NJW-RR 1987, 854.
3 NJW 1969, 839.
4 JuS 1978, 780.
5 BGHZ 92, 308, 311 f.
6 BGH, WM 1978, 1411.
7 BGH, NJW 1978, 1157.
8 BGHZ 61, 28; BGH, NJW 1973, 1475; NJW 1978, 1853; NJW 1987, 645 f.; BGH, NJW-RR 1989, 86 f.; OLG Hamm BauR 1972, 123.

▷ Die **Schadensminderungspflicht** aus § 254 Abs. 2 Satz 1 BGB kann den Besteller verpflichten, dem Unternehmer Gelegenheit zu Mängelbeseitigung zu geben statt erhöhten Herstellungsaufwand ersetzt zu verlangen; der Besteller ist aber nicht verpflichtet, sich auf ungewisse Herstellungsexperimente einzulassen, sondern braucht nur Maßnahmen hinzunehmen, die außer Zweifel erfolgreich sind.[1]

(3) Abgrenzung des § 635 BGB a. F. von der pVV

243 ▷ Die seit 1972 ständige Rechtsprechung des Bundesgerichtshofes,[2] an der dieser trotz heftiger Kritik aus dem Schrifttum festgehalten hat,[3] bestimmt den Anwendungsbereich des § 635 BGB a. F. wie folgt:

Er umfasst diejenigen Schäden, die dem Werk unmittelbar anhaften, weil es infolge des Mangels unbrauchbar, wertlos oder minderwertig ist, sowie den dadurch verursachten entgangenen Gewinn (**Mangelschaden**); ferner solche **Mangelfolgeschäden**, die zwar außerhalb des Werks auftreten, aber in einem „engen und unmittelbaren Zusammenhang" mit dem Mangel stehen. Dagegen sei die pVV auf alle „**entfernteren Mangelfolgeschäden**" anwendbar. Dabei darf nach den Worten des BGH der Begriff des engen Zusammenhangs nicht „schematisch und formelhaft" angewandt werden, in Grenzfällen sei vielfach der „lokale Zusammenhang" entscheidend.

▷ Allerdings kann auch ein Schaden, der durch Verletzung einer **Hauptleistungspflicht** entsteht, als entfernter Mangelfolgeschaden den Regeln der pVV unterliegen.[4]

(4) Beispiele aus dem Anwendungsbereich des § 635 BGB a. F.

244 ▷ Ersatzkosten oder **Mängelbeseitigungskosten**, auch solche zur Richtigstellung der Pläne, Umzugskosten, Miete für Ersatzwohnung, Minderwert eines Gebäudes, entgangener Gewinn im weiteren Sinne, Arbeiten an einem Bauwerk, kurze Verjährung gemäß § 638 Abs. 1 BGB a. F./Abgrenzung pVV;[5]

▷ **Bausummenüberschreitung** durch Architekten;[6]

▷ **vorzeitiger Verschleiß** einer Maschinenanlage, die in die als Werkleistung geschuldete erweiterte (und mangelhafte) Anlage einbezogen wurde: Arbeit an einem Bauwerk/Abgrenzung zur pVV/kurze Verjährung gemäß § 638 Abs. 1 BGB a. F./keine Eigentumsverletzung gemäß § 823 Abs. 1 BGB;[7]

▷ Kosten eines notwendigen **Privatgutachtens** über Mängel;[8]

---

1 BGHZ 43, 233; BGH, NJW 1962, 1499; 1978, 1853.
2 BGHZ 58, 85, 88.
3 ZB BGHZ 98, 45 f.; BGHZ 115, 32, 34; BGHZ 133, 160 f.; BGH, NJW 1993, 923 f.
4 BGH, BauR 2002, 630 f.
5 BGHZ 58, 85, 87; BGHZ 67, 1, 6; BGH, BauR 1971, 128; BGH, NJW-RR 1998, 1027; OLG Stuttgart, BauR 1973, 259 f.; OLG Düsseldorf, BauR 1990, 610 f.
6 OLG Stuttgart NJW-RR 1987, 913.
7 BGH, BauR 1972, 379 f.
8 BGHZ 92, 308, 310 f.; BGH, NJW 1985, 1323; BGH, NJW-RR 1998, 1027; OLG Koblenz, NJW-RR 1990, 30.

▷ **mit Öl verschmutztes Erdreich**, wenn die Ölleitung mangelhaft verlegt wurde: Arbeit an einem Bauwerk, Abgrenzung pVV, kurze Verjährung gemäß § 638 Abs. 1 BGB a. F., keine Eigentumsverletzung gemäß § 823 Abs. 1 BGB;[1]

▷ wohl auch nutzlos aufgewandte **Urlaubszeit**;[2]

▷ sonstige **entgangene Nutzungsmöglichkeit**:
  - bejaht für eine Tiefgarage,[3]
  - verneint für ein privates Schwimmbad.[4]

(5) Beispiele aus dem Anwendungsbereich der pVV

▷ **Aufwendungen** zur Erfüllung von Ersatzansprüchen gegen den Besteller, die sich auf den Mangel gründen;[5]

▷ **Verluste** durch Fehldispositionen infolge unrichtiger Schätzungen, Gutachten und Auskünfte;[6]

▷ allgemeine **Personen- und Sachschäden** als Folge des Mangels, z. B. Brandschäden als Folge mangelhaft hergestellter Ölfeuerungsanlagen;[7]

▷ Sachschäden infolge **mangelhafter Befestigung** eines herabstürzenden Regals;[8]

▷ Sachschäden infolge eines **Einbruchs**, der durch ein mangelhaftes Sicherungssystem ermöglicht wurde;[9]

▷ Sachschäden durch **Wassereinbrüche** bei einem mangelhaften Flachdach;[10]

▷ Sachschäden infolge eines falsch eingebauten **Absperrventils**.[11]

(6) Vorschussanspruch

▷ Ein Anspruch des Bestellers auf Vorschuss für den zu leistenden Schadensersatz besteht **nicht**.[12]

(7) Beweislast

▷ Der Besteller hat die **objektive Pflichtverletzung** durch den Unternehmer und deren Ursächlichkeit für den entstandenen Schaden zu beweisen.[13]

---

1 OLG München BauR 1990, 736 ff.
2 BGHZ 63, 98.
3 BGHZ 96, 124.
4 BGHZ 76, 179, 186; a. A.: OLG Köln, NJW 1974, 569.
5 BGHZ 35, 130.
6 BGHZ 67, 1; BGHZ 87, 239.
7 BGH, NJW 1982, 2244; BGHZ 58, 305.
8 BGH, NJW 1979, 1651.
9 BGHZ 115, 32.
10 OLG Hamm, NJW-RR 1990, 981.
11 OLG Stuttgart, NJW-RR 1989, 917, 918.
12 BGHZ 61, 28; BGH, NJW 1987, 889 f.; a. A.: OLG Hamm MDR 1971, 758.
13 BGHZ 48, 310.

▷ **Beweislastumkehr** erfolgt, wenn der Unternehmer fahrlässig die dem Besteller obliegende Beweisführung erschwert oder vereitelt, z. B. durch Nichtaufnahme eines Protokolls über Rammarbeiten[1] oder wenn der Architekt ohne Pläne arbeitet, so dass Nachweise von Planungsfehlern erschwert werden.[2]

▷ **Beweiserleichterung** greift ein bei Nachweis, dass das vom Unternehmer verwendete und vertraglich nicht vereinbarte Material das Risiko eines bestimmten Schadens in sich trägt; in diesem Fall ist es unschädlich, dass eine Schadensverursachung durch andere Faktoren nicht auszuschließen ist.[3]

4. Schuldrechtsmodernisierungsgesetz

248 Im Rahmen der Schuldrechtsreform sind auch die §§ 633 ff. BGB neu gefasst worden. **Zentrale Anspruchsgrundlage** für die Rechte des Bestellers beim Vorliegen einer mangelhaften Leistung i. S. d. § 633 BGB n. F. ist dabei **§ 634 BGB n. F.**, der u. a. (wiederum in Anlehnung an das Kaufrecht) auf die neuen allgemeinen Vorschriften der §§ 280, 281, 283, 311a sowie 284 BGB n. F. verweist. Gleichzeitig ergibt sich eine weitere grundlegende Änderung gegenüber der bisherigen Gesetzeslage: dem Besteller stehen jetzt sowohl vor als auch nach Abnahme die gleichen Rechte zu.[4] An der Erfolgsbezogenheit des Werkvertragsrechts ändert sich allerdings nichts, so dass es bei den bisherigen Kriterien zur Abgrenzung zum reinen Dienstvertrag bleibt.[5]

249 Der **Werklieferungsvertrag** ist durch § 651 BGB n. F. nunmehr weitgehend dem Kaufrecht unterstellt, wobei bei nicht vertretbaren Sachen auch die §§ 642, 643, 645, 649, 650 BGB n. F. mit der Maßgabe anzuwenden sind, dass an die Stelle der Abnahme die Übergabe an den Besteller (vgl. § 446 BGB n. F.) bzw. bei Versendung an den Spediteur (vgl. § 447 Abs. 1 BGB n. F.) tritt.[6]

a) Übersicht der Gewährleistungsansprüche

250 § 634 BGB n. F. katalogisiert die Ansprüche des Bestellers beim Vorliegen von Mängeln i. S. d. § 633 BGB n. F. wie folgt:

▷ Nacherfüllung, § 635 BGB n. F.

▷ Ersatzvornahme, § 637 BGB n. F.

▷ Rücktritt vom Vertrag, §§ 636, 323, 326 Abs. 5 BGB n. F., alternativ: Minderung, § 638 BGB n. F.

▷ Schadensersatz, §§ 636, 280, 281, 283, 311a BGB n. F., alternativ: Ersatz vergeblicher Aufwendungen, § 284 BGB n. F.

---

1 BGH VersR 1972, 457.
2 BGH VersR 1974, 262.
3 BGH, BauR 1973, 51 f.
4 *Albrecht/Flohr/Lange*, Schuldrecht 2002, S. 55.
5 *Dauner-Lieb/Heidel/Lepa/Ring*, Das neue Schuldrecht, § 9 Rz. 3.
6 Vgl. Palandt-*Sprau*, 61. Aufl., Einf. v. § 631 BGB, Rz. 25.

b) Nacherfüllung, § 635 BGB n. F.

Aus den §§ 635 bis 637 BGB n. F. folgt zunächst einmal, dass der Besteller „Nacherfüllung" verlangen muss, es sei denn, diese ist beiden Vertragsparteien nicht zuzumuten oder der Unternehmer verweigert sie von vornherein (vgl. §§ 635 Abs. 3 i. V. m. 275 Abs. 2 und 3, 636 i. V. m. 281 Abs. 2 und 323 Abs. 2, 637 Abs. 1 und Abs. 2 i. V. m. 323 Abs. 2 BGB n. F.). Mit diesem Nacherfüllungs**recht** des Unternehmers korrespondiert der Nacherfüllungs**anspruch** des Bestellers, der Konsequenz seines grundsätzlichen Anspruchs auf Erhalt eines mangelfreien Werks gemäß § 633 Abs. 1 BGB n. F. ist. Es handelt sich hierbei um einen originären Erfüllungsanspruch,[1] der unabhängig von einer erfolgten **Abnahme** fortbesteht, so dass insofern **keine Abgrenzung** mehr wie nach altem Recht mehr erforderlich ist. Der Besteller kann daher auch noch nach Abnahme grundsätzlich Neuherstellung verlangen, allerdings mit folgenden Einschränkungen: 251

▷ Anders als im Kaufrecht (vgl. § 439 Abs. 1 BGB n. F.) hat der Unternehmer ein **Wahlrecht**, ob er den Nacherfüllungsanspruch durch Nachbesserung oder Neuherstellung erfüllen will (§ 635 Abs. 1 BGB n. F.). 252

▷ Entsprechend der bisherigen Regelung des § 633 Abs. 2 Satz 3 BGB kann der Unternehmer die **Nacherfüllung** insgesamt **verweigern**, wenn sie in einem groben Missverhältnis zum Leistungsinteresse des Bestellers steht (§ 275 Abs. 2 BGB n. F.) oder nur mit unverhältnismäßig hohen Kosten möglich ist (§ 635 Abs. 3 BGB n. F.). Für den absoluten Ausnahmefall (vgl. den unverändert gebliebenen § 613 Abs. 1 BGB), dass der Unternehmer die Leistung nur persönlich erbringen kann, gewährt ihm § 275 Abs. 3 BGB n. F. ein gesondertes Leistungsverweigerungsrecht.

▷ Verweigern kann der Unternehmer die Nacherfüllung auch dann, wenn sie unmöglich ist, wobei die **objektive Unmöglichkeit** nunmehr dem Unvermögen gleichsteht (§ 275 Abs. 1 BGB n. F.) und es auf ein Vertretenmüssen nicht ankommt.[2]

▷ Entscheidet sich der Unternehmer für die Neuherstellung, kann er das mangelhafte Werk gemäß § 635 Abs. 4 i. V. m. §§ 346 ff. BGB n. F. herausverlangen.

Der Nacherfüllungsanspruch entspricht in seiner Ausgestaltung dem bisherigen Mängelbeseitigungsanspruch aus § 633 Abs. 2 Satz 1 BGB a. F.,[3] so dass grundsätzlich auf die dazu vorliegende Rechtsprechung und Literatur zurückgegriffen werden kann. Dies wiederum mit der Maßgabe, dass eine Unterscheidung von Ansprüchen vor und nach Abnahme nicht mehr erforderlich ist. 253

Entsprechend der bisherigen Rechtslage ist aber auch das Nacherfüllungsrecht des Unternehmers zu beachten. Bessert der Besteller nach, ohne dem Unternehmer Gelegenheit zur Nacherfüllung gegeben zu haben, verliert er seine Ansprüche aus den §§ 634 ff. BGB n. F., es sei denn, es liegt einer der Ausnahmetatbestände der §§ 635 Abs. 3, 636, 637 Abs. 2, 323 Abs. 2, 275 BGB n. F. vor. Auch wenn nach neuem Recht **kein Verzug** des Unternehmers mit der Mängelbeseitigung 254

---
1 Vgl. Begr. RegE, BT-Drucks. 14/6040, S. 209, 219 f. zum Kaufrecht.
2 Vgl. *Canaris*, JZ 2001, 499, 500.
3 Vgl. Palandt-*Sprau*, 61. Aufl., Einf. v. § 631 BGB Rz. 30.

(Nacherfüllung) mehr erforderlich ist, ist in jedem Fall darauf zu achten, dass ihm eine **angemessene Frist** zur Erfüllung seiner vertraglichen Verpflichtungen gesetzt wird, um die Sekundäransprüche des Bestellers nicht zu gefährden. Hierauf sollte nur in begründeten Ausnahmefällen verzichtet werden, wobei wiederum auf die zu dieser Problematik zur bisherigen Rechtslage vorliegende Rechtsprechung und Literatur zurückgegriffen werden kann. Entsprechend muss es in Ausnahmefällen auch dabei bleiben, dass nur eine ganz bestimmte Art der Nacherfüllung (ggf. Neuherstellung) in Betracht kommt, nämlich wenn der geschuldete Erfolg nur so zu bewirken ist.[1]

255 Selbstverständlich fallen dem Unternehmer auch (wie bisher) die **Kosten der Nacherfüllung** einschließlich etwaiger Transportkosten etc. zur Last (§ 635 Abs. 2 BGB n. F.).

c) Selbstvornahme gemäß § 637 BGB n. F.

256 Das Gesetz geht grundsätzlich davon aus, dass dem Unternehmer eine „zweite Chance zur Vertragserfüllung"[2] gegeben werden soll. Der Besteller kann daher auch nach neuem Recht die Mangelbeseitigung auf Kosten des Unternehmers im Wege der Ersatzvornahme nur unter folgenden Voraussetzungen durchführen bzw. durchführen lassen:

▷ Bestehen eines Nacherfüllungsanspruchs wegen Vorliegen eines Mangels, den der Unternehmer trotz angemessener Fristsetzung nicht beseitigt hat, § 637 Abs. 1 BGB n. F.

▷ Kein Recht des Unternehmers zur Verweigerung der Mangelbeseitigung, § 637 Abs. 1, 2. Halbsatz BGB n. F.

257 Die **Fristsetzung** ist gemäß § 637 Abs. 2 BGB n. F. außer bei Vorliegen der Voraussetzungen des § 323 Abs. 2 BGB n. F. (ernsthafte und endgültige Leistungsverweigerung/Fixgeschäft/besondere Umstände unter Berücksichtigung der beiderseitigen Interessen) auch dann **entbehrlich**, wenn ein Nacherfüllungsversuch fehlgeschlagen oder die Nacherfüllung für den Besteller unzumutbar ist. Anders als nach bisherigem Recht ist der bloße fruchtlose Ablauf der angemessenen Frist allerdings ausreichend, um die Ersatzvornahme zulasten des Unternehmers durchzuführen. **Verzug**, sprich eine schuldhafte Fristversäumung des Unternehmers, ist **nicht mehr erforderlich**.[3]

258 Probleme können auftreten, wenn die Frist zur Nacherfüllung **unangemessen kurz** ist, da dieser Fall weder im alten noch im neuen Recht geregelt ist. Nach der zur bisherigen Rechtslage vorliegenden Rechtsprechung war die nicht ausreichende automatisch in eine auskömmliche Zeitspanne umzurechnen. Dies ist auch absolut praxisgerecht, so dass kein vernünftiger Grund dafür ersichtlich ist, warum eine zu kurz bemessene Frist mit allen damit verbundenen Nachtei-

---
1 Vgl. BGH, NJW-RR 1997, 1106.
2 Vgl. *Dauner-Lieb/Heidel/Lepa/Ring*, Das neue Schuldrecht, § 9 Rz. 48.
3 Vgl. *Ott/Lüer/Heussen*, Anwaltscheckbuch Schuldrechtsreform, III. Rz. 656.

len für den Besteller unwirksam sein soll.¹ Vernünftigerweise muss es hier bei der bisherigen praxisgerechten Rechtsprechung bleiben, die auch für die neue Rechtslage bald für eine entsprechende Klarstellung sorgen sollte. So ergibt sich bereits für die vorstehend zitierte Auffassung von Canaris kein Anhaltspunkt aus der Begründung zum Regierungsentwurf.² Im Gegenteil: In der Begründung zu § 281 BGB n. F., der ebenfalls von einer „angemessenen" Frist spricht, wird ausdrücklich darauf hingewiesen, dass an der bisherigen Rechtslage nichts geändert werden soll.³

Hinweis:
Wer trotzdem eher vorsichtig agiert, sollte aber bis dato entsprechende Fristen lieber zu lang als zu kurz setzen und sich ggf. vorab bei Fachleuten erkundigen, welcher Zeitraum für welche Nachbesserungsarbeiten auskömmlich ist.

Liegen die Voraussetzungen vor, kann der Besteller entsprechend der bisherigen Rechtslage den Mangel selbst beseitigen bzw. durch Dritte beseitigen lassen und die dafür **entstehenden Kosten** vom Unternehmer verlangen (§ 637 Abs. 1 BGB n. F.). Dies wird er nach wie vor selbstverständlich erst nach einer entsprechenden Sicherung des bisherigen Zustands (z. B. durch Einleitung eines **Selbständigen Beweisverfahrens**) tun. Der bislang von der Rechtsprechung entwickelte Vorschussanspruch des Bestellers hinsichtlich der voraussichtlichen Mängelbeseitigungskosten ist nunmehr in § 637 Abs. 3 BGB n. F. gesetzlich verankert. Generell ändert sich danach auch insoweit nichts gegenüber der bisherigen Rechtslage, so dass auch diesbezüglich auf die vorhandene Rechtsprechung und Literatur zurückgegriffen werden kann⁴. Er kann aber auch nach Fristablauf weiterhin (anders als nach § 634 Abs. 1 Satz 3, 2. Halbsatz BGB a. F.) seinen Erfüllungsanspruch oder ohne weitere vorbereitende Erklärungen die Rechte aus § 634 Nr. 3 und 4 BGB n. F. geltend machen, da das Erfordernis der **Ablehnungsandrohung** weggefallen ist.⁵ 259

d) Rücktritt und Schadensersatz gemäß §§ 634 Nr. 3, 1. Alt., Nr. 4; 636 BGB n. F.

Der Anspruch auf **Wandelung** (Rückgängigmachung des Vertrags) i. S. d. § 634 260 Abs. 1 Satz 3, 1. Halbsatz BGB in der bis zum 31. Dezember 2001 gültigen Fassung findet sich in den neuen werkvertraglichen Vorschriften ebenso wenig wieder wie ein dem bisherigen § 635 BGB entsprechender, besonderer **Schadensersatzanspruch**. Auch dies ist wiederum in dem Bestreben des Gesetzgebers begründet, insbesondere zwecks Umsetzung der Richtlinie zum Verbrauchsgüterkauf,⁶ das Gewährleistungsrecht zu vereinheitlichen. Sowohl Rücktritts- als auch Schadensersatzrechte des Bestellers richten sich genauso wie diejenigen des Käufers nach den allgemeinen Vorschriften der §§ 280, 281, 283, 284, 311a sowie 323,

---
1 So aber Canaris, JZ 2001, 499, 510 unter Bezugnahme auf § 323 Abs. 1 Satz 2 DiskE, der eine der bisherigen Rechtsprechung entsprechende Regelung vorsah, so aber nicht Gesetz geworden ist.
2 BT-Drucks. 14/6857, S. 5.
3 BT-Drucks. 14/6040, S. 185.
4 Vgl. Palandt-*Sprau*, 61. Aufl., Einf. v. § 631 BGB Rz. 31 aE
5 Vgl. *Ott/Lüer/Heussen*, Anwaltscheckbuch Schuldrechtsreform, III. Rz. 655.
6 1999/44/EG, 25.5.99, ABl.EG L Nr. 171 v. 7. 7. 99, 12.

326 Abs. 5 BGB n. F. § 636 BGB n. F. kommt insofern ebenso wie der entsprechenden kaufrechtlichen Vorschrift des § 440 Satz 1 BGB n. F. nur eine ergänzende klarstellende Funktion hinsichtlich einer verweigerten, fehlgeschlagenen oder für den Besteller (Käufer) unzumutbaren Nacherfüllung zu.

261 Allerdings sollte von einer **Fristsetzung** wegen (vermeintlicher) **Unzumutbarkeit** der Nacherfüllung für den Besteller nur in Ausnahmefällen abgesehen werden, da dieser unbestimmte Rechtsbegriff letztendlich nur durch die Rechtsprechung bezogen auf konkrete Einzelfälle ausgefüllt werden kann.[1] Dies dann verbunden mit der Gefahr, dass ein letztinstanzliches Urteil eine Unzumutbarkeit verneint und zu dem Ergebnis kommt, dass mangels Fristsetzung sowohl ein Rücktritt unwirksam als auch ein Anspruch auf Schadensersatz nicht gegeben ist. Im Zweifel sollte daher zumindest eine **kurze Erklärungsfrist** gesetzt werden, mit der der Unternehmer aufgefordert wird, seine Bereitschaft zur Nacherfüllung zu erklären. Diese kann dann verbunden werden mit einer **zweiten Frist** zur Erledigung der Nacherfüllung. Verstreicht schon die erste Frist fruchtlos, können sodann Rücktritt oder Minderung erklärt bzw. Schadensersatzansprüche geltend gemacht werden.

> In dem Bauvorhaben XY sind die nachstehend aufgeführten Mängel Ihrer Werkleistung aufgetreten: .... Wir/Ich fordern(e) Sie auf, bis zum .... verbindlich zu erklären, diese fachgerecht zu beseitigen und die Nachbesserung sodann bis zum .... durchzuführen. Sollte bereits die geforderte Erklärung nicht fristgerecht vorliegen, werden ohne weitere Ankündigung die Rechte aus § 634 BGB geltend gemacht. Das Gleiche gilt, falls die Erklärung fristgerecht abgegeben wird, danach jedoch keine Mängelbeseitigung innerhalb der weiteren Frist erfolgt.

262 Auch die bislang bei **verspäteter Herstellung** in § 636 BGB geregelten Rechte des Bestellers gehen in den vorgenannten neuen Vorschriften des allgemeinen Schuldrechts auf.

aa) Rücktritt vom Vertrag

263 Sowohl beim Vorliegen eines Sach- als auch eines Rechtsmangels ist der Besteller berechtigt, gemäß §§ 634 Nr. 3 i. V. m. 323 ff. BGB n. F. vom Vertrag zurückzutreten. Das bisherige Recht auf **Wandelung** (§ 634 Abs. 1 S. 3 BGB) wird hierdurch **ersetzt**. Anders als bei dem früheren Anspruch auf Wandelung handelt es sich beim Rücktritt um ein **einseitiges Gestaltungsrecht**, so dass dieser mit der bloßen Erklärung des Bestellers bewirkt ist; einer Zustimmung des Unternehmers bzw. eines diese ersetzenden richterlichen Gestaltungsaktes bedarf es nicht mehr.[2] Ausgeübt werden kann das Rücktrittsrecht – ähnlich wie das bisherige Wandelungsrecht auf der Grundlage des § 634 Abs. 1 Satz 2 BGB – auch schon **vor Fertigstellung** der Werkleistung, wenn schon zu diesem Zeitpunkt offensichtlich ist, dass die Voraussetzungen des Rücktritts eintreten werden (§ 323 Abs. 4 BGB n. F.). Mit Erklärung des Rücktritts (§ 349 BGB, gilt unverändert fort) entsteht

---

1 Vgl. *Ott/Lüer/Heussen*, Anwaltscheckbuch Schuldrechtsreform, III. Rz. 678.
2 Vgl. *Albrecht/Flohr/Lange*, Schuldrecht 2002, S. 56, 43.

ein Rückabwicklungsverhältnis, das sich nach den §§ 346, 347 BGB n. F. bestimmt. Zu den Besonderheiten, die sich dabei insbesondere bezüglich der Ansprüche auf **Verwendungs- und Nutzungsersatz** gegenüber der bisherigen Rechtslage ergeben, wird auf die einschlägigen Kommentierungen zum Bürgerlichen Gesetzbuch[1] verwiesen.

Voraussetzung für den Rücktritt ist gemäß § 323 Abs. 1 BGB n. F., dass der Unternehmer die Werkleistung bei Fälligkeit nicht oder nicht vertragsgerecht erbracht hat und eine vom Besteller gesetzte, angemessene Frist zur Leistung oder Nacherfüllung fruchtlos verstrichen ist. Entsprechend der bisherigen Rechtslage kann dabei davon ausgegangen werden, dass eine zu kurze Frist nicht unwirksam ist, sondern eine angemessene in Lauf setzt. 264

Die Fristsetzung ist gemäß § 323 Abs. 2 BGB n. F. entbehrlich, wenn 265

▷ der Unternehmer die Leistung ernsthaft und endgültig verweigert,

▷ er das Werk zu einem fixen Termin nicht vertragsgerecht hergestellt hat, obwohl der Besteller im Vertrag darauf hingewiesen hat, dass er bei verspäteter Herstellung kein Interesse mehr an dem Werk hat, oder

▷ besondere Umstände vorliegen, die unter Abwägung der Interessen beider Vertragsparteien einen sofortigen Rücktritt rechtfertigen.

Darüber hinaus ist gemäß § 636 BGB n. F. eine Fristsetzung auch dann entbehrlich, 266

▷ wenn der Unternehmer eine Nacherfüllung zu Recht gemäß § 635 Abs. 3 BGB n. F. wegen eines unverhältnismäßigen Aufwands verweigert,

▷ die Nacherfüllung fehlgeschlagen oder

▷ dem Besteller nicht zumutbar ist.

Da die Fristsetzung dazu dient, dem Unternehmer die Nacherfüllung zu ermöglichen, ist sie auch dann entbehrlich, wenn die Leistung gemäß § 275 Abs. 1 BGB n. F. **unmöglich** ist. Das Gleiche gilt, wenn der Unternehmer gemäß § 275 Abs. 2 und 3 BGB n. F. berechtigt ist, die Nacherfüllung zu verweigern, weil sie ihm unter Berücksichtigung seiner eigenen Vertragstreue nur mit einem absolut **unverhältnismäßigen Aufwand** möglich ist oder ihm persönlich unter Abwägung der Leistungsinteressen des Bestellers nicht zugemutet werden kann. Der Rücktritt des Bestellers kann in diesen Fällen direkt über § 326 Abs. 5 BGB n. F. erfolgen. 267

In keinem Falle ist mehr der Ausspruch einer **Ablehnungsandrohung** erforderlich, wie dies nach bisherigem Recht gemäß § 326 Abs. 1 oder § 634 Abs. 1 Satz 1 BGB bis auf die oben dargestellten Ausnahmen Anspruchsvoraussetzung war. Deren **Wegfall** stellt gegenüber der bisherigen Rechtslage eine erhebliche Erleichterung dar, da die Rechtsprechung hieran stets hohe Anforderungen gestellt hat- 268

---

1 Z. B. bei Palandt-*Heinrichs*, 61. Aufl., Einf. v. § 241 BGB Rz. 56 ff.

te, die im Einzelfall dazu führen konnten, dass der jeweilige Gläubiger seiner Rechte verlustig ging, nur weil er die Ablehnung der Leistung nicht formal korrekt ausgesprochen hatte. Andererseits entfällt auch eine häufige Fehlerquelle in Bezug auf geltend gemachte **Zurückbehaltungsrechte**: Vielfach wurde nämlich die Aufforderung zur Mängelbeseitigung mit einer Ablehnungsandrohung verbunden, um sich dann in einem späteren Prozess gegenüber dem Vergütungsanspruch des Unternehmers – erfolglos – nur damit zu verteidigen, dass dem Besteller wegen Mängeln an der Werkleistung ein Zurückbehaltungsrecht zustehe.

269 Hat der Unternehmer das Werk teilweise hergestellt, kommt ein Rücktritt des Bestellers nur in Betracht, wenn er an der **Teilleistung** kein Interesse hat (§ 323 Abs. 5 Satz 1 BGB n. F.).

270 Ausgeschlossen ist der Rücktritt gemäß § 323 Abs. 5 Satz 2 BGB n. F., wenn die Pflichtverletzung, sprich der **Mangel unerheblich** ist. Der Begriff der Unerheblichkeit dürfte in diesem Fall demjenigen der Unwesentlichkeit in § 640 Abs. 1 Satz 2 BGB entsprechen, so dass für dessen Bestimmung die gleichen Kriterien wie im Zusammenhang mit der Abnahmeverweigerung herangezogen werden können. Die hier vorgenommene Einschränkung ist gerechtfertigt, da der Unternehmer infolge des Rücktritts seinen Werklohnanspruch verliert. Daran ändert auch der Umstand nichts, dass dem Unternehmer das Werk zurückzugewähren ist, da er dies vielfach anderweitig nicht wird verwenden können.

271 Dem **Besteller** steht ein Rücktrittsrecht auch dann nicht zu, wenn er den **Mangel** allein oder überwiegend **zu vertreten** hat oder sich beim Auftreten eines vom Unternehmer nicht zu vertretenden Mangels im Annahmeverzug befindet (§ 323 Abs. 6 BGB n. F.).

272 Schließlich können sowohl der Besteller als auch der Unternehmer gemäß § 324 BGB n. F. auch dann vom Vertrag zurücktreten, wenn einer der beiden seine **Pflichten aus § 241 Abs. 2 BGB n. F.** (Rücksichtnahme auf Rechte, Rechtsgüter und Interessen des Vertragspartners) verletzt und dem anderen deshalb ein Festhalten am Vertrag nicht mehr zumutbar ist.

bb) Schadensersatz

273 Zusätzlich zur Erklärung des Rücktritts kann der Besteller beim Vorliegen eines Mangels i. S. d. § 633 BGB n. F. unter den Voraussetzungen der §§ 634 Nr. 4 i. V. m. 280 ff. BGB n. F. auch umfassend Schadensersatz verlangen. Ergänzend zu § 281 Abs. 2 BGB n. F. ist gemäß § 636 BGB n. F. eine weitere Fristsetzung ebenfalls nicht erforderlich, wenn die entsprechenden, vorstehend für den Rücktritt dargelegten, Voraussetzungen vorliegen.

274 Durch die Verweisung in § 634 Nr. 4 BGB n. F. auf § 280 BGB n. F. wird klargestellt, dass der Unternehmer *jeden Schaden* zu ersetzen hat, der auf einer von ihm zu vertretenden Pflichtverletzung beruht. Eine Abgrenzung, ob der Schaden direkt oder entfernt oder gar nicht mit dem Mangel seines Werks zusammenhängt, erfolgt nicht mehr.[1] Damit gehört auch der Lauf unterschiedlicher Verjäh-

---

1 Vgl. BT-Drucks. 14/6040, S. 263

rungsfristen – je nachdem, ob es sich um einen direkten Anspruch aus § 635 BGB oder einen solchen aus Positiver Vertragsverletzung oder culpa in contrahendo handelte – der Vergangenheit an.

Den Schadensersatzanspruch kann der Besteller – ebenfalls abweichend von der bisherigen Rechtslage (vgl. § 635 BGB „statt ...") – **kumulativ** zu seinen weiteren Rechten aus § 634 Nr. 1 bis 3 BGB n. F. geltend machen, wenn ihm aufgrund der Pflichtverletzung des Unternehmers ein entsprechender Schaden entstanden ist. Entsprechend der bisherigen Regelung des § 635 BGB kann er aber wegen eines Mangels des Werks selbst Schadensersatz erst verlangen, wenn er dem Unternehmer eine angemessene Frist zur Nachbesserung gesetzt hat, die fruchtlos verstrichen ist (§§ 634 Nr. 4, 281 BGB n. F.), es sei denn, es liegt eine der oben dargestellten Ausnahmen (§§ 281 Abs. 2, 636 BGB n. F.) vor. 275

Weitere Voraussetzung ist wie bisher, dass der Unternehmer den Mangel **zu vertreten** hat, was beim objektiven Vorliegen einer Pflichtverletzung zunächst einmal vermutet wird (vgl. § 280 Abs. 1 Satz 2 BGB n. F., der in etwa der Beweislastregel des früheren § 282 BGB entspricht). Die grundsätzlich die Verantwortlichkeit des Schuldners regelnde Vorschrift des § 276 Abs. 1 BGB ist im Wesentlichen unverändert geblieben. Eine Erweiterung ist allerdings in Umsetzung der bisherigen Rechtsprechung dahin gehend erfolgt, dass der Unternehmer ausdrücklich für eine abgegebene **Garantie** oder ein übernommenes **Beschaffungsrisiko** ohne Rücksicht auf sein Verschulden einzustehen hat.[1] 276

Soweit der Besteller wegen eines Mangels des Werks Schadensersatz statt der Leistung verlangt, findet sich auch die Unterscheidung zwischen so genanntem **kleinem und großem Schadensersatz** in den neuen Vorschriften wieder: Aus § 281 Abs. 1 Satz 3 BGB n. F. ergibt sich, dass er Ersatz des **vollen** Nichterfüllungsschadens gegen Rückgabe des mangelhaften Werks nur verlangen kann, wenn der **Mangel erheblich** ist (so auch nach altem Recht § 634 Abs. 3 i. V. m. § 635 BGB). Andernfalls muss er wie bisher das mangelhafte Werk behalten und ist auf den Ersatz des sich aufgrund der mangelbedingten **Wertminderung** ergebenden Schadens beschränkt (§ 281 Abs. 1 Satz 1 BGB n. F.).[2] 277

Anstelle des Schadensersatzes kann der Besteller schließlich gemäß § 284 BGB n. F. auch **Ersatz seiner Aufwendungen** verlangen. Namentlich geht es hierbei um den Ersatz so genannter frustrierter Aufwendungen. Dies sind solche, die der Schuldner im Vertrauen auf den Erhalt der Leistung gemacht hat und bei objektiver Betrachtung auch machen durfte. Der Anspruch besteht gemäß § 284 aE BGB n. F. nicht, wenn der mit den Aufwendungen beabsichtigte Zweck auch bei pflichtgemäßem Verhalten des Schuldners nicht erreicht worden wäre.[3] 278

e) Minderung gemäß §§ 634 Nr. 3 2. Alt.; 638 BGB n. F.

Alternativ zum Rücktritt (vgl. § 634 Nr. 3 BGB n. F. „oder"; § 638 Abs. 1 BGB n. F. „statt") steht dem Besteller ein Minderungsrecht zu, wenn ein Mangel i. S. d. 279

---
1 Vgl. *Dauner-Lieb/Heidel/Lepa/Ring*, Anwaltkommentar Schuldrecht, § 276 Rz. 7, 18 ff.
2 Vgl. *Canaris*, JZ 2001, 499, 513 f.
3 Vgl. *Ott/Lüer/Heussen*, Anwaltscheckbuch Schuldrechtsreform, III. Rz. 176 ff.

§ 633 BGB n. F. vorliegt. Gemäß § 638 Abs. 1 Satz 2 BGB n. F. gilt dies auch, wenn der Mangel nur unerheblich ist. Die so genannter **Bagatellklausel** des § 323 Abs. 5 Satz 2 BGB n. F. findet auf das Minderungsrecht des Bestellers keine Anwendung. Da sich in § 638 BGB n. F. keine weitere Einschränkung findet, muss das anstelle des Rücktritts („statt") gewährte Minderungsrecht aber unter den in § 323 Abs. 5 Satz 1, Abs. 6 BGB n. F. festgelegten Voraussetzungen ausgeschlossen sein.

280 Anders als nach der bisherigen Rechtslage ist auch die Minderung als **Gestaltungsrecht** konzipiert. Dies bedeutet, dass es für deren Vollziehung (ebenso wie beim Rücktritt statt der früheren Wandelung) nicht mehr auf die Zustimmung des Unternehmers bzw. eine diese ersetzende rechtskräftige Entscheidung eines Gerichts ankommt. Ausreichend ist vielmehr eine einseitige, empfangsbedürftige Willenserklärung des Bestellers gegenüber dem Unternehmer, mit der er den Werklohn kürzt.[1]

281 Dies führt einerseits dazu, dass das Minderungsrecht bei **mehreren Bestellern** (z. B. einer Erwerber- bzw. späteren Wohnungseigentümergemeinschaft) nicht mehr teilbar ist und dass die Minderung andererseits aufgrund der Tatsache, dass ihr der Unternehmer nicht mehr zustimmen muss, bei einer **Mehrheit von Unternehmern** auch gegenüber allen zu erklären ist (§ 638 Abs. 2 BGB n. F.). Etwaige Besonderheiten betreffend das jeweilige Innenverhältnis, also interne Aufteilung von zu zahlenden bzw. zu beanspruchenden Minderungsbeträgen, bleiben dabei unberücksichtigt.[2]

282 Wie sich aus der Formulierung „statt" in Absatz 1 des § 638 BGB n. F. ergibt, ist auch für den Anspruch auf Minderung Voraussetzung, dass eine dem Unternehmer gesetzte (**angemessene**) Frist fruchtlos verstrichen ist. Hat der Besteller die Minderung erklärt, erlischt sein Wahlrecht hinsichtlich der ihm gemäß § 634 BGB zustehenden Ansprüche.[3]

283 Die **Berechnung** der Minderung erfolgt entsprechend der bisherigen Rechtslage durch Vergleich des Wertes, den das Werk zum Zeitpunkt des Vertragsschlusses in mangelfreiem Zustand hatte, mit demjenigen, den es tatsächlich in mangelhaftem Zustand aufweist. In Höhe der Differenz vollzieht der Besteller die Minderung durch einseitige Erklärung gegenüber dem Unternehmer und zieht den entsprechenden Betrag von der geschuldeten Vergütung ab. Gemäß § 638 Abs. 3 Satz 2 BGB kann die Höhe der Minderung ggf. auch geschätzt werden. Hat der Besteller die Vergütung bereits **voll gezahlt**, hat der Unternehmer ihm den Minderungsbetrag in entsprechender Anwendung der Rücktrittsvorschriften zu erstatten (§ 638 Abs. 4 BGB n. F.).

f) Haftungsausschluss gemäß § 639 BGB n. F.

284 Diese Vorschrift entspricht im Wesentlichen derjenigen des § 637 BGB a. F., ist jedoch um das Einstehenmüssen für eine übernommene **Beschaffenheitsgarantie**

---
1 Vgl. *Dauner-Lieb/Heidel/Lepa/Ring*, Das neue Schuldrecht, § 9 Rz. 57.
2 Vgl. BT-Drucks. 14/6040, S. 266 f.
3 Vgl. *Ott/Lüer/Heussen*, Anwaltscheckbuch Schuldrechtsreform, III. Rz. 688.

erweitert. Danach kann sich der Unternehmer nicht auf eine – gleich ob in AGB oder Individualvereinbarungen erfolgte – Haftungsfreizeichnung berufen, wenn er einen Mangel arglistig verschwiegen oder eine bestimmte Beschaffenheit des Werks im Sinne einer **unselbständigen** Garantie zugesichert hat. Erfasst werden dabei sämtliche Konstellationen, die die Rechte des Bestellers aus § 634 BGB n. F. beschränken oder ausschließen.[1]

V. Mängelansprüche des Auftraggebers beim VOB-Vertrag (VOB 2000)

Die VOB Teil B trennt für die Ansprüche des Auftraggebers wegen Mängeln strikt für die Zeit vor und diejenige nach Abnahme. Sie stellt insoweit unterschiedliche Anspruchsgrundlagen zur Verfügung: Zeigen sich schon vor Abnahme, sprich während der Ausführung Mängel, richten sich die Rechte des Auftraggebers nach den §§ 4 Nr. 7 und 8 Nr. 3 VOB/B. Die daraus resultierende Nachbesserungspflicht des Auftragnehmers ist Teil seiner originären Erfüllungspflicht. Treten Mängel nach Abnahme auf, hat der Auftraggeber die Rechte aus § 13 Nr. 5 bis 7 VOB/B. Hierbei handelt es sich um besondere vertragliche Gewährleistungsansprüche.[2]   285

1. Mängelansprüche vor Abnahme gemäß §§ 4 Nr. 7, 8 Nr. 3 VOB/B

Gemäß § 4 Nr. 7 Satz 1 VOB/B hat der Auftragnehmer Mängel, die schon während der Ausführung erkannt werden, auf eigene Kosten zu beseitigen. Hierzu gehören auch Leistungen, die schon in diesem Stadium als vertragswidrig erkannt werden. Weicht die Leistung von den vertraglichen Vereinbarungen ab, ist sie grundsätzlich mangelhaft.[3]   286

Der Auftraggeber hat zunächst den Anspruch auf Mangelbeseitigung in dem Umfang wie sich dieser auch aus den §§ 631 Abs. 1, 633 Abs. 2 BGB a. F. ergibt, so dass insoweit grundsätzlich auf die Ausführungen hierzu verwiesen wird. Er muss dem Auftragnehmer eine den Anforderungen der Symptomtheorie genügende Mängelrüge erteilen. Klagt er auf Mangelbeseitigung, sind die Mängel entsprechend zu beschreiben. Da dies alles im Stadium vor Abnahme geschieht, trifft den Auftragnehmer die Beweislast dafür, dass er mangelfrei gearbeitet hat.[4] Wie beim BGB-Bauvertrag bildet die Abnahme den Schnittpunkt hinsichtlich der Beweislastverteilung. Ggf. kann der Auftragnehmer auch hier unter Berücksichtigung der Einschränkung des § 633 Abs. 2 Satz 3 BGB (a. F.) zur Neuherstellung verpflichtet sein.[5]   287

---

1 Vgl. *Dauner-Lieb/Heidel/Lepa/Ring*, Anwaltkommentar Schuldrecht, § 639 Rz. 2 ff.
2 Vgl. *Ingenstau/Korbion*, 14. Aufl., Teil B, § 13 Rz. 445.
3 Vgl. BGH, BauR 1989, 462, 464; OLG Karlsruhe, BauR 1995, 246 f. (auch zur daraus resultierenden Abnahmeverweigerung).
4 Vgl. *Ingenstau/Korbion*, 14. Aufl., Teil B, § 4 Rz. 338.
5 Vgl. *Ingenstau/Korbion*, 14. Aufl., Teil B, § 4 Rz. 339, 341 f.; OLG Karlsruhe, BauR 1995, 246 f.

288 Beseitigt der Auftragnehmer den Mangel nicht innerhalb einer angemessenen Frist, darf der Auftraggeber nicht ohne weiteres zur Ersatzvornahme (Fremdnachbesserung) schreiten, will er nicht seine Rechte verlieren. Er muss dem Auftragnehmer vielmehr eine (**weitere**)[1] **angemessene Frist** setzen und zwar verbunden mit der Androhung, ihm nach fruchtlosem Ablauf dieser (Nach-)frist den Auftrag gemäß § 8 Nr. 3 Abs. 1 VOB/B zu entziehen, sprich, den Vertrag **aus wichtigem Grund zu kündigen**. Nach fruchtlosem Ablauf der so gesetzten Frist ist der Auftraggeber berechtigt, den Vertrag nach § 8 Nr. 3 Abs. 1 VOB/B zu kündigen.

289 Die Kündigung ist **schriftlich** zu erklären (§ 8 Nr. 5 VOB/B), wobei aus Gründen der Beweiserleichterung allerdings auch schon die Aufforderung zur Mangelbeseitigung und die Nachfristsetzung mit Kündigungsandrohung schriftlich erfolgen sollten (mit Zugangsnachweis!). Erst nach dieser Kündigung ist er berechtigt, die Mängel selbst oder durch Dritte zu beseitigen (§ 8 Nr. 3 Abs. 2 VOB/B). Beseitigt er Mängel vor Abnahme, ohne den Vertrag gekündigt zu haben, steht ihm kein Anspruch auf Kostenerstattung zu.[2] Dies gilt auch für den Fall, dass der Auftragnehmer die Mängelbeseitigung ernsthaft und endgültig verweigert; allerdings kann der Auftraggeber hier die Kündigung sofort, sprich ohne Nachfristsetzung aussprechen.[3]

290 Geht der Auftraggeber wie vorstehend beschrieben vor, steht ihm hinsichtlich der voraussichtlichen Mängelbeseitigungskosten ein **Vorschussanspruch** gegen den Auftragnehmer zu.[4] Einen trotz Mangelbeseitigung **verbleibenden Schaden** hat der Auftragnehmer gemäß § 4 Nr. 7 Satz 2 VOB/B zu ersetzen, falls er den Mangel oder die vertragswidrige Ausführung zu vertreten hat.[5]

2. Mängelansprüche nach Abnahme gemäß § 13 Nr. 5 bis 7 VOB/B

291 Nach Abnahme stehen dem Auftraggeber die Rechte aus § 13 Nr. 5 bis 7 VOB/B zu. Im Vordergrund steht dabei die **Mängelbeseitigung** nach § 13 Nr. 5 VOB/B. Das Nachbesserungsrecht des Auftragnehmers korrespondiert auch beim VOB-Bauvertrag mit dem Nachbesserungsanspruch des Auftraggebers. Genau wie beim BGB-Bauvertrag stehen dem Auftraggeber dabei die verschuldensunabhängigen Gewährleistungsrechte Nachbesserung und Minderung wegen solcher Mängel, die er schon bei Abnahme erkennen musste nur zu, wenn er sich diese i. S. d. § 12 Nr. 5 Abs. 3 VOB/B **vorbehalten** hat. Der Anspruch aus § 13 Nr. 7 VOB/B geht dabei mangels Erklärung eines solchen Vorbehalts ebenso wenig verloren wie diejenigen aus pVV oder Schadensersatz wegen Nichterfüllung beim BGB-Bauvertrag, es sei denn, der Auftraggeber hat erkennbar auf solche Ansprüche verzichtet.[6]

---

1 Vgl. BGH, BauR 1973, 319f.
2 Vgl. BGH, BauR 1997, 1027, 1028f.; OLG Düsseldorf, BauR 1994, 369f.; a. A. *Ingenstau/Korbion*, 13. Aufl., Teil B, § 4 Rz. 345; *Nicklisch/Weick*, § 4 B Rz. 113b, c; OLG Celle, BauR 1984, 409.
3 Vgl. OLG Düsseldorf, BauR 1994, 369f.
4 Vgl. BGH, BauR 1989, 462, 464.
5 Vgl. BGH, BauR 1982, 277f.; BauR 1978, 306f.
6 Vgl. *Ingenstau/Korbion*, 14. Aufl., Teil B, § 12 Rz. 60.

a) Mängelbeseitigung/Nachbesserung

Gemäß § 13 Nr. 5 Abs. 1 Satz 1 VOB/B ist der Auftragnehmer verpflichtet, alle 292
während der Gewährleistungsfrist auftretende Mängel auf seine Kosten zu beseitigen, wenn der Auftraggeber dies **schriftlich** verlangt.

Hinsichtlich der Aufforderung zur Mängelbeseitigung, der Mangelbeschreibung 293
und der weiteren Einzelheiten (Entbehrlichkeit der Fristsetzung, Vorschussanspruch, Neuherstellung, Unverhältnismäßigkeit, Sowieso-Kosten, Vorteilsausgleichung) gilt das Gleiche wie oben zum BGB-Bauvertrag ausgeführt.

Bereits nach bloßem **Ablauf einer angemessenen Frist** kann der Auftraggeber gemäß § 13 Nr. 5 Abs. 2 VOB/B auf Kosten des Auftragnehmers zur **Fremd-/ Eigennachbesserung** greifen. Anders als bei § 633 Abs. 3 BGB a. F. ist ein Verzug des Auftragnehmers mit der Mängelbeseitigung nicht erforderlich (dies gilt nunmehr auch für nach dem 31. 12. 2001 geschlossene BGB-Bauverträge, § 637 Abs. 1 BGB n. F.). Diesem ist Gelegenheit zur Mängelbeseitigung binnen einer auskömmlichen Frist zu geben, die er dann in eigener Verantwortung durchzuführen hat, und zwar so, dass der vertraglich geschuldete Erfolg herbeigeführt wird.[1] 294

Lässt der Auftraggeber **voreilig** Mängel beseitigen, ohne den Auftragnehmer zuvor entsprechend zur Mängelbeseitigung aufgefordert zu haben, verliert er seinen Kostenerstattungsanspruch aus § 13 Nr. 5 Abs. 2 VOB/B, es sei denn, es liegt eine der oben dargelegten Ausnahmen vor.[2] **Verweigert** der Auftragnehmer zunächst „ernsthaft und endgültig" eine Mängelbeseitigung, kann er das Fremd-/bzw. Eigennachbesserungsrecht des Auftraggebers nicht einfach dadurch zu Fall bringen, dass er sich später doch bereit erklärt, die Mängel zu beseitigen; sein Nachbesserungsrecht kann vielmehr nur bei entsprechender Vereinbarung mit dem Auftraggeber wieder aufleben; ohne eine Vereinbarung bleibt auch ein geltend gemachter Vorschussanspruch bestehen.[3] 295

Ein bis zur Abnahme nicht erledigter Mangelbeseitigungsanspruch aus § 4 Nr. 7 Satz 1 VOB/B setzt sich mit Abnahme in einen Gewährleistungsanspruch gemäß § 13 Nr. 5 bis 7 VOB/B fort.[4] Hat der Auftraggeber dem Auftragnehmer dabei vor Abnahme eine ordnungsgemäße Mängelrüge erteilt und sich die Rechte wegen solcher Mängel bei Abnahme vorbehalten, bedarf es vor Durchführung einer Fremdnachbesserung nicht einer erneuten Fristsetzung nach § 13 Nr. 5 Abs. 2 VOB/B.[5] 296

b) Minderung gemäß § 13 Nr. 6 VOB/B

Unter den Voraussetzungen des § 13 Nr. 6 VOB/B können sowohl der Auftragnehmer (Satz 1) als auch der Auftraggeber (Satz 2) Minderung der Vergütung verlangen. Es handelt sich hierbei um eine **abschließende Regelung**, die die Besonderheiten des Bauvertrags berücksichtigt, bei dem es vorrangig darum geht, ein man- 297

---
1 Vgl. OLG Düsseldorf, NJW-RR 1993, 477.
2 Vgl. *Ingenstau/Korbion*, 14. Aufl., Teil B, § 13 Rz. 514 ff.; BGH, BauR 1982, 277, 279.
3 Vgl. OLG Düsseldorf, BauR 1980, 75, 76 f.
4 Vgl. BGH, BauR 1982, 277, 279.
5 Vgl. BGH, BauR 1978, 306 f.

gelfreies Werk zu errichten. Eine Minderung (Herabsetzung der Vergütung) kommt deshalb nur unter den drei dort aufgeführten Konstellationen in Betracht, so dass insofern eine Einschränkung gegenüber dem gesetzlichen Minderungsrecht des BGB besteht.[1]

298 Erforderlich ist eine **objektive** tatsächliche oder rechtliche **Unmöglichkeit der Mängelbeseitigung**, eine bloß subjektive reicht nicht aus, wobei im Zweifel die Umstände des Einzelfalls maßgebend sind.[2]

299 Der **Auftragnehmer** kann unter den gleichen Voraussetzungen wie beim BGB-Bauvertrag die Mangelbeseitigung verweigern, wenn sie im Verhältnis zu dem mit ihr zu erzielenden Erfolg unangemessen hohe Kosten verursacht. Hierfür ist allerdings zu fordern, dass sich der Auftragnehmer auch auf die **Unverhältnismäßigkeit** beruft. Keinesfalls ist etwa ein gerichtlich bestellter Sachverständiger von sich aus befugt, eine solche Unverhältnismäßigkeit festzustellen und – ungefragt – einen Minderungsbetrag, statt die tatsächlichen Mängelbeseitigungskosten mitzuteilen.

300 Ausnahmsweise kann der **Auftraggeber** von sich aus Minderung verlangen, wenn eine Mangelbeseitigung für ihn unzumutbar ist, § 13 Nr. 6 Satz 2 VOB/B. Genau wie der Auftragnehmer im Fall der Unverhältnismäßigkeit muss sich der Auftraggeber auf den Ausnahmefall der **Unzumutbarkeit** berufen. Ihn trifft insoweit auch die Beweislast für das Vorliegen der engen Voraussetzungen dieser Unzumutbarkeit, die im Regelfall nur im persönlichen Bereich des Auftraggebers begründet sein kann.[3]

301 Gemäß § 13 Nr. 6 VOB/B kann der Auftraggeber die Minderung „verlangen". Dies muss er auch, und zwar in Form der Abgabe einer darauf gerichteten Willenserklärung gegenüber seinem Auftragnehmer, ansonsten kann sie ihm nicht gewährt werden. Anders als bei § 634 Abs. 4 i. V. m. § 472 BGB a. F. handelt es sich bei der Minderung des VOB-Vertrags um ein **Gestaltungsrecht** des Auftraggebers (so jetzt auch für den BGB-Bauvertrag § 638 BGB n. F.): sie gilt mit ihrer berechtigten Geltendmachung als vollzogen.[4]

302 Aus dem Hinweis zum Ende des Satzes 1 der Nummer 6 des § 13 VOB/B auf die §§ 634 Abs. 4 und 472 BGB a. F. ergibt sich, dass die **Höhe der Minderung** wie beim BGB-Bauvertrag festzulegen ist. Soweit § 472 BGB a. F. dabei aber auf den Zeitpunkt des Vertragsschlusses abstellte, sollte dies nach der ganz herrschenden Meinung in Rechtsprechung und Literatur den Besonderheiten des Bauvertrags nicht gerecht werden. Man hat daher beim VOB-Bauvertrag die Berechnung der Minderung auf den Zeitpunkt der Abnahme bezogen vorgenommen.[5] Dies gilt nach der entsprechenden Änderung der VOB/B 2002 allerdings nicht mehr, da dort generell auf § 638 BGB n. F. verwiesen wird.[6]

---

1 Vgl. *Ingenstau/Korbion*, 14. Aufl., Teil B, § 13 Nr. 6 Rz. 608 f.
2 Vgl. *Ingenstau/Korbion*, 14. Aufl., Teil B, § 13 Nr. 6 Rz. 614 ff.
3 Vgl. im Einzelnen (mit Beispielen) *Ingenstau/Korbion*, 14. Aufl., Teil B, § 13 Nr. 6 Rz. 632 ff.
4 Vgl. *Ingenstau/Korbion*, 14. Aufl., Teil B, § 13 Nr. 6 Rz. 640.
5 Vgl. *Ingenstau/Korbion*, 14. Aufl., Teil B, § 13 Nr. 6 Rz. 642.
6 Vgl. Wirth, BauR 2002, Sonderausgabe Heft 11a, S. 53.

c) Schadensersatz gemäß § 13 Nr. 7 VOB/B

Unter den Voraussetzungen des § 13 Nr. 7 VOB/B steht dem Auftraggeber „außerdem" nicht nur ein Anspruch auf Ersatz von Schäden an der eigentlichen Werkleistung, sondern auch ein solcher wegen darüber hinausgehender Schäden zu. Ebenso wie beim BGB-Bauvertrag hindert ein unterlassener Vorbehalt hinsichtlich bei Abnahme erkennbarer Mängel (vgl. § 12 Nr. 4 Abs. 1 Satz 4 und Nr. 5 Abs. 3 VOB/B) die Geltendmachung von Schadensersatz nach § 13 Nr. 7 VOB/B nicht.[1]

303

aa) § 13 Nr. 7 Abs. 1 VOB/B

Nach dieser Vorschrift hat der Auftragnehmer dem Auftraggeber Schäden bezüglich des errichteten oder bearbeiteten Werks selbst zu ersetzen (so genannter „kleiner" Schadensersatz[2]). Anders als bei § 635 BGB a. F. („statt") besteht dieser Anspruch neben denjenigen aus § 13 Nr. 5 bzw. 6 VOB/B, wie sich aus der Formulierung „außerdem" ergibt. Unter welchen grundsätzlichen Voraussetzungen dies möglich sein soll, wird nicht ganz einhellig beurteilt.[3]

304

Aus dem Wortlaut des Absatzes 1 der Nummer 7 des § 13 VOB/B dürfte zunächst zu schließen sein, dass – jedenfalls wegen solcher Mängel, die einer Nachbesserung zugänglich sind – eine wirksame **Aufforderung zur Mangelbeseitigung** vor Geltendmachung des Schadensersatzanspruchs vorausgegangen sein muss. Dies folgt nicht nur aus der Formulierung „außerdem", sondern auch daraus, dass das Vorliegen eines wesentlichen Mangels, der die Gebrauchsfähigkeit erheblich beeinträchtigt, verlangt wird. Damit wird zunächst einmal an die Grundvoraussetzungen der Nummer 5 und 6 des § 13 VOB/B angeknüpft, um sodann dem gegenüber verschärfte Anspruchsvoraussetzungen in Absatz 1 der Nummer 7 des § 13 VOB/B festzulegen. Wegen solcher **wesentlichen**, die Gebrauchsfähigkeit erheblich beeinträchtigenden und vom Auftragnehmer **schuldhaft** herbeigeführten[4] Mängel, die dieser entweder nicht nachbessert oder bei denen trotz Nachbesserung und ggf. Minderung noch ein **Schaden verbleibt**, kann der Auftraggeber dann den Anspruch aus § 13 Nr. 7 Abs. 1 VOB/B geltend machen (z. B. Mietausfall, entgangener Gewinn, Privatgutachterkosten oder Mangelfolgeschäden an sich, wie erforderliche Schönheitsreparaturen etc. nach einer Mangelbeseitigung).[5] Kommen allerdings von vornherein nur solche Ansprüche in Betracht, die nichts mit der Nachholung der ursprünglichen Erfüllungsleistung zu tun haben und einer Nachbesserung mithin nicht zugänglich sind, ist eine derartige Fristsetzung nicht erforderlich, der Anspruch aus § 13 Nr. 7 Abs. 1 VOB/B kann sofort erhoben werden.[6]

305

Im Übrigen gelten zum Verschulden/Mitverschulden sowie zum Schaden selbst und zur Darlegungs- und Beweislast die gleichen Anforderungen wie beim BGB-Bauvertrag. Auch beim VOB-Bauvertrag ist der Auftraggeber beim Vorliegen von

306

---

1 Vgl. BGH, BauR 1980, 460, 461 f.
2 Vgl. BGH, BauR 1973, 381, 382.
3 Vgl. zum Meinungsstand *Ingenstau/Korbion*, 14. Aufl., Teil B, § 13 Nr. 7 Rz. 663 ff.
4 Vgl. dazu im Einzelnen *Ingenstau/Korbion*, 14. Aufl., Teil B, § 13 Nr. 7 Rz. 683 ff.
5 Vgl. BGH, BauR 1986, 211, 213.
6 Vgl. BGH, BauR 1986, 211, 213.

Mängeln, die trotz **Einhaltung** der zum Zeitpunkt der Abnahme geltenden allgemein **anerkannten Regeln der Technik** aufgetreten sind, auf die Rechte aus den Nummer 5 und 6 des § 13 VOB/B beschränkt, da es dann am Verschulden auf Seiten des Auftragnehmers fehlt.

Hinweis:
Bestehen insoweit hinsichtlich der Verwendung eines neuen, noch nicht in der Praxis erprobten Materials weder bei Herstellern noch bei anderen verarbeitenden Unternehmen Bedenken gegen dessen uneingeschränkte Tauglichkeit zu dem beabsichtigten Zweck, fehlt es an einer objektiven Pflichtverletzung des Unternehmers, so dass dieser bei Auftreten eines Mangels jedenfalls nicht auf Schadensersatz haftet.[1]

307 Auch im Rahmen der Beurteilung eines Schadensersatzanspruchs nach § 13 Nr. 7 Abs. 1 VOB/B bedarf es der Prüfung, ob der Auftragnehmer eine Nachbesserung im Einzelfall wegen **Unverhältnismäßigkeit** verweigern darf. Der Auftraggeber ist in diesen Fällen auf eine Minderung nach § 13 Nr. 6 VOB/B zu verweisen, da es ansonsten zu einem Wertungswiderspruch käme.[2]

bb) § 13 Nr. 7 Abs. 2 VOB/B

308 Solche Schäden, die über diejenigen hinausgehen, die durch § 13 Nr. 7 Abs. 1 VOB/B abgedeckt sind, kann der Auftragnehmer unter den weiteren Voraussetzungen des § 13 Nr. 7 Abs. 2 VOB/B erstattet verlangen, und zwar wenn

▷ der Mangel auf Vorsatz oder grober Fahrlässigkeit oder

▷ auf einem Verstoß gegen die anerkannten Regeln der Technik beruht,

▷ er in dem Fehlen einer zugesicherten Eigenschaft besteht oder

▷ der Auftragnehmer den Schaden durch eine Haftpflichtversicherung abgedeckt hat oder zu normalen Bedingungen hätte abdecken können.

309 Man spricht vom so genannten „**großen**" Schadensersatzanspruch. Hierunter fallen Schäden, die nicht unmittelbar der Bauleistung anhaften, insbesondere die so genannten entfernten Mangelfolgeschäden, die bei vor dem 1. 1. 2002 geschlossenen BGB-Bauverträgen den Grundsätzen der positiven Vertragsverletzung unterfielen.[3]

310 Liegen die Grundvoraussetzungen des Absatz 1 und die besonderen Voraussetzungen einer der Alternativen des Absatz 2 der Nummer 7 des § 13 VOB/B[4] vor, kann der Auftraggeber zumindest Ersatz von **Sachschäden** verlangen, die nicht unmittelbar mit dem eigentlichen Bauwerk zusammenhängen. Ob dies auch für

---

1 Vgl. BGH, BauR 2002, 945, 946 f.
2 Vgl. OLG Düsseldorf, BauR 2002, 1860, 1862.
3 Vgl. BGH, BauR 1973, 381, 382.
4 Siehe dazu im Einzelnen *Ingenstau/Korbion*, 14. Aufl., Teil B, § 13 Nr. 7 Rz. 737 ff., insbesondere zu versicherungsrechtlichen Fragen (Rz. 743 ff.) und der Möglichkeit des Abschlusses einer Baugewährleistungsversicherung (Rz. 745a).

Körperschäden gilt, ist umstritten.[1] Jedenfalls kommt daneben eine Haftung des Auftragnehmers nach gesetzlichem Deliktsrecht aus den §§ 823 ff. BGB in Betracht, wenn er oder seine Verrichtungsgehilfen andere, im Eigentum des Auftraggebers stehende Sachen oder dessen körperliche Integrität schuldhaft und rechtswidrig beschädigen.[2]

Zu Art und Umfang des Schadensersatzes gilt das zu § 13 Nr. 7 Abs. 1 VOB/B Ausgeführte. 311

VI. Mängelansprüche des Auftraggebers nach Abnahme gemäß § 13 Nr. 5 bis 7[3]

Die Ansprüche des Auftraggebers wegen Mängeln der Leistung sind weiterhin in den genannten Vorschriften geregelt. Erforderlich waren jedoch wiederum Anpassungen an die durch das **Schuldrechtsmodernisierungsgesetz** geänderten, korrespondierenden werkvertraglichen Regelungen des BGB. Der neue Text der jeweiligen Nummer ist den Erläuterungen dazu vorangestellt (Änderungen gegenüber der VOB 2000 sind durch Fettdruck kenntlich gemacht): 312

1. Änderungen bezüglich § 13 Nr. 5 VOB/B

„(1) Der Auftragnehmer ist verpflichtet, alle während der Verjährungsfrist hervortretenden Mängel, die auf vertragswidrige Leistung zurückzuführen sind, auf seine Kosten zu beseitigen, wenn es der Auftraggeber vor Ablauf der Frist schriftlich verlangt. Der Anspruch auf Beseitigung der gerügten Mängel verjährt in **2 Jahren**, gerechnet vom Zugang des schriftlichen Verlangens an, jedoch nicht vor Ablauf der **Regelfristen nach Nummer 4 oder** der **an ihrer Stelle** vereinbarten Frist. Nach Abnahme der Mängelbeseitigungsleistung **beginnt** für diese Leistung **eine Verjährungsfrist von 2 Jahren neu, die jedoch nicht vor Ablauf der Regelfristen nach Nummer 4 oder der an ihrer Stelle vereinbarten Frist endet.** 313

(2) Kommt der Auftragnehmer der Aufforderung zur Mängelbeseitigung in einer vom Auftraggeber gesetzten angemessenen Frist nicht nach, so kann der Auftraggeber die Mängel auf Kosten des Auftragnehmers beseitigen lassen."

Eine Änderung des **Satzes 1** dieser Vorschrift im Hinblick auf den nunmehr in § 635 Abs. 1 BGB n. F. enthaltenen **Neuherstellungsanspruch** des Bestellers hielt der DVA nicht für erforderlich, da der Auftraggeber eines VOB-Bauvertrages auch nach der bisherigen Regelung des § 13 Nr. 5 Abs. 1 Satz 1 VOB/B schon in bestimmten Fällen auch nach Abnahme einen Anspruch auf Neuherstellung haben konnte.[4] Die Änderungen der Sätze 2 und 3 betreffen die **Verjährung** der Mängelansprüche und werden dort abgehandelt. 314

Auch eine Änderung des § 13 Nr. 5 Abs. 2 VOB/B hat der DVA mit der Begründung nicht für erforderlich gehalten, dass die Neuregelung des § 637 Abs. 1 BGB n. F. der bisherigen VOB-Regelung entspreche, wonach das Recht zur Ersatzvornahme des Auftraggebers nicht von einem Verzug des Auftragnehmers mit der 315

---

1 Vgl. *Ingenstau/Korbion*, 14. Aufl., Teil B, § 13 Nr. 7 Rz. 732 m. w. N.
2 Vgl. BGH, BauR 1973, 381, 382 f.
3 Vgl. auch *Kemper*, BauR 2002, 1613 ff.
4 Vgl. DVA-Beschluss VOB 2002, S. 22 f.

Mängelbeseitigung abhing, sondern die Setzung einer angemessenen Frist ausreichend war.[1]

2. Änderungen bezüglich § 13 Nr. 6 VOB/B

316 „Ist die Beseitigung des Mangels **für den Auftraggeber unzumutbar oder ist sie** unmöglich oder würde sie einen unverhältnismäßig hohen Aufwand erfordern und wird sie deshalb vom Auftragnehmer verweigert, so kann der Auftraggeber **durch Erklärung gegenüber dem Auftragnehmer die Vergütung mindern (§ 638 BGB)."**

317 Diese Vorschrift ist einerseits gestrafft, andererseits redaktionell dem Wortlaut des § 638 BGB n. F. angepasst worden. Auch beim VOB-Bauvertrag ist die Minderung danach nunmehr als **Gestaltungsrecht** („durch Erklärung") ausgebildet. Deren Berechnung erfolgt gemäß § 638 Abs. 3 BGB, da in § 13 Nr. 6 VOB/B 2002 insgesamt auf die Regelung des § 638 BGB verwiesen wird.[2] Danach ist nunmehr der **Zeitpunkt des Vertragsschlusses** für die Berechnung der Minderung ausschlaggebend, während die zur bisherigen Rechtslage wohl herrschende Meinung insoweit an den Zeitpunkt der Abnahme anknüpfte.[3]

318 Von einer ausdrücklichen Aufnahme des Ausschlusses des Rücktrittsrechts beim VOB-Bauvertrag wurde Abstand genommen.[4]

3. Änderungen bezüglich § 13 Nr. 7 VOB/B

319 „(1) Der Auftragnehmer haftet bei schuldhaft verursachten Mängeln für Schäden aus der Verletzung des Lebens, des Körpers oder der Gesundheit.

(2) **Bei vorsätzlich oder grob fahrlässig verursachten Mängeln haftet er für alle Schäden.**

(3) **Im Übrigen** ist dem Auftraggeber der Schaden an der baulichen Anlage zu ersetzen, zu deren Herstellung, Instandhaltung oder Änderung die Leistung dient, wenn ein wesentlicher Mangel vorliegt, der die Gebrauchsfähigkeit erheblich beeinträchtigt und auf ein Verschulden des Auftragnehmers zurückzuführen ist. Einen darüber hinausgehenden Schaden hat **der Auftragnehmer** nur dann zu ersetzen,

a) wenn der Mangel auf einem Verstoß gegen die anerkannten Regeln der Technik beruht,

b) wenn der Mangel in dem Fehlen einer vertraglich **vereinbarten Beschaffenheit** besteht oder

c) soweit der Auftragnehmer den Schaden durch Versicherung seiner gesetzlichen Haftpflicht gedeckt hat oder **durch eine solche** zu tarifmäßigen, nicht auf außergewöhnliche Verhältnisse abgestellten Prämien und Prämienzuschlägen bei einem im Inland zum Geschäftsbetrieb zugelassenen Versicherer hätte decken können.

(4) Abweichend von Nummer 4 gelten die gesetzlichen Verjährungsfristen, soweit sich der Auftragnehmer nach Absatz 3 durch Versicherung geschützt hat oder hätte schützen können oder soweit ein besonderer Versicherungsschutz vereinbart ist.

(5) Eine Einschränkung oder Erweiterung der Haftung kann in begründeten Sonderfällen vereinbart werden."

---

1 Vgl. DVA-Beschluss VOB 2002, S. 25.
2 Vgl. Palandt-*Sprau*, Ergänzungsband zur 61. Aufl., § 638 BGB Rz. 8, 4 ff.; *von Wietersheim/Korbion*, VOB 2002, S. 40 f.
3 Vgl. BGH, BauR 1995, 540; 1984, 401; 1996, 891, 893.
4 Vgl. dazu kritisch und m. w. N. *Wirth*, BauR 2002, Sonderheft 11a, S. 53 ff.

Diese Vorschrift ist einer umfassenden Änderung unterzogen worden. Die **vollständig neu** hinzugekommenen **Absätze 1 und 2** waren unter AGB-rechtlichen Gesichtspunkten erforderlich, um den Anforderungen an den **Verbraucherschutz** in den §§ 309 Nr. 7 Buchst. a) und b) BGB n. F. zu genügen. Sprachlich war wiederum eine Anpassung wegen des Wegfalls der „zugesicherten Eigenschaft" vorzunehmen. Im neuen Absatz 3, der die alten Absätze 1 und 2 zusammenfasst, wird deshalb unter Buchst. b auf die „vereinbarte Beschaffenheit" abgestellt. Unter Buchst. c ist lediglich eine redaktionelle Anpassung wegen des Wegfalls der Genehmigungspflicht für Versicherungsbedingungen erfolgt.[1]

320

VII. Ansprüche des Auftragnehmers

Grundsätzlich hat der Auftragnehmer bei der Geltendmachung von Ansprüchen des Auftraggebers wegen Mängeln der Werkleistung Anspruch darauf, dass

321

▷ ihm diese in nachvollziehbarer Form mitgeteilt werden und

▷ ihm binnen ausreichender Frist Gelegenheit gegeben wird, sein Nachbesserungsrecht wahrzunehmen und die Mängel selbst zu beseitigen.

Wie bereits dargestellt wird der Auftragnehmer in dem Umfang von seiner Verpflichtung, für die vertragsgerechte Erfüllung Gewähr zu leisten, frei, wie ihm der Auftraggeber diese Rechte nimmt. Andererseits kann dem Auftragnehmer aber auch ein Anspruch auf **Aufwandsentschädigung** zustehen, wenn der Auftraggeber zu Unrecht Mängel rügt.[2]

322

Auf welche **Art und Weise** er berechtigt gerügte Mängel nachbessert, ist zunächst dem Unternehmer überlassen, der ggf. auch von sich aus eine Neuherstellung des Werks vornehmen kann.[3] Untaugliche Mängelbeseitigungsversuche braucht der Bauherr allerdings ebenso wenig hinzunehmen wie solche eines Unternehmers, der allein wegen Art und Umfang der aufgetretenen Mängel schon als unzuverlässig gilt.

323

Ist der Auftragnehmer zur Zahlung eines **Kostenvorschusses** hinsichtlich der Mängelbeseitigungskosten verurteilt worden, hat er einen Anspruch darauf, dass der Auftraggeber hierüber binnen angemessener Frist abrechnet.[4]

324

Ist (beim Einheits- oder so genannten Detailpauschalpreisvertrag) die Herstellung eines mangelfreien Werks nur durch **zusätzliche**, im zugrunde liegenden Leistungsverzeichnis nicht enthaltene, **Leistungen** möglich, hat der Unternehmer Anspruch darauf, dass ihm diese im Zuge der Mängelbeseitigung vergütet werden. Das Gleiche gilt für den Fall, dass der Auftraggeber durch die Nachbesserung einen nicht gerechtfertigten wirtschaftlichen Vorteil erlangt [5]

325

---

1 Vgl. *Wirth*, BauR 2002, Sonderheft 11a, S. 55 f.
2 Vgl. NJW-RR 1992, 1301.
3 Vgl. Palandt-*Sprau*, 61. Aufl., Vorbem. v. § 633 BGB Rz. 3.
4 Vgl. BGH, BauR 1990, 358; BauR 1985, 569.
5 Vgl. dazu im Einzelnen *Ingenstau/Korbion*, 14. Aufl., Teil B, § 13 Nr. 7 Rz. 825 m. w. N.

326 Schließlich kann der **Auftragnehmer** unter den Voraussetzungen der § 13 Nr. 3 und § 4 Nr. 3 VOB/B, die insoweit über § 242 BGB auch für den BGB-Bauvertrag gelten, von seiner Gewährleistungspflicht **frei werden**.

VIII. Verjährung der Gewährleistungsansprüche

327 Die Verjährung der Gewährleistungsansprüche des Bestellers bzw. Auftraggebers ist im BGB und in der VOB/B **unterschiedlich** geregelt, so dass vorrangig zu prüfen ist, auf welcher Rechtsgrundlage die Beziehungen der Bauvertragsparteien zu beurteilen sind. Handelt es sich um einen BGB-Werkvertrag, ist außerdem danach zu differenzieren, ob dieser vor dem 1. 1. 2002 oder nach dem 31. Dezember 2001 geschlossen worden ist. Durch das Gesetz zur Modernisierung des Schuldrechts[1] sind nicht nur die **Verjährungsvorschriften** allgemein, sondern auch die werkvertragliche Verjährung im Besonderen **geändert** worden.[2] Die Verjährung von Ansprüchen aufgrund nach dem 31. 12. 2001 geschlossener BGB-Bauverträge richtet sich generell nach den §§ 634a, 202 ff. BGB n. F. Für davor entstandene und am 1. 1. 2002 noch nicht verjährte Ansprüche gilt dies gemäß Art. 229 § 6 EGBGB grundsätzlich auch, allerdings mit der Maßgabe der dort im Weiteren getroffenen Übergangsregelungen. Im Einzelnen:

1. Verjährung nach dem BGB (Fassung bis 31. 12. 2001)

328 Die Verjährungsfrist der werkvertraglichen Ansprüche des Bestellers aus den §§ 633 bis 635 BGB a. F. war bis dato einheitlich in § 638 Satz 1 BGB a. F. geregelt. Sie belief sich für Arbeiten an beweglichen Sachen auf 6 Monate, an einem Grundstück auf 1 Jahr und für solche an einem Bauwerk auf 5 Jahre und begann gemäß § 638 Satz 2 BGB a. F. mit der Abnahme des Werks.

329 Die Gewährleistung für **neu hergestellte Häuser** oder **Eigentumswohnungen** richtet sich dabei nach der Rechtsprechung des Bundesgerichtshofes[3] grundsätzlich nach Werkvertragsrecht, auch wenn das Bauwerk bei Vertragsschluss bereits fertiggestellt ist und sich die Parteien als Käufer und Verkäufer bezeichnet haben (vgl. für nach dem 31. 12. 2001 geschlossene Verträge nunmehr ausdrücklich § 438 Abs. 1 Nr. 2 Buchst. a BGB n. F.).

330 Für so genannte **entfernte Mangelfolgeschäden**, die dem Institut der positiven Vertragsverletzung und nicht § 635 BGB a. F. zugeordnet wurden, galt hingegen die regelmäßige Verjährungsfrist des § 195 BGB a. F. von 30 Jahren.[4]

331 Ein Antrag auf **Selbständiges Beweisverfahren** unterbrach die Verjährung wie im Kaufrecht (§ 639 Abs. 1, 1. Alt. i. V. m. § 477 Abs. 2, 3 BGB a. F.). Vor Verjährungseintritt erfolgte Mängelanzeigen berechtigten – ebenfalls unter Bezugnahme auf

---
1 BGBl I, S. 1658 (vgl. Beilage zu Heft 1a, BauR 2002).
2 Vgl. allgemein *Albrecht/Flohr/Lange*, Schuldrecht 2002, S. 7 ff.; *Ott/Lüer/Heussen*, Anwaltscheckbuch Schuldrechtsreform, III Rz. 7 ff. (S. 450 ff.); Palandt-*Heinrichs*, 61. Aufl., Überbl. v. § 194 BGB, Rz. 20 ff.; *Dauner-Lieb/Heidel/Lepa/Ring*, Das neue Schuldrecht in der anwaltlichen Praxis, § 1, Rz. 1 ff. (S. 26 ff.); *Lenkeit*, BauR 2002, 196 ff. (Sonderheft 1a).
3 BGH, BauR 1987, 438 f.
4 Vgl. Palandt-*Sprau*, 61. Aufl., § 638 BGB, Rz. 4.

das Kaufrecht – auch nach Verjährung der Gewährleistungsansprüche zur Verweigerung noch offener Werklohnzahlungen bzw. zur Aufrechnung von Schadensersatzansprüchen gegenüber solchen (§ 639 Abs. 1, 2. Alt. BGB a. F.). Einen speziellen Hemmungstatbestand enthielt § 639 Abs. 2 BGB a. F.: Für die Dauer der im Einvernehmen mit dem Besteller erfolgten Prüfung oder Beseitigung eines gerügten Mangels durch den Unternehmer lief die Verjährungsfrist so lange nicht weiter, bis der Unternehmer dem Besteller das Ergebnis seiner Prüfung mitteilte, den Mangel für beseitigt erklärte oder aber eine (weitere) Beseitigung verweigerte.

Im Übrigen galten die **allgemeinen Vorschriften** der §§ 202 ff. BGB in der bis zum 31. 12. 2001 geltenden Fassung.[1] Sind danach Gewährleistungsansprüche vor dem 1. 1. 2002 verjährt, bleibt es dabei. Eine darauf bezogene, nach dem 31. 12. 2001 erhobene Einrede ist dann zwar nicht mehr nach den §§ 222 ff. BGB a. F., sondern den §§ 214 ff. BGB n. F. zu beurteilen. Da hier die neuen inhaltlich jedoch den alten Regelungen entsprechen, ändert sich insoweit nichts.[2] 332

Für zu diesem Zeitpunkt noch bestehende und **nicht verjährte** Ansprüche besteht die im Folgenden erläuterte **Übergangsregelung**: 333

2. Übergangsregelung, Art. 229 § 6 EGBGB

Gemäß Art. 229 § 6 Abs. 1 Satz 1 EGBGB finden die neuen Verjährungsvorschriften auf am 1. 1. 2002 noch nicht verjährte Ansprüche Anwendung. Der Beginn sowie die **Hemmung, Ablaufhemmung** und der **Neubeginn** (dieser Begriff entspricht demjenigen der Unterbrechung nach altem Recht) richten sich gemäß Satz 2 der vorgenannten Vorschrift für die vorstehend bezeichneten Ansprüche nach **altem Recht**. Dies gilt auch für solche nach dem 31. 12. 2001 auftretende Umstände, die nach altem Recht zur Folge haben, dass eine vor dem 1. 1. 2002 eingetretene Unterbrechung der Verjährung als nicht erfolgt oder als erfolgt gilt. Soweit anstelle der Unterbrechung der Verjährung nach altem Recht deren Hemmung nach neuem Recht (§ 204 BGB n. F.) vorgesehen ist, gilt eine vor dem 1. 1. 2002 erfolgte, noch andauernde Unterbrechung der Verjährung mit Ablauf des 31. 12. 2001 als beendet, mit der Folge, dass die **neue Verjährungsfrist** ab 1. 1. 2002 gemäß § 204 Abs. 1 BGB n. F. gehemmt ist. Diese Hemmung endet gemäß Absatz 2 der vorgenannten Vorschrift sechs Monate nach einer rechtskräftigen Entscheidung oder anderweitigen Beendigung des eingeleiteten Verfahrens. 334

Soweit die Verjährungsfristen im Rahmen des Schuldrechtsmodernisierungsgesetzes gegenüber der bisherigen Rechtslage geändert worden sind, gilt Folgendes: 335

▷ Ist die **neue Frist länger**, so gilt die Verjährung mit Ablauf der alten Frist als vollendet (Art. 229, § 6 Abs. 3 EGBGB).

---

1 Vgl. zur bisherigen Rechtslage: *Koeble/Kniffka*, Kompendium des Baurechts, 6. Teil, Rz. 224 ff.; *Werner/Pastor*, Der Bauprozess, 9. Aufl., Rz. 2343 ff.; Palandt-*Sprau*, 61. Aufl., Anm. zu §§ 639, 202 ff.
2 *Dauner-Lieb/Heidel/Lepa/Ring*, Das neue Schuldrecht, § 14 Rz. 17.

Beispiel:

Gartenbauarbeiten werden am 1. 7. 2001 abgenommen. Am 15. 7. 2002 treten Mängel auf. Die Arbeiten sind als solche an einem Grundstück zu qualifizieren, da sie in keiner Weise bauwerksbezogen sind. Gemäß § 638 BGB a. F. verjähren solche Gewährleistungsansprüche in 1 Jahr, gemäß § 634a Abs. 1 Nr. 1 BGB n. F. in 2 Jahren, jeweils von der Abnahme an. Nach dem Grundsatz des Art. 229 § 6 Abs. 1 Satz 1 EGBGB findet die Neuregelung auf den ja am 1. 1. 2002 noch nicht verjährten Gewährleistungsanspruch grundsätzlich Anwendung, so dass Verjährung erst am 1. 7. 2003 eintreten würde. Hier greift aber jetzt die Einschränkung des Absatz 3 der vorgenannten Vorschrift: Da die alte Verjährungsfrist kürzer ist als die neue, gilt die Verjährung mit Ablauf der alten Frist als vollendet. Der Gartenbauunternehmer kann sich in diesem Fall erfolgreich auf die Einrede der Verjährung berufen.

336 ▷ Ist die **neue Frist kürzer** als die alte, so wird der Lauf der kürzeren Frist vom 1. 1. 2002 an berechnet. Läuft jedoch die alte (längere) Frist früher ab als die neue, so gilt die Verjährung mit Ablauf der alten Frist als vollendet (Art. 229, § 6 Abs. IV EGBGB).

Beispiel:

Eine Werkleistung führt zu einem entfernten Mangelfolgeschaden. Der entsprechende Schadensersatzanspruch entsteht am 15. 10. 2001. Dieser stützt sich nach altem Recht auf das Rechtsinstitut der pVV (positiven Vertragsverletzung) und unterliegt der Regelverjährung des § 195 BGB a. F. von 30 Jahren. Nach neuem Recht handelt es sich um einen gesetzlichen Schadensersatzanspruch gemäß § 280 BGB n. F., der der regelmäßigen Verjährung des § 195 BGB n. F. von 3 Jahren unterliegt. Gemäß Art. 229 § 6 Abs. 1 Satz 1 i. V. m. Abs. 4 Satz 1 EGBGB kommt die 3-jährige Verjährungsfrist des § 195 BGB n. F. mit der Maßgabe zur Anwendung, dass sie ab dem 1. 1. 2002 berechnet wird, mithin am 31. 12. 2004 abläuft.

Variante:

Der Anspruch aus pVV ist schon am 15. 10. 1973 entstanden, so dass die 30-jährige Verjährungsfrist des § 195 BGB a. F. am 14. 10. 2003 abläuft. Hier greift Art. 229 § 6 Abs. 4 Satz 2 EGBGB mit der Maßgabe, dass nicht die ab 1. 1. 2002 zu berechnende neue, am 31. 12. 2004 ablaufende Frist des § 195 BGB n. F., sondern die alte, weil früher endend, den Ablauf der Verjährung bestimmt, so dass es hierfür beim 14. 10. 2003 bleibt.

Die Regelung des Art. 229 § 6 Abs. 4 EGBGB beinhaltet also den Grundsatz, dass für so genannte **Altverträge jeweils** die **kürzere Verjährungsfrist** gilt. War es allerdings vor dem 1. 1. 2002 zu einer Unterbrechung/Hemmung gekommen, greifen generell die allgemeinen Grundsätze des **neuen** Verjährungsrechts. Insoweit wird auf die nachfolgenden Ausführungen verwiesen.

3. Verjährung nach dem BGB (Fassung ab 1. 1. 2002)

337 Die Verjährungsfristen der in § 634 BGB n. F. aufgeführten Gewährleistungsansprüche sind in § 634a BGB n. F. geregelt. Einen speziellen, dem § 639 Abs. 2 BGB a. F. entsprechenden Hemmungstatbestand gibt es nicht mehr. Generell richtet sich die **Berechnung** der Gewährleistungsfrist nach den allgemeinen Vorschriften der §§ 203 ff. BGB n. F., wenn einer der dort geregelten Sachverhalte vorliegt.

a) § 634a BGB n. F.

338 Gemäß § 634a Abs. 1 BGB n. F. verjähren die in § 634 Nr. 1 (Nacherfüllung), Nr. 2 (Selbstbeseitigung und Aufwendungsersatz) und Nr. 4 (Schadens- und Aufwendungsersatz) BGB n. F. bezeichneten Ansprüche wie folgt:

Nummer 1:

in 2 Jahren bei der Herstellung, Wartung oder Veränderung einer Sache oder darauf gerichtete Planungs- oder Überwachungsleistungen, es sei denn, es handelt sich um Arbeiten an einem Bauwerk im Sinne der Nummer 2;

Nummer 2:

in 5 Jahren bei Arbeiten an einem Bauwerk oder darauf gerichteter Planungs- oder Überwachungsleistungen;

Nummer 3:

ansonsten in 3 Jahren.

Die **Frist beginnt** für die in Nummer 1 und 2 aufgeführten Arbeiten mit deren **Abnahme**. Soweit die Leistungen unter die Nummer 4 fallen, gelten die allgemeinen Regelungen der §§ 195, 199 BGB n. F.

aa) § 634a Abs. 1 Nr. 1 BGB

Die Neuregelung der Verjährung der Mängelansprüche des Bestellers in § 634a Abs. 1 Nr. 1 BGB n. F. setzt zunächst für Arbeiten an beweglichen Sachen die Vorgaben der **Verbrauchsgüterkaufrichtlinie** 1999/44/EG um und verlängert die vormalige 6-Monats-Frist des § 638 BGB a. F. auf 2 Jahre (vgl. insoweit für den Kauf § 438 Abs. 1 Nr. 3 BGB n. F.). Die gleiche Gewährleistungsfrist gilt für entsprechende Planungs- oder Überwachungsleistungen (§ 634a Abs. 1 Nr. 1, 2. Alt. BGB n. F.).

Da der Gesetzestext nicht zwischen beweglichen und unbeweglichen Sachen unterscheidet (vgl. demgegenüber § 638 Satz 1 BGB a. F. „Arbeiten an einem Grundstück... ein Jahr") werden hierunter auch solche Arbeiten an einem Grundstück einzuordnen sein, die nicht mit der Errichtung eines Bauwerks in Zusammenhang stehen und somit nicht unter Nummer 2 des § 634a Abs. 1 BGB n. F. fallen, so z. B. reine Gartenbauarbeiten oder entsprechende Planungsleistungen eines Landschaftsarchitekten. Insoweit wird es auch nach neuem Recht auf die bislang schon erforderliche Abgrenzung zwischen **Arbeiten** betreffend ein **Bauwerk** und **reinen Grundstücksarbeiten** ankommen, falls Mängel erst nach einem Zeitraum von mehr als 2 Jahren auftreten.

bb) § 634a Abs. 1 Nr. 2 BGB n. F.

Die Gewährleistungsfrist für **Mängel an Bauwerken** oder diesbezüglichen **Planungs- bzw. Überwachungsleistungen** beträgt gemäß § 634a Abs. 1 Nr. 2 BGB n. F. nach wie vor 5 Jahre. Mit der ausdrücklichen Erweiterung der 5 jährigen Gewährleistung auch auf Planungs- oder Überwachungsleistungen wollte der Gesetzgeber die bislang unterschiedliche Behandlung von Architekten- gegenüber reinen Bauleistungen beseitigen.[1] Auf die bisher erforderliche **Abgrenzung bei Architektenleistungen**, inwieweit sich das „geistige Werk" im „körperlichen" (Bau-

---

1 Vgl. *Ott/Lüer/Heussen*, Anwaltscheckbuch Schuldrechtsreform, III. Rz. 667 (S. 591).

vorhaben) realisiert hat,[1] kommt es danach nicht mehr an. Nötig ist eine solche aber nach wie vor zu den nunmehr Nummer 1 des § 634a Abs. 1 BGB aufgeführten Arbeiten an (beweglichen und unbeweglichen) Sachen, die nicht als solche „bei einem Bauwerk" oder darauf gerichtete Planungsleistungen zu qualifizieren sind.

344 Erfasst sind auch Veränderungen an einer bereits vorhandenen Gebäudesubstanz sowie **Instandsetzungs- und Instandhaltungsarbeiten**, wenn sie für Erneuerung, Bestand oder bestimmungsgemäße Nutzung des Objekts von wesentlicher Bedeutung sind und die verwendeten Materialien mit dem Grundstück fest verbunden werden.[2]

345 Das Gleiche gilt für **Tiefbauarbeiten**, soweit sie mit der Errichtung eines Bauwerks in dem nachfolgend dargestellten Sinn in Zusammenhang stehen. Auch insoweit kann auf die bisherige Rechtsprechung zu § 638 Abs. 1 Satz 1 BGB a. F. verwiesen werden.

346 Für die Definition des **Tatbestandsmerkmals Bauwerk** kann auf die zu § 638 BGB in der bis zum 31. 12. 2001 gültigen Fassung vorliegende Rechtsprechung und Literatur zurückgegriffen werden: Zurückgehend auf eine Entscheidung des **Reichsgerichts** wird **Bauwerk** danach allgemein definiert als

„unbewegliche, durch Verwendung von Arbeitskraft und Material in fester Verbindung mit dem Erdboden hergestellte Sache.[3]"

347 Für die Beurteilung von **Grenzfällen** hilft diese allgemeine Definition allerdings nicht unbedingt weiter. So hat die Vergangenheit gezeigt, dass doch teils erhebliche Schwierigkeiten der Zuordnung bestimmter Sachverhalte zu den unterschiedlichen Verjährungsfristen des § 638 BGB a. F. zu verzeichnen waren. Die Abgrenzung des Bauwerksbegriffs (mit einer Gewährleistungsfrist von fünf Jahren) zu reinen „Arbeiten an einem Grundstück" (ein Jahr) sowie zu bloßen Arbeiten an beweglichen Sachen (sechs Monate) erfolgte dabei mehr oder weniger fließend, so dass sich hierzu im Laufe der Jahre eine **umfangreiche Kasuistik** herausgebildet hat. Auf diese muss und kann im Zweifelsfalle auch zur Abgrenzung der unterschiedlichen Alternativen des § 634a Abs. 1 BGB n. F. zurückgegriffen werden.[4] Dabei mögen die nachfolgend in alphabetischer Reihenfolge aufgelisteten Beispiele aus der Rechtsprechung eine Hilfestellung geben.

cc) Rechtsprechungsübersicht: „Arbeiten an einem Bauwerk"

348 ▷ Einbau einer **Alarmanlage**[5] in einem Kaufhaus

▷ **Abdichtung**[6] von Kelleraußenwänden

---

1 Vgl. Palandt-*Sprau*, 61. Aufl., § 638 BGB, Rz. 13.
2 Vgl. *Dauner-Lieb/Heidel/Lepa/Ring*, Anwaltkommentar Schuldrecht, § 634a BGB, Rz. 6; vgl. auch BGH, BauR 1984, 64 = NJW 1984, 168 (Abdichtung Kelleraußenwand/Drainage); BGH, BauR 1994, 101 f. (umfangreiche Malerarbeiten im Rahmen eines grundlegenden, der vollständigen Renovierung dienenden Umbauvorhabens).
3 RG, JW 1908, 657; BGHZ 57, 60; *von Craushaar*, BauR 1980, 112.
4 Vgl. *Ott/Lüer/Heussen*, Anwaltscheckbuch Schuldrechtsreform, III. Rz. 666 (S. 590).
5 OLG Hamm, NJW 1976, 1269 = MDR 1976, 578; a. A. für Wohnhaus: OLG Frankfurt, NJW 1988, 2546.
6 BGH, NJW 1984, 168.

▷ **Ausschachtung** einer Baugrube[1]
▷ **Bearbeitung**[2] **von Gegenständen**, die für ein bestimmtes Bauwerk vorgesehen sind, durch einen Subunternehmer, wenn dieser die Zweckbestimmung der Leistung kennt
▷ nachträglich in einem Hotelballsaal eingebaute **Beschallungsanlage**[3]
▷ **Betonsteinpflaster**[4]
▷ **Containerbauten**[5]
▷ **Dachreparaturarbeiten**[6]
▷ Verlegung von **Dränrohren**[7] in Kies um ein Haus herum
▷ Erneuerung der **Elektroinstallation**[8]
▷ **Fassadenschutzbehandlung**[9]
▷ Einbau einer (auch nicht tragenden) **Geschossdecke**[10]
▷ feste Einmauerung eines **Heizöltanks**[11] im Erdreich
▷ Ein- oder Umbau von **Heizungsanlagen**[12]
▷ die Errichtung einer **Hoftoranlage**[13]
▷ Einbau eines **Kachelofens**[14]
▷ Einbau einer **Klimaanlage**[15]
▷ individuell nach Maß angepasste **Küchenzeilen** bzw. **Einbauküchen**[16]
▷ umfangreiche **Malerarbeiten** im Rahmen eines Umbauvorhabens, das der vollständigen Renovierung dient[17]
▷ Einbau einer **Papierentsorgungsanlage**[18] in einem Verwaltungsgebäude

---

1 BGH, BGHZ 68, 208.
2 BGH, NJW-RR 1990, 1108; BauR 1980, 355; NJW 1979, 158.
3 OLG Hamburg, NJW-RR 1988, 1106.
4 OLG Köln, BauR 2002, 801 f.
5 BGH, BauR 1992, 369.
6 BGHZ 19, 319.
7 BGH, NJW 1984, 168.
8 BGH, NJW 1978, 1522; OLG Karlsruhe, BauR 1996, 556 (Um- und Erweiterungsarbeiten).
9 BGH, BauR 1979, 47.
10 OLG Köln, NJW-RR 1989, 209.
11 OLG Hamm, NJW-RR 1996, 919.
12 OLG Köln, NJW-RR 1995, 337.
13 OLG Koblenz, NJW-RR 1989, 336.
14 OLG Koblenz, BauR 1995, 395.
15 BGH, BauR 1974, 57.
16 BGH, NJW-RR 1990, 787; KG, NJW-RR 1996, 977; KG, NJW-RR 1996, 1010; OLG Koblenz, OLGR 1998, 257.
17 BGH, BauR 1994, 101 f.
18 BGH, NJW 1987, 837.

▷ **Pflasterarbeiten**[1] aus Betonform- oder Verbundsteinen
▷ Errichtung eines **Rohrbrunnens**[2]
▷ nach Maß angepasste und eingebaute **Schrankwände**[3]
▷ in die Erde eingebrachtes Schutzrohr, durch das eine **Feuerlöschleitung** geführt werden soll[4]
▷ Einbau eines aus Fertigteilen zusammengesetzten **Schwimmbeckens** ins Erdreich[5]
▷ Lieferung und Montage einer aus zwei **Spritzkabinen** nebst Be- und Entlüftungsanlage bestehenden, über fünf Meter hohen, 21 m langen und 15 m breiten Anlage in dem Neubau einer Werkhalle zur Produktion von Containern und anderen Behältern[6]
▷ **Straßenbauwerke**[7]
▷ nachträgliche Verlegung eines **Teppichbodens**[8] mittels eines Klebers
▷ **Umbauarbeiten**[9]
▷ **Verfüllungsarbeiten**[10] (Verfüllen der Arbeitsräume nach Fertigstellung und Abdichtung des Kellermauerwerks)
▷ Errichtung eines **Wintergartens**[11]
▷ feste Installation von **Zaunanlagen**[12]

349 Die vorstehende Auflistung erhebt keinesfalls den Anspruch auf Vollständigkeit,[13] erlaubt allerdings einen umfassenden Einblick in die von der Rechtsprechung in der Vergangenheit zur Abgrenzung von Arbeiten an einem Bauwerk zu übrigen Werkleistungen, sei es nun an beweglichen oder unbeweglichen Sachen, aufgestellten Kriterien. Auch künftig dürfte es insoweit in Grenzfällen auf den konkreten Sachverhalt ankommen, wobei möglicherweise die Erkenntnis, dass gerade Baumängel (mit oft erheblichen Auswirkungen) erst nach einem längeren Zeitraum auftreten, im Zweifel für den Bauherrn und somit die Anwendung der 5-jährigen Gewährleistungsfrist ausschlaggebend ist.

---

1 BGH, NJW-RR 1992; NJW-RR 1993, 592; OLG Köln, NJW-RR 1993, 593; OLG Köln, NJW-RR 1993, 593; a. A. OLG Stuttgart, BauR 1991, 462.
2 BGHZ 57, 60.
3 OLG Köln, NJW-RR 1991, 1077.
4 BGH, BauR 2001, 621 f.
5 BGH, BauR 1983, 567; vgl. auch BauR 1987, 79, 81.
6 OLG Düsseldorf, BauR 2002, 103 f.
7 BGH, NJW 1993, 723.
8 BGH, NJW 1991, 2486; OLG Köln, BauR 1986, 441.
9 OLG Hamm, NJW-RR 1989, 1048 (Umbau einer Scheune zum Schweinestall); BGH, NJW 1977, 2361 (Einbau serienmäßig hergestellter Legebatterien in einen Hühnerstall).
10 OLG Düsseldorf, BauR 1995, 244.
11 OLG Hamm, OLGR 1992, 43; a. A. OLG München, MDR 1990, 629
12 LG Hannover, NJW-RR 1987, 208; LG Weiden, NJW-RR 1997, 1108
13 Vgl. ergänzend die Kasuistik zu § 638 BGB a. F. bei *Werner/Pastor*, Der Bauprozess, 10. Aufl., Rz. 2377 ff.

Bloße **Verschönerungsarbeiten** (Fassadenanstriche[1] etc.), **Reparaturarbeiten** an haustechnischen Anlagen wie Elektrik[2] oder Heizung[3] oder aber reine Gartenarbeiten[4] etc., die sich nicht auf den Bestand eines Gebäudes auswirken und bei denen auch keine Materialien als **wesentliche Bestandteile** in das Gebäude eingefügt werden, dürften allerdings auch künftig nicht als Bauwerksarbeiten i. S. d. Nummer 2 des § 634a Abs. 1 BGB n. F. zu qualifizieren sein, mit der Folge, dass für solche die 2-jährige Frist der Nummer 1 der vorgenannten Vorschrift gilt. Auch die bloße Herstellung und Lieferung eines Getriebegenerators zum **Selbsteinbau** in ein Wasserkraftwerk durch den Auftraggeber ist nicht als „Bauwerksarbeit" angesehen worden.[5]

350

dd) § 634a Abs. 1 Nr. 3 BGB n. F.

Gewährleistungsansprüche **für alle anderen Arbeiten**, die als **Werkleistungen** zu qualifizieren sind, verjähren gemäß §§ 195, 199 BGB n. F. in drei Jahren gerechnet vom Ende des Jahres, in dem der Besteller Kenntnis von dem aufgetretenen Mangel hat bzw. ohne grobe Fahrlässigkeit hätte haben müssen. Unter diese Vorschrift fallen alle unkörperlichen Werke mit Ausnahme der unter Nummer 1 und 2 einzuordnenden Planungs- und Überwachungsleistungen sowie solche Arbeiten an einem menschlichen Wesen, die nicht als reine Dienstleistungen zu qualifizieren sind.[6]

351

ee) § 634a Abs. 3 BGB n. F.

Gleichermaßen verjähren Ansprüche des Bestellers wegen solcher Mängel, die der Unternehmer **arglistig verschwiegen** hat (Satz 1). Handelt es sich um Mängel an einem Bauwerk, tritt die Verjährung jedoch nicht vor Ablauf von 5 Jahren von dessen Abnahme an ein (Satz 2). Im Hinblick auf den in § 199 BGB n. F. enthaltenen subjektiven Anknüpfungspunkt hinsichtlich des Beginns der regelmäßigen Verjährungsfrist kann diese allerdings in solchen Fällen deutlich mehr als fünf Jahre betragen.

352

Zum Begriff des arglistigen Verschweigens bzw. des diesem **gleichgestellten Organisationsverschuldens** kann auf die bislang vorliegende Rechtsprechung zurückgegriffen werden. Danach haftet der Unternehmer (auch beim VOB-Bauvertrag) im Rahmen der gesetzlichen, regelmäßigen Verjährungsfrist, wenn er oder von ihm insoweit verantwortlich eingesetzte Erfüllungsgehilfen spätestens zum Zeitpunkt der Abnahme Mängel von erheblicher Bedeutung für den Bestand oder die Nutzung des Werks wahrgenommen haben bzw. bei ordnungsgemäßer Orga-

353

---

1 BGH, *Schäfer/Finnen/Hochstein*, Z 2.414 Bl 106; *Schäfer/Finnen/Hochstein*, Z 2.414 Bl 150; OLG Köln, NJW-RR 1989, 1181.
2 BGH, BauR 1971, 128.
3 BGHZ 121, 94.
4 OLG Hamm, OLGR 1996, 28.
5 BGH, BauR 2002, 1260f.
6 Vgl. *Dauner-Lieb/Heidel/Lepa/Ring*, Anwaltkommentar Schuldrecht, § 634a BGB, Rz. 12.

nisation des Betriebs hätten wahrnehmen können und diese weder beseitigen noch dem Auftraggeber offenbaren.[1]

ff) Rechtsprechungsübersicht Arglist/Organisationsverschulden

354 Eine entsprechende Haftung des Unternehmers hat die Rechtsprechung in folgenden Fällen angenommen:

355 ▷ **Arglist** des Unternehmers, der sich zu einer Werkleistung verpflichtet, obwohl er entgegen der erkennbaren Erwartung des Bestellers mangels Sach- und Fachkunde völlig außerstande ist, die versprochene Leistung zu erbringen. Der Unternehmer handelt nur dann nicht arglistig, wenn er auf seine fehlende Sach- und Fachkunde hinweist. Arglist erfordert nicht, dass der Unternehmer die Folgen des Handelns bewußt in Kauf nimmt oder mit Schädigungsabsicht handelt. Es genügt, wenn er seine Leistung „**auf gut Glück**" verspricht, ohne auch nur mit einiger Wahrscheinlichkeit von einer fachgerechten Leistung ausgehen zu können.[2]

356 ▷ Ein Unternehmer handelt arglistig, wenn er entgegen der Abrede mit dem Bauherrn und seinem Architekten ohne Hinweis **billigeres Material** verwendet. Dies gilt auch dann, wenn er das verwendete (billigere) Material mit dem ursprünglich vereinbaren Material in jeder Hinsicht technisch gleichwertig hält.[3]

357 ▷ Bewusste Verwendung eines vom Vertrag abweichenden, in der Praxis noch **nicht erprobten Baustoffs**, ist arglistig, wenn der Unternehmer den Besteller nicht auf damit verbundene Risiken hinweist.[4]

358 ▷ Die bloße **Erkennbarkeit von Mängeln**, auf die nach deren Art und Umfang geschlossen wird, reicht nicht, um den Vorwurf der Arglist zu rechtfertigen. Es muss hinzukommen, dass der Unternehmer sich dessen bewußt ist, dass seine Werkleistung Risiken von einigem Gewicht beinhaltet. Insofern ist die Arglist von **bloßer Nachlässigkeit** abzugrenzen.[5]

359 ▷ Derjenige verschweigt arglistig einen Mangel, der sich bewusst ist, dass ein bestimmter Umstand für die Entschließung seines Vertragspartners von **Erheblichkeit** ist, der nach Treu und Glauben verpflichtet ist, diesen Umstand mitzuteilen und ihn trotzdem nicht offenbart. Diese Voraussetzungen können auch bei Hilfspersonen vorliegen mit der Folge, dass der Unternehmer sich dieses wie eigenes zurechnen lassen muss. Dem Unternehmer wird aber nur das arglistige Verschweigen solcher Hilfspersonen zugerechnet, denen er sich gerade zu Erfüllung seiner **Offenbarungspflicht** bedient; dazu gehören z. B. Betonpoliere nicht, jedenfalls dann nicht, wenn der Unternehmer eine örtliche

---

1 Vgl. *Ingenstau/Korbion*, 14. Aufl., Teil B, § 13 Nr. 4 Rz. 260 ff.; *Werner/Pastor*, Der Bauprozess, 10. Aufl., Rz. 2326 ff.; *Koeble/Kniffka*, Kompendium des Baurechts, 6. Teil, Rz. 238 f.
2 OLG Köln, BauR 2001, 1271, 1272; OLG Stuttgart, BauR 1972, 315, 315.
3 OLG Köln, BauR 1991, 468, 469.
4 BGH, BauR 2002, 1401, 1402 f.
5 OLG Köln, BauR 1991, 472, 472; OLG Stuttgart, BauR 1972, 315, 315.

Bauleitung einsetzt. Eine allgemeine Regel, wann das Verschweigen von Umständen durch Hilfspersonen dem Unternehmer über § 278 BGB zugerechnet wird, gibt es nicht; die Entscheidung hängt vielmehr von den Umstände des Einzelfalls ab.[1]

▷ Die **Beweislast** für den Vorwurf des Bestellers, der Unternehmer habe arglistig gehandelt, trägt der Besteller. Insoweit enthält § 638 BGB eine ihm günstige Ausnahmeregelung, auf die er sich beruft.[2] 360

▷ Die Rechtsprechung des BGH zur regelmäßigen Gewährleistungsfrist bei **Organisationsverschulden** des Auftragnehmers ist auch bei einem VOB-Bauvertrag mit 2-jähriger Gewährleistungsfrist anzuwenden.[3] 361

▷ Der Auftraggeber genügt seiner **Darlegungslast** zur Verletzung der **Organisationspflicht** des Auftragnehmers, wenn er einen besonders schwerwiegenden Mangel an einem wichtigen Bauteil oder einen besonders augenfälligen Mangel darlegt. Die in Teilbereichen fehlerhafte Verlegung von Bodenfliesen (Hohllagen und geringfügige Abplatzungen um Randbereich) erfüllt diese Anforderungen nicht.[4] 362

▷ Grundsätzlich hat der Besteller die Voraussetzungen darzulegen, die zur 30-jährigen **Verjährungsfrist** des § 638 Abs. 1 Satz 1 BGB a. F. führen. Er genügt seiner **Darlegungslast**, wenn er Tatsachen vorträgt, nach denen entweder der Unternehmer selbst oder die von diesem zur Erfüllung seiner Offenbarungspflicht eingesetzten Gehilfen erkannt, aber nicht offenbart haben. Der Vortrag ist ggf. schon dann ausreichend, wenn der Besteller behauptet, der Unternehmer habe die Überwachung des Herstellungsprozesses nicht oder nicht richtig organisiert, so dass der Mangel nicht erkannt worden sei. Welche Anforderungen an die Substantiierung im Hinblick auf die beim Besteller regelmäßig nicht vorhandenen **Kenntnisse über die Organisation** des Herstellungsprozesses zu stellen sind, ist eine Frage des jeweiligen Einzelfalls. Dabei kann die **Art des Mangels** ein so überzeugendes **Indiz** für die fehlende oder nicht richtige Organisation sein, dass es weiterer Darlegung hierzu nicht bedarf. Der Unternehmer hat vorzutragen, wie er seinen Betrieb im Einzelnen organisiert hatte, um den Herstellungsprozess zu überwachen und das Werk vor Ablieferung zu überprüfen.[5] 363

▷ Der Unternehmer kann sich seiner vertraglichen Offenbarungspflicht hinsichtlich Mängeln nicht dadurch entziehen, dass er sich unwissend hält oder sich keiner Gehilfen bei der Pflicht bedient, Mängel zu offenbaren. Er ist gehalten, den Herstellungsprozess **angemessen zu überwachen** und das Werk vor Abnahme zu überprüfen. Der Unternehmer hat dafür einzustehen, wenn er die Überwachung und Prüfung des Werks nicht oder nicht richtig organisiert hat und der Mangel bei richtiger Organisation entdeckt worden wäre. Der bloße Hinweis auf die für den Betrieb eines Bauunternehmens ordnungsgemäße 364

---

1 OLG Köln, BauR 1984, 525, 526; OLG Karlsruhe, BauR 1979, 335, 335.
2 BGH, BauR 1975, 419, 419.
3 OLG Jena, BauR 2001, 1124, 1124.
4 OLG Jena, BauR 2001, 1124, 1125.
5 OLG Braunschweig, BauR 1999, 109, 111.

Organisation reicht für die Darlegung eines Organisationsverschuldens nicht aus, wenn es sich um einen **sehr kleinen Betrieb** handelt, in dem der Unternehmer selbst mitarbeitet.[1]

365 ▷ Ein Organisationsverschulden des Hauptunternehmers kommt nicht in Betracht, wenn der **Subunternehmer** Innenputzarbeiten ohne Spritzbewurf gemäß DIN 18550 ausführt und deshalb der Innenputz nach 6 Jahren beim Neutapezieren abplatzt, der Hauptunternehmer aber einen **Bauleiter** zur Leitung und Überwachung der Bauarbeiten des Subunternehmers eingesetzt hat.[2]

366 ▷ Wenn bei der Verkleidung einer Fassade mit beschichteten Trapezblechen die durch den Transport und die Montage der Trapezbleche unvermeidbar entstandenen Beschädigungen der Beschichtung mit einer **vom Hersteller** der beschichteten Bleche **empfohlenen Farbe** ausgebessert werden, die, wie sich später herausstellt, weniger lang farbbeständig ist als die Beschichtung, kann der Verjährungseinrede des Unternehmers gegenüber Gewährleistungsansprüchen weder ein arglistiges Verschweigen noch ein Organisationsverschulden entgegengehalten werden.[3]

gg) § 634a Abs. 4 und 5 BGB n. F.

367 Nicht erfasst von den vorstehend erläuterten Verjährungsregelungen sind die Ansprüche aus § 634 Nr. 3 BGB n. F. auf **Rücktritt und Minderung**, da es sich dabei um Gestaltungsrechte handelt, die der **Verjährung nicht unterliegen** (vgl. § 194 Abs. 1 BGB n. F.). Um hier allerdings Systemwidrigkeiten zu vermeiden, verweisen die Absätze 4 und 5 des § 634a BGB n. F. auf die Regelung des § 218 BGB n. F. Danach können die Gestaltungsrechte Rücktritt und Minderung **nicht mehr wirksam ausgeübt werden**, wenn der Anspruch auf Leistung oder Nacherfüllung verjährt ist und der Unternehmer sich darauf beruft. Ist allerdings zu so einem Zeitpunkt die **Vergütung noch nicht vollständig entrichtet**, kann der Besteller Zahlung insoweit verweigern, als er infolge des Rücktritts dazu berechtigt sein würde (§ 634a Abs. 4 Satz 2 BGB n. F.). Der Unternehmer darf dann allerdings seinerseits vom Vertrag zurücktreten. Diese Einschränkung gilt gemäß § 634a Abs. 5 BGB n. F. auch für das Gestaltungsrecht der Minderung, allerdings mit der Maßgabe, dass es nicht zu einer Rückabwicklung der ausgetauschten Leistungen kommt, sondern der Besteller das Werk behält.[4]

a) § 438 Abs. 1 Nr. 2 Buchst. b BGB n. F.

368 Eine wesentliche Besserstellung erfährt der Unternehmer eines Bauwerkes gegenüber seinen Baustofflieferanten, wenn ein **mangelhafter Baustoff** zu einem Mangel des Bauwerkes geführt hat. Statt der bisherigen 6-Monats-Frist des § 477 BGB a. F. gilt nunmehr auch für mangelhafte Bauteile/Baustoffe, die ursächlich

---

1 OLG Braunschweig, BauR 1999, 109, 112.
2 OLG Hamm, BauR 1998, 767, 768.
3 OLG Düsseldorf, BauR 1998, 1021, 1022.
4 Vgl. *Dauner-Lieb/Heidel/Lepa/Ring*, Anwaltkommentar Schuldrecht, § 634a BGB, Rz. 18 aE

für die Mangelhaftigkeit eines Bauwerks sind, die gleiche Verjährungsfrist wie im Werkvertragsrecht.[1]

b) Hemmung/Neubeginn der Verjährungsfrist

Nach neuem Recht gibt es weder den Begriff der Unterbrechung noch einen speziellen Hemmungstatbestand, wie in § 639 Abs. 2 BGB a. F. An dessen Stelle tritt der neue Hemmungstatbestand des **§ 203 BGB n. F.** Die **gerichtliche Geltendmachung** des Anspruchs führt nicht mehr zur Unterbrechung, sondern zur **Hemmung** gemäß § 204 BGB n. F. Wie bislang zählt dazu auch das Selbständige Beweisverfahren. 369

Hinweis:
Achtung: Gemäß § 204 Nr. 7 BGB n. F. wird die Verjährung erst durch **Zustellung** des Beweisantrags gehemmt (bislang reichte der Eingang der Antragsschrift bei Gericht aus, um die Unterbrechungswirkung herbeizuführen)! Aber auch hier kann die Hemmung gemäß § 270 Abs. 3 ZPO rückwirkend mit Einreichung des Antrags eintreten, wenn die Zustellung „**demnächst**" erfolgt. Der Antragsteller ist dabei aber auch verantwortlich dafür, dass er alles unternimmt, um diese Wirkung herbeizuführen.[2]

Die Hemmung hat zunächst die **gleiche Wirkung** wie bislang: der Zeitraum, für den die Verjährung gehemmt ist, wird in die Verjährungsfrist nicht eingerechnet (§ 209 BGB n. F.). Sie endet 6 Monate nach rechtskräftiger Entscheidung oder anderweitiger Beendigung des Verfahrens. Ab dann läuft dann der Rest der Verjährungsfrist, die bei Eintritt der Hemmung noch nicht verstrichen war. Es kommt nicht wie nach bisheriger Rechtslage zum vollständigen neuen Lauf der ursprünglichen Frist. Dies ist nur der Fall, wenn die Voraussetzungen des § 212 BGB n. F. für den Neubeginn der Verjährung erfüllt sind. 370

c) Aufrechnung mit verjährten Ansprüchen

Die gesonderte Aufrechnungsbefugnis des Bestellers gemäß § 639 Abs. 1 i. V. m. §§ 478, 479 BGB a. F. findet sich in den neuen Vorschriften nicht. Auch hiermit wird letztlich die Rechtsstellung des Bestellers hinsichtlich seiner Aufrechnungsbefugnis mit mängelbedingten Ansprüchen gegenüber der bisherigen Rechtslage[3] gestärkt. Der Besteller ist nunmehr gemäß § 215 BGB n. F. **ohne Einschränkung** auch nach Eintritt der Verjährung seiner Ansprüche aus § 634 BGB n. F. befugt, mit diesen gegenüber einer noch offenen Werklohnforderung des Unternehmers aufzurechnen, wenn sich die Ansprüche erstmals in unverjährter Zeit gegenüber gestanden haben. Das Gleiche gilt ausdrücklich gemäß § 215 BGB n. F. auch für das **Zurückbehaltungsrecht**, auf das die insoweit überflüssig gewordene Regelung des § 390 Satz 2 BGB a. F. nur analog angewendet wurde.[4] 371

---
1 Vgl. Palandt-*Putzo*, Ergänzungsband zur 61. Aufl., § 438 BGB Rz. 10.
2 Vgl. Palandt-*Heinrichs*, Ergänzungsband zur 61. Aufl., § 204 BGB Rz. 22, 7.
3 Vgl. dazu Palandt-*Putzo*, 61. Auflage, § 479 BGB, Rz. 2.
4 Vgl. *Dauer-Lieb/Heidel/Lepa/Ring*, Das neue Schuldrecht, § 1, Rz. 223.

4. Verjährung nach der VOB/B 2000

372 Ist die VOB Teil B wirksam zur Vertragsgrundlage gemacht worden, richtet sich die Verjährung der Gewährleistungsansprüche grundsätzlich nach § 13 Nr. 4 VOB/B. In Fällen des arglistigen Verschweigens von Mängeln bzw. eines entsprechenden Organisationsverschuldens verbleibt es allerdings bei der gesetzlichen Regelfrist. Die werkvertragliche Gewährleistungsfrist des BGB gilt darüber hinaus gemäß § 13 Nr. 7 Abs. 3 VOB/B für solche Schäden, wegen derer sich der Auftragnehmer i. S. d. § 13 Nr. 7 Abs. 2 Buchst. d VOB/B versichert hat bzw. hätte versichern können.

a) Regelfristen des § 13 Nr. 4 VOB/B

373 Wenn im Vertrag nichts anderes vereinbart ist, sieht die VOB Teil B in § 13 Nr. 4 Abs. 1 für Bauwerke und Holzerkrankungen eine Gewährleistungsfrist von 2 und für Arbeiten an einem Grundstück sowie vom Feuer berührte Teile einer Feuerungsanlage eine solche von 1 Jahr vor. Die **Abgrenzung** zwischen „**Bauwerken**" und „**Arbeiten an einem Grundstück**" ist dabei die gleiche wie beim BGB-Bauvertrag.

374 Auch beim VOB-Bauvertrag beginnt die Gewährleistungsfrist mit der **Abnahme** bzw. für in sich abgeschlossene Teile der Leistung mit einer entsprechenden Teilabnahme i. S. d. § 12 Nr. 2 VOB/B (§ 13 Nr. 4 Abs. 3 VOB/B).

375 Nur wenn die VOB Teil B **insgesamt** und **wirksam Vertragsgrundlage** ist, verstößt die damit erfolgte, von § 638 BGB a. F. abweichende Vereinbarung einer 2-jährigen Gewährleistungsfrist aufgrund der Privilegierung in § 23 Abs. 2 Nr. 5 AGBG nicht gegen § 11 Nr. 10f) AGBG.[1] Das Gleiche gilt für nach dem 31. 12. 2001 geschlossene BGB Bauverträge im Hinblick auf § 634a Abs. 1 Nr. 2 BGB n. F. aufgrund der nunmehr direkt im Bürgerlichen Gesetzbuch erfolgten Regelung des § 309 Nr. 8 Buchst. bff. BGB n. F.[2] Eine entsprechende **isolierte Vereinbarung** der „VOB-Gewährleistung" reicht nach der zur alten Rechtslage vorliegenden Rechtsprechung nicht aus.[3] Hieran dürfte sich auch künftig nichts ändern. Insbesondere ist es gegenüber einem in bauvertraglichen Angelegenheiten nicht bewanderten Laien zur wirksamen Einbeziehung der VOB Teil B erforderlich, dass der Auftragnehmer diesem in geeigneter Weise Gelegenheit gibt, Kenntnis von deren Regelungen zu erlangen.[4] Ansonsten bleibt es bei der gesetzlichen Gewährleistungsfrist.

376 Andererseits stellt die Vereinbarung einer 5-jährigen und in bestimmten Ausnahmefällen auch darüber hinausgehenden Gewährleistungsfrist (auch durch Allgemeine Geschäftsbedingungen) innerhalb eines VOB-Bauvertrags keine Abweichung zu § 13 Nr. 4 Abs. 1 VOB/B dar, da sich aus dessen Formulierung („Ist für die Gewährleistung keine Verjährungsfrist im Vertrag vereinbart") im Umkehrschluss ergibt, dass eine von der Regelfrist **abweichende** Verjährungsfrist verein-

---
[1] Str., vgl. Palandt-*Sprau*, 61. Aufl., § 11 AGBG Rz. 71 m. w. N.
[2] *Dauner-Lieb/Heidel/Lepa/Ring*, Anwaltkommentar Schuldrecht, § 309 Rz. 32.
[3] Vgl. BGH, BauR 1986, 89 f.; BauR 1987, 438 f.; BauR 1989, 77, 78 f.
[4] Vgl. generell zur wirksamen Einbeziehung der VOB/B *Werner/Pastor*, Der Bauprozess, 10. Aufl., Rz. 1006 ff.

bart werden kann.¹ Soweit eine längere als die gesetzliche Gewährleistungsfrist in Allgemeinen Geschäftsbedingungen vereinbart werden soll, wird dies allerdings für solche Leistungen als gerechtfertigt angesehen, bei denen erfahrungsgemäß damit gerechnet werden kann, dass etwaige Mängel erst später als nach 5 Jahren auftreten.²

Durch den in der Fassung von 1996 neu eingeführten Absatz 2 des § 13 Nr. 4 VOB/B wird die Verjährungsfrist „abweichend von Absatz 1" für Leistungen betreffend maschinelle und elektrotechnische/elektronische Anlagen oder Teilen davon **auf 1 Jahr verkürzt**, wenn eine Wartung Einfluss auf Sicherheit und Funktionsfähigkeit hat und eine solche dem Auftragnehmer nicht (spätestens zum Zeitpunkt der Abnahme) übertragen worden ist. Sind hiervon nur Teile einer übernommenen Gesamtleistung betroffen, kann es danach zu unterschiedlich langen Gewährleistungsfristen kommen, nämlich einerseits betreffend die Bauwerksleistungen und andererseits betreffend Leistungen im vorgenannten Sinne. Nicht ausdrücklich geregelt ist, ob auch für den Fall, dass die Parteien im Vertrag eine **andere** als die **Regelfrist** des § 13 Nr. 4 Abs. 1 VOB/B vereinbart haben. Aus der Formulierung in Absatz 2 „abweichend von Absatz 1" dürfte dabei zu schließen sein, dass die Verkürzung nur zum Tragen kommt, wenn die Regelfrist des Abs. 1 gilt, die Parteien also keine davon abweichende Gewährleistungsfrist vereinbart haben. Andernfalls müsste eine entsprechende Verkürzung i. S. d. Absatz 2 gesondert geregelt werden.

b) Quasi-Unterbrechung des § 13 Nr. 5 Abs. 1 Satz 2 VOB/B

Gewissermaßen als Kompensation für die gegenüber der gesetzlichen Gewährleistungsfrist doch erheblich verkürzte Regelfrist des § 13 Nr. 4 Abs. 1 VOB/B kommt einer **schriftlichen Mängelrüge** gemäß § 13 Nr. 5 Abs. 1 Satz 2 VOB/B eine **Unterbrechungswirkung** dahin gehend zu, dass die Regelfrist erst mit Zugang einer solchen Rüge zu laufen beginnt. Gleichzeitig wird klargestellt, dass Verjährung nicht vor Ablauf der (im Vertrag) vereinbarten Frist eintritt. Treten danach Mängel vor Ablauf der Regelfrist auf, wird diese – und zwar nur diese³ – für solche konkret darzulegenden Mangelpunkte vom **Zugang** einer entsprechenden Rüge beim Auftragnehmer neu in Gang gesetzt. Dies bedeutet, dass ggf. eine bis zu 4 Jahre andauernde Gewährleistung des Unternehmers bestehen kann, ohne dass es einer gerichtlichen Geltendmachung bedarf. Dies gilt für alle Ansprüche des Auftraggebers, die nach Abnahme entstehen.⁴

Die Quasi-Unterbrechung durch schriftliche Mängelrüge ist zunächst nur **einmal** möglich. Beseitigt der Auftragnehmer danach rechtzeitig gerügte Mängel innerhalb der neu angelaufenen Regelfrist nicht, bedarf es der Einleitung gerichtlicher Maßnahmen wie beim BGB-Bauvertrag, um die Verjährung nicht eintreten zu lassen. Dies gilt wohlgemerkt allerdings immer nur für solche Mängel bzw. Mängelerscheinungen, die i. S. d. **Symptomtheorie** des Bundesgerichtshofes rechtshängig

---

1 Vgl. BGH, BauR 1987, 84 f.
2 Vgl. *Ingenstau/Korbion*, 14. Aufl., Teil B, § 13 Rz. 235 ff. m. w. N.
3 Vgl. BGH, BauR 1987, 84, 85 f.
4 Vgl. eingehend *Kaiser*, BauR 1987, 617 ff.

gemacht werden.¹ Für nach dem 31. 12. 2001 geschlossene VOB-Bauverträge wird dabei auch die Neuerung bei der Einleitung eines Selbständigen Beweisverfahrens zu beachten sein, wonach die Hemmung der Verjährung erst mit Zustellung und nicht mehr mit Einreichung des Antrags bei Gericht eintritt. Auch ein Anerkenntnis hinsichtlich der gerügten Mängel ändert hieran nichts; eine weitere Mängelrüge vor Ablauf der aufgrund des Anerkenntnisses neu in Gang gesetzten Frist führt nicht noch einmal dazu, dass die Regelfrist des § 13 Nr. 4 Abs. 1 VOB/B neu läuft.²

380 **Beseitigt** der Auftragnehmer **einzelne Mängel**, so läuft für diese ab Abnahme der Mängelbeseitigung die Regelfrist des § 13 Nr. 4 Abs. 1 VOB/B (einmal) neu, soweit nichts anderes vereinbart ist (§ 13 Nr. 5 Abs. 1 Satz 3 VOB/B). Während der Dauer der Mängelbeseitigungsarbeiten ist der Lauf der Frist gehemmt. Tritt hinsichtlich der Nachbesserung allerdings erneut ein Mangel auf, soll bezogen darauf eine (einmalige) erneute Quasi-Unterbrechung durch schriftliche Rüge möglich sein.³

c) Besondere Verjährung des § 13 Nr. 7 Abs. 3 VOB/B

381 Grundsätzlich verjähren auch die Schadensersatzansprüche aus § 13 Nr. 7 Abs. 1 und 2 VOB/B in der **Regelfrist** des § 13 Nr. 4 Abs. 1 VOB/B, wenn im Vertrag keine längere Gewährleistungsfrist vereinbart ist. Ist allerdings lediglich die 2-jährige Regelfrist Gegenstand der Gewährleistung, bestimmt § 13 Nr. 7 Abs. 3 VOB/B, dass die vorgenannten Schadensersatzansprüche dennoch in der gesetzlichen Frist verjähren, wenn der Auftragnehmer wegen der aufgetretenen Schäden i. S. d. § 13 Nr. 7 Abs. 2 Buchst. d VOB/B **haftpflichtversichert** ist bzw. sich entsprechend hätte versichern können oder soweit ein besonderer Versicherungsschutz vereinbart ist.⁴

5. Verjährung nach der VOB 2002

382 Auch hinsichtlich der Verjährung von Mängelansprüchen bringt die VOB 2002 neben redaktionellen Anpassungen an die neue Terminologie des BGB erhebliche Änderungen gegenüber den bisherigen VOB-Fristen (der Wortlaut der neuen Regelungen ist jeweils den Erläuterungen vorangestellt, wobei Änderungen gegenüber der VOB 2002 durch Fettdruck hervorgehoben sind):

a) Änderungen bezüglich § 13 Nr. 4 VOB/B

383 „(1) Ist für **Mängelansprüche** keine Verjährungsfrist im Vertrag vereinbart, so beträgt sie für Bauwerke **4 Jahre**, für Arbeiten an einem Grundstück und für die vom Feuer berührten Teile von Feuerungsanlagen **2 Jahre**. Abweichend von Satz 1 beträgt die Verjährungsfrist **für feuerberührte und abgasdämmende Teile von industriellen Feuerungsanlagen 1 Jahr**.

(2) Bei maschinellen und elektrotechnischen/elektronischen Anlagen oder Teilen davon, bei denen die Wartung Einfluss auf die Sicherheit und Funktionsfähigkeit hat, beträgt die

---

1 Vgl. dazu auch BGH, BauR 1987, 84 f.
2 Vgl. BGH, BauR 1990, 723, 724 f.
3 OLG Hamm, BauR 1993, 86, 88 unter Hinweis auf *Ingenstau/Korbion*, 13. Aufl., Teil B, § 13 Rz. 427; a. A. OLG Zweibrücken, BauR 1992, 770, 774.
4 Vgl. *Ingenstau/Korbion*, 14. Aufl., Teil B, § 13 Nr. 7 Rz. 803 ff.

Verjährungsfrist für **Mängelansprüche** abweichend von Absatz 1 **2 Jahre**, wenn der Auftraggeber sich dafür entschieden hat, dem Auftragnehmer die Wartung für die Dauer der Verjährungsfrist nicht zu übertragen.

(3)... (unverändert)"   384

Die **Regelfrist** der VOB-Verjährung wird von zwei auf vier Jahre **verlängert**, und zwar für alle Bauwerke. Für bloße Arbeiten an einem Grundstück sowie die vom Feuer berührten Teile von Feuerungsanlagen beträgt sie künftig zwei, für feuerberührte und abgasdämmende Teile industrieller Feuerungsanlagen ein Jahr. Für maschinelle und elektrotechnische/elektronische Anlagen gilt die 4-Jahres-Frist allerdings nur, wenn dem Auftragnehmer für diese Dauer auch die Wartung der Anlage übertragen ist, ansonsten ist er nur zwei Jahre in der Gewährleistung. Wie bislang, beginnt die Gewährleistungsfrist mit Abnahme der Gesamtleistung zu laufen. Liegen die Voraussetzungen einer **Teilabnahme** nach § 12 Nr. 2 vor, beginnt sie für solche in sich abgeschlossenen Teile der Leistung mit deren (Teil)abnahme.   385

Das Wort „**Gewährleistung**" findet sich aus redaktionellen Gründen nicht mehr. Die Verlängerung der Gewährleistungsfrist war überfällig, insbesondere um die Diskrepanz zur werkvertraglichen Verjährung nach dem BGB zu beseitigen (wenn hierbei auch nicht verkannt werden darf, dass es wohl schon weitgehender Praxis entspricht, auch im VOB-Bauvertrag eine fünfjährige Gewährleistungsfrist zu vereinbaren). In Verbindung mit dem in § 13 Nr. 5 geregelten Neubeginn der Verjährung nach Mängelrüge bzw. Abnahme von Mängelbeseitigungsarbeiten sieht der DVA-Hauptausschuss Allgemeines sie als ausgewogene Regelung an und hebt insoweit den zwischen allen Beteiligten gefundenen Kompromiss hervor.[1]   386

Die nach wie vor gegenüber der gesetzlichen, verkürzte Gewährleistungsfrist ist auch weiterhin als **privilegiert** anzusehen, § 309 Nr. 8 Buchst. b ff. BGB n. F., jedenfalls dann, wenn die VOB/B „insgesamt" in den Vertrag einbezogen ist.[2]   387

Erwähnung muss auch an dieser Stelle die durch das Schuldrechtsmodernisierungsgesetz erfolgte erhebliche Besserstellung des Unternehmers gegenüber **Baustofflieferanten** finden, die die hier bislang vorhandene so genannte Regresslücke am Bau zumindest reduziert: Führen mangelhafte Baustoffe zu einem Mangel am Bauwerk, haftet der Lieferant dem Unternehmer nunmehr nach § 438 Abs. 1 Nr. 2 Buchst. b BGB seinerseits fünf Jahre. Hierunter fallen alle Sachen, die üblicherweise für die Herstellung eines Bauwerkes benötigt werden (Steine, Beton, Holz, Fenster, Dachsteine etc.). Entgegen der alten Rechtslage (Verjährung: sechs Monate), die als eines der Hauptargumente für die bisherige 2-Jahresfrist galt, dürfte dem Auftragnehmer in solchen Fällen trotz der auf vier Jahre verlängerten Regelfrist ausreichend Gelegenheit gegeben sein, seine Ansprüche gegenüber seinem Lieferanten rechtzeitig geltend zu machen (ggf. unter Zuhilfenahme prozessualer Mittel wie der Streitverkündung).   388

---

[1] Vgl. Protokoll der Ergebnisse der Sitzungen vom 2. 10. 2001 und 4.2.2002, S. 21 f.
[2] Vgl. *Kratzenberg*, NZBau 2002, 177, 181.

b) Änderungen bezüglich § 13 Nr. 5 Abs. 1 VOB/B

389 „(1) ... (Satz 1 bleibt unverändert) ... Der Anspruch auf Beseitigung der gerügten Mängel verjährt in **2 Jahren**, gerechnet vom Zugang des schriftlichen Verlangens an, jedoch nicht vor Ablauf der **Regelfristen nach Nummer 4 oder** der **an ihrer Stelle** vereinbarten Frist. Nach Abnahme der Mängelbeseitigungsleistung **beginnt** für diese Leistung **eine Verjährungsfrist von 2 Jahren neu, die jedoch nicht vor Ablauf der Regelfristen nach Nummer 4 oder der an ihrer Stelle vereinbarten Frist endet.**"

390 Grundsätzlich bleibt es dabei, dass beim VOB-Bauvertrag der Zugang einer **schriftlichen Mängelrüge** beim Auftragnehmer verjährungsunterbrechende Wirkung hat (so genannte **Quasi-Unterbrechung**), wenn sich der Begriff der Unterbrechung – bedingt durch die neue Terminologie im BGB-Verjährungsrecht – im Bürgerlichen Gesetzbuch auch nicht mehr findet. Gemäß Satz 2 setzt der Zugang der schriftlichen Mängelrüge den Lauf einer zweijährigen Gewährleistungsfrist in Gang,[1] wobei klargestellt wird, dass es aber in jedem Falle mindestens bei der vierjährigen oder einer evtl. darüber hinausgehenden, im Vertrag vereinbarten Frist bleibt. In Satz 3 heißt es dann, dass **nach Abnahme** der Mängelbeseitigungsleistung eine Verjährungsfrist von zwei Jahren neu beginnt, wobei wiederum mindestens die neue Regelfrist nach Nummer 4 oder die an ihrer Stelle vereinbarte Frist gilt.

391 Dies stellt nicht nur eine **Privilegierung** gegenüber dem BGB-Bauvertrag dar – dort ist eine Hemmung der Verjährung nur durch Verhandlungen (§ 203 BGB) oder gerichtliche Geltendmachung (§ 204 BGB) möglich –, sondern kann im Einzelfall auch zu einer diesem gegenüber deutlich verlängerten Gewährleistung führen:

Beispiel:
Bauherr rügt drei Jahre und elf Monate nach Abnahme schriftlich Mängel. Dies führt zunächst dazu, dass gemäß § 13 Nr. 5 Satz 2 eine zweijährige Verjährungsfrist zu laufen beginnt. Die Gewährleistung für die so gerügten Mängel würde also erst nach fünf Jahren und elf Monaten ablaufen. Verzögern sich jetzt die Mängelbeseitigungsarbeiten, so dass sie erst zum Ende der neuen zweijährigen Frist abgenommen werden, beginnt damit gemäß Satz 3 eine Verjährungsfrist von zwei Jahren neu. Die Gewährleistung für diese Mängel läuft dann sogar erst nach ca. sieben Jahren und elf Monaten ab. Dies alles wohlgemerkt ohne Einleitung gerichtlicher Schritte wie z. B. eines Selbständigen Beweisverfahrens. Beantragt der Bauherr ein solches vor Ablauf der vorgenannten Frist, verlängert sich die Gewährleistung des Unternehmers sogar noch weiter: Mit Zustellung des Antrags auf selbständiges Beweisverfahren wird die Verjährung gehemmt (§ 204 Abs. 1 Nr. 7 BGB). Die Hemmung endet sechs Monate nach Beendigung des Beweisverfahrens (§ 204 Abs. 2 Satz 1 BGB).

392 Die so gegenüber dem gesetzlichen Leitbild des § 634a BGB mögliche deutliche Verlängerung der Verjährungsfristen wegen Mängelansprüchen kann unter **AGB**-rechtlichen Gesichtspunkten dazu führen, die Regelungen in § 13 Nr. 5 Satz 2 und 3 dann als unwirksam anzusehen, wenn man nicht von einer so genannten **Gesamtprivilegierung der VOB/B** ausgeht, sondern hier eine Einzelkontrolle durchführt.[2]

---
1 In Umsetzung der Rechtsprechung des Bundesgerichtshofes zur bisherigen Rechtslage, wonach eine schriftliche Mängelrüge selbst bei Vereinbarung einer fünfjährigen Gewährleistungsfrist im Vertrag nur zu einer Verlängerung dieser Frist von zwei Jahren führte, BGH, BauR 1976, 202 ff.
2 Vgl. *Schwenker/Heinze*, BauR 2002, 1143, 1151.

IX. Prozessuale Besonderheiten

Vorrangig sollten die Parteien beim Auftreten von Mängeln der Werkleistung – gleich ob vor oder nach Abnahme – um eine **außergerichtliche Lösung** bemüht sein. Die Erfahrung zeigt – teilweise wohl auch bedingt dadurch, dass es nicht in allen Gerichtsbezirken baurechtliche Spezialkammern oder -senate gibt und dass die Belastung einzelner Richter/innen mit einer umfangreichen Bausache nicht durch eine erhöhte Anrechnung auf das zu leistende Aktenpensum gewürdigt wird –, dass für alle Beteiligten der beste Bauprozess derjenige ist, den man nicht führen muss (auch für Anwälte/innen kann ein solcher Bauprozess schnell Formen annehmen, die eine wirtschaftliche Bearbeitung nicht mehr gewährleisten). Dazu gehört allerdings, dass beide Seiten, Bauherr und Unternehmer, „auf dem Teppich bleiben", sprich einerseits keine überzogenen Mängelrügen erheben und sich andererseits ihrer berechtigten Verantwortung stellen. Diejenigen Auftraggeber, die das berühmte „Erbsenzählen" praktizieren, werden an einer dann in der Regel nicht zu vermeidenden streitigen Auseinandersetzung ebenso wenig „Freude" haben, wie solche Auftragnehmer, die grundsätzlich von vornherein jegliche Verantwortung für das Vorhandensein von Mängeln ablehnen. Sollte sich dennoch eine streitige Auseinandersetzung im Einzelfall nicht vermeiden lassen, gilt es Folgendes zu beachten.

393

1. Schlichtungs- und Schiedsgerichtsvereinbarung

Gerade in Bausachen ist der Gang zu den staatlichen Gerichten nicht immer der beste. Neben der nicht zu übersehenden Verfahrensdauer erfordert deren Bearbeitung oftmals Spezialkenntnisse, die jedenfalls von nicht entsprechend spezialisierten und ausgebildeten Richtern und Richterinnen nicht erwartet werden können (Ausnahmen bestätigen auch hier selbstverständlich die Regel). Um hier von vornherein eine **schnelle Lösung** – die gerade für den Ablauf umfangreicher Bauvorhaben geradezu lebenswichtig ist –, aber auch eine Sachbearbeitung durch ausgebildete Spezialisten zu gewährleisten, empfiehlt es sich daher, beim Abschluss des Vertrags eine entsprechende Schlichtungs- und Schiedsgerichtsvereinbarung (z. B. entsprechend der Vorgaben der ARGE Baurecht im Deutschen Anwaltsverein) in gesonderter Urkunde zu treffen.

394

2. Selbständiges Beweisverfahren

Ist das Vorhandensein von Mängeln streitig, muss nicht sofort der Klageweg (gleich ob zum staatlichen oder zum Schiedsgericht) eingeschlagen werden. Eine demgegenüber kostengünstige und dennoch für beide Parteien pragmatische Alternative stellt das Selbständige Beweisverfahren gemäß §§ 485 ff. ZPO dar.[1] Das hier hinsichtlich des Vorhandenseins von Mängeln, deren Ursachen, deren Art und Weise der Nachbesserung sowie der dafür aufzuwendenden Kosten einzuholende **Gutachten** eines öffentlich bestellten und vereidigten Sachverständigen ist gemäß § 493 ZPO für den Fall eines dennoch folgenden Hauptsacheprozesses verbindlich. Den Beteiligten muss deshalb klar sein, dass es i. d. R. bei den Feststellungen des Beweisverfahrens bleibt. Sie sollten daher spätestens nach Vorlage ei-

395

---

[1] Vgl. auch *Koppmann*, BauR 2001, 1342 ff.

nes entsprechenden gerichtlichen Gutachtens die Möglichkeit der Herbeiführung einer **vergleichsweisen Lösung** suchen, um einen Prozess doch noch zu vermeiden. Hierbei handelt es sich immerhin um eine der Zulässigkeitsvoraussetzungen eines Antrags auf Selbständiges Beweisverfahren (vgl. § 485 Abs. 2 Satz 2 ZPO), so dass mit einer entsprechenden Begründung bereits in der Antragsschrift argumentiert werden sollte.

396 Soweit der Antrag auf Selbständiges Beweisverfahren auch der Hemmung der Verjährung dienen soll, ist unbedingt auf die im Rahmen des Schuldrechtsmodernisierungsgesetzes erfolgte prozessuale Änderung zu achten, wonach die bloße Einreichung der Antragsschrift beim Gericht nicht mehr ausreicht, um die Hemmung (nach altem Recht Unterbrechung) herbeizuführen. Vielmehr ist dazu jetzt die **Zustellung der Antragsschrift** an den Gegner erforderlich (§ 204 Nr. 7 BGB). Hier ist namentlich bei drohendem Ablauf der Gewährleistungsfrist ggf. bei der zuständigen Geschäftsstelle „nachzuhaken", ob und wann die Antragsschrift zugestellt worden ist, um zumindest die Wirkung des § 167 ZPO („Zustellung demnächst") sicherzustellen.[1]

397 Kann ein streitiges Verfahren auch nicht im Anschluss an ein Selbständiges Beweisverfahren vermieden werden, muss entweder der Auftragnehmer die gerichtliche Durchsetzung seiner (restlichen) Vergütungsansprüche oder der Auftraggeber diejenige seiner Gewährleistungsansprüche betreiben. Dabei gilt es u. a. Folgendes zu beachten:

3. Klage auf Mangelbeseitigung

398 Bessert der Unternehmer trotz Fristsetzung berechtigt gerügte Mängel nicht nach, kann der Bauherr auf Leistung, sprich auf Beseitigung der Mängel klagen. Dies geht selbstverständlich nur, solange er die Mängel noch nicht selbst nachgebessert hat bzw. (bei vor dem 31. 12. 2001 geschlossenen BGB-Bauverträgen) sein Nachbesserungsrecht noch nicht verloren hat.

399 Im Rahmen einer Mangelbeseitigungsklage müssen die Mängel aber derart exakt im Klagantrag bezeichnet werden, dass ein entsprechendes Urteil später auch **vollstreckungsfähig** ist.[2] Generell ist die Erhebung einer Klage auf Mangelbeseitigung nicht sonderlich pragmatisch. Rührt sich der Unternehmer auch nach Vorlage eines rechtskräftigen Titels nicht, bleibt nämlich nur der Weg der Vollstreckung über § 887 ZPO, um die Rechte des Bauherrn durchzusetzen.[3] Stattdessen empfiehlt es sich, den spätestens hier zu beantragenden **Vorschuss auf die Mängelbeseitigungskosten** (§ 887 Abs. 2 ZPO sogleich im Rahmen einer Vorschussklage geltend zu machen.

400 Eine **Feststellungsklage**, wonach lediglich das Vorhandensein von Mängeln durch Urteil festgestellt werden soll, ist nicht nur unsinnig, sondern auch **unzulässig**, da stets die Erhebung einer Leistungsklage zumindest auf Mängelbeseitigung,

---

1 Vgl. zum Selbständigen Beweisverfahren unter Berücksichtigung des Schuldrechtsmodernisierungsgesetzes *Weyer*, BauR 2001, 1807 ff.
2 Vgl. BGH, BauR 1973, 313, 317.
3 Vgl. BGH, NJW 1993, 1394.

möglich ist (vgl. § 256 Abs. 1 ZPO).[1] Dies gilt auch, soweit damit der (untaugliche) Versuch unternommen werden soll, einem etwaigem Beschluss des Gerichts nach § 494a ZPO nachzukommen.

4. Klage auf Kostenerstattung

Liegen die Voraussetzungen der §§ 633 Abs. 3 BGB a. F., 637 BGB n. F. bzw. 13 Nr. 5 Abs. 2 VOB/B vor, kann der Auftraggeber vorhandene Mängel auf Kosten des Unternehmers beseitigen und Ersatz der dafür aufgewendeten Kosten verlangen. Bevor eine solche Fremdnachbesserung vorgenommen wird, ist allerdings **unbedingt der Beweis zu sichern**. Soweit aus Dringlichkeitsgründen nichts anderes geboten ist, geschieht dies i. d. R. durch ein Selbständiges Beweisverfahren. In Ausnahmefällen mag auch eine private Beweissicherung (mit Fotodokumentation) durch einen geeigneten Sachverständigen oder den nachbessernden Handwerker selbst ausreichend sein. Die tatsächlich aufgewendeten Mangelbeseitigungskosten sind danach im Wege einer **Zahlungsklage** geltend zu machen. Bestehen berechtigte Anhaltspunkte dafür, dass trotz Nachbesserung ein **merkantiler Minderwert** verbleibt, ist dieser gesondert zu beziffern. Besteht die begründete Annahme, dass darüber hinaus noch ein künftiger Schaden auftreten kann, ist ein entsprechender **Feststellungsantrag** zu stellen.

401

5. Vorschussklage (daneben auch Klage auf Feststellung)

Der wohl **pragmatischste Rechtsbehelf** für den Bauherrn ist die Erhebung einer Klage auf Vorschuss in Höhe der voraussichtlichen Mängelbeseitigungskosten. Diese müssen dazu zwar auch beziffert werden, was jedoch gerade bei einem vorgeschalteten Selbständigen Beweisverfahren keine große Mühe macht. Unterstützt werden kann der Vorschussanspruch darüber hinaus durch die vorherige Einholung am besten dreier Angebote für die Durchführung der Mangelbeseitigung, von denen dann der mittlere Angebotspreis eingeklagt wird. Nach Vorlage eines entsprechenden Urteils kann der ausgeurteilte Betrag für den Fall, dass der Unternehmer nicht zahlt, in der bekannten Art und Weise vollstreckt werden (dies natürlich nur für den Fall, dass der Auftragnehmer auch solvent ist).

402

Mit dem so erstrittenen Betrag hat der Bauherr dann grundsätzlich die Mängel zu beseitigen. Der Unternehmer hat einen Anspruch darauf, über diese Mängelbeseitigung eine ordnungsgemäße **Abrechnung** zu erhalten. Zuviel vereinnahmte Beträge hat der Auftraggeber ebenso zu erstatten, wie er **Nachforderungen** erheben kann, wenn der ursprüngliche Betrag nicht auskömmlich war. Insoweit ist dann auch **keine Verjährung** wegen dieser Nachforderung eingetreten, da die Vorschussklage insgesamt zu einer Unterbrechung der Frist auch hinsichtlich eines nicht ausreichenden Betrags führt.

403

Schafft der Bauherr allerdings nach Erhalt des Vorschussbetrags die Voraussetzungen für die Geltendmachung von Schadensersatz oder Minderung, kann er mit dem erstrittenen Vorschuss gegenüber diesen Ansprüchen die **Aufrechnung erklären** und ist nicht mehr zur Mängelbeseitigung verpflichtet.

404

---

1 Zum Feststellungsinteresse vgl. Zöller-*Greger*, ZPO, § 256 Rz. 7 ff.

405 Neben der Geltendmachung eines Vorschussanspruchs ist auch die Erhebung einer **Feststellungsklage** zulässig, wenn es darum geht, eine darüber hinausgehende Gewährleistungspflicht des Auftragnehmers festzustellen. Dies namentlich dann, wenn beispielsweise in einem vorangegangenen Selbständigen Beweisverfahren **einzelne Mangelpunkte** nicht vollständig aufgeklärt werden konnten, weil der Unternehmer die erforderlichen Unterlagen/Pläne nicht vorgelegt hat. Dabei ist dann aber im Feststellungsantrag zweifelsfrei zu bezeichnen, um welche Mängel es noch geht.[1]

406 Hat der Bauherr zwar außergerichtlich Vorschuss verlangt, macht dann aber mit einer Klage ausdrücklich Schadensersatz gemäß § 635 BGB a. F. geltend, so verstößt das Gericht gegen § 308 Abs. 1 Satz 1 ZPO, wenn es ihm einen Anspruch auf Kostenvorschuss zuspricht. Dieser Verstoß führt zur Aufhebung und Zurückverweisung. **Vorschuss und Schadensersatz schließen sich gegenseitig aus** und können deshalb auch nicht wahlweise gleichzeitig oder gleichrangig geltend gemacht werden. Das Gericht hat im Einzelnen das Vorliegen der jeweiligen Anspruchsvoraussetzungen zu prüfen.[2]

6. Klage auf Schadensersatz (auch Feststellungsklage)

407 Liegen die Voraussetzungen der § 635 BGB a. F., § 636 BGB n. F. bzw. § 13 Nr. 7 VOB/B vor, kann der Auftraggeber die Mängelbeseitigungskosten und etwa darüber hinausgehende Schäden im Rahmen einer **Leistungsklage** als Schadensersatz geltend machen. Er ist nicht verpflichtet, die Mängel zu beseitigen. Die Bezifferung des Anspruchs erfolgt dabei analog wie bei der Vorschussklage.

408 Daneben kann er **Feststellung** dahin gehend beantragen, dass der Auftragnehmer auch verpflichtet ist, ihm darüber hinausgehende Schäden zu ersetzen, wenn berechtigte Anhaltspunkte für deren mögliches, **künftiges Auftreten** vorliegen.[3]

7. Klage auf Minderung (Wandelung)

409 Wie bereits oben ausgeführt, stellt die Wandelung im Bauvertragsrecht einen absoluten Ausnahmefall dar; sie ist im Prinzip nur beim Bauträgervertrag denkbar.

410 Nicht selten kommen allerdings Minderungsansprüche des Auftraggebers in Betracht. Dies gilt namentlich dann, wenn sich der Auftragnehmer zu Recht auf eine Unverhältnismäßigkeit der Mangelbeseitigung berufen kann oder wenn eine solche im Ausnahmefall für den Bauherrn unzumutbar ist (vgl. § 13 Nr. 6 Satz 2 VOB/B. Die Minderung ist gemäß §§ 634 Abs. 4, 472 BGB a. F. bzw. 638 Abs. 3 BGB n. F., die jeweils für VOB-Bauverträge entsprechend gelten, zu berechnen. Es empfiehlt sich auch insoweit die Vorschaltung eines Selbständigen Beweisverfahrens, in dem der gerichtlich bestellte Gutachter nach der berechtigten Höhe eines Minderungsverlangens befragt werden kann. Die Minderung ist dann im Rahmen einer Zahlungsklage geltend zu machen.

---

1 Vgl. BGH, BauR 2002, 471 f.
2 Vgl. OLG Köln, BauR 2002, 826 f.
3 Zum Feststellungsinteresse vgl. Zöller-*Greger*, ZPO, § 256 Rz. 7 ff.

8. Zurückbehaltungsrecht bei Vergütungsklage

Wie oben ausgeführt steht dem Auftraggeber beim Vorliegen von Mängeln gegenüber einer noch offenen Werklohnforderung des Auftragnehmers ein Zurückbehaltungsrecht bis zur vollständigen Mängelbeseitigung zu. Dies nach der Rechtsprechung des Bundesgerichtshofes[1] zunächst gar in voller Höhe der Werklohnforderung. Erst wenn der Unternehmer substantiiert vorträgt, dass die Mängelbeseitigungskosten (deutlich) niedriger sind, reduziert sich das Zurückbehaltungsrecht i. d. R. auf das 3-fache dieser Kosten (§ 641 Abs. 3 BGB). 411

Soweit das Zurückbehaltungsrecht reicht, kommt für den Fall, dass der Unternehmer, statt die Mängel zu beseitigen, Werklohnklage erhebt, lediglich ein so genanntes **Zug-um-Zug-Urteil** in Betracht.[2] Für den Fall, dass der Unternehmer im Hinblick auf zu beseitigende Mängel sich erfolgreich auf den Anfall so genannter Sowieso-Kosten bzw. den Eintritt eines nicht gerechtfertigten Vorteils aufgrund der Mängelbeseitigung beim Bauherrn berufen kann, ist ggf. eine so genannte doppelte Zug-um-Zug-Verurteilung erforderlich.[3] 412

Für den Unternehmer ist in diesen Fällen außerhalb eines Werklohnprozesses Vorsicht geboten: er darf die Mängelbeseitigung nicht von der vorherigen Zahlung der **Kostenbeteiligung** durch den Auftraggeber abhängig machen, sondern hat nur einen Anspruch auf Stellung einer entsprechenden Sicherheit.[4] Im Werklohnprozess ist in diesen Fällen eine entsprechende Kostenbeteiligung des Auftraggebers im Rahmen der doppelten Zug-um-Zug-Verurteilung auszusprechen. Will der Auftraggeber seiner Rechte nicht verlustig gehen, muss er nach Vorlage eines entsprechenden Urteils dem Auftragnehmer seine Kostenbeteiligung in einer den Annahmeverzug begründenden Form „tatsächlich" anbieten, so dass dieser nach Durchführung der Mangelbeseitigung uneingeschränkt Zugriff darauf hat, was dazu führt, dass der Auftraggeber den Betrag zu hinterlegen hat.[5] 413

Will sich der Bauherr gegenüber einer von ihm der Höhe nach für berechtigt erachteten Werklohnforderung des Unternehmers nur mit der Einrede wegen vorhandener Mängel verteidigen, ist aus Kostengründen darauf zu achten, dass kein Klagabweisungsantrag gestellt wird.[6] Ansonsten trägt der Auftraggeber auch im Rahmen eines entsprechenden Zug-um-Zug-Urteils die Hälfte der Kosten. Vielmehr ist zu beantragen, dass die Verurteilung zur Zahlung nur erfolgt Zug-um-Zug gegen Beseitigung der im Einzelnen dabei aufzuführenden Mängel. Kommt es nach Bestätigung dieser Mängel zu einer entsprechenden Verurteilung, trägt der Unternehmer sämtliche Kosten des Verfahrens, es sei denn, er hat seinerseits von vornherein nur eine Zug-um-Zug-Verurteilung beantragt.[7] 414

---

1 BauR 1997, 133 f.
2 Vgl. BGH, BauR 1973, 313, 316 f.
3 Vgl. *Werner-Pastor*, Der Bauprozess, 10. Aufl., Rz. 2742 ff.
4 Vgl. BGH, BauR 1984, 395, 399 f.
5 Vgl. BGH, BauR 1984, 401, 404 f.
6 Vgl. dazu OLG Hamm, BauR 1989, 374 f., wonach es ausreichen soll, den entsprechenden Antrag noch in der ersten mündlichen Verhandlung zu stellen.
7 Vgl. im Einzelnen *Werner/Pastor*, Der Bauprozess, 10. Aufl., Rz. 2534 ff., 2536.

415 Andererseits sollte der Unternehmer, gerade wenn sich der Bauherr hinsichtlich einer ordnungsgemäß angebotenen Nachbesserung im Annahmeverzug befindet, zumindest hilfsweise einen entsprechenden Zug-um-Zug-Antrag stellen, um so zu erreichen, dass dem Auftraggeber trotz der nur bedingten Verurteilung die Kosten des Verfahrens trägt.[1] **Annahmeverzug** in diesem Sinne tritt allerdings nur ein, wenn der Unternehmer die Nachbesserung auch tatsächlich i. S. d. § 294 BGB angeboten hat, und zwar nachdem der Auftraggeber eine Nachbesserung abgelehnt hat, wobei in dem Umstand, dass er eine solche nur für die Dauer eines Rechtsstreits verweigert, keine endgültige Ablehnung gesehen werden kann.[2]

9. Schadensersatz bei Vergütungsklage/Aufrechnung oder Verrechnung

416 Macht der Auftraggeber Schadensersatzansprüche wegen mangelhafter Werkleistung geltend, so sind diese mit einer Vergütungsforderung des Auftragnehmers **zu verrechnen**, ohne dass es einer Aufrechnungserklärung bedarf. Hieran ändert auch die Erhebung einer **Widerklage** durch den Auftraggeber nichts. Nach dieser so genannten Differenztheorie sind die sich aus einem Vertrag ergebenden wechselseitigen Ansprüche wie **unselbständige Rechnungsposten** zu verrechnen, ohne dass es einer Aufrechnungserklärung der einen oder anderen Partei bedürfte. Dem steht auch nicht entgegen, wenn der Auftraggeber das Werk nicht insgesamt zurückweist und Schadensersatz wegen Nichterfüllung verlangt, sondern es behält und daneben Schadensersatz geltend macht.[3]

10. Streitverkündung

417 Auch im Bauprozess ist eine Streitverkündung grundsätzlich zulässig. Dies ist mittlerweile auch für das Selbständige Beweisverfahren anerkannt.[4] Im Rahmen der gerichtlichen Geltendmachung von Gewährleistungsansprüchen ist allerdings besonders darauf zu achten, dass eine Streitverkündung generell nur zulässig ist, wenn zwischen den Betroffenen eine **so genannte alternative Schuldnerschaft** besteht. Dies ist im Verhältnis zwischen Bauunternehmer und vom Bauherrn eingeschalteten Architekten nur der Fall, soweit es um **Planungsmängel** geht, da der Bauherr sich nur hier ein etwaiges Verschulden seines Architekten im Rahmen der Berücksichtigung eines Mitverschuldens gegenüber dem Bauunternehmer zurechnen lassen muss.

418 Soweit es um **reine Ausführungsfehler** und eine damit zusammenhängende Verletzung der Bauüberwachungspflichten des Architekten geht, besteht so eine alternative Schuldnerschaft **nicht**. Der Unternehmer hat keinen Anspruch darauf, dass er bei der Ausführung seiner Leistung überwacht wird.[5] Vielmehr haftet dieser dem Bauherrn in vollem Umfang und zwar gesamtschuldnerisch neben dem Architekten, so dass eine Streitverkündung in diesen Fällen unzulässig ist. Ggf.

---

1 Vgl. OLG Düsseldorf, BauR 1992, 72 f.
2 Vgl. OLG Düsseldorf, BauR 2002, 482, 483 f.
3 Vgl. OLG Düsseldorf, BauR 2002, 1860 f.
4 Vgl. BGH, BauR 1997, 347, 348 f.
5 Vgl. BGH, BauR 1973, 313, 314.

muss der Auftraggeber beide, Architekt und Unternehmer, entsprechend **gemeinsam verklagen**.[1]

11. Drittschadensliquidation

Vor Abnahme trägt der Auftragnehmer die Vergütungsgefahr. Wird in diesem Stadium z. B. ein Estrich nach dessen Abbinden dadurch beschädigt, dass das in den darunter befindlichen Heizungsrohren vorhandene Wasser gefriert und sich ausdehnt, so dass es zu Rissen im Estrich kommt, ist der Auftragnehmer gegenüber dem Auftraggeber zur Neuherstellung verpflichtet. Grundsätzlich ist aber der Heizungsbauer dafür verantwortlich, durch entsprechende Vorsorgemaßnahmen ein Einfrieren der Rohrleitungen zu verhindern. Kommt er dieser Verpflichtung nicht nach, hat der Auftraggeber gegen ihn dem Grunde nach einen Schadensersatzanspruch aus positiver Vertragsverletzung (bzw. § 280 BGB n. F. bei nach dem 31. 12. 2001 geschlossenen Verträgen). Es fehlt auf Seiten des Auftraggebers aber an einem Schaden, da der Estrichleger mangels Abnahme den Estrich ja noch einmal herzustellen hatte. Diesen hat vielmehr der Estrichleger, der keine Vergütung für sein ursprünglich mangelfrei hergestelltes Werk erhält. Ihm stehen allerdings mangels vertraglicher Beziehungen zum Heizungsbauer und mangels Vorliegen der Voraussetzungen eines Anspruchs aus § 823 Abs. 1 BGB keine direkten Ansprüche gegen den Heizungsbauer zu.

419

Da der Schädiger durch diese Konstellation aber nicht entlastet werden soll, gewährt die überwiegende Auffassung in Rechtsprechung und Literatur dem tatsächlich Geschädigten – hier dem Estrichleger – unter dem Gesichtspunkt der Drittschadensliquidation unter den gleichen Voraussetzungen wie dem eigentlichen Anspruchsinhaber einen Schadensersatzanspruch, ggf. nach zusätzlicher Abtretung der entsprechenden Ansprüche.[2]

420

Beauftragt der Schädiger sodann das geschädigte Unternehmen damit, die Mängelbeseitigung selbst durchzuführen, begründet dies unabhängig davon auch einen vertraglichen Vergütungsanspruch.[3]

421

---

1 Vgl. BGH, BauR 1982, 514, 515.
2 Vgl. OLG Hamm, BauR 2002, 635, 636 f.
3 Vgl. OLG Nürnberg, BauR 2002, 642 f.

Teil 21
Werklohn des Unternehmers

	Rz.
I. Allgemeines	1
II. Gegenstand der Vergütung	3
1. Hauptleistungspflicht	6
2. Nebenleistungen	10
a) Vorarbeiten	11
b) Vertraglich nicht vereinbarte Leistungen	13
aa) VOB/B-Vertrag	14
bb) BGB-Vertrag	22
III. Preisfindung und preisvertragliche Gestaltung	25
1. Einheitspreisvertrag	36
2. Pauschalvertrag	40
3. Stundenlohnvertrag	45
4. Selbstkostenerstattungsvertrag	50
5. Festpreisvertrag	55
IV. Nachträgliche Preisanpassungen	57
1. Grundsätze der Preisanpassung	57
2. Mengenänderung bei gleichem Leistungserfolg, § 2 Nr. 3 VOB	67
a) VOB-Einheitspreisvertrag	68
b) VOB-Pauschalpreisvertrag	76
c) BGB-Einheitspreisvertrag	81
d) BGB-Pauschalpreisvertrag	88
3. Preisanpassung beim Entfallen von Leistungen	89
a) VOB-Einheitspreisvertrag/Anpassung gemäß §§ 2 Nr. 4, 8 Nr. 1 Abs. 2 VOB/B	90
b) VOB-Pauschalpreisvertrag/Anpassung gemäß §§ 2 Nr. 7, 2 Nr. 4 VOB/B	98
c) Preisanpassung beim BGB-Vertrag	103
4. Preisanpassung bei Änderung des Leistungserfolgs	105
a) VOB-Einheitspreisvertrag/Anpassung gemäß § 2 Nr. 5 VOB/B	108
aa) Änderung der Preisgrundlage	109
bb) Anordnung oder Entwurfsänderung	116
cc) Zurechenbarkeit zum Auftraggeber	122
dd) Vereinbarung eines neuen Preises	134

	Rz.
(1) Berechnungsgrundlagen	136
(2) Gewinn und Verlust des Auftragnehmers	137
(3) Preisnachlässe	138
(4) Allgemeinkosten	140
(5) Beurteilungszeitpunkt	141
(6) Darlegungs- und Beweislast	142
(7) Zeitpunkt der Vereinbarung	145
(8) Leistungsverweigerungsrecht	149
b) VOB/B-Pauschalpreisvertrag/Anpassung gemäß § 2 Nr. 7, Nr. 5 VOB/B	152
aa) Erheblichkeit der Änderung	153
bb) Beweislast	156
c) Preisanpassung beim BGB-Vertrag	159
5. Preisanpassung bei zusätzlichen Leistungen	164
a) VOB-Einheitspreisvertrag/Anpassung gemäß § 2 Nr. 6 VOB/B	165
aa) Zusätzliche Leistung	167
(1) Zusammenhang mit der ursprünglich vereinbarten Leistung	168
(2) Nicht im Vertrag enthaltene Leistung	176
(3) Baugrundrisiko	181
bb) Veranlassung durch den Auftraggeber	187
cc) Vorherige Ankündigung	188
(1) Hinweisfunktion	189
(2) Zeitpunkt und Inhalt	192
(3) Empfänger	193
(4) Entbehrlichkeit	198
(5) Vereinbarung einer neuen Vergütung	202

	Rz.		Rz.
b) VOB-Pauschalpreisvertrag/ Anpassung gemäß § 2 Nr. 7, Nr. 6 VOB/B	210	aa) VOB/B-Vertrag	249
		bb) BGB-Vertrag	254
		c) Unberechtigte Kündigung	255
c) Preisanpassung beim BGB-Vertrag	215	VI. Fälligkeit des Vergütungsanspruchs	256
V. Preisanpassung bei vorzeitigem Vertragsende	217	1. Abnahme	256
		2. Weitere Fälligkeitsvoraussetzung beim VOB-Vertrag	259
1. Kündigung durch den Auftraggeber	218		
a) Ordentliche Kündigung	218	VII. Verjährung des Vergütungsanspruchs	264
aa) Freies Kündigungsrecht	219	1. Beginn und Dauer der Verjährungsfrist	264
bb) Vergütungsanspruch	221		
cc) Anrechnung ersparter Aufwendungen	223	2. Hemmung und Neubeginn der Verjährung	271
b) Außerordentliche Kündigung	229	3. Übergangsregelungen	277
		a) Verjährungsfristen	278
aa) VOB/B-Vertrag	230	b) Hemmung und Unterbrechung	284
(1) § 8 Nr. 2 VOB/B	231		
(2) § 8 Nr. 3 VOB/B	236		
(3) § 6 Nr. 7 VOB/B	239	VIII. Vergütung von Schwarzarbeit	286
bb) BGB-Vertrag	240	1. „Ohne-Rechnung" Abrede	289
2. Kündigung durch den Auftragnehmer	247	2. Einseitiger Verstoß gegen das SchwArbG	290
a) Ordentliche Kündigung	247	3. Beiderseitiger Verstoß gegen das SchwArbG	296
b) Außerordentliche Kündigung	248		

I. Allgemeines

1 Der Unternehmer ist zur Herstellung des vereinbarten Werks verpflichtet. Dem steht die Hauptleistungspflicht des Bestellers zur Zahlung der vereinbarten Vergütung gegenüber, § 631 Abs. 1 BGB. Die Höhe der Vergütung richtet sich nach der **Vereinbarung** der Parteien. Fehlt eine solche, ist nach § 632 Abs. 1 und 2 BGB die übliche Vergütung geschuldet. Dies gilt gleichermaßen, wenn die VOB/B in den Vertrag einbezogen ist, § 2 Nr. 1 VOB/B.[1]

2 Schuldner der Vergütungspflicht ist grundsätzlich der Auftraggeber. Wird der Auftrag von mehreren Personen erteilt, haften diese im Zweifel gemäß § 427 BGB dem Auftragnehmer als **Gesamtschuldner**. Der Auftragnehmer kann in diesen Fällen von jedem einzelnen Auftraggeber die Entrichtung der Vergütung in voller Höhe verlangen. Ist der Auftraggeber eine Gesellschaft bürgerlichen Rechts[2], kann auch „diese Außen-GbR" als rechts- und parteifähiger Teilnehmer am Geschäftsverkehr eigenständig Auftraggeber (und auch Auftragnehmer) sein.[3]

---

1 Sofern nicht durch den Zusatz „a. F." gekennzeichnet, sind sämtliche zitierten Normen des BGB solche entsprechend der Fassung der Bekanntmachung vom 2. 1. 2002.
2 So die ARGE nach bisher ständiger Rechtsprechung, vgl. statt vieler BGH, BauR 2001, 775; kritisch hierzu nunmehr OLG Dresden, BauR 2002, 1414.
3 BGH, BauR 2001, 775; *Breyer/Zwecker*, BauR 2001, 705.

II. Gegenstand der Vergütung

Zur Bestimmung der Höhe der Vergütung muss zunächst ermittelt werden, für 3
welche Leistungen des Auftragnehmers die Vergütung geschuldet wird. Grundsätzlich resultiert der Vergütungsanspruch aus der Erfüllung der vertraglichen **Hauptleistungspflicht** des Unternehmers, der Herstellung des Werks.

Daneben kann sich ein Vergütungsanspruch aus der Erbringung von so genannten 4
Nebenleistungen wie zum Beispiel Vorbereitungsarbeiten, vertraglich nicht vereinbarten zusätzlichen Leistungen oder Planungsarbeiten im Sinne des § 2 Nr. 9 VOB/B ergeben.

Der Vertragsinhalt ist maßgeblich für die Feststellung, ob eine bestimmte Leis- 5
tung vom Bauvertrag umfasst ist. Dieser ist gemäß §§ 133, 157 BGB durch **Auslegung** zu ermitteln. Beim VOB/B-Vertrag ist eine Auslegung gemäß § 1 Nr. 2 VOB/B vorzunehmen, wobei die in dieser Bestimmung enthaltene Rangfolge nicht im hierarchischen Sinn zu verstehen ist, sondern die dort genannten Vertragsbestandteile gleichwertig nebeneinander stehen.[1]

1. Hauptleistungspflicht

Gemäß § 631 Abs. 1 BGB besteht die Hauptleistungspflicht des Unternehmers 6
darin, das vertraglich vereinbarte Werk herzustellen. Die geschuldete Beschaffenheit im Einzelnen ergibt sich aus den dem Vertragsschluss zugrunde gelegten Unterlagen, insbesondere der **Leistungsbeschreibung**, den Plänen oder sonstigen Vereinbarungen der Parteien. Ist dem Vertrag die VOB/B zugrunde gelegt, werden die **Allgemeinen Technischen Vertragsbedingungen** (VOB/C) gemäß § 1 Nr. 1 VOB/B Vertragsbestandteil. Aus der VOB/C ergeben sich für die dort nomierten Leistungen umfangreiche technische Vorgaben.

Der **Anspruch** des Unternehmers auf Zahlung der Vergütung entsteht bereits **mit** 7
Vertragsschluss. **Fällig** wird der Anspruch gemäß § 641 Abs. 1 BGB grundsätzlich mit **Abnahme** des Werks. Sofern die VOB/B vereinbart ist, sind überdies die Regelungen der §§ 12, 14, 15, 16 VOB/B zu beachten (siehe unten VI. Fälligkeit der Vergütung Rz. 256 ff.).

Entsprechen die erbrachten Leistungen nicht den vertraglichen Anforderungen, 8
liegt also eine **Minder- oder Schlechtleistung** vor, bleibt der Erfüllungsanspruch des Auftragnehmers bestehen. Bei einem Mangel kann der Auftraggeber seine Rechte aus § 634 BGB geltend machen.

Der Besteller kann die Abnahme bis zur Fertigstellung des Werks verweigern und 9
damit die Fälligkeit des Vergütungsanspruchs **hinauszögern**. Die Höhe der Vergütung bleibt hiervon unberührt. Einfluss auf die Höhe der Vergütung haben dagegen Rücktritt und Minderung nach §§ 636, 638 BGB.

---

[1] *Ingenstau/Korbion*, VOB-Kommentar, B § 1 Nr. 2 Rz. 12.

2. Nebenleistungen

10 Vielfach werden vom Auftragnehmer Leistungen erbracht, welche nicht von der Hauptleistungspflicht umfasst sind. Diese so genannten Nebenleistungen können z. B. in der Durchführung umfangreicher **Vorbereitungsarbeiten** liegen, die im Vorfeld des Vertragsschlusses erbracht wurden. Darüber hinaus enthält die VOB/C in DIN 18299 unter Nummer 4 einen **Katalog von Nebenleistungen**, die der Auftragnehmer **ohne** gesonderte Vergütung zu erbringen hat. In den weiteren Normen der VOB/C sind diese Nebenleistungen nochmals für jedes Gewerk spezifiziert. Schließlich kann auch die Erbringung zusätzlicher, ursprünglich vom Vertrag nicht umfasster Planungsleistungen gemäß § 2 Nr. 9 VOB/B einen zusätzlichen Vergütungsanspruch auslösen.

a) Vorarbeiten

11 Für Leistungen, welche vor Auftragserteilung, d. h. Abschluss des Werkvertrags erbracht wurden, kann der Auftragnehmer grundsätzlich keine Vergütung verlangen. Hierzu zählen insbesondere diejenigen Aufwendungen, welche zur Vorbereitung und Abgabe eines Angebots erforderlich sind, beispielsweise umfangreiche Berechnungen, Materialproben oder aufgewandte Arbeitszeit zur Durchführung einer Besichtigung. Diese Aufwendungen dienen dazu, den Auftragnehmer in die Lage zu versetzen, von sich aus ein Angebot zu unterbreiten. Die Ausschreibung eines Auftraggebers ist lediglich eine **invitatio ad offerendum** und kann nicht als Auftrag zur Erstellung eines kostenpflichtigen Angebots gesehen werden. Gemäß § 632 Abs. 3 BGB sind diese Kosten im Zweifel, d. h. wenn nichts Abweichendes vereinbart ist, nicht zu vergüten. Der Grund hierfür liegt darin, dass der Auftraggeber in der Regel kein Interesse an der Gestaltung des Voranschlags, sondern nur am Preis für das Hauptwerk hat.[1] Der **Kostenanschlag** dient in erster Linie als Grundlage zur Vereinbarung der Vergütung für das herzustellende Werk.

12 Problematisch ist dies, wenn trotz umfangreicher Vorbereitungsarbeiten zur Erstellung eines Angebotes eine Auftragserteilung nicht erfolgt. In solchen Fällen ist umstritten, ob ein Vergütungsanspruch zumindest konkludent entstanden ist. Die Rechtsprechung verneint einen solchen Anspruch.[2]

Hinweis:

Aus diesem Grunde kann es ratsam sein, vor Durchführung entsprechender Planungsleistungen zur Erstellung eines Angebots mit dem Auftraggeber eine Vergütung für diejenigen Aufwendungen zu vereinbaren, die zur Abgabe eines aussagekräftigen und verbindlichen Angebots notwendig sind. Dies kann mit der Maßgabe erfolgen, dass die hierfür entstehenden Kosten bei Auftragserteilung mit der zu entrichtenden Vergütung für die Auftragsdurchführung verrechnet werden. Oder aber es wird vereinbart – und damit unmissverständlich geregelt – dass eine diesbezügliche Vergütung ausgeschlossen ist.

---

1 *Teichmann*, ZfBR 2002, 13, 18.
2 Vgl. OLG Düsseldorf, BauR 2003, 1048; BauR 1991, 613, einschränkend *Zerhusen*, Mandatspraxis Privates Baurecht, Rz. 412 m. w. N.

b) Vertraglich nicht vereinbarte Leistungen

Erbringt der Auftragnehmer nicht ausdrücklich bestellte Leistungen, welche über die vertraglich vereinbarten hinausgehen, so stellt sich auch hier die Frage nach deren Vergütung. 13

aa) VOB/B-Vertrag

Liegen dem Bauvertrag die Regelungen der VOB/B zugrunde, so bestimmt sich der Umgang mit vom Auftragnehmer eigenmächtig erbrachten Leistungen gemäß § 2 Nr. 8 VOB/B. Entsprechend § 2 Nr. 8 Abs. 1 Satz 1 VOB/B erhält der Auftragnehmer grundsätzlich keine Vergütung für Leistungen, welche er ohne Auftrag und unter **eigenmächtiger Abweichung** vom Vertrag erbringt. Hiervon sind sämtliche Arbeiten umfasst, die entweder qualitativ oder quantitativ von der vertraglich vereinbarten Leistung abweichen. 14

Der Auftragnehmer hat die vertraglich nicht vereinbarten Leistungen gemäß § 2 Nr. 8 Abs. 1 Satz 2 VOB/B auf Verlangen des Auftraggebers innerhalb einer angemessenen Frist auf eigene Kosten zu beseitigen. Gemäß § 2 Nr. 8 Abs. 1 Satz 3 VOB/B ist er darüber hinaus zum Ersatz aller hieraus resultierenden Schäden verpflichtet. Der Auftragnehmer hat nach § 2 Nr. 8 VOB/B auch kein Vergütungsanspruch gegenüber dem Auftraggeber für Leistungen, zu deren Ausführung ihn ein **vollmachtlos handelnder Architekt** beauftragt hat.[1] Er ist insoweit auf den Schadensersatzanspruch gegen den Vertreter ohne Vertretungsmacht zu verweisen. 15

Von diesem Grundsatz enthält die VOB/B jedoch **Ausnahmen**. So kann der Auftragnehmer für die vertraglich nicht vereinbarten Leistungen dann eine Vergütung verlangen, wenn der **Auftraggeber** gemäß § 2 Nr. 8 Abs. 2 Satz 1 VOB/B die Leistungen nachträglich anerkennt. Das **Anerkenntnis** kann sowohl ausdrücklich, als auch durch schlüssige Handlung erfolgen, es ist nicht formbedürftig.[2] Zur Vermeidung von Beweisführungsproblemen ist in jedem Fall eine schriftliche Fixierung des Anerkenntnisses zu empfehlen[3], etwa durch Eintragung im Bautagebuch. Es ist zu beachten, dass ein gemeinsames **Aufmaß** für sich gesehen noch kein Anerkenntnis durch den Auftraggeber ist, da ein Aufmaß nur den Umfang der ausgeführten Arbeiten dokumentiert.[4] In der bloßen Prüfung einer **Schlussrechnung** durch einen vom Auftraggeber beauftragten Architekten oder sonstige Dritte kann ohne Hinzutreten weiterer, eine Auslegung als Anerkenntnis rechtfertigender Umstände noch kein Anerkenntnis der in der Schlussrechnung enthaltenen Nachtragsleistungen erkannt werden.[5] 16

---

1 OLG Düsseldorf, NZBau 2001, 334, 335.
2 BGH, BauR 2002, 465; vgl. auch *Ingenstau/Korbion*, VOB-Kommentar, B § 2 Nr. 8 Rz. 22, 24. In Ausnahmefällen kann bereits das Schweigen des Auftraggebers als Anerkenntnis gewertet werden, sofern der Auftragnehmer entsprechend den Grundsätzen der §§ 346 HGB, 242 BGB das Schweigen des Auftraggebers in diesem Sinne auffassen konnte.
3 Vgl. *Ingenstau/Korbion*, VOB-Kommentar, B § 2 Nr. 8 Rz. 25.
4 BGH, BauR 1974, 210.
5 BGH, BauR 2002, 465.

17 **Checkliste: Vergütungsanspruch gem. § 2 Nr. 8 Abs. 2 Satz 2 VOB/B**

Gemäß **§ 2 Nr. 8 Abs. 2 Satz 2 VOB/B** steht dem Unternehmer für zusätzliche Leistungen dann ein Vergütungsanspruch zu, wenn deren Durchführung zur Erfüllung des Vertrags notwendig war, dem mutmaßlichen Willen des Auftraggebers entsprach und ihm unverzüglich angezeigt wurde:

▷ Bei der Frage, ob die **Leistung** für die Erfüllung des Vertrags **notwendig** war, ist darauf abzustellen, ob der vertraglich geschuldete Erfolg nur auf diese vom ursprünglichen Vertrag abweichende Weise erreicht werden konnte. Maßgeblich sind hierbei die Ziel- und Zweckvorstellungen des Auftraggebers.[1] Sind die Arbeiten zur Erreichung dieses Zieles erforderlich, so sind sie notwendig i. S. d. § 2 Nr. 8 Abs. 2 Satz 2 VOB/B.

▷ Die abweichende Leistung muss dem **mutmaßlichen Willen** des Auftraggebers entsprechen. Maßstab hierfür ist, was der Auftraggeber bei objektiver Würdigung der Situation gewollt hätte.[2]

▷ Dritte – kumulative – Voraussetzung für die Entstehung des Vergütungsanspruchs ist, dass der Unternehmer die veränderte Leistung dem Auftraggeber **rechtzeitig vor Aufnahme** der abweichenden Leistung anzeigt.

Hinweis:
Da der Auftragnehmer für das Vorliegen der Voraussetzungen des Vergütungsanspruchs die **Beweislast** trägt, sollte diese Mitteilung tunlichst schriftlich erfolgen, auch wenn die Schriftform nicht zwingend vorgeschrieben ist. In der Praxis wird die Erfüllung dieser Voraussetzung häufig missachtet, was regelmäßig zu Streitigkeiten sowie Darlegungs- und Beweisproblemen führt.

18 Entsprechend der Regelungen des § 2 Nr. 8 Abs. 3 VOB/B kann der Auftragnehmer für vom Vertrag abweichende Leistungen auch dann eine Vergütung verlangen, wenn die Voraussetzungen der **Geschäftsführung ohne Auftrag** gemäß §§ 677 ff. BGB erfüllt sind.

19 Die Regelungen des **§ 2 Nr. 9 VOB/B** eröffnen einen weiteren Vergütungsanspruch für nicht von der Hauptleistungspflicht des Vertrags umfasste Leistungen. Es handelt sich dabei um die Vergütung von Zeichnungen, Berechnungen und anderen technischen Unterlagen, welche der Unternehmer entsprechend § 2 Nr. 9 Abs. 1 VOB/B nach dem Vertrag oder der gewerblichen Verkehrssitte nicht zu beschaffen hat. Die Vergütungspflicht nach § 2 Nr. 9 Abs. 1 VOB/B resultiert zunächst aus § 1 Nr. 4 VOB/B. Die Durchführung dieser **Planungs- und Berechnungsarbeiten** muss zur Erreichung des vertraglich vereinbarten Leistungsziels notwendig sein. Ferner muss der Betrieb des Unternehmers zur Durchführung dieser Arbeiten imstande, d. h. eingerichtet sein.

20 Der maßgebliche **Unterschied** zwischen der Regelung des § 2 Nr. 9 Abs. 1 VOB/B und der des § 2 Nr. 6 Abs. 1 VOB/B, wonach dem Auftragnehmer bei Forderung

---
1 *Ingenstau/Korbion*, VOB-Kommentar, B § 2 Nr. 8 Rz. 31.
2 *Palandt/Thomas*, BGB, § 683, Rz. 7; *Ingenstau/Korbion*, VOB-Kommentar, B § 2 Nr. 8 Rz. 31.

einer vertraglich nicht vorgesehenen Leistung ebenfalls ein Anspruch auf Vergütung zusteht, besteht darin, dass der Vergütungsanspruch für die zusätzlichen Planungs- und Berechnungsarbeiten gemäß § 2 Nr. 9 Abs. 1 VOB/B dem Auftraggeber **nicht** zuvor **angekündigt werden muss**. Nichtsdestotrotz empfiehlt es sich aus Gründen der Beweissicherung und -führung, welche auch hier dem Auftragnehmer obliegt, dem Auftraggeber die Geltendmachung des Vergütungsanspruchs bereits im Vorhinein schriftlich anzukündigen.

Dem Auftragnehmer steht darüber hinaus ein Vergütungsanspruch nach § 2 Nr. 9 Abs. 2 VOB/B zu, wenn er vom Auftraggeber vorgelegte technische Berechnungen, die er nicht selbst gefertigt hat, nachprüft. Die Regelung des § 2 Nr. 9 Abs. 2 VOB/B weicht insofern von der Regelung des Absatz 1 ab, als der Auftragnehmer in diesem Fall keine eigene zusätzliche Leistung im originären Sinne zu erbringen hat. Für die Ankündigung des Vergütungsanspruchs gilt das vorstehend unter Rz. 20 zu § 2 Nr. 9 Abs. 1 VOB/B Gesagte. 21

bb) BGB-Vertrag

Wie für den VOB-Vertrag gilt auch für den Bauvertrag, der nach den Regelungen des BGB abzuwickeln ist, dass nicht bestellte Arbeiten vom Auftraggeber grundsätzlich nicht zu vergüten sind. Die Regelungen der **Geschäftsführung ohne Auftrag** gemäß §§ 677 ff. BGB bleiben hiervon unberührt. Dementsprechend kann der Auftragnehmer bei Vorliegen dieser Voraussetzungen eine Vergütung auch für nicht von der Hauptleistungspflicht umfasste Arbeiten verlangen. 22

Sofern die Voraussetzungen der GOA nicht vorliegen bzw. der Auftraggeber die zusätzlich ausgeführten Leistungen nicht **genehmigt**, steht ihm gegen den Auftragnehmer ein Beseitigungsanspruch gemäß §§ 823, 249 BGB bzw. § 1004 BGB zu. Wird dieser **Beseitigungsanspruch** nicht geltend gemacht, steht dem Auftragnehmer die volle Vergütung für die zusätzlich erbrachten Leistungen zu.[1] Erspart sich der Auftraggeber durch die nicht vertraglich vereinbarten Leistungen des Auftragnehmers eigene Aufwendungen, besteht zusätzlich ein Anspruch wegen ungerechtfertigter Bereicherung. 23

Handelt es sich bei den zusätzlich erbrachten Leistungen um zusätzliche **Planungs- und Berechnungsarbeiten** im Sinne des § 2 Nr. 9 VOB/B, bestimmt sich der Vergütungsanspruch des Unternehmers beim BGB-Vertrag nach **§ 632 BGB**, soweit hierzu keine gesonderte Vereinbarung getroffen wurde. Dem Unternehmer steht somit ein Vergütungsanspruch zu, wenn der Auftraggeber gemäß § 632 Abs. 1 BGB die Ausführung nur gegen eine Vergütung erwarten konnte. Der Höhe nach bestimmt sich dieser Anspruch gemäß § 632 Abs. 2 BGB, wonach im Zweifel die **übliche Vergütung** als vereinbart anzusehen ist. 24

III. Preisfindung und preisvertragliche Gestaltung

Ebenso wie in allen anderen Bereichen des Zivilrechts gilt auch im Bauvertragsrecht grundsätzlich Vertragsfreiheit zwischen den Parteien. Im Hinblick auf die Preisfindung und Preisgestaltung bedeutet dies, dass die Parteien diese selbst vor- 25

---

1 Vgl. Palandt/*Bassenge*, BGB, § 951 Rz. 18 ff.

nehmen bzw. festlegen. Da die Vergütung als Hauptleistungspflicht des Bestellers der maßgebliche Grund für den Unternehmer zur Durchführung der Arbeiten und Herstellung des Werks ist, gehen sowohl das BGB als auch die VOB/B davon aus, dass zwischen den Parteien bei Vertragsschluss eine **Vereinbarung** über die zu entrichtende Vergütung getroffen wurde.

26 Dies ist jedoch nicht zwingend vorgeschrieben. Ist eine Vergütungsvereinbarung nicht getroffen, gilt gemäß § 632 Abs. 1 BGB eine Vergütung als **stillschweigend** zwischen den Parteien vereinbart, wenn die Herstellung des Werks entsprechend den Umständen nur gegen Vergütung zu erwarten ist. Dies ist dann der Fall, wenn der Unternehmer das Werk im Rahmen seines eingerichteten **Gewerbebetriebs** herstellt und diese gewerbliche Leistung regelmäßig nur gegen Vergütung erbracht wird. Die Beweislast hierfür trägt der Auftragnehmer. Die Höhe der Vergütung bestimmt sich in diesem Fall nach § 632 Abs. 2 BGB, so dass die **übliche Vergütung** als vereinbart anzusehen ist. Üblich ist diejenige Vergütung, welche für Leistungen gleicher Art, gleichen Umfangs und gleicher Güte zur Zeit des Vertragsschlusses nach allgemeiner Auffassung der beteiligten Kreise am Ort der Werkleistung normalerweise entrichtet wird.[1]

27 Für die Bestimmung der zu entrichtenden Vergütung ist weiterhin entscheidend, für welchen **Vertragstyp** sich die Parteien entschieden haben. Diese Frage ist insbesondere von Relevanz, wenn dem Vertrag die Regelungen der VOB zugrunde gelegt sind. Während im BGB nicht zwischen mehreren Werkvertragstypen mit entsprechend divergierenden Vergütungsmodalitäten unterschieden ist, sondern lediglich von der „vereinbarten Vergütung" ausgegangen wird, enthält die VOB in ihrer Charakteristik sehr unterschiedliche Vertragstypen.

28 **Hinweis:**

Es ist in jedem Fall zu prüfen, ob die VOB/B auch tatsächlich **wirksam** in den Vertrag **einbezogen** wurde. Ist der Auftraggeber weder im Baugewerbe tätig, noch sonst im Baubereich bewandert – dies ist bei privaten Auftraggebern üblicher Weise der Fall – muss dem Auftraggeber ein **Exemplar der VOB/B** vor bzw. bei Vertragsschluss übergeben werden. Die bloße Einigung der Parteien, die VOB/B sei Vertragsgegenstand geworden, genügt zumindest bei privaten Auftraggebern nicht. Lediglich durch die vertragliche Vereinbarung, dass die VOB/B jederzeit auf Wunsch kostenlos zur Verfügung gestellt wird, ist die VOB/B auch noch nicht wirksamer Vertragsbestandteil geworden.[2]

Gemäß § 305 Abs. 2 BGB wird die VOB/B als Katalog Allgemeiner Geschäftsbedingungen erst dann Vertragsbestandteil, wenn der Verwender dem Vertragspartner die Möglichkeit gibt, in zumutbarer Weise von deren Inhalt Kenntnis zu erlangen.[3] Aus diesen Gründen empfiehlt es sich für den Auftragnehmer grundsätzlich, dem Vertragspartner bei Vertragsschluss ein Exemplar der VOB/B auszuhändigen, außer wenn eindeutig erkennbar ist, dass die Bauleistung für den Gewerbebetrieb des im Bausektor tätigen Auftraggebers erbracht wird.

29 Bei der Beauftragung **ausländischer Auftragnehmer** unter Anwendung deutschen Rechts ist die zumutbare Möglichkeit der Kenntnisnahme von Allgemeinen Ge-

---
1 BGH, BauR 2001, 249, 250; BGHZ 43, 154 (159); Erman/*Seiler*, BGB, § 632 Rz. 6.
2 BGH, NJW-RR 1999, 1246.
3 OLG Hamm, NJW-RR 1998, 885.

schäftsbedingungen in Form der VOB/B zwar regelmäßig gegeben, da die VOB/B als Standardregelwerk leicht beschaffbar ist. Es bräuchte dementsprechend eigentlich keine Aushändigung eines VOB/B-Textes an den Auftragnehmer. In der Praxis können Bedenken bezüglich der wirksamen Einbeziehung der VOB/B berechtigt sein, wenn lediglich im Vertragstext die Geltung der VOB/B festgehalten ist. Hier wird regelmäßig eine Einzelfallbetrachtung erforderlich sein (bspw. ob der ausländische Auftragnehmer bereits in der Vergangenheit gewerblich mit der VOB/B in Kontakt kam). In jedem Fall ist es für einen Auftraggeber sicherer, dem ausländischen Auftragnehmer ein Textexemplar der VOB/B bei Vertragsschluss auszuhändigen und sich den Erhalt schriftlich bestätigen zu lassen.

Bedeutsam kann die Frage der Einbeziehung und Geltung der VOB/B insbesondere im Zusammenhang mit der Abwicklung von durch § 2 Nr. 6 VOB/B nicht umfassten **Zusatzaufträgen** sein. Hier stellt sich das Problem, ob zu deren Abwicklung die VOB/B insgesamt herangezogen werden kann, wenn diese dem ursprünglichen Vertrag zugrunde liegt. 30

Es sind zwei Konstellationen zu unterscheiden:

▷ Fallen sowohl Auftraggeber als auch Auftragnehmer in den persönlichen **Anwendungsbereich des § 310 Abs. 1 BGB**, bedarf es keiner zusätzlichen Vereinbarung, da die Einbeziehung der VOB/B branchenüblich ist. In diesen Fällen ist davon auszugehen, dass von der automatischen Einbeziehung der VOB/B im konkreten Fall nicht abgewichen werden soll.[1]

▷ Erfüllt eine der beiden Parteien die Voraussetzungen des § 310 Abs. 1 BGB nicht, (der Auftraggeber ist eine Privatperson) ist nicht eindeutig, ob die VOB/B auch für die Abwicklung von zusätzlichen Aufträgen herangezogen werden kann. Dies gilt insbesondere in den Fällen, in denen die VOB/B nicht nochmals ausdrücklich gemäß § 310 BGB vereinbart und der Verordnungstext bei Erteilung des Zusatzauftrages nicht nochmals zur Kenntnisnahme übergeben wurde.[2]

Hiergegen ist jedoch einzuwenden, dass den Parteien – jedenfalls bei wirksamer Vereinbarung der VOB/B – bei Vertragsschluss diese auch bekannt ist. Durch die Vereinbarung der VOB/B für den ursprünglichen Vertrag haben die Parteien die VOB/B automatisch allen Ergänzungs- und Zusatzaufträgen, die mit der Bauleistung in zeitlichem und sachlichem Zusammenhang stehen, zugrunde gelegt.[3] 31

Um Streitigkeiten zu vermeiden, ist zu empfehlen, in den Bauvertrag eine entsprechende Klausel aufzunehmen: 32

Die Parteien vereinbaren die Geltung der VOB/B für alle mit diesem Vertrag in Zusammenhang stehenden Ergänzungen und Zusatzaufträge. Ein Exemplar der VOB/B wird dem Auftraggeber bei Vertragsschluss übergeben.

---

1 *Vogel*, ZfBR 1998, 280, 281 m. w. N.
2 *Vogel*, ZfBR 1998, 280, 281.
3 Vgl. stellvertretend *Ingenstau/Korbion*, VOB-Kommentar, vor B Rz. 10 m. w. N.

33 Der in der Praxis übliche Vertragstyp ist der des Leistungsvertrags, wie er in § 5 Nr. 1 VOB/A definiert ist. Die vom Auftraggeber zu entrichtende Vergütung bestimmt sich nach der vom Auftragnehmer erbrachten **Leistung**. Der Leistungsvertrag eröffnet zwei Gestaltungsmöglichkeiten: Die Preisvereinbarung kann zum einen mittels eines **Einheitspreisvertrags** getroffen werden, § 5 Nr. 1 Buchst. a VOB/A, zum anderen ist die Vereinbarung eines **Pauschalvertrags** möglich, § 5 Nr. 1 Buchst. b VOB/A.

34 Andererseits kann sich die Vergütung des Unternehmers auch unabhängig von der vom Unternehmer erbrachten Leistung einzig nach dessen betriebenem **Aufwand** bestimmen. Diese so genannten Aufwandsverträge sind gemäß § 5 Nr. 2 VOB/A in Form von **Stundenlohnverträgen** bzw. gemäß § 5 Nr. 3 VOB/A als **Selbstkostenerstattungsverträge** möglich.

35 Der sehr häufig vorkommende Terminus des Festpreisvertrags bezeichnet in diesem Zusammenhang keinen weiteren eigenständigen Vertragstyp, hierzu weiter unten Rz. 55 ff.

1. Einheitspreisvertrag

36 **Grundtyp** des Werkvertrags gemäß VOB ist der Einheitspreisvertrag.[1] Die Berechnung der Vergütung erfolgt auf der Grundlage der vom Auftragnehmer tatsächlich **erbrachten Leistungsmengen**. Die Ermittlung der vertraglich geschuldeten Vergütung erfolgt dergestalt, dass für wirtschaftlich bzw. technisch einheitliche Leistungspositionen jeweils ein zuvor festgelegter Preis zu entrichten ist (z. B. x Euro je m^3 Erdaushub). Die Bestimmung dieser Preise erfolgt pro Einheit, das heißt nach Menge, Maß, Gewicht oder Stückzahl. In den Verdingungsunterlagen hat der Auftragnehmer sowohl den Preis pro Einheit als auch den Preis der jeweiligen Teilleistung (Menge × Preis pro Einheit) niederzulegen. Die Teilleistungen bilden dann die einzelnen Positionen des **Leistungsverzeichnisses**.[2]

37 Der Angebotspreis wird ermittelt, indem die Preise der Teilleistungen/Leistungspositionen addiert werden. Die Höhe der nach Fertigstellung des Werks tatsächlich zu entrichtenden Vergütung bestimmt sich dann nach den tatsächlich erbrachten Teilleistungen. Die Vergütung kann – im Einzelfall sogar erheblich – vom Angebotspreis abweichen, je nachdem, inwieweit die zur Herstellung des Werks ursprünglich in Ansatz gebrachten Leistungsmengen vom tatsächlich Benötigten abweichen.

38 Die dem Endpreis zugrunde gelegten Leistungsmengen werden nach Beendigung der Bauleistung bzw. Teilleistung von Auftragnehmer und Auftraggeber durch **gemeinsames Aufmaß** ermittelt, siehe hierzu ausführlich unten Teil 22, Rz. 18.

39 Gemäß § 2 Nr. 2 VOB/B ist die Berechnung der Vergütung anhand vertraglich festgelegter Einheitspreise der Normalfall. Hiervon wird nur dann abgewichen, wenn eine andere Berechnungsart vereinbart ist.

---

1 *Ingenstau/Korbion*, VOB-Kommentar, A § 5 Rz. 8.
2 *Vygen*, Bauvertragsrecht nach VOB und BGB, Rz. 752.

2. Pauschalvertrag

Der andere Untertyp des Leistungsvertrags ist der Pauschalvertrag, § 5 Nr. 1 Buchst. b VOB/A. Auch hier ist die vom Unternehmer zu erbringende Leistung die Grundlage der Vergütung. Im Unterschied zum Einheitspreisvertrag wird jedoch die endgültige Höhe der zu entrichtenden Vergütung bereits **bei Vertragsschluss** und nicht erst nach Beendigung der Arbeiten **festgelegt**.

40

Hinweis:

Wenn unklar ist, ob ein Pauschalpreisvertrag vereinbart wurde, sind die Äußerungen und Handlungen der Parteien gegebenenfalls **auszulegen**. Unterbreitet der Unternehmer beispielsweise einen schriftlichen Kostenvoranschlag, in welchem er nach Beschreibung der vorzunehmenden Leistungen ohne Benennung von Einheitspreisen nur angibt, er schätze den Kostenaufwand auf einen Betrag i. H. v. 40 000 Euro netto, erklärt die andere Seite die Annahme und werden daraufhin die Arbeiten aufgenommen, so ist ein Pauschalpreisvertrag mit einer vereinbarten Vergütung i. H. v. 40 000 Euro netto zustande gekommen.[1] Sofern der Auftraggeber sich nach Abgabe eines Angebots mit Einheitspreisen darauf beruft, den Vertrag zu einem Pauschalpreis abgeschlossen zu haben, sind an seine **Darlegungslast** besonders hohe Anforderungen zu stellen.[2]

41

Entscheidend ist, dass der Auftragnehmer sich erkennbar verpflichten will, das Werk zu einem vorher vereinbarten Gesamtpreis herzustellen. Für die Höhe der Vergütung kommt es dementsprechend nicht darauf an, welche Teilleistungen in welchen Mengen der Auftragnehmer zur Herstellung des vertraglich genau bestimmten Werks tatsächlich geleistet hat. Vielmehr steht der zu entrichtende Preis für die Erreichung des vertraglich vereinbarten Leistungsziels von vornherein fest, wobei sich der Auftraggeber auch beim Pauschalpreisvertrag nicht gänzlich den vielfach gefürchteten **Nachtragsforderungen** entziehen kann.

42

Die Abrechnungsweise auf Grundlage eines Pauschalpreises bedingt, dass die Festlegung des Preises vor Vertragsschluss besonders sorgfältig und eingehend kalkuliert werden muss. Der Kalkulation sollte eine möglichst präzise und umfangreiche **Leistungsbeschreibung** zugrunde gelegt sein. Vor diesem Hintergrund ist verständlich, dass die Vereinbarung eines Pauschalpreises gemäß § 5 Nr. 1 Buchst. b VOB/A nur erfolgen soll, wenn der konkrete Leistungsumfang bekannt und darüner hinaus abzusehen ist, dass sich der Umfang der bei Vertragsschluss zugrunde gelegten Leistungen nicht wesentlich ändern wird, um das vertraglich vereinbarte Ziel zu erreichen.

43

Hinweis:

Die Vereinbarung eines Pauschalpreisvertrags muss eindeutig sein. Diesen Anforderungen genügt es beispielsweise nicht, wenn ein „circa-Preis" vereinbart wird. Der Vertragspreis muss exakt festgelegt sein.[3]

44

---

1 OLG Naumburg, NJW-RR 1999, 169.
2 OLG Düsseldorf, BauR 2001, 406.
3 OLG Hamm, NJW-RR 1993, 1490, 1491.

3. Stundenlohnvertrag

45 Im Gegensatz zu den beiden Arten des Leistungsvertrags, dem Einheitspreisvertrag und dem Pauschalpreisvertrag, bestimmt sich die Höhe der Vergütung beim Stundenlohnvertrag einzig nach dem vom Auftragnehmer **tatsächlich betriebenen Aufwand**. Grundlage der Preisfindung ist demzufolge die vom Auftragnehmer konkret aufgewandte **Arbeitszeit**, für welche im Vorfeld ein bestimmter Stundenlohn vereinbart wird. Bei einer Stundenlohnvereinbarung mit Nachweis des tatsächlichen Material- und Zeitaufwands sind **Wegezeiten** – sofern keine entsprechende Vereinbarung getroffen wurde – nicht gesondert zu vergüten.[1]

46 Gemäß den Vorgaben des § 5 Nr. 2 VOB/A sind – jedenfalls bei Bauverträgen, die nach VOB/A vergeben werden – Bauleistungen nur dann mittels Stundenlohnvertrag abzurechnen, wenn zwei Voraussetzungen gegeben sind:

> ▷ Zum einen sollen die so vergüteten Arbeiten nur **geringen Umfang** haben. Es handelt sich hierbei vor allem um Neben- bzw. Hilfsarbeiten, welche vornehmlich in der Endphase der Herstellung eines Bauwerkes erforderlich werden, wie z. B. nachträgliche Ausbesserungs- oder manuelle Montagearbeiten.

> ▷ Zum anderen ist eine Vergütung der Bauleistung auf Stundenlohnbasis bei **öffentlicher Ausschreibung** nach § 5 Nr. 2 VOB/A nur zulässig (und auch bei privatrechtlichen Bauverträgen nur zu empfehlen) wenn die Ausführung dieser Arbeiten für den Auftragnehmer im wesentlichen Lohnkosten verursacht. Hauptanwendungsfall sind manuelle, von Angestellten des Auftragnehmers durchzuführende Arbeiten. Als Richtwert für das Vorliegen vorgenannter Voraussetzungen kann zugrunde gelegt werden, dass die Lohnkosten einen Anteil von mehr als 50 % der für den Unternehmer tatsächlich anfallenden Kosten zur Durchführung der Arbeiten bzw. Herstellung des Werks umfassen.[2]

47 Die Vergütung von Bauleistungen auf Stundenlohnbasis muss gemäß § 2 Nr. 10 VOB/B vor Ausführung **ausdrücklich** zwischen den Parteien **vereinbart** werden. Die **Beweislast** hierfür trägt der Auftragnehmer. Ist eine solche Vereinbarung nicht getroffen worden und eine Einigung über die Ausführung und Vergütung der Werkleistungen auf Stundenbasis zwischen Auftraggeber und Auftragnehmer auch nicht nachträglich zustande gekommen, so kann der Auftragnehmer bei Vorliegen der Voraussetzungen des § 632 BGB bzw. entsprechend § 2 Nr. 2 VOB/B nur die Vergütung der Arbeiten zu Einheitspreisen verlangen.[3]

48 Im Einzelfall kann schon in der **Abzeichnung von Stundenzetteln** durch den Auftraggeber nicht nur ein Anerkenntnis zum Umfang der geleisteten Arbeitsstunden, sondern auch ein Anerkenntnis zur Vereinbarung von Stundenlohnarbeiten gesehen werden.[4] Allerdings müssen die Voraussetzungen eines Anerkenntnisses erfüllt sein, d. h. die Parteien müssen sich über alle klärungs- bzw. regelungs-

---
1 LG Bonn, BauR 2001, 1267.
2 Vgl. *Ingenstau/Korbion*, VOB-Kommentar, A § 5 Rz. 28.
3 Vgl. *Vygen*, Bauvertragsrecht nach VOB und BGB, Rz. 757; *Ingenstau/Korbion*, VOB-Kommentar, B § 2 Nr. 10 Rz. 10.
4 OLG Hamburg, BauR 2000, 1491 ff. m. Anm. *Vogel*.

bedürftigen Gesichtspunkte geeinigt haben.[1] Mit anderen Worten: **beide** Parteien müssen die Stundenlohnarbeiten bewusst und gewollt vereinbart haben. Liegt diese Voraussetzung nicht vor, so kann in der Abzeichnung von Stundenlohnzetteln nur eine Anerkennung der Art und des Umfangs der geleisteten Arbeit gesehen werden, nicht jedoch ein Anerkenntnis über die Verpflichtung zur gesonderten Vergütung auf Stundenlohnbasis.[2]

Zur Abrechnung von Stundenlohnarbeiten bzw. der Kontrollmöglichkeit des Auftraggebers sowie zum Umgang mit Stundenlohnzetteln insgesamt, vergleiche unten Teil 22, Rz. 118. 49

4. Selbstkostenerstattungsvertrag

Ein weiterer Typ des Aufwandsvertrags ist der Selbstkostenerstattungsvertrag gemäß § 5 Nr. 3 VOB/A. In § 5 Nr. 3 Abs. 1 VOB/A sind für **öffentliche Ausschreibungen** die Voraussetzungen benannt, unter denen ein Selbstkostenerstattungsvertrag vereinbart werden darf bzw. soll: 50

Bei den auszuführenden Bauleistungen muss es sich um solche **größeren Umfangs** handeln. Des Weiteren muss hinzutreten, dass im Zeitpunkt der Vergabe des Bauauftrages eine einwandfreie Preisermittlung nicht möglich ist. Hierbei ist nicht nur darauf abzustellen, dass die Bauleistung nicht genau bestimmbar ist. Eine genaue Bestimmung darf nach Überzeugung der Parteien selbst unter größtmöglichem Aufwand jedenfalls zum Zeitpunkt des Vertragsschlusses nicht möglich sein.[3] Liegen diese Voraussetzungen vor, ist die Vereinbarung eines Selbstkostenerstattungsvertrags im Rahmen öffentlicher Ausschreibungen zulässig. 51

Im Übrigen kann ein derartiger Vertrag grundsätzlich frei vereinbart werden, wegen der erheblichen **Risiken** bezüglich der Höhe der Vergütung ist dies aber nicht zu empfehlen. Denn ausschließlich das Vertragsziel ist bekannt, nicht jedoch die zur Erreichung des Ziels erforderlichen Aufwendungen und folglich auch nicht die hierfür entstehenden Kosten bzw. der Preis. 52

Ist ein solcher Selbstkostenerstattungsvertrag geschlossen, hat der Auftraggeber dem Auftragnehmer **sämtliche entstehenden Kosten**, das heißt Löhne, Baustoffe, Materialien, Geräte bzw. Gerätevorhaltungskosten, übliche Gemeinkosten sowie einen angemessenen Gewinnzuschlag zu bezahlen. Die Preise für einzelne bei Vertragsschluss bekannte Positionen sind gemäß § 5 Nr. 3 Abs. 2 VOB/A bei Vertragsschluss festzulegen, sinnvoller Weise in der Form von Einheitspreisen. 53

In § 5 Nr. 3 Abs. 3 Satz 1 VOB/A ist weiterhin geregelt, dass der Selbstkostenerstattungsvertrag in einen Leistungsvertrag übergeführt werden soll, sobald nach Aufnahme der Bauleistungen eine einwandfreie Preisermittlung möglich wird. Hierbei ist zu beachten, dass diese Vertragsänderung nicht einseitig, sondern 54

---

1 Vgl. BGH, BauR 1999, 1300; BauR 1995, 232.
2 BGH, BauR 1994, 760.
3 *Ingenstau/Korbion*, VOB-Kommentar, A § 5 Rz. 33.

nur im **gegenseitigen** Einvernehmen möglich ist.[1] Aus diesem Grunde kann es ratsam sein, bereits im Selbstkostenerstattungsvertrag eine entsprechende Vereinbarung aufzunehmen, nach der beide Parteien dazu verpflichtet sind, den Vertrag in einen Einheitspreis- bzw. Pauschalvertrag umzuwandeln, sobald die einwandfreie Preisermittlung möglich wird.

5. Festpreisvertrag

55 Der Terminus „Festpreisvertrag" beschreibt keinen eigenständigen Vertragstypus, so wie beispielsweise der Begriff „Einheitspreisvertrag" oder „Pauschalpreisvertrag". Die Verwendung des Begriffs „Festpreisvertrag" bringt lediglich zum Ausdruck, dass die im Bauvertrag festgelegten Preise „*fest*" sind, das heißt, die jeweiligen Einheitspreise bzw. der Pauschalpreis oder der Stundenlohnsatz **nicht nachträglich abgeändert** werden können.

56 Klargestellt ist somit lediglich, dass **keine** nachträglichen **Preisanpassungen** bzw. **Gleitklauseln** vereinbart sind. Da sowohl bei den Leistungs- als auch den Aufwandsverträgen die zu entrichtenden Preise bereits bei Vertragsschluss feststehen, ist der Begriff des Festpreises im Übrigen eher irreführender als klärender Natur. In der Praxis wird der Begriff des Festpreises oftmals dazu verwandt, die Vereinbarung einer **Pauschalvergütung hervorzuheben**. Ist dies gegebenenfalls durch Auslegung festgestellt, sind im Übrigen keine weiteren Besonderheiten zu beachten.

IV. Nachträgliche Preisanpassungen

1. Grundsätze der Preisanpassung

57 Zentrales Problem bei der Vergütung von Bauleistungen sind nachträgliche Preisanpassungen bzw. die Änderung des ursprünglich festgelegten Angebotspreises. Die Ursachen hierfür können sowohl im **Verantwortungsbereich** des Auftraggebers als auch des Auftragnehmers liegen. Sie sind oftmals Gegenstand streitiger Auseinandersetzungen zwischen den Vertragsparteien.

58 **Hinweis:**
Der Bauherr kann zunächst in erheblichem Umfang das Risiko solcher streitigen Auseinandersetzungen verringern, wenn er bereits bei der Ausschreibung die vom GAB (Gemeinsamer Ausschuss Elektronik im Bauwesen) und DVA (Deutscher Verdingungsausschuss für Bauleistungen) erstellten Musterleistungsverzeichnisse – zumindest weitgehend – verwendet. Diese Musterleistungsverzeichnisse differenzieren weitmöglichst nach leistungsabhängigen und leistungsunabhängigen Kosten und gliedern Teilleistungen weitmöglichst auf. Der Vorteil bei ihrer Verwendung liegt darin, dass bei Änderungen der Werkleistung bzw. Verzögerungen der Bauausführung entweder kein neuer Preis vereinbart werden muss oder zumindest die nachträglichen Preisanpassungen für beide Seiten eindeutig zu ermitteln sind.[2]

---
1 *Ingenstau/Korbion*, VOB-Kommentar, A § 5 Rz. 34.
2 *Agh-Ackermann/Kuen*, BauR 1993, 655 (660).

Auch der Unternehmer hat Möglichkeiten, bereits im Vorfeld einer streitigen Auseinandersetzung über nachträgliche Preisgestaltungen entgegenzuwirken. Gerade bei umfangreichen Bauprojekten empfiehlt es sich, entsprechend § 15 VOB/A zu verfahren und im Vertrag bzw. den Verdingungsunterlagen Lohn- und Materialpreisgleitklauseln zu vereinbaren. Auf diese Weise können bereits in den Verdingungsunterlagen Ausgleichsklauseln vereinbart werden, entsprechend derer die Preise zu ändern sind, wenn der tatsächlich erbrachte Aufwand von dem bei Vertragsschluss kalkulierten abweicht (z. B. Löhne, Materialkosten, allgemeine Geschäftskosten).[1]

59

Trotz dieser Präventivmaßnahmen wird eine nachträgliche Preisanpassung oftmals unumgänglich sein. Die VOB/B sieht hierfür unterschiedliche, streng voneinander zu trennende **Anspruchsgrundlagen** vor. Zu differenzieren ist danach, ob zur Erreichung des vertraglich geschuldeten Erfolgs andere Mengen benötigt werden, ob ein Teil der Leistung entfallen ist, ob die Leistung geändert wurde oder ob zusätzliche Leistungen erbracht wurden. Eine nachträgliche Preisanpassung kann gemäß § 2 Nr. 4 bis 6 VOB/B grundsätzlich nur dann verlangt werden, wenn die vom Unternehmer ursprünglich geschuldete Bauleistung nach Vertragsschluss modifiziert wird, das heißt, sich der **Leistungserfolg ändert**. Anderenfalls greift allenfalls § 2 Nr. 3 VOB/B, wenn eine **reine Massenmehrung** vorliegt. Bei der Prüfung ist daher zunächst festzustellen, ob eine nachträgliche Änderung des vertraglich ursprünglich geschuldeten Leistungsumfangs eingetreten ist.

60

Hierfür ist zu klären, welchen Umfang der ursprünglich vereinbarte Leistungserfolg überhaupt hatte. Art und Umfang der nach dem ursprünglichen Vertragsinhalt geschuldeten Leistung bestimmen sich gemäß § 1 Nr. 1 VOB/B nach dem Vertragstext selbst und den Allgemeinen Technischen Vertragsbedingungen für Bauleistungen (VOB/C) sowie nach den in § 1 Nr. 2 VOB/B aufgezählten Unterlagen. Sie sind **gleichwertige Bestandteile** des Vertrages und somit nicht unterschiedlich stark zu gewichten.[2] Wurde im Bauvertrag von der Regelung des § 1 Nr. 2 VOB/B beispielsweise durch eine individualvertragliche Vereinbarung abgewichen, hat diese Individualvereinbarung Vorrang. Liegt die VOB/B dem Bauvertrag insgesamt nicht zugrunde, so bestimmt sich die Auslegung des Vertragsinhalts nach den §§ 133, 157 BGB. Erfolgte der Vertragsschluss im Anschluss an ein **Ausschreibungsverfahren** auf der Grundlage der Regelungen der VOB/A, ist für die Auslegung der ausgeschriebenen Leistungsbeschreibung die Beurteilung aus der Perspektive der möglichen Bieter maßgebend.[3]

61

Nach Feststellung des ursprünglich geschuldeten Leistungsumfangs muss geprüft werden, ob und in welcher Weise hiervon bei der tatsächlichen Bauausführung abgewichen wurde. Hierbei sind vier Konstellationen möglich, welche jeweils unterschiedliche Rechtsfolgen hinsichtlich der Vergütung auslösen. Die Vertragsleistung ist mit höherem oder geringerem Aufwand als bei Vertragsschluss kalkuliert herzustellen, ursprüngliche Leistungsteile können komplett entfallen, der geschuldete Leistungserfolg kann nachträglich geändert werden

62

---

1 Vgl. *Ingenstau/Korbion*, VOB-Kommentar, A § 15 Rz. 1.
2 *Ingenstau/Korbion*, VOB-Kommentar, B § 1 Nr. 2 Rz. 12.
3 BGH, BauR 2002, 935 m. w. N.; *Ingenstau/Korbion*, VOB-Kommentar, B § 2 Nr. 5 Rz. 4.

und schließlich können zu den ursprünglich vereinbarten noch zusätzliche Leistungen hinzutreten.

63 Zur grundsätzlichen Abgrenzung der einzelnen Anspruchsgrundlagen nachfolgende Übersicht:

▷ **§ 2 Nr. 3 VOB/B**

Von § 2 Nr. 3 VOB/B werden diejenigen Fälle erfasst, bei denen sich während der Bauausführung herausstellt, dass zur Herstellung des ursprünglich vereinbarten Werkes, also der Erreichung des vereinbarten Leistungsziels, eine Abweichung der ursprünglich vereinbarten Mengen (von Baustoffen o. Ä.) erforderlich ist. Eine Preisanpassung kann verlangt werden, wenn der **Leistungserfolg** zwar **gleich geblieben** ist, sich aber die zu seiner Erzielung erforderlichen **Mengen erhöht bzw. verringert** haben. Es ändern sich insofern lediglich die der Kalkulation zugrunde liegenden Mengenansätze des ursprünglichen Angebotes. Auf dieser geänderten Grundlage kann dann ein neuer Preis für die von den Mengenänderungen betroffenen Positionen verlangt werden.

Zu den einzelnen Voraussetzungen siehe Rz. 67 ff.

64 ▷ **§§ 2 Nr. 4, 8 Nr. 1 VOB/B**

Die §§ 2 Nr. 4, 8 Nr. 1 VOB/B erfassen die Fälle, in denen eine **Teilleistung entfällt**. Dies kann entweder auf eine Teilkündigung seitens des Auftraggebers zurückzuführen sein oder auf die Übernahme einzelner Leistungen durch den Auftraggeber selbst, z. B. die Lieferung von Baustoffen. In diesen Fällen verringert sich damit die Leistungspflicht des Auftragnehmers, wodurch es zu Anpassungen der Vergütung kommen kann.

Zu den Einzelheiten zur Selbstübernahme und zur Teilkündigung siehe Rz. 89 ff., zur vollständigen Kündigung siehe Rz. 217 ff.

65 ▷ **§ 2 Nr. 5 VOB/B**

§ 2 Nr. 5 VOB/B erfasst die Fälle von nachträglichen **inhaltlichen Modifikationen** des ursprünglich vertraglich vereinbarten Leistungserfolgs.[1] § 2 Nr. 5 VOB/B setzt damit voraus, dass eine im ursprünglichen Vertrag bereits enthaltene Leistung durch den Auftraggeber geändert wird und dies zu einer Änderung des ursprünglich geschuldeten Leistungserfolgs führt, die geänderte Leistung bzw. Teilleistung aber noch mit dem ursprünglich Vereinbarten zusammenhängt.

Im Einzelfall ist zwischen Vergütungsansprüchen gemäß § 2 Nr. 5 VOB/B auf der einen Seite und **Schadenersatzansprüchen** wegen **mangelhafter Leistungsbeschreibung** zu differenzieren. Letztere sind einschlägig, wenn die Notwendigkeit der Ausführung geänderter Leistungen auf ein vom Auftraggeber schuldhaft unzureichend erstelltes Leistungsverzeichnis zurückzuführen ist.

Zu den einzelnen Voraussetzungen siehe Rz. 105 ff.

---

[1] *Ingenstau/Korbion*, VOB-Kommentar, B § 2 Nr. 5 Rz. 9.

▷ **§ 2 Nr. 6 VOB/B** 66

Eine nachträgliche Erweiterung des Vertragsinhaltes um zusätzliche Leistungen, bei denen sich hinsichtlich der bisher im Vertrag enthaltenen Positionen inhaltlich keine Änderungen ergeben, sondern neue Leistungen hinzukommen, führt zu einer Anwendung des § 2 Nr. 6 VOB/B.[1]

Zu weiteren Einzelheiten siehe Rz. 164 ff.

2. Mengenänderung bei gleichem Leistungserfolg, § 2 Nr. 3 VOB/B

Grundlage für die Preiskalkulation des Auftragnehmers ist die Leistungsbeschreibung bzw. das Leistungsverzeichnis. Anhand dieser Vorgabe kalkuliert der Auftragnehmer, welche Mengen notwendig sind, um das vorgegebene Ziel zu verwirklichen und ermittelt die Preise in Relationen zu den jeweiligen Mengenangaben. Allerdings stellt sich während der Bauausführung nicht selten heraus, dass von den ursprünglich zugrunde gelegten Mengenansätzen abgewichen werden muss, um den vertraglich vereinbarten Leistungserfolg zu erreichen. Die Auswirkung dieser Mengenabweichung auf den vereinbarten Preis ist je nach vereinbartem **Vertragstyp** unterschiedlich. 67

a) VOB-Einheitspreisvertrag

Beim Einheitspreisvertrag ist die Leistungsmenge von Anfang an **variabel**, d. h., die Preise werden pro Einheit einer Teilleistung aufgrund der als notwendig kalkulierten Mengenvorgaben des Auftraggebers festgesetzt. Die Vergütung bestimmt sich nach den tatsächlich geleisteten Einheiten. Zur Bestimmung der Preise pro Einheit ist die Leistungsbeschreibung bzw. das Leistungsverzeichnis des Auftraggebers für den Auftragnehmer von entscheidender Bedeutung. Anhand der vorgegebenen Mengen kann der Unternehmer die Gemeinkosten umlegen, den Gesamtangebotspreis und somit seinen Werklohn ermitteln, sowie seine interne Produktionsplanung an den vorgegebenen Mengen ausrichten.[2] 68

Gemäß § 2 Nr. 3 Abs. 1 VOB/B haben **Mengenabweichungen** von **bis zu 10 %** keine nachträgliche Preisanpassung zur Folge. Insoweit ist auch eine Berufung auf den Wegfall der Geschäftsgrundlage nicht möglich.[3] Dies bedeutet, dass gemäß § 2 Nr. 3 Abs. 1 VOB/B der ursprünglich vereinbarte Einheitspreis auch dann unverändert bleibt und die Vergütung durch Multiplikation der tatsächlich benötigten Einheiten mit den Einheitspreisen ermittelt wird, wenn die erbrachten Mengen von den vertraglich vereinbarten um maximal 10 % abweichen. 69

§ 2 Nr. 3 Abs. 1 VOB/B ist nur anzuwenden, wenn die entsprechende Leistung nach ihrer Art und Inhalt unverändert bleibt.[4] Die Vergütung **abweichender** oder **zusätzlicher Leistungen** bestimmt sich nach **§ 2 Nr. 5 und 6 VOB/B**. § 2 Nr. 3 70

---

1 *Ingenstau/Korbion*, VOB-Kommentar, B § 2 Nr. 5 Rz. 7 ff.
2 *Kapellmann/Schiffers*, Bd. 1, Rz. 501.
3 *Werner/Pastor*, Der Bauprozess, Rz. 1169; *Ingenstau/Korbion*, VOB-Kommentar, B § 2 Nr. 3 Rz. 11 f.
4 *Ingenstau/Korbion*, VOB-Kommentar, B § 2 Nr. 3 Rz. 15.

VOB/B ist auch dann nicht anzuwenden, wenn die Mengenänderung aus einer **Anordnung des Auftraggebers** resultiert. Nur wenn die Mengenänderung einzig darauf zurückzuführen ist, dass der ursprüngliche und unveränderte Leistungserfolg aufgrund der gegebenen Verhältnisse die Mengenabweichung erforderlich macht, ist § 2 Nr. 3 VOB/B einschlägig.[1]

71 Ändern sich die Mengen um **mehr als 10 %**, so bestimmt sich die Preisänderung gemäß § 2 Nr. 3 Abs. 2 und 3 VOB/B: Bei **Überschreitung** ist auf Verlangen der ursprüngliche Einheitspreis anzupassen. Dies gilt jedoch nur für denjenigen Teil der Leistung, der über 110 % des ursprünglich in Ansatz gebrachten Fordersatzes hinausgeht. Für 110 % der ursprünglichen Menge ist der bereits vertraglich vereinbarte Preis zu entrichten.[2]

72 Für die Ermittlung des neuen Preises gilt weiterhin, dass dieser auf der Grundlage der ursprünglichen Preiskalkulation gebildet werden muss.[3] Der Unternehmer hat seine ursprüngliche Kalkulation offen zu legen.[4] In der Urkalkulation werden diejenigen Positionen verändert, welche durch die Änderung der Mengen beeinflusst sind. Hierbei sind sowohl Mehrkosten, als **auch Minderkosten** zu berücksichtigen.[5]

Hinweis:
Da der Unternehmer für die Elemente seiner Urkalkulation die **Darlegungs- und Beweislast** trägt, empfiehlt es sich gerade bei größeren Bauvorhaben, die Urkalkulation bei Vertragsschluss zu hinterlegen, um im Streitfall nicht in Beweisnot zu geraten bzw. auf eine nachträglich erstellte Kalkulation oder den unsicheren Weg des Zeugenbeweises angewiesen zu sein.

73 **Unterschreiten** die tatsächlich erbrachten Mengen die ursprünglich zugrunde gelegten **um mehr als 10 %**, so ist – im Gegensatz zur Mengenüberschreitung – für die gesamte Leistungsmenge ein **neuer einheitlicher Preis** zu bilden.[6] Eine Anpassung des Preises wegen Mengenminderung setzt gemäß § 2 Nr. 3 Abs. 3 Satz 1 VOB/B voraus, dass sich die Mengenunterschreitung **nicht** bereits auf andere Weise durch nach Vertragsschluss eingetretene Umstände (Mengenmehrungen) **ausgeglichen** hat. Dieser Ausgleich kann auf vielfältige Art erfolgen. Beispielsweise kann ein solcher Ausgleich durch Mengenerhöhung bei anderen Leistungspositionen erfolgen oder durch die anteilige Übernahme der nach der neuen Kalkulation nicht mehr gedeckten Fixkosten durch den Auftraggeber. Durch die Vermittlung eines örtlich und zeitlich unabhängigen neuen Auftrags durch den Auftraggeber kann ein solcher Ausgleich jedoch nicht erfolgen.[7]

74 Bei der Ermittlung des neuen Preises sind gemäß § 2 Nr. 3 Abs. 2 VOB/B die aufgrund der neuen Situation entstehenden Mehr- bzw. Minderkosten zu berück-

---

1 Vgl. *Kapellmann/Schiffers*, Bd. 1, Rz. 505.
2 *Vygen*, Bauvertragsrecht nach VOB und BGB, Rz. 767; *Ingenstau/Korbion*, VOB-Kommentar, B § 2 Nr. 3 Rz. 17.
3 *Kniffka/Koeble*, Kompendium des Baurechts, Rz. 99; *Ingenstau/Korbion*, VOB-Kommentar, B § 2 Nr. 4 Rz. 5; *Vygen*, Bauvertragsrecht nach VOB und BGB, Rz. 767.
4 OLG Schleswig, BauR, 1996, 265.
5 Im Einzelnen hierzu *Kapellmann/Schiffers*, Bd. 1, Rz. 555 ff.
6 *Ingenstau/Korbion*, VOB-Kommentar, B § 2 Nr. 3 Rz. 31.
7 Vgl. hierzu ausführlich *Ingenstau/Korbion*, VOB-Kommentar, B § 2 Nr. 3 Rz. 32.

sichtigen. Generell ist jedoch darauf zu verweisen, dass gemäß § 2 Nr. 3 Abs. 3 VOB/B bei Mengenminderung nur dem Auftragnehmer ein Anspruch auf Erhöhung des Einheitspreises zusteht. Der Auftraggeber hat keinen Anspruch auf Herabsetzung des Einheitspreises.¹

Beispiel für die Berechnung:

Urkalkulation: 1000 Euro pro Einheit, angesetzt werden 100 Einheiten

	Tats. Menge geliefert: 120 Einheiten → Mengenüberschreitung um 20 % § 2 Nr. 3 Abs. 2 VOB/B	Tats. Menge geliefert: 80 Einheiten → Mengenunterschreitung um 20 % § 2 Nr. 3 Abs. 3 VOB/B
Tats. Preis pro Einheit: 900 Euro auf Grundlage veränderter Kalkulationsfaktoren	110 × 1000 Euro + 10 × 900 Euro = **119 000 Euro**	80 × 1000 Euro = **80 000 Euro**; der Auftraggeber darf die Preisanpassung nicht verlangen.
Tats. Preis pro Einheit: 1200 Euro auf Grundlage veränderter Kalkulationsfaktoren	110 × 1000 Euro + 10 × 1200 Euro = **122 000 Euro**	80 × 1200 Euro = **96 000 Euro**

In der Praxis wird daher immer der Auftragnehmer eine Anpassung nach § 2 Nr. 3 VOB/B verlangen, wenn der tatsächliche Preis pro Einheit höher ausfällt, als in der Urkalkulation angesetzt war. Dagegen hat der Auftraggeber an einer Geltendmachung des Anpassungsanspruchs aus § 2 Nr. 3 VOB/B ein Interesse, wenn der tatsächliche Preis pro Einheit niedriger ausfällt als erwartet. 75

Hinweis:
Die Regelung des § 2 Nr. 3 VOB/B ist durch AGB **abdingbar**, da hierdurch keine der beiden Parteien im Vorhinein benachteiligt ist.²

b) VOB/B-Pauschalpreisvertrag

Beim Pauschalpreisvertrag gilt der Grundsatz, dass Mengenänderungen bei gleich bleibendem Leistungserfolg keinen Einfluss auf den ursprünglich vereinbarten Pauschalpreis haben, sofern diese Mengenänderungen nicht auf einen Eingriff des Auftraggebers in den vereinbarten Leistungsumfang zurückzuführen sind, § 2 Nr. 7 VOB/B.³ Durch die Verweisung auf § 242 BGB in § 2 Nr. 7 Abs. 1 VOB/B gelten auch beim VOB/B-Vertrag die allgemeinen Regelungen des BGB.⁴ Die Verweisung auf § 242 BGB betrifft das Rechtsinstitut des Wegfalls der Geschäftsgrundlage, welches ursprünglich durch die Rechtsprechung als Unterfall des § 242 BGB entwickelt wurde. Durch das am 1. 1. 2002 in Kraft getretene Gesetz zur Modernisierung des Schuldrechts ist der **Wegfall der Geschäftsgrundlage** nun in § 313 BGB positiv normiert. 76

---

1 *Kapellmann/Schiffers*, Bd. 1, Rz. 525.
2 KG, BauR 2001, 1591, 1592.
3 OLG Düsseldorf, BauR 2002, 1103.
4 *Kapellmann/Schiffers*, Bd. 2, Rz. 1500.

77 Bei der Prüfung der Frage, ob eine Mengenänderung auch bei einem Pauschalpreisvertrag eine Preisanpassung nach sich zieht, ist das Wesen des Pauschalpreisvertrags besonders zu berücksichtigen. Ziel des Pauschalpreisvertrags ist es, die vereinbarte Bauleistung gegen ein fixes Entgelt zu erbringen, unabhängig davon, welche Aufwendungen hierzu im Einzelnen notwendig sind. Der Auftragnehmer hat sich dementsprechend vor Vertragsschluss alle notwendigen Informationen zu beschaffen, um den Umfang seiner künftigen vertraglichen Verpflichtungen genau festzustellen. Dies gilt insbesondere beim Vertrag über die schlüsselfertige Errichtung eines Bauwerks. Aus diesem Grund muss die **Zumutbarkeitsschwelle** für die Preisanpassung **wesentlich höher** liegen, als beim Einheitspreisvertrag. Wie hoch diese Schwelle anzusetzen ist, muss im Einzelfall geprüft werden. In der Rechtsprechung wird von einem Richtwert in Höhe von **20%** ausgegangen[1], wobei dies keine starre Vorgabe ist, sondern immer die konkreten Vertragsverhältnisse berücksichtigt und in die Betrachtung mit einbezogen werden müssen.[2]

78 Es ist festzustellen, ob das Risiko, welches sich in der Mengenabweichung realisiert hat, für die Vertragsparteien bei Vertragsschluss **absehbar** war. Als Maßstab für die Erkennbarkeit wird die „ordentliche Aufmerksamkeit eines Durchschnittsbieters im Angebotsstadium" herangezogen.[3] Sowohl bei Erkennbarkeit der Risiken, als auch bei fahrlässig falscher Risikobewertung sind die Grundsätze des Wegfalls der Geschäftsgrundlage nicht anzuwenden, so dass insoweit eine Anpassung der Vergütung gemäß § 313 Abs. 1 BGB ausscheidet.

79 § 2 Nr. 7 Abs. 1 Satz 4 VOB/B verweist im Übrigen auf § 2 Nr. 4 bis 7 VOB/B. Mithin ist klargestellt, dass eine Vertragsanpassung wegen Wegfalls der Geschäftsgrundlage auch dann entfällt, wenn diese **Spezialregelungen** eingreifen. Eine Abgrenzung ist in der Praxis häufig schwierig vorzunehmen – nichtsdestotrotz ist sie unumgänglich. Aus diesem Grunde sollte bei der Bearbeitung solcher Fallgestaltungen sorgfältig geprüft werden, ob sich nicht ein Anspruch auf Vertragsanpassung aufgrund dieser Vorschriften ergibt.[4]

80 Daneben ist immer zu prüfen, ob der Auftragnehmer einen Anspruch aus **c.i.c.** gemäß §§ 311 Abs. 2, 241 Abs. 2, 280 Abs. 1 BGB geltend machen kann. Dies kann insbesondere der Fall sein, wenn eine Mengenabweichung von mehr als 10% aus dem Umstand resultiert, dass der Auftraggeber das **Leistungsverzeichnis** – vorsätzlich oder fahrlässig – nicht hinreichend präzise erarbeitet hat und dies auch bei Vertragsschluss vom Auftragnehmer nicht erkannt werden konnte.

c) BGB-Einheitspreisvertrag

81 Ist bei einem Einheitspreisvertrag die VOB/B nicht Vertragsbestandteil geworden, so erfolgt die nachträgliche Preisanpassung **bei Mengenänderung** und gleich bleibender Leistung über **§ 313 BGB**. Dies bringt in der Praxis einige Schwierigkeiten

---

1 Nach OLG Schleswig, BauR 2000, 1201 ist ein Wert von 10% Abweichung noch nicht ausreichend; OLG Nürnberg, ZfBR 1987, 155.
2 BGH, BauR 1996, 250, 251.
3 *Kapellmann/Schiffers*, Bd. 2, Rz. 254.
4 Vgl. hierzu ausführlich *Kapellmann/Schiffers*, Bd. 2, Rz. 1525 ff.

mit sich, da zunächst ermittelt bzw. bewiesen werden muss, was überhaupt die Geschäftsgrundlage bei Abschluss des Vertrages war.

Die Geschäftsgrundlage wird definiert als 82

„die bei Vertragsschluss bestehenden gemeinsamen Vorstellungen beider Parteien oder die dem Geschäftsgegner erkennbaren und von ihm nicht beanstandeten Vorstellungen einer Vertragspartei vom Vorhandensein oder dem zukünftigen Eintritt gewisser Umstände, sofern der Geschäftswille der Parteien auf dieser Vorstellung aufbaut".[1]

Demzufolge ist die Geschäftsgrundlage entfallen bzw. geändert, wenn die einzelnen **Kalkulationsbestandteile** bei Vertragsschluss **erkennbar** waren und sich die Mengenänderung derart auswirkt, dass eine **erhebliche Diskrepanz** zwischen tatsächlicher Leistung und ursprünglich vereinbarter Vergütung vorliegt. Hierbei ist es für die Erheblichkeit dieser Diskrepanz nicht ausreichend, wenn sich die Störung nur auf einzelne Rechnungsposten bezieht; vielmehr muss das Vertragsverhältnis insgesamt in einem Sinne gestört sein, dass das **ganze Preisgefüge** des Vertrags nicht mehr den ursprünglich vereinbarten Relationen entspricht.[2] 83

Eine Differenzierung ist in jedem Fall vorzunehmen zwischen der Störung der Geschäftsgrundlage und dem Eintritt des **normalen wirtschaftlichen Risikos** eines Unternehmers, welches er in seiner Kalkulation bereits mittels des Wagniszuschlags berücksichtigen kann. Beispiele hierfür sind mögliche Lohn-, Preis- oder Lastensteigerungen während der Bauzeit, aber auch Material- oder Frachtkosten bzw. öffentliche Lasten, wie Sozialleistungen oder Steuern, die sich nach Vertragsschluss maßgeblich ändern. 84

Ist die Geschäftsgrundlage tatsächlich gestört, so führt dies nach § 313 Abs. 1 BGB zu einem Anspruch auf **Anpassung** des Vertrags, insbesondere der Vergütungshöhe. Bei Unmöglichkeit oder Unzumutbarkeit der Vertragsanpassung kann gemäß § 313 Abs. 3 Satz 1 BGB in Ausnahmefällen eine Vertragsauflösung die Rechtsfolge sein, wenn eine Fortsetzung des Vertragsverhältnisses unzumutbar ist. Hierzu bedarf es der ausdrücklichen Erklärung (Rücktritt) der Vertragspartei, die sich darauf beruft.[3] 85

Sofern eine Mengenabweichung von über 10 % eintritt, weil der Auftraggeber ein fehlerhaftes Leistungsverzeichnis vorgelegt und dies zu vertreten hat, steht dem Auftragnehmer darüber hinaus die Möglichkeit zu, **Schadenersatz aus c.i.c.** gemäß §§ 280 Abs. 1, 241 Abs. 2, 311 Abs. 2 BGB geltend zu machen.[4] 86

Hinweis: 87

Hat der Auftragnehmer einen **Kostenanschlag** abgegeben, ist er gleichwohl nicht an die Höhe der angegebenen Vergütung gebunden; er hat einen Anspruch auf Werklohn entsprechend der tatsächlich erbrachten Leistungen. Dem Auftraggeber steht in diesem Fall allerdings gemäß § 650 Abs. 1 BGB ein Kündigungsrecht zu, wenn der im Kostenanschlag benannte Betrag wesentlich überstiegen wird (10 bis 25 %, je nach Einzelfall zu beurteilen). Den Unternehmer trifft dies-

---

1 BGH, NJW 1993, 1856 (st. Rspr.).
2 *Kniffka/Koeble*, Kompendium des Baurechts, 6. Teil, Rz. 98.
3 Palandt/*Heinrichs*, BGB, § 313 Rz. 30.
4 Vgl. *Zerhusen*, Mandatspraxis Privates Baurecht, Rz. 449.

bezüglich die Obliegenheit, bei Erkennbarkeit rechtzeitig anzuzeigen, wenn der entstehende Werklohnanspruch den im Kostenanschlag prognostizierten über die vorgenannte Schwelle hinaus übersteigen wird. Kommt der Auftragnehmer dieser **Hinweispflicht** nicht oder nicht rechtzeitig nach, so ist er dem Auftraggeber zum Ersatz derjenigen Schäden verpflichtet, die daraus resultieren, dass die Kostenüberschreitung nicht rechtzeitig angezeigt wurde und das Kündigungsrecht nicht ausgeübt werden konnte.[1]

d) BGB-Pauschalpreisvertrag

88 Auch beim BGB-Vertrag ist die Vereinbarung eines Pauschalpreises selbstverständlich möglich, wenn für die Herstellung eines bestimmten Werks die Vergütung im Voraus fest vereinbart wird. Ein Anspruch auf Änderung dieser Vergütung besteht dann aber nur bei einer **unzumutbaren** Abweichung der tatsächlichen Herstellungskosten von den in der Urkalkulation angesetzten Kosten unter den Voraussetzungen des § 313 BGB. Insoweit gilt das beim VOB/B-Pauschalpreisvertrag Gesagte entsprechend, s. oben Rz. 81.

3. Preisanpassung beim Entfallen von Leistungen

89 Nachstehend werden die Folgen für die Vergütung bei **Kündigung von Teilleistungen** durch den Auftraggeber betrachtet. Ein Bauvertrag kann jederzeit bis zur Vollendung durch den Auftraggeber gekündigt werden. Dies ergibt sich beim BGB-Vertrag aus § 649 Satz 1 BGB, beim VOB-Vertrag aus § 8 Nr. 1 Abs. 1 VOB/B. Die Kündigung kann sich sowohl auf den verbleibenden restlichen Leistungsumfang, als auch auf einzelne Vertragsteile beziehen. Hinsichtlich der Ansprüche bei vollständiger vorzeitiger Kündigung des Bauvertrags wird auf die Ausführungen unter V. Vergütung/Preisanpassung bei vorzeitigem Vertragsende verwiesen, Rz. 221 ff.

a) VOB-Einheitspreisvertrag/Anpassung gemäß §§ 2 Nr. 4, 8 Nr. 1 Abs. 2 VOB/B

90 § 2 Nr. 4 VOB/B regelt die Vergütung für den Fall, dass vertraglich festgelegte Leistungspflichten des Auftragnehmers **durch den Auftraggeber selbst** übernommen werden. Hierfür wird auf die Vorschrift des § 8 Nr. 1 Satz 2 VOB/B verwiesen. Durch diese Rechtsfolgenverweisung wird deutlich, dass die Selbstübernahme von Teilleistungen der **Teilkündigung** gemäß § 8 VOB/B grundsätzlich gleichzusetzen ist.[2]

91 Tatbestandsvoraussetzung des § 2 Nr. 4 VOB/B ist, dass der Auftraggeber einzelne vertragliche Leistungspflichten des Auftragnehmers selbst übernimmt. Die Vorschrift des § 2 Nr. 4 VOB/B enthält eine beispielhafte Aufzählung solcher Leistungen. Liefert der Auftraggeber selbst die notwendigen Arbeitsmaterialien auf die Baustelle, obwohl ursprünglich im Vertrag vorgesehen war, dass diese Baustoffe vom Auftragnehmer zu beschaffen sind, handelt es sich um eine Teilkün-

---

[1] *Schenk*, NZBau 2001, 470, 471.
[2] *Ingenstau/Korbion*, VOB-Kommentar, B § 2 Nr. 4 Rz. 3; a. A. *Heiermann/Riedl/Rusam*, B § 2.4 Rz. 95.

digung durch Selbstübernahme gemäß §§ 2 Nr. 4, 8 Nr. 1 VOB/B. Die Teilkündigung erfolgt durch **einseitige Erklärung** des Auftraggebers.

Hinweis:
Einigen sich beide Parteien **einvernehmlich** über eine Änderung des ursprünglich vertraglich geschuldeten Leistungsumfangs, so ist dies gerade kein Fall des § 2 Nr. 4 VOB/B.[1] In diesem Fall ist der Parteiwille bzgl. der Vergütung und der hierfür anzuwendenden Rechtsfolge – § 2 Nr. 5 oder § 2 Nr. 6 VOB/B – durch Auslegung zu ermitteln.[2]

Ebenfalls ergibt sich aus dem Begriff der Selbstübernahme, dass der Auftraggeber die betreffende Leistung selbst, das heißt in eigener Person bzw. durch seinen eigenen Betrieb erbringen muss. Eine Selbstübernahme gemäß § 2 Nr. 4 VOB/B liegt demzufolge auch dann nicht vor, wenn der Auftraggeber die betreffende Teilleistung **einem Dritten** überträgt.[3] Bei Übertragung von Teilleistungen an einen Dritten steht dem Auftragnehmer jedoch auch der **volle Anspruch** auf Vergütung der entfallenden Leistung zu (wie bei der freien Kündigung durch den Auftraggeber gemäß § 8 Nr. 1 Abs. 2 VOB/B), abzüglich der ersparten Aufwendungen. 92

Liegt eine wirksame Selbstübernahme gemäß § 2 Nr. 4 VOB/B vor, so bestimmt sich die Vergütung des Auftragnehmers gemäß § 8 Nr. 1 Abs. 2 VOB/B. Der Auftragnehmer erhält die vertraglich vereinbarte Vergütung auch für die entfallenden Leistungen. Allerdings hat er sich dasjenige **anrechnen** zu lassen, was er durch den Wegfall der Teilleistungen erspart sowie anderweitig durch die frei gewordene Kapazität erlangt bzw. böswillig nicht erlangt hat. 93

Auch wenn insoweit die gleiche Rechtsfolge eintritt, ist eine Differenzierung zwischen Fällen der **Selbstübernahme** gemäß § 2 Nr. 4 VOB/B und Teilkündigungen gemäß § 8 Nr. 1 Abs. 1 VOB/B geboten. Bei einer Selbstübernahme gemäß § 2 Nr. 4 VOB/B ist der Verweis auf § 8 Nr. 1 Abs. 2 VOB/B als **reine Rechtsfolgenverweisung** zu verstehen, d. h. bei Vorliegen der Voraussetzung tritt automatisch die Rechtsfolge bezüglich der Vergütung gemäß § 8 Nr. 1 Abs. 2 VOB/B ein. Die **Teilkündigung** bedarf hingegen zu ihrer Wirksamkeit darüber hinaus noch der **Schriftform** gemäß § 8 Nr. 5 VOB/B. Ist diese nicht eingehalten, so ist die Teilkündigung unwirksam. Der Auftraggeber kann sich daher bei Verletzung des Schriftformerfordernisses im Rahmen einer Teilkündigung selbst Schadenersatzansprüchen des Auftragnehmers wegen verschuldeter Unmöglichkeit aussetzen.[4] 94

Beim Einheitspreisvertrag hat der Unternehmer nach den vertraglichen Einheitspreisen abzurechnen. Er hat die Einheitspreise mit den bei Vertragsschluss angesetzten Mengen zu multiplizieren und so die sich aus den einzelnen Positionen des Leistungsverhältnisses ergebenden Ansprüche zu berechnen.[5] Hierbei hat er sich diejenigen Aufwendungen als erspart anrechnen zu lassen, welche er bei der 95

---

1 BGH, NJW 1999, 2661.
2 BGH, NJW 1999, 2661.
3 Vgl. *Kapellmann/Schiffers*, Bd. 2, Rz. 1305 ff.
4 *Heiermann/Riedl/Rusam*, B § 24 Rz. 96.
5 BGH, BauR 1996, 382.

Ausführung des Vertrags hätte machen müssen, die durch die Kündigung jedoch weggefallen sind.¹

96 Bei Bestimmung der verbleibenden Vergütung sollen dem Auftragnehmer diejenigen **Vorteile** der ursprünglichen Kalkulation **erhalten bleiben**, die ihm auch zugefallen wären, wenn der Vertrag in der vorbestimmten Form erfüllt worden wäre. Allerdings hat er sich die im ursprünglichen Vertrag erhaltenen nachteiligen Positionen in der gleichen Weise anrechnen zu lassen.² Hinsichtlich der genauen Berechnung der Vergütung wird auf Rz. 223 ff. verwiesen.

97 **Hinweis:**
Vorformulierte **Vertragsklauseln** in den Besonderen Vertragsbedingungen des Auftraggebers, wonach dieser auch nach Vertragsschluss berechtigt sein soll, Angebotspositionen zu streichen, ohne dass der Auftragnehmer für die entfallenden Leistungen eine Entschädigung verlangen kann, verstoßen gegen § 307 BGB und sind unwirksam.³ Der Auftragnehmer kann in diesem Fall einen Anspruch auf Vergütung für die entfallene Teilleistung gemäß §§ 2 Nr. 4, 8 Nr. 1 Abs. 2 VOB/B geltend machen.⁴

b) VOB-Pauschalpreisvertrag/Anpassung gemäß §§ 2 Nr. 7, 2 Nr. 4 VOB/B

98 In § 2 Nr. 7 Abs. 1 Satz 4 VOB/B ist normiert, dass die Vorschrift des § 2 Nr. 4 VOB/B auch auf den Pauschalpreisvertrag anzuwenden ist. Mithin ist auch die Vergütung eines Pauschalpreisvertrags anzupassen, wenn der Auftragnehmer Leistungen, welche nach dem Vertrag ursprünglich vom Auftragnehmer zu erbringen waren, selbst erbringt.

99 Bei Berechnung der dem Unternehmer in diesem Falle zustehenden Vergütung gelten aufgrund der Verweisung in § 2 Nr. 7 Abs. 1 VOB/B auf die Vorschrift des § 2 Nr. 4 VOB/B die gleichen Grundsätze wie bei der Neuberechnung der Vergütung beim Einheitspreisvertrag. Allerdings können sich beim Pauschalpreisvertrag hier Schwierigkeiten ergeben, insbesondere, wenn der Unternehmer sein Angebot lediglich auf Basis einer **überschlägigen Grundkalkulation** erstellt hat, die nicht auf einer vorherigen Ermittlung der vorgesehenen einzelnen preisbildenden Faktoren basiert. Der Auftragnehmer trägt die **Beweislast** für die Höhe der von ihm geforderten Vergütung. Er muss im Nachhinein einzeln darlegen, wie die entfallenden Leistungspositionen kalkuliert waren und aus welchen preisbildenden Faktoren sich die begehrte Vergütung zusammensetzt, unter Anrechnung der ersparten Aufwendungen.

100 Sind von der Eigenausführung des Auftraggebers nur Positionen betroffen, die im Leistungsverzeichnis als **Eventualpositionen** vereinbart waren, so hat insoweit keine Preisanpassung zu erfolgen.⁵

---

1 BGH, BauR 1996, 382.
2 BGH, BauR 1996, 382.
3 OLG Düsseldorf, NJW-RR 1992, 216.
4 OLG Düsseldorf, NJW-RR 1992, 216.
5 OLG Düsseldorf, BauR 2001, 803 (805).

Hinweis: 101
Soweit keine Anhaltspunkte dafür vorhanden sind, auf welcher Grundlage der Auftragnehmer die Vergütung bei Vertragsschluss kalkuliert hat (beispielsweise weil keine Urkalkulation hinterlegt ist), kann er die Schlüssigkeit seines Anspruchs notfalls durch ein **Gutachten** untermauern. Das Gutachten muss belegen, dass die vom Unternehmer behaupteten Preisfaktoren dem Pauschalvertrag – in Relation zur vereinbarten Höhe der Vergütung insgesamt und den übrigen Teilleistungen – zugrunde lagen. Das Gericht kann darauf dann eine **Schätzung** nach § 287 ZPO begründen.

Haben die Parteien den Pauschalpreis aus einem nach Einheitspreisen **aufgeschlüsselten Vertragsangebot** entwickelt, und – beispielsweise nach entsprechendem Nachlass – als Pauschalpreis vereinbart, so ist dieses ursprüngliche Angebot ein ausreichender Anhaltspunkt für die Berechnung der geänderten Vergütung.[1]

Im Übrigen hat sich der Unternehmer ebenso wie beim Einheitspreisvertrag dasjenige anrechnen zu lassen, was er durch die Nichtausführung der ursprünglich vereinbarten Leistungspflicht erspart hat.[2] Der Unternehmer trägt die Beweislast für seinen Anspruch auf Vergütung nicht erbrachter Leistungen. Bezüglich der **Beweislast** für **ersparte Aufwendungen** ist der Auftraggeber beweispflichtig, wenn er eine höhere Ersparnisquote behauptet, als vom Auftragnehmer angegeben.[3] Allerdings obliegt dem Auftragnehmer die Pflicht, auch diesbezüglich so umfassend vorzutragen, dass dem Auftraggeber eine Ermittlung und Behauptung größerer Ersparnis überhaupt möglich ist.[4] 102

c) Preisanpassung beim BGB-Vertrag

Auch beim Bauvertrag, der sich ausschließlich nach den Regelungen des BGB bestimmt, ist eine Teilkündigung von einzelnen Leistungspositionen des ursprünglichen Bauvertrags grundsätzlich möglich. Hierbei ist allerdings zu beachten, dass die Teilkündigung bzw. Selbstübernahme dem Unternehmer **zumutbar** sein muss. Dies ist dann nicht der Fall, wenn die dem Unternehmer entzogenen Teilleistungen durch den Auftraggeber nicht oder nur mangelhaft ausgeführt werden können und dadurch die **Mangelfreiheit der Werkleistung** insgesamt gefährdet wird.[5] Bei derartigen Konstellationen ist die Teilkündigung nicht zumutbar und dementsprechend unwirksam.[6] 103

Dem Unternehmer steht ebenso wie beim VOB-Vertrag der Anspruch auf die vereinbarte Vergütung gemäß § 649 Satz 2 BGB zu. Er hat sich ebenfalls lediglich dasjenige auf seinen Vergütungsanspruch **anrechnen** zu lassen, was er durch die Entbindung von der Vertragspflicht erspart hat sowie aufgrund frei werdender Kapazitäten erworben hat bzw. böswillig zu erwerben unterlassen hat. 104

---

1 BGH, BauR 1996, 846.
2 BGH, BauR 1996, 382.
3 BGH, BGHZ 140, 263.
4 BGH, BGHZ 140, 263.
5 Staudinger/*Peters*, BGB, § 649 Rz. 9.
6 Vgl. Staudinger/*Peters*, BGB, § 649 Rz. 9.

4. Preisanpassung bei Änderung des Leistungserfolgs

105 Ebenso wie das Entfallen einzelner ursprünglich im Vertrag enthaltener Teilleistungen aufgrund Selbstübernahme durch den Auftraggeber bzw. wegen Teilkündigung können auch Änderungen des Bauentwurfs bzw. andere Anordnungen des Auftraggebers eine Anpassung der ursprünglich vertraglich vereinbarten Vergütung nach sich ziehen.

106 Zur Entstehung eines solchen Anspruchs auf nachträgliche Preisänderung müssen sowohl bei VOB/B- als auch bei BGB-Bauverträgen **zwei Voraussetzungen** vorliegen:

▷ Die bei Vertragsschluss in Ansatz gebrachten und vereinbarten **Grundlagen** für die **Preisfindung** müssen sich **geändert** haben.

▷ Des Weiteren müssen diese Änderungen auf Einwirkung bzw. auf **Veranlassung des Auftraggebers** zurückzuführen sein.

107 Sind diese Voraussetzungen erfüllt, besteht generell ein Anspruch auf Vereinbarung eines neuen Preises für die geänderte Leistung. Diesen Anspruch kann sowohl der Auftraggeber, als auch der Auftragnehmer geltend machen.

a) VOB-Einheitspreisvertrag/Anpassung gemäß § 2 Nr. 5 VOB/B

108 Die Preisanpassung beim VOB-Einheitspreisvertrag bestimmt sich nach § 2 Nr. 5 VOB/B. Dieser setzt Folgendes voraus:

▷ Änderung der Preisgrundlage einer ursprünglich im Vertrag vorgesehenen Leistung,

▷ Anordnung oder Entwurfsänderung als Ursache der Änderung,

▷ Zurechenbarkeit der Änderung zum Auftraggeber.

Sind diese Voraussetzungen erfüllt, ist ein neuer Preis zu vereinbaren. Im Einzelnen:

aa) Änderung der Preisgrundlage

109 Als erste Voraussetzung für einen Anspruch auf Preisanpassung gemäß § 2 Nr. 5 VOB/B muss sich die Preisgrundlage für eine oder mehrere im ursprünglichen Vertrag vorgesehene Leistungen geändert haben. Zur Feststellung einer solchen Änderung einer im Vertrag vorgesehen Leistung s.o. Rz. 61 ff.

110 Notwendig ist in diesem Zusammenhang die **Abgrenzung**, ob tatsächlich eine **Änderung** von bisher im Vertrag enthaltenen Positionen im Sinne des § 2 Nr. 5 VOB/B oder eine Erweiterung des Vertragsinhalts um **neue Leistungsbestandteile** vorliegt. Bei Letzterer liegt keine inhaltliche Änderung der bisher im Vertrag enthaltenen Positionen vor, sondern es tritt eine neue Leistung hinzu. In diesen Fällen findet § 2 Nr. 6 VOB/B Anwendung.[1]

---

1 *Ingenstau/Korbion*, VOB-Kommentar, B § 2 Nr. 5 Rz. 7 mit ausführlicher Darstellung.

Darüber hinaus ist zu unterscheiden, ob es sich tatsächlich um eine vom bisherigen Vertragsinhalt abweichende Änderung im Sinne des § 2 Nr. 5 VOB/B handelt oder ob lediglich der unverändert bleibende Leistungserfolg eine **Abweichung** der ursprünglich kalkulierten und vereinbarten **Mengen** erfordert, so dass § 2 Nr. 3 VOB/B einschlägig ist. 111

Ein Anspruch auf zusätzliche Vergütung gemäß § 2 Nr. 5 VOB/B steht dem Auftragnehmer dann nicht zu, wenn die geänderte Leistung bereits vom bestehenden vertraglichen Leistungsumfang umfasst ist. Hierzu gehört insbesondere der Fall, dass die **Leistungsänderung notwendig** ist, um den ursprünglich vertraglich geschuldeten Erfolg zu erreichen.[1] Ebenso steht dem Auftragnehmer kein gesonderter Vergütungsanspruch zu, wenn er die Notwendigkeit der Ausführung der geänderten Leistung bereits aus dem ursprünglich vertraglich vereinbarten Leistungsverzeichnis hätte entnehmen können.[2] 112

Von § 2 Nr. 5 VOB/B sind die Fälle erfasst, bei denen die ursprünglich vereinbarte Leistung tatsächlich geändert wird und die Ursache hierfür **durch den Auftraggeber** gesetzt wird.[3] 113

Beispiel: 114
Eine Änderung der Faktoren, die der Kalkulation für diese ursprünglich vertraglich vereinbarten Leistungen zugrunde gelegt waren, liegt vor, wenn beispielsweise die Qualität der zu verwendenden Baustoffe auf Anordnung nachträglich geändert wird. Eine Abweichung vom ursprünglich vereinbarten Leistungsumfang ist auch dann gegeben, wenn eine Bauleistung auf verschiedene Weisen ausgeführt werden kann, vertraglich keine bestimmte Ausführungsart vorgesehen ist und der Auftraggeber nach Vertragsschluss eine bestimmte, kosten- und zeitintensivere Ausführungsart als vom Auftragnehmer geplant, verlangt. War dies nicht bereits bei Vertragsschluss, etwa durch Alternativpositionen im Leistungsverzeichnis, vereinbart, steht dem Auftragnehmer ein Anspruch auf zusätzliche Vergütung zu.[4] Möglich ist eine geänderte Art und Weise der Leistung auch in Form eines geänderten Ausführungsverfahrens, wenn das angewendete Verfahren vom Vertrag nicht mit umfasst ist.[5] Eine Leistungsänderung kann ferner in der Verschiebung der ursprünglich vereinbarten Leistungszeit gesehen werden, siehe hierzu unten, Rz. 125 ff. Kein Fall des § 2 Nr. 5 VOB/B liegt hingegen vor, wenn die Leistungen auf Abruf erfolgen sollen und der Abruf früher als vom Auftragnehmer erwartet, aber noch im Rahmen der Vereinbarung erfolgt.[6]

Sofern durch eine Bauzeitverschiebung sowohl die Voraussetzungen eines zusätzlichen Vergütungsanspruchs als auch eines **Schadensersatzanspruchs** erfüllt werden – der BGH hält die Anspruchsgrundlagen der §§ 6 Nr. 6 und 2 Nr. 5 VOB/B nebeneinander grundsätzlich für anwendbar[7] – können diese Kosten auch in einem **einheitlichen Nachtrag** wegen bauzeitbedingter Mehrkosten geltend gemacht werden.[8] 115

---

1 BGH, BauR 1992, 759; KG, BauR 2000, 575, 576.
2 OLG Düsseldorf, BauR 2001, 806.
3 *Ingenstau/Korbion*, VOB Kommentar, B § 2 Nr. 5 Rz. 9.
4 OLG Düsseldorf, NJW-RR 1999, 1326.
5 OLG Koblenz, BauR 2001, 1442 ff.: Rohrvortriebsverfahren an Stelle von Bohrprozessverfahren, hier entfiel nach Ansicht des Gerichts sogar die Bindung an die Urkalkulation.
6 KG, BauR 2001, 407, 408.
7 BGH, BauR 1985, 561, 564; für eine Anwendung von § 6 Nr. 6 VOB/B auch ohne über die Anordnung hinausgehendes Verschulden: *Kemper*, NZBau 2001, 238, 240.
8 *Diehr*, BauR 2001, 1507.

bb) Anordnung oder Entwurfsänderung

116 Zweite Voraussetzung für die Entstehung eines Anspruchs auf Vereinbarung einer neuen Vergütung gemäß § 2 Nr. 5 VOB/B ist, dass die Änderung der ursprünglichen Preisbildungsfaktoren entweder auf eine **Änderung des Bauentwurfs oder** auf andere **Anordnung des Auftraggebers** zurückzuführen sein muss.

117 Der Auftraggeber hat gemäß § 1 Nr. 3 VOB/B die **Befugnis**, den **Bauentwurf** auch noch während der Erbringung der vertraglichen Leistung **zu ändern**. Eine solche Änderung des Bauentwurfs liegt vor, wenn das vertraglich vereinbarte Leistungsziel zwar modifiziert wird, aber nach Inhalt und Umfang der nach Änderung geschuldeten Leistung in seinem Kern erhalten bleibt.[1] Der Auftraggeber ist nicht befugt, die Planung komplett auszutauschen und den Auftragnehmer mit einer völlig neuen Planung zu konfrontieren.[2]

118 Neben der Änderung des Bauentwurfs löst auch eine **sonstige Anordnung** des Auftraggebers einen zusätzlichen Vergütungsanspruch gemäß § 2 Nr. 5 VOB/B aus, wenn hierdurch die ursprünglichen Grundlagen der Preisermittlung verändert werden. Eine Anordnung in diesem Sinne ist eine **einseitige** Maßnahme des Auftraggebers.[3]

119 Der BGH definiert eine Anordnung als eine auf eindeutige Befolgung durch den Auftragnehmer bezogene Aufforderung des Auftraggebers, eine Baumaßnahme **in bestimmter Weise** zu erbringen.[4] Durch eine Anordnung des Auftraggebers gemäß § 2 Nr. 5 VOB/B wird die ursprüngliche vertragliche Leistungspflicht dahin gehend geändert, dass sie in eine neue vertragliche Verbindlichkeit nach den Maßgaben der Anordnung umgewandelt wird. Hierbei ist aber, wie bereits oben unter Rz. 65 f. ausgeführt, streng danach zu differenzieren, ob die Anordnung den bisherigen Vertragsinhalt nur verändert, so dass ein Anspruch gemäß § 2 Nr. 5 VOB/B entsteht, oder ob durch die Anordnung eine bisher nicht vom Vertragsinhalt umfasste Bauleistung in Auftrag gegeben wird, deren Vergütungsanspruch sich dann nach § 2 Nr. 6 VOB/B richten würde.

120 Dementsprechend muss das durch die Anordnung veränderte Vertragsziel immer noch in direktem Zusammenhang mit dem **ursprünglich vereinbarten Leistungserfolg** stehen. Wird durch die Anordnung hiervon so stark abgewichen bzw. betrifft die Anordnung eine Bauleistung, die im ursprünglichen Vertrag **gänzlich nicht vorgesehen** war, so kann es sich hierbei um einen Tatbestand des § 2 Nr. 6 VOB/B handeln. § 2 Nr. 5 VOB/B kommt dann nicht zur Anwendung.[5] Gegebenenfalls ist weiterführend zu prüfen, ob ein eigenständiger neuer Vertrag über die Ausführung der geänderten Leistung zustande gekommen ist.

121 Die Anordnung einer Änderung kann **ausdrücklich**, aber auch **konkludent** erfolgen.[6] Sie bedarf grundsätzlich keiner bestimmten Form, wobei es den Parteien

---

1 *Heiermann/Riedl/Rusam*, B § 1 Pkt. 3 Rz. 31.
2 *Heiermann/Riedl/Rusam*, B § 1 Pkt. 3 Rz. 31.
3 *Ingenstau/Korbion*, VOB-Kommentar, B § 2 Nr. 5 Rz. 22; *Heiermann/Riedl/Rusam*, B § 1 Pkt. 5 Rz. 110.
4 BGH, BauR 1992, 759.
5 Vgl. hierzu ausführlich *Kapellmann/Schiffers*, Bd. 1, Rz. 790 ff.
6 OLG Brandenburg, BauR 2003, 716.

selbstverständlich frei steht, durch individualvertragliche Vereinbarung die Schriftform für eine Änderung zwingend vorzuschreiben. Zur Feststellung, ob ein konkludentes Verhalten bzw. sogar Stillschweigen einen relevanten Erklärungsinhalt aufweist, sind zur Auslegung die §§ 133, 157 BGB heranzuziehen und der Parteiwille zu ermitteln.

cc) Zurechenbarkeit zum Auftraggeber

Die Anordnung oder die Änderung des Bauentwurfes muss darüber hinaus auf eine **Einwirkung des Auftraggebers** zurückzuführen sein, um einen Anspruch nach § 2 Nr. 5 VOB/B entstehen zu lassen.[1] Hierbei ist ein weiter Maßstab für die Auslegung des Begriffs der Einwirkung anzulegen. Eine Einwirkung seitens des Auftraggebers liegt auch dann vor, wenn von Seiten **Dritter**, beispielsweise den Genehmigungsbehörden, eine Änderung des Bauentwurfs vorgenommen wird, und der Auftraggeber in Kenntnis dessen ohne weitere Erklärung die veränderte Bauausführung herstellen lässt.[2] 122

Auch eine vom Architekten des Auftraggebers oder einem Prüfingenieur angeordnete Änderung des Bauentwurfs ist als durch den Auftraggeber vorgenommen zu beurteilen. Dies gilt jedenfalls, wenn der betreffende Architekt/Ingenieur entweder in **Vollmacht** des Auftraggebers handelt, oder der Auftraggeber **in Kenntnis** der Anordnung ohne weitere Anweisung stillschweigend mit der Ausführung fortfahren lässt. Sofern der Auftraggeber in – wirksam einbezogenen – AGB ausdrücklich festgelegt hat, dass der bauführende Architekt in technischer Hinsicht bevollmächtigt, jedoch in rechtlicher und/oder finanzieller Hinsicht nicht befugt ist, den Auftraggeber zu vertreten, kann nicht zugunsten des Auftragnehmers angenommen werden, der Architekt könne den Auftraggeber in rechtlicher oder finanzieller Weise verpflichten.[3] 123

Hier entstehen in der Praxis häufig Probleme, da nur in seltenen Fällen die Vorlage einer Vollmacht verlangt wird, bevor die Anweisung eines Architekten ausgeführt wird, der u. U. vom Auftraggeber nicht ermächtigt ist, kostenrelevante Änderungen eigenmächtig in Auftrag zu geben. In diesen Fällen kann der Anspruch auf zusätzliche Vergütung ggf. nur noch gemäß § 2 Nr. 8 VOB/B bestehen, d. h. wenn die Leistung dem **mutmaßlichen Willen** des Auftraggebers entspricht bzw. er diese **genehmigt**. Liegen diese Voraussetzungen nicht vor und kommt auch keine Verpflichtung des Auftraggebers durch Anscheins- oder Duldungsvollmacht in Betracht, muss der Vergütungsanspruch des Auftragnehmers gegenüber dem Architekten geltend gemacht werden, der aus § 179 BGB haftet, wenn er als **Vertreter ohne Vertretungsmacht** gehandelt hat. Erkennt der Auftraggeber, dass sein Architekt ohne entsprechende Vollmacht eine Änderung angeordnet oder einen zusätzlichen Auftrag erteilt hat, muss er auf die Unwirksamkeit des Vertrages hinweisen. Andernfalls ist von seiner Genehmigung auszugehen.[4] 124

---

1 *Ingenstau/Korbion*, VOB-Kommentar, B § 2 Nr. 5 Rz. 12; *Heiermann/Riedl/Rusam*, B § 1 Pkt. 3 Rz. 32.
2 *Kapellmann/Schiffers*, Bd. 1, Rz. 879; *Ingenstau/Korbion*, VOB-Kommentar, B § 2 Nr. 5 Rz. 12; a. A. *Heiermann/Riedl/Rusam*, B § 1 Pkt. 3 Rz. 32.
3 BGH, BauR 1994, 760; OLG Düsseldorf, NZBau 2001, 334, 335.
4 BGH, ZfBR 2001, 455.

125 Nicht eindeutig ist bislang die Rechtslage bezüglich der Frage, ob eine Verschiebung der Bauzeit, weil ein **Vorunternehmer** nicht rechtzeitig mit der Herstellung der von ihm zu erbringenden Werkleistung fertig wird, einen Anspruch auf Anpassung der Vergütung gemäß § 2 Nr. 5 VOB/B bzw. einen Schadensersatzanspruch gegen den Auftraggeber auslöst. Wenn der Auftragnehmer wegen **Bauzeitüberschreitung** von Vorunternehmern verspätet mit der Ausführung seiner vertraglich geschuldeten Leistung beginnen kann, so können sich hierdurch Änderungen in den von ihm ursprünglich in Ansatz gebrachten Preisbildungsfaktoren ergeben. Denkbar ist beispielsweise, dass sich in der Zwischenzeit die Materialpreise oder die Lohnkosten erhöhen. Ebenso können zusätzliche Kosten dadurch entstehen, dass der vertraglich vorgesehene Bauablauf gestört ist und es zu Bauzeitverschiebungen kommt, insbesondere bei Verschiebung der Bauzeit in die Wintermonate oder aber, dass Beschleunigungsmaßnahmen durchgeführt werden müssen.

126 Grundsätzlich ist anerkannt, dass auch eine Anordnung zur **Änderung der vorgesehenen Bauzeit** einen zusätzlichen Vergütungsanspruch des Unternehmers gemäß § 2 Nr. 5 VOB/B auslösen kann[1], wenn diese auf eine einseitige Maßnahme des Auftraggebers oder eines von ihm dazu berechtigten Vertreters zurückzuführen ist.[2] Dies würde – bezogen auf die vorgenannten Fragestellungen – voraussetzen, dass der Vorunternehmer im Verhältnis zum Nachunternehmer der **Erfüllungsgehilfe** des Auftraggebers ist.

127 Der BGH hatte dies früher **verneint**.[3] Der Auftraggeber wolle sich durch die Beauftragung von Vorunternehmern gerade nicht selbst gegenüber den Nachunternehmern zur Erbringung der notwendigen Vorarbeiten verpflichten. Die einzelnen am Bau beteiligten Unternehmer stünden in einem sich aus §§ 4 Nr. 3, 13 Nr. 3 VOB/B ergebenden, gegenseitigen Pflichtenverhältnis. Die **Risikobereiche** der einzelnen Unternehmer im Hinblick auf die Erbringung der einzelnen Leistungen überschnitten sich dementsprechend. Hierdurch sei der Nachunternehmer ausreichend geschützt, wenn er seinen aus diesen Vorschriften erwachsenden Pflichten hinsichtlich der ordnungsgemäßen Prüfung der Vorleistungen nachkomme.[4]

128 Die Gegenansicht hatte eingewandt, dass für die Annahme einer dahin gehenden Anordnung des Auftraggebers eine Zurechnung zu seinem direkten Verantwortungsbereich nicht erforderlich sei, da für dieses Erfordernis weder im Wortlaut des § 2 Nr. 5 VOB/B noch in dem des § 1 Nr. 3 VOB/B ein Anhaltspunkt bestehe.[5]

129 In einer **neueren Entscheidung**[6] ist der BGH von seiner ursprünglichen Rechtsprechung[7] abgewichen. Der Auftraggeber kann dem Auftragnehmer gemäß

---

1 Vgl. stellvertretend BGH, BauR 1985, 561; BGH, BGHZ 50, 25; OLG Düsseldorf, NJW-RR 1996, 730, 731; *Ingenstau/Korbion*, VOB-Kommentar, B § 2 Nr. 5 Rz. 16; *Vygen*, Bauvertragsrecht nach VOB und BGB, Rz. 789.
2 OLG Düsseldorf, NJW-RR 1996, 730, 731 m. w. N.
3 BGH, BauR 1985, 561.
4 BGH, BauR 1985, 561; *Kniffka*, BauR 1999, 1312.
5 *Ingenstau/Korbion*, VOB-Kommentar, B § 2 Nr. 5 Rz. 22.
6 BGH, BauR 2000, 722.
7 BGH, BauR 1985, 561.

§ 642 BGB haften, wenn er durch Unterlassen einer bei der Herstellung des Werks erforderlichen und ihm obliegenden Mitwirkungshandlung in **Verzug der Annahme** der Leistung des Auftragnehmers kommt.[1] Das Verhältnis von § 642 BGB zu § 6 Nr. 6 VOB/B bedarf hierbei der Klärung, denn § 6 Nr. 6 VOB/B ist verschuldensabhängig gestaltet, § 642 nicht. Der BGH erklärt beide Normen nebeneinander für anwendbar.[2]

Hiergegen wendet die Gegenansicht ein, dass hierdurch die Regelung des § 6 Nr. 6 VOB/B sinnentleert würde und deshalb eine parallele Anwendbarkeit beider Normen ausscheidet.[3]

130

Vermittelnd kann insoweit aber in jedem Fall vertreten werden, dass § 642 BGB jedenfalls bei den klassischen „Vorunternehmerfällen" anwendbar ist.[4] Zur Begründung ist auszuführen, dass der Nachunternehmer keinen tatsächlichen Einfluss auf die Art der Ausführung und Einhaltung der Vertragsfrist durch einen Vorunternehmer hat. Diese Befugnis steht einzig dem Auftraggeber zu. Eine **Zurechenbarkeit** zum Auftraggeber folgt daher aus dessen **Nebenpflicht** gemäß § 645 BGB, gegenüber den Vorunternehmern die **Vertragseinhaltung durchzusetzen**, um nicht in Annahmeverzug gegenüber Nachunternehmern zu geraten. Dementsprechend muss dem Auftraggeber, welcher gemäß § 5 Nr. 3 VOB/B die Möglichkeit hat, die Einhaltung der Fristen zu gewährleisten, auch eine Überschreitung dieser Frist durch die Vorunternehmer, zumindest im Hinblick auf die Vergütungsregelung des § 2 Nr. 5 VOB/B, zugerechnet werden.[5]

131

Hinweis:
Sofern der Auftragnehmer sich nicht vor Angebotsabgabe hinreichend über die Einzelheiten der geplanten Ausführung und darüber, dass diese dem Leistungsverzeichnis zu entnehmen sind, **informiert**, ist er mit einem Nachtrag gemäß § 2 Nr. 5 VOB/B ausgeschlossen.[6]

132

Im Hinblick auf mögliche **Vertragsstrafen** wegen Bauzeitenverzug ist zu prüfen, ob durch die Nachtragsbeauftragungen nicht der Bauablauf insgesamt gestört ist. Entscheidend kommt es hierbei darauf an, ob und wann der Auftragnehmer mit der Fertigstellung des geänderten Leistungserfolgs in Verzug kommt und was von den Parteien hierzu vereinbart wurde. Nur wenn der Bauablauf durch die geänderten (oder auch zusätzlichen) Leistungen gänzlich verworfen ist, werden Vertragsstrafenvereinbarungen unwirksam.[7] Im Übrigen wird davon auszugehen sein, dass die Änderungen des Bauablaufs die Vertragsstrafenregelungen nicht außer Kraft setzen, sondern lediglich die **Ausführungsfristen** entsprechend **verlängert** werden.[8]

133

---

1 BGH, BauR 2000, 722.
2 BGH, BauR 2000, 722.
3 Kapellmann/Schiffers, Bd. 1, Rz. 1400 m. w. N.
4 Leinemann, § 6 VOB/B Rz. 81.
5 Vgl. ebenso OLG Düsseldorf, BauR 1999, 1309; OLG Celle, BauR 1994, 629; beide Gerichte bejahen zutreffend die Haftung des Bauherren für Verschulden des Vorunternehmers entsprechend der Haftung eines Erfüllungsgehilfen.
6 OLG Naumburg, BauR 2001, 681 (L).
7 Kreikenbohm, BauR 2003, 315, 320.
8 Vgl. OLG Dresden, BauR 2000, 1881.

dd) Vereinbarung eines neuen Preises

134 Ist der Bauentwurf gemäß § 2 Nr. 5 VOB/B geändert worden und ist diese Änderung dem Auftraggeber zuzurechnen oder hat er in sonstiger Weise eine Anordnung erteilt, in deren Folge sich die ursprünglichen Preisbildungsfaktoren geändert haben, so ist für die hiervon betroffenen Positionen eine **neue Vergütung zu vereinbaren.**

135 Da sowohl die Mehr- als auch die Minderkosten zu berücksichtigen sind und sich somit aus der Anordnung des Auftraggebers sowohl eine Erhöhung als auch eine Verringerung der tatsächlichen Kosten ergeben kann, ist **jede der Vertragsparteien** berechtigt, den Anspruch auf Anpassung der Vergütung geltend zu machen.[1] In der Regel wird es der Vertragspartner sein, der hierdurch eine Besserstellung erwartet, bei einer Erhöhung also der Auftragnehmer, bei einer Verringerung der Auftraggeber.

(1) Berechnungsgrundlagen

136 Der neu zu vereinbarende Preis wird gebildet, indem diejenigen Faktoren verändert werden, die von der Änderung bzw. Anordnung betroffen waren.[2] Grundlage hierfür bildet die **ursprüngliche Preiskalkulation** unter deren Berücksichtigung der neue Preis anhand der tatsächlich entstandenen Mehr- bzw. Minderkosten zu ermitteln ist.[3]

Beispiel:
Wirkt sich die Anordnung dahin gehend aus, dass der Leistungszeitpunkt verschoben wurde und haben sich die Preise für das vom Unternehmer benötigte Material in der Zwischenzeit geändert, so ist der neue Preis wie folgt zu bestimmen: Der Unternehmer muss vortragen, welchen Preis er ursprünglich an seinen Lieferanten hätte zahlen müssen und welchen Preis er aufgrund der Anordnung des späteren Ausführungszeitpunkts nunmehr an seinen Lieferanten tatsächlich bezahlen musste. Der Umfang der Preisänderung bestimmt sich aus dem **Verhältnis** des ursprünglich an den Lieferanten zu zahlenden und der Kalkulation zugrunde gelegten Materialpreises zum nunmehrigen Materialpreis.

(2) Gewinn und Verlust des Auftragnehmers

137 Dem Auftragnehmer soll bei der Bestimmung des neu zu entrichtenden Preises der ursprünglich von ihm angesetzte **Gewinnanteil** erhalten bleiben.[4] Rechtfertigung hierfür ist der Grundgedanke der Risikoverteilung zulasten des Auftraggebers, da dieser für die Änderung verantwortlich ist. Im gleichen Verhältnis bleibt aber auch ein einkalkulierter **Verlustfaktor** bestehen. Eine in der Urkalkulation enthaltene Verlustposition des Unternehmers kann somit durch die Neuvereinbarung der Vergütung gemäß § 2 Nr. 5 VOB/B nicht ausgeglichen werden (jedenfalls soweit der Auftragnehmer gemäß § 242 BGB an seinen ursprünglichen Kalkulationsgrundlagen festhalten muss).

---

1 *Ingenstau/Korbion*, VOB-Kommentar, B § 2 Nr. 5 Rz. 25.
2 OLG Saarbrücken, BauR 2001, 297 (L).
3 OLG Frankfurt, NJW-RR 1997, 84.
4 OLG Frankfurt, NJW-RR 1997, 84.

(3) Preisnachlässe

Problematisch ist in diesem Zusammenhang die Frage, ob ursprünglich auf die Angebots-, Auftrags- oder Abrechnungssummen zugestandene Nachlässe auch bei der Berechnung der Neuvergütung gemäß § 2 Nr. 5 VOB/B berücksichtigt werden müssen. Hierbei ist zu unterscheiden, ob die Preisnachlässe in die Kalkulation direkt Eingang gefunden haben oder ob sie lediglich auf die nach Angebotserstellung berechneten Summen **„pauschal"** eingeräumt wurden.

138

Sind die Nachlässe in die **einzelnen Kalkulationsfaktoren** einbezogen, so sind sie auch bei der Bestimmung des neuen Preises entsprechend der vorbenannten Grundzüge der Risikoverteilung zu berücksichtigen. Wurden die Preisnachlässe allerdings nachvollziehbar aus aquisitorischen Gründen eingeräumt, so sind sie bei der Berechnung der neuen Vergütung gemäß § 2 Nr. 5 VOB/B nicht zu berücksichtigen.[1] Empfehlenswert ist die **vertraglich fixierte Weitergabe** solcher Nachlässe auch auf Nachträge.

139

(4) Allgemeinkosten

Bei der Bestimmung der neuen Vergütung ist des Weiteren zu berücksichtigen, dass sich neben konkreten leistungsbezogenen Preisbildungsfaktoren auch die Allgemeinkosten, wie Baustellenvorhaltung, Gerätebeschaffung, Fahrtkosten etc., ändern können, z. B. aufgrund des verlängerten Ausführungszeitraums. Die Einflüsse der Anordnung auf diese Allgemeinkosten sind bei der Berechnung der neuen Vergütung ebenfalls gemäß § 2 Nr. 5 VOB/B **in Ansatz zu bringen**.[2]

140

(5) Beurteilungszeitpunkt

Für die Bestimmung der veränderten Vergütung ist derjenige Zeitpunkt relevant, zu dem die geänderte Bauleistung **ausgeführt** wird.[3] Hintergrund dessen ist, dass die Anordnung bzw. Änderung dem Auftraggeber zuzurechnen ist und dieser dementsprechend das Risiko einer Preiserhöhung aufgrund der von ihm angeordneten Änderung zu tragen hat.[4]

141

(6) Darlegungs- und Beweislast

Der Auftragnehmer hat beim Einheitspreisvertrag zunächst hinsichtlich jeder einzelnen geänderten Leistungsposition die **Urkalkulation offen zu legen** und im Folgenden zu den sich durch die Änderungen ergebenden Mehrkosten vorzutragen. Hierfür trägt er die Beweislast.

142

Hat der Auftragnehmer eine detaillierte neue Kalkulation unter Berücksichtigung der veränderten Preisbildungsfaktoren vorgelegt, so muss der Auftraggeber,

143

---

1 *Ingenstau/Korbion*, VOB-Kommentar, B § 2 Nr. 5 Rz. 29; weitergehend: *Kapellmann*, NZBau 2000, 57, 59; vgl. OLG Köln, OLGR 2003, 19; a. A. OLG Hamm, NJW-RR 1995, 593; OLG Düsseldorf, BauR 1989, 335; vgl. hierzu ausführlich *Kapellmann/Schiffers*, Bd. 1, Rz. 1042 ff.
2 *Ingenstau/Korbion*, VOB-Kommentar, B § 2 Nr. 5 Rz. 29; *Vygen*, Bauvertragsrecht nach VOB und BGB, Rz. 803.
3 *Heiermann/Riedl/Rusam*, B § 255 Rz. 115.
4 BGH, BauR 1972, 381; *Heiermann/Riedl/Rusam*, B § 255 Rz. 115.

sofern er mit dieser neuen Berechnung nicht einverstanden ist, dagegen inhaltlich vortragen und gegebenenfalls die Abweichungen beweisen. Sofern der Vortrag des Auftragnehmers in sich schlüssig erfolgt, ist schlichtes Bestreiten einzelner Positionen nicht ausreichend. Behauptet der Auftragnehmer allerdings lediglich, dass sich die im Vertrag zugrunde gelegten Einheitspreise insgesamt aufgrund der Anordnung bzw. Änderungen seitens des Auftraggebers pauschal um einen bestimmten Prozentsatz erhöht haben, genügt dies der dem Auftragnehmer obliegenden Verpflichtung zu substantiiertem Vortrag nicht.[1]

144 **Hinweis:**
Das Gericht kann einen neuen Einheitspreis entsprechend der Grundsätze des § 287 Abs. 2 ZPO **schätzen**, wenn eine nachvollziehbare Kalkulationen offengelegt wurde.[2]

(7) Zeitpunkt der Vereinbarung

145 Der **Anspruch** auf Neupreisberechnung entsteht mit dem entsprechenden **Verlangen** einer der beiden beteiligten Parteien.[3] Gemäß § 2 Nr. 5 Satz 2 VOB/B soll die Vereinbarung über die Höhe des neuen Preises **vor Beginn der Arbeiten** getroffen werden. Im Unterschied zu § 2 Nr. 6 VOB/B ist eine vorherige Ankündigung jedoch nicht zwingende Anspruchsvoraussetzung, da es sich lediglich um eine Sollvorschrift handelt.[4]

Hinweis:
Die vorherige Ankündigung und Einigung der Parteien über einen neuen Preis ist dennoch dringend anzuraten. Die anderenfalls in einer nachträglichen Auseinandersetzung möglicherweise auftretenden Beweisprobleme über Art und Umfang der veränderten ausgeführten Leistung können auf diesem Wege gemindert werden.

146 Die vorherige **Ankündigungspflicht** einer Veränderung der Vergütung hat aber auch materiell-rechtliche Auswirkungen. Ihr kommt eine **Schutzfunktion** für den Auftraggeber zu. Dieser soll zu jeder Zeit der Bauausführung über die entstehenden Kosten und gegebenenfalls zusätzlich entstehende Vergütungsansprüche des Unternehmers informiert sein, damit er seine eigene Kalkulation hierauf einstellen kann. Die Pflicht zur vorherigen Ankündigung ist somit Ausdruck des in der VOB/B verkörperten Grundgedankens der Kooperation der beiden Vertragsparteien.[5] Beide Vertragsparteien haben das gleiche Ziel, die Errichtung des Bauwerks. Sie stehen in einem gegenseitigen Abhängigkeitsverhältnis und sind dementsprechend dazu verpflichtet, möglichst einvernehmlich zusammenzuarbeiten.

147 Hieraus folgt, dass sich die Parteien jedenfalls dann vor bzw. während der Ausführung der geänderten Leistung über den neuen Preis einigen müssen, wenn

---
1 Vgl. OLG Koblenz, NJW-RR 1993, 210.
2 OLG Naumburg, NZBau 2001, 144.
3 *Ingenstau/Korbion*, VOB-Kommentar, B § 2 Nr. 5 Rz. 25.
4 BGH, BauR 1978, 314, 316; *Ingenstau/Korbion*, VOB-Kommentar, B § 2 Rz. 250; a. A. *Vygen*, Bauvertragsrecht nach VOB und BGB, Rz. 809.
5 BGH, NJW 2000, 807; *Kniffka/Koeble*, Kompendium des Baurechts, 6. Teil Rz. 119.

eine der beiden Parteien die Neufestsetzung des Preises verlangt.[1] Der Unternehmer hat ein den oben unter Rz. 134 ff. dargestellten Grundsätzen entsprechendes Angebot hinsichtlich des neuen Vertragspreises zu unterbreiten.

Fordert der Unternehmer pauschal einen höheren Preis und kündigt ohne weitere Verhandlungsbereitschaft gleichzeitig an, dass er jedenfalls so lange die Arbeiten nicht weiterführen werde, bis dieser neue Preis akzeptiert sei, steht dem Auftraggeber ein Kündigungsrecht gemäß § 8 Nr. 3 VOB/B zu.[2] Umgekehrt kann der Auftragnehmer gemäß § 9 Nr. 1 VOB/B kündigen, wenn der Auftraggeber eine Einigung von vorneherein ablehnt. Die Parteien sind bei der Vereinbarung des neuen Preises grundsätzlich gehalten, eine einvernehmliche Regelung zu treffen. Weigert sich eine der beiden Parteien nachhaltig und endgültig, eine einvernehmliche Lösung herbeizuführen, so ist die andere Partei zur Kündigung des Vertrags aus wichtigem Grund berechtigt.[3] 148

(8) Leistungsverweigerungsrecht

In diesem Zusammenhang stellt sich die Frage, ob dem Unternehmer ein Leistungsverweigerungsrecht zusteht, wenn keine Einigung über den neuen Vertragspreis erzielt wird. Entsprechend den Grundsätzen von Treu und Glauben wird dem Unternehmer dann ein Leistungsverweigerungsrecht zustehen, wenn sich durch die zusätzliche Anordnung oder Änderung eine Preisänderung ergibt, deren **Umfang 25 % oder mehr** der ursprünglich vereinbarten Vergütung umfasst.[4] Im Hinblick auf § 242 BGB kann der Auftragnehmer die Leistung unter Umständen auch dann verweigern, wenn sich der Auftraggeber grundsätzlich **weigert**, Verhandlungen über die Neubestimmung des Preises aufzunehmen.[5] 149

Hinweis: 150
Kommt keine Preiseinigung zustande, so kann der Auftragnehmer den Auftraggeber zur Stellung einer Bauhandwerkersicherheit gemäß § 648a BGB auffordern. Gemäß § 648a Abs. 1 Satz 2 BGB hat die Sicherheit sowohl die Vergütung aus dem Hauptauftrag als auch aus den Nebenaufträgen (i. S. d. § 2 Nr. 5 und Nr. 6 VOB/B) zu umfassen. Hierdurch ist der Auftraggeber gehalten, eine Preisvereinbarung zu treffen, denn der Auftragnehmer kann bei nicht ausreichender Besicherung seiner Forderungen seine Leistungen einstellen.[6]

Allerdings ist im Hinblick auf die Vorschrift des § 18 Nr. 4 VOB/B in den Fällen der Nachtragspreisvereinbarung das Leistungsverweigerungsrecht äußerst **restriktiv** zu handhaben. Sollte es dennoch in Betracht gezogen werden, so müssen in jedem Fall die in der nachfolgenden Checkliste enthaltenen Voraussetzungen erfüllt sein. 151

---

1 BGH, NJW 2000, 807, 808; *Kniffka/Koeble*, Kompendium des Baurechts, 6. Teil Rz. 119.
2 OLG Dresden, NJW-RR 1998, 672.
3 BGH, NJW 2000, 807; OLG Düsseldorf, BauR 1995, 706, 708.
4 OLG Zweibrücken, BauR 1995, 251; OLG Düsseldorf, BauR 2002, 484.
5 OLG Düsseldorf, BauR 1995, 706, 708.
6 Siehe hierzu *Liepe*, BauR 2003, 320 f.

Checkliste

▷ Es muss eine Änderung des Bauentwurfs oder sonstige Anordnung gemäß § 2 Nr. 5 VOB/B oder eine zusätzliche Leistung gemäß § 2 Nr. 6 VOB/B vorliegen.

▷ Es muss ein den in Rz. 134 ff. dargelegten Grundsätzen entsprechendes Nachtragsangebot gefertigt sein.

▷ Im Falle einer zusätzlichen Leistung gemäß § 2 Nr. 6 VOB/B muss dieses Nachtragsangebot vor Beginn der Ausführung der zusätzlichen Leistung vorgelegt werden.

▷ Der Auftragnehmer muss den Auftraggeber zur Verhandlung über dieses Nachtragsangebot nachweislich aufgefordert haben.

▷ Der Auftraggeber muss sich nachhaltig und endgültig weigern, über das Angebot des Auftragnehmers zu verhandeln.

▷ Der geforderten zusätzlichen Vergütung des Auftragnehmers dürfen keine Gegenforderungen des Auftraggebers entgegenstehen.

b) VOB-Pauschalpreisvertrag/Anpassung gemäß § 2 Nr. 7, Nr. 5 VOB/B

152 In § 2 Nr. 7 Abs. 1 Satz 4 VOB/B ist festgelegt, dass die Bestimmungen des § 2 Nr. 5 VOB/B auch beim Pauschalpreisvertrag Anwendung findet. Der Auftragnehmer kann folglich auch beim Pauschalvertrag eine **Anpassung** der Vergütung **verlangen**, wenn sich aufgrund einer Anordnung des Auftraggebers die ursprünglich vorgesehene Ausführungszeit verändert (vgl. hierzu oben Rz. 125 ff.), sich sonstige Änderungen hinsichtlich des Bauablaufs oder des Baustellenumfelds ergeben oder auf Anordnung des Auftraggebers die ursprünglich vertraglich vereinbarte Leistung geändert wird und sich hierdurch die Preisgrundlagen ändern.[1] Die Voraussetzungen entsprechen den unter Rz. 134 ff. dargestellten Voraussetzungen für einen Anpassungsanspruch beim VOB/B-Einheitspreisvertrag.

aa) Erheblichkeit der Änderung

153 Uneinheitlich beurteilt wird in diesem Zusammenhang jedoch, ob die Änderung eine gewisse **Erheblichkeitsschwelle** bezüglich ihres Einflusses auf die Preiskalkulationsgrundlagen haben muss. Zur Begründung der Auffassung, dass eine solche Erheblichkeitsschwelle überschritten sein muss, wird vorgetragen, dass dem Pauschalpreisvertrag gerade keine Einheitspreise zugrunde liegen und sich jedenfalls **geringfügige Leistungsänderungen** nicht auf die Grundlagen der für die Ermittlung dieses Pauschalpreises maßgeblichen Faktoren auswirken.[2] Ab wann eine solche wesentliche Änderung der Kalkulationsgrundlagen für den Pauschalpreis vorliegt, wird nicht einheitlich beurteilt. Die hierfür in Ansatz gebrachten Größen variieren stark. Beispielsweise wird nach Betrachtung des Einzelfalls die Erheblichkeitsschwelle bei 1 % der Pauschalpreissumme ange-

---
1 *Kapellmann/Schiffers*, Bd. 2, Rz. 1056.
2 *Vygen*, Bauvertragsrecht nach VOB und BGB, Rz. 834; *Ingenstau/Korbion*, VOB-Kommentar, B § 2 Nr. 7 Rz. 13.

setzt.[1] In der Rechtsprechung wurden zum Teil Wesentlichkeitsgrenzen von 5 % bis sogar 20 % der Pauschalpreissumme verlangt[2], wobei die genaue Höhe auch dort jeweils vom Einzelfall abhängig sein soll.[3]

Gegen die Annahme einer Erheblichkeitsschwelle spricht jedoch, dass diese **Auslegung** des § 2 Nr. 7 Abs. 1 Satz 4 VOB/B i. V. m. § 2 Nr. 5 VOB/B sich nicht mit dem Wortlaut des § 2 Nr. 7 Abs. 1 Satz 4 VOB/B vereinbaren lässt.[4] Hiernach sollen die Vorschriften des § 2 Nr. 4 bis Nr. 6 VOB/B beim Pauschalpreisvertrag „unberührt", das heißt, in vollem Umfange anwendbar, bleiben. Warum bei einem Pauschalpreisvertrag erst dann ein Eingriff in die Preiskalkulationsgrundlagen vorliegen soll, wenn dieser eine gewisse Wesentlichkeitsschwelle überschritten hat, welche weder in der VOB/B ihre Verankerung findet, noch sonst hinreichend präzise bestimmt werden kann, ist nicht nachvollziehbar. Bei zusätzlichen Leistungen im Sinne des § 2 Nr. 7 Abs. 1 Satz 4 i. V. m. § 2 Nr. 6 VOB/B erkennt auch der BGH einen **Anspruch auf Anpassung** der Vergütung **unabhängig vom Umfang** der Leistung an und verzichtet insoweit auf das Erfordernis der Erheblichkeit.[5] Eine schlüssige Begründung für die unterschiedliche Behandlung von Leistungsänderung im Sinne des § 2 Nr. 5 VOB/B und Zusatzleistung nach § 2 Nr. 6 VOB/B ist auch nicht ersichtlich.[6]

154

Die Grenze für das Entstehen eines Anspruchs auf Vergütungsänderung muss konsequenterweise dort gezogen werden, wo sie auch beim Einheitspreisvertrag gezogen wird. Ein Anpassungsanspruch entsteht also durch jede Änderung der Leistung, die auf eine Änderung des Bauentwurfs bzw. Anordnung des Bauherrn zurückzuführen ist und zu deren Vergütung die ursprünglich vorgesehenen Preisbildungsfaktoren geändert werden müssen. Dass insoweit eine Änderung der Preisbildungsfaktoren nur dann zu verzeichnen sein wird, wenn die Änderung eine tatsächliche Abweichung vom Vertragsinhalt begründet, ist offensichtlich, so dass ein zusätzliches „Erheblichkeitskriterium" **nicht** erforderlich ist.

155

bb) Beweislast

Wie beim Einheitspreisvertrag trägt auch beim Pauschalpreisvertrag derjenige, der eine veränderte Vergütung beansprucht, die Beweislast für das Vorliegen der erforderlichen Tatbestandsvoraussetzungen. Bei einem **Detailpauschalpreisvertrag**, dem eine ausführliche Leistungsbeschreibung zugrunde liegt, wird es relativ problemlos möglich sein, eine Änderung der Bauleistungen nachzuweisen. Komplizierter verhält es sich beim **Globalpauschalvertrag**, welchem seinem Wesen nach nur eine funktionale Leistungsbeschreibung zugrunde liegt.[7] Hier ist der ursprüngliche Vertragsinhalt ggf. durch Auslegung zu ermitteln. Dennoch gilt auch

156

---

1 *Vygen*, Bauvertragsrecht nach VOB und BGB, Rz. 834.
2 Vgl. OLG Brandenburg, NZBau 2001, 689; OLG Zweibrücken, BauR 1989, 746; OLG München, NJW-RR 1987, 598, 599; OLG Nürnberg, ZfBR 1987, 155; OLG Frankfurt, NJW-RR 1986, 572.
3 BGH, NJW-RR 1996, 401.
4 *Kapellmann*, NZBau 2001, 690.
5 Vgl. BGH, BauR 1995, 237; BGH, BauR 2002, 1847.
6 Vgl. hierzu auch *Putzier*, BauR 2002, 546 ff.
7 Vgl. *Vygen*, Bauvertragsrecht nach VOB und BGB, Rz. 835.

hier, dass die Änderung der Bauleistung aufgrund einer Anordnung oder Änderung des Bauentwurfs für beide Seiten einen Anspruch auf Veränderung der vereinbarten Vergütung nach sich ziehen kann.[1] Je nachdem, ob durch die Leistungsänderungen Mehr- oder Minderkosten entstehen, kann dieser Anspruch vom Auftragnehmer oder Auftraggeber geltend gemacht werden.

157 Anders verhält es sich aber, wenn dem Vertragsschluss ein erkennbar **lückenhaftes Leistungsverzeichnis** bzw. eine unvollständige Leistungsbeschreibung zugrunde gelegt wurde. In diesen Fällen trägt der Auftragnehmer die Beweislast dafür, dass einzelne Leistungspositionen nicht vom Pauschalpreis umfasst sind und somit das Risiko der anfallenden Mehrkosten.[2] Bei der Beurteilung der Beweislastverteilung ist jedoch im Einzelfall mit einzubeziehen, in wessen Verantwortungsbereich die Erstellung des unzureichenden Leistungsverzeichnisses fällt (gegebenenfalls Verstoß gegen § 9 VOB/A). Aus dieser Wertung kann sich hier u. U. eine Veränderung der Beweislastverteilung ergeben.[3]

158 Bei der Bestimmung der Höhe der veränderten Vergütung ist wie beim Einheitspreisvertrag das ursprünglich **vereinbarte Äquivalenzgefüge** beizubehalten.[4] Dies bedeutet, dass auch hier dem Auftragnehmer der prozentuale Gewinnanteil erhalten bleiben soll und er ggf. ursprünglich angesetzte Verlustpositionen weiterhin gegen sich gelten lassen muss.

c) Preisanpassung beim BGB-Vertrag

159 Im Gegensatz zur VOB/B enthält das BGB keine spezielle Regelung bezüglich der Vergütung von geänderten Bauleistungen. Sofern sich die Parteien nicht bereits bei Vertragsschluss bzw. spätestens bei Anordnung der Änderung auf eine entsprechende Regelung geeinigt haben, bestimmt sich die Höhe der für die veränderte Bauleistung zu entrichtenden Vergütung gemäß § 632 Abs. 2 BGB. Für die veränderte Bauleistung ist die hierfür **übliche Vergütung** zu entrichten.

160 Als übliche Vergütung ist dasjenige anzusehen, was zum Zeitpunkt der Forderung der Veränderung nach allgemeiner Auffassung der Beteiligten **am Ort der Werkleistung** normalerweise gewährt wird.[5] Hierbei ist auf einen Vergleich mit den Preisen für Leistungen gleicher Art, gleicher Güte und gleichen Umfangs zurückzugreifen.[6] Die Üblichkeit liegt dann vor, wenn in zahlreichen Einzelfällen bei vergleichbaren Verhältnissen die gleiche Höhe der Vergütung vereinbart ist.[7]

161 Problematisch ist in diesem Zusammenhang, dass dem Auftragnehmer unter Umständen der **wirtschaftliche Gewinn**, den er aufgrund der bisherigen Preisvereinbarung hatte, verloren gehen kann, wenn für die ursprünglich vertraglich ver-

---

1 *Ingenstau/Korbion*, VOB-Kommentar, B § 2 Nr. 7 Rz. 13.
2 Vgl. BGH, BauR 1988, 501 (502); OLG Düsseldorf, BauR 2003, 1572 (Revision nicht zugelassen).
3 Vgl. *Ingenstau/Korbion*, VOB-Kommentar, B § 2 Nr. 7 Rz. 4 m. w. N.
4 OLG Frankfurt a.M., NJW-RR 1998, 1477, 1478.
5 Vgl. BGH, BauR 2001, 249, 250.
6 BGH, BauR 2001, 249, 250.
7 BGH, BauR 2001, 249, 250.

einbarte Bauleistung ein für ihn vorteilhafter Preis vereinbart war, welcher im Vergleich zu der üblichen Vergütung einen höheren Gewinnanteil beinhaltete. Teilweise wird vertreten, dass auch beim BGB-Vertrag die Bestimmung des neuen Preises nach den Grundsätzen des § 2 Nr. 5 VOB/B erfolgen solle, das heißt dem Unternehmer der ursprünglich im Preis enthaltene Gewinn-, aber auch Verlustanteil erhalten bleiben soll.[1]

Dem kann so jedoch nicht zugestimmt werden. Indem die Parteien bewusst darauf verzichtet haben, den Bauvertrag entsprechend den Regelungen der VOB/B abzuwickeln und darüber hinaus keine individualvertragliche Vereinbarung getroffen haben, ist ausschließlich die Vorschrift des **§ 632 Abs. 2 BGB anzuwenden**. Aus der eindeutigen gesetzlichen Formulierung, dass lediglich die übliche Vergütung zu entrichten ist, lässt sich nicht ableiten, dass doch nicht die übliche, sondern eine den für den konkreten Bauvertrag angesetzten Preisbildungsfaktoren entsprechende Vergütung entrichtet werden soll. 162

Eine interessengerechte Lösung dieser Problematik ist auch ohne Zurückgreifen auf die Vorschriften der VOB/B möglich. Anders als beim VOB/B-Vertrag hat der Auftraggeber nach Vertragsschluss während der Bauausführung **keine Befugnis**, den Vertragsinhalt nachträglich zu ändern, wie dies bei der VOB/B gemäß den Regelungen des § 1 Nr. 3, 1 Nr. 4 VOB/B der Fall ist. Verlangt der Auftraggeber bei einem BGB-Vertrag dennoch nachträglich eine Veränderung der Leistung, und können sich die Parteien nicht auf eine für beide Seiten akzeptable Vergütung einigen, so ist der Auftragnehmer **nicht** dazu **verpflichtet**, die Änderung auszuführen, solange es sich nicht um technisch zwingend notwendige Änderungen handelt, deren Nichtausführung gegen Treu und Glauben verstieße.[2] Der Auftraggeber hat dann lediglich die Möglichkeit, bezüglich des zu ändernden Leistungsteils eine **Teilkündigung** auszusprechen, mit der Folge, dass dem Auftragnehmer gemäß § 649 Satz 2 BGB die hierfür ursprünglich vereinbarte Vergütung abzüglich der ersparten Aufwendungen erhalten bleibt. 163

5. Preisanpassung bei zusätzlichen Leistungen

Bei der Realisierung eines Bauprojekts kommt es häufig vor, dass neben den ursprünglich vertraglich vereinbarten Leistungen später noch die Ausführung von zusätzlichen Bauleistungen verlangt wird. Dem Auftragnehmer steht auch hier, ebenso wie bei geänderter Bauleistung, ein Anspruch auf Anpassung der ursprünglich vereinbarten Vergütung zu. 164

a) VOB-Einheitspreisvertrag/Anpassung gemäß § 2 Nr. 6 VOB/B

Haben die Vertragsparteien für die Abwicklung des Bauvertrags die VOB/B zugrunde gelegt, so ist die Veränderung des Vergütungsanspruchs gemäß § 2 Nr. 6 VOB/B vorzunehmen. Die Anpassung des Vergütungsanspruchs ist an drei Tatbestandsvoraussetzungen geknüpft, welche im Folgenden einzeln behandelt werden. Es muss sich erstens um eine zusätzliche Leistung im Sinne des § 2 Nr. 6 165

---

[1] *Kleine-Möller/Merl/Oelmaier*, Handbuch des privaten Baurechts, Rz. 501; *Zerhusen*, Mandatspraxis Privates Baurecht, Rz. 478.
[2] Vgl. *Vygen*, Festschrift Locher, S. 263.

VOB/B handeln, diese muss zweitens vom Auftraggeber verlangt worden sein und drittens hat der Auftragnehmer seinen Anspruch auf zusätzliche Vergütung grundsätzlich vorher anzukündigen.

166 **Zusammengefasst ergeben sich folgende Voraussetzungen:**

▷ Zusätzliche Leistung

▷ Veranlassung des Auftraggebers

▷ Ankündigung durch den Auftragnehmer vor Ausführung

aa) Zusätzliche Leistung

167 Der Anspruch gemäß § 2 Nr. 6 VOB/B setzt zunächst voraus, dass eine zusätzliche Leistung gefordert wird. Hier ist eine doppelte Differenzierung notwendig: Erstens muss die Leistung zur Erreichung des ursprünglich vereinbarten Vertragszieles **notwendig** sein bzw. mindestens hiermit noch in Verbindung stehen. Zweitens muss es sich um eine zusätzliche, das heißt **keine geänderte Leistung** im Sinne des § 2 Nr. 5 VOB/B handeln.

(1) Zusammenhang mit der ursprünglich vereinbarten Leistung

168 Die Voraussetzung, dass die zusätzliche Leistung dem **§ 1 Nr. 4 VOB/B** unterfallen muss, ergibt sich aus Folgendem: Die ursprünglichen Grundlagen der Preisermittlung können nur für solche Leistungen gelten, für die sie vereinbart wurden. Es muss sich daher um eine Leistung handeln, die noch im Zusammenhang mit dem ursprünglich geschlossenen Vertrag erbracht wurde. Die Hauptleistung des ursprünglichen Vertrags bestimmt sich nach dem Willen der Parteien. Die geschuldeten Leistungen sind in den Vertragsunterlagen bei Vertragsschluss aufgezählt. Der Auftraggeber hat aber nach **§ 1 Nr. 4 Satz 1 VOB/B** die Befugnis, entsprechend dem **Leistungsbestimmungsrecht** des § 315 BGB die geschuldeten Leistungen zu bestimmen. Fordert der Auftraggeber den Auftragnehmer zu einer anderen, vollständig abweichenden Leistung auf, so entsteht hierdurch grundsätzlich ein neuer Vertrag. Die Vergütung richtet sich dann nicht mehr nach den ursprünglichen Preisgrundlagen, sondern ergibt sich aus der Vereinbarung der Parteien oder – in Ermangelung einer Vereinbarung – aus § 632 BGB.

169 Ein Anspruch aus § 2 Nr. 6 VOB/B ergibt sich daher zunächst nur für Leistungen im Sinne des § 1 Nr. 4 Satz 1 VOB/B[1], nicht hingegen aus vom Auftraggeber geforderten Leistungen, die mit dem ursprünglichen Vertrag nicht mehr in Zusammenhang stehen. Problematisch sind in diesem Zusammenhang die **„anderen, nicht erforderlichen Leistungen"** im Sinne des § 1 Nr. 4 Satz 2 VOB/B.

170 Bei **so genannten Anschluss- oder Folgeaufträgen**, also Leistungen, die weder erforderlich sind noch mit der ursprünglichen Hauptleistung in Verbindung stehen, liegt ein **neuer Vertrag** vor. Bei diesem richtet sich die Vergütung nach der Vereinbarung der Parteien oder in Ermangelung einer solchen nach § 632 Abs. 1 BGB.

---

1 Vgl. *Kapellmann/Schiffers*, Bd. 1, Rz. 782.

Dazwischen stehen die „anderen, nicht erforderlichen Leistungen" im Sinne des § 1 Nr. 4 Satz 2 VOB/B, die zwar zur Ausführung der vertraglichen Leistung nicht erforderlich sind, aber eine Verbindung mit der Hauptleistung aufweisen.

Die Ausführung **„anderer, nicht erforderlicher Leistungen"** im Sinne des **§ 1 Nr. 4 Satz 2 VOB/B** kann der Auftragnehmer zurückweisen, zu ihrer Ausführung ist er **nicht verpflichtet**. Stimmt er der Übertragung dieser Leistungen zu – die Zustimmung kann auch konkludent dadurch erfolgen, dass er diese bislang nicht vertragsgegenständlichen Leistungen ausführt[1] – so steht es ihm frei, diesbezüglich die Vereinbarung eines neuen Preises zu verlangen. Insoweit wird ein **neuer Vertrag** über diese Leistungen geschlossen. Im Baustellenalltag wird die Zustimmung sehr häufig konkludent abgegeben, und zwar schon dann, wenn die geforderten Leistungen stillschweigend ausgeführt werden, ohne dass eine gesonderte Vergütungsabrede getroffen wird. Probleme entstehen dann, wenn der Auftragnehmer die Leistungen ausführt, ohne eine Vereinbarung über den neuen Preis zu treffen. 171

Umstritten ist, ob sich der **Vergütungsanspruch** dann mangels Vereinbarung nach § 632 BGB oder nach § 2 Nr. 6 Abs. 2 VOB/B bestimmt. Teilweise soll hier § 632 BGB angewendet werden.[2] § 2 Nr. 6 VOB/B sei nur dann heranzuziehen, wenn die zusätzlichen Leistungen tatsächlich zur Erreichung des ursprünglichen Vertragsziels erforderlich sind. Leistungen gemäß § 1 Nr. 4 Satz 2 VOB/B seien dagegen grundsätzlich als **Anschlussaufträge** anzusehen.[3] Die Höhe der hierfür zu entrichtenden Vergütung bestimme sich, sofern keine ausdrückliche Vereinbarung getroffen wurde, gemäß § 632 BGB. Die im ursprünglichen Vertrag vereinbarten Kalkulationsansätze sind dann nicht zwingend auf den Zusatzauftrag anzuwenden. 172

Dagegen spricht jedoch, dass es dem Auftragnehmer freisteht, einen neuen Preis zu vereinbaren. Unterlässt er dies, muss der Auftraggeber die stillschweigende Ausführung als Zustimmung des Auftragnehmers verstehen, die neue Leistung **der alten Hauptleistung zuzuordnen**. Daher ist auch bei „anderen, nicht erforderlichen Leistungen" gemäß § 1 Nr. 4 Satz 2 VOB/B die Vorschrift des § 2 Nr. 6 VOB/B anzuwenden und der Preis auf der Grundlage der ursprünglichen Kalkulationsfaktoren zu bilden.[4] 173

Die Abgrenzung, ob die zusätzliche Leistung noch von § 1 Nr. 4 VOB/B umfasst ist oder nicht, kann folgendermaßen vorgenommen werden: eine erforderliche Leistung im Sinne des § 1 Nr. 4 VOB/B setzt eine technische Abhängigkeit der neuen Leistung zum Hauptvertrag voraus. Eine neue, selbständige Leistung liegt vor, wenn die geforderte Leistung in keinem unmittelbaren **Funktions- und Leistungszusammenhang** mit der Hauptleistung steht.[5] Dies ist unabhängig davon zu beurteilen, ob die zusätzlichen Positionen preislich aus den alten Positionen heraus bewertet werden können. 174

---

1 OLG Düsseldorf, BauR 2001, 1737.
2 *Vygen*, Bauvertragsrecht, Rz. 816.
3 *Ingenstau/Korbion*, VOB-Kommentar, B § 1 Nr. 4 Rz. 7.
4 *Kapellmann/Schiffers*, Bd. 1, Rz. 833; *Ingenstau/Korbion*, VOB-Kommentar, B § 2 Nr. 6 Rz. 6.
5 *Kapellmann/Schiffers*, Bd. 1, Rz. 835.

Beispiel:
Ist der Auftragnehmer beauftragt, den Rohbau für ein Haus zu errichten und fordert der Auftraggeber nach Vertragsschluss auch noch den Innenausbau, so ist der Auftrag zur Erstellung des Innenausbaus nicht mehr gemäß § 1 Nr. 4 VOB/B vom ursprünglichen Vertrag umfasst. Beauftragt der Auftraggeber dagegen die Ausführungen von zusätzlichen Schal- und Betonierarbeiten zur Herstellung von Bauteilen, die zur Erstellung des Rohbaus nach Vertragsschluss erforderlich werden, so sind diese Leistungen noch von § 1 Nr. 4 VOB/B umfasst.

175 **Hinweis:**
Die Abgrenzung, ob eine zusätzliche Leistung noch von § 2 Nr. 6 VOB/B umfasst ist oder nicht, hat in zweierlei Hinsicht **erhebliche Relevanz**. Erstens ist der Anspruch auf zusätzliche Vergütung im Falle des § 2 Nr. 6 VOB/B im Vorhinein anzukündigen (siehe hierzu unten, Rz. 188). Zweitens orientiert sich die Höhe der für diese Zusatzleistung zu entrichtenden Vergütung am Grundsatz der bisherigen Preisfindung (siehe hierzu unten Rz. 210). Gerade in den Fällen, in denen die vorherige Ankündigung nicht erfolgt oder der Vertragspreis „knapp" kalkuliert ist, muss daher in jedem Falle geprüft werden, ob die zusätzliche Leistung tatsächlich zur Erreichung des ursprünglichen Vertragsziels notwendig ist oder damit in Verbindung steht. Ist dies nicht der Fall, besteht für den Unternehmer ein Vergütungsanspruch gemäß § 632 BGB, sofern nicht im Voraus für diesen Fall im Vertrag eine abweichende Regelung getroffen wurde.

(2) Nicht im Vertrag enthaltene Leistung

176 Handelt es sich um eine zusätzliche oder geänderte Leistung im Sinne des § 1 Abs. 4 VOB/B, ist in einem zweiten Schritt abzugrenzen, ob es sich um die Änderung einer bereits im ursprünglichen Vertrag enthaltenen Leistung gemäß § 2 Nr. 5 VOB/B handelt, oder um eine zusätzliche gemäß § 2 Nr. 6 VOB/B. Bei der Prüfung der einschlägigen Anspruchsgrundlage muss zunächst ermittelt werden, was vom **ursprünglichen Vertragsinhalt** umfasst war. Der Vertragsinhalt bestimmt sich nach den Festlegungen der Parteien. Ggf. ist der ursprüngliche Vertragsinhalt entsprechend § 1 Nr. 2 VOB/B durch Auslegung zu ermitteln.

177 Zusätzliche Leistungen gemäß § 2 Nr. 6 VOB/B sind nur solche, die nicht von der ursprünglich vereinbarten Leistungspflicht und -anforderung umfasst und auch **nicht** im Leistungsverzeichnis des Hauptvertrags enthalten sind.[1] Eine zusätzliche Leistung im Sinne des § 2 Nr. 6 VOB/B liegt nicht vor, wenn Teilleistungen, die bereits in der ursprünglichen Leistungsbeschreibung enthalten sind, **modifiziert** werden.[2] Dies ist dann ein Fall der geänderten Bauleistung gemäß § 2 Nr. 5 VOB/B.

178 Dem Unternehmer steht gemäß § 2 Nr. 6 VOB/B kein zusätzlicher Vergütungsanspruch für die Ausführung von so genannten **Nebenleistungen** zu. Wie oben unter Rz. 10 dargelegt, gehört die Erbringung von Nebenleistungen gemäß § 2 Nr. 1 VOB/B zur ursprünglich vertraglich vereinbarten Leistungspflicht. Welche Leistungen hierunter fallen, kann vertraglich vereinbart werden und ergibt sich

---
1 *Ingenstau/Korbion*, VOB-Kommentar, B § 2 Nr. 6 Rz. 9.
2 BGH, BauR 1988, 338; BGH, BauR 1984, 395; *Kapellmann/Schiffers*, Bd. 1, Rz. 780; *Ingenstau/Korbion*, VOB-Kommentar, B § 2 Nr. 6 Rz. 9.

im Übrigen aus der VOB/C (DIN 18299 ff.). In DIN 18299 ist unter Punkt 4.1. ausdrücklich festgelegt, welche Nebenleistungen sind. Hierzu zählen beispielsweise die Einrichtung der Baustelle, das Vorhalten von Kleingeräten und Werkzeugen oder die Absicherung der Baustelle durch den Auftragnehmer, um die bisher erbrachte Werkleistung zu konservieren. In den weiteren DIN-Vorschriften der VOB/C, welche jeweils die Ausführung einer bestimmten Bauleistung beschreiben, ist ebenfalls unter dem jeweiligen Abschnitt 4.1. festgelegt, was bei diesen speziellen Leistungen als Nebenleistung vom Auftragnehmer zu erbringen ist.

In Abschnitt 4.2. dieser DIN-Vorschriften ist demgegenüber jeweils eine Aufzählung von **besonderen Leistungen** erfasst, deren Ausführung einen **zusätzlichen** Vergütungsanspruch gemäß § 2 Nr. 6 VOB/B begründen kann, sofern diese besonderen Leistungen nicht bereits bei Vertragsschluss als Bestandteil der Hauptleistungspflicht vereinbart wurden. 179

Die Ausführung von den im Leistungsverzeichnis bzw. in der Leistungsbeschreibung enthaltenen **Alternativ- oder Eventualpositionen** löst ebenfalls keinen Anspruch auf besondere Vergütung gemäß § 2 Nr. 6 VOB/B aus. Insoweit wurde von den Parteien bereits bei Vertragsschluss vereinbart, dass die Ausführung bestimmter Vertragsleistungen der späteren Wahl des Auftragnehmers unterliegt, ob er sie ausführen lässt bzw. auf welche Art und Weise.[1] 180

(3) Baugrundrisiko

Problematisch ist die Frage, ob dem Unternehmer ein Anspruch auf zusätzliche Vergütung zusteht, wenn sich bei der Ausführung der Bauleistung herausstellt, dass zur Erreichung des vertraglichen Ziels Leistungen erforderlich sind, deren Notwendigkeit im Vorhinein nicht absehbar waren, das heißt den bei Vertragsschluss zugrunde gelegten Leistungsbeschreibungen und Unterlagen nicht entnommen werden konnten. Dies ist klassischerweise der Fall beim so genannten Baugrundrisiko.[2] 181

Die Problematik des Baugrundrisikos besteht darin, einen möglichst **gerechten Lastenausgleich** für den Fall zu finden, dass die bei Vertragsschluss angenommenen Boden- und Wasserverhältnisse von den tatsächlich vorgefundenen so stark abweichen, dass zur Erreichung des Vertragsziels kostenintensivere geänderte bzw. zusätzliche Leistungen notwendig werden, als die ursprünglich vorgesehenen.[3] Da der Auftraggeber grundsätzlich verpflichtet ist, seine Leistungsbeschreibung so zu verfassen, dass der Auftragnehmer bereits im Vorhinein die von ihm zu erbringenden Leistungen eindeutig und umfassend planen kann (§ 9 Nr. 1 VOB/A), liegt das Risiko für die **Richtigkeit der Leistungsbeschreibung** grundsätzlich beim Auftraggeber.[4] Der Auftragnehmer hat die Möglichkeit und die Obliegenheit, den von ihm zur Verfügung gestellten Baugrund vorher zu untersuchen. Unterlagen, wie z. B. Baugrundgutachten, die der Auftraggeber dem Auftragnehmer zur Verfügung stellt, hat der Auftragnehmer zu beachten und die 182

---

1 *Heiermann/Riedl/Rusam*, B § 2.6 Rz. 126.
2 Vgl. hierzu *Pauly*, MDR 1998, 1453.
3 *Pauly*, MDR 1998, 1453, 1454; *Englert*, BauR 1991, 537.
4 OLG Koblenz, BauR 2001, 1442; *Ingenstau/Korbion*, VOB-Kommentar, A § 9 Rz. 54.

hieraus erkennbaren Risiken in seine Kalkulation einzustellen. Sind aus diesen Unterlagen bei fachkundiger Würdigung Risiken erkennbar, die sich nachfolgend verwirklichen, ist der Auftragnehmer mit diesbezüglichen Nachträgen ausgeschlossen.[1]

183 Dieser Grundsatz kann jedoch nicht uneingeschränkt Gültigkeit haben. Durch die VOB zieht sich wie ein roter Faden der Grundgedanke, dass die Vertragsparteien in einem gegenseitigen Abhängigkeits- und Vertrauensverhältnis stehen und zur **Kooperation** verpflichtet sind. Dieses Verhältnis besteht auch schon in der Angebotsphase. Dementsprechend obliegt einem potentiellen Auftragnehmer die Pflicht, die vom Auftraggeber gemachten Vorgaben hinsichtlich der Baubeschreibung und des Baugrunds – zumindest nicht völlig bedenkenlos – als gegeben hinzunehmen.

184 Im Rahmen des Zumutbaren muss der anbietende Unternehmer die Vorgaben des Bauherrn überprüfen.[2] Diese **Prüfpflicht** ist insbesondere dann zu berücksichtigen, wenn die Leistungsbeschreibung **erkennbar** unvollständig bzw. undeutlich ist.[3] Erkennt der potentielle Bieter die Notwendigkeit, vor Abgabe eines verbindlichen Angebots noch weitergehende Untersuchungen durchführen zu müssen, so muss er entweder den Auftraggeber auffordern, weitere Angaben zu machen, oder für die Erstellung eines aussagekräftigen Angebots, welches sich auf noch zu ermittelnden tatsächlichen Verhältnisse bezieht, eine gesonderte Vergütung vereinbaren.[4]

185 Aus der Tatsache, dass sowohl dem Auftraggeber als auch dem Auftragnehmer eine Prüfungs- und Sorgfaltspflicht bezüglich der Angebotserstellung bzw. -abgabe obliegt, ergibt sich, dass hinsichtlich der **Risikoverteilung** für das Baugrundrisiko keine pauschale Regel aufgestellt werden kann. Vielmehr ist eine **Einzelfallbetrachtung** vorzunehmen und individuell festzustellen, in wessen Verantwortungsbereich die unzutreffenden Angaben bezüglich der Boden- und Wasserverhältnisse fallen. Den Auftragnehmer wird das Baugrundrisiko demnach dann treffen, wenn er die Fehlerhaftigkeit der Angaben des Auftraggebers hätte erkennen müssen bzw. je nach Art und Umfang des Projekts seine der üblichen Verkehrssitte entsprechenden Verpflichtung hinsichtlich der Überprüfung der Angaben nicht erfüllt hat. Unter Umständen ist hier auch eine Quotelung der Schadenausgleichpflicht denkbar, wenn beide Parteien einen Verschuldensanteil haben.

186 Wird festgestellt, dass das Baugrundrisiko zulasten des Auftraggebers geht – der Auftragnehmer trägt die Beweislast dafür, dass andere Verhältnisse bestehen, als bei Vertragsschluss zugrunde gelegt[5] – so kann der Auftragnehmer bei Vorliegen der sonstigen Voraussetzungen einen Anspruch gemäß § 2 Nr. 6 VOB/B auf zusätzliche Vergütung geltend machen, wenn er zur Erreichung des Vertragsziels deshalb zusätzlich Leistungen erbringen muss.[6] Im Übrigen ist bei Verwirk-

---

1 OLG Düsseldorf, BauR 2002, 1853.
2 BGH, BauR 1988, 338; BGH, BauR 1987, 683; v. *Craushaar*, Festschrift Locher, S. 9, 14 f.
3 BGH, BauR 1988, 338; BGH, BauR 1987, 683.
4 Beck'scher VOB-Kommentar/*Hertwig*, Teil A § 9 Rz. 24 f.
5 OLG Düsseldorf, BauR 2001, 947.
6 LG Köln, BauR 1980, 368.

lichung des Baugrundrisikos auch zu prüfen, ob sonstige Ansprüche gemäß §§ 2 Nr. 5, 2 Nr. 3 bzw. 6 Nr. 6 VOB/B und § 642 BGB bestehen.

bb) Veranlassung durch den Auftraggeber

Gemäß § 2 Nr. 6 VOB/B muss die zusätzliche Leistung vom Auftraggeber gefordert werden. Dies ist der Fall, wenn der Auftraggeber selbst oder der von ihm hierzu bevollmächtigte Architekt oder Ingenieur eine entsprechende Anordnung erteilt. Diese Anordnung kann auch konkludent erfolgen, wenn der diesbezügliche Wille des Auftraggebers für den Auftragnehmer erkennbar war. Bezüglich der Zurechenbarkeit gelten die gleichen Maßstäbe wie bei § 2 Nr. 5 VOB/B, vgl. oben, Rz. 116. 187

cc) Vorherige Ankündigung

Gemäß § 2 Nr. 6 Abs. 1 Satz 2 VOB/B hat der Unternehmer dem Auftraggeber seinen Anspruch auf besondere Vergütung wegen zusätzlicher Leistungen vor dem Beginn der Ausführungen anzukündigen. 188

(1) Hinweisfunktion

Die vorherige Ankündigung des Vergütungsanspruchs dient dem Schutz des Auftraggebers.[1] Der Auftraggeber soll jederzeit Kenntnis über die **entstehenden Kosten** haben und sich hierauf einstellen können. Insbesondere soll er davor geschützt werden, nachträglich mit Kosten konfrontiert zu werden, mit denen er nicht gerechnet hat und nicht rechnen musste.[2] 189

Die Schutzfunktion entfaltet insbesondere dann Wirkung, wenn der Auftraggeber beispielsweise seinen nicht zur Erteilung von Zusatzaufträgen bevollmächtigten **Architekten** zur Bauüberwachung einsetzt und dieser eine zusätzliche Leistung gegenüber dem Auftragnehmer anordnet. In solchen Fällen ist der Auftraggeber aufgrund der vorherigen Ankündigungspflicht in der Lage, die Entstehung zusätzlicher Vergütungsansprüche ggf. zu verhindern, wenn er die Anordnung des Architekten vor Ausführung der Bauleistung **widerrufen** kann. 190

Gleichfalls dient die vorherige Ankündigung der Vermeidung von Missverständnissen, wenn der Auftraggeber z. B. fälschlicherweise annimmt, die von ihm angeordnete Leistung wäre noch vom ursprünglichen Vertrag umfasst. Teilt der Auftragnehmer diese Auffassung nicht, so kommt der vorherigen Ankündigung durch den Auftragnehmer eine **Klarstellungsfunktion** zu. Der Auftrageber ist in die Lage versetzt, seine Anordnung nochmals vor dem Hintergrund der Entstehung zusätzlicher Kosten zu überdenken. 191

(2) Zeitpunkt und Inhalt

Der Anspruch muss **vor dem Beginn** der Ausführung dem Auftraggeber angekündigt werden, § 2 Nr. 6 Abs. 1 Satz 2 VOB/B. Hierbei ist auf den Zeitpunkt der un- 192

---
[1] BGH, BauR 2002 312; vgl. stellvertretend *Ingenstau/Korbion*, VOB-Kommentar, B § 2 Nr. 6 Rz. 12 m. w. N.
[2] *Knacke*, Auseinandersetzungen im privaten Baurecht, Rz. 375; *Heiermann/Riedl/Rusam*, B § 2.6 Rz. 131.

mittelbaren Ausführung abzustellen. Diese ist erst dann begonnen, wenn die eigentliche Arbeit aufgenommen wird. Vorhergehende Planungen und Vorbereitungen kann der Auftragnehmer also noch durchführen, bevor er seinen Anspruch ankündigt.[1] Die Verpflichtung zur vorherigen Ankündigung eines Vergütungsanspruchs reicht jedoch nicht so weit, dass vom Auftragnehmer verlangt wird, bei Ankündigung bereits einen bestimmten Preis für die Zusatzleistung zu benennen.[2] Es muss lediglich mitgeteilt werden, dass die Ausführung der zusätzlichen Leistung nur gegen eine gesonderte Vergütung erfolgen wird.

(3) Empfänger

193 Um der Schutzfunktion zugunsten des **Auftraggebers** gerecht zu werden, muss die Ankündigung diesem gegenüber erfolgen. Hier besteht erhebliches Potential für streitige Auseinandersetzungen, wenn der Auftragnehmer seine Ankündigung nicht direkt an den Auftraggeber richtet, sondern an den vom Auftraggeber eingesetzten bauüberwachenden Architekten oder Ingenieur. Ohne eine **entsprechende Vollmacht** hat ein Architekt keine Befugnis, Werklohnforderungen für den Auftraggeber anzuerkennen.[3] Nach ständiger Rechtsprechung ist der Architekt nur in ganz geringem Umfang berechtigt, einzelne zusätzliche Bauleistungen in Auftrag zu geben.[4] Nur bei solchen geringen Werklohnforderungen ist der Architekt auch ohne besondere Vollmacht zur Entgegennahme entsprechender Anspruchsankündigungen gemäß § 2 Nr. 6 Abs. 1 Satz 2 VOB/B bevollmächtigt.[5] Es muss jeweils im Einzelfall geprüft werden, ob die zusätzliche Leistung als **geringfügig** im vorstehenden Sinn angesehen werden kann.

194 Wenn der vom Auftraggeber eingesetzte Architekt bzw. Ingenieur zur Entgegennahme von Anspruchsankündigungen für umfangreichere Zusatzleistungen nicht bevollmächtigt ist, so ist zu prüfen, ob er insoweit als **Empfangsbote** des Auftraggebers angesehen werden kann. Sofern dies der Fall ist, wird auch eine gegenüber dem Architekten bzw. Ingenieur abgegebene Ankündigung als dem Auftraggeber gegenüber abgegeben angesehen.[6]

195 **Hinweis:**
Die Problematik der Architekten- bzw. Ingenieurvollmacht kann einfach umgangen werden, indem der Auftragnehmer bei Ankündigung des zusätzlichen Vergütungsanspruchs grundsätzlich einen **Durchschlag** des dem Architekten zur Geltendmachung des Anspruchs übergebenen Schreibens an den Auftraggeber übersendet.

196 Bei der Bearbeitung von Mandaten, die Problemstellungen in diesem Zusammenhang aufweisen, sollte, sofern keine ausdrückliche Vollmacht des Architekten

---

1 *Pauly*, MDR 1998, 505, 507.
2 *Heiermann/Riedl/Rusam*, B § 2.6 Rz. 131; *Pauly*, MDR 1998, 505, 507.
3 *Locher/Koeble/Frik*, Kommentar zur HOAI, Einleitung Rz. 139.
4 Vgl. stellvertretend OLG Düsseldorf, NJW-RR 1992, 529 m. w. N.; OLG Köln, NJW 1973, 1798: Befugnis zur Erteilung eines Zusatzauftrags in Höhe von 4000 DM bei einem Gesamtpreis von 100000 DM.
5 *Werner/Pastor*, Der Bauprozess, Rz. 1072 ff.
6 OLG Hamm, BauR 1978, 146; OLG Stuttgart, BauR 1977, 291; *Ingenstau/Korbion*, VOB-Kommentar, B § 2 Nr. 6 Rz. 18.

bzw. Ingenieurs vorliegt, immer geprüft werden, ob die Voraussetzungen der Anscheins- oder **Duldungsvollmacht** erfüllt sind.[1]

Sofern sich der Auftraggeber in einem Prozess darauf beruft, die Ankündigung nicht vor Ausführung der Bauleistung erhalten zu haben, ist der Auftragnehmer hierfür **beweispflichtig**.[2] 197

(4) Entbehrlichkeit

Die ausdrückliche vorherige Ankündigung des zusätzlichen Vergütungsverlangens kann entbehrlich sein. Die vorherige Ankündigungspflicht gemäß § 2 Nr. 6 VOB/B dient dem Schutz des Auftraggebers vor einer überraschenden Konfrontation mit zusätzlichen Kosten, siehe oben Rz. 189. Dieser Schutzzweck entfällt, wenn der Auftraggeber bereits bei der Beauftragung der zusätzlichen Leistung davon ausgeht bzw. **davon ausgehen muss**, dass er die zusätzliche Leistung nur gegen **entsprechende Vergütung** erhält.[3] 198

Auch wenn dem Auftragnehmer nach Lage der Dinge keine andere Möglichkeit offen stand, als die geforderte Leistung **sofort zu erbringen**, ohne dass Zeit für die Einreichung einer schriftlichen Ankündigung geblieben wäre, kann auf die vorherige Ankündigung verzichtet werden.[4] 199

Die vorherige Ankündigung ist ausnahmsweise dann nicht zwingende Anspruchsvoraussetzung, wenn sie unterbleibt, ohne dass der Auftragnehmer dies **zu vertreten** hat.[5] Einem mit den Regelungen der VOB/B vertrauten Unternehmer wird dieser Nachweis schwerfallen. Die Ankündigung gemäß § 2 Nr. 6 VOB/B ist nicht formbedürftig und kann auch mündlich erfolgen. Es müsste insoweit bewiesen werden, dass das Unterbleiben der Anspruchsankündigung auf Gründe zurückzuführen ist, die nicht vom Unternehmer zu vertreten sind. Beruft sich der Auftragnehmer auf einen solchen Tatbestand, der die vorherige Ankündigung der Vergütung entbehrlich macht, so trägt er hierfür in vollem Umfange die Beweislast.[6] 200

Nach Ansicht des BGH steht dem Auftragnehmer selbst dann noch ein Vergütungsanspruch zu, wenn er einen entsprechenden Beweis nicht antreten kann, jedenfalls in den Fällen, in denen eine rechtzeitige Ankündigung die Lage des Auftraggebers nicht oder nur teilweise verbessert hätte.[7] In solchen Fällen ist allerdings ohnehin zu prüfen, ob nicht ein Anspruch gemäß § 2 Nr. 8 Abs. 2 Satz 2 VOB/B besteht, denn wenn sich die Lage des Auftraggebers nicht hätte verbessern können, so muss die geforderte Leistung **zwingend notwendig** für die Erreichung des Vertragsziels gewesen sein, denn ansonsten hätte er zur Verbesserung seiner 201

---

1 Vgl. hierzu *Locher/Koeble/Frik*, Kommentar zur HOAI, Rz. 138; *Werner/Pastor*, Der Bauprozess, Rz. 1084 ff.
2 Vgl. OLG Düsseldorf, NJW-RR 1992, 529; *Heiermann/Riedl/Rusam*, B § 2.6 Rz. 132.
3 BGH, BauR 2002, 312; BGH, NJW 1996, 2158; OLG Hamm, BauR 2001, 1914; *Kniffka/Koeble*, Kompendium des Baurechts, 6. Teil Rz. 132; *Ingenstau/Korbion*, VOB-Kommentar, B § 2 Nr. 6 Rz. 14.
4 BGH, NJW 1996, 2158, 2159.
5 BGH, NJW 1996, 2158, 2159.
6 BGH, NJW 1996, 2158, 2159.
7 BGH, NJW 1996, 2158, 2159.

Lage schlicht auf die Erbringung dieser Leistung verzichten können. Gemäß § 2 Nr. 8 Abs. 2 Satz 2 VOB/B ist der Anspruch auf Vergütung im Unterschied zum Anspruch gemäß § 2 Nr. 6 VOB/B unverzüglich, das heißt nicht unbedingt vorher, anzukündigen.

(5) Vereinbarung einer neuen Vergütung

202 In § 2 Nr. 6 Abs. 2 Satz 2 VOB/B ist festgelegt, dass sich die Parteien **vor Ausführung** der zusätzlichen Leistungen nach Möglichkeit über die Höhe der hierfür zu entrichtenden Vergütung einigen sollen. Die vorherige Preisvereinbarung ist **nicht zwingend** vorgeschrieben, wie sich aus der Formulierung der Bestimmung unter der Verwendung des Wortes „möglichst" ergibt. Dies ist auch einleuchtend, da sich oft erst nach gemeinsamem Aufmaß feststellen lässt, welchen Umfang die Zusatzleistung hat[1], so dass eine zwingende Verpflichtung zur vorherigen Vereinbarung u. U. nicht eingehalten werden könnte.

203 Besteht jedoch die Möglichkeit, bereits vor der Ausführung die Kosten für die zusätzliche Leistung genau zu beziffern, so ist es empfehlenswert, der Ankündigung gleich ein entsprechend konkretes **Nachtragsangebot** beizufügen. Auf diese Weise können mögliche Auseinandersetzungen über die Höhe der Vergütung bereits im Vorfeld beigelegt werden. Darüber hinaus hat der Auftragnehmer zumindest bei einer Leistung, zu deren Ausführung er nicht gemäß § 1 Nr. 4 Satz 2 VOB/B verpflichtet ist, die Möglichkeit, die Ausführung abzulehnen, wenn sich abzeichnet, dass mit dem Auftraggeber keine Einigung über die hierfür zu entrichtende Vergütung erzielt werden kann.

204 Keine der beiden Parteien hat einen durchsetzbaren Anspruch auf eine vorherige Vereinbarung der Vergütung. Verweigert der Auftraggeber eine derartigen Vereinbarung, ist der Auftragnehmer jedoch berechtigt, vor Ausführung der weiteren Bauleistung eine entsprechende **Sicherheit** gemäß § 648a BGB vom Auftraggeber zu verlangen (jedenfalls in den Grenzen des § 648a Abs. 6 BGB).[2] Insoweit kann auch eine Festlegung der Vergütungshöhe erfolgen, denn die Bauhandwerkersicherheit muss den gesamten noch **ausstehenden Werklohn** umfassen.

205 In § 2 Nr. 6 Abs. 2 Satz 1 VOB/B ist festgelegt, dass zur **Bestimmung der Höhe** der zusätzlichen Vergütung die für den ursprünglichen Vertrag angesetzten Preisbildungsfaktoren zu übernehmen sind, unter Berücksichtigung der durch die Zusatzarbeiten entstehenden besonderen Kosten. Sofern also zur Realisierung der zusätzlichen Leistung einzelne Leistungsfaktoren notwendig sind, für die bereits im ursprünglichen Vertrag Einheitspreise vereinbart wurden, so sind diese Einheitspreise auch bei der Ermittlung der Vergütung für die zusätzliche Leistung in Ansatz zu bringen. Allerdings müssen die diesen Einheitspreisen zugrunde liegenden Preisbildungsfaktoren unverändert geblieben sein.

---

[1] Vgl. *Ingenstau/Korbion*, VOB-Kommentar, B § 2 Nr. 6 Rz. 29; *Heiermann/Riedl/Rusam*, B § 2.6 Rz. 130.
[2] *Ingenstau/Korbion*, VOB-Kommentar, B § 2 Nr. 6 Rz. 29; einschränkend *Pauly*, MDR 1998, 505, 507.

Veränderungen dieser **Preisbildungsfaktoren**, wie beispielsweise geänderte Material- oder Lohnkosten, sind zu berücksichtigen.[1] Bei der Ermittlung der zusätzlichen Vergütung können jedoch nur tatsächliche Veränderungen der Preisbildungsfaktoren berücksichtigt werden. In den ursprünglichen Einheitspreisen einkalkulierte Verluste können hierüber ebenso wenig ausgeglichen werden, wie dem Unternehmer im Gegenzug ursprüngliche Gewinnmargen herabgesetzt werden können. Dies gilt jedoch nur in den Grenzen der ursprünglichen Geschäftsgrundlage, auf deren Basis die Einheitspreise kalkuliert wurden. Es ist im Einzelfall zu prüfen, ob der Werkunternehmer nach Treu und Glauben noch an die Ursprungskalkulation gebunden ist.[2] Bezüglich der Problematik der bei Vertragsschluss gewährten Preisnachlässe aus aquisitorischen Gründen vgl. oben Rz. 138.

206

Die dem ursprünglichen Vertrag zugrunde liegenden Preisbildungsfaktoren können nur bei solchen zusätzlichen Leistungen in Ansatz gebracht werden, die der Auftragnehmer gemäß § 1 Nr. 4 VOB/B ausführt.[3] Alle übrigen zusätzlichen Leistungen sind gänzlich **neue Werkverträge**. Wurden diesbezüglich keine weiteren Vereinbarungen getroffen, so ist im Zweifel die übliche Vergütung gemäß **§ 632 BGB** geschuldet. Für die nicht im bisherigen Vertrag enthaltenen Leistungspositionen haben die Parteien einen Preis entsprechend dem tatsächlichen Umfang und des tatsächlichen Aufwands festzulegen.[4]

207

Können sich beide Parteien nicht einvernehmlich über die Höhe des Vergütungsanspruchs für die zusätzliche Leistung einigen, so ist diese notfalls vom Gericht festzusetzen.[5] Treffen die Parteien nur deshalb eine Einigung, weil der Auftragnehmer den Auftraggeber damit **unter Druck setzt**, die Arbeiten gänzlich einzustellen, sofern der Auftraggeber nicht einer Einigung über Nachtragsforderungen zustimmt, so ist diese Einigung nicht bindend. Den Auftraggeber trifft in einem solchen Falle auch kein Mitverschulden an der Entstehung eines Schadens.[6]

208

Eine **Einstellung** der Arbeiten aus dem Grund, dass keine Einigung über einen neuen Vertragspreis zustande kommt, ist gemäß § 18 Nr. 4 VOB/B grundsätzlich **nicht möglich**. Der Auftragnehmer kann die Weiterführung der Leistung nur im Ausnahmefall verweigern, wenn ihm ein Weiterarbeiten nach den Grundsätzen von Treu und Glauben – § 242 BGB – nicht zuzumuten ist. Dies ist dann der Fall, wenn die dem Auftragnehmer entstehenden Nachteile und Risiken nicht absehbar und insoweit unzumutbar wären und sich das Erfordernis der zusätzlichen Leistungen aus einem groben Verschulden des Auftraggebers ergibt. Siehe oben Rz. 149 ff.

209

b) VOB-Pauschalpreisvertrag/Anpassung gemäß § 2 Nr. 7, Nr. 6 VOB/B

Ebenso wie die nachträgliche Änderung auf Anordnung des Bauherrn löst auch die Anordnung zur Erbringung einer zusätzlichen Leistung beim Pauschalpreis-

210

---

1 Vgl. *Ingenstau/Korbion*, VOB-Kommentar, B § 2 Nr. 6 Rz. 26.
2 Vgl. OLG Koblenz, BauR 2001, 1442, 1445 f.
3 Vgl. *Ingenstau/Korbion*, VOB-Kommentar, B § 2 Nr. 6 Rz. 25.
4 *Heiermann/Riedl/Rusam*, B § 2.6 Rz. 138.
5 OLG Celle, BauR 1982, 381, 382.
6 BGH, BauR 2002, 89.

vertrag einen Anspruch auf **zusätzliche Vergütung** des Auftragnehmers aus. Dies ergibt sich aus § 2 Nr. 7 Abs. 1 Satz 4 VOB/B. Somit ist § 2 Nr. 6 VOB/B auch auf den Pauschalpreisvertrag anzuwenden. Liegen die Voraussetzungen des § 2 Nr. 6 VOB/B vor, d. h. ist eine zusätzliche, vom bisherigen Vertragsinhalt nicht umfasste Leistung vom Auftraggeber gefordert worden und wurde ein Anspruch auf zusätzliche Vergütung im Vorhinein durch den Auftragnehmer angekündigt, so steht dem Auftragnehmer ein Anspruch auf zusätzliche Vergütung auch im Rahmen eines Pauschalpreisvertrags zu.[1] Eine zusätzliche Leistung liegt auch dann vor, wenn sich neben Umfang die Art der Leistung (qualitativer Bauinhalt) ändert. Ändert der Auftraggeber seine Kriterien, die bestimmen, was er für den vereinbarten Preis gefertigt haben will, und verlangt er mehr Leistung, so ist diese nach § 2 Nr. 7 Abs. 1 Satz 4, Nr. 6 VOB/B zu vergüten.[2]

211 Bei der Prüfung, ob ein Anspruch auf zusätzliche Vergütung beim Pauschalpreisvertrag besteht, ist genau danach zu differenzieren, ob tatsächlich eine zusätzliche Leistung im Sinne des § 2 Nr. 6 VOB/B vorliegt, oder es sich lediglich um eine angeordnete **Mengenmehrung** im Sinne des § 2 Nr. 3 VOB/B handelt. Bei einer reinen Mengenmehrung im Rahmen eines Pauschalpreisvertrags kann eine Vergütungsanpassung nur dann verlangt werden, wenn die Voraussetzungen des **§ 313 BGB** vorliegen. Die Geschäftsgrundlage muss weggefallen, zumindest aber gravierend gestört sein.

212 Bezüglich eines Anspruchs gemäß § 2 Nr. 7, Nr. 5 VOB/B auf zusätzliche Vergütung wegen geänderter Leistung wird teilweise vertreten, dass eine gewisse **Wesentlichkeitsschwelle** überschritten sein muss, bevor ein Pauschalpreis geändert werden kann.[3] Der BGH setzt beim Pauschalpreisvertrag weder für einen Anspruch auf zusätzliche Vergütung gemäß § 2 Nr. 7, Nr. 6 VOB/B wegen zusätzlicher Leistungen[4] noch für einen Anspruch auf zusätzliche Vergütung nach § 2 Nr. 7, Nr. 5 VOB/B wegen geänderter Leistung die Überschreitung einer solchen vermeintlichen Schwelle voraus.[5] Der Auftragnehmer hat somit **auch bei geringfügigen** zusätzlichen Leistungen beim Pauschalpreisvertrag einen Anspruch auf die besondere Vergütung.[6] Ein zusätzlicher Vergütungsanspruch besteht auch dann, wenn die zusätzliche Leistung zur Erreichung der Mangelfreiheit der vertraglich vereinbarten Leistung erforderlich ist, soweit diese Leistung nicht bereits vom Umfang der Pauschalpreisabrede umfasst war.[7]

213 Sofern eine vorherige **Ankündigung** des zusätzlichen Vergütungsanspruchs **nicht erfolgte**, ist beim Pauschalpreisvertrag besonders präzise zu prüfen, ob diese vorherige Ankündigung hätte unterbleiben können, d. h. die vorherige Ankündigung keine Schutzfunktion für den Auftraggeber hatte. Dieses besondere Sorgfaltser-

---

1 Vgl. stellvertretend *Kapellmann/Schiffers*, Bd. 2, Rz. 1110.
2 OLG Düsseldorf, BauR 2003, 770 (L.).
3 Vgl. OLG Zweibrücken, BauR 1989, 746; OLG München, NJW-RR 1987, 598, 599; OLG Nürnberg, ZfBR 1987, 155; OLG Frankfurt, NJW-RR 1986, 572; sowie stellvertretend *Vygen*, Bauvertragsrecht nach VOB und BGB, Rz. 833 ff. m. w. N.
4 BGH, BauR 1995, 237; *Schäfer/Finnern*, Z 2.301 Bl. 35 ff.; *Kapellmann/Schiffers*, Bd. 2, Rz. 1115 ff.
5 BGH, BauR 2002, 1847.
6 Vgl. hierzu auch *Putzier*, BauR 2002, 546.
7 OLG Schleswig, BauR 2000, 1201.

forderins ist der Tatsache geschuldet, dass es beim Pauschalpreisvertrag unter Umständen wesentlich schwieriger ist, den vertraglich vereinbarten Leistungsumfang exakt zu bestimmen. Ist deshalb nicht völlig zweifelsfrei erkennbar, dass eine Leistung nicht zum bisher Vereinbarten gehört, so ist die vorherige Ankündigung eines zusätzlichen Vergütungsanspruchs unverzichtbare Anspruchsvoraussetzung.[1]

Der Unternehmer trägt auch bei einem Anspruch gemäß § 2 Nr. 7, Nr. 6 VOB/B die **Beweislast** dafür, darzulegen, dass eine Leistung nicht vom bisherigen Vertragsinhalt umfasst ist. 214

c) Preisanpassung beim BGB-Vertrag

Gibt der Auftraggeber eine zusätzliche Leistung in Auftrag, so hat er diese auch gesondert zu vergüten. Dies resultiert aus § 632 BGB. Folglich ist bei der Prüfung eines solchen Anspruchs lediglich zu untersuchen, ob die vermeintlich zusätzliche Leistung nicht doch **Bestandteil des ursprünglichen Vertrags** ist. Fällt diese Prüfung negativ aus, so hat der Unternehmer auch ohne vorherige Ankündigung einen Anspruch auf zusätzliche Vergütung, wenn die Herstellung des Werks gemäß § 632 Abs. 1 BGB nur gegen Vergütung zu erwarten war.[2] Ob dies der Fall ist, bestimmt im Zweifel die Verkehrssitte. 215

Ist über die **Höhe** der zusätzlichen Vergütung im Vorhinein keine Absprache getroffen worden, so ist gemäß § 632 Abs. 2 BGB die am Ort der Leistung übliche Vergütung geschuldet.[3] 216

V. Preisanpassung bei vorzeitigem Vertragsende

Die ursprünglich vertraglich vereinbarte Vergütung für die Bauleistung ist auch dann anzupassen, wenn der Bauvertrag vorzeitig beendet, das heißt gekündigt wird. Der Unternehmer hat dann in jedem Fall einen Anspruch auf Vergütung der von ihm bereits erbrachten Teilleistungen. Ob und ggf. in welcher Höhe er darüber hinaus einen Anspruch auf Vergütung für die noch **nicht erbrachten Leistungen** geltend machen kann, hängt von verschiedenen Faktoren ab. Hauptmaßgeblich ist hierbei, ob der Bauvertrag durch den Auftraggeber oder den Auftragnehmer gekündigt wurde und aus welchem Grund. Die sich hieraus jeweils ergebenden Auswirkungen für den Anspruch auf Vergütung werden im Folgenden einzeln betrachtet. 217

1. Kündigung durch den Auftraggeber

a) Ordentliche Kündigung

Die Kündigung durch den Auftraggeber ist **jederzeit** möglich, bis die Bauleistung vollständig erbracht ist. Diese Freiheit des Auftraggebers zur jederzeitigen Kündi- 218

---

1 OLG Dresden, NJW-RR 1999, 170, 171.
2 BGH, BauR 2002, 787.
3 BGH, BauR 2001, 249.

gung ist in § 649 Satz 1 BGB, § 8 Nr. 1 Abs. 1 VOB/B niedergelegt und korreliert mit der grundsätzlichen Anordnungsfreiheit des Auftraggebers. Hintergrund dieser Regelungen ist, dass der Bauherr jederzeit die Möglichkeit haben soll, die Vertragsabwicklung entsprechend seinen eigenen Vorstellungen gestalten zu können. Die übrigen Voraussetzungen und Folgen der vorzeitigen Beendigung des Bauvertrags weichen voneinander ab, je nachdem, ob sich die Abwicklung nach den Grundsätzen der VOB/B regelt, oder ein BGB-Werkvertrag vorliegt. Aus diesem Grund ist eine gesonderte Betrachtung erforderlich.

aa) Freies Kündigungsrecht

219 Der Auftraggeber kann den Werkvertrag jederzeit ganz oder teilweise kündigen, § 649 Satz 1 BGB. Dies gilt unabhängig davon, ob die VOB/B in den Vertrag einbezogen wurde; § 8 Nr. 1 VOB/B wiederholt insoweit den Wortlaut des § 649 Satz 1 BGB ohne inhaltliche Änderung. Daher gelten für die ordentliche Kündigung durch den Auftraggeber im Rahmen eines VOB/B-Vertrags die gleichen Grundsätze wie im Rahmen eines reinen BGB-Vertrags.[1] Bei **VOB/B-Verträgen** ist jedoch die **Schriftform** zu wahren, § 8 Nr. 5 VOB/B.

220 Zur Teilkündigung und zur Selbstvornahme beim VOB/B-Vertrag nach §§ 2 Nr. 4, 8 Nr. 1 VOB/B s. o. Rz. 89 ff.

bb) Vergütungsanspruch

221 In § 8 Nr. 1 Abs. 2 VOB/B und § 649 Satz 2 BGB ist die Vergütung im Fall der ordentlichen Kündigung geregelt. Hier findet sich der Ausgleich dafür, dass der Auftraggeber jederzeit den Vertrag kündigen kann. Der Auftragnehmer behält bei Vertragskündigung seinen **vollen Anspruch** auf die vereinbarte Vergütung, auch wenn er hierfür keine Leistung mehr erbringen muss.

222 **Eingeschränkt** wird dies jedoch dadurch, dass der Auftragnehmer sich gemäß § 8 Nr. 1 Abs. 2 Satz 2 VOB/B, § 649 Satz 2 BGB desjenige von der vereinbarten Vergütung abziehen lassen muss, was er durch den Wegfall des Auftrags erspart bzw. durch anderweitige Verwendung seiner Arbeitskraft erworben bzw. böswillig zu erwerben unterlassen hat.[2] Indem ausdrücklich auf die Vorschrift des § 649 BGB Bezug genommen wird, ergeben sich auch in diesem Zusammenhang keine Unterschiede zwischen der Abwicklung eines Bauvertrags gemäß den Regeln der VOB oder des BGB.[3]

cc) Anrechnung ersparter Aufwendungen

223 Gemäß § 649 Satz 2 BGB wird von der vereinbarten Vergütung dasjenige abgezogen, was der Auftragnehmer infolge des Wegfalls der Leistungspflicht erspart hat. Die **Höhe des Ersparten** ergibt sich aus denjenigen Kosten, die dem Auftragnehmer durch den Wegfall der Leistungspflicht entfallen sind, wie z. B. die Beschaffung von Baumaterial, die Anmietung von Arbeitsgeräten etc. Hierunter fal-

---

1 Vgl. *Ingenstau/Korbion*, VOB-Kommentar, B § 8 Nr. 1 Rz. 10.
2 BGH, BauR 1999, 636; BauR 2000, 1191.
3 Vgl. *Ingenstau/Korbion*, VOB-Kommentar, B § 8 Nr. 1 Rz. 10.

len nicht die allgemeinen Geschäftskosten.¹ Allgemeine Geschäftskosten sind jedoch dann nicht zu vergüten, wenn der Auftragnehmer im Anschluss an den gekündigten Vertrag umgehend einen anderen Auftrag ausführt, denn dann hat er ja die Möglichkeit, dort die allgemeinen Geschäftskosten zu erwirtschaften.

Es ist demzufolge auf die Nichtausführung des konkreten Vertrags abzustellen.² Der **Unternehmer** ist **beweispflichtig** für seinen Anspruch auf Vergütung nicht erbrachter Leistungen. Der Unternehmer muss nach den Positionen des Leistungsverzeichnisses abrechnen und vortragen, was er sich anrechnen lässt.³ Eine **Pauschalierung** der Vergütung nicht erbrachter Leistungen in AGB ist **unwirksam**.⁴ 224

Entspricht der Vortrag des Unternehmers diesen Anforderungen, so ist der Auftraggeber beweispflichtig.⁵ Behauptet der Auftraggeber eine höhere Ersparnisquote, als vom Auftragnehmer angegeben, muss er dazu substantiiert vortragen.⁶ Allerdings obliegt dem Auftragnehmer die Pflicht, auch diesbezüglich so umfassend vorzutragen, dass dem Auftraggeber eine Ermittlung und Behauptung größerer Ersparnis überhaupt möglich ist.⁷ Ggf. stehen dem Auftraggeber diesbezüglich Auskunftsrechte gegenüber dem Auftragnehmer bzgl. der für die mögliche Ersparnis relevanten Tatsachen zu.⁸ Siehe hierzu Teil 22 Rz. 87. 225

Weiterhin hat sich der Unternehmer auf seinen Vergütungsanspruch für die entfallenen Leistungen dasjenige anrechnen zu lassen, was er durch den **anderweitigen Einsatz seiner Arbeitskraft** erworben hat bzw. zu erwerben böswillig unterlassen hat. Konnte der Unternehmer also beispielsweise in der ursprünglich für die Ausführung der entfallenen Vertragsleistungen vorgesehenen Zeit einen anderen, vergleichbaren Auftrag annehmen und erfüllen, so ist die hierfür erhaltene Vergütung vom Anspruch auf Vergütung für die nicht ausgeführten Leistungen des ursprünglichen Vertrags abzuziehen. Gleiches gilt, wenn der Auftragnehmer einen solchen anderen Auftrag in treuwidriger Weise bewusst nicht annimmt. 226

Hierbei ergeben sich oftmals Probleme. Bezüglich der Ermittlung der genauen Höhe und Abrechnung des Vergütungsanspruchs, insbesondere hinsichtlich der Problematik der genauen Bestimmung der Vergütung beim gekündigten Pauschalpreisvertrag wird auf die Ausführungen unten Teil 22, Abrechnung der Bauleistung, Rz. 79 ff. verwiesen. 227

Hinweis: 228
Der Einwand des Auftraggebers, der Vergütungsanspruch des Auftragnehmers sei nach der Kündigung durch die Ersparnis gemindert, ist **kein Gegenrecht**, das im Prozess nur auf Einrede zu beachten wäre, denn der tatsächliche Vergütungsanspruch besteht bereits im Vorhinein nur abzüglich dieser Ersparnis.⁹

---

1 MünchKomm/*Soergel*, BGB, § 649 Rz. 13; Staudinger/*Peters*, BGB, § 649 Rz. 119 ff.
2 BGH, NJW 1996, 1282.
3 BGH, NJW 1996, 1282.
4 BGH, NZBau 2001, 202; NJW 1997, 156.
5 BGH, NJW 1996, 1282.
6 BGH, NZBau 2001, 202; BGHZ 140, 263.
7 BGH, NZBau 2001, 202; BGHZ 140, 263.
8 BGH, BauR 2001, 1901, 1902.
9 BGH, BauR 1981, 198.

b) Außerordentliche Kündigung

229 Hat der Auftraggeber einen besonderen Grund, das Vertragsverhältnis zu kündigen, so hat dies Auswirkungen auf den Vergütungsanspruch des Auftragnehmers.

aa) VOB/B-Vertrag

230 Die außerordentliche Kündigung bedarf gemäß § 8 Nr. 5 VOB/B ebenso wie die ordentliche der **Schriftform**.

(1) § 8 Nr. 2 VOB/B

231 Macht der Auftraggeber ein außerordentliches Kündigungsrecht gemäß § 8 Nr. 2 Abs. 1 VOB/B geltend, wenn der Auftragnehmer seine Zahlungen einstellt oder das Insolvenzverfahren über das Vermögen des Betriebs eröffnet wird[1], ergeben sich die Vergütungsfolgen aus § 8 Nr. 2 Abs. 2 VOB/B. Für das Vorliegen dieses Kündigungsgrundes ist dabei nicht entscheidend, ob der Auftragnehmer seine Zahlungen in Bezug auf das konkrete Bauvorhaben einstellt. Ausschlaggebend ist, dass der Auftragnehmer generell nicht mehr in der Lage ist, seine Verbindlichkeiten zu bedienen.[2]

232 Liegt ein Grund zur außerordentlichen Kündigung gemäß § 8 Nr. 2 VOB/B vor, so hat der Auftragnehmer seine bisher **erbrachten Leistungen** gemäß §§ 8 Nr. 2 Abs. 2, 6 Nr. 5 VOB/B entsprechend den bisher vereinbarten Vertragspreisen abzurechnen.

233 Inwiefern der Auftragnehmer darüber hinaus Ersatz derjenigen Kosten verlangen kann, die ihm zwar im Zuge der Erfüllung des Bauvertrags entstanden sind, aber Leistungen betreffen, die er am Bauwerk tatsächlich noch nicht ausgeführt hat, bedarf einer differenzierten Betrachtung. Aus der Formulierung des § 8 Nr. 2 Abs. 2 VOB/B, dass die „*ausgeführten Leistungen*" gemäß **§ 6 Nr. 5 VOB/B** abzurechnen seien, könnte geschlossen werden, dass Vorbereitungshandlungen bzw. tatsächlich am Bauwerk noch **nicht ausgeführte Leistungen** nicht zu vergüten seien.[3] Dies wird gestützt durch das Argument, dass die Interessenlage eines Auftragnehmers, der auch wegen von ihm nicht verschuldeter Unterbrechung der Bauausführung gemäß § 6 Nr. 5 VOB/B abrechnen kann, sich von der eines Auftragnehmers, dem wegen seiner eigenen Zahlungsunfähigkeit gekündigt wird, erheblich unterscheidet.[4]

234 Dagegen ist jedoch anzuführen, dass § 8 Nr. 2 Abs. 2 VOB/B uneingeschränkt auf § 6 Nr. 5 VOB/B verweist. Aufgrund des uneingeschränkten Verweises auf § 6 Nr. 5 VOB/B steht dem wegen eigener Zahlungsunfähigkeit außerordentlich gekündigten Unternehmer auch ein **Anspruch auf Vergütung** derjenigen Kosten zu, die ihm für noch nicht ausgeführte Teilleistungen bereits entstanden sind.[5] Dem

---

1 Vgl. *Timmermans*, BauR 2001, 321.
2 OLG Köln, NJW-RR 1996, 402.
3 OLG Köln, NJW-RR 1996, 402 m. w. N.
4 OLG Köln, NJW-RR 1996, 402.
5 *Ingenstau/Korbion*, VOB-Kommentar, B § 8 Nr. 2 Rz. 22; *Heiermann/Riedl/Rusam*, B § 8.2 Rz. 16.

Auftraggeber steht ein Schadensersatzanspruch wegen Nichterfüllung gemäß § 8 Nr. 2 VOB/B zu, mit dem er gegebenenfalls aufrechnen kann.[1]

Checkliste: Vergütung bereits hergestellter, noch nicht eingebauter Teile 235

Oftmals beziehen sich die Ansprüche wegen noch nicht ausgeführter Leistungen auf die **Herstellung von Bauteilen**, welche vom Auftragnehmer zwar gefertigt, aber noch nicht eingebaut wurden. Entsprechend den Grundsätzen von Treu und Glauben, § 242 BGB, ist der Auftraggeber verpflichtet, diese Bauteile zu übernehmen und entsprechend zu vergüten, wenn folgende drei Voraussetzungen vorliegen:[2]

▷ Erstens darf der Auftragnehmer für die von ihm gefertigten Bauteile in absehbarer Zukunft keine Verwendungsmöglichkeit haben.

▷ Zweitens müssen die angefertigten Bauteile uneingeschränkt tauglich für die Herstellung des Werks sein.

▷ Drittens muss dem Auftraggeber bzw. dem von ihm eingesetzten Nachfolgeunternehmer die Verwendung der vom ursprünglichen Auftragnehmer gefertigten Bauteile insbesondere im Hinblick auf die Kündigungsgründe zumutbar sein. Liegt der Kündigungsgrund lediglich in einer eingetretenen Zahlungsunfähigkeit des Auftragnehmers, so bestehen diesbezüglich keinerlei Bedenken. Anders verhält es sich aber, wenn der Auftragnehmer auch bisher mangelhafte Bauleistungen erbracht hat, und zu erwarten ist, dass die von ihm gefertigten Bauteile beispielsweise versteckte Mängel aufweisen.

(2) § 8 Nr. 3 VOB/B

Bei einer außerordentlichen Kündigung durch den Auftraggeber gemäß § 8 Nr. 3 236 VOB/B, die nur dann ausgesprochen werden kann, wenn dem Auftragnehmer **pflichtwidriges Verhalten** vorzuwerfen ist, ist der Vergütungsanspruch des Auftragnehmers noch weiter eingeschränkt. Der Auftragnehmer kann nur Vergütung für die bisher **erbrachte Werkleistung** verlangen.[3] Darüber hinaus obliegt es dem Auftraggeber im Zuge seiner Schadensminderungspflicht, vom Auftragnehmer eigens für das Bauvorhaben **hergestellte mangelfreie Bauteile** bzw. Teilleistungen abzunehmen und zu vergüten, wenn die vorstehenden Voraussetzungen (Rz. 235) erfüllt sind.[4]

Ein Anspruch auf Vergütung der aufgrund der Kündigung **nicht mehr erbrachten** 237 **Leistungsteile** besteht **nicht**. Darüber hinaus hat der Auftraggeber gemäß § 8 Nr. 3 Abs. 2 VOB/B die Befugnis, die nicht erbrachten Leistungsteile zulasten des ursprünglichen Auftragnehmers von einem anderen Unternehmen ausführen zu lassen oder wahlweise **Schadensersatz wegen Nichterfüllung** zu verlangen. Mit diesen Ansprüchen kann der Auftraggeber die Aufrechnung gegenüber den

---

1 *Ingenstau/Korbion*, VOB-Kommentar, B § 8 Nr. 2 Rz. 22; *Heiermann/Riedl/Rusam*, B § 8.2 Rz. 16.
2 Vgl. BGH, NJW 1995, 1837.
3 BGH, NJW 1995, 1837; *Heiermann/Riedl/Rusam*, B § 8.3 Rz. 28.
4 OLG Hamm, BauR 2001, 1607.

ausstehenden Vergütungsansprüchen des ursprünglichen Auftragnehmers erklären. Etwaige Mehrkosten hat der Auftraggeber dem Auftragnehmer gemäß § 8 Nr. 3 Abs. 4 VOB/B binnen 12 Tagen nach Abrechnung mit dem dritten Werkunternehmer bekannt zu geben. Gemäß § 8 Nr. 3 Abs. 4 VOB/B hat der Auftragnehmer einen einklagbaren Anspruch auf Übergabe der **Mehrkostenaufstellung**.[1]

238 Macht der Auftraggeber von seiner Möglichkeit gemäß § 8 Nr. 3 Abs. 3 VOB/B Gebrauch, für die Weiterführung der Arbeiten **Geräte oder Einrichtungen** des bisherigen Auftragnehmers zu nutzen, so hat er hierfür eine angemessene Vergütung zu entrichten. Hierbei steht es den Parteien frei, sich vertraglich über die dafür zu entrichtende Vergütung zu einigen. Eine solche Einigung kann insbesondere auf der Grundlage der bisherigen Kalkulationselemente gefunden werden. Kommt keine Einigung zustande, so muss die Preisbestimmung im Zweifel durch das Gericht ggf. auf der Grundlage eines Sachverständigengutachtens erfolgen.[2]

(3) § 6 Nr. 7 VOB/B

239 Ein außerordentlicher Kündigungsgrund besteht gemäß § 6 Nr. 7 VOB/B schließlich auch, wenn die **Ausführung** der Bauleistungen für eine längere Zeit als 3 Monate **unterbrochen** wird. Das Kündigungsrecht steht in diesem Fall jeder Vertragspartei zu. Die Vergütung erfolgt gemäß § 6 Nr. 5 und Nr. 6 VOB/B. Hat der Auftragnehmer die Unterbrechung nicht zu vertreten, erhält er auch die Kosten der Baustellenräumung vergütet, § 6 Nr. 7 Satz 2 VOB/B.

bb) BGB-Vertrag

240 Eine Regelung für die außerordentliche Kündigung ist im BGB im Gegensatz zur VOB/B nicht ausdrücklich enthalten. Der Auftraggeber kann den Vertrag nach den allgemeinen Grundsätzen aus wichtigem Grund kündigen. Für **Dauerschuldverhältnisse** ist dies nun in § 314 BGB ausdrücklich geregelt. Für Werkverträge war diese Kündigungsmöglichkeit des Auftraggebers aber auch bisher schon anerkannt, wenn der Auftragnehmer den **Vertragszweck** schuldhaft derart **gefährdet**, dass der vertragstreuen Partei die Fortsetzung des Vertragsverhältnisses nicht mehr zugemutet werden kann.[3] Gemäß § 324 BGB kann von einem Vertrag zurückgetreten werden, wenn aufgrund einer **Nebenpflichtverletzung** das Festhalten am Vertrag unzumutbar wird.

241 Ein **wichtiger Grund** liegt beispielsweise vor, wenn der Auftragnehmer nachhaltig trotz **Abmahnung** gegen Vertragspflichten verstößt[4], den Vertragszweck insgesamt gefährdet[5], ernsthaft und endgültig die Erfüllung verweigert[6] oder einen groben Vertrauensbruch zu vertreten hat.[7] Daneben besteht in den Fällen der §§ 634 Nr. 3, 636, 323, 326 Abs. 5 BGB ein Rücktrittsrecht des Auftraggebers.

---

1 BGH, BauR 2002, 1253.
2 BGH, BauR 2001, 245; *Handschumacher*, BauR 2001, 872, 873.
3 BGH, NJW-RR 1996, 1108.
4 BGH, NJW-RR 1996, 1108.
5 BGH, BGHZ 45, 372, 375.
6 BGH, NJW-RR 1989, 1248, 1249 m. w. N.
7 BGH, NJW 1977, 1915.

Kündigt der Auftraggeber dem Auftragnehmer berechtigt aus wichtigem Grund, so ist § 649 Satz 2 BGB bezüglich der Vergütung nach ständiger Rechtsprechung nicht anwendbar.[1] Der Auftragnehmer hat daher **keinen Anspruch** auf Vergütung **für noch nicht erbrachte Leistungen**. Die Kündigung wirkt jedoch nur für die Zukunft, der Vergütungsanspruch für bereits erbrachte Leistungen bleibt daher erhalten.[2] Dieser Anspruch wird allerdings gemindert oder entfällt, wenn der Auftraggeber beweisen kann, dass die bereits erbrachte Leistung für ihn nur einen geringeren oder gar keinen Wert hat.[3] Zudem kommen aufgrund der Pflichtverletzung Schadensersatzansprüche des Auftraggebers gemäß §§ 280 ff. BGB in Betracht, für die er ebenfalls die Beweislast trägt.[4] Weitergehende Ansprüche kann er aufgrund seines eigenen Verschuldens in diesem Falle nicht geltend machen. Der Auftraggeber kann aber Ansprüche auf Schadensersatz gegen den Anspruch auf Vergütung aufrechnen.

242

Der Auftraggeber kann nach der Sonderregelung des **§ 650 Abs. 1 BGB** kündigen, wenn sich herausstellt, dass die Errichtung des Bauwerks nur zu einem wesentlich höheren Preis möglich ist, als zu dem bei Vertragsschluss zugrunde gelegten bzw. im Kostenanschlag prognostizierten. Wann diese **Wesentlichkeitsgrenze** überschritten ist, hängt entscheidend vom Einzelfall ab, es gibt keine starre Grenze. Ein Wert von mindestens 10 % der ursprünglichen, im Kostenanschlag festgesetzten Summe kann als Richtwert angesetzt werden.[5] Nach anderer Ansicht sind 15 bis 20 %, in Ausnahmefällen bis zu 25 % zu verlangen.[6] Der BGH nahm in einem Sonderfall an, dass bei einer oberflächlichen Schätzung sogar 27,7 % noch innerhalb der Toleranzgrenze liegen können.[7]

243

Liegen die Voraussetzungen des § 650 Abs. 1 BGB vor, so kann der Auftragnehmer lediglich einen Vergütungsanspruch für seine bisher geleistete Arbeit gemäß § 645 Abs. 1 BGB geltend machen. Dementsprechend kann er die Vergütung für bisher **erbrachte Werkleistungen** und Ersatz für bereits unternommene **Vorbereitungshandlungen** verlangen. Ein Anspruch auf volle Vergütung abzüglich ersparter Aufwendungen steht ihm nicht zu.

244

Hinweis:
Im Gegensatz zum VOB/B-Vertrag bedarf die Kündigung eines BGB-Vertrags zu ihrer Wirksamkeit nicht der Schriftform. Hiervon kann allerdings individualvertraglich abgewichen werden. Auch entsprechende AGB, die zur Wirksamkeit der Kündigung die Einhaltung der **Schriftform** zwingend vorschreiben, sind nicht zu beanstanden.

245

Ferner kann zumindest das freie Kündigungsrecht individualvertraglich abbedungen werden.[8] Die Möglichkeit einer Kündigung aus wichtigem Grunde hingegen

246

---

1 BGH, NZBau 2001, 621, NJW 1993, 1972, 1973 m. w. N.; BGHZ 31, 224, 229.
2 BGH, NJW 1993, 1972, 1973.
3 BGH, NJW 1999, 3554, 3556; NJW 1993, 1972, 1973.
4 BGH, NJW 1993, 1972.
5 MünchKomm/*Soergel*, BGB, § 649 Rz. 9.
6 Palandt/*Sprau*, BGB, § 650 Rz. 2.
7 BGH, VersR 1957, 298.
8 Staudinger/*Peters*, BGB, § 649 Rz. 10.

kann nicht im Vorhinein ausgeschlossen werden.[1] Eine solche Regelung in Allgemeinen Geschäftsbedingungen verstößt gegen § 307 BGB, da hierdurch von wesentlichen Grundsätzen der gesetzlichen Regelungen abgewichen wird. Dementsprechend ist ein **Ausschluss** des Kündigungsrechts in AGB unwirksam.[2]

2. Kündigung durch den Auftragnehmer

a) Ordentliche Kündigung

247 Im Unterschied zum Auftraggeber kann der Auftragnehmer das Vertragsverhältnis **nicht** ohne weiteres, d. h. **frei kündigen**. Dies ist keine ungerechtfertigte Benachteiligung des Auftragnehmers gegenüber dem Auftraggeber, denn dem Auftragnehmer entsteht bei ordentlicher Kündigung durch den Auftraggeber kein wirtschaftlicher Nachteil. Der Auftraggeber hingegen hätte bei einer freien Kündigungsmöglichkeit des Auftragnehmers neben dem zusätzlichen organisatorischen Aufwand erhebliche Schäden zu befürchten, angefangen vom reinen Baustillstand bis zu möglichen Schadenersatzansprüchen von ihm beauftragter Nachunternehmer.

b) Außerordentliche Kündigung

248 Gleichwohl kann der Auftragnehmer den Bauvertrag kündigen, wenn er hierfür einen Grund hat. Vgl. zu den Kündigungsgründen im Einzelnen oben Teil 18 Kündigung des Bauleistungsvertrags.

aa) VOB/B-Vertrag

249 Liegt dem Bauvertrag die VOB/B zugrunde, so bestimmt sich die Kündigungsmöglichkeit des Auftragnehmers nach **§ 9 VOB/B**. Liegt einer der in § 9 Nr. 1 VOB/B benannten Gründe vor und sind die Voraussetzungen des § 9 Nr. 2 VOB/B – Einhaltung der Schriftform und fruchtloser Ablauf der gesetzten Nachfrist, erfüllt – so wird die Kündigung des Auftragnehmers wirksam.

250 Die **Höhe der Vergütung** ist gemäß § 9 Nr. 3 VOB/B zu ermitteln. Ebenso wie bei der Kündigung durch den Auftraggeber ist für bereits ausgeführte Leistungen die vertraglich vereinbarte Vergütung geschuldet. Beim Einheitspreisvertrag ist dementsprechend nach den Einheitspreisen gemäß dem Leistungsverzeichnis abzurechnen. Beim Pauschalpreisvertrag bestimmt sich die Höhe der Vergütung entsprechend den erbrachten Teilleistungen im Verhältnis zu den ursprünglich vertraglich geschuldeten. Siehe hierzu im Einzelnen in Teil 22 Abrechnung des Bauvertrages, Rz. 79 ff.

251 Neben diesem Anspruch auf Vergütung für bereits erbrachte Bauleistungen steht dem Auftragnehmer ein **Entschädigungsanspruch** gemäß § 642 Abs. 2 BGB zu. Hierdurch werden dem Auftragnehmer diejenigen Nachteile ausgeglichen, welche ihm aufgrund des Verhaltens des Auftraggebers entstanden sind, das letztendlich zur Kündigung geführt hat. Ersetzt werden nicht nur tatsächlich angefallene

---

[1] BGH, NJW 1986, 925.
[2] Staudinger/*Peters*, BGB, § 649 Rz. 11.

Kosten, wie beispielsweise für Gerätevorhaltung, sondern auch Positionen, wie beispielsweise Verdienstausfall.[1] Auch beim Anspruch aus § 642 Abs. 2 BGB hat sich der Auftragnehmer das anrechnen zu lassen, was er aufgrund der Vertragsbeendigung an Aufwendungen erspart hat.[2]

Darüber hinaus kann der Auftragnehmer weitere ihm zustehende Ansprüche gegenüber dem Auftraggeber geltend machen, die aus dem vorherigen **Verhalten des Auftraggebers** resultieren. Hierunter fallen beispielsweise Ansprüche gemäß § 304 BGB, sofern nicht schon bereits über § 642 BGB abgedeckt, sowie Ansprüche aus positiver Vertragsverletzung, § 280 BGB.[3] 252

Ferner steht dem Auftragnehmer, wie auch dem Auftraggeber, ein Kündigungsrecht gemäß § 6 Nr. 7 VOB/B zu, wenn eine **Bauzeitunterbrechung** länger als 3 Monate andauert. In diesem Fall ist entsprechend den oben unter Rz. 239 ausgeführten Grundsätzen gemäß § 6 Nr. 5 VOB/B abzurechnen. Zusätzlich kommt ein Anspruch auf Vergütung für die Baustellenräumung in Betracht, wenn der Auftragnehmer die Unterbrechung nicht zu vertreten hat, § 6 Nr. 7 S. 2 2. HS VOB/B. 253

bb) BGB-Vertrag

Der Auftragnehmer kann einen Werkvertrag, der nach den Regelungen des BGB abgewickelt wird, gemäß § 643 BGB kündigen, wenn der Auftraggeber seinen **Mitwirkungspflichten** gemäß § 642 BGB[4] nicht nachkommt. In diesem Fall muss dem Auftraggeber entsprechend § 643 Satz 1 BGB eine Frist zur Nachholung der Mitwirkungshandlung gesetzt werden, verbunden mit der Kündigungsandrohung. Verstreicht diese Frist fruchtlos, ist der Vertrag ohne weitere Handlung bzw. Erklärung beendet. Dem Auftragnehmer stehen in diesem Fall die Ansprüche gemäß § 642 Abs. 2 BGB auf Vergütung bisher erbrachter Leistung und Entschädigung entsprechend den oben unter Rz. 251 dargestellten Grundsätzen zu. Ebenfalls kann er weitergehende Ansprüche, beispielsweise aus positiver Vertragsverletzung, geltend machen. 254

c) Unberechtigte Kündigung

Ist die Kündigung des Auftragnehmers unwirksam und weigert er sich auch nach Aufforderung durch den Auftraggeber, die Arbeiten wieder aufzunehmen, so ist die Leistung endgültig verweigert. Der Auftraggeber ist dann auch ohne Androhung der Kündigung und ohne eigene Kündigungserklärung berechtigt, einen Nachunternehmer mit der Ausführung der vom ursprünglichen Auftragnehmer geschuldeten Leistungen zu beauftragen. Gleichwohl empfiehlt es sich aus Sicherheitsgründen immer, die Kündigung vorsorglich nochmals ausdrücklich schriftlich zu erklären. Die ggf. entstehenden **Mehrkosten** der Herstellung des ursprünglich vereinbarten Leistungszieles sowie die ggf. entstehenden Kosten 255

---

1 Vgl. *Ingenstau/Korbion*, VOB-Kommentar, B § 9 Nr. 3 Rz. 8; *Heiermann/Riedl/Rusam*, B § 9.3 Rz. 22; Palandt/*Sprau*, BGB, § 642 Rz. 5.
2 Vgl. OLG Düsseldorf, NJW-RR 1996, 1507.
3 *Heiermann/Riedl/Rusam*, B § 9.3 Rz. 25.
4 Vgl. Palandt/*Sprau*, BGB, § 642 Rz. 1.

der Mangelbeseitigung kann der Auftraggeber dann gemäß **§ 6 Nr. 6 VOB/B** vom ursprünglichen Auftragnehmer ersetzt verlangen.[1] Darüber hinaus hat der ursprüngliche Auftragnehmer dem Auftraggeber gemäß §§ 4 Nr. 7 Satz 2, 6 Nr. 6 VOB/B alle **Schäden zu ersetzen**, welche durch die unrechtmäßige Kündigung und die hieraus resultierende Verzögerung der Mangelbeseitigung und/oder Fertigstellung entstehen.[2]

VI. Fälligkeit des Vergütungsanspruchs

1. Abnahme

256 Um den Anspruch auf Vergütungszahlung durchsetzen zu können, muss dieser fällig geworden sein. Gemäß § 641 Abs. 1 BGB wird der Anspruch fällig, wenn das Werk abgenommen ist. Die **Abnahme** kann entweder die Werkleistung insgesamt, oder, soweit vereinbart, einen Teil der Werkleistung betreffen.

257 Die Vergütung wird nach Vollendung der Bauleistung auch **ohne** Abnahme fällig, wenn gemäß § 646 BGB die Abnahme nach Beschaffenheit des Werks ausgeschlossen ist. Ohne Abnahme wird die Vergütung des Weiteren fällig, wenn der Auftraggeber wegen mangelhafter Leitungsausführung zwar berechtigt die Abnahme verweigert, nachfolgend aber nicht mehr Erfüllung verlangt, sondern lediglich noch Schadensersatz- oder Minderungsansprüche geltend macht.[3] Eine Abnahme ist auch dann nicht erforderlich, wenn der Auftraggeber aufgrund bestehender Mängel statt Erfüllung nur noch Schadensersatzansprüche oder Minderung geltend machen kann.[4]

258 Ferner wird der Anspruch auf Vergütung gemäß § 649 BGB **nach Kündigung** des Bestellers fällig, auch wenn keine Abnahme durchgeführt wird.[5] Wird der ursprünglich geschuldete Leistungserfolg auf Anordnung des Auftraggebers geändert, ohne dass eine Kündigung vorliegt, so wird der Anspruch auf Vergütung für die bisher erbrachte Teilleistung erst nach Vollendung und Abnahme der nun geänderten Werkleistung fällig.[6]

2. Weitere Fälligkeitsvoraussetzung beim VOB/B-Vertrag

259 Liegt dem Bauvertrag die VOB/B zugrunde, so bedarf es zur Fälligkeit des Vergütungsanspruchs nicht nur der Abnahme gemäß § 12 VOB/B, sondern darüber hinaus der Vorlage einer **prüfbaren Schlussrechnung**, die den Anforderungen des § 14 VOB/B entspricht, vgl. hierzu unten Teil 22 Rz. 59 ff.

260 Bei **vorzeitiger Beendigung** des Bauvertrags ist jedoch dann weder die Erteilung einer Schlussrechnung, noch die Abnahme erforderlich, wenn die vom Auftragnehmer erstellten Teilrechnungen sämtliche bisher ausgeführten Arbeiten ent-

---

1 BGH, BauR 2001, 1577.
2 BGH, BauR 2001, 1577; BauR 2000, 1479.
3 BGH, BauR 2002 1399; NJW 2003, 288.
4 BGH, BauR 2003, 88; BauR 1979, 152.
5 BGH, NJW 1993, 1972; Palandt/*Sprau*, BGB, § 649 Rz. 3.
6 OLG Hamm, NJW RR 1993, 313.

halten.[1] Im Gegensatz hierzu kann der Auftragnehmer beim gekündigten Pauschalpreisvertrag vor Kündigung fällig gewordene Abschlagszahlungen nach der Kündigung nicht mehr geltend machen.[2] Dies resultiert daraus, dass gerade beim **Pauschalpreisvertrag** die vereinbarten Abschlagszahlungen in der Regel nicht dem Wert der tatsächlich erbrachten Leistungsabschnitte entsprechen. In diesem Fall bedarf es zur Fälligkeit des Vergütungsanspruchs der Abnahme und Vorlage einer prüfbaren Schlussrechnung.[3]

Hinweis: 261
Eine Klage auf Zahlung einer Abschlagsrechung ist zulässig, wenn berechtigter Anlass zur Sorge besteht, dass der Besteller produzierte und noch nicht ausgelieferte Ware nicht rechtzeitig bezahlen werde.[4]

Macht der Auftraggeber nach Kündigung des Bauvertrags von seiner Befugnis gemäß § 8 Nr. 3 Abs. 3 VOB/B Gebrauch und nutzt **Geräte, Gerüste oder andere Einrichtungen** des gekündigten Auftragnehmers weiter zur Ausführung der Bauleistung, so wird der Anspruch auf Vergütung des Unternehmers hierfür auch fällig, wenn er nicht in die von ihm nach Kündigung des Bauvertrags gemäß § 8 Nr. 6 VOB/B zu erstellende prüfbare Schlussrechnung einbezogen ist.[5] Dies wird zutreffend damit begründet, dass die prüfbare Schlussrechnung nach Kündigung der Bauleistung gemäß § 8 Nr. 6 VOB/B unverzüglich vorgelegt werden soll. Zu diesem Zeitpunkt, gerade bei längerer Nutzung der Einrichtungen und Geräte des gekündigten Auftragnehmers, kann dieser die Höhe der Vergütung gemäß § 8 Nr. 3 Abs. 3 VOB/B meist noch nicht bestimmen.[6] 262

Hinweis: 263
Macht der Auftragnehmer seinen Vergütungsanspruch gerichtlich geltend, ohne dass seine Schlussrechnung prüffähig ist, so ist die Klage nicht wegen fehlender Substanziierung endgültig abzuweisen. Die Klage ist in einem solchen Fall nur als **zur Zeit unbegründet** abzuweisen.[7]

VII. Verjährung des Vergütungsanspruchs

1. Beginn und Dauer der Verjährungsfrist

Beginn und Dauer der Verjährung von Vergütungsansprüchen des Auftragnehmers richten sich nach den Regelungen des BGB. Dies gilt auch für Vertragsverhältnisse, denen die Regelungen der VOB/B zugrunde liegen. Die VOB/B enthält insoweit keine Sonderregelungen. 264

Seit den am 1. 1. 2002 in Kraft getretenen Änderungen des BGB durch die **Schuldrechtsmodernisierung** unterliegt der Vergütungsanspruch aus Werkleistung als 265

---

1 OLG Köln, NJW-RR 1992, 1375.
2 OLG Düsseldorf, NJW-RR 1992, 1373.
3 OLG Düsseldorf, NJW-RR 1992, 1373.
4 LG München, BauR 2003, 411.
5 BGH, BauR 2001, 245.
6 BGH, BauR 2001, 245.
7 BGH, BauR 2000, 1191.

vertraglicher Erfüllungsanspruch der regelmäßigen Verjährung von 3 Jahren, vgl. § 195 BGB n. F.[1] Die Verjährung beginnt nach § 199 Abs. 1 BGB n. F. mit dem Schluss des Jahres, in dem der Anspruch auf Werklohnvergütung entsteht und der Auftragnehmer als Anspruchsinhaber von den anspruchsbegründenden Tatsachen und der Person des Auftraggebers Kenntnis hat. Der Kenntnis steht die grob fahrlässige Unkenntnis gleich.

266 Der Vergütungsanspruch entsteht im Sinne des § 199 Abs. 1 Nr. 1 BGB zu dem Zeitpunkt, zu welchem er erstmals geltend gemacht und notfalls im Wege der Klage durchgesetzt werden kann[2], wobei im Hinblick auf die Verjährung nicht erforderlich ist, dass der Anspruch bereits der Höhe nach konkret bezifferbar ist.[3] Die Rechtsprechung setzt für die **Entstehung** des Anspruchs den Zeitpunkt an, zu dem er erstmals **klagweise geltend gemacht werden kann**.[4]

267 Beim VOB-Vertrag ist für den Beginn der Verjährung – neben der üblicherweise erforderlichen Abnahme – Voraussetzung, dass eine prüffähige Schlussrechnung vorgelegt wurde.[5] Wurde ein Bauvertrag vom Auftraggeber **gekündigt** und ist somit eine gesonderte Abnahme nicht mehr erforderlich[6], beginnt die Verjährungsfrist mit dem Schluss des Jahres, in dem die Kündigung das Vertragsverhältnis beendet. Eine Schlussrechnung ist zur Begründung der Fälligkeit zu stellen.[7]

268 Hat der Auftragnehmer **keine Kenntnis** von den wesentlichen, den Vergütungsanspruch begründenden Umständen und beruht diese Unkenntnis nicht auf grober Fahrlässigkeit, beginnt auch die Verjährungsfrist nach § 199 Abs. 1 Nr. 1 BGB n. F. nicht zu laufen. In diesem Fall verjähren Ansprüche auf Werklohn unabhängig von der Kenntnis durch den Auftragnehmer nach § 199 Abs. 4 BGB n. F. spätestens zehn Jahre nach Entstehen der Forderung. Diese Höchstfrist beginn und endet **taggenau** mit dem Entstehen der Forderung, d. h. nicht erst zum Jahresschluss.[8]

269 Vorgenannte Verjährungsregelungen sind in den Grenzen des § 202 BGB n. F. vertraglich **abänderbar**.

270 **Hinweis:**
Unabhängig von der Verjährung ist ein **Vergütungsanspruch** auch dann nicht mehr durchsetzbar, wenn er **verwirkt** ist. Die Geltendmachung des Anspruchs ist nach Treu und Glauben unzulässig, wenn sich der Schuldner aufgrund der Untätigkeit des Gläubigers über einen längeren Zeitraum hinweg darauf eingerichtet hat, dass die Forderung nicht mehr geltend gemacht wird und Umstände aus

---

1 Nach § 196 Abs. 1 und 2 BGB in der bis zum 1. 1. 2002 geltenden Fassung verjährten Ansprüche auf Werklohn in zwei Jahren bzw. bei Leistungen, die für den Gewerbebetrieb des Schuldners erbracht wurden, in 4 Jahren.
2 BGH, BGHZ 79, 176, 178; BGHZ 73, 363, 365; BGHZ 55, 340, 341; Palandt/*Heinrichs*, BGB, § 199 Rz. 3.
3 *Werner/Pastor*, Der Bauprozess, Rz. 2361.
4 BGH, BauR 1990, 95, 96.
5 BGH, BauR 1990, 605.
6 BGH, BauR 1987, 95.
7 BGH, BauR 2000, 1191; *Werner/Pastor*, Der Bauprozess, Rz. 2365.
8 Palandt/*Heinrichs*, § 199 Rz. 39.

dem Verhalten des Gläubigers hinzutreten, die das Vertrauen rechtfertigen, der Anspruch werde nicht mehr geltend gemacht.[1]

2. Hemmung und Neubeginn der Verjährung

Im Zuge der Schuldrechtsreform sind die gesetzlichen Regelungen zu Hemmung und Neubeginn der Verjährung zum 1. 1. 2002 erheblich verändert worden. In Abweichung zum bisherigen Recht ist nunmehr die **Hemmung** (§§ 204 bis 211 BGB n. F.), das heißt die Aussetzung der Verjährung für einen gewissen Zeitraum ohne anschließenden Neubeginn, der **Regelfall**. 271

Neubeginn der Verjährung tritt **nur** noch im Fall des **§ 212 BGB n. F.** ein, das heißt nur dann, wenn der Auftraggeber eine Forderung anerkennt (§ 212 Abs. 1 Nr. 1 BGB n. F.) oder wenn eine gerichtliche oder behördliche Vollstreckungshandlung vorgenommen oder zumindest beantragt wird (§ 212 Abs. 1 Nr. 2 BGB n. F.). 272

Im Übrigen tritt lediglich noch eine Hemmung der Verjährung ein[2], auch wenn soweit nach altem Recht eine Verjährungsunterbrechung und damit ein Neubeginn der Verjährung normiert war. Folge hieraus ist, dass die Verjährungsfrist nach Beendigung der Hemmung weiterläuft. Die vor Verwirklichung des jeweiligen Hemmungstatbestands **bereits abgelaufene Zeit** muss also bei der weiteren Fristberechnung **berücksichtigt** werden.[3] Mehrfache Hemmung – auch zeitlich nacheinander – ist nach § 204 Abs. 2 BGB n. F. möglich. 273

Von besonderer Bedeutung im Rahmen der Vorschriften zur Hemmung der Verjährung ist § 203 BGB n. F., welcher nunmehr – in Anlehnung an § 852 BGB a. F. – einen allgemeinen Hemmungstatbestand für den Zeitraum schwebender Verhandlungen über den streitigen Anspruch statuiert. Die Hemmung beginnt mit **Aufnahme von Verhandlungen**, wobei der Begriff der „Verhandlung" weit auszulegen ist. Ausreichend ist jeder Meinungsaustausch zwischen Gläubiger und Schuldner **über den Anspruch** oder seine **tatsächlichen Grundlagen**, sofern nicht eine Partei Verhandlungen sofort und erkennbar ablehnt.[4] Die Hemmung endet, wenn eine der beteiligten Parteien die Fortsetzung der Verhandlungen verweigert. Der Hemmungstatbestand des § 203 BGB n. F. kann somit zu einer echten Verlängerung der Verjährungsfrist führen, da die Verjährung **frühestens 3 Monate** nach dem Ende der Verhandlungen eintritt (§ 203 Satz 2 BGB n. F.). 274

Hinweis: 275
An diese Möglichkeit sollte daher bei drohendem Verjährungseintritt stets gedacht werden. Die Aufnahme von Verhandlungen kurz vor Eintritt der Verjährung kann zu einem Zeitaufschub von 3 Monaten zur Vorbereitung z. B. gerichtlicher Schritte führen. Zu berücksichtigen ist jedoch, dass die Hemmung und damit ggf. die Verlängerung der Verjährungsfrist nur eintritt, wenn der Vertragspartner sich auf Verhandlungen einlässt, das heißt sie nicht von vornherein ablehnt.

---
1 BGH, BauR 2003, 379.
2 Palandt/*Heinrichs*, vor § 194 Rz. 45.
3 *Lenkeit*, BauR 2002, 196, 229; vgl. zur Beendigung der Hemmung auch § 204 Abs. 2 Satz 1 BGB.
4 BGH, NJW-RR 1991, 796; Palandt/*Heinrichs*, BGB, § 203 Rz. 2.

276 Bei Vertragsverhältnissen, denen die VOB/B zugrunde liegt, tritt nach § 18 Nr. 2 Abs. 1 VOB/B eine Hemmung der Verjährung darüber hinaus bei Durchführung des in § 18 Nr. 1 VOB/B benannten **Schlichtungsverfahrens** ein. Die Verjährung wird demnach bereits durch den Eingang des schriftlichen Antrages auf Durchführung des Schlichtungsverfahrens gehemmt. Sie endet 3 Monate nach Zugang der schriftlichen Mitteilung der Parteien darüber, dass sie das Verfahren nicht weiter betreiben wollen.[1]

3. Übergangsregelungen

277 Die Frage der Anwendbarkeit der alten bzw. der neuen Regelungen zum Verjährungsrecht ist in den Übergangsvorschriften des Art. 229 § 6 EBGBG geregelt. Demnach gilt Folgendes:

a) Verjährungsfristen

278 Für Ansprüche, die am 1.1.2002 **bereits verjährt** waren, verbleibt es bei der Anwendung des alten Rechts.

279 Auf Ansprüche, die am 1.1.2002 **bestanden und noch nicht verjährt** waren, finden nach Artikel 229 § 6 Abs. 1 Nr. 1 die Vorschriften des neuen Rechts Anwendung, jedoch mit gewissen **Einschränkungen**. Diese ergeben sich ebenfalls aus Artikel 229 § 6 EGBGB. Als „Faustregel" gilt, dass durch die Neuregelungen der Zeitpunkt des Verjährungseintritts nicht zugunsten des Gläubigers verändert werden soll, das heißt aus Gründen des Schuldnerschutzes stets der früheste Zeitpunkt des Verjährungseintritts maßgeblich ist.[2] Tritt Verjährung somit nach neuem Recht **früher** als nach altem Recht ein, ist der sich nach neuem Recht ergebende Verjährungszeitpunkt maßgeblich.

280 Dabei ist die neue dreijährige Verjährungsfrist bei am 1.1.2002 bereits bestehenden Ansprüchen **taggenau** ab In-Kraft-Treten der neuen Regelungen, das heißt ab dem 1.1.2002 zu berechnen.[3] **Stichtag** für die Verjährung von Ansprüchen aus „Altfällen" wird somit häufig der **31.12.2004** sein. Tritt Verjährung dagegen nach dem altem Recht früher als nach neuem Recht ein, ist der sich nach altem Recht ergebende Stichtag für die Verjährung maßgeblich.

281 **Beispiel:**
Sind Ansprüche auf Werklohnforderung im Jahr 2001 entstanden und wurden die Leistungen **für den Gewerbebetrieb** des Schuldners erbracht, betrug die Verjährungsfrist nach altem Recht vier Jahre, beginnend mit dem Ende des Jahres, in dem sie entstanden sind (vgl. § 196 Abs. 1 und 2 i. V. m. § 201 BGB a. F.). Die Ansprüche wären somit nach altem Recht am 31.12.2005 verjährt. Nach neuem Recht beträgt die Verjährungsfrist nur noch **drei Jahre, beginnend** mit dem **1.1.2002**, so dass Verjährung bereits am 31.12.2004 eintreten würde. Da Verjährung somit nach neuem Recht früher als nach altem Recht eintritt, ist der Verjährungszeitpunkt nach neuem Recht maßgeblich. Die Ansprüche verjähren somit am 31.12.2004.

---

1 Vgl. hierzu BGH, NJW 2002, 1488; *Werner/Pastor*, Der Bauprozess, Rz. 2418b.
2 *Werner/Pastor*, Der Bauprozess, Rz. 2344.
3 Palandt/*Heinrichs*, BGB, vor § 194 Rz. 24.

Sind Ansprüche auf Werklohnforderung im Jahr 1999 entstanden und wurde die Leistung für den Gewerbebetrieb des Schuldners erbracht, würden diese nach altem Recht – unter Berücksichtigung der Verjährungsfrist von vier Jahren beginnend zum Ende des Jahres, in dem die Ansprüche entstanden sind – am 31. 12. 2003 verjähren. Nach neuem Recht beträgt die Verjährungsfirst wiederum drei Jahre, beginnend mit dem 1. 1. 2002, so dass Verjährung wie im Beispiel zuvor am 31. 12. 2004 eintreten würde. Da in diesem Fall die Verjährung nach altem Recht früher als nach neuem Recht eintritt, ist der Verjährungszeitpunkt nach altem Recht maßgeblich. Die Ansprüche wären somit am 31. 12. 2003 verjährt. 282

Bei Ansprüchen, die **nach dem 1. 1. 2002 entstanden sind**, ist das neue Verjährungsrecht **uneingeschränkt** anwendbar, sofern auf die Schuldverhältnisse, aus denen die Ansprüche resultieren, das neue Recht insgesamt anzuwenden ist. Nach Art. 229 § 5 EGBGB ist dies insbesondere der Fall, wenn das **Schuldverhältnis** selbst erst nach dem 1. 1. 2002 entstanden ist. Ist auf ein Schuldverhältnis altes Recht anwendbar – insbesondere, wenn das Schuldverhältnis selbst bereits vor dem 1. 1. 2002 bestanden hat – und entstehen Vergütungsansprüche hieraus erst nach dem 1. 1. 2002, so gelten die **Übergangsregelungen** des Art. 229 § 6 EGBGB wie vorstehend beschrieben.[1] 283

b) Hemmung und Unterbrechung

Hinsichtlich der Übergangsregelungen zur Hemmung und Unterbrechung der Verjährungsfristen ist in Art. 229 § 6 EGBGB als **Grundregel** das **Stichtagprinzip** normiert: bis zum 31. 12. 2001 gilt altes, ab 1. 1. 2002 neues Recht. Dies hat bei Fallgestaltungen, bei denen nach altem Recht am 31. 12. 2001 eine Unterbrechung der Verjährung eingetreten war, zur Folge, dass die **Unterbrechung** zum Jahreswechsel 2001/2002 **endet** und ab 1. 1. 2002 **Hemmung eintritt**. Die Dauer der neuen Verjährungsfrist bestimmt sich nach neuem Recht unter Berücksichtigung der Übergangsregelungen aus Art. 229 § 6 EGBGB. Sie beginnt mit Ablauf der Hemmung.[2] 284

Wurde über einen entstandenen Anspruch bereits im Jahr 2001 verhandelt und wurden die **Verhandlungen** in 2002 fortgesetzt, tritt der Hemmungstatbestand des § 203 BGFB n. F. ab 1. 1. 2002 ein, d. h. der bis zu diesem Zeitpunkt bereits abgelaufene Zeitanteil der Verjährungsfrist ist zu berücksichtigen. Nach Beendigung der Hemmung läuft die Verjährungsfrist weiter. Verjährung tritt mit Ablauf des verbliebenen Zeitanteils der Verjährungsfrist ein.[3] 285

VIII. Vergütung von Schwarzarbeit

Das Gesetz zur Bekämpfung der Schwarzarbeit[4] untersagt in § 1 die Ausübung und in § 2 die **Annahme von Schwarzarbeit**, wobei die entsprechenden Tatbestände in § 1 Abs. 1 Nr. 1 bis 3 SchwArbG abschließend aufgeführt sind. Dennoch 286

---

1 Palandt/*Heinrichs*, EGBGB, Artikel 229 § 6 Rz. 3; *Werner/Pastor*, Der Bauprozess, Rz. 2418a.
2 Palandt/*Heinrichs*, EGBGB, Artikel 229 § 6 Rz. 8.
3 Palandt/*Heinrichs*, EGBGB, Artikel 229 § 6 Rz. 7.
4 Gesetz zur Verhütung von Schwarzarbeit in der Fassung der Bekanntmachung v. 6. 2. 1995 (BGBl. I S. 165).

kommt es in der Praxis immer wieder vor, dass gerade bei Ausführung baulicher Arbeiten durch Handwerker bzw. Unternehmer gegen dieses gesetzliche Verbot verstoßen wird. Häufig liegt der Grund darin, dass der Auftragnehmer, ohne in der Handwerksrolle eingetragen zu sein, ein eintragungspflichtiges Handwerk betreibt und dabei Werkleistungen in erheblichem Umfang erbringt, § 1 Nr. 3 SchwArbG.

287 Ebenfalls wird zwischen Auftraggeber und Auftragnehmer gelegentlich vereinbart, die Bauleistung „unter Verzicht auf eine Rechnung zu erbringen und zu vergüten". Das Motiv des Auftraggebers hierfür ist regelmäßig die Hoffnung, durch Vereinbarung einer besonders niedrigen Vergütung die Bauleistung günstiger zu erhalten, weil der Auftragnehmer entweder überhaupt keine legalen Verträge abschließen könnte (bei Verstoß gegen §§ 1, 2 SchwArbG) oder die ohne die Rechnung ersparte Steuer geteilt werden soll.

288 Bezüglich der Frage der Vergütung von solchen in Schwarzarbeit entstandenen Werkleistungen ist zunächst danach zu differenzieren, ob der Werkvertrag aufgrund des Verstoßes gegen das Gesetz zur Bekämpfung von Schwarzarbeit insgesamt **nichtig** ist oder nicht.

1. „Ohne-Rechnung" Abrede

289 Die bloße Abrede, keine Rechnung zu erstellen, führt **nicht** zur Nichtigkeit des gesamten Vertrags.[1] Nichtigkeit ist nur dann anzunehmen, wenn die Steuerhinterziehung **Hauptzweck** der Abrede ist. Hauptzweck von Bau- und Architektenverträgen ist in der Regel aber die Errichtung des vereinbarten Werks.[2] Auch eine Nichtigkeit der „Ohne-Rechnung"-Abrede führt nicht zur Gesamtnichtigkeit, die Werkleistung und die Vergütung bleiben geschuldet.

2. Einseitiger Verstoß gegen das SchwArbG

290 Nach der Rechtsprechung führt ein einseitiger Verstoß gegen das SchwArbG, z. B. die bloße Nichteintragung eines Betriebs in die **Handwerksrolle**, nicht zur Nichtigkeit des gesamten Vertrags gemäß § 134 BGB[3], wenn dieser **Verstoß** dem anderen Teil **nicht bekannt** ist.[4] Mithin bleiben dem gesetzestreuen Auftraggeber sämtliche Erfüllungs- und Gewährleistungsansprüche aus dem Werkvertrag erhalten.[5] Entsprechendes muss für den selteneren Fall gelten, in dem nur der Auftraggeber gegen § 2 SchwArbG verstößt, dem Auftragnehmer aber kein Verstoß gegen § 1 SchwArbG vorzuwerfen ist.

291 Verstößt allein der Auftragnehmer gegen § 1 SchwArbG, so werden bezüglich seines **Vergütungsanspruchs** unterschiedliche Ansichten vertreten: Teilweise wird das Vertragsverhältnis in diesem Punkt als teilnichtig angesehen, so dass der Ver-

---

1 BGH, ZIP 2001, 202, 204.
2 BGH, ZIP 2001, 202, 204.
3 BGH, BauR 2001, 632; Jagenburg, NJW 1995, 91, 92.
4 OLG Düsseldorf, NJW-RR 1998, 1710.
5 BGH, NJW 1985, 2403, 2404; NJW 1984, 1175, 1176.

gütungsanspruch entfällt.[1] Der Auftragnehmer kann dieser Ansicht zufolge keinen Aufwendungsersatz gemäß §§ 677, 683 Satz 1, 670 BGB verlangen, da er die Aufwendungen nicht für erforderlich halten durfte. Ebenso wenig stehen ihm bereicherungsrechtliche Ansprüche auf Wertersatz gegen den Auftraggeber zu, denn der insoweit wirksame Vertrag stelle einen Rechtsgrund für die Bauleistung dar.[2]

Andererseits wird vertreten, dass zumindest im Falle der Wirksamkeit des Vertrags dem Auftragnehmer auch der Werklohnanspruch verbleibt. Die Durchsetzung des SchwArbG erfordere und rechtfertige in einer solchen Konstellation nicht die Rechtsfolge der Teilnichtigkeit im Hinblick auf die Werklohnforderung des Unternehmers. Der Gesetzeszweck sei durch die ordnungsrechtliche Verantwortlichkeit des Auftragnehmers hinreichend umgesetzt.[3] 292

Das SchwArbG dient in erster Linie dem Schutz der Allgemeinheit vor nicht ordnungsgemäß abgeführten **Sozialabgaben** und nicht fachgerecht ausgeführten Handwerksleistungen. Dieser Zweck erfordert eine wirksame Sanktionierung von Verstößen. Behält der Auftragnehmer seinen Vergütungsanspruch, so bleibt der Anreiz, entgegen dem Verbot des § 134 BGB Verträge abzuschließen, auf den ersten Blick zwar bestehen. Nach § 17 Abs. 4 OWiG soll jedoch durch die **Höhe des Bußgeldes** der wirtschaftliche Vorteil des Täters abgeschöpft werden. Der Vergütungsanspruch fällt letztlich also der Staatskasse zu, so dass eine abschreckende Sanktionierung gegeben ist. 293

Es ist auch nicht ersichtlich, warum der Auftraggeber, der gutgläubig einen gegen § 1 SchwArbG verstoßenden Unternehmer beauftragt hat, durch diesen Verstoß besser gestellt werden soll, als bei einem Vertrag mit einem sich rechtmäßig verhaltenden Auftragnehmer. In letzterem Fall wäre er ebenso zur Zahlung der vereinbarten Vergütung verpflichtet. Der einseitige Verstoß gegen das SchwArbG führt demnach auch **nicht zur Teilnichtigkeit**, der **Vergütungsanspruch** des Unternehmers bleibt bestehen. Auch eine Verringerung der vereinbarten Vergütung ist abzulehnen, da dem Auftraggeber ja sämtliche Gewährleistungsansprüche bestehen bleiben, wobei der Auftragnehmer etwaige Nachbesserungen gemäß §§ 634 Nr. 1, 635 BGB durch einen eingetragenen Betrieb ausführen lassen muss. 294

Der Auftraggeber hat, wenn er davon **Kenntnis erlangt**, dass der Auftragnehmer gegen das SchwArbG verstößt, die Möglichkeit, über das weitere Schicksal des Vertrags und damit seine Vergütungspflicht zu entscheiden. Er kann die **weitere Durchführung** des Vertrags verlangen – der Auftragnehmer muss in diesem Fall einen eingetragenen Betrieb beauftragen[4] – oder den Vertrag wegen Irrtums über eine wesentliche Eigenschaft des Auftragnehmers – die Eintragung in der Handwerksrolle – gemäß § 119 Abs. 2 BGB oder wegen arglistigen Verhaltens des Vertragspartners nach § 123 BGB **anfechten**. Daneben kommt eine **Kündigung** aus wichtigem Grund in Betracht. Die Anfechtungs- oder Kündigungserklärung muss dem Auftragnehmer zugehen, der Auftraggeber trägt hierfür die Beweislast. 295

---

1 LG Mainz, NJW-RR 1998, 48; LG Bonn, NJW-RR 1991, 180; Staudinger/*Sack*, § 134 Rz. 279 f.; MünchKomm/*Mayer-Maly*, § 134 Rz. 63; *Canaris*, NJW 1985, 2404.
2 LG Mainz, NJW-RR 1998, 48, 49; LG Bonn, NJW-RR 1991, 180, 181.
3 OLG Nürnberg, BauR 2000, 1494 ff. m. w. N.
4 BGH, NJW 1984, 1175, 1176.

3. Beiderseitiger Verstoß gegen das SchwArbG

296 Sind sich sowohl Auftraggeber als auch Auftragnehmer bewusst, dass der Werkvertrag gegen das Gesetz zur Verhinderung von Schwarzarbeit verstößt, so hat dies zur Folge, dass der Vertrag **insgesamt** gemäß § 134 BGB **nichtig** ist.[1] Die Ansprüche des Unternehmers gegen den Auftraggeber können also nur aus dem Rückabwicklungsverhältnis des Vertrags abgeleitet werden. Als Anspruchsgrundlage kommen hier allerdings lediglich die Vorschriften des Bereicherungsrechts in Betracht. Ansprüche aus Geschäftsführung ohne Auftrag gemäß §§ 677, 683 Satz 1, 670 BGB sind nach Ansicht des BGH ausgeschlossen, weil der Auftragnehmer die Aufwendungen insofern nicht nach den Umständen für erforderlich halten durfte, als diese einer gesetzlich verbotenen Tätigkeit entspringen.[2] Die Literatur lehnt bereits die Tatbestandsvoraussetzung des fremden Geschäfts, des Fremdgeschäftsführungswillens bzw. des fehlenden Auftrags ab.

297 Mithin kann sich ein Anspruch des Unternehmers allenfalls aus den Vorschriften der **ungerechtfertigten Bereicherung** ergeben. Der Tatbestand des § 812 Abs. 1 Satz 1, 1. Alt. BGB ist regelmäßig erfüllt, der Auftraggeber erlangt durch die vom Unternehmer rechtsgrundlos erbrachte Leistung das vereinbarte Werk. Auch der BGH nimmt dies an, obwohl die berechtigte Geschäftsführung ohne Auftrag, deren Tatbestand er bejaht, an sich ein Rechtsgrund ist. Daneben ist der Tatbestand des neben § 812 Abs. 1 Satz 1 BGB anwendbaren **§ 817 Satz 1 BGB** meist verwirklicht, der Auftraggeber verstößt durch die Annahme der Leistung gegen § 2 SchwArbG, der ein gesetzliches Verbot im Sinne der §§ 134, 817 Satz 1 BGB ist.

298 Umstritten ist jedoch, ob eine **Kondiktionssperre** eingreift. Namentlich geht es um § 814 BGB und § 817 Satz 2 BGB, wobei § 817 Satz 2 BGB auch auf den Anspruch aus § 812 Abs. 1 Satz 1 BGB anwendbar ist, § 814 BGB jedoch nicht auf § 817 Satz 1 BGB.

299 § 814 BGB ist restriktiv auszulegen, er ist regelmäßig nicht erfüllt, wenn der Unternehmer seine Leistung in der Hoffnung erbringt, auch der Auftraggeber werde sich „vertragstreu" verhalten. Problematischer ist insoweit § 817 Satz 2 BGB. Dem Wortlaut nach, der nach allgemeiner Ansicht in verschiedener Hinsicht modifiziert wird, wäre die Rückforderung der erbrachten Leistung bzw. Wertersatz gemäß § 818 Abs. 2 BGB ausgeschlossen, da der leistende Auftragnehmer ebenfalls gegen ein gesetzliches Verbot – § 1 SchwArbG – verstoßen hat.

300 Der BGH **schränkt** in diesen Fällen **§ 817 Satz 2 BGB** jedoch **teleologisch ein**. Es sei unbillig, dem Auftragnehmer, der häufig in der wirtschaftlich und sozial schwächeren Situation sei, den Anspruch zu versagen. Nachdem er in Vorleistung getreten sei, könne er nicht vollkommen leer ausgehen. Dies widerspräche dem Gerechtigkeitsgefühl. Durch die Bußgelddrohung in §§ 1 Abs. 2, 2 Abs. 2 SchwArbG – bis zu 100 000 Euro – sei der Verstoß hinreichend sanktioniert. Der Auftraggeber dürfe hieraus keine Vorteile ziehen.

---

1 BGH, NJW 1990, 2542; BGHZ 85, 39, 42; OLG Köln, NJW-RR 1990, 251.
2 BGH, NJW 1990, 2542.

Diese Ansicht ist mit einem Teil der Literatur[1] abzulehnen. § 817 Satz 2 BGB verfolgt nicht das Anliegen, materielle Gerechtigkeit herzustellen. Vielmehr soll die drohende Ungerechtigkeit, die sich aus dem **Verlust des Vergütungsanspruchs** ergibt, der Abschreckung dienen und Vorleistungen durch das damit eingegangene Risiko unattraktiv machen. Nichtige Verträge sind dann faktisch nicht mehr vollziehbar. Dies stellt eine noch wirksamere Sanktion als die bloße Bußgeldbewehrung dar. Der Gewinn des Auftraggebers kann und soll über § 17 Abs. 4 OWiG abgeschöpft werden, es wäre sinnlos, ihn erst dem Auftragnehmer zuzusprechen und dann diesem wieder abzunehmen. Auch die Annahme, der Unternehmer sei regelmäßig die unterlegene Partei, entspricht der Realität nur selten. Richtigerweise hat der Unternehmer daher auch keine Ansprüche aus den §§ 812, 817 BGB, der Vergütungsanspruch entfällt.

301

Nach der **Ansicht des BGH** steht dem Auftragnehmer gemäß § 818 Abs. 2 BGB zwar **Wertersatz**, nicht aber die volle vereinbarte oder übliche Vergütung zu.[2] Abgesehen von den Schwierigkeiten, die üblicherweise für Schwarzarbeiten bezahlte Vergütung zu bestimmen, ist ein Abzug vorzunehmen, da der Auftraggeber **keine Gewährleistungsansprüche** hat. Dieser Abschlag soll erheblich sein und in der Regel mindestens 15 % der ursprünglich vereinbarten Vergütung betragen.[3] Die vereinbarte Vergütung stellt die Obergrenze dar, über die die übliche Vergütung oder der tatsächliche Wert des Erlangten nicht hinausgehen dürfen.

302

---

1 MünchKomm/*Lieb*, § 817 Rz. 34; Staudinger/*Lorenz*, § 817 Rz. 10; *Kern*, JuS 1993, 193, 195.
2 BGH, NJW 1990, 2542, 2543.
3 BGH, NJW 1990, 2452; OLG Düsseldorf, NJW-RR 1993, 884.

Teil 22
Abrechnung der Bauleistung

	Rz.
I. Allgemeines	1
II. Voraussetzungen für die Abrechnung	13
1. Grundlagen	14
2. Erstellung des Aufmaßes gemäß § 14 Nr. 2 VOB/B	18
a) Gemeinsame Erstellung des Aufmaßes	19
b) Gestaltung des Aufmaßes	24
c) Wirkung des Aufmaßes	30
3. Das Aufmaß beim BGB-Vertrag	39
III. Abrechnungsweise	43
1. Allgemeines	43
2. Einheitspreisvertrag	45
a) Form	46
b) Anlagen zur Schlussrechnung	49
c) Gesonderte Ausweisung von geänderten und zusätzlichen Leistungen	50
d) VOB/C	53
3. Pauschalpreisvertrag	54
a) Form	55
b) Abrechnung bei Änderung des Leistungsumfangs	57
IV. Anforderungen an die Prüffähigkeit	59
1. Allgemeines	59
2. Einheitspreisvertrag	70
3. Pauschalpreisvertrag	74
4. BGB-Vertrag	78
5. Vorzeitig beendeter Bauvertrag	79
a) Einheitspreisvertrag	81
b) Pauschalpreisvertrag	83
V. Schlussrechnung	92
1. Fristen	93
a) Allgemeines	93
b) Berechnung der Fristen gemäß § 14 Nr. 3 VOB/B	95
2. Ausschluss- und Anerkenntniswirkung der Schlusszahlung	101
3. Erstellung der Schlussrechnung durch den Auftraggeber	104
a) Allgemeines	105
b) Voraussetzungen	111
c) Rechtsfolgen	115
VI. Abrechnung von Stundenlohnarbeiten	118
1. Allgemeines	118
2. Vereinbarung	125
3. Anzeige	133
4. Stundenlohnzettel	139
5. Prüfung	147
6. Rechnung	158
7. BGB-Vertrag	161

I. Allgemeines

Der Auftragnehmer hat nach Abschluss seiner Arbeiten bzw. nach Fertigstellung einer in sich abgeschlossenen Teilleistung die Obliegenheit, die von ihm erbrachten Leistungen gegenüber dem Auftraggeber in einer prüfbaren, das heißt nachvollziehbaren Weise abzurechnen. Liegt dem Werkvertrag die VOB/B zugrunde, so ist die **prüfbare Abrechnung** gemäß § 14 VOB/B ebenso Fälligkeitsvoraussetzung für den Anspruch auf Vergütung, wie die **Abnahme** gemäß § 12 VOB/B. 1

Auch der Anspruch auf eine Abschlagszahlung gemäß § 16 Nr. 1 Abs. 1 Satz 1 VOB/B setzt zu seiner Fälligkeit die Vorlage einer Aufstellung der erbrachten Teilleistung gemäß § 16 Nr. 1 Abs. 1 Satz 2 VOB/B voraus, die ebenso wie eine Schlussrechnung prüfbar sein muss. Wenn ein Zahlungsplan vereinbart ist, muss der jeweilige Fertigstellungsstand nachprüfbar angegeben werden. 2

3 Demgegenüber ist in den Regelungen des BGB zum Werkvertrag die Vorlage einer prüfbaren Abrechnung nicht ausdrücklich als Fälligkeitsvoraussetzung für den Anspruch auf Vergütung vorgesehen. Der Werklohn wird daher beim **BGB-Werkvertrag** grundsätzlich mit der **Abnahme** fällig, ohne dass der Auftragnehmer zusätzlich eine Schlussrechnung erteilen muss, um die Fälligkeit seiner Werklohnforderung zu begründen[1] (siehe hierzu ausführlich oben Teil 21 Rz. 256).

4 Ist der Werkvertrag in einer Weise gestaltet, dass erst nach Fertigstellung des Werks ermittelt werden kann, welche Leistungen tatsächlich vom Auftragnehmer erbracht und dementsprechend vom Auftraggeber zu vergüten sind, hat der Auftragnehmer gleichwohl prüffähig abzurechnen. Die Pflicht zur prüffähigen Abrechnung ist insoweit als **vertragliche Nebenleistungspflicht** des Auftragnehmers zu werten.[2] Dies ist zum einen der Fall, wenn es sich um einen Einheitspreisvertrag handelt, bei dem generell erst nach Beendigung der Arbeiten die tatsächlich angefallenen Mengen festgestellt werden können; zum anderen ist dies der Fall, wenn ein Pauschalpreisvertrag vorliegt, der nach Vertragsschluss wesentliche Änderungen hinsichtlich der Art und Weise der Ausführungen bzw. verwendeten Mengen erfahren hat.[3]

5 **Hinweis:**

Für den Auftragnehmer ist es in jedem Fall ratsam, nach der Abnahme dem Auftraggeber eine Schlussrechnung vorzulegen, die den Anforderungen an die Prüffähigkeit entspricht. Stellt sich beispielsweise in einem Prozess heraus, dass entgegen der ursprünglichen Annahme doch eine prüfbare Schlussrechnung Fälligkeitsvoraussetzung für den geltend gemachten Anspruch ist, kann die Erstellung einer prüfbaren Schlussrechnung aufgrund der verstrichenen Zeit große Schwierigkeiten bereiten bzw. unmöglich geworden sein. Der Anspruch wäre sodann nicht mehr durchsetzbar.

6 Hintergrund der Verpflichtung zur Vorlage einer prüfbaren Abrechnung ist, dass der Auftraggeber den geltend gemachten Anspruch dem Grunde und der Höhe nach kontrollieren können soll.[4] Dieses Informations- und Kontrollinteresse des Auftraggebers bestimmt und begrenzt auch die Anforderungen an die **Darstellungsweise**, den Umfang und den Grad der differenzierten Beschreibung der erbrachten Leistung innerhalb der Schlussrechnung. Die maßgeblichen Kriterien hierfür sind die vertraglichen Vereinbarungen sowie die Kenntnisse und Fähigkeiten des Auftraggebers bzw. der von ihm eingesetzten Hilfspersonen.[5]

7 Hat der Auftraggeber beispielsweise einen Architekten bzw. Ingenieur beauftragt, so muss die Abrechnung lediglich für diesen prüfbar und nachvollziehbar sein. In diesem Fall ist es nicht erforderlich, die Rechnung in einer Weise zu gestalten, dass ein nicht fachkundiger Auftraggeber die Schlussrechnung selbst prüfen

---

1 BGH, BauR 1981, 199, 200; OLG Stuttgart, NJW-RR 1994, 17 m. w. N.; OLG Celle, NJW 1986, 327; *Kleine-Möller/Merl/Oelmaier*, Handbuch des privaten Baurechts, § 10 Rz. 132.
2 OLG Dresden, BauR 2000, 103.
3 *Kleine-Möller/Merl/Oelmaier*, Handbuch des privaten Baurechts, § 10 Rz. 132.
4 BGH, NJW 1987, 2582, 2584.
5 BGH, BauR 2000, 1485; BGH, NJW-RR 1999, 1180.

Allgemeines   Rz. 12 **Teil 22**

kann. (Zu den Anforderungen an die Prüffähigkeit der Schlussrechnung im Einzelnen siehe ausführlich unter Rz. 59 ff.)

Die VOB/B enthält in § 14 Regelungen bezüglich der Abrechnung, wobei § 14 Nr. 1 Satz 1 VOB/B zunächst der Grundsatz der **Prüfbarkeit** einer Abrechnung niederlegt und die nachfolgenden Sätze 2 bis 4 konkrete Anforderungen an die Prüfbarkeit enthalten. 8

In § 14 Nr. 2 VOB/B ist bestimmt, auf welche Weise die vom Auftragnehmer in seiner Schlussrechnung niederzulegenden Feststellungen über die tatsächlich erbrachten Leistungen zu treffen sind. Zentraler Inhalt dieser Regelung ist, dass die Vertragsparteien möglichst gemeinsam den **Umfang der geleisteten Arbeiten** in einem gemeinsamen Aufmaß feststellen. Ausgangsgedanke dabei ist zunächst, dass Umfang und Mangelfreiheit der erbrachten Leistungen lediglich am Bauwerk selbst zu ermitteln sind.[1] Daher ist in § 14 Nr. 2 Satz 3 VOB/B für Leistungen, die bei weiterem Baufortschritt nur noch schwer bzw. gar nicht mehr nachgeprüft werden können, auch festgelegt, dass das Aufmaß direkt nach Fertigstellung dieser Arbeiten zu ermitteln ist. Die Erstellung eines gemeinsamen **Aufmaßes** dient aber auch dazu, Streitigkeiten zwischen den Parteien über den tatsächlich erbrachten Leistungsumfang und die Leistungsgüte möglichst bereits im Vorfeld zu vermeiden, indem beide Parteien gemeinsame Feststellungen treffen sollen (siehe hierzu Rz. 19). 9

In § 14 Nr. 3 VOB/B ist festgelegt, innerhalb welcher **Frist** die Schlussrechnung nach Fertigstellung der vertraglich vereinbarten Leistung zu erteilen ist (siehe hierzu Rz. 93). § 14 Nr. 4 VOB/B befasst sich mit der Frage, wie vorzugehen ist, wenn der Auftragnehmer entgegen seiner Verpflichtung eine prüfbare Schlussrechnung **nicht** vorlegt. In diesem Fall kann der Auftraggeber nach fruchtlosem Ablauf einer angemessenen Frist die Schlussrechnung auf Kosten des Auftragnehmers erstellen (siehe hierzu Rz. 104). 10

Sofern der Auftragnehmer **Stundenlohnarbeiten** abrechnen möchte, bestimmen sich die Anforderungen an die Abrechnung gemäß § 15 Nr. 1 VOB/B. In § 15 Nr. 1 Abs. 1 VOB/B ist festgelegt, dass Stundenlohnarbeiten entsprechend der vertraglichen Vereinbarungen abgerechnet werden müssen. Daher können Stundenlohnarbeiten überhaupt nur dann abgerechnet werden, wenn sie vertraglich vereinbart wurden. Liegt keine entsprechende vertragliche Vereinbarung vor, kann der Auftragnehmer gemäß § 2 Nr. 10 VOB/B auch keine gesonderte Vergütung für Stundenlohnarbeiten verlangen. 11

Beinhaltet die vertragliche Vereinbarung der Stundenlohnarbeiten keine Regelung zur Höhe der Vergütung, ist gemäß § 15 Nr. 1 Abs. 2 Satz 1 VOB/B die **ortsübliche** Vergütung geschuldet. Sofern auch diese nicht zu ermitteln ist, hat der Auftragnehmer die Stundenlohnarbeiten entsprechend der in § 15 Nr. 1 Abs. 2 Satz 2 VOB/B enthaltenen Vorgaben abzurechnen. (Zur Abrechnung von Stundenlohnarbeiten vgl. ausführlich unten Rz. 118) 12

---

1 *Ingenstau/Korbion*, VOB-Kommentar, B § 14 Nr. 2 Rz. 1.

II. Voraussetzungen für die Abrechnung

13 Der Auftragnehmer hat zunächst festzustellen, welche Leistungen er tatsächlich erbracht hat, um überhaupt in der Lage zu sein, seine erbrachten Leistungen in prüffähiger Weise abrechnen zu können.

1. Grundlagen

14 Beim **Einheitspreisvertrag** kann nur durch die Feststellung der tatsächlich erbrachten Leistung nach Beendigung der Ausführungen die letztlich geschuldete Vergütung bestimmt werden. Vertraglich sind nur die Preise pro Leistungseinheit fest vereinbart, nicht jedoch, welche Leistungsmengen tatsächlich zur Verwirklichung des geschuldeten Bauerfolgs notwendig sind. Die Erstellung eines Aufmaßes ist daher beim Einheitspreisvertrag generell erforderlich.

15 Dagegen ist beim **Pauschalpreisvertrag** die geschuldete Leistung bereits bei Vertragsschluss sowohl hinsichtlich Art als auch Umfang konkret bestimmt. Die Erstellung eines Aufmaßes ist daher nur erforderlich, wenn sich ursprünglich vertraglich vereinbarte Leistungen nachträglich verändert haben und aus diesem Grunde Änderungen der vertraglich vereinbarten Vergütung gemäß § 2 Nr. 4 bis 6 VOB/B verlangt werden können.[1] Ansonsten ist ein Aufmaß nicht erforderlich, kann jedoch zwischen den Parteien vereinbart werden. Dies ist gerade beim pauschalierten Einheitspreisvertrag zu empfehlen, um festzustellen, ob die vertraglich vereinbarten Leistungsmengen auch tatsächlich erbracht wurden. Je nach dem Grad der Detaillierung des Leistungsverzeichnisses kann es hier sogar zwingend erforderlich sein, ein Aufmaß zu erstellen, wenn nicht anders festgestellt werden kann, ob der vertraglich vereinbarte Leistungsumfang auch tatsächlich erbracht ist.

16 Das **Aufmaß** ist gemäß § 14 Nr. 2 Satz 1 VOB/B **entsprechend dem Fortgang** der Leistung zu erstellen. Der Schlussrechnung sind die tatsächlich erbrachten Leistungsmengen zugrunde zu legen. Diese wären möglicherweise nicht mehr zu ermitteln, wenn lediglich die Verpflichtung bestünde, erst nach Beendigung der Bauarbeiten das Aufmaß zu nehmen. Bestimmte Leistungsteile könnten unter Umständen nicht mehr hinreichend genau ermittelt werden.

17 **Hinweis:**
Unter Umständen kann bereits einer gemeinsamen Festlegung von Auftraggeber und Auftragnehmer unmittelbar vor Erbringung der geschuldeten Bauleistung die Wirkung eines gemeinsamen Aufmaßes **mit feststellendem Charakter** zukommen. Dies ist beispielsweise der Fall, wenn die tatsächlich erbrachten Leistungsmengen auch direkt nach Beendigung der Arbeitsleistungen nicht mehr ohne Zerstörung des Bauwerks festgestellt werden können.[2]

Von der Verpflichtung, entsprechend der tatsächlich erbrachten Leistungen abzurechnen, kann auch nicht ohne weiteres abgewichen werden. Eine Vereinbarung in den Allgemeinen Geschäftsbedingungen des Auftragnehmers, nach der das

---

1 *Ingenstau/Korbion*, VOB-Kommentar, B § 14 Nr. 2 Rz. 1.
2 OLG Braunschweig, BauR 2001, 412, 413 f.

Aufmaß nicht anhand der tatsächlich erbrachten Leistung, sondern nur anhand eines **abstrakten Plans** vorgenommen werden soll, ist ungültig.[1]

2. Erstellung des Aufmaßes gemäß § 14 Nr. 2 VOB/B

Wie bereits ausgeführt, bildet das Aufmaß die Grundlage für die Abrechnung der Bauleistung. In § 14 Nr. 2 Satz 1 VOB/B ist hierzu festgelegt, dass die entsprechenden Feststellungen **möglichst gemeinsam** von Auftraggeber und Auftragnehmer vorzunehmen sind.

a) Gemeinsame Erstellung des Aufmaßes

Aus der Formulierung des § 14 Nr. 2 Satz 1 VOB/B, nach der das Aufmaß möglichst gemeinsam genommen werden **soll**, ergibt sich, dass es sich hierbei um keine zwingende Vorschrift handelt. Eine vertragliche Verpflichtung, gemeinsame Feststellungen zu treffen, besteht somit nicht.[2] Gleichwohl ergeben sich Konsequenzen, wenn der Auftraggeber seine Mitwirkung an der Feststellung der tatsächlich erbrachten Leistungen verweigert.

Das gemeinsame Aufmaß dient dazu, vor Ort die tatsächlich erbrachten Bauleistungen festzustellen. Der **Auftragnehmer** ist bezüglich dieser Feststellungen grundsätzlich **beweispflichtig**. Verweigert der Auftraggeber dem Auftragnehmer endgültig die Möglichkeit, die Feststellung der tatsächlich erbrachten Leistungen von ihm bestätigt zu erhalten, wäre es unbillig, dem Auftragnehmer gleichwohl weiterhin die Beweislast hierfür aufzuerlegen. Der Auftragnehmer kann daher, wenn der Auftraggeber der Aufforderung zur Erstellung eines gemeinsamen Aufmaßes nicht nachkommt, die tatsächlich erbrachten Leistungen alleine feststellen. Die Richtigkeit des vom Auftragnehmer erstellten Aufmaßes wird sodann unterstellt. Erhebt der Auftraggeber hiergegen Einwände, so muss er diesbezüglich substantiiert vortragen. Die **Beweislast** bezüglich der Widerlegung der Richtigkeit der vom Auftragnehmer allein vorgenommenen Feststellungen **geht auf den Auftraggeber über**.

Wie sich aus der Formulierung „gemeinsam" ergibt, soll das Aufmaß vom Auftraggeber und Auftragnehmer erstellt werden. Eine persönliche Beteiligung des Auftraggebers ist hierfür jedoch nicht erforderlich. Hat der Auftragnehmer einen **Architekten** oder Ingenieur mit der technischen Bauoberleitung oder der örtlichen Bauleitung beauftragt, so ist dieser auch ohne ausdrückliche Bevollmächtigung **befugt** (und gemäß § 15 HOAI bei Übertragung der Leistungsphase 8 auch vertraglich verpflichtet), das Aufmaß für den Auftraggeber zu erstellen.[3] Der Architekt kann wiederum die tatsächliche Überprüfung des Aufmaßes bzw. der zugrunde liegenden Berechnungen seinerseits einer in seinem Verantwortungsbereich stehenden, **geeigneten Hilfskraft** bzw. einem Angestellten übertragen.[4]

---

1 OLG Karlsruhe, NJW-RR 1989, 52 f.
2 Vgl. *Heiermann/Riedl/Rusam*, VOB, B § 14 Rz. 32; *Ingenstau/Korbion*, VOB-Kommentar, B § 14 Nr. 2 Rz. 4.
3 OLG Stuttgart, BauR 1972, 317; OLG Hamm, BauR 1992, 242; *Löffelmann/Fleischmann*, Architektenrecht, Rz. 444; *Ingenstau/Korbion*, VOB-Kommentar, B § 14 Nr. 2 Rz. 16; *Meissner*, BauR 1987, 497, 506 für den Architekten.
4 OLG Stuttgart, BauR 1972, 317.

Unterlässt der Architekt die Erstellung eines Aufmaßes aus Gründen, die in seinen Pflichtenkreis fallen, so hat er seinem Auftraggeber für die hieraus möglicherweise entstehenden Schäden zu haften.[1]

22 Wie bereits mehrfach ausgeführt, dient das Aufmaß dazu, den Umfang der tatsächlich erbrachten Leistungen zu ermitteln. Dementsprechend ist bezüglich des Zeitpunkts zur Erstellung des Aufmaßes in § 14 Nr. 2 Satz 3 VOB/B festgelegt, dass für Leistungen, die bei Weiterführung der Bauarbeiten im Nachhinein nicht mehr bzw. nur noch schwer festzustellen sind, **unmittelbar nach** deren **Fertigstellung** das Aufmaß zu nehmen ist. Da die Feststellung der tatsächlich erbrachten Leistungen eine Obliegenheit des Auftragnehmers ist, muss dieser den Auftraggeber hiervon **in Kenntnis setzen** und mit diesem einen Termin vereinbaren. Bei der Terminfindung muss darauf geachtet werden, dass durch die gemeinsamen Feststellungen die Weiterführung der Arbeiten nicht behindert wird. Dies betrifft insbesondere die Fälle, in denen auf die fertig gestellten und aufzumessenden Teilleistungen aufgebaut wird. Kommt der Auftragnehmer dieser Verpflichtung nicht nach, so dass durch die verspätete Aufnahme entweder Verzögerungen des Bauablaufs eintreten oder zusätzliche Kosten erforderlich werden, um die tatsächlich erbrachten Leistungen festzustellen, haftet der Auftragnehmer aus den Grundsätzen der positiven Vertragsverletzung.[2]

23 Wie bereits oben angesprochen, ist das Verhalten des Auftraggebers, welcher der Aufforderung des Auftragnehmers, gemeinsam das Aufmaß zu erstellen, nicht nachkommt, in zweierlei Hinsicht nachteilig. Er kann entsprechend den Grundsätzen der positiven Vertragsverletzung zum Ersatz aller Schäden herangezogen werden, die aufgrund der von ihm verursachten Verzögerung der Erstellung des gemeinsamen Aufmaßes entstanden sind. Weigert sich der Auftraggeber endgültig, sich an der Erstellung eines Aufmaßes zu beteiligen, so erfolgt des Weiteren eine Beweislastumkehr, wenn der Auftragnehmer ein den einschlägigen Bestimmungen entsprechendes Aufmaß erstellt. Sofern der Auftraggeber mit diesem Aufmaß nicht einverstanden ist, obliegt ihm die Verpflichtung, hiergegen substantiiert vorzutragen.[3]

b) Gestaltung des Aufmaßes

24 Gemäß §§ 1 Nr. 2, 14 Nr. 2 Satz 2 VOB/B sind zur Erstellung des Aufmaßes die einschlägigen Bestimmungen der technischen Vertragsbedingungen sowie der weiteren Vertragsunterlagen zu beachten. Somit kommt es neben den individualvertraglichen Vereinbarungen entscheidend auf die **Vorgaben der VOB/C** an. In DIN 18299, Allgemeine Regelungen für Bauarbeiten jeder Art, ist in Nummer 5 ausdrücklich festgelegt, dass die Leistungen aus Zeichnungen zu ermitteln sind, jedenfalls dann, wenn die tatsächlich ausgeführten Leistungen diesen Zeichnungen entsprechen.

---

1 Vgl. *Locher/Koeble/Frik*, Kommentar zur HOAI, § 15 Rz. 186.
2 Vgl. *Ingenstau/Korbion*, VOB-Kommentar, B § 14 Nr. 2 Rz. 19.
3 Vgl. *Ingenstau/Korbion*, VOB-Kommentar, B § 14 Nr. 2 Rz. 19 m. w. N.

Hinweis: 25
Will der Auftragnehmer gegenüber privaten Auftraggebern die Leistungen aus dem Bauvertrag entsprechend den jeweiligen Abrechnungsbestimmungen der VOB/C abrechnen, so muss dem Auftraggeber bei Vertragsschluss nicht nur der Text der VOB/B kenntlich gemacht, d. h. **vorgelegt sein**, sondern darüber hinaus auch noch die jeweilige **Abrechnungsbestimmung** der VOB/C, da diese sonst gemäß § 2 AGBG nicht wirksamer Vertragsbestandteil wird.[1]

Weicht eine Partei einseitig von den Abrechnungsbestimmungen der VOB/C ab, kommt den so getroffenen Feststellungen **kein** bindender Charakter für die Vertragsparteien zu.[2] 26

Ist die VOB/B wirksamer Vertragsbestandteil geworden, so sind die Regelungen des jeweiligen Abschnitts 5 der VOB/C über §§ 14 Nr. 2 Satz 2, 1 Nr. 1 VOB/B zur Erstellung des Aufmaßes heranzuziehen. Hiervon können die Parteien allerdings einvernehmlich abweichen, eine entsprechende Vereinbarung bedarf dann jedoch der Schriftform.[3] 27

In den einzelnen Vertragsbedingungen für die in DIN 18300 bis 18451 normierten Bauleistungen sind jeweils in Nummer 5 präzise Vorschriften enthalten, wie die Abrechnung und demzufolge das Aufmaß zu erstellen sind. Bei der Erstellung des Aufmaßes anhand dieser Vorgaben ist es allerdings nicht zwingend erforderlich, dass die Parteien die Messungen vor Ort durchführen. Der in DIN 18299 festgelegte Grundsatz, dass die Feststellungen **anhand von Zeichnungen** vorzunehmen sind, soweit dies möglich ist, hat auch hier Gültigkeit.[4] Die Frage, ob die tatsächlich erbrachten Leistungen den Zeichnungen entsprechen, ist vom Architekten des Auftragnehmers gegebenenfalls im Vorhinein zu klären, soweit übereinstimmend eine Aufmaßnahme nur anhand von Zeichnungen erfolgen soll.[5] 28

Die erbrachten Bauleistungen sind grundsätzlich **nach den exakten Massen** genau abzurechnen.[6] Hierbei ist allerdings zu beachten, dass in den jeweiligen Abschnitten 5 der VOB/C Vorgaben enthalten sein können, inwiefern die tatsächlich erbrachten Leistungen im Rahmen der Abrechnung **auf- bzw. abgerundet** werden können.[7] Eine Aufmaßerstellung dergestalt, dass die tatsächlich erbrachten Leistungen lediglich geschätzt oder durch ein Näherungsverfahren ermittelt werden, ist unzulässig; die Anwendung der Simpson'schen Formel ist jedoch als ausreichend anzusehen.[8] 29

c) Wirkung des Aufmaßes

Die Höhe der zu entrichtenden Vergütung kann beim Einheitspreisvertrag, unter Umständen auch beim Pauschalpreisvertrag (siehe oben Rz. 15) erst bestimmt 30

---
1 Vgl. *Cuypers*/Beckscher VOB-Kommentar, § 14 Rz. 38.
2 *Ingenstau/Korbion*, VOB Kommentar, B § 14 Nr. 2 Rz. 17.
3 Vgl. *Cuypers*/Beckscher VOB-Kommentar, § 14 Rz. 44.
4 OLG Hamm, BauR 1992, 242, 243.
5 *Löffelmann/Fleischmann*, Architektenrecht, Rz. 441.
6 OLG Düsseldorf, NJW-RR 1992, 217; *Ingenstau/Korbion*, VOB-Kommentar, B § 14 Nr. 2 Rz. 18.
7 Vgl. *Cuypers*/Beckscher VOB-Kommentar, § 14 Rz. 33.
8 OLG Düsseldorf, NJW-RR 1992, 217.

werden, wenn festgestellt wurde, welche Leistungen vom Auftragnehmer erbracht wurden. Wie bereits ausgeführt, soll diese Festlegung durch das gemeinsame Aufmaß getroffen werden.

31 Die rechtliche Wirkung des gemeinsamen Aufmaßes für die Parteien bedarf hierbei näherer Betrachtung. Aus dem Zweck des gemeinsamen Aufmaßes, gesicherte Feststellungen für die tatsächlich erbrachten Leistungen zu treffen, ergibt sich, dass das Aufmaß eine **Anerkenntniswirkung** haben soll.[1] Nicht eindeutig ist jedoch, wie weit die Bindungswirkung eines solchen Anerkenntnis reicht, d. h. welcher rechtliche Charakter dieser Festlegung beizumessen ist. Dies ist insbesondere für die Frage, auf welche Weise sich die Parteien von einmal getroffenen Festlegungen ggf. wieder lösen können, relevant.

32 In der Rechtsprechung und Literatur wird weitgehend vertreten, dass das gemeinsame Aufmaß als **deklaratorisches Schuldanerkenntnis** zu werten ist[2], mit der Folge, dass den Parteien gegen ein solches Anerkenntnis nur noch diejenigen Einwendungen zur Verfügung stehen, von denen zur Zeit der Abgabe der Erklärung nichts bekannt war und mit denen nicht gerechnet werden musste.[3]

33 Die Verwendung des gesetzlich nicht normierten Begriffs des deklaratorischen oder auch kausalen Schuldanerkenntnisses[4] ist missverständlich, er darf nicht mit dem in § 781 BGB normierten **abstrakten Schuldanerkenntnis** verwechselt werden. Ein abstraktes Schuldanerkenntnis begründet eine neue eigenständige vertragliche Verpflichtung. Ein gemeinsames Aufmaß beschränkt sich jedoch auf **tatsächliche Feststellungen**. Eine eigenständige neue vertragliche Verpflichtung wollen die Parteien mit der Erstellung eines gemeinsamen Aufmaßes nicht eingehen, denn, wie bereits ausgeführt, es besteht dessen Zweck lediglich darin, Feststellungen tatsächlicher Natur zu treffen. Ein Aufmaß ist somit kein abstraktes Schuldanerkenntnis im Sinne des § 781 BGB.[5]

34 Die von den Parteien beabsichtigte Wirkung eines deklaratorischen Schuldanerkenntnisses ist, bestimmte Punkte eines bereits bestehenden Vertragsverhältnisses dem Streit oder zumindest der Ungewissheit zu entziehen.[6] Es soll kein neuer Anspruch begründet, sondern Ungewissheit über das Bestehen eines dem Grunde nach bereits begründeten Anspruchs beseitigt werden[7] (beim Aufmaß wird sich diese Wirkung überwiegend auf die Höhe des Anspruchs beziehen). Das deklaratorische Schuldanerkenntnis hat somit **vergleichsähnlichen Charakter**.[8]

35 Dieser Zweck lässt die Möglichkeit plausibel erscheinen, das gemeinsame Aufmaß mit einem Vergleichsvertrag gemäß § 779 BGB gleichzusetzen.[9] Ein Ver-

---

1 BGH, BauR 1977, 138.
2 OLG Hamm, BauR 1992, 242 f.; *Ingenstau/Korbion*, VOB-Kommentar, B § 14 Nr. 2 Rz. 9.
3 Vgl. BGH, BauR 1977, 138.
4 MünchKomm/*Hüffer*, BGB, § 780 Rz. 11.
5 *Ingenstau/Korbion*, VOB-Kommentar, B § 14 Nr. 2 Rz. 9; *Kleine-Möller/Merl/Oelmeier*, Handbuch des Privaten Baurechts, § 10 Rz. 171.
6 BGH, NJW 1995, 960, 961; BGH, BGHZ 66, 250, 255, 257.
7 MünchKomm/*Hüffer*, BGB, § 781 Rz. 3.
8 MünchKomm/*Hüffer*, BGB, § 781 Rz. 3; BGH, BGHZ 66, 250, 255.
9 Vgl. zur Rechtsnatur des gemeinsamen Aufmaßes auch OLG Stuttgart, BauR 1972, 317 f.

gleich setzt jedoch immer voraus, dass sich die Parteien aufeinander zubewegen. Dies ist bei einem Aufmaß, in dem lediglich tatsächliche Feststellungen getroffen werden, grundsätzlich nicht der Fall.[1] Lediglich in Ausnahmefällen wird das gemeinsame Aufmaß als Vergleich gemäß § 779 BGB einzustufen sein, wenn bereits in der Tatsache, dass gemeinsam aufgemessen wird, ein gegenseitiges aufeinander zubewegen gesehen werden kann (weil bei einem BGB-Vertrag vorher zwischen den Parteien beispielsweise strittig war, ob überhaupt ein Aufmaß genommen wird).

Aufgrund der weitgehenden Bindungswirkung ist für die Annahme des **Parteiwillens** zur Abgabe eines deklaratorischen Schuldanerkenntnisses bei der Erstellung eines gemeinsamen Aufmaßes eine bloße dahin gehende Vermutung nicht ausreichend. Es muss deutlich erkennbar sein, dass die Parteien mit dem Aufmaß diesen Zweck verfolgen wollen, da ein deklaratorisches Schuldanerkenntnis generell nur so weit reicht, wie es dem erklärten Willen der Parteien auch tatsächlich entspricht.[2] Dies ist nur dann der Fall, wenn vor Vereinbarung des deklaratorischen Schuldanerkenntnisses **tatsächlich Streit**, mindestens jedoch Ungewissheit über den tatsächlichen Umfang des Anspruchs besteht.[3] Dies wird beim gemeinsamen Aufmaß regelmäßig der Fall sein, da es gerade dazu dient, gesicherte Feststellungen über die tatsächlich erbrachten Leistungsmengen zu treffen und den Parteien hierdurch Klarheit und Sicherheit bezüglich der in der Schlussrechnung in Ansatz zu bringenden Leistungsmengen zu verschaffen. 36

Die **Bindungswirkung** hat zur Folge, dass die Beweislast umgekehrt wird, d. h. derjenige, der sich im Nachhinein auf Abweichungen beruft, ist ggf. beweispflichtig dafür, Abweichungen von den mittels gemeinsamem Aufmaß bestätigten und in der Abrechnung geltend gemachten Leistungsmengen nachzuweisen.[4] Da durch das gemeinsame Aufmaß die betreffenden Positionen der Ungewißheit bzw. dem Streit entzogen werden sollen, ergibt sich zudem, dass sich nur auf solche Umstände berufen werden kann, die zum Zeitpunkt der Erstellung des Aufmaßes nicht bekannt waren und mit denen nicht gerechnet werden musste.[5] 37

Da die Parteien durch das gemeinsame Aufmaß gerade keine neue, eigenständige vertragliche Verpflichtung eingehen wollen, ist es im Übrigen **nicht** erforderlich, dass seitens der das gemeinsame Aufmaß nachträglich anzweifelnden Partei die Tatbestandsvoraussetzungen der **Anfechtung** gemäß § 119 ff. BGB gegeben sind.[6] 38

Hinweis:
Mittels des gemeinsamen Aufmaßes wird gerade keine eigenständig neue vertragliche Verpflichtung begründet. Es soll lediglich einvernehmlich festgestellt werden, welche Bauleistungen tatsächlich in welcher Menge erbracht wurden. Dementsprechend ist auch nach einem gemeinsamen Aufmaß der Einwand nicht abgeschnitten, dass im Aufmaß festgestellte Mengen nicht Bestandteil des ver-

---

1 OLG Stuttgart, BauR 1972, 317 f.
2 BGH, BGHZ 66, 250, 254.
3 BGH, NJW 1995, 960, 961; BGHZ 66, 250, 257.
4 BGH, BauR 1977, 138 f.
5 BGH, BauR 1977, 138 f.
6 Vgl. *Cuypers*/Beckscher VOB-Kommentar, § 14 Rz. 9; a. A. *Ingenstau/Korbion*, VOB-Kommentar, B § 14 Nr. 2 Rz. 15.

traglichen Leistungsumfangs waren, festgestellte Leistungen von anderen Positionen bereits umfasst sind bzw. Leistungen fehlerhaft bei mehreren Positionen gleichzeitig abgerechnet wurden.[1]

Auch öffentliche Auftraggeber sind in der vorbeschriebenen Weise an die Feststellungen eines gemeinsamen Aufmaßes gebunden.[2]

3. Das Aufmaß beim BGB-Vertrag

39 Grundsätzlich gilt, dass beim BGB-Vertrag die Erteilung einer Schlussrechnung **nicht** zwingende **Fälligkeitsvoraussetzung** für den Vergütungsanspruch ist.[3] Wenn schon die Erstellung einer Schlussrechnung nicht Fälligkeitsvoraussetzung für den Vergütungsanspruch ist, so ist auch die Erstellung eines gemeinsamen Aufmaßes, welches lediglich dazu dient, die Schlussrechnung erstellen zu können, grundsätzlich nicht Fälligkeitsvoraussetzung. Etwas anderes ergibt sich, wenn die Vergütung der Bauleistung nach Einheitspreisen bzw. **tatsächlich erbrachten Leistungen** zu bestimmen ist. In diesem Fall hat auch der Auftragnehmer eines BGB-Bauvertrags eine prüfbare Abrechnung vorzulegen.[4]

40 Die Frage, ob auch beim BGB-Vertrag die Erstellung einer Schlussrechnung und damit die Erstellung eines gemeinsamen Aufmaßes zwingende Fälligkeitsvoraussetzung für den Anspruch ist, wird im Übrigen kontrovers diskutiert.[5] Sofern die Vorlage einer Schlussrechnung als Fälligkeitsvoraussetzung angesehen wird, ist folgerichtig die Erstellung eines gemeinsamen Aufmaßes ebenfalls notwendig. Dies ist grundsätzlich beim **Einheitspreisvertrag** der Fall; beim Pauschalpreisvertrag dann, wenn sich Änderungen des ursprünglich vereinbarten Leistungsumfanges ergeben. Insoweit ist das Aufmaß dann auch beim BGB-Vertrag Grundvoraussetzung dafür, eine prüffähige Rechnung zu erstellen.

41 Das Aufmaß ist entsprechend den bereits oben unter Rz. 18 ff. aufgezeigten Grundsätzen von Auftraggeber und Auftragnehmer möglichst gemeinsam anzufertigen. Dem Aufmaß kommt beim BGB-Vertrag die gleiche Wirkung zu, wie beim VOB/B-Vertrag. Die Parteien sind grundsätzlich an die gemeinsam getroffenen Feststellungen gebunden und können sich davon nur entsprechend der oben unter Rz. 31 aufgeführten Grundsätze wieder lösen.

42 **Hinweis:**

Selbstverständlich steht es den Parteien frei, sich bei Vertragsschluss darauf zu einigen, dass die Erstellung eines gemeinsamen Aufmaßes und mithin die Vorlage einer prüffähigen Schlussrechnung Fälligkeitsvoraussetzungen für den Anspruch auf Vergütung sind.[6] Eine solche Regelung ist in jedem Fall empfehlenswert, um möglichen Streitigkeiten über die erbrachten Leistungen und deren Vergütung bereits im Vorfeld wirksam entgegenzutreten.

---

1 BGH, BB 1992, 735.
2 BGH, BauR 1975, 211 ff.; *Ingenstau/Korbion*, VOB-Kommentar, B § 14 Nr. 2 Rz. 10.
3 BGH, BauR 1981, 199, 200; OLG Stuttgart, NJW-RR 1994, 17; *Kleine-Möller/Merl/Oelmaier*, Handbuch des Privaten Baurechts, § 10 Rz. 64.
4 *Kleine-Möller/Merl/Oelmaier*, Handbuch des Privaten Baurechts, § 10 Rz. 132 f.
5 Vgl. *Werner/Pastor*, Der Bauprozess, Rz. 1370 m. w. N.
6 BGH, MDR 1989, 152.

III. Abrechnungsweise

1. Allgemeines

Die Bauleistung ist mit der Schlussrechnung endgültig abzurechnen. Haben die Vertragsparteien zahlreiche **Einzelverträge** geschlossen, sind diese grundsätzlich jeweils eigenständig abzurechnen. Weder aus dem BGB, noch aus der VOB/B ergibt sich das Erfordernis einer objektbezogenen Schlussrechnung bei mehreren Einzelverträgen.[1]

In der Schlussrechnung hat der Auftragnehmer prüfbar seine erbrachten und – im Fall einer Kündigung – gegebenenfalls nicht erbrachten Bauleistungen einzustellen. Die Abrechnungsweise der erbrachten Werkleistung wird durch die VOB/B nur am Rande in § 14 Nr. 1 Satz 2 bis 4, Nr. 2 behandelt. Im Hinblick auf die Prüffähigkeit der Schlussrechnung (vgl. dazu ausführlich Rz. 59) werden **unterschiedliche Anforderungen** an die Form und den Inhalt der Abrechnung bei Einheitspreisverträgen und Pauschalpreisverträgen gestellt. Dazu im Einzelnen:

2. Einheitspreisvertrag

Die Vorgaben in § 14 Nr. 1 Satz 2 bis 4, Nr. 2 VOB/B sind auf den Regelfall des Einheitspreisvertrags zugeschnitten[2] und beschreiben den **Mindestinhalt** einer prüfbaren Schlussrechnung beim Einheitspreisvertrag.

a) Form

Gemäß § 14 Nr. 1 Satz 2 VOB/B sind die erbrachten Leistungen bei einem Einheitspreisvertrag in der Schlussrechnung grundsätzlich in der Reihenfolge und mit der Bezeichnung abzurechnen, wie sie der Vertrag bzw. das **Leistungsverzeichnis** vorgeben. Die bereits in den Vertragsgrundlagen enthaltenen Ordnungs- und Positionsziffern sollen verwendet werden. Nur ausnahmsweise kann davon abgerückt werden, wenn zuvor gestellte Abschlagsrechnungen bereits in solchen aufgeschlüsselt waren und der Auftragnehmer in seiner Schlussrechnung darauf Bezug nimmt[3] oder die Überprüfung der Rechnung gleichwohl nicht wesentlich erschwert wird.[4]

Des Weiteren müssen grundsätzlich die **erbrachten Mengen** für die einzelnen Positionen (Vordersätze) sowie der vereinbarte **Einheitspreis** pro Mengeneinheit angegeben werden. Daraus sind durch Multiplikation die Preise der einzelnen Positionen bzw. Abschnitte zu ermitteln. Die Addition dieser Preise ergibt den Nettogesamtpreis. Unter Berücksichtigung der angefallenen Umsatzsteuer berechnet sich der Bruttogesamtpreis.

In die Schlussrechnung sind bereits geleistete **Abschlagszahlungen** aufzunehmen, bei Unklarheiten im Einzelfall ggf. aufgeschlüsselt nach Datum, Betrag,

---
1 BGH, BauR 2000, 1485.
2 *Ingenstau/Korbion*, VOB-Kommentar, B § 14 Rz. 5; *Leinemann/Sterner*, VOB/B, § 14 Rz. 7; *Nicklisch/Weick*, VOB-Kommentar, § 14 Rz. 12.
3 BGH, BauR 1999, 1185, 1186.
4 OLG Brandenburg, BauR 2000, 583, 584.

Zahlungsweise und -empfänger.[1] Der so ermittelten Gesamtforderung sollen die bereits erbrachten Abschlagszahlungen als Rechnungsposten gegenüber gestellt werden, und zwar unabhängig von ihrem Grund, weil Abschlagszahlungen naturgemäß immer nur vorläufige Zahlungen auf vorläufige Berechnungen sind.[2]

b) Anlagen zur Schlussrechnung

49 Mit der Abrechnung sind grundsätzlich die **Belege** einzureichen, die den erbrachten Leistungsumfang nachweisen (Aufmaß, Mengenberechnungen, Zeichnungen), § 14 Nr. 1 Satz 3 VOB/B. Dem Auftraggeber sollen eigene Ermittlungen und Nachforschungen zum Leistungsumfang erspart bleiben.[3] Ausnahmsweise ist die Einreichung von Belegen entbehrlich, wenn diese im Einzelfall nicht zum Nachweis von Art und Umfang der Leistung benötigt werden.[4]

c) Gesonderte Ausweisung von geänderten und zusätzlichen Leistungen

50 Etwaige Änderungen und Ergänzungen zum ursprünglich vereinbarten Leistungsumfang sind in der Abrechnung besonders **kenntlich** zu machen. Dem Auftraggeber soll dadurch eine umfassende Kontrolle der durch die Änderungen und Ergänzungen entstandenen Mehrkosten ermöglicht werden.

51 Sofern der Auftraggeber dies rechtzeitig **verlangt**, hat der Auftragnehmer die **Nachträge** sogar **getrennt** abzurechnen. Das Verlangen des Auftraggebers nach gesonderter Rechnungslegung für die Nachträge hat regelmäßig mindestens 12 Tage vor dem durch die Rechnungslegungspflicht nach § 14 Nr. 3 VOB/B bestimmten Termin zu erfolgen.[5] Eine spätere Aufforderung des Auftraggebers nach getrennter Rechnungslegung kann besondere Vergütungsansprüche des Auftragnehmers für diese Mehrleistung der gesonderten Rechnungserstellung auslösen.[6]

52 Die Abrechnung muss die i. S. d. §§ 2 Nr. 4 bis 6, 8 VOB/B geänderten oder zusätzlichen Leistungen deutlich ausweisen, da diese dem prüfenden Auftraggeber nochmals besonders vor Augen geführt werden sollen. Die Pflicht zur gesonderten Ausweisung besteht hingegen nicht, soweit die tatsächlich erbrachten Leistungen **lediglich** ihrem **Umfang** nach von den im Leistungsverzeichnis angenommenen Massen i. S. d. § 2 Nr. 3 VOB/B abweichen. Solche Abweichungen ergeben sich vielmehr aus dem beizufügenden Aufmaß.[7]

d) VOB/C

53 Bei der Abrechnung sind die Bestimmungen in den Allgemeinen Technischen Vertragsbedingungen (VOB/C) und den anderen Vertragsunterlagen zu beachten.

---

1 *Ingenstau/Korbion*, VOB-Kommentar, B § 14 Nr. 1 Rz. 11.
2 BGH, NJW 1997, 1444.
3 *Niklisch/Weick*, VOB-Kommentar, § 14 Rz. 10.
4 Generell dazu OLG München, BauR 1993, 346, 347; BGH, BauR 1990, 605, 607 für fehlende Abrechnungszeichnungen.
5 *Heiermann/Riedl/Rusam*, VOB-Kommentar, B § 14 Rz. 28.
6 *Heiermann/Riedl/Rusam*, VOB-Kommentar, B § 14 Rz. 28.
7 BGH, NJW 1967, 342, 343.

Die maßgebliche Form der Abrechnung ist unter Ziffer 0.5 der DIN 18299 und der jeweiligen Ziffer 5 der DIN 18300ff. (VOB/C) geregelt, wo für unterschiedliche Bauleistungen eigene Abrechnungsmodalitäten festgelegt sind.

3. Pauschalpreisvertrag

Auch beim Pauschalpreisvertrag, für den die VOB/B gilt, ist neben der Abnahme der Werkleistung eine dem Auftraggeber vorzulegende prüfbare Schlussrechnung Fälligkeitsvoraussetzung.[1] Dem Auftraggeber wird auch beim Pauschalpreisvertrag eine Prüfungsmöglichkeit zugestanden, allerdings regelmäßig in **vereinfachter** Form.[2] 54

a) Form

Grundsätzlich werden an die Abrechnungsweise beim Pauschalpreisvertrag geringere Anforderungen gestellt als beim Einheitspreisvertrag. Es reicht im Normalfall aus, dass die auftragsgemäß **ausgeführten Leistungen** bezeichnet und der vereinbarte **Pauschalpreis** genannt werden. Bei der Abrechnung eines Pauschalpreisvertrages bedarf es in der Regel weder eines Aufmaßes, noch sonstiger Feststellungen i. S. d. § 14 Nr. 1 Satz 3 i. V. m. Nr. 2 VOB/B, noch der Gliederung der Rechnung entsprechend den Positionen des Angebots bzw. des Vertrags i. S. d. § 14 Nr. 1 Satz 2 VOB/B.[3] Hintergrund dieser erleichterten Abrechnungsweise ist die Tatsache, dass der Preis bereits pauschal vereinbart ist und der Vergütungsanspruch des Auftragnehmers damit feststeht. 55

Die vom Auftraggeber erbrachten **Abschlagszahlungen** sind jedenfalls dann zu berücksichtigen, wenn ein durch den Auftragnehmer geltend gemachter Restbetrag ansonsten nicht prüfbar ist.[4] 56

b) Abrechnung bei Änderung des Leistungsumfangs

Die für den Normalfall beschriebenen Vereinfachungen gelten **nicht**, wenn der Pauschalpreisvertrag nachträglich geändert oder ergänzt wurde. Wegen der geänderten oder zusätzlichen Leistungen erwächst ein besonderes Bedürfnis des Auftraggebers nach Überprüfung der tatsächlich erbrachten Leistungen. Die Nachträge sind in solchen Fällen grundsätzlich entsprechend den Regelungen für den Einheitspreisvertrag abzurechnen[5], es sei denn, es wurde nachträglich eine neue Pauschale vereinbart bzw. eine andere Vereinbarung erzielt. 57

Auf Verlangen des Auftraggebers sind die geänderten oder zusätzlichen Leistungen auch im Rahmen eines Pauschalpreisvertrags **getrennt** abzurechen (hierzu bereits unter Rz. 51). 58

---

1 BGH, BauR 1989, 87, 88f.
2 OLG Celle, BauR 1979, 433, 434.
3 OLG Karlsruhe, BauR 1989, 208, 209.
4 OLG Köln, NJW-RR 1990, 1171, 1172.
5 BGH, BauR 1989, 87, 88.

IV. Anforderungen an die Prüffähigkeit

1. Allgemeines

59 Die Erstellung einer prüffähigen Schlussrechnung gemäß § 14 Nr. 1 Satz 1 VOB/B ist eine selbständige vertragliche **Nebenpflicht** des Auftragnehmers.[1] Die Prüffähigkeit der Schlussrechnung ist erforderlich, damit der Vergütungsanspruch des Auftragnehmers fällig wird. Fehlt es an der Prüfbarkeit der Schlussrechnung, so wird der Vergütungsanspruch – jedenfalls beim VOB/B-Vertrag – **nicht fällig**.[2]

60 Eine Schlussrechnung ist grundsätzlich dann prüffähig, wenn der Auftraggeber aufgrund der Rechnung in die Lage versetzt wird, die Berechtigung der Forderung, gemessen an den vertraglichen Vereinbarungen, zu überprüfen.[3] Der Auftraggeber muss dabei die Möglichkeit haben, Unstimmigkeiten und Fehler in der Abrechnung feststellen zu können.

61 Die Prüfbarkeit der Schlussrechnung bestimmt sich nicht allein nach einem abstrakt-objektivem Maßstab. Im jeweiligen Einzelfall sind die Informations- und Kontrollinteressen des Auftraggebers für die Beurteilung heranzuziehen. Bezüglich des Umfangs und der Differenziertheit der Schlussrechnung ist somit entscheidend, dass die **Kontrollinteressen** des Auftraggebers vollumfänglich geschützt sind.[4]

62 Bei der Beurteilung der **Prüffähigkeit** der Schlussrechnung hat sich der Auftraggeber auch die Fähigkeiten der von ihm eingesetzten **Hilfspersonen** anrechnen zu lassen.[5] Dem Auftraggeber ist nach einer Prüfung der Schlussrechnung durch das von ihm eingesetzte Architektur- bzw. Ingenieurbüro mit der pauschalen Einrede der mangelnden Prüffähigkeit ausgeschlossen, wenn das Architektur- bzw. Ingenieurbüro die Rechnung als prüffähig bezeichnet hat.[6] In diesem Fall muss der Auftraggeber schon präzise und im Einzelnen darlegen, weshalb die Rechnung trotz durchgeführter Prüfung durch seine Bevollmächtigten nicht prüffähig sein soll.

63 Ist ein Architekt z. B. mit der Leitung und Überwachung des Baus beauftragt, so muss die Schlussrechnung nur für den Architekten prüffähig sein. Die Prüffähigkeit der Rechnung auch für einen sachunkundigen Bauherren ist dann nicht erforderlich.[7] Zur Anerkennung insbesondere einer umfangreichen Schlussrechnung bedarf der Architekt jedoch einer **ausdrücklichen Bevollmächtigung** durch den Auftraggeber. Diese Vollmacht muss ausdrücklich erteilt werden und wird nicht grundsätzlich vermutet.

Hinweis:
Bringt der Architekt auf dem Schlussrechnungsbogen den Vermerk an „sachlich geprüft" und übersendet eine Kopie hiervon zu Informationszwecken an den Auf-

---

1 OLG Dresden, BauR 2000, 103.
2 BGH, NJW-RR 1999, 95.
3 BGH, ZfBR 2000, 471, 472.
4 BGH, BauR 2001, 250; BGH, NJW-RR 1999, 95.
5 Vgl. BGH, BauR 2001, 250; BGH, NJW-RR 1999, 95.
6 BGH, BauR 2002, 90.
7 BGH, NJW 1987, 2582, 2584.

tragnehmer, so ist dies weder ein Anerkenntnis, noch ist der Auftraggeber hierdurch gebunden;[1] siehe hierzu unter Rz. 30. Allerdings ist die Gesamtheit aller Umstände zu würdigen aus denen sich dann möglicherweise doch eine Anerkenntniswirkung ergeben kann.[2]

Wie bereits ausgeführt, sind die Anforderungen an die Prüffähigkeit der Schlussrechnung einzelfallabhängig. Dies dient dem Schutz des Auftraggebers, der wiederum selbst darüber entscheiden kann, **ob** und inwieweit er von dieser **Schutzfunktion** Gebrauch macht. Ist schon während der Bauausführung zu erkennen, dass der Auftraggeber keinen Wert auf eine nach Einzelpositionen gestaltete Schlussrechnung legt, so kann sich der Auftraggeber auch nachträglich nicht mehr darauf berufen, dass die Rechnung wegen mangelnder Prüffähigkeit nicht fällig wird.[3] 64

Hinweis: 65
Aus der Verpflichtung des Auftragnehmers zur prüffähigen Abrechnung ergeben sich für den **Auftraggeber** aber auch Verpflichtungen. So hat der Auftraggeber nach Eingang der Rechnung in jedem Fall **unverzüglich zu prüfen**, ob der Schlussrechnung alle erforderlichen Belege, Aufmaße und Dokumentationen, die zur Prüfung notwendig sind, beigefügt waren. Unterlässt der Auftraggeber dies und fordert diese Belege nicht rechtzeitig nach, so ist er – jedenfalls nach Ablauf der 2-monatigen Prüffrist – mit dem Einwand der Nichtprüffähigkeit wegen fehlender Aufmaße ausgeschlossen.[4]

Gemäß § 14 Nr. 1 VOB/B hat der Auftragnehmer die von ihm erbrachten Leistungen übersichtlich aufzustellen und dabei die **Reihenfolge** der Posten einzuhalten und die in den Verträgen enthaltenen **Bezeichnungen** zu verwenden. Zum Nachweis der tatsächlichen Erbringung der Leistungen in der vertraglich vereinbarten Menge und Güte sind die entsprechenden **Aufmaße** und **Belege** beizufügen. Sofern nicht eine getrennte Abrechnung vereinbart ist, sind Änderungen und Ergänzungen des Vertrags in der Schlussrechnung jedenfalls besonders hervorzuheben und kenntlich zu machen. 66

| Es lassen sich somit drei **Grundvoraussetzungen** festhalten, die für eine prüffähige Abrechnung zwingend erforderlich sind: | 67 |

▷ Die Schlussrechnung muss übersichtlich und gleichgeschaltet mit den Vertragsunterlagen erstellt sein.

▷ Die zur Feststellung der tatsächlich erbrachten Leistungen erforderlichen Aufmaße, Belege und Dokumentationen sind beizufügen.

▷ Nachträge, Änderungen und Ergänzungen des ursprünglichen Leistungsverzeichnisses sind in der Schlussrechnung gesondert auszuweisen.

---

1 OLG Karlsruhe, BauR 1998, 403.
2 OLG Karlsruhe, a. a. O.
3 BGH, NJW-RR 1999, 95.
4 Vgl. OLG Nürnberg, NJW-RR 1999, 1619.

Hinweis:
Eine Schlussrechnung ist auch dann prüffähig, wenn sie nur Bezug auf die bislang gestellten **Abschlagsrechnungen** nimmt, unter der Voraussetzung, dass diese Abschlagsrechnungen die tatsächlich erbrachten Leistungen vollständig erfassen und die Abschlagsrechnung den Anforderungen an die Prüffähigkeit entsprechen.[1]

68 Eine lediglich **überschlägig** errechnete Endsumme in einer Schlussrechnung ist **unzulässig** und steht daher der Prüffähigkeit der Schlussrechnung entgegen. Keine Auswirkung auf die Prüffähigkeit haben allerdings **rechnerische Fehler** in der Schlussrechnung.[2] Die Anforderung der Prüffähigkeit bezieht sich nicht darauf, dass die vom Auftragnehmer vorgenommenen Berechnungen sachlich richtig sind, sondern nur darauf, dass der Auftraggeber die vorgelegte Schlussrechnung prüfen kann. Legt der Auftraggeber hierbei einen Rechenfehler offen, so ist damit gleichzeitig klargestellt, dass er in der Lage war, die Rechnung zu prüfen.

69 **Hinweis:**
Gelingt es dem Auftragnehmer in einem **Rechtsstreit** über noch ausstehende Vergütung nicht, seine Schlussrechnung prüffähig zu gestalten, so darf die Zahlungsklage nicht wegen fehlender Substantiierung des Anspruchs als endgültig unbegründet abgewiesen werden; die Klage ist in einem solchen Fall als **zur Zeit unbegründet** abzuweisen.[3]

2. Einheitspreisvertrag

70 Beim Einheitspreisvertrag wird die geschuldete Vergütung ermittelt, indem die tatsächlich erbrachten Leistungsmengen mit dem zuvor vereinbarten Einheitspreis multipliziert und die sich hieraus ergebenden Preise saldiert werden. Aus diesem Grunde kommt der prüffähigen Abrechnung beim Einheitspreisvertrag besondere Bedeutung zu, da der Auftraggeber erst nach vorgelegter Rechnung und vorgelegten Nachweisen, Aufmaßen, Dokumentationen die Berechtigung des geltend gemachten Vergütungsanspruchs überprüfen kann.

71 Wie bereits ausgeführt, ist das Erfordernis einer prüffähigen Schlussrechnung jedoch kein Selbstzweck. Ist der Auftraggeber in der Lage, die vom Auftragnehmer ausgeführten Leistungen selbst ohne weiteren Aufwand festzustellen, so müssen keine gesonderten Aufmaße, Dokumentationen, Nachweise erstellt werden (dies wird jedoch regelmäßig nur bei „einfachen" Bauvorhaben der Fall sein). Im Übrigen ist die prüffähige Abrechnung eines „normal beendeten Werkvertrags" unproblematisch. Die vorstehend benannten Voraussetzungen, übersichtliche Gestaltung entsprechend den Vorgaben des Leistungsverzeichnisses, Übergabe der erforderlichen Belege und Nachweise und gesonderte Abrechnung zusätzlicher oder geänderter Leistungen, sind einzuhalten.

72 Der Prüffähigkeit einer Schlussrechnung steht nicht entgegen, dass sie nicht spiegelbildlich zum Leistungsverzeichnis aufgebaut ist. Kann der Auftraggeber aus

---
1 Vgl. OLG Hamm, NJW-RR 1996, 593.
2 BGH, NZBau 2001, 138.
3 BGH, NJW 2000, 2988; BGH, ZfBR 2000, 471; BGH, BauR 1999, 635.

der Schlussrechnung die dortige Darstellung unproblematisch den Vorgaben des Leistungsverzeichnisses zuordnen, so ist die Schlussrechnung prüffähig.[1]

Hinweis: 73
Ist die Zuordnung der Schlussrechnungspositionen zu den Positionen des Leistungsverzeichnisses nicht ohne weiteres zu erkennen, so ist das **Gericht** verpflichtet, die Parteien rechtzeitig darauf **hinzuweisen**. Allgemeine, pauschale oder missverständliche Hinweise auf die fehlende Prüfbarkeit genügen nicht.[2]

3. Pauschalpreisvertrag

Auch bei einem Pauschalpreisvertrag, für den die VOB/B gilt, setzt die Fälligkeit 74 des Anspruchs auf Vergütung neben der Abnahme der Werkleistung die Erstellung und Übersendung einer prüfbaren Schlussrechnung voraus.[3] Die Schlussrechnung ist schon deshalb notwendig, um die mit dem **Zugang** der Schlussrechnung und der Zahlung verbundene Rechtsfolge des § 16 Nr. 3 VOB/B zu ermöglichen. Bestünde beim Pauschalpreisvertrag keine Verpflichtung zur Erstellung und Übersendung einer Schlussrechnung, so wäre eine vorbehaltlose Schlusszahlung und deren Annahme nicht möglich.[4]

Die Anforderungen an die Prüffähigkeit einer Schlussrechnung bei einem Pau- 75 schalpreisvertrag unterscheiden sich insofern nicht von denen beim Einheitspreisvertrag, weil auch beim Pauschalpreisvertrag in der Schlussrechnung darzulegen ist, wofür die Vergütung geschuldet sein soll. Dementsprechend ist die Schlussrechnung auch beim Pauschalpreisvertrag entsprechend den Vorgaben des Leistungsverzeichnisses bzw. Werkvertrags zu erstellen.

Sofern der Pauschalpreisvertrag erfüllt wird, ohne dass sich eine Änderung des 76 ursprünglichen Vertragsumfanges ergeben hat, ist die Vorlage von Aufmaßen grundsätzlich entbehrlich.[5] Hat sich allerdings der ursprünglich vereinbarte Leistungsumfang nachträglich geändert, insbesondere wenn **Nachträge** beauftragt oder wenn die vereinbarten Leistungen nicht vollständig erbracht wurden (Kündigung, Teilkündigung), so ist auch beim Pauschalpreisvertrag der Schlussrechnung ein Aufmaß beizufügen.[6]

Hinweis: 77
Selbstverständlich steht es den Parteien frei, auch beim Pauschalpreisvertrag zu vereinbaren, dass im Sinne der Prüffähigkeit der Schlussrechnung ein Aufmaß zwingend erforderlich ist. Die vereinbarte Pauschalvergütung ist für die Herstellung des im Leistungsverzeichnis festgelegten Leistungserfolgs geschuldet. Dementsprechend hat der Auftraggeber ein Interesse daran, zu **überprüfen**, ob zur Erzielung des Leistungserfolgs auch tatsächlich alle vom Auftragnehmer **kalkulierten Leistungen** erforderlich waren. Deshalb ist – gerade beim pauschalierten Einheitspreisvertrag – die vertragliche Vereinbarung zu empfehlen, dass ein Auf-

---

1 Vgl. OLG Brandenburg, NZBau 2000, 511.
2 BGH, BauR 1999, 636; vgl. OLG Brandenburg, NZBau 2000, 511.
3 BGH, NJW 1989, 836.
4 BGH, NJW 1989, 836.
5 *Kapellmann/Schiffers*, Bd. 2, Rz. 17; *Werner/Pastor*, Der Bauprozess, Rz. 1179.
6 Vgl. *Kapellmann/Schiffers*, Bd. 2, Rz. 1327 ff.; Rz. 1238.

maß der Schlussrechnung beizufügen ist. U. U. ist die Erstellung eines Aufmaßes bei einem pauschalierten Einheitspreisvertrag auch Fälligkeitsvoraussetzung für den Vergütungsanspruch, siehe oben Rz. 15.

4. BGB-Vertrag

78 Beim BGB-Vertrag bestehen keine besonderen Prüffähigkeitsvoraussetzungen, die von denen bei einem VOB/B-Vertrag abweichen.

5. Vorzeitig beendeter Bauvertrag

79 Besonders problematisch ist die Frage der Prüffähigkeit der Schlussrechnung bei einem vorzeitig beendeten Bauvertrag. Auch bei einem gekündigten Werkvertrag, dem die Regelungen der VOB/B zugrunde liegen, hat der Auftragnehmer nach Beendigung seiner Leistungen die Obliegenheit zur prüffähigen Abrechnung. Gemäß § 8 Nr. 6 VOB/B kann der Auftragnehmer die Durchführung von Aufmaß und Abnahme alsbald nach Kündigung verlangen und hat dann unverzüglich eine prüfbare Rechnung über die ausgeführten Leistungen vorzulegen.[1]

80 Welche Anforderungen an die Schlussrechnung für einen Vergütungsanspruch nach vorzeitiger Kündigung zu stellen sind, hängt vom Einzelfall ab. Die **Prüffähigkeit** der Schlussrechnung bestimmt sich **nicht nach abstrakt objektivem Maßstab**. Ausschlaggebend ist auch hier das Informations- und Kontrollinteresse des Auftraggebers.[2] Die Abrechnung muss den Auftraggeber in die Lage versetzen, überprüfen zu können, ob der Auftragnehmer ersparte Kosten auf der Grundlage der konkreten, dem Vertrag zugrunde liegenden Kalkulation zutreffend berücksichtigt hat. Der Auftragnehmer ist diesbezüglich verpflichtet, seine Kalkulationsgrundlagen offen zu legen, wenn dem Auftraggeber eine Überprüfung sonst nicht möglich ist.[3]

a) Einheitspreisvertrag

81 Kündigt der Auftraggeber den Werkvertrag, steht dem Auftragnehmer die **volle Vergütung** abzüglich der **ersparten Aufwendungen** zu. Bei der Abrechnung sind dabei von den vertraglichen Einheitspreisen die ersparten Kosten abzuziehen. Hat der Auftragnehmer mit den Arbeiten noch nicht begonnen und so kalkuliert, dass er die tatsächlichen Herstellungskosten mit einem fixen Zuschlag versieht, braucht er die ersparten Kosten nicht anhand der Einzelpositionen des Leistungsverzeichnisses aufzuführen, weil sich vor Baubeginn Unter- oder Fehlkalkulationen noch nicht auswirken können.[4]

82 Beim gekündigten Einheitspreisvertrag hat der Unternehmer den Vergütungsanspruch nach den vertraglichen Einheitspreisen abzurechnen. Er hat also die Einheitspreise mit den tatsächlich angefallenen Mengen zu vervielfältigen und daraus die sich für die einzelnen Positionen des Leistungsverzeichnisses ergebenden Ansprüche zu errechnen. Als erspart anzurechnen sind diejenigen Aufwen-

---

1 BGH, ZfBR 2000, 471.
2 BGH, BauR 2001, 251.
3 BGH, NJW 1999, 1867.
4 BGH, BauR 1999, 1292; BGH, BauR 1999, 636.

dungen, welche der Unternehmer bei Ausführung des Vertrags hätte machen müssen und die wegen der Kündigung entfallen.

b) Pauschalpreisvertrag

Die Abrechnung eines gekündigten Pauschalpreisvertrages bringt die größten **Schwierigkeiten** mit sich. Grundsätzlich gilt auch hier, dass der Auftragnehmer die vereinbarte Vergütung für die bereits erbrachten Leistungen erhält und sich – bei einem durch den Auftraggeber ordentlich gekündigten Werkvertrag – dasjenige anrechnen lassen muss, was er aufgrund der vorzeitigen Vertragsbeendigung erspart hat. Wenngleich die Parteien ursprünglich nur einen Preis für die gesamte Werkleistung vereinbart haben, hat die Preisfindung für die nur teilweise fertig gestellte Werkleistung trotzdem auf der Grundlage der **ursprünglichen Preisbildungsfaktoren** zu erfolgen. 83

Der Auftragnehmer hat die Vergütung derart abzurechnen, dass er erbrachte und nicht erbrachte Leistungen **getrennt** voneinander ausweist. Soweit der Auftragnehmer Vergütung für erbrachte Leistung verlangt, hat er diese darzulegen und von dem nicht ausgeführten Teil abzugrenzen. Die Höhe der Vergütung für die erbrachten Leistungen ist nach dem **Verhältnis** des Werts der erbrachten Teilleistungen zum Wert der nach dem Pauschalvertrag geschuldeten Gesamtleistung zu berechnen.[1] Hierzu hat der Auftragnehmer seine Kalkulationsgrundlagen offen zu legen. Er ist hierfür beweispflichtig. 84

Hinweis:
Kann der Auftragnehmer keine Urkalkulation vorlegen, so besteht in einem Prozess gleichwohl die Möglichkeit, dass er eine nachvollziehbare Kostenkalkulation **nachträglich** erstellt und gegebenenfalls durch Gutachten untermauert. In diesem Fall kann das Gericht eine Schätzung gemäß § 287 ZPO vornehmen. Der Auftragnehmer genügt seiner diesbezüglichen Darlegungspflicht nicht, wenn er die zuvor auf andere Weise kalkulierten Herstellungskosten mit einem einheitlichen Prozentsatz gleichmäßig den einzelnen Positionen des Leistungsverzeichnisses zuordnet, ohne zu den ursprünglichen Kalkulationsgrundlagen und die im konkreten Fall ersparten Aufwendungen vorzutragen.[2]

Um eine Prüffähigkeit der so vorgenommenen Abrechnung zu erreichen, muss der Auftragnehmer die Gesamtleistung zunächst **in Einzelleistungen aufteilen** und hierfür die jeweiligen Kalkulationsansätze vortragen, denn nur so wird der Auftraggeber in die Lage versetzt, die Abrechnung auch zu prüfen.[3] 85

Die Anforderungen an die Prüffähigkeit sind jedoch auch nicht zu überziehen. Der Auftragnehmer muss 86

▷ das Verhältnis der bewirkten Leistung zur vereinbarten Gesamtleistung und

▷ den Preisansatz für die Teilleistung im Verhältnis zum Pauschalpreis darlegen.[4]

---
1 BGH, BauR 2002, 1403; BGH, BauR 1999, 632, 633.
2 OLG Koblenz, NZBau 2001, 636.
3 BGH, BauR 2002, 1403 m. w. N.
4 BGH, BauR 2001, 251.

In diesem Zusammenhang ist es ausreichend, wenn die Rechnungspositionen in Verbindung mit dem Leistungsverzeichnis die berechneten Leistungen angeben und die Preise aus dem Leistungsverzeichnis und dem Verhältnis des Angebotsendpreises zum Pauschalpreis **errechenbar** sind.[1] Auch die Berechnung der Ersparnis auf der Grundlage der Vergaben an Subunternehmer ist nicht zu beanstanden.[2]

Hinweis:

In jedem Fall hat das Gericht die **Hinweispflicht**, die jeweilige Partei konkret auf die nach Ansicht des Gerichts für die Prüffähigkeit fehlenden Aspekte hinzuweisen. Der pauschale Hinweis auf fehlende Prüffähigkeit genügt nicht.[3]

87 Soweit Vergütung für **nicht erbrachte Leistung** verlangt wird, ist für diese entfallenen Leistungspositionen die Kalkulation noch **weiter aufzugliedern** in die Kalkulationsfaktoren, die tatsächlich erspart wurden und diejenigen, welche als Vergütung angesetzt werden. Auch hier muss der Auftraggeber in die Lage versetzt werden, auf der Grundlage der Angaben des Auftragnehmers den geltend gemachten Vergütungsanspruch zu überprüfen, so dass er sich sachgerecht gegen den geltend gemachten Anspruch verteidigen kann.[4]

88 **Hinweis:**

Das Vorbringen eines Klägers zur Abrechnung von erbrachten Leistungen bei einem gekündigten Pauschalpreisvertrag ist nicht schon deshalb unschlüssig, weil er zu einem früheren Zeitpunkt unzutreffende bzw. abweichende Berechnung vorgetragen hat. Maßgeblicher Zeitpunkt ist insoweit der Schluss der letzten mündlichen Verhandlung.[5]

89 Eine endgültige Abrechnung des gekündigten Werkvertrags auf der Grundlage des ursprünglich zwischen den Parteien vereinbarten **Zahlungsplans** ist nicht möglich, es sei denn die vertraglich vereinbarten Raten gemäß Zahlungsplan geben exakt den im Zeitpunkt der Kündigung erbrachten Fertigstellungsstand wieder.[6]

90 Der vertragliche **Rückforderungsanspruch** aus Überzahlung eines Bauvorhabens wird bei vorzeitiger Beendigung des Werkvertrags mit Zugang der Kündigung fällig, ohne dass es einer prüffähigen Berechnung bedarf.[7]

91 **Hinweis:**

Streiten Bauunternehmer und Bauherr nach vorzeitiger Beendigung eines Bauvorhabens lediglich darüber, ob die von dem Bauherrn **gelieferten Materialien** auf die Preisbildung der vereinbarten Pauschalpreise keinen Einfluss hatten oder ob sie in solchem Umfang geliefert worden seien, dass der Pauschalpreis anzupassen sei, dann ist eine Schlussrechnung, in welche die vertraglich vereinbarten Pau-

---

1 OLG Dresden, BauR 2003, 400.
2 BGH, BauR 2002, 1403 m. w. N.
3 OLG Dresden, BauR 2003, 400.
4 BGH, BauR 2002, 1403 m. w. N.
5 BGH, BauR 2002, 1695.
6 Vgl. BGH, BauR 2000, 726.
7 BGH, BauR 2002, 938; OLG Dresden, NJW-RR 2000, 974.

schalpreise eingestellt sind, prüfbar und die gegebenenfalls angebotenen Beweise bezüglich der behaupteten Preisanpassung sind zu erheben.[1]

V. Schlussrechnung

Mit der Schlussrechnung werden die vertraglich geschuldeten und erbrachten Leistungen abgerechnet.[2] Neben den bereits erläuterten Anforderungen an Voraussetzungen und Prüffähigkeit der Abrechnungen im Allgemeinen und der Schlussrechnung im Besonderen bestehen für die Schlussrechnung weitere Regelungen, insbesondere im Hinblick auf für ihre Einreichung **einzuhaltende Fristen** (§ 14 Nr. 3 und Nr. 4 VOB/B). Diese Bestimmungen werden im Folgenden genauer erläutert. 92

1. Fristen

a) Allgemeines

§ 14 Nr. 3 VOB/B regelt die Fristen für die Einreichung der Schlussrechnung. Die Schlussrechnung bildet zudem die Grundlage für die gemäß § 16 Nr. 3 VOB/B zu leistende Schlusszahlung. Bereits aus dem Wortlaut des § 14 Nr. 3 VOB/B ergibt sich, dass die dort geregelten Fristen zur Einreichung **ausschließlich** für die **Schlussrechnung** gelten.[3] Sonstige Rechnungen wie Abschlags- oder Vorauszahlungsberechnungen kann der Auftragnehmer gemäß § 16 Nr. 1 Abs. 1 VOB/B jederzeit stellen, soweit nicht vertraglich – etwa in den besonderen oder zusätzlichen Vertragsbedingungen – etwas anderes vereinbart ist. 93

Grundsätzlich genießen vertragliche Vereinbarungen – gleich ob im Bauvertrag selbst oder nachträglich geschlossen – Vorrang vor der Regelung des § 14 Nr. 3 VOB/B. Die in der VOB/B enthaltenen Fristen sind **dispositiv** und gelten nur, soweit die Vertragsparteien hierüber keine Regelung getroffen haben.[4] Eine vom Auftraggeber gestellte Vertragsbedingung, wonach die Schlussrechnung vollständig und abschließend aufgestellt werden muss, Nachforderungen ausgeschlossen sind und der Auftragnehmer ausdrücklich auf alle Ansprüche verzichtet, die in der Schlussrechnung nicht geltend gemacht werden, ist auch im kaufmännischen Verkehr gemäß § 307 BGB (früher § 9 AGBG) unwirksam.[5] Ebenso unwirksam ist eine Vertragsbedingung des Auftraggebers, wonach der Auftragnehmer seine Schlussrechnung innerhalb von vier Wochen nach mangelfreier Beendigung der Leistungen und Lieferungen einreichen muss und sonst § 14 VOB/B ergänzend gilt.[6] 94

b) Berechnung der Fristen gemäß § 14 Nr. 3 VOB/B

Existiert keine individualvertragliche Regelung bezüglich der einzuhaltenden Fristen, berechnen sich diese zwingend gemäß § 14 Nr. 3 VOB/B. 95

---

1 BGH, NZBau 2001, 138.
2 *Leinemann/Sterner*, VOB/B, § 14 Rz. 3.
3 *Ingenstau/Korbion*, VOB-Kommentar, B § 14 Nr. 3 Rz. 2.
4 Vgl. § 14 Nr. 3 1. Halbsatz aE VOB/B; *Leinemann/Sterner*, VOB/B, § 14 Rz. 34; *Heiermann/Riedl/Rusam*, VOB, B § 14 Rz. 46.
5 BGH, BauR 1989, 375.
6 Vgl. LG München I, v. 4. 8. 1988 – 7 O 22388/87 und v. 19. 5. 1988 – 7 O 23960/87 (beide unveröffentlicht).

96 Gemäß § 14 Nr. 3 VOB/B ist die Frist zur **Einreichung** der Schlussrechnung (die so genannte **"Einreichungsfrist"**) abhängig von der Frist, die zur Ausführung des Bauauftrags vertraglich vereinbart wurde (so genannte **"Ausführungsfrist"**). Bei einer vertraglichen Ausführungsfrist von höchstens drei Monaten beträgt die Frist zur Einreichung 12 Werktage. Sie verlängert sich mit jeder weiteren Verlängerung der Ausführungsfrist von drei Monaten um jeweils sechs Werktage.

97 Entscheidend für den **Fristbeginn** ist der Zeitpunkt der Fertigstellung der Leistung, vgl. § 14 Nr. 3 VOB/B. Die Fertigstellung der Leistung ist **nicht** mit der Abnahme gleichzusetzen, wie sich aus § 12 Nr. 1 VOB/B ergibt: „Verlangt der Auftragnehmer nach der Fertigstellung... die Abnahme der Leistung...". Aus dieser Formulierung folgt, dass Fertigstellung und Abnahme zeitlich voneinander verschieden sein können. Folglich sind die beiden Begriffe strikt zu trennen. Die Fertigstellung wird regelmäßig vor der Abnahme liegen; sie kann aber auch erst nach der Abnahme erfolgen, etwa wenn die Abnahme trotz geringfügiger ausstehender Restarbeiten erklärt wird.

98 Als Zeitpunkt der Fertigstellung gilt der Tag, an dem der Auftragnehmer die ihm vertraglich obliegende **Gesamtleistung vollendet** hat.[1] Die Anzeige der Fertigstellung gemäß § 12 Nr. 1 VOB/B kann hierfür als Anhaltspunkt genommen werden. Gleiches gilt für eine Beräumung der Baustelle durch den Auftragnehmer, sofern diese endgültigen Charakter hat. Im Ergebnis kann immer dann von der Fertigstellung ausgegangen werden, wenn die erbrachte Leistung abnahmefähig ist.[2]

99 Im Hinblick auf die Dauer der Frist ist zu beachten, dass nur **Werktage**, d. h. die Tage von Montag bis Samstag, zu berücksichtigen sind. Sonn- und Feiertage werden von vornherein nicht mitgezählt. Ein Fristende an einem Sonn- oder Feiertag ist demnach ausgeschlossen, da diese Tage nicht berücksichtigt werden. Endet die Frist an einem Samstag, so ist gemäß § 193 BGB der darauf folgende Montag als Fristende anzusehen.

100 **Hinweis:**
Die **Abnahme** ist zwar keine Voraussetzung für die Erstellung der Schlussrechnung. Für die **Fälligkeit** der Forderung aus der Schlussrechnung ist sie jedoch unabdingbar.[3] Mit Schlussrechnungslegung erlischt im Übrigen ein Anspruch auf Abschlagszahlungen. Deshalb besteht nach diesem Zeitpunkt auch kein Anspruch auf Auszahlung eines unstreitigen Guthabens aus einer Abschlagsrechnung.[4]

2. Ausschluss- und Anerkenntniswirkung der Schlusszahlung

101 Gemäß § 16 Nr. 3 Abs. 2 VOB/B schließt die **vorbehaltlose Annahme** einer Zahlung auf die Schlussrechnung (Schlusszahlung) Nachforderungen aus, wenn der Auftragnehmer über die Schlusszahlung schriftlich unterrichtet und auf die Ausschlusswirkung hingewiesen wurde. Nimmt der Auftragnehmer die Schlusszah-

---

1 *Ingenstau/Korbion*, VOB-Kommentar, B § 14 Nr. 3 Rz. 7.
2 *Leinemann/Sterner*, VOB/B, § 14 Rz. 36.
3 BGH, BauR 1981, 201; BGH, BauR 1981, 284 f.
4 OLG Nürnberg, NZBau 2000, 509; OLG Düsseldorf, NJW-RR 2000, 231.

lung an und erklärt nicht innerhalb von 24 Werktagen gemäß § 16 Nr. 3 Abs. 5 VOB/B seinen **Vorbehalt** gegen die Anerkenntnis- und Ausschlusswirkung der Schlusszahlung und begründet seinen Vorbehalt nicht innerhalb weiterer 24 Werktage, so ist er auch dann mit jeglichen Nachforderungen aus seiner Schlussrechnung ausgeschlossen.

Hinweis: 102
Diese Bestimmung der VOB/B ist als Allgemeine Geschäftsbedingung nur dann wirksam, wenn die VOB/B in ihrer Gesamtheit vereinbart ist. Die VOB/B beinhaltet insoweit ein die Interessen beider Parteien gleichmäßig berücksichtigendes und insgesamt ausgeglichenes Regelungswerk. Wird mit einer individualvertraglichen Vereinbarung in die VOB/B eingegriffen, wobei der Eingriff nicht von besonderem Gewicht sein muss, so ist die **VOB/B** nicht mehr **als Ganzes** vereinbart. Dann unterfällt jede einzelne Bestimmung der – dann abgeänderten – VOB/B der gesonderten Inhaltskontrolle bezüglich ihrer Wirksamkeit als Allgemeine Geschäftsbedingung.[1] Die Bestimmung des § 16 Nr. 3 VOB/B hält einer solchen gesonderten Inhaltsprüfung nicht stand, da sie für sich allein stehend den Auftragnehmer unzulässig benachteiligt. Dementsprechend ist die Bestimmung in diesen Fällen durchweg unwirksam, mit der Folge, dass die Ausschluss- und Anerkenntniswirkung der Schlusszahlung dann wegfällt.

Die Ausschluss- und Anerkenntniswirkung betrifft auch früher geltend gemachte, aber **noch offen stehende Forderungen** aus demselben Bauvertrag, vgl. § 16 Nr. 3 Abs. 4 VOB/B. Eine mit der Ausschlusswirkung des § 16 Nr. 3 VOB/B verbundene Schlusszahlung setzt die vorherige Erteilung einer Schlussrechnung gemäß § 14 VOB/B voraus. Auch wenn der Auftragnehmer (nur) eine nicht prüfbare Schlussrechnung erteilt hat, kann der Auftraggeber mit den sich aus § 16 Nr. 3 Abs. 2 VOB/B ergebenden Folgen Schlusszahlung leisten oder endgültig weitere Zahlungen ablehnen.[2] 103

3. Erstellung der Schlussrechnung durch den Auftraggeber

Gemäß § 14 Nr. 4 VOB/B kann der Auftraggeber selbst eine prüfbare (Schluss-) Rechnung auf Kosten des Auftragnehmers erstellen, sofern dieser eine solche nicht einreicht, obwohl ihm der Auftraggeber hierzu eine angemessene Frist gesetzt hat. 104

a) Allgemeines

Die Erstellung der Schlussrechnung ist eine selbständige vertragliche Nebenpflicht des Auftragnehmers, mit der ein Erfüllungsanspruch des Auftraggebers korrespondiert.[3] Eine Verletzung dieser Nebenpflicht kann demnach zu **Schadensersatzansprüchen** aus § 280 BGB führen. Dies jedoch nur in Fällen, in denen der Auftraggeber nicht selbst in der Lage ist, eine entsprechende Rechnung zu erstellen. Kann der Auftraggeber die Rechnung mit eigenen Mitteln erstellen, 105

---
1 BGH, BauR 2004, 668.
2 Vgl. BGH, NJW 1987, 2582.
3 OLG Dresden, BauR 2000, 103.

kann ein Anspruch auf Schadensersatz jedenfalls wegen Mitverschuldens begrenzt sein, da § 14 Nr. 4 VOB/B dem Auftraggeber die Möglichkeit gibt, sich vor Schaden zu schützen.[1]

106 Hintergrund dieser Regelung ist die Erwägung, dass es Fallkonstellationen gibt, in denen der Auftraggeber ein **besonderes Interesse** an alsbaldiger Abrechnung hat.[2] Dies gilt z. B. im Hinblick auf die erst mit Stellung der Schlussrechnung eintretende Fälligkeit sowie den damit zusammenhängenden Beginn der Verjährung des Vergütungsanspruchs.[3] Außerdem hat der Auftraggeber im Falle der Inanspruchnahme von Fremdmitteln zur Finanzierung des Bauprojekts möglicherweise die Verpflichtung, die zur Verfügung gestellten Gelder nachweislich zweckgebunden zu verwenden und hierfür die entsprechenden Nachweise – u. U. fristgebunden – vorzulegen, was ihm im Falle einer verzögert oder gar nicht erstellten Rechnung nicht möglich sein wird.[4]

107 Erfüllt der Auftragnehmer den Anspruch des Auftraggebers auf Erstellung einer Schlussrechnung nicht bzw. nicht fristgerecht, so kann der Auftraggeber diese – soweit ihm dies möglich ist – **selbst erstellen**; eine Verpflichtung dazu hat er aber nicht.[5] Der Auftraggeber kann die Erstellung einer prüfbaren Schlussrechnung durch den Auftragnehmer einklagen, wenn er diese selbst nicht erstellen kann.[6] Liegt dem Vertrag die VOB/B zugrunde, so hat der Auftraggeber einen Anspruch auf Erteilung einer Schlussrechnung durch den Auftragnehmer, auch wenn das Vertragsverhältnis vor Fertigstellung durch Kündigung oder einverständlich beendet wurde. Dem steht die Möglichkeit des Auftraggebers, die Schlussrechnung unter den Voraussetzungen des § 14 Nr. 4 VOB/B selbst zu erstellen, nicht entgegen.[7]

108 Im Gegensatz zu § 14 Nr. 3 VOB/B ist § 14 Nr. 4 VOB/B auch auf die Einreichung von **Abschlagszahlungen** anwendbar.[8] Dabei können die Fristen gemäß § 14 Nr. 3 VOB/B als Anhaltspunkt dienen, eine zwingende Anwendung kommt nicht in Betracht.

109 **Hinweis:**
Der Anspruch des Auftraggebers aus § 14 Nr. 4 VOB/B richtet sich nach der vom Auftragnehmer gestellten – oder nicht gestellten – Rechnung.[9] Es ist also wie folgt zu unterscheiden:

Erstellt der Auftragnehmer keine Schlussrechnung, kann der Auftraggeber entweder selbst eine prüfbare Schlussrechnung erstellen oder den Auftragnehmer dazu auffordern und ggf. gerichtlich zur Erstellung der Schlussrechnung zwingen.

---

1 *Leinemann/Sterner*, VOB/B, § 14 Rz. 41.
2 *Ingenstau/Korbion*, VOB-Kommentar, B § 14 Nr. 1 Rz. 1.
3 Vgl. BGH, BauR 1984, 182; OLG München, NJW-RR 1987, 146.
4 *Ingenstau/Korbion*, VOB-Kommentar, B § 14 Nr. 1 Rz. 1.
5 OLG München, NJW-RR 1987, 146.
6 OLG München, NJW-RR 1987, 146.
7 LG Aachen, BauR 2001, 107.
8 *Leinemann/Sterner*, VOB/B, § 14 Rz. 41; *Ingenstau/Korbion*, VOB-Kommentar, B § 14 Nr. 1 Rz. 1; a. A. *Heiermann/Riedl/Rusam*, B § 14 Nr. 51.
9 *Leinemann/Sterner*, VOB/B, § 14 Rz. 45; *Ingenstau/Korbion*, VOB-Kommentar, B § 14 Nr. 1 Rz. 1.

Gleiches gilt, wenn der Auftragnehmer eine nicht prüfbare Abrechnung erstellt. Im Falle einer teilweise nicht prüfbaren Rechnung stehen dem Auftraggeber die Rechte nur für den **nicht prüfbaren Teil** zu. Dieser Anspruch wird jedoch für einen Auftraggeber nur dann von Interesse sein, wenn er – beispielsweise als Generalunternehmer – diese Rechnung zur Durchsetzung des eigenen Vergütungsanspruchs gegenüber seinem Auftraggeber benötigt.

Handelt es sich bei dem Auftraggeber um eine Behörde, so ist diese berechtigt, die Schlussrechnung gemäß § 14 Nr. 4 VOB/B selbst zu erstellen, wenn der Auftragnehmer trotz angemessener Frist von zwei Monaten eine prüfbare Schlussrechnung nicht eingereicht hat, nachdem ein Verfahren nach § 18 Nr. 2 VOB/B durch Bescheid der vorgesetzten Stelle beendet worden war und der Auftragnehmer dagegen Einspruch eingelegt hat.[1]   110

b) Voraussetzungen

Der Auftraggeber ist also nicht grundsätzlich berechtigt, die Schlussrechnung selbst zu erstellen. Erforderlich ist, dass folgende Voraussetzungen kumulativ vorliegen: 111

▷ Es muss zunächst die **Frist des § 14 Nr. 3 VOB/B abgelaufen** sein, ohne dass der Auftragnehmer eine prüfbare Rechnung eingereicht hat. Dies ist auch dann der Fall, wenn der Auftragnehmer eine nicht prüffähige Schlussrechnung eingereicht hat.[2] Entscheidend ist insoweit die objektive Würdigung der Sachlage; die subjektive Bewertung des Auftraggebers ist hingegen irrelevant.   112

▷ Der Auftraggeber muss dem Auftragnehmer weiterhin eine **angemessene Nachfrist** setzen. Die Nachfrist ist den Gegebenheiten des Einzelfalls anzupassen. Umfang und Art der erbrachten Bauleistung sind hierbei zu berücksichtigen. Die Fristen des § 14 Nr. 3 VOB/B bzw. ggf. vertraglich vereinbarte Einreichungsfristen können als Richtwert für den Auftraggeber zumutbare Fristen angenommen werden. Dabei ist auch das Interesse des Auftraggebers an der alsbaldigen Erlangung einer prüfbaren Rechnung zu berücksichtigen.[3]   113

▷ Erst nach fruchtlosem Ablauf der angemessenen Nachfrist kann der Auftraggeber zur **eigenen Rechnungsaufstellung** übergehen.[4] Erstellt der Auftraggeber gemäß § 14 Nr. 4 VOB/B selbst eine Schlussrechnung, müssen darin die Leistungen auf der Grundlage des abgeschlossenen Vertrags abgerechnet werden. Ein notwendiges Aufmaß muss der Auftraggeber dann selbst nehmen, die Kosten trägt der Auftragnehmer. Die Fälligkeit der Rechnung tritt mit Zugang beim Auftragnehmer ein.[5] Die Rechnung des Auftraggebers muss ebenso **prüfbar** sein wie die des Auftragnehmers. Existiert bereits ein gemeinsames Aufmaß, muss der Auftraggeber dieses seiner Abrechnung zugrunde legen. Aller-   114

---

1 OLG Düsseldorf, BauR 1995, 258.
2 *Ingenstau/Korbion*, VOB-Kommentar, B § 14 Nr. 4 Rz. 2; *Dähne*, BauR 1981, 233, 234.
3 *Ingenstau/Korbion*, VOB-Kommentar, B § 14 Nr. 4 Rz. 4.
4 *Zerhusen*, Mandatspraxis Privates Baurecht, Rz. 539.
5 Vgl. BGH, NZBau 2002, 91.

dings trägt insoweit der Auftragnehmer die Beweislast für Einwendungen gegen die Prüfbarkeit der Abrechnung des Auftraggebers.[1]

c) Rechtsfolgen

115 Gemäß § 14 Nr. 4 VOB/B kann der Auftraggeber die Rechnung auf Kosten des Auftragnehmers erstellen. Ihm steht dann ein **Erstattungsanspruch** gegen den Auftragnehmer in Höhe aller für die Erstellung der Rechnung objektiv erforderlichen Aufwendungen zu. Hierzu gehören insbesondere Kosten für die Inanspruchnahme eines sachverständigen Dritten, den der Auftraggeber aufgrund fehlender eigener Sachkunde mit der Erstellung der Rechnung beauftragt hat.[2]

116 Im Übrigen treten **nach Zugang** der vom Auftraggeber erstellten Schlussrechnung die gleichen Wirkungen ein wie bei der Stellung der Schlussrechnung durch den Auftragnehmer. Die Schlussrechnung wird – eine bereits erfolgte Abnahme vorausgesetzt – fällig, die Verjährung hinsichtlich des Vergütungsanspruchs beginnt zu laufen. Die Schlussrechnung muss dem Auftragnehmer jedoch zugehen. Vorher ist der Auftraggeber in diesem Sinn nicht schutzwürdig.[3]

117 Die Schlussrechnung des Auftraggebers ist alleinige Abrechnungsgrundlage in einem Rechtsstreit, so dass der Auftragnehmer seine weitergehenden Vergütungsansprüche im Einzelnen darlegen und beweisen muss, ohne sich auf eine später selbst erstellte abweichende Rechnung berufen zu können, wenn diese in ihrem Aufbau von der prüfbaren Schlussrechnung des Auftraggebers abweicht.[4]

VI. Abrechnung von Stundenlohnarbeiten

1. Allgemeines

118 Erbringt der Auftragnehmer Werkleistungen auf Stundenlohnbasis, so sind mit der Abrechnung **besondere Erfordernisse** verbunden. Dies resultiert aus der Tatsache, dass die Erbringung von Stundenlohnleistungen durch den Auftragnehmer für den Auftraggeber ein besonderes Risiko beinhaltet: der Vergütungsanspruch besteht nicht – wie beim Werkvertrag sonst üblich – für die Erreichung eines zuvor vereinbarten Leistungserfolgs, sondern resultiert aus dem tatsächlich zu betreibenden Aufwand für die Erreichung des Leistungserfolgs. Die Höhe der für eine bestimmte Leistung zu zahlenden Vergütung ist damit abhängig von dem für die Ausführung im Einzelfall erforderlichen Zeitaufwand. Dieser wird maßgeblich durch Faktoren bestimmt, die der Auftraggeber nicht beeinflussen kann wie z. B. die Fähigkeiten, die Arbeitsweise und das Arbeitstempo des Auftragnehmers bzw. der von diesem eingesetzten Arbeitskräfte.

---

1 Vgl. OLG Oldenburg, BauR 1992, 83.
2 OLG Düsseldorf, BauR 1987, 336.
3 *Leinemann/Sterner*, VOB/B, § 14 Rz. 52.
4 OLG Düsseldorf, BauR 1995, 258; *Ingenstau/Korbion*, VOB-Kommentar, B § 14 Nr. 4 Rz. 10.

Auch deshalb ist in der Praxis die Erbringung von Leistungen auf Basis von Einheitspreis- oder Pauschalpreisverträgen die Regel. Stundenlohnverträge sind dagegen die **Ausnahme**[1], wie bereits § 2 Nr. 2 VOB/B vorgibt. Da die Abrechnung auf Stundenlohnbasis von der üblichen Art und Weise der Abrechnung und Vergütung von Werkleistungen im Baubereich abweicht, trägt derjenige, der sich auf eine Abrechnung auf Stundenlohnbasis beruft, die Beweislast dafür, dass diese Abrechnungs- und Vergütungsart vereinbart wurde.

119

Das BGB enthält im Rahmen des Werkvertragrechts keine besonderen Regelungen zur Vergütung von Stundenlohnarbeiten. Bei BGB-Bauverträgen verbleibt es daher generell bei der Grundregel des § 631 Abs. 1 BGB, nach der die vereinbarte Vergütung zu zahlen ist. Sofern eine gesonderte Vergütung nicht vereinbart ist, gilt nach § 632 Abs. 2 BGB die übliche Vergütung als geschuldet.

120

Bei VOB/B-Verträgen sind für die Abrechnung von Leistungen auf Stundenlohnbasis die beiden Sonderregelungen des § 2 Nr. 10 VOB/B und des § 15 VOB/B zu beachten. § 2 Nr. 10 VOB/B betrifft die Vergütungspflicht dem Grunde nach und normiert den Grundsatz, dass Stundenlohnarbeiten nur zu vergüten sind, wenn sie **vor Beginn** und **ausdrücklich vereinbart** wurden. § 15 VOB/B regelt die Einzelheiten der Abrechnung von Stundenlohnarbeiten, d. h. diese Norm betrifft insbesondere die Vergütungspflicht der Höhe nach.[2]

121

Beide vorgenannten Regelungen korrespondieren mit dem bereits erwähnten erheblichen Risiko des Auftraggebers bei Stundenlohnabrechnung. Sie stellen hohe **Anforderungen** für die Abrechnung auf Stundenbasis und geben dem Auftraggeber weitgehende **Kontrollmöglichkeiten** bereits während der Ausführung der Stundenlohnarbeiten an die Hand.

122

§ 2 Nr. 10 VOB/B i. V. m. § 15 VOB/B normieren insbesondere folgende vom Auftragnehmer bei Stundenlohnabrechnung zu beachtende Anforderungen:

▷ Ausdrückliche Vereinbarung der Abrechnung nach Stundenlohn vor Beginn der Arbeiten (§ 2 Nr. 10 VOB/B);

▷ Anzeige des Beginns der Ausführung der Stundenlohnarbeiten (§ 15 Nr. 3 Satz 1 VOB/B);

▷ Einreichung von Aufstellungen über die geleisteten Arbeitsstunden sowie den erforderlichen, zusätzlich zu vergütenden Materialaufwand je nach Verkehrsüblichkeit werktäglich oder wöchentlich (§ 15 Nr. 3 Satz 2 VOB/B);

▷ Abrechnung der Stundenlohnarbeiten alsbald nach Abschluss der jeweiligen Arbeiten, spätestens jedoch in Abständen von 4 Wochen (§ 15 Nr. 4 VOB/B).

Vorgenannte Anforderungen sind zum Teil **nicht** zwingende Voraussetzungen für die Entstehung des Anspruchs auf Vergütung für Stundenlohnarbeiten. Beachtet der Auftragnehmer diese Anforderungen jedoch nicht, kann er sich Schadensersatzforderungen des Auftraggebers bzw. erheblichen negativen Auswirkungen

123

---

1 OLG Hamm, BauR 2002, 319, 320.
2 *Vygen*, Bauvertragsrecht nach VOB und BGB, Rz. 862.

in Hinblick auf die Beweissituation aussetzen[1] (vgl. hierzu im Einzelnen unten Rz. 125 ff.). Werden diese formalen Voraussetzungen vom Auftragnehmer nicht genauestens beachtet, wird es dem Auftraggeber unproblematisch gelingen, diese Forderungen wegen der fehlenden Formalien abzuwehren.

124 Nachfolgende Ausführungen befassen sich zunächst mit den in der VOB/B enthaltenen Sonderregelungen bei Stundenlohnabrechnung. Abschließend werden einige Besonderheiten bei Stundenlohnarbeiten, denen die VOB/B nicht zugrunde liegt, dargestellt.

2. Vereinbarung

125 § 2 Nr. 10 VOB/B begründet ein echtes Wirksamkeitserfordernis[2] dahingehend, dass die Abrechnung auf Stundenlohnbasis grundsätzlich **ausdrücklich** und **vor Beginn** der Ausführung der jeweiligen Arbeiten vereinbart sein muss.

Hinweis:
Ein bestimmtes Formerfordernis existiert für die Stundenlohnabrede nicht. Aus Beweisgründen ist jedoch dringend anzuraten, Stundenlohnabreden einschließlich aller Details wie z. B. Vergütungshöhe je Zeiteinheit, Umfang der Arbeiten etc. **schriftlich** festzulegen. Sinnvollerweise ist ein Schriftformerfordernis für Stundenlohnabreden bereits in den Werkvertrag mit aufzunehmen.

126 Erforderlich ist hierbei auch, dass unmissverständlich festgelegt wird, welche konkreten Arbeiten auf Stundenlohnbasis erbracht und abgerechnet werden. Eine im Bauvertrag enthaltene allgemeine Regelung, dass Regiestunden zu einem bestimmten Stundensatz abgerechnet werden, genügt diesen Anforderungen alleine noch nicht.[3] Erforderlich ist vielmehr, dass die Parteien nachfolgend hinsichtlich **jeder** konkreten, abgrenzbaren Leistung eine gesonderte Stundenlohnabrede treffen, die hinsichtlich der Höhe des in Rechnung zu stellenden Stundensatzes sodann auf den Vertrag zurückgreifen kann.

127 Fehlt es an einer vor Beginn der Leistungsausführung getroffenen Stundenlohnabrede, kann diese auch noch während bzw. nach Leistungserbringung im beiderseitigen Einvernehmen **nachgeholt** werden[4], wobei auch hier eine ausdrückliche und unmissverständliche Vereinbarung erforderlich ist. Dem genügt das **bloße Abzeichnen** von Stundenzetteln – insbesondere wenn die Abzeichnung nicht durch den Auftraggeber selbst, sondern z. B. durch den bauaufsichtsführenden Meister bzw. Bauführer erfolgt – nicht.[5] Durch die Abzeichnung von Stundenlohnzetteln wird nur bestätigt, welche Arbeitskräfte was in welcher Zeit geleistet haben. Ein Anerkenntnis bezüglich einer Vergütungspflicht ist damit jedoch **nicht** abgegeben.

---

1 *Werner/Pastor*, Der Bauprozess, Rz. 1213 ff.
2 *Ingenstau/Korbion*, VOB/B, B § 15 Rz. 5.
3 *Korbion* in Festschrift für Soergel, S. 131, 134.
4 *Heiermann/Riedl/Rusam*, VOB, B § 2 Rz. 183.
5 BGH, BauR 1995, 232; BGH, BauR 1999, 1300; vgl. auch *Heiermann/Riedl/Rusam*, VOB, B § 2 Rz. 183; a. A. OLG Hamburg, BauR 2000, 1491 sofern der Bauherr selbst die Stundenzettel unterzeichnet.

Liegt eine ausdrückliche Vereinbarung nicht vor, kann sich im Übrigen in wenigen Ausnahmefällen aus der Vertragsgestaltung und im Wege einer gebotenen **Auslegung** ergeben, dass bestimmte Leistungen auch ohne ausdrückliche Vereinbarung auf Stundenlohnbasis abzurechnen sind. Hiervon können beispielsweise Zusatzarbeiten umfasst sein, die wegen Störungen des Arbeitsablaufs erforderlich wurden, wenn die Störungen der Risikosphäre des Auftraggebers zuzurechnen sind und die Parteien sich grundsätzlich einig waren, dass Stundenlohnarbeiten anfallen können.[1]

128

Fehlt es an einer ausdrücklichen Stundenlohnvereinbarung und lässt sich diese auch nicht im Wege der Vertragsauslegung ermitteln, hat der Auftragnehmer keinen Vergütungsanspruch auf Basis einer Stundenlohnabrechnung. Der Auftragnehmer kann erbrachte Arbeitsleistungen aber ggf. als **Zusatzleistungen** abrechnen. In Betracht kommt hierbei eine Abrechnung von Leistungen als vom Auftraggeber geforderte zusätzliche Leistung gemäß § 2 Nr. 6 VOB/B, als vom Auftraggeber nachträglich anerkannte zusätzliche Leistung gemäß § 2 Nr. 8 Abs. 2 VOB/B oder nach den Grundsätzen der Geschäftsführung ohne Auftrag erbrachte Leistung gemäß § 2 Nr. 8 Abs. 3 VOB/B.[2] Die Abrechnung erfolgt dann auf Basis von Einheitspreisen[3] bzw. bei entsprechender Vereinbarung auf Basis von Pauschalpreisen.[4]

129

Besteht eine Stundenlohnabrede dem Grunde nach, erfolgt die Abrechnung gemäß § 15 Nr. 1 Abs. 1 VOB/B auf Basis der vertraglichen Vereinbarungen, d. h. insbesondere der vertraglich **festgelegten Vergütungshöhe** je Zeiteinheit. Zur Vermeidung nachfolgender Streitigkeiten ist hierbei aus Gründen der Beweislastverteilung dem Auftragnehmer zu empfehlen, die Abrechnungsmaßstäbe zweifelsfrei und ausdrücklich vertraglich zu vereinbaren.[5]

130

Fehlt es im Rahmen einer Stundenlohnabrede an der Festlegung ausdrücklicher Abrechnungsmaßstäbe (z. B. Stundensätze), ist nach § 15 Nr. 1 Abs. 2 VOB/B auf die **ortsübliche Vergütung** zurückzugreifen. Nur wenn sich diese ebenfalls nicht oder nur mit unverhältnismäßig hohem Aufwand feststellen lässt, ist auf die Vergütungsregelung des § 15 Nr. 1 Abs. 2 Satz 2 VOB/B zurückzugreifen. Dann sind die Kosten des sachlichen und personellen Eigenaufwands des Auftragnehmers zuzüglich eines angemessenen Zuschlags für Gemeinkosten und Gewinn maßgebliche Kriterien für die Berechnung der Vergütung.[6]

131

Bei der Ausgestaltung der Vergütungsmaßstäbe sind die Parteien grundsätzlich frei. Zu beachten sind hierbei neben den Maßgaben der § 134 BGB (gesetzliche Verbote), § 138 BGB (sittenwidrige Vereinbarungen) und § 242 BGB (Treu und Glauben) vor allem die sich aus den §§ 305 ff. BGB ergebenden Grenzen der vertraglichen Regelungen in **Allgemeinen Geschäftsbedingungen**. So ist beispiels-

132

---

1 So z. B. OLG Köln, NJW-RR 1997, 50 für den Fall einer Pauschalpreisvereinbarung bei hochspezifizierter Leistung und relativ geringer Vergütungsabrede.
2 BGH, BauR 1994, 760, 762; *Vygen*, Bauvertragsrecht nach VOB und BGB, Rz. 862.
3 *Ingenstau/Korbion*, VOB-Kommentar, B § 15 Rz. 5; *Werner/Pastor*, Der Bauprozess, Rz. 1216 m. w. N.
4 *Heiermann/Riedl/Rusmam*, VOB, B § 2 Rz. 183b.
5 *Ingenstau/Korbion*, VOB-Kommentar, B § 15 Nr. 1 Rz. 2.
6 Vgl. im Einzelnen hierzu auch *Ingenstau/Korbion*, VOB-Kommentar, B § 15 Nr. 1 Rz. 6 ff.

weise eine Allgemeine Geschäftsbedingung des Auftraggebers, nach der Stundennachweise spätestens innerhalb einer Woche nach Erstellung vorzulegen sind und bei nicht rechtzeitiger Vorlage der Vergütungsanspruch insgesamt erlischt, nach § 307 BGB als überraschende und mit dem Grundgedanken der gesetzlichen Regelung des § 15 VOB/B nicht zu vereinbarende Regelung unwirksam.[1]

3. Anzeige

133 Gemäß § 15 Nr. 3 Satz 1 VOB/B ist der Auftragnehmer verpflichtet, dem Auftraggeber den Beginn der Stundenlohnarbeiten anzuzeigen. Eine bestimmte Form ist für diese Anzeige ebenfalls nicht vorgesehen.

Hinweis:
Auch wenn eine bestimmte Form für die Anzeige nicht vorgesehen ist, ist aus Beweisgründen dringend anzuraten, die Anzeige **schriftlich** und mit Zugangsnachweis zu tätigen.

134 Hintergrund der Anzeigepflicht ist der Schutz des Auftraggebers vor für ihn nicht von vornherein kalkulierbaren Vergütungsansprüchen des Auftragnehmers. Der Auftraggeber soll durch die Anzeige in die Lage versetzt werden, seine Kontrollrechte ausüben zu können. Insbesondere soll der erforderliche und angemessene Umfang der Arbeiten für den Auftraggeber überprüfbar sein. Die Anzeige hat daher rechtzeitig vor Beginn der Arbeiten zu erfolgen. Ist dem Auftraggeber der Beginn der Stundenlohnarbeiten bereits bekannt, beispielsweise, weil die Arbeiten unmittelbar nach Vereinbarung der Stundenlohnabrechnung ausgeführt werden und dies Teil der Vereinbarung war, kann eine gesonderte Anzeige ausnahmsweise entbehrlich sein.

135 Die Anzeige ist **keine Wirksamkeitsvoraussetzung** für den Anspruch auf Vergütung auf Stundenlohnbasis, sondern eine vertragliche Nebenpflicht.[2] Verstößt der Auftragnehmer hiergegen, d. h. zeigt er den Beginn der Ausführung von Stundenlohnarbeiten nicht oder nicht rechtzeitig an, verliert er seine Vergütungsansprüche nicht.

136 Folge des Verstoßes gegen die Anzeigepflicht ist, dass der Auftraggeber dem Vergütungsanspruch des Auftragnehmers Ansprüche aus positiver Vertragsverletzung entgegenhalten kann.[3] Dies allerdings nur, wenn die entsprechenden Voraussetzungen vorliegen, d. h. insbesondere der Auftragnehmer schuldhaft gehandelt hat, § 313 BGB. Auf dieser Grundlage kann der Auftraggeber **Schadensersatzansprüche**, z. B. wegen erhöhter Kosten der Überprüfung der Stundenlohnzettel und des tatsächlichen Aufwands, geltend machen.[4]

137 Darüber hinaus wird vielfach die Auffassung vertreten, dass bei Verletzungen der Anzeigepflicht die in § 15 Nr. 5 VOB/B zum Ausdruck gebrachte Wertung zu berücksichtigen ist.[5] Dort ist die Rechtsfolge der verspäteten Vorlage von Stunden-

---
1 OLG Düsseldorf, NJW-RR 1997, 784.
2 *Ingenstau/Korbion*, VOB-Kommentar, B § 15 Nr. 3 Rz. 3 f.
3 *Werner/Pastor*, Der Bauprozess, Rz. 1212.
4 *Heiermann/Riedl/Rusam*, VOB, B § 15 Rz. 26.
5 Vgl. z. B. *Ingenstau/Korbion*, VOB-Kommentar, B § 15 Nr. 3 Rz. 3 ff.; *Heiermann/Riedl/Rusam*, VOB, B § 15 Rz. 26; *Korbion* in Festschrift für Soergel, S. 131, 145.

lohnzetteln geregelt. Der Auftraggeber kann vom Auftragnehmer die Vereinbarung einer **neuen Vergütung** für die tatsächlich erbrachten Leistungen verlangen, sofern die verspätete Vorlage von Stundenlohnzetteln zu Zweifeln über den Umfang der Stundenlohnleistungen geführt hat. Die Vergütungshöhe ist nach Maßgabe des § 15 Nr. 1 Abs. 2 VOB/B und unter Berücksichtigung eines vertretbaren Zeitaufwands festzulegen.

Eine Anwendung des § 15 Nr. 5 VOB/B ist auch bei Verstößen gegen die Anzeigepflicht interessengerecht, sofern dadurch **Zweifel über den Umfang** der Stundenlohnleistungen begründet werden. Diese können sich beispielsweise daraus ergeben, dass aufgrund fehlender Kenntnis vom Beginn der Arbeiten eine Kontrolle des Arbeitsumfangs und somit des erforderlichen und angemessenen Zeit- und Arbeitsaufwands nicht mehr möglich ist. § 15 Nr. 5 VOB/B setzt ein Verschulden des Auftragnehmers nicht voraus, so dass auf die Folgen des § 15 Nr. 5 VOB/B unabhängig vom Verschulden sowohl bei verspäteter als auch bei fehlender Anzeige zurückgegriffen werden kann.[1] 138

4. Stundenlohnzettel

Des Weiteren hat der Auftragnehmer bei Abrechnung auf Stundenlohnbasis gemäß § 15 Nr. 3 Satz 2 VOB/B dem Auftraggeber regelmäßig Aufstellungen über den angefallenen Zeitaufwand sowie das benötigte Material im Form von Stundenlohnzetteln zu übergeben. 139

Wie detailliert diese Aufstellungen zu sein haben, ist in § 15 VOB/B nicht geregelt. Auch hier ist die Kontrollmöglichkeit des Auftraggebers als Zweck der Regelung zur Auslegung des § 15 VOB/B heranzuziehen. Stundenlohnzettel haben daher **alle Angaben** zu enthalten, um den Auftraggeber oder eine von ihm bevollmächtigte Person in die Lage zu versetzen, die Stundenlohnzettel zu überprüfen.[2] 140

Im Rahmen einer gerichtlichen Durchsetzung von Vergütungsansprüchen auf Stundenlohnbasis ist es erforderlich, dass der Auftragnehmer darlegt, welcher Arbeiter auf welcher Baustelle an welchen Tagen in welcher Zeit welche konkret hinsichtlich Art und Weise und Umfang umschriebene Tätigkeit verrichtet hat.[3] Fehlt es im Rahmen eines Rechtsstreits z. B. an der Darlegung, welche Tätigkeiten im Einzelnen verrichtet wurden, ist der Vergütungsanspruch auf Basis von Stundenlohnvereinbarungen **unsubstantiiert** vorgetragen.[4] Darüber hinaus hat der Auftragnehmer ggf. zu beweisen, dass die abgerechneten Stunden zur Erbringung der Leistung erforderlich waren, d. h. der in Ansatz gebrachte Zeitaufwand angemessen ist.[5] Diesen Anforderungen haben daher auch die vorzulegenden Stundenlohnzettel zu entsprechen. Fehlt es hieran in erheblichem Umfang, sind die Stundenzettel selbst dann **nicht zu berücksichtigen**, wenn der Auftraggeber sie unterzeichnet hat.[6] Auch nachträglich gefertigte Stundenlohnzettel sind 141

---
1 *Ingenstau/Korbion*, VOB-Kommentar, B § 15 Nr. 3 Rz. 3 f.
2 Vgl. OLG Hamm, BauR 1994, 374, 376.
3 KG Berlin, NZBau 2000, 26, 27.
4 KG Berlin, NZBau 2000, 26, 27.
5 OLG Hamm, BauR 2002, 319, 321.
6 *Werner/Pastor*, Der Bauprozess, Rz. 1215.

nicht geeignet, den erforderlichen Stundenaufwand darzulegen und ggf. zu beweisen.[1]

142 Nicht erforderlich ist dagegen, dass der Auftragnehmer in der Stundenlohnabrechnung eine Unterscheidung dahingehend vornimmt, ob die aufgewandten Stundenzahlen auf die ursprünglich vereinbarte Vertragsleistung oder auf Zusatzarbeiten entfallen.[2]

143 Der Zeitrahmen, in dem die Stundenlohnzettel zu übergeben sind, richtet sich ebenfalls nach § 15 Nr. 3 Satz 2 VOB/B. Maßgeblich sind daher zunächst die vertraglichen Vereinbarungen. Werden keine Vereinbarungen getroffen, sind die Aufstellungen **werktäglich oder wöchentlich** – je nach Verkehrssitte – zu übergeben.

144 Auch die rechtzeitige Übergabe von Stundenlohnzetteln ist **kein** Wirksamkeitserfordernis für den Anspruch auf Vergütung von Stundenlohnleistungen. Erfüllt der Auftragnehmer diese Anforderungen nicht, erlischt daher – wie bei der fehlenden oder verspäteten Anzeige der Ausführung der Stundenlohnarbeiten – der Vergütungsanspruch nicht. Die Folge einer fehlenden oder verspäteten Übergabe von Stundenlohnzetteln ist – wie bereits ausgeführt – in § 15 Nr. 5 VOB/B geregelt. Der Auftraggeber kann, sofern durch die Verletzung der Übergabepflicht durch den Auftragnehmer Zweifel an dem Umfang der Stundenlohnleistung entstehen, eine **Anpassung der Vergütung** entsprechend § 15 Nr. 1 Abs. 2 VOB/B verlangen, wobei hinsichtlich des Zeitaufwands auf ein wirtschaftlich vertretbares Maß zurückzugreifen ist.

145 Die **Beweislast** für den Zugang der Stundenlohnzettel beim Auftraggeber trägt der Auftragnehmer. Die Beweislast dafür, dass die Stundenlohnzettel verspätet eingegangen sind und dass hieraus Zweifel am Umfang der Stundenlohnleistungen entstanden sind, trägt dagegen der Auftraggeber.[3] Zu beachten ist, dass sich der Auftraggeber nicht mehr auf die verspätete Einreichung von Stundenlohnzetteln berufen kann, wenn er diese nach Übergabe anerkannt hat.[4]

146 In der Regel sind die Stundenlohnzettel dem Auftraggeber zu übergeben, sofern im Bauvertrag nichts anderes vereinbart ist. Soweit für den Auftaggeber vor Ort ein Architekt tätig wird, wird von dessen **originärer Vollmacht** in der Regel auch die Entgegennahme von Stundenlohnzetteln umfasst sein.[5]

5. Prüfung

147 Hat der Auftragnehmer seine Stundenlohnzettel eingereicht, begründen § 15 Nr. 3 Satz 3 und 4 VOB/B Pflichten für den Auftraggeber, wie er hinsichtlich der Stundenlohnzettel zu verfahren hat. § 15 Nr. 3 Satz 5 VOB/B regelt die Rechtsfolgen, die sich aus Nichtbeachtung der Sätze 3 und 4 für den Auftraggeber ergeben. Demnach hat der Auftraggeber die Stundenlohnzettel **unverzüglich**, d. h. ohne schuldhaftes Zögern, spätestens binnen sechs Werktagen **zurückzugeben**, wobei

---

[1] OLG Düsseldorf, NZBau 2000, 378, 379.
[2] OLG Frankfurt, NZBau 2001, 27.
[3] *Werner/Pastor*, Der Bauprozess, Rz. 1213.
[4] *Heiermann/Riedl/Rusam*, VOB, B § 15 Rz. 31.
[5] *Heiermann/Riedl/Rusam*, VOB, B § 15 Rz. 31.

er Einwendungen entweder unmittelbar auf den Stundenlohnzetteln oder gesondert erheben kann.

Die Stundenlohnzettel dienen – ähnlich wie das gemeinsame Aufmaß beim Einheitspreisvertrag – der Feststellung des tatsächlichen Leistungsumfangs.[1] Ziel der Regelungen ist es, den tatsächlichen Leistungsumfang als Grundlage der Vergütungsansprüche möglichst zeitnah zur Leistungserbringung festzustellen, da die Feststellung mit zunehmendem Zeitablauf in der Regel zumindest erschwert wird.[2]

148

Für die **Berechnung** der **6-Tages-Frist** sind die Regelungen der §§ 187 ff. BGB maßgeblich. Demnach beginnt die Frist mit Anfang des auf den Zugang des Stundenlohnzettel folgenden Tages (0.00 Uhr) zu laufen und endet mit Ablauf des sechsten auf den Zugang des Stundenlohnzettel folgenden Tages (24.00 Uhr). Zu berücksichtigen ist, dass der Samstag hierbei als Werktag zählt. Nur wenn der letzte Tag der Frist auf einen Samstag fällt, verschiebt sich das Fristende auf den darauf folgenden Werktag (§ 193 BGB).

149

Beispiel:[3]
Der Stundenzettel geht dem Auftraggeber am Dienstag per Post zu. Die Frist beginnt sodann am Mittwoch, 0.00 Uhr, zu laufen und endet am darauf folgenden Dienstag, 24.00 Uhr.

150

Geht der Stundenzettel an einem Freitag zu, beginnt die Frist am Samstag, 0.00 Uhr, zu laufen und endet am darauf folgenden Freitag, 24.00 Uhr. In diesem Fall wird der Samstag als Tag des Fristbeginns mitgezählt.

Geht der Stundenlohnzettel an einem Samstag zu, beginnt die Frist am darauf folgenden Montag, 0.00 Uhr, zu laufen und endet auch erst am darauf folgenden Montag, 24.00 Uhr. Der erste Sonntag wird nicht mitgezählt, da nach § 15 Nr. 3 Satz 4 VOB/B nur Werktage maßgeblich sind, d. h. Sonn- und Feiertag aus der Fristberechnung auszunehmen sind. Der auf den Zugang folgende Samstag wäre zwar der sechste Tag nach dem Tag des Zugangs der Stundenlohnzettel, an dem die Frist normalerweise ablaufen würde. Gemäß § 193 BGB wird das Fristende jedoch auf den nächsten Samstag verlegt.

Innerhalb dieser Frist hat der Auftraggeber die von ihm bescheinigten Stundenlohnzettel an den Auftragnehmer zurückzugeben und etwaige **Einwendungen** zu erheben. Eine rechtzeitige Rückgabe liegt nur vor, wenn der Zugang der Stundenlohnzettel beim Auftragnehmer innerhalb der 6-Tages-Frist bewirkt ist.[4] Rechtzeitiges Absenden genügt somit nicht. Der Auftraggeber hat die Stundenlohnzettel also unmittelbar nach Erhalt zu prüfen und an den Auftragnehmer zurückzusenden. Gehen die Stundenlohnzettel nicht spätestens innerhalb der 6-Tages-Frist wieder beim Auftragnehmer ein, gelten diese gemäß § 15 Nr. 4 Satz 5 VOB/B als **anerkannt**.

151

§ 15 Nr. 3 Satz 3 VOB/B verpflichtet den Auftraggeber darüber hinaus, die Stundenlohnzettel als Grundlage der späteren Abrechnung zu **bescheinigen**, d. h. die

152

---
1 Meissner, BauR 1987, 497, 507.
2 Ingenstau/Korbion, VOB-Kommentar, B § 15 Nr. 3 Rz. 7.
3 Bei den nachfolgenden Beispielen wird jeweils unterstellt, dass keine Feiertage in den Lauf der Frist fallen. Wäre dies der Fall, würde sich das Fristende jeweils um die Anzahl der in den Lauf der Frist fallenden Feiertage verschieben.
4 Heiermann/Riedl/Rusam, VOB, B § 15 Rz. 32.

Richtigkeit der in den Stundenlohnzetteln aufgeführten Angaben zu bestätigen.[1] Die Bescheinigung erfolgt bereits durch bloße Unterzeichnung.

153 Soweit der Auftraggeber mit den in den Stundenlohnzetteln enthaltenen Angaben z. B. zu Zeitaufwand etc. nicht einverstanden ist, hat er – ebenfalls innerhalb der 6-Tages-Frist – seine **Einwendungen** gegenüber dem Auftragnehmer zu erheben. Für die Erhebung von Einwendungen schreibt § 15 Nr. 3 Satz 4 VOB/B die Schriftform vor. Die Einwendungen können sowohl unmittelbar auf den Stundenlohnzetteln erhoben werden oder durch gesondertes Schreiben. Erforderlich ist in jedem Fall, dass auch die Einwendungen innerhalb der 6-Tages-Frist dem Auftragnehmer **zugehen**. Andernfalls gelten die in den Stundenlohnzetteln enthaltenen Angaben als anerkannt.[2]

Hinweis:
Will ein Auftraggeber Einwendungen erheben, ist es empfehlenswert, auf den Stundenlohnzetteln zumindest den Hinweis auf ein gesondertes Einwendungsschreiben zu vermerken und sich die **Rückgabe** der Stundenlohnzettel nebst Einwendungsschreiben unter Angabe des Rückgabedatums **bestätigen** zu lassen.

154 Mit Bescheinigung der Stundenlohnzettel erkennt der Auftraggeber die dort enthaltenen Angaben an. Dieselbe Wirkung tritt gemäß § 15 Nr. 3 Satz 5 VOB/B ein, wenn der Auftraggeber Stundenlohnzettel nicht oder nicht rechtzeitig zurückgibt oder innerhalb der 6-Tages-Frist keine Einwendungen erhebt. Dieses Anerkenntnis wird von der Rechtsprechung als **deklaratorisches Anerkenntnis** gewertet[3], d. h. es wird kein neuer Schuldgrund geschaffen, sondern die bestehende Schuld – soweit das Anerkenntnis reicht – bestätigt. Einwendungen des Auftraggebers sind nachfolgend nur noch dann relevant, wenn er diese bei Abgabe des Anerkenntnisses bzw. zum Zeitpunkt des Fiktionseintritts nicht kannte.[4]

155 Das Anerkenntnis erstreckt sich jedoch nur auf die in den Stundenlohnzetteln enthaltenen Angaben. Anerkannt wird somit nur Art und Umfang der erbrachten Leistungen[5], **nicht** aber die **Erforderlichkeit** der darin angegebenen Stunden.[6] Der Auftragnehmer trägt somit auch wenn der Auftraggeber die Stundenlohnzettel abgezeichnet hat, die Beweislast dafür, dass die von ihm berechneten Stunden zur Erbringung der Leistungen erforderlich und angemessen waren.[7] Erhebt der Auftraggeber gegen die Erforderlichkeit der in den bestätigten Stundenlohnzetteln aufgeführten Stunden Einwendungen, genügt ein pauschales Bestreiten der Gesamtstundenzahl jedoch nicht. Erforderlich ist vielmehr, dass dargelegt wird, welche Stunden konkret nicht erforderlich waren.[8]

156 Ist in einem VOB-Vertrag keine Stundenlohnabrede getroffen, kann das Abzeichnen vorgelegter Stundenlohnzettel durch den Auftraggeber nicht als Bestätigung

---

1 *Ingenstau/Korbion*, VOB-Kommentar, B § 15 Nr. 3 Rz. 10.
2 OLG Celle, BauR 2002, 1863.
3 So z. B. bereits BGH, BauR 1970, 239, 240.
4 BGH, BauR 1970, 239, 240; Palandt/*Sprau*, BGB, § 781 Rz. 3 f.
5 BGH, BauR 1994, 760; vgl. auch OLG Düsseldorf, BauR 1997, 647.
6 OLG Frankfurt, NZBau 2001, 27.
7 *Jagenburg/Reichelt*, NJW 2003, 102, 112; OLG Hamm, BauR 2002, 319, 321.
8 KG Berlin, BauR 2003, 726.

einer stillschweigenden nachträglichen Stundenlohnvereinbarung gewertet werden.[1] Die **Anerkenntniswirkung** tritt auch dann **nicht** ein, wenn die Stundenlohnzettel die erbrachten Leistungen nicht in prüffähiger Form benennen, d. h. insbesondere die oben unter Rz. 59 ff. genannten Angaben nicht enthalten.[2] Die Prüffähigkeit von Stundenlohnzetteln setzt voraus, dass diese die ausgeführten Arbeiten so detailliert beschreiben, dass der angesetzte Zeitaufwand durch einen Sachverständigen überprüft werden kann.[3]

Einwendungen, die der Auftraggeber zum Zeitpunkt der Abgabe des Anerkenntnisses bzw. bei Ablauf der 6-Tages-Frist **nicht kannte**, kann er dem Auftragnehmer auch weiterhin entgegenhalten. Der Auftraggeber ist jedoch sowohl für das Vorliegen der Einwendungen als auch dafür, dass ihm diese erst später bekannt geworden sind, beweispflichtig.[4] Er ist dann auch ggf. beweispflichtig dafür, dass der Auftragnehmer zu viele Arbeitsstunden angesetzt hat, d. h. der geltend gemachte Arbeitsumfang nicht erforderlich und nicht angemessen ist.[5] 157

6. Rechnung

§ 15 Nr. 4 VOB/B verpflichtet den Auftragnehmer, Stundenlohnarbeiten möglichst kurzfristig nach Abschluss der Arbeiten, spätestens in Abständen von **4 Wochen** abzurechnen. 158

Hieraus folgt, dass der Auftragnehmer bei kleineren, wenig Zeit umfassenden Stundenlohnarbeiten, spätestens vier Wochen nach Abschluss der Arbeiten eine Rechnung zu stellen hat. Bei Stundenlohnarbeiten größeren Umfangs hat der Auftragnehmer im Abstand von vier Wochen die jeweils angefallenen Stunden abzurechnen, auch wenn die Arbeiten noch nicht vollständig abgeschlossen sind. Die erste dieser **(Teil-)Rechnung** ist somit spätestens vier Wochen nach Beginn der Stundenlohnarbeiten zu stellen.[6] Die Rechnungen können wie üblich als Abschlagsrechnungen, Schlussrechnungen oder Teilschlussrechnungen gestellt werden. 159

Stellt der Auftragnehmer seine Stundenlohnabrechnungen **nicht fristgerecht**, schadet er sich vor allem selbst, da seine Forderungen entsprechend verspätet fällig werden. Für die Fälligkeit gelten die Ausführungen unter Teil 21 Rz. 256. Die Fälligkeit der Stundenlohnrechnungen setzt Prüffähigkeit der Abrechnung entsprechend § 14 VOB/B voraus. Insoweit gelten die Ausführungen unter Rz. 59 ff. entsprechend. 160

7. BGB-Vertag

Das BGB-Werkvertragsrecht enthält keine gesonderten Normen für Stundenabrechnungen, so dass es bei der Grundregel des § 631 BGB verbleibt. Die Abrech- 161

---

1 BGH, BauR 1994, 760; *Heiermann/Riedl/Rusam*, VOB, B § 15 Rz. 35.
2 BGH, BauR 1995, 114, 115; *Werner/Pastor*, Der Bauprozess, Rz. 1215.
3 OLG Frankfurt, NZBau 2001, 27.
4 KG, BauR 2003, 726; *Ingenstau/Korbion*, VOB-Kommentar, B § 15 Nr. 3 Rz. 20 ff.
5 OLG Düsseldorf, BauR 2003, 887.
6 *Ingenstau/Korbion*, VOB-Kommentar, B § 15 Nr. 4 Rz. 5.

nung erfolgt entsprechend der vertraglichen Vereinbarung. Ist eine Vergütungshöhe nicht vereinbart, ist gemäß § 632 BGB die übliche Vergütung geschuldet. Voraussetzung ist auch hier, dass die Abrechnung auf Stundenlohnbasis **vereinbart** war. Nur bei geringfügigen Arbeiten wie z. B. Reparaturarbeiten oder Neben- und Hilfsarbeiten wird auch beim BGB-Bauvertrag in der Regel ohne ausdrückliche Vereinbarung eine Stundenlohnabrechnung in Anlehnung an § 2 Nr. 5 VOB/A als übliche Vergütung anzusehen sein[1].

162 Darüber hinaus kann sich beim BGB-Bauvertrag aus der Vertragsgestaltung im Wege einer gebotenen **Auslegung** ergeben, dass bestimmte Leistungen auch ohne ausdrückliche Vereinbarung auf Stundenlohnbasis abzurechnen und zu vergüten sind. Hiervon können beispielsweise Zusatzarbeiten umfasst sein, die wegen Störungen des Arbeitsablaufs erforderlich wurden, wenn die Störungen der Risikosphäre des Auftraggebers zuzurechnen sind und die Parteien sich grundsätzlich einig waren, dass Stundenlohnarbeiten anfallen können.[2]

163 **Checkliste: Beweislastverteilung**

Im Übrigen hat – entsprechend der allgemeinen **Beweislastregelungen** – derjenige, der sich auf eine bestimmte Vereinbarung beruft, den Bestand und Inhalt dieser zu beweisen. Daher hat der Auftragnehmer im Rahmen von BGB-Bauverträgen bei Abrechnung auf Stundenlohnbasis in der Regel

▷ das Bestehen der Stundenlohnvereinbarung

▷ die Höhe der vereinbarten Vergütung und

▷ die aufgewandte Arbeitszeit

zu beweisen.[3] Ggf. hat der Auftragnehmer auch die Angemessenheit der von ihm in Ansatz gebrachten Arbeitszeit zu beweisen.[4]

164 Die Vorlage von Stundenlohnzetteln ist beim BGB-Bauvertrag **keine Bedingung** für die Abrechnung auf Stundenlohnbasis.[5] Der Auftragnehmer kann den Umfang der angefallenen Arbeitszeit vielmehr auch anderweitig belegen, ist hierfür aber beweispflichtig. Daher ist es bei BGB-Bauverträgen für die Abrechnungsfähigkeit eines Stundenlohnzettels auch nicht erforderlich, dass dieser von der Bauleitung unterschrieben ist.[6] Werden Stundenlohnzettel jedoch vom Auftraggeber gegengezeichnet, gelten die darin aufgeführten Stunden ebenso wie beim VOB-Vertrag als **anerkannt**.[7]

---

1 *Korbion*, Festschrift für Soergel, S. 131, 136.
2 So z. B. OLG Köln, NJW-RR 1997, 50 für den Fall einer Pauschalpreisvereinbarung bei hochspezifizierter Leistung und relativ geringer Vergütungsabrede.
3 *Werner/Pastor*, Der Bauprozess, Rz. 1211.
4 *Staudinger/Peters*, BGB, § 632 Rz. 18.
5 Vgl. auch OLG Köln, NJW-RR 1997, 150 f.
6 OLG Köln, NJW-RR 1997, 150 f.
7 *Mugler*, BB 1989, 859, 860.

Teil 23
Verzögerungsschaden

	Rz.
I. Vorbemerkung	1
II. Handlungsmöglichkeiten des Auftragnehmers bei Nichtzahlung nach neuer Gesetzeslage	5
1. Voraussetzung eines Anspruchs auf Werklohnzahlung	6
a) Abschlagszahlungen	7
b) Schlusszahlungen	22
2. Bei Aufrechterhaltung des Vertrags	27
a) Taktisches Vorgehen	28
b) Verzugsschaden nach § 280 Abs. 1, 2 i. V. m. § 286 BGB und § 16 Nr. 5 VOB/B	31
c) Kein Zurückbehaltungsrecht nach § 320 BGB	44
d) Arbeitseinstellung nach § 273 BGB	45
e) Leistungsverweigerung nach § 321 Abs. 1 BGB	46
f) Recht zur Arbeitseinstellung nach § 16 Nr. 5 Abs. 5 VOB/B	50
3. Möglichkeiten und Folgen der Beendigung des Vertrags	52
a) Taktischer Umgang mit Beendigungsmöglichkeiten	53
b) Schadensersatz statt der Leistung	55
c) Aufwendungsersatz § 284 BGB	60
d) Rücktritt nach § 323 BGB	63
e) Rücktritt nach § 321 BGB	69
f) Kündigung nach § 9 VOB/B	73
aa) Verhalten nach der Kündigung	79
bb) Abrechnung des vorzeitig gekündigten Vertrags	82
cc) Abrechnung bei verweigertem Aufmaß	85
III. Handlungsmöglichkeiten des Auftragnehmers bei sonstiger Nichtleistung nach neuer Gesetzeslage	88
1. Bei Aufrechterhaltung des Vertrags	88
a) Angemessene Entschädigung nach § 642 BGB	89
b) Kein Schadensersatzanspruch nach §§ 282, 286 BGB	99
c) Anspruch auf Bauzeitverlängerung nach BGB	100
d) Anspruch auf Bauzeitverlängerung nach § 6 Nr. 2 Abs. 1 VOB/B	104
aa) Behinderung	106
bb) Auf der Behinderung beruhende Verzögerung	107
cc) Behinderungsanzeige	108
dd) Dauer der Bauzeitverlängerung	112
ee) Folgen für Vertragsfristen	114
ff) Besonderheiten bei BGB-Verträgen	116
e) Schadensersatzanspruch nach § 6 Nr. 6 VOB/B: Voraussetzungen, Umfang	117
f) Zusätzlicher Werklohnanspruch nach § 2 Nr. 5 VOB/B	124
2. Möglichkeiten der Beendigung des Vertrags	128
a) Kündigung nach § 643 BGB	129
b) Kein Rücktritt nach § 324 BGB	133
c) Kündigung nach § 9 VOB/B	134
d) Kündigung nach § 6 Nr. 7 VOB/B	138
IV. Handlungsmöglichkeiten des Auftragnehmers bei Nichtzahlung nach früherer Gesetzeslage	141
1. Allgemeines	141
2. Bei Aufrechterhaltung des Vertrags	143
a) Verzugsschaden nach § 285 BGB a. F.	144
b) Verzugsschaden nach § 16 Nr. 5 Abs. 3 VOB/B 2000	145
3. Möglichkeiten und Folgen der Beendigung des Vertrags	147
a) Voraussetzungen des § 326 BGB a. F.	148

	Rz.		Rz.
b) Rechtsfolgen des § 326 BGB a. F.	153	2. Möglichkeiten und Folgen der Vertragsbeendigung	180
V. Handlungsmöglichkeiten des Auftragnehmers bei sonstigem Verzug	156	a) Rücktritt nach §§ 323, 326 Abs. 1 Satz 3 BGB	181
		b) Rücktritt nach § 324 BGB	186
VI. Handlungsmöglichkeiten des Auftraggebers wegen verspäteter Leistung des Auftragnehmers nach neuer Gesetzeslage	157	c) Schadensersatz statt der Leistung nach § 281 BGB	189
		d) Kündigung nach §§ 5 Nr. 4, 8 Nr. 3 VOB/B	194
1. Ansprüche bei Aufrechterhaltung des Vertrages	157	e) Kündigung nach § 6 Nr. 7 VOB/B	200
a) Zurückbehaltungsrecht nach § 320 BGB	158	VII. Handlungsmöglichkeiten des Auftraggebers wegen Leistungsverzugs nach früherer Gesetzeslage	204
b) Schadensersatz nach §§ 281, 286 BGB	161		
c) Schadensersatz nach § 5 Nr. 4 i. V. m. § 6 Nr. 6 VOB/B	167	1. Ansprüche bei Aufrechterhaltung des Vertrages	204
d) Vertragsstrafe	169	2. Möglichkeiten und Folgen der Vertragsbeendigung	205
aa) Vereinbarung der Vertragsstrafe	171	a) Rücktritt nach § 636 BGB a. F.	206
bb) Anfall der Vertragsstrafe	174	b) Vorgehensweisen nach § 326 BGB a. F.	213
cc) Vorbehalt bei der Abnahme	177		

I. Vorbemerkung

1 Bauverträge zeichnen sich nicht zuletzt dadurch aus, dass sie bereits aus tatsächlichen Gründen ein Zusammenwirken der Vertragspartner erfordern. Das vom BGH in neueren Entscheidungen angesprochene Kooperationsverhältnis[1] bezieht sich mehr auf eine aus rechtlichen Gründen notwendige Zusammenarbeit und kommt vor allem in **Konfliktsituationen** zum Tragen. Das Zusammenwirken in tatsächlicher Hinsicht ist hingegen bei jedem Bauvorhaben notwendig: Der Auftragnehmer muss vorleisten und gegebenenfalls Entscheidungen oder Vorgaben des Auftragnehmers abrufen, der Auftraggeber muss fällige Zahlungen leisten und die abgerufenen Entscheidungen und Vorgaben liefern. Dieses Zusammenwirken wird durch die jeweiligen zeitlichen Vorgaben strukturiert. Diese zeitlichen Vorgaben sind wesentlicher Inhalt der jeweiligen Pflichten.

2 Dieser Teil widmet sich der Frage, was passiert, wenn dieses Zusammenwirken nicht funktioniert und welche Möglichkeiten die Vertragspartner haben, wenn die andere Seite ihren Pflichten nicht, vor allem aber nicht zeitgerecht nachkommt. Dabei wird unterschieden zwischen den Möglichkeiten des Auftragnehmers und denen des Auftraggebers, denen jeweils eigene Abschnitte gewidmet sind, differenziert nach Art des Pflichtverstoßes der anderen Seite. Diese Abschnitte gehen jeweils als erstes auf die Alternative ein, die sich dem vertragstreuen Vertragspartner bei **Aufrechterhaltung des Vertrags** bieten und als zweites auf seine Möglichkeiten, einen Vertrag **vorzeitig zu beenden**.

---

1 BGH, NZBau 2000, 130.

Wegen der Fortgeltung des BGB in seiner bis zum 31. 12. 2001 geltenden Fassung für Schuldverhältnisse, die vor dem 1. 1. 2002 entstanden sind (Art. 229 § 4 EGBGB), wird auch die „alte" Rechtslage dargestellt.

Soweit Ansprüche oder Handlungsmöglichkeiten nach der VOB/B[1] dargestellt sind, so ist natürlich stets Voraussetzung, dass die VOB/B wirksam in den Vertrag einbezogen ist und dass der Vertrag keine von der VOB/B abweichenden, vorrangigen und wirksamen Vereinbarungen enthält. 3

Dieser Beitrag spricht gelegentlich von BGB-Verträgen bzw. VOB/B-Verträgen. Dies dient nur der besseren Lesbarkeit. Diese Bezeichnungen erleichtern nur die Unterscheidung von Verträgen, bei denen die Geltung der VOB/B nicht vereinbart wurde von denen, bei denen die Geltung der VOB/B vereinbart wurde. Natürlich ist auch bei diesen so genannten VOB/B-Verträgen das BGB, insbesondere die §§ 305 ff. BGB, zu beachten. 4

II. Handlungsmöglichkeiten des Auftragnehmers bei Nichtzahlung nach neuer Gesetzeslage

Der Auftragnehmer ist bei der Durchführung des Bauvorhabens in zweifacher Weise auf die Mitwirkung des Auftraggebers angewiesen. Zum einen muss der Auftraggeber die Abschlagsrechnungen (und später die Schlussrechnung) des Auftragnehmer **bezahlen**, zum anderen ist der Auftragnehmer bei der Bauausführung oft von **Mitwirkungspflichten** des Auftraggebers wie der Beistellung von Plänen oder der Bemusterung abhängig. Diese beiden Bereiche der Mitwirkung und die Rechtsfolgen bei Verstößen des Auftraggeber gegen seine Mitwirkungspflichten werden nachfolgend aufgrund ihrer Besonderheiten getrennt voneinander dargestellt. 5

1. Voraussetzung eines Anspruchs auf Werklohnzahlung

Voraussetzung aller Ansprüche des Auftragnehmers wegen Zahlungsverzugs des Auftraggebers ist, dass der Auftraggeber eine von ihm geschuldete Abschlags- oder Schlusszahlung **nicht leistet**. Deswegen muss vorab kurz darauf eingegangen werden, unter welchen Voraussetzungen der Auftraggeber solche Zahlungen schuldet. 6

a) Abschlagszahlungen

Stellt der Auftragnehmer eine **Abschlagsrechnung**, ist festzustellen, ob der Auftragnehmer Anspruch auf die verlangte Abschlagszahlung hat. Dies muss in zwei Schritten erfolgen. Zuerst ist zu prüfen, unter welchen Voraussetzungen der Auftragnehmer Abschlagszahlungen verlangen kann, danach, ob der konkret gestellte Anspruch berechtigt ist. 7

---

1 §§ der VOB/B ohne nähere Bezeichnung sind solche der VOB/B 2002.

8 Nach § 632a BGB kann der Auftragnehmer nur für in sich abgeschlossene Teile des Werks Abschlagszahlungen verlangen. Nach § 16 Nr. 1 Abs. 1 VOB/B kann der Auftragnehmer ohne diese Einschränkung Abschlagsrechnungen stellen und wird ausdrücklich dazu aufgefordert, dies in möglichst kurzen Zeitabständen zu tun. Die Regelung des § 16 Nr. 1 Abs. 1 VOB/B ist in Rz. 13 dargestellt.

Wenn der Auftragnehmer Abschlagszahlungen nur nach der gesetzlichen Regelung des § 632a BGB verlangen kann, müssen folgende Voraussetzungen erfüllt sein:

▷ Der abgerechnete Werklohn muss einen in sich abgeschlossenen Teil des Werks oder Stoffe oder Bauteile, die eigens angefertigt oder angeliefert sind, betreffen.

▷ Das Werk muss ordnungsgemäß (also im Wesentlichen mangelfrei) erbracht sein.

▷ Der Auftragnehmer muss dem Auftraggeber Eigentum an den Teilen des Werks bzw. den Stoffen oder Bauteilen verschafft haben oder hierfür Sicherheit geleistet haben.

9 Jedenfalls gegenüber **Verbrauchern** ist eine von § 632a BGB abweichende Vereinbarung nicht möglich, aber auch bei Unternehmern dürfte § 632a BGB jedenfalls bei AGB über § 307 Abs. 1 BGB zu beachten sein. Für Bauträgerverträge ist die Verordnung über Abschlagszahlungen bei Bauträgerverträgen zu beachten.

10 Die **Abgeschlossenheit** eines Werkteils ist danach zu beurteilen, ob sie für den Auftraggeber in sich werthaltig ist, beispielsweise wegen funktionaler Gesichtspunkte. Auf Gewerkegrenzen wird es regelmäßig nicht ankommen[1].

11 Das Vorhandensein von wesentlichen **Mängeln** schließt einen Anspruch auf Abschlagszahlungen insgesamt aus. § 641 Abs. 3 BGB und das darin angesprochene Zurückbehaltungsrecht in Höhe von mindestens des dreifachen der Mängelbeseitigungskosten greifen für sonstige, unwesentliche Mängel ein, da sich diese Vorschrift ausdrücklich auf Ansprüche nach der Abnahme bezieht[2].

12 Bei Bauwerken liegt die **Eigentumsverschaffung** regelmäßig vor, sofern nicht ausnahmsweise der Auftragnehmer auf einem Grundstück baut, das nicht dem Auftraggeber gehört oder wenn ausnahmsweise das Eigentum des Auftragnehmers nicht durch Einbau untergeht.

13 Nach § 16 VOB/B soll der Auftraggeber Abschlagszahlungen „in möglichst kurzen Zeitabständen" gewähren. Da eine Abschlagszahlung eine prüffähige Abschlagsrechnung voraussetzt, ist dies indirekt eine Aufforderung an die Auftragnehmer, in möglichst **kurzen Zeitabständen** Abschlagsrechnungen zu stellen. Der Auftragnehmer kann auch für eigens angefertigte und bereitgestellte Bauteile sowie die auf der Baustelle angelieferten Stoffe und Bauteile Abschlagszahlungen

---
1 Vgl. Palandt/*Sprau*, § 632a BGB, Rz. 5.
2 *Werner/Pastor* Rz. 1218b.

verlangen, wenn er dem Auftraggeber nach seiner Wahl das Eigentum an ihnen überträgt oder entsprechende Sicherheit gibt. Weitere Voraussetzungen, wie etwa die Fertigstellung abgeschlossener Teile des Werks, enthält die VOB/B nicht.

Mit **Abnahmereife** des Werks ist der Auftragnehmer nicht mehr berechtigt, Abschlagszahlungen zu verlangen[1]. 14

Hinsichtlich der konkret gestellten Abschlagsrechnung ist festzustellen, 15

▷ ob der Auftragnehmer die oben genannten, im ersten Schritt zu prüfenden Voraussetzungen einhält;
▷ ob eine auf § 16 Nr. 1 VOB/B beruhende Abschlagsrechnung **prüffähig** ist;
▷ ob die abgerechnete Leistung **tatsächlich erbracht** worden ist;
▷ ob der Auftraggeber berechtigte Einwendungen geltend macht.

Es ist umstritten, ob bei BGB-Verträgen Abschlagszahlungen erst fällig werden können, wenn der Auftragnehmer dem Auftraggeber eine Rechnung erteilt. Die überwiegende Auffassung in der Literatur und der Rechtsprechung bindet die **Fälligkeit** an die Erteilung einer Rechnung[2]. Unabhängig von rechtlichen Erwägungen erscheint es aber zweckmäßig, dem Auftraggeber eine Rechnung zu stellen, da er sonst regelmäßig nicht in der Lage sein dürfte, den Werklohn der Höhe nach zu berechnen bzw. bei Abschlagsrechnungen dem Grunde nach zu prüfen. Im unternehmerischen Verkehr kommt hinzu, dass der Auftraggeber Anspruch auf eine Rechnung hat, um die Umsatzsteuer als Vorsteuer geltend machen zu können. 16

Beim BGB-Vertrag steht es den Parteien frei, die Fälligkeit **vertraglich** an die Vorlage einer Rechnung zu binden. Liegt eine solche Vereinbarung vor, muss die Abschlagsrechnung im Zweifel prüffähig sein[3]. Die **VOB/B** beispielsweise hat durch die Änderung in § 16 Nr. 1 Abs. 3 VOB/B klargestellt, dass Abschlagszahlungen erst nach Zugang einer Rechnung fällig werden können. Bei einer auf § 16 Nr. 1 VOB/B beruhenden Abschlagsrechnung ist der Auftragnehmer außerdem verpflichtet, die Abschlagsrechnung prüffähig zu erstellen. 17

Bei **BGB-Verträgen** ist die Abschlagsrechnung ohne weitere Frist nach Zugang fällig, bei VOB/B-Verträgen wird die Zahlung erst nach Ablauf einer Prüffrist von 18 Werktagen nach Zugang der Rechnung fällig, § 16 Nr. 1 Abs. 3 VOB/B. 18

Wenn der Auftraggeber **Gegenansprüche** hat, kann er diese auch gegenüber einer verlangten Abschlagszahlung geltend machen. So kann der Auftraggeber insbesondere einwenden, die Leistungen des Auftragnehmers seien mangelhaft. 19

Wie angesprochen, darf der Auftragnehmer für eine mit **wesentlichen Mängeln** behaftete Leistung gar keine Abschlagszahlungen verlangen[4]. 20

---
1 BGH, BauR 1997, 468.
2 Nachweise bei *Werner/Pastor*, Der Bauprozess, Rz. 1370.
3 *Werner/Pastor*, Der Bauprozess, Rz. 1371.
4 Palandt/*Sprau*, § 632a BGB, Rz. 5.

Hinweis:
Macht der Auftraggeber Mängel geltend, so ist der Auftragnehmer in der Regel besser beraten, wenn er nicht wegen Zahlungsverzugs die Arbeiten einstellt. Stellt sich später heraus, dass die Mängelrügen berechtigt waren, kann dies erhebliche Folgen für den Auftragnehmer haben. Der Auftragnehmer sollte regelmäßig besser Sicherheit nach § 648a BGB verlangen und auf diese Weise ggf. eine Arbeitseinstellung herbeiführen. Nach neuerer Rechtsprechung des BGH kann der Auftragnehmer auch für mangelhafte Leistungen Sicherheit nach § 648a BGB in voller Höhe verlangen, solange der Auftraggeber noch nicht die Aufrechnung mit Gegenansprüchen erklärt hat[1].

21 Abschlagszahlungen haben **keine Anerkenntniswirkung**[2]. Der Auftraggeber kann also durchaus bei der Prüfung der Schlussrechnung Positionen der Abschlagsrechnung kürzen.

b) Schlusszahlungen

22 Der Auftragnehmer kann seine Schlussrechnung stellen, wenn das Bauvorhaben abgenommen ist oder es **abnahmereif** ist. Insofern unterscheiden sich Verträge mit und ohne Einbeziehung der VOB/B nicht.

Hinweis:
Der Auftragnehmer kann auch ohne Abnahme direkt **auf Zahlung** der Schlussrechnung **klagen**[3]. In diesem Verfahren wird die Abnahmereife inzident geprüft. Eine vorgeschaltete Klage auf Abnahme der Leistung ist nicht zwingend erforderlich und in der Regel nicht sinnvoll.

23 Mit Abnahmereife kann der Auftragnehmer keine Abschlagsrechnungen mehr stellen. Zumindest bei der VOB/B könnte er sich ansonsten den Vorteil der **kürzeren Prüffristen** verschaffen, obwohl er anstelle der Abschlagsrechnung eine Schlussrechnung stellen könnte.

24 Bei Einbeziehung der **VOB/B** ist der Auftragnehmer verpflichtet, dem Auftraggeber eine prüffähige Schlussrechnung zu stellen. Bei **BGB-Verträgen** ist dies wie bei Abschlagsrechnungen umstritten[4]. Nach Auffassung des Verfassers sollte der Auftragnehmer im Zweifel eine prüffähige Rechnung erstellen, sofern nicht ein Pauschalpreis vereinbart ist. Dies dient dem Auftragnehmer (und seinem Anwalt) als wichtige Dokumentation der erbrachten Leistungen und der Auftragnehmer vermeidet unnötige und ihm nicht zu vermittelnde Prozessverluste.

25 Bei BGB-Verträgen ist der Schlussrechnungsbetrag sofort **fällig**, bei VOB/B-Verträgen erst nach Abschluss der Prüfung, für die dem Auftraggeber längstens zwei Monate zur Verfügung stehen, § 16 Nr. 3 Abs. 1 VOB/B. In der Praxis wird die Zwei-Monats-Frist als Regelfrist verstanden. Dies ist jedoch falsch, es ist vielmehr eine Maximal-Frist. Bei einfachen Abrechnungen kann die angemessene

---

1 BGH, BauR 2001, 386.
2 *Nicklisch/Weick*, VOB/B-Kommentar, § 16 VOB/B, Rz. 27, BGH, NJW 1995, 3371.
3 BGH, NJW 1996, 1280.
4 *Werner/Pastor*, Der Bauprozess, Rz. 1370.

Prüffrist wesentlich kürzer sein. Nur aus Vorsicht wird dem Auftraggeber regelmäßig die volle Frist von zwei Monaten zugestanden. Nach Ablauf dieser Frist ist der Auftraggeber verpflichtet, das unbestrittene Guthaben als Abschlagszahlung sofort zu zahlen, soweit es festgestellt ist. Eine unterlassene Feststellung führt nicht zu einer Auszahlungspflicht des Auftraggebers. Die Abschlagszahlung einer festgestellten und unbestrittenen Summe bedeutet kein Anerkenntnis der Forderung des Auftragnehmers[1].

Bei VOB/B-Verträgen gibt es außerdem die Möglichkeit von **Teilschlusszahlungen**. Diese muss der Auftraggeber nach § 16 Nr. 4 VOB/B leisten, wenn

▷ in sich abgeschlossene Teilleistungen vorliegen,
▷ die nach § 12 Nr. 2 VOB/B teilabgenommen wurden,
▷ für diese Leistungen eine prüffähige Rechnung vorliegt.

2. Bei Aufrechterhaltung des Vertrags

Der Auftragnehmer hat bei unterbliebener Zahlung des Auftraggebers unter Aufrechterhaltung des Vertrags folgende Möglichkeiten, je bei Vorliegen der Voraussetzungen:

▷ Verzugsschaden nach § 280 Abs. 1, 2 i. V. m. § 286 BGB,
▷ Arbeitseinstellung nach § 273 BGB,
▷ Leistungsverweigerung nach § 321 BGB,
▷ Arbeitseinstellung nach § 16 Nr. 5 Abs. 5 VOB/B.

a) Taktisches Vorgehen

Zahlungsansprüche des Auftragnehmers sind nicht fällig, wenn der Auftraggeber seinerseits **Gegenansprüche** geltend machen kann. In typischen Streitfällen macht der Auftraggeber gegenüber Abschlagsforderungen Zurückbehaltungsrechte wegen Mängeln geltend oder bestreitet die Abschlagsrechnung der Höhe (oft auch dem Grunde) nach. Stellt der Auftragnehmer wegen der umstrittenen Abschlagsforderungen die Arbeiten ein, kann dies den Auftraggeber zur Kündigung des Vertrags bewegen. Eine solche Kündigung erfolgt dann aus wichtigem Grund, wenn der Auftragnehmer zur **Arbeitseinstellung** nicht berechtigt war, also dann, wenn der Auftraggeber zu Recht Zurückbehaltungsrechte wegen Mängeln geltend gemacht hat oder die Abschlagsforderung aus anderen Gründen nicht bestand. Ob Mängel vorliegen bzw. ob eine Nachtragsforderung berechtigt ist, lässt sich zum Zeitpunkt der Arbeitseinstellung oft nicht abschließend feststellen, so dass der Auftragnehmer ein ganz erhebliches Risiko eingeht.

---
1 BGH, BauR 1997, 468; BGH, NJW 1995, 3311.

29 In solchen Fällen kann es taktisch vorzugswürdig sein, dass der Auftragnehmer vom Auftraggeber eine **Sicherheit nach § 648a BGB** fordert. Unter den Voraussetzungen des § 648a BGB kann er dann die Arbeiten einstellen und sogar einen pauschalierten **entgangenen Gewinn** geltend machen. Diese Vorgehensweise ist nicht mit dem Risiko einer nachträglichen Mängel- und/oder Leistungsbewertung belastet, da – selbst wenn der Auftraggeber Zurückbehaltungsrechte geltend machen sollte – der Auftragnehmer auch bezüglich der mängelbehafteten Leistung Anspruch auf Sicherung nach § 648a BGB hat[1]. Eine solche Sicherung ist nur dann ausgeschlossen, wenn der Auftragnehmer gar keinen Anspruch mehr hat, etwa wegen einer Aufrechnung des Auftraggebers[2].

30 Auch Streitigkeiten über die Höhe von Abschlagsforderungen werden dadurch umgangen, da sich die Sicherung nach § 648a BGB auf den gesamten Werklohnanspruch des Auftragnehmers bezieht, der in der Regel einfach zu bestimmen sein wird, einfacher jedenfalls als die Berechtigung einer einzelnen Abschlagsrechnung.

b) Verzugsschaden nach § 280 Abs. 1, 2 i. V. m. § 286 BGB und § 16 Nr. 5 VOB/B

31 Ganz unzweifelhaft ist die Bezahlung des Werklohns eine der vertraglichen **Hauptleistungspflichten** des Auftraggebers, wie § 631 Abs. 1 BGB in alter wie neuer Fassung klarstellt. Bei einer Verletzung dieser Pflicht hat der Auftragnehmer daher gegen den Auftraggeber Ansprüche auf Schadensersatz, die auf § 280 1, 2 i. V. m. § 286 BGB beruhen.

32 **Verzug** tritt ein, wenn der Auftragnehmer den Auftraggeber

▷ nach Fälligkeit des Anspruchs

▷ mahnt (sofern die Mahnung nicht entbehrlich ist) und

▷ der Auftraggeber trotz Mahnung nicht zahlt.

33 Bei Entgeltforderungen kommt der Auftraggeber spätestens 30 Tage nach Zugang der Rechnung in Verzug, § 286 Abs. 3 BGB. Bei **Verbrauchern** muss der Auftragnehmer allerdings in der Rechnung auf diese Rechtsfolge besonders hinweisen. Diese Frist bis zum Verzugseintritt kann durch AGB oder durch individuelle Zahlungsaufforderungen verkürzt werden, da § 286 Abs. 3 BGB nur als eine Möglichkeit neben die Inverzugsetzung durch Mahnung treten soll[3].

34 Wie auch nach dem bisherigen Recht ist es möglich, die **Mahnung** mit der die Fälligkeit begründenden Handlung, also der Rechnung, zu verbinden[4]. So kann der Auftragnehmer dem Auftraggeber bereits in der Schlussrechnung eine Zahlungsfrist setzen, mit deren Ablauf der Auftraggeber automatisch in Verzug gerät.

---

1 BGH, BauR 2001, 386, 389.
2 BGH, BauR 2001, 386, 389.
3 Palandt/*Heinrichs*, § 286 BGB Rz. 26.
4 Palandt/*Heinrichs*, § 286 BGB, Rz. 16.

| Eine Mahnung ist nach § 286 Abs. 2 BGB **entbehrlich**, wenn | 35 |

▷ für die Zahlung eine Zeit nach dem Kalender bestimmt ist, also z. B. im Vertrag oder in der Rechnung ein fester Zahlungstermin genannt ist;

▷ der Zahlung ein bestimmtes Ereignis vorhergehen muss und die Zahlungsfrist von dem Ereignis an nach dem Kalender zu bestimmen ist, also z. B. eine Zahlung „14 Werktage nach Abnahme";

▷ der Auftraggeber die Zahlung ernsthaft und endgültig verweigert;

▷ oder besondere Gründe vorliegen, bei denen unter Abwägung der beiderseitigen Interessen der sofortige Eintritt des Verzugs gerechtfertigt ist. Dies dürfte bei den üblichen Fallgestaltungen am Bau eine absolute Ausnahme sein.

Wenn unklar ist, **wann** eine Rechnung dem Auftraggeber zugegangen ist, gerät er spätestens 30 Tage nach Fälligkeit der abgerechneten Forderung und nach Empfang der Gegenleistung in Verzug, § 286 Abs. 3 Satz 2 BGB. Dies kann z. B. dann hilfreich sein, wenn sich nicht nachweisen lässt, ob der Auftraggeber eine Rechnung vor oder nach dem angegebenen Zahlungsdatum erhalten hat. Wenn umstritten ist, **ob** eine Rechnung zugegangen ist, greift diese Regelung jedoch nicht ein. Hierfür bleibt der Auftragnehmer in vollem Umfang beweispflichtig. Bei Forderungen gegen **Verbraucher** gilt diese Zweifels-Regelung jedoch nicht. Der Auftragnehmer muss bei solchen Forderungen weiterhin den Zeitpunkt des Rechnungszugangs nachweisen. 36

Der gesetzliche **Verzugszins** beträgt bei Forderungen gegen Verbraucher i. S. d. § 13 BGB 5 Prozent über dem Basiszinssatz nach § 247 BGB, bei sonstigen Entgeltforderungen 8 Prozent über dem Basiszinssatz, § 288 Abs. 2 BGB. Der Auftragnehmer kann auf Nachweis einen höheren Schaden verlangen. 37

Für Verträge, bei denen die Geltung der **VOB/B vereinbart** ist, enthält § 16 Nr. 5 VOB/B Regelungen über die Verzugszinsen. Die **VOB/B 2002** kennt erstmals unterschiedliche Voraussetzungen für die Verzinsung von Zahlungen. Sie unterscheidet zwischen einerseits Abschlagszahlungen und nicht festgestellten bzw. strittigen Guthaben aus der Schlussrechnung und andererseits dem festgestellten und unbestrittenen Guthaben aus einer Schlussrechnung. 38

| Um die Verzinsung von **Abschlagszahlungen** und **strittigen Guthaben** aus der Schlussrechnung herbeizuführen, muss der Auftragnehmer | 39 |

▷ nach Fälligkeit

▷ dem Auftraggeber eine angemessene Nachfrist setzen,

▷ innerhalb derer der Auftraggeber nicht zahlt.

Bei Schlusszahlungen hingegen beginnt für das **festgestellte, unbestrittene Guthaben** die Verzinsung automatisch. 40

> Die Verzinsung des unbestrittenen Guthabens aus Schlussrechnungen hat zwei Voraussetzungen:

▷ Prüfung und Feststellung durch den Auftraggeber und

▷ Ablauf von zwei Monaten ab Zugang der Schlussrechnung.

41 Mit dem **Begriff** des unbestrittenen Guthabens greift die VOB/B 2002 einen schon bisher in der VOB/B enthaltenen Begriff auf. In § 16 Nr. 3 Abs. 1 VOB/B wird dieser Begriff schon lange verwendet. Nach § 16 Nr. 3 Abs. 1 VOB/B muss der Auftraggeber die Schlussrechnung prüfen und das Ergebnis feststellen. Hierfür hat er längstens zwei Monate Zeit. Wenn er für die Prüfung länger braucht, soll er den Teil der Schlussrechnung, den er geprüft und festgestellt hat, als unbestrittenes Guthaben auszahlen. Eben dieses festgestellte und unbestrittene Guthaben muss der Auftraggeber mit Ablauf von zwei Monaten ab Zugang der Schlussrechnung verzinsen. Die VOB/B nimmt damit für die Verzinsung erstmals einen gewissen Automatismus auf. Im Unterschied zum BGB beginnt die Verzinsung jedoch nicht allein aufgrund des Zeitablaufs, es muss vielmehr die Feststellung durch den Auftraggeber hinzukommen, dass dem Auftragnehmer aufgrund der Gesamtabrechnung ein Guthaben zusteht[1].

42 Die **Höhe** der Verzugszinsen legt die VOB/B 2002 fest, indem sie auf § 288 BGB verweist. Damit gilt auch im Rahmen der VOB/B die unterschiedliche Behandlung von Verbrauchern und anderen Geldschuldnern, die § 288 BGB festlegt.

43 Der Auftraggeber hat das Recht, gegenüber Abschlagszahlungen die ihm zustehenden **Gegenansprüche** wegen Mängeln, Verzugsschäden etc. geltend zu machen.

c) Kein Zurückbehaltungsrecht nach § 320 BGB

44 Die Vorschrift des § 320 BGB wurde inhaltlich durch das Schuldrechtsmodernisierungsgesetz nicht geändert. Sie ist daher auch weiterhin nicht auf den Werkvertrag anwendbar, da der Auftragnehmer zur **Vorleistung** verpflichtet ist. Dies wird nicht zuletzt dadurch deutlich, dass im Werkvertrag mit **§ 648a BGB** eine gegenüber § 320 BGB speziellere Vorschrift enthalten ist. Der Auftragnehmer ist daher nicht berechtigt, wegen noch nicht fälliger Zahlungen betreffend zukünftige Leistungen die Arbeiten einzustellen[2]. Eine Ausnahme liegt nur vor, wenn die Parteien eine Vorauszahlung vereinbart haben oder der Auftragnehmer eine Zahlungssicherheit verlangen kann.

d) Arbeitseinstellung nach § 273 BGB

45 Wenn dem Auftragnehmer ein fälliger Werklohnanspruch gegen den Auftraggeber zusteht, kann er aber nach § 273 BGB die Arbeiten einstellen. Haben die Vertragspartner die Geltung der **VOB/B vereinbart**, sind allerdings die weiteren Voraussetzungen des § 16 Nr. 5 Abs. 5 VOB/B zu beachten (vgl. Rz. 50).

---

1 Ingenstau/Korbion/*Locher*, § 16 VOB/B Nr. 3 Rz. 21.
2 Vgl. Palandt/*Heinrichs*, § 320 BGB, Rz. 17.

e) Leistungsverweigerung nach § 321 Abs. 1 BGB

Nur der Vollständigkeit halber wird auf das Leistungsverweigerungsrecht nach § 321 Abs. 1 BGB hingewiesen. Danach kann der Auftragnehmer seine Vorleistung verweigern, wenn nach Abschluss des Vertrags erkennbar wird, dass sein Werklohnanspruch durch **mangelnde Leistungsfähigkeit** des Auftraggebers gefährdet wird.

46

Es kommt dabei nicht darauf an, wie sich die Vermögensverhältnisse des Auftraggebers entwickeln, sondern vielmehr darauf, ob diese **Entwicklung** für andere **erkennbar** wird[1]. Anders als nach dem bisherigen Recht greift § 321 BGB also auch dann, wenn die Gefährdung bereits bei Vertragsschluss vorlag, aber für den Auftragnehmer nicht erkennbar war[2]. Der Gesetzeswortlaut legt nahe, dass es dabei nicht auf den Horizont des Auftragnehmers ankommt, sondern auf einen objektivierten Horizont. Es kann also nicht auf Sonderkenntnisse einzelner Personen ankommen (z. B. eines zuständigen Sachbearbeiters bei einer Bank, der die Kontenentwicklung verfolgen kann), sondern auf objektive Umstände, die einer gewissen Öffentlichkeit oder Fachkreisen bekannt sind[3]. Die Anforderungen an eine Nachprüfungspflicht des Auftragnehmers dürfen dabei nicht überspannt werden[4].

47

Der Auftragnehmer kann dem Auftraggeber eine **angemessene Frist** setzen, entweder Zug-um-Zug die Zahlungen zu erbringen oder aber Sicherheit zu leisten. Nach Ablauf dieser Frist kann der Auftragnehmer nach § 321 Abs. 2 BGB vom Vertrag **zurücktreten**.

48

Mit dem **nachgeschalteten** Rücktrittsrecht nach § 321 Abs. 2 BGB ähnelt § 321 BGB in weiten Bereichen § 648a BGB, der allerdings nur für Bauleistungen anwendbar ist. Deswegen wird § 321 BGB im Baubereich wahrscheinlich nur geringe Bedeutung entwickeln. Im Vergleich zu § 648a BGB bietet § 321 BGB vor allem den **Vorteil**, dass der Auftragnehmer nach § 321 Abs. 1 BGB auch ohne vorherige Fristsetzung sofort die Arbeiten einstellen kann. Der Auftragnehmer ist allerdings in vollem Umfang dafür beweispflichtig, dass sein Anspruch auf den Werklohn gefährdet ist. Dazu dürfte es nicht reichen, dass beim Auftraggeber nur einzelne Verdachtsmerkmale auftreten, die auf finanzielle Probleme hindeuten. Diese Verdachtsmerkmale dürften nur im Ausnahmefall Rückschlüsse auf die Leistungsfähigkeit des Auftraggebers zulassen, so dass der Auftragnehmer regelmäßig die Gefährdung seines Anspruchs nur schwer nachweisen kann.

49

f) Recht zu Arbeitseinstellung nach § 16 Nr. 5 Abs. 5 VOB/B

Die VOB/B trifft in § 16 Nr. 5 Abs. 5 VOB/B eine eigene und vom Bürgerlichen Gesetzbuch abweichende Regelung. Früher fand sich diese Regelung in § 16

50

---

1 Ebenso *Ott/Lüer/Heussen*, Schuldrechtsreform Rz. 326.
2 Wirth/Sienz/Englert/*Langenecker*, Verträge am Bau, § 321 BGB, Rz. 2; Palandt/*Heinrichs*, § 321 BGB, Rz. 4.
3 Vgl. Beispiele bei Palandt/*Heinrichs*, § 321 BGB, Rz. 5.
4 Wirth/Sienz/Englert/*Langenecker*, Verträge am Bau, § 321 BGB, Rz. 2.

Nr. 5 Abs. 3 VOB/B 2000, die VOB/B 2002 hat sie in einen eigenen Absatz gestellt. Inhaltlich wurde sie nicht geändert.

Danach kann der Auftragnehmer seine Arbeiten einstellen, wenn er

▷ einen fälligen Werklohnanspruch hat und

▷ der Auftraggeber bei Fälligkeit nicht bezahlt und

▷ ihm der Auftragnehmer eine angemessene Nachfrist gesetzt hat und

▷ diese erfolglos abgelaufen ist.

51 Es sind dies die gleichen Voraussetzungen wie für eine **Verzinsung** einer Abschlagszahlung bzw. eines bestrittenen Guthabens aus einer Schlussrechnung, die oben in Rz. 31 näher dargestellt sind. Der Auftragnehmer muss diese Voraussetzungen auch dann erfüllen, wenn er wegen eines festgestellten und unbestrittenen Guthabens aus einer Schlussrechnung seine Restarbeiten einstellen will, anders als bei der Verzinsung gibt es hier **keinen Automatismus**.

3. Möglichkeiten und Folgen der Beendigung des Vertrags

52 Der Auftragnehmer hat bei unterbliebener Zahlung des Auftraggebers unter **Beendigung** des Vertrags folgende Möglichkeiten, je bei Vorliegen der Voraussetzungen:

▷ Schadensersatz statt der Leistung nach § 281 BGB,

▷ Aufwendungsersatz nach § 284 BGB,

▷ Rücktritt nach § 323 BGB,

▷ Rücktritt nach § 321 BGB,

▷ Kündigung nach § 9 VOB/B.

a) Taktischer Umgang mit Beendigungsmöglichkeiten

53 Zahlungsansprüche des Auftragnehmers sind nicht fällig, wenn der Auftraggeber seinerseits Gegenansprüche geltend machen kann. In typischen Streitfällen macht der Auftraggeber gegenüber Abschlagsforderungen Zurückbehaltungsrechte wegen Mängeln geltend oder bestreitet die Abschlagsrechnung der Höhe (manchmal sogar dem Grunde) nach. Will der Auftragnehmer wegen der umstrittenen Abschlagsforderungen den Vertrag beenden, kann dies den Auftraggeber zur Kündigung des Vertrags bewegen. Eine solche Kündigung erfolgt dann aus wichtigem Grund, wenn der Auftragnehmer zur Vertragsbeendigung nicht berechtigt war, also dann, wenn der Auftraggeber zu Recht Zurückbehaltungsrechte wegen Mängeln geltend gemacht hat oder die Abschlagsforderung aus anderen Gründen nicht bestand. Ob Mängel vorliegen bzw. ob eine Nachtragsforderung berechtigt

ist, lässt sich zum Zeitpunkt der Vertragsbeendigung oft nicht abschließend feststellen, so dass der Auftragnehmer ein ganz erhebliches Risiko eingeht.

In solchen Fällen kann es taktisch vorzugswürdig sein, dass der Auftragnehmer vom Auftraggeber eine Sicherheit nach § 648a BGB fordert. Unter den Voraussetzungen des § 648a BGB kann er dann die Arbeiten einstellen und sogar einen pauschalierten entgangenen Gewinn geltend machen. Diese Vorgehensweise ist nicht mit dem Risiko einer nachträglichen Mängel- und/oder Leistungsbewertung belastet, da – selbst wenn der Auftraggeber Zurückbehaltungsrechte geltend machen sollte – der Auftragnehmer auch bezüglich der mängelbehafteten Leistung Anspruch auf Sicherung nach § 648a BGB hat[1]. Eine solche Sicherung ist nur dann ausgeschlossen, wenn der Auftragnehmer gar keinen Anspruch mehr hat, etwa wegen einer Aufrechnung des Auftraggebers[2]. Auch Streitigkeiten über die Höhe von Abschlagsforderungen werden dadurch umgangen, da sich die Sicherung nach § 648a BGB auf den gesamten Werklohnanspruch des Auftragnehmers bezieht, der in der Regel einfach zu bestimmen sein wird, einfacher jedenfalls als die Berechtigung einer einzelnen Abschlagsrechnung. 54

b) Schadensersatz statt der Leistung

Der Auftragnehmer kann nach § 281 BGB Schadensersatz anstelle der Leistung verlangen, wenn 55

▷ der Auftragnehmer einen fälligen Zahlungsanspruch gegen den Auftraggeber hat;

▷ der Auftraggeber die Zahlungen nicht rechtzeitig leistet;

▷ der Auftragnehmer dem Auftraggeber eine angemessene Frist zur Zahlung gesetzt hat und

▷ der Auftraggeber innerhalb der Frist nicht zahlt und

▷ die Nichtzahlung zu vertreten hat.

Die Fristsetzung ist nach § 281 Abs. 2 **entbehrlich**, wenn 56

▷ der Auftraggeber die Zahlung ernsthaft und endgültig verweigert oder

▷ wenn besondere Umstände vorliegen, die unter Abwägung der beiderseitigen Interessen die sofortige Geltendmachung des Schadensersatzanspruches rechtfertigen[3].

---

1 BGH, BauR 2001, 386, 389.
2 BGH, BauR 2001, 386, 389.
3 Fälle der vom Gesetzgeber angedachten Art, die in Anlehnung an ein relatives Fixgeschäft mit einem Termin „stehen oder fallen", dürften bei Zahlungsansprüchen die Ausnahme bilden.

57 Der Auftraggeber seinerseits kann ggf. im Rahmen des vom Auftragnehmer verlangten großen Schadensersatzes gemäß § 281 Abs. 5 BGB die von ihm geleisteten Zahlungen nach den §§ 326, 348 BGB zurückverlangen.

58 Wenn sich der Auftragnehmer für Schadensersatz anstelle der Leistung entscheidet, kann er die **ursprünglichen Ansprüche** aus dem Vertrag **nicht mehr** geltend machen, so ausdrücklich § 281 Abs. 4 BGB. Die Entscheidung für diese Form der Ersatzleistung steht damit einem Gestaltungsrecht gleich. Solange der Auftragnehmer seine Entscheidung dem Auftraggeber noch nicht mitgeteilt hat, kann er ohne weiteres seine Meinung ändern und es dabei belassen, unter Aufrechterhaltung der vertraglichen Ansprüche Schadensersatz nach § 280 BGB zu verlangen. **Nach Geltendmachung** eines Anspruchs aus § 281 BGB kann er seine Entscheidung einseitig jedoch nicht mehr zurücknehmen oder ändern[1].

59 **Hinweis:**
Es ist daher zukünftig Vorsicht geboten mit Formulierungen wie „Nach Ablauf dieser Frist halten wir uns an den Vertrag nicht mehr gebunden" oder „Wenn Sie nicht innerhalb der gesetzten Frist zahlen, werden wir die Arbeiten endgültig einstellen". **Formulierungen** dieser Art könnten dahin gehend ausgelegt werden, dass der Auftragnehmer nach Fristablauf die Durchführung des Vertrags nicht mehr will und dass er sich bereits im Vorfeld auf die Geltendmachung von Schadensersatz anstelle der Leistung, von Aufwendungsersatzansprüchen oder auf den Rücktritt festlegt. Dies ist aber immer dann nicht im Interesse des Auftragnehmers, wenn er die erbrachte Leistung und/oder den entgangenen Gewinn bzw. seinen sonstigen Schaden nicht beziffern kann und daher eine weitere Fortsetzung des Vertrags wünscht.

c) Aufwendungsersatz § 284 BGB

60 Der Gesetzgeber gibt dem Auftragnehmer ebenfalls die Möglichkeit, statt des Schadensersatzes anstelle der Leistung nach § 281 BGB auch den Ersatz seiner Aufwendungen zu verlangen. Ebenso wie beim Schadensersatz anstelle der Leistung kann der Auftragnehmer die ursprünglichen Erfüllungsansprüche dann nicht mehr geltend machen.

61 Die **Voraussetzungen** für diesen Aufwendungsersatzanspruch sind mit denen des § 281 BGB identisch und wurden oben unter Rz. 55 ff. dargestellt. Nach § 284 BGB kann der Auftragnehmer Ersatz derjenigen Aufwendungen verlangen, die er im Vertrauen auf den Erhalt der Leistung (Zahlung) gemacht hat.

62 Für die Wahlmöglichkeit des Auftragnehmers gilt das zu § 281 BGB in Rz. 58 Gesagte. Der Auftragnehmer ist dann an seine Entscheidung gebunden, wenn er sie dem Auftraggeber mitgeteilt hat.

---

1 Wirth/Sienz/Englert/*Schalk*, Verträge am Bau, § 281, Rz. 9.

d) Rücktritt nach § 323 BGB

Der Auftragnehmer kann vom Vertrag zurücktreten, wenn 63

▷ der Auftraggeber eine fällige Zahlung nicht leistet und

▷ der Auftragnehmer dem Auftraggeber eine angemessene Nachfrist gesetzt hat und

▷ der Auftraggeber innerhalb dieser Frist nicht gezahlt hat.

Im Unterschied zu § 326 BGB a. F. muss der Auftragnehmer dem Auftraggeber in keiner Weise den Rücktritt androhen oder ankündigen. Auch auf ein Verschulden kommt es nicht an. 64

In seinen Abs. 2 und 4 beschreibt § 323 BGB Fallgestaltungen, in denen die Nachfristsetzung **entbehrlich** ist. 65

Eine Nachfristsetzung ist danach entbehrlich, wenn

▷ der Auftraggeber die Zahlung ernsthaft und endgültig verweigert, § 323 Abs. 2 Nr. 1 BGB;

▷ der Auftraggeber die Zahlung innerhalb einer im Vertrag oder der Rechnung bestimmten Frist nicht leistet und der Auftragnehmer bereits im Vertrag sein Interesse am Fortbestand seines Vertrags an die Rechtzeitigkeit der Zahlung gebunden hat, § 323 Abs. 2 Nr. 2 BGB;

▷ besondere Umstände vorliegen, die unter Abwägung der beiderseitigen Interessen den sofortigen Rücktritt rechtfertigen, § 323 Abs. 2 Nr. 3 BGB;

▷ wenn offensichtlich ist, dass die Voraussetzungen des Rücktritts eintreten werden, § 323 Abs. 4 BGB.

Bei der Ermittlung der **angemessenen Frist** ist zwar grundsätzlich auf den Einzelfall abzustellen[1], doch ist anders als bei der Mängelbeseitigung die Art der vorzunehmenden Handlung einfach zu bestimmen: es geht nur um die Zahlung als solche. Da diese sehr einfach auszuführen ist und der Schuldner für seine Leistungsfähigkeit einstehen muss („Geld hat man zu haben"), kann auch eine sehr kurze Frist angemessen sein, der BGH[2] hat etwa eine Frist von 4 Werktagen für ausreichend erklärt. Eine zu kurze Fristsetzung führt nur dazu, dass eine angemessene Frist beginnt und hat nicht die Unbeachtlichkeit der Fristsetzung zur Folge[3]. 66

Nach § 325 BGB wird das Recht des Auftragnehmers, Schadensersatz zu verlangen, durch den Rücktritt nicht ausgeschlossen. Schadensersatzforderungen kann der Auftraggeber jedoch – anders als den Rücktritt – durch den Nachweis fehlen- 67

---
1 Beck'scher VOB/B-Kommentar/*Motzke*, § 9 Rz. 41.
2 BGH, NJW 1985, 2640.
3 Palandt/*Heinrichs*, § 323 BGB, Rz. 14.

den Verschuldens abwehren. Das (vermutete) **Verschulden** als Anspruchsvoraussetzung von Schadensersatzansprüchen wird von §§ 323 ff. BGB nicht aufgehoben.

68 **Hinweis:**
Wie das Zurückbehaltungsrecht nach § 273 BGB ist jedoch auch diese Vorgehensweise **risikobehaftet**, wenn der Auftraggeber Zurückbehaltungsrechte wegen Mängeln geltend macht. Es ist daher regelmäßig zu überlegen, vorzugsweise nach § 648a BGB vorzugehen.

e) Rücktritt nach § 321 BGB

69 Nur der Vollständigkeit halber wird auf das Rücktrittsrecht nach § 321 Abs. 2 BGB hingewiesen. Danach kann der Auftragnehmer zurücktreten, wenn

▷ nach Abschluss des Vertrags erkennbar wird, dass sein Werklohnanspruch durch mangelnde Leistungsfähigkeit des Auftraggebers gefährdet wird und

▷ er dem Auftraggeber eine angemessene Frist bestimmt hat, innerhalb welcher der Auftraggeber Zug-um-Zug gegen die Werkleistung den Werklohn zu zahlen oder Sicherheit zu leisten hat und

▷ die Frist erfolglos abgelaufen ist.

Einige Einzelheiten sind oben in Rz. 46 dargestellt.

70 Mit dem **vorgeschalteten** Leistungsverweigerungsrecht nach § 321 Abs. 1 BGB ähnelt § 321 BGB in weiten Bereichen § 648a BGB, der allerdings nur für Bauleistungen anwendbar ist. Deswegen wird § 321 BGB im Baubereich wahrscheinlich nur geringe Bedeutung entwickeln. Im Vergleich zu § 648a BGB bietet § 321 BGB vor allem den **Vorteil**, dass der Auftragnehmer nach § 321 Abs. 1 BGB auch ohne vorherige Fristsetzung sofort die Arbeiten einstellen kann. Der Auftragnehmer ist allerdings in vollem Umfang dafür beweispflichtig, dass sein Anspruch auf den Werklohn gefährdet ist. Dazu dürfte es nicht reichen, dass beim Auftraggeber nur einzelne Verdachtsmerkmale auftreten, die auf finanzielle Probleme hindeuten. Es muss vielmehr eine erhebliche Verschlechterung seines Gesamtvermögens eintreten, was für den Auftragnehmer regelmäßig jedoch nur schwer nachzuweisen sein dürfte.

71 Für die Angemessenheit einer Zahlungsfrist gelten die gleichen Grundsätze wie bei § 323 BGB (Rz. 66).

72 Nach § 325 BGB wird das Recht des Auftragnehmers, Schadensersatz zu verlangen, durch den Rücktritt nicht ausgeschlossen. Schadensersatzforderungen kann der Auftraggeber jedoch – anders als den Rücktritt – durch den Nachweis fehlenden Verschuldens abwehren. Das (vermutete) Verschulden als Anspruchsvoraussetzung von Schadensersatzansprüchen wird von §§ 323 ff. BGB nicht aufgehoben.

f) Kündigung nach § 9 VOB/B

Das Kündigungsrecht des Auftragnehmers nach § 9 VOB/B knüpft an eine Vertragsverletzung des Auftraggebers an, nämlich eine dem Auftragnehmer zustehende, vom Auftraggeber aber nicht geleistete fällige Abschlagszahlung. Die Voraussetzungen für einen fälligen Anspruch des Auftragnehmers auf Abschlagszahlungen sind oben unter Rz. 7 ff. ausführlicher dargestellt.

73

Zahlt der Auftraggeber eine fällige Abschlagsrechnung nicht, kann der Auftragnehmer kündigen, wenn er

74

▷ dem Auftraggeber eine angemessene Frist zur Zahlung gesetzt hat und

▷ angekündigt hat, nach fruchtlosem Fristablauf den Vertrag zu kündigen.

Bei der Ermittlung der angemessenen Frist ist zwar grundsätzlich auf den Einzelfall abzustellen[1], doch ist anders als bei Mängeln die Art der vorzunehmenden Handlung einfach zu bestimmen: es geht nur um die Zahlung als solche. Da diese sehr einfach auszuführen ist und der Schuldner für seine Leistungsfähigkeit einstehen muss („Geld hat man zu haben"), kann auch eine sehr kurze Frist angemessen sein, der BGH[2] hat etwa eine Frist von 4 Werktagen für ausreichend erklärt. Eine zu kurze Fristsetzung führt nur dazu, dass eine angemessene Frist beginnt und hat nicht die Unbeachtlichkeit der Fristsetzung zur Folge[3].

75

Hinweis:
Geldschulden sind **Schickschulden**. Maßgeblich für die Rechtzeitigkeit der Zahlung ist die Erfüllungshandlung des Schuldners, also die Erteilung des Überweisungsauftrages oder das Versenden des Schecks. Es ist daher dringend zu empfehlen, die in § 676b Abs. 2 BGB festgeschriebenen Ausführungsfristen von Überweisungsaufträgen abzuwarten, bevor die Kündigung erklärt wird.

76

Es besteht auch die Möglichkeit, bereits mit der Fristsetzung das Datum der Gutschrift für maßgeblich zu erklären, dann ist aber die Frist um den Zeitraum der üblichen Überweisungsdauer zu verlängern.

Die **Kündigungsandrohung** muss eindeutig sein. Formulierungen wie „Wir behalten uns vor, nach Fristablauf die Möglichkeiten der VOB/B auszuschöpfen" oder „Wir werden unserem Mandanten nach Fristablauf raten, den Vertrag zu kündigen" reichen nicht aus!

77

Nach **Fristablauf** kann der Auftragnehmer den Vertrag kündigen. Auch hier empfiehlt sich eine eindeutige Formulierung des Kündigungsschreiben. So könnte z. B. die Formulierung „Wegen Ihres Zahlungsverzuges werde ich keine weiteren Leistungen mehr ausführen" als Geltendmachung eines Zurückbehaltungsrechtes ausgelegt werden.

78

---

1 Beck'scher VOB/B-Kommentar/*Motzke*, § 9 Rz. 41.
2 BGH, NJW 1985, 2640.
3 *Heiermann/Riedl/Rusam*, § 9 VOB/B, Rz. 14.

aa) Verhalten nach der Kündigung

79 Nach der Kündigung muss sich der Auftragnehmer bemühen, schnellstmöglich ein **Aufmaß** für die erbrachten Leistungen zu erstellen. Dies gilt unabhängig davon, ob die Geltung der VOB/B vereinbart ist oder nicht, da der Auftragnehmer auch beim BGB-Werkvertrag seine Leistungen und deren Umfang im Streitfall nachweisen muss.

80 Häufig reagiert der Auftraggeber auf die Kündigung des Auftragnehmers mit einem **Baustellenverbot**. Die entsprechende Mitteilung des Auftraggebers ist genau dahin gehend zu prüfen, ob sie auch Baustellenbesuche zum Zwecke der Aufmasserstellung umfasst.

Hinweis:
Es empfiehlt sich auf jeden Fall, den Auftraggeber unter Fristsetzung aufzufordern, dem Auftragnehmer Zutritt zur Baustelle zu verschaffen. Bei nur mündlich erteilten oder unklaren Baustellenverboten sollte der Auftraggeber darauf hingewiesen werden, wie der Auftragnehmer die Erklärung des Auftraggebers versteht. Bleibt die Situation auch nach dieser Aufforderung unklar, ist dem Auftraggeber ein Termin mitzuteilen, zu dem der Auftragnehmer die Baustelle besichtigen will. Nach den Erfahrungen des Verfassers wird sich der Auftraggeber entweder im Vorfeld dieses Termins, spätestens aber wenn der Auftragnehmer auf der Baustelle erscheint, eindeutig positionieren.

Erfolgt weiterhin kein eindeutiges Verbot, sollte der Auftragnehmer sein Aufmaß machen. Damit ist ihm allemal besser gedient als mit der Geltendmachung eines Schadensersatzanspruchs wegen verweigertem Aufmaß. Wenn der Auftragnehmer den Auftraggeber zu einem gemeinsamen Aufmaß auffordert und der Auftraggeber dieser Aufforderung nicht nachkommt, kommt es zur Umkehr der Beweislast, wenn ein neues Aufmaß oder eine Überprüfung des einseitig genommenen Aufmaßes nicht mehr möglich ist[1].

81 Anders als nach § 8 Nr. 3 Abs. 3 VOB/B hat der Auftraggeber nach dem BGB keinen Anspruch darauf, Gerüste, Geräte etc. des Auftragnehmers nach der Kündigung für die Fortsetzung des Bauvorhabens zu nutzen.

Hinweis:
Um Schwund und Verschleiß vorzubeugen, sollte der Auftragnehmer seine Geräte, Gerüste, Baumaterialien etc. schnellstmöglich von der Baustelle entfernen.

bb) Abrechnung des vorzeitig gekündigten Vertrages

82 Bei der Abrechnung des vorzeitig gekündigten Vertrags ist unabhängig von der Art der vereinbarten Vergütung zwischen nicht erbrachten und erbrachten Leistungen zu differenzieren.

Für erbrachte Leistungen erhält der Auftragnehmer die vereinbarte Vergütung, für nicht erbrachte Leistungen steht dem Auftragnehmer nach § 642 BGB bzw. § 9 Nr. 3 VOB/B eine angemessene Vergütung zu.

---

1 BGH, BauRB 2003, 130.

Bei einem Einheitspreisvertrag ist die vereinbarte Vergütung für erbrachte Leistungen auf der Grundlage eines Aufmasses einfach zu ermitteln. Das Mengengerüst für nicht erbrachte Leistungen ergibt sich aus den beauftragten Leistungen, wie sie sich aus Leistungsverzeichnis oder Planungsunterlagen ergeben. 83

Die Abrechnung eines vorzeitig gekündigten Pauschalpreisvertrags ist hingegen komplexer. Zuerst ist die erbrachte Teilleistung zu ermitteln und im Verhältnis zum Vertragspreis zu bewerten. Bei dieser Bewertung ist der gewährte Pauschalnachlass zu berücksichtigen[1]. Von dem Differenzbetrag zum vereinbarten Pauschalpreis sind die ersparten Aufwendungen abzuziehen. Grundlage ist hierfür grundsätzlich die ggf. fortgeschriebene Auftragskalkulation. 84

cc) Abrechnung bei verweigertem Aufmaß

Wenn der Auftragnehmer kein Aufmaß machen kann, beispielsweise wegen eines vom Auftraggeber erklärten Baustellenverbots, kann er seinen Werklohn nicht wie eben dargestellt nachweisen und abrechnen. 85

Dem Auftragnehmer steht jedoch ein Schadensersatzanspruch wegen Verweigerung des Aufmaßes zu. Hauptproblem bei einem solchen Schadensersatzanspruch ist dessen Bezifferung. Mangels genauer Berechnungsgrundlagen kann der Auftragnehmer den Schaden nicht präzise berechnen und kann ihn nur schätzen. Als Grundlage kann der Auftragnehmer beispielsweise auch Pläne verwenden. 86

Hinweis:
Diese Möglichkeit hat auch ein Gericht nach § 287 ZPO. Allerdings machen Gerichte von dieser Möglichkeit nach Erfahrung des Verfassers nur ungerne und selten Gebrauch und stellen insbesondere hohe Anforderungen an die vorzutragenden Grundlagen der Schätzung.

Nach neuerer Rechtsprechung trifft den Auftraggeber die Beweislast für die Unrichtigkeit der Schlussrechnung, wenn er die Erstellung eines Aufmaßes durch ein Baustellenverbot vereitelt hat[2]. 87

Hinweis:
Mit **baubegleitenden Aufmaßen** lässt sich ggf. auch kurz vor der Kündigung das Risiko späterer Baustellenverbote und daraus folgender Beweisprobleme vermindern. Betreffend später nicht mehr zugänglicher Leistungen muss der Auftragnehmer nach § 14 Nr. 2 Satz 3 VOB/B sowieso rechtzeitig für gemeinsame Feststellungen sorgen.

---

1 BGH, BauR 1995, 691.
2 BGH, BauRB 2003, S. 130.

III. Handlungsmöglichkeiten des Auftragnehmers bei sonstiger Nichtleistung nach neuer Gesetzeslage

1) Bei Aufrechterhaltung des Vertrages

88 Der Auftragnehmer hat bei sonstiger Nichtleistung des Auftraggebers unter Aufrechterhaltung des Vertrags folgende Möglichkeiten, je bei Vorliegen der Voraussetzungen:

▷ Angemessene Entschädigung nach § 642 BGB

▷ Anspruch auf Bauzeitverlängerung nach BGB

▷ Anspruch auf Bauzeitverlängerung nach § 6 Nr. 2 Abs. 1 VOB/B

▷ Schadensersatzanspruch nach § 6 Nr. 6 VOB/B

▷ Zusätzlicher Werklohnanspruch nach § 2 Nr. 5 VOB/B.

a) Angemessene Entschädigung nach § 642 BGB

89 Die allgemeine **Mitwirkungspflicht** des Auftraggebers ist eine Obliegenheit, keine schuldrechtliche Verpflichtung[1].

Eine **Obliegenheitsverletzung** des Auftraggebers hat im Wesentlichen zur Folge,

▷ dass der Auftragnehmer nicht in Verzug kommt;

▷ dass der Auftraggeber in Annahmeverzug gerät, wenn der Auftragnehmer seine Leistungsbereitschaft erklärt und den Auftraggeber zur Mitwirkung auffordert;

▷ dass bei Annahmeverzug der Auftragnehmer außerdem eine angemessene Entschädigung verlangen kann.

90 Eine Schadensersatzpflicht kommt für solche Obliegenheitsverletzungen jedoch nicht in Frage. Insbesondere haftet der Auftraggeber bei Verletzung einer Obliegenheitsverpflichtung nicht aus § 282 BGB[2]. Dem Auftragnehmer steht nur der Entschädigungsanspruch aus § 642 BGB zu.

Eine Obliegenheitsverletzung kann z. B. darin bestehen, dass

▷ der Auftragnehmer wegen einer Behinderung durch einen Vorunternehmer nicht rechtzeitig den störungsfreien Zutritt zur Baustelle hat bzw. keine unbehinderte Durchführung seiner Arbeiten möglich ist[3];

---

1 Palandt/*Sprau*, § 642 BGB, Rz. 1.
2 Palandt/*Heinrichs*, Rz. 11 vor § 241 BGB; Ingenstau/Korbion/*Vygen*, § 9 VOB/B, Rz. 17.
3 In Aufgabe von früherer Rechtsprechung BGH, NZBau 2000, 187.

▷ der Auftraggeber dem Auftragnehmer nicht rechtzeitig die benötigten Pläne und Unterlagen übergibt[1];

▷ der Auftraggeber die Arbeiten mehrerer Auftragnehmer nur unzureichend koordiniert.

Bei der Frage, ob eine Mitwirkung des Auftraggebers **rechtzeitig** erfolgte oder nicht, sind vor allem die vertraglichen Vereinbarungen zu betrachten. In der Praxis stellt sich dabei das Problem, das der Vertrag wenig zu den Mitwirkungspflichten enthält. Wenn der Vertrag keine ausdrücklichen Vereinbarungen enthält, lassen sich die vom Auftraggeber einzuhaltenden Termine – wenn überhaupt – nur mittelbar aus den sonstigen Terminvorgaben entwickeln. 91

Planvorlauffristen beispielsweise werden keinesfalls immer vereinbart, nach Beobachtung des Verfassers sind vertragliche Festlegungen hierzu eher die Ausnahme. Wenn der Auftraggeber während der Bauausführung Pläne beistellen muss, kann eine verspätete Planübergabe den Auftragnehmer behindern. Enthält der Vertrag keine Festlegungen, lassen sich die Terminvorgaben für die Rechtzeitigkeit der Planübergabe nur aus den Terminen ableiten, die der Auftraggeber dem Auftragnehmer für die Bauausführung vorgibt. Aus diesen Bauterminen lässt sich der Bauablauf des Auftragnehmers ableiten – je genauer die Terminvorgaben sind, desto genauer ist der Bauablauf des Auftragnehmers objektiviert feststellbar, je ungenauer die Terminvorgaben, desto ungenauer lässt sich der Bauablauf ermitteln. Die üblichen Balkenpläne z. B. sind meist zu ungenau. 92

Nach diesem ersten Schritt steht – mehr oder weniger objektiv berechenbar – fest, wann der Auftragnehmer welche Leistungen erbringen muss, um die vertraglich vorgegebenen Termine einzuhalten. Für den so ermittelten Bauablauf lässt sich in einem zweiten Schritt feststellen, **wann** der Auftragnehmer welche Pläne des Auftraggebers benötigt. Spätestens bei diesem Schritt wird die Berechnung jedoch extrem schwierig. Der vom jeweiligen Auftragnehmer benötigte Planungsvorlauf hängt ganz maßgeblich davon ab, wie schnell er intern die Planung umsetzen kann. Will der Auftragnehmer die Leistung nicht selber, sondern durch einen Subunternehmer erbringen, kommt noch der Zeitraum der Auftragsvergabe hinzu. Möglicherweise bestehen Lieferfristen für Materialien oder Maschinen. All dies lässt sich jedoch in objektiver Form kaum einfangen. 93

Deswegen kann dem Auftragnehmer nur dringend geraten werden, dass er dem Auftraggeber in Form von **Fristsetzungen** vorgibt, wann er die Planungsvorgaben benötigt. Dabei ist Augenmaß geboten: Der Auftragnehmer weiß ja, dass die Planung bei Auftragsvergabe nicht vollständig vorliegt. Er muss also bei seinen Fristsetzungen berücksichtigen, dass der Auftraggeber die Planung innerhalb der gesetzten Frist aufstellen kann. Wenn der Auftraggeber eine objektiv nicht haltbare Frist des Auftragnehmers überschreitet, fehlt es an einer schuldhaften Obliegenheitsverletzung. Dabei ist natürlich auch zu beachten, dass der Auftragnehmer keine unbilligen Forderungen an den Auftraggeber stellen kann. So ist es natürlich für den Auftragnehmer grundsätzlich wünschenswert, so früh als irgend 94

---

1 BGH, NJW 1987, 644.

möglich nach Vertragsschluss die komplette Planung zu haben. Der Auftragnehmer darf aber dennoch vom Auftraggeber nur die Planunterlagen fordern, die er auch tatsächlich benötigt.

95 Umgekehrt sollte der Auftraggeber im eigenen Interesse vorsichtshalber eindeutige Planvorlauffristen etc. **in den Vertrag aufnehmen**. Dabei ist natürlich auch der Vertrag des Auftraggebers mit seinem Planer mit den darin enthaltenen Fristen zu beachten.

96 Der Auftragnehmer ist **nachweispflichtig** dafür, dass der Auftraggeber seine Mitwirkungspflichten verletzt. Er muss insbesondere ggf. nachweisen, innerhalb welcher Fristen der Auftraggeber seine Mitwirkung erbringen musste, was – wie oben dargestellt – äußerst risikobehaftet sein kann, wenn der Vertrag keine ausdrücklichen Vorgaben enthält.

97 Bei **VOB/B-Verträgen** muss der Auftragnehmer auch für einen Anspruch aus § 642 BGB seine Leistung ordnungsgemäß anbieten, und dazu gehört nach dem BGH, dass er eine ordnungsgemäße Behinderungsanzeige macht[1]. Ohne eine Behinderungsanzeige kann der Auftragnehmer weder Ansprüche aus § 642 BGB noch aus dem nachstehend dargestellten § 6 Nr. 6 VOB/B geltend machen. Die Anforderungen an eine Behinderungsanzeige sind unten unter Rz. 108 dargestellt.

98 § 642 BGB gibt dem Auftragnehmer Anspruch auf eine **angemessene Entschädigung**. Bei der Höhe dieser angemessenen Entschädigung sind nach § 642 Abs. 2 BGB zu berücksichtigen:

▷ die Dauer des Verzugs;

▷ die Höhe der vereinbarten Vergütung sowie

▷ das, was sich der Auftragnehmer infolge des Verzugs an Aufwendungen erspart oder durch anderweitige Verwendung seiner Arbeitskraft erwerben kann.

Die angemessene Entschädigung enthält aber weder entgangenen Gewinn noch Wagnis[2].

b) Kein Schadensersatzanspruch nach §§ 282, 286 BGB

99 Die Vorschrift des § 282 BGB betrifft die Folgen einer Verletzung einer **sonstigen Pflicht** nach § 241 Abs. 2 BGB. Dort sind die nicht leistungsbezogenen Nebenpflichten festgeschrieben. Für die Verletzung leistungsbezogener Nebenpflichten ist die Vorschrift des § 282 BGB aus diesem Grund nicht anwendbar[3]. Daher sind wie nach bisherigen Recht die Verletzung von Obliegenheiten nach §§ 642, 643 BGB und die Verletzung von leistungsbezogenen Pflichten nach den allgemeinen Vorschriften des Schuldrechts abzuwickeln, in diesem Fall etwa §§ 281, 286 BGB.

---
1 BGH, NZBau 2000, 187.
2 *Werner/Pastor*, Der Bauprozess, Rz. 1827.
3 Ebenso Wirth/Sienz/Englert/*Sienz*, Verträge am Bau, Rz. 225, Palandt/*Heinrichs*, Rz. 11 vor § 241 BGB.

Nur die Verletzung sonstiger Nebenpflichten (die hier allerdings außer Betracht bleiben soll) kann zu einem Schadensersatzanspruch nach §§ 282, 286 BGB führen.

c) Anspruch auf Bauzeitverlängerung nach BGB

Anders als die VOB/B in § 6 Nr. 2 Abs. 1 VOB/B enthält das Bürgerliche Gesetzbuch **keine Regelungen** dazu, ob und unter welchen Voraussetzungen der Auftragnehmer Anspruch auf Verlängerung der Bauzeit haben kann. 100

Aus allgemeinen Grundsätzen lässt sich bereits ohne weiteres ermitteln, dass der Auftragnehmer bei Behinderungen, die er nicht zu vertreten hat, nicht mehr an die ursprünglich vereinbarten Vertragsfristen gebunden ist. So hat der Auftraggeber nur dann Anspruch auf Ersatz des Verzugsschadens nach §§ 280, 286 BGB, wenn der Auftragnehmer die Fristüberschreitung **zu vertreten** hat. Dies wird in § 286 Abs. 4 BGB ausdrücklich klargestellt, wobei sich dort auch eine Beweislastumkehr zulasten des Auftragnehmers findet. Wenn der Auftragnehmer also eine Verzögerung nicht zu vertreten hat, kommt er bei Ablauf der vertraglich festgelegten Fristen nicht in Verzug und es stellt sich die Frage, wann er stattdessen in Verzug gerät. 101

Um diese Lücke des Bürgerlichen Gesetzbuches zu schließen, wird nach wohl herrschender Meinung auf **§ 6 Nr. 2 VOB/B** zurückgegriffen, der insoweit allgemein gültige Rechtsgrundsätze wiedergibt[1]. Das erscheint nach dem Vorgesagten schlüssig. 102

Es wird daher an dieser Stelle auf die Darstellung zu § 6 Nr. 2 VOB/B in Rz. 104 verwiesen. Soweit die Grundsätze des § 6 Nr. 2 VOB/B nicht auf BGB-Verträge anwendbar sind, ist dies aus Gründen der Darstellung in Rz. 116 nach den Ausführungen zu § 6 Nr. 2 VOB/B erläutert. 103

d) Anspruch auf Bauzeitverlängerung nach § 6 Nr. 2 Abs. 1 VOB/B

Der Anspruch auf Bauzeitverlängerung nach § 6 Nr. 2 Abs. 1 VOB/B setzt – dies muss vorab klargestellt werden – anders als ein Schadensersatzanspruch nach § 6 Nr. 6 VOB/B **nicht zwingend** Verzug des Auftraggebers voraus. Ein solcher Anspruch kann beispielsweise auch entstehen, wenn der Auftragnehmer durch ungewöhnliche Witterungsumstände behindert wird. 104

Ein Anspruch auf Bauzeitverlängerung setzt voraus, dass	105

▷ der Auftragnehmer in der Bauausführung behindert war;
▷ dies zu einer Verzögerung seines Bauablaufes geführt hat;
▷ der Auftragnehmer die Behinderung ordnungsgemäß angezeigt hat (sofern sie nicht ausnahmsweise offenkundig war).

---

1 *Werner/Pastor*, Der Bauprozess, Rz. 1820, *Vygen/Schubert/Lang*, Rz. 23.

aa) Behinderung

106 Hinsichtlich der Behinderung reicht es für den Auftragnehmer nicht aus, eine eingetretene Verzögerung nachzuweisen. Vielmehr muss der **Auftragnehmer** substantiiert **darlegen**, wann er wie behindert wurde.

bb) Auf der Behinderung beruhende Verzögerung

107 Der Auftragnehmer muss weiterhin nachweisen, dass zwischen jeder Behinderung und den aufgetretenen Verzögerungen ein **kausaler Zusammenhang** besteht[1]. Diesen Nachweis muss der Auftragnehmer auch bei Großbaustellen beibringen. Die zugegebenermaßen vorhandene Komplexität einer **Großbaustelle** alleine ist nach dem BGH kein Grund, dem Auftragnehmer eine erleichterte Beweisführung zuzubilligen, zumal gerade bei Großbaustellen häufig die Möglichkeit besteht, durch Umdisposition eine Verzögerung zu vermeiden[2]. Hierzu ist der Auftragnehmer im Rahmen seiner Schadensminderungspflicht verpflichtet, was in § 6 Nr. 3 VOB/B zur Verdeutlichung wiederholt ist. Die Beweiserleichterung des § 287 ZPO greift nicht zugunsten des Auftragnehmers ein[3].

cc) Behinderungsanzeige

108 Die Behinderungsanzeige ist die wichtigste **formale Voraussetzung** für die Geltendmachung von Ansprüchen. Die Behinderungsanzeige hat jedoch neben der formalen auch eine sehr wichtige inhaltliche Seite. Sie soll nämlich dem Auftraggeber aufzeigen, dass auf der Baustelle Probleme bestehen und ihm die Möglichkeit verschaffen, diese Probleme zu beseitigen. Die Behinderungsanzeige ist also kein Selbstzweck.

109 An dieser Funktion der Behinderungsanzeige orientieren sich die Anforderungen, die die Rechtsprechung an eine **ordnungsgemäße Behinderungsanzeige** stellt[4]:

▷ Der Auftragnehmer muss die Behinderungsanzeige „unverzüglich" machen, also meist innerhalb weniger Tage. Je schwerwiegender die Behinderung, um so schneller muss der Auftragnehmer reagieren.

▷ Die Anzeige muss grundsätzlich schriftlich erfolgen und grundsätzlich an den Auftraggeber selber gerichtet sein, sofern der Auftraggeber nicht einen Vertreter benannt hat. Die Bauleitung ist meist nicht berechtigt, den Auftraggeber zu vertreten.

▷ Der Auftragnehmer muss die behindernden Umstände deutlich beschreiben, ein formularmäßiger Hinweis reicht nicht. Der Auftraggeber soll schließlich auf dieser Grundlage prüfen, welche Maßnahmen er ergreifen muss.

---

1 BGH, IBR 2002, 354.
2 So ausdrücklich BGHZ 97, 163.
3 *Thode*, ZfBR 2004, 221.
4 BGH, BauR 2000, 722; dazu ausführlich *Krauss*, BauR 2000, 1105.

▷ Der Auftragnehmer muss außerdem mitteilen, wie seine Arbeit von dem behindernden Umstand berührt wird. Muss er die Arbeiten insgesamt einstellen? Muss er einzelne Arbeiten verschieben, so dass der Endtermin nicht zu halten ist? Muss er seinen gesamten Arbeitsablauf neu ordnen und wird daher erst wesentlich später fertig? Solche und andere Fragen muss die Behinderungsanzeige beantworten, jedenfalls soweit die Auswirkungen bereits erkennbar sind.

▷ In der Anzeige müssen Beginn und voraussichtliche Dauer der Behinderung genannt werden.

Empfänger der Behinderungsanzeige ist der Auftraggeber persönlich oder der bauaufsichtsführende Architekt. Der Auftragnehmer muss sich aber an den Auftraggeber persönlich wenden, wenn der bauaufsichtsführende Architekt die Behinderung verursacht hat und er die Anzeige unberechtigterweise zurückweist. 110

Die Behinderungsanzeige ist nur dann entbehrlich, wenn die behindernden Tatsachen und deren behindernde Wirkung für den Auftraggeber **offensichtlich** sind. Für diesen Ausnahmetatbestand ist der Auftragnehmer beweispflichtig. Offenkundigkeit liegt vor, wenn der Auftraggeber über die Tatsachen unterrichtet ist und er deren Auswirkungen auf die Baustelle mit der erforderlichen Klarheit erkannt hat oder die Behinderung derart erkennbar ist, dass sie für im Bauwesen Tätige eindeutig ist. So ist eine Behinderung z. B. dann nicht offenkundig, wenn der Auftraggeber nur einzelne erforderliche Pläne nicht übergeben hat[1]. 111

dd) Dauer der Bauzeitverlängerung

Wenn die Voraussetzungen für einen Anspruch auf Bauzeitverlängerung vorliegen, verlängern sich die Bauzeiten **automatisch**[2]. Eine besondere Vereinbarung ist nicht notwendig. Die Dauer der Verlängerung bestimmt sich nach objektiven Maßstäben. § 6 Nr. 4 VOB/B nennt als Berechnungsfaktoren die Dauer der Behinderung, einen Zuschlag für die Wiederaufnahme der Arbeiten (Einarbeitungsaufwand) und die Verlängerung wegen einer etwaigen Verschiebung in eine ungünstigere Jahreszeit. Die Dauer der Bauzeitverlängerung kann (anders als die Voraussetzungen hierfür) auch nach § 287 ZPO **geschätzt** werden. Da die Ermittlung der neuen Bauzeit dennoch schwierig ist, empfiehlt es sich, die Folgen einer Behinderung kurzfristig einvernehmlich festzulegen. 112

Der Auftragnehmer ist verpflichtet, im Rahmen des ihm Zumutbaren seinen Bauablauf anzupassen (etwa durch Vorziehen nicht behinderter Arbeiten) und auf diese Weise die Folgen der Behinderung so weit als möglich zu vermindern. Kommt er dem nicht nach, verstößt er gegen seine Schadensminderungspflicht und haftet für die eintretenden Verzögerungen. Im Mindestfall kann er keine Ansprüche nach § 6 Nr. 2 VOB/B gegen den Auftraggeber geltend machen. 113

---

1 *Werner/Pastor*, Der Bauprozess, Rz. 18, 23.
2 So z. B. *Vygen/Schubert/Lang*, Rz. 149; Ingenstau/Korbion/*Döring*, § 6 VOB/B, Nr. 2 Rz. 2.

ee) Folgen für Vertragsfristen

114 Soweit die Vertragspartner kalendermäßige Termine (z. B. einen Fertigstellungstermin) als **Vertragsfristen** im Sinne des § 5 Nr. 1 VOB/B festgelegt haben, verschieben sich die Termine um die dem Auftragnehmer zustehende Bauzeitverlängerung. Der Auftragnehmer wird jedoch nach Ablauf der verlängerten Termine nur dann in Verzug geraten, wenn ihn der Auftraggeber anmahnt[1]. Ein Überschreiten der Vertragsfristen ohne eine solche **Mahnung** bleibt für den Auftragnehmer folgenlos, sofern die Partner die neuen Termine nicht vertraglich festgeschrieben hatten.

115 Vereinbarte **Vertragsstrafen** bleiben grundsätzlich wirksam und beginnen mit Ablauf der neu berechneten Vertragsfristen zu laufen. Nur ganz ausnahmsweise wird die Vertragsstrafenvereinbarung insgesamt hinfällig, und zwar dann, wenn die Behinderung den gesamten Zeitplan des Unternehmers durcheinander gebracht hat und er den Bauablauf ganz neu planen musste[2]. Da die Berechnung der verlängerten Vertragsfristen risikobehaftet ist, sollte der Auftraggeber auf jeden Fall die Fertigstellung anmahnen.

Hinweis:
Will der Auftraggeber den Auftragnehmer nach eingetretenen Behinderungen mahnen, sollte er unbedingt klarstellen, dass die Mahnung nicht die Anordnung von Beschleunigungsmaßnahmen enthält. Die Anordnung von Beschleunigungsmaßnahmen kann nämlich erneute Behinderungen des Auftragnehmers bedeuten und schlimmstenfalls zu der bis dahin vermiedenen völligen Umplanung des Bauplans führen.

ff) Besonderheiten bei BGB-Verträgen

116 Die Rechtslage weicht bei BGB-Verträgen insbesondere darin von § 6 Nr. 2 VOB/B ab, dass **keine Behinderungsanzeige** notwendig ist. Allerdings muss der Auftragnehmer dem Auftraggeber die behindernde Tatsache mitteilen, damit er die Gelegenheit zur Abhilfe hat[3]. Unterlässt der Auftragnehmer diese Mitteilung, kann sich der Auftragnehmer in Anlehnung an § 6 Nr. 2 VOB/B und der bei Bauverträgen bestehenden Kooperationsverpflichtung nicht auf die Behinderung berufen.

e) Schadensersatzanspruch nach § 6 Nr. 6 VOB/B: Voraussetzungen, Umfang

117 Ein Schadensersatzanspruch setzt voraus, dass

▷ der Auftragnehmer in der Bauausführung behindert war;

▷ dass dies zu einer Verzögerung seines Bauablaufs geführt hat;

▷ der Auftragnehmer die Behinderung ordnungsgemäß angezeigt hat (sofern sie nicht ausnahmsweise offenkundig war);

---

1 *Vygen/Schubert/Lang*, Rz. 151.
2 BGH, BauR 1974, 206; BGH, BauR 1993, 600.
3 *Werner/Pastor*, Der Bauprozess, Rz. 1836, OLG Celle, BauR 1995, 552; a. A. Beck'scher VOB/B-Kommentar/*Motzke*, § 6 Nr. 6 VOB/B, Rz. 27.

▷ die Behinderung vom Auftraggeber zu vertreten war;
▷ dem Auftragnehmer durch die Behinderung ein Schaden entstanden ist.

Für diese Voraussetzungen ist der **Auftragnehmer** insgesamt **beweispflichtig**.

Nachfolgend wird nur darauf eingegangen, welche Behinderungen vom Auftraggeber zu vertreten sind und welchen Schaden der Auftragnehmer gegenüber dem Auftraggeber geltend machen kann und was hierbei zu beachten ist. Die weiteren Voraussetzungen sind oben in Rz. 104 bei dem Anspruch auf Bauzeitverlängerung ausführlich besprochen. 118

Ob der Auftraggeber eine Behinderung **zu vertreten** hat, richtet sich nach den allgemeinen Vorschriften, also z. B. beim Einsatz von Hilfspersonen nach §§ 278, 278 BGB. Der Auftraggeber haftet also z. B. nicht bei höherer Gewalt oder bei Wetterbedingungen, mit denen bei Abschluss des Vertrags nicht zu rechnen war. Hingegen muss er beispielsweise fehlende Baugenehmigung oder verspätete Planübergaben vertreten. 119

Wenn der Auftraggeber die behindernden Umstände **nicht zu vertreten** hat (also z. B. im häufigen Fall der Behinderung durch andere Auftragnehmer), kann der Auftragnehmer einen Anspruch auf angemessene Entschädigung nach § 642 BGB haben, vgl. zu § 642 ausführlich Rz. 89. 120

Der Ersatzanspruch umfasst den **Schaden**, der auf den vom Auftraggeber zu vertretenden Umstand zurückzuführen ist. Dies können sein die Stillstandskosten, Mehrkosten wegen verlängerter Bauzeit wie Vorhaltekosten, Preiserhöhungen etc. und zusätzliche allgemeine Geschäftskosten. Der Umfang des Schadens kann nach § 287 ZPO geschätzt werden, sofern der Auftragnehmer die weiteren Voraussetzungen für seinen Anspruch nachgewiesen hat und eine ausreichende Schätzungsgrundlage vorgetragen hat. 121

Ein Anspruch auf Ersatz des **entgangenen Gewinns** setzt voraus, dass der behindernde Vertragspartner vorsätzlich oder grob fahrlässig gehandelt hat, § 6 Nr. 6 letzter Halbsatz VOB/B. 122

Für diesen Schaden ist der Auftragnehmer beweispflichtig. Der BGH hat erst kürzlich wieder festgestellt, dass er entstandene Schäden konkret darlegen muss[1].

§ 6 Nr. 6 VOB/B ist nach neuerer Rechtsprechung des BGH **neben § 642 BGB** anwendbar. Dies ist vor allem für die Fälle bedeutsam, in denen der Auftraggeber die hindernden Umstände nicht zu vertreten hat, also z. B. beim Verzug eines Vorunternehmers. In diesen Fällen kann der Auftragnehmer Ansprüche nach § 642 BGB geltend machen. 123

f) Zusätzlicher Werklohnanspruch nach § 2 Nr. 5 VOB/B

Die vom Auftraggeber zu vertretende Behinderung kann im Einzelfall auch eine **Anordnung** des Auftraggebers sein oder mit einer solchen Anordnung verbunden 124

---
1 BGH, NZBau 2002, 381.

sein. So kann beispielsweise die Änderung der Ausführungsplanung eine Anordnung des Auftraggebers sein, die zu einer Behinderung des Auftragnehmers im Sinne des § 6 Nr. 2 VOB/B führen kann.

125 In § 2 Nr. 5, 6 VOB/B ist geregelt, welche Ansprüche der Auftragnehmer geltend machen kann, wenn er außer den vertraglich vereinbarten Leistungen noch weitere geänderte (§ 2 Nr. 5 VOB/B) oder zusätzliche (§ 2 Nr. 6 VOB/B) Leistungen erbringen muss. § 2 Nr. 5 VOB/B regelt die Folgen von Anordnungen, die der Auftraggeber erteilt. Es steht dem Auftragnehmer bei Anordnungen mit Behinderungsfolge frei, seine Ansprüche auf § 2 Nr. 5 VOB/B oder § 6 Nr. 6 VOB/B zu stützen[1]. Wenn er sich allerdings für eine Abrechnungsgrundlage entschieden hat, muss er grundsätzlich alle Folgen der behindernden Anweisung abrechnen. Wenn er einzelne zeitliche oder finanzielle Folgen noch nicht abrechnen kann, muss er einen eindeutigen **Vorbehalt** erklären. Erklärt er keinen solchen Vorbehalt, sind mit der ersten Abrechnung alle seine Ansprüche abgegolten.

126 Der Auftragnehmer kann Ansprüche nach § 2 Nr. 5, 6 VOB/B unter anderen und teilweise leichteren Bedingungen als nach § 6 Nr. 6 VOB/B geltend machen. So kann er Ansprüche nach § 2 Nr. 5 VOB/B geltend machen, ohne dass es einer Behinderungsanzeige bedarf. Allerdings ist bei § 2 Nr. 6 VOB/B zu beachten, dass der Auftragnehmer den zusätzlichen Vergütungsanspruch **ankündigen** muss. Diese Ankündigungspflicht entfällt nur ausnahmsweise, der Auftragnehmer ist für die für den Wegfall erforderlichen Voraussetzungen beweispflichtig[2].

127 Der geänderte Werklohnanspruch ist auf der Grundlage der Vertragspreise fortzuschreiben, Mehr- und Minderkosten sind zu berücksichtigen.

2. Möglichkeiten der Beendigung des Vertrags

128 Der Auftragnehmer hat bei sonstigem Nichtleisten des Auftraggebers unter Beendigung des Vertrags folgende Möglichkeiten, je bei Vorliegen der Voraussetzungen:

▷ Kündigung nach § 643 BGB

▷ Kündigung nach § 9 VOB/B

▷ Kündigung nach § 6 Nr. 7 VOB/B.

a) Kündigung nach § 643 BGB

129 Wenn die Voraussetzungen des § 642 BGB vorliegen, kann der Auftragnehmer auch die Beendigung des Vertrags herbeiführen. Dazu muss er dem Auftraggeber eine **angemessene Frist** setzen, innerhalb deren der Auftraggeber die unterlassene Mitwirkungs-Handlung vornehmen muss und ihm bei dieser Fristsetzung die Kündigung des Vertrags ankündigen.

---

1 Str. vgl. *Thode*, ZfBR 2004, 220.
2 BGH, NJW 1996, 2158.

Wenn die Frist abgelaufen ist, gilt der Vertrag **automatisch** als aufgehoben. Nach dem Gesetzeswortlaut reicht also die Androhung der Kündigung, um die Vertragsaufhebung herbeizuführen. Die ausdrückliche Erklärung der Kündigung ist nicht mehr erforderlich.

130

Hinweis:
Es ist daher Vorsicht mit der Kündigungsandrohung geboten. Auch Auftraggebern wird nicht immer klar sein, welche Folgen die Androhung haben kann. Es empfiehlt sich nach Auffassung des Verfassers, den Auftraggeber deutlich auf den mit Fristablauf eintretenden Automatismus hinzuweisen. Dies hat den Vorteil, dass der Auftragnehmer mit Erhalt des Entwurfs von seinem Anwalt ebenfalls über die Folgen der Androhung informiert ist.

131

Die **Rechtsfolgen** der Vertragsaufhebung bestimmen sich für die Zeit bis zur Kündigung nach § 642 BGB. Danach greift § 645 Abs. 1 Satz 2 BGB ein, nach dem § 645 Abs. 1 Satz 1 BGB auch für die Aufhebung nach § 643 BGB gilt. Nach § 645 Abs. 1 Satz 1 BGB hat der Auftragnehmer Anspruch auf Vergütung der erbrachten Leistungen und Ersatz der in der Vergütung nicht enthaltenen Auslagen.

132

b) Kein Rücktritt nach § 324 BGB

Das Rücktrittsrecht aus § 324 BGB ist aus den unter Rz. 99 dargestellten Gründen auf die Fälle der Verletzung von **nicht leistungsbezogenen Nebenpflichten** beschränkt. Die Verletzung von Obliegenheitspflichten und von leistungsbezogenen Nebenpflichten ist nach den sonstigen, in diesem Abschnitt dargestellten Vorschriften zu behandeln.

133

c) Kündigung nach § 9 VOB/B

§ 9 VOB/B enthält eine Sondervorschrift für die Kündigung bei **Annahmeverzug** des Auftraggebers und verdrängt §§ 642, 643 BGB[1]. Nach § 9 Nr. 1 Buchst. a VOB/B kann der Auftragnehmer den Vertrag kündigen, wenn der Auftraggeber eine ihm obliegende Handlung unterlässt und dadurch in Annahmeverzug gerät.

134

Bei den Obliegenheiten des Auftraggebers kann auf die Ausführungen zu § 642 BGB in Rz. 89 verwiesen werden. Die VOB/B enthält außerdem in §§ 3, 4 VOB/B Sonderregelungen über die gegenseitigen Rechte und Pflichten der Bauvertragspartner.

Auch ein Verstoß gegen die in §§ 3, 4 VOB/B genannten Pflichten des Auftraggebers stellt eine **Obliegenheitsverletzung** des Auftraggebers dar, also etwa

135

▷ die verspätete Übergabe von Ausführungsunterlagen, Plänen etc., § 3 Nr. 1 VOB/B;

▷ die unterbliebene Regelung des Zusammenwirkens der verschiedenen Unternehmer, § 4 Nr. 1 VOB/B;

---
1 Beck'scher VOB-Kommentar/*Motzke*, vor § 9 VOB/B, Rz. 14.

▷ die unterbliebene unentgeltliche Überlassung von Lager, Arbeitsplätzen und Anschlüsse, § 4 Nr. 4 VOB/B.

Ebenso wie im Rahmen des § 642 BGB ist bei jeder Obliegenheitsverletzung auch festzustellen, ob die Obliegenheit des Auftraggebers **fällig** ist.

136 Die Kündigung ist erst zulässig, wenn der Auftragnehmer

▷ dem Auftraggeber eine **angemessene Frist** zur Leistung gesetzt hat und

▷ **angekündigt** hat, nach fruchtlosem Fristablauf den Vertrag zu kündigen.

137 Bei der Ermittlung der angemessenen Frist ist grundsätzlich auf den Einzelfall abzustellen[1]. Die Nachfrist muss nicht so lang sein, dass der Auftraggeber die Möglichkeit hat, die noch nicht begonnene Handlung vorzunehmen. Der Auftraggeber muss lediglich in der Lage sein, eine bereits in Angriff genommene Handlung zu vollenden[2]. Eine zu kurz bemessene Frist führt nur dazu, dass eine angemessene Frist in Lauf gesetzt wird und hat nicht die Unbeachtlichkeit der Fristsetzung zur Folge[3].

d) Kündigung nach § 6 Nr. 7 VOB/B

138 Wenn das Bauvorhaben für mehr als 3 Monate **unterbrochen** ist, kann der Auftragnehmer den Vertrag nach § 6 Nr. 7 VOB/B kündigen. Diese Kündigung muss schriftlich erfolgen.

139 Hinsichtlich der **Abrechnung** verweist § 6 Nr. 7 VOB/B auf die Vorschriften von § 6 Nr. 5, 6 VOB/B. Danach kann der Auftragnehmer die ausgeführten Leistungen nach den Vertragspreisen abrechnen. Außerdem kann er Ersatz der Kosten verlangen, die ihm bereits entstanden sind und die in den Vertragspreisen des nicht ausgeführten Teils der Leistung enthalten sind. Darüber hinausgehende Ansprüche kann der Auftragnehmer nach § 6 Nr. 6 VOB/B nur dann geltend machen, wenn der Auftraggeber die Unterbrechung zu vertreten hat. Neben diesen Ansprüchen kann der Auftragnehmer auch einen Anspruch aus § 642 BGB auf eine angemessene Entschädigung haben.

140 Der Anspruch aus § 6 Nr. 6 VOB/B umfasst im Regelfall – ebenso wie ein Anspruch aus § 642 BGB[4] – **nicht** den **entgangenen Gewinn**. Diesen entgangenen Gewinn kann der Auftragnehmer nur aus § 6 Nr. 7 VOB/B und nur dann geltend machen, wenn der Auftraggeber die Unterbrechung vorsätzlich oder grob fahrlässig verursacht hat. Dies wird der Auftragnehmer kaum nachweisen können. Deswegen dürfte die Kündigung nach § 6 Nr. 7 VOB/B für den Auftragnehmer regelmäßig wirtschaftlich uninteressant sein.

---

1 Beck'scher VOB-Kommentar/*Motzke*, § 9 Rz. 41.
2 So für § 326 BGB a. F. BGH, NJW 1982, 1280.
3 *Heiermann/Riedl/Rusam*, § 9 VOB/B, Rz. 14.
4 BGH, BauR 2000, 722.

IV. Handlungsmöglichkeiten des Auftragnehmers bei Nichtzahlung nach früherer Gesetzeslage

1. Allgemeines

Das Bürgerliche Gesetzbuch in seiner ab dem 1. 1. 2002 geltenden Fassung betrifft nur Verträge, die ab diesem Zeitpunkt geschlossen wurden. Auf die Übergangsvorschriften für Dauerschuldverhältnisse und die Verjährung von vor dem 1. 1. 2002 entstandenen Ansprüchen wird hier nur hingewiesen. In diesem Abschnitt wird dargestellt, welche Möglichkeiten der Auftragnehmer nach der früheren Fassung des Bürgerlichen Gesetzbuches hat.

Teilweise haben sich **keine Änderungen** in der Rechtslage ergeben. Dies betrifft insbesondere folgende, oben bereits dargestellte Ansprüche:

▷ Ansprüche bei Zahlungsverzug und unter Aufrechterhaltung des Vertrags das Leistungsverweigerungsrecht nach § 273 BGB;

▷ Ansprüche des Auftragnehmers bei sonstiger Nichtleistung des Auftraggebers.

Insoweit gelten die obigen Ausführungen auch für Verträge, die vor dem 1. 1. 2002 geschlossen wurden.

2. Bei Aufrechterhaltung des Vertrags

Nachfolgend werden die vom jetzigen Recht abweichenden Regelungen zum

▷ Verzugsschaden nach § 285 BGB a. F. und

▷ Verzugsschaden nach § 16 Nr. 5 Abs. 3 VOB/B 2000

erläutert.

a) Verzugsschaden nach § 285 BGB a. F.

Beim Verzug haben sich durch die Neuregelung nur wenig Änderungen ergeben. Es kann daher im Wesentlichen auf die Ausführungen oben Rz. 31 verwiesen werden. Hinzuweisen ist aber auf die in § 285 BGB a. F. nicht vorgesehene Differenzierung zwischen Geschäften mit **Verbrauchern** und anderen Geschäftspartnern.

b) Verzugsschaden nach § 16 Nr. 5 Abs. 3 VOB/B 2000

Hinsichtlich der Voraussetzungen für die Verzinsung von Zahlungen hat sich mit der VOB/B 2002 eine Änderung ergeben. Die Regelung der VOB/B 2000 soll daher kurz dargestellt werden.

> Nach § 16 Nr. 5 Abs. 3 VOB/B 2000 hat der Auftragnehmer bei allen Zahlungsansprüchen erst Anspruch auf Verzugszinsen, wenn er dem Auftraggeber

▷ nach **Fälligkeit**

▷ erfolglos eine **angemessene Nachfrist** zur Zahlung gesetzt hat.

Eine „automatische" Verzinsung von festgestellten und unbestrittenen Schlusszahlungsbeträgen kennt die VOB/B 2000 nicht. Eine angemessene Nachfrist liegt bei sechs bis sieben Werktagen. Eine Nachfrist ist entbehrlich, wenn sich der Auftraggeber ernsthaft weigert, die Forderung auszugleichen.

146 Die Höhe der **Verzugszinsen** beträgt fünf Prozentpunkte über dem Zinssatz der Spitzenrefinanzierungsfazilität der Europäischen Zentralbank[1], wobei der Auftragnehmer einen höheren Schaden nachweisen kann.

3. Möglichkeiten und Folgen der Beendigung des Vertrags

147 Nachfolgend werden die vom jetzigen Recht abweichenden Regelungen bei den verschiedenen Vorgehensweisen nach § 326 BGB a. F. erläutert.

a) Voraussetzungen des § 326 BGB a. F.

148 Beim BGB-Vertrag ist § 326 BGB a. F. eine der wichtigsten Vorschriften für den Auftragnehmer für den Fall, dass der Auftraggeber dauerhaft mit seinen Zahlungen im Verzug ist. § 326 BGB a. F. bietet dem Auftragnehmer die Möglichkeit, sich in diesem Fall vom Vertrag zu lösen und vom Auftraggeber Schadensersatz zu fordern. Zu überlegen ist allerdings, ob der Auftragnehmer nicht alternativ den Weg des § 648a BGB beschreitet, der ihm in § 648a Abs. 5 Satz 4 BGB die Möglichkeit einer pauschalierten Schadensberechnung bietet.

149 Die Geltendmachung von Rechten aus § 326 BGB setzt

▷ den Verzug des Auftraggebers mit einer Hauptleistungspflicht;

▷ das Setzen einer Nachfrist mit Ablehnungsandrohung und

▷ den fruchtlosen Fristablauf

voraus.

150 In der Praxis gibt es die meisten Probleme mit der **Formulierung** der Nachfristsetzung und der Ablehnungsandrohung. Zu einer ordnungsgemäßen **Nachfristsetzung** gehört insbesondere eine genaue Beschreibung der vom Auftragnehmer geforderten Leistung. Im Hinblick auf die Rechtsfolgen der Ablehnungsandrohung, nämlich dem Wegfall der gegenseitigen Erfüllungsansprüche, muss die geforderte Leistung eindeutig beschrieben werden. Der Auftragnehmer muss der Aufforderung entnehmen können, welche Leistung er erbringen muss, um die Folgen des § 326 BGB zu vermeiden.

---

1 Abrufbar unter www.ecb.com.

Auch die **Ablehnungsandrohung** muss deutlich formuliert sein[1]. So reicht es z. B. 151
nicht aus, man behalte sich bei fruchtlosem Fristablauf „alle Ansprüche vor". Es
kann nur empfohlen werden, sich bei der Ablehnungsandrohung am Wortlaut des
§ 326 BGB a. F. zu orientieren und zu erklären, dass man nach Fristablauf „eine
Leistung des Auftraggebers ablehnen werde".

Für die **Angemessenheit** der zu setzenden Frist kommt es jeweils auf den Einzel- 152
fall an. Eine zu kurz bemessene Fristsetzung bewirkt nur, dass eine angemessene
Frist in Gang gesetzt wird.

b) Rechtsfolgen des § 326 BGB a. F.

Nach Fristablauf erlischt der **Erfüllungsanspruch** des Auftragnehmers für die Zu- 153
kunft, unabhängig von der ansonsten vom Auftragnehmer gewählten Rechtsfolge. Deswegen sollte man den Weg des § 326 BGB a. F. nur wählen, wenn man ganz
sicher keine Fortsetzung des Vertrags wünscht. Es ist durchaus schon vorgekommen, dass Auftragnehmer auf einmal gegen ihren Willen ohne Vertrag dastanden.
Das ist ganz sicherlich ein Beratungsfehler.

Nach Fristablauf hat der Auftragnehmer grundsätzlich die **Wahl** zwischen 154

▷ Rücktritt und

▷ Schadensersatz wegen Nichterfüllung.

Rücktritt und Schadensersatzanspruch können nach der früheren Fassung des
Bürgerlichen Gesetzbuches **nicht** nebeneinander geltend gemacht werden. Bei
Bauverträgen wird normalerweise der Schadensersatz wegen Nichterfüllung die
für den Auftragnehmer wesentlich günstigere Rechtsfolge sein. Es ist regelmäßig
ein Beratungsfehler des Anwalts, dem Auftragnehmer zum Rücktritt zu raten, da
er in diesem Fall keinen Schadensersatzanspruch gegen den Auftraggeber hat.

Hinweis: 155
Der Auftragnehmer kann allerdings dann nicht mehr den Schadensersatz wählen,
wenn er sich bereits für den Rücktritt entschieden hat. Diese Entscheidung kann
bereits bei der Nachfristsetzung erfolgen, so z. B. mit der Formulierung „Nach
Fristablauf werden wir eine Leistung Ihrerseits ablehnen und vom Vertrag zurücktreten." Da diese Rechtsfolge für den Auftragnehmer regelmäßig sehr ungünstig ist, kann hiervor nur gewarnt werden.

V. Handlungsmöglichkeiten des Auftragnehmers

Hier haben sich keine wesentlichen Änderungen ergeben, so dass insgesamt auf 156
die Ausführungen zur geltenden Rechtslage verwiesen werden kann.

---

1 Palandt/*Heinrichs*, § 326 BGB, Rz. 18.

VI. Handlungsmöglichkeiten des Auftraggebers wegen verspäteter Leistung des Auftragnehmers nach neuer Gesetzeslage

1. Ansprüche bei Aufrechterhaltung des Vertrags

157 Der Auftraggeber hat bei verspäteter Leistung des Auftragnehmers unter Aufrechterhaltung des Vertrags folgende Möglichkeiten, je bei Vorliegen der Voraussetzungen:

▷ Zurückbehaltungsrecht,

▷ Schadensersatz nach §§ 281, 286 BGB,

▷ Schadensersatz nach §§ 5 Nr. 4 i. V. m. 6 Nr. 6 VOB/B,

▷ Vertragsstrafe.

Teilweise setzen diese Rechte eine schuldhaftes Verhalten des Auftragnehmers nicht voraus, insofern gehen die Ausführungen auch auf Fallgestaltungen ein, bei denen kein Verzug vorliegt.

a) Zurückbehaltungsrecht nach § 320 BGB

158 Der Auftraggeber kann nach dem unverändert gebliebenen § 320 BGB seine Zahlungen auf fällige Ansprüche des Auftragnehmers zurückhalten, wenn die Leistung mangelbehaftet ist. Dabei darf das geltend gemachte Zurückbehaltungsrecht gegenüber den geltend gemachten Werklohnansprüchen nicht **unverhältnismäßig** sein.

Bei Mängeln nach Abnahme ist § 641 Abs. 3 BGB zu beachten, wonach dem Auftraggeber ein Zurückbehaltungsrecht mindestens in Höhe des 3-fachen der Mängelbeseitigungskosten zusteht. Nach oben sind die Zurückbehaltungsrechte des Auftraggebers durch die Grundsätze des Rechtsmissbrauchs begrenzt. Aufgrund der gesetzgeberischen Entscheidung in § 641 Abs. 3 BGB dürfte ein Rechtsmissbrauch jedoch regelmäßig erst bei einer erheblichen Überschreitung des als Minimum bezeichneten 3-fachen der Mängelbeseitigungskosten anzunehmen sein.

159 Wie oben bereits bei den Abschlagszahlungen in Rz. 11 angesprochen, darf der Auftragnehmer bei wesentlichen Mängeln der Leistung gar **keine** Abschlagszahlungen verlangen.

160 Der Auftraggeber muss sich nicht darauf verweisen lassen, dass ein **Sicherheitseinbehalt** vereinbart ist[1]. Er muss allerdings im Zweifel den Sicherheitseinbehalt bei der Höhe der Zurückbehaltungsrechte berücksichtigen, sofern dessen Sicherheitszweck betroffen ist. Regelmäßig soll der Sicherheitseinbehalt Mängelansprüche für Mängel abdecken, die während der Gewährleistungszeit entdeckt werden. Für Mängel, die bereits bei der Abnahme festgestellt wurden, soll der Sicherheitseinbehalt hingegen regelmäßig nicht verwendet werden. Betreffen

---
1 *Werner/Pastor*, Der Bauprozess, Rz. 2530.

die Zurückbehaltungsrechte solche Mängel, ist der Sicherheitseinbehalt bei der Prüfung der Verhältnismäßigkeit nicht zu berücksichtigen.

b) Schadensersatz nach §§ 281, 286 BGB

| Der Auftraggeber hat Anspruch auf Ersatz des ihm entstandenen Schadens, wenn | 161 |

▷ die Leistung des Auftragnehmers fällig ist;

▷ der Auftraggeber den Auftragnehmer nach Fälligkeit mahnt (sofern die Mahnung nicht entbehrlich ist) und

▷ der Auftragnehmer auf die Mahnung hin nicht leistet.

Sofern nichts anderes vereinbart ist, ist eine Leistung **sofort fällig**. Bei Bauleistungen ist allerdings zu berücksichtigen, dass diese Leistungen nicht wie eine Geldschuld mit einem Schlag erbracht werden können. Deswegen tritt die Fälligkeit von Bauleistungen gewissermaßen sukzessiv ein, entsprechend einem üblichen und angemessenen Bauablauf. 162

Hinweis: 163
Um Streitigkeiten über die Fälligkeit zu vermeiden, kann nur empfohlen werden, Termine für die Erbringung der Leistungen zu vereinbaren.

Im Mittelpunkt der Darstellung steht die bei Bauvorhaben häufigste Konstellation, dass der Auftragnehmer vertraglich vereinbarte **Ausführungsfristen überschreitet**. In diesem Fall kann Verzug nach § 286 Abs. 2 Nr. 1 BGB ohne Mahnung vorliegen. 164

| Darüber hinaus tritt **Verzug** in den weiteren gesetzlich geregelten Fällen ein, wenn: | 165 |

▷ der Leistung ein Ereignis vorauszugehen hat und eine angemessene Zeit für die Leistung in der Weise bestimmt ist, dass sie sich von dem Ereignis an nach dem Kalender berechnen lässt (dies ist beispielsweise der Fall bei einer „Fertigstellung 9 Monate nach Zugang der Baugenehmigung");

▷ der Schuldner die Leistung ernsthaft und endgültig verweigert (dies entspricht der bisherigen Rechtsprechung und muss nicht näher erläutert werden);

▷ aus besonderen Gründen unter Abwägung der beiderseitigen Interessen der sofortige Eintritt des Verzugs gerechtfertigt ist (dies sind grundsätzlich Ausnahmefälle wie ein Leistungsversprechen des Schuldners, das eine Mahnung des Gläubigers ausschließt)[1].

In allen anderen Fällen tritt Verzug nur nach einer Mahnung ein. 166

---

1 Wirth/Sienz/Englert/*Müller*, Verträge am Bau, § 286 BGB, Rz. 9.

Der **Umfang des Schadens** richtet sich nach §§ 280 249 ff. BGB und umfasst grundsätzlich jede Vermögensminderung, die kausal auf die Pflichtverletzung des Auftragnehmers zurückzuführen ist.

c) Schadensersatz nach § 5 Nr. 4 i. V. m. § 6 Nr. 6 VOB/B

167 Nach § 5 Nr. 4 VOB/B kann der Auftraggeber in drei Fällen Schadensersatz vom Auftragnehmer verlangen:

▷ Der Auftragnehmer verzögert den Beginn der Ausführung.

▷ Der Auftragnehmer ist im Verzug mit der Vollendung der Leistung.

▷ Der Auftragnehmer setzt nur unzureichend Arbeitskräfte etc. ein, so dass die Ausführungsfristen offenbar nicht eingehalten werden können, nach vergeblicher Aufforderung durch den Auftraggeber, Abhilfe zu schaffen, § 5 Nr. 3 VOB/B.

168 Hinsichtlich der Rechtsfolgen eines Schadensersatzanspruchs verweist § 5 Nr. 4 VOB/B auf § 6 Nr. 6 VOB/B. Wahlweise kann der Auftraggeber auch nach Ablauf einer angemessenen Nachfrist mit Kündigungsandrohung vom Vertrag **zurücktreten** (vgl. unten Rz. 194).

d) Vertragsstrafe

169 Es ist im Baubereich weit verbreitet, dass die Parteien für den Fall von Terminüberschreitungen Vertragsstrafen vereinbaren. Insbesondere für den Gläubiger hat dies den Vorteil, dass er seinen Verzugsschaden nicht im Einzelnen nachweisen muss, sondern mindestens die vereinbarte Vertragsstrafe geltend machen kann. Regelungen zu Vertragsstrafen finden sich in §§ 339 ff. BGB und § 11 VOB/B.

Hinweis:
Gelegentlich missverstehen Baupraktiker § 11 VOB/B so, dass auch ohne gesonderte Vereinbarung eine Vertragsstrafe anfällt. Genau das Gegenteil ist jedoch richtig. Eine Vertragsstrafe kann überhaupt nur dann anfallen, wenn sie **vertraglich vereinbart** ist. Ohne vertragliche Festlegung kann der Auftraggeber nur seinen Verzugsschaden geltend machen.

170 Anfall der Vertragsstrafe setzt voraus:

▷ Vereinbarung einer Vertragsstrafe,

▷ Eintritt der vertraglich festgelegten Situation (regelmäßig schuldhafte Überschreitung der vereinbarten Ausführungstermine, dieser Fall wird nachfolgend zugrunde gelegt),

▷ Vorbehalt bei Abnahme der Leistung (sofern nichts anderes vereinbart ist).

aa) Vereinbarung der Vertragsstrafe

Eine Vertragsstrafe kann sowohl individuell als auch in AGB vereinbart werden[1]. 171

Bei Vereinbarung einer Vertragsstrafe in AGB ist zu beachten, dass

▷ die Vertragsstrafe der Höhe nach doppelt begrenzt sein muss, und zwar einmal hinsichtlich des in festgelegten Zeiträumen anfallenden Betrages (es werden 0,25 bis 0,3 % der Auftragssumme pro Tag als zulässig angesehen[2]) und zum anderen hinsichtlich der Gesamthöhe (wobei 5 % als zulässig angesehen werden[3]);

▷ der Anfall der Vertragsstrafe nicht unabhängig vom Verschulden des Auftragnehmers vereinbart werden kann[4].

Eine Vertragsstrafe kann auch für den Fall vereinbart werden, dass die Interessen des Auftraggebers durch die Vertragsverletzung des Auftragnehmers nicht beeinträchtigt oder ernsthaft gefährdet werden[5].

In Einzelfällen kann eine Vertragsstrafenvereinbarung den Auftragnehmer auch 172 aus anderen Gründen **unangemessen benachteiligen**, etwa wenn die Überschreitung von Zwischenterminen zu einer unzumutbaren Kumulierung führen kann.

Die Vertragsstrafenklausel muss außerdem hinreichend **deutlich** sein. So muss 173 klar aus ihr hervorgehen, in welchen Fällen sie anfallen soll. Die vertragsstrafenbewehrten Termine müssen genau benannt sein, bei Vereinbarung der VOB/B sollte man sich dabei des Begriffs der „Vertragsfristen" aus § 5 Nr. 1 VOB/B bedienen. Bei tageweisem Anfall sollte genau festgelegt sein, ob es um Kalendertage oder Werktage geht.

bb) Anfall der Vertragsstrafe

Wenn die Vertragsstrafe wirksam vereinbart ist, fällt sie bei Eintreten der vereinbarten Situation an. Da Vertragsstrafen regelmäßig nur für den Fall des **Verzugs** vereinbart werden (können), kann sich der Auftragnehmer möglicherweise **entlasten**, indem er nachweist, dass er die Terminüberschreitung nicht zu vertreten hat. 174

Hinweis:
Es ist daher grundsätzlich zu empfehlen, dem Auftragnehmer nach Überschreiten der ursprünglich vereinbarten Fristen weitere Fristen zu setzen, frei nach dem Gedanken, dass ihm irgendwann „die Entlastungsmöglichkeiten ausgehen".

---

1 BGHZ 72, 223.
2 Palandt/*Heinrichs*, § 343 BGB, Rz. 4.
3 BGH, MDR 2003, 804.
4 BGH, NJW 1998, 3488.
5 BGH, NJW 1984, 919.

175 Die **wiederholte Mahnung** des Auftragnehmers ist insbesondere dann erforderlich, wenn es während der Bauausführung Behinderungen gegeben hat[1]. Solche Behinderungen haben nur ganz ausnahmsweise zur Folge, dass die Vertragsstrafe insgesamt hinfällig wird. Dieser Ausnahmefall tritt ein, wenn der gesamte Zeitplan der Bauausführung völlig umgeworfen wird, ohne dass der Auftragnehmer dies zu vertreten hat[2]. Ob eine solche Ausnahme vorliegt, ist im Einzelfall zu entscheiden. In allen anderen Fällen verlängert sich die Ausführungsfrist – und damit auch die für den Anfall der Vertragsstrafe maßgeblichen Frist – um die Behinderungszeit und die ggf. erforderliche Zeit zur Wiederaufnahme der Arbeiten. Da diese Fristen regelmäßig nicht mit letzter Sicherheit zu berechnen sind, sollte der Auftraggeber seine Erwartungen durch die Fristsetzungen verdeutlichen. Ohne diese Mahnung tritt auch nicht der für den Anfall der Vertragsstrafe erforderliche Verzug ein. Der Auftraggeber sollte jedoch stets vorsorglich darauf hinweisen, dass die Fristsetzung **nicht** als Anordnung von Beschleunigungsmaßnahmen zu verstehen ist.

176 Auch bei **einvernehmlichen Verlängerungen** der vertragsstrafenbewehrten Fristen ist Vorsicht geboten, da es immer vom Einzelfall abhängt, ob die ursprünglich vereinbarte Vertragsstrafe auch für die neu festgelegten Fristen gelten soll. Im Zweifel sollten die Partner in der Verlängerungsvereinbarung klarstellen, welche Folgen die Verlängerung für die vereinbarte Vertragsstrafe hat.

cc) Vorbehalt bei der Abnahme

177 Der Auftraggeber muss sich die Vertragsstrafe **bei Abnahme** vorbehalten, bei der Abnahme von Teilleistungen bei jeder Teilabnahme. Tut er dies nicht, verliert er den Anspruch auf die Vertragsstrafe, § 341 Abs. 3 BGB. Es reicht nicht aus, diesen Vorbehalt früher oder später zu erklären, erst recht natürlich nicht nach Abnahme. Nur ganz ausnahmsweise ist ein Vorbehalt entbehrlich, z. B. wenn der Vertragsstrafenanspruch bereits rechtshängig ist[3]. Allein die Erklärung der Aufrechnung oder eine Streitverkündung ersetzen den Vorbehalt nicht[4]. Bei Abnahmen nach § 12 Nr. 5 VOB/B muss der Vorbehalt innerhalb der dort festgelegten Frist erklärt werden.

178 Der Vorbehalt kann auch **formularmäßig** erfolgen und sollte in jedem Muster-Formular für Abnahmen vorgesehen werden. Es ist (auch in AGB) möglich, die Pflicht zum Vorbehalt der Vertragsstrafe bis zur Schlusszahlung hinauszuschieben[5]. Ein völliger Verzicht auf den Vorbehalt ist jedoch nur in Individualvereinbarungen möglich.

179 Gilt die Leistung nach § 640 Abs. 1 Satz 3 BGB als abgenommen, sollte der Auftraggeber den Vorbehalt vorsichtshalber spätestens **bis zum Ablauf** der gesetzten Frist erklären, da die Notwendigkeit des Vorbehalts umstritten ist[6]. Erfolgt die

---

1 *Bschorr/Zanner*, Vertragsstrafen, S. 80 m. w. N.
2 BGH, BauR 1974, 206; vgl. *Werner/Pastor*, Der Bauprozess, Rz. 2078.
3 BHGZ 62, 328.
4 OLG Celle, BauR 2000, 278.
5 BGHZ 72, 222.
6 Gegen die Notwendigkeit Palandt/*Sprau*, § 640 BGB, Rz. 9; für die Notwendigkeit *Kniffka/Koeble*, 4. Teil Rz. 19.

Abnahme nach § 641a BGB, muss der Auftraggeber den Vorbehalt in diesem Verfahren bis spätestens zum Zugang der Bescheinigung erklären.

2. Möglichkeiten und Folgen der Vertragsbeendigung

Der Auftraggeber hat bei verzögerter Leistung des Auftragnehmers unter Beendigung des Vertrags folgende Möglichkeiten, je bei Vorliegen der Voraussetzungen: 180

▷ Rücktritt nach §§ 323, 326 Abs. 1 Satz 3 BGB,

▷ Rücktritt nach § 324 BGB,

▷ Schadensersatz statt der Leistung,

▷ Kündigung nach §§ 5 Nr. 4, 8 Nr. 3 VOB/B,

▷ Kündigung nach § 6 Nr. 7 VOB/B.

a) Rücktritt nach §§ 323, 326 Abs. 1 Satz 3 BGB

Der Auftraggeber kann nach § 323 BGB vom Vertrag zurücktreten, wenn 181

▷ der Auftragnehmer seine fällige Leistung nicht erbringt,

▷ er dem Auftragnehmer eine angemessene Frist gesetzt hat und

▷ der Auftragnehmer innerhalb dieser Frist nicht leistet.

Ein **Verschulden** des Auftragnehmers im Sinne von Verzug ist – anders als nach früherem Recht – nicht mehr Voraussetzung für den Rücktritt.

In seinen Absätzen 2 und 4 beschreibt § 323 BGB Fallgestaltungen, in denen die **Nachfristsetzung entbehrlich** ist. 182

Eine Nachfristsetzung ist danach entbehrlich, wenn

▷ der Auftragnehmer die Leistung ernsthaft und endgültig verweigert, § 323 Abs. 2 Nr. 1 BGB;

▷ der Auftragnehmer die Leistung innerhalb einer im Vertrag oder der Rechnung bestimmten Frist nicht erbringt und der Auftraggeber bereits im Vertrag sein Interesse am Fortbestand des Vertrags an die Rechtzeitigkeit der Leistung gebunden hat, § 323 Abs. 2 Nr. 2 BGB;

▷ besondere Umstände vorliegen, die unter Abwägung der beiderseitigen Interessen den sofortigen Rücktritt rechtfertigen, § 323 Abs. 2 Nr. 3 BGB;

▷ wenn offensichtlich ist, dass die Voraussetzungen des Rücktritts eintreten werden, § 323 Abs. 4 BGB.

183 Nach § 325 BGB wird das Recht des Auftraggebers, Schadensersatz zu verlangen, durch den Rücktritt nicht ausgeschlossen. Schadensersatzforderungen kann der Auftragnehmer jedoch – anders als den Rücktritt – durch den Nachweis fehlenden Verschuldens abwehren. Das (vermutete) Verschulden als Anspruchsvoraussetzung von Schadensersatzansprüchen wird von §§ 323 ff. BGB nicht aufgehoben.

184 Die **Rechtsfolgen des Rücktritts** richten sich nach § 346 BGB. Der Vertrag wandelt sich in ein Rückgewährverhältnis um. Beide Vertragspartner werden von ihrer ursprünglichen Leistungsverpflichtung frei.

185 Sehr wichtig im Baubereich ist die Regelung in § 346 Abs. 2 BGB, nach der anstelle der Rückgewähr auch ein **Wertersatz** zu leisten ist. Dies betrifft insbesondere die Fälle, in denen eine Leistung nach der Natur des Erlangten nicht zurückzugeben ist (§ 346 Abs. 2 Nr. 1 BGB, z. B. Abbruch, Aushub) oder wenn der empfangene Gegenstand verarbeitet wurde (§ 346 Abs. 2 Nr. 2 BGB, z. B. durch Einbau). Der Wortlaut des § 346 Abs. 2 Nr. 2 BGB setzt einen Einbau durch den Schuldner des Wertersatzanspruchs voraus, doch ist hier der Auftragnehmer als Erfüllungsgehilfe des Auftraggebers tätig geworden.

b) Rücktritt nach § 324 BGB

186 Verletzt der Auftragnehmer andere Pflichten als die ihm obliegenden Hauptleistungspflichten, kann der Auftraggeber nach § 324 BGB vom Vertrag zurücktreten, wenn ihm ein Festhalten am Vertrag nicht zuzumuten ist. Eine **Fristsetzung** ist (wegen der bereits aufgetretenen Pflichtverletzung) **nicht** mehr notwendig.

187 Auch bei einem Rücktritt nach § 324 BGB kann der Auftraggeber nach Rücktritt Schadensersatz geltend machen, § 325 BGB.

188 Die Rechtsfolgen sind oben bei der Darstellung des § 323 BGB beschrieben (Rz. 184).

c) Schadensersatz statt der Leistung nach § 281 BGB

189 Der Auftraggeber kann nach § 281 BGB Schadensersatz anstelle der Leistung verlangen, wenn

▷ der Auftraggeber einen fälligen Anspruch auf Leistung gegen den Auftragnehmer hat;

▷ der Auftragnehmer nicht rechtzeitig leistet;

▷ der Auftraggeber dem Auftragnehmer eine angemessene Frist zur Leistung gesetzt hat und

▷ der Auftragnehmer innerhalb der Frist nicht leistet und

▷ der Auftragnehmer die Nichtleistung zu vertreten hat.

| Die Fristsetzung ist nach § 281 Abs. 2 **entbehrlich**, wenn | 190 |

▷ der Auftragnehmer die Leistung ernsthaft und endgültig verweigert oder

▷ wenn besondere Umstände vorliegen, die unter Abwägung der beidseitigen Interessen die sofortige Geltendmachung des Schadensersatzanspruches rechtfertigen[1].

Der **Umfang** der Schadensersatzansprüche richtet sich danach, ob der Auftraggeber kleinen oder großen Schadensersatz geltend macht[2]. 191

Wenn sich der Auftraggeber für Schadensersatz anstelle der Leistung entscheidet, kann er die ursprünglichen Ansprüche aus dem Vertrag nicht mehr geltend machen, so ausdrücklich § 281 Abs. 4 BGB. Die Entscheidung für diese Form der Ersatzleistung steht damit einem **Gestaltungsrecht gleich**. Nach Geltendmachung eines Anspruchs aus § 281 BGB kann er seine Entscheidung einseitig nicht mehr zurücknehmen oder ändern[3]. 192

Es ist daher zukünftig **Vorsicht geboten** mit Formulierungen wie „Nach Ablauf dieser Frist halten wir uns an den Vertrag nicht mehr gebunden". Formulierungen dieser Art könnten dahin gehend ausgelegt werden, dass der Auftraggeber nach Fristablauf die Durchführung des Vertrags nicht mehr will und dass er sich bereits im Vorfeld auf die Geltendmachung von Schadensersatz anstelle der Leistung, von Aufwendungsersatzansprüchen oder auf den Rücktritt festlegt. Dies ist aber immer dann nicht im Interesse des Auftraggebers, wenn er die erbrachte Leistung weiterhin von diesem Auftragnehmer wünscht und/oder den entgangenen Gewinn bzw. seinen sonstigen Schaden nicht beziffern kann und daher eine weitere Fortsetzung des Vertrags wünscht. 193

d) Kündigung nach §§ 5 Nr. 4, 8 Nr. 3 VOB/B

| Nach § 5 Nr. 4 VOB/B kann der Auftraggeber in drei Fällen den Vertrag kündigen: | 194 |

▷ Der Auftragnehmer verzögert den Beginn der Ausführung.

▷ Der Auftragnehmer ist im Verzug mit der Vollendung der Leistung.

▷ Der Auftragnehmer setzt nur unzureichende Arbeitskräfte etc. ein, so dass die Ausführungsfristen offenbar nicht eingehalten werden können, und der Auftraggeber fordert den Auftragnehmer vergeblich auf, Abhilfe zu schaffen, § 5 Nr. 3 VOB/B.

---

[1] Fälle der vom Gesetzgeber angedachten Art, die in Anlehnung an ein relatives Fixgeschäft mit einem Termin „stehen oder fallen", dürften bei Zahlungsansprüchen die Ausnahme bilden.
[2] Vgl. Palandt/*Heinrichs*, § 281 BGB Rz. 46.
[3] Wirth/Sienz/Englert/*Schalk*, Verträge am Bau, § 281, Rz. 9.

195 Weitere Voraussetzung für die Kündigung ist, dass der Auftraggeber dem Auftragnehmer eine **angemessene Nachfrist** zur Vertragserfüllung gesetzt hat und gleichzeitig dem Auftragnehmer die Kündigung angedroht hat. Die Frist ist angemessen, wenn ein leistungsfähiger, sachkundiger und zuverlässiger Auftragnehmer die angemahnte Leistung in sofort begonnener bzw. fortgesetzter zügiger Arbeit innerhalb der geforderten Zeit ausführen kann[1]. Sie ist jeweils im Einzelfall zu bestimmen. Die Interessen des Auftraggebers sind dabei zu berücksichtigen.

196 Die Kündigung muss zwingend **schriftlich** erklärt werden, § 8 Nr. 5 VOB/B.

197 Nach der Kündigung kann der Auftraggeber die verbliebene Leistung durch ein anderes Unternehmen ausführen lassen. Dabei **entstehende Mehrkosten** kann er als Schadensersatz vom Auftragnehmer verlangen. Für die Weiterführung der Arbeiten kann der Auftraggeber auf Geräte, Gerüste etc. des Auftragnehmers zurückgreifen, § 8 Nr. 3 Abs. 3 VOB/B. Die **Aufstellung** über die entstandenen **Kosten** muss der Auftraggeber dem Auftragnehmer spätestens 12 Werktage nach Abrechnung mit dem anderen beauftragten Unternehmen zusenden, § 8 Nr. 3 Abs. 4 VOB/B. Eine verspätete Übersendung bleibt jedoch ohne Folgen, sofern nicht ausnahmsweise der Auftragnehmer wegen der verspäteten Übersendung einen Schaden erleidet. Der Anspruch des Auftraggebers auf Ersatz **weiterer Schäden** wird durch diesen Kostenersatz nicht ausgeschlossen, wie die VOB/B in § 8 Nr. 3 Satz 1 ausdrücklich klarstellt.

198 Hat der Auftraggeber an der Weiterführung der Arbeiten **kein Interesse** mehr, kann er auf die Ausführung verzichten und vom Auftragnehmer Schadensersatz wegen Nichterfüllung verlangen, § 8 Nr. 3 Abs. 2 Satz 2 VOB/B.

199 Der Auftragnehmer hat Anspruch darauf, die erbrachten Leistungen abrechnen zu können und kann natürlich die für diese Leistungen **vereinbarte Vergütung** verlangen. Diese Leistungen muss er nach § 8 Nr. 6 VOB/B unverzüglich nach Erstellung des Aufmasses prüffähig abrechnen. Darüber hinaus hat der Auftragnehmer jedoch keinen Vergütungsanspruch.

e) Kündigung nach § 6 Nr. 7 VOB/B

200 Wenn das Bauvorhaben für mehr als drei Monate **unterbrochen** ist, kann der Auftraggeber den Vertrag nach § 6 Nr. 7 VOB/B kündigen. Diese Kündigung muss schriftlich erfolgen.

201 Die Ansprüche des Auftragnehmers richten sich entsprechend der Verweisung in § 6 Nr. 7 VOB/B nach den Vorschriften der § 6 Nr. 5, 6 VOB/B. Danach kann der Auftragnehmer die ausgeführten Leistungen **nach den Vertragspreisen** abrechnen. Außerdem kann er Ersatz der Kosten verlangen, die ihm bereits entstanden sind und die in den Vertragspreisen des nicht ausgeführten Teiles der Leistung enthalten sind.

202 In dem hier interessierenden Fall, dass der Auftragnehmer eine Behinderung zu vertreten hat, kann der Auftraggeber **Schadensersatzansprüche** nach § 6 Nr. 6

---

[1] Ingenstau/Korbion/*Döring*, § 5 VOB/B, Nr. 4 Rz. 18.

VOB/B gegen den Auftragnehmer geltend machen. Bei einer solchen Kündigung ist zu berücksichtigen, dass der Auftragnehmer seinerseits Ansprüche nach § 6 Nr. 6 VOB/B nur dann geltend machen kann, wenn der Auftraggeber die Unterbrechung zu vertreten hat. Neben diesen Ansprüchen kann der Auftragnehmer auch einen Anspruch aus § 642 BGB auf eine angemessene Entschädigung haben. Entgangenen Gewinn erhält der Auftragnehmer jedoch im Regelfall weder nach § 6 Nr. 6 VOB/B noch nach § 642 BGB. Diesen entgangenen Gewinn kann der Auftragnehmer nur nach § 6 Nr. 6 VOB/B und nur dann geltend machen, wenn der Auftraggeber die Unterbrechung vorsätzlich oder grob fahrlässig verursacht hat. Dies wird der Auftragnehmer kaum nachweisen können. Diese möglichen Ansprüche sind bei einer Risiko-Betrachtung zu berücksichtigen.

Die **Rechtsfolgen** sind oben bei der Darstellung der Kündigung nach §§ 5 Nr. 4, 8 Nr. 3 VOB/B beschrieben. 203

VII. Handlungsmöglichkeiten des Auftraggebers wegen Leistungsverzugs nach früherer Gesetzeslage

1. Ansprüche bei Aufrechterhaltung des Vertrags

In Betracht kommt die Geltendmachung eines **Verzugsschadens** gemäß § 285 BGB a. F. 204

Beim Verzug haben sich durch die Neuregelung nur wenig Änderungen ergeben. Es kann daher im Wesentlichen auf die Ausführungen in Rz. 161 verwiesen werden.

2. Möglichkeiten und Folgen der Vertragsbeendigung

Nachfolgend werden die vom jetzigen Recht abweichenden Regelungen bei Rücktritt nach § 636 BGB a. F. und die Vorgehensweisen nach § 326 BGB a. F. erläutert. 205

a) Rücktritt nach § 636 BGB a. F.

Die als Spezialvorschrift aufgehobene Regelung des § 636 BGB a. F. gab dem Auftraggeber die Möglichkeit, bei nicht rechtzeitiger Leistung des Auftragnehmers gegen diesen vorzugehen. § 636 BGB a. F. betraf insbesondere die Fälle, in denen der Auftragnehmer **nicht schuldhaft** die Ausführungsfristen überschritt, sich also nicht im Verzug befand. Wegen der sehr eingeschränkten Handlungsmöglichkeiten, die § 636 BGB a. F. dem Auftraggeber eröffnete, hat diese Vorschrift in der Praxis jedoch nie große Bedeutung gewonnen. 206

§ 636 BGB a. F. setzt voraus, dass 207

▷ das Werk ganz oder zum Teil nicht rechtzeitig hergestellt wird, unabhängig vom Verschulden des Auftragnehmers;

▷ der Auftraggeber dem Auftragnehmer eine Frist mit Ablehnungsandrohung setzt und

▷ die Frist fruchtlos abgelaufen ist.

208 Durch die in § 636 BGB a. F. enthaltenen Verweisung auf § 634 Abs. 2 BGB a. F. wird klargestellt, dass die **Frist entbehrlich** ist, wenn die Beseitigung des Mangels unmöglich ist oder von dem Unternehmer verweigert wird oder wenn die sofortige Geltendmachung des Anspruchs auf Wandelung oder auf Minderung durch ein besonderes Interesse des Bestellers gerechtfertigt wird.

209 Da die Beweislastregeln des Verzugs nicht eingreifen, stellt § 636 Abs. 2 BGB a. F. klar, dass der Auftragnehmer die **Beweislast** für die rechtzeitige Erstellung des Werkes trägt.

210 Nach Ablauf der von ihm gesetzten Frist kann der Auftraggeber nach §§ 636 Abs. 1 i. V. m. 327 BGB a. F. vom Vertrag **zurücktreten**. Nach §§ 636 Abs. 1 i. V. m. 634 Abs. 3 BGB ist der Rücktritt ausgeschlossen, wenn der Mangel den Wert oder die Tauglichkeit des Werks nur unerheblich mindert.

211 § 636 Abs. 1 Satz 2 BGB a. F. stellt klar, dass die Rechte des Auftraggebers wegen Verzug des Auftragnehmers von diesem Rücktritt unberührt bleiben. Der Auftraggeber kann also insbesondere seinen **Verzugsschaden** gegen den Auftragnehmer geltend machen.

212 **Andere Schäden** wie die Vertragskosten oder aber die Mehrkosten bei der Vergabe der dem Auftragnehmer entzogenen Leistungen an andere Auftragnehmer kann der Auftraggeber jedoch nicht ersetzt verlangen. Dies ist natürlich unbefriedigend, weswegen beim Bauvertrag die nachfolgend dargestellte Vorschrift des § 326 BGB a. F. (der allerdings Verzug voraussetzt), eine wesentlich größere Bedeutung gewonnen hat.

b) Vorgehensweisen nach § 326 BGB a. F.

213 Die in § 326 BGB a. F. verlangten Voraussetzungen und die daraus resultierenden Handlungsmöglichkeiten sind oben in Rz. 148 aus Sicht des Auftragnehmers ausführlich dargestellt. Aus Sicht des Auftraggebers ergeben sich keine grundsätzlichen Unterschiede.

214 Es gilt also:

▷ § 326 BGB a. F. setzt Verzug mit einer **Hauptpflicht** voraus. Zu den Hauptpflichten des Auftragnehmers gehört unzweifelhaft die Pflicht zur Erstellung des von ihm geschuldeten Werks.

▷ Der Auftraggeber muss dem Auftragnehmer eine **Frist mit Ablehnungsandrohung** setzen. Oben wurde bereits darauf hingewiesen, dass diese Ablehnungsandrohung eindeutig und unmissverständlich formuliert werden muss.

▷ Der Auftragnehmer kommt der Aufforderung nicht nach.

Mit Ablauf der Frist erlischt der Erfüllungsanspruch des Auftraggebers. Der Auftraggeber hat die Möglichkeiten vom Vertrag **zurückzutreten**, was beim Bauvertrag in der Regel wegen der damit verbundenen Rückabwicklung nicht möglich ist; oder **Schadensersatz** zu verlangen. Der Auftraggeber wird bei Bauverträgen regelmäßig den so genannten kleinen Schadensersatz geltend machen. Dieser umfasst außer allen verzögerungsbedingten Schäden auch alle weiteren Schäden, die der Auftraggeber durch sein Vertrauen auf den nicht mehr fortgeltenden Vertrag erlitten hat, also insbesondere alle Kosten des Vertragsschlusses, Mehrkosten im Rahmen der Weitervergabe der entzogenen Leistungen, Behinderungskosten usw.

Teil 24
Schlichtung und Mediation

	Rz.			Rz.
I. Einführung	1	a)	Allgemeine Bestimmungen der SOBau	87
II. Institutionelle Schlichtungsstellen	12	aa)	Zu § 1 Anwendungsbereich	87
III. Streitschlichtung nach § 18 Nr. 2 VOB/B bei Meinungsverschiedenheiten mit der öffentlichen Hand	18	bb)	Zu § 2 Vertretung im Verfahren	91
		cc)	Zu § 3 Vertraulichkeit	92
IV. Streitschlichtung nach § 18 Nr. 3 VOB/B (Materialtechnische Prüfung)	29	dd)	Zu § 4 Beschleunigungsgrundsatz	93
		ee)	Zu § 5 Gütliche Einigung	94
V. Obligatorische Streitschlichtung gemäß § 15a EGZPO	34	ff)	Zu § 6 Einbeziehung Dritter	95
VI. Obligatorische Güteverhandlung (§ 278 ZPO)	39	gg)	Zu § 7 Zustellungen	96
		b)	Schlichtung	97
VII. Mediation	48	aa)	Allgemeines	97
1. Definition	48	bb)	Zusammenhang mit Mediation	109
2. Ablauf	50	cc)	Verfahrensablauf	110
3. Mediation im Baurecht	53	c)	Das isolierte Beweisverfahren	119
VIII. Weitere Verfahren	56	d)	Das Schiedsgerichtsverfahren	127
1. Mediation-Arbitration	57	e)	Kosten und Gebühren	149
2. Mediation window	59	aa)	Schiedsgericht	149
3. Final-offer-arbitration	60	bb)	Schlichtung, isoliertes Beweisverfahren	154
4. Mini-trial	61			
5. Early neutral evaluation	62	X. Anhang		156
6. Pre-arbitral review process	63	1. DIS-Schlichtungsordnung gültig ab 1. 1. 2002		156
IX. Schlichtungs- und Schiedsordnung für Baustreitigkeiten (SOBau)	64	2. Mustervereinbarung des DAV über die Vergütung der Schiedsrichter		157
1. Einleitung	64			
2. Text der SOBau	69			
3. Erläuterungen	87			

I. Einführung

Bauvorhaben bringen nahezu regelmäßig Probleme mit sich. Es kommt dabei nicht darauf an, ob es sich um den Bau eines Reihenhauses, einer Eigentumswohnung oder etwa um den Bau eines Großflughafens handelt. Es gibt zudem kein Bauvorhaben, welches exakt so vollendet wird, wie es geplant war. Bau-Soll und Bau-Ist sind nie deckungsgleich. Das Bauen muss nicht zuletzt aus diesem Grund als besonders anfällig für Probleme bezeichnet werden. Die Probleme können unterschiedlichster Natur sein. 1

Oft beginnt es damit, dass bereits der **Vertragsinhalt unklar** ist. Die entsprechenden Vereinbarungen werden vor allem bei eher kleinen Bauvorhaben häufig nicht 2 einmal schriftlich fixiert. Ein anderer Problemkreis ist der der **Nachträge**. Den Bauherren fällt auch nach Vertragsschluss immer noch etwas ein, was sie gerne vom Auftraggeber erledigt haben möchten, manchmal zusätzlich, manchmal an Stelle bereits vereinbarter Leistungen. In anderen Fällen werden **Entwürfe** komplett umgearbeitet. Es liegt auf der Hand, dass dies fast immer zu Veränderungen auf der Preisseite führt. Häufig ergeben sich nach Baubeginn Schwierigkeiten, weil der **Baugrund** anders ist als angenommen. Kostspielige, nicht vorhergesehene oder nicht vorhersehbare Gründungsarbeiten sind die Folge.

3   Andere Probleme ergeben sich, wenn Leistungen oder Teilleistungen von den Vertragsparteien überhaupt nicht berücksichtigt worden sind. Wer trägt die Verantwortung? Handelt es sich um notwendige Arbeiten oder nicht? Führt dies zu berechtigten **Nachforderungen** des Auftragnehmers oder nicht? Wenn ja, gilt dies auch bei Pauschalpreisverträgen? Wer ist für **Verzögerungen** im Baufortschritt verantwortlich? Und weiter: Ist das Bauvorhaben tatsächlich abgeschlossen? Weist das Bauwerk Mängel auf? Können deswegen Gelder zurückgehalten werden?

4   Schließlich ist das Bauen auch deswegen besonders konfliktträchtig, weil es eine **Vielzahl von Beteiligten** gibt: Bauherr, Architekt, Sonderfachleute, Bauunternehmer, Subunternehmer, Banken, Versicherungen usw. Die Interessen der Beteiligten sind meist sehr unterschiedlicher Natur. Das ist ein ausgezeichneter Nährboden für Streitigkeiten.

5   Man sieht also, Probleme sind unschwer vorstellbar und in der Praxis die Regel. Die Wirkungen der Probleme sind häufig gravierend. Sie reichen von der schlichten Unzufriedenheit des Bauherrn mit den Leistungen seiner Vertragspartner bis zur **Existenzbedrohung** und -vernichtung von Baubeteiligten.

6   Können sich die Parteien trotz der Einschaltung von Rechtsanwälten nicht einigen, werden fast immer die staatlichen Gerichte angerufen. Hat der Streit ein eher kleineres Volumen, beginnt das Verfahren beim Amtsgericht. Dabei darf man nicht verkennen, dass auch diese Verfahren bis zu einem Wert von 5000 € für eine Vielzahl von Prozessbeteiligten sehr gravierend sein können. Das gilt für den knapp kalkulierenden Häuslebauer ebenso wie für den Handwerker, der sich gerade erst selbständig gemacht hat und noch nicht in der Lage ist, Zahlungsverzögerungen oder sogar Forderungsausfälle zu verkraften. Auf mit dem Baurecht vertraute Richter können die Parteien beim Amtsgericht indes nicht hoffen.

7   Aber auch in den vom Betrag her gewichtigeren Verfahren, deren Eingangsinstanz das Landgericht ist, werden meist keine Spezialkammern mit der Materie befasst. Bereits das ist ungut. Es kommt hinzu, dass die Verfahren sich häufig in die Länge ziehen. Bei umfangreichem Prozessstoff ist das besonders häufig der Fall. Die Sache wechselt dann von einem Einzelrichter (oft sind es noch Proberichter) zum anderen. Es wird Beweis erhoben, die Gutachter müssen gemahnt werden, es kommt zu Ergänzungsgutachten, Anhörungen der Gutachter usw. In Einzelfällen dauern (manchmal nur vermeintlich) komplizierte Bau- oder Architektenprozesse in I. Instanz sage und schreibe bis zu zehn Jahren. Da kann man dann froh sein, wenn die Parteien das Ende der Instanz noch bei guter finanzieller Gesundheit erleben.

Bei vernünftigen Kaufleuten ist es regelmäßig üblich, nach Abschluss eines Vorhabens eine **Nachkalkulation** anzustellen, um Klarheit zu erhalten, ob die Ausgangskalkulation „stimmt". Spätestens mit der Nachkalkulation kann man dann für die Zukunft Konsequenzen ziehen. Bei den Baubeteiligten ist kaufmännische Vernunft nicht immer im Übermaß ausgeprägt. Das gilt mitunter leider auch für die eingeschalteten Rechtsanwälte. Würde nach Abschluss langwieriger Bauprozesse immer eine korrekte Nachkalkulation durchgeführt, wäre das Ergebnis sehr häufig, dass gegen jede **wirtschaftliche Erwägung** gehandelt worden ist. 8

Aus dem Umstand, dass immer mehr Bauprozesse eingeleitet werden, wird man wohl den Schluss ziehen müssen, dass entweder solche Nachkalkulationen nicht durchgeführt werden oder aber die Einsichtsfähigkeit der Parteien und ihrer Anwälte manchmal nur eingeschränkt vorhanden ist. Dafür spricht, dass nicht nur die Parteien, sondern mitunter auch die beteiligten Rechtsanwälte einer rechtzeitigen **ökonomischen Lösung** oft nicht zugänglich sind. Bei den Parteien ist das noch eher verständlich, da diese oft nicht über hinreichende Prozesserfahrung, manchmal auch nicht über wirtschaftlichen Sachverstand verfügen. Die Rechtsanwälte dagegen stellen sehr wohl wirtschaftliche Überlegungen an, manchmal aber nur in der Form, dass sie in die Gebührentabelle schauen, davon ausgehen, dass eine Bausache ohne Beweisaufnahme praktisch nicht beendet wird, und sich sodann freuen, dass auf jeden Fall die Höchstzahl der Gebühren anfällt. Diese Überlegungen greifen aber zu kurz, denn es wird dabei ignoriert, dass ab einem bestimmten Zeitpunkt das Verhältnis zwischen Zeitaufwand und Gebührenaufkommen aus dem Ruder läuft. Gerade bei geringeren Streitwerten erreichen die Kosten schnell das Volumen, um das es in der Hauptsache überhaupt nur geht. In vielen Fällen wird der **Betrag der Hauptsache von den Kosten übertroffen**. 9

All das sind gewichtige und zwingende Argumente, der außergerichtlichen Konfliktbeilegung den Vorzug vor der Inanspruchnahme staatlicher Gerichte zu geben. Im Folgenden werden verschiedene Möglichkeiten der Konfliktbeilegung dargestellt. Erläutert werden das Verfahren vor institutionellen Bauschlichtungsstellen, die Streitschlichtung nach § 18 Nr. 2 VOB/B, diejenige nach § 18 Nr. 3 VOB/B, die so genannte obligatorische Streitschlichtung gemäß § 15a EGZPO, die obligatorische Güteverhandlung gemäß § 278 ZPO, die Mediation, weitere Spielarten der alternativen Konfliktbeilegung und das Verfahren nach der Schlichtungs- und Schiedsordnung für Baustreitigkeiten (SOBau). 10

Hinweis: 11
Der **Begriff der Schlichtung** ist am ehesten wie folgt zu definieren: Es handelt sich um auf Übereinstimmung (Konsens) gerichtete Streitbeilegung unter Beteiligung eines neutralen Dritten. Dieser Dritte hat indes keine Kompetenz den Streit verbindlich zu entscheiden. In der Regel soll der Dritte jedoch Lösungsvorschläge unterbreiten[1].

---

1 Zum Begriff der Schlichtung und zum Verhältnis zwischen Schlichtung und Mediation ausführlich *Lachmann*, Handbuch für die Schiedsgerichtspraxis, Rn. 23 f. m. w. N.

II. Institutionelle Schlichtungsstellen

12 Die Bauvertragsparteien haben sowohl bei VOB- als auch bei BGB-Verträgen die Möglichkeit, eine **Bauschlichtungsstelle**[1] anzurufen. Ziel ist die gütliche Einigung.

13 Spezialisierte Bau-Schlichtungsstellen gibt es zur Zeit in Bremen (Bau-Schlichtungsstelle Bremen), Hamburg (Schlichtungs- und Einigungsstelle der Bau-Innung Hamburg), Hessen (Bau-Schlichtungsstelle bei der Handwerkskammer Rhein-Main), Niedersachsen (Bau-Schlichtungsstelle Hannover), Nordrhein-Westfalen (Bau-Schlichtungsstellen bei den Handwerkskammern Arnsberg, Bielefeld, Dortmund und Düsseldorf), Rheinland-Pfalz (Bau-Schlichtungs- und Bauschiedsstelle Koblenz), Saarland (Schieds- und Schlichtungsstelle des Arbeitgeberverbandes der Bauwirtschaft).

14 Soll der vor der Schlichtungsstelle geschlossene Vergleich **Vollstreckungstitel** sein, muss die Schlichtungsstelle eine **anerkannte Gütestelle** im Sinne des § 794 Abs. 1 Nr. 1 ZPO sein. Die jeweilige Bau-Schlichtungsstelle muss also von der zuständigen Landesjustizverwaltung als Gütestelle gemäß § 794 Abs. 1 Nr. 1 ZPO anerkannt sein. Das ist bei den vorgenannten Schlichtungsstellen der Fall.

15 Die so genannte „Veranlassung der Bekanntgabe" des Güteantrags hat **verjährungshemmende Wirkung**. Dies ergibt sich aus § 204 Abs. 1 Nr. 4 BGB. Die Hemmung tritt im Übrigen auch dann ein, wenn die Gütestelle örtlich unzuständig ist[2]. Dasselbe gilt bei sachlicher Unzuständigkeit. Ausgenommen ist lediglich der Fall, dass der Gläubiger wider besseres Wissen handelt[3].

16 Institutionalisierte **Schlichtungsstellen** sind außerdem noch bei den **Architektenkammern** eingerichtet. Beispielhaft sei das Schlichtungsverfahren vor der Schlichtungsstelle der Architektenkammer NW[4] skizziert: Das Schlichtungsverfahren soll es ermöglichen, Streitigkeiten zwischen Bauherren und Mitgliedern der Architektenkammer NW durch gütliche Einigung beizulegen. Das **Verfahren** ist für den Antragsteller **freiwillig**. Der Antragsgegner ist nicht gezwungen, sich auf das Verfahren einzulassen. Die Schlichtungsstelle ist besetzt mit zwei Beisitzern (ein Architekt sowie ein Verbraucher). Den Vorsitz führt ein Volljurist. Die Parteien können sich anwaltlich vertreten lassen. Zum Erörterungstermin sollen die Parteien persönlich erscheinen. Die Schlichtungsstelle unterbreitet nach Diskussion der Sach- und Rechtslage einen Vergleichsvorschlag. Kommt ein Vergleich nicht zustande, steht der Weg zu den staatlichen Gerichten offen. Die Gebühren sind in der Gebührenordnung der Architektenkammer NW geregelt.

17 Schließlich sei noch hingewiesen auf die Schieds- und Einigungsstellen bei den Generalvikariaten der Katholischen Bistümer. Die Generalvikariate legen in den Zusätzlichen Vertragsbedingungen für die Ausführung von Bauleistungen fest,

---

1 *Gottwald/Plett/Schmidt/v. Rhein*, NJW 1983, 665.
2 Zur bis zum 31. 12. 2001 geregelten Verjährungsunterbrechung vgl. BGH, NJW-RR 1993, 1495.
3 Vgl. Palandt/*Heinrichs*, BGB § 204 Rz. 19.
4 Nähere Einzelheiten sind zu erfahren bei der Schlichtungsstelle bei der Architektenkammer NW, Postfach 32 01 28, 40416 Düsseldorf (www.aknw.de).

dass die Schieds- und Einigungsstellen zwingend vor der Inanspruchnahme staatlicher Gerichte einzuschalten sind. Vor der Schieds- und Einigungsstelle wird zunächst ein Schlichtungsversuch unternommen. Scheitert dieser Versuch, steht der Weg zu den ordentlichen Gerichten offen.

III. Streitschlichtung nach § 18 Nr. 2 VOB/B bei Meinungsverschiedenheiten mit der öffentlichen Hand

§ 18 Nr. 2 VOB/B[1] lautet: 18

„(1) Entstehen bei Verträgen mit Behörden Meinungsverschiedenheiten, so soll der Auftragnehmer zunächst die der auftraggebenden Stelle unmittelbar vorgesetzte Stelle anrufen. Diese soll dem Auftragnehmer Gelegenheit zur mündlichen Aussprache geben und ihn möglichst innerhalb von 2 Monaten nach der Anrufung schriftlich bescheiden und dabei auf die Rechtsfolgen des Satzes 3 hinweisen. Die Entscheidung gilt als anerkannt, wenn der Auftragnehmer nicht innerhalb von 3 Monaten nach Eingang des Bescheides schriftlich Einspruch beim Auftraggeber erhebt und dieser ihn auf die Ausschlussfrist hingewiesen hat.

(2) Mit dem Eingang des schriftlichen Antrages auf Durchführung eines Verfahrens nach Nr. 2 Abs. 1 wird die Verjährung des in diesem Antrag geltend gemachten Anspruchs gehemmt. Wollen Auftraggeber oder Auftragnehmer das Verfahren nicht weiter betreiben, teilen sie dies dem jeweils anderen Teil schriftlich mit. Die Hemmung endet 3 Monate nach Zugang des schriftlichen Bescheides oder der Mitteilung nach Satz 2."

Voraussetzung für die Anwendung von § 18 Nr. 2 VOB/B ist zunächst, dass es sich 19
beim Auftraggeber um eine **Behörde** handelt. Das können Bund, Länder, Gemeinden sowie vergleichbare öffentlich-rechtliche Körperschaften sein.

Zu beachten ist, dass die Vorschrift reine **Sollvorschrift** ist. Ein Vorgehen nach der 20
Vorschrift dient der Vermeidung einer langwierigen prozessualen Auseinandersetzung. Die Anwendung der Vorschrift setzt aber nicht nur auf der Auftragnehmerseite ein entsprechendes Vertrauen zur vertragschließenden Behörde, sondern auf Seiten der Behörde die ernsthafte Bereitschaft voraus, sich so objektiv wie möglich mit dem Streitthema auseinander zu setzen. Das wird durch die Behörden häufig nicht genügend ernst genommen. Weiterhin setzt § 18 Nr. 2 VOB/B stillschweigend voraus, dass zuvor der Auftragnehmer sich mit der den Auftrag erteilenden Behörde nicht über **Meinungsverschiedenheiten** einigen konnte.

Ist dem Auftragnehmer nicht bekannt, wer die vorgesetzte Stelle der auftrag- 21
schließenden Behörde ist, besteht ein **Auskunftsanspruch** gegen die Behörde. Die Erfüllung dieser Auskunftspflicht ist Nebenpflicht aus dem Bauvertrag[2]. Die **vorgesetzte Stelle** kann **formlos** angerufen werden. Aus Beweisgründen empfiehlt es sich aber, dies schriftlich zu tun. Die vorgesetzte Behörde kann unmittelbar angerufen werden. Möglich ist auch, die Bitte nach § 18 Nr. 2 Satz 1 VOB/B der vertragschließenden Behörde vorzulegen, damit diese die Angelegenheit an die

---

1 Fassung der VOB/B 2002 (in § 18 Nr. 2 Abs. 1 ist die Einspruchsfrist von 2 auf 3 Monate verlängert worden; Abs. 2 ist neu hinzugefügt worden); die VOB (Vergabe- und Vertragsordnung für Bauleistungen) Teil B vom 12. 9. 2002 ist im Bundesanzeiger vom 29. 10. 2002 bekannt gemacht worden und durch die Verkündung der Vergabeverordnung im Bundesgesetzblatt Nr. 6 vom 14. 2. 2003 am 15. 2. 2003 in Kraft getreten.
2 Vgl. Ingenstau/Korbion/*Joussen*, VOB/B § 18 Nr. 2 Rz. 12.

vorgesetzte Behörde weiterleitet. Die Anrufung der vorgesetzten Stelle ist auch **nicht fristgebunden**. Sie kann also bis zum Ende der Gewährleistungsfrist erfolgen. Wichtig ist, dass durch die Anrufung der vorgesetzten Stelle andere laufende Fristen unberührt bleiben.

22 Der Auftragnehmer soll sodann Gelegenheit zur **mündlichen Aussprache** mit der vorgesetzten Stelle erhalten. Wird diese Möglichkeit eingeräumt, empfiehlt es sich, davon Gebrauch zu machen. Eine Verpflichtung dazu besteht nicht. Es wäre aber wenig sinnvoll, von der Aussprache keinen Gebrauch zu machen, da sich oft erst im Rahmen des persönlichen Austauschs von Argumenten eine Klärungs- und Einigungsmöglichkeit ergibt. Die – gut vorbereitete – persönliche Konfrontation ist dem rein schriftlichen Meinungsaustausch regelmäßig überlegen.

23 Der Auftragnehmer soll von der vorgesetzten Stelle möglichst innerhalb von zwei Monaten nach der Anrufung schriftlich beschieden werden. Eine echte Fristsetzung liegt darin nicht[1]. Wird die **2-Monats-Frist** überschritten, löst dies grundsätzlich **keine Rechtsfolgen** aus. Nicht annehmbar ist es aber, wenn der Auftragnehmer ohne vernünftigen Grund eine unangemessen lange Zeit über zwei Monate hinaus auf jegliche Nachricht warten muss. Auch der Umstand, dass es sich um eine Sollvorschrift handelt, rechtfertigt es nicht, dass ein grundloses Schweigen der Behörde weit über die regelmäßig zur Verfügung stehenden zwei Monate hinaus keine rechtlich nachteiligen Folgen hat. Man wird dann im Einzelfall erwägen müssen, ob der Auftragnehmer nach Treu und Glauben Ersatz für durch die **Untätigkeit** der vorgesetzten Stelle entstehende Mehrkosten verlangen oder sich auf sonstige dadurch bedingte Schäden aus pVV (nach neuem Schuldrecht: Pflichtverletzung) stützen kann[2]. Dabei ist zu beachten, dass der Bescheid zwar schriftlich ergehen soll, aber auch eine mündliche Entscheidung nicht ausgeschlossen sein dürfte.

24 Der Bescheid soll den Auftragnehmer auf die Rechtsfolgen des Satzes 3 des § 18 Nr. 2 VOB/B hinweisen. Es muss also darüber belehrt werden, dass die Entscheidung als anerkannt gilt, wenn der Auftragnehmer nicht innerhalb von drei Monaten nach Eingang des Bescheides **schriftlich Einspruch** bei seinem Auftraggeber erhebt. Der Einspruch muss schriftlich fristgerecht eingelegt werden. Adressat des Einspruchs kann sowohl die auftragvergebende als auch die vorgesetzte Stelle sein. Den Parteien bleibt jedoch unbenommen, nochmals den Versuch einer gütlichen Einigung zu unternehmen.

25 Wird der Auftragnehmer rechtzeitig schriftlich beschieden und auf die Folgen des Satzes 3 hingewiesen, ferner auf die dreimonatige Ausschlussfrist, und legt der Auftragnehmer dann **keinen Einspruch** ein, ist die Entscheidung der vorgesetzten Stelle nach Nummer 2 Satz 3 anerkannt. Dasselbe gilt, wenn der Auftragnehmer nicht rechtzeitig oder nicht schriftlich Einspruch einlegt.

---

1 Vgl. ebenso Ingenstau/Korbion/*Joussen*, VOB/B § 18 Nr. 2 Rz. 14; Beck'scher VOB-Kommentar-*Bewersdorf*, VOB/B § 18 Nr. 2 Rz. 16.
2 Ingenstau/Korbion/*Joussen*, VOB/B § 18 Nr. 2 Rz. 14 bejaht eine solche Haftung der vorgesetzten Stelle für den Fall, dass der Auftragnehmer keinen fristgerechten Bescheid erhält, obwohl sich eine solche Verpflichtung aus Besonderen oder Zusätzlichen Vertragsbedingungen im Einzelfall ergibt.

Was es praktisch bedeutet, dass die Entscheidung der vorgesetzten Stelle als anerkannt gilt, kommt auf den Einzelfall an. Hat die vorgesetzte Stelle Tatsachen in ihrem Bescheid festgestellt, hat das fingierte Anerkenntnis des Auftragnehmers die Wirkung eines **deklaratorischen Schuldanerkenntnisses**[1]. Gibt die vorgesetzte Stelle durch ihren Bescheid dagegen **rechtsgeschäftliche Erklärungen** ab, gilt das Schweigen des Auftragnehmers als Annahme dieser Erklärungen. Welche konkrete vertragliche Vereinbarung dann zustande gekommen ist, hängt wiederum vom Einzelfall ab. Denkbar ist beispielsweise, dass durch das Schweigen ein außergerichtlicher Vergleich entstanden ist. 26

Kommt es auf die Frage an, ob der Bescheid die Anerkenntniswirkung nach § 18 Nr. 2 Satz 3 VOB/B auslöst, ist der Auftraggeber **darlegungs- und beweisbelastet**. Der Auftragnehmer ist lediglich darlegungs- und beweispflichtig für den rechtzeitigen Zugang des formgerechten Einspruchs. 27

§ 18 Nr. 2 VOB/B 2002 soll die außergerichtliche Streitbeilegung fördern, unter anderem dadurch, dass in Entsprechung zu § 203 BGB die **Hemmung der Verjährung** während des Verfahrens nunmehr eindeutig geregelt ist. Die so genannte Nachlauffrist des § 203 Satz 2 BGB beläuft sich auf drei Monate. Das wird in § 18 Nr. 2 Abs. 2 Satz 3 VOB/B ausdrücklich aufgegriffen. Zugleich wurde auch in § 18 Nr. 2 Abs. 1 Satz 3 VOB/B die Frist um einen Monat auf drei Monate verlängert. 28

IV. Streitschlichtung nach § 18 Nr. 3 VOB/B (Materialtechnische Prüfung)

§ 18 Nr. 3 VOB/B lautet: 29

„Bei Meinungsverschiedenheiten über die Eigenschaft von Stoffen und Bauteilen, für die allgemein gültige Prüfungsverfahren bestehen, und über die Zulässigkeit oder Zuverlässigkeit der bei der Prüfung verwendeten Maschinen oder angewendeten Prüfungsverfahren kann jede Vertragspartei nach vorheriger Benachrichtigung der anderen Vertragspartei die materialtechnische Untersuchung durch eine staatliche oder staatlich anerkannte Materialprüfungsstelle vornehmen lassen; deren Feststellungen sind verbindlich. Die Kosten trägt der unterliegende Teil."

Diese Vorschrift gibt den Vertragspartnern die Möglichkeit, eine Streitigkeit dadurch beilegen zu lassen, dass von dritter Seite die Dinge überprüft und entschieden werden. Es ist unerheblich, ob es sich auf der Auftraggeberseite um einen öffentlichen Auftraggeber handelt oder nicht. Die **Materialprüfungsstelle** kann dann nicht mehr eingeschaltet werden, wenn bereits ein Rechtsstreit begonnen hat. Ein Vorgehen nach § 18 Nr. 3 VOB/B soll gerade vermeiden, sich kostenträchtig und langwierig gerichtlich auseinander zu setzen. § 18 Nr. 3 VOB/B ist zunächst einschlägig, wenn sich die Parteien darüber streiten, ob **bestimmte Eigenschaften vorhanden** sind oder aber nicht. Unter Eigenschaft ist beispielsweise zu verstehen die Beschaffenheit eines Stoffes, seine Größe, seine Herkunft und weitere Faktoren, die Auswirkungen auf den Wert der Sache haben. Weitere Voraussetzung ist das Bestehen von **allgemein gültigen Prüfungsverfahren** für die Feststellung der Eigenschaften von Stoffen bzw. Bauteilen. 30

---

1 So richtig Beck'scher VOB-Kommentar-*Bewersdorf*, VOB/B § 18 Nr. 2 Rz. 36.

31 Die Vorschrift ist ferner anwendbar, falls die Parteien sich nicht über die Zulässigkeit oder Zuverlässigkeit der **bei der Prüfung** verwendeten Maschinen oder angewendeten Prüfungsverfahren einig sind. Voraussetzung ist demgemäß, dass eine Prüfung schon stattgefunden hat.

32 Vor der Anwendung oder Einschaltung der Materialprüfungsstelle ist zunächst der jeweils **andere Vertragsteil zu benachrichtigen.** Dies sollte aus Gründen der Beweisbarkeit schriftlich geschehen. Findet die vorherige Benachrichtigung nicht statt, ist die Prüfung durch das Materialprüfungsamt nicht verbindlich. Denn nur bei vorheriger Benachrichtigung ist sichergestellt, dass auch die jeweils andere Vertragspartei ihre eigene Sicht der Prüfungsstelle darlegen kann. Sie kann außerdem den Gang des Verfahrens überprüfen und sich einschalten. Wenn noch nicht bekannt ist, welche Prüfungsstelle einzuschalten ist, können Industrie- und Handelskammern sowie die Handwerkskammern Auskunft erteilen.

Der Begriff der Benachrichtigung ist also nicht eng auszulegen, sondern so zu verstehen, dass der andere Vertragspartner in einer Weise benachrichtigt wird, die es ihm ermöglicht, vor Abschluss des Gutachtens selbst in der Sache Stellung zu nehmen. Nur mit diesem Verständnis des Begriffs der Benachrichtigung wird dem Erfordernis rechtlichen Gehörs Genüge getan[1].

33 Bezüglich der **Kosten der Einschaltung** der Materialprüfungsstelle gilt, dass der Auftraggeber gegenüber der Materialprüfungsstelle die Kosten zu tragen hat. Im Innenverhältnis regelt sich die Kostenverteilung nach dem Verhältnis zwischen Obsiegen und Unterliegen.

V. Obligatorische Streitschlichtung gemäß § 15a EGZPO

34 Durch das Gesetz zur Förderung der außergerichtlichen Streitbeilegung vom 15. 12. 1999[2] ist in das Einführungsgesetz zur ZPO § 15a EGZPO eingefügt worden. Durch die Einführung eines obligatorischen außergerichtlichen Schlichtungsverfahrens (obligatorische Streitschlichtung) soll die einvernehmliche Streitbeilegung im Interesse der Parteien gefördert werden. Weiteres Ziel ist die Entlastung der Zivilgerichte.

35 Die Landesgesetzgeber können nunmehr regeln, dass die Erhebung der Klage erst dann zulässig ist, wenn zuvor von einer durch die Landesjustizverwaltung eingerichteten oder anerkannten Gütestelle versucht worden ist, die Streitigkeit einvernehmlich beizulegen. Das trifft u. a. zu auf vermögensrechtliche Streitigkeiten vor dem Amtsgericht über Ansprüche, deren Gegenstand an Geld oder Geldeswert die Summe von 750 Euro nicht übersteigt. Es handelt sich also um Streitigkeiten, welche eher Bagatellcharakter haben. Unter diese Regelung können naturgemäß auch Baustreitigkeiten fallen. Einige Bundesländer (zzt. Bayern, Baden-Württemberg, Brandenburg, Nordrhein-Westfalen, Hessen, Saarland und Sachsen-Anhalt, Schleswig-Holstein[3]) haben bereits von der Möglichkeit nach § 15a EGZPO Gebrauch gemacht.

---
1 So auch Ingenstau/Korbion/*Joussen*, VOB/B § 18 Nr. 3 Rz. 10.
2 BGBl. I S. 2400.
3 Fundstellen bei *Gummer* in Zöller, ZPO, 24. Aufl., § 15a EGZPO Rz. 26.

Bleibt der Einigungsversuch erfolglos, erhält der Kläger von der Gütestelle eine entsprechende Bescheinigung, die so genannte **Erfolglosigkeitsbescheinigung**. Diese ist dann mit der Klage einzureichen. 36

Ob die obligatorische Streitschlichtung durchgreifenden Erfolg haben wird, ist zu bezweifeln, jedenfalls für den Bausektor. Der Kostenaufwand für die Beseitigung selbst kleinerer Baumängel übersteigt regelmäßig eine Summe von 750 Euro. Bereits 1994 betrug der **durchschnittliche Streitwert** in Bausachen vor dem Amtsgericht 2 946 DM[1]. Nach dem ersten Anwendungsjahr des § 15a EGZPO ist dieser Art der Schlichtung denn auch schon das Aus attestiert worden[2]. Das Publikum steht der Schlichtung eher misstrauisch gegenüber. Die Anwendung des § 15a EGZPO lediglich auf „Peanuts" stellt diese Art der Streitbeilegung unnötig in ein schlechtes Licht. Da hilft es auch nichts, wenn die Legislative meint[3], ohne Zwang des Gesetzgebers sei der Schlichtungsgedanke nicht zu verdeutlichen. Aus den verschiedensten Gründen ist jedoch das Interesse an diesen Bagatellschlichtungsverfahren recht gering. Es ist auch nicht ersichtlich, dass sich dies durchgreifend ändern könnte. 37

Das Verfahren gemäß § 15a EGZPO kann daher getrost als **gesetzgeberischer Fehlgriff** angesehen werden. Gleichwohl: Die Schlichtung an sich verdient es uneingeschränkt, gefördert zu werden, allerdings professioneller, als dies der Gesetzgeber mit seiner doch recht praxisfernen Regelung vorgesehen hat. 38

VI. Obligatorische Güteverhandlung gemäß § 278 ZPO

Das Gesetz zur Reform des Zivilprozesses (in Kraft getreten am 1. 1. 2002) strebte eine Qualitätsverbesserung[4] und Effizienzsteigerung der Ziviljustiz an. Der Gesetzentwurf der Bundesregierung vom 24. 11. 2000[5] nennt mehrere Schwerpunkte der Reform, darunter an erster Stelle die Institutionalisierung des Schlichtungsgedankens im Zivilprozess durch die Einführung einer Güteverhandlung. Hierzu ist § 278 ZPO geändert worden in Anlehnung an eine seit langem bestehende Regelung im arbeitsgerichtlichen Verfahren (§ 54 ArbGG). Die obligatorische Güteverhandlung des Zivilprozesses stellt ein neues Element **zwischen Klageeinreichung und Beginn der mündlichen Verhandlung** dar. 39

§ 278 ZPO lautet seit dem 1. 1. 2002:

„(1) Das Gericht soll in jeder Lage des Verfahrens auf eine gütliche Beilegung des Rechtsstreits oder einzelner Streitpunkte bedacht sein.

(2) Der mündlichen Verhandlung geht zum Zwecke der gütlichen Beilegung des Rechtsstreits eine Güteverhandlung voraus, es sei denn, es hat bereits ein Einigungsversuch vor

---

1 Angaben bei *Boysen/Plett*, Bauschlichtung in der Praxis, S. 199.
2 So *Ernst*, NJW 2002, Heft 9, S. III, skeptisch zur Effizienz der landesgesetzlichen Regelungen gemäß § 15a EGZPO mit Recht auch *Wirth/Wiesel*, Handbuch Baurecht, 1. Buch, XIV. Teil, Rz. 39 ff.
3 So *Behrens* – ehemaliger NRW-Justizminister – in DRiZ 1997, 236, 237.
4 Man mag füglich bezweifeln, ob diese Intention der früheren Justizministerin *Däubler-Gmelin* erfolgreich war; alle frühzeitigen Warnhinweise aus der Praxis (Richter- und Anwaltschaft) sind von ihr ignoriert worden.
5 BT-Drucks. 14/4722.

einer außergerichtlichen Gütestelle stattgefunden oder die Güteverhandlung erscheint erkennbar aussichtslos. Das Gericht hat in der Güteverhandlung den Sach- und Streitstand mit den Parteien unter freier Würdigung aller Umstände zu erörtern und, soweit erforderlich, Fragen zu stellen. Die erschienenen Parteien sollen hierzu persönlich gehört werden.

(3) Für die Güteverhandlung sowie für weitere Güteversuche soll das persönliche Erscheinen der Parteien angeordnet werden. § 141 Abs. 1 Satz 2, Abs. 2 und 3 gilt entsprechend.

(4) Erscheinen beide Parteien in der Güteverhandlung nicht, ist das Ruhen des Verfahrens anzuordnen.

(5) Das Gericht kann die Parteien für die Güteverhandlung vor einen beauftragten oder ersuchten Richter verweisen. In geeigneten Fällen kann das Gericht den Parteien eine außergerichtliche Streitschlichtung vorschlagen. Entscheiden sich die Parteien hierzu, gilt § 251 entsprechend.

(6) Ein gerichtlicher Vergleich kann auch dadurch geschlossen werden, dass die Parteien einen schriftlichen Vergleichsvorschlag des Gerichts durch Schriftsatz gegenüber dem Gericht annehmen. Das Gericht stellt das Zustandekommen und den Inhalt eines nach Satz 1 geschlossenen Vergleichs durch Beschluss fest. § 164 gilt entsprechend."

40 Diese neue obligatorische Güteverhandlung betrifft lediglich die I. Instanz, also Amts- oder Landgericht. In der Rechtsmittelinstanz gilt ausschließlich die frühere Regelung, wonach das Gericht jederzeit auf den Abschluss eines Vergleichs hinwirken soll, weiter.

41 Wenn vor einer außergerichtlichen Gütestelle bereits ein Einigungsversuch stattgefunden hat, kann im gerichtlichen Verfahren auf die obligatorische Güteverhandlung verzichtet werden. Zu denken ist an den Fall, dass es bereits eine obligatorische Streitschlichtung nach § 15a EGZPO gegeben hat. Denkbar ist aber auch, dass es sich um einen Schlichtungsversuch vor einer branchenbezogenen Schlichtungsstelle handelt oder ein **anderweitiges Schlichtungs- oder Mediationsverfahren**[1]. Aber auch dann, wenn es bereits einen außergerichtlichen Streitschlichtungsversuch gegeben hat, kann ein obligatorisches Verfahren gemäß § 278 ZPO stattfinden. In diesem Fall bedarf es aber eines entsprechenden **Antrags** der Parteien.

42 Die obligatorische Güteverhandlung scheidet außerdem dann aus, wenn sie **erkennbar aussichtslos** ist. Von erkennbarer Aussichtslosigkeit wird man u. a. dann ausgehen müssen, wenn sich aus den bisherigen gerichtlichen Informationen ergibt, dass ohne Einholung eines Sachverständigengutachtens die Sache nicht geklärt werden kann. Das liegt daran, dass man wohl nicht davon ausgehen kann, dass das Gericht schon vor einem obligatorischen Gütetermin eine Beweiserhebung durchführen kann. Der sehr dehnbare Begriff der „erkennbaren Aussichtslosigkeit" lädt[2] indes zur Umgehung der obligatorischen Güteverhandlung ein. Andererseits: Eine zwingend durchgeführte Güteverhandlung führt bei von

---

1 Beispielsweise ein durch eine private spezialisierte Schlichtungseinrichtung wie das Institut für Bauschlichtung, Sternstr. 65, 40479 Düsseldorf (www.institut-fuer-bauschlichtung.de) durchgeführtes Schlichtungsverfahren oder die Wirtschaftsmediation der Gesellschaft für Wirtschaftsmediation und Konfliktmanagement e. V., Brienner Straße 9, 80333 München (www.gwmk.org.); vgl. auch *Eberl/Friedrich*, BauR 2002, 250, 255, rechte Spalte, m. w. N.
2 So mit Recht *Hansens*, AnwBl. 2002, 125.

vornherein fühlbarer Aussichtslosigkeit zu einer Verlängerung des gerichtlichen Verfahrens.

Liegen die Voraussetzungen, wonach eine obligatorische Güteverhandlung ausscheidet, vor, hat das Gericht dies **durch Beschluss** festzustellen. Ist hingegen die Güteverhandlung durchzuführen, empfiehlt es sich, dass das Gericht frühzeitig Hinweise (in rechtlicher und tatsächlicher Hinsicht) erteilt, um die Chancen für eine gütliche Beilegung zu erhöhen. Die **Hinweispflicht** des Gerichts ist durch die ZPO-Reform erheblich verschärft worden. 43

Sinnvoll ist es ferner, dass für die Güteverhandlung das **persönliche Erscheinen** der Parteien angeordnet wird. Erscheinen beide Parteien nicht, ist das Ruhen des Verfahrens anzuordnen, es sei denn, die Prozessbevollmächtigten sind erschienen. Ansonsten ist mit den Parteien sowie ihren Vertretern die Angelegenheit eingehend zu erörtern. Eine gütliche Einigung kann so aussehen, dass entweder ein Vergleich protokolliert wird oder aber die Klage zurückgenommen wird. Denkbar sind auch Anerkenntnis oder übereinstimmende Erledigungserklärung. 44

Macht das Gericht den Parteien einen **Vergleichsvorschlag**, und nehmen die Parteien diesen Vorschlag schriftsätzlich an, so stellt das Gericht das Zustandekommen und den Inhalt des geschlossenen Vergleichs gemäß § 278 Abs. 6 Satz 2 ZPO durch Beschluss fest. 45

Hinweis:
Diese Vorschrift dürfte zumindest insoweit nicht genügend durchdacht[1] sein, als sie übersieht, dass ein solcher Vergleich nicht der **Formvorschrift** des § 127a BGB genügt. Insbesondere dann, wenn im Vergleich Regelungen getroffen werden, die i. S. d. § 313 BGB formbedürftig sind, muss darauf geachtet werden, dass dies in einem Protokollierungstermin vor dem Gericht geschieht.

Das **Kernproblem** der obligatorischen Güteverhandlung ist, dass sie im **Anfangsstadium** des streitigen Verfahrens verankert ist. Es ist zweifelhaft, ob die Parteien, die sich soeben auf das Streitverfahren erst eingelassen haben, bereits genügend „Vergleichsreife" haben. Ein Vergleich ist erfahrungsgemäß wesentlich eher zu bewerkstelligen, wenn die Beteiligten zunächst einmal alle Argumente ausgetauscht haben, bevor das Gericht Vorschläge zur gütlichen Beilegung macht. Dieser Austausch von Argumenten bedarf fachkundiger Anleitung und Steuerung, was man beim Gericht nicht ohne weiteres[2] als selbstverständlich voraussetzen kann. 46

Kommt es nicht zu einer gütlichen Übereinkunft, ist gemäß § 160 Abs. 3 ZPO die **Erfolglosigkeit** festzustellen. Die Angelegenheit wird dann in das streitige Verfahren übergeleitet. 47

---

1 Weitere zutreffende Kritik bei *Hansens*, AnwBl. 2002, 126.
2 Das gilt jedenfalls, sofern nicht spezialisierte Spruchkörper – wie z. B. die Bausenate beim OLG Düsseldorf – zuständig sind.

VII. Mediation

1. Definition

48 Mediation bedeutet Vermittlung. Die Mediation ist ein Verfahren, welches insbesondere als Alternative zu gerichtlichen Verfahren abläuft. Das Verfahren ist strukturiert, wobei die Parteien festlegen können, wie die Verhandlungen im Einzelnen ablaufen sollen. Ziel ist die **eigenverantwortliche Konfliktlösung** der Beteiligten unter Mithilfe des Mediators (neutraler Dritter).

49 Aufgabe des Mediators ist es, die Kommunikation und Kooperation zwischen den Parteien zu fördern. Angestrebt ist eine einvernehmliche Konfliktregelung unter Berücksichtigung der Interessen, Bedürfnisse und Gerechtigkeitsvorstellungen der Parteien. Mediation ist **freiwillig und zukunftsgerichtet**.

2. Ablauf

50 Absolut bindende Verfahrensregeln für eine Mediation gibt es nicht. Folgende Aspekte sind jedoch regelmäßig zu berücksichtigen: Der Mediator unterstützt die Parteien dabei, einen Vergleich zu erarbeiten. Bei konsequentem und strengem Verständnis seiner Rolle darf er den Parteien jedoch keine Entscheidung auferlegen. Er unterbreitet also **keinen Lösungsvorschlag**[1]. Dies ist zugleich das wesentlichste **Unterscheidungskriterium** zwischen Schlichtung und Mediation.

51 Das Verfahren sieht in der Regel – komprimiert dargestellt – wie folgt aus[2]:

▷ Zunächst (1. Phase) sind die Person des Mediators und die allgemeinen Verfahrensregeln (z. B. vertrauliche Behandlung des Verhandlungsinhalts) festzulegen.

▷ Danach (2. Phase) ist der Sachverhalt mit den unterschiedlichen Rechtspositionen darzustellen.

▷ In der 3. Phase versucht der Mediator, die hinter den Positionen stehenden Interessen der Beteiligten herauszuarbeiten.

▷ In der 4. Phase gilt es, Lösungsmöglichkeiten zu erarbeiten und zu bewerten.

▷ In der letzten Phase ist die gemeinsam konzipierte Lösung zu fixieren.

52 Mediation ist jedoch keinesfalls ein Selbstläufer. Voraussetzung für ein solches Verfahren ist, dass die Parteien **konzessionsbereit** sind. Die unmittelbar Beteiligten müssen **entscheidungsbefugt** sein. Sie müssen ferner in der Lage und willens sein, sich auch auf die Sichtweise der anderen Seite und die Überlegungen des Mediators ernsthaft einzulassen.

---

1 So auch *Wirth/Wiesel*, Handbuch Baurecht, Rz. 71; *Lachmann*, Handbuch der Schiedsgerichtspraxis, Rz. 24 will Schlichtung und Mediation als wesensgleich behandeln.
2 Ähnlich *Lachmann*, Handbuch der Schiedsgerichtspraxis, Rz. 38.

3. Mediation im Baurecht

Mediation ist zurzeit relativ stark insbesondere **im Familienrecht** verbreitet. 53
Dort ist gerade der Aspekt der Zukunftsorientierung wichtig, da die Interessen
der von Familienstreitigkeiten betroffenen Kinder von besonderer Bedeutung
sind. Im Baurecht herrschen in Bezug auf Mediation eher Skepsis und deutliche
Zurückhaltung. Dies dürfte vor allem daran liegen, dass der **Mediator** keinen eigenen Lösungsvorschlag für den Konflikt unterbreiten kann. Er **moderiert** vielmehr den Konfliktlösungsprozess der Parteien, mehr nicht.

Diejenigen, die regelmäßig mit Baukonflikten zu tun haben, werden aber bestätigen, dass die **Beteiligten** einer solchen Auseinandersetzung es **erwarten**, dass ihnen ein **Lösungsvorschlag** unterbreitet wird. Gerade Schlichter machen die Erfahrung, dass die Verfahrensbeteiligten oft schon sehr früh von ihnen verlangen, einen Vorschlag zur Konfliktlösung zu präsentieren. Es ist daher durchaus als Handicap der Mediation anzusehen, dass in diesen Verfahren, anders als bei der Schlichtung, ein Lösungsvorschlag durch den Mediator nicht erfolgt[1]. 54

Vielleicht ist es aber angebracht, nicht zu sehr auf terminologische Feinheiten zu 55
achten. Entscheidend ist, mittels einer effektiven alternativen Streitbeilegung
den Beteiligten Zeit, Geld und Ärger zu ersparen. Dabei ist Mediation noch am
ehesten als **Sonderform** der Schlichtung[2] anzusehen.

VIII. Weitere Verfahren

Es gibt noch eine Vielzahl weiterer (Misch-) Formen alternativer Konfliktbeilegung (so genannte ADR = Alternative-Dispute-Resolution-Verfahren), die hier jedoch nur kurz angerissen werden sollen.[3] 56

1. Mediation-Arbitration

So können z. B. **Mediation und Schiedsgerichtsbarkeit** verknüpft werden mit dem 57
Ziel, entweder eine gütliche Einigung oder eine bindende Entscheidung zu erhalten (= Mediation-Arbitration[4]). Der neutrale Dritte ist zunächst Mediator. Scheitert die Mediation, entscheidet der Dritte verbindlich als Schiedsrichter. Die Parteien können an die Einleitung eines Schiedsverfahrens auch die Bedingung
knüpfen, dass zuvor ein Mediationsverfahren erfolglos absolviert wird, so genannte „Pre-arbitral-Mediation".

---

1 Skeptisch zur Eignung der Mediation für den Baubereich auch *Wirth/Wiesel*, Handbuch Baurecht, Rn. 71; positiver eingestellt: *Jung/Steding*, Mediation am Bau – Konfliktfelder baulicher Streitigkeiten als Chance für alternative Streitbeilegung, Beilage 1 zu Heft 2002 BRAK-Mitteilungen 9 ff. sowie *Eberl/Friedrich*, BauR 2002, 250, 257; allgemein: *Kraus*, Bauen. Planen. Recht, FS für Klaus Vygen zum 60. Geburtstag, 404 ff.
2 So auch *Eberl/Friedrich*, BauR 2002, 250, 256, Rn. 79 m. w. N.
3 Weitere Hinweise auf zusätzliche Spielarten der alternativen Konfliktbeilegung z. B. bei *Wirth/Wiesel*, Rn. 61 ff. sowie ausführlich *Duve*, BB 1998 Beilage 10, 9 ff.; siehe auch *Sigler*, Deutsches Architektenblatt 2001, 40 ff.; informativ auch *Berger*, (Vortrag, gehalten auf dem Seminar „Internationale Streitbeilegung" des Deutschen Anwalt Verein und der Deutschen Institution für Schiedsgerichtsbarkeit am 12. 10. 2001 im Gästehaus Petersberg in Bonn).
4 Siehe auch *Eberl/Friedrich*, BauR 2002, 250, 257.

58 Problematisch kann dabei die Rolle des Dritten sein. Denn bislang galt eher der Grundsatz, dass der Mediator nicht auch anschließend Schiedsrichter sein kann. Die **amerikanische Mediationspraxis** geht indes davon aus, dass es vom Parteiwillen abhängt, ob der Mediator zugleich der spätere Schiedsrichter ist. Das Mediationsverfahren beruht aber u. a. darauf, dass die Äußerungen der Beteiligten gegenüber der anderen Seite, aber auch gegenüber einem späteren Schiedsrichter **vertraulich bleiben**. Das hat zu weiteren Mischformen dergestalt geführt, dass jede Partei nach Scheitern der Mediation eine weitere Tätigkeit des Schlichters als Schiedsrichter ablehnen kann. Alternativ kann für den Fall des Scheiterns der Mediation vereinbart werden, dass der Mediator im Schiedsverfahren nur beratender Schiedsrichter ohne Stimmrecht neben dem oder den entscheidungsbefugten Schiedsrichtern ist.

2. Mediation window

59 Denkbar ist auch, vom Schiedsverfahren in ein Mediationsverfahren überzugehen, falls das von den Parteien verlangt wird. Die Initiative kann aber ebenso gut vom Schiedsgericht ausgehen. Möglich ist, das Schiedsverfahren während der Mediation ruhen zu lassen. Erst nach einem etwaigen Scheitern der Mediation lebt das Schiedsverfahren wieder auf.

3. Final-offer-arbitration

60 Bei der Final-offer-arbitration wird von den Parteien verlangt, **realistische Forderungen** zu stellen und auf die – ansonsten fast üblichen – überzogenen Vorstellungen zu verzichten. Das wird dadurch erreicht, dass der Schiedsrichter nach ausführlicher Aufklärung und Erörterung der Sache zur Höhe keine eigene Entscheidung trifft, sondern sich für den **Schlussantrag** (final offer) **einer der Parteien** entscheidet. Daraus wiederum folgt, dass die Parteien ein um so größeres Risiko eingehen, je weniger vernünftige und realistische Anträge sie abschließend stellen. Das kann dazu führen, dass es zu sehr eng beieinander liegenden Anträgen kommt oder aber direkt zur Einigung der Parteien.

4. Mini-trial

61 Beim Mini-trial sind auf beiden Seiten bevollmächtigte Entscheidungsträger der beteiligten Parteien sowie die jeweiligen Anwälte vertreten. Der wechselseitige Vortrag soll unter Moderation eines neutralen Dritten verdeutlichen, welche **kostenmäßigen Folgen** eine sich lang hinziehende Verhandlung hat. Ein Zeitlimit (meist nicht mehr als zwei Tage[1]) soll dabei von vornherein vereinbart werden. Vorrangiges Ziel ist eine Vereinbarung unmittelbar zwischen den Entscheidungsträgern. Der neutrale Dritte soll allenfalls prognostizieren, wie ein Gericht oder Schiedsgericht ggf. entscheiden würde.

5. Early neutral evaluation

62 Early neutral evaluation (frühzeitige Bewertung): Bei diesem Verfahren soll in einem relativ frühen Stadium die Sach- und Rechtslage beurteilt werden. Diese Be-

---

1 So *Duve*, BB 1998 Beilage 10, 12.

wertung nimmt ein neutraler Dritter unverbindlich vor. Dadurch soll eine **Eskalation verhindert** werden. Die Stellungnahme des Dritten dient der Förderung der Verhandlungen mit dem Ziel der gütlichen Einigung.

6. Pre-arbitral review process

Schließlich können Parteiverhandlungen, ADR-Verfahren der verschiedenen Spielarten und Schiedsverfahren miteinander **verkettet** werden. Solches geschieht z. B. im internationalen Anlagenbau. Der Ärmelkanaltunnel-Vertrag zwischen England und Frankreich enthielt eine Vereinbarung über einen derartiven „Pre-arbitral review process". 63

IX. Schlichtungs- und Schiedsordnung für Baustreitigkeiten (SOBau)

1. Einleitung

Der Begriff der Schlichtung ist seit langem bekannt. Man denke allein an den Bereich der alljährlichen Tarifverhandlungen. Die Schlichtung hat sich dort bislang bewährt. Sie ist aber naturgemäß nicht auf den Sektor des Arbeitsrechts beschränkt. Immer häufiger wird anerkannt, dass die Schlichtung als Modell der Streitbeilegung **erhebliche Vorteile** gegenüber staatlichen Verfahren haben kann (Schnelligkeit, Kostenvorteile, bessere Fachkunde, Zukunftsorientierung). 64

Die Kommission der Europäischen Gemeinschaften hat im April 2002 ein „**Grünbuch**" über alternative Verfahren zur Streitbeilegung im Zivil- und Handelsrecht" vorgelegt[1]. Damit soll eine umfassende Konsultation zu rechtlichen Fragen eingeleitet werden, die sich im Zusammenhang mit der alternativen Streitbeilegung stellen. Diese Art der Streitbeilegung hat für die Europäischen Gemeinschaften politische Priorität. 65

In Vorbereitung ist ein europäischer Verhaltenskodex für den Bereich der alternativen Streitbeilegung[2]. Der Kodex soll – nicht bindende – Leitlinien für auf diesem Gebiet tätige Schlichter aufstellen und zur Vereinheitlichung in Bezug auf die Durchführung von Schlichtungen auf europäischer Ebene beitragen.

Die Vorteile der Schlichtung waren Motiv für den Arbeitskreis Bauprozess- und Verfahrensrecht der Arbeitsgemeinschaft für privates Bau- und Architektenrecht im DAV (ARGE Baurecht), eine gerade für Baustreitigkeiten geeignete **Schlichtungs- und Schiedsordnung** zu schaffen; nämlich die SOBau[3] (= Schlichtungs- und Schiedsordnung für Baustreitigkeiten). 66

---

1 Das Grünbuch ist herausgegeben worden von der Europäischen Kommission, Generaldirektion Justiz und Inneres, Referat A3 – Justizielle Zusammenarbeit in Zivilsachen, LX 46 5/152, Rue de la Loi 200, B-1049 Brüssel.
2 U. a. der vorläufige Entwurf des Verhaltenskodexes findet sich in englischer Sprache unter http://europa.eu.int/comm/justice_home/ejn/adr/adr_ec_de.htm.
3 Allgemein zur SOBau: *Zerhusen*, BauR 1998, 849 ff.; auf der Grundlage der SOBau arbeitet z. B. das Institut für Bauschlichtung, Sternstr. 65, 40479 Düsseldorf (www.institut-fuer-bauschlichtung.de).

67 Die SOBau soll im Folgenden exemplarisch näher erläutert werden, weil sie – soweit ersichtlich – diejenige Verfahrensordnung ist, die in besonders hohem Maße auf die speziellen Gegebenheiten baurechtlicher Probleme abgestimmt ist[1]; sie ist zudem von schwerpunktmäßig im Baurecht tätigen Rechtsanwälten (mit der Unterstützung namhafter, auf dem Gebiet des Baurechts tätiger Richter) konzipiert worden.

68 Das Vorwort zur SOBau lautet:

„Der Arbeitskreis Bauprozess- und Verfahrensrecht der Arbeitsgemeinschaft für privates Bau- und Architektenrecht im Deutschen AnwaltVerein (ARGE Baurecht) hat die Notwendigkeit erkannt, über den Inhalt bisheriger Schiedsgerichtsordnungen hinaus eine Schlichtungs- und Schiedsordnung speziell für Baustreitigkeiten (SOBau) zu schaffen, in welcher die Neuregelungen des Schiedsverfahrens zum 1. 1. 1998 berücksichtigt sind.

Das Ziel der SOBau ist, den an Bauvorhaben Beteiligten zur möglichst gütlichen und zügigen Beilegung von Konflikten aus Bauverträgen ohne Einschaltung der überlasteten ordentlichen Gerichte eine zeitgemäße Verfahrensregelung an die Hand zu geben.

Die ARGE Baurecht will damit dem im Vordringen befindlichen Gedanken der außergerichtlichen, schlichtenden Streitbeilegung Rechnung tragen. Die SOBau enthält deshalb verschiedene Verfahrensstadien, die unter Beachtung der Grundsätze der Vertraulichkeit und Konzentration möglichst ohne streitige Entscheidung bereits baubegleitend zur Problembereinigung zwischen den Beteiligten führen sollen:

1.
Die vorgeschaltete Schlichtung, die ohne große Formalzwänge der Mediation durch den bereits in der Schlichtungs- und Schiedsvereinbarung benannten Schlichter möglichst viel Raum lässt;

2.
das isolierte Beweisverfahren, das bei Störungen im Bauablauf die Möglichkeit bietet, kurzfristig Tatsachenfeststellungen zu treffen, die für ein späteres Schiedsgerichtsverfahren bindend sind;

3.
das Schiedsgerichtsverfahren, das mit Schiedsspruch oder Schiedsvergleich das Verfahren zum Abschluss bringt."

2. Text der SOBau[2]

Teil I – Allgemeine Bestimmungen

69 **§ 1 Anwendungsbereich**

(1) Die SOBau gilt für Streitigkeiten, die entweder auf der Grundlage einer Schlichtungs- oder einer Schiedsgerichtsvereinbarung oder einer beide Elemente umfassenden Schlichtungs- und Schiedsvereinbarung nach Maßgabe der nachfolgenden Bestimmungen beendet werden sollen.

---

1 So auch Ingenstau/Korbion/*Joussen*, Anhang 4 Rz. 122; ähnlich *Kniffka/Koeble*, Kompendium des Baurechts, 2. Aufl., 2. Teil, Rz. 42, welche hervorheben, dass die SOBau im Gegensatz zur SGO Bau (Schiedsgerichtsordnung für das Bauwesen) als Vorschaltverfahren das Schlichtungsverfahren sowie das so genannte isolierte Beweisverfahren vorsieht.
2 Fassung: Juli 2004.

(2) Bestandteil dieser Verfahrensordnung sind

- die Schlichtung (§§ 8 ff.) als eigenständiges Verfahren oder als einem Schiedsgerichtsverfahren vorgeschaltetes Verfahren
- das isolierte Beweisverfahren (§§ 11 ff.)
- das Schiedsgerichtsverfahren (§§ 14 ff.).

(3) Die Bestimmungen der SOBau sind – soweit nicht zwingende gesetzliche Regelungen entgegenstehen – auch dann anzuwenden, wenn der Ort des Bauvorhabens nicht in Deutschland liegt.

§ 2 Vertretung im Verfahren 70

(1) Jede Partei kann im Verfahren selbst auftreten oder sich durch Verfahrensbevollmächtigte vertreten lassen.

(2) Parteivertreter, die nicht gesetzliche Vertreter ihrer Partei sind, haben sich durch schriftliche Vollmacht auszuweisen.

(3) Wird eine Partei durch einen Verfahrensbevollmächtigten vertreten, sind Zustellungen an diesen vorzunehmen.

§ 3 Vertraulichkeit 71

(1) Das Verfahren findet nicht öffentlich statt. Auf Antrag einer Partei kann mit Zustimmung aller Beteiligten Dritten die Anwesenheit gestattet werden.

(2) Schlichter, Schiedsgericht, Sachverständige sowie alle weiteren Beteiligten sind zur Verschwiegenheit über die ihnen im Verfahren bekannt gewordenen Tatsachen verpflichtet.

§ 4 Beschleunigungsgrundsatz 72

Schlichter und Schiedsgericht haben auf eine zügige Durchführung des Verfahrens hinzuwirken. Sie haben die Parteien anzuhalten, den Sachverhalt so vollständig und so rechtzeitig darzulegen, dass das Verfahren möglichst nach einem Termin abgeschlossen werden kann.

§ 5 Gütliche Einigung 73

Schlichter und Schiedsgericht sollen die Einigungsbereitschaft der Parteien fördern, jederzeit auf eine gütliche Beilegung des Streits oder einzelner Streitpunkte bedacht sein und Einigungsvorschläge unterbreiten.

§ 6 Einbeziehung Dritter 74

Dritte können als Haupt- oder Nebenintervenienten oder als Streitverkündete mit Zustimmung aller Parteien dem Verfahren mit der Folge der Wirkungen der §§ 66 ff. ZPO beitreten, wenn sie sich der Schiedsgerichtsvereinbarung unterworfen haben. Die Zustimmung kann auch in der Schiedsgerichtsvereinbarung generell erteilt werden. Soweit die Zustimmung des Schiedsgerichts erforderlich ist, darf diese nur versagt werden, wenn die Einbeziehung des Dritten rechtsmissbräuchlich wäre.

§ 7 Zustellungen 75

(1) Anträge auf Einleitung der Schlichtung, des isolierten Beweisverfahrens und des schiedsrichterlichen Verfahrens sowie Schiedsklage, Schriftsätze, die Sachanträge oder eine Klagerücknahme enthalten, Ladungen, fristsetzende Verfügungen und Entscheidungen des Schlichters und des Schiedsgerichts sind den Parteien durch Einschreiben gegen Rückschein oder durch Gerichtsvollzieher (§§ 166 ff. ZPO) zuzustellen. Ist ein solches Schrift-

stück in anderer Weise zugegangen, gilt die Zustellung als im Zeitpunkt des tatsächlichen Zugangs bewirkt.

(2) Alle anderen Schriftstücke können mittels einfachen Briefes übersandt werden.

Teil II – Die Schlichtung

76 **§ 8 Schlichter**

(1) Schlichter ist die in der Schlichtungs- oder Schiedsgerichtsvereinbarung benannte Person. Ist ein Schlichter nicht benannt und können sich die Parteien nachträglich nicht auf einen Schlichter einigen, wird der Schlichter auf Antrag einer Partei vom Präsidenten des Deutschen AnwaltVereins benannt.

(2) Der Schlichter soll die Befähigung zum Richteramt haben, sofern die Parteien nichts anderes bestimmt haben.

(3) Der Schlichter hat sich gegenüber den Parteien schriftlich zur Unparteilichkeit, Unabhängigkeit und umfassenden Verschwiegenheit zu verpflichten.

(4) Die Parteien können auch mehrere Personen als Schlichter bestellen.

(5) In einem nachfolgenden Schiedsgerichtsverfahren soll der Schlichter nur dann als Schiedsrichter tätig werden, wenn sich die Parteien damit einverstanden erklären.

(6) Der Schlichter kann in einem späteren Schiedsgerichtsverfahren nicht Zeuge für Tatsachen sein, die ihm während des Schlichtungsverfahrens offenbart werden.

77 **§ 9 Verfahren**

(1) Die Schlichtung findet auf Antrag einer Partei mit dem Ziel einer gütlichen Einigung statt.

(2) Der Schlichter soll unverzüglich das Streitverhältnis mit den Parteien erörtern. Er kann zur Aufklärung des Sachverhalts alle Handlungen vornehmen, die dem Ziel einer zügigen Streitbeilegung dienen. Insbesondere kann er im Einvernehmen mit den Parteien diese einzeln und auch in Abwesenheit der jeweils anderen Partei befragen. Der Schlichter ist befugt, die Schlichtungsverhandlung am Ort des Bauvorhabens anzuberaumen, das Bauvorhaben in Augenschein zu nehmen sowie sachkundige Personen oder Sachverständige hinzuzuziehen.

(3) Zur Förderung des Baufortschritts kann der Schlichter unter freier Würdigung aller Umstände vorläufige Feststellungen zur Vergütungsfähigkeit und -höhe der Werkleistung treffen und Vorschläge zur Absicherung der streitigen Vergütungsansprüche unterbreiten.

78 **§ 10 Ergebnis der Schlichtung**

(1) Das Ergebnis der Schlichtung und im Verfahren getroffene Vereinbarungen der Parteien sind zu protokollieren; das Protokoll soll vom Schlichter und den Parteien unterzeichnet werden.

(2) Soweit die Parteien sich nicht geeinigt haben, unterbreitet der Schlichter einen Schlichtungsvorschlag. Wird der Vorschlag nicht binnen zwei Wochen nach Zustellung angenommen, gilt er als abgelehnt. Der Schlichter kann die Annahmefrist abkürzen.

(3) Lehnt eine Partei die Schlichtung ab, erscheint eine Partei zur Schlichtungsverhandlung nicht oder wird der Schlichtungsvorschlag abgelehnt, gilt die Schlichtung als gescheitert. Der Schlichter erteilt in diesem Fall auf Antrag einer Partei eine Bescheinigung über das Scheitern der Schlichtung im Sinne des § 278 Abs. 2 ZPO.

Teil III – Das isolierte Beweisverfahren

§ 11 Antrag

(1) Im Rahmen eines Schlichtungsverfahrens ordnet der Schlichter auf Antrag einer Partei die Begutachtung durch einen Sachverständigen an. Die Begutachtung dient insbesondere der Feststellung

- des Zustandes eines Bauwerkes einschließlich der Ermittlung des Bautenstandes,
- der Ursache eines Schadens, eines Baumangels, einer Behinderung, einer Bauverzögerung,
- des Aufwandes für die Beseitigung des Schadens oder des Baumangels oder der Kosten, die durch eine Behinderung oder Bauverzögerung entstanden sind.

(2) Der Antrag auf Durchführung des isolierten Beweisverfahrens ist unzulässig, wenn bereits vor einem ordentlichen Gericht ein selbstständiges Beweisverfahren zu den Beweisfragen beantragt oder im schiedsrichterlichen Verfahren eine Begutachtung angeordnet wurde.

(3) Der Antrag ist schriftlich bei dem Schlichter zu stellen und muss den Gegner bezeichnen sowie die Tatsachen, über die Beweis erhoben werden soll. Dem Antragsgegner ist Gelegenheit zu geben, sich binnen einer vom Schlichter zu bestimmenden Frist zu dem Antrag zu äußern.

(4) Mit dem Zugang des Antrags auf Einleitung des isolierten Beweisverfahrens beim Schlichter wird die Verjährung wie im selbstständigen Beweisverfahren gemäß §§ 485 ff. ZPO gehemmt § 204 Abs. 1 Nr. 7 BGB.

(5) Wird während eines schiedsrichterlichen Verfahrens ein isoliertes Beweisverfahren eingeleitet und ist ein Schiedsgericht bereits gebildet, tritt der Einzelschiedsrichter bzw. der Vorsitzende an die Stelle des Schlichters.

§ 12 Entscheidung

(1) Der Schlichter entscheidet nach Anhörung der anderen Partei durch Beschluss. Er ist an den vorgeschlagenen Sachverständigen nicht gebunden, es sei denn, die Parteien haben sich auf diesen geeinigt. Der Sachverständige soll öffentlich bestellt und vereidigt sein.

(2) Der Schlichter beauftragt den Sachverständigen auf Rechnung des Antragstellers. Er kann von dem Antragsteller einen angemessenen Vorschuss verlangen.

(3) Wird während eines schiedsrichterlichen Verfahrens ein isoliertes Beweisverfahren eingeleitet und ist ein Schiedsgericht bereits gebildet, tritt der Einzelschiedsrichter bzw. der Vorsitzende an die Stelle des Schlichters.

§ 13 Beweisaufnahme und Beweisergebnis

(1) Der Sachverständige hat den Parteien Gelegenheit zu geben, an dem für die Begutachtung bestimmten Termin teilzunehmen. Nimmt eine Partei nicht teil, ist ihr das Ergebnis der Feststellungen unverzüglich zur Stellungnahme vorzulegen.

(2) Die Feststellungen sind bindend im Sinne der §§ 412, 493 ZPO.

Teil IV – Das Schiedsgerichtsverfahren

§ 14 Einleitung

(1) Das schiedsrichterliche Verfahren kann eingeleitet werden, wenn eine Schlichtung nicht vereinbart worden ist oder ein vereinbartes Schlichtungsverfahren gescheitert ist. Das Verfahren beginnt mit dem Tag, an dem der Beklagte den schriftlichen Antrag, die Streitigkeit einem Schiedsgericht vorzulegen, empfangen hat. Der Beklagte hat dem Kläger binnen einer

Frist von zwei Wochen mitzuteilen, ob er Einwendungen gegen die Durchführung erhebt. Erhebt er in dieser Frist keine Einwendungen, gilt dies als Verzicht auf solche Einwendungen. Bei unverschuldeter Fristversäumnis kann nachträglich das Vorliegen der Voraussetzungen für eine Wiedereinsetzung in den vorigen Stand festgestellt werden.

(2) Der Antrag muss enthalten

– die Angabe des Streitgegenstandes,

– einen Hinweis auf die Schiedsgerichtsvereinbarung,

– die Bestellung eines Schiedsrichters (Beisitzer) oder, wenn die Parteien die Entscheidung durch einen Einzelschiedsrichter vereinbart haben, einen Vorschlag für dessen gemeinsame Bestellung.

Der Kläger soll seinem Antrag eine den Anforderungen des § 253 ZPO genügende Klageschrift beifügen.

83 **§ 15 Schiedsgericht**

(1) Bei Streitigkeiten mit einem Streitwert bis zu € 100 000,00 besteht das Schiedsgericht aus einem Einzelschiedsrichter (Einzel-Schiedsgericht), im Übrigen aus drei Schiedsrichtern (Dreier-Schiedsgericht). Die Parteien können etwas anderes vereinbaren.

(2) Einzelschiedsrichter und Vorsitzende des Dreier-Schiedsgerichts müssen die Befähigung zum Richteramt besitzen.

(3) Ist ein Einzel-Schiedsgericht vereinbart, der Einzelschiedsrichter jedoch noch nicht bestellt, entscheidet der vom Kläger vorgeschlagene Schiedsrichter, wenn der Beklagte innerhalb von zwei Wochen ab Empfang des Antrags dem Vorschlag zustimmt oder seinerseits keinen anderen Vorschlag unterbreitet und dies auch innerhalb einer vom Kläger schriftlich zu setzenden Nachfrist von weiteren zwei Wochen nicht nachholt. Lehnt der Beklagte den Vorschlag des Klägers innerhalb der Frist ab und können sich die Parteien innerhalb weiterer zwei Wochen nicht auf eine Person als Einzelschiedsrichter einigen, bestellt der Präsident des Deutschen AnwaltVereins auf Antrag einer Partei den Einzelschiedsrichter.

(4) Ist ein Dreier-Schiedsgericht vereinbart, hat der Beklagte binnen einer Frist von zwei Wochen nach Empfang des Antrags einen Schiedsrichter (Beisitzer) zu stellen. Kommt der Beklagte dieser Verpflichtung nicht nach, bestellt auf Antrag des Klägers der Präsident des Deutschen AnwaltVereins den Beisitzer.

(5) Der Vorsitzende des Schiedsgerichts wird durch die Beisitzer bestellt. Einigen sie sich nicht innerhalb von zwei Wochen auf den Vorsitzenden, ist dieser auf Antrag eines Beisitzers durch den Präsidenten des Deutschen AnwaltVereins zu bestellen.

(6) Ein Schiedsrichter soll das ihm angetragene Amt nur annehmen, wenn er zur zügigen Bearbeitung in der Lage ist.

84 **§ 16 Verfahren**

(1) Die Parteien können eine Vereinbarung über den Ort des schiedsrichterlichen Verfahrens treffen. Fehlt eine solche Vereinbarung, wird der Ort des schiedsrichterlichen Verfahrens vom Schiedsgericht bestimmt. Dabei sind der Ort des Bauvorhabens und die Umstände des Falles einschließlich der Eignung des Ortes für die Parteien zu berücksichtigen.

(2) Innerhalb der vom Schiedsgericht bestimmten Frist hat der Kläger seinen Anspruch und die Tatsachen, auf die sich dieser Anspruch stützt, darzulegen und der Beklagte hierzu Stellung zu nehmen.

(3) Über die mündliche Verhandlung und Beweisaufnahme ist eine Niederschrift zu fertigen, die den Gang der Verhandlung mit ihrem wesentlichen Inhalt wiedergibt. Art und Umfang der Protokollierung bestimmt das Schiedsgericht.

(4) Das schiedsrichterliche Verfahren endet mit einem Schiedsspruch, einem Vergleich (Schiedsspruch mit vereinbartem Wortlaut) oder mit einem Beschluss gemäß § 1056 ZPO.

(5) Ergänzend gelten die Vorschriften der Zivilprozessordnung (ZPO), insbesondere die §§ 1025 ff. ZPO.

(6) Die Verfahrensakten sind vom Schiedsgericht für die Dauer von drei Jahren aufzubewahren.

Teil V – Kosten und Gebühren

§ 17 Kostenentscheidung 85

(1) Die Kosten der Schlichtung tragen die Parteien grundsätzlich je zur Hälfte. Für den Fall, dass die Schlichtung scheitert und sich ein schiedsrichterliches Verfahren anschließt, kann das Schiedsgericht auch über die Kosten der Schlichtung nach billigem Ermessen entscheiden.

(2) Das Schiedsgericht entscheidet über die Kosten des Verfahrens (§ 1057 ZPO).

(3) Die Kosten des isolierten Beweisverfahrens sind Kosten des Verfahrens. Kommt es nicht zur Durchführung des schiedsrichterlichen Verfahrens, steht den Parteien wegen dieser Kosten der ordentliche Rechtsweg offen.

§ 18 Honorare und Auslagen 86

Soweit nicht anderes vereinbart ist, gelten folgende Regelungen

(1) Schlichtung

Die Kosten der Schlichtung und des isolierten Beweisverfahrens in der Schlichtung richten sich nach der Vereinbarung mit dem Schlichter. Die Parteien sollen mit dem Schlichter bei Abschluss des Schlichtervertrages auch die Höhe des Honorars festlegen. Wird der Schlichter auch als Schiedsrichter tätig, werden die Honorare für die Schlichtertätigkeit nicht auf die Honorare für die schiedsrichterliche Tätigkeit angerechnet.

(2) Schiedsrichterliches Verfahren

(a) Die Honorare des Schiedsgerichts bestimmen sich nach dem Streitwert, der vom Schiedsgericht unter Berücksichtigung der gesetzlichen Vorschriften (ZPO, GVG) festgesetzt wird und dem Rechtsanwaltsvergütungsgesetz (RVG), sofern nichts anderes vereinbart ist.

(b) Die Honorare für den Einzelschiedsrichter und den Vorsitzenden eines Dreier-Schiedsgerichts sind um 30 % der jeweils vollen Gebühren gegenüber denjenigen für die Beisitzer im Dreier-Schiedsgericht erhöht.

(c) Bei einer vorzeitigen Erledigung des Verfahrens steht den Schiedsrichtern bis zum Eingang der Klageschrift die Hälfte der jeweiligen Gebühr für die Führung des Verfahrens zu.

(3) Hält das Schiedsgericht in Ausnahmefällen eine darüber hinausgehende Honorierung wegen des Umfanges, Schwierigkeitsgrades oder außergewöhnlichen Zeitaufwandes für erforderlich, hat es diese vor der mündlichen Verhandlung gegenüber den Parteien zu beantragen und zu begründen. Stimmen die Parteien diesem Antrag nicht schriftlich zu, bleibt es bei den Gebühren gemäß Absatz 2.

(4) Die Parteien haben alle notwendigen Auslagen des Schlichters und des Schiedsgerichts sowie die durch die Beweisaufnahme entstehenden Kosten zu tragen.

(5) Die Parteien haften dem Schlichter und dem Schiedsgericht als Gesamtschuldner.

(6) Schlichter und Schiedsgericht können in jedem Stadium des Verfahrens zur Deckung voraussichtlicher Kosten und Auslagen Vorschüsse anfordern.

(7) Das Schiedsgericht hat auf Antrag nach Abschluss des Verfahrens auch im Falle eines Schiedsspruchs mit vereinbartem Wortlaut (Vergleich) die Kosten der Parteien ziffernmäßig festzustellen.

3. Erläuterungen

a) Allgemeine Bestimmungen der SOBau

aa) Zu § 1 Anwendungsbereich

87 Die Anwendung der SOBau setzt voraus, dass die Vertragsparteien eine entsprechende Schlichtungs- und Schiedsvereinbarung (im Folgenden: Schiedsvereinbarung) getroffen haben. Diese Vereinbarung bedarf der **Form des § 1031 ZPO**. Danach ist die Schriftform erforderlich und ausreichend. Die Schiedsvereinbarung muss gemäß § 1031 Abs. 1 ZPO in einem von den Parteien unterzeichneten Schriftstück enthalten sein. Die Vereinbarung kann aber auch zustande kommen durch wechselseitige Schreiben, Fernkopien, Telegramme oder andere Formen der Nachrichtenübermittlung, die einen Nachweis sicherstellen. In Betracht kommt auch, dass die Schiedsvereinbarung durch ein **unwidersprochenes Bestätigungsschreiben** zustande kommt, so § 1031 Abs. 2 ZPO. Von Bedeutung ist ferner § 1031 Abs. 3 ZPO, wonach eine ausdrückliche Bezugnahme auf andere Schriftstücke, die eine Schiedsklausel enthalten, möglich ist. Dabei kann es sich insbesondere um Allgemeine Geschäftsbedingungen handeln. Ein Formmangel wird durch Einlassung auf das isolierte Beweisverfahren oder auf das Schiedsgerichtsverfahren geheilt.

Muster 1: Schlichtungs- und Schiedsvereinbarung

88 Herr/Frau/Firma

....

(Auftraggeber)

und

Herr/Frau/Firma

....

(Auftragnehmer)

nachstehend auch „Parteien" genannt,

schließen folgende

Schlichtungs- und Schiedsvereinbarung:

I. Ausschluss des ordentlichen Rechtswegs

1. Alle Streitigkeiten zwischen den Parteien aus oder im Zusammenhang mit dem Vertrag vom .... sollen unter Ausschluss des Rechtswegs zu den ordent-

lichen Gerichten durch ein Schiedsgericht auf der Grundlage der Schlichtungs -und Schiedsordnung für Baustreitigkeiten (SOBau) der Arbeitsgemeinschaft für privates Bau- und Architektenrecht im DeutschenAnwaltVerein (ARGE Baurecht) entschieden werden.

2. Kommt es nicht zur Durchführung des Schiedsgerichtsverfahrens, steht den Parteien wegen Ansprüchen auf Kostenerstattung aus einem durchgeführten isolierten Beweisverfahren der Rechtsweg zu den ordentlichen Gerichten offen.

II. Schlichter/Schiedsrichter

1. Für die Schlichtung (§§ 8 ff. SOBau) benennen die Parteien folgende(n) Schlichter

....

Der Antrag einer Partei an die andere, die Sache dem Schiedsgericht vorzulegen, gilt als Ablehnung der Schlichtung. Dasselbe gilt für die Klageerhebung.

2. Für das Schiedsgerichtsverfahren (§§ 14 ff. SOBau) vereinbaren die Parteien

☐ ein Einzel-Schiedsgericht

☐ ein Dreier-Schiedsgericht

(Zutreffendes bitte ankreuzen, andernfalls gilt bei einem Streitwert bis zu 100 000 Euro das Einzel-Schiedsgericht, im Übrigen das Dreier-Schiedsgericht als vereinbart)

3. Als Einzel- Schiedsrichter benennen die Parteien ....

4. Werden Einwendungen gegen die Person eines Schlichters oder Schiedsrichters von einer Partei erhoben, sind diese binnen 14 Tagen ab der Kenntnis der Einleitung eines Verfahrens und der Benennung eines Schlichters oder Schiedsrichters der jeweils anderen Partei und der benannten Person mitzuteilen. Anderenfalls sind nach Eröffnung des Schiedsverfahrens Einwendungen gegen die Person des Schlichters oder Schiedsrichters ausgeschlossen.

III. Verfahren

1. Ort des Schiedsgerichtsverfahrens im Sinne des §§ 1043 ZPO ist ....

Das Schiedsgericht kann an jedem anderen geeigneten Ort tagen. Es soll eine mündliche Verhandlung stattfinden. Kommt eine Partei ihren Mitwirkungspflichten gegenüber dem Schiedsgericht nicht binnen einer vom Gericht gesetzten Frist nach und erfüllt sie diese Pflichten auch nicht innerhalb einer vom Gericht gesetzten Nachfrist, kann das Gericht das Verfahren mit einem Schiedsspruch auf der Grundlage des von ihm bis dahin festgestellten Sachverhalts beenden.

2. Im isolierten Beweisverfahren getroffene tatsächliche Feststellungen sind für das Schiedsgerichtsverfahren bindend im Sinne der §§ 412, 493 ZPO (§ 13 Abs. 2 SOBau).

3. Mit dem Zugang des Antrags auf Einleitung des isolierten Beweisverfahrens beim Schlichter/Schiedsgericht wird die Verjährung wie gemäß §§ 485 ff. ZPO gehemmt.

4. Bei Vereinbarung eines Einzel-Schiedsgerichts entscheidet der vom Kläger vorgeschlagene Schiedsrichter, wenn der Beklagte innerhalb von 2 Wochen ab Empfang des das Schiedsgerichtsverfahren einleitenden Antrags zu dem Vorschlag des Klägers keine Erklärung abgibt und dies auch innerhalb einer Nachfrist von weiteren 2 Wochen nicht nachholt.

5. Die Parteien verpflichten sich, sich gegenseitig über einen Anschriftenwechsel zu informieren.

IV. Einbeziehung Dritter

1. Der Auftragnehmer wird, soweit dies sachgerecht und er hierzu tatsächlich und rechtlich in der Lage ist, seine Nachunternehmer verpflichten, sich dieser Vereinbarung zu unterwerfen. Für den Fall der Streitverkündung sind sie zu verpflichten, dem Verfahren mit allen Interventionswirkungen nach § 68 ZPO beizutreten. Der Nachunternehmer soll diese Verpflichtung auch seinen Nachunternehmern mit der Verpflichtung zur Weitergabe auferlegen.

2. Der Auftraggeber wird die sonstigen Baubeteiligten, soweit dies sachgerecht und tatsächlich und rechtlich möglich ist, in diese Vereinbarung einbeziehen. Er soll jedem der sonstigen Baubeteiligten auferlegen, deren Nachunternehmer gemäß Absatz 1 in diese Vereinbarung einzubeziehen.

3. Soweit für die Einbeziehung Dritter die Zustimmung der jeweils anderen Partei dieser Vereinbarung erforderlich ist, wird diese hiermit erteilt.

V. Die SOBau ist dieser Schlichtungs- und Schiedsvereinbarung als Anlage beigefügt.

....
(Ort, Datum) (Ort, Datum)

....
(Auftraggeber) (Auftragnehmer)

Muster 2: Schlichtungsvereinbarung

Herr/Frau/Firma

....

(Auftraggeber)

und

Herr / Frau / Firma

....

(Auftragnehmer)

nachstehend auch „Parteien" genannt

schließen folgende

Schlichtungsvereinbarung:

I. Schlichtung

Alle Differenzen zwischen den Parteien aus oder im Zusammenhang mit dem Vertrag vom .... sollen im Wege der Schlichtung einschließlich des isolierten Beweisverfahrens gemäß §§ 8 bis 13 SOBau auf der Grundlage der Schlichtungs- und Schiedsordnung für Baustreitigkeiten (SOBau) der Arbeitsgemeinschaft für privates Bau- und Architektenrecht im DeutschenAnwaltVerein (ARGE Baurecht) beigelegt werden.

Dabei gelten die Regelungen des IV. Teils der SOBau, das Schiedsgerichtsverfahren betreffend, zunächst nicht.

II. Schlichter/Schlichtung

1. Für die Schlichtung (§§ 8 ff. SOBau) benennen die Parteien als Schlichter

....

Der Antrag einer Partei an die andere, eine Streitigkeit dem Schiedsgericht vorzulegen, und die Klageerhebung gelten als Ablehnung der Schlichtung. Ein vorheriger Hinweis, dass die Schlichtung abgelehnt wird, ist nicht erforderlich.

In einem Schiedsgerichtsverfahren oder einem Verfahren vor dem ordentlichen Gericht kann ein Schlichter nicht als Zeuge für solche Sachverhalte benannt werden (§ 8 Abs. 4 SOBau), die ihm von den Parteien unterbreitet worden sind.

Ist zu dem Zeitpunkt, zu dem einer Partei der Antrag auf Durchführung des Schlichtungsverfahrens gemäß § 9 Abs. 1 oder eines Antrags auf Durchführung des isolierten Beweisverfahrens gemäß § 11 Abs. 1 Satz 1 SOBau hinsichtlich eines geltend gemachten Anspruchs noch nicht eingetreten, kann die Einrede der Verjährung nicht erhoben werden, wenn der Antrag auf Einleitung eines schiedsrichterlichen Verfahrens gemäß § 14 Abs. 1 Satz 1 SOBau unverzüglich gestellt wird. Unverzüglich ist ein solcher Antrag gestellt, wenn er innerhalb eines Monats ab dem Zugang einer Erklärung, dass die Schlichtung abgelehnt wird oder ein Schlichtungsvorschlag abgelehnt wird, oder einen Monat ab Zugang eines Gutachtens im isolierten Beweisverfahren gemäß § 7 Abs. 1 SOBau zugestellt wird.

2. Das Verfahren richtet sich nach § 9 SOBau.

3. Im isolierten Beweisverfahren getroffene tatsächliche Feststellungen sind für ein Schiedsgerichtsverfahren bindend im Sinne der §§ 412, 493 ZPO.

4. Die Parteien verpflichten sich, sich gegenseitig über einen Anschriftenwechsel zu informieren.

III. Schiedsgerichtsvereinbarung

Sollten die Parteien aufkommende Differenzen nicht im Schlichtungsverfahren beilegen können und gerichtliche Geltendmachung im Wege eines schiedsrichterlichen

Verfahrens erfolgen, gilt eine Schiedsgerichtsvereinbarung entsprechend anliegendem Muster als vereinbart.

IV. Die SOBau ist dieser Schlichtungsvereinbarung als Anlage beigefügt.

....	....
(Ort, Datum)	(Ort, Datum)
....	....
(Auftraggeber)	(Auftragnehmer)

Muster 3: Schiedsgerichtsvereinbarung

90   Herr/Frau/Firma

....

(Auftraggeber)

und

Herr/Frau/Firma

....

(Auftragnehmer)

nachstehend auch „Parteien" genannt

schließen folgende

Schiedsgerichtsvereinbarung:

I. Ausschluss des ordentlichen Rechtswegs

Alle Streitigkeiten zwischen den Parteien aus oder im Zusammenhang mit dem Vertrag vom .... sollen unter Ausschluss des Rechtswegs zu den ordentlichen Gerichten durch ein Schiedsgericht auf der Grundlage der Schlichtungs- und Schiedsordnung für Baustreitigkeiten (SOBau) der Arbeitsgemeinschaft für privates Bau- und Architektenrecht im DeutschenAnwaltVerein (ARGE Baurecht) entschieden werden.

II. Schlichter/Schiedsrichter

1. Für ein Schiedsgerichtsverfahren (§§ 14 ff. SOBau) vereinbaren die Parteien

☐   ein Einzel-Schiedsgericht

☐   ein Dreier-Schiedsgericht

(Zutreffendes bitte ankreuzen, andernfalls gilt bei einem Streitwert bis zu 100 000 Euro das Einzel-Schiedsgericht, im Übrigen das Dreier-Schiedsgericht als vereinbart)

2. Als Einzelschiedsrichter benennen die Parteien

....

Soweit ein Einzelschiedsrichter hier nicht bereits bestimmt ist, gilt § 15 Abs. 3 Satz 1 SOBau.

3. Werden Einwendungen gegen die Person eines Schiedsrichters von einer Partei erhoben, sind diese binnen 14 Tagen ab der Kenntnis der Einleitung eines Verfahrens und der Benennung eines Schiedsrichters der jeweils anderen Partei und der benannten Person mitzuteilen. Anderenfalls sind nach Eröffnung des Schiedsverfahrens Einwendungen gegen die Person des Schiedsrichters ausgeschlossen.

III. Verfahren

1. Will eine Partei die Zuständigkeit des Gerichts rügen, ist die Rüge spätestens einen Monat ab Zugang des Antrages gemäß § 11 Abs. 1 Satz 1 SOBau zu erheben. Werden sie binnen dieser Frist nicht erhoben, sind sie ausgeschlossen.

2. Ort des Schiedsgerichtsverfahrens im Sinne des § 1043 ZPO ist ....

Es soll eine mündliche Verhandlung stattfinden. Über den Ort der Verhandlung entscheidet das Schiedsgericht. Es kann die mündliche Verhandlung an jedem ihm geeignet erscheinenden Ort anberaumen.

Wird das Verfahren in anderer Weise als durch einen Schiedsspruch oder einen Schiedsspruch mit vereinbartem Wortlaut (Vergleich) beendet, ist eine mündliche Verhandlung nicht erforderlich.

Kommt eine Partei ihren Mitwirkungs-, Handlungs- und Informationspflichten gegenüber dem Schiedsgericht nicht binnen einer vom Gericht gesetzten Frist nach und erfüllt sie die Verpflichtung auch nicht innerhalb einer vom Gericht gesetzten Nachfrist, kann das Gericht das Verfahren mit einem Schiedsspruch auf der Grundlage des von ihm bis dahin festgestellten Sachverhalts beenden.

3. Im isolierten Beweisverfahren getroffene tatsächliche Feststellungen sind für das Schiedsgerichtsverfahren bindend im Sinne der §§ 412, 493 ZPO (§ 13 Abs. 2 SOBau).

4. Mit dem Zugang eines Antrages auf Einleitung des isolierten Beweisverfahrens beim Schlichter wird die Verjährung wie gemäß §§ 485 ff. ZPO gehemmt.

5. Die Parteien verpflichten sich, sich gegenseitig über einen Anschriftenwechsel zu informieren.

IV. Einbeziehung Dritter

1. Der Auftragnehmer wird, soweit dies sachgerecht und er hierzu tatsächlich und rechtlich in der Lage ist, seine Nachunternehmer verpflichten, sich dieser Vereinbarung zu unterwerfen. Für den Fall der Streitverkündung sind sie zu verpflichten, dem Verfahren mit allen Interventionswirkungen nach § 68 ZPO beizutreten. Der

Nachunternehmer soll diese Verpflichtung auch seinen Nachunternehmern mit der Verpflichtung zur Weitergabe auferlegen.

2. Der Auftraggeber wird die sonstigen Baubeteiligten, soweit dies sachgerecht und tatsächlich und rechtlich möglich ist, in diese Vereinbarung einbeziehen. Er soll jedem der sonstigen Baubeteiligten auferlegen, deren Nachunternehmer gemäß Absatz 1 in diese Vereinbarung einzubeziehen.

3. Soweit für die Einbeziehung Dritter die Zustimmung der jeweils anderen Partei dieser Vereinbarung erforderlich ist, wird diese hiermit erteilt.

4. Soweit die Parteien als Dritte in ein Schiedsverfahren einbezogen werden, haben sie die Verpflichtung zum Beitritt. Sie sind weiter verpflichtet, innerhalb vorgegebener Fristen an einer Schiedsrichterernennung mitzuwirken.

Wird eine der Parteien als Dritter in ein Schiedsverfahren einbezogen und ist ein Einzelschiedsrichter in der Schiedsvereinbarung der Parteien, in die eine der Parteien als Dritter einbezogen wird, bereits bestellt, gilt diese Bestellung auch als zwischen den Parteien dieses Vertrags vereinbart. Etwas anderes gilt nur dann, wenn Gründe vorliegen, die eine Befangenheit des Schiedsrichters besorgen lassen. In diesem Fall ist die als Dritte in das anderweitige Verfahren einbezogene Partei verpflichtet, die Rüge der Befangenheit spätestens binnen 14 Tagen von dem Zeitpunkt an zu erheben, zu dem sie Kenntnis von der Person des Schiedsrichters erhält.

5. Für den Fall, dass eine Einigung auf einen Schiedsrichter noch erforderlich wird – gleich ob als Einzelschiedsrichter oder als zu ernennender Beisitzer eines Mehr-Personen-Schiedsgerichts – und die Parteien sich innerhalb der nach der SOBau vorgegebenen Fristen nicht geeinigt haben, ist jede der Parteien berechtigt, die Bestellung des Schiedsrichters durch den DAV-Präsidenten zu beantragen.

6. Jede der Parteien ist verpflichtet, bei Einbeziehung als Dritter in ein Schiedsverfahren unverzüglich innerhalb der Frist gemäß § 15 Abs. 3 Satz 1 SOBau zu einem Vorschlag auf Bestellung eines Schiedsrichters unter Hinweis auf die hier getroffene Vereinbarung Stellung zu nehmen. Wird eine der Parteien als Dritter in ein Schiedsverfahren einbezogen und liegen hinsichtlich der Verjährung die unter II.1. vereinbarten Voraussetzungen vor, wird sie auch in dem Verfahren, in das sie einbezogen wird, zum Nachteil der anderen Partei dieser Vereinbarung die Einrede der Verjährung nicht erheben.

V. Die SOBau ist dieser Schiedsgerichtsvereinbarung als Anlage beigefügt.

....

(Ort, Datum)

....

(Auftraggeber)

....

(Ort, Datum)

....

(Auftragnehmer)

bb) Zu § 2 Vertretung im Verfahren

Die Parteien können sich sowohl selbst vertreten als auch durch Verfahrensbevollmächtigte vertreten lassen. Im letztgenannten Fall sind Zustellungen an den Verfahrensbevollmächtigten vorzunehmen. Ob die Parteien, die sich durch Verfahrensbevollmächtigte vertreten lassen, Schlichtungs- oder Schiedsgerichtstermine immer nur gemeinsam mit diesen Bevollmächtigten wahrnehmen, hängt von den Umständen des Einzelfalls ab. Es kann insbesondere in der Schlichtung auch praktikabel, manchmal sogar zweckmäßig sein, wenn die Parteien am **Termin ohne ihre Bevollmächtigten** teilnehmen. Von dieser Möglichkeit sollten dann aber immer beide Parteien Gebrauch machen. Mit einem erfahrenen, sorgfältig vorgehenden Schlichter wird dies nicht zu einer nachteiligen Lösung führen.

cc) Zu § 3 Vertraulichkeit

Das Verfahren ist nicht öffentlich. Falls eine Partei es beantragt und die anderen Beteiligten zustimmen, kann Dritten die Anwesenheit gestattet werden. Sämtliche Beteiligten des Verfahrens sind zur **Verschwiegenheit** über die ihnen im Verfahren bekannt gewordenen Tatsachen verpflichtet. Nur vor diesem Hintergrund werden die Parteien überhaupt bereit sein, relevante Einzelheiten und vor allem Hintergründe mitzuteilen. Dies aber ist Voraussetzung für den Schlichter, um akzeptable Lösungsvorschläge vorzubereiten.

dd) Zu § 4 Beschleunigungsgrundsatz

Schlichter und Schiedsgericht müssen das Verfahren zügig durchführen. Sie müssen insbesondere darauf dringen, dass die Parteien den Sachverhalt so vollständig und so rechtzeitig darlegen, dass es – wenn möglich – **nur eines Termins** bedarf. Dies kann durch sachgerechte Fristen und rechtzeitige Hinweise und Auflagen gewährleistet werden.

ee) Zu § 5 Gütliche Einigung

Ganz wesentlich ist, dass Schlichter und Schiedsgericht die Einigungsbereitschaft der Parteien fördern sollen, und dies in jeder Phase. Es handelt sich um das **Kernanliegen der Schlichtung** und zugleich einen der wesentlichen Aspekte des schiedsgerichtlichen Verfahrens. Es können grundsätzlich jederzeit auch **Einigungsvorschläge** unterbreitet werden.

ff) Zu § 6 Einbeziehung Dritter

Sofern alle Parteien zustimmen, können Dritte (z. B. Architekten, Statiker, Projektsteuerer, Subunternehmer) als Haupt- oder Nebenintervenienten oder als Streitverkündete dem Verfahren beitreten. Erforderlich ist, dass sie sich der Schiedsvereinbarung **unterwerfen**. Die Zustimmung der Parteien kann bereits in der Schiedsvereinbarung generell erteilt werden. Sofern die Zustimmung des

Schiedsgericht erforderlich ist, kommt eine Versagung nur in Betracht, wenn die Einbeziehung des Dritten rechtsmissbräuchlich wäre.

gg) Zu § 7 Zustellungen

96 Alle wesentlichen Schriftsätze und Verfügungen sowie Entscheidungen sind den Parteien durch Einschreiben gegen Rückschein oder durch Gerichtsvollzieher zuzustellen. Es reicht aber auch aus, wenn in anderer Weise der Zugang nachweislich bewirkt werden kann. Es bestehen beispielsweise keine Bedenken, wenn aus Zeitgründen nur mit **Faxschreiben** gearbeitet wird.

b) Die Schlichtung

aa) Allgemeines

97 Mit der Schlichtung erhalten die Parteien die Möglichkeit, ohne Schiedsgerichtsverfahren eine gütliche Einigung herbeizuführen. Die Schlichtung bietet den Beteiligten enorme Vorteile. Sie ist außerordentlich flexibel. In jeder Phase des Bauvorhabens kann die Schlichtung eingeleitet werden. Die bisherigen Streitbeilegungsinstrumentarien greifen regelmäßig erst dann, wenn – in negativer Hinsicht – vollendete Tatsachen am Bau geschaffen sind. Die Schlichtung hingegen kann nicht nur baubegleitend, sondern sogar schon **in der Vorbereitungs- und Planungsphase** eingesetzt werden.

98 **Hinweis:**
Die Parteien müssen auf der Basis der von ihnen getroffenen Schlichtungs- und Schiedsvereinbarung **einen Vertrag mit dem Schlichter** schließen. Zweckmäßig ist es, solche vertraglichen Regelungen bereits zu Beginn eines Bauvorhabens zu treffen[1]. Wenn sich nämlich zwischen den Parteien ein Konflikt anbahnt, so ist es eine vermeidbare Hürde, sich zunächst einmal auf die Person eines Schlichters einigen zu müssen. Zeitverzögerungen können sich die Parteien am besten dadurch ersparen, dass sie bereits zum Zeitpunkt des zwischen ihnen geschlossenen Bauvertrags auch regeln, wer im Fall des Falles Schlichter sein soll. Kommt es dann im Verlauf des Bauvorhabens zu Problemen, kann der Schlichter umgehend ohne Zeitverzögerung tätig werden.

---

1 Das übersieht *Quack* in seinem Kurzbeitrag ZfBR 2003, 211; er wirbt dort für die SGOBau und stellt es als Vorzug hin, dass diese Verfahrensordnung sich gerade nicht mit Schlichtung und Mediation befasst. Sein Argument, eine Schiedsgerichtsvereinbarung solle zur Vermeidung späterer Verzögerungen möglichst früh abgeschlossen werden, gilt nämlich gleichermaßen für den Abschluss einer Schlichtungsvereinbarung. *Quack* gehörte denn auch zu den richterlichen Unterstützern bei der Erarbeitung der SOBau. Den frühzeitigen Abschluss einer Schlichtungsvereinbarung bereits bei Vertragsabschluss empfiehlt auch die Deutsche Institution für Schiedsgerichtsbarkeit (DIS), Beethovenstraße 5–13, 50674 Köln (www.dis-arb.de), in der Einführung zur DIS-Schlichtungsordnung (gültig ab 1.1.2002); die DIS-Schlichtungsordnung ist allerdings allgemein gefasst und nicht etwa speziell zugeschnitten auf Bauverträge.

Muster 4: Schlichtervertrag

Herr/Frau/Firma

....

und

Herr/Frau/Firma

....

(die Parteien)

schließen mit

Herrn/ Frau

....

(Schlichter)

folgenden

Schlichtervertrag:

I. Präambel

Die Parteien haben sich durch Schlichtungs- und Schiedsvereinbarung vom .... verpflichtet, alle Streitigkeiten aus dem Vertrag vom .... unter Ausschluss des Rechtswegs zu den ordentlichen Gerichten durch ein Schiedsgericht auf der Grundlage der Schlichtungs- und Schiedsordnung für Baustreitigkeiten (SOBau) der Arbeitsgemeinschaft für privates Bau- und Architektenrecht im DeutschenAnwaltVerein (ARGE Baurecht) entscheiden zu lassen. Die Parteien streben unter Mitwirkung eines Schlichters für auftretende Streitigkeiten eine zügige außergerichtliche Einigung an.

II. Beauftragung/Bevollmächtigung des Schlichters

1. Die Parteien beauftragen den Schlichter, auf Antrag einer Partei ein Schlichtungsverfahren mit dem Ziel einer gütlichen Einigung auf der Grundlage der SOBau (§§ 8 ff.) durchzuführen.

2. Ferner beauftragen die Parteien den Schlichter, auf schriftlichen Antrag einer Partei die Begutachtung durch einen Sachverständigen (§§ 11 ff. SOBau) anzuordnen, insbesondere zur Feststellung

– des Zustands eines Bauwerkes einschließlich der Ermittlung des Bautenstands

– der Ursache eines Schadens, eines Baumangels, einer Behinderung oder Bauverzögerung

– des Aufwands für die Beseitigung des Schadens oder des Baumangels oder der Kosten, die durch die Behinderung oder Bauverzögerung entstanden sind.

Die Parteien bevollmächtigen den Schlichter, zu diesem Zweck Sachverständige auf Kosten und für Rechnung der Parteien zu beauftragen. Die Höhe der Kosten soll vorab mit den Parteien abgestimmt werden.

Der Schlichter ist berechtigt, zur Vorbereitung einer Schlichtungsverhandlung die Baustelle aufzusuchen, um sich einen eigenen Eindruck von der Örtlichkeit und den streitigen Leistungen zu verschaffen. Dies kann auch in Abwesenheit der Parteien und in Begleitung von Sachverständigen geschehen. Der Schlichter ist ferner berechtigt, Einzelgespräche mit den Parteien in Abwesenheit der jeweils anderen Partei zu führen.

III. Pflichten des Schlichters

1. Der Schlichter verpflichtet sich gegenüber den Parteien zu Unparteilichkeit, Unabhängigkeit und umfassender Verschwiegenheit. Er darf in einem späteren Schiedsgerichtsverfahren nicht Zeuge für Tatsachen sein, die ihm während des Schlichtungsverfahrens offenbart werden.

2. Der Schlichter sichert zu, dass er zur zügigen Durchführung der Schlichtung in der Lage ist. Kann der Schlichter sein Amt nicht wahrnehmen, teilt er dies den Parteien unverzüglich mit.

3. Haben die Parteien mehrere Schlichter bestellt, sind diese verpflichtet, ihre Aufgaben im Interesse einer zügigen Abwicklung zu koordinieren.

4. Der Schlichter soll auch die rechtlichen Aspekte berücksichtigen. Der Schwerpunkt seiner Tätigkeit soll jedoch die Ermittlung einer interessengerechten Lösung sein.

IV. Haftung des Schlichters

Der Schlichter hat den Parteien etwaige Schäden zu ersetzen, die er durch vorsätzliche oder grob fahrlässige Nichterfüllung seiner Pflichten oder vorsätzliche oder grob fahrlässige Verzögerung des Schlichtungs- oder isolierten Beweisverfahrens verursacht. Für die Haftung für das Verschulden bei einem Schlichtungsvorschlag gilt das Richterprivileg.

V. Vorzeitige Beendigung des Schlichtervertrages

Parteien und Schlichter können den Schlichtervertrag jederzeit kündigen. Der Schlichter darf nur dann kündigen, wenn gewährleistet ist, dass die Parteien rechtzeitig eine andere Person als Schlichter beauftragen können, es sei denn, dass ein wichtiger Grund für die unzeitige Kündigung vorliegt. Kündigt der Schlichter ohne wichtigen Grund zur Unzeit, hat er den Parteien den daraus erwachsenden Schaden zu ersetzen.

VI. Honorar

1. Das Honorar des Schlichters richtet sich nach dem Zeitaufwand für das Schlichtungs- und/oder das isolierte Beweisverfahren (§ 18 Abs. 1 SOBau). Die Parteien sollen mit dem Schlichter bei Abschluss des Schlichtervertrags auch die Höhe des Honorars festlegen.

2. Sollte der Schlichter auch als Schiedsrichter tätig werden, werden die Honorare für die Schlichtertätigkeit nicht auf die Honorare für die schiedsrichterliche Tätigkeit angerechnet.

3. Die Parteien tragen alle notwendigen Auslagen des Schlichters sowie die durch Anhörung von sachkundigen Personen und Sachverständigen, die Einholung von Gutachten und sonstigen Auskünften entstehenden Kosten. Der Schlichter kann in jedem Stadium des Verfahrens zur Deckung der voraussichtlichen Kosten und Auslagen Vorschüsse anfordern.

4. Die Parteien haften dem Schlichter gegenüber als Gesamtschuldner.

VII. Anlage

Die SOBau ist diesem Vertrag als Anlage beigefügt.

....
(Ort, Datum)   (Ort, Datum)

....
(Schlichter)   (Parteien)

Der Schlichter kann und sollte – wie bereits dargestellt – schon in der Schlichtungs- und Schiedsvereinbarung benannt werden. Ist das nicht geschehen, und einigen sich die Parteien nicht auf eine bestimmte Person, wird der Schlichter **auf Antrag einer Partei** durch den Präsidenten des DAV benannt. Dieser führt eine Liste qualifizierter Schlichter/Schiedsrichter. 100

Um in diese Liste aufgenommen zu werden, müssen mehrere Kriterien erfüllt werden. Erforderlich ist eine mindestens **7-jährige Tätigkeit** als Rechtsanwalt sowie der Nachweis, dass der Schwerpunkt der anwaltlichen Arbeit auf dem Gebiet des privaten Bau- und Architektenrechts liegt. Außerdem muss eine Teilnahme an den von der ARGE Baurecht im DAV empfohlenen **Seminaren** über die außergerichtliche Streitbeilegung bei Baustreitigkeiten und über das Verfahren nach der SOBau erfolgen. Die Einzelheiten ergeben sich aus dem Informationsblatt der ARGE Baurecht[1]. 101

Nach der Aufnahme in die Liste der Schlichter/Schiedsrichter ist nach jeweils spätestens 2 Jahren nachzuweisen, dass die einschlägige Weiterbildung kontinuierlich betrieben wird. 102

Muster 5: Antrag auf Bestellung eines Schlichters

An den Präsidenten
des DeutschenAnwaltVerein
Littenstraße 11

10179 Berlin

103

---
[1] Dieses kann über die ARGE Baurecht bezogen werden; es findet sich auch unter www.arge-baurecht.com.

Bestellung eines Schlichters gemäß § 8 Abs. 1 SOBau

Sehr geehrter Herr Präsident,

ich

....

(Name, Anschrift)

habe mit

Herrn/Frau/Firma (Name, Anschrift)

....

am .... einen Bauvertrag geschlossen. Meinungsverschiedenheiten aus dem Bauvertrag sollen auf der Grundlage der SOBau der ARGE Baurecht im Deutschen AnwaltVerein entschieden werden.

Es ist beabsichtigt, eine Schlichtung gemäß §§ 8 ff. SOBau durchzuführen. Die Parteien haben sich auf einen Schlichter nicht einigen können. Ich beantrage deshalb Bestellung des Schlichters durch Sie gemäß § 8 Absatz 1 SOBau.

Mit freundlichen Grüßen

(Unterschrift)

104 Der Schlichter soll **Volljurist** sein. Er muss es sein, falls die Parteien vereinbaren, den Schlichter in einem etwaigen späteren Schiedsgerichtsverfahren als Schiedsrichter tätig werden zu lassen.

105 Der Schlichter muss sich schriftlich zur Unparteilichkeit, Unabhängigkeit und Verschwiegenheit verpflichten. Kommt es später zu einem Schiedsgerichtsverfahren, kann der Schlichter **nicht Zeuge** für solche Tatsachen sein, die ihm im Rahmen des Schlichtungsverfahrens offenbart worden sind. Die Parteien können auch mehrere Personen zum Schlichter bestellen. Das kann sich empfehlen bei sehr umfangreichen Schlichtungsverfahren. Es ist nicht zwingend, dass eine gerade Zahl von Schlichtern bestellt wird, da die Schlichter **nicht entscheidungsbefugt** sind.

106 Eingeleitet wird die Schlichtung durch **Parteiantrag** (siehe nachfolgend Rz. 107). Dieser Antrag sollte Bezug nehmen auf die Schlichtungs- und Schiedsvereinbarung und – sofern bereits existent – den Schlichtervertrag. Außerdem sollte das Streitverhältnis dargestellt werden.

Muster 6: Antrag auf Einleitung der Schlichtung

107 **Einschreiben/Rückschein**

Herrn/Frau

....

(Schlichter)

Schlichtungs- und Schiedsordnung für Baustreitigkeiten (SOBau) Rz. 110 **Teil 24**

Bezug

1. Bauvertrag zwischen Herrn/Frau/Firma ……….. und Herrn/Frau/Firma ……….. vom ………..

2. Schlichtungs- und Schiedsvereinbarung vom ………..

3. Schlichtervertrag vom ………..

Antrag auf Einleitung der Schlichtung

Unter Bezugnahme auf die im Betreff genannten Vereinbarungen beantragen wir die Einleitung eines Schlichtungsverfahrens gemäß §§ 8 ff. SOBau mit dem Ziel der gütlichen Einigung und bitten um kurzfristige schriftliche oder telefonische Abstimmung von Ort und Termin der Schlichtungsverhandlung.

Das Streitverhältnis stellt sich wie folgt dar:

………..

………..

(Antragsteller)

§ 9 Abs. 2 und Abs. 3 SOBau bestimmt den Rahmen, innerhalb dessen die Schlichtung abläuft. Wie dies konkret geschieht, hängt ganz maßgeblich vom Schlichter und seinem Verständnis des Schlichtungsverfahrens ab. Es spricht viel dafür, die Schlichtung **mediativ zu gestalten**. 108

bb) Zusammenhang mit Mediation

Im Text der SOBau ist bewusst von Mediation nicht die Rede. Das verbietet sich allein schon deswegen, weil die Parteien, sofern sie sich nicht selbst unter Anleitung des Schlichters einigen, von ihm einen Schlichtungsvorschlag erwarten. Das ist aber nicht Aufgabe der Mediation. Der Mediator darf einen solchen Vorschlag nicht machen, auch nichts entscheiden. 109

Hinweis:
Es ist allerdings sinnvoll, wenn der Schlichter sich am Ablauf eines Mediationsverfahrens zumindest orientiert. Er muss sehr sorgfältig vorgehen, wenn die Schlichtung Erfolg haben soll. Den ersten Schritten der Schlichtung ist ganz besondere Aufmerksamkeit zu widmen.

cc) Verfahrensablauf

In der Vorphase nehmen Schlichter und Parteien den ersten Kontakt auf. Der Schlichter muss von Anfang an – und dann fortlaufend – prüfen, ob bei den Parteien die Einsicht und die Bereitschaft für das Schlichtungsverfahren wirklich vorhanden sind. Er hat genau zu überlegen, wer zu den Gesprächen eingeladen wird und wo die Gespräche stattfinden. Von großer Bedeutung sind die Auswahl der **Räumlichkeiten** und die Festlegung der zweckmäßigen **Sitzordnung**. Geht der 110

Schlichter dabei sorgsam und überlegt vor, wird er den Parteien dadurch das Gefühl einer fairen und ausgewogenen Behandlung vermitteln. Dies ist eine geeignete Hilfe, um die Parteien auf die Schlichtung einzustimmen.

111 Die **Eröffnungsphase** als eigentlicher Beginn der Schlichtung ist von ganz herausragender Bedeutung. Hier wird die Basis für das Verfahren und oftmals die Grundlage für einen positiven Ausgang geschaffen. Der Schlichter muss besondere Sorgfalt darauf legen, eine gute Atmosphäre herzustellen, was mit einer wohl überlegten Begrüßung der Beteiligten beginnt. Die Rollen und Verantwortlichkeiten in der Schlichtung müssen klar definiert werden. Auch die **Erwartungen der Parteien** (und des Schlichters) sowie die Grundregeln des Verfahrens (insbesondere Vertraulichkeit[1], Offenheit, Zuhören) sind zu klären. Der Schlichter muss mit den Parteien auch erörtern, ob die Bereitschaft besteht, im Laufe des Verfahrens Einzelgespräche zu führen in Abwesenheit der jeweils anderen Partei. Diese Vorgehensweise kann für die Schlichtung sehr hilfreich sein. Der Schlichter kann in solchen 4-Augen-Gesprächen wertvolle Informationen erhalten, die es ihm erleichtern, den Standpunkt und das Verhalten der Parteien besser zu verstehen und einzuordnen. Der Schlichter wird auch abklären, ob **rechtliche Fragen** durch ihn nach dem Wunsch der Parteien berücksichtigt werden sollen oder ob es den Parteien mehr darauf ankommt, dass eine interessengerechte Lösung erarbeitet wird, bei der die juristischen Aspekte eher im Hintergrund stehen.

112 Der Schlichter muss in der Eröffnungsphase auch rechtzeitig bedenken, welche **technische Ausstattung** erforderlich ist. So kann beispielsweise der Einsatz einer Flipchart den Parteien die jeweils anderen Argumente buchstäblich vor Augen führen. Auf all diese Aspekte ist ein Höchstmaß an Sorgfalt zu verwenden. Die Empfindlichkeiten der Parteien müssen unbedingt respektiert werden, um die Grundlage für einen späteren Schlichtungserfolg vorzubereiten.

113 In der **folgenden Phase** wird der Schlichter zunächst den Parteien mitteilen, wie sich für ihn der bislang bekannte Sachverhalt darstellt. Der Schlichter wird als nächstes die **Streitpunkte identifizieren**. Jede Partei muss ausreichend Gelegenheit haben, den Sachstand aus ihrer Sicht darzulegen. Dabei wird es dem Schlichter regelmäßig gelingen, die Sichtweise der Parteien zu erkennen. Es sollte eine gemeinsame **Problemliste** erstellt werden. In diesem Rahmen sind Gemeinsamkeiten und Differenzen herauszuarbeiten. Diese Arbeit am Sachverhalt bedarf gleichermaßen großer Geduld wie sorgfältigen Vorgehens. Hier wird – wie auch bereits in der Eröffnungsphase – in besonderer Weise das Fundament für einen Erfolg der Schlichtung gelegt. Oftmals sind jetzt Einzelgespräche zweckmäßig.

114 **Im nächsten Schritt** muss der Schlichter den Streit aktiv bearbeiten. Ging es bisher darum, im Wesentlichen Sachverhaltsermittlung zu betreiben und die subjektiven Sichtweisen der Parteien kennen zu lernen, wird es jetzt wichtig, die hinter den vordergründigen Positionen liegenden **wirklichen Interessen** der Par-

---

1 Gerade der Aspekt der Vertraulichkeit ist nach Einschätzung der Kommission der Europäischen Gemeinschaften im „Grünbuch über alternative Verfahren zur Streitbeilegung im Zivil- und Handelsrecht" Hauptvoraussetzung für den Erfolg der alternativen Streitbeilegung.

teien herauszufiltern. Dabei sind nicht nur die individuellen, sondern auch die gemeinsamen Interessen zu identifizieren. Die Parteien müssen auch dahin gebracht werden, die Sichtweise der jeweils anderen Seite zu verstehen.

Diese **folgende Phase** dient der Entwicklung von **Optionen für die Konfliktlösung**. Der Schlichter wird die Optionen so zusammenfassen, dass sie für eine tatsächliche spätere Lösung geeignet sein können. Es wird sein Bestreben sein, die Parteien für solche Lösungen jetzt zu „öffnen". Die Parteien sollen die Optionen bewerten. Die interessantesten Ideen sind einvernehmlich auszuwählen. Diese Phase fordert wiederum im besonderen Maße das Einfühlungsvermögen des Schlichters, und zwar nicht zuletzt vor dem Hintergrund der wirtschaftlichen Situation der Parteien. 115

In der **Entscheidungsphase** sind die Optionen, die sich bislang als im Ergebnis doch nicht als geeignet herausgestellt haben, sind auszufiltern. Der Schlichter wird nunmehr aktiv mit den Parteien auf die Lösung hinarbeiten, die den Interessen aller Beteiligten am ehesten entgegenkommt und allseitig akzeptiert wird. Die Einzelheiten und die Abwicklung dieser Lösung sind dann detailliert festzulegen. 116

Das **Ergebnis** ist auch formal abzufassen in Form eines **Protokolls**. Das alles ist das ideale Vorgehen. Es läuft darauf hinaus, beide Parteien zu Gewinnern des Verfahrens zu machen (Win-Win-Konzept). Gelingt dies, wird das Schlichtungsergebnis tragfähig sein. 117

Können sich die Parteien unter Anleitung des Schlichters nicht einigen, macht der Schlichter einen **Schlichtungsvorschlag**, § 10 Abs. 2 SOBau. Wird dieser Vorschlag nicht binnen 2 Wochen angenommen, gilt er als abgelehnt. Lehnt eine Partei die Schlichtung ab oder erscheint sie nicht zur Schlichtungsverhandlung oder lehnt sie den Schlichtungsvorschlag ab, kann das Schiedsverfahren eingeleitet werden. Das setzt lediglich voraus, dass dieses Verfahren bereits in der Schiedsvereinbarung als **Anschlussverfahren** vorgesehen ist. 118

c) Das isolierte Beweisverfahren

Dieses Verfahren ähnelt dem selbständigen Beweisverfahren der ZPO. Die SOBau will mit dem isolierten Beweisverfahren dem Mangel abhelfen, dass das in der Baupraxis sehr wichtige selbständige Beweisverfahren in der Zuständigkeit der staatlichen Gerichte liegt. Das Nebeneinander von beispielsweise Schiedsgerichtsverfahren und selbständigem Beweisverfahren hat häufig drastische zeitliche Verzögerungen zur Folge. Dieses Verzögerungsrisiko entfällt bei der SOBau. 119

Eingeleitet wird das isolierte Beweisverfahren durch **Parteiantrag** an den Schlichter oder das – bereits konstituierte – Schiedsgericht. Auch der Schlichter kann also – schon baubegleitend – mit der Durchführung des isolierten Beweisverfahrens beauftragt werden. 120

Muster 7: Antrag auf Einleitung des isolierten Beweisverfahrens

121 **Einschreiben/Rückschein**

Herrn/Frau

……….

(Schlichter/Einzelschiedsrichter

Vorsitzender des Schiedsgerichts)

Bezug

1. Bauvertrag zwischen Herrn/Frau/Firma ………. und Herrn/Frau/Firma ………. vom ……….
2. Schlichtungs- und Schiedsvereinbarung vom ……….
3. Schlichtervertrag vom ……….

Antrag auf Einleitung des isolierten Beweisverfahrens

Unter Bezugnahme auf die im Betreff genannten Vereinbarungen beantragen wir, im isolierten Beweisverfahren gemäß §§ 11 ff. SOBau Beweis zu erheben.

Der streitige Sachverhalt, über den Beweis erhoben werden soll, stellt sich wie folgt dar:

……….

Es wird beantragt, einen Sachverständigen mit der Begutachtung folgender Fragen zu beauftragen:

……….

Wir schlagen den (öffentlich bestellten und vereidigten) Sachverständigen ………. als Gutachter vor.

Ein selbständiges Beweisverfahren vor einem ordentlichen Gericht ist nicht beantragt.

Im Schiedsgerichtsverfahren ist eine Begutachtung zu den angeführten Beweisfragen nicht angeordnet worden.

(Antragsteller)

122 Gemäß § 11 Abs. 1 Satz 2 SOBau dient die **Begutachtung** durch einen Sachverständigen insbesondere der Feststellung

▷ des Zustands eines Bauwerks einschließlich der Ermittlung des Bautenstands,
▷ der Ursache des Schadens, eines Baumangels, einer Behinderung, einer Bauverzögerung,

▷ des Aufwands für die Beseitigung des Schadens oder des Baumangels oder der Kosten, die durch eine Behinderung oder Bauverzögerung entstanden sind.

Unzulässig ist die Durchführung des isolierten Beweisverfahrens lediglich dann, wenn schon vor einem ordentlichen Gericht ein selbständiges Beweisverfahren beantragt oder im Schiedsgerichtsverfahren eine Begutachtung angeordnet wurde. Umgekehrt wird das Rechtsschutzinteresse für ein selbständiges Beweisverfahren fehlen, wenn bereits im isolierten Beweisverfahren Beweis erhoben worden ist. Das gilt aber nur bei Identität der Beweisthemen. 123

Mit dem Antrag müssen der Gegner und die Tatsachen bezeichnet werden, über die Beweis erhoben werden soll. Der Antragsgegner erhält durch den Schlichter eine **Äußerungsfrist**. Mit dem Zugang des Antrags beim Schlichter wird die **Verjährung gehemmt**, sofern eine entsprechende Regelung in der Schiedsvereinbarung enthalten ist. 124

An den vorgeschlagenen Gutachter ist der Schlichter nur dann gebunden, wenn sich die Parteien auf die Person geeignet haben. Es ist nicht zwingend, dass der Sachverständige öffentlich bestellt und vereidigt ist; die öffentliche Bestellung und Vereidigung von Sachverständigen ist ohnehin kein zwingendes Qualitätsargument für entsprechende Gutachter (die Technischen Überwachungsvereine sind z. B. nicht öffentlich bestellt und vereidigt; gleichwohl sind Fachkunde und Ansehen ihrer Sachverständigen sicherlich nicht in Zweifel zu ziehen). Die Beauftragung des Gutachters durch den Schlichter erfolgt auf Rechnung des **Antragstellers**. Dieser ist **vorschusspflichtig**. 125

Der Sachverständige lädt die Parteien zum **Begutachtungstermin**. Den Parteien ist das Ergebnis – insbesondere dann, wenn eine Partei am Termin nicht teilnimmt – unverzüglich zur Stellungnahme vorzulegen. 126

Hinweis:
Die **Feststellungen** des Gutachters im isolierten Beweisverfahren sind für ein Schiedsgerichtsverfahren **bindend**.

d) Das Schiedsgerichtsverfahren

Das Schiedsgerichtsverfahren der SOBau deckt sich wesentlich mit den jetzigen Vorschriften der ZPO (§§ 1025 ff.). Die SOBau weicht lediglich ab durch Regelungen im Interesse einer zügigen Konstituierung des Schiedsgerichts. 127

Einige Berufshaftpflichtversicherungen stehen dem Schiedsgerichtsverfahren an sich positiv gegenüber. So sind z. B. in den Besonderen Bedingungen und Risikobeschreibungen für die Berufshaftpflichtversicherung von Architekten, Bauingenieuren und Beratenden Ingenieuren der Gothaer Versicherungen (Stand: 01/2000) unter A. II. 5 f eingeschlossen in den Versicherungsschutz auch: 128

„abweichend von § Ziff. I.1. AHB die Vereinbarung von Schiedsverfahren, wenn sie nach den Regeln einer internationalen Industrie- und Handelskammer, des deutschen schiedsrichterlichen Verfahrens i. S. der §§ 1025–1048 Zivilprozessordnung (ZPO), der Schiedsgerichtsordnung für das Bauwesen (SGOBau) oder der Deutschen Institution für Schiedsgerichtsbarkeit e. V. (DIS) ausgetragen werden. Der Versicherungsnehmer ist verpflichtet, dem Versicherer die Einleitung von Schiedsverfahren unverzüglich anzuzeigen und ihm die Mitwirkung des Versicherers im Verfahren des ordentlichen Rechtsweges zu ermöglichen.

Schiedsgerichtsverfahren müssen folgende Mindestanforderungen erfüllen:

a) Das Schiedsgericht besteht aus mindestens drei Schiedsrichtern (Obmann und zwei Schiedsrichter). In Fällen von geringerer Bedeutung kann ein Einzelschiedsrichter bestellt werden. Der/die Schiedsrichter müssen die Befähigung zum Richteramt haben. Ausnahmen davon bedürfen der Zustimmung des Versicherers.

b) Das Schiedsgericht entscheidet nach materiellem Recht und nicht nach billigem Ermessen (ausgenommen im Falle eines Vergleichs). Das anzuwendende materielle Recht muss bei Abschluss der Schiedsgerichtsvereinbarung festgelegt sein.

c) Der Schiedsspruch wird schriftlich niedergelegt und begründet."

Die SOBau erfüllt die genannten Mindestanforderungen ohne weiteres. Es empfiehlt sich daher, im Vorfeld eines etwaigen Schiedsgerichtsverfahrens mit der betreffenden Berufshaftpflichtversicherung Kontakt aufzunehmen und den Sachverhalt umfassend zu schildern. In aller Regel dürften dann gute Aussichten bestehen, dass bei korrektem Vorgehen Versicherungsschutz gewährt wird.

129 Das Schiedsgerichtsverfahren **beginnt** mit dem Tag, an dem der Schiedsbeklagte den **Antrag auf Einleitung** eines Schiedsgerichtsverfahrens erhalten hat. Binnen zwei Wochen hat er Einwendungen mitzuteilen. Unterbleibt dies, gilt das als Einwendungsverzicht. **Wiedereinsetzung in den vorigen Stand** kommt bei unverschuldeter Fristversäumnis in Betracht.

130 Schon in der Schiedsvereinbarung können die Parteien die **Anzahl der Schiedsrichter** festlegen. Falls eine Festlegung fehlt, wird bis zu einem Streitwert von 100 000 Euro ein Einzelschiedsrichter tätig. Damit die Konstituierung des Schiedsgerichts nicht verschleppt wird, gilt gemäß § 15 Abs. 3 SOBau für das Einzel-Schiedsgericht, dass der vom Schiedskläger vorgeschlagene Schiedsrichter **allein entscheidet**, wenn der Schiedsbeklagte nicht innerhalb von zwei Wochen nach Zustellung des verfahrenseinleitenden Schriftsatzes dem Vorschlag zustimmt oder innerhalb dieser Frist keinen anderen Vorschlag unterbreitet und dies auch innerhalb einer vom Schiedskläger gesetzten schriftlichen Nachfrist von weiteren zwei Wochen nicht nachholt. Diese Regelung ist neu. Üblich war bislang, dass ein Dritter (meist eine Schiedsinstitution) oder das staatliche Gericht den Schiedsrichter benennt. Das führte zu erheblichen Verzögerungen.

131 Nun gibt es allerdings auch die Regelung des **§ 1034 Abs. 2 ZPO**, wonach eine Partei, wenn sie durch die Zusammensetzung des Schiedsgerichts benachteiligt ist, eine abweichende Bestellung durch das staatliche Gericht beantragen kann. Hier dürften aber sehr hohe Hürden zu nehmen sein. Es wird keinesfalls ausreichen, dass die „**Benachteiligung**" dadurch entsteht, dass eine Partei im Benennungsverfahren säumig bleibt. Im Übrigen hat der BGH[1] bereits 1986 entschieden, dass einem Schiedsspruch nicht deswegen die Anerkennung zu versagen ist, weil ihn ein Alleinschiedsrichter gefällt hat, der nur von einer Partei ernannt ist, nachdem die andere Partei von ihrem Ernennungsrecht keinen Gebrauch ge-

---

1 BGHZ 98, 70 ff.

macht hat. In jenem Fall handelte es sich um einen englischen Schiedsspruch. Aus der Entscheidung ergibt sich aber nichts dafür, dass das in einem Inlandsfall anders zu beurteilen wäre. **Verschleppungstaktik** bei der Konstituierung des Schiedsgerichts wird durch die SOBau somit erheblich **erschwert**.

Lehnt der Schiedsbeklagte den Vorschlag des Schiedsklägers ab und können sich die Parteien nicht auf einen Schiedsrichter einigen, bestimmt der Präsident des DAV auf Parteiantrag den Einzelschiedsrichter. Dasselbe gilt, wenn der Schiedsbeklagte bei einem Dreier-Schiedsgericht nicht fristgerecht einen **Beisitzer** benennt. Der Präsident des DAV bestimmt schließlich den Vorsitzenden auch in dem Fall, dass die Beisitzer sich nicht auf eine Person einigen. 132

Die **Ablehnung und Ersetzung** von Schiedsrichtern ist in der SOBau nicht besonders geregelt. Es gelten daher die gesetzlichen **Vorschriften der ZPO**. Dort heißt es in § 1036 ZPO, dass ein Schiedsrichter abgelehnt werden kann, wenn berechtigte Zweifel an seiner Unparteilichkeit oder Unabhängigkeit vorliegen oder er die zwischen den Parteien vereinbarten Voraussetzungen nicht erfüllt. Will eine Partei einen Schiedsrichter ablehnen, so muss sie dem Schiedsgericht binnen zwei Wochen, nachdem ihr die Zusammensetzung des Schiedsgerichts oder ein Umstand i. S. d. § 1036 Abs. 2 ZPO bekannt geworden ist, die Ablehnungsgründe schriftlich darlegen. Wenn nun der abgelehnte Schiedsrichter nicht zurücktritt oder die andere Partei der Ablehnung nicht zustimmt, muss das Schiedsgericht über die Ablehnung entscheiden. Bleibt die Ablehnung erfolglos, kann die ablehnende Partei innerhalb 1 Monats nach Kenntnis von der Entscheidung beim staatlichen Gericht eine Entscheidung über die Ablehnung beantragen. Während der Anhängigkeit eines solchen Antrags kann das Schiedsgericht einschließlich des abgelehnten Schiedsrichters das Verfahren fortsetzen und einen Schiedsspruch erlassen. § 1038 ZPO sieht außerdem vor, dass ein Schiedsrichter auch ersetzt werden kann, wenn er rechtlich oder tatsächlich nicht in der Lage ist, seine Aufgabe zu erfüllen oder er aus anderen Gründen seinen Aufgaben nicht in angemessener Frist nachkommt. 133

Die **Zuständigkeit des Schiedsgerichts** wird abgesteckt durch die von den Parteien gestellten **Anträge**. Diese müssen allerdings von der Schiedsvereinbarung gedeckt sein. § 1040 Abs. 1 ZPO regelt nunmehr, dass das Schiedsgericht auch die Kompetenz besitzt, über die eigene Zuständigkeit und über das Bestehen oder die Gültigkeit der Schiedsvereinbarung zu entscheiden. 134

Sofern sich das Schiedsgericht für zuständig hält, entscheidet es über eine etwaige Rüge regelmäßig durch **Zwischenentscheid**. In einem solchen Fall kann jede Partei innerhalb 1 Monats nach schriftlicher Mitteilung des Entscheids eine Entscheidung beim staatlichen Gericht beantragen. Wesentlich ist, dass dies nicht zu einer Verzögerung führt. Das Schiedsgericht kann nämlich trotz Anhängigkeit eines solchen Antrags das schiedsrichterliche Verfahren fortsetzen und einen Schiedsspruch erlassen, so § 1040 Abs. 3 ZPO. 135

Im Gegensatz zum früheren Recht ist seit 01. 01. 1998 durch § 1041 ZPO die Zuständigkeit des Schiedsgerichts auch für die Anordnung **vorläufiger oder sichernder Maßnahmen** ausdrücklich geregelt. Die Zuständigkeit der staatlichen Gerichte für den einstweiligen Rechtsschutz kann aber durch eine Schiedsverein- 136 barung nicht ausgeschlossen werden. Es heißt daher in § 1033 ZPO klarstellend, dass ein Gericht vor oder nach Beginn des schiedsrichterlichen Verfahrens auf Antrag einer Partei eine vorläufige oder sichernde Maßnahme in Bezug auf den Streitgegenstand des schiedsrichterlichen Verfahrens anordnen kann.

137 Hat sich das Schiedsgericht allerdings noch nicht konstituiert, kann es dann – naturgemäß – zum Erlass einstweiliger Regelungen auch noch nicht angerufen werden. Die SOBau regelt in § 11, dass im isolierten Beweisverfahren die **Einholung eines Sachverständigengutachtens** auch ohne Konstituierung eines Schiedsgerichts durch den **Schlichter** möglich ist. Für alle anderen Eilverfahren (z. B. Antrag auf Erlass einer einstweiligen Verfügung bezüglich der Vormerkung zur Sicherung des Anspruchs auf Einräumung einer Bauhandwerkersicherungshypothek) gilt, dass ein Schiedsgericht zu bilden ist und die Vollstreckung dann der Mitwirkung des staatlichen Gerichts nach § 1041 Abs. 2 ZPO bedarf.

138 Die **Durchführung** des Schiedsverfahrens wird in § 16 SOBau skizziert. Die Parteien können zunächst eine Vereinbarung über den **Ort des Verfahrens** treffen. Fehlt eine entsprechende Regelung, bestimmt das Schiedsgericht den Ort des Schiedsgerichtsverfahrens. Dabei wird besonders Rücksicht zu nehmen sein auf den Ort des Bauvorhabens.

139 Das Schiedsgericht setzt dem Kläger sodann eine **Anspruchsbegründungsfrist**, der Gegenseite eine **Erwiderungsfrist**. Das entspricht der Regelung des § 1046 Abs. 1 ZPO. Die Parteien können aber im Laufe des Schiedsgerichtsverfahrens ihre Klage und auch ihre Angriffs- und Verteidigungsmittel ändern und ergänzen. Das Schiedsgericht hat die Möglichkeit, dies wegen nicht genügend entschuldigter Verspätung nicht zuzulassen.

140 Eine Widerklage kann erhoben werden, sofern das Schiedsgericht auch insoweit zuständig ist und zwischen Klage und Widerklage ein Zusammenhang besteht i. S. d. § 33 ZPO. Es gelten für die Widerklage die Regeln, die für Klage und Klagebeantwortung anzuwenden sind, § 1046 Abs. 3 ZPO. **Widerklage und Aufrechnung** kommen also in Betracht, sofern der zugrunde liegende Streitgegenstand von der Schiedsvereinbarung umfasst ist.

141 Zur **Beweisaufnahme** finden sich keine besonderen Regeln in der SOBau. Lediglich die Feststellungen eines Sachverständigen im isolierten Beweisverfahren haben die gleiche bindende Wirkung für das Schiedsgerichtsverfahren wie das selbständige Beweisverfahren vor den staatlichen Gerichten. Voraussetzung für die Beweisaufnahme ist lediglich der Erlass eines Beweisbeschlusses, was aber nicht förmlich geschehen muss.

142 Ist eine **Partei säumig**, gilt hierfür § 1048 ZPO. Das Schiedsgericht stellt z. B. die Beendigung des Verfahrens durch Beschluss fest, wenn es der Kläger schuldhaft versäumt, die Klage innerhalb der vereinbarten oder vom Schiedsgericht bestimmten Frist einzureichen. Beantwortet der Schiedsbeklagte die Klage nicht fristgerecht, setzt das Schiedsgericht das Verfahren fort. Dabei hat die Säumnis des Schiedsbeklagten aber nicht zur Folge, dass die Behauptungen des Klägers als zugestanden angesehen werden. Es besteht natürlich auch die Möglichkeit,

dass die Säumnis genügend entschuldigt wird. Ein Versäumnisurteil gibt es im Schiedsgerichtsverfahren nicht.

Eine **mündliche Verhandlung** ist **nicht zwingend** vorgeschrieben. Die SOBau regelt solches nicht. Das Schiedsgericht kann also entscheiden, ob mündlich verhandelt werden soll oder nicht. Findet eine mündliche Verhandlung statt (was die Regel sein wird), so ist hierüber ebenso eine Niederschrift zu fertigen wie über eine etwaige Beweisaufnahme. 143

Gemäß § 16 Abs. 4 SOBau endet das Schiedsgerichtsverfahren mit einem **Schiedsspruch**, einem **Vergleich** oder einem **Beschluss gemäß § 1056 ZPO**. Im Übrigen gelten die Vorschriften der §§ 1051–1058 ZPO. Der Schiedsspruch ist zu begründen. Die Parteien können aber vereinbaren, dass er keiner Begründung bedarf. Eine förmliche Zustellung des Schiedsspruchs erfolgt nicht. Gemäß § 1054 Abs. 4 ZPO ist jeder Partei ein von den Schiedsrichtern unterschriebener Schiedsspruch zu übersenden. 144

Muster 8: Schiedsrichtervertrag

Herr/Frau/Firma 145

....

und

Herr/Frau/Firma

....

(die Parteien)

schließen mit

Herr/Frau

....

(Schiedsrichter)

folgenden

Schiedsrichtervertrag:

I. Präambel

Die Parteien haben sich durch Schlichtungs- und Schiedsvereinbarung vom .... verpflichtet, alle Streitigkeiten aus dem Vertrag vom .... unter Ausschluss des Rechtswegs zu den ordentlichen Gerichten durch ein Schiedsgericht auf der Grundlage der Schlichtungs- und Schiedsordnung für Baustreitigkeiten (SOBau) der Arbeitsgemeinschaft für privates Bau- und Architektenrecht im DeutschenAnwaltVerein (ARGE Baurecht) entscheiden zu lassen.

Der Schiedsrichter (Zutreffendes bitte ankreuzen)

☐ wurde in der Schiedsvereinbarung zum Einzelschiedsrichter bestellt,

☐ wurde von einer Partei als Beisitzer eines Dreier-Schiedsgerichts bestellt,

☐ wurde zum Vorsitzenden eines Dreier-Schiedsgerichts bestellt,

☐ wurde durch den Präsidenten des DeutschenAnwaltVereins

☐ zum Einzelschiedsrichter (§ 15 Abs. 3 Satz 2 SOBau)

☐ zum Beisitzer eines Dreier-Schiedsgerichts (§ 15 Abs. 4 Satz 2 SOBau)

☐ zum Vorsitzenden des Dreier-Schiedsgerichts (§ 15 Abs. 5 Satz 2 SOBau) bestellt.

Der Schiedsrichter hat mit Schreiben vom . . . . die Bereitschaft zur Annahme des Schiedsrichteramtes erklärt.

II. Beauftragung/Bevollmächtigung des Schiedsrichters

1. Die Parteien beauftragen den Schiedsrichter, im Schiedsgerichtsverfahren auf der Grundlage der SOBau tätig zu werden.

2. Die Parteien bevollmächtigen den/die Schiedsrichter, nach Maßgabe der SOBau zur Beweisaufnahme Sachverständige und Zeugen auf Kosten und für Rechnung der Parteien hinzuzuziehen und Gutachten und sonstige Auskünfte einzuholen. Über die beabsichtigten Maßnahmen und deren voraussichtliche Kosten, insbesondere im isolierten Beweisverfahren, sollen die Parteien vorab informiert werden.

III. Pflichten des Schiedsrichters

1. Der Schiedsrichter verpflichtet sich gegenüber den Parteien zu Unparteilichkeit, Unabhängigkeit und umfassender Verschwiegenheit.

2. Kann der Schiedsrichter sein Amt nicht oder nicht zügig ausüben, teilt er dies den Parteien unverzüglich mit.

3. Der Schiedsrichter darf im Falle der Einbeziehung Dritter in das Schiedsgerichtsverfahren (§ 6 SOBau) seine Zustimmung nur dann versagen, wenn die Einbeziehung rechtsmissbräuchlich wäre.

IV. Haftung des Schiedsrichters

Der Schiedsrichter hat den Parteien etwaige Schäden zu ersetzen, die er durch vorsätzliche oder grob fahrlässige Nichterfüllung seiner Pflichten oder durch vorsätzliche oder grob fahrlässige Verzögerung des Schiedsgerichtsverfahrens verursacht. Hinsichtlich der Haftung für Verschulden beim Schiedsspruch gilt das für die richterliche Tätigkeit gültige Richterprivileg.

V. Vorzeitige Beendigung des Schiedsrichtervertrages

Parteien und Schiedsrichter können den Schiedsrichtervertrag jederzeit kündigen. Der Schiedsrichter darf nur dann kündigen, wenn gewährleistet ist, dass die Parteien rechtzeitig einen Ersatzschiedsrichter beauftragen können, es sei denn, dass ein wichtiger Grund für die unzeitige Kündigung vorliegt. Kündigt der Schiedsrichter ohne wichtigen Grund zur Unzeit, hat er den Parteien den daraus erwachsenden Schaden zu ersetzen.

VI. Honorar des Schiedsrichters

1. Die Honorare des Schiedsgerichts bestimmen sich nach dem Streitwert, der vom Schiedsgericht unter Berücksichtigung der gesetzlichen Vorschriften (ZPO, GVG) festgesetzt wird, und dem Rechtsanwaltsvergütungsgesetz (RVG). Der Mindeststreitwert beläuft sich auf 25 000 Euro.

2. Das Honorar für den Einzelschiedsrichter ist um 50 % und dasjenige für den Vorsitzenden eines Dreier-Schiedsgerichts um 30 % der jeweils vollen Gebühren gegenüber demjenigen für die Beisitzer im Dreier-Schiedsgericht erhöht.

Bei einer vorzeitigen Erledigung des Verfahrens steht den Schiedsrichtern bis zum Eingang der Klageschrift die Hälfte der jeweiligen Gebühr für die Führung des Verfahrens zu.

3. Hält das Schiedsgericht nach Beginn des Verfahrens in Ausnahmefällen eine darüber hinausgehende Honorierung wegen des Umfangs, Schwierigkeitsgrads oder außergewöhnlichen Zeitaufwands für erforderlich, hat es diese vor der mündlichen Verhandlung gegenüber den Parteien zu beantragen und zu begründen. Stimmen die Parteien diesem Antrag nicht schriftlich zu, bleibt es bei den vorgenannten Gebühren.

4. Die Parteien haben alle notwendigen Auslagen des Schlichters und des Schiedsgerichts sowie die durch die Beweisaufnahme entstehenden Kosten zu tragen.

5. Die Parteien haften dem Schlichter und dem Schiedsgericht als Gesamtschuldner.

6. Schlichter und Schiedsgericht können in jedem Stadium des Verfahrens zur Deckung voraussichtlicher Kosten und Auslagen Vorschüsse anfordern.

....	....
(Ort, Datum)	(Ort, Datum)
....	....
(Schiedsrichter)	(Parteien)

Muster 9: Einleitung des Schiedsgerichtsverfahrens

Einschreiben/Rückschein

....

Herrn/Frau/Firma

(Schiedsbeklagter)

Einleitung des Schiedsgerichtsverfahrens

Sehr geehrte Damen und Herren,

unter Bezugnahme auf den Bauvertrag vom .... und die Schlichtungs- und Schiedsvereinbarung vom .... zwischen

Herrn/Frau/Firma ....

vertreten durch ....

        (Schiedskläger)

und

Herrn/Frau/Firma. ....

vertreten durch ....

        (Schiedsbeklagter)

beantrage ich, unsere Streitigkeit wegen .... einem Schiedsgericht vorzulegen. Ich gebe hiermit Gelegenheit, binnen 2 Wochen mitzuteilen, ob Sie Einwendungen gegen die Durchführung erheben.

Als Einzelschiedsrichter schlage ich vor ....

Alternativ:

Als Beisitzer des Dreier-Schiedsgerichts bestelle ich ....

Mit freundlichen Grüßen

(Schiedskläger)

Muster 10: Antrag auf Bestellung eines Einzelschiedsrichters

147 An den Präsidenten
des DeutschenAnwaltVerein
Littenstraße 11
10179 Berlin

Bestellung eines Einzelschiedsrichters gemäß § 15 Abs. 3 Satz 2 SOBau

Sehr geehrter Herr Präsident,

ich

....

(Name, Anschrift)

habe mit

Herrn/Frau/Firma

....

(Name, Anschrift)

am .... einen Bauvertrag geschlossen. Streitigkeiten aus dem Bauvertrag sollen auf der Grundlage der SOBau der ARGE Baurecht im DeutschenAnwaltVerein entschieden werden.

Mit meinem Antrag vom ...., die Streitigkeit dem Schiedsgericht vorzulegen, habe ich

Herrn/Frau

....

als Einzelrichter vorgeschlagen. Der Beklagte hat den Vorschlag abgelehnt. Wir haben uns auf einen Einzelschiedsrichter nicht geeinigt. Ich beantrage deshalb Bestellung des Einzelschiedsrichters durch Sie gem. § 15 Abs. 3 Satz 2 SOBau.

Mit freundlichen Grüßen

(Unterschrift)

Muster 11: Antrag auf Bestellung eines Beisitzers

An den Präsidenten
des DeutschenAnwaltVerein
Littenstraße 11

10179 Berlin

Bestellung eines Beisitzers im Dreier-Schiedsgericht gemäß § 15 Abs. 4 SOBau

Sehr geehrter Herr Präsident,

ich

....

(Name, Anschrift)

habe mit

Herrn/Frau/Firma ....

(Name, Anschrift)

am .... einen Bauvertrag geschlossen. Streitigkeiten aus dem Bauvertrag sollen auf der Grundlage der SOBau der ARGE Baurecht im DeutschenAnwaltVerein durch ein Dreier-Schiedsgericht entschieden werden. Der Beklagte hat nach meiner Aufforderung mit Schreiben vom .... innerhalb der ihm gesetzten Frist bis zum .... einen Beisitzer nicht bestellt. Ich beantrage daher Bestellung des Beisitzers für den Beklagten gemäß § 15 Abs. 4 SOBau durch Sie.

Mit freundlichen Grüßen

(Unterschrift)

e) Kosten und Gebühren

aa) Schiedsgericht

149 Das Schiedsgericht entscheidet über die **Verfahrenskosten**. Dazu gehören auch die **Kosten der Schlichtung** im Falle deren Scheiterns. Das Schiedsgericht entscheidet über die Kosten nach billigem Ermessen, wobei zu berücksichtigen ist, dass die Kosten der Schlichtung von den Parteien grundsätzlich hälftig zu tragen sind. Zu den Kosten des Verfahrens gehören ferner die **Kosten des isolierten Beweisverfahrens**. Wird ein Schiedsgerichtsverfahren anschließend durchgeführt, können die Parteien wegen der Kosten des isolierten Beweisverfahrens den ordentlichen Rechtsweg beschreiten.

150 Die **Honorare** des Schiedsgerichts bestimmen sich nach dem vom Schiedsgericht bestimmten **Streitwert**. In der ursprünglichen, ersten Fassung der SOBau war geregelt, dass mangels anderweitiger Vereinbarung der Vorsitzende eines Dreier-Schiedsgerichts $10/10$-Gebühren, jeder Beisitzer im Dreier-Schiedsgericht $7,5/10$-Gebühren und der Einzelschiedsrichter $13/10$-Gebühren erhalten sollten. Jedem Schiedsrichter sollten höchstens drei Gebühren zustehen, und der Mindeststreitwert für die Gebührenrechnung sollte 50 000 DM betragen.

151 Mit der wiederholten Novellierung der SOBau im **Juli 2004** ist unter anderem erneut die Regelung zur Honorarhöhe geändert worden. Es heißt nun, dass die Honorare für den Einzelschiedsrichter und den Vorsitzenden eines Dreier-Schiedsgerichts um 30 % der jeweils vollen Gebühren gegenüber denjenigen für die Beisitzer im Dreier-Schiedsgericht erhöht werden.

152 Das ist jedenfalls gerechtfertigt. Wer häufiger mit Schiedsgerichtssachen befasst ist, weiß, dass der **Vorsitzende** eines Mehrpersonengerichts in aller Regel die **Hauptarbeit** übernimmt, insbesondere auch das Votum vorbereitet. Das findet mit Recht seinen Niederschlag in einem gegenüber den Beisitzern – um 30 % bis 50 % – erhöhten Honorar[1]. Eine weitere Erhöhung wird man beim Einzelschiedsrichter für gerechtfertigt ansehen können (meist 50 % höher als beim Beisitzer eines Dreier-Schiedsgerichts)[2].

153 In Einzelfällen ist damit zu rechnen, dass das Schiedsgericht sich auf **§ 18 Abs. 3 SOBau** berufen wird, wonach eine über die übliche Regelung hinausgehende Honorierung geltend gemacht wird. Dem müssen die Parteien allerdings zustimmen. Zustimmungspflichtig ist es auch, wenn das Schiedsgericht erreichen will, dass die Obergrenze von drei Gebühren pro Schiedsrichter nicht gelten soll. Denkbar wäre ein Wegfall der Obergrenze ab einem bestimmten Streitwert (z. B. ab 50 000 Euro)[3]. Ferner ist es nach der Neufassung der SOBau zustimmungspflichtig, wenn das Schiedsgericht bei niedrigen Streitwerten einen Mindeststreitwert von beispielsweise 25 000 Euro festlegen will.

---

1 Ähnliche Regelungen enthalten z. B. die Kostentabelle zur Schiedsgerichtsordnung der DIS und § 27 Abs. 3 SGOBau. Die Mustervereinbarung des DAV sieht für den Vorsitzenden des Schiedsgerichts oder den Einzelschiedsrichter $15/10$-Gebühren vor, für die Beisitzer $13/10$-Gebühren, die Mustervereinbarung findet sich im Anhang, Rz. 157.
2 So § 27 Abs. 5 SGOBau. Nähere Einzelheiten zu den verschiedenen Vergütungssystemen für Schiedsrichter bei *Lachmann*, Handbuch der Schiedsgerichtspraxis, Rz. 1812 ff.
3 Ähnlich § 27 Abs. 3 Satz 2 SGOBau.

Hinweis:

Es ist daher zu empfehlen, im Schiedsrichtervertrag klare Regelungen vorzusehen. Das Muster 8 trägt dem Rechnung.

bb) Schlichtung, isoliertes Beweisverfahren

Die Kosten der Schlichtung und des isolierten Beweisverfahrens richten sich nach dem **Zeitaufwand des Schlichters**. In der ersten Fassung der SOBau war geregelt, dass der Schlichter mit 400 DM je Stunde zu honorieren sei. Diese Festlegung auf einen bestimmten Stundensatz hat in der Praxis Probleme mit sich gebracht. Es war durchaus mit Schwierigkeiten verbunden, zu einer abweichenden Vereinbarung zu kommen, und zwar sowohl nach unten als auch nach oben abweichend. Aus diesem Grund enthält die novellierte Fassung keine feste Empfehlung mehr. Gleichwohl dürfte es wirtschaftlich angemessen sein, wenn bei den Honoraren für den Schlichter nicht in falsch verstandener Weise gespart wird. Man wird in der Regel davon ausgehen müssen, dass der **Stundensatz** eines Schlichters zumindest zwischen 210 und 250 Euro liegt[1]. Die Schlichtungstätigkeit bei einem Großbauvorhaben wird man sicherlich mit einem höheren Stundenhonorar bemessen müssen, ohne dass die Parteien dadurch stärker belastet werden, als bei der Inanspruchnahme der staatlichen Gerichte. Die jeweils gültige Umsatzsteuer kommt hinzu. Die Kosten des isolierten Beweisverfahrens richten sich nach Zeitaufwand, wenn der Schlichter das Verfahren durchführt. 154

Die Parteien haben alle notwendigen Auslagen des Schlichters und des Schiedsgerichts sowie die durch die Beweisaufnahme entstehenden Kosten zu tragen. Sie haften dem Schiedsgericht und dem Schlichter als **Gesamtschuldner**. Schlichter und Schiedsgericht können in jedem Verfahrensstadium Vorschüsse anfordern. Nach Abschluss des Verfahrens hat das Schiedsgericht auf Antrag auch im Falle eines Vergleichs die Kosten der Parteien ziffernmäßig festzustellen. 155

X. Anhang
1. DIS-Schlichtungsordnung gültig ab 1. 1. 2002

§ 1 Anwendungsbereich 156

1. Diese Schlichtungsordnung findet Anwendung, wenn die Parteien einer Streitigkeit deren einvernehmliche Beilegung anstreben und dazu ein Verfahren nach der Schlichtungsordnung der Deutschen Institution für Schiedsgerichtsbarkeit e. V. vereinbart haben bzw. vorsehen.

2. Die Vereinbarung der Parteien zur Anwendung der DIS-Schlichtungsordnung ist formlos möglich. Sie soll jedoch schriftlich erfolgen.

§ 2 Einleitung des Schlichtungsverfahrens

1. Die Partei, die ein Schlichtungsverfahren einleiten will (Antragsteller), übersendet der anderen Partei eine schriftliche Aufforderung zur Streitbeilegung

---

1 Die Kostentabelle zur DIS-Schlichtungsordnung geht von Stundensätzen von 200 Euro bis 400 Euro für den Einzelschlichter aus.

nach der DIS-Schlichtungsordnung. In dem Antrag ist der Gegenstand der Streitigkeit darzustellen.

2. Eine Kopie dieses Schreibens ist der DIS-Hauptgeschäftsstelle zu übersenden. Gleichzeitig ist eine Einschreibgebühr gemäß Ziff. 1 der Kostentabelle zu zahlen.

§ 3 Beginn des Schlichtungsverfahrens

1. Das Schlichtungsverfahren beginnt, wenn die andere Partei sich mit der Durchführung des Verfahrens gegenüber der DIS einverstanden erklärt. Die Einverständniserklärung hat schriftlich zu erfolgen. Eine Übersendung per Fax oder E-Mail ist ausreichend. Die DIS informiert die Parteien unverzüglich über den Verfahrensbeginn.

2. Lehnt die andere Partei die Aufforderung des Antragstellers ab oder antwortet sie nicht innerhalb von 30 Tagen oder einer anderen vom Antragsteller vorgesehenen Frist, so findet ein Schlichtungsverfahren nicht statt.

3. Ein Schlichtungsverfahren nach der DIS-Schlichtungsordnung findet gleichfalls nicht statt, wenn bis zum Ablauf der vorgenannten Frist die Zahlung an die DIS gemäß § 2 Abs. 2 nicht erfolgt ist.

4. Erhält die DIS innerhalb von 30 Tagen nach Übersendung der Aufforderung des Antragstellers oder innerhalb einer anderen in der Aufforderung genannten Frist keine Antwort, so informiert sie den Antragsteller unverzüglich, dass ein Verfahren nicht stattfindet.

§ 4 Anzahl der Schlichter

Die Schlichtung erfolgt durch einen Schlichter, es sei denn, die Parteien haben die Tätigkeit von mehreren Schlichtern vorgesehen. Bei der Bestimmung der Anzahl der Schlichter sind die Parteien frei.

§ 5 Anforderungen an den Schlichter

1. Jeder Schlichter muss unparteilich und unabhängig sein.

2. Jede Person, die als Schlichter bestellt wird, hat der anderen Partei und der DIS alle Umstände offen zu legen, die Zweifel an ihrer Unparteilichkeit oder Unabhängigkeit wecken könnten.

§ 6 Schlichtungsverfahren mit mehr als zwei Parteien

1. Sieht der Antrag auf Einleitung eines DIS-Schlichtungsverfahrens vor, dass mehr als eine andere Partei in das Verfahren eingezogen wird, so ist der Antrag jeder dieser Parteien zu übersenden, unter Übermittlung jeweils einer Kopie an die DIS.

2. Wenn sich nicht alle der aufgeforderten Parteien mit dem Schlichtungsverfahren einverstanden erklären, findet ein Schlichtungsverfahren nur zwischen den Parteien statt, die sich einverstanden erklärt haben.

§ 7 Bestellung und Auswahl der Schlichter

1. Bei einem Verfahren, in dem ein Schlichter vorgesehen ist, wird dieser durch alle Parteien gemeinsam bestellt.
2. Haben die Parteien ein Verfahren mit zwei Schlichtern vorgesehen, so bestellt der Antragsteller einen Schlichter und der Antragsgegner den zweiten Schlichter. Mehrere Antragsteller oder -gegner bestellen den Schlichter gemeinsam.
3. Haben die Parteien ein Verfahren mit drei Schlichtern vorgesehen, so bestellt der Antragsteller einen Schlichter und der Antragsgegner den zweiten Schlichter. Mehrere Antragsteller oder -gegner bestellen den Schlichter gemeinsam. Die beiden so bestellten Schlichter bestellen den dritten Schlichter.
4. Die DIS gibt auf Anfrage Anregungen für die Auswahl der Schlichter.

§ 8 Bestellung von Schlichtern durch die DIS

1. Die Parteien können vereinbaren, dass die Bestellung aller oder einzelner Schlichter durch die DIS erfolgt. In diesem Fall ist die Bestellung von allen Parteien des Schlichtungsverfahrens gemeinsam zu beantragen.
2. Bestellt eine Partei keinen Schlichter und liegt ein gegnerischer Antrag der Parteien zur Bestellung eines Schlichters durch die DIS nicht vor, so endet das Schlichtungsverfahren nach Ablauf der zur Bestellung bzw. Antragstellung vorgesehenen Frist. Die DIS informiert die Parteien unverzüglich über die Beendigung des Verfahrens.

§ 9 Fristen zur Bestellung der Schlichter

Die Frist zur Bestellung von Schlichtern beträgt, sofern die Parteien nicht etwas anderes vereinbart haben, 30 Tage ab Beginn des Schlichtungsverfahrens.

§ 10 Antrag zur Schlichterbestellung durch die DIS

1. Der Antrag zur Bestellung eines Schlichters muss enthalten:
   ▷ Name, Anschrift und, soweit vorhanden, Telefon, Telefax und E-Mail der Parteien und
   ▷ eine Kopie der Aufforderung zur Streitbeilegung gemäß § 2 der DIS-Schlichtungsordnung.
2. Gleichzeitig mit dem Antrag zur Bestellung von Schlichtern ist von den Parteien des Verfahrens die Gebühr gemäß Ziff. 2 der Kostentabelle zu zahlen.
3. Die Gebühr ist von den Parteien des Verfahrens gemeinsam zu zahlen. Bei der anteiligen Anforderung der Gebühren berücksichtigt die DIS die durch den Antragsteller entrichtete Einschreibgebühr.
4. Die DIS kann die Bestellung von Schlichtern vom Eingang der Gebühren gemäß Ziff. 2 der Kostentabelle abhängig machen.

§ 11 Verfahren

1. Die Schlichter unterstützen die Parteien in unabhängiger und unparteiischer Weise in ihrem Bemühen die Streitigkeit einverständlich beizulegen.

2. Die Schlichter legen den Ablauf des Verfahrens in Abstimmung mit den Parteien fest.

3. Wenn die Parteien es wünschen, können die Schlichter in jedem Stadium des Verfahrens Vorschläge für die Beilegung der Streitigkeit machen. Die Vorschläge müssen nicht begründet werden.

§ 12 Beendigung des Verfahrens

1. Jede der beteiligten Parteien kann das Schlichtungsverfahren jederzeit ohne Angabe von Gründen für beendet erklären. Die Erklärung erfolgt gegenüber den Schlichtern bzw. der anderen Partei.

2. Die Beendigung eines Schlichtungsverfahrens steht einem einvernehmlichen Neubeginn eines Schlichtungsverfahrens nicht entgegen.

3. Wird in einem Schlichtungsverfahren keine Einigung erzielt, wird das Schlichtungsverfahren beendet.

4. Die Schlichter haben über die Beendigung auf Verlangen einer Partei ein Protokoll zu fertigen. Das Protokoll ist von allen Schlichtern zu unterzeichnen.

5. Wird in einem Schlichtungsverfahren zwischen den Parteien eine Einigung erzielt, so ist das Ergebnis von den Schlichtern in einem Protokoll festzuhalten, das von allen Schlichtern und den Parteien unterzeichnet wird.

6. Die DIS ist von der Beendigung des Verfahrens zu informieren.

§ 13 Vertraulichkeit

1. Die Schlichter sind gegenüber den Parteien zur uneingeschränkten Vertraulichkeit verpflichtet und haben bei Annahme des Amtes den Parteien zu versichern, dass sie sich ihrer Verpflichtung zur Vertraulichkeit bewusst sind.

2. Auf Wunsch einer Partei machen die Schlichter Vorschläge für Vereinbarungen zur vertraulichen Behandlung von Erklärungen und vorgelegten Unterlagen, insbesondere zu ihrer Unverwertbarkeit in einem bei Scheitern der Schlichtung nachfolgenden Gerichts- oder Schiedsgerichtsverfahren.

§ 14 Überleitung in ein Schiedsverfahren

1. Die Parteien eines Schlichtungsverfahrens können in jedem Stadium des Verfahrens schriftlich vereinbaren, dass die Schlichter ihre Tätigkeit als Schiedsrichter fortsetzen. In diesem Fall gilt die Verschwiegenheitsverpflichtung nicht gegenüber den Beteiligten des Schiedsgerichtsverfahrens (einschließlich evtl. Zeugen, Gutachter etc.).

2. Soweit die Parteien nichts anderes vereinbaren, findet auf das Schiedsgerichtsverfahren die DIS-Schiedsgerichtsordnung Anwendung.

§ 15 Kosten

1. Die Gebühren für die Durchführung eines DIS-Schlichtungsverfahrens und die Honorare der nach der DIS-Schlichtungsordnung tätigen Schlichter ergeben sich aus der Kostentabelle in der Anlage zur DIS-Schlichtungsordnung.

2. Die Schlichter können mit den Parteien des Verfahrens eine abweichende Honorierung vereinbaren.

3. Die Parteien haften gesamtschuldnerisch für die Kosten des Verfahrens.

§ 16 Vorschuss

Die Schlichter sind berechtigt, den Beginn oder die Fortsetzung ihrer Tätigkeit von der Zahlung eines Vorschusses in Höhe des gesamten Schlichterhonorars und der zu erwartenden Auslagen abhängig zu machen.

Kostentabelle zur DIS-Schlichtungsordnung

Einschreibgebühr (§ 2 Abs. 2 DIS-Schlichtungsordnung)	250 Euro	
Gebühr für die Bestellung eines Schlichters (§ 11 DIS-Schlichtungsordnung)		
bei Bestellung eines Schlichters	250 Euro	
bei Bestellung von zwei Schlichtern	375 Euro	
bei Bestellung von drei Schlichtern	500 Euro	
Stundensätze für Schlichter	Euro/Stunde	
	von	bis
Einzelschlichter und Vorsitzender eines Schlichtungsgremiums	200	400
Beisitzer eines Schlichtungsgremiums	150	300

2. Mustervereinbarung des DAV über die Vergütung der Schiedsrichter[1]

Für die Vergütung der Schiedsrichter gelten, soweit die Parteien im Schiedsgerichtsvertrag nichts anderes vereinbart haben, folgende Grundsätze:

§ 1 Vergütung

1. Jedes Mitglied des Schiedsgerichts erhält für seine Tätigkeit eine Vergütung (Gebühren und Auslagen), die derjenigen entspricht, die einem Rechtsanwalt für die Vertretung einer Partei vor den staatlichen Gerichten gemäß dem RVG.

2. Der Vorsitzende des Schiedsgerichts oder der Einzelschiedsrichter erhält $15/10$ Gebühren, die beisitzenden Schiedsrichter erhalten die Gebühren eines in zweiter Instanz tätigen Rechtsanwalts. Die Mitglieder des Schiedsgerichts können die Gebühren in anderer Weise unter sich aufteilen.

3. Die Parteien haben den Schiedsrichtern alle notwendigen Auslagen zu erstatten, insbesondere die Reisekosten und Tagegelder, Fernsprechkosten, Porti, Mehrwertsteuer usw. und Aufwendungen, die für die Durchführung von Beweisaufnahmen notwendig geworden sind, und zwar nach den Grundsätzen, die für entsprechende Maßnahmen vor den ordentlichen Gerichten gelten.

§ 2 Streitwert

Das Schiedsgericht legt der Berechnung der Gebühren einen Streitwert zugrunde, der nach den Grundsätzen der Zivilprozessordnung und des Gerichtskostengeset-

---
1 Text wie bei *Lachmann*, Handbuch der Schiedsgerichtspraxis, Rz. 2295.

zes zu bemessen ist. Die Bestimmung des Streitwertes erfolgt im Rahmen des § 315 BGB.

§ 3 Fälligkeit

Die Fälligkeit der Ansprüche der Schiedsrichter richtet sich nach den Bestimmungen des RVG.

§ 4 Haftung der Partei

Die Parteien haften den Schiedsrichtern als Gesamtschuldner.

§ 5 Vorschuss

1. Die Schiedsrichter können von den Parteien je zur Hälfte die Zahlung eines Vorschusses bis zur Höhe der voraussichtlich entstehenden Vergütung verlangen. Ist der geleistete Vorschuss verbraucht, so kann Vorschuss nachgefordert werden.
2. Das Schiedsgericht kann den Beginn seiner Tätigkeit von dem Eingang des Vorschusses abhängig machen.

§ 6 Wegfall eines Schiedsrichters

Fällt ein Schiedsrichter ohne sein Verschulden weg, so stehen ihm, im Falle seines Todes seinen Erben, die Gebühren und Auslagen zu, die bis zu seinem Ausscheiden entstanden sind.

§ 7 Scheitern eines Schiedsspruchs

1. Kommt ein Schiedsspruch nicht zustande, so gilt die Regelung des § 6 für alle Schiedsrichter.
2. Kommt ein Schiedsspruch infolge Verschuldens von Schiedsrichtern nicht zustande, so stehen diesen keine Vergütungsansprüche zu. Sie haben bereits erhaltene Vorschüsse zurückzuzahlen. Weiter gehende Ansprüche der Parteien bleiben unberührt.

§ 8 Einfordern der Vergütung bzw. des Vorschusses

Der Vorsitzende des Schiedsgerichts gilt als ermächtigt, die Zahlung der Vergütung sowie eines Vorschusses hieraus an die Mitglieder des Schiedsgerichts von den Parteien einzufordern und in Empfang zu nehmen.

§ 9 Nachweise der Höhe der Vergütung

Die Vergütung kann nur auf Grund einer von dem Vorsitzenden des Schiedsgerichts bzw. dem Einzelschiedsrichter bezeichneten Berechnung verlangt werden.

§ 10 Gerichtsstand

Für Streitigkeiten aus dieser Vereinbarung ist das in dem Schiedsvertrag als zuständiges Gericht bestimmte Landgericht, in Ermangelung einer solchen Bestimmung des Schiedsvertrages auch das Landgericht, in dessen Bezirk der Vorsitzende des Schiedsgerichts bzw. der Einzelschiedsrichter seinen Hauptwohnsitz hat, zuständig.

Teil 25
Wohnungseigentumsverwaltung

	Rz.
I. Einleitung	1
II. Verwaltung und Gewährleistung	7
1. Rechtliche Grundlagen	7
2. Definition des Baumangels	12
3. Abnahme von Sonder- und Gemeinschaftseigentum	14
4. Abnahme durch den Verwalter	17
5. Vorbereitung und Durchführung der Abnahme durch den Verwalter	25
6. Verwaltervertrag und „bauliche Aufsicht" nach Abnahme	31
III. Durchsetzung der Gewährleistungsansprüche	54

	Rz.
1. Gläubigerstellung der Erwerber	55
2. Bauträger (Verkäufer) als Miteigentümer	65
IV. Anhang	76
1. Muster 1: Beschlussantragsvorschlag zur Geltendmachung von Mängelgewährleistungsansprüchen durch den Verwalter	76
2. Muster 2: Beschlussantragsvorschlag zum Abschluss eines Vergleichs	77

I. Einleitung

Mit Einführung des Wohnungseigentumsgesetzes wurde entgegen des Grundsatzes, dass wesentliche Bestandteile eines Grundstücks, namentlich Gebäude oder Gebäudeteile, nicht Gegenstand besonderer Rechte sein können, die Möglichkeit geschaffen, **Sondereigentum** an bestimmten Räumen eines Gebäudes zu begründen. Wohnungseigentum ist danach das Alleineigentum an cincr Wohnung in Verbindung mit dem Miteigentumsanteil an dem gemeinschaftlichen Eigentum, zu dem es gehört (§ 1 Abs. 2 WEG). Soweit es um nicht zu Wohnzwecken dienende Räumlichkeiten geht, definiert das Gesetz diese als **Teileigentum** (§ 1 Abs. 3 WEG). 1

Dabei ist im Wohnungseigentumsgesetz vorgegeben, dass alles, was nicht sondereigentumsfähig ist, zwingend **Gemeinschaftseigentum** darstellt. Gemäß § 5 Abs. 2 WEG gehören zum Gemeinschaftseigentum alle Teile des Gebäudes, die für dessen Bestand oder Sicherheit erforderlich sind, insbesondere dessen gesamte tragenden, konstruktiven Teile (Fundamente, tragende Mauern, alle Geschossdecken, Dach, Fassaden, Fenster, Wohnungsabschlusstüren usw.), sowie sämtliche dem gemeinschaftlichen Gebrauch der Wohnungseigentümer dienenden Anlagen und Einrichtungen. 2

Gemäß § 5 Abs. 1 WEG sind **Gegenstand des Sondereigentums** die gemäß § 3 Abs. 1 WEG bestimmten Räume sowie die zu diesen Räumen gehörenden Bestandteile des Gebäudes, die verändert, beseitigt oder eingefügt werden können, ohne dass dadurch das gemeinschaftliche Eigentum oder ein auf Sondereigentum beruhendes Recht eines anderen Wohnungseigentümers über das in § 14 WEG zulässige Maß hinaus beeinträchtigt oder die äußere Gestaltung des Gebäudes verändert wird. Damit wird das **Sondereigentum zwingend begrenzt**. Nur innerhalb dieser Grenzen können in der Teilungserklärung/Gemeinschaftsordnung 3

Regelungen in Bezug auf Sonder- und Gemeinschaftseigentum getroffen werden.[1]

4 Der einzelne Wohnungseigentümer ist in der **Verwaltung und Nutzung** seines Sondereigentums grundsätzlich **frei**, soweit sich aus dem engen nachbarschaftlichen Verhältnis mit anderen Miteigentümern aus der Verbindung des Sondereigentums mit dem Gemeinschaftseigentum keine Beschränkungen ergeben. Hingegen obliegt die Verwaltung des Gemeinschaftseigentums den Wohnungseigentümern **gemeinschaftlich**, § 21 Abs. 1 WEG. Dies hat zwingend durch einen per Mehrheitsbeschluss zu bestellenden **Verwalter** zu geschehen, was allerdings nicht bedeutet, dass auf einen solchen nicht einvernehmlich verzichtet werden kann.[2] Die Kompetenz zur Regelung gemeinschaftlicher Belange obliegt der mindestens einmal jährlich vom Verwalter einzuberufenden Wohnungseigentümerversammlung, die i. d. R. durch Mehrheitsbeschluss entscheidet, §§ 23, 24 WEG.[3]

5 Die maßgeblichen Rechte und Pflichten des mit der Verwaltung des gemeinschaftlichen Eigentums beauftragten Verwalters ergeben sich aus den §§ 27, 28 WEG. Darüber hinaus können sich aus einem mit ihm abgeschlossenen Geschäftsbesorgungsvertrag weitere Aufgaben und Befugnisse ergeben. Soweit ein **Verwaltungsbeirat** bestellt ist, unterstützt dieser den Verwalter (§ 29 WEG).

6 Zu einer ordnungsgemäßen Verwaltung gehören insbesondere auch die **Instandsetzung und -haltung** des gemeinschaftlichen Eigentums, wofür der Verwalter die erforderlichen Maßnahmen zu treffen hat (§§ 21 Abs. 5 Nr. 2, 27 Abs. 1 Nr. 2 WEG). Obwohl ihm selbst keine **Gewährleistungsansprüche** zustehen, ist er doch verantwortlich dafür, zumindest für die Möglichkeit zu sorgen, dass die Eigentümergemeinschaft die erforderlichen Beschlüsse fassen kann, um etwaige Mängel innerhalb der Gewährleistungsfrist festzustellen und daraus resultierende Ansprüche durchzusetzen. Im Einzelnen:

II. Verwaltung und Gewährleistung

1. Rechtliche Grundlagen

7 **Neu** zu errichtende bzw. errichtete Eigentumswohnungen oder Gewerbeeinheiten werden in der Regel **von einem Bauträger erworben**. Nach der Rechtsprechung des Bundesgerichtshofes handelt es sich bei derartigen Erwerbsverträgen um Verträge eigener Art, die neben der nach Kaufrecht zu beurteilenden Verpflichtung zur Eigentumsübertragung sowohl werk- als auch werklieferungsvertragliche Elemente enthalten sowie ggf. darüber hinaus auch nach Auftrags- bzw. Geschäftsbesorgungsrecht zu beurteilen sein können.[4] Ist das Objekt bereits fertig gestellt, kann auch ein reiner Kaufvertrag in Betracht kommen.

8 In jedem Falle richten sich jedoch die Gewährleistungsansprüche der Erwerber **neu** errichteter Immobilien wegen Sachmängeln nach **Werkvertragsrecht**, und

---

[1] Vgl. Palandt/*Bassenge*, 63. Aufl., § 5 WEG Rz. 1 ff.
[2] Vgl. Palandt/*Bassenge*, 63. Aufl., § 20 WEG Rz. 2.
[3] Zu Ausnahmen und Einzelheiten vgl. die einschlägige wohnungseigentumsrechtliche Literatur.
[4] Vgl. *Jagenburg*, NJW 1987, 3107.

zwar unabhängig davon, ob die Wohnung bei Vertragsschluss bereits hergestellt ist oder nicht.[1] Dies mit der Folge der fünfjährigen Gewährleistungsfrist, während diese für vor dem 1. 1. 2002 geschlossene Kaufverträge über **gebrauchte** Wohnungen, Häuser etc. nach § 477 Abs. 1 Satz 1 BGB a. F. lediglich 1 Jahr beträgt. Für nach dem 31. 12. 2001 abgeschlossene Kaufverträge ist diese Unterscheidung obsolet, da nach Einführung des Schuldrechtsmodernisierungsgesetzes die Gewährleistungsfristen beim Kauf dem Werkvertragsrecht angeglichen worden sind.[2] Insbesondere den Bauhandwerkern soll somit die Rückgriffsmöglichkeit gegen die Baustofflieferanten gesichert werden.[3] Dies ist aber nur möglich, wenn auch das Kaufrecht eine lange Gewährleistungsfrist enthält.

Häufig ist auch der Fall anzutreffen, dass der Bauträger einen Altbau erwirbt, in Wohnungseigentum aufteilt und sodann saniert. Beim Kauf einer solchen **sanierten Altbauwohnung** vom Bauträger gilt nach herrschender Rechtsprechung für die Gewährleistung für Baumängel ebenfalls **Werkvertragsrecht** mit der fünfjährigen Gewährleistungsfrist, wenn es sich bei den ausgeführten Sanierungsarbeiten um „Arbeiten an einem Bauwerk" gemäß § 638 Abs. 1 BGB a. F. (§ 634a Abs. 1 Nr. 2 BGB n. F.) handelt, die nach Art und Umfang mit Neubauarbeiten vergleichbar sind.[4] Die Baumaßnahmen müssen danach so erheblich in die alte Bausubstanz eingreifen, dass dadurch ein „neues" Objekt entsteht.[5] 9

Ebenso wie bei Bau- und Bauträgerverträgen über die Neuerrichtung eines Gebäudes[6], ist auch im Falle der Umwandlung von Altbauten in Wohnungseigentum eine „**isolierte**" Vereinbarung der zweijährigen Gewährleistungsfrist nach § 13 VOB/B wegen Verstoßes gegen § 309 Nr. 8 Buchst. b ff. BGB n. F. (§ 11 Nr. 10 Buchst. f AGB) insoweit **unzulässig**, als damit die Gewährleistungsfrist des § 634a BGB n. F. (§ 638 BGB a. F.) verkürzt wird.[7] An dieser Rechtsprechung dürfte auch die Einführung der VOB/B 2002, die in § 13 Nr. 4 nunmehr eine auf vier Jahre verlängerte Frist für die Geltendmachung von Mängelansprüchen vorsieht, nichts ändern, da auch diese nach wie vor eine Verkürzung der gesetzlichen Verjährungsfrist darstellt (vgl. hierzu Teil 19 Rz. 25 ff.). 10

Das OLG Schleswig sieht ein Bauwerk zwei Jahre nach Fertigstellung nicht mehr als „neu" an[8], während ein nur Monate andauernder Leerstand[9] oder eine nur kurzfristige Vermietung der Einstufung des Bauwerks als „neu" nicht entgegenstehen soll.[10] Nach Klump[11] soll ein über einen Zeitraum von zwei Jahren genutztes Objekt nicht mehr als „neu" zu bewerten sein, wobei spätestens nach Ablauf von 5 Jahren in Bezug auf sämtliche Mängel ein formularmäßiger Gewährleistungsausschluss zulässig sein soll. 11

---

1 BGH, NJW 1981, 2344; NJW 1973, 1235; NJW 1979, 1406.
2 Vgl. § 438 Abs. 1 Nr. 2 u. § 634a Abs. 1 Nr. 1 BGB.
3 So die amtl. Begründung zum Gesetzesentwurf/Schuldrechtsmodernisierungsgesetz; *Albrecht/Flohr/Lange*, Schuldrecht 2002, 238.
4 BGHZ 108, 156; BGH, BauR 1989, 597, 599; BauR 1990, 466.
5 BGH, BauR 1987, 439 (442); BauR 1988, 464 ff.
6 BGH, BauR 1987, 438 m. w. N.
7 BGH, BauR 1987, 439, 443.
8 OLG Schleswig, BauR 1982, 60, 61.
9 Staudinger/*Bub*, § 21 WEG, Rz. 238.
10 BGH, NJW 1985, 1551.
11 *Klump*, NJW 1993, 373.

2. Definition des Baumangels

12   Nach § 633 BGB n. F. ist dem Besteller das Werk frei von Sach- und Rechtsmängeln zu verschaffen, wobei für die Bewertung eines Sachmangels die **vereinbarte Beschaffenheit** ausschlaggebend ist.

Soweit die Beschaffenheit nicht explizit vereinbart ist, ist das Werk frei von Sachmängeln,

▷ wenn es sich für die nach dem Vertrag vorausgesetzte, sonst

▷ für die gewöhnliche Verwendung eignet und eine Beschaffenheit aufweist, die bei Werken der gleichen Art üblich ist und die der Besteller nach der Art des Werks erwarten kann.

13   Einem Sachmangel steht es gleich, wenn der Unternehmer ein anderes, als das bestellte Werk oder das Werk in zu geringer Menge herstellt. Damit ist mit Einführung des Schuldrechtsmodernisierungsgesetzes nunmehr der aus dem Handelsrecht seit langem bekannte **erweiterte Fehlerbegriff** in das Werkvertragsrecht eingeführt worden. Das Werk ist frei von Rechtsmängeln, wenn Dritte in Bezug auf das Werk keine oder nur die im Vertrag übernommenen Rechte gegen den Besteller geltend machen können. Beim Bauvertrag sind darüber hinaus von entscheidender Bedeutung die **anerkannten Regeln der Bautechnik**, wobei insbesondere auf die geltenden DIN-Vorschriften zurückzugreifen ist (dazu im Einzelnen Teil 20, Rz. 12 ff.).

3. Abnahme von Sonder- und Gemeinschaftseigentum

14   Ein maßgeblicher Anknüpfungspunkt für die Geltendmachung von Gewährleistungsansprüchen ist der Zeitpunkt der **Abnahme der Werkleistung**. Mit Abnahme erlöschen nicht nur die originären Erfüllungsansprüche, sondern es beginnt der Lauf der Verjährungsfristen der § 634a BGB n. F. bzw. § 13 Nr. 4 VOB/B. Außerdem kehrt sich die Beweislast für das Vorhandensein von Mängeln zulasten des Erwerbers um (siehe oben Teil 19, Rz. 79 ff.).

Insbesondere bei größeren Bauobjekten kann sich der Verkauf der einzelnen Einheiten über einen längeren Zeitraum hinziehen. Auch sind diese bei Veräußerung i. d. R. noch nicht vollständig fertig gestellt und können erst nach und nach bezogen werden. Es stellt sich in diesem Zusammenhang die Frage, welcher **Zeitpunkt** nun derjenige sein soll, zu dem an die Wirkungen der Abnahme angeknüpft wird.

Soweit es um die Abnahme des **Sondereigentums** geht, ist dies unproblematisch: Jeder einzelne Erwerber ist aus seinem Kaufvertrag individuell verpflichtet, sein Sondereigentum abzunehmen, so dass es auf unterschiedliche Fertigstellungstermine nicht ankommt. Auch handelt es sich bei Rechten wegen Mängeln, die allein aus dem Sondereigentum stammen, nicht um so genannte gemeinschaftsbezogene Ansprüche. Insoweit ist jeder Erwerber für sich berechtigt und verpflichtet, entsprechende Ansprüche **individuell geltend zu machen**. Die Gemeinschaft hat hiermit nichts zu tun, es sei denn, eine Mangelursache liegt im gemeinschaftlichen Eigentum.

Betreffend das **Gemeinschaftseigentum** vertritt sowohl die Rechtsprechung als auch der größte Teil der Literatur die Auffassung, dass **jedem** einzelnen Wohnungseigentümer ein **eigener Anspruch** auf erstmalige Erstellung des mangelfreien Gemeinschaftseigentums in seiner Gesamtheit zusteht.[1] Dics hat zur Konsequenz, dass auch die Abnahme des gemeinschaftlichen Eigentums jedem einzelnen Wohnungseigentümer grundsätzlich selbst obliegt. Nach einer Entscheidung des Bundesgerichtshofes aus dem Jahre 1983 ist eine zeitgleiche Abnahme von Sonder- und Gemeinschaftseigentum nicht zwingend.[2] Die Abnahme des Sondereigentums kann zwar gemeinsam mit der des Gemeinschaftseigentums erfolgen, wobei die Abnahme des Sondereigentums im Zweifel aber **nicht** auch die Abnahme des Gemeinschaftseigentums umfasst. Abzustellen ist auf die Umstände des Einzelfalls. Soweit das Gemeinschaftseigentum nicht abnahmefähig ist, kann die Abnahme des Sondereigentums nicht zu einer Abnahme des Gemeinschaftseigentums führen.[3] In Betracht zu ziehen wäre, dass mit der Abnahme des Sondereigentums zumindest auch die Teile des Gemeinschaftseigentums als abgenommen gelten, die sich ausschließlich auf diesen jeweiligen Sondereigentumsbereich beschränken.[4] Es stellt sich dann die Frage zulässiger Teilabnahmen, die i. d. R. nicht in Betracht kommen werden. Gemeinhin wird hinsichtlich des Gemeinschaftseigentums eine separate Abnahme erst nach der vollständiger Fertigstellung erfolgen können.

14a

Weil jeder Erwerber auch zur individuellen Abnahme des gesamten Gemeinschaftseigentums berufen ist, bleibt der Bauträger dem Anspruch auf mangelfreie Herstellung des gemeinschaftlichen Eigentums danach so lange ausgesetzt, bis der **letzte Erwerber die Abnahme erklärt** hat.[5] Für diesen läuft von da an die Gewährleistungsfrist für sein Sonder- und das gesamte gemeinschaftliche Eigentum mit der Folge, dass er sämtliche Gewährleistungsansprüche ggf. im eigenen Namen bis zum Ablauf dieser Frist geltend machen kann, auch wenn die entsprechenden Ansprüche der übrigen Miteigentümer/innen schon verjährt sind. Hieran ändert auch die Neufassung des Verjährungsrechts mit Einführung des Schuldrechtsmodernisierungsgesetzes nichts. Danach ist nun der Beginn der regelmäßigen – auf 3 Jahre verkürzten – Verjährung abhängig von der „Kenntnis oder grob fahrlässigen Unkenntnis der anspruchsbegründenden Umstände und der Person des Schuldners" (§ 199 Abs. 1 Nr. 2 BGB n. F.).

15

Daraus ergibt sich die Frage, ob sich die Wohnungseigentümer das Wissen einzelner Wohnungseigentümer zurechnen lassen müssen. Nein, denn die subjektiven Voraussetzungen des § 199 Abs. 1 Nr. 2 BGB müssen in der Person des jeweiligen Gläubigers – hier also der einzelnen Wohnungseigentümer – vorliegen.[6] Etwas anderes könnte nur unter den Voraussetzungen der Grundsätze zur so genannten

16

---

1 BGHZ 74, 258; BGH, NJW 1985, 1551; *Bärmann/Pick/Merle*, WEG, § 1 Rz. 154.
2 BGH, BauR 1983, 573, 575.
3 *Bühl*, BauR 1984, 237, 243; *Werner/Pastor*, Der Bauprozess, Rz. 504.
4 BGH, BauR 1983, 573, 574; *Bühl*, BauR 1984, 237, 243.
5 BGHZ 114, 383.
6 Palandt/*Heinrichs*, 63. Aufl., BGB § 199, Rz. 23.

Wissensvertretung gelten, die im Verhältnis der Wohnungseigentümer untereinander in der Regel aber nicht vorliegen.

4. Abnahme durch den Verwalter

17 Grundsätzlich besteht die Möglichkeit, sich bei der Abnahme des Gemeinschaftseigentums vertreten zu lassen.[1] Aufseiten der Erwerber/Wohnungseigentümer kann dies insbesondere durch den Verwalter, den Verwaltungsbeirat oder auch einzelne Wohnungseigentümer geschehen, wobei allerdings Grundvoraussetzung ist, dass überhaupt eine Gemeinschaft von Wohnungseigentümern schon besteht. Die herrschende Rechtsprechung lässt insoweit das Vorhandensein einer so genannten **„faktischen Wohnungseigentümergemeinschaft"** genügen, die dann anzunehmen ist, wenn die entsprechenden Wohnungsgrundbücher angelegt, Auflassungsvormerkungen für die Erwerber im Grundbuch eingetragen und die Wohnungen an die Erwerber übergeben sind.[2]

18 Wollen sich die Wohnungseigentümer im Hinblick auf die Abnahme des Gemeinschaftseigentums durch den Verwalter, ein Verwaltungsbeiratsmitglied oder andere Eigentümer oder Dritte wirksam vertreten lassen, so bedarf dies einer besonderen **Ermächtigung**.[3] Diese kann bereits im Rahmen des Erwerbsvertrages erteilt werden.

Hinweis:
Unwirksam ist allerdings eine in der Teilungserklärung getroffene Vereinbarung, wonach sich der **Bauträger selbst** zum Verwalter der WEG bestellen lässt und in diesem Zusammenhang die Abnahme seiner eigenen Werkleistung vornimmt.[4]

19 Nachdem der BGH die Zulässigkeit der so genannten Pseudovereinbarungen (vereinbarungsersetzende Beschlüsse) maßgeblich eingeschränkt hat[5], ist zweifelhaft, ob eine entsprechende **Ermächtigung** des Verwalters zur Abnahme des Gemeinschaftseigentums für und gegen die Wohnungseigentümer **durch Mehrheitsbeschluss** möglich ist. Zutreffend ist die Ansicht Schneiderhans, der auch die Möglichkeit der Ermächtigung des Verwalters durch einen Mehrheitsbeschluss der Wohnungseigentümer für zulässig erachtet unter Verweis auf die Regelung des § 21 Abs. 3 und Abs. 5 WEG. Diese erlaubt es den Wohnungseigentümern, Maßnahmen der ordnungsgemäßen Verwaltung, zu denen auch die Instandhaltung und Instandsetzung des gemeinschaftlichen Eigentums gehört, mit Stimmenmehrheit zu beschließen. Nachdem zur Instandsetzung nach herrschender Auffassung auch die Erstherstellung des ordnungsgemäßen Zustandes zu zählen ist[6], muss auch die mit dieser in Zusammenhang stehende Übertragung der Abnahme auf den Verwalter mehrheitlich beschlossen werden können.[7]

---

1 OLG Stuttgart, MDR 1980, 495; OLG München, MDR 1978, 1024.
2 BayObLGZ, 1991, 150.
3 OLG Stuttgart, MDR 1980, 495; OLG München, MDR 1978, 1024.
4 OLG Stuttgart, MDR 1980, 495; *Bühl*, BauR 1984, 237, 241.
5 BGH, NJW 2000, 3500; NZM 2000, 1184.
6 Palandt/*Bassenge*, 63. Aufl., § 21 WEG Rz. 12.
7 Für den bestandskräftigen Beschluss: BayObLG, NJW-RR 2000, 13.

20 Sofern nicht eine förmliche Abnahme vereinbart wurde, sind die allgemeinen Grundsätze anzuwenden, so dass die Abnahme des Gemeinschaftseigentums auch **konkludent** durch die Ingebrauchnahme der Wohnungseigentümer oder im Wege einer unwidersprochenen Abnahme durch den Verwalter oder der Organe der Wohnungseigentümergemeinschaft erfolgen kann.[1] Letzteres allerdings nur, soweit diese als entsprechend bevollmächtigt anzusehen sind. Eine schlüssige Abnahme kann aber erst nach Verstreichen eines gewissen Zeitraums nach Ingebrauchnahme angenommen werden.[2]

21 Gemäß der durch das Gesetz zur Beschleunigung fälliger Zahlungen nunmehr auch dem Bürgerlichen Gesetzbuch bekannten **Abnahmefiktion** (§ 640 Abs. 1 Satz 3 BGB) steht es der Abnahme gleich, wenn der Besteller das Werk nicht innerhalb einer ihm vom Unternehmer bestimmten angemessenen Frist abnimmt, hierzu aber wegen des Nichtvorhandenseins wesentlicher Mängel verpflichtet ist (s.o. Teil 19, Rz. 286 ff.). Haben die Eigentümer eine einheitliche Abnahme des Gemeinschaftseigentums beispielsweise durch den Verwalter vereinbart, bzw. wirksam mehrheitlich beschlossen[3], wäre die Aufforderung des Bauträgers zur Abnahme binnen einer angemessenen Frist an den mit der Vornahme der Abnahme beauftragten Verwalter zu richten. Anderenfalls bleiben die jeweiligen Wohnungseigentümer Adressaten der Aufforderung. Da nach Fristablauf die Abnahme als erfolgt gilt, bestehen hier für den Verwalter **erhebliche Haftungsrisiken**, sofern er nicht binnen der vom Bauträger gesetzten Frist entsprechende Vorbehalte wegen des Vorhandenseins wesentlicher Mängel erklärt.

Hinweis:
Eine fiktive Abnahme auf der Grundlage des § 12 Nr. 5 Abs. 1 VOB/B scheidet allerdings bereits aus dem Grunde aus, dass auch die Vereinbarung der **VOB/B** als „Ganzes" nach herrschender Ansicht in einem Bauträgervertrag **nicht** möglich ist.[4]

22 Der ebenfalls durch das Gesetz zur Beschleunigung fälliger Zahlungen in das Bürgerliche Gesetzbuch aufgenommenen Möglichkeit der Abnahme durch Erteilung einer **Fertigstellungsbescheinigung** nach § 641a BGB kommt in der Praxis nur eine äußerst untergeordnete Bedeutung zu (s.o. Teil 19, Rz. 188 ff.). Dies hat seinen Grund darin, dass der mit der Ausstellung der Bescheinigung zu beauftragende Gutachter erheblichen Haftungsrisiken ausgesetzt ist, was in der Regel dazu führt, dass er die Höhe seines Honorars an den mit der Erstellung der Bescheinigung verbundenen Haftungsrisiken ausrichten wird, so dass der **Kostenfaktor** der Praktikabilität dieser Möglichkeit weitestgehend entgegensteht.

23 Auch bei einer auf den Verwalter übertragenen Ermächtigung zur Abnahme des Gemeinschaftseigentums ist zu beachten, dass eine solche Abnahme nur gegenüber den Erwerbern wirkt, die im Zeitpunkt der Abnahme bereits erworben hatten und für die die Gemeinschaft in zulässiger Weise die Abnahme durchführen

---

1 *Pause*, NJW 1993, 553, 556; *Bühl*, BauR 1984, 237, 243.
2 BGH, NJW 1985, 732.
3 BayObLG, NJW-RR 2000, 13.
4 OLG Köln, NJW 1986, 330, BauR 1986, 219, 221; BGHZ 101, 369, NJW 1988, 142, BauR 1987, 702, 704.

durfte. Dementsprechend **bindet** die Abnahme des gemeinschaftlichen Eigentums durch die Mehrheit der Wohnungseigentümer einen **späteren Erwerber** (so genannte Nachzügler) **nicht**.[1] Auch bei einer gemeinsamen, lediglich mehrheitlichen Abnahme gilt somit, dass die Abnahmezeitpunkte der einzelnen Erwerber auseinander fallen können, mit der Folge, dass der Beginn der Gewährleistungsfristen gesondert zu bestimmen ist.

Hinweis:
In Erwerberverträgen ist eine **Klausel** zur Abnahmefiktion („das Kaufobjekt gilt spätestens mit dem Einzug des Käufers in die Wohnung als abgenommen"), wegen Verstoßes gegen § 309 Nr. 8 Buchst. b ff. BGB n. F. (§ 11 Nr. 10 Buchst. f AGB) unwirksam.[2]

24 Offen gelassen von der Rechtsprechung wurde bisher die Frage, ob eine Vereinbarung in den Erwerberverträgen dahingehend, dass ein späterer Erwerber an die Wirkungen und das Ergebnis einer **bereits durchgeführten Abnahme** gebunden werden soll, wirksam ist. Eine solche Klausel dürfte wohl dem Grundsatz, dass der Erwerber durch den Erwerbsvertrag einen **eigenen Anspruch** auf mangelfreie Herstellung des Gemeinschaftseigentums hat und es damit seiner Entscheidung obliegt, ob er das Gemeinschaftseigentum als mangelfrei erstelltes Werk abnehmen will oder nicht, widersprechen. Ob sie ebenfalls gegen § 309 Ziff. 8 Buchst. b ff. BGB n. F. (bzw. § 11 Nr. 10 Buchst. f AGBG) verstößt und dementsprechend als unwirksam anzusehen ist, wird nicht einheitlich beurteilt. Dies vor dem Hintergrund, dass die vorstehend bezeichnete Vorschrift sich auf die Verkürzung von Gewährleistungsfristen über neu hergestellte Sachen bezieht.[3]

5. Vorbereitung und Durchführung der Abnahme durch den Verwalter

25 Ist dem Verwalter die Vertretungsbefugnis der Wohnungseigentümer zur Abnahme des Gemeinschaftseigentums übertragen worden, steht dieser vor einer schwierigen Aufgabe. Er, der selbst in der Regel weder Bauingenieur noch Jurist ist, soll nun die Mangelfreiheit des errichteten Objekts bewerten, ohne über spezielle Kenntnisse im Hinblick auf die zu beachtenden zahlreichen öffentlich-rechtlichen Bestimmungen, bautechnisch- und bauphysikalisch-rechtlichen Normen zu verfügen. Darüber hinaus bieten die dem Verwalter meist als einzige Hilfe zur Seite stehenden Erwerberverträge mit den dort enthaltenen Baubeschreibungen und Ausführungsbestimmungen im Regelfall wenig Anhaltspunkte, bestehende und nicht offensichtlich zu Tage getretene Mängel zu erkennen und zu bewerten.

26 Sowohl im Falle der Übertragung der Abnahme auf den Verwalter bereits in Kaufverträgen oder in der Teilungserklärung (soweit dies überhaupt möglich ist) als auch durch nachträgliche Beschlussfassung ist dem Verwalter wegen des hohen Haftungsrisikos dringend anzuraten, bereits in der **ersten Eigentümerversammlung** Beschlüsse durch die Wohnungseigentümer herbeizuführen, die zum einen

---
1 BGH, NJW 1985, 1551, BauR 1985, 314, 317.
2 *Werner/Pastor*, Der Bauprozess, Rz. 509.
3 Vgl. amtl. Begründung zum Gesetzesentwurf/Schuldrechtsmodernisierungsgesetz, *Albrecht/Flohr/Lange*, Schuldrecht 2002, 300.

seine Unterstützung bei der Vorbereitung des Abnahmetermins seitens der Wohnungseigentümer oder des Beirates Gewähr leisten, andererseits ihm die Möglichkeit offen halten, einen Sachverständigen oder nötigenfalls entsprechende **Sonderfachleute** bei der Vorbereitung hinzuzuziehen. Andernfalls sollte er einen derartigen Auftrag nicht annehmen.

Hinweis: 27
Beispielsweise sollte sichergestellt werden, dass Wohnungseigentümer den Verwalter bereits vorweg über mögliche **Umstände im Rahmen des Bauablaufs** informieren, die auf bestehenden Mängel hinweisen könnten. Hier sind insbesondere bereits während der Bauausführung durchgeführte Nachbesserungsarbeiten, witterungsbedingte Änderungen des Bauablaufs, ein Wechsel der ausführenden Handwerksfirmen oder Planungsänderungen während der Bauzeiten zu nennen. Nicht selten wird auch während der Bauausführung seitens des Bauträgers plötzlich ein anderes Architekturbüro mit der Bauleitung und Bauaufsicht beauftragt. All dies können Anzeichen sein, dass es bereits während der Bauausführung zu Unregelmäßigkeiten gekommen ist, die sich letztlich auf die Qualität der Werkleistung und das geschuldete Leistungssoll auswirken können. Nicht zuletzt sind den Wohnungseigentümern, die bereits frühzeitig die bereits fertig gestellten Eigentumswohnungen bezogen haben, häufig Mängel aufgefallen oder bekannt. Diese sind dem Verwalter selbstverständlich bereits vorweg mitzuteilen.

Je nach Größe und Konstruktion der Anlage sollte bereits vorweg durch die Wohnungseigentümergemeinschaft ein **Privatsachverständiger** beauftragt werden, der gemeinsam mit dem Verwalter und dem Beirat eine **technische Überprüfung** des Gemeinschaftseigentums vornimmt. Auch dieser ist auf die Mitarbeit der Wohnungseigentümer selbst angewiesen. Hierzu ist es erforderlich, ihm sämtliche den Eigentümern zur Verfügung stehenden Unterlagen, die für die Bewertung des Objektes dienlich sein können, auszuhändigen. Die Beauftragung eines Sachverständigen setzt darüber hinaus voraus, dass der Verwalter eine Einordnung der einzelnen Bauteile in Sonder- und Gemeinschaftseigentum vornimmt. Soweit Gemeinschaftseigentum auch innerhalb der Sondereigentumseinheiten abzunehmen ist (z. B. tragende Wände innerhalb der Sondereigentumseinheiten), ist es Aufgabe des Verwalters, sicherzustellen, dass im Rahmen einer vor bzw. zum Abnahmetermin erforderlichen Begehung mit dem Sachverständigen (und ggf. dem Beirat) der Zugang zu den abzunehmenden Bauteilen gewährleistet ist. 28

Die Möglichkeit der Hinzuziehung eines Sachverständigen oder ggf. weiterer Sonderfachleute kann selbstverständlich nicht darüber hinweg täuschen, dass ein Verwalter, der die Verwaltung insbesondere größerer Objekte von Beginn an, d. h. in der Regel noch vor der vollständigen Fertigstellung des Gesamtobjekts, übernimmt, und die Abnahme des Gemeinschaftseigentums für die Wohnungseigentümer durchführt, zumindest über **bautechnisches und rechtliches Grundlagenwissen** verfügen muss. Die Beurteilung der erforderlichen Qualifikation des Verwalters ist an die Motivation der Wohnungseigentümer anzulehnen, die ausschlaggebend war, gerade diesen Verwalter mit der Wahrnehmung der Verwaltung zu betrauen. 29

30 Die **Abnahme** des Gemeinschaftseigentums sollte dann im Rahmen eines **umfassenden Begehungstermins** erfolgen, für den alle Bereiche gut zugänglich sein sollten. Über die erfolgte Abnahme wird ein schriftliches Protokoll gefertigt, in das sämtliche der festgestellten Mängel aufzunehmen sind. Das Protokoll ist von den Beteiligten zu unterzeichnen. Wird die Abnahme wegen wesentlicher Mängel verweigert, ist dies ebenfalls zu dokumentieren.

6. Verwaltervertrag und „bauliche Aufsicht" nach Abnahme

31 Zusätzlich zur Bestellung des Verwalters gemäß § 26 WEG (ggf. auch schon vor der Abnahme) wird zumindest bei einem gewerbsmäßigen Verwalter in der Regel ein schriftlicher Verwaltervertrag zwischen ihm und der Wohnungseigentümergemeinschaft geschlossen. Der Inhalt dieses entgeltlichen **Geschäftsbesorgungsvertrags** (§ 675 BGB) bestimmt in Ergänzung der gesetzlichen Regelungen des Wohnungseigentumsgesetzes Rechte und Pflichten des Verwalters.

a) Pflichten des Verwalters

32 Soweit im Verwaltervertrag selbst nichts Näheres bestimmt ist, ergeben sich seine Pflichten im Hinblick auf die Verfolgung von Gewährleistungsansprüchen wegen anfänglicher Baumängel aus § 27 Abs. 1 Nr. 2 WEG. Danach ist der Verwalter nicht nur berechtigt, sondern auch verpflichtet, die für die ordnungsgemäße Instandhaltung und Instandsetzung des gemeinschaftlichen Eigentums erforderlichen Maßnahmen zu ergreifen.

33 Grundsätzlich ist – wie auch die Abnahme – die Verfolgung von Gewährleistungsansprüchen wegen Mängeln am Gemeinschaftseigentum **primär Aufgabe der Wohnungseigentümergemeinschaft** (§ 21 Abs. 5 Ziff. 2 WEG).

Gleichwohl ist nach heute herrschender Meinung in Literatur und Rechtsprechung anerkannt, dass es jedenfalls zu den Nebenpflichten des (Erst-)Verwalters gehört,

▷ den Lauf etwaiger Gewährleistungsfristen zu beachten und deren Ablauf zu kontrollieren,

▷ im Falle des Auftretens von Baumängeln am Gemeinschaftseigentum diese festzustellen,

▷ die Wohnungseigentümergemeinschaft hierüber zu unterrichten und

▷ dafür Sorge zu tragen, dass die Wohnungseigentümer/innen im Rahmen einer Wohnungseigentümerversammlung die erforderlichen Maßnahmen beschließen können.[1]

34 Hergeleitet wird diese Verpflichtung des Verwalters aus dem von der Rechtsprechung entwickelten **erweiterten** Instandsetzungs- und Instandhaltungsbegriff. Hiernach umfasst die ordnungsgemäße Instandhaltung und Instandsetzung des

---

1 BayObLG, NJW-RR 2001, 731; NZM 1999, 840.

gemeinschaftlichen Eigentums gemäß § 21 Abs. 5 Nr. 2 WEG auch die **erstmalige** Herstellung des ordnungsgemäßen Zustands.[1] Im Anschluss an eine ältere Entscheidung des Bayerischen Obersten Landesgerichtes[2] entspricht diese Auffassung zwischenzeitlich einhelliger Meinung.[3]

Im Rahmen seiner diesbezüglichen Hinweis-, Organisations- und Koordinationspflicht hat der Verwalter regelmäßig **Begehungen** des Objekts durchzuführen, wobei diese Verpflichtung allerdings nicht so weit geht, zu Kontrollzwecken selbst Dachbegehungen vorzunehmen[4] oder ähnliche Risiken auf sich zu nehmen. Ebenfalls ist er nicht verpflichtet, von sich aus im Vorfeld einer Eigentümerversammlung einen Sachverständigen mit der Feststellung von Baumängeln zu beauftragen.[5] 35

b) Haftung des Verwalters

Kommt der Verwalter seinen Verpflichtungen im vorgenannten Sinne nicht oder nicht in dem erforderlichen Umfang nach, haftet er den Wohnungseigentümern/innen aus dem Geschäftsbesorgungsvertrag (vgl. § 280 BGB n. F., nach alter Rechtslage nach den Grundsätzen der positiven Vertragsverletzung). Die **Kenntnis** einzelner Wohnungseigentümer/innen bezüglich vorhandener Baumängel oder ablaufender Verjährungsfristen entlastet den Verwalter insoweit nicht, es sei denn, allen Wohnungseigentümern/innen sind die betreffenden Umstände bekannt.[6] 36

c) Maßnahmen zur Sicherung von Gewährleistungsrechten

Weitergehende Maßnahmen zur Sicherung der Verfolgung von Mängelgewährleistungsansprüchen gegenüber den am Bau Beteiligten darf der Verwalter **ohne Votum** der Eigentümerversammlung nur in Ausnahmefällen veranlassen. Hierzu ist er dann berechtigt, aber auch verpflichtet, wenn die Einleitung derartiger Maßnahmen bis zur Einberufung einer (außerordentlichen) Eigentümerversammlung keinen Aufschub duldet. Insoweit gilt nichts anderes, als bei der Durchführung von Instandsetzungsarbeiten, die nicht auf anfängliche Baumängel zurückzuführen sind. Auch hier ist der Verwalter nicht ohne weiteres befugt, solche Arbeiten auf Kosten der Gemeinschaft von sich aus in Auftrag zu geben, ohne zuvor eine entsprechende Entscheidung der Wohnungseigentümer per Mehrheitsbeschluss herbeizuführen.[7] 37

Bei entsprechender **Dringlichkeit** greifen die Regelungen des § 27 Abs. 1 Nr. 3 und Abs. 2 Nr. 4 WEG: danach hat der Verwalter Maßnahmen zu treffen, die zur Wahrung einer Frist oder zur Abwendung eines sonstigen Rechtsnachteils oder zur Erhaltung des gemeinschaftlichen Eigentums dringend erforderlich sind. Drohen 38

---

1 *Bassenge* in Palandt, WEG, 63. Aufl., Rz. 12 zu § 21 WEG.
2 BayObLG v. 19. 8. 1977, BReg. 2 Z 75/76.
3 BayObLG, NJW-RR 1989, 1293.
4 OLG Zweibrücken, NJW-RR 1991, 1301.
5 BayObLG, WE 1988, 31; ZMR 1990, 65; OLG Hamm, NJW-RR 1997, 908.
6 BayObLG, NJW-RR 2001, 731.
7 Vgl. Palandt/*Bassenge*, 63. Aufl., § 27 WEG Rz. 6f.; OLG Hamm, NJW-RR 1989, 331.

also wegen anfänglicher Mängel am Gemeinschaftseigentum Fristabläufe oder kostenträchtige Folgeschäden, die eine vorherige Anrufung der Wohnungseigentümerversammlung nicht mehr zulassen, ist der Verwalter nach den vorgenannten Vorschriften nicht nur berechtigt, sondern auch verpflichtet, die erforderlichen Schritte sofort in die Wege zu leiten. Diese Verpflichtung hängt von den Umständen des Einzelfalles ab.[1]

39 Soweit es um die Verhinderung des Ablaufs von Gewährleistungsfristen oder die Sicherung eines bestehenden Zustands geht, kommt vorrangig die Einleitung eines **Selbständigen Beweisverfahrens** gemäß §§ 485 ff. ZPO (vgl. § 204 Abs. 1 Nr. 7 BGB n. F.) in Betracht.[2]

40 Wie bereits dargelegt, scheidet die Vereinbarung der VOB/B in Bauträgerverträgen zwar grundsätzlich aus (s.o. Rz. 21). Dennoch kann bei Vorliegen entsprechender **Abtretungserklärungen** auch die Erteilung einer **qualifizierten Mängelrüge** mit der Folge der Hemmung der Verjährung der Ansprüche aus abgetretenem Recht wegen der gerügten Mängel gemäß § 13 Nr. 5 Abs. 1 Satz 2 VOB/B gegenüber den seinerzeit am Bau Beteiligten geboten sein: Sind nämlich im Bauträgervertrag Gewährleistungsansprüche abgetreten und hat der **Bauträger mit seinen Auftragnehmern die Geltung der VOB/B** vereinbart – was nicht selten der Fall ist –, gelten deren Regelungen über § 404 BGB zugunsten der am Bau Beteiligten auch gegenüber den Wohnungseigentümern/innen. Dies bedingt einerseits – falls nichts anderes vereinbart ist – zwar den Lauf der **kurzen Regelfrist** des § 13 Nr. 4 Abs. 1 VOB/B. Andererseits reicht dann aber auch die Erhebung einer schriftlichen Mängelrüge aus, um die Verjährung zu hemmen und diese Regelfrist nach Mängelbeseitigung erneut in Gang zu setzen (so genannte Quasiunterbrechung, s.o. Teil 20, Rz. 327 ff.).

41 Auch die **Beauftragung eines Rechtsanwalts** ohne Anrufung der Wohnungseigentümerversammlung muss in dringenden Fällen für zulässig erachtet werden[3], sollte aber nur partiell für die Einleitung der zunächst erforderlichen Schritte erfolgen. Parallel ist kurzfristig eine außerordentliche Eigentümerversammlung einzuberufen, die dann die weiteren Entscheidungen zu treffen hat. Dabei ist zu empfehlen, den vorab beauftragten Rechtsanwalt zu der Versammlung einzuladen, damit die Gemeinschaft insgesamt fachkundig über die Einleitung der erforderlichen Schritte sowie den weiteren Gang des Verfahrens und die damit verbundenen Kosten aufgeklärt werden kann, um sodann über eine weitere Mandatierung zu entscheiden. Das gleiche gilt hinsichtlich der Hinzuziehung eines **technischen Beraters**. Beides hat der Verwalter so vorzubereiten und im Rahmen der mit der Einladung zu dieser Versammlung zu versendenden Tagesordnung nachvollziehbar anzukündigen, dass die Gemeinschaft die erforderlichen Beschlüsse fassen kann.[4]

42 Insoweit sind die **Anforderungen** an einen professionellen Verwalter sicherlich höher als an **Privatpersonen** (oft Mitglieder der Gemeinschaft), die vor allem klei-

---

1 Vgl. BayObLG, NJW-MietR 1997, 163; BGHZ 78, 166.
2 Vgl. BGHZ 78, 166.
3 Vgl. OLG Düsseldorf, NJW-RR 1993, 470.
4 BayObLG WE 1988, 31.

nere Anlagen verwalten. Der Grundsatz, dass die WEG jedenfalls in die Lage versetzt werden muss, ihre Ansprüche rechtzeitig vor Ablauf der Gewährleistungsfrist zu besichern, gilt jedoch generell. So hat beispielsweise der private Verwalter die gleichen Erwägungen anzustellen, wie ein vernünftig denkender Eigentümer, der für die Verwaltung seines Eigentums selbst verantwortlich ist.[1] Er hat dabei insbesondere auch zu ermitteln, welche Personen oder Firmen für welche Baumängel verantwortlich sind, damit eventuell abgetretene Gewährleistungsansprüche auch gegen diese durchgesetzt werden können.

Es empfiehlt sich daher stets, sich bereits bei Übernahme der Verwaltung bzw. bei der Abnahme des Gemeinschaftseigentums vom Bauträger die **maßgeblichen Unterlagen** (Verträge, Pläne, Baubesprechungs- bzw. Abnahmeprotokolle etc.) zumindest in Ablichtung (nach entsprechender Kontrolle der Übereinstimmung mit den Originalen) sowie eine Liste der am Bau Beteiligten aushändigen zu lassen. Ohne die darin enthaltenen Informationen – z. B. über den Zeitpunkt der Abnahme des Gemeinschaftseigentums – ist eine **Kontrolle der Gewährleistungsfristen** praktisch nicht möglich. Ob hierauf ein durchsetzbarer Anspruch besteht, ist umstritten, dürfte aber wohl eine vertragliche Nebenpflicht darstellen.[2] Hat der Bauträger den Erwerbern allerdings seine Gewährleistungsansprüche gegen die übrigen am Bau Beteiligten abgetreten, ergibt sich seine **Herausgabepflicht** aus § 402 BGB. Ergänzend kann auch eine Einsichtnahme der Baugenehmigungsunterlagen (dort befinden sich u. a. auch Statik und Wärmeschutznachweis) hilfreich sein. 43

Hinweis: 44
Auch wenn sich bei den regelmäßigen Objektbegehungen keine Mangelfolgeerscheinungen zeigen, empfiehlt es sich, der Gemeinschaft rechtzeitig **vor Ablauf der Gewährleistungsfristen** eine Gesamtüberprüfung des gemeinschaftlichen Eigentums vorzuschlagen. In diesem Zusammenhang sollte der Verwalter für die ordentliche Eigentümerversammlung in dem Jahr vor dem Eintritt der Verjährung die Überprüfung des Gemeinschaftseigentums (ggf. durch einen Gutachter) auf die Tagesordnung setzen und der Gemeinschaft eine entsprechende Beschlussfassung empfehlen. Werden (erhebliche) Mängel am Gemeinschaftseigentum festgestellt, hat er diese im Rahmen einer außerordentlichen Versammlung zu präsentieren und rechtzeitig die erforderlichen Beschlussfassungen in dem oben genannten Sinne vorzubereiten.

Wünscht die WEG eine über die vorstehend beschriebenen Verpflichtungen hinausgehende Tätigkeit des Verwalters (z. B. eingehende Begleitung der Mängelaufnahme oder des weiteren Verfahrens), übersteigt dies die gesetzlichen Grundanforderungen. Es ist dann eine gesonderte Vereinbarung zu treffen, wenn entsprechende Tätigkeiten nicht schon im ursprünglichen Verwaltervertrag vorgesehen sind. 45

Sofern eine derartige Verpflichtung in den Leistungskatalog des Verwaltervertrages aufgenommen wird, sollte der Verwalter hierfür auch eine **zusätzliche Hono-** 46

---
1 OLG Schleswig, GBW 1980, 199.
2 Vgl. *Koeble*, Anm. zu OLG Karlsruhe, NJW 1975, 694, 695 – sowie zur Herausgabe v. Bauunterlagen des ausgeschiedenen „Bauträger-Verwalters", BayObLG, NZM 2001, 469.

rierung vereinbaren. Dies vor dem Hintergrund, dass die rechtliche und technische Abwicklung von Gewährleistungsansprüchen wegen anfänglicher Baumängel nicht nur besonders arbeits- und zeitintensiv, sondern auch mit einem gesteigertem Haftungsrisiko verbunden ist. § 27 Abs. 1 Nr. 2 WEG beschreibt lediglich die Verpflichtung, diejenigen Maßnahmen zu treffen, die für die ordnungsgemäße Instandhaltung und Instandsetzung des gemeinschaftlichen Eigentums erforderlich sind, wobei sich diese in der zuvor beschriebenen Hinweis-, Organisations- und Koordinationspflicht erschöpft. Somit ist die Verfolgung und gegebenenfalls gerichtliche Durchsetzung der Gewährleistungsansprüche im Hinblick auf Mängel am Gemeinschaftseigentum nicht kraft Gesetzes dem Verwalter übertragen und dementsprechend auch argumentativ der Vereinbarung einer Sondervergütung zugänglich.

47 **Hinweis:**
Sofern eine entsprechende Vereinbarung im Leistungskatalog des Verwaltervertrages nicht enthalten ist und die Wohnungseigentümer diese Aufgabe per Beschlussfassung auf ihn übertragen, ist der Verwalter berechtigt, die Annahme des im Eigentümerbeschluss liegenden Zusatzauftrags mit dem Verlangen nach Zahlung einer Sondervergütung zu verbinden. Entsprechendes gilt im Rahmen einer möglicherweise auf den Verwalter übertragenen Überwachungstätigkeit bei Durchführung der Mängelbeseitigungsarbeiten. Derjenige Verwalter, der sich beauftragen lässt, im Bereich der Behebung von Baumängeln entsprechende Pflichten zu übernehmen, sollte wegen des hohen Haftungsrisikos darüber hinaus tunlichst seine (hoffentlich) bestehende **Vermögensschadensversicherung** überprüfen und ggf. erweitern.

48 Folgen die Wohnungseigentümer/innen den vorstehend beschriebenen **Beschlussempfehlungen** eines Verwalters allerdings nicht, können sie diesen später auch nicht haftbar machen. Sie haben vielmehr die Konsequenzen, sprich Beseitigung oftmals erheblicher Baumängel, und die damit verbundenen Kosten zu tragen.

49 Beschließt die Gemeinschaft die Durchsetzung von Gewährleistungsansprüchen, ist gleichzeitig über deren Finanzierung durch **Erhebung von Sonderumlagen** zu beschließen, die die einzelnen Verfahrensgänge abdecken. Dabei sollte der Gemeinschaft Gelegenheit gegeben werden, neue Verfahrensabschnitte (z. B. Vorschussklage nach vorangegangenem selbständigen Beweisverfahren) stets im Rahmen einer weiteren Versammlung neu zu beschließen.

50 Generell sollte **nach Abschluss des Beweisverfahrens** das Gespräch mit dem Unternehmer/Bauträger gesucht werden, um auf der Grundlage des dann für alle Beteiligten verbindlich vorliegenden Gerichtsgutachtens möglichst eine einvernehmliche Regelung herbeizuführen. Auch hierfür ist für die aufseiten der WEG handelnden Personen (Rechtsanwalt, Verwalter, Verwaltungsbeirat) eine **Ermächtigung per Mehrheitsbeschluss** erforderlich. Möchte die Gemeinschaft sich hierbei noch nicht auf ein bestimmtes Ergebnis (das dann selbstverständlich nicht im Versammlungsprotokoll auftaucht, sondern intern festgelegt werden sollte) festlegen, können deren Bevollmächtigte im Rahmen solcher Verhandlungen nur eine vorläufige Vereinbarung treffen. Diese ist dann von der erneut ein-

zuberufenden Versammlung zu genehmigen und kann erst danach verbindlich abgeschlossen werden.

Nach Ansicht des Bayrischen Obersten Landesgerichts[1] spricht grundsätzlich nichts dagegen, dass die Wohnungseigentümer im Rahmen ordnungsgemäßer Verwaltung (§ 21 Abs. 3 u. 5 Nr. 2 WEG) einen entsprechenden **Mehrheitsbeschluss** fassen können, wenn den einzelnen Eigentümern/innen hierdurch keine rechtlichen Nachteile erwachsen; denn der Abschluss eines **Vergleichs** beinhaltet auch stets den Verzicht auf Ansprüche. Den überstimmten Eigentümern steht die Befugnis zu, den Vergleichsbeschluss **anzufechten**, wobei nach Meinung Deckerts und Schneiderhans der mehrheitlich beschlossene und rechtskräftig abgeschlossene Vergleich wirksam wird, auch wenn der Vergleichsbeschluss angefochten wird.[2] 51

So ein bestandskräftiger Mehrheitsbeschluss **wirkt** auch **gegenüber späteren Erwerbern**, so dass diese mit der Geltendmachung von Gewährleistungsansprüchen wegen der betreffenden Mängel ausgeschlossen sind.[3] Die Verwendung des Vergleichsbetrags muss ordnungsgemäßer Verwaltung entsprechen, also vorrangig der Beseitigung gravierender Mängel dienen. Der Verwalter hat auch insoweit die entsprechenden Beschlüsse vorzubereiten und herbeizuführen. 52

Hinweis:
Um die Möglichkeit der Beitreibung des Vergleichsbetrags im Wege der Zwangsvollstreckung sicherzustellen, sollte der Vergleich vor einem deutschen Gericht oder einer durch die Landesjustizverwaltung anerkannten Gütestelle abgeschlossen und protokolliert werden, da ein solcher dann **Vollstreckungstitel** ist (§ 794 Abs. 1 Nr. 1 ZPO). Der Vergleich kann vor dem Gericht des Selbständigen Beweisverfahrens geschlossen werden (§ 492 Abs. 3 ZPO).

Schließlich ist ein **Organisationsbeschluss** dahin gehend erforderlich, dass der Verwalter wegen trotz Mahnung nicht gezahlter **Sonderumlagen** ein Rechtsanwaltsbüro mit deren gerichtlicher Geltendmachung beauftragen darf. Nicht selten ist die Erhebung eines solchen Zahlungsantrags gemäß § 43 Abs. 1 Nr. 1 WEG (zuständig ist unabhängig vom Streitwert das Amtsgericht – Abteilung für Wohnungseigentumssachen – des belegenen Objektes!) gegen Bauträger nötig, die noch nicht alle Wohnungen veräußert haben und der (rechtsirrigen) Auffassung sind, dass sie sich an einem gegen sie gerichteten Verfahren kostenmäßig trotz ihrer Eigentümerstellung nicht zu beteiligen haben (s.u. Rz. 55 ff.). 53

III. Durchsetzung der Gewährleistungsansprüche

Wegen der Gewährleistungsansprüche im Einzelnen und deren Durchsetzung wird grundsätzlich auf die Ausführungen zu Teil 20 verwiesen. Nachstehend werden die dabei in Bezug auf den Erwerb von Wohnungs-/Teileigentum bestehenden Besonderheiten erörtert. 54

---

1 BayObLG, NJW 2000, 379; vgl. auch OLG Düsseldorf, NZM 2000, 344.
2 *Deckert*, Die Eigentumswohnung, Gruppe 6, Rz. 280.
3 LG München I, NJW-RR 1996, 33.

1. Gläubigerstellung der Erwerber

55 Während die Gewährleistung wegen Mängeln am Sondereigentum ausschließlich das Verhältnis zwischen jeweiligem Erwerber und Bauträger (bzw. Verkäufer, falls es sich um schon fertig gestellte, aber als neu hergestellt anzusehende Wohnungen handelt, s.o. Rz. 47 ff.) betrifft und insoweit keine rechtlichen Besonderheiten aufweist, ist im Hinblick auf die Gewährleistung für Mängel am **Gemeinschaftseigentum** Folgendes zu beachten:

56 Mit dem Anspruch jedes einzelnen Wohnungseigentümers auf erstmalige, mangelfreie Erstellung des Gemeinschaftseigentums in seiner Gesamtheit[1] geht dessen Berechtigung einher, wegen Mängeln am Gemeinschaftseigentum gegen den Bauträger sämtliche auf die Erfüllung der Verpflichtung zur Errichtung des Gebäudes gerichteten Ansprüche **selbst**, auch ohne entsprechenden Beschluss der Gemeinschaft und ggf. auch gerichtlich, **geltend zu machen**.[2] Sobald ein entsprechender Mehrheitsbeschluss vorliegt, ist dem Einzelnen allerdings die **Befugnis** zur individuellen Geltendmachung auch dieser Ansprüche **entzogen**. Namentlich handelt es sich dabei um die Ansprüche auf Nachbesserung selbst sowie Erstattung von oder Vorschuss für die Nachbesserungskosten (siehe im Einzelnen dazu oben Teil 20, Rz. 159), wobei bei der gerichtlichen Geltendmachung des Vorschussanspruchs durch den einzelnen Wohnungseigentümer Zahlung allerdings nur an die Gemeinschaft oder den Verwalter verlangt werden kann.[3]

57 Unabhängig davon kann der Einzelne selbstverständlich seine **Individualansprüche auf Rückabwicklung des Vertrags** (Rücktritt/großer Schadensersatz gemäß § 634 BGB n. F. bzw. Wandelung/großer Schadensersatz gemäß § 635 BGB a. F., siehe dazu oben Teil 20, Rz. 198) allein geltend machen, da die Auflösung des Erwerbsvertrages das Gemeinschaftseigentum nicht berührt.

58 Nach der vor Einführung des Schuldrechtsmodernisierungsgesetzes geltenden Rechtslage ist er insoweit nicht verpflichtet, die ansonsten gemäß § 634 Abs. 1 Satz 1 BGB a. F. erforderliche **Ablehnungsandrohung** auszusprechen, sondern muss nur hinreichend deutlich machen, was er begehrt. Spricht er sie dennoch aus, hat er dabei klarzustellen, dass dies ausschließlich zur Durchsetzung seiner vorgenannten Individualansprüche geschieht. Ansonsten ist der Einzelne **nicht befugt**, eine solche Ablehnungsandrohung auszusprechen, da er damit in die ausschließlich der Gemeinschaft in ihrer Gesamtheit zukommende Entscheidung eingreift, welche Gewährleistungsansprüche geltend gemacht werden sollen.[4]

59 Für Verträge, auf die das **neue Recht** Anwendung findet, dürfte diese Problematik gegenstandslos geworden sein. Das Schuldrechtsmodernisierungsgesetz sieht eine Ablehnungsandrohung nicht mehr vor, so dass die allein noch erforderliche Fristsetzung nicht automatisch den Nacherfüllungsanspruch entfallen lässt. Ebenso wie bei dem Schadensersatzanspruch (§ 281 Abs. 4 BGB n. F.) beseitigt erst die Rücktrittserklärung den Erfüllungsanspruch (hier: Nacherfüllungsan-

---

1 BGHZ 74, 258; BGH, NJW 1985, 1551; *Bärmann/Pick/Merle*, WEG, § 1 Rz. 154.
2 BGH, NJW 1988, 1718; NJW 1990, 1663.
3 BGH, BauR 1980, 69; BauR 1992, 88.
4 *Werner/Pastor*, Der Bauprozess, Rz. 486, 491 m. w. N.

spruch).¹ Damit kann ein Erwerber, der die Rückabwicklung des Vertrags wegen Mängeln am Gemeinschaftseigentum beabsichtigt, auch selbständig ohne Zustimmung der übrigen Wohnungseigentümer die erforderliche angemessene **Frist setzen** und nach deren Ablauf zurücktreten. Der Veräußerer tritt dann an seiner Stelle wieder in die Wohnungseigentümergemeinschaft ein.

Für die Ansprüche auf Minderung und „kleinen Schadensersatz" (§§ 634, 638 BGB n. F., 634, 635 BGB a. F., s.o. Teil 20, Rz. 198 ff.) wegen Mängeln am Gemeinschaftseigentum gilt aufgrund der so genannten **„Gemeischaftsbezogenheit"** dieser Ansprüche, dass ausschließlich die Wohnungseigentümergemeinschaft in ihrer gesamthänderischen Verbundenheit auf der Grundlage eines entsprechenden Mehrheitsbeschlusses² zu deren Geltendmachung befugt ist.³ 60

Ausnahmsweise gestattet die Rechtsprechung auch dem einzelnen Erwerber die individuelle Verfolgung von Minderungsansprüchen für den Fall, dass sich der betreffende, nicht behebbare Mangel **nur auf sein Sondereigentum auswirkt** und der Gemeinschaft somit kein Nachteil entsteht.⁴ 61

Gleichwohl ist der einzelne Wohnungseigentümer **berechtigt**, wegen sämtlicher Ansprüche auch ohne entsprechende Legitimation durch die Wohnungseigentümergemeinschaft ein **Selbständiges Beweisverfahren** zur Feststellung am gemeinschaftlichen Eigentum aufgetretener Mängel zu beantragen.⁵ 62

Unabhängig davon ist es Sache der Wohnungseigentümergemeinschaft, mit **Mehrheitsbeschluss**⁶ zu entscheiden, die Gewährleistungsansprüche betreffend das gemeinschaftliche Eigentum durchzusetzen.⁷ 63

Hinweis:
In der Regel ist es von Vorteil, wenn die am Gemeinschaftseigentum vorhanden Mängel einheitlich von der Gemeinschaft verfolgt werden: Die vorzufinanzierenden Kosten verteilen sich von vornherein auf alle; möglicherweise weit vom Objekt entfernt wohnende Anleger brauchen sich nicht persönlich zu kümmern; die Art und Weise der Durchsetzung der Ansprüche kann zentral organisiert und gesteuert werden etc.

Da die Beseitigung von Baumängeln zur ordnungsgemäßen Instandhaltung des Gemeinschaftseigentums i. S. d. § 21 Abs. 1 WEG zählt, kann die Wohnungseigentümergemeinschaft die Verfolgung aller daraus resultierenden gemeinschaftlichen Ansprüche mit **einfachem Mehrheitsbeschluss** an sich ziehen.⁸ Durch den Beschluss wird die **individuelle Verfolgung** durch die einzelnen Eigentümer/innen **ausgeschlossen**. Ein bereits begonnenes Verfahren ist in der Haupt- 64

---

1 Palandt/*Heinrichs*, 63. Aufl., BGB § 323, Rz. 33.
2 *Bärmann/Pick/Merle*, WEG, § 1, Rz. 154.
3 BGH, NJW 1979, 2207.
4 BGH, NJW 1990, 1663.
5 BGH, BauR 1980, 69.
6 *Werner/Pastor*, Der Bauprozess, Rz. 495.
7 BGH, NJW 1990, 1663; BayObLG, NJW-RR 1998, 1102.
8 BGH, NJW 1979, 2207; NJW 1988, 1718; NJW 1990, 1663.

sache für erledigt zu erklären.¹ Auch die Wahl über die Art der geltend zu machenden Ansprüche obliegt der Gemeinschaft. Sowohl das Wahlrecht² als auch die Verfolgung der Gewährleistungsansprüche können mittels Mehrheitsentscheidung auf den Verwalter übertragen werden.³

2. Bauträger (Verkäufer) als Miteigentümer

65 Nur auf den ersten Blick problematisch scheint die Geltendmachung von Gewährleistungsansprüchen gegen einen Bauträger (bzw. Verkäufer, s.o. Rz. 7ff., 54ff.), der selbst noch im Besitz einer oder mehrerer Wohnungen ist. Mit Ausnahme der Tatsache, dass er mögliche taktische Erwägungen im Rahmen einer Wohnungseigentümerversammlung hinsichtlich der gegen ihn beabsichtigten Vorgehensweise erfährt, ergeben sich keine Besonderheiten.

66 So ist auch der Bauträger, der (möglicherweise) zahlreiche Wohnungen noch nicht veräußert hat, gemäß § 16 Abs. 1 WEG verpflichtet, sich wegen sämtlicher noch in seinem Eigentum stehender Wohnungen entsprechend der jeweiligen Miteigentumsanteile (oder nach einem ggf. in Teilungserklärung/Gemeinschaftsordnung wirksam davon abweichenden Kostenschlüssel) an den **Kosten** der Durchsetzung der gegen ihn selbst gerichteten Ansprüche **zu beteiligen**.⁴ Ggf. ist er nach entsprechender Beschlussfassung zu verklagen. Nicht selten ist der Bauträger in diesem Fall allerdings innerhalb der laufenden Gewährleistungsfristen in Zahlungsschwierigkeiten geraten oder es ist über sein Vermögen bereits das Insolvenzverfahren eröffnet.

67 **Hinweis:**

In diesem Zusammenhang wird empfohlen, vor Verursachung entsprechender Kosten durch eine **Anfrage beim zuständigen Insolvenzgericht** zumindest sicherzustellen, dass ein Insolvenzverfahren noch nicht anhängig ist. Auch empfiehlt sich die vorherige Einholung eines Handelsregisterauszugs. Jedenfalls reduziert eine zeitnahe Durchsetzung der Gewährleistungsansprüche derartige Risiken, so dass der Verwalter hierauf beschleunigt hinwirken sollte. Dies gilt umso mehr, wenn ihm im Rahmen der regelmäßig durchzuführenden Objektbegehungen etwaige Mangelfolgeerscheinungen auffallen.

68 Auf eine etwaige Mitwirkung des Bauträgers bei einer **Beschlussfassung** hinsichtlich der Durchsetzung gegen ihn gerichteter Gewährleistungsansprüche kommt es wegen § 25 Abs. 5 WEG nicht an: er darf hierbei **nicht mitstimmen**. Es nützt ihm also nichts, wenn er noch die Mehrzahl der Wohnungen innehat und nach einer (in zulässiger Abweichung von § 25 Abs. 2 WEG) getroffenen Regelung in der Teilungserklärung/Gemeinschaftsordnung jedes Wohnungseigentum eine Stimme hat. Für eine wirksame Beschlussfassung im vorgenannten Sinne reicht vielmehr die einfache Mehrheit der anwesenden Eigentümer/innen aus, vorausgesetzt die Versammlung ist beschlussfähig, wobei auch insoweit die Stimmen des Bauträgers nicht mitzählen.⁵

---

1 *Werner/Pastor*, Der Bauprozess, Rz. 496 ff.
2 BGH, NJW-RR 1986, 755.
3 BGH, BauR 1981, 467 ff.
4 BayObLG v. 31. 1. 1992 – 2 Z 143/91.
5 Vgl. Palandt/*Bassenge*, 63. Aufl., § 25 WEG Rz. 12, 15.

Soweit der Bauträger selbst **nicht leistungs- bzw. zahlungsfähig** ist, stellt sich die 69
Frage, inwieweit ggf. die seinerzeit mit der Planung und Bauaufsicht beauftragten
Architekten oder die von dem Bauträger mit der Ausführung der Bauleistung beauftragten Unternehmer und Sonderfachleute in Anspruch genommen werden
können. Vielfach hat der Bauträger die Gewährleistungsansprüche der Erwerber
einer neu errichteten oder noch zu errichtenden Eigentumswohnung **bereits im
Notarvertrag an die Erwerber abgetreten**, wobei nach herrschender Rechtsprechung das Recht auf Wandelung des Bauträgervertrags nicht abtretbar ist.[1]

Problematisch sind derartige Regelungen nur, soweit der Bauträger gleichzeitig 70
versucht, sich von seiner Haftung insgesamt freizuzeichnen. Vor Umsetzung der
Verbraucherschutzrichtlinie 93/13/EG durch § 24a AGBG in der Fassung vom
19. 7. 1996[2] sind derartige **Dritthaftungsklauseln** in Individualverträgen weitestgehend als wirksam angesehen worden. In der Regel hat die Rechtsprechung jedoch auch schon seinerzeit entsprechende Bauträgerverträge als vom Bauträger
gestellte formularmäßige Vertragsbedingungen eingeordnet und diese somit
komplett den Regelungen des AGB-Gesetzes unterworfen. So hat der Bundesgerichtshof unter Anwendung des § 11 Nr. 10 Buchst. a AGBG in zahlreichen
Entscheidungen die Grenzen der Zulässigkeit derartiger Klauseln in Formularverträgen definiert. Sie sind danach unzulässig, wenn die Haftung des Verwenders
(Bauträgers) von einer vorherigen gerichtlichen Inanspruchnahme der übrigen am
Bau Beteiligten abhängig gemacht wird[3], oder die Klausel aufgrund ihrer sprachlichen Fassung bei dem Erwerber den Eindruck erweckt, dass er dies müsse.[4]

Ferner kann eine subsidiäre Haftung des Veräußerers nicht für **eigene Leistungen** 71
in Betracht kommen, so dass die Haftung des Bauträgers insoweit in jedem Falle
für die Mängel uneingeschränkt besteht, die überhaupt nicht im Leistungs- und
Verantwortungsbereich eines Nachunternehmers, sondern allein in seinem eigenen Verantwortungsbereich liegen.[5] Dies alles gilt wie gesagt erst recht seit Umsetzung der EU-Verbraucherschutzrichtlinie, wobei sich für nach dem 31. 12.
2001 geschlossene Verträge aufgrund der nunmehr in den §§ 305 ff. BGB n. F. niedergelegten Regelungen keine andere Betrachtung ergibt.

Insgesamt darf jedoch nicht verkannt werden, dass die **Abtretung** der Gewährleis- 72
tungsansprüche den Erwerbern insbesondere im Falle einer **Insolvenz des Bauträgers** überwiegend Vorteile bringt. Dabei ist allerdings stets die Regelung des § 404
BGB zu berücksichtigen: Hat der Bauträger den in Anspruch genommenen Subunternehmer/Sonderfachmann seinerzeit nicht vollständig bezahlt, kann dieser
den Wohnungseigentümern/innen daraus resultierende Ansprüche entgegenhalten. Soweit in den Verträgen zwischen Bauträger und Unternehmern (wirksam)
die VOB/B vereinbart ist, schlagen auch deren Regelungen über § 404 BGB durch,
was insbesondere im Hinblick auf die Regelfrist des § 13 Nr. 4 Abs. 1 VOB/B für
den Lauf der Gewährleistung von Bedeutung ist (s.o. Rz. 40).

---

1 *Werner/Pastor*, Der Bauprozess, Rz. 2193 m. w. N.
2 Vgl. Palandt/*Heinrichs*, 61. Aufl., § 24a AGBG Rz. 1 ff.
3 *Werner/Pastor*, Der Bauprozess, Rz. 2194.
4 BGH, NJW 1995, 1675 = BauR 1995, 542, 543.
5 BGH, NJW 1974, 1135 = BauR 1974, 278 ff.

73 **Hinweis:**
Um für den Fall, dass der Bauträger seine Auftragnehmer nicht voll bezahlt hat (was leider keine Seltenheit ist), keine Kostennachteile zu riskieren, sollte daher mit einer entsprechenden Mängelrüge gleichzeitig die Aufforderung verbunden werden, sich dahin gehend zu erklären, ob und in welcher Höhe noch Zahlungsansprüche aus dem Vertragsverhältnis mit dem Bauträger offen sind. Gleichzeitig ist der Bauträger aufzufordern, darzulegen, ob und in welchem Umfang er die am Bau Beteiligten möglicherweise nicht bezahlt hat. Legt der Subunternehmer/Sonderfachmann derartiges trotz so einer Anfrage erst in einem etwaigen Selbständigen Beweisverfahren oder im Rahmen einer Klage offen, ist der Rechtsstreit für die WEG umgehend entsprechend der Höhe der schlüssig dargelegten Forderung **für erledigt zu erklären** (die Beweislast für deren Erfüllung liegt über § 404 BGB bei der WEG[1]). Dies dann aber aufgrund der zuvor ja rechtzeitig erbetenen Auskunft über derartige Zahlungsrückstände des Bauträgers mit einer **negativen Kostenfolge** für den aus der Abtretung in Anspruch genommenen am Bau Beteiligten (§ 91a ZPO).

74 Auch ein **Leistungsverweigerungsrecht** (s.o. Teil 19, Rz. 78 ff.) steht den einzelnen Erwerbern grundsätzlich zu. Dies ist allerdings nach dem Grundsatz von Treu und Glauben angemessen entsprechend der jeweiligen Miteigentumsquote zu beschränken, wenn es von allen oder mehreren Erwerbern geltend gemacht wird.[2]

75 Klagt die Gemeinschaft die Mängelbeseitigungskosten als **Vorschuss** ein, besteht **keine Befugnis** des Bauträgers, hiergegen mit noch nicht gezahlten Kaufpreisraten Einzelner **aufzurechnen**.[3]

IV. Anhang

1. Muster 1: Beschlussantragsvorschlag zur Geltendmachung von Mängelgewährleistungsansprüchen durch den Verwalter

76 1. Die Wohnungseigentümergemeinschaft beschließt, dass der Verwalter im Namen der Wohnungseigentümergemeinschaft Baumängelgewährleistungsansprüche bezüglich des Gemeinschaftseigentums nebst der hieraus resultierenden Folgeschäden an den Sondereigentumseinheiten gegen den Bauträger und erforderlichenfalls den übrigen am Bau Beteiligten sowohl außergerichtlich, erforderlichenfalls auch gerichtlich geltend macht.

2. Die Wohnungseigentümergemeinschaft beschließt, dass der Verwalter in ihrem Namen und auf ihre Kosten einen Sachverständigen für Schäden an Gebäuden damit beauftragt, Mängel am Gemeinschaftseigentum aufzunehmen und diese unter Beifügung entsprechender Lichtbilder in einem Gutachten zu dokumentieren. Der Verwalter ist berechtigt, gegebenenfalls Sonderfachleute zu beauftragen,

---

1 Vgl. Palandt/*Heinrichs*, 63. Aufl., BGB § 363 Rz. 1, § 404 Rz. 3.
2 Vgl. Werner/*Pastor*, Der Bauprozess, Rz. 482 f.
3 BGH, BauR 1992, 88.

soweit der Gutachter dies für erforderlich hält. Der Verwalter wird dem Sachverständigen aufgeben, das Gutachten bis zum .... zu erstatten und unverzüglich dem Verwalter/Rechtsanwalt zu übergeben.

3. Die Wohnungseigentümergemeinschaft beschließt, dass der Verwalter wiederum in ihrem Namen und auf ihre Rechnung eine in Baurechtsangelegenheiten erfahrene Rechtsanwaltskanzlei (ggf. kann hier auch ein schon fest stehendes Büro aufgeführt werden) beauftragt, dem Bauträger bzw. den übrigen am Bau Beteiligten eine Mängelrüge zu erteilen und diese aufzufordern, die von dem Sachverständigen in seinem Gutachten festgestellten Mängel der Werkleistung innerhalb einer angemessenen Frist zu beseitigen.

4. Die Wohnungseigentümergemeinschaft beschließt, dass die zu beauftragende Rechtsanwaltskanzlei in ihrem Namen und auf ihre Kosten für den Fall, dass eine fachgerechte Mängelbeseitigung durch den Bauträger oder der übrigen am Bau Beteiligten innerhalb der gesetzten Frist nicht erfolgt, ein Selbständiges Beweisverfahren beim zuständigen Landgericht wegen der von dem Gutachter festgestellten Mängel mit folgender Begründung einleiten soll: Da die Mängel für den Fall, dass die verantwortlichen Firmen sie nicht freiwillig nachbessern, zur Vermeidung von Folgeschäden auf deren Kosten durch Dritte beseitigt werden sollen, ist es erforderlich, insoweit zuvor den Beweis durch Einholung eines gerichtlichen Gutachtens zu sichern. Andererseits ist allerdings auch gewollt, den betreffenden Firmen nach Vorlage des für beide Seiten verbindlichen Gerichtsgutachtens anzubieten, sich auf dessen Grundlage außergerichtlich zu einigen, um ein Klagverfahren zu vermeiden.

Die Wohnungseigentümergemeinschaft beschließt in diesem Zusammenhang ausdrücklich noch nicht die Klagerhebung gegen die betreffenden Firmen. Vielmehr soll nach Vorlage des Gerichtsgutachtens eine außerordentliche Eigentümerversammlung stattfinden, auf der die Ergebnisse des Gerichtsgutachtens vom Sachverständigen und den beauftragten Rechtsanwälten erläutert werden sollen, um sodann wiederum per Mehrheitsbeschluss über die weitere Vorgehensweise abzustimmen.

5. Der Verwalter wird in Abstimmung mit dem Verwaltungsbeirat ermächtigt, Gebührenvereinbarungen sowohl mit dem Sachverständigen als auch dem Rechtsanwaltsbüro abzuschließen. Die Vergütung der Hausverwaltung für ihre erforderliche Tätigkeit zur Begleitung des Sachverständigen und der Rechtsanwälte im Rahmen der Durchsetzung der Gewährleistungsansprüche gegenüber den betreffenden Baufirmen erfolgt auf der Grundlage einer gesonderten Stundenlohnvergütung in Höhe von .... Euro netto je Stunde, da diese vom normalen Verwalterhonorar nicht mitumfasst ist.

Die Wohnungseigentümergemeinschaft wird zu Protokoll darauf hingewiesen, dass selbst für den Fall eines späteren vollständigen Obsiegens eine vollständige Erstattungspflicht der für den außergerichtlich beauftragten Sachverständigen und die Hausverwaltung aufgewendeten Kosten seitens des Bauträgers und der übrigen am Bau Beteiligten ebenso wenig besteht, wie dies hinsichtlich der auf der Grundlage der mit der Rechtsanwaltskanzlei abgeschlossenen Gebührenvereinbarung entstehenden Gebühren der Fall ist, die über die Regelsätze der Bundesrechtsanwaltsgebührenordnung hinausgehen. Insoweit wird allerdings versucht, im Rahmen der angestrebten außergerichtlichen Einigung eine möglichst umfassende Kostenbeteiligung der betreffenden Baufirmen zu erreichen. Sollte es zu einer streitigen Auseinandersetzung, sprich Klagerhebung, kommen, werden allerdings nur die so genannten notwendigen Kosten (wird persönlich in der Versammlung ausgeführt) erstattungsfähig.

6. Zur Finanzierung der vorstehend beschlossenen Maßnahmen wird der Verwalter ermächtigt, Sonderumlagen von den einzelnen Mitgliedern der Wohnungseigentümergemeinschaft jeweils entsprechend ihres Miteigentumsanteils mit folgender Maßgabe anzufordern:

   a) Zur Begleichung der für die Erhebung der Mängelrüge, einschließlich der Erstellung des Privatgutachtens anfallenden bzw. bereits angefallenen Kosten soll unmittelbar nach der heutigen Eigentümerversammlung eine Sonderumlage in Höhe von insgesamt .... Euro erfolgen, deren anteilige Bezahlung auf das Gemeinschaftskonto bis zum .... fällig ist.

   b) Der Verwalter ist berechtigt, im Laufe des Verfahrens weitere Sonderumlagen in dem jeweils erforderlichen Umfang unter Fristsetzung von .... Wochen anzufordern und zwar unter Vorlage entsprechender Gerichts-, Sachverständigen- bzw. Rechtsanwaltskostenrechnungen.

   c) Werden angeforderte Sonderumlagen nach einer Mahnung durch den Verwalter nicht gezahlt, ist dieser berechtigt, sie im Namen der übrigen Wohnungseigentümer/innen unter Einschaltung eines Rechtsanwaltsbüros gerichtlich geltend zu machen.

7. Der Verwalter wird angewiesen, sowohl dem Sachverständigen als auch dem Rechtsanwalt sämtliche Unterlagen betreffend den Erwerb und die Errichtung des Bauvorhabens ...., gegebenenfalls nach entsprechender Anforderung bei den Eigentümerin/innen, geordnet zur Verfügung zu stellen (soweit vorhanden), namentlich:

   ▷ Baugenehmigung (Original, grün gekennzeichnet) einschließlich kompletter Bauantragsunterlagen, insbesondere Statik und Wärmeschutznachweis

   ▷ Baubeschreibung

   ▷ Prospekte

   ▷ Kaufverträge

   ▷ Bauzeichnungen, mindestens im Maßstab 1:100

   ▷ Teilungserklärung/Gemeinschaftsordnung

   ▷ Verwaltervertrag

   ▷ Protokoll über die letzte Verwalterbestellung

   ▷ Abnahmeprotokolle/Bescheinigungen

   ▷ eventuell bereits vorhandene Mängelanzeigen oder Einzelgutachten einzelner Eigentümer/innen.

Soweit einzelnen Miteigentümern/innen Mängel bekannt sind bzw. werden, sind diese unverzüglich dem Rechtsanwaltsbüro und dem Sachverständigen, gegebenenfalls über die Hausverwaltung, mitzuteilen.

8. Eventuelle Beschlussfassung über gesonderte Beiratsvergütung für den Fall, dass ein oder mehrere Mitglieder des Verwaltungsbeirats (oder auch andere Fachleute aus der Wohnungseigentümergemeinschaft) das Baumängelverfahren zusätzlich persönlich begleiten sollen.

2. Muster 2: Beschlussantragsvorschlag zum Abschluss eines Vergleichs

1. Die Wohnungseigentümergemeinschaft beschließt, die von dem Bauträger zur Abgeltung sämtlicher Gewährleistungsansprüche aus dem Gutachten zum Selbständigen Beweisverfahren vor dem Landgericht .... zum Aktenzeichen .... betreffend das Gemeinschaftseigentum angebotene Vergleichssumme in Höhe von .... Euro zuzüglich sämtlicher Kosten (Gerichts-, Sachverständigen- und Rechtsanwaltskosten gemäß BRAGO sowie (anteilige) Kosten der Beauftragung des Sachverständigen .... für das Privatgutachten anzunehmen.

2. Der Verwalter wird angewiesen, den vorstehenden Beschluss unter Haftungsfreistellung im gesetzlich zulässigen Umfang sofort ohne Rücksicht auf eine evtl. Beschlussanfechtung umzusetzen. Der Verwalter wird ferner angewiesen, dem Rechtsanwaltsbüro .... sofort eine Ausfertigung des Protokolls der heutigen Versammlung zur Verfügung zu stellen. Dieser soll den Bauträger informieren und auf der Grundlage des unter TOP .... gefassten Beschlusses bei dem Landgericht .... Termin zur Protokollierung des Vergleichs beantragen.

3. Die Wohnungseigentümergemeinschaft beschließt, die Vergleichssumme auf das Konto der WEG .... einzahlen zu lassen und zinsbringend bis zu einer Beschlussfassung über deren weitere Verwendung anzulegen. Die Beschlussfassung zur weiteren Vorgehensweise und Verwendung des Vergleichsbetrags erfolgt im nächsten Jahr in der ordentlichen Eigentümerversammlung. Der Verwalter ist berechtigt, zuvor evtl. erforderliche Notmaßnahmen in Abstimmung mit dem Beirat zu veranlassen.

Teil 26
Mieter und Baumaßnahmen

	Rz.		Rz.
I. Rechtliche Beziehungen	1	3. Die Barrierefreiheit, § 554a	
II. Rechte des Mieters gegenüber Vermieter, Bauträger und Bauunternehmer	3	n. F.	25
		a) Anspruchsinhaber	29
		b) Zustimmung des Vermieters	30
1. Rechte aus dem Mietvertrag	4	c) Durchsetzung des Zustimmungsanspruchs	31
a) Minderung des Mietzinses	5	d) Vereinbarungen	33
b) Zurückbehaltungsrecht	8	**III. Muster**	36
c) Sonderkündigungsrecht	13	1. Antrag auf Erlass einer einstweiligen Verfügung gerichtet auf Duldung von Erhaltungsmaßnahmen	36
d) Rechtsprechungsbeispiele	14		
2. Schadensersatzanspruch des Mieters gegenüber Bauunternehmer und Vermieter	15		
a) Schadensersatzanspruch aus unerlaubter Handlung	16	2. Antrag auf Erlass einer einstweiligen Verfügung gerichtet auf Unterlassung von Modernisierungsarbeiten	37
b) Einbeziehung Dritter in den Schutzbereich des Bauvertrags	22		

I. Rechtliche Beziehungen

Wenn man über mögliche Ansprüche von Mietern aus baurechtlicher Sicht beraten muss, stellt sich das Mietvertragsverhältnis und dessen Vertragspartner als Dreh- und Angelpunkt der Betrachtung dar. Aus dem Mietvertrag sind Mieter und Vermieter unmittelbar verpflichtet, Direktansprüche des Mieters gegenüber dem Bauträger oder Bauunternehmer hingegen sind – soweit diese nicht gleichzeitig Vermieter sind – lediglich im Rahmen gesetzlicher Schuldverhältnisse anzutreffen. 1

Darüber hinaus ist es für die Rechtsberatung wesentlich, zunächst nach der Zielrichtung des zu Beratenden zu forschen, um die Verhältnismäßigkeit der Mittel bei der Durchsetzung von Ansprüchen zu berücksichtigen. Dies erkannten zwischenzeitlich auch vielfach die Landesgesetzgeber, indem sie für Mietangelegenheiten die obligatorische Streitschlichtung vor Gütestellen einführte.[1] Als Mittel der Überbrückung des emotionalen Interessenfelds der Mietvertragsparteien bietet sich daher auf geringster Rechtsebene die Einleitung eines Verfahrens vor dem zuständigen Schiedsrichter an. Mediatorische Maßnahmen durch den Einzelanwalt sind aufgrund der häufig gravierenden Interessenkollision der Vertragsparteien zwar zulässig, dürften aber in der Sache meist keine grundsätzliche Regelung herbeiführen können. 2

---

[1] Vgl. für NRW: Gesetz über die Anerkennung von Gütestellen im Sinne des § 794 Abs. 1 Nr. 1 ZPO und die obligatorische außergerichtliche Streitschlichtung in Nordrhein-Westfalen vom 9. 5. 2000, GVBl. NRW 2000, 321.

Hinweis:
Soweit die Parteien sich aber auf ein gegenseitiges Nachgeben geeinigt haben, ist eine Absprache stets im Rahmen eines Ergebnisprotokolls, besser noch als Vereinbarung zwischen den Parteien zu formulieren.

II. Rechte des Mieters gegenüber Vermieter, Bauträger und Bauunternehmer

3 Bei der mieterseitigen Interessenwahrnehmung ist stets das Mietvertragsverhältnis Ausgangspunkt. Die Rechte und Pflichten des Mieters ergeben sich aus dem Gesetz und dem geschlossenen Mietvertrag. Die Normen und Regelungen beziehen sich ausschließlich auf das Vertragsverhältnis zwischen Mieter und Vermieter. Wirkt sich das Verhalten eines außerhalb des Vertrags stehenden Dritten auf das Vertragsverhältnis aus, so sind in der Regel Ansprüche aus den gesetzlichen Schuldverhältnissen oder ehemaligen Rechtsinstituten (cic, pVV) einschlägig.

1. Rechte aus dem Mietvertrag

4 Kommt es innerhalb des Mietverhältnisses zu Störungen, die vom Vermieter – auch verschuldensunabhängig – zu vertreten sind, steht dem Mieter der folgende „Dreiklang" zu Verfügung:

▷ Minderung des Mietzinses

▷ Geltendmachung des Zurückbehaltungsrechts am Mietzins

▷ Sonderkündigungsrecht

a) Minderung des Mietzinses

5 Der Minderung geht die **Mängelanzeige des Mieters** über den konkreten Mangel an den Vermieter voraus, die Anzeige kann zeitgleich mit dem Ausspruch der Minderung erfolgen. Das Instrument der Minderung stellt keinen Anspruch dar, vielmehr tritt die Minderung von selbst **kraft Gesetzes** ein.[1]

6 Der Bundesgerichtshof hat durch sein Urteil vom 16.7.2003 die Rechtsfolgen vorbehaltloser Mietzahlung in Mangelkenntnis neu geregelt. Die ursprüngliche Ansicht, dass derjenige, der trotz Kenntnis seines Minderungsrechtes vorbehaltlos seinen Mietzins weiter bezahlt und keine Mängelanzeige an die Vermieterseite tätigte, sein Minderungsrecht nach Ablauf von sechs Monaten verwirkt, ist nunmehr modifiziert.[2] Der Bundesgerichtshof knüpft die rechtliche Wirkung unmittelbar an den Zeitpunkt des Mietvertragsabschlusses dergestalt, als dass der

---
1 BGH, NJW-RR 1991, 779.
2 BGH, NJW 2003, 2601.

Minderungszeitpunkt vor dem 1. 9. 2001 anders bewertet wird als der Zeitpunkt, seit dem das Mietrechtsreformgesetz Gültigkeit beansprucht. Ein Verzicht im ursprünglichen Rechtssinne ist bzgl. des Minderungsrechtes seit dem 1. 9. 2001 nicht mehr gegeben. Die Fortzahlung des Mietzinses führt daher nur für die Fälle zum Ausschluss von Gewährleistungsrechten, soweit es sich um Zeiträume handelt, welche vor dem 1. 9. 2001 gelegen sind. Die ursprüngliche Rechtsprechung des Bundesgerichtshofes klebte an dem „alten" Mietrecht. Die bisherige Rechtsprechung kann zur analogen Anwendung des § 539 BGB a. F. nicht mehr herangezogen werden. Die Änderung der Rechtsprechung hat selbstverständlich auch unmittelbare Auswirkung auf die Überlegungen des Bauherrens. Sollte der Bauherr/Vermieter einer Mieteinheit künftig im Nachhinein über eine Mietminderung befinden müssen, so ist angeregt, einzelvertraglich zu regeln, dass eine Mietminderung unter Verzicht der Anzeige nicht rückwirkend geltend gemacht werden kann, sondern vielmehr – nach einem Zeitablauf von sechs Monaten – die getätigte Mietzahlung nicht mehr zurückgefordert werden kann und der Mieter allenfalls für die Zukunft auf den Rechtsweg verwiesen wird.

Bei der Minderung ist grundsätzlich zu prüfen, ob der Mangel die **Tauglichkeit der Mietsache beeinträchtigt**. Liegt nur eine unwesentliche Beeinträchtigung vor, kann eine Minderung ungerechtfertigt sein. 7

b) Zurückbehaltungsrecht

Trotz vorbehaltloser Zahlung des Mietzinses über einen Zeitraum von mehr als sechs Monaten kann der Mieter sich auf sein Zurückbehaltungsrecht berufen. So hat der Bundesgerichtshof entschieden, dass der Mieter einer Halle, in welcher ein Baumarkt betrieben wird, aufgrund diverser Feuchtigkeitsschäden zwar nicht mehr die Mietzahlung mindern könne, der Anspruch auf Beseitigung des Mangels und das aus seiner Nichterfüllung abgeleitete Zurückbehaltungsrecht bleibt unberührt.[1] Voraussetzung ist jedoch, dass der Mieter den **Mangel angezeigt** hat, anderenfalls verliert er das Recht, sich auf das Zurückbehaltungsrecht zu berufen.[2] 8

Das Zurückbehaltungsrecht wurde durch die **Mietrechtsreform** gefestigt; so ist die Beschränkung von Aufrechnung und Zurückbehalt weit gehend unzulässig. § 556b Abs. 2 BGB n. F. bestimmt ausdrücklich, dass eine zum Nachteil des Mieters abweichende Vereinbarung zur Frage der Aufrechnung und des Zurückbehalts unwirksam ist. Im Übrigen ist darauf hinzuweisen, dass § 556b BGB n. F. mit In-Kraft-Treten des Mietrechtsreformgesetzes ohne Einschränkung Anwendung findet. 9

Die **Höhe** des Zurückbehaltungsrechts ist nach objektiven Kriterien zu bemessen[3], das Recht bezieht sich auf die restliche (ungeminderte) Miete und beläuft sich auf das 3 bis 5fache der Minderung.[4] Das LG Saarbrücken hingegen beziffert die Höhe des Zurückbehalts auf das 3fache der Kosten, die für die Beseitigung des 10

---

1 BGH, ZMR 1997, 505.
2 LG Berlin, GE 2002, 55.
3 LG München I, NZM 2000, 87.
4 OLG Naumburg, NZM 2001, 100.

Mangels erforderlich sind.[1] Das Recht selbst besteht nur für den Monat, in dem der konkrete Mangel vorhanden ist.[2]

11 Zweck des Zurückbehaltungsrechts ist einerseits der Anreiz an den Vermieter, den Mangel zu beseitigen und andererseits, einen Schadensersatz ziffernmäßig vorzubereiten, wenn der Mangel durch **Ersatzvornahme** beseitigt werden muss. Das Recht, sich auf sein Zurückbehaltungsrecht zu berufen, kann selbstverständlich nur von einem **vertragstreuen Mieter** geltend gemacht werden.[3]

12 Im Übrigen hat der **Mieter einer Eigentumswohnung** gegen seinen Vermieter auch dann einen gerichtlich durchsetzbaren Anspruch auf Mangelbeseitigung, wenn die zur Mangelbeseitigung erforderlichen Maßnahmen Eingriffe in das gemeinschaftliche Eigentum der Wohnungseigentümergemeinschaft notwendig machen und – soweit erforderlich – ein zustimmender Beschluss der Wohnungseigentümergemeinschaft nicht vorliegt.[4] Anders liegt der Fall, wenn der Mieter unzulässig bauliche Veränderungen veranlasste. Hier kann der Vermieter durch die übrigen Eigentümer durch Beschluss verpflichtet werden, auf den Mieter mit allen geeigneten rechtlichen Maßnahmen einzuwirken, dass dieser, soweit erforderlich, bei der Beseitigung der unzulässigen baulichen Veränderungen mitwirkt.[5]

c) Sonderkündigungsrecht

13 Führen sowohl Minderung als auch Zurückbehalt des Mietzinses nicht dazu, dass der Mangel beseitigt wird, oder beeinträchtigt der konkrete Mangel die Tauglichkeit der Mietsache erheblich, kann der Mieter das Mietverhältnis **ohne Einhaltung einer Kündigungsfrist** kündigen. Das Sonderkündigungsrecht wegen Mängeln geht aber unter, wenn der Mieter zwar den Mangel gerügt, die Sache aber über Jahre hinweg auf sich hat beruhen lassen, und später aufgrund des gerügten Mangels kündigt.[6]

Beispiel:
Sind hingegen bei einem Ladenlokal in bester Innenstadtlage erhebliche Zugangsbehinderungen durch Bauarbeiten zu beklagen, stellen diese einen Mietmangel dar, der zur außerordentlichen Kündigung berechtigt, wenn die Arbeiten stocken und ihr Ende nicht absehbar ist.[7]

d) Rechtsprechungsbeispiele

14 ▷ Der Mieter muss Bauarbeiten dulden, kann aber die Mietzahlung mindern[8];

---

1 LG Saarbrücken, NZM 1999, 757.
2 OLG Frankfurt a.M., NZM 2000, 186.
3 OLG Düsseldorf, OLG-Report 2001, 32.
4 KG, NJW-RR 1990, 1166.
5 OLG Köln, ZMR 2001, 65 f.
6 BGH, NZM 2000, 825.
7 OLG Dresden, NZM 1999, 317.
8 LG Berlin, MM 2000, 222.

▷ der Vermieter muss Baulärm vom Nachbargrundstuck dulden, ohne eine Ausgleichszahlung beanspruchen zu können, gleichwohl muss der Vermieter eine Minderung hinnehmen[1];

▷ bei Gewerberaum bezieht sich die Minderung auf den ganzen Tag, nicht nur auf die Arbeitszeiten[2];

▷ ein Mangel kann bei Einhaltung der DIN-Normen vorliegen, wenn bekannt ist, dass diese nicht den aktuellen technischen Möglichkeiten entsprechen und sie demnächst geändert werden sollen[3];

▷ wird an der Außenfassade des Hauses gearbeitet und ist das Haus eingerüstet sowie durch Planen verdunkelt, kann die Mietzahlung pauschal – ohne Störungsnachweis – um 10 % gemindert werden[4];

▷ soll durch eine bauliche Maßnahme am Gebäude der Zugang zur Wohnung des Mieters verbessert werden, kann der Mieter verpflichtet sein, den Teil seiner Balkonfläche abzugeben, der für die Baumaßnahme benötigt wird[5].

2. Schadensersatzanspruch des Mieters gegenüber Bauunternehmer und Vermieter

Aus dem einzelnen Bauvertrag können sich weiterhin Ansprüche zu Gunsten des Mieters auf Schadensersatz und Schmerzensgeld ergeben. Der Mieter kann je nach Einzelfall originäre Ansprüche geltend machen oder aber vom Schutzbereich des Bauvertrags erfasst werden.

a) Schadensersatzanspruch aus unerlaubter Handlung

Werden in der Mietwohnung oder den Zutrittsräumen Modernisierungen durchgeführt, haftet der Bauunternehmer im Falle der mangelhaften Durchführung **auch für Mangelfolgeschäden** an Mietereigentum.[6] Der Haftungsanspruch des Mieters folgt unmittelbar den Regelungen der unerlaubten Handlung.

Beispiel:
Der Bundesgerichtshof hatte insofern einen Fall wiederholter Wassereinbrüche in einen Kellerraum, welcher vermietet worden war, zu entscheiden. Insofern obliege dem Bauunternehmer die grundsätzliche Sicherungspflicht bezüglich in den fraglichen Raum eingebrachten Gegenstände. Die Sicherungspflicht beschränke sich nicht auf solche Gefahren, die den Benutzern des Hauses und ihren Rechtsgütern unmittelbar aus dem Bauwerk selbst erwachsen. Denn das Gebäude diene im Regelfall auch der Abwehr von außen drohender Gefahren, zumal die Bewohner des Gebäudes ihre Sachen gerade im Vertrauen auf den Schutz des Gebäudes einbrächten.[7]

---

1 OLG München, IBR 1994, 458; BayObLG, REMiet 2/86, NJW 1987, 1950.
2 KG, NZM 2000, 40.
3 BGHZ 139, 16, 20.
4 KG, GE 2001, 1539.
5 AG Dülmen, WuM 1998, 345.
6 Vgl. BGH, BauR 1990, 501 ff.; BGH, VersR 1987, 159 f.; *Siegburg*, Gewährleistung beim Bauvertrag, 3. Aufl., Rz. 169.
7 BGH, BauR 1990, 501 ff.

17 Im Übrigen wird nach dem Zweck der streitigen Bauleistung unterschieden: Der Schadensersatzanspruch ist nur gegeben, wenn der Bauleistung auch die Aufgabe zukommt, Gefahren von absolut geschützten Rechtsgütern der Hausbewohner abzuwenden. Erfüllt die Bauleistung nicht diese Funktion, so verletzt die über den Mangelunwert der Leistung hinausgehende Beeinträchtigung dieser Rechtsgüter das durch § 823 Abs. 1 BGB geschützte Integritätsinteresse des betroffenen Sacheigentümers.

18 Der Bauunternehmer ist in derartigen Fällen als **Erfüllungsgehilfe** des Vermieters tätig. So haftet der Vermieter, wenn durch unsachgemäße Bauarbeiten eines Erfüllungsgehilfen (hier: Schweißarbeiten an der Gebäudetrennfuge) an einem aus mehreren Teilen bestehenden räumlich zusammenhängenden Gebäudekomplex, in dem die Mietsache gelegen ist, ein Brand entsteht und die Mietsache hierdurch unbenutzbar wird.[1]

19 Sind die Schäden an dem eingebrachten Eigentum des Mieters durch einen Baumangel verursacht und stehen dem Mieter neben Ansprüchen aus unerlaubter Handlung noch vertragliche Ansprüche gegenüber dem Vermieter zu, so haften der Bauunternehmer und der Vermieter dem Mieter als **Gesamtschuldner** mit der Folge, dass ein Ausgleichsanspruch des Vermieters gegen den Bauunternehmer nach § 426 Abs. 1 Satz 1 BGB n. F. in Betracht kommt.[2]

Eine Schadensersatzverpflichtung des Vermieters gegenüber dem Mieter besteht nicht, wenn dieser auf einer bauordnungswidrigen Treppe innerhalb des Mietobjekts zu Fall kommt, die er seit annähernd zwei Jahren täglich mehrmals benutzt, ohne jemals Beanstandungen wegen des bauordnungswidrigen Zustands erhoben zu haben.[3] Liegen die Voraussetzungen für einen Schadensersatzanspruch aus unerlaubter Handlung vor, so kann der Mieter im konkreten Einzelfall auch **Schmerzensgeld** geltend machen, sofern der Mangelfolgeschaden sich in einem Personenschaden konkretisierte.

20 Im Übrigen hat der Mieter die baulichen Maßnahmen in der Mietwohnung, die erforderlich sind, zu dulden und dem Vermieter und den Handwerkern Zutritt zur Wohnung zu gewähren. Durch die Mietrechtsreform hat der Gesetzgeber indessen in § 554 BGB n. F. den **Duldungsanspruch des Vermieters** modifiziert, nunmehr erfasst die Duldung räumlich nur noch die Mietsache selbst, nicht mehr auch das Gebäude, in welchem die Mietsache gelegen ist. Weiterhin gebraucht der Gesetzgeber nicht mehr den Begriff der „Einwirkung" sondern den der „Maßnahme". Hieraus folgt eine Einschränkung des Rechtskreises des Vermieters, da der Vermieter verpflichtet ist, nunmehr auch Erhaltungsmaßnahmen anzukündigen und weiterhin auch dessen Ersatzanspruch für Aufwendungen gegenüber dem Mieter.[4]

21 Schlussendlich trifft den Vermieter eine Verpflichtung zum Schadensersatz, wenn er **baurechtswidrige** Räumlichkeiten vermietet.[5]

---

1 OLG Düsseldorf, OLG-Report 2001, 196 ff.
2 Vgl. BGH, NJW 1994, 2231 f.
3 OLG Düsseldorf, ZMR 2001, 962.
4 *Lützenkirchen*, Neue Mietrechtspraxis, Rz. 604; *Sternel*, ZMR 2001, 937, 942.
5 LG Berlin, ZMR 1999, 823.

b) Einbeziehung Dritter in den Schutzbereich des Bauvertrags

Fernerhin kann im Einzelfall die Mieterperson in den Schutzbereich des Bauvertrags einbezogen sein. Grundsätzlich stellt der Mieter hinsichtlich des Bauvertrags zwischen Vermieter und Bauunternehmer eine „vertragsfremde" Person dar. Der Mieter ist jedoch in die **Sorgfalts- und Obhutspflichten** des Vertrags einbezogen, so dass er bei deren Verletzung vertragliche Schadensersatzansprüche geltend machen kann.[1] Hieraus folgt ein Schutz für Personen, die zur **Hausgemeinschaft** des Mieters gehören, insbesondere dessen Familienangehörige und Hausangestellte[2], der Partner einer eheähnlichen Lebensgemeinschaft[3], bei Geschäftsräumen die vom Mieter in diesen Räumen beschäftigen Personen.[4] Gleichfalls ist der Eigentümer von Sachen gesichert, die sich berechtigter Weise in den Mieträumen befinden.[5]

Hingegen sind nach dem OLG Köln lediglich gelegentliche **Besucher eines Mieters** nicht in den Schutzbereich des Mietvertrags zwischen dem besuchten Mieter und dessen Vermieter einbezogen.[6] Der zu entscheidende Fall zeichnete sich dadurch aus, dass das Gericht die Haftung eines Hauseigentümers aus dem Gesichtspunkt der Verletzung der Verkehrssicherungspflicht für Schäden verneinte, die ein Besucher seines Hauses dadurch erleidet, dass er auf einer Treppenanlage im Eingangsbereich des Hauses zu Fall kommt, weil er das Haus bei völliger Dunkelheit verlassen hat, ohne die Beleuchtung des Außenbereichs einzuschalten. Der Besucher durfte nicht darauf vertrauen, dass die Außenbeleuchtung beim Verlassen des Hauses ebenso wie beim Betreten des Grundstücks durch Bewegungsmelder eingeschaltet wird.

Kommt ein Mieter jedoch **während der Durchführung** von Modernisierungsmaßnahmen zu Schaden, weil beispielsweise die Verkehrssicherheitspflichten nicht eingehalten wurden, ist der Bauunternehmer dem geschädigten Mieter unmittelbar zu Schadensersatz aus dem Bauvertrag verpflichtet, und zwar aus dem Gesichtspunkt der Einbeziehung in den Schutzbereich des Bauvertrags. Außerdem kommt ein Anspruch aus unerlaubter Handlung in Betracht, welcher jedoch aufgrund des Verschuldenstatbestandes meist nicht durchsetzbar sein dürfte.

3. Die Barrierefreiheit, § 554a BGB n. F.

Mit dem Mietrechtsreformgesetz[7] führte der Gesetzgeber erstmals eine Regelung in das Gesetz ein, welches dem Mieter einen **Anspruch auf bauliche Veränderung** der Mietsache eröffnet. Die neue Regelung ist ohne Einschränkung mit In-Kraft-Treten des Gesetzes anwendbar. Ausgangspunkt für die neue Regelung ist die so genannte „Treppenlift-Entscheidung" des Bundesverfassungsgerichts.[8]

---

1 BGHZ 49, 350, 353.
2 BGHZ 61, 227, 233; BGHZ 77, 116, 124.
3 OLG Hamburg, NJW-RR 1988, 1481 f.
4 BGHZ 61, 227, 233.
5 BGH, JZ 1970, 375, 376.
6 OLG Köln, ZMR 2001, 273.
7 BGBl. I, 1149 ff.
8 Vgl. BVerfG, NZM 2000, 539 ff.

26 Das Bundesverfassungsgericht hatte sich seinerzeit mit der Frage zu beschäftigen, ob ein Vermieter den Einbau eines Treppenlifts zu dulden hat, den der Mieter zugunsten seiner querschnittsgelähmten Ehefrau verlangte. Das Bundesverfassungsgericht arbeitete in seiner Entscheidung heraus, dass zur Durchsetzung der baulichen Veränderung eine Abwägung der gegenseitigen grundgesetzlich geschützten Interessen von Mieter und Vermieter durchzuführen sei. Letztlich war bei der verfassungsgerichtlichen Entscheidung auch zu berücksichtigen, dass einer behinderten Person unter dem Gesichtspunkt des Gleichheitsgrundsatzes keine Benachteiligung zuteil wird.

27 Der Gesetzgeber hat nunmehr nahezu exemplarisch die Grundsätze, welche das Bundesverfassungsgericht aufstellte, in geltendes Recht überführt. Der Rechtsausschuss sah sich gefordert, da „... gerade ältere Menschen, für die ein Umbau wegen einer altersbedingten Gebrechlichkeit wichtig werden kann, um in der angestammten Wohnung bleiben zu können, häufig eine Auseinandersetzung mit dem Vermieter scheuen". „Der Ausschuss möchte deshalb mit einer ausdrücklichen Norm im BGB für mehr Rechtsklarheit und Rechtssicherheit sorgen sowie die Verhandlungsposition behinderter Menschen gegenüber dem Vermieter stärken und ein Signal setzen."[1]

28 Aufgrund des notwendigen Eingriffs in die Bausubstanz der Mietwohnung oder des Miethauses ist die Durchsetzung des grundsätzlichen Anspruchs aber davon abhängig, ob der Vermieter sich nicht auf gegenläufige Interessen berufen kann. Weiterhin hat der Mieter, bezogen auf die Baumaßnahmen, die Verpflichtung **in adäquater Höhe Sicherheit zu leisten**.

a) Anspruchsinhaber

29 Der Mieter von Wohnraum kann nunmehr für sich bzw. für eine Drittperson, die der Mieter berechtigter Weise in seiner Wohnung aufgenommen hat, vom Vermieter die Durchführung baulicher Veränderungen verlangen, soweit diese für eine **behindertengerechte Benutzung** des Mietwohnraums erforderlich sind. Hierbei hat der Gesetzgeber nicht nur stark körperlich behinderte Personen als Nutznießer im Visier, vielmehr sollen all diejenigen Personen von der Neuregelung profitieren, welche erhebliche und dauerhafte Einschränkungen der Bewegungsfähigkeit erleiden, sei diese auch auf einen Unfall oder den normalen Alterungsprozess zurückzuführen. Vor diesem Hintergrund können sich insbesondere auch ältere Personen, welche ihre Wohnung altersbedingt umgestalten wollen und müssen, auf die Neuregelung berufen.

b) Zustimmung des Vermieters

30 Gemäß § 554a Abs. 1 Satz 2 BGB kann der Vermieter seine Zustimmung zur baulichen Veränderung verweigern, wenn sein **Interesse an der unveränderten Erhaltung** der Mietsache das Interesse des Mieters an einer behindertengerechten Nutzung der Mietsache überwiegt.

---

[1] BT-Drucks. 14/5663, S. 78, abgedruckt in NZM 2001, 798, 800; so auch *Mersson*, NZM 2002, 313 ff.

Aus der gesetzlichen Regelung folgt, dass für eine Anspruchsdurchsetzung stets die Abwägung der gegenseitigen Interessen von Mieter und Vermieter erfolgen muss. Hierbei ist der jeweilige Einzelfall zu berücksichtigen. Bei der Abwägung handelt es sich um einen Interessenausgleich der grundgesetzlich verbürgten Rechte von Eigentumsschutz und Gleichheitsgrundsatz. In die **Güterabwägung** sind alle generellen und dem konkreten Einzelfall unterliegenden erheblichen Umstände einzubeziehen. Hierzu zählen unter anderem die mutmaßliche Dauer und Schwere der Behinderung, der Umfang und die Erforderlichkeit der Maßnahme, die Dauer der Bauzeit, Rückbaumöglichkeit, bauordnungsrechtliche Genehmigungsfähigkeit, Beeinträchtigung der Mitmieter während der Bauzeit, Einschränkung der Mitmieter durch die bauliche Veränderung, mögliche Haftungsrisiken des Vermieters usw.[1] Daneben kann für die Güterabwägung auch von Bedeutung sein, ob durch Auflagen an den Mieter, wie etwa den Abschluss einer **Haftpflichtversicherung**, mögliche Nachteile für den Vermieter gemildert werden können, so dass die Zulässigkeit der Umbaumaßnahme leichter erreicht wird.[2] Letztlich wird man dem Vermieter auch die mieterseitige Verpflichtung zubilligen müssen, mit der Durchführung der Umbaumaßnahmen ein anerkanntes Fachunternehmen zu beauftragen.[3]

c) Durchsetzung des Zustimmungsanspruchs

Gesetzlich hat nunmehr der Mieter gegen den Vermieter einen Zustimmungsanspruch auf die Durchführung der baulichen Veränderung. Mit dem Zustimmungsanspruch geht einher, dass die **Beweislast** für das Nichtvorliegen des Anspruchs grundsätzlich dem Vermieter obliegt. Allerdings ist deutlich darauf hinzuweisen, dass der Mieter **vor Einleitung** der Baumaßnahme die Zustimmung seines Vermieters vorliegen haben muss. Ähnlich wie in Mieterhöhungsverfahren steht die Zustimmung vor Durchführung der Maßnahme, wobei im Falle der nicht erteilten Zustimmung dem Mieter der Anspruch auf gerichtliche Durchsetzung und Ersatz der Willenserklärung zusteht. In diesem Falle kann der Mieter die Zustimmungspflicht des Vermieters im Wege der Zustimmungsklage durchsetzen. 31

Andererseits steht dem Vermieter wiederum vor Erklärung der Zustimmung das Recht zu, die Zustimmungserklärung von der **Hinterlegung** einer zusätzlichen **Sicherheit** abhängig zu machen. Die Sicherheit dient dem Vermieter dazu, bei Beendigung des Mietverhältnisses einen erforderlichen **Rückbau** finanziell abzusichern. Die zu erbringende Sicherheit muss angemessen sein. Die Sicherheit ist dann angemessen, wenn sie sich an der Höhe der voraussichtlichen Wiederherstellungskosten einschließlich Folgenbeseitigung orientiert. Von einer die Angemessenheit übersteigende Sicherheit darf der Vermieter seine Zustimmung jedoch nicht abhängig machen.[4] Wegen der mit zunehmender Mietdauer einher- 32

---

1 Vgl. *Harsch* in Lützenkirchen, Anwalts-Handbuch Mietrecht, Rz. 104 ff.
2 BT-Drucks. 14/5663, S. 78, NZM 2001, 798, 800 f.; vgl. dazu auch LG Duisburg, ZMR 2000, 464.
3 Zu Recht: *Mersson*, NZM 2002, 315 in Analogie zur Rechtsprechung zur Anbringung von Parabolantennen, OLG Frankfurt a.M., NJW 1992, 2490 ff.; OLG Karlsruhe, DWW 1993, 294.
4 So zu Recht *Geldmacher*, Mietrecht kompakt 2002, 122.

gehender Kostensteigerung für einen möglichen Rückbau wird dem Vermieter ein Aufstockungsanspruch zugebilligt werden können.[1] Die mutmaßlichen Kosten des Rückbaus sollten insoweit mittels Kostenvoranschlag zuzüglich eines zeitabhängigen Aufschlags ermittelt werden; die für den Kostenvoranschlag entstehenden Kosten sind ebenfalls mieterseits zu tragen.[2] Letztlich ist die gesetzliche Regelung auch dahingehend auszulegen, dass der Vermieter die Sicherheitsleistung vor Beginn der Baumaßnahme von dem Mieter verlangen kann.

Hinweis:
Im Weiteren ist darauf hinzuweisen, dass die Sicherheitsleistung gleich der Mietkaution im Sinne des § 551 Abs. 3 und 4 BGB n. F. angelegt werden soll.

d) Vereinbarungen

33 Zunächst ist darauf hinzuweisen, dass das Gesetz ausdrücklich eine abweichende Vereinbarung zwischen den Mietparteien **zulasten des Mieters** für **unwirksam** erklärt. Andererseits aber empfiehlt es sich, mieterseits bereits bei Mietvertragsabschluss eine mögliche Notwendigkeit zur Ergreifung behindertengerechter Baumaßnahmen zu fixieren. Es scheint angebracht, zumindest unter Position „Verschiedenes" bzw. „sonstige Vereinbarungen" den Umfang von Umbaumaßnahmen und auch deren Rückbauverpflichtung zu thematisieren.

34 **Hinweis:**
Weiterhin sollte zwischen den Mietvertragsparteien versucht werden, im Hinblick auf die Durchführung der Baumaßnahmen dahin gehend Einigkeit zu erzielen, dass mögliche Ansprüche gegenüber dritten Personen (Bau- bzw. Werkunternehmer) gemeinsam ausgeübt bzw. dem Grunde nach dem Eigentümer abgetreten werden. In der Regel dürften die baulichen Veränderungen in die Bausubstanz der Wohnräumlichkeiten eingreifen und diese ganz verändern.

35 § 554a BGB n. F. ist ausdrücklich als **Sonderregelung** ausgestaltet. Eine Analogie für die Fälle, in denen der Vermieter seine Zustimmung zu anderen Sonderrisiken (z. B. Mauerdurchbruch, Versetzen von Wänden, Einbau einer Satellitenantenne o.Ä.) von einer zusätzlichen Sicherheit abhängig macht, kann nach diesseitiger Ansicht auf der Grundlage von § 554a Abs. 1 BGB n. F. nicht gezogen werden. In der Ausgestaltung und der Höhe einer derartigen Sicherheit aber dürften die Konditionen mit der der Sicherheit nach § 554a Abs. 2 BGB n. F. vergleichbar sein.[3]

---

1 *Drasdo*, WuM 2002, 123; *Fischer-Dieskau/Mersson*, Wohnungsbaurecht, § 554a BGB Anm. 3.
2 *Drasdo*, WuM 2002, 123.
3 Vgl. *Derleder*, WuM 2002, 241; *Kraemer*, NZM 2001, 738.

III. Muster

1. Antrag auf Erlass einer einstweiligen Verfügung gerichtet auf Duldung von Erhaltungsmaßnahmen

Amtsgericht

.... (Anschrift)

Antrag auf Erlass einer einstweiligen Verfügung

In dem Rechtsstreit

der .... (Name, Anschrift des Vermieters),

– Antragstellerin –

– Verfahrensbevollmächtige: RA .... –

gegen

Herrn .... (Name, Anschrift des Mieters)

– Antragsgegner –

wegen: Mietrecht.

Namens und in Vollmacht der Antragstellerin beantragen wir wegen der Dringlichkeit ohne mündliche Verhandlung den Erlass einer einstweiligen Anordnung mit folgenden Anträgen:

1. Der Antragsgegner wird verpflichtet, das Aufnehmen der Balkonplatten und die Erneuerung der Balkoneindichtung in der Mietwohnung zu dulden und zu diesem Zweck der Antragstellerin oder den vor ihr beauftragten Fachhandwerkern den Zutritt zu der Mietwohnung .... (Anschrift, genaue Lagebezeichnung), zu gestatten.

2. Dem Antragsgegner wird für jeden Fall der Zuwiderhandlung gegen die Verpflichtung aus Ziffer 1 des Antrags ein Ordnungsgeld in Höhe von .... Euro und für den Fall, dass dieses nicht beigetrieben werden kann, für je… Euro ein Tag Ordnungshaft angedroht.

3. Der Antragsgegner trägt die Kosten des Verfahrens.

Darüber hinaus beantragen wir,

für den Fall, dass das erkennende Gericht nicht ohne mündliche Verhandlung entscheiden will, die Ladungsfrist auf ein Mindestmaß abzukürzen (§§ 217, 226 ZPO).

Begründung

Die Antragstellerin ist Eigentümer und Vermieter der im Rubrum näher bezeichneten Eigentumswohnung, deren Mieter der Antragsgegner ist.

Beweis: Vorlage des Mietvertrages vom .... in Kopie (Anlage K 1)

I.

In der unterhalb der vermieteten Wohnung der Antragstellerin gelegenen Wohnung dringt Wasser an der Außenwand zum Balkon hin aus. Insbesondere im Übergangsbereich von der Decke zur Wand bildete sich rechtsseitig ein großflächiger Feuchtigkeitsfleck mit Schimmelpilzbefall aus.

Beweis: Eidesstattliche Versicherung des Herrn .... im Original (Anlage K 2)

In einem selbstständigen Beweisverfahrens vor dem Amtsgericht .... wurde durch Sachverständigengutachten als Ursache des Feuchtigkeitsschadens eine schadhafte und undichte Eindichtung des Balkons der streitgegenständlichen Wohnung festgestellt.

Beweis: Beiziehung der Verfahrensakte zu ....

Auf der Grundlage der Ergebnisse des selbstständigen Beweisverfahrens beschloss die Eigentümergemeinschaft... in ihrer Eigentümerversammlung am ...., die Firma .... mit der Schadensbeseitigung durch Neueindichtung der Balkoneindichtung zu betrauen.

Beweis: Vorlage des Protokolls der Eigentümerversammlung vom .... (Anlage K 3)

Die Antragstellerin unterrichtete den Antragsgegner von der bevorstehenden Abdichtungsmaßnahme und benannte den .... als Arbeitsbeginn. Die Mitarbeiter der Firma .... versuchten am ...., in die streitgegenständliche Wohnung zu gelangen. Der Antragsgegner verwehrte ihnen jedoch ohne Angabe von Gründen den Zutritt zur Wohnung.

Beweis: Eidesstattliche Versicherung des Herrn .... im Original (Anlage K 4)

Nachdem die Antragstellerin es mehrfach ebenfalls vergeblich versuchte, den Antragsgegner von dem Zutritt zur Wohnung und der Durchführung der Sanierungsarbeiten zu überzeugen, der Antragsgegner sich weiterhin verweigerte, ist die Einleitung des Verfahrens im Wege des einstweiligen Rechtsschutzes erforderlich.

II.

Aufgrund des eindringenden Wassers und nach Feststellung der Schadensursache ist es dringend geboten, die Ursache des Schadens zu beseitigen, zumal der Schaden aufgrund der bevorstehenden regenreichen Herbst- und Wintermonate größer zu werden droht. Da einerseits die konstruktiven Elemente des Balkons zwingend Gemeinschaftseigentum darstellen und andererseits das eindringende Wasser hinter die Balkonabdichtung gelangt sowie zu Feuchtigkeitsschäden an Decke und Außenwand der Wohnung, welche unterhalb der streitgegenständlichen Wohnung gelegen ist, führt, ist ein weiteres Zuwarten für die Antragstellerin nicht zumutbar. Im Übrigen setzt sich die Antragstellerin bei weiterem Zeitablauf Schadensersatzansprüchen der Wohnungseigentümergemeinschaft, im ärgsten Falle sogar einem Verfahren nach § 18 WEG aus.

Mietvertraglich ist der Antragsgegner im Weiteren verpflichtet, die Handwerker in die Wohnung zu lassen, § .... des Mietvertrages.

Beweis: Vorlage des Mietvertrages vom .... in Kopie (liegt als Anlage K 1 vor)

Weiterhin handelt es sich bei der Zutrittsverpflichtung des Antragsgegners um eine mietvertragliche Nebenverpflichtung. Der Antragsgegner ist grundsätzlich verpflichtet, bekannten und drohenden Schaden von der Mietsache und den übrigen Räumen des Wohnhauses abzuhalten.

Zur Glaubhaftmachung überreichen wir die eidesstattliche Erklärung des Antragstellers vom .... im Original.

Rechtsanwalt

2. Antrag auf Erlass einer einstweiligen Verfügung gerichtet auf Unterlassung von Modernisierungsarbeiten

Amtsgericht

.... (Anschrift)

Antrag auf Erlass einer einstweiligen Verfügung

In dem Rechtsstreit

des Herrn .... (Name, Anschrift des Mieters),

– Antragstellers –

– Verfahrensbevollmächtige: RA .... –

gegen

Frau .... (Name, Anschrift des Vermieters),

– Antragsgegnerin –

wegen: Mietrecht.

Namens und in Vollmacht des Antragstellers beantragen wir wegen der Dringlichkeit ohne mündliche Verhandlung den Erlass einer einstweiligen Anordnung mit folgenden Anträgen:

1. Der Antragsgegnerin wird aufgegeben, die Bauarbeiten, insbesondere die Arbeit zur Installation einer Etagenheizung in der Wohnung des Antragstellers umgehend einzustellen.

2. Die Antragsgegnerin wird für jeden Fall der Zuwiderhandlung gegen die Verpflichtung aus Ziffer 1 des Antrags ein Ordnungsgeld in Höhe von .... Euro und für den Fall, dass dieses nicht beigetrieben werden kann, für je .... Euro ein Tag Ordnungshaft angedroht.

3. Die Antragsgegnerin trägt die Kosten des Verfahrens.

Darüber hinaus beantragen wir,

für den Fall, dass das erkennende Gericht nicht ohne mündliche Verhandlung entscheiden will, die Ladungsfrist auf ein Mindestmaß abzukürzen (§§ 217, 226 ZPO).

Begründung

Der Antragsteller ist Mieter der im Rubrum näher bezeichneten Wohnung, die Antragsgegnerin Vermieterin derselben.

Beweis: Vorlage des Mietvertrages vom .... in Kopie (Anlage K 1)

Die streitgegenständliche Wohnung wird bisher mit Kohleöfen beheizt. Die Antragsgegnerin teilte dem Antragsteller mit Schreiben vom .... mit, dass eine Gasetagenheizung eingebaut werden wird.

Beweis: Vorlage des Schreibens vom .... in Kopie (Anlage K 2)

Der Antragsteller widersprach am .... schriftlich der Installation der Gasetagenheizung, da der Einbau für ihn eine besondere Härte darstellt.

Beweis: Vorlage des Schreibens vom .... in Kopie (Anlage K 3)

Ohne weiteren Zeitverzug verschaffte sich heute Vormittag die Firma F. unter dem Vorwand einer Routinekontrolle Zutritt bei dem Antragsteller und begannen daraufhin, Zimmerwände zu durchbrechen, um Heizungsleitungen verlegen zu können. Nur mithilfe eines anwesenden Arbeitskollegen gelang es dem Antragsteller, die Handwerker aus der Wohnung zu verweisen. Die Mitarbeiter der Firma F. kündigten an, am nächsten Werktag die Arbeiten fortzusetzen.

Der Antragsteller indessen ist nicht verpflichtet, die Einbaumaßnahme zu dulden. Im Weiteren versagte er die Zustimmung zur Durchführung der Heizungsinstallation, § 554 BGB. Vor diesem Hintergrund wäre es Aufgabe der Antragsgegnerin, zunächst die Zustimmung des Antragstellers zu den Modernisierungsarbeiten gerichtlich durchzusetzen bzw. die Duldung zu erreichen. Der Antragsteller ist nicht verpflichtet, die Baumaßnahmen ohne seine Zustimmung zu gewähren.

Zur Glaubhaftmachung überreichen wir die eidesstattliche Erklärung des Antragstellers vom .... im Original.

Sollte das Gericht weiteren rechtlichen oder tatsächlichen Vortrag für erforderlich halten, wird um richterlichen Hinweis gemäß §§ 139, 278 ZPO gebeten.

Rechtsanwalt

Teil 27
Internationales Bau- und Architektenrecht

	Rz.
I. Überblick	1
II. Privates Baurecht	3
1. Prozessuale Probleme	3
a) Internationale Zuständigkeit	5
aa) Zuständigkeitsvereinbarungen	9
bb) Erfüllungsort	12
cc) Berufungszuständigkeit bei Auslandsberührung	15
b) Verfahrensführung	16
aa) Die Zustellung im Ausland	17
bb) Die Prozessfähigkeit ausländischer Parteien	20
cc) Beweisaufnahmen	21
c) Schiedsgerichtsverfahren	27
d) Auslandsvollstreckung	40
2. Geltung inländischen oder ausländischen Baurechts: Internationales Privatrecht	46
a) IPR Allgemeiner Teil	50
aa) Art. 3 EGBGB	50
bb) Art. 4 EGBGB	52
cc) Art. 5 EGBGB	55
dd) Art. 6 EGBGB	56
b) Internationales Schuldrecht	57
aa) Art. 27 EGBGB: Freie Rechtswahl	58
bb) Art. 28 EGBGB: Mangels Rechtswahl anzuwendendes Recht	61
cc) Art. 34 EGBGB: Zwingendes Recht	64
c) Grenzfälle	70
3. Europarecht	72
a) Überblick	72
b) Normierungsvorhaben	74
c) Europäischer Gerichtshof	76
d) Richtlinie zur Bekämpfung von Zahlungsverzug im Geschäftsverkehr	78
aa) Verzugszinsen	79
bb) Verzugsfristerhöhung	80
cc) Vollstreckung	81
dd) Eigentumsvorbehalt	82
ee) Missbrauch der Vertragsfreiheit	83
ff) Umsetzung	84
4. Einzelne Länder und deren Vorschriften	85
a) Anglo-amerikanischer Rechtskreis, England	86
b) Belgien	94
c) Frankreich	95
aa) Rechtsquellen	95
bb) Werkvertrag	96
cc) Subunternehmer	97
dd) Action directe	98
ee) Absicherung des Werklohns	100
ff) Bauträgervertrag	102
gg) Mängelgewährleistung und Haftung	103
hh) Öffentliches Auftragswesen	107
d) Italien	110
aa) Entgelt	112
bb) Material	114
cc) Rücktritt	115
dd) Abnahme	116
ee) Mängel	117
ff) Subunternehmer	119
gg) Bauhandwerkersicherung	120
e) Schweiz	121
f) Niederlande	125
aa) Entgelt	127
bb) Material	128
cc) Rücktritt	129
dd) Abnahme	130
ee) Mängel	131
ff) Subunternehmer	132
g) Polen	133
aa) Bauvertrag	134
bb) Entgelt	137
cc) Material	139
dd) Rücktritt	140
ee) Abnahme	141
ff) Mängel	143
gg) Subunternehmer	149
h) Spanien	150
5. International verwendete technische Standardnormwerke	154
a) VOB	156
b) FIDIC	157
aa) Rangfolge	158
bb) Rechtswahl und Vertragssprache	159

	Rz.		Rz.
cc) Ausführungsunterlagen und Ausführung, Abtretung und Untervergabe	160	kk) Vergütung, Abrechnung von Massemehrungen/-minderungen	170
dd) Ausführungsfristen, Behinderung und Unterbrechung der Ausführung	161	ll) Kündigung FIDIC Klausel 15, 16	171
ee) Sicherung des Werklohns nach im Einzelnen ausgehandelten FIDIC Bauvertragsbedingungen	162	6. Arbeitsverhältnisse im internationalen Baurecht; Arbeitnehmerentsendegesetz	172
		a) Arbeitsverhältnisse im internationalen Baurecht	172
		b) Arbeitnehmerentsendungsgesetz	175
ff) Haftung FIDIC Klausel 17, 18	163	III. Architektenrecht	181
gg) Vertragsstrafe FIDIC: FIDIC Klausel 8.7	164	1. Internationales Architektenrecht	181
hh) Verteilung der Gefahr FIDIC Klausel 17.2, 10	165	2. Ausländisches Architektenrecht	184
ii) Abnahme FIDIC Klausel 10	166	a) Frankreich	184
		b) England/USA	187
jj) Gewährleistung (Defects Liability) FIDIC Klausel 11	168	c) Niederlande	190
		d) Schweiz	193
		e) Italien	196

I. Überblick

1 Internationales Baurecht gewinnt insbesondere vor dem Hintergrund des weit gehend liberalisierten[1] und zunehmenden europäischen Wettbewerbs der Bauunternehmer und **grenzüberschreitender Tätigkeit** von Architekten immer stärker an Bedeutung. Für den mit privatem Baurecht befassten Anwalt eröffnet sich dadurch ein reichhaltiges Betätigungsfeld, da mit dem Auslandsbezug eines Immobilienvorhabens die im nationalen Rahmen gewohnte relative Rechtssicherheit schwindet und der Bedarf an rechtlicher Beratung wächst. Das internationale Baurecht im engeren Sinne erarbeitet als internationales Privatrecht vor diesem Hintergrund Kriterien für die Antwort auf die Frage, welches private Baurecht im streitigen Einzelfall Anwendung findet. Mit einem Verweis auf das überwiegend im EGBGB geregelte deutsche internationale Privatrecht ist es aber in der Praxis nicht getan, da die Parteien eines Bauvorhabens die Regeln ihrer Zusammenarbeit zweckmäßigerweise unter Bezugnahme auf allgemein anerkannte Standardbedingungen **frei vereinbaren**.

2 Ferner spielt, selbst wenn die Regeln einer internationalen Zusammenarbeit bei einem Bauvorhaben frei vereinbart werden, die **Kenntnis** der jeweiligen **fremden Rechtsordnung** eine bedeutende Rolle bei der Frage, für welches Recht man sich entscheidet, wobei nicht unbeachtet bleiben darf, dass neben die nationalen Rechtsordnungen gelegentlich **multilaterales Einheitsrecht** tritt. Der Begriff des

---

1 Vgl. RL Nr. 1999/42/EG des Europäischen Parlaments und des Rates vom 7. 6. 1999 über ein Verfahren zur Anerkennung der Befähigungsnachweise für die unter die Liberalisierungs- und Übergangsrichtlinien fallenden Berufstätigkeiten in Ergänzung der allgemeinen Regelung zur Anerkennung der Befähigungsnachweise, ABl. 1999 Nr. L 201, 77–93.

Internationalen Baurechts soll daher hier die Gesamtheit von Rechtsvorschriften und -konkretisierungen erfassen, die sich auf Auslandssachverhalte der Immobilienerstellung, insbesondere grenzüberschreitender Art, bezieht. Dabei spielt das private Baurecht (Rz. 3 ff) eine größere Rolle als das Architektenrecht (Rz. 181 ff.), was vor allem daran liegt, dass die Architekten mit dem örtlichen Planungs- und Bauordnungsrecht vertraut sein müssen, was grenzüberschreitende Tätigkeiten überwiegend auf den gestaltenden Aspekt beschränkt und eine komplette Übernahme von Planung und Überwachung schwierig macht. Allerdings wächst die Bedeutung des Internationalen Architektenrechts.[1]

II. Privates Baurecht

1. Prozessuale Probleme

Verfahrensrechtlich gilt auch in Bausachen mit internationalem Bezug der allgemeine Grundsatz, dass das jeweils am Gerichtsort geltende Prozessrecht für den Bauprozess maßgeblich ist (**lex fori**). Allerdings kann am Anfang und am Ende eines Prozesses auf **Einheitsrecht** zurückgegriffen werden, das sich etwa im Europäischen Gerichtsstands- und Vollstreckungsübereinkommen und im Luganer Gerichtsstands- und Vollstreckungsübereinkommen sowie im New Yorker UN-Übereinkommen über die Anerkennung und Vollstreckung ausländischer Schiedssprüche[2] findet. Auch im internationalen Zusammenhang nimmt das **Schiedsgerichtsverfahren** eine besondere Rolle ein. Im Übrigen wird das eigentliche **Erkenntnisverfahren** nach den jeweiligen nationalen Vorschriften geführt.

Als wesentliche prozessuale Probleme werden im Folgenden erörtert, a) die Frage der internationalen Zuständigkeit des angegangenen Gerichts, b) Einzelprobleme der Verfahrensführung und c) das Schiedsgerichtsverfahren mit internationalem Bezug.

a) Internationale Zuständigkeit

Die internationale Zuständigkeit[3] deutscher Gerichte richtet sich in deren sachlichem und räumlichem Anwendungsbereich nach dem Europäischen Gerichtsstands- und Vollstreckungsübereinkommen (**EuGVÜ**) und dem Luganer Gerichtsstands- und Vollstreckungsübereinkommen (**LuGVÜ**), das die Regelungen der ZPO insoweit ersetzt, jedenfalls bis zum 28. 2. 2002.

Die Europäische Union hat sich jedoch zum Ziel gesetzt, den Raum der Freiheit, der Sicherheit und des Rechts, in dem der freie Personenverkehr gewährleistet ist, zu erhalten und weiterzuentwickeln. Demgemäß hat der Rat die Verordnung Nr. 44/2001/EG des Rates vom 22. 12. 2000 über die gerichtliche Zuständigkeit und die Anerkennung und Vollstreckung von Entscheidungen in Zivil und Han-

---

1 Vgl. BGH, BauRB 2003, 76; BGH, BauRB 2003, 102; BGH, MDR 2003, 683; BGH, BauR 2001, 979–981; OLG Brandenburg BauR 2001, 820 m. Anm. *Ehlers*; OLG Brandenburg, BauR 2002, 119; OLG München, BauR 1986, 242; LG Kaiserslautern, NJW 1988, 652; OLG Koblenz, NJW-RR 1988, 1402.
2 BGBl. 1961 II, S. 122.
3 Vgl. dazu auch *Werner/Pastor*, Bauprozess, Rz. 424.

delssachen (**EuGVVO**) erlassen.[1] Die Verordnung trat am 1. 3. 2002 in Kraft und gilt mit Ausnahme Dänemarks in allen EU-Mitgliedsstaaten.

7 Als **Wahlgerichtsstände** werden dort bestimmt:

▷ der Gerichtsstand am Sitz des Gegners: Art. 2 Abs. 1 EuGVÜ (LuGVÜ, EuGVVO)

▷ Der Gerichtsstand des vertraglichen Erfüllungsortes: Art. 5 Nr. 1 EuGVÜ (LuGVÜ, EuGVVO)

▷ der Gerichtsstand der unerlaubten Handlung Art. 5 Nr. 3 EuGVÜ (LuGVÜ, EuGVVO)

▷ der Gerichtsstand der Zweigniederlassung Art. 5 Nr. 5 EuGVÜ (LuGVÜ, EuGVVO)

▷ Gerichtsstandsvereinbarungen Art. 17 EuGVÜ (Art. 17 LuGVÜ, Art. 23 EuGVVO)

▷ die rügelose Einlassung Art. 18 EuGVÜ (Art. 18 LuGVÜ, Art. 24 EuGVVO)

8 Außerhalb der beiden Übereinkommen und der EuGVVO muss die internationale Zuständigkeit der deutschen Gerichte über die Regelungen der ZPO zur örtlichen Zuständigkeit ermittelt werden, denn das **deutsche Zivilprozessrecht** enthält fast ausnahmslos keine speziellen Regelungen zur internationalen Zuständigkeit. Nach Auffassung des BAG[2] begründet allerdings § 8 AEntG die Internationale Zuständigkeit der deutschen Gerichte, und zwar offenbar auch im Anwendungsbereich des LugGVÜ, was bedenklich ist.

aa) Zuständigkeitsvereinbarungen

9 Zuständigkeitsvereinbarungen waren schon nach dem EuGVÜ und dem LuGVÜ zulässig. Art. 23 I EuGVVO bestimmt zukünftig, dass sobald die Parteien, von denen mindestens eine ihren Wohnsitz im Hoheitsgebiet eines Mitgliedstaats hat, vereinbart haben, dass ein Gericht oder die Gerichte eines Mitgliedstaats über eine **bereits entstandene** Rechtsstreitigkeit oder über eine **künftige** aus einem bestimmten Rechtsverhältnis entspringende Rechtsstreitigkeit entscheiden sollen, dass dieses Gericht oder die Gerichte dieses Mitgliedstaats zuständig sind. Dieses Gericht oder die Gerichte dieses Mitgliedstaats sind **ausschließlich** zuständig, sofern die Parteien nichts anderes vereinbart haben.

10 Eine solche Gerichtsstandsvereinbarung muss geschlossen werden

▷ schriftlich oder mündlich mit schriftlicher Bestätigung,

▷ in einer Form, welche den Gepflogenheiten entspricht, die zwischen den Parteien entstanden sind, oder

---

1 ABl. Nr. L 012 v. 16. 1. 2001 S. 0001–0023.
2 BAG, NZA 2003, 62–63, und zwar für aus Polen entsandte gewerbliche Arbeitnehmer.

▷ im internationalen Handel in einer Form, die einem Handelsbrauch entspricht, den die Parteien kannten oder kennen mussten und den Parteien von Verträgen dieser Art in dem betreffenden Geschäftszweig allgemein kennen und regelmäßig beachten.

Nach Art. 23 Abs. 2 EuGVVO sind **elektronische Übermittlungen**, die eine dauerhafte Aufzeichnung der Vereinbarung ermöglichen, der Schriftform gleichgestellt. Wenn eine solche Vereinbarung von Parteien geschlossen wurde, die beide ihren Wohnsitz nicht im Hoheitsgebiet eines Mitgliedstaats haben, so können die Gerichte der anderen Mitgliedstaaten nicht entscheiden, es sei denn, das vereinbarte Gericht oder die vereinbarten Gerichte haben sich rechtskräftig für unzuständig erklärt. 11

bb) Erfüllungsort

Von grosser Bedeutung für das Baurecht ist weiterhin der Gerichtsstand des vertraglichen Erfüllungsortes. Der Begriff „Vertrag oder Ansprüche aus einem Vertrag" wird **autonom** bestimmt[1] und hat sich also an der Systematik und den Zielsetzungen der Verordnung auszurichten. Dadurch soll sichergestellt werden, dass sich aus der Verordnung für alle Mitgliedsstaaten sowie alle betroffenen Personen möglichst die gleichen Rechte und Pflichten ergeben. Der Begriff der erfüllten oder noch zu erfüllenden Verpflichtung (Art. 5 Nr. 1 Buchst. a EuGVVO) meint auch in Zukunft grundsätzlich diejenige Verpflichtung, die den Gegenstand der jeweiligen Klage bildet[2] und nicht etwa die den Vertrag prägende charakteristische Leistung, da ansonsten einseitig der Schuldner eben dieser charakteristischen Leistung ohne Grund begünstigt werden würde. Maßgebend ist die jeweils **streitbefangene Hauptverpflichtung**.[3] Ansprüche, die sich aus vertraglichen **Nebenpflichten** ergeben, sind zuständigkeitsrechtlich an die ihnen zugrunde liegende Hauptverpflichtung anzuknüpfen. Hierzu gehören z. B. Schadensersatzansprüche aus pVV.[4] 12

In Bezug auf die Lage des Erfüllungsortes für Ansprüche aus **Kauf- und Dienstleistungsverträgen** bringt Art. 5 Nr. 1 Buchst. b EuGVVO gegenüber der Rechtslage nach dem EuGVÜ und der LuGVÜ jedoch eine Neuerung. Sie ist deshalb von Bedeutung, weil unter dem Begriff Dienstleistungen auch Bau- und Architektenleistungen zu verstehen sind.[5] Bislang entschied praktisch ausschließlich das nach dem IPR des Forumstaates zu ermittelnde materielle Recht über die Lage des Erfüllungsortes (lex causae), so auch der EuGH.[6] Der neue Art. 5 Nr. 1 Buchst. b EuGVVO bestimmt nunmehr den Erfüllungsort für Ansprüche aus Bauleistungsverträgen ausdrücklich **autonom**, so dass es auf die Frage, nach welcher Rechts- 13

---

1 EuGH, „Petero/Zuid", RIW 1983, 871; EuGH, „Arcado/Haviland", NJW 1989, 1424.
2 EuGH, „Tessili/Dunlop", NJW 1977, 491.
3 EuGH, „Tessili/Dunlop", NJW 1977, 491; BGH, IPRax 1997, 416; OLG Hamm, IPRspr. 1992 Nr. 188.
4 Vgl. *Zöller/Geimer*, ZPO, Art. 5 EuGVVO Rz. 7.
5 *Kropholler*, Europäisches Zivilprozessrecht, Art. 5 Rz. 37.
6 EuGH, Rs 12/76 „Tessili/Dunlop", NJW 1977, 491; EuGH „Custom Made v. Stawa Metallbau", NJW 1995, 183; BGH, MDR 2003, 402.

ordnung der Erfüllungsort zu bestimmen ist, vordergründig nicht mehr ankommt.[1] Beim Kauf ist Erfüllungsort der Ort in einem Mitgliedstaat, an den die Waren nach dem Vertrag geliefert worden sind oder hätten geliefert werden müssen. Bei den Dienstleistungen ist das Gericht des Ortes zuständig, an dem die Dienstleistungen nach dem Vertrag erbracht worden sind oder hätten erbracht werden müssen. Für Ansprüche aus Bau- und Architektenverträgen dürfte stets der **Baustellenort Erfüllungsort** sein.[2] Nach wie vor zulässig sind Vereinbarungen über den Erfüllungsort. Für die Erfüllungsortvereinbarung kann von den Parteien ein anderes Recht gewählt werden als das, das auf den übrigen Vertrag anwendbar ist (**so genanntes Nebenstatut**).

14 Besondere Probleme ergeben sich, wenn die streitige Verpflichtung nicht deutlich zu lokalisieren ist. Im Fall „Besix" waren Unterlassungsansprüche streitig. Zwei Unternehmen hatten sich Ausschließlichkeit in einem Bieterverfahren zugesichert. Die hieraus resultierenden **Unterlassungsansprüche** waren überall zu erfüllen. Der EuGH[3] hat für einen solchen Fall entschieden, dass die besondere Zuständigkeitsregel des Art. 5 Nr. 1 EuGVÜ nicht anwendbar ist, wenn der Erfüllungsort der den Gegenstand des Verfahrens bildenden Verpflichtung deshalb nicht bestimmt werden kann, weil die streitige vertragliche Verpflichtung eine geografisch unbegrenzt geltende Unterlassungspflicht ist und damit durch eine **Vielzahl von Orten** gekennzeichnet wird, an denen sie erfüllt worden ist oder zu erfüllen wäre; in einem solchen Fall kann die Zuständigkeit nur nach dem allgemeinen Zuständigkeitskriterium gemäß Art. 2 Abs. 1 EuGVÜ bestimmt werden.

cc) Berufungszuständigkeit bei Auslandsberührung

15 Die ZPO-Novelle hat der Praxis einen neuen **§ 119 Abs. 1 GVG** beschert, wonach die Zuständigkeit in Berufungssachen gegen amtsgerichtliche Entscheidungen beim OLG liegt, wenn eine Partei ihren Sitz im Ausland hat oder wenn das AG ausländisches Recht angewendet hat.

b) Verfahrensführung

16 Das Verfahren vor deutschen Gerichten richtet sich nach den Vorschriften der ZPO. Ausnahmen können sich im internationalen Bereich bei der Zustellung, bei der Prozessfähigkeit und bei Beweisaufnahmen im Ausland ergeben.

aa) Die Zustellung im Ausland

17 Die Zustellung der Klageschrift und des Urteils kann insbesondere **im Falle der Säumnis** des Beklagten schwierig werden. Zustellungserleichterungen, wie die der §§ 184, 183 Abs. 1 Nr. 2 ZPO (Zustellung durch Aufgabe zur Post) können Probleme aufwerfen, wenn die Entscheidung im Ausland vollstreckt werden

---

[1] Vgl. dazu aber *Schlosser*, EU-Zivilprozeßrecht, 2. Auflage, München 2003, Art. 5 EuGVVO Rz. 10a ff.: Rückgriff auf nationales Recht im Einzelfall unverzichtbar.
[2] BGH, BauR 2001, 979–981 (Architektenvertrag); vgl. auch KG, IPRax 2000, 405–406; *Schlosser*, EU-Zivilprozeßrecht, Art. 5 EuGVVO Rz. 10b.
[3] EuGH v. 19. 2. 2002 – C-256/00 IPRax 2002, 392, Rz. 55.

muss. Grundsätzlich sind Zustellungsakte Hoheitsakte, so dass die Zustellung des verfahrenseinleitenden Schriftstücks auch in Zukunft **im Wege der Rechtshilfe** zu bewirken ist (vgl. § 183 Abs. 1 Nr. 2 ZPO i. V. m. § 184 Abs. 1 Satz 1 ZPO). Hilfreich sind die Vorschriften des **Haager Zustellungsübereinkommens** vom 15. 11. 1965.[1] Die parallele europäische Verordnung Nr. 1348/2000/EG trat am 31. 5. 2001 in Kraft und genießt Vorrang (§ 183 Abs. 3 ZPO). Grundsätzlich erfolgt die Auslandszustellung auf Veranlassung des Gerichts (vgl. § 183 ZPO).

Hinweis:
Es ist darauf zu achten, dass ggf. das Zustellungszeugnis nach dem Haager Abkommen vorliegt, bevor ein Versäumnisurteil im Ausland verwendet wird.

Seit Mai 2001 wird die Auslandszustellung von der Verordnung Nr. 1348/2000/EG des Rates vom 29. 5. 2000 über die Zustellung gerichtlicher und außergerichtlicher Schriftstücke in Zivil- oder Handelssachen (**EuZVO**) in den Mitgliedstaaten[2] geregelt. Sie erfasst Zustellungen von einem Mitgliedsstaat in einen anderen, trat am 31. 5. 2001 in Kraft und genießt gegenüber älteren Regelungen Vorrang (vgl. §§ 1067 ff. ZPO). Dem zu übermittelnden Schriftstück ist nach Art. 4 Abs. 3 EuZVO ein Antrag beizufügen, der nach dem **Formblatt** im Anhang erstellt wird. Das Formblatt ist in der Amtssprache des Empfangsmitgliedstaats oder, wenn es in diesem Mitgliedstaat mehrere Amtssprachen gibt, der Amtssprache oder einer der Amtssprachen des Ortes, an dem die Zustellung erfolgen soll, oder in einer sonstigen Sprache, die der Empfangsmitgliedstaat zugelassen hat, auszufüllen. Jeder Mitgliedstaat hat die Amtssprache oder die Amtssprachen der Europäischen Union anzugeben, die er außer seiner oder seinen eigenen für die Ausfüllung des Formblatts zulässt.

18

Die Schriftstücke sowie alle Dokumente, die übermittelt werden, bedürfen weder der Beglaubigung noch einer anderen gleichwertigen Formalität. Die Zustellung des Schriftstücks wird von der jeweils benannten Empfangsstelle bewirkt oder veranlasst, und zwar entweder nach dem Recht des Empfangsmitgliedstaats oder in einer von der Übermittlungsstelle gewünschten besonderen Form, sofern dieses Verfahren mit dem Recht des Empfangsmitgliedstaats vereinbar ist. Nach Erledigung der für die Zustellung des Schriftstücks vorzunehmenden Schritte wird nach dem Formblatt im Anhang der Verordnung eine entsprechende **Bescheinigung ausgestellt**, die der Übermittlungsstelle übersandt wird. Diese Bescheinigung wird zukünftig für die Anerkennung nach der EuGVVO **große Bedeutung** gewinnen. Die Bescheinigung ist in der Amtssprache oder in einer der Amtssprachen des Übermittlungsmitgliedstaats oder in einer sonstigen Sprache, die der Übermittlungsmitgliedstaat zugelassen hat, auszufüllen. Jeder Mitgliedstaat hat die Amtssprache oder die Amtssprachen der Europäischen Union anzugeben, die er außer seiner oder seinen eigenen für die Ausfüllung des Formblatts zulässt. Art. 14 Abs. 1 EuZVO stellt es den Mitgliedstaaten frei, auch im Ausland Schriftstücke unmittelbar durch die Post zuzustellen. Doch ist § 184 Abs. 1 Satz 1 ZPO zu beachten, so dass es in der Praxis für das **verfahrenseinleitende Schriftstück** bei der Zustellung gemäß **Art. 4 EuZVO** bleibt.

19

---

1 BGBl. 1977 II, S. 1453.
2 ABl. Nr. L 160 v. 30. 6. 2000 S. 0037–0043.

bb) Die Prozessfähigkeit ausländischer Parteien

20 Die Prozessfähigkeit ausländischer Parteien richtet sich nach deren **Personalstatut**. Bei Gesellschaften ist Personalstatut das **Gesellschaftsstatut**. Bei natürlichen Personen ist auf deren Staatsangehörigkeit abzustellen. Das europäische Gesellschaftsrecht ist gegenwärtig im Umbruch begriffen. Seit der „Centros"-Entscheidung des EuGH[1] ist Bewegung in die starre Sitztheorie gekommen, deren Vertreter[2] sich unter Berufung auf Gläubigerschutzinteressen vehement gegen den zunehmenden Einfluss der anglo-amerikanischen Gründungstheorie wehren. Ob sich die protektionistische Sitztheorie gegenüber den europäischen Grundfreiheiten behaupten kann, blieb bis zu der Entscheidung in Sachen „Überseering" abzuwarten. In dieser Sache hat der EuGH zwischenzeitlich entschieden, dass **ausländische Kapitalgesellschaften** aus EU-Mitgliedsstaaten grundsätzlich anzuerkennen sind.[3] Zwischenzeitlich hatte der BGH noch versucht, ausländischen Gesellschaften mit Inlandssitz ihre begründeten und wohlerworbenen Rechte als GbR zu erhalten.[4] In Sachen „Inspire Art" hat der EuGH seine anerkennungsfreundliche Rechtsprechung fortgeführt.[5] Der BGH hat notgedrungen seine Rechtsprechung an die des EuGH angepasst.[6]

cc) Beweisaufnahmen

21 Welche Beweismittel zulässig sind, richtet sich ausschließlich nach der **lex fori**. Muss auf einer ausländischen Baustelle Beweis durch Augenschein erhoben werden, ist ein **Rechtshilfeersuchen** nach dem Haager Beweishilfeübereinkommen vom 18. 3. 1970[7] zu stellen. Seit In-Kraft-Treten des Rechtspflegevereinfachungsgesetzes vom 17. 12. 1990 scheitert die Durchführung eines **Selbständigen Beweisverfahrens** nicht mehr an der internationalen Zuständigkeit der deutschen Gerichte. Ob der in Deutschland beauftragte Sachverständige die ausländische Baustelle im Auftrag eines deutschen Gerichts in Augenschein nehmen darf, erscheint auf den ersten Blick fraglich, denn immerhin handelt es sich um ein deutsches Beweisverfahren. Andererseits ist es zulässig, einen ausländischen Sachverständigen mit der Beweiserhebung zu betrauen, wenn er zustimmt,[8] so dass es auch keinen Bedenken begegnet, wenn der inländische Sachverständige sich in das Ausland begibt, um die Baustelle in Augenschein zu nehmen. Innerhalb der Europäischen Union dürfte zudem die **Dienstleistungsfreiheit** nationalen Vorbehalten Grenzen setzen. Vor ausländischen Gerichten herrschen oftmals andere Grundsätze als in Deutschland. In Frankreich ist z. B. der Zeugenbeweis zwar grundsätzlich zulässig, doch kommt er in der Praxis kaum vor. In den USA

---

1 EuGH, NJW 1999, 2027; vgl. auch EuGH, NJW 1989, 2186 „Daily Mail".
2 Vgl. BGHZ 97, 269: Auflösung und Neugründung.
3 EuGH, RIW 2002, 945 ff.
4 Vgl. BGH, WPM 2002, 1929, 1930; zu ähnlichen Überlegungen vgl. *Hausmann* in Reithmann/Martiny, Internationales Vertragsrecht, Rz. 1565.
5 EuGH v. 30. 9. 2003 – C-167/01, NJW 2003, 3331.
6 BGH, IPRax 2003, 344 = BauRB 2003, 51 mit Anm. *Hök*; BGH, IPRax 2003, 265; zu den Auswirkungen auf das Baurecht *Hök*, ZfBR 2003, 320 ff.
7 BGBl. 1977 II, S. 1472.
8 BGH, IPRax 1981, 57.

können discovery proceedings betrieben werden, die ausufernde Sachverhaltsermittlungen zulassen.[1]

Das Haager Übereinkommen vom 18. 3. 1970 über die Beweisaufnahme im Ausland in Zivil- oder Handelssachen gilt nur zwischen 11 Mitgliedstaaten der Europäischen Union. Die Gesetzgebungstätigkeit der Europäischen Union bereichert deshalb das Internationale Verfahrensrecht um die **Verordnung Nr. 1206/2001/EG** des Rates vom 28. 5. 2001 über die Zusammenarbeit zwischen den Gerichten der Mitgliedstaaten auf dem Gebiet der Beweisaufnahme in Zivil- oder Handelssachen.[2] Diese Verordnung trat am 1. 7. 2001 in Kraft. Sie gilt allerdings erst **ab dem 1. 1. 2004**, mit Ausnahme der Art. 19, 21 und 22, die ab dem 1. 7. 2001 gelten und lediglich Durchführungsbestimmungen enthalten (vgl. §§ 1072 ff. ZPO).

Nach Auffassung der Europäischen Union darf sich die Tätigkeit der Gemeinschaft nicht auf den unter die Verordnung Nr. 1348/2000/EG des Rates vom 29. 5. 2000 über die Zustellung gerichtlicher und außergerichtlicher Schriftstücke in Zivil- oder Handelssachen in den Mitgliedstaaten fallenden Bereich der Übermittlung gerichtlicher und außergerichtlicher Schriftstücke in Zivil- und Handelssachen beschränken. Daher musste die Zusammenarbeit der Gerichte der Mitgliedstaaten auf dem Gebiet der Beweisaufnahme weiter verbessert werden. Eine effiziente Abwicklung gerichtlicher Verfahren in Zivil- oder Handelssachen soll dadurch gewährleistet werden, dass die Übermittlung der **Ersuchen um Beweisaufnahme** und deren Erledigung direkt und auf schnellstmöglichem Wege **zwischen den Gerichten der Mitgliedstaaten** erfolgt.

Damit ein Höchstmaß an Klarheit und Rechtssicherheit gewährleistet ist, sollen die Ersuchen um Beweisaufnahme anhand eines **Formblatts** übermittelt werden, das in der Sprache des Mitgliedstaats des ersuchten Gerichts oder in einer anderen von diesem Staat anerkannten Sprache auszufüllen ist. Auch für die weitere Kommunikation zwischen den betreffenden Gerichten sollen nach Möglichkeit Formblätter verwendet werden. Die Ersuchen um Beweisaufnahme sollen rasch erledigt werden. Kann das Ersuchen innerhalb von 90 Tagen nach Eingang bei dem ersuchten Gericht nicht erledigt werden, so soll dieses das ersuchende Gericht hiervon unter Angabe der Gründe, die einer zügigen Erledigung des Ersuchens entgegenstehen, in Kenntnis zu setzen.

Die Möglichkeit, die Erledigung eines **Ersuchens** um Beweisaufnahme **abzulehnen**, ist auf eng begrenzte Ausnahmefälle beschränkt. Das ersuchte Gericht soll das Ersuchen nach Maßgabe des Rechts seines Mitgliedstaats erledigen. Die Parteien und gegebenenfalls ihre Vertreter sollten der Beweisaufnahme beiwohnen können, wenn dies im Recht des Mitgliedstaats des ersuchenden Gerichts vorgesehen ist, damit sie die Verhandlungen wie im Falle einer Beweisaufnahme im Mitgliedstaat des ersuchenden Gerichts verfolgen können. Auch die Beauftragten des ersuchenden Gerichts sollten der Beweisaufnahme beiwohnen können, wenn dies mit dem Recht des Mitgliedstaats des ersuchenden Gerichts vereinbar ist, damit eine bessere Beweiswürdigung erfolgen kann.

---

1 Vgl. *Hök*, Discovery procedings als Anerkennungshindernis, Neuwied 1993 (Diss.).
2 ABl. Nr. L 174 v. 27. 6. 2001 S. 0001–0024.

26 Für die Erledigung des Ersuchens nach Art. 10 darf die **Erstattung von Gebühren** oder Auslagen nicht verlangt werden.

Falls jedoch das ersuchte Gericht dies verlangt, stellt das ersuchende Gericht unverzüglich die Erstattung folgender Beträge sicher:

▷ der Aufwendungen für Sachverständige und Dolmetscher und

▷ der Auslagen, die durch die Anwendung von Art. 10 Abs. 3 und 4 entstanden sind.

Die Pflicht der Parteien, diese Aufwendungen und Auslagen zu tragen, unterliegt dem Recht des Mitgliedstaats des ersuchenden Gerichts. Wird die Stellungnahme eines Sachverständigen verlangt, kann das ersuchte Gericht vor der Erledigung des Ersuchens das ersuchende Gericht um eine angemessene Kaution oder einen angemessenen Vorschuss für die **Sachverständigenkosten** bitten. In allen übrigen Fällen darf die Erledigung eines Ersuchens nicht von einer Kaution oder einem Vorschuss abhängig gemacht werden. Die Kaution oder der Vorschuss wird von den Parteien hinterlegt bzw. einbezahlt, falls dies im Recht des Mitgliedstaats des ersuchenden Gerichts vorgesehen ist.

c) Schiedsgerichtsverfahren

27 Baurechtliche Probleme werden oft Gegenstand gerichtlicher Klärung. Zugleich ist die baurechtliche Materie jedoch sehr technisch geprägt und wird deshalb häufig der besonderen Sachkunde eines Schiedsgerichts zugeführt. Dies empfiehlt sich insbesondere im Bereich des grenzüberschreitenden Baurechts **auch aus Zeitgründen**.[1] Aus der ZPO ist für das internationale Schiedsgerichtsverfahren § 1041 von besonderer Bedeutung. Danach ist es auch im Schiedsverfahren möglich, einstweilige Zustände zu regeln, einstweilige Verfügungen und Arrestanträge zu behandeln. **§ 1051 ZPO** enthält eine **besondere Kollisionsnorm** für Schiedsverfahren, die allerdings nicht unproblematisch ist. Anwendbar ist das Recht, das von den Parteien für anwendbar bezeichnet wurde (§ 1051 Abs. 1 ZPO). Mangels Rechtswahl soll das Schiedsgericht das Recht des Staates anwenden, mit dem der Gegenstand des Verfahrens die engsten Verbindungen aufweist (§ 1051 Abs. 2 ZPO). Die Vorschrift ist an Art. 28 EGBGB angelehnt.

28 Der Gesetzgeber hat damit aber den Bedürfnissen der Praxis nicht umfassend Rechnung getragen, denn nicht immer sind die streitigen Rechtsverhältnisse vertraglicher Natur. Um diesem Problem gerecht zu werden, muss eine Interpretation des § 1051 Abs. 2 ZPO nicht nur am Wortlaut der Art. 27ff. EGBGB orientiert sein. § 1051 Abs. 2 ZPO muss vielmehr als eine **eigenständige Grundnorm des IPR** im Schiedsverfahren verstanden werden, die das dafür notwendige Maß an Flexibilität in sich birgt. Zugleich ist damit § 1051 ZPO als verantwortungsvoller Auftrag an die Schiedsgerichte und die Literatur zu verstehen, für die Zukunft nachvollziehbare und praxisnahe Kollisionsnormen zu entwickeln, die natürlich

---

1 Zu den Besonderheiten vgl. *Hausmann* in Reithmann/Martiny, Internationales Vertragsrecht, Rz. 3214ff.

weitestgehend auf der Grundlage des EGBGB und den gewohnheitsrechtlich entwickelten IPR-Regelungen basieren müssen.[1] Die Anerkennung und Vollstreckung ausländischer Schiedssprüche ist über das New Yorker UN-Übereinkommen vom 10. 6. 1958[2] gewährleistet.

Haben die Parteien die **FIDIC-Bedingungen** vereinbart, wird in der Regel eine Schiedsvereinbarung zugunsten des Internationalen Schiedsgerichtshofes der Internationalen Handelskammer (ICC) in Paris bzw. der Schiedsgerichtsordnung der ICC getroffen. Die FIDIC-Bedingungen sehen ein kompliziertes System der **Streitschlichtung** vor. In der 1. Stufe kann der „engineer" Entscheidungen treffen. In der 2. Stufe kommt es zur Anrufung des Dispute Adjudication Board (DAB). Jedoch bleibt es den Parteien vorbehalten, ggf. ihre Unzufriedenheit über die Schlichtung und ihre Ergebnisse zu äußern und letztlich ein Schiedsgericht anzurufen (Klausel 20.6). Insoweit sind enge Fristen zu beachten. 29

Der **internationale Schiedsgerichtshof der ICC** wurde 1923 gegründet. Er versteht sich als die Institution, die weltweit Konflikte wirtschaftlicher Natur regelt. Der Internationale Schiedsgerichtshof in Paris entscheidet in der Sache nicht selbst. Er überwacht nur die Anwendung seiner Verfahrensordnung durch das zu bestellende Schiedsgericht (Art. 1 Abs. 2 VerfO). Der Wahl des Schiedsgerichtsortes ist den Parteien ebenso belassen, wie die Wahl des anwendbaren Rechts. 30

Das **förmliche Schiedsgerichtsverfahren** beginnt im Gegensatz zu dem FIDIC-Schlichtungsverfahren damit, dass der Schiedskläger einen **Antrag auf Eröffnung** des Schiedsverfahrens an das Sekretariat des ICC stellt. Diese **Antragsschrift** (Klage) gemäss Art. 4 VerfO muss im Wesentlichen den Anforderungen der Klageschrift i. S. v. § 253 ZPO genügen. 31

Zusätzlich sind allerdings einzureichen:

▷ die Schiedsvereinbarung,

▷ Ausführungen zum Schiedsort,

▷ dem anzuwendenden materiellen Recht,

▷ der Verfahrenssprache und

▷ den ggf. sogar von den Parteien zu benennenden Schiedsrichtern (Art. 4 Abs. 3 VerfO).

Nach Eingang der Klage teilt das Sekretariat des ICC den Parteien den Eingang der Klage mit. Nachdem der Kläger einen Vorschuss auf die Verwaltungskosten geleistet hat, stellt es dem Beklagten die Klage zu (Art. 4 Abs. 5 VerfO).

Sodann hat der Beklagte 30 Tage ab dem Tag der Klagezustellung (Art. 3 Abs. 4 VerfO) Zeit, auf die Klage zu erwidern, (in Art. 5 VerfO genannt: „die Antwort"). Dieser **Erwiderungsschriftsatz** muss dieselben o. g. zusätzlichen Angaben enthal- 32

---

1 Eingehend *Hök*, BauR 1999, S. 804 ff.
2 BGBl. 1961 II, 122.

ten wie die Klage (Art. 5 VerfO). Erwidert der Beklagte nicht, ergeht nicht etwa ein Versäumnisurteil, sondern das ICC ordnet den Fortgang des Verfahrens an, sofern es davon überzeugt ist, dass eine ICC Schiedsgerichtsvereinbarung besteht, wofür eine Vermutung besteht. (Art. 6 Abs. 2 Satz 2 2. Halbsatz VerfO; „aufgrund des ersten Anscheins").

33 Sofern die Parteien sich nicht bereits auf einen Einzelschiedsrichter geeinigt haben (Art. 8 Abs. 3 VerfO), ernennt der Schiedsgerichtshof einen **Einzelschiedsrichter**, wobei die Staatsangehörigkeit, der Wohnsitz des Einzelschiedsrichters und seine sonstigen Beziehungen zu den Parteien berücksichtigt werden (Art. 9 VerfO). Die Ernennung erfolgt dabei zwar durch den Gerichtshof aber auf Vorschlag derjenigen **Landesgruppe der ICC**, die der ICC für „geeignet" hält (Art. 9 Abs. 3 VerfO). Maßgeblich ist dabei diejenige Landesgruppe, deren Staatsangehörigkeit die Partei hat (Art. 9 Abs. 6 VerfO). Für Deutschland wird diese Aufgabe durch die DIS (Deutsche Institution für Schiedsgerichtsbarkeit e. V. mit Sitz in Bonn) wahrgenommen. Nimmt der Einzelschiedsrichter die Ernennung an, muss er gegenüber dem ICC schriftlich seine Unabhängigkeit bestätigen (Art. 7 VerfO). Im Übrigen ist die Einzelrichterentscheidung der Regelfall und die Entscheidung durch 3 Schiedsrichter, von denen einer durch jede Partei und der Vorsitzende durch das ICC ernannt werden (Art. 8 Abs. 4 VerfO) eine Ausnahme, die nur bei besonderer Bedeutung des Falles vorliegt (Art. 8 Abs. 2 VerfO).

34 Nachdem der Schiedsrichter ernannt wurde, übermittelt der Gerichtshof ihm die Verfahrensakten (Art. 13 VerfO). Eine der ZPO fremde Regelung enthält nun Art. 18 VerfO, wonach der Schiedsrichter als nächstes einen Schiedsauftrag (Terms of Reference) und einen vorläufigen Zeitplan zu erstellen hat. Der **Schiedsauftrag** lässt sich inhaltlich in etwa vergleichen mit dem Tatbestand eines Urteils, da in ihm der **bisherige Sach- und Streitstand** sowie die Rechtsansichten der Parteien gedrängt zusammengefasst werden. Prozessual bewirkt der Schiedsauftrag, dass, sobald er von den Parteien unterzeichnet und vom Schiedsrichter genehmigt ist, neue Klagegründe, Klageerweiterungen und Widerklagen nur noch zulässig sind, soweit sie sich in den Grenzen des Schiedsauftrags halten, wenn nicht das Schiedsgericht sie gesondert zulässt, wobei es die Art der Ansprüche und Gegenansprüche, den Stand des Schiedsverfahrens und andere maßgebliche Umstände berücksichtigt (Art. 19 VerfO).[1]

35 Den **Ort**, an dem das Schiedsgericht verhandelt, kann es **frei festlegen** (Art. 14 VerfO). Ein gewisses Unikum im internationalen Recht bildet dabei die Regelung, dass in dem Falle, dass eine verfahrensrechtliche Frage nicht in den Verfahrensbedingungen der ICC geregelt ist, nicht wie sonst üblich etwa dem am Ort der Gerichtsbarkeit geltenden Prozessrecht zu entnehmen ist, sondern dass das **maßgebliche Prozessrecht** von dem Schiedsgericht **festgelegt** werden kann, „... unabhängig davon, ob dabei auf eine auf das Schiedsverfahren anzuwendende nationale Prozessordnung Bezug genommen wird" (Art. 15 Abs. 1 VerfO aE). Derartige Vereinbarungen sind zulässig; Verstöße gegen das von der lex fori abweichende Recht können zur Aufhebung des Schiedsspruchs führen.[2]

---

1 Vgl. dazu *Nicklisch*, RIW/AWD 1988, 763 ff.
2 Vgl. Musielak/*Voit*, ZPO, 3. Aufl., 2002, § 1025 Rz. 4.

Das anzuwendende **materielle Recht** können die Parteien **frei bestimmen** (Art. 17 VerfO). Tun sie dies nicht, entscheidet das Schiedsgericht danach, welche Rechtsregeln es für angemessen erachtet, wobei es auf den Vertrag und die Handelsbräuche Rücksicht zu nehmen hat und nur bei Vorliegen einer Ermächtigung durch die Parteien nach billigem Ermessen entscheiden darf (die letzten beiden Punkte entsprechen wörtlich § 1051 Abs. 3 und 4 ZPO). Nicht unmittelbar in diesen Zusammenhang gehört ein Problem, das aber mit der Frage nach dem anwendbaren Recht zu tun hat. Neben vertraglichen Ansprüchen, Rechten und Pflichten können **außervertragliche Ansprüche** gegeben sein, die sich z. B. aus dem Deliktsstatut ergeben. Es kann zweifelhaft sein, ob diese Ansprüche unter die Schiedsklausel der FIDIC-Bedingungen fallen. Es herrscht die Auffassung vor, dass der derartige Ansprüche nur dann von der Schiedsabrede erfasst werden, wenn die unerlaubte Handlung unmittelbar mit einer Vertragsverletzung zusammenfällt.[1]

36

Sodann stellt das Schiedsgericht den Sachverhalt mit „allen angemessenen Mitteln", Zeugen, Sachverständigen, usw. fest. Eine Unterteilung in Streng- und Freibeweis bzw. gegebenenfalls eine Beschränkung der Beweismittel, wie sie die ZPO stellenweise vorsieht, gibt es im ICC-Verfahren nicht. Die **Beweisaufnahme** folgt im Wesentlichen **anglo-amerikanischen Vorstellungen**, so dass es eine Gegenüberstellung von Zeugen und ein Kreuzverhor gibt. Der Gang der mündlichen Verhandlung entspricht weit gehend den deutschen Gepflogenheiten. Es ist rechtzeitig zu laden, im Falle unentschuldigter Säumnis kann in Abwesenheit verhandelt werden, es herrscht Parteiöffentlichkeit (Art. 21 VerfO). In der Regel wird allerdings ein Wortprotokoll geführt. Etwaige Verfahrensfehler sind unverzüglich zu rügen, ansonsten tritt wie nach § 291 ZPO Rügeverlust ein.

37

Nach Aufklärung des Sachverhalts schließt das Schiedsgericht das Verfahren und gibt bekannt, wann es einen Schiedsspruch erlassen wird, danach ist weiteres Vorbringen nur noch mit der ausdrücklichen Zustimmung des Schiedsgerichts zulässig (Art. 22 VerfO). Die **maximale Frist** für den **Erlass des Schiedsspruchs** beträgt **6 Monate ab Unterzeichnung** des Schiedsauftrags (Art. 24 VerfO). Bevor der Schiedsspruch den Parteien zugestellt wird, muss der Schiedsrichter ihn dem Gerichtshof vorlegen, der Änderungen an der Form vorschlagen, inhaltlich Hinweise geben kann und ihn schließlich genehmigen muss (Art. 27 VerfO).

38

Der Schiedsspruch ist für die Parteien **verbindlich**. Durch die Annahme des Schiedsgerichts verpflichten sich die Parteien den Schiedsspruch zu erfüllen und verzichten auf alle Rechtsmittel, auf die sie verzichten können (Art. 28 Abs. 6 VerfO). Möglich ist dann nur noch, innerhalb einer 30tägigen Frist einen Antrag auf Berichtigung etwaiger Schreib- und Rechenfehler oder auf Auslegung des Schiedsspruchs zu stellen (Art. 29 Abs. 2 VerfO).

39

---

1 ICC Schiedsspruch Nr. 5779, Clunet 1988, 1206; ICC Schiedsspruch Nr. 6519, Clunet 1991, 1065.

d) Auslandsvollstreckung

40 Die Internationalisierung des Geschäfts zieht zwangsläufig die Frage nach sich, wie man ggf. aus einem Titel im Ausland vollstrecken kann.[1] Dabei kommt es inzwischen oftmals vor, dass sich geeignetes Vermögen nicht im Inland befindet. Aber es kommt auch vor, dass es sich nicht lohnt, am eigentlichen (ausländischen) Sitz des Schuldners zu vollstrecken, weil Informationen dazu vorliegen, dass der Schuldner dort bereits Vorsorge getroffen hat oder Dritte (insbesondere Banken) vorrangig bedient würden. Deshalb sind Maßnahmen der Auslandsvollstreckung von zunehmender Bedeutung, und zwar gelegentlich sogar zeitgleiche Maßnahmen in verschiedenen Ländern.

41 Das europäische Gerichtsstands- und Vollstreckungsrecht lässt die Auslandsvollstreckung aus inländischen Titeln zu. Mit In-Kraft-Treten der EuGVVO (am 1. 3. 2002) wurde die Prozedur nochmals vereinfacht und beschleunigt. Das gegenseitige Vertrauen in die Justiz im Rahmen der Gemeinschaft rechtfertigt es aus Sicht des Rates, dass die in einem Mitgliedstaat ergangenen **Entscheidungen**, außer im Falle der Anfechtung, von Rechts wegen, **ohne ein besonderes Verfahren, anerkannt werden** (Art. 33 ff. EuGVVO). Aufgrund dieses gegenseitigen Vertrauens ist es auch gerechtfertigt, dass das Verfahren, mit dem eine in einem anderen Mitgliedstaat ergangene Entscheidung für vollstreckbar erklärt wird, rasch und effizient vonstatten geht. Die **Vollstreckbarerklärung** einer Entscheidung geht daher in Zukunft fast automatisch nach einer einfachen formalen Prüfung der vorgelegten Schriftstücke vor sich, ohne dass das Gericht die Möglichkeit hat, von Amts wegen eines der in der EuGVVO vorgesehenen Vollstreckungshindernisse aufzugreifen (Art. 38 ff. EuGVVO). Während allerdings die Anerkennung und Vollstreckbarerklärung ausländischer Titel innerhalb der Europäischen Union immer einfacher wird, blieb es bislang den Staaten vorbehalten, ihr Vollstreckungsrecht autonom zu regeln. Harmonisierungsbestrebungen haben insoweit keinen Erfolg gehabt. Allein zu einer Europäischen Verordnung zu Insolvenzverfahren ist es gekommen. Das Recht der Einzelzwangsvollstreckung ist hingegen einzelstaatliches Recht.

Wichtige Prüfungspunkte sind insoweit:

▷ Kostentragung durch den Schuldner,

▷ Verfahrensdauer,

▷ pfändbares Vermögen.

Die Kosten hängen oftmals bereits von der Art der Vollstreckung ab. So sind in Frankreich Vollstreckungsmaßnahmen in Immobilien nur mit Beauftragung von Rechtsanwälten zulässig. Immer wichtiger wird es, bereits frühzeitig **Auskünfte** über den Schuldner einzuziehen. Wird damit erst begonnen, wenn die Vollstreckung ansteht, vergeht kostbare Zeit. Dabei sollten die Informationen nicht auf

---

[1] Dazu eingehend *Müller/Hök/Schulze*, Deutsche Vollstreckungstitel im Ausland, Teil C (Länderberichte); *Bülow/Böckstiegel/Geimer/Schütze*, Internationaler Rechtsverkehr; *Nagel/Gottwald*, Internationales Zivilprozessrecht, 5. Auflage, 2002.

Staatsgrenzen beschränkt eingeholt werden, denn die vereinfachten Auslandsinvestitionsmöglichkeiten und der zusammenwachsende Kapitalmarkt erleichtern dem Schuldner die Vollstreckungsvereitelung.

Hinweis: 43
Soll im Ausland vollstreckt werden, empfiehlt es sich, die Erteilung einer verkürzten Urteilsausfertigung zu beantragen, um Übersetzungskosten und die dafür erforderliche Zeit zu sparen. Ggf. kann man auch unter Hinweis auf Vermögen in verschiedenen Staaten darum ersuchen, ausnahmsweise mehrere Vollstreckungstitel zu erhalten, denn liegt ein Vollstreckungstitel erst einmal ausländischen Vollstreckungsstellen vor, sind weitere Maßnahmen auf lange Zeit ausgeschlossen, es sei denn, man kann mit mehr als einem Titel operieren.

In manchen Staaten kann auch bereits vor Abschluss des Hauptsacheverfahrens 44
recht effektiv **Vermögen** des Schuldners **arretiert werden**. Frankreich bietet z. B. so genannte „mesures conservatoires" an, die es ermöglichen, eine im Prinzip begründete, fällige Forderung im Falle des Verzugs und jedenfalls dann, wenn bereits eine gewisse Vermögensgefährdung deutlich ist, innerhalb kurzer Zeit zu vollstrecken. Gelegentlich sind in anderen Staaten **Urkunden** Vollstreckungstitel, die in Deutschland lediglich die vereinfachte Titulierung ermöglichen. So sind z. B. Scheck und Wechsel in Italien und Frankreich Vollstreckungstitel.

Dänemark ist von der Neuregelung durch die EuGVVO ausgenommen. Ursache 45
dafür ist, dass sich Dänemark nicht an der Annahme der Verordnung beteiligt hat und sie daher für Dänemark nicht bindend und ihm gegenüber nicht anwendbar ist. Da in den Beziehungen zwischen Dänemark und den durch diese Verordnung gebundenen Mitgliedstaaten das **Brüsseler Übereinkommen** in Geltung ist, ist dieses sowie das Protokoll von 1971 im Verhältnis zwischen Dänemark und den durch diese Verordnung gebundenen Mitgliedstaaten weiterhin anzuwenden. Das Brüsseler Übereinkommen gilt weiter hinsichtlich der Hoheitsgebiete der Mitgliedstaaten, die in seinen territorialen Anwendungsbereich fallen und die aufgrund der Anwendung von Art. 299 des Vertrags von der vorliegenden Verordnung ausgeschlossen sind.

2. Geltung inländischen oder ausländischen Baurechts: Internationales Privatrecht

Selbst wenn die Zuständigkeit eines deutschen Gerichts bejaht wurde, ist damit 46
noch nicht geklärt, nach welchem Recht der Baurechtsstreit in **materiell-rechtlicher Hinsicht** entschieden werden soll. Diese Frage beantwortet sich für Fälle vor deutschen Gerichten nach den Regeln des deutschen internationalen Privatrechts (IPR) des EGBGB, die im Internationalen Vertragsrecht wortgleich dem Römischen Übereinkommen über das auf vertragliche Schuldverhältnisse anwendbare Recht vom 19. Juni 1980[1] entnommen sind. Internationales Einheitsrecht,

---

1 BGBl. 1986 II, S. 810. Das EGBGB hat das internationale Recht der Schuldverhältnisse, das bereits am 19. 6. 1980 in Rom durch die Konvention über internationales Schuldvertragsrecht vereinheitlicht wurde, (in Kraft getreten am 1. 4. 1991), wörtlich übernommen und durch Gesetz vom 25. 7. 1986 in den Art. 27 bis 37 EGBGB in das nationale Recht umgesetzt. Für Interpretationsfragen ist daher unter dem Aspekt der internationalen Rechtseinheit Wortlaut und Zielsetzung der Konvention nach wie vor maßgeblich. Der

wie das **CSIG**[1], ist für das Baurecht bislang nicht von Bedeutung. Allenfalls die **Lieferung von Fertighäusern** und die **Beschaffung von Baumaterial** unterfallen ggf. den Regelungen des CSIG.

47 Inhaltliche Aussagen etwa rechtsvergleichender Art zu anderen Rechtsordnungen und deren Anwendung finden sich im EGBGB nicht. Es geht im IPR vielmehr allein um Kriterien für die Frage, das Recht welcher Rechtsordnung auf ein konkretes Rechtsverhältnis angewendet werden soll, und zwar grundsätzlich ohne Rücksicht auf das materielle Entscheidungsergebnis. Diese Frage beantwortet das EGBGB ohne spezifischen Bezug auf baurechtliche Fragestellungen und mit einer **eigenen Systematik**, deren Verständnis Voraussetzung für die Lösung von Fragen des internationalen Baurechts ist. Technisch handelt es sich um so genannte **Verweisungs- oder Kollisionsnormen**, die in der Regel auf der Grundlage gewichteter international-privatrechtlicher Interessen darüber befinden, welches Recht auf einen bestimmten Lebenssachverhalt anzuwenden ist.[2]

48 Welche Kollisionsnorm einschlägig ist, diese Frage zu entscheiden, muss durch Qualifikation und Auslegung entschieden werden. Verschiedentlich kommt es vor, dass die Rechtsordnungen Regelungsinhalte unterschiedlich einordnen.

Beispiel:
Während z. B. im deutschen Recht die Verjährung Gegenstand des materiellen Rechts ist, wird sie in Großbritannien und in den USA den Verfahrensvorschriften zugeordnet. Da die deutschen Kollisionsnormen nur auf materielle Vorschriften und IPR-Regelungen verweisen, könnten also Ansprüche aus Verträgen, die US-Recht unterliegen, nicht verjähren, denn deutsches materielles Recht wäre nicht anwendbar und in der deutschen ZPO finden sich keine Verjährungsvorschriften. In einem solchen Fall kann nur eine systematische Analyse helfen. Im Ergebnis wäre die US-Qualifikation nicht entscheidend und damit die Verjährung nach US-Recht zu beurteilen.

49 Das für das deutsche IPR maßgebliche 2. Kapitel des EGBGB unterteilt sich in sechs Abschnitte:

1. IPR allgemeiner Teil, Art. 3–6 EGBGB

2. IPR der natürlichen Personen und Rechtsgeschäfte, Art. 7–12 EGBGB

3. Internationales Familienrecht, Art. 13–24 EGBGB

Kern der Konvention und damit des deutschen IPR im EGBGB ist die Privatautonomie und Freiheit der Wahl des anwendbaren Rechts in Form (ausdrücklich oder stillschweigend) und Inhalt (welches Recht), Art. 27 EGBGB. Als Anhaltspunkte des Richters für die Frage, welches Recht nach dem Willen der Parteien angewendet werden sollte, gelten in der richterlichen Praxis Gerichtsstandsklauseln, das Verhalten der Parteien im Prozess oder die Form und der Inhalt von Vertragsstrafeversprechen. Fehlt eine Vereinbarung oder kann der Richter eine solche nicht ermitteln, soll das Recht des Staates gelten, der die engste Beziehung zum Vertrag aufweist. Dabei gilt die Vermutung, dass die Partei selbst, ihr Sitz und die vertragstypische Leistung als Anknüpfungspunkt fungieren, nicht jedoch der Zahlungsvorgang. Den Zahlungsschuldner trifft also nach dem Grundgedanken der Konvention und damit des EGBGB insofern das Risiko der Anwendung ausländischen Rechts.

1 UN-Übereinkommen über Verträge über den internationalen Warenkauf vom 1. 4. 1980 (BGBl. 1989 II 588, berichtigt BGBl. 1990 II 1699), in Kraft seit dem 1. 1. 1991.
2 *Rehbinder*, JZ 1973, 151 ff.

4. Internationales Erbrecht Art. 25–26 EGBGB

5. Internationales Schuldrecht Art. 27–42 EGBGB

6. Internationales Sachenrecht Art. 43–46 EGBGB

Für das internationale Baurecht sind vornehmlich die Art. des 1. und des 5. Abschnitts des EGBGB von Bedeutung, die hier in ausgewählten Artikeln kurz erläutert werden.

a) IPR Allgemeiner Teil

aa) Art. 3 EGBGB

Nach der Grundnorm des deutschen allgemeinen IPR sind Sachverhalte mit einer Verbindung zum Recht eines ausländischen Staates danach zu untersuchen, welche Rechtsordnung anzuwenden ist. Die Stellung der IPR-Frage ist also Amtspflicht des deutschen Richters. Die Arbeit mit den Kollisionsregeln erfordert besondere Überlegungen, denn ausländische Rechtsbegriffe passen nicht immer unter die System- und Rechtsbegriffe der deutschen Kollisionsregeln. Damit sind die Probleme der **Qualifikation** und der **Angleichung** angesprochen. Grundsätzlich wird nach der lex fori qualifiziert, d. h. die Kollisionsnormen sind in dem Sinne zu verstehen, wie sie der jeweiligen nationalen Rechtsordnung entlehnt sind. Dies führt aber häufig zu Schwierigkeiten, so dass auch die international-privatrechtliche, die rechtsvergleichende und die Qualifikation nach der lex causae vertreten werden. Mit der *Angleichung* können Fälle des Normenmangels und der Normenhäufung bewältigt werden; man passt die zur Anwendung berufenen Rechtsordnungen einander an.[1]

50

Vorfragen können nach dem anwendbaren Recht oder selbstständig beurteilt werden. Ähnlich verhält es sich bei akzessorischen Rechtsverhältnissen, wie z. B. der Bürgschaft, oder bei Vertragsketten. So sollen etwa Subunternehmerverträge selbstständig angeknüpft werden[2], also eigenständig zu behandeln sein. Dies führt aber etwa dann zu Problemen, wenn ausländische Rechtsordnungen Direktansprüche des Subunternehmers gegen den Besteller vorsehen (so z. B. in Frankreich, wo der Anspruch des Subunternehmers an das Vertragsstatut der Forderung des Subunternehmers gegen seinen Auftraggeber angeknüpft wird und zudem „d'ordre public" ist).[3] Es besteht allerdings die Neigung den Subunternehmervertrag nach dem Recht des Hauptvertrages zu behandeln.[4] Bei der Bürgschaft wird ebenfalls auf das Recht des Hauptvertrages, d. h. das Recht der durch die Bürgschaft besicherten Forderung abgestellt.[5]

51

---

1 Kegel/*Schurig*, IPR § 8 I.
2 *Thode* in Reithmann/Martiny, Internationales Vertragsrecht, Rz. 1109, BGH, BauR 1999, 677 = ZfBR 1999, 208.
3 *Jacquet/Delebecque*, Droit du commerce international, Rz. 319; *Glarinis*, Le contrat international de construction, Rz. 653. Vgl. zum deutschen Recht *Thode* in Reithmann/Martiny, Internationales Vertragsrecht, Rz. 951, der aber zu Recht darauf hinweist, dass auch das Recht des Hauptvertrags einen derartigen Anspruch kennen sollte.
4 *Jacquet/Delebecque*, Droit du commerce international, Rz. 319.
5 *Jacquet/Delebecque*, Droit du commerce international, Rz. 387.

bb) Art. 4 EGBGB

52 Dabei geht das deutsche IPR grundsätzlich von der so genannten **Gesamtverweisung** aus. Es verweist auf die gesamte Rechtsordnung des anzuwendenden ausländischen Rechts, nicht lediglich auf bestimmte Teile desselben. Damit verweist deutsches IPR u. U. auch auf die Kollisionsnormen des ausländischen Rechts, die gelegentlich zum Inhalt haben, dass für bestimmte Fälle das Recht des ursprünglichen Verweisungsstaates anzuwenden ist. Es kann also vorkommen, dass nach deutschem IPR ausländisches Recht angewandt werden soll, das ausländische Recht aber gerade zum Inhalt hat, dass das (in diesem Falle) deutsche Recht angewandt werden soll.[1] Der dadurch mögliche **Zirkel von Verweisungen** wird jedoch nicht unendlich weitergeführt.

53 **Beispiel:**

Die Baustelle liegt im Staat A, der Bauherr hat seinen Sitz im Staat B, der Auftragnehmer hat seinen Sitz im Staat C. Verweist das IPR des Staates B, dessen Gerichte die Parteien angerufen haben, auf das Recht des Staates C (Ausgangsverweisung), kommt dessen Baurecht dennoch nicht zur Anwendung, wenn das IPR des Staates C inhaltlich auf das Recht am Ort der Baustelle abhebt, die in unserem Falle im Staat A liegt. Entsprechend wäre dieser Fall nach dem Recht des Staates A zu entscheiden. Wenn das IPR des Staates A jedoch seinerseits bestimmt, dass das Recht des Bauherrenlandes, hier also das Recht des Landes B gelten soll, sind wir wieder am Ausgangspunkt unserer Verweisung, von dem aus es nun keine weitere Verweisungsmöglichkeit mehr gibt.

54 Allerdings kann dieses Beispiel praktisch nicht bedeutsam werden, weil Art. 35 EGBGB die Rück- und Weiterverweisung für die Bestimmung des Vertragsstatutes ausschließt.[2] Praktisch wird die anknüpfende Verweisungstechnik jedoch etwa **im Internationalen Gesellschaftsrecht**. Während das deutsche Kollisionsrecht bislang auf den Hauptsitz der Gesellschaft abstellt, um das auf die Gesellschaft anwendbare Recht zu bestimmen, ziehen Großbritannien und die Schweiz das so genannte Gründungsrecht vor. Eine in der Schweiz ansässige juristische Person, die ursprünglich in England nach englischem Recht gegründet wurde, kann mithin in Deutschland Rechte erwerben und hat Rechtspersönlichkeit, denn das deutsche Recht verweist auf schweizerisches Recht, das auf das englische Recht weiterverweist. Inzwischen hat die Sitzverlegung aber keine Auswirkungen mehr auf die Rechtsfähigkeit.[3]

cc) Art. 5 EGBGB

55 Das **Recht der Personen** wird im deutschen IPR von der **Staatsangehörigkeit** her bestimmt (so genanntes *Personalstatut*). Dabei wird im Zweifel (bei mehreren Staatsangehörigkeiten) auf die Angehörigkeit zu dem Staate abgestellt, mit dem die Person durch ihren gewöhnlichen Aufenthalt am engsten verbunden ist.

dd) Art. 6 EGBGB

56 Die Geltung und Anwendung ausländischen Rechts darf nicht dazu führen, das **wesentliche Grundsätze deutschen Rechts** oder die Grundrechte, (öffentliche

---

1 So genannte Rückverweisung („renvoi").
2 Vgl. aber OGH v. 7. 9. 1994 – 3 Ob 549/94, IPRax 1995, 326, 328.
3 EuGH v. 5. 11. 2002 – Rs C 208/00, NJW 2002, 3614, Überseering.

Ordnung, **ordre public**) verletzt werden. Diese Abgrenzungsleistung des ordre public ist auf ihre Negativfunktion beschränkt und kann deshalb nicht dazu verwendet werden, die Durchsetzung eigenen zwingenden Rechts zu erreichen.[1] Allerdings können Partner eines schuldrechtlichen Vertrags versuchen, zwingendes Recht eines Staates durch Vereinbarung zu übergehen.

b) Internationales Schuldrecht

Das Internationale Schuldrecht wird europaweit von dem Römischen Übereinkommen über das auf vertragliche Schuldverhältnisse anwendbare Recht vom 19. Juni 1980[2] beherrscht, so dass wesentliche Abweichungen bei der Beurteilung des anwendbaren Rechts im Verhältnis zu europäischen Nachbarstaaten nicht zu befürchten sind, wenngleich es gelegentlich durchaus noch Abweichungen gibt. Es dominiert europaweit die **Rechtswahlfreiheit**.

57

aa) Art. 27 EGBGB: Freie Rechtswahl[3]

Durch Art. 27 EGBGB hat der deutsche Gesetzgeber der Privatautonomie auch im IPR rechtliche Geltung verschafft. In Fällen mit Verbindung zum Recht unterschiedlicher Staaten haben deshalb gesetzlich bestimmte Anknüpfungspunkte für die Frage, welches Recht anzuwenden ist, nur dort Bedeutung, wo weder eine ausdrückliche noch eine konkludente Rechtswahl der Vertragspartner erfolgt ist.

58

Als **Indizien** für eine **stillschweigende Rechtswahlvereinbarung** hat die Rechtsprechung[4] anerkannt:

59

▷ Die Vertragssprache,

▷ die Vereinbarung eines einheitlichen Gerichtsstandes,

▷ die Vereinbarung eines institutionellen Schiedsgerichts mit ständigem Sitz,

▷ die Vereinbarung der AGB einer Vertragspartei,

▷ Verwendung von Formularen, die auf einer Rechtsordnung beruhen.[5]

Im grenzüberschreitenden Baurecht ist regelmäßig von einer stillschweigenden Rechtswahlvereinbarung auszugehen, wenn die Vertragsparteien die VOB/B, die VOL oder die deutschen DIN-Vorschriften vereinbart und die besonderen Vereinbarungen des Vertrags an der VOB/B und den gesetzlichen Vorschriften des Werkvertragsrechts orientiert bleiben.[6]

---

1 Wengler, JZ 1979, 1975.
2 BGBl. 1986 II, 810.
3 Vgl. Thode, ZfBR 1989, 45.
4 BGH, NJW 1996, 2569; BGH, NJW-RR 2000, 1002, 1004; BGH, RIW 1998, 54; BGH, NJW-RR 1997, 686.
5 Vgl. Thode, aaO.
6 Vgl. BGH, IBR 1999, 206.

60 Der **BGH**[1] verlangt für eine konkludente Rechtswahl nach Art. 27 Abs. 1 S. 2 EGBGB, dass sich die Rechtswahl „mit hinreichender Sicherheit aus den Bestimmungen des Vertrags oder aus den Umständen des Falles" ergibt.[2] Die **Vereinbarung deutscher technischer Regeln** sei ein maßgebliches Indiz für die Wahl des deutschen Rechts. Die deutschen technischen Vorschriften beträfen den Inhalt der von dem Architekten geschuldeten Leistung[3] und damit eine vom Schuldstatut erfasste Frage. Von untergeordneter Bedeutung seien der Abschlussort und die vereinbarte Währung der Vergütung. Beide Indizien deuten nach Auffassung des BGH[4] übereinstimmend auf die Wahl des deutschen Rechts hin. Schließen die Parteien parallel einen Bauvertrag und einen Vertrag über Architektenleistungen, dann ist ihr **innerer Zusammenhang** mit zu würdigen.[5] Dagegen sei die fehlende Vereinbarung der HOAI allenfalls von geringer indizieller Bedeutung für die Beurteilung einer konkludenten Rechtswahl, weil die HOAI nicht Gegenstand des Schuldstatuts im Sinne des Art. 32 Abs. 1 EGBGB sei. Die HOAI gelte als zwingendes Preisrecht des öffentlichen Rechts unabhängig von einer Rechtswahl der Vertragsparteien.[6]

bb) Art. 28 EGBGB: Mangels Rechtswahl anzuwendendes Recht

61 Ist das anwendbare Recht nicht durch eine Rechtswahl der Vertragspartner bestimmt worden, wird es über Art. 28 EGBGB nach dem Recht des Staates bestimmt, mit dem der Vertrag die engsten Verbindungen aufweist. Dazu formulieren die *Absätze 2 bis 4 des Art. 28 EGBGB* widerlegbare gesetzliche Vermutungen.[7] Nach *Abs. 2* liegt die engste Verbindung des Vertrags zu dem Staat vor, in dem die Partei ihren **Sitz** hat, die die **vertragstypische Leistung** zu erbringen hat. Beim Bauvertrag ist dies regelmäßig nicht die Baustelle[8], sondern das Herkunftsland des Erbringers der Werkvertragsleistung[9], d. h. des **Werkunternehmers**. Entsprechendes gilt für den Architektenvertrag.[10] Die Baustelle kann nach der Rechtsprechung des BGH[11] jedoch dann ein Kriterium für das anzuwendende Recht werden, wenn dessen Ermittlung nach Art. 28 Abs. 2 EGBGB nicht gelingt. Der Anwendungsbereich des auf Grundstücks(-nutzungs-)rechte bezogenen *Art. 28 Abs. 3 EGBGB* ist damit für den Werkunternehmer jedoch nicht eröffnet, da dessen Leistungen ausführungsorientiert sind und von der Gewährung eines Nutzens oder der Übertragung eines Rechts unterscheidbar bleiben.

---

1 BGH, ZfBR 2001, 309–310.
2 Zu weiteren Einzelheiten *Looschelders*, IPR, Art. 27 Rz. 18.
3 Vgl. *Thode* in Reithmann/Martiny, Internationales Vertragsrecht, 6. Aufl., Rz. 1117.
4 BGH, ZfBR 2001, 309–310.
5 BGH, ZfBR 2001, 309–310.
6 *Thode/Wenner*, Internationales Architekten- und Bauvertragsrecht, Rz. 90; BGH ZfBR 2001, 309–310; BGH, MDR 2003, 683; BGH, BauRB 2003, 76.
7 Vgl. auch *Ehlers*, NZBau 2002, 19–22.
8 Was freilich praktisch oft sinnvoller wäre, insbesondere bei Konsortialverträgen, in deren Rahmen erfahrungsgemäß nicht auf den in verschiedenen Ländern befindlichen Sitz der beteiligten Unternehmen abgestellt werden kann. Verkehrs- und Ordnungsinteressen treten dabei hinter dem Interesse der vertragsschließenden Partei zurück.
9 BGHZ 128, 41, 48 und BGH RIW 1999, 456; OLG Brandenburg, BauR 2001, 820–822.
10 OLG Brandenburg, OLG-NL 2002, 3–6.
11 BGH, RIW 1999, 456.

Jedoch spricht einiges dafür Art. 28 Abs. 5 EGBGB zu instrumentalisieren, denn gerade bei Bauverträgen besteht bezüglich der vertragscharakteristischen Leistung eine allenfalls lose Beziehung zum Sitzrecht des Unternehmers, jedenfalls dann, wenn der Baustellenort nicht im Heimatland des Unternehmers liegt. In England wird bereits davon gesprochen, dass die entsprechende Norm des Römischen Übereinkommens (Art. 4 Abs. 5) die Vermutungen des Art. 4 Abs. 2 (= Art. 28 Abs. 2 EGBGB) schwach erscheinen lassen[1], was angesichts des Art. 36 EGBGB nicht außer Acht zu lassen ist. Besondere Probleme entstehen diesbezüglich jedoch bei so genannten **Time-Sharing-Verträgen**, wenn die Bauverpflichtung zugleich Verschaffung von Eigentum oder dinglichen Nutzungsrechten beinhaltet.[2] Dann muss nämlich, ohne dass das EGBGB hierfür Kriterien gibt, zunächst festgestellt werden, was der Inhalt des zu verschaffenden Rechts bei einem Time-Sharing-Vertrag ist, um zu klären, ob ein Vertrag unter Art. 28 Abs. 2 oder Abs. 3 EGBGB fällt. Diesbezüglich herrschen etwa in Italien, Spanien, Portugal und Belgien sachenrechtliche Vorstellungen vor, die im Ergebnis zum Recht der belegenen Sache führen (Art. 28 Abs. 3 EGBGB), während Frankreich und Deutschland den Schwerpunkt auf die schuldrechtlichen Vertragsinhalte legen, die im Ergebnis zur Anwendung von Art. 28 Abs. 2 EGBGB führen.[3]

62

Auch beim **Bauträgervertrag** gelten Besonderheiten: Verpflichtet sich der Bauträger, ein Bauwerk zu erstellen und Eigentum an Grundstücken zu verschaffen, fragt sich, was vorrangig geleistet werden soll. Da die Verschaffung des dinglichen Rechts wesentlicher Gegenstand der gesamten Verpflichtung ist, gilt in Ermangelung einer Rechtswahl nach deutschem IPR über Art. 28 Abs. 3 EGBGB die Vermutung, dass auf den Bauträgervertrag das **Recht des Staates** anzuwenden ist, **in dem das Grundstück liegt**. Nicht selten jedoch ist der in Deutschland ansässigen Bauträger bestrebt, das für ihn geltende deutsche Makler- und Bauträgerrecht und andere für ihn nachteilige Schutzvorschriften durch die Wahl des ausländischen Rechts zu umgehen. Soll dies durch eine Rechtswahlvereinbarung geschehen, ist zunächst zu bedenken, dass es nach Art. 27 Abs. 1 Satz 3 EGBGB möglich ist, die Bauverpflichtung einerseits und der Eigentumsverschaffungspflicht andererseits jeweils verschiedenen Rechtsordnungen zu unterwerfen. Beim Bauträgervertrag besteht hinsichtlich des anzuwendenden Rechts also kein Entweder-oder zwischen Art. 28 Abs. 2 und Abs. 3 EGBGB.

63

cc) Art. 34 EGBGB: Zwingendes Recht

Grundsätzlich ist nach deutschem IPR die **Frage des anzuwenden Rechts einheitlich zu beantworten**. Es soll dadurch die Aufsplittung des auf die Vertragsver-

64

---

1 Vgl. „Crédit Lyonnais v. New Hampshire Insurance Co." (1997) 2 Lloyd's Rpe 1,5; „Definitely Maybe (Touring) Ltd. v. Marek Lieberberg Konzertagentur" GmbH (2001) 2 All. E.R. (Comm) 1; vgl. für Frankreich Tribunal de Grande Instance Poitiers, Revue Critique droit international privé 2001, 670, 671.
2 MüKo/*Martiny*, BGB, Art. 28 EGBGB Rz. 103.Vgl. auch Richtlinie des Rates vom 26. 10. 1994 zum Schutz der Erwerber im Hinblick auf bestimmte Aspekte von Verträgen über den Erwerb von Teilnutzungsrechten an Immobilien (ABl. EG v. 29. 10. 1994, Nr. L 280/83).
3 Das so genannte „Qualifikationsproblem", vgl. dazu aus der Rspr. BGHZ 125, 196 und in der Lit. Kegel/*Schurig*, IPR §§ 2 und 7 III.

hältnisse anzuwendenden Rechts verhindert werden (einheitliche Anknüpfung von Vertragsverhältnissen). Dieser Grundsatz wird von Art. 34 EGBGB für den Fall durchbrochen, dass der deutsche Gesetzgeber Regelungen mit unbedingter Geltung getroffen hat, die auch in ihrem internationalen Anwendungsbereich zwingend sein sollen. Ob dies der Fall ist, steht der jeweiligen Norm regelmäßig[1] nicht ins Gesicht geschrieben und ist deshalb durch **Auslegung** zu ermitteln. Wesentliches Auslegungskriterium ist die Frage, ob die Norm **ordnungspolitische Regelungsinhalte** aufweist (dann auch international zwingend) oder ob sie lediglich dazu dient, **Privatinteressen** zu koordinieren (dann nicht international zwingend).[2] Wichtige Beispiele aus der Baupraxis sind die *Bauhandwerkersicherungshypothek*[3], die *Makler- und Bauträgerverordnung* und *Allgemeine Geschäftsbedingungen* (Art. 29a EGBGB) sowie die *HOAI*.[4]

65   Nach § 648a BGB stellt die **Bauhandwerkersicherungshypothek** im nationalen Rahmen zwingendes Recht dar, § 648a Abs. 7 BGB. Ob jedoch auch international zwingendes Recht vorliegt, soll hier kurz nach den Auslegungskriterien „privater Interessenausgleich" oder „ordnungspolitischer Regelungsinhalt" ermittelt werden.[5] Die Rechtsprechungspraxis des internationalen Baurechts hat sich diesbezüglich noch nicht festgelegt, so dass wir auf die eigene methodische Argumentation angewiesen sind. Nach dem Wortlaut und der Systematik des § 648a BGB ergibt sich, dass der Unternehmer für den gesamten noch nicht gezahlten Werklohn Sicherheitsleistung verlangen darf.[6] Ziel der Vorschrift ist daher ein umfassendes, aber konkret auf die von ihm zu erbringende Leistung bezogenes Sicherungsbedürfnis des Unternehmers.[7] Damit soll die das Werkvertragsrecht des BGB grundsätzlich charakterisierende Vorleistungspflicht des Unternehmers entschärft werden. Der ordnungspolitische Aspekt, dass die Werkunternehmer generell besser geschützt werden sollen, tritt hinter die auf privatrechtlichen Interessenausgleich zwischen Unternehmer und Besteller zielenden Vorschriften deutlich zurück. Wortlaut, systematische Stellung und Teleologie des § 648a BGB weisen also auf den Regelungsinhalt **„privater Interessenausgleich"** hin und führen deshalb im Ergebnis nicht zum international-privatrechtlich zwingenden Recht. Mit der Wahl ausländischen Rechts geht daher der Anspruch auf die Bauhandwerkersicherungshypothek verloren. Eine einmal eingetragene Hypothek beurteilt sich allerdings nach der so genannten **lex rei sitae** (Belegenheitsrecht).

66   Ferner ist die Vertragsfreiheit auch im Bereich des **Bauträgervertrags** durch die Geltung zwingenden Rechts gemäß Art. 34 EGBGB eingeschränkt. Als zwingendes Recht in Betracht kommen neben der *Makler- und Bauträgerverordnung* hier insbesondere *§§ 305 ff. BGB* (vgl. Art. 29a EGBGB).

---

1 Ausnahmen von dieser Regel finden sich in deutschen Normen, deren originärer Regelungsgegenstand auslandsbezogene Sachverhalte sind wie z. B. § 98 Abs. 2 GWB oder § 61 BörsG, bei denen der deutsche Gesetzgeber erkennbar von internationaler Geltung der Normen ausgegangen ist.
2 Vgl. dazu näher *Freitag* in Reithmann/Martiny, Internationales Vertragsrecht, Rz. 400; *Rehbinder*, JZ 1973, 151, 156; *Hoffmann*, IPRax 1989, 263 ff.; *Junker*, IPRax 1989, 69, 73.
3 Vgl. *Joussen* in: Ingenstau/Korbion, VOB/B, Anhang 2 Rz. 1.
4 BGH, 27. 2. 2003 – VII ZR 169/02, MDR 2003, 683.
5 S.o. zu Art. 34 EGBGB.
6 BGH, NZBau 2001, 129, 131 = ZfBR 2001, 166, 168.
7 Begründung des Gesetzentwurfes, BT-Drucks. 12/1836, S. 8.

Die Vorschriften der **Makler- und Bauträgerverordnung** regeln den Kollisionsfall 67
nicht selbst. Deshalb ist besonderes Augenmerk auf die einschlägige Rechtsprechung zu legen, die allerdings noch keine einheitliche Linie verfolgt. Zum Teil wurde von der Rechtsprechung die Makler- und Bauträgerverordnung dem deutschen ordre public zugeordnet[1] und das ausländische Vertragsstatut dadurch außer Kraft gesetzt. Dies ändert jedoch nichts daran, dass die *Folgen* eines Verstoßes gegen die Regelungen der Makler- und Bauträgerverordnung dem Vertragsstatut entnommen werden müssen. Das OLG Koblenz[2] hat auf einen Bauträgervertrag zwischen rein deutschen Parteien bezüglich einer in Frankreich gelegenen Ferienwohnung ohne Umschweife deutsches Recht angewendet, obwohl Art. 28 Abs. 3 EGBGB die Anwendung französischen Rechts nahe gelegt hatte.

Das **AGB-Gesetz** (ab dem 1.1.2002: §§ 305 ff. BGB) bezweckt, den Missbrauch 68
von im Geschäftsleben selbst gesetzten Regelungen gegenüber Verbrauchern zu unterbinden. *§ 12 AGBG* wollte früher als eigenständige Kollisionsnorm diesen Schutz – unter bestimmten Voraussetzungen – auch für den Fall gewährleisten, dass die Geltung ausländischen Rechts vereinbart wurde. Das AGB-Gesetz war danach zwingend anzuwenden, wenn der Vertrag einen engen Zusammenhang mit dem Gebiet der Bundesrepublik Deutschland aufwies. Die Vorschrift ist Art. 29a EGBGB gewichen. Sie geht auf EU-Recht zurück und stellt im Kontext der übrigen Regelungen des deutschen IPR der vertraglichen Schuldverhältnisse einen Fremdkörper dar, denn die Art. 27 ff. EGBGB sind dem Römischen Internationalen Schuldrecht entlehnt. Art. 29a EGBGB soll hingegen **innerhalb der EU** einen **Mindeststandard im Verbraucherrecht** gewährleisten. Art. 29a EGBGB gilt für Verträge aller Art, an denen ein Verbraucher beteiligt ist. Sobald ein Vertrag einen engen Zusammenhang mit einem Mitgliedsstaat der EU hat, kann dessen Recht nicht derogiert werden. Nicht geschützt ist hingegen der Verbraucher, wenn sich die Anwendung des Rechts eines **Nicht-EU-Staates** aus Art. 28 EGBGB ergibt. Ein enger Zusammenhang besteht, wenn er aufgrund eines öffentlichen Angebots, öffentlicher Werbung oder einer ähnlichen geschäftlichen Tätigkeit des Verwenders zustande kommt und der Verbraucher beim Vertragsschluss seinen Wohnsitz oder gewöhnlichen Aufenthalt in einem Mitgliedsstaat der EU hat. Unzulässig ist es also fürhin qua Rechtswahl polnisches Recht auf den Vertrag über den Bau eines Eigenheimes zu vereinbaren.

Die **HOAI** dient nach Auffassung des BGH[3] als Regelung der Berufstätigkeit der 69
Architekten und Ingenieure sowie als Regelung des Mieterschutzes. Sie liegt mithin **im öffentlichen Interesse** und stellt öffentliches Preisrecht dar. Sie unterliegt mithin nicht dem Vertragsstatut, sondern sie beansprucht Geltung ohne Rücksicht auf das Vertragsstatut. Jedenfalls soll sie dann Anwendung finden, wenn Architekten- und Ingenieurleistungen für ein inländisches Bauvorhaben erbracht werden.

---

1 Vgl. OLG Hamm, RIW 1977, 781, 782.
2 OLG Koblenz, NJW-RR 2003, 1173.
3 BGH v. 27.2.2003 – VII ZR 169/02, MDR 2003, 683; vgl. auch BGH, BauRB 2003, 76 Anm. *Hök*.

c) Grenzfälle

70 Mit dem EGBGB lassen sich nicht alle für das internationale Baurecht relevanten Sachverhalte entscheiden. Insbesondere die mit internationalen Bieter- und **Arbeitsgemeinschaften** auftretenden Probleme sind nicht erfasst, da das EGBGB kein internationales Gesellschaftsrecht enthält.[1] In der deshalb für das deutsche **internationale Gesellschaftsrecht** heranzuziehenden Rechtsprechung hat sich die aufgrund der EuGH-Rechtsprechung (Rz. 71) in Wandlung befindliche Lehre etabliert, dass auf die innere Verfassung der juristischen Person, ihre Rechtsverhältnisse und ihr Vertretungsrecht das Recht des jeweiligen Sitzes der Gesellschaft maßgeblich ist (**Sitztheorie**).[2] Auch die Rechtsfähigkeit und die Rechtsverhältnisse von Bieter- und Arbeitsgemeinschaften werden demnach regelmäßig nach dem Hauptsitz der Gemeinschaft zu bestimmen sein. Allerdings akzeptiert das deutsche internationale Gesellschaftsrecht auch Rück- und Weiterverweisungen auf andere Rechtsordnungen, in denen das vom aktuellen Sitz der Gesellschaft unabhängige Recht des Gründungsortes der Gesellschaft maßgeblich ist.[3] Unterschiedliche IPR-Systeme können daher dazu führen, dass das am deutschen Gerichtsort geltende IPR (Sitztheorie) nicht einschlägig ist, sondern ein Drittes.

71 Die Vertreter der Sitztheorie haben inzwischen zahlreiche Rückschläge erlitten. Die für das Internationale Gesellschaftsrecht wichtige „Centros"-Entscheidung des EuGH[4] hatte bereits deutliche Ansätze für eine kritische Haltung des EuGH geliefert. Jedoch beinhaltete sie nach überwiegender Auffassung noch kein abschließende Entscheidung gegen die Sitztheorie. Der BGH[5] hatte deshalb dem EuGH die Frage vorgelegt, ob die deutsche Sitztheorie **gegen Grundprinzipien des EU-Rechts** verstoße. Dies hat der EuGH[6] deutlich bejaht. Er stellt fest, im Ausland gegründete Gesellschaften mit satzungsgerechtem Sitz im Ausland seien in Deutschland zukünftig ohne Wenn und Aber anzuerkennen. Ob aber damit die Sitztheorie als solche endgültig der Vergangenheit angehört, ist allerdings offen, denn würde sie europarechtskonform angewendet, könnte sie als Regel für die Bestimmung des **Rechts der inneren Angelegenheiten** einer juristischen Person auch weiterhin anwendbar sein.[7] Die Entscheidung „Inspire Art"[8] bildet den vorläufigen Schlusspunkt der Entwicklung hin zur Gründungstheorie.[9]

---

1 Art. 37 EGBGB Nr. 2 nimmt das Gesellschaftsrecht ausdrücklich vom Geltungsbereich des deutschen IPR aus.
2 Dh. des tatsächlichen Verwaltungsschwerpunkts der Gesellschaft, „Sitztheorie", BGHZ 25, 134, 144; BGHZ 53, 181, 183, BGHZ 78, 318, 334; OLG Hamburg, RIW 1988, 816; BGHZ 97, 269 im Unterschied zu im anglo-amerikanischen und auch in den Niederlanden und der Schweiz praktizierten Auffassung, nach der das Recht maßgebend ist und bleibt, nach dem die betreffende Gesellschaft gegründet wurde, „Gründungstheorie". Diese Lehre befindet sich nun auch in Deutschland im Vordringen, vgl. OLG Zweibrücken, RIW 2003, 542; BGH, IPRax 2003, 265 ff.; BGH, IPRax 2003, 344 ff.; *Weller*, IPRax 2003, 324 ff.
3 BGH, BauR 2001, 979–981 (Architektenvertrag); vgl. auch KG, IPRax 2000, 405–406.
4 EuGH, 9. 3. 1999, Rechtssache C-212/97, DB 1999, 626.
5 BGH, ZfBR 2000, 404.
6 EuGH, 5. 11. 2002, Rechtssache C-208/00; vgl. auch EuGH, 30. 9. 2003, Rechtssache C-167/01, DB 2003, 2219; RIW 2002, 945 ff.
7 Vgl. dazu *Bayer*, BB 2002, 2289, 2291; *Kallmeyer*, DB 2002, 2521, 252.
8 EuGH v. 30. 9. 2003 – Rs. C 167/01, NJW 2003, 3331.
9 Vgl. *Horn*, NJW 2004, 893, 896; *Mankowski*, RIW 2004, 481, 483.

3. Europarecht

a) Überblick

Das nationalstaatliche Recht der EU-Mitgliedsstaaten wird inzwischen häufig von in Brüssel verabschiedeten Normen überlagert oder gestaltet. Das private Baurecht ist noch weit gehend unberührt geblieben. Die **Vergabe öffentlicher Aufträge** ist dagegen Gegenstand intensiver Normierung durch die Europäische Union. 72

Als Rechtsquellen zu nennen sind: 73

▷ Richtlinie Nr. 89/106/EWG[1] des Rates zur Angleichung der Rechts- und Verwaltungsvorschriften der Mitgliedsstaaten über Bauprodukte[2]

▷ Richtlinie Nr. 71/305/EWG des Rates über die Koordinierung der Verfahren zur Vergabe öffentlicher Aufträge[3] und Richtlinie Nr. 89/440/EWG des Rates zur Änderung der Richtlinie Nr. 71/305/EWG[4]

▷ Richtlinie Nr. 85/374/EWG des Rates zur Angleichung der Rechts- und Verwaltungsvorschriften der Mitgliedsstaaten über die Haftung für fehlerhafte Produkte[5]

▷ Richtlinie Nr. 92/50/EWG des Rates über die Koordinierung der Verfahren zur Vergabe öffentlicher Dienstleistungsaufträge[6]

▷ Richtlinie Nr. 89/665/EWG des Rates zur Koordinierung der Rechts- und Verwaltungsvorschriften für die Anwendung der Nachprüfungsverfahren im Rahmen der Vergabe öffentlicher Liefer- und Nachprüfungsverfahren im Rahmen der Vergabe öffentlicher Liefer- und Bauaufträge[7]

▷ Richtlinie Nr. 92/13/EWG des Rates zur Koordinierung der Rechts- und Verwaltungsvorschriften über die Auftragsvergabe durch Auftraggber im Bereich der Wasser-, Energie- und Verkehrsversorgung sowie im Telekommunikationssektor[8]

▷ Richtlinie Nr. 92/57/EWG des Rates über die auf zeitlich begrenzte oder ortsveränderliche Baustellen anzuwendenden Mindestvorschriften für die Sicherheit und den Gesundheitsschutz[9]

▷ Richtlinie Nr. 93/13/EWG des Rates über missbräuchliche Klauseln in Verbraucherverträgen[10]

---

1 Hierzu eingehend *Molkenbur*, DVBl. 1991, 745 ff.
2 ABl. Nr. L v. 11. 2. 1989, 12.
3 ABl. Nr. L 185 v. 16. 8. 1971, 5.
4 ABl. Nr. L 210 v. 21. 7. 1989, 1.
5 ABl. Nr. L 210 v. 25. 7. 1985, 29.
6 ABl. Nr. L 209 v. 24. 7. 1992, 1.
7 ABl. Nr. L 395 v. 30. 12. 1989, 33.
8 ABl. Nr. L 76 v. 23. 3. 1992, 14.
9 ABl. Nr. L 245 v. 26. 8. 1992, 6.
10 ABl. Nr. L 95 v. 21. 4. 1993, 29.

▷ Verordnung Nr. 2195/2002/EG des Europäischen Parlaments und des Rates vom 5. November 2002 über das Gemeinsame Vokabular für öffentliche Aufträge (CPV)[1]

▷ Empfehlung der Kommission zur Einführung und Anwendung von Eurocodes für Bauwerke und bauwerksrelevante Bauprodukte[2]

b) Normierungsvorhaben

74 Die neue Richtlinie 2004/18/EG des Europäischen Parlaments und des Rates vom 31. 3. 2004 über die Koordinierung der Verfahren zur Vergabe öffentlicher Bauaufträge, Lieferaufträge und Dienstleistungsaufträge (VKR) trat am 30. 4. 2004 in Kraft und muss bis zum 31. 1. 2006 umgesetzt werden. Ferner existiert ein Vorschlag für eine Richtlinie des Europäischen Parlaments und des Rates über die Anerkennung von **Berufsqualifikationen**[3], die vor allem für die **Architekten** von Bedeutung sein wird.

75 Nicht unerwähnt bleiben kann, dass es einen Aktionplan des Europäischen Parlaments und der Kommission für ein **kohärentes Europäisches Vertragsrecht** gibt.[4] In der Diskussion befinden sich 4 Optionen. Im Rahmen der Vorarbeiten hat nur eine kleine Minderheit die **Option I** befürwortet, nämlich die Lösung festgestellter Probleme dem Markt zu überlassen. Recht viele Befürworter fand die **Option II**: Entwicklung gemeinsamer Grundsätze des europäischen Vertragsrechts im Rahmen gemeinsamer Forschungsarbeiten. Eine überwältigende Mehrheit sprach sich für die **Option III** aus, also für eine Verbesserung des geltenden EG-Vertragsrechts. Eine Mehrheit lehnte – zumindest zum derzeitigen Zeitpunkt – die **Option IV** ab, die den Erlass neuer Rechtsvorschriften zum europäischen Vertragsrecht vorsah. In zahlreichen Beiträgen wurde jedoch die Ansicht vertreten, diese Lösung könne je nachdem, wie sich die Situation infolge der Umsetzung der Optionen II und III entwickle, möglicherweise zu einem späteren Zeitpunkt nochmals in Erwägung gezogen werden.

c) Europäischer Gerichtshof

76 Der Europäische Gerichtshof sichert die Wahrung des Rechts bei der Auslegung und Anwendung der EU-Verträge (Art. 220 EGV[5]), ist für die Auslegung des Brüsseler Gerichtsstands- und Vollstreckungsübereinkommens zuständig und kann von den nationalen Gerichten angerufen werden, um im Wege der **Vorabentscheidung** über die **Auslegung des EU-Rechts** zu befinden (Art. 234 EGV). Diese Regelung erlangt zunehmend größere Bedeutung, weil sich der EuGH in ständiger Rechtsprechung auch dann für die für die Auslegung des Gemeinschaftsrechts zuständig hält, wenn dieses den fraglichen Sachverhalt nicht unmittelbar regelt, aber der nationale Gesetzgeber bei der Umsetzung der Bestimmungen einer

---
1 ABl. Nr. L 340 v. 16. 12. 2002, 1.
2 ABl. Nr. L 332 v. 19. 12. 2003, 62 f.
3 ABl. Nr. C 181 E v. 30. 7. 2002, 183–257.
4 ABl. Nr. C 063 v. 15. 3. 2003, 1–44.
5 Neue Fassung des EG-Vertrags v. 2. 10. 1997, BGBl. 1998 II, 387.

Richtlinie in nationales Recht beschlossen hat, rein innerstaatliche Sachverhalte und Sachverhalte, die unter die Richtlinie fallen, gleichzubehandeln, und seine innerstaatlichen Rechtsvorschriften deshalb an das Gemeinschaftsrecht angepasst hat[1], was durch die Schuldrechtsreform 2002 besondere Brisanz erhält.[2]

Festzuhalten ist, dass die Bundesrepublik Deutschland mit dem Erlass der **§ 1 Abs. 1 und § 1b AÜG** gegen ihre Verpflichtungen aus den Art. 43, 49 EGV verstoßen hat.[3] Die Entscheidung betrifft Arbeitsgemeinschaften ohne Sitz und Niederlassung in Deutschland, die grenzüberschreitende Arbeitnehmerüberlassung und die Gründung von Zweigniederlassungen. 77

d) Richtlinie zur Bekämpfung von Zahlungsverzug im Geschäftsverkehr

Am 8. 8. 2000 trat die Richtlinie des Europäischen Parlaments und des Rates zur Bekämpfung von **Zahlungsverzug im Geschäftsverkehr** in Kraft.[4] Sie enthält insbesondere Regelungen zum Zahlungsverzug, zur Verbesserung des gerichtlichen Beitreibungsverfahrens und zum Eigentumsvorbehalt. Die Brüsseler Richtlinie geht auf Bemühungen aus dem Jahr 1995 zurück. Die Richtlinie beschränkt ihren Anwendungsbereich ausdrücklich auf das **Entgelt für Handelsgeschäfte**. Sie erfasst weder Geschäfte mit Verbrauchern noch die Zahlung von Zinsen aus Scheck- und Wechselgeschäften oder Zahlungen von Versicherungsgesellschaften. Zum geregelten Geschäftsverkehr gehören aber auch die Aufträge öffentlicher Stellen. Die Richtlinie sieht detaillierte Regelungen zu Verzugszinsen und einem beschleunigten Beitreibungsverfahren vor, die nachstehend kurz angesprochen werden sollen. 78

aa) Verzugszinsen

Verzugszinsen sollen ab dem Tag gezahlt werden, der auf den vertraglich festgelegten **Zahlungstermin** oder das vertraglich festgelegte Ende der Zahlungsfrist folgt. Sind ein Zahlungstermin oder eine -frist nicht vereinbart, so sollen jedenfalls 30 Tage[5] nach dem Zeitpunkt des **Eingangs der Rechnung** oder einer gleichwertigen Zahlungsaufforderung beim Schuldner Zinsen anfallen (Art. 3 Abs. 1 Buchst. b der Richtlinie). Zinsen sollen auch anfallen, wenn der Zeitpunkt des Eingangs der Rechnung unsicher ist, und zwar 30 Tage nach dem Zeitpunkt des **Empfangs der Güter**. Geht die Rechnung bereits vor Fälligkeit zu, soll hilfsweise auf den Empfang der Güter oder Dienstleistungen oder ggf. auf andere Fälligkeitsumstände abgestellt werden (z. B. Abnahmezeitpunkt). Die **Höhe** der Verzugszinsen („gesetzlicher Zinssatz"), zu deren Zahlung der Schuldner verpflichtet ist, ergibt sich aus der Summe des Zinssatzes, der von der Europäischen Zentralbank auf ihre jüngste Hauptrefinanzierungsoperation, die vor dem ersten Kalendertag des betreffenden Halbjahres durchgeführt wurde, angewendet wird („Bezugszinssatz"), zuzüglich mindestens sieben Prozentpunkten („Spanne")[6], sofern in dem 79

---

1 EuGH, HFR 1997, 788; EuGH, HFR 1997, 788; EuGH, DB 2002, 822.
2 Vgl. dazu *Wagner*, ZNotP 2002, Beil. 1, 1, 4 ff.
3 EuGH, BB 2001, 2427–2430.
4 ABl. 2000 Nr. L 2000, 35; vgl. *Hök*, ZfBR 2000, 513 ff.
5 Die Entwürfe sahen zuletzt 21 Tage vor.
6 Die Entwürfe sahen noch acht Prozentpunkte vor.

Vertrag nichts anderes bestimmt ist (Art. 3 Abs. 1 der Richtlinie). Der deutsche Gesetzgeber hat jetzt in § 288 Abs. 2 BGB für Nicht-Verbraucher den Zinssatz auf acht vom Hundert über dem Basissatz erhöht. Der Gläubiger soll nicht nur Anspruch auf Verzugszinsen haben, sondern vom Schuldner auch Ersatz des verursachten Schadens verlangen können, namentlich ist vorgesehen, dass die Beitreibungskosten gegen den Schuldner durchgesetzt werden können.

bb) Verzugsfristerhöhung

80 Art. 3 Abs. 2 der Richtlinie erlaubt es, in den nationalen Rechtsvorschriften Vertragsarten zu definieren, bei denen die Verzugsfrist **auf höchstens 60 Tage** erhöht werden darf. Allerdings müssen die Mitgliedstaaten verbieten, dass die Frist überschritten wird und für den Fall der Überschreitung Zinsen festlegen, die erheblich über den gesetzlichen Zinsen liegen.

cc) Vollstreckung

81 Gemäß Art. 5 der Richtlinie soll dafür Sorge getragen werden, dass ein vollstreckbarer Titel unabhängig von dem Betrag der Geldforderung in der Regel **binnen 90 Kalendertagen** ab Einreichung der Klage oder des Antrags des Gläubigers bei Gericht oder einer anderen zuständigen Behörde erwirkt werden kann, wenn die Forderung oder verfahrensrechtliche Aspekte nicht bestritten werden.

dd) Eigentumsvorbehalt

82 Die Mitgliedstaaten sollen gemäß Art. 4 der Richtlinie im Einklang mit den anwendbaren nationalen Vorschriften, wie sie durch das internationale Privatrecht bestimmt werden, sicherstellen, dass der Verkäufer das Eigentum an Gebrauchsgütern und/oder Investitionsgütern behält, wenn eine Eigentumsvorbehaltsklausel vereinbart wurde. Die erheblich weitergehenden Entwürfe wurden entschärft.

ee) Missbrauch der Vertragsfreiheit

83 Die Richtlinie macht es sich ausdrücklich zum Ziel, gegen den Missbrauch der Vertragsfreiheit vorzugehen. Falls eine Vereinbarung in erster Linie dem Zweck dient, dem Schuldner zusätzliche Liquidität auf Kosten des Gläubigers zu verschaffen, oder falls der Generalunternehmer seinen Lieferanten und Subunternehmern Zahlungsbedingungen aufzwingt, die auf der Grundlage der ihm selbst gewährten Bedingungen nicht gerechtfertigt sind, können diese Umstände als Faktoren gelten, die einen solchen Missbrauch darstellen. Nach Art. 3 Abs. 3 der Richtlinie haben deshalb die Mitgliedstaaten vorzusehen, dass Vereinbarungen über den Zahlungstermin oder die Folgen eines Zahlungsverzugs, die nicht mit der Richtlinie in Einklang stehen, entweder nicht geltend gemacht werden können oder einen Schadensersatzanspruch begründen, wenn sie bei Prüfung aller Umstände des Falles grob nachteilig für den Gläubiger sind. Es bleibt sorgfältig zu analysieren, wie der Missbrauch der Vertragsfreiheit praktisch unterbunden werden kann. In der Begründung der Richtlinie kommt zum Ausdruck, dass **insbesondere Nachunternehmer geschützt** werden sollen. Diesen Hinweis sollte

man ernst nehmen; doch zunächst sind Modelle zu entwickeln, wie der Forderung aus Brüssel Nachdruck verliehen werden kann.

ff) Umsetzung

Die Richtlinie musste **bis zum 8. 8. 2002** umgesetzt werden (Art. 6 Abs. 1 der Richtlinie). Der deutsche Gesetzgeber hat dies zum 1. 1. 2002 getan. Die Mitgliedsstaaten können bei der Umsetzung Schulden ausnehmen, die Gegenstand eines gegen den Schuldner eingeleiteten Insolvenzverfahrens sind. Auch Verträge, die vor dem 8. 8. 2002 geschlossen wurden, können ausgenommen werden, ferner Verbindlichkeiten von weniger als 5 Euro. 84

4. Einzelne Länder und deren Vorschriften

Insbesondere für den Fall einer Rechtswahl ist die **rechtsvergleichende Kenntnis** des Baurechts anderer Länder von Bedeutung.[1] Auch sollte man nicht verkennen, dass es praktisch unmöglich ist, sinnvoll fremdsprachige Vertragsregelungen zu interpretieren oder zu übersetzen, ohne sich mit dem **rechtlichen Vokabular** und den dahinter stehenden Intentionen dieser Rechtssprache zu befassen.[2] Die Auswahl des folgenden kurzen Überblicks orientiert sich an der internationalen Bedeutung der Vertragssprache und/oder der nachbarlichen Beziehungen, wobei hier aus Platzgründen nur ein kleiner Überblick gegeben werden kann. 85

a) Anglo-amerikanischer Rechtskreis, England

Obwohl historisch fallrechtlich geprägt, ist das Vertragsrecht *(law of contracts)* wie auch das Recht der unerlaubten Handlungen *(law of torts)* im anglo-amerikanischen Rechtssystem sowohl vom Gesetzes- als auch vom Fallrecht geprägt. Allerdings überwiegt das Fallrecht. Leider zerfällt das anglo-amerikanische Rechtssystem in viele Teilrechtsordnungen, die sich erheblich voneinander unterscheiden können (z. B. bestehen erhebliche Unterschiede zwischen engl. u. schottischem Recht). 86

Ein **Vertrag** ist **nach englischem Recht** eine gesetzlich verbindliche Vereinbarung *(legally binds the parties)*, oder eine rechtserhebliche Vereinbarung, weil in den wenigsten Fällen Gesetze Grundlage von Verträgen sind, denn das englische Recht ist Fallrecht. Gelegentlich wird von *enforceable agreements* gesprochen, was aber in die Irre führt, denn grundsätzlich können die Parteien sich nicht zwingen, einen Vertrag zu erfüllen. Die übliche Folge von Vertragsverletzungen ist ein **Anspruch auf Schadensersatz**. Die zugrunde liegende Theorie ist die, dass es den Parteien frei steht, vertragliche Regelungen freiwillig anzuerkennen und sich ihnen zu unterwerfen. Zum Vertrag kommt es durch Angebot und Annahme. Die Vereinbarung muss ein Werteelement enthalten, dass man unter dem Begriff *consideration* kennt, obwohl auch eine unentgeltliche Vereinbarung zulässig ist, wenn sie in der Form einer *deed* zustande kommt, wobei die Übersetzung mit notarieller Urkunde missverständlich ist, weil es in England die Einrichtung 87

---

1 Vgl. *Hök*, MDR 2003, 672 ff.
2 Vgl. *Sacco*, ZEuP 2002, 727 ff.

des Notars nicht gibt. Üblich ist die Formel, dass etwas für etwas getan wird *(something for something)*. Ferner müssen die Parteien die Absicht haben, rechtsverbindliche Beziehungen einzugehen.

88 Das **Werkvertragsrecht** hat in dem **anglo-amerikanischen Rechtskreis** keine besonders deutliche gesetzliche Ausprägung erfahren. Die Tätigkeit der Bauunternehmer wird einem *contract of service* zugeordnet, während baubezogene Dienst- und Arbeitsverträge generell als *contract of employment* begriffen werden. In **England** hingegen findet man einen dem deutschen Werkvertrag ähnlichen *contract of work and labour (bzw. hire of work and labour)*. Von besonderer praktischer Bedeutung ist das Problem der Gewährleistung. Insoweit ist zunächst auf die grundverschiedenen Lösungsansätze hinzuweisen. Das *common law* kennt im Grunde nur eine einzige Rechtsfolge der Leistungsstörung: den **Schadensersatz**.

89 Zu den wesentlichen *Voraussetzungen* der **Gewährleistung nach englischem *common-law*** zählt zunächst, dass der Unternehmer es nach der im *common-law* geltenden *strict performance* übernimmt, jede vertraglich vereinbarte Leistung unter Einschluss der Nebenpflichten zu erbringen, bevor er den Vertrag erfüllt hat und Zahlung verlangen kann. Insbesondere enthält jeder Vertrag eine *duty of good faith* bzw. unter Kaufleuten *good faith an fair dealing*. Diese Pflicht beinhaltet, den Vertragszweck nicht zu vereiteln und mit dem Vertragspartner zusammen zu arbeiten. Die daraus abzuleitende **Mitwirkungspflicht** erlegt es dem Bauherrn auf, die Pläne auszuhändigen und den Baugrund zu überlassen. Erst mit vollständigen, die genannten Haupt- und Nebenpflichten erfüllenden Leistungen ist der Bauvertrag also erfüllt. Die umfassende Geltung der *strict performance* hat allerdings in der Praxis zur **Leistungsverweigerung** meist **des Auftraggebers** geführt, der auch bei kleinsten Abweichungen von Leistungsverpflichtung und Erfüllungshandlung die komplette Gegenleistung verweigerte. Dieses im Einzelfall immer wieder als ungerecht empfundene Ergebnis hat die englische Rechtsprechung veranlasst, durch die Figur der *substancial performance* in Ausmaß oder Art unwesentliche Pflichtverletzungen nicht als Grund für eine Leistungsverweigerung der Gegenseite zuzulassen.[1]

90 Die **Pflichten** können im Wesentlichen durch die Begriffe *warranty* (unwesentliche Vertragsbestimmung), *condition* (wesentliche Vertragsbestimmung) und *guarantee* (Garantie) beschrieben werden. *Warranty* steht für eine Vereinbarung von Nebenpflichten, die den Hauptvertrag ergänzen. Aus ihrer Verletzung kann grundsätzlich nur Schadensersatz *(damages)* verlangt werden, nicht aber, wie bei der *condition*, die Rückgabe der Sache als nicht vertragsgemäß und die Herstellung einer fehlerfreien Sache bzw. Nachbesserung. Beide Arten von Ansprüchen können innerhalb von sechs Jahren durch Klage geltend gemacht werden.[2]

---

[1] Freilich hat man durch die Schaffung dieser Ausnahmeregelung das Problem bestimmen zu müssen, was zum Wesentlichen des Vertrags zu rechnen ist. So wie diese Ausnahmeregel von Erfahrungen aus Einzelfällen herrührt, wird auch die Frage, wann eine wesentliche Abweichung besteht, vom Einzelfall aus entschieden. In der US-amerikanischen Rechtsprechung etwa wurde darauf abgestellt, ob der Vertragsbruch so grundlegend ist, dass der an die Wurzeln des Vertrages reicht, vgl. *Barker/Padfield*, Law, S. 150.
[2] *Bernstorff*, Einführung in das englische Recht, S. 44.

Bei der Annahme des Vorliegens von **stillschweigenden Zusicherungen** (*implied* 91 *warranties*) geht man zugunsten des Bestellers beim Werkvertrag im anglo-amerikanischen Recht sehr weit. Nach der *doctrine of merger* (Verschmelzungstheorie) erlöschen jedoch auch die Rechte aus ausdrücklichen Zusicherungen in Immobilienkaufverträgen, wenn diejenigen Dokumente übergeben wurden, die das Eigentum am Grundstück verbriefen (so genanntes *deed*). Diese Dokumente sollen dann die Rechte am Grundstück allein verbindlich regeln. Die Rechtsprechung sieht jedoch Zusicherungen im Rahmen eines Hauskaufs als Nebenabreden (*collateral agreements*), die die *deed* überdauern. Allerdings enthält diese Eigentumsübertragungsurkunde meist ohnehin lediglich die Zusicherung des Eigentumsrechts, so dass praktisch kein Unterschied zwischen *deed* und stillschweigender Zusicherung (*implied warranty*) besteht.

Sind die Voraussetzung für die Gewährleistung gegeben, sind nach dem anglo- 92 amerikanischen Recht der Leistungsstörungen grundsätzlich sechs verschiedene **Rechtsfolgen** zu unterscheiden:

1. Verweigerung der Erfüllung durch die Gegenseite,
2. Klage auf Schadensersatz,
3. Klage auf das, was der Gläubiger anteilig verdient hat,
4. Klage auf Erfüllung und Leistung als Klage auf specific performance,
5. Klage auf ein bestimmtes Tun oder Unterlassen (*injunction*),
6. Rücktritt vom Vertrag (*rescission*).

Insbesondere im amerikanischen Recht ist zu bedenken, dass die **Geltendma-** 93 **chung** eines Mangels im Bauwerk von gesetzlichen Vorgaben des Code of Civil Procedure (CCP) bestimmt ist, die den Zeitraum der Geltendmachung des Mangels festlegen. Bei einem offenkundigen Mangel (*patent deficiency*) etwa schreibt der CCP 337.1 eine Frist von 4 Jahren vor, in der der Mangel geltend gemacht sein muss. Für verdeckte Mängel legt CCP 337.15 eine Frist von 10 Jahren fest.[1]

b) Belgien

Das belgische Zivilrecht unterscheidet wie das französische zwischen der **Sach-** 94 **leihe** und der **Dienstleihe**.[2] Die Dienstverträge sind in Art. 1779 ff. Code Civil (CC) geregelt. Der Vertrag kann sich in der Arbeitsleistung erschöpfen oder die Lieferung des Materials einschließen (Art. 1787 CC). Wer sich verpflichtet, ein Werk in Teilen oder in Maßen zu errichten, kann verlangen, dass es in Teilen abgenommen und verhältnismäßig bezahlt wird (Art. 1791 CC). Der Architekt oder Unternehmer, der für einen Festpreis arbeitet, kann keine Preiserhöhung fordern, auch wenn der Preis der Arbeitslöhne und der Materialien gestiegen ist. Nachforderungen sind dagegen möglich, wenn eine Planänderung erfolgt, die schriftlich autorisiert und deren Preis vereinbart wurde (Art. 1793 CC). Die Man-

---

[1] Ein sehr häufig anzutreffender Baumangel ist die Verunreinigung durch Pilze, verursacht durch Wasserstörungen in Gebäuden, vgl. für den amerikanischen Bereich, There's gold in that mold, The star, June 3, 1999.
[2] Vgl. *Delvaux/Dessard*, Le contrat d'entreprise de construction, Brüssel 1991, Rz. 1.

gelhaftung (décennale und droit commun) dauert 10 Jahre (Art. 1792 CC).[1] Sie geht mit der Abnahme unter, bleibt allerdings für „vices caché" und Mängel, die unter die „décennale" fallen, erhalten.[2]

c) Frankreich
aa) Rechtsquellen

95 Rechtsquellen für das französische zivile Bau- und Werkvertragsrecht sind der *code civil (CC)*, der *code de la construction et de l'habitation (CCH)* und der *code des marchés public (CMP)*. Die ebenfalls französischem Recht entspringenden AFNOR-Bedingungen, die als technische Spezialnormen oft vertraglich vereinbart werden, werden nicht im nationalen Rahmen dargestellt.

bb) Werkvertrag

96 Der Werkvertrag wird als **„Verfertigungsvertrag"** in den Art. 1711 und 1779 CC erwähnt. In der Praxis hat sich ein allgemeiner Begriff des gegenseitigen, konsensualen *contrat d'entreprise* entwickelt. Gegenstand eines solchen Vertrags ist die Herstellung stofflicher wie immaterieller Werte.[3] Das französische zivile Baurecht ist leider nicht sehr übersichtlich, da das so genannte *droit commun* die Rechtslage nur außerordentlich unvollständig regelt. Es überwiegen Sondergesetze. Der französische Gesetzgeber hat sich mit dem *code de la construction et de l'habitation (CCH)* vom 19. Dezember 1990 gewisser Regelungsdefizite in diesem Bereich angenommen. Das Gesetz hat zum Ziel, den Bauherren zu schützen. Öffentliche Aufträge werden darüber hinaus nach den besonderen gesetzlichen Bestimmungen des *Code des Marchés Publics* im Preiswettbewerb, im Leistungswettbewerb, aber – im Unterschied zu Deutschland – auch freihändig vergeben.[4] Eine gesetzlich in den *habitations a loyer modere – (HLM)* geregelte Sonderstellung nehmen die Aufträge im Bereich des sozialen Wohnungsbaus ein. Der **Bauvertrag** fällt im CC unter die Dienst- und Werkmietverträge (*contrats de l'ouage d'ouvrage*, Art. 1787 CC). Die Stellung des Baumaterials ist von der gesetzlichen Regel nicht mitumfasst und muss deshalb gesondert vereinbart werden.

cc) Subunternehmer[5]

97 Der Vertrag zwischen Hauptunternehmer und Subunternehmer wird unabhängig von der international-privatrechtlichen Qualifizierung eines Vertrags als Vertrag zwischen Hauptunternehmer und Auftraggeber behandelt.[6] Der Subunternehmer wird im französischen und italienischen Baurecht **in hohem Maße geschützt**. So hat der französische Gesetzgeber Regelungen zum Schutz der Subunternehmer

---

1 Vgl. *Delvaux/Dessard*, Le contrat d'entreprise de construction, Brüssel 1991, Rz. 220 ff.
2 *Delvaux/Dessard*, aaO, Rz. 220.
3 Vgl. im Einzelnen *Niggemann*, RIW 1991, 372, 373.
4 Vgl. dazu *Hök*, ZfBR 2001, 518; Dekret Nr. 2004-15 (procédures adaptées).
5 Französisches Gesetz über den Subunternehmervertrag vom 31. 12. 1975.
6 Vgl. *Jacquet/Delebecque*, Droit du commerce international, Rz. 319, der die akzessorische Anknüpfung des Subunternehmervertrages an den Hauptauftrag befürwortet.

gegen die Insolvenz des Hauptunternehmers[1] eingeführt und erklärt diese zum ordre public.[2] Jeder Verstoß gegen dieses Gesetz führt also unmittelbar zur Nichtigkeit der getroffenen Vereinbarung. Noch nicht entschieden ist, ob diese französischen Schutzbestimmungen umfassend zum internationalen ordre public gehören und die Beauftragung französischer Subunternehmer damit stets der umfassenden Kontrolle des französischen Rechts unterfiele.[3]

dd) Action directe

Das französische Recht kennt im Unterschied zum deutschen Recht die **Direktklage** des Subunternehmers gegen den Hauptauftragnehmer, insbesondere für den Fall, dass der Hauptunternehmer den Werklohn nicht innerhalb eines Monats nach Verzugseintritt bezahlt.[4] Vorausgesetzt, man qualifiziert diesen Anspruch als schuldrechtlichen Anspruch, lässt sich dieser Schutz für den Subunternehmer jedoch im internationalen Rechtsverkehr etwa zwischen Frankreich und Deutschland nur realisieren, wenn einheitlich französisches Recht gilt, da das deutsche Recht die *action directe* für den Subunternehmer nicht kennt.[5] Liegt keine dementsprechende Rechtswahl vor, ist dies nur möglich, wenn Hauptunternehmer und Subunternehmer ihren Sitz beide in Frankreich haben, was im Zuge der Internationalisierung des Baugeschehens zusehends weniger der Fall sein wird.[6] 98

Das französische IPR knüpft den Direktanspruch aber an das **Recht des Hauptvertrages** an, d. h. an das Recht der „garantierten" Forderung.[7] Unterliegt also der Generalauftrag französischem Recht, besteht die „action directe" unabhängig davon, ob auf den Subunternehmerauftrag französisches Recht Anwendung findet.[8] Allerdings wird es – in diesem Fall aus französischer Sicht – immer problematisch sein, in einer fremden Rechtsordnung, die die Direktklage nicht kennt, den Bauherrn auf diesem Weg in Anspruch zu nehmen. 99

Das französische Recht kennt ferner die so genannte *action oblique*, die es dem Hauptgläubiger im Falle der Untätigkeit des Hauptschuldners erlaubt, gegen den Drittschuldner direkt vorzugehen (Art. 1166 CC).

ee) Absicherung des Werklohns

Die Festlegung des Werklohns erfolgt entweder in einem **formellen Vertrag** oder aufgrund eines durch den Auftraggeber bestätigten **Kostenvoranschlags** *(devis)* des Unternehmers oder schließlich aufgrund von Tarifen, die der Auftragnehmer dem Auftraggeber zur Kenntnis gebracht hat, z. B. durch einen Aushang. Der Preis kann auch nach Ausführung der Arbeiten festgelegt werden und versteht 100

---

1 Gesetz Nr. 75–1334 vom 31. Dezember 1975 über den Subunternehmer, Journal Officiel du 3. 1. 1976, p. 80, erweitert durch Gesetze von 1981, 1984, 1986, und 1994.
2 Art. 15 des Gesetzes.
3 Dafür *Jacquet/Delebecque*, Droit du commerce international, Rz. 319.
4 Zur *action directe* des französischen Rechts vgl. *Jayme*, IPRax 1985, 372 ff., 373.
5 *Thode* in Reithmann/Martiny, Internationales Vertragsrecht, Rz. 1109.
6 Vgl. dazu neuerdings auch *Pulkowski*, ICLR 2004, 31 ff.
7 *Jacquet/Delebecque*, Droit international du commerce, Rn. 320.
8 *Jacquet/Delebecque*, Droit international du commerce, Rn. 320.

sich prinzipiell einschließlich Steuern *(TTC = toutes taxes comprises)*.[1] Die einfachste Art der Preisfindung ist der Pauschalpreis *(marché à forfait)*. Die Alternative besteht in der Abrechnung nach Aufmaß und Einheitspreisen *(marché à prix unitaire)* bzw. nach Aufwand (vgl. AFNOR P03001).[2] Ursprünglich wurden Werklohnforderungen in Frankreich allein durch die **so genannten Privilegien** gesichert (Art. 2103 n° 4 Code Civil), die zwar zunächst außerhalb des Grundbuchs entstehen, jedoch im Grundbuch eingetragen werden können und deshalb schließlich **wie Hypotheken** behandelt werden und bereits eingetragenen Hypotheken im Range vorgehen können.[3] Voraussetzung ist, dass eine Wertsteigerung des Grundstücks durch die Werkleistungen begründet wurde und ein Vertrag über die Erbringung von Bau- und Architektenleistungen (gemäß Art. 1779 Nr. 3 CC) geschlossen wurde. Diese Wertsteigerung wird in einem aufwendigen Verfahren durch einen gerichtlich bestellten Sachverständigen festgestellt. Aber nicht nur das Gebäude, auch das Grundstück haftet für das Privileg.

101 Der hohe formale und zeitliche Aufwand des Verfahrens lässt die Parteien in der Praxis auf die **Werterhöhungsfeststellung** verzichten. Deshalb hat der französische Gesetzgeber im Art. 1799–1 CC als zwingendes Recht geregelt, dass der Bauherr dem Unternehmer die Zahlung des Werklohns garantieren muss, wenn dieser einen Betrag von netto 12 000 Euro erreicht.[4] Hat der Bauherr das Vorhaben durch eine Bank finanziert, kann sich der Unternehmer direkt an die Bank halten, der es untersagt ist, an einen Dritten Zahlungen zu leisten, bis der vereinbarte Werklohn bezahlt ist.

ff) Bauträgervertrag

102 Der Vertrag über die Errichtung eines individuellen Hauses unterscheidet sich von Vertrag über den Erwerb eines zu errichtenden Hauses, dass sich der Unternehmer im letzteren Falle **gleichzeitig** zur **Veräußerung des Grundstücks** verpflichtet. Die **Trennung** des Verkaufs von dem Vertrag, der die Bauverpflichtung erhält, hat nach französischem Recht aus Gründen des Verbraucherschutzes die Nichtigkeit beider Verträge zur Folge. Im Bauträgergeschäft sind ergänzend die Vorschriften des *Code de la Consommation (C.cons.)* einschlägig. Scheitert die Finanzierung des Erwerbs, wird der Vertrag unwirksam (vgl. Art. L. 312–16 C.cons.).

gg) Mängelgewährleistung und Haftung

103 Das Recht der **Gewährleistung** für Baumängel ist in Frankreich **unübersichtlich** und letztendlich für deutsche Unternehmen nur schwer zu handhaben.[5] Es konkurrieren die Haftungstatbestände aus Art. 1792 CC mit den Ansprüchen aus der allgemeinen Vertragshaftung. Zu nennen sind insoweit die Art. 1147 CC und Art. 1137 CC *(responsabilité contractuelle)*. Daneben ist das Sonderrecht im

---

1 Vgl. Cass.com., 8. 10. 1991, C.C.C. 1992.1.
2 Vgl. zur Abrechnung, Preisregelungen und Nachforderungen eingehend *Hök*, ZfBR 2003, 3 ff.
3 *Delebecque* in Dalloz, Construction, Rz. 6853.
4 Décret n° 99–658 v. 30. 7. 1999.
5 Vgl. *Hök*, ZfBR 2000, 80 ff.

code de la construction et de l'habitation zu beachten (vgl. Art. L.111–11 ff. CCH). Ferner sind versicherungsrechtliche Besonderheiten hervorzuheben (vgl. Art. L.241–1 ff. *Code de l'Assucrance*). Das Verhältnis zwischen deliktischer und vertraglicher Haftung wird durch das **Prinzip des *non-cumul*** bestimmt. Beide Haftungsarten dürfen sich im konkreten Verhältnis nicht überlagern.[1]

Das *droit commun* unterscheidet nach *obligations de résultat* und *obligations de moyens*. Die Herstellungspflicht des Werkunternehmers ist *obligation de résultat*.[2] Hieraus folgt, dass die **Haftung** des Unternehmers **vermutet** wird; er muss darlegen und beweisen, dass der Mangel nicht auf sein Verhalten zurückzuführen ist. Insoweit genügt es, dass der Unternehmer sach- und fachgerecht gearbeitet hat. Im Rahmen der noch strengeren Haftung nach Art. 1792 CC allerdings kann sich der Bauunternehmer nur mit höherer Gewalt exkulpieren.[3]

104

Die **Verjährungsfrist** für Mängel beginnt mit der Abnahme zu laufen (vgl. Art. L.111–19 CCH, Art. R.111–24 CCH). Sie beträgt grundsätzlich 30 Jahre (Art. 2262 C). Allerdings wird die lange Verjährungsfrist von den Sondervorschriften der Art. 1792 ff., 2270 CC verdrängt.[4]

105

Am Bau betragen die Fristen:

▷ 1 Jahr für die vollständige Herstellung (Art. 1792–6 CC),

▷ 2 Jahre für die Solidität der Gebäudeausstattung (Art. 1792–3 CC, Art. L.111–16 CCH) und

▷ 10 Jahre für die Hauptarbeiten an dem Gebäude (Art. 2270 CC, Art. L.111–20 CCH).

Die am Bau Beteiligten unterliegen damit insbesondere einer strengen zehnjährigen gesamtschuldnerischen und außervertraglichen Mängelhaftung *(garantie décennale)*. Für die Dauer eines Jahres besteht eine Fertigstellungsgarantie. Für die Dauer von zwei Jahren wird für die Gebäudeausstattung gehaftet (vgl. aber insoweit auch Art. 1792-2 cc).

Die *garantie décennale* verdient besondere Beachtung. Zum einen erleichtert die Regelung in Art. 1792 CC dem Bauherrn die **Beweisführung** erheblich, zum anderen ist es schwierig für die in- und ausländischen Bauunternehmen die gesetzlich vorgeschriebene Versicherung beizubringen, da sich die sehr defizitär arbeitende Versicherungssparte häufig weigert, das Risiko zu versichern. Sämtliche Beteiligte haben die strafbewehrte Pflicht, eine Haftpflichtversicherung abzuschließen.[5]

106

---

1 Cass.civ., 9. 6. 1993, JCP 1994 II 22264.
2 Vgl. *Boon/Graffin*, Les contrats cléen mains, 2. Auflage, Paris 1987, Rz. 41; *Malaürie/Aynés/Gautier*, Les contrats, spéciaux, Paris 2003, Rz. 745.
3 Vgl. *Bénabent*, Droit Civil-Contrats spéciaux, 5. Aufl., 2001, Rz. 538.
4 Vgl. Cass.civ., 13. 4. 1988, Gaz.Pal. 1988.2.779 note *Blanchard*.
5 Auch in der europäischen Kommission nimmt man sich dieses Problemkreises an und plant, eine Dienstleistungshaftungsrichtlinie zu verabschieden.

hh) Öffentliches Auftragswesen

107 Die Vergabe öffentliche Bauaufträge ist speziell geregelt.[1] Anwendbar sind zunächst die EG-Verträge, sodann die nationalen Vorschriften. Grundlegend sind die Vorschriften des *Code des Marchés Publics (CMP)*; daneben auch zivilrechtliche Vorschriften. Heranzuziehen sind insbesondere Vorschriften aus dem *Code Civil*, wie z. B. Art. 1134 CC, Art. 1108 CC, Art. 1165 CC, Art. 1153 und 1154 CC, ferner auch Bestimmungen aus dem *Code de Procédure Civile*, wie z. B. Art. 1269 C.proc.nouv.[2] Große Bedeutung haben zudem die *Cahiers des clauses administratives générales*. Sie sind staatliche bestätigt (Dekret n° 76–87 vom 21. 1. 1976 modifié), stellen jedoch kein staatliches Recht dar. Sie erlangen nur Bedeutung, wenn sich die Vertragsparteien auf sie beziehen. In der überwiegenden Zahl der Fälle geschieht dies.[3]

108 Der Charakter der Vorschriften des CMP ist schwer zu bestimmen. Der CMP beinhaltet **zwingendes und dispositives Recht**. Zu welcher Kategorie eine Regelung zu zählen ist, muss in der Regel anhand der zur Verfügung stehenden Rechtsprechung geprüft werden. Zwingend sind die Vorschriften über die **Schriftform**. Dispositiv sind dagegen die Vorschriften über Fristen und Verzugszinsen.[4]

109 Das Verhältnis zwischen Unternehmer und öffentlichem Bauauftraggeber ist ein Über-/Unterordnungsverhältnis. Nur in gewisser Weise trifft dies auch für privatrechtliche Werkverträge zu. Im öffentlichen Auftragswesen ist die Ungleichgewichtigkeit stärker ausgeprägt. Die Rechte des Auftraggebers bestehen vor allem in einem Anordnungs- und einem Kontrollrecht, einem Abänderungsrecht, einem Kündigungsrecht und einem Sanktionsrecht.[5] Inwieweit die **öffentlich-rechtliche Qualfikation** der Bauverträge und die sich hieraus ergebende Zuständigkeit der französischen Verwaltungsgerichte europarechtswidrig ist, scheint bislang ungeklärt zu sein.

d) Italien

110 Der **Unternehmerwerkvertrag** (Art. 2222 Codice Civile, CC) ist der Vertrag, mit dem eine Partei die Ausführung eines Werks (Art. 1655 CC) oder die Leistung eines Dienstes (Art. 1677 CC) unter organisiertem Einsatz der notwendigen Mittel und auf eigene Verantwortung um eine Gegenleistung in Geld (Art. 1657 CC) übernimmt (vgl. die Definition in Art. 1655 CC). Für Unternehmerwerkverträge, in denen die Ausführung öffentlicher Arbeiten übernommen wird, sind das Gesetz vom 20. 3. 1865, Nr. 2248, Anlage F, sowie das Dekret vom 16. 7. 1962, Nr. 1063, einschlägig.

111 Wenn sich eine Person gegen Entgelt verpflichtet, mit überwiegend eigener Arbeit und ohne zum Besteller in ein Verhältnis der Unterordnung zu treten, ein Werk zu erstellen oder einen Dienst zu leisten, sind die Vorschriften der

---

1 Vgl. dazu *Hök*, ZfBR 2001, 518; inzwischen wurde der CPM per Dekret Nr. 2004/15, in Kraft seit dem 10. 1. 2004, erneut reformiert.
2 Vgl. *Llorenz/Solar-Conteaux* in Dalloz, Construction, Rz. 5981 ff.
3 *Llorenz/Solar-Conteaux* in Dalloz, Construction, Rz. 5992.
4 *Llorenz/Solar-Conteaux* in Dalloz, Construction, Rz. 5987.
5 Vgl. *Llorenz/Solar-Conteaux* in Dalloz, Construction, Rz. 6351.

Art. 2222 ff. CC anwendbar (**einfacher Werkvertrag**), es sei denn dass die Rechtsbeziehung im 4. Buch des codice civile gesondert geregelt ist (Art. 1655 ff. CC). Die Regelungen der Art. 2222 ff. CC regeln das Werkvertragsrecht nur rudimentär. Auf den **Bauvertrag** sind die Vorschriften der Art. 1655 CC anwendbar (vgl. Art. 2222 CC). Der Unternehmerwerkvertrag beinhaltet dagegen die Bereitstellung der Arbeitskraft.

aa) Entgelt

Haben die Parteien weder die Höhe des Entgelts noch Art und Weise seiner Bestimmung festgesetzt, wird es unter Bezugnahme auf bestehende Tarife oder auf die Gebräuche berechnet. Fehlen solche, so wird das Entgelt gerichtlich festgesetzt (Art. 1657, 2225 CC). Auch wenn der Auftraggeber die Änderung der Ausführungsart genehmigt, hat der Unternehmer **keinen Anspruch auf Entgelt** für die Änderungen und Zusätze, wenn der Preis für das Werk als Ganzes (Pauschalpreis) bestimmt wurde (Art. 1659 CC). 112

Ist es zur fachgemäßen Ausführung des Werks **notwendig, Änderungen** des Vorhabens anzubringen, und einigen sich die Parteien nicht, obliegt es dem Gericht, die durchzuführenden Änderungen und die entsprechenden Änderungen des Preises zu bestimmen. Übersteigt der Umfang der Änderungen ein Sechstel des vereinbarten Gesamtpreises, kann der Unternehmer vom Vertrag zurücktreten oder eine angemessene Entschädigung verlangen. Wenn die Änderungen von erheblichem Umfang sind, kann der Besteller vom Vertrag zurücktreten und hat eine angemessene Entschädigung zu zahlen (Art. 1660 CC). Übersteigt das Ausmaß der Änderungen ein Sechstel des vereinbarten Gesamtpreises nicht, kann der Auftraggeber Änderungen ungehindert anordnen. Der Unternehmer kann für die ausgeführten Mehrarbeiten ein Entgelt verlangen, auch wenn der Preis für das Werk als Ganzes bestimmt wurde (Art. 1661 CC). 113

bb) Material

Der Unternehmer muss das zur Ausführung des Werks **notwendige Material liefern**, sofern in der Vereinbarung oder in den Gebräuchen nicht anderes festgelegt wird (Art. 1658 CC), es sei denn die Parteien hatten in erster Linie die Absicht, eine Vereinbarung über die Lieferung des Materials zu treffen (vgl. Art. 2223 CC). Der Unternehmer hat dem Besteller **Mängel** des von diesem gelieferten Materials **unverzüglich anzuzeigen** (Art. 1663 CC). 114

cc) Rücktritt

Der Besteller kann von dem Werkvertrag auch nach Aufnahme der Arbeiten **jederzeit** zurücktreten, wenn er den Unternehmer für die getätigten Aufwendungen, die ausgeführten Arbeiten und den entgangenen Gewinn schadlos hält (Art. 1671 CC). 115

dd) Abnahme

Der Besteller hat das Werk abzunehmen. Bis zur Abnahme trägt der Unternehmer die **Gefahr des zufälligen Untergangs** oder der Verschlechterung, sofern er das Ma- 116 terial geliefert hat (Art. 1673 CC). Nimmt der Besteller das Werk trotz an ihn gerichteter Aufforderung nicht ab, gilt das Werk als abgenommen (vgl. Art. 1665 CC). Mit der Abnahme kann der Unternehmer den **Werklohn verlangen**. Nimmt der Besteller das Werk vorbehaltlos ab, obschon er es nicht geprüft hat, gilt es als abgenommen.

ee) Mängel

117 Der Unternehmer hat für **Abweichungen und Mängel** des Werks Gewähr zu leisten (Art. 1667 CC). Der Unternehmer schuldet die **Beseitigung** der Abweichungen der Mängel oder die **Herabsetzung des Preises**, und zwar unbeschadet eines Anspruchs auf Schadensersatz im Falle des unternehmerseitigen Verschuldens (Art. 1668 CC). Sind die Mängel und Abweichungen allerdings derart, dass sie das Werk für seine Bestimmung gänzlich untauglich machen, kann der Besteller die Aufhebung des Vertrags verlangen (Art. 1668 CC). Die Pflicht zur Gewährleistung besteht nicht, wenn der Besteller das Werk abgenommen hat und die Abweichungen und Mängel ihm bekannt oder erkennbar waren, sofern sie in diesem Fall vom Unternehmer nicht arglistig verschwiegen worden sind (Art. 1667 CC). Der Besteller muss dem Unternehmer Abweichungen und Mängel **binnen 60 Tagen** ab der Entdeckung anzeigen (vgl. aber Art. 2226 CC). Bei Fristüberschreitung ist er mit Mängelansprüchen ausgeschlossen.

118 Der Mängelgewährleistungsansprüche **verjähren in zwei Jahren** ab dem Tag der Übergabe des Werks (Art. 1667 CC, vgl. aber Art. 2226 CC). Für **Bauwerke** gilt zudem Art. 1669 CC. Insoweit haftet der Unternehmer weitergehend. Wird **im Verlauf von zehn Jahren** ab Herstellung des Werks dieses wegen eines Mangels des Bodens oder wegen eines Baumangels gänzlich oder teilweise zerstört oder zeigt sich offensichtlich die Gefahr einer Zerstörung oder schwerer Mängel, so haftet der Unternehmer dem Besteller und seinen **Rechtsnachfolgern** gegenüber, sofern ihm innerhalb eines Jahres ab der Entdeckung Anzeige gemacht worden ist. Der Anspruch des Bestellers verjährt binnen eines Jahres ab der Anzeige (Art. 1669 CC). Kommt der Unternehmer seiner Verpflichtung zur Mängelbeseitigung trotz Fristsetzung nicht nach, kann der Besteller vom Vertrag **zurücktreten** und **Schadensersatz** fordern (vgl. Art. 2224 Codice Civile).

ff) Subunternehmer

119 Der Unternehmer darf die Ausführung des Werks nur dann einem Subunternehmer anvertrauen, wenn ihn der Auftraggeber hierzu ermächtigt (Art. 1656 CC). Im Falle von Mängeln muss sie der Hauptunternehmer dem Subunternehmer innerhalb von 60 Tagen ab Erhalt einer an ihn gerichteten Anzeige mitteilen. Anderenfalls verliert der **Hauptunternehmer** sein **Rückgriffsrecht** (Art. 1670 CC). Es besteht ein **Durchgriffsanspruch des Subunternehmers** gegen den Besteller (Art. 1676 CC), sofern er nicht durch den Hauptunternehmer bezahlt wird.

gg) Bauhandwerkersicherung

120 Eine Möglichkeit zur dinglichen Absicherung des Werklohnanspruchs in Form einer Bauhandwerkersicherungshypothek besteht nach hiesigen Erkenntnissen

nicht (vgl. Art. 2817 CC zur gesetzlichen Hypothek des Grundstücksverkäufers). Allerdings sehen die Art. 669 ff. der italienischen Zivilprozessordnung Sicherungsmaßnahmen vor.

e) Schweiz

Im schweizerischen *Obligationenrecht* (OR) ist das **Werkvertragsrecht** in den Art. 363 bis 379 OR nur sehr knapp geregelt. Die Art. 363 ff. OR gehen dabei von einem Werkvertrag aus, wenn sich der Unternehmer mit der Herstellung eines Werks und der Besteller zur Leistung einer Vergütung verpflichtet. Wichtig ist hierbei die Abgrenzung zum Auftrag, der im Unterschied zum Werkvertrag die Vereinbarung einer Vergütung nicht voraussetzt und weniger strenge Haftungsfolgen vorsieht.[1] Die bauvertragliche Praxis in der Schweiz hatte wegen dieser **geringen gesetzlichen Vorgaben** Raum, das Auftrags- und Werkvertragsrecht in sehr differenzierter und auf die Bedürfnisse der Baupraxis abgestimmter Form auszugestalten.[2] Insbesondere die SIA-Norm 118 (Regelung für Bauverträge) hat mit ihrer hohen Regelungsdichte eine breite Anerkennung in der Bauwirtschaft gefunden (siehe dazu unter Rz. 155, 194).

121

Erfüllt der Werkunternehmer bis zur Abnahme nicht seine vertraglichen Pflichten, kann der Besteller seine Rechte aus Art. 366 OR ausüben, ohne die Lieferung abzuwarten. Im Falle des Verzugs mit der Fertigstellung kann der Besteller vom Vertrag **zurücktreten** (Art. 366 Abs. 1 OR). Bei mangelhafter Arbeit kann der Besteller eine **Abhilfefrist** setzen und androhen, dass im Unterlassensfalle die Verbesserung oder die Fortführung des Werks auf Gefahr und Kosten des Unternehmers einem Dritten übertragen werde (Art. 366 Abs. 2 OR). In einem solchen Fall bleibt der Vertrag bestehen. Der Besteller muss den vereinbarten Preis bezahlen, kann aber mit den Beträgen aufrechnen, die er für die **Ersatzvornahme** ausgegeben hat. Obwohl nicht ausdrücklich gesetzlich geregelt, kann der Besteller bei Mängeln auch den Vertrag kündigen. Er muss dann die geleistete Arbeit bezahlen, wenn sie einen Wert hat.[3]

122

Nach Ablieferung des Werks hat der Besteller das **Werk zu prüfen** und **Mängel zu rügen** (Art. 367 Abs. 1 OR). Jeder Vertragsteil kann auf seine Kosten die Prüfung des Werks durch einen Sachverständigen verlangen (Art. 367 Abs. 2 OR). Leidet das Werk an so erheblichen Mängeln oder weicht es so sehr vom Vertrag ab, dass es für den Besteller **unbrauchbar** ist, oder dass ihm die Abnahme billigerweise nicht zugemutet werden kann, so darf der Besteller die Abnahme verweigern und bei Verschulden des Unternehmers **Schadensersatz** fordern (Art. 368 Abs. 1 OR). Werkvertragliche Mängelgewährleistungsansprüche verjähren binnen eines Jahres nach Ablieferung (Art. 371 Abs. 1, Art. 210 OR), jedoch bei unbeweglichen **Bauwerken** gegenüber Architekten, Ingenieuren und Bauunternehmern **mit Ablauf von fünf Jahren** seit der Abnahme (Art. 371 Abs. 2 OR).

123

---

1 Vgl. zum Unterschied von Werkvertrag und Auftrag in dieser Hinsicht, *Münch/Karlen/Geisler/Schneeberger*, Beraten und Prozessieren in Bausachen, § 3 Anm. 3.14; *Werro/Haas*, BR/DC 2002, 63 ff.
2 Vgl. *Gauch*, Die praktische Gestaltung der Bauverträge, Baurechtstagung 1993/Tagungsunterlage 1, 4 ff.
3 Vgl. dazu BGE 126 III, 230.

124 Bei der Abnahme des Werks wird der **Werklohn fällig** (Art. 372 Abs. 1 OR). Der Werklohn kann als Pauschalpreis (Art. 373 OR) oder nach Maßgabe des Wertes der Arbeiten und Aufwendungen geschuldet sein (Art. 374 OR). Der Unternehmer hat Anspruch auf Besicherung des Werklohns am Baugrundstück durch ein **Unternehmerpfandrecht** (Art. 837 Abs. 1 Nr. 3 ZGB). Dieser Anspruch besteht unabhängig davon, ob sich der Anspruch gegen den Eigentümer oder einen Unternehmer richtet, d. h. der **Subunternehmer** hat **gleich** dem Unternehmer Anspruch auf Besicherung. Dies kann dazu führen, dass das Grundstück zweifach belastet wird.[1] Das Pfandrecht kann von dem Zeitpunkt an in das Grundbuch eingetragen werden, da sich der Unternehmer zu der Leistung verpflichtet hat (Art. 839 Abs. 1 ZGB). Die Eintragung hat bis spätestens 3 Monate nach der Vollendung der Arbeit zu geschehen (Art. 839 Abs. 2 ZGB). Der Eigentümer kann die Eintragung durch **Sicherheitsleistung** abwenden (Art. 839 Abs. 3 ZGB).

f) Niederlande

125 Im niederländischen Schuldrecht wird der Werkvertrag *(aanneming van het werk)* in den Art. 1637b und 1639–1651 des Buches 7 A des (neuen) Bürgerlichen Gesetzbuchs *(Burgerlijk Wetboek, BW*[2]) geregelt. Gelegentlich ist auf allgemeines Schuld- und Vertragsrecht insbesondere des 6. Buches zurückzugreifen. Auch in den Niederlanden hat sich darüber hinaus ein autonomes Baurecht mit eigenen Bedingungen, Verhaltensregeln, Doktrinen und einer festen Schiedsgerichtsrechtsprechung herausgebildet.[3]

126 Nach Art. 7A:1637b BW ist der Werkvertrag als entgeltlicher Vertrag über die Herstellung eines **körperlichen Gegenstandes** zwischen Unternehmer *(aannemer)* und Besteller *(aanbesteeder)* in seinem Geltungsbereich von vornherein sehr eng gefasst und negativ vom sehr weit gefassten Auftrag *(opdracht)* abgegrenzt, der etwa mit Lehrern, Ärzten, Rechtsanwälten oder Architekten abgeschlossen wird[4] und erfolgsbezogene andere Dienste zum Gegenstand hat.

aa) Entgelt

127 Die Herstellung des Werks erfolgt danach gegen „einen bestimmten Preis" *(tegen eenen bepaalden prijs)*. Zu dieser Bestimmtheit reicht es aus, dass der Preis objektiv festgestellt werden kann, die Parteien müssen ihn also nicht vereinbart haben[5], was praktisch freilich die Regel ist, und zwar in den Niederlanden (anders

---

[1] Vgl. dazu *Saviaux*, BR/DC 1999, 91 ff.
[2] Das *Burgerlijk Wetboek* von 1838 wurde in den Jahren 1970 bis 1992 wesentlich überarbeitet und besteht nunmehr (vorläufig) aus acht Büchern. Das für das Baurecht relevante Buch 7 A enthält einzelne Vertragstypen alten Rechts, die noch überarbeitet werden. Zitiert wird wie folgt: Die Nummer des Buches wird mit einem Doppelpunkt der Artikelnummer vorangestellt.
[3] Vgl. *Thunnissen*, Aanneming van werk, S. 345.
[4] Es geht also beim *opdracht* um weit mehr als den nach deutschem Recht regelmäßig unentgeltlichen und inhaltlich unspezifischen „Auftrag". Eine andere Übersetzung kommt aber aus übersetzungstechnischen Gründen in diesem Fall nicht in Betracht.
[5] Hooge Raad, 20. 7. 1952, NJ 1953, 401.

als in Deutschland[1]) in Gestalt eines **vorab fixierten Festpreises**, nicht eines vertraglichen Einheitspreises.

bb) Material

Gemäß Art. 7A:1640 BW kann im Rahmen eines Werkvertrags bestimmt werden, dass der Unternehmer über die Herstellungsarbeit hinaus die erforderlichen Materialien liefern soll. Gemäß Art. 7A: 1641 bis einschließlich 1643 BW trägt der Unternehmer in diesem Fall das gesamte Schadens- und Herstellungsrisiko. 128

cc) Rücktritt

Gemäß Art. 7 A: 1647 BW kann der Besteller von dem Werkvertrag **jederzeit** zurücktreten, muss dem Unternehmer für diesen Fall jedoch wegen dessen Aufwendungen und Gewinnausfall gänzlich schadlos halten. 129

dd) Abnahme

Die Abnahme und Gewährleistung für Bauwerke ist speziell in Art. 7 A: 1645 und 1646 BW geregelt. Danach haftet der Unternehmer zehn Jahre nach Abnahme für den teilweisen oder ganzen Untergang des Bauwerks, selbst wenn dieser seine Ursache in der Ungeeignetheit des Baugrunds hatte und nicht in der Mangelhaftigkeit der Leistung des Bauunternehmers. 130

ee) Mängel

Bei mangelhafter Leistung des Unternehmers gibt es für den Besteller **mehrere Möglichkeiten**: Gemäß Art. 6, 265 ff. BW kann er den Vertrag kündigen, Schadensersatz verlangen oder Schadensersatz i. V. m. Nachbesserung. Dies gilt jedoch nicht während der Bauzeit. Sind jedoch, wie in der Praxis üblich, dem Bauvertrag die offiziellen vereinheitlichten **allgemeinen Geschäftsbedingungen** *(Uniforme Administrative Voorwaarden, UAV)* vorangestellt, kann der Besteller gemäß § 46 UAV das Werk durch einen anderen Bauunternehmer auf Kosten des ursprünglichen Vertragspartners weiter ausführen lassen. Dazu muss der Auftraggeber den Unternehmer jedoch nach der hierzu ergangenen Rechtsprechung durch **Mahnung** fruchtlos zur Mängelbeseitigung aufgefordert und in Verzug gesetzt haben. Ferner kann der Unternehmer sich gegebenenfalls nach erfolgter Ersatzvornahme darauf berufen, die Ersatzvornahme habe unnötige Kosten verursacht. 131

ff) Subunternehmer

Bedient sich der Unternehmer eines Subunternehmers, ist er nach Art. 6:76, 170–171 BW dem Bauherrn gegenüber auch für das Verhalten des Subunternehmers **in vollem Umfang verantwortlich**. Bei einer unerlaubten Handlung des Subunternehmers können jedoch, die Umstände des Einzelfalles zu einer von dieser Grundregel abweichenden Beurteilung der Rechtslage führen. 132

---

1 Vgl. VOB/B § 2 Nr. 2 und *Ingenstau/Korbion*, Kommentar zu VOB § 2 Nr. 2 Rz. 21.

g) Polen

133 Zu den Rechtsquellen des polnischen Baurechts gehören: Das polnische Zivilgesetzbuch (*Kodeks cywilny*), das Baurecht von 1994 (*Prawo budowlane*) und das Gesetz über räumliche Bewirtschaftung (*Ustawa o zagospodarowaniu przestrzennym*). Im **Zivilgesetzbuch** (ZGB) sind der Bauvertrag, die Haftung, die Abnahme, die Vergütung und die Mängelhaftung geregelt. Das **Baurecht von 1994** regelt die Bauanfertigung, die Baugenehmigung, die Bauausführung und bezeichnet die technischen Bedingungen der Bauobjekte, die zur Bauausführung zuständigen Personen und die Organe der Bauaufsicht. Das **Gesetz über räumliche Bewirtschaftung** regelt die Bewirtschaftung von Grundstücken.

aa) Bauvertrag

134 Der Bauvertrag wird im polnischen Zivilgesetzbuch als **Untertyp**[1] **des Werkvertrags** in Art. 647 bis 658 ZGB geregelt. Ergänzend finden auch die Vorschriften über den Werkvertrag Anwendung, Art. 627 ff. ZGB. Die praktische Bedeutung des Bauvertrages ist gering. In der Praxis werden zumeist **allgemeine und besondere Vertragsbedingungen** von den betreffenden Berufskörperschaften angewandt. Der Bauvertrag findet meistens Anwendung für die großen und komplizierten Bauarbeiten. Für einfache Bauarbeiten schließen die Parteien **normalerweise** einen **Werkvertrag** ab.[2]

135 Durch den **Bauvertrag** verpflichtet sich der Bauunternehmer zur Übergabe des im Vertrage vorgesehenen, in Übereinstimmung mit dem Entwurf und mit den Grundsätzen der Technik ausgeführten Bauwerks. Der Bauherr verpflichtet sich zur Vornahme der mit der Vorbereitung der Arbeiten verbundenen, nach den einschlägigen Vorschriften erforderlichen Geschäfte. Insbesondere sind dies die Übertragung des Baugrundstücks und die Lieferung des Entwurfs sowie die Abnahme des Bauwerks und die Bezahlung der vertraglichen Vergütung (Art. 647 ZGB). Der Bauunternehmer muss kein professioneller Bauunternehmer sein. Die Bauausführung muss aber von Fachpersonal vorgenommen werden.

136 In der Praxis wird zwischen folgenden Bauvertragsarten unterschieden:[3]

▷ Vertrag zur **Generalrealisierung** der Investition
Dieser Vertragstyp findet bei den **„schlüsselfertigen" Investitionen** Anwendung. Meistens sind dies große und komplizierte Bauarbeiten. Die Generalrealisierung der Investition umfasst die größte Anzahl von Vertragspflichten des Bauunternehmers. Hier verpflichtet sich der Bauunternehmer gegenüber dem Bauherr zur Übergabe einer „schlüsselfertigen" Investition in einer Frist gegen Entgelt.

---

1 *Brzozowski*, Kommentar zum ZGB, Schuldrecht, S. 184. Komentarz do KC, Zobowiazania, pod red. S. *Rudnickiego*, Art. 647 Rz. 2; Es gibt auch andere Auffassungen, siehe *J. A. Strzepka* „Prawo umów budowlanych" (Das Recht der Bauverträge), § 38 von *E. Zielinska*, Rz. 4.
2 Prawo cywilne Komentarz, Ksiega trzecia (Zivilgesetzbuch, Kommentar, Drittes Buch); pod redakcja *K. Pietrzykowskiego*, wyd. Beck; Art. 647 Rz. 5, Art. 648 Rz. 1.
3 *J. A. Strzepka*, Prawo umów budowlanych (Das Recht der Bauverträge); § 38 von *E. Zielinska*, Rz. 11 ff.

▷ Vertrag um die **Generalausführung** der Investition
In diesem Vertrag verpflichtet sich der Bauunternehmer zur Ausführung der im Vertrag vorgesehenen Bauarbeiten und zur Koordinierung der Bauausführung.

▷ Verträge mit **Subunternehmern**
Die durch den Bauunternehmer mit anderen Unternehmern geschlossenen Verträge.

▷ Vertrag über die **Teilausführung** der Investition
Dieser Vertrag wird geschlossen, wenn der Bauherr keinen Vertrag über die Generalausführung eines Bauvorhabens geschlossen hat, sondern die Bauausführung selbst koordiniert.

bb) Entgelt

Die Vergütung wird nicht in den Vorschriften über den Bauvertrag geregelt. Die Vergütung sollte deshalb durch die Parteien **im Vertrag ausführlich** vereinbart werden. Die Vergütung kann nach Kostenvoranschlag erfolgen oder als Pauschalsumme vereinbart werden.[1] Die Vergütung nach Kostenvoranschlag erfolgt durch die Anfertigung eines Verzeichnisses von geplanten Arbeiten und voraussichtlichen Kosten. Die Pauschalvergütung wird von den Parteien vereinbart. Sie bleibt grundsätzlich unverändert und ist unabhängig von späteren Änderungen der Kosten oder des Umfangs der Arbeiten, es sei denn, dass dem Bauunternehmer infolge einer unvorsehbaren Veränderung der Verhältnisse ein hoher Verlust droht. 137

Im Gesetz ist auch keine Zahlungsfrist geregelt. Sie soll vertraglich vereinbart werden. Grundsätzlich gilt aber, dass die Zahlung **mit Abnahme der ausgeführten Arbeiten** (auch vor Abnahme des Bauobjekts) zu erfolgen hat.[2] Der Anspruch auf Vergütung verjährt **nach drei Jahren**. Die Frist läuft ab Abnahme des Bauwerks oder seit dem Zeitpunkt, an dem das Bauwerk abgenommen werden sollte.[3] 138

cc) Material

Die Parteien vereinbaren im Vertrag, von wem das Material für die Herstellung des Bauwerks geliefert wird. Die Gefahr zufälligen Verlustes oder zufälliger Beschädigung des Materials trägt derjenige, der das Material geliefert hat (Art. 641 ZGB). Besteht die Gefahr, dass das ausgeführte Bauwerk infolge der Mangelhaftigkeit des Materials, Maschinen oder Anlagen, die der Bauherr geliefert hat, oder infolge der Durchführung der Arbeiten nach Weisungen des Bauherrn zerstört oder beschädigt wird, kann der Bauunternehmer die vertragliche Vergütung oder einen angemessen Teil davon verlangen. Der Bauunternehmer ist aber verpflich- 139

---

[1] Kommentar zum ZGB, Schuldrecht, S. 184. Komentarz do KC, Zobowiazania, pod red. S. Rudnickiego.
[2] Kommentar zum ZGB, Schuldrecht, S. 183 ff.
[3] Urteil des Appelationsgerichts v. 22. 4. 1998, I ACa 894/97, im Kommentar zum ZGB, Schuldrecht, S. 190.

tet, den Bauherrn vor der Gefahr der Zerstörung oder Beschädigung zu warnen. Das Recht auf Vergütung besteht auch dann, wenn der Bauunternehmer trotz Beobachtung der erforderlichen Sorgfalt die Mangelhaftigkeit der vom Bauherrn gelieferten Materialien, Maschinen oder Anlagen nicht feststellen konnte (Art. 655 ZGB).

dd) Rücktritt

140 Das Gesetz eröffnet der Verwaltung die Möglichkeit, das Recht des Bauunternehmers und des Bauherrn zum Rücktritt durch besondere Vorschriften zu beschränken oder auszuschließen (Art. 657 ZGB). Diese Vorschriften wurden aber bislang nicht erlassen.

ee) Abnahme

141 Die Abnahme sollte im Vertrag vereinbart werden, weil ab Abnahme die Gewährleistungsfrist und die Verjährungsfrist des Schadensersatzanspruchs für Nichterfüllung oder nicht ordnungsgemäße Erfüllung laufen. Ab Abnahme übernimmt der Bauherr die Gefahr der zufälligen Beschädigung der Sache.

142 Die Parteien können im Vertrag vereinbaren, dass vor Abnahme des Bauwerks die **Abnahme von Teilarbeiten** erfolgen soll. Wenn im Vertrag darüber nichts vereinbart wurde, ist der Bauherr auf Verlangen des Bauunternehmers verpflichtet, die durchgeführten Teilarbeiten abzunehmen. Die Teilabnahme ist auch mit Zahlung des entsprechenden Teils der Vergütung verbunden (Art. 654 ZGB). Die Abnahme soll in schriftlicher Form erfolgen (Art. 648 ZGB).

ff) Mängel

143 Ab protokollierter Übernahme des Baugrundstücks haftet der Bauunternehmer bis zum Zeitpunkt der Abnahme des Bauwerks für die auf dem Grundstück entstandenen Schäden nach den allgemeinen Grundsätzen (Art. 652 ZGB).

144 Die Haftung für Mängel nach den Vorschriften über den Werkvertrag, Art. 636 ff. ZGB stellt sich wie folgt dar:

▷ Bei *vertragswidriger oder mangelhafter Ausführung von Bauarbeiten* kann der Bauherr den Bauunternehmer während der Ausführung von Bauarbeiten zu einer Änderung der Art und Weise der Ausführung auffordern und eine **angemessene Frist** bestimmen. Nach dem fruchtlosen Ablauf der Frist kann der Bauherr vom Vertrag **zurücktreten**. Er kann auch die Ausbesserung oder die weitere Ausführung des Bauwerks einem Dritten übertragen. Die Kosten der Übertragung und die Gefahr trägt der Bauunternehmer, als ob er selbst die Bauarbeiten ausführen würde (Art. 636 ZGB).

145 ▷ Der Bauunternehmer haftet für den entstandenen Schaden nur dann, wenn Nichterfüllung oder nicht ordnungsgemäße Erfüllung von Bauarbeiten infolge von Umständen enstanden sind, für die er **einzustehen** hat. Der Schadens-

ersatzanspruch des Bauherrn richtet sich nach allgemeinen Grundsätzen, Art. 471 ZGB.

▷ Die **Gewährleistungsfrist** läuft ab Abnahme des Bauobjekts. Der Bauherr ist verpflichtet, den Bauunternehmer über die Mängel des Bauwerks unverzüglich zu benachrichtigen. 146

▷ Der **Umfang** der Gewährleistung für die Mängel des Bauwerks hängt davon ab, ob sich die Mängel beseitigen lassen oder nicht. Lassen sich die Mängel beseitigen, so kann der Bauherr dem Bauunternehmer eine Frist bestimmen, bis zu der die Mängel zu beseitigen sind. Er kann gleichzeitig androhen, dass er nach fruchtlosem Ablauf der Frist das Bauwerk nicht abnehmen werde. Der Bauunternehmer kann die Mangelbeseitigung ablehnen, wenn sie übermäßige Kosten verursachen würde (Art 637 § 1 ZGB). 147

▷ Lassen sich die Mängel nicht beseitigen und sind als wesentlich anzusehen, so kann der Bauherr vom Vertrag zurücktreten. Dies gilt auch, wenn der Bauunternehmer die Mängel in angemessener Frist nicht beseitigt. Wenn die Mängel unwesentlich sind, kann der Bauherr die Herabsetzung der Vergütung verlangen (Art. 637 § 2 ZGB). Die Gewährleistungsfristen betragen: für Sachmängel an Gebäuden 3 Jahre, Art. 568 § 1 ZGB; für andere Bauwerke 1 Jahr.[1] 148

gg) Subunternehmer

Für den Abschluss des Vertrages mit einem Subunternehmer ist die Genehmigung des Bauherrn erforderlich (Art. 647[1] § 2 ZGB). Der Vertrag muss schriftlich (*ad solemnitatem*) abgeschlossen werden (Art. 647[1] § 4 ZGB). Der Bauherr und der Bauunternehmer haften solidarisch für die Vergütung der Subunternehmer für die von diesen ausgeführten Bauarbeiten (Art. 647[1] § 5 ZGB). Die solidarische Haftung bezieht sich aber ausschließlich auf die Vergütung aus dem Bauvertrag, nicht auch aus anderen Verträgen.[2] Der Bauunternehmer ist aufgrund der gesamtschuldnerischen Haftung stets berechtigt, den Bauherrn in Bezug auf die Hälfte der an Subunternehmer bezahlten Vergütung in Regress zu nehmen. Umgekehrt kann der Bauherr den Generalunternehmer ebenfalls nur auf die Hälfte der an Subunternehmer bezahlten Vergütung in Regress nehmen. Um die sich hieraus ergebenden Probleme auszuschließen, muss der Gesamtschuldnerausgleich vertraglich geregelt werden. Alle dem Art. 647[1] ZGB gegenstehenden vertraglichen Regelungen sind ungültig. 149

h) Spanien

Das spanische Werkvertragsrecht ist in den Art. 1588 ff. Codigo Civil (CC) geregelt (Art. 1544 CC). Auf standardisierte Bauverträge mit Verbrauchern finden zusätzlich die *Ley General para la Defensa de los Consumidores y Usuarios – LCU* 150

---

1 Kommentar zum ZGB, Schuldrecht, S. 189.
2 *Drapala*, Umowa o roboty budowlane, PPH Nr. 8/2003, S. 13; *Cymmerman*, Umowa o roboty budowlane po nowemu, Nieruchomości C. H. Beck, 11/2003, S. 17.

(spanisches Verbraucherschutzgesetz) und die *Ley sobre Condiciones Generales de la Contratación* (spanisches AGB-Gesetz) Anwendung.

151 Die Erstellung eines Werks kann in der Weise vertraglich vereinbart werden, dass derjenige, der es ausführt, nur seine **Arbeitskraft** zur Verfügung stellt **oder auch** das **Material** liefert (Art. 1588 CC). Wer sich verpflichtet, eine Werk in Teilen oder in Maßen zu errichten, kann verlangen, dass es in Teilen abgenommen und verhältnismäßig bezahlt wird (Art. 1592 CC). Der Architekt oder Unternehmer, der für einen **Festpreis** *(precio alzado)* arbeitet, kann keine Preiserhöhung fordern, auch wenn die Kosten für Arbeitslöhne und Materialien gestiegen sind. Nachforderungen sind dagegen möglich, wenn eine Planänderung erfolgt, die eine Vergrößerung des Werks mit sich bringt und der Eigentümer seine Zustimmung gegeben hat (Art. 1593 CC). Die **Genehmigung** kann ausdrücklich oder konkludent erteilt werden; die Rechtsprechung stellt keine hohen Anforderungen an die Annahme einer konkludenten Genehmigung.

152 Das Werk ist vorbehaltlich einer gegenteiligen Abmachung **bei Übergabe** zu bezahlen (Art. 1599 CC). In der Praxis ist es üblich, die Fälligkeit der Vergütung an den Baufortschritt zu koppeln und die Zahlung von **Baufortschrittsbescheinigungen** auf der Grundlage der vom Architekten ausgestellten Bescheinigungen zu vereinbaren. In diesem Zusammenhang wird häufig gleichzeitig vereinbart, dass der Bauherr jeweils zwischen 5 % und 10 % der fälligen Teilbeträge als **Sicherheit** für die rechtzeitige und mangelfreie Erfüllung seitens des Bauunternehmers **einbehält**. Der Werklohnanspruch ist gegenüber anderen Gläubigern privilegiert. Zahlt der Bauherr den vereinbarten Werklohn nicht, kann der Bauunternehmer eine Art **Bauhandwerkersicherungshypothek** im Grundbuch eintragen lassen (Art. 1922, 1923, 1927 CC). Zeigen sich sodann innerhalb eines Jahres keine Mängel an dem Bauwerk, so zahlt der Bauherr dem Bauunternehmer den einbehaltenen Sicherheitsbetrag aus. Die Haftung für Baumängel besteht zehn Jahre (Art. 1591 CC). Die Frist verlängert sich auf 15 Jahre, wenn der Unternehmer den Bauvertrag nicht eingehalten hat.

153 Die **so genannte *ruina*-Haftung** (Art. 1591 CC) ist eine Besonderheit des spanischen Rechts. Sie setzt nicht etwa tatsächlich den Einsturz eines Bauwerks aufgrund technischer Fehler voraus. Die Haftung besteht bereits, wenn der Zustand des Bauwerks den Verlust in der Zukunft erwarten lässt. Es ist auch nicht erforderlich, dass das gesamte Bauwerk mangelbehaftet ist. Gefordert wird, dass der Mangel wesentliche Teile des Bauwerks erfasst *(ruina parcial)*. Die spanische Rechtsprechung hat zu einer Ausdehnung des Anwendungsbereichs des Art. 1591 CC beigetragen. In Spanien tätige deutsche Bauunternehmen müssen daher ein gegenüber der VOB/B erheblich längeres Haftungsrisiko einkalkulieren, denn die *ruina*-Haftung ist **unabdingbar**.

5. International verwendete technische Standardnormwerke

154 Von Land zu Land sind an die Gestaltung baurechtlicher Verträge unterschiedliche Anforderungen zu stellen. Diese Erkenntnis beruht nicht nur auf dem Umstand, dass das jeweilige Baurecht unterschiedlich ausgestaltet ist. In den *Common-law*-Staaten kommt hinzu, dass es an gesetzlichen Grundlagen fehlt, die

Lücken schließen. Dies zwingt zu einer viel **umfassenderen Kautelarpraxis** als auf dem Kontinent. Deshalb haben in den *Common-law*-Staaten auch Vertragsmuster eine ungleich größere Bedeutung als auf dem Kontinent. Es gibt baurechtstypische Normwerke, die nahezu in jedem Land neben dem Gesetzes- oder Fallrecht gesondert entwickelt und praktiziert werden. Sie haben zwar einen nationalen Ursprung und sind von den zugrunde liegenden Rechtsordnungen geprägt. Durch ihre weite internationale Verbreitung und ihre technisch bedingte strukturelle Ähnlichkeit haben sie jedoch in praktischer Hinsicht schon den Charakter materiellen internationalen Baurechts.

Zu den im Bauwesen anerkannten internationalen Standardnormen in diesem Sinne zählen: VOB (Verdingungsordnung für Bauleistungen, Deutschland), FIDIC-Bedingungen (*Conditions of contract for Works of Civil Engineering Construction*, anglo-amerikanischer Raum), SIA-Normen (SIA = Schweizerischer Ingenieur- und Architektenverein) und AFNOR-Bedingungen aus Frankreich. Es handelt sich um Allgemeine Geschäftsbedingungen[1], die vertraglich vereinbart werden müssen und die für diesen Fall das jeweils anwendbare dispositive Recht ergänzen. Exemplarisch stellen wir nach einer kurzen Bezugnahme auf die VOB die FIDIC (*Conditions of contract for Works of Civil Engineering Construction*) dar.

a) VOB

Die Inhalte der VOB wurden bereits oben erörtert. Bei öffentlichen Bauaufträgen geht dem Vertragsschluss zwingend eine Ausschreibung voraus[2], bei privaten Bauaufträgen ist dies nicht immer die Regel. Im Rahmen internationalen Baurechts ist diesbezüglich § 10a VOB/A von Bedeutung. Die in der **Angebotsabgabe** des Bauunternehmers zwingend enthaltenen, für den Auftraggeber maßgeblichen Wertungskriterien müssen im Geltungsbereich der VOB **in deutscher Sprache** abgefasst sein. Der technische Wert und die Wirtschaftlichkeit, insbesondere aber auch die oft sehr spezifischen gestalterischen und funktionsbedingten Aspekte des Bauvorhabens, auf die der Auftraggeber besonderen Wert legt, müssen also auch vom nicht deutschsprachigen Bauunternehmer in der ihm fremden Sprache begriffen und formuliert werden.

b) FIDIC (Red Book)

Die FIDIC gibt gegenwärtig **vier Standardverträge** heraus:[3] *Conditions for Contract of Construction, Conditions of Contract for Plant and Design-Build, Con-*

---

1 Es handelt sich also nicht – so ein immer wieder anzutreffendes Missverständnis – um Gesetze!
2 Die öffentliche Hand in Deutschland ist an die VOB/A gebunden. Ferner ist in den Mitgliedsstaaten der EU die Bekanntmachung zur Vergabe öffentlicher Bauaufträge nach Maßgabe der EWG-Richtlinien zu beachten, vgl. dazu *Schabel*, BauR 1992, 574; RL 2001/78/EG über die Verwendung von Standardformularen, ABl. Nr. L 285 v. 29. 10. 2001.
3 Vgl. auch *Hök*, BauRB 2003, 190 ff. Zu den nach wie vor verwendeten alten Bedingungen vgl. *Hök*, Internationales Baurecht, 101 ff. Über den VBI ist eine deutsche Übersetzung des Red Book beziehbar; vgl. zum Red Book 1987 *Bunni*, The FIDIC Form of Contract, 2. Aufl. 1997, 1 ff.

ditions of Contract for EPC/Turnkey Projects und *Short Form of Contract.* Die FIDIC (*Conditions of contract for Works of Civil Engineering Construction* 1999) haben ihren Ursprung im englischen *common law,* dessen Einzelfallbezogenheit mehr Raum für die Kautelarjurisprudenz lässt, als dies etwa im deutschen, am Gesetz orientierten Recht der Fall ist. Dies ist ein Grund dafür, dass sich die FIDIC-Bedingungen zu einem sehr viel umfangreicheren Klauselwerk entwickelt haben als die VOB-Bestimmungen.[1] Ein weiterer liegt in den entsprechenden Empfehlungen der **Weltbank** (vgl. Standard Bidding Documents for Works). Zur generellen Regelung grenzüberschreitender Bauverträge eignen sich die FIDIC-Bedingungen jedoch nur bedingt, da sie, trotz ihres Umfangs inhaltliche Schwerpunkte setzen, die einigen Baukonzeptionen fremd sind oder wichtige Regelungsbereiche aussparen. Anders etwa als die VOB/B stellen die FIDIC-Bedingungen den Ingenieur sehr in den Vordergrund und regeln im Unterschied zur VOB/A nicht die Vergabe von Bauleistungen. **Anpassungen** der FIDIC werden deshalb insbesondere erforderlich, wo sie nicht im vertraglichen Kontext des englischen *common law* verwendet werden.

aa) Rangfolge

158 FIDIC Klausel 1.5: Der FIDIC-Vertrag setzt sich vornehmlich aus dem Vertragstext (*Contract Agreement*), dem Annahmeschreiben (*Letter of Acceptance*), Angebotsschreiben (*Letter of Tender*), Allgemeine Bedingungen für den Bauvertrag (*General Conditions*), den Besonderen Bedingungen (*Particular Conditions*) zusammen. Eine weitere Rangfolge oder Normenhierarchie kennen die FIDIC nicht, beinhalten im Übrigen also sich gegenseitig erklärende Normen gleichen Rangs (*mutually explanatory norms*).

bb) Rechtswahl und Vertragssprache

159 FIDIC Klausel 1.4: Vertragssprache und anwendbares Recht sind **frei zu wählen**. Unterbleibt die Wahl, gilt nach deutscher Rechtsprechung das Vertragsstatut, in dessen Sprache die Vertragsverhandlungen und die Korrespondenz geführt wurde.[2] Für die Verwendung der FIDIC-Bedingungen bedeutet dies: Weicht ein Vertragspartner bei der Verwendung dieser Allgemeinen Geschäftsbedingungen von der Vertragssprache ab, trifft ihn das Risiko des Missverständnisses.[3]

cc) Ausführungsunterlagen und Ausführung, Abtretung und Untervergabe

160 Die FIDIC-Bauvertragsbedingungen enthalten sehr ausführliche Regelungen über die **Aufgaben des Ingenieurs** (Klausel 3), die Rechte und Pflichten des Unternehmers (Klausel 4), die Abtretung des Vertrags (Klausel 4.5), die Untervergabe (Klausel 5), Aufbewahrung und Lieferung von Zeichnungen und Unterlagen (Klausel 1.8), die Unterbrechung des Baufortschritts (Klausel 8), die Verzögerung und Kos-

---

1 Vgl. auch *Mallmann,* Bau- und Anlagenbauverträge nach den FIDIC-Standardbedingungen (Diss. München 2002); VBI (Hrsg.), Red Book, Übersetzung mit Einführung, Berlin 2004.
2 OLG Stuttgart, MDR 1964, 412; OLG Düsseldorf, DB 1973, 2390; OLG München, NJW 1974, 2181.
3 OLG Koblenz, IPRspr 1974 Nr. 159.

ten der Verzögerung (Klausel 8), vom Unternehmer geplante Arbeiten, Baustellenbesichtigung, Angebotsprüfung, Absteckung der Bauten, Erklärungen und Zahlung von Abgaben und Nachunternehmern, wobei der Ingenieur im Rahmen des Bauablaufs jederzeit überwachend und regelnd in den Bauablauf eingreifen kann.

dd) Ausführungsfristen, Behinderung und Unterbrechung der Ausführung

Eine Unterbrechung und Einstellung der Bauarbeiten ist nur möglich, wenn der leitende Ingenieur eine **entsprechende Anordnung**, die so genannte *suspension order* erlassen hat (Klausel 8.8). Andere Gründe der Unterbrechung tatsächlicher Art wie etwa Streik und Aussperrung können nur durch Rückgriff auf die Ausnahmeklausel 8.4 behandelt werden, die in besonderen Fällen in Verbindung mit Klausel 20.1 eine Verlängerung der Bauzeit vorsieht. Die *suspension order* des Ingenieurs berechtigt den Unternehmer grundsätzlich zur Bauzeitverlängerung (Klausel 8.9), es sei denn, er hat die Bauverzögerung zu vertreten. **Ersatz seiner Mehrkosten** kann der Unternehmer vom Bauherren darüber hinaus bei Vorliegen höherer Gewalt (*force majeure*) verlangen (Klausel 19). Das Risiko des Eintritts einer Bauunterbrechung aufgrund höherer Gewalt trägt der Bauherr. Klausel 19.6 gewährt dem Unternehmer eine Kündigungsmöglichkeit nach 84 Tagen der Unterbrechung. Die Gründe sind anzuzeigen. Nach Zugang der Anzeige ist der Unternehmer zur Einstellung der Arbeiten berechtigt (Klausel 19.2).

161

ee) Sicherung des Werklohns nach im Einzelnen ausgehandelten FIDIC Bauvertragsbedingungen

Nach FIDIC Bauvertragsbedingungen kann Sicherheit durch Einbehalt des so genannten *Retention Money* geleistet werden oder durch Hingabe einer **Bankgarantie** (*Performance-Guarantee*) bzw. der Stellung eines *Performance Bond* einer **Versicherungsgesellschaft** oder durch andere genehmigte Sicherungsgeber (*approved sureties*).[1] Nicht als Sicherungsmittel vorgesehen ist in den FIDIC-Bauvertragsbedingungen eine Hinterlegung von Geld.

162

ff) Haftung FIDIC Klausel 17, 18

Die entsprechenden Bestimmungen der FIDIC sind als **Freistellungsverpflichtung** ausgestaltet. Der Unternehmer hat danach den Bauherrn von allen Haftungsschäden freizustellen, die sich aus oder im Zusammenhang mit der Ausführung oder Unterhaltung der Arbeiten ergeben. Dementsprechend ist in der FIDIC Klausel 18 die Verpflichtung des Unternehmers zum Abschluss von Versicherungsverträgen über Haftpflicht und Unfallschäden geregelt.

163

gg) Vertragsstrafe FIDIC: FIDIC Klausel 8.7

Klausel 8.7 regelt einen **pauschalierten Schadensersatz** für Verzug. Mangels Strafcharakter kann bei nicht rechtzeitiger Fertigstellung vom Bauherrn nur der als Schadensersatz vereinbarte Betrag verlangt werden, nicht aber ein darüber hinausgehender weiterer Schaden. Andererseits muss die Geltendmachung dieses

164

---

1 Vgl. dazu *Hök*, ZfBR 2003, 527 ff.

Schadensersatzanspruchs bei der Abnahme nicht vorbehalten werden, sondern kann jederzeit bei nicht rechtzeitiger Erfüllung vom Bauherrn verlangt werden.

hh) Verteilung der Gefahr FIDIC Klausel 17.2, 10

165 Die Leistungsgefahr (also die Frage, ob der Auftragnehmer zur Neuherstellung verpflichtet ist) wird in Klausel 10 geregelt. Danach trägt der Unternehmer, **wie in § 7 VOB/B**, die Gefahr für Beschädigung, Zerstörung oder zufälligen Untergang der Leistung. Für die in Klausel 17.3 aufgezählten Fälle der Beschädigung oder Zerstörung der ausgeführten Leistung durch **höhere Gewalt** hingegen sehen die FIDIC-Vertragsbedingungen vor, dass der Auftraggeber alle Kosten zu tragen hat und zwar bis zur Schadensbeseitigung an Bau- oder Baumaschinen des Auftragnehmers. Die Vergütungsgefahr (ob der Auftraggeber die vereinbarte Vergütung bei vorzeitigem Untergang der Leistung zu zahlen hat) ist in Klausel 17.4 geregelt. Danach haftet der Unternehmer nicht für Folgen von Risiken, die in Klausel 17.3 aufgeführt sind.

ii) Abnahme FIDIC Klausel 10

166 Der Unternehmer hat dem Ingenieur die Fertigstellung der Arbeiten anzuzeigen und kann die Ausstellung einer **Abnahmebescheinigung** *Taking-over Certificate* verlangen, wenn die Arbeiten im Wesentlichen fertiggestellt sind. 28 Tage nach Erhalt des Abnahmeverlangens muss der Ingenieur entweder das *Taking-over Certificate* ausstellen oder er muss schriftlich alle Arbeiten aufführen, die der Unternehmer bis zur Ausstellung des Zertifikats noch erbringen muss (Klausel 10.1). Nimmt der Auftraggeber Teile der Leistung vor Abnahme bereits in Gebrauch, wird die Abnahme **vermutet** und die Sachleistungsgefahr geht auf den Auftraggeber über (Klausel 10.2).

167 Zusammengefasst hat die Abnahme folgende Wirkungen:

▷ Gefahrübergang (Klausel 17.2)

▷ Recht auf vorläufige Schlussrechnung und Anspruch auf Zwischenbescheinigung (Klausel 14.10)

▷ Beginn der Mängelanzeigefrist (vgl. Klausel 1.1.3.7)

jj) Gewährleistung (Defects Liability) FIDIC Klausel 11

168 Obwohl im englischen *common law* beheimatet, haben sich die FIDIC hinsichtlich der Gewährleistung vom englischen Recht entfernt und an die Regelungsgehalte der **VOB/B § 13 angenähert**. So war der Unternehmer bis zum Jahre 1986 bis zu 12 Jahren nach Ablauf der Gewährleistung für Mängel haftbar. Die neuen FIDIC-Bedingungen regeln die Gewährleistungsfrist nicht ausdrücklich. Die heutige Mängelanzeigefrist der FIDIC (*Defects Notification Period*) entspricht teilweise der VOB/B-Konzeption. Mit der Mängelanzeige ist die Frist unterbrochen. Die Anzeigefrist wird individualvertraglich vereinbart. In dem von der FIDIC her-

ausgegeben Muster zum *Appendix to Tender* findet sich ein Voreintrag von 365 Tagen.

Allerdings bestehen hinsichtlich der inhaltlichen Verpflichtung zur Gewährleistung durch den Unternehmer Unterschiede zwischen VOB/B und FIDIC. So obliegt es nach FIDIC dem Unternehmer, alle Arbeiten auf eigene Kosten auszuführen, die vom Ingenieur schriftlich verlangt werden, um die Leistung am Ende der Anzeigefrist (*Defects Notification Period*) in den vertragsgemäßen Zustand zu versetzen. Lediglich Mängel durch Ingebrauchnahme des Auftraggebers sind von der Verpflichtung zur Mängelbeseitigung ausgenommen. Gehen die Mängel hingegen nach Auffassung des Ingenieurs nicht auf Fehlleistungen des Unternehmers zurück, muss der Bauherr die Kosten tragen. Die gewährleistungsbezogenen Arbeiten sind dann wie Zusatzarbeiten abzurechnen, über die der Ingenieur eine Anordnung trifft (vgl. Klausel 3.5). Nach Ablauf der *Defects Notification Period* hat der Ingenieur das *Performance Certificate* auszustellen (Klausel 11.9). Der Auftraggeber erkennt mit ihr die vollständige Vertragserfüllung an. Jedoch wird aus Klausel 11.10 entwickelt, der Unternehmer schulde auch über den Tag der Erfüllungsbescheinigung hinaus z. B. Mängelgewährleistung, wenn das Vertragsstatut eine längere Verjährung vorsehe.[1] Die FIDIC selbst scheint dies auch so zu sehen und empfiehlt im *Contracts Guide*, 203 zu Klausel 11.10 die Frage der Verjährung ausdrücklich (ergänzend) zu regeln.

169

kk) Vergütung, Abrechnung von Massemehrungen/-minderungen

Der FIDIC-Bauvertrag regelt die Vergütung des Unternehmers nach **Einheitspreisen und Aufmaß**. Wenn in den Besonderen Bedingungen nichts anderes vorgeschrieben ist, ist der Vertragspreis zu bestimmen und in Übereinstimmung mit den Vorschriften des Vertrags anzupassen (Klausel 14.1). Die Parteien können zwar wie beim VOB/B-Vertrag zwischen den Vergütungsformen Einheitspreis, Pauschalpreis und Stundenlohn wählen. Doch halten die FIDIC-Bedingungen im reinen Bauvertrag dafür keine Regelungen bereit (anders P & DB und EPCT: dort ist der Pauschalpreis die Regel, denn beide Verträge gehen von funktionalen Leistungsbeschreibungen aus). Im Leitfaden zur Erstellung Besonderer Vertragsbedingungen wird vorgeschlagen, ggf. Klausel 12 vollständig zu streichen und Klausel 14.1 Buchst. a inhaltlich so umzugestalten, wie dies die entsprechende Klausel im Anlagenvertrag vorsieht. Zudem lässt Klausel 13.6 bei geringfügigen und **nebensächlichen Arbeiten** Leistungsänderungen auf Anordnung des Ingenieurs auf **Tageslohnbasis** zu. Die Arbeiten müssen dann in Übereinstimmung mit dem vertraglich vereinbarten Tageslohnpreisverzeichnis nach dem in den Bedingungen geregelten Verfahren bewertet werden. Enthält der Vertrag kein Tageslohnpreisverzeichnis, kommt dieser Punkt nicht zur Anwendung. Im Übrigen sind die Preise im Leistungsverzeichnis maßgeblich (vgl. Klausel 12.2). Das „**Leistungsverzeichnis**" und das „**Tageslohnpreisverzeichnis**" sind, wenn vorhanden, die im Vertrag als solche bezeichneten Dokumente (Klausel 1.1.1.10).

170

---

1 Vgl. *Seppala*, ILCR 2000, 236, 240.

ll) Kündigung FIDIC Klausel 15, 16

171 Die alten FIDIC-Bedingungen eröffneten weder dem Auftraggeber noch dem Unternehmer ein jederzeitiges Kündigungsrecht, wie es aus §§ 8, 9 VOB/B bekannt ist. Die **neuen Bedingungen** sind an dieser Stelle geändert worden. Der Besteller kann den Vertrag **jederzeit** nach seinem Belieben kündigen, indem er dem Unternehmer eine entsprechende Mitteilung macht (Klausel 15.5). Die Kündigung wird 28 Tage, nachdem der Unternehmer die Mitteilung erhalten oder der Besteller die Erfüllungssicherheit zurückgezahlt hat (je nachdem, welcher Zeitpunkt der spätere ist), wirksam. Der Besteller darf den Vertrag jedoch nicht nach dieser Unterklausel kündigen, um die Arbeiten anschließend selbst oder durch einen anderen Unternehmer auszuführen. Nach der Kündigung hat der Unternehmer in Übereinstimmung mit Unterklausel 16.3 zu verfahren und muss in Übereinstimmung mit Unterklausel 19.6 bezahlt werden. Das **Kündigungsrecht des Unternehmers** ist in Klausel 16 geregelt. Sein Kündigungsrecht ist auf die dort geregelten Fälle beschränkt.

6. Arbeitsverhältnisse im internationalen Baurecht; Arbeitnehmerentsendegesetz

a) Arbeitsverhältnisse im internationalen Baurecht

172 Viele Bauunternehmen insbesondere in Deutschland beschäftigen aus Kostengründen ausländische Arbeitskräfte, umgekehrt **entsenden** Bauunternehmen häufig **Arbeitskräfte** ins Ausland. Nach einigen nationalen Regelungen kann überdies der Bauherr in die Haftung für Lohn- und Gehaltsverbindlichkeiten der Auftragnehmer genommen werden.[1] Dies macht die besondere Bedeutung des Arbeitsrechts für die international ausgerichtete Baubranche deutlich.

173 Findet keine Rechtswahl statt, bestimmt sich das **Vertragsstatut** im Rahmen des deutschen IPR für den Bereich des Arbeitsrechts nach Art. 30 EGBGB. Maßgeblich ist danach nicht etwa das Recht des Heimatstaates des Arbeitnehmers, sondern das Recht des Arbeitsortes. Pendelt der Arbeitnehmer zwischen verschiedenen Arbeitsstellen, soll das Recht der Niederlassung desjenigen Arbeitgebers maßgeblich sein, der ihn eingestellt hat. Gegenüber diesen in der Regel anzuwendenden Bestimmungen gibt es jedoch Ausnahmen, wenn die Umstände des Einzelfalls dies nahe legen. Zu diesen Umständen zählen etwa die Staatsangehörigkeit der Parteien, der Sitz des Arbeitgebers, die Währung, in der die Vergütung des Arbeitnehmers gezahlt wird oder der Ort des Vertragsschlusses.

174 Auf der Baustelle selbst muss zwischen **Stammmitarbeitern** des Unternehmens und **örtlich angeworbenen Arbeitskräften** unterschieden werden. Für die Stammmitarbeiter eines Unternehmens gilt das Recht des Stammbetriebes, für die örtlich angeworbenen Arbeitskräfte, gilt – unabhängig von deren Nationalität – ausschließlich das Recht des Baustellenlandes.

Daneben wird in der Praxis oft ausländisches Recht vereinbart, wenn ausländische Arbeitnehmer nach Deutschland entsandt werden.[2] Auf diese Weise wird

---

1 BAG, BauRB 2003, 18 Anm. *Hök*.
2 Vgl. etwa BAG, AP TVG § 1 Tarifverträge Bau Nr. 30.

praktisch das **Kündigungsschutzgesetz umgangen**, das insofern einer freien Rechtswahl auch nicht als zwingende Vorschrift im Sinne des Art. 34 EGBGB im Wege steht. Allerdings ist diesbezüglich die weite Auslegung des § 613a BGB durch die Rechtsprechung des EuGH zu beachten, die zur Anwendung des § 613a BGB nur noch darauf abstellt, ob die wirtschaftliche Identität der übergehenden Unternehmen gewahrt ist.[1]

b) Arbeitnehmerentsendungsgesetz[2]

Eine besonders wichtige Rolle in Arbeitsverhältnissen nimmt das *Arbeitnehmerentsendungsgesetz*[3] (AEntG) ein. Ziel des Gesetzes ist es, bei grenzüberschreitenden Dienstleistungen lohnbedingte Wettbewerbsvorteile ausländischer Konkurrenten in den lohnintensiven Bereichen der Bau- und Montageleistungen vermittels Angleichung wesentlicher materieller Arbeitsbedingungen zu nivellieren und einem Sozialdumping vorzubeugen bzw. entgegenzuwirken.[4] Dazu erklärt das Gesetz die **tarifvertraglichen Arbeitsgrundlagen** in seinem räumlichen Anwendungsbereich zu **zwingenden** Normen im Sinne des Art. 34 EGBGB und entzieht sie dadurch individuellen Rechtswahlvereinbarungen, die zugunsten eines von den Tarifvereinbarungen abweichenden ausländischen Rechts getroffen werden sollen. Dies soll verfassungsrechtlich unbedenklich sein.[5] § 24 VTV soll allerdings keine Eingriffsnorm im Sinne von § 34 EGBGB sein, so dass ein italienisches Bauunternehmen für seine in Italien geworbenen und nach Deutschland entsandten Mitarbeiter nicht beitragspflichtig ist.[6]

175

Das Gesetz erfasst alle Arbeitsverhältnisse zwischen Arbeitgebern mit Sitz im Ausland und im Inland beschäftigten Arbeitnehmern, aber auch ausländische Subunternehmen, die auf der Grundlage eines mit einem deutschen Generalunternehmen abgeschlossenen Werkvertrags Arbeitnehmer in das Inland entsenden und Arbeitsverhältnisse von Leiharbeitnehmern, die grenzüberschreitend ins Inland entsandt werden.[7] Die Geltung dieses Gesetzes geht in der Praxis mittlerweile so weit, dass ausländische Unternehmen, die in ihrem Land nicht als Bauunternehmen geführt werden, sich gleichwohl **wie Baufirmen** dem Meldeverfahren bei der Urlaubs- und Lohnausgleichskasse der Bauwirtschaft mit Sitz in Wiesbaden (ULAK) ausgesetzt sehen. Maßgeblich ist allein die nach § 75 Arbeitsförderungsgesetz aufgestellte Regel, nach die Firmen zur Meldung verpflichtet sind, die „**überwiegend Bauleistungen**" erbringen. Dazu zählen in jedem Fall Firmen des Bauhaupt- und Baunebengewerbes.

176

Ob ein Betrieb dem AEntG und der Teilnahme am Urlaubsverfahren der deutschen Bauwirtschaft unterliegt und zur Einhaltung der Mindestlöhne verpflichtet ist, hängt davon ab, ob er Tätigkeiten ausführt, die dem fachlichen und betriebli-

177

---

1 Vgl. EuGH, EAS Nr. RL 77/187/EWG Art. 1 Nr. 2; EuGH v. 11. 3. 1997, Rs. C-13/95, AP Richtlinie Nr. 77/187/EWG Nr. 14.
2 Vgl. dazu *Oppertshäuser*, NZA-RR 2000, 393–400.
3 BGBl. 1996 I, S. 227.
4 *Ulber*, AÜG § 1 AEntG Rz. 2.
5 BAG, AP AEntG § 1 Nr. 12.
6 BGA AP TVG § 1 Nr. 261.
7 Vgl. dazu BAG, NZA 2003, 62–63.

chen Geltungsbereich des Bundesrahmentarifvertrags für das Baugewerbe und dem insoweit gleichlautenden Tarifvertrag über das Sozialkassenverfahren im Baugewerbe unterliegt. In folgenden Bereichen erbringen auch Nicht-Baufirmen Leistungen, die **als Bauleistungen eingestuft** werden: Aufstellen und Montage von Bauwerken und deren Teilen aus Holz, Metall oder Glas (Fassadenplatten, Decken, Wände, Balkone, Fenster (Abschnitt II und V des TV, nicht Abschnitt VII, der Betriebe bezeichnet, die als Baubetriebe gelten.) Führt ein Betrieb Tätigkeiten aus, die nur z. T. unter den BRTV für das Baugewerbe fallen, kommt es darauf an, welche Tätigkeiten arbeitszeitlich überwiegen. Dabei sind gemäß § 1 Abs. 4 AEntG nur die in Deutschland ausgeführten Tätigkeiten zu berücksichtigen, da alle von einem Arbeitgeber in Deutschland eingesetzten Arbeitnehmer als ein Betrieb gelten. Es kommt also in jedem Fall auf eine genaue Beschreibung der ausgeführten Arbeiten an.[1]

178 Noch sind nur wenige Fälle bekannt, die die gerichtliche Klärung der Frage zum Gegenstand hatten, ob oder inwieweit das AEntG und seine Anwendung im Einklang mit dem **Recht der europäischen Verträge** steht. Da dieses Gesetz jedoch in erheblichem Maße den Zugang zum deutschen Markt reguliert, dürfte eine solche Überprüfung für benachteiligte Bauunternehmen jedenfalls im Einzelfall nicht ohne jegliche Aussicht auf Erfolg sein. Der EuGH[2] hat prinzipiell entschieden, dass die Art. 49, 50 EGV nicht verbieten, dass ein Mitgliedstaat ein in einem anderen Mitgliedstaat ansässiges Unternehmen, das eine Dienstleistung im Gebiet des ersten Mitgliedstaats erbringt, einer nationalen Regelung wie derjenigen des § 1 Abs. 3 Satz 1 AEntG unterwirft, durch die den zu diesem Zweck von dem Unternehmen entsandten Arbeitnehmern Urlaubsansprüche garantiert werden.

179 Dies gilt allerdings nur,[3]

▷ sofern zum einen die Arbeitnehmer nach den Rechtsvorschriften des Niederlassungsmitgliedstaats ihres Arbeitgebers keinen im Wesentlichen vergleichbaren Schutz genießen, so dass die Anwendung der nationalen Regelung des ersten Mitgliedstaats ihnen einen tatsächlichen Vorteil verschafft, der deutlich zu ihrem sozialen Schutz beiträgt, und

▷ zum anderen die Anwendung dieser Regelung des ersten Mitgliedstaats im Hinblick auf das verfolgte im Allgemeininteresse liegende Ziel verhältnismäßig ist.

Die Art. 49, 50 EGV stehen jedoch der Anwendung der Urlaubsregelung eines Mitgliedstaats auf alle Unternehmen, die in anderen Mitgliedstaaten ansässig sind und im Gebiet des ersten Mitgliedstaats Dienstleistungen im Baugewerbe

---

1 Vgl. dazu im Einzelnen die Broschüre der ULAK, in der das gesamte Anmeldeverfahren und die gesetzlichen Unterlagen enthalten sind.
2 EuGH v. 25. 10. 2001 in den verbundenen Rs. C-49/98, C-50/98, C-52/98 bis C-54/98 und C-68/98 bis C-71/98, DB 2001, 2723–2726.
3 Vgl. auch BAG, AP TVG § 1 Nr. 261; EuGH v. 25. 10. 2001, Rs. C-49/98 AP EWG-Richtlinie Nr. 96/71 Nr. 5 = AP AEntG § 1 Nr. 8.

erbringen, entgegen, wenn nicht alle in dem ersten Mitgliedstaat ansässigen Unternehmen, die nur einen Teil ihrer Tätigkeit in diesem Gewerbe ausüben, dieser Regelung in Bezug auf ihre in diesem Gewerbe beschäftigen Arbeitnehmer unterliegen.

Bei Arbeitsverhältnissen mit wechselndem Auslandsbezug spielt häufig die Frage eine Rolle, wer nach welchen Regeln für **Unfälle und unerlaubte Handlungen** haftet. Grundsätzlich bleibt es bei dem in Art. 40 EGBGB verankerten Grundsatz, nachdem bei unerlaubten Handlungen das Recht des Tatortes anzuwenden ist. Ausnahmen gelten jedoch für die Fälle, in denen sich die Beteiligten nur vorübergehend im Ausland aufhalten und die Auslandsbeziehung des deliktischen Vorfalls damit nur zufälliger Natur ist (Urlaubs- und Geschäftsreisen). Hier kann das Heimatrecht der Beteiligten zur Anwendung kommen. Haben die Beteiligten hingegen ihren Lebensmittelpunkt für längere Zeit im Gastland gewählt, ist der Zufallscharakter des Auslandsbezugs nicht mehr gegeben und eine Rückbeziehung auf das Heimatrecht der Beteiligten nicht mehr gerechtfertigt. 180

III. Architektenrecht

1. Internationales Architektenrecht[1]

Die für das internationale Baurecht getroffenen Aussagen zur Ermittlung des anzuwendenden Rechts gelten weit gehend auch auf Architektenverträge. Sie werden dementsprechend in der Literatur zumeist einheitlich dargestellt.[2] Neuerdings musste sich auch die Rechtsprechung zunehmend mit Architektenverträgen befassen.[3] 181

Die Einordnung und **Anwendbarkeit der HOAI** wirft jedoch Fragen auf, sofern keine diesbezügliche Parteivereinbarung getroffen wurde: Ist die HOAI auch für Leistungen ausländischer Architekten für ein in der Bundesrepublik gelegenes Bauvorhaben anzuwenden, wenn der ausländische Architekt eine Niederlassung in der Bundesrepublik Deutschland unterhält?[4] Was gilt, wenn der ausländische Architekt keine Niederlassung in Deutschland hat oder, wenn Leistungen deutscher Architekten und Ingenieure im Ausland erbracht werden?

Mehrheitlich wird vertreten, dass die HOAI dann gilt, wenn deutsches Schuldrecht zur Anwendung kommt.[5] Dagegen spricht freilich, dass die HOAI nur **Preisrecht** beinhaltet und nicht materielles Architektenschuldrecht.[6] International- 182

---
1 Vgl. *Wenner*, BauR 1993, 257 ff. u. RIW 1998, 173; DAB 1994, 1107; *Kartzke*, ZfBR 1994, 1 ff.; *Thode*, ZfBR 1989 43 ff.; *Hök*, BauR 2002, 1471 ff.
2 Vgl. etwa *Kartzke*, ZfBR 1/1994, S. 1 ff. Die Rechtsprechung hingegen ist nur selten überhaupt mit internationalem Architektenrecht befasst, vgl. die Nachweise bei *Wenner*, BauR 1993, 257 Fn 5; OLG München, BauR 1986, 242; LG Kaiserslautern, NJW 1988, 652; OLG Koblenz, NJW-RR 1988, 1402.
3 BGH, BauR 2001, 979–981; OLG Brandenburg, BauR 2001, 820 m. Anm. *Ehlers*; OLG Brandenburg BauR 2002, 119; zuletzt BGH, 27. 2. 2003 – VII ZR 169/02, MDR 2003, 683.
4 Bejahend *Werner/Pastor*, Bauprozess, Rz. 609; Art. 28 Abs. 2 EGBGB.
5 Die HOAI wird also schuldrechtlich angeknüpft: *Hesse/Korbion* u. a., § 1 HOAI Rz. 47; *Werner/Pastor*, Rz. 610.
6 So nun auch BGH, 27. 2. 2003 – VII ZR 169/02, MDR 2003, 683.

privatrechtlicher Anknüpfungspunkt für die HOAI kann dann aber nicht das Schuldrecht sein. Deshalb wird zum Teil versucht, die Lösung über Art. 34 EGBGB und die inhaltliche Zielsetzung der HOAI zu finden.[1] Da der deutsche Gesetzgeber mit der HOAI nur den deutschen inländischen Mietanstieg habe regeln wollen, müsse die Geltung der HOAI auch international-privatrechtlich auf inländische Bauvorhaben beschränkt sein. Nach dieser eigenständigen Kollisionsnorm gälte die HOAI immer dann, wenn Architektenleistungen für ein inländisches Bauvorhaben erbracht werden.[2]

183 Dagegen spricht jedoch, dass die HOAI nur Verordnungscharakter hat und mit ihren preisrechtlichen Mindest- und Höchstvorschriften **Berufsrecht** formuliert. Eine der HOAI immanente einseitige Kollisionsnorm ist daher abzulehnen. Die gegenteilige Auffassung kann nur dazu dienen, sie gegen Angriffe aus Brüssel zu verteidigen. Hier wird eine besondere „**marktbezogene Anknüpfung**" der HOAI bevorzugt, die allerdings klare Kriterien für die Spürbarkeitsschwelle voraussetzt (vgl. Art. 34 EGBGB).[3] Eine deutliche Teilnahme am innerdeutschen Markt liegt vor, sobald sie unmittelbare Auswirkungen auf die Mietentwicklung im Inland hat bzw. haben kann, wobei der Auslandssitz des Leistungserbringers in den Hintergrund tritt. Spürbar sind in der Regel auch Aufträge für inländische Bauvorhaben, die von deutschen Auftraggebern vergeben werden[4], denn die HOAI richtet sich nicht nur an die Leistungserbringer, sondern zugleich auch an die Auftraggeber. Keine spürbare Marktwirkung hätten dagegen Aufträge, die von deutschen Auftraggebern im Ausland vergeben werden.

Nicht von der HOAI **erfasst** werden mithin die Fälle,

▷ in denen ein ausländischer Auftraggeber am inländischen Markt teilnimmt und ausländische Leistungserbringer mit Leistungen betraut, die in Deutschland nach der HOAI abzurechnen wären[5];

▷ in denen ein inländischer Auftraggeber einen inländischen Auftragnehmer mit Leistungen betraut, die im Ausland umgesetzt werden (es sei denn, es gilt ohnehin mangels oder aufgrund Rechtswahl deutsches Recht).

---

1 So der Vorschlag von *Wenner*, RIW 1998, 177 f.; vgl. auch BGH, 27. 2. 2003 – VII ZR 169/02, MDR 2003, 683; BGH BauRB 2003, 76 Anm. *Hök*.
2 *Wenner*, aaO S. 178; BGH, 27. 2. 2003 – VII ZR 169/02, MDR 2003, 683.
3 Vgl. dazu eingehend *Hök*, BauR 2002, 1471 ff.
4 Vgl. BGH, ZfBR 1982, 20–22, der für die Berechnung des Bereicherungsanspruchs eines österreichischen Baumeisters, der für ein inländisches Bauvorhaben tätig wurde, das inländische Preisrecht heranzieht.
5 Ähnlich für den Anwendungsbereich des Rechtsberatungsgesetzes OLGR Stuttgart 2001, 204–206. Die inländische Marktauswirkung und die Auswirkung auf die Mieten sind in Kauf zu nehmen, weil es an einer hinreichenden Durchsetzungsmöglichkeit und Kontrollierbarkeit ohnehin fehlt. Eine Kontrolle könnte im Rahmen der Mieterhöhungsvorschriften erfolgen.

2. Ausländisches Architektenrecht

a) Frankreich[1]

In Frankreich wird zwischen dem *maître de l'ouvrage* und dem *maître d'oeuvre* unterschieden. Der *maître de l'ouvrage* ist der klassische **Bauherr**, während der *maître d'oeuvre* derjenige ist, der mit der **Bauleitung** und -überwachung betraut ist.[2] Üblicherweise wird dafür ein Architekt eingebunden. Die französischen Architekten sind in Kammern organisiert (Art. 21 Gesetz n° 77–2 vom 3. 8. 1977). Der französische Architekt hat das Bauvorlagemonopol (Art. L.421–2 Code de l'Urbanisme). Auf ihn ist die Rolle des *maître d'oeuvre* zugeschnitten. Die französische Rechtsprechung vermutet, dass der Architektenvertrag entgeltlich ist, es sei denn, es kann das Gegenteil bewiesen werden (Cass.Civ, 23. 1. 1979, Gaz.Pal. 1979.1.somm. 198). Das Honorar kann frei ausgehandelt werden. Fehlt es an einer Honorarvereinbarung, ziehen die Gerichte die Honorarordnungen der Kammern heran.[3]

184

Es muss allerdings vor Aufnahme der Arbeiten ein Vertrag geschlossen werden.[4] Der **Architektenvertrag** wird als *contrat de louage d'ouvrage* qualifiziert. Art. 1779 Code Civil nennt den Architektenvertrag als Beispiel dieses Vertragstyps. Der Vertrag unterliegt den allgemeinen Vorschriften über das Zustandekommen von Verträgen. Muss der Bauherr das Bauvorhaben finanzieren, schreibt Art. L.312–2 Code de la Consommation vor, dass der Architektenvertrag unter der Bedingung zustande kommt, dass der Bauherr eine Finanzierung erhält. Grundsätzlich ist die **Schriftform** einzuhalten (vgl. Art. 1341 Code Civil [CC]). Vereinzelt wurden Vergütungsklauseln aus Musterverträgen als wettbewerbswidrig eingestuft.[5] Der Architekt muss sich über die Arbeiten informieren, sie planen, anordnen und überwachen und schließlich die Arbeiten prüfen. Eingeschlossen ist, die Absichten des Bauherrn zu ermitteln und den Bauherrn über Risiken, Mehrkosten, Versicherungen etc. belehren.

185

Die französische Rechtsprechung in Bezug auf die **Architektenhaftung** für Bauwerke (*ouvrage*) ist **streng**.[6] Der Architekt haftet dem Bauherrn nach Art. 1792 ff. CC. Der Haftungsumfang entspricht weit gehend dem der Bauunternehmer (*décennale, biennale*). Die Fertigstellungsgarantie (*garantie de parfait achèvement*) trifft ihn allerdings nicht. Statt dessen haftet der Architekt im Rahmen einer *obligation de résultat* für Schäden, die vor der Abnahme entstanden sind[7], sofern sie der Bauherr bei der Abnahme gerügt hat. Der Architekt steht dem Bauherrn für die Geeignetheit des Baugrunds und die Einhaltung der veranschlagten Baukosten ein. Er haftet für Mängel an dem von ihm ausgesuchten Baumaterial und er ist für die Auswahl der Bauunternehmen verantwortlich.[8] Das **Verschulden** des Ar-

186

---

1 *Stich*, ZfBR 1984, 208.
2 *Liet-Veaux/Thuillier*, Droit de la construction, S. 252.
3 Vgl. Versailles, 14. 6. 1985, RD imm. 1986, 71.
4 Cass.Civ., 26. 1. 1993, Mon. TP 26. 3. 1993, 43.
5 Vgl. *Périnet-Marquet*, Dalloz Construction, Rz. 55.
6 *Liet-Veaux/Thuillier*, Droit de la construction, S. 286 ff.
7 Cass.Civ., 8. 3. 1995, D: 1995, IR n° 85; *Malaurie/Aynès/Gautier*, Les contrats spéciaux, Rz. 745.
8 *Périnet-Marquet*, Dalloz Construction, Rz. 28 ff. u. 47 ff.

chitekten und die **Kausalität** zwischen seinem Handeln und dem Schaden werden **vermutet** (vgl. Art. 1792–2 CC). Es ist an ihm, sich zu exkulpieren.[1]

Der Ingenieur haftet für Rat nur im Rahmen einer obligation de moyeus. Handelt es sich um ein komplettes Ingenieurbauvorhaben (Anlagenbau), ist von einer obligation de résultat auszugehen, zumal wenn der Ingenieur schlüsselfertig (cléen mains) liefert.[2]

b) England/USA

187 Im anglo-amerikanischen Raum werden traditionell eine Reihe von **Fachleuten** eingebunden, die ein Bauvorhaben begleiten. Im Vordergrund stehen Planungs- und Überwachungsaufgaben, die oftmals bereits im Bauvertrag Erwähnung finden. Die zuständigen Personen oder Unternehmen sind jedoch **nicht Partei** des Bauvertrags, trotzdem ihnen im Bauablauf eine wichtige Rolle zukommt. Zu erwähnen sind folgende Bezeichnungen: *Supervising Officer, Project Manager, Contract Administrator, employer's agent,* Ingenieur und Architekt. Wer als Architekt tätig sein will, muss in England bei dem *Architects Registration Council* registriert sein (vgl. *Architect's Act* 1997). Der **Architekt** hat die Verantwortung für die bauliche Gestaltung, die erforderliche Planung und Genehmigungsbeibringung. Zudem wird er in vielen Standardbauverträgen mit Bauüberwachungsaufgaben betraut. Vielfach übernimmt er in der Bauphase schiedsrichterähnliche Aufgaben. Der *Housing Grants, Construction and Regeneration Act* 1996 sieht vor, dass zu jeder Zeit Schiedsverfahren *(adjudication)* eingeleitet werden können. Zuständig ist der *Contract Administrator.* Der Architekt kann entweder als **Beauftragter** des Bauherrn verdungen werden **oder** als **unabhängiger Fachkundiger**.

188 Der *Contract Administrator* haftet für die sorgfältige Durchführung seiner Aufgaben.[3] Dem Vertrag wohnt die Pflicht inne, mit *resonable scill and care* zu arbeiten[4], d. h. die Sorgfalt zu beobachten, die eine Person mit ordentlicher Sorgfalt in vergleichbarer Lage oder in vergleichbaren Umständen anwenden würde.[5] So muss z. B. die architektonische Gestaltung den vorgegebenen Zweck erfüllen.[6] Wird der Architekt als unabhängiger Fachkundiger tätig, versteht man seine Aufgabe zudem dahin, dass seine Anordnungen fair die beidseitigen Interessen der Parteien des Bauvertrags berücksichtigen müssen.[7] Die zunehmende Komplexität von Bauvorhaben eröffnet für den Architekten **neue Risiken**. So wurde er z. B. dafür verantwortlich gemacht, sicherzustellen, dass die im Bauvertrag vorgesehenen Versicherungen abgeschlossen wurden.[8] Interessant ist, das der Architekt in den **USA** wegen seines Werklohnanspruchs ein **Pfandrecht** an dem Grundstück

---

1 *Périnet-Marquet,* Dalloz Construction, Rz. 47.
2 *Malaurie/Aynès/Gautier,* Les contrats spéciaux, Rz. 742.
3 „Sutcliffe v. Thackrath" (1974) A.C. 727.
4 „Bowlam v. Friern Hospital Management Committee" (1957) 1 W.L.R. 582.
5 „Pierce v. Horvath", 142 Ind.App. 278, 233 N.E.2d 811, 815; vgl. „Eckersley v. Ninney & Partners" (1988) 18 Con. L.R. 1.
6 Vgl. „Greaves v. Baynham Meikle & Partners" (1975) 1 W.L.R. 1095.
7 „Sutcliffe v. Thackrath" (1974) A.C. 727.
8 „Pozzolanic Lytag Ltd. v. Bryan Hobson Associates", zitiert bei Chitty on contracts, Vol. II Rz. 37–188.

geltend machen kann, das er beplant hat *(architect's lien)*. Im Übrigen unterliegen Architektenverträge in den USA und in Großbritannien den allgemeinen Lehren des *common law*, wie z. B. der Lehre von der *consideration* und der Lehre von *breach of contract*.

In England gibt es keine Koppelung zwischen der Zulassung zur Architektenschaft und der Berufsausübung im Bereich Planungsleistung. Zu unterscheiden ist zunächst zwischen *planning permission* und *building regulation*. Beide Aufgaben fallen in die Zuständigkeit der lokalen Behörden *(local plannning authorities)*. Die *planning permission* genehmigt die Errichtung eines Gebäudes, während die *building control* dazu dient, zu **überwachen**, ob das geplante Bauwerk den *building regulations* entspricht. **Jeder** kann Anträge auf Erteilung einer Baugenehmigung einreichen, gleich ob er Eigentümer des Baugrundstücks ist oder nicht. Er kann sich dabei von einem Architekten, einem Rechtsanwalt oder einem Bauunternehmer unterstützen lassen. Das Recht zur Bauvorlage ist keiner speziellen Berufsgruppe vorbehalten. 189

c) Niederlande

Entscheiden sich die Parteien eines Bauvertrags in den Niederlanden einen Architekten einzuschalten, wird dieser im Rahmen eines Dienstvertrags tätig, schuldet also nicht, wie der Unternehmer des Bauvertrags, die Herstellung und Lieferung eines Werks. Die **geschützte Berufsbezeichnung** *Architect* kann in den Niederlanden nur geführt werden, wenn die Architekten Qualifikationen aufweisen, die der Architektenrat *(Bond van Nederlandse Architecten*, BNA) zur Voraussetzung für die Eintragung in das Architektenregister macht. Als Kammermitglied ist der niederländische Architekt insbesondere an die von der BNA aufgestellten Berufsausübungsregeln für Architekten gebunden. 190

Als Architektenvertrag wird in der Praxis zumeist auf die vom BNA erarbeiteten **Standardbedingungen** zurückgegriffen *(Standaardvoorwaarden 1997 Rechtsverhouding opdrachtgever – architect, „SR")*, die die Tätigkeit des Architekten in vier Gruppen einteilt: 191

▷ Vorläufiger Entwurf (der auch einen Kostenvoranschlag enthalten soll);

▷ Endgültiger Entwurf (der eine in einzelne Positionen aufgegliederte Rechnungsstellung enthalten soll);

▷ Bauvorbereitende Maßnahmen;

▷ Durchführung der Baumaßnahme bis zur Abnahme.

Dem Auftraggeber werden durch genaue **Honorartabellen** für die entsprechenden Leistungen Anhaltspunkte für individuelle Vereinbarungen oder für die Prüfung der Rechnung gegeben. Schließlich enthalten die „SR" ein Vertragsmuster, bei der insbesondere die Schiedsgerichtsklausel zu beachten ist, nach der alle Streitigkeiten aus dem Vertrag von dem in Groningen angesiedelten Schiedsgericht für Baukunde *(„Arbitrage Instituut Bouwkunst" [AIBK])* zu entscheiden sind. 192

d) Schweiz

193 Der Architekten- und Ingenieurvertrag[1] ist in der Schweiz **Werkvertrag** (Art. 363 ff. OR) oder Auftrag (Art. 394 ff. OR).[2] Die Übernahme von Planungsleistungen (Planungsvertrag) ist Werkvertrag.[3] Nach **Auftragsrecht** regelt sich die Verpflichtung zur Vergabe und die Bauleitung.[4] Die Verpflichtung des Architekten zur sorgfältigen Schätzung der Baukosten ist lediglich ein Auftrag.[5] Da es an spezifischen gesetzlichen Regelungen fehlt, bestimmt die **Vertragspraxis** die möglichen Architekten- und Ingenieurleistungen.

194 Die SIA-Ordnung 102 umschreibt die Rechte und Pflichten der Vertragsparteien bei Aufträgen an Architekten; die SIA-Ordnung 103 die für Bauingenieure und andere Baufachleute. Der Architekt ist im Rahmen der Bauleitung Gehilfe des Bauherrn, haftet ihm aber nicht wie ein Unternehmer.[6]

Im Verhältnis zu aus einer Baumaßnahme **geschädigten Nachbarn** soll der Architekt nur haften (vgl. Art. 41 OR),

▷ wenn er eine Garantenstellung gegenüber den Nachbarn hat,

▷ die ihm eine Pflicht zur Schadensverhütung auferlegt und

▷ gegen die er verstoßen haben muss, weil die Haftung gegenüber vertragsfremden Dritten nicht bereits bei einer Gefährdung angenommen werden kann.[7]

195 Im Falle des Fehlens einer Honorarvereinbarung will es der Brauch (vgl. Art. 374, 394 Abs. 3 OR), dass berufliche Leistungen vergütet werden, und zwar unabhängig davon, ob der Vertrag Werkvertrags- oder Auftragscharakter hat.[8]

e) Italien

196 Die Ausübung des Architektenberufs ist in Italien durch das R.D. 2537 vom 23.10.1925 geregelt. Es schreibt die Eintragung in das Berufsalbum vor. Ferner können laut Gesetz 129/92 und Durchführungsbestimmung 776/94 (in Anwendung der europäischen Architektenrichtlinie 85/384) auch **Freiberufler aus Europa** in Italien Dienstleistungen erbringen, sofern sie sich bei der **Architektenkammer** jener Provinz, wo die Dienstleistung durchgeführt wird, regelrecht in das so genannte Dienstleistungsverzeichnis eintragen. Ausländische Architekten, die in Italien freiberuflich tätig sein wollen, müssen entweder in einer Kammer Italiens eingetragen sein und den entsprechenden Berufsstempel besitzen oder eine Kopie des Beschlusses zur Eintragung in das Dienstleistungsverzeichnis einer

---

1 Vgl. dazu im Einzelnen *Krauskopf-Forero/Siegenthaler* in Münch/Karlen/Geiser, Beraten und Prozessieren in Bausachen, Anm. 8.1 ff.
2 Zur Abgrenzung zwischen Werkvertrag und Auftrag vgl. *Werro/Haas*, BR/DC 2002, 63 ff.
3 BGE 119 II, 428; BGE 114 II, 56.
4 BGE 114 II, 56.
5 BGE 127 III, 328; vgl. aber *Werro/Haas*, BR/DC 2002, 63 ff.
6 BGR 127 III, 328.
7 BG BR/DC 2002, 141.
8 BG BR/DC 2002, 89.

Kammer vorweisen. Auf diesem Beschluss ist Art, Ort und Dauer der ersten Dienstleistung angegeben. Bei zusätzlichen Dienstleistungen gilt der Beschluss der ersten Eintragung in das Dienstleistungsverzeichnis, sofern diesem die Mitteilung an die Kammer über die weiteren Dienstleistungen beigelegt ist.

Bei **kleineren Vorhaben** hat in Italien der *Geometer* ein große Bedeutung. Oftmals hält er den Kontakt zu den Bauämtern, Behörden und Gemeinden, mit der ausdrücklichen Erlaubnis, Gebäude bis zu einer bestimmten Größenordnung zu erstellen bzw. zu restaurieren. Er kommt ohne die Mitwirkung eines Architekten aus. Man kann die Rolle des Geometers mit dem Begriff **„Mädchen für alles"** umschreiben. Er erstellt die Bestandszeichnungen, entwirft zusammen mit dem Bauherrn die Planung für den Umbau, kümmert sich um Baufirmen, Handwerker und Zulieferer. Ferner holt er Baugenehmigungen ein, meldet Strom und Wasser um und erledigt alle lästigen Laufarbeiten. Erfahrungsgemäß kennt der Geometer vor Ort alle wichtigen Entscheidungsträger und alle Kniffe, wie man Vorschriften „auf italienisch" erfüllt. Oftmals werden auf seinen Rat Bauanträge und Vorlagen möglichst rudimentär erstellt und später großzügig interpretiert. Öffentliche Bauabnahmen sind die Ausnahme und deshalb sind z. B. die so genannte „condonno", geheim gehaltene staatliche **Amnestien für nicht genehmigte Bauten** oder Anbauten sehr bedeutsam. Der Geometer leitet zudem oft auch die Baustelle und er wickelt den Verkehr mit den Handwerkern ab. Sein Honorar wird in den meisten Fällen pauschal und frei vereinbart. 197

Teil 28
Baustellenverordnung

	Rz.
I. Grundsätzliches zur BaustellV	1
1. BaustellV als Teil des Arbeitsschutzrechts	6
a) Grundzüge des Arbeitsschutzrechts	6
b) Kurzdarstellung des ArbSchG	8
2. Adressaten der BaustellV	14
3. Geltungsbereich der BaustellV	19
4. Verhältnis zur HOAI	20
5. Regeln zum Schutz auf Baustellen (RAB): Stand der Technik?	21
II. Übersicht: Pflichten des Bauherren nach der BaustellV	24
III. Anwendungsbereich der BaustellV	29
1. Begriffe der BaustellV	29
a) Baustelle/Bauvorhaben/bauliche Anlage	29
b) Errichtung/Änderung/Abbruch	40
c) Beschäftigte	42
d) Bauherr	44
aa) Übertragung der Aufgaben des Bauherren	47
bb) Formulierungsvorschlag zur Übertragung der Aufgaben	66
cc) Formulierungsvorschlag zum Weisungsrecht für Bauverträge	69
e) Bauherr/Dritter/Koordinator	75
2. Bedeutung der Gefahrenanalyse	77
IV. Pflichten des Bauherren	80
1. 1. Stufe	81
2. 2. Stufe	82
3. 3. Stufe	91
4. 4. Stufe	94

	Rz.
V. Pflichten des Koordinators	102
1. Planungsphase	103
2. Ausführungsphase	107
VI. Pflichten der Arbeitgeber/sonstigen Personen	113
VII. Pflichten der Arbeitnehmer	118
VIII. Weitere sinnvolle Maßnahmen	120
IX. Rechtsfolgen von Verstößen	121
1. Ordnungswidrigkeiten/Straftaten	122
a) Ordnungswidrigkeiten	123
b) Straftatbestände	127
2. Privatrechtliche Haftungsansprüche	132
a) Haftung des Bauherren	132
aa) Vertrag mit Schutzwirkung zugunsten Dritter gegenüber Beschäftigten	134
bb) § 823 Abs. 1 BGB: Verstoß gegen Verkehrssicherungspflicht	137
cc) § 823 Abs. 2 BGB: BaustellV als Schutzgesetz	143
dd) Beweislastfragen	149
b) Haftung anderer Beteiligter	153
aa) Dritter/Koordinator	153
bb) Beschäftigte anderer Arbeitgeber	154
cc) Arbeitgeber	155
3. Nichtigkeit von Weisungen/Vereinbarungen	158
X. Europäisches Recht/Staatshaftungsrecht	164
XI. Übersicht über Auslegungs- und Anwendungshilfen	169

I. Grundsätzliches zur BaustellV[1]

1 Die BaustellV ist 1998 in Umsetzung der Richtlinie 92/57/EWG vom 24. 6. 1992 (**Baustellenrichtlinie**)[2] erlassen worden. Rechtsgrundlage der BaustellV ist § 19 ArbSchG, der der Bundesregierung gestattet, mit Zustimmung des Bundesrates europarechtliche Vorgaben durch Rechtsverordnungen umzusetzen. Das ArbSchG seinerseits beruht ebenfalls auf einer EG-Richtlinie, und zwar der Arbeitsschutz-Rahmenrichtlinie 89/391/EWG vom 12. 6. 1989. Die EG hat die Arbeitsschutz-Rahmenrichtlinie durch eine Reihe von Einzelrichtlinien ergänzt, zu denen unter anderem die Baustellenrichtlinie gehört.

2 Die **Umsetzungsfrist** der Baustellenrichtlinie war bereits 1993 abgelaufen. Maßgeblicher Grund für die späte Umsetzung war der Widerstand der Bundesländer, die sich – u. a. unter Berufung auf das Subsidiaritätsprinzip – gegen die Baustellenrichtlinie und deren Umsetzung gesperrt haben.[3]

3 Mit der Baustellenrichtlinie und in gleicher Weise mit der BaustellV wird das Ziel verfolgt, die Sicherheit und den Gesundheitsschutz der Beschäftigten auf Baustellen zu verbessern, so ausdrücklich § 1 BaustellV. Dies ist zum einen natürlich ein aus sich heraus lobenswerter Zweck. Zum anderen geht der Verordnungsgeber davon aus, dass die vergleichsweise hohe Zahl von Unfällen im Baugewerbe auch ein Kostenfaktor ist. Schätzungen gehen davon aus, dass ca. 3 % aller Baukosten auf Unfällen und Folgeschäden beruhen.

4 **Weitere mögliche Kosteneinsparungen** werden darin gesehen, dass

▷ die Vergabe der Sicherheitseinrichtungen optimiert wird,

▷ der Bauablauf besser geplant wird und damit reibungsloser verlaufen kann,

▷ bereits in der Planungs- und Ausführungsphase die spätere Nutzung und Wartung des Gebäudes stärker berücksichtigt wird und damit z. B. Wartungsarbeiten einfacher und kostengünstiger ausgeführt werden können.

5 Auf Initiative des Bundesministeriums für Arbeit (BMA) hin hat sich ein Ausschuss für Sicherheit und Gesundheitsschutz auf Baustellen (ASGB) gebildet, der für die BaustellV so genannte „**Regeln zum Arbeitsschutz auf Baustellen**" (**RAB**) aufgestellt hat. Diese RAB sollen den Stand der Technik darstellen. Auf die RAB und ihren Rechtscharakter wird nachfolgend in Rz. 21 ff. noch näher eingegangen.

---

1 Der Verfasser ist der WSI Weßling & Schmitt Ingenieurgesellschaft mbH, Berlin, zu besonderem Dank verpflichtet. Die Mitarbeiter der WSI haben den vorliegenden Text vor dem Hintergrund ihrer reichen Erfahrungen im Arbeitsschutz kritisch gelesen und dem Verfasser viele hilfreiche und praxisdienliche Hinweise gegeben.
2 ABl. Nr. L 245 v. 26. 8. 1992.
3 Vgl. z. B. die Entschließung des Bundesrates zur BaustellV, BR-Drucks. 306/1/98 v. 18. 5. 1998.

1. BaustellV als Teil des Arbeitsschutzrechts

a) Grundzüge des Arbeitsschutzrechts

Das Arbeitsschutzrecht hat in den vergangenen Jahren und Jahrzehnten wesentlich an Bedeutung gewonnen. Es ist Teil des öffentlichen Rechts. Die wichtigste Rechtsgrundlage in seinem Bereich ist das Arbeitsschutzgesetz (ArbSchG). Die BaustellV ist eine unter mehreren Verordnungen, die in Umsetzung europarechtlicher Vorgaben auf der Grundlage des § 19 ArbSchG erlassen wurden. Diese Verordnungen ergänzen das ArbSchG und stellen eine Art **„besonderer Teil"** des Arbeitsschutzrechtes dar, während das ArbSchG als eine Art **„allgemeiner Teil"** bei der Anwendung der Verordnungen zu berücksichtigen ist.

6

Weitere **arbeitsschutzrelevante Vorschriften** finden sich außerdem:

7

▷ in Gesetzen und Verordnungen, z. B. im SGB VII, dem Gerätesicherheitsgesetz, dem Chemikaliengesetz, Arbeitssicherheitsgesetz, Arbeitsstättenverordnung, Winterbauverordnung und vielen anderen mehr;

▷ in Normen wie den DIN-Normen und den weltweit geltenden ISO-Normen und EN-Normen, die in einigen europäischen Ländern (zu denen Deutschland gehört) zu beachten sind;

▷ in auf der Grundlage von § 15 SGB VII erlassenen Vorschriften der Berufsgenossenschaften, den UVV (Unfallverhütungsvorschriften), die seit April 1999 mit einem System von BGV-Nummern bezeichnet werden (vorher VBG-Nummern).

b) Kurzdarstellung des ArbSchG

In §§ 3, 4 ArbSchG sind **allgemeine Grundsätze** des Arbeitsschutzes aufgestellt. Adressat ist der Arbeitgeber. Er muss u. a. Gefährdungen der Beschäftigten möglichst vermeiden, Gefahren an der Quelle bekämpfen und hierauf Planung und Organisation seines Betriebes ausrichten. Ganz wesentlich ist die Pflicht aus § 4 Nr. 5 ArbSchG, wonach individuelle Schutzmaßnahmen stets nachrangig sind zu anderen Maßnahmen: Der Gesetzgeber will erreichen, dass das Arbeitsumfeld – im Rahmen des Machbaren – so sicher ist, dass der einzelne Beschäftigte mit möglichst wenigen Schutzmaßnahmen belastet wird.

8

Der Arbeitgeber muss nach § 5 ArbSchG die für die Beschäftigten auftretenden Gefährdungen analysieren, um auf der Grundlage dieser **Gefahrenanalyse** die Maßnahmen des Arbeitsschutzes festzulegen. Dies ist ein weiterer Ausfluss des vom Gesetzgeber gewünschten, präventiv wirkenden Schutzes der Beschäftigten. Arbeitgeber mit mehr als zehn Beschäftigten müssen die Gefahrenanalyse und die daraufhin getroffenen Maßnahmen des Arbeitsschutzes gemäß § 6 ArbSchG **dokumentieren**. Bei kleineren Unternehmen kann die zuständige Stelle eine solche Dokumentation verlangen, wenn besondere Gefährdungssituationen vorliegen. Unfälle muss der Arbeitgeber unabhängig von der Anzahl seiner Beschäftigten erfassen.

9

Weitere Pflichten des Arbeitgebers finden sich beispielsweise in § 12 ArbSchG, danach muss der Arbeitgeber die Beschäftigten in Sicherheit und Gesundheitsschutz **unterweisen**.

10

11 Die **Beschäftigten** selber werden durch § 15 ArbSchG ebenfalls in die Pflicht genommen. Sie müssen die Unterweisung des Arbeitgebers beachten und für ihre Sicherheit und Gesundheit Sorge tragen. Sie müssen außerdem die Maschinen bestimmungsgemäß verwenden und die Schutzvorschriften einhalten. Nach § 16 ArbSchG müssen sie die von ihnen festgestellten unmittelbaren erheblichen Gefahren melden.

12 Die **Überwachung** des Arbeitsschutzes erfolgt durch die von den Ländern bestimmten Behörden und die Träger der gesetzlichen Unfallversicherung, also im Baubereich in der Regel durch die **Berufsgenossenschaften**. Die Befugnisse der Behörden ergeben sich aus § 22 ArbSchG. Danach können die Behörden Auskünfte und Unterlagen verlangen, Betriebe besichtigen und prüfen und im Rahmen des § 22 Abs. 3 ArbSchG im Einzelfall Maßnahmen anordnen.

13 **Verstöße** gegen das ArbSchG (oder eine nach § 19 ArbSchG erlassene Verordnung, falls sie dies bestimmt) können nach §§ 25, 26 ArbSchG eine Ordnungswidrigkeit und eine Straftat darstellen. Die BaustellV enthält in § 7 BaustellV entsprechende Ordnungswidrigkeits- und Strafvorschriften.

2. Adressaten der BaustellV

14 Die BaustellV enthält vor allem für den **Bauherren** grundsätzlich neue Verpflichtungen, so muss er unter bestimmten Umständen z. B. einen Sicherheits- und Gesundheitsschutzkoordinator bestellen. Bauherr kann jede natürliche oder juristische Person sein (zur Begriffsbestimmung vgl. unten Rz. 44 ff.). Ausnahmen für bestimmte Gruppen von Bauherren enthält die BaustellV nicht. Der Bauherr kann seine Aufgaben vollständig auf einen **Dritten** übertragen, in diesem Fall kann er nur noch wegen Fehlern bei der Auswahl oder (sehr eingeschränkt) der Überwachung haften.

15 Die Arbeitgeber werden durch die BaustellV nur in geringem Maße zusätzlich verpflichtet. **Mitarbeitende Arbeitgeber** und **Unternehmer ohne Beschäftigte** werden durch die BaustellV in die Pflicht genommen. Insbesondere für die Unternehmer ohne Beschäftigte ist neu, dass sie anders als nach bisherigem Recht ebenfalls gezwungen sind, auf jeden Fall Arbeitsschutzvorschriften zu beachten. Die sonstigen Arbeitgeber sind bereits durch das ArbSchG und die sonstigen Bestimmungen des Arbeitsschutzrechtes zum Schutz ihrer Beschäftigten verpflichtet. Neu ist vor allem, dass sie gegebenenfalls auch im Bereich des Arbeitsschutzes Anweisungen des Bauherren oder eines von ihm beauftragten Dritten zu gewärtigen haben.

16 Als Arbeitgeber kann jede natürliche oder juristische Person auftreten.

Gemäß § 13 Abs. 1 ArbSchG sind **neben dem Arbeitgeber** selber verantwortlich:

▷ sein gesetzlicher Vertreter;

▷ bei juristischen Personen das vertretungsbefugte Organ;

▷ der vertretungsberechtigte Gesellschafter einer Personenhandelsgesellschaft;

▷ Personen, die mit der Leitung eines Unternehmens oder eines Betriebes beauftragt sind, im Rahmen der ihnen übertragenen Aufgaben und Befugnisse.

Auch die **Beschäftigten** sind entsprechend dem ArbSchG verpflichtet, zur Arbeitssicherheit beizutragen. 17

Am Arbeitsschutz auf Baustellen wirken mit	18

▷ Bauherr

▷ Arbeitgeber

▷ Mitarbeitende Arbeitgeber und Unternehmer ohne Beschäftigte

▷ Beschäftigte

3. Geltungsbereich der BaustellV

Die BaustellV gilt für alle in Deutschland ausgeführten Bauvorhaben, die nach dem 30. 6. 1998 begonnen wurden. Gemäß § 1 Abs. 2 BaustellV gilt sie nicht für Tätigkeiten und Einrichtungen im Sinne § 2 Bundesberggesetz. 19

4. Verhältnis zu HOAI

Nach ganz überwiegender Auffassung sind die entsprechend der BaustellV zu erfüllenden Aufgaben **nicht** in den Leistungsbildern der HOAI enthalten.[1] Auch die in § 15 HOAI enthaltenen Überwachungs- und Koordinationsaufgaben betreffen nicht die Überwachung und Koordination von Arbeitsschutzmaßnahmen, sondern sind rein auf das Objekt und dessen Ausführung bezogen. Die andere Auffassung wird nur von Wingsch[2] vertreten und übersieht nach Auffassung des Verfassers, dass die in der HOAI beschriebenen Leistungsbilder den Arbeitsschutz nicht berücksichtigen, sondern nur die technischen Aspekte bei Planung und Durchführung von Bauvorhaben betreffen.[3] 20

5. Regeln zum Schutz auf Baustellen (RAB): Stand der Technik?

Wie oben kurz angerissen, hat sich auf Initiative des BMWA ein Ausschuss für Sicherheit und Gesundheitsschutz auf Baustellen (ASGB) gebildet, der Regeln zum Arbeitsschutz auf Baustellen (RAB) herausgibt. Diese RAB werden vom BMWA im Bundesarbeitsblatt bekannt gemacht. Nach Auffassung des ASGB geben die RAB den jeweiligen Stand der Technik wieder. 21

---

[1] *Schmidt*, ZfBR 2000, 5; *Kleinhenz*, ZfBR 1999, 179; weitere Nachweise *von Wietersheim/Noebel*, Rz. 153; aA nur *Wingsch*, BauR 2001, 314.
[2] *Wingsch*, BauR 2001, 314.
[3] Ebenso mit überzeugenden Argumenten *Quack*, BauR 2002, 541.

22 **Bisher wurden herausgegeben**

▷ RAB 01: Gegenstand, Zustandekommen, Aufbau, Anwendung und Wirksamwerden der RAB

▷ RAB 10: Begriffsbestimmungen

▷ RAB 30: Geeigneter Koordinator (Konkretisierung zu § 3 BaustellV)

▷ RAB 31: Sicherheits- und Gesundheitsschutzplan – SiGe-Plan – (ohne Anlagen).

▷ RAB 32: Unterlage für spätere Arbeiten

▷ RAB 33: Allgemeine Grundsätze nach § 4 des Arbeitsschutzgesetzes bei Anwendung der BaustellV

Diese RAB sind über das Internet über die Seite der Bundesanstalt für Arbeitsschutz und Arbeitsmedizin (BAuA)[1] abrufbar und auch in von Wietersheim/Noebel, Anhang X, abgedruckt.

23 Nach Auffassung des Verfassers haben die RAB bestenfalls eine **Indizwirkung** für das, was dem Stand der Technik entspricht. Dies entspricht der allgemeinen Auffassung zu DIN-Normen und VOB/C.[2] Es besteht kein Anlass, den RAB eine höhere Beweiswirkung zuzubilligen. Hinzu kommt noch, dass die Zusammensetzung des ASGB und die Regeln für die Aufstellung der RAB weit gehend unbekannt sind. Beim DIN und beim DVA ist darüber hinaus durch die Anzahl der Beteiligten gewährleistet, dass tatsächlich weite Kreise von Auftraggeber- und Auftragnehmerseite an der Erstellung der Vorschriften mitgewirkt haben, beim DVA ist durch die grundsätzlich erforderliche Einstimmigkeit ein entsprechend weiter Konsens gewährleistet. Demgegenüber ist der Teilnehmerkreis des ASGB bereits zahlenmäßig klein; mangels Informationen kann sein Rückhalt in der allgemeinen Bauwirtschaft in keiner Weise eingeschätzt werden.

II. Übersicht: Pflichten des Bauherrn nach der BaustellV

24 Ob und gegebenenfalls welche Aufgaben ein Bauherr oder ein anderer Baubeteiligter nach der BaustellV Aufgaben erfüllen muss, ist nach folgendem grundsätzlichem **Prüfungsschema** festzustellen:

---

[1] www.baua.de.
[2] Vgl. zur Bindungswirkung der DIN-Vorschriften *Kniffka/Koeble*, Kompendium, 6. Teil Rz. 45.

Übersicht: Pflichten des Bauherren nach der BaustellV   Rz. 25 **Teil 28**

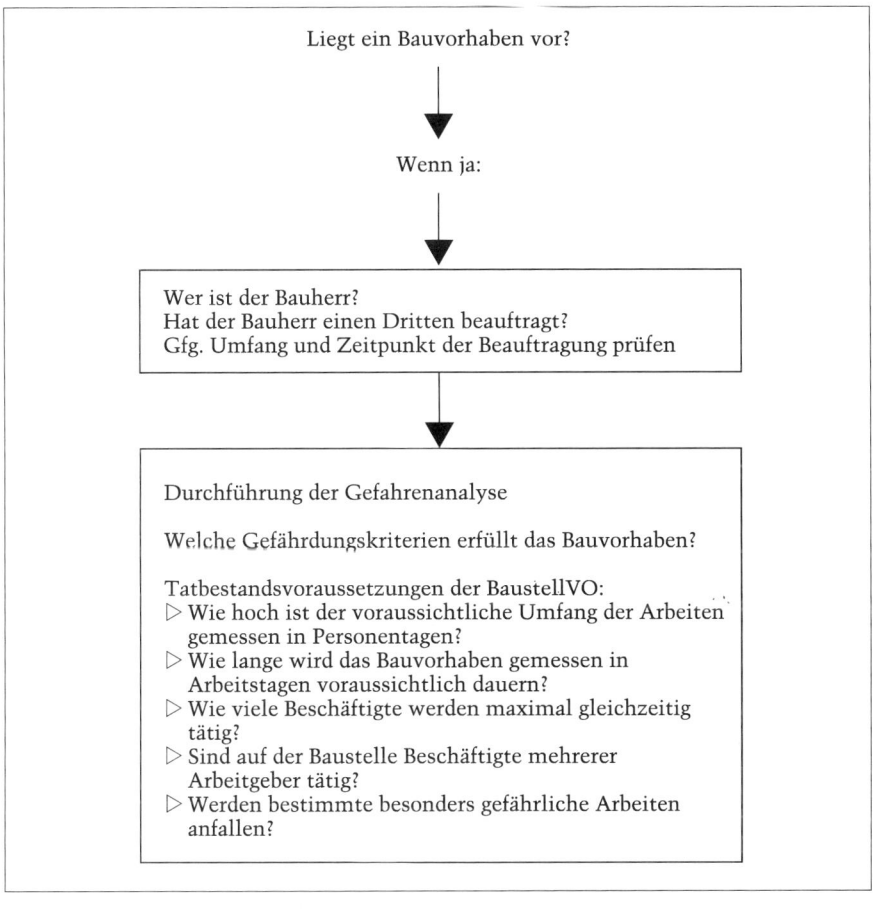

Die Aufgaben des Bauherren sind abhängig von den Gefährdungsmerkmalen, dargestellt in der „Stufenleiter" (vgl. Rz. 26).

Liegt ein Bauvorhaben im Sinne der BaustellV vor, sind für den **Bauherren** unter folgenden Umständen besondere Pflichten nach der BaustellV zu beachten: 25

▷ Umfang der Arbeiten übersteigt voraussichtlich 500 Personentage;

▷ Dauer des Bauvorhabens übersteigt voraussichtlich 30 Arbeitstage, es werden voraussichtlich gleichzeitig mehr als 20 Beschäftigte tätig;

▷ die Beschäftigten mehr als eines Arbeitgebers werden tätig;

▷ es werden mehr als ein Arbeitgeber tätig und es werden besonders gefährliche Arbeiten ausgeführt.

26 Diese Prüfung muss der Bauherr erstmals bereits **vor Beginn der Planung** des Bauvorhabens durchführen. Während der gesamten Vorbereitung und Durchführung des Bauvorhabens muss der Bauherr die genannten Kriterien und Schwellenwerte im Auge behalten. Die Aufgaben des Bauherren richten sich nach folgender „**Stufenleiter**", wobei die jeweils nächste Stufe zwar in der Praxis fast immer die Aufgaben der vorhergehenden Stufen umfasst. Dies ist jedoch nicht zwingend immer so. Beispielsweise fällt die in der 2. Stufe zu erstellende Vorankündigung nicht immer an, wenn die Voraussetzungen der 3. und 4. Stufe erfüllt sind:[1]

1. Stufe	Bei jedem Bauvorhaben im Sinne der BaustellV	Berücksichtigung der allgemeinen Grundsätze von § 4 ArbSchG bei Planung der Ausführung
2. Stufe	Wenn ▷ die voraussichtliche Dauer der Arbeiten mehr als 30 Arbeitstage betragen wird und mehr als 20 Beschäftigte gleichzeitig tätig werden, oder ▷ der Umfang der Arbeiten voraussichtlich 500 Personentage überschreitet	Vorankündigung
3. Stufe	Wenn mehrere Arbeitgeber tätig werden	Bestellung eines Koordinators mit Aufgaben gemäß § 3 BaustellV
4. Stufe	Wenn auf einer Baustelle mehrere Arbeitgeber tätig werden und entweder ▷ der Umfang der Arbeiten die Dauer von 30 Arbeitstagen übersteigt und mehr als 20 Beschäftigten tätig werden oder ▷ die Arbeiten einen Gesamtumfang von mehr als 500 Personentagen haben (wenn also eine **Vorankündigung** nach § 2 Abs. 2 BaustellV einzureichen ist) oder ▷ besonders gefährliche Arbeiten gemäß Anhang II zur BaustellV ausgeführt werden.	(ggf. Vorankündigung) Bestellung eines Koordinators, Aufstellung von Sicherheits- und Gesundheitsschutzplan

27 In der Literatur wird vereinzelt vertreten, dass eine nur **unerhebliche Überschreitung** der genannten Werte nicht die Pflichten nach der BaustellV auslösen soll.[2] Dem kann nach Auffassung des Verfassers nicht gefolgt werden, da der Wortlaut der BaustellV insoweit eindeutig ist und der Verordnungsgeber durch die genaue Bezifferung die Schwellenwerte präzise festgelegt hat. Daher treten die Rechtsfolgen der BaustellV bei jeder, auch geringfügigen Überschreitung der genannten Schwellenwerte ein. Dies ergibt sich nicht zuletzt daraus, dass ein Verstoß gegen die in der BaustellV festgelegten Pflichten auch als Ordnungswidrigkeit oder als Straftat verfolgt werden kann und dass die Abgrenzung von strafbewehrtem und nicht strafbewehrtem Verhalten eindeutig möglich sein muss.

---

1 Zugegebenermaßen sind die Fälle, in denen die Voraussetzungen einer Stufe, nicht aber die der vorhergehenden Stufe erfüllt sind, selten. Regelmäßig werden bei einem Bauvorhaben von vorneherein nur die Voraussetzungen nur einer Stufe vorliegen, ohne dass alle „darunter liegenden" Stufen durchlaufen werden. Die Darstellung als „Stufenleiter" dient daher vor allem der anschaulichen Darstellung.
2 *Kollmer*, § 2 BaustellV Rz. 47.

Hinweis: 28
Die zusätzlichen Pflichten von Arbeitgebern und Unternehmern ohne Beschäftigte sind im Wesentlichen **unabhängig von** dieser **Stufenleiter**. Durch die Erstellung eines Sicherheits- und Gesundheitsschutzplans (SiGe-Plan) oder die Bestellung eines Koordinators sind allenfalls zusätzliche, nicht grundsätzlich neue Aspekte des Arbeitsschutzes von ihnen zu beachten.

III. Anwendungsbereich der BaustellV

1. Begriffe der BaustellV

a) Baustelle/Bauvorhaben/bauliche Anlage

Grundlegende Voraussetzung für die Anwendung der BaustellV ist, dass eine Baustelle vorliegt. Eine **Legaldefinition** findet sich in § 1 Abs. 3 BaustellV: 29

„Baustelle im Sinne dieser Verordnung ist der Ort, an dem ein Bauvorhaben ausgeführt wird. Ein Bauvorhaben ist das Vorhaben, eine oder mehrere bauliche Anlagen zu errichten, zu ändern oder abzubrechen."

Diese Legaldefinition greift auf den im öffentlichen Baurecht an anderer Stelle verwendeten **Begriff der baulichen Anlage** zurück. Dies ist ein Kernbegriff des BauGB wie der Landesbauordnungen. Bauliche Anlagen werden allgemein dadurch definiert, dass es Anlagen sind, die in einer auf Dauer gedachten Weise künstlich mit dem Erdboden verbunden sind. § 29 BauGB setzt außerdem eine so genannte Planungsrelevanz voraus.[1] Die Bauordnungen der Bundesländer definieren bauliche Anlagen als Anlage, die mit dem Erdboden verbunden und aus Bauprodukten hergestellt ist. 30

Ob eine bauliche Anlage vorliegt, ist im Rahmen des BauGB und der Landesbauordnungen von zentraler Bedeutung, weswegen sich die Rechtsprechung immer wieder mit Grenzfällen wie dem ortsfesten Wohnwagen o. Ä. beschäftigen musste. Im Bereich der BaustellV sind solche Grenzfälle in der Regel uninteressant, da sie weder die für die Stufenleiter wesentlichen Kriterien erfüllen noch aus anderen Gründen arbeitsschutzrechtlich besondere Anforderungen stellen.

Anders ist es bei den **so genannten fiktiven baulichen Anlagen**, wie Ausbaggerungen etc., die durchaus arbeitsschutzrechtlich interessant sein können. Fiktive bauliche Anlagen sind Anlagen, die keine baulichen Anlagen im strengen Sinne sind, die aber jeweils aufgrund gesetzlicher Vorgaben wie solche zu behandeln sind. § 29 BauGB nennt diese fiktiven baulichen Anlagen in Absatz 1, 2. Halbs.: 31

Für Vorhaben, die die Errichtung, Änderung oder Nutzungsänderung von baulichen Anlagen zum Inhalt haben, **und** für Aufschüttungen und Abgrabungen größeren Umfanges **sowie** für Ausschachtungen, Ablagerungen einschließlich Lagerstätten gelten die §§ 30 bis 37."[2]

Die Landesbauordnungen erweitern den Begriff der baulichen Anlagen durch Zuhilfenahme einer gesetzlichen Fiktion, vgl. z. B. § 2 Abs. 1 BauOBln: 32

---
1 *Battis/Krautzberger/Löhr*, § 29 BauGB, Rz. 10 m. w. N.
2 Hervorhebung nur hier.

„Als bauliche Anlagen **gelten**

1. Aufschüttungen und Abgrabungen,

2. Lagerplätze und Ausstellungsplätze,

3. Sportplätze,

4. Stellplätze,

5. Campingplätze, Wochenendplätze und Zeltplätze,

6. Gerüste,

7. Hilfseinrichtungen zur statischen Sicherung von Bauzuständen."[1]

33 Nach RAB 10 Nr. 3 ist die **BaustellV** auch für diese fiktiven baulichen Anlagen **anzuwenden**, was der schon früher vom BMA mit anderen Beteiligten erstellten Erläuterung entspricht.[2] Hiergegen spricht jedoch, dass der Anwendungsbereich von § 29 BauGB und die Landesbauordnungen durch die genannten Vorschriften explizit erweitert wird, während die BaustellV keine solche ausdrückliche Erweiterungsklausel enthält. Da die BaustellV einen eindeutigen Wortlaut hat, ist der Verfasser der Auffassung, dass die BaustellV bei fiktiven baulichen Anlagen **nicht gilt**. Hierfür spricht auch, dass die BaustellV Ordnungswidrigkeits- und Straftatbestände vorsieht und daher das strafrechtliche Analogieverbot zu beachten ist.

34 Zweifelhaft ist auch, ob die BaustellV auch bei **geringfügigen Bauvorhaben** anwendbar ist. Die Bundesregierung geht in ihrer amtlichen Begründung zum Entwurf der BaustellV davon aus, dass bei einem üblichen Einfamilienhaus jedenfalls keine Vorankündigung erforderlich ist, wobei die Anwendung der BaustellV im Übrigen unberührt bleiben soll. Dies wird so verstanden, dass die Befreiung von der Vorankündigungspflicht bei dieser Art von Bauvorhaben unabhängig von der Überschreitung der in der BaustellV genannten Grenzwerte gelten soll.[3] Offen bleibt, ob die in der amtlichen Begründung genannte Ausnahme auch für gewerblich zu nutzende Bauten ähnlicher Größe eingreifen soll.

35 **Hinweis:**

Nach Auffassung des Verfassers findet sich für die Ausklammerung von Einfamilienhäusern kein wie auch immer gearteter Hinweis im Text der BaustellV. Diese lediglich in der Begründung genannte **Ausnahmeregelung existiert** daher **nicht**. Es besteht auch kein Anlass, Einfamilienhäuser anders als gewerbliche Bauten zu behandeln.

36 Werden gleichzeitig zwei Handwerksbetriebe in einem Gebäude tätig, stellt sich die Frage, ob auch bei ganz geringfügigem Umfang der Arbeiten ein Koordinator zu bestellen ist, was nach dem Wortlaut der BaustellV eigentlich erforderlich wäre. Die Anwendung der BaustellV kann nicht von der Überschreitung von bestimmten Baukosten (z. B. 250 000 Euro) abhängig gemacht werden. Eine von der Baustellenrichtlinie grundsätzlich zugelassene, **wertmäßige Beschränkung** findet sich im Wortlaut der BaustellV jedoch ebenso wenig wie eine Differenzierung

---

1 Hervorhebung nur hier.
2 Erläuterungen von Bund, Ländern, Berufsgenossenschaften, Sozialpartnern und Fachverbänden, BArbBl. 3/1999, S. 67.
3 *Kollmer*, § 2 BaustellV, Rz. 47.

nach der zukünftigen Nutzung der baulichen Anlage. Der Begründung des Verordnungsgebers ist jedoch zu entnehmen, dass die BaustellV bei „unerheblichen Umgestaltungen" und „Arbeiten geringeren Umfanges" wie „Schönheitsreparaturen, einfachen Reparaturarbeiten usw." nicht eingreifen soll.[1] Eine nicht unerhebliche Umgestaltung liegt nach dieser Begründung jedenfalls dann vor, wenn das konstruktive Gefüge einer baulichen Anlage geändert wird. Um den Willen des Verordnungsgebers zu beachten, der möglichst wenig neue administrative Hindernisse schaffen wollte, ist der Begriff des Bauvorhabens daher einschränkend auszulegen:

Ein **Bauvorhaben im Sinne der BaustellV** kann daher nur vorliegen, wenn 37

▷ bei einer Änderung/einem Abbruch die Bauarbeiten in die Grundsubstanz einer baulichen Anlage eingreifen, insbesondere bei statisch erheblichen Änderungen;

▷ eine Vielzahl von Einzelmaßnahmen vorliegt, die wegen der notwendigen Überschneidungen bei Anfahrtswegen, Materiallagerungen, Sicherheitseinrichtungen und den Auswirkungen auf die Benutzung des Gebäudes besondere Anforderungen an den Arbeitsschutz entstehen können;

▷ die Bauarbeiten besonders gefährliche Arbeiten im Sinne der Anlage II zur BaustellV umfassen;

▷ die Bauarbeiten insgesamt ein gewisses Mindestmaß überschreiten, wobei noch festzulegenden Bausummen möglicherweise eine gewisse Indizwirkung zukommen kann.

Ein Bauvorhaben wird in der Regel jedenfalls dann vorliegen, wenn eine Baugenehmigung nach der jeweiligen BauO des Landes erforderlich ist.

Die genannten Kriterien sind nur Indizien und von der Rechtsprechung noch weiter auszufüllen. Es kann ausreichen, dass eines der Kriterien vorliegt, um die Anwendbarkeit der BaustellV herbeizuführen. 38

Hinweis: 39
Bei **Zweifelsfällen** kann dem Bauherren nur empfohlen werden, eine verbindliche Auskunft der zuständigen Stelle einzuholen. Das ArbSchG sieht eine solche **Anfragemöglichkeit** (anders als z. B. die AO) zwar nicht ausdrücklich vor. Im Hinblick auf den im Arbeitsschutz geltenden Grundsatz „Beratung vor Anordnung", der seinen Niederschlag in § 21 ArbSchG gefunden hat, schränkt eine Anfrage das Ermessen der zuständigen Stelle so stark ein, dass diese die Anfrage beantworten oder in anderer Weise auf die erforderlichen Arbeitsschutzmaßnahmen hinweisen muss. Tut sie dies nicht, ist sie durch ihr eigenes Verhalten an einer späteren Verfolgung von Verstößen gegen die BaustellV regelmäßig gehindert. Zivilrechtliche Ansprüche bleiben von einer solchen Anfrage allerdings im Zweifel unberührt.

---

1 BR-Drucks. 306/98.

b) Errichtung/Änderung/Abbruch

40 Weitere Voraussetzung dafür, dass ein Bauvorhaben im Sinne der BaustellV vorliegt, ist, dass eine bauliche Anlage errichtet, geändert oder abgebrochen wird. Dies ist unter Rückgriff auf die umgangsprachliche Bedeutung dieses Begriffs in der Regel ohne weiteres festzustellen und anhand eines Rückgriffs auf die Landesbauordnungen näher zu bestimmen. Eine Änderung oder ein Umbau setzen begrifflich vorhandene Bausubstanz voraus. Unter Änderung wird jede **Änderung der Substanz** der baulichen Anlage verstanden, also Umbau, Ausbau und Erweiterung. Die Substanz eines Gebäudes ist nicht bei jeder Änderung berührt, viele Arbeiten sind ohne jeglichen Substanzeingriff möglich. Die Unterscheidung Errichten/Ändern ist im Bereich der BaustellV ohne Bedeutung, da beides zur Anwendbarkeit der BaustellV führen kann.

41 Unter Abbruch versteht man umgangssprachlich das Beseitigen einer baulichen Anlage insgesamt oder in wesentlichen Teilen, möglicherweise als Teil einer Änderungsmaßnahme. Genau wie bei der Änderung einer baulichen Anlage muss der Abbruch die Substanz der Anlage betreffen.

c) Beschäftigte

42 Wer als Beschäftigter im Sinne der BaustellV anzusehen ist, bestimmt sich nach § 2 Abs. 2 ArbSchG. Danach sind Beschäftigte alle Arbeitnehmer, die zu ihrer Berufsbildung Beschäftigten sowie arbeitnehmerähnliche Personen im Sinne des § 5 Abs. 1 ArbGG.

43 **Scheinselbständige** im Sinne der Sozialgesetzgebung sind als Arbeitnehmer anzusehen. **Arbeitnehmerähnliche Personen** sind wirtschaftlich unselbständig. Sie sind in der Regel zwar formal selbständig, treten aber nicht am freien Markt auf. Sie bieten ihre Leistungen im Wesentlichen einem Auftraggeber an, der die wirtschaftliche Existenzgrundlage dieser Person sichert.[1]

d) Bauherr

44 Die BaustellV hat den Begriff des Bauherren **nicht definiert**. Die Landesbauordnungen enthalten ebenfalls keine Legaldefinitionen. Als Bauherr im Sinne der Landesbauordnungen wird angesehen, wer ein genehmigungsbedürftiges Bauvorhaben verwirklichen will, diesen Willen nach außen gezeigt hat, indem er z. B. einen Entwurfsverfasser beauftragt oder einen Bauantrag gestellt hat und das Baugeschehen nach außen und rechtlich beherrscht. Dabei kommt es nicht darauf an, ob der „Bauherr" Eigentümer des Baugrundstücks ist und wirtschaftlich die Kosten des Bauvorhabens trägt. Es besteht daher die Gefahr, dass der Eigentümer und/oder ein anderer wirtschaftlich an dem Bauvorhaben Interessierter eine weitere (womöglich vermögenslose) Person als Bauherren auftreten lässt, indem dieser den Bauantrag stellt und durch umfassende Vollmachten den gesamten Bauablauf steuert. Auf diese Weise könnte man die Verpflichtungen nach der BaustellV **willkürlich „verschieben"**.

---

1 *Grunsky*, § 5 ArbGG, Rz. 16 f.

Deswegen muss für die BaustellV ein Bauherrenbegriff gefunden werden, der sich zwar an das sonstige öffentliche Recht anlehnt, zugleich aber das (im Rahmen der Landesbauordnungen völlig irrelevante) Interesse der Beschäftigten an einem wirksamen Sicherheits- und Gesundheitsschutz berücksichtigt. 45

Deswegen ist als Bauherr im Sinne der BaustellV anzusehen	46
▷ wer die Bauarbeiten unmittelbar oder mittelbar beauftragt;	
▷ wer ein eigenes Interesse an der zu erstellenden baulichen Anlage hat, das über die bloße Durchführung der Bauarbeiten hinausgeht;	
▷ wer seine Verpflichtung zur Entgegennahme der Bauarbeiten nicht einseitig und endgültig beseitigen kann.	

Als **Indiz** ist zu berücksichtigen, wer den Bauantrag gestellt hat, da dies ein wichtiger Hinweis darauf ist, wer die öffentlich-rechtlichen Pflichten aus der jeweiligen Landesbauordnung übernehmen will.

aa) Übertragung der Aufgaben des Bauherrn

Der Bauherr kann die Aufgaben aus der BaustellV selber übernehmen oder gemäß § 4 BaustellV einem **Dritten** übertragen. Im Falle der Übertragung ist allein der Dritte für die ordnungsgemäße Ausführung der Aufgaben nach der BaustellV verantwortlich (anders die Baustellenrichtlinie, vgl. unten Rz. 164 ff.). Diese Entlastung tritt allerdings nur insoweit ein, als die Beauftragung des Dritten reicht und der Dritte die übertragenen Aufgaben auch tatsächlich ausüben kann. Es hat sich leider in weiten Kreisen eingebürgert, bei der Aufgabenübertragung den Dritten als „Koordinator" zu bezeichnen. Diese Sprachregelung berücksichtigt nicht, dass der Koordinator nach der BaustellV einen anderen, engeren Aufgabenkreis als der Dritte nach § 4 BaustellV hat (vgl. unten Rz. 75). Es besteht daher das Risiko, dass der Bauherr bei Beauftragung eines „Koordinators" ungewollt weiterhin Pflichten aus der BaustellV erfüllen muss. 47

Hinweis: 48
Nicht oder zu spät an einen Dritten übertragene Aufgaben verbleiben beim Bauherren.

Der Dritte muss daher so **rechtzeitig** beauftragt werden, dass er die Aufgaben aus der BaustellV auch tatsächlich wahrnehmen kann. Aufgaben, die der Dritte im Zeitpunkt seiner Beauftragung aus tatsächlichen Gründen nicht mehr erfüllen kann oder die er nach seinem Vertrag nicht übernommen hat, verbleiben beim Bauherren. Da die BaustellV auch eine Anzahl von Aufgaben enthält, die in der Planungsphase auszuführen sind, kann sich der Bauherr nicht vollständig entlasten, indem er für der Ausführungsphase einem der ausführenden Unternehmen im Rahmen der Vergabe seine Pflichten aus der BaustellV überträgt. 49

Regelmäßig dürfte es richtig und ausreichend sein, den Dritten nach Erteilung der Baugenehmigung zu beauftragen. 50

51 Eine bestimmte Form ist für den Vertrag mit dem Dritten nicht vorgesehen. Um die übertragenen Aufgaben sicher bestimmen zu können, empfiehlt sich jedoch dringend die **Schriftform**.

52 Eine wesentliche weitere Voraussetzung für die Entlastung des Bauherren ist, dass der beauftragte Dritte grundsätzlich **geeignet** ist, die ihm übertragenen Aufgaben zu erfüllen. Da es jedoch keine feststehenden Vorgaben für diese Eignung oder für die Ausbildung eines Sicherheitsplaners bzw. des Koordinators gibt, können nur allgemeine Hinweise gegeben werden. Grundsätzlich sind vor allem Architekten, Meister und Ingenieure aufgrund ihrer Ausbildung und Erfahrungen in der Lage, die Aufgabe des Dritten i. S. d. BaustellV zu übernehmen.

53 Bei der **Auswahl** des Dritten sind folgende Voraussetzungen zu berücksichtigen:

▷ Kenntnisse im Arbeitsschutz;

▷ Kenntnisse des Bauablaufs;

▷ Erfahrungen hinsichtlich der Organisation von Baustellen;

▷ Kommunikationsfähigkeit.

54 Gründliche Kenntnisse im Arbeitsschutz müssen immer vorhanden sein, während die weiteren Bereiche je nach Umfang des Bauvorhabens mehr oder weniger wichtig sind. In der einschlägigen Literatur wird regelmäßig nicht zwischen den Anforderungen an einen Dritten i. S. d. § 4 BaustellV und an einen **Koordinator** i. S. d. § 3 BaustellV differenziert. In der Tat gibt es keine zwingenden Gründe, insoweit unterschiedliche Maßstäbe anzulegen. Alle Ausführungen zur Eignung eines Dritten gelten daher auch für die Bestellung eines Koordinators.

55 **Erhöhte Anforderungen** an Kenntnisse und Erfahrungen des Dritten sind insbesondere zu stellen bei

▷ umfangreicher Planung bzw. großem Umfang der Bauarbeiten;

▷ komplexen Bauvorhaben;

▷ der Durchführung von gefährlichen Arbeiten gemäß Anhang II zur BaustellV.

56 Es gibt mittlerweile eine Vielzahl von Fortbildungen, von denen einige von den Berufsgenossenschaften Bayern und Sachsen zertifiziert wurden. Insbesondere der Besuch einer zertifizierten Fortbildung ist ein Hinweis auf die Eignung eines Beauftragten. Gegebenenfalls sind **mehrere Dritte** zu beauftragen, getrennt nach Bauphasen oder parallel mit genau definierten, einander ergänzenden Aufgabenbereichen.

57 Die RAB 30 sollen die Anforderungen an einen Koordinator näher beschreiben. Nach Auffassung des Verfassers sind diese eher am Höchstmaß der erforderlichen Eignung orientiert. Dies ist grundsätzlich begrüßenswert. Die Anforderungen erscheinen hinsichtlich der vorausgesetzten Erfahrungen so hoch angesetzt, dass

sie möglicherweise geeignet sind, junge Unternehmen unverhältnismäßig zu benachteiligen und daran zu hindern, in den Markt der Sicherheitsberatung vorzustoßen. Die RAB sollten daher entsprechend ihres empfehlenden Charakters (vgl. oben Rz. 21 ff.) mit Vorsicht herangezogen werden.

Da es keine zwingenden Vorschriften für die Eignung des Dritten gibt, muss dem Bauherrn bei der **Auswahl** des Dritten ein **Beurteilungsspielraum** zugestanden werden. Nur wenn er sicher erkennen kann, dass dieser wegen mangelnder Erfahrung, Vorbildung oder anderer Umstände wie seiner Entfernung zur Baustelle nicht in der Lage sein wird, die Aufgaben ausreichend wahrzunehmen, kommt eine Haftung des Bauherrn wegen Auswahlverschuldens in Frage.[1]   58

Darüber hinaus ist der Bauherr verpflichtet, den Dritten zu überwachen. Bei der **Überwachung des Dritten** ist zu beachten, dass der Verordnungsgeber dem Bauherrn die Beauftragung des Dritten mit der Folge der Befreiung von den Aufgaben der BaustellV vor allem deswegen eröffnet hat, weil der Bauherr meist keine Kenntnisse in den Bereichen Arbeitsschutz, Baustellenablauf, Arbeitstechniken etc. hat. Die Überwachung des Dritten muss sich daher – sofern der Bauherr nicht ausnahmsweise über eigene Kenntnisse verfügt – darauf beschränken können, ob dieser seine Aufgaben grundsätzlich wahrnimmt (z. B. durch regelmäßige Baustellenbesuche und Teilnahme an den Baubesprechungen) und ob er offensichtliche Fehler oder Unterlassungen begeht. Ein solcher offensichtlicher Fehler wäre beispielsweise ein Versäumnis, einen SiGe-Plan (Sicherheits- und Gesundheitsschutzplan) aufzustellen. Es kann vom Bauherrn hingegen in der Regel nicht erwartet werden, dass er einen SiGe-Plan inhaltlich prüft oder feststellt, ob die Koordination der Arbeitgeber ordnungsgemäß erfolgt.   59

Der Bauherr wird nach § 4 BaustellV von seinen Aufgaben **vollständig befreit**, wenn   60

▷ er den Dritten rechtzeitig und

▷ vollständig mit den Aufgaben aus der BaustellV beauftragt (bei nur teilweiser Beauftragung beschränkt sich die Entlastung des Bauherrn auf die übertragenen Aufgaben) und

▷ der Dritte grundsätzlich die notwendige Eignung zur Erfüllung dieser Aufgaben hat.

Der Bauherr haftet jedoch bei Auswahl- und Überwachungsfehlern.

Der Vertrag des Bauherren mit dem Dritten ist in Anlehnung an die Rechtsprechung zum Baubetreuungsvertrag als **Werkvertrag** anzusehen, da neben reinen Abstimmungsaufgaben die erfolgsorientierten Tätigkeiten wie Erstellung eines SiGe-Planes, Überwachung etc. überwiegen.[2]   61

---
1 So im Ergebnis auch *Kollmer*, § 4 BaustellVO Rz. 99.
2 Vgl. ausführlich *Werner/Pastor*, Bauprozess, Rz. 1429; vgl. a. A. *Schmidt*, ZfBR 2000, 4 f.

62 Die HOAI ist nicht anwendbar, so dass das **Honorar** frei ausgehandelt werden kann.[1] Honorarempfehlungen sind beispielsweise von der Architektenkammer Nordrhein-Westfalen herausgegeben worden, die auch Zu- oder Abschläge für Arbeiten mit besonderen Schwierigkeiten vorsieht.[2] Es hat jedoch den Anschein, dass sich weder hinsichtlich der Abrechnungsweise (pauschal/stundenweise/prozentual zur Bausumme) noch hinsichtlich der Honorarhöhe Üblichkeiten eingespielt haben.

63 Der Dritte hat ebenso wie der bauleitende Architekt[3] grundsätzlich nicht das Recht, den Bauherren rechtsgeschäftlich zu vertreten. Eine wirksame Verpflichtung kann jedoch ggf. nach den Grundsätzen der Anscheins- oder Duldungsvollmacht erfolgen.

64 **Weisungsrechte** stehen dem Dritten ebenso wie dem Bauherren gegenüber den ausführenden Unternehmen nur in sehr begrenztem Umfang zu. In den wesentlichen Bereichen der unternehmerischen Entscheidungsfindung ist der Bauunternehmer selbständig und nicht den Weisungen des Bauherren unterworfen.[4] Die BaustellV hat hieran nichts geändert, sie begründet kein Weisungsrecht des Bauherren oder des von ihm beauftragten Dritten.[5]

65 **Hinweis:**

Es empfiehlt sich, im Vertrag mit dem Dritten und mit den beauftragten Bauunternehmen den Umfang der Weisungs- und Vertretungsrechte des Dritten genau festzulegen.

bb) Formulierungsvorschlag zur Übertragung der Aufgaben

66 Die BaustellV lässt eine vollständige und für den Bauherren (bis auf geringe Überwachungspflichten) vollständige Übertragung der Aufgaben auf einen Dritten zu. Diese Übertragung wird oft so formuliert, dass der Bauherr jemanden mit den Aufgaben eines Koordinators beauftragt. Die Aufgaben des Koordinators stellen jedoch nur eine kleine Teilmenge der insgesamt nach der BaustellV vorhandenen (und zu übertragenden) Aufgaben dar. Deswegen ist die genannte Formulierung zumindest missverständlich. Am deutlichsten ist folgende, an § 4 BaustellV angelehnte Formulierung:

---

1 Einhellige Meinung, vgl. z. B. *Moog*, BauR 1999, 797.
2 Stand Juli 2001, abgedruckt von *Wietersheim/Noebel*, Anhang VI oder über die Internet-Seite der Architektenkammer NRW abzurufen. Eine ausführliche Diskussion bietet die Dissertation von *Gad*, Maged Moneer, Untersuchung des Tätigkeitsbildes des Sicherheits- und Gesundheitsschutzkoordinators nach BaustellV und Entwicklung einer differenzierten Kalkulationsmethode, um ein Kosten deckendes Honorar zu ermitteln, Dissertation Wuppertal, 2001.
3 *Werner/Pastor*, Rz. 1072, OLG Düsseldorf, BauR 1997, 337.
4 Ingenstau/Korbion/*Oppler*, § 4 VOB/B Nr. 1 Rz. 73.
5 *Rozek/Röhl*, BauR 1999, 1401.

Anwendungsbereich der BaustellV　　　　　　　　　　　　　　　Rz. 70　**Teil 28**

> **§ ... Vertragsgegenstand**　　　　　　　　　　　　　　　　　　　　　　67
>
> Der Bauherr beauftragt den AN, in eigener Verantwortung alle Maßnahmen nach den Vorschriften der BaustellV zu treffen.

Natürlich kann man die Beauftragung auch beschränken auf „alle *während der* 68 *Planungsphase/Ausführungsphase zu treffenden* Maßnahmen". Die BaustellV verwendet selber die Begriffe der Planungs- und Ausführungsphase, so dass von einer hinreichend deutlichen Aufgabenbeschreibung auszugehen ist.

cc) Formulierungsvorschlag zum Weisungsrecht für Bauverträge

Die nachfolgende Klausel geht davon aus, dass die VOB/B als Vertragsgrundlage　69 vereinbart ist.

> **§ ... Sicherheit und Gesundheitsschutz: Weisungsrecht,**　　　70
> **Kündigung des Vertrages**
>
> 1. Der Auftragnehmer (AN) ist nach den gesetzlichen Vorschriften verpflichtet, die Einhaltung der arbeitsschutzrechtlichen Vorschriften bezüglich seiner Beschäftigten zu Gewähr leisten. Der Auftraggeber (AG) ist aufgrund der BaustellV verpflichtet, Maßnahmen hinsichtlich Sicherheits- und Gesundheitsschutz zu ergreifen.
>
> 2. Der AG ist berechtigt, den AN im Rahmen der ihm obliegenden Pflichten nach der BaustellV über § 4 Nr. 1 VOB/B hinaus Weisungen zu erteilen. Ein dem AN übergebener Sicherheits- und Gesundheitsschutzplan gilt als eine Weisung des Bauherrn und der AN ist verpflichtet, den Sicherheits- und Gesundheitsschutzplan selbständig auszuwerten und umzusetzen.
>
> 3. Die Parteien sind sich einig, dass durch Weisungen im Sinne von § ... Nr. 2 dieses Vertrages keine Mehrkosten für den AG entstehen, da diese Weisungen allein der Durchführung der sowieso dem AN obliegenden arbeitsschutzrechtlichen Verpflichtungen dienen. Der AN hat unverzüglich nach Erhalt einer Weisung Bedenken anzumelden, falls er aufgrund der Weisung vom AG zu tragende Mehrkosten oder Verzögerungen erwartet oder wenn er Widersprüche zu den Planungen und Weisungen anderer Beteiligter sieht. Meldet er nicht unverzüglich Bedenken an, kann er weder Mehrkosten beanspruchen noch geltend machen, eine Verzögerung des Bauvorhabens beruhe auf einer Weisung des AG und sei daher nicht von ihm zu vertreten.
>
> 4. Der AN stimmt bereits jetzt zu, dass der AG sein Weisungsrecht einem Dritten überträgt. Er kann die Befolgung von Weisungen eines Dritten davon abhängig machen, dass ihm dieser die Beauftragung durch den AG schriftlich nachweist.
>
> 5. Der AN verpflichtet sich, den von ihm beauftragten Nachunternehmern vertraglich aufzuerlegen, die vom AG aufgrund § ... Nr. 2. dieses Vertrages erteilten Weisungen zu beachten.
>
> 6. Zwischen den Parteien besteht Einigkeit, dass die Gewährleistung von Sicherheits- und Gesundheitsschutz eine wichtige Grundlage für die Durchführung des

Bauvorhabens ist. Kommt der AN einer aufgrund § ... Nr. 2 dieses Vertrages erteilten Weisung nicht nach, kann ihm der AG eine angemessene Frist zur Ausführung der Weisung setzen und erklären, dass er ihm nach Ablauf der Frist den Auftrag entziehen werde. Nach fruchtlosem Ablauf der Frist kann der AG den Vertrag aus wichtigem Grund kündigen.

7. Die Verpflichtungen des AN gegenüber seinen Beschäftigten werden durch diesen Vertrag nicht berührt.

71 Besonders hinzuweisen ist darauf, dass der Dritte nur die ihm vertraglich zugewiesenen Aufgaben hat und dass diese in der Regel auf die Erfüllung der Vorgaben der BaustellV beschränkt sind.

72 Die Aufgaben eines Dritten nach der BaustellV umfassen insbesondere **nicht**

▷ Mediation zwischen Bauherrn und Nachbarn;

▷ aktives Herstellen von Sicherheitseinrichtungen;

▷ die Überwachung von Sicherheitseinrichtungen. Sie obliegt ihm nur in eingeschränktem Maße, in der Regel nur im Hinblick auf unmittelbar drohende Gefährdungen.

73 **Aufgabenbeschreibungen**, die dem Dritten weitergehende Aufgaben zuweisen wollen, überschreiten seinen von der BaustellV vorgegebenen Verantwortungsbereich. So sind beispielsweise die Einrichtung und die Kontrolle von Sicherheitseinrichtungen grundsätzlich eine Aufgabe der ausführenden Unternehmen. An keiner Stelle verpflichtet die BaustellV den Dritten, an der Stelle der Unternehmen deren Aufgaben wahrzunehmen. So ist die Rolle des Koordinators während der Ausführungsphase ganz eindeutig auf die Überwachung und Koordination der Arbeitgeber beschränkt und umfasst nicht das Recht einer „arbeitsschutzrechtlichen Ersatzvornahme", die Fälle unmittelbarer Gefahr einmal ausgenommen. Es liegt daher im Interesse des Dritten, jeden Anschein zu vermeiden, er sei anstelle der Unternehmen für die Einhaltung der Arbeitsschutzvorschriften verantwortlich, zumal dies möglicherweise außerhalb seines berufsspezifisch versicherten Haftungsrisikos liegt. Auch die RAB gehen teilweise über die Anforderung der BaustellV hinaus, so z. B. wenn sie dem Koordinator in RAB 30 Nr. 3 auferlegen, „gegebenenfalls" (wann?) eine Baustellenordnung zu erstellen. Eine solche Pflicht findet sich in der BaustellV nicht.

74 **Vertraglich** kann der Dritte natürlich jederzeit über die BaustellV hinausgehende Aufgaben übernehmen. Dies ist im Hinblick auf mögliche Synergie-Effekte und Kosteneinsparungspotenziale durch eine koordinierte Bauausführung auch oft sinnvoll. Der Dritte muss sich jedoch im Klaren darüber sein, dass er zusätzliche, über die BaustellV hinausgehende Aufgaben übernimmt und ggf. seinen Versicherungsschutz (das Honorar sowieso) anpassen muss.

e) Bauherr/Dritter/Koordinator

In der Praxis ist immer wieder zu beobachten, dass der Begriff des „Dritten" und der des „Koordinators" nicht im Sinne der BaustellV angewendet werden. 75

Nach der Systematik der BaustellV ist vor allem der Bauherr **Pflichten-Adressat**. Er kann seine Aufgaben ganz oder teilweise auf einen Dritten übertragen. Die Aufgaben des Bauherrn umfassen auch die Aufgaben, die in § 3 BaustellV dem Koordinator zugewiesen werden. Er kann diese Aufgaben selber wahrnehmen, kann sie aber auch auf einen Dritten übertragen.

Beauftragt der Bauherr eine andere Person „mit den Aufgaben eines Koordinators im Sinne der BaustellV", so muss dieser Koordinator (nur) die in § 3 BaustellV beschriebenen Pflichten erfüllen. Alle anderen Pflichten aus der BaustellV verbleiben beim Bauherrn – zumeist zu dessen Überraschung. 76

2. Bedeutung der Gefahrenanalyse

Die Gefahrenanalyse eines Bauvorhabens ist für den Arbeitgeber ein Teil der ihm durch das ArbSchG vorgeschriebenen Aufgaben. Auch der Bauherr muss die bei einem Bauvorhaben zu erwartenden Gefahren vorab und baubegleitend analysieren, um seine weiter unten dargestellten Pflichten aus der BaustellV erfüllen zu können. Ohne eine Gefahrenanalyse ist ein auf der Vorausschau basierender Gesundheitsschutz nicht durchzuführen. 77

Die **Berufsgenossenschaften** verfügen über eine Vielzahl von statistischen Daten über Unfallursachen und Unfallfolgen, die es erlauben, **typische Unfallschwerpunkte** zu identifizieren. Statistisch gesehen sind einige Unfallhergänge besonders folgenreich, so z. B. die Absturzunfälle, bei denen über 50 % der tödlichen Unfälle passieren, obwohl diese Unfälle nur 10 % aller Baustellenunfälle ausmachen. Gemessen an der Häufigkeit, mit der ein Unfallhergang zu einer Unfallrente führt, folgen auf die Absturzunfälle die Anfahrunfälle, die außerdem gegenüber dem Durchschnitt aller Baustellenunfälle das 45fache Todesfallrisiko haben. Vergleichsweise viele Unfallrenten lösen auch die Folgen von Unfällen bei der Bedienung von Maschinen aus, wobei eine Vielzahl von Unfällen bei der Arbeit mit Tischkreissägen passieren.[1] 78

Natürlich ist die Gefahrenanalyse für jede Baustelle individuell zu erstellen. Wichtige Hilfsmittel sind dabei die von den Berufsgenossenschaften und vielen Ingenieurbüros erstellten **Checklisten**. 79

IV. Pflichten des Bauherren

Die BaustellV stellt **je nach Gefährdungspotenzial andere Anforderungen an den Bauherren**. Der Verordnungsgeber hat sich dabei davon leiten lassen, dass besondere Gefahren auftreten, wenn ein Vielzahl von Arbeitnehmern gleichzeitig tätig werden, mehrere Arbeitgeber vorhanden sind und/oder besonders gefährliche Ar- 80

---

[1] Fortgeschriebene Daten des HVBG, nicht veröffentlicht. Vgl. auch *Jäger/Holland*, Die BG 1999, S. 256.

beiten ausgeführt werden. Die auf diesen Kriterien beruhende **Stufenleiter** der BaustellV ist oben in der Übersicht (vgl. oben Rz. 33) dargestellt und wird nachfolgend erläutert.

1. 1. Stufe

81 Bei der Planung **jedes Bauvorhabens** muss der Bauherr nach § 2 Abs. 1 BaustellV die Grundsätze des § 4 ArbSchG berücksichtigen. Entsprechend dem ausdrücklichen Hinweis in § 2 Abs. 1 BaustellV sind diese Grundsätze insbesondere bei der Einteilung der Arbeiten, die gleichzeitig oder nacheinander ausgeführt werden, und bei der Bemessung der Ausführungszeiten für diese Arbeiten zu beachten. Dies bedeutet vor dem Hintergrund des oben dargestellten Inhaltes von § 4 ArbSchG (vgl. oben Rz. 10), dass z. B. gefährliche Arbeiten nach Möglichkeit so geplant werden, dass sie räumlich oder zeitlich getrennt von anderen Arbeiten ausgeführt werden. Der Baustellenablauf muss Gewähr bieten, dass ausreichend Zeit für die Errichtung der notwendigen Sicherungsmaßnahmen vorhanden ist und dass weitere Arbeiten erst dann beginnen, wenn auf individuelle Schutzmaßnahmen soweit als möglich verzichtet werden kann.

2. 2. Stufe

82 Wenn die Dauer der Arbeiten voraussichtlich 30 Arbeitstage überschreiten wird und mehr als 20 Beschäftigte gleichzeitig tätig werden oder wenn der Umfang der Arbeiten voraussichtlich 500 Personentage überschreiten wird, muss der Bauherr eine **Vorankündigung** erstellen und der zuständigen Stelle übermitteln.

83 Als Arbeitstage gelten alle Kalendertage, an denen faktisch – und sei es nur zeitweise – auf der Baustelle gearbeitet wird.[1] Bei der Anzahl der gleichzeitig tätigen Beschäftigten sind mitarbeitende Arbeitgeber und Unternehmer ohne Beschäftigte nicht zu berücksichtigen. Die Beschäftigten müssen mindestens eine Arbeitsschicht gleichzeitig auf der Baustelle arbeiten. Bei Personentagen sind die tatsächlich erwarteten Ausführungszeiten zu ermitteln und auf der Grundlage der üblichen Arbeitszeiten in Personentage umzurechnen.

84 In Anhang I zur BaustellV hat der Verordnungsgeber die durch die Baustellenrichtlinie vorgegebenen Inhalte der **Vorankündigung** wiederholt. Zweck der Vorankündigung ist, der zuständigen Stelle die grundlegenden, arbeitsschutzrechtlich relevanten Informationen über die Baustelle zu übermitteln.

85 Die Vorankündigung muss mindestens enthalten:

▷ Ort der Baustelle: Straße, Ort, ggf. Flurstücknummer;

▷ Name und Anschrift des Bauherrn: bei mehreren Bauherren sind alle anzugeben;

▷ Art des Bauvorhabens: ungefähre Größe nach Geschosszahl, Nutzungsart, ähnlich wie in der Baugenehmigung beschrieben;

---

1 Ebenso *Kollmer*, § 2 BaustellV Rz. 37.

▷ ggf. Name und Anschrift des vom Bauherrn beauftragten und an seiner Stelle verantwortlichen Dritten;

▷ Name und Anschrift des Koordinators, ggf. getrennt nach Bauphasen;

▷ voraussichtlicher Beginn und voraussichtliche Dauer der Arbeiten: maßgeblich sind die Arbeiten auf der Baustelle, nicht die vorausgegangene Planung;

▷ voraussichtliche Höchstzahl der Beschäftigten auf der Baustelle: Die Anlage I zur BaustellV lässt offen, ob die Zahl der Beschäftigten insgesamt oder der maximal gleichzeitig auf der Baustelle tätigen Beschäftigten gemeint ist. § 2 Abs. 2 Nr. 1 BaustellV stellt auf die Zahl der maximal gleichzeitig tätigen Beschäftigten ab, so dass im Zweifel deren Zahl anzugeben ist;

▷ Zahl der voraussichtlich auf der Baustelle tätigen Arbeitgeber und Unternehmer ohne Beschäftigte;

▷ Angabe der bereits ausgewählten Arbeitgeber und Unternehmer ohne Beschäftigte.

Im Hinblick auf den dargestellten Zweck der Vorankündigung erscheint es sinnvoll, folgende Punkte zusätzlich aufzunehmen: 86

▷ Durchführung gefährlicher Arbeiten gemäß Anhang II zur BaustellV;

▷ Ort des Aushanges der Vorankündigung auf der Baustelle;

▷ Hinweise, wo der SiGe-Plan einzusehen ist.

Soweit diese Angaben behördenseits nicht gefordert werden, sollten sie ggf. deutlich als Zusatzinformationen gekennzeichnet werden. In einigen Bundesländern werden aufgrund behördenseitiger Rechtsfortbildung bei jeder Vorankündigung Angaben zum SiGe-Plan und zu gefährlichen Arbeiten gefordert. Regelmäßig wird in einem Anhang zur Baugenehmigung auf diese zusätzlichen Angaben hingewiesen. 87

Da die Vorankündigung auf der Baustelle **auszuhängen** ist, bietet es sich an, auf der Vorankündigung auch andere Informationen bekannt zu geben[1], die bei Notfällen relevant sein können, wie z. B. Adressen der nächstgelegenen Ärzte oder Krankenhäuser, Hinweise für Notabschaltungen von Gas und Strom etc. Auch diese Informationen sollten deutlich von den von der BaustellV geforderten Mindestangaben abgesetzt werden. 88

Die Vorankündigung muss der zuständigen Stelle mindestens **2 Wochen** vor Einrichtung der Baustelle übermittelt werden. Maßgeblich für die Wahrung dieser Frist ist der Eingang. Die Übermittlung einer unrichtigen oder unvollständigen Vorankündigung sowie die unterbliebene oder verspätete Übermittlung können 89

---

1 Jedenfalls dann, wenn für die Baustelle kein Alarmschema erstellt wird, was grundsätzlich vorzugswürdig ist.

nach § 7 Abs. 1 BaustellV als Ordnungswidrigkeit verfolgt werden. Unter den Voraussetzungen des § 7 Abs. 2 BaustellV kann auch eine Straftat vorliegen.

90 Die Vorankündigung ist außerdem sichtbar auf der Baustelle auszuhängen. Es bestehen keine Bedenken, die Vorankündigung in die in einigen Bundesländern vorgeschriebene Bautafel zu integrieren. Bei erheblichen Änderungen ist die Vorankündigung **anzupassen**, § 2 Abs. 2 Satz 2 BaustellV. Als erhebliche Änderung ist alles anzusehen, was Auswirkungen auf den Arbeitsschutz und insbesondere die Pflichten aus der BaustellV hat, also z. B. Änderungen beim Umfang der Arbeiten, die erstmalig die Bestellung eines Koordinators erforderlich machen, Ausführung weiterer gefährlicher Arbeiten, Wechsel in der Person der arbeitsschutzrechtlich Verantwortlichen etc. Ähnliche Beispiele sind in RAB 10 Nr. 4 genannt. Anpassungen der Vorankündigung sind der zuständigen Behörde nicht mitzuteilen. Eine Ausnahme besteht nur dann, wenn die Änderungen dazu führen, dass erstmals die Voraussetzungen für die Übermittlung einer Vorankündigung vorliegen.

3. 3. Stufe

91 Nach § 3 Abs. 1 BaustellV ist für eine Baustelle, auf der Beschäftigte mehrerer Arbeitgeber tätig werden, ein **Koordinator** zu bestellen. Der Bauherr kann nach § 4 BaustellV die Aufgabe des Koordinators selber übernehmen oder einen Dritten als Koordinator beauftragen. Im Regelfall wird der Bauherr die Möglichkeit, einen Dritten einzuschalten, wahrnehmen. In diesem Fall gelten für die Auswahl und Beauftragung des Dritten die oben unter Rz. 52 ff. genannten Grundsätze.

Wegen des Umfanges der Aufgaben des Koordinators wird hierauf weiter unten (Rz. 102 ff.) separat eingegangen.

92 Ob auf einer Baustelle mehrere Arbeitgeber tätig sind, ist vor allem beim Einsatz von **Generalunternehmern**[1] und von **Arbeitsgemeinschaften** (ARGE) umstritten. Die RAB schweigen hierzu. In einer gemeinsamen Stellungnahme haben das BMA, die Länder und eine Vielzahl von Verbänden ihre Auffassung dargestellt, dass bei Beauftragung eines Generalunternehmers oder einer ARGE mehrere Arbeitgeber im Sinne der BaustellV tätig werden, wenn außer den direkt beauftragten Unternehmen weitere als Nachunternehmer die Arbeiten ausführen.[2]

93 Der Verfasser kann dieser Auffassung nicht folgen, u. a. weil der Bauherr oft gar nicht weiß, ob und ggf. welche Nachunternehmer tätig werden. Darüber hinaus hat der Bauherr **keine unmittelbare vertragliche Beziehung** mit den Nachunternehmern und kann daher diesen gegenüber keine verbindlichen Weisungen erteilen. Die angegriffene Auffassung läuft daher im Ergebnis darauf hinaus, dem Bauherren etwas rechtlich und faktisch Unmögliches aufzubürden. Richtig ist nur, dass die Beauftragung eines Generalunternehmers und einer ARGE mit der Ausführung des gesamten Bauvorhabens im Zweifel die Aufgaben nach der BaustellV umfasst (soweit diese noch auszuführen sind[3] bzw. nach der hier vertretenen Auf-

---

1 Die gleiche Problematik stellt sich bei der Beauftragung von Generalübernehmern, für den die Ausführungen sinngemäß gelten.
2 BArbl. 3/1999, S. 67; ebenso *Kollmer*, § 3 BaustellV Rz. 14.
3 So *Kollmer*, § 3 BaustellV Rz. 18 m. w. N.

fassung überhaupt anfallen). Eine ARGE hat jedoch den gleichen Koordinationsbedarf wie andere nacheinander oder nebeneinander tätige Unternehmen auch, so dass für diese ein Koordinator zu bestellen ist, nicht aber für den Generalunternehmer.

4. 4. Stufe

Wenn auf einer Baustelle mehrere Arbeitgeber tätig werden und entweder eine Vorankündigung anzufertigen ist oder gefährliche Arbeiten im Sinne des Anhanges II zur BaustellV ausgeführt werden, muss ein **Sicherheits- und Gesundheitsschutzplan** (SiGe-Plan) aufgestellt werden. Der SiGe-Plan gilt – neben der Figur des Koordinators – als eine der wesentlichen Neuerungen der BaustellV. Die BaustellV macht zum Inhalt des SiGe-Plans nur sehr wenige Vorgaben. Gemäß § 2 Abs. 3 Satz 2 BaustellV muss der SiGe-Plan die für die Baustelle anzuwendenden Arbeitsschutzvorschriften erkennen lassen und besondere Maßnahmen für die in Anhang II zur BaustellV genannten besonders gefährlichen Arbeiten enthalten. Gegebenenfalls muss der SiGe-Plan die auf dem Baugelände stattfindende betriebliche Tätigkeit berücksichtigen. 94

Eine bestimmte **Form** ist für den SiGe-Plan nicht vorgeschrieben. In der Praxis hat sich die von den Berufsgenossenschaften empfohlene Art des SiGe-Plans weit gehend durchgesetzt. Der SiGe-Plan wird danach in Anlehnung an einen Bauablaufplan tabellarisch erstellt. Die beteiligten Gewerke werden links untereinander aufgeführt, jeweils unter Nennung der wesentlichen für sie anzuwendenden Arbeitsschutzmaßnahmen und ggf. Sonderfaktoren, die Auswirkungen auf den Arbeitsschutz haben können. Ganz rechts nennt der SiGe-Plan die dazugehörige Vorschrift, also die einschlägige berufsgenossenschaftliche Vorschrift (BGV) oder die anzuwendende DIN.[1] Weiter gehende inhaltliche Hinweise enthält der SiGe-Plan nicht. Im Mittelteil findet sich ein Zeitplan, in dem die jeweils benötigten Sicherheitseinrichtungen bei den betroffenen Gewerken durch farbig unterschiedliche Zeitbalken markiert sind. Unterhalb dieser Übersicht findet sich oft eine weitere Tabelle mit ähnlich strukturierten Hinweisen für die Sicherheitseinrichtungen. 95

Da die Bau-Arbeitgeber die Verantwortung für die Einhaltung der Arbeitsschutzvorschriften tragen, kann sich der SiGe-Plan auf diese Angaben beschränken. Die Arbeitgeber müssen die anzuwendenden Vorschriften im Zweifel sowieso kennen und anwenden, der SiGe-Plan soll ihnen nur grundsätzliche Hinweise geben sowie Kenntnis von etwaigen Sonderfaktoren und vom Zeitplan der Baustellensicherung vermitteln. 96

Der SiGe-Plan ist **vor Einrichtung** der Baustelle zu erstellen. Er muss nach dem Wortlaut der BaustellV weder der zuständigen Stelle mitgeteilt noch ausgehängt werden. Natürlich müssen die Arbeitgeber und die Unternehmer ohne Beschäftigten die Möglichkeit erhalten, den SiGe-Plan **einzusehen**, dies ergibt sich mittelbar aus der in § 5 Abs. 1 BaustellV enthaltenen Pflicht der Arbeitgeber, den SiGe-Plan zu berücksichtigen. Es empfiehlt sich, den beauftragten Unterneh- 97

---

1 DIN-Vorschriften werden in der Regel nur zitiert, wenn es keine BGV gibt oder sie mit der BGV übereinstimmen.

mern den SiGe-Plan in gleicher Weise wie andere Zeitpläne zur Kenntnis zu geben und ihn außerdem zum Bestandteil der Bauwerkverträge zu machen.

98 Ergibt sich erst nach Baubeginn die Notwendigkeit, einen SiGe-Plan zu erstellen, ist dies unverzüglich nachzuholen. Da keine bestimmte Form für den SiGe-Plan vorgeschrieben ist, kann dies sogar durch mündliche Anweisung an die Arbeitgeber erfolgen, was sich allerdings aus Gründen der Beweissicherung nicht empfiehlt.

99 Die Pflicht zur **Anpassung** des SiGe-Planes ergibt sich aus § 3 Abs. 3 Nr. 3 BaustellV. Danach ist er bei erheblichen Änderungen in der Bauausführung anzupassen. Erhebliche Änderungen sind insbesondere solche, die Folgen für den Bauablauf und das Zusammenspiel der im SiGe-Plan zusammengestellten Abläufe bzw. Sicherheitsvorkehrungen haben.

100 Wird der SiGe-Plan nicht rechtzeitig erstellt, kann eine **Ordnungswidrigkeit** nach § 7 Abs. 1 Nr. 2 BaustellV vorliegen, unter den Voraussetzungen des § 7 Abs. 2 BaustellV sogar eine Straftat.

101 **Hinweis:**
Da maßgeblich für eine Ordnungswidrigkeit nach § 7 Abs. 1 Nr. 2 BaustellV ist, wann der SiGe-Plan erstellt wurde, sollte der Zeitpunkt der Fertigstellung des SiGe-Planes auf jeden Fall **nachweisbar** sein. Ausreichend dürfte es in der Regel sein, festzuhalten, wann der SiGe-Plan an den Bauherren oder die beauftragten Unternehmen versandt wurde. Ist abzusehen, dass diese Versendung erst nach dem für die Frist nach § 7 Abs. 1 Nr. 2 BaustellV maßgeblichen Zeitpunkt liegt, muss die Fertigstellung auf andere Weise dokumentiert werden, z. B. durch Vermerk auf dem Original des Plans. Erstellt der Koordinator den Plan selber, sollte er Sorge tragen, dass er den Zeitpunkt der Fertigstellung des Plans auch durch Zeugen nachweisen kann.

V. Pflichten des Koordinators

102 Die Aufgaben des Koordinators sind in § 3 BaustellV geregelt und werden nachfolgend für die Planungsphase und die Ausführungsphase getrennt dargestellt. Diese Aufgaben stellen jedoch nur einen Teil der insgesamt den Bauherren obliegenden Pflichten dar. Die Beauftragung eines Koordinators belässt im Zweifel alle weiteren Pflichten der BaustellV beim Bauherren.

1. Planungsphase

103 Die Planungsphase i. S. d. BaustellV **beginnt** regelmäßig mit der Baugenehmigung[1] und **endet** mit dem Beginn der Bauarbeiten, wobei geringfügige Vorarbeiten außer Betracht bleiben können. Regelmäßig beginnt die Bauausführung mit Errichtung der Baustelleneinrichtung.[2]

---
1 *Kollmer*, § 2 BaustellV Rz. 28; *von Wietersheim/Noebel*, Rz. 78.
2 *von Wietersheim/Noebel*, Rz. 82.

| Während der **Planungsphase** muss der Koordinator entsprechend § 3 Abs. 2 BaustellV | 104 |

▷ die oben zur 1. Stufe dargestellten Maßnahmen koordinieren. Er muss also dafür Sorge tragen, dass die Grundsätze des § 4 ArbSchG bei der Planung der Ausführung berücksichtigt werden, indem er die Verantwortung hierfür eindeutig eincr der in Frage kommenden Personen zuweist;

▷ den SiGe-Plan ausarbeiten oder ausarbeiten lassen;

▷ eine Unterlage mit den erforderlichen, bei späteren Arbeiten an der baulichen Anlage zu berücksichtigenden Angaben zu Sicherheits- und Gesundheitsschutz zusammenstellen.

Diese Unterlage sollte alle Pläne, Wartungs- und Herstellerhinweise enthalten, die bei späteren Instandhaltungsarbeiten wie Wartungs-, Reparatur-, Reinigungs- oder Restaurierungsarbeiten benötigt werden können und die Bezug zum Arbeitsschutz haben. In der Regel werden alle Gebrauchsanweisungen, Wartungshefte etc. ebenfalls in diese Unterlage aufgcnommen. 105

| Wesentliche Punkte sind: | 106 |

▷ Reinigungs-/Wartungsarbeiten an Fassaden- und Dachflächen, insbesondere Fenstern;

▷ Wartungsmaßnahmen an Aufzügen;

▷ Feuerwehrpläne;

▷ Ankerpläne für zukünftige Gerüstarbeiten.

2. Ausführungsphase

Die Ausführungsphase i. S. d. BaustellV **beginnt** regelmäßig mit der Errichtung der Baustelleneinrichtung und **endet** mit der vollständigen Ausführung der Arbeiten. Bei Mängeln umfasst die Ausführungsphase regelmäßig die Beseitigung der bei der Abnahme festgestellten Mängel oder andere kurz nach der Abnahme erfolgte Nacherfüllungsleistungen. 107

| Während der **Ausführungsphase** muss der Koordinator nach § 3 Abs. 3 BaustellVO | 108 |

▷ die Anwendung der allgemeinen Grundsätze nach § 4 ArbSchG koordinieren, also insbesondere die Arbeitgeber dabei unterstützen, die Gefährdungen ihrer Beschäftigten an der Quelle zu bekämpfen und dabei z. B. gewerkübergreifend auf Gefahrenquellen hinweisen;

▷ darauf achten, dass die Arbeitgeber oder die Unternehmer ohne Beschäftigte ihre Pflichten nach der BaustellV erfüllen. Ohne eine den Bauunternehmen vertraglich auferlegte Weisungsbefugnis (vgl. dazu den Formulierungsvorschlag Rz. 82) des Koordinators hat er bei Pflichtverstößen jedoch keine Möglichkeit der Ahndung oder Zurechtweisung. Der Koordinator kann daher, sofern nichts anderes vereinbart ist, den Arbeitgebern nur unverbindliche Hinweise geben, dem Bauherren Verstöße melden und bei dauerhaften und schwerwiegenden Verstößen die zuständigen Behörden informieren. Nur bei unmittelbar drohender Gefahr kann der Koordinator aktiv in das Baugeschehen eingreifen;

▷ den SiGe-Plan bei erheblichen Änderungen in der Ausführung des Bauvorhabens anpassen oder anpassen lassen. Dies kann sich entsprechend der allgemeinen Zielrichtung der BaustellV nur auf Änderungen beziehen, die Folgen für den Arbeitsschutz haben;

▷ die Zusammenarbeit der Arbeitgeber organisieren. Dies kann z. B. durch informelle Gespräche geschehen, aber auch im Rahmen der allgemeinen Baubesprechung, wobei der Koordinator die von ihm den Arbeitgebern vorgeschlagenen Maßnahmen stets mit der Bauleitung absprechen sollte. Zusatzaufträge darf der Koordinator nur bei entsprechender Bevollmächtigung durch den Bauherren erteilen;

▷ die Überwachung der ordnungsgemäßen Anwendung der Arbeitsverfahren durch die Arbeitgeber koordinieren, was zwangsläufig eine Anwendung durch die Arbeitgeber (und nur durch diese) voraussetzt.

109 Nicht ausdrücklich in der BaustellV genannt ist die Fortführung und Anpassung der nach § 3 Abs. 2 Nr. 3 BaustellV zu erstellenden Unterlage, was jedoch als weitere Aufgabe des Koordinator aufgenommen werden muss, um Sinn und Zweck dieser Unterlage auch bei Veränderungen während der Bauphase zu sichern.

110 Zu einem erheblichen Teil bestehen die Aufgaben des Koordinators darin, die Tätigkeiten anderer zu **koordinieren** oder zu **überwachen**. Die von ihm zu koordinierenden bzw. zu überwachenden Tätigkeiten muss der Koordinator jedoch nicht selber ausführen. Er ist also beispielsweise nicht für die Einhaltung der Grundsätze des § 4 ArbSchG verantwortlich – dies würde ihm auch etwas rechtlich Unmögliches abverlangen, da er nicht in die internen Vorgänge der Unternehmen eingreifen kann. Er muss auch nicht die Aufgaben der Arbeitgeber ausführen, also beispielsweise die Arbeitsmittel in Stand halten. Ihm bleiben nur die vorgenannten Reaktionsmöglichkeiten, falls die Arbeitgeber dies nicht machen, also insbesondere die Mitteilung seiner Beanstandung an die Arbeitgeber und ggf. an den Auftraggeber.

111 Nur ganz ausnahmsweise, insbesondere bei schwerwiegenden Sicherheitsmängeln oder Gesundheitsgefährdungen ist der Koordinator berechtigt, diese Mängel und Gefährdungen bei der zuständigen Stelle anzuzeigen und dies auch nur dann, wenn der betroffene Arbeitgeber trotz entsprechender Hinweise des Koordinators nicht tätig geworden ist.

Bevor der Koordinator **weiter gehende Aufgaben** übernimmt, sollte er unbedingt klären, ob diese von seinem Vertrag mit dem Bauherren und vor allem von seiner betrieblichen Versicherung gedeckt sind.

Hinweis: 112
Wie bei allen Tätigkeiten bei Bauvorhaben lässt sich im Nachhinein oft nicht nachweisen, was genau stattgefunden hat. Dem Koordinator kann daher nur geraten werden, seine Tätigkeit im Einzelnen zu dokumentieren und zwar am besten in Wort und Bild. Da gerade bei Sicherheits- und Gesundheitsschutz die Details zählen, kann die Dokumentation mit Angaben von Ort, Zeit und möglichen Zeugen nicht genau genug sein.

VI. Pflichten der Arbeitgeber/sonstigen Personen

Die Pflichten der Arbeitgeber ergeben sich im Wesentlichen aus dem ArbSchG 113 und den sonstigen Arbeitsschutzvorschriften. In der BaustellV finden sich nur wenige weitere Vorschriften, die sich insbesondere auf die Zusammenarbeit mit Unternehmern ohne Beschäftigte, die **Wechselwirkungen** mit anderen betrieblichen Tätigkeiten auf dem Baugelände und die Rücksichtnahme auf den Koordinator und den SiGe-Plan beziehen.

> Die Arbeitgeber müssen nach § 5 Abs. 1 BaustellV insbesondere **Maßnahmen** treffen bezüglich

114

▷ der Instandhaltung der Arbeitsmittel. Sofern es sich um betriebseigene handelt, sind sie hierfür allein verantwortlich. Auch vom Bauherren gestellte Arbeitsmittel sind bei Mängeln nicht mehr zu verwenden, außerdem ist der Bauherr auf die Mängel hinzuweisen;

▷ der Vorkehrungen zur Lagerung und Entsorgung der Arbeitsstoffe und Abfälle, insbesondere der Gefahrstoffe. Dabei haben sie sich gemäß den Vorgaben des Bauherren und der Bauleitung zu verhalten. Entsprechen diese Vorgaben nicht den Bedürfnissen der Arbeitgeber, müssen sie entsprechende Hinweise geben und darauf hinwirken, dass ihre Bedürfnisse erfüllt werden. Insbesondere für die Lagerung und die Entsorgung von Gefahrstoffen sind die Arbeitgeber primär verantwortlich und können sich nicht auf unzureichende Vorkehrungen des Bauherren berufen;

▷ der Anpassung der Ausführungszeiten für die Arbeiten an die Gegebenheiten auf der Baustelle. Die Arbeitgeber müssen dabei darauf achten, dass sie genug Zeit haben, zum einen die Arbeiten entsprechend den Grundsätzen des § 4 ArbSchG und den anzuwendenden Arbeitsschutzvorschriften auszuführen und zum anderen die vertraglich vereinbarten Fristen zu erreichen. Die Überschreitung einer Vertragsfrist gilt im Zweifel auch dann als verschuldet, wenn sie zur Einhaltung der Arbeitsschutzvorschriften erforderlich war;

▷ der Zusammenarbeit zwischen Arbeitgebern und Unternehmern ohne Beschäftigte, wobei die Zusammenarbeit von Arbeitgebern diesen bereits nach § 8 ArbSchG obliegt;

▷ der Wechselwirkungen zwischen Arbeiten auf der Baustelle und anderen betrieblichen Tätigkeiten auf dem Baugelände. Hierzu hat der Bauherr den Arbeitgebern die wesentlichen Informationen zur Verfügung zu stellen. Eine Nachforschungspflicht trifft die Arbeitgeber nicht. Ohne zusätzliche Informationen müssen sie nur die ihnen durch Beobachtung erkennbare betriebliche Tätigkeit berücksichtigen.

▷ Darüber hinaus haben die Arbeitgeber die Hinweise des Koordinators und den SiGe-Plan zu berücksichtigen.

115 Gemäß § 5 Abs. 2 BaustellV müssen die Arbeitgeber die Beschäftigten **in verständlicher Form und Sprache** über die sie betreffenden Schutzmaßnahmen informieren. Dies ist grundsätzlich nur eine Wiederholung der den Arbeitgebern bereits durch das ArbSchG auferlegten Unterweisungspflichten. Die BaustellV verlangt jedoch zusätzlich, dass der Arbeitgeber auch darauf achtet, dass er die Beschäftigten in einer für sie verständlichen Sprache unterrichtet. Die Unterrichtung muss nicht mündlich oder schriftlich erfolgen, sie kann auch durch Vorführungen oder so genannte Piktogramme vermittelt werden.

116 **Sonstige Personen**, also Unternehmer ohne Beschäftigte und die Arbeitgeber selber, müssen ebenfalls die jeweils einschlägigen Arbeitsschutzvorschriften beachten und die Hinweise des Koordinators und den SiGe-Plan berücksichtigen, § 6 BaustellV. Konsequenterweise müssen diese sonstigen Personen – ohne dass dies in der BaustellV ausdrücklich erwähnt wird – jedoch auch mit den Arbeitgebern zusammenarbeiten und die Wechselwirkungen auf andere betriebliche Tätigkeiten auf dem Baugelände berücksichtigen. Anderenfalls würden die entsprechenden Verpflichtungen der Arbeitgeber ins Leere laufen.

117 **Hinweis:**

Liegt ein Verstoß gegen Arbeitsschutzbestimmungen vor und kommt es deswegen zu einem Unfall im Einwirkungsbereich der Gefahrenquelle, spricht ein Beweis des ersten Anscheins für eine Ursächlichkeit des Verstoßes für den Unfall und für ein Verschulden des Arbeitgebers. Der Arbeitgeber muss in diesen Fällen den Beweis antreten, dass er seinen Pflichten ordnungsgemäß nachgekommen ist. Dies kann er in der Regel nur durch eine genaue Dokumentation der von ihm durchgeführten Schutzmaßnahmen, insbesondere hinsichtlich Kontrolle und Überwachung der durchgeführten Arbeiten und deren Umfeld.

VII. Pflichten der Arbeitnehmer

118 Die Arbeitnehmer sind gemäß § 15 Abs. 1 ArbSchG verpflichtet, entsprechend ihren Möglichkeiten selber für ihre Sicherheit und Gesundheit Sorge zu tragen und insbesondere nach § 9 Abs. 2 Satz 2 ArbSchG bei unmittelbaren erheblichen Gefahren für sich und andere Maßnahmen zur **Gefahrenabwehr** zu ergreifen.

Entsprechend § 15 Abs. 2 ArbSchG müssen sie die ihnen zur Verfügung gestellten Arbeitsmittel und Sicherungseinrichtungen bestimmungsgemäß verwenden.

Nach § 16 Abs. 1 ArbSchG sind die Arbeitnehmer verpflichtet, den **Arbeitgeber** bei der Erfüllung seiner Aufgaben **zu unterstützen**. Sie müssen insbesondere jede von ihnen festgestellte unmittelbare erhebliche Gefahr für Sicherheit und Gesundheit und jeden an den Schutzsystemen festgestellten Mangel unverzüglich melden. Eine weiter gehende, allgemeine Pflicht zur Unterstützung des Arbeitgebers findet sich in § 16 Abs. 2 ArbSchG.

119

VIII. Weitere sinnvolle Maßnahmen

Die BaustellV beschränkt sich entsprechend der europarechtlichen Vorgaben auf die Verbesserung von Sicherheit und Gesundheitsschutz der Beschäftigten auf den Baustellen.

120

Der besseren Absicherung der Beschäftigten wie der investierten Materialien sowie einem **effektiveren** und damit **kostengünstigeren Baustellenablauf** können außerhalb der BaustellV dienen

▷ Baustellenordnung mit Regelung von Zufahrtszeiten, Lagerplätzen etc.;
▷ Baustellenplan;
▷ Feuerwehr- und Brandschutzplan bereits während der Bauphase.

IX. Rechtsfolgen von Verstößen

Verstöße gegen die BaustellV können zu Folge haben:

121

▷ Ordnungswidrigkeiten § 7 Abs. 1 BaustellV,
▷ Straftaten § 7 Abs. 2 BaustellV, § 323 StGB
▷ Pflichtverletzung eines Vertrages zugunsten Dritter, § 280 BGB
▷ Verstoß gegen ein Schutzgesetz
▷ Verletzung von Verkehrssicherungspflichten
▷ Nichtigkeit/Unbeachtlichkeit von Weisungen oder vertraglichen Festlegungen

1. Ordnungswidrigkeiten/Straftaten

§ 25 f ArbSchG eröffnen dem Verordnungsgeber die Möglichkeit, in Verordnungen Ordnungswidrigkeits- und Straftatbestände aufzunehmen. Hiervon hat er in § 7 BaustellV Gebrauch gemacht.

122

a) Ordnungswidrigkeiten

123 Entsprechend § 7 Abs. 1 BaustellV begeht eine Ordnungswidrigkeit, wer

▷ vorsätzlich oder fahrlässig

▷ eine ihm obliegende Vorankündigung gar nicht, unvollständig, unrichtig oder verspätet an die zuständige Stelle übermittelt (§ 7 Abs. 1 Nr. 1 BaustellV) oder

▷ vor Einrichtung der Baustelle keinen von ihm zu erstellenden SiGe-Plan erstellt hat (§ 7 Abs. 1 Nr. 2 BaustellV).

124 Die **Vorankündigung** muss mindestens die Angaben gemäß Anhang I zur BaustellV enthalten und muss 2 Wochen vor Einrichtung der Baustelle übermittelt werden. § 7 Abs. 1 Nr. 1 BaustellV kann so verstanden werden, dass es auch eine Ordnungswidrigkeit darstellt, wenn die erst nach Baubeginn erforderlich gewordene Vorankündigung nicht übermittelt wird.[1]

Tatbestandsmäßig handeln kann, wer die jeweilige Aufgabe zu erfüllen hatte. Grundsätzlich ist dies der Bauherr. Hat er einem Dritten die Aufgabe übertragen, kann allein dieser ordnungswidrig handeln, der Bauherr ist zu keiner weiteren Tätigkeit verpflichtet.[2]

125 Die **Geldbuße** kann gemäß § 25 ArbSchG bis zu 5000 Euro betragen. Als weitere mögliche Tatfolgen sind der Verfall nach § 29a OwiG und ein Eintrag im Gewerbezentralregister auf der Grundlage von § 149 Abs. 1 Nr. 2 GewO und das Risiko einer Gewerbeuntersagung zu berücksichtigen.

126 **Keine Ordnungswidrigkeit** sind die unterbliebene Anpassung von Vorankündigung oder SiGe-Plan sowie die unterbliebene Erstellung des SiGe-Plans, wenn er erst nach Baubeginn notwendig wird. Auch Fehler im SiGe-Plan sind nicht bußgeldbewehrt. Gleiches gilt auch für die Bestellung eines ungeeigneten Koordinators.

b) Straftatbestände

127 Gemäß § 7 Abs. 2 BaustellV ist strafbar, wer durch einen der Ordnungswidrigkeitstatbestände Leben oder Gesundheit eines Beschäftigten gefährdet.

128 Voraussetzung ist damit vor allem, dass eine durchgängige **Kausalität** zwischen dem Fehlverhalten und der Gefährdung des Beschäftigten besteht.

Diese durchgängige Kausalität dürfte nur im Ausnahmefall vorliegen, da die Vorankündigung und der SiGe-Plan – was in § 5 Abs. 3 BaustellV ausdrücklich festgestellt wird – die Arbeitgeber nicht von der Erfüllung der ihnen obliegenden Arbeitsschutzpflichten befreien. Anders als der Aushang der Vorankündigung auf der Baustelle (dessen Unterlassen nicht tatbestandsmäßig wäre) ist die Übermitt-

---

1 Ebenso *Kollmer*, § 7 BaustellV Rz. 18 aE
2 *Kleinhenz*, ZfBR 1999, 181.

lung an die zuständige Stelle nach Auffassung des Verfassers sowieso kaum geeignet, Gefährdungen vorzubeugen.

Hinweis: 129
Die Gefährdung des Beschäftigten wird in der Regel darauf beruhen, dass sein Arbeitgeber gegen diese Pflichten verstoßen hat, so dass allein dieser strafbar wäre.[1] Durchgängige Kausalität kann nur dann angenommen werden, wenn z. B. ein Arbeitgeber die von anderen Gewerken ausgehenden Gefahren nur aus dem SiGe-Plan hätte erkennen können. Dies dürfte jedoch ein Ausnahmefall sein.

Nicht tatbeständsgemäß ist übrigens die Gefährdung von Unternehmern ohne 130 Beschäftigte oder von Arbeitgebern, die auf der Baustelle mitarbeiten. Täter ist wie bei der Ordnungswidrigkeit derjenige, der die Aufgaben nach der BaustellV erfüllen muss, also der Bauherr oder an seiner Stelle der von ihm beauftragte Dritte. Die **Strafe** kann bis zu einem Jahr Freiheitsstrafe oder eine Geldbuße sein.

Außerhalb der BaustellV ist gegebenenfalls eine **Strafbarkeit nach § 319 StGB** wegen Baugefährdung zu prüfen. 131

2. Privatrechtliche Haftungsansprüche

a) Haftung des Bauherrn

Entsprechend der Zielsetzung der BaustellV, den Schutz der auf der Baustelle Be- 132 schäftigten zu erhöhen, beschränkt sich die nachfolgende Darstellung im Wesentlichen auf die **Haftung bei Verstößen gegen die BaustellV**. Vorab ist daher festzuhalten, dass ein Verstoß gegen die BaustellV nur wegen Schäden an Leib, Leben oder Gesundheit eine Schadensersatzpflicht hervorrufen kann. Vermögensschäden oder Beschädigung von Gegenständen sind von der in § 1 BaustellV festgehaltenen Schutzrichtung der BaustellV nicht umfasst.

Mögliche Anspruchsgrundlagen für einen Anspruch gegen den Bauherrn:	133
▷ § 280 BGB, Pflichtverletzung eines Vertrages mit Schutzwirkung für Dritte	
▷ § 823 Abs. 1 BGB, Verstoß gegen Verkehrssicherungspflichten	
▷ § 823 Abs. 2 BGB, BaustellV als Schutzgesetz.	

aa) Vertrag mit Schutzwirkung zugunsten Dritter gegenüber Beschäftigten

Bei dem Vertrag zwischen dem Bauherrn und seinem Auftragnehmer als Arbeit- 134 geber haftet der Bauherr den Beschäftigten seines Auftragnehmers grundsätzlich nach **§ 618 BGB analog**.[2]

Die BaustellV führt zu einer **Erweiterung** der Haftung nach § 618 BGB. Der Bauherr ist beispielsweise alleine dafür verantwortlich, dass bereits in der Planungs-

---
[1] Vgl. RGSt 69, 44, 47.
[2] BGHZ 56, 259; OLG Düsseldorf, NJW-RR 1995, 403.

phase die Grundsätze des § 4 ArbSchG berücksichtigt werden. Ist die Planung der Ausführung insoweit fehlerhaft, kann er einem Beschäftigten (im Zweifel neben dem Bauunternehmer) haften, wenn dieser aufgrund dieser Fehlplanung geschädigt wird, also z. B. weil während einzelner Bauphasen kein Gerüst vorhanden ist. Diese Fehlplanung ist gleichzeitig ein Verstoß gegen Arbeitsschutzvorschriften.

135 Nach der Rechtsprechung des BGH kann der Bauherr nur seine **zivilrechtliche Haftung** gegenüber Subunternehmern seines Auftragnehmers, nicht aber gegenüber dessen Beschäftigten **ausschließen**.[1] Dies könnte bedeuten, dass der Bauherr die Haftung gegenüber den Beschäftigten seiner Auftragnehmer und deren Subunternehmer auch dann nicht ausschließen oder begrenzen kann, wenn er gemäß § 4 BaustellV einen Dritten beauftragt. Dies würde jedoch der klaren Intention des § 4 BaustellV widersprechen, den Bauherren voll und ganz von den Aufgaben der BaustellV zu befreien, die er in der Regel weder ausführen kann noch will.

136 Daher muss man die Wertung des § 4 BaustellV auch bei der zivilrechtlichen Haftung des Bauherren berücksichtigen. Wegen Verstößen gegen die BaustellV, die zugleich eine Haftung nach § 618 BGB zu begründen vermag, kann sich der Bauherr daher weit gehend befreien und er haftet allenfalls für **Auswahl- und Überwachungsfehler** (vgl. dazu Rz. 68). Dies ist insbesondere stets dann interessengerecht, wenn der Bauherr nach der BaustellV nur koordinierend oder überwachend tätig wird, ohne dass ihm nach der BaustellV oder dem Bauvertrag ein Weisungsrecht zusteht.

bb) § 823 Abs. 1 BGB: Verstoß gegen Verkehrssicherungspflicht

137 Ein Verstoß gegen eine **Verkehrssicherungspflicht** mit der Folge einer Haftung des Bauherren liegt vor, wenn

▷ er durch die Übernahme einer Aufgabe eine objektive Gefahrenlage geschaffen hat oder eine solche in einem von ihm beherrschten Gefahrenbereich andauern lässt

▷ ohne entsprechende, zumutbare Sicherungsvorkehrungen getroffen zu haben

▷ und hierauf ein Schaden beruht.

138 Auf Baustellen ist für die Verkehrssicherung verantwortlich, wer die **verantwortliche Bauleitung** ausübt. Von der allgemeinen Verkehrssicherungspflicht kann sich der Bauherr befreien, indem er einen zuverlässigen und leistungsfähigen Bauunternehmer oder einen bewährten Architekten beauftragt. Der Bauherr bleibt allenfalls im Rahmen einer allgemeinen **Anweisungs- und Überwachungspflicht** verantwortlich und haftet bei fehlerhafter Auswahl des von ihm beauftragten Bauunternehmers oder Architekten.[2]

---

1 BGHZ 56, 259, ebenso i. E. *Staudinger/Oetker* (13. Aufl. 1997) § 619 BGB, Rz. 6, zu weit gehend hingegen *Kollmer/Blachnitzky/Kossens*, Rz. 562.
2 OLG Hamm, NJW-RR 1996, 1362.

Der Bauherr muss also eingreifen, wenn er Zweifel haben muss, dass der von ihm 139
Beauftragte seine Aufgabe ausreichend ausübt oder dass seine Tätigkeit mit besonderen Gefahren verbunden ist, die auch von ihm, dem Auftraggeber, erkannt und durch eigene Weisungen abgestellt werden können.[1] In diesen Fällen muss der Bauherr selber entsprechende Weisungen erteilen oder einen anderen geeigneten Dritten einschalten. Tut er dies nicht, kann er gegenüber den Geschädigten haften.

In seiner Rolle als **Koordinator** hat der Bauherr weitere Aufgaben, die zur allgemeinen Verkehrssicherungspflicht hinzutreten. So hat er beispielsweise gemäß § 5 Abs. 3 Nr. 2 BaustellV zu beachten, dass die Arbeitgeber ihre Pflichten nach der BaustellV erfüllen. Dies umfasst jedoch nicht die Prüfung, ob die Arbeitgeber die sonstigen Arbeitsschutzvorschriften beachten. Hierzu ist der Bauherr, wie dargestellt, allenfalls aufgrund anderer Rechtsgrundlagen verantwortlich. 140

Überträgt der Bauherr die Aufgaben aus der BaustellV gemäß § 4 BaustellV auf 141
einen **Dritten**, muss die daraus resultierende Haftungsfreistellung auch die Ansprüche wegen Verletzung der Verkehrssicherungspflicht umfassen. Anderenfalls wäre der Zweck von § 4 BaustellV unterlaufen. Der Bauherr bleibt jedoch dafür verantwortlich, dass er einen geeigneten Dritten aussucht und dass dieser seine Aufgaben ausreichend wahrnimmt.

Anspruchsinhaber kann grundsätzlich jeder sein, der sich berechtigterweise in 142
die Reichweite der Verkehrssicherungspflicht begibt, also insbesondere Auftragnehmer, Unternehmer ohne Beschäftigte, Beschäftigte, aber auch andere Dritte wie Passanten, Besucher oder Nachbarn.

cc) § 823 Abs. 2 BGB: BaustellV als Schutzgesetz

Voraussetzungen für eine Haftung aus § 823 Abs. 2 BGB sind 143

▷ der Verstoß gegen ein Schutzgesetz;
▷ ein adäquat kausaler Schaden.

Die BaustellV ist angesichts ihrer in § 1 BaustellV formulierten Schutzrichtung eindeutig ein **Schutzgesetz** zugunsten der Beschäftigten.

Problematisch dürfte jedoch sein, ob der Schaden des Beschäftigten gerade auf das 144
Fehlverhalten des Bauherren **kausal** zurückzuführen ist. Alle Bereiche, in denen der Bauherr (ggf. in seiner Rolle als Koordinator) nur koordinierend oder überwachend tätig wird, sind wegen der vorrangigen Verantwortung der Arbeitgeber für den Arbeitsschutz von vornherein nicht schadensersatzträchtig.

Schwieriger sind die Bereiche, in denen der **Bauherr alleine tätig** wird, also z. B. 145
bei der Erstellung der Vorankündigung oder des SiGe-Plans. Wie bereits bei den Ordnungswidrigkeiten dargestellt, stellt sich hier das Problem der Kausalität, da ein haftungsträchtiger Schaden nur dann eintreten kann, wenn sowohl Bauherr

---
1 BGH, DB 1976, 2300.

als auch Arbeitgeber gegen ihre Pflichten verstoßen.[1] Der Bauherr kann sich nach Auffassung des Verfassers in diesen Fällen im Zweifel darauf berufen, dass sein Fehlverhalten nicht kausal war, da der Arbeitgeber die in der Vorankündigung oder dem SiGe-Plan enthaltenen Informationen im Rahmen seiner Gefahrenanalyse hätte einholen müssen. Der Geschädigte kann sich daher nicht darauf berufen, dass ohne das Fehlverhalten des Bauherren der Schaden nicht eingetreten wäre. Deswegen greift im Ergebnis auch **nicht § 830 BGB zulasten des Bauherren** ein. Dies gilt erst recht dann, wenn der Arbeitnehmer selber auch gegen anerkannte Regeln der Technik verstoßen hat, die ihn schützen sollen.[2]

146 Es sind nur ganz wenige Fallkonstellationen denkbar, in denen der Arbeitgeber nur aufgrund von Hinweisen des Bauherren eine drohende Gefahr hätte erkennen und vermeiden können und kein anderer sich pflichtwidrig verhalten hat. Dies kann etwa der Fall sein, wenn Gefahren von einem anderen Gewerk herrühren.

147 **Hinweis:**
Es sei an dieser Stelle nur darauf hingewiesen, dass die **Unfallverhütungsvorschriften** der Berufsgenossenschaften keine Schutzgesetze im Sinne des § 823 Abs. 2 BGB sind.[3] Eine Haftung nach dieser Vorschrift kommt daher nur in Frage, wenn andere, gesetzliche Vorschriften wie das ArbSchG oder die BaustellV verletzt werden.

148 **Anspruchsinhaber** können nur die durch die BaustellV geschützten Personen sein, also die auf der Baustelle Beschäftigten.

dd) Beweislastfragen

149 Bei einem Verstoß gegen Unfallverhütungsvorschriften spricht der **Beweis des ersten Anscheins** für die Unfallursächlichkeit des Verstoßes, wenn sich ein Unfall im Einwirkungsbereich der Gefahrenstelle ereignet hat.[4] Da auch die BaustellV Arbeitsschutzvorschriften enthält, spricht also der Beweis des ersten Anscheins dafür, dass ein Verstoß gegen die BaustellV ursächlich für einen Unfall war, wenn die Unfallursache Gegenstand der Vorankündigung, des SiGe-Plans oder der sonstigen Pflichten des Bauherren gewesen sein müsste.

150 Da der Bauherr in seiner Rolle als Koordinator z. B. die Anwendung der allgemeinen Grundsätze des § 4 ArbSchG (§ 5 Abs. 3 Nr. 1 BaustellV) und die Überwachung der ordnungsgemäßen Anwendung der Arbeitsverfahren durch die Arbeitgeber koordinieren muss (§ 5 Abs. 3 Nr. 5 BaustellV), muss sich seine Tätigkeit grundsätzlich auf alle arbeitsschutzrelevanten Fragen beziehen. Die eingeschränkte Aufgabenstellung kann nur dazu führen, dass als weitere Voraussetzung für einen Beweis des ersten Anscheins hinzukommen muss, dass die Unfallursache Koordinationsbedarf geweckt hätte. Ist dies der Fall, muss sich der Bauherr **entlasten**.

---

1 Mitverschulden des geschädigten Beschäftigten soll hier außer Betracht bleiben.
2 Vgl. die Nachweise zu vergleichbaren Kausalitäts-Ketten bei Auffahrunfällen *Palandt/ Thomas*, § 830 BGB Rz. 12.
3 Ständige Rechtsprechung, vgl. BGH, VersR 1969, 827.
4 BGH, DB 1974, 426 m. w. N.

Nach Auffassung des Verfassers ist ein wesentliches Argument zu seiner Verteidigung, dass der Bauherr nach der BaustellV **kein Weisungsrecht** gegenüber den Arbeitgebern hat. Er kann sie also grundsätzlich nur auf bestimmte Gefahren hinweisen. Dieser Hinweis ist zwar in dem angenommenen Fall unterblieben, doch spricht zumindest für eine Haftungsfreistellung im Verhältnis Bauherr/Arbeitgeber, dass der Arbeitgeber primär für die Einhaltung der Arbeitsschutzvorschriften und für die Ermittlung von Gefahrenquellen verantwortlich ist. 151

Checkliste für Ansprüche gegen Bauherren: 152

▷ Schaden an Leib oder Leben eines Beschäftigten

▷ Verstoß gegen BaustellV

▷ Kausalität des Verstoßes für den Schaden

▷ keine Entlastung durch Pflichtenübertragung

▷ bei Beauftragung eines Dritten Verstoß gegen Auswahl- und Überwachungspflichten

▷ kein Entlastungsbeweis möglich

b) Haftung anderer Beteiligter

aa) Dritter/Koordinator

Beauftragt der Bauherr einen Dritten, die Pflichten der BaustellV an seiner Stelle zu erfüllen, so tritt dieser Dritte **eigenverantwortlich** an die Stelle des Bauherren und haftet nach den gleichen Grundsätzen wie dieser. Auf die obigen Ausführungen kann daher verwiesen werden (Rz. 121 ff.). 153

bb) Beschäftigte anderer Arbeitgeber

Schädigt der Beschäftigte eines Arbeitgebers den Beschäftigten eines anderen Arbeitgebers, so haftet er im Außenverhältnis nach den normalen Grundsätzen. Nur wenn die Beschäftigten beim gleichen Arbeitgeber beschäftigt sind oder wenn die Arbeitgeber derzeit eine gemeinsame Betriebsstätte gemäß § 106 Abs. 3 Alt. 3 SGB III haben, kann der Geschädigte den Schädiger nicht in Anspruch nehmen, §§ 104, 105 SGB VII. Eine solche gemeinsame Betriebsstätte liegt vor, wenn auch nur eine lose Verbindung der einzelnen Arbeiten, die sich gegenständlich, zeitlich oder räumlich überschneiden, vorliegt; dieser haftungsbeschränkende Tatbestand ist weit zu fassen.[1] 154

cc) Arbeitgeber

Schadensersatzansprüche von Beschäftigten gegen ihre Arbeitgeber wegen Schäden an Leib und Gesundheit werden grundsätzlich vom zuständigen **Sozialversicherungsträger** übernommen. Der Sozialversicherungsträger kann jedoch ge- 155

---

1 OLG Stuttgart, BauR 2000, 752.

mäß §§ 110 ff. SGB VII Rückgriff beim Arbeitgeber nehmen, wenn dieser den Schaden vorsätzlich oder grob fahrlässig herbeigeführt hat.

156 Bei der Schädigung von Beschäftigten anderer Arbeitgeber kann der Arbeitgeber des schädigenden Arbeitnehmers jedoch gegenüber diesen geschädigten Beschäftigten aus § 823 Abs. 1 oder Abs. 2 BGB haften. Nach inzwischen gefestigter Rechtsprechung des BGH greift das Haftungsprivileg in § 106 Abs. 3 Alt. 3 SGB III grundsätzlich nur zugunsten der jeweiligen Beschäftigen ein, nicht aber zugunsten der Arbeitgeber des Schädigers.[1]

157 Ausnahmsweise kann sich auch der Arbeitgeber des Schädigers auf das **Haftungsprivileg** berufen, wenn er selber die schädigende Handlung begeht. Juristische Personen als Arbeitgeber werden sich daher gegenüber geschädigten Beschäftigten anderer Arbeitgeber regelmäßig auf dieses Haftungsprivileg nicht berufen können.[2]

Wegen Sach- und Vermögensschäden haftet der Arbeitgeber hingegen nach den normalen Vorschriften auch gegenüber seinen eigenen Beschäftigten.

3. Nichtigkeit von Weisungen/Vereinbarungen

158 In der Praxis kommt es immer wieder vor, dass durch Terminpläne, vertragliche Regelungen oder Einzelanweisungen Verstöße gegen Arbeitsschutzvorschriften provoziert werden. Es stellt sich daher die Frage, ob solche allgemein oder einzeln erteilten Weisungen verbindlich sein können. Grundsätzlich ist daran zu denken, dass Weisungen, die im Widerspruch zu Arbeitsschutzvorschriften stehen, nach § 134 BGB wegen Verstoß gegen ein gesetzliches Verbot **nichtig** sein können oder dass nach § 273 BGB ein **Zurückbehaltungsrecht** bestehen könnte. Dies ist für Verstöße gegen allgemeine in § 618 BGB genannte Schutzpflichten anerkannt, umstritten ist nur die dogmatische Konstruktion.[3] Dieser allgemeine Grundsatz kann aber durch spezielle Regelungen verdrängt werden.

159 Für das Verhältnis von **Beschäftigten und Arbeitgebern** gibt es zu diesem Bereich umfassende **Spezialregeln**. Der Gesetzgeber hat im ArbSchG vorgesehen, dass Arbeitnehmer bei von ihnen wahrgenommenen Sicherheitsverstößen gemäß § 17 Abs. 2 ArbSchG eine Beschwerde beim Arbeitgeber anbringen können. Erst nach Nichtabhilfe können sie sich an die zuständige Stelle wenden.

160 Gemäß § 9 Abs. 2 Satz 2 ArbSchG müssen Beschäftigte bei unmittelbarer erheblicher Gefahr für die eigene Sicherheit oder die Sicherheit anderer Personen die geeigneten Maßnahmen zur Gefahrenabwehr selber treffen. Entsprechend § 9 Abs. 3 ArbSchG dürfen Beschäftigte bei unmittelbaren erheblichen Gefahren ihren **Arbeitsplatz verlassen**. Der Arbeitgeber darf sie, solange die Gefahr andauert, nur in Ausnahmefällen auffordern, ihre Tätigkeit wieder aufzunehmen. Dies sind umfassende und abschließende Regelungen, die alle Fälle von arbeitsschutzrecht-

---

1 Zuletzt BGH, IBR 2002, 580.
2 BGH, IBR 2003, 110.
3 Vgl. Staudinger/*Oetker* (13. Aufl. 1997) § 618 BGB, Rz. 259 ff.; der Verfasser hält die Auffassung für zutreffend, dass die Weisungen nichtig sind und legt dies den nachfolgenden Ausführungen zugrunde.

lichen Verstößen und die Reaktionen der Beschäftigten umfassend regeln. Diese dürfen nur bei unmittelbaren erheblichen Gefahren die Arbeit einstellen. Damit bleibt im Verhältnis Arbeitnehmer/Arbeitgeber für eine etwaige Nichtigkeit oder eine Unbeachtlichkeit nach § 14 UVV (VBG 1) kein Raum.[1]

Für das Verhältnis zwischen dem **Arbeitgeber** (als Auftragnehmer) und dem **Bauherrn** als Auftraggeber gibt es hingegen keine solchen Spezialregeln. In diesem Verhältnis greift daher der **allgemeine Grundsatz** ein, dass gegen ein gesetzliches Verbot verstoßende Weisungen oder vertragliche Regelungen nichtig sind. Da ArbSchG und BaustellV gesetzliche Ge- und Verbote enthalten, deren Missachtung zur Nichtigkeit der anders lautenden Weisung oder Vereinbarung führt. Grundlage für die **Nichtigkeit** ist § 134 BGB i. V. m. den jeweiligen gesetzlichen Arbeitsschutzvorschriften. Der Arbeitgeber kann die Bauarbeiten daher im Zweifel auf ordnungsgemäße Weise fortsetzen. Ein Verstoß gegen Unfallverhütungsvorschriften der Unfallversicherungsträger wäre hingegen zivilrechtlich wohl unbeachtlich, da diese keine gesetzlichen Vorschriften sind. 161

Es gibt im Wesentlichen einen Grund, dem Arbeitgeber im Verhältnis zum Bauherrn oder dessen Beauftragten weiter gehende Rechte zu geben. Der Arbeitgeber ist primär verantwortlich für den Arbeitsschutz und kann hierzu ggf. durch Anweisungen der zuständigen Stelle verpflichtet werden. Es muss ihm deswegen die Möglichkeit bleiben, sich vertraglichen Regelungen oder Weisungen **entgegen zu stellen**, die ihn zu Verstößen gegen seine gesetzlichen Pflichten verpflichten würden. So kann er sich z. B. Anweisungen widersetzen, die zu einer unzumutbaren Eile auf der Baustelle führen, weswegen es nicht mehr möglich wäre, die Grundsätze des § 4 ArbSchG zu beachten. Hätte er diese Möglichkeit nicht, könnte er in einen unauflöslichen Konflikt zwischen seinen vertraglichen Verpflichtungen und Auflagen oder Anweisungen der für den Arbeitsschutz zuständigen Stellen geraten. 162

Weisungen, die gegen die BaustellV verstoßen, sind 163

▷ gegenüber Beschäftigten nur unter den Voraussetzungen des § 9 Abs. 3 ArbSchG unverbindlich

▷ gegenüber Bauunternehmen wegen Gesetzesverstoß nichtig.

X. Europäisches Recht/Staatshaftungsrecht

Die BaustellV weicht in einigen Punkten von der ihr zugrunde liegenden europarechtlichen Vorgabe, der **Baustellenrichtlinie**, ab: 164

▷ Die Baustellenrichtlinie definiert die Baustelle über die Arbeiten, die auf ihr stattfinden und nennt in Anhang I zur Baustellenrichtlinie beispielsweise

---

1 Zur GefStoffVO BAG AP Nr. 4 zu § 273 BGB; so im Ergebnis auch *Schaub*, § 154, Rz. 18; Staudinger/*Oetker*, § 618 BGB, Rz. 269 ff., Kasseler Handuch zum Arbeitsrecht/*Lorenz*, Kap. 2.6., Rz. 123.

auch Instandhaltungs-, Maler- und Reinigungsarbeiten. Die Ausführung solcher Arbeiten reicht jedoch regelmäßig nicht aus, die Voraussetzungen für ein Bauvorhaben im Sinne der BaustellV zu erfüllen.

▷ Nach der Baustellenrichtlinie ist Bauherr „jede natürliche oder juristische Person, in deren Auftrag ein Bauwerk ausgeführt wird". Dies ist gegenüber der BaustellV ein weiter gefasster Begriff, der z. B. auch für Generalunternehmer zutreffen würde. Dies würde bei strenger Beachtung des Wortlautes dazu führen, dass es etwa bei der Vergabe an einen Generalunternehmer zwei Bauherren im Sinne der Baustellenrichtlinie geben würden, nämlich den Auftraggeber und den Generalunternehmer: ein offensichtlich unsinniges Ergebnis.

▷ Art. 3 Abs. 1 Baustellenrichtlinie wird in der Literatur teilweise so verstanden, dass der Bauherr die Aufgabe des Koordinators nicht selber wahrnehmen kann.[1] Da sich der Bauherr jedoch (anders als nach der BaustellV) gemäß Art. 6 Abs. 1 Baustellenrichtlinie durch die Beauftragung eines Dritten nicht von den Pflichten aus der Baustellenrichtlinie befreien kann, hält der Verfasser die genannte Literaturmeinung für widersprüchlich und sieht nur insoweit einen Unterschied zwischen Baustellenrichtlinie und BaustellV als es um die Entlastung des Bauherren bei Beauftragung eines Dritten geht.

▷ Von den in Anhang IV zur Baustellenrichtlinie enthaltenen Mindestvorschriften für Sicherheit und Gesundheitsschutz sind, soweit ersichtlich, bis auf eine alle Bestimmungen in deutsche Arbeitsschutzvorschriften umgesetzt. Die einzige Ausnahme ist die in Anhang IV Teil 4 Nr. 3.6. geforderte Sicherheitsbeleuchtung und Fluchtwege.

165 Diese Widersprüche könnten grundsätzlich über die **richtlinienkonforme Auslegung** oder die unmittelbare Wirkung bereinigt werden. Für eine richtlinienkonforme Auslegung fehlt es jedoch im deutschen Recht an einer Lücke oder Unklarheit, die unmittelbare Wirkung kann jedenfalls die Rechtsbeziehungen zwischen Privaten nicht berühren.

166 Interessant sind hingegen **Staatshaftungsansprüche** wegen verspäteter bzw. unterbliebener Umsetzung der BaustellV.

Voraussetzung für einen solchen Staatshaftungsanspruch ist, dass die nicht umgesetzte Richtlinie

▷ für den Fall ihrer Umsetzung Inhalt und Umfang von individuellen Rechten von Einzelnen festlegt und dass

▷ das Ereignis eintritt, wogegen diese Rechte schützen sollten sowie

▷ dass dem Betroffenen wegen der unterbliebenen Umsetzung ein Schaden entstanden ist.

---

[1] *Rozek/Röhl*, BauR 1999, 1397.

Im Hinblick auf die Zielrichtung und die Bestimmtheit der Baustellenrichtlinie 167
erscheint allenfalls fraglich, ob dem betroffenen Beschäftigten im Einzelfall ein
Schaden entstanden ist, der nur auf der fehlerhaften Umsetzung der Baustellenrichtlinie beruht. Dies erscheint bei den Unterschieden hinsichtlich der Definition der Baustelle fraglich, da im Zweifel der Schaden des Beschäftigten auf einem
Fehler des Arbeitgebers beruht.

Dem Beschäftigten könnte jedoch ein Schaden entstehen, wenn etwa der als Koordinator auftretende Bauherr seinen Schadensersatzanspruch nicht befriedigen 168
kann, während ein Koordinator dies gekonnt hätte. Solche Fälle dürften eher selten sein. Trägt ein Sozialversicherungsträger den Schaden des Beschäftigten, geht
der Ersatzanspruch nach § 116 SGB X auf den Sozialversicherungsträger über.

XI. Übersicht über Auslegungs- und Anwendungshilfen

Wesentliche Auslegungs- und Anwendungshilfen sind: 169

▷ die amtliche Begründung (BR-Drucks. 306/98 v. 2. 4. 1998)

▷ die RAB (vgl. oben Rz. 21 ff.)

▷ soweit die RAB keine Festlegungen enthalten, die Erläuterung von Bund, Ländern, Berufsgenossenschaften, Sozialpartnern und Fachverbänden (BArbl. 3/1999, S. 67), die allerdings noch weniger als die RAB den Anspruch stellen kann, allgemein verbindlich zu sein.

Materialien zum Arbeitsschutz kann man von den zuständigen Berufsgenossenschaften erhalten. Diese bieten z. B. gewerkbezogene Checklisten an. Ähnliches 170
haben inzwischen eine Vielzahl von Ingenieurbüros entwickelt, die sich mit der
Beratung in Arbeitsschutzfragen beschäftigen. Die Berufsgenossenschaften haben auch Muster-Lehrgangspläne für die Ausbildung von Koordinatoren entwickelt. Die von den Berufsgenossenschaften entwickelte Form des SiGe-Plans
hat sich weit gehend in der Praxis durchgesetzt, auch der in von Wietersheim/
Noebel in Originalgröße abgedruckte Muster-SiGe-Plan entspricht diesen Vorgaben.

Teil 29
Recht des Baugrundes und Tiefbaurecht

	Rz.
I. Tiefbaurecht	1
1. Einführung – was ist Tiefbaurecht?	2
2. Rechte und Pflichten der Beteiligten im Tiefbau	6
a) Baugrundbezogene Architektenpflichten	7
b) Baugrundbezogene Baugrundgutachterpflichten	18
c) Baugrundbezogene Tragwerksplanerpflichten	22
d) Baugrundbezogene Bauunternehmerpflichten	27
e) Baugrundbezogene Bauherrnpflichten	39
3. Ausschreibung und Vertragsgestaltung	47
a) Die Ausschreibung von Tiefbauarbeiten	47
b) Der Vertragsschluss bei Tiefbauarbeiten	57
4. Bauausführung und Folgen der Bauleistungsänderung	68
a) Der Einfluss von Tiefbauarbeiten auf Bau- und Nachbargrundstücke	68
b) Änderungen der Bauausführung	80
aa) Ursachen und Anordnungsbefugnis des Auftraggebers	80
bb) Mehrvergütung bei Leistungsänderung	83
5. Abnahme	100
6. Abrechnung und Leistungsnachweis	119
7. Gewährleistung	139
a) Vereinbarte Beschaffenheit/Leistungen auf Probe	140
b) Allgemein anerkannte Regeln der Technik	143
c) Beginn der Gewährleistung	150
d) Befreiung von der Gewährleistungsverpflichtung nach § 13 Nr. 3 VOB/B	151
e) Verjährungsfrist nach § 13 Nr. 4 VOB/B	163
f) Gewährleistungsansprüche	168

	Rz.
8. Haftung	170
a) Anspruchsgrundlagen	171
aa) Anspruch aus § 823 Abs. 1 BGB	172
bb) Anspruch aus § 823 Abs. 2 BGB in Verbindung mit Schutzgesetz	181
(1) Straßenverkehrsrecht	182
(2) § 909 BGB	188
cc) Anspruch aus § 831 Abs. 1 und 2 BGB	194
dd) Anspruch aus §§ 836, 837 BGB	199
ee) Anspruch aus § 906 Abs. 2 Satz 2 BGB analog	201
b) Der Anspruchsgegner	203
c) Der Schadensumfang/Mitverschulden	209
d) Beschädigung von Sparten (Versorgungsleitungen)	210
II. Das Baugrund- und Systemrisiko	230
1. Das Baugrundrisiko	230
a) Begriff und vertragliche Regelung	230
b) Die Auswirkungen des echten Baugrundrisikos auf die Vergütungsansprüche	247
c) Die Auswirkungen des echten Baugrundrisikos auf die Gewährleistungsansprüche	253
d) Die Auswirkungen des echten Baugrundrisikos auf die Bauzeit	254
e) Die Auswirkungen des echten Baugrundrisikos auf die Schadensersatzansprüche	256
2. Das Systemrisiko	257
a) Der Begriff des Systemrisikos/Inhalt und Abgrenzung	257
b) Folgen der Verwirklichung des Systemrisikos	262

I. Tiefbaurecht

1 Fragen zum Baugrund und zum Tiefbau spielen sowohl in der Baupraxis als auch in der täglichen Arbeit der Gerichte ein gewichtige Rolle. Es gilt dabei, die Probleme der physikalischen Unwägbarkeit des Baugrunds sowohl im Hinblick auf die bautechnische Abwicklung als auch im Hinblick auf die rechtliche Qualifizierung zufrieden stellend zu lösen. In den letzten Jahren hat die Rechtsprechung zu Baugrundproblemen erheblich zugenommen. Infolge dieser Rechtsprechung sind die Pflichten der am Bau beteiligten und handelnden Personen wie z. B. Bauherr, Architekt, Tragwerksplaner und Baugrundgutachter sowie Unternehmer erheblich schärfer konturiert worden, als dies noch vor wenigen Jahren der Fall war. Die Fragen zum Baugrund werden in aller Regel unter den Begriffen „Recht des Baugrundes" oder „Tiefbaurecht" erörtert. Im Folgenden werden die spezifischen Besonderheiten dieser Fragestellungen dargestellt.

1. Einführung – was ist Tiefbaurecht?

2 In der Baupraxis wird zwischen dem **Hoch- und dem Tiefbau** unterschieden. Während man im Allgemeinen Tiefbauarbeiten an Bauwerken (z. B. Kellerbauten und Tiefgaragen), Erdbewegungsarbeiten, Tunnel- und Schachtbauarbeiten sowie Wasser- und Straßenbau kennt, werden im Spezialtiefbau u. a. Baugruben und Hangsicherungsarbeiten, Arbeiten zur Bodenverbesserung, Gründungsarbeiten und Grundwassersenkungsarbeiten vorgenommen. Bei jedem dieser Tätigkeitsbereiche gibt es eine Vielzahl von Untergruppen, wie z. B. die Baugrubensicherung durch den sog. Berliner Verbau, durch Ankersicherungen, Vernagelungen etc.[1] Diese mannigfaltigen Tätigkeiten und die hiermit verbundenen erheblichen Einflüsse des jeweiligen Baugrunds auf die vorzunehmenden Arbeiten verursachen tatsächlich und rechtlich erhebliche Probleme.

3 Der **Begriff „Tiefbaurecht"** als solcher ist sowohl in der Rechtspraxis als auch im kodifizierten Recht bislang nur stiefmütterlich behandelt worden. Wenn überhaupt von „Recht" im Zusammenhang mit Bauen gesprochen wird, so haben sich die Rechtsbereiche „öffentliches Baurecht" und „privates oder ziviles Baurecht" eingebürgert. In dieser Systematik lassen sich dann Untergruppen, wie z. B. das Bauplanungs- und Bauordnungsrecht, das Architekten- und Ingenieurrecht oder das Werkvertragsrecht bilden.

4 Während in der Baupraxis zwischen dem Hoch- und dem Tiefbau unterschieden wird, gibt es eine solche Aufteilung im deutschen Recht nicht. Insoweit gelten alle Gesetze und Normen – sei es nun das BGB, die VOB oder die Euro-Normen – grundsätzlich und unterschiedslos sowohl für den Bereich des Hoch- als auch des Tiefbaus, was der Sache nach nicht in jedem Fall gerechtfertigt ist. Der Tiefbau – und hier insbesondere sämtliche Fragen, die mit dem Baugrund und dem Baugrundrisiko zu tun haben – rechtfertigt in vielen Fällen Ausnahmen, die durch mannigfaltige Rechtsprechung geprägt wurden.

---

1 Einen Überblick über die einschlägigen Tiefbautechnologien und die hiermit verbundenen Risiken bieten folgende Werke: *Englert/Grauvogl/Maurer*, Handbuch des Baugrund- und Tiefbaurechts, 2. Aufl. 1999, Rz. 889 ff., *Englert*, Freiburger Baurechtstage, Tagungsband, 1999, 11 ff.

Tiefbaurecht   Rz. 9 **Teil 29**

Im Folgenden wird das Tiefbaurecht als ein Unterfall des Baurechts verstanden, 5
der – im Einzelfall – durch geschriebenes Recht und Richterrecht bestimmt wird
und sich der Sache nach mit sämtlichen Problemen beschäftigt, die diejenigen
Bauleistungen und Bauwerke betreffen, die **unterhalb der Erdoberfläche** zur Ausführung kommen.[1]

2. Rechte und Pflichten der Beteiligten im Tiefbau

Der Tiefbau und das Tiefbaurecht berühren die Rechtskreise einer großen Anzahl 6
von am Bau beteiligten Personen. Der Bauherr hat es nicht nur mit Architekten,
Statikern, Sonderfachleuten – wie z. B. GEO-Technikern – Bauunternehmen sowie Spezialbauunternehmen zu tun, sondern auch z. B. mit dem Sicherheitsbeauftragten des Gewerbeaufsichtsamtes, der Tiefbauberufsgenossenschaft,
Nachbarn, Versorgungsunternehmen sowie den verschiedenen zuständigen Behörden der Kommune.

Sowohl in der Bauvorbereitungs- als auch in der Bauausführungsphase obliegen
den Beteiligten **umfangreiche Pflichten**, wie z. B. Beratungs-, Planungs-, Hinweis-
und Aufklärungs- sowie Untersuchungspflichten, deren Verletzung ggf. zu Ansprüchen des Bauherren führen können. Diesbezüglich gab es in den letzten Jahren eine Vielzahl von Entscheidungen der Gerichte, die hier zu einer Systematisierung der tiefbaubezogenen Pflichten der Beteiligten geführt haben.[2]

a) Baugrundbezogene Architektenpflichten

Dem Architekten **als „Sachwalter"** des Bauherrn obliegen bei Tiefbauarbeiten 7
besondere Pflichten, die dieser jederzeit zu beachten hat und die neben einer zivilrechtlichen auch eine strafrechtliche Verantwortung bei entsprechend schuldhafter Verletzung nach sich ziehen können.

So ist nach geltender Rechtsprechung die **Untersuchung des Baugrunds** zunächst 8
grundsätzlich Sache des Architekten.[3] Der Architekt muss deshalb bereits im
Rahmen der Grundlagenermittlung nach Leistungsphase 1 des § 15 HOAI die Gegebenheiten des Baugrunds in seine Vorüberlegungen einbeziehen, wobei er auch
die infrage kommenden Gründungsmaßnahmen festzulegen hat.[4] Ebenso muss
der Architekt die Grundwasserverhältnisse aufklären[5], wobei auch die maßgeblichen Niedrigst- und Höchststände entsprechend festgestellt werden müssen.

Allerdings sind **nicht in jedem Fall** Baugrunduntersuchungen vorzunehmen, ob- 9
wohl die Kenntnisse der Boden- und Grundwasserverhältnisse zur mangelfreien
Erbringung der Architektenleistung unerlässlich sind. Ob und in welchem Umfang derartige Untersuchungen erforderlich sind, hängt von den Kenntnissen des

---

1 Zur näheren Betrachtung der systematischen Eingliederung des „Tiefbaurechts" vgl. *Englert/Grauvogl/Maurer*, Handbuch des Baugrund- und Tiefbaurechts, 2. Aufl. 1999, Rz. 1 ff.
2 Vgl. *Lange*, Das Baugrundrisiko – Begriff und Pflichten der am Bau Beteiligten, BauRB 4/03, 118 ff.
3 BGH, VersR 1967, 260; OLG Düsseldorf, IBR 1993, 21; BauR 1991, 219, 220; OLG Frankfurt, IBR 2001, 500; OLG Düsseldorf, BauR 2002,652; OLG Jena, IBR 2002, 320.
4 OLG Jena, IBR 2002, 320; OLG Bamberg, BauRB 7/03, 201.
5 OLG Hamm, BauR 1997, 1069; OLG Düsseldorf, IBR 1993, 21; BGH VersR 1961, 459.

Architekten im Hinblick auf die ortsbezogenen Baugrundverhältnisse bzw. von den speziellen Anforderungen des zu errichtenden Bauwerks ab.

Kennt der Architekt beispielsweise die Bodenverhältnisse aus anderem Zusammenhang – etwa weil er dort schon des Öfteren gebaut hat – ist eine gesonderte Untersuchung grundsätzlich nicht erforderlich.[1]

10 Ein Architekt hat also in jedem Fall zu prüfen, ob und inwieweit seine **persönlichen Kenntnisse** ausreichen, eine entsprechende Beurteilung der Geeignetheit des Baugrunds vorzunehmen. Hat er Zweifel oder fordert die Besonderheit des Bauvorhabens eine entsprechende Untersuchung, muss er diese in jedem Fall durchführen lassen bzw. den Bauherren schriftlich darauf aufmerksam machen, dass hier entsprechende Untersuchungen vorab in Auftrag zu geben sind.[2]

11 Des Weiteren haftet der Architekt in denjenigen Fällen, in denen er zwar Bodenprüfungen selbst vornimmt oder sich auf **durch Dritte** vorgenommene Bodenuntersuchungen stützt, diese aber nicht ausreichen, um den Boden entsprechend zu beurteilen. Auch in diesen Fällen **haftet** der Architekt – wie beim Unterlassen der Untersuchung – **wegen** eines **Planungsfehlers** gemäß § 635 BGB dem Auftraggeber auf Schadensersatz.[3]

12 Werden Baugrunduntersuchungen vorgenommen, muss der Architekt sich in jedem Fall über Verlauf und Ergebnis der vorgenommenen Bodenuntersuchungen informieren (beispielsweise durch Einsichtnahme in Bohrprotokolle etc.) und die Ergebnisse in seine Planungen einfließen lassen. Zieht er aufgrund der Ergebnisse des Gutachtens falsche Schlüsse, haftet er für die vorgenommene falsche Planung.[4]

13 Dabei hat der Architekt auch alle **sonstigen Umstände**, die ggf. Einfluss auf seine Planung nehmen können, ausreichend zu berücksichtigen.

Beispiel:
Das OLG Hamburg ließ den Architekten in einem Fall haften, in dem dieser zwar sich bei seiner Planung an die gewonnenen Erkenntnisse durchgeführter Probebohrungen hielt, jedoch nicht berücksichtigte, dass diese Probebohrungen in einem äußerst trockenen Sommer vorgenommen wurden und deshalb eine für die Planung maßgebliche Beurteilung der Grundwasserverhältnisse nicht in letzter Konsequenz möglich war.[5]

14 Eine **Kategorisierung** der Architektenpflichten im Hinblick auf Tiefbaumaßnahmen lässt sich wie folgt vornehmen:

15 **Prüfungs-, Beratungs- und Hinweispflichten**

▷ Beurteilung (ggf. etwaige Erfahrung), ob die **Bodenbeschaffenheit** für das zu erstellende Gebäude geeignet ist (bei Zweifeln ist dem Bauherrn die Vornahme einer Baugrunduntersuchung zu empfehlen).

---

1 OLG Köln, MDR 1965, 574; *v. Craushaar*, FS Locher, 1990, 9, 10.
2 OLG Hamm, MDR 1957, 419; BGH, BauR 1971, 265.
3 BGH, VersR 1967, 260; BGH, Urteil v. 10. 7. 2003, BauRB, 193.
4 BGH, VersR 1972, 457; BGH, BauR 1996, 404; OLG Köln, BauR 1999, 429.
5 OLG Hamburg, VersR 1965, 623.

Tiefbaurecht   Rz. 17 **Teil 29**

▷ Einholung von Auskünften hinsichtlich der **Grundwassersituation** (bei zu erwartenden Problemen ggf. Bauherrn zur Untersuchung veranlassen).

▷ Berücksichtigung der **Nachbarbebauung** im Hinblick auf zu erwartende Probleme beim Baugrubenaushub/Baugrubensicherung sowie Beratung des Bauherrn zur Vermeidung etwaiger Schäden bei Nachbargebäuden (Durchführung eines Beweissicherungsverfahrens?).

▷ Veranlassung von entsprechenden Untersuchungen, die durch **Besonderheiten** des Bauwerks und/oder des Baugrunds gegeben sind (beispielsweise durch die Lage des Baugebietes (Hanglage, Flussnähe, Moorgebiet etc.) oder durch spezifische Auswirkungen des zu erstellenden Gebäudes (hohe abzutragende Lasten etc.).

▷ Berücksichtigung ausdrücklicher **Hinweise von Behörden** etc. über bereits bekannte Baugrundprobleme (Sandlinsen, Moorgebiete etc.).

▷ Empfehlung an Bauherrn, ggf. **Gutachten** durch Sonderfachleute, wie z. B. Statiker oder Geotechniker erstellen zu lassen (bei Ablehnung solcher Maßnahmen durch den Bauherrn sollte der Architekt **unbedingt schriftlich** darauf hinweisen, dass er diese Untersuchungen für erforderlich hält und bereits jetzt ankündigen, diesbezügliche Schadensersatzansprüche abzulehnen; besser wäre es noch, mit dem Bauherrn schriftlich zu vereinbaren, dass der Architekt von etwaigen Ansprüchen des Bauherrn, die infolge der Nichtdurchführung der empfohlenen Arbeiten entstehen, befreit wird).

▷ Etwaige Untersuchung auf **Kontamination** des Bodens.

Ausschreibungs- und Planungspflichten   16

▷ Verpflichtung des Architekten, die anhand der im Rahmen der Vorbereitung gewonnenen Ergebnisse/Untersuchungsergebnisse in seiner Planung entsprechend zu berücksichtigen (insbesondere für die **richtige Gründung** des Bauwerkes/Ausführung der Baugrube).

▷ Angabe der Baugrundsituation im Rahmen der **Ausschreibung** (§ 9 VOB/A!), damit den Bietern eine einwandfreie Preiskalkulation möglich ist.

▷ Wahl der **sichersten und kostengünstigsten Variante** bei der Auswahl der vorzunehmenden Bau- bzw. Tiefbauverfahren (beispielsweise Vermeidung von Schäden infolge der Baugrundvertiefung bei Nachbargebäuden durch Wahl richtiger Tiefbaumaßnahmen und Baugrubenabsicherungen).

Bauüberwachungspflichten   17

▷ **Überwachung** der **Tiefbaumaßnahmen** (im Falle der Beauftragung mit der Leistungsphase 8 gemäß § 15 HOAI); in diesem Zusammenhang hat der Architekt insbesondere zu überprüfen, ob die durchgeführten Maßnahmen auch den beabsichtigten Erfolg nach sich ziehen bzw. richtig ausgeführt werden (z. B. Bohrpfahlsetzungen, Ankerbefestigungen, Grundwasserhaltung).

▷ **Überprüfung** der Richtigkeit der Durchführung der geplanten Maßnahmen im Hinblick auf möglichst geringe **schädigende Auswirkungen** auf die Nachbargebäude (z. B. Einwirkung von Erschütterungen bei der Herstellung eines Berliner Verbaus; Grundstücksanhebungen infolge von Verpressarbeiten). Unter diesem Gesichtspunkt ist auch zu prüfen, ob nicht dem Bauherrn empfohlen werden sollte, ein **Beweissicherungsverfahren** im Hinblick auf die Nachbarbebauung durchzuführen, um spätere Forderungen der Nachbarn zu vermeiden. Auch können Vorschäden entsprechend festgestellt werden, damit die Nachbarn nicht später eine Sanierung ihrer Altschäden auf Kosten des Bauherrn betreiben.

▷ **Dokumentation** der Bauüberwachung – insbesondere der Tiefbauarbeiten – ggf. durch Führung von Bautagebüchern.

b) Baugrundbezogene Baugrundgutachterpflichten

18 Die Heranziehung eines **Baugrundgutachters** (Geologen oder Bodenmechanikers) ist immer dann geboten, wenn die **besonderen Verhältnisse** des Baugrunds erwarten lassen, dass es bei der Gründung und Errichtung des Bauvorhabens zu Problemen kommen kann. In der Regel erfolgt die Beauftragung eines Sonderfachmanns entweder bereits schon auf das Betreiben des Bauherrn hin oder deshalb, weil der Architekt entsprechende Untersuchungen vor Planung und Ausschreibung der Leistungen verlangt.[1]

19 Der Baugrundgutachter ist verpflichtet, die geologischen Verhältnisse des Baugrundes zu untersuchen, um so dem Bauherrn und seinem Architekten wichtige Tatsachenfeststellungen zur Entscheidungsfindung an die Hand zu geben.[2]

20 Die Ergebnisse baugrundbezogener **Untersuchungen** können allerdings der Sache nach immer nur einen **kleinen Ausschnitt** der tatsächlichen Baugrundverhältnisse darstellen, nämlich der Verhältnisse, die gerade am Ort der vorgenommenen Bohrung vorgefunden werden. Schichtstärken und Bodenverhältnisse lassen sich nur dort bestimmen, wo tatsächlich gebohrt und untersucht wurde. Wird bei solchen Bohrungen im Rahmen eines angelegten Bohrnetzes beispielsweise eine Sandlinse nicht erfasst, kann es hier später zu entsprechenden Setzungsschäden des zu errichtenden Gebäudes kommen, ohne dass den Parteien hier ein entsprechender Vorwurf gemacht werden kann.[3]

21 Erstellen die eingeschalteten Baugrundgutachter fehlerhafte Gutachten, haften diese dem Auftraggeber nach den werkvertraglichen Grundsätzen auf **Schadensersatz**. Sollten Architekt und Bauunternehmer erkannt haben oder hätten erkennen können, dass das Gutachten offensichtlich falsch ist, kommt zudem eine **gesamtschuldnerische Haftung** der Beteiligten in Betracht. Im **Einzelfall** gilt allerdings, dass nur solche Fehler eine Mithaftung bedingen, die dem Architekten oder

---

1 Bei der Haftungsfrage ist zunächst der Umfang der Beauftragung an den Sonderfachmann zu klären: OLG Zweibrücken, IBR 2001, 215.
2 Zum Umfang der Untersuchungspflicht: OLG Düsseldorf, BauRB, 169.
3 LG Köln, BauR 1980, 368.

dem Bauunternehmer „ins Auge springen", da sich ansonsten sowohl Architekt als auch Bauunternehmer auf die fachtechnischen Spezialkenntnisse der Sonderfachleute verlassen können dürfen.[1]

c) Baugrundbezogene Tragwerksplanerpflichten

Ob und inwieweit ein Tragwerksplaner Baugrunduntersuchungen vorzunehmen hat, richtet sich jeweils nach dem Einzelfall. Dem Grunde nach ist zunächst der Architekt verpflichtet, sich die für seine Planung notwendigen Baugrundangaben zu verschaffen, ggf. durch Beauftragung eines Sonderfachmanns durch den Bauherrn.[2] Insoweit wird in der Regel der Tragwerksplaner nicht mit Baugrunduntersuchungsaufgaben betraut.

22

Es stellt sich allerdings die Frage, ob und inwieweit sich der Tragwerksplaner auf die Baugrundangaben des Architekten/Sonderfachmanns bei der Berechnung seiner Statik verlassen darf. Auch hier gilt der Grundsatz, dass der Tragwerksplaner den ihm überlassenen Angaben nicht blindlings vertrauen darf. Wenn er – ohne besondere Fachkenntnisse zu haben – feststellt oder feststellen konnte, dass mit den Baugrundangaben etwas nicht stimmen kann, ist er verpflichtet, Bedenken anzumelden.[3]

23

Der hier dargelegte **Grundsatz** gilt übrigens für alle Beteiligten am Bau:

24

Wenn sich **erkennbare Anhaltspunkte** bieten, die Anlass dazu geben, an den vorgelegten Vorgaben zu zweifeln, müssen die Beteiligten reagieren und können nicht die Augen davor verschließen.[4] Insoweit muss der Tragwerksplaner prüfen, ob die ihm vom Architekten übermittelten Pläne sich so – insbesondere im Hinblick auf die vorgesehenen Gründungsmaßnahmen – realisieren lassen oder ob ggf. besondere Gründungsmaßnahmen erforderlich sind.[5]

Beispiel:
Ein typisches Beispiel für die **Haftung des Tragwerksplaners** zeigt ein Fall des BGH aus dem Jahre 1973:

25

Dem Tragwerksplaner waren die Ergebnisse zweier Bodenproben überreicht worden, von denen eine den Hinweis auf vorhandenen Torfboden enthielt. Der Tragwerksplaner unterließ es nach Auffassung des Gerichts hier, den Bauherrn darauf hinzuweisen, dass ggf. genauere Untersuchungen notwendig waren, da der Baugrund offensichtlich in Teilbereichen stark abweichende Bodenklassen aufwies, was für die Statik für Bedeutung war.[6]

Wenn dem Tragwerksplaner vom Architekten oder Bauherrn Auskünfte über den Baugrund erteilt werden, an deren Richtigkeit zu zweifeln er keinen Anlass findet, so haftet er für entsprechende spätere Schäden nicht.

26

---

1 OLG Köln, IBR 1998, 489; BGH, BauR 1996, 404; OLG Düsseldorf, BauR 1989, 344; BGH, BauRB 7/2003, 199.
2 BGH, VersR 1967, 260; OLG Oldenburg, BauR 1981, 399.
3 OLG Jena, IBR 1998, 74; OLG München, IBR 1997, 111.
4 BGH, VersR 1964, 830; OLG Köln, BauR 1988, 241.
5 OLG München, MDR 1969, 48; OLG Oldenburg, BauR 1981, 399.
6 BGH, NJW 1974, 95.

d) Baugrundbezogene Bauunternehmerpflichten

27 Einem „**Tiefbauunternehmer**" obliegen eine **Vielzahl von Pflichten**, die seine Arbeit schwieriger erscheinen lassen als diejenige eines Hochbauunternehmers. Sie resultieren aus § 3 Nr. 3 Satz 2 VOB/B sowie § 4 Nr. 3 VOB/B. Ergänzend hierzu sind die in dem entsprechenden DIN der VOB/C enthaltenen Hinweise zu beachten (vgl. z. B. DIN 18 300 – Erdarbeiten – Abschnitt 3.7.2):

> „Vor dem Einbau von Boden und Fels für Erdbauwerke ist die Gründungssohle auf Eignung für das Erdbauwerk zu prüfen (siehe B § 4 Nr. 3). Ungeeignete Bodenarten, z. B. Schlamm, Torf, sowie Hindernisse, z. B. Baumstümpfe, Baumwurzeln, Bauwerksreste, sind dem Auftraggeber mitzuteilen. Die zu treffenden Maßnahmen sind Besondere Leistungen."

28 Dies gilt insbesondere im Hinblick auf die sich aus den Arbeiten im Erdreich ergebenden besonderen **Gefahren für Mitarbeiter und Maschinen** (inkl. der Verkehrssicherungspflichten), auf etwaige **Schäden an Nachbargebäuden** und auf die Verhinderung von sog. **Spartenschäden**, d. h. der Beschädigung von bereits verlegten Kanälen und Leitungen. Des Weiteren ist von dem Tiefbauunternehmer insbesondere auf die Einhaltung wasser- und umweltrechtlicher Auflagen und Gesetze zu achten.

29 Diese Pflichten stellen hohe Anforderungen an den Tiefbauunternehmer. Der Unternehmer hat insbesondere vor Abgabe seines Angebots zu prüfen, welche Bodenverhältnisse er seiner **Kalkulation** zugrunde legen kann, insbesondere, ob die Angaben in der Ausschreibung des Bauherrn/Architekten genügen oder ob weitere Untersuchungen erforderlich sind.

30 Was von einem Unternehmer in der jeweiligen Lage verlangt wird, hängt von den Umständen des Einzelfalls ab. **Grundsätzlich** gilt, dass der Unternehmer im Hinblick auf die baugrundbezogenen Angaben lediglich eine **Plausibilitätsprüfung** vorzunehmen hat. Je genauer die Angaben in der Ausschreibung bzw. in dem Baugrundgutachten sind, desto eher kann sich der Unternehmer hierauf verlassen.[1]

31 In seinem Urteil vom 15. 2. 2001 stellte das OLG Bremen zum Umfang der Prüfungspflichten eines Bauunternehmers im Hinblick auf sein Vorgewerk (hier: vom Vorunternehmer vorgenommener Bodenaustausch) fest:[2]

> „Welche Anforderungen an die Prüfungspflicht des Bauunternehmers im Einzelnen zu stellen sind, bestimmt sich u. a. nach den vom Unternehmer zu erwartenden Fachkenntnissen, nach seiner Kenntnis vom Informationsstand des Vorunternehmers und überhaupt durch alle Umstände, die für den Unternehmer bei hinreichend sorgfältiger Prüfung als bedeutsam erkennbar sind. Dabei sind die Anforderungen an die Erfüllung einer solchen Verpflichtung um so höher, je wichtiger die Überprüfung für den Erfolg der Baumaßnahme ist. Dass sie damit im Bereich der Gründung eines Gebäudes am höchsten ist, liegt auf der Hand. Will oder kann der Unternehmer die Güte der Vorarbeiten nicht selbst beurteilen, muss er sich gegebenenfalls sachverständig beraten lassen."

32 Es kann dem Unternehmer bei Abgabe seines Angebots nicht zugemutet werden, innerhalb der ihm nur zur Verfügung stehenden kurzen Zeit für die Abgabe des

---

1 Nach OLG Hamm, IBR 1994, 95 braucht ein Unternehmer nicht zu erwartende Bodenerschwernisse dann nicht einzukalkulieren, wenn die vorzufindenden Bodenklassen genau klassifiziert sind.
2 OLG Bremen, NZBau 2001, 684.

Angebotes eine intensivere Prüfung vorzunehmen.[1] Der Bieter muss allerdings grundsätzlich auch die **Gründungsverhältnisse überprüfen**, soweit ihm aus seiner Fachkenntnis heraus dies möglich ist. Insbesondere hat er festzustellen, welche Bodenuntersuchungen durchgeführt worden sind, ob diese aus seiner Sicht richtig ausgewertet wurden und den für seine Leistung erforderlichen Aussagewert haben.[2]

Eine **Baugrunduntersuchungspflicht** besteht jedoch für den Auftragnehmer/Bieter **nicht**, es sei denn, er hat sich ausdrücklich hierzu verpflichtet. Lediglich für den Fall, dass der Auftragnehmer ohne größere Mühen Unklarheiten aufgrund seines Fachwissens oder ggf. Spezialwissens (beispielsweise als Fachunternehmer für Spezial- und Tiefgründungen) erkennen konnte, bestehen entsprechende Hinweispflichten. Eigene kostenintensive Untersuchungen des Bodens können jedoch vom Auftragnehmer nicht – ohne entsprechende vertragliche Vereinbarung – verlangt werden.[3]

33

Tauchen während der Ausführung der Arbeiten Hinweise auf, die den Unternehmer Anlass geben, an der Richtigkeit der Baugrundangaben des Architekten oder des Bauherrn zu zweifeln, muss dieser **Bedenken anmelden**.[4] Der Unternehmer hat zudem die Pflicht, die ihm vorgelegten Ausschreibungsunterlagen (Text und Pläne) zu überprüfen und bei zu erwartenden Problemen oder Ungenauigkeiten entsprechende Hinweise zu geben.

34

Nach herrschender Ansicht bestehen nicht nur nach Beauftragung durch den Auftraggeber für den Auftragnehmer Hinweis und Überprüfungspflichten (z. B. § 4 Nr. 3 VOB/B), sondern auch bereits während der Ausschreibung. Der Auftragnehmer/Bieter darf seine Augen nicht vor Unklarheiten verschließen und muss den Auftraggeber entsprechend hierauf hinweisen.[5] In der Rechtsprechung werden die Fragen der Prüfungspflicht und der Erkennbarkeit in aller Regel unter dem Stichwort „**Erkennbarkeit einer lückenhaften Leistungsbeschreibung**" diskutiert.

35

Sind Ausschreibungsunterlagen für den Bieter erkennbar lückenhaft, muss er den Auftraggeber entsprechende **Hinweise geben**. Wenn die Lückenhaftigkeit des Leistungsverzeichnisses für den Bieter erkennbar war, durfte er nicht auf dessen Richtigkeit vertrauen und verliert so eine Schutzwürdigkeit (und seine Ansprüche auf Mehrvergütung).[6]

36

Kann der Bieter die Unvollständigkeit und somit Fehlerhaftigkeit der Leistungsbeschreibung erkennen, hat er demnach keine Ansprüche auf Schadensersatz (Mehrkosten) aus den Grundsätzen der culpa in contrahendo.[7]

---

1 BGH, BauR 1987, 683.
2 *Jebe/Vygen*, Der Bauingenieur in seiner rechtlichen Verantwortung, 1. Aufl. 1981, S. 340.
3 OLG Schleswig, IBR 1995, 375; *Ingenstau/Korbion*, 14. Aufl. 2001, B § 4 Rz. 197.
4 Nach OLG München, IBR 1999, 522 muss der Bauunternehmer „Boden-Alarmsignale" beachten.
5 *Bühl*, BauR 1992, 26; BGH, BauR 1988, 338; BGH, NJW 1994, 850; OLG Celle, IBR 1997, 280.
6 OLG Hamm, NJW-RR 1994, 406; BGH, NJW 1966, 498; BGH, BauR 1988, 338.
7 BGH, NJW 1994, 850; BGH, NJW 1966, 498; siehe hierzu im Einzelnen: *Lange*, Baugrundhaftung und Baugrundrisiko, 1997, S. 147 ff.

37 **Deshalb ist der Bieter verpflichtet, bei erkennbaren Lücken der Leistungsbeschreibung**

▷ sich daraus ergebende Fragen vor Abgabe seines Angebots zu klären.

▷ Unklarheiten durch Nachfrage (schriftlich) auszuräumen.

▷ weitere Angaben bei unzureichenden Vorgaben (insbesondere fehlendes Baugrundgutachten) abzufragen bzw. zu verlangen.

38 Bekommt der Bieter den Auftrag und hat er auf erkennbare Unvollständigkeiten nicht hingewiesen, hat er in aller Regel später **keinerlei Ansprüche auf Ersatz** etwaiger Mehrkosten und die **Berücksichtigung von Beeinträchtigungen** bei vereinbarten Ausführungsfristen. Insofern sollte es das ureigenste Interesse jedes Bieters sein, die Leistungsbeschreibungen möglichst genau zu prüfen und nicht darauf zu spekulieren, aufgrund vergessener oder ungenauer Positionen später ggf. Nachträge geltend machen zu können. Bislang hat die Rechtsprechung in diesen Fällen zumeist zulasten des Unternehmers entschieden und ließ den Auftraggeber trotz – gleichfalls zweifellos vorliegender – Fehler bei der Ausschreibung gemäß § 9 VOB/A nicht haften.[1]

e) Baugrundbezogene Bauherrnpflichten

39 Den Bauherrn – oftmals ein Laie – treffen im Zusammenhang mit dem Baugrund und dem auszuführenden Gebäude **erhebliche Sorgfaltspflichten**, die dieser nur teilweise auf Auftragnehmer – wie z. B. den Architekten – abwälzen kann.

40 Eine **Hauptpflicht** des Bauherrn besteht darin, seine Leistung dem Unternehmer gegenüber so **eindeutig und erschöpfend zu beschreiben**, dass alle Bieter die Beschreibung im gleichen Sinne verstehen müssen und ihre Preise sicher und ohne umfangreiche Vorarbeiten berechnen können. Insoweit ist der Architekt Erfüllungsgehilfe des Bauherrn, wenn er das Leistungsverzeichnis erstellt.

41 Die in **§ 9 Nr. 1 VOB/A** festgelegte Pflicht bindet zwar zunächst die öffentliche Hand, ist aber als „Grundgesetz" für die Ausschreibung auch **im privatrechtlichen Vertragsbereich anwendbar**. Ziel ist es, dem Unternehmer eine möglichst konkrete Grundlage zu geben, damit dieser seine Angebotspreise entsprechend berechnen kann. Zu den die Preisbildung beeinflussenden und deshalb zu beschreibenden Umständen gehören auch die Boden- und Wasserverhältnisse an der Baustelle (vgl. § 9 Nr. 3 Abs. 3 VOB/A).

42 Sie sind so zu beschreiben, dass der Bieter ihre Auswirkungen auf die baulichen Anlagen und die Bauausführung hinreichend beurteilen kann, wobei diese Pflicht des Auftraggebers durch das Regelwerk der DIN-Normen und der VOB/C wesentlich erleichtert wird. So ist in der DIN 18299 und der DIN 18300 VOB/C, auf die in § 9 Nr. 3 Abs. 4 VOB/A verwiesen wird, unter anderem geregelt, in wel-

---

1 Vgl. zum Stand der Diskussion, ob nicht ggf. der Auftraggeber anteilig mithaftet: *Englert/Grauvogl/Maurer*, Handbuch des Baugrund- und Tiefbaurechts, 2. Aufl. 1999, Rz. 44.

chem Umfang der Auftraggeber Angaben über die Bodenbeschaffenheit zu machen hat.[1]

Nach Abschnitt 0 der DIN 18299 sind vom Auftraggeber in der Leistungsbeschreibung insbesondere die „Bodenverhältnisse, der Baugrund und seine Tragfähigkeit sowie Ergebnisse von Bodenuntersuchungen" anzugeben. Die Beachtung dieser Punkte ist deshalb Voraussetzung einer ordnungsgemäßen Leistungsbeschreibung.[2]

43

Verzichtet ein Bauherr auf die Erstellung eines Baugrundgutachtens trotz Hinweises seines Architekten, geht dies **zu seinen Lasten**.[3] Die Auswirkungen unrichtiger und falscher Leistungsbeschreibungen spiegeln sich in der Regel in der Form von **Nachträgen des Unternehmers** während des Bauvorhabens wieder.[4]

44

Eine weitere maßgebliche Pflicht des Bauherrn sind **Vorkehrungen zum Schutz der Allgemeinheit**, da sich Baumaßnahmen in der Regel nachteilig auf die Nachbarbebauung auswirken. Hier sind zunächst sowohl die allgemeinen Verkehrssicherungspflichten zu berücksichtigen als auch die Regelungen des BGB zum Schutz der Nachbargrundstücke (§§ 906, 909 BGB).[5]

45

Gerade im Hinblick auf die **Vertiefungsarbeiten** des Grundstücks (§ 909 BGB), die in der Entnahme von Bodenbestandteilen, dem Abbruch unterirdischer Gebäudeteile und der Entfernung von Baugrundsicherungsteilen bestehen können sowie im Hinblick auf nachteilige Einwirkungen auf das Grundwasser mit einem damit verbundenen Stützverlust, bestehen **erhebliche Pflichten** des Bauherrn, die nur teilweise auf den Architekten und den Sonderfachmann übergeleitet werden können.[6]

46

3. Ausschreibung und Vertragsgestaltung

a) Die Ausschreibung von Tiefbauarbeiten

Im Rahmen seiner vertraglichen Verpflichtungen ist der **Architekt** im Regelfall verpflichtet, neben einer mangelfreien Planung dem Auftraggeber auch im Rahmen der **Leistungsphase 6** des § 15 HOAI eine mangelfreie und ordnungsgemäße Ausschreibung zur Verfügung zu stellen. Viele Probleme bei der Ausführung von Tiefbauarbeiten resultieren in der Regel aber gerade daraus, dass die Leistungs-

47

---

1 Eine Zusammenstellung aller für den Baugrund relevanten DIN-Normen findet man bei *Englert/Grauvogl/Maurer*, Handbuch des Baugrund- und Tiefbaurechts, 2. Aufl. 1999, Rz. 851 ff. Zur Bedeutung der VOB/C im Zusammenhang mit der Auslegung von vertraglichen Pflichten vgl. *Mantscheff*, FS Korbion, 1986, S. 295 ff. und *Motzke*, Beck'scher VOB-Kommentar, VOB Teil C, S. 19 ff.
2 *Franke*, ZfBR 1988, 204.
3 OLG München, IBR 2003, 9.
4 Die hier maßgeblichen Fragen sind bereits vorab in diesem Buch abgehandelt worden. Zu etwaigen Mehrkostenforderungen wegen veränderter oder unvorhergesehener Baugrundverhältnisse siehe unten.
5 Siehe hier im Einzelnen *Englert/Grauvogl/Maurer*, Handbuch des Baugrund- und Tiefbaurechts, 2. Aufl. 1999, Rz. 668 ff.
6 Vgl. insbesondere hierzu *Englert/Grauvogl/Maurer*, Handbuch des Baugrund- und Tiefbaurechts, 2. Aufl. 1999, Rz. 696 m. w. N.

beschreibung unvollständig, unklar oder falsch ist. Dies wirkt sich auf Auftragnehmerseite auf Fragen der Mehr- oder Mindervergütungen, Gewährleistung oder Schadensersatz aus.

48 Der Auftraggeber haftet dem Auftragnehmer für Fehler bei der Erstellung des Leistungsverzeichnisses auf **Schadensersatz** aus dem Gesichtspunkt der culpa in contrahendo (**cic**)[1], wobei ihm ein etwaiges Verschulden seines Architekten gemäß § 278 BGB zugerechnet wird. Dieser Anspruch resultiert aus der Verletzung „berechtigten", also „schützenswerten" Vertrauens durch den Auftraggeber.[2] **Bereits bei der Aufnahme von Vergabeverhandlungen** zwischen Bauherren und Unternehmern entsteht ein vorvertragliches Vertrauensverhältnis, das bei Verletzung von hieraus resultierenden Rechtspflichten zu Schadensersatzansprüchen des Auftragnehmers führen kann.[3]

49 In aller Regel wird vom ausschreibenden Architekten bereits bei der Erstellung der Leistungsbeschreibung außer Acht gelassen, dass es eine Vielzahl von Regelungen und Normen gibt, die im Zuge der Leistungsbeschreibung zu berücksichtigen sind.

50 Als **Grundregel** für eine richtige und vollständige Leistungsbeschreibung ist dabei **§ 9 VOB/A** anzusehen, der nicht nur die öffentliche Hand bindet, sondern in seinem Kerngehalt auch für alle Bauverträge[4] – also auch bei privaten Auftraggebern – gilt. So ist nach § 9 Nr. 1 VOB/A der Auftraggeber verpflichtet, seine Leistung so eindeutig und erschöpfend zu beschreiben, dass alle Bieter die Beschreibung im gleichen Sinne verstehen müssen und ihre Preise sicher und ohne umfangreiche Vorarbeiten berechnen können.

51 Neben der Generalklausel des § 9 VOB/A[5] sind auch die Forderungen der DIN 18299 zu beachten. In dieser DIN-Norm sind sämtliche bei der Aufstellung der Leistungsbeschreibung zu beachtenden Kriterien in Form einer **Prüfliste** aufgeführt, die bei jeder Ausschreibung unbedingt herangezogen werden sollte. Nach Abschnitt 0 der DIN 18299 sind dem Auftraggeber insbesondere die „Bodenverhältnisse, der Baugrund und seine Tragfähigkeit sowie die Ergebnisse von Bodenuntersuchungen" anzugeben.[6]

52 Neben diesen allgemeinen Regelungen enthalten insbesondere die **Spezialregelungen** der DIN 18300 (Erdarbeiten), der DIN 4020 sowie der DIN 1054 (Baugrund), DIN 4022 (Baugrund und Grundwasser) sowie DIN 1896 (Erd- und Grundbau) wichtige technische Vorgaben und Hilfen, die jeder Ausschreibende beachten sollte.[7] Beispielsweise sind nach der DIN 18300 (Ausgabe September 1988), die speziell für Erdarbeiten gelten, insbesondere hydrologische Werte von Grund-

---

1 BGH, NJW 1966, 498; BauR 1988, 238; BauR 1994, 236.
2 BGH, NJW 1966, 498; BGH, NJW 1981, 1035.
3 *Heiermann/Riedl/Rusam*, 9. Aufl. 2000, A § 9 Rz. 43 m. w. N.; *Lange*, Baugrundhaftung und Baugrundrisiko, 1997, S. 149 m. w. N.
4 BGH, VersR 1966, 488; *Ingenstau/Korbion*, 14. Aufl. 2001, A § 9 Rz. 2.
5 Hier ist besonders noch § 9 Nr. 3 Abs. 3 VOB/A zu beachten, wobei zu den anzugebenden Umständen auch die Boden- und Wasserverhältnisse an der Baustelle zählen.
6 Instruktiv *Franke*, ZfBR 1988, 204.
7 Vgl. hierzu mit weiteren Nachweisen und Darstellungen: *Englert/Grauvogl/Maurer*, Handbuch des Baugrund- und Tiefbaurechts, 2. Aufl. 1999, Rz. 115 ff.

wasser und Gewässern (Ziff. 0.1.3), Ergebnisse der Boden- und Felsuntersuchung (Ziff. 0.1.4) sowie einzelne Boden- und Felsarten (Ziff. 0.1.42) zu benennen.

Insoweit muss der Architekt bei der Erstellung der Leistungsbeschreibung **sämtliche Regelungen** der geltenden VOB/C **beachten** und in seine Ausschreibung einfließen lassen.[1] Diese Pflicht wird jedoch oftmals nur unvollständig wahrgenommen und führt auf Auftragnehmerseite später zu entsprechenden Problemen, die sich insbesondere im Rahmen von **Mehrvergütungen** (hier insbesondere das Problem der Mehrvergütung bei abweichendem Baugrund) und **Schadensersatzansprüchen** infolge von Schäden auswirken. 53

Die **Rechtsprechung** fordert insbesondere im Fall von unklaren Leistungsverzeichnissen von dem jeweiligen Tiefbauunternehmer, dass er hier Unklarheiten und Ungenauigkeiten erkennt und – vor Auftragsvergabe – hierauf entsprechend hinweist. Unterlässt er dies, kann er später keine Ansprüche auf Mehrvergütung geltend machen.[2] 54

Weitere **Besonderheiten** existieren bei der Ausschreibung von **Tunnelbauwerken**, da hier im Rahmen des Vortriebs jeweils unterschiedliche Erfordernisse angetroffen werden können, die sowohl im Hinblick auf die durchzuführenden Arbeiten als auch auf die durchzuführenden Sicherheitsmaßnahmen flexible Reaktionen des Auftragnehmers im Rahmen der zu erbringenden Leistungen verlangen. Bei der hier erforderlichen speziellen Ausschreibung werden die Planungen und Leistungen lediglich vorläufig vertraglich fixiert und – je nach Fortschritt – geändert und angepasst (sog. Neue Österreichische Tunnelbaumethode).[3] 55

Besonderheiten bestehen auch bei der Ausschreibung von Tiefbauarbeiten im Hinblick auf die **Sanierung kontaminierter Böden**. Nicht nur, dass in den einschlägigen Spezial-DIN-Normen zusätzliche Anforderungen zu beachten sind (beispielsweise muss nach DIN 18300 bei Erdarbeiten die Schadstoffbelastung des Baugrunds angegeben werden), die angetroffenen Böden können auch – insbesondere bei der Sanierung von Deponien – nicht erwartete Reaktionen oder Bodenzusammensetzungen zeigen, die eine völlige Änderung der geplanten Maßnahmen erforderlich machen.[4] 56

---

1 Zur Prüfung von einzelnen DIN-Vorschriften vgl. die Aufsatzserie von *Englert/Grauvogl*, Jahrbuch Baurecht, 1998, Die VOB Teil C und der Bauvertrag, 315 ff.; DIN 18 299 Ausgabe Juni 1996, 342 ff.; Jahrbuch Baurecht 1999, ATV DIN 18300 – Erdarbeiten, 287 ff.; Jahrbuch Baurecht 2000, ATV DIN 18 301 – Bohrarbeiten, 174 ff.; Jahrbuch Baurecht 2001, ATV DIN 18302 – Brunnenbauarbeiten, 263 ff.; die Serie wird in jährlichen Abständen fortgesetzt. Umfassend zu diesem Thema unter Kommentierung einzelner DIN-Normen durch Ingenieure und Juristen: Beck'scher VOB-Kommentar, Teil C, 1. Aufl. 2003.
2 Vgl. hierzu insbesondere das Grundsatzurteil des BGH, BauR 1988, 338 – spekulative Kalkulation; *Lange*, FS v. Craushaar, 1997, 271 ff.
3 *Nicklisch*, Beilage 20, BB 1991, S. 6 ff., *Englert/Grauvogl/Maurer*, Handbuch des Baugrund- und Tiefbaurechts, 2. Aufl. 1999, Rz. 125 m. w. N. Die Empfehlungen des Deutschen Ausschusses für unterirdisches Bauen e. V. zur „Funktionalen Leistungsbeschreibung von Verkehrstunnelbauwerken", die bei der Ausschreibung von Verkehrstunnelbauwerken zu beachten sind, sind komplett abgedruckt bei *Englert/Grauvogl/Maurer*, Handbuch des Baugrund- und Tiefbaurechts, 2. Aufl. 1999, Rz. 126.
4 Ein Überblick über die einzubehaltenden DIN-Normen geben *Englert/Grauvogl/Maurer*, Handbuch des Baugrund- und Tiefbaurechts, 2. Aufl. 1999, Rz. 136 ff.; ebenfalls zu Rate

b) Der Vertragsschluss bei Tiefbauarbeiten

57 Grundsätzlich gelten für den Vertragsschluss bei Tiefbauarbeiten die gleichen Grundsätze und Regeln, die auch für den Abschluss „normaler" Bauverträge gelten. Hinzuweisen ist insbesondere darauf, dass auf die **Dokumentation** der die vertragliche Leistung bestimmenden Unterlagen – hier insbesondere Pläne, Schnitte etc. – größtes Augenmerk zu legen ist.

Hinweis:
Es ist zu empfehlen, die Vertragsunterlagen einheitlich zu binden oder wenigstens die einzelnen Seiten zu paraphieren, wobei die Anlage und Paraphierung von detaillierten Planlisten eine Selbstverständlichkeit sein sollte.

58 Üblich im Tiefbaurecht sind auch speziell auf die Anforderungen des jeweiligen Unternehmens zugeschnittene AGB, deren Wirksamkeit im Einzelnen ebenso im Rahmen der Rechtsberatung zu überprüfen ist wie bei normalen Bauverträgen.

59 Aus Auftraggebersicht wird im Rahmen seiner Vertragsbedingungen versucht, Baugrundrisiken im größtmöglichen Umfange auf den Auftragnehmer abzuwälzen.[1] Es werden Klauseln verwendet, wie:[2]

„Änderungen der Bodenklasse gegenüber der Ausschreibung und dem Bodengutachten berechtigen nicht zu Mehrforderungen."

„Der Auftragnehmer übernimmt die volle Verantwortung für die richtige Gründung und die Standfestigkeit der Bauwerke und Leitungen."

„Die gegebenenfalls in den Ausführungsunterlagen dargestellten Bodenarten, Grundwasserstände und unterirdischen Anlagen dienen nur als Anhalt. Der Auftraggeber übernimmt keine Gewähr für die Richtigkeit und Vollständigkeit der Angaben."

„Der Auftragnehmer lässt Boden- und Wasseruntersuchungen, hydrologische Untersuchungen, soweit diese nicht im Bodengutachten erfasst, doch erforderlich sind, erstellen."

60 Der Hauptverband der Deutschen Bauindustrie e. V. hat **Muster-AGB** entwickelt (AGB Spezial Tiefbau), deren Anwendung den jeweiligen Tiefbau- bzw. Spezialtiefbauunternehmen empfohlen wird.[3] Selbst ernanntes Ziel der AGB Spezial Tiefbau ist die Regelung von Bereichen, die weder im Gesetz, noch in der VOB Niederschlag gefunden haben unter besonderer Berücksichtigung der Belange des Spezialtiefbaus. Sie sollen zur „kalkulierbaren Kostentragung" und zur Vermeidung von Streitigkeiten beitragen.

61 Im Wesentlichen enthalten die AGB sinnvolle Ergänzungen zu den Regelungen der VOB/B sowie detaillierte spezielle technische Bedingungen für sämtliche Ar-

---

zu ziehen sind die Empfehlungen des Arbeitskreises „Geotechnik der Deponien und Altlasten" der Deutschen Gesellschaft für Erd- und Grundbau e. V., z. B. 2. Aufl. 1993.

1 Vgl. z. B. *Kapellmann/Schiffers*, Vergütung, Nachträge und Behinderungsfolgen beim Bauvertrag, Bd. I: Einheitspreisvertrag, 4. Aufl. 2000, Rz. 758 ff.

2 Vgl. *Kienmoser*, Unzulässige Bauvertragsklauseln, 2. Aufl. 1999, S. 60, 61; *Heiermann/Riedl/Rusam*, 9. Aufl. 2000, A § 9 Rz. 6; *Glatzel/Hofmann/Frikell*, Unwirksame Bauvertragsklauseln, 9. Aufl. 2000, S. 122 f.

3 Die Allgemeinen Geschäftsbedingungen Spezial Tiefbau sind abgedruckt im Anhang J bei *Englert/Grauvogl/Maurer*, Handbuch des Baugrund- und Tiefbaurechts, 2. Aufl. 1999, S. 866 ff.

ten der Spezialtiefbauarbeiten, wie z. B. Schlitzwandarbeiten, Ortbeton-Rammpfähle, tiefe Verdichtungsarbeiten und Verbauarbeiten mit Ausfachung.

Hinweis: 62
Bei der Beratung von Spezialtiefbauunternehmen sollte in jedem Fall empfohlen werden, die dort verwendeten AGB auf deren **Wirksamkeit** in Bezug auf die sich ständig spezialisierende Rechtsprechung zu überprüfen und ggf. die Anwendung der AGB Spezial Tiefbau zu empfehlen bzw. hier Lücken der bisher verwendeten AGB entsprechend zu ergänzen.[1]

Eine **Besonderheit der Vertragsgestaltung** ergibt sich aus der vertraglichen Behandlung des bei den Tiefbauarbeiten in aller Regel anfallenden **Baugrundmaterials**. Dieses Material ist nicht mit dem normalen bei üblichen Bauarbeiten anfallenden Bauschutt zu verwechseln. Letzteren hat der Auftragnehmer auf eigene Kosten zu beseitigen. Bei den hier angesprochenen Tiefbau- und Spezialtiefbauarbeiten ist das ausgegrabene Material gemäß §§ 953, 94 BGB als „**Bestandteil des Grundstücks**" zu werten mit der Folge, dass dieses Material zunächst im Eigentum des Grundstückseigentümers verbleibt. Allerdings ist es möglich, hier durch entsprechende vertragliche Regelungen anderes zu vereinbaren.[2] 63

Hinweis: 64
Bei der Abfassung von Tiefbauverträgen ist darauf zu achten, ob hier ggf. eine von der gesetzlichen und den Vertragsbestandteil werdenden DIN-Regelungen der VOB/C anderweitige Regelung getroffen werden soll.

Probleme wird in aller Regel kontaminierter Boden bereiten, dessen Entfernung bzw. Aufbereitung erhebliche Kosten auslösen kann. Aufgrund der oftmals nicht abzuschätzenden ungewissen Kosten sollte aus Sicht des Tiefbauunternehmens eine Regelung vereinbart werden, wonach es grundsätzlich **Sache des Eigentümers/Bauherrn** bleibt, dieses Material zu entsorgen. Ggf. kann individualvertraglich vereinbart werden, dass der Auftragnehmer das Material in sein Eigentum übernimmt und entsorgt, wobei allerdings hier in Bezug auf die Vereinbarung von Pauschalbeträgen Vorsicht geboten ist. 65

Englert schlägt folgende vertragliche Regelung vor:[3]

Der Auftraggeber bleibt Eigentümer des gesamten gelösten, geladenen und geförderten Boden- und Felsmaterials. Er ist verantwortlich für die dem Gesetz entsprechende Entsorgung oder Wiederverwendung und trägt auch die dabei anfallenden

---

1 Vgl. hierzu instruktiv die detaillierte Auseinandersetzung mit den einzelnen Regelungen in den AGB bei *Englert/Grauvogl/Maurer*, Handbuch des Baugrund- und Tiefbaurechts, 2. Aufl. 1999, Rz. 150 ff.
2 Diese grundsätzlichen gesetzlichen Bestimmungen sind auch in den einzelnen DIN geregelt, die Tiefbauleistungen betreffen. Beispielsweise ist in DIN 18 300 Ziff. 2.1.1 geregelt, dass gelöster Boden und Fels nicht in das Eigentum des Auftragnehmers übergeht; in DIN 18 301 Ziff. 2.2 ist festgelegt, dass „das Bohrgut nicht in das Eigentum des Auftragnehmers übergeht".
3 Abgedruckt in *Englert/Grauvogl/Maurer*, Handbuch des Baugrund- und Tiefbaurechts, 2. Aufl. 1999, Rz. 91.

Kosten und Gebühren. Soweit Material vorübergehend in den Besitz des Auftragnehmers gelangt (z. B. beim Transport) ist diese nur Besitzdiener (§ 855 BGB).

66 Die von Englert vorgeschlagene Regelung hat den Vorteil, dass der Besitzdiener nur sekundär im Rahmen einer **öffentlich-rechtlichen Verhaltensstörereigenschaft** haftet. An dieser Stelle sei darauf hingewiesen, dass öffentlich-rechtliche Vorschriften zur Behandlung von Boden- und Felsmaterial erhebliche Bedeutung erlangt haben. Insbesondere die geltenden wasserrechtlichen und abfallrechtlichen Bestimmungen sind zu berücksichtigen, wobei diese nahezu permanent überarbeitet werden.[1]

67 Zusammenfassend sind bei der Vertragsgestaltung für den Bereich des Tiefbaus/Spezialtiefbaus folgende Grundregeln zu beachten:

▷ Grundsätzlich gilt das Gleiche wie bei Verträgen über den Hochbau.

▷ Es sollte die VOB/B und VOB/C vereinbart werden, ggf. die AGB Spezialtiefbau.

▷ Es sollten vertragliche Regelungen für die Regelung des Baugrundrisikos und des Eigentums an gelöstem Boden vereinbart werden.

▷ Der Auftragnehmer sollte vor Abschluss des Vertrages auf mögliche Probleme mit dem Baugrund oder mit Bedenken gegen die Art der Ausführung hinweisen.

4. Bauausführung und Folgen der Bauleistungsänderung

a) Der Einfluss von Tiefbauarbeiten auf Bau- und Nachbargrundstücke

68 Grund und Boden haben in unserer Gesellschaft aufgrund der Knappheit des Gutes und dessen Unvermehrbarkeit einen hohen wirtschaftlichen Stellenwert, welcher seinen Niederschlag auch im Schutz durch Art. 14 GG gefunden hat. Die optimale Ausnutzung des Baugrundes durch bestmögliche Bebauung kann schnell zu Konflikten mit den Grundstücksnachbarn führen.

69 Der Eigentümer eines Grundstücks kann mit dem Grundstück nach seinem Belieben verfahren und kann grundsätzlich jeden Dritten von der Einwirkung ausschließen. Der Inhalt des Eigentumsrechts bestimmt sich dabei nach Art. 14 Abs. 1 Satz 2 GG durch die Gesetze, wobei § 903 BGB die Befugnisse des Eigentümers grundsätzlich festlegt. Dieses umfassende Recht bedarf zwischen Grundstücksnachbarn eines notwendigen **Interessenausgleichs**, da die jeweilige uneingeschränkte Rechtsausübung die Nutzung benachbarter Grundstücke unmöglich machen würde.[2] Dieser Interessenausgleich wird im BGB durch die **nachbarrechtlichen Regelungen** der §§ 906 ff. BGB vorgenommen.

---

1 Diese Thematik soll hier nicht weiter vertieft werden, siehe hierzu *Garbe/Emden*, BauR 1997, 772 ff.; *Englert/Grauvogl/Maurer*, Handbuch des Baugrund- und Tiefbaurechts, 2. Aufl. 1999, Rz. 192 ff.
2 Grundlegend BGH, NJW 1984, 729.

Eigentumsbeschränkende Vorschriften ergeben sich weiter aus dem Landesrecht in Verbindung mit Art. 124 EGBGB. Alle Bundesländer haben derartige nachbarrechtliche Regelungen erlassen, in denen z. B. die Gründungstiefe, das Errichten von Grenzwänden, das so genannte Hammerschlags- und Leitungsrecht sowie die Veränderung des Grundwasserspiegels geregelt sind.[1]

70

Sonstige **Beschränkungen des Eigentums** ergeben sich **privatrechtlich** vor allem aus den Grundsätzen des nachbarlichen Gemeinschaftsverhältnisses und den zivilrechtlichen Aufopferungstatbeständen, öffentlich-rechtlich aus dem Bau-, dem Raumordnungs-, dem Denkmalschutz-, dem Umweltschutz- und dem Wasserrecht.

71

Den Befugnissen und Einschränkungen des Eigentums gleichgestellt sind die **Inhaber grundstücksgleicher Rechte**, wie z. B. das Erbbaurecht, vgl. § 11 Abs. 1 ErbbRVO, das Wohnungseigentum (strittig) und das Bergwerkseigentum, vgl. § 9 Abs. 1 BBergG. Auch aus einer Grunddienstbarkeit, §§ 1018 ff. BGB, und einem Nießbrauch, §§ 1030 ff. BGB, können eigentumsähnliche Rechtspositionen folgen. Auch wer durch die eingetragene Vormerkung ein gesichertes Anwartschaftsrecht hat, kann bestimmte Rechte des Eigentümers geltend machen.[2]

72

§ 905 BGB gibt dem Eigentümer eines Grundstücks das Recht, Einwirkungen an seinem Grundstück zu verbieten, soweit diese ihn im Nutzungsinteresse am Grundstück beeinträchtigen können. Grundsätzlich sind daher Baumaßnahmen so auszuführen, dass sie nur innerhalb der Grenzen des Baugrundstücks stattfinden. Gemäß § 905 Satz 1 BGB gehört zum Grundstück auch der Luftraum oberhalb des Bodens und der Untergrund, wobei für das Grundwasser die Geltung des § 905 BGB ausgeschlossen ist.[3] Die Weite dieser Rechte nach oben und unten ist nicht in Metern zu bestimmen, aber die Begrenzung liegt dort, wo es keine nachvollziehbaren Interessen des Eigentümers mehr geben kann.

73

Das Recht, Einwirkungen zu verbieten, ist jedoch **eingeschränkt**. Nach § 905 Satz 2 BGB kann der Grundstückseigentümer solche Einwirkungen nicht verbieten, wenn diese in solcher Höhe oder Tiefe stattfinden, dass er an der Ausschließung kein Interesse mehr hat. Wann dies der Fall ist, lässt sich nur am Einzelfall bestimmen. Zu beachten sind dabei die Lage des Grundstücks, die vorgesehene Baumaßnahme, die bestehende und vorhersehbare zukünftige örtliche Bebauung als auch Belange des Gemeinwohls, wobei dann Ausgleichs- oder Entschädigungsansprüche die Folge sein können. Ein wichtiger Gesichtspunkt ist auch die Möglichkeit der Nutzung der Tiefenlage durch den Grundstücksnachbarn. Weiter ist das Recht des Eigentümers durch zahlreiche öffentlich-rechtliche Vorschriften, vor allem aus dem Bauordnungs-, dem Umwelt- und dem Denkmalschutzrecht begrenzt.

74

Der Grundstückseigentümer muss zwar grundsätzlich nicht dulden, dass durch Energieversorgungsunternehmen **Leitungen und Anlagen** auf seinem Grund-

75

---

1 Vgl. die Zusammenstellung bei Palandt/*Bassenge*, 60. Aufl. 2001, Art. 124 EGBGB Rz. 2, 4.
2 Vgl. hierzu BGH, NJW 1991, 2019 f.
3 Vgl. BVerfGE 58, 300, 332 f.

stück verlegt werden. Allerdings können dann die Versorgungsunternehmen ggf. entschädigungspflichtige Enteignungsverfahren anstreben und durchführen.[1]

76 Im **Spannungsfeld** zwischen den schutzwürdigen Interessen des Bauherren und des Nachbarn würde das Verbietungsrecht des § 905 BGB vielfach unangemessene Ergebnisse hervorrufen, weil ein Bauen ohne die zumindest vorübergehende Inanspruchnahme des Nachbargrundstücks häufig nicht möglich ist. Um dieses zu vermeiden, wurde von der Rechtsprechung unter Berufung auf § 242 BGB das **subsidiäre Institut des nachbarlichen Gemeinschaftsverhältnisses** geschaffen, welches in Ausnahmefällen eine weitere Schranke der Rechtsausübung darstellen kann.

77 Danach hat ein Nachbar die **Inanspruchnahme** seines Grundstücks zumindest vorübergehend auch ohne ausdrückliche Regelung im Landesnachbarrecht **zu dulden**, wenn:[2]

▷ eine Baugenehmigung für das Bauvorhaben vorliegt,

▷ eine wesentliche Gefährdung des Nachbargrundstücks ausgeschlossen werden kann,

▷ wenn die allgemein anerkannten Regeln der Baukunst beachtet werden,

▷ möglicherweise entstehende kleinere Schäden dauerhaft saniert werden können,

▷ keine wesentliche merkantile Wertminderung des Nachbargrundstücks eintritt,

▷ das Bauvorhaben ansonsten nicht oder nur unter unverhältnismäßig hohen Kosten ausgeführt werden könnte,

▷ der Bauherr eine angemessene Sicherheitsleistung für mindestens 5 Jahre begibt und

▷ ein angemessener Ausgleich in Geld nach § 906 Abs. 2 Satz 2 BGB analog für die Inanspruchnahme des Nachbargrundstücks an dessen Eigentümer geleistet wird.

78 Die **dauernde Inanspruchnahme** des Nachbargrundstücks ohne Zustimmung des Nachbarn ist nur in ganz engen Ausnahmefällen unter Berufung auf das nachbarliche Gemeinschaftsverhältnis als zulässig anzusehen.

79 Somit ist in folgender Reihenfolge zu prüfen, ob ein Bauvorhaben wegen einer möglichen Beanspruchung eines Nachbargrundstücks zulässig ist:

▷ Das beabsichtige Bauvorhaben beeinträchtigt die gegenwärtige oder zukünftige Nutzung des Nachbargrundstücks.

---

1 Vgl. BGH, NJW 1976, 416.
2 Voraussetzungen nach OLG Stuttgart, NJW 1994, 739 ff.

Wenn ja, darf eine andere technische Bauausführung nicht möglich oder unzumutbar sein und darf nicht die Gefahr eines Schadens für das Nachbargrundstück bestehen.

▷ Ist das Bauvorhaben auch ohne Zustimmung des betroffenen Nachbarn zulässig, wenn die obigen Voraussetzungen des nachbarlichen Gemeinschaftsverhältnisses gegeben sind.

b) Änderungen der Bausausführung

aa) Ursachen und Anordnungsbefugnis des Auftraggebers

Bei der Ausführung von Bauleistungen kommt es häufig zu Änderungen der ursprünglich geplanten Leistungen, die zu Behinderungen und damit verbundenen Mehrkosten führen. 80

Im Tiefbau haben Bauausführungsänderungen in der Regel folgende Ursachen:

▷ Änderungen, die aufgrund der spezifischen Zusammensetzung des Baugrundes erforderlich werden;

▷ Eingriffe aufseiten des Bauherrn durch Planänderungen oder sonstige Anordnungen;

▷ Eingriffe Dritter (Behörden etc.).

Hinweis:
In allen Fällen der Leistungsänderung ist zunächst zu prüfen, ob die zu erbringende Leistung Bestandteil des vertraglich vereinbarten Bausolls ist.

Bei der Prüfung, ob und inwieweit der Auftraggeber nach § 1 Nr. 4 VOB/B Leistungen fordern kann, die zur Ausführung der vertraglichen Leistung erforderlich sind, **bisher** jedoch **im Vertrag noch nicht berücksichtigt** sind, ist als Grundregel neben den vertraglich geschuldeten Leistungen immer auch zu prüfen, ob die geforderten Leistungen bereits in den für die geschuldete Tiefbauleistung anwendbaren **DIN-Normen** bereits als – unentgeltlich – zu erbringende **Nebenleistungen** vorgesehen sind. In diesem Fall schuldet der Auftragnehmer die Leistung, ohne hierfür Mehrvergütung verlangen zu können und ohne einwenden zu können, dass er diese Leistung nicht schulde. 81

Beispiel:
Nach DIN 18 300 – Erdarbeiten – 4.1.2. gehört das Beseitigen von einzelnen Sträuchern und Bäumen bis zu 0,1 m Durchmesser, gemessen 1 m über dem Erdboden sowie der dazu gehörigen Wurzeln und Baumstümpfe zu den nicht gesondert zu vergütenden Leistungen des Auftragnehmers. Wenn jedoch Bäume und Sträucher größeren Durchmessers zu entfernen sind, ist diese eine Besondere Leistung, die gesondert zu vergüten ist (Ziff. 4.2.3.).

Im Tiefbau ist insbesondere auch das **Anordnungsrecht des Auftraggebers** nach § 4 Nr. 1 Abs. 3 VOB/B zu beachten, wonach der Auftraggeber den Auftragnehmer auffordern kann, eine Leistung in einer bestimmten Weise zu erbringen. Gerade im Bereich des Tiefbaus werden oftmals vom Auftraggeber konkrete Ausführun- 82 gen der geschuldeten Leistung vorgeschrieben, da die Koordination des Bauablaufs und ggf. öffentlich-rechtliche Verpflichtungen entsprechende Anforderungen an die Ausführung stellen können. Der Auftragnehmer hat in diesem Fall zu prüfen, ob mit den vom Auftraggeber vorgeschriebenen Ausführungen evtl. Schädigungen der Nachbarbebauung einhergehen können oder ob der Erfolg der Werkleistung auf andere Art und Weise gefährdet ist. In diesem Fall hat der Auftragnehmer gemäß § 4 Nr. 1 Abs. 4 Satz 1 VOB/B **Bedenken anzumelden**.

bb) Mehrvergütung bei Leistungsänderung

83 Gerade im Bereich des Tiefbaurechts zeigen sich die mannigfaltigen Probleme, die das Vergütungssystem der VOB/B mit sich bringt. Die jeweilige Abgrenzung, ob der Auftragnehmer bei (z. B.) abweichenden Baugrund Mehrvergütung nach § 2 Nr. 3, Nr. 5 oder Nr. 6 VOB/B verlangen kann, wird im Bereich des Tiefbaus **kontrovers** diskutiert.[1] Im Folgenden sollen lediglich die in Zusammenhang mit dem Tiefbaurecht relevanten „Grundfälle", auf deren Basis sich praxisgerechte Lösungen ableiten lassen, dargestellt werden.

84 Nach der Systematik der VOB/B lassen sich die für Nachträge maßgeblichen Handlungen des Tiefbauunternehmers in die Kategorie Leistungsmehrungen, Leistungsminderungen, Leistungsänderungen sowie zusätzliche Leistungen einteilen.[2]

85 Ein typischer nach § 2 Nr. 3 VOB/B (**Leistungsmehrung**) zu beurteilender Fall wäre der Folgende:

Beispiel:
Laut LV schuldet der Tiefbauunternehmer den Aushub eines Grabens. Nach den maßgeblichen Plänen und der Ausschreibung war ein Aushub von 1000 m^3 Boden vorgesehen. Später wird bei der Vornahme des gemeinsamen Aufmaßes festgestellt, dass hier tatsächlich 400 m^3 mehr Boden ausgehoben wurden, als vorgesehen.

Nach § 2 Nr. 3 VOB/B erhält der Unternehmer die Mehrleistungen entsprechend vergütet, wobei allerdings der Einheitspreis für die 10 %ige Überschreitung der Mengen (also von 1100 m^3) unverändert bleibt, während für die weiteren 300 m^3 ein neuer Einheitspreis vereinbart werden kann.

86 Dieser Fall der Mengenmehrung ist für Arbeiten im Baugrund **typisch**, da die sich hier im Wesentlichen das **Prognoserisiko** bei Bauarbeiten im Baugrund ausdrückt. Da eine zuverlässige Vorhersage des Baugrundzustands oftmals nicht möglich ist, kann der Tiefbauunternehmer nicht beurteilen, ob die vom Auftraggeber tatsächlich ausgeschriebenen Massen in etwa richtig sind. Insbesondere für Leistungen wie z. B. das „Einbringen von Daueankern in tragfähige Schichten" können oftmals konkrete Vorhersagen nicht gemacht werden.

---

1 Siehe hierzu die umfangreichen und instruktiven Darstellungen bei *Kapellmann/Schiffers*, Vergütung, Nachträge und Behinderungsfolgen beim Bauvertrag, Bd. I: Einheitspreisvertrag, 4. Aufl. 2000 und Bd. II: Pauschalvertrag einschließlich Schlüsselfertigbau, 3. Aufl. 2000; *v. Craushaar*, BauR 1984, 311 ff.; *Englert*, Freiburger Baurechtstage, Tagungsband, 1999, 103 ff.; *Vygen*, BauR 1979, 375; *Vygen*, FS Carl Soergel, 1993, S. 277 ff.; *Lange*, Baugrundhaftung und Baugrundrisiko, 1997, S. 47 ff.
2 Vgl. hierzu die detaillierte Übersicht bei *Englert/Grauvogl/Maurer*, Handbuch des Baugrund- und Tiefbaurechts, 2. Aufl. 1999, Rz. 285.

§ 2 Nr. 3 VOB/B kommt (nur) dann zur Anwendung, wenn sich lediglich die angesetzten **Massen** ändern, ohne dass sich die vertraglich vereinbarte Leistung dem Grunde nach ändert. Soweit Änderungen der Leistung auf Weisungen oder Planänderungen des Bauherrn oder seines Architekten beruhen, findet § 2 Nr. 3 VOB/B keine Anwendung. 87

Hiervon zu unterscheiden sind die Fälle der § 2 Nr. 5 und § 2 Nr. 6 VOB/B. Nach **§ 2 Nr. 5 VOB/B** sind diejenigen Sachverhalte zu vergüten, bei denen sich infolge einer **Änderung der Planung** oder aufgrund andere **Anordnungen** des Auftraggebers bei im Vertrag vorgesehenen Leistung die Grundlagen des Preise geändert haben (so genannte Leistungsänderung). Danach soll ein neuer Preis unter Berücksichtigung von Mehr- oder Mindermengen vereinbart werden (siehe zu den Voraussetzungen zu § 2 Nr. 5 VOB/B und § 2 Nr. 6 VOB/B und deren Abgrenzung bereits Teil 21). 88

Typische Fälle der Leistungsänderung gemäß § 2 Nr. 5 VOB/B aus dem Bereich des Tiefbaus sind Folgende: 89

Beispiel:
Ein Unternehmer bietet den Aufbau, die Vor- und Unterhaltung, den Abbau sowie den Abtransport einer Anlage zur Grundwasserabsenkung und der Wasserhaltung der gesamten Baugrube an. Der Bauherr entschließt sich, die Gebäudesohlen tiefer zu legen. Wegen der Grundwasserverhältnisse wurde es erforderlich, eine nicht geplante Pumpstation einzurichten. Da der Bauherr die Leistung geändert hatte, hatte der Auftragnehmer Anspruch auf Mehrvergütung gemäß § 2 Nr. 5 VOB/B.[1]

Ein Unternehmer sollte eine Pfahlgründung vornehmen. Wegen der Gefahr von Setzungsschäden an Nachbargebäuden sollen die Pfähle nicht, wie vom Unternehmer ursprünglich vorgesehen, gerammt werden, sondern mittels einer Spühlbohrung eingebracht werden. Dem Unternehmer stehen Mehrkosten gemäß § 2 Nr. 5 VOB/B zu, da hier lediglich die Art und Weise der Leistungserbringung (Spülen statt Rammen) geändert wurde.[2]

Laut Ausschreibung und Plan soll eine Baugrube zur Errichtung einer Tiefgarage mit einer Tiefe von 15 m, einer Breite von 50 m und einer Länge von 100 m errichtet werden. Die Baugrubensicherungswände aus tangierenden Bohrpfählen sollen zugleich als Garagenaußenwand Verwendung finden. Wird der Bauentwurf von dem Auftraggeber derart verändert, dass die Tiefgarage um 10 m länger wird und bleiben die Positionen ansonsten gleich, liegt eine Leistungsänderung gemäß § 2 Nr. 5 VOB/B vor.[3]

Nach § 2 Nr. 6 VOB/B steht dem Auftragnehmer ein Anspruch auf „besondere Vergütung" zu, wenn eine im Vertrag **nicht vorgesehene Leistung** gefordert wird. Einige typischer Fälle der Leistungsänderung nach § 2 Nr. 6 VOB/B sind die folgenden: 90

Beispiel:
Statt einer ursprünglich vorgesehenen Spundwand wird ein Berliner Verbau errichtet. Statt des Einsatzes von Filterlanzen wird eine Wasserhaltung mittels Brunnen vorgenommen.

Bei Durchführung von Aushubarbeiten zur Herstellung eines Grabens trifft der Unternehmer unerwartet auf Fließsand, so dass der Graben an einigen Stellen einzubrechen droht. Die erforderlichen Stützmaßnahmen werden vom Auftraggeber angeordnet. Da sich das

---

1 VOB-Stelle Niedersachsen, Stellungnahme vom 15. 12. 1997, Fall 1144, IBR 1998, 244.
2 v. *Craushaar*, BauR 1984, 311, 313; *Lange*, Baugrundhaftung und Baugrundrisiko, 1997, S. 95 ff.
3 *Englert*, Freiburger Baurechtstage, Tagungsband, 1999, 103, 120.

Vorhandensein des Fließsandes aus dem Vertrag und dem Baugrundgutachten zu entnehmenden Ergebnissen nicht hat erkennen lassen, hat der Bauunternehmer insoweit Anspruch auf Erstattung seiner Mehrkosten. Da die Sicherung des Grabens bislang im Leistungsverzeichnis nicht vorgesehen war, handelt es sich um zusätzliche Leistungen im Sinne des § 2 Nr. 6 VOB/B.

91 Anders wäre der genannte Beispielsfall zu beurteilen, wenn bereits im Leistungsverzeichnis **Stützungsmaßnahmen** vorgesehen gewesen wären, diese aber aufgrund der aktuellen Situation vor Ort sich als nicht ausreichend erwiesen hätten und andere Stützmaßnahmen, die mit Mehrkosten verbunden gewesen wären, erforderlich geworden wären. In diesem Fall würde es ich um eine zusätzliche Leistung des § 2 Nr. 5 VOB/B handeln.[1]

92 Neben den soeben dargestellten relativ leicht zu beurteilenden Grundfällen gibt es allerdings auch Fälle, bei denen eine **Beurteilung schwierig** ist und die sich – je nach Sichtweise der Dinge – eindeutig keiner der soeben dargestellten Mehrvergütungsnormen zuordnen lassen. Eine Zwitterstellung nimmt insoweit der **Problembereich Mengenänderungen/Mengenverschiebungen** ein. Hier kommt es häufig vor, dass die im Vertrag ausdrücklich vorgeschriebenen Bodenklassen zwar vom Unternehmer bei seinen Aushubarbeiten angetroffen werden, dass sich jedoch die Mengenverhältnisse, die im Leistungsverzeichnis angegeben waren und nach denen der Tiefbauunternehmer seine Preis kalkuliert hat, so stark geändert haben, dass die vom Unternehmer zuvor kalkulierten Preise nicht mehr auskömmlich sind.

Beispiel:
Nach dem LV sollte ein Unternehmer Boden der Bodenklasse 2.22 (schlammiger Boden – heute Bodenklasse 2) in einer Tiefe von 0,50 m bis 4 m ausheben. Die (heutige) Bodenklasse 3 bis 6: leicht lösbare Bodenarten – leicht lösbarer Fels sollten in einer Tiefe von 0,50 m bis 1 m Tiefe ausgehoben werden. Bei der Durchführung der Arbeiten stellte sich heraus, dass der Boden der Bodenklasse 3 bis 6 nicht – wie vorgesehen – nur bis zu einer Tiefe von 0,50 m bzw. 1 m, sondern tatsächlich bis zu 4 m Tiefe ausgebaggert werden musste. Hierdurch entstanden dem Tiefbauunternehmer erhebliche Mehrkosten.[2]

93 Dieser Fall kann mit entsprechender Argumentation als Fall des § 2 Nr. 3 VOB/B angesehen werden[3], aber auch als eine Leistungsänderung i. S. d. § 2 Nr. 5 VOB/B oder als eine zusätzliche Leistung i. S. d. § 2 Nr. 6 VOB/B darstellen. Das LG Köln entschied, dass dem Tiefbauunternehmer Ersatz seiner Mehrkosten nach § 2 Nr. 6 VOB/B zuzusprechen war. Diese Entscheidung ist in der Literatur allerdings auf erhebliche Kritik gestoßen.[4]

---

1 Siehe zu dem Problem der Abgrenzung zwischen § 2 Nr. 5 VOB/B und § 2 Nr. 6 VOB/B im Bereich des Baugrunds: *Lange*, Baugrundhaftung und Baugrundrisiko, S. 49 ff.; *Englert/Grauvogl/Maurer*, Handbuch des Baugrund- und Tiefbaurechts, 2. Aufl. 1999, Rz. 285 ff.; zum Baugrundrisiko als Problem der VOB/B § 2 Nr. 5 bzw. Nr. 6 vgl. auch: *Heiermann/Riedl/Rusam*, 9. Aufl. 2000, B § 2 Rz. 113, 136 mit Rechtsprechungsübersicht.
2 Nach LG Köln, BauR 1980, 368; vgl. ausführlich zu diesem Fall *Lange*, Baugrundhaftung und Baugrundrisiko, 1997, S. 55 ff.; *v. Craushaar*, BauR 1984, 312, 322; *Putzier*, BauR 1989, 132, 134.
3 Wenn darauf abgestellt wird, dass lediglich ein Graben in der vorgesehenen Tiefe Leistungsinhalt war und ein Graben in dieser – vertraglich geschuldeten – Tiefe auch ausgehoben wurde; in diesem Fall kommt es lediglich zu reinen „Mengenänderungen".
4 *Marbach*, ZfBR 1989, 2, 8; *Vygen*, BauR 1983, 414, 416, 417; *Lange*, Baugrundhaftung und Baugrundrisiko, 1997, S. 57 m. w. N.

Eine patentierte Lösung, wie solche oder ähnliche Fälle in das Vergütungssystem der VOB/B einzuordnen sind, gibt es nicht. Der Wortlaut der § 2 Nr. 3, 5 u. 6 VOB/B ist so weit reichend, dass weder für den Tiefbauunternehmer und Polier vor Ort noch für den Baujuristen eine verlässliche Einordnung möglich ist. 94

Hinweis:
Aus diesem Grund muss in jedem Fall bei festgestellten Leistungsänderungen – gleich welcher Art – eine entsprechende **Anmeldung der Mehrvergütungsansprüche** erfolgen, um dem Ankündigungserfordernis des § 2 Nr. 6 VOB/B – und in aller Regel auch den vertraglichen Vereinbarungen – Genüge zu tun.

Maßgeblich für eine Beurteilung, ob und inwieweit dem Tiefbauunternehmer überhaupt Mehrvergütungsansprüche zustehen – also Leistungsänderungen oder Zusatzleistungen vorliegen –, ist zunächst, dass eine Inhaltsbestimmung der nach Vertrag geschuldeten Leistung vorgenommen wird. 95

Hierzu kann wie folgt vorgegangen werden: 96

▷ Bestimmung des so genannten Bausoll durch Prüfung des Vertrages, der Leistungsbeschreibung, der maßgeblichen Pläne sowie der sonstigen vertraglichen Unterlagen unter Einbeziehung sämtlicher technischer anwendbarer Normen, insbesondere der VOB/C.

▷ Ggf. Auslegung von unklaren oder ungenauen Leistungsbeschreibungen nach den Grundsätzen der Vertragsauslegung (objektiver Empfängerhorizont).

▷ Prüfung, ob der Unternehmer ggf. durch entsprechende Vertragsklauseln bestimmte Risiken der Leistungsausführung übernommen hat (z. B. Planungsrisiko, Erstellen von Baugrundgutachten, Baugrundrisiko etc.).

Wenn die vertraglich geschuldeten Leistung hinreichend geklärt ist, ist zu fragen: 97

▷ Handelt es sich lediglich um eine Mengenmehrung (ohne etwaige Anordnungen oder Planänderungen seitens des Auftraggebers): § 2 Nr. 3 VOB/B

▷ Ist die Mehrung auf eine Anordnung des Auftraggebers zurückzuführen: entweder § 2 Nr. 5 oder § 2 Nr. 6 VOB/B, wobei

▷ § 2 Nr. 5 VOB/B einschlägig ist, wenn es sich um eine Leistungsänderung handelt

▷ § 2 Nr. 6 VOB/B einschlägig ist, wenn es sich um eine zusätzliche Leistung handelt, die bislang im Leistungsverzeichnis so nicht vorgesehen war.[1]

---
1 Zur Abgrenzung von geänderter Leistung und zusätzlicher Leistung vgl. instruktiv: *Kapellmann/Schiffers*, Vergütung, Nachträge und Behinderungsfolgen beim Bauvertrag, Bd. I: Einheitspreisvertrag, 4. Aufl. 2000, Rz. 786–827.

98 Neben den soeben beschriebenen Anspruchsnormen sind auch Fälle der **nicht geforderten Zusatzleistung** gemäß § 2 Nr. 8 Abs. 1 VOB/B sowie Mehrvergütungsansprüche als **Schadensersatz** im Rahmen des § 6 Nr. 6 VOB/B denkbar. Letztere kommen beispielsweise dann in Betracht, wenn ein Tiefbauunternehmer bei der Erstellung einer Baugrube überraschend auf einen starken Grundwassereindrang trifft, mit dem nach dem Baugrundgutachten und den Ausschreibungsunterlagen nicht zu rechnen war. Aufgrund dieser geänderten Verhältnisse kann der Unternehmer in aller Regel nicht zunächst erst Mehrkosten anmelden bzw. einen Nachtrag stellen, sondern muss sofort Entscheidungen treffen und handeln. Derartige Leistungen – beispielsweise der sofortige Einsatz von Pumpen – sind dem Bauherrn unverzüglich anzuzeigen (dann Vergütung nach § 2 Nr. 8 VOB/B).

99 Für etwaige Behinderungen – beispielsweise durch einen längeren Baustillstand und Mehrkosten aufseiten des Unternehmers – kann dieser gemäß § 6 Nr. 6 VOB/B entsprechende Ansprüche geltend machen. Hier gelten im Tiefbaurecht keine anderen Voraussetzungen als im Bereich des Hochbaus, so dass hier auf die ausführlichen Ausführungen in den Teilen 16, 17, 21 dieses Buches verwiesen werden kann.

5. Abnahme

100 Die in § 640 BGB und § 12 VOB/B geregelte Abnahme ist ein zentraler Begriff des Werkvertragrechts und des Baurechts und hat insbesondere für den Tiefbau eine erhebliche Bedeutung. Einigkeit besteht dahin gehend, dass der Abnahmebegriff an sich zweigliedrig[1] ist, d. h., dass die Abnahme zum einen aus der körperlichen Hinnahme des geschuldeten Werks besteht, zum anderen aus der ausdrücklich oder stillschweigend erklärten Billigung des Werkes als im Wesentlichen vertragsgemäßer Leistung.

101 Die Abnahme von Tiefbauleistungen birgt eine **Reihe von Problemen**. Anders als beispielsweise im Hochbau können oftmals Tiefbauleistungen nicht im Nachhinein auf ihre **Funktionsfähigkeit** geprüft werden (und gegebenenfalls ohne größere weitere Kosten nachgebessert werden). In dem Baugrund verlegte Rohrleitungen lassen sich nur mit Mühe und erheblichem Aufwand nachbessern, verlegte Bodenanker zeigen ihre Mangelhaftigkeit erst dann, wenn es zu entsprechenden Schäden an dem errichteten Gebäude kommt.

102 Auf die mit der Abnahme verbundenen **Wirkungen** – Beendigung der Erfüllungspflicht des Auftragnehmers, Umkehr der Beweislast, Beginn der Gewährleistung, Gefahrübergang und Fälligkeit der Vergütung – soll hier nicht weiter eingegangen werden. Grundsätzlich gilt für die Abnahme nach BGB, dass eine Abnahme vorzunehmen ist, wenn das Werk (komplett) hergestellt ist (§ 640 Abs. 1 BGB). Eine Ausnahme gilt lediglich dann, wenn die Abnahme wegen der Beschaffenheit des Werks ausgeschlossen ist.[2]

---

1 Palandt/*Sprau*, 61. Aufl. 2002, § 640 BGB Rz. 2; *Ingenstau/Korbion*, 14. Aufl. 2001, B § 12 Rz. 6.
2 Beachte aber die Besonderheiten der Abnahmeregelungen nach dem Gesetzt zur Beschleunigung fälliger Zahlungen (§ 640 Abs. 1 Satz 2 u. 3 BGB neu eingefügt sowie Abs. 2 geändert durch das Gesetz zur Beschleunigung fälliger Zahlungen, vgl. dazu auch Palandt/*Sprau*, 61. Aufl. 2002, § 632a BGB Rz. 1).

In § 12 VOB/B wird eine weitaus **differenziertere Regelung** der Abnahme vor- 103
genommen. Nach § 12 Nr. 2 VOB/B können auch – ohne eine komplette Fertigstellung des geschuldeten Werks im Übrigen – einzelne in sich abgeschlossene Leistungsteile abgenommen werden, wohingegen Teile der Leistung, die durch die weitere Ausführung der Prüfung und Feststellung entzogen sind, nach § 4 Nr. 10 teilabgenommen werden können.[1]

Während die Teilabnahme nach § 12 Nr. 2 VOB/B eine rechtsgeschäftliche Ab- 104
nahme darstellt, stellt die **Feststellung des Leistungszustandes** nach § 4 Nr. 10 VOB/B[2] lediglich eine sog. technische Abnahme dar. Die Bedeutung einer solchen technischen Abnahme besteht lediglich darin, den Zustand von Teilen der Leistung festzuhalten, wenn diese Teile durch die weitere Ausführung der Prüfung und Feststellung entzogen sind.[3] Letztere Regelung findet insbesondere im Bereich des Tiefbaus Anwendung.

Die **Teilabnahme** gemäß § 12 Nr. 2 VOB/B kann auch dann verlangt werden, 105
wenn vertraglich keine entsprechenden Regelungen getroffen worden sind.[4] Diese rechtliche Teilabnahme entfaltet dabei die gleichen Wirkungen wie die Abnahme für das gesamte Werk. Sollte vom Auftraggeber in seinem Vertragswerk die Teilabnahme komplett ausgeschlossen sein, ist eine solche Klausel wegen Verstoßes gegen § 9 AGB Gesetz (jetzt: § 307 BGB) unwirksam anzusehen.[5]

Gerade im Tiefbaubereich sollten bereits **im Vertrag** (rechtliche) Teilabnahmen 106
zu bestimmten Zeitpunkten der Leistungserbringung **vereinbart werden**. Verbunden ist hiermit für den Auftragnehmer der Vorteil, dass entsprechende Teil-(Schluss-)Rechnungen gestellt werden können.

In der Praxis bereitet allerdings im Hinblick auf die rechtsgeschäftliche Teil- 107
abnahme gemäß § 12 Nr. 2 VOB/B der Begriff der „**in sich abgeschlossenen**" **Leistung** erhebliche Schwierigkeiten.

Während beim Hochbau insbesondere darauf abgestellt wird, ob die Leistung in 108
sich selbst „funktionsfähig" ist, bestehen diesbezüglich im Tiefbau erhebliche Probleme. Insbesondere Leistungen, die **nur hilfsweise in den Baugrund eingebracht** werden – wie zum Beispiel ein vom Auftragnehmer später wieder zu ziehender Verbau oder Bodeninjektionen, deren Vorhandensein nach Ausführung der Arbeiten kaum noch festgestellt werden kann, – bergen für den Auftragnehmer das Risiko, dass er später seine vertragsgerechte Leistung gegenüber dem Bauherrn nicht entsprechend nachweisen kann. In diesen Fällen kann es nicht gelingen, einen funktionierenden, in sich abgeschlossenen Teil der Leistung nachzuweisen.

---
1 Die technische Abnahme, die früher in § 12 Nr. 2b VOB/B geregelt war, ist durch die Reform zur VOB 2000 systematisch als neuer § 4 Nr. 10 VOB/B – ohne inhaltliche Änderung – eingefügt worden. Die rechtliche Teilabnahme – früher § 12 Nr. 2a VOB/B – ist jetzt in § 12 Nr. 2 VOB/B geregelt.
2 Siehe *Ingenstau/Korbion*, 14. Aufl. 2001, B § 4 Rz. 435 ff.
3 Zu den Auswirkungen für die Beweislast *Ingenstau/Korbion*, 14. Aufl. 2001, B § 4 Rz. 440; *Heiermann/Riedl/Rusam*, 9. Aufl. 2000, B § 4 Rz. 109 m. w. N.
4 Hinzuweisen sei an dieser Stelle allerdings darauf, dass Teilabnahmen gemäß § 12 Nr. 1 VOB/B vom Auftragnehmer ausdrücklich (zum Nachweis: schriftlich) zu verlangen sind.
5 BGH, NJW 1997, 394.

109 Bei **temporären Baubehelfen**, wie z. B. einem für nur eine kurze Zeit eingesetzten Berliner Verbau, sollte möglichst schon im Vertrag eine entsprechende Teilabnahme nach Errichtung und Fertigstellung vorgesehen sein. In den AGB Spezialtiefbau sind deshalb Teilabnahmen für Baubehelfe und Bauhilfsgewerke ausdrücklich vorgesehen.[1] Sowohl ein mangelfreier fertig gestellter Verbau als auch beispielsweise eine funktionsfähige Wasserhaltungsanlage lassen sich ohne weiteres als selbständige Leistungsteile im Sinne des § 12 Nr. 2 VOB/B ansehen. Gleiches gilt für die Herstellung einer Rückverankerung. Derartige Tiefbauleistungen lassen sich ohne weiteres als abgrenzbare Teilleistung definieren.

110 Eine solche Teilabnahme hätte für den Auftraggeber auch insofern keinen Nachteil, als eine „Gewährleistung" im üblichen Sinne ohnehin nicht vorliegen kann, da die Bauhilfsgewerke nach der Vorhaltung über einen entsprechenden Zeitraum in der Regel wieder ausgebaut werden.

111 Es entspricht allerdings auch dem Interesse des Auftragnehmers, dass ihm die **Beweislast** für die Mangelfreiheit seiner Leistung zumindest für die Zeit der Vorbereitung abgenommen wird. Gerade bei Großbaustellen, bei denen Bauhilfsgewerke oftmals über mehrere Monate hinweg vorgehalten werden müssen, obliegt so dem Auftragnehmer die Beweislast bis zum durchgeführten Rückbau. Auch würde dem Auftragnehmer weiter der Schutz seiner Bauwerke vor Beschädigung Dritter obliegen, obwohl ggf. der Auftragnehmer schon gar nicht mehr an der Baustelle – bis zum Rückbau seiner Leistung – anwesend ist. Insofern ist es nicht sachgerecht, dem Auftragnehmer in diesen Fällen eine Teilabnahme zu verweigern.[2]

112 Als **maßgeblicher Zeitpunkt für die (Teil-)Abnahme** ist auf den Zeitpunkt der technischen Fertigstellung abzustellen, wobei hiermit jedoch nicht nur die körperliche Fertigstellung des Teilwerkes gemeint sein kann, sondern auch die mit der Herstellung verbundene vertraglich fixierte Funktion.[3]

Beispiel:
Ein Berliner Verbau ist nur dann als fertig gestellt und abnahmereif anzusehen, wenn dieser tatsächlich die Baugrube so stützt, wie vorgesehen. Verdeckte Kanalleitungen werden erst dann als fertig gestellt angesehen werden können, wenn diese die entsprechenden Druckprüfungen bestanden haben. Eine Injektionssohle ist erst dann fertig gestellt, wenn durch Messungen nachgewiesen ist, dass diese tatsächlich dicht ist und kein Grundwasser eindringt.

113 **Weigert sich der Auftraggeber**, hier entsprechende Abnahmen durchzuführen, sollte gemäß § 12 Nr. 1 VOB/B eine Abnahme unter Fristsetzung verlangt werden. Eine Abnahmereife ist jedenfalls dann zu bejahen, wenn der Auftragnehmer durch Messprotokolle oder andere geeignete Unterlagen belegen kann, dass er seine Bauleistungen nach den allgemein anerkannten Regeln der Technik erbracht hat. Ggf. ist hier auf die Bestimmungen der einschlägigen DIN Bezug zu nehmen.

---

1 *Englert/Grauvogl/Maurer*, Handbuch des Baugrund- und Tiefbaurechts, 2. Aufl. 1999, Rz. 412 unter Hinweis auf Ziff. 6 der Allgemeinen Bedingungen Spezialtiefbau.
2 Vgl. hierzu *Englert/Grauvogl/Maurer*, Handbuch des Baugrund- und Tiefbaurechts, 2. Aufl. 1999, Rz. 413.
3 Siehe instruktiv zu dem Thema: *Grauvogl*, Freiburger Baurechtstage, Tagungsband, 1999, S. 89 ff.

Allerdings kann der Auftragnehmer die durchzuführende Abnahme vom Auftraggeber nicht erzwingen.

Lässt sich eine rechtsgeschäftliche Teilabnahme beim Auftraggeber nicht durchsetzen – beispielsweise weil man sich nicht darüber einig ist, ob es sich um eine abgeschlossene Teilleistung handelt oder nicht – lässt sich zumindest eine **technische Teilabnahme nach § 4 Nr. 10 VOB/B** durchführen. Der Vorteil liegt für beide Parteien in der Tatsache, dass Leistungen und Leistungsteile unmittelbar nach ihrer Fertigstellung auf ordnungsgemäße Funktion überprüft werden können. Es liegt auch im Interesse des Auftraggebers, vor Ort entsprechende Feststellungen zu treffen, bevor im Nachhinein nur unter erheblich größerem Aufwand Überprüfungen stattfinden können. 114

Widersetzt sich der Auftraggeber auch dem Verlangen nach einer technischen Abnahme, verstößt er gegen seine **Mitwirkungspflichten** nach § 642 BGB (mit der Folge etwaiger Schadensersatzansprüche des Auftragnehmers aus pVV) und vereitelt insbesondere auch die vom Auftragnehmer angestrebte Beweissicherung. Insofern führt dies zu einer **Umkehr der Beweislast**.[1] Auch wird der Auftraggeber die Kosten für spätere entsprechende Untersuchungen tragen müssen, wenn diese bereits ohne größeren Aufwand zum Zeitpunkt des Abnahmeverlangens des Auftragnehmers durchgeführt werden können. 115

Hinweis: 116
Von **größter Wichtigkeit** ist, dass der Tiefbauunternehmer die von ihm durchgeführten Leistungen entsprechend dokumentiert und sämtliche von den einschlägigen DIN-Normen geforderten Messprotokolle und Nachweise lückenlos führt. Nur unter diesen Voraussetzungen können später Nachteile, die aus unberechtigen Ansprüchen des Auftragnehmers resultieren können, abgewehrt werden.

Als **Fazit** lässt sich festhalten, dass der Auftragnehmer mit dem Auftraggeber rechtsgeschäftliche Teilabnahmen vereinbaren sollte, wenn sich Teilleistungen als in sich abgeschlossene Teile der Leistung i. S. d. § 12 Nr. 2 VOB/B darstellen, im Übrigen aber in jedem Falle technische Teilabnahmen verlangen sollte, damit hinsichtlich der Frage der ordnungsgemäßen Ausführung der Arbeiten später nicht unnötige Kosten entstehen. Aus eigenem Interesse sollte der Auftragnehmer seine Tiefbauleistungen lückenlos und entsprechend der Vorschriften der einschlägigen DIN-Normen dokumentieren. 117

Hinweis: 118
Eine Lösung dieses Problems lässt sich am besten dadurch erreichen, dass bereits **im Vertrag festgelegt** wird, dass und in welchem Umfang Teilleistungen als in sich abgeschlossene Teile der Leistung anzusehen sind und gesondert abgenommen werden können. Zwar kann das Recht des Auftragnehmers auf Abnahme von Teilleistungen vertraglich nicht abbedungen werden, der Streit hierüber führt allerdings in der Regel zu einer Ungewissheit, die sich ggf. erst später prozessual klären lässt.

---

1 *Grauvogl*, Freiburger Baurechtstage, Tagungsband, 1999, S. 100; *Englert/Grauvogl/Maurer*, Handbuch des Baugrund- und Tiefbaurechts, 2. Aufl. 1999, Rz. 407.

Es empfiehlt sich bei der Durchführung von Teilabnahmen in jedem Fall, bereits im **Abnahmeprotokoll** für die bestimmten Leistungen das Ende der Gewährleistungsfrist festzulegen. Auch hierdurch wird unnötige Unsicherheit vermieden.

6. Abrechnung und Leistungsnachweis

119 Für den Auftragnehmer stellt sich bei Arbeiten im oder mit dem Baugrund in der Regel das Problem, dass seine Leistung im Nachhinein nur schwer nachweisbar ist. Dies ist insbesondere problematisch bei Einheitspreisverträgen, bei denen der Werklohn unter Berücksichtigung der tatsächlich geleisteten Massen ermittelt wird.

120 Aus diesem Grunde ist zu empfehlen, eine möglichst lückenlose und umfassende Dokumentation zu führen und auch die Möglichkeit zu nutzen, mit dem Auftraggeber Teilabnahmen zu vereinbaren.

Hinweis:
Bereits im Bauvertrag sollte vereinbart werden, dass und in welcher Weise bestimmte **Dokumentationsarten** vom Auftraggeber später anerkannt werden.

121 **Üblicherweise sollten folgende Arten der Dokumentation Verwendung finden:**

▷ die Führung eines Bautagebuchs

▷ Dokumentation durch Fotografien und/oder Video

▷ Dokumentation und Vorlage von Stundenlohnzetteln/vgl. § 15 VOB/B

▷ Besprechungsprotokolle

▷ Pläne

▷ Materiallisten/Lieferscheine

▷ Technische Protokolle nach Rammarbeiten, Messungen etc.

▷ Grundwasserstandsmessungen

▷ Baugrundgutachten und Gutachterstellungnahmen

122 Der Auftragnehmer sollte sich in jedem Fall vor Vertragsunterzeichnung überlegen, für welche seiner Leistungen welche Art der Dokumentation den besten Nachweis ermöglicht. Insbesondere sind bei einigen Tiefbaumaßnahmen aber auch die Bestimmungen der jeweils geltenden **DIN-Normen**[1] zu berücksichtigen.

---

1 Die DIN-Normen werden von dem gemeinnützigen Verein Deutsche Normen erarbeitet und herausgegeben. Auskünfte über den jeweiligen Stand der Normierung im nationalen, europäischen und internationalen Bereich vermittelt das Deutsche Informationszentrum für technische Regeln (DITR) im DIN, Postanschrift: 10772 Berlin, Telefon (0 30) 26 01–26 00, Telefax: 2 62 81 25; Für den Bereich „Baugrundaufschlüsse" vgl. die Kommentar-Reihe von Prof. Dr.-Ing. *Kany* im Beuth Verlag insb. zu DIN 4021, 4022-1 bis 4022-3, DIN 4023; Beispiele auch bei *Englert/Grauvogl/Maurer*, Handbuch des Baugrund- und Tiefbaurechts, 2. Aufl. 1999, Rz. 248 ff.; zum Aufbau der DIN/ATV vgl. *Kapellmann/Schiffers*, Vergütung, Nachträge und Behinderungsfolgen beim Bauvertrag, Bd. I:

Beispiele: 123

DIN 18 301   Bohrarbeiten

3.3.1 Führen eines Bohrprotokolls

DIN 18 304   Ramm-, Rüttel- und Pressarbeiten

3.3 Aufzeichnungen während des Rammens (Berichte nach DIN 4026, dort 6.5)

DIN 18 305   Wasserhaltungsarbeiten

3.3.5 (Fördern und Ableiten des Wassers) ... „die Dauer des täglichen Pumpens sowie die Anzahl und die Förderleistungen der betriebenen Pumpen ..."

4.1.3 Beobachten und Aufschreiben des Grundwasserstandes innerhalb der Baustelle

DIN 18 309   Einpressarbeiten

3.1.5 Der Auftragnehmer hat über die Einpressarbeiten eine „Liste der Einpresslöcher" zu führen und die Liste bei der Abnahme dem Auftraggeber zu übergeben. In der Liste sind – je nach Lage des Falles – folgende Angaben aufzunehmen:

3.1.5.1 ...

3.1.5.2 Bei jeder Prüfung von Einpresslöchern:

▷ Datum der Prüfung

▷ Tiefe der Messpunkte

▷ Ergebnis der Prüfung

3.1.5.3 Bei jedem Einpressvorgang:

▷ Datum und Uhrzeit des Beginns und des Endes

▷ Bei abschnittsweisem Einpressen Lage und Länge des verpressten Lochabschnitts

▷ Vorgesehener und erreichter Einpressdruck

▷ Art und Zusammensetzung des Einpressgutes

▷ Im Einpressloch – gegebenenfalls in Einpressabschnitten – eingebrachte Menge an Einpressgut, bei Suspensionen zusätzlich die eingebrachte Feststoffmenge

▷ Besondere Vorkommnisse, z. B. Austritte von Einpressgut, abgebrochene Einpressungen

DIN 4125 T1

7.6.6 Ankerherstellungsprotokoll

10.2 Protokollierung der Messergebnisse der Abnahmeprüfung vorgeschrieben

Es sollte keiner besonderen Erwähnung bedürfen, dass selbstverständlich Untersuchungsergebnisse und genommene **Bodenproben aufbewahrt** werden sollten. Eine Dokumentation der durchgeführten Leistungen sollte der Auftragnehmer nicht nur im eigenen Interesse im Hinblick auf die von ihm vorzunehmende Abrechnung erbringen. 124

Einheitspreisvertrag, 4. Aufl. 2000, Rz. 126 ff. sowie Beck'scher Kommentar zur VOB, Teil C, 1. Aufl. 2003.

125 Auch gemäß § 4 Abs. 1 VOB/B ist der Auftragnehmer verpflichtet, den Ablauf der Baustelle entsprechend zu dokumentieren. Die Rechtsprechung des BGH zum **Organisationsverschulden** – verbunden mit einer 30-jährigen Haftung für so genannte „Altfälle" vor dem 1. 1. 2002[1] – macht es für den Tiefbauer unerlässlich, hier besonderes Augenmerk auf die entsprechende Dokumentation zu legen. Der Auftragnehmer muss ggf. später beweisen, dass er für eine ordnungsgemäße Ausführung seiner Arbeiten entsprechend gesorgt hat und seinen Organisationspflichten entsprechend nachgekommen ist.

126 Auch um spätere Rügen des Auftraggebers wegen Leistungsverzug zu vermeiden, sollte der Auftragnehmer darauf achten, dass ihm die vertraglich geschuldeten Pläne, öffentlich-rechtlichen Genehmigungen (die in aller Regel der Auftraggeber zu besorgen hat) sowie sämtliche weiteren erforderlichen **Angaben und Unterlagen rechtzeitig vorgelegt** werden. Sollte der Auftraggeber hier entsprechende Unterlagen später als vereinbart vorlegen, muss der Auftragnehmer in jedem Fall entsprechende Behinderungsanzeigen gemäß § 6 Abs. 1 VOB/B (schriftlich) abgeben, um später nachweisen zu können, dass ein etwaig eingetretener Bauverzug nicht von ihm verursacht wurde.

127 Liegen die vom Auftraggeber geschuldeten Unterlagen nicht rechtzeitig vor – dies gilt insbesondere für fehlende öffentlich-rechtliche Genehmigungen wie z. B. die Baugenehmigung – steht dem Auftragnehmer grundsätzlich **ein Leistungsverweigerungsrecht** zu, von dem er auch Gebrauch machen sollte. Es ist dem Auftragnehmer im Tiefbau dringend anzuraten, keinerlei Baumaßnahmen zu beginnen, wenn entsprechende Genehmigungen noch nicht vorliegen, da er Gefahr läuft, entsprechende Vergütungsansprüche zu verlieren und sich ggf. auch Schadensersatz- und Haftungsansprüchen aussetzt.

128 Einen besonderen Augenmerk hat der Auftragnehmer im Bereich des Tiefbaus auf die **Feststellungen des Baugrundes und der umgebenden Gebäude** zu richten. In aller Regel kommt es durch die Ausführung von Tiefbauarbeiten zu Beeinflussungen der Nachbargrundstücke, die – hier nach Ausmaß der vorzunehmenden Arbeiten – zu erheblichen Beeinträchtigungen und Schäden der Nachbargebäude führen können. Typischerweise hat sich die Rechtsprechung des Öfteren mit Fällen auseinandersetzen müssen, bei denen Rammarbeiten zu Rissen führten.[2] Häufig entsteht im Nachhinein Streit darüber, ob Schäden jeweils neu entstanden sind oder ob sich Altschäden lediglich vergrößert haben.

129 **Hinweis:**
Aus diesen Gründen sollte der Auftragnehmer vor Beginn seiner Tätigkeit eine umfassende **Beweissicherung** sowohl im Hinblick auf das Baugrundstück als auch im Hinblick auf die Nachbargrundstücke und deren Gebäude durchführen lassen. Ob hierbei in jedem Fall ein gerichtliches Beweissicherungsverfahren vorzugswürdig ist, ist eine Entscheidung des Einzelfalles.

---

1 Nach dem 1. 1. 2002 gelten hinsichtlich der Verjährung drei bis maximal zehn Jahre ab dem Zeitpunkt des Erkennens von Schaden und Schädiger.
2 OLG Düsseldorf, BauR 2000, 147 (LS.), OLGR 2000, 30; OLG Hamburg, BauR 1998, 338; OLG Düsseldorf, OLGR 96, 216; OLG Celle, OLGR 95, 244.

In aller Regel wird es ausreichen, einen **Sachverständigen** im Rahmen eines Privatgutachtens zu beauftragen, entsprechende Feststellungen zu treffen, wobei besonderes Augenmerk auf die Beschreibung der Baulichkeiten und die fotografische Dokumentation zu legen ist. Entsprechende Feststellungen können allerdings auch zwischen den Vertragspartnern getroffen werden, wobei hier in jedem Falle eine Niederschrift anzufertigen ist, in die ggf. unterschiedliche Auffassungen eingetragen werden können.[1] Die Kosten einer solchen vor Aufnahme der Arbeiten vorzunehmende Beweissicherung stellen eine nicht vergütungspflichtige Nebenleistung nach den maßgeblichen Regelungen der VOB/C dar, so dass der Auftragnehmer die entsprechenden Kosten zu tragen hat.[2] 130

Gleichfalls sollte der Auftragnehmer darauf achten, dass entsprechende **Ausführungsprotokolle** erstellt werden. Auch diese sind von der VOB/C in den DIN-Regelungen grundsätzlich gefordert, wie z. B. die Führung eines Bauprotokolls nach DIN 18301, Abschnitt 3.3.1 und das Ankerherstellungsprotokoll gemäß DIN 4125 T1 Abschnitt I.6.6. Entsprechende Muster und Vordrucke sind den entsprechenden DIN-Normen zu entnehmen. 131

Um zu vermeiden, dass der Bauherr die Bezahlung der Auftragnehmerrechnung unter Hinweis darauf verweigert, dass diese „nicht prüfbar im Sinne des § 14 Abs. 1 Satz 1 VOB/B" sei, ist es dem Auftragnehmer in jedem Fall anzuraten, dafür zu sorgen, dass mit dem Auftraggeber ein **gemeinsamen Aufmaß** genommen wird, das abschließend von beiden Parteien unterschrieben wird. Nur so ist gewährleistet, dass der Auftraggeber nicht später entsprechende Massenkürzungen vornimmt. 132

Während bei der Abrechnung eines **Einheitspreisvertrages** das Aufmaß für die Abrechnung essenziell ist, muss beim **Pauschalvertrag** lediglich dokumentiert werden, dass die vertraglich geschuldete Leistung tatsächlich erbracht worden ist. Hier empfiehlt es sich lediglich dann entsprechende Aufmaße vorzunehmen, wenn es während der Bauausführung zu Änderungen der Leistung durch den Auftraggeber gekommen ist oder der Auftraggeber oder Auftragnehmer einen Pauschalvertrag gekündigt haben und zur Feststellung der erbrachten Leistungen hier entsprechende Feststellungen vorzunehmen sind.[3] 133

Hinweis: 134
Zwar ist die gemeinsame Stellung eines Aufmaßes keine gegenseitige rechtliche Verpflichtung der Vertragspartner, allerdings sollte in jedem Fall ein gemeinsames Aufmaß genommen werden, um später Streitigkeiten zu vermeiden. **Verweigert** ein Partner seine **Mitwirkung** an der Stellung eines gemeinsamen Aufmaßes unberechtigt und können sich entsprechende Feststellungen später nicht mehr treffen lassen, trägt der die gemeinsamen Feststellungen verweigernde Ver-

---
1 Vgl. hierzu beispielsweise Ziff. 4 der AGB Spezial-Tiefbau.
2 Vgl. z. B. DIN 18303, Abschnitt 4.1.1 Verbauarbeiten; DIN 18304, Abschnitt 4.1.1 Rammarbeiten.
3 Vgl. hierzu auch § 8 Abs. 6 VOB/B.

tragspartner die Beweislast, wenn er entsprechende Angaben im Aufmaß der jeweils anderen Seite bestreitet.[1]

135 Ein besonderes Problem bildet die Vornahme eines **Aufmaßes bei Tiefbauleistungen**. Gerade bei Tiefbauarbeiten besteht ein starkes Interesse des Auftragnehmers an der Vornahme derartiger Feststellungen, deren Entzug bzw. Verhinderung durch den Auftraggeber durchaus als Verstoß gegen die Grundsätze von Treu und Glauben durch den Auftraggeber gewertet werden kann. Eine solche Verweigerung führt in jedem Falle zur **Umkehr der Beweislast** für den Auftraggeber.[2] Der Auftragnehmer sollte den Auftraggeber schriftlich auffordern, ein gemeinsames Aufmaß vorzunehmen, das gemeinsame Aufmaß vor Ort gemeinsam fixieren und unterschreiben und jedem Beteiligten ein Exemplar übermitteln, so dass jede Möglichkeit der Manipulation ausgeschlossen ist.

136 Das so erstellte Aufmaß ist für beide Parteien bindend und hat im Sinne des § 14 Nr. 2 VOB/B die Wirkung eines **deklaratorischen Schuldanerkenntnisses**.[3] Für den Auftragnehmer hat dies den Vorteil, dass der Auftraggeber sich später nicht darauf berufen kann, dass das Aufmaß nicht zutrifft und die angesetzten Massen falsch seien. Nicht aus der Welt geschafft ist allerdings die Problematik, dass es später zu Auseinandersetzungen hinsichtlich der angesetzten Einheitspreise kommt. Dies ist allerdings eher ein Problem der vertraglichen Vereinbarung bzw. der Vornahme und Bestätigung von Nachträgen.

137 Neben der Fixierung der Massen sind vom Auftragnehmer bei der Abrechnung in jedem Fall die **Abrechnungsbestimmungen** der Tiefbauleistungen nach **DIN 18299 ff.** zu beachten, beispielsweise:

DIN 18 301 – Bohrarbeiten: Abrechnung für aufgegebene Bohrungen und Bohrlängen

DIN 18 302 – Brunnenbauarbeiten: Abrechnung für bestimmte Leistungsteile

DIN 18 302 – Verbauarbeiten: Ermittlung des Flächenmaßes

DIN 18 303 – Rammarbeiten: Ermittlung des Gewichts und der Länge der Rammarbeiten

DIN 18 304 – Wasserhaltungsarbeiten: Ermittlung des Betriebs der Wasserhaltungsanlage

DIN 18 309 – Einpressarbeiten: Ermittlung der Einpressbetriebszeit

DIN 18 313 – Schlitzwandarbeiten: Ermittlung des Flächen- und Raummaßes sowie des Gewichtes der Bewehrung

138 Nach § 14 VOB/B ist bereits den Abschlagsrechnungen in der Regel eine **prüfbare Aufstellung der erbrachten Leistungen** beizufügen. Auch hier sollte gerade in Bezug auf Tiefbauarbeiten mit dem Auftraggeber bereits im Vorfeld vereinbart werden, in welcher Weise hier entsprechende Nachweise tatsächlich erbracht werden können.

---

1 *Ingenstau/Korbion*, 14. Aufl. 2001, B § 14 Rz. 31; *Heiermann/Riedl/Rusam*, 9. Aufl. 2000, B § 14 Rz. 34; OLG Köln, BauR 94, 114; vgl. insgesamt zur Beweislast bei Tiefbauarbeiten: *Englert/Schalk*, Geolex 01/2003, S. 15 ff.; *Englert*, NZBau 2000, 113 ff.
2 *Ingenstau/Korbion*, 14. Aufl. 2001, B § 14 Rz. 31.
3 OLG Hamm, IBR 1991, 430; *Ingenstau/Korbion*, 14. Aufl. 2001, B § 14 Rz. 35.

7. Gewährleistung

Zunächst gelten für Bauleistungen sowohl die Gewährleistungsvorschriften des BGB im Falle des Werkvertrages als auch diejenigen der VOB/B im Falle des VOB-Vertrages. Das Werk muss die vereinbarte Beschaffenheit aufweisen.[1] Im Folgenden wird lediglich auf die mit dem Tiefbaurecht verbundenen Besonderheiten der Gewährleistungsfragen eingegangen.

139

a) Vereinbarte Beschaffenheit/Leistungen auf Probe

Ein Mangel liegt vor, wenn das Werk nicht die vereinbarte Beschaffenheit hat. Die Streitfrage, ob eine Zusicherung im Rechtssinne vorliegt, wenn lediglich Bezug auf DIN-Normen genommen wird, ist heute obsolet, da seit der Einführung des Schuldrechtsmodernisierungsgesetzes das Kriterium der „zugesicherten Eigenschaft" – verbunden mit einer verschärften Haftung – entfallen ist.[2]

140

Da sich auch die sog. **Leistung nach Probe** gemäß § 13 Nr. 2 VOB/B als Unterfall der in § 13 Nr. 1 VOB/B beschriebenen vereinbarten Beschaffenheit ansehen lässt, ist aus Gründen der Rechtssicherheit zu empfehlen, sämtliche maßgeblichen Eigenschaften vertraglich konkret zu fixieren.[3]

141

Typische Beispiele für Leistungen auf Probe im Spezial-Tiefbau sind Bodenverbesserungsmaßnahmen (beispielsweise durch eine Bodeninjektion), die vor Ausführung der Leistung durchgeführt werden, um zu überprüfen, ob und inwieweit das durchzuführende Verfahren tauglich ist oder die Fertigung eines Bohrpfahls nach bestimmten technischen Vorgaben. In diesen Fällen empfiehlt sich, die konkrete Probeleistung auch vertraglich zu beschreiben und zum Gegenstand der zukünftigen Leistung zu machen. Es ist dem Auftragnehmer in jedem Fall zu raten, die Herstellung solcher Leistungen auf Probe genauestens zu dokumentieren (Fotodokumentation, Messprotokolle etc.) und auch diese Unterlagen zu Vertragsbestandteilen zu machen. Nur so kann später nachgewiesen werden, dass die Leistung tatsächlich so, wie zunächst auf Probe durchgeführt, erbracht wurde. Jede Abweichung von der festgelegten Probe würde zu einem Mangel führen, es sei denn, wenn nach der Verkehrssitte die Abweichung lediglich als bedeutungslos anzusehen wäre (§ 13 Nr. 2 Satz 1 VOB/B).

142

b) Allgemein anerkannte Regeln der Technik

Auch ein Verstoß gegen die allgemein anerkannten Regeln der Technik führt zu einer **Gewährleistungshaftung** des Auftragnehmers.[4] Bei den allgemein anerkannten Regeln der Technik handelt es sich um solche Regeln, die in der Wissen-

143

---

1 Beachte die Neufassung des Mangelbegriffs und Vereinheitlichung im Kauf- und Werkvertragsrecht aufgrund des Schuldrechtsmodernisierungsgesetzes vom 1. 1. 2002.
2 Zur früheren Rechtslage: BGH, BauR 1996, 278; *Ingenstau/Korbion*, 14. Aufl. 2001, B § 13 Rz. 122 m. w. N.; *Heiermann/Riedl/Rusam*, 9. Aufl. 2000, B § 13 Rz. 17 m. w. N.
3 Instruktiv hierzu – mit Beispielen – *Englert/Grauvogl/Maurer*, Handbuch des Baugrund- und Tiefbaurechts, 2. Aufl. 1999, Rz. 435.
4 Zu der Unterscheidung und Abgrenzung zum Begriff „Stand der Technik und Stand von Wissenschaft und Technik" vgl. *Englert/Grauvogl/Maurer*, Handbuch des Baugrund- und Tiefbaurechts, 2. Aufl. 1999, Rz. 438 m. w. N.; zur VOB/C allgemein: *Motzke*, Die VOB/C im System des VOB-Vertrages, Beck'scher VOB-Kommentar, Teil C, S. 19 ff.

schaft als theoretisch richtig anerkannt worden sind und die sich in der Praxis bewährt haben, wobei diese Regeln von der Gesamtheit der für die Anwendung der Regeln in Betracht kommenden Techniker, die die für die Beurteilung der Regeln erforderliche Vorbildung besitzen, anerkannt und in der Folge praktisch angewandt worden sind.[1]

144 Im **Bereich des Spezial-Tiefbaus** kommt den anerkannten Regeln der Technik eine besondere Bedeutung zu.

Hierzu zählen im Einzelnen:

▷ die einschlägigen DIN-Normen

▷ die Vorschriften der Tiefbauberufsgenossenschaft

▷ bereits vorliegende neue Entwürfe der DIN-Normen (sog. Gelbdrucke)

145 Möchte der Auftragnehmer eine **technisch neue Bauweise** ausprobieren, die noch nicht in DIN-Normen etc. erfasst ist, kann er dies ohne weiteres tun. Er muss allerdings den Auftraggeber hierauf hinweisen und diesbezüglich vorab eine Klärung vornehmen.

Sind die allgemein anerkannten Regeln der Technik eingehalten, spricht nach der Rechtsprechung des BGH zunächst eine Vermutung dafür, dass der Auftragnehmer mangelfrei geleistet hat. Der Auftraggeber muss also beweisen, dass die Leistung mangelhaft ist.[2]

146 Wenn ordnungsgemäß nach den anerkannten Regeln der Technik gearbeitet wurde und es kommt – verschuldensunabhängig – zu Schäden an Nachbargrundstücken, haftet der Tiefbauunternehmer nicht. Der **Bauherr/Auftraggeber** haftet allerdings **nach § 906 Abs. 2 BGB** auf Schadensersatz.

Beispiel:
Ein Tiefbauunternehmen führt Straßenbauarbeiten aus. Bei nach den allgemein anerkannten Regeln der Technik durchgeführten Verdichtungsarbeiten kommt es zu Erschütterungen, das Gebäude in der Nachbarschaft beschädigen. Die Nachbarn verlangen von Tiefbauunternehmer und Bauherr Schadensersatz. Das OLG Naumburg entschied, dass der Bauherr verschuldensunabhängig aus § 906 Abs. 2 BGB auf Schadensersatz gegenüber den Nachbarn haftet. Der Tiefbauunternehmer haftet mangels Verschulden nicht.[3]

147 Allerdings befreien die vorgenannten Grundsätze ein **Spezial-Tiefbauunternehmen** nicht von der Verpflichtung, vorab **zu prüfen**, ob das gewählte Verfahren auch im Hinblick auf mögliche Schädigungen der Nachbarbebauung das „schonendste" ist.

Beispiel:
Ein Tiefbauunternehmer lässt zur Baugrubensicherung Spundbohlen einrütteln und einrammen und stellt eine Trägerbohlwand her. Ein auf dem Nachbargrundstück stehendes (vorgeschädigtes) Fachwerkhaus wird erheblich beschädigt. Der Tiefbauunternehmer hafte-

---

[1] *Ingenstau/Korbion*, 14. Aufl. 2001, B § 4 Rz. 151; *Marburger*, Die Regeln der Technik im Recht, 1979, S. 7 ff., 143.
[2] *Ingenstau/Korbion*, 14. Aufl. 2001, B § 4 Rz. 162 m. w. N.; BGH, BauR 1991, 514.
[3] OLG Naumburg, OLGR 98, 417.

te dem Nachbarn auf Schadensersatz gemäß § 909 BGB. Das Gericht stellte fest, dass ein Tiefbauunternehmer eigenverantwortlich zu prüfen habe, welche Maßnahmen aufgrund der örtlichen Gegebenheiten zum Schutz von Nachbargebäuden erforderlich seien. Eine Vertiefung durch Ausführung einer Trägerbohlwand sei dann unzulässig, wenn das Nachbarhaus auf ungünstigem Baugrund stehe und eine Schädigung durch die vorzunehmenden Maßnahmen wahrscheinlich sei. Es hätte deshalb eine andere Ausführungsart gewählt werden müssen.[1]

Unter Berücksichtigung des nach herrschender Auffassung zugrunde zu legenden **subjektiven Fehlerbegriffs** ist zu ermitteln, ob die Ist-Leistung von der vertraglich vereinbarten (und geschuldeten) Sollleistung zum Nachteil des Auftraggebers i. S. d. § 633 BGB bzw. § 13 Nr. 1 VOB/B abweicht. 148

Hinweis: 149
An dieser Stelle ist als Anwalt akribische Arbeit zu leisten, da anhand des Vertrages, der Leistungsbeschreibungen und Vorbemerkungen, Plänen etc. zunächst zu ermitteln ist, welches die geschuldete Leistung – **das sog. Bausoll** – ist. Erst danach kann festgestellt werden, ob die tatsächlich erbrachte Leistung hiervon abweicht und ob von einem Mangel im Rechtssinne gesprochen werden kann.

c) Beginn der Gewährleistung

Für den Beginn der Gewährleistung bei Tiefbauarbeiten gelten im Gegensatz zu normalen Bauleistungen **keinerlei Besonderheiten**. An dieser Stelle sei lediglich noch einmal auf die Möglichkeit einer Teilabnahme nach § 12 Nr. 2 VOB/B hingewiesen. Der Unternehmer schuldet für die gesamte Gewährleistungszeit ein mangelfreies Werk. Selbst bei Berücksichtigung der allgemein anerkannten Regeln der Technik zum Zeitpunkt der Ausführung seiner Leistung ist er (verschuldensunabhängig) zur Nachbesserung verpflichtet. Lediglich Schadensersatzansprüche kann der Auftraggeber dem Auftragnehmer nicht entgegensetzen, da insofern kein Verschulden vorliegt.[2] 150

d) Befreiung von der Gewährleistungsverpflichtung nach § 13 Nr. 3 VOB/B

Grundsätzlich hat der Auftragnehmer für den Erfolg des Werks unabhängig von seinem Verschulden einzustehen. Die Grenzen dieser **Erfolgshaftung** sind allerdings dann erreicht, wenn der Auftraggeber durch entsprechende Weisungen in die Leistung des Auftragnehmers eingreift und die Leistung deshalb mangelhaft wird. 151

Hier sind insbesondere die **Prüfungs- und Hinweispflichten nach § 13 Nr. 3 VOB/B**[3] zu beachten. Hat der Auftragnehmer den Bauherrn – möglichst schriftlich – seine Bedenken gegen die Art der Ausführung oder des zu verwendenden Baustoffs mitgeteilt, so ist er von der Haftung für Mängel befreit (§ 13 Nr. 3 VOB/B).[4] 152

---
1 OLG Celle, OLGR 95, 244.
2 OLG Frankfurt, NJW 1983, 456; BGH, BauR 1987, 207; BauR 1989, 462.
3 *Heiermann/Riedl/Rusam*, 9. Aufl. 2000, B § 13 Rz. 56 ff. sowie § 4 Rz. 47 ff.
4 Vgl. zur Frage und den Voraussetzungen der Befreiung des Auftragnehmers von der Gewährleistungspflicht nach § 13 Nr. 3 VOB/B auch *Ingenstau/Korbion*, 14. Aufl. 2001, B § 13 Rz. 174 ff. m. w. N. sowie B § 4 Rz. 187 ff.

153 Insbesondere im **Bereich der Tiefbauleistungen** erhält diese Vorschrift Gewicht. Da der Tiefbauer in der Regel als spezialisiertes Unternehmen beauftragt wird, sind die Anforderungen an seine Hinweispflicht **relativ hoch anzusetzen**.[1] Weist der Auftragnehmer den Auftraggeber beispielsweise nicht darauf hin, dass bei der Ausführung von Rückverankerungen die Inanspruchnahme des Nachbargrundstücks erforderlich sein wird – verbunden mit einer entsprechenden Genehmigung des Nachbarn – und entsteht dem Auftraggeber hieraus später ein Schaden, so haftet der Auftragnehmer nach §§ 280, 281 n. F. BGB auf Schadensersatz.[2]

154 Nach § 13 Nr. 3 VOB/B **haftet** der Auftragnehmer für Mängel seines Werkes **nicht**, wenn:

▷ der Mangel auf eine fehlerhafte Leistungsbeschreibung des AG zurückzuführen ist

▷ der AG eine verbindliche Anordnung trifft

▷ der AG selbst bestimmte Stoffe oder Bauteile liefert oder deren Verwendung vorschreibt

▷ Vorleistungen eines anderen Unternehmens mangelhaft sind und der Mangel auf diese Beschaffenheit zurückzuführen ist.

155 Auf die Bedeutung einer konkreten und genauen, möglichst lückenlosen Leistungsbeschreibung ist bereits an anderer Stelle hingewiesen worden. Der Auftragnehmer tut gut daran, den Auftraggeber möglichst **konkrete Angaben** machen zu lassen. An dieser Stelle sei noch einmal auf die Bedeutung des § 9 Nr. 3 Abs. 4 VOB/A sowie der jeweils maßgeblichen DIN-Normen hingewiesen. Sollte der Auftragnehmer Sondervorschläge machen, übernimmt er für deren tatsächliche Realisierbarkeit auch das entsprechende Risiko.[3]

156 Überlässt der Auftraggeber dem Auftragnehmer eine Leistungsbeschreibung, obliegen dem Auftragnehmer entsprechende **Prüfungspflichten**, ob und inwieweit die ausgeschriebene Leistung auch tatsächlich realisierbar ist und den allgemein anerkannten Regeln der Technik entspricht. Da insbesondere den Tiefbauunternehmern besondere Spezialkenntnisse zugerechnet werden, wird es im Einzelfall später schwierig sein, dem Richter darzulegen, warum Ungenauigkeit und Unkorrektheiten des Leistungsverzeichnisses nicht erkannt werden konnten. Der Auftragnehmer muss in jedem Fall beweisen, dass er seiner Prüfungs- und Hinweispflicht entsprechend nachgekommen ist.[4]

157 Auf eine **Haftungsbefreiung** kann sich der Auftragnehmer auch berufen, wenn eine **Anordnung des Auftraggebers** vorliegt, eine Leistung in einer bestimmten Art und Weise auszuführen. Nicht genügt es allerdings, wenn der Auftraggeber lediglich Vorschläge und Anregungen unterbreitet, die vom Auftragnehmer

---

1 *Ingenstau/Korbion*, 14. Aufl. 2001, B § 13 Rz. 199 und § 4 Rz. 191.
2 OLG Stuttgart, BauR 1980, 67; OLG Frankfurt, BauR 1990, 90.
3 OLG Schleswig, IBR 1995, 374.
4 *Heiermann/Riedl/Rusam*, 9. Aufl. 2000, B § 13 Rz. 51, 56f. m. w. N.

ohne weitere Prüfung umgesetzt werden.¹ Auch hier muss der Auftragnehmer im Einzelfall nachweisen, dass er die Anweisung des Auftraggebers im Rahmen seiner Fachkenntnis überprüft hat und hier ggf. Bedenken gemäß § 4 Nr. 3 VOB/B angemeldet hat.

Das soeben Gesagte gilt auch für den häufigsten Fall der Haftungsfreizeichnung, wenn nämlich der Mangel auf einen vom Auftraggeber gelieferten oder vorgeschriebenen Stoff oder Bauteil zurückzuführen ist. Beachtenswert ist hier für den Bereich des Tiefbaus, dass von der herrschenden Meinung der **Baugrund als „Stoff"** im Sinne des § 13 Nr. 3 VOB/B und im Sinne des § 645 Abs. 1 BGB angesehen wird.² 158

Grundsätzlich ist deshalb der Auftraggeber dafür verantwortlich, dass Mängel aufgrund von unvorhergesehenen Problemen mit dem Baugrund an dem Werk oder der Leistung des Tiefbauunternehmers auftreten. Das **Baugrundrisiko** trägt somit **grundsätzlich** der **Auftraggeber** als Bauherr. Auch hinsichtlich des Baugrundes obliegen dem Auftragnehmer Überprüfungs- und Hinweispflichten gemäß § 4 Nr. 3 VOB/B, wobei grundsätzlich der Auftragnehmer nicht zu einer Untersuchung des Baugrundes verpflichtet ist. 159

Der letzte Fall der Haftungsfreizeichnung gemäß § 13 Nr. 3 VOB/B, die **mangelhafte Vorleistung** anderer Unternehmer, ist im Bereich des Tiefbaus selten anzutreffen, da der Tiefbauer zumeist der erste Unternehmer überhaupt ist, der Bauleistungen auf dem Baugrundstück erbringt. 160

Hier ist lediglich denkbar, dass der die Aushubarbeiten ausführende Unternehmer ggf. ein für spätere Arbeiten benötigtes Planum nicht ordnungsgemäß herstellt.³ Auch hier gilt, dass der Auftragnehmer gemäß § 4 Nr. 3 VOB/B die Leistung des vorleistenden Unternehmers zu überprüfen hat. Es entspricht allerdings herrschender Rechtsprechung, dass der Umfang der Prüfung von Vorleistungen nur soweit gehen kann, als dies für die ordnungsgemäße Ausführung der eigenen Leistung des nachfolgenden Unternehmers erforderlich ist.⁴ 161

Hinweis: 162
An dieser Stelle sei noch einmal eindringlich darauf hingewiesen, dass die **Anzeige von Bedenken** gemäß § 4 Nr. 3 VOB/B in jedem Falle schriftlich abgegeben werden sollte, da lediglich mündliche Hinweise nicht ausreichen, den Auftragnehmer von einer Haftung für Ausführungsfehler freizustellen.

e) Verjährungsfrist nach § 13 Nr. 4 VOB/B

Für den Bereich des Tiefbaurechts gelten zunächst keinerlei Besonderheiten. Die Verjährungsfristen für die Gewährleistungsansprüche richten sich nach § 634a BGB sowie § 13 Nr. 4 VOB/B. Die Verjährungsfrist beginnt mit der Abnahme 163

---

1 *Englert/Grauvogl/Maurer*, Handbuch des Baugrund- und Tiefbaurechts, 2. Aufl. 1999, Rz. 469 mit einem Beispiel nach BGH, BauR 1984, 510.
2 BGHZ 60, 14, 20; *v. Craushaar*, BauR 1987, 14, 15; Palandt/*Sprau*, 60. Aufl. 2001, § 645 BGB Rz. 8 m. w. N.
3 BGH, BauR 1974, 202.
4 BGH, BauR 1975, 341.

(§ 634a Abs. 2 BGB; § 13 Nr. 4 VOB/B). In den für den Tiefbau maßgeblichen Fällen der **Teilabnahme** gemäß § 12 Nr. 2 VOB/B beginnt die Verjährung bereits mit der Abnahme in sich geschlossener Teilleistungen.

164 Von Bedeutung für die Gewährleistung bei Tiefbaugewerken ist auch die **Rechtsprechung des BGH zum Organisationsverschulden** und zum arglistigen Verschweigen einer mangelhaften Leistung. In beiden Fällen sieht die Rechtsprechung eine 30jährige Verjährungsfrist für „Altfälle" bis 1. 1. 2002[1] als gegeben an. Die Anforderungen an die Tiefbauunternehmen im Hinblick auf Sorgfaltspflichten werden von der Rechtsprechung sehr hoch angesetzt, wie das folgende Beispiel zeigt:

Beispiel:
Ein Tiefbauunternehmer setzt bei Leitungsverlegearbeiten zunächst einen Tieflöffelbagger ein, um einen alten Schacht abzubrechen und beschädigt zwei Stromkabel. Aus den ihm vorliegenden Kabel- und Spartenplänen war die Lage der Stromkabel nicht zu entnehmen. Nach OLG Hamm lag hier ein Fall des Organisationsverschuldens vor. Der Unternehmer hätte bei einer auch nur denkbaren Möglichkeit einer Kabelschädigung zunächst die Anordnung erteilen müssen, mit Schaufel und Hand den Schacht abzubrechen. Insoweit sind angesichts der unverhältnismäßig hohen Gefahren für Leben und Gesundheit von Menschen bei unterirdischen Arbeiten an öffentlichen Straßen an die insoweit bestehenden Sorgfaltspflichten eines Tiefbauunternehmers besonders hohe Anforderungen zu stellen.[2]

165 Nach der Rechtsprechung des BGH zum Organisationsverschulden hat der Bauunternehmer die organisatorischen Voraussetzungen dafür zu Gewähr leisten, dass das Bauwerk mangelfrei erbracht wird; tut er dies nicht, wird ein **arglistiges Verschweigen** des Mangels **vermutet**. Der Bauunternehmer muss geeignetes Personal vor Ort zur Überwachung der Arbeiten einsetzen und Kontrollmechanismen schaffen, die sicherstellen, dass gewichtige Fehler nicht eintreten. Nach der Rechtsprechung ist gegebenenfalls dann der sog. **Anscheinsbeweis** für eine mangelhafte Organisation erbracht, wenn so schwere Fehler auftreten, dass jeder in der entsprechenden Branche Erfahrene sich sagen muss, dass die Auftragnehmerseite grundlegend gegen baufachliches Wissen verstoßen habe.

Beispiel:
Ein Kanalbauunternehmen verwendete eine bestimmte Fräse zur Freimachung von Steinzeugrohren. Die Rohre zeigten sich nach der Durchfahrung mit der Fräse teilweise geborsten und unbrauchbar. Der Auftraggeber vertrat die Ansicht, dass es sich um Beschädigungen handele, die aus einem unsachgemäßen Einsatz der Fräse herrühren würden. Der Tiefbauunternehmer stellte sich auf den Standpunkt, die Schäden seien altersbedingt. Das OLG Hamm ließ kein Sachverständigengutachten einholen, sondern vertrat die Auffassung, dass der Beweis des ersten Anscheins vorliege. Zeigten sich während oder nach durchgeführten Fräsarbeiten zur Sanierung von Kanalrohren Schäden an diesen, so spräche dies für die Schadensverursachung durch unsachgemäßes Arbeiten.[3]

166 Gegen diesen Anscheinsbeweis kann sich der Unternehmer nur hinreichend schützen, wenn er detailliert seine Betriebsorganisation dokumentiert und vor allem darlegen kann, dass kompetente Mitarbeiter die gesamte Herstellung über-

---

1 Für Neufälle gilt hinsichtlich der Verjährung drei bis maximal zehn Jahre ab dem Zeitpunkt des Erkennens von Schaden und Schädiger.
2 OLG Hamm, VersR 98, 70; OLGR 98, 13.
3 OLG Hamm, BauR 1999, 915.

wacht und spätestens zur Abnahme die gesamte Leistung noch einmal eingehend geprüft haben. Hier kommt es insbesondere darauf an, durch **betriebsinterne Kontrollen** und Kommunikation einen **möglichst lückenlosen Nachweis** sicherzustellen. Um diesen Beweiserleichterung zu begegnen, muss der Tiefbauunternehmer seine Dokumentationspflichten ernst nehmen. Gerade im Spezialtiefbau lässt sich ansonsten der erforderliche Gegenbeweis kaum erbringen.

Hinweis: 167
Wichtig ist hierbei insbesondere der Nachweis genügend zahlreicher Kontrollen sowie eine Organisation dahin gehend, dass jeder leitende Mitarbeiter vor Ort jederzeit im Wesentlichen über der Stand der Arbeiten informiert war.

f) Gewährleistungsansprüche

Für die Tiefbauleistungen gelten folgende Besonderheiten: 168

Fordert ein Auftraggeber den Auftragnehmer zur Nachbesserung unter Fristsetzung gemäß § 13 Nr. 5 VOB/B auf, muss er eine **angemessene Frist** setzen. Diese Frist soll es dem Auftragnehmer ermöglichen, das Vorhandensein des Mangels zu überprüfen und entsprechende Nachbesserung vornehmen zu können. Gerade bei Mängeln bei Tiefbaugewerken wird man diese Fristen **entsprechend länger** setzen müssen, weil es durchaus Fälle geben kann, bei denen die Tiefbauleistung bereits nicht mehr ohne weiteres einsehbar ist und zunächst Aufgrabungen oder aufwändige Fehlersuche vorgenommen werden müssen.

Von Bedeutung ist die Rechtsprechung des BGH für diejenigen Fälle, bei denen 169 eine Beseitigung des Mangels nur durch eine **komplette Neuherstellung** erfolgen kann.[1] Der Auftraggeber hat dann einen Nachbesserungsanspruch auf völlige Neuerstellung des Werkes, wenn nur auf diese Weise die Mängel nachhaltig zu beseitigen sind. Eingeschränkt wird dieser Anspruch lediglich durch das Argument des Auftragnehmers, die Beseitigung würde einen unverhältnismäßigen Aufwand erfordern oder die gewünschte Neuherstellung sei zur Beseitigung des Mangels nicht erforderlich.

Beispiel:
Hat ein Auftragnehmer Rammpfähle in den Baugrund eingebracht und zeigt das Gebäude nach kurzer Zeit Setzungserscheinungen, wird eine Neuerstellung des Gebäudes nur dann erfolgreich vom Auftragnehmer verweigert werden können, wenn er deutlich macht, dass eine komplette Neuerstellung unzumutbar ist und dass es mit anderen Mitteln möglich ist, für eine entsprechende Standsicherheit zu sorgen. Ob und inwieweit dies gelingt, ist Einzelfrage.

8. Haftung

Bei Bauvorhaben bestehen nicht nur rechtliche Berührungspunkte zu den jeweiligen Vertragspartnern, sondern auch solche zu **unbeteiligten Dritten**, wie z. B. Passanten oder Nachbarn. Auch in Bezug auf die anderen Baubeteiligten kommen neben möglichen vertraglichen Ersatzansprüchen, gesetzliche Haftungs- 170

---
1 BGH, BauR 1986, 93.

ansprüche in Betracht. Oftmals erfassen die vertraglichen Vereinbarungen auch nicht alle möglichen Schädigungen.

a) Anspruchsgrundlagen

171 Der gesetzliche Haftungsanspruch für die Geschädigten ergibt sich in der Regel aus § 823 Abs. 1 oder 2 BGB. Werden Verrichtungsgehilfen eingesetzt, so ist auch eine Haftung des Bauunternehmers aus § 831 Abs. 1 BGB bzw. bei vertraglicher Übernahme der Geschäftsführerpflichten durch Dritte die Vorschrift des § 831 Abs. 2 BGB zu beachten. Des Weiteren dürfen die Haftungsnormen der §§ 836, 837 BGB und des § 906 Abs. 2 Satz 2 BGB analog nicht übersehen werden.

aa) Anspruch aus § 823 Abs. 1 BGB

172 § 823 Abs. 1 BGB greift immer dann ein, wenn schuldhaft eines der in § 823 Abs. 1 BGB **genannten Rechtsgüter** verletzt wird. Die Möglichkeiten von schuldhaften Rechtsgutverletzungen sind auch im Baubereich vielfältig, vor allem können Unfälle passieren, durch die Unbeteiligte geschädigt werden. Spezifische (tief-)baurechtliche Probleme ergeben sich daraus in der Regel nicht.

Beispiel:
Der Bauarbeiter lässt aus Unachtsamkeit einen Dachziegel fallen, durch welchen das zufällig vorbeifahrende Auto eines Passanten beschädigt wird. Die Haftung des Bauarbeiters aus § 823 Abs. 1 BGB ist rechtlich unproblematisch.

173 Jedoch wird in derartigen Fällen der Geschädigte häufig ein Interesse haben, nicht nur gegen den unmittelbaren Schädiger, sondern auch gegen den Bauunternehmer einen gesetzlichen Haftungsanspruch zu haben. Dieser kann sich neben § 831 BGB auch aus § 823 Abs. 1 BGB aufgrund der Verletzung einer Verkehrssicherungspflicht ergeben.

174 **Verkehrssicherungspflichten** entstehen immer dann, wenn eine Gefahrenquelle geschaffen und/oder unterhalten wird. Durch eine Baumaßnahme werden zahlreiche solcher Gefahrenquellen geschaffen, denen durch eigenes Handeln des Sicherungspflichtigen, welches bei Baumaßnahmen in der Regel der Bauunternehmer ist, begegnet werden muss. Derartige Verkehrssicherungspflichten treffen den Bauunternehmer vornehmlich bei der Absicherung der Baustelle und der Verhinderung der Schädigungen an Sparten (Versorgungsleitungen).

175 Maßgeblich werden die Verkehrssicherungspflichten durch die anerkannten Regeln der Technik, hauptsächlich in Form der **sog. DIN-Normen**, bestimmt. Deren positive und detaillierte Kenntnis wird verlangt. Bei einer Verletzung von DIN-Normen spricht eine widerlegliche Vermutung dafür, dass ein Schadenseintritt darauf beruht.[1] Die Verkehrssicherungspflichten können auch über die Anforderungen aus den DIN-Normen hinausgehen, so dass auch bei deren Beachtung eine Verletzung der Verkehrssicherungspflicht vorliegen kann.

176 Neben der verkehrsrechtlichen **Absicherung der Baustelle**, sind Baustellen auch gegen alle sonst von ihr ausgehenden Gefahren abzusichern. Dies gilt im zumut-

---

1 BGH, NJW 1991, 2021.

baren Umfang auch von Gefahren gegenüber unbefugt Anwesenden. Eine Verantwortung des Bauunternehmers nach § 823 Abs. 1 BGB entfällt jedoch dann, wenn die Baustellenabsicherung nach Plänen des Bauherrn erfolgt und der Bauunternehmer nicht mit Mängeln dieser Vorgaben rechnen musste sowie wenn Dritte die Baustellenabsicherung beschädigen und der Bauunternehmer für ausreichende Kontrollen der Absicherungen gesorgt hat.

Die erforderlichen Sicherungsmaßnahmen ergeben sich aus den **Unfallverhütungsvorschriften (UVV)** der Tiefbauberufsgenossenschaft. Diese gelten in erster Linie zwar nur für die Betriebsangehörigen des Tiefbauunternehmers, jedoch werden von der Rechtsprechung für betriebsfremde Personen die gleichen Schutzanforderungen gestellt.[1] UVV sind aber keine Schutzgesetze nach § 823 Abs. 2 BGB, sondern Konkretisierungen des Inhalts der allgemeinen Verkehrssicherungspflicht im Einzelfall. Die Nichtbeachtung der UVV durch den Bauunternehmer ist als grobe Fahrlässigkeit anzusehen.

177

Die **wichtigsten Unfallverhütungsvorschriften** sind die:

178

▷ UVV „Bauarbeiten" (VBG-Vorschrift 37)

▷ UVV „Erdbaumaschinen" (VBG-Vorschrift 40)

▷ UVV „Rammen" (VBG-Vorschrift 41)

Wichtigste Verkehrssicherungspflichten des Bauunternehmers im Rahmen der Baustellenabsicherung sind daraus folgend:[2]

179

▷ die Pflicht, Gefährdungen auf der Baustelle zu minimieren, insbesondere beim Aufenthalt in der Nähe von Maschinen, beim Umgang mit Gefahrstoffen und bei der Ausführung von Alleinarbeit;

▷ den Baugrund insbesondere nach erdverlegten Leitungen, Kontamination durch Gefahrstoffe und Kampfmittelfreiheit zu erkunden;

▷ die Überprüfung der Tragfähigkeit von Zufahrtsstraßen und des Arbeitsplanums,

▷ die Überprüfung und Sicherung von Gebäuden bei Tiefbauarbeiten,

▷ für die Standsicherheit der eingesetzten Maschinen unter Berücksichtigung der Auswirkungen von Hebearbeiten, zu sorgen, wobei die DIN EN 791 und DIN EN 996 zu beachten sind,

▷ soweit nach den Tiefbauberufsgenossenschafts-Vorschriften erforderlich, die Anbringung von Gefahrenhinweisen,

▷ die ordnungsgemäße Unterrichtung, Einweisung und Ausbildung der Gerätefahrer und

---

1 BGH, VersR 1975, 812 f.
2 Ausführlich *Englert/Grauvogl/Maurer*, Handbuch des Baugrund- und Tiefbaurechts, 2. Aufl. 1999, Rz. 647 ff.

▷ nur betriebssicheres Gerät anzuschaffen und dieses im mangelfreien Zustand zu erhalten.

180 Neben der Baustellenabsicherung können noch folgende Verkehrssicherungspflichten für den Tiefbauunternehmer relevant sein:[1]

▷ Verfüllte Baugruben und Arbeitsplanums müssen auf ihre Standfestigkeit hin überprüft werden.

▷ Gebäude sind in ihrem Zustand regelmäßig zu kontrollieren und zu dokumentieren und ggf. zu sichern.

▷ Bäume sind vor Umstürzen zu sichern durch Einhalt von Sicherheitsabständen bei Aufgrabungen und den Schutz des Wurzelwerkes.

▷ Bei Kanalisationsarbeiten dürfen keine größeren Wassermengen auf andere Grundstücke oder Straßen fließen.

▷ Das Austreten von Bohrgut oder Stützflüssigkeit ist wie das Auslaufen von Beton zu verhindern bzw. ist das Gelände nachträglich zu säubern.

▷ Brunnenschächte sind zu verschließen.

▷ Bei Sprengungen ist die Polizei zu informieren, deren Anordnungen müssen dahin gehend überprüft werden, ob sie ausreichend sind. Die angrenzenden Nachbarn sind umfassend zu informieren.

▷ Beeinträchtigungen von Gewässern sind auszuschließen. Für die Benutzung von Wasser (z. B. Entnahme, Ableitung, Stauung, Einleitung von Stoffen) ist gemäß § 2 WHG i.V. mit § 7 WHG eine behördliche Erlaubnis oder i.V. mit § 8 WHG eine Bewilligung vonnöten.

▷ Abfall ist zu vermeiden und wenn dies nicht möglich ist, ordnungsgemäß zu entsorgen. Ein Verstoß kann hier auch zur Strafbarkeit nach § 326 StGB führen.

▷ Die Verunreinigung des Erdreichs mit Treibstoffen ist durch Lagerung und Abfüllung der Maschinen an gesicherten Stellen zu verhindern.

bb) Anspruch aus § 823 Abs. 2 BGB in Verbindung mit Schutzgesetz

181 Der Anspruch aus § 823 Abs. 2 BGB entsteht, wenn durch den Schädiger schuldhaft gegen ein **Schutzgesetz** verstoßen wird. Als Schutzgesetz kommt dabei jede Rechtsnorm in Betracht, die dem Schutz der Interessen Einzelner, d. h. nicht nur dem Schutz der Allgemeinheit dient. Die VOB selbst ist kein Schutzgesetz im Sinne des § 823 Abs. 2 BGB.[2]

---

1 Ausführlich *Englert/Grauvogl/Maurer*, Handbuch des Baugrund- und Tiefbaurechts, 2. Aufl. 1999, Rz. 749 ff.
2 *Englert/Grauvogl/Maurer*, Handbuch des Baugrund- und Tiefbaurechts, 2. Aufl. 1999, Rz. 625.

(1) Straßenverkehrsrecht

Der Tiefbauunternehmer hat sich als Straßenverkehrsteilnehmer an die allgemeinen Verhaltensregeln der Straßenverkehrsordnung (StVO) zu halten, welche zumeist auch Schutzgesetze nach § 823 Abs. 2 BGB darstellen. Beim **Einsatz von Baufahrzeugen** hat er dabei insbesondere darauf zu achten, dass beim Einfahren auf die öffentliche Straße § 10 StVO eingehalten wird. Dazu muss der Fahrer des Baufahrzeugs sich ggf. einweisen lassen, bei längeren Einfahrtmanövern bei Dunkelheit sind Warnposten mit rot oder gelb leuchtenden Lampen aufzustellen.[1]

182

Fahrzeuge, welche die nach §§ 32, 34 StVZO zulässigen Abmessungen, Achslasten oder Gesamtgewichte überschreiten, was bei schweren Baumaschinen häufig der Fall ist, bedürfen nach § 29 Abs. 3 StVO für jeden Einzelfall der Verkehrsnutzung einer **Erlaubnis**. Diese ist nicht schon in der allgemeinen Zulassungsausnahmegenehmigung nach § 70 StVZO zu sehen.

183

Der Tiefbauunternehmer muss § 32 StVO beachten. Danach ist es verboten, Gegenstände auf Straßen zu bringen oder dort liegen zu lassen. Insbesondere beim Abladen ist darauf zu achten, dass keine **Baumaterialien** auf die Fahrbahn fallen und nicht beseitigt werden. Diese Verantwortung trifft neben dem Unternehmer auch den Bauleiter.[2]

184

Wichtigste Norm der StVO für den Bauunternehmer ist die **Baustellenabsicherung** nach § 45 StVO. Gemäß § 45 Abs. 6 StVO ist der Bauunternehmer verpflichtet vor Beginn der Bauarbeiten einen Verkehrszeichenplan vorzulegen und dann die darauf beruhenden Anordnungen der Straßenverkehrsbehörde abzuwarten. Diese Anordnungen hat der Bauunternehmer zu befolgen und ggf. die Lichtzeichenanlagen zu bedienen, § 45 Abs. 6 Satz 2 StVO. Der Bauunternehmer ist für das Aufstellen und das Entfernen der Verkehrszeichen entsprechend der Anordnungen der Straßenverkehrsbehörde verantwortlich. Selbst darf er keine verkehrsrechtlichen Anordnungen erlassen, dies darf ausschließlich die Straßenverkehrsbehörde, bei Straßenbauarbeiten nach § 45 Abs. 2 StVO auch die Straßenbaubehörde.

185

Der Bauunternehmer muss aber **selbst überprüfen**, ob die Anordnungen der Behörde zur Gefahrenabwehr ausreichend sind und ggf. bei der Behörde auf Abhilfe drängen. Insbesondere muss er auf übersichtliches und gut erkennbares Anbringen der **Beschilderung** achten und in eigener Verantwortung die Baustelle ausreichend absperren und entsprechend kennzeichnen. Dabei sind von ihm bekannte besondere Verkehrsumstände zu beachten, so muss er z. B. entsprechende Sicherungsmaßnahmen gegen drohende unbefugte Straßennutzung treffen.

186

Der Bauunternehmer ist des Weiteren verpflichtet die **Sicherungseinrichtungen** regelmäßig zu **überwachen**, wozu ein Kontrollrhythmus von drei Stunden ausreichend ist. Ein Ausfall der Sicherungsmaßnahmen, z. B. durch rechtswidriges Eingreifen Dritter, ist bei derartig ausreichender Kontrolle nicht dem Bauunternehmer vorwerfbar, so dass er nicht nach § 823 BGB haftet.

187

---
1 OLG Bamberg, VersR 1977, 821 f.
2 OLG Stuttgart, VersR 1967, 485.

(2) § 909 BGB

188 Im Bereich des Tiefbaurechts ist § 909 BGB das wichtigste Schutzgesetz für das dem Bauvorhaben benachbarte Grundstück. Danach wird das Recht des Eigentümers aus §§ 903, 905 BGB beschränkt, sein Grundstück so zu vertiefen, dass dem Nachbargrundstück die erforderliche Stütze entzogen wird.

189 **Vertiefung** ist dabei jede Senkung der Oberfläche, gleich wie groß diese ist oder für welche Zeitdauer. Mit dem Nachbargrundstück sind dabei nicht nur die an das Bauvorhaben angrenzenden Grundstücke gemeint, sondern alle Grundstücke, welche durch das Bauvorhaben unmittelbar oder tatsächlich beeinträchtigt werden. Ein Stützverlust im Sinne des § 909 BGB tritt ein, wenn kausal durch die Vertiefung beim Nachbargrundstück, die bestehende natürliche bodenphysikalische Festigkeit und Standsicherheit geschädigt wird.[1]

190 § 909 BGB schützt neben dem Eigentümer des Grundstücks auch den Anwartschaftsberechtigten, den Nießbraucher, § 1065 BGB, den Erbbauberechtigten, § 11 Abs. 1 ErbbauVO und den Dienstbarkeitsberechtigten, §§ 1027, 1090 Abs. 2 BGB. Streitig und vom BGH noch nicht entschieden ist, ob auch der Besitzer durch § 909 BGB geschützt wird.

191 Auch bei **Schadensanfälligkeit des Nachbargrundstücks** ist eine die Stütze entziehende Vertiefung rechtswidrig. Es sind grundsätzlich alle notwendigen Sicherungsmaßnahmen vorzunehmen. Eine Ausnahme davon kann nur gemacht werden, wenn dies dem vertiefenden Nachbarn unzumutbare im keinen Verhältnis zum Wert des Nachbargrundstücks stehende Belastungen abfordert. Jedoch ist ggf. die Schadensanfälligkeit des zu stützenden Grundstücks beim Mitverschulden zu berücksichtigen.

192 Das nach § 823 Abs. 2 Satz 2 BGB nötige Verschulden beim Schadenseintritt ist gegeben, wenn der Stützverlust bei gehöriger Sorgfalt erkennbar gewesen wäre. Die Ersatzpflicht ist auf die kausal durch die Vertiefung hervorgerufenen Schäden beschränkt. Bestimmt wird dies nach den Grundsätzen der **Enteignungsentschädigung**.[2] Ersatzpflichtig ist nicht nur der Eigentümer oder Besitzer des Grundstücks, an welchem die Vertiefung durchgeführt wird, sondern auch der Architekt, der Bauunternehmer, der Statiker oder der bauleitende Ingenieur, die alle eine eigene Prüfungspflicht trifft, die auch nicht aufgrund Weisungen Dritter, z. B. des Bauherren, entfällt.

193 **Typische Vertiefungen** im Tiefbaubereich, welche die Gefahr eines Verstoßes gegen § 909 BGB in sich bergen, sind:[3]

▷ die Entnahme von Bodenbestandteilen (z. B. Schaffung einer Baugrube),
▷ der Abbruch unterirdischer Gebäudeteile (z. B. Keller, Tiefgaragen),

---

1 *Englert/Grauvogl/Maurer*, Handbuch des Baugrund- und Tiefbaurechts, 2. Aufl. 1999, Rz. 672; zu Vertiefung und Stützverlust vgl. auch Palandt/*Bassenge*, 60. Aufl. 2001, § 909 BGB Rz. 3 ff.
2 BGH, BauR 1988, 111 ff., 115; BGH, BauR 1983, 177.
3 Ausführlich *Englert/Grauvogl/Maurer*, Handbuch des Baugrund- und Tiefbaurechts, 2. Aufl. 1999, Rz. 680 ff.

▷ die Entfernung von Baugrubensicherungsteilen (z. B. das Ziehen von Spundwänden),

▷ Bodenpressungen (z. B. durch neue Bauwerke, Lagerung von Erdaushub oder Bauschutt),

▷ Einwirkungen auf das Grundwasser,

▷ die Abtragung von Hangfüßen, Böschungen oder Rainen,

▷ Straßen-, Kanal-, Leitungs- und Brunnenbaumaßnahmen sowie

▷ die Entfernung von Stützmauern und die Enttrümmerung von Grundstücken.

cc) Anspruch aus § 831 Abs. 1 und 2 BGB

Neben einer eigenen Haftung aus §§ 823 Abs. 1 und 2 BGB trifft den Tiefbauunternehmer auch eine Haftung für widerrechtlich durch Verrichtungsgehilfen verursachte Schäden aus § 831 Abs. 1 BGB, es sei denn der Unternehmer kann sich § 831 Abs. 1 Satz 2 BGB exkulpieren. 194

Verrichtungsgehilfe ist, wer von einem anderen eine Tätigkeit übertragen bekommt und von dessen Weisungen mehr oder weniger abhängig ist.[1] Dies sind z. B. die Arbeitnehmer des Unternehmers. Die schadensverursachende Handlung muss in einem inneren Zusammenhang zur aufgetragenen Verrichtung stehen. Für bloß bei Gelegenheit der Verrichtung verursachte Schäden (z. B. der Bauarbeiter bestiehlt den Bauherrn) haftet der Unternehmer nicht nach § 831 Abs. 1 BGB. 195

Die Ersatzpflicht tritt nicht ein, wenn den Geschäftsherren kein Verschulden trifft. Dazu muss der Geschäftsherr **selbst beweisen**, dass er sein Personal ordnungsgemäß ausgewählt und überprüft hat sowie bei der Beschaffung von Vorrichtungen und Gerätschaften und bei der Leitung der Ausführung der Verrichtung die im Verkehr erforderliche Sorgfalt beachtet hat, § 831 Abs. 1 Satz 2 BGB. 196

An die Auswahl und Überwachung des Personals sind **hohe Anforderungen** insbesondere dann zu stellen, wenn die Verrichtungsgehilfen verantwortungsvolle mit Gefahren verbundene schwierige Tätigkeiten ausführen sollen. Es sind dann umfassende Erkundigungen einzuholen und eine regelmäßige Kontrolle der Fähigkeiten des Personals vorzunehmen. 197

Überträgt der Unternehmer seine Auswahl- und Überwachungsaufgaben auf **Zwischenpersonen**, so haften diese – wie sonst der Unternehmer selbst – nach § 831 Abs. 2 BGB. Der Unternehmer ist aber dafür verantwortlich, dass er diese Zwischenpersonen ordentlich ausgewählt und überwacht hat. Ist dies nicht der Fall, so ist eine **gesamtschuldnerische Haftung** nach § 840 BGB gegeben. Solche Zwischenpersonen sind der Bauleiter, der die Baustelle betreut, aber auch Poliere; Bohr- und Schachtmeister können nach § 831 Abs. 2 BGB haften, wenn Ihnen die Aufsicht über die Durchführung der Bauarbeiten übertragen wurde.[2] 198

---

1 Palandt/*Thomas*, 60. Aufl. 2001, § 831 BGB Rz. 6.
2 OLG Frankfurt, BauR 1991, 377 ff., 379.

dd) Anspruch aus §§ 836, 837 BGB

199 Die §§ 836, 837 BGB erfassen nicht nur den Einsturz des Gebäudes, sondern auch den **Einsturz jedes** anderen **mit dem Grundstück verbundenen Werks**. Dabei genügt auch eine vorübergehende Verbindung mit dem Erdboden, so dass auch Baumaschinen hierunter fallen können. So wurden durch die Rechtsprechung Rohrleitungen im Erdboden[1], Turmdrehkrane[2] und Baugerüste[3] dem Schutzbereich der §§ 836, 837 BGB zugeordnet. Die Haftung des Bauunternehmers anstelle des Grundstücksbesitzers folgt dabei aus § 837 BGB.

200 Weitere Haftungsvoraussetzung ist, dass der Einsturz des Werks Folge fehlerhafter Errichtung oder mangelhafter Unterhaltung ist. Dies muss der Geschädigte nachweisen, wobei es genügt, wenn dies nach den Regeln des **Anscheinsbeweises** vorgetragen wird. Der Anspruchsgegner kann sich entlasten, wenn er nachweisen kann, dass er die im Verkehr erforderliche Sorgfalt beachtet hat. Das setzt zumindest voraus, dass die einschlägigen DIN-Normen und UVV beachtet wurden.

ee) Anspruch aus § 906 Abs. 2 Satz 2 BGB analog

201 Nach § 906 BGB hat der Nachbar nur Beeinträchtigungen zu dulden, welche unwesentlich, § 906 Abs. 1 BGB oder ortsüblich, § 906 Abs. 2 BGB, sind. In letzterem Fall hat der Nachbar ggf. einen Ausgleichsanspruch nach § 906 Abs. 2 Satz 2 BGB. Die Rechtsprechung gewährt darüber hinaus in Analogie zu § 906 Abs. 2 Satz 2 BGB einen **verschuldensunabhängigen Ausgleichsanspruch**, wenn die Einwirkungen nicht zu dulden waren und der Betroffene diese nicht gemäß § 1004 BGB verhindern konnte. Daneben ist § 906 BGB auch Schutzgesetz im Sinne des § 823 Abs. 2 BGB, welcher aber regelmäßig wegen des Verschuldenserfordernisses des § 823 Abs. 2 Satz 2 BGB keinen eigenen Anwendungsraum mehr hat.[4]

202 Bezüglich § 906 BGB ist insbesondere darauf zu achten, dass der **Baulärm** nicht die Grenzwerte der TA Lärm und VDI 2058 Bl. 1 überschreitet und die Erschütterungen sich an die Grenzwerte aus DIN 4150 und VDI 2056 halten.

b) Der Anspruchsgegner

203 Häufig ist bei den vielen Tätigen auf einer Baustelle fraglich, gegen wen der Haftungsanspruch zu richten ist. **In erster Linie** haftet der **Bauunternehmer**, welcher als eigene Sicherungspflicht darauf zu achten hat, dass von den anderen Baubeteiligten die Verkehrssicherungspflichten und die Schutzgesetze eingehalten werden. Er kann diese Pflicht allerdings auf Nachunternehmer **delegieren**, wobei er aber weiterhin den Auswahl- und Überwachungsanforderungen des § 831 BGB genügen muss. Der Nachunternehmer ist dann im Rahmen seines Auftrags dem Geschädigten selbst zur Haftung verpflichtet. Delegiert werden können auch einzelne Pflichten auf den Bauleiter, sowie an bestimmten Beschäftigten, wie z. B. an den Polier, den Bohr-, Schacht- und Sprengmeister. Bei einer solchen Pflichtendelegation trifft diese die Haftung aus § 831 Abs. 2 BGB.

---

1 BGH, VersR 1983, 588.
2 OLG Hamm, IBR 1997, 362; OLG Düsseldorf, BB 1975, 942.
3 BGH, IBR 1997, 242; BGH, VersR 1959, 694.
4 OLG Koblenz, BauRB 7/2003, 194.

Den **Architekten** trifft, soweit er lediglich die Planung des Bauwerks schuldet, 204
lediglich die Pflicht, das Einhalten der Verkehrssicherungspflichten durch den
Bauunternehmer zu überwachen und zu kontrollieren. Schuldet der Architekt
auch die Überwachung der Bauausführung, ist er darüber hinaus verpflichtet, die
Baustände regelmäßig zu kontrollieren und sich selbst Kenntnisse bezüglich aller
möglichen Gefahrenquellen zu schaffen und darauf zu achten, dass diese nicht
verwirklicht werden. Der Architekt ist daher für den Fall, dass er auch Überwachender der Bauausführung ist, häufig neben dem Bauunternehmer als Haftungsverantwortlicher anzusehen.

Eine Haftung des **Tragwerkplaners** kommt in Betracht, wenn es aufgrund seiner 205
falschen Planungen, zu Schäden kommt. Dies ist hauptsächlich bei Vertiefungsschäden der Fall.

Den **Gerätefahrer** trifft die Pflicht sachkundig und sorgfältig mit den Baugeräten 206
umzugehen. Dabei gelten im Außenverhältnis nicht die arbeitsrechtlichen
Grundsätze gefahrgeneigter Arbeit, so dass der Gerätefahrer auch schon bei leichter Fahrlässigkeit dem Geschädigten selbst haftet.[1] Auch bezüglich der Beschädigung von Sparten trifft den Gerätefahrer eine eigenständige Erkundigungspflicht.[2]

Auch den **Bauherren** treffen während der Baumaßnahme haftungsrelevante 207
Pflichten. Er ist verpflichtet, dem Unternehmer alle erforderlichen Informationen zur Verfügung zu stellen. Des Weiteren trifft ihn die Pflicht für die allgemeine Ordnung auf der Baustelle zu sorgen. Ihn trifft auch die Pflicht auf die Baustellenabsicherung zu achten. Der Bauherr muss die Interessen des Nachbarn berücksichtigen und die für die Baumaßnahmen erforderlichen Zustimmungen
einholen. Er muss insbesondere auch den Bauunternehmer sorgfältig auswählen,
wobei es hier genügt, wenn dieser Arbeiten dieser Art schon mehrfach ohne Beanstandungen ausgeführt hat. Eine Überprüfung der Fachkenntnisse ist insoweit
nicht erforderlich. Werden dem Bauherren Sicherheitsmängel erkennbar, so haftet auch er dem Geschädigten, wenn er nicht für Abhilfe gesorgt hat.

Grundsätzlich haften die verantwortlichen Baubeteiligten **gesamtschuldnerisch** 208
nach § 840 BGB. Im Innenverhältnis hat der Bauunternehmer gegenüber dem
Bauherren nach § 10 Nr. 2 Abs. 2 VOB/B den Schaden allein zu tragen, diese Vorschrift wird auch im Verhältnis des Haupt- zum Nachunternehmer angewendet.[3]
Im Übrigen ist die Verantwortlichkeitsabgrenzung im Innenverhältnis eine Frage
des Einzelfalls, deren Ausgang schwer vorhersehbar ist.[4]

c) Der Schadensumfang/Mitverschulden

Der Schadensumfang bestimmt sich nach den §§ 249 ff. BGB. Zu beachten ist die 209
Möglichkeit eines Mitverschuldens des Geschädigten, § 254 BGB. Dieses ist dann

---
1 BGH, IBR 1994, 351.
2 OLG Nürnberg, IBR 1997, 199.
3 OLG Stuttgart, VersR 1981, 741.
4 *Englert/Grauvogl/Maurer*, Handbuch des Baugrund- und Tiefbaurechts, 2. Aufl. 1999,
Rz. 716.

gegeben, wenn der Geschädigte erkennbare Gefahren oder entsprechende Warnungen ignoriert hat. Insbesondere im Bereich von Leitungsschäden, ist ein Mitverschulden der Versorgungsunternehmen durch ungenaue Angaben und Einweisungen in Betracht zu ziehen.

d) Beschädigung von Sparten (Versorgungsleitungen)

210 Den Bauunternehmer, aber auch andere Baubeteiligte, wie z. B. den Architekten oder den Vermessungsingenieur, trifft die Pflicht, die Beschädigung von Sparten, auch **Versorgungs- oder Erdleitungen** genannt, zu verhindern. Dies ist aufgrund des dichten Kabel- und Leitungsnetzes in der Bundesrepublik eine nicht zu unterschätzende Pflicht und daher auch häufig Anlass einer Haftung. Als zu beschädigende Versorgungsleitungen kommen hauptsächlich in Betracht Telefon- und Fernsehkabel, Stromkabel, (Ab-)Wasser- und Gasleitungen.

211 Durch die Beschädigung von Sparten können erhebliche Schäden entstehen, auch Leben und Gesundheit von Personal und Dritten können gefährdet sein. Zudem kommt auch eine strafrechtliche Verantwortung in Betracht, vgl. z. B. §§ 317, 318 StGB. Wegen dieses **hohen Schadenspotentials** trifft die Baubeteiligten eine erhöhte besondere Sicherungspflicht bezüglich des Erhalts der Versorgungsleitungen.

212 **Teilweise** wird von der Rechtsprechung die Beschädigung der Sparten als **Verletzung des Eigentums** der Versorgungsunternehmen angesehen[1], da diese lediglich Scheinbestandteile gemäß § 95 BGB seien. Diese Ansicht wird zu Recht bestritten, da Versorgungsleitungen nicht wie § 95 BGB verlangt, nur zu einem vorübergehenden Zweck in den Erdboden eingefügt werden.[2] Einig ist man sich jedoch über die Haftung der Baubeteiligten, wenn folgenden Anforderungen nicht genügt wird.

213 Vor Arbeitsaufnahme sind **Erkundigungen** bei allen in Betracht kommenden Versorgungsunternehmen (u. a. Deutsche Bundespost/Telekom, Elektrizitätswerke, Gasversorger, Gemeinde, Wasserwerke) einzuholen, der Bauunternehmer darf sich nicht auf Auskünfte von Behörden oder des Bauherrn verlassen.[3] Jedoch sind teilweise die **Pläne der Versorgungsunternehmen** fehlerhaft. Hat der Bauunternehmer dafür Anhaltspunkte, so muss der Verlauf der Sparten z. B. durch Such- oder Probeschlitze erkundet werden, grundsätzlich reicht aber die Erkundigung und Planeinsichtnahme bei den Versorgungsunternehmen aus. Wie streng die Erkundigungspflicht des Bauunternehmers ist, zeigt exemplarisch das Urteil des BGH vom 21. 11. 1995:[4]

---

1 So das OLG Köln, VersR 1976, 394 und VersR 1987, 513, OLG Hamm, IBR 1993, 455; OLG Düsseldorf, IBR 1993, 415 und OLG Frankfurt, IBR 1994, 417.
2 Vgl. *Englert/Grauvogl/Maurer*, Handbuch des Baugrund- und Tiefbaurechts, 2. Aufl. 1999, Rz. 722.
3 Zur Erkundigungspflicht eines Tiefbauunternehmens: OLG Brandenburg, BauRB 2003, 100.
4 BGH, IBR 1996, 1.

Tiefbaurecht | Rz. 217 **Teil 29**

Beispiel:
Ein Tiefbauunternehmer, welcher sich ordnungsgemäß bei allen Versorgungsträgern erkundigt hatte, verletzte ein durch eine Privatfirma verlegtes Antennenkabel, welche dieses aufgrund eines Vertrages mit der Stadt verlegt hatte. In den dem Tiefbauunternehmer übergebenen Plänen der Gemeinde waren diese Antennenkabel nicht eingezeichnet gewesen.

Der BGH verurteilte den Tiefbauunternehmer auf Schadensersatz. Seine Erkundigungen haben nicht ausgereicht, da er Anhaltspunkte für das Vorhandensein privater Antennenkabel haben musste, weil einerseits in den Plänen der Telekom keine Antennenkabel eingezeichnet waren, andererseits weitestgehend keine Dachantennen vorhanden waren. Daraus musste der Tiefbauunternehmer auf die Möglichkeit des Vorhandenseins von privaten Antennenkabeln schließen und deshalb weitere Erkundigungen einholen. Er durfte sich auch insoweit nicht auf die Pläne der Gemeinde verlassen, sondern ist verpflichtet gewesen, bei der Gemeinde gezielt wegen eventuell privat verlegten Kabeln nachzufragen. 214

Wegen der sehr großen Gefahren und Schäden bei Beschädigung unterirdisch verlegter Versorgungsleitungen werden an den Tiefbauunternehmer **extrem hohe Anforderungen an** die Erfüllung seiner **Verkehrssicherungspflicht** gestellt, derartige Versorgungsleitungen nicht zu beschädigen.[1] 215

Es ist z. B. auch darauf zu achten, dass nicht durch die **Verbaumethode** möglicherweise mittelbar Spartenbeschädigungen entstehen. 216

Beispiel:
Tiefbauunternehmer U. verlegte im nicht-bindigen Sandboden nach der Krings-Doppel-Gleitschienenverbau-Methode einen Abwasserkanal ca. 50 cm neben einer Gasrohrleitung. In der darauf folgenden Nacht kommt es zu einem Bruch des Gasrohres in der Höhe eines Gebäudes, welches dann aufgrund austretenden Gases abbrannte.[2]

Das OLG verurteilte den Unternehmer, deren persönlich haftende Gesellschafterin und den örtlichen Bauleiter gesamtschuldnerisch nach § 823 Abs. 1 BGB i. V. m. § 840 Abs. 1 BGB zur Leistung von Schadensersatz. Nach den Grundsätzen des Anscheinsbeweises sei anzunehmen, dass durch die Verbaumethode an sich – unabhängig davon, ob diese sachgemäß angewandt wurde – Erdbewegungen ausgelöst wurden, welche den Bruch der Gasleitung verursachten. Diese sei hier risikoreicher gewesen als andere mögliche, aber auch aufwändigere Verbaumethoden. Der Unternehmer hätte darlegen müssen, dass durch die gewählte Gleitschienenverbau-Methode keine Gefährdung der Gasleitung in Betracht kam.

Jedoch haben auch diese Verkehrspflichten ihre **Grenzen**, wie der Beschluss des BGH vom 23. 2. 1999[3] zeigt: 217

Beispiel:
Ein Tiefbauunternehmen hatte bei Baggerarbeiten den Verschluss eines Wasserhydranten abgerissen, wodurch ein Wasserschaden in einem anliegenden Einkaufszentrum in Millionenhöhe entstanden war. Das Tiefbauunternehmen hatte bei dem Wasserversorgungsunternehmen eine Leitungsinformation eingeholt, in der der Hydrant jedoch nicht aufgeführt

---
1 OLG Düsseldorf, IBR 2002, 137 mit Anm. *Maurer*.
2 OLG Düsseldorf, BauR 1995, 721 ff.; IBR 1996, 321.
3 BGH, BauR 1999, 1041 ff.

war. Weiter lagen ihm Leitungsauskünfte eines Vermessungsbüros vor, in welchem die Wasserleitungen ebenfalls 1 m neben der Schadensstelle ohne Hinweis auf den Hydranten eingezeichnet waren. Im Abstand von 50 m wurden durch Querstiche der Leitungsverlauf geprüft, woraus sich kein anderes Ergebnis ergab. Auf einem Hinweisschild wurde die Lage des Hydranten in einer Entfernung von rund 4 m zur Havariestelle angegeben. Tatsächlich zweigte der Hydrant schräg von der Wasserleitung ab.

218 Der BGH lehnte eine Verletzung der Verkehrssicherungspflicht des Tiefbauunternehmers ab. Grundsätzlich genügte die Einholung der Leitungsinformation des Wasserversorgungsunternehmens und der Vergleich mit den Unterlagen des Vermessungsbüros. Wenn sich aus beiden Unterlagen keine Anhaltspunkte für eine Gefährdung ergaben und dies auch durch eine grobe Überprüfung mittels Querstichen bestätigt wurde, durfte der Tiefbauunternehmer die Bauarbeiten durchführen.

219 Auch aus den besonderen Umständen des Einzelfalles konnte hier kein anderes Ergebnis abgeleitet werden. Das Hinweisschild habe die Aufgabe eine Gefahrenstelle konkret zu markieren, der Tiefbauunternehmer darf grds. von der Zuverlässigkeit solcher Hinweisschilder ausgehen, es sei denn, es gibt Anzeichen einer nachträglichen Manipulation.

220 Bei der Beschädigung von Fernmeldekabeln ist die **Kabelschutzanweisung der ehemaligen Deutschen Bundespost Telekom** Ausdruck dessen, was einem Tiefbauunternehmen bei Bauarbeiten zur Erfüllung seiner Verkehrssicherungspflicht abverlangt werden kann. Dies zeigt beispielhaft das Urteil des OLG Düsseldorf vom 21. 3. 1997:[1]

Beispiel:
Ein Tiefbauunternehmen hatte bei Bauarbeiten auf einem privaten Grundstück Fernmeldekabel zerstört. Es hatte nur die Lagepläne der Stadt eingesehen, nicht jedoch Erkundigungen bei der Telekom eingeholt.

221 Das OLG Düsseldorf verurteilte den Tiefbauunternehmer auf Zahlung von Schadensersatz wegen Verletzung einer Verkehrssicherungspflicht. Diese sei hier der Kabelschutzanweisung der ehemaligen Deutschen Bundespost Telekom zu entnehmen, es komme nicht darauf an, dass diese keine Rechtsnorm sei. Nach Nr. 2 der Kabelschutzanweisung musste der Tiefbauunternehmer auch auf privaten Grundstücken mit Fernmeldekabeln rechnen und daher gemäß Nr. 3 der Kabelschutzanweisung Erkundigungen beim zuständigen Fernmeldeamt einholen. Grundsätzlich kann auf diese Kabelpläne vertraut werden, sind diese aber offensichtlich veraltet, so muss der Tiefbauunternehmer sich durch einen Mitarbeiter des Versorgungsunternehmens an Ort und Stelle einweisen lassen (Nr. 4 der Kabelschutzanweisung) und ggf. auch **Suchschlitze** anlegen.

222 Der Bauunternehmer ist in der Regel **persönlich verpflichtet**, die Erkundigungen einzuholen, er darf sie nur in Ausnahmefällen übertragen und muss dann den Bauleiter bzw. den Bohrmeister klar und eindringlich anweisen, sich bei allen in Betracht kommenden Versorgungsunternehmen über den Spartenverlauf zu erkundigen. Diese – gerade für Großunternehmen sehr weit gehende – Organisati-

---

[1] OLG Düsseldorf, BauR 1998, 308 f.

onspflicht der Unternehmensleitung beruht auf dem schon älteren Urteil des BGH v. 20. 4. 1971:[1]

Beispiel:
Durch Baggerarbeiten des größeren Tiefbauunternehmens T wurde eine Gasleitung beschädigt, woraufhin ein Haus explodierte. Der örtliche Bauleiter hatte es unterlassen, sich hinreichend nach Versorgungsleitungen zu erkundigen. T selbst hat den Bauleiter, einen Tiefbaufachmann, ordnungsgemäß ausgewählt. Eine Unternehmensanweisung bezüglich der Erkundigung über Versorgungsleitungen gab es nicht.

Der BGH verurteilte auch T zur Leistung von Schadensersatz nach §§ 823 Abs. 1, 31 BGB wegen eines **eigenen Organisationsverschuldens** des T. Im Falle einer Übertragung der Erkundigungspflicht auf Angestellte bedarf es einer klaren, eindringlichen Anweisung des Tiefbauunternehmens an die örtlichen Bauleiter, wann und wie sie sich über Lage und Verlauf der Sparten bei welcher Stelle zu vergewissern haben. An einer derartigen Anweisung des T fehle es hier, so dass er allein deswegen wegen Organverschuldens nach §§ 31, 823 Abs. 1 BGB haftet. 223

Zusätzlich zur Planeinsichtnahme erfolgt in der Regel noch eine **Sparteneinweisung** durch die Versorgungsunternehmen auf der Baustelle. Grundsätzlich kann den dort gemachten Angaben vertraut werden. 224

Der Bauunternehmer ist verpflichtet, auf die Beachtung der Spartenpläne und -einweisungen zu achten. Er muss sein **Personal sorgfältig auswählen**, dieses über den Verlauf der Sparten umfassend **unterweisen** und die Arbeiten **kontrollieren**. In schwierigen Bauphasen hat der Unternehmer die Bauarbeiten selbst zu leiten und zu überwachen, eine Delegation z. B. auf den Bauleiter ist nur in Ausnahmefällen möglich. Wie schwer der Entlastungsbeweis des § 831 Abs. 1 Satz 2 BGB zu führen ist, zeigt instruktiv das Urteil des OLG Braunschweig vom 24. 2. 1998:[2] 225

Beispiel:
K hat selbst als Bauleiter des Tiefbauunternehmens T bei Baggerarbeiten eine Glasfaserkabeltrasse durchtrennt. T beruft sich gegenüber der Klägerin darauf, dass er den K ordnungsgemäß ausgewählt und überwacht habe, es sich also gemäß § 831 Abs. 1 Satz 2 BGB entlasten kann.

Dem hat das OLG Braunschweig widersprochen. Es seien wegen der erheblichen Gefahren bei Beschädigung von Versorgungsleitungen hohe Anforderungen an Auswahl und Überwachung der Verrichtungsgehilfen zu stellen. Diese sei dann als verletzt anzusehen, wenn der Bauleiter ohne Einblick in die ihm übergebenen Verlegungspläne gearbeitet habe. Der Bauleiter war nicht als **Schachtmeister** ausgebildet, deshalb hätte T darlegen müssen, dass K für diesen konkreten Einsatz eingearbeitet, erprobt und überwacht worden sei. Allein der Umstand, dass K sich die Verlegungspläne nicht angesehen habe, spreche dafür, dass er von T nicht ausreichend auf die möglichen Gefahren und seiner zu beachtenden Sorgfaltspflicht hingewiesen worden sei. 226

---

[1] BGH, NJW 1971, 1313 ff.
[2] OLG Braunschweig, BauR 1999, 416 ff.

227 Möglich ist, die Erkundigungspflicht auf einen Dritten, z. B. ein Vermessungsbüro, zu **delegieren**. Auch an den Auftraggeber können diese Pflichten delegiert werden, sogar durch AGB. Jedoch hat der Bauunternehmer bei einer solchen Delegation noch die Pflicht zu überprüfen, ob der Übernehmende den Pflichten gerecht wird. Bei Anhaltspunkten dafür, dass dies nicht der Fall ist, trifft den delegierenden Unternehmer die Pflicht, sich vor Ausführung der Bauarbeiten um eine umfassende Erkundigung zu kümmern. Die Anforderungen an die **Kontrollpflicht** des Unternehmers **trotz der Übertragung** der Spartenerkundung auf einen Dritten zeigt exemplarisch das Urteil des OLG Frankfurt/M. vom 9. 2. 1995:[1]

Beispiel:
Tiefbaufirma U übertrug die Spartenerkundung an die Firma F. Diese gab U bei jeder Bohrung den Bohransatzpunkt an. Eigene Erkundigungen hatte U nicht eingeholt. Bei einer Bohrung neben einem Regenwassereinlauf wurde ein Abwasserkanal beschädigt.

228 Das OLG verurteilte U dem Grunde nach auf Leistung von Schadensersatz. Die Übertragung der Spartenerkundung auf F sei zwar zulässig, jedoch hätte U hier aufgrund des benachbarten Regenwassereinlaufs Bedenken gegen die Auskunft von F haben müssen und war deshalb selbst verpflichtet, eigene Erkundigungen einzuholen. U war nicht durch die Angabe der Bohransatzpunkte weisungsgebundener Handlanger von F geworden, so dass auch eine Entlastung des U aus diesem Gesichtspunkt ausschied.

229 **Fehlerhafte Auskünfte** seitens der Versorgungsunternehmen stellen ein **Mitverschulden** gemäß § 254 BGB dar. Somit trifft die Versorgungsunternehmen die Verkehrssicherungspflicht der genauen Erfassung der verlegten Leitungen wie auch dass sich diese in einem ordnungsgemäßen Zustand befinden.

II. Das Baugrund- und Systemrisiko

1. Das Baugrundrisiko

a) Begriff und vertragliche Regelung

230 Weichen die im Baugrund vorgefundenen Bodenverhältnisse von den erwarteten ab, führt dies in aller Regel zu einer Vielzahl von Fragen, die insbesondere die Art und Weise der Leistungsausführung, der zusätzlichen Vergütung und der Auswirkung auf den Bauablauf mit den dabei verbundenen zeitlichen Beeinträchtigungen betreffen.

231 In diesem Zusammenhang wird zumeist der Begriff des „Baugrundrisikos" verwendet.

Dieser Begriff, der als **Kernbegriff des Tiefbaurechts** bezeichnet werden kann, ist zwar weder in Gesetzen noch Verordnungen oder sonstigen Normen inhaltlich definiert[2], findet sich aber in vielen die Erdbauarbeiten berührenden DIN-Normen und technischen Vorschriften wieder.

---
1 OLG Frankfurt/M., IBR 1995, 423.
2 Siehe hierzu ausführlich *Englert*, BauR 1991, 537; *Lange*, Freiburger Baurechtstage, Tagungsband, 1999, S. 21 ff.; *Kapellmann*, Jahrbuch BauR 1999, S. 11 ff.

Beispielsweise heißt es in Beiblatt 1 zu DIN 4020 (geotechnische Untersuchungen für bautechnische Zwecke):[1]   232

„Aufgabe der geotechnischen Untersuchung von Boden und Fels als Baugrund ist es, das Baugrundrisiko im Hinblick auf ein Projekt einzugrenzen. Bereits die Erkenntnis der geologischen Zusammenhänge gibt Hinweise auf wichtige zu erwartende Probleme und Wege. Ein restliches Baugrundrisiko kann auch durch eingehende geotechnische Untersuchungen nicht völlig ausgeschaltet werden, da die Werte der Baugrundparameter streuen, eng begrenzte Inhomogenitäten des Baugrundes nicht restlos zu erfassen sind und manche Eigenschaften des Baugrundes mit angemessenem Aufwand nicht festgestellt werden können."

In Rechtsprechung und Literatur wird der Begriff Baugrundrisiko durchaus **unterschiedlich definiert**. Zum einen wird vom Baugrundrisiko in den Fällen gesprochen, in denen der Baugrund Ursache für Behinderungen, Mehrkosten, Zeitverzögerung und eingetretene Schäden war, gleich ob die Baugrundprobleme vorherzusehen waren und ob hierfür einer der Parteien verantwortlich war oder nicht.[2] Zum anderen wird davon ausgegangen, dass das Baugrundrisiko dem Wort nach nur solche Vorkommnisse erfasst, die durch keinen der Vertragspartner verschuldet und vorherzusehen waren und in denen trotz Einsatz aller technischer Möglichkeiten der Baugrunduntersuchung und trotz höchster Sorgfalt aller Beteiligten eine restlose Aufklärung der Baugrundverhältnisse nicht möglich war und dies zu den später eingetretenen Problemen geführt hat.[3]   233

Betrachtet man den Begriff des Baugrundrisikos nach seinem Wortsinn, so gilt: 234

Baugrund ist derjenige Teil der Erdoberfläche, der mit den darunter liegenden Erd- und Grundwasserschichten Grundlage für die Erbringung von Bau- und Grundstücksleistungen ist. Auf eine eigentumsrechtliche Zuordnung kommt es hierbei nicht an. Zum Baugrund zählen deshalb auch alle Teile des Bodens, die durch die Leistungen des Tiefbauers physikalisch in Anspruch genommen werden. Typisches Beispiel ist die Einbringung von Bodenankern bei einer Baugrubensicherung. Rechtliche Bedeutung erlangt der Begriff des Baugrundes insoweit, als er vom Begriff „Stoff" im Sinne der §§ 644, 645 BGB sowie § 13 Nr. 3 VOB/B umfasst wird, welcher durch den Auftraggeber dem Auftragnehmer zur Verfügung gestellt wird. Der Auftragnehmer wird nach § 13 Nr. 3 VOB/B von der Gewährleistung frei, wenn der Mangel auf einem vom Auftraggeber gelieferten Stoff beruht.

Als **Baugrundrisiko** sind sämtliche Risiken und Gefahren anzusehen, die sich aus der Wechselwirkung zwischen Werk bzw. Werkleistung und dem Baugrund ergeben.   235

---

1 Vgl. auch weitere Regelungen in DIN 1054 (Beiblatt zu Abschnitt 3).
2 *Wiegand*, ZfBR 1990, 2; *Quack*, Beilage 20, BB 1991, 9 ff.; BGH, BauR 1988, 111, 113; OLG Schleswig, BauR 1987, 730, 732.
3 *Englert/Grauvogl/Maurer*, Handbuch des Baugrund- und Tiefbaurechts, 2. Aufl. 1999, Rz. 533; *v. Craushaar*, FS Locher, 1990, S. 9, 19; *Schottke*, BauR 1993, 407, nach *Kapellmann*, Jahrbuch Baurecht, 1999, S. 1 ff., ist eine Definition des Begriffs Baugrundrisiko überflüssig, da die hiermit in Zusammenhang gebrachten Rechtsprobleme ohne weiteres mit Erwägungen zur Vertragsauslegung gelöst werden könnten.

236 Nach heute herrschender Meinung[1] trägt der **Auftraggeber** das Baugrundrisiko. Eine solche Zuweisung des Baugrundrisikos findet sich auch in Ziff. 7 der allgemeinen Bedingungen für Spezial-Tiefbauarbeiten.[2] Dieser Grundsatz folgt bereits aus den Regelungen der §§ 644, 645 BGB, wonach für den zufälligen Untergang und eine zufällige Verschlechterung des von dem Besteller gelieferten Stoffs (Baugrund) der Unternehmer nicht verantwortlich ist. Für eine grundsätzliche Haftung des Bestellers/Auftraggebers sprechen auch die Regelungen der VOB. So darf gemäß § 9 Nr. 2 VOB/A dem Auftragnehmer kein ungewöhnliches Wagnis für Umstände und Ereignisse aufgebürdet werden, auf die er keinen Einfluss hat und deren Einwirkungen auf Preise und Fristen er nicht im Voraus schätzen kann. Nach § 13 Nr. 3 VOB/B ist der Auftragnehmer von der Gewährleistung frei, wenn der Mangel auf den vom Auftraggeber gelieferten Stoff (Baugrund) zurückzuführen ist. Voraussetzung hierfür ist allerdings, dass der Auftragnehmer seinen Prüfungs- und Hinweispflichten gemäß § 4 Nr. 3 VOB/B entsprechend nachgekommen ist.

237 Das Baugrundrisiko kann **nicht im Rahmen von AGB** auf den Auftragnehmer **abgewälzt werden**, da in der Regel bei den in den AGB enthaltenen Normen ein Verstoß gegen die §§ 5, 9 AGBG, ggf. auch gegen § 10 Nr. 5 AGBG vorliegt.[3] Gegen eine Übertragung des Baugrundrisikos auf den Auftragnehmer durch individualvertragliche Vereinbarungen bestehen keine Einwände.[4]

238 **Hinweis:**

Es ist allerdings darauf hinzuweisen, dass selbst bei einer individualvertraglichen Vereinbarung die Möglichkeit besteht, dass die Rechtsprechung diese Vereinbarung als sittenwidrig oder gegen das Gebot von Treu und Glauben verstoßend ansieht. Immerhin wird hier eine erhebliche Abkehr vom gesetzlichen Leitbild vereinbart, über deren Wirksamkeit sich auch vor Gericht trefflich streiten lassen wird.

239 Des Weiteren besteht die Gefahr, dass die beschlossenen individualrechtlichen Vereinbarungen ggf. doch – aufgrund sämtlicher anderen Umstände der Vertragsschließung – als AGB-Regelung angesehen werden. In einem solchen Fall läge ein Verstoß gegen § 13 Nr. 3 VOB/B vor mit der Folge, dass sämtliche Regelungen der VOB der Inhaltskontrolle nach dem AGBG (jetzt: §§ 305 BGB n. F.) unterlägen.[5]

---

1 *v. Craushaar*, FS Locher, 1990, S. 99 ff.; *Ingenstau/Korbion*, 14. Aufl. 2001, A § 9 Rz. 55 und B § 6 Rz. 30; BGH, BauR 1988, 111, 113; BGH, NJW 1991, 2701, 2702; OLG Stuttgart, BauR 1994, 631.
2 Vgl. zu dem Thema und für eine ausdrückliche Normierung des Begriffs des Baugrundrisikos: *Englert*, BauR 1991, 537 ff.; eine Übersicht über die Definition und Zuweisung des Baugrundrisikos im europäischen Recht gibt *Englert/Grauvogl/Maurer*, Handbuch des Baugrund- und Tiefbaurechts, 2. Aufl. 1999, Rz. 537 ff.
3 *Korbion/Locher*, AGBG und Bauerrichtungsverträge, 3. Aufl. 1997, S. 68, nach Einführung des SRMG §§ 305c Abs. 2, § 307, 308 BGB n. F.
4 Siehe Textvorschlag für eine solche Zusatzvereinbarung bei *Englert/Grauvogl/Maurer*, Handbuch des Baugrund- und Tiefbaurechts, 2. Aufl. 1999, Rz. 560.
5 Vgl. hierzu *Korbion*, VersR 1977, 681; *Locher*, NJW 1977, 1801; *Schelle*, Hoch- und Tiefbau 1/85, S. 32 und Hoch- und Tiefbau 2/85, S. 40. Nach BGH v. 22. 1. 2004 führt jede vertragliche Abweichung von der VOB/B dazu, dass diese nicht als Ganzes vereinbart gilt. Auf das Gewicht des Eingriffes kommt es nicht mehr an.

Beispiel: 240
Unzulässig für Regelungen in AGB-Verträgen sind beispielsweise folgende Klauseln:

▷ Der Auftragnehmer erklärt, dass er sich an der Baustelle über alle die Preise beeinflussenden oder über den Leistungsumfang maßgebenden Umstände informiert hat.

▷ Der Auftragnehmer hat sich über die Boden- und Wasserverhältnisse zu informieren und daraus entstehende Risiken zu übernehmen. Er kann sich später nicht damit entlasten, dass er die Eigenart und Mängel der Bodenverhältnisse nicht gekannt hat.[1]

Grundsätzlich stellt der Auftraggeber den Baugrund als (Bau-)Stoff bereit. Ihm obliegen nach § 9 VOB/A – deren Regelungen auch im privaten Rechtsbereich gelten – umfassende Aufklärungs- und Beschreibungspflichten. 241

Beispiel: 242
Unzulässig sind deshalb auch folgende Formulierungen:[2]

▷ Der Auftragnehmer hat sich über die örtlichen Verhältnisse und insbesondere über die erforderlichen Maßnahmen zum Schutz nachbarlicher Grundstücke, Gebäude usw. zu informieren und sie in das Angebot einzurechnen.

▷ Bei auftretendem Grund- und Hangwasser geht die Wasserhaltung zulasten des Auftragnehmers. Bei größerem Umfang ist eine Preisvereinbarung mit der Bauoberleitung zu treffen bzw. ist die Leistung nach gesondert ausgeschriebener Position abzurechnen.

▷ Mit Beginn der Fundamentarbeiten gilt die Baugrube als ordnungsgemäß übernommen, d. h. Mehrkosten wegen ungenügender Böschung, Abmessung, Codierung Bodenvorkommen, Lage etc. werden nicht anerkannt.

▷ Der Auftragnehmer lässt Boden- und Wasseruntersuchungen, hydrologische Untersuchungen, soweit diese nicht im Bodengutachten erfasst sind, die zur ordnungsgemäßen Ausführung jedoch erforderlich sind, erstellen.

▷ Der Anbieter hat sich schon vor Angebotsabgabe durch Einsicht in die vorhandenen Pläne, Besichtigung des Baugeländes oder des Bauwerks selbst oder durch andere geeignete Maßnahmen über die Art des beabsichtigten Bauwerks und dessen besondere Verhältnisse (auch hinsichtlich des Baugrundes, soweit dessen Beurteilung ohne Grabung, Bohrung oder Schürfung möglich ist) zu unterrichten. Das Ergebnis der Unterrichtung hat er im Angebot zu berücksichtigen. Nach Abschluss des Bauvertrages kann der Auftragnehmer nicht mehr geltend machen, dass er die Verhältnisse nicht oder nicht genügend gekannt hätte.

Von der Frage, ob und inwieweit das Baugrundrisiko vertraglich auf den Auftragnehmer übergewälzt werden kann, ist die Frage zu unterscheiden, in welchen Fällen der Auftragnehmer das Baugrundrisiko **konkludent übernimmt**.[3] Beispielsweise geht das Baugrundrisiko dann auf den Auftragnehmer über, wenn dieser einen **Sondervorschlag** unterbreitet, den der Auftraggeber annimmt und der später – nach Durchführung – aufgrund abweichender Baugrundverhältnisse sich als nicht durchführbar erweist. 243

---

1 Beispiele nach *Korbion/Locher*, AGBG und Bauerrichtungsverträge, Fn. 59.
2 Zu unwirksamen Bauvertragsklauseln siehe auch *Heiermann/Riedl/Rusam*, 9. Aufl. 2000, § 9 Rz. 6 ff.; zu den Beispielen vgl. *Glatzel/Hofmann/Frikell*, 9. Aufl. 2000, S. 119 ff.
3 Zu weit gehend aber OLG Celle, IBR 2002, 656 mit Anm. *Putzier*, wonach der Unternehmer bei auftraggeberseitiger Angabe der Bodenklassen 3–5 eine Tonlinse mit einkalkulieren hätte sollen.

Beispiel:
Ein Bauunternehmer erhält den Auftrag zur Erstellung eines Klärwerk-Bauteils aufgrund eines Nebenangebots. Er ist verpflichtet, auch die Tragwerksplanung zu erstellen. Baugrundangaben seitens des Bauherrn fehlen in der Ausschreibung. Zu Zweifeln an der Baugrundqualität gab es keinen Anlass. Nachdem sich das Bauwerk unterschiedlich gesetzt hat, verlangt der Auftraggeber Mängelbeseitigung und Schadensersatz mit der Begründung, im Rahmen der Erstellung der Statik sei der Auftragnehmer verpflichtet gewesen, auch den Baugrund zu untersuchen.

244 Das OLG stellte zunächst fest, dass im Falle von Nebenangebote oder Änderungs- oder Sondervorschlägen seitens des Auftragnehmers dieser für deren Funktionsfähigkeit – auch hinsichtlich der Planung – verantwortlich ist. Der Auftragnehmer kann sich jedoch auf die Angaben zum Baugrund auch bei der Planung und Ausführung eines Bauwerks im Rahmen eines von ihm eingebrachten Nebenangebots oder Sondervorschlags verlassen, soweit der „beschriebene Baugrund" die Grundlage der Bauleistung bleibt.[1] Der Statiker ist also nicht verpflichtet, sich vom Auftraggeber Angaben zum Baugrund zu besorgen, wenn es keine Hinweise auf mögliche Baugrundrisiken gibt.

245 Realisieren sich im Falle eines Sondervorschlags des Auftragnehmers Baugrundrisiken, die **systemunabhängig** sind, so verbleibt das Baugrundrisiko grundsätzlich beim Auftraggeber.

Typisches Beispiel ist der Sandlinsenfall des LG Köln:

Beispiel:
Ein Unternehmer schlug vor, ein Tunnelbauwerk mit einem von ihm entwickelten Verfahren zu durchpressen. Infolge einer – auch durch vorher durchgeführter Untersuchungen- nicht vorhersehbaren Sandlinse kam es zu einem Bodeneinbruch.

246 Das LG Köln verneinte den Übergang des Baugrundrisikos auf den Auftragnehmer. Begründet wurde dies damit, dass der **neuartigen Verfahrensweise** kein spezielles Risiko anhaftete, was sich vorliegend verwirklicht hätte. Es sei kein Grund vorhanden, den Unternehmer stärker haften zu lassen, nur weil dieser ein neues Verfahren anwende.[2]

b) Die Auswirkungen des echten Baugrundrisikos auf die Vergütungsansprüche

247 An dem genannten Beispielsfall des LG Köln lassen sich auch die mit der Änderung des Baugrundes zumeist verbundenen **Vergütungsprobleme** aufzeigen:

Beispiel:
In der Leistungsbeschreibung ist vorgesehen, dass Boden der Bodenklasse 2 (schlammiger Boden) bis zu einer Tiefe von 0,50 bis 4,0 m und Boden der Bodenklasse 3 bis 6 (leicht lösbare Bodenarten bis leicht lösbarer Fels) bis 0,50 m bzw. 1,0 m Tiefe auszuheben ist. Bei der Durchführung der Arbeiten stellt sich heraus, dass Boden der Bodenklasse 3 bis 6 nicht – wie ausgeschrieben – nur bis zur Tiefe von 0,50 m bzw. 1,0 m, sondern tatsächlich bis zu einer Tiefe von 4,0 m ausgebaggert werden musste. In dem Verfahren begehrte der Unter-

---
1 Vgl. hierzu *Englert*, IBR 1995, 374.
2 LG Köln, BauR 1980, 368.

nehmer vom Bauherrn Ersatz der ihm durch die aufwändigere Ausbaggerung entstandenen Mehrkosten.[1]

Bei der Lösung dieses Falles scheiden sich die juristischen Geister. Während zum einen dieser Sachverhalt als ein Fall der bloßen Mengenänderung gemäß § 2 Nr. 3 VOB/B angesehen wurde[2], wurde zum anderen dieser Fall sowohl als eine Leistungsänderung im Sinne des § 2 Nr. 5 VOB/B[3] oder als zusätzliche Leistung nach § 2 Nr. 6 VOB/B eingeordnet.[4] Die Einordnung in die zutreffende VOB-Mehrvergütungsnorm ist sowohl für die Anspruchsvoraussetzungen von Bedeutung (nach § 2 Nr. 6 VOB/B muss der Auftragnehmer die Mehrkosten vorher anmelden), als auch für den zu bildenden und abzurechnenden Mehrpreis (im Falle des § 2 Nr. 5 VOB/B ist ein „neuer Preis" zu vereinbaren, im Falle des § 2 Nr. 6 VOB/B erhält der Auftragnehmer eine „besondere Vergütung").[5] 248

Realisiert sich das **echte Baugrundrisiko**, treten also Baugrundprobleme auf, ohne dass diese vom Bauherren oder von dem Unternehmer auch unter Beachtung größter Sorgfalt hätten erkannt oder verhindert werden können, hat der Auftragnehmer grundsätzlich **Anspruch auf Mehrvergütung** nach den Normen des § 2 VOB/B. Im Falle von Mehr- oder Mindermengen kann die Vereinbarung neuer Preise nach § 2 Nr. 3 VOB/B gefordert werden, im Falle der Leistungsänderungen oder der Zusatzleistung bestehen Ansprüche gemäß § 2 Nr. 5 bzw. § 2 Nr. 6 VOB/B. Wird die Leistung des Auftragnehmers vor der Abnahme beschädigt oder zerstört oder sind andere vom Auftragnehmer zu vertretende Umstände hierfür ursächlich, steht dem Auftragnehmer gemäß § 7 Nr. 1 VOB/B i. V. m. § 6 Nr. 5 VOB/B ein Vergütungsanspruch zu. 249

Im Falle des **BGB-Werkvertrages** kann der Auftragnehmer gemäß § 645 Abs. 1 Satz 1 BGB einen seiner geleisteten Arbeit entsprechenden Teil der Vergütung sowie Ersatz der in der Vergütung nicht inbegriffenen Auslagen verlangen. Nach herrschender Meinung ist dieser Paragraf auch im Falle des VOB/B-Vertrages anwendbar.[6] Ungeachtet dieser Mehrvergütungs- und Schadensersatzansprüche bleibt der Auftragnehmer selbstverständlich bei sich verwirklichendem Baugrundrisiko vor der Abnahme weiterhin zu Leistung verpflichtet, es sei denn, die Leistung wird undurchführbar. Dann wird der Auftragnehmer gemäß § 275 BGB von seiner Leistungserbringung befreit. 250

Englert weist zu Recht darauf hin, dass **§ 4 Nr. 7 VOB/B**, nachdem Leistungen, die schon **während der Ausführung** als mangelhaft und vertragswidrig erkannt wer- 251

---

1 LG Köln, BauR 1980, 368; zu diesem Fall vgl. Stellungnahmen: *v. Craushaar*, BauR 1984, 312, 322; *Vygen*, BauR 1983, 414, 416; *Putzier*, BauR 1989, 132, 134; *Lange*, Baugrundhaftung und Baugrundrisiko, S. 55 ff.
2 *Marbach*, ZfBR 1989, 2, 8; *Vygen*, BauR 1983, 414, 416 f.
3 *v. Craushaar*, BauR 1984, 311, 323.
4 *Ingenstau/Korbion*, 14. Aufl. 2001, B § 2 Rz. 262 mit Verweis auf OLG Düsseldorf, BauR 1989, 483.
5 Die Frage, unter welchen Voraussetzungen Mehrvergütungsansprüche geltend gemacht werden können, ist bereits an anderer Stelle in diesem Band ausführlich erörtert worden. Hinsichtlich der Einzelfälle sei im Übrigen verwiesen auf die Ausführungen bei Lange, Baugrundhaftung und Baugrundrisiko, S. 47 ff., sowie auf den Aufsatz von *Englert*, Freiburger Baurechtstage, Tagungsband, 1999, S. 103 ff.
6 *Englert/Grauvogl/Maurer*, Handbuch des Baugrund- und Tiefbaurechts, 2. Aufl. 1999, Rz. 573.

den, durch den Auftragnehmer auf eigene Kosten durch mangelfreie zu ersetzen sind, nicht angewendet werden kann, wenn ein Baugrundrisikofall vorliegt. Wird das Werk des Auftragnehmers vor Abnahme aufgrund eines Baugrundrisikofalls mangelhaft, ist dieser zwar zur Nachbesserung verpflichtet, hat allerdings die Kosten hierfür nicht zu tragen. Da der Auftraggeber grundsätzlich das Baugrundrisiko trägt, hat dieser die zur vertragsgerechten Leistung entstehenden Kosten nach den Regelungen des § 2 VOB/B – entsprechende Nachtragstellung seitens des Auftragnehmers vorausgesetzt – zu bezahlen.

252 Verwirklicht sich das **echte Baugrundrisiko** erst **nach der Abnahme**, ist der Auftragnehmer weder zur Neuherstellung oder Nachbesserung verpflichtet, noch verliert dieser seine Ansprüche auf Zahlung (§ 641 Abs. 1 BGB; § 16 Nr. 3 Abs. 1 VOB/B).

c) Die Auswirkungen des echten Baugrundrisikos auf die Gewährleistungsansprüche

253 Im Stadium vor Abnahme gelten im Fall der Verwirklichung des echten Baugrundrisikos die Regelungen des § 645 BGB (auch im Bereich des VOB/B-Vertrages).[1] Ist die Abnahme durchgeführt, entfällt eine Gewährleistungspflicht des Auftragnehmers nach § 13 Nr. 1 VOB/B, da der Mangel auf den vom Auftraggeber gelieferten oder vorgeschriebenen Stoff (Baugrund) zurückzuführen ist (§ 13 Nr. 3 VOB/B).

d) Die Auswirkungen des echten Baugrundrisikos auf die Bauzeit

254 Die Verwirklichung des echten Baugrundrisikos führt auch zu Auswirkungen auf die Bauzeit. Kann aufgrund der überraschend vorgefundenen Baugrundverhältnisse eine Leistung nicht so erbracht werden, wie es geplant war und treten hierdurch Verzögerungen und Behinderungen ein, ist ein **Anspruch auf Bauzeitverlängerung** gegeben.

255 Die Ausführungsfristen des Auftragnehmers verlängern sich gemäß § 6 Nr. 2 VOB/B. Dabei ist sowohl der Tatbestand des § 6 Nr. 2 Abs. 1 Buchst. c VOB/B erfüllt (Verursachung und Behinderung durch andere für den Auftragnehmer unabwendbare Umstände) als auch der Tatbestand des § 6 Nr. 2 Abs. 1 Buchst. a VOB/B (Umstand aus dem Risikobereich des Auftraggebers). Im Falle des BGB-Werkvertrages ist ein Anspruch auf Verlängerung der Fristen nach den allgemeinen Schuldrechtsregelungen gegeben (früher: § 636 Abs. 1 Satz 1 BGB a. F. i. V. m. § 634 Abs. 1 BGB a. F.).

e) Die Auswirkungen des echten Baugrundrisikos auf die Schadensersatzansprüche

256 Ansprüche auf Schadensersatz wegen des sich realisierenden Baugrundrisikos sind **zu verneinen**. Es fehlt in diesen Fällen am Verschulden der beteiligten Vertragsparteien (§§ 286, 285 BGB; § 6 Nr. 6 VOB/B).

---

1 v. *Craushaar*, BauR 1987, 14, 18.

2. Das Systemrisiko

a) Der Begriff des Systemrisikos/Inhalt und Abgrenzung

Beeinflusst durch die besonders im Tiefbau auftretenden Probleme der Leistungsausführung ist in jüngster Zeit in die juristische Diskussion der Begriff des „Systemrisikos" eingeführt worden.[1] Mit dem **Begriff des Systemrisikos** sollen folgende Sachverhalte erfasst werden: 257

Beispiel:
Bei der Ausführung von Tiefbauarbeiten treten Mängel oder Schäden auf, obwohl der Baugrund an sich so ist, wie vorausgesehen und erwartet und sich das Baugrundrisiko insofern nicht verwirklicht. Trotz mangelfreier Ausführung der Leistung – beispielsweise Hochdruckinjektionsleistungen – treten durch die physikalischen Wechselwirkungen zwischen Injektion und Baugrund Mängel bzw. Schäden auf, die systemimmanent sind.

Kern des genannten Beispielssachverhalts ist, dass sich trotz technisch bestmöglich ausgeführter Leistung, die den allgemeinen anerkannten Regeln der Technik entsprach, aufgrund der **Wechselwirkung zwischen Baugrund und Bauverfahren** Risiken verwirklicht haben, ohne dass es sich um Fälle des Baugrundrisikos handelte. Es hat sich das mit der eingesetzten Technik verbundene Risiko verwirklicht, wonach mit letzter Bestimmtheit naturphysikalische Reaktionen des zur Anwendung gelangten Bausystems niemals ganz vorhergesehen und ausgeschlossen werden können. 258

Englert[2] bezeichnet das Systemrisiko als die Gefahr, dass bei der Herstellung von (Tief-)Bauwerken niemals sämtliche naturwissenschaftlichen Reaktionen des zur Anwendung gelangenden Bausystems (z. B. die Baupfahl- oder Schlitzwandherstellung, Bodenvereisung, Hochdruckinjektion, Baugrundsicherung etc.) mit absoluter Sicherheit vorhergesagt oder vorausberechnet werden kann und deshalb trotz bestmöglicher Vorgaben und optimaler Ausführung Mängel und Schäden auftreten können. 259

Insbesondere bei Gründungs- und Unterfangungsarbeiten stellen sich in aller Regel Setzungen des Nachbargrundstücks und Risse der Nachbarbebauung ein, die auch bei sorgfältigster Arbeit nicht vermeidbar sind. Weitere Beispiele für **typische Systemrisiken** sind die Einbeziehung oder Verdichtung locker gelagerter Böden im Falle des Einbaus von Spundwänden oder das Nachfallen von Bodenmaterial bei der Herstellung sog. Schlitzwände infolge des Durchstoßens des Erdreichs.[3] 260

Auch diesbezüglich wird man – wie auch bei der Bestimmung des Baugrundrisikobegriffs – eine Unterteilung in **echtes oder unechtes Systemrisiko** vornehmen können: 261

▷ Ein Fall des „**echten**" Systemrisikos liegt vor, wenn technische Verfahren angewendet werden, bei denen mögliche mit dem angewandten System verbun-

---
1 Englert, BauR 1996, 763; Englert, FS v. Craushaar, 1997, S. 203.
2 Englert/Grauvogl/Maurer, Handbuch des Baugrund- und Tiefbaurechts, 2. Aufl. 1999, Rz. 602.
3 OLG Stuttgart, BauR 1994, 631; weitere Beispielsfälle in Englert/Grauvogl/Maurer, Handbuch des Baugrund- und Tiefbaurechts, 2. Aufl. 1999, Rz. 604 ff.

dene Risiken noch nicht bekannt sind (beispielsweise weil es sich um ein relativ neues Verfahren handelt) und deshalb auch von den Parteien nicht vorherzusehen sind.

▷ Als **„unechtes"** Systemrisiko sollen diejenigen Fälle bezeichnet werden, bei denen den Parteien bekannt ist, dass trotz Anwendung der größtmöglichen Sorgfalt Risiken bestehen, die sich verwirklichen können.[1] Noch nicht abschließend geklärt ist, welche Rechtsfolgen sich aus der Verwirklichung des Systemrisikos ergeben und ob die Definition dieses Begriffs in rechtlicher Hinsicht überhaupt Sinn macht.[2]

b) Folgen der Verwirklichung des Systemrisikos

262 Grundsätzlich trägt der **Auftragnehmer** das Systemrisiko. Er schuldet eine mangelfreie Werkleistung und muss – wenn er Einfluss auf die Wahl des Verfahrens hat – im Rahmen der werkvertraglichen Erfolgsgarantie für den Erfolg seiner Leistung einstehen. Wie bereits an anderer Stelle in diesem Band dargelegt, haftet der Auftragnehmer selbst dann auf Nachbesserung seiner Leistung, wenn er bei der Ausführung seiner Werkleistung die allgemein anerkannten Regeln der Technik angewendet hat. In dem so genannten **Schlitzwandgreifer-Fall** des OLG Stuttgart hatte das Gericht entschieden, dass der Auftragnehmer eine mangelfreie Werkleistung zu erbringen und demzufolge auch für das sich hier realisierende Systemrisiko einzustehen habe.[3] Das Gericht hat diesen Fall allerdings unter dem Stichwort „Baugrundrisiko" diskutiert.

263 In der Literatur wird vertreten, dass unter bestimmten Voraussetzungen das Systemrisiko **ausnahmsweise** dem **Auftraggeber** zuzuschreiben ist. Hauptargument in diesem Zusammenhang sind zum einen die Tatsache, dass das System, das zur Anwendung kommen soll, ggf. vom Auftraggeber in seiner Leistungsbeschreibung vorgegeben wurde und somit **Vorgaben des Auftraggebers** letztlich Ursache für die eingetretenen Mängel und Schäden seien, zum anderen soll unter Berücksichtigung des Grundsatzes, dass der Auftragnehmer nicht für etwas einstehen soll, was ihm nicht (schuldhaft) zugerechnet werden kann, dieser nicht haften.[4] Weiter wird für die Auffassung, dass im Ausnahmefall das Systemrisikos durch den Auftraggeber zu tragen ist § 9 Nr. 2 VOB/A angeführt, wonach dem Auftragnehmer kein ungewöhnliches Wagnis auch für Umstände und Ereignisse aufgebürdet werden sollen, auf die er keinen Einfluss hat und deren Einwirkung auf die Preise und Fristen er nicht im Voraus abschätzen kann.[5]

---

1 Vgl. hierzu auch *Ganten*, Freiburger Baurechtstage, Tagungsband, 1999, 47 ff.
2 Vgl. *Kappelmann*, Jahrbuch BauR 1999, S. 1, 25, 42, der eine Definition dieses Begriffes als nicht erforderlich ansieht.
3 BauR 1974, 631.
4 *Englert/Grauvogl/Maurer*, Handbuch des Baugrund- und Tiefbaurechts, 2. Aufl. 1999, Rz. 609 unter Hinweis darauf, dass der Auftragnehmer selbstverständlich seine Prüfungs- und Hinweispflichten nach § 4 Nr. 3 VOB/B sowie die einschlägigen DIN-Normen erfüllt haben muss.
5 *Englert/Grauvogl/Maurer*, Handbuch des Baugrund- und Tiefbaurechts, 2. Aufl. 1999, Rz. 611.

Gleichfalls soll **§ 7 Nr. 1 VOB/B** dem Auftraggeber das Systemrisiko zuweisen, da 264
der Auftragnehmer nach dieser Norm einen Vergütungsanspruch für Leistungen
hat, die vor Abnahme durch unabwendbare, vom Auftragnehmer nicht zu vertretende Umstände beschädigt oder zerstört werden. Gleichfalls werden beispielhaft Regelungen der verschiedenen Tiefbaurechtsnormen der DIN herangezogen, wonach beispielsweise in Abschnitt 3.5 in Verbindung mit Abschnitt 4.2.1 der DIN 18301 für Bohrarbeiten bestimmt ist, dass nicht vorhersehbare Aufwendungen typischerweise als besondere Leistungen anzusehen sind, die entsprechende Vergütungsansprüche nach sich ziehen (hier für den Fall, dass Bohrrohre des Auftragnehmers nicht mehr gezogen werden können und dies dem Auftraggeber unverzüglich angezeigt wurde).

Hinweis:
Ausgehend vom Blasbachtal-Urteil des OLG Frankfurt[1], und mehrfach durch den BGH im Ergebnis bestätigt[2], bleibt die **Erfolgshaftung des Auftragnehmers** zunächst als das Maß aller Dinge anzusehen. Ob man allerdings unter Hinweis auf eine ggf. nur begrenzte Verantwortung des Auftragnehmers – z. B. für voraussehbare Systemrisiken – eine Risikoverlagerung auf den Auftraggeber durch das Stichwort des „echten Systemrisikos" (gleich der Behandlung der echten Baugrundrisikofälle) erreicht, ist derzeit in der Diskussion noch offen.[3] Eventuell ist auch treffen die Verwirklichung des Baugrundrisikos und des Systemrisikos zusammen – an eine Mitverantwortung des Auftraggebers/Bauherrn gemäß § 254 BGB für den Baugrund zu denken.

---

1 BauR 1983, 156.
2 BGH, BauR 1985, 567; BGH, NJW 1998, 3707.
3 Siehe hierzu auch die Thesen von *Ganten*, Freiburger Baurechtstage, Tagungsband, 1999, 61.

Anhang

I. Landesrechtliche Versicherungspflichten für Architekten, Ingenieure und andere Berufe im Bereich des Bauwesens[1]

Baden-Württemberg

Versicherungs-pflicht für ...	Rechtsgrundlage	Vorgaben hinsichtlich der Höhe der Deckungssummen, Versicherungsart, Selbstbehalte etc.	Zuständige Stellen i. S. des § 158c Abs. 2 S. 1 VVG	Stand der Prüfung/ Aktualisierung
Freie Architekten	Abschnitt 2 Ziff. 8 der baden-württembergischen Berufsordnung für Architekten und Stadtplaner (BO Stand 01/2002)	„Der freie Architekt muß eine BerufsHV abschließen, soweit er nicht in anderer Weise gleichwertig abgesichert ist"; lt. Auskunft der AKBW gibt es keine verbindlichen Hinweise derselben für Mindest-DS: 1,5 Mio. Euro für Personenschäden und wenigstens 35 % des Bauvolumens, mind. aber 300.000 Euro als DS für sonstige Schäden (i. d. R. 500.000 Euro) werden jedoch empfohlen.	keine	27. 11. 2003
Architekten-Partnerschaften im Sinne von § 1 Abs. 1 des Gesetzes über Partnergesellschaften Angehöriger Freier Berufe (Partnerschaftsgesellschaftsgesetz – PartGG)	§ 8 Abs. 3 PartGG vom 25. 7. 94 i. V. m. § 2a Abs. 3 Architektengesetz BW in der Fassung vom 1. 8. 1990 (unveränderte DS gem. ArchG idF v. 5. 10. 1999, noch gültig am 14. 11. 2003)	DS: 1.533.875,60 Euro für Personenschäden und 255.645,94 Euro für sonstige Schäden je Versicherungsfall erforderlich – Beschränkung der Jahresgesamtleistung auf das Zweifache dieser Mindestdeckungssumme möglich – 5-jährige Nachhaftung erforderlich.	Architektenkammer Baden-Württemberg, Danneckerstraße 54, 70182 Stuttgart	27. 11. 2003

---

[1] Abdruck der Übersicht mit freundlicher Genehmigung der VHV Hannover, alle Angaben ohne Gewähr. Hinweis: die Übersicht gibt den jeweiligen Bearbeitungsstand wieder. Soweit noch DM-Beträge erscheinen, waren neuere Zahlen nicht verfügbar.

Versicherungs-pflicht für ...	Rechtsgrundlage	Vorgaben hinsichtlich der Höhe der Deckungssummen, Versicherungsart, Selbstbehalte etc.	Zuständige Stellen i. S. des § 158c Abs. 2 S. 1 VVG	Stand der Prüfung/ Aktualisierung
Prüfingenieure für Baustatik	§ 73 Abs. 2 und 5 der Landesbauordnung Baden-Württemberg (LBO) vom 8. 8. 1995 i. V. m. § 1 Abs. 5 der Verordnung des Wirtschaftsministeriums über die bautechnische Prüfung baulicher Anlagen (Bauprüfverordnung Bau-Prüf-VO) vom 21. 5. 1996, geändert am 23. 10. 1998 (noch gültig am 16. 7. 02)	„Angemessene Versicherung", wobei seitens der Obersten Baubehörde von folgenden DS intern ausgegangen wird: 500.000 Euro DM für Personenschäden und 250.000 Euro für Sach- und Vermögensschäden	keine	10. 7. 2002
Sachverständige Personen i. S. von § 19 i Abs. 2 Satz 3 des Gesetzes zur Ordnung des Wasserhaushaltes (Wasserhaushaltsgesetz – WHG)	§ 22 Abs. 3 Ziff. 5 der Verordnung über Anlagen zum Umgang mit wassergefährdenden Stoffen und über Fachbetriebe (Anlagenverordnung – VAwS) vom 20. 3. 2001	DS: 2,5 Mio. Euro für Gewässerschäden	Umweltministerium Baden-Württemberg, Postfach 10 34 39, 70029 Stuttgart	10. 7. 2002

Bayern

Versicherungs-pflicht für ...	Rechtsgrundlage	Vorgaben hinsichtlich der Höhe der Deckungssummen, Versicherungsart, Selbstbehalte etc.	Zuständige Stellen i. S. des § 158c Abs. 2 S. 1 VVG	Stand der Prüfung/ Aktualisierung
Architekten	Art. 1 Bayerisches Architektengesetz (BayArchG) vom 31. 8. 1994, geändert durch Gesetz vom 24. 4. 2001 (GVBl S. 143) i. V. m. Ziffer 9. der Berufsordnung der Bayerischen Architektenkammer vom 4. 12. 1972 idF vom 6. 8. 2001	Bei eigenverantwortlicher Tätigkeit für andere hat sich der Architekt gegen Haftungsrisiken aus den Berufsaufgaben gem. Art. 1 BayArchG entsprechend Umfang und Art der ausgeführten Berufstätigkeiten zu versichern (die AK Bayern schreibt keine DS vor; Richtwert sind aber mind. 250.000 Euro).	nicht vorgesehen	17. 7. 2003

Versicherungspflicht für ...	Rechtsgrundlage	Vorgaben hinsichtlich der Höhe der Deckungssummen, Versicherungsart, Selbstbehalte etc.	Zuständige Stellen i. S. des § 158c Abs. 2 S. 1 VVG	Stand der Prüfung/ Aktualisierung
Prüfingenieure für Baustatik	Art. 90 Abs. 6 Ziffer 3 BayBO i. V. m. §§ 4 Abs. 2 Ziff. 8, 7 Abs. 2 Ziff. 6 der Verordnung über die bautechnische Prüfung baulicher Anlagen (Bautechnische Prüfungsverordnung – BauPrüfV) vom 11. 11. 1986, zuletzt idF vom 28. 3. 2001	DS: 2 Mio DM pauschal für Personen-, Sach- und Vermögensschäden je Schadenereignis	Oberste Baubehörde im Bayerischen Staatsministerium des Innern, Postfach 22 00 36, 80535 München	vor 31. 12. 2001
Sachverständige in der Wasserwirtschaft	§ 3 Abs. 2 Ziff. 2 der Verordnung über private Sachverständige in der Wasserwirtschaft (VPSW) vom 10. 8. 1994	DS: 1,5 Mio. Euro pauschal für Personen-, Sach- und Vermögensschäden; in bestimmten Fällen (vgl. § 3 Abs. 2 Ziff. 2 VPSW) 500.000 Euro pauschal je Versicherungsfall. Möglich ist eine Beschränkung der Jahresgesamtleistung auf das Zweifache der vereinbarten Versicherungssumme (vgl. Anlage 5 der „Hinweise zur Anwendung der VPSW").	Bay. Landesamt für Wasserwirtschaft, Postfach 19 02 41, 80622 München	17. 7. 2002
Sachverständige und Untersuchungsstellen für den Bodenschutz und die Altlastenbehandlung in Bayern	Art. 6 Bayerisches Bodenschutzgesetz (BayBodSchG) vom 23. 2. 1999 i. V. m § 7 Abs. 2 Nr. 3 bzw. § 14 Abs. 3 Satz 1 Verordnung über Sachverständige und Untersuchungsstellen für den Bodenschutz und die Altlastenbehandlung in Bayern (VSU Boden und Altlasten) vom 3. 12. 2001 i. d. F. der VO vom 4. 8. 2003	1,5 Mio Euro pauschal für Personen-, Sach- und Vermögensschäden für jeden Einzelfall bei mindestens zweifacher Maximierung im Versicherungsjahr	Bayerisches Landesamt für Wasserwirtschaft, Postfach 190241, 80602 München	11. 12. 2003

Berlin

Versicherungs-pflicht für ...	Rechtsgrundlage	Vorgaben hinsichtlich der Höhe der Deckungssummen, Versicherungsart, Selbstbehalte etc.	Zuständige Stellen i. S. des § 158c Abs. 2 S. 1 VVG	Stand der Prüfung/ Aktualisierung
In die Architektenliste eingetragene Architekten, Landschaftsarchitekten, Innenarchitekten	Ziff. 1.5.1 der Berufsordnung der Architektenkammer Berlin vom 2.12.1998 i. V. m. § 27 Abs. 2 des Berliner Architekten- und Baukammergesetzes (ABKG) vom 19.7.1994	Angemessene Absicherung gegen die Haftungsrisiken aus freiberuflicher Tätigkeit; i. d. R. durch Abschluß einer ausreichenden Haftpflichtversicherung	keine benannt	1.12.2003
In die Stadtplanerliste eingetragene Stadtplaner	Ziff. 1.5.1 der Berufsordnung der Architektenkammer Berlin vom 2.12.1998 i. V. m. § 27 Abs. 2 ABKG	Angemessene Absicherung gegen die Haftungsrisiken aus freiberuflicher Tätigkeit; i. d. R. durch Abschluß einer ausreichenden Haftpflichtversicherung	keine benannt	1.12.2003
In die Verzeichnisse der auswärtigen Architekten und Stadtplaner Eingetragene	Ziff. 1.5.1 der Berufsordnung der Architektenkammer Berlin vom 2.12.1998 i. V. m. § 27 Abs. 2 ABKG	Angemessene Absicherung gegen die Haftungsrisiken aus freiberuflicher Tätigkeit; i. d. R. durch Abschluß einer ausreichenden Haftpflichtversicherung	keine benannt	1.12.2003
Öffentlich bestellte Vermessungsingenieure	§ 17 Abs. 1 der Berufsordnung der Öffentlich bestellten Vermessungsingenieure (ÖbVIBO) in Verbindung mit § 9 Abs. 2 der Ausführungsvorschriften über den Beruf des Öffentlich bestellten Vermessungsingenieurs (AVÖbVIBO) vom 8.10.1999	DS: 1 Mio. DM für Personenschäden und 300.000 DM für sonstige Schäden	Senatsverwaltung für Stadtentwicklung, Abt. III (Vermessung)	vor 31.12.2001
Prüfingenieure für Baustatik	§ 76 IV Nr. 2, V Nr. 4 der Bauordnung für Berlin (BauO Bln) i. V. m. § 4 Abs. 3 Ziffer 8 der Verordnung über die bautechnische Prüfung baulicher Anlagen	DS: 2 Mio DM pauschal für Personen-, Sach- und Vermögensschäden je Schadenereignis	Keine	vor 31.12.2001

Versicherungs-pflicht für ...	Rechtsgrundlage	Vorgaben hinsichtlich der Höhe der Deckungssummen, Versicherungsart, Selbstbehalte etc.	Zuständige Stellen i. S. des § 158c Abs. 2 S. 1 VVG	Stand der Prüfung/ Aktualisierung
Sachverständige Personen i. S. von § 19 i Abs. 2 Satz 3 des Gesetzes zur Ordnung des Wasserhaushaltes (Wasserhaushaltsgesetz – WHG)	(Bautechnische Prüfungsverordnung – BauPrüfVO) vom 16. 8. 1995 § 22 Abs. 3 Ziff. 5 der Verordnung über Anlagen zum Umgang mit wassergefährdenden Stoffen und über Fachbetriebe (Anlagenverordnung – VAwS) vom 6. 3. 1995	DS: 2,5 Mio. Euro für Gewässerschäden		1. 12. 2003

Brandenburg

Versicherungs-pflicht für ...	Rechtsgrundlage	Vorgaben hinsichtlich der Höhe der Deckungssummen, Versicherungsart, Selbstbehalte etc.	Zuständige Stellen i. S. des § 158c Abs. 2 S. 1 VVG	Stand der Prüfung/ Aktualisierung
Eigenverantwortliche Architekten	§ 5 Abs. 2 Ziff. 4 Brandenburgisches Architektengesetz (BbgArchG)	„Ausreichende Versicherung", ohne nähere Definition des Begriffes	keine	vor 31. 12. 2001
Öffentlich bestellte Vermessungsingenieure	§ 9 Abs. 3 der Berufsordnung der Öffentlich bestellten Vermessungsingenieure im Land Brandburg (ÖbVI-Berufsordnung – ÖBVIBO) vom 18. Oktober 2000	DS: 500.000 DM pauschal je Schadenfall	Landesvermessung und Geobasisinformation Brandenburg	vor 31. 12. 2001
Architekten-Partnerschaften im Sinne von § 1 Abs. 1 des Gesetzes über Partnergesellschaften Angehöriger Freier Berufe (PartnerschaftsgesellschaftsG – PartGG)	§ 8 Abs. 3 PartGG vom 25. 7. 1994 i. V. m. § 2 Abs. 2 u. 3 BbgArchG	DS: 3 Mio. DM für Personenschäden und 500.000,- DM für sonstige Schäden (Sach- und Vermögensschäden); 5-jährige Nachhaftung erforderlich	Brandenburgische Architektenkammer, Kurfürstenstraße 52, 14467 Potsdam	vor 31. 12. 2001
Prüfingenieure für Baustatik	§ 88 V Ziffer 7 der Brandenburgschen Bauordnung (BbgBO) vom 3. 7.	DS: 2 Mio. DM pauschal je Schadenfall	keine	vor 31. 12. 2001

Anhang

Versicherungs-pflicht für ...	Rechtsgrundlage	Vorgaben hinsichtlich der Höhe der Deckungssummen, Versicherungsart, Selbstbehalte etc.	Zuständige Stellen i. S. des § 158c Abs. 2 S. 1 VVG	Stand der Prüfung/ Aktualisierung
	1998 i. V. m. § 8 der Verordnung von Prüfungsingenieuren und über die bautechnischen Prüfungen (Bautechnische Prüfungsverordnung – BauPrüfV) vom 19. 12. 97			
Sachverständige Personen im Sinne von § 19 i Abs. 2 Satz 3 des Gesetzes zur Ordnung des Wasserhaushaltes (Wasserhaushaltsgesetz – WHG) vom 23. 9. 1986	§ 21 Abs. 3 Ziff. 5 der Verordnung über Anlagen zum Umgang mit wassergefährdenden Stoffen und über Fachbetriebe (Anlagenverordnung – VAwS –) vom 19. 10. 1995	DS: 5 Mio. DM für Gewässerschäden	Ministerium für Landwirtschaft, Umweltschutz und Raumordnung, Postfach 601050, 14411 Potsdam	vor 31. 12. 2001

Bremen

Versicherungs-pflicht für ...	Rechtsgrundlage	Vorgaben hinsichtlich der Höhe der Deckungssummen, Versicherungsart, Selbstbehalte etc.	Zuständige Stellen i. S. des § 158c Abs. 2 S. 1 VVG	Stand der Prüfung/ Aktualisierung
Freischaffende Architekten und Stadtplaner	§§ 13 Abs. 1 Nr. 7, 12 Abs. 1 Nr. 8 Bremisches Architektengesetz (BremArchG) vom 25. 2. 2003 i. V. m. § 8 der Berufsordnung	angemessene BerufsHV; AK Bremen sieht derzeit 500.000 Euro für Personenschäden und 75.000 Euro für Sachschäden als ausreichend an (wobei sie selbst noch ggf. Änderungsbedarf sieht).	Architektenkammer der Freien Hansestadt Bremen, Geeren 41/43, 28195 Bremen	5. 8. 2003
Zusammenschlüsse von Architekten und Stadtplanern	§§ 4 Abs. 1 Nr. 4, 12 Abs. 1 Nr. 8 BremArchG	DS: 1 Mio. Euro für Personenschäden, 1 Mio. Euro für Sach- und Vermögensschäden, mind. zweifach für alle innerhalb des Versicherungsjahrs verursachten Schäden maximiert	Architektenkammer der Freien Hansestadt Bremen, Geeren 41/43, 28195 Bremen	5. 8. 2003
Beratende Ingenieure	§§ 6 Abs. 2 Nr. 7, 12 Abs. 1 Nr. 11 Bremisches Inge-	DS: 1 Mio. Euro für Personenschäden und 1 Mio.	Ingenieurkammer der Freien Hansestadt Bremen,	5. 8. 2003

Versicherungspflicht für ...	Rechtsgrundlage	Vorgaben hinsichtlich der Höhe der Deckungssummen, Versicherungsart, Selbstbehalte etc.	Zuständige Stellen i. S. des § 158c Abs. 2 S. 1 VVG	Stand der Prüfung/ Aktualisierung
	nieurgesetz (BremIngG) vom 25. 2. 2003 i. V. m. § 2 Abs. 3 Nr. 7 der Verordnung über die Verfahren vor dem Eintragungsausschuß der Ingenieurkammer der Freien Hansestadt Bremen vom 12. 7. 1994 (EintragungsVfO), zuletzt geändert durch § 43 des Gesetzes zur Umstellung von Landesrecht auf den Euro (EurUmstG) vom 11. 12. 2001	Euro für Sach- und sonstige Schäden mit der Möglichkeit der Summenermäßigung oder -erhöhung im Einzelfall	Geeren 41/43, 28195 Bremen	
Zusammenschlüsse von Beratenden Ingenieuren	§§ 6 Abs. 2 Nr. 7, 12 Abs. 1 Nr. 11 BremIngG; § 2 Abs. 6 Nr. 8 EintragungsVfO, § 43 EuroUmstG	DS: 1 Mio. Euro für Personenschäden, 1 Mio. Euro für Sach- und Vermögensschäden, mind. zweifach für alle innerhalb des Versicherungsjahrs verursachten Schäden maximiert	Ingenieurkammer der Freien Hansestadt Bremen, Geeren 41/43, 28195 Bremen	5. 8. 2003
Sachverständige i. S. d. § 146 Abs. 2 Satz 3 des Bremischen Wassergesetzes	§ 146 Abs. 2 Satz 3 Bremisches Wassergesetz i. V. m. § 22 Abs. 5 Nr. 5 der Verordnung über Anlagen zum Umgang mit wassergefährdenden Stoffen (Anlagenverordnung – VAwS) vom 4. 4. 1995, geändert durch § 30 EurUmstG vom 11. 12. 2001	DS: 2,5 Mio. Euro für Gewässerschäden	keine	8. 8. 2003
Prüfingenieure für Baustatik	BauPrüfVO von 1983	1 Mio. DM für Personenschäden und 500.000 DM für Sach- und Vermögensschäden		8. 8. 2003

Anhang   Versicherungspflichten

Hamburg

Versicherungs-pflicht für ...	Rechtsgrundlage	Vorgaben hinsichtlich der Höhe der Deckungssummen, Versicherungsart, Selbstbehalte etc.	Zuständige Stellen i. S. des § 158c Abs. 2 S. 1 VVG	Stand der Prüfung/ Aktualisierung
Freie Architekten	§ 13 der Berufsordnung der Hamburgischen Architektenkammer vom 30. 11. 1972 mit der Änderung vom 24. 11. 1997	„Der freischaffende Architekt und Architekten, die sich freiberuflich betätigen, sollen sich für ihre freiberufliche Tätigkeit gegen Haftpflichtansprüche ausreichend absichern."	keine benannt	19. 11. 2003
Beratende Ingenieure	Eintragung in Liste der beratenden Ingenieure: § 28 Abs. 1 Ziff. 2 des Hamburgischen Gesetzes über das Ingenieurwesen (HmbIngG) vom 10. 12. 1996 i. d. F. vom 18. 7. 2001 i. V. m. § 2 der VO über das Eintragungs- und Löschungsverfahren nach dem HmbIngG vom 5. 5. 1998	keine vorgeschrieben	./.	19. 11. 2003
Berufsgesellschaften incl. Partnerschaftsgesellschaften von Architekten und Ingenieuren	derzeit in ArchG/ IngG nicht geregelt, entsprechende Bestrebungen ggf. in 2004	keine vorgeschrieben	./.	19. 11. 2003
Bauvorlageberechtigte Personen nach § 64 der Hamburgischen Bauordnung	Eintragung in die Liste der bauvorlageberechtigten Ingenieure: § 28 Abs. 1 Ziff. 2 des Hamburgischen Gesetzes über das Ingenieurwesen (HmbIngG) vom 10. 12. 1996 i. d. F. vom 18. 7. 2001 i. V. m. § 4 der VO über das Eintragungs- und Löschungsverfahren nach dem HmbIngG vom 5. 5. 1998	keine vorgeschrieben	./.	19. 11. 2003
Prüfingenieure für Baustatik	§ 4 Abs. 1 Ziff. 4 der Verordnung über Prüfingenieu-	DS: 500.000 Euro für Personenschäden und 75.000	keine benannt	19. 11. 2003

Versicherungspflicht für ...	Rechtsgrundlage	Vorgaben hinsichtlich der Höhe der Deckungssummen, Versicherungsart, Selbstbehalte etc.	Zuständige Stellen i. S. des § 158c Abs. 2 S. 1 VVG	Stand der Prüfung/ Aktualisierung
	re für Baustatik (Prüfingenieurverordnung – PrüfIng-VO) vom 4. 1. 1972, geändert durch Art. 9 § 1 der Euro-Anpassungsverordnung vom 11. 9. 2001	Euro für sonstige Schäden (Sach- und Vermögensschäden) – eine zul. Beschränkung der Jahreshöchstleistung sieht die VO nicht vor!		
Staatlich anerkannte sachverständige Personen für Prüfaufgaben bautechnischer Nachweise über Standsicherheit, Standsicherheit im Brandfall, Wärmeschutz, Schallschutz und Brandschutz	§ 81 Abs. 8 der Hamburgischen Bauordnung i. V. m. § 4. 2 Ziff. 8 der Verordnung über anerkannte sachverständige Personen für bautechnische Prüfaufgaben (BautechPrüfVO) vom 18. 9. 2001	DS: 1 Mio. Euro pauschal für Personen-, Sach- und Vermögensschäden für jeden einzelnen Schadenfall – eine zul. Beschränkung der Jahreshöchstleistung sieht die VO nicht vor!	keine benannt	19. 11. 2003
Öffentlich bestellte und vereidigte Sachverständige für Architektenleistungen	§ 11 Buchst. g) des hamburgischen Architektengesetzes vom 23. 4. 1996, zuletzt geändert aufgrund des Ersten Euro-Anpassungsgesetzes vom 18. 7. 2001 i. V. m. § 2 Abs. 2 Buchst. h) der Verordnung der Hamburgischen Architektenkammer über die öffentliche Bestellung und Vereidigung von Sachverständigen (Sachverständigenordnung) vom 12. 1. 1977	Der Sachverständige muß den Nachweis erbringen, „insbesondere durch Abschluß einer Haftpflichtversicherung, daß er in der Lage ist, durch die Sachverständigentätigkeit begründete Schadenersatzverpflichtungen zu regulieren".	keine benannt	19. 11. 2003
Sachverständige für Prüfungen haustechnischer Anlagen	§ 4 Abs. 1 Ziff. 3 der Verordnung über die Überwachung haustechnischer Anlagen (HaustechÜVO) vom 13. 11. 1984, zuletzt geändert durch Art. 9 § 3 der Euro-Anpassungsverordnung vom 11. 9. 2001	Mindestdeckungssumme von 1.000.000 Euro für Personenschäden und 250.000 Euro für sonstige Schäden für die Schadenfälle je Versicherungsjahr. Aus dem Nachweis muß hervorgehen, daß der Versicherungsträger die Bauaufsichts-	keine benannt	19. 11. 2003

Versicherungs-pflicht für …	Rechtsgrundlage	Vorgaben hinsichtlich der Höhe der Deckungssummen, Versicherungsart, Selbstbehalte etc.	Zuständige Stellen i. S. des § 158c Abs. 2 S. 1 VVG	Stand der Prüfung/ Aktualisierung
		behörde von jeder Änderung oder Aufhebung der Haftpflichtversicherung unverzüglich unterrichten wird.		
Sachverständige Personen i. S. von § 19 i Abs. 2 Satz 3 des Gesetzes zur Ordnung des Wasserhaushaltes (Wasserhaushaltsgesetz – WHG) vom 23. 9. 1986	§ 22 Abs. 3 Ziff. 5 der Verordnung über Anlagen zum Umgang mit wassergefährdenden Stoffen und über Fachbetriebe (Anlagenverordnung – VAwS) vom 19. 5. 1998, zuletzt geändert durch Art. 20 der Euro-Anpassungsverordnung vom 11. 9. 2001	DS: 2.500.000 Euro für Gewässerschäden; die Vorschrift gilt für anerkannte Organisationen, die Sachverständige bestellen (Ausnahme: Organisationen der unmittelbaren Staatsverwaltung)	keine benannt	19. 11. 2003

Hessen

Versicherungs-pflicht für …	Rechtsgrundlage	Vorgaben hinsichtlich der Höhe der Deckungssummen, Versicherungsart, Selbstbehalte etc.	Zuständige Stelle i. S. d. § 158c Abs. 2 S. 1 VVG	Stand der Prüfung/ Aktualisierung
Architekten, Innenarchitekten, Landschaftsarchitekten	§ 4 Abs. 5 Nr. 5, § 17 Abs. 1 Nr. 8 des Hessischen Architekten und Stadtplanergesetzes (HASG) vom 23. 5. 2002, in Kraft getreten am 1. 8. 2002	Nachweis über eine bei Aufnahme der Berufstätigkeit ausreichende Berufshaftpflichtversicherung bei selbständiger oder gewerblicher Berufsausübung; die ASKH fordert die eigene Versicherung auch für Freie Mitarbeiter (= selbständige Tätigkeit!); DS-Untergrenze liegt nach ASKH bei 500.000 Euro für Personen- und bei 150.000 Euro für Sach- und Vermögensschäden	generelle Überwachung durch Architekten- und Stadtplanerkammer Hessen (ASKH), Mainzer Str. 10, 65185 Wiesbaden, 0611/1738-0; Fax −40	21. 1. 2004
Stadtplaner	§ 4 Abs. 5 Nr. 5, § 17 Abs. 1 Nr. 8 des Hessischen	Nachweis über eine (bei Aufnahme) der Berufs-	generelle Prüfung durch ASKH	21. 1. 2004

Versicherungs-pflicht für ...	Rechtsgrundlage	Vorgaben hinsichtlich der Höhe der Deckungssummen, Versicherungsart, Selbstbehalte etc.	Zuständige Stelle i. S. d. § 158c Abs. 2 S. 1 VVG	Stand der Prüfung/ Aktualisierung
	Architekten und Stadtplanergesetzes (HASG) vom 23. 5. 2002, in Kraft getreten am 1. 8. 2002; § 19b Abs. 5 Nr. 5, Abs. 8 Nr. 5 des Hessischen Ingenieurkammergesetzes vom 30. 9. 1986, zuletzt geändert durch das Gesetz vom 23. 5. 2002 mit Wirkung zum 1. 8. 2002	tätigkeit ausreichende Berufshaftpflichtversicherung bei selbständiger oder gewerblicher Berufsausübung		
Berufsgesellschaften (Handelsgesellschaften wie GmbH, KG, AG, s. auch 4.))	§ 6 Abs. 4, § 17 Abs. 1 S. 2 Nr. 8 des Hessischen Architekten und Stadtplanergesetzes (HASG) vom 23. 5. 2002, in Kraft getreten am 1. 8. 2002	DS: 1.000.000 Euro für Personen- und 500.000 Euro für Sach- und Vermögensschäden; die Höchstleistung des Versicherers p.a. kann auf diese DS, vervielfacht um die Zahl der Gesellschafter und Geschäftsführer, begrenzt werden; die Jahreshöchstleistung für alle im Versicherungsjahr verursachten Schäden muß sich mindestens auf den vierfachen Betrag der Mindestversicherungssumme belaufen	generelle Prüfung durch ASKH	24. 3. 2004
Partnerschaftsgesellschaften	§ 6 Abs. 4 und 8, § 17 Abs. 1 S. 2 Nr. 8 des Hessischen Architekten und Stadtplanergesetzes (HASG) vom 23. 5. 2002, in Kraft getreten am 1. 8. 2002	gem. ASKH wird die Berufshaftpflicht-versicherung gem. generell für die auch bei der PartG erforderliche Unbedenklichkeitserklärung benötigt. 4.b) Nach § 6 Abs. 8 HASG benötigt die PartG eine Berufshaftpflichtversicherung gem. [nur], wenn sie ihre Haftpflicht gegenüber dem	generelle Prüfung durch ASKH	17. 1. 2003

Versicherungspflicht für ...	Rechtsgrundlage	Vorgaben hinsichtlich der Höhe der Deckungssummen, Versicherungsart, Selbstbehalte etc.	Zuständige Stelle i. S. d. § 158c Abs. 2 S. 1 VVG	Stand der Prüfung/ Aktualisierung
		Auftraggeber durch AGB's auf den einfachen Betrag der Mindestversicherungssumme begrenzen will.		
Auswärtige Berufsangehörige und Berufsgesellschaften i. S. d. HASG	§ 7 Abs. 2 S. 2, § 17 Abs. 1 S. 2 Nr. 8 des Hessischen Architekten und Stadtplanergesetzes (HASG) vom 23. 5. 2002, in Kraft getreten am 1. 8. 2002	„angemessene Berufshaftpflichtversicherung kann verlangt werden"	generelle Öprüfung durch ASKH	17. 1. 2003
Bauvorlageberechtigte Ingenieure	§ 49 Abs. 4 Nr. 2 der Hessischen Bauordnung (HBO) vom 12. 6. 2002, in Kraft getreten am 1. 10. 2002 i. V. m. § 19a Abs. 3 Nr. 3, Abs. 6 Nr. 2 des Hessischen Ingenieurkammergesetzes vom 30. 9. 1986, zuletzt geändert durch das Gesetz vom 23. 5. 2002 mit Wirkung zum 1. 8. 2002	„Nachweis über eine ausreichende Berufshaftpflichtversicherung bei selbständiger und gewerblicher Tätigkeit"	keine	17. 1. 2003
Bauvorlageberechtigte Architekten	gem. § 49 Abs. 4 Nr. 1 der Hessischen Bauordnung (HBO) siehe unter 1.)	Architekten müssen gemäß 1.) generell eine ausreichende Berufshaftpflichtversicherung nachweisen.	keine	17. 1. 2003
Nachweisberechtigte Personen	§ 59 Abs. 3 S. 2, Abs. 4 S. 2 und Abs. 5 HBO vom 12. 6. 2002, in Kraft getreten am 1. 10. 2002 i. V. m. § 6 Abs. 3 der Hess. Nachweisberechtigtenverordnung (NBVO) v. 3. 12. 2002 m. W. zum 1. 12. 2002	Ingenieure müssen eine (ausreichende) Haftpflichtversicherung entspr. § 19a Abs. 6 Nr. 2 HIngKammG, Architekten entspr. § 17 Abs. 1 S. 2 Nr. 8 HASG abschließen; DS: 500.000 Euro für Personen- und 250.000 Euro für Sach- und Vermögensschäden – die Ingenieurkammer Hessen for-	keine	27. 2. 2003

Versicherungs-pflicht für ...	Rechtsgrundlage	Vorgaben hinsichtlich der Höhe der Deckungssummen, Versicherungsart, Selbstbehalte etc.	Zuständige Stelle i. S. d. § 158c Abs. 2 S. 1 VVG	Stand der Prüfung/ Aktualisierung
		dert eine mindestens zweifache Maximierung		
Prüfberechtigte Person für Baustatik (= Prüfingenieur für Baustatik, Prüfstatiker)	§ 7 Abs. 2 Ziffer 9 der Verordnung über die bautechnische Prüfung baulicher Anlagen (Bautechnische Prüfungsverordnung – BauPrüfVO) vom 28. 10. 1994, zuletzt geändert durch die VO v. 13. 10. 2001	DS: 500.000 Euro für Personenschäden und 250.000 Euro für Sach- und Vermögensschäden	keine, s. aber § 11 Abs. 2 Nr. 6 BauPrüfVO	17. 1. 2003
ö.b.u.v. Sachverständige auf dem Gebiet des Ingenieurwesens	§ 14 Abs. 2 Sachverständigenordnung vom 20. 3. 2002 gem. § 2 Abs. 3 Satz 2 IngKammG i. V. m. VO über die Bestellung von Sachverständigen nach dem IngKammG vom 15. 3. 2002	Abschluß und Aufrechterhaltung einer Haftpflichtversicherung in angemessener Höhe während der Zeit der Bestellung, diese soll in regelmäßigen Abständen auf Angemessenheit überprüft werden	keine, grds. aber IngKH zuständig	18. 2. 2003
Sachverständige Personen i. S. von § 19 i Abs. 2 Satz 3 des Gesetzes zur Ordnung des Wasserhaushaltes (Wasserhaushaltsgesetz – WHG)	§ 22 Abs. 3 Ziff. 5 der Verordnung über Anlagen zum Umgang mit wassergefährdenden Stoffen und über Fachbetriebe (Anlagenverordnung – VAwS) vom 16. 9. 1993, zuletzt geändert durch Verordnung vom 31. 3. 2000	DS: 5 Mio DM für Gewässerschäden		1. 12. 2003

Mecklenburg-Vorpommern

Versicherungs-pflicht für ...	Rechtsgrundlage	Vorgaben hinsichtlich der Höhe der Deckungssummen, Versicherungsart, Selbstbehalte etc.	Zuständige Stellen i. S. des § 158c Abs. 2 S. 1 VVG	Stand der Prüfung/ Aktualisierung
Architekten und Stadtplaner	§ 2 Nr. 4 des Architektengesetzes des Landes Mecklenburg-Vorpommern (ArchG M-V) vom 12. 3. 1998, in	Ausreichende Haftpflichtversicherung entspr. Art und Umfang der ausgeübten Berufstätigkeit	keine	17. 4. 2003

Versicherungspflicht für ...	Rechtsgrundlage	Vorgaben hinsichtlich der Höhe der Deckungssummen, Versicherungsart, Selbstbehalte etc.	Zuständige Stellen i. S. des § 158c Abs. 2 S. 1 VVG	Stand der Prüfung/ Aktualisierung
	Kraft seit 18. 4. 1998			
Partnerschaftsgesellschaften	§ 6 Abs. 6 ArchG M-V	BerufsHV mit 5jähriger Nachhaftung, DS: 2 Mio. DM für Personen und 1 Mio. DM für Sach- und Vermögensschäden, Begrenzung der Versichererleistung für alle in einem Jahr verursachten Schäden auf das Zweifache der MindestDS möglich.	Architektenkammer Mecklenburg-Vorpommern, Karl-Marx-Str. 22, 19055 Schwerin	17. 4. 2003
Architekten/Ingenieure in einer GmbH	§ 7 Abs. 4 ArchG M-V	Jeder Arch./Ing., der Gesellschafter oder Geschäftsführer ist, benötigt eine BerufsHV gem. 1.)	keine	17. 4. 2003
Beratende Ingenieure	§ 7 Nr. 8 des Ingenieurgesetzes des Landes Mecklenburg-Vorpommern (IngG M-V) vom 8. 11. 1993	Ausreichende Haftpflichtversicherung entspr. Art und Umfang der ausgeübten Berufstätigkeit	keine	17. 4. 2003
Prüfingenieure	§§ 60 II, 85 IV Nr. 4 der Landesbauordnung Mecklenburg-Vorpommern (LBauO M-V), zuletzt geändert durch G vom 28. 3. 2001 i. V. m. § 11 Abs. 2 Nr. 7 der Landesverordnung über Bauvorlagen und bautechnische Prüfungen (BauPrüfVO) vom 3. 4. 1998, zuletzt geändert durch VO vom 18. 1. 2001	DS: 500.000 Euro für Personenschäden, 250.000 Euro für Sach- und Vermögensschäden im Einzelfall	keine	17. 4. 2003

Versicherungspflichten | Anhang

Niedersachsen

Versicherungs-pflicht für ...	Rechtsgrundlage	Vorgaben hinsichtlich der Höhe der Deckungssummen, Versicherungsart, Selbstbehalte etc.	Zuständige Stellen i. S. des § 158c Abs. 2 S. 1 VVG	Stand der Prüfung/ Aktualisierung
Entwurfsverfasser von genehmigungsfreien Wohngebäuden	§ 69a Abs. 1 Ziff. 3 der Niedersächsischen Bauordnung (NBauO) vom 13. 6. 1995, zuletzt geändert durch das Gesetz zur Änderung des Baurechts vom 20. 11. 2002	„ausreichende Haftpflichtversicherung" ohne nähere gesetzliche Definition	keine	8. 1. 2003
Aufsteller (Architekten und Ingenieure) von Standsicherheitsnachweisen für genehmigungsfreie Wohngebäude nach § 69a NBauO	§ 69a Abs. 1 Ziff. 4 der Niedersächsischen Bauordnung (NBauO) vom 13. 6. 1995, zuletzt geändert durch das Gesetz zur Änderung des Baurechts vom 20. 11. 2002	„ausreichende Haftpflichtversicherung" ohne nähere gesetzliche Definition	keine	8. 1. 2003
Beratende Ingenieure	§ 31 Abs. 2 Ziffer 4 des Niedersächsischen Ingenieurgesetzes (NIngG) vom 30. 3. 71, zuletzt geändert durch das Gesetz zur Änderung des Baurechts vom 20. 11. 2002	„ausreichende Haftpflichtversicherung" ohne nähere gesetzliche Definition	keine	8. 1. 2003
Berufsgesellschaften (Partnerschaftsgesellschaft, AG, KG auf Aktien, GmbH i. S. d. § 1a NArchitG)	§ 4a Abs. 2, 3 des Nds. Architektengesetzes (NArchitG) in der Fassung vom 17. 7. 1990, zuletzt geändert durch Art. 5 des Gesetzes vom 11. 12. 2002	BerufsHV mit mind. 5jähriger Nachhaftung, DS: 1.500.000 Euro für Personen- und 250.000 Euro für Sach- und Vermögensschäden; die Leistungen des Versicherers p.a. kann auf diese DS, vervielfacht um die Zahl der Gesellschafter und Geschäftsführer, begrenzt werden; die Jahreshöchstleistung für alle im Versicherungsjahr verursachten Schäden muß sich mindestens auf den vierfachen Betrag der Mindestversicherungssumme belaufen.	§ 4a Abs. 2 S. 4 NArchitG: Architektenkammer Niedersachsen, Friedrichswall 5, 30159 Hannover	

1595

Versicherungspflicht für ...	Rechtsgrundlage	Vorgaben hinsichtlich der Höhe der Deckungssummen, Versicherungsart, Selbstbehalte etc.	Zuständige Stellen i. S. des § 158c Abs. 2 S. 1 VVG	Stand der Prüfung/ Aktualisierung
Sachverständige Personen im Sinne von § 19 i Abs. 2 Satz 3 des Gesetzes zur Ordnung des Wasserhaushaltes (Wasserhaushaltsgesetz – WHG) vom 23. 9. 1986	§ 16 Abs. 2 Ziffer 4 der Verordnung über Anlagen zum Umgang mit wassergefährdenden Stoffen und über Fachbetriebe (Anlagenverordnung – VAwS –) vom 17. 12. 1997	5 Mio. DM für Gewässerschäden	keine	vor 31. 12. 2001

Nordrhein-Westfalen

Versicherungspflicht für ...	Rechtsgrundlage	Vorgaben hinsichtlich der Höhe der Deckungssummen, Versicherungsart, Selbstbehalte etc.	Zuständige Stellen i. S. des § 158c Abs. 2 S. 1 VVG	Stand der Prüfung/ Aktualisierung
Mitglieder der Architektenkammer NRW	§ 22 Abs. 2 Ziff. 5 Baukammerngesetz (BauKaG NRW) vom 16. 12. 2003	Berufspflicht: „ausreichende Versicherung gegen Haftpflichtansprüche"	Architektenkammer NW, Zollhof 1, 40221 Düsseldorf	15. 1. 2004
Berufliche Zusammenschlüsse, z. B. GbR, Sozietät		Die für Einzelpersonen (z. B. Entwurfsverfasser) vorgeschriebene Versicherung bzw. Mindest-DS-Maximierung muß für jedes Mitglied der GbR etc. zur Verfügung stehen.	Architektenkammer NW, Zollhof 1, 40221 Düsseldorf	15. 1. 2004
Berufsgesellschaften	§ 8 Abs. 2 und 3 Baukammerngesetz (BauKaG NRW) vom 16. 12. 2003	Die Gesellschaft hat eine ausreichende Berufshaftpflichtversicherung zur Deckung der sich aus ihrer Tätigkeit ergebenden Haftpflichtgefahren für die Dauer ihrer Eintragung in das Verzeichnis nachzuweisen und eine darüber hinausgehende mindestens 5-jährige Nachhaftung aufrecht zu erhalten.	Architektenkammer NW, Zollhof 1, 40221 Düsseldorf	15. 1. 2004
Bauvorlageberechtigte bzw. Entwurfsverfasser	§§ 22 Abs. 2 Nr. 5 Baukammerngesetz (BauKaG	DS: 1,5 Mio. Euro für Personenschäden und 250.000	Architektenkammer NW, Zollhof 1, 40221 Düs-	15. 1. 2004

Versicherungspflicht für ...	Rechtsgrundlage	Vorgaben hinsichtlich der Höhe der Deckungssummen, Versicherungsart, Selbstbehalte etc.	Zuständige Stellen i. S. des § 158c Abs. 2 S. 1 VVG	Stand der Prüfung/ Aktualisierung
	NRW) vom 16. 12. 2003 i. V. m. § 19 der Verordnung zur Durchführung des Baukammerngesetzes NRW (**DVO BauKaG NRW**) vom 7. 5. 1993, geändert durch VO vom 14. 12. 1995, geändert durch Art. 61 des Gesetzes zur Anpassung des Landesrechts an den Euro in NRW (EurAnpG) vom 25. 9. 2001	Euro für Sach- und Vermögensschäden: a) zweifache Maximierung zulässig b) Jahres- oder Objektversicherung zulässig c) SB bis zu 1% der vereinbarten DS bei Sach- und Vermögensschäden zulässig	seldorf und Ingenieurkammer-Bau NW, Freiherr-vom-Stein-Str. 167, 45133 Essen	
Staatlich anerkannte Sachverständige i. S. der Verordnung über staatlich anerkannte Sachverständige nach der Landesbauordnung (SV-VO) vom 29. 4. 2000 für Standsicherheit in den Fachrichtungen Massivbau, Metallbau und Holzbau/baulicher Brandschutz/Erd- und Grundbau/ Schall- und Wärmeschutz (incl. Aufgaben nach §§ 3 bis 8 und 13 EnEV gemäß § 1 Abs. 3 EnEV – UVO NRW)	§ 6 Abs. 1 Satz 2 SV-VO i. V. m. **§ 20 DVO BauKaG NRW** vom 7. 5. 1993, geändert durch VO vom 14. 12. 1995, geändert durch Art. 61 EurAnpG NRW vom 25. 9. 2001	Wie bei 1.), jedoch mit der Einschränkung, daß die Versicherung nur als durchlaufende Jahresversicherung abgeschlossen werden kann.	Wie bei 1)	18. 6. 2003
Prüfingenieure für Baustatik	§ 79 Abs. 4 und § 85 Abs. 2 Ziffer 3, Abs. 3 und 4 der Landesbauordnung Nordrhein-Westfalen (BauONW) vom 7. 3. 1995 i. V. m. § 24 Abs. 3 Ziffer 6 der Verordnung über bautechnische Prüfungen (**Bau-PrüfVO**) vom 6. 12. 95 idF vom 20. 2. 2000, geän-	DS: 500.000 Euro für Personenschäden und 250.000 Euro für Sach- und Vermögensschäden	keine	24. 7. 2002

Anhang   Versicherungspflichten

Versicherungs-pflicht für ...	Rechtsgrundlage	Vorgaben hinsichtlich der Höhe der Deckungssummen, Versicherungsart, Selbstbehalte etc.	Zuständige Stellen i. S. des § 158c Abs. 2 S. 1 VVG	Stand der Prüfung/ Aktualisierung
	dert durch Art. 58 EurAnpG NRW vom 25. 9. 2001			
Sachverständige Personen im Sinne von § 19 i Abs. 2 Satz 3 des Gesetzes zur Ordnung des Wasserhaushaltes (Wasserhaushaltsgesetz WHG) vom 23. 9. 1986	§ 22 Abs. 3 Ziffer 5 der Verordnung über Anlagen zum Umgang mit wassergefährdenden Stoffen und über Fachbetriebe (**VAwS**) vom 12. 8. 1993 idF vom 20. 8. 1999 (neuere Fassung nicht ermittelbar, im G zur Einführung des Euro – sh. Download – nicht erwähnt!)	DS: 5 Mio. DM für Gewässerschäden	Landesumweltamt Nordrhein-Westfalen, Postfach 10 23 63, 45023 Essen	11. 7. 2002

Rheinland-Pfalz

Versicherungs-pflicht für ...	Rechtsgrundlage	Vorgaben hinsichtlich der Höhe der Deckungssummen, Versicherungsart, Selbstbehalte etc.	Zuständige Stellen i. S. des § 158c Abs. 2 S. 1 VVG	Stand der Prüfung/ Aktualisierung
Sachverständige für baulichen Brandschutz	§§ 59 Abs. 3, 65 Abs. 4, 87 Abs. 5 Ziffer 6 der Landesbauordnung Rheinland-Pfalz (LBauO) vom 9. 12. 98 i. V. m. § 2 Abs. 1 Ziffer 7 der Landesverordnung über Sachverständige für baulichen Brandschutz vom 25. 3. 97, geändert durch Art. 36 der Euro-Anpassungs-VO vom 28. 8. 2001	DS: 511.291,88 Euro für Personenschäden und 255.645,94 Euro für Sach- und Vermögensschäden	keine	13. 8. 2003
Öffentlich bestellte Vermessungsingenieure	§ 8 Abs. 4 der Berufsordnung der Öffentlich bestellten Vermessungsingenieure (BO ÖbVI) vom 20. Dezember 1971 in Verbindung mit § 6 Abs. 2 der Landesverordnung zur	DS: jeweils 125.000 Euro für Personen-, Sach- und Vermögensschäden	Landesamt für Vermessung und Geobasisinformation Rheinland-Pfalz, Postfach 14 28, 56014 Koblenz	13. 8. 2003

Versicherungspflicht für ...	Rechtsgrundlage	Vorgaben hinsichtlich der Höhe der Deckungssummen, Versicherungsart, Selbstbehalte etc.	Zuständige Stellen i. S. des § 158c Abs. 2 S. 1 VVG	Stand der Prüfung/ Aktualisierung
	Durchführung der Berufsordnung der Öffentlich bestellten Vermessungsingenieure (BOÖb-VIDVO) vom 7. Januar 1987, zuletzt geändert durch Art. 41 der Euro-AnpassungsVO vom 28. 8. 2001			
Prüfingenieure für Baustatik	§§ 59 Abs. 3, 66 Abs. 5, 87 Abs. 3 Ziffer 3 und Abs. 4 Ziffer 3b (LBauO) i. V. m. § 3 Abs. 1 Nr. 6 der Landes-VO über die Anerkennung von Prüfingenieuren v. 3. 7. 1989, geändert durch Art. 35 der Euro-Anpassungsverordnung vom 28. 8. 2001	DS: 511.291,88 Euro für Personenschäden und 255.645,94 Euro für Sach- und Vermögensschäden		13. 8. 2003
Architekten, Innenarchitekten, Landschaftsarchitekten, Stadtplaner	§ 2 Abs. 1 Ziff. 7 Architektengesetz Rheinland-Pfalz i. V. m. § 12 Berufsordnung der Architekenkammer Rheinland-Pfalz vom 15. 5. 1998	Abschluß einer ausreichenden Berufshaftpflichtversicherung		28. 1. 2003
Beratende Ingenieure in einer Partnerschaftsgesellschaft	§§ 4a Abs. 3, 8a des Ingenieurkammergesetzes (IngKammG) Rheinland-Pfalz vom 21. 12. 1978, zuletzt geändert durch Artikel 54 Nr. 2 Euro-AnpassungsG vom 15. 2. 2001	DS: 1,5 Mio. Euro für Personenschäden und 250.000 Euro für Sach- und Vermögensschäden, mindestens zweifach maximiert	Ingenieurkammer Rheinland-Pfalz, Schusterstr. 46–48, 55116 Mainz	28. 1. 2003
Sachverständige Personen im Sinne von § 19 i Abs. 2 Satz 3 des Gesetzes zur Ordnung des Wasserhaushaltes (Wasserhaushaltsgesetz WHG) vom 23. 9. 1986	§ 22 Abs. 3 Ziffer 5 der Verordnung über Anlagen zum Umgang mit wassergefährdenden Stoffen und über Fachbetriebe (**Anlagenverordnung – VAwS**) vom 1. 2. 1996, geändert durch VO vom 9. 6. 2000, zuletzt	DS: 2.500.000 Euro für Gewässerschäden		13. 8. 2003

Versicherungs-pflicht für ...	Rechtsgrundlage	Vorgaben hinsichtlich der Höhe der Deckungssummen, Versicherungsart, Selbstbehalte etc.	Zuständige Stellen i. S. des § 158c Abs. 2 S. 1 VVG	Stand der Prüfung/ Aktualisierung
	geändert durch Art. 67 der Euro-AnpassungsVO vom 28. 8. 2001			
Beratende Ingenieure für Standsicherheitsnachweise im vereinfachten Genehmigungsverfahren	§ 66 Abs. 5 LBauO i. V. m. § 1 Abs. 4 Nr. 3 der Landes-VO über die von der IngK zu führenden Listen v. 30. 3. 1998, geändert durch Art. 36 Euro-AnpassungsVO vom 28. 8. 2001	DS: 511.291,88 Euro für Personenschäden und 255.645,94 Euro für Sach- und Vermögensschäden	keine	13. 8. 2003
Ö.b.u.v. Sachverständige für Architektenleistungen	§ 2 Abs. 1h) der Ordnung der rheinland-pfälzischen Architektenkammer über die Bestellung und Vereidigung von Sachverständigen vom 13. 11. 1998	Abschluß einer Haftpflichtversicherung, die ihn in die Lage versetzt, durch die SV-Tätigkeit begründete Schadenersatzverpflichtungen zu regulieren.	keine	13. 8. 2003

Saarland

Versicherungs-pflicht für ...	Rechtsgrundlage	Vorgaben hinsichtlich der Höhe der Deckungssummen, Versicherungsart, Selbstbehalte etc.	Zuständige Stellen i. S. des § 158c Abs. 2 S. 1 VVG	Stand der Prüfung/ Aktualisierung
Architekten	§ 16 Ziff. 7 des Saarländischen Architektengesetzes vom 21. 6. 1972 i. d. F. vom 7. 11. 2001 i. V. m. Ziff. 8.2 der Berufsordnung der Architektenkammer des Saarlandes	„Der Architekt ist verpflichtet, sich entsprechend der von ihm gewählten Tätigkeitsform gegen Haftpflichtansprüche ausreichend zu versichern"	keine benannt	17. 11. 2003
Beratende Ingenieure	§ 13 der Berufsordnung der Beratenden Ingenieure des Saarlandes i.d. gen. F. vom 25. 2. 2002	„Der Beratende Ingenieur ist verpflichtet, dafür zu sorgen, daß das zu tragende Risiko durch eine Versicherung abgedeckt ist und hat dies auf Verlangen dem Auftraggeber nachzuweisen."	keine benannt	17. 11. 2003

Versicherungspflichten   Anhang

Versicherungs-pflicht für ...	Rechtsgrundlage	Vorgaben hinsichtlich der Höhe der Deckungssummen, Versicherungsart, Selbstbehalte etc.	Zuständige Stellen i. S. des § 158c Abs. 2 S. 1 VVG	Stand der Prüfung/ Aktualisierung
HINWEIS zu Architekten u. a.	Novellierung von ArchG und LBO und damit ggf. auch der Versicherungspflichten der Arch. u. Ing. steht Anfang 2004 an (Auskunft der AK Saarland vom 19. 9. 2003, Kr)	In den parlamentarischen Archiven (Parlamentsspiegel.de) sind derzeit keine diesbezgl. Aktivitäten nachvollziehbar.		18. 11. 2003
Berufsgesellschaften incl. Partnerschaftsgesellschaften von Architekten und Ingenieuren	derzeit in ArchR/ IngR nicht geregelt, entsprechende Bestrebungen ggf. in 2004	keine vorgeschrieben		19. 11. 2003
Bauvorlageberechtigte Entwurfsverfasser und Aufsteller der Nachweise über Standsicherheit, Schall-, Wärme- und baulichen Brandschutz für Vorhaben im Freistellungsverfahren (§ 66 LBO) und vereinfachten Genehmigungsverfahren (§ 67 LBO)	§§ 58, 94 Abs. 4 Ziffer 3, VII der Bauordnung für das Saarland (LBO) vom 27. 3. 1996 i. V. m. § 1 der Verordnung über die Berufshaftpflichtversicherung nach § 58 der Bauordnung für das Saarland vom 8. 1. 2001, geändert durch Artikel 10 Abs. 11a des Gesetzes zur Anpassung des Landesrechts an die Einführung des Euro und zur Änderung von Rechtsvorschriften (Siebtes Rechtsbereinigungsgesetz – 7. RBG) vom 7. 11. 2001 sowie dem Erlaß des Saarländischen Ministers für Umwelt vom 20. 4. 1989	DS: 500.000 Euro für Personenschäden und 75.000 Euro für Sach- und Vermögensschäden; eine Beschränkung der Jahresgesamtleistung auf das Zweifache dieser Mindestdeckungssumme ist möglich und ausreichend.	Für Architekten: Architektenkammer Saarland, Neumarkt 11, 66117 Saarbrücken und für Ingenieure: Ingenieurkammer Saarland, Franz-Josef-Röder Str. 9, 66119 Saarbrücken	18. 11. 2003
Prüfingenieure für Baustatik	§ 94 Absatz 5 Ziffer 6 LBO i. V. m. § 3 Absatz 6 der Bautechnischen Prüfungs- und Vergütungsverordnung (BauPrüfVergVO) vom 14. 8. 1996, geändert durch Artikel	DS: 500.000 Euro für Personenschäden und 150.000 Euro für Sach- und Vermögensschäden	keine benannt	18. 11. 2003

Anhang   Versicherungspflichten

Versicherungspflicht für ...	Rechtsgrundlage	Vorgaben hinsichtlich der Höhe der Deckungssummen, Versicherungsart, Selbstbehalte etc.	Zuständige Stellen i. S. des § 158c Abs. 2 S. 1 VVG	Stand der Prüfung/ Aktualisierung
	10 Abs. 10 Ziff. 1 des 7. RBG vom 7. 11. 2001			
Öffentlich bestellte Vermessungsingenieure	§ 9 des Gesetzes über die Berufsordnung der Öffentlich bestellten Vermessungsingenieure im Saarland (ÖbVI-Berufsordnung = Artikel 3 des Gesetzes vom 16. 10. 1997) i. V. m. § 5 der Verordnung zur Durchführung der ÖbVI-Berufsordnung (DV-BO ÖbVI) vom 3. 6. 1998, geändert durch Artikel 10 Abs. 16 des 7. RBG vom 7. 11. 2001	DS: 250.000 Euro jeweils für Personen-, Sach- und Vermögensschäden, SB ist zulässig. Bei Arbeitsgemeinschaften (§ 6 Abs. 3 ÖbVI-Berufsordnung) hat jede der beteiligten Personen die Haftpflichtversicherung abzuschließen.	Saarl. Ministerium für Umwelt, Keplerstr. 18, 66117 Saarbrücken, 0681/501–0 (gem. § 5 Abs. 3 DV-BO ÖbVI i. V. m. § 2 Abs. 1 SVermKatG v. 16. 10. 1997)	18. 11. 2003
Sachverständige Personen i. S. von § 19 i Abs. 2 Satz 3 des Gesetzes zur Ordnung des Wasserhaushaltes (Wasserhaushaltsgesetz – WHG) vom 23. 9. 1986	§ 22 Abs. 3 Ziff. 5 der Verordnung über Anlagen zum Umgang mit wassergefährdenden Stoffen und über Fachbetriebe (VAwS – Saarland), geändert durch Artikel 10 Abs. 24 des 7. RBG vom 7. 11. 2001	DS: 2.500.000 Euro für Gewässerschäden; die Vorschrift gilt für anerkannte Organisationen, die Sachverständige bestellen (Ausnahme: Organisationen der unmittelbaren Staatsverwaltung)	keine benannt	18. 11. 2003

Sachsen

Versicherungspflicht für ...	Rechtsgrundlage	Vorgaben hinsichtlich der Höhe der Deckungssummen, Versicherungsart, Selbstbehalte etc.	Zuständige Stellen i. S. des § 158c Abs. 2 S. 1 VVG	Stand der Prüfung/ Aktualisierung
Eigenverantwortlich tätige Architekten und Stadtplaner	§ 4 Abs. 2 Ziffer 5 des Sächsischen Architektengesetzes (SächsArchG) vom 19. 4. 1994	„ausreichende" Haftpflichtversicherung, ohne nähere Definition	keine	vor 31. 12. 2001
Fachplaner für den Standsicherheitsnachweis und für den Nachweis über den ausreichenden Brand-,	§ 62a Abs. 2 Satz 2 der Sächsischen Bauordnung (SächsBO) vom 18. 3. 1999 i. V. m. der Verwaltungs-	DS: 500.000 Euro für Personenschäden, 250.000 Euro für Sachschäden und 250.000 Euro für Vermögens-	keine	vor 31. 12. 2001

Versicherungspflicht für ...	Rechtsgrundlage	Vorgaben hinsichtlich der Höhe der Deckungssummen, Versicherungsart, Selbstbehalte etc.	Zuständige Stellen i. S. des § 158c Abs. 2 S. 1 VVG	Stand der Prüfung/ Aktualisierung
Schall- und Wärmeschutz	vorschrift des Sächsischen Staatsministerium des Inneren zur Sächsischen Bauordnung (VwVSächsBO) vom 26. 10. 1999	schäden je Schadenereignis; (bisher) ohne Möglichkeit der Jahressummenmaxierung, wobei Bauämter in der Praxis eine doppelte Maximierung akzeptieren.		
Öffentlich bestellte Vermessungsingenieure und Inhaber einer Erlaubnis zur Durchführung hoheitlicher Vermessungsaufgaben (Messberechtigte)	§ 23 Nr. 2 und 9 des Gesetzes über die Landesvermessung und das Liegenschaftskataster im Freistaat Sachsen (Sächsisches Vermessungsgesetz – SVermG) vom 2. 8. 1994 i. V. m. § 11 und § 25 Abs. 5 der Verordnung des Sächsischen Staatsministeriums des Inneren über öffentlich bestellte Vermessungsingenieure im Freistaat Sachsen (ÖbV-Verordnung ÖbVVO) vom 22. 4. 93	DS: 300.000 DM pauschal je Versicherungsfall; zulässig ist eine Begrenzung der Jahresgesamtleistung auf das Zweifache der Mindestdeckungssumme; Vereinbarung eines Selbstbehaltes bis zu einem Prozent der Mindestversicherungssumme zulässig	Landesvermessungsamt Sachsen, Olbrichtplatz 2, 01099 Dresden	vor 31. 12. 2001
Prüfingenieure für Baustatik	§ 82 IV Nr. 4 und 5 SächsBO i. V. m. § 24 Abs. 2 Ziffer 8 der Verordnung des Sächsischen Staatsministeriums des Innern zur Durchführung der Sächsischen Bauordnung (Durchführungsverordnung zur SächsBO – SächsBO-DurchführVO) vom 15. 9. 99	DS: 1.000.000 DM für Personenschäden, 500.000 DM für Sachschäden und 500.000 DM für Vermögensschäden je Schadenereignis; (bisher) ohne Möglichkeit der Jahressummenmaxierung	keine	vor 31. 12. 2001
Ingenieure und Landschaftsarchitekten im Straßen und Brückenbau	Änderungen zum Handbuch für die Vergabe und Ausführung von freiberuflichen Leistungen der Ingenieure und Landschaftsarchitekten im Straßen- und	ab 01/2001 DS. 1.500.000 Euro für Personenschäden und 1.500.000 Euro für Sachschäden		20. 2. 2002

Anhang   Versicherungspflichten

Versicherungs-pflicht für ...	Rechtsgrundlage	Vorgaben hinsichtlich der Höhe der Deckungssummen, Versicherungsart, Selbstbehalte etc.	Zuständige Stellen i. S. des § 158c Abs. 2 S. 1 VVG	Stand der Prüfung/ Aktualisierung
	Brückenbau – HVA F-StB, Teil 1 Vertragsaufstellung, Pkt. 1.2.1 (8)			

Sachsen-Anhalt

Versicherungs-pflicht für ...	Rechtsgrundlage	Vorgaben hinsichtlich der Höhe der Deckungssummen, Versicherungsart, Selbstbehalte etc.	Zuständige Stellen i. S. des § 158c Abs. 2 S. 1 VVG	Stand der Prüfung/ Aktualisierung
Prüfingenieure für Baustatik	§ 3 Abs. 1 Ziff. 7 Bautechnische Prüfungsverordnung (BauPrüfVO) Sachsen-Anhalt vom 5.9.1996, zuletzt geändert durch VO vom 3.4.2002	Mind. DS 500.000 Euro für Personenschäden, 250.000 Euro für Sachschäden und 50.000 Euro für Vermögensschäden	Bei Wegfall Versagungsgrund, daher Info an „oberste Bauaufsichtsbehörde", also Ministerium	29.1.2003

Schleswig-Holstein

Versicherungs-pflicht für ...	Rechtsgrundlage	Vorgaben hinsichtlich der Höhe der Deckungssummen, Versicherungsart, Selbstbehalte etc.	Zuständige Stellen i. S. des § 158c Abs. 2 S. 1 VVG	Stand der Prüfung/ Aktualisierung
Entwurfsverfasser	§§ 71 VI, 91 I Nr. 7 Landesbauordnung für das Land Schleswig-Holstein (LBO) vom 10.1.2000 i. V. m. der Landesverordnung zur Festsetzung der Mindestdeckungssumme der Berufshaftpflichtversicherung vom Nov. 1997	DS: 1.000.000 DM für Personenschäden und 300.000 DM für Sach- und Vermögensschäden	Architekten- und Ingenieurkammer Schleswig-Holstein, Düsternbrooker Weg 77a, 24105 Kiel	vor 31.12.2001
Öffentlich bestellte Vermessungsingenieure	§ 10 des Gesetzes über die Berufsordnung der Öffentlich bestellten Vermessungsingenieure (BerufsO-ÖbVI) vom 29. Juni 1982	DS: „Angemessene Versicherung" ohne nähere Angaben zur Höhe der DS	Innenministerium	vor 31.12.2001

Versicherungs-pflicht für ...	Rechtsgrundlage	Vorgaben hinsichtlich der Höhe der Deckungssummen, Versicherungsart, Selbstbehalte etc.	Zuständige Stellen i. S. des § 158c Abs. 2 S. 1 VVG	Stand der Prüfung/ Aktualisierung
Prüfingenieure für Baustatik	§ 66 V Nr. 5 LBO vom 10. 1. 2000 i. V. m. § 15 Landesverordnung über die bautechnische Prüfung von Bauvorhaben (Bautechnische Prüfungsverordnung – BauPrüfVO) vom 2. 11. 1995	DS: 1.000.000 DM für Personenschäden und 500.000 DM für Sach- und Vermögensschäden	keine	vor 31. 12. 2001

Thüringen

Versicherungs-pflicht für ...	Rechtsgrundlage	Vorgaben hinsichtlich der Höhe der Deckungssummen, Versicherungsart, Selbstbehalte etc.	Zuständige Stellen i. S. des § 158c Abs. 2 S. 1 VVG	Stand der Prüfung/ Aktualisierung
Öffentlich bestellte Vermessungsingenieure	§§ 60 Abs. 4, 82 Abs. 4 Ziffer 3 Satz 3 der Thüringer Bauordnung (Thür-BO) vom 3. 6. 94 i. V. m. der Berufsordnung der ÖbVermIng Thüringen i. V. m. Ziff. 11 der Verwaltungsvorschrift über die Berufsausübung (VVz Thür BO ÖbVI-Berufsausübungserlaß) vom 24. 7. 1995	„Ausreichende Haftpflichtversicherung" ohne nähere Definition, wobei das zuständige Innenministerium folgende DS anrät: a) 500.000 Euro für Personenschäden, b) 50.000 Euro für Sachschäden und c) 50.000 Euro Vermögensschäden für jeden Versicherungsfall (Hinweis: Das Thüringer Innenministerium akzeptiert eine doppelte Maximierung der Jahresgesamtleistung bzw. eine dreifache Maximierung der Mindestdeckungssummen. Bei mehreren Teilhabern müssen die DS entsprechend kumuliert werden.)	keine	vor 31. 12. 2001
Prüfingenieure für Baustatik	§§ 60 Abs. 4, 82 Abs. 4 Ziffer 3 Satz 3 ThürBO i. V. m. § 15 Abs. 2	DS: 1.000.000 DM für Personenschäden, 500.000 DM für Sachschäden	keine	vor 31. 12. 2001

1605

Anhang   Versicherungspflichten

Versicherungs-pflicht für ...	Rechtsgrundlage	Vorgaben hinsichtlich der Höhe der Deckungssummen, Versicherungsart, Selbstbehalte etc.	Zuständige Stellen i. S. des § 158c Abs. 2 S. 1 VVG	Stand der Prüfung/ Aktualisierung
	Ziffer 7 der Verordnung über bautechnische Prüfungen (BauPrüfVO) vom 12. 9. 91	und 500.000 DM für Vermögensschäden für jeden Versicherungsfall		

II. Quellen der einschlägigen Landesgesetze im Internet[1]

Alle Gesetze und Verordnungen des Bundes und der Länder	www.parlamentsspiegel.de (mit Suchfunktion und Volltextanzeige, kostenlos!)
Bibliothek Hess. Landtag!	http://141.90. 2. 45/elbib/elbibleitseite.htm
Bundes-und LandesR	http://www.rechtliches.de; http://www.jura.uni-sb.de/internet/Rechtsnormen.html; www.parlamentsspiegel.de
Allgemein BauR, bes. VwR und LandesR	http://www.baubuch.de/links/arch_texte.htm; www.sidiblume.de; http://www.esbs.de/download.html; http://www.logibau.de/ (auch Landesrecht!)
Landesbaugesetze und -verordnungen	http://www.umweltschutzrecht.de/recht/bau/ueber.htm; teilweise nur kostenpflichtiger Zugang!
Landesbauordnungen	www.bauordnung.at/index.htm
Architektenrecht aller Länder	www.bundesarchitektenkammer.de
Ingenieurrecht aller Länder	www.bundesingenieurkammder.de
Berufsrecht	www.berufsordnung.de
Infos allgemein	http://195.243.93.188/akammern/index.htm
Wasserrecht	http://www.netinform.de/gw/start.asp?Ziel=http://www.netinform.de/GW/Recherche/Uebersicht_RW.asp (alle Anlagenverordnungen!)
Baden-Württemberg	http://www.goinform.de
Bayern	http://byak.de; www.bayern.de/service/gvbl/
Berlin	
Brandenburg	
Bremen	http://www-user.uni-bremen.de/~elsahb/gesetze/
Hamburg	http://www.ak-hh.de/; http://www.hikb.de/; www.luewu.de (GVBl ab 1995 mit Übersichten); http://www.architekturarchiv-web.de/
Hessen	http://www.hessen.de/gvbl; akh.de; ingkh.de; www.hessenrecht.hessen.de/gvbl/gesetze/Landesgesetze/übersicht.htm
Mecklenburg-Vorpommern	http://www.am.mv-regierung.de/arbm/index.htm UND http://www.am.mv-regierung.de/arbm/pages/BO_inhalt.htm

---

1 Abdruck ebenfalls mit freundlicher Genehmigung der VHV Hannover. Stand der angegebenen Internet Links: September 2004.

Alle Gesetze und Verordnungen des Bundes und der Länder	www.parlamentsspiegel.de (mit Suchfunktion und Volltextanzeige, kostenlos!)
Niedersachsen	recht-niedersachsen.de; landtag-niedersachsen.de; mu1.niedersachsen.de (Umweltgesetze, AnlVO)
Nordrhein-Westfalen	http://www.aknw.de ODER http://www.ik-baunw.de/archiv/gesetze/ (www.im.nrw.de. Gesetze und VOen teilweise kostenfrei, meist nur die aktuellen)
Rheinland-Pfalz	http://www.ingenieurkammer-rlp.de/recht.htm; www.akrp.de
Saarland	www.justiz.saarland.de; www.ingenieurkammer-saarland.de; http://www.umweltserver.saarland.de/Landesrecht/Gliederung.html
Sachsen	recht-sachsen.de
Sachsen-Anhalt	
Schleswig-Holstein	
Thüringen	

Stichwortverzeichnis

Die fett gedruckten Zahlen verweisen auf die Teile, die darauffolgenden Zahlen auf die Randnummern innerhalb der Teile.

Abbruch 28 40 f.
Abgabenordnung 2 1 ff.
Abnahme 19 1 ff.
– Anfechtung
  – Abnahmefiktion **19** 326
  – Wegen Irrtum/arglistiger Täuschung **19** 320 f.
  – Wegen widerrechtlicher Drohung **19** 322 ff.
– Bauhandwerkersicherung **19** 348 ff.
– Beendigung der Werkleistung **19** 19 ff.
– Befugnis
  – Durch Architekten **19** 278
  – Juristische Personen **19** 276
  – Personenmehrheiten **19** 277
– Definition **19** 11 f.
– Erfüllungs-/Ausführungsbürgschaft **19** 341 ff.
– Fälligkeit der Vergütung
  – BGB-Vertrag **19** 38 ff.
  – VOB-Vertrag **19** 114
– Fiktive Abnahme **19** 225 ff.
  – Anfechtung **19** 237
  – Voraussetzungen **19** 228 ff., 238 ff.
– Förmliche Abnahme
  – Abnahmeprotokoll **19** 214 ff.
  – Abnahmetermin **19** 209 f.
  – Beiziehung eines Sachverständigen **19** 211 ff.
  – Pflichtverletzungen **19** 223 f.
  – Verlangen **19** 202 ff.
– Gemeinschaftseigentum **25** 14 ff.
– Gewährleistungsbürgschaft **19** 346 f.
– Gewährleistungsstadium **19** 25
  – Mängelansprüche **19** 26
– Kündigung **19** 16
– Mangelansprüche nach Abnahme
  – BGB-Vertrag **20** 159 ff.
  – VOB-Vertrag **20** 291 ff., 312 ff.
– Mangelansprüche vor Abnahme
  – BGB-Vertrag **20** 136 ff.
  – VOB-Vertrag **20** 285 ff., 312 ff.
  – s. Abnahmeverlangen, Mangel
– Selbständiges Beweisverfahren **19** 374
– Sicherheiten **19** 337 ff.
– Sondereigentum **25** 14 ff.
– Technische Teilabnahme **15** 264 ff.
– Übergang der Leistungsgefahr **19** 36
– Übergang der Vergütungsgefahr **19** 37
– Vergütung
  – Fälligkeit **21** 256 ff.
– VOB-Vertrag
  – Teilabnahme **19** 255 ff.
  – Verlangen des Auftragnehmers **19** 193 ff.
– Vorbehalt
  – Adressat **19** 159 f.
  – Durch Architekten/Ingenieur **19** 161 ff.
  – Von Vertragsstrafenansprüchen **19** 141 ff.
  – Wegen Mängeln **19** 122 ff.
– Wirkungen **19** 17 ff.
– Wohnungseigentum
  – Haftung des Wohnungseigentumsverwalters **25** 36
  – Pflichten des Wohnungseigentumsverwalters **25** 32 ff.
– Zahlungen vor Abnahme **19** 48 ff.
Abnahmeerklärung
– BGB-Vertrag **19** 172 ff.
  – Abnahmefiktion **19** 188 ff.
  – Ausdrückliche Erklärung **19** 174 ff.
  – Stillschweigende Erklärung **19** 178 ff.
  – Teilabnahme **19** 192
Abnahmefiktion 19 106, 188 ff., 225 ff.
– Anfechtung der Abnahme **19** 326

[**Abnahmefiktion**]
- s. Abnahme, Fiktive Abnahme
- Wohnungseigentum 25 21

Abnahmeprotokoll 19 214 ff.
Abnahmereife 19 201
Abnahmetermin 19 209 f.
Abnahmeverlangen
- VOB-Vertrag **19** 195 ff.
  - Abnahmereife **19** 201
  - Erklärung **19** 195 f.
  - Fristsetzung **19** 199 f.
  - Zugangserfordernis **19** 197 f.

Abnahmeverweigerung
- BGB-Vertrag **19** 286 ff.
- Rechtsfolgen **19** 306 ff.
- trotz Ingebrauchnahme **19** 318 f.
- VOB-Vertrag **19** 293 ff.

Abrechnung 22 1 ff.
- Art **22** 43 ff.
- Aufmaß
  - BGB-Vertrag **22** 39 ff.
  - Gemeinsame Erstellung **22** 18 ff.
  - Gestaltung **22** 24 ff.
  - Wirkung **22** 30 ff.
- Einheitspreisvertrag **22** 45 ff.
  - Anlagen **22** 49
  - Form **22** 46 ff.
  - Geänderte/zusätzliche Leistungen **22** 50 ff.
  - VOB/C **22** 53
- Kündigung **23** 82 ff.
- Pauschalpreisvertrag **22** 54 ff.
  - Form **22** 55
  - Geänderte Leistungen **22** 57 f.
- Prüffähigkeit **22** 59 ff.
  - BGB-Vertrag **22** 78
  - Einheitspreisvertrag **22** 70 ff.
  - Pauschalpreisvertrag **22** 74 ff.
- s. Nichtzahlung, Schlussrechnung, Stundenlohnarbeiten
- Schlusszahlung **22** 101 ff.
- Voraussetzungen **22** 13 ff.

Abschlagszahlungen 19 48 ff., 74 ff.
- AGBG 27a **19** 80
- Beweislast **19** 79
- Fälligkeit **19** 74 ff.
- Hauptunternehmervertrag **11** 101 ff.
- Mangel
  - Einbehalt **15** 217

- Nichtleistung
  - Leistungseinstellung **17** 82 f.
- s. Nichtzahlung
- Sicherheiten **17** 83
- Verordnung über Abschlagszahlungen bei Bauträgerverträgen **19** 80
- VOB-Vertrag **19** 115
- Verzinsung **19** 116 ff.
- Voraussetzungen **19** 50 ff.
  - Eigentumsübertragung **19** 58 f.
  - Gesamtvergütungsanspruch **19** 73
  - Sicherheitsleistung **19** 60 ff.
  - Zahlung durch einen Dritten **19** 81 ff.
  - Zahlungsverweigerung **19** 78

Abstandsflächen 5 15 ff.
Abwehranspruch, vorbeugender
- Nachbar **4** 109 f.

AGB
- Auftraggeber als Verwender **19** 354 ff.
- Auftragnehmer als Verwender **19** 369 ff.
- Bauvertrag **7** 20 ff.
  - Ausführungsfristen **16** 28 ff., 38
  - Bauvorbereitung **15** 92 ff.
  - Beweissicherung **15** 83 ff.
  - Energiekosten **15** 57 f.
  - Nebenpflichten **15** 269 ff.
- Bauzeitüberschreitung **16** 79 ff.
- Hauptunternehmervertrag **11** 58, 156 199
- Internationales Schuldrecht **27** 68
- s. Internationale Standardnormwerke
- Vertragsfristen **16** 59

AHB
- s. Haftpflichtversicherung

Akteneinsichtsrecht
- Nachprüfungsverfahren **9** 145 ff.

Aktivlegitimation 1 25 ff.
Allgemeinkosten
- Preisanpassung **21** 140

Anfechtung
- Abnahme **19** 326

Anlagen, gefahrdrohende 4 106 f.
Anordnungsrecht
- Bauausführung **15** 125 ff.

1610

- Vertragswidrige Materialien 15 184 ff.
Antragsbefugnis
- Nachprüfungsverfahren 9 119 ff.
Anwalt
- s. Rechtsanwalt
Arbeitgeber
- Pflichten nach der Baustellenverordnung 28 113 ff.
Arbeitnehmer
- Pflichten nach der Baustellenverordnung 28 118 f.
Arbeitnehmereinsatz
- Ausland 27 172 ff.
Arbeitnehmerentsendegesetz 27 175 ff.
Arbeitnehmerüberlassung
- Subunternehmer 12 82
Arbeitschutzrecht
- Arbeitsschutzgesetz 28 8 ff.
- Grundzüge 28 6 f.
- s. Baustellenverordnung, Sicherheits- und Gesundheitsschutzkoordinator (SiGeKo)
Arbeitseinstellung
- Bei Nichtzahlung des Auftraggebers
  - BGB n. F. 23 45
  - VOB 2002 23 50 f.
Architekt
- Bauhandwerkersicherungshypothek 10 390 ff.
  - Antragsschrift 10 397
- Bauzeitenplan
  - Änderung 16 21
- Erfüllungsgehilfe
  - Bauausführung 15 117 ff.
- Leistungspflichten
  - Kopplungsverbot 13
- Pflichten beim Tiefbau 29 7 ff.
- s. Architektenvertrag, Bausummenüberschreitung, Honorarordnung, Projektsteuerer
- Stellvertretung
  - Bauherr 7 31 ff.
- Urheberschutz
  - Ansprüche 10 349 ff.
  - Voraussetzungen 10 344 ff.
Architektenkammer 1 70
Architektenvertrag
- Bauunterlagen

- Herausgabepflicht 10 372
- Einheitsarchitektenvertrag 10 366, 373 ff.
- Aufrechnungsverbot 10 375
- Haftungsbegrenzung 10 376
- Honorar 10 375, 378
- Kündigung 10 377
- Leistungspflicht 10 373 f.
- Internationaler 10 382 ff.
- Rechtswahl 10 383 ff.
- Vertragsschluss
  - Klausel-Richtlinie 10 357 ff.
  - AVA 10 356, 374
  - Leistungsinhalt 10 362 f., 379
  - Mustervertragsklauseln 10 364 ff., 379 ff.
Arge
- Gesellschaft Bürgerlichen Rechts
- Stellvertretung 7 27 ff.
Aufhebung der Ausschreibung 9 164 f.
Auflassung
- Beurkundung 3 37 f.
Aufmaß
- Abrechnung
  - BGB-Vertrag 22 39 ff.
  - Gemeinsame Erstellung 22 18 ff.
  - Gestaltung 22 24 ff.
  - Wirkung 22 30 ff.
- Verweigerung 23 85 ff.
Aufschiebende Wirkung
- Sofortige Beschwerde 9 256 ff.
Auftrag, öffentlicher 8 62 ff.
- Erschließungsvertrag 9 72
- Public Private Partnership 9 76
- Typen 9 81 ff.
  - Auslobungsverfahren 9 84 ff.
  - Bauaufträge 9 82
  - Dienstleistungsaufträge 9 84 ff.
  - Lieferaufträge 9 83
  - Typengemischte Aufträge 9 87
Auftraggeber, öffentlicher 8 47 ff.
- Allgemeininteresse 8 52
- Ausführungsfristen 16 10
- Baukonzessionäre 8 60
- Funktioneller Auftraggeber 8 49 ff.
- Institutioneller Auftraggeber 8 48 ff.
- Nichtgewerblichkeit 8 53
- s. Nachprüfungsverfahren
- Übersicht 8 55

[Auftraggeber, öffentlicher]
- Sektorenauftraggeber 8 56 f.
- Zweckbindung 8 54

Auftragnehmer
- Gewährleistung
  - Haftung gegenüber Mieter 26 1, 15 ff.

Aufwendungsersatz
- Bei Nichtzahlung des Auftraggebers
- BGB n. F. 23 60 ff.

Ausführungsfristen
- Abrufrecht
  - Musterschreiben 16 149
- Architekt
  - Änderung 16 20 ff.
- Ausführungsbeginn
  - Abrufrecht 16 12
- Ausführungsunterlagen
  - Bereitstellungspflicht 17 75 ff.
- Bauablaufplan des Auftragnehmers 16 55 f.
- Bauausführung
  - Eventual-/Alternativpositionen 17 72 ff.
- Baubeginn
  - Genehmigungen 17 68 ff.
  - Mahnung 16 24
- Baureifes Grundstück
  - Bereitstellungspflicht 17 78 f.
- Baustelleneinrichtung 16 50
- Bauverzögerungen 16 1 ff.
- Bauzeitenplan 16 17 ff., 44
- Begriff
  - Frist 16 12, 24
  - Termin 16 12, 24
- Beschleunigungsmaßnahmen 17 113 ff.
- BGB-Vertrag 16 5 ff.
  - Kündigung 16 7
  - Rücktritt 16 7
- Einzelfristen 16 10 ff., 17 ff.
- Fristsetzung
  - Musterschreiben 16 150
- Fristüberschreitung
  - Abhilfeanspruch 16 14
  - SEA 16 15
- Mitwirkungspflicht des Auftraggebers 17 140 ff.
- Öffentlicher Auftraggeber 16 10
- Pufferzeiten 17 139
- s. Behinderung, Unterbrechung, Vertragsfristen
- Überschreitung
  - Berechnung 16 54 ff.
  - Verlängerung 17 47 ff.
- Baugrundrisiko 17 60
- Bauzeitenplan 17 132 ff., 140 ff.
- Berechnung 17 125 ff.
- Feststellungsklage 17 49
- Leistungsänderung 17 54 ff.
- Mitwirkungspflicht des Auftraggebers 17 140 ff.
- Musterschreiben 17 150
- Risikosphäre des Auftraggebers 17 50 ff.
- Risikosphären 17 50 ff., 80 ff., 110 ff.
- Schadensminderungspflicht 17 127
- Vertragsstrafe 17 144 ff.
- Verzögerungszeitraum 17 130 ff.
- Verzug 17 138
- Vertragsfristen 16 12 ff., 17 ff.
- Vertragsstrafe 16 23
- VOB-Vertrag 16 9
- Übersicht 16 16
- Zwischenfristen 16 10 ff., 17 ff.

Ausführungsunterlagen
- Bedenkenmitteilung 15 67
- Benutzungs- und Verwendungsrechte 15 12, 28 ff.
- Bereitstellungspflicht
  - Ausführungsfrist 15 30
  - Kündigung 15 31
  - Schadenersatz 15 32 ff.
- Fehlerkorrektur 15 70 f.
- Kooperationspflicht 15 75 ff.
- Maßgeblichkeit 15 62 ff.
- Prüfungspflicht des Auftragnehmers 15 66 ff.
- Baueinstellung 15 77 ff.
- Kooperationspflicht 15 76 ff.
- SEA 15 68, 73
- s. Bauausführung, Bauvorbereitung
- Urheberrechte 15 88 ff.

Ausgleichsanspruch
- Anspruchsschema 4 134
- Bauimmissionen 4 132

Ausland
- s. Arbeitnehmereinsatz, Arbeitnehmerentsendegesetz, Internationale Zuständigkeit, Internationales Architektenrecht, Internationales Privatrecht, Internationales Prozessrecht
- Schiedsgerichtsverfahren 27 27 ff.
- Vollstreckung 27 40 ff.
- Zustellung 27 17 ff.

Ausländisches Architektenrecht
- England/USA 27 187 ff.
  - Aufgabengebiete 27 187
  - Pflichten 27 188 f.
- Frankreich 27 184 ff.
  - Bauherr 27 184
  - Haftung 27 186
  - Vertrag 27 185
- Italien
  - Aufgabenbereiche 27 195 f.
- Niederlande 27 190 ff.
  - Geschützte Berufsbezeichnung 27 190
  - Standardbedingungen 27 192
- Schweiz
  - Vertragsformen 27 193 f.

Ausländisches Baurecht
- Anglo-amerikanischer Rechtskreis
  - Gewährleistung 27 89 ff.
  - Vertragsschluss 27 86 f.
  - Vertragsverletzung 27 87
  - Werkvertrag 27 88
- Belgien
  - Vertragsformen 27 94
- Frankreich
  - Bauträgervertrag 27 102
  - Direktklage 27 98
  - Gewährleistung 27 103 ff.
  - Haftung 27 103 ff.
  - Rechtsquellen 27 95
  - Sicherung des Werklohns 27 100 f.
  - Subunternehmer 27 97
  - Öffentliches Auftragswesen 27 107 ff.
  - Werkvertrag 27 96
- Italien
  - Abnahme 27 116
  - Bauhandwerkersicherung 27 120
  - Mängel 27 117 f.
  - Material 27 114
  - Rücktritt 27 115
  - Subunternehmer 27 119
  - Unternehmerwerkvertrag 27 110 f.
  - Vergütung 27 112 f.
- Niederlande
  - Abnahme 27 130
  - Mängel 27 131
  - Material 27 128
  - Rücktritt 27 129
  - Subunternehmer 27 132
  - Vergütung 27 127
  - Werkvertrag 27 125 f.
- Polen
  - Abnahme 27 141 f.
  - Bauvertrag 27 133 f.
  - Mängel 27 143 ff.
  - Material 27 139
  - Rücktritt 27 140
  - Subunternehmer 27 149
  - Vergütung 27 137 f.
- Schweiz
  - Abnahme 27 124
  - Ersatzvornahme 27 122
  - Gewährleistung 27 123
  - Rücktritt 27 122
  - Vergütung 27 124
  - Werkvertrag 27 121
- Spanien
  - Bauhandwerkersicherung 27 152
  - Mangel 27 153
  - Werkvertrag 27 150 ff.

Ausländisches Recht
- s. Ausländisches Architektenrecht, Ausländisches Baurecht

Ausschachtungsarbeiten 4 93

Ausschreibung, beschränkte 8 68, 154 f.

Ausschreibung, öffentliche 8 68, 153
- Aufhebung der Ausschreibung 8 104, 158, 250 ff.
- Ausschreibungsreife 8 191 ff., 319
- Doppelmandate 8 111
- Elektronische Angebotsabgabe 8 107 ff.
- Leistungsbeschreibung 8 178 ff.
- Alternativpositionen 8 181

1613

[**Ausschreibung, öffentliche**]
- Bedarfspositionen 8 181
- s. VOB/A-Vergabe, VOL/A-Vergabe

Außenbereich 5 25

Barrierefreiheit 26 25 ff.

Bauablaufplan
- s. Behinderung

Bauablaufplan des Aufragnehmers
- Ausführungsfristen 16 55 f.

Bauablaufstörung
- s. Ausführungsfristen, Behinderung, Unterbrechung

Bauabnahme, behördliche 19 13 ff.

Bauabzugssteuer
- Hauptunternehmervertrag 11 151 ff.

Bauarbeiten
- Anzeige an den Nachbarn
  - Musterformulierung 4 123

Bauarbeiten, Duldung
- s. Mieter

Bauausführung 15
- Abschlagszahlung
  - Mangel 15 217
- Anerkannte Regeln der Technik 15 146 ff.
- Anordnungsrecht 15 52 ff., 163, 171
- Anordnungsrecht des AG 15 129 ff.
  - Ausführungspflicht 15 136 ff.
  - Mehrkosten 15 140
- Architekt
  - Erfüllungsgehilfe 15 113 ff.
- Bauzeitenplan 15 115
- Bedenkenmitteilung 15 134 f., 157 f., 168, 175
- Beseitigungspflicht
  - Vertragswidrige Materialien 15 184 ff.
- Eigenausführung des Auftragnehmers 15 255 ff.
  - Kündigung 15 256
- Eigenverantwortung des AN 15 142 ff.
- Fachkenntnisse 15 144 ff.
- Genehmigungen 15 113 f.
- Hinweispflicht
  - Beweislast 15 160
- Koordinierungs- u. Beschaffungspflicht 15 110 ff.

- Annahmeverzug 15 122
- Kündigung 15 122
- SEA 15 123 f.
- Kooperationspflicht 15 100
- Leistungsfortschritt
  - Teilabnahme 15 264 ff.
- Mängelrechte
  - Abnahme 15 149 ff.
- Mitwirkungspflichten
  - Übersicht 15 14 ff.
- Nacherfüllung
  - Verweigerung 15 211
- Nebenpflichten 15 99 ff.
  - BGB-Vertrag 15 2 ff., 101 ff.
  - Vertragsklauseln 15 269 ff.
  - VOB-Vertrag 15 3 ff., 102 ff.
- Nebenpflichten des AN
  - Übersicht 15 110, 141
- Nebenpflichtverletzung
  - Behinderungsanzeige 15 105
  - Fristsetzung 15 107
  - Gläubigerverzug 15 104
  - Kündigung 15 103 ff.
  - Rücktritt 15 108
- Nebenpflichtverletzung des AN 15 121 ff.
- Prüfungspflicht des Auftragnehmers 15 154, 156 ff.
  - Baumaterialien 15 161 ff.
  - Kündigung 15 177
  - SEA 15 176
  - Umfang 15 156 f.
  - Vorunternehmerleistungen 15 163 ff.
- s. Mängelrechte, Nebenpflichten
- Schatzfund 15 261 ff.
- Schutzpflichten
  - Gegenstände des Auftraggebers 15 178 ff.
- Technische Teilabnahme 15 264 ff.
  - Mitwirkungspflicht 15 265 ff.
- Überwachungsrecht des AG 15 125 ff.

Baubeginn
- s. Bauvorbereitung

Baubetreuer
- Abgrenzung zum Generalübernehmer 13 16, 21, 35

Stichwortverzeichnis

Baubetreuung
- Abgrenzung zum Hauptunternehmervertrag **11** 16

Baucontrolling
- s. Projektsteuerer

Baugenehmigung
- Hauptunternehmervertrag **11** 60, 73

Baugrund
- s. Tiefbau

Baugrundgutachter
- Pflichten beim Tiefbau **29** 18 ff.

Baugrundrisiko 11 63 ff.
- Bauzeit **29** 254 f.
- Begriff **29** 230 ff.
- Gewährleistung **29** 253
- Preisanpassung **21** 181 ff.
- s. Systemrisiko
- Schadensersatz **29** 256
- Vergütung **29** 247 ff.
- Verlängerung der Ausführungsfristen **17** 60
- Vertragliche Regelung **29** 230 ff.

Baugrundstück
- Tiefbau **29** 68 ff.

Bauhandwerkersicherung
- Nach Abnahme **19** 349 ff.
- s. Abnahme, Gewährleistung, Sicherheiten
- Vor Abnahme **19** 348

Bauhandwerkersicherungshypothek 3 226
- Antragsschrift **10** 397
- Architekt **10** 390 ff.
- Hauptunternehmervertrag **11** 126

Bauherr
- Baustellenverordnung **28** 44 ff., 75 f.
- Pflichten beim Tiefbau **29** 39 ff.
- Pflichten nach der Baustellenverordnung **28** 80 ff.
  - Bestellung SiGeKo **28** 91 ff.
  - Grundsätze **28** 80 f.
  - SiGe-Plan **28** 94 ff.
  - Vorankündigung **28** 82 ff.
- Projektsteuerer **14** 12 ff.
- Vermögensrisiko
  - Generalübernehmer **13** 13 ff., 22 ff.

Bauherrenhaftpflichtversicherung 6 28 ff.

Bauimmissionen 4 127 ff.

Bauindustrie
- Verbände **1** 69

Baukonzessionär 8 267 f.

Baukonzessionäre 8 60

Baulärm 4 127 ff.
- Ansprüche des Nachbarn **4** 128 ff.

Baulast 3 174 ff.

Bauleistung
- Beschädigung **17** 186
  - Musterschreiben des Auftraggebers **17** 205
  - Musterschreiben des Auftragnehmers **17** 204
- s. Behinderung, Unterbrechung, Vergütung
- Unmöglichkeit **17** 156
- Vergütungsgefahr **17** 163 ff.
- Zerstörung **17** 186

Bauleistungsversicherung 6 38 ff.
- Entschädigungspflicht **6** 40
- Kosten **15** 59
- Versicherungsschutz **6** 38 ff.

Bauliche Anlage 28 29 ff.

Baumanagement
- s. Projektsteuerer

Baumaterial
- CSIG 46

Bauordnungsrecht
- Abstandsflächen **5** 15 ff.
- Anforderungen an Bauausführung **5** 18 ff.
- Brandschutzbestimmungen **5** 19
- Grundstücksbezogene Vorschriften **5** 13
- Grundstücksteilung **5** 21
- Nachbarschutz **5** 11 ff.
  - Generalklausel **5** 12
- Standsicherheit **5** 18

Bauplanungsrecht
- Außenbereich **5** 25
- Bebauungsplan **5** 26 ff.
- Innenbereich **5** 23 f.
- Nachbarschutz **5** 22 ff.
- Rücksichtnahmegebot **5** 22, 38 ff.

Baureinigungskosten
- Umlagen **15** 60 ff.

Baustaub 4 127 ff.
- Ansprüche des Nachbarn **4** 128 ff.

1615

Baustelle 28 29 ff.
– Prüfungspflichten
  – Zustand **15** 80 ff.
Baustelleneinrichtung 12 84 f.
– Ausführungsfristen **16** 50
– Baustellenverordnung **15** 155
– Energiekosten
  – Pauschale **15** 56
– Mitwirkungshandlungen
  – Kündigung **15** 51
  – Schadenersatz **15** 50
– Mitwirkungspflicht
  – Energieanschlüsse **15** 53 ff.
  – Lagerplatz **15** 53 ff.
  – Zufahrt **15** 53 ff.
– Nebenpflichten des AG **15** 42 ff.
Baustellenordnung 28 120
Baustellenplan 28 120
Baustellenverordnung 15 155; **28** 1 ff.
– Adressaten **28** 14 ff.
– Arbeitsschutz **28** 6 ff.
– Auslegungshilfen **28** 169 f.
– Baustellenrichtlinie **28** 164 ff.
  – Staatshaftung **28** 166
– Begriffe **28** 29 ff.
  – Bauherr **28** 44 ff., 75 f.
  – Baustelle/Bauvorhaben/bauliche Anlage **28** 29 ff.
  – Beschäftigte **28** 42 f.
  – Errichtung/Änderung/Abbruch **28** 40 f.
  – Sicherheits- und Gesundheitsschutzkoordinator (SiGeKo) **28** 75 f.
– Gefahrenanalyse **28** 77 ff.
– Geltungsbereich **28** 19
– Haftung Arbeitgeber **28** 154
– Haftung des Bauherrn **28** 132 ff.
  – Beweislast **28** 149 ff.
  – Unerlaubte Handlung **28** 137 ff.
  – Vertrag mit Schutzwirkung zugunsten Dritter **28** 134 ff.
– Haftung Dritter **28** 153
– Haftung SiGeKo **28** 153
– Pflichten des Arbeitgebers **28** 113 ff.
– Pflichten des Arbeitnehmers **28** 118 f.
– Pflichten des Bauherrn **28** 24 ff.
– Pflichten des SiGeKo **28** 102 ff.

– Regeln zum Schutz auf Baustellen (RAB) **28** 21 ff.
– s. Arbeitsschutzrecht
– Verhältnis zur HOAI **28** 20
– Verstöße **28** 121 ff.
  – Nichtigkeit von Anweisungen **28** 158 ff.
  – Ordnungswidrigkeiten **28** 123 ff.
  – Straftatbestände **28** 127 ff.
Baustopp 5 52 f.
Bausummenüberschreitung
– Projektsteuerungsvertrag **14** 99 ff.
Bautätigkeit
– Ordnungsrechtliche Vorschriften **5** 18 ff.
Bauträger
– Abgrenzung zum Generalübernehmer **13** 16, 21, 35
– Gewährleistung
  – Haftung gegenüber Mieter **26** 1, 15 ff.
– Wohnungseigentum
  – Dritthaftungsklausel **25** 70
Bauträgervertrag
– Abgrenzung zum Hauptunternehmervertrag **11** 12 f.
Bauüberwachung
– Hauptunternehmer **11** 27 f.
Bauunternehmer
– Gewährleistung
  – Haftung gegenüber Mieter **26** 1, 15 ff.
– Pflichten beim Tiefbau **29** 27 ff.
Bauverfahren
– s. Systemrisiko
Bauvertrag
– AGB **15** 92 ff.
  – Beweissicherung **15** 83 ff.
  – Energiekosten **15** 57 f.
– Allgemeine Geschäftsbedingungen **7** 20 ff.
– Bauleistungsversicherung
  – Kosten **15** 59
– Baureinigungskosten
  – Umlagen **15**
– Baustelleneinrichtung
  – Vereinbarung **15** 45 ff.
– Besondere Geschäftsbedingungen **7** 23 ff.

Stichwortverzeichnis

- Koordinierungspflichten **15** 4 ff.
- Nachunternehmereinsatz
  - Vertragsstrafenklausel **15** 259
- Nebenpflichten
  - Klauseln **15** 269 ff.
  - Vereinbarung **15** 109
  - s. Mitwirkungspflichten, Nebenpflichten
- Stellvertretung
  - Architekt **7** 31 ff.
  - Gesellschaft Bürgerlichen Rechts **7** 27 ff.
- Typengemischter Vertrag **7** 4
- Vertragsschluss
  - Aufrechnung **7** 13
  - Auslegung **7** 12
  - essentialia negotii **7** 14 ff.
  - Vergabeverfahren **7** 17 ff.
  - Willenserklärung **7** 12 ff.

Bauvorbereitung
- Ablauf
  - Übersicht **15** 13 ff.
- Architekt
  - Erfüllungsgehilfe **15** 117 ff.
- Ausführungsunterlagen
  - Abrufrecht **15** 13
  - Bauausführung **15** 72
  - Begriff **15** 20 ff.
  - Bereitstellungspflicht der AG **15** 9 ff., 20 ff.
  - Maßgeblichkeit **15** 62 ff.
  - Prüfungspflicht des Auftragnehmers **15** 66 ff.
  - Vorlagepflicht des AN **15** 25 ff., 35 ff.
- Baustelle
  - Zustand **15** 80 ff.
- Baustelleneinrichtung **15** 13
  - Energieanschlüsse **15** 53 ff.
  - Energiekosten **15** 55 ff.
  - Kündigung **15** 51
  - Lagerplatz **15** 53 ff.
  - SEA **15** 50
  - Zufahrt **15** 53 ff.
- Bauvertrag
  - AGB-Klauseln **15** 92 ff.
- Nebenpflichten
  - BGB-Vertrag **15** 2 ff., 19 ff.
  - VOB-Vertrag **15** 3 ff., 19 ff.
- Nebenpflichtverletzung
  - Ausführungsunterlagen 30 ff., 68 ff.
  - Baustelleneinrichtung **15** 50 ff.
- Prüfungspflichten
  - Beweissicherung **15** 81 ff.
  - Niederschrift **15** 80 ff.
  - s. Nebenpflichten

Bauvorhaben 28 29 ff.
- Bauausführung
  - Nebenpflichten **15** 1 ff.
- Bauvorbereitung
  - Nebenpflichten **15**
- Besteuerung
  - Abschreibungen **2** 108 ff.
  - Herstellungsaufwand **2** 105 f.

Bauzeit
- Baugrundrisiko **29** 254 f.
- s. Ausführungsfristen

Bauzeitenplan
- Ausführungsfristen **16** 17 ff., 44

Bauzeitüberschreitung
- Abhilfeverlangen
  - Musterschreiben **16** 151
- AGB-Klauseln **16** 79 ff.
- Begriff **16** 67 ff.
- Beweislast **16** 60 ff.
- BGB-Vertrag **16** 113 ff.
- Ansprüche des Auftraggebers **16** 118 ff.
- Anwendbarkeit der VOB **16** 116 f.
- Entgangener Gewinn **16** 62
- Fälligkeit **16** 60, 120 ff.
- Fristsetzung **16** 123 f.
- Mahnung **16** 61 f.
- Rücktritt **16** 125 ff., 140 ff.
- SEA **16** 132 ff., 136 ff.
- Verzugsschaden **16** 63
- Kündigung
  - Musterschreiben **16** 153
  - Nachfristsetzung mit Kündigungsandrohung
  - Musterschreiben **16** 152
  - s. Behinderung, Unterbrechung
- Unmöglichkeit
  - BGB-Vertrag **16** 75 ff.
- Verzug
  - Mahnung **17** 138

1617

[Bauzeitüberschreitung]
- VOB-Vertrag
  - Anspruch des Auftraggebers
    16 84 ff.
  - Ansprüche des Auftragnehmers
    16 110 f.
  - Beiderseitiges Verschulden **16** 95
  - Einrede des nicht erfüllten Vertrages **16** 107 ff.
  - Erfüllung **16** 104
  - Erfüllungsverweigerung **16** 102, 105 f.
  - Fristsetzung **16** 64
  - Fristsetzung mit Ablehnungsandrohung **16** 99 f.
  - Kündigung **16** 84 ff., 99 ff., 99 ff.
  - Mitverschulden **16** 94
  - Planungsleistungen **16** 74
  - SEA **16** 66, 84 ff., 91 ff., 96 ff.
  - Unzureichende Förderung **16** 89
  - Verschulden des Auftraggebers
    16 78 ff.
  - Verzögerte Fertigstellung **16** 87 f.
  - Verzögerter Baubeginn **16** 86
  - Verzugsschaden **16** 65
  - Vorrang **16** 73
  - Wahlrecht **16** 90

Bauzeitverlängerung
- Bei Nichtleistung des Auftraggebers
  - BGB n. F. **23** 100 ff.
  - VOB 2002 **23** 104 ff.
- BGB n. F. **23** 100 ff., 116
- VOB 2002 **23** 104 ff.
  - Behinderung **23** 106
  - Behinderungsanzeige **23** 108 ff.
  - Dauer **23** 112 f.
  - Vertragsfristen **23** 114 f.
  - Verzögerung **23** 107

Bebauungsplan 5 26 ff.
- Art der baulichen Nutzung **5** 31
- Befreiungen **5** 27 f.
- Festsetzungen
  - Bauweise **5** 35
  - Besondere bauliche Anlagen **5** 32
  - Überbaubare Grundstücksfläche
    5 36
- Maß der baulichen Nutzung **5** 34
- Schutz vor Umwelteinwirkungen
  5 30

Beglaubigung
- Grundstücksvertrag **3** 1 ff.
- s. Beurkundung

Behinderung
- Ausführungsalternativen
  - Wahlrecht des Auftraggebers
    17 72 ff.
- Ausführungsfristen
  - Verlängerung **17** 125 ff.
- Ausführungsfristverlängerung
  - Berechnung **17** 125 ff.
- Ausführungsunterlagen **17** 75 ff.
- Auswirkungen
  - Übersicht **17** 22
- Bauablauf
  - Erfüllungsverweigerung **17** 8
  - Unmöglichkeit **17** 7
- Baureifes Grundstück
  - Bereitstellungspflicht **17** 78 f.
- Bauzeitenplan **17** 2
- Begriff **17** 5 ff.
- Beschleunigungsmaßnahmen
  17 113 ff.
- BGB-Vertrag **17** 12 ff.
- Förderungsmöglichkeit des Auftragnehmers **17** 15 ff.
- Förderungspflicht des Auftragnehmers
  - Musterschreiben **17** 151 f.
  - Umfang **17** 114 ff.
- Höhere Gewalt **17** 96 ff.
- Koordinierungspflicht **17** 80 f.
- Mangelhafte Vorunternehmerleistung **17** 84 ff.
- Mitwirkungspflicht des Auftraggebers **17** 61 ff.
- Nebenpflichten **17** 15
- Nichtzahlung von Abschlägen
  17 82 f.
- Offenkundigkeit **17** 34 ff.
- Risikosphären **17** 50 ff., 88 ff., 110 ff.
  - Beiderseitige Verursachung **17** 88
  - Doppelkausalität **17** 89
- s. Ausführungsfristen, Bauablaufplan, Bauzeitüberschreitung, Unterbrechung, Vertragfristen
- Streik **17** 91 ff.
- Zulieferbetriebe **17** 94
- Unabwendbares Ereignis **17** 99 ff.

- Ursachen **17** 9 ff.
- Verantwortungsbereiche **17** 19 ff.
- Vertragsfristen **17** 2 f.
- VOB-Vertrag **17** 18
- Wegfall
  - Musterschreiben **17** 149, 151 f.
- Witterungseinflüsse **17** 105 ff.

Behinderungsanzeige 17 15 f., 23 ff.
- Checkliste **17** 46
- Fristverlängerung
  - Musterschreiben **17** 150
- Musterschreiben **17** 147
- Unterlassen **17** 32 ff.
- Zurückweisung **17** 45
  - Musterschreiben **17** 148

Beigeladener
- Beratung im Nachprüfungsverfahren **9** 218 f.

Berechnungsgrundlage
- Preisanpassung
  - VOB-Einheitspreisvertrag **21** 136

Berufshaftpflichtversicherung
- Architekt/Ingenieur **6** 45 ff.

Beschäftigte
- Baustellenverordnung **28** 42 f.

Beschwerde, sofortige
- BGH
  - Divergenzvorlage **9** 308 ff.
- Nachprüfungsverfahren
  - Aufschiebende Wirkung **9** 256 ff.
  - Benachrichtigungspflicht **9** 250
  - Beschwer **9** 252
  - Entscheidung **9** 263 f.
  - Form **9** 248 f.
  - Frist **9** 244 ff.
  - Kosten **9** 265 ff.
  - Musterantrag **9** 268
  - Verfahren **9** 259 ff.
  - Verfahrensgegenstand **9** 241 ff.
  - Zuständigkeit **9** 251
- Vergabeverfahren **9** 154 f.
- Verlängerung der aufschiebenden Wirkung **9** 272 ff.
  - Entscheidung **9** 281 f.
  - Verfahren **9** 278 ff.
  - Voraussetzungen **9** 276 f.
- Vorabentscheidung über den Zuschlag **9** 284 ff.
  - Anwendungsbereich **9** 284 ff.

- Beendigungsfiktion **9** 298
- Entscheidung **9** 295 ff.
- Musterantrag **9** 299
- Verfahren **9** 291 ff.
- Voraussetzungen **9** 287 ff.

Beseitigungs- und Unterlassungsanspruch
- Anspruchsschema **4** 28
- Grundstücksvertiefung **4** 87
- Klageantrag **4** 26
- Nachbarrecht **4** 5 ff.
  - Anspruchsausschluss **4** 21 ff.
  - Eigentumsbeeinträchtigung **4** 10 ff.
  - Handlungsstörer **4** 19
  - Rechtsfolgen **4** 24 ff.
  - Zustandsstörer **4** 20

Besondere Geschäftsbedingungen
- Bauvertrag **7** 23 ff.

Besteuerung
- Außenprüfung **2** 65 ff.
- Auskunftspflicht **2** 63 f.
- Buchführungs- und Aufzeichnungspflichten **2** 56 ff.
- Grundbesitz
  - Einkommensteuer **2** 104 ff. 114 f.
  - Gewerbesteuer **2** 142
  - Umsatzsteuer **2** 158 ff.
- Grundlagen **2** 56 ff.
- Rechtsschutz **2** 84 ff.
- s. Steuern
- Steuererklärung **2** 60 ff.
- Zurechnung von Wirtschaftgütern **2** 11

Betriebsaufspaltung
- Besteuerung **2** 111 ff.

Betriebshaftpflichtversicherung
- Beispielsfall **6** 10 ff.
- Versicherungsschein **6** 11 ff.

Beurkundung
- Auflassung **3** 37 f.
- Belehrungen **3** 84 ff.
  - Musterformulierungen **3** 85 ff.
- Bezugsurkunden **3** 44 ff.
- Getrennte **3** 31 ff.
- Grundstücksvertrag **3** 1 ff.
- Inventarverzeichnis **3** 40 ff.
- Unterwerfungserklärung **3** 56 ff.
- Vertragsänderung **3** 48 f.

1619

[Beurkundung]
- Vertragsaufhebung 3 55
- Vertreterbeteiligung 3 34 ff.
- Wohnungseigentum 3 66 ff.
  - Abgeschlossenheitsbescheinigung 3 69 f.
  - Aufteilung 3 67
  - Aufteilungsplan 3 69 f.
  - Ausbaurechte 3 76
  - Form 3 68
  - Gemeinschaftsordnung 3 72 f.
  - Sondernutzungsrechte 3 74 f.
  - Voratsteilung 3 67
  - Vormerkung 3 83
  - Änderungsvollmacht 3 77 ff.

Beweislast
- Preisanpassung 21 142 ff.
- Verteilung bei Mängeln 20 135

Beweislastumkehr
- Abnahme 19 32

Bezugsurkunden 3 44 ff.

BGB-Vertrag
- Abnahme 19 2 ff.
- Abnahmefiktion 19 188 ff.
- Abnahmeverweigerung 19 286 ff.
- Abrechnung
  - Prüffähigkeit 22 78
- Aufmaß 22 39 ff.
- Gewährleistung 20 6 ff.
- Kündigung 18 2 ff.
- Mangelansprüche
  - Vor Abnahme 20 136 ff.
- Preisanpassung
  - Kündigung 21 240 ff., 254
  - s. a. Einheitspreisvertrag 21
  - s. a. Pauschalpreisvertrag 21
- s. Abschlagszahlungen
- s. Vergütung
- Stundenlohnarbeiten 22 161 ff.
- Vergütung
  - Fälligkeit 19 38 ff.
  - Nicht vereinbarte Leistungen 21 22 ff.
  - Zahlungen vor Abnahme 19 48 ff.
- Verjährung 19 167 ff.
- Zusätzliche Leistungen 21 215 f.

BKR
- Abgrenzung 8 138

Bodenerhöhung 4 104 f.

Brandschutzbestimmungen 5 19
Bürgschaft
- Hauptunternchmervertrag 11 115 ff.

CPV 8 105

Darlegungslast
- Preisanpassung 21 142 ff.

Dauerschuldverhältnis
- Projektsteuerungsvertrag
- Kündigung 14 114, 133

Deckungsschutz
- Strafverfahren 6 19

De-facto-Vergabe 8 8
- Zulässigkeitsvoraussetzungen 9 114 ff.

Dienstbarkeiten 3 156 ff.
- Beschränkt persönliche 3 166 ff.
  - Musterfomulierung 3 168
- Grunddienstbarkeit 3 158 ff.
- Wohnungseigentum 3 169 ff.

Dienstvertrag
- Kündigung 7 8
- Leistungsstörung
  - Annahmeverzug 7 6
  - positive Vertragsverletzung 7 5
  - Schutzpflichten 7 7
- Projektsteuerungsvertrag 14 62 ff.

DIN-Normen
- DIN 1 053 20 88 ff.
- DIN 18 195 20 107 f., 117
- DIN 18 299 ff. 20 109 ff.
- DIN 18 300 20 124
- DIN 18 308 20 122
- DIN 18 315 20 123, 131
- DIN 18 316 20 131
- DIN 18 317 20 131
- DIN 18 330 20 88 ff.
- DIN 18 331 20 118
- DIN 18 336 20 107 f., 117
- DIN 18 338 20 121
- DIN 18 353 20 125
- DIN 18 363 20 129
- DIN 18 365 20 119 f.
- DIN 18 380 20 128
- DIN 18 381 20 126
- DIN 18 451 20 127
- DIN 276 20 133
- DIN 4 102 20 94

Stichwortverzeichnis

- DIN 4 108 **20** 95 f., 132
- DIN 4 109 **20** 97 ff., 130
- II. Berechnungsverordnung **20** 133
- s. Mangel, Bauarbeiten

Divergenzvorlage 9 308 ff.

DKR
- Vergabeverfahren **9** 87

Dritthaftungsklausel
- Wohnungseigentum **25** 70

Drittschadensliquidation
- s. Klage

Drittschutz
- s. Nachbarrecht

Duldungspflicht
- Bauimmissionen **4** 128 ff.

EG-Recht
- Vergaberecht
  Entwicklung **8** 19 f.
- Übersicht **8** 18a f.

Eigentümergrundschuld
- Verdeckte **3** 227

Eigentümerhypothek
- Verdeckte **3** 228

Eigentumsbeeinträchtigung 4 10 ff.

Eigentumsüberschreibung
- Grundstückskauf **3** 121 f.

Eignungskriterien 8 40 ff.

Einheitsarchitektenvertrag
- s. Architektenvertrag

Einheitspreisvertrag
- Abrechnung **22** 45 ff.
  - Anlagen **22** 49
  - Form **22** 46 ff.
  - Geänderte/zusätzliche Leistungen **22** 50 ff.
  - Nach Kündigung **18** 62 f., 72
  - VOB/C **22** 53
- BGB-Vertrag
  - Entfallen von Leistungen **21** 103 ff.
  - Mengenänderung **21** 81 ff.
  - s. a. Preisanpassung
- Kündigung
  - Prüffähigkeit **22** 81 f.
- Prüffähigkeit **22** 70 ff.
- s. Kündigung
- VOB-Vertrag
  - Entfallen von Leistungen **21** 90 ff.

- Mengenänderung **21** 67 ff.
- s. a. Preisanpassung

Einheitsrecht
- Multilaterales **27** 2

Einkommensteuer
- Abschreibungen **2** 108 ff.
- Anrechung Gewerbesteuer **2** 143 f.
- Anschaffungskosten **2** 104
- Betriebsaufspaltung **2** 111 ff.
- Einkunftsarten **2** 96 ff.
- Grundstück
  - Veräußerung **2** 114 ff.
- Herstellungskosten **2** 105 f.
- Steuerpflicht **2** 91 ff.

Einstweilige Verfügung 5 51 ff.
- Haftung für Baustopp **5** 52 ff.

England
- s. Ausländisches Architektenrecht, Anglo-amerikanischer Rechtskreis

Entschädigung
- Bei Nichtleistung des Auftraggebers
- BGB n. F. **23** 89 ff.

Entwurfsänderung
- VOB-Einheitspreisvertrag **21** 116 ff.

Erbschaft- und Schenkungsteuer
2 188 ff.
- Befreiungen **2** 202 ff.
- Berechnung **2** 205 ff.
- Freibeträge **2** 207 f.
- Steuerklassen **2** 205 f.
- Steuersätze **2** 209
- Zusammenrechnung **2** 211
- Betriebsvermögen **2** 210
- Festsetzung **2** 212 f.
- Anzeigepflicht **2** 212
- Steuerbescheid **2** 213
- Steuerpflicht **2** 188 ff.
- Steuertatbestände **2** 191 ff.
- Wertermittlung **2** 196 ff.

Erfüllung
- s. Nichtleistung, Nichtzahlung

Erfüllungsanspruch
- BGB 631 Abs. 1 **20** 139 ff.
- Mangel vor Abnahme **20** 148 ff.

Erfüllungsanspruch, modifizierter
- Mangel
  - Beseitigungsverlangen **20** 163 ff.
  - Nachbesserungsvereinbarung **20** 197

1621

[Erfüllungsanspruch, modifizierter]
- Neuherstellung 20 191
- Sowieso-Kosten 20 195 f.
- Unverhältnismäßigkeit 20 192 ff.
- Vorschusspflicht 20 170 ff.
- Vorteilsausgleichung 20 195 f.

Erfüllungsbürgschaft
- Nach Abnahme 19 341 ff.

Errichtung 28 40 f.

Erschließungsvertrag
- Vergabeverfahren 9 72

Erwerbervertrag
- s. Grundstücksvertrag

EuGH 27 76 f.
- Vergaberecht
- Rechtsprechung 8 7
- Vorlagepflicht 9 314 f.

EuGVÜ 27 6

EuGVVO 27 6

EU-Kommission
- Vergaberecht
- Überwachungsfunktion 8 6

Europarecht
- Baustellenrichtlinie 28 164 ff.
- Staatshaftung 28 166
- EuGH 27 76 f.
- Rechtsquellen 27 72 ff.
- Richtlinie
- Zahlungsverzug 27 78 ff.

EuZVO 27 18 ff.

Fälligkeit
- s. Abnahme, Nichtzahlung, Vergütung
- Vergütung 21 256 ff.

Fälligkeitsbestätigung
- Grundstücksvertrag 3 152 f.

Fehlerbegriff
- s. a. Mangel

Fenster- und Lichtrecht 4 80 ff.

Fertighäuser
- CSIG 46

Fertigstellungsbescheinigung 19 87 ff.

Feststellungsinteresse
- Nachprüfungsverfahren 9 166 ff.

Feststellungsklage
- Gewährleistung 20 402 ff.

Feuchtigkeitsschäden
- Nachbargebäude 4 140 f.

Feuerwehr- und Brandschutzplan 28 120

FIDIC
- s. Internationale Standardnormwerke

Finanzierung
- Grundstückskauf 3 240 ff.

Freihändige Vergabe 8 67 ff.

Gebäude
- Besteuerung
- Abschreibungen 2 108 ff.
- Herstellungsaufwand 2 105 f.

Gebäudeeinsturz 4 108 f.

Gebäudeversicherung 6 43

Gebühren
- Isoliertes Beweisverfahren 24 154 ff.
- Schiedsgericht 24 149 ff.

Gefahrenanalyse 28 77 ff.

Geheimhaltungsinteresse
- Nachprüfungsverfahren 9 149 ff., 156

Gemeinschaftseigentum
- Abnahme 25 14 ff.

Generalübernehmer
- Begriff 13 1 f.
- Betriebshaftpflicht 13 26
- Wohnungsbaugesellschaften 13 35 ff.

Generalübernehmermodell
- Drei-Personen-Konstellation 13 31. f.
- Grundstückskauf
- steuerliche Aspekte 13 36 f.
- Zwei-Personen-Konstellation 13 29 f.

Generalübernehmervertrag 13 26 ff.
- Abgrenzung zum Generalunternehmervertrag 13 1 ff.
- Abgrenzung zum Hauptunternehmervertrag 11 14 f.
- Abschlagszahlungen 13 23 ff.
- Leistungspflichten 13 2
- Bebaubarkeit 13 27 f.
- Schlüsselfertig-Bau 13 3, 29 ff.
- Makler- und Bauträgerverordnung
- Anwendbarkeit 13 12, 21 ff.
- Vertragsschluss
- Checkliste 13 39

Stichwortverzeichnis

- VOB/B **13** 9 ff.
- Vorteile
  - Beurkundung **13** 6
  - Werkvertrag **13** 2, 5, 10, 29 ff.
- **Gerichtsstand**
  - Wahlgerichtsstand **27** 7
- **Gerichtsstandsvereinbarung 27** 10 ff.
- **Gesamtvergütungsanspruch**
  - s. Vergütung
- **Geschäftsbesorgung 7** 11
- **Geschäftsbesorgungsvertrag**
  - Projektsteuerungsvertrag **14** 67
  - Wohnungseigentumsverwaltung **25** 31 ff.
- **Gesellschaft Bürgerlichen Rechts**
  - Arge
    - Stellvertretung **7** 27 ff.
  - Rechtsfähigkeit **7** 29
- **Gewährleistung 20** 1 ff.
  - Abnahme **19** 25 ff.
  - Ansprüche des Mieters
    - Gegen Bauträger **26** 15 ff.
    - Gegen Bauunternehmer **26** 15 ff.
    - Gegen Vermieter **26** 3 ff.
  - Baugrundrisiko **29** 253
  - Beweislastumkehr **19** 32
  - BGB-Vertrag **20** 6 ff., 134 ff.
    - Allgemeines **20** 198 ff.
    - Beseitigungsverlangen **20** 163 ff.
    - Minderung **20** 208 ff.
    - Nachbesserungsvereinbarung **20** 197
    - Neuherstellung **20** 191
    - Privatgutachterkosten **20** 230 ff.
    - Rechtsprechungsübersicht zur Minderung **20** 214
    - Rechtsprechungsübersicht zum SEA **20** 241 ff.
    - SEA **20** 218 ff.
    - Sowieso-Kosten **20** 195 f.
    - Unverhältnismäßigkeit **20** 192 ff.
    - Vorschusspflicht **20** 170 ff.
    - Vorteilsausgleichung **20** 195 f.
    - Wandelung **20** 215 ff.
  - Drittschadensliquidation **20** 419 ff.
  - Einrede des nicht erfüllten Vertrages **19** 31
  - Feststellungsklage **20** 402 ff., 407 f.
  - Frist **19** 33
- Klage auf Kostenerstattung **20** 401
- Klage auf Mangelbeseitigung **20** 398 ff.
- Klage auf Minderung/Wandelung **20** 409 f.
- Klage auf Schadensersatz **20** 407 f.
- Mangel
  - Nach Abnahme **19** 28
  - Vor Abnahme **19** 27
- s. Mieter
- Schlichtungs- und Schiedsgerichtsvereinbarung **20** 394
- Schuldrechts-Modernisierung
  - Anspruchsübersicht **20** 248 ff.
  - Haftungsausschluss **20** 284
  - Minderung **20** 279 ff.
  - Modifizierter Erfüllungsanspruch **20** 163 ff.
  - Nacherfüllung **20** 251 ff.
  - Rücktritt **20** 260 ff.
  - SEA **20** 260 ff., 273 ff.
  - Selbstvornahme **20** 256 ff.
- Selbständiges Beweisverfahren **20** 395 ff.
- Streitverkündung **20** 417 f.
- Tiefbau
  - Anerkannte Regeln der Technik **29** 143 ff.
  - Ansprüche **29** 168 ff.
  - Ausschluss/Befreiung **29** 151 ff.
  - Beginn der Gewährleistung **29** 150
  - Beschaffenheit **29** 140 ff.
  - Verjährungsfrist **29** 163 ff.
- Übergang der Leistungsgefahr **19** 36
- Übergang der Vergütungsgefahr **19** 37
- Vergütungsklage
  - Aufrechnung bei Schadensersatz **20** 416
  - Zurückbehaltungsrecht **20** 411 ff.
- Verjährung nach BGB **20** 328 ff.
- Verjährung nach BGB n. F. **20** 337 ff.
  - Arglist **20** 352 ff.
  - Aufrechnung **20** 371
  - Bauwerk **20** 343 ff.
  - BGB 634 Abs. 1 Nr. 3 n. F. **20** 351
  - Hemmung/Neubeginn **20** 369 f.

1623

[Gewährleistung]
- Organisationsverschulden 20 354 ff.
- Planungs- und Überwachungsleistungen 20 341 ff.
- Rücktritt/Minderung 20 367
- Verjährung nach VOB 2000 20 372 ff.
  - Quasi-Unterbrechung 20 378 ff.
  - Regelfristen 20 373 ff.
- Verjährung nach VOB 2002 20 382 ff.
  - Regelfristen 20 383 ff.
  - Unterbrechung 20 389 ff.
  - VOB/B 13 Nr. 7 Abs. 3 20 381
- VOB-Vertrag 20 285 ff.
  - Fassung 2000 20 285 ff.
  - Fassung 2002 20 312 ff.
  - Mangelbeseitigung 20 292 ff.
  - Minderung 20 297 ff.
  - Nachbesserung 20 292 ff.
  - SEA 20 303 ff.
  - VOB 2000 20 9
  - VOB 2002 20 10
- Vorschussklage 20 402 ff.
- Wohnungseigentum 25 7 ff.
  - Beschlussantrag/Muster 25 77
  - Gläubigerstellung der Erwerber 25 55 ff.
  - Haftung des Bauträgers 25 69 ff.
  - Miteigentum des Bauträgers 25 65 ff.
- Wohnungseigentumsverwaltung
  - Durchsetzung der Ansprüche 25 54 ff.

Gewährleistungsansprüche
- Aufgaben des Hauptunternehmers 11 29

Gewährleistungsbürgschaft
- Nach Annahme 19 346 f.

Gewerbeerlaubnis
- Generalübernehmer
  - Schutzzweck 13 13 ff.

Gewerbesteuer 2 136 ff.
- Anrechung bei Einkommensteuer 2 143 f.
- Ertraghoheit 2 138 ff.
- Gewerbeertrag 2 136 f.
- Grundbesitz 2 142

Gewerk
- s. DIN-Normen
- s. Mangel, Bauarbeiten

Gewerke
- Einzelvergabe 11 22 ff.

Gleichbehandlungsgebot 8 33 f.

GMP-Vertrag
- Hauptunternehmer 11 98

Grenzbebauung 4 29 ff.
- Fenster- und Lichtrecht 4 80 ff.
- Garagen 5 15
- Grenzwand 4 70 ff.
- Nachbarwand 4 48 ff.
- Überbau
  - Rechtmäßiger 4 31 ff.
  - Unrechtmäßiger 4 34 ff.

Grenzwand 4 70 ff.
- Anbau 4 74
- Bauanzeige 4 72
- Einseitige 4 79
- Gebäudeabriss 4 77 f.
- Zweite 4 75 f.

Grundbesitz
- Besteuerung
  - Anschaffungskosten 2 104
  - Gewerbesteuer 2 142
  - Grunderwerbsteuer 2 169
  - Körperschaftsteuer 2 134 f.
- Veräußerung
  - Besteuerung 2 114 ff.

Grundbuch
- Grundschuld
  - Rangordnung 3 211 ff.

Grunddienstbarkeit
- Musterformulierung 3 159

Grunderwerbsteuer 2 166 ff.
- Bemessungsgrundlage 2 173
- Berechnung 2 174
- Festsetzung 2 176
- Grundstücksbegriff 2 169
- Grundstückskauf
  - Generalübernehmervertrag 13 36 ff.
- Steuervergünstigungen 2 170 ff.

Grundrechte
- Nachbarschutz 5 6 ff.

Grundschuld
- Abtretung 3 201 ff.

- Abtretungserklärung
  - Musterformulierung 3 202
- Befriedigung 3 204 ff.
- Begründung 3 191 ff.
- Bestellung
  - Musterformulierung 3 216
- Eigentümergrundschuld 3 197 f.
- Gegenstand 3 199 f.
- Gesamtgrundschuld 3 196
- Rangordnung 3 211 ff.
- Sicherungsgrundschuld 3 194 f.
- Übertragung 3 201 ff.
- Umfang 3 199 f.
- Verwertung 3 204 ff.
- Zwangsvollstreckung 3 204 ff.

Grundsteuer 2 177 ff.
- Befreiungen 2 179
- Berechnung 2 181 ff.
- Erlass 2 186 f.
- Ertragshoheit 2 177
- Steuerschuldner 2 180

Grundstück
- Baulast 3 174 ff.
- Bebaubarkeit
  - Generalübernehmer 13 27 f.
- Belastungen 3 154 ff.
- Beschränkt persönliche Dienstbarkeit 3 166 ff.
- Dienstbarkeit an Wohnungseigentum 3 169 ff.
- Grunddienstbarkeit 3 158 ff.
- Grunderwerbsteuer 2 169
- Grundschuld 3 186 ff.
- Hinterlegungsvereinbarung 133 f.
- Hypothek 3 217 ff.
- Optische Gestaltung 4 115 ff.
- s. Grundbesitz, Nachbarrecht
- Vorbelastungsvollmacht 3 236 ff.

Grundstücks- und Gebäudebesitzer
- Haftung im Tiefbau 29 199 f.

Grundstückskauf
- Beurkundung 3 1 ff.
- Dienstbarkeiten 3 156 ff.
- Grundschuld 3 186 ff.
- Hypothek 3 217 ff.
- Vollmacht
  - Musterformulierung 3 35
- Vollzug 3 93 ff.

Grundstücksteilung 5 21
Grundstücksverkehrsgenehmigung 3 109 f.
- Musterformulierung 3 110

Grundstücksverkehrsordnung
- Genehmigung
  - Musterformulierung 3 111

Grundstücksvertiefung 4 87 ff.
- Beseitigungs- und Unterlassungsanspruch 4 87
- Beseitigungsklage 4 100
- Beweissicherung 4 93
- Rechtsfolgen 4 100 ff.
- Sicherungsmaßnahmen 4 92 ff.

Grundstücksvertrag
- Abschluss 3 1 ff.
- Änderungen 3 48 f.
- Aufhebung 3 55
- Ausfertigung 3 94 ff.
- Belastungen 3 102
- Belehrungen 3 24, 30, 84 ff.
- Beurkundungspflicht 3 13 ff.
- Eigentumsüberschreibung 3 121 f.
- Finanzierungsvollmacht
  - Musterformulierung 3 242
- Form 3 1 ff., 50 ff.
- Grundstücksvereinigung 3 112 ff.
- Grundstücksverkehrsgenehmigung 3 109 ff.
  - Musterformulierung 3 110
- Gutachterausschuss 3 107
  - Musterformulierung 3 107
- Hebegebühr 3 138 ff.
- Hinterlegungsvereinbarung 3 133 ff.
  - Musterformulierung 3 133
- Kaufpreis 3 101
- Kostenrechnung 3 97 ff.
- Mitarbeitervollzugsvollmacht 3 123 ff.
  - Musterformulierung 3 125
- Negativzeugnis 3 108
  - Musterformulierung 3 108
- s. Beurkundung
- Sicherungsvereinbarung 3 241 f.
- Teilflächenverkauf 3 112
  - Identitätserklärung 3 116
  - Musterformulierung 3 115
- Unbedenklichkeitsbescheinigung 3 104

[Grundstücksvertrag]
- Musterformulierung 3 104
- Unterwerfungserklärung
- Mit Baubezug 3 58 ff.
- Ohne Baubezug 3 57
- Verjährung 3 65
- Zinsen 3 64
- Verbraucherbeteiligung 3 18 ff.
- Vollzug 3 93 ff.
- Anzeige- und Mitteilungspflichten 3 104
- Checkliste 3 100 ff.
- Fälligkeitsbescheinigung 3 152 f.
- Ohne Notaranderkonto 3 143 ff.
- Rangbestätigung 3 148 ff.
- Vorbelastungsvollmacht 3 239
- Vorkaufsrecht 3 91
- Vormerkung 3 103
- Musterformulierung 3 103
- Zwangsvollstreckungsunterwerfungserklärung 3 57, 62 ff.

Grundwasserabsenkung 4 91

Gutachten
- Schiedsgutachten 1 78 f.

Gutachter
- Mangelfeststellung
- Kosten 20 230 ff.
- s. Sachverständige

Güteverhandlung
- ZPO 278 24 39 ff.

GWB
- Anwendungsbereich 8 65 f.
- Vergabeprinzipien 8 29 ff.
- Vergaberecht 8 26 ff.

Haftpflichtversicherung
- Anzeigeobliegenheiten 6 21 ff.
- Projektsteuerer 14 125
- s. Bauherrenhaftpflichtversicherung
- s. Berufshaftpflichtversicherung
- s. Betriebshaftpflichtversicherung
- Verjährung 6 5 ff.

Haftungsausschluss 20 284

Hammerschlags- und Leiterrecht 4 118 ff.

Hammerschlags- und Leitungsrecht
- Anspruchsvoraussetzungen
- Checkliste 4 122

Handlungsstörer 4 19

Hauptunternehmer
- Abnahme 19 327 ff.
- Abnahmeverweigerung 19 333 ff.
- Behinderungsanzeigen 11 33
- Bürgschaft 11 115 ff.
- Dokumentation 11 37
- Durchsetzung von Mangelansprüchen 11 29
- Haftung 11 89 ff.
- Risiken der Tätigkeit 11 89 ff.

Hauptunternehmervertrag 11 1 ff.
- Abgrenzung zum Bauträgervertrag 11 12 f.
- Abgrenzung zum Generalübernehmervertrag 11 14 f.
- Abrechnung
- Sowieso-Kosten 11 70
- Abschlagszahlungen 11 101 ff.
- Außerordentliche Kündigung 11 187 ff.
- Bauabzugssteuer 11 151 ff.
- Baubetreuung 11 16
- Baugenehmigung 11 60, 73
- Besicherung des Vergütungsanspruchs 11 126 ff.
- Bauhandwerkersicherungshypothek 11 126
- Definition 11 9
- Einzelgewerkvergabe 11 22 ff.
- GMP-Vertrag 11 98
- Immobilien-Development 11 17
- Inhaltskontrolle 11 58, 199
- Kalkulation und Preisbildung 11 97 ff.
- Kündigung 11 161 ff.
- Abrechnung 11 175 ff.
- Ausschluss 11 161 ff.
- Leistungsbeschreibung 11 52 ff., 96
- Mustervertrag 11 199 ff.
- Nachteile 11 76 ff.
- Abhängigkeit 11 76 ff.
- Hauptunternehmerzuschlag 11 79
- Planungsleistungen 11 18 ff.
- Schriftverkehr
- Vollmacht 11 141 ff.
- Sicherheiten des Auftragebers

- Abschlagszahlungssicherheit
  11 122
- Sicherheiten für den Auftraggeber
  - Erfüllungssicherheit **11** 111 ff.
  - Gewährleistungssicherheit
    11 123 ff.
- Sicherheitenpool **11** 131
- Subunternehmereinsatz **11** 92,
  144 ff.
- Öffentliche Auftragsvergabe
  11 80 ff.
- Vereinbarung der VOB/B **11** 155 ff.
- Vertragsänderung
  - Vollmacht **11** 141 ff.
- Vertragsstrafe **11** 35
- Vorteile **11** 26 ff.
  - Anspruchsvorausetzungen
    11 29 f.
  - Koordinationsaufwand **11** 26 ff.
  - Kostensicherheit **11** 44 f.
  - Verzug **11** 31 ff.
- Zahlungsbürgschaft **11** 128

Hinterlegungsbestätigung 3 133 ff.

Hinweis- und Prüfungspflichten
- Behinderungsanzeige **23** 108 ff.

Hinweis- und Prüfungspflichten
- Zusätzliche Leistungen
  - Empfänger **21** 193
  - Entbehrlichkeit **21** 198 ff.
  - Hinweisfunktion **21** 189 ff.
  - Inhalt **21** 192
  - Zeitpunkt **21** 192

HOAI
- Internationales Schuldrecht **27** 69
- Projektsteuerer **14** 5 ff., 37 ff.
- Verhältnis zur Baustellenverordnung **28** 20

Höhere Gewalt
- s. Behinderung

Honorarklage
- Zulässigkeit **10** 386 ff.
- Klageschrift
  - Erläuterungen **10** 389 ff.
  - Muster **10** 396
- Verjährung **10** 393 ff.

Honorarordnung
- Abschlagsrechnung
  - Bindungswirkung **10** 299
  - Fälligkeit **10** 297, 329

- Leistungsnachweis **10** 296
- Prüffähigkeit **10** 301 f.
- Rückforderungsanspruch **10** 300
- Verjährung **10** 298, 330 f.
- Schlussrechnung
  - Abnahmereife **10** 303 ff.
  - Bindungswirkung **10** 332 ff.
  - Bindungswirkung/Darlegungs-
    und Beweislast **10** 342
  - Fälligkeit **10** 312 ff., 324 ff.
  - Nachforderungsvorbehalt
    10 338 f.
  - Prüffähigkeit **10** 312 ff.
  - Rückforderungsanspruch
    10 309 ff.
  - Verjährung **10** 330 f., 393 ff.

Hypothek
- Bauhandwerkersicherungshypothek **3** 226
- Befriedigung **3** 231 ff.
- Begründung **3** 219
- Eigentümergrundschuld **3** 227
- Eigentümerhypothek **3** 228
- Forderungsabtretung **3** 229
- Grundstücksveräußerung **3** 230
- Sicherungshypothek **3** 222 ff.
- Verkehrshypothek **3** 220 f.
- Verwertung **3** 234 ff.

Immissionen 4 13 ff.
- s. Nachbarrecht, privates
- Schall- und Erschütterungsschutz
  5 20

Immobilien-Development
- Abgrenzung zum Hauptunternehmervertrag **11** 17

Ingenieur
- Leistungspflichten
  - Kopplungsverbot **13** 34
- s. Projektsteuerer

In-house-Geschäft 9 73 ff.

Innenbereich 5 23 f.

Internationale Standardnormwerke
27 154 ff.
- FIDIC **27** 157 ff.
  - Abnahme **27** 166 f.
  - Ausführung **27** 160
  - Fristen/Behinderung **27** 161
  - Gefahrtragung **27** 165

1627

[Internationale Standardnormwerke]
- Gewährleistung 27 168 f.
- Haftung 27 163
- Kündigung 27 171
- Rangfolge 27 158
- Rechtswahl 27 159
- Sicherung 27 162
- Vergütung 27 170
- Vertragsstrafe 27 164
- VOB 27 156

Internationale Zuständigkeit
- Berufungszuständigkeit 27 15
- Erfüllungsort 27 15
- Zuständigkeitsvereinbarung 27 9 ff.

Internationales Architektenrecht
- Anwendbarkeit HOAI 27 181

Internationales Baurecht
- Arbeitnehmereinsatz 27 172 ff.
- Arbeitnehmerentsendung 27 175 ff.

Internationales Privatrecht 27 1 ff.
- Internationales Schuldrecht
  - AGB 27 68
  - Engste Verbindung 27 61 ff.
  - Freie Rechtswahl 27 58 ff.
  - HOAI 27 69
  - MaBV 27 67
  - Zwingendes Recht 27 64 ff.
- Kollisionsregeln
  - Angleichung 27 50
  - Gesamtverweisung 27 52
  - Ordre public 27 50
  - Qualifikation 27 50
  - Staatsangehörigkeit 27 55
  - Vorfragen 27 51

Internationales Prozessrecht
- Auslandsvollstreckung 27 40 ff.
- Beweisaufnahmen 27 21
- EuGVÜ 27 6
- EuGVVO 27 6
- EuzVO 27 18 ff.
- FIF nn IC-Bedingungen 27 29, 157 ff.
- Gerichtsstandsvereinbarung 27 9 ff.
- Haager Zustellungsübereinkommen 27 17
- Internationaler Schiedsgerichtshof (ICC) 27 30
- LuGVÜ 27 6
- Prozessfähigkeit 27 20
- Sachverständigenkosten 27 26

- Schiedsgerichtsverfahren 27 27 ff.
- Selbständiges Beweisverfahren 27 21 ff.
- Wahlgerichtsstand 27 7
- Zustellung im Ausland 27 17 ff.

Inventarverzeichnis 3 40 ff.

Isoliertes Beweisverfahren 24 119 ff., 154 ff.

Klage
- Drittschadensliquidation 20 419 ff.
- Feststellungsklage 20 402 ff., 407 f.
- Klage auf Kostenerstattung 20 401
- Klage auf Mangelbeseitigung 20 398 ff.
- Klage auf Minderung/Wandelung 20 409 f.
- Klage auf Schadensersatz 20 407 f.
- Streitverkündung 20 417 f.
- Vergütungsklage 20 411 ff.
- Vorschussklage 20 402 ff.

Kleinunternehmer
- Umsatzsteuer 2 150 f.

Koordinator
- s. Sicherheits- und Gesundheitsschutzkoordinator (SiGeKo)

Koordinierungspflicht
- s. Bauausführung, Bauvorbereitung

Kopplungsverbot
- Architekt 13 34
- Ingenieur 13 34

Körperschaftsteuer
- Steuerbelastung 2 126 ff.
- Steuerpflicht 2 123 ff.
- Verdeckte Einlage 2 132 f.
- Verdeckte Gewinnausschüttung 2 130 f.

Kosten
- Isoliertes Beweisverfahren 24 154 ff.
- Nachprüfungsverfahren
  - Vergabekammer 9 191 ff.
- Schiedsgericht 24 149 ff.

Kostenerstattung
- Klage 20 401

Kostenüberschreitung
- s. Kündigung

Kündigung
- Abnahme 19 16

– Aus wichtigem Grund
  – Vergütung **18** 74
– Bei Nichtleistung des Auftraggebers
  – BGB n. F. **23** 129 ff.
  – VOB 2002 **23** 134 ff.
– Bei Nichtzahlung des Auftraggebers
  – VOB 2002 **23** 73 ff.
– Bei verspäteter Leistung des Auftragnehmers
  – VOB 2002 **23** 194 ff.
– Beiderseitige **18** 34 ff.
– BGB-Vertrag **18** 2 ff.
– Durch den Auftraggeber **18** 2 ff.
  – Außerordentliche Kündigung **18** 7 f.
  – Aus wichtigem Grund **18** 28 f.
  – Entziehung des Auftrags **18** 21 f.
  – Freie Kündigung **18** 2 ff., 20
  – Kostenüberschreitung **18** 10
  – Mängel vor Abnahme **18** 23 f.
  – Teilkündigung **18** 9
  – Verzug **18** 25 ff.
– Durch den Auftragnehmer **18** 13 ff., 30 ff.
  – Außerordentliche Kündigung **18** 30 ff.
  – Aus wichtigem Grund **18** 16
  – Nachholen einer Handlung **18** 14
  – Sicherheitsverlangen **18** 15
  – Verletzung der Mitwirkungspflicht **18** 32
  – Verzug **18** 33
– Freie Kündigung
  – Vergütung **18** 57 ff.
– Preisanpassung
  – Außerordentliche Kündigung **21** 229 ff., 248
  – Ordentliche Kündigung **21** 219 ff., 247 ff.
– Rechtssprechungsübersicht **18** 37
– Vergütung **18** 48 ff.
  – Einheitspreisvertrag **18** 62 f., 72
  – Erbrachte Leistungen **18** 61 ff.
  – Nicht erbrachte Leistungen **18** 71 ff.
  – Pauschalpreisvertrag **18** 64 ff., 73
– VOB-Vertrag **18** 17 ff.
  – Vergütung **18** 75
– Wirkung **18** 48 ff.

Leistung
– s. Bauleistung
– s. Nichtleistung
Leistung, verspätete
– Ansprüche des Auftraggebers
  – Kündigung **23** 194 ff.
  – Rücktritt **23** 181 ff., 206 ff.
  – Schadensersatz **23** 161 ff., 167 f., 213 f.
  – Schadensersatz statt der Leistung **23** 189 ff.
  – Vertragsstrafe **23** 169 ff.
  – Zurückbehaltungsrecht **23** 158 ff.
Leistungsänderung
– Tiefbau **29** 80 ff.
Leistungsbeschreibung
– Hauptunternehmervertrag **11** 46, 52 ff., 96
– Mangel
  – Vor Abnahme **15** 207
– Subunternehmervertrag **12** 93 f.
– Vergabeverfahren **8** 178 ff., 310 ff.
Leistungsgefahr 19 36
Leistungspflichten
– s. Kündigung
Leistungsverweigerungsrecht
– Bei Nichtzahlung des Auftraggebers **23** 46 ff.
– Preisanpassung **21** 149 f.
LKR
– Abgrenzung **8** 138
LuGVÜ 27 6

MaBV
– Internationales Schuldrecht **27** 67
Makler- und Bauträgerverordnung
– Generalübernehmervertrag
  – Anwendbarkeit **13** 12, 21 ff.
Management
– s. Generalübernehmervertrag
Mandat
– Außergerichtliche Einigung
  – Gesprächsführung **1** 48 ff.
  – Bearbeitung **1** 46 ff.
  – Außergerichtliches Gutachten **1** 77
  – Bestimmung der Bauphase **1** 36 ff.
  – Gebühren **1** 21 ff.
  – Rechtsschutzversicherung **1** 21 ff.

1629

[**Mandat**]
- Sachbericht 1 19
- Schriftverkehr 1 46 ff.
- Vertragsprüfung 1 32
- Mitarbeit des Mandanten 1 12 ff.
- Versicherungsrecht
- Beispielsfall 6 10 ff.
- Vorbereitung 1 10 ff.

Mangel
- Abnahme 19 26 ff.
- Anerkannte Regeln der Technik 15 204
- Ansprüche des Auftraggebers
  - BGB-Vertrag 20 134 ff.
  - s. a. BGB-Vertrag, Gewährleistung
  - VOB-Vertrag 20 285 ff.
- Ansprüche des Auftragnehmers 20 321
- ATV 20 109 ff.
- Bauarbeiten
  - Abdichtung 20 107 f., 117
  - Allgemeine Technische Vertragsbedingungen 20 109 ff.
  - Beton-/Stahlbetonarbeiten 20 118
  - Bodenbelagsarbeiten 20 119 f.
  - Brandschutz 20 94
  - Dacharbeiten 20 121
  - Dränarbeiten 20 122
  - Entwässerungsarbeiten 20 123
  - Erdarbeiten 20 124
  - Estricharbeiten 20 125
  - Gas-/Wasser-/Abwasserinstallationsarbeiten 20 126
  - Gerüstarbeiten 20 127
  - Heizungsanlagen 20 128
  - Maler-/Lackierarbeiten 20 129
  - Mauerwerk 20 88 ff.
  - Schallschutz 20 97 ff., 130
  - Verkehrswegebauarbeiten 20 131
  - Wärmeschutz 20 95 f.
  - Wohnfläche 20 133
- Bedenkenmitteilung des Auftragnehmers 15 175
- Begriff 20 12 ff.; 25 12 ff.
  - Schuldrechts-Modernisierung 20 66 ff.
  - VOB 2002 20 72 ff.
- Beseitigungsverlangen 20 163 ff.
- Beweislastverteilung 20 135
- Definition 11 7; 14 74 ff.
- VOB 15 201 ff.
- DIN-Normen 20 84 ff.
  - Rechtsprechungsübersicht 20 116 ff.
- Einrede des nicht erfüllten Vertrages 19 31
- Fehlen zugesicherter Eigenschaften 20 16 ff.
- Fehlerbegriff 20 39 ff.
  - Anerkannte Regeln der Technik 20 49 ff.
  - Eignungsbeeinträchtigung 20 47 f.
  - Wertbeeinträchtigung 20 46
- Gewährleistungsfrist 19 33
- Leistung nach Probe 20 34 ff.
- Mitverschulden
  - Sicherheitsleistung 15 210
  - Sowieso-Kosten 15 210 ff.
  - Vorschuss 15 210
- Mitverschulden des Auftraggebers 15 208 ff.
- Nachbesserungsvereinbarung 20 197
- Neuherstellung 20 191
- Prüfungs- und Hinweispflichten 20 57 ff.
- Prüfungspflicht des Auftragnehmers 15 174 ff.
- s. DIN-Normen, Kündigung, Mängelrechte
- Sowieso-Kosten 20 195 f.
- Unverhältnismäßigkeit der Beseitigung 20 192 ff.
- VOB-Vertrag
  - Mangelbeseitigung 20 292 ff.
  - Minderung 20 297 ff.
  - Nachbesserung 20 292 ff.
  - SEA 20 303 ff.
- Vor Abnahme
  - Leistungsbeschreibung 15 207
- Vorbehalt bei der Abnahme
  - Adressat 19 159 f.
  - Durch Architekten/Ingenieur 19 161 ff.
  - Entbehrlichkeit 19 128
  - Form 19 131 ff.
  - Gewährleistungsausschluss 19 124 ff.

- Positive Kenntnis **19** 129 f.
- Zeitpunkt **19** 131 ff.
- Vorschusspflicht **20** 170 ff.
- Vorteilsausgleichung **20** 195 f.

Mangelbeseitigung 20 163 ff., 292 ff.
- Unverhältnismäßigkeit **20** 192 ff.

Mängelansprüche
- Abnahme durch den Wohnungseigentumsverwalter **25** 17 ff.
- Durchsetzung durch den Wohnungseigentumsverwalter
  - Beschlussantrag/Muster **25** 76
- Ermächtigung des Wohnungseigentumsverwalters **25** 19
- Mieter **26** 3 ff.
- Vergleichsabschluss durch den Wohnungseigentumsverwalter
  - Beschlussantrag/Muster **25** 77

Mängelrechte
- Abschlagszahlung
  - Einbehalt **15** 217
- Nacherfüllung
  - Verweigerung **15** 211
- s. Mangel
- Vor Abnahme **15** 174 ff., 187 ff.
  - Ausgleichsanspruch des Auftragnehmers **15** 173
  - Ersatzvornahme **15** 225 ff., 248 ff.
  - Fristsetzung **15** 227 ff., 238 ff.
  - Kündigung **15** 236 ff., 254
  - Mangelbeseitigungskosten **15** 216
  - Nacherfüllungsanspruch **15** 195 ff., 197 ff.
  - Neuherstellung **15** 213
  - SEA **15** 197, 221 ff., 253
  - Verhältnismäßigkeit **15** 218
  - Verjährung der Nacherfüllung **15** 219
  - VOB-Sonderregelung **15** 198

Mediation 24 48 ff.
- Ablauf **24** 50 ff.
- Baurecht **24** 53 ff.
- Definition **24** 48 f.
- Early Neutral Evaluation **24** 62
- Final Offer Arbitration **24** 60
- Mediation Window **24** 59
- Mediation/Arbitration **24** 57 f.
- Mini-Trial **24** 61
- Pre-arbitral review prozess **24** 63

Mieter
- Barrierefreiheit **26** 25 ff.
  - Vereinbarung **26** 33 ff.
  - Zustimmung des Vermieters **26** 30 ff.
- Duldung von Erhaltungsmaßnahmen
  - Einstweilige Verfügung/Muster **26** 36
- Mängelansprüche
  - Minderung **26** 5 ff.
  - Rechtsprechung **26** 14
  - SEA gegen Bauunternehmer/Bauträger **26** 15 ff.
  - Sonderkündigungsrecht **26** 13
  - Vertrag mit Schutzwirkung zugunsten Dritter **26** 22 ff.
  - Zurückbehaltungsrecht **26** 8 ff.
- Unterlassung von Modernisierungsmaßnahmen
  - Einstweilige Verfügung/Muster **26** 37

Minderung 20 208 ff., 279 ff., 297 ff.
- Mängelansprüche des Mieters **26** 5 ff.
- Rechtsprechungsübersicht **20** 214
- s. Klage

Mitteilungspflichten
- s. Hinweis- und Prüfungspflichten

Nachbar
- Baugenehmigung
  - Widerspruch **11** 73

Nachbargesetze
- Übersicht **4** 142

Nachbargrundstück
- s. Beseitigungs- und Unterlassungsanspruch
- s. Grundstücksvertiefung
- s. Nachbarrecht
- Tiefbau **29** 68 ff.

Nachbarrecht, öffentliches 5 1 ff.
- Begriff des Nachbarn **5** 2
- Nachbarschützende Normen
  - Bauordnungsrecht **5** 11 ff.
  - Bauplanungsrecht **5** 22 ff.
  - Grundrechte **5** 6 ff.

[Nachbarrecht, öffentliches]
- Rechtsschutzsystem 5 45 ff.
- Anhörung 5 43 f.
- Einstweilige Verfügung 5 51 ff.
- Untätigkeit der Behörde 5 55 ff.
- Widerspruch 5 46 ff.
- s. Bauordnungsrecht
- s. Bauplanungsrecht
- s. Bebauungsplan
- Verhältnis zum privaten Nachbarrecht 5 1
- Verwaltungsverfahren 5 41 ff.

Nachbarrecht, privates 4 1 ff.
- Ausgleichanspruch 4 128 ff.
- Baulärm 4 127 ff.
- Baustaub 4 127 ff.
- Begriff des Nachbarn 4 3 ff.
- Beseitigungs- und Unterlassungsanspruch 4 5 ff.
- Betreten des Nachbargrundstücks 4 118 ff.
- Bodenerhöhung 4 104 f.
- Drohender Gebäudeeinsturz 4 108 ff.
- Duldungspflicht 4 128 ff.
- Fenster- und Lichtrecht 4 80 ff.
- Feuchtigkeitsschäden 4 140 f.
- Gefahrdrohende Anlagen 4 106 f.
- Grenzbebauung 4 29 ff.
- Grenzwand 4 70 ff.
- Grundstücksvertiefung 4 87 ff.
- Hammerschlags- und Leiterrecht 4 118 ff.
- Nachbarwand 4 48 ff.
- Optische Gestaltung 4 115 ff.
- Überbau 4 30 ff.
- Verbietungsrecht 4 95 ff.
- Anspruchsschema 4 97
- Wassernutzung- und abfluss 4 111 ff.

Nachbarschaftliches Gemeinschaftsverhältnis 4 96

Nachbarschützende Normen
- s. Nachbarrecht, öffentliches

Nachbarwand 4 48 ff.
- Anbau 4 58 ff.
- Beschaffenheit 4 54 ff.
- Mitspracherecht 4 55
- Eigentum 4 64

- Einwilligung 4 50 ff.
- Gebäudeabriss 4 67 ff.
- Unterhaltungskosten 4 65 f.

Nachbesserung 20 292 ff.

Nachbesserungsvereinbarung 20 197

Nacherfüllung 20 251 ff.
- s. Mängelrechte

Nachprüfungsverfahren 9 50 ff.
- Akteneinsicht 9 145 ff.
  - Geheimhaltungsinteresse 9 149 ff., 156
  - Rechtsmittel 9 154 f.
  - Verfahren 9 152 f.
  - Voraussetzungen 9 146
- Antrag zum OLG
  - Muster 9 268
- Antrag zur Vergabekammer
  - Muster 9 223
- Anwendungsbereich 9 50 ff.
- Aufhebung der Ausschreibung 9 164 f.
- Bindungswirkung 9 302 ff.
- Divergenzvorlage 9 308 ff.
- Erledigung 9 158 ff.
- EuGH
  - Vorlagepflicht 9 314 ff.
- Kostenvorschuss 9 110
- Nichtdurchführung 9 305 ff.
- Präklusion 9 125 ff.
- s. Beschwerde (sofortige), Rechtsanwalt, Rügeobliegenheit, Vergabekammer
- Öffentlicher Auftraggeber
  - Baukonzessionär 9 67 f.
  - Funktionale Auftraggeber 9 54 ff.
  - Klassischer Auftraggeberbegriff 9 53
  - Sektorenauftraggeber 9 61 ff.
  - Subventionierte Bauvorhaben 9 65 f.
  - Verbände 9 60
- Verfahrenseinleitung 9 95 ff.
- Verfahrensgrundsätze 9 99 f.
- Verletzung der Rügeobliegenheit 9 305 ff.
- Vorabgestattung des Zuschlags 9 174

- Zulässigkeitsvoraussetzungen
  9 111 ff.
  - Anderweitige Rechtshängigkeit
    9 141 ff.
  - Antragsbefugnis **9** 119 ff.
  - De-facto-Vergaben **9** 114 ff.
  - Rechtsschutzziel **9** 113
  - Rügeobliegenheit **9** 125 ff.
- Zuschlagserteilung **9** 107 ff.
- Zuständigkeit **9** 101 ff.

Nachträge
- s. Preisanpassung

Nachunternehmer
- s. Subunternehmer

Nebenpflichten
- Abgrenzung
  - Obliegenheiten **15** 49, 103 ff.
- Anordnungsrecht des Auftragnehmers
  - Vertragswidrige Materialien
    15 184 ff.
- Ausführungsunterlagen
  - Prüfungspflicht des Auftragnehmers **15** 66 ff.
- Bauausführung **15** 99 ff.
  - Mitwirkungspflichten des Auftraggebers **17** 61 ff.
  - Pflichten des Auftraggebers
    15 110 ff.
  - Pflichten des Auftragnehmers
    15 141 ff.
  - Übersicht **15** 14 ff.
- Bauvertrag **15** 28
  - Erfüllungsgehilfe **15** 52, 172 ff.
  - Klauseln **15** 269 ff.
- Bauvorbereitung
  - Prüfungspflichten **15** 80 ff.
- s. Bauausführung, Bauvertrag, Bauvorbereitung
- Schutzpflichten des Auftragnehmers **15** 178 ff.

Nebenpflichtverletzung
- BGB-Vertrag **16** 131

Nebenstatut
- s. Internationales Privatrecht, Internationales Prozessrecht

Negativzeugnis 3 108
- Musterformulierung **3** 108

Neuherstellung 20 191

Nichtleistung
- Ansprüche des Auftragnehmers
  23 88 ff.
  - Bauzeitverlängerung
    23 100 ff.
  - Entschädigung **23** 89 ff.
  - Kündigung **23** 129 ff., 134 ff.
  - Rücktritt **23** 133
  - Schadensersatz **23** 99, 117 ff.
  - Zusätzlicher Werklohnanspruch
    23 124 ff.

Nichtoffenes Verfahren 8 67 ff.

Nichtzahlung
- Ansprüche des Auftragnehmers
  23 27 ff., 141 ff.
  - Arbeitseinstellung **23** 45, 50
  - Aufwendungsersatz **23** 60 ff.
  - Kündigung **23** 73 ff.
  - Leistungsverweigerungsrecht
    23 46 ff.
  - Rücktritt **23** 63 ff., 148 ff.
  - SEA statt der Leistung **23** 55 ff.
  - SEA wegen Nichterfüllung
    23 148 ff., 153 ff.
  - SEA wegen Verzug **23** 31 ff.,
    144 ff.
  - Zurückbehaltungsrecht **23** 44
- s. Verzug

Notar
- Belehrungen **3** 84 ff.
- Betreuungspflicht bei Verbraucherverträgen **3** 18 ff.
- Fälligkeitsbestätigung **3** 152 f.
- Grundstücksbelastungen
  3 154 ff.
- Grundstücksvertrag
  - Vollzug **3** 93 ff.
- Gutachterausschuss **3** 107
- Rangbestätigung **3** 148 ff.
  - Musterformulierung **3** 151
- s. Beglaubigung, Beurkundung, Grundstücksvertrag
- Treuhand **3** 126 ff.
- Vollzugstätigkeit **3** 93 ff.

Notaranderkonto 3 132 ff.
- Hebegebühr **3** 138 ff.
- Hinterlegungsvereinbarung
  3 133 ff.
  - Musterformulierung **3** 133

1633

Obliegenheiten
– s. Berufshaftpflichtversicherung, Haftpflichtversicherung, Nebenpflichten, Unfallversicherung
Offenes Verfahren 8 67 ff.
Ordnungswidrigkeit
– Baustellenverordnung **28** 123 ff.

Passivlegitimation 1 25 ff.
Pauschalpreisvertrag
– Abrechnung **22** 54 ff.
– Form **22** 55
– Geänderte Leistungen **22** 57 f.
– Abrechnung nach Kündigung **18** 64 ff., 73
– BGB-Vertrag
  – Entfallen von Leistungen **21** 103 ff.
  – Mengenänderung **21** 88 ff.
  – s. a. Preisanpassung
– Kündigung
  – Prüffähigkeit **22** 83 ff.
– Prüffähigkeit **22** 74 ff.
– s. Kündigung
– VOB-Vertrag
  – Entfallen von Leistungen **21** 98 ff.
  – Mengenänderung **21** 76 ff.
  – s. a. Preisanpassung
Planungsleistungen
– Hauptunternehmer **11** 18 ff., 30
Preisanpassung
– Änderung des Leistungserfolges **21** 105 ff.
  – BGB-Vertrag **21** 159 ff.
  – VOB-Einheitspreisvertrag **21** 108 ff.
  – VOB-Pauschalpreisvertrag **21** 152 ff.
– Entfallen von Leistungen
  – BGB-Vertrag **21** 103 ff.
  – VOB-Einheitspreisvertrag **21** 90 ff.
  – VOB-Pauschalpreisvertrag **21** 98 ff.
– Grundsätze **21** 57 ff.
– Kündigung durch den Auftraggeber **21** 218 ff.
  – Außerordentliche Kündigung **21** 229 ff.
  – Ersparte Aufwendungen **21** 223 ff.

– Freie Kündigung **21** 219 ff.
– Vergütungsanspruch **21** 221 f.
– Kündigung durch den Auftragnehmer **21** 247 ff.
– Außerordentliche Kündigung **21** 248
– Mengenänderung
  – BGB-Einheitspreisvertrag **21** 81 ff.
  – BGB-Pauschalpreisvertrag **21** 88 ff.
  – VOB-Einheitspreisvertrag **21** 67 ff.
  – VOB-Pauschalpreisvertrag **21** 67, 76 ff.
– Unberechtigte Kündigung **21** 255
– VOB-Einheitspreisvertrag
  – Allgemeinkosten **21** 140
  – Änderung der Preisgrundlage **21** 109 ff.
  – Anordnung von zusätzlichen Leistungen **21** 116 ff.
  – Berechnungsgrundlagen **21** 136
  – Beurteilungszeitpunkt **21** 141
  – Darlegungs-/Beweislast **21** 142
  – Entwurfsänderung **21** 116 ff.
  – Gewinn/Verlust des Auftragnehmers **21** 137
  – Leistungsverweigerungsrecht **21** 149 ff.
  – Neue Preisvereinbarung **21** 134 f.
  – Preisnachlässe **21** 138 f.
  – Zeitpunkt der Vereinbarung **21** 145 ff.
  – Zurechnung **21** 122 ff.
– VOB-Pauschalpreisvertrag
  – Beweislast **21** 156 ff.
  – Erheblichkeit der Leistungsänderung **21** 153 ff.
– Zusätzliche Leistungen
  – BGB-Vertrag **21** 215 f.
  – VOB-Einheitspreisvertrag **21** 164 ff.
  – VOB-Pauschalpreisvertrag **21** 210 ff.
Preisfindung 21 25 ff.
– Einheitspreisvertrag **21** 36 ff.
– Festpreisvertrag **21** 55 f.
– Pauschalpreisvertrag **21** 40 ff.

Stichwortverzeichnis

- Selbstkostenerstattungsvertrag 21 50 ff.
- Stundenlohnvertrag 21 45 ff.

Preisgrundlage
- VOB-Einheitspreisvertrag 21 109 ff.

Preisnachlässe 21 138 f.

Projektmanagement
- s. Projektsteuerer

Projektsteuerer
- Abgrenzung zum Architekt 14 21 ff., 28 ff.
- Abgrenzung zum Baubetreuer 14 22
- Abgrenzung zum Baucontroller 14 25 ff.
- Abgrenzung zum Bauherrn 14 18 ff.
- Abgrenzung zum Generalübernehmer 14 22
- Abgrenzung zum Ingenieur 14 21 ff., 28 ff.
- Abgrenzung zum Projektmanagement 14 24 ff.
- Bauherr
  - Aufgabenbereich 14 12 ff.
- Begriff 14 1 ff.
- DVP-Vorschlag 14 9 f., 34 ff.
- Haftung
  - Gesamtschuldner 14 118 ff.
  - Haftpflichtversicherung 14 125
- HOAI 14 5 ff., 37 ff.
- Honorar 14 6 ff.
- Rechtsberatungsgesetz
  - juristisches Projektmanagement 14 43, 49, 52 ff.
  - Verstoß 14 58 ff.

Projektsteuerung
- s. Generalübernehmervertrag

Projektsteuerungsvertrag
- Abnahme
  - Abnahmefähigkeit 14 70
  - Fälligkeit 14 73
  - Gefahrtragung 14 69 ff.
  - Schlussrechnung 14 71
  - Vollendung 14 72
- AGB 14 68
- Auftragsvergabe
  - öffentlicher Auftraggeber 14 126
- Außerordentliche Kündigung 14 111 ff.
- Dauerschuldverhältnis
  - Kündigung 14 114, 133
- Dienstvertrag 14 62 ff., 129 ff.
  - Kündigung 14
  - Pflichtverletzung 14 130 f.
- Geschäftsbesorgungsvertrag 14 67
- Gewährleistung 14 69, 74 ff.
  - Bausummenüberschreitung 14 99 ff.
  - Garantien 14 78
  - Mangelbegriff 14 76 ff.
  - Minderung 14 88 f.
  - Mitverschulden 14 115 ff.
  - Nacherfüllung 14 80 f.
  - Rücktritt 14 86 f.
  - SEA 14 90 ff.
  - Selbstvornahme 14 84 f.
  - Terminüberschreitung 14 95 ff.
  - Verjährung 14 94
- Honorar
  - Fälligkeit 14 73
  - s. a. Vergütung
- Kündigung 14 103 ff.
  - erbrachte Leistungen 14 105 f., 110 ff.
  - nicht erbrachte Leistungen 14 105 ff.
- Leistungspflichten
  - Beratung 14 41
  - Bereiche 14 9, 13 ff., 33 ff.
  - DVP-Vorschlag 14 34 ff.
  - Genehmigungsverfahren 14 49
  - Juristisches Projektmanagement 14 50 ff.
  - Koordination 14 45 ff.
  - Optimierung 14 77
  - Projektvorbereitung 14 41
  - Überwachung 14 44 ff.
  - SEA 14 42
  - Vollendung 14 72
- Mustervertrag 14 154 ff.
- Pflichtverletzung
  - Gesamtschuldner 14 117 ff.
  - Honoraranspruch 14 59 f.
  - Mitverschulden 14 115 ff.
  - SEA 14 61
- Rahmenvertrag 14 127 ff.
- Sicherheiten 14 151 ff.

1635

[Projektsteuerungsvertrag]
- Stufenweise Auftragsvergabe
 14 127 ff.
- Übliche Vergütung **14** 139 f.
- Vergütung **14**
  - Anpassungen **14** 146 f.
  - Bonus-/Malusregelung **14** 137
  - DVP-Vorschlag **14** 142
  - Fälligkeit **14** 148 f.
  - Höhe **14** 143 f.
  - HOAI **14** 141
  - Kündigung **14** 103 ff.
  - Rechtsgrundlagen **14** 138 ff.
  - Sicherheiten **14** 151 ff.
  - Vereinbarung **14** 135 ff.
  - Verjährung **14** 150
- Vertragsschluss **14** 68 ff.
- Vollmacht **14** 122 ff.
- Werkvertrag **14** 62 ff.

Prozess
- Gewährleistung **20** 393 ff.
- s. Internationale Zuständigkeit, Internationales Prozessrecht, Klage

Prüffähigkeit
- BGB-Vertrag **22** 78
- Einheitspreisvertrag **22** 70 ff.
- Pauschalpreisvertrag **22** 74 ff.

Rangbestätigung 3 148 ff.
- Musterformulierung **3** 151

Rechnungsstellung
- Fälligkeit der Vergütung **19** 105
- s. Vergütung

Rechtsanwalt
- Außentätigkeit **1** 3 ff.
- Beratungsgespräch **1** 16 ff.
- Tätigkeit im Nachprüfungsverfahren **9** 209 ff.
  - Beratung der Vergabestelle **9** 220 ff.
  - Beratung des Antragstellers **9** 210 ff.
  - Beratung des Beigeladenen **9** 218 f.

Rechtsberatung
- Projektsteuerer **14** 43, 49, 52 ff.

Regeln zum Schutz auf Baustellen (RAB) 28 21 ff.

Regressverzicht 6 17

Rücksichtnahmegebot 5 22, 38 ff.
Rücktritt 20 260 ff.
- Bei Nichtleistung des Auftraggebers
  - BGB n. F. **23** 133
- Bei Nichtzahlung des Auftraggebers
  - BGB a. F. **23** 148 ff.
  - BGB n. F. **23** 63 ff.
- Bei verspäteter Leistung des Auftragnehmers
  - BGB a. F. **23** 206 ff.
  - BGB n. F. **23** 186 ff.

Rügeobliegenheit
- Erkennbarkeit von Verstößen **9** 128 f.
- Form **9** 138
- Nachprüfungsverfahren **9** 125 ff.
- Unverzügliche Rüge **9** 131 ff., 139 f.

RVG
- Nachprüfungsverfahren **9** 204

Sachversicherung
- s. Bauleistungsversicherung

Sachverständige
- Abnahme **19** 211 ff.
- Pflichten beim Tiefbau **29** 18 ff.
- s. Internationales Prozessrecht
- Vergabeverfahren **8** 167 ff., 305

Schadensersatz
- Baugrundrisiko **29** 256
- Bei Nichtleistung des Auftraggebers
  - BGB n. F. **23** 99
  - VOB 2002 **23** 117 ff.
- Bei verspäteter Leistung des Auftragnehmers
  - BGB n. F. **23** 161 ff.
  - VOB 2002 **23** 167 f.
- Beschädigung von Sparten **29** 210 ff.
- Haftung nach der Baustellenverordnung **28** 134 ff.
- Mängelansprüche des Mieters
  - Unerlaubte Handlung **26** 15 ff.
  - Vertrag mit Schutzwirkung zugunsten Dritter **26** 22 ff.
- s. Klage, Verzugsschaden
- Wegen Mängeln **20** 218 ff., 260 ff., 273 ff., 303 ff.
- Rechtsprechungsübersicht **20** 241 ff.

Schadensersatz statt der Leistung
– Bei Nichtzahlung des Auftraggebers
 – BGB n. F. **23** 55 ff.
– Bei verspäteter Leistung des Auftragnehmers
 – BGB n. F. **23** 189 ff.
Schadensersatz wegen Nichterfüllung
– Bei Nichtzahlung des Auftraggebers **23** 148 ff.
Schadensersatzanspruch
– s. Vergaberechtsschutz
Schenkungsteuer
– s. Erbschaft- und Schenkungsteuer
Schiedsgerichtsordnung 1 72 ff.
Schiedsgerichtsverfahren 24 127 ff.
– Auslandberührung **27** 27 ff.
– Antrag **27** 31
Schiedsgutachten 1 78 f.
Schiedsrichter
– Mustervereinbarung der DAV über die Vergütung **24** 157
Schlichtung
– s. Schiedsverfahren, Streitbeilegung (außergerichtliche), Schlichtungs- und Schiedsordnung für Baustreitigkeiten
Schlichtungs- und Schiedsgerichtsvereinbarung 20 394
Schlichtungs- und Schiedsordnung für Baustreitigkeiten (SOBau) 24 64 ff.
– Abgrenzung zur Mediation **24** 109
– Allgemeine Bestimmungen
 – Anwendungsbereich **24** 87 ff.
– Beschleunigungsgrundsatz **24** 93
– Einbeziehung Dritter **24** 95
– Erläuterungen **24** 87 ff.
– Gütliche Einigung **24** 94
– Isoliertes Beweisverfahren **24** 119 ff., 154 ff.
– Kosten/Gebühren
 – Schiedsgericht **24** 149 ff.
– Schiedsgerichtsverfahren **24** 127 ff.
– Schlichtung **24** 97 ff.
– Text **24** 69 ff.
– Verfahrensablauf **24** 110 ff.
– Vertraulichkeit **24** 92
– Vertretung im Verfahren **24** 91
– Zustellungen **24** 96

Schlichtungsordnung (DIS)
– Text **24** 156
Schlichtungsstellen, institutionelle 24 12 ff.
Schlussrechnung 22 92 ff.
– Erstellung durch den Auftraggeber **22** 104 ff.
– Rechtsfolgen **22** 115 ff.
– Voraussetzungen **22** 111 ff.
– Fristen **22** 93
– Berechnung **22** 95 ff.
– s. Abrechnung, Nichtzahlung 22
– Schlusszahlung **22** 101 ff.
Schlusszahlung
– Anerkenntniswirkung **22** 101 ff.
– s. Schlussrechnung
Schmalseitenprivileg 5 15
Schuldrechts-Modernisierung
– Abnahmeverweigerung **19** 290 ff.
– Architektenvertrag **10** 355 ff.
– Ausführungsfristen **16** 7
– Baubeginn
 – Mahnung **16** 24
– Bauvertrag
 – Nebenpflichtverletzung **15** 106
– Bauvorbereitung
 – Nebenpflichten **15** 34
– Bauzeitüberschreitung
 – Ansprüche des Auftraggebers **16** 135 ff.
 – Unmöglichkeit **16** 75 ff.
– Gewährleistung **20** 1, 7 a f.
– Hauptunternehmervertrag **11** 1 ff., 160 ff.
– Mangelbegriff **11** 7; **20** 66 ff., 74 ff.
– Nacherfüllung **15** 188 ff.
– Nichtzahlung durch Auftraggeber
 – Arbeitseinstellung **23** 45, 50
 – Aufwendungsersatz **23** 60 ff.
 – Bauzeitverlängerung **23** 100 ff.
 – Entschädigung **23** 89 ff.
 – Kündigung **23** 73 ff., 129 ff.
 – Leistungsverweigerungsrecht **23** 46 ff.
 – Rücktritt **23** 63 ff., 133 ff.
 – Schadensersatz **23** 99
 – SEA statt der Leistung **23** 55 ff.
 – SEA wegen Verzug **23** 31 ff.
 – Zurückbehaltungsrecht **23** 44

[**Schuldrechts-Modernisierung**]
- Projektsteuerungsvertrag
 - Gewährleistung **14** 74 ff.
 - Kündigung **14** 114
- Verjährung
 - Gewährleistung **20** 337 ff.
 - Vergütung **21** 277 ff.
- Verspätete Leistung des Auftragnehmers
 - Rücktritt **23** 181 ff.
 - Schadensersatz **23** 161 ff.
 - Schadensersatz statt der Leistung **23** 189 ff.
 - Zurückbehaltungsrecht **23** 158 ff.
- VOB-Vertrag
 - Vorrang **16** 73

Schutzpflichten
- Gegenstände des AG **15** 178 ff.

Schwarzarbeit
- Vergütung **21** 286 ff.

Schwellenwert 8 24, 140, 296
- Berechnung **8** 140 ff.

Schwellenwerte 9 88 ff.
- s. Vergaberechtsschutz

Selbständiges Beweisverfahren 20 395
- Abnahme **19** 374
- s. Internationales Prozessrecht

Selbstvornahme 20 256 ff.

Sicherheiten
- Besicherung des Vergütungsanspruchs
 - Hauptunternehmervertrag **11** 126 ff.
- Erfüllungssicherheit
 - Hauptunternehmervertrag **11** 111 ff.
- Gewährleistungssicherheit
 - Hauptunternehmervertrag **11** 123 ff.
- Nach Abnahme **19** 337 ff.
- Pool-Vereinbarung **11** 131
- Projektsteuerungsvertrag **14** 151 ff.

Sicherheits- und Gesundheitsschutzkoordinator (SiGeKo)
- Begriff **28** 75 f.
- Pflichten nach der Baustellenverordnung **28** 102 ff.
- Ausführungsphase **28** 107 ff.
- Planungsphase **28** 103 ff.

Sicherheits- und Gesundheitsschutzplan (SiGe-Plan) 28 94 ff.

Sicherungshypothek 3 222 ff.

SKR
- Bereich **8** 92 ff.
- Vergabeverfahren **9** 62, 87

Sondereigentum
- Abnahme **25** 14 ff.

Sonderkündigungsrecht
- Mängelansprüche des Mieters **26** 13

Sondernutzungsrechte
- Beurkundung
- Musterformulierung **3** 75

Sowieso-Kosten 20 195 f.

Sparten
- Haftung im Tiefbau **29** 210 ff.

Standsicherheit 5 18

Statut
- s. Internationales Privatrecht, Internationales Prozessrecht

Stellvertretung
- Gesellschaft Bürgerlichen Rechts
 - Architekt **7** 31 ff.
 - Arge **7** 27 ff.
- Selbstkontrahierungsverbot **7** 33

Steuerbescheid 2 69 ff.
- Aufhebung **2** 79 ff.
- Berichtigung **2** 76 ff.

Steuerfestsetzung 2 69 ff.
- Erbschaft- und Schenkungsteuer **2** 212 ff.
- Grunderwerbsteuer **2** 176
- Grundsteuer **2** 181 ff.

Steuerhinterziehung 2 34 f.

Steuern 2 1 ff.
- Abgabenordnung **2** 1 ff.
- Rechtsschutz **2** 84 ff.
- s. Besteuerung
- Verjährung **2** 72 ff.

Steuerschuldner 2 4 ff., 30 ff.
- Einkommensteuer **2** 91 ff.
- Erbschaft- und Schenkungsteuer **2** 188 f.
- Grunderwerbssteuer **2** 175
- Grundsteuer **2** 180
- Haftung

Stichwortverzeichnis

- Betriebsübernehmer **2** 39 ff.
- Eigentümer **2** 36 ff.
- Steuerhinterzieher **2** 34 f.
- Vertreter **2** 30 ff.
- Körperschaftsteuer **2** 123 f.
- Umsatzsteuer **2** 164 f.

Steuerschuldverhältnis 2 4 ff.
- Entstehung **2** 4 ff.
- Erlöschen **2** 30 ff.
- Stundung **2** 20 ff.

Steuerumgehung 2 8 ff.
Steuerverwaltung 2 3
- Beistände **2** 48 f.
- Bevollmächtigte **2** 48 f.
- Beweismittel **2** 54 f.
- Rechtliches Gehör **2** 53
- Untersuchungsgrundsatz **2** 50 ff.

Straftat
- Baustellenverordnung **28** 127 ff.

Streik
- s. Behinderung

Streitbeilegung
- Early Neutral Evaluation **24** 62
- Final Offer Arbitration **24** 60
- Mediation Window **24** 59
- Mediation/Arbitration **24** 57 f.
- Mini-Trial **24** 61
- Pre-arbitral review prozess **24** 63
- s. Mediation, Schlichtungs- und Schiedsordnung für Baustreitigkeiten, Streitschlichtung

Streitbeilegung, außergerichtliche 1 48 ff.
- Architektenkammer **1** 70
- Interimsvereinbarung **1** 66
- Ratenzahlungsvereinbarung **1** 59
- Schiedsgerichtsordnung **1** 72 ff.
- Schiedsgutachter **1** 78 f.
- Schiedsverfahren **1** 69
- Verbände der Bauindustrie **1** 69
- Vergleich **1** 55 ff.

Streitschlichtung
- EGZPO **15a**
  - Obligatorische Streitschlichtung **24** 34 ff.
- s. Güteverhandlung, Streitbeilegung, Mediation
- VOB/B **18** Nr. 2
  - Öffentliche Hand **24** 18 ff.

- VOB/B **18** Nr. 3
- Material-technische Prüfung **24** 29 ff.

Streitverkündung 20 417 f.
Stundenlohnarbeiten
- Abrechnung **22** 118 ff.
- Anzeige **22** 133 ff.
- BGB-Vertrag **22** 161 ff.
- Prüfung **22** 147 ff.
- Rechnung **22** 158 ff.
- Stundenlohnzettel **22** 139 ff.
- Vereinbarung **22** 125 ff.

Stützverlust 4 89
Subunternehmer
- Abnahme des Hauptunternehmers **19** 327 ff.
- Abnahmeverweigerung des Hauptunternehmers **19** 333 ff.
- Eigenausführung des Auftragnehmers
  - Anzeigepflicht **15** 255
- Einsatz durch Hauptunternehmer **11** 92, 144 ff.
- Generalübernehmervertrag
  - VOB **13** 9
- Prüfungspflicht des Auftragnehmers
  - Hauptunternehmerleistungen **15** 167
- Subsubunternehmer
  - Leistungsgefahr **12** 74 ff.
- Werkleistung
  - Bauleistungsversicherung **12** 73

Subunternehmer, mehrere
- Baustelleneinrichtung **12** 84 f.
  - Mustervereinbarung **12** 86 ff.
- Gerätenutzung **12** 83
- Untergang der Leistung
  - Drittschadenliquidation **12** 76
- Werkleistung
  - Untergang, zufälliger **12** 68 ff.
  - Unterstützung **12** 81 ff.
  - Verzögerungen **12** 77 ff.

Subunternehmervertrag
- AGB-Vertrag **12** 89
- Detaillierte Leistungsbeschreibung **12** 94

1639

[Subunternehmervertrag]
- Einheitspreisvertrag **12** 90 ff.
- Funktionale Leistungsbeschreibung **12** 93
- Pauschalpreisvertrag **12** 90 ff.
- Vertragsmuster **12** 96 f.
- VOB-Vertrag **12** 89

Systemrisiko
- Begriff **29** 257 ff.
- Rechtsfolgen **29** 262 ff.

Teilabnahme 19 192, 255 ff.
Teilkündigung
- s. Kündigung

Tiefbau
- Abnahme **29** 100 ff.
- Abrechnung **29** 119 ff.
- Ausschreibung **29** 47 ff.
- Bauausführung
  - Einfluss auf Bau- und Nachbargrundstücke **29** 68 ff.
  - Leistungsänderung **29** 80 ff.
- Begriff **29** 2 ff.
- Gewährleistung **29** 139 ff.
  - Anerkannte Regeln der Technik **29** 143 ff.
  - Ansprüche **29** 168 ff.
  - Ausschluss/Befreiung **29** 151 ff.
  - Beginn **29** 150
  - Beschaffenheit **29** 140 f
  - Verjährungsfrist **29** 163 ff.
- Haftung **29** 170 ff.
  - Anspruchsgegner **29** 203 ff.
  - Beschädigung von Sparten **29** 210 ff.
  - Grundstücks- und Gebäudebesitzer **29** 199 f.
  - Mitverschulden **29** 209
  - Schadensumfang **29** 209
  - Unerlaubte Handlung **29** 172 ff.
  - Verrichtungsgehilfen **29** 194 ff.
  - Zuführung unwägbarer Stoffe **29** 201 f.
- Pflichten des Architekten **29** 7 ff.
- Pflichten des Baugrundgutachters **29** 18 ff.

- Pflichten des Bauherrn **29** 39 ff.
- Pflichten des Bauunternehmers **29** 27 ff.
- Pflichten des Tragwerkplaners **29** 22 ff.
- s. Baugrund, Systemrisiko
- Vertragsgestaltung **29** 57 ff.

Transparenzgebot 8 31 f.
Treuhand
- Notar **3** 126 ff.

Typengemischter Vertrag
- Bauvertrag **7** 4
- Öffentlich-rechtliche Verträge
- Vergaberecht **9** 72

Überbau
- Rechtmäßiger **4** 31 ff.
- Übersicht **4** 47
- Unrechtmäßiger **4** 34 ff.

Umsatzsteuer 2 145 ff.
- Bauleistungen
  - Generalübernehmervertrag **13** 36 ff.
- Befreiung **2** 147
- Grundbesitz **2** 158 ff.
- Kleinunternehmer **2** 150 f.
- Optionen **2** 148 f.
- Steuerbarkeit **2** 145 f.
- Steuererklärung **2** 156 f.
- Vorsteuerabzug **2** 152 ff.

Unbedenklichkeitsbescheinigung 3 104

Unerlaubte Handlung
- Grundstücksvertiefung **4** 101
- Haftung im Tiefbau **29** 172 ff.

Unfallversicherung, gesetzliche
- Bauherr
  - Obliegenheiten **6** 35
  - Versicherungspflicht **6** 34 f.
  - Versicherungsschutz **6** 36 f.

Unterbrechung
- Abrechnung
  - Musterschreiben **17** 201
- Begriff **17** 153
- Dauer **17** 155 ff.
- Kündigung **17** 191 ff.
- Kündigung **17** 190 ff.
  - Abrechnung **17** 198 ff.
  - Ausschluss **17** 193 ff.

– Musterschreiben des Auftragnehmers **17** 202
– Musterschreiben des Auftraggebers **17** 203
– Schriftform **17** 195 f.
– Teilkündigung **17** 197
– s. Bauleistung
– s. Vergütung
– Vergütung
  – Höhe **17** 158 ff.
  – Vorläufige Abrechnung **17** 154 ff.
Unternehmervollmacht
– Grundstückskauf
  – Musterformulierung **3** 35
Unterwerfungserklärung
– Grundstücksvertrag
  – Mit Baubezug **3** 58 ff.
  – Ohne Baubezug **3** 57
Verjährung **3** 65
– Zinsen **3** 64
Urheberrechte
– Ausführungsunterlagen **15** 12

Verbraucher
– Grundstückserwerb **3** 18 ff.
– Grundstückskauf **3** 24, 30
Verdingungsordnung
– Neufassungen **8** 21 ff.
Vergabekammer
– Eilverfahren **9** 224 ff.
  – Kosten **9** 239
  – Rechtsmittel **9** 236 ff.
  – Vergabekammer **9** 224 ff.
  – Vorläufige Maßnahmen **9** 225 f.
– Entscheidungsbefugnis **9** 175 ff.
– Entscheidungsfrist **9** 172 ff.
– Kosten **9** 191 ff.
  – Kostenfestsetzung **9** 208
  – Kostenschuldner **9** 194 ff.
  – Rechtsanwaltsgebühren **9** 201 ff.
  – Sonstige Aufwendungen **9** 207
  – Verfahrensgebühr **9** 192 f.
– Nachprüfungsantrag
  – Muster **9** 223
– Nachprüfungsverfahren **9** 172 ff.
– Vollstreckung **9** 185 ff.
– Vorabgestattung des Zuschlags **9** 227 ff.
  – Musterantrag **9** 240

– Zuständigkeit **9** 101 ff.
Vergabeprüfstellen
– s. Vergaberechtsschutz
Vergaberechtsschutz 9 1 ff.
– Oberhalb der Schwellenwerte **9** 7 ff.
  – Instanzenzug **9** 8 f.
  – Kartellbehörden **9** 20 ff.
  – Kartellvergaberecht **9** 7
  – Vergabeprüfstellen **9** 10 ff.
  – Verwaltungsgerichte **9** 24
  – Zivilgerichte **9** 20 ff.
  – s. Nachprüfungsverfahren
– Sektorenbereich
  – Schlichtungsverfahren **9** 15 ff.
– Sekundärrechtsschutz **9** 29 ff., 49
  – Schadensersatz aus unerlaubter Handlung **9** 46 ff.
  – Schadensersatzanspruch aus cic **9** 33 ff.,
  – Vertrauensschaden nach 126 GWB **9** 42 ff.
– Unterhalb der Schwellenwerte **9** 25 ff.
Vergabestelle
– Beratung im Nachprüfungsverfahren **9** 220 ff.
Vergabeverfahren
– Schwellenwerte **8** 81 ff., 140 ff.
Vergabeverfahren, öffentliches 8 1 ff.
– Arten **8** 67 ff., 152 ff.
– Auftragsvergabe **9** 69 ff.
– Ausschreibung, öffentliche **8** 68
– Ausschreibung, beschränkte **8** 68
– Beanstandung von Vergabefehlern
  – Rechtsaufsichtsbeschwerde **8** 355 f.
  – Rügeschreiben **8** 357
– Beschaffungsvorgang **9** 71
– De-facto-Vergabe **8** 8
– Deutsche Umsetzungsvorschriften
  – Übersicht **8** 117
– Eignungskriterien **8** 40 ff., 173 ff.
– Europäische Vorschriften
  – Entwicklung **8** 19 f.
  – Übersicht **8** 18a f.
– Europaweite Ausschreibung **8** 18 ff., 68, 127 ff., 200, 277 ff.
– Freihändige Vergabe **8** 67 ff., 156
– Gleichbehandlungsgebot **8** 33 f., 172

1641

[**Vergabeverfahren, öffentliches**]
- Hauptunternehmervertrag 11 80 ff.
- Haushaltsrecht 8 13
- Informelle Vergabe 9 116
- In-house-Geschäft 9 73 ff.
- Kaskadenprinzip 8 44
- Markterkundung 9 112
- Mittelstandsfreundlichkeit 8 37 ff.
- Nationale Ausschreibung 8 11 ff., 119 ff., 273 ff.
- Nichtigkeit 9 118
- Nichtoffenes Verfahren 8 67 ff.
- Oberhalb der Schwellenwerte
  - Übersicht 8 15
- Offenes Verfahren 8 67 ff.
- Öffentlicher Auftraggeber 8 47 ff.
- Öffentlich-rechtliche Verträge 9 72
- Prinzipen 8 29 ff.
- s. Auftrag (öffentlicher), Auftraggeber (öffentlicher), BKR, EG-Recht, GWB, Nachprüfungsverfahren, SKR, Verdingungsordnung, Vergaberechtsschutz, Vergabeverordnung, VOB/A-Vergabe, VOL/A-Vergabe
- Schwellenwerte 8 24; 9 88 ff.
- Transparenzgebot 8 31 f.
- Typische Fehler
  - Checkliste 8 354
- Unterhalb der Schwellenwerte
  - Übersicht 8 14
- Vergabefremde Aspekte 8 42
- Verhandlungsverfahren 8 67 ff.
- Vertragsverlängerung 9 79 f.
- VOB-Vergabe 8 117 ff.
- Vorabinformation 8 99 ff.
- Zuschlag 8 43
- Zweiteilung des Vergaberechts 8 11 ff., 27

Vergabeverfahren, privates
- Anwendung der VOB/A 8 364 f.
- Betroffene Auftraggeber 8 360 ff.
- Grundsätze 8 358 f.

Vergabeverordnung 8 44 ff.

Vergleich
- Wohnungseigentum
  - Mängelansprüche 25 77

Vergütung 21 1 ff.
- Anspruchsvoraussetzungen
  - Abschlagszahlungen 23 7 ff.
- Schlusszahlungen 23 22 ff.
- Baugrundrisiko 29 247 ff.
- BGB-Vertrag
  - Alte Rechtslage 19 38 f.
  - Gesetz zur Beschleunigung fälliger Zahlungen 19 43 ff.
  - Zahlungen vor Abnahme 19 48 ff.
- Fälligkeit 19 38 ff., 84 ff., 114; 21 256
  - VOB-Vertrag 21 259 ff.
- Fertigstellungsbescheinigung 19 87 ff.
- Hauptleistung 21 6 ff.
- Kündigung 21 217 ff.
  - s. a. BGB-Vertrag, Preisanpassung, VOB-Vertrag
- Nebenleistung 21 10 ff.
- Nicht vereinbarte Leistungen 21 13 ff.
- Vorarbeiten 21 11 f.
- Rechnungsstellung 19 107
- s. Abrechnung, Abschlagszahlungen, Klage, Kündigung, Nichtzahlung, Preisanpassung, Preisfindung, Schlussrechnung
- Schiedsrichter 24 149 ff., 157
- Schwarzarbeit 21 286 ff.
  - Ohne Rechnung 21 289
  - Beidseitiger Verstoß 21 296 ff.
  - Einseitiger Verstoß 21 290 ff.
- Verjährung 19 167 ff.
  - Fristbeginn 21 264 ff.
  - Fristlauf 21 264 ff.
  - Hemmung/Neubeginn 21 271 ff.
  - Übergangsregelungen 21 277 ff.
- Verzinsung 19 108 ff.
- VOB-Vertrag
  - Abnahmefiktion 19 106, 225 ff.
  - Verzinsung 19 116 ff.

Vergütung, zusätzliche
- Bei Nichtleistung des Auftraggebers
  - VOB 2002 23 124 ff.

Vergütungsgefahr 19 37
- Beschädigung
  - Musterschreiben des Auftragnehmers 17 204
  - Musterschreiben des Auftraggebers 17 502
- Vorläufige Abrechnung 17 153 ff.

Stichwortverzeichnis

- BGB-Vertrag
  - Annahmeverzug **17** 167
  - Gefahrbereich des Bestellers **17** 168 ff.
  - Sphärentheorie **17** 170 f.
  - Vorläufige Abrechnung **17** 163 ff.
- s. Bauleistung
- Unterbrechung
  - Vorläufige Abrechnung **17** 153 ff.
- VOB-Vertrag **17** 172 ff.
  - Aufruhr **17** 180
  - Beschädigung der Leistung **17** 186
  - Diebstahl **17** 183
  - Höhere Gewalt **17** 178
  - Krieg **17** 179
  - Streik **17** 185
  - Unabwendbarer Umstand **17** 181
  - Vorläufige Abrechnung **17** 187
  - Witterungseinflüsse **17** 184

Verhandlungsverfahren 8 67 ff., 74 ff.

Verjährung
- Gewährleistung
  - Nach BGB **20** 328 ff.
  - Nach BGB n. F. **20** 337 ff.
  - Nach VOB 2000 **20** 372 ff.
  - Nach VOB 2002 **20** 382 ff.
- Unterwerfungserklärung **3** 65
- Vergütung **19** 167 ff.
  - Fristbeginn **21** 264 ff.
  - Fristlauf **21** 264 ff.
  - Hemmung/Neubeginn **21** 271 ff.
  - Übergangsregelungen **21** 277 ff.

Verkehrshypothek 3 220 f.

Vermieter
- Barrierefreiheit
  - Vereinbarung **26** 33 ff.
  - Zustimmung **26** 30 ff.
- Duldung von Erhaltungsmaßnahmen
  - Einstweilige Verfügung/Muster **26** 36
- Gewährleistung
  - Haftung **26** 15 ff.
  - s. a. Mieter
- Unterlassung von Modernisierungsmaßnahmen
  - Einstweilige Verfügung/Muster **26** 37

Verrichtungsgehilfen
- Haftung im Tiefbau **29** 194 ff.

Versicherung
- Anlagenversicherung **6** 17
- Firmen-Strafrechtsschutzversicherung **6** 18
- Objektversicherung **6** 17
- Regressverzicht **6** 17
- s. Bauherrenhaftpflichtversicherung, Berufshaftpflichtversicherung, Betriebshaftpflichtversicherung, Deckungsschutz, Gebäudeversicherung, Unfallversicherung
- Schäden durch Brand, Blitzschlag, Explosion **6** 43

Vertrag
- s. Hauptunternehmervertrag

Vertrag mit Schutzwirkung zugunsten Dritter
- Mängelansprüche des Mieters **26** 22 ff.

Vertragfristen
- AGB-Kontrolle **16** 28 ff., 38, 59
- Anordnungsrecht des Auftraggebers **16** 52 ff.
- Anpassung **16** 32 ff.
- Behinderung **17** 2 f.
- Bestimmtheit **16** 25 ff.
- Einzelfristen
  - Vereinbarung **16** 57 ff.
- s. Bauzeitüberschreitung, Unterbrechung
- s. Behinderung
- Verlängerung
  - Anordnung des Auftraggebers **16** 33 ff.
  - Anspruch auf Bauzeitverlängerung **16** 35
  - Behinderungsanzeige **16** 36
  - Berechnung **16** 39 ff.
  - SEA **16** 34
  - Verzug **17** 138
  - Vollmacht **16** 43

Vertragsfristen, fehlende
- Ausführungsbeginn **16** 46, 48 ff.
- BGB-Vertrag **16** 45 ff.
- VOB-Vertrag **16** 47 ff.

1643

Vertragspflichten
- Bauausführung
  - Mitwirkungspflichten des Auftraggebers **17** 61 ff.

Vertragsstrafe
- Bei verspäteter Leistung des Auftragnehmers **23** 169 ff.
- Anfall **23** 174 ff.
- Vereinbarung **23** 171 ff.
- Vorbehalt bei Abnahme **23** 177 ff.

Vertretung
- Beurkundung **3** 34 ff.
- Genehmigungserklärung
- Muster **3** 36
- Grundstücksvertrag **3** 34 ff., 123 ff.
- Steuerschuldner **2** 30 ff.

Verzug
- Europäische Richtlinie **27** 78 ff.
- s. Kündigung, Leistung, (verspätete), Nichtzahlung

Verzugsschaden
- BGB a. F. **23** 144
- BGB n. F. **23** 31 ff.
- VOB 2000 **23** 145
- VOB 2002 **23** 31 ff.

VgV 9 88 ff.

VOB
- Fassung 2000 **20** 9
- Fassung 2002 **20** 10
- s. VOB-Vertrag
- VOB/A **7**
- VOB/B **7** 20 ff.
- VOB/L **7** 22 ff.

VOB/A
- Persönlicher Anwendungsbereich **8** 133 ff.
  - Übersicht **8** 134
- Privates Vergabeverfahren **8** 358 ff.
- Sachlicher Anwendungsbereich **8** 135 ff.
- Schwellenwert
  - Berechnung **8** 140 ff.

VOB/A-Vergabe
- Angebots- und Teilnahmefristen **8** 198 ff.
- Angebotsabgabe **8** 206 ff.
- Angebotsprüfung **8** 220 ff.
- Angebotsverfahren **8** 166
- Angebotswertung **8** 224 ff.
- Dritte Wertungsstufe **8** 237 ff.
- Erste Wertungsstufe **8** 225 ff.
- Vierte Wertungsstufe **8** 240 ff.
- Zweite Wertungsstufe **8** 231 ff.
- Aufhebung der Ausschreibung **8** 250 ff.
- Ausführungsfristen **8** 187
- Ausschreibungsreife **8** 191 ff.
- Baukonzessionen **8** 267 f.
- Bekanntmachung **8** 195 ff.
- Beteiligung Sachverständiger **8** 167 ff.
- Bieterbenachrichtigung **8** 258 f.
- Eröffnungstermin **8** 216 ff.
- Kosten **8** 204 f.
- Leistungsbeschreibung **8** 178 ff.
- Losweise Vergabe **8** 159 ff.
- s. Ausschreibung, öffentliche, Vergabeverfahren, öffentliches
- Vergabeprinzipien **8** 144 ff.
- Vergabeunterlagen **8** 184 ff.
- Vergabevermerk **8** 265
- Vertragsarten **8** 164 f.
- Zuschlags- und Bindefristen **8** 201 ff.
- Zuschlagserteilung **8** 261 ff.

VOB/B
- Vereinbarung im Hauptunternehmervertrag **11** 155 ff.

VOB-Einheitspreisvertrag
- Zusätzliche Leistungen
  - Baugrundrisiko **21** 181 ff.
  - Neue Vereinbarung **21** 202 ff.
  - Veranlassung durch Auftraggeber **21** 187
  - Vereinbarte Leistung **21** 176 ff.
  - Vorherige Ankündigung **21** 188
  - Zusammenhang mit vereinbarter Leistung **21** 168 ff.

VOB-Pauschalpreisvertrag
- Zusätzliche Leistungen **21** 210 ff.

VOB-Vertrag
- Abnahme **19** 2 ff.
- Abnahmefiktion **19** 106, 225 ff.
- Abnahmeverweigerung **19** 293 ff.
- Abrechnung
  - Einheitspreisvertrag **22** 70 ff.
  - Pauschalpreisvertrag **22** 74 ff.
- Abschlagszahlung **19** 115

Stichwortverzeichnis

- Geltung des BGB **23** 4
- Gewährleistung **20** 9 f.
- Kündigung **18** 17 ff.
- Mangelansprüche
  - Vor Abnahme **20** 285 ff., 312 ff.
- Preisanpassung
  - Kündigung **21** 230 ff., 249
  - s. a. Einheitspreisvertrag **21**
  - s. a. Pauschalpreisvertrag **21**
- s. Abrechnung, Schlussrechnung, Stundenlohnarbeiten
- Teilabnahme **19** 255 ff.
- Vergütung
  - Nicht vereinbarte Leistungen **21** 14 ff.
  - Verzinsung **19** 116 ff.
- Verjährung **19** 171

VOF 8 88 ff.
- Abgrenzung zur VOL/A **8** 291 ff.

VOF-Vergabe 8 339
- Anwendungsbereich **8** 347
- Ausschreibung **8** 352 f.
- Entwicklung **8** 340
- Vergabeprinzipien **8** 348
- Verhandlungsverfahren **8** 349 f.

VOL/A
- Entwicklung **8** 272

VOL/A-Vergabe
- Abgrenzung zur VOF **8** 291 ff.
- Angebots- und Teilnahmefristen **8** 321 f.
- Angebotsöffnung **8** 327
- Angebotsabgabe **8** 325 f.
- Angebotswertung **8** 329
- Aufhebung der Ausschreibung **8** 330
- Ausführungsfristen **8** 312 ff.
- Ausschreibung
  - Bewerberkreis **8** 303
- Ausschreibungsreife **8** 319 ff.
- Bekanntmachung **8** 320
- Beteiligung Sachverständiger **8** 305
- Europaweite Ausschreibung **8** 277 ff.
- Konzessionen **8** 337
- Kosten **8** 324
- Leistungsbeschreibung **8** 310 ff.
- Losweise Vergabe **8** 301
- Nachprüfung **8** 336

- Nationale Auschreibung **8** 273 ff.
- Persönlicher Anwendungsbereich **8** 281
- Sachlicher Anwendungsbereich **8** 282 ff.
- Schwellenwertberechnung **8** 296 ff.
- Verfahrensart **8** 300
- Vergabeprinzipien **8** 299
- Vergabevermerk **8** 335
- Zuschlags- und Bindefristen **8** 323
- Zuschlagserteilung **8** 333

Vollmacht
- Finanzierungsvollmacht
  - Musterformulierung **3** 242
- Genehmigungserklärung
  - Musterformulierung **3** 36
- Grundstückskauf
  - Musterformulierung **3** 35
- Grundstückskaufvertrag
  - Belehrung **3** 24
- Grundstücksvertrag **3** 34 ff., 123 ff.
- s. Stellvertretung
- Vorbelastungvollmacht **3** 236 ff.

Vollstreckung
- Ausland **27** 40 ff.
- Nachprüfungsverfahren **9** 185 ff.

VOL-Vergabe
- Europaweite Auschreibung **8** 271

Vorabinformation 8 99 ff.

Vorbelastungsvollmacht 3 236 ff., 239

Vorkaufsrecht 3 91
- Musterformulierung **3** 91

Vormerkung
- Musterformulierung **3** 103

Vorschusspflicht 20 170 ff.
- s. Klage

Vorsteuer
- s. Umsatzsteuer

Vorteilsausgleichung 20 195 f.

Wandelung 20 215 ff.
- s. Klage

Wassernutzung- und abfluss
- Grundstück **4** 111 ff.

Werkleistung
- s. Leistung, Nichtleistung

Werklohn
- s. Vergütung

1645

Werkvertrag 7 1 ff.
- Abgrenzung
  - Dienstvertrag **7** 9 f.
  - Geschäftsbesorgung **7** 11
- Kündigung **7** 8
- Leistungsstörung
  - Annahmeverzug **7** 6
  - Gefahrtragung **7** 5
  - Nacherfüllung **7** 5
- Projektsteuerungsvertrag **14** 62 ff.
- s. Ausführungsfristen, Bauvertrag, Generalübernehmervertrag, Hauptunternehmervertrag

Wettbewerbsbeschränkung
- s. GWB

Widerspruchsverfahren 5 46 ff.
- Aufschiebende Wirkung **5** 50
- Frist **5** 46
- Verwirkung **5** 47 ff.

Wohnungsbaugesellschaft
- s. Generalübernehmer, Generalübernehmervertrag

Wohnungseigentum
- Änderungsvollmacht
  - Musterformulierung **3** 79 ff.
- Ausbaurechte
  - Musterformulierung **3** 76
- Beurkundung
  - Abgeschlossenheitsbescheinigung **3** 69 f.
  - Änderungsvollmacht **3** 77 ff.
  - Aufteilung **3** 67
  - Aufteilungsplan **3** 69 f.
  - Ausbaurechte **3** 76
  - Form **3** 68
  - Gemeinschaftsordnung **3** 72 f.
  - Sondernutzungsrechte **3** 74 f.
  - Voratsteilung **3** 67
  - Vormerkung **3** 83
- Dienstbarkeiten **3** 169 ff.
- Gewährleistung **25** 7 ff.
  - Beschlussantrag/Muster **25** 76
- Drittaftungsklausel **25** 70
- Gläubigerstellung der Erwerber **25** 55 ff.
- Miteigentum des Bauträgers **25** 65 ff.
- Mangel **25** 12 ff.
- Verwaltung **25** 1 ff.
- Vorratsteilung **13** 19 f.

Wohnungseigentumsverwaltung
- Abnahme durch den Verwalter **25** 17 ff.
- Bestellung des Verwalters **25** 31
- Geschäftsbesorgungsvertrag **25** 31 ff.
- Pflichten des Verwalters **25** 32 ff.
- Sicherung von Mängelansprüchen **25** 37 ff.
- Verwaltervertrag **25** 31 ff.
- Vorbereitung der Abnahme **25** 25 ff.

Zinsen 3 64
- s. Abschlagszahlungen, Vergütung, Unterwerfungserklärung

Zuführung unwägbarer Stoffe
- Haftung im Tiefbau **29** 201 f.

Zurückbehaltungsrecht
- Bei Nichtzahlung des Auftraggebers **23** 44
- Bei verspäteter Leistung des Auftragnehmers
  - BGB n. F. **23** 158 ff.
- Mängelansprüche des Mieters **26** 8 ff.

Zuschlag 8 43

Zuständigkeit
- s. Internationale Zuständigkeit

Zustandsstörer 4 20

Zwangsvollstreckung
- Grundschuld **3** 204 ff.
- s. Unterwerfungserklärung

Zwangsvollstreckungsunterwerfungserklärung
- Musterformulierung **3** 57, 62 ff.

Korbion (Hrsg.), Baurecht

- Hinweise und Anregungen: _____
  _____
  _____
  _____
  _____

- Auf Seite _____ Rz. _____ Zeile _____ von oben/unten
  muss es statt _____
  _____
  _____

  richtig heißen: _____
  _____
  _____

Korbion (Hrsg.), Baurecht

- Hinweise und Anregungen: _____
  _____
  _____
  _____
  _____

- Auf Seite _____ Rz. _____ Zeile _____ von oben/unten
  muss es statt _____
  _____
  _____

  richtig heißen: _____
  _____
  _____

Absender:

_____

_____

_____

So können Sie uns auch erreichen:
lektorat@otto-schmidt.de

Wichtig: Bitte immer den Titel
des Werks angeben!

Antwortkarte

Verlag Dr. Otto Schmidt KG
– Lektorat –
Unter den Ulmen 96-98

50968 Köln

Absender:

_____

_____

_____

So können Sie uns auch erreichen:
lektorat@otto-schmidt.de

Wichtig: Bitte immer den Titel
des Werks angeben!

Antwortkarte

Verlag Dr. Otto Schmidt KG
– Lektorat –
Unter den Ulmen 96-98

50968 Köln